Lutter · **Umwandlungsgesetz** · Kommentar

Umwandlungs-
gesetz

Kommentar

mit systematischer Darstellung des
Umwandlungssteuerrechts und
Kommentierung des SpruchG

begründet und in der 1. bis 4. Auflage
herausgegeben von

Prof. Dr. Dr. h.c. mult. Marcus Lutter

herausgegeben von

Prof. Dr. Walter Bayer

Prof. Dr. Jochen Vetter

Band I

§§ 1 - 122 l

5. neu bearbeitete Auflage

2014

ovs
Verlag
Dr. Otto Schmidt
Köln

Bearbeitet von

Dr. Walter Bayer
Universitätsprofessor, Universität Jena
Richter am Thüringer OLG a.D.
Mitglied des Thüringer VerfGH

Dr. Christian E. Decher
Rechtsanwalt in Frankfurt a.M.

Dr. Tim Drygala
Universitätsprofessor, Universität Leipzig

Dr. Stephan R. Göthel, LL.M.
Rechtsanwalt in Hamburg
Lehrbeauftragter,
Bucerius Law School Hamburg

Dr. Barbara Grunewald
Universitätsprofessor, Universität zu Köln

Dr. Joachim Hennrichs
Universitätsprofessor, Universität zu Köln

Dr. Andreas Hoger, LL.M.
Rechtsanwalt in Frankfurt a.M.

Dr. Rainer Hüttemann, Dipl.-Volksw.
Universitätsprofessor, Universität Bonn

Dr. Detlev Joost
em. Universitätsprofessor,
Universität Hamburg

Dr. Martin Karollus
Universitätsprofessor, Universität Linz

Dr. Gerd Krieger
Rechtsanwalt in Düsseldorf
Honorarprofessor, Universität Düsseldorf

Dr. Lothar Kuhlen
Universitätsprofessor,
Universität Mannheim

Dr. Dr. h.c. mult. Marcus Lutter
em. Universitätsprofessor,
Universität Bonn
Rechtsanwalt in Berlin

Dr. Petra R. Mennicke, LL.M.
Rechtsanwältin in Düsseldorf

Dr. Hans-Joachim Priester
Notar a.D. in Hamburg
Honorarprofessor, Universität Hamburg

Dr. Peter Rawert
Notar in Hamburg
Honorarprofessor, Universität Kiel

Dr. Harry Schmidt
Rechtsanwalt in Berlin
Honorarprofessor, Universität Leipzig

Dr. Andreas Schumacher
Steuerberater in Bonn
Honorarprofessor, Universität Mannheim

Dr. Martin Schwab
Universitätsprofessor,
Freie Universität Berlin

Dr. Arndt Teichmann
em. Universitätsprofessor, Universität Mainz
Richter am OLG a.D.

Dr. Jochen Vetter
Rechtsanwalt in München
Honorarprofessor, Universität zu Köln

Dr. Daniel Wilm
Rechtsanwalt in Düsseldorf

Dr. Martin Winter †
Rechtsanwalt in Mannheim

Zitierempfehlung:
Bearbeiter in Lutter, UmwG, 5. Aufl. 2014, § …
Rz. …

Bibliografische Information der Deutschen Nationalbibliothek

Die Deutsche Nationalbibliothek verzeichnet diese Publikation in der Deutschen Nationalbibliografie; detaillierte bibliografische Daten sind im Internet über http://dnb.d-nb.de abrufbar.

Verlag Dr. Otto Schmidt KG
Gustav-Heinemann-Ufer 58, 50968 Köln
Tel. 02 21/9 37 38-01, Fax 02 21/9 37 38-943
info@otto-schmidt.de
www.otto-schmidt.de

ISBN 978-3-504-37019-0

Das verwendete Papier ist aus chlorfrei gebleichten Rohstoffen hergestellt, holz- und säurefrei, alterungsbeständig und umweltfreundlich.

Einbandgestaltung: Jan P. Lichtenford, Mettmann
Satz: Schäper, Bonn
Druck und Verarbeitung: Kösel, Krugzell
Printed in Germany

Vorwort

Das am 1. Januar 1995 in Kraft getretene Umwandlungsgesetz (UmwG) hat – begleitet durch das passgenaue Umwandlungssteuergesetz – die Landschaft des Unternehmensrechts ganz nachdrücklich verändert: Die Spaltung und ihr Unterfall, die Ausgliederung, sind als neue Rechtsinstrumente geschaffen worden; der einstige Unterschied zwischen formwechselnder und übertragender Umwandlung wurde gesellschaftsrechtlich und teilweise auch steuerrechtlich eingeebnet. Die Umwandlungsmöglichkeiten wurden in starkem Maße ausgeweitet und haben zu einer großen Flexibilität im Recht der Unternehmensumstrukturierung geführt; die Möglichkeiten der Unternehmen zur Schaffung optimaler Strukturen und die Anpassungsfähigkeit an die Globalisierung der Wirtschaft wurden auf diese Weise nachhaltig verbessert.

Mit dem 2. ÄnderungsG zum UmwG vom 19. April 2007 hat das Umwandlungsrecht große Erleichterungen und zusätzliche Erweiterungen erfahren: Erleichterungen, weil eine ganze Reihe von angemahnten Änderungen und Verbesserungen Gesetz geworden sind; Erweiterungen, weil in Umsetzung der EU-Fusionsrichtlinie vom 26. Oktober 2005 die §§ 122a bis 122l UmwG zur europaweiten, grenzüberschreitenden Verschmelzung in das Gesetz aufgenommen wurden. Damit können sich europäische Kapitalgesellschaften (AG, KGaA, SE, GmbH) nach Deutschland hineinverschmelzen, aber auch deutsche Kapitalgesellschaften in andere EU- und EWR-Länder herausverschmelzen: ein großer Schritt auf dem Weg zur Europäisierung des Unternehmensrechts.

Am negativen Votum des Bundesrats gescheitert ist hingegen die als Aktienrechtsnovelle 2011 gestartete, durch die Änderung des § 120 Abs. 4 AktG-E aber am 27. Juni 2013 als VorstKoG vom Bundestag beschlossene Gesetzesreform, die sich mittelbar auch auf das Umwandlungsrecht ausgewirkt hätte. Weitere sinnvolle Vorschläge – wie etwa die Ersetzung von Bar-Nachzahlungsansprüchen durch Anteile oder Erleichterungen bei der Konzern-Ausgliederung – wurden bereits im Rahmen der parlamentarischen Beratungen nicht berücksichtigt.

Dennoch waren in die Neuauflage zahlreiche neue Entwicklungen einzuarbeiten: Insbesondere das am 15. Juli 2011 in Kraft getretene 3. ÄnderungsG zum UmwG brachte in Umsetzung der RL 2009/109/EG zahlreiche Änderungen und Erleichterungen mit sich: Völlig neu ist insbesondere der verschmelzungsrechtliche Squeeze-Out, der bereits zum Zuge kommt, wenn dem übernehmenden Rechtsträger 90 % der Anteile an einer übertragenden Aktiengesellschaft gehören. Das ARUG führte gesetzesübergreifend zu erheblichen Modifikationen des Freigabeverfahrens, wodurch die Vollzugssicherheit und Umsetzungsgeschwindigkeit von Umwandlungsvorgängen insbesondere unter Beteiligung börsennotierter Gesellschaften deutlich erhöht wurden. Der für die Praxis ungemein wichtige § 16 UmwG wurde völlig neu bearbeitet. Auch im Übrigen waren die vielfältigen Veränderungen, die das ARUG, das MoMiG und das BilMoG sowie weitere Änderungen im Gesellschafts- und Bilanzrecht mit sich brachten, zu berücksichtigen. Über die Gesetzesänderungen hinaus musste das vielfältige Material aus Rechtsprechung, Aufsätzen und auch weiteren Kommentierungen sorgfältig eingearbeitet werden.

Ein Gesetz wie das Umwandlungsgesetz ist eine Herausforderung für Praxis und Wissenschaft. Aufgaben der Systematisierung und Erläuterung stellen sich ebenso wie solche in der praktischen Gestaltung, ihrer Möglichkeiten und Grenzen. Es lag daher nahe, ein Team aus beiden Bereichen zu bilden, Autoren aus der Praxis mit Autoren aus der Wissenschaft gemeinsam vor die Aufgabe zu stellen, das Gesetz zu erläutern, vielfältig entstandene Fragen zu klären und mögliche Lücken zu schließen.

Jeder Autor trägt für seinen Teil die wissenschaftliche Verantwortung; die Herausgeber aber hoffen, dass sich dennoch der Teamgeist durchgesetzt hat und die Koordination bei der Interpretation der vielfach verschränkten Teile des Gesetzes gelungen ist.

Für jede Umwandlung sind die Fragen des Steuerrechts von herausragender Bedeutung, zumal das UmwStG 1995 durch das SEStEG 2006 stark verändert worden ist. Das wird in diesem Kommentar nachdrücklich berücksichtigt. Eingehende steuerrechtliche Darstellungen finden sich in der Einleitung II dieses Kommentars sowie in den Anhängen nach § 122l UmwG für die Verschmelzung, nach § 151 UmwG für die Spaltung, nach § 173 UmwG für die Ausgliederung, nach § 189 UmwG für die Vermögensübertragung sowie im Anhang nach § 304 UmwG für den Formwechsel. Auf diese Weise findet der Leser in diesem Kommentar eine problembezogene und systematische Darstellung der anstehenden steuerlichen Fragen jeweils im Kontext mit der für ihn relevanten Form der Umwandlung. Die steuerlichen Teile des Kommentars mussten auch für die aktuelle 5. Auflage wieder grundlegend überarbeitet und auf die Bestimmungen des neuen UmwSt-Erlasses ausgerichtet werden.

Mit der 5. Auflage verbunden ist die Fortsetzung des bereits in der Vorauflage einsetzenden Generationenwechsels: Er beginnt auf der Ebene der Herausgeber, wo Prof. Dr. Dr. h.c. mult. Marcus Lutter, der Gründungsherausgeber und Namensgeber des Kommentars, die Verantwortung in die Hände von Prof. Dr. Walter Bayer übergeben hat, der nunmehr auch für die Einleitung I verantwortlich zeichnet. Für den Mitherausgeber Dr. Martin Winter, der in Folge einer schweren Krankheit im Jahre 2009 im Alter von nur 53 Jahren viel zu früh verstorben ist, konnten wir aus den Reihen der Anwaltschaft Prof. Dr. Jochen Vetter gewinnen, der zugleich auch die Kommentierung der §§ 46–59 UmwG von Dr. Winter übernommen hat.

Auch im Kreis der Autoren wurde der Generationenwechsel fortgesetzt: Prof. Dr. Tim Drygala verantwortet nunmehr allein die §§ 1–13 UmwG, Dr. Christian Decher hat zusätzlich die §§ 14–19 UmwG übernommen und konnte hier seine große praktische Erfahrung bei der Betreuung von Freigabeverfahren einbringen. Unterstützung findet Dr. Decher dafür bei der Kommentierung der Formwechselvorschriften der §§ 190–213 UmwG nunmehr durch Dr. Andreas Hoger. Die Vorschriften zum VVaG hat nunmehr Dr. Daniel Wilm übernommen. Prof. Dr. Gerd Krieger hat seine Kommentierung zum Spruchverfahren nunmehr allein in die Verantwortung seiner bisherigen Co-Autorin Dr. Petra Mennicke übergeben, die vereinsrechtlichen Vorschriften wurden teilweise von Prof. Dr. Walter Bayer sowie Dr. Stephan R. Göthel übernommen. Und die alleinige Verantwortung für die steuerrechtlichen Teile trägt nunmehr Prof. Dr. Andreas Schumacher, der bereits in der Voraufl. als Co-Autor neben dem nunmehr ausgeschiedenen Prof. Dr. Harald Schaumburg tätig war.

Autoren und Herausgeber danken ihren Mitarbeiterinnen und Mitarbeitern für alle Hilfe; ohne sie wäre die rasche Verwirklichung der Neuauflage nicht möglich gewesen. Dank gilt aber auch dem Verlag für seine tatkräftige und stets freundliche und hilfreiche Unterstützung.

Vor allem aber bitten wir die Leser herzlich um Anregung und Kritik; dafür steht eigens eine Antwortkarte (am Ende des II. Bandes) zur Verfügung.

Jena und München, im Oktober 2013

Walter Bayer
Jochen Vetter

Es haben bearbeitet:

Bayer
§§ 79–98, 105–108, 122a–l, 147, 148, 150, 258–271

Decher
§§ 14–19

Decher/Hoger
§§ 190–213

Drygala
§§ 1–13

Grunewald
§§ 20–23, 25–38, 60–78

Göthel
§§ 226–257

Hennrichs
§§ 99–104a, 149

Hoger
§ 321

Hüttemann/Rawert
§§ 161–167, 317

Joost
§§ 214–225c, 322–325

Karollus
§§ 120–122, 152–160, 319

Krieger/Bayer
§§ 272–282

Krieger/Göthel
§§ 283–290

Kuhlen
§§ 313–316

Lutter/Bayer
Einleitung I, § 318

Mennicke
SpruchG

Priester
§§ 24, 126, 128–130, Anh. nach § 134, 136–140

Schumacher
Einleitung II, Anh. 1 u. 2 nach § 122l, Anh. nach § 151, Anh. nach § 173, Anh. 3 nach § 189, Anh. nach § 304

Harry Schmidt
§§ 39–45e, 168–177, 301–304

Schwab
§§ 127, 133, 134, 141–146

Teichmann
§§ 123–125, 131, 135, Anh. nach § 137

Wilm
§§ 109–119, 151, 178–189, Anh. 1 u. 2 nach § 189, 291–300

Martin Winter/Jochen Vetter
§§ 46–59

Inhaltsverzeichnis

Band I

Band II

Anhang

Allgemeines Literaturverzeichnis

Adler/Düring/Schmaltz	Rechnungslegung und Prüfung der Unternehmen, Kommentar zum HGB, AktG, GmbHG, PublG nach den Vorschriften des Bilanzrichtlinien-Gesetzes, 6. Aufl. 1995 ff.
Bauer	Genossenschafts-Handbuch, Loseblatt
Baumbach/Hopt	Kurzkommentar zum HGB, 35. Aufl. 2012
Baumbach/Hueck	Kurzkommentar zum Aktiengesetz, 13. Aufl. 1968
Baumbach/Hueck	Kurzkommentar zum GmbHG, 20. Aufl. 2013
Beck'scher Bilanz-Kommentar	Handels- und Steuerbilanz, §§ 238 bis 339, 342 bis 342e HGB mit IFRS-Abweichungen, 8. Aufl. 2012, hrsg. von Ellrott, Förschle, Grottel, Kozikowski, Schmidt, Winkeljohann
Beuthien	Genossenschaftsgesetz, Kommentar, mit Umwandlungs- und Kartellrecht sowie Statut der Europäischen Genossenschaft, 15. Aufl. 2011
Böttcher/Meilicke	Umwandlung und Verschmelzung von Kapitalgesellschaften, 5. Aufl. 1958
Bumiller/Harders	FamFG Freiwillige Gerichtsbarkeit, 10. Aufl. 2011
Ebenroth/Boujong/Joost/Strohn	Handelsgesetzbuch, Kommentar, 2. Aufl. 2008/2009
Engelmeyer	Die Spaltung von Aktiengesellschaften nach dem neuen Umwandlungsrecht, 1995
Erman	BGB, Handkommentar, 13. Aufl. 2011, hrsg. von H.P. Westermann, Grunewald, Maier-Reimer
Fritzsche/Dreier/Verfürth	SpruchG, Kommentar zum Spruchverfahrensgesetz, 2004
Ganske	Umwandlungsrecht. Textausgabe des Umwandlungsgesetzes und des Umwandlungssteuergesetzes, 2. Aufl. 1995
Geßler/Hefermehl/Eckardt/Kropff	Aktiengesetz, Kommentar, 1974 ff., (zitiert: G/H/E/K), ab 2. Aufl. s. Münchener Kommentar Aktiengesetz
Godin/Wilhelmi	Aktiengesetz, Kommentar, 4. Aufl. 1971
Goutier/Knopf/Tulloch (Hrsg.)	Kommentar zum Umwandlungsrecht, Umwandlungsgesetz – Umwandlungssteuergesetz, 1996
Großkommentar	Aktiengesetz, 4. Aufl. 1992 ff., hrsg. von Hopt, Wiedemann
Großkommentar	Handelsgesetzbuch, begr. von Staub, 4. Aufl. 1983 ff., hrsg. von Canaris, Schilling, Ulmer, ab 5. Aufl. s. Staub
Hachenburg	GmbHG, Großkommentar, 7. Aufl. 1975 ff., (zitiert: Hachenburg[7]); 8. Aufl. 1990 ff., hrsg. von Ulmer

Happ (Hrsg.)	Aktienrecht, 3. Aufl. 2007
Haritz/Menner (Hrsg.)	Umwandlungssteuergesetz, Kommentar, 3. Aufl. 2010
Heckschen	Verschmelzung von Kapitalgesellschaften, 1989
Heckschen/Simon	Umwandlungsrecht. Gestaltungsschwerpunkte der Praxis, 2003
Henn/Frodermann/Jannott	Handbuch des Aktienrechts, 8. Aufl. 2009, begr. von Henn, hrsg. von Frodermann, Jannott
Hennrichs	Formwechsel und Gesamtrechtsnachfolge bei Umwandlungen, 1995
Henssler	Partnerschaftsgesellschaftsgesetz, Kommentar, 2. Aufl. 2008
Heymann	Handelsgesetzbuch, Kommentar, 2. Aufl. 1995, hrsg. von Horn
Hüffer	Aktiengesetz, Kommentar, 10. Aufl. 2012
Kallmeyer	Umwandlungsgesetz, Kommentar, 5. Aufl. 2013
Kalss	Verschmelzung, Spaltung, Umwandlung, Kommentar, 2. Aufl. Wien 2010
Keidel	FamFG, Kommentar, 17. Aufl. 2011
Keßler/Kühnberger (Hrsg.)	Umwandlungsrecht, Kompakt-Kommentar, 2009
Klöcker/Frowein	Spruchverfahrensgesetz, Kommentar, 2004
Kölner Kommentar	Aktiengesetz, 2. Aufl. 1988 ff., hrsg. von Zöllner (zitiert: KölnKomm.[2]), 3. Aufl. 2004 ff., hrsg. von Zöllner, Noack (zitiert: KölnKomm.)
Kölner Kommentar	SpruchG, 2005, hrsg. von Riegger, Wasmann (zitiert: KölnKomm.)
Kölner Kommentar	UmwG, 2009, hrsg. von Dauner-Lieb, Simon (zitiert: KölnKomm.)
Kölner Kommentar	WpÜG, 2. Aufl. 2010, hrsg. von Hirte, von Bülow (zitiert: KölnKomm.)
Kübler/Assmann	Gesellschaftsrecht, 6. Aufl. 2006
Lang/Weidmüller	Genossenschaftsgesetz, Kommentar, 37. Aufl. 2011
Limmer (Hrsg.)	Handbuch der Unternehmensumwandlung, 4. Aufl. 2012
Lutter (Hrsg.)	Holding-Handbuch, 4. Aufl. 2004
Lutter (Hrsg.)	Verschmelzung, Spaltung, Formwechsel nach neuem Umwandlungsrecht und Umwandlungssteuerrecht, Kölner Umwandlungsrechtstage, 1995
Lutter/Bayer/J. Schmidt	Europäisches Unternehmens- und Kapitalmarktrecht. Grundlagen, Stand und Entwicklung nebst Texten und Materialien, 5. Aufl. 2012
Lutter/Hommelhoff	GmbH-Gesetz, Kommentar, 13. Aufl. 1991 m. Anh. Verschmelzung (zitiert: Lutter/Hommelhoff[13]), 18. Aufl. 2012
Lutter/Hommelhoff (Hrsg.)	SE-Kommentar, 2008

Maulbetsch/Klumpp/Rose	Umwandlungsgesetz, 2008 (Heidelberger Kommentar)
Meilicke/Graf von Westphalen/Hoffmann/Lenz/Wolff	Partnerschaftsgesellschaftsgesetz, Kommentar, 2. Aufl. 2006
Mertens, Kai	Umwandlung und Universalsukzession, 1993
Michalski (Hrsg.)	GmbHG, Kommentar, 2. Aufl. 2010
Michalski/Römermann	Partnerschaftsgesellschaftsgesetz, Kommentar, 3. Aufl. 2005
Müller, Klaus	Genossenschaftsgesetz, Kommentar, 2. Aufl. 1991 ff.
Münchener Handbuch des Gesellschaftsrechts	Band 1: BGB-Gesellschaft, OHG, PartG, Partenreederei, EWIV, 3. Aufl. 2009, hrsg. von Gummert, Weipert; Band 2: KG, GmbH & Co. KG, Publikums-KG, Stille Gesellschaft, 3. Aufl. 2009, hrsg. von Gummert, Weipert; Band 3: GmbH, 4. Aufl. 2012, hrsg. von Priester, Mayer, Wicke; Band 4: Aktiengesellschaft, 3. Aufl. 2007, hrsg. von Hoffmann-Becking
Münchener Kommentar	Aktiengesetz, 3. Aufl. 2008 ff., hrsg. von Goette, Habersack; 1. Aufl. s. Geßler/Hefermehl/Eckardt/Kropff
Münchener Kommentar	BGB, 5. Aufl. 2006 ff., hrsg. von Säcker, Rixecker
Münchener Kommentar	GmbH-Gesetz, 2010 ff., hrsg. von Fleischer, Goette
Münchener Kommentar	HGB, 3. Aufl. 2010 ff., hrsg. von Karsten Schmidt
Neye	Umwandlungsgesetz/Umwandlungssteuergesetz, 2. Aufl. 1995
Palandt	Bürgerliches Gesetzbuch, Kommentar, 72. Aufl. 2013
Picot (Hrsg.)	Unternehmenskauf und Restrukturierung. Handbuch zum Wirtschaftsrecht, 3. Aufl. 2004 (4. Aufl. 2013 während der Drucklegung erschienen)
Pöhlmann/Fandrich/Bloehs	Genossenschaftsgesetz, Kommentar, 4. Aufl. 2012, begr. von Hettrich und Pöhlmann, hrsg. von Pöhlmann, Fandrich, Bloehs
Raiser/Veil	Recht der Kapitalgesellschaften, 5. Aufl. 2010
RGRK	Kommentar zum BGB von Reichsgerichtsräten und Bundesrichtern, 12. Aufl. 1974 ff.
Rödder/Herlinghaus/van Lishaut	Umwandlungssteuergesetz, Kommentar, 2. Aufl. 2013
Röhricht/Graf von Westphalen/Haas (Hrsg.)	Handelsgesetzbuch, Kommentar, 4. Aufl. 2014
Rose/Glorius-Rose	Unternehmen. Rechtsformen und Verbindungen, 3. Aufl. 2001
Roth/Altmeppen	GmbHG, Kommentar, 7. Aufl. 2012
Rowedder/Schmidt-Leithoff	GmbHG, Kommentar, 5. Aufl. 2013, begr. von Rowedder, hrsg. von Schmidt-Leithoff

Sagasser/Bula/Brünger	Umwandlungen. Verschmelzung, Spaltung, Formwechsel, Vermögensübertragung, Zivilrecht, Handelsrecht, Arbeitsrecht, Kartellrecht, Steuerrecht, 4. Aufl. 2011
Schaumburg/Rödder	Umwandlungsgesetz/Umwandlungssteuergesetz, 1995
Schlegelberger/Quassowski	Kommentar zum Aktiengesetz 1937, 3. Aufl. 1939
Schmidt, Karsten	Gesellschaftsrecht, 4. Aufl. 2002
K. Schmidt/Lutter (Hrsg.)	Aktiengesetz, Kommentar, 2. Aufl. 2010
Schmidt, Ludwig	Einkommensteuergesetz, Kommentar, 32. Aufl. 2013
Schmitt/Hörtnagl/Stratz	Umwandlungsgesetz/Umwandlungssteuergesetz, Kommentar, 6. Aufl. 2013
Schöne	Die Spaltung unter Beteiligung von GmbH gem. §§ 123 ff. UmwG, 1998
Scholz	GmbH-Gesetz, Großkommentar mit GmbH-Konzernrecht, 7. Aufl. 1986/1988 mit Umwandlung und Verschmelzung (zitiert: Scholz^{7}); 8. Aufl. 1983/1995 (zitiert: Scholz^{8}); 10. Aufl. Bd. III 2010; 11. Aufl. Bd. I 2012, Bd. II 2014
Schwarz	Umwandlung mittelständischer Unternehmen im Handels- und Steuerrecht, 1995
Schwedhelm	Die Unternehmensumwandlung. Verschmelzung, Spaltung, Formwechsel, Einbringung, 7. Aufl. 2012
Schwedhelm/Mack/Streck	Neues Umwandlungsrecht, 1994
Semler/Stengel	Umwandlungsgesetz, Kommentar, 3. Aufl. 2012
Simon (Hrsg.)	SpruchG, Kommentar, 2007
Soergel	BGB, Kommentar, 13. Aufl. 1999 ff.
Staub	Handelsgesetzbuch, Großkommentar, 5. Aufl. 2008 ff., hrsg. von Canaris, Habersack, C. Schäfer
Staudinger	Kommentar zum Bürgerlichen Gesetzbuch, 12. Aufl. 1978 ff., 13. Aufl. 1993 ff.
Ulmer/Habersack/Löbbe (Hrsg.)	GmbHG, Großkommentar, 2. Aufl. 2013 ff.
Ulmer/Habersack/Winter (Hrsg.)	GmbHG, Großkommentar, 2005 ff.
Ulmer/Schäfer	Gesellschaft bürgerlichen Rechts und Partnerschaftsgesellschaft. Systematischer Kommentar, 5. Aufl. 2009
Veith/Börnstein	Umwandlungsgesetz und Umwandlungs-Steuergesetz, 1958
Widmann/Mayer	Umwandlungsrecht, Umwandlungsgesetz, Umwandlungssteuergesetz, Loseblatt
Wiedemann	Gesellschaftsrecht. Ein Lehrbuch des Unternehmens- und Verbandsrechts, Band I, 1980
Willemsen/Hohenstatt/Schweibert/Seibt	Umstrukturierung und Übertragung von Unternehmen: Arbeitsrechtliches Handbuch, 4. Aufl. 2011
Wittgens	Das Spruchverfahrensgesetz, 2006

Abkürzungsverzeichnis

ABl. EG	Amtsblatt der Europäischen Gemeinschaften
AC	Adler-Clemens, Sammlung handelsrechtlicher Entscheidungen (Österreich)
A.C.	Law Reports, Appeal Cases
AcP	Archiv für die civilistische Praxis
ADHGB	Allgemeines Deutsches Handelsgesetzbuch von 1861
A/D/S	Adler/Düring/Schmaltz, Rechnungslegung
AEU/AEUV	Vertrag über die Arbeitsweise der Europäischen Union
a.F.	alte Fassung
AfA	Absetzung für Abnutzung
AFG	Arbeitsförderungsgesetz
AG	Aktiengesellschaft; Die Aktiengesellschaft (Zeitschrift); Amtsgericht
AGBG	Gesetz zur Regelung des Rechts der Allgemeinen Geschäftsbedingungen
AktG	Aktiengesetz
ALB	Allgemeine Lebensversicherungs-Bedingungen. Musterbedingungen für die Großlebensversicherung
AnfG	Anfechtungsgesetz
AngKSchG	Angestellten-Kündigungsschutzgesetz
Anh.	Anhang
Anm.	Anmerkung
AnwBl.	Anwaltsblatt
AO	Abgabenordnung
AöR	Archiv des öffentlichen Rechts
AP	Arbeitsrechtliche Praxis
ArbG	Arbeitsgericht
ArbGG	Arbeitsgerichtsgesetz
ArbN	Arbeitnehmer
ArbNErfG	Gesetz über Arbeitnehmererfindungen
ArbR	Arbeitsrecht Aktuell
ArbuR	Arbeit und Recht
arg.	argumentum
Art.	Artikel
ARUG	Gesetz zur Umsetzung der Aktionärsrechterichtlinie
AStG	Außensteuergesetz
AT	Allgemeiner Teil
AtomG	Atomgesetz
AuA	Arbeit und Arbeitsrecht
Aufl.	Auflage
AuR	Arbeit und Recht
AVG	Angestelltenversicherungsgesetz
AWD	Außenwirtschaftsdienst des Betriebsberaters

AWG	Außenwirtschaftsgesetz
BABl.	Bundesarbeitsblatt
BadNotZ	Badische Notariatszeitschrift
BAG	Bundesarbeitsgericht
BAGE	Entscheidungen des Bundesarbeitsgerichts
BankArch	Bank-Archiv
BAnz.	Bundesanzeiger
BAnzDiG	Gesetz zur Änderung von Vorschriften über Verkündung und Bekanntmachungen sowie der Zivilprozessordnung, des Gesetzes betreffend die Einführung der Zivilprozessordnung und der Abgabenordnung
BAV	Die Betriebliche Altersversorgung, Mitteilungsblatt der Arbeitsgemeinschaft für betriebliche Altersversorgung e.V.
BayGVBl.	Bayerisches Gesetz- und Verordnungsblatt
BayObLG	Bayerisches Oberstes Landesgericht
BayObLGSt	Entscheidungen des Bayerischen Obersten Landesgerichts in Strafsachen
BayObLGZ	Entscheidungen des Bayerischen Obersten Landesgerichts in Zivilsachen
BayVBl.	Bayerische Verwaltungsblätter
BB	Der Betriebs-Berater
BBankG	Bundesbankgesetz
BBG	Bundesbeamtengesetz
BBK	Buchführung, Bilanz, Kostenrechnung, Zeitschrift für das gesamte Rechnungswesen
BBodSchG	Bundes-Bodenschutzgesetz
Bd.	Band
BdF	Bundesminister(ium) der Finanzen
BDSG	Bundesdatenschutzgesetz
BeckBilKomm.	Beck'scher Bilanz-Kommentar
BeckRS	Beck-Rechtsprechung
BegrRegE	Begründung zum Regierungsentwurf
BerDGesVölkR	Berichte der Deutschen Gesellschaft für Völkerrecht
BetrAV	Betriebliche Altersversorgung
BetrAVG	Gesetz zur Verbesserung der Betrieblichen Altersversorgung (= Betriebsrentengesetz)
BetrVG	Betriebsverfassungsgesetz
BeurkG	Beurkundungsgesetz
BewG	Bewertungsgesetz
BezG	Bezirksgericht
BfA	Bundesversicherungsanstalt für Angestellte
BFH	Bundesfinanzhof
BFHE	Sammlung der Entscheidungen und Gutachten des Bundesfinanzhofs
BFH/NV	Sammlung amtlich nichtveröffentlichter Entscheidungen des Bundesfinanzhofs

BFH/PR	Entscheidungen des BFH für die Praxis der Steuerberatung
BFM	Bundesfinanzminister(ium)
BFuP	Betriebswirtschaftliche Forschung und Praxis
BGB	Bürgerliches Gesetzbuch
BGBl.	Bundesgesetzblatt
BGH	Bundesgerichtshof
BGHSt	Entscheidungen des Bundesgerichtshofs in Strafsachen
BGHZ	Entscheidungen des Bundesgerichtshofs in Zivilsachen
BilMoG	Bilanzrechtsmodernisierungsgesetz
BilRLG, BiRiLiG	Bilanzrichtliniengesetz
BKR	Zeitschrift für Bank- und Kapitalmarktrecht
BlfG	Blätter für Genossenschaftswesen
BlStSozArbR	Blätter für Steuerrecht, Sozialversicherung und Arbeitsrecht
BNotO	Bundesnotarordnung
BR	Bundesrat
BRAGO	Bundesgebührenordnung für Rechtsanwälte
BRAK-Mitt.	Mitteilungen der Bundesrechtsanwaltskammer
BRAO	Bundesrechtsanwaltsordnung
BR-Drucks.	Bundesrats-Drucksache
BReg.	Bundesregierung
BSG	Bundessozialgericht
BSGE	Entscheidungen des Bundessozialgerichts
BStBl.	Bundessteuerblatt
BT-Drucks.	Bundestags-Drucksache
BUrlG	Bundesurlaubsgesetz
BV	Besloten Vennootschap met beperkte aansprakelijkheid
BVerfG	Bundesverfassungsgericht
BVerfGE	Entscheidungen des Bundesverfassungsgerichts
BVerfGG	Bundesverfassungsgerichtsgesetz
BVerwG	Bundesverwaltungsgericht
BW	Burgerlijk wetboek
BWNotZ	Zeitschrift für das Notariat in Baden-Württemberg
BWVP	Baden-Württembergische Verwaltungspraxis
BZRG	Bundeszentralregistergesetz
CC	Code civil
c.c.	Codice civile
c.i.c.	culpa in contrahendo
CFL	Corporate Finance law
Cod. com.	Code de Commerce
DAI	Deutsches Aktieninstitut
DB	Der Betrieb
DBA	Doppelbesteuerungsabkommen
DCF	Discounted Cash-Flow
DDR	Deutsche Demokratische Republik
Décr.	Décret

DepotG	Depot-Gesetz
DGRV	Deutscher Genossenschafts- und Raiffeisenverband e.V.
DGVZ	Deutsche Gerichtsvollzieher-Zeitung
DIHT	Deutscher Industrie- und Handelstag
DiskE	Diskussionsentwurf
Diss.	Dissertation
DJ	Deutsche Justiz
DJT	Deutscher Juristentag
DJZ	Deutsche Juristenzeitung
DMBilG, DMBG	D-Mark-Bilanzgesetz
DNotZ	Deutsche Notar-Zeitschrift
DÖV	Die Öffentliche Verwaltung
DR	Deutsches Recht (1939–1945)
DrittelbG	Drittelbeteiligungsgesetz
DRiZ	Deutsche Richterzeitung
DRpfl.	Der Deutsche Rechtspfleger
DStJG	Deutsche Steuerjuristische Gesellschaft
DStR	Deutsches Steuerrecht
DStZ	Deutsche Steuer-Zeitung
Dt.	Deutsche
DtZ	Deutsch-deutsche Rechts-Zeitschrift
DuD	Datenschutz und Datensicherheit
DUG	Diskont-Überleitungs-Gesetz
DVBl.	Deutsches Verwaltungsblatt
DVO	Durchführungsverordnung
DZWiR/DZWIR	Deutsche Zeitschrift für Wirtschaftsrecht; ab 1999: Deutsche Zeitschrift für Wirtschafts- und Insolvenzrecht
E	Entwurf
EBLR	European Business Law Review
EFG	Entscheidungen der Finanzgerichte
eG	eingetragene Genossenschaft
EG	Europäische Gemeinschaften; Einführungsgesetz
EGAktG	Einführungsgesetz zum Aktiengesetz
EGBGB	Einführungsgesetz zum Bürgerlichen Gesetzbuch
EGHGB	Einführungsgesetz zum Handelsgesetzbuch
EGInsO	Einführungsgesetz zur Insolvenzordnung
EGKS	Europäische Gemeinschaft für Kohle und Stahl
E-GmbHG	Entwurf zum GmbHG
EGMR	Europäischer Gerichtshof für Menschenrechte
EGStGB	Einführungsgesetz zum Strafgesetzbuch
EGV	Vertrag zur Gründung der Europäischen Gemeinschaft
EHUG	Gesetz über elektronische Handelsregister und Genossenschaftsregister sowie das Unternehmensregister
Einl.	Einleitung
EJStG 1997	Entwurf zum Jahressteuergesetz 1997
EKV	Europäische Kooperationsvereinigung

ErbbauRG	Erbbaurechtsgesetz
ErbbauRVO	Erbbaurechtsverordnung
ErbStG	Erbschaftsteuer- und Schenkungsteuergesetz
EStDV	Einkommensteuer-Durchführungsverordnung
EStG	Einkommensteuergesetz
EStR	Einkommensteuer-Richtlinien
EU	Europäische Union; Vertrag über die Europäische Union
EuGH	Europäischer Gerichtshof
EuGHE	Entscheidungssammlung des EuGH
EuGRZ	Europäische Grundrechte-Zeitschrift
EuGVVO	Verordnung über die gerichtliche Zuständigkeit und die Anerkennung und Vollstreckung von Entscheidungen in Zivil- und Handelssachen
EuR	Europarecht
EuroEG	Euro-Einführungsgesetz
EuropUR	Europäisches Unternehmens- und Kapitalmarktrecht
EU-VerschG	EU-Verschmelzungsgesetz
EuZW	Europäische Zeitschrift für Wirtschaftsrecht
eV	eingetragener Verein
EvBl.	Evidenzblatt der Rechtsmittelentscheidungen (Beilage zur ÖJZ)
EWG	Europäische Wirtschaftsgemeinschaft
EWGV	Vertrag zur Gründung der Europäischen Wirtschaftsgemeinschaft
EWiR	Entscheidungen zum Wirtschaftsrecht
EWIV	Europäische Wirtschaftliche Interessenvereinigung
EWIV-VO	EWIV-Verordnung
EWR	Europäischer Wirtschaftsraum
EWS	Europäisches Wirtschafts- und Steuerrecht
EZA	Entscheidungssammlung zum Arbeitsrecht
FamFG	Gesetz über das Verfahren in Familiensachen und in den Angelegenheiten der freiwilligen Gerichtsbarkeit
FamRZ	Zeitschrift für das gesamte Familienrecht
FB	Finanz Betrieb
FG	Finanzgericht; Freiwillige Gerichtsbarkeit
FGG	Gesetz über die Angelegenheiten der freiwilligen Gerichtsbarkeit
FKVO	Fusionskontrollverordnung
FR	Finanz-Rundschau
FRL	Fusionsrichtlinie
FS	Festschrift
G	Gesetz
GA	Goltdammer's Archiv für Strafrecht
GBl.	Gesetzblatt (DDR)
GBO	Grundbuchordnung

GbR	Gesellschaft bürgerlichen Rechts
GBVfg.	Allgemeine Verfügung über die Einrichtung und Führung des Grundbuchs
GebrMG	Gebrauchsmustergesetz
GenG	Gesetz betr. die Erwerbs- und Wirtschaftsgenossenschaften
GenRegVO	Verordnung über das Genossenschaftsregister
Ges.	Gesetz
GeschmMG	Geschmacksmustergesetz
GesR	Gesellschaftsrecht
GesRZ	Der Gesellschafter, Zeitschrift für Gesellschaftsrecht
GewA	Gewerbearchiv
GewO	Gewerbeordnung
GewStG	Gewerbesteuergesetz
GewStR	Gewerbesteuer-Richtlinien
GG	Grundgesetz
gGmbH	gemeinnützige GmbH
G/H/E/K	Geßler/Hefermehl/Eckardt/Kropff
GK	Gemeinschaftskommentar
GKG	Gerichtskostengesetz
GmbH	Gesellschaft mit beschränkter Haftung
GmbHÄndG	GmbH-Änderungsgesetz
GmbHG	Gesetz betr. die Gesellschaften mit beschränkter Haftung
GmbHR	GmbH-Rundschau
GmbHRspr.	Die GmbH in der Rechtsprechung der deutschen Gerichte
GmbH-StB	GmbH-Steuer-Berater
GNotKG	Gerichts- und Notarkostengesetz
GoB	Grundsätze ordnungsmäßiger Buchführung
GoltdArch	Goltdammer's Archiv für Strafrecht
GPR	Zeitschrift für Gemeinschaftsprivatrecht
gPV	genossenschaftlicher Prüfungsverband
GrEStG	Grunderwerbsteuergesetz
Großkomm.	Großkommentar
Gruch.	Beiträge zur Erläuterung des Deutschen Rechts, begründet von Gruchot
GrünhutsZ	Zeitschrift für das Privat- und öffentliche Recht der Gegenwart, begründet von Grünhut
GRUR	Gewerblicher Rechtsschutz und Urheberrecht
GS	Gedächtnisschrift
GStB	Gestaltende Steuerberatung
GuV	Gewinn- und Verlustrechnung
GVG	Gerichtsverfassungsgesetz
GWB	Gesetz gegen Wettbewerbsbeschränkungen
GWR	Gesellschafts- und Wirtschaftsrecht
HandReg.	Handelsregister
HandwO	Handwerksordnung
HansGRZ	Hanseatische Gerichtszeitung

HansOLG	Hanseatisches Oberlandesgericht
HB	Handelsblatt
HdU	Handbuch der Unternehmensbesteuerungen
HFA	Hauptfachausschuss des Instituts der Wirtschaftsprüfer
HFR	Höchstrichterliche Finanzrechtsprechung
HGB	Handelsgesetzbuch
HRefG	Handelsrechtsreformgesetz
HRegV	Verordnung über das Handelsregister
HRR	Höchstrichterliche Rechtsprechung
HRV	Handelsregisterverfügung
HS	Handelsrechtliche Entscheidungen (Österreich)
HV	Hauptversammlung
HWB	Handwörterbuch
HWiG	Gesetz über den Widerruf von Haustürgeschäften
HwO	Handwerksordnung
IdW	Institut der Wirtschaftsprüfer
i.E.	im Ergebnis
INF	Die Information über Steuer und Wirtschaft
InsO	Insolvenzordnung
IntGesR	Internationales Gesellschaftsrecht
InvG	Investmentgesetz
IPG	Gutachten zum internationalen und ausländischen Privatrecht
IPR	Internationales Privatrecht
IPRax	Praxis des Internationalen Privat- und Verfahrensrechts
IPRspr.	Die deutsche Rechtsprechung auf dem Gebiete des internationalen Privatrechts
i.S.d.	im Sinne des
IStR	Internationales Steuerrecht
ITRB	IT-Rechts-Berater
IWB	Internationale Wirtschaftsbriefe
JA	Juristische Arbeitsblätter
JB	Jahrbuch
JbFStR/JbFSt	Jahrbuch der Fachanwälte für Steuerrecht
Jb. Int. R.	Jahrbuch für internationales Recht
JBl.	Justizblatt; Juristische Blätter (Österreich)
J.B.L.	Journal of Business Law
JFG	Jahrbuch für Entscheidungen in Angelegenheiten der freiwilligen Gerichtsbarkeit und des Grundbuchrechts
JherJB	Jherings Jahrbücher der Dogmatik des Bürgerlichen Rechts
JMBlNRW	Justizministerialblatt Nordrhein-Westfalen
JR	Juristische Rundschau
JStErgG 1996	Jahressteuerergänzungsgesetz 1996
JStG 1996	Jahressteuergesetz 1996
Jura	Juristische Ausbildung

JurA	Juristische Analysen
JurBl.	Juristische Blätter
jurisPR-HaGesR	juris PraxisReport Handels- und Gesellschaftsrecht
JurP	Juristische Person
JuS	Juristische Schulung
JVEG	Justizvergütungs- und -entschädigungsgesetz
JW	Juristische Wochenschrift
JZ	Juristenzeitung

KAG	Kapitalanlagegesellschaft
KAGB	Kapitalanlagegesetzbuch
KAGG	Gesetz über Kapitalanlagegesellschaften
KapAEG	Kapitalaufnahmeerleichterungsgesetz
KapCoRiLiG	Kapitalgesellschaften- und Co.-Richtlinie-Gesetz
KapErhG	Kapitalerhöhungsgesetz
KapGes.	Kapitalgesellschaft
KapGesR	Kapitalgesellschaftsrecht
KfH	Kammer für Handelssachen
KG	Kammergericht; Kommanditgesellschaft
KGaA	Kommanditgesellschaft auf Aktien
KGBl.	Blätter für Rechtspflege im Bezirk des Kammergerichts
KGJ	Jahrbuch für Entscheidungen des Kammergerichts in Sachen der freiwilligen Gerichtsbarkeit
KölnKomm.	Kölner Kommentar
KÖSDI	Kölner Steuerdialog
KO	Konkursordnung
KonsG	Konsulargesetz
KonTraG	Gesetz zur Kontrolle und Transparenz im Unternehmensbereich
KoordG	Koordinationsgesetz
KostO	Kostenordnung
KostR	MoGKostenrechtsmodernisierungsgesetz
KostVfg	Kostenverfügung
KSchG	Kündigungsschutzgesetz
KStDV	Körperschaftsteuer-Durchführungsverordnung
KStG	Körperschaftsteuergesetz
KStR	Körperschaftsteuer-Richtlinien
KSzW	Kölner Schrift zum Wirtschaftsrecht
KTS	Zeitschrift für Konkurs-, Treuhand- und Schiedsgerichtswesen
KuT	Konkurs- und Treuhandwesen (später: KTS)
KV GKG	Kostenverzeichnis zum GKG
KV GNotKG	Kostenverzeichnis zum GNotKG
KVStDV	Kapitalverkehrsteuer-Durchführungsverordnung
KVStG	Kapitalverkehrsteuergesetz
KWG	Gesetz über das Kreditwesen

LAG	Landesarbeitsgericht
L. Coord.	Lois coordonnées par arrêté royal d. 30.12.1935 (Belgien)
L.C.S.	Lois Coordonnées sur les Sociétés (Belgien)
LG	Landgericht
LK	Leipziger Kommentar zum Strafgesetzbuch
LM	Nachschlagewerk des Bundesgerichtshofs, hrsg. von Lindenmaier, Möhring u.a.
LMK	Kommentierte BGH-Rechtsprechung (in Fortführung Lindenmaier-Möhring)
LöschG	Löschungsgesetz
LPG	Landwirtschaftliche Produktionsgenossenschaft
LS	Leitsatz
LSC	Loi no. 66-537d. 24.7.1966 sur les sociétés commerciales (Frankreich)
LSC lux.	Loi d. 10.8.1915 concernant les sociétés commerciales (Luxemburg)
LSG	Landessozialgericht
Ltd.	Limited Company
LuftverkehrsG, LuftVG	Luftverkehrsgesetz
LwAnpG	Landwirtschaftsanpassungsgesetz
LZ	Leipziger Zeitschrift für Deutsches Recht
MA	Musterabkommen
MarkenG	Markengesetz
MDR	Monatsschrift für Deutsches Recht
MedR	Medizinrecht
MgVG	Gesetz zur Umsetzung der Regelungen über die Mitbestimmung der Arbeitnehmer bei einer Verschmelzung von Kapitalgesellschaften aus verschiedenen Mitgliedstaaten
MindZV	Verordnung über die Mindestbeitragsrückerstattung in der Lebensversicherung
Mio.	Million
MitbestBeiG	Mitbestimmungs-Beibehaltungsgesetz
MitbestErgG	Mitbestimmungsergänzungsgesetz
MitbestG	Mitbestimmungsgesetz
MittBayNot	Mitteilungen des Bayerischen Notarvereins, der Notarkasse und der Landesnotarkammer Bayern
MittRhNotK	Mitteilungen der Rheinischen Notar-Kammer
MMR	Multimedia und Recht
Montan-Mitbest-ErgG	Montanmitbestimmungsergänzungsgesetz
MontanMitbestG	Montanmitbestimmungsgesetz
MünchHdb. GesR	Münchener Handbuch des Gesellschaftsrechts
MünchKomm. BGB	Münchener Kommentar zum BGB

MünchKomm. ZPO	Münchener Kommentar zur ZPO
MuW	Markenschutz und Wettbewerb
NachhBG	Nachhaftungsbegrenzungsgesetz
NaStraG	Gesetz zur Namensaktie und zur Erleichterung der Stimmrechtsausübung
NB	Neue Betriebswirtschaft
N.B.W.	Nieuw Burgerlijk Wetboek
NdsRpfl.	Niedersächsische Rechtspflege
n.F.	neue Fassung
NJW	Neue Juristische Wochenschrift
NJW-RR	NJW-Rechtsprechungs-Report
NK-StGB	Nomos Kommentar zum Strafgesetzbuch
NL-BzAR	Briefe zum Agrarrecht
NotBZ	Zeitschrift für die notarielle Beratungs- und Beurkundungspraxis
NStZ	Neue Zeitschrift für Strafrecht
NV	Naamloze Vennootschap
NVwZ	Neue Zeitschrift für Verwaltungsrecht
NWB	Neue Wirtschafts-Briefe
NZ	Notariatszeitung (Österreich)
NZA	Neue Zeitschrift für Arbeitsrecht
NZG	Neue Zeitschrift für Gesellschaftsrecht
NZI	Neue Zeitschrift für das Recht der Insolvenz und Sanierung
NZM	Neue Zeitschrift für Miet- und Wohnungsrecht
NZWiSt	Neue Zeitschrift für Wirtschafts-, Steuer- und Unternehmensstrafrecht
öAktG	österreichisches Aktiengesetz
öBankArch	österreichisches Bank-Archiv
ÖBL.	Österreichische Blätter für gewerblichen Rechtsschutz und Urheberrecht
OECD	Organization for Economic Cooperation and Development
OECD-MA	OECD-Musterabkommen
öGmbHG	Gesetz über die Gesellschaften mit beschränkter Haftung v. 6.3.1906 (Österreich)
ÖJZ	Österreichische Juristen-Zeitung
ÖstOGH	Österreichischer Oberster Gerichtshof
ÖStZ	Österreichische Steuer-Zeitung
ÖZW	Österreichische Zeitschrift für Wirtschaftsrecht
OFD	Oberfinanzdirektion
OFH	Oberster Finanzhof
OGAW	Organismen für gemeinsame Anlagen in Wertpapieren
OGH	(Österreichischer) Oberster Gerichtshof; auch Oberster Gerichtshof f. die Britische Zone

OGHZ	Entscheidungen des Obersten Gerichtshofs für die Britische Zone
OHG	Offene Handelsgesellschaft
OLG	Oberlandesgericht
OLGE/OLGR	Die Rechtsprechung der Oberlandesgerichte auf dem Gebiete des Zivilrechts
OLGZ	Entscheidungen der Oberlandesgerichte in Zivilsachen einschließlich der freiwilligen Gerichtsbarkeit
OR	Schweizerisches Obligationsrecht
OVG	Oberverwaltungsgericht
OWiG	Gesetz über Ordnungswidrigkeiten
PartGG	Partnerschaftsgesellschaftsgesetz
PatG	Patentgesetz
PBefG	Personenbeförderungsgesetz
PersGes.	Personenhandelsgesellschaft
PharmaZ	Pharma-Zeitschrift
phG	persönlich haftender Gesellschafter
plc	public limited company
PrOVG	Preußisches Oberverwaltungsgericht
PRV	Partnerschaftsregisterverordnung
PSV	Pensions-Sicherungsverein
PublG	Publizitätsgesetz
RabelsZ	Zeitschrift für ausländisches und internationales Privatrecht, begr. v. Rabel
RAG	Reichsarbeitsgericht; Entscheidungen des Reichsarbeitsgerichts
RBerG	Rechtsberatungsgesetz
RdA	Recht der Arbeit
RdE	Recht der Energiewirtschaft
RdL	Recht der Landwirtschaft
RDV	Recht der Datenverarbeitung
RdW	Recht der Wirtschaft
Recht	Das Recht, Rundschau für den deutschen Juristenbund
RefE	Referentenentwurf
RegE	Regierungsentwurf
Regl.	Reglement
rev.	revidiert
Rev. Int. Dr. Comp.	Revue Internationale de Droit Comparé
RFH	Reichsfinanzhof
RFHE	Sammlung der Entscheidungen des Reichsfinanzhofs
RG	Reichsgericht
RGBl.	Reichsgesetzblatt
RGRK	Kommentar zum BGB von Reichsgerichtsräten und Bundesrichtern
RGSt	Entscheidungen des Reichsgerichts in Strafsachen

RGZ	Entscheidungen des Reichsgerichts in Zivilsachen
RIW	Recht der internationalen Wirtschaft
RJ	Reichsjustizministerium
RJA	Entscheidungen in Angelegenheiten der freiwilligen Gerichtsbarkeit und des Grundbuchrechts
RKG	Reichsknappschaftsgesetz
rkr.	rechtskräftig
RM	Reichsmark
RNotZ	Rheinische Notar-Zeitschrift
ROHGE	Entscheidungen des Reichsoberhandelsgerichts
Rpfleger	Der Deutsche Rechtspfleger
RpflG	Rechtspflegergesetz
RQV	Rückgewährungsquote – Berechnungsverordnung
Rspr.	Rechtsprechung
RStBl.	Reichssteuerblatt
RVerfBG	Registerverfahren-Beschleunigungsgesetz
RVG	Rechtsanwaltsvergütungsgesetz
RVO	Reichsversicherungsordnung
RWP	Kartei der Rechts- und Wirtschaftspraxis
RWZ	Zeitschrift für Recht und Rechnungswesen
s.	section
SAE	Sammlung arbeitsrechtlicher Entscheidungen
SächsGemO	Gemeindeordnung für den Freistaat Sachsen
SächsVBl.	Sächsische Verwaltungsblätter
SAG	Die Schweizerische Aktiengesellschaft
SARL	Société à responsabilité limitée
SCE	Societas Cooperativa Europaea (Europäische Genossenschaft)
SCEAG	SCE-Ausführungsgesetz
SCE-VO	SCE-Verordnung
ScheckG, SchG	Scheckgesetz
SchiedsVZ	Zeitschrift für Schiedsverfahren
SchlHA	Schleswig-Holsteinische Anzeigen
SchwerbehG	Schwerbehindertengesetz
Schw. Jb. Int. R.	Schweizerisches Jahrbuch für Internationales Recht
SchwZStrafR	Schweizerisches Zeitschrift für Strafrecht
SE	Societas Europaea (Europäische Gesellschaft)
SEAG	SE-Ausführungsgesetz
SEBG	SE-Beteiligungsgesetz
SEEG	Gesetz zur Einführung der Europäischen Gesellschaft
SEG	SE-Gesetz (Österreich)
SEStEG	Gesetz über steuerliche Begleitmaßnahmen zur Einführung der Europäischen Gesellschaft und zur Änderung weiterer steuerrechtlicher Vorschriften
SeuffArch., SeuffA	Seufferts Archiv für Entscheidungen der obersten Gerichte in den deutschen Staaten
SE-VO	SE-Verordnung

SGb.	Die Sozialgerichtsbarkeit
SGB	Sozialgesetzbuch
SJZ	Süddeutsche Juristenzeitung; Schweizerische Juristen-Zeitung
SK-StGB	Systematischer Kommentar zum Strafgesetzbuch
SozplKonkG	Gesetz über den Sozialplan im Konkurs- und Vergleichsverfahren
SprAuG	Sprecherausschussgesetz
SpruchG	Spruchverfahrensgesetz
Sps.	Spiegelstrich
SpTrUG	Gesetz über die Spaltung der von der Treuhandanstalt verwalteten Unternehmen
SpuRt	Zeitschrift für Sport und Recht
StAnpG	Steueranpassungsgesetz
StBerG	Steuerberatungsgesetz
Stbg.	Die Steuerberatung
StbG	Steuerberatungsgesetz
StbJb.	Steuerberater-Jahrbuch
StBp.	Die steuerliche Betriebsprüfung
StEK	Steuererlasse in Karteiform
StEntlG	Steuerentlastungsgesetz
StGB	Strafgesetzbuch
St/HFA	Stellungnahme des Hauptfachausschusses des Instituts der Wirtschaftsprüfer
StiftG	Stiftungsgesetz
StKongRep	Steuerberater-Kongress-Report
stpfl.	steuerpflichtig
StPO	Strafprozessordnung
StraFo	Strafverteidiger Forum
StRK	Steuerrechtsprechung in Karteiform
st. Rspr.	ständige Rechtsprechung
StrVert	Strafverteidiger
StückAG	Gesetz über die Zulassung von Stückaktien
StuR	Staat und Recht
StuW	Steuer und Wirtschaft
StV	Strafverteidiger
StVG	Straßenverkehrsgesetz
SZ	Entscheidungen des OGH in Zivilsachen
SZW	Schweizerische Zeitschrift für Wirtschaftsrecht
TreuHG, TreuhandG	Treuhandgesetz
TVG	Tarifvertragsgesetz
Ubg	Die Unternehmensbesteuerung
UG	Unternehmergesellschaft
UmwandlungsVO	Verordnung zur Umwandlung von volkseigenen Kombinaten, Betrieben und Einrichtungen in Kapitalgesellschaften

UmwBerG	Gesetz zur Bereinigung des Umwandlungsrechts
UmwG	Umwandlungsgesetz
UmwGÄndG	Gesetz zur Änderung des Umwandlungsgesetzes
UmwSt-Erlass	Umwandlungssteuer-Erlass
UmwStG	Umwandlungssteuergesetz
UR	Umsatzsteuer-Rundschau
UrhG	Urheberrechtsgesetz
UStG	Umsatzsteuergesetz
UWG	Gesetz gegen den unlauteren Wettbewerb
VAG	Versicherungsaufsichtsgesetz
VBlBW	Verwaltungsblätter für Baden-Württemberg
VdN	Verschmelzung durch Neubildung
VerBAV	Veröffentlichungen des Bundesaufsichtsamtes für das Versicherungswesen
VereinsG	Vereinsgesetz
VerglO	Vergleichsordnung
VerschmG	Verschmelzungsgesetz
VersR	Versicherungsrecht
VerwR	Verwaltungsrecht
VG	Verwaltungsgericht
VGH	Verwaltungsgerichtshof
VGR	Wissenschaftliche Vereinigung für Unternehmens- und Gesellschaftsrecht
VIZ	Zeitschrift für Vermögens- und Investitionsrecht
VO	Verordnung
VorstKoG	Gesetz zur Verbesserung der Kontrolle der Vorstandsvergütung und zur Änderung weiterer aktienrechtlicher Vorschriften
VR	Verwaltungsrundschau
VStG	Vermögensteuergesetz
VuR	Verbraucher und Recht
VVaG	Versicherungsverein auf Gegenseitigkeit
VVG	Versicherungsvertragsgesetz
VW	Versicherungswirtschaft
VwGO	Verwaltungsgerichtsordnung
VwVfG	Verwaltungsverfahrensgesetz
VZS	Vereinigte Zivilsenate
WährG	Währungsgesetz
WarnR, WarnRspr.	Rechtsprechung des Reichsgerichts auf dem Gebiete des Zivilrechts, hrsg. v. Warneyer
WBl.	Wirtschaftsrechtliche Blätter (Österreich)
WEG	Wohnungseigentumsgesetz
WG	Wechselgesetz
WGGDV	Verordnung zur Durchführung des Wohnungsgemeinnützigkeitsgesetzes

WiB	Wirtschaftsrechtliche Beratung
WiKG	Gesetz zur Bekämpfung der Wirtschaftskriminalität
WiR	Wirtschaftsrecht
wistra	Zeitschrift für Wirtschaft, Steuer, Strafrecht
WM	Wertpapier-Mitteilungen
WPg	Die Wirtschaftsprüfung
WpHG	Wertpapierhandelsgesetz
WPO	Wirtschaftsprüferordnung
WpPG	Wertpapierprospektgesetz
WPrax	Wirtschaftsrecht und Praxis
WpÜG	Wertpapiererwerbs- und Übernahmegesetz
WRP	Wettbewerb in Recht und Praxis
WuB	Entscheidungssammlung zum Wirtschafts- und Bankrecht
WuM	Wohnungswirtschaft und Mietrecht
WuR	Wirtschaft und Recht
WuW	Wirtschaft und Wettbewerb
WuW/E	Wirtschaft und Wettbewerb, Entscheidungssammlung zum Kartellrecht
WZG	Warenzeichengesetz
ZAkDR	Zeitschrift der Akademie für Deutsches Recht
ZAP	Zeitschrift für die Anwaltspraxis
ZBB	Zeitschrift für Bankrecht und Bankwirtschaft
ZBH	Zentralblatt für Handelsrecht
ZbJV	Zeitschrift des bernischen Juristenvereins
ZEuP	Zeitschrift für Europäisches Privatrecht
ZEV	Zeitschrift für Erbrecht und Vermögensnachfolge
ZfA	Zeitschrift für Arbeitsrecht
ZfB	Zeitschrift für Betriebswirtschaft
ZfgG	Zeitschrift für das gesamte Genossenschaftswesen
ZfIR	Zeitschrift für Immobilienrecht
ZfRV	Zeitschrift für Europarecht, Internationales Privatrecht und Rechtsvergleichung
ZfV	Zeitschrift für Versicherungswesen
ZGB	Schweizerisches Zivilgesetzbuch
ZGR	Zeitschrift für Unternehmens- und Gesellschaftsrecht
ZHR	Zeitschrift für das gesamte Handelsrecht und Wirtschaftsrecht
ZInsO	Zeitschrift für das gesamte Insolvenzrecht
ZIP	Zeitschrift für Wirtschaftsrecht
ZIS	Zeitschrift für Internationale Strafrechtsdogmatik
ZLR	Zeitschrift für Lebensmittelrecht
ZMR	Zeitschrift für Miet- und Raumrecht
ZNotP	Zeitschrift für die Notar-Praxis
ZPO	Zivilprozessordnung
ZRP	Zeitschrift für Rechtspolitik
ZRvgl	Zeitschrift für Rechtsvergleichung
ZSR	Zeitschrift für schweizerisches Recht

ZStV	Zeitschrift für Stiftungs- und Vereinswesen
ZStW	Zeitschrift für die gesamte Strafrechtswissenschaft
ZTR	Zeitschrift für Tarifrecht
ZUM	Zeitschrift für Urheber- und Medienrecht
ZVersWiss	Zeitschrift für die gesamte Versicherungswissenschaft
ZVglRWiss	Zeitschrift für vergleichende Rechtswissenschaft
ZWH	Zeitschrift für Wirtschaftsstrafrecht und Haftung im Unternehmen
ZZP	Zeitschrift für Zivilprozess

Autorenverzeichnis

Professor Dr. Walter Bayer ist seit 1995 an der Friedrich-Schiller-Universität Jena als Professor für Bürgerliches Recht, Handels- und Gesellschaftsrecht tätig und wurde 2000 zum Mitglied des Thüringer Verfassungsgerichtshofes berufen; von 1996 bis 2010 war er Richter am Thüringer Oberlandesgericht. Schwerpunkte seiner Forschungstätigkeit sind das deutsche und das europäische Unternehmensrecht, speziell das Aktien-, das GmbH-, das Umwandlungs- und das Konzernrecht. Zu diesen Themen zahlreiche Veröffentlichungen, u.a. im Münchener Kommentar zum Aktiengesetz, im AktG-Kommentar von K. Schmidt/Lutter, im GmbHG-Kommentar von Lutter/Hommelhoff sowie im Jahr 2008 als Gutachter des 67. Deutschen Juristentags.

Dr. Christian E. Decher ist Partner der Anwaltssozietät Freshfields Bruckhaus Deringer. In Frankfurt/Main ist er schwerpunktmäßig im Bereich des Gesellschaftsrechts und hier insbesondere im Aktienrecht, Umwandlungsrecht und Konzernrecht tätig. Dr. Decher ist Mitglied des Handelsrechtsausschusses des Deutschen Anwaltvereins. Er ist Autor und Mitautor zahlreicher Veröffentlichungen im Bereich des Gesellschaftsrechts, u.a. im Großkommentar zum Aktienrecht und im Münchener Handbuch des Gesellschaftsrechts, Band 3: Gesellschaft mit beschränkter Haftung.

Professor Dr. Tim Drygala ist seit 2002 Professor an der Universität Leipzig für Bürgerliches Recht, Handels-, Gesellschafts- und Wirtschaftsrecht. Er ist Autor und Mitautor zahlreicher Veröffentlichungen zum Gesellschafts- und Unternehmensrecht. Die wissenschaftlichen Beiträge von Prof. Drygala konzentrieren sich insbesondere auf das GmbH- und Aktienrecht.

Dr. Stephan R. Göthel, LL.M. (Cornell) ist Rechtsanwalt, Partner und Wirtschaftsmediator in der Anwaltssozietät Taylor Wessing in Hamburg. Er ist schwerpunktmäßig im Bereich nationaler und grenzüberschreitender M&A-Transaktionen, Joint Ventures sowie Um- und Restrukturierungen tätig. Darüber hinaus berät er im deutschen und internationalen Gesellschaftsrecht, insbesondere im Kapitalgesellschaftsrecht, Umwandlungsrecht und Recht der SE. Er ist Autor und Mitautor zahlreicher Veröffentlichungen auf den Gebieten des deutschen, internationalen und US-amerikanischen Gesellschafts- und Kapitalmarktrechts, darunter Merkt/Göthel, Internationaler Unternehmenskauf. Dr. Göthel ist Lehrbeauftragter an der Bucerius Law School, Hamburg.

Professor Dr. Barbara Grunewald war Professorin an den Universitäten Mannheim und Mainz und ist jetzt als Professorin für Bürgerliches Recht, Handels- und Gesellschaftsrecht an der Universität zu Köln tätig. Außerdem ist sie geschäftsführende Direktorin des dortigen Instituts für Gesellschaftsrecht. Sie hat in vielen Bereichen des Gesellschaftsrechts gearbeitet und neben zahlreichen Veröffentlichungen auch ein Lehrbuch zum Gesellschaftsrecht publiziert.

Professor Dr. Joachim Hennrichs war von 2000 bis 2003 Professor für Bürgerliches Recht mit Bankrecht an der Westfälischen Wilhelms-Universität Münster. Seit 2003 ist er Inhaber des Lehrstuhls für Bürgerliches Recht, Bilanz- und Steuerrecht an der Universität zu Köln. Seine Forschungsschwerpunkte sind das Handels- und

Gesellschaftsrecht (samt der Bezüge zum Bank- und Kapitalmarktrecht), das Bilanzrecht einschließlich der Internationalen Rechnungslegung und das Einkommen- und Unternehmensteuerrecht. Zu diesen Themen zahlreiche Veröffentlichungen, u.a. im Münchener Kommentar zum AktG. Mitherausgeber des Handbuches des Jahresabschlusses.

Dr. Andreas Hoger, LL.M. (Harvard), ist Rechtsanwalt in der Anwaltssozietät Hengeler Mueller in Frankfurt/Main. Er ist schwerpunktmäßig im Bereich des Gesellschaftsrechts, insbesondere des Kapitalgesellschaftsrechts und des Umwandlungsrechts sowie des Transaktionsrechts (M&A) tätig. Dr. Hoger ist Autor und Mitautor einer Reihe von Veröffentlichungen in diesen Gebieten, u.a. Mitautor von Hopt, Vertrags- und Formularhandbuch zum Handels-, Gesellschafts- und Bankrecht.

Professor Dr. Rainer Hüttemann, Dipl.-Volksw., war von 1998 bis 2004 Professor an der Universität Osnabrück und lehrt seit 2004 Bürgerliches Recht, Handels-, Bilanz- und Steuerrecht an der Universität Bonn. Dort ist er zugleich Geschäftsführender Direktor des Instituts für Steuerrecht und Mitglied im Zentrum für Europäisches Wirtschaftsrecht. Professor Hüttemann hat zahlreiche Veröffentlichungen zum Gesellschafts-, Bilanz- und Steuerrecht sowie zum Stiftungsrecht vorgelegt. Er ist u.a. Autor mehrerer Bücher zur Besteuerung von Non Profit Organisationen und Kommentator im Großkommentar zum Handelsgesetzbuch von Staub.

Professor Dr. Detlev Joost war von 1985 bis 1991 Professor an der Universität des Saarlandes und ist seit 1991 Direktor des Seminars für Arbeitsrecht an der Universität Hamburg. Professor Joost ist Autor und Mitautor zahlreicher Veröffentlichungen zum Gesellschafts- und Arbeitsrecht und zum allgemeinen Zivilrecht, u.a. des Handbuchs der Konzernrechnungslegung von Küting/Weber, des Großkommentars zum HGB von Staub und des Münchener Handbuchs zum Arbeitsrecht. Er ist Herausgeber des Kommentars von Ebenroth/Boujong/Joost/Strohn zum HGB.

Professor Dr. Martin Karollus war von 1992 bis 1995 Professor an der Universität Bonn und ist seit März 1995 Professor an der Universität Linz (Österreich). Er ist dort Vorstand des Instituts für Unternehmensrecht. Professor Karollus hat bisher über 250 Fachbeiträge, vor allem zum (österreichischen und deutschen) Zivilrecht, Gesellschaftsrecht und Insolvenzrecht, verfasst, darunter eine Kommentierung des § 221 AktG im Kommentar Gessler/Hefermehl/Eckardt/Kropff (1994), eine Monografie zur Fortbestehensprognose im Rahmen der Überschuldungsprüfung (2. Auflage 2006, gemeinsam mit Huemer), ein Buch zu Eigenkapitalersetzenden Leistungen (1998, gemeinsam mit Schulyok), eine Kommentierung zum österreichischen Eigenkapitalersatz-Gesetz im Insolvenzrechtskommentar von Buchegger (2009), eine Kommentierung des Unternehmensübergangs (§§ 38–40 UGB) im Kommentar zum österreichischen Unternehmensgesetzbuch von Jabornegg/Artmann (2010) und eine Kommentierung zum österreichischen Aktienrecht im Kommentar von Jabornegg/Strasser (2011) zu den europarechtlichen Grundlagen sowie zu eigenen Aktien.

Professor Dr. Gerd Krieger ist seit 1980 Rechtsanwalt. Als Partner der Anwaltssozietät Hengeler Mueller in Düsseldorf ist er schwerpunktmäßig im Bereich des Gesellschaftsrechts tätig. Professor Krieger ist Honorarprofessor an der Heinrich-Heine-Universität Düsseldorf, Mitherausgeber der Zeitschrift für Unternehmens-

und Gesellschaftsrecht (ZGR) sowie Autor und Mitautor zahlreicher Veröffentlichungen im Bereich des Gesellschaftsrechts, u.a. Mitautor von Lutter/Krieger, Rechte und Pflichten des Aufsichtsrats, des Münchener Handbuchs des Gesellschaftsrechts, Band 4: Aktiengesellschaft, sowie von Krieger/Uwe H. Schneider, Handbuch Managerhaftung.

Professor Dr. Lothar Kuhlen ist seit 1986 an der Universität Mannheim tätig, wo er den Lehrstuhl für Strafrecht und Kriminologie, Wirtschafts- und Umweltstrafrecht innehat. Seine Arbeitsschwerpunkte liegen in der Rechtstheorie, im Allgemeinen Teil sowie im Besonderen Teil des Strafrechts. Er hat sich in Monographien und Kommentierungen mit dem Umwelt- und Wirtschaftsstrafrecht sowie mit den Amtsdelikten befasst.

Professor Dr. Dr. h.c. mult. Marcus Lutter war von 1965 bis 1979 Professor an der Ruhr-Universität Bochum und von 1980 bis zu seiner Emeritierung im Jahr 1996 Direktor des Instituts für Handels- und Wirtschaftsrecht der Universität Bonn; seither ist Professor Lutter Sprecher des Zentrums für Europäisches Wirtschaftsrecht der Universität Bonn. Professor Lutter war Stellvertretender Vorsitzender der Unternehmensrechtskommission beim Bundesjustizministerium sowie Mitglied der Ständigen Deputation des Deutschen Juristentages (1974–1990) und in der Zeit von 1982–1988 Präsident des Deutschen Juristentages. Von 2000 bis 2001 war Professor Lutter Mitglied der Regierungskommission „Corporate Governance" und war bis 1.7.2008 Mitglied der Regierungskommission „Deutscher Corporate Governance Kodex". Schwerpunkte seiner beruflichen und literarischen Tätigkeit sind das deutsche und europäische Unternehmensrecht mit Kommentierungen des Aktien- und GmbH-Gesetzes sowie Monografien zum europäischen Unternehmensrecht, zum Konzern in Deutschland und Europa sowie zum deutschen Aufsichtsrat.

Dr. Petra R. Mennicke, LL.M. (Cantab.), ist Counsel in der Sozietät Hengeler Mueller in Düsseldorf. Sie ist im Bereich des Aktien- und Konzernrechts tätig und ist spezialisiert auf die gesellschaftsrechtliche Prozessführung. In diesem Rahmen betreut sie u.a. seit vielen Jahren zahlreiche Spruchverfahren. Sie ist Autorin und Mitautorin einer Reihe von Veröffentlichungen in diesen Gebieten und Mitautorin des WpHG-Kommentars von A. Fuchs.

Professor Dr. Hans-Joachim Priester war von 1974 bis 2007 Notar in Hamburg und Partner einer Notarsozietät, die auf das Jahr 1797 zurückgeht und heute „Notariat Ballindamm" heißt. Er hat seit 1988 eine Honorarprofessur an der Universität Hamburg. Von Professor Priester stammen zahlreiche Aufsatzbeiträge zum Gesellschafts- und Bilanzrecht. Er ist Mitautor des Scholz'schen GmbHG-Kommentars und des Münchener Kommentars zum HGB, ferner Mitherausgeber der Zeitschrift für Unternehmens- und Gesellschaftsrecht (ZGR) sowie des Münchener Handbuchs des Gesellschaftsrechts, Band 3 GmbH.

Professor Dr. Peter Rawert, LL.M. (Exeter), ist seit 1994 Notar in Hamburg und dort Partner des Notariats Ballindamm. Er ist Honorarprofessor an der Universität Kiel. Professor Rawert ist Autor zahlreicher Veröffentlichungen zum Stiftungs- und Gesellschaftsrecht. Er ist Kommentator und Redaktor bei J. v. Staudingers Kommentar zum BGB.

Professor Dr. Harry Schmidt ist Rechtsanwalt und Of Counsel in der Sozietät Sammler Usinger in Berlin. Er arbeitet seit vielen Jahren im Gesellschaftsrecht, hat zahlreiche handels- und gesellschaftsrechtliche Publikationen verfasst und lehrt als Honorarprofessor Gesellschaftsrecht an der Universität Leipzig.

Professor Dr. Andreas Schumacher ist Steuerberater, Partner von Flick Gocke Schaumburg, Rechtsanwälte, Wirtschaftsprüfer, Steuerberater und im Bonner Büro der Partnerschaft tätig. Seine Tätigkeitsschwerpunkte liegen im Unternehmens- und Konzernsteuerrecht, insbesondere bei nationalen und internationalen Umstrukturierungen, Unternehmenskäufen und -verkäufen. Er ist Honorarprofessor der Universität Mannheim und Autor zahlreicher steuerrechtlicher Veröffentlichungen.

Professor Dr. Martin Schwab ist seit Oktober 2003 an der Freien Universität Berlin tätig. Er hat dort einen Lehrstuhl für Bürgerliches Recht, Verfahrens- und Insolvenzrecht inne. Seine derzeitigen Arbeitsschwerpunkte liegen im neuen Schuldrecht, im Zivilprozessrecht, im Gesellschafts- und Bilanzrecht.

Professor Dr. Arndt Teichmann war bis zu seiner Emeritierung Professor an der Universität Mainz für die Fächer Allgemeine Rechtslehre, Bürgerliches Recht, Handels- und Gesellschaftsrecht, Deutsches und Europäisches Wirtschaftsrecht. Außerdem war er Mitglied eines Senats am Oberlandesgericht Koblenz mit Schwerpunkten im Gesellschaftsrecht, Recht des unlauteren Wettbewerbs und Kartellrecht. Jetzt ist Professor Teichmann Partner einer Anwaltssozietät in Mainz. Die wissenschaftlichen Veröffentlichungen berühren methodische Fragen und konzentrieren sich auf das Zivilrecht (Schuldrecht) zum einen, das Gesellschaftsrecht zum anderen. Rechtsprobleme der Spaltung von Gesellschaften hat Professor Teichmann schon seit längerer Zeit aufgegriffen.

Professor Dr. Jochen Vetter, Dipl.-Ök., ist Rechtsanwalt und Partner der Anwaltssozietät Hengeler Mueller in München. Er ist seit vielen Jahren schwerpunktmäßig im Gesellschafts- und Konzernrecht tätig und Autor und Mitautor zahlreicher Veröffentlichungen auf diesen Gebieten, unter anderem als Kommentator im Aktienrechtskommentar von K. Schmidt/Lutter, im Kölner Kommentar zum AktG und im Münchener Kommentar zum GmbHG. Prof. Vetter ist Honorarprofessor an der Universität zu Köln, Mitherausgeber der AG und Mitglied der Ständigen Deputation des Deutschen Juristentags.

Dr. Daniel Wilm ist Partner der Anwaltssozietät Hengeler Mueller und in deren Düsseldorfer Büro tätig. Seine Tätigkeitsschwerpunkte liegen in den Bereichen Gesellschaftsrecht und Versicherungsaufsichtsrecht. Er ist Autor und Mitautor zahlreicher Veröffentlichungen in den Bereichen des Gesellschaftsrechts und Versicherungsaufsichtsrechts, u.a. Mitautor des Handbuchs des Versicherungsaufsichtsrechts.

Dr. Martin Winter war Partner der SZA Schilling, Zutt & Anschütz Anwaltssozietät, Mannheim und viele Jahre schwerpunktmäßig im Gesellschafts- und Konzernrecht tätig sowie Autor und Mitautor zahlreicher Veröffentlichungen auf diesen Gebieten sowie Mitherausgeber des Großkommentars zum GmbHG. Dr. Winter war Mitglied des Handelsrechtsausschusses des DAV und der Ständigen Deputation des Deutschen Juristentages. Dr. Winter ist im Jahre 2009 nach schwerer Krankheit verstorben.

Umwandlungsgesetz

Vom 28.10.1994, BGBl. I, S. 3210 (ber. am 22.3.1995, BGBl. I, S. 428)[1]

Erstes Buch. Möglichkeiten von Umwandlungen

§ 1. Arten der Umwandlung; gesetzliche Beschränkungen. (1) Rechtsträger mit Sitz im Inland können umgewandelt werden

1. durch Verschmelzung;
2. durch Spaltung (Aufspaltung, Abspaltung, Ausgliederung);
3. durch Vermögensübertragung;
4. durch Formwechsel.

(2) Eine Umwandlung im Sinne des Absatzes 1 ist außer in den in diesem Gesetz geregelten Fällen nur möglich, wenn sie durch ein anderes Bundesgesetz oder ein Landesgesetz ausdrücklich vorgesehen ist.

(3) Von den Vorschriften dieses Gesetzes kann nur abgewichen werden, wenn dies ausdrücklich zugelassen ist. Ergänzende Bestimmungen in Verträgen, Satzungen oder Willenserklärungen sind zulässig, es sei denn, dass dieses Gesetz eine abschließende Regelung enthält.

Zweites Buch. Verschmelzung

Erster Teil. Allgemeine Vorschriften

Erster Abschnitt. Möglichkeit der Verschmelzung

§ 2. Arten der Verschmelzung. Rechtsträger können unter Auflösung ohne Abwicklung verschmolzen werden

1. im Wege der Aufnahme durch Übertragung des Vermögens eines Rechtsträgers oder mehrerer Rechtsträger (übertragende Rechtsträger) als Ganzes auf einen anderen bestehenden Rechtsträger (übernehmender Rechtsträger) oder
2. im Wege der Neugründung durch Übertragung der Vermögen zweier oder mehrerer Rechtsträger (übertragende Rechtsträger) jeweils als Ganzes auf einen neuen, von ihnen dadurch gegründeten Rechtsträger

gegen Gewährung von Anteilen oder Mitgliedschaften des übernehmenden oder neuen Rechtsträgers an die Anteilsinhaber (Gesellschafter, Partner, Aktionäre oder Mitglieder) der übertragenden Rechtsträger.

---

1 Zuletzt geändert durch Gesetz zur Änderung von Vorschriften über Verkündung und Bekanntmachungen sowie der Zivilprozessordnung, des Gesetzes betreffend die Einführung der Zivilprozessordnung und der Abgabenordnung vom 22.12.2011, BGBl. I, S. 3044.

§ 3. Verschmelzungsfähige Rechtsträger. (1) An Verschmelzungen können als übertragende, übernehmende oder neue Rechtsträger beteiligt sein:

1. Personenhandelsgesellschaften (offene Handelsgesellschaften, Kommanditgesellschaften) und Partnerschaftsgesellschaften;
2. Kapitalgesellschaften (Gesellschaften mit beschränkter Haftung, Aktiengesellschaften, Kommanditgesellschaften auf Aktien);
3. eingetragene Genossenschaften;
4. eingetragene Vereine (§ 21 des Bürgerlichen Gesetzbuchs);
5. genossenschaftliche Prüfungsverbände;
6. Versicherungsvereine auf Gegenseitigkeit.

(2) An einer Verschmelzung können ferner beteiligt sein:

1. wirtschaftliche Vereine (§ 22 des Bürgerlichen Gesetzbuchs), soweit sie übertragender Rechtsträger sind;
2. natürliche Personen, die als Alleingesellschafter einer Kapitalgesellschaft deren Vermögen übernehmen.

(3) An der Verschmelzung können als übertragende Rechtsträger auch aufgelöste Rechtsträger beteiligt sein, wenn die Fortsetzung dieser Rechtsträger beschlossen werden könnte.

(4) Die Verschmelzung kann sowohl unter gleichzeitiger Beteiligung von Rechtsträgern derselben Rechtsform als auch von Rechtsträgern unterschiedlicher Rechtsform erfolgen, soweit nicht etwas anderes bestimmt ist.

Zweiter Abschnitt. Verschmelzung durch Aufnahme

§ 4. Verschmelzungsvertrag. (1) Die Vertretungsorgane der an der Verschmelzung beteiligten Rechtsträger schließen einen Verschmelzungsvertrag. § 311b Abs. 2 des Bürgerlichen Gesetzbuchs gilt für ihn nicht.

(2) Soll der Vertrag nach einem der nach § 13 erforderlichen Beschlüsse geschlossen werden, so ist vor diesem Beschluss ein schriftlicher Entwurf des Vertrags aufzustellen.

§ 5. Inhalt des Verschmelzungsvertrags. (1) Der Vertrag oder sein Entwurf muss mindestens folgende Angaben enthalten:

1. den Namen oder die Firma und den Sitz der an der Verschmelzung beteiligten Rechtsträger;
2. die Vereinbarung über die Übertragung des Vermögens jedes übertragenden Rechtsträgers als Ganzes gegen Gewährung von Anteilen oder Mitgliedschaften an dem übernehmenden Rechtsträger;
3. das Umtauschverhältnis der Anteile und gegebenenfalls die Höhe der baren Zuzahlung oder Angaben über die Mitgliedschaft bei dem übernehmenden Rechtsträger;
4. die Einzelheiten für die Übertragung der Anteile des übernehmenden Rechtsträgers oder über den Erwerb der Mitgliedschaft bei dem übernehmenden Rechtsträger;

5. den Zeitpunkt, von dem an diese Anteile oder die Mitgliedschaften einen Anspruch auf einen Anteil am Bilanzgewinn gewähren, sowie alle Besonderheiten in Bezug auf diesen Anspruch;
6. den Zeitpunkt, von dem an die Handlungen der übertragenden Rechtsträger als für Rechnung des übernehmenden Rechtsträgers vorgenommen gelten (Verschmelzungsstichtag);
7. die Rechte, die der übernehmende Rechtsträger einzelnen Anteilsinhabern sowie den Inhabern besonderer Rechte wie Anteile ohne Stimmrecht, Vorzugsaktien, Mehrstimmrechtsaktien, Schuldverschreibungen und Genussrechte gewährt, oder die für diese Personen vorgesehenen Maßnahmen;
8. jeden besonderen Vorteil, der einem Mitglied eines Vertretungsorgans oder eines Aufsichtsorgans der an der Verschmelzung beteiligten Rechtsträger, einem geschäftsführenden Gesellschafter, einem Partner, einem Abschlussprüfer oder einem Verschmelzungsprüfer gewährt wird;
9. die Folgen der Verschmelzung für die Arbeitnehmer und ihre Vertretungen sowie die insoweit vorgesehenen Maßnahmen.

(2) Befinden sich alle Anteile eines übertragenden Rechtsträgers in der Hand des übernehmenden Rechtsträgers, so entfallen die Angaben über den Umtausch der Anteile (Absatz 1 Nr. 2 bis 5), soweit sie die Aufnahme dieses Rechtsträgers betreffen.

(3) Der Vertrag oder sein Entwurf ist spätestens einen Monat vor dem Tage der Versammlung der Anteilsinhaber jedes beteiligten Rechtsträgers, die gemäß § 13 Abs. 1 über die Zustimmung zum Verschmelzungsvertrag beschließen soll, dem zuständigen Betriebsrat dieses Rechtsträgers zuzuleiten.

§ 6. Form des Verschmelzungsvertrags. Der Verschmelzungsvertrag muss notariell beurkundet werden.

§ 7. Kündigung des Verschmelzungsvertrags. Ist der Verschmelzungsvertrag unter einer Bedingung geschlossen worden und ist diese binnen fünf Jahren nach Abschluss des Vertrags nicht eingetreten, so kann jeder Teil den Vertrag nach fünf Jahren mit halbjähriger Frist kündigen; im Verschmelzungsvertrag kann eine kürzere Zeit als fünf Jahre vereinbart werden. Die Kündigung kann stets nur für den Schluss des Geschäftsjahres des Rechtsträgers, dem gegenüber sie erklärt wird, ausgesprochen werden.

§ 8. Verschmelzungsbericht. (1) Die Vertretungsorgane jedes der an der Verschmelzung beteiligten Rechtsträger haben einen ausführlichen schriftlichen Bericht zu erstatten, in dem die Verschmelzung, der Verschmelzungsvertrag oder sein Entwurf im Einzelnen und insbesondere das Umtauschverhältnis der Anteile oder die Angaben über die Mitgliedschaft bei dem übernehmenden Rechtsträger sowie die Höhe einer anzubietenden Barabfindung rechtlich und wirtschaftlich erläutert und begründet werden (Verschmelzungsbericht); der Bericht kann von den Vertretungsorganen auch gemeinsam erstattet werden. Auf besondere Schwierigkeiten bei der Bewertung der Rechtsträger sowie auf die Folgen für die Beteiligung der Anteilsinhaber ist hinzuweisen. Ist ein an der Verschmelzung beteiligter Rechtsträger ein verbundenes Unternehmen im Sinne des § 15 des Aktiengesetzes, so sind in dem Bericht auch Angaben über alle für die Verschmelzung wesentlichen Angelegenheiten der anderen verbundenen Unternehmen zu machen. Auskunftspflichten der Vertretungsorgane erstrecken sich auch auf diese Angelegenheiten.

(2) In den Bericht brauchen Tatsachen nicht aufgenommen zu werden, deren Bekanntwerden geeignet ist, einem der beteiligten Rechtsträger oder einem verbundenen Unternehmen einen nicht unerheblichen Nachteil zuzufügen. In diesem Falle sind in dem Bericht die Gründe, aus denen die Tatsachen nicht aufgenommen worden sind, darzulegen.

(3) Der Bericht ist nicht erforderlich, wenn alle Anteilsinhaber aller beteiligten Rechtsträger auf seine Erstattung verzichten oder sich alle Anteile des übertragenden Rechtsträgers in der Hand des übernehmenden Rechtsträgers befinden. Die Verzichtserklärungen sind notariell zu beurkunden.

§ 9. Prüfung der Verschmelzung. (1) Soweit in diesem Gesetz vorgeschrieben, ist der Verschmelzungsvertrag oder sein Entwurf durch einen oder mehrere sachverständige Prüfer (Verschmelzungsprüfer) zu prüfen.

(2) Befinden sich alle Anteile eines übertragenden Rechtsträgers in der Hand des übernehmenden Rechtsträgers, so ist eine Verschmelzungsprüfung nach Absatz 1 nicht erforderlich, soweit sie die Aufnahme dieses Rechtsträgers betrifft.

(3) § 8 Abs. 3 ist entsprechend anzuwenden.

§ 10. Bestellung der Verschmelzungsprüfer. (1) Die Verschmelzungsprüfer werden auf Antrag des Vertretungsorgans vom Gericht ausgewählt und bestellt. Sie können auf gemeinsamen Antrag der Vertretungsorgane für mehrere oder alle beteiligten Rechtsträger gemeinsam bestellt werden. Für den Ersatz von Auslagen und für die Vergütung der vom Gericht bestellten Prüfer gilt § 318 Abs. 5 des Handelsgesetzbuchs.

(2) Zuständig ist jedes Landgericht, in dessen Bezirk ein übertragender Rechtsträger seinen Sitz hat. Ist bei dem Landgericht eine Kammer für Handelssachen gebildet, so entscheidet deren Vorsitzender an Stelle der Zivilkammer.

(3) Auf das Verfahren ist das Gesetz über das Verfahren in Familiensachen und in den Angelegenheiten der freiwilligen Gerichtsbarkeit anzuwenden, soweit in den folgenden Absätzen nichts anderes bestimmt ist.

(4) Gegen die Entscheidung findet die Beschwerde statt. Sie kann nur durch Einreichung einer von einem Rechtsanwalt unterzeichneten Beschwerdeschrift eingelegt werden.

(5) Die Landesregierung kann die Entscheidung über die Beschwerde durch Rechtsverordnung für die Bezirke mehrerer Oberlandesgerichte einem der Oberlandesgerichte oder dem Obersten Landesgericht übertragen, wenn dies der Sicherung einer einheitlichen Rechtsprechung dient. Die Landesregierung kann die Ermächtigung auf die Landesjustizverwaltung übertragen.

§ 11. Stellung und Verantwortlichkeit der Verschmelzungsprüfer. 1) Für die Auswahl und das Auskunftsrecht der Verschmelzungsprüfer gelten § 319 Abs. 1 bis 4, § 319a Abs. 1, § 319b Abs. 1, § 320 Abs. 1 Satz 2 und Abs. 2 Satz 1 und 2 des Handelsgesetzbuchs entsprechend. Soweit Rechtsträger betroffen sind, für die keine Pflicht zur Prüfung des Jahresabschlusses besteht, gilt Satz 1 entsprechend. Dabei findet § 267 Abs. 1 bis 3 des Handelsgesetzbuchs für die Umschreibung der Größenklassen entsprechende Anwendung. Das Auskunftsrecht besteht gegenüber allen an der Verschmelzung beteiligten Rechtsträgern und gegenüber einem Konzernunternehmen sowie einem abhängigen und einem herrschenden Unternehmen.

(2) Für die Verantwortlichkeit der Verschmelzungsprüfer, ihrer Gehilfen und der bei der Prüfung mitwirkenden gesetzlichen Vertreter einer Prüfungsgesellschaft gilt § 323 des Handelsgesetzbuchs entsprechend. Die Verantwortlichkeit besteht gegenüber den an der Verschmelzung beteiligten Rechtsträgern und deren Anteilsinhabern.

§ 12. Prüfungsbericht. (1) Die Verschmelzungsprüfer haben über das Ergebnis der Prüfung schriftlich zu berichten. Der Prüfungsbericht kann auch gemeinsam erstattet werden.

(2) Der Prüfungsbericht ist mit einer Erklärung darüber abzuschließen, ob das vorgeschlagene Umtauschverhältnis der Anteile, gegebenenfalls die Höhe der baren Zuzahlung oder die Mitgliedschaft bei dem übernehmenden Rechtsträger als Gegenwert angemessen ist. Dabei ist anzugeben,

1. nach welchen Methoden das vorgeschlagene Umtauschverhältnis ermittelt worden ist;
2. aus welchen Gründen die Anwendung dieser Methoden angemessen ist;
3. welches Umtauschverhältnis oder welcher Gegenwert sich bei der Anwendung verschiedener Methoden, sofern mehrere angewandt worden sind, jeweils ergeben würde; zugleich ist darzulegen, welches Gewicht den verschiedenen Methoden bei der Bestimmung des vorgeschlagenen Umtauschverhältnisses oder des Gegenwerts und der ihnen zugrunde liegenden Werte beigemessen worden ist und welche besonderen Schwierigkeiten bei der Bewertung der Rechtsträger aufgetreten sind.

(3) § 8 Abs. 2 und 3 ist entsprechend anzuwenden.

§ 13. Beschlüsse über den Verschmelzungsvertrag. (1) Der Verschmelzungsvertrag wird nur wirksam, wenn die Anteilsinhaber der beteiligten Rechtsträger ihm durch Beschluss (Verschmelzungsbeschluss) zustimmen. Der Beschluss kann nur in einer Versammlung der Anteilsinhaber gefasst werden.

(2) Ist die Abtretung der Anteile eines übertragenden Rechtsträgers von der Genehmigung bestimmter einzelner Anteilsinhaber abhängig, so bedarf der Verschmelzungsbeschluss dieses Rechtsträgers zu seiner Wirksamkeit ihrer Zustimmung.

(3) Der Verschmelzungsbeschluss und die nach diesem Gesetz erforderlichen Zustimmungserklärungen einzelner Anteilsinhaber einschließlich der erforderlichen Zustimmungserklärungen nicht erschienener Anteilsinhaber müssen notariell beurkundet werden. Der Vertrag oder sein Entwurf ist dem Beschluss als Anlage beizufügen. Auf Verlangen hat der Rechtsträger jedem Anteilsinhaber auf dessen Kosten unverzüglich eine Abschrift des Vertrags oder seines Entwurfs und der Niederschrift des Beschlusses zu erteilen.

§ 14. Befristung und Ausschluss von Klagen gegen den Verschmelzungsbeschluss. (1) Eine Klage gegen die Wirksamkeit eines Verschmelzungsbeschlusses muss binnen eines Monats nach der Beschlussfassung erhoben werden.

(2) Eine Klage gegen die Wirksamkeit des Verschmelzungsbeschlusses eines übertragenden Rechtsträgers kann nicht darauf gestützt werden, dass das Umtauschverhältnis der Anteile zu niedrig bemessen ist oder dass die Mitgliedschaft bei dem übernehmenden Rechtsträger kein ausreichender Gegenwert für die Anteile oder die Mitgliedschaft bei dem übertragenden Rechtsträger ist.

§ 15. Verbesserung des Umtauschverhältnisses. (1) Ist das Umtauschverhältnis der Anteile zu niedrig bemessen oder ist die Mitgliedschaft bei dem übernehmenden Rechtsträger kein ausreichender Gegenwert für den Anteil oder die Mitgliedschaft bei einem übertragenden Rechtsträger, so kann jeder Anteilsinhaber dieses übertragenden Rechtsträgers, dessen Recht, gegen die Wirksamkeit des Verschmelzungsbeschlusses Klage zu erheben, nach § 14 Abs. 2 ausgeschlossen ist, von dem übernehmenden Rechtsträger einen Ausgleich durch bare Zuzahlung verlangen; die Zuzahlungen können den zehnten Teil des auf die gewährten Anteile entfallenden Betrags des Grund- oder Stammkapitals übersteigen. Die angemessene Zuzahlung wird auf Antrag durch das Gericht nach den Vorschriften des Spruchverfahrensgesetzes bestimmt.

(2) Die bare Zuzahlung ist nach Ablauf des Tages, an dem die Eintragung der Verschmelzung in das Register des Sitzes des übernehmenden Rechtsträgers nach § 19 Abs. 3 bekannt gemacht worden ist, mit jährlich fünf Prozentpunkten über dem jeweiligen Basiszinssatz nach § 247 des Bürgerlichen Gesetzbuchs zu verzinsen. Die Geltendmachung eines weiteren Schadens ist nicht ausgeschlossen.

§ 16. Anmeldung der Verschmelzung. (1) Die Vertretungsorgane jedes der an der Verschmelzung beteiligten Rechtsträger haben die Verschmelzung zur Eintragung in das Register (Handelsregister, Partnerschaftsregister, Genossenschaftsregister oder Vereinsregister) des Sitzes ihres Rechtsträgers anzumelden. Das Vertretungsorgan des übernehmenden Rechtsträgers ist berechtigt, die Verschmelzung auch zur Eintragung in das Register des Sitzes jedes der übertragenden Rechtsträger anzumelden.

(2) Bei der Anmeldung haben die Vertretungsorgane zu erklären, dass eine Klage gegen die Wirksamkeit eines Verschmelzungsbeschlusses nicht oder nicht fristgemäß erhoben oder eine solche Klage rechtskräftig abgewiesen oder zurückgenommen worden ist; hierüber haben die Vertretungsorgane dem Registergericht auch nach der Anmeldung Mitteilung zu machen. Liegt die Erklärung nicht vor, so darf die Verschmelzung nicht eingetragen werden, es sei denn, dass die klageberechtigten Anteilsinhaber durch notariell beurkundete Verzichtserklärung auf die Klage gegen die Wirksamkeit des Verschmelzungsbeschlusses verzichten.

(3) Der Erklärung nach Absatz 2 Satz 1 steht es gleich, wenn nach Erhebung einer Klage gegen die Wirksamkeit eines Verschmelzungsbeschlusses das Gericht auf Antrag des Rechtsträgers, gegen dessen Verschmelzungsbeschluss sich die Klage richtet, durch Beschluss festgestellt hat, dass die Erhebung der Klage der Eintragung nicht entgegensteht. Auf das Verfahren sind § 247 des Aktiengesetzes, die §§ 82, 83 Abs. 1 und § 84 der Zivilprozessordnung sowie die im ersten Rechtszug für das Verfahren vor den Landgerichten geltenden Vorschriften der Zivilprozess-

ordnung entsprechend anzuwenden, soweit nichts Abweichendes bestimmt ist. Ein Beschluss nach Satz 1 ergeht, wenn

1. die Klage unzulässig oder offensichtlich unbegründet ist oder
2. der Kläger nicht binnen einer Woche nach Zustellung des Antrags durch Urkunden nachgewiesen hat, dass er seit Bekanntmachung der Einberufung einen anteiligen Betrag von mindestens 1 000 Euro hält oder
3. das alsbaldige Wirksamwerden der Verschmelzung vorrangig erscheint, weil die vom Antragsteller dargelegten wesentlichen Nachteile für die an der Verschmelzung beteiligten Rechtsträger und ihre Anteilsinhaber nach freier Überzeugung des Gerichts die Nachteile für den Antragsgegner überwiegen, es sei denn, es liegt eine besondere Schwere des Rechtsverstoßes vor.

Der Beschluss kann in dringenden Fällen ohne mündliche Verhandlung ergehen. Der Beschluss soll spätestens drei Monate nach Antragstellung ergehen; Verzögerungen der Entscheidung sind durch unanfechtbaren Beschluss zu begründen. Die vorgebrachten Tatsachen, aufgrund derer der Beschluss nach Satz 3 ergehen kann, sind glaubhaft zu machen. Über den Antrag entscheidet ein Senat des Oberlandesgerichts, in dessen Bezirk die Gesellschaft ihren Sitz hat. Eine Übertragung auf den Einzelrichter ist ausgeschlossen; einer Güteverhandlung bedarf es nicht. Der Beschluss ist unanfechtbar. Erweist sich die Klage als begründet, so ist der Rechtsträger, der den Beschluss erwirkt hat, verpflichtet, dem Antragsgegner den Schaden zu ersetzen, der ihm aus einer auf dem Beschluss beruhenden Eintragung der Verschmelzung entstanden ist; als Ersatz des Schadens kann nicht die Beseitigung der Wirkungen der Eintragung der Verschmelzung im Register des Sitzes des übernehmenden Rechtsträgers verlangt werden.

§ 17. Anlagen der Anmeldung. (1) Der Anmeldung sind in Ausfertigung oder öffentlich beglaubigter Abschrift oder, soweit sie nicht notariell zu beurkunden sind, in Urschrift oder Abschrift der Verschmelzungsvertrag, die Niederschriften der Verschmelzungsbeschlüsse, die nach diesem Gesetz erforderlichen Zustimmungserklärungen einzelner Anteilsinhaber einschließlich der Zustimmungserklärungen nicht erschienener Anteilsinhaber, der Verschmelzungsbericht, der Prüfungsbericht oder die Verzichtserklärungen nach § 8 Abs. 3, § 9 Abs. 3, § 12 Abs. 3, § 54 Abs. 1 Satz 3 oder § 68 Abs. 1 Satz 3, ein Nachweis über die rechtzeitige Zuleitung des Verschmelzungsvertrages oder seines Entwurfs an den zuständigen Betriebsrat beizufügen.

(2) Der Anmeldung zum Register des Sitzes jedes der übertragenden Rechtsträger ist ferner eine Bilanz dieses Rechtsträgers beizufügen (Schlussbilanz). Für diese Bilanz gelten die Vorschriften über die Jahresbilanz und deren Prüfung entsprechend. Sie braucht nicht bekanntgemacht zu werden. Das Registergericht darf die Verschmelzung nur eintragen, wenn die Bilanz auf einen höchstens acht Monate vor der Anmeldung liegenden Stichtag aufgestellt worden ist.

§ 18. Firma oder Name des übernehmenden Rechtsträgers. (1) Der übernehmende Rechtsträger darf die Firma eines der übertragenden Rechtsträger, dessen Handelsgeschäft er durch die Verschmelzung erwirbt, mit oder ohne Beifügung eines das Nachfolgeverhältnis andeutenden Zusatzes fortführen.

(2) Ist an einem der übertragenden Rechtsträger eine natürliche Person beteiligt, die an dem übernehmenden Rechtsträger nicht beteiligt wird, so darf der überneh-

mende Rechtsträger den Namen dieses Anteilsinhabers nur dann in der nach Absatz 1 fortgeführten oder in der neu gebildeten Firma verwenden, wenn der betroffene Anteilsinhaber oder dessen Erben ausdrücklich in die Verwendung einwilligen.

(3) Ist eine Partnerschaftsgesellschaft an der Verschmelzung beteiligt, gelten für die Fortführung der Firma oder des Namens die Absätze 1 und 2 entsprechend. Eine Firma darf als Name einer Partnerschaftsgesellschaft nur unter den Voraussetzungen des § 2 Abs. 1 des Partnerschaftsgesellschaftsgesetzes fortgeführt werden. § 1 Abs. 3 und § 11 des Partnerschaftsgesellschaftsgesetzes sind entsprechend anzuwenden.

§ 19. Eintragung und Bekanntmachung der Verschmelzung. (1) Die Verschmelzung darf in das Register des Sitzes des übernehmenden Rechtsträgers erst eingetragen werden, nachdem sie im Register des Sitzes jedes der übertragenden Rechtsträger eingetragen worden ist. Die Eintragung im Register des Sitzes jedes der übertragenden Rechtsträger ist mit dem Vermerk zu versehen, dass die Verschmelzung erst mit der Eintragung im Register des Sitzes des übernehmenden Rechtsträgers wirksam wird, sofern die Eintragungen in den Registern aller beteiligten Rechtsträger nicht am selben Tag erfolgen.

(2) Das Gericht des Sitzes des übernehmenden Rechtsträgers hat von Amts wegen dem Gericht des Sitzes jedes der übertragenden Rechtsträger den Tag der Eintragung der Verschmelzung mitzuteilen. Nach Eingang der Mitteilung hat das Gericht des Sitzes jedes der übertragenden Rechtsträger von Amts wegen den Tag der Eintragung der Verschmelzung im Register des Sitzes des übernehmenden Rechtsträgers im Register des Sitzes des übertragenden Rechtsträgers zu vermerken und die bei ihm aufbewahrten Dokumente dem Gericht des Sitzes des übernehmenden Rechtsträgers zur Aufbewahrung zu übermitteln.

(3) Das Gericht des Sitzes jedes der an der Verschmelzung beteiligten Rechtsträger hat jeweils die von ihm vorgenommene Eintragung der Verschmelzung von Amts wegen nach § 10 des Handelsgesetzbuchs ihrem ganzen Inhalt nach bekannt zu machen.

§ 20. Wirkungen der Eintragung. (1) Die Eintragung der Verschmelzung in das Register des Sitzes des übernehmenden Rechtsträgers hat folgende Wirkungen:

1. Das Vermögen der übertragenden Rechtsträger geht einschließlich der Verbindlichkeiten auf den übernehmenden Rechtsträger über.
2. Die übertragenden Rechtsträger erlöschen. Einer besonderen Löschung bedarf es nicht.
3. Die Anteilsinhaber der übertragenden Rechtsträger werden Anteilsinhaber des übernehmenden Rechtsträgers; dies gilt nicht, soweit der übernehmende Rechtsträger oder ein Dritter, der im eigenen Namen, jedoch für Rechnung dieses Rechtsträgers handelt, Anteilsinhaber des übertragenden Rechtsträgers ist oder der übertragende Rechtsträger eigene Anteile innehat oder ein Dritter, der im eigenen Namen, jedoch für Rechnung dieses Rechtsträgers handelt, dessen Anteilsinhaber ist. Rechte Dritter an den Anteilen oder Mitgliedschaften der übertragenden Rechtsträger bestehen an den an ihre Stelle tretenden Anteilen oder Mitgliedschaften des übernehmenden Rechtsträgers weiter.

4. Der Mangel der notariellen Beurkundung des Verschmelzungsvertrags und gegebenenfalls erforderlicher Zustimmungs- oder Verzichtserklärungen einzelner Anteilsinhaber wird geheilt.

(2) Mängel der Verschmelzung lassen die Wirkungen der Eintragung nach Absatz 1 unberührt.

§ 21. Wirkung auf gegenseitige Verträge. Treffen bei einer Verschmelzung aus gegenseitigen Verträgen, die zur Zeit der Verschmelzung von keiner Seite vollständig erfüllt sind, Abnahme-, Lieferungs- oder ähnliche Verpflichtungen zusammen, die miteinander unvereinbar sind oder die beide zu erfüllen eine schwere Unbilligkeit für den übernehmenden Rechtsträger bedeuten würde, so bestimmt sich der Umfang der Verpflichtungen nach Billigkeit unter Würdigung der vertraglichen Rechte aller Beteiligten.

§ 22. Gläubigerschutz. (1) Den Gläubigern der an der Verschmelzung beteiligten Rechtsträger ist, wenn sie binnen sechs Monaten nach dem Tag, an dem die Eintragung der Verschmelzung in das Register des Sitzes desjenigen Rechtsträgers, dessen Gläubiger sie sind, nach § 19 Abs. 3 bekannt gemacht worden ist, ihren Anspruch nach Grund und Höhe schriftlich anmelden, Sicherheit zu leisten, soweit sie nicht Befriedigung verlangen können. Dieses Recht steht den Gläubigern jedoch nur zu, wenn sie glaubhaft machen, dass durch die Verschmelzung die Erfüllung ihrer Forderung gefährdet wird. Die Gläubiger sind in der Bekanntmachung der jeweiligen Eintragung auf dieses Recht hinzuweisen.

(2) Das Recht, Sicherheitsleistung zu verlangen, steht Gläubigern nicht zu, die im Falle der Insolvenz ein Recht auf vorzugsweise Befriedigung aus einer Deckungsmasse haben, die nach gesetzlicher Vorschrift zu ihrem Schutz errichtet und staatlich überwacht ist.

§ 23. Schutz der Inhaber von Sonderrechten. Den Inhabern von Rechten in einem übertragenden Rechtsträger, die kein Stimmrecht gewähren, insbesondere den Inhabern von Anteilen ohne Stimmrecht, von Wandelschuldverschreibungen, von Gewinnschuldverschreibungen und von Genussrechten, sind gleichwertige Rechte in dem übernehmenden Rechtsträger zu gewähren.

§ 24. Wertansätze des übernehmenden Rechtsträgers. In den Jahresbilanzen des übernehmenden Rechtsträgers können als Anschaffungskosten im Sinne des § 253 Abs. 1 des Handelsgesetzbuchs auch die in der Schlussbilanz eines übertragenden Rechtsträgers angesetzten Werte angesetzt werden.

§ 25. Schadenersatzpflicht der Verwaltungsträger der übertragenden Rechtsträger. (1) Die Mitglieder des Vertretungsorgans und, wenn ein Aufsichtsorgan vorhanden ist, des Aufsichtsorgans eines übertragenden Rechtsträgers sind als Gesamtschuldner zum Ersatz des Schadens verpflichtet, den dieser Rechtsträger, seine Anteilsinhaber oder seine Gläubiger durch die Verschmelzung erleiden. Mitglieder der Organe, die bei der Prüfung der Vermögenslage der Rechtsträger und beim Abschluss des Verschmelzungsvertrags ihre Sorgfaltspflicht beobachtet haben, sind von der Ersatzpflicht befreit.

(2) Für diese Ansprüche sowie weitere Ansprüche, die sich für und gegen den übertragenden Rechtsträger nach den allgemeinen Vorschriften aufgrund der Ver-

schmelzung ergeben, gilt dieser Rechtsträger als fortbestehend. Forderungen und Verbindlichkeiten vereinigen sich insoweit durch die Verschmelzung nicht.

(3) Die Ansprüche aus Absatz 1 verjähren in fünf Jahren seit dem Tage, an dem die Eintragung der Verschmelzung in das Register des Sitzes des übernehmenden Rechtsträgers nach § 19 Abs. 3 bekannt gemacht worden ist.

§ 26. Geltendmachung des Schadenersatzanspruchs. (1) Die Ansprüche nach § 25 Abs. 1 und 2 können nur durch einen besonderen Vertreter geltend gemacht werden. Das Gericht des Sitzes eines übertragenden Rechtsträgers hat einen solchen Vertreter auf Antrag eines Anteilsinhabers oder eines Gläubigers dieses Rechtsträgers zu bestellen. Gläubiger sind nur antragsberechtigt, wenn sie von dem übernehmenden Rechtsträger keine Befriedigung erlangen können. Gegen die Entscheidung findet die Beschwerde statt.

(2) Der Vertreter hat unter Hinweis auf den Zweck seiner Bestellung die Anteilsinhaber und Gläubiger des betroffenen übertragenden Rechtsträgers aufzufordern, die Ansprüche nach § 25 Abs. 1 und 2 binnen einer angemessenen Frist, die mindestens einen Monat betragen soll, anzumelden. Die Aufforderung ist im Bundesanzeiger und, wenn der Gesellschaftsvertrag, der Partnerschaftsvertrag oder die Satzung andere Blätter für die öffentlichen Bekanntmachungen des übertragenden Rechtsträgers bestimmt hatte, auch in diesen Blättern bekannt zu machen.

(3) Der Vertreter hat den Betrag, der aus der Geltendmachung der Ansprüche eines übertragenden Rechtsträgers erzielt wird, zur Befriedigung der Gläubiger dieses Rechtsträgers zu verwenden, soweit die Gläubiger nicht durch den übernehmenden Rechtsträger befriedigt oder sichergestellt sind. Für die Verteilung gelten die Vorschriften über die Verteilung, die im Falle der Abwicklung eines Rechtsträgers in der Rechtsform des übertragenden Rechtsträgers anzuwenden sind, entsprechend. Gläubiger und Anteilsinhaber, die sich nicht fristgemäß gemeldet haben, werden bei der Verteilung nicht berücksichtigt.

(4) Der Vertreter hat Anspruch auf Ersatz angemessener barer Auslagen und auf Vergütung für seine Tätigkeit. Die Auslagen und die Vergütung setzt das Gericht fest. Es bestimmt nach den gesamten Verhältnissen des einzelnen Falles nach freiem Ermessen, in welchem Umfange die Auslagen und die Vergütung von beteiligten Anteilsinhabern und Gläubigern zu tragen sind. Gegen die Entscheidung findet die Beschwerde statt; die Rechtsbeschwerde ist ausgeschlossen. Aus der rechtskräftigen Entscheidung findet die Zwangsvollstreckung nach der Zivilprozessordnung statt.

§ 27. Schadenersatzpflicht der Verwaltungsträger des übernehmenden Rechtsträgers. Ansprüche auf Schadenersatz, die sich aufgrund der Verschmelzung gegen ein Mitglied des Vertretungsorgans oder, wenn ein Aufsichtsorgan vorhanden ist, des Aufsichtsorgans des übernehmenden Rechtsträgers ergeben, verjähren in fünf Jahren seit dem Tage, an dem die Eintragung der Verschmelzung in das Register des Sitzes des übernehmenden Rechtsträgers nach § 19 Abs. 3 bekannt gemacht worden ist.

§ 28. Unwirksamkeit des Verschmelzungsbeschlusses eines übertragenden Rechtsträgers. Nach Eintragung der Verschmelzung in das Register des Sitzes des übernehmenden Rechtsträgers ist eine Klage gegen die Wirksamkeit des Verschmelzungsbeschlusses eines übertragenden Rechtsträgers gegen den übernehmenden Rechtsträger zu richten.

§ 29. Abfindungsangebot im Verschmelzungsvertrag. (1) Bei der Verschmelzung eines Rechtsträgers im Wege der Aufnahme durch einen Rechtsträger anderer Rechtsform oder bei der Verschmelzung einer börsennotierten Aktiengesellschaft auf eine nicht börsennotierte Aktiengesellschaft hat der übernehmende Rechtsträger im Verschmelzungsvertrag oder in seinem Entwurf jedem Anteilsinhaber, der gegen den Verschmelzungsbeschluss des übertragenden Rechtsträgers Widerspruch zur Niederschrift erklärt, den Erwerb seiner Anteile oder Mitgliedschaften gegen eine angemessene Barabfindung anzubieten; § 71 Abs. 4 Satz 2 des Aktiengesetzes und § 33 Abs. 2 Satz 3 zweiter Halbsatz erste Alternative des Gesetzes betreffend die Gesellschaften mit beschränkter Haftung sind insoweit nicht anzuwenden. Das Gleiche gilt, wenn bei einer Verschmelzung von Rechtsträgern derselben Rechtsform die Anteile oder Mitgliedschaften an dem übernehmenden Rechtsträger Verfügungsbeschränkungen unterworfen sind. Kann der übernehmende Rechtsträger aufgrund seiner Rechtsform eigene Anteile oder Mitgliedschaften nicht erwerben, so ist die Barabfindung für den Fall anzubieten, dass der Anteilsinhaber sein Ausscheiden aus dem Rechtsträger erklärt. Eine erforderliche Bekanntmachung des Verschmelzungsvertrags oder seines Entwurfs als Gegenstand der Beschlussfassung muss den Wortlaut dieses Angebots enthalten. Der übernehmende Rechtsträger hat die Kosten für eine Übertragung zu tragen.

(2) Dem Widerspruch zur Niederschrift im Sinne des Absatzes 1 steht es gleich, wenn ein nicht erschienener Anteilsinhaber zu der Versammlung der Anteilsinhaber zu Unrecht nicht zugelassen worden ist oder die Versammlung nicht ordnungsgemäß einberufen oder der Gegenstand der Beschlussfassung nicht ordnungsgemäß bekannt gemacht worden ist.

§ 30. Inhalt des Anspruchs auf Barabfindung und Prüfung der Barabfindung. (1) Die Barabfindung muss die Verhältnisse des übertragenden Rechtsträgers im Zeitpunkt der Beschlussfassung über die Verschmelzung berücksichtigen. § 15 Abs. 2 ist auf die Barabfindung entsprechend anzuwenden.

(2) Die Angemessenheit einer anzubietenden Barabfindung ist stets durch Verschmelzungsprüfer zu prüfen. Die §§ 10 bis 12 sind entsprechend anzuwenden. Die Berechtigten können auf die Prüfung oder den Prüfungsbericht verzichten; die Verzichtserklärungen sind notariell zu beurkunden.

§ 31. Annahme des Angebots. Das Angebot nach § 29 kann nur binnen zwei Monaten nach dem Tage angenommen werden, an dem die Eintragung der Verschmelzung in das Register des Sitzes des übernehmenden Rechtsträgers nach § 19 Abs. 3 bekannt gemacht worden ist. Ist nach § 34 ein Antrag auf Bestimmung der Barabfindung durch das Gericht gestellt worden, so kann das Angebot binnen zwei Monaten nach dem Tage angenommen werden, an dem die Entscheidung im Bundesanzeiger bekannt gemacht worden ist.

§ 32. Ausschluss von Klagen gegen den Verschmelzungsbeschluss. Eine Klage gegen die Wirksamkeit des Verschmelzungsbeschlusses eines übertragenden Rechtsträgers kann nicht darauf gestützt werden, dass das Angebot nach § 29 zu niedrig bemessen oder dass die Barabfindung im Verschmelzungsvertrag nicht oder nicht ordnungsgemäß angeboten worden ist.

§ 33. Anderweitige Veräußerung. Einer anderweitigen Veräußerung des Anteils durch den Anteilsinhaber stehen nach Fassung des Verschmelzungsbeschlusses bis zum Ablauf der in § 31 bestimmten Frist Verfügungsbeschränkungen bei den beteiligten Rechtsträgern nicht entgegen.

§ 34. Gerichtliche Nachprüfung der Abfindung. Macht ein Anteilsinhaber geltend, dass eine im Verschmelzungsvertrag oder in seinem Entwurf bestimmte Barabfindung, die ihm nach § 29 anzubieten war, zu niedrig bemessen sei, so hat auf seinen Antrag das Gericht nach den Vorschriften des Spruchverfahrensgesetzes die angemessene Barabfindung zu bestimmen. Das Gleiche gilt, wenn die Barabfindung nicht oder nicht ordnungsgemäß angeboten worden ist.

§ 35. Bezeichnung unbekannter Aktionäre; Ruhen des Stimmrechts. Unbekannte Aktionäre einer übertragenden Aktiengesellschaft oder Kommanditgesellschaft auf Aktien sind im Verschmelzungsvertrag, bei Anmeldungen zur Eintragung in ein Register oder bei der Eintragung in eine Liste von Anteilsinhabern durch die Angabe des insgesamt auf sie entfallenden Teils des Grundkapitals der Gesellschaft und der auf sie nach der Verschmelzung entfallenden Anteile zu bezeichnen, soweit eine Benennung der Anteilsinhaber für den übernehmenden Rechtsträger gesetzlich vorgeschrieben ist; eine Bezeichnung in dieser Form ist nur zulässig für Anteilsinhaber, deren Anteile zusammen den zwanzigsten Teil des Grundkapitals der übertragenden Gesellschaft nicht überschreiten. Werden solche Anteilsinhaber später bekannt, so sind Register oder Listen von Amts wegen zu berichtigen. Bis zu diesem Zeitpunkt kann das Stimmrecht aus den betreffenden Anteilen in dem übernehmenden Rechtsträger nicht ausgeübt werden.

Dritter Abschnitt. Verschmelzung durch Neugründung

§ 36. Anzuwendende Vorschriften. (1) Auf die Verschmelzung durch Neugründung sind die Vorschriften des Zweiten Abschnitts mit Ausnahme des § 16 Abs. 1 und des § 27 entsprechend anzuwenden. An die Stelle des übernehmenden Rechtsträgers tritt der neue Rechtsträger, an die Stelle der Eintragung der Verschmelzung in das Register des Sitzes des übernehmenden Rechtsträgers tritt die Eintragung des neuen Rechtsträgers in das Register.

(2) Auf die Gründung des neuen Rechtsträgers sind die für dessen Rechtsform geltenden Gründungsvorschriften anzuwenden, soweit sich aus diesem Buch nichts anderes ergibt. Den Gründern stehen die übertragenden Rechtsträger gleich. Vorschriften, die für die Gründung eine Mindestzahl der Gründer vorschreiben, sind nicht anzuwenden.

§ 37. Inhalt des Verschmelzungsvertrags. In dem Verschmelzungsvertrag muss der Gesellschaftsvertrag, der Partnerschaftsvertrag oder die Satzung des neuen Rechtsträgers enthalten sein oder festgestellt werden.

§ 38. Anmeldung der Verschmelzung und des neuen Rechtsträgers. (1) Die Vertretungsorgane jedes der übertragenden Rechtsträger haben die Verschmelzung zur Eintragung in das Register des Sitzes ihres Rechtsträgers anzumelden.

(2) Die Vertretungsorgane aller übertragenden Rechtsträger haben den neuen Rechtsträger bei dem Gericht, in dessen Bezirk er seinen Sitz haben soll, zur Eintragung in das Register anzumelden.

Zweiter Teil. Besondere Vorschriften

Erster Abschnitt. Verschmelzung unter Beteiligung von Personengesellschaften

Erster Unterabschnitt. Verschmelzung unter Beteiligung von Personenhandelsgesellschaften

§ 39. Ausschluss der Verschmelzung. Eine aufgelöste Personenhandelsgesellschaft kann sich nicht als übertragender Rechtsträger an einer Verschmelzung beteiligen, wenn die Gesellschafter nach § 145 des Handelsgesetzbuchs eine andere Art der Auseinandersetzung als die Abwicklung oder als die Verschmelzung vereinbart haben.

§ 40. Inhalt des Verschmelzungsvertrags. (1) Der Verschmelzungsvertrag oder sein Entwurf hat zusätzlich für jeden Anteilsinhaber eines übertragenden Rechtsträgers zu bestimmen, ob ihm in der übernehmenden oder der neuen Personenhandelsgesellschaft die Stellung eines persönlich haftenden Gesellschafters oder eines Kommanditisten gewährt wird. Dabei ist der Betrag der Einlage jedes Gesellschafters festzusetzen.

(2) Anteilsinhabern eines übertragenden Rechtsträgers, die für dessen Verbindlichkeiten nicht als Gesamtschuldner persönlich unbeschränkt haften, ist die Stellung eines Kommanditisten zu gewähren. Abweichende Bestimmungen sind nur wirksam, wenn die betroffenen Anteilsinhaber dem Verschmelzungsbeschluss des übertragenden Rechtsträgers zustimmen.

§ 41. Verschmelzungsbericht. Ein Verschmelzungsbericht ist für eine an der Verschmelzung beteiligte Personenhandelsgesellschaft nicht erforderlich, wenn alle Gesellschafter dieser Gesellschaft zur Geschäftsführung berechtigt sind.

§ 42. Unterrichtung der Gesellschafter. Der Verschmelzungsvertrag oder sein Entwurf und der Verschmelzungsbericht sind den Gesellschaftern, die von der Geschäftsführung ausgeschlossen sind, spätestens zusammen mit der Einberufung der Gesellschafterversammlung, die gem. § 13 Abs. 1 über die Zustimmung zum Verschmelzungsvertrag beschließen soll, zu übersenden.

§ 43. Beschluss der Gesellschafterversammlung. (1) Der Verschmelzungsbeschluss der Gesellschafterversammlung bedarf der Zustimmung aller anwesenden Gesellschafter; ihm müssen auch die nicht erschienenen Gesellschafter zustimmen.

(2) Der Gesellschaftsvertrag kann eine Mehrheitsentscheidung der Gesellschafter vorsehen. Die Mehrheit muss mindestens drei Viertel der abgegebenen Stimmen betragen. Widerspricht ein Anteilsinhaber eines übertragenden Rechtsträgers, der für dessen Verbindlichkeiten persönlich unbeschränkt haftet, der Verschmelzung, so ist ihm in der übernehmenden oder der neuen Personenhandelsgesellschaft die Stellung eines Kommanditisten zu gewähren; das Gleiche gilt für einen Anteilsinhaber der übernehmenden Personenhandelsgesellschaft, der für deren Verbindlichkeiten persönlich unbeschränkt haftet, wenn er der Verschmelzung widerspricht.

§ 44. Prüfung der Verschmelzung. Im Fall des § 43 Abs. 2 ist der Verschmelzungsvertrag oder sein Entwurf für eine Personenhandelsgesellschaft nach den §§ 9 bis 12 zu prüfen, wenn dies einer ihrer Gesellschafter innerhalb einer Frist von einer Woche verlangt, nachdem er die in § 42 genannten Unterlagen erhalten hat. Die Kosten der Prüfung trägt die Gesellschaft.

§ 45. Zeitliche Begrenzung der Haftung persönlich haftender Gesellschafter. (1) Überträgt eine Personenhandelsgesellschaft ihr Vermögen durch Verschmelzung auf einen Rechtsträger anderer Rechtsform, dessen Anteilsinhaber für die Verbindlichkeiten dieses Rechtsträgers nicht unbeschränkt haften, so haftet ein Gesellschafter der Personenhandelsgesellschaft für ihre Verbindlichkeiten, wenn sie vor Ablauf von fünf Jahren nach der Verschmelzung fällig und daraus Ansprüche gegen ihn in einer in § 197 Abs. 1 Nr. 3 bis 5 des Bürgerlichen Gesetzbuchs bezeichneten Art festgestellt sind oder eine gerichtliche oder behördliche Vollstreckungshandlung vorgenommen oder beantragt wird; bei öffentlich-rechtlichen Verbindlichkeiten genügt der Erlass eines Verwaltungsakts.

(2) Die Frist beginnt mit dem Tage, an dem die Eintragung der Verschmelzung in das Register des Sitzes des übernehmenden Rechtsträgers nach § 19 Abs. 3 bekannt gemacht worden ist. Die für die Verjährung geltenden §§ 204, 206, 210, 211 und 212 Abs. 2 und 3 des Bürgerlichen Gesetzbuchs sind entsprechend anzuwenden.

(3) Einer Feststellung in einer in § 197 Abs. 1 Nr. 3 bis 5 des Bürgerlichen Gesetzbuchs bezeichneten Art bedarf es nicht, soweit der Gesellschafter den Anspruch schriftlich anerkannt hat.

(4) Die Absätze 1 bis 3 sind auch anzuwenden, wenn der Gesellschafter in dem Rechtsträger anderer Rechtsform geschäftsführend tätig wird.

Zweiter Unterabschnitt. Verschmelzung unter Beteiligung von Partnerschaftsgesellschaften

§ 45a. Möglichkeit der Verschmelzung. Eine Verschmelzung auf eine Partnerschaftsgesellschaft ist nur möglich, wenn im Zeitpunkt ihres Wirksamwerdens alle Anteilsinhaber übertragender Rechtsträger natürliche Personen sind, die einen Freien Beruf ausüben (§ 1 Abs. 1 und 2 des Partnerschaftsgesellschaftsgesetzes). § 1 Abs. 3 des Partnerschaftsgesellschaftsgesetzes bleibt unberührt.

§ 45b. Inhalt des Verschmelzungsvertrags. (1) Der Verschmelzungsvertrag oder sein Entwurf hat zusätzlich für jeden Anteilsinhaber eines übertragenden Rechtsträgers den Namen und den Vornamen sowie den in der übernehmenden Partnerschaftsgesellschaft ausgeübten Beruf und den Wohnort jedes Partners zu enthalten.

(2) § 35 ist nicht anzuwenden.

§ 45c. Verschmelzungsbericht und Unterrichtung der Partner. Ein Verschmelzungsbericht ist für eine an der Verschmelzung beteiligte Partnerschaftsgesellschaft nur erforderlich, wenn ein Partner gem. § 6 Abs. 2 des Partnerschaftsgesellschaftsgesetzes von der Geschäftsführung ausgeschlossen ist. Von der Geschäftsführung ausgeschlossene Partner sind entsprechend § 42 zu unterrichten.

§ 45d. Beschluss der Gesellschafterversammlung. (1) Der Verschmelzungsbeschluss der Gesellschafterversammlung bedarf der Zustimmung aller anwesenden Partner; ihm müssen auch die nicht erschienenen Partner zustimmen.

(2) Der Partnerschaftsvertrag kann eine Mehrheitsentscheidung der Partner vorsehen. Die Mehrheit muss mindestens drei Viertel der abgegebenen Stimmen betragen.

§ 45e. Anzuwendende Vorschriften. Die §§ 39 und 45 sind entsprechend anzuwenden. In den Fällen des § 45d Abs. 2 ist auch § 44 entsprechend anzuwenden.

Zweiter Abschnitt. Verschmelzung unter Beteiligung von Gesellschaften mit beschränkter Haftung

Erster Unterabschnitt. Verschmelzung durch Aufnahme

§ 46. Inhalt des Verschmelzungsvertrags. (1) Der Verschmelzungsvertrag oder sein Entwurf hat zusätzlich für jeden Anteilsinhaber eines übertragenden Rechtsträgers den Nennbetrag des Geschäftsanteils zu bestimmen, den die übernehmende Gesellschaft mit beschränkter Haftung ihm zu gewähren hat. Der Nennbetrag kann abweichend von dem Betrag festgesetzt werden, der auf die Aktien einer übertragenden Aktiengesellschaft oder Kommanditgesellschaft auf Aktien als anteiliger Betrag ihres Grundkapitals entfällt. Er muss auf volle Euro lauten.

(2) Sollen die zu gewährenden Geschäftsanteile im Wege der Kapitalerhöhung geschaffen und mit anderen Rechten und Pflichten als sonstige Geschäftsanteile der übernehmenden Gesellschaft mit beschränkter Haftung ausgestattet werden, so sind auch die Abweichungen im Verschmelzungsvertrag oder in seinem Entwurf festzusetzen.

(3) Sollen Anteilsinhaber eines übertragenden Rechtsträgers schon vorhandene Geschäftsanteile der übernehmenden Gesellschaft erhalten, so müssen die Anteilsinhaber und die Nennbeträge der Geschäftsanteile, die sie erhalten sollen, im Verschmelzungsvertrag oder in seinem Entwurf besonders bestimmt werden.

§ 47. Unterrichtung der Gesellschafter. Der Verschmelzungsvertrag oder sein Entwurf und der Verschmelzungsbericht sind den Gesellschaftern spätestens zusammen mit der Einberufung der Gesellschafterversammlung, die gemäß § 13 Abs. 1 über die Zustimmung beschließen soll, zu übersenden.

§ 48. Prüfung der Verschmelzung. Der Verschmelzungsvertrag oder sein Entwurf ist für eine Gesellschaft mit beschränkter Haftung nach den §§ 9 bis 12 zu prüfen, wenn dies einer ihrer Gesellschafter innerhalb einer Frist von einer Woche verlangt, nachdem er die in § 47 genannten Unterlagen erhalten hat. Die Kosten der Prüfung trägt die Gesellschaft.

§ 49. Vorbereitung der Gesellschafterversammlung. (1) Die Geschäftsführer haben in der Einberufung der Gesellschafterversammlung, die gemäß § 13 Abs. 1 über die Zustimmung zum Verschmelzungsvertrag beschließen soll, die Verschmelzung als Gegenstand der Beschlussfassung anzukündigen.

(2) Von der Einberufung an sind in dem Geschäftsraum der Gesellschaft die Jahresabschlüsse und die Lageberichte der an der Verschmelzung beteiligten Rechtsträger für die letzten drei Geschäftsjahre zur Einsicht durch die Gesellschafter auszulegen.

(3) Die Geschäftsführer haben jedem Gesellschafter auf Verlangen jederzeit Auskunft auch über alle für die Verschmelzung wesentlichen Angelegenheiten der anderen beteiligten Rechtsträger zu geben.

§ 50. Beschluss der Gesellschafterversammlung. (1) Der Verschmelzungsbeschluss der Gesellschafterversammlung bedarf einer Mehrheit von mindestens drei Vierteln der abgegebenen Stimmen. Der Gesellschaftsvertrag kann eine größere Mehrheit und weitere Erfordernisse bestimmen.

(2) Werden durch die Verschmelzung auf dem Gesellschaftsvertrag beruhende Minderheitsrechte eines einzelnen Gesellschafters einer übertragenden Gesellschaft oder die einzelnen Gesellschaftern einer solchen Gesellschaft nach dem Gesellschaftsvertrag zustehenden besonderen Rechte in der Geschäftsführung der Gesellschaft, bei der Bestellung der Geschäftsführer oder hinsichtlich eines Vorschlagsrechts für die Geschäftsführung beeinträchtigt, so bedarf der Verschmelzungsbeschluss dieser übertragenden Gesellschaft der Zustimmung dieser Gesellschafter.

§ 51. Zustimmungserfordernisse in Sonderfällen. (1) Ist an der Verschmelzung eine Gesellschaft mit beschränkter Haftung, auf deren Geschäftsanteile nicht alle zu leistenden Einlagen in voller Höhe bewirkt sind, als übernehmender Rechtsträger beteiligt, so bedarf der Verschmelzungsbeschluss eines übertragenden Rechtsträgers der Zustimmung aller bei der Beschlussfassung anwesenden Anteilsinhaber dieses Rechtsträgers. Ist der übertragende Rechtsträger eine Personenhandelsgesellschaft, eine Partnerschaftsgesellschaft oder eine Gesellschaft mit beschränkter Haftung, so bedarf der Verschmelzungsbeschluss auch der Zustimmung der nicht erschienenen Gesellschafter. Wird eine Gesellschaft mit beschränkter Haftung, auf deren Geschäftsanteile nicht alle zu leistenden Einlagen in voller Höhe bewirkt sind, von einer Gesellschaft mit beschränkter Haftung durch Verschmelzung aufgenommen, bedarf der Verschmelzungsbeschluss der Zustimmung aller Gesellschafter der übernehmenden Gesellschaft.

(2) Wird der Nennbetrag der Geschäftsanteile nach § 46 Abs. 1 Satz 2 abweichend vom Betrag der Aktien festgesetzt, so muss der Festsetzung jeder Aktionär zustimmen, der sich nicht mit seinem gesamten Anteil beteiligen kann.

§ 52. Anmeldung der Verschmelzung. Bei der Anmeldung der Verschmelzung zur Eintragung in das Register haben die Vertretungsorgane der an der Verschmelzung beteiligten Rechtsträger im Falle des § 51 Abs. 1 auch zu erklären, dass dem Verschmelzungsbeschluss jedes der übertragenden Rechtsträger alle bei der Beschlussfassung anwesenden Anteilsinhaber dieses Rechtsträgers und, sofern der übertragende Rechtsträger eine Personenhandelsgesellschaft, eine Partnerschaftsgesellschaft oder eine Gesellschaft mit beschränkter Haftung ist, auch die nicht erschienenen Gesellschafter dieser Gesellschaft zugestimmt haben. Wird eine Gesellschaft mit beschränkter Haftung, auf deren Geschäftsanteile nicht alle zu leistenden Einlagen in voller Höhe bewirkt sind, von einer Gesellschaft mit beschränkter Haftung durch Verschmelzung aufgenommen, so ist auch zu erklären, dass alle Gesellschafter dieser Gesellschaft dem Verschmelzungsbeschluss zugestimmt haben.

§ 53. Eintragung bei Erhöhung des Stammkapitals. Erhöht die übernehmende Gesellschaft zur Durchführung der Verschmelzung ihr Stammkapital, so darf die Verschmelzung erst eingetragen werden, nachdem die Erhöhung des Stammkapitals im Register eingetragen worden ist.

§ 54. Verschmelzung ohne Kapitalerhöhung. (1) Die übernehmende Gesellschaft darf zur Durchführung der Verschmelzung ihr Stammkapital nicht erhöhen, soweit

1. sie Anteile eines übertragenden Rechtsträgers innehat;
2. ein übertragender Rechtsträger eigene Anteile innehat oder
3. ein übertragender Rechtsträger Geschäftsanteile dieser Gesellschaft innehat, auf welche die Einlagen nicht in voller Höhe bewirkt sind.

Die übernehmende Gesellschaft braucht ihr Stammkapital nicht zu erhöhen, soweit

1. sie eigene Geschäftsanteile innehat oder
2. ein übertragender Rechtsträger Geschäftsanteile dieser Gesellschaft innehat, auf welche die Einlagen bereits in voller Höhe bewirkt sind.

Die übernehmende Gesellschaft darf von der Gewährung von Geschäftsanteilen absehen, wenn alle Anteilsinhaber eines übertragenden Rechtsträgers darauf verzichten; die Verzichtserklärungen sind notariell zu beurkunden.

(2) Absatz 1 gilt entsprechend, wenn Inhaber der dort bezeichneten Anteile ein Dritter ist, der im eigenen Namen, jedoch in einem Fall des Absatzes 1 Satz 1 Nr. 1 oder des Absatzes 1 Satz 2 Nr. 1 für Rechnung der übernehmenden Gesellschaft oder in einem der anderen Fälle des Absatzes 1 für Rechnung des übertragenden Rechtsträgers handelt.

(3) Soweit zur Durchführung der Verschmelzung Geschäftsanteile der übernehmenden Gesellschaft, die sie selbst oder ein übertragender Rechtsträger innehat, geteilt werden müssen, um sie den Anteilsinhabern eines übertragenden Rechtsträgers gewähren zu können, sind Bestimmungen des Gesellschaftsvertrags, welche die Teilung der Geschäftsanteile der übernehmenden Gesellschaft ausschließen oder erschweren, nicht anzuwenden; jedoch muss der Nennbetrag jedes Teils der Geschäftsanteile auf volle Euro lauten. Satz 1 gilt entsprechend, wenn Inhaber der Geschäftsanteile ein Dritter ist, der im eigenen Namen, jedoch für Rechnung der übernehmenden Gesellschaft oder eines übertragenden Rechtsträgers handelt.

(4) Im Verschmelzungsvertrag festgesetzte bare Zuzahlungen dürfen nicht den zehnten Teil des Gesamtnennbetrags der gewährten Geschäftsanteile der übernehmenden Gesellschaft übersteigen.

§ 55. Verschmelzung mit Kapitalerhöhung. (1) Erhöht die übernehmende Gesellschaft zur Durchführung der Verschmelzung ihr Stammkapital, so sind § 55 Abs. 1, §§ 56a, 57 Abs. 2, Abs. 3 Nr. 1 des Gesetzes betreffend die Gesellschaften mit beschränkter Haftung nicht anzuwenden.

(2) Der Anmeldung der Kapitalerhöhung zum Register sind außer den in § 57 Abs. 3 Nr. 2 und 3 des Gesetzes betreffend die Gesellschaften mit beschränkter Haftung bezeichneten Schriftstücken der Verschmelzungsvertrag und die Niederschriften der Verschmelzungsbeschlüsse in Ausfertigung oder öffentlich beglaubigter Abschrift beizufügen.

Zweiter Unterabschnitt. Verschmelzung durch Neugründung

§ 56. Anzuwendende Vorschriften. Auf die Verschmelzung durch Neugründung sind die Vorschriften des Ersten Unterabschnitts mit Ausnahme der §§ 51 bis 53, 54 Absatz 1 bis 3 sowie des § 55 entsprechend anzuwenden.

§ 57. Inhalt des Gesellschaftsvertrags. In den Gesellschaftsvertrag sind Festsetzungen über Sondervorteile, Gründungsaufwand, Sacheinlagen und Sachübernahmen, die in den Gesellschaftsverträgen, Partnerschaftsverträgen, Satzungen oder Statuten übertragender Rechtsträger enthalten waren, zu übernehmen.

§ 58. Sachgründungsbericht. (1) In dem Sachgründungsbericht (§ 5 Abs. 4 des Gesetzes betreffend die Gesellschaften mit beschränkter Haftung) sind auch der Geschäftsverlauf und die Lage der übertragenden Rechtsträger darzulegen.

(2) Ein Sachgründungsbericht ist nicht erforderlich, soweit eine Kapitalgesellschaft oder eine eingetragene Genossenschaft übertragender Rechtsträger ist.

§ 59. Verschmelzungsbeschlüsse. Der Gesellschaftsvertrag der neuen Gesellschaft wird nur wirksam, wenn ihm die Anteilsinhaber jedes der übertragenden Rechtsträger durch Verschmelzungsbeschluss zustimmen. Dies gilt entsprechend für die Bestellung der Geschäftsführer und der Mitglieder des Aufsichtsrats der neuen Gesellschaft, soweit sie von den Anteilsinhabern der übertragenden Rechtsträger zu wählen sind.

Dritter Abschnitt. Verschmelzung unter Beteiligung von Aktiengesellschaften

Erster Unterabschnitt. Verschmelzung durch Aufnahme

§ 60. Prüfung der Verschmelzung, Bestellung der Verschmelzungsprüfer. Der Verschmelzungsvertrag oder sein Entwurf ist für jede Aktiengesellschaft nach den §§ 9 bis 12 zu prüfen.

§ 61. Bekanntmachung des Verschmelzungsvertrags. Der Verschmelzungsvertrag oder sein Entwurf ist vor der Einberufung der Hauptversammlung, die gemäß § 13 Abs. 1 über die Zustimmung beschließen soll, zum Register einzureichen. Das Gericht hat in der Bekanntmachung nach § 10 des Handelsgesetzbuchs einen Hinweis darauf bekannt zu machen, dass der Vertrag oder sein Entwurf beim Handelsregister eingereicht worden ist.

§ 62. Konzernverschmelzungen. (1) Befinden sich mindestens neun Zehntel des Stammkapitals oder des Grundkapitals einer übertragenden Kapitalgesellschaft in der Hand einer übernehmenden Aktiengesellschaft, so ist ein Verschmelzungsbeschluss der übernehmenden Aktiengesellschaft zur Aufnahme dieser übertragenden Gesellschaft nicht erforderlich. Eigene Anteile der übertragenden Gesellschaft und Anteile, die einem anderen für Rechnung dieser Gesellschaft gehören, sind vom Stammkapital oder Grundkapital abzusetzen.

(2) Absatz 1 gilt nicht, wenn Aktionäre der übernehmenden Gesellschaft, deren Anteile zusammen den zwanzigsten Teil des Grundkapitals dieser Gesellschaft erreichen, die Einberufung einer Hauptversammlung verlangen, in der über die Zustimmung zu der Verschmelzung beschlossen wird. Die Satzung kann das Recht, die Einberufung der Hauptversammlung zu verlangen, an den Besitz eines geringeren Teils am Grundkapital der übernehmenden Gesellschaft knüpfen.

(3) Einen Monat vor dem Tage der Gesellschafterversammlung oder der Hauptversammlung der übertragenden Gesellschaft, die gemäß § 13 Abs. 1 über die Zustimmung zum Verschmelzungsvertrag beschließen soll, sind in dem Geschäftsraum der übernehmenden Gesellschaft zur Einsicht der Aktionäre die in § 63 Abs. 1 bezeichneten Unterlagen auszulegen. Gleichzeitig hat der Vorstand der übernehmenden Gesellschaft einen Hinweis auf die bevorstehende Verschmelzung in den Gesellschaftsblättern der übernehmenden Gesellschaft bekanntzumachen und den Verschmelzungsvertrag oder seinen Entwurf zum Register der übernehmenden Gesellschaft einzureichen; § 61 Satz 2 ist entsprechend anzuwenden. Die Aktionäre sind in der Bekanntmachung nach Satz 2 erster Halbsatz auf ihr Recht nach Absatz 2 hinzuweisen. Der Anmeldung der Verschmelzung zur Eintragung in das Handelsregister ist der Nachweis der Bekanntmachung beizufügen. Der Vorstand hat bei der Anmeldung zu erklären, ob ein Antrag nach Absatz 2 gestellt worden ist. Auf Verlangen ist jedem Aktionär der übernehmenden Gesellschaft unverzüglich und kostenlos eine Abschrift der in Satz 1 bezeichneten Unterlagen zu erteilen. Die Unterlagen können dem Aktionär mit dessen Einwilligung auf dem Wege elektronischer Kommunikation übermittelt werden. Die Verpflichtungen nach den Sätzen 1 und 6 entfallen, wenn die in Satz 1 bezeichneten Unterlagen für denselben Zeitraum über die Internetseite der Gesellschaft zugänglich sind.

(4) Befindet sich das gesamte Stamm- oder Grundkapital einer übertragenden Kapitalgesellschaft in der Hand einer übernehmenden Aktiengesellschaft, so ist ein Verschmelzungsbeschluss des Anteilsinhabers der übertragenden Kapitalgesellschaft nicht erforderlich. Ein solcher Beschluss ist auch nicht erforderlich in Fällen, in denen nach Absatz 5 Satz 1 ein Übertragungsbeschluss gefasst und mit einem Vermerk nach Absatz 5 Satz 7 in das Handelsregister eingetragen wurde. Absatz 3 gilt mit der Maßgabe, dass die dort genannten Verpflichtungen nach Abschluss des Verschmelzungsvertrages für die Dauer eines Monats zu erfüllen sind.

Spätestens bei Beginn dieser Frist ist die in § 5 Absatz 3 genannte Zuleitungsverpflichtung zu erfüllen.

(5) In Fällen des Absatzes 1 kann die Hauptversammlung einer übertragenden Aktiengesellschaft innerhalb von drei Monaten nach Abschluss des Verschmelzungsvertrages einen Beschluss nach § 327a Absatz 1 Satz 1 des Aktiengesetzes fassen, wenn der übernehmenden Gesellschaft (Hauptaktionär) Aktien in Höhe von neun Zehnteln des Grundkapitals gehören. Der Verschmelzungsvertrag oder sein Entwurf muss die Angabe enthalten, dass im Zusammenhang mit der Verschmelzung ein Ausschluss der Minderheitsaktionäre der übertragenden Gesellschaft erfolgen soll. Absatz 3 gilt mit der Maßgabe, dass die dort genannten Verpflichtungen nach Abschluss des Verschmelzungsvertrages für die Dauer eines Monats zu erfüllen sind. Spätestens bei Beginn dieser Frist ist die in § 5 Absatz 3 genannte Zuleitungsverpflichtung zu erfüllen. Der Verschmelzungsvertrag oder sein Entwurf ist gemäß § 327c Absatz 3 des Aktiengesetzes zur Einsicht der Aktionäre auszulegen. Der Anmeldung des Übertragungsbeschlusses (§ 327e Absatz 1 des Aktiengesetzes) ist der Verschmelzungsvertrag in Ausfertigung oder öffentlich beglaubigter Abschrift oder sein Entwurf beizufügen. Die Eintragung des Übertragungsbeschlusses ist mit dem Vermerk zu versehen, dass er erst gleichzeitig mit der Eintragung der Verschmelzung im Register des Sitzes der übernehmenden Aktiengesellschaft wirksam wird. Im Übrigen bleiben die §§ 327a bis 327f des Aktiengesetzes unberührt.

§ 63. Vorbereitung der Hauptversammlung. (1) Von der Einberufung der Hauptversammlung an, die gemäß § 13 Abs. 1 über die Zustimmung zum Verschmelzungsvertrag beschließen soll, sind in dem Geschäftsraum der Gesellschaft zur Einsicht der Aktionäre auszulegen

1. der Verschmelzungsvertrag oder sein Entwurf;
2. die Jahresabschlüsse und die Lageberichte der an der Verschmelzung beteiligten Rechtsträger für die letzten drei Geschäftsjahre;
3. falls sich der letzte Jahresabschluss auf ein Geschäftsjahr bezieht, das mehr als sechs Monate vor dem Abschluss des Verschmelzungsvertrags oder der Aufstellung des Entwurfs abgelaufen ist, eine Bilanz auf einen Stichtag, der nicht vor dem ersten Tag des dritten Monats liegt, der dem Abschluss oder der Aufstellung vorausgeht (Zwischenbilanz);
4. die nach § 8 erstatteten Verschmelzungsberichte;
5. nach § 60 in Verbindung mit § 12 erstatteten Prüfungsberichte.

(2) Die Zwischenbilanz (Absatz 1 Nr. 3) ist nach den Vorschriften aufzustellen, die auf die letzte Jahresbilanz des Rechtsträgers angewendet worden sind. Eine körperliche Bestandsaufnahme ist nicht erforderlich. Die Wertansätze der letzten Jahresbilanz dürfen übernommen werden. Dabei sind jedoch Abschreibungen, Wertberichtigungen und Rückstellungen sowie wesentliche, aus den Büchern nicht ersichtliche Veränderungen der wirklichen Werte von Vermögensgegenständen bis zum Stichtag der Zwischenbilanz zu berücksichtigen. § 8 Absatz 3 Satz 1 erste Alternative und Satz 2 ist entsprechend anzuwenden. Die Zwischenbilanz muss auch dann nicht aufgestellt werden, wenn die Gesellschaft seit dem letzten Jahresabschluss einen Halbjahresfinanzbericht gemäß § 37w des Wertpapierhandelsgesetzes veröffentlicht hat. Der Halbjahresfinanzbericht tritt zum Zwecke der Vorbereitung der Hauptversammlung an die Stelle der Zwischenbilanz.

(3) Auf Verlangen ist jedem Aktionär unverzüglich und kostenlos eine Abschrift der in Absatz 1 bezeichneten Unterlagen zu erteilen. Die Unterlagen können dem Aktionär mit dessen Einwilligung auf dem Wege elektronischer Kommunikation übermittelt werden.

(4) Die Verpflichtungen nach den Absätzen 1 und 3 entfallen, wenn die in Absatz 1 bezeichneten Unterlagen für denselben Zeitraum über die Internetseite der Gesellschaft zugänglich sind.

§ 64. Durchführung der Hauptversammlung. (1) In der Hauptversammlung sind die in § 63 Absatz 1 bezeichneten Unterlagen zugänglich zu machen. Der Vorstand hat den Verschmelzungsvertrag oder seinen Entwurf zu Beginn der Verhandlung mündlich zu erläutern und über jede wesentliche Veränderung des Vermögens der Gesellschaft zu unterrichten, die seit dem Abschluss des Verschmelzungsvertrages oder der Aufstellung des Entwurfs eingetreten ist. Der Vorstand hat über solche Veränderungen auch die Vertretungsorgane der anderen beteiligten Rechtsträger zu unterrichten; diese haben ihrerseits die Anteilsinhaber des von ihnen vertretenen Rechtsträgers vor der Beschlussfassung zu unterrichten. § 8 Absatz 3 Satz 1 erste Alternative und Satz 2 ist entsprechend anzuwenden.

(2) Jedem Aktionär ist auf Verlangen in der Hauptversammlung Auskunft auch über alle für die Verschmelzung wesentlichen Angelegenheiten der anderen beteiligten Rechtsträger zu geben.

§ 65. Beschluss der Hauptversammlung. (1) Der Verschmelzungsbeschluss der Hauptversammlung bedarf einer Mehrheit, die mindestens drei Viertel des bei der Beschlussfassung vertretenen Grundkapitals umfasst. Die Satzung kann eine größere Kapitalmehrheit und weitere Erfordernisse bestimmen.

(2) Sind mehrere Gattungen von Aktien vorhanden, so bedarf der Beschluss der Hauptversammlung zu seiner Wirksamkeit der Zustimmung der stimmberechtigten Aktionäre jeder Gattung. Über die Zustimmung haben die Aktionäre jeder Gattung einen Sonderbeschluss zu fassen. Für diesen gilt Absatz 1.

§ 66. Eintragung bei Erhöhung des Grundkapitals. Erhöht die übernehmende Gesellschaft zur Durchführung der Verschmelzung ihr Grundkapital, so darf die Verschmelzung erst eingetragen werden, nachdem die Durchführung der Erhöhung des Grundkapitals im Register eingetragen worden ist.

§ 67. Anwendung der Vorschriften über die Nachgründung. Wird der Verschmelzungsvertrag in den ersten zwei Jahren seit Eintragung der übernehmenden Gesellschaft in das Register geschlossen, so ist § 52 Abs. 3, 4, 6 bis 9 des Aktiengesetzes über die Nachgründung entsprechend anzuwenden. Dies gilt nicht, wenn auf die zu gewährenden Aktien nicht mehr als der zehnte Teil des Grundkapitals dieser Gesellschaft entfällt oder wenn diese Gesellschaft ihre Rechtsform durch Formwechsel einer Gesellschaft mit beschränkter Haftung erlangt hat, die zuvor bereits seit mindestens zwei Jahren im Handelsregister eingetragen war. Wird zur Durchführung der Verschmelzung das Grundkapital erhöht, so ist der Berechnung das erhöhte Grundkapital zugrunde zu legen.

§ 68. Verschmelzung ohne Kapitalerhöhung. (1) Die übernehmende Gesellschaft darf zur Durchführung der Verschmelzung ihr Grundkapital nicht erhöhen, soweit

1. sie Anteile eines übertragenden Rechtsträgers innehat;
2. ein übertragender Rechtsträger eigene Anteile innehat oder
3. ein übertragender Rechtsträger Aktien dieser Gesellschaft besitzt, auf die der Ausgabebetrag nicht voll geleistet ist.

Die übernehmende Gesellschaft braucht ihr Grundkapital nicht zu erhöhen, soweit

1. sie eigene Aktien besitzt oder
2. ein übertragender Rechtsträger Aktien dieser Gesellschaft besitzt, auf die der Ausgabebetrag bereits voll geleistet ist.

Die übernehmende Gesellschaft darf von der Gewährung von Aktien absehen, wenn alle Anteilsinhaber eines übertragenden Rechtsträgers darauf verzichten; die Verzichtserklärungen sind notariell zu beurkunden.

(2) Absatz 1 gilt entsprechend, wenn Inhaber der dort bezeichneten Anteile ein Dritter ist, der im eigenen Namen, jedoch in einem Fall des Absatzes 1 Satz 1 Nr. 1 oder des Absatzes 1 Satz 2 Nr. 1 für Rechnung der übernehmenden Gesellschaft oder in einem der anderen Fälle des Absatzes 1 für Rechnung des übertragenden Rechtsträgers handelt.

(3) Im Verschmelzungsvertrag festgesetzte bare Zuzahlungen dürfen nicht den zehnten Teil des auf die gewährten Aktien der übernehmenden Gesellschaft entfallenden anteiligen Betrags ihres Grundkapitals übersteigen.

§ 69. Verschmelzung mit Kapitalerhöhung. (1) Erhöht die übernehmende Gesellschaft zur Durchführung der Verschmelzung ihr Grundkapital, so sind § 182 Abs. 4, § 184 Abs. 1 Satz 2, §§ 185, 186, 187 Abs. 1, § 188 Abs. 2 und 3 Nr. 1 des Aktiengesetzes nicht anzuwenden; eine Prüfung der Sacheinlage nach § 183 Abs. 3 des Aktiengesetzes findet nur statt, soweit übertragende Rechtsträger die Rechtsform einer Personenhandelsgesellschaft, einer Partnerschaftsgesellschaft oder eines rechtsfähigen Vereins haben, wenn Vermögensgegenstände in der Schlussbilanz eines übertragenden Rechtsträgers höher bewertet worden sind als in dessen letzter Jahresbilanz, wenn die in einer Schlussbilanz angesetzten Werte nicht als Anschaffungskosten in den Jahresbilanzen der übernehmenden Gesellschaft angesetzt werden oder wenn das Gericht Zweifel hat, ob der Wert der Sacheinlage den geringsten Ausgabebetrag der dafür zu gewährenden Aktien erreicht. Dies gilt auch dann, wenn das Grundkapital durch Ausgabe neuer Aktien auf Grund der Ermächtigung nach § 202 des Aktiengesetzes erhöht wird. In diesem Fall ist außerdem § 203 Abs. 3 des Aktiengesetzes nicht anzuwenden. Zum Prüfer kann der Verschmelzungsprüfer bestellt werden.

(2) Der Anmeldung der Kapitalerhöhung zum Register sind außer den in § 188 Abs. 3 Nr. 2 und 3 des Aktiengesetzes bezeichneten Schriftstücken der Verschmelzungsvertrag und die Niederschriften der Verschmelzungsbeschlüsse in Ausfertigung oder öffentlich beglaubigter Abschrift beizufügen.

§ 70. Geltendmachung eines Schadenersatzanspruchs. Die Bestellung eines besonderen Vertreters nach § 26 Abs. 1 Satz 2 können nur solche Aktionäre einer übertragenden Gesellschaft beantragen, die ihre Aktien bereits gegen Anteile des übernehmenden Rechtsträgers umgetauscht haben.

§ 71. Bestellung eines Treuhänders. (1) Jeder übertragende Rechtsträger hat für den Empfang der zu gewährenden Aktien und der baren Zuzahlungen einen Treuhänder zu bestellen. Die Verschmelzung darf erst eingetragen werden, wenn der Treuhänder dem Gericht angezeigt hat, dass er im Besitz der Aktien und der im Verschmelzungsvertrag festgesetzten baren Zuzahlungen ist.

(2) § 26 Abs. 4 ist entsprechend anzuwenden.

§ 72. Umtausch von Aktien. (1) Für den Umtausch der Aktien einer übertragenden Gesellschaft gilt § 73 Abs. 1 und 2 des Aktiengesetzes, bei Zusammenlegung von Aktien dieser Gesellschaft § 226 Abs. 1 und 2 des Aktiengesetzes über die Kraftloserklärung von Aktien entsprechend. Einer Genehmigung des Gerichts bedarf es nicht.

(2) Ist der übernehmende Rechtsträger ebenfalls eine Aktiengesellschaft, so gelten ferner § 73 Abs. 3 des Aktiengesetzes sowie bei Zusammenlegung von Aktien § 73 Abs. 4 und § 226 Abs. 3 des Aktiengesetzes entsprechend.

Zweiter Unterabschnitt. Verschmelzung durch Neugründung

§ 73. Anzuwendende Vorschriften. Auf die Verschmelzung durch Neugründung sind die Vorschriften des Ersten Unterabschnitts mit Ausnahme der §§ 66, 67, 68 Abs. 1 und 2 und des § 69 entsprechend anzuwenden.

§ 74. Inhalt der Satzung. In die Satzung sind Festsetzungen über Sondervorteile, Gründungsaufwand, Sacheinlagen und Sachübernahmen, die in den Gesellschaftsverträgen, Partnerschaftsverträgen oder Satzungen übertragender Rechtsträger enthalten waren, zu übernehmen. § 26 Abs. 4 und 5 des Aktiengesetzes bleibt unberührt.

§ 75. Gründungsbericht und Gründungsprüfung. (1) In dem Gründungsbericht (§ 32 des Aktiengesetzes) sind auch der Geschäftsverlauf und die Lage der übertragenden Rechtsträger darzustellen. Zum Gründungsprüfer (§ 33 Absatz 2 des Aktiengesetzes) kann der Verschmelzungsprüfer bestellt werden.

(2) Ein Gründungsbericht und eine Gründungsprüfung sind nicht erforderlich, soweit eine Kapitalgesellschaft oder eine eingetragene Genossenschaft übertragender Rechtsträger ist.

§ 76. Verschmelzungsbeschlüsse. (1) Eine übertragende Aktiengesellschaft darf die Verschmelzung erst beschließen, wenn sie und jede andere übertragende Aktiengesellschaft bereits zwei Jahre im Register eingetragen sind.

(2) Die Satzung der neuen Gesellschaft wird nur wirksam, wenn ihr die Anteilsinhaber jedes der übertragenden Rechtsträger durch Verschmelzungsbeschluss zustimmen. Dies gilt entsprechend für die Bestellung der Mitglieder des Aufsichtsrats der neuen Gesellschaft, soweit diese nach § 31 des Aktiengesetzes zu wählen

sind. Auf eine übertragende Aktiengesellschaft ist § 124 Abs. 2 Satz 2, Abs. 3 Satz 1 und 3 des Aktiengesetzes entsprechend anzuwenden.

§ 77. (aufgehoben)

Vierter Abschnitt. Verschmelzung unter Beteiligung von Kommanditgesellschaften auf Aktien

§ 78. Anzuwendende Vorschriften. Auf Verschmelzungen unter Beteiligung von Kommanditgesellschaften auf Aktien sind die Vorschriften des Dritten Abschnitts entsprechend anzuwenden. An die Stelle der Aktiengesellschaft und ihres Vorstands treten die Kommanditgesellschaft auf Aktien und die zu ihrer Vertretung ermächtigten persönlich haftenden Gesellschafter. Der Verschmelzungsbeschluss bedarf auch der Zustimmung der persönlich haftenden Gesellschafter; die Satzung der Kommanditgesellschaft auf Aktien kann eine Mehrheitsentscheidung dieser Gesellschafter vorsehen. Im Verhältnis zueinander gelten Aktiengesellschaften und Kommanditgesellschaften auf Aktien nicht als Rechtsträger anderer Rechtsform im Sinne der §§ 29 und 34.

Fünfter Abschnitt. Verschmelzung unter Beteiligung eingetragener Genossenschaften

Erster Unterabschnitt. Verschmelzung durch Aufnahme

§ 79. Möglichkeit der Verschmelzung. Ein Rechtsträger anderer Rechtsform kann im Wege der Aufnahme mit einer eingetragenen Genossenschaft nur verschmolzen werden, wenn eine erforderliche Änderung der Satzung der übernehmenden Genossenschaft gleichzeitig mit der Verschmelzung beschlossen wird.

§ 80. Inhalt des Verschmelzungsvertrags bei Aufnahme durch eine Genossenschaft. (1) Der Verschmelzungsvertrag oder sein Entwurf hat bei Verschmelzungen im Wege der Aufnahme durch eine eingetragene Genossenschaft für die Festlegung des Umtauschverhältnisses der Anteile (§ 5 Abs. 1 Nr. 3) die Angabe zu enthalten,

1. dass jedes Mitglied einer übertragenden Genossenschaft mit einem Geschäftsanteil bei der übernehmenden Genossenschaft beteiligt wird, sofern die Satzung dieser Genossenschaft die Beteiligung mit mehr als einem Geschäftsanteil nicht zulässt, oder
2. dass jedes Mitglied einer übertragenden Genossenschaft mit mindestens einem und im Übrigen mit so vielen Geschäftsanteilen bei der übernehmenden Genossenschaft beteiligt wird, wie durch Anrechnung seines Geschäftsguthabens bei der übertragenden Genossenschaft als voll eingezahlt anzusehen sind, sofern die Satzung der übernehmenden Genossenschaft die Beteiligung eines Mitglieds mit mehreren Geschäftsanteilen zulässt oder die Mitglieder zur Übernahme mehrerer Geschäftsanteile verpflichtet; der Verschmelzungsvertrag oder sein Entwurf kann eine andere Berechnung der Zahl der zu gewährenden Geschäftsanteile vorsehen.

Bei Verschmelzungen im Wege der Aufnahme eines Rechtsträgers anderer Rechtsform durch eine eingetragene Genossenschaft hat der Verschmelzungsvertrag oder sein Entwurf zusätzlich für jeden Anteilsinhaber eines solchen Rechtsträgers den Betrag des Geschäftsanteils und die Zahl der Geschäftsanteile anzugeben, mit denen er bei der Genossenschaft beteiligt wird.

(2) Der Verschmelzungsvertrag oder sein Entwurf hat für jede übertragende Genossenschaft den Stichtag der Schlussbilanz anzugeben.

§ 81. Gutachten des Prüfungsverbandes. (1) Vor der Einberufung der Generalversammlung, die gemäß § 13 Abs. 1 über die Zustimmung zum Verschmelzungsvertrag beschließen soll, ist für jede beteiligte Genossenschaft eine gutachtliche Äußerung des Prüfungsverbandes einzuholen, ob die Verschmelzung mit den Belangen der Mitglieder und der Gläubiger der Genossenschaft vereinbar ist (Prüfungsgutachten). Das Prüfungsgutachten kann für mehrere beteiligte Genossenschaften auch gemeinsam erstattet werden.

(2) Liegen die Voraussetzungen des Artikels 25 Abs. 1 des Einführungsgesetzes zum Handelsgesetzbuche in der Fassung des Artikels 21 § 5 Abs. 2 des Gesetzes vom 25. Juli 1988 (BGBl. I S. 1093) vor, so kann die Prüfung der Verschmelzung (§§ 9 bis 12) für die dort bezeichneten Rechtsträger auch von dem zuständigen Prüfungsverband durchgeführt werden.

§ 82. Vorbereitung der Generalversammlung. (1) Von der Einberufung der Generalversammlung an, die gemäß § 13 Abs. 1 über die Zustimmung zum Verschmelzungsvertrag beschließen soll, sind auch in dem Geschäftsraum jeder beteiligten Genossenschaft die in § 63 Abs. 1 Nr. 1 bis 4 bezeichneten Unterlagen sowie die nach § 81 erstatteten Prüfungsgutachten zur Einsicht der Mitglieder auszulegen. Dazu erforderliche Zwischenbilanzen sind gemäß § 63 Absatz 2 Satz 1 bis 4 aufzustellen.

(2) Auf Verlangen ist jedem Mitglied unverzüglich und kostenlos eine Abschrift der in Absatz 1 bezeichneten Unterlagen zu erteilen.

§ 83. Durchführung der Generalversammlung. (1) In der Generalversammlung sind die in § 63 Abs. 1 Nr. 1 bis 4 bezeichneten Unterlagen sowie die nach § 81 erstatteten Prüfungsgutachten auszulegen. Der Vorstand hat den Verschmelzungsvertrag oder seinen Entwurf zu Beginn der Verhandlung mündlich zu erläutern. § 64 Abs. 2 ist entsprechend anzuwenden.

(2) Das für die beschließende Genossenschaft erstattete Prüfungsgutachten ist in der Generalversammlung zu verlesen. Der Prüfungsverband ist berechtigt, an der Generalversammlung beratend teilzunehmen.

§ 84. Beschluss der Generalversammlung. Der Verschmelzungsbeschluss der Generalversammlung bedarf einer Mehrheit von drei Vierteln der abgegebenen Stimmen. Die Satzung kann eine größere Mehrheit und weitere Erfordernisse bestimmen.

§ 85. Verbesserung des Umtauschverhältnisses. (1) Bei der Verschmelzung von Genossenschaften miteinander ist § 15 nur anzuwenden, wenn und soweit das Geschäftsguthaben eines Mitglieds in der übernehmenden Genossenschaft niedriger als das Geschäftsguthaben in der übertragenden Genossenschaft ist.

(2) Der Anspruch nach § 15 kann auch durch Zuschreibung auf das Geschäftsguthaben erfüllt werden, soweit nicht der Gesamtbetrag der Geschäftsanteile des Mitglieds bei der übernehmenden Genossenschaft überschritten wird.

§ 86. Anlagen der Anmeldung. (1) Der Anmeldung der Verschmelzung ist außer den sonst erforderlichen Unterlagen auch das für die anmeldende Genossenschaft erstattete Prüfungsgutachten in Urschrift oder in öffentlich beglaubigter Abschrift beizufügen.

(2) Der Anmeldung zur Eintragung in das Register des Sitzes des übernehmenden Rechtsträgers ist ferner jedes andere für eine übertragende Genossenschaft erstattete Prüfungsgutachten in Urschrift oder in öffentlich beglaubigter Abschrift beizufügen.

§ 87. Anteilstausch. (1) Auf Grund der Verschmelzung ist jedes Mitglied einer übertragenden Genossenschaft entsprechend dem Verschmelzungsvertrag an dem übernehmenden Rechtsträger beteiligt. Eine Verpflichtung, bei einer übernehmenden Genossenschaft weitere Geschäftsanteile zu übernehmen, bleibt unberührt. Rechte Dritter an den Geschäftsguthaben bei einer übertragenden Genossenschaft bestehen an den Anteilen oder Mitgliedschaften des übernehmenden Rechtsträgers anderer Rechtsform weiter, die an die Stelle der Geschäftsanteile der übertragenden Genossenschaft treten. Rechte Dritter an den Anteilen oder Mitgliedschaften des übertragenden Rechtsträgers bestehen an den bei der übernehmenden Genossenschaft erlangten Geschäftsguthaben weiter.

(2) Übersteigt das Geschäftsguthaben, das das Mitglied bei einer übertragenden Genossenschaft hatte, den Gesamtbetrag der Geschäftsanteile, mit denen es nach Absatz 1 bei einer übernehmenden Genossenschaft beteiligt ist, so ist der übersteigende Betrag nach Ablauf von sechs Monaten seit dem Tage, an dem die Eintragung der Verschmelzung in das Register des Sitzes der übernehmenden Genossenschaft nach § 19 Abs. 3 bekannt gemacht worden ist, an das Mitglied auszuzahlen; die Auszahlung darf jedoch nicht erfolgen, bevor die Gläubiger, die sich nach § 22 gemeldet haben, befriedigt oder sichergestellt sind. Im Verschmelzungsvertrag festgesetzte bare Zuzahlungen dürfen nicht den zehnten Teil des Gesamtnennbetrags der gewährten Geschäftsanteile der übernehmenden Genossenschaft übersteigen.

(3) Für die Berechnung des Geschäftsguthabens, das dem Mitglied bei einer übertragenden Genossenschaft zugestanden hat, ist deren Schlussbilanz maßgebend.

§ 88. Geschäftsguthaben bei der Aufnahme von Kapitalgesellschaften und rechtsfähigen Vereinen. (1) Ist an der Verschmelzung eine Kapitalgesellschaft als übertragender Rechtsträger beteiligt, so ist jedem Anteilsinhaber dieser Gesellschaft als Geschäftsguthaben bei der übernehmenden Genossenschaft der Wert der Geschäftsanteile oder der Aktien gutzuschreiben, mit denen er an der übertragenden Gesellschaft beteiligt war. Für die Feststellung des Wertes dieser Beteiligung ist die Schussbilanz der übertragenden Gesellschaft maßgebend. Übersteigt das durch die Verschmelzung erlangte Geschäftsguthaben eines Mitglieds den Gesamtbetrag der Geschäftsanteile, mit denen es bei der übernehmenden Genossenschaft beteiligt ist, so ist der übersteigende Betrag nach Ablauf von sechs Monaten seit dem Tage, an dem die Eintragung der Verschmelzung in das Register des Sitzes der übernehmenden Genossenschaft nach § 19 Abs. 3 bekannt gemacht worden ist, an das Mitglied auszuzahlen; die Auszahlung darf jedoch nicht erfolgen, bevor die Gläubiger, die sich nach § 22 gemeldet haben, befriedigt oder sichergestellt sind.

(2) Ist an der Verschmelzung ein rechtsfähiger Verein als übertragender Rechtsträger beteiligt, so kann jedem Mitglied dieses Vereins als Geschäftsguthaben bei der übernehmenden Genossenschaft höchstens der Nennbetrag der Geschäftsanteile gutgeschrieben werden, mit denen es an der übernehmenden Genossenschaft beteiligt ist.

§ 89. Eintragung der Genossen in die Mitgliederliste; Benachrichtigung. (1) Die übernehmende Genossenschaft hat jedes neue Mitglied nach der Eintragung der Verschmelzung in das Register des Sitzes der übernehmenden Genossenschaft unverzüglich in die Mitgliederliste einzutragen und hiervon unverzüglich zu benachrichtigen. Sie hat ferner die Zahl der Geschäftsanteile des Mitglieds einzutragen, sofern das Mitglied mit mehr als einem Geschäftsanteil beteiligt ist.

(2) Die übernehmende Genossenschaft hat jedem Anteilsinhaber eines übertragenden Rechtsträgers, bei unbekannten Aktionären dem Treuhänder der übertragenden Gesellschaft, unverzüglich in Textform mitzuteilen:

1. den Betrag des Geschäftsguthabens bei der übernehmenden Genossenschaft;
2. den Betrag des Geschäftsanteils bei der übernehmenden Genossenschaft;
3. die Zahl der Geschäftsanteile, mit denen der Anteilsinhaber bei der übernehmenden Genossenschaft beteiligt ist;
4. den Betrag der von dem Mitglied nach Anrechnung seines Geschäftsguthabens noch zu leistenden Einzahlung oder den Betrag, der ihm nach § 87 Abs. 2 oder nach § 88 Abs. 1 auszuzahlen ist, sowie
5. den Betrag der Haftsumme der übernehmenden Genossenschaft, sofern deren Mitglieder Nachschüsse bis zu einer Haftsumme zu leisten haben.

§ 90. Ausschlagung durch einzelne Anteilsinhaber. (1) Die §§ 29 bis 34 sind auf die Mitglieder einer übertragenden Genossenschaft nicht anzuwenden.

(2) Auf der Verschmelzungswirkung beruhende Anteile und Mitgliedschaften an dem übernehmenden Rechtsträger gelten als nicht erworben, wenn sie ausgeschlagen werden.

(3) Das Recht zur Ausschlagung hat jedes Mitglied einer übertragenden Genossenschaft, wenn es in der Generalversammlung oder als Vertreter in der Vertreterversammlung, die gemäß § 13 Abs. 1 über die Zustimmung zum Verschmelzungsvertrag beschließen soll,

1. erscheint und gegen den Verschmelzungsbeschluss Widerspruch zur Niederschrift erklärt oder
2. nicht erscheint, sofern es zu der Versammlung zu Unrecht nicht zugelassen worden ist oder die Versammlung nicht ordnungsgemäß einberufen oder der Gegenstand der Beschlussfassung nicht ordnungsgemäß bekannt gemacht worden ist.

Wird der Verschmelzungsbeschluss einer übertragenden Genossenschaft von einer Vertreterversammlung gefasst, so steht das Recht zur Ausschlagung auch jedem anderen Mitglied dieser Genossenschaft zu, das im Zeitpunkt der Beschlussfassung nicht Vertreter ist.

§ 91. Form und Frist der Ausschlagung. (1) Die Ausschlagung ist gegenüber dem übernehmenden Rechtsträger schriftlich zu erklären.

(2) Die Ausschlagung kann nur binnen sechs Monaten nach dem Tage erklärt werden, an dem die Eintragung der Verschmelzung in das Register des Sitzes des übernehmenden Rechtsträgers nach § 19 Abs. 3 bekannt gemacht worden ist.

(3) Die Ausschlagung kann nicht unter einer Bedingung oder einer Zeitbestimmung erklärt werden.

§ 92. Eintragung der Ausschlagung in die Mitgliederliste. (1) Die übernehmende Genossenschaft hat jede Ausschlagung unverzüglich in die Mitgliederliste einzutragen und das Mitglied von der Eintragung unverzüglich zu benachrichtigen.

(2) Die Ausschlagung wird in dem Zeitpunkt wirksam, in dem die Ausschlagungserklärung dem übernehmenden Rechtsträger zugeht.

§ 93. Auseinandersetzung. (1) Mit einem früheren Mitglied, dessen Beteiligung an dem übernehmenden Rechtsträger nach § 90 Abs. 2 als nicht erworben gilt, hat der übernehmende Rechtsträger sich auseinander zu setzen. Maßgebend ist die Schlussbilanz der übertragenden Genossenschaft.

(2) Dieses Mitglied kann die Auszahlung des Geschäftsguthabens, das es bei der übertragenden Genossenschaft hatte, verlangen; an den Rücklagen und dem sonstigen Vermögen der übertragenden Genossenschaft hat es vorbehaltlich des § 73 Abs. 3 des Genossenschaftsgesetzes keinen Anteil, auch wenn sie bei der Verschmelzung den Geschäftsguthaben anderer Mitglieder, die von dem Recht zur Ausschlagung keinen Gebrauch machen, zugerechnet werden.

(3) Reichen die Geschäftsguthaben und die in der Schlussbilanz einer übertragenden Genossenschaft ausgewiesenen Rücklagen zur Deckung eines in dieser Bilanz ausgewiesenen Verlustes nicht aus, so kann der übernehmende Rechtsträger von dem früheren Mitglied, dessen Beteiligung als nicht erworben gilt, die Zahlung des anteiligen Fehlbetrags verlangen, wenn und soweit dieses Mitglied im Falle der Insolvenz Nachschüsse an die übertragende Genossenschaft zu leisten gehabt hätte. Der anteilige Fehlbetrag wird, falls die Satzung der übertragenden Genossenschaft nichts anderes bestimmt, nach der Zahl ihrer Mitglieder berechnet.

§ 94. Auszahlung des Auseinandersetzungsguthabens. Ansprüche auf Auszahlung des Geschäftsguthabens nach § 93 Abs. 2 sind binnen sechs Monaten seit der Ausschlagung zu befriedigen; die Auszahlung darf jedoch nicht erfolgen, bevor die Gläubiger, die sich nach § 22 gemeldet haben, befriedigt oder sichergestellt sind, und nicht vor Ablauf von sechs Monaten seit dem Tag, an dem die Eintragung der Verschmelzung in das Register des Sitzes des übernehmenden Rechtsträgers nach § 19 Abs. 3 bekannt gemacht worden ist.

§ 95. Fortdauer der Nachschusspflicht. (1) Ist die Haftsumme bei einer übernehmenden Genossenschaft geringer, als sie bei einer übertragenden Genossenschaft war, oder haften den Gläubigern eines übernehmenden Rechtsträgers nicht alle Anteilsinhaber dieses Rechtsträgers unbeschränkt, so haben zur Befriedigung der Gläubiger der übertragenden Genossenschaft diejenigen Anteilsinhaber, die Mitglieder der übertragenden Genossenschaft waren, weitere Nachschüsse bis zur Höhe der Haftsumme bei der übertragenden Genossenschaft zu leisten, sofern die

Gläubiger, die sich nach § 22 gemeldet haben, wegen ihrer Forderung Befriedigung oder Sicherstellung auch nicht aus den von den Mitgliedern eingezogenen Nachschüssen erlangen können. Für die Einziehung der Nachschüsse gelten die §§ 105 bis 115a des Genossenschaftsgesetzes entsprechend.

(2) Absatz 1 ist nur anzuwenden, wenn das Insolvenzverfahren über das Vermögen des übernehmenden Rechtsträgers binnen zwei Jahren nach dem Tage eröffnet wird, an dem die Eintragung der Verschmelzung in das Register des Sitzes dieses Rechtsträgers nach § 19 Abs. 3 bekannt gemacht worden ist.

Zweiter Unterabschnitt. Verschmelzung durch Neugründung

§ 96. Anzuwendende Vorschriften. Auf die Verschmelzung durch Neugründung sind die Vorschriften des Ersten Unterabschnitts entsprechend anzuwenden.

§ 97. Pflichten der Vertretungsorgane der übertragenden Rechtsträger. (1) Die Satzung der neuen Genossenschaft ist durch sämtliche Mitglieder des Vertretungsorgans jedes der übertragenden Rechtsträger aufzustellen und zu unterzeichnen.

(2) Die Vertretungsorgane aller übertragenden Rechtsträger haben den ersten Aufsichtsrat der neuen Genossenschaft zu bestellen. Das Gleiche gilt für die Bestellung des ersten Vorstands, sofern nicht durch die Satzung der neuen Genossenschaft an Stelle der Wahl durch die Generalversammlung eine andere Art der Bestellung des Vorstands festgesetzt ist.

§ 98. Verschmelzungsbeschlüsse. Die Satzung der neuen Genossenschaft wird nur wirksam, wenn ihm die Anteilsinhaber jedes der übertragenden Rechtsträger durch Verschmelzungsbeschluss zustimmen. Dies gilt entsprechend für die Bestellung der Mitglieder des Vorstands und des Aufsichtsrats der neuen Genossenschaft, für die Bestellung des Vorstands jedoch nur, wenn dieser von den Vertretungsorganen aller übertragenden Rechtsträger bestellt worden ist.

Sechster Abschnitt. Verschmelzung unter Beteiligung rechtsfähiger Vereine

§ 99. Möglichkeit der Verschmelzung. (1) Ein rechtsfähiger Verein kann sich an einer Verschmelzung nur beteiligen, wenn die Satzung des Vereins oder Vorschriften des Landesrechts nicht entgegenstehen.

(2) Ein eingetragener Verein darf im Wege der Verschmelzung Rechtsträger anderer Rechtsform nicht aufnehmen und durch die Verschmelzung solcher Rechtsträger nicht gegründet werden.

§ 100. Prüfung der Verschmelzung. Der Verschmelzungsvertrag oder sein Entwurf ist für einen wirtschaftlichen Verein nach den §§ 9 bis 12 zu prüfen. Bei einem eingetragenen Verein ist diese Prüfung nur erforderlich, wenn mindestens zehn vom Hundert der Mitglieder sie schriftlich verlangen.

§ 101. Vorbereitung der Mitgliederversammlung. (1) Von der Einberufung der Mitgliederversammlung an, die gemäß § 13 Abs. 1 über die Zustimmung zum Verschmelzungsvertrag beschließen soll, sind in dem Geschäftsraum des Vereins die in § 63 Abs. 1 Nr. 1 bis 4 bezeichneten Unterlagen sowie ein nach § 100 erforderlicher Prüfungsbericht zur Einsicht der Mitglieder auszulegen. Dazu erforderliche Zwischenbilanzen sind gemäß § 63 Absatz 2 Satz 1 bis 4 aufzustellen

(2) Auf Verlangen ist jedem Mitglied unverzüglich und kostenlos eine Abschrift der in Absatz 1 bezeichneten Unterlagen zu erteilen.

§ 102. Durchführung der Mitgliederversammlung. In der Mitgliederversammlung sind die in § 63 Abs. 1 Nr. 1 bis 4 bezeichneten Unterlagen sowie ein nach § 100 erforderlicher Prüfungsbericht auszulegen. § 64 Abs. 1 Satz 2 und Abs. 2 ist entsprechend anzuwenden.

§ 103. Beschluss der Mitgliederversammlung. Der Verschmelzungsbeschluss der Mitgliederversammlung bedarf einer Mehrheit von drei Vierteln der abgegebenen Stimmen. Die Satzung kann eine größere Mehrheit und weitere Erfordernisse bestimmen.

§ 104. Bekanntmachung der Verschmelzung. (1) Ist ein übertragender wirtschaftlicher Verein nicht in ein Handelsregister eingetragen, so hat sein Vorstand die bevorstehende Verschmelzung durch den Bundesanzeiger bekannt zu machen. Die Bekanntmachung im Bundesanzeiger tritt an die Stelle der Eintragung im Register. Sie ist mit einem Vermerk zu versehen, dass die Verschmelzung erst mit der Eintragung im Register des Sitzes des übernehmenden Rechtsträgers wirksam wird. Die §§ 16 und 17 Abs. 1 und § 19 Abs. 1 Satz 2, Abs. 2 und Abs. 3 sind nicht anzuwenden, soweit sie sich auf die Anmeldung und Eintragung dieses übertragenden Vereins beziehen.

(2) Die Schlussbilanz eines solchen übertragenden Vereins ist der Anmeldung zum Register des Sitzes des übernehmenden Rechtsträgers beizufügen.

§ 104a. Ausschluss der Barabfindung in bestimmten Fällen. Die §§ 29 bis 34 sind auf die Verschmelzung eines eingetragenen Vereins, der nach § 5 Abs. 1 Nr. 9 des Körperschaftsteuergesetzes von der Körperschaftsteuer befreit ist, nicht anzuwenden.

Siebenter Abschnitt. Verschmelzung genossenschaftlicher Prüfungsverbände

§ 105. Möglichkeit der Verschmelzung. Genossenschaftliche Prüfungsverbände können nur miteinander verschmolzen werden. Ein genossenschaftlicher Prüfungsverband kann ferner als übernehmender Verband einen rechtsfähigen Verein aufnehmen, wenn bei diesem die Voraussetzungen des § 63b Abs. 2 Satz 1 des Genossenschaftsgesetzes bestehen und die in § 107 Abs. 2 genannte Behörde dem Verschmelzungsvertrag zugestimmt hat.

§ 106. Vorbereitung, Durchführung und Beschluss der Mitgliederversammlung. Auf die Vorbereitung, die Durchführung und den Beschluss der Mitgliederversammlung sind die §§ 101 bis 103 entsprechend anzuwenden.

§ 107. Pflichten der Vorstände. (1) Die Vorstände beider Verbände haben die Verschmelzung gemeinschaftlich unverzüglich zur Eintragung in die Register des Sitzes jedes Verbandes anzumelden, soweit der Verband eingetragen ist. Ist der übertragende Verband nicht eingetragen, so ist § 104 entsprechend anzuwenden.

(2) Die Vorstände haben ferner gemeinschaftlich den für die Verleihung des Prüfungsrechts zuständigen obersten Landesbehörden die Eintragung unverzüglich mitzuteilen.

(3) Der Vorstand des übernehmenden Verbandes hat die Mitglieder unverzüglich von der Eintragung zu benachrichtigen.

§ 108. Austritt von Mitgliedern des übertragenden Verbandes. Tritt ein ehemaliges Mitglied des übertragenden Verbandes gemäß § 39 des Bürgerlichen Gesetzbuchs aus dem übernehmenden Verband aus, so sind Bestimmungen der Satzung des übernehmenden Verbandes, die gemäß § 39 Abs. 2 des Bürgerlichen Gesetzbuchs eine längere Kündigungsfrist als zum Schlusse des Geschäftsjahres vorsehen, nicht anzuwenden.

Achter Abschnitt. Verschmelzung von Versicherungsvereinen auf Gegenseitigkeit

Erster Unterabschnitt. Möglichkeit der Verschmelzung

§ 109. Verschmelzungsfähige Rechtsträger. Versicherungsvereine auf Gegenseitigkeit können nur miteinander verschmolzen werden. Sie können ferner im Wege der Verschmelzung durch eine Aktiengesellschaft, die den Betrieb von Versicherungsgeschäften zum Gegenstand hat (Versicherungs-Aktiengesellschaft), aufgenommen werden.

Zweiter Unterabschnitt. Verschmelzung durch Aufnahme

§ 110. Inhalt des Verschmelzungsvertrags. Sind nur Versicherungsvereine auf Gegenseitigkeit an der Verschmelzung beteiligt, braucht der Verschmelzungsvertrag oder sein Entwurf die Angaben nach § 5 Abs. 1 Nr. 3 bis 5 und 7 nicht zu enthalten.

§ 111. Bekanntmachung des Verschmelzungsvertrags. Der Verschmelzungsvertrag oder sein Entwurf ist vor der Einberufung der obersten Vertretung, die gemäß § 13 Abs. 1 über die Zustimmung zum Verschmelzungsvertrag beschließen soll, zum Register einzureichen. Das Gericht hat in der Bekanntmachung nach § 10 des Handelsgesetzbuchs einen Hinweis darauf bekannt zu machen, dass der Vertrag oder sein Entwurf beim Handelsregister eingereicht worden ist.

§ 112. Vorbereitung, Durchführung und Beschluss der Versammlung der obersten Vertretung. (1) Von der Einberufung der Versammlung der obersten Vertretung an, die gemäß § 13 Abs. 1 über die Zustimmung zum Verschmelzungsvertrag beschließen soll, sind in dem Geschäftsraum des Vereins die in § 63 Abs. 1 bezeichneten Unterlagen zur Einsicht der Mitglieder auszulegen. Dazu erforderliche Zwischenbilanzen sind gemäß § 63 Absatz 2 Satz 1 bis 4 aufzustellen.

(2) In der Versammlung der obersten Vertretung sind die in § 63 Abs. 1 bezeichneten Unterlagen auszulegen. § 64 Abs. 1 Satz 2 und Abs. 2 ist entsprechend anzuwenden.

(3) Der Verschmelzungsbeschluss der obersten Vertretung bedarf einer Mehrheit von drei Vierteln der abgegebenen Stimmen. Die Satzung kann eine größere Mehrheit und weitere Erfordernisse bestimmen.

§ 113. Keine gerichtliche Nachprüfung. Sind nur Versicherungsvereine auf Gegenseitigkeit an der Verschmelzung beteiligt, findet eine gerichtliche Nachprüfung des Umtauschverhältnisses der Mitgliedschaften nicht statt.

Dritter Unterabschnitt. Verschmelzung durch Neugründung

§ 114. Anzuwendende Vorschriften. Auf die Verschmelzung durch Neugründung sind die Vorschriften des Zweiten Unterabschnitts entsprechend anzuwenden, soweit sich aus den folgenden Vorschriften nichts anderes ergibt.

§ 115. Bestellung der Vereinsorgane. Die Vorstände der übertragenden Vereine haben den ersten Aufsichtsrat des neuen Rechtsträgers und den Abschlussprüfer für das erste Voll- oder Rumpfgeschäftsjahr zu bestellen. Die Bestellung bedarf notarieller Beurkundung. Der Aufsichtsrat bestellt den ersten Vorstand.

§ 116. Beschlüsse der obersten Vertretungen. (1) Die Satzung des neuen Rechtsträgers und die Bestellung seiner Aufsichtsratsmitglieder bedürfen der Zustimmung der übertragenden Vereine durch Verschmelzungsbeschlüsse. § 76 Abs. 2 und § 112 Abs. 3 sind entsprechend anzuwenden.

(2) In der Bekanntmachung der Tagesordnung eines Vereins ist der wesentliche Inhalt des Verschmelzungsvertrags bekannt zu machen. In der Bekanntmachung haben der Vorstand und der Aufsichtsrat, zur Wahl von Aufsichtsratsmitgliedern und Prüfern nur der Aufsichtsrat, Vorschläge zur Beschlussfassung zu machen. Hat der Aufsichtsrat auch aus Aufsichtsratsmitgliedern der Arbeitnehmer zu bestehen, so bedürfen Beschlüsse des Aufsichtsrats über Vorschläge zur Wahl von Aufsichtsratsmitgliedern nur der Mehrheit der Stimmen der Aufsichtsratsmitglieder der Mitglieder des Vereins.

§ 117. Entstehung und Bekanntmachung des neuen Vereins. Vor der Eintragung in das Register besteht ein neuer Verein als solcher nicht. Wer vor der Eintragung des Vereins in seinem Namen handelt, haftet persönlich; handeln mehrere, so haften sie als Gesamtschuldner.

Vierter Unterabschnitt. Verschmelzung kleinerer Vereine

§ 118. Anzuwendende Vorschriften. Auf die Verschmelzung kleinerer Vereine im Sinne des § 53 des Versicherungsaufsichtsgesetzes sind die Vorschriften des Zweiten und des Dritten Unterabschnitts entsprechend anzuwenden. Dabei treten bei kleineren Vereinen an die Stelle der Anmeldung zur Eintragung in das Register der Antrag an die Aufsichtsbehörde auf Genehmigung, an die Stelle der Eintragung in das Register und ihrer Bekanntmachung die Bekanntmachung im Bundesanzeiger nach § 119.

§ 119. Bekanntmachung der Verschmelzung. Sobald die Verschmelzung von allen beteiligten Aufsichtsbehörden genehmigt worden ist, macht die für den übernehmenden kleineren Verein zuständige Aufsichtsbehörde, bei einer Verschmelzung durch Neugründung eines kleineren Vereins die für den neuen Verein zuständige Aufsichtsbehörde die Verschmelzung und ihre Genehmigung im Bundesanzeiger bekannt.

Neunter Abschnitt. Verschmelzung von Kapitalgesellschaften mit dem Vermögen eines Alleingesellschafters

§ 120. Möglichkeit der Verschmelzung. (1) Ist eine Verschmelzung nach den Vorschriften des Ersten bis Achten Abschnitts nicht möglich, so kann eine Kapitalgesellschaft im Wege der Aufnahme mit dem Vermögen eines Gesellschafters oder eines Aktionärs verschmolzen werden, sofern sich alle Geschäftsanteile oder alle Aktien der Gesellschaft in der Hand des Gesellschafters oder Aktionärs befinden.

(2) Befinden sich eigene Anteile in der Hand der Kapitalgesellschaft, so werden sie bei der Feststellung der Voraussetzungen der Verschmelzung dem Gesellschafter oder Aktionär zugerechnet.

§ 121. Anzuwendende Vorschriften. Auf die Kapitalgesellschaft sind die führt ihre Rechtsform geltenden Vorschriften des Ersten und Zweiten Teils anzuwenden.

§ 122. Eintragung in das Handelsregister. (1) Ein noch nicht in das Handelsregister eingetragener Alleingesellschafter oder Alleinaktionär ist nach den Vorschriften des Handelsgesetzbuchs in das Handelsregister einzutragen; § 18 Abs. 1 bleibt unberührt.

(2) Kommt eine Eintragung nicht in Betracht, treten die in § 20 genannten Wirkungen durch die Eintragung der Verschmelzung in das Register des Sitzes der übertragenden Kapitalgesellschaft ein.

Zehnter Abschnitt. Grenzüberschreitende Verschmelzung von Kapitalgesellschaften

§ 122a. Grenzüberschreitende Verschmelzung. (1) Eine grenzüberschreitende Verschmelzung ist eine Verschmelzung, bei der mindestens eine der beteiligten Gesellschaften dem Recht eines anderen Mitgliedstaats der Europäischen Union oder eines anderen Vertragsstaats des Abkommens über den Europäischen Wirtschaftsraum unterliegt.

(2) Auf die Beteiligung einer Kapitalgesellschaft (§ 3 Abs. 1 Nr. 2) an einer grenzüberschreitenden Verschmelzung sind die Vorschriften des Ersten Teils und des Zweiten, Dritten und Vierten Abschnitts des Zweiten Teils entsprechend anzuwenden, soweit sich aus diesem Abschnitt nichts anderes ergibt.

§ 122b. Verschmelzungsfähige Gesellschaften. (1) An einer grenzüberschreitenden Verschmelzung können als übertragende, übernehmende oder neue Gesellschaften nur Kapitalgesellschaften im Sinne des Artikels 2 Nr. 1 der Richtlinie 2005/56/EG des Europäischen Parlaments und des Rates vom 26. Oktober 2005 über die Verschmelzung von Kapitalgesellschaften aus verschiedenen Mitgliedstaaten (ABl. EU Nr. L 310 S. 1) beteiligt sein, die nach dem Recht eines Mitgliedstaats der Europäischen Union oder eines anderen Vertragsstaats des Abkommens über den Europäischen Wirtschaftsraum gegründet worden sind und ihren satzungsmäßigen Sitz, ihre Hauptverwaltung oder ihre Hauptniederlassung in einem Mitgliedstaat der Europäischen Union oder einem anderen Vertragsstaat des Abkommens über den Europäischen Wirtschaftsraum haben.

(2) An einer grenzüberschreitenden Verschmelzung können nicht beteiligt sein:

1. Genossenschaften, selbst wenn sie nach dem Recht eines anderen Mitgliedstaats der Europäischen Union oder eines anderen Vertragsstaats des Abkommens über den Europäischen Wirtschaftsraum unter die Definition des Artikels 2 Nr. 1 der Richtlinie fallen;
2. Gesellschaften, deren Zweck es ist, die vom Publikum bei ihnen eingelegten Gelder nach dem Grundsatz der Risikostreuung gemeinsam anzulegen und deren Anteile auf Verlangen der Anteilsinhaber unmittelbar oder mittelbar zulasten des Vermögens dieser Gesellschaft zurückgenommen oder ausgezahlt werden. Diesen Rücknahmen oder Auszahlungen gleichgestellt sind Handlungen, mit denen eine solche Gesellschaft sicherstellen will, dass der Börsenwert ihrer Anteile nicht erheblich von deren Nettoinventarwert abweicht.

§ 122c. Verschmelzungsplan. (1) Das Vertretungsorgan einer beteiligten Gesellschaft stellt zusammen mit den Vertretungsorganen der übrigen beteiligten Gesellschaften einen gemeinsamen Verschmelzungsplan auf.

(2) Der Verschmelzungsplan oder sein Entwurf muss mindestens folgende Angaben enthalten:

1. Rechtsform, Firma und Sitz der übertragenden und übernehmenden oder neuen Gesellschaft,
2. das Umtauschverhältnis der Gesellschaftsanteile und gegebenenfalls die Höhe der baren Zuzahlungen,
3. die Einzelheiten hinsichtlich der Übertragung der Gesellschaftsanteile der übernehmenden oder neuen Gesellschaft,
4. die voraussichtlichen Auswirkungen der Verschmelzung auf die Beschäftigung,
5. den Zeitpunkt, von dem an die Gesellschaftsanteile deren Inhabern das Recht auf Beteiligung am Gewinn gewähren, sowie alle Besonderheiten, die eine Auswirkung auf dieses Recht haben,
6. den Zeitpunkt, von dem an die Handlungen der übertragenden Gesellschaften unter dem Gesichtspunkt der Rechnungslegung als für Rechnung der übernehmenden oder neuen Gesellschaft vorgenommen gelten (Verschmelzungsstichtag),
7. die Rechte, die die übernehmende oder neue Gesellschaft den mit Sonderrechten ausgestatteten Gesellschaftern und den Inhabern von anderen Wertpapie-

ren als Gesellschaftsanteilen gewährt, oder die für diese Personen vorgeschlagenen Maßnahmen,

8. etwaige besondere Vorteile, die den Sachverständigen, die den Verschmelzungsplan prüfen, oder den Mitgliedern der Verwaltungs-, Leitungs-, Aufsichts- oder Kontrollorgane der an der Verschmelzung beteiligten Gesellschaften gewährt werden,
9. die Satzung der übernehmenden oder neuen Gesellschaft,
10. gegebenenfalls Angaben zu dem Verfahren, nach dem die Einzelheiten über die Beteiligung der Arbeitnehmer an der Festlegung ihrer Mitbestimmungsrechte in der aus der grenzüberschreitenden Verschmelzung hervorgehenden Gesellschaft geregelt werden,
11. Angaben zur Bewertung des Aktiv- und Passivvermögens, das auf die übernehmende oder neue Gesellschaft übertragen wird,
12. den Stichtag der Bilanzen der an der Verschmelzung beteiligten Gesellschaften, die zur Festlegung der Bedingungen der Verschmelzung verwendet werden.

(3) Befinden sich alle Anteile einer übertragenden Gesellschaft in der Hand der übernehmenden Gesellschaft, so entfallen die Angaben über den Umtausch der Anteile (Absatz 2 Nr. 2, 3 und 5), soweit sie die Aufnahme dieser Gesellschaft betreffen.

(4) Der Verschmelzungsplan muss notariell beurkundet werden.

§ 122d. Bekanntmachung des Verschmelzungsplans. Der Verschmelzungsplan oder sein Entwurf ist spätestens einen Monat vor der Versammlung der Anteilsinhaber, die nach § 13 über die Zustimmung zum Verschmelzungsplan beschließen soll, zum Register einzureichen. Das Gericht hat in der Bekanntmachung nach § 10 des Handelsgesetzbuchs unverzüglich die folgenden Angaben bekannt zu machen:

1. einen Hinweis darauf, dass der Verschmelzungsplan oder sein Entwurf beim Handelsregister eingereicht worden ist,
2. Rechtsform, Firma und Sitz der an der grenzüberschreitenden Verschmelzung beteiligten Gesellschaften,
3. die Register, bei denen die an der grenzüberschreitenden Verschmelzung beteiligten Gesellschaften eingetragen sind, sowie die jeweilige Nummer der Eintragung,
4. einen Hinweis auf die Modalitäten für die Ausübung der Rechte der Gläubiger und der Minderheitsgesellschafter der an der grenzüberschreitenden Verschmelzung beteiligten Gesellschaften sowie die Anschrift, unter der vollständige Auskünfte über diese Modalitäten kostenlos eingeholt werden können.

Die bekannt zu machenden Angaben sind dem Register bei Einreichung des Verschmelzungsplans oder seines Entwurfs mitzuteilen.

§ 122e. Verschmelzungsbericht. Im Verschmelzungsbericht nach § 8 sind auch die Auswirkungen der grenzüberschreitenden Verschmelzung auf die Gläubiger und Arbeitnehmer der an der Verschmelzung beteiligten Gesellschaft zu erläutern. Der Verschmelzungsbericht ist den Anteilsinhabern sowie dem zuständigen

Betriebsrat oder, falls es keinen Betriebsrat gibt, den Arbeitnehmern der an der grenzüberschreitenden Verschmelzung beteiligten Gesellschaft spätestens einen Monat vor der Versammlung der Anteilsinhaber, die nach § 13 über die Zustimmung zum Verschmelzungsplan beschließen soll, nach § 63 Abs. 1 Nr. 4 zugänglich zu machen. § 8 Abs. 3 ist nicht anzuwenden.

§ 122f. Verschmelzungsprüfung. Der Verschmelzungsplan oder sein Entwurf ist nach den §§ 9 bis 12 zu prüfen; § 48 ist nicht anzuwenden. Der Prüfungsbericht muss spätestens einen Monat vor der Versammlung der Anteilsinhaber, die nach § 13 über die Zustimmung zum Verschmelzungsplan beschließen soll, vorliegen.

§ 122g. Zustimmung der Anteilsinhaber. (1) Die Anteilsinhaber können ihre Zustimmung nach § 13 davon abhängig machen, dass die Art und Weise der Mitbestimmung der Arbeitnehmer der übernehmenden oder neuen Gesellschaft ausdrücklich von ihnen bestätigt wird.

(2) Befinden sich alle Anteile einer übertragenden Gesellschaft in der Hand der übernehmenden Gesellschaft, so ist ein Verschmelzungsbeschluss der Anteilsinhaber der übertragenden Gesellschaft nicht erforderlich.

§ 122h. Verbesserung des Umtauschverhältnisses. (1) § 14 Abs. 2 und § 15 gelten für die Anteilsinhaber einer übertragenden Gesellschaft nur, sofern die Anteilsinhaber der an der grenzüberschreitenden Verschmelzung beteiligten Gesellschaften, die dem Recht eines anderen Mitgliedstaats der Europäischen Union oder eines anderen Vertragsstaats des Abkommens über den Europäischen Wirtschaftsraum unterliegen, dessen Rechtsvorschriften ein Verfahren zur Kontrolle und Änderung des Umtauschverhältnisses der Anteile nicht vorsehen, im Verschmelzungsbeschluss ausdrücklich zustimmen.

(2) § 15 gilt auch für Anteilsinhaber einer übertragenden Gesellschaft, die dem Recht eines anderen Mitgliedstaats der Europäischen Union oder eines anderen Vertragsstaats des Abkommens über den Europäischen Wirtschaftsraum unterliegt, wenn nach dem Recht dieses Staates ein Verfahren zur Kontrolle und Änderung des Umtauschverhältnisses der Anteile vorgesehen ist und deutsche Gerichte für die Durchführung eines solchen Verfahrens international zuständig sind.

§ 122i. Abfindungsangebot im Verschmelzungsplan. (1) Unterliegt die übernehmende oder neue Gesellschaft nicht dem deutschen Recht, hat die übertragende Gesellschaft im Verschmelzungsplan oder in seinem Entwurf jedem Anteilsinhaber, der gegen den Verschmelzungsbeschluss der Gesellschaft Widerspruch zur Niederschrift erklärt, den Erwerb seiner Anteile gegen eine angemessene Barabfindung anzubieten. Die Vorschriften des Aktiengesetzes über den Erwerb eigener Aktien sowie des Gesetzes betreffend die Gesellschaften mit beschränkter Haftung über den Erwerb eigener Geschäftsanteile gelten entsprechend, jedoch sind § 71 Abs. 4 Satz 2 des Aktiengesetzes und § 33 Abs. 2 Satz 3 zweiter Halbsatz erste Alternative des Gesetzes betreffend die Gesellschaften mit beschränkter Haftung insoweit nicht anzuwenden. § 29 Abs. 1 Satz 4 und 5 sowie Abs. 2 und die §§ 30, 31 und 33 gelten entsprechend.

(2) Die §§ 32 und 34 gelten für die Anteilsinhaber einer übertragenden Gesellschaft nur, sofern die Anteilsinhaber der an der grenzüberschreitenden Ver-

schmelzung beteiligten Gesellschaften, die dem Recht eines anderen Mitgliedstaats der Europäischen Union oder eines anderen Vertragsstaats des Abkommens über den Europäischen Wirtschaftsraum unterliegen, dessen Rechtsvorschriften ein Verfahren zur Abfindung von Minderheitsgesellschaftern nicht vorsehen, im Verschmelzungsbeschluss ausdrücklich zustimmen. § 34 gilt auch für Anteilsinhaber einer übertragenden Gesellschaft, die dem Recht eines anderen Mitgliedstaats der Europäischen Union oder eines anderen Vertragsstaats des Abkommens über den Europäischen Wirtschaftsraum unterliegt, wenn nach dem Recht dieses Staates ein Verfahren zur Abfindung von Minderheitsgesellschaftern vorgesehen ist und deutsche Gerichte für die Durchführung eines solchen Verfahrens international zuständig sind.

§ 122j. Schutz der Gläubiger der übertragenden Gesellschaft. (1) Unterliegt die übernehmende oder neue Gesellschaft nicht dem deutschen Recht, ist den Gläubigern einer übertragenden Gesellschaft Sicherheit zu leisten, soweit sie nicht Befriedigung verlangen können. Dieses Recht steht den Gläubigern jedoch nur zu, wenn sie binnen zwei Monaten nach dem Tag, an dem der Verschmelzungsplan oder sein Entwurf bekannt gemacht worden ist, ihren Anspruch nach Grund und Höhe schriftlich anmelden und glaubhaft machen, dass durch die Verschmelzung die Erfüllung ihrer Forderung gefährdet wird.

(2) Das Recht auf Sicherheitsleistung nach Absatz 1 steht Gläubigern nur im Hinblick auf solche Forderungen zu, die vor oder bis zu 15 Tage nach Bekanntmachung des Verschmelzungsplans oder seines Entwurfs entstanden sind.

§ 122k. Verschmelzungsbescheinigung. (1) Das Vertretungsorgan einer übertragenden Gesellschaft hat das Vorliegen der sie betreffenden Voraussetzungen für die grenzüberschreitende Verschmelzung zur Eintragung bei dem Register des Sitzes der Gesellschaft anzumelden. § 16 Abs. 2 und 3 und § 17 gelten entsprechend. Die Mitglieder des Vertretungsorgans haben eine Versicherung abzugeben, dass allen Gläubigern, die nach § 122j einen Anspruch auf Sicherheitsleistung haben, eine angemessene Sicherheit geleistet wurde.

(2) Das Gericht prüft, ob für die Gesellschaft die Voraussetzungen für die grenzüberschreitende Verschmelzung vorliegen, und stellt hierüber unverzüglich eine Bescheinigung (Verschmelzungsbescheinigung) aus. Als Verschmelzungsbescheinigung gilt die Nachricht über die Eintragung der Verschmelzung im Register. Die Eintragung ist mit dem Vermerk zu versehen, dass die grenzüberschreitende Verschmelzung unter den Voraussetzungen des Rechts des Staates, dem die übernehmende oder neue Gesellschaft unterliegt, wirksam wird. Die Verschmelzungsbescheinigung darf nur ausgestellt werden, wenn eine Versicherung nach Absatz 1 Satz 3 vorliegt. Ist ein Spruchverfahren anhängig, ist dies in der Verschmelzungsbescheinigung anzugeben.

(3) Das Vertretungsorgan der Gesellschaft hat die Verschmelzungsbescheinigung innerhalb von sechs Monaten nach ihrer Ausstellung zusammen mit dem Verschmelzungsplan der zuständigen Stelle des Staates vorzulegen, dessen Recht die übernehmende oder neue Gesellschaft unterliegt.

(4) Nach Eingang einer Mitteilung des Registers, in dem die übernehmende oder neue Gesellschaft eingetragen ist, über das Wirksamwerden der Verschmelzung hat das Gericht des Sitzes der übertragenden Gesellschaft den Tag des Wirksam-

werdens zu vermerken und die bei ihm aufbewahrten elektronischen Dokumente diesem Register zu übermitteln.

§ 122l. Eintragung der grenzüberschreitenden Verschmelzung. (1) Bei einer Verschmelzung durch Aufnahme hat das Vertretungsorgan der übernehmenden Gesellschaft die Verschmelzung und bei einer Verschmelzung durch Neugründung haben die Vertretungsorgane der übertragenden Gesellschaften die neue Gesellschaft zur Eintragung in das Register des Sitzes der Gesellschaft anzumelden. Der Anmeldung sind die Verschmelzungsbescheinigungen aller übertragenden Gesellschaften, der gemeinsame Verschmelzungsplan und gegebenenfalls die Vereinbarung über die Beteiligung der Arbeitnehmer beizufügen. Die Verschmelzungsbescheinigungen dürfen nicht älter als sechs Monate sein; § 16 Abs. 2 und 3 und § 17 finden auf die übertragenden Gesellschaften keine Anwendung.

(2) Die Prüfung der Eintragungsvoraussetzungen erstreckt sich insbesondere darauf, ob die Anteilsinhaber aller an der grenzüberschreitenden Verschmelzung beteiligten Gesellschaften einem gemeinsamen, gleich lautenden Verschmelzungsplan zugestimmt haben und ob gegebenenfalls eine Vereinbarung über die Beteiligung der Arbeitnehmer geschlossen worden ist.

(3) Das Gericht des Sitzes der übernehmenden oder neuen Gesellschaft hat den Tag der Eintragung der Verschmelzung von Amts wegen jedem Register mitzuteilen, bei dem eine der übertragenden Gesellschaften ihre Unterlagen zu hinterlegen hatte.

Drittes Buch. Spaltung

Erster Teil. Allgemeine Vorschriften

Erster Abschnitt. Möglichkeit der Spaltung

§ 123. Arten der Spaltung. (1) Ein Rechtsträger (übertragender Rechtsträger) kann unter Auflösung ohne Abwicklung sein Vermögen aufspalten

1. zur Aufnahme durch gleichzeitige Übertragung der Vermögensteile jeweils als Gesamtheit auf andere bestehende Rechtsträger (übernehmende Rechtsträger) oder
2. zur Neugründung durch gleichzeitige Übertragung der Vermögensteile jeweils als Gesamtheit auf andere, von ihm dadurch gegründete neue Rechtsträger

gegen Gewährung von Anteilen oder Mitgliedschaften dieser Rechtsträger an die Anteilsinhaber des übertragenden Rechtsträgers (Aufspaltung).

(2) Ein Rechtsträger (übertragender Rechtsträger) kann von seinem Vermögen einen Teil oder mehrere Teile abspalten

1. zur Aufnahme durch Übertragung dieses Teils oder dieser Teile jeweils als Gesamtheit auf einen bestehenden oder mehrere bestehende Rechtsträger (übernehmende Rechtsträger) oder
2. zur Neugründung durch Übertragung dieses Teils oder dieser Teile jeweils als Gesamtheit auf einen oder mehrere, von ihm dadurch gegründeten neuen oder gegründete neue Rechtsträger

gegen Gewährung von Anteilen oder Mitgliedschaften dieses Rechtsträgers oder dieser Rechtsträger an die Anteilsinhaber des übertragenden Rechtsträgers (Abspaltung).

(3) Ein Rechtsträger (übertragender Rechtsträger) kann aus seinem Vermögen einen Teil oder mehrere Teile ausgliedern

1. zur Aufnahme durch Übertragung dieses Teils oder dieser Teile jeweils als Gesamtheit auf einen bestehenden oder mehrere bestehende Rechtsträger (übernehmende Rechtsträger) oder
2. zur Neugründung durch Übertragung dieses Teils oder dieser Teile jeweils als Gesamtheit auf einen oder mehrere, von ihm dadurch gegründeten neuen oder gegründete neue Rechtsträger

gegen Gewährung von Anteilen oder Mitgliedschaften dieses Rechtsträgers oder dieser Rechtsträger an den übertragenden Rechtsträger (Ausgliederung).

(4) Die Spaltung kann auch durch gleichzeitige Übertragung auf bestehende und neue Rechtsträger erfolgen.

§ 124. Spaltungsfähige Rechtsträger. (1) An einer Aufspaltung oder einer Abspaltung können als übertragende, übernehmende oder neue Rechtsträger die in § 3 Abs. 1 genannten Rechtsträger sowie als übertragende Rechtsträger wirtschaftliche Vereine, an einer Ausgliederung können als übertragende, übernehmende oder neue Rechtsträger die in § 3 Abs. 1 genannten Rechtsträger sowie als übertragende Rechtsträger wirtschaftliche Vereine, Einzelkaufleute, Stiftungen sowie Gebietskörperschaften oder Zusammenschlüsse von Gebietskörperschaften, die nicht Gebietskörperschaften sind, beteiligt sein.

(2) § 3 Abs. 3 und 4 ist auf die Spaltung entsprechend anzuwenden.

§ 125. Anzuwendende Vorschriften. Auf die Spaltung sind die Vorschriften des Ersten Teils und des Ersten bis Neunten Abschnitts des Zweiten Teils des Zweiten Buches mit Ausnahme des § 9 Absatz 2 und des § 62 Absatz 5, bei Abspaltung und Ausgliederung mit Ausnahme des § 18 sowie bei Ausgliederung mit Ausnahme des § 14 Abs. 2 und der §§ 15, 29 bis 34, 54, 68 und 71 entsprechend anzuwenden, soweit sich aus diesem Buch nichts anderes ergibt. Eine Prüfung im Sinne der §§ 9 bis 12 findet bei Ausgliederung nicht statt. An die Stelle der übertragenden Rechtsträger tritt der übertragende Rechtsträger, an die Stelle des übernehmenden oder neuen Rechtsträgers treten gegebenenfalls die übernehmenden oder neuen Rechtsträger.

Zweiter Abschnitt. Spaltung zur Aufnahme

§ 126. Inhalt des Spaltungs- und Übernahmevertrags. (1) Der Spaltungs- und Übernahmevertrag oder sein Entwurf muss mindestens folgende Angaben enthalten:

1. den Namen oder die Firma und den Sitz der an der Spaltung beteiligten Rechtsträger;
2. die Vereinbarung über die Übertragung der Teile des Vermögens des übertragenden Rechtsträgers jeweils als Gesamtheit gegen Gewährung von Anteilen oder Mitgliedschaften an den übernehmenden Rechtsträgern;

3. bei Aufspaltung und Abspaltung das Umtauschverhältnis der Anteile und gegebenenfalls die Höhe der baren Zuzahlung oder Angaben über die Mitgliedschaft bei den übernehmenden Rechtsträgern;
4. bei Aufspaltung und Abspaltung die Einzelheiten für die Übertragung der Anteile der übernehmenden Rechtsträger oder über den Erwerb der Mitgliedschaft bei den übernehmenden Rechtsträgern;
5. den Zeitpunkt, von dem an diese Anteile oder die Mitgliedschaft einen Anspruch auf einen Anteil am Bilanzgewinn gewähren, sowie alle Besonderheiten in bezug auf diesen Anspruch;
6. den Zeitpunkt, von dem an die Handlungen des übertragenden Rechtsträgers als für Rechnung jedes der übernehmenden Rechtsträger vorgenommen gelten (Spaltungsstichtag);
7. die Rechte, welche die übernehmenden Rechtsträger einzelnen Anteilsinhabern sowie den Inhabern besonderer Rechte wie Anteile ohne Stimmrecht, Vorzugsaktien, Mehrstimmrechtsaktien, Schuldverschreibungen und Genussrechte gewähren, oder die für diese Personen vorgesehenen Maßnahmen;
8. jeden besonderen Vorteil, der einem Mitglied eines Vertretungsorgans oder eines Aufsichtsorgans der an der Spaltung beteiligten Rechtsträger, einem geschäftsführenden Gesellschafter, einem Partner, einem Abschlussprüfer oder einem Spaltungsprüfer gewährt wird;
9. die genaue Bezeichnung und Aufteilung der Gegenstände des Aktiv- und Passivvermögens, die an jeden der übernehmenden Rechtsträger übertragen werden, sowie der übergehenden Betriebe und Betriebsteile unter Zuordnung zu den übernehmenden Rechtsträgern;
10. bei Aufspaltung und Abspaltung die Aufteilung der Anteile oder Mitgliedschaften jedes der beteiligten Rechtsträger auf die Anteilsinhaber des übertragenden Rechtsträgers sowie den Maßstab für die Aufteilung;
11. die Folgen der Spaltung für die Arbeitnehmer und ihre Vertretungen sowie die insoweit vorgesehenen Maßnahmen.

(2) Soweit für die Übertragung von Gegenständen im Falle der Einzelrechtsnachfolge in den allgemeinen Vorschriften eine besondere Art der Bezeichnung bestimmt ist, sind diese Regelungen auch für die Bezeichnung der Gegenstände des Aktiv- und Passivvermögens (Absatz 1 Nr. 9) anzuwenden. § 28 der Grundbuchordnung ist zu beachten. Im Übrigen kann auf Urkunden wie Bilanzen und Inventare Bezug genommen werden, deren Inhalt eine Zuweisung des einzelnen Gegenstandes ermöglicht; die Urkunden sind dem Spaltungs- und Übernahmevertrag als Anlagen beizufügen.

(3) Der Vertrag oder sein Entwurf ist spätestens einen Monat vor dem Tag der Versammlung der Anteilsinhaber jedes beteiligten Rechtsträgers, die gemäß § 125 in Verbindung mit § 13 Abs. 1 über die Zustimmung zum Spaltungs- und Übernahmevertrag beschließen soll, dem zuständigen Betriebsrat dieses Rechtsträgers zuzuleiten.

§ 127. Spaltungsbericht. Die Vertretungsorgane jedes der an der Spaltung beteiligten Rechtsträger haben einen ausführlichen schriftlichen Bericht zu erstatten, in dem die Spaltung, der Vertrag oder sein Entwurf im Einzelnen und bei Aufspaltung und Abspaltung insbesondere das Umtauschverhältnis der Anteile oder die

Angaben über die Mitgliedschaften bei den übernehmenden Rechtsträgern, der Maßstab für ihre Aufteilung sowie die Höhe einer anzubietenden Barabfindung rechtlich und wirtschaftlich erläutert und begründet werden (Spaltungsbericht); der Bericht kann von den Vertretungsorganen auch gemeinsam erstattet werden. § 8 Abs. 1 Satz 2 bis 4, Abs. 2 und 3 ist entsprechend anzuwenden.

§ 128. Zustimmung zur Spaltung in Sonderfällen. Werden bei Aufspaltung oder Abspaltung die Anteile oder Mitgliedschaften der übernehmenden Rechtsträger den Anteilsinhabern des übertragenden Rechtsträgers nicht in dem Verhältnis zugeteilt, das ihrer Beteiligung an dem übertragenden Rechtsträger entspricht, so wird der Spaltungs- und Übernahmevertrag nur wirksam, wenn ihm alle Anteilsinhaber des übertragenden Rechtsträgers zustimmen. Bei einer Spaltung zur Aufnahme ist der Berechnung des Beteiligungsverhältnisses der jeweils zu übertragende Teil des Vermögens zugrunde zu legen.

§ 129. Anmeldung der Spaltung. Zur Anmeldung der Spaltung ist auch das Vertretungsorgan jedes der übernehmenden Rechtsträger berechtigt.

§ 130. Eintragung der Spaltung. (1) Die Spaltung darf in das Register des Sitzes des übertragenden Rechtsträgers erst eingetragen werden, nachdem sie im Register des Sitzes jedes der übernehmenden Rechtsträger eingetragen worden ist. Die Eintragung im Register des Sitzes jedes der übernehmenden Rechtsträger ist mit dem Vermerk zu versehen, dass die Spaltung erst mit der Eintragung im Register des Sitzes des übertragenden Rechtsträgers wirksam wird, sofern die Eintragungen in den Registern aller beteiligten Rechtsträger nicht am selben Tag erfolgen.

(2) Das Gericht des Sitzes des übertragenden Rechtsträgers hat von Amts wegen dem Gericht des Sitzes jedes der übernehmenden Rechtsträger den Tag der Eintragung der Spaltung mitzuteilen sowie einen Registerauszug und den Gesellschaftsvertrag, den Partnerschaftsvertrag oder die Satzung des übertragenden Rechtsträgers in Abschrift, als Ausdruck oder elektronisch zu übermitteln. Nach Eingang der Mitteilung hat das Gericht des Sitzes jedes der übernehmenden Rechtsträger von Amts wegen den Tag der Eintragung der Spaltung im Register des Sitzes des übertragenden Rechtsträgers zu vermerken.

§ 131. Wirkungen der Eintragung. (1) Die Eintragung der Spaltung in das Register des Sitzes des übertragenden Rechtsträgers hat folgende Wirkungen:

1. Das Vermögen des übertragenden Rechtsträgers, bei Abspaltung und Ausgliederung der abgespaltene oder ausgegliederte Teil oder die abgespaltenen oder ausgegliederten Teile des Vermögens einschließlich der Verbindlichkeiten gehen entsprechend der im Spaltungs- und Übernahmevertrag vorgesehenen Aufteilung jeweils als Gesamtheit auf die übernehmenden Rechtsträger über.
2. Bei der Aufspaltung erlischt der übertragende Rechtsträger. Einer besonderen Löschung bedarf es nicht.
3. Bei Aufspaltung und Abspaltung werden die Anteilsinhaber des übertragenden Rechtsträgers entsprechend der im Spaltungs- und Übernahmevertrag vorgesehenen Aufteilung Anteilsinhaber der beteiligten Rechtsträger; dies gilt nicht, soweit der übernehmende Rechtsträger oder ein Dritter, der im eigenen Namen, jedoch für Rechnung dieses Rechtsträgers handelt, Anteilsinhaber des

übertragenden Rechtsträgers ist oder der übertragende Rechtsträger eigene Anteile innehat oder ein Dritter, der im eigenen Namen, jedoch für Rechnung dieses Rechtsträgers handelt, dessen Anteilsinhaber ist. Rechte Dritter an den Anteilen oder Mitgliedschaften des übertragenden Rechtsträgers bestehen an den an ihre Stelle tretenden Anteilen oder Mitgliedschaften der übernehmenden Rechtsträger weiter. Bei Ausgliederung wird der übertragende Rechtsträger entsprechend dem Ausgliederungs- und Übernahmevertrag Anteilsinhaber der übernehmenden Rechtsträger.

4. Der Mangel der notariellen Beurkundung des Spaltungs- und Übernahmevertrags und gegebenenfalls erforderlicher Zustimmungs- oder Verzichtserklärungen einzelner Anteilsinhaber wird geheilt.

(2) Mängel der Spaltung lassen die Wirkungen der Eintragung nach Absatz 1 unberührt.

(3) Ist bei einer Aufspaltung ein Gegenstand im Vertrag keinem der übernehmenden Rechtsträger zugeteilt worden und lässt sich die Zuteilung auch nicht durch Auslegung des Vertrags ermitteln, so geht der Gegenstand auf alle übernehmenden Rechtsträger in dem Verhältnis über, das sich aus dem Vertrag für die Aufteilung des Überschusses der Aktivseite der Schlussbilanz über deren Passivseite ergibt; ist eine Zuteilung des Gegenstandes an mehrere Rechtsträger nicht möglich, so ist sein Gegenwert in dem bezeichneten Verhältnis zu verteilen.

§ 132. (aufgehoben)

§ 133. Schutz der Gläubiger und der Inhaber von Sonderrechten. (1) Für die Verbindlichkeiten des übertragenden Rechtsträgers, die vor dem Wirksamwerden der Spaltung begründet worden sind, haften die an der Spaltung beteiligten Rechtsträger als Gesamtschuldner. Die §§ 25, 26 und 28 des Handelsgesetzbuchs sowie § 125 in Verbindung mit § 22 bleiben unberührt; zur Sicherheitsleistung ist nur der an der Spaltung beteiligte Rechtsträger verpflichtet, gegen den sich der Anspruch richtet.

(2) Für die Erfüllung der Verpflichtung nach § 125 in Verbindung mit § 23 haften die an der Spaltung beteiligten Rechtsträger als Gesamtschuldner. Bei Abspaltung und Ausgliederung können die gleichwertigen Rechte im Sinne des § 125 in Verbindung mit § 23 auch in dem übertragenden Rechtsträger gewährt werden.

(3) Diejenigen Rechtsträger, denen die Verbindlichkeiten nach Absatz 1 Satz 1 im Spaltungs- und Übernahmevertrag nicht zugewiesen worden sind, haften für diese Verbindlichkeiten, wenn sie vor Ablauf von fünf Jahren nach der Spaltung fällig und daraus Ansprüche gegen sie in einer in § 197 Abs. 1 Nr. 3 bis 5 des Bürgerlichen Gesetzbuchs bezeichneten Art festgestellt sind oder eine gerichtliche oder behördliche Vollstreckungshandlung vorgenommen oder beantragt wird; bei öffentlich-rechtlichen Verbindlichkeiten genügt der Erlass eines Verwaltungsakts. Für vor dem Wirksamwerden der Spaltung begründete Versorgungsverpflichtungen auf Grund des Betriebsrentengesetzes beträgt die in Satz 1 genannte Frist zehn Jahre.

(4) Die Frist beginnt mit dem Tage, an dem die Eintragung der Spaltung in das Register des Sitzes des übertragenden Rechtsträgers nach § 125 in Verbindung mit § 19 Abs. 3 bekannt gemacht worden ist. Die für die Verjährung geltenden §§ 204,

206, 210, 211 und 212 Abs. 2 und 3 des Bürgerlichen Gesetzbuchs sind entsprechend anzuwenden.

(5) Einer Feststellung in einer in § 197 Abs. 1 Nr. 3 bis 5 des Bürgerlichen Gesetzbuchs bezeichneten Art bedarf es nicht, soweit die in Absatz 3 bezeichneten Rechtsträger den Anspruch schriftlich anerkannt haben.

(6) Die Ansprüche nach Absatz 2 verjähren in fünf Jahren. Für den Beginn der Verjährung gilt Absatz 4 Satz 1 entsprechend.

§ 134. Schutz der Gläubiger in besonderen Fällen. (1) Spaltet ein Rechtsträger sein Vermögen in der Weise, dass die zur Führung eines Betriebes notwendigen Vermögensteile im Wesentlichen auf einen übernehmenden oder mehrere übernehmende oder auf einen neuen oder mehrere neue Rechtsträger übertragen werden und die Tätigkeit dieses Rechtsträgers oder dieser Rechtsträger sich im Wesentlichen auf die Verwaltung dieser Vermögensteile beschränkt (Anlagegesellschaft), während dem übertragenden Rechtsträger diese Vermögensteile bei der Führung seines Betriebes zur Nutzung überlassen werden (Betriebsgesellschaft), und sind an den an der Spaltung beteiligten Rechtsträgern im Wesentlichen dieselben Personen beteiligt, so haftet die Anlagegesellschaft auch für die Forderungen der Arbeitnehmer der Betriebsgesellschaft als Gesamtschuldner, die binnen fünf Jahren nach dem Wirksamwerden der Spaltung auf Grund der §§ 111 bis 113 des Betriebsverfassungsgesetzes begründet werden. Dies gilt auch dann, wenn die Vermögensteile bei dem übertragenden Rechtsträger verbleiben und dem übernehmenden oder neuen Rechtsträger oder den übernehmenden oder neuen Rechtsträgern zur Nutzung überlassen werden.

(2) Die gesamtschuldnerische Haftung nach Absatz 1 gilt auch für vor dem Wirksamwerden der Spaltung begründete Versorgungsverpflichtungen auf Grund des Betriebsrentengesetzes.

(3) Für die Ansprüche gegen die Anlagegesellschaft nach den Absätzen 1 und 2 gilt § 133 Abs. 3 Satz 1, Abs. 4 und 5 entsprechend mit der Maßgabe, dass die Frist fünf Jahre nach dem in § 133 Abs. 4 Satz 1 bezeichneten Tage beginnt.

Dritter Abschnitt. Spaltung zur Neugründung

§ 135. Anzuwendende Vorschriften. (1) Auf die Spaltung eines Rechtsträgers zur Neugründung sind die Vorschriften des Zweiten Abschnitts entsprechend anzuwenden, jedoch mit Ausnahme der §§ 129 und 130 Abs. 2 sowie der nach § 125 entsprechend anzuwendenden §§ 4, 7 und 16 Abs. 1 und des § 27. An die Stelle der übernehmenden Rechtsträger treten die neuen Rechtsträger, an die Stelle der Eintragung der Spaltung im Register des Sitzes jeder der übernehmenden Rechtsträger tritt die Eintragung jedes der neuen Rechtsträger in das Register.

(2) Auf die Gründung der neuen Rechtsträger sind die für die jeweilige Rechtsform des neuen Rechtsträgers geltenden Gründungsvorschriften anzuwenden, soweit sich aus diesem Buch nichts anderes ergibt. Den Gründern steht der übertragende Rechtsträger gleich. Vorschriften, die für die Gründung eine Mindestzahl der Gründer vorschreiben, sind nicht anzuwenden.

§ 136. Spaltungsplan. Das Vertretungsorgan des übertragenden Rechtsträgers hat einen Spaltungsplan aufzustellen. Der Spaltungsplan tritt an die Stelle des Spaltungs- und Übernahmevertrags.

§ 137. Anmeldung und Eintragung der neuen Rechtsträger und der Spaltung. (1) Das Vertretungsorgan des übertragenden Rechtsträgers hat jeden der neuen Rechtsträger bei dem Gericht, in dessen Bezirk er seinen Sitz haben soll, zur Eintragung in das Register anzumelden.

(2) Das Vertretungsorgan des übertragenden Rechtsträgers hat die Spaltung zur Eintragung in das Register des Sitzes des übertragenden Rechtsträgers anzumelden.

(3) Das Gericht des Sitzes jedes der neuen Rechtsträger hat von Amts wegen dem Gericht des Sitzes des übertragenden Rechtsträgers den Tag der Eintragung des neuen Rechtsträgers mitzuteilen. Nach Eingang der Mitteilungen für alle neuen Rechtsträger hat das Gericht des Sitzes des übertragenden Rechtsträgers die Spaltung einzutragen sowie von Amts wegen den Zeitpunkt der Eintragung den Gerichten des Sitzes jedes der neuen Rechtsträger mitzuteilen sowie ihnen einen Registerauszug und den Gesellschaftsvertrag, den Partnerschaftsvertrag oder die Satzung des übertragenden Rechtsträgers in Abschrift, als Ausdruck oder elektronisch zu übermitteln. Der Zeitpunkt der Eintragung der Spaltung ist in den Registern des Sitzes jedes der neuen Rechtsträger von Amts wegen einzutragen; gesetzlich vorgesehene Bekanntmachungen über die Eintragung der neuen Rechtsträger sind erst danach zulässig.

Zweiter Teil. Besondere Vorschriften

Erster Abschnitt. Spaltung unter Beteiligung von Gesellschaften mit beschränkter Haftung

§ 138. Sachgründungsbericht. Ein Sachgründungsbericht (§ 5 Abs. 4 des Gesetzes betreffend die Gesellschaften mit beschränkter Haftung) ist stets erforderlich.

§ 139. Herabsetzung des Stammkapitals. Ist zur Durchführung der Abspaltung oder der Ausgliederung eine Herabsetzung des Stammkapitals einer übertragenden Gesellschaft mit beschränkter Haftung erforderlich, so kann diese auch in vereinfachter Form vorgenommen werden. Wird das Stammkapital herabgesetzt, so darf die Abspaltung oder die Ausgliederung erst eingetragen werden, nachdem die Herabsetzung des Stammkapitals im Register eingetragen worden ist.

§ 140. Anmeldung der Abspaltung oder der Ausgliederung. Bei der Anmeldung der Abspaltung oder der Ausgliederung zur Eintragung in das Register des Sitzes einer übertragenden Gesellschaft mit beschränkter Haftung haben deren Geschäftsführer auch zu erklären, dass die durch Gesetz und Gesellschaftsvertrag vorgesehenen Voraussetzungen für die Gründung dieser Gesellschaft unter Berücksichtigung der Abspaltung oder der Ausgliederung im Zeitpunkt der Anmeldung vorliegen.

Zweiter Abschnitt. Spaltung unter Beteiligung von Aktiengesellschaften und Kommanditgesellschaften auf Aktien

§ 141. Ausschluss der Spaltung. Eine Aktiengesellschaft oder eine Kommanditgesellschaft auf Aktien, die noch nicht zwei Jahre im Register eingetragen ist, kann außer durch Ausgliederung zur Neugründung nicht gespalten werden.

§ 142. Spaltung mit Kapitalerhöhung, Spaltungsbericht. (1) § 69 ist mit der Maßgabe anzuwenden, dass eine Prüfung der Sacheinlage nach § 183 Abs. 3 des Aktiengesetzes stets stattzufinden hat.

(2) In dem Spaltungsbericht ist gegebenenfalls auf den Bericht über die Prüfung von Sacheinlagen bei einer übernehmenden Aktiengesellschaft nach § 183 Abs. 3 des Aktiengesetzes sowie auf das Register, bei dem dieser Bericht zu hinterlegen ist, hinzuweisen.

§ 143. Verhältniswahrende Spaltung zur Neugründung. Erfolgt die Gewährung von Aktien an der neu gegründeten Aktiengesellschaft oder an den neu gegründeten Aktiengesellschaften (§ 123 Absatz 1 Nummer 2, Absatz 2 Nummer 2) im Verhältnis zur Beteiligung der Aktionäre an der übertragenden Aktiengesellschaft, so sind die §§ 8 bis 12 sowie 63 Absatz 1 Nummer 3 bis 5 nicht anzuwenden.

§ 144. Gründungsbericht und Gründungsprüfung. Ein Gründungsbericht (§ 32 des Aktiengesetzes) und eine Gründungsprüfung (§ 33 Abs. 2 des Aktiengesetzes) sind stets erforderlich.

§ 145. Herabsetzung des Grundkapitals. Ist zur Durchführung der Abspaltung oder der Ausgliederung eine Herabsetzung des Grundkapitals einer übertragenden Aktiengesellschaft oder Kommanditgesellschaft auf Aktien erforderlich, so kann diese auch in vereinfachter Form vorgenommen werden. Wird das Grundkapital herabgesetzt, so darf die Abspaltung oder die Ausgliederung erst eingetragen werden, nachdem die Durchführung der Herabsetzung des Grundkapitals im Register eingetragen worden ist.

§ 146. Anmeldung der Abspaltung oder der Ausgliederung. (1) Bei der Anmeldung der Abspaltung oder der Ausgliederung zur Eintragung in das Register des Sitzes einer übertragenden Aktiengesellschaft hat deren Vorstand oder einer Kommanditgesellschaft auf Aktien haben deren zu ihrer Vertretung ermächtigte persönlich haftende Gesellschafter auch zu erklären, dass die durch Gesetz und Satzung vorgesehenen Voraussetzungen für die Gründung dieser Gesellschaft unter Berücksichtigung der Abspaltung oder der Ausgliederung im Zeitpunkt der Anmeldung vorliegen.

(2) Der Anmeldung der Abspaltung oder der Ausgliederung sind außer den sonst erforderlichen Unterlagen auch beizufügen:

1. der Spaltungsbericht nach § 127;
2. bei Abspaltung der Prüfungsbericht nach § 125 in Verbindung mit § 12.

Dritter Abschnitt. Spaltung unter Beteiligung eingetragener Genossenschaften

§ 147. Möglichkeit der Spaltung. Die Spaltung eines Rechtsträgers anderer Rechtsform zur Aufnahme von Teilen seines Vermögens durch eine eingetragene Genossenschaft kann nur erfolgen, wenn eine erforderliche Änderung der Satzung der übernehmenden Genossenschaft gleichzeitig mit der Spaltung beschlossen wird.

§ 148. Anmeldung der Abspaltung oder der Ausgliederung. (1) Bei der Anmeldung der Abspaltung oder der Ausgliederung zur Eintragung in das Register des Sitzes einer übertragenden Genossenschaft hat deren Vorstand auch zu erklären, dass die durch Gesetz und Satzung vorgesehenen Voraussetzungen für die Gründung dieser Genossenschaft unter Berücksichtigung der Abspaltung oder der Ausgliederung im Zeitpunkt der Anmeldung vorliegen.

(2) Der Anmeldung der Abspaltung oder der Ausgliederung sind außer den sonst erforderlichen Unterlagen auch beizufügen:

1. der Spaltungsbericht nach § 127;
2. das Prüfungsgutachten nach § 125 in Verbindung mit § 81.

Vierter Abschnitt. Spaltung unter Beteiligung rechtsfähiger Vereine

§ 149. Möglichkeit der Spaltung. (1) Ein rechtsfähiger Verein kann sich an einer Spaltung nur beteiligen, wenn die Satzung des Vereins oder Vorschriften des Landesrechts nicht entgegenstehen.

(2) Ein eingetragener Verein kann als übernehmender Rechtsträger im Wege der Spaltung nur andere eingetragene Vereine aufnehmen oder mit ihnen einen eingetragenen Verein gründen.

Fünfter Abschnitt. Spaltung unter Beteiligung genossenschaftlicher Prüfungsverbände

§ 150. Möglichkeit der Spaltung. Die Aufspaltung genossenschaftlicher Prüfungsverbände oder die Abspaltung oder Ausgliederung von Teilen eines solchen Verbandes kann nur zur Aufnahme der Teile eines Verbandes (übertragender Verband) durch einen anderen Verband (übernehmender Verband), die Ausgliederung auch zur Aufnahme von Teilen des Verbandes durch eine oder zur Neugründung einer Kapitalgesellschaft erfolgen.

Sechster Abschnitt. Spaltung unter Beteiligung von Versicherungsvereinen auf Gegenseitigkeit

§ 151. Möglichkeit der Spaltung. Die Spaltung unter Beteiligung von Versicherungsvereinen auf Gegenseitigkeit kann nur durch Aufspaltung oder Abspaltung und nur in der Weise erfolgen, dass die Teile eines übertragenden Vereins auf andere bestehende oder neue Versicherungsvereine auf Gegenseitigkeit oder auf Versicherungs-Aktiengesellschaften übergehen. Ein Versicherungsverein auf Gegenseitigkeit kann ferner im Wege der Ausgliederung einen Vermögensteil auf eine bestehende oder neue Gesellschaft mit beschränkter Haftung oder eine bestehende oder neue Aktiengesellschaft übertragen, sofern damit keine Übertragung von Versicherungsverträgen verbunden ist.

Siebenter Abschnitt. Ausgliederung aus dem Vermögen eines Einzelkaufmanns

Erster Unterabschnitt. Möglichkeit der Ausgliederung

§ 152. Übernehmende oder neue Rechtsträger. Die Ausgliederung des von einem Einzelkaufmann betriebenen Unternehmens, dessen Firma im Handelsregister eingetragen ist, oder von Teilen desselben aus dem Vermögen dieses Kaufmanns kann nur zur Aufnahme dieses Unternehmens oder von Teilen dieses Unternehmens durch Personenhandelsgesellschaften, Kapitalgesellschaften oder eingetragene Genossenschaften oder zur Neugründung von Kapitalgesellschaften erfolgen. Sie kann nicht erfolgen, wenn die Verbindlichkeiten des Einzelkaufmanns sein Vermögen übersteigen.

Zweiter Unterabschnitt. Ausgliederung zur Aufnahme

§ 153. Ausgliederungsbericht. Ein Ausgliederungsbericht ist für den Einzelkaufmann nicht erforderlich.

§ 154. Eintragung der Ausgliederung. Das Gericht des Sitzes des Einzelkaufmanns hat die Eintragung der Ausgliederung auch dann abzulehnen, wenn offensichtlich ist, dass die Verbindlichkeiten des Einzelkaufmanns sein Vermögen übersteigen.

§ 155. Wirkungen der Ausgliederung. Erfasst die Ausgliederung das gesamte Unternehmen des Einzelkaufmanns, so bewirkt die Eintragung der Ausgliederung nach § 131 das Erlöschen der von dem Einzelkaufmann geführten Firma. Das Erlöschen der Firma ist von Amts wegen in das Register einzutragen.

§ 156. Haftung des Einzelkaufmanns. Durch den Übergang der Verbindlichkeiten auf übernehmende oder neue Gesellschaften wird der Einzelkaufmann von der Haftung für die Verbindlichkeiten nicht befreit. § 418 des Bürgerlichen Gesetzbuchs ist nicht anzuwenden.

§ 157. Zeitliche Begrenzung der Haftung für übertragene Verbindlichkeiten. (1) Der Einzelkaufmann haftet für die im Ausgliederungs- und Übernahmevertrag aufgeführten Verbindlichkeiten, wenn sie vor Ablauf von fünf Jahren nach der Ausgliederung fällig und daraus Ansprüche gegen ihn in einer in § 197 Abs. 1 Nr. 3 bis 5 des Bürgerlichen Gesetzbuchs bezeichneten Art festgestellt sind oder eine gerichtliche oder behördliche Vollstreckungshandlung vorgenommen oder beantragt wird; bei öffentlich-rechtlichen Verbindlichkeiten genügt der Erlass eines Verwaltungsaktes. Eine Haftung des Einzelkaufmanns als Gesellschafter des aufnehmenden Rechtsträgers nach § 128 des Handelsgesetzbuchs bleibt unberührt.

(2) Die Frist beginnt mit dem Tage, an dem die Eintragung der Ausgliederung in das Register des Sitzes des Einzelkaufmanns nach § 125 in Verbindung mit § 19 Abs. 3 bekannt gemacht worden ist. Die für die Verjährung geltenden §§ 204, 206, 210, 211 und 212 Abs. 2 und 3 des Bürgerlichen Gesetzbuchs sind entsprechend anzuwenden.

(3) Einer Feststellung in einer in § 197 Abs. 1 Nr. 3 bis 5 des Bürgerlichen Gesetzbuchs bezeichneten Art bedarf es nicht, soweit der Einzelkaufmann den Anspruch schriftlich anerkannt hat.

(4) Die Absätze 1 bis 3 sind auch anzuwenden, wenn der Einzelkaufmann in dem Rechtsträger anderer Rechtsform geschäftsführend tätig wird.

Dritter Unterabschnitt. Ausgliederung zur Neugründung

§ 158. Anzuwendende Vorschriften. Auf die Ausgliederung zur Neugründung sind die Vorschriften des Zweiten Unterabschnitts entsprechend anzuwenden, soweit sich aus diesem Unterabschnitt nichts anderes ergibt.

§ 159. Sachgründungsbericht, Gründungsbericht und Gründungsprüfung. (1) Auf den Sachgründungsbericht (§ 5 Abs. 4 des Gesetzes betreffend die Gesellschaften mit beschränkter Haftung) ist § 58 Abs. 1, auf den Gründungsbericht (§ 32 des Aktiengesetzes) § 75 Abs. 1 entsprechend anzuwenden.

(2) Im Falle der Gründung einer Aktiengesellschaft oder einer Kommanditgesellschaft auf Aktien haben die Prüfung durch die Mitglieder des Vorstands und des Aufsichtsrats (§ 33 Abs. 1 des Aktiengesetzes) sowie die Prüfung durch einen oder mehrere Prüfer (§ 33 Abs. 2 des Aktiengesetzes) sich auch darauf zu erstrecken, ob die Verbindlichkeiten des Einzelkaufmanns sein Vermögen übersteigen.

(3) Zur Prüfung, ob die Verbindlichkeiten des Einzelkaufmanns sein Vermögen übersteigen, hat der Einzelkaufmann den Prüfern eine Aufstellung vorzulegen, in der sein Vermögen seinen Verbindlichkeiten gegenübergestellt ist. Die Aufstellung ist zu gliedern, soweit das für die Prüfung notwendig ist. § 320 Abs. 1 Satz 2 und Abs. 2 Satz 1 des Handelsgesetzbuchs gilt entsprechend, wenn Anlass für die Annahme besteht, dass in der Aufstellung aufgeführte Vermögensgegenstände überbewertet oder Verbindlichkeiten nicht oder nicht vollständig aufgeführt worden sind.

§ 160. Anmeldung und Eintragung. (1) Die Anmeldung nach § 137 Abs. 1 ist von dem Einzelkaufmann und den Geschäftsführern oder den Mitgliedern des Vorstands und des Aufsichtsrats einer neuen Gesellschaft vorzunehmen.

(2) Die Eintragung der Gesellschaft ist abzulehnen, wenn die Verbindlichkeiten des Einzelkaufmanns sein Vermögen übersteigen.

Achter Abschnitt. Ausgliederung aus dem Vermögen rechtsfähiger Stiftungen

§ 161. Möglichkeit der Ausgliederung. Die Ausgliederung des von einer rechtsfähigen Stiftung (§ 80 des Bürgerlichen Gesetzbuchs) betriebenen Unternehmens oder von Teilen desselben aus dem Vermögen dieser Stiftung kann nur zur Aufnahme dieses Unternehmens oder von Teilen dieses Unternehmens durch Personenhandelsgesellschaften oder Kapitalgesellschaften oder zur Neugründung von Kapitalgesellschaften erfolgen.

§ 162. Ausgliederungsbericht. (1) Ein Ausgliederungsbericht ist nur erforderlich, wenn die Ausgliederung nach § 164 Abs. 1 der staatlichen Genehmigung bedarf oder wenn sie bei Lebzeiten des Stifters von dessen Zustimmung abhängig ist.

(2) Soweit nach § 164 Abs. 1 die Ausgliederung der staatlichen Genehmigung oder der Zustimmung des Stifters bedarf, ist der Ausgliederungsbericht der zuständigen Behörde und dem Stifter zu übermitteln.

§ 163. Beschluss über den Vertrag. (1) Auf den Ausgliederungsbeschluss sind die Vorschriften des Stiftungsrechts für die Beschlussfassung über Satzungsänderungen entsprechend anzuwenden.

(2) Sofern das nach Absatz 1 anzuwendende Stiftungsrecht nicht etwas anderes bestimmt, muss der Ausgliederungsbeschluss von dem für die Beschlussfassung über Satzungsänderungen nach der Satzung zuständigen Organ oder, wenn ein solches Organ nicht bestimmt ist, vom Vorstand der Stiftung einstimmig gefasst werden.

(3) Der Beschluss und die Zustimmungen nach den Absätzen 1 und 2 müssen notariell beurkundet werden.

§ 164. Genehmigung der Ausgliederung. (1) Die Ausgliederung bedarf der staatlichen Genehmigung, sofern das Stiftungsrecht dies vorsieht.

(2) Soweit die Ausgliederung nach Absatz 1 der staatlichen Genehmigung nicht bedarf, hat das Gericht des Sitzes der Stiftung die Eintragung der Ausgliederung auch dann abzulehnen, wenn offensichtlich ist, dass die Verbindlichkeiten der Stiftung ihr Vermögen übersteigen.

§ 165. Sachgründungsbericht und Gründungsbericht. Auf den Sachgründungsbericht (§ 5 Abs. 4 des Gesetzes betreffend die Gesellschaften mit beschränkter Haftung) ist § 58 Abs. 1, auf den Gründungsbericht (§ 32 des Aktiengesetzes) § 75 Abs. 1 entsprechend anzuwenden.

§ 166. Haftung der Stiftung. Durch den Übergang der Verbindlichkeiten auf übernehmende oder neue Gesellschaften wird die Stiftung von der Haftung für die Verbindlichkeiten nicht befreit. § 418 des Bürgerlichen Gesetzbuchs ist nicht anzuwenden.

§ 167. Zeitliche Begrenzung der Haftung für übertragene Verbindlichkeiten. Auf die zeitliche Begrenzung der Haftung der Stiftung für die im Ausgliederungs- und Übernahmevertrag aufgeführten Verbindlichkeiten ist § 157 entsprechend anzuwenden.

Neunter Abschnitt. Ausgliederung aus dem Vermögen von Gebietskörperschaften oder Zusammenschlüssen von Gebietskörperschaften

§ 168. Möglichkeit der Ausgliederung. Die Ausgliederung eines Unternehmens, das von einer Gebietskörperschaft oder von einem Zusammenschluss von Gebietskörperschaften, der nicht Gebietskörperschaft ist, betrieben wird, aus dem Vermögen dieser Körperschaft oder dieses Zusammenschlusses kann nur zur Aufnahme dieses Unternehmens durch eine Personenhandelsgesellschaft, eine Kapitalgesellschaft oder eine eingetragene Genossenschaft oder zur Neugründung einer Kapitalgesellschaft oder einer eingetragenen Genossenschaft sowie nur dann erfolgen, wenn das für die Körperschaft oder den Zusammenschluss maßgebende Bundes- oder Landesrecht einer Ausgliederung nicht entgegensteht.

§ 169. Ausgliederungsbericht, Ausgliederungsbeschluss. Ein Ausgliederungsbericht ist für die Körperschaft oder den Zusammenschluss nicht erforderlich. Das Organisationsrecht der Körperschaft oder des Zusammenschlusses bestimmt, ob und unter welchen Voraussetzungen ein Ausgliederungsbeschluss erforderlich ist.

§ 170. Sachgründungsbericht und Gründungsbericht. Auf den Sachgründungsbericht (§ 5 Abs. 4 des Gesetzes betreffend die Gesellschaften mit beschränkter Haftung) ist § 58 Abs. 1, auf den Gründungsbericht (§ 32 des Aktiengesetzes) § 75 Abs. 1 entsprechend anzuwenden.

§ 171. Wirksamwerden der Ausgliederung. Die Wirkungen der Ausgliederung nach § 131 treten mit deren Eintragung in das Register des Sitzes des übernehmenden Rechtsträgers oder mit der Eintragung des neuen Rechtsträgers ein.

§ 172. Haftung der Körperschaft oder des Zusammenschlusses. Durch den Übergang der Verbindlichkeiten auf den übernehmenden oder neuen Rechtsträger wird die Körperschaft oder der Zusammenschluss von der Haftung für die Verbindlichkeiten nicht befreit. § 418 des Bürgerlichen Gesetzbuchs ist nicht anzuwenden.

§ 173. Zeitliche Begrenzung der Haftung für übertragene Verbindlichkeiten. Auf die zeitliche Begrenzung der Haftung für die im Ausgliederungs- und Übernahmevertrag aufgeführten Verbindlichkeiten ist § 157 entsprechend anzuwenden.

Viertes Buch. Vermögensübertragung

Erster Teil. Möglichkeit der Vermögensübertragung

§ 174. Arten der Vermögensübertragung. (1) Ein Rechtsträger (übertragender Rechtsträger) kann unter Auflösung ohne Abwicklung sein Vermögen als Ganzes auf einen anderen bestehenden Rechtsträger (übernehmender Rechtsträger) gegen Gewährung einer Gegenleistung an die Anteilsinhaber des übertragenden Rechtsträgers, die nicht in Anteilen oder Mitgliedschaften besteht, übertragen (Vollübertragung).

(2) Ein Rechtsträger (übertragender Rechtsträger) kann

1. unter Auflösung ohne Abwicklung sein Vermögen aufspalten durch gleichzeitige Übertragung der Vermögensteile jeweils als Gesamtheit auf andere bestehende Rechtsträger,
2. von seinem Vermögen einen Teil oder mehrere Teile abspalten durch Übertragung dieses Teils oder dieser Teile jeweils als Gesamtheit auf einen oder mehrere bestehende Rechtsträger oder
3. aus seinem Vermögen einen Teil oder mehrere Teile ausgliedern durch Übertragung dieses Teils oder dieser Teile jeweils als Gesamtheit auf einen oder mehrere bestehende Rechtsträger

gegen Gewährung der in Absatz 1 bezeichneten Gegenleistung in den Fällen der Nummer 1 oder 2 an die Anteilsinhaber des übertragenden Rechtsträgers, im Falle der Nummer 3 an den übertragenden Rechtsträger (Teilübertragung).

§ 175. Beteiligte Rechtsträger. Eine Vollübertragung ist oder Teilübertragungen sind jeweils nur möglich

1. von einer Kapitalgesellschaft auf den Bund, ein Land, eine Gebietskörperschaft oder einen Zusammenschluss von Gebietskörperschaften;
2. a) von einer Versicherungs-Aktiengesellschaft auf Versicherungsvereine auf Gegenseitigkeit oder auf öffentlich-rechtliche Versicherungsunternehmen;
   b) von einem Versicherungsverein auf Gegenseitigkeit auf Versicherungs-Aktiengesellschaften oder auf öffentlich-rechtliche Versicherungsunternehmen;
   c) von einem öffentlich-rechtlichen Versicherungsunternehmen auf Versicherungs-Aktiengesellschaften oder auf Versicherungsvereine auf Gegenseitigkeit.

Zweiter Teil. Übertragung des Vermögens oder von Vermögensteilen einer Kapitalgesellschaft auf die öffentliche Hand

Erster Abschnitt. Vollübertragung

§ 176. Anwendung der Verschmelzungsvorschriften. (1) Bei einer Vollübertragung nach § 175 Nr. 1 sind auf die übertragende Kapitalgesellschaft die für die Verschmelzung durch Aufnahme einer solchen übertragenden Gesellschaft jeweils geltenden Vorschriften des Zweiten Buches entsprechend anzuwenden, soweit sich aus den folgenden Vorschriften nichts anderes ergibt.

(2) Die Angaben im Übertragungsvertrag nach § 5 Abs. 1 Nr. 4, 5 und 7 entfallen. An die Stelle des Registers des Sitzes des übernehmenden Rechtsträgers tritt das Register des Sitzes der übertragenden Gesellschaft. An die Stelle des Umtauschverhältnisses der Anteile treten Art und Höhe der Gegenleistung. An die Stelle des Anspruchs nach § 23 tritt ein Anspruch auf Barabfindung; auf diesen sind § 29 Abs. 1, § 30 und § 34 entsprechend anzuwenden.

(3) Mit der Eintragung der Vermögensübertragung in das Handelsregister des Sitzes der übertragenden Gesellschaft geht deren Vermögen einschließlich der Verbindlichkeiten auf den übernehmenden Rechtsträger über. Die übertragende Gesellschaft erlischt; einer besonderen Löschung bedarf es nicht.

(4) Die Beteiligung des übernehmenden Rechtsträgers an der Vermögensübertragung richtet sich nach den für ihn geltenden Vorschriften.

Zweiter Abschnitt. Teilübertragung

§ 177. Anwendung der Spaltungsvorschriften. (1) Bei einer Teilübertragung nach § 175 Nr. 1 sind auf die übertragende Kapitalgesellschaft die für die Aufspaltung, Abspaltung oder Ausgliederung zur Aufnahme von Teilen einer solchen übertragenden Gesellschaft geltenden Vorschriften des Dritten Buches sowie die dort für entsprechend anwendbar erklärten Vorschriften des Zweiten Buches auf den vergleichbaren Vorgang entsprechend anzuwenden, soweit sich aus den folgenden Vorschriften nichts anderes ergibt.

(2) § 176 Abs. 2 bis 4 ist entsprechend anzuwenden. An die Stelle des § 5 Abs. 1 Nr. 4, 5 und 7 tritt. S § 126 Abs. 1 Nr. 4, 5, 7 und 10.

Dritter Teil. Vermögensübertragung unter Versicherungsunternehmen

Erster Abschnitt. Übertragung des Vermögens einer Aktiengesellschaft auf Versicherungsvereine auf Gegenseitigkeit oder öffentlich-rechtliche Versicherungsunternehmen

Erster Unterabschnitt. Vollübertragung

§ 178. Anwendung der Verschmelzungsvorschriften. (1) Bei einer Vollübertragung nach § 175 Nr. 2 Buchstabe a sind auf die beteiligten Rechtsträger die für die Verschmelzung durch Aufnahme einer Aktiengesellschaft und die für einen übernehmenden Versicherungsverein im Falle der Verschmelzung jeweils geltenden Vorschriften des Zweiten Buches entsprechend anzuwenden, soweit sich aus den folgenden Vorschriften nichts anderes ergibt.

(2) § 176 Abs. 2 bis 4 ist entsprechend anzuwenden.

(3) Das für ein übernehmendes öffentlich-rechtliches Versicherungsunternehmen maßgebende Bundes- oder Landesrecht bestimmt, ob der Vertrag über die Vermögensübertragung zu seiner Wirksamkeit auch der Zustimmung eines anderen als des zur Vertretung befugten Organs des öffentlich-rechtlichen Versicherungsunternehmens oder einer anderen Stelle und welcher Erfordernisse die Zustimmung bedarf.

Zweiter Unterabschnitt. Teilübertragung

§ 179. Anwendung der Spaltungsvorschriften. (1) Bei einer Teilübertragung nach § 175 Nr. 2 Buchstabe a sind auf die beteiligten Rechtsträger die für die Aufspaltung, Abspaltung oder Ausgliederung zur Aufnahme von Teilen einer Aktiengesellschaft und die für übernehmende Versicherungsvereine auf Gegenseitigkeit im Falle der Aufspaltung, Abspaltung oder Ausgliederung von Vermögensteilen geltenden Vorschriften des Dritten Buches und die dort für entsprechend anwendbar erklärten Vorschriften des Zweiten Buches auf den vergleichbaren Vorgang entsprechend anzuwenden, soweit sich aus den folgenden Vorschriften nichts anderes ergibt.

(2) § 176 Abs. 2 bis 4 sowie § 178 Abs. 3 sind entsprechend anzuwenden.

Zweiter Abschnitt. Übertragung des Vermögens eines Versicherungsvereins auf Gegenseitigkeit auf Aktiengesellschaften oder öffentlich-rechtliche Versicherungsunternehmen

Erster Unterabschnitt. Vollübertragung

§ 180. Anwendung der Verschmelzungsvorschriften. (1) Bei einer Vollübertragung nach § 175 Nr. 2 Buchstabe b sind auf die beteiligten Rechtsträger die für die Verschmelzung durch Aufnahme eines Versicherungsvereins und die für eine übernehmende Aktiengesellschaft im Falle der Verschmelzung jeweils geltenden Vorschriften des Zweiten Buches entsprechend anzuwenden, soweit sich aus den folgenden Vorschriften nichts anderes ergibt.

(2) § 176 Abs. 2 bis 4 sowie § 178 Abs. 3 sind entsprechend anzuwenden.

(3) Hat ein Mitglied oder ein Dritter nach der Satzung des Vereins ein unentziehbares Recht auf den Abwicklungsüberschuss oder einen Teil davon, so bedarf der Beschluss über die Vermögensübertragung der Zustimmung des Mitglieds oder des Dritten; die Zustimmung muss notariell beurkundet werden.

§ 181. Gewährung der Gegenleistung. (1) Der übernehmende Rechtsträger ist zur Gewährung einer angemessenen Gegenleistung verpflichtet, wenn dies unter Berücksichtigung der Vermögens- und Ertragslage des übertragenden Vereins im Zeitpunkt der Beschlussfassung der obersten Vertretung gerechtfertigt ist.

(2) In dem Beschluss, durch den dem Übertragungsvertrag zugestimmt wird, ist zu bestimmen, dass bei der Verteilung der Gegenleistung jedes Mitglied zu berücksichtigen ist, das dem Verein seit mindestens drei Monaten vor dem Beschluss angehört hat. Ferner sind in dem Beschluss die Maßstäbe festzusetzen, nach denen die Gegenleistung auf die Mitglieder zu verteilen ist.

(3) Jedes berechtigte Mitglied erhält eine Gegenleistung in gleicher Höhe. Eine andere Verteilung kann nur nach einem oder mehreren der folgenden Maßstäbe festgesetzt werden:

1. die Höhe der Versicherungssumme,
2. die Höhe der Beiträge,
3. die Höhe der Deckungsrückstellung in der Lebensversicherung,
4. der in der Satzung des Vereins bestimmte Maßstab für die Verteilung des Überschusses,
5. der in der Satzung des Vereins bestimmte Maßstab für die Verteilung des Vermögens,
6. die Dauer der Mitgliedschaft.

(4) Ist eine Gegenleistung entgegen Absatz 1 nicht vereinbart worden, so ist sie auf Antrag vom Gericht zu bestimmen; § 30 Abs. 1 und § 34 sind entsprechend anzuwenden.

§ 182. Unterrichtung der Mitglieder. Sobald die Vermögensübertragung wirksam geworden ist, hat das Vertretungsorgan des übernehmenden Rechtsträgers allen Mitgliedern, die dem Verein seit mindestens drei Monaten vor dem Beschluss der obersten Vertretung über die Vermögensübertragung angehört haben, den Wortlaut des Vertrags in Textform mitzuteilen. In der Mitteilung ist auf die Möglichkeit hinzuweisen, die gerichtliche Bestimmung der angemessenen Gegenleistung zu verlangen.

§ 183. Bestellung eines Treuhänders. (1) Ist für die Vermögensübertragung eine Gegenleistung vereinbart worden, so hat der übertragende Verein einen Treuhänder für deren Empfang zu bestellen. Die Vermögensübertragung darf erst eingetragen werden, wenn der Treuhänder dem Gericht angezeigt hat, dass er im Besitz der Gegenleistung ist.

(2) Bestimmt das Gericht nach § 181 Abs. 4 die Gegenleistung, so hat es von Amts wegen einen Treuhänder für deren Empfang zu bestellen. Die Gegenleistung steht zu gleichen Teilen den Mitgliedern zu, die dem Verein seit mindestens drei Monaten vor dem Beschluss der obersten Vertretung über die Vermögensübertragung angehört haben. § 26 Abs. 4 ist entsprechend anzuwenden.

Zweiter Unterabschnitt. Teilübertragung

§ 184. Anwendung der Spaltungsvorschriften. (1) Bei einer Teilübertragung nach § 175 Nr. 2 Buchstabe b sind auf die beteiligten Rechtsträger die für die Aufspaltung, Abspaltung oder Ausgliederung zur Aufnahme von Teilen eines Versicherungsvereins auf Gegenseitigkeit und die für übernehmende Aktiengesellschaften im Falle der Aufspaltung, Abspaltung oder Ausgliederung geltenden Vorschriften des Dritten Buches und die dort für entsprechend anwendbar erklärten Vorschriften des Zweiten Buches auf den vergleichbaren Vorgang entsprechend anzuwenden, soweit sich aus den folgenden Vorschriften nichts anderes ergibt.

(2) § 176 Abs. 2 bis 4 sowie § 178 Abs. 3 sind entsprechend anzuwenden.

Dritter Abschnitt. Übertragung des Vermögens eines kleineren Versicherungsvereins auf Gegenseitigkeit auf eine Aktiengesellschaft oder auf ein öffentlich-rechtliches Versicherungsunternehmen

§ 185. Möglichkeit der Vermögensübertragung. Ein kleinerer Versicherungsverein auf Gegenseitigkeit kann sein Vermögen nur im Wege der Vollübertragung auf eine Versicherungs-Aktiengesellschaft oder auf ein öffentlich-rechtliches Versicherungsunternehmen übertragen.

§ 186. Anzuwendende Vorschriften. Auf die Vermögensübertragung sind die Vorschriften des Zweiten Abschnitts entsprechend anzuwenden. Dabei treten bei kleineren Vereinen an die Stelle der Anmeldung zur Eintragung in das Register der Antrag an die Aufsichtsbehörde auf Genehmigung, an die Stelle der Eintragung in das Register und ihrer Bekanntmachung die Bekanntmachung im Bundesanzeiger nach § 187.

§ 187. Bekanntmachung der Vermögensübertragung. Sobald die Vermögensübertragung von allen beteiligten Aufsichtsbehörden genehmigt worden ist, macht bei einer Vermögensübertragung auf ein öffentlich-rechtliches Versicherungsunternehmen die für den übertragenden kleineren Verein zuständige Aufsichtsbehörde die Vermögensübertragung und ihre Genehmigung im Bundesanzeiger bekannt.

Vierter Abschnitt. Übertragung des Vermögens eines öffentlich-rechtlichen Versicherungsunternehmens auf Aktiengesellschaften oder Versicherungsvereine auf Gegenseitigkeit

Erster Unterabschnitt. Vollübertragung

§ 188. Anwendung der Verschmelzungsvorschriften. (1) Bei einer Vollübertragung nach § 175 Nr. 2 Buchstabe c sind auf die übernehmenden Rechtsträger die für die Verschmelzung durch Aufnahme geltenden Vorschriften des Zweiten Buches sowie auf das übertragende Versicherungsunternehmen § 176 Abs. 3 entsprechend anzuwenden, soweit sich aus den folgenden Vorschriften nichts anderes ergibt.

(2) § 176 Abs. 2 und 4 sowie § 178 Abs. 3 sind entsprechend anzuwenden.

(3) An die Stelle der Anmeldung zur Eintragung in das Register treten bei den öffentlich-rechtlichen Versicherungsunternehmen der Antrag an die Aufsichtsbehörde auf Genehmigung, an die Stelle der Eintragung in das Register und ihrer Bekanntmachung die Bekanntmachung nach Satz 2. Die für das öffentlich-rechtliche Versicherungsunternehmen zuständige Aufsichtsbehörde macht, sobald die Vermögensübertragung von allen beteiligten Aufsichtsbehörden genehmigt worden ist, die Übertragung und ihre Genehmigung im Bundesanzeiger bekannt.

Zweiter Unterabschnitt. Teilübertragung

§ 189. Anwendung der Spaltungsvorschriften. (1) Bei einer Teilübertragung nach § 175 Nr. 2 Buchstabe c sind auf die übernehmenden Rechtsträger die für die Aufspaltung, Abspaltung oder Ausgliederung zur Aufnahme geltenden Vorschriften des Dritten Buches und die dort für entsprechend anwendbar erklärten Vorschriften des Zweiten Buches auf den vergleichbaren Vorgang sowie auf das übertragende Versicherungsunternehmen § 176 Abs. 3 entsprechend anzuwenden, soweit sich aus den folgenden Vorschriften nichts anderes ergibt.

(2) § 176 Abs. 2 und 4, § 178 Abs. 3 sowie § 188 Abs. 3 sind entsprechend anzuwenden.

Fünftes Buch. Formwechsel

Erster Teil. Allgemeine Vorschriften

§ 190. Allgemeiner Anwendungsbereich. (1) Ein Rechtsträger kann durch Formwechsel eine andere Rechtsform erhalten.

(2) Soweit nicht in diesem Buch etwas anderes bestimmt ist, gelten die Vorschriften über den Formwechsel nicht für Änderungen der Rechtsform, die in anderen Gesetzen vorgesehen oder zugelassen sind.

§ 191. Einbezogene Rechtsträger. (1) Formwechselnde Rechtsträger können sein:

1. Personenhandelsgesellschaften (§ 3 Abs. 1 Nr. 1) und Partnerschaftsgesellschaften;
2. Kapitalgesellschaften (§ 3 Abs. 1 Nr. 2);
3. eingetragene Genossenschaften;
4. rechtsfähige Vereine;
5. Versicherungsvereine auf Gegenseitigkeit;
6. Körperschaften und Anstalten des öffentlichen Rechts.

(2) Rechtsträger neuer Rechtsform können sein:

1. Gesellschaften des bürgerlichen Rechts;
2. Personenhandelsgesellschaften und Partnerschaftsgesellschaften;
3. Kapitalgesellschaften;
4. eingetragene Genossenschaften.

(3) Der Formwechsel ist auch bei aufgelösten Rechtsträgern möglich, wenn ihre Fortsetzung in der bisherigen Rechtsform beschlossen werden könnte.

§ 192. Umwandlungsbericht. (1) Das Vertretungsorgan des formwechselnden Rechtsträgers hat einen ausführlichen schriftlichen Bericht zu erstatten, in dem der Formwechsel und insbesondere die künftige Beteiligung der Anteilsinhaber an dem Rechtsträger rechtlich und wirtschaftlich erläutert und begründet werden (Umwandlungsbericht). § 8 Abs. 1 Satz 2 bis 4 und Abs. 2 ist entsprechend anzuwenden. Der Umwandlungsbericht muss einen Entwurf des Umwandlungsbeschlusses enthalten.

(2) Ein Umwandlungsbericht ist nicht erforderlich, wenn an dem formwechselnden Rechtsträger nur ein Anteilsinhaber beteiligt ist oder wenn alle Anteilsinhaber auf seine Erstattung verzichten. Die Verzichtserklärungen sind notariell zu beurkunden.

§ 193. Umwandlungsbeschluss. (1) Für den Formwechsel ist ein Beschluss der Anteilsinhaber des formwechselnden Rechtsträgers (Umwandlungsbeschluss) erforderlich. Der Beschluss kann nur in einer Versammlung der Anteilsinhaber gefasst werden.

(2) Ist die Abtretung der Anteile des formwechselnden Rechtsträgers von der Genehmigung einzelner Anteilsinhaber abhängig, so bedarf der Umwandlungsbeschluss zu seiner Wirksamkeit ihrer Zustimmung.

(3) Der Umwandlungsbeschluss und die nach diesem Gesetz erforderlichen Zustimmungserklärungen einzelner Anteilsinhaber einschließlich der erforderlichen Zustimmungserklärungen nicht erschienener Anteilsinhaber müssen notariell beurkundet werden. Auf Verlangen ist jedem Anteilsinhaber auf seine Kosten unverzüglich eine Abschrift der Niederschrift des Beschlusses zu erteilen.

§ 194. Inhalt des Umwandlungsbeschlusses. (1) In dem Umwandlungsbeschluss müssen mindestens bestimmt werden:

1. die Rechtsform, die der Rechtsträger durch den Formwechsel erlangen soll;
2. der Name oder die Firma des Rechtsträgers neuer Rechtsform;
3. eine Beteiligung der bisherigen Anteilsinhaber an dem Rechtsträger nach den für die neue Rechtsform geltenden Vorschriften, soweit ihre Beteiligung nicht nach diesem Buch entfällt;
4. Zahl, Art und Umfang der Anteile oder der Mitgliedschaften, welche die Anteilsinhaber durch den Formwechsel erlangen sollen oder die einem beitretenden persönlich haftenden Gesellschafter eingeräumt werden sollen;
5. die Rechte, die einzelnen Anteilsinhaber sowie den Inhabern besonderer Rechte wie Anteile ohne Stimmrecht, Vorzugsaktien, Mehrstimmrechtsaktien, Schuldverschreibungen und Genussrechte in dem Rechtsträger gewährt werden sollen, oder die Maßnahmen, die für diese Personen vorgesehen sind;
6. ein Abfindungsangebot nach § 207, sofern nicht der Umwandlungsbeschluss zu seiner Wirksamkeit der Zustimmung aller Anteilsinhaber bedarf oder an dem formwechselnden Rechtsträger nur ein Anteilsinhaber beteiligt ist;
7. die Folgen des Formwechsels für die Arbeitnehmer und ihre Vertretungen sowie die insoweit vorgesehenen Maßnahmen.

(2) Der Entwurf des Umwandlungsbeschlusses ist spätestens einen Monat vor dem Tage der Versammlung der Anteilsinhaber, die den Formwechsel beschließen soll, dem zuständigen Betriebsrat des formwechselnden Rechtsträgers zuzuleiten.

§ 195. Befristung und Ausschluss von Klagen gegen den Umwandlungsbeschluss. (1) Eine Klage gegen die Wirksamkeit des Umwandlungsbeschlusses muss binnen eines Monats nach der Beschlussfassung erhoben werden.

(2) Eine Klage gegen die Wirksamkeit des Umwandlungsbeschlusses kann nicht darauf gestützt werden, dass die in dem Beschluss bestimmten Anteile an dem Rechtsträger neuer Rechtsform zu niedrig bemessen sind oder dass die Mitgliedschaft kein ausreichender Gegenwert für die Anteile oder die Mitgliedschaft bei dem formwechselnden Rechtsträger ist.

§ 196. Verbesserung des Beteiligungsverhältnisses. Sind die in dem Umwandlungsbeschluss bestimmten Anteile an dem Rechtsträger neuer Rechtsform zu niedrig bemessen oder ist die Mitgliedschaft bei diesem kein ausreichender Gegenwert für die Anteile oder die Mitgliedschaft bei dem formwechselnden Rechtsträger, so kann jeder Anteilsinhaber, dessen Recht, gegen die Wirksamkeit des Umwandlungsbeschlusses Klage zu erheben, nach § 195 Abs. 2 ausgeschlossen ist, von dem Rechtsträger einen Ausgleich durch bare Zuzahlung verlangen. Die angemessene Zuzahlung wird auf Antrag durch das Gericht nach den Vorschriften des Spruchverfahrensgesetzes bestimmt. § 15 Abs. 2 ist entsprechend anzuwenden.

§ 197. Anzuwendende Gründungsvorschriften. Auf den Formwechsel sind die für die neue Rechtsform geltenden Gründungsvorschriften anzuwenden, soweit sich aus diesem Buch nichts anderes ergibt. Vorschriften, die für die Gründung eine

Mindestzahl der Gründer vorschreiben, sowie die Vorschriften über die Bildung und Zusammensetzung des ersten Aufsichtsrats sind nicht anzuwenden. Beim Formwechsel eines Rechtsträgers in eine Aktiengesellschaft ist § 31 des Aktiengesetzes anwendbar.

§ 198. Anmeldung des Formwechsels. (1) Die neue Rechtsform des Rechtsträgers ist zur Eintragung in das Register, in dem der formwechselnde Rechtsträger eingetragen ist, anzumelden.

(2) Ist der formwechselnde Rechtsträger nicht in einem Register eingetragen, so ist der Rechtsträger neuer Rechtsform bei dem zuständigen Gericht zur Eintragung in das für die neue Rechtsform maßgebende Register anzumelden. Das Gleiche gilt, wenn sich durch den Formwechsel die Art des für den Rechtsträger maßgebenden Registers ändert oder durch eine mit dem Formwechsel verbundene Sitzverlegung die Zuständigkeit eines anderen Registergerichts begründet wird. Im Falle des Satzes 2 ist die Umwandlung auch zur Eintragung in das Register anzumelden, in dem der formwechselnde Rechtsträger eingetragen ist. Diese Eintragung ist mit dem Vermerk zu versehen, dass die Umwandlung erst mit der Eintragung des Rechtsträgers neuer Rechtsform in das für diese maßgebende Register wirksam wird, sofern die Eintragungen in den Registern aller beteiligten Rechtsträger nicht am selben Tag erfolgen. Der Rechtsträger neuer Rechtsform darf erst eingetragen werden, nachdem die Umwandlung nach den Sätzen 3 und 4 eingetragen worden ist.

(3) § 16 Abs. 2 und 3 ist entsprechend anzuwenden.

§ 199. Anlagen der Anmeldung. Der Anmeldung der neuen Rechtsform oder des Rechtsträgers neuer Rechtsform sind in Ausfertigung oder öffentlich beglaubigter Abschrift oder, soweit sie nicht notariell zu beurkunden sind, in Urschrift oder Abschrift außer den sonst erforderlichen Unterlagen auch die Niederschrift des Umwandlungsbeschlusses, die nach diesem Gesetz erforderlichen Zustimmungserklärungen einzelner Anteilsinhaber einschließlich der Zustimmungserklärungen nicht erschienener Anteilsinhaber, der Umwandlungsbericht oder die Erklärungen über den Verzicht auf seine Erstellung, ein Nachweis über die Zuleitung nach § 194 Abs. 2 beizufügen.

§ 200. Firma oder Name des Rechtsträgers. (1) Der Rechtsträger neuer Rechtsform darf seine bisher geführte Firma beibehalten, soweit sich aus diesem Buch nichts anderes ergibt. Zusätzliche Bezeichnungen, die auf die Rechtsform der formwechselnden Gesellschaft hinweisen, dürfen auch dann nicht verwendet werden, wenn der Rechtsträger die bisher geführte Firma beibehält.

(2) Auf eine nach dem Formwechsel beibehaltene Firma ist § 19 des Handelsgesetzbuchs, § 4 des Gesetzes betreffend die Gesellschaften mit beschränkter Haftung, §§ 4, 279 des Aktiengesetzes oder § 3 des Genossenschaftsgesetzes entsprechend anzuwenden.

(3) War an dem formwechselnden Rechtsträger eine natürliche Person beteiligt, deren Beteiligung an dem Rechtsträger neuer Rechtsform entfällt, so darf der Name dieses Anteilsinhabers nur dann in der beibehaltenen bisherigen oder in der neu gebildeten Firma verwendet werden, wenn der betroffene Anteilsinhaber oder dessen Erben ausdrücklich in die Verwendung des Namens einwilligen.

(4) Ist formwechselnder Rechtsträger oder Rechtsträger neuer Rechtsform eine Partnerschaftsgesellschaft, gelten für die Beibehaltung oder Bildung der Firma oder des Namens die Absätze 1 und 3 entsprechend. Eine Firma darf als Name einer Partnerschaftsgesellschaft nur unter den Voraussetzungen des § 2 Abs. 1 des Partnerschaftsgesellschaftsgesetzes beibehalten werden. § 1 Abs. 3 und § 11 des Partnerschaftsgesellschaftsgesetzes sind entsprechend anzuwenden.

(5) Durch den Formwechsel in eine Gesellschaft des bürgerlichen Rechts erlischt die Firma der formwechselnden Gesellschaft.

§ 201. Bekanntmachung des Formwechsels. Das für die Anmeldung der neuen Rechtsform oder des Rechtsträgers neuer Rechtsform zuständige Gericht hat die Eintragung der neuen Rechtsform oder des Rechtsträgers neuer Rechtsform nach § 10 des Handelsgesetzbuchs ihrem ganzen Inhalt nach bekannt zu machen.

§ 202. Wirkungen der Eintragung. (1) Die Eintragung der neuen Rechtsform in das Register hat folgende Wirkungen:

1. Der formwechselnde Rechtsträger besteht in der in dem Umwandlungsbeschluss bestimmten Rechtsform weiter.
2. Die Anteilsinhaber des formwechselnden Rechtsträgers sind an dem Rechtsträger nach den für die neue Rechtsform geltenden Vorschriften beteiligt, soweit ihre Beteiligung nicht nach diesem Buch entfällt. Rechte Dritter an den Anteilen oder Mitgliedschaften des formwechselnden Rechtsträgers bestehen an den an ihre Stelle tretenden Anteilen oder Mitgliedschaften des Rechtsträgers neuer Rechtsform weiter.
3. Der Mangel der notariellen Beurkundung des Umwandlungsbeschlusses und gegebenenfalls erforderlicher Zustimmungs- oder Verzichtserklärungen einzelner Anteilsinhaber wird geheilt.

(2) Die in Absatz 1 bestimmten Wirkungen treten in den Fällen des § 198 Abs. 2 mit der Eintragung des Rechtsträgers neuer Rechtsform in das Register ein.

(3) Mängel des Formwechsels lassen die Wirkungen der Eintragung der neuen Rechtsform oder des Rechtsträgers neuer Rechtsform in das Register unberührt.

§ 203. Amtsdauer von Aufsichtsratsmitgliedern. Wird bei einem Formwechsel bei dem Rechtsträger neuer Rechtsform in gleicher Weise wie bei dem formwechselnden Rechtsträger ein Aufsichtsrat gebildet und zusammengesetzt, so bleiben die Mitglieder des Aufsichtsrats für den Rest ihrer Wahlzeit als Mitglieder des Aufsichtsrats des Rechtsträgers neuer Rechtsform im Amt. Die Anteilsinhaber des formwechselnden Rechtsträgers können im Umwandlungsbeschluss für ihre Aufsichtsratsmitglieder die Beendigung des Amtes bestimmen.

§ 204. Schutz der Gläubiger und der Inhaber von Sonderrechten. Auf den Schutz der Gläubiger ist § 22, auf den Schutz der Inhaber von Sonderrechten § 23 entsprechend anzuwenden.

§ 205. Schadenersatzpflicht der Verwaltungsträger des formwechselnden Rechtsträgers. (1) Die Mitglieder des Vertretungsorgans und, wenn ein Aufsichtsorgan vorhanden ist, des Aufsichtsorgans des formwechselnden Rechtsträgers sind als Gesamtschuldner zum Ersatz des Schadens verpflichtet, den der Rechtsträger, seine Anteilsinhaber oder seine Gläubiger durch den Formwechsel erleiden. § 25 Abs. 1 Satz 2 ist entsprechend anzuwenden.

(2) Die Ansprüche nach Absatz 1 verjähren in fünf Jahren seit dem Tage, an dem die anzumeldende Eintragung der neuen Rechtsform oder des Rechtsträgers neuer Rechtsform in das Register bekannt gemacht worden ist.

§ 206. Geltendmachung des Schadenersatzanspruchs. Die Ansprüche nach § 205 Abs. 1 können nur durch einen besonderen Vertreter geltend gemacht werden. Das Gericht des Sitzes des Rechtsträgers neuer Rechtsform hat einen solchen Vertreter auf Antrag eines Anteilsinhabers oder eines Gläubigers des formwechselnden Rechtsträgers zu bestellen. § 26 Abs. 1 Satz 3 und 4, Abs. 2, Abs. 3 Satz 2 und 3 und Abs. 4 ist entsprechend anzuwenden; an die Stelle der Blätter für die öffentlichen Bekanntmachungen des übertragenden Rechtsträgers treten die entsprechenden Blätter des Rechtsträgers neuer Rechtsform.

§ 207. Angebot der Barabfindung. (1) Der formwechselnde Rechtsträger hat jedem Anteilsinhaber, der gegen den Umwandlungsbeschluss Widerspruch zur Niederschrift erklärt, den Erwerb seiner umgewandelten Anteile oder Mitgliedschaften gegen eine angemessene Barabfindung anzubieten; § 71 Abs. 4 Satz 2 des Aktiengesetzes ist insoweit nicht anzuwenden. Kann der Rechtsträger auf Grund seiner neuen Rechtsform eigene Anteile oder Mitgliedschaften nicht erwerben, so ist die Barabfindung für den Fall anzubieten, dass der Anteilsinhaber sein Ausscheiden aus dem Rechtsträger erklärt. Der Rechtsträger hat die Kosten für eine Übertragung zu tragen.

(2) § 29 Abs. 2 ist entsprechend anzuwenden.

§ 208. Inhalt des Anspruchs auf Barabfindung und Prüfung der Barabfindung. Auf den Anspruch auf Barabfindung ist § 30 entsprechend anzuwenden.

§ 209. Annahme des Angebots. Das Angebot nach § 207 kann nur binnen zwei Monaten nach dem Tage angenommen werden, an dem die Eintragung der neuen Rechtsform oder des Rechtsträgers neuer Rechtsform in das Register bekannt gemacht worden ist. Ist nach § 212 ein Antrag auf Bestimmung der Barabfindung durch das Gericht gestellt worden, so kann das Angebot binnen zwei Monaten nach dem Tage angenommen werden, an dem die Entscheidung im Bundesanzeiger bekannt gemacht worden ist.

§ 210. Ausschluss von Klagen gegen den Umwandlungsbeschluss. Eine Klage gegen die Wirksamkeit des Umwandlungsbeschlusses kann nicht darauf gestützt werden, dass das Angebot nach § 207 zu niedrig bemessen oder dass die Barabfindung im Umwandlungsbeschluss nicht oder nicht ordnungsgemäß angeboten worden ist.

§ 211. Anderweitige Veräußerung. Einer anderweitigen Veräußerung des Anteils durch den Anteilsinhaber stehen nach Fassung des Umwandlungsbeschlusses bis zum Ablauf der in § 209 bestimmten Frist Verfügungsbeschränkungen nicht entgegen.

§ 212. Gerichtliche Nachprüfung der Abfindung. Macht ein Anteilsinhaber geltend, dass eine im Umwandlungsbeschluss bestimmte Barabfindung, die ihm nach § 207 Abs. 1 anzubieten war, zu niedrig bemessen sei, so hat auf seinen Antrag das Gericht nach den Vorschriften des Spruchverfahrensgesetzes die angemessene Barabfindung zu bestimmen. Das Gleiche gilt, wenn die Barabfindung nicht oder nicht ordnungsgemäß angeboten worden ist.

§ 213. Unbekannte Aktionäre. Auf unbekannte Aktionäre ist § 35 entsprechend anzuwenden.

Zweiter Teil. Besondere Vorschriften

Erster Abschnitt. Formwechsel von Personengesellschaften

Erster Unterabschnitt. Formwechsel von Personenhandelsgesellschaften

§ 214. Möglichkeit des Formwechsels. (1) Eine Personenhandelsgesellschaft kann auf Grund eines Umwandlungsbeschlusses nach diesem Gesetz nur die Rechtsform einer Kapitalgesellschaft oder einer eingetragenen Genossenschaft erlangen.

(2) Eine aufgelöste Personenhandelsgesellschaft kann die Rechtsform nicht wechseln, wenn die Gesellschafter nach § 145 des Handelsgesetzbuchs eine andere Art der Auseinandersetzung als die Abwicklung oder als den Formwechsel vereinbart haben.

§ 215. Umwandlungsbericht. Ein Umwandlungsbericht ist nicht erforderlich, wenn alle Gesellschafter der formwechselnden Gesellschaft zur Geschäftsführung berechtigt sind.

§ 216. Unterrichtung der Gesellschafter. Das Vertretungsorgan der formwechselnden Gesellschaft hat allen von der Geschäftsführung ausgeschlossenen Gesellschaftern spätestens zusammen mit der Einberufung der Gesellschafterversammlung, die den Formwechsel beschließen soll, diesen Formwechsel als Gegenstand der Beschlussfassung in Textform anzukündigen und einen nach diesem Buch erforderlichen Umwandlungsbericht sowie ein Abfindungsangebot nach § 207 zu übersenden.

§ 217. Beschluss der Gesellschafterversammlung. (1) Der Umwandlungsbeschluss der Gesellschafterversammlung bedarf der Zustimmung aller anwesenden Gesellschafter; ihm müssen auch die nicht erschienenen Gesellschafter zustimmen. Der Gesellschaftsvertrag der formwechselnden Gesellschaft kann eine Mehrheitsentscheidung der Gesellschafter vorsehen. Die Mehrheit muss mindestens drei Viertel der abgegebenen Stimmen betragen.

(2) Die Gesellschafter, die im Falle einer Mehrheitsentscheidung für den Formwechsel gestimmt haben, sind in der Niederschrift über den Umwandlungsbeschluss namentlich aufzuführen.

(3) Dem Formwechsel in eine Kommanditgesellschaft auf Aktien müssen alle Gesellschafter zustimmen, die in dieser Gesellschaft die Stellung eines persönlich haftenden Gesellschafters haben sollen.

§ 218. Inhalt des Umwandlungsbeschlusses. (1) In dem Umwandlungsbeschluss muss auch der Gesellschaftsvertrag der Gesellschaft mit beschränkter Haftung oder die Satzung der Genossenschaft enthalten sein oder die Satzung der Aktiengesellschaft oder der Kommanditgesellschaft auf Aktien festgestellt werden. Eine Unterzeichnung der Satzung durch die Mitglieder ist nicht erforderlich.

(2) Der Beschluss zur Umwandlung in eine Kommanditgesellschaft auf Aktien muss vorsehen, dass sich an dieser Gesellschaft mindestens ein Gesellschafter der formwechselnden Gesellschaft als persönlich haftender Gesellschafter beteiligt oder dass der Gesellschaft mindestens ein persönlich haftender Gesellschafter beitritt.

(3) Der Beschluss zur Umwandlung in eine Genossenschaft muss die Beteiligung jedes Mitglieds mit mindestens einem Geschäftsanteil vorsehen. In dem Beschluss kann auch bestimmt werden, dass jedes Mitglied bei der Genossenschaft mit mindestens einem und im Übrigen mit so vielen Geschäftsanteilen, wie sie durch Anrechnung seines Geschäftsguthabens bei dieser Genossenschaft als voll eingezahlt anzusehen sind, beteiligt wird.

§ 219. Rechtsstellung als Gründer. Bei der Anwendung der Gründungsvorschriften stehen den Gründern die Gesellschafter der formwechselnden Gesellschaft gleich. Im Falle einer Mehrheitsentscheidung treten an die Stelle der Gründer die Gesellschafter, die für den Formwechsel gestimmt haben, sowie beim Formwechsel in eine Kommanditgesellschaft auf Aktien auch beitretende persönlich haftende Gesellschafter.

§ 220. Kapitalschutz. (1) Der Nennbetrag des Stammkapitals einer Gesellschaft mit beschränkter Haftung oder des Grundkapitals einer Aktiengesellschaft oder einer Kommanditgesellschaft auf Aktien darf das nach Abzug der Schulden verbleibende Vermögen der formwechselnden Gesellschaft nicht übersteigen.

(2) In dem Sachgründungsbericht beim Formwechsel in eine Gesellschaft mit beschränkter Haftung oder in dem Gründungsbericht beim Formwechsel in eine Aktiengesellschaft oder in eine Kommanditgesellschaft auf Aktien sind auch der bisherige Geschäftsverlauf und die Lage der formwechselnden Gesellschaft darzulegen.

(3) Beim Formwechsel in eine Aktiengesellschaft oder in eine Kommanditgesellschaft auf Aktien hat die Gründungsprüfung durch einen oder mehrere Prüfer (§ 33 Abs. 2 des Aktiengesetzes) in jedem Fall stattzufinden. Die für Nachgründungen in § 52 Abs. 1 des Aktiengesetzes bestimmte Frist von zwei Jahren beginnt mit dem Wirksamwerden des Formwechsels.

§ 221. Beitritt persönlich haftender Gesellschafter. Der in einem Beschluss zur Umwandlung in eine Kommanditgesellschaft auf Aktien vorgesehene Beitritt eines Gesellschafters, welcher der formwechselnden Gesellschaft nicht angehört hat, muss notariell beurkundet werden. Die Satzung der Kommanditgesellschaft auf Aktien ist von jedem beitretenden persönlich haftenden Gesellschafter zu genehmigen.

§ 222. Anmeldung des Formwechsels. (1) Die Anmeldung nach § 198 einschließlich der Anmeldung der Satzung der Genossenschaft ist durch alle Mitglieder des künftigen Vertretungsorgans sowie, wenn der Rechtsträger nach den für die neue Rechtsform geltenden Vorschriften einen Aufsichtsrat haben muss, auch durch alle Mitglieder dieses Aufsichtsrats vorzunehmen. Zugleich mit der Genossenschaft sind die Mitglieder ihres Vorstandes zur Eintragung in das Register anzumelden.

(2) Ist der Rechtsträger neuer Rechtsform eine Aktiengesellschaft oder eine Kommanditgesellschaft auf Aktien, so haben die Anmeldung nach Abs. 1 auch alle Gesellschafter vorzunehmen, die nach § 219 den Gründern dieser Gesellschaft gleichstehen.

(3) Die Anmeldung der Umwandlung zur Eintragung in das Register nach § 198 Abs. 2 Satz 3 kann auch von den zur Vertretung der formwechselnden Gesellschaft ermächtigten Gesellschaftern vorgenommen werden.

§ 223. Anlagen der Anmeldung. Der Anmeldung der neuen Rechtsform oder des Rechtsträgers neuer Rechtsform sind beim Formwechsel in eine Kommanditgesellschaft auf Aktien außer den sonst erforderlichen Unterlagen auch die Urkunden über den Beitritt aller beitretenden persönlich haftenden Gesellschafter in Ausfertigung oder öffentlich beglaubigter Abschrift beizufügen.

§ 224. Fortdauer und zeitliche Begrenzung der persönlichen Haftung. (1) Der Formwechsel berührt nicht die Ansprüche der Gläubiger der Gesellschaft gegen einen ihrer Gesellschafter aus Verbindlichkeiten der formwechselnden Gesellschaft, für die dieser im Zeitpunkt des Formwechsels nach § 128 des Handelsgesetzbuchs persönlich haftet.

(2) Der Gesellschafter haftet für diese Verbindlichkeiten, wenn sie vor Ablauf von fünf Jahren nach dem Formwechsel fällig und daraus Ansprüche gegen ihn in einer in § 197 Abs. 1 Nr. 3 bis 5 des Bürgerlichen Gesetzbuchs bezeichneten Art festgestellt sind oder eine gerichtliche oder behördliche Vollstreckungshandlung vorgenommen oder beantragt wird; bei öffentlich-rechtlichen Verbindlichkeiten genügt zur Geltendmachung der Erlass eines Verwaltungsakts.

(3) Die Frist beginnt mit dem Tage, an dem die Eintragung der neuen Rechtsform oder des Rechtsträgers neuer Rechtsform in das Register bekannt gemacht worden ist. Die für die Verjährung geltenden §§ 204, 206, 210, 211 und 212 Abs. 2 und 3 des Bürgerlichen Gesetzbuchs sind entsprechend anzuwenden.

(4) Einer Feststellung in einer in § 197 Abs. 1 Nr. 3 bis 5 des Bürgerlichen Gesetzbuchs bezeichneten Art bedarf es nicht, soweit der Gesellschafter den Anspruch schriftlich anerkannt hat.

(5) Die Absätze 1 bis 4 sind auch anzuwenden, wenn der Gesellschafter in dem Rechtsträger anderer Rechtsform geschäftsführend tätig wird.

§ 225. Prüfung des Abfindungsangebots. Im Falle des § 217 Abs. 1 Satz 2 ist die Angemessenheit der angebotenen Barabfindung nach § 208 in Verbindung mit § 30 Abs. 2 nur auf Verlangen eines Gesellschafters zu prüfen. Die Kosten trägt die Gesellschaft.

Zweiter Unterabschnitt. Formwechsel von Partnerschaftsgesellschaften

§ 225a. Möglichkeit des Formwechsels. Eine Partnerschaftsgesellschaft kann auf Grund eines Umwandlungsbeschlusses nach diesem Gesetz nur die Rechtsform einer Kapitalgesellschaft oder einer eingetragenen Genossenschaft erlangen.

§ 225b. Umwandlungsbericht und Unterrichtung der Partner. Ein Umwandlungsbericht ist nur erforderlich, wenn ein Partner der formwechselnden Partnerschaft gemäß § 6 Abs. 2 des Partnerschaftsgesellschaftsgesetzes von der Geschäftsführung ausgeschlossen ist. Von der Geschäftsführung ausgeschlossene Partner sind entsprechend § 216 zu unterrichten.

§ 225c. Anzuwendende Vorschriften. Auf den Formwechsel einer Partnerschaftsgesellschaft sind § 214 Abs. 2 und die §§ 217 bis 225 entsprechend anzuwenden.

Zweiter Abschnitt. Formwechsel von Kapitalgesellschaften

Erster Unterabschnitt. Allgemeine Vorschriften

§ 226. Möglichkeit des Formwechsels. Eine Kapitalgesellschaft kann auf Grund eines Umwandlungsbeschlusses nach diesem Gesetz nur die Rechtsform einer Gesellschaft des bürgerlichen Rechts, einer Personenhandelsgesellschaft, einer Partnerschaftsgesellschaft, einer anderen Kapitalgesellschaft oder einer eingetragenen Genossenschaft erlangen.

§ 227. Nicht anzuwendende Vorschriften. Die §§ 207 bis 212 sind beim Formwechsel einer Kommanditgesellschaft auf Aktien nicht auf deren persönlich haftende Gesellschafter anzuwenden.

Zweiter Unterabschnitt. Formwechsel in eine Personengesellschaft

§ 228. Möglichkeit des Formwechsels. (1) Durch den Formwechsel kann eine Kapitalgesellschaft die Rechtsform einer Personenhandelsgesellschaft nur erlangen, wenn der Unternehmensgegenstand im Zeitpunkt des Wirksamwerdens des Formwechsels den Vorschriften über die Gründung einer offenen Handelsgesellschaft (§ 105 Abs. 1 und 2 des Handelsgesetzbuchs) genügt.

(2) Ein Formwechsel in eine Partnerschaftsgesellschaft ist nur möglich, wenn im Zeitpunkt seines Wirksamwerdens alle Anteilsinhaber des formwechselnden Rechtsträgers natürliche Personen sind, die einen Freien Beruf ausüben (§ 1 Abs. 1 und 2 des Partnerschaftsgesellschaftsgesetzes). § 1 Abs. 3 des Partnerschaftsgesellschaftsgesetzes bleibt unberührt.

§ 229. (aufgehoben)

§ 230. Vorbereitung der Versammlung der Anteilsinhaber. (1) Die Geschäftsführer einer formwechselnden Gesellschaft mit beschränkter Haftung haben allen Gesellschaftern spätestens zusammen mit der Einberufung der Gesellschafterversammlung, die den Formwechsel beschließen soll, diesen Formwechsel als Gegenstand der Beschlussfassung in Textform anzukündigen und den Umwandlungsbericht zu übersenden.

(2) Der Umwandlungsbericht einer Aktiengesellschaft oder einer Kommanditgesellschaft auf Aktien ist von der Einberufung der Hauptversammlung an, die den Formwechsel beschließen soll, in dem Geschäftsraum der Gesellschaft zur Einsicht der Aktionäre auszulegen. Auf Verlangen ist jedem Aktionär und jedem von der Geschäftsführung ausgeschlossenen persönlich haftenden Gesellschafter unverzüglich und kostenlos eine Abschrift des Umwandlungsberichts zu erteilen. Der Umwandlungsbericht kann dem Aktionär und dem von der Geschäftsführung ausgeschlossenen persönlich haftenden Gesellschafter mit seiner Einwilligung auf dem Wege elektronischer Kommunikation übermittelt werden. Die Verpflichtungen nach den Sätzen 1 und 2 entfallen, wenn der Umwandlungsbericht für denselben Zeitraum über die Internetseite der Gesellschaft zugänglich ist.

§ 231. Mitteilung des Abfindungsangebots. Das Vertretungsorgan der formwechselnden Gesellschaft hat den Gesellschaftern oder Aktionären spätestens zusammen mit der Einberufung der Gesellschafterversammlung oder der Hauptversammlung, die den Formwechsel beschließen soll, das Abfindungsangebot nach § 207 zu übersenden. Der Übersendung steht es gleich, wenn das Abfindungsangebot im Bundesanzeiger und den sonst bestimmten Gesellschaftsblättern bekannt gemacht wird.

§ 232. Durchführung der Versammlung der Anteilsinhaber. (1) In der Gesellschafterversammlung oder in der Hauptversammlung, die den Formwechsel beschließen soll, ist der Umwandlungsbericht auszulegen. In der Hauptversammlung kann der Umwandlungsbericht auch auf andere Weise zugänglich gemacht werden.

(2) Der Entwurf des Umwandlungsbeschlusses einer Aktiengesellschaft oder einer Kommanditgesellschaft auf Aktien ist von deren Vertretungsorgan zu Beginn der Verhandlung mündlich zu erläutern.

§ 233. Beschluss der Versammlung der Anteilsinhaber. (1) Der Umwandlungsbeschluss der Gesellschafterversammlung oder der Hauptversammlung bedarf, wenn die formwechselnde Gesellschaft die Rechtsform einer Gesellschaft des bürgerlichen Rechts, einer offenen Handelsgesellschaft oder einer Partnerschaftsgesellschaft erlangen soll, der Zustimmung aller anwesenden Gesellschafter oder Aktionäre; ihm müssen auch die nicht erschienenen Anteilsinhaber zustimmen.

(2) Soll die formwechselnde Gesellschaft in eine Kommanditgesellschaft umgewandelt werden, so bedarf der Umwandlungsbeschluss einer Mehrheit von mindestens drei Vierteln der bei der Gesellschafterversammlung einer Gesellschaft mit beschränkter Haftung abgegebenen Stimmen oder des bei der Beschlussfassung einer Aktiengesellschaft oder einer Kommanditgesellschaft auf Aktien vertretenen Grundkapitals; § 50 Abs. 2 und § 65 Abs. 2 sind entsprechend anzuwenden. Der Gesellschaftsvertrag oder die Satzung der formwechselnden Gesellschaft kann eine größere Mehrheit und weitere Erfordernisse bestimmen. Dem Formwechsel müssen alle Gesellschafter oder Aktionäre zustimmen, die in der Kommanditgesellschaft die Stellung eines persönlich haftenden Gesellschafters haben sollen.

(3) Dem Formwechsel einer Kommanditgesellschaft auf Aktien müssen ferner deren persönlich haftende Gesellschafter zustimmen. Die Satzung der formwechselnden Gesellschaft kann für den Fall des Formwechsels in eine Kommanditgesellschaft eine Mehrheitsentscheidung dieser Gesellschafter vorsehen. Jeder dieser Gesellschafter kann sein Ausscheiden aus dem Rechtsträger für den Zeitpunkt erklären, in dem der Formwechsel wirksam wird.

§ 234. Inhalt des Umwandlungsbeschlusses. In dem Umwandlungsbeschluss müssen auch enthalten sein:

1. die Bestimmung des Sitzes der Personengesellschaft;
2. beim Formwechsel in eine Kommanditgesellschaft die Angabe der Kommanditisten sowie des Betrages der Einlage eines jeden von ihnen;
3. der Gesellschaftsvertrag der Personengesellschaft. Beim Formwechsel in eine Partnerschaftsgesellschaft ist § 213 auf den Partnerschaftsvertrag nicht anzuwenden.

§ 235. Anmeldung des Formwechsels. (1) Beim Formwechsel in eine Gesellschaft des bürgerlichen Rechts ist statt der neuen Rechtsform die Umwandlung der Gesellschaft zur Eintragung in das Register, in dem die formwechselnde Gesellschaft eingetragen ist, anzumelden. § 198 Abs. 2 ist nicht anzuwenden.

(2) Die Anmeldung nach Absatz 1 oder nach § 198 ist durch das Vertretungsorgan der formwechselnden Gesellschaft vorzunehmen.

§ 236. Wirkungen des Formwechsels. Mit dem Wirksamwerden des Formwechsels einer Kommanditgesellschaft auf Aktien scheiden persönlich haftende Gesellschafter, die nach § 233 Abs. 3 Satz 3 ihr Ausscheiden aus dem Rechtsträger erklärt haben, aus der Gesellschaft aus.

§ 237. Fortdauer und zeitliche Begrenzung der persönlichen Haftung. Erlangt ein persönlich haftender Gesellschafter einer formwechselnden Kommanditgesellschaft auf Aktien beim Formwechsel in eine Kommanditgesellschaft die Rechtsstellung eines Kommanditisten, so ist auf seine Haftung für die im Zeitpunkt des Formwechsel begründeten Verbindlichkeiten der formwechselnden Gesellschaft § 224 entsprechend anzuwenden.

Dritter Unterabschnitt. Formwechsel in eine Kapitalgesellschaft anderer Rechtsform

§ 238. Vorbereitung der Versammlung der Anteilsinhaber. Auf die Vorbereitung der Gesellschafterversammlung oder der Hauptversammlung, die den Formwechsel beschließen soll, sind die §§ 230 und 231 entsprechend anzuwenden. § 192 Abs. 2 bleibt unberührt.

§ 239. Durchführung der Versammlung der Anteilsinhaber. (1) In der Gesellschafterversammlung oder in der Hauptversammlung, die den Formwechsel beschließen soll, ist der Umwandlungsbericht auszulegen. In der Hauptversammlung kann der Umwandlungsbericht auch auf andere Weise zugänglich gemacht werden.

(2) Der Entwurf des Umwandlungsbeschlusses einer Aktiengesellschaft oder einer Kommanditgesellschaft auf Aktien ist von deren Vertretungsorgan zu Beginn der Verhandlung mündlich zu erläutern.

§ 240. Beschluss der Versammlung der Anteilsinhaber. (1) Der Umwandlungsbeschluss bedarf einer Mehrheit von mindestens drei Vierteln der bei der Gesellschafterversammlung einer Gesellschaft mit beschränkter Haftung abgegebenen Stimmen oder des bei der Beschlussfassung einer Aktiengesellschaft oder einer Kommanditgesellschaft auf Aktien vertretenen Grundkapitals; § 65 Abs. 2 ist entsprechend anzuwenden. Der Gesellschaftsvertrag oder die Satzung der formwechselnden Gesellschaft kann eine größere Mehrheit und weitere Erfordernisse, beim Formwechsel einer Kommanditgesellschaft auf Aktien in eine Aktiengesellschaft auch eine geringere Mehrheit bestimmen.

(2) Dem Formwechsel einer Gesellschaft mit beschränkter Haftung oder einer Aktiengesellschaft in eine Kommanditgesellschaft auf Aktien müssen alle Gesellschafter oder Aktionäre zustimmen, die in der Gesellschaft neuer Rechtsform die Stellung eines persönlich haftenden Gesellschafters haben sollen. Auf den Beitritt persönlich haftender Gesellschafter ist § 221 entsprechend anzuwenden.

(3) Dem Formwechsel einer Kommanditgesellschaft auf Aktien müssen ferner deren persönlich haftende Gesellschafter zustimmen. Die Satzung der formwechselnden Gesellschaft kann eine Mehrheitsentscheidung dieser Gesellschafter vorsehen.

§ 241. Zustimmungserfordernisse beim Formwechsel einer Gesellschaft mit beschränkter Haftung. (1) Werden durch den Umwandlungsbeschluss einer formwechselnden Gesellschaft mit beschränkter Haftung die Aktien in der Satzung der Aktiengesellschaft oder der Kommanditgesellschaft auf Aktien auf einen höheren als den Mindestbetrag nach § 8 Abs. 2 oder 3 des Aktiengesetzes und abweichend vom Nennbetrag der Geschäftsanteile der formwechselnden Gesellschaft gestellt, so muss dem jeder Gesellschafter zustimmen, der sich nicht dem Gesamtnennbetrag seiner Geschäftsanteile entsprechend beteiligen kann.

(2) Auf das Erfordernis der Zustimmung einzelner Gesellschafter ist ferner § 50 Abs. 2 entsprechend anzuwenden.

(3) Sind einzelnen Gesellschaftern außer der Leistung von Kapitaleinlagen noch andere Verpflichtungen gegenüber der Gesellschaft auferlegt und können diese wegen der einschränkenden Bestimmung des § 55 des Aktiengesetzes bei dem Formwechsel nicht aufrechterhalten werden, so bedarf der Formwechsel auch der Zustimmung dieser Gesellschafter.

§ 242. Zustimmungserfordernis beim Formwechsel einer Aktiengesellschaft oder einer Kommanditgesellschaft auf Aktien. Wird durch den Umwandlungsbeschluss einer formwechselnden Aktiengesellschaft oder Kommanditgesellschaft auf Aktien der Nennbetrag der Geschäftsanteile in dem Gesellschaftsvertrag der Gesellschaft mit beschränkter Haftung abweichend vom Betrag der Aktien festgesetzt, so muss der Festsetzung jeder Aktionär zustimmen, der sich nicht mit seinem gesamten Anteil beteiligen kann.

§ 243. Inhalt des Umwandlungsbeschlusses. (1) Auf den Umwandlungsbeschluss ist § 218 entsprechend anzuwenden. Festsetzungen über Sondervorteile, Gründungsaufwand, Sacheinlagen und Sachübernahmen, die in dem Gesellschaftsvertrag oder in der Satzung der formwechselnden Gesellschaft enthalten sind, sind in den Gesellschaftsvertrag oder in die Satzung der Gesellschaft neuer Rechtsform zu übernehmen. § 26 Abs. 4 und 5 des Aktiengesetzes bleibt unberührt.

(2) Vorschriften anderer Gesetze über die Änderung des Stammkapitals oder des Grundkapitals bleiben unberührt.

(3) In dem Gesellschaftsvertrag oder in der Satzung der Gesellschaft neuer Rechtsform kann der auf die Anteile entfallende Betrag des Stamm- oder Grundkapitals abweichend vom Betrag der Anteile der formwechselnden Gesellschaft festgesetzt werden. Bei einer Gesellschaft mit beschränkter Haftung muss er auf volle Euro lauten.

§ 244. Niederschrift über den Umwandlungsbeschluss, Gesellschaftsvertrag. (1) In der Niederschrift über den Umwandlungsbeschluss sind die Personen, die nach § 245 Abs. 1 bis 3 den Gründern der Gesellschaft gleichstehen, namentlich aufzuführen.

(2) Beim Formwechsel einer Aktiengesellschaft oder einer Kommanditgesellschaft auf Aktien in eine Gesellschaft mit beschränkter Haftung braucht der Gesellschaftsvertrag von den Gesellschaftern nicht unterzeichnet zu werden.

§ 245. Rechtsstellung als Gründer; Kapitalschutz. (1) Bei einem Formwechsel einer Gesellschaft mit beschränkter Haftung in eine Aktiengesellschaft oder in eine Kommanditgesellschaft auf Aktien treten bei der Anwendung der Gründungsvorschriften des Aktiengesetzes an die Stelle der Gründer die Gesellschafter, die für den Formwechsel gestimmt haben, sowie beim Formwechsel einer Gesellschaft mit beschränkter Haftung in eine Kommanditgesellschaft auf Aktien auch beitretende persönlich haftende Gesellschafter. § 220 ist entsprechend anzuwenden. § 52 des Aktiengesetzes ist nicht anzuwenden, wenn die Gesellschaft mit beschränkter Haftung vor dem Wirksamwerden des Formwechsels bereits länger als zwei Jahre in das Register eingetragen war.

(2) Beim Formwechsel einer Aktiengesellschaft in eine Kommanditgesellschaft auf Aktien treten bei der Anwendung der Gründungsvorschriften des Aktiengesetzes an die Stelle der Gründer die persönlich haftenden Gesellschafter der Gesellschaft neuer Rechtsform. § 220 ist entsprechend anzuwenden. § 52 des Aktiengesetzes ist nicht anzuwenden.

(3) Beim Formwechsel einer Kommanditgesellschaft auf Aktien in eine Aktiengesellschaft treten bei der Anwendung der Gründungsvorschriften des Aktiengesetzes an die Stelle der Gründer die persönlich haftenden Gesellschafter der formwechselnden Gesellschaft. § 220 ist entsprechend anzuwenden. § 52 des Aktiengesetzes ist nicht anzuwenden.

(4) Beim Formwechsel einer Aktiengesellschaft oder einer Kommanditgesellschaft auf Aktien in eine Gesellschaft mit beschränkter Haftung ist ein Sachgründungsbericht nicht erforderlich.

§ 246. Anmeldung des Formwechsels. (1) Die Anmeldung nach § 198 ist durch das Vertretungsorgan der formwechselnden Gesellschaft vorzunehmen.

(2) Zugleich mit der neuen Rechtsform oder mit dem Rechtsträger neuer Rechtsform sind die Geschäftsführer der Gesellschaft mit beschränkter Haftung, die Vorstandsmitglieder der Aktiengesellschaft oder die persönlich haftenden Gesellschafter der Kommanditgesellschaft auf Aktien zur Eintragung in das Register anzumelden.

(3) § 8 Abs. 2 des Gesetzes betreffend die Gesellschaften mit beschränkter Haftung und § 37 Abs. 1 des Aktiengesetzes sind auf die Anmeldung nach § 198 nicht anzuwenden.

§ 247. Wirkungen des Formwechsels. (1) Durch den Formwechsel wird das bisherige Stammkapital einer formwechselnden Gesellschaft mit beschränkter Haftung zum Grundkapital der Gesellschaft neuer Rechtsform oder das bisherige Grundkapital einer formwechselnden Aktiengesellschaft oder Kommanditgesellschaft auf Aktien zum Stammkapital der Gesellschaft neuer Rechtsform.

(2) Durch den Formwechsel einer Kommanditgesellschaft auf Aktien scheiden deren persönlich haftende Gesellschafter als solche aus der Gesellschaft aus.

§ 248. Umtausch der Anteile. (1) Auf den Umtausch der Geschäftsanteile einer formwechselnden Gesellschaft mit beschränkter Haftung gegen Aktien ist § 73 des Aktiengesetzes, bei Zusammenlegung von Geschäftsanteilen § 226 des Aktiengesetzes über die Kraftloserklärung von Aktien entsprechend anzuwenden.

(2) Auf den Umtausch der Aktien einer formwechselnden Aktiengesellschaft oder Kommanditgesellschaft auf Aktien gegen Geschäftsanteile einer Gesellschaft mit beschränkter Haftung ist § 73 Abs. 1 und 2 des Aktiengesetzes, bei Zusammenlegung von Aktien § 226 Abs. 1 und 2 des Aktiengesetzes über die Kraftloserklärung von Aktien entsprechend anzuwenden.

(3) Einer Genehmigung des Gerichts bedarf es nicht.

§ 249. Gläubigerschutz. Auf den Formwechsel einer Kommanditgesellschaft auf Aktien in eine Gesellschaft mit beschränkter Haftung oder in eine Aktiengesellschaft ist auch § 224 entsprechend anzuwenden.

§ 250. Nicht anzuwendende Vorschriften. Die §§ 207 bis 212 sind auf den Formwechsel einer Aktiengesellschaft in eine Kommanditgesellschaft auf Aktien oder einer Kommanditgesellschaft auf Aktien in eine Aktiengesellschaft nicht anzuwenden.

Vierter Unterabschnitt. Formwechsel in eine eingetragene Genossenschaft

§ 251. Vorbereitung und Durchführung der Versammlung der Anteilsinhaber. (1) Auf die Vorbereitung der Gesellschafterversammlung oder der Hauptversammlung, die den Formwechsel beschließen soll, sind die §§ 229 bis 231 entsprechend anzuwenden. § 192 Abs. 2 bleibt unberührt.

(2) Auf die Gesellschafterversammlung oder die Hauptversammlung, die den Formwechsel beschließen soll, ist § 239 Abs. 1 Satz 1, auf die Hauptversammlung auch § 239 Abs. 1 Satz 2 und Abs. 2 entsprechend anzuwenden.

§ 252. Beschluss der Versammlung der Anteilsinhaber. (1) Der Umwandlungsbeschluss der Gesellschafterversammlung oder der Hauptversammlung bedarf, wenn die Satzung der Genossenschaft eine Verpflichtung der Mitglieder zur Leistung von Nachschüssen vorsieht, der Zustimmung aller anwesenden Gesellschafter oder Aktionäre; ihm müssen auch die nicht erschienenen Anteilsinhaber zustimmen.

(2) Sollen die Mitglieder nicht zur Leistung von Nachschüssen verpflichtet werden, so bedarf der Umwandlungsbeschluss einer Mehrheit von mindestens drei Vierteln der bei der Gesellschafterversammlung einer Gesellschaft mit beschränkter Haftung abgegebenen Stimmen oder des bei der Beschlussfassung einer Aktiengesellschaft oder einer Kommanditgesellschaft auf Aktien vertretenen Grundkapitals; § 50 Abs. 2 und § 65 Abs. 2 sind entsprechend anzuwenden. Der Gesellschaftsvertrag oder die Satzung der formwechselnden Gesellschaft kann eine größere Mehrheit und weitere Erfordernisse bestimmen.

(3) Auf den Formwechsel einer Kommanditgesellschaft auf Aktien ist § 240 Abs. 3 entsprechend anzuwenden.

§ 253. Inhalt des Umwandlungsbeschlusses. (1) In dem Umwandlungsbeschluss muss auch die Satzung der Genossenschaft enthalten sein. Eine Unterzeichnung der Satzung durch die Mitglieder ist nicht erforderlich.

(2) Der Umwandlungsbeschluss muss die Beteiligung jedes Mitglieds mit mindestens einem Geschäftsanteil vorsehen. In dem Beschluss kann auch bestimmt werden, dass jedes Mitglied bei der Genossenschaft mit mindestens einem und im Übrigen mit so vielen Geschäftsanteilen, wie sie durch Anrechnung seines Geschäftsguthabens bei dieser Genossenschaft als voll eingezahlt anzusehen sind, beteiligt wird.

§ 254. Anmeldung des Formwechsels. (1) Die Anmeldung nach § 198 einschließlich der Anmeldung der Satzung der Genossenschaft ist durch das Vertretungsorgan der formwechselnden Gesellschaft vorzunehmen.

(2) Zugleich mit der Genossenschaft sind die Mitglieder ihres Vorstandes zur Eintragung in das Register anzumelden.

§ 255. Wirkungen des Formwechsels. (1) Jeder Anteilsinhaber, der die Rechtsstellung eines Mitglieds erlangt, ist bei der Genossenschaft nach Maßgabe des Umwandlungsbeschlusses beteiligt. Eine Verpflichtung zur Übernahme weiterer Geschäftsanteile bleibt unberührt. § 202 Abs. 1 Nr. 2 Satz 2 ist mit der Maßgabe anzuwenden, dass die an den bisherigen Anteilen bestehenden Rechte Dritter an den durch den Formwechsel erlangten Geschäftsguthaben weiterbestehen.

(2) Das Gericht darf eine Auflösung der Genossenschaft von Amts wegen nach § 80 des Genossenschaftsgesetzes nicht vor Ablauf eines Jahres seit dem Wirksamwerden des Formwechsels aussprechen.

(3) Durch den Formwechsel einer Kommanditgesellschaft auf Aktien scheiden deren persönlich haftende Gesellschafter als solche aus dem Rechtsträger aus.

§ 256. Geschäftsguthaben, Benachrichtigung der Mitglieder. (1) Jedem Mitglied ist als Geschäftsguthaben der Wert der Geschäftsanteile oder der Aktien gutzuschreiben, mit denen er an der formwechselnden Gesellschaft beteiligt war.

(2) Übersteigt das durch den Formwechsel erlangte Geschäftsguthaben eines Mitglieds den Gesamtbetrag der Geschäftsanteile, mit denen es bei der Genossenschaft beteiligt ist, so ist der übersteigende Betrag nach Ablauf von sechs Monaten seit dem Tage, an dem die Eintragung der Genossenschaft in das Register bekannt gemacht worden ist, an das Mitglied auszuzahlen. Die Auszahlung darf jedoch nicht erfolgen, bevor die Gläubiger, die sich nach § 204 in Verbindung mit § 22 gemeldet haben, befriedigt oder sichergestellt sind.

(3) Die Genossenschaft hat jedem Mitglied unverzüglich nach der Bekanntmachung der Eintragung der Genossenschaft in das Register in Textform mitzuteilen:

1. den Betrag seines Geschäftsguthabens;
2. den Betrag und die Zahl der Geschäftsanteile, mit denen es bei der Genossenschaft beteiligt ist;
3. den Betrag der von dem Mitglied nach Anrechnung seines Geschäftsguthabens noch zu leistenden Einzahlung oder den Betrag, der nach Abs. 2 an das Mitglied auszuzahlen ist;
4. den Betrag der Haftsumme der Genossenschaft, sofern die Mitglieder Nachschüsse bis zu einer Haftsumme zu leisten haben.

§ 257. Gläubigerschutz. Auf den Formwechsel einer Kommanditgesellschaft auf Aktien ist auch § 224 entsprechend anzuwenden.

Dritter Abschnitt. Formwechsel eingetragener Genossenschaften

§ 258. Möglichkeit des Formwechsels. (1) Eine eingetragene Genossenschaft kann auf Grund eines Umwandlungsbeschlusses nach diesem Gesetz nur die Rechtsform einer Kapitalgesellschaft erlangen.

(2) Der Formwechsel ist nur möglich, wenn auf jedes Mitglied, das an der Gesellschaft neuer Rechtsform beteiligt wird, als beschränkt haftender Gesellschafter ein Geschäftsanteil, dessen Nennbetrag auf volle Euro lautet, oder als Aktionär mindestens eine volle Aktie entfällt.

§ 259. Gutachten des Prüfungsverbandes. Vor der Einberufung der Generalversammlung, die den Formwechsel beschließen soll, ist eine gutachtliche Äußerung des Prüfungsverbandes einzuholen, ob der Formwechsel mit den Belangen der Mitglieder und der Gläubiger der Genossenschaft vereinbar ist, insbesondere ob bei der Festsetzung des Stammkapitals oder des Grundkapitals § 263 Abs. 2 Satz 2 und § 264 Abs. 1 beachtet sind (Prüfungsgutachten).

§ 260. Vorbereitung der Generalversammlung. (1) Der Vorstand der formwechselnden Genossenschaft hat allen Mitgliedern spätestens zusammen mit der Einberufung der Generalversammlung, die den Formwechsel beschließen soll, diesen Formwechsel als Gegenstand der Beschlussfassung in Textform anzukündigen. In der Ankündigung ist auf die für die Beschlussfassung nach § 262 Abs. 1 erforderlichen Mehrheiten sowie auf die Möglichkeit der Erhebung eines Widerspruchs und die sich daraus ergebenden Rechte hinzuweisen.

(2) Auf die Vorbereitung der Generalversammlung sind die §§ 229, 230 Abs. 2 Satz 1 und 2 und § 231 Satz 1 entsprechend anzuwenden. § 192 Abs. 2 bleibt unberührt.

(3) In dem Geschäftsraum der formwechselnden Genossenschaft ist außer den sonst erforderlichen Unterlagen auch das nach § 259 erstattete Prüfungsgutachten zur Einsicht der Mitglieder auszulegen. Auf Verlangen ist jedem Mitglied unverzüglich und kostenlos eine Abschrift dieses Prüfungsgutachtens zu erteilen.

§ 261. Durchführung der Generalversammlung. (1) In der Generalversammlung, die den Formwechsel beschließen soll, ist der Umwandlungsbericht, sofern er nach diesem Buch erforderlich ist, und das nach § 259 erstattete Prüfungsgutachten auszulegen. Der Vorstand hat den Umwandlungsbeschluss zu Beginn der Verhandlung mündlich zu erläutern.

(2) Das Prüfungsgutachten ist in der Generalversammlung zu verlesen. Der Prüfungsverband ist berechtigt, an der Generalversammlung beratend teilzunehmen.

§ 262. Beschluss der Generalversammlung. (1) Der Umwandlungsbeschluss der Generalversammlung bedarf einer Mehrheit von mindestens drei Vierteln der abgegebenen Stimmen. Er bedarf einer Mehrheit von neun Zehnteln der abgegebenen Stimmen, wenn spätestens bis zum Ablauf des dritten Tages vor der Generalversammlung mindestens 100 Mitglieder, bei Genossenschaften mit weniger als 1000 Mitgliedern ein Zehntel der Mitglieder, durch eingeschriebenen Brief Widerspruch gegen den Formwechsel erhoben haben. Die Satzung kann größere Mehrheiten und weitere Erfordernisse bestimmen.

(2) Auf den Formwechsel in eine Kommanditgesellschaft auf Aktien ist § 240 Abs. 2 entsprechend anzuwenden.

§ 263. Inhalt des Umwandlungsbeschlusses. (1) Auf den Umwandlungsbeschluss sind auch die §§ 218, 243 Abs. 3 und § 244 Abs. 2 entsprechend anzuwenden.

(2) In dem Beschluss ist bei der Festlegung von Zahl, Art und Umfang der Anteile (§ 194 Abs. 1 Nr. 4) zu bestimmen, dass an dem Stammkapital oder an dem Grundkapital der Gesellschaft neuer Rechtsform jedes Mitglied, das die Rechtsstellung eines beschränkt haftenden Gesellschafters oder eines Aktionärs erlangt, in dem Verhältnis beteiligt wird, in dem am Ende des letzten vor der Beschlussfassung über den Formwechsel abgelaufenen Geschäftsjahres sein Geschäftsguthaben zur Summe der Geschäftsguthaben aller Mitglieder gestanden hat, die durch den Formwechsel Gesellschafter oder Aktionäre geworden sind. Der Nennbetrag des Grundkapitals ist so zu bemessen, dass auf jedes Mitglied möglichst volle Aktien entfallen.

(3) Die Geschäftsanteile einer Gesellschaft mit beschränkter Haftung sollen auf einen höheren Nennbetrag als hundert Euro nur gestellt werden, soweit auf die Mitglieder der formwechselnden Genossenschaft volle Geschäftsanteile mit dem höheren Nennbetrag entfallen. Aktien können auf einen höheren Betrag als dem Mindestbetrag nach § 8 Abs. 2 und 3 des Aktiengesetzes nur gestellt werden, soweit volle Aktien mit dem höheren Betrag auf jedes Mitglieder entfallen. Wird das Vertretungsorgan der Aktiengesellschaft oder der Kommanditgesellschaft auf Aktien in der Satzung ermächtigt, das Grundkapital bis zu einem bestimmten Nennbetrag durch Ausgabe neuer Aktien gegen Einlagen zu erhöhen, so darf die Ermächtigung nicht vorsehen, dass das Vertretungsorgan über den Ausschluss des Bezugsrechts entscheidet.

§ 264. Kapitalschutz. (1) Der Nennbetrag des Stammkapitals einer Gesellschaft mit beschränkter Haftung oder des Grundkapitals einer Aktiengesellschaft oder einer Kommanditgesellschaft auf Aktien darf das nach Abzug der Schulden verbleibende Vermögen der formwechselnden Genossenschaft nicht übersteigen.

(2) Beim Formwechsel in eine Gesellschaft mit beschränkter Haftung sind die Mitglieder der formwechselnden Genossenschaft nicht verpflichtet, einen Sachgründungsbericht zu erstatten.

(3) Beim Formwechsel in eine Aktiengesellschaft oder in eine Kommanditgesellschaft auf Aktien hat die Gründungsprüfung durch einen oder mehrere Prüfer (§ 33 Abs. 2 des Aktiengesetzes) in jedem Fall stattzufinden. Jedoch sind die Mitglieder der formwechselnden Genossenschaft nicht verpflichtet, einen Gründungsbericht zu erstatten; die §§ 32, 35 Abs. 1 und 2 und § 46 des Aktiengesetzes sind nicht anzuwenden. Die für Nachgründungen in § 52 Abs. 1 des Aktiengesetzes bestimmte Frist von zwei Jahren beginnt mit dem Wirksamwerden des Formwechsels.

§ 265. Anmeldung des Formwechsels. Auf die Anmeldung nach § 198 ist § 222 Abs. 1 Satz 1 und Abs. 3 entsprechend anzuwenden. Der Anmeldung ist das nach § 259 erstattete Prüfungsgutachten in Urschrift oder in öffentlich beglaubigter Abschrift beizufügen.

§ 266. Wirkungen des Formwechsels. (1) Durch den Formwechsel werden die bisherigen Geschäftsanteile zu Anteilen an der Gesellschaft neuer Rechtsform und zu Teilrechten. § 202 Abs. 1 Nr. 2 Satz 2 ist mit der Maßgabe anzuwenden, dass die an den bisherigen Geschäftsguthaben bestehenden Rechte Dritter an den durch den Formwechsel erlangten Anteilen und Teilrechten weiterbestehen.

(2) Teilrechte, die durch den Formwechsel entstehen, sind selbstständig veräußerlich und vererblich.

(3) Die Rechte aus einer Aktie einschließlich des Anspruchs auf Ausstellung einer Aktienurkunde können nur ausgeübt werden, wenn Teilrechte, die zusammen eine volle Aktie ergeben, in einer Hand vereinigt sind oder wenn mehrere Berechtigte, deren Teilrechte zusammen eine volle Aktie ergeben, sich zur Ausübung der Rechte zusammenschließen. Der Rechtsträger soll die Zusammenführung von Teilrechten zu vollen Aktien vermitteln.

§ 267. Benachrichtigung der Anteilsinhaber. (1) Das Vertretungsorgan der Gesellschaft neuer Rechtsform hat jedem Anteilsinhaber unverzüglich nach der Bekanntmachung der Eintragung der Gesellschaft in das Register deren Inhalt sowie die Zahl und, mit Ausnahme von Stückaktien, den Nennbetrag der Anteile und des Teilrechts, die auf ihn entfallen sind, in Textform mitzuteilen. Dabei soll auf die Vorschriften über Teilrechte in § 266 hingewiesen werden.

(2) Zugleich mit der Mitteilung ist deren wesentlicher Inhalt in den Gesellschaftsblättern bekannt zu machen. Der Hinweis nach Absatz 1 Satz 2 braucht in die Bekanntmachung nicht aufgenommen zu werden.

§ 268. Aufforderung an die Aktionäre; Veräußerung von Aktien. (1) In der Mitteilung nach § 267 sind Aktionäre aufzufordern, die ihnen zustehenden Aktien abzuholen. Dabei ist darauf hinzuweisen, dass die Gesellschaft berechtigt ist, Aktien, die nicht binnen sechs Monaten seit der Bekanntmachung der Aufforderung in den Gesellschaftsblättern abgeholt werden, nach dreimaliger Androhung für Rechnung der Beteiligten zu veräußern. Dieser Hinweis braucht nicht in die Bekanntmachung der Aufforderung in den Gesellschaftsblättern aufgenommen zu werden.

(2) Nach Ablauf von sechs Monaten seit der Bekanntmachung der Aufforderung in den Gesellschaftsblättern hat die Gesellschaft neuer Rechtsform die Veräußerung der nicht abgeholten Aktien anzudrohen. Die Androhung ist dreimal in Abständen von mindestens einem Monat in den Gesellschaftsblättern bekannt zu machen. Die letzte Bekanntmachung muss vor dem Ablauf von einem Jahr seit der Bekanntmachung der Aufforderung ergehen.

(3) Nach Ablauf von sechs Monaten seit der letzten Bekanntmachung der Androhung hat die Gesellschaft die nicht abgeholten Aktien für Rechnung der Beteiligten zum amtlichen Börsenpreis durch Vermittlung eines Kursmaklers und beim Fehlen eines Börsenpreises durch öffentliche Versteigerung zu veräußern. § 226 Abs. 3 Satz 2 bis 6 des Aktiengesetzes ist entsprechend anzuwenden.

§ 269. Hauptversammlungsbeschlüsse, genehmigtes Kapital. Solange beim Formwechsel in eine Aktiengesellschaft oder in eine Kommanditgesellschaft auf Aktien die abgeholten oder nach § 268 Abs. 3 veräußerten Aktien nicht insgesamt mindestens sechs Zehntel des Grundkapitals erreichen, kann die Hauptversammlung der Gesellschaft neuer Rechtsform keine Beschlüsse fassen, die nach Gesetz oder Satzung einer Kapitalmehrheit bedürfen. Das Vertretungsorgan der Gesellschaft darf während dieses Zeitraums von einer Ermächtigung zu einer Erhöhung des Grundkapitals keinen Gebrauch machen.

§ 270. Abfindungsangebot. (1) Das Abfindungsangebot nach § 207 Abs. 1 Satz 1 gilt auch für jedes Mitglied, das dem Formwechsel bis zum Ablauf des dritten Tages vor dem Tage, an dem der Umwandlungsbeschluss gefasst worden ist, durch eingeschriebenen Brief widersprochen hat.

(2) Zu dem Abfindungsangebot ist eine gutachtliche Äußerung des Prüfungsverbandes einzuholen. § 30 Abs. 2 Satz 2 und 3 ist nicht anzuwenden.

§ 271. Fortdauer der Nachschusspflicht. Wird über das Vermögen der Gesellschaft neuer Rechtsform binnen zwei Jahren nach dem Tage, an dem ihre Eintragung in das Register bekannt gemacht worden ist, das Insolvenzverfahren eröffnet, so ist jedes Mitglied, das durch den Formwechsel die Rechtsstellung eines beschränkt haftenden Gesellschafters oder eines Aktionärs erlangt hat, im Rahmen der Satzung der formwechselnden Genossenschaft (§ 6 Nr. 3 des Genossenschaftsgesetzes) zu Nachschüssen verpflichtet, auch wenn es seinen Geschäftsanteil oder seine Aktie veräußert hat. Die §§ 105 bis 115a des Genossenschaftsgesetzes sind mit der Maßgabe entsprechend anzuwenden, dass nur solche Verbindlichkeiten der Gesellschaft zu berücksichtigen sind, die bereits im Zeitpunkt des Formwechsels begründet waren.

Vierter Abschnitt. Formwechsel rechtsfähiger Vereine

Erster Unterabschnitt. Allgemeine Vorschriften

§ 272. Möglichkeit des Formwechsels. (1) Ein rechtsfähiger Verein kann auf Grund eines Umwandlungsbeschlusses nur die Rechtsform einer Kapitalgesellschaft oder einer eingetragenen Genossenschaft erlangen.

(2) Ein Verein kann die Rechtsform nur wechseln, wenn seine Satzung oder Vorschriften des Landesrechts nicht entgegenstehen.

Zweiter Unterabschnitt. Formwechsel in eine Kapitalgesellschaft

§ 273. Möglichkeit des Formwechsels. Der Formwechsel ist nur möglich, wenn auf jedes Mitglied, das an der Gesellschaft neuer Rechtsform beteiligt wird, als beschränkt haftender Gesellschafter ein Geschäftsanteil, dessen Nennbetrag auf volle Euro lautet, oder als Aktionär mindestens eine volle Aktie entfällt.

§ 274. Vorbereitung und Durchführung der Mitgliederversammlung. (1) Auf die Vorbereitung der Mitgliederversammlung, die den Formwechsel beschließen soll, sind die §§ 229, 230 Abs. 2 Satz 1 und 2, § 231 Satz 1 und § 260 Abs. 1 entsprechend anzuwenden. § 192 Abs. 2 bleibt unberührt.

(2) Auf die Mitgliederversammlung, die den Formwechsel beschließen soll, ist § 239 Abs. 1 Satz 1 und Abs. 2 entsprechend anzuwenden.

§ 275. Beschluss der Mitgliederversammlung. (1) Der Umwandlungsbeschluss der Mitgliederversammlung bedarf, wenn der Zweck des Rechtsträgers geändert werden soll (§ 33 Abs. 1 Satz 2 des Bürgerlichen Gesetzbuchs), der Zustimmung aller anwesenden Mitglieder; ihm müssen auch die nicht erschienenen Mitglieder zustimmen.

(2) In anderen Fällen bedarf der Umwandlungsbeschluss einer Mehrheit von mindestens drei Vierteln der erschienenen Mitglieder. Er bedarf einer Mehrheit von mindestens neun Zehnteln der erschienenen Mitglieder, wenn spätestens bis zum Ablauf des dritten Tages vor der Mitgliederversammlung wenigstens hundert Mitglieder, bei Vereinen mit weniger als tausend Mitgliedern ein Zehntel der Mitglieder, durch eingeschriebenen Brief Widerspruch gegen den Formwechsel erhoben haben. Die Satzung kann größere Mehrheiten und weitere Erfordernisse bestimmen.

(3) Auf den Formwechsel in eine Kommanditgesellschaft auf Aktien ist § 240 Abs. 2 entsprechend anzuwenden.

§ 276. Inhalt des Umwandlungsbeschlusses. (1) Auf den Umwandlungsbeschluss sind auch die §§ 218, 243 Abs. 3, § 244 Abs. 2 und § 263 Abs. 2 Satz 2, Abs. 3 entsprechend anzuwenden.

(2) Die Beteiligung der Mitglieder am Stammkapital oder am Grundkapital der Gesellschaft neuer Rechtsform darf, wenn nicht alle Mitglieder einen gleich hohen Anteil erhalten sollen, nur nach einem oder mehreren der folgenden Maßstäbe festgesetzt werden:

1. bei Vereinen, deren Vermögen in übertragbare Anteile zerlegt ist, der Nennbetrag oder der Wert dieser Anteile;
2. die Höhe der Beiträge;
3. bei Vereinen, die zu ihren Mitgliedern oder einem Teil der Mitglieder in vertraglichen Geschäftsbeziehungen stehen, der Umfang der Inanspruchnahme von Leistungen des Vereins durch die Mitglieder oder der Umfang der Inanspruchnahme von Leistungen der Mitglieder durch den Verein;
4. ein in der Satzung bestimmter Maßstab für die Verteilung des Überschusses;
5. ein in der Satzung bestimmter Maßstab für die Verteilung des Vermögens;
6. die Dauer der Mitgliedschaft.

§ 277. Kapitalschutz. Bei der Anwendung der für die neue Rechtsform maßgebenden Gründungsvorschriften ist auch § 264 entsprechend anzuwenden.

§ 278. Anmeldung des Formwechsels. (1) Auf die Anmeldung nach § 198 ist § 222 Abs. 1 und 3 entsprechend anzuwenden.

(2) Ist der formwechselnde Verein nicht in ein Handelsregister eingetragen, so hat sein Vorstand den bevorstehenden Formwechsel durch das in der Vereinssatzung für Veröffentlichungen bestimmte Blatt, in Ermangelung eines solchen durch dasjenige Blatt bekannt zu machen, das für Bekanntmachungen des Amtsgerichts bestimmt ist, in dessen Bezirk der formwechselnde Verein seinen Sitz hat. Die Bekanntmachung tritt an die Stelle der Eintragung der Umwandlung in das Register nach § 198 Abs. 2 Satz 3. § 50 Abs. 1 Satz 4 des Bürgerlichen Gesetzbuchs ist entsprechend anzuwenden.

§ 279. (aufgehoben)

§ 280. Wirkungen des Formwechsels. Durch den Formwechsel werden die bisherigen Mitgliedschaften zu Anteilen an der Gesellschaft neuer Rechtsform und zu Teilrechten. § 266 Abs. 1 Satz 2, Abs. 2 und 3 ist entsprechend anzuwenden.

§ 281. Benachrichtigung der Anteilsinhaber, Veräußerung von Aktien, Hauptversammlungsbeschlüsse. (1) Auf die Benachrichtigung der Anteilsinhaber durch die Gesellschaft, auf die Aufforderung von Aktionären zur Abholung der ihnen zustehenden Aktien und auf die Veräußerung nicht abgeholter Aktien sind die §§ 267 und 268 entsprechend anzuwenden.

(2) Auf Beschlüsse der Hauptversammlung der Gesellschaft neuer Rechtsform sowie auf eine Ermächtigung des Vertretungsorgans zur Erhöhung des Grundkapitals ist § 269 entsprechend anzuwenden.

§ 282. Abfindungsangebot. (1) Auf das Abfindungsangebot nach § 207 Abs. 1 Satz 1 ist § 270 Abs. 1 entsprechend anzuwenden.

(2) Absatz 1 und die §§ 207 bis 212 sind auf den Formwechsel eines eingetragenen Vereins, der nach § 5 Abs. 1 Nr. 9 des Körperschaftsteuergesetzes von der Körperschaftsteuer befreit ist, nicht anzuwenden.

Dritter Unterabschnitt. Formwechsel in eine eingetragene Genossenschaft

§ 283. Vorbereitung und Durchführung der Mitgliederversammlung. (1) Auf die Vorbereitung der Mitgliederversammlung, die den Formwechsel beschließen soll, sind die §§ 229 und 230 Abs. 2 Satz 1 und 2, § 231 Satz 1 und § 260 Abs. 1 entsprechend anzuwenden. § 192 Abs. 2 bleibt unberührt.

(2) Auf die Mitgliederversammlung, die den Formwechsel beschließen soll, ist § 239 Abs. 1 Satz 1 und Abs. 2 entsprechend anzuwenden.

§ 284. Beschluss der Mitgliederversammlung. Der Umwandlungsbeschluss der Mitgliederversammlung bedarf, wenn der Zweck des Rechtsträgers geändert werden soll (§ 33 Abs. 1 Satz 2 des Bürgerlichen Gesetzbuchs) oder wenn die Satzung der Genossenschaft eine Verpflichtung der Mitglieder der Genossenschaft zur Leistung von Nachschüssen vorsieht, der Zustimmung aller anwesenden Mitglieder; ihm müssen auch die nicht erschienenen Mitglieder zustimmen. Im Übrigen ist § 275 Abs. 2 entsprechend anzuwenden.

§ 285. Inhalt des Umwandlungsbeschlusses. (1) Auf den Umwandlungsbeschluss ist auch § 253 Abs. 1 und Abs. 2 Satz 1 entsprechend anzuwenden.

(2) Sollen bei der Genossenschaft nicht alle Mitglieder mit der gleichen Zahl von Geschäftsanteilen beteiligt werden, so darf die unterschiedlich hohe Beteiligung nur nach einem oder mehreren der in § 276 Abs. 2 Satz 1 bezeichneten Maßstäbe festgesetzt werden.

§ 286. Anmeldung des Formwechsels. Auf die Anmeldung nach § 198 sind die §§ 254 und 278 Abs. 2 entsprechend anzuwenden.

§ 287. (aufgehoben)

§ 288. Wirkungen des Formwechsels. (1) Jedes Mitglied, das die Rechtsstellung eines Mitglieds der Genossenschaft erlangt, ist bei der Genossenschaft nach Maßgabe des Umwandlungsbeschlusses beteiligt. Eine Verpflichtung zur Übernahme weiterer Geschäftsanteile bleibt unberührt. § 255 Abs. 1 Satz 3 ist entsprechend anzuwenden.

(2) Das Gericht darf eine Auflösung der Genossenschaft von Amts wegen nach § 80 des Genossenschaftsgesetzes nicht vor Ablauf eines Jahres seit dem Wirksamwerden des Formwechsels aussprechen.

§ 289. Geschäftsguthaben, Benachrichtigung der Mitglieder. (1) Jedem Mitglied einer Genossenschaft kann als Geschäftsguthaben auf Grund des Formwechsels höchstens der Nennbetrag der Geschäftsanteile gutgeschrieben werden, mit denen es bei der Genossenschaft beteiligt ist.

(2) § 256 Abs. 3 ist entsprechend anzuwenden.

§ 290. Abfindungsangebot. Auf das Abfindungsangebot nach § 207 Abs. 1 Satz 2 sind § 270 Abs. 1 sowie § 282 Abs. 2 entsprechend anzuwenden.

Fünfter Abschnitt. Formwechsel von Versicherungsvereinen auf Gegenseitigkeit

§ 291. Möglichkeit des Formwechsels. (1) Ein Versicherungsverein auf Gegenseitigkeit, der kein kleinerer Verein im Sinne des § 53 des Versicherungsaufsichtsgesetzes ist, kann auf Grund eines Umwandlungsbeschlusses nur die Rechtsform einer Aktiengesellschaft erlangen.

(2) Der Formwechsel ist nur möglich, wenn auf jedes Mitglied des Vereins, das an der Aktiengesellschaft beteiligt wird, mindestens eine volle Aktie entfällt.

§ 292. Vorbereitung und Durchführung der Versammlung der obersten Vertretung. (1) Auf die Vorbereitung der Versammlung der obersten Vertretung, die den Formwechsel beschließen soll, sind die §§ 229 und 230 Abs. 2 Satz 1 und 2, § 231 Satz 1 und § 260 Abs. 1 entsprechend anzuwenden.

(2) Auf die Durchführung der Versammlung der obersten Vertretung, die den Formwechsel beschließen soll, ist § 239 Abs. 1 Satz 1 und Abs. 2 entsprechend anzuwenden.

§ 293. Beschluss der obersten Vertretung. Der Umwandlungsbeschluss der obersten Vertretung bedarf einer Mehrheit von mindestens drei Vierteln der abgegebenen Stimmen. Er bedarf einer Mehrheit von neun Zehnteln der abgegebenen Stimmen, wenn spätestens bis zum Ablauf des dritten Tages vor der Versammlung der obersten Vertretung wenigstens hundert Mitglieder des Vereins durch eingeschriebenen Brief Widerspruch gegen den Formwechsel erhoben haben. Die Satzung kann größere Mehrheiten und weitere Erfordernisse bestimmen.

§ 294. Inhalt des Umwandlungsbeschlusses. (1) Auf den Umwandlungsbeschluss sind auch § 218 Abs. 1 und § 263 Abs. 3 Satz 2 und 3 entsprechend anzuwenden. In dem Umwandlungsbeschluss kann bestimmt werden, dass Mitglieder, die dem formwechselnden Verein weniger als drei Jahre vor der Beschlussfassung über den Formwechsel angehören, von der Beteiligung an der Aktiengesellschaft ausgeschlossen sind.

(2) Das Grundkapital der Aktiengesellschaft ist in der Höhe des Grundkapitals vergleichbarer Versicherungsunternehmen in der Rechtsform der Aktiengesellschaft festzusetzen. Würde die Aufsichtsbehörde einer neu zu gründenden Versicherungs-Aktiengesellschaft die Erlaubnis zum Geschäftsbetrieb nur bei Festsetzung eines höheren Grundkapitals erteilen, so ist das Grundkapital auf diesen Betrag festzusetzen, soweit dies nach den Vermögensverhältnissen des formwech-

selnden Vereins möglich ist. Ist eine solche Festsetzung nach den Vermögensverhältnissen des Vereins nicht möglich, so ist der Nennbetrag des Grundkapitals so zu bemessen, dass auf jedes Mitglied, das die Rechtsstellung eines Aktionärs erlangt, möglichst volle Aktien entfallen.

(3) Die Beteiligung der Mitglieder am Grundkapital der Aktiengesellschaft darf, wenn nicht alle Mitglieder einen gleich hohen Anteil erhalten sollen, nur nach einem oder mehreren der folgenden Maßstäbe festgesetzt werden:

1. die Höhe der Versicherungssumme;
2. die Höhe der Beiträge;
3. die Höhe der Deckungsrückstellung in der Lebensversicherung;
4. der in der Satzung bestimmte Maßstab für die Verteilung des Überschusses;
5. ein in der Satzung bestimmter Maßstab für die Verteilung des Vermögens;
6. die Dauer der Mitgliedschaft.

§ 295. Kapitalschutz. Bei der Anwendung der Gründungsvorschriften des Aktiengesetzes ist auch § 264 Abs. 1 und 3 entsprechend anzuwenden.

§ 296. Anmeldung des Formwechsels. Auf die Anmeldung nach § 198 ist § 246 Abs. 1 und 2 entsprechend anzuwenden.

§ 297. (aufgehoben)

§ 298. Wirkungen des Formwechsels. Durch den Formwechsel werden die bisherigen Mitgliedschaften zu Aktien und Teilrechten. § 266 Abs. 1 Satz 2, Abs. 2 und 3 ist entsprechend anzuwenden.

§ 299. Benachrichtigung der Aktionäre, Veräußerung von Aktien, Hauptversammlungsbeschlüsse. (1) Auf die Benachrichtigung der Aktionäre durch die Gesellschaft ist § 267, auf die Aufforderung zur Abholung der ihnen zustehenden Aktien und auf die Veräußerung nicht abgeholter Aktien ist § 268 entsprechend anzuwenden.

(2) Auf Beschlüsse der Hauptversammlung der Aktiengesellschaft sowie auf eine Ermächtigung des Vorstandes zur Erhöhung des Grundkapitals ist § 269 entsprechend anzuwenden. Die Aufsichtsbehörde kann Ausnahmen von der entsprechenden Anwendung des § 269 Satz 1 zulassen, wenn dies erforderlich ist, um zu verhindern, dass der Aktiengesellschaft erhebliche Nachteile entstehen.

§ 300. Abfindungsangebot. Auf das Abfindungsangebot nach § 207 Abs. 1 Satz 1 ist § 270 Abs. 1 entsprechend anzuwenden.

Sechster Abschnitt. Formwechsel von Körperschaften und Anstalten des öffentlichen Rechts

§ 301. Möglichkeit des Formwechsels. (1) Soweit gesetzlich nichts anderes bestimmt ist, kann eine Körperschaft oder Anstalt des öffentlichen Rechts durch Formwechsel nur die Rechtsform einer Kapitalgesellschaft erlangen.

(2) Der Formwechsel ist nur möglich, wenn die Körperschaft oder Anstalt rechtsfähig ist und das für sie maßgebende Bundes- oder Landesrecht einen Formwechsel vorsieht oder zulässt.

§ 302. Anzuwendende Vorschriften. Die Vorschriften des Ersten Teils sind auf den Formwechsel nur anzuwenden, soweit sich aus dem für die formwechselnde Körperschaft oder Anstalt maßgebenden Bundes- oder Landesrecht nichts anderes ergibt. Nach diesem Recht richtet es sich insbesondere, auf welche Weise der Gesellschaftsvertrag oder die Satzung der Gesellschaft neuer Rechtsform abgeschlossen oder festgestellt wird, wer an dieser Gesellschaft als Anteilsinhaber beteiligt wird und welche Person oder welche Personen den Gründern der Gesellschaft gleichstehen; die §§ 28 und 29 des Aktiengesetzes sind nicht anzuwenden.

§ 303. Kapitalschutz, Zustimmungserfordernisse. (1) Außer den für die neue Rechtsform maßgebenden Gründungsvorschriften ist auch § 220 entsprechend anzuwenden.

(2) Ein Formwechsel in eine Kommanditgesellschaft auf Aktien bedarf der Zustimmung aller Anteilsinhaber, die in dieser Gesellschaft die Stellung eines persönlich haftenden Gesellschafters haben sollen. Auf den Beitritt persönlich haftender Gesellschafter ist § 221 entsprechend anzuwenden.

§ 304. Wirksamwerden des Formwechsels. Der Formwechsel wird mit der Eintragung der Kapitalgesellschaft in das Handelsregister wirksam. Mängel des Formwechsels lassen die Wirkungen der Eintragung unberührt.

§§ 305–312. (aufgehoben)

Sechstes Buch. Strafvorschriften und Zwangsgelder

§ 313. Unrichtige Darstellung. (1) Mit Freiheitsstrafe bis zu drei Jahren oder mit Geldstrafe wird bestraft, wer als Mitglied eines Vertretungsorgans, als vertretungsberechtigter Gesellschafter oder Partner, als Mitglied eines Aufsichtsrats oder als Abwickler eines an einer Umwandlung beteiligten Rechtsträgers bei dieser Umwandlung

1. die Verhältnisse des Rechtsträgers einschließlich seiner Beziehungen zu verbundenen Unternehmen in einem in diesem Gesetz vorgesehenen Bericht (Verschmelzungsbericht, Spaltungsbericht, Übertragungsbericht, Umwandlungsbericht), in Darstellungen oder Übersichten über den Vermögensstand, in Vorträgen oder Auskünften in der Versammlung der Anteilsinhaber unrichtig wiedergibt oder verschleiert, wenn die Tat nicht in § 331 Nr. 1 oder Nr. 1a des Handelsgesetzbuchs mit Strafe bedroht ist, oder
2. in Aufklärungen und Nachweisen, die nach den Vorschriften dieses Gesetzes einem Verschmelzungs-, Spaltungs- oder Übertragungsprüfer zu geben sind, unrichtige Angaben macht oder die Verhältnisse des Rechtsträgers einschließlich seiner Beziehungen zu verbundenen Unternehmen unrichtig wiedergibt oder verschleiert.

(2) Ebenso wird bestraft, wer als Geschäftsführer einer Gesellschaft mit beschränkter Haftung, als Mitglied des Vorstands einer Aktiengesellschaft, als zur Vertretung ermächtigter persönlich haftender Gesellschafter einer Kommanditgesellschaft auf Aktien oder als Abwickler einer solchen Gesellschaft in einer Erklärung nach § 52 über die Zustimmung der Anteilsinhaber dieses Rechtsträgers oder in einer Erklärung nach § 140 oder § 146 Abs. 1 über die Deckung des Stammkapitals oder Grundkapitals der übertragenden Gesellschaft unrichtige Angaben macht oder seiner Erklärung zugrunde legt.

§ 314. Verletzung der Berichtspflicht. (1) Mit Freiheitsstrafe bis zu drei Jahren oder mit Geldstrafe wird bestraft, wer als Verschmelzungs-, Spaltungs- oder Übertragungsprüfer oder als Gehilfe eines solchen Prüfers über das Ergebnis einer aus Anlass einer Umwandlung erforderlichen Prüfung falsch berichtet oder erhebliche Umstände in dem Prüfungsbericht verschweigt.

(2) Handelt der Täter gegen Entgelt oder in der Absicht, sich oder einen anderen zu bereichern oder einen anderen zu schädigen, so ist die Strafe Freiheitsstrafe bis zu fünf Jahren oder Geldstrafe.

§ 314a. Falsche Angaben. Mit Freiheitsstrafe bis zu drei Jahren oder mit Geldstrafe wird bestraft, wer entgegen § 122k Abs. 1 Satz 3 eine Versicherung nicht richtig abgibt.

§ 315. Verletzung der Geheimhaltungspflicht. (1) Mit Freiheitsstrafe bis zu einem Jahr oder mit Geldstrafe wird bestraft, wer ein Geheimnis eines an einer Umwandlung beteiligten Rechtsträgers, namentlich ein Betriebs- oder Geschäftsgeheimnis, das ihm in seiner Eigenschaft als

1. Mitglied des Vertretungsorgans, vertretungsberechtigter Gesellschafter oder Partner, Mitglied eines Aufsichtsrats oder Abwickler dieses oder eines anderen an der Umwandlung beteiligten Rechtsträgers,
2. Verschmelzungs-, Spaltungs- oder Übertragungsprüfer oder Gehilfe eines solchen Prüfers

bekannt geworden ist, unbefugt offenbart, wenn die Tat im Falle der Nummer 1 nicht in § 85 des Gesetzes betreffend die Gesellschaften mit beschränkter Haftung, § 404 des Aktiengesetzes, § 151 des Genossenschaftsgesetzes oder § 138 des Versicherungsaufsichtsgesetzes, im Falle der Nummer 2 nicht in § 333 des Handelsgesetzbuchs mit Strafe bedroht ist.

(2) Handelt der Täter gegen Entgelt oder in der Absicht, sich oder einen anderen zu bereichern oder einen anderen zu schädigen, so ist die Strafe Freiheitsstrafe bis zu zwei Jahren oder Geldstrafe. Ebenso wird bestraft, wer ein Geheimnis der in Absatz 1 bezeichneten Art, namentlich ein Betriebs- oder Geschäftsgeheimnis, das ihm unter den Voraussetzungen des Absatzes 1 bekannt geworden ist, unbefugt verwertet.

(3) Die Tat wird nur auf Antrag eines der an der Umwandlung beteiligten Rechtsträger verfolgt. Hat ein Mitglied eines Vertretungsorgans, ein vertretungsberechtigter Gesellschafter oder Partner oder ein Abwickler die Tat begangen, so sind auch ein Aufsichtsrat oder ein nicht vertretungsberechtigter Gesellschafter oder Partner antragsberechtigt. Hat ein Mitglied eines Aufsichtsrats die Tat begangen,

sind auch die Mitglieder des Vorstands, die vertretungsberechtigten Gesellschafter oder Partner oder die Abwickler antragsberechtigt.

§ 316. Zwangsgelder. (1) Mitglieder eines Vertretungsorgans, vertretungsberechtigte Gesellschafter, vertretungsberechtigte Partner oder Abwickler, die § 13 Abs. 3 Satz 3 sowie § 125 Satz 1, § 176 Abs. 1, § 177 Abs. 1, § 178 Abs. 1, § 179 Abs. 1, § 180 Abs. 1, § 184 Abs. 1, § 186 Satz 1, § 188 Abs. 1 und § 189 Abs. 1, jeweils in Verbindung mit § 13 Abs. 3 Satz 3, sowie § 193 Abs. 3 Satz 2 nicht befolgen, sind hierzu von dem zuständigen Registergericht durch Festsetzung von Zwangsgeld anzuhalten; § 14 des Handelsgesetzbuchs bleibt unberührt. Das einzelne Zwangsgeld darf den Betrag von fünftausend Euro nicht übersteigen.

(2) Die Anmeldungen einer Umwandlung zu dem zuständigen Register nach § 16 Abs. 1, den §§ 38, 122k Abs. 1, § 122l Abs. 1, §§ 129 und 137 Abs. 1 und 2, § 176 Abs. 1, § 177 Abs. 1, § 178 Abs. 1, § 179 Abs. 1, § 180 Abs. 1, § 184 Abs. 1, §§ 186, 188 Abs. 1, § 189 Abs. 1, §§ 198, 222, 235, 246, 254, 265, 278 Abs. 1, §§ 286 und 296 werden durch Festsetzung von Zwangsgeld nicht erzwungen.

Siebentes Buch. Übergangs- und Schlussvorschriften

§ 317. Umwandlung alter juristischer Personen. Eine juristische Person im Sinne des Artikels 163 des Einführungsgesetzes zum Bürgerlichen Gesetzbuche kann nach den für wirtschaftliche Vereine geltenden Vorschriften dieses Gesetzes umgewandelt werden. Hat eine solche juristische Person keine Mitglieder, so kann sie nach den für Stiftungen geltenden Vorschriften dieses Gesetzes umgewandelt werden.

§ 318. Eingeleitete Umwandlungen, Umstellung auf den Euro. (1) Die Vorschriften dieses Gesetzes sind nicht auf solche Umwandlungen anzuwenden, zu deren Vorbereitung bereits vor dem 1. Januar 1995 ein Vertrag oder eine Erklärung beurkundet oder notariell beglaubigt oder eine Versammlung der Anteilsinhaber einberufen worden ist. Für diese Umwandlungen bleibt es bei der Anwendung der bis zu diesem Tage geltenden Vorschriften.

(2) Wird eine Umwandlung nach dem 31. Dezember 1998 in das Handelsregister eingetragen, so erfolgt eine Neufestsetzung der Nennbeträge von Anteilen einer Kapitalgesellschaft als übernehmendem Rechtsträger, deren Anteile noch der bis dahin gültigen Nennbetragsleistung entsprechen, nach den bis zu diesem Zeitpunkt geltenden Vorschriften. Wo dieses Gesetz für einen neuen Rechtsträger oder einen Rechtsträger neuer Rechtsform auf die jeweils geltenden Gründungsvorschriften verweist oder bei dem Formwechsel in eine Kapitalgesellschaft anderer Rechtsform die Vorschriften anderer Gesetze über die Änderung des Stammkapitals oder des Grundkapitals unberührt lässt, gilt dies jeweils auch für die entsprechenden Überleitungsvorschriften zur Einführung des Euro im Einführungsgesetz zum Aktiengesetz und im Gesetz betreffend die Gesellschaften mit beschränkter Haftung; ist ein neuer Rechtsträger oder ein Rechtsträger neuer Rechtsform bis zum 31. Dezember 1998 zur Eintragung in das Handelsregister angemeldet worden, bleibt es bei der Anwendung der bis zu diesem Tage geltenden Gründungsvorschriften.

§ 319. Enthaftung bei Altverbindlichkeiten. Die §§ 45, 133 Abs. 1, 3 bis 5, §§ 157, 167, 173, 224, 237, 249 und 257 sind auch auf vor dem 1. Januar 1995 entstandene Verbindlichkeiten anzuwenden, wenn

1. die Umwandlung danach in das Register eingetragen wird und
2. die Verbindlichkeiten nicht später als vier Jahre nach dem Zeitpunkt, an dem die Eintragung der Umwandlung in das Register als bekannt gemacht gilt, fällig werden oder nach Inkrafttreten des Gesetzes zur zeitlichen Begrenzung der Nachhaftung von Gesellschaftern vom 18. März 1994 (BGBl. I S. 560) begründet worden sind.

Auf später fällig werdende und vor Inkrafttreten des Gesetzes zur zeitlichen Begrenzung der Nachhaftung von Gesellschaftern vom 18. März 1994 (BGBl. I S. 560) entstandene Verbindlichkeiten sind die §§ 45, 49 Abs. 4, §§ 56, 56f. Abs. 2, § 57 Abs. 2 und § 58 Abs. 2 des Umwandlungsgesetzes in der durch Artikel 10 Abs. 8 des Gesetzes vom 19. Dezember 1985 (BGBl. I S. 2355) geänderten Fassung der Bekanntmachung vom 6. November 1969 (BGBl. I S. 2081) mit der Maßgabe anwendbar, dass die Verjährungsfrist ein Jahr beträgt. In den Fällen, in denen das bisher geltende Recht eine Umwandlungsmöglichkeit nicht vorsah, verjähren die in Satz 2 genannten Verbindlichkeiten entsprechend den dort genannten Vorschriften.

§ 320. Aufhebung des Umwandlungsgesetzes 1969. Das Umwandlungsgesetz in der Fassung der Bekanntmachung vom 6. November 1969 (BGBl. I S. 2081), zuletzt geändert durch Artikel 2 des Gesetzes vom 18. März 1994 (BGBl. I S. 560), wird aufgehoben.

§ 321. Übergangsvorschrift zum Gesetz zur Umsetzung der Aktionärsrechterichtlinie und zum Dritten Gesetz zur Änderung des Umwandlungsgesetzes. (1) Im Fall des § 15 Abs. 2 Satz 1 bleibt es für die Zeit vor dem 1. September 2009 bei dem bis dahin geltenden Zinssatz.

(2) § 16 Abs. 3 Satz 3 Nr. 2 in der Fassung des Gesetzes zur Umsetzung der Aktionärsrechterichtlinie vom 30. Juli 2009 (BGBl. I S. 2479) ist nicht auf Freigabeverfahren und Beschwerdeverfahren anzuwenden, die vor dem 1. September 2009 anhängig waren.

(3) § 62 Absatz 4 und 5, § 63 Absatz 2 Satz 5 bis 7, § 64 Absatz 1 sowie § 143 in der Fassung des Dritten Gesetzes zur Änderung des Umwandlungsgesetzes vom 11. Juli 2011 (BGBl. I S. 1338) sind erstmals auf Umwandlungen anzuwenden, bei denen der Verschmelzungs- oder Spaltungsvertrag nach dem 14. Juli 2011 geschlossen worden ist.

§ 322. Gemeinsamer Betrieb. Führen an einer Spaltung oder an einer Teilübertragung nach dem Dritten oder Vierten Buch beteiligte Rechtsträger nach dem Wirksamwerden der Spaltung oder der Teilübertragung einen Betrieb gemeinsam, gilt dieser als Betrieb im Sinne des Kündigungsschutzrechts.

§ 323. Kündigungsrechtliche Stellung. (1) Die kündigungsrechtliche Stellung eines Arbeitnehmers, der vor dem Wirksamwerden einer Spaltung oder Teilübertragung nach dem Dritten oder Vierten Buch zu dem übertragenden Rechtsträger in einem Arbeitsverhältnis steht, verschlechtert sich auf Grund der Spaltung oder

Teilübertragung für die Dauer von zwei Jahren ab dem Zeitpunkt ihres Wirksamwerdens nicht.

(2) Kommt bei einer Verschmelzung, Spaltung oder Vermögensübertragung ein Interessenausgleich zustande, in dem diejenigen Arbeitnehmer namentlich bezeichnet werden, die nach der Umwandlung einem bestimmten Betrieb oder Betriebsteil zugeordnet werden, so kann die Zuordnung der Arbeitnehmer durch das Arbeitsgericht nur auf grobe Fehlerhaftigkeit überprüft werden.

§ 324. Rechte und Pflichten bei Betriebsübergang. § 613a Abs. 1, 4 bis 6 des Bürgerlichen Gesetzbuchs bleibt durch die Wirkungen der Eintragung einer Verschmelzung, Spaltung oder Vermögensübertragung unberührt.

§ 325. Mitbestimmungsbeibehaltung. (1) Entfallen durch Abspaltung oder Ausgliederung im Sinne des § 123 Abs. 2 und 3 bei einem übertragenden Rechtsträger die gesetzlichen Voraussetzungen für die Beteiligung der Arbeitnehmer im Aufsichtsrat, so finden die vor der Spaltung geltenden Vorschriften noch für einen Zeitraum von fünf Jahren nach dem Wirksamwerden der Abspaltung oder Ausgliederung Anwendung. Dies gilt nicht, wenn die betreffenden Vorschriften eine Mindestzahl von Arbeitnehmern voraussetzen und die danach berechnete Zahl der Arbeitnehmer des übertragenden Rechtsträgers auf weniger als in der Regel ein Viertel dieser Mindestzahl sinkt.

(2) Hat die Spaltung oder Teilübertragung eines Rechtsträgers die Spaltung eines Betriebes zur Folge und entfallen für die aus der Spaltung hervorgegangenen Betriebe Rechte oder Beteiligungsrechte des Betriebsrats, so kann durch Betriebsvereinbarung oder Tarifvertrag die Fortgeltung dieser Rechte und Beteiligungsrechte vereinbart werden. Die §§ 9 und 27 des Betriebsverfassungsgesetzes bleiben unberührt.

Einleitung I

Umwandlungsrecht

I. Unternehmerische Gründe für eine Umwandlung

Unternehmen sind die Zusammenfassung von Sachen (Gegenständen) und Personen, von Kapital, menschlicher Arbeitskraft und Know-how zur Erzielung wirt- 1 schaftlicher Werte[1]. Die Aussage gilt unabhängig davon, welches „Rechtskleid", welche rechtliche Organisation für den Träger dieser Veranstaltung von dem/den Eigentümer(n) dafür gewählt wurde, ob die des Einzelkaufmanns oder einer Gesellschaft. Die Veranstalter – Eigentümer – können unter diesen verschiedenen Organisationsformen weitgehend frei bestimmen; es gilt der Grundsatz der **Wahlfreiheit** unter den vom Gesetz angebotenen Organisationsformen – vom Einzelkaufmann über OHG und KG, GmbH und AG bis zur Genossenschaft, ggf. sogar dem wirtschaftlichen Verein[2]. Diese Wahlfreiheit gilt aber nicht nur beim ersten Mal, bei der Gründung des Unternehmens, sondern fortlaufend. Solchen **späteren Veränderungen** der rechtlichen Organisation des Unternehmens dient das UmwG[3].

2 Die **Gründe** für eine solche Änderung der Organisationsform sind äußerst vielfältig[4]: In der „normalen" Entwicklung beginnt ein Unternehmen oftmals als Einzelkaufmann (z.B. Krupp), nimmt später Partner oder Kinder als Gesellschafter in einer OHG oder KG auf, erstrebt dann die Freistellung von persönlicher Haftung durch Umorganisation in eine GmbH & Co. KG[5] bzw. die Umwandlung in eine GmbH, um schließlich zur AG zu werden, sei es zur Sicherstellung des sprunghaft wachsenden Kapitalbedarfs, sei es zur Gewinnung unabhängigen Managements, weil in der Familie keine oder nicht genügend Nachfolger für die Unternehmensleitung vorhanden sind[6].

Aber es gibt auch den umgekehrten Weg, dass ein zur AG gewordenes Unternehmen Tochtergesellschaft eines Konzerns und dann zur GmbH (rück-)umgewandelt wird; oder das große Unternehmen kommt in die Hände einer Familie und wird wieder Personengesellschaft:

All das wird vom UmwG berücksichtigt und ist nach seinen Regeln möglich.

3 Diese Änderung in der Organisationsform ist das eine. Zum anderen geht es um die **materielle Umstrukturierung** von Unternehmen. So ist die vollständige Vereinigung von Unternehmen durch die Verschmelzung ihrer Rechtsträger technisch am leichtesten möglich: Aus zwei oder mehr Unternehmensträgern wird einer, aus zwei oder mehr Unternehmen auf diese Weise eines (Beispiel: Fried. Krupp AG und Hoesch AG zu Fried. Krupp AG Hoesch-Krupp und diese dann wieder mit der Thyssen AG zur ThyssenKrupp AG). Auch hier sind die unternehmerischen Gründe für eine solche Maßnahme vielfältig[7]. Sie reichen vom Streben

---

1 Zum handelsrechtlichen Begriff des Unternehmens vgl. *K. Schmidt*, Handelsrecht, 5. Aufl. 1999, § 4.

2 Ebenso *Dauner-Lieb* in KölnKomm. UmwG, Einl. A Rz. 11. Die Wahlfreiheit gehört zu der durch Art. 9 Abs. 1 GG abgesicherten Vereinigungsfreiheit, vgl. *Scholz* in Maunz/Dürig, Loseblatt, Art. 9 GG Rz. 78 ff.

3 So die BegrRegE, abgedruckt bei *Schaumburg/Rödder*, Einf. UmwG Rz. 23 ff.

4 *Rose* in FS Meilicke, 1985, S. 111 ff.; vgl. auch *Rose/Glorius-Rose*, S. 155 ff.; *Semler/Stengel* in Semler/Stengel, Einl. A Rz. 4.

5 Eine direkte Umwandlung von Kapital- in Personengesellschaften war nach früherem Recht wegen § 1 Abs. 2 Satz 1 UmwG 1969 nicht möglich. S. dazu §§ 228 ff. UmwG. Zu den steuerrechtlichen Fragen vgl. auch *Eilers/Müller-Eising*, WiB 1995, 449.

6 Das entspricht den Zielsetzungen des Gesetzes über die „kleine AG" v. 26.7.1994, BGBl. I, S. 1961 f.; vgl. *Seibert/Kiem/Schüppen*, Handbuch der kleinen AG, 5. Aufl. 2008, Rz. 1.9 ff. und BT-Drucks. 12/6721, 7 ff. (= ZIP 1994, 249); *Lutter*, AG 1994, 429; *Albach/Lutter u.a.*, Deregulierung des Aktienrechts: Das Drei-Stufen-Modell, 1988.

7 Dazu unten bei § 2 Rz. 11 ff.; vgl. ferner *Heckschen*, Verschmelzung von Kapitalgesellschaften, 1989, S. 8 f.; *Semler/Stengel* in Semler/Stengel, Einl. A Rz. 4.

nach einer optimalen Unternehmensgröße über die Vervollständigung der Produktpaletten bis zu steuerlichen Gründen (ggf. unter Ausnutzung von Verlustvorträgen des einen durch das gewinnträchtige andere Unternehmen).

Aber auch der umgekehrte Weg einer Umstrukturierung durch Teilung[1] von Unternehmen ist unternehmenspolitisch vielfach indiziert: sei es zur Reduzierung der schlichten Größe (AT&T in den USA) mit dem Ziel besserer Führung, sei es zur Schaffung klarer Verantwortlichkeiten[2], sei es zur Änderung der gesamten Organisationsstruktur (Holding)[3], sei es zum Gang an die Börse[4] überhaupt (adidas) oder mit einzelnen Teilen des Unternehmens (Kaufhof und Kaufhalle). Waren gerade diese Formen der Umstrukturierung in der Vergangenheit kompliziert und teuer, so hat hier das Gesetz mit den Formen der Spaltung[5] und Ausgliederung große technische Erleichterung gebracht. 4

II. Historische Entwicklung

Die verschiedenen Formen der rechtlichen Umstrukturierung und Umorganisation durch Teilung oder Zusammenfassung oder durch Änderung der Rechtsform haben zum Teil eine lange und unsystematische Geschichte[6]. So war zwar die Fusion schon um die Mitte des 19. Jahrhunderts bekannt und wurde in einigen Fällen ohne gesetzliche Grundlage praktiziert[7]; eine gesetzliche Grundlage erfuhr die Fusion von Aktiengesellschaften erst in der Aktienrechtsreform von 1861 (Art. 247 ADHGB)[8]. Mit der Aktienrechtsnovelle 1884 erfolgten Erweiterungen (Zulässigkeit des Formwechsels einer KGaA in eine AG) und Erleichterungen (Abkehr vom Einstimmigkeitsprinzip zur qualifizierten Mehrheit)[9]. Diese wurden mit dem HGB 1897 weiter ausgebaut (§§ 303 ff. HGB 1897)[10]. Bereits zuvor war mit dem GmbHG von 1892 der Formwechsel der AG in eine GmbH ermöglicht 5

1 Zur Spaltung der Hoechst-AG ausf. *Oetter*, Strukturveränderung im Konzern durch Spaltung, 2003 (Diss. Jena); vgl. weiter zur Ausgliederung *E.T. Kraft* in Lutter, Holding-Hdb., § 3 Rz. 105 ff. m.w.N. sowie unten § 152 Rz. 7 ff.

2 Zur Spartenorganisation vgl. *Lutter* in Lutter, Holding-Hdb., § 1 Rz. 4 m.w.N.

3 Zur Holding vgl. die Beiträge in *Lutter*, Holding-Hdb.; zu einzelnen Konzerntypen s. *Scheffler*, Konzernmanagement, 2005, S. 56 ff.

4 *Schanz*, Börseneinführung, 3. Aufl. 2007; *Habersack/Mülbert/Schlitt* (Hrsg.), Unternehmensfinanzierung am Kapitalmarkt, 3. Aufl. 2013; *Marsch-Barner/Schäfer* (Hrsg.), Handbuch börsennotierte AG, 3. Aufl. 2014, S. 237 ff.; *Deilmann/Lorenz* (Hrsg.), Die börsennotierte Aktiengesellschaft, 2005, S. 69 ff.; *Lutter/Drygala* in FS Raisch, 1995, S. 239.

5 Zu den Motiven für Spaltungen vgl. BegrRegE, abgedruckt bei *Schaumburg/Rödder*, Einf. UmwG Rz. 29 ff., insbes. Rz. 36.

6 Hierzu auch ausf. *Veil* in Bayer/Habersack (Hrsg.), Aktienrecht im Wandel, Bd. II, 2007, Kap. 24; vgl. weiter *J.W. Flume* in KölnKomm. UmwG, Einl. B.

7 Dazu näher *Veil* in Bayer/Habersack (Hrsg.), Aktienrecht im Wandel, Bd. II, 2007, Kap. 24 Rz. 6 ff. m.w.N.

8 Eingehend *Hügel*, Verschmelzung und Einbringung, 1993, S. 33 ff.; *Veil* in Bayer/Habersack (Hrsg.), Aktienrecht im Wandel, Bd. II, 2007, Kap. 24 Rz. 8 ff.; *J.W. Flume* in KölnKomm. UmwG, Einl. B Rz. 9 ff.; s. auch: *Semler/Stengel* in Semler/Stengel, Einl. A Rz. 7 ff.

9 Näher *Veil* in Bayer/Habersack (Hrsg.), Aktienrecht im Wandel, Bd. II, 2007, Kap. 24 Rz. 14.

10 Einzelheiten bei *Veil* in Bayer/Habersack (Hrsg.), Aktienrecht im Wandel, Bd. II, 2007, Kap. 24 Rz. 21 ff.; vgl. weiter *J.W. Flume* in KölnKomm. UmwG, Einl. B Rz. 16 ff.

worden (§§ 80, 81 GmbHG a.F.)[1]. Durch die Novellen zum GenG von 1922 und 1929 wurde die Verschmelzung von eG bzw. von genossenschaftlichen Prüfverbänden (GPV) kodifiziert, wobei der Gesetzgeber erstmalig den Begriff „Verschmelzung" benutzte[2]. Aber erst das AktG 1937 schuf ein echtes, den modernen Anforderungen angepasstes und detailreicheres Verschmelzungsrecht[3]. Das kurz zuvor im Jahre 1934 geschaffene UmwG, das insbesondere den Formwechsel der von der NS-Ideologie angefeindeten Rechtsform der AG[4] in eine Personengesellschaft ermöglichen sollte[5], galt weiter mit Ausnahme der neuen Verschmelzungsvorschriften des AktG 1937[6]. Mit dem UmwG 1956 wurde das UmwG 1934 abgelöst, allerdings ohne nennenswerte inhaltliche Veränderungen[7]. Auch das AktG 1965 beschränkte sich auf kleine Veränderungen, da sich die Regelungen des AktG 1937 „im großen und ganzen bewährt"[8] hätten[9]. Mit dem UmwG 1969 wurde erstmals die Umwandlung von Personenhandelsgesellschaften in Kapitalgesellschaften zugelassen[10]. Sehr spät, nämlich erst mit der GmbH-Novelle von 1980, wurde die Möglichkeit der reinen GmbH-Verschmelzung sowie der Verschmelzung einer AG auf eine GmbH ermöglicht (als §§ 19ff. KapErhG)[11]. Ein starker Ausbau der Aktionärsrechte erfolgte mit der Umsetzung der 3. (Verschmelzungs-)Richtlinie[12] durch das VerschmRiLiG v. 25.10.1983[13]. Die Spaltung wurde im Zuge der deutschen Wiedervereinigung erstmals mit dem SpTrUG vom 5.4.1991 „getestet"[14], beruhte aber bereits auf den Entwürfen für das spätere UmwG 1994[15] (dazu auch unten Rz. 10).

---

1 Näher *Veil* in Bayer/Habersack (Hrsg.), Aktienrecht im Wandel, Bd. II, 2007, Kap. 24 Rz. 17ff.

2 Einzelheiten bei *J.W. Flume* in KölnKomm. UmwG, Einl. B Rz. 41ff.

3 Näher *Veil* in Bayer/Habersack (Hrsg.), Aktienrecht im Wandel, Bd. II, 2007, Kap. 24 Rz. 34ff.; ferner *J.W. Flume* in KölnKomm. UmwG, Einl. B Rz. 44ff.

4 Dazu näher *Bayer/Engelke* in Bayer/Habersack, Aktienrecht im Wandel, Bd. I, 2007, Kap. 15 Rz. 3ff.

5 S. *Veil* in Bayer/Habersack (Hrsg.), Aktienrecht im Wandel, Bd. II, 2007, Kap. 24 Rz. 29ff.

6 Näher *Veil* in Bayer/Habersack (Hrsg.), Aktienrecht im Wandel, Bd. II, 2007, Kap. 24 Rz. 34.

7 Einzelheiten bei *Veil* in Bayer/Habersack (Hrsg.), Aktienrecht im Wandel, Bd. II, 2007, Kap. 24 Rz. 42ff.

8 So BegrRegE bei *Kropff*, S. 455.

9 Dazu näher *Veil* in Bayer/Habersack (Hrsg.), Aktienrecht im Wandel, Bd. II, 2007, Kap. 24 Rz. 48ff.

10 *Veil* in Bayer/Habersack (Hrsg.), Aktienrecht im Wandel, Bd. II, 2007, Kap. 24 Rz. 54.

11 Dazu *Lutter/Hommelhoff*13, Anh. Verschmelzung, § 19 KapErhG Rz. 1; vgl. weiter *Veil* in Bayer/Habersack (Hrsg.), Aktienrecht im Wandel, Bd. II, 2007, Kap. 24 Rz. 55f.

12 Ursprünglich: Richtlinie 78/855/EWG; seit 1.7.2011: Richtlinie 2011/35/EU des Europäischen Parlaments und des Rates v. 5.4.2011 über die Verschmelzung von Aktiengesellschaften, ABl. EU Nr. L 110/1 v. 29.4.2011, s. Anh. III, S. 3451ff. Ausf. Erläuterungen bei *Lutter/Bayer/J. Schmidt*, EuropUR, § 21 m.z.w.N.

13 Gesetz zur Durchführung der Dritten Richtlinie des Rates der Europäischen Gemeinschaften zur Koordinierung des Gesellschaftsrechts (Verschmelzungsrichtlinie-Gesetz) v. 25.10.1982, BGBl. I, S. 1425. Einzelheiten bei *J.W. Flume* in KölnKomm. UmwG, Einl. B Rz. 50; *Veil* in Bayer/Habersack (Hrsg.), Aktienrecht im Wandel, Bd. II, 2007, Kap. 24 Rz. 57ff.

14 Dazu *Veil* in Bayer/Habersack (Hrsg.), Aktienrecht im Wandel, Bd. II, 2007, Kap. 24 Rz. 61f.

15 So *Veil* in Bayer/Habersack (Hrsg.), Aktienrecht im Wandel, Bd. II, 2007, Kap. 24 Rz. 62 m.w.N.

Nach wie vor bestimmend für das ganze Recht – inkl. des Steuerrechts – der Umwandlung war nach wie vor die Unterscheidung von **formwechselnder Umwandlung** und **übertragender Umwandlung**. Im Hinblick auf die strukturellen Unterschiede zwischen Personen(handels)gesellschaften (nach traditionellem Verständnis: Gesamthandsgemeinschaften) und Kapitalgesellschaften (juristische Personen) war ein reiner und einfacher Formwechsel nur innerhalb der jeweiligen „Kategorie" möglich, während beim Wechsel in eine Rechtsform der anderen Kategorie eine Übertragung der Aktiva und Passiva in die neue Eigentümerzuständigkeit stattfinden musste. 6

Das Recht der Verschmelzung war somit in der Sache einheitlich, in der Form auf viele Gesetze (AktG, GenG, KapErhG) verstreut, während das förmliche Umwandlungsrecht nicht nur auf verschiedene Gesetze verstreut war (UmwG, AktG), sondern auch an dem Dualismus von (rein) formwechselnder und übertragender Umwandlung litt. Die Spaltung aber war dem geschriebenen Recht bis 1991 unbekannt. Im Übrigen hatte diese lange und oft zögerliche Entwicklung Schritt für Schritt und die auf viele Gesetze verstreute Regelung zu einer Vielzahl von **Lücken und Widersprüchen** geführt. Und außerdem war die Verschmelzung von Personenhandelsgesellschaften unmöglich, Genossenschaften konnten nur untereinander verschmelzen. Die Umwandlung von Vereinen war nicht möglich. 7

III. Der Weg zum UmwG 1994

Literatur

Bartodziej, Neukodifikation des Umwandlungsrechts: Das Umwandlungsbereinigungsgesetz, BuW 1994, 788; *Ganske*, Umwandlung von Unternehmen, DB 1992, 125; *Ganske*, Der Weg vom Diskussionsentwurf zum Referentenentwurf eines Gesetzes zur Bereinigung des Umwandlungsrechts, in IDW (Hrsg.), Reform des Umwandlungsrechts, 1993, S. 15; *Neye*, Der Regierungsentwurf zur Reform des Umwandlungsrechts, ZIP 1994, 165; *Neye*, Das neue Umwandlungsrecht vor der Verabschiedung im Bundestag, ZIP 1994, 917; *Neye*, Die Reform des Umwandlungsrechts, DB 1994, 2069; *Niederleithinger*, Auf dem Wege zu einem neuen deutschen Umwandlungsrecht, DStR 1991, 879; *Hans-Detlef Schwarz*, Das neue Umwandlungsrecht, DStR 1994, 1694.

1. Die Vorarbeiten

Schon bei den Beratungen über die GmbH-Novelle 1980 sprach sich der Rechtsausschuss des Deutschen Bundestages für eine umfassende gesetzliche Regelung von Umwandlung und Verschmelzung von Gesellschaften, gleich welcher Rechtsform, aus[1]. Der Deutsche Bundestag nahm die Beschlussempfehlung einstimmig an[2]. Vor diesem Hintergrund war ursprünglich beabsichtigt, die erforderlichen Anpassungen an die 1978 erlassene 3. (Verschmelzungs-)Richtlinie[3] zum 8

1 Beschlussempfehlung und Bericht des Rechtsausschusses zum Entwurf eines Gesetzes zur Änderung des Gesetzes betreffend die Gesellschaften mit beschränkter Haftung und anderer handelsrechtlicher Vorschriften, BT-Drucks. 8/3908, 67 und 77 zu Art. 1 Nr. 27.

2 Vgl. Deutscher Bundestag, Plenarprotokoll 8/216 v. 13.5.1980, S. 17363 ff., 17370.

3 Ursprünglich: Richtlinie 78/855/EWG; seit 1.7.2011: Richtlinie 2011/35/EU des Europäischen Parlaments und des Rates v. 5.4.2011 über die Verschmelzung von Aktiengesellschaften, ABl. EU Nr. L 110/1 v. 29.4.2011, s. Anh. III, S. 3451 ff. Ausf. Erläuterungen bei *Lutter/Bayer/J. Schmidt*, EuropUR, § 21 m.z.w.N.

Anlass für die geplante Neuordnung zu nehmen. Doch dafür reichte die in der Richtlinie gewährte Frist nicht aus. So entschloss sich der Deutsche Bundestag zur Umsetzung der 3. Richtlinie in einem Artikel-Gesetz, dem VerschmRiLiG v. 25.10.1983[1], das sich – der Richtlinie entsprechend – nahezu ausschließlich auf die Aktiengesellschaft und mithin das AktG bezog.

2. Der Diskussions-Entwurf

9 Nachdem im Dezember 1982 die 6. (Spaltungs-)Richtlinie[2] verabschiedet worden war, begannen im BMJ die eigentlichen Vorarbeiten für eine Gesamtkodifikation der Umwandlung unter Einbeziehung möglichst vieler Rechtsformen und der dem deutschen Recht bis dahin unbekannten förmlichen Spaltung. Zuständiger Referatsleiter war Ministerialrat Dr. *Ganske*. Diese Vorarbeiten mündeten im „Diskussionsentwurf für ein Gesetz zur Bereinigung des Umwandlungsrechts" vom 3.8.1988 (DiskE)[3]. Der Entwurf war Gegenstand eingehender Erörterungen auf einem Symposion der ZGR am 19./20.1.1990[4]. Außerdem wurden im BMJ am 25.7.1990 die interessierten Rechtskreise angehört.

Praxis und Wissenschaft nahmen den DiskE mit Interesse und überwiegend wohlwollend auf[5]. Der DiskE legte bereits die heute Gesetz gewordene Grundstruktur fest: Gesamtkodifikation für Verschmelzung, Spaltung und Formwechsel und Einbeziehung vieler bislang ganz oder teilweise von solchen Maßnahmen der Umstrukturierung ausgeschlossener Rechtsformen.

3. Die Herstellung der deutschen Einheit: eine erste Bewährungsprobe

10 Die Herstellung der deutschen Einheit verzögerte die Einleitung des eigentlichen Gesetzgebungsverfahrens. Allerdings konnte bereits auf den DiskE zurückgegriffen werden, als die Umstrukturierung der DDR-Wirtschaft den Erlass des Treuhandgesetzes[6] und wenig später des sog. „kleinen Spaltungsgesetzes"[7] (SpTrUG)

1 Gesetz zur Durchführung der Dritten Richtlinie des Rates der Europäischen Gemeinschaften zur Koordinierung des Gesellschaftsrechts (Verschmelzungsrichtlinie-Gesetz) v. 25.10.1982, BGBl. I, S. 1425.

2 Sechste Richtlinie 82/891/EWG des Rates v. 17.12.1982 gemäß Artikel 54 Absatz 3 Buchstabe g) des Vertrages betreffend die Spaltung von Aktiengesellschaften, ABl. EG Nr. L 378/47 v. 31.12.1982, unten Anh. IV, S. 3467 ff. Ausf. Erläuterungen bei *Lutter/Bayer/J. Schmidt*, EuropUR, § 22 m.z.w.N.

3 Veröffentlicht als Beilage Nr. 214a zum Bundesanzeiger v. 15.11.1988. Eine zusammenfassende Darstellung gibt *Eder*, GmbHR 1989, R 17 ff.

4 7. Symposion der Zeitschrift für Unternehmens- und Gesellschaftsrecht in Glashütten-Oberems (Taunus). Referate und Koreferate sind abgedruckt in ZGR 1990, 391–611.

5 Vgl. die Beiträge von *Lutter, Priester, Hommelhoff, Hoffmann-Becking, Wiesen, Krieger, Hanau, Widmann* und *Karsten Schmidt* in ZGR 1990, 392 ff.; ferner *Gäbelein*, BB 1989, 1420; *Ganske*, DB 1992, 125; *Hahn*, GmbHR 1991, 242; *Heckschen*, GmbHR 1991, 80; *Heckschen*, ZIP 1989, 1168; *Herzig/Ott*, DB 1989, 2033; *Hirte*, AG 1990, 373; Stellungnahme des IDW, WPg 1989, 340; *Kallmeyer*, DB 1989, 2009; *Karsten Schmidt* in FS Heinsius, 1991, S. 715; *Winfried Werner* in FS Quack, 1991, S. 519; w.N. bei *Zöllner*, ZGR 1993, 334.

6 Gesetz zur Privatisierung und Reorganisation des volkseigenen Vermögens v. 17.6.1990, Gbl. DDR I 1990, Nr. 33, 300; fortgeltend nach Art. 25 EV, BGBl. II 1990, S. 885 (897).

7 Gesetz über die Spaltung der von der Treuhand verwalteten Unternehmen – SpTrUG v. 5.4.1991, BGBl. I, S. 854. Dazu *Engels*, DB 1991, 966; *Ganske*, DB 1991, 791; *Ising/Thiell*, DB 1991, 2021 und 2082; *Marsch-Barner*, DZWiR 1991, 89; *Mayer*, DB 1991, 1609; *Nie-*

erforderlich machte: Die gem. §§ 11 ff. des Treuhandgesetzes verfügte Umwandlung der früheren Kombinate und volkseigenen Betriebe der sozialistischen Planwirtschaft in Kapitalgesellschaften ebnete zwar den Übergang zur Marktwirtschaft, aber erst durch Spaltung zu großer Unternehmen auf der Rechtsgrundlage des „kleinen Spaltungsgesetzes" konnte deren Wettbewerbsfähigkeit gesichert werden. Dieses Erfordernis war so dringend, dass man schon vor dem SpTrUG gespalten hat, was den Gesetzgeber veranlasste, in § 12 Abs. 1 SpTrUG eine Heilung „unwirksamer" Einzelübertragungen anzuordnen. Eine bemerkenswerte Sonderregelung traf außerdem das Landwirtschaftsanpassungsgesetz[1], das den Formwechsel, die Fusion und die Teilung ehemaliger landwirtschaftlicher Produktionsgenossenschaften ermöglichte. Somit hatte der deutsche Gesetzgeber erstmals die Spaltung im Wege der Sonderrechtsnachfolge zugelassen.

4. Der Referentenentwurf

Auf den Diskussionsentwurf folgte der „Referentenentwurf für ein Gesetz zur Bereinigung des Umwandlungsrechts" (RefE), der am 14.4.1992 der Öffentlichkeit vorgestellt wurde[2]. Er berücksichtigte zahlreiche von Wissenschaft und Praxis vorgebrachte Verbesserungsvorschläge zum DiskE[3]. Der RefE wurde ebenfalls ausführlich diskutiert[4], insbesondere auf einem vom Institut der Wirtschaftsprüfer (IDW) veranstalteten Umwandlungssymposion am 8./9.10.1992[5] und durch den Arbeitskreis Umwandlungsrecht[6]. Wiederum erfolgte eine Anhörung im Bundesministerium der Justiz. 11

derleithinger, ZIP 1991, 205; *Priester*, DB 1991, 2373; *Purwins*, VIZ 1991, 41; *Weimar*, ZIP 1991, 769; vgl. auch *Bayer*, Privatisierung und Restrukturierung volkseigener und genossenschaftlicher Unternehmen durch Umwandlung, in Hommelhoff u.a. (Hrsg.), Gesellschafts- und Umwandlungsrecht in der Bewährung, ZGR-Sonderheft 14 (1998), S. 22 ff.

1 Gesetz über die strukturelle Anpassung der Landwirtschaft an die soziale und ökologische Marktwirtschaft in der Deutschen Demokratischen Republik v. 29.6.1990, GBl. DDR I 1990, Nr. 42, 642; fortgeltend nach Anlage II Kap. VI Sachgeb. A Abschnitt II Nr. 1 EV, BGBl. II 1990, S. 885 (1204). Vorgesehen war der Formwechsel in eine eingetragene Genossenschaft. Die Neufassung des Landwirtschaftsanpassungsgesetzes v. 3.7. 1991 (BGBl. I, S. 1418) eröffnete darüber hinaus den Formwechsel in BGB-Gesellschaft, OHG, KG, GmbH und Aktiengesellschaft.

2 Text mit Begründung herausgegeben und mit einer Einführung versehen von *Joachim Ganske* als Beilage zum Bundesanzeiger Nr. 112a v. 20.6.1992.

3 Dargestellt von *Ganske* in IDW (Hrsg.), Reform des Umwandlungsrechts, 1993, S. 15 (17 ff.).

4 *Ganske*, WM 1993, 1117; Stellungnahme des *Handelsrechtsausschusses des DAV*, WM-Sonderbeilage Nr. 2/93, 1993; *Hennrichs*, AG 1993, 508; *Heiss*, DZWiR 1993, 12; *Hirte*, DB 1993, 77; Stellungnahme des IDW, WPg 1992, 613; *Kallmeyer*, GmbHR 1993, 461; *Kiem*, AG 1992, 430; *Kleindiek*, ZGR 1992, 513; *Mertens*, Umwandlung und Universalsukzession, 1993; *Niederleithinger*, DStR 1991, 880; *Rümker* in WM-Festgabe Hellner, 1994, S. 73; *Werner*, WM 1993, 1178.

5 Dokumentiert in IDW (Hrsg.), Reform des Umwandlungsrechts, 1993, mit Beiträgen von *Ganske, Karsten Schmidt, Willemsen, Küller, Treptow, Hense, Priester, Krebs* und *Raupach*.

6 Vorschläge zum Referentenentwurf eines Umwandlungsgesetzes, veröffentlicht in ZGR 1993, 321 ff.; im Anschluss abgedruckt sind Einzelbeiträge von *Zöllner, Bork, Karsten Schmidt, Teichmann, Schulze-Osterloh* und *Hommelhoff*.

12 Zu diesem Zeitpunkt zeichnete sich bereits ab, dass vor allem die angemessene **Berücksichtigung der Arbeitnehmerinteressen** bei einer Umwandlung Anlass zu politischen Auseinandersetzungen geben würde. Den Erfahrungen in den Verhandlungen zum „kleinen Spaltungsgesetz" folgend, sollte eine Diskussion möglichst frühzeitig angeregt werden. Daher war der RefE den beteiligten Kreisen zusammen mit einem Schreiben des BMA übermittelt worden, welches zusätzliche arbeitsrechtliche Regelungen forderte[1].

5. Der Regierungsentwurf

13 Auseinandersetzungen vor allem über die Frage der Auswirkungen einer Umwandlung auf die Unternehmensmitbestimmung wurden zunächst in der Bundesregierung und der sie tragenden Koalition von CDU/CSU und FDP geführt. Der bereits im Frühjahr 1993 im BMJ zur Verabschiedung vorbereitete Regierungsentwurf (RegE) konnte daher erst am 26.1.1994 vom Kabinett beschlossen werden[2].

14 Er ergänzte die **arbeitsrechtlichen Regelungen** des RefE weitgehend entsprechend den Vorschlägen des BMA: So schafft § 134 Abs. 1 RegE für bestimmte Arbeitnehmeransprüche eine auf fünf Jahre befristete Haftungsgemeinschaft von Anlagegesellschaft und Betriebsgesellschaft für den Fall, dass diese aus einer Aufspaltung entstehen und im Wesentlichen noch den gleichen Gesellschaftern gehören.

§ 322 Abs. 1 RegE stellt für die Spaltung eines bisher einheitlichen Betriebes im Sinne des BetrVG eine Fortsetzungsvermutung auf, § 322 Abs. 2 RegE stellt deren Geltung für das Kündigungsschutzrecht klar.

Außerdem sichert § 323 RegE den Arbeitnehmern für die Dauer von zwei Jahren die kündigungsrechtliche Stellung, die sie zur Zeit der Spaltung innehatten.

Über die Ergänzungsvorschläge des Bundesarbeitsministeriums hinaus geht der neu eingeführte § 5 Abs. 1 Nr. 9 RegE. Nach dieser Vorschrift muss der Verschmelzungsvertrag auch Angaben über die voraussichtlichen Folgen der Verschmelzung für die Arbeitnehmer und ihre Vertretungen sowie die insoweit vorgesehenen Maßnahmen enthalten. Entsprechendes sehen § 126 Abs. 1 Nr. 11 und Abs. 3 RegE für die Spaltung sowie § 194 Abs. 1 Nr. 7 und Abs. 2 RegE für den Formwechsel vor.

15 Der RegE wurde am 4.2.1994 als Bestandteil des „Aktionsprogrammes für mehr Wachstum und Beschäftigung" dem Bundesrat zugeleitet[3]. Zur **Beschleunigung des Beratungsverfahrens** brachten die Fraktionen der CDU/CSU und der FDP den RegE am 1.2.1994 zusätzlich als eigenen Gesetzgebungsvorschlag in den Deutschen Bundestag ein[4].

---

1 BMA-Schreiben v. 9.4.1992 – IIIa7 - 30941 - 3 (unveröffentlicht). Vgl. zu den Vorschlägen *Kallmeyer*, DB 1993, 367, sowie *Willemsen* und *Küller*, jeweils in IDW (Hrsg.), Reform des Umwandlungsrechts, 1993.

2 Die Änderungen gegenüber dem RefE erläutert *Neye*, ZIP 1994, 165; zum RegE ferner *Mertens*, AG 1994, 66 und *Raiser*, AcP 194 (1994), 495.

3 Gesetzentwurf der Bundesregierung eines Gesetzes zur Bereinigung des Umwandlungsrechts, BR-Drucks. 75/94 v. 4.2.1994; dem Deutschen Bundestag zugeleitet als Anlage 1 der BT-Drucks. 12/7265 v. 14.4.1994; die 1. Lesung dort dokumentiert Deutscher Bundestag, Plenarprotokoll 12/225 v. 28.4.1994, S. 19415 ff.

4 Gesetzentwurf der Bundestagsfraktionen der CDU/CSU und der FDP, BT-Drucks. 12/6699 v. 1.2.1994; die 1. Lesung dokumentiert Deutscher Bundestag, Plenarprotokoll 12/208 v. 3.2.1994, S. 17946 ff.

6. Der Fortgang und Abschluss des Gesetzgebungsverfahrens

Als sich der Bundesrat im Februar/März 1994 in seinen Ausschüssen und im Plenum mit dem RegE befasste, zeigten sich bereits die unterschiedlichen Auffassungen der Bonner Koalition und des mehrheitlich von der SPD dominierten Bundesrates im Bereich des Mitbestimmungsrechts. Neben einer Reihe anderer, kleinerer Änderungen schlug der Bundesrat in seiner Stellungnahme vom 18.3. 1994[1] vor, den Fortbestand der Mitbestimmung in Umwandlungsfällen zu sichern. Die Bundesregierung verwies in ihrer Gegenäußerung vom 14.4.1994[2] hingegen darauf, dass Änderungen der Mitbestimmung im Einzelfall sowohl als Zuwachs als auch als Einbuße eintreten könnten. Das sei auch bisher hingenommen worden. 16

Die Regelung der Mitbestimmung gestaltete sich als die zentrale Frage im Rechtsausschuss und in der 2. und 3. Lesung vor dem Bundestagsplenum[3]. Nach einer vom Rechtsausschuss veranstalteten Sachverständigenanhörung am 20.4.1994[4] wurden Bericht und Beschlussempfehlung verhältnismäßig schnell zum 25.5. 1994 erarbeitet[5]. Mangels Einigung im Bereich der Mitbestimmung enthielten sich die SPD-Vertreter ihrer Stimmen. Am 16.6.1994 wurde der **RegE** mit den Stimmen der Koalitionsparteien und gegen die Stimmen der SPD **verabschiedet**.

Damit zerschlug sich die Hoffnung auf eine „Paketlösung", der zufolge die Koalition im mitbestimmungsrechtlichen Teil des Gesetzes für kleine Aktiengesellschaften und zur Deregulierung des Aktienrechts[6] teilweise nachgegeben und für das umstrittene Mitbestimmungsbeibehaltungsgesetz[7] gestimmt hatte, damit im Umwandlungsgesetz auf mitbestimmungsrechtliche Regelungen verzichtet werden konnte.

Am 8.7.1994 verweigerte der Bundesrat mit den Stimmen der SPD-regierten Bundesländer seine Zustimmung[8]. Da sich nicht genügend Stimmen fanden, um den **Vermittlungsausschuss** anzurufen, übernahm dies die Bundesregierung am 19.7. 1994[9]. Gerade noch rechtzeitig vor Ablauf der Legislaturperiode konnte am 31.8. 17

1 Stellungnahme des Bundesrates, Anlage 2 der BT-Drucks. 12/7265 v. 14.4.1994.

2 Gegenäußerung der Bundesregierung zur Stellungnahme des Bundesrates, Anlage 3 der BT-Drucks. 12/7265 v. 14.4.1994.

3 Vgl. Deutscher Bundestag, Plenarprotokoll 12/233 v. 16.6.1994, S. 20323 ff.; näher *Bartodziej*, ZIP 1994, 580.

4 Vgl. ZIP 1994, A 55 Nr. 152. Angehört wurden die Professoren *Lutter* und *Karsten Schmidt*, Rechtsanwalt *Hoffmann-Becking* für den DAV sowie Vertreter des BDI, der BDA, des DGB und der IG-Metall.

5 Beschlussempfehlung des Rechtsausschusses des Deutschen Bundestages, BT-Drucks. 12/7850 v. 13.6.1994.

6 Gesetz für kleine Aktiengesellschaften und zur Deregulierung des Aktienrechts v. 2.8. 1994, BGBl. I, S. 1961; näher dazu oben Rz. 2.

7 Gesetz zur Beibehaltung der Mitbestimmung beim Austausch von Anteilen und der Einbringung von Unternehmensteilen, die Gesellschaften verschiedener Mitgliedstaaten der Europäischen Union betreffen, v. 23.8.1994, BGBl. I, S. 2228; dazu *Lutter*, Handelsblatt v. 22.2.1994 Nr. 37 („Tote Seelen").

8 Unterrichtung durch den Bundesrat, BT-Drucks. 12/8275 v. 13.7.1994.

9 Unterrichtung durch die Bundesregierung, BR-Drucks. 730/94 v. 20.7.1994 und BT-Drucks. 12/8318 v. 21.7.1994.

1994 im Vermittlungsausschuss ein Kompromiss erzielt werden[1], dem am 6.9. 1994 der Bundestag[2] und am 23.9.1994 der Bundesrat zustimmte[3].

Die wesentliche Änderung war § 325 Abs. 1 UmwG. Er ordnet an, dass in Unternehmen die Mitbestimmung auch nach Abspaltung oder Ausgliederung für fünf Jahre fort gilt, soweit nur die Zahl der Arbeitnehmer nicht auf weniger als ein Viertel der Mindestzahl absinkt, die in den Mitbestimmungsgesetzen vorgeschrieben ist (näher unten § 325 UmwG Rz. 2).

18 Am 28.10.1994 wurde das „Gesetz zur Bereinigung des Umwandlungsrechts (UmwBerG)" ausgefertigt und im Bundesgesetzblatt verkündet[4]. Es trat gem. Art. 7 am 1.1.1995 in Kraft.

IV. Entwicklungen seit 1995

19 In den seither vergangenen Jahren hat das UmwG schon wieder relativ viele Veränderungen und Anpassungen erfahren:

1. Veränderungen

20 **a)** Durch das **Partnerschaftsgesellschafts-Gesetz** vom 25.7.1994[5] wurde die Partnerschaftsgesellschaft geschaffen und mit einem eigenen Gesetz vom 22.7.1998[6] in den Kreis der umwandlungsfähigen Rechtsträger aufgenommen[7]. Das allein hat zu rund 50 Änderungen im UmwG geführt.

21 **b)** Durch das **Spruchverfahrensneuordnungsgesetz** (SpruchG) vom 12.6.2003[8] wurden die verstreuten Vorschriften zum Spruchverfahren aus dem AktG, dem FGG und dem UmwG (§§ 305–312 alt) herausgelöst und in einem eigenen, neuen und zwischenzeitlich mehrfach geänderten Gesetz zusammengefasst[9]. Da das UmwG in vielfacher Weise mit dem Spruchverfahren verknüpft ist[10], ist das SpruchG in diesem Kommentar abgedruckt und wird auch komplett kommentiert (s. unten S. 3299 ff.).

22 **c)** Anlass für das **2. Gesetz zur Änderung des UmwG** vom 19.4.2007[11] war die Umsetzung der Richtlinie über die Verschmelzung von Kapitalgesellschaften aus verschiedenen Mitgliedstaaten (10. Richtlinie)[12]; hierzu wurde ein neuer 10. Ab-

1 Empfehlung des Vermittlungsausschusses, BT-Drucks. 12/8415 v. 2.9.1994.
2 Beschluss des Deutschen Bundestages, BR-Drucks. 843/94 v. 9.9.1994.
3 Beschluss des Bundesrates, BR-Drucks. 843/94 (B) v. 23.9.1994.
4 Gesetz zur Bereinigung des Umwandlungsrechts (UmwBerG) v. 28.10.1994, BGBl. I, S. 3210.
5 Gesetz über Partnerschaftsgesellschaften Angehöriger Freier Berufe (Partnerschaftsgesellschaftsgesetz – PartGG) v. 25.7.1994, BGBl. I, S. 1744.
6 Gesetz zur Änderung des Umwandlungsgesetzes, des Partnerschaftsgesellschaftsgesetzes und anderer Gesetze v. 22.7.1998, BGBl. I, S. 1878.
7 Dazu unten § 3 Nr. 1 UmwG sowie die §§ 45a–45e UmwG und §§ 225a–225c UmwG.
8 Gesetz zur Neuordnung des gesellschaftsrechtlichen Spruchverfahrens (Spruchverfahrensneuordnungsgesetz) v. 12.6.2003, BGBl. I, S. 838.
9 Näher dazu *Neye*, Das neue Spruchverfahrensrecht, 2003, und *Neye*, DB 1998, 1649 ff. sowie *Büchel*, NZG 2003, 793 ff.
10 Vgl. nur die §§ 15, 34, 196 und 212 UmwG.
11 BGBl. I, S. 542.
12 Richtlinie 2005/56/EG des Europäischen Parlaments und des Rates v. 26.10.2005 über die Verschmelzung von Kapitalgesellschaften aus verschiedenen Mitgliedstaaten, ABl.

schnitt (§§ 122a–122l UmwG) in den 2. Teil des 2. Buchs eingefügt (näher § 122a Rz. 14ff.). Daneben brachte das 2. UmwGÄndG aber auch eine ganze Reihe weiterer Neuerungen, die überwiegend bereits seit langem geäußerten Wünschen aus der Praxis Rechnung trugen[1]. Besonders zu nennen sind: die Korrekturen in den §§ 16 Abs. 3[2], 19 Abs. 1, 35, 44, 48, 67, 141, 245 UmwG zur Beschleunigung und Erleichterung des Verfahrens, die Erweiterung der Angebotspflicht nach § 29 Abs. 1 UmwG auf das „kalte Delisting"; aber auch die Änderung der §§ 54 Abs. 1, 68 Abs. 1 UmwG zum Verzicht auf die Anteilsgewährung. Wichtige Änderungen erfuhren ebenfalls die §§ 51 Abs. 1, 52 Abs. 1, 133 Abs. 3, 234 UmwG. Ferner wurden der als „Spaltungsbremse"[3] gescholtene § 132 UmwG aufgehoben und das Erfordernis einer Vermögensaufstellung beim Formwechsel (§ 192 Abs. 2 UmwG a.F.) gestrichen.

d) Durch das **3. Gesetz zur Änderung des UmwG** vom 11.7.2011[4] wurde die Änderungsrichtlinie 209/109/EG[5] umgesetzt. Erstes Kernstück waren signifikante Änderungen bei Konzernverschmelzungen und -spaltungen (Einführung des sog. verschmelzungsspezifischen Squeeze-out in § 62 Abs. 5 UmwG; Dispens vom Hauptversammlungsbeschluss der übertragenden Kapitalgesellschaft bei upstream-merger einer 100%igen Tochter auf die Mutter, § 62 Abs. 4 UmwG; vgl. dazu näher § 62 Rz. 24ff). Zweiter Schwerpunkt war die Umsetzung der durch die Änderungsrichtlinie erfolgten Modernisierung der Berichts- und Dokumentationspflichten bei Verschmelzungen und Spaltungen (soweit dies nicht bereits durch das ARUG[6] geschehen war durch Einfügung von § 62 Abs. 3 Satz 7 [jetzt Satz 8] UmwG, § 63 Abs. 4 UmwG). Dies geschah durch Einfügung von §§ 62 Abs. 3 Satz 7; 63 Abs. 2 Satz 5–7, Abs. 3 Satz 2; 64 Abs. 1 Satz 2–4; 69 Abs. 1 Satz 4; 75 Abs. 1 Satz 2 UmwG; Neufassung des § 143 UmwG; Änderungen bzw. Folgeänderungen in §§ 69 Abs. 2; 75 Abs. 2; 82 Abs. Satz 2, 101 Abs. 1 Satz 2, 112 Abs. 1 Satz 2; 125 Satz 1; 230 Abs. 2 Satz 2; 321 UmwG sowie §§ 79, 79a KostO 23

EU Nr. L 310/1 v. 25.11.2005, s. Anh. V, S. 3481ff. Ausf. Erläuterungen bei *Lutter/Bayer/J. Schmidt*, EuropUR, § 23 m.z.w.N. Die Vorgaben des Art. 16 bzgl. der Beteiligung der Arbeitnehmer wurden das das MgVG (Gesetz über die Mitbestimmung der Arbeitnehmer bei einer grenzüberschreitenden Verschmelzung (MgVG) v. 21.12.2006, BGBl. I, S. 3332) in das deutsche Recht transformiert.

1 Näher etwa: *Bayer/J. Schmidt*, NZG 2006, 841 (844ff.); *Heckschen*, DNotZ 2007, 444 (446ff.); *Neye*, BB 2007, 389f.; *D. Mayer/Weiler*, DB 2007, 1235ff., 1291ff.

2 Vgl. zum alten § 16 Abs. 3 UmwG auch BGH v. 29.5.2006 – II ZB 5/06, BGHZ 168, 48 (T-Online/Deutsche Telekom).

3 Vgl. *Handelsrechtsausschuss des DAV*, NZG 2000, 802 (806f.).

4 BGBl. I, S. 1338. Dazu etwa *Bayer/J. Schmidt*, BB 2012, 3 (7f.); *BayerJ. Schmidt*, ZIP 2010, 953ff. (zum RefE); *Bungert/Wettich*, DB 2011, 1500ff.; *Erkens/Lakenberg*, Der Konzern 2011, 392ff.; *Freytag/Müller-Etienne*, BB 2011, 1731ff.; *Göthel*, ZIP 2011, 1541ff.; *Heckschen*, NJW 2011, 2390ff.; *Hofmeister*, NZG 2012, 688ff.; *Ising*, NZG 2011, 1368ff.; *Kiefner/Brügel*, AG 2011, 525ff.; *Klie/Wind/Rödter*, DStR 2011, 1668ff.; *Leitzen*, DNotZ 2011, 526ff.; *Packi*, ZGR 2011, 776ff.; *Mayer*, NZG 2012, 561ff.; *Rubner*, CFL 2011, 274ff.; *Stöber*, CFL 2011, 266ff.

5 Richtlinie 2009/109/EG des Europäischen Parlaments und des Rates v. 16.9.2009 zur Änderung der Richtlinien 77/91/EWG, 78/855/EWG, 82/891/EWG des Rates sowie der Richtlinie 2005/56/EG hinsichtlich der Berichts- und Dokumentationspflicht bei Verschmelzungen und Spaltungen, ABl. EU Nr. L 259/14 v. 2.10.2009. Dazu *Bayer/J. Schmidt*, BB 2008, 387 (388f.) m.w.N.

6 Gesetz zur Umsetzung der Aktionärsrechterichtlinie (ARUG) v. 30.7.2009, BGBl. I, S. 2479.

(heute §§ 58 Abs. 1 und 2 GNotKG). Zudem wurde durch Streichung des § 52 Abs. 2 UmwG (und Folgeänderungen in §§ 56, 313 Abs. 2 UmwG) eine durch das MoMiG[1] entstandene Streitfrage geklärt.

2. Anpassungen

24 Anpassungen waren in nicht unerheblichem Umfang erforderlich[2] durch das StückAG[3], das EuroEG[4], das HRefG[5], das NaStraG[6], das FormAnpG [7], das BetrVerf-ReformG[8], das SMG[9], das SeemÄndG[10], das BilReG[11], das Verjährungs-AnpG[12], das SCEEG[13], das EHUG[14], das MoMiG[15], das FGG-RG[16], das BilMoG[17], das ARUG[18], das VereinsRÄndG[19] und das BAnzDiG[20].

---

1 Gesetz zur Modernisierung des GmbH-Rechts und zur Bekämpfung von Missbräuchen (MoMiG) v. 23.10.2008, BGBl. I, S. 2026.

2 Vgl. auch *Dauner-Lieb* in KölnKomm. UmwG, Einl. A Rz. 24; *Semler/Stengel* in Semler/Stengel, Einl. A Rz. 42.

3 Gesetz über die Zulassung von Stückaktien (Stückaktiengesetz – StückAG) v. 25.3.1998, BGBl. I, S. 590.

4 Gesetz zur Einführung des Euro (Euro-Einführungsgesetz – EuroEG) v. 9.6.1998, BGBl. I, S. 1242.

5 Gesetz zur Neuregelung des Kaufmanns- und Firmenrechts und zur Änderung anderer handels- und gesellschaftsrechtlicher Vorschriften (Handelsrechtsreformgesetz – HRefG) v. 22.6.1998, BGBl. I, S. 1474.

6 Gesetz zur Namensaktie und zur Erleichterung der Stimmrechtsausübung (Namensaktiengesetz – NaStraG) v. 18.1.2001, BGBl. I, S. 123.

7 Gesetz zur Anpassung der Formvorschriften des Privatrechts und anderer Vorschriften an den modernen Rechtsgeschäftsverkehr v. 13.7.2001, BGBl. I, S. 1542.

8 Gesetz zur Reform des Betriebsverfassungsgesetzes (BetrVerf-Reformgesetz) v. 23.7.2001, BGBl. I, S. 1852.

9 Gesetz zur Modernisierung des Schuldrechts v. 26.11.2001, BGBl. I, S. 3138.

10 Gesetz zur Änderung des Seemannsgesetzes und anderer Gesetze v. 23.3.2002, BGBl. I, S. 1163.

11 Gesetz zur Einführung internationaler Rechnungslegungsstandards und zur Sicherung der Qualität der Abschlussprüfung (Bilanzrechtsreformgesetz – BilReG) v. 4.12.2004, BGBl. I, S. 3166.

12 Gesetz zur Anpassung von Verjährungsvorschriften an das Gesetz zur Modernisierung des Schuldrechts v. 9.12.2004, BGBl. I, S. 3214.

13 Gesetz zur Einführung der Europäischen Genossenschaft und zur Änderung des Genossenschaftsrechtsv. 14.8.2006, BGBl. I, S. 1911.

14 Gesetz über elektronische Handelsregister und Genossenschaftsregister sowie das Unternehmensregister (EHUG) v. 10.11.2006, BGBl. I, S. 2553.

15 Gesetz zur Modernisierung des GmbH-Rechts und zur Bekämpfung von Missbräuchen, v. 23.10.2008, BGBl. I, S. 2026.

16 Gesetz zur Reform des Verfahrens in Familiensachen und in den Angelegenheiten der freiwilligen Gerichtsbarkeit (FGG-Reformgesetz – FGG-RG) v. 17.12.2008, BGBl. I, S. 2586.

17 Gesetz zur Modernisierung des Bilanzrechts (Bilanzrechtsmodernisierungsgesetz – BilMoG) v. 25.5.2009, BGBl. I, S. 1102.

18 Gesetz zur Umsetzung der Aktionärsrechterichtlinie (ARUG) v. 30.7.2009, BGBl. I, S. 2479.

19 Gesetz zur Erleichterung elektronischer Anmeldungen zum Vereinsregister und anderer vereinsrechtlicher Änderungen v. 24.9. 2009, BGBl. I, S. 3145.

20 Gesetz zur Änderung von Vorschriften über Verkündung und Bekanntmachungen sowie der Zivilprozessordnung, des Gesetzes betreffend die Einführung der Zivilprozessordnung und der Abgabenordnung v. 22.12.2011, BGBl. I, S. 3044.

V. Allgemeine Auslegungsgrundsätze für das UmwG

Für die Auslegung des UmwG sind zunächst einmal die allgemeinen Auslegungsgrundsätze, im Übrigen aber sind **drei besondere Aspekte** zu beachten: 25

(1) der *numerus clausus* der Umwandlungsfälle nach § 1 Abs. 2 UmwG (dazu näher § 1 Rz. 50);

(2) das Analogieverbot aus § 1 Abs. 2 UmwG (dazu näher § 1 Rz. 58ff.) und

(3) die ausgeprägte Verweisungstechnik.

Während die Aspekte (1) und (2) dazu führen, dass eine sonst durchaus denkbare Ausweitung des Gesetzes im Wege der Analogie auf verwandte Fälle unterbleiben muss, führt der Aspekt (3) zu einer sehr engen rechtlichen Verzahnung unter den verschiedenen Umwandlungsfällen. Es muss dabei von Rechts wegen nicht nur und selbstverständlich den vom Gesetz angeordneten Verweisungen nachgegangen werden, sondern auch die „umgekehrte" Betrachtung ist geboten: So verweisen etwa die §§ 127 Satz 2 und 192 Abs. 1 Satz 2 UmwG auf den Verschmelzungsbericht des § 8 UmwG; für dessen Verständnis ist also wichtig zu wissen, dass die Spaltungs- und die Umwandlungsberichte gleichen Grundsätzen zu folgen haben, es sich bei diesem Bericht also um ein allgemeines Prinzip und Institut des Umwandlungsrechts handelt. Kurz: Das Gesetz versteht sich als systematische Einheit, betont neben allen besonderen Regeln und allen rechtsformspezifischen Einzelvorschriften immer wieder die Einheit; dem hat der Rechtsanwender möglichst weitgehend Rechnung zu tragen.

VI. Besondere Grundsätze zur Auslegung des UmwG – die richtlinienkonforme Auslegung

Literatur

Brandner, Die überschießende Umsetzung von Richtlinien, 2003; *Drexl*, Die gemeinschaftsrechtliche Pflicht zur einheitlichen richtlinienkonformen Auslegung hybrider Rechtsnormen und deren Grenzen, in FS Heldrich, 2005, S. 67; *Habersack/Mayer*, Die Problematik der überschießenden Umsetzung, in Riesenhuber (Hrsg.), Europäische Methodenlehre, 2. Aufl. 2010, § 15; *Habersack/Verse*, Europäisches Gesellschaftsrecht, 4. Aufl. 2011, § 3 Rz. 53ff.; *Höpfner/Rüthers*, Grundlagen einer europäischen Methodenlehre, AcP 209 (2009), 1; *Jäger*, Überschießende Richtlinienumsetzung im Privatrecht, 2006; *Langenbucher*, Europarechtliche Methodenlehre, in Langenbucher (Hrsg.), Europarechtliche Bezüge des Privatrechts, 2. Aufl. 2008, § 1 Rz. 26ff.; *Lutter*, Zum Umfang der Bindung durch Richtlinien, in FS Everling, 1995, S. 765; *Lutter*, Die Auslegung angeglichenen Rechts, JZ 1992, 593; *Lutter*, Zur überschießenden Umsetzung von Richtlinien der EU, in GS Heinze, 2005, S. 571; *Lutter/Bayer/J. Schmidt*, Europäisches Unternehmens- und Kapitalmarktrecht, 5. Aufl. 2012, § 3 Rz. 48ff.; *W.-H. Roth*, Die richtlinienkonforme Auslegung, in Riesenhuber (Hrsg.), Europäische Methodenlehre, 2. Aufl. 2010, § 14; *Piekenbrock*, Vorlagen an den EuGH nach Art. 267 AEUV im Privatrecht, EuR 2011, 317. Ferner sei verwiesen auf die umfangreichen Literaturangaben bei *Lutter/Bayer/J. Schmidt*, Europäisches Unternehmens- und Kapitalmarktrecht, 5. Aufl. 2012, § 3.

1. Überblick

Das UmwG ist in seiner heutigen Form eine autonome Entscheidung des deutschen Gesetzgebers; es ist in dieser Form nicht veranlasst durch den europäischen 26

Richtliniengeber, da die 3. Richtlinie[1] bereits 1982 umgesetzt worden war (oben Rz. 8) und die 6. Richtlinie[2] nur zu beachten ist, wenn und soweit das nationale Recht die Spaltung von Aktiengesellschaften überhaupt zulässt[3]; die 10. Richtlinie[4] betrifft allein grenzüberschreitende Verschmelzungen von Kapitalgesellschaften[5]. Aber das UmwG behandelt neben anderen Gegenständen – wie z.B. Umwandlungen von Personengesellschaften und GmbH – eben auch die nationale Verschmelzung und Spaltung von Aktiengesellschaften sowie die internationale Verschmelzung von Kapitalgesellschaften, die Gegenstand umfangreicher Vorgaben in der 3., 6. und 10. Richtlinie sind; insofern und insoweit verwirklicht das UmwG heute auch die dem deutschen Gesetzgeber obliegende Umsetzungsverpflichtung aus diesen Richtlinien. Das Gesetz besteht also – und zwar auch nach seiner eigenen gesetzgeberischen Motivation[6] – aus **zwei unterschiedlichen Schichten:** einem schmalen, aber zentralen Teil (Verschmelzung und Spaltung von Aktiengesellschaften sowie die internationale Verschmelzung von Kapitalgesellschaften) als heutige Umsetzung der 3., 6. und 10. Richtlinie sowie einem breiten, autonomen Teil (andere Rechtsformen und Formwechsel).

Das Wissen um diese unterschiedlichen Schichten ist für die **Auslegung** der Vorschriften (dazu unten Rz. 27ff.) und für die **Vorlagepflicht** der deutschen Gerichte aus Art. 267 AEU **an den EuGH**[7] von grundlegender Bedeutung; im Kommentar wird an den entsprechenden Stellen daher auch stets ausdrücklich auf etwaige Vorgaben aus den drei Richtlinien hingewiesen.

2. Die Besonderheiten bei der Auslegung der durch die europäischen Richtlinien veranlassten Vorschriften – die richtlinienkonforme Auslegung

27 **a) Nationale Verschmelzung und Spaltung** (nicht: Formwechsel) sind bei einer Beteiligung von **Aktiengesellschaften** geprägt von den Regeln der 3. und 6. Richtlinie; die Vorschriften des UmwG folgen hier den Vorgaben der Richtlinien, dienen ihrer Umsetzung. Das UmwG wählt hier – ähnlich dem AktG[8], aber anders

---

1 Ursprünglich: Richtlinie 78/855/EWG; seit 1.7.2011: Richtlinie 2011/35/EU des Europäischen Parlaments und des Rates v. 5.4.2011 über die Verschmelzung von Aktiengesellschaften, ABl. EU Nr. L 110/1 v. 29.4.2011, s. Anh. III, S. 3451 ff. Ausf. Erläuterungen bei *Lutter/Bayer/J. Schmidt*, EuropUR, § 21 m.z.w.N.

2 Sechste Richtlinie 82/891/EWG des Rates v. 17.12.1982 gemäß Artikel 54 Absatz 3 Buchstabe g) des Vertrages betreffend die Spaltung von Aktiengesellschaften, ABl. EG Nr. L 378/47 v. 31.12.1982, unten Anh. IV, S. 3467ff. Ausf. Erläuterungen bei *Lutter/Bayer/J. Schmidt*, EuropUR, § 22 m.z.w.N.

3 Vgl. *Lutter/Bayer/J. Schmidt*, EuropUR, § 22 Rz. 3.

4 Richtlinie 2005/56/EG des Europäischen Parlaments und des Rates v. 26.10.2005 über die Verschmelzung von Kapitalgesellschaften aus verschiedenen Mitgliedstaaten, ABl. EU Nr. L 310/1 v. 25.11.2005, s. Anh. V, S. 3481 ff. Ausf. Erläuterungen bei *Lutter/Bayer/J. Schmidt*, EuropUR, § 23 m.z.w.N.

5 Vgl. *Lutter/Bayer/J. Schmidt*, EuropUR, § 23 Rz. 9ff. sowie § 122a Rz. 2ff.

6 Vgl. BegrRegE z. UmwG, BT-Drucks. 12/6699, 81, 115.

7 Dazu *Lutter/Bayer/J. Schmidt*, EuropUR, § 3 Rz. 77ff. m.w.N.

8 Im AktG umgesetzt sind insbes. die 2. (Kapital-)Richtlinie (ursprünglich: Richtlinie 77/91/EWG; seit 4.12.2012: Richtlinie 2012/30/EU des Europäischen Parlaments und des Rates vom 25.10.2012 zur Koordinierung der Schutzbestimmungen, die in den Mitgliedstaaten den Gesellschaften im Sinne des Artikels 54 Absatz 2 des Vertrages über die Arbeitsweise der Europäischen Union im Interesse der Gesellschafter sowie Dritter für die Gründung der Aktiengesellschaft sowie für die Erhaltung und Änderung ihres Kapi-

als das 3. Buch des HGB[1] – den Weg der **Mischlösung:** Vorschriften zum Zwecke der Umsetzung mischen sich mit autonomen Rechtsbefehlen des deutschen Gesetzgebers. Das macht die Auslegung und Anwendung des Gesetzes nicht einfacher; denn man sieht den Vorschriften des UmwG die verschiedene Herkunft nicht an; im Rahmen der Kommentierung wird deshalb stets darauf hingewiesen, wenn eine Vorschrift ganz oder teilweise auf einem Richtlinienbefehl beruht.

Bei den neuen Vorschriften der §§ 122a ff. UmwG für **internationale Verschmelzung** ist die Rechtslage einfacher: Sie beruhen alle auf den Vorgaben der 10. Richtlinie.

b) Beruht eine Vorschrift des UmwG ganz oder teilweise auf einer Anweisung der 28
3., 6. oder 10. Richtlinie, so kann man zunächst einmal davon ausgehen, dass der deutsche **Gesetzgeber** diesen **Richtlinienbefehl vollständig und korrekt** (richtig) in deutsches Recht **umsetzen** wollte. Die Begründungen zum RefE und zum RegE des UmwG 1994 erweisen, dass der deutsche Gesetzgeber an diesen Stellen stets darüber reflektiert hat, ob der eigene Normvorschlag dem Richtlinienbefehl entspricht und ihn vollständig verwirklicht, und, soweit zusätzliche Regelungen getroffen werden, ob diese möglich sind oder der Richtlinienbefehl abschließend ist. Ähnlich ging es auch bei der Umsetzung der 10. Richtlinie in den §§ 122a ff. UmwG um deren korrekte Umsetzung.

c) Der Rechtsanwender kann sich aber auf die Übereinstimmung von Richtlinie 29
und Text des deutschen UmwG mitnichten einfach verlassen, noch gar auf diesem Hintergrund die einschlägige Norm des UmwG wie eine beliebige rein nationale Vorschrift auslegen und anwenden. Vielmehr wird die deutsche Norm in ihrem Ziel und Inhalt bestimmt von Ziel und Inhalt der Richtliniennorm. Zu deren Umsetzung (Erfüllung) ist sie erlassen. Der Rechtsanwender des UmwG muss also mitwirken an der möglichst vollständigen und korrekten Verwirklichung des Richtlinienbefehls durch Sicherung der **Konformität** zwischen Richtlinie und deutschem Gesetzestext. Dazu, d.h. zu dieser vom EuGH in st. Rspr. gebotenen **richtlinienkonformen Auslegung**[2] – ist auch der nationale Rechtsanwender aus Art. 4 Abs. 3 EU i.V.m. Art. 288 Abs. 3 AEU verpflichtet[3].

---

tals vorgeschrieben sind, um diese Bestimmungen gleichwertig zu gestalten (Neufassung), ABl. EU Nr. L 315/74 v. 14.11.2012. Text mit Stand 2011 und ausf. Erläuterungen bei *Lutter/Bayer/J. Schmidt*, EuropUR, § 20 m.z.w.N. Zur „Neufassung", die *de facto* nur eine Kodifizierung ist, *Bayer/J. Schmidt*, BB 2013, 3 (6)), sowie die Aktionärsrechterichtlinie (Richtlinie 2007/36/EG des Europäischen Parlaments und des Rates v. 11.7. 2007 über die Ausübung bestimmter Rechte von Aktionären in börsennotierten Gesellschaften, ABl. EU Nr. L 184/17 v. 14.7.2007. Text und ausf. Erläuterungen bei *Lutter/Bayer/J. Schmidt*, EuropUR, § 31 m.z.w.N.).

1 Umsetzung der 4. (Bilanz-), 7. (Konzernbilanz-) und 8. (Abschlussprüfer-)Richtlinie (Text und Erläuterungen bei *Lutter/Bayer/J. Schmidt*, EuropUR, §§ 24, 25, 27 m.z.w.N.) in einem eigenen (dritten) Buch des HGB.

2 EuGH v. 10.4.1984 – Rs. 14/83, Slg. 1984, II-1891 (Rz. 26) (von Colson und Kamann); EuGH v. 10.4.1984 – Rs. 79/83, Slg. 1984, 1921 Rz. 26 (Harz); EuGH v. 7.11.1989 – Rs. 125/88, Slg. 1989, 3533 Rz. 6 (Nijman); EuGH v. 13.11.1990 – Rs. C-106/89, Slg. 1990, I-4135 (Rz. 8) (Marleasing); aus jüngerer Zeit etwa EuGH v. 24.5.2012 – Rs. C-97/11, NVwZ 2012, 1097 (Rz. 43) (Amia SpA); eingehend zur richtlinienkonformen Auslegung *W.-H. Roth* in Riesenhuber (Hrsg.), Europäische Methodenlehre, 2. Aufl. 2010, § 14.

3 Das betont der EuGH in den soeben zitierten Urteilen stets nachdrücklich.

Das bedeutet im Einzelnen:

30 **(1)** Der Rechtsanwender hat zunächst einmal Inhalt und Ziel der einschlägigen **Richtliniennorm** durch europäisch-**autonome Auslegung** zu ermitteln. Außer dem Wortlaut der Richtliniennorm[1] und ihrem Kontext im Zusammenhang der gesamten Richtlinie sowie deren Telos sind hier vor allem die Erwägungsgründe maßgebend, die in hohem Maße Aufschluss geben über die Motive der Richtliniennorm[2]. Hilfreich kann schließlich auch die Rechtsgrundlage der Richtliniennorm sein, ob also etwa Art. 50 AEU (Verwirklichung der Niederlassungsfreiheit) oder Art. 114, 115 AEU (Verwirklichung des Binnenmarktes) Grundlage für ihren Erlass waren[3].

31 **(2)** Ist das Auslegungsergebnis zum Inhalt der Richtlinienbestimmung **nicht völlig klar**, so **kann** (und **sollte**) jedes Instanzgericht und **muss** jedes letztinstanzliche Gericht die konkrete Auslegungsfrage dem EuGH nach Art. 267 AEU **zur Vorabentscheidung vorlegen**[4]: Der EuGH besteht zu Recht darauf, dass er für die **Einheit der Auslegung des europäischen Rechts** allein zuständig ist[5]. Eine Vorlage ist nur dann entbehrlich, wenn (1) bereits eine gesicherte Rechtsprechung des EuGH vorliegt, durch die die betreffende Rechtsfrage gelöst ist, (2) die gestellte Rechtsfrage bereits in einem gleichgelagerten Fall Gegenstand einer Vorabentscheidung gewesen ist (*acte éclairé*), oder (3) die richtige Anwendung des Unionsrechts derart offenkundig ist, dass für einen vernünftigen Zweifel keinerlei Raum bleibt (sog. *acte clair*-Doktrin)[6].

32 **(3)** Steht auf diese Weise der Inhalt der Richtliniennorm fest, so ist dieser Inhalt nun in einem zweiten Schritt im Text der fraglichen Norm des UmwG „unterzubringen"[7]. Das ist unproblematisch, wenn schon der Text des UmwG dem derart festgestellten Inhalt der Richtliniennorm (weitgehend) entspricht. Schwieriger ist es, wenn der deutsche Text sich „sperrt". Die Pflicht zur richtlinienkonformen Auslegung verlangt zwar keine Auslegung *contra legem*[8]. Allerdings betont der EuGH in st. Rspr. ausdrücklich, dass der Grundsatz der unionsrechtskonformen

1 Da der Richtlinie-Text in allen Amtssprachen der EU verabschiedet wurde und alle Sprachen gleichen „Rang" haben, kann ein Textvergleich unter den verschiedenen sprachlichen Fassungen ausgesprochen hilfreich sein. Vgl. etwa EuGH v. 7.2.1985 – Rs. 19/83, Slg. 1985, 457 (Rz. 13) (Wendelboe); EuGH v. 12.11.1969 – Rs. 29/69, Slg. 1969, 419 (Rz. 2ff.) (Stauder); vgl. vor allem auch die besonders prägnanten Ausführungen in EuGH v. 6.10.1982 – Rs. 283/81, Slg. 1982, 3415 (insbes. Rz. 18ff.) (C.I.L.F.I.T.); aus jüngerer Zeit etwa EuGH v. 16.6.2011 – Rs. C-65/09 und C-87/09, NJW 2011, 2269 (Rz. 54) (Gebr. Weber/Putz); EuGH v. 19.7.2012 – Rs. C-33/11, DB 2012, 1725 (Rz. 22ff.) (A Oy).

2 Diese Erwägungsgründe zur 3., 6. und 10. Richtlinien sind daher auch zusammen mit den Richtlinien in den Schlussanhängen III–V, S. 3451–3495, abgedruckt.

3 *Lutter* in FS Everling, S. 765.

4 Dazu *Lutter/Bayer/J. Schmidt*, EuropUR, § 3 Rz. 77ff. m.w.N.

5 So ausdrücklich EuGH v. 6.10.1982 – Rs. 283/81, Slg. 1982, 3415 (insbes. Rz. 18ff.) (C.I.L.F.I.T.); *Lutter/Bayer/J. Schmidt*, EuropUR, § 3 Rz. 75ff. m.w.N.

6 Grundlegend EuGH v. 6.10.1982 – Rs. 283/81, Slg. 1982, 3415 (Rz. 13ff.) (C.I.L.F.I.T.); näher *Lutter/Bayer/J. Schmidt*, EuropUR, § 3 Rz. 82f. m.w.N.

7 *Lutter*, JZ 1992, 593 (604ff.).

8 Vgl. EuGH v. 14.7.1994 – Rs. C-91/92, Slg. 1994, I-3325 (Rz. 26) (Faccini Dori); unmissverständlich etwa EuGH v. 16.6.2005 – Rs. C-105/03, Slg. 2005, I-5285 (Rz. 47) (Pupino); EuGH v. 10.3.2011 – Rs. C-109/09, Slg. 2011, I-1309 (Rz. 54) (Deutsche Lufthansa AG./. Kumpan); EuGH v. 24.1.2012 – Rs. C-282/10, NJW 2012, 509 (Rz. 25) (Dominguez); s. auch *Lutter/Bayer/J. Schmidt*, EuropUR, § 3 Rz. 50 m.w.N.

Auslegung verlangt, dass die nationalen Gerichte unter Berücksichtigung des gesamten innerstaatlichen Rechts und unter Anwendung der danach anerkannten Auslegungsmethoden alles tun, was in ihrer Zuständigkeit liegt, um die volle Wirksamkeit der fraglichen Richtlinie zu gewährleisten und zu einem Ergebnis zu gelangen, das mit dem von der Richtlinie verfolgten Ziel übereinstimmt[1]. Die Pflicht zur richtlinienkonformen Auslegung gebietet folglich **nicht nur eine richtlinienkonforme Auslegung i.e.S., sondern** ggf. **auch** eine **richtlinienkonforme Rechtsfortbildung**[2].

(4) Sofern eine richtlinienkonforme Auslegung bzw. Rechtsfortbildung im Einzelfall an der *contra legem*-Grenze scheitert, kann aber u.U. eine sog. **unmittelbare Wirkung einer Richtliniennorm** in Betracht kommen. Dies setzt jedoch nach st. Rspr. des EuGH[3] voraus, (1) dass die Umsetzungsfrist abgelaufen ist, (2) die Richtlinie nicht oder unzutreffend umgesetzt wurde, und (3) die fragliche Richtliniennorm inhaltlich unbedingt und hinreichend genau formuliert ist[4]. Im Rahmen des UmwG wird dies allerdings wohl eher selten der Fall sein. 33

3. Strengeres nationales Recht[5]

Ist der deutsche Gesetzgeber mit einer Norm über den Richtlinienbefehl hinausgegangen und stellt mithin strengere Anforderungen als die Richtlinie (sog. „gold plating"), so ist erneut durch Auslegung der Richtlinie und ggf. qua Vorlage an den EuGH zu ermitteln, ob die Richtlinie solche nationalen Lösungen sperrt oder strengere Regeln zulässt. 34

a) Häufig gibt die Richtlinie darauf ausdrücklich Antwort, so etwa Art. 5 Abs. 2 der 3. Richtlinie, der ausdrücklich bestimmt, dass Verschmelzungsplan „**mindestens**" die folgenden Angaben enthalten muss[6]; der deutsche Gesetzgeber war daher zweifelsohne befugt, in § 5 Abs. 1 Nr. 2, 7, 8 und 9 UmwG für den Verschmel- 35

---

1 Vgl. EuGH v. 4.7.2006 – Rs. C-212/04, Slg. 2006, I-6057 (Rz. 111) (Adeneler); EuGH v. 23.4.2009 – Rs. C-378/07 bis C-380/07, Slg. 2009, I-3071 (Rz. 200) (Angelidaki); EuGH v. 10.3.2011 – Rs. C-109/09, Slg. 2011, I-1309 (Rz. 55) (Deutsche Lufthansa AG ./. Kumpan); EuGH v. 24.1.2012 – Rs. C-282/10, NJW 2012, 509 (Rz. 27) (Dominguez).

2 BGH v. 26.11.2008 – VIII ZR 200/05, NJW 2009, 427 (Rz. 21) (Quelle); BGH v. 21.12.2011 – VIII ZR 70/08, NJW 2012, 1073 (Rz. 30) (Gebr. Weber); BAG v. 24.3.2009 – 9 AZR 983/07, NZA 2009, 538 (Rz. 65); BAG v. 7.8.2012 – 9 AZR 353/10, NJW 2012, 3529 (Rz. 33); BVerfG v. 26.9.2011 – 2 BvR 2216/06, 2 BvR 469/07, NJW 2012, 669 (Rz. 46ff.); näher dazu *Lutter/Bayer/J. Schmidt*, EuropUR, § 3 Rz. 54 m.w.N.

3 Vgl. EuGH v. 4.12.1974 – Rs. C-41/74, Slg. 1974, 1337 (Rz. 12ff.) (van Duyn); EuGH v. 5.4.1979 – Rs. C-148/78, Slg. 1979, 1629 (Rz. 18ff.) (Ratti); EuGH v. 19.1.1982 – Rs. C-8/81, Slg. 1982, 53 (Rz. 21ff.) (Becker); EuGH v. 22.2.1984 – Rs. C-70/83, Slg. 1984, 1075 (Rz. 3) (Kloppenburg); EuGH v. 28.3.1990 – Rs. C-38/88, Slg. 1990, I-1447 (Rz. 8f.) (Waldrich); EuGH v. 14.7.1994 – Rs. C-91/92, Slg. 1994, I-3325 (Rz. 12ff.) (Faccini Dori); EuGH v. 18.10.2001 – Rs. C-441/99, Slg. 2001, I-7687 (Rz. 44f.) (Gharehveran); EuGH v. 12.7.2012 – Rs. C-55/11, C 57/11 und C-58/11, MMR 2012, 622 (Rz. 37) (Vodafone España); EuGH v. 19.12.2012 – Rs. C-549/11, DB 2013, 99 (Rz. 51) (Orfey Balgaria EOOD).

4 S. zum Ganzen *Lutter/Bayer/J. Schmidt*, EuropUR, § 3 Rz 20ff. m.w.N.

5 Dazu *Lutter/Bayer/J. Schmidt*, EuropUR, § 3 Rz. 41ff.

6 Vgl. zum Mindestcharakter des Art. 5 Abs. 2 der 3. Richtlinie: *Lutter/Bayer/J. Schmidt*, EuropUR, § 21 Rz. 28 m.w.N.

zungsvertrag[1] zusätzliche Pflichtinhalte vorzuschreiben[2]. Ähnlich stellt z.B. auch Art. 7 Abs. 1 der 3. Richtlinie explizit lediglich Mindestanforderungen bzgl. der für die Zustimmung der Hauptversammlung erforderlichen Mehrheit (grds. 2/3) auf[3], so dass der deutsche Gesetzgeber auch hier ohne Weiteres zu einer strengeren Regelung (§ 133 Abs. 1 AktG i.V.m. § 65 Abs. 1 Satz 1 UmwG: einfache Stimmen- plus ¾-Kapitalmehrheit) befugt war[4].

36 **b)** Neben solchen Mindest- gibt es in den Richtlinien aber auch ausdrückliche **Höchstvorschriften**. So etwa Art. 22 Abs. 1 lit. b der 3. Richtlinie, der für die Nichtigkeit einer Verschmelzung (sofern diese im nationalen Recht überhaupt vorgesehen ist) **nur** die enumerativ aufgelisteten Nichtigkeitsgründe zulässt[5]; für das deutsche Recht wird dies freilich nicht relevant, da § 20 Abs. 2 UmwG eine „Entschmelzung" nach zutreffender ganz h.M. sogar generell ausschließt[6].

37 **c)** Fehlt es an solchen ausdrücklichen Hinweisen im Text der Richtlinie, bedarf es wiederum der Auslegung nach den oben Rz. 27ff. dargestellten Grundsätzen. So hat der EuGH etwa in der Rs. *Inspire Art*[7] aus Wortlaut, Systematik, Genese und Ratio des Art. 2 der 11. (Zweigniederlassungs-)Richtlinie[8] geschlossen, dass dieser einen abschließenden Katalog von Publizitätsobjekten etabliert[9]. Weiteres „klassisches" Beispiel ist die

Diskussion um die Vereinbarkeit der verdeckten Sacheinlage mit der 2. (Kapital-)Richtlinie[10].

4. Sperrwirkung: *Stand-still* und Frustrationsverbot

38 **Mit Ablauf der Umsetzungsfrist** entfaltet die Richtlinie in dem von ihr harmonisierten Bereich Sperrwirkung: Der nationale Gesetzgeber ist nicht nur verpflichtet, seine Rechtsordnung bis dahin entsprechend anzupassen, sondern es gilt darüber hinaus auch ein ***stand still*-Gebot**, d.h. es darf auch nicht wieder neues entgegenstehendes nationales Recht geschaffen werden[11]. So dürfte der deutsche

1 Vgl. zum europäischen Terminus „Verschmelzungsplan" (i.S.e. gesellschaftsrechtlichen Organisationsakts) und dem insoweit zulässigerweise weitergehenden Erfordernis eines „Verschmelzungsvertrags" (i.S.e. schuldrechtlichen Vertrags) des deutschen Rechts näher *Lutter/Bayer/J. Schmidt*, EuropUR, § 21 Rz. 25, 35, § 23 Rz. 29 m.w.N. sowie § 122c Rz. 3; § 4 Rz. 2.

2 Vgl. *Lutter/Bayer/J. Schmidt*, EuropUR, § 21 Rz. 37 m.w.N.

3 Vgl. *Lutter/Bayer/J. Schmidt*, EuropUR, § 21 Rz. 77.

4 Vgl. *Lutter/Bayer/J. Schmidt*, EuropUR, § 21 Rz. 80.

5 Vgl. dazu *Lutter/Bayer/J. Schmidt*, EuropUR, § 21 Rz. 99, 101 m.w.N.

6 Vgl. dazu *Lutter/Bayer/J. Schmidt*, EuropUR, § 21 Rz. 104 sowie § 20 Rz. 76ff. (jeweils m.w.N.).

7 EuGH v. 30.9.2003 – Rs. C-167/01, ZIP 2003, 1885 (Inspire Art). Dazu *Lutter/Bayer/J. Schmidt*, EuropUR, § 6 Rz. 27ff. m.w.N.

8 Elfte Richtlinie 89/666/EWG des Rates vom 21.12.1989 über die Offenlegung von Zweigniederlassungen, die in einem Mitgliedstaat von Gesellschaften bestimmter Rechtsformen errichtet wurden, die dem Recht eines anderen Staates unterliegen, ABl. EG Nr. L 395/36 v. 30.12.1989. Text und ausf. Erläuterungen bei *Lutter/Bayer/J. Schmidt*, EuropUR, § 28 m.z.w.N.

9 *Lutter/Bayer/J. Schmidt*, EuropUR, § 6 Rz. 28, § 28 Rz. 11f. m.w.N.

10 Dazu *Lutter/Bayer/J. Schmidt*, EuropUR, § 20 Rz. 69ff. m.w.N.

11 Dazu *Lutter/Bayer/J. Schmidt*, EuropUR, § 3 Rz. 30 m.w.N.

Gesetzgeber z.B. die durch Art. 10 der 3. Richtlinie[1] für die Verschmelzung von Aktiengesellschaften vorgeschriebene Verschmelzungsprüfung (umgesetzt in §§ 9–12, 60 UmwG) nicht einfach abschaffen.

Doch auch schon **vor Ablauf der Umsetzungsfrist** entfalten Richtlinien eine gewisse Vorwirkung i.S.e. **Frustrationsverbots:** Die Mitgliedstaaten sind schon in diesem Zeitraum verpflichtet, den Erlass von Vorschriften zu unterlassen, die geeignet sind, das in der Richtlinie vorgeschriebene Ziel (d.h. das Erreichen eines richtlinienkonformen Zustands ab dem Zeitpunkt des Ablaufs der Umsetzungsfrist) ernstlich in Frage zu stellen[2]. Im Kontext des UmwG[3] ist dies zwar bislang nicht relevant geworden, könnte dies aber in Bezug auf künftige (Änderung-)Richtlinien durchaus werden. 39

5. Andere Rechtsformen und gleicher Gesetzestext: Die überschießende Umsetzung der Richtlinien durch das UmwG

Eine weitere Schwierigkeit in der Auslegung des UmwG besteht darin, dass insbesondere Vorschriften des UmwG, die klar der Umsetzung der 3. und 6. Richtlinie dienen (z.B. die §§ 5, 8, 9, 12 UmwG), nicht nur auf die von den Richtlinien allein erfasste Rechtsform der AG, sondern auch auf andere, von den Richtlinien nicht erfasste Rechtsträger (wie z.B. GmbH oder Personengesellschaften) anwendbar sind[4]. Eine solche überschießende Umsetzung von Richtlinien ist fraglos zulässig; der nationale Gesetzgeber ist frei, die Richtlinie auch als Vorlage für weiter gehende nationale Regelungen zu nehmen, ihr Regelungsmodell auch auf andere Sachverhalte auszudehnen. 40

In diesem Zusammenhang entstehen zwei Fragen:

(1) Besteht auch insoweit eine Pflicht zu richtlinienkonformer Auslegung (dazu unten Rz. 41)?

(2) Besteht auch insoweit ein Recht bzw. sogar eine Pflicht zur Vorlage an den EuGH gem. Art. 267 AEU (dazu unten Rz. 42)?

a) Eine **Pflicht zur richtlinienkonformen Auslegung** ergibt sich insoweit jedenfalls **nicht aus dem Unionsrecht**, denn dieses gebietet – wie speziell auch in der EuGH-Entscheidung in der Rs. *ICI* zum Ausdruck kommt[5] – eine richtlinienkonforme 41

1 Dazu *Lutter/Bayer/J. Schmidt*, EuropUR, § 21 Rz. 51 ff. m.w.N.

2 Grundlegend: EuGH v. 18.12.1997 – Rs. C-129/96, Slg. 1997, I-7411 (Rz. 40 ff.) (Inter-Environnement Wallonie); s. ferner EuGH v. 22.11.2005 – Rs. C-144/04, Slg. 2005, I-9981 (Rz. 67 f.) (Mangold); EuGH v. 26.5.2011 – Rs. C-165/09 bis C-167/09, Slg. 2011, I-4599 (Rz. 78 ff.) (Stichting Natuur en Milieu); EuGH v. 11.9.2012 – Rs. C-43/10, NVwZ-RR 2013, 18 (Rz. 57 f.) (Nomarchiaki Aftodioikisi Aitoloakarnanias). Zum Ganzen: *Lutter/Bayer/J. Schmidt*, EuropUR, § 3 Rz. 35 f. m.w.N.

3 Im weiteren gesellschaftsrechtlichen Kontext wurde das Frustrationsverbot jüngst in der Rs. *HRE* relevant; der EuGH wies die diesbezügliche Vorlage des LG München I jedoch bereits als unzulässig zurück (EuGH v. 24.3.2011 – Rs. C-194/10, ZIP 2011, 1002 (HRE)); in der Sache lag jedoch ohnehin kein Verstoß gegen das Frustrationsverbot vor, vgl. *Lutter/Bayer/J. Schmidt*, EuropUR, § 31 Rz. 21 m.w.N. sowie bereits *Bayer/J. Schmidt*, EWiR 2010, 289 f.

4 Vgl. dazu auch *Lutter/Bayer/J. Schmidt*, EuropUR, § 3 Rz. 62.

5 EuGH v. 16.7.1998 – Rs. C-264/96, Slg. 1998, I-4695 (Rz. 34) (ICI).

Auslegung allein innerhalb seines Anwendungsbereichs[1]. Eine Pflicht zur richtlinienkonformen Auslegung kann sich **aber aus dem nationalen Recht**, d.h. aus einem entsprechenden **Willen des nationalen Gesetzgebers**, ergeben[2]. Es ist also im Wege der Auslegung zu ermitteln, ob der legislatorische Wille ein einheitliches oder ein „gespaltenes" Verständnis gebietet[3]. Dabei wird man bei Fehlen gegenteiliger Anhaltspunkte regelmäßig davon ausgehen können, dass der Gesetzgeber die gleiche Lösung sowohl für die unionsrechtlich präjudizierten als auch für die darüber hinausgehenden Sachverhalte wollte, d.h. im Falle einer überschießenden Umsetzung spricht regelmäßig eine Vermutung für eine einheitliche Auslegung[4]. Im Falle des UmwG hat der Gesetzgeber in der Gesetzesbegründung unmissverständlich dargelegt, dass er eine einheitliche Regelung schaffen will: In Aufbau und Inhalt übernehme man bei der Verschmelzung grundsätzlich die Umsetzungsvorschriften zur 3. Richtlinie (§§ 339 ff. AktG a.F.); diese sollten auch für andere Rechtsformen gelten, soweit deren Spezifika nicht andere Lösungen erforderlich oder zweckmäßig erscheinen ließen[5]; bei der Spaltung, wo bzgl. der AG die 6. Richtlinie zu beachten sei, könne man weitgehend spiegelbildlich die Verschmelzungsvorschriften übernehmen[6]. Diese Leitgedanken manifestierten sich dann auch unverkennbar in der Gesamtsystematik des UmwG (zu dieser noch unten Rz. 50 ff.): Sowohl bei der Verschmelzung als auch bei der Spaltung finden sich jeweils zunächst allgemeine Vorschriften (§§ 4 ff. UmwG bzw. §§ 123 ff. UmwG), die gerade für alle Rechtsträger gelten sollen (unabhängig davon, ob sie durch eine Richtlinie indiziert sind oder nicht), und dann im Anschluss daran jeweils spezielle Vorschriften für die einzelnen Rechtsträger (§§ 39 ff. UmwG bzw. §§ 138 ff. UmwG). Dies zeigt, dass der Gesetzgeber evident wollte, dass für AG einerseits und sonstige Rechtsträger andererseits dieselben Regeln gelten, wenn und soweit er i.R.d. speziellen Vorschriften keine Sonderregeln normiert hat. Folglich ist prinzipiell eine einheitliche – und keine „gespaltene" – Auslegung der auf den Richtlinien beruhenden Vorschriften vorzunehmen[7].

42 **b)** Von der Frage der einheitlichen oder gespaltenen Auslegung strikt zu trennen ist die Frage, ob auch der „überschießenden" Teile der Regelungen ein **Vorabent-**

---

1 Vgl. BGH v. 17.10.2012 – VIII ZR 226/11, ZIP 2012, 2397 (Rz. 18 f.) (Granulat); *Habersack/Mayer* in Riesenhuber (Hrsg.), Europäische Methodenlehre, 2. Aufl. 2010, § 15 Rz. 25 ff.; *Heiderhoff*, Europäisches Privatrecht, 3. Aufl. 2012, Rz. 124; *J. Schmidt*, GPR 2013, 210, 215; *Lutter/Bayer/J. Schmidt*, EuropUR, § 3 Rz. 63 m.z.w.N.

2 Vgl. BGH v. 17.10.2012 – VIII ZR 226/11, ZIP 2012, 2397 (Rz. 20) (Granulat); *Langenbucher* in Langenbucher (Hrsg.), Europarechtliche Bezüge des Privatrechts, 2. Aufl. 2008, § 1 Rz. 108 ff.; *J. Schmidt*, GPR 2013, 210 (215); *Lutter/Bayer/J. Schmidt*, EuropUR, § 3 Rz. 63 m.z.w.N.

3 Vgl. *Lutter/Bayer/J. Schmidt*, EuropUR, § 3 Rz. 63 m.z.w.N.

4 Vgl. *Habersack/Mayer* in Riesenhuber (Hrsg.), Europäische Methodenlehre, 2. Aufl. 2010, § 15 Rz. 39 ff.; *Heiderhoff*, Europäisches Privatrecht, 3. Aufl. 2012, Rz. 124; *Höpfner/Rüthers*, AcP 209 (2009), 1 (29 f.); *Lorenz*, NJW 2013, 207 (208); *J. Schmidt*, GPR 2013, 210 (215); *Lutter/Bayer/J. Schmidt*, EuropUR, § 3 Rz. 63 m.w.N.; a.A. etwa *Herdegen*, WM 2005, 1921 (1930); *Mörsdorf*, JZ 2013, 191 (194).

5 BegrRegE z. UmwG, BT-Drucks. 12/6699, 81.

6 BegrRegE z. UmwG, BT-Drucks. 12/6699, 115.

7 Vgl. *Drinhausen* in Semler/Stengel, Einl. C Rz. 70; *Habersack/Verse*, Europäisches Gesellschaftsrecht, 4. Aufl. 2011, § 8 Rz. 4 f.; *Lutter/Bayer/J. Schmidt*, EuropUR, § 3 Rz. 63; *Schöne/Arens*, WM 2012, 381 (385); *Schwarz*, DStR 1994, 1694 (1697); vgl. auch BayObLG v. 17.9.1998 –, NZG 1998, 1001 (1003); OLG Naumburg v. 12.2.1997 – 10 Wx 1/97, NJW-RR 1998, 178 (180); abw. *Schnorbus*, WM 2000, 2321 ff.

scheidungsverfahren nach Art. 267 AEU eröffnet sein kann. Teils wird insoweit zwar eine Zuständigkeit des EuGH bzw. Vorlageberechtigung der nationalen Gerichte in Zweifel gezogen[1]. Der EuGH nimmt solche Vorlagen mitgliedstaatlicher Gerichte jedoch in st. Rspr. zur Entscheidung an, denn in solchen Fällen besteht – wie er zu Recht[2] betont – ein klares Interesse der Union daran, dass die aus dem Unionsrecht übernommenen Bestimmungen oder Begriffe unabhängig davon, unter welchen Voraussetzungen sie angewandt werden sollen, einheitlich ausgelegt werden, um künftige Auslegungsunterschiede zu verhindern[3]. Bringt man diesen Gedanken konsequent zu Ende, wird man bei letztinstanzlichen Gerichten sogar eine Vorlagepflicht annehmen müssen[4].

VII. Das internationale Recht der Umwandlung

1. Problemaufriss

§ 1 Abs. 1 UmwG (dazu noch § 1 Rz. 4ff.) beschränkt den Anwendungsbereich des 43
UmwG explizit auf „Rechtsträger mit Sitz im Inland". Der RegE 1994 begründete dies damit, dass die Beschränkung der Umwandlungsmöglichkeiten auf Rechtsträger mit Sitz im Inland in fast allen Fällen dem (damals) geltenden Recht entspreche und man den Bemühungen der EG um eine Regelung grenzüberschreitender Fälle nicht vorgreifen wolle; überdies würde eine entsprechende Ausdehnung politisch wie rechtstechnisch erhebliche Probleme aufwerfen[5]. Dieser legislatorische Vorstellung ist freilich durch die zwischenzeitliche Entwicklung – speziell

1 Vgl. GA *Jacobs*, Schlussanträge v. 17.9.1996 – Rs. C-28/95 u. C-130/95, Slg. 1997, I-4161 (Rz. 47ff.) (Leur-Bloem); GA Jacobs, Schlussanträge v. 15.11.2001 – Rs. C-306/99, Slg. 2003, I-1 (Rz. 58ff.) (BIAO); *Habersack/Verse*, Europäisches Gesellschaftsrecht, 4. Aufl. 2011, § 3 Rz. 61; *Habersack/Mayer* in Riesenhuber (Hrsg.), Europäische Methodenlehre, 2. Aufl. 2010, § 15 Rz. 52ff.; *Hommelhoff* in FG 50 Jahre BGH, 2000, Bd. 2, S. 894 (921).

2 Im Schrifttum wird ein Vorlagerecht denn auch ganz überwiegend bejaht, vgl. *Brandner*, Die überschießende Umsetzung von Richtlinien, 2003, S. 125ff.; *Drexl* in FS Heldrich, 2005, S. 67 (76f.); *Hess*, RabelsZ 66 (2002), 470 (486); *Höpfner/Rüthers*, AcP 209 (2009), 1 (30); *Jäger*, Überschießende Richtlinienumsetzung im Privatrecht, 2006, S. 173ff., 223; *Piekenbrock*, EuR 2011, 317 (351); *Lutter* in GS Heinze, 2005, S. 571 (582f.); *Lutter/Bayer/J. Schmidt*, EuropUR, § 3 Rz. 64; *Schnorbus*, RabelsZ 65 (2001), 654 (695ff.).

3 Vgl. EuGH v. 26.9.1985 – Rs. C-166/84, Slg. 1985, 3001 (Rz. 11) (Thomasdünger); EuGH v. 18.10.1990 – Rs. C-297/88 u. C-197/89, Slg. 1990, I-3763 (Rz. 29ff.) (Dzodzi); EuGH v. 17.7.1997 – Rs. C-28/95, Slg. 1997 (Rz. 16ff.) (Leur-Bloem); EuGH v. 7.1.2003, Rs. C-306/99, Slg. 2003, I-1 (Rz. 88ff.) (BIAO); EuGH v. 14.12.2006 – C-217/05, Slg. 2006, I-11987 (Rz. 16ff.) (Confederación Española de Empresarios de Estaciones de Servicio); EuGH v. 18.10.2012 – Rs. C-603/10, DStRE 2013, 349 (Rz. 17ff.) (Pelati); EuGH v. 14.3.2013 – Rs. C-32/11, EuZW 2013, 716 (Rz. 19ff.) (Allianz Hungária).

4 So auch *Drexl* in FS Heldrich, 2005, S. 67 (82); *Hess*, RabelsZ 66 (2002), 470 (487f.) (Herleitung aus dem nationalen Recht); *Jäger*, Überschießende Richtlinienumsetzung im Privatrecht, 2006, S. 224ff.; *Lutter* in GS Heinze, 2005, S. 571 (583f.); *Lutter/Bayer/J. Schmidt*, EuropUR, § 3 Rz. 64; *Piekenbrock*, EuR 2011, 317 (351) (Herleitung aus dem nationalen Recht); *Schnorbus*, RabelsZ 65 (2001), 654 (699f.); a.A. etwa *Brandner*, Die überschießende Umsetzung von Richtlinien, 2003, S. 134f. (der die Frage nach einer Vorlagepflicht letztinstanzlicher Gerichte von der materiellen Pflicht zur richtlinienkonformen Auslegung abhängig macht); *Habersack/Verse*, Europäisches Gesellschaftsrecht, 4. Aufl. 2011, § 3 Rz. 61; *Hommelhoff* in FG 50 Jahre BGH, 2000, Bd. 2, S. 889, (920f.) (unter Hinweis auf den Zweck des Vorabentscheidungsverfahrens).

5 Vgl. BegrRegE z. UmwG, BT-Drucks 12/6699, 80.

die Verabschiedung der 10. (internationalen Fusions-)Richtlinie[1] (umgesetzt in §§ 122a ff. UmwG), aber auch der SE-VO[2] und SCE-VO[3] einerseits, sowie die neue EuGH-Judikatur zur Niederlassungsfreiheit (*Centros*[4], *Überseering*[5], *Inspire Art*[6], *Sevic*[7], *Cartesio*[8], *VALE*[9]) und ihre Auswirkungen auf das deutsche Recht andererseits[10] – weitgehend überholt. Dem muss auch bei der Auslegung und Anwendung des § 1 Abs. 1 UmwG – wie des gesamten UmwG überhaupt – Rechnung getragen werden. Im Einzelnen:

2. Grenzüberschreitende Verschmelzung

44 Die grenzüberschreitende Verschmelzung von **Kapitalgesellschaften** ist heute in Umsetzung der 10. Richtlinie in den §§ 122a ff. UmwG (s. ausf. dazu die Kommentierung dort) geregelt. Deren Anwendungsbereich beschränkt sich allerdings auf die grenzüberschreitende Verschmelzung deutscher Kapitalgesellschaften mit solchen aus EU/EWR-Staaten (s. § 122a Rz. 15, 18 ff.; § 122b Rz. 2 ff.). Bzgl. der Verschmelzung deutscher Kapitalgesellschaften mit solchen aus Drittstaaten besteht demgegenüber weiterhin erhebliche Rechtsunsicherheit[11].

45 Die grenzüberschreitende Verschmelzung von **Personengesellschaften und sonstiger Rechtsträger** ist dagegen von den §§ 122a ff. UmwG nicht erfasst. Auf Grund der *Sevic*-Entscheidung des EuGH genießen jedoch alle Gesellschaften i.S.d. Art. 54 Abs. 2 AEU als Ausfluss der Niederlassungsfreiheit (Art. 49, 54 AEU) „Verschmelzungsfreiheit", wobei diese nach inzwischen ganz h.M. nicht nur die Hinein-, sondern auch die Hinausverschmelzung umfasst (näher § 122a Rz. 11 f. m.w.N.). Hinsichtlich des genauen Verfahrens besteht insoweit indes bislang erhebliche Rechtsunsicherheit. Insoweit ist davon auszugehen, dass sich Vorausset-

1 Richtlinie 2005/56/EG des Europäischen Parlaments und des Rates v. 26.10.2005 über die Verschmelzung von Kapitalgesellschaften aus verschiedenen Mitgliedstaaten, ABl. EU Nr. L 310/1 v. 25.11.2005, s. Anh. V, S. 3481 ff. Ausf. Erläuterungen bei *Lutter/Bayer/J. Schmidt*, EuropUR, § 23 m.z.w.N.

2 VO (EG) Nr. 2157/2001 des Rates v. 8.10.2001 über das Statut der Europäischen Gesellschaft (SE), ABl. EG Nr. L 294/1 v. 10.11.2001. Text und ausf. Erläuterungen bei *Lutter/Bayer/J. Schmidt*, EuropUR, § 41 m.z.w.N.

3 VO (EG) Nr. 1435/2003 des Rates v. 22.7.2003 über das Statut der Europäischen Genossenschaft (SCE), ABl. EU Nr. L 207/1 v. 18.8.2003. Text und ausf. Erläuterungen bei *Lutter/Bayer/J. Schmidt*, EuropUR, § 42 m.z.w.N.

4 EuGH v. 9.3.1999 – Rs. C-212/97, Slg. 1999, I-1459 (Centros). Dazu *Lutter/Bayer/J. Schmidt*, EuropUR, § 6 Rz. 19 ff. m.w.N.

5 EuGH v. 5.1.2002 – Rs. C-108/00, Slg. 2002, I-9919 (Überseering). Dazu *Lutter/Bayer/J. Schmidt*, EuropUR, § 6 Rz. 23 ff. m.w.N.

6 EuGH v. 30.9.2003 – Rs. C-167/01, Slg. 2003, I-10155 (Inspire Art). Dazu *Lutter/Bayer/J. Schmidt*, EuropUR, § 6 Rz. 27 ff. m.w.N.

7 EuGH v. 13.12.2005 – Rs. C-411/03, Slg. 2005, I-10805 (Sevic). Dazu *Bayer/J. Schmidt*, ZIP 2006, 210 ff.; *Lutter/Bayer/J. Schmidt*, EuropUR, § 6 Rz. 32 ff. m.w.N.

8 EuGH v. 16.12.2008 – Rs. C-210/06, Slg. 2008, I-9641 (Sevic). Dazu *Bayer/J. Schmidt*, ZHR 173 (2009), 735 ff.; *Lutter/Bayer/J. Schmidt*, EuropUR, § 6 Rz. 32 ff. m.w.N.

9 EuGH v. 12.7.2012 – C-378/10, BB 2012, 2069 (VALE). Dazu *Bayer/J. Schmidt*, ZIP 2012, 1481 ff.; *Bayer/J. Schmidt*, BB 2013, 3 (9 f.) m.w.N.

10 Dazu *Lutter/Bayer/J. Schmidt*, EuropUR, § 6 Rz. 45 ff. (bis *Cartesio*) sowie (inkl. *VALE*) *Bayer/J. Schmidt*, ZIP 2012, 1481 ff.; *Bayer/J. Schmidt*, BB 2013, 3 (9 f.) m.w.N.

11 Vgl. *Bayer/J. Schmidt*, ZHR 173 (2009), 735 (765); *Lutter/Bayer/J. Schmidt*, EuropUR, § 6 Rz. 71.

zungen, Verfahren und Wirkungen der grenzüberschreitenden Verschmelzung entsprechend der kollisionsrechtlichen Vereinigungstheorie[1] nach dem Personalstatut der jeweiligen Gesellschaft richten; es kommt folglich zu einer Kumulation der beteiligten Rechtsordnungen, wobei sich das strengste Recht durchsetzt[2]. Entsprechend den vom EuGH in *VALE*[3] zum Formwechsel entwickelten Grundsätzen (dazu auch noch unten Rz. 46) sind die jeweiligen nationalen Vorschriften jedoch nur i.R.d. Äquivalenz- und Effektivitätsgrundsatzes anzuwenden. Hinsichtlich der im Einzelnen anzuwendenden deutschen Vorschriften erscheint folgende Lösung vorzugswürdig[4]: § 1 Abs. 1 UmwG ist insoweit unionsrechtskonform auszulegen; es gelten zwar grds. die §§ 2ff., 39ff. UmwG; diese jedoch im Hinblick auf die spezifischen Aspekte transnationaler Fusionen durch eine (partielle) Analogie zu den §§ 122a ff. UmwG zu ergänzen. Dies ist freilich nur eine suboptimale „Hilfslösung"; eine klare gesetzliche Regelung – sowohl auf EU- als auch auf deutscher Ebene – ist hier ein dringendes rechtspolitisches Desiderat[5]. Auf EU-Ebene könnte dies in die im Aktionsplan 2012[6] in Aussicht gestellte Überarbeitung der 10. Richtlinie[7] einfließen[8].

3. Grenzüberschreitende Spaltung

Für die grenzüberschreitende Spaltung existieren bislang keinerlei spezielle Rege- 46
lungen; mit dem durch das 2. UmwGÄndG (dazu oben Rz. 22) in § 125 Satz 1 UmwG (vgl. dazu auch § 125 Rz. 1 ff.) eingefügten Zusatz hat der Gesetzgeber vielmehr sogar ausdrücklich klargestellt, dass er die §§ 122a ff. UmwG gerade nicht entsprechend auf (grenzüberschreitende) Spaltungen angewendet wissen will[9]. Aus den EuGH-Entscheidungen *Sevic*[10], *Cartesio*[11] und *VALE*[12] ergibt sich

1 Dazu ausf. etwa *Kindler* in MünchKomm. BGB, 5. Aufl. 2010, IntGesR Rz. 874ff. m.w.N.
2 *Bayer/J. Schmidt*, ZHR 173 (2009), 735 (766f.); *Lutter/Bayer/J. Schmidt*, EuropUR, § 6 Rz. 75 m.w.N.
3 EuGH v. 12.7.2012 – C-378/10, BB 2012, 2069 (VALE). Dazu *Bayer/J. Schmidt*, ZIP 2012, 1481 ff.; *Bayer/J. Schmidt*, BB 2013, 3 (9f.) m.w.N.
4 Vgl. *Lutter/Bayer/J. Schmidt*, EuropUR, § 6 Rz. 75 m.w.N. zum Meinungsstand.
5 Vgl. *Bayer/J. Schmidt*, ZIP 2012, 1481 (1492); *Bayer/J. Schmidt*, BB 2013, 3 (15); *Lutter/Bayer/J. Schmidt*, EuropUR, § 6 Rz. 75, 84, 86.
6 Mitteilung der Kommission an das Europäische Parlament, den Rat, den Europäischen Wirtschafts- und Sozialausschuss und den Ausschuss der Regionen. Aktionsplan: Europäisches Gesellschaftsrecht und Corporate Governance – ein moderner Rechtsrahmen für engagiertere Aktionäre und besser überlebensfähige Unternehmen, KOM(2012) 740. Dazu *Bayer/J. Schmidt*, BB 2013, 3 (12ff.); *Behrens*, EuZW 2013, 121f.; *J. Schmidt*, GmbHR 2013, R 33f.
7 Vgl. Aktionsplan (vorherige Fn.), 4.2.
8 Vgl. *Bayer/J. Schmidt*, BB 2013, 3 (15).
9 Vgl. dazu BegrRegE, BR-Drucks. 548/06, 20 (40); *Drinhausen* in Semler/Stengel, § 122a UmwG Rz. 6; *Heckschen* in Widmann/Mayer, § 122a UmwG Rz. 20; *Heckschen*, DNotZ 2006, 444 (453); *Louven*, ZIP 2006, 2021 (2023f.); *H.-F. Müller*, ZIP 2007, 1081 (1082 Fn. 16); *Simon/Rubner*, Der Konzern 2006, 835 (843).
10 EuGH v. 13.12.2005 – Rs. C-411/03, Slg. 2005, I-10805 (Sevic). Dazu *Bayer/J. Schmidt*, ZIP 2006, 210ff.; *Lutter/Bayer/J. Schmidt*, EuropUR, § 6 Rz. 32ff. m.w.N.
11 EuGH v. 16.12.2008 – Rs. C-210/06, Slg. 2008, I-9641 (Sevic). Dazu *Bayer/J. Schmidt*, ZHR 173 (2009), 735ff.; *Lutter/Bayer/J. Schmidt*, EuropUR, § 6 Rz. 32ff. m.w.N.
12 EuGH v. 12.7.2012 – C -378/10, BB 2012, 2069 (VALE). Dazu *Bayer/J. Schmidt*, ZIP 2012, 1481ff.; *Bayer/J. Schmidt*, BB 2013, 3 (9f.) m.w.N.

jedoch, dass EU-/EWR-Gesellschaften als Ausfluss der Niederlassungsfreiheit gemäß **Art. 49, 54 AEU** auch **„Spaltungsfreiheit"** genießen[1]. Hinsichtlich des Verfahrens besteht hier indes letztlich dieselbe Problematik wie bei der grenzüberschreitenden Verschmelzung von Nicht-Kapitalgesellschaften (dazu oben Rz. 45), die konsequenterweise nach denselben Grundsätzen zu lösen ist: § 1 Abs. 1 UmwG ist insoweit unionsrechtskonform auszulegen; Voraussetzungen, Verfahren und Wirkungen grenzüberschreitender Spaltungen richten sich entsprechend der kollisionsrechtlichen Vereinigungstheorie[2] nach dem Personalstatut der jeweiligen Gesellschaft; i.R.d. hieraus resultierenden Kumulation der beteiligten Rechtsordnungen setzt sich das jeweils strengste Recht durch; entsprechend den vom EuGH in *VALE*[3] zum Formwechsel entwickelten Grundsätzen (dazu auch noch unten Rz. 47) sind die jeweiligen nationalen Vorschriften jedoch nur i.R.d. Äquivalenz- und Effektivitätsgrundsatzes anzuwenden; auf materiell-rechtlicher Ebene gelten für die beteiligte(n) deutsche(n) Gesellschaft(en) grundsätzlich die §§ 123 ff. UmwG, hinsichtlich der spezifischen transnationalen Aspekte sind jedoch partiell die §§ 122a ff. UmwG analog heranzuziehen[4]. Auch hierbei handelt es sich freilich wiederum lediglich um eine suboptimale Hilfslösung – klare gesetzliche Regelungen sowohl auf EU- als auch auf deutscher Ebene sind auch hier ein dringendes rechtspolitisches Desiderat[5]. Es ist daher zu hoffen, dass die Kommission das im Aktionsplan 2012 ins Auge gefasste Vorhaben der Schaffung eines EU-Rechtsrahmens für die grenzüberschreitende Spaltung[6] baldmöglichst realisiert – am besten im Form eines Ausbaus der 10. Richtlinie zu einer allgemeinen Richtlinie über die grenzüberschreitende Mobilität[7].

4. Grenzüberschreitender Formwechsel

47 Keine speziellen Regelungen enthält das UmwG schließlich auch für den grenzüberschreitenden Formwechsel. Der EuGH hatte jedoch schon 2008 in der ***Cartesio***-Entscheidung[8] (wenngleich nur *obiter*) judiziert und nun in seinem ***VALE***-Urteil vom 12.7.2012[9] ausdrücklich bestätigt, dass auch grenzüberschreitende Formwechsel vom Schutzbereich der **Niederlassungsfreiheit** (Art. 49, 54 AEU) erfasst sind. Der Herkunftsmitgliedstaat darf grenzüberschreitende Formwechsel nicht pauschal verhindern, sondern nur solchen Beschränkungen unterwerfen, die

1 Vgl. *Bayer/J. Schmidt*, ZHR 173 (2009), 735 (768); *Bayer/J. Schmidt*, ZIP 2012, 1481 (1492); *Lutter/Bayer/J. Schmidt*, EuropUR, § 6 Rz. 76, 78 (jeweils m.w.N.).
2 Dazu ausf. etwa *Kindler* in MünchKomm. BGB, 5. Aufl. 2010, IntGesR Rz. 874 ff. m.w.N.
3 EuGH v. 12.7.2012 – C -378/10, BB 2012, 2069 (VALE). Dazu *Bayer/J. Schmidt*, ZIP 2012, 1481 ff.; *Bayer/J. Schmidt*, BB 2013, 3 (9 f.) m.w.N.
4 Vgl. *Lutter/Bayer/J. Schmidt*, EuropUR, § 6 Rz. 78 m.w.N. zum Meinungsstand.
5 Vgl. *Bayer/J. Schmidt*, ZIP 2012, 1481 (1492); *Bayer/J. Schmidt*, BB 2013, 3 (15); *Lutter/Bayer/J. Schmidt*, EuropUR, § 6 Rz. 84, 86.
6 Vgl. Aktionsplan: Europäisches Gesellschaftsrecht und Corporate Governance – ein moderner Rechtsrahmen für engagiertere Aktionäre und besser überlebensfähige Unternehmen, KOM(2012) 740, 4.3.
7 Vgl. dazu *Bayer/J. Schmidt*, BB 2013, 3 (14 f.); *J. Schmidt*, GmbHR 2013, R 33 (R 34).
8 EuGH v. 16.12.2008 – Rs. C-210/06, Slg. 2008, I-9641 (Sevic). Dazu *Bayer/J. Schmidt*, ZHR 173 (2009), 735 ff.; *Lutter/Bayer/J. Schmidt*, EuropUR, § 6 Rz. 32 ff. m.w.N.
9 EuGH v. 12.7.2012 – C -378/10, BB 2012, 2069 (VALE). Dazu *Bayer/J. Schmidt*, ZIP 2012, 1481 ff.; *Bayer/J. Schmidt*, BB 2013, 3 (9 f.) m.w.N.

nach Maßgabe der sog. *Gebhard*-Formel aus zwingenden Gründen des Allgemeininteresses gerechtfertigt sind (*Cartesio*, in *VALE* vorausgesetzt): Der Aufnahmemitgliedstaat muss grenzüberschreitende Formwechsel zulassen, wenn und soweit er auch im innerstaatlichen Recht Formwechsel gestattet (an sich bereits *Cartesio*, nun aber eindeutig *VALE*). Hinsichtlich des Verfahrens gelten mangels EU-Regelungen die innerstaatlichen Formwechselgründungs- und -funktionsregelungen des Herkunfts- und des Aufnahmemitgliedstaats; aus Art. 49, 54 AEU folgt jedoch, dass die jeweiligen nationalen Vorschriften nur im Rahmen des Äquivalenzgrundsatzes (grenzüberschreitende Formwechsel dürfen nicht ungünstiger behandelt werden als innerstaatliche) und des Effektivitätsgrundsatzes (grenzüberschreitende Formwechsel dürfen nicht praktisch unmöglich gemacht oder übermäßig erschwert werden) angewendet werden dürfen (*VALE*). Spezifische Sonderregeln für grenzüberschreitende Formwechsel sind sowohl seitens des Herkunfts- als auch des Aufnahmemitgliedstaats nur zulässig, wenn und soweit sie durch spezielle Rechtfertigungsgründe des AEU, durch zwingende Gründe des Allgemeininteresses i.S.d. *Gebhard*-Formel oder – in engen Grenzen – durch den Missbrauchsvorbehalt gerechtfertigt sind (vgl. bzgl. des Herkunftsmitgliedstaats bereits *Cartesio*; in *VALE* nun teils ausdrücklich, teils implizit für beide beteiligte Mitgliedstaaten)[1].

Aus deutscher Perspektive bedeutet dies[2]: Ein Herausformwechsel der in § 191 Abs. 1 UmwG genannten deutschen Gesellschaften in eine Rechtsform eines anderen EU-/EWR-Mitgliedstaats muss zugelassen werden, sofern dies i.S.v. *Cartesio* und *VALE* nach dem Recht des Aufnahmestaats „möglich" ist; umgekehrt muss aber auch ein Hereinformwechsel von EU-/EWR-Gesellschaften, die einer der in § 191 Abs. 1 UmwG genannten deutschen Rechtsform entsprechen, in eine in § 191 Abs. 2 UmwG genannte Rechtsform zugelassen werden (wobei auch „rechtsformkongruente" Formwechsel, z.B. Ltd. in GmbH, zuzulassen sind); § 1 Abs. 1 Nr. 4 UmwG ist insofern unionsrechtskonform auszulegen. Hinsichtlich des die deutsche „Sphäre" betreffenden Verfahrens gelten grundsätzlich die §§ 190 Abs. 1, 192ff. UmwG; soweit sich auf Grund des grenzüberschreitenden Charakters die Notwendigkeit von Anpassungen ergibt, bietet sich eine vorsichtige partielle Analogie zu Art. 8 SE-VO, §§ 12ff. SEAG und §§ 122aff. UmwG an, wobei allerdings stets der Effektivitätsgrundsatz zu beachten ist. 48

Dringend **wünschenswert** wäre freilich auch hier die Schaffung spezieller Rechtsgrundlagen sowohl auf deutscher als auch auf EU-Ebene[3]. Nachdem das **Projekt einer 14. (Sitzverlegungs-)Richtlinie**[4] jahrelang auf Eis gelegen hatte, hat die Kommission entsprechend ihrer Ankündigung im Aktionsplan 2012[5] im Januar 2013 49

1 Vgl. *Bayer* in Lutter/Hommelhoff, § 4a GmbHG Rz. 17; *Bayer/J. Schmidt*, ZIP 2012, 1481 (1490f.).
2 Vgl. *Bayer* in Lutter/Hommelhoff, § 4a GmbHG Rz. 17; *Bayer/J. Schmidt*, ZIP 2012, 1481 (1491).
3 Vgl. dazu ausf. *Lutter/Bayer/J. Schmidt*, EuropUR, § 32 m.w.N. und Abdruck Vorentwurf 1997.
4 Vgl. dazu ausf. *Lutter/Bayer/J. Schmidt*, EuropUR, § 32 m.w.N. und Abdruck Vorentwurf 1997.
5 Vgl. *Bayer* in Lutter/Hommelhoff, § 4a GmbHG Rz. 18; *Bayer/J. Schmidt*, ZIP 2012, 1481 (1491); *Bayer/J. Schmidt*, BB 2013, 3 (14); vgl. auch bereits *Lutter/Bayer/J. Schmidt*, EuropUR, § 6 Rz. 84, 86; § 32 Rz. 30 (jeweils m.w.N.).

immerhin (erneut) eine Konsultation[1] eingeleitet, die hoffentlich bald in eine entsprechende Richtlinie – bzw. eine entsprechende Erweiterung der 10. Richtlinie hin zu einer allgemeinen Richtlinie über die grenzüberschreitende Mobilität – münden wird.

VIII. Systematik des UmwG und die einzelnen Umwandlungsfälle

1. Umwandlung mit und ohne Vermögensübertragung

50 Das UmwG behandelt zwei ganz verschiedene Arten von Umwandlungen: solche mit einer Übertragung von Vermögen (Aktiva und Passiva) kraft Gesamtrechtsnachfolge (Sonderrechtsnachfolge) und solche ohne jede Vermögensbewegung. Zu der Ersteren gehören die Verschmelzung, die Spaltung, die Ausgliederung und die Vermögensübertragung, zur Letzteren der Formwechsel.

S. dazu das folgende Schaubild 1:

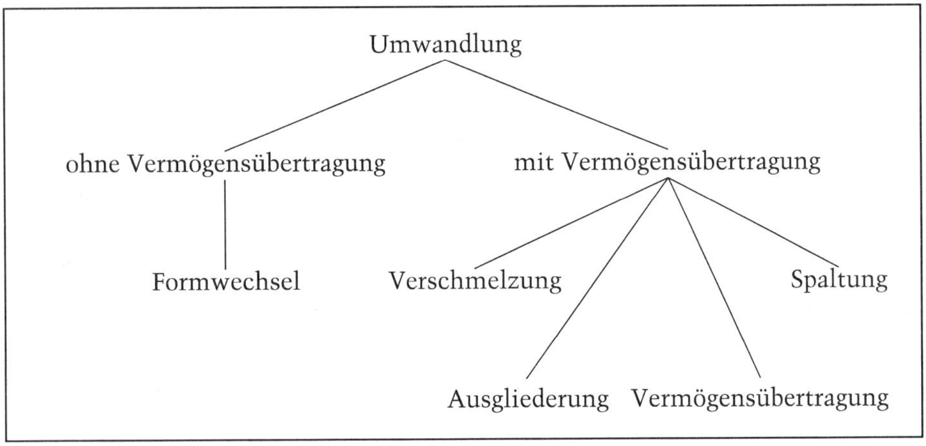

2. Umwandlungsformen

51 Das Gesetz kennt **vier Grundformen** der Umwandlung: die Verschmelzung, die Spaltung, die Vermögensübertragung und den Formwechsel mit zum Teil ganz verschiedenen Unterformen.

S. insoweit das folgende Schaubild 2:

1 Konsultationsseite: http://ec.europa.eu/internal_market/consultations/2013/seat-transfer/index_de.htm.

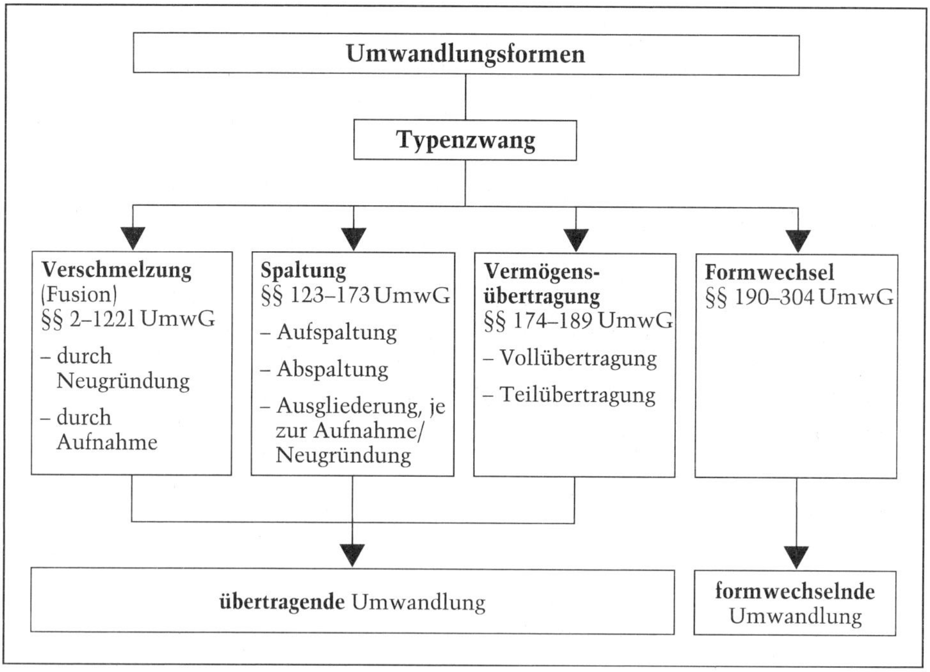

3. Aufgabe der früheren Unterscheidung in (nur) formwechselnde und übertragende Umwandlung

Eine der systematisch wichtigsten Neuerungen des Gesetzes (neben der damals neu eingeführten Spaltung) ist die Beseitigung der früheren Unterscheidung zwischen dem „reinen" Formwechsel (z.B. AG in GmbH) und dem übertragenden Formwechsel (z.B. von der OHG in die GmbH). Diese für die formwechselnde Umwandlung über ein halbes Jahrhundert hinweg grundlegende Unterscheidung hing mit der Lehre von der unterschiedlichen Zuordnung des Vermögens in der Personengesellschaft einerseits (Zuordnung des Vermögens an die Gesellschafter zur gesamten Hand) und in den Kapitalgesellschaften andererseits zusammen (juristische Person, der das Vermögen selbst zugeordnet ist). Das UmwG überspielt diesen Unterschied bewusst und gewollt und behandelt heute alle Fälle des Wechsels der Rechtsform als **reinen Formwechsel** (vgl. § 202 Abs. 1 Nr. 1 UmwG). Da es aber nur die Zuordnung des Vermögens entweder an die Gesellschafter oder an die Gesellschaft als solche gibt, ein drittes nicht möglich und nicht denkbar ist (*tertium non datur*), muss diese Gestaltung des Gesetzes und des Gesetzgebers Rückwirkung auf das Verständnis von der Vermögenszuordnung in den Personenhandelsgesellschaften haben. Dem entspricht heute schon und zunehmend die Auffassung in der Literatur[1]. Im Übrigen vgl. näher § 190 Rz. 5 ff. 52

1 S. etwa *Mülbert*, AcP 199 (1999), 38 (62); *Raiser*, AcP 194 (1994), 495 (503 ff.); *Raiser*, AcP 199 (1999), 104 (140 f.); *Timm*, NJW 1995, 3209 ff.; *Timm*, ZGR 1996, 247 (251 ff.); *Bayer*, ZIP 1997, 1613 (1625); *Stratz* in Schmitt/Hörtnagl/Stratz, § 190 UmwG Rz. 10; *Hadding*, ZGR 2001, 712 (717 ff.); zurückhaltend demgegenüber *Wiedemann*, ZGR 1996, 286

4. Inländische Rechtsträger

53 In den Kreis der umwandlungsfähigen Rechtsträger sind nahezu alle dem deutschen Recht bekannten Unternehmensformen einbezogen worden; aber nur einem Teil von ihnen stehen alle Umwandlungsformen offen, andere sind nur in spezielle Bereiche einbezogen (z.B. natürliche Personen, BGB-Gesellschaften, genossenschaftliche Prüfungsverbände, VVaG, Gebietskörperschaften, Stiftungen). Zu den Rechtsträgern, die praktisch an allen Umwandlungsarten teilnehmen können, gehören vor allem die Personenhandelsgesellschaften (OHG, KG), die Partnerschaft, die GmbH, AG, KGaA, die Genossenschaft und der eingetragene Verein. Auch die UG (haftungsbeschränkt) ist als Unterfall der GmbH ein grundsätzlich umwandlungsfähiger Rechtsträger; allerdings ergeben sich Beschränkungen aus dem Sacheinlageverbot des § 5a Abs. 2 Satz 2 GmbHG[1] (Einzelheiten bei der Kommentierung der jew. Vorschriften).

S. auch dazu das folgende Schaubild 3[2]:

(289 f.); annähernd *Wiedmann*, ZGR 1999, 568 (575). Dagegen *Zöllner* in FS Claussen, 1997, S. 429 unter Hinweis auf den Widerspruch zwischen § 1059a Abs. 2 BGB einerseits und § 11 Abs. 2 InsO andererseits.

1 Dazu etwa *Lutter/Kleindiek* in Lutter/Hommelhoff, § 5a GmbHG Rz. 20 ff. m.w.N.

2 Entnommen aus *Schaumburg/Rödder*, UmwG/UmwStG, 1995, Einf. UmwG Rz. 121 ff.

Schaubild 3:

Verschmelzung

Rechtsträger übertragender	übernehmender oder neuer **PersGes**	**Partnerschaft**	**GmbH**	**AG**	**KGaA**	**eG**	**eV**	**Gen. Prüfungs-verbände**	**VVaG**	**nat. Personen**
PersGes	§§ 39–45	§§ 39–45, 45a–45e	§§ 39–45, 46–59	§§ 39–45, 60–77	§§ 39–45, 78	§§ 39–45, 79–98	–	–	–	–
Partnerschaft	§§ 39–45, 45a–45e	§§ 45a–45e	§§ 45a–45e, 46–59	§§ 45a–46e, 60–77	§§ 45a–46e, 783	§§ 45a–45e, 79–98	–	–	–	–
GmbH inkl. UG	§§ 39–45, 46–59	§§ 45a–45e, 46–59	§§ 46, 59	§§ 46–59, 60–77	§§ 46–59, 78	§§ 46–59, 79–98	–	–	–	§§ 120–122 i.V.m. §§ 46–59
AG	§§ 39–45, 60–77	§§ 45a–45e, 60–77	§§ 46–59, 60–77	§§ 60–77	§§ 60–77, 78	§§ 60–77, 79–98	–	–	–	§§ 120–122 i.V.m. §§ 60–77
KGaA	§§ 39–45, 78	§§ 45a–45e, 78	§§ 46–59, 78	§§ 60–77, 78	§ 78	§§ 78, 79–98	–	–	–	§§ 120–122 i.V.m. § 78
eG	§§ 39–45, 79–98	§§ 45a–45e, 79–98	§§ 46–59, 79–98	§§ 60–77, 79–98	§§ 78, 79–98	§§ 79–98	–	–	–	–
eV/wirtschaftl. Vereine	§§ 39–45, 99–104a	§§ 45a–45e, 99–104a	§§ 46–59, 99–104a	§§ 60–77, 99–104a	§§ 78, 99–104a	§§ 79–98, 99–104a	§§ 99–104a	–	–	–
Gen. Prüfungs-verbände	–	–	–	–	–	–	–	§§ 105–108	–	–
VVaG	–	–	–	(nur Ver-sicherungs-AG) §§ 60–77, 109–119	–	–	–	–	§§ 109–119	–

Spaltung

Rechtsträger	übernehmender oder neuer					
übertragender	**PersGes/ Partnerschaft**	**GmbH**	**AG/KGaA**	**eG**	**eV**	**Gen. Prüfungs- verbände**	**VVaG**
PersGes/ Partnerschaft	§§ 125, 135	§§ 125, 135; 138–140	§§ 125, 135; 141–146	§§ 125, 135; 147, 148	–	–	–
GmbH	§§ 125, 135; 138–140	§§ 138–140	§§ 138–140; 141–146	§§ 138–140; 147, 148	–	–	–
AG/KGaA	§§ 125, 135; 141–146	§§ 138–140; 141–146	§§ 141–146	§§ 141–146; 147, 148	–	–	–
eG	§§ 125, 135; 147, 148	§§ 138–140; 147, 148	§§ 141–146; 147, 148	§§ 147, 148	–	–	–
eV/ wirtschaftl. Vereine	§§ 125, 135, 149	§§ 138–140, 149	§§ 141–146, 149	§§ 147, 148, 149	§ 149	–	–
Gen. Prüfungs- verbände	–	nur Ausgliedg. §§ 138–140, 150	nur Ausgliedg. §§ 141–146, 150	–	–	§ 150	–
VVaG	–	nur Ausgliedg. keine Übertrag. v. Vers.-vertr. §§ 138–140, 151	nur Vers.AG nur Auf-/Abspaltung §§ 141–146, 151	–	–	–	nur Auf-/ Abspaltung § 151
Einzelkaufmann	nur Ausgliedg. §§ 125, 135; 152–160	nur Ausgliedg. §§ 138–140; 152–160	nur Ausgliedg. §§ 141–146; 152–160	nur Ausgliedg. §§ 147, 148; 152–160	–	–	–
Stiftungen	nur Ausgliedg. §§ 125, 135; 161–167	nur Ausgliedg. §§ 138–140; 161–167	nur Ausgliedg. §§ 141–146; 161–137	–	–	–	–
Gebietskörper- schaften	nur Ausgliedg. §§ 125, 135; 168–173	nur Ausgliedg. §§ 138–140; 168–173	nur Ausgliedg. §§ 141–146; 168–173	nur Ausgliedg. §§ 147, 148; 168–173	–	–	–

Vermögensübertragung

Rechtsträger übertragender		übernehmender Öffentliche Hand	VVaG	öffentl.-rechtl. Versicherungs-unternehmen	Versicherungs-AG
GmbH	Voll-übertr.	§§ 175 Nr. 1, 176	–	–	–
	Teil-übertr.	§§ 175 Nr. 1, 177	–	–	–
AG/KGaA	Voll-übertr.	§§ 175 Nr. 1, 176	–	–	–
	Teil-übertr.	§§ 175 Nr. 1, 177	–	–	–
Versicherungs-AG	Voll-übertr.	–	§§ 175 Nr. 2 Buchst. a, 178	§§ 175 Nr. 2 Buchst. a, 178	–
	Teil-übertr.	–	§§ 175 Nr. 2 Buchst. a, 179	§§ 175 Nr. 2 Buchst. a, 179	–
VVaG	Voll-übertr.	–	–	§§ 175 Nr. 2 Buchst. b, 180–183, 185–187	§§ 175 Nr. 2 Buchst. b, 180–183, 185–187
	Teil-übertr.	–	–	§§ 175 Nr. 2 Buchst. b, 184–187	§§ 175 Nr. 2 Buchst. b, 184–187
öffentl.-rechtl. Versicherungsunternehmen	Voll-übertr.	–	§§ 175 Nr. 2 Buchst. c, 188	–	§§ 175 Nr. 2 Buchst. c, 188
	Teil-übertr.	–	§§ 175 Nr. 2 Buchst. c, 189	–	§§ 175 Nr. 2 Buchst. c, 189

Formwechsel

Rechtsträger	neue Rechtsform						
formwechselnder	**GbR**	**PersGes**	**Partnerschaft**	**GmbH**	**AG**	**KGaA**	**eG**
PersGes	§ 190 Abs. 2	§ 190 Abs. 2	§ 190 Abs. 2	§§ 214–225	§§ 214–225	§§ 214–225	§§ 214–225
Partnerschaft	§ 190 Abs. 2	§ 190 Abs. 2	§ 190 Abs. 2	§§ 225a–225c	§§ 225a–225c	§§ 225a–225c	§§ 225a–225c
GmbH	§§ 226, 228–237	§§ 226, 228–237	§§ 226, 228–237	–	§§ 226, 238–250	§§ 226, 238–250	§§ 226, 251–257
AG	§§ 226, 228–237	§§ 226, 228–237	§§ 226–237	§§ 226, 238–250	–	§§ 226, 238–250	§§ 226, 251–257
KGaA	§§ 226–237	§§ 226–237	§§ 226–237	§§ 226, 227, 238–250	§§ 226, 227, 238–250	–	§§ 226, 227, 251–257
eG	–	–	–	§§ 258–271	§§ 258–271	§§ 258–281	–
eV/ wirtschaftl. Vereine	–	–	–	§§ 272–282	§§ 272–282	§§ 272–282	§§ 272, 283–290
VVaG	–	–	–	–	(nur größerer VVaG) §§ 291–300	–	–
Körperschaften/ Anstalten des öff. Rechts	–	–	–	§§ 301–304	§§ 301–304	§§ 301–304	–

Schaubild 4: 54
Verschmelzung mit EU- und EWR-ausländischen Rechtsträgern

Übertragender Rechtsträger	**Übernehmender oder neuer Rechtsträger**		
Deutsche AG	EU- oder EWR-AG	EU- oder EWR-GmbH	EU- oder EWR-KGaA
Deutsche GmbH	EU- oder EWR-AG	EU- oder EWR-GmbH	EU- oder EWR-KGaA
Deutsche KGaA	EU- oder EWR-AG	EU- oder EWR-GmbH	EU- oder EWR-KGaA
AG aus EU- oder EWR-Staat	deutsche AG	deutsche GmbH	deutsche KGaA
GmbH aus EU- oder EWR-Staat	deutsche AG	deutsche GmbH	deutsche KGaA
KGaA aus EU- oder EWR-Staat	deutsche AG	deutsche GmbH	deutsche KGaA

IX. Möglichkeiten zur Umwandlung außerhalb des UmwG

Solche Möglichkeiten bestehen im Grundsatz weiterhin fort[1], sei es durch **Anwachsung** nach § 738 BGB[2], sei es durch **Einzelübertragung**[3] oder durch Bestandsübertragung nach § 14 VAG (dazu Anh. 1 nach § 189). Das gilt indes nur mit Einschränkungen für die **übertragende Auflösung**[4], weil das UmwBerG das Hinausdrängen einer mehr als nur unerheblich beteiligten Minderheit mit den heutigen Standards des Minderheitenschutzes nicht mehr für vereinbar hält. Eine solche übertragende Auflösung ist nur noch in dem Ausnahmefall zulässig, dass der Mehrheitsaktionär über 95 % der Anteile hält, weil die Wertung des § 320 Abs. 1 AktG sowie die Parallelvorschrift für den „echten squeeze out" in §§ 327a ff. AktG erkennen lässt, dass die Rechtsordnung das Interesse der Mehrheit, sich von der Minderheit zu trennen, nur dann anerkennt, wenn es sich bei diesen um einen aus Gesellschaftssicht eher unbedeutenden Rest freier Aktionäre handelt[5]. Gegenteiliges folgt nicht schon aus der bloßen Existenz von § 179a AktG, weil diese Norm nach ihrem gedachten Normalfall nicht die Vermögensübertragung auf den Mehrheitsgesellschafter vor Augen hat[6]. 55

1 Vgl. auch *Semler/Stengel* in Semler/Stengel, Einl. A Rz. 82 ff.
2 Wie hier *Semler/Stengel* in Semler/Stengel, Einl. A Rz. 88, *Kallmeyer* in Kallmeyer, § 1 UmwG Rz. 18; vgl. auch BegrRegE BT-Drucks. 12/6699, 80.
3 Dazu LG Hamburg v. 21.1.1997 – 402 O 122/96, DB 1997, 516; LG Karlsruhe v. 6.11.1997 – O 43/97 KfH I, ZIP 1998, 385 (Badenwerk); *Semler/Stengel* in Semler/Stengel, Einl. A Rz. 85; *Kallmeyer* in Kallmeyer, § 1 UmwG Rz. 21; *Heckschen*, DB 1998, 1385; *Priester*, ZHR 163 (1999), 187 (190). S. auch *Leinekugel*, Die Ausstrahlungswirkungen des Umwandlungsgesetzes, 2000, § 4 I m.w.N.
4 Zu deren Vereinbarkeit mit dem GG: BVerfG v. 23.8.2000 – 1 BvR 68/95 u. 147/97, AG 2001, 42 ff.
5 *Lutter/Drygala* in FS Kropff, 1997, S. 191 (220). Vgl. im Übrigen auch den Vorschlag des Arbeitskreises *Forum Europaeum*, ZGR 1998, 672 (732 ff.) zum Ausschlussrecht gegenüber einer Restminderheit sowie *Henze* in FS Wiedemann, 2002, S. 935 (939 ff.).
6 *Lutter/Leinekugel*, ZIP 1999, 261 (263); *Trölitzsch*, DStR 1999, 764 (765); *Wiedemann*, ZGR 1999, 857 (865).

56 Kein Einwand gegen die Einzelrechtsübertragung ist die BGH-Rechtsprechung zur Unzulässigkeit von Umstrukturierungen einer LPG außerhalb des LwAnpG[1]. Denn die entscheidungstragenden Gründe hinsichtlich der Exklusivität des LwAnpG betreffen einzig Verfügungsbeschränkungen im DDR-Recht und sind einer Übertragung auf das UmwG nicht zugänglich.

Gestaltungsformen, die im wirtschaftlichen Ergebnis einer Verschmelzung, Spaltung oder einem Formwechsel gleichkommen (sog. wirtschaftliche Umwandlungen), geraten hierdurch nicht unter Rechtfertigungszwang; es besteht vielmehr **Wahlfreiheit**[2]. § 1 Abs. 2 UmwG akzeptiert Umstrukturierungen außerhalb des Anwendungsbereiches des UmwG mittelbar, indem er u.a. verbietet, die sukzessionsrechtlichen Begünstigungen, die §§ 20 Abs. 1, 131 Abs. 1, 202 Abs. 1 UmwG vorsieht, auf alternative Gestaltungsformen zu übertragen, was deren Existenz logisch voraussetzt. Das entspricht auch dem Willen des historischen Gesetzgebers[3] sowie der Vereinfachungsfunktion der Umwandlungsgesetzgebung, wonach technische Umwandlungen stets nur als echte Alternative neben die – und nicht: an die Stelle der – nach allgemeinen Regeln durchführbaren Umstrukturierungsvorgänge treten. Weder systematische, teleologische oder europarechtliche Gründe gebieten eine Sperrwirkung des UmwG[4]. Soweit das UmwG durch wirtschaftliche Umwandlungen leer zu laufen droht, handelt es sich hierbei nicht um ein Umgehungsproblem im technischen Sinne, sondern um eine Frage der Systemstimmigkeit der Rechtsordnung.

X. Ausstrahlungswirkungen des UmwG

Literatur

Aha, Einzel- oder Gesamtrechtsnachfolge bei der Ausgliederung?, AG 1997, 345; *Bayer*, 1000 Tage neues Umwandlungsrecht – eine Zwischenbilanz, ZIP 1997, 1613; *Bungert*, Ausgliederung durch Einzelrechtsübertragung und analoge Anwendung des Umwandlungsgesetzes, NZG 1998, 367; *Heckschen*, Die Entwicklung des Umwandlungsrechts aus Sicht der Rechtsprechung und Praxis, DB 1998, 1385; *Henze*, Erscheinungsformen des squeeze-out von Minderheitsaktionären, in FS Wiedemann, 2002, S. 935; *Joost*, „Holzmüller 2000" vor dem Hintergrund des Umwandlungsgesetzes, ZHR 163 (1999), 164; *Kallmeyer*, Anwendung von Verfahrensvorschriften des Umwandlungsgesetzes auf Ausgliederungen nach Holzmüller, Zusammenschlüsse nach der Pooling-of-interests-Methode und die sog. übertragende Auflösung, in FS Lutter, 2000, S. 1245; *Leinekugel*, Die Aus-

1 BGH v. 8.5.1998 – B Lw 39/97, ZIP 1998, 1207 und kritisch dazu *Schubel*, ZIP 1998, 1386. Vgl. auch *Hommelhoff/Schubel*, ZIP 1998, 537.

2 Vgl. auch *Kallmeyer* in Kallmeyer, § 1 UmwG Rz. 20; *Hörtnagl* in Schmitt/Hörtnagl/Stratz, § 1 UmwG Rz. 58; wohl auch *Semler/Stengel* in Semler/Stengel, Einl. A Rz. 82.

3 Vgl. RegBegr, *Ganske*, S. 43: „Bisher schon bestehende andere Methoden, die Struktur eines Unternehmensträgers zu verändern [...] bleiben erhalten". Umso unverständlicher ist es, dass der Gesetzentwurf von SPD und Bündnis 90/Die Grünen zur Steuerreform 1998 BT-Drucks. 14/23, 172 gerade unter Berufung auf den historischen Gesetzgeber davon auszugehen scheint, dass dem UmwG eine Sperrwirkung zukäme. Dort heißt es: „Für betriebliche Umstrukturierungsmaßnahmen hat der Gesetzgeber mit dem Umwandlungs- und Umwandlungssteuergesetz ein umfängliches und ausreichendes Instrumentarium zur Verfügung gestellt. Der Gesetzgeber hat damit gleichzeitig zum Ausdruck gebracht, dass darüber hinaus weitere, gesetzlich nicht beschriebene Begünstigungen nicht gewollt sind."

4 Speziell zu diesem Aspekt *Leinekugel*, Die Ausstrahlungswirkungen des Umwandlungsgesetzes, 2000, § 4 I mit allen Nachweisen.

strahlungswirkungen des Umwandlungsgesetzes, 2000; *Lutter, Das unvollendete Konzernrecht,* in FS K. Schmidt, 2009, S. 1065; *Lutter,* Der Erwerb der Dresdner Bank durch die Commerzbank – ohne ein Votum ihrer Hauptversammlung?, ZIP 2012, 351; *Lutter/Drygala,* Die Übertragende Auflösung: Liquidation der Aktiengesellschaft oder Liquidation des Minderheitenschutzes, in FS Kropff, 1997, S. 191; *Lutter/Leinekugel,* Kompetenzen von Hauptversammlung und Gesellschafterversammlung beim Verkauf von Unternehmensteilen, ZIP 1998, 225; *Lutter/Leinekugel,* Der Ermächtigungsbeschluss der Hauptversammlung – zulässige Kompetenzübertragung oder unzulässige Selbstentmachtung?, ZIP 1998, 805; *Lutter/Leinekugel,* Planmäßige Unterschiede im umwandlungsrechtlichen Minderheitenschutz?, ZIP 1999, 261; *Peters,* Übertragung von Gesellschaftsvermögen und „Freezeout" – Konfliktpotenzial im Minderheitenschutz, BB 1999, 801; *Priester,* Die klassische Ausgliederung – ein Opfer des Umwandlungsgesetzes 1994?, ZHR 163 (1999), 187; *Priester,* Aktionärsentscheid zum Unternehmenserwerb, AG 2011, 654; *Reichert,* Ausstrahlungswirkung der Ausgliederungsvoraussetzungen nach UmwG auf andere Strukturänderungen, in Habersack/Koch/Winter (Hrsg.), Die Spaltung im neuen Umwandlungsrecht und ihre Rechtsfolgen, 1999, S. 25; *von Riegen,* Gesellschafterschutz bei Ausgliederungen durch Einzelrechtsnachfolge, 1999; *Harry Schmidt,* Die Ausgliederung als Unterfall der Spaltung nach neuem Umwandlungsrecht, in Habersack/Koch/Winter (Hrsg.), Die Spaltung im neuen Umwandlungsrecht und ihre Rechtsfolgen, 1999, S. 10; *Schnorbus,* Grundlagen zur Auslegung des allgemeinen Teils des UmwG, WM 2000, 2321; *Veil,* Aktuelle Probleme im Ausgliederungsrecht, ZIP 1998, 361; *Wiedemann,* Minderheitsrechte ernst genommen, ZGR 1999, 857; *Weißhaupt,* Der „eigentliche" Holzmüller-Beschluss, NZG 1999, 804; *Wollburg/Gehling,* Umgestaltung des Konzerns – Wer entscheidet über die Veräußerung der Beteiligung einer Aktiengesellschaft?, in FS Lieberknecht, 1997, S. 133; *Zeidler,* Die Hauptversammlung der Konzernmutter – ungeschriebene Zuständigkeiten und Information der Aktionäre, NZG 1998, 91; *Zöllner,* Grundsatzüberlegungen zur umfassenden Umstrukturierbarkeit der Gesellschaftsformen nach dem Umwandlungsgesetz, in FS Claussen, 1997, S. 423.

Von der Zulässigkeit wirtschaftlicher Umwandlungen zu unterscheiden ist die 57
Problematik der Ausstrahlungswirkungen des UmwG. Es geht im Kern um die Frage, ob Vorgänge, die aus Aktionärssicht austauschbar sind, auch in den Rechtsfolgen gleichbehandelt werden müssen, obwohl die *lex scripta* derartiges nicht ausdrücklich anordnet. „Ausstrahlungswirkungen des UmwG" meint dabei nicht analoge Anwendung bloß des UmwG, sondern ist eine **verbale Kurzformel** für die Bestimmung der ungeschriebenen Aktionärsrechte im Lichte des UmwG *und* der §§ 293 ff. AktG, §§ 320 ff. AktG sowie §§ 5 ff. LwAnpG.

Während sich die ungeschriebene Zuständigkeit der Hauptversammlung für *grundlegende Strukturentscheidungen* aus einer gesamtanalogen Anwendung der §§ 179, 179a, 182 ff., 293, 320, 327a AktG, § 13 UmwG ergibt[1], betrifft das Schlagwort von den Ausstrahlungswirkungen des UmwG die Frage nach den dabei bestehenden *beschlussbegleitenden Minderheitenschutzrechten.* Die Frage wird bisher in erster Linie in Bezug auf die *Ausgliederung durch Einzelrechtsübertragung* diskutiert. Das zeigt zwar die Verwandtschaft und teilweise Überschneidung zwischen Holzmüller- bzw. Gelatine-Doktrin und Ausstrahlungswirkungen des UmwG, wird dem Rechtsproblem aber nicht vollends gerecht: Die Problematik besitzt eine umfassendere Dimension, so dass ausgliederungsspezifische Lösungen, wie sie im Schrifttum vorgeschlagen werden, die Problematik nur unzureichend erfassen.

1 Betont a.A. der BGH in den „Gelatine"-Urteilen (BGH v. 26.4.2004 – II ZR 155/02, BGHZ 159, 30 [Gelatine I]; BGH v. 26.4.2004 – II ZR 154/02, NZG 2004, 570) und dazu *Fleischer,* NJW 2004, 2335 ff.; *Goette,* DStR 2005, 603 ff.; *Spindler* in K. Schmidt/Lutter, § 119 AktG Rz. 27 ff.; rechtsvergleichend *Paefgen,* ZHR 172 (2008), 42 ff.

1. Keine abschließende Regelung wirtschaftlicher Umwandlungen

58 Grundsätzliche Einwände gegen Ausstrahlungswirkungen des UmwG bestehen nicht. Weder existiert ein Analogieverbot im weiteren Sinne dergestalt, dass sich ein Wertungstransfer aus dem UmwG von vornherein verbietet (näher § 1 Rz. 60), noch zeigt die Nichteinbeziehung wirtschaftlicher Umwandlungen in das UmwG, dass es sich bei jeder durch den umwandlungsrechtlichen Dualismus ergebenden Wertungsunstimmigkeit insoweit stets auch um eine bewusste Entscheidung des Gesetzgebers gegen eine Gleichbehandlung handelte[1]. Die Gesetzesmaterialien lassen vielmehr deutlich erkennen, dass das UmwG keine umfassende Kodifikation des gesamten Umwandlungsrechts erreichen sollte, sondern sich auf die Regelung sukzessionsrechtlich begünstigter Vorgänge beschränkt, so dass aus der damit einhergehenden Nichteinbeziehung wirtschaftlicher Umwandlungen nicht darauf geschlossen werden kann, der Gesetzgeber des UmwBerG habe sie als nicht regelungsbedürftig erachtet. Auch lässt sich nicht argumentieren, dass die Anpassungen, die der Gesetzgeber außerhalb des UmwG in den §§ 293ff., 319ff., 327aff. AktG vorgenommen hat, zeigten, dass eine darüber hinausgehende Geltung von beschlussbegleitenden Minderheitenschutzrechten nicht gewollt sei[2]. Denn die Entstehungsgeschichte des UmwG (§§ 251, 252 DiskE, §§ 137, 141 RefE) zeigt, dass ursprünglich beabsichtigt war, das Gesetz gegen jegliche Versuche der Normvermeidung seitens der Gestaltungspraxis abzusichern und dass dieses Anliegen einzig wegen praktischer Schwierigkeiten, eine für Ausgliederungs- und Einbringungsvorgänge notwendige Bagatellgrenze zu formulieren, zurückgestellt wurde, ohne dadurch auch in der Sache aufgegeben worden zu sein. Die §§ 293ff., 319ff. AktG sind folglich nur Ausdruck eines allgemeinen, weiter gehenden Prinzips und beinhalten keine gesetzliche Entscheidung, dass über sie hinaus Beschluss, Bericht und Prüfung bei einer wirtschaftlichen Umwandlung verzichtbar sind.

2. Das umwandlungsgesetzliche Selbstverständnis

59 Die Ausstrahlungswirkungen des UmwG müssen sich am umwandlungsgesetzlichen Selbstverständnis orientieren. Vorgänge, die hinsichtlich des durch sie bewirkten Eingriffs in die Mitgliedschaft der Anteilsinhaber unterhalb der Schwelle desjenigen liegen, wovon das UmwG nach seinem gedachten Normalfall ausgeht, bleiben durch das Gesetz und die in ihm normierten Umwandlungsvoraussetzungen deshalb *unbeeinflusst*. Die in einem Höchstmaß formalisierte Verfahrensausgestaltung des UmwG mit Beschluss der Anteilsinhaber mit mindestens ¾-Mehrheit, Umwandlungsbericht, Umwandlungsprüfung, Austrittsrecht gegen

1 Wie hier OLG Frankfurt/M. v. 23.3.1999 – 5 U 193/97, DB 1999, 1004; *Kallmeyer* in Kallmeyer, § 1 UmwG Rz. 20; *Kallmeyer* in FS Lutter, 2000, S. 1245ff.; *Reichert* in Habersack/Koch/Winter (Hrsg.), Die Spaltung im neuen Umwandlungsrecht und ihre Rechtsfolgen, 1999, S. 36; *Lutter/Leinekugel*, ZIP 1999, 261 (265); *Wiedemann*, ZGR 1999, 857 (864) und im Ergebnis auch *Veil*, ZIP 1998, 361 (367 Fn. 56). A.A. *Semler* in Semler/Stengel, § 1 UmwG Rz. 63ff. m.w.N.

2 So aber *Heckschen*, DB 1998, 1385 (1386) und *Semler* in Semler/Stengel, § 1 UmwG Rz. 67. Ähnlich auch *Peters*, BB 1999, 801 (804) für die übertragende Auflösung. Wie hier aber OLG Frankfurt/M. v. 23.3.1999 – 5 U 193/97, DB 1999, 1004 (1005) zur Auslagepflicht von Verträgen, die der Hauptversammlung zur Zustimmung unterbreitet werden.

Barabfindung und Spruchstellenverfahren wäre für Umstrukturierungsvorgänge, die keinen wesentlichen Eingriff in die Mitgliedschaft mit sich bringen, überzogen. Da das Gesetz aber keine offensichtlich unsinnigen Regeln schaffen will, ergibt sich daraus umgekehrt, dass es nur für die Abwicklung von Umwandlungs-Strukturentscheidungen konzipiert ist und Klein- und Kleinstumwandlungen gerade nicht vor Augen hat[1]. Zwar enthält das UmwG (bislang) keine Bagatellgrenze für diese eher unbedeutenden Vorgänge. Eine solche ist aber auch nicht erforderlich, weil die Möglichkeit verbleibt, auf die in diesen Bagatellfällen unkomplizierteren Umstrukturierungsmöglichkeiten nach allgemeinen Regeln auszuweichen.

3. Strukturentscheidungen und Geschäftsführungsmaßnahmen

Entscheidend für die Reichweite einer Ausstrahlungswirkung des UmwG ist also nicht der formale Aspekt, dass das UmwG „Umwandlungen" regelt, sondern dass es auf Strukturentscheidungen zugeschnitten ist. Obwohl dem UmwG formal in puncto Minderheitenschutz auf Grund der Vorgaben der 3. und 6. Richtlinie eine überschießende Tendenz innewohnt (vgl. dazu oben Rz. 40ff.), ist es weder sinnvoll noch gar zwingend erforderlich, die Voraussetzungen, die das Gesetz an die Durchführung von Strukturentscheidungen stellt, auf die auf alternativem Wege durchgeführten Geschäftsführungsmaßnahmen zu übertragen. Diese bringen gerade nicht den wesentlichen Eingriff in die Mitgliedschaft der Anteilsinhaber mit sich, den das UmwG für die nach seinen Regeln sukzessionsrechtlich begünstigt durchgeführten Umwandlungen unterstellt. Diese Unterstellung beruht dabei nicht auf der Annahme, dass die (partielle) Gesamtrechtsnachfolge dem Vorgang ein besonderes Gepräge gäbe – der Sukzessionsmodus ist für das Schutzbedürfnis der Anteilsinhaber ohne jeden Belang[2]. Vielmehr geht das Gesetz davon aus, bei Klein- oder Kleinstumwandlungen werde es erst gar nicht zur Anwendung kommen. Umso weniger kann es diese Vorgänge dann aber (mittelbar) beeinflussen. 60

Entscheidend für die entsprechende Anwendung der Schutzregeln des UmwG ist mithin die **Unterscheidung zwischen Geschäftsführungsmaßnahmen und Strukturentscheidungen.**

Materiell liegt das UmwG damit nach seinem eigenen Selbstverständnis ganz auf der Linie der Holzmüller-Entscheidung[3], die es hinsichtlich des Beschlusserfordernisses inhaltlich unverändert kodifiziert und darüber hinaus auch für die beschlussbegleitenden Minderheitenschutzrechte fortschreibt. Vorgänge, die insgesamt als *Geschäftsführungsmaßnahme* zu qualifizieren sind, bleiben durch das

1 Vgl. *Kort*, Bestandsschutz fehlerhafter Strukturänderungen im Kapitalgesellschaftsrecht, 1998, S. 1, der im UmwG einen Allgemeinen Teil des Rechts der Strukturänderungen sieht. Tendenziell auch *Winter* in Kölner Umwandlungsrechtstage, S. 36; *Lutter/Leinekugel*, ZIP 1998, 805 (806). Ausführlich *Leinekugel*, Die Ausstrahlungswirkungen des Umwandlungsgesetzes, 2000, § 5 V 3e), § 6 I.

2 BayObLG v. 17.9.1998 – 3 Z BR 37/98, ZIP 1998, 2002 (2004); LG Karlsruhe v. 6.11.1997 – O 43/97 KfH I, ZIP 1998, 385 (388); *Zöllner* in FS Claussen, 1997, S. 441; *Veil*, ZIP 1998, 361 (365); *Lutter/Leinekugel*, ZIP 1998, 805 (806); *von Riegen*, Gesellschafterschutz bei Ausgliederungen durch Einzelrechtsnachfolge, 1999, S. 70f.; *H. Schmidt* in Habersack/Koch/Winter (Hrsg.), Die Spaltung im neuen Umwandlungsrecht und ihre Rechtsfolgen, 1999, S. 18; *Koppensteiner* in FS Zöllner, 1999, S. 308. Weitere Nachweise bei *Leinekugel*, Die Ausstrahlungswirkungen des Umwandlungsgesetzes, 2000, § 7 IV 1.

3 BGH v. 25.2.1982 – II ZR 174/80, BGHZ 83, 122.

UmwG auch weiter *unbeeinflusst*. Vorgänge, die schon bisher „holzmüllerpflichtig" waren, müssen dagegen im Lichte der beschlussbegleitenden Minderheitenschutzrechte des UmwG zu Ende gedacht werden. Bei solchen Umstrukturierungsmaßnahmen, die einen wesentlichen Eingriff in die Mitgliedschaft der Anteilsinhaber bewirken, besteht dann ebenfalls eine Pflicht der Verwaltung zur Beteiligung und Information der Anteilsinhaber, ohne dass es darauf ankommt, mittels welcher Rechtstechnik die Umstrukturierung vollzogen wird[1]. Das entspricht vom praktischen Ergebnis her weitestgehend dem, was zum Teil auch bereits vor In-Kraft-Treten des UmwG von Teilen der Lehre hinsichtlich der beschlussbegleitenden Minderheitsrechte bei Strukturentscheidungen vertreten worden ist[2].

Entgegen der neueren Gelatine-BGH-Rechtsprechung darf die Grenze zur „Holzmüller-Pflichtigkeit" auch nicht zu eng gezogen werden. Eine Ausgliederung oder Abspaltung von großen Teilen des Gesellschaftsvermögens[3], eine wirtschaftliche Fusion, durch welche die Beteiligungsstruktur und die Beteiligungsquote der betroffenen Anteilsinhaber gravierend verändert wird, oder die Aufnahme einer Gesellschaft, die das bisherige Erscheinungsbild des Ausgangsrechtsträgers dauerhaft und nachhaltig verändert, können – entgegen der h.M. – nicht als reine Geschäftsführungsmaßnahme qualifiziert werden. Sowohl der Erwerb der Dresdner Bank durch die börsennotierte Commerzbank[4] als auch die Veräußerung von 2/3 der Kliniken durch die börsennotierte Rhön AG[5] sollten ohne Beteiligung der Eigentümer (Aktionäre) nicht möglich sein; der II. Zivilsenat sollte daher seine bisherige, restriktive Rechtsprechung überprüfen und korrigieren[6].

61 **Insgesamt:** Stellt eine wirtschaftliche Umwandlung eine *Strukturentscheidung* dar, so haben die Anteilsinhaber hierüber mit qualifizierter Mehrheit zu entscheiden. Das beschlussvorbereitende Verfahren muss sich dabei am umwandlungsgesetzlichen Prozedere orientieren, was einen formalisierten Bericht nach Art von § 8 UmwG, §§ 293a, 319 Abs. 3 Nr. 3, 327c Abs. 2 AktG und eine Prüfung des Vorgangs durch unabhängige Sachverständige nach Art von § 9 UmwG, §§ 293b, 320 Abs. 3 AktG beinhaltet. Verträge zwischen den beteiligten Rechtsträgern sind ihrem wesentlichen Inhalt nach bekannt zu machen. Verstöße gegen die Partizi-

1 Dazu auch ausf. *Lutter* in FS K. Schmidt, 2009, S. 1065 ff.

2 Vgl. *Lutter* in FS Fleck, 1988, S. 175 ff.: Erfordernis von Bericht und Prüfung; *Hommelhoff*, Die Konzernleitungspflicht, 1982, S. 411 f.; *Hirte*, Bezugsrechtsausschluss und Konzernbildung, 1986, S. 202: Erfordernis eines formalisierten Strukturberichts.

3 Den Richtwert von mehr als 20 % bzw. 50 % lehnt ab BGH v. 26.4.2004 – II ZR 155/02, BGHZ 159, 30 (45) (Gelatine II), und verlangt mehr als 75 % des Vermögens der Gesellschaft. Dahingehend auch *Hüffer*, § 119 AktG Rz. 18b; *Spindler* in K. Schmidt/Lutter, § 119 AktG Rz. 31 m.w.N.

4 Wie hier LG Frankfurt/M. v. 15.12.2009 – 3-5 O 208/09, AG 2010, 416 ff.; aufgehoben durch OLG Frankfurt/M. v. 7.12.2010 – 5 U 29/10, AG 2011, 173 m. abl. Anm. *Hüffer*, WuB II A. § 119 AktG 1.11; offen gelassen von BGH v. 7.2.2012 – II ZR 253/10, WM 2012, 546 = AG 2012, 248 (Revisionsentscheidung) m. Anm. *A. Wilhelm*, WuB II A. § 120 AktG 1.12; eingehend (und im Ergebnis wie hier) *Lutter*, ZIP 2012, 351; *Priester*, AG 2011, 654 ff. m.w.N.

5 Dazu (kritisch) auch *Jahn*, FAZ v. 14.9.2013, S. 214 („Aktionäre haben wenig zu melden"); vgl. ähnlich *Fockenbrock*, HB v. 16.9.2013, S. 26 („Machtlosigkeit der Aktionäre"); vgl. demgegenüber die Stellungnahme des Fresenius-Vorstandsvorsitzenden *Schneider* in HB v. 16.9.2013, S. 20 („Die Lösung hilft beiden Seiten").

6 S. auch *Lutter* in FS K. Schmidt, 2009, S. 1065 (1076).

pations- oder Informationsrechte der Anteilsinhaber lassen die Wirksamkeit der Umwandlung im Außenverhältnis unberührt. Wird ein Beschluss der Anteilsinhaber herbeigeführt, in dessen Rahmen die Beschlussvorbereitung nicht den gesetzlichen Anforderungen genügt, so ist hiergegen im Wege der *Anfechtungsklage* vorzugehen[1]. Unterbleibt nicht nur die beschlussbegleitende Information, sondern auch der Beschluss der Anteilsinhaber als solcher, so steht jedem Minderheitsgesellschafter ein Klagerecht auf *Unterlassung* bzw. Rückgängigmachung der Maßnahme zu[2]. Fehler im Preisbildungsprozess müssen dagegen im *Spruchverfahren* geltend gemacht werden, die Anfechtungsklage ist dann ausgeschlossen (Rechtsgedanke der §§ 14 Abs. 2, 15, 32, 34 UmwG)[3]. Soweit das UmwG in bestimmten Situationen Informations- oder Partizipationsrechte nicht für erforderlich hält (§§ 8 Abs. 2, 3; 9 Abs. 2, 3; 62 UmwG), erfasst diese Wertung auch wirtschaftliche Umwandlungen. Ein Austrittsrecht gegen Barabfindung ist deshalb nur dann gegeben, wenn die Umwandlung eine Änderung der Rechtsform bewirkt.

XI. Ablauf eines Umwandlungsvorgangs

1. Überblick

Jede Umwandlung ist eine bedeutende Änderung in der Struktur des betreffenden Rechtsträgers und seines Unternehmens. Es kann daher nicht verwundern, dass der Vorgang in aller Regel sehr zeit- und kostenaufwendig ist. Das gilt insbesondere dann, wenn der Vorgang, wie bei der Verschmelzung, mit dem Wechsel von Mitgliedschaften oder der Abfindung von Mitgliedern verbunden ist. 62

2. Im Einzelnen

Das Gesetz folgt im Ablauf einer Umwandlung[4] dem von der 3. und 6. Richtlinie (sowie auch die 10. Richtlinie) vorgezeichneten Konzept (sog. „europäisches Modell für Strukturmaßnahmen"[5]) und wendet es auch auf den von der Richtlinie nicht erfassten Formwechsel an, nämlich 63

1 Ebenso BGH v. 15.1.2001 – II ZR 124/99, BGHZ 146, 288 (Altana/Milupa). Das Urteil bevorzugt eine Einzel- statt der hier vertretenen Gesamtanalogie. Dieser unterschiedliche Ansatz betrifft aber das Ergebnis nicht.

2 BGH v. 25.2.1982 – II ZR 174/80, BGHZ 83, 122 (134 f.); BGH v. 10.10.2005 – II ZR 90/03, BGHZ 164, 249 (254) = JZ 2007, 367 m. Anm. *Lutter* (Commerzbank/Mangusta II).

3 *Lutter/Leinekugel*, ZIP 1999, 261 (266). Vgl. auch BayObLG v. 17.9.1998 – 3 Z BR 37/98, ZIP 1998, 2002 (2004) und BVerfG v. 23.8.2000 – 1 BvR 68/95 u. 147/97, AG 2001, 42 (43 f.); für den Fall des Delisting auch – jedenfalls im Ergebnis richtig – BGH v. 25.11. 2002 – II ZR 133/01, BGHZ 153, 47 (Macrotron); krit. *Kallmeyer* in FS Lutter, 2000, S. 1245 (1250 ff.); nicht haltbar ist indes die verfassungsrechtliche Begründung des BGH (Art. 14 GG); vgl. BVerfG v. 11.7.2012 – 1 BvR 3142/07, 1 BvR 1569/08, AG 2012, 557; ausf. *Drygala/Staake*, ZIP 2013, 905 ff. und *Kiefner/Gillessen*, AG 2012, 645 ff.

4 Dazu auch *Dauner-Lieb* in KölnKomm. UmwG, Einl. Rz. 34 ff.

5 Vgl. dazu *Lutter/Bayer/J. Schmidt*, EuropUR, § 6 Rz. 29; § 18 Rz. 9; § 19 Rz. 4; § 21 Rz. 24, 112; § 22 Rz. 23, 81; § 23 Rz. 26; § 30 Rz. 16; § 41 Rz. 47.

(1) Abschluss des Verschmelzungs- oder Spaltungsvertrags mit festgelegtem Mindestinhalt (in der 3., 6. und 10. Richtlinie sowie §§ 122c ff. UmwG „Plan“[1] genannt);

(2) Bericht des/der Vertretungsorgane der beteiligten Rechtsträger;

(3) Prüfung durch unabhängige Sachverständige;

(4) Beschluss der Anteilsinhaber der beteiligten Rechtsträger mit satzungsändernder Mehrheit;

(5) Eintragung im zuständigen Register und Publizität.

Der soeben dargestellte Ablauf ist korrekt, jedoch nur das „Grobraster“; zum Teil sind aus praktischen Gründen, zum Teil vom Gesetz verlangt, weitere Schritte erforderlich, so dass sich die Umwandlung in der Regel nicht nur in fünf, sondern in etwa in den folgenden 15 Schritten abspielen wird:

(1) Verhandlungen zwischen den Vorständen/Geschäftsführern der Verschmelzungs-/Spaltungs-Partner bzw. unter den bestimmenden Gesellschaftern beim Formwechsel;

(2) Festlegung der wirtschaftlichen und rechtlichen Eckdaten;

(3) Auftrag zur Bewertung der beteiligten Unternehmen bei Verschmelzung und Spaltung zur Festlegung der Umtauschrelation und der etwa erforderlichen Abfindungsangebote;

(4) Entwurf und Abschluss des Verschmelzungs-/Spaltungsvertrages bzw. Entwurf des Umwandlungsbeschlusses mit dem gesetzlichen Inhalt, ggf. verbunden mit der Festlegung des neuen Gesellschaftsvertrages/der neuen Satzung (Formwechsel);

(5) bei AG: Einreichung des Verschmelzungsvertrages beim Handelsregister;

(6) Zuleitung des Vertrags bzw. des Entwurfs des Umwandlungsbeschlusses an den/die zuständigen Betriebsräte;

(7) ggf. Anmeldung des Verschmelzungs-/Spaltungsvorhabens an die zuständige Kartellbehörde;

(8) ausführlicher Bericht der beteiligten Vertretungsorgane gegenüber den Anteilsinhabern;

(9) Bestellung und Beauftragung des/der Prüfer(s);

(10) Vorlage des Prüfungsberichts durch den/die Prüfer;

(11) in aufsichtsratspflichtigen Gesellschaften: Entscheidung des Aufsichtsrates über seine Beschlussempfehlung an Anteilseignerversammlung;

(12) förmliche Einladung der Anteilseigner zur Beschlussfassung mit allen Unterlagen, insbesondere Beschlussvorlage, Bericht und Prüfungsbericht;

---

1 Vgl. zum europäischen Terminus „Verschmelzungsplan“ (i.S.e. gesellschaftsrechtlichen Organisationsakts) und dem insoweit zulässigerweise weitergehenden Erfordernis eines „Verschmelzungsvertrags“ (i.S.e. schuldrechtlichen Vertrags) des deutschen Rechts näher *Lutter/Bayer/J. Schmidt*, EuropUR, § 21 Rz. 25, 35, § 23 Rz. 29 m.w.N. sowie § 122c Rz. 3; § 4 Rz. 2.

(13) Beschluss der Versammlung der Anteilseigner mit satzungsändernder Mehrheit; ggf. gesonderte Zustimmung einzelner Anteilseigner;

(14) Eintragungen im (Handels-)Register;

(15) ggf. Durchführung des gerichtlichen Verfahrens zur Überprüfung des Umtauschverhältnisses bzw. Abfindungsangebots.

XII. Umwandlung und Übernahmerecht (WpÜG)

Literatur

Fleischer, Schnittmengen des WpÜG mit benachbarten Rechtsmaterien, NZG 2002, 545; *Grabbe/Fett*, Pflichtangebot im Zuge von Verschmelzungen?, NZG 2003, 755; *Kleindiek*, Funktion und Geltungsanspruch des Pflichtangebots nach dem WpÜG, ZGR 2002, 546; *Seibt/Heiser*, Regelungskonkurrenz zwischen neuem Übernahmerecht und Umwandlungsrecht, ZHR 165 (2001), 466. Vgl. im Übrigen die Kommentare zum WpÜG.

1. Überblick

Seit dem 1.1.2002 gilt das Wertpapiererwerbs- und Übernahmegesetz (WpÜG)[1]. Es 64
ist vom Gesetzgeber mit dem UmwG *bewusst nicht abgestimmt* worden[2]. Die Anwendungsfragen und etwaigen Konflikte zwischen den beiden Normkomplexen müssen mithin durch Auslegung gelöst werden[3].

2. Pflichtangebot

a) Erwirbt ein aufnehmendes Unternehmen durch eine Verschmelzung 30 % oder 65
mehr der Aktien einer börsennotierten Gesellschaft, so ist damit der Tatbestand des § 35 Abs. 1 WpÜG erfüllt; denn das WpÜG differenziert nicht nach den Erwerbsformen; auch der Erwerb durch Gesamtrechtsnachfolge löst den Tatbestand des Kontrollerwerbs nach § 35 WpÜG aus[4]. Daraus folgt die Pflicht zum Angebot nach § 35 Abs. 2 WpÜG.

Beispiel:

X hält 20 % und Y 15 % an der börsennotierten A-AG. Wird jetzt Y auf X (oder umgekehrt) verschmolzen, so hat die Übernehmerin ein Übernahmeangebot an die anderen Aktionäre von A zu machen[5].

---

1 BGBl. I 2001, S. 3822.

2 BegrRegE WpÜG BT-Drucks. 14/7034, 31; ebenso *Semler/Stengel* in Semler/Stengel, Einl. A Rz. 66; vgl. weiter *Hasselbach* in KölnKomm. WpÜG, 2. Aufl. 2010, § 35 WpÜG Rz. 108.

3 H.M., vgl. etwa *Grabbe/Fett*, NZG 2003, 755 (757); *Hommelhoff/Witt* in Haarmann/Schüppen, § 35 WpÜG Rz. 148 ff.; *Hasselbach* in KölnKomm. WpÜG, 2. Aufl. 2010, § 35 WpÜG Rz. 108.

4 *Ekkenga/Schulz* in Ehricke/Ekkenga/Oechsler, § 35 WpÜG Rz. 28; *Hommelhoff/Witt* in Haarmann/Schüppen, § 35 WpÜG Rz. 48; *Kleindiek*, ZGR 2002, 546 (564 ff.); *Seibt/Heiser*, ZHR 165 (2001), 466 (470).

5 *Ekkenga/Schulz* in Ehricke/Ekkenga/Oechsler, § 35 WpÜG Rz. 28.

66 **b)** Das Gleiche muss gelten, wenn ein Aktionär durch die Verschmelzung die 30 %-Schwelle erreicht[1].

Beispiel:

Hält X an der börsennotierten A-AG eine Beteiligung von 20 % und erhält er bei der Verschmelzung der ihm gehörenden B-GmbH auf A weitere 15 % an A, so ist ebenfalls der Tatbestand von § 35 WpÜG erfüllt[2].

3. Konkurrenz zwischen § 29 UmwG und § 35 WpÜG

67 Sehr viel schwierigere Fragen entstehen bei gleichzeitiger Anwendbarkeit von § 29 UmwG einerseits und § 35 WpÜG andererseits.

Beispiel:

Die widersprechenden Minderheitsgesellschafter einer GmbH, die von der börsennotierten A-AG aufgenommen wird, erhalten zum Ausgleich Aktien der A (§ 20 Abs. 1 Nr. 3 UmwG), können aber deren Erwerb durch die A-AG nach § 29 Abs. 1 UmwG verlangen (vgl. dazu § 29 Rz. 18ff.). Erwirbt X durch diese Verschmelzung eine Beteiligung von 30 % oder mehr an A, so ist fraglich, ob er diesen (Neu-)Aktionären dennoch ein Übernahmeangebot nach § 35 Abs. 2 WpÜG machen muss, obwohl sie doch schon von der AG den Erwerb ihrer Aktien verlangen können.

Das ist tatsächlich anzunehmen[3], da die beiden Regelungen unterschiedliche Schutzrichtungen haben: Die Minderheitsgesellschafter der ehemaligen GmbH können den Erwerb ihrer Aktien durch die AG nach § 29 UmwG verlangen, wobei dort der Wert der ehemaligen GmbH maßgebend ist (§ 29 Rz. 24, § 30 Rz. 2), können aber auch das Übernahmeangebot abwarten zum Wert (insbesondere Börsenkurs) der Aktien, § 31 WpÜG[4].

4. Allgemeine Regel

68 Die obigen Überlegungen gelten in gleicher Weise bei einer Spaltung zur Aufnahme, §§ 126ff. UmwG.

---

1 *Ekkenga/Schulz* in Ehricke/Ekkenga/Oechsler, § 35 WpÜG Rz. 28; *Hommelhoff/Witt* in Haarmann/Schüppen, § 35 WpÜG Rz. 58; a.A. *Hasselbach* in KölnKomm. WpÜG, 2. Aufl. 2010, § 35 WpÜG Rz. 121.

2 Vgl. *Ekkenga/Schulz* in Ehricke/Ekkenga/Oechsler, § 35 WpÜG Rz. 28.

3 *Hommelhoff/Witt* in Haarmann/Schüppen, § 35 WpÜG Rz. 29; *Hasselbach* in KölnKomm. WpÜG, 2. Aufl. 2010, § 35 WpÜG Rz. 106ff. mit Differenzierungen; *Krause/Pötzsch* in Assmann/Pötzsch/Uwe H. Schneider, 2. Aufl. 2013, § 35 WpÜG Rz. 139f.; *Baums/Hecker* in Baums/Thoma, § 35 WpÜG Rz. 111; vgl. auch *Simon* in KölnKomm. UmwG, § 2 UmwG Rz. 233; ausf. *Kleindiek*, ZGR 2002, 546 (558ff.); *Seibt/Heiser*, ZHR 165 (2001), 466 (470ff.); a.A. *Ekkenga/Schulz* in Ehricke/Ekkenga/Oechsler, § 35 WpÜG Rz. 29; *J. Vetter*, WM 2002, 1999 (2002); zum Meinungsstand *Grabbe/Fett*, NZG 2003, 755 (757f.). S. zum Austrittsrecht bei der SE und dessen Verhältnis zum Pflichtangebot nach § 35 WpÜG *Teichmann*, AG 2004, 67 (78ff.).

4 Näher dazu *Oechsler* in Ehricke/Ekkenga/Oechsler, § 31 WpÜG Rz. 10ff.; *Haarmann* in Haarmann/Schüppen, § 31 WpÜG Rz. 27ff.

5. Befreiung vom Pflichtangebot

Nach § 37 Abs. 1 WpÜG kann die Bundesanstalt für Finanzdienstleistungsaufsicht (BaFin) in allen Fällen von der Pflicht zur Abgabe eines Übernahmeangebots *befreien*. Das kann vor allem in Fällen wie (3) von Bedeutung werden[1]. 69

XIII. Rechtstatsachen

In einer empirischen Studie[2] des *Instituts für Rechtstatsachenforschung zum Deutschen und Europäischen Unternehmensrecht* an der Friedrich-Schiller-Universität Jena[3] wurden sowohl **nationale** Verschmelzungen untersucht, an denen eine „deutsche" AG, KGaA oder SE beteiligt war, sowie **grenzüberschreitende** Verschmelzungen unter Beteiligung einer „deutschen" AG, KGaA, SE sowie GmbH, vorausgesetzt, dass die Verschmelzungsbekanntmachung im Zeitraum vom 25.4.2007 (Inkrafttreten des 2. UmwGÄndG; dazu oben Rz. 22) bis 31.12.2009 erfolgte und die Verschmelzung bis spätestens 31.12.2011 rechtswirksam wurde. Nicht ermittelt wurden nationale Verschmelzungen unter ausschließlicher Beteiligung von GmbH[4]. Im Ergebnis wurden im Untersuchungszeitraum insgesamt *568 Verschmelzungstransaktionen* bekannt gemacht (vgl. § 61 UmwG bzw. § 122d UmwG), die dann bis spätestens 31.12.2011 rechtswirksam wurden. Bei den 478 nationalen Verschmelzungen dominierte die Verschmelzung einer GmbH auf eine AG (86,2 %). Bei den 90 grenzüberschreitenden Verschmelzungen war die inbound-Verschmelzung auf eine deutsche GmbH (56 Fälle) vorherrschend; häufig wurde auch eine deutsche GmbH outbound auf einen ausländischen Rechtsträger verschmolzen (24 Fälle). Ganz vorherrschend war generell (für nationale und grenzüberschreitende Verschmelzungen) die Konzernverschmelzung (92,1 %), und zwar nahezu immer als upstream-merger einer 100%igen Tochter (91,4 %)[5]. 70

Nach einer weiteren im Auftrag der Hans Böckler-Stiftung erstellten Studie des *Instituts für Rechtstatsachenforschung zum Deutschen und Europäischen Unternehmensrecht* der Friedrich Schiller Universität Jena[6] wurden im weitergehenden Zeitraum 25.4.2007 **bis Ende 2012** insgesamt **381 grenzüberschreitende Verschmelzungen** von bzw. nach Deutschland rechtswirksam durchgeführt. Dabei stiegen die Zahlen jährlich stetig an. Für das Jahr 2012 konnten 101 grenzüberschreitende Verschmelzungen ermittelt werden. Die Hineinverschmelzungen auf deutsche Rechtsträger (inbound) übertrafen dabei mit 247 die Zahl der Herausverschmelzungen (outbound) ganz deutlich (134)[7].

Bereits im Jahre 2006 hat das *Institut für Rechtstatsachenforschung zum Deutschen und Europäischen Unternehmensrecht* der Friedrich Schiller Universität

---

1 Näher *Hasselbach* in KölnKomm. WpÜG, 2. Aufl. 2010, § 35 WpÜG Rz. 123.
2 Veröffentlicht durch die Autoren *Bayer/J. Schmidt/Hoffmann* in Der Konzern 2012, 225 ff.
3 Weitere Einzelheiten zum Institut: Aktienrecht in Zahlen, AG-Sonderheft 2010; Homepage: http://www.rewi.uni-jena.de/Institut_Rechtstatsachenforschung-path-33398.html.
4 Eine Untersuchung allein für den Registerbezirk Hannover ergab für den gleichen Zeitraum indes eine Zahl von fast 600 Verschmelzungen.
5 Alle Einzelheiten bei *Bayer/J. Schmidt/Hoffmann*, Der Konzern 2012, 225 ff.
6 Vgl. *Köstler/Pütz*, AG 2013, R 180 f.
7 Vgl. bereits *Bayer/J. Schmidt/Hoffmann*, Der Konzern 2012, 225 (231 f.).

Jena im Rahmen einer Kompletterhebung aller im Zeitraum 2004/2005 gegründeten Aktiengesellschaften festgestellt, dass zwar die große Mehrzahl von *Aktiengesellschaften* nicht – wie verbreitet angenommen – durch einen **Formwechsel** aus der Rechtsform der GmbH entstanden sind, sondern im Wege der **Neugründung** (Verhältnis Formwechsel zu Neugründung in 2004: 1:5,6, in 2005: 1:4,6), wobei umwandlungsrechtlich fundierte Neugründungen nur einen sehr geringen Anteil hatten (5 %)[1]. Dies hat(te) seinen Grund indes in der Vielzahl neugegründeter Vorratsgesellschaften. Mit insgesamt 339 identitätswahrenden Formwechseln (meist aus der Rechtsform der GmbH) in den Jahren 2004/2005 wird die große Bedeutung des UmwG bei der Umstrukturierung von Aktiengesellschaften belegt[2]. Hinzu kommen in den Jahren 2004/2005 über 1000 **Verschmelzungsvorgänge**, an denen Aktiengesellschaften als übertragende und/oder übernehmende bzw. neue Rechtsträger beteiligt waren[3]; weiter konnten im Untersuchungszeitraum rund 200 **Spaltungsvorgänge** unter Beteiligung von Aktiengesellschaften ermittelt werden[4].

1 Näher *Bayer/Hoffmann*, AG 2006, R 399 f.
2 Einzelheiten bei *Bayer/Hoffmann*, AG 2006, R 468 (R 469).
3 Einzelheiten bei *Bayer/Hoffmann*, AG 2006, R 468 (R 469).
4 Einzelheiten bei *Bayer/Hoffmann*, AG 2006, R 468 (R 470).

Einleitung II

Umwandlungssteuerrecht

Literatur

Vgl. die Angaben zu Anh. 1 nach § 122l.

I. Rechtsentwicklung

1 Durch das parallel zum UmwG 1994 entstandene **Umwandlungssteuergesetz 1995**[1] wurden zahlreiche steuerliche Restriktionen für Umwandlungen, die nach dem **Umwandlungssteuergesetz 1977**[2] galten, zunächst weitgehend beseitigt. So sind seitdem Umwandlungen von Kapital- auf Personengesellschaften ebenso möglich wie steuerneutrale Spaltungen von Kapitalgesellschaften. Zudem wurde mit dem Umwandlungssteuergesetz 1995 der Übergang nicht genutzter Verlustabzüge von der übertragenden auf die übernehmende Kapitalgesellschaft ermöglicht, der allerdings in der Folgezeit durch das Gesetz zur Fortsetzung der Unternehmensteuerreform[3] wieder eingeschränkt wurde. Entsprechendes gilt für die durch das Umwandlungssteuergesetz 1995 eingeführte steuerliche Nutzbarkeit von Übernahmeverlusten bei der Umwandlung von Kapital- in Personengesellschaften. Auch diese wurde nachfolgend durch das Unternehmensteuerreformgesetz[4] teilweise und schließlich durch das Steuersenkungsgesetz[5] gänzlich suspendiert.

2 Durch das Gesetz über steuerliche Begleitmaßnahmen zur Einführung der Europäischen Gesellschaft und zur Änderung weiterer steuerrechtlicher Vorschriften (**SEStEG**)[6] erfolgte im Jahr 2006 orientiert an den Vorgaben der Fusionsrichtlinie[7] eine umfassende Europäisierung des Umwandlungssteuerrechts, mit der im Ergebnis die bisherige Binnenorientierung aufgegeben wurde. Das **Umwandlungssteuergesetz 2006** regelt daher auch die steuerliche Behandlung von grenzüberschreitenden und ausländischen Umwandlungen unter Beteiligungen ausländischer Rechtsträger innerhalb der EU und des EWR. In diesem Zusammenhang wurden Regelungen zur Sicherung des deutschen Besteuerungsrechts an stillen

---

1 Gesetz v. 28.10.1994, BGBl. I, S. 3267.
2 Gesetz v. 6.9.1976, BGBl. I, S. 2641 (2643); BStBl. I, S. 476 (478); zuletzt geändert durch Art. 11 des Gesetzes v. 21.12.1993, BGBl. I, S. 2310. Zur historischen Entwicklung vgl. *Rödder* in Rödder/Herlinghaus/van Lishaut, UmwStG, Einführung Rz. 6ff.
3 Gesetz v. 29.10.1997, BGBl. I, S. 2590.
4 Gesetz v. 29.10.1997, BGBl. I, S. 2590.
5 Gesetz v. 23.10.2000, BGBl. I, S. 1433.
6 Gesetz v. 7.12.2006, BGBl. I, S. 2782.
7 Richtlinie 2005/19/EG v. 17.2.2005, ABl. EU Nr. L 58/19 v. 4.3.2005.

Reserven bei grenzüberschreitenden Vorgängen eingeführt und der Verlustübergang bei der Umwandlung zwischen Kapitalgesellschaften abgeschafft.

3 Änderungen des UmwStG 2006 erfolgten durch das Unternehmensteuerreformgesetz 2008[1], das Jahressteuergesetz 2008[2], das Jahressteuergesetz 2009[3], das Wachstumsbeschleunigungsgesetz[4], das sog. Streubesitzdividendengesetz[5] und das Amtshilferichtlinie-Umsetzungsgesetz[6]. Neben eher technischen Änderungen wurde dabei insbesondere die Verlustnutzung bei Umwandlungen weiter eingeschränkt.

Die Auffassung der Finanzverwaltung zur Auslegung des UmwStG 2006 ist in einem umfangreichen Anwendungsschreiben niedergelegt („**UmwSt-Erlass**")[7].

II. Dogmatische Grundlagen

4 Natürliche Personen, Personengesellschaften[8] sowie Kapitalgesellschaften haben ihre **Einkünfte aus Gewerbebetrieb**, soweit sie auf Grund gesetzlicher Vorschriften zur Buchführung verpflichtet sind, durch Betriebsvermögensvergleich gem. § 4 Abs. 1 Satz 1 EStG (Gewinn) zu ermitteln. Hierbei haben sie – soweit nicht in Ausübung eines steuerlichen Wahlrechts ein anderer Ansatz gewählt wird – gem. § 5 Abs. 1 Satz 1 EStG die handelsrechtlichen Grundsätze ordnungsgemäßer Buchführung zu beachten, zu denen in materieller Hinsicht das Realisationsprinzip (§ 252 Abs. 1 Nr. 4 letzter Halbsatz HGB) zählt. Hiernach dürfen nur durch Außentransaktionen realisierte Gewinne ausgewiesen werden mit der Folge, dass bloße Wertsteigerungen ruhender Vermögensgegenstände nicht erfasst werden[9]. Das **Realisationsprinzip** ist Ausdruck des steuerrechtlichen Fundamentalprinzips der Besteuerung nach der Leistungsfähigkeit[10]: Im Grundsatz soll nur der realisierte Wertzuwachs besteuert werden, so dass sich der Steuerzugriff nur auf das erwirtschaftete Einkommen erstreckt[11]. Damit wird zugleich dem verfassungsrechtlichen **Übermaßverbot**[12] Rechnung getragen.

5 Diese verfassungsrechtlich verankerten Grundsätze haben im Steuerrecht eine normative Konkretisierung im § 6b EStG erfahren, wonach für die Veräußerung bestimmter Wirtschaftsgüter des Anlagevermögens die Übertragung stiller Reserven auf Reinvestitionsgüter des Anlagevermögens gestattet wird. Auf dieser teleologischen Konzeption beruht auch die sog. Rücklage für Ersatzbeschaffung, die zwar nicht ausdrücklich im Gesetz geregelt, aber gewohnheitsrechtlich verfestigt

---

1 Gesetz v. 14.8.2007, BGBl. I, S. 1912.
2 Gesetz v. 20.12.2007, BGBl. I, S. 3150.
3 Gesetz v. 19.12.2008, BGBl. I, S. 2794.
4 Gesetz v. 22.12.2009, BGBl. I, S. 3950.
5 Gesetz v. 21.3.2013, BGBl. I, S. 561.
6 Gesetz v. 26.6.2013, BGBl. I, S. 1809.
7 BMF v. 11.11.2011, BStBl. I, S. 1314.
8 Als eigenständige Gewinnerzielungs- und Gewinnermittlungssubjekte; hierzu im Einzelnen *Wacker* in Schmidt, § 15 EStG Rz. 160ff.
9 Ausnahme: Wertaufholung früherer Teilwertabschreibungen gem. § 6 Abs. 1 Nr. 1 Satz 4, Nr. 2 Satz 2 EStG.
10 Dazu *Tipke*, Die Steuerrechtsordnung, 2. Aufl. 2000, S. 479ff.
11 Vgl. *Hennrichs* in Tipke/Lang, Steuerrecht, 21. Aufl. 2013, § 9 Rz. 404.
12 Dazu *Tipke*, Die Steuerrechtsordnung, 2. Aufl. 2000, S. 205ff., 417ff.; *Hey* in Tipke/Lang, Steuerrecht, 21. Aufl. 2013, § 3 Rz. 180ff.

ist[1]. Hiernach ist die **Übertragung stiller Reserven** auf ein Ersatzwirtschaftsgut zulässig, wenn das ausgeschiedene Wirtschaftsgut infolge höherer Gewalt oder infolge bzw. zur Vermeidung eines behördlichen Eingriffs gegen Entschädigung aus dem Betriebsvermögen ausgeschieden ist[2].

Das Steuerrecht lässt aber nicht nur den Transfer stiller Reserven zwischen Wirtschaftsgütern bei ein und demselben Steuerpflichtigen zu, sondern ermöglicht unter bestimmten Voraussetzungen auch den Übergang stiller Reserven auf andere Steuerrechtssubjekte. Diese **intersubjektive Übertragung stiller Reserven** widerspricht zwar der Konzeption des § 2 Abs. 1 Satz 1 EStG, wonach die Einkünfte nur derjenigen Person zuzurechnen sind, die sie erzielt[3]. Dieses durch das Fundamentalprinzip der Besteuerung nach der persönlichen Leistungsfähigkeit gebotene Individualprinzip ist aber dann einer Einschränkung zugänglich, wenn dies durch das Markteinkommensprinzip und das Übermaßverbot gerechtfertigt ist[4]. Eine derartige normative Durchbrechung enthalten neben §§ 6 Abs. 3, 6 Abs. 5 Sätze 2ff., 16 Abs. 3 EStG, wonach in bestimmten Fällen ein Betriebsvermögenstransfer ohne Gewinnrealisierung vorgesehen ist, auch die Regelungen des UmwStG: Aus steuerlicher Sicht werden bei Umwandlungen ausnahmslos Fälle intersubjektiver Übertragung stiller Reserven geregelt, denn auch der Formwechsel zwischen Kapital- und Personengesellschaften führt trotz zivilrechtlicher Identitätswahrung ertragsteuerlich zu einer anderen personellen Zuordnung der stillen Reserven in den Wirtschaftsgütern.

Voraussetzung für die Steuerneutralität ist in jedem Fall, dass die Buchwerte der übergehenden Wirtschaftsgüter fortgeführt werden. Das Prinzip der **Buchwertverknüpfung** verhindert eine Störung wirtschaftlich gebotener Umstrukturierungsprozesse und führt im Ergebnis zu einem gerechtfertigten Besteuerungsaufschub beim Übergang stiller Reserven auf andere Steuerrechtssubjekte[5]. Ein derartiger Besteuerungsaufschub ist aber dann nicht gerechtfertigt, wenn die zukünftige Besteuerung der stillen Reserven nicht gesichert ist. In diesen Fällen wird daher das im UmwStG verankerte und am Übermaßverbot ausgerichtete System des Besteuerungsaufschubs auf das grundlegende Realisationsprinzip zurückgeführt. Daher gilt der normative Grundsatz, dass übergehende Wirtschaftsgüter grundsätzlich mit dem gemeinen Wert anzusetzen sind und ein Buchwertansatz nur dann ermöglicht wird, wenn deutsches Besteuerungsrecht umwandlungsbedingt nicht ausgeschlossen oder beschränkt wird. Hierdurch wird die Erfassung der stillen Reserven für Zwecke der Besteuerung sichergestellt. Diesem Ziel dienen auch die im übrigen Ertragsteuerrecht verankerten **Entstrickungsregelungen**, denen eine duale Konzeption zu Grunde liegt. Das deutsche Ertragsteuerrecht folgt entweder dem Prinzip der Sofortversteuerung im Sinne einer ultima-ratio-Besteuerung oder aber dem Konzept der (modifizierten) Steuerstundung (dazu nachfolgend Abschnitt IV., Rz. 10ff.). 6

1 Dazu BFH v. 29.4.1982 – IV R 10/79, BStBl. II 1982, S. 568; BFH v. 9.12.1982 – IV R 54/80, BStBl. II 1983, S. 371; BFH v. 11.12.1984 – IX R 27/82, BStBl. II 1985, S. 250; BVerfG v. 20.5.1988 – 1 BvR 273/88, BB 1988, 1716.
2 R 6.6 EStR.
3 Hierzu *Hey* in Tipke/Lang, Steuerrecht, 21. Aufl. 2013, § 8 Rz. 22.
4 *Hennrichs* in Tipke/Lang, Steuerrecht, 21. Aufl. 2013, § 9 Rz. 430.
5 *Hennrichs* in Tipke/Lang, Steuerrecht, 21. Aufl. 2013, § 9 Rz. 405.

III. Europarechtliche Vorgaben

7 Die Vorgaben der **Fusionsrichtlinie** (FRL)[1] haben dazu geführt, dass das Umwandlungssteuergesetz durch eine weit gehende **Europäisierung** geprägt ist. So ergibt sich unmittelbar aus der Fusionsrichtlinie, dass grenzüberschreitende Verschmelzungen, Spaltungen und Einbringungen sowie die grenzüberschreitende Sitzverlegung keine Besteuerung stiller Reserven in den übertragenen Wirtschaftsgütern auslösen dürfen (Art. 4 FRL). Das Gebot der Steuerneutralität gilt nach der FRL indessen nur unter dem Vorbehalt, dass der Staat, in dem die übertragende Gesellschaft ansässig ist, keinen Verlust an Besteuerungssubstrat erleidet. Im Hinblick darauf gilt die Steuerneutralität der Umwandlung nur für das Aktiv- und Passivvermögen der übertragenden Gesellschaft, das nach der Umwandlung tatsächlich zu einer Betriebsstätte in dem Mitgliedstaat der übertragenden Gesellschaft gehört und zur Erzielung des steuerpflichtigen Ergebnisses beiträgt (Art. 4 Abs. 1 Satz 2 lit. b FRL). Auf Anteilseignerebene darf ein Anteilstausch aufgrund einer begünstigten Umwandlung generell nicht zu einer Besteuerung führen (Art. 8 Abs. 1 und 2 FRL). Entsprechende Regelungen gelten für die Sitzverlegung einer SE/SCE (Art. 12 FRL).

8 Die Europäisierung des Umwandlungssteuerrechts entspricht allerdings nur teilweise den Vorgaben der **EuGH-Rechtsprechung** zum Steuer- und Gesellschaftsrecht[2]. Hieraus ergibt sich, dass insbesondere auf Grund der europarechtlich verbürgten Niederlassungsfreiheit (Art. 49 AEU) der Wegzug und grenzüberschreitende Umstrukturierungen innerhalb der EU steuerlich gegenüber dem Inlandsfall nicht benachteiligt werden dürfen. Nach dieser Rechtsprechung werden zwar jedem Staat Maßnahmen zugebilligt, die Besteuerung der stillen Reserven sicherzustellen, einer wegzugsbedingten Sofortversteuerung ist aber eine klare Absage erteilt worden[3]. Der Gesetzgeber hat im Rahmen der Novellierung des § 6 AStG (Wegzugsbesteuerung natürlicher Personen) diesen Vorgaben durch Verankerung einer **Stundungslösung** entsprochen[4]. Was für den Wegzug natürlicher Personen gilt, hat nach der Niederlassungsfreiheit aber auch den Wegzug von Gesellschaften sowie für grenzüberschreitende Umwandlungen zu gelten. Den vorgenannten Umstrukturierungen ist freilich eine Stundungslösung weitgehend versagt geblieben. Die steuerlichen Regelungen folgen anders als § 6 AStG dem Konzept der wegzugs- oder **umwandlungsbedingten Sofortversteuerung**, soweit die stillen Reserven nicht unverändert in Deutschland, insbesondere in einer inländischen Betriebsstätte, steuerverhaftet bleiben. Dieses Konzept widerspricht zwar nicht den Vorgaben der Fusionsrichtlinie, wohl aber den europarechtlich

---

1 Neu gefasst als Richtlinie 2009/133/EG vom 19.10.2009, ABl. EU Nr. L 310/34 v. 25.11.2009.

2 Insbesondere EuGH v. 21.11.2002 – C-436/00, EuGHE 2002, I-10829 (X und Y); EuGH v. 11.3.2004 – C-9/02, EuGHE 2004, I-2409 (Hughes de Lasteyrie du Saillant); EuGH v. 13.12.2005 – C-411/03, EuGHE 2005, I-10805 (Sevic Systems); EuGH v. 7.9.2006 – C-479/04, EuGHE 2006, I-7409 (N); EuGH v. 29.11.2011 – C-371/10, IStR 2012, 27 = GmbHR 2012, 56 (National Grid Indus); EuGH v. 12.7.2012 – C-378/10, DB 2012, 1614 = GmbHR 2012, 860 (VALE).

3 Für das Betriebsvermögen EuGH v. 29.11.2011 – C-371/10, IStR 2012, 27 = GmbHR 2012, 56 (National Grid Indus).

4 Zu Einzelheiten *Wassermeyer* in Flick/Wassermeyer/Baumhoff/Schönfeld, Außensteuerrecht, § 6 AStG Rz. 206ff.

verbürgten Grundfreiheiten[1]. Nach der Rechtsprechung des EuGH dürfte es erforderlich sein, der Gesellschaft ein Wahlrecht zwischen der sofortigen Versteuerung (Liquiditätsnachteil, aber Befreiung vom späteren Verwaltungsaufwand) und der Aufschiebung der Zahlung dieses Steuerbetrags bis zur tatsächlichen Realisierung der stillen Reserven mit jährlicher Erklärung zur Nachverfolgung des Vermögens einzuräumen[2]. Einzelheiten, wie insbesondere die Zulässigkeit einer Sicherheitsleistung und einer Verzinsung der gestundeten Steuerschuld sowie einer pauschalen zeitlichen Verteilung der Steuerzahlung, sind noch nicht abschließend durch den EuGH geklärt[3].

Die durch das **SEStEG** vollzogene Europäisierung des Umwandlungssteuerrechts 9
erfasst im Grundsatz alle Umwandlungsarten und alle Rechtsträger ohne Rücksicht auf ihre Rechtsform. Damit geht das Umwandlungssteuerrecht weit über das Umwandlungsrecht hinaus, wonach die Europäisierung (noch) auf die grenzüberschreitende Verschmelzung von Kapitalgesellschaften (§§ 122a ff. UmwG) beschränkt ist. Das Umwandlungssteuergesetz regelt somit die steuerlichen Folgen von Umwandlungsvorgängen, die rechtstechnisch nach dem Umwandlungsgesetz (noch) nicht möglich sind.

IV. Konzeptionelle Vorgaben

Der Übergang von Vermögen im Zuge der im UmwStG geregelten Umwandlun- 10
gen löst grundsätzlich eine **Gewinnrealisierung** aus, weil auf der Ebene des übertragenden Rechtsträgers die übergehenden Wirtschaftsgüter in der steuerlichen Schlussbilanz (Übertragungsbilanz) im Ausgangspunkt mit dem gemeinen Wert[4] anzusetzen sind[5]. Unter bestimmten Voraussetzungen wird indessen dem übertragenden oder übernehmenden Rechtsträger[6] ein **Wertansatzwahlrecht** eingeräumt, wonach der Buchwert oder ein Zwischenwert angesetzt werden kann. Zu diesen Voraussetzungen gehört im Wesentlichen, dass eine andere Gegenleistung statt oder neben Gesellschaftsanteilen nicht oder nur in einem bestimmten Umfang gewährt wird und das deutsche Besteuerungsrecht hinsichtlich der Besteuerung des Gewinns aus der Veräußerung der übertragenen Wirtschaftsgüter entweder

---

1 Zu dieser Divergenz *Schön/Schindler*, IStR 2004, 571 (574); *Sydow/Schumacher*, StBJb 2012/2013, 213 (225).

2 Vgl. EuGH v. 29.11.2011 – C-371/10, IStR 2012, 27 = GmbHR 2012, 56 (National Grid Indus), Rz. 71 ff.; bestätigt durch EuGH v. 6.9.2012 – C-38/10, IStR 2012, 763 (Kommission/Portugal), Rz. 32.

3 Vgl. dazu *Sydow/Schumacher*, StBJb 2012/2013, 213 (222 ff., 226 ff.). Der EuGH wird sich mit der Zulässigkeit einer Ratenzahlung über fünf Jahre im etwas anders gelagerten Fall des § 20 Abs. 3 UmwStG a.F. auseinandersetzen (Rs. C-164/12 [DMC]; vgl. den diesem Verfahren zugrunde liegenden Vorlagebeschluss des FG Hamburg v. 26.1.2012 – 2 K 224/10, EFG 2012, 1206).

4 Das ist der Wert, der durch den Preis bestimmt wird, der im gewöhnlichen Geschäftsverkehr nach der Beschaffung des Wirtschaftsguts bei einer Veräußerung zu erzielen wäre (§ 9 Abs. 2 BewG).

5 Vgl. §§ 3 Abs. 2, 11 Abs. 2, 20 Abs. 2, 21 Abs. 2 und 24 Abs. 2 UmwStG.

6 Im 2. bis 5. Teil des Umwandlungssteuergesetzes ist es der übertragende Rechtsträger und im 6. bis 8. Teil des Umwandlungssteuergesetzes ist es der übernehmende Rechtsträger.

beim übertragenden Rechtsträger selbst[1] oder bei dessen Gesellschaftern[2] nicht ausgeschlossen oder beschränkt wird. Diesen Entstrickungsklauseln im UmwStG liegt eine durch das SEStEG eingeführte Konzeption zu Grunde, die insbesondere im Einkommen-, Körperschaft- und Außensteuergesetz eine Konkretisierung gefunden hat.

11 Grundlegende Norm ist der im § 4 Abs. 1 Satz 3 EStG kodifizierte **allgemeine Entstrickungstatbestand**, wonach der Ausschluss oder die Beschränkung deutschen Besteuerungsrechts hinsichtlich des Gewinns aus der Veräußerung eines Wirtschaftsguts einer Entnahme gleich steht (korrespondierend enthält § 4 Abs. 1 Satz 8 EStG einen allgemeinen **Verstrickungstatbestand**). Die Einschränkung des Besteuerungsrechts durch die Nutzung eines Wirtschaftsguts wird ebenfalls als entnahmeähnlicher Tatbestand fingiert. Um die stillen Reserven für Zwecke der Besteuerung vollumfänglich zu erfassen, erfolgt die **fiktive Entnahme zum gemeinen Wert** (§ 6 Abs. 1 Nr. 4 Satz 1 EStG). Damit wird das Konzept der Sofortversteuerung umgesetzt, und zwar ohne Rücksicht darauf, durch welchen Vorgang die Entstrickung veranlasst wird. Diese Entstrickungsklausel erfährt freilich eine Modifikation durch § 4g EStG für den Fall des grenzüberschreitenden Betriebsvermögenstransfers in einen anderen EU-Staat. Hiernach kann ein unbeschränkt Steuerpflichtiger im Falle der fiktiven Entnahme (§ 4 Abs. 1 Satz 3 EStG) in Höhe der Differenz zwischen dem gemeinen Wert zum Zeitpunkt der Entnahme und dem Buchwert einen **Ausgleichsposten** bilden, soweit das Wirtschaftsgut einer Betriebsstätte desselben Steuerpflichtigen in einem anderen EU-Staat zuzurechnen ist. Der Ausgleichsposten ist im Wirtschaftsjahr der Bildung und in den vier folgenden Wirtschaftsjahren zu je 1/5 gewinnerhöhend aufzulösen (§ 4g Abs. 2 EStG), wodurch im Ergebnis diese Regelung einer modifizierten Stundung entspricht. Eine gewinnerhöhende Auflösung des Ausgleichspostens erfolgt aber stets dann, wenn das Wirtschaftsgut aus dem Betriebsvermögen des Steuerpflichtigen ausscheidet. Die Reichweite dieser Regelung ist begrenzt, weil sie nur den in der Praxis allerdings bedeutsamen Fall der Überführung von Wirtschaftsgütern des Anlagevermögens eines inländischen Stammhauses auf eine EU-Betriebsstätte erfasst.

Der Ausschluss oder die Beschränkung des deutschen Besteuerungsrechts hinsichtlich des Gewinns aus der Veräußerung sämtlicher Wirtschaftsgüter eines Betriebs oder Teilbetriebs gilt gem. § 16 Abs. 3a EStG als Aufgabe des Betriebs oder Teilbetriebs. Nach § 36 Abs. 5 EStG kann die auf den Aufgabegewinn festgesetzte Steuer in fünf gleichen (unverzinslichen) Jahresraten entrichtet werden, wenn die Wirtschaftsgüter einem Betriebsvermögen des Steuerpflichtigen in einem anderen EU-Mitgliedstaat oder einem EWR-Staat zuzuordnen sind und von diesem Staat Amtshilfe entsprechend der EU-Amtshilferichtlinie und Unterstützung bei der Beitreibung von Forderungen entsprechend der EU-Beitreibungsrichtlinie geleistet wird. Die noch nicht entrichtete Steuer wird insbesondere dann sofort fällig, wenn der Betrieb oder Teilbetrieb (nicht aber einzelne Wirtschaftsgüter) veräußert wird.

12 Dem § 4 Abs. 1 Satz 3 EStG entspricht im Körperschaftsteuerrecht § 12 Abs. 1 KStG, wobei systembedingt die Rechtsfolge nicht auf eine fiktive Entnahme, son-

1 Bei Kapitalgesellschaften (§ 11 Abs. 2 Satz 1 Nr. 2 UmwStG).
2 Bei Personengesellschaften (§ 3 Abs. 2 Satz 1 Nr. 2 UmwStG).

dern auf eine **fiktive Veräußerung** bzw. Überlassung der Wirtschaftsgüter **zum gemeinen Wert** gerichtet ist. §§ 4g, 36 Abs. 5 EStG gelten auch bei Körperschaften (§ 36 Abs. 5 EStG, allerdings nicht für die Gewerbesteuer)[1].

Vom Anwendungsbereich des § 12 Abs. 1 KStG wird auch der (identitätswahrende) **Wegzug einer Kapitalgesellschaft** mit der Folge erfasst, dass eine wegzugsbedingte Sofortversteuerung unterbleibt, soweit Wirtschaftsgüter unverändert in einer inländischen Betriebsstätte steuerverhaftet bleiben, also nach dem Wegzug der beschränkten Steuerpflicht ausgesetzt sind (§ 8 Abs. 1 KStG i.V.m. § 49 Abs. 1 Nr. 2 lit. a EStG). Der Besteuerungsaufschub gem. § 36 Abs. 5 EStG ist auch bei grenzüberschreitendem Wegzug anwendbar, wenn dabei sämtliche Wirtschaftsgüter entstrickt werden. Erfolgt der Wegzug in einen Staat außerhalb des EU/EWR-Bereichs erfolgt unabhängig von der Beschränkung des deutschen Besteuerungsrechts eine Liquidationsbesteuerung, die sämtliche stillen Reserven erfasst (§ 12 Abs. 3 KStG). § 12 Abs. 2 KStG regelt schließlich den Fall des inländischen Vermögensübergangs im Zuge einer ausländischen Verschmelzung von Kapitalgesellschaften in einem Drittstaat, bei der unter bestimmten, dem UmwStG nachgebildeten Voraussetzungen eine Gewinnrealisierung unterbleibt. 13

Das UmwStG baut auf der dem Einkommen- und Körperschaftsteuergesetz zu Grunde liegenden Konzeption der **Sofortversteuerung bei Entstrickung** auf und enthält entsprechende Regelungen bei allen Umwandlungsarten[2]. Möglich ist wiederum ein Besteuerungsaufschub gem. § 36 Abs. 5 EStG, wenn sämtliche Wirtschaftsgüter eines Betriebs oder Teilbetriebs entstrickt werden. Ein Verzicht auf eine Sofortbesteuerung erfolgt des Weiteren in bestimmten Fällen auf Anteilseignerebene[3]. 14

Das Vorliegen eines deutschen Besteuerungsrechts hat auch Bedeutung für den **persönlichen Anwendungsbereich des 6. bis 8. Teil des UmwStG**[4]. Denn bei der Einbringung in Kapitalgesellschaften und der Umwandlung von Personen- in Kapitalgesellschaften ist unabhängig von der EU/EWR-Ansässigkeit des Einbringenden bzw. der übertragenden Gesellschaft das UmwStG anwendbar, wenn das deutsche Besteuerungsrecht hinsichtlich der Besteuerung des Gewinns aus der Veräußerung der erhaltenen Anteile nicht ausgeschlossen oder beschränkt ist (§ 1 Abs. 4 Satz 1 Nr. 2 lit. b UmwStG). 15

Auf **Sicherung der stillen Reserven** für Zwecke der Besteuerung gerichtete Regelungen **unabhängig von einer Entstrickung** enthalten des Weiteren insbesondere §§ 15, 22 UmwStG, die eine **Nachversteuerung** in den Fällen vorsehen, in denen innerhalb einer Sperrfrist von fünf bzw. sieben Jahren eine – regelmäßig steuer- 16

1 Vgl. *Benecke/Staats* in Dötsch/Pung/Möhlenbrock, § 12 KStG Rz. 642.
2 Sog. Entstrickungsklauseln in § 3 Abs. 2 Satz 1 Nr. 2 UmwStG (Verschmelzung von Kapital- auf Personengesellschaften), §§ 11 Abs. 2 Satz 1 Nr. 2, 13 Abs. 2 Satz 1 Nr. 1 UmwStG (Verschmelzung von Kapitalgesellschaften), § 15 Abs. 1 Satz 2 i.V.m. §§ 11 Abs. 2 Satz 1 Nr. 2, 13 Abs. 2 Satz 1 Nr. 1 UmwStG (Auf- und Abspaltung von Kapitalgesellschaften), § 16 Satz 1 i.V.m. § 3 Abs. 2 Satz 1 Nr. 2 UmwStG (Auf- und Abspaltung von Kapital- auf Personengesellschaften), § 20 Abs. 2 Satz 2 Nr. 3 UmwStG (Verschmelzung von Personen- auf Kapitalgesellschaften, Betriebseinbringung), § 21 Abs. 2 Satz 2 UmwStG (Anteilseinbringung), § 24 Abs. 2 Satz 2 UmwStG (Verschmelzung von Personengesellschaften, Betriebseinbringung).
3 §§ 13 Abs. 2 Satz 1 Nr. 2, 21 Abs. 2 Satz 3 Nr. 2 UmwStG.
4 Einbringungen (§§ 20–23 UmwStG), Formwechsel (§ 25 UmwStG).

begünstigte – Veräußerung von Anteilen an einer von der Umstrukturierung betroffenen Kapitalgesellschaft erfolgt. Diese Nachversteuerungsregelungen dienen der Vermeidung von Missbräuchen und betreffen die Auf- und Abspaltung von Körperschaften sowie die Einbringung von Unternehmensteilen oder Anteilen in Kapitalgesellschaften.

V. Anwendungsbereich

1. Zentrale Regelungsbereiche

17 Das UmwStG erfasst Umwandlungen von Körperschaften und Personengesellschaften, die nach Maßgabe des UmwG, der SE- und SCE-Verordnung und vergleichbarer ausländischer Umwandlungsvorschriften insbesondere auf Grund Gesamtrechtsnachfolge, partieller Gesamtrechtsnachfolge oder durch Formwechsel erfolgen. § 1 Abs. 1 Satz 1 UmwStG bestimmt in diesem Zusammenhang, dass der 2. bis 5. Teil des UmwStG (§§ 2–19 UmwStG) nur auf **Umwandlungen** auf Grund der vorgenannten Rechtsvorschriften Anwendung findet. Diese Teile gelten freilich nicht für die ebenfalls im § 1 UmwG geregelte **Ausgliederung** (§ 1 Abs. 1 Satz 2 UmwStG): Die Ausgliederung nach Maßgabe des UmwG wird im UmwStG als Einbringung behandelt mit der Folge, dass die §§ 20ff., 24 UmwStG hierauf ebenso Anwendung finden wie auf Umstrukturierungen im Wege der Einzelrechtsnachfolge.

18 Welchen **Regelungsbereichen** die im UmwG normierten Umwandlungen im UmwStG unterliegen, ergibt sich für die in der Praxis wichtigsten Rechtsträger Kapitalgesellschaften und Personengesellschaften[1] aus der folgenden Aufstellung[2]:

Umwandlungsart	**von**	**in/auf**	**§§ des UmwG**	**§§ des UmwStG**
Verschmelzung	KapGes.	PersGes.	2ff., 39ff.	3ff., 18
	KapGes.	KapGes.	2ff., 39ff.	11ff., 19
	PersGes.	KapGes.	2ff., 39ff.	20ff.
	PersGes.	PersGes.	2ff., 39ff.	24
Spaltung				
– Aufspaltung	KapGes.	PersGes.	123ff., 138ff.	16, 18
	KapGes.	KapGes.	123ff., 138ff.	15, 19
	PersGes.	KapGes.	123ff., 138ff.	20ff.
	PersGes.	PersGes.	123ff.	24
– Abspaltung	KapGes.	PersGes.	123ff., 138ff.	16, 18
	KapGes.	KapGes.	123ff., 138ff.	15, 19
	PersGes.	KapGes.	123ff., 138ff.	20ff.

1 Vgl. im Übrigen die Übersichten Anh. 1 nach § 122l Rz. 1; Anh. nach § 151 Rz. 2; Anh. 3 nach § 189 Rz. 2; Anh. nach § 304 Rz. 1.
2 Vgl. hierzu auch *Rödder* in Rödder/Herlinghaus/van Lishaut, UmwStG, Einführung Rz. 45.

Umwandlungsart	von	in/auf	§§ des UmwG	§§ des UmwStG
	PersGes.	PersGes.	123 ff.	24
– Ausgliederung	KapGes.	PersGes.	123 ff., 138 ff.	24
	KapGes.	KapGes.	123 ff., 138 ff.	20 ff.
	PersGes.	KapGes.	123 ff., 138 ff.	20 ff.
	PersGes.	PersGes.	123 ff.	24
Formwechsel	KapGes.	PersGes.	190 ff., 228 ff.	9, 18
	KapGes.	KapGes.	190 ff., 238 ff.	–
	PersGes.	KapGes.	190 ff., 214 ff.	25
	PersGes.	PersGes.	–	–

Wie bereits erwähnt, umfasst der Anwendungsbereich der §§ 20, 24 UmwStG ne- 19
ben umwandlungsrechtlichen Vorgängen auch die Übertragung auf Kapital- bzw. Personengesellschaften im Wege der Einzelrechtsnachfolge (Sachgründung, Sachkapitalerhöhung). Hierzu die folgende Abbildung[1].

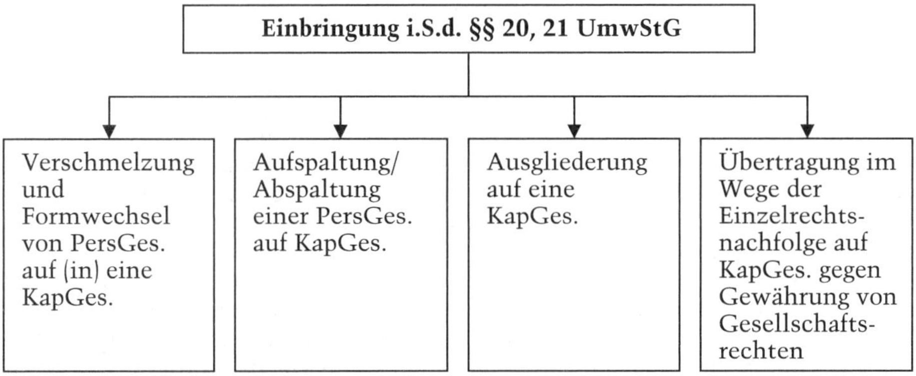

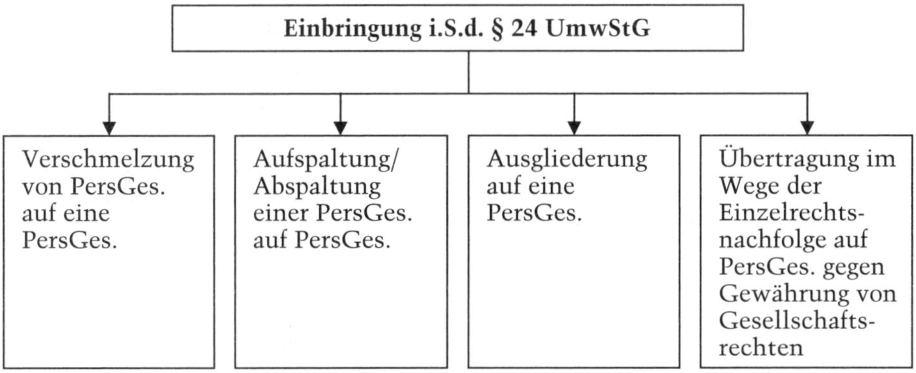

1 Vgl. *Rödder* in Rödder/Herlinghaus/van Lishaut, UmwStG, Einführung Rz. 47.

20 Das UmwStG enthält **keine Regelungen** für den Formwechsel von Kapitalgesellschaften in Kapitalgesellschaften. Dies liegt darin begründet, dass die Identität der Kapitalgesellschaft als Körperschaftsteuersubjekt von einem solchen Formwechsel nicht berührt wird[1]. Ebenfalls nicht geregelt ist der Formwechsel von Personengesellschaften in Personengesellschaften[2]. Eine Regelung ist auch entbehrlich, weil ein derartiger nach den Vorschriften des HGB und BGB ohne weiteres mögliche Formwechsel steuerrechtlich keine gewinnrealisierende Betriebsveräußerung oder -aufgabe darstellt[3].

21 Da die steuerlichen Wirkungen von Unternehmensumstrukturierungen im UmwStG nicht abschließend geregelt sind, bleiben **anderweitige Regelungen**, die eine Steuerneutralität derartiger Umstrukturierungen ermöglichen, anwendbar.

22 Eine **steuerneutrale Transfermöglichkeit** eröffnet sich etwa bei der Übertragung von Teilbetrieben, Mitunternehmeranteilen und Einzelwirtschaftsgütern im Rahmen einer Realteilung, sofern die Besteuerung der stillen Reserven sichergestellt ist (§ 16 Abs. 3 Satz 2 EStG). Darüber hinaus sind Übertragungen von einzelnen Wirtschaftsgütern zwischen Personengesellschaften und ihren Gesellschaftern unter bestimmten Voraussetzungen zu Buchwerten möglich (§§ 6 Abs. 5 Satz 3–6, 16 Abs. 3 Satz 2–4 EStG). Diese Regelungen können auch im Rahmen einer Ausgliederung auf eine Personengesellschaft oder auf die Spaltung von Personengesellschaften auf Personengesellschaften Anwendung finden[4].

2. Betroffene Steuerarten

23 Das UmwStG regelt lediglich die steuerlichen Wirkungen der Umstrukturierung von Unternehmen für Zwecke der **Körperschaft-, Einkommen- und Gewerbesteuer**. Unter die Reichweite des UmwStG fallen daher insbesondere nicht die Umsatzsteuer, Grunderwerbsteuer und Erbschaftsteuer, so dass etwa die sich aus §§ 2, 20 Abs. 6 UmwStG ergebende steuerliche Rückbeziehung hierfür nicht gilt[5]. Hieraus folgt weiter, dass die im § 9 UmwStG für die Fälle des Formwechsels verankerte Übertragungsfiktion weder für die Umsatzsteuer noch für die Grunderwerbsteuer[6] Bedeutung erlangt. Das **Grunderwerbsteuerrecht** enthält mit § 6a GrEStG eine eigene Regelung zur Begünstigung von Umstrukturierungen innerhalb eines – eng definierten – Konzerns[7].

---

1 BFH v. 8.10.2008 – I R 3/06, BStBl. II 2010, 186, unter II.2.b); BFH v. 19.8.1958 – I 78/58 U, BStBl. III 1958, 468; BFH v. 9.9.1958 – I 72/58 U, BStBl. III 1959, 48; vgl. auch die Begründung zu § 14 UmwStG 1995 in BT-Drucks. 12/6885, 22.
2 Entsprechende Regelungen fehlen auch im UmwG; zu Einzelheiten Anh. nach § 304 Rz. 41 ff.
3 BFH v. 28.11.1989 – VIII R 40/84, BStBl. II 1990, 561; BFH v. 20.9.2007 – IV R 10/07, BStBl. II 2008, 118; BFH v. 16.4.2010 – IV B 94/09, BFH/NV 2010, 1272.
4 Vgl. hierzu Anh. nach § 151 Rz. 131 und Anh. nach § 173 Rz. 7.
5 Zur ErbSt umstritten; vgl. hierzu Anh. 1 nach § 122l Rz. 25.
6 Vgl. hierzu Anh. nach § 304 Rz. 5.
7 Vgl. hierzu Anh. 1 nach § 122l Rz. 30a.

VI. Internationales Umwandlungssteuerrecht

Die vorstehenden Regelungsbereiche des UmwStG erfassen partiell auch auslandsbezogene Sachverhalte und damit zugleich internationales Umwandlungssteuerrecht[1]. Diese **auslandsbezogenen Sachverhalte** betreffen: 24

- inländische Umwandlungen mit Auslandsbezug,
- grenzüberschreitende Umwandlungen,
- ausländische Umwandlungen mit Inlandsbezug.

Von der Reichweite des UmwStG werden **inländische Umwandlungen mit Auslandsbezug** (mit einer Ausnahme) erfasst. Das gilt im Grundsatz unabhängig davon, ob an den an der Umwandlung beteiligten inländischen Rechtsträgern unbeschränkt oder beschränkt steuerpflichtige Personen beteiligt sind oder umwandlungsbedingt in- oder ausländisches Betriebsvermögen übergeht. Soweit es sich um die Umwandlung etwa von Kapital- auf Personengesellschaften (§§ 3 ff. UmwStG) oder von Kapital- auf andere Kapitalgesellschaften (§§ 11 ff. UmwStG) handelt, folgt dies schon aus der Anknüpfung an das UmwG (§ 1 Abs. 1 UmwStG)[2]. Durch den Verweis auf Art. 17 SE-VO und Art. 19 SCE-VO (§ 1 Abs. 1 Satz 1 Nr. 1 UmwStG) gelangt auch die Gründung einer SE/SCE durch Verschmelzung in den Anwendungsbereich des UmwStG, so dass auch hier unbeschränkt und beschränkt steuerpflichtige Gesellschafter ebenso wie in- und ausländisches Vermögen gleichermaßen erfasst werden. Die Umwandlung von Personen- auf Kapitalgesellschaften und von Personen- auf andere Personengesellschaften fallen auch insoweit, als es an einer Anknüpfung an das UmwG fehlt (§ 1 Abs. 3 Nr. 4 UmwStG: Einbringung durch Einzelrechtsnachfolge), in den Anwendungsbereich des UmwStG ebenfalls unabhängig davon, ob unbeschränkt oder beschränkt steuerpflichtige Gesellschafter beteiligt sind oder umwandlungsbedingt in- oder ausländisches Betriebsvermögen übergeht. Die einzige Ausnahme besteht bei der Einbringung von Unternehmensteilen in eine Kapitalgesellschaft (d.h. auch bei der Umwandlung einer Personengesellschaft in eine Kapitalgesellschaft), die nur dann vom UmwStG erfasst wird, wenn der Einbringende entweder in EU oder EWR ansässig ist (§ 1 Abs. 4 Satz 1 Nr. 2 lit. a UmwStG) oder im Falle eines Einbringenden aus einem Drittstaat Deutschland ein uneingeschränktes Besteuerungsrecht hinsichtlich eines Gewinns aus der Veräußerung der für die Einbringung erhaltenen Anteile an der Kapitalgesellschaft hat (§ 1 Abs. 4 Satz 1 Nr. 2 lit. b UmwStG). 25

Auch wenn inländische Umwandlungen mit Auslandsbezug somit fast ohne Einschränkung dem Anwendungsbereich des UmwStG unterliegen, ergeben sich doch im Zusammenhang mit der Beteiligung etwa beschränkt steuerpflichtiger Gesellschafter und mit ausländischem Betriebsvermögen **Besonderheiten**, die im UmwStG eine normative Regelung gefunden haben. Dies gilt insbesondere bei der Umwandlung von **Kapital- in Personengesellschaften** und umgekehrt. 26

Grenzüberschreitende Umwandlungen im rechtstechnischen Sinne sind im UmwG nur für die **Hinaus- und Hereinverschmelzung von Kapitalgesellschaften** vorgesehen (§§ 122a ff. UmwG). Entsprechendes gilt für die Gründung einer 27

1 Vgl. hierzu *Schaumburg*, Internationales Steuerrecht, 3. Aufl. 2011, Kapitel 17; *Prinz*, Umwandlungen im Internationalen Steuerrecht, 2013.

2 Ausnahme: Ausgliederungen (§ 1 Abs. 1 Satz 2 UmwStG).

SE/SCE durch grenzüberschreitende Verschmelzung (Art. 17 SE-VO, Art. 19 SCE-VO). Wegen der Anknüpfung an das UmwG und an die SE-VO und SCE-VO werden die vorgenannten grenzüberschreitenden Verschmelzungen auch vom UmwStG erfasst (§ 1 Abs. 1 Satz 1 Nr. 1 UmwStG). In Anknüpfung an die §§ 122aff. UmwG ist der Anwendungsbereich der grenzüberschreitenden Verschmelzung von Kapitalgesellschaften auf **EU/EWR-Gesellschaften** beschränkt. Sowohl die übertragende als auch die übernehmende Kapitalgesellschaft müssen nach den Rechtsvorschriften eines EU/EWR-Staates gegründet worden sein oder bei Umwandlung durch Neugründung gegründet werden und in den vorgenannten Staaten ihren statutarischen Sitz und den Ort der Geschäftsleitung haben bzw. nehmen (§ 1 Abs. 2 Satz 1 Nr. 1 UmwStG). Gründungs- und Sitzstaat müssen hierbei nicht identisch sein, so dass auch **doppelt ansässige Gesellschaften** erfasst werden.

28 Die grenzüberschreitende Verschmelzung von **anderen Rechtsträgern** sowie **andere grenzüberschreitende Umwandlungen** sind mangels Regelung im UmwG rechtssicher nicht möglich (wenngleich sie innerhalb der EU zugelassen werden müssen)[1]. Im Hinblick darauf sind die weitergehenden Regelungen des UmwStG, die ohne Einschränkung grenzüberschreitende Umwandlungen im EU/EWR-Bereich erfassen, in der Praxis leerläufig. Sollte etwa der Anwendungsbereich des UmwG auf weitere grenzüberschreitende Umwandlungen im EU/EWR-Bereich ausgedehnt werden, bedürfte es hierfür keiner Änderung des UmwStG mehr. Soweit gesetzestechnisch grenzüberschreitende Umwandlungen (einstweilen) nicht möglich sind, werden in der Praxis nicht selten Ersatzkonstruktionen genutzt, um vergleichbare Wirkungen zu erzielen. Hierfür hat der 6. bis 8. Teil des UmwStG, der nicht durchgehend an das UmwG anknüpft (§ 1 Abs. 3 Nr. 4 UmwStG), besondere Bedeutung.

29 Bei **grenzüberschreitenden Hinausumwandlungen** besteht regelmäßig das oben erläuterte Problem der **Entstrickung**. So führt etwa eine Hinausverschmelzung gem. §§ 122aff. UmwG auf eine ausländische EU/EWR-Kapitalgesellschaft auf der Ebene der inländischen übertragenden Kapitalgesellschaft zu einer Gewinnrealisierung, wenn umwandlungsbedingt deutsches Besteuerungsrecht hinsichtlich der Besteuerung des Gewinns aus der Veräußerung der übertragenden Wirtschaftsgüter bei der übernehmenden Kapitalgesellschaft ausgeschlossen oder beschränkt wird (§ 11 Abs. 2 Satz 1 Nr. 2 UmwStG). Angesprochen sind damit u.a. diejenigen Fälle, in denen das deutsche Besteuerungsrecht dadurch entfällt, dass Wirtschaftsgüter keiner inländischen Betriebsstätte des übernehmenden ausländischen Rechtsträgers zuzuordnen sind. Auf Gesellschafterebene führt die grenzüberschreitende Verschmelzung in aller Regel nach den Doppelbesteuerungsabkommen zu keinem Ausschluss oder keiner Beschränkung des deutschen Besteuerungsrechts, so dass insoweit eine Steuerneutralität gewährleistet ist (§ 13 Abs. 2 Satz 1 Nr. 1 UmwStG). Das gilt auch in den Fällen, in denen bei einer grenzüberschreitenden Hinausverschmelzung innerhalb der EU das deutsche Besteuerungsrecht hinsichtlich des Gewinns aus der Veräußerung der Anteile an der übernehmenden Kapitalgesellschaft ausnahmsweise dadurch beschränkt wird, dass ggf. eine ausländische auf den Veräußerungsgewinn erhobene Steuer zur Anrechnung gebracht werden muss (§ 13 Abs. 2 Satz 1 Nr. 2 UmwStG). In diesem Fall können

1 EuGH v. 12.7.2012 – C-378/10, DB 2012, 1614 = GmbHR 2012, 860 (VALE) zum grenzüberschreitenden Formwechsel.

ungeachtet der Bestimmungen der Doppelbesteuerungsabkommen spätere Gewinne aus der Veräußerung der im Zuge der Umwandlung erworbenen Anteile in der gleichen Art und Weise besteuert werden, wie die Veräußerung der Anteile an der übertragenden Kapitalgesellschaft zu besteuern gewesen wäre.

Ausländische Umwandlungen mit Inlandsbezug werden in den Anwendungs- 30 bereich des UmwStG einbezogen, wenn diese einer Umwandlung nach deutschem UmwG vergleichbar sind. Des Weiteren ist grundsätzlich die Beteiligung von Gesellschaften erforderlich, die nach dem Recht eines EU/EWR-Staates gegründet sind und Sitz und Ort der Geschäftsleitung innerhalb dieser Staaten haben (§ 1 Abs. 2, 4 UmwStG). Diese Beschränkung gilt nicht für die ausländische Umwandlung von Personengesellschaften (§ 1 Abs. 4 Satz 2 UmwStG). Zudem enthält § 12 Abs. 2 KStG eine Regelung für die Verschmelzung von Kapitalgesellschaften in Drittstaaten.

Auch wenn ausländische Umwandlungen mit Inlandsbezug unter den Anwen- 31 dungsbereich des UmwStG fallen, kann die **Steuerneutralität** nach Maßgabe des deutschen Steuerrechts nur dann erreicht werden, wenn deutsches Besteuerungsrecht umwandlungsbedingt nicht ausgeschlossen oder beschränkt wird.

Erstes Buch
Möglichkeiten von Umwandlungen

§ 1
Arten der Umwandlung; gesetzliche Beschränkungen

(1) Rechtsträger mit Sitz im Inland können umgewandelt werden

1. durch Verschmelzung;

2. durch Spaltung (Aufspaltung, Abspaltung, Ausgliederung);

3. durch Vermögensübertragung;

4. durch Formwechsel.

(2) Eine Umwandlung im Sinne des Absatzes 1 ist außer in den in diesem Gesetz geregelten Fällen nur möglich, wenn sie durch ein anderes Bundesgesetz oder ein Landesgesetz ausdrücklich vorgesehen ist.

(3) Von den Vorschriften dieses Gesetzes kann nur abgewichen werden, wenn dies ausdrücklich zugelassen ist. Ergänzende Bestimmungen in Verträgen, Satzungen oder Willenserklärungen sind zulässig, es sei denn, dass dieses Gesetz eine abschließende Regelung enthält.

Literatur

1. Allgemein: *Balthasar*, Gesellschaftsstatut und Gläubigerschutz: ein Plädoyer für die Gründungstheorie, RIW 2009, 221; *Bungert*, Ausgliederung durch Einzelrechtsübertragung und analoge Anwendung des Umwandlungsgesetzes, NZG 1998, 367; *Heckschen*, Die Entwicklung des Umwandlungsrechts aus Sicht der Rechtsprechung und Praxis, DB 1998, 1385; *K. Schmidt*, Zum Analogieverbot des § 1 Abs. 2 UmwG – Denkanstöße gegen ein gesetzliches Denkverbot, in FS Kropff, 1997, S. 261; *Schnorbus*, Analogieverbot und Rechtsfortbildung im Umwandlungsrecht, DB 2001, 1654; *Schöne*, Das Aktienrecht als „Maß aller Dinge" im neuen Umwandlungsrecht?, GmbHR 1995, 325; Vgl. auch die Nachweise oben Einl. I vor Rz. 45.

2. Zur internationalen Umwandlung: *Altmeppen*, Schutz vor „europäischen" Kapitalgesellschaften, NJW 2004, 97; *Bayer/J. Schmidt*, Aktuelle Entwicklungen im Europäischen Gesellschaftsrecht, BB 2008, 454; *Bayer/J. Schmidt*, Das Vale-Urteil des EuGH: Die endgültige Bestätigung der Niederlassungsfreiheit als „Formwechselfreiheit", ZIP 2012, 1481; *Bayer/J. Schmidt*, BB-Gesetzgebungs- und Rechtsprechungsreport Europäisches Unternehmensrecht 2012, BB 2013, 1; *Bollacher*, Referentenentwurf zur Regelung des Internationalen Gesellschaftsrechts, RIW 2008, 200; *Böttcher/Kraft*, Grenzüberschreitender Formwechsel und tatsächliche Sitzverlegung – Die Entscheidung VALE des EuGH, NJW 2012, 2701; *Bungert*, Grenzüberschreitende Verschmelzungsmobilität – Anmerkung zur Sevic – Entscheidung des EuGH, BB 2006, 53; *v. Busekist*, „Umwandlung" einer GmbH in eine im Inland ansässige EU-Kapitalgesellschaft am Beispiel der englischen Ltd., GmbHR 2004, 650; *Doralt*, Österreichischer OGH zur verschmelzenden Umwandlung über die Grenze nach Deutschland, NZG 2004, 396; *Doralt*, Sevic: Traum und Wirklichkeit – die grenzüberschreitende Verschmelzung ist Realität, IPRax 2006, 572; *Drygala*, Die Mauer bröckelt – Bemerkungen zur Bewegungsfreiheit deutscher Unternehmen in Europa, ZIP 2005, 1995; *Drygala*, Europäische Niederlassungsfreiheit vor der Rolle rückwärts?, EuZW 2013, 569; *Ege/Klett*, Praxisfragen der grenzüberschreitenden Mobilität von Gesellschaften, DStR 2012, 2442; *Forsthoff*, Internationales Gesellschaftsrecht im Umbruch, DB 2003, 979; *Frenzel*, Grenzüberschreitende Verschmelzung von Kapitalgesellschaften nach Ablauf der Umsetzungsfrist, RIW 2008, 12; *Frischhut*, Grenzüberschreitende Verschmelzungen von Kapitalgesellschaften, EWS 2006, 55; *Geyrhalter/Weber*, Transnationale Verschmelzungen im Spannungsfeld zwischen Sevic und der Verschmelzungsrichtlinie, DStR 2006, 146; *Grohmann/Gruschinske*, Die identitätswahrende grenzüberschreitende Satzungssitzverlegung in Europa – Schein oder Realität?, GmbHR 2008, 27; *Großerichter*, Ausländische Kapitalgesellschaften im deutschen Rechtsraum: Das deutsche Internationale Gesellschaftsrecht und seine Perspektiven nach der Entscheidung „Überseering", DStR 2003, 159; *Haritz/von Wolff*, Internationalisierung des deutschen Umwandlungsrechts, GmbHR 2006, 340; *Herrler*, Ermöglichung grenzüberschreitender Verschmelzungen von Kapitalgesellschaften durch Änderung des Umwandlungsgesetzes, EuZW 2007, 295; *Kallmeyer*, Umwandlung nach UmwG und Unternehmensakquisition, DB 2002, 568; *Kappes*, Zulässigkeit grenzüberschreitender Verschmelzungen, NZG 2006, 101; *Kersting*, Rechtswahlfreiheit im Europäischen Gesellschaftsrecht nach Überseering, NZG 2003, 9; *König/Bormann*, „Genuine Link" und freie Rechtsformwahl im Binnenmarkt – Trendwende bei der Anerkennung von „Scheinauslandsgesellschaften" durch die VALE-Entscheidung des EuGH?, NZG 2012, 1241; *Krause/Kulpa*: Grenzüberschreitende Verschmelzungen, ZHR 171 (2007), 38; *Leible/Hoffmann*, „Überseering" und das deutsche Gesellschaftskollisionsrecht, ZIP 2003, 925; *Lennerz*, Die internationale Verschmelzung und Spaltung unter Beteiligung deutscher Gesellschaften, 2001; *Leuering*, Von Scheinauslandsgesellschaften hin zur „Gesellschaft mit Migrationshintergrund", ZRP 2008, 73; *Lutter/Drygala*, Internationale Verschmelzungen in Europa, JZ 2007, 730; *Meilicke*, Die EuGH-Entscheidung in der Rechtssache Sevic und die Folgen für das deutsche Umwandlungsrecht nach Handels- und Steuerrecht, GmbHR 2006, 123; *H.-F. Müller*, Internationalisierung des deutschen Umwandlungsrechts, ZIP 2007, 1081; *Neye/Timm*, Mehr Mobilität für die GmbH in Europa, GmbHR 2007, 561; *Paefgen*, Umwandlung, europäische Grundfreiheiten und Kollisionsrecht, GmbHR 2004, 463; *G. H. Roth*, Das Ende der Briefkastengründung? – Vale contra Centros, ZIP 2012, 1744; *G. H. Roth*, Die Bedeutung von Cadbury-Schweppes für die Centros-Judikatur des EuGH, EuZW 2010, 607; *G. H. Roth*,

Vorgaben der Niederlassungsfreiheit für das Kapitalgesellschaftsrecht, 2010; *Schmidtbleicher*, Verwaltungssitzverlegung deutscher Kapitalgesellschaften in Europa: „Sevic" als Leitlinie für „Cartesio"?, BB 2007, 613; *C. Schneider*, Internationales Gesellschaftsrecht vor der Modifizierung, BB 2008, 566; *Schön*, Das System der gesellschaftsrechtlichen Niederlassungsfreiheit nach VALE, ZGR 2013, 333; *Siems*, Sevic – Der letzte Mosaikstein im Internationalen Gesellschaftsrecht der EU?, EuZW 2006, 135; *Siepe*, Die grenzüberschreitende Verschmelzung unter Beteiligung deutscher und englischer Kapitalgesellschaften, 2010; *Simon/Hinrichs*, Unterrichtung der Arbeitnehmer und ihrer Vertretungen bei grenzüberschreitenden Verschmelzungen, NZA 2008, 391; *Stephan*, Grenzüberschreitende Verschmelzung von deutschen und österreichischen Kapitalgesellschaften, 2012; *Teichmann*, Gesellschaftsrecht im System der Europäischen Niederlassungsfreiheit, ZGR 2011, 639; *Teichmann*, Der grenzüberschreitende Formwechsel ist spruchreif: das Urteil des EuGH in der Rs. Vale, DB 2012, 2085; *Thiermann*, Grenzüberschreitende Verschmelzungen deutscher Gesellschaften, 2010; *Thümmel/Hack*, Die grenzüberschreitende Verschmelzung der Personengesellschaften, Der Konzern 2009, 1; *Triebel/von Hase*, Wegzug und grenzüberschreitende Umwandlungen deutscher Gesellschaften nach Überseering und Inspire Art, BB 2003, 2409; *Wälzholz*, Verschmelzung einer Limited auf eine GmbH, GmbH-StB 2008, 177; *Wenglorz*, Die grenzüberschreitende „Heraus"-Verschmelzung einer deutschen Kapitalgesellschaft: Und es geht doch!, BB 2004, 1061.

I. Überblick

Obwohl die Vorschrift nur wie eine Beschreibung wirkt, ist ihr sachlicher Gehalt nicht ohne Gewicht: 1

1. Die Formulierung „Rechtsträger im Inland" betrifft die schwierige und seit Inkraft-Treten des Gesetzes kontrovers diskutierte Frage nach der Möglichkeit **grenzüberschreitender Umwandlungen**, insbesondere grenzüberschreitender Verschmelzungen. Der Gesetzgeber hat die Beschränkung auf Rechtsträger mit Sitz im Inland bei der Reform des UmwG im Jahre 2007[1] beibehalten, aber inhaltlich ist das in doppelter Hinsicht nicht mehr wörtlich zu nehmen: Denn zum einen wurde durch die Reform im Jahre 2007 eine Regelung über die grenzüberschreitende Verschmelzung von Kapitalgesellschaften neu in das Gesetz eingefügt (§§ 122a ff. UmwG), und insoweit handelt es sich bei mindestens einer der beteiligten Gesellschaften sicherlich nicht um einen Rechtsträger „mit Sitz im Inland". Zum anderen wird § 1 UmwG mit seiner Entscheidung, die Anwendung des Gesetzes auf Inlandssachverhalte zu beschränken, durch die Rechtsprechung des EuGH überlagert. Insbesondere dem Urteil „Sevic Systems" aus dem Jahr 2006 ist die Aussage zu entnehmen, dass sich Gesellschaften mit Sitz in der EU oder dem EWR auf die Niederlassungsfreiheit berufen können (näher unten Rz. 4 ff.)[2], wenn sie beabsichtigen, über die Grenze hinweg zu verschmelzen. Die in der 4. Auflage angesprochene IPR-Reform[3], mit der das IPR der Gesellschaften insgesamt auf der Basis der Gründungstheorie neu geregelt werden sollte, ist hingegen in der 16. Legislaturperiode politisch gescheitert und seitdem nicht wieder

1 2. Gesetz zur Änderung des UmwG, BGBl. I 2007, S. 542.

2 EuGH v. 13.12.2005 – Rs. C-411/03, ZIP 2005, 2311 (Sevic Systems); in der Bewertung wie hier *Doralt*, IPRax 2006, 572 (575); *Bungert*, BB 2006, 53 (56); *Veil*, Der Konzern 2007, 98 f.; im Hinblick auf die „Hinaus-Verschmelzung" zurückhaltender jedoch *C. Schmidt/Maul*, BB 2006, 13 (14); *Leible/Hoffmann*, RIW 2006, 161 (165); *Herrler/Schneider* in Süß/Wachter (Hrsg.), Hdb. des internationalen GmbH-Rechts, 2. Aufl. 2011, S. 240 f.; *Kappes*, NZG 2006, 101 (102).

3 S. 4. Aufl., § 1 Rz. 24a.

aufgenommen worden. Damit bleibt es einstweilen bei der Regelung grenzüberschreitender Sachverhalte durch die §§ 122aff. UmwG einerseits und die Rechtsprechung des EuGH andererseits, während § 1 UmwG insoweit allenfalls noch untergeordnete Bedeutung zukommt.

2. Mit § 1 Abs. 2 UmwG wird ein **numerus clausus der Umwandlungsarten** fixiert. Das klingt gewichtiger, als es tatsächlich ist, da andere Gestaltungen außerhalb dieses UmwG – insbesondere solche durch Anwachsung nach § 738 BGB und durch Einzelübertragung statt Gesamtrechtsnachfolge – gerade nicht ausgeschlossen werden, weil der numerus clausus nur die im UmwG geregelten Vorgänge erfasst, Umstrukturierungen außerhalb seines Anwendungsbereiches aber nicht betrifft (dazu unten Rz. 50).

3. Mit § 1 Abs. 3 UmwG beschränkt das Gesetz die **Gestaltungsbefugnis** der Parteien mit Worten, die § 23 Abs. 5 AktG entlehnt sind. Aber auch das klingt gewichtiger als es ist, da vor allem die Ausgestaltung des Umwandlungsvertrages gerade nicht betroffen wird.

II. Umwandlung

2 Das Gesetz bezeichnet sich als „**Umwandlungs“-Gesetz** und spricht in den § 1 Abs. 1 und 2 UmwG von „umwandeln“ und „Umwandlung“, in den späteren Teilen jedoch vor allem von Verschmelzung, Spaltung, Vermögensübertragung und Formwechsel; bei der Einzelbehandlung des Formwechsels spricht das Gesetz (§ 192 UmwG) dann aber von „Umwandlungsbeschluss“ und „Umwandlungsbericht“ (§ 193 UmwG). All das geht über Semantik nicht hinaus. Gemeint ist im ersteren Fall (§ 1 Abs. 1 und 2 UmwG) die zusammenfassende Bezeichnung für die in § 1 Abs. 1 Nr. 1–4 UmwG aufgelisteten und im Gesetz insgesamt behandelten Vorgänge; in letzterem Fall geht es (nur) um Vorgänge innerhalb der formwechselnden Umwandlung[1].

Zu den einzelnen Umwandlungsarten, ihren Begriffen, ihren Voraussetzungen und ihren Kombinationsmöglichkeiten ist hier ebenso wenig Stellung zu nehmen wie zu der Frage, welche Rechtsträger von welchen Umwandlungsmöglichkeiten Gebrauch machen können. Insofern wird auf die Erläuterungen zu den §§ 2 (Verschmelzung), 123 (Spaltung), 152 (Ausgliederung) und 190 UmwG (Formwechsel) verwiesen sowie auf die Schaubilder 2 und 3 oben Einl. I Rz. 51, 53. Zu den vom Gesetz nicht erfassten, aber nach wie vor zulässigen Vorgängen ähnlicher Art s. unten Rz. 51 f.

III. Rechtsträger

3 Die Formulierung „Rechtsträger“ klingt gewichtig, hat aber **keine eigene materielle Bedeutung**. Die weite Formulierung wird vom Gesetz gewählt, um deutlich zu machen, dass es ein sehr breites Spektrum solcher „Rechtsträger“ erfasst. Die dann tatsächlich erfassten Rechtsträger sind aber in Spezialnormen zu den einzelnen Umwandlungsarten festgelegt (§§ 3, 124, 175, 191 UmwG), so dass der Formulierung kein eigenes materielles Gewicht zukommt. Trotz dieser weiten For-

1 Vgl. dazu *K. Mertens*, S. 16; *Kallmeyer*, ZIP 1994, 1746 (1747); zur Terminologie krit. *Zöllner*, AG 1994, 336 (340).

mulierung können also nicht weitere, von den Spezialnormen nicht erfasste Rechtsträger in die Umwandlungsmöglichkeiten mit einbezogen werden (so auch § 1 Abs. 2 UmwG). Das gilt insbesondere für die Gesellschaft des bürgerlichen Rechts und die Erbengemeinschaft[1].

Im Übrigen spricht das Gesetz zutreffend von Rechtsträgern und nicht von Unternehmen[2]. Letztere sind Objekte der Vorgänge und als solche mehr (Spaltung) oder minder (Formwechsel) davon berührt. Direkt beteiligt aber sind nur die Subjekte, eben die Rechtsträger[3]: Sie verschmelzen sich, teilen sich oder ändern ihre rechtliche Organisationsform. Das von ihnen getragene Unternehmen ist davon nur mehr oder minder stark betroffen: Die Umwandlung als solche vollzieht sich nur auf der Ebene der Rechtsträger.

IV. Rechtsträger „mit Sitz im Inland"

1. Die Rechtslage nach „Sevic" und der Umsetzung der 10. Richtlinie

a) Ausgangslage

Der früher herrschende Meinungsstreit über die Bedeutung des § 1 UmwG für international-privatrechtliche Sachverhalte[4] hat sich bis auf einige Einzelfragen (zu diesen unten Rz. 11 ff.) durch die eingangs angesprochenen Entwicklungen erledigt: Zum einen ist die **10. Richtlinie** betreffend die grenzüberschreitende Verschmelzung[5] am 15.12.2005 in Kraft getreten und durch das 2. Gesetz zur Änderung des UmwG[6] in deutsches Recht umgesetzt worden; die Umsetzung erfolgte durch die Einfügung der §§ 122a–l UmwG. Dieser Abschnitt des UmwG regelt ausdrücklich die Verschmelzung von Kapitalgesellschaften aus verschiedenen Mitgliedstaaten der EU und des EWR[7]. Es kann kein Zweifel daran bestehen, dass diese Regelung, die gerade die Einführung der grenzüberschreitenden Verschmelzung ins deutsche Recht bezweckt, die frühere restriktive Auslegung[8] des § 1 UmwG in Bezug auf die Formulierung „mit Sitz im Inland" obsolet macht. Eine ausdrückliche Aufhebung der Beschränkung ist nur deshalb nicht erfolgt, weil der Gesetzgeber diese Frage in einem größeren Zusammenhang gesehen hat, nämlich im Zusammenhang mit der zum Zeitpunkt der Reform des UmwG geplanten Neuregelung des IPR der Gesellschaften[9]. Dass aus dieser Reform einstweilen nichts geworden ist, ändert an der Sachlage nichts. Es kann nicht mehr eingewendet werden, das Umwandlungsgesetz als Ganzes wolle den Fall der grenzüber- 4

1 Kritisch *K. Schmidt* in FS Kropff, 1997, S. 261 ff.; Ausgliederungen bei der Erbengemeinschaft befürwortet *J. Semler* in Semler/Stengel, § 1 UmwG Rz. 31 ff.
2 So noch der DiskE UmwG, Beil. Nr. 214 zum BAnz v. 15.11.1998, dessen Formulierung zu Recht geändert wurde.
3 Vgl. dazu *K. Schmidt*, AcP 191 (1991), 495 (506 ff.).
4 S. 4. Aufl., § 1 Rz. 4.
5 Richtlinie 2005/56/EG v. 26.10.2005, ABl. Nr. L 310/1 v. 25.11.2005.
6 Gesetz v. 19.4.2007, BGBl. I, S. 542.
7 Zu den dabei auftretenden Schwierigkeiten im Verhältnis Deutschland-England instruktiv *Holzborn/Mayston*, ZIP 2012, 2380 ff.
8 Exemplarisch dazu *Altmeppen/Ego* in MünchKomm. AktG, Europ. Niederlassungsfreiheit Rz. 14 ff.; *Kindler* in MünchKomm. BGB, Int. GesR Rz. 331 f.; s. für weitere Nachweise 4. Aufl., § 1 Rz. 4.
9 BegrRegE, BT-Drucks. 16/2919, 11; wie hier auch *Heckschen* in Widmann/Mayer, Vor § 122a UmwG Rz. 112.

schreitenden Verschmelzung nicht regeln. Soweit §§ 122a – l UmwG Anwendung finden, gehen sie daher der im Wortlaut des § 1 UmwG immer noch vorhandenen Beschränkung als lex specialis vor. Die Vorschrift ist damit für diese Fälle, was den „Sitz im Inland" betrifft, funktionslos geworden[1].

5 Zum anderen hat ungefähr zeitgleich mit der Verabschiedung der 10. Richtlinie und noch vor deren Umsetzung der EuGH in der Sache **„Sevic Systems"** das zuvor in Deutschland vorherrschende Verständnis des § 1 UmwG als einer bewussten Nichtregelung der grenzüberschreitenden Verschmelzung[2] für europarechtswidrig erklärt. Der EuGH lässt es dabei für die Anwendung des Schutzbereichs der Niederlassungsfreiheit ausreichen, dass die Verschmelzung zweier Unternehmen die Geschäftstätigkeit in einem anderen Mitgliedstaat erleichtert. Dem Argument, dass die übertragende Gesellschaft ja durch die Verschmelzung untergehe und sich daher nicht mehr auf die Niederlassungsfreiheit berufen könne (Argument des Corporate Suicide)[3], folgt er nicht. Damit ist die Möglichkeit der identitätswahrenden Ortsveränderung innerhalb der EU gesichert. Die **Bewegungsfreiheit** wird als Teil der Niederlassungsfreiheit anerkannt und geschützt. Gleiches gilt für Gesellschaften, denen durch Staatsvertrag eine Artt. 49, 54 AEU vergleichbare Form der Niederlassungsfreiheit eingeräumt ist[4]. Das alles gilt unabhängig von einer Umsetzung der 10. Richtlinie in dem betreffenden Mitgliedstaat und von der sachlichen Reichweite der Richtlinie. Auch insoweit ist die Beschränkung des § 1 UmwG auf Rechtsträger mit Sitz im Inland also funktionslos.

b) Neue Restriktionen durch „Vale"?

6 In die eben dargestellte und vielfach bereits als gesichert angesehene Rechtslage ist wieder Unsicherheit gekommen, seit der EuGH in seiner Entscheidung „Vale" zur **grenzüberschreitenden Satzungssitzverlegung** eine Einschränkung ausgesprochen hat, die sich in den bisherigen Entscheidungen zur grenzüberschreitenden Mobilität von Gesellschaften nicht findet. Die Ausübung der Niederlassungsfreiheit soll danach davon abhängig sein, dass die Gesellschaft im Registrierungsstaat eine „reale wirtschaftliche Tätigkeit" entfaltet, die sich etwa im Vorhandensein von Geschäftsräumen oder Personal an diesem Ort manifestiert. Diese Einschränkung wird von manchen Stimmen in der Literatur (vor allem solchen, die in der hier diskutierten Frage schon immer eine betont restriktive Position vertreten haben[5]) dahin interpretiert, dass der EuGH von seiner Entscheidungsreihe **„Centros" – „Inspire Art" – „Sevic Systems"** habe abrücken und für alle Fälle mit grenzüberschreitendem Bezug ein „genuine-link-Erfordernis" habe aufstellen wollen[6], wonach nur wirklich binationale Gesellschaften mit wirtschaftlicher Interessenbindung in beiden beteiligten Staaten berechtigt wären, sich auf die Niederlas-

---

1 In der Bewertung wie hier *Heckschen* in Widmann/Mayer, Vor § 122a UmwG Rz. 115; *Thiermann*, S. 220ff.

2 So ausdrücklich die Gesetzesbegründung in BR-Drucks. 75/94.

3 Dafür *Kindler* in MünchKomm. BGB, Int. GesR Rz. 878; *Heckschen* in Widmann/Mayer, § 1 UmwG Rz. 208.

4 Zu US-amerikanischen Gesellschaften BGH v. 29.1.2003 – VIII ZR 155/02, ZIP 2003, 720 = GmbHR 2003, 534.

5 Vor allem *Kindler* in MünchKomm. BGB, Int. GesR Rz. 128; *Kindler*, EuZW 2012, 888; ebenso *G.H. Roth*, S. 23; *G.H. Roth*, EuZW 2010, 607 (608).

6 *König/Bormann*, NZG 2012, 1241 (1242f.) m.w.N.

sungsfreiheit zu berufen. Von einer solchen Einschränkung könnten dann auch andere transnationale Umwandlungen, insbesondere die grenzüberschreitende Verschmelzung, betroffen sein.

Diese Ansicht ist jedoch abzulehnen[1]. Sie überinterpretiert die **Vale-Entscheidung** und ignoriert, dass der EuGH jeweils nur den vorliegenden Fall entscheidet. Man kann daher nicht davon ausgehen, dass eine bereits gefestigte Rechtsprechungslinie aufgegeben werden sollte, wenn das fragliche Urteil eine solche Konsequenz nicht ausspricht. Daher kann man in „Vale" keine Aufgabe der gesamten bisherigen Rechtsprechung zur Niederlassungsfreiheit sehen. Es bestehen ferner Unterschiede im Sachverhalt, die das „Vale"-Urteil von der Entscheidung „Sevic Systems" unterscheiden. Diese Unterschiede bestehen darin, dass bei der grenzüberschreitenden Satzungssitzverlegung nur eine Gesellschaft beteiligt ist, bei der Verschmelzung hingegen zwei. Infolge der Verschmelzung kommt es immer zu einem **grenzüberschreitenden Vermögenserwerb**, auch wenn das Vermögen der aufnehmenden Gesellschaft nicht besonders groß ist. Bereits das spricht dafür, dass der Vorgang insgesamt und ohne weitere Voraussetzungen der Niederlassungsfreiheit unterfällt, so wie es der EuGH in der Entscheidung „Sevic Systems" unter Rz. 15 und 21 ausgesprochen hat. Jeder Versuch, das anders zu sehen, führt direkt zu einem Verstoß gegen das Diskriminierungsverbot, weil bestimmten ausländischen Gesellschaften verboten wäre, Vermögen hinzuzuerwerben, während ein solcher Vermögenserwerb durch eine Inlandsgesellschaft unproblematisch möglich wäre. 7

Selbst wenn man das anders sehen wollte, so betrifft die Einschränkung aus der „Vale"-Entscheidung jedenfalls nicht die in §§ 122a ff. UmwG geregelte Konstellation, also die Verschmelzung von Kapitalgesellschaften mit (Register-)Sitz in der EU/EWR. Denn die §§ 122a ff. UmwG enthalten ein solches **genuine-link-Erfordernis** nicht. Das müssen sie auch nicht, denn selbst wenn primärrechtlich tatsächlich die Niederlassungsfreiheit nur in Fällen gegeben sein sollte, in denen zum Zuzugsstaat bereits eine wirtschaftliche Beziehung besteht, wäre der europäische Richtliniengeber nicht gehindert, den Unternehmen eine weitergehende Form der Niederlassungsfreiheit zu eröffnen[2]. Das hat er mit der Richtlinie 2005/56/EG getan[3]. 8

In den nicht durch die Richtlinie geregelten Fällen der Verschmelzung (vor allem unter Beteiligung von Personengesellschaften) und in Fällen der grenzüberschreitenden Spaltung ist die Auswirkung der „Vale"-Restriktion ganz maßgeblich von der Sachverhaltskonstellation abhängig. S. dazu im Einzelnen unten Rz. 12 ff. und Rz. 20 ff. 9

---

1 So auch *Schön*, ZGR 2013, 333 (353).
2 Zutr. *Teichmann*, ZGR 2011, 639 (668 ff.).
3 Die grenzüberschreitende Verschmelzung stellt sich insoweit auch als eine Alternative zur Sitzverlegung dar: Statt den Satzungssitz einer deutschen GmbH unter Umwandlung in eine S.a.r.l. nach Frankreich zu verlegen, kann man auch in Frankreich eine S.a.r.l. als Tochter der GmbH gründen und die GmbH alsbald nach §§ 122a ff. UmwG auf die S.a.r.l. verschmelzen. Das Ergebnis ist dasselbe, das genuine-link-Erfordernis aus „Vale" findet keine Anwendung.

2. Konsequenzen

a) Die Fälle nach §§ 122a ff. UmwG

10 Soweit es sich um eine **grenzüberschreitende Verschmelzung zwischen Kapitalgesellschaften** handelt, die unter den Anwendungsbereich der §§ 122a ff. UmwG fällt (s. § 122a Rz. 18 ff.)[1], sind die Konsequenzen eindeutig: Der Vorgang ist unter Beachtung der Regeln des Gesetzes zulässig, aber auch nur unter diesen. Denn mit der Richtlinie über die grenzüberschreitende Verschmelzung hat der europäische Gesetzgeber die aus der Niederlassungsfreiheit folgenden Möglichkeiten in einem Teilbereich konkretisiert. Soweit in dieser Konkretisierung auch Beschränkungen enthalten sind, wie es insbesondere im Hinblick auf die Mitbestimmungsproblematik der Fall ist[2], liegen darin Beschränkungen der Niederlassungsfreiheit, die der europäische Gesetzgeber (im Gegensatz zum nationalen) durchaus vornehmen kann. Anhaltspunkte für eine Primärrechtswidrigkeit der Richtlinie sind zurzeit nicht erkennbar. Soweit also die 10. Richtlinie und das ihrer Umsetzung dienende nationale Umwandlungsrecht Anwendung finden, können sich die beteiligten Rechtsträger *nur* nach diesen Regeln verschmelzen; eine unmittelbare Anwendung der Artt. 49, 54 AEU und die Berufung auf das Sevic-Urteil ist ausgeschlossen[3]. Gleichzeitig bleiben die aus der Entscheidung „Vale" folgenden Einschränkungen außer Betracht (s. oben Rz. 6).

b) Die verbleibenden Fälle innerhalb Europas im Einzelnen

11 Nicht geregelt sind in den §§ 122a ff. UmwG aa) die grenzüberschreitende Verschmelzung zwischen Rechtsträgern, die nicht Kapitalgesellschaften sind, also insbesondere unter Beteiligung von **Personengesellschaften**, bb) die **grenzüberschreitende Spaltung** und cc) die grenzüberschreitende Sitzverlegung, d.h. die **Verlegung des Satzungssitzes** über die Grenze[4]. Im Hinblick auf diese Vorgänge stellt sich die Rechtslage auf der Grundlage der Rechtsprechung des EuGH gegenwärtig wie folgt dar:

aa) Verschmelzungen von Nicht-Kapitalgesellschaften

12 Rechtsträger, die nicht Kapitalgesellschaft i.S.d. §§ 122a ff. UmwG sind, haben gleichwohl das Recht, an grenzüberschreitenden Verschmelzungen teilzunehmen. Das ergibt sich ohne weiteres aus den Entscheidungsgründen der „Sevic"-Entscheidung, die für eine rechtsformbezogene Differenzierung nichts her-

---

1 S. auch *Heckschen* in Widmann/Mayer, § 122a UmwG Rz. 17.

2 Näher *Wiesner*, DB 2005, 91 ff.; *Simon/Hinrichs*, NZA 2008, 391 ff.

3 A.A. offenbar *Bungert*, BB 2006, 53 (55), der eine Verschmelzung nach Sevic-Grundsätzen als Alternative zur gesetzlich geregelten Verschmelzung thematisiert.

4 Demgegenüber ist die Verlegung des Verwaltungssitzes, also des tatsächlichen Sitzes der Unternehmensleitung, über die Grenze durch die Entscheidungsreihe Centros (EuGH v. 9.3.1999 – Rs. C-212/97, ZIP 1999, 438 = AG 1999, 226) – Überseering (EuGH v. 5.11.2002 – Rs. C-208/00, DB 2002, 2425 = AG 2003, 37) – Inspire Art (EuGH v. 30.9.2003 – Rs. C-167/01, GmbHR 2003, 1260) geklärt. Die sich daraus ergebenden Konsequenzen waren bereits weitgehend unstreitig, sind aber durch das „Vale"-Urteil wieder fraglich geworden, vgl. einerseits *Teichmann* in Süß/Wachter, Hdb. des internationalen GmbH-Rechts, 2. Aufl. 2011, S. 222 ff.; andererseits *Kindler* in MünchKomm. BGB, Int. GesR Rz. 501 ff.

geben. Das gilt insbesondere für die Fallgestaltung, die der EuGH unmittelbar entschieden hat, nämlich für die **Hinein-Verschmelzung**, bei der ein dem deutschen Gesellschaftsrecht unterliegender Rechtsträger einen einem ausländischen Gesellschaftsrecht unterliegenden Rechtsträger aufnimmt. Im vom EuGH zu entscheidenden Fall waren eine deutsche AG (als aufnehmender Rechtsträger) und eine luxemburgische SA (als übertragender Rechtsträger) beteiligt. Nichts spricht dafür, dass anders zu entscheiden gewesen wäre, wenn aufnehmender Rechtsträger eine deutsche KG gewesen wäre. Im Gegenteil: Die Gründe, aus denen der EuGH das früher angenommene Verbot der grenzüberschreitenden Verschmelzung verworfen hat, würden in exakt demselben Maße eingreifen[1]. Auch soweit die 10. Richtlinie den Mitgliedstaaten das Wahlrecht einräumt, ob sie bestimmte Rechtsformen (betroffen ist vor allem die Genossenschaft) von der Umsetzungsregelung im nationalen Recht ausnehmen wollen, ändert das nichts daran, dass der Schutzbereich der Niederlassungsfreiheit berührt ist. Ein totales Verbot der grenzüberschreitenden Verschmelzung lässt sich auch in diesem Fall nicht rechtfertigen und überstiege, wenn man es denn in der entsprechenden Ermächtigung der Richtlinie erkennen wollte, wohl auch die Kompetenzen des europäischen Gesetzgebers.

Problematisch ist aufgrund des „Vale"-Urteils, ob der Mitgliedstaat, nach dessen Recht die aufnehmende Gesellschaft konstituiert ist, eine **tatsächliche wirtschaftliche Aktivität** auf seinem Hoheitsgebiet verlangen kann[2]. Nach den Ausführungen in „Vale" wird man das bejahen müssen. Dafür spricht insbesondere die Austauschbarkeit der Vorgänge zwischen der grenzüberschreitenden Verschmelzung einerseits und der grenzüberschreitenden Sitzverlegung andererseits[3]. 13

Zweifelhaft ist aber, ob speziell Deutschland von dieser Befugnis Gebrauch machen kann. Der EuGH hat in der „Vale"-Entscheidung zugleich betont, dass bei der **grenzüberschreitenden Satzungssitzverlegung** die beteiligte Gesellschaft nicht schlechter behandelt werden darf als nach nationalem Recht[4]. Es gilt also ein striktes Diskriminierungsverbot[5]. Im nationalen Recht ist die Lage aber dergestalt, dass von einer deutschen GmbH oder AG seit 2008 nicht mehr verlangt wird, dass der Verwaltungssitz im Inland liegt oder dass überhaupt eine wirtschaftliche Aktivität entfaltet wird. **§ 4a GmbHG sowie § 5 AktG** lassen die schlichte Eintragung im Register genügen. Zudem hat das deutsche Recht auch sonst kein Problem mit der Existenz von Gesellschaften, die im deutschen Handelsregister eingetragen sind, aber keinerlei Aktivität entfalten; dies sind die Vorrats- und Mantelgesellschaften[6]. Von daher würde die Bundesrepublik Deutschland diskriminierend handeln, wenn sie von zuziehenden ausländischen Gesellschaften eine tatsächliche wirtschaftliche Betätigung im Inland verlangt. Insofern hat sich Deutschland durch den teilweise schon vollzogenen Übergang 14

---

1 Wie hier auch *Herrler*, EuZW 2007, 299; *Veil*, Der Konzern 2007, 98 (99); *J. Vetter*, AG 2006, 613 (616).
2 Dazu *Drygala*, EuZW 2013, 569 ff.
3 *Grundmann*, Europäisches Gesellschaftsrecht, 2. Aufl. 2011, § 22 Rz. 767.
4 EuGH v. 12.7.2012 - C-378/10, GmbHR 2012, 860 = NZG 2012, 871 (875) (Rz. 54) (Vale).
5 *Drygala*, EuZW 2013, 569 (570); *Schön*, ZGR 2013, 333 (357).
6 Zur Zulässigkeit der Vorratsgründung BGH v. 16.3.1992 - II ZB 17/91, BGHZ 117, 323 = AG 1992, 227 (AG); BGH v. 9.12.2002 - II ZB 12/02, BGHZ 153, 158 = GmbHR 2003, 227 (GmbH).

zur Gründungstheorie in § 4a GmbHG, § 5 AktG[1] die Anwendung der „Vale"-Restriktion verbaut. Insofern bleibt es für das deutsche Recht bei der Rechtslage, wie sie sich auf der Grundlage der Entscheidung „Sevic Systems" ergibt.

15 Umstritten ist die Rechtslage hinsichtlich der **Hinaus-Verschmelzung**[2]. Insoweit spricht sich ein Teil der deutschen Literatur dafür aus, an der bisher angenommenen Unzulässigkeit des Vorgangs festzuhalten[3]. Zur Begründung wird vor allem auf das aus dem Daily Mail-Urteil aus dem Jahre 1989[4] hergeleitete **(angebliche)**[5] **Wegzugsverbot** hingewiesen, das auch im Rahmen einer grenzüberschreitenden Verschmelzung Geltung beanspruchen müsse. Das gelte vor allem, weil sich der EuGH in seinen bisherigen Urteilen zur Niederlassungsfreiheit[6] nie von „Daily Mail" distanziert [7] und im Gegenteil die Befugnis der Mitgliedstaaten, den Wegzug im Hinblick auf den Verwaltungssitz zu untersagen, in der Entscheidung „Cartesio" ausdrücklich bestätigt habe[8]. Diese Ansicht kann jedoch auch angesichts der jüngeren Rechtsprechung des EuGH zur Wegzugsproblematik nicht überzeugen. Zwar wurde in „Sevic Systems" in der Tat nur ein Zuzugsfall entschieden, in dem die Zustimmung der vom Wegzug betreffenden Rechtsordnung (hier: Luxemburg) zum Vorgang offenbar unproblematisch war. Gleichzeitig betrafen die Fälle **„Daily Mail", „Cartesio" und auch „Vale" Wegzugsfälle**, an denen nur eine Gesellschaft beteiligt war. Darin liegt der entscheidende Unterschied zu den Verschmelzungsfällen. Denn in den Rz. 15 und 21 der Entscheidung „Sevic Systems" wird die Einschlägigkeit der **Niederlassungsfreiheit** vor allem mit dem grenzüberschreitenden Vermögenserwerb begründet. Dieser Vermögenserwerb tritt aber unabhängig davon ein, welche Gesellschaft die übertragende und welche die übernehmende ist. In beiden Fällen vereinigen sich zwei bisher separate Vermögensmassen über die Grenze hinweg und es entsteht am Sitz des übertragenden Rechtsträgers eine unselbständige Zweigniederlassung des übernehmenden Teils. In dieser Beteiligung eines weiteren Rechtsträgers liegt auch das **entscheidende Differenzierungsmerkmal** gegenüber den Entscheidungen „Daily Mail" und „Cartesio". Dort war jeweils nur ein Rechtsträger beteiligt, der wegziehen wollte. Bei der Verschmelzung können aber, gerade auch nach der Entscheidung „Sevic", beide Gesellschaften die Niederlassungsfreiheit während des gesamten Vorgangs für sich in Anspruch nehmen[9]. Dabei läge in einem Verbot für deutsche Gesellschaften, sich auf ausländische Gesellschaften zu verschmelzen, zugleich das Verbot an die ausländische Gesellschaft, das Vermögen der übertragenden deutschen Gesellschaft hinzuzuerwerben. Ein solches Verbot wäre aber unvereinbar mit der Aussage aus dem Urteil in der Rechtssache „Überseering", dass die

1 Zur Gründungstheorie allgemein *Kindler* in MünchKomm. BGB, Int. GesR Rz. 359 ff.
2 Dazu *Schön*, ZGR 2013, 333 (358).
3 *Heckschen* in Widmann/Mayer, § 1 UmwG Rz. 252; de lege lata auch *Leuering*, ZRP 2008, 71 (75).
4 EuGH v. 27.9.1988 – Rs. 81/87, EuGHE 1988, 5483 = NJW 1989, 2186.
5 Die Entscheidung wird überinterpretiert, wenn man sie als ein allgemeines Wegzugsverbot versteht, näher *Drygala*, ZIP 2005, 1995 (1997).
6 Centros (EuGH v. 9.3.1999 – Rs. C-212/97, ZIP 1999, 438 = AG 1999, 226) – Überseering (EuGH v. 5.11.2002 – Rs. C-208/00, DB 2002, 2425 = AG 2003, 37) – Inspire Art (EuGH v. 30.9.2003 – Rs. C-167/01, GmbHR 2003, 1260).
7 *Geyrhalter/Weber*, DStR 2006, 150.
8 EuGH v. 16.12.2008 – Rs. C-210/06, AG 2009, 79 = NZG 2009, 61 (Cartesio).
9 Zutr. *Lennerz*, S. 93 f.; *Thiermann*, S. 289 f.

Rechtsfähigkeit der ausländischen Gesellschaft umfassend zu respektieren ist[1]. Im Gegenteil: Die ausländische Gesellschaft würde massiv diskriminiert, wenn sie kein Vermögen im Wege der Gesamtrechtsnachfolge hinzuerwerben könnte, eine Gesellschaft deutscher Rechtsform hingegen schon[2]. Aus diesem Grunde muss man auch dann, wenn man im Ausgangspunkt die Entscheidungsreihe **„Daily Mail" – „Cartesio" – „Vale"** zugrunde legt, die Verschmelzung auf einen ausländischen Rechtsträger zulassen[3]. Allerdings sind bei der Hinaus-Verschmelzung für den Wegzugsstaat erweiterte Beschränkungsmöglichkeiten gegeben, dies allerdings nur unter Beachtung des Grundsatzes der Verhältnismäßigkeit. So können insbesondere Vorschriften zum Schutz der Gläubiger und Minderheitsgesellschafter sowie der Arbeitnehmer zur Anwendung kommen (näher unten Rz. 32 ff.).

Auch in Bezug auf den Wegzug stellt sich die Frage, ob eine reale Geschäftstätigkeit im Aufnahmestaat erforderlich ist. Bei einem Wegzug einer deutschen Gesellschaft hätte der **Registerstaat** der aufnehmenden Gesellschaft über die Anwendung dieser Einschränkung zu entscheiden. Sofern man „Vale" nur als ein Recht des betreffenden Mitgliedstaats versteht, die Beschränkung anzuwenden oder auch nicht, wären die Auswirkungen gering. Denn es ist nicht damit zu rechnen, dass vor allem die Gründungstheorie-Staaten (allen voran England) ein Interesse daran hätten, Zuzugshindernisse aufzustellen. Ein Teil der deutschen Literatur versteht „Vale" jedoch weitergehend, nämlich dahin, dass die Einschränkung für alle Mitgliedstaaten verbindlich gilt und dass der Registerstaat verpflichtet ist, sie anzuwenden. Gleichzeitig wäre der Wegzugsstaat nicht verpflichtet, den Wegzug anzuerkennen, wenn der Zuzugsstaat die Gesellschaft einträgt, obwohl sie im Zuzugsstaat wirtschaftlich inaktiv ist[4]. Bei einem solchen Verständnis könnte sich „Vale" als Wegzugssperre gerade in den Fällen erweisen, in denen eine Hinaus-Verschmelzung auf eine wirtschaftlich inaktive, eigens zu diesem Zweck gegründete Auslandsgesellschaft erfolgt[5]. 16

Die soeben wiedergegebene Ansicht ist jedoch abzulehnen. Hier allein darauf abzustellen, dass in „Vale" auch eine Zuzugskonstellation gegeben war[6], ist nicht weiterführend. Man muss danach differenzieren, ob der Verwaltungs- oder der Registersitz von Zu- oder Wegzug betroffen ist. Denn die Prüfung der Niederlassungsfreiheit ist nach dem Konzept, wie es jetzt in der Rechtsprechungslinie Daily Mail – Cartesio – Vale einerseits, Centros – Überseering – Inspire Art andererseits deutlich wird, in **zwei getrennten Schritten** vorzunehmen[7]. Soweit es um den Registersitz, dessen erstmalige Begründung und seine Verlegung geht, ist gerade nach der Rechtsprechung des EuGH in den Entscheidungen Daily Mail, Car- 17

1 *Geyrhalter/Weber*, DStR 2006, 150.
2 Wie hier auch *Engert* in Eidenmüller, Ausländische Kapitalgesellschaften im deutschen Recht, 2004, S. 115 f.; *Wenglorz*, BB 2004, 1061 (1063); *Drygala*, ZIP 2005, 1995 (1997 f.); *Geyrhalter/Weber*, DStR 2006, 146 (150); *Krause/Kulpa*, ZHR 171 (2007), 39 (46 f.).
3 Zutr. *Thiermann*, S. 299 sowie *Schön*, ZGR 2013, 333 (360).
4 So *Kindler*, EuZW 2012, 888 (892); *Böttcher/Kraft*, NJW 2012, 2701 (2703).
5 Ebenfalls kritisch *Bayer/J. Schmidt*, ZIP 2012, 1481 (1486).
6 So aber *Böttcher/Kraft*, NJW 2012, 2701 (2703).
7 *Teichmann*, DB 2012, 2085 (2088).

tesio und Vale eine alleinige Kompetenz der Mitgliedstaaten gegeben[1]. Der betreffende Mitgliedstaat formuliert die Bedingungen, die für die Erlangung und Aufrechterhaltung der Rechtsfähigkeit gegeben sein müssen, wobei er freilich im Umgang mit zuziehenden Gesellschaften **diskriminierungsfrei** und nach den **Geboten der Effektivität** handeln muss[2]. Lässt er den Vorgang freilich zu, so ist mit der Eintragung in das Register des betreffenden Mitgliedstaates die Gesellschaft im Fall der Gründung entstanden bzw. im Fall der Umwandlung die Strukturmaßnahme vollzogen. Gleichzeitig sind die übrigen Mitgliedstaaten dann aber auch verpflichtet, die Entscheidung des Registerstaates in dieser Frage anzuerkennen[3], weil sie allein in dessen Kompetenz liegt. Die erste Prüfungsstufe ist damit abgeschlossen. Die nachfolgende Frage, ob die wirksam entstandene Gesellschaft sich gegenüber anderen Mitgliedstaaten auf die Niederlassungsfreiheit berufen kann, ist davon getrennt zu beurteilen. Auf dieser Prüfungsstufe ist deshalb der Einwand unbeachtlich, der Registrierungsstaat habe die Gesellschaft gar nicht eintragen dürfen, weil er die Voraussetzungen dafür zu niedrig festgesetzt habe[4], denn diese Frage ist Teil der vorangegangenen Prüfungsstufe. Die Frage, ob die Gesellschaft in ihrem Gründungsstaat den Niederlassungsbegriff erfüllt, geht weder den EuGH noch die anderen Mitgliedstaaten etwas an, weil der Registrierungsstaat **autonom** darüber entscheidet, wie eng die wirtschaftliche Verbindung der Gesellschaft mit dem Hoheitsgebiet des Registerstaates sein muss, damit die Gesellschaft zur Eintragung (und damit zur Entstehung) gelangt. Insofern ist die Aussage aus den Entscheidungen **„Cartesio" und „Überseering"**, dass die Rechtsfähigkeit einer einmal wirksam gegründeten Gesellschaft umfassend zu respektieren sei[5], durch die Entscheidung „Vale" auch nicht eingeschränkt worden[6].

18 Insgesamt ist daher festzuhalten, dass der Wegzugsstaat auch außerhalb der Geltung der Richtlinie die grenzüberschreitende Verschmelzung nicht generell verbieten, sondern nur von **verhältnismäßigen Beschränkungen** zugunsten des Allgemeinwohls abhängig machen darf. Der Zuzugsstaat kann verlangen, dass die aufnehmende Gesellschaft im Zuzugsstaat eine reale wirtschaftliche Tätigkeit ausübt (oder aufzunehmen verspricht). Der Wegzugsstaat ist verpflichtet, die Entscheidung des Zuzugsstaats in dieser Frage anzuerkennen.

19 Unerfreulich ist insoweit, dass gegenwärtig nicht rechtssicher beurteilt werden kann, inwieweit bestimmte Mitgliedstaaten gewillt sein werden, bei **grenzüberschreitenden Umwandlungen**, die nicht unter die Richtlinie über grenzüberschreitende Verschmelzungen fallen, auf die in „Vale" formulierte Beschränkung zurückzugreifen. Ein Indiz dürfte insofern sein, ob das nationale Gesellschaftsrecht das Zusammenfallen von Registersitz und Verwaltungssitz verlangt[7]. Ein Mitgliedstaat, der darauf Wert legt, wird diese Wertung mutmaßlich auch gegen-

---

1 EuGH v. 27.9.1988 – Rs. 81/87, EuGHE 1988, 5483 = NJW 1989, 2186 (Daily Mail), EuGH v. 16.12.2008 – Rs. C-210/06, AG 2009, 79 = NZG 2009, 61 (Cartesio) und EuGH v. 12.7.2012 – Rs. C-378/10, GmbHR 2012, 860 = NZG 2012, 871 (Vale).
2 *Teichmann*, DB 2012, 2085 (2090); näher unten Rz. 42 f.
3 A.A. *Kindler*, EuZW 2012, 888 (891 f.).
4 So aber *Kindler*, EuZW 2012, 888; *G.H. Roth*, ZIP 2012, 1744 (1745).
5 EuGH v. 16.12.2008 – Rs. C-210/06, AG 2009, 79 = NZG 2009, 61 (Rz. 107) (Cartesio); EuGH v. 5.11.2002 – Rs. C-208/00, Slg. 2002, I-09919 = NJW 2003, 1461 (Rz. 70) (Überseering).
6 A.A. *Kindler*, EuZW 2012, 888 (892).
7 Wie hier auch *Teichmann*, DB 2012, 2085 (2086).

über zuziehenden Gesellschaften zum Tragen bringen wollen, ohne dass, solange keine gerichtlichen Entscheidungen dazu vorliegen, eine gesicherte Prognose darüber möglich sein wird. Das macht die ohnehin nicht einfache Aufgabe, eine grenzüberschreitende Umwandlung allein auf der Basis der EuGH-Rechtsprechung zu vollziehen[1], mit Sicherheit nicht einfacher. Abhilfe kann hier nur der europäische Normengeber durch **weitere Richtliniensetzung** schaffen, etwa für die grenzüberschreitende Verschmelzung von Personengesellschaften und die grenzüberschreitende Spaltung[2]. Ein rechtspolitisches Desiderat bleibt zudem die (durch den Aktionsplan 2012 erneut auf die lange Bank geschobene[3]) Richtlinie über die grenzüberschreitende Sitzverlegung[4]. Bis dahin stellt die grenzüberschreitende Verschmelzung von Kapitalgesellschaften nach §§ 122a ff. UmwG die rechtssicherste Lösung für die transnationale Mobilität der Gesellschaften dar. Sie kann, wenn sie auf eine im Ausland gegründete Zweckgesellschaft erfolgt, in manchen Fällen die Sitzverlegung ersetzen[5].

bb) Grenzüberschreitende Spaltung

Sieht man mit der hier vertretenen Meinung den entscheidenden Grund für die Anwendung der Niederlassungsfreiheit auf die grenzüberschreitenden Umwandlungen in der Veränderung von Vermögenszuordnungen über die Grenze hinweg, dann muss man ferner auch die grenzüberschreitende Spaltung als **von der Niederlassungsfreiheit geschützt** ansehen[6]. Denn sowohl bei der Aufspaltung als auch bei der Abspaltung und bei der Ausgliederung übernimmt der jeweils beteiligte ausländische Partner Vermögensgegenstände, die bisher dem gespaltenen Rechtsträger gehörten, und bildet mit ihnen eine Zweigniederlassung im Ausland. Die Spaltung ist bei wirtschaftlicher Betrachtung zudem nichts anderes als eine umgekehrte Verschmelzung[7]. Nimmt man den EuGH mit seinem Ansatz ernst, kann man daher auch für die grenzüberschreitende Spaltung nicht anders entscheiden als der EuGH im Urteil „Sevic". Daraus ergibt sich: Die Herein-Spaltung muss aus Sicht des deutschen Rechts ohne weiteres zulässig sein, da, genau wie bei der 20

1 Zu den damit verbundenen Schwierigkeiten *Holzborn/Mayston*, ZIP 2012, 2380; *Marsch-Barner* in Kallmeyer, Vor §§ 122a – 122l UmwG Rz. 13; *Herrler*, DNotZ 2009, 484 (491).

2 Entsprechende Richtlinienvorhaben sind in Planung, s. Aktionsplan: Europäisches Gesellschaftsrecht und Corporate Governance – ein moderner Rechtsrahmen für engagiertere Aktionäre und besser überlebensfähige Unternehmen, 2012, unter 4.2 und 4.3.

3 Dazu *Roesener*, NZG 2013, 241 ff.

4 14. Gesellschaftsrechtliche Richtlinie über die grenzüberschreitende Sitzverlegung, dazu *Wicke*, Mobilität europäischer Kapitalgesellschaften am Vorabend der 14. Gesellschaftsrechtlichen Richtlinie über die grenzüberschreitende Sitzverlegung, GPR 2010, 238 ff.

5 Probleme können sich in Bezug auf das Steuerrecht und den Fortbestand von an den Rechtsträger gebundenen öffentlich-rechtlichen Genehmigungen ergeben, s. dazu *Ege/Klett*, DStR 2012, 2242 (2248 ff.).

6 Wie hier auch *Meilicke/Rabback*, GmbHR 2006, 123 (126); *Krause/Kulpa*, ZHR 171 (2007), 46 f.; *Geyrhalter/Weber*, DStR 2006, 146 (150); *Siems*, EuZW 2006, 135 (139); *Veil*, Der Konzern 2007, 98 (99); unter Beschränkung auf Zuzugsvorgänge (Hineinspaltung) auch *Bungert*, BB 2006, 340 (344); *Leible/Hoffmann*, RIW 2006, 161 (165); unter Beschränkung auf Spaltung zur Neugründung *Heckschen* in Widmann/Mayer, § 1 UmwG Rz. 262; gänzlich ablehnend nur *Kindler* in MünchKomm. BGB, Int. GesR Rz. 878.

7 Zutr. *Sagasser* in Sagasser/Bula/Brünger, § 17 Rz. 4.

Herein-Verschmelzung, schutzwürdige Interessen der inländischen Minderheitsgesellschafter, Gläubiger und Arbeitnehmer nicht erkennbar sind[1]. Die Heraus-Spaltung kann, ebenso wie die Heraus-Verschmelzung, von erforderlichen und verhältnismäßigen Beschränkungen zum Schutz von Arbeitnehmern, Gläubigern und dissentierenden Anteilsinhabern abhängig gemacht werden (näher unten Rz. 32 ff.). Auch im Hinblick auf die Bedeutung der in dem EuGH-Urteil „Vale" formulierten Einschränkung, die Gesellschaft müsse im Zuzugsstaat eine reale wirtschaftliche Aktivität entfalten, kann auf die obigen Ausführungen zur Verschmelzung verwiesen werden.

cc) Grenzüberschreitender Formwechsel/Satzungssitzverlegung

21 Die Gestaltungsform, die uns im nationalen Recht als Formwechsel vertraut ist, begegnet uns auf internationaler Ebene als Satzungssitzverlegung. Der Rechtsträger möchte ohne Beteiligung eines weiteren Partners und ohne Vermögensübertragung seine Rechtsform ändern, ansonsten aber identisch bleiben. Dieser Vorgang entspricht der Satzungssitzverlegung über die Grenze, bei der ein Rechtsträger ohne Auflösung und Neugründung im Register seines bisherigen Inkorporierungsstaates ausgetragen und im Register des neuen Inkorporierungsstaates eingetragen wird, wodurch ein Statutenwechsel eintritt[2]: Aus einer deutschen GmbH wird z.B. durch Eintragung in Frankreich eine französische SA[3]. Diese Konstellation wurde in der Entscheidung „Cartesio" in einem obiter dictum angesprochen[4] und in „Vale" ausdrücklich zustimmend entschieden[5]. Die Satzungssitzverlegung ist nach der Vale-Entscheidung von der Niederlassungsfreiheit geschützt[6]. Damit wird die Bewegungsfreiheit der Gesellschaften im Binnenmarkt um einen weiteren wichtigen Baustein erweitert. Auch das Problem des Mangels an Normen, die den Vorgang auf der Ebene des nationalen Rechts inhaltlich regeln, wird vom EuGH nicht als entscheidendes Hindernis angesehen[7]. Ansichten, die in dem Normenmangel einen Grund für eine Beschränkung aus Gründen des Allgemeinwohls sehen[8], sind damit unhaltbar geworden; die Mitgliedstaaten sind vielmehr verpflichtet, den Vorgang durch Analogiebildung zum nationalen Umwandlungsrecht und ergänzende Heranziehung von Grundsätzen des europäischen Sekundärrechts zu ermöglichen (Ermöglichungsgebot)[9].

22 Was dabei den Wegzug der betreffenden Gesellschaft aus ihrem bisherigen Registerstaat angeht, so enthält bereits das Urteil **„Cartesio"** die nötige Festlegung. Obwohl dort Streitgegenstand die isolierte Verwaltungssitzverlegung war, findet sich

---

1 Vgl. *Drygala*, ZIP 2005, 1995 (1998).
2 So auch der seinerzeitige RefE zum Internationalen Privatrecht der Gesellschaften, Vereine und juristischen Personen„ auszugsweise abgedruckt bei *Schneider*, BB 2008, 566 ff.
3 Vgl. dazu auch *Krause/Kulpa*, ZHR 171 (2007), 47; *Teichmann* in Süß/Wachter, Hdb. des internationalen GmbH-Rechts, 2. Aufl. 2011, S. 232 ff.; *Leuering*, ZRP 2008, 71 (76).
4 EuGH v. 16.12.2008 – Rs. C-210/06, AG 2009, 79 = NZG 2009, 61, Rz. 111 ff. (Cartesio).
5 EuGH v. 12.7.2012 – Rs. C-378/10, GmbHR 2012, 860 = NZG 2012, 871 (Vale).
6 Dazu *Schön*, ZGR 2013, 333 (356).
7 EuGH v. 12.7.2012 – Rs. C-378/10, GmbHR 2012, 860 = NZG 2012, 871 (874) (Vale).
8 *Fastrich* in Baumbach/Hueck, § 4a GmbHG Rz. 10; *Weller*, DStR 2004, 1218; *Dauner-Lieb* in KölnKomm. UmwG, § 1 UmwG Rz. 29; wohl auch OLG Nürnberg v. 13.2. 2012 – 12 W 2361/11, ZIP 2012, 572 (574).
9 EuGH v. 12.7.2012 – Rs. C-378/10, GmbHR 2012, 860 = NZG 2012, 871 (874) (Vale); wie hier auch *Teichmann*, DB 2012, 2085 (2090).

obiter der Hinweis des Gerichts, dass der Wegzugsstaat eine Verlegung des Satzungssitzes nicht untersagen dürfe, soweit der Zuzugsstaat bereit sei, die Gesellschaft aufzunehmen[1]. Diese Aussage ist vielfach als eine **carte blanche** für die Mitgliedstaaten verstanden worden, den Zuzug im Wege der Satzungssitzverlegung nach Gusto zu erlauben oder zu verbieten[2]. Dem ist der EuGH in „Vale" aber entgegengetreten. Zwar betont er die Autonomie der Mitgliedstaaten hinsichtlich der Frage, unter welchen Voraussetzungen sie eine Gesellschaft in das Register des betreffenden Staates eintragen und ihr damit „die Staatsangehörigkeit verleihen". Er betont jedoch auch den Gedanken der Gleichbehandlung. In Bezug auf einen Formwechsel, als der sich die grenzüberschreitende Satzungssitzverlegung praktisch darstellt, darf er die ausländische Gesellschaft nicht schlechter behandeln als einheimische Gesellschaften[3].

Daraus folgt für die konkreten Voraussetzungen einer Satzungssitzverlegung, dass sie nur dann möglich ist, wenn der Zuzugsstaat den identitätswahrenden Formwechsel in seinem nationalen Recht überhaupt kennt und wenn auch die gewählte Zielrechtsform für die zuziehende Gesellschaft zugänglich ist. Erlaubt der Zuzugsstaat beispielsweise im nationalen Recht keinen **identitätswahrenden Formwechsel** von der Personen- in die Kapitalgesellschaft, so gilt diese Einschränkung auch für den Formwechsel über die Grenze[4]. Vom Schutzbereich der Niederlassungsfreiheit erfasst ist aber stets der Wechsel in die rechtsformkongruente Zielrechtsform, also z.B. AG in plc oder GmbH in Ltd.[5]. Demgegenüber scheidet die deutsche UG wegen des Verbots der Sacheinlage als Zielrechtsform aus[6]. 23

Die Zulässigkeit von Zuzugsbeschränkungen hängt ebenfalls davon ab, wie sich der betreffende Mitgliedsstaat im Hinblick auf die seinem Recht unterstehenden Gesellschaften ansonsten verhält. Das gilt einmal im Hinblick auf die Frage, ob Satzungssitz und Verwaltungssitz im selben Mitgliedstaat liegen müssen. Dies wird man von einer zuziehenden Gesellschaft nur dann verlangen können, wenn es im nationalen Recht auch sonst vorgesehen ist. Das ist in Deutschland freilich nicht der Fall, weil die **§ 4a GmbHG, § 5 AktG** der GmbH und der AG die Verlegung des Verwaltungssitzes ins Ausland erlauben, so lange nur der Registersitz im Inland erhalten bleibt[7]. Insoweit würde sich Deutschland dem Vorwurf diskriminierenden Verhaltens aussetzen, wenn es in Bezug auf ausländische Kapitalgesellschaften, die die Umwandlung in eine deutsche Gesellschaft anstreben, anders entscheiden würde[8]. 24

Was das in der „Vale"-Entscheidung angesprochene Erfordernis einer tatsächlichen Geschäftstätigkeit im Inland angeht[9], so scheint diese Beschränkung nach 25

---

1 EuGH v. 16.12.2008 – Rs. C-210/06, AG 2009, 79 = NZG 2009, 61 (Rz. 111 ff.) (Cartesio).
2 *Frenzel*, EWS 2009, 158 (160); *Johnston/Sypris*, 34 E. L. Rev. (2009), 378 (387); *Korom/Metzinger*, ECFR 2009, 125 (156); *Paefgen*, WM 2009, 529 (532); ebenso und weitere Arg. bei *Schön*, ZGR 2013, 333 (356 ff.).
3 EuGH v. 12.7.2012 – Rs. C-378/10, GmbHR 2012, 860 = NZG 2012, 871 (874) (Vale); dazu auch *Thümmel/Hack*, Der Konzern 2009, 1 (2 f.).
4 *Bayer/J. Schmidt*, ZIP 2012, 1481 (1489).
5 *Bayer/J. Schmidt*, ZIP 2012, 1481 (1489).
6 *Ege/Klett*, DStR 2012, 2442 (2445).
7 *Fastrich* in Baumbach/Hueck, § 4a GmbHG Rz. 11 ff.; *Bayer/J. Schmidt*, ZHR 173 (2009), 735 (749 ff.); *Paefgen*, WM 2009, 529 (531); *Leible/Hoffmann*, BB 2009, 58 (62).
8 Zutreffend *Teichmann*, DB 2012, 2085 (2087).
9 Weitere Arg. dazu bei *Drygala*, EuZW 2013, 569 ff.

den Ausführungen des EuGH stets zulässig zu sein. Hier sind aber ebenfalls Vorbehalte anzumelden. Denn das deutsche Gesellschaftsrecht kennt durchaus Fälle, in denen inländische Gesellschaften ins Handelsregister eingetragen werden, obwohl sie keine Geschäftstätigkeit ausüben und nicht, wie der EuGH es fordert[1], über feste Einrichtungen auf Dauer verfügen. Dies sind die Vorrats- und Mantelgesellschaften. Es erscheint insofern inkonsequent, inaktive Gesellschaften in das Handelsregister einzutragen, wenn sie von vornherein nach deutschem Recht gegründet wurden, nicht jedoch dann, wenn sie aus dem Ausland zuziehen.

26 Von diesen Beschränkungsmöglichkeiten abgesehen, ist jeder Mitgliedstaat verpflichtet, die grenzüberschreitende Sitzverlegung im Grundsatz zuzulassen und die näheren Verfahrensschritte so auszugestalten, dass die Durchführung auch praktisch möglich wird[2]. Zu den diesbezüglichen Anforderungen an die nähere Ausgestaltung der Verfahrensweise s. unten Rz. 32ff.

c) Außereuropäische Gesellschaften

27 Geklärt ist auf Grund der Rechtsprechung des EuGH[3], dass die Sitztheorie innerhalb Europas in wesentlichen Teilen nicht mehr aufrechterhalten werden kann[4]. Gleiches gilt auf sachrechtlicher Ebene für die Beschränkung des § 1 UmwG auf Rechtsträger „mit Sitz im Inland". Von dieser Erleichterung profitieren auch Gesellschaften, denen auf Grund von Staatsverträgen das Recht zusteht, ihren Sitz identitätswahrend in das Inland zu verlagern[5].

28 Unklar ist weiterhin, wie mit Gesellschaften aus Drittstaaten zu verfahren ist, auf die weder das eine noch das andere zutrifft. Die Absicht des Gesetzgebers aus dem Jahre 2008, auch insoweit zur Gründungsanknüpfung überzugehen[6], hat sich aufgrund diverser politischer Widerstände nicht verwirklichen lassen[7]. Was die allgemeine Rechtsfähigkeit von Drittstaaten-Gesellschaften angeht, die ihren Verwaltungssitz ins Inland verlegen, folgt der BGH seit dem „Trabrennbahn"-Ur-

1 EuGH v. 12.7.2012 – Rs. C-378/10, GmbHR 2012, 860 = NZG 2012, 871 (Vale); EuGH v. 12.9.2006 – Rs. C-196/04, AG 2006, 852 = EuZW 2006, 633 (Rz. 33) (Cadbury Schweppes).

2 Für eine analoge Anwendung des nationalen Rechts: *Schön*, ZGR 2013, 333 (361).

3 EuGH v. 9.3.1999 – Rs. C-212/97, Slg. 1999, I-01459 = ZIP 1999, 438 (Centros); EuGH v. 5.11.2002 – Rs. C-208/00, Slg. 2002, I-09919 = NJW 2003, 1461 (Überseering); EuGH v. 30.9.2003 – Rs. C-167/01, ZIP 2003, 1885 = EWiR Art. 43 EG 4/03, 1029 mit Anm. *Drygala* (Inspire Art).

4 BGH v. 13.3.2003 – VII ZR 370/98, NJW 2003, 1461 = AG 2003, 386; BGH v. 13.9.2004 – II ZR 276/02, NJW 2004, 3706 = AG 2005, 39; BGH v. 14.3.2005 – II ZR 5/03, NJW 2005, 1648 = GmbHR 2005, 630; KG v. 18.11.2003 – 1 W 444/02, NJW-RR 2004, 331 (333) = GmbHR 2004, 116; *Großerichter*, DStR 2003, 159; *Kersting*, NZG 2003, 9; *Lutter*, BB 2003, 7; *Wertenbruch*, NZG 2003, 618; *Leible/Hoffmann*, ZIP 2003, 926 (m.w.N.); a.A. *Kindler*, NZG 2003, 1089ff.; einschränkend auch *Altmeppen*, NJW 2004, 99ff.

5 Das betrifft vor allem US-amerikanische Gesellschaften auf Grund des mit den USA bestehenden Freundschafts-, Handels- und Schifffahrtsvertrages v. 29.10.1954 (BGBl. II 1956, S. 487f.), vgl. BGH v. 29.1.2003 – VIII ZR 155/02, ZIP 2003, 720 = GmbHR 2003, 534; näher *Lennerz*, S. 59ff.

6 *Sonnenberger*, Vorschläge und Berichte zur Reform des europäischen und deutschen internationalen Gesellschaftsrechts, 2007; *Sonnenberger/Bauer*, RIW Beilage 1 zu Heft 4, 2006; s. dazu auch 4. Aufl., § 1 Rz. 13.

7 S. *Lutter/Bayer/J. Schmidt*, Europäisches Unternehmens- und Kapitalmarktrecht, § 6 Rz. 53.

teil aus dem Jahre 2009[1] der sog. Wechselbalg-Theorie: Die Rechtsfähigkeit der zuziehenden ausländischen Kapitalgesellschaft wird nicht mehr (wie noch unter der Geltung der Sitztheorie[2]) negiert, aber die Gesellschaft wird nicht als ausländische Kapitalgesellschaft angesehen, sondern es kommt auf sie das deutsche Sachrecht zur Anwendung. Dieses führt dazu, dass die Gesellschaft die Voraussetzungen einer Kapitalgesellschaft (schon mangels Eintragung in das Handelsregister) regelmäßig nicht erfüllt und diese oft auch (z.B. mangels Stammkapital) nicht nachträglich herbeiführen kann. Da die Gesellschafter dennoch gemeinsam einen Zweck verfolgen (§ 705 BGB), liegt, je nachdem ob der verfolgte Zweck ein handelsgewerblicher i.S.d. § 1 Abs. 2 HGB ist oder nicht, eine GbR oder eine OHG vor. Als GbR ist die Gesellschaft nicht umwandlungs-, spaltungs- und formwechselfähig (§§ 3, 124 Abs. 1, 191 Abs. 1 UmwG). Ist die Gesellschaft nach deutschem Sachrecht als OHG zu qualifizieren, wäre diese grundsätzlich umwandlungsfähig. Es ergibt sich jedoch als weiteres Problem, dass § 1 UmwG nach traditioneller Lesart die Eintragung ins deutsche Handelsregister voraussetzt; der Satzungssitz, nicht nur der Verwaltungssitz, muss in Deutschland liegen[3]. Die Gesellschaft müsste daher zunächst die Umqualifizierung in eine deutsche Personengesellschaft auch formal durch Eintragung ins deutsche Handelsregister nachvollziehen, um sich von dem so erreichten Rechtsstand aus weiter umwandeln zu können[4].

Wirklich befriedigend ist diese Lösung jedoch nicht. Sie nötigt zu einem entbehrlichen Zwischenschritt und setzt die Gesellschafter für die Zwischenphase der Gefahr persönlicher Haftung aus. Auch sonst hat die Wechselbalg-Theorie erhebliche Nachteile. Zu nennen ist insbesondere die Tatsache, dass die Satzung der betreffenden Gesellschaft nicht auf das Recht der deutschen OHG eingestellt sein wird und dass sich Probleme hinsichtlich der Geschäftsführerbestellung und der Vertretung ergeben[5]. Die besseren Gründe sprechen daher dafür, auch für die Gesellschaften aus Nicht-EU/EWR-Staaten, die auch nicht kraft Staatsvertrag beteiligungsfähig sind, zur Gründungstheorie überzugehen[6]. Bedenken, dass bei Gesellschaften aus Drittstaaten nicht derselbe Schutz von Gesellschaftern, Gläubigern, Arbeitnehmern und Allgemeinheit gewährleistet sein könnte wie bei Gesellschaften aus den Mitgliedstaaten der EU, kann durch Sonderanknüpfungen, das Deliktsrecht und notfalls durch den ordre-public-Vorbehalt des IPR Rechnung getragen werden[7]. Folgt man diesem Ansatz, ergibt sich keine andere Lösung als die oben nach europäischem Recht dargestellte. 29

1 BGH v. 27.10.2008 – II ZR 158/06, NJW 2009, 289 = AG 2009, 84.

2 Zur Sitztheorie *H. F. Müller* in Spindler/Stilz, AktG, Int. GesR Rz. 4ff.; *Kindler* in MünchKomm. BGB, Int. GesR Rz. 420ff.

3 *Kallmeyer* in Kallmeyer, § 1 UmwG Rz. 2; *Dauner-Lieb* in KölnKomm. UmwG, § 1 UmwG Rz. 24.

4 S. zu einer solchen Lösung bereits *Lutter/Drygala* in der 3. Aufl. dieses Kommentars.

5 *Weller* in MünchKomm. GmbHG, Einl. Rz. 331; *Heidenhain*, NZG 2002, 1141 (1142).

6 Dafür auch *Goette* in VGR, Gesellschaftsrecht in der Diskussion 2008, 2009, S. 5.

7 *Lutter/Bayer/J. Schmidt*, Europäisches Unternehmens- und Kapitalmarktrecht, § 6 Rz. 53; *Bayer/J. Schmidt*, ZHR 173 (2009), 735 (773) m.w.N.

d) Juristische Personen ohne Erwerbszweck

30 Umwandlungsfähig sind nach § 3 UmwG auch Rechtsträger ohne Erwerbszweck, insbesondere die **Idealvereine** (§ 3 Abs. 1 Nr. 4 UmwG). Voraussetzung der Niederlassungsfreiheit nach Art. 54 Abs. 2 AEU ist aber, dass ein Erwerbszweck verfolgt wird[1]. Auch insoweit könnte man fragen, ob nicht in Bezug auf diese Rechtsträger an der herkömmlichen Lösung festzuhalten ist[2], weil der Schutzbereich der Niederlassungsfreiheit für diese gar nicht eröffnet ist. Hier spricht aber aus Sicht des nationalen Rechts nichts dagegen, großzügiger zu sein, als das Europarecht es verlangt und die Umwandlungsfähigkeit zuzulassen.

3. Zusammenfassung zum Verständnis des § 1 UmwG

31 Aus dem hier dargelegten Verständnis des Rechts der internationalen Umwandlung ergibt sich dann auch, wie die Aussage des § 1 UmwG, das Gesetz sei nur auf Rechtsträger „mit Sitz im Inland" anwendbar, zu verstehen ist: Nicht mehr im Sinne eines Umwandlungsverbots oder eines bewussten Regelungsverzichts, sondern im Sinne der **Gründungstheorie** dahingehend, dass das deutsche Umwandlungsrecht als Teil des Gesellschaftsrechts nur auf den Rechtsträger Anwendung findet, der nach deutschem Recht gegründet wurde und nach wie vor in Deutschland inkorporiert ist. Also muss nur die Gesellschaft, die kraft ihres Gesellschaftsstatuts deutschem Recht unterliegt, bei der grenzüberschreitenden Umwandlung die Regeln des deutschen Umwandlungsrechts beachten. Hingegen ist bei dem ausländischen Partner der Umwandlungsmaßnahme das für diesen zuständige ausländische nationale Recht an seinem statutarischen Sitz maßgeblich[3], und Konflikte zwischen beiden Rechtsordnungen sind im Wege der Kumulation und der Angleichung zu lösen.

4. Durchführung der Umwandlung[4]

a) Ermittlung des anwendbaren nationalen Rechts

32 Mit der Zulassung grenzüberschreitender Umwandlungsvorgänge ist noch keine Antwort auf die Frage gegeben, wie bei der Umwandlung konkret zu verfahren ist. Anders ist das nur im Bereich der §§ 122a ff. UmwG: Hier besteht mit der Umsetzung der Richtlinie eine **gesetzliche Grundlage**, auf deren Basis sich das Verfahren vollzieht. Nach den bisher vorliegenden Erfahrungen hat sich das Verfahren für Umstrukturierungen innerhalb internationaler Unternehmensgruppen weitgehend bewährt. Hindernisse werden aber noch bei der praktischen Abwicklung

---

1 *Bröhmer* in Calliess/Ruffert, Kommentar zu EUV und AEUV, 4. Aufl. 2011, Art. 54 AEUV Rz. 2.

2 So OLG Zweibrücken v. 27.9.2005 – 3 W 170/05, NZG 2005, 1019; *Leuering*, ZRP 2008, 71 (75) zum Idealverein.

3 *Kronke*, ZGR 1994, 26 (36 f.); vgl. auch *Knobbe-Keuk*, ZHR 154 (1990), 325 (346); *Beitzke* in FS Hallstein, 1966, S. 14 ff.; *Behrens*, ZGR 1994, 1 und *Jasper* in MünchHdb. GesR GmbH, § 78 Rz. 140 ff.; *Bollacher*, RIW 2008, 201.

4 Vgl. insbesondere *Siems*, EuZW 2006, 135 ff.; *Krause/Kulpa*, ZHR 171 (2007), 46 ff. Zur Realisierung einer Heraus-Verschmelzung auch *Wenglorz*, BB 2004, 1061 (1064); zur „Umwandlung" einer GmbH in eine im Inland ansässige EU-Kapitalgesellschaft *v. Busekist*, GmbHR 2004, 650.

berichtet. Hier hemmen bürokratische Sichtweisen vor allem bei den Registergerichten noch den Gebrauch der durch die 10. Richtlinie eröffneten Möglichkeiten[1]. Grenzüberschreitende Verschmelzungen börsennotierter Gesellschaften sind bisher selten, weil sie zusätzliche Probleme des Minderheitenschutzes[2] und des Kapitalmarktrechts aufwerfen[3].

Für die übrigen, oben unter Rz. 11 ff. dargestellten Fälle muss differenziert werden: Zum einen ist auf der Basis der **Gründungstheorie** das auf den Vorgang anwendbare nationale Gesellschaftsrecht zu ermitteln. Denn Ausgangspunkt aller Überlegungen ist, dass jeder der beteiligten Rechtsträger die mit der Umwandlung zusammenhängenden Vorgänge, die nur ihn allein betreffen, nach nationalem Gesellschaftsrecht vornimmt[4]. Am deutlichsten ist dies etwa bei der Beschlussfassung der Anteilseigner und der Vorbereitung ihrer Versammlung: Mehrheitserfordernisse, die Einberufung der Versammlung und die in der Versammlung zu erteilenden Informationen sowie die Rechtsschutzmöglichkeiten gegen Beschlüsse bestimmen sich nach dem nationalen Recht. Gleiches gilt in weitgehendem Maße für den Schutz der Gläubiger und den Minderheitenschutz. Bereits auf dieser Ebene können und werden sich die ersten Probleme ergeben. Denn das deutsche Umwandlungsrecht ist noch ganz von der Vorstellung geprägt, dass grenzüberschreitende Umwandlungen unzulässig sind. Die Umsetzung der 10. Richtlinie hat sich wider alle Vernunft auf eine Minimallösung zurückgezogen und weder die Verschmelzung der Personengesellschaft noch die grenzüberschreitende Spaltung mit einbezogen, obwohl das europarechtlich dringend geboten gewesen wäre[5]. Es fehlen daher im deutschen Sachrecht schlicht Normen, die den Vorgang regeln. Das Problem des **Normenmangels** auf der sachrechtlichen Ebene betrifft insbesondere den grenzüberschreitenden Formwechsel (d.h. die Satzungssitzverlegung)[6]. 33

De lege lata ändert das nichts daran, dass der Vorgang, soweit er nach den oben dargestellten Grundsätzen dem Schutzbereich der Niederlassungsfreiheit unterfällt, **im Ergebnis möglich** sein muss und dass Beschränkungen des nationalen Rechts den strengen Anforderungen des EuGH an Geeignetheit, Erforderlichkeit und Verhältnismäßigkeit standhalten müssen. Der auf der Ebene des deutschen Rechts möglicherweise bestehende **Normenmangel entschuldigt nicht**; die entstandene Lücke ist vielmehr sachgerecht zu füllen[7]. Dies hat der EuGH in der Vale-Entscheidung ausdrücklich klargestellt. Er hat zudem einen Weg gewiesen, wie dem Defizit abzuhelfen ist. Der EuGH verpflichtet die Mitgliedstaaten insoweit, die im nationalen Recht geltende Parallelregelung so weit wie möglich zur Anwendung zu bringen. 34

Dies bedeutet, dass auf grenzüberschreitende Vorgänge, für die sich im deutschen Sachrecht bereits eine Parallele findet, diese heranzuziehen ist. Dies ist in Gestalt der §§ 122a ff. UmwG der Fall, soweit es um das Recht der grenzüberschreitenden 35

---

1 *Buxbaum*, GesRZ 2012, 111; *Bayer/J. Schmidt*, ZIP 2012, 1481 (1489); so auch das Untersuchungsergebnis von *Stephan*, S. 97 ff. und *Siepe*, S. 344.

2 *Siepe*, S. 234 ff.

3 S. aber jetzt immerhin den Erfahrungsbericht von *Holzborn/Mayston*, ZIP 2012, 2380.

4 *Drinhausen* in Semler/Stengel, Einl. C Rz. 16; *Geyrhalter/Weber*, DStR 2006, 147.

5 Kritisch deshalb auch *Krause/Kulpa*, ZHR 171 (2007), 46.

6 *Grohmann/Gruschinske*, GmbHR 2008, 27 (30 f.); *Leuering*, ZRP 2008, 73 (76).

7 *Lutter/Drygala*, JZ 2006, 770 (776); *Doralt*, IPRax 2006, 577; *Rüffler*, GesRZ 2004, 9.

Verschmelzungen geht. Die **analoge Anwendung der §§ 122aff. UmwG** drängt sich gerade für die grenzüberscheitende Verschmelzung von Personengesellschaften und anderen Rechtsträgern, die von der direkten Anwendung der Normen nicht erfasst sind, förmlich auf[1]. Das bedeutet aber auch, dass in diesen Fällen auf der Ebene des nationalen Rechts ein Regulierungsgefälle zwischen einer „Sevic-Verschmelzung" und einer Verschmelzung nach §§ 122aff. UmwG praktisch nicht mehr besteht. Vor allem wird über § 122l UmwG analog auch der Arbeitnehmerschutz anwendbar, sofern es sich um eine mitbestimmte Gesellschaft handelt, denn dann gehört die Vereinbarung mit den Arbeitnehmern über das Mitbestimmungsstatut zu den beim Handelsregister einzureichenden Unterlagen (§ 122l Rz. 15)[2]. Die Regelung über die Verschmelzungsgründung der SE ist hingegen im Vergleich zu §§ 122aff. UmwG eher sachferner und daher in diesem Fall keine geeignete, jedenfalls aber keine gegenüber den §§ 122aff. UmwG vorrangige Analogiegrundlage[3].

36 Gleiches gilt, wenn man sich den Rechtscharakter der Spaltung als einer „**umgekehrten Verschmelzung**" vor Augen führt. Dann ist es möglich, die Vorschriften der §§ 122a und 122c – 122l UmwG sinngemäß für die grenzüberschreitende Spaltung anzuwenden[4].

37 Im Übrigen wurden zur Auffüllung des Normenmangels bei der grenzüberschreitenden Sitzverlegung bisher zwei Ansätze vertreten. Der eine favorisierte die grundsätzliche Anwendung des nationalen Umwandlungsrechts. Der andere versuchte, aus **europäischen Regelungen**, insbesondere den existierenden Richtlinien und den Regelungen über die Sitzverlegung der SE, allgemeine Rechtsgrundsätze zu entwickeln, die als Grundlage für die grenzüberschreitende Sitzverlegung dienen sollten[5]. Insofern hat der EuGH jetzt für den grenzüberschreitenden Rechtsformwechsel (=Satzungssitzverlegung) eindeutig Position zugunsten des erstgenannten Ansatzes bezogen. Ausgangspunkt der Überlegungen des EuGH ist das Gebot der Gleichbehandlung mit dem entsprechenden Vorgang des nationalen Rechts, d.h. für Deutschland mit dem **Formwechsel nach §§ 190ff. UmwG**. Diese sind, da der EuGH die Mitgliedstaaten verpflichtet sieht, eine gesetzliche Grundlage zu schaffen, auf die grenzüberschreitende Satzungssitzverlegung entsprechend anzuwenden. Das Analogieverbot nach § 1 Abs. 2 UmwG muss insoweit als europarechtlich verdrängt angesehen werden. Dies erscheint auch berechtigt, da das Analogieverbot auf der Annahme beruht, der deutsche Gesetzgeber könne autonom entscheiden, welche Formen von Rechtsträgern er zu welchen Formen von Umwandlungen zulässt. „Sevic" und vor allem „Vale" haben gezeigt, dass diese Annahme nicht zutrifft. Von daher liegt, soweit die Umwandlung unter dem Schutz der Niederlassungsfreiheit steht, eine Anschauungslücke des Gesetzgebers vor[6].

1 *Lutter/Drygala*, JZ 2006, 770 (776); dem folgend *Veil*, Der Konzern 2007, 98 (105).
2 So auch *Zimmermann* in Kallmeyer, § 122l UmwG Rz. 20.
3 Für Anwendung der SE-Regeln *Siems*, EuZW 2006, 135 (139).
4 Dafür de lege ferenda *J. Vetter*, AG 2006, 613 (616), dessen Vorschlag aber auch de lege lata überzeugt.
5 S. 4. Aufl., § 1 Rz. 16ff.
6 Dafür *Bungert*, BB 2006, 53 (55); *Siems*, EuZW 206, 135 (137); *Picot/Land*, BB 1998, 1601 (1606f.); *Dorr/Stuckenborg*, DB 2003, 647 (648f.); *Triebel/v. Hase*, BB 2003, 2409 (2416).

38 Aus der entsprechenden Anwendung der §§ 190ff. UmwG ergeben sich bereits wichtige Hinweise für die Durchführung des Verfahrens. So sind für den **Wegzug einer deutschen Gesellschaft** mit dem Satzungssitz (= Wechsel in eine ausländische Rechtsform) insbesondere ein Umwandlungsbericht und ein Umwandlungsbeschluss erforderlich (§§ 192, 193 UmwG analog)[1]. Gläubigern der Gesellschaft ist Sicherheit zu leisten, wenn sie eine Gefährdung ihrer Forderungen geltend machen können (§§ 204, 22 UmwG analog). Die Tatsache, dass eine Satzungssitzverlegung ins Ausland stattfindet, begründet als solche eine Gefährdung nicht, da auch bei der Verschmelzung auf eine ausländische Gesellschaft ein Anspruch auf Sicherheitsleistung nur bei einer zusätzlichen, über die bloße Tatsache des Auslandsbezugs hinausgehenden Gefährdung besteht (§ 122j UmwG)[2]. Zum Schutz der Minderheitsgesellschafter ist stets ein Abfindungsangebot erforderlich, sofern nicht einstimmig entschieden wird (§ 207 UmwG analog). Ein Wechsel in die kongruente Auslandsrechtsform (AG in plc etc.) kann eine Ausnahme nicht begründen, da eine solche bei § 122i UmwG ebenfalls nicht anerkannt ist.

39 Beim Hinaus-Formwechsel wird es regelmäßig es zu einem Verlust der deutschen **Unternehmensmitbestimmung** kommen. Die Rechtsordnung, in die das betreffende Unternehmen wechselt, wird entweder keine oder andere Regelungen zu dieser Frage enthalten. Insofern entspricht es aber heute allgemein anerkannten europäischen Grundsätzen, dass Akte grenzüberschreitender Mobilität von Gesellschaften nicht ohne angemessene Beteiligung der Arbeitnehmer stattfinden können. Zu diesem Zweck ist bei der Sitzverlegung der SE und bei der grenzüberschreitenden Verschmelzung das Verhandlungsverfahren eingeführt worden. Es spricht alles dafür, dass dies auch bei einem grenzüberschreitenden Formwechsel zur Anwendung gebracht werden muss, wenn die formwechselnde Gesellschaft zuvor der Mitbestimmung unterlag[3]. Soweit sich die Regularien für die Sitzverlegung der SE und den grenzüberschreitenden Formwechsel unterscheiden, ist die verschmelzungsrechtliche Regelung nach dem MgVG als die jüngere und sachnähere Regelung heranzuziehen.

40 Soll der Satzungssitz aus dem Ausland nach Deutschland verlegt werden (**Zuzug**), so müssen die für die Gründung einer entsprechenden Zielrechtsform des deutschen Rechts geltenden Gründungsvoraussetzungen eingehalten werden (§ 197 UmwG analog). Ist die Umwandlung in eine deutsche Kapitalgesellschaft vorgesehen, bedeutet dies, dass das Vorhandensein des gesetzlichen Mindest- bzw. einen ggf. vorgesehenen höheren satzungsmäßigen Kapitals nachzuweisen ist, so wie dies auch beim Formwechsel einer deutschen Personengesellschaft in die GmbH oder AG nötig wäre. Dass bereits vorher eine Kapitalgesellschaft ausländischen Rechts bestand, genügt nicht[4]. Das erzwingt die Vorlage eines Sachgründungsberichts und von testierten Jahresabschlüssen, aus denen sich das Vorhandensein eines entsprechenden Vermögens ergibt[5]. Auch im Übrigen muss der Gesellschaftsvertrag/die Satzung den Erfordernissen des deutschen Kapitalgesellschaftsrechts angepasst werden.

---

1 *Bayer/J. Schmidt*, ZIP 2012, 1481 (1488).
2 Näher dazu § 122j UmwG.
3 Zurückhaltender *Ege/Klett*, DStR 2012, 2442 (2446): Frage des Einzelfalls.
4 *Ege/Klett*, DStR 2012, 2442 (2445).
5 Zutr. OLG Nürnberg v. 13.2.2012 – 12 W 2361/11, NZG 2012, 468 (470f.); ebenso auch EuGH v. 12.7.2012 – Rs. C-378/10, GmbHR 2012, 860 = NZG 2012, 871 (Rz. 52) (Vale); *Bayer/J. Schmidt*, ZIP 2012, 1481 (1484).

41 In Bezug auf **Vollmachten** und den **Nachweis der Vertretungsberechtigung** von Organen ausländischer Rechtsträger können die Nachweise gefordert werden, die auch sonst im Inland beim Auftreten ausländischer Gesellschaften und ihrer Vertreter gefordert werden, jedoch keine darüber hinausgehenden[1].

42 Von besonderer Bedeutung sind bei der grenzüberschreitenden Mobilität die Nachweise darüber, dass die **Anforderungen der anderen Rechtsordnung,** die von dem Vorgang betroffen ist, erfüllt sind. Denn dies soll die Registerbehörde des Zuzugsstaats tunlicherweise nicht selbst prüfen, sondern sie soll sich insoweit auf die Bescheinigungen des Herkunftsstaates der Gesellschaft verlassen können. Zu diesem Zweck sieht die Verschmelzungsrichtlinie in Art. 10 vor, dass der Herkunftsmitgliedstaat eine Bescheinigung ausstellt, aus der sich ergibt, dass die Anforderungen an die Hinaus-Verschmelzung nach nationalem Recht erfüllt sind (**Konformitätsbescheinigung**). An diese Bescheinigung sind die Registerbehörden des Aufnahmestaats gebunden (vgl. dazu im deutschen Recht § 122k UmwG). Eine solche Regelung fehlt im Recht der grenzüberscheitenden Satzungssitzverlegung. Der EuGH hat es in „Vale" auch nicht erwogen, Art. 10 der Verschmelzungsrichtlinie analog anzuwenden. Er sieht die Behörden des Herkunftsstaates aber als verpflichtet an, eine solche Bescheinigung auszustellen[2]. Auch dies ist Teil des Gebots, die Sitzverlegung auf der Ebene des Verfahrensrechts zu ermöglichen. Die Behörden des Aufnahmestaates sieht er als berechtigt an, die Bescheinigung zu prüfen; eine strikte Bindung besteht nicht. Jedoch muss der ausgestellten Bescheinigung gebührende Beachtung geschenkt werden[3]; sie darf also keinesfalls als unbeachtlich abgetan werden[4]. Das bedeutet aus Sicht des deutschen Handelsregisters eine Plausibilitätsprüfung, bei der die Bescheinigung in formeller Hinsicht unbeschränkt, inhaltlich jedoch nur insoweit überprüft werden darf, als Zweifel an der inhaltlichen Richtigkeit bestehen.

43 Nicht ableiten lässt sich aus der „Vale"-Entscheidung ein striktes **Kontinuitätserfordernis** in dem Sinne, dass die Gesellschaft während des Vorgangs der grenzüberschreitenden Satzungssitzverlegung stets in einem der beteiligten Handelsregister eingetragen sein muss. Im Gegenteil, die Vale Costruzioni Srl war im zu entscheidenden Fall bereits acht Monate aus dem italienischen Handelsregister ausgetragen gewesen, als sie in Ungarn die Eintragung begehrte. Hierin wurde kein Hindernis für die Berufung auf die Niederlassungsfreiheit gesehen[5]. Dementsprechend schadet es erst recht nicht, wenn das Handelsregister des Wegzugsstaats die Gesellschaft bereits löscht, bevor sie im Zuzugsstaat eingetragen ist[6]. Rein praktisch dürfte es sich empfehlen, eine Löschung im Herkunftsmitgliedstaat unter der Bedingung vorzunehmen, dass die Gesellschaft im Zuzugsstaat eingetragen wird[7].

1 *Ege/Klett*, DStR 2012, 2442 (2445).
2 EuGH v. 12.7.2012 – Rs. C-378/10, GmbHR 2012, 860 = NZG 2012, 871 (875).
3 EuGH v. 12.7.2012 – Rs. C-378/10, GmbHR 2012, 860 = NZG 2012, 871 (875).
4 EuGH v. 12.7.2012 – Rs. C-378/10, GmbHR 2012, 860 = NZG 2012, 871; dazu *Bayer/J. Schmidt*, ZIP 2012, 1481 (1489); *Weller*, LMK 2012, 336113.
5 EuGH v. 12.7.2012 – Rs. C-378/10, GmbHR 2012, 860 = NZG 2012, 871 ff.
6 Enger *Ege/Klett*, DStR 2012, 2442 (2443): Nur unschädlich, wenn aus technischen Gründen unvermeidbar.
7 Dafür *Stephan*, S. 259 für das Verhältnis Deutschland-Österreich.

b) Berücksichtigung des ausländischen Sachrechts in Zweifelsfällen

Es kann inzwischen als gesichert angesehen werden, dass eine grenzüberschreitende Umwandlung einerseits nicht ausschließlich nach dem Recht eines der beteiligten Rechtsträger beurteilt werden kann[1], aber andererseits auch nicht stets beide Rechtsordnungen zu beachten sind. Dies ist vielmehr nur dann erforderlich, wo sich die Rechte widersprechen; dann setzt sich die jeweils strengere Norm durch (**Vereinigungstheorie**)[2]. Anforderungen, die ersichtlich nur einen der beteiligten Rechtsträger betreffen oder für die es eine besondere Kollisionsnorm gibt, die nur das Recht eines der beteiligten Rechtsträger für anwendbar erklärt, beurteilen sich nur nach einer Rechtsordnung (ohne Anwendung der Vereinigungstheorie). So betrifft etwa das für die Umwandlungsmaßnahme bestehende Mehrheitserfordernis ersichtlich nur den jeweils betroffenen Rechtsträger[3]. Auch das Abfindungsrecht der Minderheitsgesellschafter und das Recht der Gläubiger auf Sicherheitsleistung richten sich nach Art und Umfang nach nationalem Recht, also nach §§ 122i und 122j UmwG. Auch die Umwandlungsfähigkeit des Rechtsträgers als solche bestimmt sich nach nationalem Recht[4]. Für die Kapitalgesellschaften ist das nach Umsetzung der 10. Richtlinie kein ernsthaftes Hindernis mehr, aber bei Personengesellschaften ist durchaus denkbar, dass das Vorhaben an dieser Stelle scheitert. Denn die 3. Richtlinie gilt überhaupt nur für die AG, und auch die 10. Richtlinie bezieht nur die kleinen Kapitalgesellschaften mit ein. In einem Mitgliedstaat, der die Richtlinien nur „eins zu eins" umgesetzt hat[5], könnte es also durchaus zu dem Ergebnis kommen, dass Personengesellschaften nicht beteiligungsfähig sind. Gleiches gilt in Bezug auf grenzüberschreitende Spaltungen, da die Umsetzung der 6. Richtlinie in den Mitgliedstaaten optional ist[6]. Unüberwindbar sind auch die Hindernisse, die sich im nationalen Recht daraus ergeben, dass manche Vermögensgegenstände an der Gesamtrechtsnachfolge nicht teilnehmen[7]. Eine besondere Kollisionsnorm, nach der nur auf das Recht ei- 44

1 Das übersieht öOGH v. 20.3.2003 – 6 Ob 283/02i, ZIP 2003, 1086; vgl. dazu die Kritik von *Doralt*, IPRax 2006, 576; *Rüffler*, GesRZ 2004, 3 ff.; *Paefgen*, IPRax 2004, 132 ff.; *Eidenmüller/Engert*, Ausländische Kapitalgesellschaften im deutschen Recht, 2004, § 4 Rz. 69 f.

2 *Kallmeyer* in Kallmeyer, § 1 UmwG Rz. 17; *Heckschen* in Widmann/Mayer, § 1 UmwG Rz. 270; *Beitzke* in FS Hallstein, 1966, S. 14 ff.; *Behrens*, ZGR 1994, 1 und *Jasper* in MünchHdb. GesR GmbH, § 78 Rz. 140 ff.

3 *Kindler* in MünchKomm. BGB, Int. GesR Rz. 859; *Heckschen* in Widmann/Mayer, § 1 UmwG Rz. 280 f.

4 *Heckschen* in Widmann/Mayer, § 1 UmwG Rz. 278.

5 Das ist z.B. in Großbritannien der Fall: Die 3. Richtlinie wurde dort nur für die plc in den Art. 902 ff. Companies Act umgesetzt, im Jahre 2007 wurde durch die Umsetzung der 10. Richtlinie auch die Ltd. einbezogen. Für Personengesellschaften fehlt nach wie vor eine Regelung. Jedenfalls ist aber seit der Umsetzung der 10. Richtlinie sichergestellt, dass auch die Ltd. verschmelzungsfähig ist, die diesbezüglichen Bedenken des OLG München (v. 2.5.2006 – 31 Wx 9/06, GmbHR 2006, 600) sind jedenfalls jetzt gegenstandslos und waren wohl auch schon vorher unbegründet, kritisch insoweit *Wachter*, GmbHR 2006, 602; *Eidenmüller/Engert*, Ausländische Kapitalgesellschaften im deutschen Recht, 2004, § 4 Rz. 103; *Wälzholz*, GmbH-StB 2008, 177 (180 ff.); *Winter*, GmbHR 2008, 532 (534 f.).

6 Einzelne Mitgliedstaaten haben die 10. Richtlinie zum Anlass genommen auch die grenzüberschreitende Spaltung zuzulassen, vgl. *Winter*, GmbHR 2008, 534 ff.

7 Vgl. *Vossius* in Widmann/Mayer, § 20 UmwG Rz. 43 f.; *Marsch-Barner* in Kallmeyer, § 20 UmwG Rz. 5; *Bungert* in FS Heldrich, 2005, S. 527 (528 ff.).

nes Mitgliedstaates abzustellen ist, findet sich etwa in Art. 8 Abs. 4 i.V.m. Art. 4 Abs. 1b der 10. Richtlinie, wonach sich bei einem Verzicht der Anteilseigner auf eine Verschmelzungsprüfung die Form der Verzichtserklärung allein nach dem nationalen Recht des jeweils betroffenen Rechtsträgers richtet[1]. Eine Vereinigung der beiden Rechtsordnungen mit Anwendung der jeweils strengeren Regel findet insoweit nicht statt, so dass nur die Verzichtserklärung der Anteilsinhaber des deutschen Rechtsträgers notariell formbedürftig ist, wenn das ausländische Recht gar keine Form vorsieht oder nur Schriftform verlangt.

aa) Vorrang der strengeren Regelung

45 Zu einer Vereinigung der beteiligten Rechtsordnungen kommt es dort, wo die zu regelnde Problematik beide Rechtsordnungen betrifft und die Regelung nur einheitlich erfolgen kann[2]. Die Aussage, dies sei bei Regeln des Minderheitenschutzes generell nicht der Fall[3], ist aus heutiger Sicht zu undifferenziert. Soweit sich nämlich **Minderheitenschutz** durch Information verwirklicht und es z.B. um die die Umwandlung vorbereitenden Dokumente geht, sind durchaus beide Rechtsordnungen betroffen, jedenfalls sofern die Information für die Anteilsinhaber nicht getrennt erfolgt. Gerade der gemeinsame Verschmelzungsbericht oder die gemeinsame Verschmelzungsprüfung sind Beispiele für die sich insoweit ergebenden Schwierigkeiten[4]. Ein weiteres Problemfeld ist die Festlegung eines **angemessenen Umtauschverhältnisses**, weil sich die in den einzelnen Rechtsordnungen dafür vom Recht akzeptierten Methoden und Vorgehensweisen z.T. erheblich unterscheiden[5]. Sehr problematisch ist auch die **notarielle Beurkundung des Verschmelzungsplans**, § 122c Abs. 4 UmwG in dem Fall, dass das ausländische Recht ein solches Erfordernis nicht kennt[6]. Als weiterer Konfliktpunkt zeichnet sich die **technische Durchführung der Umwandlung** ab. Hier differieren vor allem die Verfahrensvorschriften hinsichtlich des Zeitpunkts, in dem die Umwandlung wirksam wird[7]. In diesen Fällen entscheidet die Vereinigungstheorie zunächst danach, ob sich eine der beiden möglichen Regelungen als die strengere identifizieren lässt; diese setzt sich dann durch[8]. Damit lässt sich etwa der Fall der differierenden Formerfordernisse bewältigen. Ebenso setzt sich die deutsche Begrenzung der baren Zuzahlung auf 10 % in § 5 Abs. 1 Nr. 3 UmwG gegenüber Rechtsordnungen durch, die, wie die englische, eine solche Begrenzung nicht kennen[9].

bb) Angleichung divergierender Vorschriften

46 Der Vorrang des strengeren Rechts reicht aber nicht aus, um das Problem zu lösen. Bei den **Bewertungsfragen** ist das Merkmal schon nur noch eingeschränkt brauchbar: Ob das DCF-Verfahren oder das Ertragswertverfahren nach IDW-S1

---

1 *Frenzel*, RIW 2008, 12 (19); *Herrler*, EuZW 2007, 295 (296).
2 *Geyrhalter/Weber*, DStR 2006, 147.
3 *Kronke*, ZGR 1994, 26 (36f.); vgl. auch *Knobbe-Keuk*, ZHR 154 (1990), 325 (346) und 3. Aufl., § 1 Rz. 27.
4 Näher *Geyrhalter/Weber*, DStR 2006, 147; *Holzborn/Mayston*, ZIP 2012, 2380 (2383ff.).
5 Ausführlich *Reuter*, AG 2007, 881 (888ff.); *Koppensteiner*, Der Konzern, 2006, 40 (45).
6 *Kallmeyer/Kappes*, AG 2006, 224 (238); *Geyrhalter/Weber*, DStR 2006, 39 (59).
7 Näher *Doralt*, IPRax 2006, 577; *Geyrhalter/Weber*, DStR 2006, 148.
8 *Heckschen* in Widmann/Mayer, § 1 UmwG Rz. 270; *Behrens*, ZGR 1994, 1.
9 *Siepe*, S. 109.

„strenger" ist, wird sich nur schwer beurteilen lassen, sofern man „Strenge" nicht mit Arbeitsaufwand für die Gesellschaft gleichsetzt, sondern materiell im Sinne eines konsequenteren Schutzes der beteiligten Interessen versteht. Und dann ist es auch nicht abwegig zu argumentieren, dass ein rein an Marktwerten orientiertes Verfahren das im Interesse des Minderheitenschutzes „strengste" ist, nämlich wenn man unterstellt, dass der Börsenkurs den wahren Wert des Unternehmens am besten abbildet. Eben diese Annahme ist aber im Ausland weit verbreitet[1]. Gänzlich versagt das Kriterium der Strenge bei Regeln, die einfach nur „anders" sind: Kommt es in einem Mitgliedstaat für den Zeitpunkt des Wirksamwerdens der Umwandlung auf die Eintragung im Handelsregister des übertragenden Rechtsträgers an, während das andere berufene Recht auf den Zeitpunkt der Eintragung im Register des übernehmenden Rechtsträgers abstellt[2], so lässt sich eine strengere Regelung nicht ermitteln. Vielmehr hat der eine Gesetzgeber eine Zweckmäßigkeitsfrage so, der andere hingegen anders entschieden.

In diesen Fällen ist eine **Anpassung** der kollidierenden Rechtsvorschriften nötig, 47
die beiden Lösungen zu möglichst weitgehender Durchsetzung verhilft. Das Beispiel der unterschiedlichen Wirksamkeitszeitpunkte bei der Eintragung ist daher so zu lösen, dass am Sitz des übertragenden Rechtsträgers das Erlöschen unter der Bedingung eingetragen wird, dass auch am Sitz des übernehmenden Rechtsträgers die Eintragung der Verschmelzung erfolgt[3]. Die in Deutschland verfassungsrechtlich gebotene Nachprüfung des Umtauschverhältnisses[4] setzt sich im Grundsatz gegenüber der liberalen, rein marktorientierten Betrachtung ausländischer Rechtsordnungen durch; jedoch müssen die deutschen Gerichte im Rahmen der Prüfung, ob das Umtauschverhältnis vertretbar war[5], die Wertentscheidungen des ausländischen Rechts mit einbeziehen[6]. Dabei ist bei der Vornahme der Anpassung darauf zu achten, dass die **Resultate für die beteiligten Rechtsträger zumutbar und erfüllbar** bleiben, denn die Ermöglichung der grenzüberschreitenden Umwandlung muss aufgrund der Rechtsprechung des EuGH zur Niederlassungsfreiheit die oberste Leitlinie bleiben. Das ergibt sich ausdrücklich aus der Entscheidung „Vale"[7]. Auch Beschränkungen, die sich aus einer Anpassung der kollidierenden nationalen Rechte ergeben, können gegen die Niederlassungsfreiheit verstoßen[8]. Insofern ist, gerade bei der Anwendung eher „technischer" Vorschriften, eine großzügige Handhabung geboten, die im Zweifel der Niederlassungsfreiheit den Vorrang einräumt.

---

1 Näher *Luttermann*, ZIP 1999, 45ff.; *Decher*, ZHR 171 (2007), 126 (140ff.); *Klöhn/Verse*, AG 2013, 2 (9); *Siepe*, S. 167f.; sowie die Kommentierung bei § 5 Rz. 26.

2 Beispiel von *Doralt*, IPRax 2006, 577; offenbar übersehen von öOGH v. 20.3.2003 – 6 Ob 283/02i, ZIP 2003, 1086; vgl. auch *Rüffler*, GesRZ 2004, 3ff.; *Paefgen*, IPRax 2004, 132ff.; *Eidenmüller/Engert*, Ausländische Kapitalgesellschaften im deutschen Recht, 2004, § 4 Rz. 69f.

3 Zutr. *Doralt*, IPRax 2006, 577; *Stephan*, S. 107ff.

4 S. zuletzt BVerfG v. 24.5.2012 – 1 BvR 3221/10, AG 2012, 674ff. (Daimler/Chrysler).

5 Nur das ist verfassungsrechtlich geschützt, s. BVerfG v. 24.5.2012 – 1 BvR 3221/10, AG 2012, 674 (675f.).

6 *Siepe*, S. 170f.

7 EuGH v. 12.7.2012 – Rs. C-378/10, GmbHR 2012, 860 = NZG 2012, 871 (873) (Vale).

8 *Lutter/Drygala*, JZ 2006, 770 (775).

5. Grenzüberschreitende Umwandlungen außerhalb der Formen des UmwG

48 Bisher war die Rede von grenzüberschreitenden Vorgängen unter Verwendung der Rechtsfiguren dieses Gesetzes, also vor allem der Fusion und der Spaltung. Außerhalb der Figuren dieses Gesetzes gilt § 1 Abs. 1 UmwG sowieso nicht. So ist etwa die **Einbringung** eines Unternehmens oder Unternehmensteiles in eine existente oder gleichzeitig errichtete ausländische Gesellschaft gegen Anteile an dieser durch Einzelübertragung der Aktiva und Passiva fraglos möglich[1]. Dieser Vorgang ist **steuerneutral** auf Grund der sog. steuerlichen Fusionsrichtlinie[2] und deren Umsetzung[3]. Der Vorgang ist außerdem mitbestimmungsrechtlich besonders abgesichert[4].

49 Bei Personengesellschaften kommt ebenso die Anwachsung als Alternative in Betracht[5]: Anstatt eine deutsche KG auf eine englische Limited zu verschmelzen, ist es auch möglich, dass die Limited der KG beitritt und danach alle vorher vorhandenen Gesellschafter aus der KG austreten. Die Limited erwirbt das Vermögen als letzter verbleibender Gesellschafter[6]; das Ergebnis ist dasselbe wie bei einer Verschmelzung.

V. Numerus clausus der Umwandlungsfälle (§ 1 Abs. 2 UmwG)

1. Überblick

50 § 1 Abs. 2 UmwG will die **Umwandlungsmöglichkeiten** nach diesem Gesetz auf die ausdrücklich geregelten Fälle und insbesondere auf die ausdrücklich angesprochenen Rechtsträger **beschränken**. Es will eine entsprechende Anwendung auf solche Rechtsträger vermeiden, die es absichtlich nicht oder nur teilweise in den Kreis der umwandlungsfähigen Rechtsträger[7] einbezogen hat. Die Beschränkung beruht zum Teil auf historischen Erfahrungen aus der Endphase der DDR, wo es zu einer unerwünschten analogen Anwendung von Umstrukturierungsvorschriften kam, ohne dass gleichzeitig auch die umwandlungsgesetzlichen Schutzmechanismen zugunsten von Gläubigern und Anlegern gegriffen hätten[8]. Diese Beschränkung der sukzessionsrechtlich begünstigten Umwandlungsmöglichkeiten auf die ausdrücklich angesprochenen Rechtsträger und auf die ausdrücklich genannten Umstrukturierungsvarianten war schon vor 1994 herrschende Mei-

---

1 *Kallmeyer*, ZIP 1994, 1746 (1752f.).

2 Richtlinie v. 23.7.1990 (90/434/EWG), ABl. EG Nr. L 225/1 v. 20.8.1990, auch abgedr. bei *Lutter/Bayer/J. Schmidt*, Europäisches Unternehmens- und Kapitalmarktrecht, S. 63.

3 § 23 UmwStG 1995 (zuvor § 20 Abs. 8 Satz 1 UmwStG a.F.) und dazu *Sarrazin*, ZGR 1994, 66 (68f.).

4 Mitbestimmungs-Beibehaltungsgesetz (MitbestBeiG) v. 23.8.1994, BGBl. I, S. 2228 mit der Regelung: entweder Verzicht auf die Steuerneutralität oder fiktive Zurechnung der übergegangenen Arbeitnehmer beim bisherigen Rechtsträger auf ewig und immer. Dazu *Lutter*, Handelsblatt v. 22.2.1994 („tote Seelen“).

5 *Ege/Klett*, DStR 2012, 2442 (2446).

6 Allgemein zur Anwachsung *Ulmer/Schäfer* in MünchKomm. BGB, § 738 BGB Rz. 6ff.; *Schöne* in Bamberger/Roth, § 738 BGB Rz. 3ff.

7 Vgl. dazu die Schaubilder bei *Schaumburg/Rödder*, S. 30ff.

8 Vgl. *Ganske*, WM 1993, 1117 (1120); *Neye* in Kölner Umwandlungsrechtstage, S. 6; *Kallmeyer* in Kallmeyer, § 1 UmwG Rz. 20.

nung[1] und ist bis zur Grenze eines etwa darin liegenden Verfassungsverstoßes wegen Ungleichbehandlung[2] bei der Rechtsanwendung zu beachten[3]. Vorrangig ist ferner das Europarecht, vor allem die Niederlassungsfreiheit. Soweit danach die Umwandlungsfähigkeit auch ausländischer, im UmwG nicht erwähnter Rechtsträger ausländischer Rechtsform zu gewährleisten ist, tritt § 1 Abs. 2 UmwG zurück. Im Übrigen muss der Gesetzgeber darauf achten, bei der Einführung neuer Rechtsformen jeweils auch deren Umwandlungsfähigkeit sicher zu stellen. Dies ist etwa bei der Partnerschaftsgesellschaft (mit einiger Verspätung) geschehen[4]. Die im Jahre 2013 neu geschaffene Partnerschaftsgesellschaft mit beschränkter Berufshaftung (§ 8 Abs. 4 PartGG)[5] stellt keinen davon abweichenden Sonderfall dar, sondern ist eine Variante der Partnerschaftsgesellschaft. Auch die durch das MoMiG eingeführte haftungsbeschränkte Unternehmergesellschaft (§ 5a Abs. 1 GmbHG) ist lediglich eine in einigen Punkten vereinfachte GmbH und daher auch ohne Änderung des UmwG im Grundsatz umwandlungsfähig. Besonderheiten ergeben sich bei ihr jedoch aufgrund des Sacheinlageverbots nach § 5a Abs. 2 Satz 2 GmbHG, das ein erhebliches Hindernis darstellt[6]. Gegenwärtig müssen nur die GbR und die Erbengemeinschaft zwingend auf Wegen außerhalb des UmwG umgewandelt werden. Die bisher ebenfalls nicht umwandlungsfähige Partenreederei wurde als Rechtsform zum 25.4.2013 gänzlich abgeschafft[7].

Für die **EWIV**, die im Gesetz ebenfalls nicht angesprochen ist, gilt das nicht, da sie Personengesellschaft und gleichzeitig **Handelsgesellschaft** (§ 1 EWIV-Gesetz) ist und damit die Voraussetzungen einer Personen*handels*gesellschaft überall dort erfüllt, wo das Gesetz davon spricht (z.B. § 3 UmwG)[8].

2. Umwandlungen anderer Art/in anderer rechtlicher Form

a) § 1 Abs. 2 UmwG schließt Umwandlungen anderer Art nicht aus; das drückt 51
das Gesetz im § 1 Abs. 2 UmwG mit der Formulierung „Umwandlungen im Sinne dieses Gesetzes" bewusst aus[9]. Damit ist insbesondere die **An- und Abwachsung** bei allen Personengesellschaften inkl. der Partnerschaft und der EWIV gemeint, § 738 BGB. So ist etwa eine wirtschaftliche Fusion zweier Vermögensmassen (Gesellschaftsvermögen und anderes Gesellschaftsvermögen oder Privatvermögen) mit dem Übergang aller Aktiva und Passiva auf den letzten Gesellschafter einer Personengesellschaft verbunden (sog. Anwachsungs-Modell; dazu § 190 Rz. 14). Das kann gerade auch bei einer grenzüberschreitenden Umwandlung von Per-

---

1 Vgl. etwa *K. Mertens*, S. 41 f.; *Karollus* in Kölner Umwandlungsrechtstage, S. 157 (164 f.), jeweils m.w.N.
2 *Wertenbruch*, ZIP 1995, 712 (714 ff.); *K. Schmidt* in FS Kropff, 1997, S. 259 ff.; *Kießling*, WM 1999, 2391 ff.; *Drygala*, WuB II N. § 37 LwAnpG 1.98; a.A. (autonome Entscheidung des Gesetzgebers, die durch Rechtsanwender nicht korrigiert werden kann) *Schnorbus*, DB 2001, 1654 (1659).
3 Dazu *K. Schmidt*, ZGR 1990, 590; *K. Schmidt* in FS Kropff, 1997, S. 261 ff.
4 Dazu *Neye*, ZIP 1997, 722.
5 Gesetz zur Einführung einer Partnerschaftsgesellschaft mit beschränkter Berufshaftung, BGBl. I 2013, S. 2386.
6 Näher § 3 Rz. 11 ff.; *Tettinger*, Der Konzern 2008, 75 ff.
7 Gesetz zur Reform des Seehandelsrechts v. 20.4.2013, BGBl. I, S. 831.
8 So etwa *K. Schmidt*, ZGR 1990, 590 (591).
9 BegrRegE, bei *Ganske*, S. 43, 44; *Bayer*, ZIP 1997, 1613 (1625).

sonengesellschaften eine sinnvolle Alternative zu dem oben beschriebenen Verfahren analog §§ 122a ff. UmwG sein.

52 Möglich bleiben aber auch alle **Gestaltungen durch Einzelübertragung**, also etwa die wirtschaftliche Fusion durch Einbringung der Aktiva und Passiva in einen anderen Rechtsträger gegen Anteile an diesem (Übertragungs-Modell), eine Gestaltung, die insbesondere bei grenzüberschreitenden Sachverhalten unproblematisch ist und vom deutschen Gesetzgeber auch schon vor der allgemeinen Zulässigkeit grenzüberschreitender Zusammenschlüsse mittelbar anerkannt wurde (oben Rz. 48). Aber auch alle Formen der wirtschaftlichen Spaltung durch Ausgliederung eines Teiles des Vermögens eines Rechtsträgers in Form von Einzelübertragung der Aktiva und Passiva oder der Gesellschaftsanteile bleiben möglich und werden vom UmwG weder verboten noch gar generell seinen Regeln unterworfen[1]. Das UmwG ist nur ein Angebot des Gesetzgebers an die Gestaltungspraxis, die hiervon Gebrauch machen kann, aber nicht muss.

53 Diese **Vielfalt der Optionen** sollte in der Praxis auch genutzt werden. So nützlich die Angebote dieses Gesetzes in großen und größeren Fällen sind, so erfordert das Übertragungs-Modell in kleineren Fällen der Ausgliederung deutlich weniger Aufwand als das Ausgliederungs-Modell dieses Gesetzes. Ganz zu Recht wird in der Literatur deshalb auch betont, dass das sehr ausgereifte und dadurch aber auch schwerfällige Schutzinstrumentarium des UmwG ohne Bagatellgrenze für Klein- und Kleinstumstrukturierungen rechtspolitisch nur deshalb akzeptabel ist, weil die Möglichkeit verbleibt, auf die wesentlich flexibleren und kostengünstigeren bisherigen Möglichkeiten im Wege der Einzelrechtsübertragung auszuweichen[2].

Zu den Steuerfragen dieser anderweitigen Gestaltungen vgl. Einl. II Rz. 17 ff.

54 Diese im Grunde positive Haltung auch des Gesetzes zu anderen Formen der Umwandlung sollte jedoch nicht zu **problematischen Konstruktionen** verleiten, wie etwa einem Auflösungsbeschluss und dem anschließenden Erwerb aller Aktiva und Passiva durch den Großgesellschafter aus der Liquidationsmasse (sog. übertragende Auflösung)[3]. Hierzu wurde bisher die Ansicht vertreten, dass eine solche übertragende Auflösung nur dann zulässig ist, wenn der Mehrheitsaktionär über 95 % der Anteile hält; dies wurde aus der Wertung der §§ 320 Abs. 1 und 327a AktG hergeleitet, die an diesen Schwellenwert anknüpfen. An diesem Gedanken ist festzuhalten, weil das Interesse der Mehrheit, sich von der Minderheit gegen deren Willen zu trennen, nur dann anzuerkennen ist, wenn es sich um eine kleine, aus Sicht der Gesellschaft unbedeutende Rest-Minderheit handelt[4]. In Bezug

---

1 Unstr.: vgl. *H. Schmidt* in Kölner Umwandlungsrechtstage, S. 59 (65); *Kallmeyer* in Kallmeyer, § 1 UmwG Rz. 23; *Leinekugel*, Die Ausstrahlungswirkungen des Umwandlungsgesetzes, Diss. Bonn 2000, § 4 I.

2 Vgl. *H. Schmidt* in Habersack/Koch/Winter (Hrsg.), Die Spaltung im neuen Umwandlungsrecht und ihre Rechtsfolgen, 1999, S. 20.

3 So in den Fällen BGH v. 1.2.1988 – II ZR 75/87, BGHZ 103, 184 (Linotype) und dazu *Lutter*, ZHR 153 (1989), 446 ff.; OLG Stuttgart v. 21.12.1993 – 10 U 48/93, ZIP 1995, 1515 = AG 1994, 411; BVerfG v. 23.8.2000 – 1 BvR 68/95, 147/97, WM 2000, 1948 = AG 2001, 42 (MotoMeter) sowie BayObLG v. 17.9.1998 – 3 Z BR 37/98, ZIP 1998, 2002 = AG 1999, 185 (Magna Media) und dazu *Lutter/Leinekugel*, ZIP 1999, 261; *Wiedemann*, ZGR 1999, 857. Ausführlich zur übertragenden Auflösung *Lutter/Drygala* in FS Kropff, 1997, S. 191; *Fleischer*, DNotZ 2000, 876.

4 *Lutter/Drygala* in FS Kropff, 1997, S. 191 (220); *Henze* in FS Peltzer, 2001, S. 181 (189 f.); *Rühland*, WM 2002, 1957 (1963); *v. Morgen*, WM 2003, 1553 (1556).

auf die Grenzziehung ist jedoch zu beachten, dass der Gesetzgeber gerade im UmwG die Grenze für einen rechtmäßigen Squeeze-out bei der Aktiengesellschaft in § 62 Abs. 5 UmwG im Jahre 2010 auf 10 % angehoben hat. Wenn man eine Ausstrahlungswirkung der Vorschrift auf wirtschaftlich vergleichbare Sachverhalte bejaht, muss man sich auch hinsichtlich des Schwellenwerts daran orientieren[1]. Für den Auflösungsbeschluss ist daher eine Mehrheit von 90 % erforderlich, wenn er auf die nachfolgende Veräußerung der Vermögenswerte an den Mehrheitsgesellschafter zielt. Eine Anwendung des Spruchverfahrens auf diesen Vorgang wurde hier bisher abgelehnt (so 4. Aufl., § 1 Rz. 29)[2]; daran wird nicht festgehalten, nachdem das BVerfG die grundsätzliche Analogiefähigkeit des Spruchverfahrens auf gesetzlich nicht geregelte Abfindungsleistungen anerkannt hat[3]. Dieser Ansicht hat sich auch der BGH angeschlossen[4]. Auf eine zulässig beschlossene übertragende Auflösung findet daher das SpruchG Anwendung (befürwortend dazu auch *Mennicke* im Anh. I SpruchG, § 1 Rz. 15 f.).

Wenig sinnvoll dürfte es regelmäßig sein, Umstrukturierungen, die zu einem Eingriff in den **satzungsmäßigen Unternehmensgegenstand** führen oder den **weit überwiegenden Anteil** des Vermögens der Gesellschaft betreffen, außerhalb des UmwG durchzuführen. Hierdurch wird bei Umwandlungs-Strukturentscheidungen weder ein Beschluss der Anteilsinhaber überflüssig[5] noch lassen sich auf diesem Wege die beschlussbegleitenden Informationsrechte der Anteilsinhaber vermeiden[6]. Näher Einl. I Rz. 55 ff. Sind die Anteilsinhaber aber ohnehin zu beteiligen und ist ihnen ohnehin zu berichten, so dürfte kaum ein Grund bestehen, auf das „Bonbon" der (partiellen) Gesamtrechtsnachfolge zu verzichten. Die Nutzung alternativer Umstrukturierungsmethoden empfiehlt sich deshalb nur bei solchen Vorgängen, die die Verwaltung als bloße Geschäftsführungsmaßnahme durchführen kann[7]. Entscheidet sich diese für den rechtstechnisch ungünstigeren Weg, also die Einzelrechtsübertragung bei Strukturentscheidungen bzw. das UmwG bei Geschäftsführungsmaßnahmen, so wird das von § 1 Abs. 2 UmwG nicht verboten, kann aber zur Haftung nach § 93 AktG, § 43 GmbHG führen, wenn dem Rechtsträger hierdurch finanzielle Schäden entstehen[8]. Die Frage, welcher Weg 55

1 Grundlegend *Lutter/Drygala* in FS Kropff, 1997, S. 191 (220); dem folgend *Rühland*, WM 2002, 1957 (1963); a.A. *v. Morgen*, WM 2003, 1553 (1555).

2 Vgl. *Rühland*, WM 2002, 1957 (1964 ff.); dagegen auch *Lutter/Drygala* in FS Kropff, 1997, S. 191 (199, 215).

3 BVerfG v. 23.8.2000 – 1 BvR 68/95, 147/97, WM 2000, 1948 ff. = AG 2001, 42 (Moto-Meter).

4 BGH v. 25.11.2002 – II ZR 133/01, ZIP 2003, 1032 ff. = AG 2003, 273 (Macrotron); BGH v. 25.6.2008 – II ZB 39/07, ZIP 2008, 1471 (1472 f.) = AG 2008, 659; ebenso OLG Zweibrücken v. 25.4.2005 – 3 W 255/04, ZIP 2005, 948 (950) = AG 2005, 778.

5 BGH v. 25.2.1982 – II ZR 174/80, BGHZ 83, 122 (Holzmüller); BGH v. 26.4.2004 – II ZR 155/02, BGHZ 159, 30 = AG 2004, 384 (Gelatine).

6 LG Karlsruhe v. 6.11.1997 – O 43/97 KfH I, ZIP 1998, 385 = AG 1998, 99 und tendenziell auch LG Frankfurt/M. v. 29.7.1997 – 3/5 O 162/95, ZIP 1997, 1698 = AG 1998, 45 sowie OLG Frankfurt/M. v. 17.3.1999 – 21 U 260/97, ZIP 1999, 1005 = AG 1999, 325. Vgl. auch *Weißhaupt*, NZG 1999, 804 (807 ff.). A.A. LG Hamburg v. 21.1.1997 – 402 O 122/96, DB 1997, 516 = AG 1997, 238; *Wilde*, ZGR 1998, 423 (452).

7 Vgl. *Kallmeyer*, ZIP 1994, 1746 (1749); *Karollus* in Kölner Umwandlungsrechtstage, S. 198; *Lutter/Leinekugel*, ZIP 1998, 225 (226); *Heermann*, ZIP 1998, 1249 (1253 f.); *Leinekugel*, Die Ausstrahlungswirkungen des Umwandlungsgesetzes, Diss. Bonn 2000, § 4 I.

8 Vgl. *Heckschen*, DB 1998, 1385.

eingeschlagen werden soll, ist aber eine unternehmerische und keine rechtlich gebundene Entscheidung, da die Möglichkeiten rechtlich gleichwertig sind. Es findet daher die Business Judgment Rule nach § 93 Abs. 1 Satz 2 AktG Anwendung.

56 **b)** Von § 1 Abs. 2 UmwG gemeint und von seiner Sperrwirkung ausdrücklich ausgenommen sind aber auch die verschiedenen **landesrechtlichen öffentlich-rechtlichen Vorschriften** etwa zur Verschmelzung von Sparkassen und Landesbanken. Diese sind hier nicht zu behandeln.

3. Bestandsschutz bei Handelsregistereintragung

57 Wird gegen den numerus clausus der Umwandlungsformen verstoßen, so darf der entsprechende Vorgang vom Registergericht nicht eingetragen werden. Erfolgt gleichwohl eine Eintragung, weil der Registerrichter den Verstoß gegen den numerus clausus nicht erkannt hat, so treten die angestrebten **Umwandlungswirkungen** dennoch ein[1]. Die Heilungswirkung erfasst auch die begleitend gefassten Gesellschafterbeschlüsse, z.B. den zur Durchführung der Anteilsgewährung erforderlichen Kapitalerhöhungsbeschluss[2]. Das entspricht der rechtssichernden Funktion der §§ 20 Abs. 2, 131 Abs. 2, 202 Abs. 3 UmwG, deren Normzweck es ist, die Wirksamkeit der Umwandlung nach der Eintragung für alle Male außer Streit zu stellen. Das muss auch in Fällen gelten, in denen das UmwG die Gesamtrechtsnachfolge oder das Identitätsprinzip an sich nicht zur Verfügung stellt, zumal es im Einzelfall durchaus zweifelhaft sein kann, ob ein Verstoß gegen den numerus clausus vorliegt. Verkehrsschutzerwägungen verbieten insoweit, dass sich ein Rechtsträger möglicherweise erst nach Jahren in Luft auflöst. Die abweichende Rspr. des BGH zum LwAnpG[3] beruht auf den besonderen Umständen nach der Wiedervereinigung und ist auf das UmwG nicht übertragbar[4]. Dieses Ergebnis findet seine Bestätigung auch im Aktienrecht, wo die Eintragung eines nichtigen Beschlusses nach § 242 Abs. 2 AktG ebenfalls dazu führt, dass dieser wirksam wird. Zur Rückabwicklungsproblematik § 20 Rz. 76ff.

VI. Umwandlungsrechtliches Analogieverbot (§ 1 Abs. 2 UmwG)

58 § 1 Abs. 2 UmwG wird weiterhin ein umwandlungsrechtliches Analogieverbot entnommen. Der Begriff ist dabei jedoch doppelt belegt, was oftmals zu terminologischen Unschärfen und Missverständnissen führt, welche aus einer fehlerhaf-

---

1 *K. Schmidt*, ZIP 1998, 181 (188); *Trölitzsch*, DStR 1999, 764 (766). A.A. BGH v. 3.5.1996 – BLw 54/95, ZIP 1996, 1146 (1148); BGH v. 7.11.1997 – LwZR 1/97, ZIP 1997, 2134; *Drygala*, WuB II N. § 37 LwAnpG 1.98 und wohl auch *Marsch-Barner* in Kallmeyer, § 20 UmwG Rz. 47.

2 OLG Frankfurt/M. v. 24.1.2012 – 20 W 504/10, ZIP 2012, 826ff. = AG 2012, 461.

3 BGH v. 3.5.1996 – BLw 54/95, ZIP 1996, 1146 (1148); BGH v. 7.11.1997 – LwZR 1/97, ZIP 1997, 2134; BGH v. 7.6.1999 – II ZR 285/99, BB 1999, 2210; BGH v. 17.5.1999 – II ZR 293/98, BB 1999, 1450; BGH v. 20.9.2004 – II ZR 334/02, ZIP 2004, 2186 (2187) = AG 2004, 670. Das Thema ist immer noch virulent, s. BGH v. 19.6.2012 – II ZR 241/10, ZIP 2012, 1912ff.: Treupflicht der Gesellschafter, an der Heilung einer nach dem LwAnpG steckengebliebenen Umwandlung mitzuwirken.

4 Zutr. *Henze*, BB 1999, 2208ff.; s. auch *Drygala*, WuB II N. § 34 LwAnpG 1.00; für eine Übertragung des Rechtsgedankens auf das allgemeine Verschmelzungsrecht jedoch OLG Frankfurt/M. v. 24.1.2012 – 20 W 504/10, ZIP 2012, 826 (828) = AG 2012, 461.

ten Gleichsetzung des umwandlungsrechtlichen mit dem strafrechtlichen Analogieverbot resultieren. Der besseren Unterscheidbarkeit wegen sollte deshalb von einem Analogieverbot im engeren Sinne und einem Analogieverbot im weiteren Sinne gesprochen werden.

1. Das **Analogieverbot im engeren** Sinne ist weitgehend deckungsgleich mit dem umwandlungsrechtlichen numerus clausus. Der gemeinsame Inhalt dieser in § 1 Abs. 2 UmwG verankerten umwandlungsrechtlichen Prinzipien besteht darin, dass sie beide dafür Sorge tragen, dass sukzessionsrechtliche Begünstigungen nur dort gewährt werden, wo das UmwG sie vorsieht. Während jedoch der numerus clausus an die spezialgesetzlich geregelten Rechtstechniken anknüpft und verbietet, diese auf im UmwG nicht ausdrücklich vorgesehene Vorgänge zu übertragen, verhindert das Analogieverbot im engeren Sinne, dass wirtschaftliche Umwandlungen um umwandlungsgesetzliche Regelungen „angereichert" und mit dem Effekt einer rechtsgeschäftlich veranlassten Gesamtrechtsnachfolge ausgestattet werden. Ein Verstoß gegen den umwandlungsrechtlichen numerus clausus geht folglich stets auch einher mit einem Verstoß gegen das Analogieverbot im engeren Sinne und umgekehrt[1]. 59

2. Zum Teil wird darüber hinaus auch ein Verbot angenommen, die Wertungen des UmwG auf wirtschaftliche Umwandlungen zu übertragen[2]. Hieraus soll dann etwa zu folgern sein, dass im Zuge einer wirtschaftlichen Umwandlung im Wege der Einzelrechtsübertragung schon a priori kein Umwandlungsbericht zu erstellen und keine Umwandlungsprüfung durchzuführen sei, weil § 1 Abs. 2 UmwG insoweit entgegenstünde. Ein solches **Analogieverbot im weiteren Sinne**, welches einen Wertungstransfer aus dem UmwG ausschließen würde, existiert indes nicht[3]. Zwar mag der Begriff Analogieverbot eine Parallele zum strafrechtlichen Analogieverbot nahe legen. Das ist jedoch nicht mehr als begriffliche Deduktion, regelmäßig wohl auch getragen von dem Bestreben, eine Ausweitung der als belastend empfundenen Schutzrechte, welche das UmwG statuiert, zu verhindern. Ein materielles Bedürfnis, warum das UmwG bei wirtschaftlichen Umwandlungen sehenden Auges ignoriert werden soll, ist nicht gegeben[4]. Denn das UmwG stellt gerade kein in sich geschlossenes System dar, sondern versteht sich als 60

---

1 Näher *Leinekugel,* Die Ausstrahlungswirkungen des Umwandlungsgesetzes, Diss. Bonn 2000, § 6 III 3. Anders *K. Schmidt* in FS Kropff, 1997, S. 261, der numerus clausus und Analogieverbot im engeren Sinne dadurch unterscheiden will, ob Kautelarpraxis oder Rechtsprechung die Entscheidungsprärogative über Rechtsfortbildungen im Umwandlungsrecht zukommt.

2 *J. Semler* in Semler/Stengel, § 1 UmwG Rz. 67 f.; *Kiem* in Hommelhoff/Röhricht (Hrsg.), Gesellschaftsrecht 1997, 1998, S. 130; *Bungert,* NZG 1998, 367 (368); *Heckschen,* DB 1998, 1385 (1386); *Trölitzsch,* WiB 1997, 795 (796); anders *Trölitzsch,* DStR 1999, 764 (765).

3 OLG Frankfurt/M. v. 23.3.1999 – 5 U 193/97, DB 1999, 1004 (1005) = AG 1999, 378; *Kallmeyer* in Kallmeyer, § 1 UmwG Rz. 23; *H. Schmidt* in Habersack/Koch/Winter (Hrsg.), Die Spaltung im neuen Umwandlungsrecht und ihre Rechtsfolgen, 1999, S. 12; *Reichert* in Habersack/Koch/Winter (Hrsg.), Die Spaltung im neuen Umwandlungsrecht und ihre Rechtsfolgen, 1999, S. 36; *von Riegen,* Gesellschafterschutz bei Ausgliederungen durch Einzelrechtsnachfolge, 1999, S. 87; *Priester,* ZHR 163 (1999), 187 (191). Ausführlich auch *Leinekugel,* Die Ausstrahlungswirkungen des Umwandlungsgesetzes, Diss. Bonn 2000, § 6 III 4 m.w.N.

4 Vgl. *Leinekugel,* Die Ausstrahlungswirkungen des Umwandlungsgesetzes, Diss. Bonn 2000, § 6 III 4; a.A. *J. Semler* in Semler/Stengel, § 1 UmwG Rz. 67 ff.

systematische Einheit mit HGB, AktG und GmbHG[1]. Auch Aspekte der Rechtssicherheit verlangen nicht, das UmwG gleichsam als Eiland losgelöst vom übrigen Gesellschaftsrecht zu behandeln[2]. Und schließlich spricht auch die Entwicklungsgeschichte des spezialgesetzlichen Umwandlungsrechts nicht gegen eine Weiterentwicklung insbesondere der ungeschriebenen aktiengesetzlichen Grundsätze gemäß den Entscheidungen „Holzmüller"[3] und „Gelatine"[4] im Wege eines Wertungstransfers aus dem UmwG. Die Vorgängergesetze des UmwG 1994 hatten als besonderen Inhalt nur die Gesamtrechtsnachfolge; insoweit bestand und besteht Einigkeit, dass der Sukzessionsmodus durch Analogie nicht übertragungsfähig ist. Es ist jedoch verfehlt, dieses unstreitige Analogieverbot auf die erst im Zuge der 3. und 6. gesellschaftsrechtlichen Richtlinie geschaffenen Minderheitenschutzrechte auszudehnen. Für ein solches Analogieverbot im weiteren Sinne ist kein Grund ersichtlich. Das wird umso deutlicher, wenn man bedenkt, dass der Gesetzgeber des UmwBerG in §§ 293ff., 320ff. AktG mit Bericht und Prüfung sowie Spruchstellenverfahren vergleichbare Informations- und Vermögensschutzrechte auch für andere wirtschaftliche Umwandlungen geschaffen hat.

Ergebnis: § 1 Abs. 2 UmwG steht der Übertragung umwandlungsrechtlicher Prinzipien und Schutzfiguren des Minderheitenschutzes auf vergleichbare Sachverhalte außerhalb des UmwG nicht entgegen.

VII. Zwingendes Recht (§ 1 Abs. 3 UmwG)

1. Überblick

61 § 1 Abs. 3 UmwG steht zunächst einmal in Verbindung mit § 1 Abs. 2 UmwG: Während dort der Anwendungsbereich des Gesetzes für abschließend erklärt wird, folgt hier die Bestimmung, dass die Regeln des Gesetzes nicht zur Disposition der Parteien stehen. Die Aussage ist von großem Gewicht. Denn sie erlaubt keine Abstriche vom Gläubiger- und Minderheitenschutz, macht also das Verfahren zwingend und bestimmt die festgelegten Mehrheitserfordernisse zur Untergrenze, von denen also **nur nach oben**, im strengeren Sinne abgewichen werden kann. In den Personenhandelsgesellschaften verbleibt es beim Prinzip der **Einmütigkeit**. Das Gesetz erlaubt jedoch die Festlegung von (qualifizierten) Mehrheitsentscheidungen im Gesellschaftsvertrag.

62 Im Übrigen erhält die Vorschrift ihr besonderes Gewicht durch die **Sicherung von Mehrheitserfordernissen** bei bestimmten Rechtsträgern wie z.B. der GmbH, die sonst in ihrer Satzung die Mehrheitserfordernisse reduzieren könnten. § 1 Abs. 3 UmwG sorgt dafür, dass die Anforderungen des UmwG insoweit nicht reduziert, sondern allenfalls durch die Satzung verschärft werden können[5] – ein Prinzip, das dem Aktienrecht bei wesentlichen Veränderungen längst vertraut ist[6].

1 *Lutter*, ZGR 1998, 397 (398); *von Riegen*, Gesellschafterschutz bei Ausgliederungen durch Einzelrechtsnachfolge, 1999, S. 88.
2 OLG Frankfurt/M. v. 23.3.1999 – 5 U 193/97, DB 1999, 1004 (1005) = AG 1999, 378.
3 BGH v. 25.2.1982 – II ZR 174/80, BGHZ 83, 122.
4 BGH v. 26.4.2004 – II ZR 155/02, BGHZ 159, 30.
5 BegrRegE bei *Ganske*, S. 44 und bei *Neye*, S. 112; *H. Schmidt* in Kölner Umwandlungsrechtstage, S. 59 (64).
6 Vgl. etwa §§ 179 Abs. 2 Satz 2, 182 Abs. 1 Satz 2, 222 Abs. 1 Satz 2 AktG.

2. Möglichkeiten der Abweichung (§ 1 Abs. 3 Satz 1 UmwG)

Das Gesetz erlaubt Abweichungen von seinen Regeln relativ häufig, vor allem aber auch solche, die in den Mehrheitsanforderungen „nach oben" gehen (vgl. oben Rz. 62). Erlaubte Abweichungen bei anderen Fragen finden sich u.a. in den §§ 5 Abs. 2, 8 Abs. 3, 9 Abs. 2, 40 Abs. 2, 192 Abs. 2, 215 UmwG. 63

3. Ergänzungen (§ 1 Abs. 3 Satz 2 UmwG)

Solche Ergänzungen kommen nur in Betracht, wo das Gesetz diese ausdrücklich erlaubt oder keine abschließende Regelung getroffen hat. Eine solche Erlaubnis enthält das Gesetz an ganz entscheidenden Stellen: die Vorschriften zum Inhalt des Verschmelzungsvertrages (§ 5 UmwG), zum Spaltungs- und Übernahmevertrag (§ 126 UmwG) und zum Umwandlungsbeschluss (§ 194 UmwG) bestimmen nämlich ausdrücklich nur einen Mindestinhalt, erlauben also Ergänzungen; näher s. die dortigen Erläuterungen. 64

Im Übrigen wurde zur gleichlautenden Vorschrift des § 23 Abs. 5 Satz 2 AktG herausgearbeitet, dass Ergänzungen – soweit sie nicht ausdrücklich im Gesetz geregelt sind – dann erlaubt sind, wenn die gesetzliche Regelung gewissermaßen lückenhaft ist. Die Lücke muss dann aber aus dem Gedanken der gesetzlichen Regelung geschlossen werden, die gesetzliche Regelung darf also nicht verändert, sondern nur „fortgedacht" werden[1].

1 Vgl. dazu *Pentz* in MünchKomm. AktG, § 23 AktG Rz. 157.

Zweites Buch
Verschmelzung

Erster Teil Allgemeine Vorschriften

Erster Abschnitt Möglichkeit der Verschmelzung

§ 2
Arten der Verschmelzung

Rechtsträger können unter Auflösung ohne Abwicklung verschmolzen werden

1. **im Wege der Aufnahme durch Übertragung des Vermögens eines Rechtsträgers oder mehrerer Rechtsträger (übertragende Rechtsträger) als Ganzes auf einen anderen bestehenden Rechtsträger (übernehmender Rechtsträger) oder**
2. **im Wege der Neugründung durch Übertragung der Vermögen zweier oder mehrerer Rechtsträger (übertragende Rechtsträger) jeweils als Ganzes auf einen neuen, von ihnen dadurch gegründeten Rechtsträger**

gegen Gewährung von Anteilen oder Mitgliedschaften des übernehmenden oder neuen Rechtsträgers an die Anteilsinhaber (Gesellschafter, Partner, Aktionäre oder Mitglieder) der übertragenden Rechtsträger.

Literatur

Beuthien/Helios, Die Umwandlung als transaktionslose Rechtsträgertransformation, NZG 2006, 369; *Döss,* Die Auswirkungen von Mängeln einer Verschmelzung durch Aufnahme auf die rechtliche Stellung einer übertragenden Gesellschaft und ihrer Aktionäre, Diss. Mainz 1990; *Grunewald/M. Winter,* Die Verschmelzung von Kapitalgesellschaften, in Lutter, Kölner Umwandlungsrechtstage, S. 19 ff.; *Heckschen,* Verschmelzung, in Widmann/Mayer, Umwandlungsrecht, 1995; *Hügel,* Verschmelzung und Einbringung, 1993; *Ihrig,* Verschmelzung und Spaltung ohne Gewährung neuer Anteile?, ZHR 160 (1996), 317; *Möschel,* Europäische Fusionskontrolle, JZ 2008, 383; *Neye,* Die Änderungen im Umwandlungsrecht nach den handels- und gesellschaftsrechtlichen Reformgesetzen in der 13. Legislaturperiode, DB 1998, 1649; *Priester,* Personengesellschaften im Umwandlungsrecht, DStR 2005, 788; *Reimann,* Die kostenrechtlichen Auswirkungen des Umwandlungsgesetzes 1995, MittBayNot 1995, 1; *H. Schmidt,* Verschmelzung von Personengesellschaften, in Lutter, Kölner Umwandlungsrechtstage, S. 59; *K. Schmidt,* Universalsukzession kraft Rechtsgeschäfts, AcP 191 (1991), 495.

I. Überblick

1. Aufbau

1 Das UmwG versteht die Verschmelzung (neben Aufspaltung, Abspaltung, Ausgliederung, Vermögensübertragung und Formwechsel) als eine Form der Umwandlung (§ 1 Abs. 1 Nr. 1 UmwG). Sie dient jedoch als Grundtatbestand: Auf ihrer Regelung bauen die Regelungen für die anderen Formen der Umwandlung auf (insb. Spaltung und Vermögensübertragung); auf sie wird soweit wie möglich verwiesen. Für die Verschmelzung selbst sind neben den Bestimmungen der §§ 2–122 UmwG vor allem die Vorschriften zum Spruchverfahren (§§ 1 ff. SpruchG/§§ 305–312 UmwG a.F.) von Bedeutung.

2. Arten der Verschmelzung

2 § 2 UmwG gehört zu den Vorschriften, die – ohne Rücksicht auf die Rechtsform – für alle Fälle der Verschmelzung gelten. Sie definiert zunächst den Begriff der

Verschmelzung und enthält die für die Systematik des Gesetzes wesentliche Unterscheidung zwischen den beiden möglichen Verschmelzungsarten, der Verschmelzung durch Aufnahme (§§ 4–35 UmwG) und der Verschmelzung durch Neugründung (§§ 36–38 UmwG). Diese Trennung findet sich nicht nur bei den allgemeinen Verschmelzungsvorschriften (§§ 39–122 UmwG), sondern auch bei den rechtsformbezogenen Vorschriften sind die meisten Abschnitte jeweils in Unterabschnitte für die beiden Verschmelzungsarten unterteilt; eine Ausnahme bilden nur die Regelungen zur Verschmelzung von Personenhandels- und Partnerschaftsgesellschaften, wo die sonst übliche Unterteilung wegen der geringen Zahl der Sonderregelungen (§§ 39–45e UmwG) als entbehrlich angesehen wurde[1].

3. Anteilsinhaber

Schließlich enthält die Vorschrift eine **Legaldefinition** des „**Anteilsinhabers**", worunter das UmwG neben Aktionären, Gesellschaftern von GmbH und Personengesellschaften auch die Mitglieder von Genossenschaften, genossenschaftlichen Prüfungsverbänden, VVaG und rechtsfähigen Vereinen versteht[2]. Mit dem 1. Änderungsgesetz zum UmwG v. 22.7.1998 wurde auch der Partner als Mitglied einer Partnerschaftsgesellschaft Anteilsinhaber gem. § 2 UmwG[3]. 3

II. Geschichte des Verschmelzungsrechts[4]

1. Aktiengesellschaft

Vorschriften über die Verschmelzung gibt es im deutschen Aktienrecht seit dem **ADHGB** von 1861. Noch unter der Geltung des Konzessionssystems ermöglichten dessen Artt. 215 Abs. 2, 247 eine Verschmelzung bestehender Aktiengesellschaften in der Weise, dass sie „durch Übertragung ihres Vermögens und ihrer Schulden an eine andere Aktiengesellschaft gegen Gewährung von Aktien der Letzteren aufgelöst" wurden. Entsprechende Bestimmungen wurden auch in §§ 303–307 **HGB 1897** aufgenommen. Auch diese Vorschriften regelten die Verschmelzung aber lediglich als Form einer vereinfachten Liquidation[5], bei der das Vermögen der übertragenden Gesellschaft zum Schutz von deren Gläubigern für ein Sperrjahr getrennt verwaltet werden musste (§ 306 HGB 1897); eine Verschmelzung durch Neugründung war unbekannt[6]. 4

Erhebliche Verbesserungen und ein modernes Verschmelzungsrecht brachte erst das **AktG 1937**. Die Regelungen des dritten Buches (§§ 233 ff. AktG 1937) erweiterten den Kreis der übertragungsfähigen Gesellschaften von AG und KGaA auf GmbH und bergrechtliche Gewerkschaften, der Schutz der Gesellschafter der übertragenden Gesellschaft wurde verbessert, und das Gesetz sah neben der Verschmelzung durch Aufnahme erstmals auch die Möglichkeit einer Verschmel-

---

1 BegrRegE bei *Schaumburg/Rödder*, vor § 39 UmwG Rz. 5 und bei *Ganske*, S. 91.
2 BegrRegE bei *Schaumburg/Rödder*, § 2 UmwG Rz. 5 und bei *Ganske*, S. 46.
3 *Neye*, DB 1998, 1649 (1650).
4 Dazu ausführlich *Hügel*, S. 33 ff.; vgl. ferner *Döss*, S. 4. ff.; *K. Schmidt*, GesR, § 13 II 2, S. 342; *Stengel* in Semler/Stengel, § 2 UmwG Rz. 5 ff.; *Neye* in Limmer, Unternehmensumwandlung, S. 3 ff.; *Simon* in KölnKomm. UmwG, § 2 UmwG Rz. 6 ff.
5 A.A. *Simon* in KölnKomm. UmwG, § 2 UmwG Rz. 9.
6 A.A. *Simon* in KölnKomm. UmwG, § 2 UmwG Rz. 7.

zung durch Neubildung vor (§ 233 Nr. 2 AktG 1937). Sie wurde eingeführt, um einen Streit zwischen gleichwertigen Gesellschaften um die Frage, wer die übernehmende sein soll, vermeiden zu können[1]. Ersetzt wurde auch das bis dahin im Verschmelzungsrecht geltende Sperrjahr mit Pflicht zu getrennter Verwaltung der Vermögen der Gesellschaften durch das Recht der Gläubiger der übertragenden Gesellschaft auf Sicherheitsleistung. Das **AktG 1965** (§§ 339ff. AktG) sah keinen Anlass für grundlegende Änderungen, da sich die Vorschriften des AktG 1937 „im Großen und Ganzen bewährt" hatten[2]. Geklärt wurden lediglich Streitfragen wie die Zulässigkeit der Verschmelzung aufgelöster Gesellschaften.

5 Durch das **1994** in Kraft getretene **UmwG** wurden diese schon vorher anerkannten Rechtsgedanken rechtsformneutral formuliert und es wurde die Möglichkeit einer Verschmelzung durch gleichzeitige Aufnahme mehrerer Rechtsträger (Mehrfachverschmelzung) bei allen verschmelzungsfähigen Rechtsträgern eingeführt[3]. Der Kreis verschmelzungsfähiger Rechtsträger wurde seitdem um die Partnerschaftsgesellschaft erweitert[4].

2. Gesellschaft mit beschränkter Haftung

6 Bestimmungen über die Verschmelzung von GmbH wurden erst im Rahmen der GmbH-Novelle von 1980 als **§§ 19ff. KapErhG** eingeführt. Das war schon damals als Übergangslösung in Hinblick auf das geplante UmwG gedacht. Die Vorschriften entsprachen daher teilweise wörtlich denen des AktG 1965.

3. Genossenschaft, VVaG

7 Die Verschmelzung von Genossenschaften gleicher Haftart durch Aufnahme war nach der Einfügung des § 93a GenG[5] im Jahr 1922 möglich, die Verschmelzung durch Neubildung (§ 93s GenG) gab es im Genossenschaftsrecht seit 1973[6]; die Verschmelzung von VVaG ist 1969 gesetzlich geregelt worden (§ 44a VAG), war aber seit 1953 vom Bundesaufsichtsamt für das Versicherungswesen und von der Rechtsprechung anerkannt[7]. Durch das Gesetz zur Einführung der Europäischen Genossenschaft und zur Änderung des Genossenschaftsrechts v. 14.8.2006[8] wurde in § 2 UmwG das Wort „Genosse" in der Aufzählung der Anteilsinhaber gestrichten, da auch das GenG (aus Gründen der parteipolitischen und geschlechtsbezogenen Neutralität[9]) nicht mehr vom Genossen, sondern nur noch vom Mitglied spricht.

---

1 RegBegr zit. nach *Baumbach/Hueck*, 12. Aufl. 1965, § 233 AktG Anm. 1 A.
2 RegBegr zum AktG 1965 bei *Kropff*, AktG 1965, S. 455.
3 Näher zur Rechtslage vor 1994 s. 3. Aufl., § 1 Rz. 1.
4 Gesetz v. 22.7.1998, BGBl. I, S. 1878.
5 Art. 1 Nr. 4 des Gesetzes v. 1.7.1922, RGBl. I, S. 567.
6 Gesetz v. 9.10.1973, BGBl. I, S. 1451.
7 BayObLG v. 15.3.1966 – BReg 2 Z 89/65, NJW 1967, 52; OLG Bremen v. 10.3.1966, VersR 1967, 1165.
8 SCEBG, BGBl. I, S. 1911.
9 BT-Drucks. 16/1025, 81, kritisch dazu *Beuthien*, Aktualisierungsband zur 15. Aufl., 2011, § 4 GenG Rz. 1.

III. Die Bedeutung der Fusionsrichtlinie (3. Richtlinie)

1. Umsetzung ins deutsche Recht

Die Fusionsrichtlinie wurde erstmals im Gesetz v. 25.10.1982[1] im AktG umgesetzt; für die GmbH galten diese Neuerungen nicht. Viele Vorschriften des heutigen UmwG, insbes. die §§ 5ff. UmwG, sind eine erneute Umsetzung der 3. Richtlinie. Eine solche erneute Umsetzung ist durchaus möglich und nach Art. 288 Abs. 3 AEU rechtlich unbedenklich; der nationale Gesetzgeber bleibt frei, das „Wie" der Umsetzung in sein nationales Recht zu bestimmen. Er kann also sein nationales Recht umgestalten und anders aufbauen, wenn er dabei nur (wieder) dem Richtlinienauftrag vollständig und korrekt nachkommt. Das ist, soweit ersichtlich, im Rahmen des UmwG geschehen. Daher kommt auch eine **unmittelbare** Anwendbarkeit der 3. Richtlinie mit all den daraus entstehenden speziellen Problemen[2] **nicht in Betracht**. 8

2. Die richtlinienkonforme Auslegung der Vorschriften zur Verschmelzung

Soweit sie Aktiengesellschaften betreffen und von der 3. Richtlinie veranlasst wurden, sind die Vorschriften des UmwG zur Verschmelzung die Befolgung einer EG-vertraglichen Pflicht. Das hat Folgen für die Auslegung und Anwendung dieses Rechts. *Zunächst* ist davon auszugehen, dass der deutsche Gesetzgeber seine Rechtspflicht aus Art. 4 Abs. 3 EU, Art. 288 Abs. 3 AEU (ex-Artt. 10, 249 Abs. 3 EG) zur Umsetzung der 3. Richtlinie **korrekt** erfüllen wollte, zwischen Richtlinien-Bestimmung und Richtlinien-Ziel einerseits, deutschem Recht des UmwG andererseits, also Übereinstimmung besteht. Schon das zwingt den Rechtsanwender und insbesondere den Richter als Träger deutscher öffentlicher Gewalt zur **richtlinienkonformen Auslegung** des Verschmelzungsrechts (vgl. dazu auch Einl. I Rz. 26ff.). 9

Zum anderen ist davon auszugehen, dass der deutsche Gesetzgeber die Richtlinie vollständig umsetzen wollte. Ergibt sich hier eine Lücke zwischen dem Soll der Richtlinie und dem Ist des UmwG, so ist die Lücke durch fortdenkende Auslegung im Sinne der Richtlinie zu schließen[3]. *Schließlich* sind alle Zweifelsfragen zur Auslegung der Richtlinie, wenn sie für den deutschen Richter **entscheidungserheblich** sind, dem EuGH nach Art. 267 Abs. 2 und 3 AEU (ex-Art. 234 Abs. 2 und 3 EG) zur Vorabentscheidung vorzulegen. Diese Vorlage geschieht durch nicht anfechtbaren[4] **Beschluss**, indem die entsprechende **Rechtsfrage** und die Entscheidungserheblichkeit formuliert und dem EuGH unterbreitet wird; in der Zwi- 10

---

1 BGBl. I, S. 1425; dazu RegBegr BT-Drucks. 9/1065 = BR-Drucks. 344/81; vgl. dazu *Ganske*, DB 1981, 1551; *Priester*, NJW 1983, 1459ff.

2 Dazu EuGH v. 14.7.1994 – Rs. C-91/92, Slg. 1994, I-3325 (3338) (Faccini Dori); EuGH v. 22.11.2005 – Rs. C-144/04, EuZW 2006, 17 (Mangold); *Bauer/Arnold*, NJW 2006, 6 (9); näher *Calliess/Ruffert*, EUV/AEUV, 4. Aufl. 2011, Art. 288 AEUV Rz. 47ff. m.w.N.

3 Vgl. dazu EuGH v. 10.4.1984 – Rs. 14/83, Slg. 1984, II–1891 (von Colson und Kamann); EuGH v. 13.11.1990 – Rs. C-106/89, Slg. 1990, I-4135 (Marleasing); EuGH v. 26.9.2000 – Rs. C-262/97, Slg. 2000, I-7321, Rz. 39 (Engelbrecht); EuGH v. 27.2.2003 – Rs. C-327/00, Slg. 2003, I-1877 (Santex); EuGH v. 16.6.2011 – C-65/09, C-87/09, C-65/09, C-87/09, ZIP 2011, 1265ff. (Bodenfliesen).

4 Vgl. *Dauses* in Dauses (Hrsg.), Handbuch des EU-Wirtschaftsrechts, Loseblatt, Stand Juli 2012, P II Rz. 156 m.w.N.

schenzeit ruht das Verfahren vor dem deutschen Gericht. An die Antwort des EuGH ist das vorlegende Gericht gebunden – aber auch ein instanzhöheres Gericht im Rechtsmittelverfahren.

IV. Gründe für eine Verschmelzung[1]

1. Bündelung von Ressourcen

11 Bei der Verschmelzung geht das Vermögen der übertragenden Rechtsträger im Wege der Gesamtrechtsnachfolge auf den übernehmenden Rechtsträger über. Diese Bündelung der Ressourcen kann auf bestimmten Märkten auch für die Aufgaben der Finanzierung für die Unternehmen von Vorteil sein[2]. Sie kann ferner dem Zweck dienen, innerhalb eines Konzerns die Anzahl der Gesellschaften zu verringern, damit Verwaltungsaufwand einzusparen und die Gruppenstruktur zu vereinfachen.

2. Verschmelzung als Wachstumsinstrument

12 Die strukturelle Entwicklung der Wirtschaft ist gekennzeichnet durch immer größere Märkte, steigende Produktion und wachsenden Kapitalbedarf. Die zunehmende Zahl von Verschmelzungen (vgl. unten Rz. 15) sind Zeichen dieses generellen Wachstumstrends. Dabei ist die Einheit von unternehmerischer Leitungsmacht und haftender Vermögensmasse durchaus erwünschte Konsequenz der Verschmelzung als Wachstumsinstrument. Dies gilt auch innerhalb bestehender Konzerne, wo die Verschmelzung den Abschluss einer stufenweise intensivierten Konzernverbindung darstellen kann[3]. In derartigen Fällen folgt nicht selten die Verschmelzung dem Kontrollerwerb im Rahmen einer Unternehmensübernahme nach[4].

3. Organisatorische Vor- und Nachteile der Verschmelzung

13 Die Verschmelzung dient wirtschaftlich der Zusammenführung der bislang getrennten Unternehmen[5], wobei die Verschmelzungsregelungen den beteiligten Rechtsträgern die Möglichkeit bieten, die einzelnen Unternehmen zu wirtschaft-

1 *Bermel* in Goutier/Knopf/Tulloch, § 2 UmwG Rz. 3 f.; *Stengel* in Semler/Stengel, § 2 UmwG Rz. 19 ff.; *Heckschen*, S. 9; *Limmer*, Unternehmensumwandlung, S. 56 ff.; aus der betriebswissenschaftlichen Literatur etwa *Ossadnik*, ZfB 1995, 69 (zur Aufteilung von Synergieeffekten); *Ott*, INF 1995, 557 f.; *Beitel/Lorenz/Schiereck* in Strohmer (Hrsg.), International Mergers and Acquisitions, 2005, S. 15, 17 ff.; *Lindstädt*, Ziele, Motive und Kriterien für Unternehmenszusammenschlüsse, in Wirtz (Hrsg.), Handbuch Mergers and Acquisitions Management, 2006, S. 62 ff. Einen Überblick über große Fusionen, ihre Gründe und die aus einem Zusammenschluss entstehenden Probleme gibt *Hansen*, AG 1999, R4; vgl. außerdem AG 2002, R45.

2 *Sagasser* in Sagasser/Bula/Brünger, § 8 UmwG Rz. 1.

3 Vgl. *Stengel* in Semler/Stengel, § 2 UmwG Rz. 20.

4 Verbreitet anzutreffen ist dabei die Verschmelzung der übernommenen Gesellschaft auf die Zweckgesellschaft, die der Übernehmer zur Abgabe des Angebots eingeschaltet hat, näher dazu *Fleischer*, AG 1996, 494 (505); *Habersack* in FS Röhricht, 2005, S. 174 ff. einerseits; *Kerber*, NZG 2006, 50; *Ludwig* in Liber amicorum Happ, 2006, S. 134 ff. andererseits.

5 *K. Schmidt*, GesR, § 13 III 1 S. 384.

lichen Einheiten zusammenzufassen, ohne den oder die übertragenden Rechtsträger förmlich liquidieren zu müssen[1].

Andererseits führt die Verschmelzung zum Untergang der Firma der übertragenden Rechtsträger (vgl. aber § 18 UmwG) und zum Untergang eines rechtlichen Rahmens, der sonst die Beteiligung von Partnern und gar den Gang an die Börse erlaubt. Wo das von Interesse bleibt, hat die Organisation als Konzern und insbesondere als Holding[2] Vorzüge vor der Verschmelzung. Im Übrigen ist bei jeder Fusion zu bedenken, dass der Grundbesitz der untergehenden Gesellschaft(en) bei der aufnehmenden Gesellschaft der Grunderwerbsteuer (je nach Bundesland[3]) zwischen 3,5 % und 5,5 % des Kaufpreises, hilfsweise des Grundstückswerts (nach § 138 Abs. 2–4 Bewertungsgesetz, s. § 8 Abs. 1 und 2 GrEStG) unterworfen wird. 14

V. Statistische Angaben

Das Statistische Bundesamt hat leider die Erhebung statistischer Daten zu den Kapitalgesellschaften und ihren Strukturveränderungen mit dem Jahr 1992 eingestellt. Gesicherte amtliche Daten zu Umwandlungen liegen daher seither nicht mehr vor. Für die Zeit bis 1992 sei auf die Angaben in den Vorauflagen verwiesen. Privat erstellte Studien von Unternehmensberatungsgesellschaften belegen aber, dass der Trend zu Fusionen und Übernahmen national und international bis 2007 weiter anhielt, dann jedoch mit Beginn und Fortlauf der Finanzkrise erheblich abschwächte[4]. Für das Jahr 2011 wurde wieder ein Anstieg von Transaktionen festgestellt[5]. Zu beachten ist dabei aber, dass nur ein geringer Teil der dort erfassten Transaktionen in eine Verschmelzung im technischen Sinne mündet; vielfach werden alternative Gestaltungsformen des Zusammenschlusses (s. dazu unten Rz. 39ff.) bevorzugt. Ausschlaggebend für die Entscheidung sind dabei nicht zuletzt steuerliche Erwägungen, wie zuletzt im Jahre 2012 bei der Komplettübernahme von Porsche durch VW[6]. 15

VI. Die kartellrechtliche Fusionskontrolle[7]

1. Überblick

Die betriebs- und volkswirtschaftlich begründete Notwendigkeit, die Verschmelzung von Unternehmen zu fördern, steht in einem Spannungsverhältnis zu dem 16

1 *Heckschen*, S. 9.
2 Dazu *Lutter*, Holding-Handbuch, passim.
3 In Schleswig-Holstein ist zum 1.1.2014 eine Erhöhung auf 6,5 % vorgesehen.
4 Vgl. etwa Studie der KPMG, http://www.kpmg.de/Presse/2800.htm; *Frischhut*, EWS 2006, 55.
5 Vgl. eine Studie von PWC, http://www.pwc.de/de/steuerberatung/unternehmenskaeufe-nach-der-krise.jhtml.
6 Vgl. http://www.handelsblatt.com/unternehmen/industrie/zusammenschluss-vw-uebernimmt-porsche-mit-rasantem-steuertrick/6835460.html.
7 Allg. Literatur: *Bechtold*, Kartellgesetz/GWB, 7. Aufl. 2013, vor § 35 GWB Rz. 1ff.; *Emmerich*, Kartellrecht, 12. Aufl. 2012, §§ 22ff. und §§ 40f.; *Montag/Horstkotte* in Picot, Unternehmenskauf und Restrukturierung von Unternehmen, 3. Aufl. 2004, Teil VI; *Paschke* in Frankfurter Komm. zum Kartellrecht, Loseblatt, Stand Januar 2011, § 35 GWB Rz. 1ff.; *Bechtold*, NJW 2007, 3761ff.

ambivalenten Charakter von Konzentrationsvorgängen[1]. Die Unternehmenskonzentration berührt vor allem den Wettbewerb und damit einen entscheidenden Steuerungsfaktor unserer Wirtschaftsordnung. Zwar sind für die erwünschte Dynamik des Wettbewerbs oft relativ große wirtschaftliche Einheiten notwendig, so dass insoweit Fusionen der Förderung des Wettbewerbs dienen. Konzentrationen können andererseits aber auch wegen der Zusammenballung wirtschaftlicher Macht erhebliche Gefahren für den Wettbewerb mit sich bringen.

2. Nationales Kartellrecht[2]

17 Das deutsche Kartellrecht hat in den vergangenen Jahren umfangreiche Änderungen erfahren[3]. Beabsichtigt wurde damit eine immer weitere Angleichung mit den europäischen kartellrechtlichen Regelungen. Zuletzt wurden mit der am 30.6. 2013 in Kraft getretenen 8. GWB-Novelle weitere Unterschiede zwischen der deutschen und europäischen Fusionskontrolle abgebaut[4].

18 Das deutsche GWB verbietet Unternehmenszusammenschlüsse nicht, enthält aber in den §§ 35ff. GWB Regelungen, nach denen unter gewissen Voraussetzungen dem Bundeskartellamt Verschmelzungen anzumelden sind[5]. Mit der 6. GWB-Novelle ist die frühere Unterscheidung zwischen der nachträglichen Prüfung angezeigter und der vorbeugenden Prüfung angemeldeter Unternehmenszusammenschlüsse aufgegeben worden. Nunmehr sind alle Zusammenschlüsse, die unter den Tatbestand des § 35 GWB fallen, präventiv kontrollpflichtig und anmeldepflichtig (§ 39 Abs. 1 GWB). Für elektronische Anmeldungen sieht § 39 Abs. 1 Satz 2 GWB vor, dass für den Empfang ausschließlich die vom Bundeskartellamt eingerichtete zentrale E-Mail-Adresse bestimmt ist. Eine Anmeldepflicht besteht insbesondere dann, wenn die beteiligten Unternehmen im letzten Geschäftsjahr weltweit Umsatzerlöse von mindestens 500 Mio. Euro erzielt haben und im Inland mindestens ein beteiligtes Unternehmen Umsatzerlöse von mehr als 25 Millionen Euro und ein anderes beteiligtes Unternehmen Umsatzerlöse von mehr als 5 Millionen Euro aufweist (§ 35 Abs. 1 Nr. 1 und 2 GWB)[6]. Der Erwerb eines Unternehmens mit weniger als 10 Mio. Euro Umsatz ist hingegen fusionskontrollfrei (§ 35 Abs. 2 Satz 1 GWB). Ebenfalls keiner Fusionskontrolle unterliegen Zusammenschlüsse durch die Zusammenlegung öffentlicher Einrichtungen und Betriebe, die mit einer kommunalen Gebietsreform einhergehen, § 35 Abs. 2 Satz 2 GWB.

19 Bei anmeldepflichtigen Verschmelzungen kann das Bundeskartellamt die Verschmelzung untersagen, sofern zu erwarten ist, dass durch sie eine **marktbeherrschende Stellung** i.S.d. § 18 Abs. 1, Abs. 5 und Abs. 6 GWB entsteht oder verstärkt wird (§ 36 Abs. 1 GWB). Eine solche marktbeherrschende Stellung wird dann ver-

1 Vgl. schon *Kraft* in KölnKomm. AktG, 2. Aufl. 1986, § 339 AktG Rz. 3.
2 Einzelheiten bei *Immenga/Mestmäcker*, Wettbewerbsrecht, 4. Aufl. 2007, Komm. zum GWB; *Emmerich*, Kartellrecht, 12. Aufl. 2012.
3 Vgl. dazu 4. Aufl.
4 Vgl. BR-Drucks. 176/12, 1, sowie BGBl. I 2013, S. 1738.
5 Zu den Anforderungen an eine ordnungsgemäße Anmeldung vgl. § 39 Abs. 3 GWB.
6 Vgl. auch § 38 GWB mit spez. Umsatzberechnung für Banken, Versicherungen, Handels- und Presseunternehmen; dazu auch *Bechtold*, Kartellgesetz, 7. Aufl. 2013, § 38 GWB Rz. 3ff.

mutet, wenn das Unternehmen einen Marktanteil von mindestens 40 % hat (§ 18 Abs. 4 GWB)[1]. Die Vermutung nach § 18 Abs. 6 GWB ist widerlegt, wenn die beteiligten Unternehmen den Nachweis erbringen, dass durch den Zusammenschluss die Wettbewerbsbedingungen zwischen ihnen wesentlichen Wettbewerb erwarten lassen oder die Gesamtheit der Unternehmen im Verhältnis zu den übrigen Wettbewerbern keine überragende Marktstellung hat, § 18 Abs. 7 GWB[2]. Zudem kann das Bundeskartellamt eine Freigabeentscheidung gem. § 40 Abs. 3 GWB auch mit Bedingungen und Auflagen verbinden, damit sie den Verpflichtungen gegenüber dem Bundeskartellamt nachkommen, die sie eingegangen sind, um eine Untersagung abzuwenden.

Das Bundeskartellamt hat innerhalb eines Monats nach Eingang der vollständigen 20
Anmeldung, die die in § 39 Abs. 2 GWB geforderten Angaben enthält, zu entscheiden, ob der Zusammenschluss unter dem Gesichtspunkt der Marktbeherrschung unbedenklich ist oder einer näheren Prüfung im sog. „Hauptprüfverfahren" bedarf. Hat das Bundeskartellamt innerhalb der Monatsfrist den anmeldenden Unternehmen nicht mitgeteilt, dass es in das Hauptprüfverfahren eingetreten ist, darf es den Zusammenschluss nicht mehr untersagen (§ 40 Abs. 1 Satz 1 GWB). Im Hauptprüfverfahren hat das Bundeskartellamt durch förmliche Verfügung zu entscheiden, ob der Zusammenschluss gem. § 36 GWB untersagt oder, weil die Voraussetzungen für eine Untersagung nicht vorliegen, freigegeben wird (§ 40 Abs. 2 Satz 1 GWB). Diese Entscheidung muss innerhalb von vier Monaten seit Eingang der vollständigen Anmeldung ergehen. Versäumt das Bundeskartellamt diese Frist, wird fingiert, dass das Bundeskartellamt eine Freigabeverfügung erlassen hat (§ 40 Abs. 2 Satz 2 GWB). Die Freigabefiktion greift nicht ein, wenn die anmeldenden Unternehmen einer Verlängerung der Viermonatsfrist zugestimmt haben oder wenn die Beteiligten unrichtige Angaben gemacht haben oder wenn sie die vom Bundeskartellamt geforderten Auskünfte nicht rechtzeitig erteilt haben (§ 40 Abs. 2 Satz 4 GWB).

Der tatsächliche Vollzug des Zusammenschlusses ist dem Bundeskartellamt un- 21
verzüglich anzuzeigen, § 39 Abs. 6 GWB. Vor Ablauf der Einmonatsfrist des § 40 Abs. 1 Satz 1 GWB und, wenn das Hauptprüfverfahren eingeleitet ist, vor Freigabe durch das Bundeskartellamt dürfen Unternehmen den Zusammenschluss nicht vollziehen (§ 41 Abs. 1 Satz 1 GWB). Rechtsgeschäfte, die gegen dieses Verbot verstoßen, sind gem. § 41 Abs. 1 Satz 2 GWB unwirksam. In Ausnahmefällen, vor allem bei Sanierungsfusionen, können die beteiligten Unternehmen nach § 41 Abs. 2 GWB einen Antrag auf Befreiung vom Vollzugsverbot stellen. Eine unter Verstoß gegen das Vollzugsverbot in das Handelsregister eingetragene Verschmelzung bleibt aber wirksam (§ 41 Abs. 1 Satz 3 GWB)[3]. Ein Verstoß gegen das Vollzugsverbot stellt eine Ordnungswidrigkeit dar (§ 81 Abs. 2 Nr. 1 GWB).

---

1 Zur Begründung einer marktbeherrschenden Stellung s. *Emmerich*, Kartellrecht, 12. Aufl. 2012, S. 458 ff.; *Kahlenberg*, BB 1998, 1593 (1598).

2 Zur Abwägungsklausel im alten Recht (§ 19 GWB) s. *Emmerich*, Kartellrecht, 12. Aufl. 2012, S. 475; *Möschel*, Recht der Wettbewerbsbeschränkungen, 1983, Rz. 886 ff.

3 Dazu auch *Mestmäcker* in Immenga/Mestmäcker, Wettbewerbsrecht, 4. Aufl. 2007, § 24 GWB Rz. 21 ff.

3. EG-Kartellrecht[1]

22 **a)** Im Primärrecht der Verträge fand sich eine ausdrückliche Regelung der Fusionskontrolle nur in **Art. 66 § 1 EGKS-Vertrag**[2]. Danach unterlag der Zusammenschluss von Unternehmen im Bereich von Kohle und Stahl der vorherigen Genehmigung der EG-Kommission[3]. Der AEU sieht dagegen (wie bereits schon zuvor der EG-Vertrag) keine Zusammenschlusskontrolle vor; Verschmelzungen unterliegen nicht dem Verbot des **Art. 101 AEU (ex-Art. 81 EG)**, weil der Verschmelzungsvertrag keine verbotene Vereinbarung im Sinne dieses Artikels ist. Sie können dagegen dem Verbot des **Art. 102 AEU (ex-Art. 82 EG)** unterfallen, wenn ein Unternehmen, das auf dem gemeinsamen Markt oder einem wesentlichen Teil desselben eine beherrschende Stellung innehat, diese Stellung im Zusammenhang mit einer Verschmelzung missbräuchlich ausnutzt und dadurch den Handel zwischen den Mitgliedstaaten beeinträchtigen kann[4]. Art. 102 AEU (ex-Art. 82 EG) kann allerdings nur auf bereits vollzogene Zusammenschlüsse angewendet werden, taugt also nicht als Instrument für eine präventive Kontrolle.

23 **b)** Seit dem 1.5.2004 gilt bei einer Verschmelzung mit gemeinschaftsweiter Bedeutung die Fusionskontrollverordnung[5]. Soweit diese Regelung eingreift, wird das nationale Recht verdrängt, § 35 Abs. 3 GWB[6].

24 In die Zuständigkeit der Kommission fallen nach Art. 3 Abs. 1 FKVO neben dem sog. Kontrollerwerb sämtliche Verschmelzungen zweier oder mehrerer bisher voneinander unabhängiger Unternehmen, sofern der Zusammenschluss von gemeinschaftsweiter Bedeutung ist. Diese ist gegeben, wenn die an dem Zusammenschluss beteiligten Unternehmen zusammen im letzten abgeschlossenen Geschäftsjahr einen weltweiten Gesamtumsatz von mehr als 5 Mrd. Euro hatten (Art. 5 Abs. 1 i.V.m. Art. 1 Abs. 2 lit. a FKVO) und mindestens zwei der beteiligten Unternehmen einen EU-weiten Umsatz von jeweils mehr als 250 Mio. Euro erzielt haben (Art. 1 Abs. 2 FKVO)[7]. Dabei dürfen diese Umsätze innerhalb der EU nicht zu mehr als zwei Drittel in einem Mitgliedstaat erreicht worden sein[8].

---

1 Dazu insb. *Grill* in Lenz, EU-Verträge-Kommentar, 5. Aufl. 2010, vor Artt. 101–106 AEUV Rz. 1 ff.; *Immenga/Mestmäcker*, Wettbewerbsrecht, 4. Aufl. 2007, Einl. FKVO Rz. 1 ff.; *Emmerich*, Kartellrecht, 12. Aufl. 2012; *Sedemund/Montag* in Dauses (Hrsg.), Handbuch des EU-Wirtschaftsrechts, Loseblatt, Stand Juli 2012, H., I.; *Möschel*, JZ 2008, 383 ff.

2 Der am 23.7.1952 in Kraft getretene Vertrag galt gem. Art. 97 EGKS-Vertrag für die Dauer von 50 Jahren.

3 Vgl. dazu im Einzelnen *Kraft* in KölnKomm. AktG, 2. Aufl. 1986, § 339 AktG Rz. 75 m.w.N.

4 Vgl. dazu EuGH v. 21.2.1973 – Rs. 6/72, Slg. 1973, 215 ff. = NJW 1973, 966 (Continental Can).

5 Vgl. ABl. EG Nr. L 24/1 v. 29.1.2004; *Immenga/Körber* in Immenga/Mestmäcker, Wettbewerbsrecht, 4. Aufl. 2007, Vorbem. FKVO Rz. 15 ff.; *Bartosch*, BB 2003, Beil. 3; *Emmerich*, AG 2003, 649; *Hoffmann/Terhechte*, AG 2003, 415; *Immenga/Lange*, RIW 2003, 889 (894); *Böge*, WuW 2004, 138; *Dittert*, WuW 2004, 148; *Staebe/Denzel*, EWS 2004, 194. Sie ersetzt die frühere Verordnung v. 21.12.1989 (ABl. EG Nr. L 257 v. 21.9.1990 = EuZW 1990, 22 ff.).

6 Vgl. EuGH v. 13.2.1969 – Rs. 14/68, Slg. 1969, 1 ff. = NJW 1969, 1000 (Walt Wilhelm); *Emmerich*, Kartellrecht, 12. Aufl. 2012, S. 224.

7 Unter den Voraussetzungen des Art. 1 Abs. 3 FKVO ist die Kommission selbst dann zuständig, wenn die hohen Schwellenwerte des Art. 1 Abs. 2 FKVO nicht erreicht werden.

8 Zur Berechnung der Umsätze vgl. die Bekanntmachung der Kommission v. 31.12.1994, ABl. EG Nr. C 385/21 v. 31.12.1994.

Die FKVO führte ferner flexiblere Prüfungsfristen ein, verstärkte den Grundsatz der Einmalanmeldung von Fusionen gemeinschaftsweiter Bedeutung und sieht administrative und praktische Maßnahmen vor, mit denen der Entscheidungsprozess und die Analyse der wirtschaftlichen Seite von Fusionen verbessert und die Verteidigungsrechte der beteiligten Unternehmen gestärkt werden sollen[1]. 25

VII. Formen der Verschmelzung

1. Verschmelzung durch Aufnahme (§ 2 Nr. 1 UmwG)

Die Verschmelzung durch Aufnahme stellt den gesetzlichen Regelfall der Verschmelzung dar (vgl. §§ 4–35 UmwG), und ist für alle Rechtsträger auch als Mehrfachverschmelzung, d.h. durch Aufnahme von mehr als zwei Rechtsträgern möglich. Bei der Verschmelzung durch Aufnahme erfolgt die Übertragung des Vermögens (Aktiva und Passiva) eines oder mehrerer Rechtsträger als Ganzes auf *einen* anderen Rechtsträger gegen Gewährung von Anteilen oder Mitgliedschaften dieses Rechtsträgers[2]. Diese Anteile entstehen regelmäßig (zu Ausnahmen §§ 54, 68 UmwG) durch eine Kapitalerhöhung[3]. 26

2. Verschmelzung durch Neugründung (§ 2 Nr. 2 UmwG)

Der Unterschied zwischen einer Verschmelzung durch Neugründung und einer Verschmelzung durch Aufnahme besteht darin, dass bei der erstgenannten Form der übernehmende Rechtsträger nicht bereits besteht, sondern während der Verschmelzung neu gegründet wird. Ihr Vorteil liegt darin, dass sie einen Ausweg bietet, falls Streit darüber besteht, welcher von zwei oder mehreren wirtschaftlich gleich starken Rechtsträgern durch die Verschmelzung untergehen soll. Die Frage der Firma und ihrer Fortführung ist in § 18 UmwG besonders geregelt. Der Nachteil der Verschmelzung durch Neugründung ist, dass neben der Grunderwerbssteuer höhere Kosten für die Beurkundung anfallen, da die Kosten hier nach dem Gesamtvermögen aller sich verschmelzenden Gesellschaften berechnet werden (dazu unten Rz. 49)[4]. Ferner werden bei der Verschmelzung durch Neugründung einer AG die bei dieser Rechtsform geltenden Sonderregeln für neu gegründete Gesellschaften in Kraft gesetzt (§ 52 AktG, § 141 UmwG), auch wenn die an der Verschmelzung beteiligten Gesellschaften schon länger als zwei Jahre bestanden haben[5]. Ein Vorteil besteht, wenn Anfechtungsklagen zu befürchten sind: Da der neu entstehende Rechtsträger keine Altinhaber hat, sind alle Minderheitsgesellschafter aller beteiligten Rechtsträger Anteilsinhaber eines übertragenden Rechtsträgers i.S.d. § 14 Abs. 2 UmwG. Sie können daher – im Gegensatz zu Anteils- 27

---

1 Grünbuch über die Revision der Verordnung (EG) Nr. 4064/89 des Rates v. 11.12.2001, KOM 2001, 339; *Bartosch/Nollau*, EuZW 2002, 197 ff.

2 Gänzlich anders das Verständnis von *Beuthien/Helios*, NZG 2006, 373, die die Verschmelzung als einen dem Formwechsel ähnlichen Akt gesellschaftsrechtlicher Umorganisation begreifen. Dieses Verständnis ist aber mit dem Wortlaut des § 2 UmwG schwer vereinbar und bringt auch keine relevanten praktischen Vorteile hervor.

3 *Ihrig*, GmbHR 1995, 622 (639); *Marsch-Barner* in Kallmeyer, § 2 UmwG Rz. 3.

4 Vgl. auch *Marsch-Barner* in Kallmeyer, § 2 UmwG Rz. 7 m.w.N.; *Martens*, AG 2000, 301 (307); *Stengel* in Semler/Stengel, § 2 UmwG Rz. 31.

5 *Marsch-Barner* in Kallmeyer, § 2 UmwG Rz. 7.

inhabern eines aufnehmenden Rechtsträgers – eine Anfechtung nicht darauf stützen, dass das Umtauschverhältnis falsch bemessen sei[1].

VIII. Prinzipien der Verschmelzung[2]

1. Vereinigung eines oder mehrerer Rechtsträger

28 Verschmelzung ist die Verbindung zweier oder mehrerer Rechtsträger durch Übergang aller Aktiva und Passiva mindestens eines, nämlich des liquidationslos erlöschenden Rechtsträgers ipso iure (durch Gesamtrechtsnachfolge) auf den aufnehmenden oder neu zu bildenden Rechtsträger unter Gewährung von Anteilen oder Mitgliedschaften des übernehmenden oder neuen Rechtsträgers an die Anteilsinhaber (Gesellschafter, Partner, Aktionäre oder Mitglieder) des übertragenden Rechtsträgers[3].

2. Gesamtrechtsnachfolge

29 Aus der Definition der Verschmelzung folgt, dass erstens einzelne Aktiva oder Passiva von der Gesamtrechtsnachfolge (§ 20 Abs. 1 Satz 1 UmwG) nicht ausgenommen werden können; entsprechende Vereinbarungen sind nichtig[4]. Einzelverfügungen über Gegenstände der erlöschenden Gesellschaft können jedoch noch bis zur konstitutiven Eintragung der Verschmelzung ins Handelsregister (§ 20 UmwG) wirksam vorgenommen werden[5]. Soll ein solches Ergebnis erzielt werden, so müssen die Gegenstände vor dem Wirksamwerden der Verschmelzung mit dinglicher Wirkung aus dem Vermögen des übertragenden Rechtsträgers ausgeschieden sein.

3. Anteilstausch

30 Aus der Definition der Verschmelzung folgt zum Zweiten, dass die „Gegenleistung" für die Anteilsinhaber des erlöschenden Rechtsträgers (die dadurch ja ihre Anteile bzw. Mitgliedschaften am erlöschenden Rechtsträger verlieren) in der Gewährung von – gleichwertigen – Anteilen oder Mitgliedschaften an dem neu entstehenden bzw. „überlebenden" Rechtsträger bestehen muss[6]. Bare Zuzahlungen aufgrund des Vertrages sind auf höchstens 10 % begrenzt (§§ 54, 68, 87 UmwG); im Spruchverfahren nach §§ 15, 36 UmwG gilt diese Begrenzung nicht. Der Über-

1 Wie hier auch *Fronhöfer* in Widmann/Mayer, § 2 UmwG Rz. 36; *Sagasser/Luke* in Sagasser/Bula/Brünger, § 9 Rz. 34.
2 *Limmer*, Unternehmensumwandlung, S. 67 ff.
3 Vgl. die BegrRegE bei *Schaumburg/Rödder*, Einf. UmwG Rz. 7 und vor § 2 UmwG Rz. 2; ferner BGH v. 25.9.1989 – II ZR 254/88, WM 1989, 1765; *Stratz* in Schmitt/Hörtnagl/Stratz, § 2 UmwG Rz. 3; *Stengel* in Semler/Stengel, § 2 UmwG Rz. 34; *Fronhöfer* in Widmann/Mayer, § 2 UmwG Rz. 22 ff.; auch insoweit anderer Meinung *Beuthien/Helios*, NZG 2006, 373.
4 *Marsch-Barner* in Kallmeyer, § 2 UmwG Rz. 8; *Fronhöfer* in Widmann/Mayer, § 2 UmwG Rz. 24.
5 Vgl. *Stratz* in Schmitt/Hörtnagl/Stratz, § 20 UmwG Rz. 19; *Stengel* in Semler/Stengel, § 2 UmwG Rz. 36; *Bermel* in Goutier/Knopf/Tulloch, § 2 UmwG Rz. 20.
6 Krit. dazu *K. Mertens*, AG 1994, 66 (76 f.); *Kallmeyer*, GmbHR 1996, 80; *Ihrig*, ZHR 160 (1996), 317 ff.; *Limmer* in FS Schippel, 1996, S. 415 (417 f.).

gang der Anteile erfolgt ex lege, § 20 Abs. 1 Nr. 3 UmwG. Darüber hinaus dürfen keine weiteren baren oder anderen Gegenleistungen (etwa Anteile dritter Unternehmen, Übernahme von Verbindlichkeiten) gewährt werden[1].

Die **Pflicht zur Anteilsgewährung** ist typisches Merkmal einer Verschmelzung. 31
Als zwingend wird man es freilich nicht mehr ansehen können[2], nachdem durch das 2. Gesetz zur Änderung des UmwG bei GmbH und AG ausdrücklich die Möglichkeit der Anteilsinhaber des übertragenden Rechtsträgers anerkannt wurde, auf die Anteilsgewährung zu verzichten (§ 54 Abs. 1 Satz 3 UmwG)[3]. Diese Verzichtsmöglichkeit ist zudem nicht auf Fälle der Verschmelzung von Schwestergesellschaften beschränkt[4], sondern lässt sich auch zu anderen Zwecken einsetzen[5]. Auch eine entsprechende Anwendung der Norm auf andere Rechtsformen als AG und GmbH kommt in Betracht, da es sich um eine rechtsformübergreifende Problematik handelt. Eine weitere Ausnahme von der Pflicht zur Anteilsgewährung besteht bei der Verschmelzung einer 100%igen Tochtergesellschaft auf die Mutter, vgl. §§ 5 Abs. 2, 20 Abs. 1 Nr. 3 UmwG (vgl. § 5 Rz. 139ff.)[6]. In diesem Fall sind keine außenstehenden Anteilsinhaber vorhanden, deren untergehende Beteiligung ersetzt werden müsste, und die Gewährung eigener Anteile durch die aufnehmende Muttergesellschaft will das Gesetz gerade verhindern (vgl. etwa §§ 54 Abs. 1 Nr. 1, 68 Abs. 1 Nr. 1 UmwG).

Mit dem Erlöschen des übertragenden Rechtsträgers endet auch das bisherige mit- 32
gliedschaftliche Verhältnis; es wird durch das neue fortgesetzt: Rechte und Pflichten (bei Kapitalgesellschaften insbesondere die Einlagepflicht) aus der alten Mitgliedschaft ergeben sich im selben Umfang jetzt aus dem neuen Mitgliedschaftsverhältnis[7]. Diese „Kontinuität der Mitgliedschaft"[8] bedeutet, dass die Gesellschafter durch die Verschmelzung nicht etwa von ihren bisher noch offenen Einlagepflichten befreit werden.

4. Liquidationsloser Untergang des übertragenden Rechtsträgers

Die Verschmelzung geschieht unter Ausschluss der Abwicklung; das ergibt sich 33
aus der Gesamtrechtsnachfolge, die keinen Raum für eine Liquidation lässt. Auch

1 *Stratz* in Schmitt/Hörtnagl/Stratz, § 2 UmwG Rz. 16; *Bermel* in Goutier/Knopf/Tulloch, § 2 UmwG Rz. 22.
2 So noch *Stengel* in Semler/Stengel, § 2 UmwG Rz. 40; *Stratz* in Schmitt/Hörtnagl/Stratz, § 2 UmwG Rz. 15; wie hier *Kallmeyer*, ZIP 1994, 1746 (1747); *M. Winter* in FS Lutter, 2000, S. 1279ff.: Anteilsgewährung für Verschmelzungen typisch, aber kein zwingendes Prinzip.
3 *Marsch-Barner* in Kallmeyer, § 2 UmwG Rz. 12; *Mayer* in Widmann/Mayer, § 54 UmwG Rz. 10.2; *Mayer/Weiler*, DB 2007, 1235 (1239).
4 Das war der Ansatzpunkt der Reformüberlegungen, vgl. *DAV-Handelsrechtsausschuss*, NZG 2000, 802, der sich aber im Gesetzestext nicht niedergeschlagen hat.
5 Kritisch deshalb *Mayer* in Widmann/Mayer, § 54 UmwG Rz. 10.2.
6 *Stratz* in Schmitt/Hörtnagl/Stratz, § 2 UmwG Rz. 17; *Bermel* in Goutier/Knopf/Tulloch, § 2 UmwG Rz. 24; *Sagasser/Luke* in Sagasser/Bula/Brünger, § 9 Rz. 350.
7 *Marsch-Barner* in Kallmeyer, § 2 UmwG Rz. 12; *Stengel* in Semler/Stengel, § 2 UmwG Rz. 40.
8 Vgl. *Stengel* in Semler/Stengel, § 2 UmwG Rz. 40; *Priester*, DB 1997, 560; *Simon* in Köln-Komm. UmwG, § 2 UmwG Rz. 78ff. „Mitgliederperpetuierung".

der Untergang des übertragenden Rechtsträgers ist zwingend; sein Fortbestand kann nicht wirksam vereinbart werden[1].

IX. Zeitlicher Ablauf einer Verschmelzung[2]

1. Überblick

34 Der Ablauf einer Verschmelzung vollzieht sich in mehreren Phasen, wobei sich der Zeitplan im Wesentlichen an der Acht-Monats-Frist der Schlussbilanz nach § 17 Abs. 2 UmwG zu orientieren hat. Im Einzelnen lassen sich Planungs-, Vorbereitungs-, Beschluss- und Vollzugsphase unterscheiden[3].

2. Planungsphase

35 In der Planungsphase haben sich die Vertretungsorgane der beteiligten Rechtsträger möglichst unter Einbeziehung ihrer Berater, Wirtschaftsprüfer und Notare eine Übersicht über die notwendigen Maßnahmen zu verschaffen und einen Zeitplan für den Ablauf der Verschmelzung aufzustellen.

3. Vorbereitungsphase

36 In der Vorbereitungsphase sind daraufhin folgende Maßnahmen zu treffen:

(1) Aufstellung und ggf. Prüfung der **Schlussbilanzen** der beteiligten Rechtsträger (§ 17 Abs. 2 UmwG)[4];

(2) Durchführung einer **Unternehmensbewertung** der beteiligten Rechtsträger;

(3) Abschluss bzw. endgültiger Entwurf des **Verschmelzungsvertrages** durch die geschäftsführenden Organe der beteiligten Rechtsträger; die notarielle Beurkundung nach § 6 UmwG kann, muss aber noch nicht zu diesem Zeitpunkt erfolgen;

(3a) bei Verschmelzung durch Neugründung: Abschluss bzw. endgültiger Entwurf des **Gesellschaftsvertrages** des neu zu bildenden Rechtsträgers;

(4) Erstellung des **Verschmelzungsberichts** (§ 8 UmwG)[5] oder Abgabe der Verzichtserklärungen;

(5) Beauftragung der **Verschmelzungsprüfer** durch die Vertretungsorgane oder das Gericht und Durchführung der Prüfung (§ 9 UmwG) bzw. Abgabe der Verzichtserklärung nach § 9 Abs. 3 UmwG;

(6) ggf. **Anmeldung** der Verschmelzung bei den zuständigen **Kartellbehörden**;

---

1 *Heckschen*, WM 1990, 377 (387); *Stengel* in Semler/Stengel, § 2 UmwG Rz. 37.

2 Vgl. *Fronhöfer* in Widmann/Mayer, § 2 UmwG Rz. 60ff.; *Sagasser/Luke* in Sagasser/Bula/Brünger, § 9 Rz. 37ff.; *Stengel* in Semler/Stengel, § 2 UmwG Rz. 55ff.; *Simon* in Köln-Komm. UmwG, § 2 UmwG Rz. 26ff.

3 Vgl. auch die Darstellungen bei *Bermel* in Goutier/Knopf/Tulloch, § 2 UmwG Rz. 27ff.

4 S. dazu *Ihrig*, GmbHR 1995, 622 (627).

5 Nach § 8 Abs. 1 UmwG ist im Gegensatz zum früheren Recht die Erstellung eines gemeinsamen Berichts möglich, vgl. BegrRegE bei *Schaumburg/Rödder*, § 8 UmwG Rz. 6 und bei *Ganske*, S. 53.

(7) Zuleitung des Verschmelzungsvertrages oder seines Entwurfes mindestens einen Monat vor dem Verschmelzungsbeschluss an die zuständigen **Betriebsräte** der beteiligten Rechtsträger (vgl. § 5 Abs. 3 UmwG);

(8) ggf. Korrektur des Verschmelzungsvertrages bzw. seines Entwurfes auf Grund der Prüfungsergebnisse; bei wesentlichen Änderungen erneute Zuleitung an den Betriebsrat (§ 5 Abs. 3 UmwG); bei AG/VVaG: Einreichung des Verschmelzungsvertrages zum **Handelsregister** (§§ 61, 111 UmwG); bei Aktiengesellschaften ferner **Entscheidung des Aufsichtsrates** über den Vorschlag an die Hauptversammlung, dem Verschmelzungsvertrag zuzustimmen;

(9) soweit erforderlich Vorbereitung einer **Kapitalerhöhung** beim aufnehmenden Rechtsträger in der Rechtsform einer Kapitalgesellschaft (vgl. §§ 53, 55 bzw. 66, 69 UmwG);

(10) Einberufung der **Versammlung der Anteilsinhaber** unter Angabe des Tagesordnungspunktes „Verschmelzung" nach den für die jeweilige Rechtsform der beteiligten Rechtsträger geltenden Bestimmungen und Bekanntmachung von Verschmelzungsvertrag und -bericht;

(11) bei Publikumsgesellschaften nach §§ 63, 82, 101 UmwG zudem **Offenlegung** von Verschmelzungsvertrag und -bericht sowie Vorlage des Prüfungsberichts und der letzten drei Jahresbilanzen in den Geschäftsräumen.

4. Beschlussphase

In die Beschlussphase fallen dann folgende Punkte: 37

(1) **Kapitalerhöhungsbeschluss** (wenn erforderlich) beim aufnehmenden Rechtsträger in der Rechtsform einer Kapitalgesellschaft (vgl. §§ 55, 69 UmwG);

(2) **Erläuterung** des Verschmelzungsvertrages auf der Versammlung der Anteilsinhaber der beteiligten Rechtsträger durch die zuständigen Organe (§§ 64, 49 Abs. 3 UmwG);

(3) zustimmende **Beschlüsse der Gesellschafter- bzw. Mitgliederversammlungen** mit der erforderlichen Mehrheit:

   a) beim übernehmenden Rechtsträger,

   b) bei dem (den) übertragenden Rechtsträger(n), im Falle der Verschmelzung durch Neugründung auch zum Gesellschaftsvertrag des neu zu gründenden Rechtsträgers;

(4) **notarielle Beurkundung** der Zustimmungsbeschlüsse (§ 13 Abs. 3 UmwG) und etwaiger (§§ 43, 51 UmwG) gesonderten Zustimmungserklärungen der Gesellschafter; falls noch nicht erfolgt: notarielle Beurkundung des Verschmelzungsvertrages.

5. Vollzugsphase

Abgeschlossen wird die Verschmelzung dann durch die Vollzugsphase, in die folgende Ereignisse fallen: 38

(1) Ggf. **Anmeldung der Kapitalerhöhung** und deren Eintragung (§§ 53, 66 UmwG); Übergabe der Aktien oder Anteile und ggf. einer baren Zuzahlung an Treuhänder;

(2) **Anmeldung der Verschmelzung** bei den übertragenden und dem übernehmenden Rechtsträger durch deren Vertretungsorgane (§ 16 UmwG bzw. bei der Verschmelzung durch Neugründung auch durch die Vertretungsorgane des neu gegründeten Rechtsträgers[1]);

(3) konstitutive **Eintragung der Verschmelzung** im Handelsregister (§ 20 UmwG) der beteiligten Rechtsträger (zunächst im Register der/des übertragenden, dann im Register der/des übernehmenden Rechtsträger/s) mit den Folgen: Erlöschen mindestens eines der beteiligten Rechtsträger, Gesamtrechtsnachfolge in alle Rechte und Pflichten der erlöschenden Rechtsträger seitens des aufnehmenden bzw. neu gegründeten Rechtsträgers, Untergang der Anteile bzw. Mitgliedschaften an dem bzw. den erlöschenden Rechtsträger(n) und Erwerb der Anteile bzw. Mitgliedschaften an dem aufnehmenden bzw. neu gegründeten Rechtsträger durch die betreffenden Anteilsinhaber der/des erlöschenden Rechtsträger/s;

(4) ggf. **Übergabe der Aktien** bzw. Anteile vom Treuhänder an die ehem. Anteilsinhaber des/der übertragenden Rechtsträger/s;

(5) ggf. gerichtliche **Kontrolle des Umtauschverhältnisses** nach § 15 UmwG, §§ 1 ff. SpruchG; der Antrag kann von jedem einzelnen Anteilsinhaber gestellt werden.

X. Abgrenzungen – fusionsähnliche Verbindungen[2] und Teilfusionen[3]

1. Überblick – Holding

39 Die Verschmelzung ist in aller Regel nicht der Anfang, sondern das Ende einer auf wirtschaftliche Integration der übertragenden Gesellschaft gerichteten Entwicklung[4]. Dieses Ende ist radikal: Mindestens ein Rechtsträger erlischt, mindestens zwei bislang getrennte Vermögensmassen fallen zusammen. Wegen dieser Radikalität sind Zwischenlösungen rechtlich und wirtschaftlich interessant.

40 Die rechtlichen Besonderheiten der Verschmelzung (insbes. Gesamtrechtsnachfolge, liquidationsloser Untergang eines Rechtsträgers, oben Rz. 21 ff.) sind auf sie beschränkt und können auf anderen Wegen nicht erreicht werden. Aber wirtschaftlich ähnliche Wirkungen lassen sich auch auf andere Weise erzielen[5]. So kann das Vermögen eines übertragenden Rechtsträgers auch durch **Einzelrechtsnachfolge** auf den übernehmenden Rechtsträger übergehen; die Besonderheit besteht dann darin, dass die übertragende Gesellschaft fortbesteht und sie – und

1 Zur Änderung der Abfolge der Eintragungen von Verschmelzung und Neugründung s. *Ihrig*, GmbHR 1995, 622 (624 Fn. 7).
2 Dazu *Lutter*, Die Rechte der Gesellschafter beim Abschluss fusionsähnlicher Unternehmensverbindungen, 1974, S. 51.
3 Dazu *Lutter*, Teilfusionen im Gesellschaftsrecht, in FS Barz, 1974, S. 199 ff.
4 Man denke an Daimler und AEG: erst Mehrheitserwerb, dann Unternehmensvertrag, schließlich Verschmelzung; vgl. dazu auch *Lutter/Timm*, NJW 1982, 409 (412).
5 Dazu *Kallmeyer*, ZIP 1994, 1746 (1747 f.); *Fronhöfer* in Widmann/Mayer, § 2 UmwG Rz. 47 ff.

nicht ihre Gesellschafter – die Anteile an der Übernehmerin erhält. Vor allem aber lässt sich durch Holdingkonstruktionen[1] und Unternehmensverträge die unternehmerische Leitung konzentrieren.

Beispiel: A und B bringen je ihr unternehmerisches Vermögen in eine 100%ige 41
Tochtergesellschaft (A 1 und B 1) ein; anschließend bringen sie die Mitgliedschaftsrechte an A 1 und B 1 in C ein; C führt die Betriebsgesellschaften A 1 und B 1 so, wie wenn diese fusioniert wären; A und B werden zu Holdings.

2. Vermögensübertragung (§ 179a AktG)

Verpflichtet sich eine Aktiengesellschaft zur Übertragung ihres ganzen oder na- 42
hezu ganzen Vermögens an einen Dritten, so sind die Regeln der Satzungsänderung einzuhalten; die Regel dient dem Minderheitenschutz[2]. Deshalb ist hier auch die Vertretungsmacht des Vorstands beschränkt[3]. Die Regelung gilt in der entsprechenden Weise für die GmbH[4] und für Personenhandelsgesellschaften[5].

3. Eingliederung (§§ 319 ff. AktG)

Die Eingliederung ist nur bei Aktiengesellschaften möglich, führt zum Ausschei- 43
den der Minderheitsaktionäre und ihrer Abfindung in Aktien der Obergesellschaft (ähnlich der Verschmelzung) sowie zum Übergang des gesamten wirtschaftlichen Risikos auf die Hauptgesellschaft. Die eingegliederte Gesellschaft bleibt hier aber als Rechtssubjekt erhalten, so dass die Verbindung auch wieder gelöst werden kann: Es genügt die Weitergabe auch nur einer einzigen Aktie durch die Hauptgesellschaft an einen Dritten, um den Verbund aufzulösen, § 327 Abs. 1 Nr. 3 AktG.

4. Unternehmensvertrag (§§ 291 ff. AktG)

Der Gewinnabführungs- und Beherrschungsvertrag[6] ist als Verbund weniger eng 44
als die Eingliederung (z.B. keine direkte Haftung der Obergesellschaft für die Schulden der Tochter), auch können Minderheitsgesellschafter in der Untergesellschaft verbleiben (z.B. Audi AG innerhalb des Volkswagen Konzerns), aber auch hier geht durch Gewinnabführung und Verlustübernahme das wirtschaftliche Risiko auf die Obergesellschaft über. Auch hier kann der Verbund wieder gelöst werden; die Untergesellschaft besteht als Rechtsperson fort.

---

1 Näher dazu *Lutter* (Hrsg.), Recht und Steuer der Internationalen Unternehmensverbindungen, 1972 und *Lutter* (Hrsg.), Holding-Handbuch.

2 Vgl. *Hüffer*, § 179a AktG Rz. 1; *Henze* in FS Boujong, 1996, S. 233; vgl. dazu auch *Lutter/Leinekugel*, ZIP 1999, 261.

3 BegrRegE zum UmwBerG, BT-Drucks. 12/6699, 177; *Hüffer*, § 179a AktG Rz. 1.

4 BGH v. 25.2.1991 – II ZR 76/90, ZIP 1991, 509 (511) = AG 1991, 235; *Kraft* in Lutter, Holding-Handbuch, § 3 Rz. 188; *Ulmer* in Ulmer/Habersack/Winter, § 53 GmbHG Rz. 43, 165.

5 BGH v. 9.1.1995 – II ZR 24/94, NJW 1995, 596 = GmbHR 1995, 306; dazu *K. Schmidt*, ZGR 1995, 675; *Kraft* in Lutter, Holding-Handbuch, § 3 Rz. 187.

6 Die gelegentlich noch zu lesende Bezeichnung als Organschaftsvertrag ist irreführend, da die steuerliche Organschaft nur einen Gewinnabführungsvertrag voraussetzt, s. dazu zuletzt *Schneider/Sommer*, GmbHR 2013, 22 ff.

5. Teilfusionen[1]

45 Die Verschmelzung führt zur vollkommenen Verbindung der beteiligten Rechtsträger. Das ist keineswegs stets gewollt: Die (vollkommene) Verbindung der Netzwerk- Interessen von Siemens und Nokia mag sinnvoll sein, im Übrigen aber sollen und wollen die beiden Unternehmen ganz selbständig bleiben. Rechtstechnisch kann eine solche Verbindung durch Ausgliederung (s. §§ 152 ff. UmwG) der betroffenen Unternehmensbereiche in je eine Tochtergesellschaft und deren anschließende Fusion oder aber Zusammenfassung unter einer Holding geschehen. Das sind keine Besonderheiten; die rechtliche Verwirklichung erfolgt je nach den Regeln des gewählten Weges (Ausgliederung, Fusion, Einbringung etc.). Von Bedeutung ist hier nur die Frage, ob diese Vorgänge allein von den Verwaltungen der betreffenden Gesellschaften (im Beispiel: Siemens) beschlossen und durchgeführt werden können oder ob es dazu der Zustimmung der Hauptversammlung/Gesellschafterversammlung bedarf. Die Antwort hängt bei Aktiengesellschaften des deutschen Rechts einerseits von der Größenordnung einer solchen Teilfusion für die betroffene Gesellschaft (Siemens) ab, zum anderen davon, ob die Aktionärsrechte dadurch beeinträchtigt werden (Mediatisierung)[2]. Letzteres ist freilich bei der Ausgliederung von Geschäft in Tochtergesellschaften stets der Fall, so dass in Fällen dieser Art letztlich doch das Transaktionsvolumen über die Zustimmungspflicht entscheidet. Die Rechtsprechung ist nach ursprünglich großzügigen Ansätzen[3] inzwischen der Tendenz zu einer Ausweitung der Hauptversammlungskompetenzen deutlich entgegengetreten und nimmt eine Zustimmungspflicht nur noch in extrem gelagerten Ausnahmefällen an[4]. Diese Rechtsprechung ist zum Teil auch eine Konsequenz des Legitimationsverlustes, den die Hauptversammlung in der Vergangenheit durch das massenweise Auftreten berufsmäßiger Anfechtungskläger erlitten hat. In Extremfällen, in denen das Kerngeschäft der Gesellschaft in einen neuen Rechtsträger eingebracht wird, ist jedenfalls an der Zustimmungspflicht festzuhalten; erforderlich, aber auch genügend, sind 75 % des Umsatzes oder des Vermögens[5].

XI. Grenzüberschreitende Verschmelzung in der EU

46 S. dazu bereits § 1 Rz. 18 ff.

1 So *Lutter* in FS Fleck, 1988, S. 169 ff. m. allen N.

2 Zur Erforderlichkeit des Mediatisierungseffekts *Spindler* in K. Schmidt/Lutter, § 119 AktG Rz. 30 ff.

3 BGH v. 25.2.1982 – II ZR 174/80, BGHZ 83, 122 (131 a.E.) = AG 1982, 158 (160) (Holzmüller); *Lutter* in FS Stimpel, 1985, S. 825 ff.; *Lutter/Leinekugel*, ZIP 1998, 225; *Gessler* in FS Stimpel, 1985, S. 771 (787); *Kraft* in Lutter, Holding-Handbuch, § 3 Rz. 171 ff.; *Krieger* in Lutter, Holding-Handbuch, § 6 Rz. 48 ff., je m.w.N.

4 BGH v. 26.4.2004 – II ZR 155/02, BGHZ 159, 30 (Gelatine) = AG 2004, 384; näher dazu *Adolff*, ZHR 169 (2005), 310; *Fleischer*, NJW 2004, 2335; *Goette*, AG 2006, 522 (523 ff.); *Reichert*, AG 2005, 150.

5 Wie hier OLG Stuttgart v. 14.5.2003 – 20 U 31/02, AG 2003, 527 (532); *Spindler* in K. Schmidt/Lutter, § 119 AktG Rz. 30 ff.; *Hüffer*, § 119 AktG Rz. 18b; *Hoffmann* in Spindler/Stilz, § 119 AktG Rz. 31, jeweils m.w.N.

XII. Verschmelzung und Verfassungsrecht

Der durch das Verschmelzungsrecht mit dem Anteilstausch zugelassene Verlust der Anteile und damit der Mitgliedschaft an dem übertragenden Rechtsträger ist mit Art. 14 Abs. 1 GG vereinbar. Zwar genießen Anteilseigner wie etwa Aktionäre grundsätzlich den Schutz der Eigentumsgarantie[1], aber die Einschränkungen durch das Verschmelzungsrecht stellen verfassungsgemäße Inhalts- und Schrankenbestimmungen i.S.d. Art. 14 Abs. 1 Satz 2 GG dar[2], wobei der im UmwG angelegte umfassende Minderheitenschutz im Grundsatz die Gewähr für die Verhältnismäßigkeit des Eingriffes bietet. Die Eigentumsposition, die die gesellschaftsrechtliche Beteiligung bietet, ist daher von Verfassungs wegen nicht änderungsfest ausgestaltet, sondern in den Grenzen des Gesetzes der Änderung durch Umwandlungsmaßnahmen unterworfen. Inhabern einer verhältnismäßig kleinen Beteiligung, die mit ihr vor allem Anlageziele verfolgen, kann im Interesse der Gesellschaft auch der unfreiwillige Verlust der Beteiligung gegen angemessene Entschädigung zugemutet werden[3]. Allerdings müssen die Vorgaben der Eigentumsgarantie bei der Auslegung der minderheitenschützenden Normen auch angemessen beachtet und durchgesetzt werden, so z.B. bei der Ermittlung der Abfindung nach § 29 UmwG[4]. Wichtig sind dabei vor allem die volle wirtschaftliche Entschädigung für Verlust oder Änderung der Rechtsposition sowie eine angemessene Rechtsschutzmöglichkeit für betroffene Minderheitsaktionäre[5]. Nur wo beides gegeben ist, ist die Maßnahme verfassungsrechtlich unbedenklich[6]. Diese 47

---

1 Vgl. dazu allg. BVerfG v. 7.8.1962 – 1 BvL 16/60, BVerfGE 14, 263 (276 f. und 283) (Feldmühle); BVerfG v. 1.3.1979 – 1 BvR 532, 533/77, 419/78 u. 1 BvL 21/78, BVerfGE 50, 290 (341 f.); BVerfG v. 27.4.1999 – 1 BvR 1613/94, BVerfGE 100, 289 (301) = AG 1999, 566 (DAT/Altana); BVerfG v. 21.11.1989 – 1 BvR 1377/99, DB 1990, 414; BVerfG v. 23.8. 2000 – 1 BvR 68/95, BB 2000, 2011 = AG 2001, 42 (Moto Meter); BVerfG v. 30.5.2007 – 1 BvR 1267/06, 1 BvR 1280/06, ZIP 2007, 1600 = AG 2007, 697 (Wüstenrot); BVerfG v. 24.5.2012 – 1 BvR 3221/10, ZIP 2012, 1656 = AG 2012, 674 (Daimler/Chrysler); vgl. auch BGH v. 16.11.1981 – II ZR 150/80, BGHZ 82, 188 (191 f.); ausführlich auch *Lenz/Leinekugel*, Eigentumsschutz beim Squeeze-Out, 2004, S. 13 ff. Die dort getroffenen Aussagen sind auf den Beteiligungsverlust im Zuge einer Umwandlung weitgehend übertragbar. Zum Eigentumsschutz nach EG-Recht *Kalss*, JBl. 1995, 420 (429) m.w.N.

2 BVerfG v. 30.5.2007 – 1 BvR 1267/06, 1 BvR 1280/06, ZIP 2007, 1600 (1601 f.) = AG 2007, 697; vgl. auch BGH v. 25.9.1989 – II ZR 254/88, WM 1989, 1765 = WuB II A § 340a AktG – 1.90 mit Anm. *Heckschen* und BVerfG v. 21.11.1989 – 1 BvR 1377/99, DB 1990, 414 (zur Verschmelzung); vgl. auch BGH v. 27.5.1974 – II ZR 109/72, NJW 1974, 1557 = WM 1974, 713 (zur Eingliederung); BVerfG v. 30.5.2007 – 1 BvR 390/04, AG 2007, 544 (545); BGH v. 25.10.2005 – II ZR 327/03, ZIP 2005, 2107 f. = AG 2005, 921 (zum Squeeze Out).

3 BVerfG v. 23.8.2000 – 1 BvR 68/95, BB 2000, 2011 (2012) = AG 2001, 42; BVerfG v. 30.5. 2007 – 1 BvR 390/04, AG 2007, 544 (545); BVerfG v. 24.5.2012 – 1 BvR 3221/10, NZG 2012, 1035 (1037) = AG 2012, 674; BGH v. 25.10.2005 – II ZR 327/03, ZIP 2005, 2107 = AG 2005, 921; *Lutter/Drygala* in FS Kropff, 1997, S. 191 ff. und *Lutter/Leinekugel*, ZIP 1999, 261.

4 BVerfG v. 27.4.1999 – 1 BvR 1613/94, BVerfGE 100, 289 (304) = AG 1999, 566 m. Anm.E. *Vetter*; BVerfG v. 25.7.2003 – 1 BvR 234/01, ZIP 2003, 2114 (2115) = AG 2003, 624; BVerfG v. 30.5.2007 – 1 BvR 1267/06, 1 BvR 1280/06, ZIP 2007, 1600 (1602) = AG 2007, 697; OLG Stuttgart v. 8.3.2006 – 20 W 5/05, AG 2006, 420 (421); BayObLG v. 18.12.2002 – 3Z BR 116/00, ZIP 2003, 253 (257) = AG 2003, 569; *Kiem*, ZGR 2007, 542 (552 f.) m.w.N.

5 Zudem hat das BVerfG v. 24.5.2012 – 1 BvR 3221/10, ZIP 2012, 1656 in einem Beschluss (Daimler/Chrysler) das Gebot der vollen wirtschaftlichen Entschädigung ergänzt, vgl. dazu *Klöhn/Verse*, AG 2013, 2 (3) sowie § 5 Rz. 49.

6 Zutr. *Lenz/Leinekugel*, Eigentumsschutz bei Squeeze-Out, 2004, S. 19 f.

Maßstäbe gelten sinngemäß auch bei faktischen Verschmelzungen außerhalb des UmwG, etwa im Wege der „übertragenden Auflösung". Auch dagegen bestehen keine verfassungsrechtlichen Bedenken, wenn die Minderheitsaktionäre für den Verlust ihrer Aktien wirtschaftlich voll entschädigt werden und dies durch eine gerichtliche Wertkontrolle abgesichert ist[1].

XIII. Kosten

1. Beurkundungskosten und Gesellschaftsteuerrichtlinie[2]

48 Die Vereinbarkeit der im Rahmen einer Verschmelzung anfallenden notariellen Beurkundungskosten mit der Gesellschaftsteuerrichtlinie 69/335/EWG v. 17.7. 1969 war lange Zeit ungeklärt[3], wurde aber durch die Rechtsprechung des EuGH bestätigt[4].

2. Anfallende Kosten

a) Verschmelzungsvertrag

49 Durch das 2. Kostenrechtsmodernisierungsgesetz hat das Kostenrecht umfassende Änderungen erfahren. Seit 1.8.2013 gilt das Gerichts- und Notarkostengesetz (GNotKG)[5].

Der Verschmelzungsvertrag ist nach § 6 UmwG notariell zu beurkunden. Dafür fällt eine doppelte Gebühr (20/10) nach §§ 97 Abs. 1, 3, 107 Abs. 1 GNotKG i.V.m. Anlage 1 Nr. 21100 KV (ex-§§ 36 Abs. 2 Nr. 2, 141 KostO) an. Der Vertrag ist kostenrechtlich Austauschvertrag, § 97 Abs. 3 GNotKG[6]; der Geschäftswert bestimmt sich nach dem Wert des Aktivvermögens des/der übertragenden Rechtsträger/s, bei der Verschmelzung durch Neugründung also nach dem addierten Aktivvermögen aller übertragenden Rechtsträger[7]. Ein Abzug der Verbindlichkeiten erfolgt nicht, § 38 Abs. 1 Satz 1 GNotKG (ex-§ 18 Abs. 3 KostO)[8]. In bestimmten Einzelfällen sind die bilanziellen Vermögenswerte kostenrechtlich nicht maßgeblich, sondern es können höhere oder niedrigere Werte anzusetzen

---

1 Vgl. BVerfG v. 23.8.2000 – 1 BvR 68/95, BB 2000, 2011 (2012) = AG 2001, 42; sowie *Lutter/Drygala* in FS Kropff, 1997, S. 191 ff. und *Lutter/Leinekugel*, ZIP 1999, 261. Zur Zulässigkeit der übertragenden Auflösung nach Inkrafttreten der §§ 327a–f AktG vgl. *Rühland*, WM 2002, 1957 (1964 ff.); *v. Morgen*, WM 2003, 1553 ff.

2 Die Richtlinie ist abgedruckt in *Lutter*, Europäisches Unternehmensrecht, 4. Aufl. 1996, S. 791 ff.

3 Vgl. noch die 2. Aufl., § 2 Fn. 98a unter Hinweis auf die Entscheidung des EuGH v. 2.2. 1997 – Rs. C-188/95, Slg. 1997, 6920 = ZIP 1998, 206 (Fantask).

4 EuGH v. 21.3.2002 – Rs. C-264/00, ZIP 2002, 663 = GmbHR 2002, 486 (Gründerzentrum); OLG Karlsruhe v. 24.9.2002 – 14 Wx 133/00, GmbHR 2002, 1248 = Rpfleger 2002, 655; *Görk*, ZIP 2002, 667.

5 Dazu ausführlich Leipziger Kostenspiegel, 2013, S. 970 ff. sowie 1172; *Pfeiffer*, NZG 2013, 244 ff.; *Sikora/Tiedtke*, NJW 2013, 2310 ff.; *Diehn*, DNotZ 2013, 406 ff.

6 BayObLG v. 12.3.1975 – BReg 3 Z 144/74, Rpfleger 1975, 268 = DNotZ 1975, 676 (LS).

7 BayObLG v. 12.3.1975 – BReg 3 Z 144/74, Rpfleger 1975, 268; *Heckschen*, S. 73; *Stengel* in Semler/Stengel, § 2 UmwG Rz. 77.

8 *Fronhöfer* in Widmann/Mayer, § 2 UmwG Rz. 87; *Stengel* in Semler/Stengel, § 2 UmwG Rz. 77; BayObLG v. 19.3.1997 – 3 Z BR 283/96, GmbHR 1997, 506.

sein[1]. Steht der Vermögensübertragung keine Gegenleistung gegenüber (etwa bei der Verschmelzung einer 100%igen Tochter auf die Mutter), so bestimmt sich der Geschäftswert nach § 97 Abs. 2 GNotKG (ex-§ 39 Abs. 1 Satz 2 KostO). Maßgebend ist dann das Aktivvermögen des übertragenden Rechtsträgers laut Schlussbilanz[2]. Nach § 107 Abs. 1 Satz 1 GNotKG (ex-§ 39 Abs. 5 KostO) gilt bei Beurkundungen von Gesellschaftsverträgen, Satzungen und Umwandlungsverträgen eine Kappungsgrenze in Höhe von 10 Mio. Euro[3] je Vorgang, mindestens aber 30000 Euro. Die Beurkundungsgebühr nach §§ 34 Abs. 2 Satz 2, 3 Abs. 2 GNotKG i.V.m. Anlage 1 Nr. 21100 KV (ex-§ 36 Abs. 2 KostO) beträgt jetzt höchstens 22 770 Euro[4]. Die Höchstgrenze dient insbesondere auch dazu, die Auslandsbeurkundung weniger attraktiv zu machen[5]. Allerdings kann die Gebühr mehrfach fällig werden, wenn es sich um gegenstandsverschiedene Vorgänge handelt, vgl. §§ 35 Abs. 1, 86 Abs. 2 GNotKG[6]. Das kann etwa bei der Kettenverschmelzung gelten, aber auch sonst bei Verschmelzungen von mehr als zwei Rechtsträgern, wenn die Verschmelzungen in ihrer Wirkung nicht voneinander abhängig sind[7].

Bei Verschmelzungen von verbundenen Unternehmen ist ein Höchstgeschäftswert von 10 Mio. Euro festgelegt, § 107 Abs. 2 Satz 1 GNotKG. Dieser gilt jedoch nach § 107 Abs. 2 Satz 2 GNotKG nicht, wenn es sich bei der betroffenen Gesellschaft um eine vermögensverwaltende Gesellschaft handelt.

b) Verzichtserklärungen

Der Verzicht auf Verschmelzungsbericht bzw. Verschmelzungsprüfung (§§ 8 Abs. 3, 9 Abs. 3 UmwG) ist notariell zu beurkunden. Dies löst eine volle Gebühr (10/10) nach § 3 Abs. 2 GNotKG i.V.m. Anlage 1 Nr. 21200 KV (ex-§ 36 Abs. 1 KostO) aus. Deren Wert ist nach § 36 Abs. 1 GNotKG (ex-§ 30 Abs. 1 KostO) nach freiem Ermessen zu bestimmen, wobei 10 % des Geschäftswertes des Verschmelzungsvertrages als angemessen angesehen werden[8]; lediglich in Ausnahmefällen und bei Fehlen jeglicher Anhaltspunkte ist der Regelwert von 5 000 Euro (Gebühr 50

1 Näher *Bengel/Tiedke* in Korintenberg/Lappe/Bengel/Reimann, 18. Aufl. 2010, § 39 KostO Rz. 67 f.; *Fronhöfer* in Widmann/Mayer, § 2 UmwG Rz. 88 f.
2 BayObLG v. 23.4.1999 – 3Z BR 19/99, GmbHR 1999, 720; OLG Karlsruhe v. 30.1.2001 – 11 Wx 59/00, Rpfleger 2001, 321 = GmbHR 2001, 347; LG München v. 4.9.1996 – 13 T 2102/96, JurBüro 1997, 266; *Hartmann*, 42. Aufl. 2012, § 39 KostO Rz. 19; *Bengel/Tiedke* in Korintenberg/Lappe/Bengel/Reimann, 18. Aufl. 2010, § 39 KostO Rz. 67.
3 Nach altem Recht lag diese Grenze noch bei 5 Mio. Euro, § 39 Abs. 5 KostO; vgl. dazu die Regbegr BT-Drucks. 17/11471, 185.
4 Nach § 36 Abs. 2 KostO a.F. belief sich die maximale Beurkundungsgebühr 15 144 Euro; vgl. *Otto*, JurBüro 1997, 286 (287 f.) sowie *Tiedke*, MittBayNot 1997, 93.
5 So insbesondere die Argumentation zum alten Recht, dazu auch *Heckschen*, Rpfleger 1999, 357 (359); *Schröer* in Semler/Stengel, § 6 UmwG Rz. 15; a.A. *Stratz* in Schmitt/Hörtnagl/Stratz, § 6 UmwG Rz. 13; zum Problem der Auslandsbeurkundung *Heckschen*, Rpfleger 1999, 363; *Goette*, DStR 1996, 709 sowie LG Augsburg v. 4.6.1996 – 2 HKT 2093/96, DB 1996, 1666 = GmbHR 1996, 941 und § 6 Rz. 7 ff.
6 Dazu *Pfeiffer*, NZG 2013, 244 (245) sowie mit Beispielen *Diehn*, DNotZ 2013, 406 (410).
7 OLG Hamm v. 18.3.2003 – 15 W 268/01, MittBayNot 2004, 68; *Bengel/Tiedke*, DNotZ 2004, 258 (266).
8 *Reimann*, MittBayNot 1995, 1 (3).

dann 45 Euro) nach § 36 Abs. 3 GNotKG (ex-§ 30 Abs. 2 Satz 1 KostO)[1] anzunehmen.

51 Werden die Verzichtserklärungen im Verschmelzungsvertrag mit beurkundet, besteht Gebührengleichheit i.S.d. § 109 Abs. 2 Nr. 4g GNotKG (ex-§ 44 Abs. 1 Satz 1 KostO). Neben der Gebühr für die Beurkundung des Verschmelzungsvertrages ist in diesem Fall keine weitere Gebühr in Ansatz zu bringen[2].

Bei mehreren Verzichtserklärungen in einer Urkunde ist der höchste Einzelwert nach §§ 94 Abs. 2 Satz 1, 109 Abs. 2 Nr. 4g GNotKG (ex-§ 44 KostO) maßgebend.

c) Verschmelzungsbeschlüsse

52 Zu beurkunden sind weiter die Verschmelzungsbeschlüsse der beteiligten Rechtsträger (§ 13 UmwG) sowie ggf. Kapitalerhöhungsbeschlüsse bei übernehmenden Kapitalgesellschaften (§§ 55, 69 UmwG). Dabei kommt jeweils § 3 Abs. 2 GNotKG i.V.m. Anlage 1 Nr. 21100 KV (ex-§ 47 KostO) zur Anwendung (doppelte Gebühr)[3], wobei der Geschäftswert je dem Geschäftswert für die Beurkundung des Verschmelzungsvertrages entspricht, § 108 Abs. 3 Satz 1 GNotKG (ex-§ 41c Abs. 2 Satz 1 KostO)[4]. Werden die Zustimmungsbeschlüsse aller beteiligten Rechtsträger (zweckmäßigerweise) in einer Urkunde zusammengefasst, so fällt nach §§ 94 Abs. 2, 109 Abs. 2 Nr. 4g GNotKG i.V.m. Anlage 1 Nr. 21100 KV (ex-§§ 44 Abs. 1, 47 KostO) nur einmal die doppelte Gebühr an (20/10). Die vormals in der KostO geltende Höchstgebühr (5 000 Euro) für gesellschaftsrechtliche Beschlüsse wurde gestrichen; das GNotKG enthält allein eine Geschäftswertbegrenzung auf 5 Mio. Euro, § 108 Abs. 5 GNotKG[5]. Für die Kapitalerhöhungsbeschlüsse ist Geschäftswert der Erhöhungsbetrag[6], wobei dieser Wert mit dem Wert für die Zustimmungsbeschlüsse zusammenzurechnen ist, § 94 Abs. 1 GNotKG (ex-§ 44 Abs. 2 KostO[7]).

Die ggf. erforderlichen gesonderten Zustimmungen nach § 13 Abs. 2 UmwG unterfallen nun § 98 Abs. 2 GNotKG i.V.m. Anlage 1 Vorbem. 2.1.2 KV (ex-§ 36 Abs. 1 KostO)[8]. Ausgangspunkt für den Geschäftswert ist allerdings nicht mehr der volle, sondern nur noch der halbe Wert des betroffenen Aktivvermögens, § 98 Abs. 1 GNotKG, wobei – wie bisher – der Bruchteil anzusetzen ist, der der Betei-

1 Nach alter Rechtslage ging man von einem Geschäftswert von 3 000 Euro aus.

2 OLG Hamm v. 6.12.2001 – 15 W 314/01, NZG 2002, 396 = GmbHR 2002, 593; *Göttlich/Mümmler/Assenmacher/Mathias*, KostO, 16. Aufl. 2008, S. 1007.

3 Vgl. *Göttlich/Mümmler/Assenmacher/Mathias*, KostO, 16. Aufl. 2008, S. 1072; *Fronhöfer* in Widmann/Mayer, § 2 UmwG Rz. 102.

4 BayObLG v. 21.9.1989 – BReg 3 Z 111/89, DB 1989, 2424; BayObLG v. 29.7.1992 – 3 Z BR 83/92, DB 1992, 1923 = DNotZ 1993, 273 = GmbHR 1993, 43; *Reimann*, MittBayNot 1995, 1 (2) (dort auch zu u.U. abweichenden Geschäftswerten bei der Verschmelzung durch Neugründung).

5 Zur früheren Rechtslage s. BayObLG v. 21.9.1989 – BReg 3 Z 111/89, DB 1989, 2424 = EWiR § 27 KostO, 1/89, 1223f. mit zust. Anm. *Heckschen*; *Reimann*, MittBayNot 1995, 1 (3).

6 Prüfungsabteilung, MittBayNot 1982, 51 (55).

7 *Bengel/Tiedke* in Korintenberg/Lappe/Bengel/Reimann, 18. Aufl. 2010, § 41c KostO Rz. 69.

8 *Reimann*, MittBayNot 1995, 1 (2).

ligungsquote des zustimmenden Gesellschafters entspricht (§ 98 Abs. 2 GNotKG)[1].

d) Anmeldung zur Eintragung in das Handelsregister

53 Für die notarielle Beurkundung der Registeranmeldungen (§ 12 Abs. 1 HGB) fällt auch nach dem GNotKG nur eine halbe Gebühr nach § 3 Abs. 2 i.V.m. Anlage 1 Nr. 21201 Nr. 5 KV (vgl. ex-§§ 86, 38 Abs. 2 Nr. 7 KostO) an[2], wobei der Geschäftswert von der Rechtsform des übertragenden und des übernehmenden Rechtsträgers abhängt, § 105 Abs. 4 Nr. 1 bis 4 bzw. § 105 Abs. 2 GNotKG (ex-§ 41a Abs. 4 Nr. 1 bis 4 KostO bzw. § 41b i.V.m. § 41a Abs. 4 Nr. 3 KostO), mindestens jedoch 30000 Euro beträgt (§ 105 Abs. 1 Satz 2 GNotKG). Der Höchstwert wurde mit der Reform angehoben und beträgt in allen Fällen 1 Mio. Euro, §§ 105, 106 GNotKG[3]. Wird zugleich eine Kapitalerhöhung angemeldet, so ist diese mit dem Erhöhungsbetrag § 35 Abs. 1 GNotKG (ex-§ 44 Abs. 2a KostO) zu bewerten, doch gilt auch dann der Höchstwert der §§ 105, 106 GNotKG von 1 Mio. Euro.

e) Die Eintragung in den Registern der beteiligten Rechtsträger

54 Nicht unerhebliche Kosten verursachen auch die erforderlichen Eintragungen in die Register der übertragenden und übernehmenden Rechtsträger, §§ 23 Nr. 8, 58 GNotKG (ex-§§ 79, 79a KostO i.V.m. Gebührenverzeichnis der HRegGebVO[4]), wobei i.d.R. eine einfache Gebühr (10/10, Anlage 1 Nr. 14100 KV) anfällt.

f) Grundbuchberichtigung

55 Für die notarielle Beurkundung/Beglaubigung des Antrags auf Grundbuchberichtigung (§ 22 GBO) fällt nach § 3 Abs. 2 GNotKG i.V.m. Anlage 1 Nr. 21201 Nr. 4 KV eine halbe Gebühr an; wird die Erklärung in den Verschmelzungsvertrag mit aufgenommen, so bleibt sie allerdings nach § 111 Nr. 3 GNotKG absolut gegenstandsverschieden.

56 **Die Eintragung im Grundbuch** (Eigentumswechsel infolge Gesamtrechtsnachfolge) veranlasst eine volle Gebühr (10/10) nach § 3 Abs. 2 GNotKG i.V.m. Anlage 1 Nr. 14110 Nr. 1 KV (ex-§ 60 Abs. 1 KostO).

---

1 Vgl. dazu auch ausführlich *Pfeiffer*, NZG 2013, 244 (245).

2 Gesetz zur Neuordnung der Gebühren in Handels-, Partnerschafts- und Genossenschaftsregistersachen v. 3.7.2004, BGBl. I, S. 1410; vgl. auch *Fronhöfer* in Widmann/Mayer, § 2 UmwG Rz. 107 ff.

3 Die alte Regelung (§ 39 Abs. 5 KostO) sah einen Höchstwert von 500000 Euro vor.

4 Gesetz zur Neuordnung der Gebühren in Handels-, Partnerschafts- und Genossenschaftsregistersachen v. 3.7.2004, BGBl. I, S. 1410; hierzu *Hartmann*, Kostengesetze, 42. Aufl. 2012, Anh. I § 79a KostO; *Lappe* in Korintenberg/Lappe/Bengel/Reimann, 18. Aufl. 2010, § 79a KostO Rz. 41 ff.

g) Kostentragung[1]

57 Die Kosten der Verschmelzung werden regelmäßig im Verschmelzungsvertrag dem aufnehmenden bzw. neugegründeten Rechtsträger auferlegt. Das ist schon deshalb sinnvoll, weil nach Durchführung der Verschmelzung die Kosten nur noch von diesem getragen werden können, da der/die übertragende/n Rechtsträger untergehen. Da der übernehmende Rechtsträger die Kosten direkt auch dann tragen müsste, wenn sie noch vor Durchführung der Verschmelzung aus dem Vermögen der übertragenden Rechtsträger beglichen worden wären, kann wegen einer derartigen Kostenregelung auch nicht der Verschmelzungsbeschluss unter dem Gesichtspunkt einer Treupflichtverletzung angefochten werden[2].

XIV. Arbeitsrechtliche Auswirkungen[3]

58 Zu beachten sind insb. § 613a BGB[4], §§ 106, 111 BetrVG (falls mit der Verschmelzung ein Betriebsübergang verbunden ist), § 47 BetrVG (falls beim neuen Rechtsträger mehrere Betriebe bestehen) und § 1 DrittelbG.

59 Die Verschmelzung als solche ist nicht mitbestimmungspflichtig, da sie eine Entscheidung der Anteilsinhaber des Rechtsträgers darstellt. Nach § 5 Abs. 3 UmwG müssen jedoch die Betriebsräte der beteiligten Rechtsträger über den Inhalt des Verschmelzungsvertrages inklusive der Folge der Verschmelzung für die Arbeitnehmer und ihre Vertretungen sowie die insoweit vorgesehenen Maßnahmen (§ 5 Abs. 1 Nr. 9 UmwG) informiert werden (vgl. zu Einzelheiten bei § 5 Rz. 84 ff.).

XV. Pachtrechtliche Folgen

60 Ein durch die Verschmelzung u.U. eintretender Pächterwechsel stellt keinen Fall einer unberechtigten Nutzungsüberlassung an Dritte i.S.d. § 589 Abs. 1 Nr. 1 BGB dar. Der Verpächter ist aus diesem Grunde nicht berechtigt, ein ihm für den Fall unberechtigter Nutzungsüberlassung eingeräumtes Kündigungsrecht auszuüben[5].

XVI. Steuerrechtliche Folgen[6]

61 Vgl. dazu Anh. 1 und 2 nach § 122l.

---

1 Vgl. auch § 5 Rz. 133.

2 Vgl. LG Stuttgart v. 8.3.1994 – 4 KfH O 6/94, ZIP 1994, 631 = EWiR § 339 AktG 1/94, 429 mit zust. Anm. *Grunewald* und OLG Stuttgart v. 23.11.1994 – 3 U 77/94, AG 1996, 35 zum Fall „Daimler Benz/MAH".

3 Überblick bei *Boecken*, Unternehmensumwandlungen und Arbeitsrecht, 1996, S. 35 ff.; *Ahrend/Pohlmann-Weide* in Limmer, Unternehmensumwandlung, S. 45 ff.; ausf. *Joost* in Kölner Umwandlungsrechtstage, S. 297 ff.; *Joost*, ZIP 1995, 976 ff.

4 Vgl. dazu BAG v. 19.3.1998 – 8 AZR 139/97, AP Nr. 177 zu § 613a BGB, unter 2 f.; ArbG Münster v. 14.4.2000 – 3 Ga 13/00, DB 2000, 1182; *Müller-Ehlen*, Der Übergang von Arbeitsverhältnissen im Umwandlungsrecht, 1999.

5 Vgl. BGH v. 26.4.2002 – LwZR 20/01, BGHZ 150, 365 = NJW 2002, 2168 m. Anm. *Blaurock*, EWiR 2003, 255 und *Maskow*, NJ 2002, 539.

6 Dazu *Stimpel*, GmbHR 2012, 199; *Mühle*, DStZ 2006, 63; *Schmitt* in Schmitt/Hörtnagl/Stratz, § 3 UmwStG Rz. 136 ff.

§ 3
Verschmelzungsfähige Rechtsträger

(1) An Verschmelzungen können als übertragende, übernehmende oder neue Rechtsträger beteiligt sein:

1. Personenhandelsgesellschaften (offene Handelsgesellschaften, Kommanditgesellschaften) und Partnerschaftsgesellschaften;

2. Kapitalgesellschaften (Gesellschaften mit beschränkter Haftung, Aktiengesellschaften, Kommanditgesellschaften auf Aktien);

3. eingetragene Genossenschaften;

4. eingetragene Vereine (§ 21 des Bürgerlichen Gesetzbuchs);

5. genossenschaftliche Prüfungsverbände;

6. Versicherungsvereine auf Gegenseitigkeit.

(2) An einer Verschmelzung können ferner beteiligt sein:

1. wirtschaftliche Vereine (§ 22 des Bürgerlichen Gesetzbuchs), soweit sie übertragender Rechtsträger sind;

2. natürliche Personen, die als Alleingesellschafter einer Kapitalgesellschaft deren Vermögen übernehmen.

(3) An der Verschmelzung können als übertragende Rechtsträger auch aufgelöste Rechtsträger beteiligt sein, wenn die Fortsetzung dieser Rechtsträger beschlossen werden könnte.

(4) Die Verschmelzung kann sowohl unter gleichzeitiger Beteiligung von Rechtsträgern derselben Rechtsform als auch von Rechtsträgern unterschiedlicher Rechtsform erfolgen, soweit nicht etwas anderes bestimmt ist.

Literatur

Vgl. die Angaben zu § 2, ferner: *Heckschen*, Umstrukturierung von Kapitalgesellschaften vor und während der Krise, DB 2005, 2283; *Hennrichs*, Die UG (haftungsbeschränkt) – Reichweite des Sacheinlageverbots und gesetzliche Rücklage – Sacheinlage, Sachkapitalerhöhung, Umwandlung, Zuzahlungen und Rücklagen bei der UG, NZG 2009, 1161; *Kallmeyer*, Die GmbH & Co. KG im Umwandlungsrecht, GmbHR 2000, 418; *Kossmann/Heinrich*, Möglichkeiten der Umwandlung einer bestehenden SE, ZIP 2007, 164; *Klein/Stephanblome*, Der Downstream Merger – aktuelle gesellschaftsrechtliche und umwandlungsrechtliche Fragestellungen, ZGR 2007, 351; *Lettl*, Wirtschaftliche Betätigung und Umstrukturierung von Ideal-Vereinen, DB 2000, 1449; *Mülbert*, Die rechtsfähige Personengesellschaft, AcP 199 (1999), 39; *Oplustil/Maximilian Schneider*, Zur Stellung der Europäischen Aktiengesellschaft im Umwandlungsrecht, NZG 2003, 13; *Römermann/Passarge*, Die GmbH & Co. KG ist tot – es lebe die UG & Co. KG!, ZIP 2009, 1497; *K. Schmidt*, Umwandlungen von Vorgesellschaften? §§ 41 AktG, 11 GmbHG und umwandlungsrechtlicher numerus clausus, in FS Zöllner, 1999, S. 521; *Hansjürgen Schwarz*, Umwandlung mittelständischer Unternehmen im Handels- und Steuerrecht, 1995; *Tettinger*, UG (umwandlungsbeschränkt)?, Der Konzern 2008, 75; *Wälzholz*, Aktuelle Probleme der Unterbilanz- und Differenzhaftung bei Umwandlungsvorgängen, AG 2006, 469.

I. Überblick

1 Zweck des UmwG ist es, die Verschmelzung weitestgehend zu ermöglichen und die Lücken im früheren Recht zu beseitigen[1]. Dazu lehnte sich die Regelung an die vor 1994 geltenden § 339 Abs. 2 AktG a.F.; § 19 Abs. 2 KapErhG, § 44 Abs. 2 und 3 VAG a.F., § 93a Abs. 2 GenG a.F. sowie § 2 Abs. 2 und 3 UmwG a.F. an[2].

§ 3 Abs. 1 und 2 UmwG nennen die Rechtsträger, die an der Verschmelzung sowohl als übertragende wie als übernehmende Rechtsträger beteiligt sein können. Die Aufzählung ist abschließend. Auf **§ 3 Abs. 1 UmwG** wird bei den anderen Umwandlungsarten verwiesen, wobei der Kreis der jeweils einbezogenen Rechtsträger zum Teil erweitert (vgl. § 124 UmwG für die Spaltung, § 191 UmwG für den Formwechsel) oder eingeschränkt (§ 175 UmwG Vermögensübertragung) wird.

§ 3 Abs. 2 UmwG eröffnet wirtschaftlichen Vereinen und natürlichen Personen eine eingeschränkte Verschmelzungsfähigkeit (Parallelvorschrift für die Spaltung ist § 123 Abs. 1 UmwG). Nach § 3 Abs. 2 Nr. 1 UmwG kann ein wirtschaftlicher Verein nur als übertragender Rechtsträger an einer Verschmelzung beteiligt sein, d.h. er kann nicht andere Rechtsträger durch Verschmelzung aufnehmen oder im Rahmen einer Verschmelzung neu gegründet werden. Nach § 3 Abs. 2 Nr. 2 UmwG können natürliche Personen nur als übernehmender Rechtsträger und nur wenn sie als Alleingesellschafter einer Kapitalgesellschaft deren Vermögen übernehmen an einer Verschmelzung beteiligt sein; das Gesetz regelt damit einen besonderen Fall der Konzernverschmelzung.

1 Vgl. BegrRegE bei *Schaumburg/Rödder*, § 3 UmwG Rz. 3 und bei *Ganske*, S. 47.
2 Vgl. zur Entstehungsgeschichte der Norm im Übrigen die Ausführungen in der 3. Aufl.

§ 3 Abs. 3 UmwG betrifft die Verschmelzungsfähigkeit aufgelöster Rechtsträger; auch diese Vorschrift gilt bei der Spaltung entsprechend (§ 124 Abs. 2 UmwG). Parallelvorschrift beim Formwechsel ist § 191 Abs. 3 UmwG.

§ 3 Abs. 4 UmwG stellt schließlich klar, dass neben der Verschmelzung von Rechtsträgern derselben Rechtsform auch die **Mischverschmelzung**, d.h. die Beteiligung von Rechtsträgern unterschiedlicher Rechtsformen an demselben Verschmelzungsvorgang, möglich ist.

II. Allgemeines

1. Begriff des Rechtsträgers

Rechtsträger im Sinne des UmwG ist jede im Rechtsverkehr auftretende rechtliche Einheit[1]. Der Begriff geht über den der juristischen Person hinaus und stellt klar, dass Gegenstand (Objekt) eines Übertragungsvorgangs jeweils das Vermögen – und nicht das Unternehmen – ist und dass sich Umwandlungen auf das Rechtssubjekt beziehen[2]. Ferner folgt daraus, dass dort, wo das UmwG den Begriff des Unternehmens verwendet (z.B. bei der Ausgliederung aus dem Vermögen von Gebietskörperschaften oder deren Zusammenschlüssen, §§ 168ff. UmwG), das Vorhandensein eines Unternehmens zusätzliche materielle Voraussetzung des Umwandlungsvorgangs ist[3]. Der Begriff „Rechtsträger" wird vom UmwG einheitlich für alle Vollinhaber eines Rechtes verwendet[4]. Der neutrale Begriff wurde insbesondere gewählt, um sowohl Gesellschaften als auch sonstige Körperschaften mit einem einheitlichen Begriff zu erfassen. Bei den Personengesellschaften hat die Anerkennung als Rechtsträger die Diskussion um die Rechtssubjektivität der Gesamthand erheblich beeinflusst und dazu beigetragen, dass sich der Gedanke der Rechtssubjektivität bis hin zur GbR weitgehend durchgesetzt hat[5]. Insbesondere der Umstand, dass ein identitätswahrender Formwechsel von der Personengesellschaft in die Kapitalgesellschaft möglich ist (§ 191 UmwG), war dabei von Bedeutung[6], denn dieser Vorgang lässt sich nur erklären, wenn man davon ausgeht, dass auch die Personengesellschaft selbst Inhaber der Rechtspositionen ist, die das Gesellschaftsvermögen ausmachen. 2

2. Ausweitung der Verschmelzungsmöglichkeiten

a) Verschmelzungsfähige Rechtsträger

aa) Während vor Inkrafttreten des UmwG nur juristische Personen verschmolzen werden konnten, normiert § 3 UmwG einen erheblich weiteren Kreis der ver- 3

1 BegrRegE bei *Schaumburg/Rödder*, Einf. Rz. 5 und bei *Ganske*, S. 13; dazu schon § 1 Rz. 3.
2 Vgl. *K. Schmidt*, ZGR 1990, 580 (592ff.); *K. Schmidt*, AcP 191 (1991), 495 (502f.).
3 Vgl. *Ganske* in IDW-Symposion, S. 19 und BegrRegE bei *Schaumburg/Rödder*, § 168 UmwG Rz. 5 und bei *Ganske*, S. 196.
4 Zur Abgrenzung gegenüber der juristischen Terminologie der früheren DDR vgl. BegrRegE bei *Schaumburg/Rödder*, Einf. UmwG Rz. 6 und bei *Ganske*, S. 13.
5 BGH v. 29.1.2001 – II ZR 331/00, BGHZ 146, 341 = AG 2001, 307; *Hadding* in Soergel, vor § 705 BGB Rz. 21; *Ulmer* in MünchKomm. BGB, vor § 705 BGB Rz. 9ff.; *K. Schmidt*, GesR, § 60 II 2; *Lutter*, ZGR 1990, 392 (395); *Grunewald*, GesR, Rz. 1.A. 100 m.w.N. auch zur Gegenansicht. S. dazu auch Einl. I Rz. 53 und § 190 Rz. 3.
6 So vor allem *Timm*, ZGR 1996, 247 (251ff.); *Mülbert*, AcP 199 (1999), 39 (66).

schmelzungsfähigen Unternehmensformen[1]. Die Aufzählung in § 3 Abs. 1 Nr. 1–6 und Abs. 2 Nr. 1 und 2 UmwG ist dabei jedoch nach § 1 Abs. 2 UmwG abschließend[2].

4 **bb) Voll verschmelzungsfähig** sind die in § 3 Abs. 1 UmwG genannten Rechtsträger, die an Verschmelzungen als übertragende, übernehmende oder neu gegründete Rechtsträger beteiligt sein können. Dazu gehören insbesondere **Personenhandels- und Kapitalgesellschaften**. Zu Ersteren zählt das Gesetz in § 3 Abs. 1 Nr. 1 UmwG nur die OHG und die KG; die **GmbH & Co. KG** ist KG und mithin erfasst[3]. Mit dem 1. Änderungsgesetz zum UmwG vom 22.7.1998 ist die Partnerschaft als verschmelzungsfähiger Rechtsträger hinzugekommen; insoweit ist der Gesetzgeber dem praktischen Bedürfnis für die Einbeziehung der Partnerschaft gefolgt. Partnerschaften können im Wege der Verschmelzung durch Aufnahme oder Neugründung Vermögen auf Personenhandels-, Kapital- und Partnerschaftsgesellschaften sowie eingetragene Genossenschaften übertragen oder – zusätzlich auch bei eingetragenen und wirtschaftlichen Vereinen – übernehmen[4]. Eine Einschränkung hinsichtlich der Umstrukturierungsmöglichkeit ergibt sich aber aus § 1 Abs. 1 Satz 3 PartGG, wonach die Rechtsform der Partnerschaft nur natürlichen Personen offen steht. Eine Verschmelzung auf eine Partnerschaftsgesellschaft ist daher nur möglich, wenn alle Anteilsinhaber übertragender Rechtsträger selbst natürliche Personen sind, die einen freien Beruf ausüben[5]. Die für die Partnerschaftsgesellschaft geltenden berufsrechtlichen Einschränkungen gem. § 1 Abs. 2 PartGG sind bei der Verschmelzung zu beachten. Ebenfalls erfasst wird die **EWIV**, da auf sie nach § 1 des EWIV-Ausführungsgesetzes[6] die Regeln der OHG anwendbar sind[7].

Kapitalgesellschaften sind GmbH, AG und KGaA (§ 3 Abs. 1 Nr. 2 UmwG)[8]. Voll verschmelzungsfähig sind ferner eingetragene Genossenschaften (§ 3 Abs. 1 Nr. 3

---

1 Entscheidungskriterien für eine Rechtsformwahl finden sich etwa bei *H. Schwarz*, Rz. 115ff. (spez. für mittelständische Unternehmen) und *E.T. Kraft* in Lutter, Holding-Handbuch, § 3 Rz. 5ff. (spez. für Holding-Gesellschaften).

2 Vgl. auch BegrRegE bei *Schaumburg/Rödder*, § 3 UmwG Rz. 2 und bei *Ganske*, S. 47; *H. Schmidt* in Kölner Umwandlungsrechtstage, S. 59 (67); *Stengel* in Semler/Stengel, § 3 UmwG Rz. 4; krit. dazu etwa *K. Schmidt*, ZGR 1990, 580 (590ff.); *Priester*, DNotZ 1995, 427 (432) m.w.N.

3 Unstr.; vgl. dazu die BegrRegE zu § 39 UmwG, abgedr. bei *Schaumburg/Rödder*, § 39 UmwG Rz. 3 und bei *Ganske*, S. 92; *Bermel* in Goutier/Knopf/Tulloch, § 3 UmwG Rz. 7; zur fehlerhaften Gesellschaft *Stratz* in Schmitt/Hörtnagl/Stratz, § 3 UmwG Rz. 10; *Stengel* in Semler/Stengel, § 3 UmwG Rz. 17; zu Schein-Personenhandelsgesellschaften vgl. unten 25.

4 Überblick der Verschmelzungsmöglichkeiten einer Partnerschaftsgesellschaft bei *Neye*, DB 1998, 1649 (1650).

5 Vgl. § 45a UmwG; *Neye*, ZIP 1997, 722 (723).

6 Gesetz v. 14.4.1988, BGBl. I, S. 514ff.

7 Allg. Ansicht, § 1 Rz. 58; *Marsch-Barner* in Kallmeyer, § 3 UmwG Rz. 4; *Stratz* in Schmitt/Hörtnagl/Stratz, § 3 UmwG Rz. 11; *K. Mertens*, Umwandlung und Universalsukzession, 1993, S. 20 Fn. 40; *Limmer*, Unternehmensumwandlung, S. 78; *Bermel* in Goutier/Knopf/Tulloch, § 3 UmwG Rz. 6; *H. Schmidt* in Kölner Umwandlungsrechtstage, S. 59 (68); *Sagasser/Luke* in Sagasser/Bula/Brünger, § 9 Rz. 22.

8 Das gilt auch für Verlustmäntel und Vorratsgesellschaften. Verschmelzungen von Vorgesellschaften können erst nach ihrer Eintragung als Kapitalgesellschaft vollzogen werden, vgl. unten Rz. 8 und *Bermel* in Goutier/Knopf/Tulloch, § 3 UmwG Rz. 12f.; *Stratz* in Schmitt/Hörtnagl/Stratz, § 3 UmwG Rz. 22f.

UmwG), eingetragene Vereine nach § 21 BGB (§ 3 Abs. 1 Nr. 4 UmwG)[1], genossenschaftliche Prüfungsverbände (§ 3 Abs. 1 Nr. 5 UmwG) und Versicherungsvereine auf Gegenseitigkeit (§ 3 Abs. 1 Nr. 6 UmwG). Voll verschmelzungsfähig sind auch die entstandene Societas Europaea (**SE**) und die **Europäische Genossenschaft** (Societas Cooperativa Europaea, SCE), die kraft der Verweisungen in Art. 9 SE-VO[2] und Art. 9 der SCE-VO[3] den entsprechenden nationalen Rechtsformen der AG und der eG gleichstehen. Auch ohne ausdrückliche Regelung im UmwG finden daher die Regeln über die Verschmelzung der AG und der eG Anwendung. Das gilt nicht für die Gründung der SE und der Europäischen Genossenschaft im Wege der Verschmelzung; hierzu finden sich Sonderregeln in den Art. 17–31 SE-VO, Artt. 19–34 SCE-VO. Vgl. in Einzelnen unten Rz. 18 ff.

cc) Nur **teilverschmelzungsfähig** sind die in § 3 Abs. 2 UmwG genannten Rechtsträger. Wirtschaftliche Vereine im Sinne von § 22 BGB können nur als übertragende Rechtsträger (§ 3 Abs. 2 Nr. 1 UmwG) und natürliche Personen nur als übernehmender Rechtsträger, wenn sie als Alleingesellschafter einer Kapitalgesellschaft deren Vermögen übernehmen (§ 3 Abs. 2 Nr. 2 UmwG), an einer Verschmelzung beteiligt sein. 5

dd) Für alle diese Rechtsträger sind bei der Verschmelzung **einheitlich die §§ 3–21 UmwG** anzuwenden. 6

b) Nicht verschmelzungsfähige Rechtsträger

aa) Aus der abschließenden Aufzählung folgt, dass alle anderen Rechtsträger nicht an einer Verschmelzung teilnehmen können[4]. Das gilt insbes. für die **GbR**[5]; eine „faktische Verschmelzung" unter Beteiligung einer GbR kann daher nur nach dem Anwachsungsprinzip (§ 738 Abs. 1 Satz 1 BGB) durchgeführt werden (dazu § 1 Rz. 50)[6]. Ebenso ausgeschlossen sind **schlichte Rechtsgemeinschaften** (§§ 741 ff. BGB), **nicht rechtsfähige Vereine, stille Gesellschaften**[7], **Stiftungen** und 7

---

1 Daher können sich auch Gewerkschaften, soweit sie eingetragene Vereine sind (oder geworden sind), an einer Verschmelzung beteiligen. Ausführlich zu Gewerkschaftsfusionen nach dem UmwG *Wiedemann/Thüsing*, WM 1999, 2237 und 2277.

2 Verordnung (EG) Nr. 2157/2001 des Rates v. 8.10.2001 über das Statut der Europäischen Gesellschaft (SE), ABl. Nr. L 294/1 v. 10.11.2001.

3 Verordnung (EG) Nr. 1435/2003 des Rates v. 22.7.2003 über das Statut der Europäischen Genossenschaft (SCE), ABl. EU Nr. L 207/1 v. 18.8.2003.

4 Heute einhellige Meinung, vgl. statt vieler *Drygala/Staake/Szalai*, Kapitalgesellschaftsrecht, 2012, § 35 Rz. 5; *Marsch-Barner* in Kallmeyer, § 3 UmwG Rz. 2; zu der teilweise abweichend beurteilten Rechtslage vor Inkrafttreten des UmwG *Drobnig/Becker/Remien*, Verschmelzung und Koordinierung von Verbänden, 1991.

5 Kritisch dazu etwa *Zöllner*, ZGR 1993, 334 (340); *Lutter*, ZGR 1990, 392 (399). Das UmwG lässt ihre Beteiligung lediglich in § 191 Abs. 2 Nr. 1 UmwG für den Formwechsel zu.

6 BGH v. 19.2.1990 – II ZR 42/89, DB 1990, 982 (Bleyle) („Verschmelzung" einer KG auf eine GbR durch gleichzeitige Übertragung aller Anteile); *H. Schmidt* in Kölner Umwandlungsrechtstage, S. 59 (65 f.); *Kallmeyer*, ZIP 1994, 1746 (1747 f.); zum Anwachsungsprinzip allg. vgl. *K. Schmidt*, GesR, § 8 IV 2a und § 45 II 5 S. 207, 1319 f.

7 Dazu *K. Schmidt* in MünchKomm. HGB, § 234 HGB Rz. 22 ff.; vgl. auch § 20 Rz. 20; *Marsch-Barner* in Kallmeyer, § 3 UmwG Rz. 5.

Körperschaften des öffentlichen Rechts[1] sowie **Erbengemeinschaften**[2]. Das gilt auch für die Erbengemeinschaft nach einer natürlichen Person, die Alleingesellschafter einer Kapitalgesellschaft war[3]. Und es gilt auch für noch nicht entstandene Rechtsträger, also insbes. für Vorgesellschaften[4]; denn diese werden zwar weitgehend behandelt *wie* eine bereits existente GmbH etc., *sind es aber nicht*. Davon ganz zu trennen ist die Frage, ob ein *noch nicht* verschmelzungsfähiger Rechtsträger schon Vorbereitungshandlungen für eine Verschmelzung *nach* Entstehung treffen kann; dem dürfte nichts entgegenstehen, da die rechtliche Wirkung erst *nach* Entstehung eintritt[5].

bb) Die Umwandlungsfähigkeit der Partenreederei war bisher zweifelhaft[6], jedoch wurde diese als Rechtsform zum 25.4.2013 gänzlich abgeschafft[7]. Die Frage hat sich damit erledigt.

III. Die Regeln für verschmelzungsfähige Unternehmensformen im Einzelnen (§ 3 Abs. 1 UmwG)

8 Sofern eine Verschmelzung überhaupt möglich ist, sind die allgemeinen Vorschriften der §§ 2–38 UmwG anzuwenden. Daneben gelten für die einzelnen Rechtsformen Sondervorschriften, die die allgemeinen Vorschriften ergänzen und zum Teil ersetzen. Vgl. dazu die **Übersicht** bei Einl. I Rz. 41.

1. Personenhandelsgesellschaften und Partnerschaftsgesellschaften (§ 3 Abs. 1 Nr. 1 UmwG)

9 Die Sondervorschriften für die Verschmelzung von Personenhandelsgesellschaften finden sich in den §§ 39–45 UmwG. Hinsichtlich der Verschmelzung von Partnerschaftsgesellschaften sind die §§ 45a–45e UmwG zu beachten. Die Vorschriften zur Verschmelzung von Personenhandelsgesellschaften sind gem. § 45e UmwG entsprechend anzuwenden. Nichts anderes gilt für die neu geschaffene Partnerschaftsgesellschaft mit beschränkter Berufshaftung. Sie stellt eine Variante der Partnerschaftsgesellschaft dar[8].

---

1 Vgl. §§ 174 ff. UmwG mit der Sonderregelung über die Vermögensübertragung.

2 *Fronhöfer* in Widmann/Mayer, § 3 UmwG Rz. 38; *Marsch-Barner* in Kallmeyer, § 3 UmwG Rz. 2.

3 Vgl. zur parallelen Problematik bei der Ausgliederung a.A. *Karollus*, § 152 Rz. 13 und *Karollus* in Kölner Umwandlungsrechtstage, S. 157 (188 ff.) sowie *K. Schmidt*, ZGR 1990, 580 (592).

4 *Stratz* in Schmitt/Hörtnagl/Stratz, § 3 UmwG Rz. 23; *Marsch-Barner* in Kallmeyer, § 3 UmwG Rz. 10; *Simon* in KölnKomm. UmwG, § 3 UmwG Rz. 23; a.A. *K. Schmidt*, ZGR 1990, 580 (592).

5 Ebenso *Fronhöfer* in Widmann/Mayer, § 3 UmwG Rz. 75, wonach bereits vor Eintragung der Verschmelzungsvertrag abgeschlossen und die Zustimmungsbeschlüsse gefasst werden können und lediglich die Eintragung als juristische Person vor der Eintragung der Verschmelzung erfolgen muss.

6 Dazu *K. Schmidt*, Die Partenreederei als Handelsgesellschaft, 1995, S. 124 ff., der insoweit das Analogieverbot des Umwandlungsgesetzes in Zweifel zieht und die Partenreederei nicht nur als eine handelsregisterfähige, sondern auch als umwandlungsfähige Personengesellschaft ansieht.

7 Gesetz zur Reform des Seehandelsrechts v. 20.4.2013, BGBl. I, S. 831.

8 Vgl. RegE PartGG, BT-Drucks. 17/10487, 15; *Hellwig*, AnwBl 2012, 345 (347); *Posegga*, DStR 2012, 611 (612); *Uwer/Roeding*, AnwBl 2013, 309.

2. Kapitalgesellschaften (§ 3 Abs. 1 Nr. 2 UmwG)

10 Für die Verschmelzung unter Beteiligung von Kapitalgesellschaften finden sich rechtsformbezogene Sondervorschriften in den §§ 46–59 UmwG für GmbH, §§ 60–77 UmwG für Aktiengesellschaften und in § 78 UmwG für KGaA. Die rechtsformbezogenen Regelungen unterscheiden dabei jeweils noch zwischen der Verschmelzung durch Aufnahme und der Verschmelzung durch Neugründung. Bei den Regelungen zur Verschmelzung durch Aufnahme finden sich insbesondere Regelungen zur Notwendigkeit und Durchführung der Kapitalerhöhung, mit der die für den Anteilstausch notwendigen Anteile bzw. Aktien geschaffen werden müssen. Bei der Verschmelzung durch Neugründung sind insbesondere die wesentlichen Gründungsvorschriften einzuhalten (§ 36 Abs. 2 Satz 1 UmwG).

11 Bei der durch das MoMiG[1] neu eingeführten Unternehmergesellschaft (haftungsbeschränkt) nach § 5a GmbHG handelt es sich um eine Unterform der GmbH[2], so dass sich ihre Verschmelzungsfähigkeit bereits aus § 3 Abs. 1 Nr. 2 UmwG ergibt und eine zusätzliche Erwähnung in § 3 UmwG damit obsolet ist. Gleichzeitig ist ein Formwechsel in die GmbH ausgeschlossen, da es sich bereits um eine GmbH handelt und das GmbHG für den Übergang von der UG zur Voll-GmbH eigene Regeln vorsieht[3].

12 Hinsichtlich der Verschmelzungsfähigkeit der UG muss unterschieden werden: Übertragender Rechtsträger kann eine UG immer sein; dieser Fall ist unproblematisch[4]. Bei der Beteiligung als aufnehmender Rechtsträger bereitet das Sacheinlageverbot in § 5a Abs. 2 Satz 2 GmbHG Probleme. Dies gilt vor allem bei der Verschmelzung zur Neugründung. Hier geht das Vermögen auf den durch Verschmelzung neu entstandenen Rechtsträger über[5]. Diese Übertragung stellt eine Sachgründung dar (§§ 36 Abs. 2, 56 UmwG), so dass die speziellen Vorschriften zur Sachgründung berücksichtigt werden müssen. Für den Fall der Gründung enthält § 5a Abs. 2 Satz 2 GmbHG für die UG ein ausdrückliches Sacheinlageverbot. Dieses steht der Gründung der UG im Wege der Verschmelzung entgegen. Daher ist weitgehend anerkannt, dass bei der Verschmelzung zur Neugründung die UG nur übertragender, nicht aber aufnehmender Rechtsträger sein kann[6].

13 Bei der Verschmelzung zur Aufnahme ist die Lage etwas anders, da hier der aufnehmende Rechtsträger schon existiert. Das Problem liegt hier bei der Kapitalerhöhung. Bei der Verschmelzung zur Aufnahme erwerben die Anteilsinhaber des übertragenden Rechtsträgers grds. neue Anteile am übernehmenden Rechtsträger, die aus einer Kapitalerhöhung hervorgehen. Wertmäßig unterlegt wird diese Kapitalerhöhung zudem mit dem von der übertragenden Gesellschaft eingebrachten Vermögen. Es handelt sich also bei §§ 54f. UmwG nicht um eine Bareinlage, sondern um eine Sacheinlage, die – wie bereits bei der Verschmelzung zur Neugrün-

---

1 Gesetz zur Modernisierung des GmbH-Rechts und zur Bekämpfung von Missbräuchen (MoMiG) v. 23.10.2008, BGBl. I, S. 2026.
2 *Seibert/Decker*, ZIP 2008, 1208 (1209f.); *Oppenhoff*, BB 2008, 1630 (1631f.).
3 Insofern zutr. *Tettinger*, Der Konzern 2008, 75.
4 Ebenso *Simon* in KölnKomm. UmwG, § 3 UmwG Rz. 21; *Marsch-Barner* in Kallmeyer, § 3 UmwG Rz. 9.
5 Vgl. *Werner*, GmbHR 2011, 459 (463).
6 So ebenfalls *Drygala/Staake/Szalai*, Kapitalgesellschaftsrecht, 2012, § 35 Rz. 6; *Tettinger*, Der Konzern 2008, 75 (76f.); *Römermann/Passarge*, ZIP 2009, 1497 (1500); a.A. *Hennrichs*, NZG 2009, 1161 (1163f.).

dung diskutiert wurde – von § 5a Abs. 2 Satz 2 GmbHG ausgeschlossen ist. Strittig ist, wie sich der eigentlich für den Fall der Gründung gedachte § 5a Abs. 2 Satz 2 GmbHG bei der Kapitalerhöhung auswirkt[1]. Der BGH hat sich insoweit einer vermittelnden Ansicht angeschlossen, nach der das Sachgründungsverbot zwar auch für die Kapitalerhöhung gilt, aber nicht, wenn durch die Sachkapitalerhöhung das Stammkapital den Betrag des gesetzlichen Mindestkapital erreicht und die UG somit zur GmbH wird, § 5a Abs. 5 GmbHG[2]. Diese Ansicht überzeugt auch für den Fall der Verschmelzung, zumal das aufwendige Verfahren nach dem UmwG bei einer Verschmelzung, die nicht wenigstens zu einem Kapital von 25 000 Euro führt, wenig Sinn macht. Die passive Verschmelzungsfähigkeit ist daher gegeben, wenn die aufnehmende UG nach der Verschmelzung mindestens 25 000 Euro Grundkapital aufweist. Passiv verschmelzungsfähig ist die UG ferner auch dann, wenn eine Kapitalerhöhung nach § 54 UmwG nicht durchgeführt werden darf bzw. muss. Dann steht § 5a Abs. 2 Satz 2 GmbHG von vornherein nicht entgegen.

3. Genossenschaften und sonstige Rechtsträger (§ 3 Abs. 1 Nr. 3–6 UmwG)

14 Sondervorschriften über eingetragene Genossenschaften finden sich in den §§ 79–98 UmwG[3]. Die Verschmelzung von Genossenschaften untereinander ist ohne Rücksicht auf die Art der Gesellschafterhaftung und die Höhe der Nachschusspflicht möglich. Besondere Bedeutung hat insbesondere der Ausschluss der §§ 29 ff. UmwG durch die §§ 90 ff. UmwG (Ausschlagungsrecht), sowie die Regeln der §§ 87 und 88 UmwG.

15 Rechtformspezifische Regelungen zu rechtsfähigen Vereinen finden sich in den §§ 99–104a UmwG, zu genossenschaftlichen Prüfungsverbänden in den §§ 105–108 UmwG, zu Versicherungsvereinen auf Gegenseitigkeit in den §§ 109–119 UmwG und zu natürlichen Personen in den §§ 120–122 UmwG.

4. Wirtschaftliche Vereine (§ 3 Abs. 2 Nr. 1 UmwG)

16 Der wirtschaftliche Verein kommt nur als übertragender Rechtsträger in Betracht, da der Gesetzgeber davon ausging, dass der Verein als Träger eines Unternehmens nur ausnahmsweise geeignet sei. Dafür führt die Regierungsbegründung die wesentlichen Unterschiede zu den Handelsgesellschaften an, die in der fehlenden Pflicht zur allgemeinen Rechnungslegung, dem fehlenden Garantiekapital, der schwächeren Kontrolle des Vereinsvorstandes in seiner Geschäftsführung durch Mitglieder und der fehlenden unternehmerischen Mitbestimmung der Arbeitnehmer liege[4]. Mit der Aufnahme als übertragender Rechtsträger wurde den wachsen-

---

1 Darauf abstellend noch die 4. Aufl.

2 So ebenfalls BGH v. 19.4.2011 – II ZB 25/10, ZIP 2011, 955 = GmbHR 2011, 699; *Drygala/Staake/Szalai*, Kapitalgesellschaftsrecht, 2012, § 5 Rz. 14 sowie § 35 Rz. 6; *Fronhöfer* in Widmann/Mayer, § 3 UmwG Rz. 16.2; *Tettinger*, Der Konzern 2008, 75 (77 f.); *Miras* in Ziemons/Jaeger, § 5a GmbHG Rz. 49c f.; a.A.: OLG München v. 23.9.2010 – 31 Wx 149/10, NJW 2011, 464 = GmbHR 2010, 1210; *Fastrich* in Baumbach/Hueck, § 5 GmbHG Rz. 33 f. sowie *Heckschen* in Widmann/Mayer, § 1 UmwG Rz. 48.2.

3 Vgl. dazu auch *Beuthien/Wolff*, GenG, §§ 2 ff UmwG; *Pöhlmann/Fandrich/Bloehs*, GenG, 4. Aufl. 2012, §§ 79 ff. UmwG.

4 BegrRegE, abgedr. bei *Schaumburg/Rödder*, § 3 UmwG Rz. 4 und bei *Ganske*, S. 47.

den Bedürfnissen der Praxis nach Umwandlung/Verschmelzung von oft wie Wirtschaftsunternehmen tätigen Vereinen Rechnung getragen; gleichzeitig soll mit der Aufnahme von Vereinen durch Handelsgesellschaften dem Abbau staatlicher Aufsichtsbefugnisse und dadurch der Verwaltungsvereinfachung gedient werden.

5. Natürliche Personen (§ 3 Abs. 2 Nr. 2 UmwG)

Die Übertragung des Vermögens einer Kapitalgesellschaft auf ihren Alleingesell- 17
schafter ist ein Sonderfall der Konzernverschmelzung. Sie ist nur auf einen Alleingesellschafter möglich; die im DiskE enthaltene Möglichkeit der Verschmelzung auf den Mehrheitsgesellschafter ist nicht Gesetz geworden. Ohne Belang ist seit 1998, ob die übertragende Kapitalgesellschaft ein Handelsgewerbe betreibt oder nicht. Im letztgenannten Fall kann die Verschmelzung gleichwohl erfolgen, sie wird dann (ausnahmsweise) mit der Eintragung im Register der übertragenden Gesellschaft wirksam[1]. Der (früheren) Gegenmeinung[2] ist durch § 122 Abs. 2 UmwG die Grundlage entzogen.

6. Europäische Aktiengesellschaft (SE)

Für die Beteiligung der Europäischen Aktiengesellschaft (Societas Europea – SE) 18
an Verschmelzungen sind die Fälle, in denen die Verschmelzung nach den Regelungen der SE-VO[3] erfolgt, von solchen zu trennen, bei denen sich die Verschmelzung nach nationalem Recht vollzieht.

a) Gem. Art. 2 Abs. 1 SE-VO kann eine SE durch Verschmelzung von Aktienge- 19
sellschaften gegründet werden[4]. Die Aktiengesellschaften müssen dafür nach dem Recht eines Mitgliedstaates gegründet worden sein und ihren Sitz und ihre Hauptverwaltung in der Gemeinschaft haben, wobei zumindest zwei von ihnen dem Recht verschiedener Mitgliedstaaten unterliegen. Die SE-VO ermöglicht hierbei die Verschmelzung durch Aufnahme in eine bestehende AG, die sich mit Wirksamkeit der Verschmelzung in eine SE umwandelt (Art. 17 Abs. 2 Satz 1 lit. a i.V.m. Satz 2 SE-VO) sowie die Verschmelzung durch Neugründung einer SE (Art. 17 Abs. 2 Satz 1 lit. b i.V.m. Satz 3 SE-VO). Das Verschmelzungsverfahren wird dabei in Artt. 20ff. SE-VO geregelt, das jedoch bei Bestehen einer Lücke durch das Verschmelzungsrecht für Aktiengesellschaften desjenigen Mitgliedstaates ergänzt wird, dessen Recht die SE unterliegt (Art. 18 SE-VO)[5]. Ergänzend bestimmt Art. 66 Abs. 1 Satz 1 SE-VO, dass eine SE nach Ablauf von zwei Jahren in eine nationale AG rückumgewandelt werden kann.

---

1 BGH v. 4.5.1998 – II ZB 18/97, DB 1998, 1607 = AG 1998, 426.

2 OLG Zweibrücken v. 27.12.1995 – 3 W 263/95, ZIP 1996, 460 = WiB 1996, 527 mit abl. Anm. *Trölitzsch* und LG Koblenz v. 7.11.1995 – 4 HT 2/95, DB 1996, 267 = GmbHR 1996, 127.

3 Reglement (CEX) No. 2157/2001 du Conseil du 8 octobre 2001 relatif au statu de la société européenne (SE), ABl. EG Nr. L 294/1.

4 Vgl. zum Ablauf einer Verschmelzungsgründung *Vossius* in Widmann/Mayer, § 20 UmwG Rz. 407ff. und 425; *Bayer* in Lutter/Hommelhoff, SE-Kommentar, 2008, Art. 17 SE-VO Rz. 8; *Teichmann*, ZGR 2002, 383 (415ff.); *Horn*, DB 2005, 147 (148).

5 Vgl. etwa zur Frage der Anwendbarkeit des § 6 UmwG auf den nach § 20 Abs. 1 SE-VO aufzustellenden Verschmelzungsplan bei § 6 Rz. 15.

20 **b)** Im Ausgangspunkt besteht Einigkeit darüber, dass eine SE an einer **Verschmelzung nach nationalem Recht** beteiligt sein kann. Zwar wird die SE in der Aufzählung der verschmelzungsfähigen Rechtsträger des § 3 UmwG nicht ausdrücklich genannt, aber gem. Art. 9 Abs. 1 lit. c (ii) unterliegt die SE in Bezug auf Bereiche, die in der SE-VO nicht oder nur teilweise geregelt wurden, den Rechtsvorschriften der Mitgliedstaaten, die auf eine nach dem Recht des Sitzstaats der SE gegründete Aktiengesellschaft Anwendung finden würden. Die Aktiengesellschaft ist verschmelzungsfähiger Rechtsträger gem. § 3 Abs. 1 Nr. 2 UmwG. Daraus folgt, dass die SE **sowohl übertragender als auch übernehmender Rechtsträger** einer Verschmelzung nach dem UmwG sein kann[1].

21 Str. ist jedoch, ob dabei die Beschränkungen des Art. 66 Abs. 1 SE-VO beachtet werden müssen, also ob die Verschmelzung **erst nach Ablauf von zwei Jahren** möglich ist und dabei keine **andere Zielrechtsform** als die AG gewählt werden darf. Das wird in der Literatur zum Teil mit dem Argument vertreten, dass Art. 66 SE-VO eine abschließende Regelung sei[2]. Diese Auffassung trifft nicht zu. Art. 66 SE-VO regelt ersichtlich nur einen Fall des Formwechsels, trifft aber ansonsten zur Beteiligungsfähigkeit an Verschmelzung oder Spaltung keine Aussage[3]. Gegen die Annahme einer abschließenden Regelung spricht ferner die Gesetzgebungsgeschichte zur SE-VO[4]. Die Norm hat daher keine Ausstrahlungswirkung auf andere Umwandlungsvorgänge als den Formwechsel. Dann sollte man konsequenterweise aber auch nicht fordern, dass die Zwei-Jahres-Frist des Art. 66 SE-VO analog auf die Verschmelzung Anwendung findet[5]. Vielmehr ist gem. Art. 9 SE-VO das nationale Recht anzuwenden, das allerdings bei der Verschmelzung einer AG als übertragender Rechtsträger ebenfalls, wenn auch aus ganz anderen Gründen (§ 76 Rz. 3), eine zweijährige Sperrfrist vorsieht (§ 76 UmwG).

7. Europäische Genossenschaft

22 Am 21.8.2003 ist die VO über das Statut der europäischen Genossenschaft (SCE) in Kraft getreten[6]. Es gilt seit dem 18.8.2006 die Regelungen der SCE entsprechen hinsichtlich der Gründung durch Verschmelzung und der Beteiligung an nationalen und grenzüberscheitenden Verschmelzungsvorgängen denen der SE. Insbesondere wird auch hier auf das nationale Genossenschaftsrecht verwiesen, wo die VO keine besondere Regelung enthält (Art. 9 SCE-VO). Daher ist die wirksam entstandene SCE umwandlungsfähiger Rechtsträger, soweit das UmwG die nationale eG für umwandlungsfähig erklärt[7]. Da Art. 76 SCE-VO eine Regelung enthält, die

---

1 So *Vossius* in Widmann/Mayer, § 20 UmwG Rz. 403; *Oplustil/M. Schneider*, NZG 2003, 13 (16).
2 *Veil* in Jannott/Frodermann, Handbuch der SE, 2005, S. 336f.
3 Überzeugend *Kossmann/Heinrich*, ZIP 2007, 164 (165); *Seibt* in Lutter/Hommelhoff, SE-Kommentar, 2008, Art. 66 SE-VO Rz. 3; jetzt auch *Schäfer* in MünchKomm. AktG, Art. 66 SE-VO Rz. 1.
4 Näher *Schwarz*, 2006, Art. 66 SE-VO Rz. 29.
5 So aber *Schwarz*, 2006, Art. 66 SE-VO Rz. 29; *Schröer* in Manz/Mayer/Schröder, 2. Aufl. 2010, Art. 66 SE-VO Rz. 9; *Oplustil/M. Schneider*, NZG 2003, 13 (16); wie hier *Kossmann/Heinrich*, ZIP 2007, 164 (165).
6 VO 1435/2003/EG v. 22.7.2003, ABl. EG Nr. L 207/1.
7 Wie hier *Drinhausen* in Semler/Stengel, Einl. C Rz. 68; *Heckschen* in Widmann/Mayer, § 1 UmwG Rz. 71.

Art. 66 SE-VO inhaltlich entspricht, ist die zur SE diesbezüglich geführte und oben bei Rz. 21 behandelte Diskussion auch für die SCE von Belang.

IV. Verschmelzung unter Beteiligung aufgelöster Rechtsträger (§ 3 Abs. 3 UmwG)

1. Aufgelöste Rechtsträger als übertragende Rechtsträger

a) Überblick und allgemeine Regeln

23 Nach § 3 Abs. 3 UmwG ist die Verschmelzung auch möglich, wenn die übertragenden (auch: in einer neuen Gesellschaft sich vereinigenden) Rechtsträger aufgelöst sind, sofern nur die **Fortsetzung** der betreffenden Rechtsträger beschlossen werden *könnte*. Das gilt allgemein und für jeden Rechtsträger jeder Rechtsform. Die soll vor allem Sanierungsverschmelzungen erleichtern[1]. Nicht wirksam hingegen ist eine Verschmelzung einer durch Gesellschafterbeschluss aufgelösten Gesellschaft, wenn eine Fortsetzung wegen Überschuldung nicht hätte wirksam beschlossen werden können[2].

24 Die bloße **Überschuldung**, die noch nicht zu einer Auflösung des Rechtsträgers geführt hat, hindert die Verschmelzung nicht[3]. Das gilt sowohl für übertragende als auch für übernehmende Rechtsträger[4]. Jedoch ist bei einer Verschmelzung auf eine Kapitalgesellschaft in der Regel eine Kapitalerhöhung erforderlich, die wiederum voraussetzt, dass in der übertragenden Gesellschaft ein positives Vermögen vorhanden ist[5]. Damit tritt faktisch eine Verschmelzungssperre ein, wenn die Gesellschaft real (und nicht nur bilanziell) überschuldet ist. Erleichtert wird die Entsorgung überschuldeter Rechtsträger aber durch § 54 Abs. 1 Satz 3 UmwG, der in seiner heutigen Fassung eine Kapitalerhöhung nicht mehr zwingend voraussetzt[6]. Allerdings droht in diesen Fällen eine massive Beeinträchtigung der Interessen vorhandener Minderheitsgesellschafter, weshalb ein einstimmiger Beschluss der Anteilsinhaber erforderlich ist[7]. Ist eine Gesellschafterminderheit nicht vorhanden, kann auch die Verschmelzung auf den Alleingesellschafter ein gangbarer Weg sein (näher dazu bei § 120 Rz. 21).

25 Weitere Voraussetzung ist entsprechend Art. 3 Abs. 2 der 3. Richtlinie, dass **noch nicht mit der Verteilung des Vermögens** an die Anteilsinhaber **begonnen** worden

1 Vgl. dazu BegrRegE bei *Schaumburg/Rödder*, § 3 UmwG Rz. 7 und bei *Ganske*, S. 47; aus der Literatur vgl. *Wegmann/Schmitz*, WPg 1989, 189ff.

2 BayObLG v. 4.2.1998 – 3 Z BR 462/97, DB 1998, 715; ein Verstoß gegen diese Regel lässt wegen der weitgehenden Heilungswirkung des § 20 UmwG die Wirksamkeit der Verschmelzung unberührt, vgl. BGH v. 29.6.2001 – V ZR 186/00, ZIP 2001, 2006.

3 OLG Stuttgart v. 4.10.2005 – 8 W 426/05, ZIP 2005, 2066f. = GmbHR 2006, 380ff.; LG Leipzig v. 18.1.2006 – 01 HK T 7414/04, DB 2006, 885; *Heckschen*, EWIR 2005, 839f.; vgl. zu den dadurch eröffneten Missbrauchsmöglichkeiten den Diskussionsbericht in ZGR 2007, 312.

4 *Limmer*, Unternehmensumwandlungen, S. 993ff.; *Heckschen*, DB 2005, 2675 (2677); *Klein/Stephanblome*, ZGR 2007, 351 (367).

5 *Heckschen*, DB 2005, 2283 (2285) m.w.N.

6 Näher dazu *Heckschen*, DNotZ 2007, 445 (450).

7 Wie hier auch *Klein/Stephanblome*, ZGR 2007, 351 (368); für einen mehrheitlich gefassten Zustimmungsbeschluss *Marsch-Barner* in Kallmeyer, § 3 UmwG Rz. 22.

ist[1]. Damit soll das Verbot der Einlagenrückgewähr in den § 57 AktG, § 30 GmbHG gegen Umgehung geschützt werden. Die Vorschrift ist daher strikt zu beachten; ist schon Vermögen verteilt worden, so kann die Verschmelzungsfähigkeit nicht wiederhergestellt werden, auch nicht durch Rückgewähr der betreffenden Leistung[2]. Wegen ihrer auf das Kapital bezogenen Zwecksetzung findet diese Einschränkung keine Anwendung auf die OHG, die KG und den Verein, die auch nicht unter den Anwendungsbereich der Verschmelzungsrichtlinie fallen[3].

26 Im Übrigen muss nur die **Möglichkeit der Fortsetzung** bestehen; es muss also darüber noch nicht beschlossen worden sein, ja diese Fortsetzung muss nicht einmal besonders beschlossen werden; denn sie ist im Verschmelzungsbeschluss selbst mit enthalten[4].

Liegt aber ein **besonderer Auflösungsgrund** vor, so dass ein Fortsetzungsbeschluss allein nicht genügen würde, so muss dieser Auflösungsgrund *zuvor* beseitigt sein, ehe Verschmelzungsfähigkeit gegeben ist; denn solange dieser Grund besteht, *könnte* nicht fortgesetzt werden. Aus diesem Grunde wurde bisher angenommen, dass Rechtsträger, die sich in einem laufenden Insolvenzverfahren befinden, nicht verschmelzungsfähig sind. Erforderlich war, dass das Verfahren eingestellt wurde oder ein bestätigter Insolvenzplan vorlag, der die Fortsetzung der Gesellschaft vorsah; erst dann konnte eine Verschmelzung nachfolgen[5].

27 Insofern ist durch das am 1.3.2012 in Kraft getretene ESUG[6] eine neue Lage entstanden. Gesellschaftsrechtliche Beschlüsse zur Neuordnung des insolventen Rechtsträgers können nach neuem Recht bereits im Insolvenzplan enthalten sein; auch der Fortsetzungsbeschluss ist bereits im Plan selbst enthalten, § 225a Abs. 3 InsO n.F. Da aber jedes Insolvenzverfahren auch in einen Insolvenzplan münden kann, ist jede insolvente Gesellschaft potentiell fortsetzungsfähig. Die Insolvenzlage steht damit einer Anwendung des UmwG nicht mehr entgegen; das gilt nicht nur für die Verschmelzung auf eine nicht insolvente Gesellschaft (Sanierungsfusion), sondern auch für andere Umwandlungsformen, etwa einen Formwechsel oder eine Ausgliederung[7].

---

1 Vgl. aus dem früheren Recht § 274 Abs. 1 AktG, § 79a GenG, § 1 Abs. 3 Satz 1 von Art. 12 der GmbH-Novelle von 1980.

2 *Stratz* in Schmitt/Hörtnagl/Stratz, § 3 UmwG Rz. 51; *Hüffer*, § 274 AktG Rz. 4; *Heckschen*, DB 1998, 1385 (1387) zur GmbH oberhalb der Grenze des § 30 GmbHG; großzügiger *Casper* in Ulmer/Habersack/Winter, § 60 GmbHG Rz. 132.

3 *Fronhöfer* in Widmann/Mayer, § 3 UmwG Rz. 49; *K. Schmidt* in MünchKomm. HGB, § 145 HGB Rz. 76; *Katschinski* in Semler/Stengel, § 99 UmwG Rz. 47.

4 Vgl. *Bermel* in Goutier/Knopf/Tulloch, § 3 UmwG Rz. 17; *Stratz* in Schmitt/Hörtnagl/Stratz, § 3 UmwG Rz. 52; *Marsch-Barner* in Kallmeyer, § 3 UmwG Rz. 23.

5 Zur GmbH vgl. *Casper* in Ulmer/Habersack/Winter, § 60 GmbHG Rz. 125 ff.; zu OHG/KG *Hopt* in Baumbach/Hopt, § 131 HGB Rz. 21 ff. Bei diesen Erfordernissen handelt es sich um allgemeine verbandsrechtliche Prinzipien, vgl. dazu *K. Schmidt*, GesR, § 11 V 5 S. 315; *Heckschen*, DB 2005, 2283 f.

6 Gesetz zur weiteren Erleichterung der Sanierung von Unternehmen v. 13.12.2011, BGBl. I, S. 2582.

7 *Madaus*, ZIP 2012, 2134; *Simon/Merkelbach*, NZG 2012, 121 (128).

b) AG, GmbH und VVaG

Hier bestimmt bereits § 274 Abs. 1 AktG für Aktiengesellschaften das Gleiche wie § 3 Abs. 3 UmwG. Entsprechende Regeln finden sich im GmbHG und im VAG; die Regeln des AktG können entsprechend angewandt werden, d.h. eine Verschmelzung ist auch hier so lange möglich, als mit der Verteilung des Vermögens noch nicht begonnen wurde[1]. 28

c) Eingetragener Verein

Im Vereinsrecht finden sich keine Regelungen über die Möglichkeit der Fortsetzung. Sie ist jedoch nicht verboten und daher nach den allgemeinen Regeln und ggf. Beseitigung des besonderen Auflösungsgrundes möglich[2]. Zu einer Auszehrung des Vermögens kann es nach § 51 BGB sowieso erst nach Ablauf des Sperrjahres kommen. 29

d) Personenhandels- und Partnerschaftsgesellschaften

Für aufgelöste Personenhandelsgesellschaften und gem. § 45e UmwG entsprechend für Partnerschaftsgesellschaften wird die Möglichkeit der Verschmelzung als übertragender Rechtsträger in § 39 UmwG davon abhängig gemacht, dass die Gesellschafter die mit der Auflösung an sich verbundene Abwicklung *nicht* durch eine *andere Art* der Auseinandersetzung ersetzt haben. Es muss also bei der regulären Liquidation oder eben der Verschmelzung als Art der Auseinandersetzung verbleiben. Die Vereinbarungen der Übernahme des Handelsgeschäfts durch einen Gesellschafter (§ 145 HGB) oder der Realteilung des Gesellschaftsvermögens stehen mithin der Verschmelzung entgegen. Damit wird sichergestellt, dass das Vermögen der aufgelösten Personenhandelsgesellschaft im Zeitpunkt des Verschmelzungsbeschlusses noch vorhanden und nicht auf Grund einer anderen Art der Auseinandersetzung bereits verteilt worden ist[3]. Nicht verlangt wird, dass vor der Verschmelzung die Abwicklung auch tatsächlich durchgeführt worden ist und nur noch die Verteilung des nach Befriedigung der Gläubiger verbleibenden Vermögens aussteht[4]. 30

2. Verschmelzung mit aufgelöstem übernehmenden Rechtsträger

Wiederum nicht im Gesetz geregelt ist der Fall, dass der übernehmende Rechtsträger aufgelöst ist. Wird die Gesellschaft kraft gesetzlicher Regelung ohne Fortsetzungsmöglichkeit aufgelöst, ist sie von der Beteiligung an einer Verschmelzung 31

1 *Stratz* in Schmitt/Hörtnagl/Stratz, § 3 UmwG Rz. 51; *Fronhöfer* in Widmann/Mayer, § 3 UmwG Rz. 48; *Kleindiek* in Lutter/Hommelhoff, § 60 GmbHG Rz. 29; sowie *Pöhlmann/Fandrich/Bloehs*, GenG, § 3 UmwG Rz. 4; *Beuthien/Wolff*, GenG, §§ 2 ff UmwG Rz. 4.

2 Vgl. *K. Schmidt*, GesR, § 24 VII 3b, bb S. 727.

3 BegrRegE bei *Schaumburg/Rödder*, § 39 UmwG Rz. 2 und bei *Ganske*, S. 92; *H. Schmidt* in Kölner Umwandlungsrechtstage, S. 59 (69).

4 Vgl. dazu *H. Schmidt* in Kölner Umwandlungsrechtstage, S. 59 (69); a.A. *Stratz* in Schmitt/Hörtnagl/Stratz, § 3 UmwG Rz. 47f. sowie *Marsch-Barner* in Kallmeyer, § 3 UmwG Rz. 26.

schlechthin ausgenommen[1]. Schon vor 1994 war aber umstritten, ob es zur Verschmelzungsfähigkeit als übernehmender Rechtsträger ausreicht, wenn dieser zwar aufgelöst ist, aber seine Fortsetzung beschlossen werden könnte oder ob dieser zuvor durch einen wirksamen Fortsetzungsbeschluss wieder zum werbenden Rechtsträger geworden sein muss[2]. Da die Formulierung des § 3 Abs. 3 UmwG dem früheren § 19 Abs. 2 KapErhG entspricht, kann ein aufgelöster Rechtsträger nicht übernehmender Rechtsträger sein. Insoweit ist die Formulierung des § 3 Abs. 3 UmwG durchaus als Klarstellung zu verstehen, da der Gesetzgeber bewusst an das bis 1994 bestehende Recht anknüpfte[3]. Es handelt sich um eine nicht analogiefähige Ausnahmevorschrift, die nur Sanierungsfusionen erleichtern, nicht aber reine Abwicklungsfusionen ermöglichen will[4]. Das gilt erst recht, wenn sich der aufnehmende Rechtsträger in der Insolvenz befindet, zumal die Verschmelzung dem Zweck des Insolvenzverfahrens entgegensteht und den Gläubigern der übertragenden Rechtsträger keine Sicherheit nach § 22 UmwG geleistet werden könnte[5]. An dieser Bewertung hat sich auch nach Inkrafttreten des ESUG nichts geändert; vertretbar erscheint aber eine Ausnahme dort, wo das übertragende Unternehmen keine Gläubiger hat[6].

3. Änderung oder Wegfall des Gewerbes[7]

32 Personen- und Partnerschaftsgesellschaften sowie nicht eingetragene Vereine können außerhalb des Registers und mithin unvermerkt ihren Rechtscharakter ändern und damit auch ihre Verschmelzungsfähigkeit. Nimmt eine GbR oder ein nicht eingetragener Verein ein **Handelsgewerbe** i.S.v. § 1 Abs. 2 HGB auf, so werden sie ipso iure zu verschmelzungsfähigen Rechtsträgern, müssen das allerdings dem prüfungspflichtigen Registergericht im Eintragungsverfahren (§§ 16ff. UmwG) nachweisen.

33 Das Gleiche gilt aber auch in der umgekehrten Richtung. **Ändert sich das Gewerbe zu einem nicht kaufmännischen**, so werden die betreffenden Rechtsträger ipso iure GbR und verlieren ihre Verschmelzungsfähigkeit[8]. Insoweit wird zum Teil vertreten, dass aufgrund der Regeln des § 5 UmwG über den Kaufmann kraft Eintragung die Verschmelzungsfähigkeit erhalten bliebe[9], aber diese Ansicht ist unzutreffend. Weder kann aus §§ 2 und 105 Abs. 2 HGB gefolgert werden, dass jedes eingetragene Unternehmen per se ein kaufmännisches sei[10], noch hat die

1 KG v. 22.9.1998 – 1 W 2161/97, DB 1998, 2409.
2 Vgl. zum Streitstand nach altem Recht die Nachweise in der 4. Aufl. Fn. 69.
3 Vgl. BegrRegE BT-Drucks. 12/6699, 82; zutr. *Sagasser/Luke* in Sagasser/Bula/Brünger, § 9 Rz. 27; OLG Naumburg v. 12.2.1997 – 10 Wx 1/97, NJW-RR 1998, 179 = GmbHR 1997, 1152.
4 AG Erfurt v. 25.10.1995 – HRB 1870, Rpfleger 1996, 163.
5 *Stratz* in Schmitt/Hörtnagl/Stratz, § 3 UmwG Rz. 57; *Marsch-Barner* in Kallmeyer, § 3 UmwG Rz. 27; *Heckschen*, DB 2005, 2283f.
6 *Madaus*, ZIP 2012, 2135; *Heckschen*, ZInsO 2008, 824 (828).
7 Dazu *H. Schmidt* in Kölner Umwandlungsrechtstage, S. 59 (70).
8 So ebenfalls *Drygala/Staake/Szalai*, Kapitalgesellschaftsrecht, 2012, § 35 Rz 8; a.A. *Bermel* in Goutier/Knopf/Tulloch, § 3 UmwG Rz. 8: Auch Schein-KG bzw. Schein-OHG sollten als verschmelzungsfähige Rechtsträger anerkannt werden.
9 *Stengel* in Semler/Stengel, § 3 UmwG Rz. 16; *Marsch-Barner* in Kallmeyer, § 3 UmwG Rz. 7.
10 So aber *K. Schmidt*, ZHR 163 (1999), 87 (89ff.).

HGB-Reform von 1998 etwas daran geändert, dass das Registergericht an die Wirkung des § 5 HGB nicht gebunden ist[1]. Es handelt sich vielmehr nach wie vor um eine Vorschrift zum Schutz des Rechtsverkehrs. Möglich ist es allerdings, unter den Voraussetzungen der §§ 2, 105 Abs. 2 HGB die Kaufmannseigenschaft und damit die Rechtsform der Handelsgesellschaft wiederzuerlangen. Dafür genügt jedoch die schlichte Tatsache, dass eine Verschmelzung angemeldet wurde, nicht aus[2]. § 2 HGB setzt eine ausdrückliche Entscheidung für die Kaufmannseigenschaft voraus[3]. Das Registergericht sollte daher bei fehlender Verschmelzungsfähigkeit im Eintragungsverfahren durch Zwischenverfügung Gelegenheit geben, dem Mangel abzuhelfen; wenn dies nicht erfolgt, ist die Eintragung der Verschmelzung abzulehnen. Erfolgt jedoch die Eintragung der Verschmelzung im Handelsregister, so wird deren Wirksamkeit durch die an sich fehlende Verschmelzungsfähigkeit des beteiligten Rechtsträgers nicht berührt.

V. Verschmelzung von Rechtsträgern verschiedener Rechtsformen

1. Überblick

§ 3 Abs. 4 UmwG lässt allgemein neben der Verschmelzung von Rechtsträgern derselben Rechtsform auch die Beteiligung von Rechtsträgern unterschiedlicher Rechtsformen an demselben Verschmelzungsvorgang zu, um eine möglichst große Bewegungsfreiheit im Recht der Umstrukturierung einzuführen[4]. Es sind grundsätzlich alle Kombinationsmöglichkeiten zulässig, bei einzelnen Rechtsträgern ist die Gestaltungsfreiheit allerdings eingeschränkt (§§ 79, 99, 105, 109, 120 UmwG). 34

Die Beschränkung der **Verschmelzungsfähigkeit bei Genossenschaften** auf Genossenschaften gleicher Art in § 93a GenG a.F. ist im Jahre 1994 entfallen, so dass hier (außer §§ 79, 105 UmwG) keine Beschränkung der Kombinationsmöglichkeiten mehr bestehen[5]. 35

Bei den **rechtsfähigen Vereinen** ist eine Beteiligung an Verschmelzungen möglich, wenn die Satzung des Vereins und die Vorschriften des Landesrechts dem nicht entgegenstehen (§ 99 Abs. 1 UmwG); darüber hinaus ist zu differenzieren: Der wirtschaftliche Verein (§ 22 BGB) kann auf andere Rechtsträger unabhängig von ihrer Rechtsform übertragen werden. Er kann jedoch nicht als übernehmender oder neuer Rechtsträger beteiligt werden. Der eingetragene Idealverein (§ 21 BGB) kann nach § 99 Abs. 2 UmwG nur andere eingetragene Vereine aufnehmen oder mit diesen einen eingetragenen Verein oder einen Rechtsträger anderer Rechtsformen neu gründen; hingegen ist die Aufnahme eines Idealvereins durch einen Rechtsträger anderer Rechtsformen möglich[6]. Diese Regelung hat besondere Bedeutung für Sportvereine, die zunehmend über wertvolle Anlagen und wachsende Einnahmen verfügen. 36

---

1 Zutr. *Hopt* in Baumbach/Hopt, § 5 HGB Rz. 1; *Ruß* in HeidelbergKomm. HGB, § 5 HGB Rz. 3.
2 A.A. *Simon* in KölnKomm. UmwG, § 3 UmwG Rz. 16.
3 So bereits *Canaris*, Handelsrecht, § 3 Rz. 19 ff.; *Roth* in Koller/Roth/Morck, 7. Aufl. 2011, § 2 HGB Rz. 3.
4 So die BegrRegE bei *Schaumburg/Rödder*, § 3 UmwG Rz. 9 und bei *Ganske*, S. 48.
5 *Pöhlmann/Fandrich/Bloehs*, GenG, § 3 UmwG Rz. 5.
6 Vgl. BegrRegE bei *Schaumburg/Rödder*, § 99 UmwG Rz. 6 und bei *Ganske*, S. 135.

37 **Genossenschaftliche Prüfungsverbände** können nur im Wege der Aufnahme eines Verbandes durch einen anderen Verband verschmolzen werden (§ 105 UmwG). Versicherungsvereine auf Gegenseitigkeit können miteinander verschmolzen werden; ferner können sie auch durch eine Versicherungsaktiengesellschaft aufgenommen werden (§ 109 UmwG).

38 Eine **natürliche Person** kann nach § 3 Abs. 2 Nr. 2 UmwG nur das Vermögen einer Kapitalgesellschaft übernehmen, deren Alleingesellschafter sie ist. Die früher zulässige verschmelzende Umwandlung auf den Mehrheitsgesellschafter[1] ist abgeschafft. Die Möglichkeit, Minderheitsgesellschafter gegen Zahlung einer Abfindung aus der Gesellschaft zu entfernen, ergibt sich statt dessen heute durch den gesellschaftsrechtlichen Squeeze-out nach §§ 327aff. AktG, seinem übernahmerechtlichen Gegenstück in §§ 39aff. WpÜG und den nur bei Beteiligung von Aktiengesellschaften auf beiden Seiten eröffneten umwandlungsrechtlichen Squeeze-out nach § 62 Abs. 5 UmwG[2].

39 Die genannten Einschränkungen gelten **kumulativ**, wenn an der Verschmelzung Rechtsträger unterschiedlicher Rechtsformen beteiligt sind. Obwohl eine eingetragene Genossenschaft an sich „unbeschränkt" verschmelzungsfähig ist, kann sie z.B. nicht auf einen rechtsfähigen Verein (§ 99 Abs. 2 UmwG) übertragen werden. Umgekehrt ist dagegen der Vorgang zulässig.

2. Anwendbares Recht

40 Bei Mischverschmelzungen sind auf jeden der beteiligten Rechtsträger jeweils die für seine Rechtsform geltenden allgemeinen und besonderen Vorschriften des UmwG anzuwenden[3]. Besondere Bedeutung hat bei Mischverschmelzungen das Austrittsrecht des § 29 Abs. 1 Satz 1 UmwG, das in jedem Fall gegeben ist.

3. Verschmelzende Auf- und Abspaltung

41 Wie im vor 1994 geltenden Recht und im Gegensatz zu § 138 Abs. 2 DiskE sind sog. verschmelzende Auf- oder Abspaltungen, also die Übertragung von Vermögensteilen mehrerer Rechtsträger auf einen übernehmenden Rechtsträger durch gleichzeitige Spaltung und Verschmelzung, wegen der unüberwindlichen verfahrensrechtlichen Probleme unzulässig[4].

---

1 Zu den wirtschaftlichen Hintergründen und entsprechenden Gestaltungsformen vgl. *Lutter/Drygala* in FS Kropff, 1997, S. 191 (196ff.); *Schnorbus* in K. Schmidt/Lutter, vor §§ 327a–327f AktG Rz. 6ff.

2 Eingefügt durch 3. Gesetz zur Änderung des UmwG v. 11.7.2011, BGBl. I, S. 1338.

3 *Fronhöfer* in Widmann/Mayer, § 3 UmwG Rz. 85; *Stratz* in Schmitt/Hörtnagl/Stratz, § 3 UmwG Rz. 58f.; *Marsch-Barner* in Kallmeyer, § 3 UmwG Rz. 28f.

4 *Marsch-Barner* in Kallmeyer, § 3 UmwG Rz. 29; *Mayer/Vossius*, MittBayNot 1994, 493 (496); zum § 138 DiskE vgl. *Mayer/Kössinger* in Widmann/Mayer, § 1 SpTrUG Rz. 2923 und die BegrDiskE, S. 120f.

Zweiter Abschnitt Verschmelzung durch Aufnahme

§4
Verschmelzungsvertrag

(1) Die Vertretungsorgane der an der Verschmelzung beteiligten Rechtsträger schließen einen Verschmelzungsvertrag. § 311b Abs. 2 des Bürgerlichen Gesetzbuchs gilt für ihn nicht.

(2) Soll der Vertrag nach einem der nach § 13 erforderlichen Beschlüsse geschlossen werden, so ist vor diesem Beschluss ein schriftlicher Entwurf des Vertrags aufzustellen.

Literatur

Vgl. die Angaben zu § 2, ferner: *Austmann/Frost*, Vorwirkungen von Verschmelzungen, ZHR 169 (2005), 431; *Büscher*, Änderung von Fusionsverträgen im Zusammenschlussverfahren, 1982; *Fleischer*, Zur Unveräußerlichkeit der Leitungsmacht im deutschen, englischen und US-amerikanischen Aktienrecht, in FS Schwark, 2009, S. 137; *Grunewald*, Auslegung von Unternehmens- und Umwandlungsverträgen, ZGR 2009, 647; *Heidinger/Blath*, Die Vertretung im Umwandlungsrecht, in FS Spiegelberger, 2009, S. 692; *Kiem*, Verträge zur Umwandlung von Unternehmen, 1998; *Körner/Rodewald*, Bedingungen, Befristungen, Rücktritts- und Kündigungsrechte in Verschmelzungs- und Spaltungsverträgen, BB 1999, 853; *Lauscher*, Vorvertragliche Pflichten bei Verschmelzungen, 2012; *R. Meier*, Zur Rechtsnatur des Fusionsvertrages, Zürich 1986; *Melchior*, Vollmachten bei Umwandlungsvorgängen, GmbHR 1999, 520; *Moog*, Differenzhaftung im Umwandlungsrecht, 2009; *Paschos*, Die Zulässigkeit von Vereinbarungen über künftige Leitungsmaßnahmen des Vorstands, NZG 2012, 1142; *Pöllath/Philipp*, Unternehmenskauf und Verschmelzung: Pflichten und Haftung von Vorstand und Geschäftsführer, DB 2005, 1503; *Schall*, Business Combination Agreements und Investorenvereinbarungen, in Kämmerer/Veil (Hrsg.), Übernahme und Kapitalmarktrecht in der Reformdiskussion, 2013, S. 75; *Scheel*, Befristete und bedingte Handelsregistereintragungen bei Umstrukturierungen von Kapitalgesellschaften, DB 2004, 2355; *Thoß*, Differenzhaftung bei der Kapitalerhöhung zur Durchführung einer Verschmelzung, NZG 2006, 376.

I. Überblick

1 Die Vorschrift setzt Art. 5 Abs. 1 der 3. Richtlinie um und geht auf § 340 Abs. 1 AktG a.F. zurück, der durch das Verschmelzungsrichtliniegesetz 1982 eingefügt worden war. Die Vorschrift blieb – sieht man von der redaktionellen Anpassung an die Schuldrechtsreform[1] ab – seit dem DiskE zum UmwG 1994 unverändert.

2 **§ 4 Abs. 1 Satz 1 UmwG** verlangt den Abschluss eines Verschmelzungsvertrages in allen Verschmelzungsfällen[2]. Wird der Vermögensübergang auch nicht durch den Vertrag bewirkt (s. unten Rz. 6), so entspricht es doch allgemeinen Grundsätzen des Zivilrechts, dass er auf **vertraglicher** Grundlage beruht[3]. Das UmwG lässt jedoch auch ein **einseitiges Rechtsgeschäft** als Voraussetzung einer Umwandlung genügen (so der Plan bei der Spaltung zur Neugründung, § 136 UmwG). **§ 4 Abs. 2 UmwG** lässt den endgültigen Abschluss des Verschmelzungsvertrages auch nach den entsprechenden Beschlüssen der beteiligten Rechtsträger zu und stellt klar, dass in diesem Fall ein schriftlicher Entwurf als Beschlussgrundlage für die Anteilseigner genügt[4]. Das entspricht Art. 5 Abs. 1 der 3. Richtlinie, der lediglich die Aufstellung eines Verschmelzungsplans verlangt.

Der Ausschluss des § 311b Abs. 2 BGB durch **§ 4 Abs. 1 Satz 2 UmwG** trägt dem besonderen Charakter des Verschmelzungsvertrages Rechnung, der zwangsläufig auf die Übertragung des gesamten zukünftigen Vermögens gerichtet ist, und dient der Rechtssicherheit.

II. Rechtsnatur des Verschmelzungsvertrages[5]

3 Die Rechtsnatur des Verschmelzungsvertrages wird von Elementen verschiedener Vertragstypen geprägt. Deshalb verbieten sich formal-dogmatische Schlussfolgerungen aus einer einseitigen Zuordnung.

---

1 Durch das Gesetz zur Modernisierung des Schuldrechts v. 26.11.2001, BGBl. I, S. 3138.

2 Vgl. RegBegr zu § 3 UmwG bei *Schaumburg/Rödder*, § 3 UmwG Rz. 3 und bei *Ganske*, S. 47.

3 RegBegr zu § 3 UmwG bei *Schaumburg/Rödder*, § 3 UmwG Rz. 3 und bei *Ganske*, S. 47; vgl. für die Spaltung §§ 125, 126 UmwG und für die Vermögensübertragung § 176 UmwG.

4 Ebenso schon zuvor BGH v. 16.11.1981 – II ZR 150/80, BGHZ 82, 188 (194) = ZIP 1982, 172 (Hoesch-Hoogovens) zu § 361 AktG a.F. (jetzt § 179a AktG) m.w.N.; BT-Drucks. 9/1065, 15.

5 *R. Meier*, Zur Rechtsnatur des Fusionsvertrages, 1986; *Döss*, S. 15 ff.; vgl. dazu schon *O. v. Gierke*, Die Genossenschaftstheorie und die deutsche Rechtsprechung, 1887, S. 827, und *R. Goldschmidt*, Die sofortige Verschmelzung (Fusion) von Aktiengesellschaften, 1930, S. 22 ff.

1. Organisationsakt

4 Der Verschmelzungsvertrag ist in erster Linie Teil eines (körperschaftlichen) Organisationsaktes und nicht Austauschvertrag[1]; nicht der Austausch von Mitgliedschaften, sondern die **Neuordnung der Strukturen** der beteiligten Rechtsträger prägt den Vorgang der Verschmelzung[2]: Der Vertrag ist Grundlage der gesamten Umstrukturierung und legt fest, wie sich die Rechtsverhältnisse der Anteilsinhaber untereinander und gegenüber den übernehmenden Rechtsträgern ändern; insoweit ähnelt er den als Organisationsakten[3] klassifizierten Unternehmensverträgen nach §§ 291 ff. AktG.

Bei der Verschmelzung durch Neugründung hat der Verschmelzungsvertrag auch den Gesellschaftsvertrag (Partnerschaftsvertrag, Satzung, Statut) des neu zu gründenden Rechtsträgers (§ 37 UmwG) und damit dessen gesamten Organisationsplan zum Inhalt.

2. Austauschvertrag

5 Daneben weist der Verschmelzungsvertrag *auch* schuldrechtliche Wirkungen auf: Die beteiligten Rechtsträger verpflichten sich gegenseitig zur **Durchführung der Verschmelzung**[4]. Der übertragende Rechtsträger verpflichtet sich gegen die Gewährung von Anteilen für seine Anteilsinhaber sein gesamtes Vermögen als Einlage zu leisten[5]. Er hat dafür Sorge zu tragen, dass das Vermögen in dem Umfang übergehen kann, wie es sich aus der Festlegung des Umtauschverhältnisses ergibt; werden daher über die normale Weiterführung des Unternehmens hinaus neue Verbindlichkeiten in erheblichem Umfang übernommen, so kann dies zum Wegfall der Geschäftsgrundlage führen[6].

Darüber hinaus trifft den/die übertragenden Rechtsträger die Verpflichtung, für eine der §§ 16, 38 UmwG entsprechende Anmeldung zu sorgen und ggf. vorliegende Eintragungshindernisse zu beseitigen. Zur Durchsetzung, insb. Klage auf Erfüllung wirksamer Verschmelzungsverträge (nach Eintragung), vgl. unten Rz. 36 ff.

---

1 *Stratz* in Schmitt/Hörtnagl/Stratz, § 4 UmwG Rz. 7; *Heckschen*, S. 14; *Marsch-Barner* in Kallmeyer, § 4 UmwG Rz. 2; *Schröer* in Semler/Stengel, § 4 UmwG Rz. 4; *Mayer* in Widmann/Mayer, § 4 UmwG Rz. 21 ff. je m.w.N.; eingehend *R. Meier*, S. 19 ff., 138.

2 Vgl. BFH v. 14.12.1988 – I R 397/83, DB 1989, 663 (664) (zu § 93c GenG a.F.): kein Leistungsaustauschvertrag; a.A. *Kremer*, DB 1989, 2146 (2147); vgl. auch *Immenga*, BB 1970, 629 (631).

3 BGH v. 24.10.1988 – II ZB 7/88, BGHZ 105, 324 (331); *Lutter/Hommelhoff* in Lutter/Hommelhoff, Anh. § 13 GmbHG Rz. 48; *Hüffer*, § 291 AktG Rz. 17.

4 *Stratz* in Schmitt/Hörtnagl/Stratz, § 4 UmwG Rz. 9; *Ihrig*, GmbHR 1995, 622 (633).

5 *Stratz* in Schmitt/Hörtnagl/Stratz, § 4 UmwG Rz. 9; *Schröer* in Semler/Stengel, § 4 UmwG Rz. 5; *Marsch-Barner* in Kallmeyer, § 4 UmwG Rz. 2; *Mayer* in Widmann/Mayer, § 4 UmwG Rz. 28; zur kostenrechtlichen Behandlung als Austauschverträge i.S.d. § 97 Abs. 3 GNotKG (ex-§ 39 Abs. 2 KostO), vgl. BayObLG v. 12.3.1975 – 3 Z 144/74, Rpfleger 1975, 268 und § 2 Rz. 44.

6 Dazu unten Rz. 38; vgl. auch *Bermel* in Goutier/Knopf/Tulloch, § 7 UmwG Rz. 20; weitergehend für die Anwendung des allg. Leistungsstörungsrechts *Mayer* in Widmann/Mayer, § 4 UmwG Rz. 28.

3. Dingliche Wirkung

6 Dingliche Wirkungen hat der Verschmelzungsvertrag nicht[1]. Erst mit der **Eintragung der Verschmelzung** in das Register geht das gesamte Vermögen einschließlich der Verbindlichkeiten auf den übertragenden Rechtsträger nach § 20 Abs. 1 Nr. 1 UmwG *ipso iure* und kraft Gesetzes über. Der Verschmelzungsvertrag bewirkt den Vermögensübergang also nicht, ist jedoch dessen notwendige Voraussetzung und Rechtsgrund.

III. Vertragsabschluss

1. Abschlusskompetenz und Vertretung

a) Abschlusskompetenz

7 Vertragsparteien des Verschmelzungsvertrages sind nur die übertragenden bzw. übernehmenden Rechtsträger, nicht deren Anteilsinhaber. Einzelne Anteilsinhaber haben deshalb auch in der Regel keine einklagbaren Ansprüche[2].

Wegen ihrer großen Bedeutung können Verschmelzungsverträge nach § 4 Abs. 1 UmwG nur von den vertretungsberechtigten **Organen der Rechtsträger** (Geschäftsführer, Vorstände, vertretungsberechtigte Gesellschafter, Partner)[3] in vertretungsberechtigter Anzahl abgeschlossen werden; die Vertretungsmacht richtet sich nach der Rechtsform der beteiligten Rechtsträger[4].

8 Der Abschluss eines Verschmelzungsvertrages durch **Prokuristen** ist – falls dies die Gesellschaftsverträge (Partnerschaftsvertrag, Satzung, Statut) der beteiligten Rechtsträger überhaupt zulassen – nur in Form der sog. unechten Gesamtvertretung gemeinschaftlich mit mindestens einem vertretungsberechtigen Organmitglied möglich[5]; es ist hingegen nicht ausreichend, wenn ein Rechtsträger nur durch einen oder mehrere Prokuristen vertreten wird, da der Abschluss eines Verschmelzungsvertrages nicht zu den Geschäften gehört, die der Betrieb eines Han-

---

1 *Schröer* in Semler/Stengel, § 4 UmwG Rz. 6; *Stratz* in Schmitt/Hörtnagl/Stratz, § 4 UmwG Rz. 8; *Kallmeyer*, ZIP 1994, 1746 (1754); *Limmer*, Unternehmensumwandlung, S. 84.

2 Vgl. OLG München v. 12.5.1993 – 27 U 459/92, BB 1993, 2040 (2041) = AG 1994, 134; OLG Zweibrücken v. 28.2.1990 – 3 W 183/89, ZIP 1990, 374 (375) = AG 1990, 548; *Mayer* in Widmann/Mayer, § 4 UmwG Rz. 33 ff.

3 RegBegr zu § 4 UmwG bei *Schaumburg/Rödder*, § 4 UmwG Rz. 4 = *Ganske*, S. 48.

4 Zur Möglichkeit der Ermächtigung unter Gesamtvertretern vgl. § 78 Abs. 4 Satz 1 AktG, § 125 Abs. 2 Satz 2 HGB; BGH v. 6.3.1975 – II ZR 80/73, BGHZ 64, 72 (75 f.); BGH v. 16.11.1987 – II ZR 92/87, ZIP 1988, 370 (371); *Kleindiek* in Lutter/Hommelhoff, § 35 GmbHG Rz. 38 f. (zum GmbH-Recht); OLG München v. 27.9.1989 – 7 U 2438/89, NJW-RR 1991, 893 (zum Verein); *Hübner*, ZHR 143 (1979), 1 (15). Die bloße Verhinderung eines gesamtvertretungsberechtigten Gesellschafters berechtigt aber nicht den anderen zur Alleinvertretung, BGH v. 12.12.1960 – II ZR 255/59, WM 1961, 80. Zur Außenwirkung der in der Satzung festgelegten Gesamtvertretung unter dem Gesichtspunkt des Missbrauchs der Vertretungsmacht vgl. OLG Dresden v. 20.1.1994 – 7 U 678/93, GmbHR 1995, 662.

5 *Stratz* in Schmitt/Hörtnagl/Stratz, § 4 UmwG Rz. 14; *Schröer* in Semler/Stengel, § 4 UmwG Rz. 8; *Limmer*, Unternehmensumwandlung, S. 86; *Simon* in KölnKomm. UmwG, § 4 UmwG Rz. 12.

delsgewerbes mit sich bringt (§ 49 Abs. 1 HGB), sondern ein sog. Grundlagengeschäft darstellt[1].

b) Abschluss durch Bevollmächtigte

Die Vertretungsorgane der am Verschmelzungsvertrag beteiligten Rechtsträger können sich aber wiederum durch rechtsgeschäftlich Bevollmächtigte (General- oder Spezialvollmacht) vertreten lassen. Fraglich ist, ob für diese Bevollmächtigung die nach § 6 UmwG für den Abschluss des Verschmelzungsvertrages vorgesehene **notarielle Form** erforderlich ist. Nach § 167 Abs. 2 BGB bedarf die Bevollmächtigung nicht der Form des Rechtsgeschäfts, auf das sich die Vollmacht bezieht[2]. Ausnahmen können sich aber aus gesetzlichen Sondervorschriften (insb. § 2 Abs. 2 GmbHG, §§ 23 Abs. 1 Satz 2, 280 Abs. 1 Satz 3 AktG) ergeben, nach denen Bevollmächtigte beim Abschluss von Gesellschaftsverträgen und Satzungen einer notariell beglaubigten Vollmacht (§ 129 BGB, § 40 BeurkG) bedürfen (s. dazu im Einzelnen § 6 Rz. 7). 9

c) Abschluss durch vollmachtlosen Vertreter und Genehmigung

Wird der Vertragsentwurf von einem vollmachtlosen Vertreter erstellt, so ist dies unschädlich, wenn der spätere notarielle Vertragsschluss durch die vertretungsberechtigten Organe abgeschlossen wird, weil darin – obwohl gerade noch kein Vertrag vorliegt – ähnlich der in § 177 Abs. 1 BGB geregelten Situation die entscheidende **Billigung des vertretungsberechtigten Organs** liegt[3]. 10

Schließt ein vollmachtloser Vertreter einen Verschmelzungsvertrag, so liegt zwar noch kein wirksamer Vertragsschluss vor – dafür ist noch die Zustimmung der Anteilseigner erforderlich. Diese Situation entspricht zwar nicht genau den §§ 177ff. BGB, doch ist auch hier eine **Genehmigung** durch die Organe des vertretenen Rechtsträgers nach den allgemeinen Vorschriften (§§ 182, 184 BGB) möglich. Sie bedarf nach § 182 BGB ebenfalls nicht der für das Rechtsgeschäft bestimmten Form[4]; eine teleologische Reduktion dieser Vorschrift wird von der h.M. und Rechtsprechung[5] wegen ihres eindeutigen Wortlautes zu Recht abgelehnt; dem entspricht die Praxis der Notare. In der Frage, ob die **Genehmigung auch konkludent** erfolgen kann, hat sich in der Literatur die verneinende Ansicht 11

1 *Stratz* in Schmitt/Hörtnagl/Stratz, § 4 UmwG Rz. 14; *Schröer* in Semler/Stengel, § 4 UmwG Rz. 8; *Marsch-Barner* in Kallmeyer, § 4 UmwG Rz. 5; *Sagasser/Luke* in Sagasser/Bula/Brünger, § 9 Rz. 66; *Mayer* in Widmann/Mayer, § 4 UmwG Rz. 39; vgl. allg. dazu *Hopt* in Baumbach/Hopt, § 49 HGB Rz. 2.

2 Sie bedürfte allerdings gegenüber dem Registergericht, also etwa zur Anmeldung der Verschmelzung nach § 16 UmwG, eines formgebundenen Nachweises, vgl. § 12 HGB, §§ 10, 11 FamFG.

3 Ebenso *Marsch-Barner* in Kallmeyer, § 4 UmwG Rz. 5; *Simon* in KölnKomm. UmwG, § 4 UmwG Rz. 17; *Schröer* in Semler/Stengel, § 4 UmwG Rz. 13ff.

4 OLG Köln v. 28.3.1995 – 2 Wx 13/95, GmbHR 1995, 725f.

5 BGH v. 25.2.1994 – V ZR 63/93, BGHZ 125, 218 (221ff.) m.w.N. = NJW 1994, 1344 (1345) = LM § 182 BGB Nr. 14 mit Anm. *Reithmann*; ebenso *Ellenberger* in Palandt, § 182 BGB Rz. 2; *Schramm* in MünchKomm. BGB, § 177 BGB Rz. 38; *Bayreuther* in MünchKomm. BGB, § 182 BGB Rz. 22.

ganz weitgehend durchgesetzt[1]; hingegen hält der BGH die konkludente Genehmigung für möglich[2]. Speziell im Umwandlungsrecht ist aber zu beachten, dass Zweifel und Streitigkeiten über die Legitimation des Vertretenen und damit des Einlageschuldners in Kapitalgesellschaften, die den Zweck der Formvorschriften bilden[3], bei der Verschmelzung nicht vorkommen: Der Verschmelzungsvertrag wird, anders als die Satzung bei der Gründung einer Kapitalgesellschaft, nicht schon durch den Vertragsschluss wirksam, sondern bedarf der Zustimmung der Anteilseignerversammlung. Es ist daher eine formlose Genehmigung des Handelns des vollmachtlosen Vertreters durch die Vertretungsorgane möglich, die auch konkludent erfolgen kann, etwa durch die Einberufung der Anteilseignerversammlung und die Vorlage des Verschmelzungsvertrages oder seines Entwurfs zur Abstimmung[4].

d) Einschränkung der Vertretungsmacht

12 Unabhängig von den handelnden Personen ist die Vertretungsmacht der Organe jedoch insoweit (mit Außenwirkung) eingeschränkt, als der Verschmelzungsvertrag der **Zustimmung der Anteilseigner** sämtlicher beteiligten Rechtsträger bedarf (§ 13 Abs. 1 UmwG; außenwirksame Zustimmungserfordernisse). Solange sie fehlt, ist der Verschmelzungsvertrag schwebend unwirksam. Eine Haftung der vertretungsberechtigten Organe nach § 179 BGB kommt jedoch wegen § 179 Abs. 3 Satz 1 BGB nicht in Betracht[5].

13 Unterliegt die Verschmelzung kraft Gesellschaftsvertrag oder Satzung außerdem einem **Zustimmungsvorbehalt von Aufsichtsrat** (§ 111 Abs. 4 Satz 2 AktG[6]), Bei-

---

1 Für Notwendigkeit einer notariell beglaubigten Genehmigung etwa *Bayer* in Lutter/Hommelhoff, § 2 GmbHG Rz. 21; *Ulmer* in Ulmer/Habersack/Winter, § 2 GmbHG Rz. 27a; *Fastrich* in Baumbach/Hueck, § 2 GmbHG Rz. 8; vgl. dazu auch unten § 6 Rz. 7.

2 BGH v. 21.1.1980 – II ZR 153/79, WM 1980, 866 (867) = GmbHR 1980, 299 (zu dem vergleichbaren Fall des § 108 Abs. 3 BGB unter Berufung auf § 182 Abs. 2 BGB); vgl. auch BGH v. 25.2.1994 – V ZR 63/93, BGHZ 125, 218 (221); a.A. OLG Köln v. 28.3.1995 – 2 Wx 13/95, GmbHR 1995, 725 f. = MDR 1995, 888 mit abl. Anm. *H. Schmidt* für den Fall der vollmachtlosen Vertretung eines Gesellschafters bei der Beschlussfassung über die Änderung des Gesellschaftsvertrages: Hier sei eine Genehmigung in notariell beglaubigter Form erforderlich.

3 Vgl. BGH v. 5.5.1969 – II ZR 115/68, GmbHR 1969, 177 unter Hinweis auf die Gesetzesbegründung zu § 2 GmbHG; ebenso *H. Schmidt*, MDR 1995, 889.

4 A.A. *Mayer* in Widmann/Mayer, § 4 UmwG Rz. 41, der dies aus Rechtssicherheitsgründen ablehnt.

5 *Mayer* in Widmann/Mayer, § 4 UmwG Rz. 43; *Hüffer*, § 293 AktG Rz. 24 zum Unternehmensvertrag; vgl. aber auch BGH v. 23.9.1985 – II ZR 284/84, WM 1985, 1364 (1365) = NJW-RR 1986, 115: Eine Haftung nach § 179 BGB ist möglich, wenn der Vertragspartner nicht mit einer der beiden bestehenden Gesellschaften, sondern mit einer davon verschiedenen GmbH hat abschließen wollen. Vgl. auch *Hauschild* in Henn/Frodermann/Jannott, Handbuch des Aktienrechts,, 8. Aufl. 2009, Kap. 3 Rz 45; zudem RG, JW 1930, 907: Guter Glaube an das Vorhandensein der Zustimmung oder die Nicht-Erforderlichkeit der Zustimmung wird nicht geschützt.

6 Die Vorschrift gilt über § 52 Abs. 1 GmbHG auch für den obligatorischen oder fakultativen Aufsichtsrat bei der GmbH, vgl. dazu *Kleindiek* in Lutter/Hommelhoff, § 37 GmbHG Rz. 16; *Uwe H. Schneider* in Scholz, § 52 GmbHG Rz. 160; *Zöllner/Noack* in Baumbach/Hueck, § 52 GmbHG Rz. 123 ff.

rat oder eines sonstigen Gremiums, so kommt diesem *keine Außenwirkung* zu[1]. Lehnt das Aufsichtsorgan die Verschmelzung ab, so kann die Geschäftsleitung gleichwohl die Entscheidung der Anteilseigner herbeiführen; der erforderliche Beschluss der Haupt- bzw. Gesellschafterversammlung nach § 111 Abs. 4 Satz 3 AktG bzw. § 37 Abs. 1 GmbHG ist in dem Zustimmungsbeschluss nach § 13 Abs. 1 UmwG mit enthalten.

Ist eine AG übernehmender Rechtsträger, so ist zu beachten, dass der notarielle Abschluss des Verschmelzungsvertrages vor Ablauf von zwei Jahren seit Eintragung der AG ins Handelsregister unter den Voraussetzungen des § 67 UmwG eine **Nachgründung** (§ 52 AktG) erforderlich macht; diese ist dann *vor* der Beschlussfassung des übernehmenden Rechtsträgers durchzuführen (dazu § 67 Rz. 1 ff.)[2]. 14

2. Vertragsentwurf

§ 4 Abs. 2 UmwG zeigt, dass das Gesetz den Vertragsschluss auch *nach* der Beschlussfassung der Anteilsinhaber (§ 13 UmwG) zulässt. Als Beschlussgrundlage ist damit auch ein privatschriftlicher Entwurf ausreichend[3]. Er unterscheidet sich vom Vertrag durch das Fehlen der notariellen Form (vgl. § 6 UmwG), d.h. schon der Vertragsentwurf muss von den zuständigen Organen[4] erstellt werden und inhaltlich vollständig[5] sein; er muss nicht nur die nach § 5 UmwG und den rechtsformspezifischen Spezialvorschriften notwendigen Vertragsbestandteile, sondern auch alle weiteren Elemente der Vereinbarung zwischen den beteiligten Rechtsträgern enthalten[6]. Der Vertragsentwurf nach § 4 Abs. 2 UmwG entspricht dem Verschmelzungsplan nach Art. 5 Abs. 1 der Verschmelzungsrichtlinie und dem Verschmelzungsplan bei der Verschmelzungsgründung einer SE in Art. 20 SE-VO[7]. Auch die Richtlinie über die grenzüberschreitende Verschmelzung sowie der zu ihrer Umsetzung ergangene § 122a UmwG verwenden die Terminologie des Verschmelzungsplans, der auf europäischer Ebene mithin den Regelfall für die vorbereitende Dokumentation einer Verschmelzung darstellt[8], während die deutsche Praxis den Verschmelzungsvertrag bevorzugt. 15

Der Vorteil einer Beschlussfassung über den Entwurf liegt vor allem darin, dass sich **unnötige Beurkundungskosten** vermeiden lassen[9], falls die Zustimmung der Anteilseignerversammlungen zum Verschmelzungsvertrag nicht erfolgt oder sich 16

---

1 *Hüffer*, § 111 AktG Rz. 19; *Raiser/Veil*, Recht der Kapitalgesellschaften, § 15 Rz. 8; *Drygala* in K. Schmidt/Lutter, § 111 AktG Rz. 51; *Mayer* in Widmann/Mayer, § 4 UmwG Rz. 41.
2 Auch *Stratz* in Schmitt/Hörtnagl/Stratz, § 67 UmwG Rz. 12, 15.
3 RegBegr zu § 4 UmwG bei *Schaumburg/Rödder*, § 4 UmwG Rz. 7 und bei *Ganske*, S. 48/49.
4 Dazu *Marsch-Barner* in Kallmeyer, § 4 UmwG Rz. 8.
5 Vgl. BGH v. 16.11.1981 – II ZR 150/80, BGHZ 82, 188 (194 und 197) zu § 361 AktG a.F. (§ 179a AktG).
6 Bei Aktiengesellschaften kann die Hauptversammlung nach § 83 Abs. 1 Satz 2 AktG vom Vorstand verlangen, dass er den Verschmelzungsvertrag so abschließt, wie er von der Hauptversammlung angenommen wurde.
7 *Mayer* in Widmann/Mayer, § 4 UmwG Rz. 7.
8 *Bayer* in Lutter/Hommelhoff, 2008, Art. 20 SE-VO Rz. 3.
9 *Priester*, NJW 1983, 1459 (1460 Fn. 41).

möglicherweise noch Änderungen ergeben[1], die dann von späteren Anteilseignerversammlungen berücksichtigt werden sollen[2]. Der Nachteil liegt insbesondere in der **schwächeren Bindungswirkung** in der Zeit vor der Beschlussfassung der Anteilsinhaber: Anstelle eines schwebend unwirksamen Vertrages, der bereits gewisse Vorwirkungen entfaltet[3], besteht nur eine Absichtserklärung, die weder Vorvertrag noch Rahmenvertrag ist und es der anderen Seite leichter macht, sich bei einer unvorhergesehenen Entwicklung einseitig wieder vom Vorhaben zu lösen[4]. Insbesondere ist eine einseitige Lösung vom schwebend unwirksamen Geschäft nur bei Vorliegen eines Rücktrittsgrundes oder in analoger Anwendung der §§ 108 Abs. 2, 177 Abs. 2, 1829 BGB möglich, während vorvertragliche Bindungen, die sich nur auf der Basis eines Vertragsentwurfs abspielen, jederzeit einseitig beendet werden können[5].

17 Aus diesem Grunde entspricht es der Vertragspraxis, den Entwurf durch die Vereinbarung eines sog. **Business Combination Agreements** zu verstärken. Allerdings ist diese Vereinbarung, die in der amerikanischen Vertragspraxis Standard ist, nach deutschem Recht vor allem bei der AG[6] sehr problematisch, da die hiesigen Gerichte befürchten, dass durch sie das zwingenden Kompetenzgefüge des Aktienrechts unterlaufen werden könnte[7]. Problematisch sind insoweit die hohen Vertragsstrafen für den Fall, dass die Verschmelzung scheitert, weil dies die Entscheidung der Aktionäre präjudizieren könnte[8]. Als Nichtigkeitsgrund angesehen wurden auch die Vereinbarung von Pflichten, die die vertragsschließenden Organe aufgrund ihrer Bindung an das Gesellschaftsinteresse nicht erfüllen können[9] sowie die Zusage von finanziellen Vorteilen an Organmitglieder[10].

1 Zudem wollte der Gesetzgeber von 1982 die Rechtslage insoweit den Unternehmensverträgen anpassen, die nach § 293 Abs. 3 AktG überhaupt nur der Schriftform bedürfen, vgl. die RegBegr zum Verschmelzungsrichtliniegesetz 1982, BT-Drucks. 9/1065, 50; *Timm*, JZ 1982, 403 (409); RegBegr zu § 4 UmwG, bei *Schaumburg/Rödder*, § 4 UmwG Rz. 6 und bei *Ganske*, S. 48.

2 Zur Frage, ob die Anteilseignerversammlung an den Beschlussvorschlag gebunden ist oder ob sie auch Änderungen beschließen kann, s. § 13 Rz. 16.

3 Näher *Austmann/Frost*, ZHR 169 (2005), 431 (441 f.); *Lauscher*, S. 33 ff.; sowie unten Rz. 42 ff.

4 Wie hier *Stratz* in Schmitt/Hörtnagl/Stratz, § 13 UmwG Rz. 10; *Brandes*, AG 2005, 181; *Teichmann*, AG 2002, 383 (419); *Bayer* in Lutter/Hommelhoff, 2008, Art. 20 SE-VO Rz. 14.

5 Das übersehen *Austmann/Frost*, ZHR 169 (2005), 431 (441 f.), und *Gehling* in Semler/Stengel, § 13 UmwG Rz. 62; wie hier hingegen *Lauscher*, S. 185 ff.

6 In der GmbH dürfte der Geschäftsführer verpflichtet sein, bereits in der Vorbereitungsphase die Sache der Gesellschafterversammlung vorzulegen; in der Personengesellschaft sind ohnehin die Gesellschafter zuständig.

7 Näher *Drygala*, WM 2004, 1457 (1460); *Brandes*, AG 2005, 177 (181); *Aha*, BB 2001, 2225 ff.; LG München v. 5.4.2012 - 5 HK O 20488/11, NZG 2012, 1152 ff.; OLG München v. 14.11.2012 – 7 AktG 2/12, NZG 2013, 459 ff.; jeweils auch zum „Durchschlagen" eines zu weitgehend formulierten Business Combination Agreements auf die Beschlussfassung der Anteilseigner, näher dazu § 13 Rz. 59.

8 So ebenfalls *Paschos*, NZG 2012, 1142 (1144).

9 LG München v. 5.4.2012 - 5 HK O 20488/11, NZG 2012, 1152 (1153), zur Pflicht, keine eigenen Aktien zu veräußern und keine Kapitalerhöhung vorzunehmen.

10 OLG München v. 14.11.2012 – 7 AktG 2/12, NZG 2013, 459 (462); näher *Drygala* in FS K. Schmidt, 2009, S. 269 ff. sowie § 5 Rz. 79 ff.

Dieser **Rechtsprechung ist nicht zu folgen**. Dies gilt zunächst einmal im Hinblick auf die Rechtsfolge. Ein Verstoß gegen die Organpflichten führt zur Haftung für Schäden (§ 93 Abs. 1 AktG), aber nicht zur Nichtigkeit der eingegangenen Verpflichtung. Auch § 76 AktG, der den Vorstand zu einer eigenständigen Leitung berechtigt und verpflichtet, ist richtiger Ansicht nach kein Verbotsgesetz i.S.d. § 134 BGB[1]. Die Norm richtet sich nur an den Vorstand, nicht an die andere Vertragspartei. Bei einem einseitigen Verbot muss sich für eine Anwendung des § 134 BGB aus dem Normzweck ableiten lassen, dass die Vorschrift sich gegen den Inhalt des Rechtsgeschäfts und nicht nur gegen die Art seines Zustandekommens richtet[2]. Insofern ist aber ein Rechtssatz, dass unzulässige Einflussnahmen auf den Vorstand stets mit einer Nichtigkeit der zugrundeliegenden Geschäfte sanktioniert werden müsste, aus dem AktG nicht abzuleiten. Sowohl im Konzern nach §§ 311 ff. AktG als auch bei Einflussnahmen eines nichtunternehmerischen Aktionär nach § 117 AktG gibt es diese Rechtsfolge nicht[3]. Für die Gültigkeit der Verträge spricht ferner auch der Grundsatz der unbeschränkbaren Vertretungsmacht im Außenverhältnis (§ 82 AktG)[4]. Anders ist dies auch nicht dort, wo der Vorstand im Namen der Gesellschaft etwas zusagt, was er ohne Zustimmung anderer Gesellschaftsorgane nicht erfüllen kann, etwa die Wahl bestimmter Personen in den Aufsichtsrat (näher dazu § 5 Rz. 81)[5]. Hier liegt wegen rechtlicher Unmöglichkeit § 311a BGB vor, so dass die Verpflichtung nicht zu erfüllen ist (§ 275 Abs. 1 BGB). Dem Bedenken, dass die in § 311a BGB vorgesehene Erfüllungshaftung zu einer weitgehenden Bindung der Gesellschaft an die mit der Kompetenzordnung nicht zu vereinbarende Zusage führen könnte[6], ist nicht durch Anwendung des § 134 BGB zu begegnen, sondern durch eine Modifikation der Rechtsfolgen dahingehend, dass die Gesellschaft nur das negative Interesse schuldet und der Vorstand persönlich weitergehende Schäden aus der kompetenzwidrigen Zusage zu ersetzen hat (Rechtsgedanke des § 179 Abs. 1 BGB). Eine Anwendung von § 134 BGB ist daher weder möglich noch erforderlich. 18

Sagt der Vorstand zu, eigene Aktien nicht zu veräußern und ein genehmigtes Kapital nicht auszunutzen, um den Stimmrechtsanteil des (die Verschmelzung betreibenden) Mehrheitsgesellschafters nicht zu verwässern[7], so kann dies in der Tat zu einem Konflikt mit dem Unternehmensinteresse führen, nämlich dann, wenn die Veräußerung der Aktien bzw. die Ausnutzung des genehmigten Kapitals für die Gesellschaft so lukrativ wäre, dass dies die Nachteile aus dem Scheitern der Verschmelzung überwiegt. Dies ist aber entgegen dem LG München kein Nichtigkeitsgrund. Die Organpflicht des Vorstands nach §§ 76, 93 AktG steht nicht zur Disposition der Parteien und geht daher ex lege einer anderweitigen Vereinbarung vor[8]. Dem Vorstand ist es in diesem Fall rechtlich unmöglich (§ 275

1 A.A. *König*, NZG 2013, 452 (453); *Mertens/Cahn* in KölnKomm. AktG, § 76 AktG Rz. 46; *Bedkowski*, Die Geschäftsleiterpflichten, 2006, S. 345.
2 Statt vieler *Sack/Seibl* in Staudinger, § 134 BGB Rz. 71.
3 Zu § 117 AktG: *Mertens/Cahn* in KölnKomm. AktG, § 117 AktG Rz. 44; zu § 311 AktG *Müller* in Spindler/Stilz, § 311 AktG Rz. 62 ff.
4 Zutr. *Schall* in Kämmerer/Veil, S. 75 (94).
5 Insofern a.A. *Schall* in Kämmerer/Veil, S. 75 (95 f.).
6 *Schall* in Kämmerer/Veil, S. 75 (95 f.).
7 Sachverhalt des LG München v. 5.4. 2012 – 5 HK O 20488/11, NZG 2012, 1152, mit dem Unterschied, dass es dort um den Abschluss eines Beherrschungsvertrags ging.
8 Dies wird etwa bei der Drittanstellung des Vorstands auch so gesehen; auch dort ist anerkannt, dass der Anstellungsvertrag mit dem Dritten die organschaftlichen Pflichten un-

Abs. 1 BGB), seine Zusage zu erfüllen. Dies führt aber nach § 311a Abs. 1 BGB nicht zur Nichtigkeit der Vereinbarung, sondern nur dazu, dass der Vorstand insoweit von seiner Verpflichtung frei wird und der anderen Partei ggf. Schadensersatz schuldet, § 311a Abs. 2 BGB.

19 Ob inhaltlich eine **unzulässige Ermessenbindung** entgegen § 76 AktG vorliegt, kann nicht pauschal beantwortet werden. Durchgesetzt hat sich die Erkenntnis, dass es dafür auf den Inhalt der jeweiligen Klausel ankommt[1]. Zu unterscheiden sind Fälle, in denen der handelnde Vorstand sein Ermessen für die Zukunft bindet von denjenigen, in denen er es in der Gegenwart ausübt[2]. Musterbeispiel für den letztgenannten Fall ist § 27 WpÜG, der dem Vorstand abverlangt, eine Empfehlung in Kenntnis aller zum Zeitpunkt der Empfehlung vorliegenden Umstände abzugeben; dies steht der Zusage entgegen, den Aktionären auf jeden Fall die Annahme des Angebots zu empfehlen[3]. Bei der in den von den Münchener Gerichten zu entscheidenden Klausel, das Kapital nicht zu erhöhen[4], liegt die Ermessensentscheidung jedoch nicht zwingend in der Zukunft. Dies gilt jedenfalls dann, wenn das Business Combonation Agreement eine überschaubare Laufzeit hat, die nicht über den Zeitrahmen hinausgeht, in dem der Vorstand den Finanzbedarf der Gesellschaft typischerweise überblicken kann. Dann stellt sich die Entscheidung, auf die Ausgabe von Aktien für diesen Zeitraum verzichten zu können, als eine gegenwärtige Ausübung von Leitungsermessen dar[5]. Dass die Entscheidung von heute dabei möglicherweise eine andere Entscheidung in der Zukunft verhindert, liegt in der generellen Bindungswirkung von Verträgen verankert und lässt sich nicht verhindern, wenn man nicht Verträge mit Aktionären ganz verbieten will[6].

20 Ebenfalls nur klauselbezogen zu beurteilen ist die Frage, ob der Vorstand durch entsprechende Zusagen gegen seine **Sorgfaltspflichten nach § 93 AktG** verstößt. Dabei ist aber zu berücksichtigen, dass allein die Tatsache, dass der Vorstand eine Bindung gegenüber dem die Verschmelzung betreibenden Großaktionär eingegangen ist, eine Pflichtwidrigkeit nicht begründet. Denn der Vorstand kann über Strukturmaßnahmen nicht allein entscheiden. Er kann die Maßnahmen nie allein, sondern immer nur im Zusammenwirken mit den anderen Organen, insbesondere mit der Hauptversammlung (§ 13 UmwG) zustande bringen[7]. Dann stellt es aber keinen Ermessensfehlgebrauch dar, wenn der Vorstand bei seinen Mitwirkungshandlungen die Einstellung der anderen Organe zum Vorhaben mit

berührt lässt, näher s. *Jooß*, Drittanstellung, S. 134 ff.; so auch BGH v. 9.3.2009 – II ZR 170/07, AG 2009, 500 (Vorstandsdoppelmandat).

1 Entsprechend differenzierend *Schall* in Kämmerer/Veil, S. 75 (100 ff.); *Fleischer* in FS Schwark, 2009, S. 137, 155 ff.; *Fleischer*, ZHR 172 (2008), 538 (542 ff.); *Paschos*, NZG 2012, 1142 ff.; *Seibt/Wunsch*, Der Konzern 2009, 195 (203 f.); *Kiem*, AG 2009, 301 (303 ff.).

2 *Fleischer* in FS Schwark, 2009, S. 137 (154 f.); *Paschos*, NZG 2012, 1142 (1144).

3 *Schall* in Kämmerer/Veil, S. 75 (111); unter dem Vorbehalt einer Fiduciary-Out-Klausel großzügiger *Fleischer*, ZHR 172 (2008), 538 (558 ff.); *Seibt/Wunsch*, Der Konzern 2009, 195 (202); für Zulässigkeit *Kiem*, AG 2009, 301 (311 f.).

4 LG München v. 5.4. 2012 – 5 HK O 20488/11, NZG 2012, 1152 (1153); OLG München v. 14.11.2012 – 7 AktG 2/12, NZG 2013, 459 (462).

5 Wie hier auch *Schall* in Kämmerer/Veil, 75 (112).

6 *Mertens/Cahn* in KölnKomm. AktG, § 76 AktG Rz. 46.

7 Dazu *Mertens/Cahn* in KölnKomm. AktG, § 76 AktG Rz. 46 ff.; *Paschos*, NZG 2012, 1142 (1143).

in Rechnung stellt, soweit ihm diese bekannt ist[1]. So wäre es sicher nicht sorgfaltsgemäß, eine Verschmelzung vorzubereiten, von der klar ist, dass sie im Aufsichtsrat oder in der Hauptversammlung scheitern wird. Umgekehrt ist es dann aber auch nicht pflichtwidrig, eine Verschmelzung zu fördern, die der Großaktionär anstrebt und die nach Überzeugung des Vorstands für die Gesellschaft wirtschaftlich sinnvoll ist[2]. Es handelt sich insoweit auch um eine unternehmerische Entscheidung, die nach § 93 Abs. 1 Satz 2 AktG nur eingeschränkt nachprüfbar ist[3]. Hat die Verschmelzung nach Überzeugung des Vorstands solche Vorteile, darf er auch ohne Verstoß gegen § 93 AktG und § 76 AktG zusagen, die Maßnahme zu fördern oder vereitelnde Handlungen zu unterlassen[4].

Zur Absicherung gegenüber dem Vorwurf sorgfaltswidrigen Verhaltens ist es sinnvoll und verbreitet, einen entsprechenden Vorbehalt („**Fiduciary-Out**") in das Business Combination Agreement aufzunehmen[5]. Dies erlaubt es dem handelnden Vorstand, von der Zusage abzuweichen, wenn seine Organpflicht es gebietet. Rechtlich notwendig ist die Vereinbarung der Fiduciary-Out-Klausel aber nicht. Denn die Organpflichten stehen ohnehin nicht zur Disposition der Parteien und setzen sich gegen anderweitige Pflichten aus schuldrechtlichen Verträgen auch ohne entsprechenden Vorbehalt durch. Dies gilt etwa für Fälle der Drittanstellung des Vorstands[6], vor allem aber auch für das Vorstandsdoppelmandat[7]. Von daher sind entsprechende Klauseln nur eine Wiedergabe dessen, was ohnehin gilt. 21

Die Zusagen von **finanziellen Vorteilen** für den amtierenden Vorstand[8] oder von Organfunktionen in der aufnehmenden Gesellschaft (**Gremienklausel**) sind partiell in § 5 Nr. 8 UmwG geregelt, vgl. insoweit die Kommentierung dort. 22

Auch über den Entwurf sind die **Anteilseigner** der beteiligten Rechtsträger bereits vor ihrer beschließenden Versammlung **zu informieren**; die Art und Weise hängt dabei von den Rechtsformen der beteiligten Rechtsträger ab. So ist der Entwurf bei Aktiengesellschaften bzw. KGaA und VVaG nach §§ 61 Satz 1, 78, 111 Satz 1 UmwG zum Handelsregister einzureichen und ist dort nach § 9 HGB für jedermann in elektronischer Form einsehbar. Die Tatsache der Einreichung ist außerdem in dem nach § 10 HGB bestimmten elektronischen Publikationsmedium bekannt zu machen[9]. Der Entwurf muss ebenso wie der Verschmelzungsvertrag ungeteilt zur Abstimmung gestellt werden[10]. 23

---

1 *Mertens/Cahn* in KölnKomm. AktG, § 76 AktG Rz. 48; enger *König*, NZG 2013, 452 (453).
2 Wie hier *Fleischer*, AG 2009, 345 (349) mit rechtstatsächlichen Nachweisen aus der amerikanischen Literatur.
3 *Fleischer* in FS Schwark, 2009, S. 137 (154f.); *Paschos*, NZG 2012, 1142 (1144).
4 *Paschos*, NZG 2012, 1142 (1143).
5 Ebenso *Paschos*, NZG 2012, 1142 (1143); *Seibt* in Mülbert/Kiem/Wittig (Hrsg.), 10 Jahre WpÜG, 2011, S. 148 (179f.). Ein solcher Vorbehalt war in dem vom LG München zu beurteilenden Sachverhalt vorhanden; umso weniger nachvollziehbar ist die Entscheidung des LG.
6 Näher s. *Jooß*, Die Drittanstellung des Vorstandsmitglieds einer Aktiengesellschaft, 2009, S. 134ff.
7 BGH v. 9.3.2009 – II ZR 170/07, AG 2009, 500 (Vorstandsdoppelmandat).
8 Dazu OLG München v. 14.11.2012 – 7 AktG 2/12, NZG 2013, 459 (462).
9 Vgl. ferner § 42 UmwG (zu Personenhandelsgesellschaften), § 45c Satz 2 UmwG (zu Partnerschaftsgesellschaften), §§ 47, 56 UmwG (zur GmbH); § 82 UmwG (zu Genossenschaften), und § 116 Abs. 2 Satz 1 UmwG (zum Verein).
10 Vgl. BGH v. 16.11.1981 – II ZR 150/80, BGHZ 82, 188 (194ff.) zu § 361 AktG a.F.

3. Die Vorgesellschaft

24 Bei der **Verschmelzung durch Neugründung** einer Kapitalgesellschaft kommt es zur Entstehung einer Vorgesellschaft[1]; diese entsteht aber nicht schon mit dem notariellen Abschluss des Verschmelzungsvertrages (und erst recht nicht mit dessen Entwurf), sondern erst in dem Zeitpunkt, in dem der Vertrag (und die darin nach § 37 UmwG enthaltene Satzungsfeststellung) wirksam wird und die Vertragsparteien bindet[2]. Es müssen also die Zustimmungsbeschlüsse der übertragenden Rechtsträger vorliegen. Haftungsfolgen hat das Entstehen einer Vorgesellschaft allerdings in der Regel nicht, da nicht in ihrem Namen gehandelt wird[3].

4. Ausschluss des § 311b Abs. 2 BGB

25 Nach § 311b Abs. 2 BGB ist ein Vertrag nichtig, der die Verpflichtung zur Übertragung eines künftigen Vermögens zum Inhalt hat. Die Vorschrift passt nicht auf die Verschmelzung, da gerade bei einem im Geschäftsverkehr stehenden Unternehmen im Zeitpunkt des Abschlusses eines Verschmelzungsvertrags nicht feststeht, welche Vermögensgegenstände im späteren Zeitpunkt des Wirksamwerdens der Verschmelzung vorhanden sind. Ihr Ausschluss durch § 4 Abs. 1 Satz 2 UmwG hat daher vor allem klarstellende Bedeutung und dient der Rechtssicherheit[4].

IV. Vertragsänderungen und Bedingungen

1. Aufhebung und Abänderung des Vertrags

26 **Vor der Eintragung** kann der Vertrag einvernehmlich *aufgehoben* oder *abgeändert* werden. In der Frage, ob dabei dieselben Mehrheits- und Formerfordernisse einzuhalten sind wie bei Abschluss des Vertrages oder ob es sich um bloße Geschäftsführungsmaßnahmen handelt, ist zu differenzieren[5]: Vor Eintragung der Verschmelzung und *vor Fassung der Zustimmungsbeschlüsse* ist der Verschmelzungsvertrag schwebend unwirksam; er kann deshalb auch noch von den Vertretungsorganen *aufgehoben* oder *abgeändert* werden[6]. *Nach einem Zustimmungsbeschluss* der Anteilseigner eines Rechtsträgers bedarf dagegen auch die Aufhebung oder Abänderung des Verschmelzungsvertrages jeweils ihrer Zustimmung: Der Wertung des § 13 Abs. 1 UmwG entspricht es, dass die Anteilseigner

1 *Ihrig*, GmbHR 1995, 622 (633); *Schröer* in Semler/Stengel, § 4 UmwG Rz. 26.
2 *Ihrig*, GmbHR 1995, 622 (633 f.).
3 Zur Haftung in der Vorgesellschaft bei Verschmelzung durch Neugründung vgl. BGH v. 23.9.1985 – II ZR 284/84, WM 1985, 1364 (1365) = NJW-RR 1986, 115; *K. Schmidt* in Scholz, § 11 GmbHG Rz. 22.
4 *Marsch-Barner* in Kallmeyer, § 4 UmwG Rz. 6; *Stratz* in Schmitt/Hörtnagl/Stratz, § 4 UmwG Rz. 5.
5 *Schröer* in Semler/Stengel, § 4 UmwG Rz. 27 ff.; *Mayer* in Widmann/Mayer, § 4 UmwG Rz. 62 ff.; *Simon* in KölnKomm. UmwG, § 4 UmwG Rz. 19 ff. m.w.N. (heute einhellige Meinung).
6 *Marsch-Barner* in Kallmeyer, § 4 UmwG Rz. 16; *Mayer* in Widmann/Mayer, § 4 UmwG Rz. 62, 64; *Schröer* in Semler/Stengel, § 4 UmwG Rz. 28; *Bermel* in Goutier/Knopf/Tulloch, § 7 UmwG Rz. 8; *Simon* in KölnKomm. UmwG, § 4 UmwG Rz. 20.

letztverantwortlich über die Verschmelzung entscheiden sollen[1]; ist der Verschmelzungsvertrag somit nach der Zustimmung aller am Vertragsschluss beteiligten Rechtsträger wirksam geworden, so ist nur noch eine einvernehmliche Änderung oder Aufhebung möglich. Für die **Änderungen** sind dabei stets die gleichen Mehrheiten wie für den Zustimmungsbeschluss erforderlich[2], da es sich um einen neuen Vertrag handelt. Eintragungsfähig ist der Verschmelzungsvertrag bei Änderungen des Entwurfs also nur dann[3], wenn alle Anteilseignerversammlungen erneut mit der Mehrheit zugestimmt haben, die auch für einen nach § 13 UmwG zu fassenden Beschluss erforderlich ist[4]. In formeller Hinsicht ist die Beurkundung der Änderungen in einer Nachtragsurkunde möglich und ausreichend[5].

Ob die gleichen Anforderungen an Mehrheits- und Formerfordernisse auch für die **einvernehmliche Aufhebung** eines Verschmelzungsvertrages gelten, ist hingegen fraglich. Dafür wird zwar vorgebracht, dass der Gesetzgeber durch die besonderen Anforderungen an den Abschluss eines Verschmelzungsvertrages zu erkennen gegeben habe, dass der Eingehung einer solchen Unternehmensverbindung besonderes Gewicht zukomme und daher auch die Aufhebung des für die beteiligten Rechtsträger bindend gewordenen Verschmelzungsvertrages als „actus contrarius" den gleichen Anforderungen wie der Abschluss des Vertrages unterliegen müsse[6]. Dagegen spricht aber, dass nach herrschender und überzeugender Ansicht für die Wiederaufhebung satzungsändernder, aber noch nicht eingetragener Beschlüsse bei Kapitalgesellschaften die einfache Mehrheit als ausreichend angesehen wird[7] und ein Verschmelzungsvertrag vor der Eintragung der Verschmelzung ebenfalls noch nicht satzungsgleich „erstarkt" ist. Einen die besonderen Mehrheits- oder Formerfordernisse rechtfertigenden Vertrauensschutz durch die Bindungswirkung des Vertrages könnten im Übrigen nur die anderen beteiligten Rechtsträger (die aber gerade zustimmen), nicht jedoch die Anteilsinhaber innerhalb der einzelnen Rechtsträger beanspruchen: Die Tatsache, dass 25,01 % der Stimmen genügt hätten, um einen Zustimmungsbeschluss zu verhindern, zwingt keineswegs zu der Annahme, dass nach Wirksamwerden des Verschmelzungsvertrages mehr als die einfache Mehrheit zur Aufhebung dieses Vertrages erforderlich 27

1 *Stratz* in Schmitt/Hörtnagl/Stratz, § 7 UmwG Rz. 12ff.; *Marsch-Barner* in Kallmeyer, § 4 UmwG Rz. 16; *Mayer* in Widmann/Mayer, § 4 UmwG Rz. 62, 64; *Simon* in KölnKomm. UmwG, § 4 UmwG Rz. 21ff.

2 *Stratz* in Schmitt/Hörtnagl/Stratz, § 7 UmwG Rz. 21; *Marsch-Barner* in Kallmeyer, § 4 UmwG Rz. 17; *Schröer* in Semler/Stengel, § 4 UmwG Rz. 30; *Mayer* in Widmann/Mayer, § 4 UmwG Rz. 62, 64.

3 Außerdem ist § 5 Abs. 3 UmwG zu beachten, vgl. dazu unten § 5 Rz. 143ff.

4 *Stratz* in Schmitt/Hörtnagl/Stratz, § 7 UmwG Rz. 21.

5 *Weiler*, DNotZ 2007, 888.

6 So *Heckschen*, S. 63; *Stratz* in Schmitt/Hörtnagl/Stratz, § 7 UmwG Rz. 18; *Marsch-Barner* in Kallmeyer, § 4 UmwG Rz. 17; *Mayer* in Widmann/Mayer, § 4 UmwG Rz. 62; wie hier hingegen *Schröer* in Semler/Stengel, § 4 UmwG Rz. 32 sowie *Simon* in KölnKomm. UmwG, § 4 UmwG Rz. 26.

7 *Zöllner* in KölnKomm. AktG, § 179 AktG Rz. 162 m.w.N.; *Zöllner/Noack* in Baumbach/Hueck, § 53 GmbHG Rz. 65; *Wiedemann* in Großkomm. AktG, § 181 AktG Rz. 20; *Bayer* in Lutter/Hommelhoff, § 53 GmbHG Rz. 45; *K. Schmidt* in Scholz, § 45 GmbHG Rz. 33 und h.M.; a.A. insb. *Priester/Veil* in Scholz, § 53 GmbHG Rz. 188; vgl. auch zu Kapitalerhöhungsbeschlüssen *Lutter* in KölnKomm. AktG, § 184 AktG Rz. 4 sowie § 189 AktG Rz. 3 und 8: für Aufhebungsbeschluss ist einfache Mehrheit vor Eintragung nach § 184 AktG und satzungsändernde Mehrheit danach erforderlich.

ist[1]. Im Übrigen gelten für die Aufhebung eines Verschmelzungsvertrages weder die §§ 8ff. UmwG, noch müssen die Aufhebungsbeschlüsse oder der Aufhebungsvertrag als solcher notariell beurkundet werden[2].

28 **Nach der Eintragung** der Verschmelzung ins Handelsregister kann der Vertrag nach ganz herrschender Meinung weder *aufgehoben* noch *abgeändert* werden, da § 20 UmwG einer Aufhebung und Abänderung entgegenstehe[3]. Das kann jedenfalls für die nachträgliche Abänderung des Verschmelzungsvertrages nicht überzeugen. § 20 Abs. 2 UmwG, nach dem Mängel der Verschmelzung die in § 20 Abs. 1 UmwG angeordneten Wirkungen der Eintragung unberührt lassen, beruht der Regierungsbegründung zufolge auf einer allgemeinen Tendenz, gesellschaftsrechtliche Akte möglichst zu erhalten, zumal eine „Entschmelzung" im Sinne einer Rückübertragung jedes einzelnen Vermögensgegenstandes praktisch nicht möglich sei[4]. Die Vorschrift sollte demnach vor allem die Möglichkeit einer Entschmelzung verhindern. Dazu war und ist es notwendig, den in § 20 Abs. 1 UmwG normierten Rechtswirkungen der Eintragung im Interesse der Rechtssicherheit unabhängig von etwaigen Mängeln des Verschmelzungsvertrages bzw. des weiteren Verschmelzungsverfahrens Bestandskraft zu verleihen. Die Vorschrift will aber nur solche Änderungen des Verschmelzungsvertrages erfassen, die die Wirkungen des § 20 Abs. 1 UmwG rückgängig machen. Eine differenzierende Betrachtung und die Zulassung der einvernehmlichen Korrektur durch die Beteiligten findet jetzt auch in der Rechtsprechung Befürworter[5].

Eine **Abänderung des Verschmelzungsvertrages** muss demnach als zulässig erachtet werden, sofern die Abänderung nicht auf eine Entschmelzung gerichtet ist, das Umtauschverhältnis gewahrt bleibt, keine schutzwürdigen Interessen des Rechtsverkehrs entgegenstehen (unten a), Rz. 29) und sowohl die ehemaligen als auch die jetzigen Gesellschafter an der Abänderung beteiligt werden (unten b), Rz. 30). Für den Abschluss des Abänderungsvertrages ist der übertragende Rechtsträger als fortbestehend anzusehen und ein besonderer Vertreter zu bestellen (unten c), Rz. 31), eine erneute Handelsregistereintragung ist nicht erforderlich (unten d), Rz. 33).

29 **a)** Schutzwürdige Interessen des Rechtsverkehrs stehen einer Abänderung des Verschmelzungsvertrages nicht entgegen. Der Schutz der **Neugläubiger** wird durch

---

1 *Bermel* in Goutier/Knopf/Tulloch, § 7 UmwG Rz. 9; *Schröer* in Semler/Stengel, § 4 UmwG Rz. 32.

2 *Bermel* in Goutier/Knopf/Tulloch, § 7 UmwG Rz. 9; *Marsch-Barner* in Kallmeyer, § 4 UmwG Rz. 18; *Stratz* in Schmitt/Hörtnagl/Stratz, § 7 UmwG Rz. 19; *Schröer* in Semler/Stengel, § 4 UmwG Rz. 33; *Zimmermann* in Kallmeyer, § 6 UmwG Rz. 9; ebenso zur Aufhebung von satzungsändernden Beschlüssen *Priester/Veil* in Scholz, § 53 GmbHG Rz. 188; a.A. *Heckschen* in Widmann/Mayer, § 6 UmwG Rz. 51f. sowie *Mayer* in Widmann/Mayer, § 4 UmwG Rz. 63: Notarielle Beurkundung des Aufhebungsvertrages erforderlich, wenn die Anteilsinhaber dem Vertrag bereits zugestimmt haben.

3 *Mayer* in Widmann/Mayer, § 4 UmwG Rz. 64; *Schröer* in Semler/Stengel, § 4 UmwG Rz. 36; *Stratz* in Schmitt/Hörtnagl/Stratz, § 7 UmwG Rz. 14; *Limmer*, Unternehmensumwandlung, S. 88; *Maulbetsch* in Maulbetsch/Klumpp/Rose, § 4 UmwG Rz. 48; a.A. aber jetzt OLG Frankfurt/M. v. 24.1.2012 – 20 W 504/10, ZIP 2012, 826 (828) = AG 2012, 461.

4 Vgl. RegBegr zu § 20 UmwG bei *Ganske*, S. 75f. sowie RegBegr zur Vorgängerregelung § 352a AktG in BT-Drucks. 9/1065 zu § 352a AktG, 19; OLG Frankfurt/M. v. 22.10. 2002 – 20 W 299/02, GmbHR 2003, 117; OLG Frankfurt/M. v. 26.5.2003 – 20 W 61/03, ZIP 2003, 1607 = AG 2003, 641.

5 OLG Frankfurt/M. v. 24.1.2012 – 20 W 504/10, ZIP 2012, 826 (828) = AG 2012, 461.

das Verbot der Entschmelzung hinreichend gewährleistet. Der durch die Eintragung der Verschmelzung geschaffene Vertrauenstatbestand beschränkt sich darauf, dass der übernehmende Rechtsträger als solcher überhaupt existiert und nunmehr als Haftungsadressat zur Verfügung steht. Eine Abänderung des Verschmelzungsvertrages tangiert diesen Vertrauenstatbestand nicht. Die **Altgläubiger** können die Verschmelzung als solche nicht verhindern, weshalb sie auch nicht die Vertragsänderung unterbinden können. Ihren Schutzinteressen wird durch einen erneuten Anspruch auf Sicherheitsleistung gem. § 22 Abs. 1 Satz 1 UmwG analog genügt[1].

b) Der Abänderungsvertrag bedarf eines **Zustimmungsbeschlusses** gem. § 13 30 Abs. 1 Satz 1 UmwG analog. Dieser kann nur in einer Versammlung erfolgen, an der sowohl die im Zeitpunkt der Zustimmung zum Verschmelzungsvertrag vorhandenen Gesellschafter als auch die jetzigen Gesellschafter teilnehmen, § 13 Abs. 1 Satz 2 UmwG analog.

c) Gegen die Zulässigkeit einer Abänderung kann nicht vorgebracht werden, dass 31 die Eintragung der Verschmelzung gem. § 20 Abs. 1 Nr. 2 UmwG das Erlöschen des übertragenden Rechtsträgers zur Folge hat und ein nicht existierendes Rechtssubjekt keine Partei eines Abänderungsvertrages sein kann. Der übertragende Rechtsträger ist vielmehr für den Abschluss des Änderungsvertrages als fortbestehend anzusehen. Eine solche Fortbestehensfiktion ist dem Verschmelzungsrecht nicht fremd. Denn § 25 Abs. 2 Satz 1 UmwG ordnet für Schadensersatzansprüche nach § 25 Abs. 1 UmwG sowie weitere Ansprüche nach den allgemeinen Vorschriften an, dass der übertragende Rechtsträger als fortbestehend anzusehen ist. Folge dieser **Fortbestehensfiktion** ist nicht lediglich, dass der übertragende Rechtsträger als partei- und prozessfähig anzusehen ist. Vielmehr wird die Rechtssubjektivität des übertragenden Rechtsträgers als solche fingiert, soweit dies für die Geltendmachung der Ansprüche erforderlich ist[2]. Die Handlungsfähigkeit des erloschenen übertragenen Rechtsträgers wird durch die gerichtliche **Bestellung eines besonderen Vertreters** (§ 26 UmwG) hergestellt.

Zwar sind §§ 25, 26 UmwG als Ausnahmevorschriften grundsätzlich eng auszule- 32 gen. Sie enthalten jedoch keine abschließende Entscheidung des Gesetzgebers. Da eine Abänderungsbefugnis auch nach Eintragung unter dem Gesichtspunkt der Privatautonomie sowie mangels entgegenstehender schutzwürdiger Interessen des Rechtsverkehrs gewährt werden kann und muss, diese Befugnis jedoch ohne die rechtstechnische Möglichkeit ihrer praktischen Umsetzung wertlos bliebe, darf der Weg einer **analogen Anwendung der §§ 25, 26 UmwG** nicht von vornherein als versperrt angesehen werden. Die für die Analogiebildung erforderliche Regelungslücke wurde bereits nachgewiesen: Weder § 20 UmwG noch andere Vorschriften des UmwG enthalten Aussagen zur Abänderbarkeit des Verschmelzungsvertrages. Bei der Frage nach der Vergleichbarkeit der Interessenlage muss jedoch Beachtung finden, dass die Fortbestehensfiktion des § 25 Abs. 2 UmwG nicht in beliebigen Fällen eingreift, sondern nur bei Ansprüchen auf Ersatz von Schäden, die aus der Verschmelzung herrühren. Es erscheint deshalb angesichts

1 Infolge der analogen Anwendung des § 22 Abs. 1 UmwG bezieht sich die Glaubhaftmachung der Gefährdung einer Forderungserfüllung (§ 22 Abs. 1 Satz 2 UmwG) nicht auf die Verschmelzung, sondern auf die Abänderung des Verschmelzungsvertrages.

2 Vgl. nur *Stratz* in Schmitt/Hörtnagl/Stratz, § 25 UmwG Rz. 39.

dieses klar umgrenzten Anwendungsbereichs zu weitgehend, eine Fortbestehensfiktion ohne weiteres auf sämtliche nach der Eintragung aufkommende Abänderungsbegehren zu erstrecken. Die aus dem Verschmelzungsvertrag entstehenden Schadensersatzansprüche stellen ihrerseits einen **wichtigen Grund** dar, die Erlöschenswirkung durch die Fiktion des Fortbestehens des übertragenden Rechtsträgers einzuschränken. Deshalb ist es nur folgerichtig, auch bei einem Verlangen nach Abänderung des Verschmelzungsvertrages einen wichtigen Grund zu fordern. Dabei liegt insoweit nahe, die im Rahmen des in § 313 BGB normierten Instituts des Wegfalls der Geschäftsgrundlage entwickelten Grundsätze zur Konkretisierung heranzuziehen. Dies muss umso mehr angesichts der Tatsache gelten, dass die Anwendbarkeit der Grundsätze über den Wegfall der Geschäftsgrundlage auch auf Umwandlungsvorgänge allgemein bejaht wird[1]. Ein wichtiger Grund wird immer dann zu bejahen sein, wenn eine unvorhergesehene Änderung der Sach- oder Rechtslage eingetreten ist. Ein nachträglicher Gesinnungswandel oder Motivwechsel reicht hingegen keinesfalls aus, um einen wichtigen Grund für die Fortbestehensfiktion zu begründen.

33 **d)** Die Abänderung des Verschmelzungsvertrages muss nicht ins Handelsregister eingetragen werden. Denn die Rechtsfolgen, die das Gesetz in § 20 Abs. 1 UmwG an die Eintragung knüpft, sind ohnehin einer Abänderung entzogen und somit endgültig und vollumfänglich eingetreten. Die nachträgliche Änderung des Verschmelzungsvertrages berührt diese nicht[2].

2. Bedingung und Befristung

34 Da die wirtschaftliche Zusammenarbeit von Unternehmen, insbesondere auf der Basis von Interessengemeinschaften oder Konzernverbindungen, häufig langfristig in einer Verschmelzung münden soll[3], besteht ein praktisches Bedürfnis, zukünftige Verschmelzungen im Voraus zu vereinbaren. Ein solcher Abschluss von Verschmelzungsverträgen unter Bedingungen und Befristungen ist möglich[4]. Für die Vereinbarung einer **aufschiebenden Bedingung** (§ 158 Abs. 1 BGB) ergibt sich die Zulässigkeit dabei schon aus der Sondervorschrift des § 7 UmwG. Gleiches gilt aber auch für aufschiebende **Befristungen** (§ 163 BGB)[5]. Die aufschiebende Bedingung/Befristung hat zur Folge, dass die Verschmelzung nur dann ins Handelsregister eingetragen und damit wirksam wird, wenn die Bedingung/Befristung eingetreten ist[6].

---

1 Vgl. nur *Marsch-Barner* in Kallmeyer, § 4 UmwG Rz. 25; *Schröer* in Semler/Stengel, § 4 UmwG Rz. 58; *Stratz* in Schmitt/Hörtnagl/Stratz, § 4 UmwG Rz. 19 und § 7 UmwG Rz. 23ff. sowie unten Rz. 41 und § 20 Rz. 56.

2 Eine dennoch erfolgende Eintragung hätte lediglich Auswirkungen auf den Beginn der Frist, innerhalb deren die Gläubiger Ansprüche auf Sicherheitsleistung geltend machen müssen, § 22 Abs. 1 Satz 1 UmwG analog.

3 So schon *Böttcher/Meilicke*, § 235 AktG 1937 Rz. 54.

4 Vgl. dazu *Streck/Mack/Schwedhelm*, GmbHR 1995, 161 (164); *Heckschen* in Widmann/Mayer, § 7 UmwG Rz. 17ff.; *Körner/Rodewald*, BB 1999, 853; allg. zum Problem bedingter und befristeter Hauptversammlungsbeschlüsse *Lutter* in FS Quack, 1991, S. 301ff.

5 Vgl. *Marsch-Barner* in Kallmeyer, § 4 UmwG Rz. 11; *Schröer* in Semler/Stengel, § 5 UmwG Rz. 112.

6 Zu dem Fall, dass die Verschmelzung trotz Nichteintritt der Bedingung doch eingetragen wird, vgl. § 20 Rz. 89.

Auflösende Bedingungen oder Befristungen (§§ 158 Abs. 2, 163 BGB) führen bei Bedingungseintritt bis zur Eintragung der Verschmelzung zur Unwirksamkeit des Verschmelzungsvertrages. Sie sind daher nur insoweit gültig[1], als der maßgebliche Zeitpunkt oder das maßgebliche Ereignis vor dem Wirksamwerden der Verschmelzung durch Eintragung in das Register des übernehmenden Rechtsträgers (§ 20 Abs. 1 UmwG) eintritt[2]; danach sind übertragende Rechtsträger untergegangen und können auch durch Eintritt der Bedingung/Befristung nicht nachträglich wieder entstehen. 35

Zum **Vorvertrag** vgl. § 6 Rz. 3.

V. Durchsetzung des Verschmelzungsvertrags

1. Klage auf Erfüllung

Aus der Verpflichtung zur Durchführung der Verschmelzung folgt, dass nach Wirksamwerden des Verschmelzungsvertrages klagbare Ansprüche auf die Durchführung entsprechender Handlungen bestehen[3]. Da die Verschmelzung zur Eintragung in die Register der beteiligten Rechtsträger nach § 19 UmwG angemeldet werden muss, kann deshalb auf die Abgabe der zur Anmeldung erforderlichen Erklärungen seitens des übernehmenden Rechtsträgers gegen übertragende Rechtsträger geklagt werden; die Vollstreckung erfolgt dann nach § 894 ZPO, wobei allerdings wegen der weitgehenden Wirkung des § 20 UmwG für die Vollstreckung die Rechtskraft des Urteils abgewartet werden muss[4]. Umgekehrt fehlt einer entsprechenden Klage des übernehmenden Rechtsträgers allerdings das Rechtsschutzbedürfnis, da die Vertretungsorgane des Unternehmens nach § 16 Abs. 1 Satz 2 UmwG berechtigt sind, die Verschmelzung auch zur Eintragung beim Register am Sitz der übertragenden Rechtsträger anzumelden[5]. Auch Klagen auf Erstellung einer Schlussbilanz bei den übertragenden Rechtsträgern oder zur Erzwingung der Treuhänderbestellung nach § 71 Abs. 1 Satz 1 UmwG[6] sind möglich (unvertretbare Handlungen, daher Vollstreckung nach § 888 ZPO) sowie (bei Aktiengesellschaften) die Klage gegen die übertragenden Rechtsträger auf Herausgabe der Aktien an den im Verschmelzungsvertrag bestimmten Treuhänder (§ 71 UmwG; die Vollstreckung richtet sich dabei nach § 883 ZPO). 36

Das nach § 16 Abs. 2 UmwG erforderliche Negativattest kann im Unbedenklichkeitsverfahren nach § 16 Abs. 3 UmwG ersetzt werden (§ 16 Rz. 26ff.)[7]. 37

---

1 *Stratz* in Schmitt/Hörtnagl/Stratz, § 7 UmwG Rz. 4; problematisch ist allerdings die mangelnde Registerpublizität solch bedingt geschlossener und wirksamer, aber noch nicht eingetragener Verträge, vgl. *Lutter* in FS Quack, 1991, S. 301 Fn. 4.
2 *Bermel* in Goutier/Knopf/Tulloch, § 7 UmwG Rz. 10; *Heckschen* in Widmann/Mayer, § 7 UmwG Rz. 25; *Marsch-Barner* in Kallmeyer, § 4 UmwG Rz. 12; *Stratz* in Schmitt/Hörtnagl/Stratz, § 7 UmwG Rz. 4; *Körner/Rodewald*, BB 1999, 856; *Limmer*, Unternehmensumwandlung, S. 88.
3 *Schröer* in Semler/Stengel, § 4 UmwG Rz. 45; *Mayer* in Widmann/Mayer, § 4 UmwG Rz. 61; *Simon* in KölnKomm. UmwG, § 4 UmwG Rz. 30.
4 Lediglich vorläufig vollstreckbare Urteile reichen daher nicht aus, zutr. *Bermel* in Goutier/Knopf/Tulloch, § 7 UmwG Rz. 17; *Marsch-Barner* in Kallmeyer, § 4 UmwG Rz. 19; *Mayer* in Widmann/Mayer, § 4 UmwG Rz. 61.
5 *Bermel* in Goutier/Knopf/Tulloch, § 7 UmwG Rz. 18.
6 Dazu *Schröer* in Semler/Stengel, § 4 UmwG Rz. 48.
7 Dazu *Bork* in Kölner Umwandlungsrechtstage, S. 261 ff., sowie *Bayer*, ZGR 1995, 613 ff.

38 Fraglich ist, ob auch die **Anteilsinhaber** eines Rechtsträgers dessen Vertretungsorgane zur Durchführung wirksam gewordener Verschmelzungsverträge zwingen können[1]. Das ist nach dem für die jeweilige Rechtsform geltenden Recht zu entscheiden: Soweit die Anteilsinhaber den Organen gegenüber weisungsbefugt sind (so bei der GmbH nach § 37 GmbHG), können die Anteilsinhaber durch Beschluss die Organe zur Durchführung der Verschmelzung anhalten. Kommt dabei die erforderliche Mehrheit nicht zustande, so kann eine **Minderheit** jedoch weder aus eigenem Recht noch im Wege der actio pro societate (Gesellschafterklage)[2] den Vollzug der Verschmelzung verlangen[3]. Die einzelnen Anteilsinhaber sind weder Vertragspartner des Verschmelzungsvertrages, noch liegt ein echter Vertrag zugunsten der Anteilsinhaber vor, noch gibt er ihnen gegenüber einen Vertrauenstatbestand im Hinblick auf seine Durchführung ab, da er von einer einfachen Mehrheit wieder aufgehoben werden kann (vgl. schon oben Rz. 27). Die Situation der actio pro societate liegt nicht vor, weil es diese Möglichkeit nur für die Geltendmachung mitgliedschaftlicher Ansprüche der Gesellschaft gegenüber Gesellschaftern gibt.

39 Bei der **AG** bestehen zwar keine Weisungsrechte der Aktionäre (§ 76 Abs. 1 AktG), der Vorstand ist aber nach § 83 Abs. 2 AktG zur Ausführung von in der Hauptversammlung beschlossenen Maßnahmen verpflichtet. Kommt der Vorstand dieser Verpflichtung nicht nach, so macht er sich nicht nur nach § 93 AktG schadensersatzpflichtig und kann nach § 84 Abs. 3 AktG aus wichtigem Grund abberufen werden, sondern kann auch von der durch den Aufsichtsrat vertretenen AG auf Erfüllung verklagt werden[4].

2. Rücktritt und Kündigung[5]

40 Die Beendigung des Vertrages, insbesondere durch Kündigung, richtet sich nach den allgemeinen Vorschriften des bürgerlichen Rechts[6] und den besonderen vertraglichen Regelungen. So kann eine Gesellschaft etwa nach **§ 323 BGB** vorgehen, wenn ein Vertragspartner die Verschmelzung nicht vorantreibt und notwendige Mitwirkungshandlungen unterlässt[7]. Zur Geltendmachung dieser Rechte und der dazu notwendigen Erklärungen (Mahnung, Fristsetzung) bedürfen die Vertretungsorgane *nicht* der Zustimmung der Anteilseigner, da es hier nicht um den Ab-

---

1 Dazu *Marsch-Barner* in Kallmeyer, § 4 UmwG Rz. 22; *Schröer* in Semler/Stengel, § 4 UmwG Rz. 53.

2 Dazu bei der GmbH BGH v. 5.6.1975 – II ZR 23/74, BGHZ 65, 15 ff. und *Lutter/Bayer* in Lutter/Hommelhoff, § 13 GmbHG Rz. 51 ff. m.w.N.; *Zöllner*, ZGR 1988, 392 ff.; *Wiedemann*, DB 1993, 141 (144 f.).

3 So auch *Schröer* in Semler/Stengel, § 4 UmwG Rz. 53; *Simon* in KölnKomm. UmwG, § 4 UmwG Rz. 36.

4 So die h.M., *Hüffer*, § 83 AktG Rz. 6 m.w.N.; a.A. *Mertens/Cahn* in KölnKomm. AktG, § 83 AktG Rz. 12, die aber dann eine Gesellschafterklage zulassen, vgl. dazu auch *Zöllner*, ZGR 1988, 392 (415).

5 Zu den gesetzlichen Kündigungsgründen auf Grund besonderen Vorbehalts vgl. bei § 7.

6 *Heckschen* in Widmann/Mayer, § 7 UmwG Rz. 35, 41 ff.; *Mayer* in Widmann/Mayer, § 4 UmwG Rz. 66; *Schröer* in Semler/Stengel, § 4 UmwG Rz. 56.

7 *Stratz* in Schmitt/Hörtnagl/Stratz, § 4 UmwG Rz. 20 und § 7 UmwG Rz. 26.; *Bermel* in Goutier/Knopf/Tulloch, § 7 UmwG Rz. 15; *Heckschen* in Widmann/Mayer, § 7 UmwG Rz. 34; *Heckschen* in Freundesgabe Weichler, 1997, S. 27 (29 f.); *Marsch-Barner* in Kallmeyer, § 4 UmwG Rz. 24.

schluss oder die Aufhebung des Verschmelzungsvertrages, sondern um die Geltendmachung von Rechten aus dem bestehenden Verschmelzungsvertrag geht[1]. Zeitliche Grenze ist die Eintragung der Verschmelzung in das Handelsregister des übernehmenden Rechtsträgers[2].

Außerdem wird allgemein eine **Kündigung aus wichtigem Grund** vor Eintragung der Verschmelzung unter Berufung auf den *Wegfall der Geschäftsgrundlage* (§ 313 BGB)[3] dann für möglich gehalten, wenn das Festhalten an einem Vertrag für den kündigenden Vertragspartner unzumutbar ist[4]. Dazu kann es etwa kommen, wenn das Umtauschverhältnis auf unrichtiger Basis ermittelt worden ist[5] oder eine nicht vorhersehbare Änderung in den Vermögensverhältnissen der beteiligten Rechtsträger dazu führt, dass das im Vertrag festgesetzte Umtauschverhältnis völlig unzutreffend geworden ist[6] *und* eine einvernehmliche Änderung des Verschmelzungsvertrages scheitert oder aussichtslos erscheint. Auch für dieses Kündigungsrecht bedürfen die Vertretungsorgane nach h.M. keiner Zustimmung der Anteilseigner wie bei dem Abschluss eines Aufhebungsvertrages[7], da es sich dabei um eine dem Vertrag innewohnende Rechtsposition handelt. 41

3. Ansprüche aus culpa in contrahendo (§ 280 Abs. 1 BGB i.V.m. § 311 Abs. 2 BGB)

a) Abbruch der Verhandlungen vor notarieller Beurkundung

Nach erstmaliger Begründung des rechtsgeschäftlichen Kontakts zwischen den Parteien mit dem Endziel einer Verschmelzung (§ 311 Abs. 2 Nr. 3 BGB) kann es aus verschiedenen Gründen dazu kommen, dass die Verhandlungen abgebrochen werden oder dass die andere Partei geschäftliche Dispositionen trifft, die die industrielle Logik des Verschmelzungsvorhabens entfallen lassen. Dann stellt sich für die enttäuschte Partei die Frage nach einem Ersatz ihres **Vertrauensschadens**, etwa der häufig nicht unerheblichen Vorbereitungs- und Beratungskosten, jeden- 42

1 *Stratz* in Schmitt/Hörtnagl/Stratz, § 7 UmwG Rz. 29; *Marsch-Barner* in Kallmeyer, § 4 UmwG Rz. 24; a.A. *Heckschen* in Widmann/Mayer, § 7 UmwG Rz. 41 ff.; *Mayer* in Widmann/Mayer, § 4 UmwG Rz. 66: Zustimmung der Anteilseigner ist erforderlich, sofern diese dem Verschmelzungsvertrag bereits zugestimmt haben.

2 *Marsch-Barner* in Kallmeyer, § 4 UmwG Rz. 24; *Schröer* in Semler/Stengel, § 4 UmwG Rz. 56 f.; *Mayer* in Widmann/Mayer, § 4 UmwG Rz. 66.

3 Nicht anwendbar sind jedoch die zu Dauerschuldverhältnissen entwickelten Grundsätze, da es sich bei der Verschmelzung nicht um ein solches handelt, sondern nur Handlungen geschuldet sind, die der Herbeiführung der Verschmelzung dienen, so ebenfalls *Marsch-Barner* in Kallmeyer, § 4 UmwG Rz. 25; a.A. *Schröer* in Semler/Stengel, § 4 UmwG Rz. 59: einem Dauerschuldverhältnis zumindest gleichgestellt.

4 *Stratz* in Schmitt/Hörtnagl/Stratz, § 7 UmwG Rz. 10; *Heckschen* in Widmann/Mayer, § 7 UmwG Rz. 35 f.; *Heckschen* in Freundesgabe Weichler, 1997, S. 27 (29); *Bermel* in Goutier/Knopf/Tulloch, § 4 UmwG Rz. 16; *Marsch-Barner* in Kallmeyer, § 4 UmwG Rz. 25; *Mayer* in Widmann/Mayer, § 4 UmwG Rz. 66.

5 Vgl. dazu etwa BGH v. 16.1.1995 – II ZR 279/93, ZIP 1995, 276 zum Anteilserwerb; *Schröer* in Semler/Stengel, § 4 UmwG Rz. 58.

6 Zur Äquivalenzstörung als Fall des Wegfalls der Geschäftsgrundlage vgl. RGZ 100, 123 ff. und *Grüneberg* in Palandt, § 313 BGB Rz. 25.

7 A.A. *Heckschen* in Widmann/Mayer, § 7 UmwG Rz. 37 ff.; *Heckschen* in Freundesgabe Weichler, 1997, S. 27 (34 ff.); *Mayer* in Widmann/Mayer, § 4 UmwG Rz. 66: Nach Beschlussfassung ist Zustimmung der Anteilseigner erforderlich.

falls soweit sie nach Entstehen des vertrauensbegründenden Tatbestands getätigt wurden[1]. Ein solcher Anspruch kommt vor allem dann in Betracht, wenn der Abschluss der anderen Partei als sicher dargestellt wurde und die Verhandlungen dann grundlos abgebrochen wurden[2]. Eine Darstellung des Vertragsschlusses als sicher kann sich aus ausdrücklichen oder konkludenten Zusicherungen der anderen Partei ergeben, aber auch aus dem Verhandlungsfortschritt an sich, denn die Bindung der Parteien wächst, je näher das Vorhaben dem Abschluss kommt[3].

43 In der **Anbahnungsphase** (vor Vornahme einer Due Diligence oder sonstigem Informationsaustausch über die Unternehmen) besteht ein schutzwürdiges Vertrauen auf das Zustandekommen der Verschmelzung aber regelmäßig nicht. Das folgt aus dem Umstand, dass wesentliche Elemente des Vertrages, insbesondere das angemessene Umtauschverhältnis nicht beurteilt werden können, ohne dass Informationen zur Ermittlung des Unternehmenswerts ausgetauscht wurden[4]. Ein Vertrauen auf das Zustandekommen der Verschmelzung ist in dieser Phase, abgesehen vom Sonderfall besonderer Zusicherung, nicht schutzwürdig. Das gilt auch dann, wenn zwischen den Parteien Begleitvereinbarungen, etwa Exklusivitätsvereinbarungen oder Vertraulichkeitsabkommen (Non Disclosure Agreements) geschlossen wurden; diese ändern an der oben dargestellten Sachlage nichts. Selbst ein **Letter of Intent**[5] beseitigt bei einer Verschmelzung nicht die Freiheit, das Vorhaben grundlos aufzugeben. Die abweichende Ansicht zum Unternehmenskauf[6] ist auf die Verschmelzung nicht übertragbar. Denn beim Unternehmenskauf ist der Käufer in seiner Kaufpreisfindung frei und nicht gehindert, auch die Katze im Sack zu kaufen. Hingegen muss das Umtauschverhältnis bei der Verschmelzung von Gesetzes wegen angemessen sein (s. § 5 Rz. 25). Das lässt sich ohne Informationen über das andere Unternehmen nicht beurteilen, was beiden Parteien auch bekannt ist. Deshalb muss das Vertrauen auf den Letter of Intent hier zwangsläufig weniger ausgeprägt sein. Beide Parteien können den Prozess jederzeit abbrechen; auch die Verfolgung und Wahrnehmung anderweitiger Geschäftschancen ist uneingeschränkt möglich[7].

44 In der **Informationsaustauschphase** (Durchführung der Due Diligence/Erteilung von individuellen Auskünften) gilt nichts anderes. Auch hier muss noch damit gerechnet werden, dass die andere Partei das Interesse verliert und die Verhandlungen abbricht oder Geschäftschancen verfolgt, deren Verwirklichung die Verschmelzung sinnlos werden lassen[8]. Während der konkreten Verhandlungen über den Verschmelzungsvertrag besteht ein solches besonderes Vertrauen ebenfalls

---

1 Zu dieser Einschränkung *Grüneberg* in Palandt, § 311 BGB Rz. 31; *Geyerhalter/Zirngiebl/Strehle*, DStR 2006, 1559 (1561); *Gaul*, ZHR 166 (2002), 35 (66).

2 BGH v. 7.12.2000 – VII ZR 360/98, ZIP 2001, 655 (656); BGH v. 22.2.1989 – VIII ZR 4/88, ZIP 1989, 514 (515); BGH v. 8.6.1978 – III ZR 48/76, BGHZ 71, 386 (395); OLG Stuttgart v. 2.4.2007 – 5 U 77/06, WM 2007, 1743 ff.; *Mayer* in Widmann/Mayer, § 4 UmwG Rz. 60; vgl. auch *R. Meier*, S. 111 f.

3 *Lauscher*, S. 45 ff.

4 *Lauscher*, S. 80 ff.

5 Vgl. dazu *Kallmeyer*, ZIP 1994, 1746 (1758); eingehend dazu *Lutter*, Der Letter of Intent, 3. Aufl. 1998.

6 *Hilgard*, BB 2008, 286 (288 f.); *Geyerhalter/Zirngiebl/Strehle*, DStR 2006, 1559 ff.; *Medicus/Stürner* in Prütting/Wegen/Weinreich, § 311 BGB Rz. 50; *Armbrüster* in Erman, vor § 145 BGB Rz. 9; einschränkend *Bergjan*, ZIP 2004, 395 (398 f.).

7 *Lauscher*, S. 85.

8 *Lauscher*, S. 145 f.

noch nicht, da es gerade im Wesen von Verhandlungen liegt, dass man sich letztlich nicht einig wird. Ein Verstoß gegen vorvertragliche Pflichten kann in dieser Phase aber darin liegen, dass eine Partei von vornherein Abschlussbereitschaft nur vortäuscht oder innerlich von der Abschlussbereitschaft abrückt, ohne dies der anderen Seite unverzüglich mitzuteilen[1].

Nach Vorliegen eines **ausverhandelten Vertrages** verdichten sich die Pflichten. 45
Beide Seiten können jetzt an sich davon ausgehen, dass keine inhaltlichen Hindernisse mehr bestehen und die jeweils andere Seite an der weiteren Verwirklichung mitwirkt, also z.B. die notarielle Beurkundung bewirkt und die erforderlichen Versammlungen der Anteilseigner einberuft[2]. Das könnte dafür sprechen, dass der Verhandlungsprozess nur noch aus triftigem Grund beendet werden darf. Dagegen spricht aber, dass der Vertrag der notariellen Form bedarf (§ 6 UmwG). Bei notariell formbedürftigen Verträgen verneint die Rechtsprechung eine Bindungswirkung bis zur Beurkundung, weil ein faktischer Zwang zum Abschluss mit dem Formzweck der Beurkundung nicht zu vereinbaren wäre. Diese Rechtsprechung gilt etwa für Grundstücksgeschäfte (§ 311b Abs. 1 BGB)[3], aber auch für die GmbH-Gründung (§ 2 Abs. 1 Satz 1 GmbHG)[4]. Betont wird dabei vor allem die Beratungs- und Übereilungsfunktion der notariellen Beurkundung. Diesen Zweck kann man bei der Verschmelzung von Großunternehmen in Zweifel ziehen, weil dort die Parteien in der Regel perfekt beraten sind und die notarielle Beurkundung stärker der Sicherung des Beweises und der Gewährleistung inhaltlicher Vertragsrichtigkeit liegt[5], während die Parteien eines Schutzes vor Übereilung nicht bedürfen. Aber das Gesetz gilt für Unternehmen aller Größe und Rechtsform in gleichem Maße. Eine Ausnahme z.B. für börsennotierte Aktiengesellschaften[6] verbietet sich daher. Selbst bei ausverhandeltem Vertrag kommt eine culpa in contrahendo also nur dann in Betracht, wenn eine Existenzgefährdung einer Partei vorliegt oder eine besonders schwere (vorsätzliche) Treuwidrigkeit vorliegt; dann tritt das Formerfordernis hinter dem Gebot von Treu und Glauben zurück[7].

Wirkliche Bindungswirkung wird daher erst in der Phase der schwebenden Un- 46
wirksamkeit erreicht; zu der sich dann ergebenden Pflichtenlage s. § 5 Rz. 8. Zu einer Verstärkung der vorvertraglichen Pflichten durch ein **Business Combination Agreement** s. oben Rz. 17f.

---

1 OLG Stuttgart v. 2.4.2007 – 5 U 177/06, WM 2007, 1743ff.; *Wertenbruch*, ZIP 2004, 1525 (1528); *Gehrlein/Sutschet* in Bamberger/Roth, § 311 BGB Rz. 58; *Krebs* in NK-BGB, § 311 BGB Rz. 55; *Münstermann*, Das neue Schuldrecht am Beispiel des Unternehmenskaufs, 2007, S. 211.

2 *Lauscher*, S. 158.

3 BGH v. 15.1.2001 – II ZR 127/99, DStR 2001, 802f.; BGH v. 20.3.1996 – V ZR 332/94, NJW 1996, 1884 (1885); OLG Koblenz v. 25.2.1997 – 3 U 477/96, NJW-RR 1997, 974; OLG Frankfurt/M. v. 30.10.1997 – 3 U 178/95, MDR 1998, 957; str. a.A. etwa *Kaiser*, JZ 1997, 448.

4 BGH v. 21.9.1987 – II ZR 16/87, NJW-RR 1988, 288 (289); OLG Stuttgart v. 2.4.2007 – 5 U 177/06, WM 2007, 1743 (1745).

5 *Lauscher*, S. 161f.

6 Dafür *Lauscher*, S. 161f.

7 BGH v. 29.3.1996 – V ZR 332/94, NJW 1996, 1884; OLG Koblenz v. 25.2.1997 – 3 U 477/96, NJW-RR 1997, 974; OLG Frankfurt/M. v. 30.10.1997 – 3 U 178/95, MDR 1998, 957.

b) Sonstige Nebenpflichten, insbes. Verschwiegenheits- und Aufklärungspflicht

47 Die Vertragsverhandlungen zwischen den Parteien bringen von ihrer Aufnahme an sonstige Nebenpflichten hervor. Zu nennen ist insbesondere eine Pflicht zur Verschwiegenheit; bereits der Umstand, dass Verschmelzungsverhandlungen stattfinden, darf Dritten in der Regel nicht mitgeteilt werden[1]. Etwas anderes gilt nur dann, wenn die Information des Dritten unerlässlich ist, z.B. ihrerseits zur Verschwiegenheit verpflichtete Berater, aber auch Personen, von deren Zustimmung die Verschmelzung abhängt (vgl. §§ 13 Abs. 2, 40 Abs. 2, 50 Abs. 2, 51 UmwG). Hier ist von einem stillschweigenden Einverständnis der anderen Partei auszugehen. Eine Regelung der Frage, wer wann informiert werden darf, in einer Begleitvereinbarung ist sinnvoll.

48 In der Phase des Informationsaustausches sind die Parteien in gesteigertem Maße verpflichtet, sich gegenseitig auf Umstände hinzuweisen, die für die Bewertung des jeweils anderen Rechtsträgers von Bedeutung sind. Dies folgt aus der Tatsache, dass die Vertragsverhandlungen auf ein gemeinsames Ziel gerichtet sind und dass das Umtauschverhältnis von Rechts wegen angemessen sein muss[2]. Dies führt zu einer **stärkeren Aufklärungspflicht** im Vergleich zu einem Unternehmenskauf, bei dem die Parteien entgegengesetzte Interessen verfolgen. Die Pflichtenlage ist unabhängig davon, ob zugleich eine Due Diligence stattfindet oder nicht[3].

4. Kapitalschutz

49 Im Verschmelzungsvertrag ist die Verpflichtung der übertragenden Rechtsträger gegenüber den übernehmenden Rechtsträgern enthalten, ihr gesamtes Vermögen als Einlageleistung auf die für ihre Gesellschafter bestimmten Anteile zu übertragen. Sofern es sich bei dem aufnehmenden bzw. neu gegründeten Rechtsträger um eine GmbH handelt, enthält diese Verpflichtung zugleich objektiv eine Kapitaldeckungszusage ihrer Gesellschafter für das bei der verschmelzungsbedingten Kapitalerhöhung der aufnehmenden GmbH bzw. Gründung einer neuen GmbH geschaffene (Nenn-)Kapital. Falls das übertragene Vermögen eines Rechtsträgers im Zeitpunkt der Eintragung der Verschmelzung nicht den Nennwert der seinen Anteilsinhabern dafür gewährten Geschäftsanteile erreicht, haften diese als die Empfänger der Anteile anteilig für den Minderwert des übertragenen Vermögens ihres Rechtsträgers (Differenzhaftung analog § 9 GmbHG; dazu im Einzelnen § 55 Rz. 35 ff.)[4]; dabei ist in Abweichung von § 9 Abs. 1 GmbHG nicht der Fehlbetrag im Zeitpunkt der Anmeldung, sondern im Zeitpunkt der Eintragung der Verschmelzung maßgeblich[5].

---

1 *Lauscher*, S. 62 ff.
2 *Lauscher*, S. 122 ff.
3 *Lauscher*, S. 139 ff.
4 Vgl. *Bermel* in Goutier/Knopf/Tulloch, § 55 UmwG Rz. 34 ff. und § 69 UmwG Rz. 31; *Stratz* in Schmitt/Hörtnagl/Stratz, § 55 UmwG Rz. 5; *Ihrig*, GmbHR 1995, 622 (633 ff. und 640) sowie eingehend *Trölitzsch*, Die Differenzhaftung für Sacheinlagen in Kapitalgesellschaften, 1998, 3. Teil.
5 *Ihrig*, GmbHR 1995, 622 (627 ff. und 640); *Trölitzsch*, Die Differenzhaftung für Sacheinlagen in Kapitalgesellschaften, 1998, 3. Teil.

Dieser Grundsatz gilt nicht für die AG, da es bei dieser an einer persönlichen Verantwortung der Aktionäre für die ordnungsgemäße Kapitaldeckung fehlt und § 188 Abs. 2 AktG auf die Kapitalerhöhung im Zuge einer Verschmelzung keine Anwendung findet (vgl. § 69 UmwG)[1]. Für die GmbH ist jedoch an der bisherigen Ansicht festzuhalten[2]. 50

5. Anteilsverkauf

Ein Verkauf von Anteilen zwischen Abschluss des Verschmelzungsvertrages und dessen Wirksamwerden beeinträchtigt die Verschmelzung nicht[3]. Der Erwerber tritt in die Rechtsstellung des Verkäufers ein[4]. 51

VI. Kosten

S. dazu bei § 2 Rz. 49 ff. 52

§ 5
Inhalt des Verschmelzungsvertrags

(1) Der Vertrag oder sein Entwurf muss mindestens folgende Angaben enthalten:

1. den Namen oder die Firma und den Sitz der an der Verschmelzung beteiligten Rechtsträger;

2. die Vereinbarung über die Übertragung des Vermögens jedes übertragenden Rechtsträgers als Ganzes gegen Gewährung von Anteilen oder Mitgliedschaften an dem übernehmenden Rechtsträger;

3. das Umtauschverhältnis der Anteile und gegebenenfalls die Höhe der baren Zuzahlung oder Angaben über die Mitgliedschaft bei dem übernehmenden Rechtsträger;

4. die Einzelheiten für die Übertragung der Anteile des übernehmenden Rechtsträgers oder über den Erwerb der Mitgliedschaft bei dem übernehmenden Rechtsträger;

5. den Zeitpunkt, von dem an diese Anteile oder die Mitgliedschaften einen Anspruch auf einen Anteil am Bilanzgewinn gewähren, sowie alle Besonderheiten in Bezug auf diesen Anspruch;

6. den Zeitpunkt, von dem an die Handlungen der übertragenden Rechtsträger als für Rechnung des übernehmenden Rechtsträgers vorgenommen gelten (Verschmelzungsstichtag);

---

1 BGH v. 12.3.2007 – II ZR 302/05, NZG 2007, 513 = AG 2007, 487; zust. *Veil/Teigelach*, WuB II P § 2 UmwG 1.08; kritisch *Wälzholz*, AG 2006, 469 (471); *Priester*, JbFfSt 2008/2009, 364 ff.

2 Zutr. *Kallmeyer*, GmbHR 2007, 1121 (1123 f.); hingegen für die GmbH die Differenzhaftung ablehnend *Simon* in KölnKomm. UmwG, § 55 UmwG Rz. 22 f.

3 *Streck/Mack/Schwedhelm*, GmbHR 1995, 161 (164).

4 *Schröer* in Semler/Stengel, § 4 UmwG Rz. 22.

7. die Rechte, die der übernehmende Rechtsträger einzelnen Anteilsinhabern sowie den Inhabern besonderer Rechte wie Anteile ohne Stimmrecht, Vorzugsaktien, Mehrstimmrechtsaktien, Schuldverschreibungen und Genussrechte gewährt, oder die für diese Personen vorgesehenen Maßnahmen;

8. jeden besonderen Vorteil, der einem Mitglied eines Vertretungsorgans oder eines Aufsichtsorgans der an der Verschmelzung beteiligten Rechtsträger, einem geschäftsführenden Gesellschafter, einem Partner, einem Abschlussprüfer oder einem Verschmelzungsprüfer gewährt wird;

9. die Folgen der Verschmelzung für die Arbeitnehmer und ihre Vertretungen sowie die insoweit vorgesehenen Maßnahmen.

(2) Befinden sich alle Anteile eines übertragenden Rechtsträgers in der Hand des übernehmenden Rechtsträgers, so entfallen die Angaben über den Umtausch der Anteile (Absatz 1 Nr. 2 bis 5), soweit sie die Aufnahme dieses Rechtsträgers betreffen.

(3) Der Vertrag oder sein Entwurf ist spätestens einen Monat vor dem Tage der Versammlung der Anteilsinhaber jedes beteiligten Rechtsträgers, die gemäß § 13 Abs. 1 über die Zustimmung zum Verschmelzungsvertrag beschließen soll, dem zuständigen Betriebsrat dieses Rechtsträgers zuzuleiten.

Literatur

Zu § 5 Abs. 1 und 2 UmwG (vgl. insoweit auch die Angaben zu §§ 2 und 4): *Adolff*, Unternehmensbewertung im Recht der börsennotierten Aktiengesellschaft, 2007; *Aha*, Einzel- oder Gesamtrechtsnachfolge bei der Ausgliederung, AG 1997, 345; *Aha*, Aktuelle Aspekte der Unternehmensbewertung im Spruchstellenverfahren, AG 1999, 26; *Austmann/Frost*, Vorwirkung von Verschmelzungen, ZHR 169 (2005), 431; *Bermel/Müller*, Vinkulierte Namensaktien und Verschmelzung, NZG 1998, 331; *Bitzer*, Probleme der Prüfung des Umtauschverhältnisses bei aktienrechtlichen Verschmelzungen, 1987; *Bungert*, Umtauschverhältnis bei Verschmelzungen entspricht nicht den Börsenwerten, BB 2003, 699; *Bungert/Eckert*, Unternehmensbewertung nach Börsenwert: Zivilgerichtliche Umsetzung der BVerfG-Rechtsprechung, BB 2000, 1845; *Bungert/Wansleben*, Dividendenanspruch bei Verschiebung der Gewinnberechtigung bei Verschmelzungen, DB 2013, 979; *Busse von Colbe*, Berücksichtigung von Synergien versus Stand-alone-Prinzip bei der Unternehmensbewertung, ZGR 1994, 595; *T. Drygala*, Zuwendungen an Unternehmensorgane bei Umwandlungen und Übernahmen – unethisch, aber wirksam, in FS K. Schmidt, 2009, S. 269; *Erb*, Der Börsenkurs als Untergrenze der Abfindung auch in Verschmelzungsfällen, DB 2001, 523; *Götz*, Entschädigung von Aktionären bei der Kapitalmarktbewertung?, DB 1996, 259; *Graef*, Nichtangabe von besonderen Vorteilen gemäß § 5 Abs. 1 Nr. 8 UmwG – Nichtigkeit getroffener Vereinbarungen?, GmbHR 2005, 908; *Grunewald*, Auslegung von Unternehmens- und Umwandlungsverträgen, ZGR 2009, 647; *Grunewald/M. Winter*, Die Verschmelzung von Kapitalgesellschaften, in Lutter, Kölner Umwandlungsrechtstage, 1995, S. 19; *Gude*, Strukturänderungen und Unternehmensbewertung zum Börsenkurs, 2003, *Hadding/Hennrichs*, Zur Verschmelzung unter Beteiligung rechtsfähiger Vereine nach dem neuen Umwandlungsgesetz, in FS Boujong, 1996, S. 203; *Heckschen*, Die Reform des Umwandlungsrechts, DNotZ 2007, 444; *Hennrichs*, Formwechsel und Gesamtrechtsnachfolge bei Umwandlungen, 1995; *Hockemeier*, Die Auswirkungen der Verschmelzung von Kapitalgesellschaften auf die Anstellungsverhältnisse der Geschäftsleiter, 1990; *Hügel*, Verschmelzung und Einbringung, 1993; *Hüttemann*, Unternehmensbewertung als Rechtsproblem, ZHR 162 (1998), 563; *Ihrig/Redeke*, Zum besonderen Vorteil von Vorstands- und Aufsichtsratsmitgliedern im Sinne von § 5 Abs. 1 Nr. 8 UmwG, in FS Maier-Reimer, 2010, S. 297; *Ising*, Wegfall des Umwandlungsbeschlusses im Konzern – Probleme in der Praxis, NZG 2011, 1368; *Katschinski*, Die Begründung eines Doppelsitzes bei der Verschmelzung, ZIP 1997, 620; *Kiem*, Die schwebende Umwandlung, ZIP 1999, 173; *Kiem*, Die Ermittlung der Verschmelzungswertrelation bei der grenzüberschreitenden Verschmelzung, ZGR 2007, 542; *Klein/Stephanblome*, Der Downstream Merger – aktuelle umwandlungs- und gesellschaftsrechtliche Fragestellungen, ZGR 2007, 351; *Klöhn/Verse*, Ist das „Verhandlungsmodell" zur Bestimmung der Verschmelzungswertrelation verfassungswidrig? – Überlegungen zu BVerfG v. 24.5.2012 – 1 BvR 3221/10, – Daimler/Chrysler, AG 2013, 2; *Kowalski*, Kapitalerhöhung bei horizontaler Verschmelzung, GmbHR 1996, 158; *Lausterer*, Unternehmensbewertung zwischen Betriebswirtschaftslehre und Rechtsprechung, 1997; *Lutter*, Aktienerwerb von Rechts wegen: Aber welche Aktien?, in FS Mestmäcker, 1996, S. 943; *Luttermann*, Zum Börsenkurs als gesellschaftsrechtliche Bewertungsgrundlage, ZIP 1999, 45; *Marsch-Barner*, Abschaffung von stimmrechtslosen Vorzugsaktien nach den Regeln des AktG oder des UmwG, in Liber amicorum Martin Winter, 2011, S. 467; *Welf Müller*, Zweifelsfragen zum Umwandlungsrecht, WPg 1996, 857; *Naraschewski*, Stichtage und Bilanzen bei der Verschmelzung, 2001; *Neye*, Partnerschaft und Umwandlung, ZIP 1997, 722; *Paschos*, Die Maßgeblichkeit des Börsenkurses bei Verschmelzungen, ZIP 2003, 1017; *Petersen*, Gläubigerschutz im Umwandlungsrecht, 2001; *Picot/Müller-Eising*, Gesellschaftsrecht, in Picot, Unternehmenskauf und Restrukturierung, 3. Aufl. 2004, Teil III, Rz. 223 ff.; *Piltz*, Unternehmensbewertung und Börsenkurs im aktienrechtlichen Spruchstellenverfahren, ZGR 2001, 185; *Priester*, Mitgliederwechsel im Umwandlungszeitpunkt, DB 1997, 560; *Reuter*, Börsenkurs und Unternehmenswertvergleich aus Eignersicht, DB 2001, 2483; *Rieder*, Minderheitenschutz bei der Verschmelzung unter Beteiligung von Kapitalgesellschaften, 2012; *Riegger*, Der Börsenkurs als Untergrenze der Abfindung?, DB 1999, 1889; *H. Schmidt*, Verschmelzung von Personengesellschaften, in Lutter, Kölner Umwandlungsrechtstage, 1995, S. 59; *Schütz/Fett*, Variable oder starre Stichtagsregelungen in Verschmelzungsverträgen?, DB 2002, 2696; *Schwenn*, Kettenverschmelzung bei Konzernsachverhalten, Der Konzern 2007, 173; *Seetzen*, Spruchverfahren und Unternehmensbewertung im Wandel, WM 1999, 566; *Tillmann*, Die Verschmelzung von Schwestergesellschaften unter Beteiligung von GmbH und GmbH & Co. KG, GmbHR 2003, 740; *Ulrich/Böhle*, Verschmelzung auf zum Verschmelzungsstichtag nicht existierende Rechtsträger, GmbHR 2006, 644; *Weber*, Börsenkursbestimmung aus ökonomischer Perspektive, ZGR 2004, 280; *Weiler/Meyer*, Berücksichtigung des Börsenkurses bei Ermittlung der Verschmelzungswertrelation, NZG 2003, 669; *Wilm*, Abfindung zum Börsenkurs – Konsequenzen der Entscheidung des BVerfG, NZG 2000, 234; *Wilsing/Kruse*, Maßgeblichkeit des Börsenkurses bei umwandlungsrechtlichen Verschmelzungen?, DStR 2001, 991.

Zu § 5 Abs. 1 Nr. 9 und Abs. 3 UmwG: *Berg*, Die Monatsfrist in § 5 Abs. 3 UmwG – eine schwierige Berechnung? Oder: Drei Kommentare, drei Meinungen, WiB 1996, 932; *Blechmann*, Die Zuleitung des Umwandlungsvertrages an den Betriebsrat, NZA 2005, 1143; *Boecken*, Unternehmensumwandlungen und Arbeitsrecht, 1996; *Däubler*, Das Arbeitsrecht im neuen Umwandlungsgesetz, RdA 1995, 136; *Doublet*, Arbeitsrechtliche Auswirkungen der Verschmelzung von Unternehmen, 2008; *A. Drygala*, Die Reichweite der arbeitsrechtlichen Angaben im Verschmelzungsvertrag, ZIP 1996, 1365; *Dzida*, Die Unterrichtung des „zuständigen" Betriebsrats bei innerbetrieblichen und grenzüberschreitenden Verschmelzungen, GmbHR 2009, 459; *Dzida/Schramm*, Arbeitsrechtliche Pflichtangaben bei innerstaatlichen und grenzüberschreitenden Verschmelzungen, NZG 2008, 521; *Engelmeyer*, Die Informationsrechte des Betriebsrats und der Arbeitnehmer bei Strukturänderungen, DB 1996, 2542; *Fandel*, Die Angabepflicht nach § 5 Nr. 9 UmwG; 2003; *Gaul/Otto*, Rechtsfolgen einer fehlenden oder fehlerhaften Unterrichtung bei Betriebsübergang und Umwandlung, DB 2005, 2465; *Grau*, Arbeitnehmerunterrichtung beim Betriebsübergang, RdA 2007, 367; *Hausch*, Arbeitsrechtliche Pflichtangaben nach dem UmwG, RNotZ 2007, 308; *Hohenstatt/Grau*, Arbeitnehmerunterrichtung beim Betriebsübergang, NZA 2007, 13; *Hohenstatt/Schramm*, Arbeitsrechtliche Angaben im Umwandlungsvertrag – eine Bestandsaufnahme, in FS Arbeitsgemeinschaft Arbeitsrecht im DAV, 2006, S. 629; *Joost*, Arbeitsrechtliche Angaben im Umwandlungsvertrag, ZIP 1995, 976; *Joost*, Umwandlungsrecht und Arbeitsrecht, in Lutter, Kölner Umwandlungsrechtstage, 1995, S. 297; *H. Krause*, Wie lang ist ein Monat? – Fristberechnung am Beispiel des § 5 III UmwG, NJW 1999, 1448; *Lembke*, Anm. zu BAG v. 13.7.2006 – 8 AZR 382/05, NJW 2007, 255 (Betriebsübergang im Ausbildungsverhältnis – Widerspruchserklärung – Verwirkung – Rechtsfolgen des Widerspruchs nach vollzogenem Betriebsübergang); *Melchior*, Die Beteiligung von Betriebsräten an Umwandlungsvorgängen aus Sicht des Handelsregisters, GmbHR 1996, 833; *Klaus J. Müller*, Die Zuleitung des Verschmelzungsvertrages an den Betriebsrat nach § 5 Abs. 3 Umwandlungsgesetz, DB 1997, 713; *Müller-Eising/Bert*, § 5 Abs. 3 UmwG: Eine Norm, eine Frist, drei Termine, DB 1996, 1398; *Pfaff*, Angaben zu den arbeitsrechtlichen Folgen einer Umwandlung sind auch bei fehlendem Betriebsrat erforderlich, BB 2002, 1604; *Simon/Weninger*, Betriebsübergang und Gesamtrechtsnachfolge: Kein Widerspruch – keine Unterrichtung?, BB 2010, 117; *Stohlmeier*, Zuleitung der Umwandlungsdokumentation und Einhaltung der Monatsfrist: Verzicht des Betriebsrats?, BB 1999, 1394; *Willemsen*, Arbeitsrecht im Umwandlungsgesetz – Zehn Fragen aus Sicht der Praxis, NZA 1996, 791; *Willemsen*, Die Beteiligung des Betriebsrats im Umwandlungsverfahren, RdA 1998, 23.

A. Überblick

§ 5 Abs. 1 UmwG stellt nach dem Vorbild des früheren § 340 Abs. 2 AktG a.F. einen Katalog von Mindestangaben für einen Verschmelzungsvertrag auf. Der Katalog entspricht in § 5 Abs. 1 Nr. 1–8 UmwG den Anforderungen durch Art. 5 Abs. 2 der 3. Richtlinie (bzw. Art. 23 Abs. 1 und 2 der 3. Richtlinie für die Verschmelzung durch Neugründung), wobei § 5 Abs. 1 Nr. 1 und 3–8 UmwG fast wörtlich mit Art. 5 Abs. 2 lit. a–g der 3. Richtlinie übereinstimmen; § 5 Abs. 1 Nr. 8 UmwG geht insoweit über Art. 5 Abs. 2 lit. g der 3. Richtlinie hinaus, als er auch die Angabe von besonderen Vorteilen verlangt, die einem Verschmelzungsprüfer gewährt werden. Der von § 5 Abs. 1 Nr. 8 UmwG betroffene Personenkreis wurde nach Einführung der Rechtsform der Partnerschaftsgesellschaft um die Partner 1 einer solchen erweitert[1]. Die Regelung des § 5 Abs. 1 Nr. 2 UmwG lehnt sich an die Definition der Verschmelzung in Art. 3 Abs. 1 der 3. Richtlinie an und dient lediglich der Klarstellung.

Die arbeitnehmerbezogenen Angaben nach § 5 Abs. 1 Nr. 9 UmwG sind erst – ebenso wie § 5 Abs. 3 UmwG – im Laufe der Beratungen des UmwG durch den RegE eingefügt worden; die Vorschrift hat weder in der 3. Richtlinie noch in RefE und DiskE ein Vorbild. Die Regelung des **§ 5 Abs. 2 UmwG** war bereits vor 1994 im AktG enthalten (§ 352b Abs. 2 AktG a.F.)[2], sie setzt Art. 24 Satz 2 der 3. Richtlinie um.

§ 5 Abs. 3 UmwG sieht in Anlehnung an den § 2 Abs. 4 des früheren SpTrUG[3] die nachweisbare Zuleitung des Verschmelzungsvertrages oder seines Entwurfs an den jeweils zuständigen Betriebsrat vor.

Die gesamte Vorschrift blieb mit Ausnahme der Einfügung der § 5 Abs. 1 Nr. 9 und Abs. 3 UmwG und der nachträglichen Erweiterung des Personenkreises in § 5 Abs. 1 Nr. 8 UmwG seit dem DiskE unverändert. § 5 Abs. 1 Nr. 6 UmwG war dort schon so wie jetzt im Gesetz gefasst, enthielt aber keinen Klammerzusatz; davon war der RefE insoweit abgegangen, als dort Verschmelzungsstichtag und der „Zeitpunkt, von dem an die Handlung der übertragenden Rechtsträger als für Rechnung des übernehmenden Rechtsträgers vorgenommen gelten", nebeneinander gestellt waren[4]. Entsprechende Vorschriften finden sich für die Spaltung in § 126 UmwG, für die Vermögensübertragung in §§ 176, 177 UmwG und für den Formwechsel in den Bestimmungen des § 194 Abs. 1 UmwG über den Inhalt des Umwandlungsbeschlusses.

2 Die von § 5 Abs. 1 Nr. 1–9g UmwG erforderten Mindestangaben müssen in jedem Verschmelzungsvertrag bzw. Entwurf enthalten sein. Damit will das Gesetz im Interesse der Anteilseigner sowie der Arbeitnehmer und ihrer Vertretungen (§ 5 Abs. 1 Nr. 9 und Abs. 3 UmwG) erreichen, dass beide Gruppen bei der Beschlussfassung über die Verschmelzung ausreichend informiert, d.h. ihnen die wesentlichen Daten der Verschmelzung bekannt sind[5].

§ 5 Abs. 2 UmwG erleichtert die Verschmelzung durch Aufnahme eines 100%igen Tochterunternehmens durch Verzicht auf Angaben zu dem hier entfallenden Anteilstausch.

---

1 Gesetz zur Änderung des Umwandlungsgesetzes, des Partnerschaftsgesellschaftsgesetzes und anderer Gesetze v. 22.7.1998, BGBl. I, S. 1878; s. dazu *Neye*, ZIP 1997, 722 und DB 1998, 1649.

2 BegrRegE zu § 5 UmwG, abgedr. bei *Schaumburg/Rödder*, § 5 UmwG Rz. 7 und bei *Ganske*, S. 50.

3 Gesetz über die Spaltung der von der Treuhandanstalt verwalteten Unternehmen v. 5.4.1991, BGBl. I, S. 854.

4 Die Gesetz gewordene Fassung entspricht der Stellungnahme des IDW, WPg 1992, 613 (615). Es kann insbesondere kein vom Wechsel der Rechnungslegung abweichender Stichtag gewählt werden, wie es nach dem RefE der Fall sein sollte, vgl. dazu *Hoffmann-Becking* in IDW (Hrsg.), Reform des Umwandlungsrechts, 1993, S. 59 und *Handelsrechtsausschuss des DAV*, WM 1993, Sonderbeil. 2 Rz. 24, sowie *Arbeitskreis Umwandlungsrecht*, ZGR 1993, 321 (322). Vgl. auch *Engelmeyer*, S. 43 (zum entsprechenden Problem bei § 126 Abs. 1 Nr. 6 UmwG).

5 Vgl. BT-Drucks. 9/1065, 14 zu § 340 AktG; *Schröer* in Semler/Stengel, § 5 UmwG Rz. 1.

§ 5 Abs. 3 UmwG fordert die Zuleitung des Verschmelzungsvertrages oder seines Entwurfs an den zuständigen Betriebsrat. Die Vorschrift dient der Gewährleistung der durch § 5 Abs. 1 Nr. 9 UmwG bezweckten Information der Arbeitnehmer und ihrer Vertretung; über die Zuleitung ist bei der Anmeldung der Verschmelzung (vgl. § 17 Abs. 1 UmwG) ein Nachweis zu führen[1].

B. Der Verschmelzungsvertrag[2]

I. Überblick

Der Mindestinhalt des Verschmelzungsvertrages ist in § 5 Abs. 1 Nr. 1–9 UmwG 3
für alle Verschmelzungsverträge zwingend vorgegeben; darüber hinaus hat er rechtsformspezifische oder durch bestimmte Situationen bedingt bestimmte weitere zwingende Angaben zu enthalten (dazu unten Rz. 119 ff.). Weiter können (vgl. § 1 Abs. 3 Satz 2 UmwG, dazu § 1 Rz. 64) zusätzliche Vertragsbestandteile aufgenommen werden (dazu unten Rz. 130 ff.)[3]. Soweit Angaben entbehrlich sind (etwa nach § 5 Abs. 2 UmwG), brauchen dazu keine Hinweise, also auch keine Negativangaben (wie etwa „Angaben zum Umtauschverhältnis können entfallen, da kein Anteilstausch stattfindet"), in den Verschmelzungsvertrag aufgenommen werden[4]; zur Klarstellung können sich derartige Angaben aber empfehlen. Der Vertrag kann auch aus mehreren Urkunden bestehen[5].

II. Auslegung des Verschmelzungsvertrages

Bei der Auslegung eines Verschmelzungsvertrages ist von den allgemeinen 4
Grundsätzen der §§ 133, 157 BGB auszugehen[6], jedoch dessen Rechtsnatur zu berücksichtigen. Der Vertrag hat satzungsändernden Charakter und enthält typischerweise Regelungen, die auch Dritte betreffen. Aus diesen Gründen spricht sich die ganz überwiegende Meinung dafür aus, den Vertrag (wie eine Satzung) **objektiv auszulegen**[7]. Das bedeutet, dass der Vertrag so auszulegen ist, wie er von einem verständigen Dritten zu verstehen ist, während der tatsächliche Parteiwille

1 Vgl. auch BegrRegE, abgedr. bei *Schaumburg/Rödder*, § 5 UmwG Rz. 8 und bei *Ganske*, S. 50.
2 Muster finden sich dazu bei: *Limmer*, Unternehmensumwandlung, S. 278 ff. sowie *Volhard* in Hopt (Hrsg.), Vertrags- und Formularbuch, 4. Aufl. 2013, II. J. 3; *Rawert* in Beck'sches Formularbuch zum Bürgerlichen, Handels- und Wirtschaftsrecht, 11. Aufl. 2013, XI.1; *Widmann/Mayer*, Anh. 4, M 1–M 79; vgl. ferner *Hoffmann-Becking* in Münch. Vertragshdb., Bd. 1 Gesellschaftsrecht, 7. Aufl. 2011, Formular X.; *Erkens* in Fuhrmann/Wälzholz, Formularbuch Gesellschaftsrecht, M 31.14 ff.
3 BGH v. 16.11.1981 – II ZR 150/80, BGHZ 82, 188 (194; 197) zu § 361 AktG a.F.
4 So auch *Engelmeyer*, S. 39 zur Ausgliederung.
5 Vorausgesetzt, sie ergeben in ihrer Gesamtheit und wechselseitigen Bezugnahme ein vollständiges und richtiges Bild des Inhalts, vgl. OLG Naumburg v. 17.3.2003 – 7 Wx 6/02, NZG 2004, 734 = GmbHR 2003, 1433.
6 RG v. 8.11.1911 – I 461/10, RGZ 77, 268 (270 ff.); vgl. auch *Ganske* in IDW (Hrsg.), Reform des Umwandlungsrechts, 1993, S. 15 (18); *Bermel* in Goutier/Knopf/Tulloch, § 4 UmwG Rz. 13; *Schröer* in Semler/Stengel, § 5 UmwG Rz. 4.
7 *Marsch-Barner* in Kallmeyer, § 4 UmwG Rz. 10; *Schröer* in Semler/Stengel, § 5 UmwG Rz. 4.

zurücktritt[1]. Ausgeschlossen ist danach insbesondere die Berufung auf den falsa-demonstratio-Grundsatz[2]. Unbeachtlich sind nach dieser Ansicht insbesondere die Entstehungsgeschichte des Vertrages und andere Umstände, die nur den direkt an den Verhandlungen Beteiligten, nicht aber den Anteilseignern bei den Zustimmungsbeschlüssen bekannt sein konnten[3].

5 Allerdings führt diese Regel in gewissen Fällen dazu, dass der **wahre Parteiwille** missachtet wird, ohne dass Dritte ein wirkliches Interesse daran hätten, dass der objektive Vertragsinhalt gilt. Das beste Beispiel dafür ist die versehentliche Fehlbestimmung von Daten und Stichtagen im Vertrag. Wird der Verschmelzungsstichtag oder das Datum der Gewinnberechtigung auf den 1.1.2013 bestimmt, obwohl der 1.1.2012 gemeint war[4], ist kaum erkennbar, welches Interesse jemand daran haben soll, dass der nicht gewollte Termin gilt[5]. Gegen die alleinige Geltung der objektiven Auslegung spricht auch, dass nach Eintragung der Verschmelzung im Rahmen der ergänzenden Vertragsauslegung ganz selbstverständlich anders verfahren wird. Hier vertritt die überwiegende Meinung die Ansicht, dass auch auf Umstände außerhalb der Vertragsurkunde zurückgegriffen werden kann und es nicht darauf ankommt, ob diese Umstände für Dritte erkennbar waren[6]. Auch die Rechtsprechung wendet den Grundsatz der objektiven Auslegung nicht mehr schematisch an, sondern hat die Frage mehrfach offengelassen[7] und zur Spaltung auch schon entgegengesetzt entschieden[8].

6 Zutreffend erscheint es daher, eine **Einzelfallbetrachtung** anzustellen und konkret danach zu fragen, ob durch das subjektive Verständnis Interessen der Gläubiger, der Anteilsinhaber oder der Allgemeinheit berührt sind. Das wird im Hinblick auf die Gläubiger allerdings in der Regel zu verneinen sein; sie müssen die Verschmelzung so akzeptieren, wie sie von den daran Beteiligten vereinbart wurde[9], und sind zudem durch § 23 UmwG hinreichend geschützt. Gesellschafterinteressen sind beim Umtauschverhältnis und bei der Abfindung berührt, zudem stellt sich jeweils die Frage, ob die Zustimmung der Gesellschafterversammlung auch den vom objektiven Verständnis abweichenden Vertragsinhalt deckt[10]. Bei Verfügungen begrenzt zudem der Bestimmtheitsgrundsatz den Anwendungsbereich der subjektiven Interpretation[11]. Insgesamt lässt sich mit dieser Ansicht eine sachge-

1 *Grunewald*, ZGR 2009, 647 (660); *Marsch-Barner* in Kallmeyer, § 4 UmwG Rz. 10; *Mayer* in Widmann/Mayer, § 4 UmwG Rz. 15; dem sich anschließend *Stratz* in Schmitt/Hörtnagl/Stratz, § 4 UmwG Rz. 10.
2 *Drygala/Staake/Szalai*, Kapitalgesellschaftsrecht, 2012, § 4 Rz. 40.
3 Das gilt entgegen *R. Meier*, S. 131 ff. auch schon vor Eintragung, da es für das Ergebnis der Auslegung nicht auf den Zeitpunkt ankommen kann, zu dem sich die Auslegungsfrage stellt; *Grunewald*, ZGR 2009, 647 (660).
4 S. OLG München v. 9.12.2008 – 31 Wx 106/08, DB 2009, 168 = AG 2009, 675 zu einem ähnlichen Fehler im Unternehmensvertrag.
5 Überzeugend *Grunewald*, ZGR 2009, 647 (654).
6 Vgl. unten bei § 20 Rz. 89; *Marsch-Barner* in Kallmeyer, § 20 UmwG Rz. 40; *Stratz* in Schmitt/Hörtnagl/Stratz, § 20 UmwG Rz. 131.
7 KG v. 22.6.2004 – 1 W 243/02, Der Konzern 2004, 749 (759) = AG 2005, 400; BGH v. 8.10.2003 – XII ZR 50/02, NJW-RR 2004, 123 (124) = AG 2004, 98.
8 BGH v. 25.1.2008 – V ZR 79/07, ZIP 2008, 600 = AG 2008, 322.
9 *Grunewald*, ZGR 2009, 647 (653).
10 *Grunewald*, ZGR 2009, 647 (655).
11 BGH v. 25.1.2008 – V ZR 79/07, ZIP 2008, 600 = AG 2008, 322.

rechte Differenzierung entwickeln, die den Parteiwillen nur dort zurückdrängt, wo es tatsächlich gerechtfertigt ist.

Die hier vorgenommene Einschränkung ändert nichts daran, dass der Verschmelzungsvertrag in zivilprozessualer Hinsicht wie eine Satzung zu behandeln ist. Die Auslegung eines Verschmelzungsvertrages ist daher revisibel (§§ 545, 546, 559 ZPO)[1]. 7

III. Rechtslage bei schwebender Unwirksamkeit

Vor Wirksamwerden des Vertrages besteht aufgrund der Gespräche zwischen den Rechtsträgern über die Verschmelzung bzw. aufgrund der bereits vorliegenden, aber noch nicht von den Versammlungen der Anteilsinhaber gebilligten Verträge ein **vorvertragliches Schuldverhältnis** i.S.d. § 311 Abs. 2 BGB. Dieses verpflichtet die Parteien, auf das endgültige Zustandekommen des Vertrages hinzuwirken[2]. Aufgrund des schwebend unwirksamen Vertrages kann die Rechtsbeziehung nicht mehr, wie in den verschiedenen Verhandlungsphasen zuvor[3], ohne Grund abgebrochen werden. Bei einer Verletzung der Mitwirkungspflicht (Nichteinholung erforderlicher behördlicher Genehmigungen, keine Einberufung der Versammlung nach § 13 UmwG in angemessener Zeit etc.) kann der anderen Partei nach § 323 BGB eine angemessene Frist zur Durchführung bestimmt werden. Die von einer anderen Ansicht bevorzugte Orientierung an §§ 108 Abs. 2, 177 Abs. 2 BGB[4] ist hinsichtlich der Frist wenig sachgerecht; zwei Wochen sind jedenfalls bei der AG zur Durchführung einer Hauptversammlung viel zu kurz. Besser ist es daher, auf § 323 BGB abzustellen und die angemessene Nachfrist je nach Rechtsform zu bestimmen. 8

Problematisch ist in der Phase der schwebenden Unwirksamkeit insbesondere die Frage, ob die bevorstehende Verschmelzung die Geschäftsführungen hindert, **wertverändernde Maßnahmen** in der Zeit zwischen Festlegung des Umtauschverhältnisses und der Zustimmung der Anteilseigner durchzuführen. Die Berechtigung ist zu bejahen, da vor Wirksamwerden der Verschmelzung die Pflichten des Leitungsorgans der eigenen Gesellschaft und nur dieser gelten. Es ist daher nicht gehindert, eine sich plötzlich bietende Geschäftschance zu ergreifen[5]. Dem ursprünglich beabsichtigten Partner des Zusammenschlusses ist jedoch in solchen Fällen eine Möglichkeit zur Nachverhandlung einzuräumen[6]. Kommt es zu einem Rechtsgeschäft mit einem Dritten, das das bereits vereinbarte Wertverhältnis beider Unternehmen substantiell verändert, und führen Nachverhandlungen nicht zum Erfolg, wird der schwebend unwirksame Vertrag dadurch nicht ungültig. Er muss durch Rücktrittserklärung beendet werden[7]. Zu einem solchen Rücktritt 9

---

1 So zu Satzungen BGH v. 22.4.1953 – II ZR 72/53, BGHZ 9, 279 (281); *Hüffer*, § 23 AktG Rz. 39 a.E.; *Grunewald*, ZGR 1995, 68 (91).

2 Näher *Drygala*, WM 1994, 1457 (1458).

3 Zu diesen s. § 4 Rz. 42ff.

4 *Zimmermann* in Kallmeyer, § 13 UmwG Rz. 18; *Stratz* in Schmitt/Hörtnagl/Stratz, § 13 UmwG Rz. 10.

5 Zutr. *Austmann/Frost*, ZHR 169 (2005), 446.

6 *Drygala*, WM 2004, 1457 (1458); vgl. dazu auch BGH v. 25.6.1976 – V ZR 121/73, BGHZ 67, 34 (35); *Wiedemann* in Soergel, vor § 275 BGB Rz. 143.

7 Zutr. *Austmann/Frost*, ZHR 169 (2005), 448.

sind bei einer wesentlichen Veränderung der Wertverhältnisse einer der beteiligten Rechtsträger beide Vertragsparteien ohne Nachfristsetzung berechtigt. Soweit es um den Rechtsträger geht, der durch die Veränderung benachteiligt wird, ist dessen Geschäftsleitung aus ihrer Sorgfaltspflicht heraus verpflichtet, den Rücktritt zu erklären. Die Abkehr von der schwebend unwirksamen Vereinbarung mit dem Zweck, eine anderweitige Geschäftschance zu ergreifen, stellt eine Verletzung vorvertraglicher Pflichten dar und verpflichtet demgemäß zum Ersatz des negativen Interesses nach §§ 311, 241 Abs. 2 BGB.

10 Die hier dargestellte Rechtslage ist **nicht transaktionsfördernd**. Aus ökonomischer Sicht sollte ein Vorstand[1] den schwebend unwirksamen Vertrag dann, aber auch nur dann, brechen und statt dessen die anderweitige Geschäftschance ergreifen, wenn sich daraus ein wirtschaftlicher Vorteil für die Gesellschaft auch dann noch ergibt, wenn der Vertrauensschaden der anderen Partei ersetzt werden muss[2]. In diesem Fall mehrt er den Unternehmenswert. Tatsächlich besteht jedoch ein Anreiz, auch Geschäftschancen zu ergreifen, die nicht werterhöhend sind, und zwar aufgrund des sog. Gefangenendilemmas. Da beide Vorstände nicht wissen, wie sich die andere Partei verhalten wird, besteht ein Anreiz, sich für die sichere Variante zu entscheiden – also für die Geschäftschance, auch wenn sie weniger Vorteile für die Gesellschaft mit sich bringt als die (erfolgreiche) Verschmelzung[3]. Wer transaktionsfördernde Vereinbarungen zwischen den Parteien mit dem Hinweis auf die aktienrechtliche Kompetenzordnung ablehnt[4], riskiert, dass der Anteilseignerversammlung die Möglichkeit zur Entscheidung von vornherein genommen wird, weil der Vorstand sich bereits im Vorfeld für die alternative, aber suboptimale Geschäftschance entscheidet. Damit wird für die Aktionärsrechte ein größerer Schaden angerichtet als durch die Zulassung eines maßvollen Business Combination Agreements, das die Wahrnehmung anderweitiger Geschäftschancen auf Extremfälle begrenzt und für den Fall der Abkehr vom schwebend unwirksamen Vertrag eine sinnvolle Schadenspauschalierung zugunsten der anderen Partei vorsieht[5].

IV. Der Mindestinhalt des Vertrages (§ 5 Abs. 1 UmwG)

1. Name/Firma und Sitz der beteiligten Rechtsträger (§ 5 Abs. 1 Nr. 1 UmwG)

11 Es ist eine Selbstverständlichkeit, dass zur Identifizierung der Vertragsparteien diese im Verschmelzungsvertrag hinreichend bestimmt sein müssen. Daher sieht § 5 Abs. 1 Nr. 1 UmwG die Aufnahme von Namen bzw. Firma (§ 4 AktG; § 4 GmbHG; §§ 17, 19 HGB; § 3 GenG) und Sitz (§ 5 AktG; § 3 Abs. 1 Nr. 1 GmbHG;

1 GmbH-Geschäftsführer können die Frage der Gesellschafterversammlung vorlegen und sind hierzu wegen der Bedeutung der Angelegenheit auch rechtlich verpflichtet.

2 Unter dieser Voraussetzung sollte man in dieser Entscheidung auch keinen Verstoß gegen die Pflicht zur rechtmäßigen Führung des Unternehmens nach § 93 AktG sehen, s. *Hopt* in Großkomm. AktG, § 93 AktG Rz. 100; *Landwehrmann* in Heidel, § 93 AktG Rz. 11; *Wiesner* in MünchHdb. GesR AG, § 25 Rz. 4; a.A. *Sven H. Schneider*, DB 2005, 707 (711).

3 *Baird/Gertner/Picker*, Game Theory and the Law, 1998, S. 35 ff.; *Lauscher*, S. 192.

4 LG München I v. 5.4.2012 – 5 HK O 20488/11, NZG 2012, 1152 ff.; großzügiger *Mertens/Cahn* in KölnKomm. AktG, § 76 AktG Rz. 45 ff.; *Fleischer*, AG 2009, 345 (349); *Seibt* in Mülbert/Kiem/Wittig, 10 Jahre WpÜG, 2011, S. 148 (179 f.).

5 Dafür bereits *Drygala*, WM 2004, 1413 (1459).

§ 106 HGB; § 6 Nr. 1 GenG; §§ 24, 57 BGB) aller an der Verschmelzung beteiligten Rechtsträger in den Verschmelzungsvertrag vor. Name bzw. Firma der übertragenden Rechtsträger müssen deren Eintragungen in Handels-(Vereins-, Genossenschafts-)register und den Angaben in deren Satzung/Gesellschaftsvertrag/Statut entsprechen, d.h. auch deren Rechtsform erkennen lassen. Bei einer Kettenverschmelzung ist darauf zu achten, dass bereits beschlossene, aber noch nicht eingetragene Verhältnisse der Gesellschaft aus dem ersten Verschmelzungsschritt nicht im Vertrag über den zweiten Schritt verwendet werden dürfen, weil das Verwirrung verursachen könnte[1]. Bei der Verschmelzung durch Neugründung sind stets Name/Firma und Sitz des neuen Rechtsträgers anzugeben, bei der Verschmelzung durch Aufnahme genügen die Angaben zum aufnehmenden Rechtsträger, außer wenn mit der Verschmelzung eine Namens- bzw. Firmenänderung (vgl. dazu bei § 18) verbunden werden oder der aufnehmende Rechtsträger einen neuen Sitz haben soll[2]. Bei Wahl eines **Sitzes im Ausland** ist zu unterscheiden: Handelt es sich bei den beteiligten Gesellschaften, die sich auf einen neuen Rechtsträger mit Sitz im Ausland verschmelzen, um Kapitalgesellschaften i.S.d. § 122b UmwG, so richten sich Zulässigkeit und Ablauf des Verfahrens nach den Vorschriften des zehnten Abschnitts (§§ 122a ff. UmwG), die wiederum ergänzend auf den ersten Teil des Gesetzes sowie die Abschnitte 2, 3 und 4 des zweiten Teils Bezug nehmen. Bei anderen Rechtsformen und Umwandlungsvorgängen, die nicht Verschmelzung sind, macht die Wahl eines Sitzes im Ausland den Vorgang ebenfalls nicht automatisch unzulässig. Die früher herrschende Ansicht, die das annahm[3], ist durch die Sevic-Entscheidung des EuGH[4] überholt. S. dazu im Einzelnen § 1 Rz. 4.

Die Vereinbarung eines **Doppelsitzes** bei der Verschmelzung ist nach h.M. (und 12
trotz prominenter Beispiele wie etwa bei ThyssenKrupp oder früher bei der VIAG) nur in ganz außergewöhnlichen Fällen zulässig[5]; von diesen Ausnahmefällen ist mit der Überwindung der Teilung Deutschlands der wichtigste entfallen. Allein die Tatsache, dass ein Rechtsträger aus der Verschmelzung zweier Rechtsträger hervorgegangen ist, rechtfertigt danach noch nicht die Begründung eines Doppelsitzes[6]. Im Übrigen ist ein Doppelsitz nicht nur für Anfechtungskläger, sondern auch für den Rechtsträger selbst mit erheblichen Zuständigkeitsproblemen (etwa

---

1 OLG Hamm v. 19.12.2005 – 15 W 377/05, GmbHR 2006, 255 (256); *Schröer* in Semler/Stengel, § 5 UmwG Rz. 5; *Schwenn*, Der Konzern 2007, 173 (176).

2 Art. 23 Abs. 2 i.V.m. Art. 5 Abs. 2 lit. a der 3. Richtlinie verlangt auch die Angabe von Rechtsform, Firma und Sitz der neuen Gesellschaft.

3 Für Unzulässigkeit BGH v. 19.2.1959 – II ZR 22/58, BGHZ 29, 320 (328); OLG Hamm v. 30.4.1997 – 15 W 91/97, ZIP 1997, 1696; s. auch *Kronke*, ZGR 1994, 26 (29) m.w.N. zum früheren Meinungsstand.

4 EuGH v. 13.12.2005 – Rs. C-411/03, JZ 2006, 782 = AG 2006, 80; näher dazu *Lutter/Drygala*, JZ 2006, 770 ff.; *Krause/Kulpa*, ZHR 171 (2007), 38 (40 ff.).

5 Vgl. *Hüffer*, § 5 AktG Rz. 10; *Bayer* in Lutter/Hommelhoff, § 4a GmbHG Rz. 6; *Ulmer* in Ulmer/Habersack/Winter, § 4a GmbHG Rz. 32; ganz dagegen *Schmidt-Leithoff* in Rowedder/Schmidt-Leithoff, § 4a GmbHG Rz. 7; für die Zulässigkeit mit ausführlicher Begründung *Katschinski*, ZIP 1997, 620 (621 ff.).

6 BayObLG v. 29.3.1985 – BReg 3 Z 22/85, DB 1985, 1280 = NJW-RR 1986, 31 = EWiR § 5 AktG 1/85, 355 mit krit. Anm. *Priester*; ebenso AG Bremen v. 1.6.1976 – 38 AR 105/74, DB 1976, 1810; AG Essen v. 5.1.2001 – 89b AR 1241/00, AG 2001, 434 (435); a.A. LG Hamburg v. 1.2.1973 – 4 T 5/72, DB 1973, 2237 (Hapag Lloyd); *Barz*, AG 1972, 1 (4); *Würdinger*, Aktienrecht, 4. Aufl. 1981, S. 40; *Heckschen*, WM 1990, 377 (381); einschränkend *Katschinski*, ZIP 1997, 620 (622), der eine psychologische Motivation von Gläubi-

im Verfahren nach § 16 Abs. 3 UmwG oder § 319 Abs. 6 AktG[1]) verbunden[2]; da die Einrichtung eines Doppelsitzes auf eine freie Entscheidung der an der Verschmelzung beteiligten Rechtsträger zurückgeht, müssen daraus entstehende Nachteile (z.B. Kosten eines Anfechtungsklägers) im Zweifel auch vom übernehmenden Rechtsträger und nicht von den an dieser Entscheidung unbeteiligten Dritten getragen werden (sog. Schlechterstellungsprinzip)[3].

13 Der Verschmelzungsvertrag muss ferner erkennen lassen, welcher Rechtsträger als übertragender und welcher als übernehmender an der Verschmelzung beteiligt ist[4]. Nicht ausdrücklich verlangt § 5 Abs. 1 Nr. 1 UmwG die Angabe der Namen der Mitglieder der Vertretungsorgane, die den Verschmelzungsvertrag abgeschlossen haben. Ihre Aufnahme in den eigentlichen Vertragstext ist daher nicht notwendig, sie ergeben sich aber aus dem Inhalt der notariellen Niederschrift (vgl. §§ 9 ff. BeurkG).

2. Vereinbarung der Vermögensübertragung gegen Anteile/Mitgliedschaften (§ 5 Abs. 1 Nr. 2 UmwG)

a) Vermögensübertragung

14 Aus dem Verschmelzungsvertrag muss sich nach § 5 Abs. 1 Nr. 2 UmwG klar ergeben, dass Gegenstand des Vertrages eine Verschmelzung, also die Übertragung des gesamten Vermögens der beteiligten übertragenden Rechtsträger auf den übernehmenden Rechtsträger gegen Gewährung von Anteilen oder Mitgliedschaften, ist. Zweckmäßigerweise sollte daher im Verschmelzungsvertrag genau diese gesetzliche Formulierung oder zumindest der Begriff „Verschmelzung durch Aufnahme" bzw. „Verschmelzung durch Neugründung" im Zusammenhang mit ihren gesetzlichen Grundlagen (§§ 2 f., 4 ff., 36 ff. UmwG) genannt und zugleich auch darauf hingewiesen werden, dass die Übertragung des Vermögens unter Ausschluss der Abwicklung erfolgt[5]. Eine wörtliche Wiederholung des Gesetzeswortlautes ist aber nicht notwendig. Ausreichend ist es daher auch, wenn sich aus der Verwendung der Worte Fusion, Verschmelzung oder Vereinigung im Zusammen-

---

gern, Arbeitnehmern und Gesellschaftern als berechtigtes Interesse an der Begründung eines Doppelsitzes ausreichen lassen will.

1 Vgl. zu dem Problem bei der Zuständigkeit im aktienrechtlichen Anfechtungsprozess insb. LG Berlin v. 26.5.1994 – 104 O 19/94, WM 1994, 1246 (1247) = AG 1995, 41; vgl. auch LG Bonn v. 14.9.1994 – 12 O 12/94, WM 1994, 1933 = AG 1995, 44 = WuB II A § 131 AktG – 1.95 mit Anm. *Marsch-Barner*; vgl. dazu ausf. *Bork*, ZIP 1995, 609 ff. Dagegen *Katschinski*, ZIP 1997, 620 (625).

2 Lässt man Klagen gegen Beschlüsse des Rechtsträgers an jedem seiner Sitze zu, so muss er sich an beiden Orten gegen Klagen zur Wehr setzen müssen, ohne dass die Möglichkeit einer Verbindung der Prozesse nach §§ 246 Abs. 3 Satz 3, 249 Abs. 2 AktG, 147 ZPO besteht; eine Aussetzung nach § 148 ZPO kommt nicht in Betracht, da in diesem Fall beide Gerichte gleichermaßen zuständig sind und es keine Bindung des einen Gerichts an ein rechtskräftiges Urteil des anderen Gerichts gibt. Für den Rechtsträger mit Doppelsitz bedeutet dies also doppelte Prozesskostenlast, für den Kläger doppelte Anfechtungschancen.

3 Vgl. dazu *Hüffer*, § 14 AktG Rz. 4 und *Hüffer* in Großkomm. HGB, vor § 13 HGB Rz. 28.

4 *Schröer* in Semler/Stengel, § 5 UmwG Rz. 5.

5 *Heckschen*, S. 14.

hang mit dem weiteren Vertragsinhalt ergibt, dass es sich um den in §§ 2ff. UmwG behandelten Vorgang mit Gesamtrechtsnachfolge handeln soll[1].

15 Der *Ausschluss einzelner Vermögensgegenstände* von der Gesamtrechtsnachfolge ist jedenfalls unwirksam[2]; das Schicksal des Verschmelzungsvertrages richtet sich in diesem Falle nach § 139 BGB. Dabei wird die Ausnahme einzelner Vermögensgegenstände für den Vertragsschluss normalerweise nicht von großer Bedeutung sein, so dass sich keine Nichtigkeit des gesamten Vertrages nach § 139 BGB ergeben wird. Auch dass in diesen Fällen das Umtauschverhältnis unrichtig bemessen ist, ist nicht zwingend. Denn dieses wird maßgeblich vom Ertragswert des Unternehmens bestimmt und nicht von dem Substanzwert der Gegenstände, die auf den übernehmenden Rechtsträger übergegangen sind. Allenfalls bei „Kronjuwelen" des Unternehmens, die den Ertragswert wesentlich mitbestimmen, kann das einmal anders sein.

16 Durch die Verpflichtung zur Gewährung von Anteilen gegen Vermögensübernahme stellt sich die Verschmelzung als Kapitalerhöhung gegen Sacheinlage dar. Ein (real, nicht nur bilanziell) überschuldetes Unternehmen kann deshalb nicht übertragender Rechtsträger sein, da die Vermögensübertragung nicht den Nominalbetrag der Kapitalerhöhung bei dem aufnehmenden Rechtsträger erreicht[3]. Diese Bedenken entfallen, wenn die Verschmelzung (etwa nach § 54 UmwG) ohne Kapitalerhöhung durchgeführt werden kann[4]. Hingegen steht das Kapitalerhöhungsrecht der Verschmelzung auf ein überschuldetes Unternehmen nicht entgegen; wohl aber stehen die unangemessenen Vorteile der Anteilsinhaber der – überschuldeten – aufnehmenden Gesellschaft einer solchen Lösung im Prinzip entgegen, da sie im Verhältnis zu denjenigen der übertragenden Gesellschaft ein Mehr an Stimm- und Gewinnrechten erhalten würden als ihre überschuldungsbedingt geringwertigen Anteile repräsentieren[5]. In besonderen Fällen mag das anders sein, wenn die überschuldete Gesellschaft über ein besonders wichtiges Know-how oder für den Verbund besonders wichtige Schutzrechte verfügt.

b) Gegen Anteile/Mitgliedschaften

aa) Grundsatz

17 Der Verschmelzungsvertrag muss festlegen, dass den Anteilsinhabern des übertragenden Rechtsträgers Anteile (Geschäftsanteile, Aktien) oder Mitgliedschaften an dem übernehmenden oder neu gegründeten Rechtsträger als *Gegenleistung* ge-

---

1 *Marsch-Barner* in Kallmeyer, § 5 UmwG Rz. 3; *Mayer* in Widmann/Mayer, § 5 UmwG Rz. 12.

2 *Schröer* in Semler/Stengel, § 5 UmwG Rz. 7; *Marsch-Barner* in Kallmeyer, § 5 UmwG Rz. 4; *Rieder*, S. 65; zur Abgrenzung der Einzel- von der Gesamtrechtsnachfolge für die Ausgliederung *Aha*, AG 1997, 345ff. Möglich ist es jedoch, im Verschmelzungsvertrag den übernehmenden Rechtsträger schuldrechtlich zu verpflichten, bestimmte Vermögensgegenstände aus dem übernommenen Vermögen gegen angemessenes Entgelt an einen Dritten zu veräußern; *Marsch-Barner* in Kallmeyer, § 5 UmwG Rz. 4 geht von einer dahin gehenden Umdeutung der unwirksamen Abrede aus) oder vor der Eintragung aus dem Vermögen des übertragenden Rechtsträgers auszusondern.

3 *Heckschen*, DB 1998, 1385 (1386); *Schröer* in Semler/Stengel, § 5 UmwG Rz. 8.

4 OLG Stuttgart v. 4.10.2005 – 8 W 426/05, ZIP 2005, 2066f. = GmbHR 2006, 380ff.; LG Leipzig v. 18.1.2006 – 01 HK T 7414/04, DB 2006, 885; *Heckschen*, DB 2005, 2675 (2677).

5 *Heckschen*, DB 1998, 1385 (1387).

währt werden. Er hat also insbesondere Angaben über Art bzw. Gattung dieser im Gegenzug gewährten Anteile oder Mitgliedschaften und die im neuen Rechtsträger bestehenden Verfügungsbeschränkungen zu enthalten. Die Pflicht zur Gewährung von Anteilen entfällt in den Fällen des § 5 Abs. 2 UmwG sowie dann, wenn das Gesetz einen Verzicht der Anteilsinhaber des übertragenden Rechtsträgers auf die Anteilsgewährung zulässt, s. insb. § 54 Abs. 1 Satz 3 UmwG. Ein solcher Verzicht kommt insbesondere bei der Verschmelzung von Schwestergesellschaften[1] oder bei wirtschaftlich wertlosen übertragenden Rechtsträgern[2] in Betracht. In diesen Fällen sind auch Angaben zur Anteilsgewährung im Verschmelzungsvertrag nicht erforderlich.

bb) Einzelheiten

18 Hintergrund der Vorschriften der § 5 Abs. 1 Nr. 2–5 UmwG ist der Gedanke, dass die Anteilsinhaber der übertragenden Rechtsträger und insbesondere deren Minderheitsgesellschafter als die potentiell Gefährdeten nach Abschluss der Verschmelzung nicht nur – wie sich vor allem aus den Vorschriften über Verschmelzungsbericht und -prüfung ergibt – vermögensmäßig, sondern auch im Hinblick auf ihre sonstige Rechtsstellung im übernehmenden Rechtsträger eine möglichst gleichwertige Position (aber auch nicht mehr) wie vor der Verschmelzung erhalten sollen („Null-Summen-Spiel")[3]. Während es bei der Ermittlung des Umtauschverhältnisses um die Festlegung des vermögensmäßigen Äquivalents geht (dazu § 5 Abs. 1 Nr. 3 UmwG und unten Rz. 25ff.), muss durch die Gewährung der entsprechenden Art bzw. Gattung von Anteilen sichergestellt werden, dass auch die sonstige Rechtsstellung, insb. die aus den Anteilen abgeleitete Verwaltungs- bzw. Herrschaftsmacht, der Anteilsinhaber erhalten bleibt[4]. Wo dies, wie bei Mischverschmelzungen und Verfügungsbeschränkungen im aufnehmenden Rechtsträger, nicht möglich ist, gewährt § 29 UmwG (nur) in diesen Fällen ein Abfindungsrecht (vgl. dazu § 29 Rz. 2ff.). So ergibt sich aus der Regelung des § 29 Abs. 1 Satz 2 UmwG, dass die Gewährung **vinkulierter Anteile** nur dann vom Gesetz als gleichwertig angesehen wird, wenn auch in dem übertragenden Rechtsträger eine gleichartige Vinkulierung bestand[5]; sind die Anteilsinhaber eines übertragenden Rechtsträgers mit derartigen Anteilen nicht einverstanden, können sie widersprechen und nach deren Erhalt die Abfindung wählen[6]. Das gilt auch für die vom

---

1 *Kallmeyer/Kocher* in Kallmeyer, § 54 UmwG Rz. 18; *Reichert* in Semler/Stengel, § 54 UmwG Rz. 19.

2 Ebenso *Mayer* in Widmann/Mayer, § 5 UmwG Rz. 21.

3 Vgl. *Lutter* in FS Mestmäcker, 1996, S. 943 (949).

4 War die Verschmelzung einer Tochter- auf eine Muttergesellschaft abgeschlossen, bevor die Enkelgesellschaft in die Tochtergesellschaft eingegliedert oder durch sie aufgenommen wurde, so sollen den ausscheidenden Anteilsinhabern der Enkelgesellschaft nicht Anteile der Tochter, sondern der Muttergesellschaft zu gewähren sein, so LG Dortmund v. 19.7.1995 – 20 AktE 10/95, AG 1995, 518 = ZIP 1995, 1677; OLG Nürnberg v. 20.2.1996 – 12 W 3317/95, AG 1996, 229 (230) und *Hüffer*, § 320b AktG Rz. 6 zur Eingliederung.

5 Vgl. auch *Priester*, ZGR 1990, 420 (442); *Sagasser/Luke* in Sagasser/Bula/Brünger, § 9 Rz. 77; weiter *Marsch-Barner* in Kallmeyer, § 5 UmwG Rz. 6. Das Austrittsrecht ist auch dann anzunehmen, wenn bereits in dem übertragenden Rechtsträger eine Vinkulierung bestand, sofern diese anders ausgestaltet ist, so *Reichert*, GmbHR 1995, 176 (187) und unten § 29 Rz. 5ff.

6 Sind im aufnehmenden Rechtsträger alle Anteile statutarisch vinkuliert, so können die Anteilsinhaber des übertragenden Rechtsträgers keine frei veräußerlichen Anteile verlangen, weil es solche nicht gibt, vgl. *Lutter* in FS Mestmäcker, 1996, S. 943 (946).

Gesetz (bewusst) nicht ausdrücklich geregelte Frage, ob und inwieweit bei der Verschmelzung von Aktiengesellschaften vinkulierte Namensaktien statt Inhaberaktien zugeteilt werden dürfen[1]. Die Regelung des § 180 Abs. 2 AktG, wonach eine Satzungsänderung, durch die die Übertragung von Namensaktien an die Zustimmung der Gesellschaft gebunden wird, zu ihrer Wirksamkeit der Zustimmung aller betroffenen Aktionäre bedarf, soll hier nach der Gesetzesbegründung auch nicht entsprechend angewandt werden[2].

Gegen die Ausgabe normaler **Namensaktien** gegen Inhaberaktien und umgekehrt 19
bestehen unter dem Gesichtspunkt der Gleichwertigkeit keine Bedenken[3]; auch ein Abfindungsanspruch nach § 29 UmwG besteht daher nicht (vgl. dazu im Einzelnen bei § 29 Rz. 3 ff.).

Der **Austausch von Stammaktien durch stimmrechtslose Vorzugsaktien** ist dann, 20
aber auch nur dann unzulässig, wenn den Aktionären nicht weitestgehend die (aber auch nur die) vermögens- und herrschaftsmäßige Stellung erhalten bleibt, die sie vorher innehatten[4]. Daher ist die mit der reinen Gewährung von Vorzugsaktien (oder stimmrechtsloser GmbH-Anteile) für Stammaktien bewirkte Ausschließung der Aktionäre der übertragenden Gesellschaft vom Stimmrecht unzulässig[5]. Das wird dadurch bestätigt, dass das Gesetz in diesem Fall keine Barabfindung nach § 29 UmwG vorsieht und nach allgemeinen Grundsätzen ein Stimmrechtsentzug durch Mehrheitsbeschluss nicht möglich ist[6]. Etwas anderes gilt aber, wenn eine Aktiengesellschaft, die bisher nur Stammaktien ausgegeben hat, auf eine Aktiengesellschaft verschmolzen wird, die einen Bestand von 50 % Stamm- und 50 % Vorzugsaktien besitzt: Hierbei muss beachtet werden, dass beim Anteilstausch der Grundsatz der Gleichbehandlung nicht nur unter den Anteilsinhabern der beteiligten Rechtsträger untereinander, sondern auch im Verhältnis der Anteilsinhaber der verschiedenen Rechtsträger zueinander zu beachten ist. Die Verschmelzung darf daher nicht zur Folge haben, dass die Aktionäre des übertragenden Rechtsträgers in der aufnehmenden Aktiengesellschaft gemessen an dem von ihnen eingebrachten Vermögen und im Verhältnis zu den dortigen Altaktionären überproportional viel Stimmrechtsmacht erhalten. Es ist daher in

1 Vgl. BegRegE bei *Schaumburg/Rödder*, § 65 UmwG Rz. 6 und bei *Ganske*, S. 112; *Sagasser/Luke* in Sagasser/Bula/Brünger, § 9 Rz. 77.

2 Vgl. dazu BegRegE bei *Schaumburg/Rödder*, § 65 UmwG Rz. 6 und bei *Ganske*, S. 112; einschränkend *Bermel/Müller*, NZG 1998, 331 (334).

3 *Sagasser/Luke* in Sagasser/Bula/Brünger, § 9 Rz. 77; *Heckschen*, S. 18; *Marsch-Barner* in Kallmeyer, § 5 UmwG Rz. 13; *Schröer* in Semler/Stengel, § 5 UmwG Rz. 23.

4 Eingehend dazu *Lutter* in FS Mestmäcker, 1996, S. 943 (949). Gleiche Problemlagen bestehen beim Wahlrecht der Aktionäre der (vertrags-)abhängigen Gesellschaft nach § 305 Abs. 1 AktG und der Eingliederung nach § 320b AktG, vgl. dazu *Hüffer*, § 320b AktG Rz. 4; die Aktien müssten derselben Gattung angehören wie die auf die Hauptgesellschaft übergehenden, da den Aktionären nicht zugemutet werden könne, dass anlässlich der Eingliederung die Art ihrer Aktien verändert werde; sowie *Grunewald* in MünchKomm. AktG, § 320b AktG Rz. 5, die den Austausch von Stammaktien durch stimmrechtslose Vorzugsaktien für nicht möglich hält; ebenso *Singhof* in Spindler/Stilz, § 320b AktG Rz. 5.

5 *Sagasser/Luke* in Sagasser/Bula/Brünger, § 9 Rz. 77; *Heckschen*, S. 18; *Mayer* in Widmann/Mayer, § 5 UmwG Rz. 74; *Marsch-Barner* in Kallmeyer, § 5 UmwG Rz. 12.

6 *Heckschen*, S. 18.

diesem Fall gerechtfertigt, wenn die Aktionäre der übertragenden Aktiengesellschaft für ihre Stammaktien nur 50 % Stamm- und 50 % Vorzugsaktien erhalten[1].

21 Umgekehrt gilt, dass die übernehmende Aktiengesellschaft Stammaktien für Vorzugsaktien (§ 12 Abs. 1 Satz 2 AktG) der übertragenden Gesellschaft gewähren darf, da die Aufhebung der Vorzüge beim Anteilstausch nur mittelbar erfolgt und deshalb keiner Zustimmung der Aktionäre nach § 141 Abs. 1 AktG bedarf[2]; diese Vorschrift ist nur auf eine *unmittelbare* Beseitigung oder Beschränkung des Vorzugs anwendbar[3]. Besteht bei dem übernehmenden Rechtsträger ein Höchststimmrecht (vgl. § 134 Abs. 1 Satz 2 AktG), so ist das von den Anteilsinhabern der übertragenden Rechtsträger hinzunehmen, da mit der gleichen satzungsändernden Mehrheit wie die Verschmelzung auch die Einführung eines Höchststimmrechts hätte beschlossen werden können[4].

22 **Nicht voll eingezahlte Anteile/Aktien** bleiben – soweit möglich – erhalten (dazu § 20 Rz. 47)[5], d.h. wer nicht voll eingezahlte Aktien oder Anteile hatte, erhält, sofern dies die Rechtsform des übernehmenden Rechtsträgers zulässt, ebensolche; die Einlageverpflichtungen bestehen in diesem Fall fort und gehen als Forderung auf den übernehmenden Rechtsträger über (§ 20 Rz. 47)[6]. Offene Einlageverpflichtungen dürfen also nicht bei der Bewertung des Vermögens eines übertragenden Rechtsträgers in Kapitalgesellschaften mit deren Kapital verrechnet werden. In anderen Fällen, also z.B. bei der Verschmelzung einer GmbH auf eine OHG, müssen die GmbH-Gesellschafter entweder vor der Verschmelzung die ausstehenden Einlagen erbringen oder einen Abschlag beim Umtausch hinnehmen[7].

23 Vom Anteilstausch ausgenommen bleiben eigene Anteile/Aktien einer übertragenden Gesellschaft und solche des übernehmenden Rechtsträgers an einer übertragenden Kapitalgesellschaft (vgl. § 20 Abs. 1 Nr. 3 Satz 1 UmwG und das Kapitalerhöhungsverbot nach §§ 54 Abs. 1 Satz 1 Nr. 1 und 2, 68 Abs. 1 Satz 1 Nr. 1 und 2 UmwG): Für sie wird keine Gegenleistung gewährt, weil in ersterem Fall nur der übernehmende Rechtsträger als Empfänger derartiger eigener Anteile vor-

---

1 Ebenso *Marsch-Barner* in Kallmeyer, § 5 UmwG Rz. 12; *Schröer* in Semler/Stengel, § 5 UmwG Rz. 24; vgl. dazu im Einzelnen *Lutter* in FS Mestmäcker, 1996, S. 943 (950).

2 So *Hüffer*, § 320b AktG Rz. 6 zur Eingliederung; vgl. außerdem *Schröer* in Semler/Stengel, § 5 UmwG Rz. 23; ebenso *Marsch-Barner* in Liber amicorum M. Winter, 2011, S. 467 (473), der § 65 Abs. 2 Satz 1 UmwG als lex specialis gegenüber § 141 Abs. 1 AktG sieht.

3 LG Frankfurt/M. v. 25.4.1991 – 3/11 O 179/89, AG 1991, 405 (406) = WM 1991, 2025; *Hüffer*, § 141 AktG Rz. 4 m.w.N.

4 *Lutter* in FS Mestmäcker, 1996, S. 943 (950); *Marsch-Barner* in Kallmeyer, § 5 UmwG Rz. 13. Vgl. allg. zur Zulässigkeit der nachträglichen Einführung eines Höchststimmrechts BGH v. 19.12.1977 – II ZR 136/76, BGHZ 70, 117 (119ff.) (Mannesmann); *Hüffer*, § 134 AktG Rz. 7f.; a.A.: *Zöllner* in Baumbach/Hueck, § 47 GmbHG Rz. 71 und *Zöllner*, Schranken mitgliedschaftlicher Stimmrechtsmacht, 1963, S. 122ff.; *Priester/Veil* in Scholz, § 53 GmbHG Rz. 158.

5 Vgl. auch *K. Schmidt*, ZIP 1995, 1385 (1389f.) und *Schröer* in Semler/Stengel, § 5 UmwG Rz. 17.

6 RG v. 27.5.1932 – II 332/31, RGZ 136, 313 (316).

7 Die fehlende Volleinzahlung schließt jedenfalls die Verschmelzung nicht aus; vgl. insoweit auch *K. Schmidt*, ZIP 1995, 1385 (1389f.) (der ein aus § 7 Abs. 2 und 3 GmbHG/§ 36a AktG abgeleitetes Volleinzahlungsgebot bei der Verschmelzung wie beim Formwechsel in eine AG oder GmbH mit Recht ablehnt).

handen ist (vgl. § 20 Rz. 68 und § 2 Rz. 31)[1] und im zweiten Fall ein Anspruch schon wegen Konfusion von Anspruch und Anteilsgewährungspflicht nicht bestehen kann[2].

Nicht möglich ist die Anteilsgewährung an bisher nicht am Kapital des übertragenden Rechtsträgers beteiligte Personen, da das Gesetz von der Personenidentität ausgeht[3]. So kann etwa der nicht am Kapital beteiligte Komplementär einer KG keinen Anteil an der aufnehmenden GmbH erhalten; vielmehr scheidet er mit Eintragung der Verschmelzung ex lege aus[4]. Auch außenstehende Dritte können nicht im Rahmen der Verschmelzung Anteile der aufnehmenden Gesellschaft erwerben[5].

cc) Pflicht zur Kapitaladdition?

Bei den Kapitalgesellschaften regeln die §§ 53 ff. und 66 UmwG, ob und inwieweit das Kapital des aufnehmenden Rechtsträgers zu erhöhen ist. Eine Ansicht, die forderte, im Interesse des Gläubigerschutzes die **Kapitalziffern der beteiligten Gesellschaften zu kumulieren**[6], hat sich zu Recht nicht durchgesetzt. Gegen sie sprechen die praktischen Probleme; insbesondere führt der Zwang zur Kumulation der Kapitalbeträge zur Entstehung großer Mengen eigener Anteile bei der übernehmenden Gesellschaft, was mit §§ 71, 71c AktG nicht vereinbar ist[7]. Zudem wird ein hinreichender Gläubigerschutz schon durch die Pflicht zur Sicherheitsleistung nach § 22 UmwG gewährleistet[8]. Vor allem aber ist seit 2007 ein Verzicht auf die Kapitalerhöhung zulässig, § 54 Abs. 1 Satz 3 UmwG[9]. Dann macht aber eine ungeschriebene Pflicht zur Kapitalerhöhung ersichtlich keinen Sinn mehr, und auch der Gesetzgeber ist davon ausgegangen, dass es sich in diesen Fällen um eine Verschmelzung ohne Kapitalerhöhung handelt[10]. 24

1 § 71 Abs. 1 Nr. 5 AktG; dazu *Lutter/Drygala* in KölnKomm. AktG, § 71 AktG Rz. 229 und *Geßler* in FS Schilling, 1973, S. 145 ff.
2 *Stratz* in Schmitt/Hörtnagl/Stratz, § 2 UmwG Rz. 19.
3 *Marsch-Barner* in Kallmeyer, § 5 UmwG Rz. 5. Zu den Ausnahmen *Schröer* in Semler/Stengel, § 5 UmwG Rz. 12 ff.
4 *Kallmeyer*, GmbHR 1996, 80 (81); *Schröer* in Semler/Stengel, § 5 UmwG Rz. 16 führt dies auf den Grundsatz der Quotenidentität zurück; kritisch zum Vorrang der Quotenidentität gegenüber der Mitgliederidentität *Simon* in KölnKomm. UmwG, § 2 UmwG Rz. 88.
5 *Marsch-Barner* in Kallmeyer, § 5 UmwG Rz. 5; grundlegend zum Mitgliederwechsel bei Verschmelzung *Priester*, DB 1997, 560 ff.
6 Dafür vor allem *Petersen*, Gläubigerschutz im Umwandlungsrecht, 2001, S. 207 ff.; zum alten Verschmelzungsrecht auch BayObLG v. 25.4.1989, DB 1989, 1558 (1560); OLG Hamm v. 20.4.1988 – 15 W 84/87, WM 1988, 1125 f. = GmbHR 1988, 395.
7 *Lutter* in FS Wiedemann, 2002, S. 1097 (1105).
8 *Ihrig*, ZHR 160 (1996), 317 (337); *Limmer* in FS Schippel, 1996, S. 415 (419).
9 Eingefügt durch 2. Gesetz zur Änderung des UmwG, BGBl. I 2007, S. 542, näher dazu *Heckschen*, DNotZ 2007, 445 (450); *Klein/Stephanblome*, ZGR 2007, 351 (368).
10 Wie hier auch *Heckschen*, DNotZ 2007, 445 (450).

3. Festlegung des Umtauschverhältnisses der Anteile und bare Zuzahlung bzw. Angaben über die Mitgliedschaft (§ 5 Abs. 1 Nr. 3 UmwG)

a) Festlegungen im Verschmelzungsvertrag

25 Die Festlegung des Umtauschverhältnisses ist das „prinzipiell delikateste"[1] an der Verschmelzung, da sie zum einen für die Anteilsinhaber den wichtigsten Punkt des Verschmelzungsvertrages darstellt und zum anderen mit all den Unsicherheiten belastet ist, die eine Unternehmensbewertung bzw. Bewertung von Mitgliedschaften mit sich bringt[2]. Diese Unsicherheiten werden noch dadurch verstärkt, dass nicht nur einer, sondern mindestens zwei oder gar drei oder mehr Rechtsträger auf vergleichender Basis bewertet werden müssen. Das Umtauschverhältnis war und ist daher häufig Anlass für Streit mit außenstehenden Aktionären[3].

26 Der Verschmelzungsvertrag muss genau festlegen, in welchem **Verhältnis die Anteile oder Aktien** des/der übertragenden Rechtsträger(s) in solche des übernehmenden Rechtsträgers **umgetauscht werden sollen**. Anzugeben ist weiter die Höhe einer etwaigen baren Zuzahlung[4], die maximal 10 % des Wertes der zu gewährenden Anteile betragen darf (§§ 54 Abs. 4, 68 Abs. 3, 78, 87 Abs. 2 Satz 2 UmwG)[5]. Das Umtauschverhältnis inkl. der etwaigen Zuzahlung braucht im Vertrag nicht erläutert zu werden (wohl aber im Bericht, § 8 Abs. 1 UmwG[6]). Obwohl Zuzahlungen an sich nur dem Spitzenausgleich dienen sollen, sind sie innerhalb der 10 %-Grenze der §§ 54 Abs. 4, 68 Abs. 3 UmwG auch dann zulässig, wenn sie dazu nicht notwendig sind[7]. Eine **Abfindung mit Geld- oder Sachwerten** ist in anderen als den im Gesetz genannten Fällen (neben den §§ 54 Abs. 4, 68 Abs. 3, 78, 87 Abs. 2 Satz 2 UmwG sind dies vor allem § 15 UmwG und §§ 29ff. UmwG) unzulässig[8]. Rechtsformabhängig sind weitere Angaben zum Anteilstausch erforder-

1 So *Priester*, DNotZ 1995, 427 (438); ähnl. OLG Stuttgart v. 8.3.2006 – 20 W 5/05, AG 2006, 420. Das gilt natürlich nicht für die in der Praxis häufigen Fälle einer Verschmelzung durch Aufnahme einer 100%igen Tochtergesellschaft, bei der eine Anteilsgewährung nicht in Betracht kommt.

2 Zur Berechnung und Überprüfung des Umtauschverhältnisses s. auch § 15 Rz. 2ff.; *Stratz* in Schmitt/Hörtnagl/Stratz, § 5 UmwG Rz. 5ff.; eine Darstellung der verschiedenen Bewertungsmethoden gibt *Lausterer*, Unternehmensbewertung zwischen Betriebswirtschaftslehre und Rechtsprechung, 1997; *Adolff*, Unternehmensbewertung, S. 159ff.

3 Vgl. etwa schon BGH v. 22.5.1989 – II ZR 206/88, BGHZ 107, 296ff. (Kochs Adler).

4 *Stratz* in Schmitt/Hörtnagl/Stratz, § 5 UmwG Rz. 32.

5 Die Grenze von 10 % des Nennbetrages der gewährten Anteile muss bei Kapitalgesellschaften auch für Ausgleichs- bzw. Darlehensforderungen von Gesellschaftern gegen den übernehmenden Rechtsträger gelten, da andernfalls die Vorschriften der §§ 54 Abs. 4, 68 Abs. 3, 78 UmwG umgangen werden könnten, vgl. *Mayer* in Widmann/Mayer, § 5 UmwG Rz. 64ff. sowie Rz. 133; *Heidenhain*, NJW 1995, 2873 (2875). Bei einer Nachbesserung des Umtauschverhältnisses im Verfahren nach § 15 UmwG darf sie auch darüber hinausgehen (§ 15 Abs. 1 UmwG).

6 Dazu etwa BGH v. 29.10.1990 – II ZR 146/89, AG 1991, 102 (103) = NJW-RR 1991, 358 (359) (SEN) und § 8 Rz. 20ff.

7 *W. Müller* in Kallmeyer, § 5 UmwG Rz. 22. Bare Zuzahlungen können, wie sich aus der rechtsformneutralen Fassung des § 5 Abs. 1 Nr. 3 UmwG ergibt, auch bei Nicht-Kapitalgesellschaften gewährt werden, vgl. *Ihrig*, GmbHR 1995, 622 (631).

8 So auch *Marsch-Barner* in Kallmeyer, § 5 UmwG Rz. 10; differenzierend *Stratz* in Schmitt/Hörtnagl/Stratz, § 5 UmwG Rz. 66: Ausgleich durch Sachleistung zumindest bei allseitigem Einverständnis zulässig.

lich, bei GmbHs etwa nach § 46 UmwG zu Zahl und Nennbetrag der Geschäftsanteile, die die Anteilsinhaber des untergehenden Rechtsträgers erhalten[1].

b) Ermittlung des Umtauschverhältnisses

aa) Ziel: Angemessenheit

(1) Bei der Ermittlung des Umtauschverhältnisses[2] ist von dem Grundgedanken auszugehen, dass den Anteilsinhabern der übertragenden Rechtsträger für die Übertragung des Vermögens der übertragenden Rechtsträger[3] eine vermögensmäßig entsprechende Beteiligung am übernehmenden Rechtsträger als Gegenleistung zu gewähren ist, wobei dadurch weder deren Rechtsstellung noch die der Anteilsinhaber des übernehmenden Rechtsträgers beeinträchtigt werden soll: Der Grundsatz der Gleichbehandlung unter sämtlichen Anteilsinhabern aller betroffenen Rechtsträger soll gewahrt werden[4]. Keinem Anteilsinhaber soll also ein (unbewusster) Vor- oder Nachteil aus der Verschmelzung entstehen, und jeder soll seinen bisherigen relativen Anteil an der Summe der verschmolzenen Vermögensmassen behalten[5]. Im Interesse außenstehender Anteilsinhaber vertraut das Gesetz deshalb insb. für die Festlegung des Umtauschverhältnisses nicht nur auf die „Richtigkeitsgewähr" des Vertragsmechanismus bei der Aushandlung des Umtauschverhältnisses zwischen den beteiligten Rechtsträgern und deren Organvertretern[6]. Die Anteilsinhaber haben zwar die Möglichkeit, auch ein nicht angemessenes Umtauschverhältnis zu akzeptieren[7], was sich u.a. daran zeigt, dass das Umtauschverhältnis nicht Gegenstand der registergerichtlichen Prüfung ist (§ 20 27

---

1 Vgl. dazu etwa *Streck/Mack/Schwedhelm*, GmbHR 1995, 161 (163 f.) und unten Rz. 123 sowie ausf. bei § 46 Rz. 1 ff.

2 S. dazu auch *Seetzen*, WM 1994, 45 ff.

3 Es handelt sich nicht um eine Entschädigung für Rechtsverlust, vgl. *Schröer* in Semler/Stengel, § 5 UmwG Rz. 25; *Rieder*, S. 68; a.A. 4. Aufl.

4 OLG Karlsruhe v. 9.8.1991 – 15 U 127/90, AG 1992, 31 = ZIP 1991, 1145 ff.; *Raiser/Veil*, Recht der Kapitalgesellschaften, § 48 Rz. 20; *Lutter* in FS Mestmäcker, 1996, S. 943 (948 f.); a.A. hingegen *Simon* in KölnKomm. UmwG, § 5 UmwG Rz. 8, der das angemessene Umtauschverhältnis aus der verschmelzungsrechtlichen Wertäquivalenz ableitet.

5 *Mayer* in Widmann/Mayer, § 5 UmwG Rz. 95.

6 Die Aussage, dass das Umtauschverhältnis der freien Vereinbarung der Verwaltungsorgane im Verschmelzungsvertrag unterliegt und deshalb insofern nicht notwendig gleichwertige Anteile zu gewähren sind (so *Sagasser/Pernegger* in Sagasser/Bula/Brünger, § 9 Rz. 80 ff.), ist daher nur dann gültig, wenn alle Anteilsinhaber damit einverstanden sind, vgl. insb. §§ 8 Abs. 3, 9 Abs. 3 und 15 UmwG. Verfassungsrechtlich wird eine Inhaltskontrolle des Umtauschverhältnisses aufgrund von Art. 14 GG als geboten angesehen, so BVerfG v. 24.5.2012 – 1 BvR 3221/10, NZG 2012, 1035 ff. = AG 2012, 674 (Daimler/Chrysler).

7 *Klein/Stephanblome*, ZGR 2007, 351 (370 f.) m.w.N.; Ein zwingendes Gleichwertigkeitserfordernis für das Umtauschverhältnis kann im Gegensatz zu Stimmen in der Literatur (*Schröer* in Semler/Stengel, § 5 UmwG Rz. 7; *Günther*, AG 1968, 98 [99]) für die Verschmelzung von Aktiengesellschaften auch nicht aus der entsprechenden Anwendbarkeit der Nachgründungsbestimmungen (§ 67 UmwG i.V.m. §§ 52 Abs. 4, 34 Abs. 1 Satz 2 AktG) abgeleitet werden kann. Diesen Bestimmungen geht es, ebenso wie bei der Anwendung der Sachgründungs- bzw. Sachkapitalerhöhungsregeln bei der Verschmelzung (§ 36 UmwG i.V.m. §§ 27 ff. AktG, § 69 UmwG), allein um den Kapitalschutz; dafür aber kommt es nicht auf das Umtauschverhältnis, sondern allein auf den objektiven Wert des übertragenen Vermögens an.

Rz. 6)[1]; das Gesetz möchte aber mit Bericht und Prüfung sicherstellen, dass sich die Anteilsinhaber darüber jedenfalls bewusst sind. Insoweit gilt daher etwas anderes nur, wenn alle Anteilsinhaber zustimmen oder überhaupt keine Minderheitsanteilsinhaber vorhanden sind (§§ 8 Abs. 3, 9 Abs. 3 und 15 UmwG) (s. dazu § 8 Rz. 20ff.). Auf der anderen Seite ergibt sich aus § 12 Abs. 2 UmwG, dass das Ziel auch nicht die Bestimmung eines exakt richtigen Umtauschverhältnisses ist (ein solches gibt es überhaupt nicht), sondern das Umtauschverhältnis nur „angemessen" sein muss, d.h. die erhaltenen Anteile den Wert der hingegebenen Anteile im Wesentlichen erreichen[2].

28 **(2)** Entscheidend für die Angemessenheit ist dabei nicht, ob die jeweiligen Unternehmenswerte exakt berechnet werden, sondern allein die richtige Ermittlung der **Relation der Unternehmenswerte** zueinander[3].

Die Wertermittlung der inneren Werte bzw. Verkehrswerte (inkl. stiller Reserven und Firmenwert) der beteiligten Rechtsträger ist lediglich Ausgangspunkt für die Berechnung der Umtauschrelation; von entscheidender Bedeutung sind daher nicht so sehr die jeweiligen absoluten Werte als die Anwendung **gleicher Bewertungsmethoden**[4]: Es geht hier nicht um Abfindung einzelner Anteilsinhaber, sondern um ein Wertverhältnis; daher steht hier die Gleichheit der Bewertungsmethoden, dort (vgl. bei §§ 29, 30, 207, 208 UmwG) der „richtige" Wert im Zentrum.

29 Nur in besonders gelagerten Ausnahmen können die zu verschmelzenden Rechtsträger mittels unterschiedlicher Methoden bewertet werden[5], z.B. bei der Verschmelzung eines ertragreichen Unternehmens ohne Anlagekapital mit einem ertragsarmen Unternehmen, welches über erhebliche Vermögensgegenstände verfügt. Hier würde die Ertragswertmethode zu einer relativen Unterbewertung des

---

1 Vgl. *Fronhöfer* in Widmann/Mayer, § 19 UmwG Rz. 26.

2 OLG Stuttgart v. 8.3.2006 – 20 W 5/05, AG 2006, 420 (422); OLG Stuttgart v. 6.7.2007 – 20 W 5/07, AG 2007, 705 (706); OLG München v. 14.5.2007 – 31 Wx 87/06, AG 2007, 701 (702); *Bula/Pernegger* in Sagasser/Bula/Brünger, § 9 Rz. 80; ebenso für ein reines Vertretbarkeitsurteil OLG Frankfurt/M. v. 24.11.2011 – 21 W 7/11, ZIP 2012, 124 = AG 2012, 513.

3 OLG Frankfurt/M. v. 8.10.2009 – 20 W 210/05, Juris Rz. 30; OLG Stuttgart v. 8.3.2006 – 20 W 5/05, AG 2006, 420 (422); OLG Stuttgart v. 6.7.2007 – 20 W 5/07, AG 2007, 701 (705); BayObLG v. 18.12.2002 – 3 Z BR 116/00, ZIP 2003, 253; *Bermel/Hannappel* in Goutier/Knopf/Tulloch, § 5 UmwG Rz. 24; *Stratz* in Schmitt/Hörtnagl/Stratz, § 5 UmwG Rz. 30; *Hügel*, S. 376; *Kiem*, ZGR 2007, 542 (549). Daher decken sich auch die Ziele von Verschmelzungsprüfung und der Kontrolle der Kapitaldeckung nicht; während es im ersteren Fall um die Wertrelationen geht, ist bei der Prüfung der Kapitaldeckung durch Gründungsprüfer bzw. das Registergericht auf die wahren Werte des übertragenen Vermögens abzustellen, vgl. OLG Karlsruhe v. 9.8.1991 – 15 U 127/90, AG 1992, 31 = ZIP 1991, 1145ff. (Leitsatz 4) = EWiR § 352b AktG 1/91, 1153 (1154) mit Anm. *Hirte*; *Bitzer*, S. 28ff.

4 BayObLG v. 18.12.2002 – 3 Z BR 116/00, ZIP 2003, 253 (257); *Bermel/Hannappel* in Goutier/Knopf/Tulloch, § 5 UmwG Rz. 23; *Mayer* in Widmann/Mayer, § 5 UmwG Rz. 101; *Kiem*, ZGR 2007, 542 (552f.); *W. Müller* in FS Röhricht, 2005, S. 1029ff.; vgl. auch die Kritik von *Hügel*, S. 161ff. und 376 an der Pflichtprüfung des Umtauschverhältnisses. Er sieht – mit Ausnahme der Konzernverschmelzungen – die Angemessenheit der Umtauschverhältnisse schon durch die Richtigkeitsgewähr des Vertragsmechanismus als gewährleistet an.

5 Ähnlich *Bermel/Hannappel* in Goutier/Knopf/Tulloch, § 5 UmwG Rz. 23, die hierfür eine sachliche Begründung fordern.

vermögenden Unternehmens, die Bewertung nach Liquidationswerten hingegen zu einer Unterbewertung des florierenden Unternehmens führen. Von einer angemessenen Relation der Unternehmenswerte kann dann nicht mehr die Rede sein. Daher ist in einem solchen Fall die Wertfeststellung mittels verschiedener Methoden geradezu geboten[1]. Voraussetzung der Bewertung anhand unterschiedlicher Methoden ist aber immer die Vergleichbarkeit der Ergebnisse[2].

(3) Das Umtauschverhältnis kann im zeitlichen Vorbereich der Verschmelzung dadurch beeinflusst werden, dass der aufnehmende Rechtsträger **„ärmer"** (z.B. durch echte Kapitalherabsetzung) **oder „reicher" gemacht wird**, etwa durch eine freiwillige Bar- oder Sachleistung des Mehrheitsgesellschafters und deren Buchung auf Kapitalrücklage nach § 272 HGB. Dagegen ist nichts einzuwenden. 30

(4) Das Umtauschverhältnis unterliegt zwar nicht der registerrechtlichen Prüfung, wohl aber der **Nachprüfung im Spruchverfahren**, § 15 UmwG. Hinsichtlich dieser Überprüfung der Angemessenheit durch die Fachgerichte hat das BVerfG im Jahre 2012 seine Rechtsprechung ergänzt. Nicht ausreichend ist danach eine Kontrolle, die sich bei der Verschmelzung zweier voneinander unabhängiger Gesellschaften („Merger of Equals"[3]) darauf beschränkt, dass das Verschmelzungsverfahren korrekt abgelaufen ist[4]. Ein solches „Vertrags- oder Verhandlungsmodell" hatte zuvor das OLG Stuttgart entworfen und befürwortet[5], da in dieser Situation von gleichgerichteten Interessen von Klein- und Großaktionären auszugehen sei und sich eine erhöhte Gewähr für ein angemessenes Umtauschverhältnis ergebe[6]. Das BVerfG vertritt demgegenüber die gegenteilige Ansicht, da der vollständige wirtschaftliche Ausgleich für die Beeinträchtigung der vermögensrechtlichen Stellung der Anteilsinhaber sichergestellt werden müsse. Dass die Vertretungsorgane zweier unabhängiger Gesellschaften verhandeln, gebe dafür nicht die hinreichende Gewähr, da die Verhandlungen der Vertretungsorgane neben der Festlegung des Umtauschverhältnisses von „vielfältigen weiteren unternehmerischen Erwägungen" getragen werden können[7]. Hingegen hält das BVerfG es für angemessen, wenn die der Unternehmensbewertung zugrunde liegenden Prognosen über die künftigen Erträge der Unternehmen lediglich daraufhin kontrolliert werden, ob sie auf einer zutreffenden Tatsachengrundlage beruhen und vertretbar sind. Dies trägt der Tatsache Rechnung, dass die Unternehmensbewertung, soweit sie auf Annahmen und Prognosen beruht, einen einzig richtigen Wert des 31

---

1 Enger wohl *Mayer* in Widmann/Mayer, § 5 UmwG Rz. 101: Es muss bei allen beteiligten Gesellschaften dieselbe Bewertungsmethode angewendet werden.

2 Zur Vergleichbarkeit ist im Verschmelzungsbericht dementsprechend Stellung zu nehmen; dazu § 8 Rz. 19 und *Marsch-Barner* in Kallmeyer, § 8 UmwG Rz. 11.

3 Das LG Frankfurt/M. wendet das Vertrags-/Verhandlungsmodell sogar bei konzerninternen Verschmelzungen an, da im konkreten Einzelfall „sich die handelnden Beteiligten in einer Weise verhalten haben, als ob es sich um eine Verschmelzung zwischen zwei bislang unabhängigen Gesellschaften handeln würde", vgl. LG Frankfurt/M. v. 13.3.2009 – 3-5 O 57/06, AG 2009, 749 (752). Dies ist zu Recht nicht ohne Kritik geblieben *Klöhn/Verse*, AG 2013, 2 (4).

4 Vgl. BVerfG v. 24.5.2012 – 1 BvR 3221/10, AG 2012, 674 (675) (Daimler/Chrysler).

5 So OLG Stuttgart v. 8.3.2006 – 20 W 5/05, AG 2006, 420 (423) (Wüstenrot/Württembergische); OLG Stuttgart v. 14.10.2010 – 20 W 16/06, AG 2011, 49 (Daimler/Chrysler); LG Frankfurt/M. v. 13.3.2009 – 3-5 O 57/06, AG 2009, 749 (751) (T-Online/Deutsche Telekom); sowie *Klöhn/Verse*, AG 2013, 2 mit internationalen Bezügen.

6 Vgl. OLG Stuttgart v. 14.10.2010 – 20 W 16/06, AG 2011, 49 (Ls. 2) (Daimler/Chrysler).

7 Kritisch *Klöhn/Verse*, AG 2013, 2 (4 f.).

Unternehmens nicht bestimmen kann und eine volle gerichtliche Überprüfung nur dazu führen würde, einen plausiblen Wert durch einen anderen, ebenfalls nur plausiblen zu ersetzen[1]. Da das BVerfG es ablehnt, hinsichtlich des Kontrollmaßstabs nach der tatsächlichen Verhandlungssituation zu differenzieren, gilt dieser reduzierte Maßstab für alle Fälle der Überprüfung des Umtauschverhältnisses.

bb) Bewertungsstichtag

32 Für die Bewertung[2] aller beteiligten Rechtsträger ist von einem für alle Rechtsträger *gleichen Stichtag* (sog. Bewertungsstichtag) auszugehen. Dieser ist vom Gesetz nicht vorgegeben[3]. Es ist daher weder auf den Tag der Wirksamkeit der Verschmelzung (§ 20 UmwG) noch – in analoger Anwendung des § 305 Abs. 3 Satz 2 AktG (bzw. § 12 Abs. 1 Satz 2 UmwG) – zwingend auf den Tag des Wirksamwerdens des Verschmelzungsvertrages bei Vorliegen aller Zustimmungsbeschlüsse[4] oder gar auf den Tag der Beschlussfassung der Anteilseigner des übertragenden Rechtsträgers abzustellen[5]. Vielmehr geht die h.M. zu Recht davon aus, dass mangels gesetzlicher Festlegungen der Bewertungsstichtag von den Parteien des Verschmelzungsvertrages bestimmt werden kann[6]; der gewählte Stichtag muss allerdings *vor* dem Zeitpunkt der Beschlussfassung durch die Anteilseigner liegen, da andernfalls eine gesicherte Basis für die Beschlussfassung nicht vorliegt[7]. In Betracht kommt daher vor allem der Tag der Schlussbilanzen (§ 17 Abs. 2 UmwG)[8], der zugleich der Zeitpunkt des geplanten Wechsels der Rechnungslegung ist (Verschmelzungsstichtag, § 5 Abs. 1 Nr. 6 UmwG; vgl. unten Rz. 74). Die Wahl dieses Zeitpunktes bringt zwar den Nachteil mit sich, dass sich der Wert des übertragen-

---

1 BVerfG v. 24.5.2012 – 1 BvR 3221/10, AG 2012, 674 (Daimler/Chrysler).

2 Berechnungsbeispiele finden sich bei *Mayer* in Widmann/Mayer, § 5 UmwG Rz. 115ff.

3 *Hoffmann-Becking* in FS Fleck, 1988, S. 105 (114f.); *Heckschen*, S. 15; *Limmer*, Unternehmensumwandlung, S. 106; Schiedsurteil, DB 1992, 671: *„Hätte der Gesetzgeber als Bewertungsstichtag den Zeitpunkt der Beschlussfassung der Hauptversammlung über die Verschmelzung für maßgeblich erachtet, so hätte es sich angeboten, in § 352c AktG* (jetzt § 15 Abs. 1 Satz 2 UmwG, §§ 1ff. SpruchG, die dazu ebenfalls keine Regelung enthalten) *nicht nur – wie geschehen – auf Verfahrensvorschriften des § 306 AktG, sondern auch auf § 305 Abs. 3 Satz 2 AktG zu verweisen. Dass dies nicht geschehen ist, zwingt zu der Annahme, dass der Gesetzgeber es den Parteien des Verschmelzungsvertrages uneingeschränkt, also auch für den Fall einer gerichtlichen Überprüfung der Umtauschrelation, überlassen hat, den maßgeblichen Bewertungsstichtag im Verschmelzungsvertrag festzulegen."*

4 Dafür *Hoffmann-Becking* in FS Fleck, 1988, S. 105 (116f.); *Hoffmann-Becking* in IDW (Hrsg.), Reform des Umwandlungsrechts, S. 59; *Engelmeyer*, S. 38; *Engelmeyer*, AG 1996, 193 (195) (de lege ferenda); differenzierend nach (rechtlichem, technischem und rechnerischem) Bewertungsstichtag *Simon* in KölnKomm. UmwG, § 5 UmwG Rz. 18ff.

5 So aber *Mayer* in Widmann/Mayer, § 5 UmwG Rz. 131, wo dieser Schluss aus § 30 Abs. 1 UmwG gezogen wird. Dort geht es um den Abfindungsanspruch eines ausscheidenden Anteilsinhabers, bei dessen Festsetzung die Verhältnisse zur Zeit der Beschlussfassung *zu berücksichtigen* sind. Die Schlussfolgerung, die Wertfeststellung hätte zu diesem Zeitpunkt zu erfolgen, ist daher nicht zwingend. Vgl. auch *Aha*, BB 1996, 2559 (2560).

6 BGH v. 4.12.2012 – II ZR 17/12, WM 2013, 325 = AG 2013, 165; OLG Düsseldorf v. 17.2. 1984 – 19 W 1/81, WM 1984, 732 (734); OLG Hamm v. 11.12.1991 – 8 U 135/91, WM 1992, 946 (947).

7 Zutr. *Bermel/Hannappel* in Goutier/Knopf/Tulloch, § 5 UmwG Rz. 25; a.A. *Mayer* in Widmann/Mayer, § 5 UmwG Rz. 132.

8 Dafür *Bermel/Hannappel* in Goutier/Knopf/Tulloch, § 5 UmwG Rz. 25 m.w.N.; *Heckschen*, S. 15f.; vgl. auch Schiedsurteil, DB 1992, 671.

den Rechtsträgers zwischen dem Zeitpunkt des Wechsels der Rechnungslegung und dem Zeitpunkt der Beschlussfassung noch durch außergewöhnliche Ereignisse erheblich ändern kann[1], dieser Gefahr kann aber teilweise (bei Kenntnis vor Eintragung der Verschmelzung) durch eine auflösende Bedingung (s. § 4 Rz. 34) Rechnung getragen werden. Dem Problem kann weiterhin auch durch Anerkennung einer Nachberichtspflicht gegenüber der Anteilseignerversammlung begegnet werden. Diese ist für die AG jetzt in § 64 Abs. 1 UmwG ausdrücklich normiert[2], aber auch für andere Rechtsträger anzuerkennen (näher § 8 Rz. 27). Insgesamt wird es sich daher empfehlen, soweit möglich, alle Stichtage auf das Ende des Geschäftsjahres des bzw. der übertragenden Rechtsträger(s) zu legen, um es mit möglichst wenig unterschiedlichen Stichtagen zu tun zu haben.

cc) Feststellung des Wertes der beteiligten Rechtsträger

(1) Bezogen auf diesen Stichtag[3] sind die Werte der an der Verschmelzung beteiligten Rechtsträger bzw. ihrer Unternehmen durch eine Bewertung festzustellen. Dabei empfiehlt es sich regelmäßig (bei Kapitalgesellschaften als übernehmende Rechtsträger auch im Hinblick auf die etwa notwendige Kapitalerhöhung nach §§ 54, 68 UmwG) und trotz der präventiven Prüfung des Verschmelzungsvertrages durch Verschmelzungsprüfer (§ 9 UmwG), schon **vor Abschluss des Verschmelzungsvertrages** einen neutralen Wirtschaftsprüfer oder die Wirtschaftsprüfer der beteiligten Rechtsträger gemeinsam mit der Erstellung eines Bewertungsgutachtens über alle an der Verschmelzung beteiligten Rechtsträger zu beauftragen[4]. 33

(2) Für die Ermittlung des Unternehmenswertes sind im Gesetz **keine Regeln** aufgestellt, um neuere Entwicklungen der Betriebswirtschaftslehre zur Unternehmensbewertung berücksichtigen zu können[5]. Auch die Rechtsprechung hat bisher keine Methode der Bewertung als allein und uneingeschränkt maßgeblich angesehen[6]; zu beachten ist allerdings, dass die Wertermittlung nach Ansicht des BVerfG in ihrem Ergebnis mit Art. 14 GG vereinbar sein muss[7]. Allgemein anerkannt ist, dass der Buchwert keinen brauchbaren Maßstab darstellt[8]. 34

---

1 *Hoffmann-Becking* in FS Fleck, 1988, S. 105 (116); *Mayer* in Widmann/Mayer, § 5 UmwG Rz. 132.

2 Vgl. Art. 9 Abs. 2 der Verschmelzungsrichtlinie i.d.F. der Richtlinie des Europäischen Parlaments und des Rates vom 5. April 2011 über die Verschmelzung von Aktiengesellschaften, ABl. EU Nr. L 110/1 v. 29.4.2011 sowie das Dritte Gesetz zur Änderung des Umwandlungsgesetzes v. 11.7.2011, BGBl. I, S. 1338.

3 Die Bewertungen müssen auf Basis der am Stichtag zu erwartenden Entwicklungen erfolgen; unzulässig ist daher die Berücksichtigung erst später eintretender Umstände, außer wenn deren Wurzeln vor dem Bewertungsstichtag liegen (sog. Wurzeltheorie), s. dazu BGH v. 17.1.1973 – IV ZR 142/70, WM 1973, 306 (308) = DB 1973, 563 (565) und *Seetzen*, WM 1994, 45 (46) m.w.N.

4 Vgl. OLG Düsseldorf v. 11.4.1988 – 19 W 32/86, WM 1988, 1052 (1055) sub. B. I.1. der Gründe unter Hinweis auf BGH v. 24.9.1984 – II ZR 256/83, NJW 1985, 192 (193) zum Umtauschangebot bei der aktienrechtlichen Eingliederung; *Rawert* in Beck`sches Formularbuch Bürgerliches, Handels- und Wirtschaftsrecht, 11. Aufl. 2013, Form XI 6 § 3.

5 BGH v. 13.3.1978 – II ZR 142/76, BGHZ 71, 40 (51) = WM 1978, 401 (405).

6 BGH v. 16.12.1991 – II ZR 58/91, BGHZ 116, 359 (371); BGH v. 24.5.1993 – II ZR 36/92, DB 1993, 1615 (1616); OLG Zweibrücken v. 9.3.1995 – 3 W 133 u. 145/92, WM 1995, 980 (981) unter Hinweis auf BGH v. 13.3.1978 – II ZR 142/76, DB 1978, 974 (976).

7 BVerfG v. 24.5.2012 – 1 BvR 3221/10, AG 2012, 674 (675) (Daimler/Chrysler).

8 BGH v. 30.3.1967 – II ZR 141/64, DB 1967, 854; KG v. 15.12.1970 – 1 W 2982/69, DB 1971, 613 (615); BGH v. 13.3.1978 – II ZR 142/76, BGHZ 71, 40 (51); LG Dortmund v.

35 Fest etabliert hat sich inzwischen durch die höchstrichterliche[1] und verfassungsgerichtliche Rechtsprechung[2] der Gedanke, dass der **Börsenkurs** ebenso wie in Fällen des Squeeze-out und des Abschlusses eines Unternehmensvertrags als Untergrenze der Bewertung anzusehen ist, wenn es um die Berechnung einer im Zuge der Verschmelzung fällig werdenden Abfindung (§ 29 UmwG) geht. Dies ist inzwischen weitgehend unstrittig[3]. Grundlage dieser Rechtsprechung ist der Gedanke, dass der ausscheidende Aktionär einen Anspruch auf die Abfindung zum Verkehrswert habe und dieser bei börsennotierten Gesellschaften nicht ohne Rücksicht auf den Börsenkurs festgesetzt werden könne[4]. Deshalb dürften die betroffenen Aktionäre nicht weniger erhalten, als sie bei einer freien Deinvestitionsentscheidung erlangt hätten[5]. Das gilt wiederum nicht, wenn der Börsenkurs wegen besonderer Umstände des Einzelfalls (zu enger Markt, spekulative Überhitzung – man denke an die Zeit der Internet-Spekulationsblase) nicht aussagekräftig ist[6].

36 Strittig geblieben ist in der Folge die Frage, ob dieser Gedanke nicht nur für die Abfindung, sondern auch für die **Festsetzung des Umtauschverhältnisses** selbst heranzuziehen ist[7]. Die befürwortende Ansicht beruft sich darauf, dass der Minderheitsaktionär im Verschmelzungsfall ebenso schutzwürdig sei wie der Minderheitsaktionär in dem vom BVerfG entschiedenen Eingliederungsfall. Denn die Konsequenzen für den Aktionär der übertragenden Gesellschaft seien im Verschmelzungsfall erheblich einschneidender als im Eingliederungsfall, da die übertragende Gesellschaft unwiederbringlich untergehe (§ 20 Abs. 1 Nr. 2 Satz 1 UmwG). Die Eingliederung ändere hingegen nichts an der Rechtspersönlichkeit

---

16.11.1981 – 18 AktE 1/78, AG 1982, 257 (258); LG Frankfurt/M. v. 16.5.1984 – 3/3 AktE 144/80, AG 1985, 310 (311); LG Frankfurt/M. v. 1.10.1986 – 3/3 O 145/83, AG 1987, 315 (316); OLG Düsseldorf v. 2.8.1994 – 19 W 1/93, WM 1995, 756; *Bermel/Hannappel* in Goutier/Knopf/Tulloch, § 5 UmwG Rz. 22; *Hüffer*, § 305 AktG Rz. 20; *Koppensteiner* in KölnKomm. AktG, § 305 AktG Rz. 71; *Paulsen* in MünchKomm. AktG, § 305 AktG Rz. 81; *Mayer* in Widmann/Mayer, § 5 UmwG Rz. 100.1.

1 Zuletzt OLG München v. 26.7.2012 – 31 Wx 250/11, AG 2012, 749 ff.; zuvor bereits OLG München v. 14.5.2007 – 31 Wx 87/06, AG 2007, 701 ff.; OLG Stuttgart v. 17.10.2011 – 20 W 7/11, ZIP 2012, 133 ff.

2 BVerfG v. 27.4.1999 – 1 BvR 1613/94, BVerfGE 100, 289 = ZIP 1999, 1436 (DAT/Altana); zuletzt bestätigt durch BVerfG v. 26.4.2011 – 1 BvR 2658/10, ZIP 2011, 1051 = AG 2011, 511 (Deutsche Telekom/T-Online); BVerfG v. 20.12.2010 – 1 BvR 2323/07, ZIP 2011, 170 = AG 2011, 128 (Kuka).

3 *W. Müller* in Kallmeyer, § 9 UmwG Rz. 31; *Gehling* in Semler/Stengel, § 8 UmwG Rz. 26; *Marsch-Barner* in Kallmeyer, § 8 UmwG Rz. 14, jeweils m.w.N., gänzlich ablehnend jetzt wieder *Burger*, NZG 2012, 281, dessen Grundannahme, der Börsenkurs wiche aufgrund der Unvollkommenheiten der Kapitalmärkte stets erheblich vom wahren Unternehmenswert ab, freilich in der betriebswirtschaftlichen Forschung eine extreme Minderheitenposition darstellt.

4 Vgl. BVerfG v. 27.4.1999 – 1 BvR 1613/94, BVerfGE 100, 289 (305) = ZIP 1999, 1436 (1440); BVerfG v. 23.8. 2000 – 1 BvR 68/95, 1 BvR 147/97, ZIP 2000, 1670 = AG 2001, 42 (Moto Meter); BVerfG v. 20.12.2010 – 1 BvR 2323/07, ZIP 2011, 170 = AG 2011, 128.

5 Vgl. BVerfG v. 27.4.1999 – 1 BvR 1613/94, BVerfGE 100, 289 (306) = ZIP 1999, 1436 (1440).

6 BVerfG v. 27.4.1999 – 1 BvR 1613/94, ZIP 1999, 1441 f.; *Hüttemann*, ZGR 2001, 454 (470 ff.); *Gude*, S. 400 ff.

7 Befürwortend *Erb*, DB 2001, 523 ff.; ebenso *Weiler/Meyer*, NZG 2003, 669 (670). Ablehnend *Bungert*, BB 2003, 699 (703); *Paschos*, ZIP 2003, 1017 (1024); *Wilsing/Kruse*, DStR 2001, 991 (995).

der eingegliederten Gesellschaft, ein Rechtsübergang auf die übernehmende Gesellschaft trete nicht ein[1]. Das BVerfG hat sich in zwei Entscheidungen[2] dieser Ansicht weitgehend angenähert. In der ersten relevanten Entscheidung ging es um eine Konzernverschmelzung, nämlich die der T-Online AG auf die Muttergesellschaft Deutsche Telekom AG[3]. Hier hat sich das BVerfG mit nur ganz wenigen Worten[4] dafür ausgesprochen, die zur Abfindung entwickelten Grundsätze auf die Verschmelzungswertrelation zu übertragen.

Diese Entscheidung ist richtig. Die **zutreffende Begründung** liegt freilich nicht da- 37
rin, dass den Aktionären der übertragenden Gesellschaft ihre Beteiligung gegen ihren Willen entzogen würde und dass sie Anteile am übertragenden Rechtsträger als Entschädigung für den Eigentumsverlust erhielten. Die Beteiligung am aufnehmenden Rechtsträger stellt vielmehr die Gegenleistung für das eingebrachte Vermögen dar; insofern ist der Untergang des übertragenden Rechtsträgers kein taugliches Argument. Im Gegensatz zum Squeeze-out kann die Maßnahme auch nicht einseitig festgesetzt werden, sondern bedarf eines Vertrages, in dessen Rahmen das Umtauschverhältnis verhandelt wird. Dies ist eine privatautonome Entscheidung, die im Rahmen der grundgesetzlich ebenfalls geschützten Privatautonomie grundsätzlich zu respektieren ist. Der Grund dafür, den Gedanken des Börsenkurses als auf die Untergrenze auf die Verschmelzungswertrelation zu übertragen, liegt vielmehr darin, dass es bei der im Fall T-Online gegebenen Konzernverschmelzung an einer privatautonomen Entscheidung gerade fehlt. Vielmehr kann das herrschende Unternehmen, wenn es in der Anteilseignerversammlung nach § 13 UmwG selbst über die erforderliche Mehrheit verfügt, ein Umtauschverhältnis durchsetzen, das für die Aktionäre der Tochtergesellschaft nachteilig ist. Die Schutzvorschriften des Umwandlungsgesetzes, namentlich die Organpflichten des Tochtervorstands und die sachverständige Prüfung nach § 9 UmwG, reichen als Schutz nicht aus. Denn auch innerhalb der Grenzen des Rechts haben sowohl Vorstände als auch Verschmelzungsprüfer Ermessensspielräume, die sie zu Gunsten des herrschenden Unternehmens ausüben können. Deshalb rechtfertigt die starke Einflussposition des herrschenden Unternehmens die Gleichbehandlung mit dem Unternehmensvertrag und dem Squeeze-out, die ebenfalls dadurch gekennzeichnet sind, dass der Mehrheits- bzw. Hauptgesellschafter die Maßnahme einseitig durchsetzen und inhaltlich gestalten kann.

Die hier entwickelte Argumentation weist auf eine abweichende Beurteilung der 38
Konstellation hin, in der das eine Unternehmen an dem anderen nicht mit Mehrheit beteiligt ist[5]. In einer solchen Situation des **Merger of Equals** finden nämlich

1 So die Argumentation von *Erb*, DB 2001, 523; ähnlich *Weiler/Meyer*, NZG 2003, 669 (670).

2 BVerfG v. 26.4.2011 – 1 BvR 2658/10, NJW 2011, 2497 = AG 2011, 511 (Deutsche Telekom/T-Online); BVerfG v. 24.5.2012 – 1 BvR 3221/10, ZIP 2012, 1656 = AG 2012, 674 (Daimler/Chrysler).

3 BVerfG v. 26.4.2011 – 1 BvR 2658/10, NJW 2011, 2497 = AG 2011, 511 (Deutsche Telekom/T-Online).

4 BVerfG v. 26.4.2011 – 1 BvR 2658/10, NJW 2011, 2497 Rz. 22 = AG 2011, 511 (Deutsche Telekom/T-Online).

5 Wie hier auch OLG München v. 14.5.2007 – 31 Wx 87/06, AG 2007, 701; BayObLG v. 18.12.2002 - 3Z BR 116/00, BayObLGZ 2002, 400 (407) = AG 2003, 569; *Mayer* in Widmann/Mayer, § 5 UmwG Rz. 100. Differenzierend und im Ansatzpunkt wie hier auch BVerfG v. 23.8.2000 – 1 BvR 68/95, 1 BvR 147/97, NZG 2000, 1117 = AG 2001, 42 (Moto Meter).

tatsächlich Verhandlungen auf Augenhöhe über das Umtauschverhältnis statt. Der in dieser Situation zustande kommende Verschmelzungsvertrag besitzt Richtigkeitsgewähr, weil er durch gegenseitiges Aushandeln zustande gekommen ist und keine Partei dabei der anderen ihren Willen aufzwingen kann[1]. Damit steht er zugleich verfassungsrechtlich unter dem Schutz von Art. 2 GG und, soweit es um den Zusammenschluss zweier Unternehmen geht, auch Art. 9 GG und Art. 12 GG. Die Privatautonomie ist verfassungsrechtlich ebenso verbürgt[2] wie das Eigentumsrecht der Aktionäre. Gerichte sind zwar einerseits verpflichtet, zum Schutz der Privatautonomie einzuschreiten, wenn die Voraussetzungen einer freien Entscheidung tatsächlich nicht vorlagen (sog. Lehre von der strukturellen Ungleichgewichtslage)[3]. Aber andererseits ist die Privatautonomie als Institution geschützt. Daraus folgt, dass ein Eingriff in verhandelte Verträge ausscheiden muss, wenn keine Gründe vorliegen, von einer gestörten Vertragsparität und einem Mangel an Richtigkeitsgewähr auszugehen. Unter diesen Voraussetzungen ist die freie Entscheidung der Vertragsparteien vielmehr als Ausdruck ihrer Selbstbestimmung zu respektieren.

39 An diesem Respekt vor der Privatautonomie als Institution hat es das BVerfG in seiner **Daimler/Chrysler-Entscheidung** zum Schutz der Minderheitsaktionäre bei der Festlegung des Umtauschverhältnisses durch Verhandlungen[4] deutlich fehlen lassen. Die Entscheidung betraf formal die Frage der gerichtlichen Kontrolldichte im Spruchverfahren. Die Frage, ob bei der Verschmelzungswertrelation der Börsenkurs als Untergrenze beachtlich sei, wurde nicht entschieden. Als verfassungswidrig angesehen wurde aber die hier vertretene These, dass insofern zwischen Konzernverschmelzung und Verschmelzung unter Gleichen zu unterscheiden sei. Auch die Tatsache, dass das Umtauschverhältnis zwischen Vorständen unabhängiger Unternehmen ausgehandelt worden sei, rechtfertige es nicht, von einer gerichtlichen Nachkontrolle des Umtauschverhältnisses abzusehen. Dabei wurde die Richtigkeitsgewähr mit dem Argument bestritten, dass die Entscheidung der Vorstände nicht allein auf die Aktionärsinteressen ausgerichtet, sondern von „vielfältigen unternehmerischen Erwägungen" beeinflusst sein. Auch wenn die Frage nicht ausdrücklich entschieden wurde, ist damit die Grundlage für eine flächendeckende Berücksichtigung des Börsenkurses gelegt. Denn das BVerfG hat sich für den Konzernfall in der Entscheidung T-Online (oben Rz. 36) bereits festgelegt und die zentrale These, auf der die differenzierende Lösung beruht, in der Entscheidung Daimler/Chrysler verworfen. Die Fortschreibung der Rechtsprechung auf den Fall der voneinander unabhängigen Gesellschaften ist daher zu erwarten.

---

1 *Schmidt-Rimpler*, AcP 147 (1941), 130; BVerfG v. 7.2.1990 – 1 BvR 26/84, ZIP 1990, 573. (Wettbewerbsverbot des Handelsvertreters); BVerfG v. 19.10.1993 – 1 BvR 567/89, 1 BvR 1044/89, ZIP 1993, 1775 (Bürgschaft naher Angehöriger).

2 BVerfG v. 12.11.1958 – 2 BvL 40/56, BVerfGE 8, 274 (328) (Preisgesetz); BVerfG v. 16.5. 1961 – 2 BvF 1/60, BVerfGE 12, 341 (347) (Umsatzsteuer); BVerfG v. 12.1.1967 – 1 BvR 169/63, BVerfGE 21, 87 (90) (Genehmigungsvorbehalt für Grundstückskaufvertrag); BVerfG v. 19.10.1983 – 2 BvR 298/81, BVerfGE 65, 196 (210) (Rechtsprechung des BAG zum Versorgungsanspruch eines Arbeitnehmers gegen eine betriebliche Versorgungskasse); BVerfG v. 4.6.1985 – 1 BvL 12/84, BVerfGE 70, 115 (123) (AGB-Gesetz).

3 Dazu auch *Vaupel*, Die Kompensation von Ungleichgewichtslagen im Arbeits- und Verbraucherrecht, Diss. 2006, S. 20ff.

4 BVerfG v. 24.5.2012 – 1 BvR 3221/10, ZIP 2012, 1656 = AG 2012, 674 (Daimler/Chrysler).

Diese Rechtsprechung **kann nicht überzeugen**. Zu kritisieren ist bereits, dass das BVerfG die Angelegenheit nur unter dem Gesichtspunkt des Art. 14 GG und der Rechte der Aktionäre gewürdigt hat. Tatsächlich hat jedoch auch die Gesellschaft ein aus Artt. 2, 9 und 12 GG herzuleitendes Grundrecht auf Respektierung ihrer Privatautonomie und der von ihr geschlossenen Verträge. Es liegt folglich eine Grundrechtskollision vor, die nach der ständigen Rechtsprechung des BVerfG im Sinne praktischer Konkordanz aufzulösen ist[1]. Die Interessen der Gesellschaft daran, hinsichtlich der Verschmelzungswertrelation nicht gebunden zu sein, sondern diese frei aushandeln zu können, müssen daher gegen die Interessen der Aktionäre abgewogen werden. Auf Seiten der Gesellschaft ist dabei zu berücksichtigen, dass dann, wenn auf beiden Seiten börsennotierte Gesellschaften beteiligt sind, der Verhandlungsspielraum nach der Lösung des BVerfG Null beträgt, denn dann haben die Aktionäre beider Gesellschaften einen Anspruch auf Berücksichtigung des Börsenkurses, womit das zu wählende Umtauschverhältnis festliegt[2]. Die Privatautonomie der Gesellschaften wird damit auf null reduziert. 40

Nicht überzeugend ist es auch, das Vorliegen eines privatautonom verhandelten Vertrages damit zu bestreiten, dass die beteiligten Vorstände „vielfältige unternehmerische Interessen" verfolgen. Das ist vielmehr ihre Aufgabe. Die Annahme, sie dürften sich bei der Vereinbarung einer Verschmelzung gleichberechtigter Unternehmen allein von den Werten leiten lassen, die der Kapitalmarkt den Unternehmen zuweist, ist mit Grundannahmen des Aktienrechts unvereinbar. Denn der Vorstand leitet das Unternehmen nicht mit dem Ziel der Maximierung des Börsenkurses, sondern ist dem Unternehmensinteresse verpflichtet[3]. Er muss ferner den langfristigen Erfolg im Auge haben[4]. Diese Umstände können es geradezu gebieten, bei der Vereinbarung des Umtauschverhältnisses über den Durchschnittskurs von drei Monaten hinauszublicken und ein anderes Wertverhältnis zu wählen, wenn dies langfristig erfolgversprechender ist. Dabei sind die Aktionäre vor willkürlichen Entscheidungen dadurch geschützt, dass sie dem Vorhaben mit ¾-Mehrheit zustimmen müssen. Dabei wird ihnen der Börsenkurs als mentaler Ankerpunkt[5] für den Wert ihrer Beteiligung vor Augen stehen. Einem anderen Wert werden sie nur zustimmen, wenn der Vorstand seine „vielfältigen unternehmerischen Erwägungen", die ihn zu dieser Entscheidung bewogen haben, vor der Hauptversammlung offenlegt und so gut begründet, dass ihm die qualifizierte Mehrheit darin folgt. Durch diesen Zwang zur Offenlegung und Rechtfertigung wird ein möglicher Interessengegensatz zwischen Vorstand und Aktionärsmehrheit hinreichend aufgelöst. Dann ist es aber auch der Minderheit zumutbar, die übereinstimmende anderweitige Entscheidung von Vorstand und qualifizierter Aktionärsmehrheit zu akzeptieren. Diese Entscheidung ist durch die Privat- 41

1 BVerfG v. 26.5.1970 – 1 BvR 83, 244, 345/69, BVerfGE 28, 243 (261) (Dienstpflichtverweigerung); BVerfG v. 17.12.1975 – 1 BvR 63/68, BVerfGE 41, 29 (51); Begriff geprägt von *Hesse*, Grundzüge des Verfassungsrechts der Bundesrepublik Deutschland, Neudruck der 20. Aufl., 1999, Rz. 37.

2 Ebenso *Paschos*, ZIP 2003, 1017 (1024); *Wilsing/Kruse*, DStR 2001, 991 (995); *Kiem*, ZGR 2007, 542 (553 f.); *Krieger* in MünchHdb. GesR AG, § 70 Rz. 135; a.A. *Adolff*, Unternehmensbewertung, S. 474.

3 Näher dazu *Drygala/Staake/Szalai*, Kapitalgesellschaftsrecht, 2012, § 21 Rz. 25 ff.; *Kuhner*, ZGR 2004, 244 (247 ff.) m.w.N.

4 Dazu *Fleischer* in Spindler/Stilz, § 76 AktG Rz. 24 ff.; *Spindler* in MünchKomm. AktG, § 76 AktG Rz. 69 ff.; *Hüffer*, § 76 AktG Rz. 15.

5 *Kahnemann*, Schnelles Denken, langsames Denken, 2012, S. 152 ff.

autonomie hinreichend legitimiert, um auch eine Einschränkung des Art. 14 GG auf der Seite der dissentierenden Minderheit zu rechtfertigen[1].

42 Es ist daher zu hoffen, dass das BVerfG seine (bisher nur in Nichtannahmebeschlüssen der Kammern) getroffenen Entscheidungen noch einmal überdenkt. Anlass dazu besteht insofern, als im Jahre 2000 in der Entscheidung Moto Meter[2] die Ansicht vertreten wurde, besondere Schutzinstrumente zu Gunsten einer Gesellschafterminderheit könnten entfallen, wenn die Interessen von **Mehrheits- und Minderheitsgesellschafter gleichgerichtet** seien. Von daher hat die Frage nach dem zutreffenden Kontrollstandard grundsätzliche Bedeutung (§ 93a Abs. 2a BVerfGG) und sollte noch einmal (und wenn möglich mit besserer Begründung) im Senat entschieden werden.

43 Akzeptiert man die Rechtsprechung des BVerfG zunächst einmal als zutreffend, stellt sich die Folgefrage, wie zu verfahren ist, wenn nur eine der beteiligten Gesellschaften börsennotiert ist. Der **Grundsatz der Methodengleichheit** bei der Bewertung (oben Rz. 28) spricht dann dafür, dass eine Berücksichtigung des Börsenkurses ausscheiden muss[3]. Denkt man hingegen die Parallele zum Squeeze-out und zum Verlust der Mitgliedschaft zu Ende, könnte es auch ausreichen, dass die übertragende Gesellschaft börsennotiert ist[4]. Dann aber würden die Aktionäre der übernehmenden Gesellschaft massiv benachteiligt, wenn der Ertragswert der übertragenden Gesellschaft unterhalb des Börsenkurses liegt. Die Anteilseigner der übertragenden Gesellschaft könnten dann verlangen, dass diese Überbewertung dem Umtauschverhältnis zugrunde gelegt wird, während die Aktionäre der übernehmenden Gesellschaft auf den Ertragswert festgelegt wären. Die darin liegende Ungleichbehandlung ist schwer zu rechtfertigen. Sie könnte zudem die nach § 14 Abs. 1 UmwG nicht ausgeschlossene Anfechtung wegen Überbewertung des übertragenden Rechtsträgers[5] begründen. Das spricht in starkem Maße dafür, am Gebot der Methodengleichheit festzuhalten.

44 In allen Fällen, in denen der Börsenkurs zu berücksichtigen ist, stellt sich die Frage nach dem **Berechnungszeitraum** und der sachgerechten Ermittlung des Durchschnittskurses. Dazu hatte die alte Rechtsprechung überwiegend die Ansicht vertreten, dass auf die letzten drei Monate vor der Hauptversammlung abzustellen sei, die über die Umwandlung beschließt[6]. Demgegenüber hat sich der BGH in der **Stollwerck-Entscheidung**[7] der hier schon immer vertretenen Auffas-

1 Zu weiteren, rechtsvergleichenden Einwendungen s. *Klöhn/Verse*, AG 2013, 2ff.
2 BVerfG v. 23.8.2000 – 1 BvR 68/95, 1 BvR 147/97, ZIP 2000, 1670 = AG 2001, 42 (Moto Meter).
3 OLG Karlsruhe v. 10.1.2006 – 12 W 136/04, NZG 2006, 670 (671) = AG 2006, 463; OLG München v. 14.5.2007 – 31 Wx 87/06, AG 2007, 701 (705).
4 Dazu auch *Baums*, Institute for Law and Finance, Working Paper Series No. 104, 06/2009, S. 37.
5 *Gehling* in Semler/Stengel, § 14 UmwG Rz. 17; *Marsch-Barner* in Kallmeyer, § 14 UmwG Rz. 15; *Stratz* in Schmitt/Hörtnagl/Stratz, § 14 UmwG Rz. 30.
6 BGH v. 12.3.2001 – II ZB 15/00, BGHZ 147, 108 = AG 2001, 417 (DAT/Altana); OLG München v. 11.7.2006 – 31 Wx 41/05, 31 Wx 66/05, ZIP 2006, 1722 = AG 2007, 246.
7 BGH v. 19.7.2010 – II ZB 18/09, ZIP 2010, 1487 = AG 2010, 629 (Stollwerck); ebenso schon vorher KG v. 16.10.2006 – 2 W 148/01, ZIP 2007, 75ff.; OLG Stuttgart v. 6.7. 2007 – 20 W 5/07, AG 2007, 209; OLG Düsseldorf v. 9.9.2009 – I-26 W 13/06, AG 2010, 35; OLG Stuttgart v. 18.12.2009 – 20 W 2/08, AG 2010, 513; grundlegend *Weber*, ZGR 2004, 280 (284ff.).

sung angeschlossen, dass der Börsenkurs in dieser Zeit bereits durch Abfindungsspekulationen beeinflusst sei und damit den reinen Unternehmenswert nicht mehr widerspiegele. Abzustellen ist stattdessen auf einen Dreimonatszeitraum vor Bekanntgabe der Umwandlungsabsicht, ohne dass zu diesem Zeitpunkt schon Konditionen feststehen müssen. Die zu einem Squeeze-out ergangene Stollwerck-Entscheidung ist auf die Verschmelzung übertragbar, soweit es bei dieser auf den Börsenkurs ankommt[1]. Bekanntgabe ist dabei sicherlich die Ad-hoc-Mitteilung, dass eine Strukturmaßnahme geplant ist[2]. Wird eine Ad-hoc-Mitteilung pflichtwidrig unterlassen, reicht es aus, dass die Abfindungsspekulation einsetzt, die durch die Stollwerck-Rechtsprechung ausgeblendet werden soll[3]. Bestand keine Ad-hoc-Pflicht, kommt es auf die sonstige, hinreichend deutliche Kommunikation zumindest einer der beteiligten Gesellschaften an, dass eine Verschmelzung ernsthaft beabsichtigt ist[4].

Die Ermittlung des relevanten Börsenkurses erfolgt über einen Zeitraum von drei 45
Monaten **nach Umsätzen gewichtet**. Unter hohen Umsätzen zustande gekommene Kurse gehen stärker in die Bewertung ein, weil sie aussagekräftiger sind als Kurse, die an umsatzschwachen Tagen zustande gekommen sind[5]. Diese Vorgehensweise deckt sich mit § 5 WpÜG-AngebVO. Die BaFin veröffentlicht aufgrund der ihr gemeldeten Marktdaten umsatzgewichtete Durchschnittskurse; der Wert kann für alle börsennotierten Aktien bei der BaFin abgefragt werden[6]. Alternativ kommt die Nutzung privater Informationsdienste (Bloomberg) in Betracht. Die Wahl, welche Informationen man zugrunde legt, liegt bei der Gesellschaft; rechtliche Vorgaben dazu sind überflüssig[7].

Nicht einfach zu handhaben ist das weitere vom BGH formulierte Kriterium, dass 46
bei einem **längeren Zeitraum** zwischen Ankündigung der Strukturmaßnahme und der Hauptversammlung, die darüber beschließt, eine Korrektur des errechneten Durchschnittskurses erforderlich werden kann. Fraglich ist bereits, was unter einem längeren Zeitraum zu verstehen ist. Ein **längerer Zeitraum** wurde im vom BGH konkret zu entscheidenden Fall bei einer Zeitspanne zwischen Bekanntgabe und Hauptversammlungs-Beschluss von $7^1/_2$ Monaten bejaht[8], bei $3^1/_2$ Monaten hingegen verneint[9]. Instanzgerichte halten auch bei einem Abstand von fünf[10] bzw. sechs Monaten[11] eine Korrektur für nicht notwendig. Die Literatur nennt überwiegend sechs oder sieben Monate Zeitabstand als auslösend für eine

---

1 *Rieder*, S. 190f.; *Bungert/Wettich*, BB 2010, 2227 (2231); *Decher*, ZIP 2010, 1673 (1676); *Schilling/Witte*, Der Konzern 2010, 447.
2 *Bungert/Wettich*, ZIP 2012, 449 (450).
3 *Schilling/Witte*, Der Konzern 2010, 477 (480).
4 Insofern übereinstimmend *Bungert/Wettich*, ZIP 2012, 449 (451); OLG Frankfurt/M. v. 21.12.2010 – 5 W 15/10, GWR 2011, 157 (Rz. 37ff.).
5 Berechnungsbeispiele finden sich bei *Mayer* in Widmann/Mayer, § 5 UmwG Rz. 97, 113.
6 *Bungert*, BB 2010, 2227 (2229).
7 Enger *Bungert*, BB 2010, 2227 (2229): BaFin-Daten vorzugswürdig.
8 BGH v. 19.7.2010 – II ZB 18/09, ZIP 2010, 1487 = AG 2010, 629 (Stollwerck).
9 BGH v. 28.6.2011 – II ZB 2/10, ZIP 2011, 1708 (Rz. 7) = AG 2011, 590 (MAN Roland).
10 OLG Frankfurt/M. v. 29.4.2011 – 21 W 13/11, AG 2011, 832.
11 OLG Stuttgart v. 19.1.2011 – 20 W 3/09, AG 2011, 205 (207); OLG Stuttgart v. 19.1.2011 – 20 W 2/07, AG 2011, 420 (422); OLG Stuttgart v. 8.7.2011 – 20 W 14/08, AG 2011, 795 (800).

Korrektur[1]. Dieser Zeitraum wird bei einer Verschmelzung unter Beteiligung börsennotierter Aktiengesellschaften regelmäßig erreicht bzw. überschritten sein, weil die Ausarbeitung des Vertrages, die Unternehmensbewertung, die Erstellung des Umwandlungsberichts, die sachverständige Prüfung und die Einberufung der Hauptversammlung schneller kaum zu bewältigen sind. Zu berücksichtigen ist insoweit auch, dass die Stollwerck-Entscheidung zu einem Squeeze-out ergangen ist. Das Verfahren dabei ist einfacher, weil nur eine Gesellschaft beteiligt ist und die Verhandlung über den Verschmelzungsvertrag entfällt. Deswegen wird man bei einer Verschmelzung einen Monat mehr einräumen müssen, so dass erst bei einer Verfahrensdauer von mehr als acht Monaten Korrekturbedarf entsteht[2].

47 Die Korrektur kann auf jeden Fall **zugunsten der Aktionärsminderheit** erfolgen. Der BGH führt ausdrücklich aus, dass die Korrektur bezweckt, eine Zementierung des Kurses zugunsten der Anteilseigner-Mehrheit zu verhindern[3]. Umstritten ist, ob eine Korrektur auch **zu Lasten der Minderheit** stattfinden kann, etwa bei einem allgemeinen Kursverfall aller Aktien wie in der Finanzkrise von 2008[4]. Die Frage ist eindeutig zu bejahen. Die Vorverlegung des Betrachtungszeitraums dient nur dazu, den Effekt, dass in Kenntnis der geplanten Strukturmaßnahme auf eine bestimmte Kursentwicklung spekuliert wird, aus der Betrachtung auszublenden. Das ändert aber nichts daran, dass für die verfassungsrechtlich gebotene Abfindung der Wert am Tag der Hauptversammlung maßgeblich ist; das steht für die Fälle der Eingliederung, des Beherrschungsvertrages und des Squeeze-outs sogar eindeutig im Gesetz, §§ 320b Abs. 1 Satz 5, 305 Abs. 3 Satz 2, 327b Abs. 1 Satz 1 AktG, und kann bei § 29 UmwG nicht anders sein. Dann ist es aber geradezu zwingend, negative Kursentwicklungen, die ihre Ursache nicht in der geplanten Strukturmaßnahme, sondern in Markt- oder Branchenbewegungen haben, ebenfalls zu berücksichtigen[5]. Dafür spricht auch die verfassungsrechtliche Lage. Denn Art. 14 GG schützt nicht nur das Recht der Minderheit, zum wirklichen Wert abgefunden zu werden, sondern spiegelbildlich auch das Recht der AG, keine nicht geschuldete oder überhöhte Abfindung zahlen zu müssen; der Schutzbereich ist insoweit jedenfalls betroffen[6]. Dem würde es nicht gerecht, wenn die Regelung hier nicht spiegelbildlich, sondern im Sinne einer Meistbegünstigung der Aktionärsminderheit zur Anwendung käme.

48 Von Teilen der Literatur und der Rechtsprechung werden zusätzlich **subjektive Elemente** für eine Korrektur gefordert. Eine Korrektur soll danach nur stattfinden, wenn das Verfahren nicht mit der gebotenen Beschleunigung betrieben wird[7],

---

1 *Bücker*, NZG 2010, 967 (970); *Decher*, ZIP 2010, 1673 (1676); *Wasmann*, ZGR 2011, 83 (96); *Hasselbach/Ebbinghaus*, Der Konzern 2010, 467 (473); *Bungert/Wettich*, BB 2010, 699 (705).
2 Wie hier *Bungert/Wettich*, ZIP 2012, 449 (454).
3 *Goette*, DStR 2010, 1635 (1639); *Bücker*, NZG 2010, 967 (968); *Decher*, ZIP 2010, 1673 (1675f.); *Rieder*, S. 191.
4 Dafür OLG Frankfurt/M. v. 21.12.2010 – 5 W 15/10 (Rz. 52); *Bungert/Wettich*, BB 2010, 2227 (2231); *Meinert*, DB 2011, 2455 (2459); *Hasselbach/Ebbinghaus*, Der Konzern 2010, 467 (474); a.A. *Wardenbach*, GWR 2011, 332; *Bücker*, NZG 2010, 967 (970); *Wasmann*, ZGR 2011, 83 (99).
5 Wie hier auch *Weber*, ZGR 2004, 280 (287f.).
6 BVerfG v. 11.7.2012 – 1 BvR 3142/07, 1 BvR 1569/08, NJW 2012, 3081 (Rz. 90) = AG 2012, 557.
7 OLG Stuttgart v. 19.1.2011 – 20 W 3/09, AG 2011, 205 (207).

oder sogar nur dann, wenn sich das Verhalten des Mehrheitsgesellschafters als missbräuchlich darstellt[1]. Begründet wird diese Auffassung im Wesentlichen damit, dass dann, wenn man allein auf die zeitliche Komponente abstellt, in vielen Fällen doch wieder eine Korrektur erforderlich werden würde. Diese hat aber aus verfahrenstechnischer Sicht den Nachteil, dass dann eigentlich erst am Tag der Hauptversammlung feststeht, wie die Aktien zu bewerten sind. Entsprechend schwierig gestalten sich die Angaben im beschlussvorbereitenden Bericht und in den Einladungen zur Hauptversammlung[2]. Diese Verfahrensvereinfachung war einer der Gründe, aus denen der BGH seine Ansicht geändert hat[3]. Der BGH spricht zudem davon, dass der Börsenkurs bei einem längeren Zeitraum zwischen Bekanntgabe der Maßnahme und Hauptversammlung *gegebenenfalls* anzupassen sei. Das spricht dafür, dass der reine Zeitablauf nicht genügt, sondern ein zusätzliches subjektives Element zu verlangen ist. Zu weit geht es aber, dafür Missbrauch zu verlangen. Es muss ausreichen, dass die Verschmelzungsparteien das Verfahren nicht mit der gebotenen Beschleunigung vorantreiben; also mit schuldhaftem Zögern handeln. Bei der ebenfalls möglichen Korrektur zu Lasten der Minderheit (s. oben Rz. 47) kehrt sich die Wirkrichtung des subjektiven Elements um: Die Minderheit muss sich nicht auf einen niedrigeren Kurs verweisen lassen, wenn das Verfahren nicht mit der gebotenen Beschleunigung betrieben wurde.

Das **Verfahren der Hochrechnung** der Kurse auf den Tag der Hauptversammlung 49
und die Berücksichtigung von allgemeinen Markt- oder Branchenentwicklungen ist aufwendig. Zudem geht die durch die Stollwerck-Entscheidung verbesserte Möglichkeit zur frühzeitigen Kommunikation des relevanten Betrages verloren. Die Minderheit bezahlt den Vorteil einer exakteren Bestimmung des Börsenkurses also mit Informationsnachteilen[4]. Zudem kann die Anpassung auch zu ihren Lasten gehen. Beides rechtfertigt es, eine **Bagatellgrenze** einzuführen[5], unterhalb derer markt- oder branchenbedingte Kursveränderungen unbeachtlich bleiben. Angesichts der Tatsache, dass eine volle Entschädigung verfassungsrechtlich geboten ist, kann diese Schwelle nicht zu hoch ausfallen; die dafür in der Literatur genannten 10 %[6] sind insofern bedenklich. 5 % dürften hier das tolerable Maximum darstellen[7].

Sehr kompliziert ist auch die Verfahrensweise, wenn eine nachträgliche Korrektur 50
erforderlich wird. Dies gilt bereits in den Abfindungsfällen. Der Korrekturfaktor muss durch einen Vergleich mit dem allgemeinen Aktienindex oder einem passenden Branchenindex ermittelt werden[8], wobei die übertragende Gesellschaft aus dem Index herausgerechnet werden muss, da ihr Kurs ja von den genannten Abfindungsspekulationen beeinflusst ist[9]. Ist die Gesellschaft in keinem Index

1 *Bungert/Wettich*, ZIP 2012, 449 (452 ff.).
2 BGH v. 19.7.2010 – II ZB 18/09, ZIP 2010, 1487 (Rz. 21) = AG 2010, 629 (Stollwerck).
3 BGH v. 19.7.2010 – II ZB 18/09, ZIP 2010, 1487 (Rz. 26) = AG 2010, 629 (Stollwerck).
4 Zutr. *Weber*, ZGR 2004, 280 (288).
5 OLG Stuttgart v. 18.12.2009 – 20 W 2/08, BB 2010, 1720 = AG 2010, 513; ähnl. auch OLG Stuttgart v. 14.2.2008 – 20 W 9/06, AG 2008, 783; BayObLG v. 18.12.2002 – 3 Z BR 116/00; LG Frankfurt/M. v. 29.3.2006 – 8 O 197/02 (Rz. 4).
6 *Bungert/Wettich*, ZIP 2012, 449 (453); *Meinert*, DB 2011, 2455 (2460).
7 Wie hier *Hasselbach/Ebbinghaus*, Der Konzern 2010, 467 (471).
8 *Weber*, ZGR 2004, 280 (287); diese Methode ablehnend *Olbrich/Rapp*, DStR 2011, 2005 (2006 f.).
9 *Bungert/Wettich*, BB 2010, 2227 (2230).

enthalten, kommt die Bildung einer Vergleichsgruppe ähnlicher Gesellschaften in Betracht. Der Gesellschaft steht hier ein Ermessensspielraum zu; eine einzig richtige Verfahrensweise gibt es hier ebenso wenig wie in anderen Fragen der Unternehmensbewertung[1]. Wendet man das Kriterium des Börsenkurses nicht nur auf die Berechnung der Abfindung an, sondern auch auf die Verschmelzungswertrelation an sich (s. oben Rz. 36f.), so muss man, wenn beide Gesellschaften börsennotiert sind, beachten, dass das Umtauschverhältnis nicht absolut, sondern in Relation der beiden Unternehmen zueinander zu bestimmen ist (s. oben Rz. 37, 38). Regelmäßig werden aber die Aktienkurse beider Unternehmen in gleichem Maße von einer positiven Marktstimmung profitieren. Dann ist eine Anpassung nicht geboten. Gleiches gilt, wenn beide Unternehmen (wie bei der Fusion Telekom/T-Online) der gleichen Branche angehören[2]. In Fällen dieser Art scheidet eine Korrektur des Börsenkurses regelmäßig aus[3].

51 In einem letzten Schritt ist dann zu prüfen, ob **unternehmensinterne Sonderfaktoren** bestehen, die die Anpassung verhindern oder mindern[4]. Als solcher Faktor kommt in Betracht, dass der Börsenkurs auch schon in dem frühen Betrachtungszeitraum spekulativ überhöht war[5], ferner können Dividenden und Sonderausschüttungen den Kurs beeinflusst haben[6]; ein Gedanke, der auch auf die Durchführung von Aktienrückkaufprogrammen im Betrachtungszeitraum zutrifft. Ferner kann das Zurückbleiben hinter der Vergleichsgruppe auch durch negative Entwicklungen wirtschaftlicher Art begründet sein; auch dann kommt eine Kursanpassung nicht in Betracht[7].

(3) Wertfeststellung außerhalb des Börsenkurses

52 In praktisch allen Fällen der Umwandlung ist neben dem etwaigen Börsenwert der Gesellschaft eine Bewertung auch noch in anderer Weise erforderlich (oben Rz. 33ff.). Einen rein marktorientierten Bewertungsansatz[8] hat das BVerfG im Jahre 2012 aus verfassungsrechtlichen Gründen verworfen; es sieht eine zumindest auf Vertretbarkeit[9] gerichtete Überprüfung des wahren Unternehmenswerts als verfassungsrechtlich geboten an[10]. Dafür ist in der Praxis vorherrschend die

1 *Wasmann*, ZGR 2011, 83 (97).
2 OLG Frankfurt/M. v. 3.9.2010 – 5 W 57/09, AG 2010, 751 (Rz. 147).
3 *Decher*, ZIP 2010, 1673 (1677); *Bungert/Wettich*, ZIP 2012, 449 (454).
4 *Weber*, ZGR 2004, 280 (287); *Wasmann*, ZGR 2011, 83 (99f.).
5 *Wasmann*, ZGR 2011, 83 (100).
6 *Weber*, ZGR 2004, 280 (287); *Wasmann*, ZGR 2011, 83 (100).
7 *Wasmann*, ZGR 2011, 83 (100).
8 Dafür OLG Stuttgart v. 14.10.2010 – 20 W 16/06, AG 2011, 49; OLG Frankfurt/M. v. 9.2.2010 – 5 W 38/09, GWR 2010, 138; dazu auch *Klöhn/Verse*, AG 2013, 2ff.
9 Zur Kontrolldichte s. unten Rz. 61.
10 BVerfG v. 24.5.2012 – 1 BvR 3221/10, AG 2012, 674 (Daimler/Chrysler).

sog. **Ertragswertmethode**[1]. Diese ist verfassungsrechtlich unbedenklich[2]. Ihr ist in der Regel – schon um der gerichtlichen Überprüfung standzuhalten – zu folgen[3], allerdings ist das Discounted-Cash-Flow-Verfahren als gleichberechtigt anerkannt[4]. Nur in Sonderfällen, etwa bei der Bewertung ertragsschwacher Unternehmen oder eines überdurchschnittlich hohen Anteils nicht betriebsnotwendigen Vermögens[5] in einem Unternehmen, kann daneben die Substanzwertmethode[6] relevant sein. Der Liquidationswert kommt allenfalls als Wertuntergrenze für die Bewertung in Betracht. Der Liquidationswert kann zudem nur dann herangezogen werden, wenn entweder der Rechtsträger nach dem Willen seiner Anteilsinhaber tatsächlich liquidiert werden soll oder aber die Ertragsaussichten auf Dauer negativ sind, weil dann eine Fortführung vernünftigem unternehmerischen Verhalten nicht entspricht[7].

Für die Bewertung von Unternehmen nach der Ertragswertmethode hat das Institut der Wirtschaftsprüfer den Prüfungsstandard IDW S 1 herausgegeben, der laufend, aber im Abstand von mehreren Jahren, fortgeschrieben wird[8]. Der Standard hat keine Normqualität. Tatsächliche Veränderungen und wissenschaftliche Erkenntnisfortschritte, die sich zwischen Veröffentlichung des Prüfungsstandards und dem Verschmelzungsstichtag ergeben haben, sind in jedem Fall zu berücksichtigen[9]. So sind etwa die 2008 gegebenen Zinsempfehlungen an den zur Zeit 53

1 BGH v. 16.12.1991 – II ZR 58/91, BGHZ 116, 359 (370) = GmbHR 1992, 257; OLG Frankfurt/M. v. 5.3.2012 – 21 W 11/11, AG 2012, 417; OLG Stuttgart v. 14.9.2011 – 20 W 4/10, AG 2012, 221; OLG Stuttgart v. 6.7.2007 – 20 W 5/07, AG 2007, 705; OLG München v. 14.5.2007 – 31 Wx 87/06, AG 2007, 701; OLG Düsseldorf v. 11.8.2006 – I-15 W 110/05, ZIP 2007, 380; BayObLG v. 18.12.2002 – 3 Z 116/90, ZIP 2003, 253; OLG Düsseldorf v. 14.4.2000 – 19 W 6/98, AG 2001, 189; vgl. allg. *Großfeld*, Recht der Unternehmensbewertung, 7. Aufl. 2012, Rz. 269, 1076 ff.; *Piltz*, Die Unternehmensbewertung in der Rechtsprechung, 3. Aufl. 1994, S. 125 ff.; WP-Handbuch 2012, 14. Aufl. 2012, Bd. II, Rz. D 48 ff.; *Adolff*, Unternehmensbewertung, S. 190 ff.; vgl. auch *Hülsmann*, ZIP 2001, 450; *Engelmeyer*, S. 108 ff. m.w.N.; krit. *Barthel*, DStR 1995, 343 ff.; *Lausterer*, S. 41 ff.; zu den verschiedenen Verfahrensweisen der Wertermittlung (pauschale, analytische oder Kombinationsmethode) im Rahmen der Ertragswertmethode: *Aha*, AG 1997, 27 ff.

2 Vgl. BVerfG v. 26.4.2011 – 1 BvR 2658/10, ZIP 2011, 1051 = AG 2011, 511 (Deutsche Telekom/T-Online); BVerfG v. 30.5.2007 – 1 BvR 1267/06, 1 BvR 1280/06, WM 2007, 1520 = AG 2007, 697.

3 BGH v. 30.3.1967 – II ZR 141/64, DB 1967, 854; KG v. 15.12.1970 – 1 W 2982/69, DB 1971, 613 (616); LG Dortmund v. 16.11.1981 – 18 AktE 1/78, AG 1982, 257 (258); *Bermel/Hannappel* in Goutier/Knopf/Tulloch, § 5 UmwG Rz. 15; *Paulsen* in MünchKomm. AktG, § 305 AktG Rz. 80; *Hüffer*, § 305 AktG Rz. 19; *Mayer* in Widmann/Mayer, § 5 UmwG Rz. 98 ff.; *Stratz* in Schmitt/Hörtnagl/Stratz, § 5 UmwG Rz. 16.

4 *Nestler/Kupke*, Bank und Markt 2003, 163; *Großfeld/Stöver/Tönnes*, BB Beilage 2005, 2 (4); *Rieder*, S. 186 f.

5 Zu dessen Berechnung vgl. BayObLG v. 19.10.1995 – 3 Z BR 17/90, DB 1995, 2590 (2593).

6 OLG Düsseldorf v. 11.4.1988 – 19 W 32/86, DB 1988, 1109 ff. = WM 1988, 1052 ff.; OLG Stuttgart v. 18.12.2010 – 20 W 2/08 (Rz. 301 ff.); OLG Düsseldorf v. 29.7.2009 – I-26 W 1/08, Der Konzern 2010, 73; LG Stuttgart v. 5.11.2012 – 31 O 55/08 KfH AktG (Rz. 149); dazu auch *Großfeld*, Recht der Unternehmensbewertung, 7. Aufl. 2012, Rz. 1286 f.; *Piltz*, Die Unternehmensbewertung in der Rechtsprechung, 3. Aufl. 1994, S. 181 ff. und WP-Handbuch 2012, 14. Aufl. 2012, Bd. II, Rz. D 49.

7 OLG Stuttgart v. 18.12.2010 – 20 W 2/08 (Rz. 301 ff.); OLG Düsseldorf v. 29.7.2009 – I-26 W 1/08, Der Konzern 2010, 73; LG Stuttgart v. 5.11.2012 – 31 O 55/08 KfH AktG (Rz. 149); s. auch BGH v. 17.1.1973 – IV ZR 142/70, NJW 1973, 509.

8 Aktuelle Fassung von 2008, WPg 2008, Beilage 3, S. 68 ff.

9 OLG Düsseldorf v. 21.12.2011 – I-26 W 3/11, AG 2012, 459.

des Verschmelzungsstichtags geltenden Kapitalmarktverhältnissen zu überprüfen. Dagegen sind nach dem Verschmelzungsstichtag eintretende Veränderungen für den Verschmelzungsvertrag irrelevant; auch in nachfolgenden Spruchverfahren sind sie nur ausnahmsweise zu berücksichtigen, insbesondere wenn die im Prüfungsstandard enthaltenen Ansichten durch bessere wissenschaftliche Erkenntnisse verdrängt werden[1].

54 **(4)** Die **Berechnung**[2] des Ertragswerts erfolgt dadurch, dass aus den in der näheren Vergangenheit (drei–fünf Jahre) erzielten ausschüttungsfähigen Gewinnen[3] auf die künftig nachhaltig erzielbaren Erträge geschlossen und diese mit einem Kapitalisierungszinsfuß (dazu sogleich unten bei Rz. 60) kapitalisiert werden. Diese werden um außerplanmäßige und periodenfremde Effekte bereinigt[4]. Es ist auf die aktuelle Unternehmensplanung einzugehen. Erkennbare positive (wahrscheinlich wachsende Erträge) und negative (wahrscheinlich sinkende Erträge) Aspekte in der Zukunft sind zu berücksichtigen[5]. Jenseits des Planungszeitraums sind gleichbleibende Erträge zugrunde zu legen („ewige Rente")[6]. Zu berücksichtigen sind auch Beteiligungs- und Zinserträge[7]. Hinsichtlich der Ausschüttungsquoten wird ebenfalls auf die konkrete Unternehmensplanung abgestellt[8].

55 Die Berechnung der Ertragswerte erfolgt unter der Annahme des Fortbestandes und der weiteren Selbständigkeit der beteiligten Rechtsträger (**stand-alone-Prinzip**), d.h. die erst mit der Verschmelzung beabsichtigten Vorteile (insb. echte Synergieeffekte) sind bei der Ermittlung des Umtauschverhältnisses *nicht* zu berücksichtigen[9]. Unechte Synergieeffekte sind hingegen solche, die der zu bewertende Rechtsträger auch ohne die Verschmelzung realisieren kann. Diese sind zu berücksichtigen, wenn sie bereits eingeleitet oder im Unternehmenskonzept dokumentiert sind[10].

---

1 OLG Düsseldorf v. 21.12.2011 – I-26 W 5/07 und I-26 W 3/11, AG 2012, 459; OLG Stuttgart v. 10.1.2012 – 20 W 3/09, 20 W 11/08, AG 2011, 205ff.
2 S. dazu etwa *Bermel/Hannappel* in Goutier/Knopf/Tulloch, § 5 UmwG Rz. 10ff.; *Stratz* in Schmitt/Hörtnagl/Stratz, § 5 UmwG Rz. 19.
3 Diese und nicht die tatsächlich ausgeschütteten Gewinne sind maßgeblich; *Piltz*, Die Unternehmensbewertung in der Rechtsprechung, 3. Aufl. 1994, S. 162; WP-Handbuch 2012, 14. Aufl. 2012, Bd. II, Rz. D 49.
4 *Mayer* in Widmann/Mayer, § 5 UmwG Rz. 103.
5 BGH v. 17.1.1973 – IV ZR 142/70, DB 1973, 565; OLG Düsseldorf v. 11.4.1988 – 19 W 32/86, WM 1988, 1052ff. = DB 1988, 1109ff.; *Bermel/Hannappel* in Goutier/Knopf/Tulloch, § 5 UmwG Rz. 15.
6 LG Stuttgart v. 5.11.2012 – 31 O 55/08 KfH AktG Rz. 80) m.w.N.
7 LG Stuttgart v. 5.11.2012 – 31 O 55/08 KfH AktG, NZG 2013, 342 (Rz. 90ff.); OLG Karlsruhe v. 15.11.2012 – 12 W 66/06, AG 2013, 353; *Marsch-Barner* in Kallmeyer, § 8 UmwG Rz. 16; *Bula/Pernegger* in Sagasser/Bula/Brünger, § 9 Rz. 219.
8 OLG Stuttgart v. 17.10.2011 – 20 W 7/11, NZG 2011, 1346; OLG Stuttgart v. 19.1.2011 – 20 W 2/09, AG 2010, 758 (Rz. 161).
9 BayObLG v. 11.12.1995 – 3 Z BR 36/91, AG 1996, 176 (177); OLG Hamburg v. 17.8.1979 – 11 W 2/79, DB 1980, 77ff.; vgl. auch OLG Düsseldorf v. 17.2.1984 – 19 W 1/81, ZIP 1984, 586 (589f.) und § 8 Rz. 21 m.w.N. und *Piltz*, Die Unternehmensbewertung in der Rechtsprechung, 3. Aufl. 1994, S. 159f. m.w.N.; sowie insb. *Mertens*, AG 1992, 321ff.; differenzierend *Stratz* in Schmitt/Hörtnagl/Stratz, § 5 UmwG Rz. 22; a.A. (für Berücksichtigung) *Busse von Colbe*, ZGR 1994, 595ff. und *Mayer* in Widmann/Mayer, § 5 UmwG Rz. 107.
10 IDW S 1, Ziffer 4.4.2.2.

Steuerliche Verlustvorträge des übertragenden Rechtsträgers sollen dagegen nach h.M. als werterhöhender Faktor berücksichtigt werden können, ohne dass es darauf ankommt, ob der übertragende Rechtsträger diese hätte nutzen können[1]. 56

Gleiches gilt für den Wert des nicht betriebsnotwendigen Vermögens, welches zur Erzielung des Zukunftserfolges nicht erforderlich ist; dieses Vermögen wird mit seinem Substanzwert dem Ertragswert hinzugerechnet[2], da es den Barwert der betreffenden Gesellschaft erhöht und daher für die Berechnung der Verschmelzungswertrelation von besonderer Bedeutung ist. Die Feststellung, ob es sich um nicht betriebsnotwendiges Vermögen handelt, kann im Einzelfall sehr kompliziert sein. Grundsätzlich sind solche Vermögensgegenstände nicht betriebsnotwendig, die sich ohne Minimierung des Unternehmensertrages veräußern lassen[3]. 57

Einer gesonderten Aufdeckung und Hinzurechnung der stillen Reserven und des Geschäftswertes (Firmen- oder Markenwert, good will) bedarf es nicht, da diese im Ertragswert berücksichtigt sind[4]. Das gilt auch für subjektive Wertfaktoren, die von der jeweiligen Beteiligungshöhe des Anteilseigners abhängen (Paketzuschläge bzw. Abschläge für Minderheitsbeteiligungen); sie haben bei der Unternehmensbewertung außer Betracht zu bleiben, da es allein um die Feststellung des objektiven Wertverhältnisses der an der Verschmelzung beteiligten Unternehmen geht[5]. 58

Gewinnausschüttungen müssen im Rahmen des Ertragswertverfahrens regelmäßig nicht besonders berücksichtigt werden, da die sich im Rahmen des Üblichen haltenden Ausschüttungen die Finanzierungsstruktur der Gesellschaft nicht verändern und es auf den insgesamt vorhandenen, nicht den zur Ausschüttung kommenden Ertrag ankommt[6]. Berücksichtigt werden müssen bei der Festlegung des Umtauschverhältnisses aber gerade erfolgte Gewinnausschüttungen[7] sowie der im Vertrag festzulegende Zeitpunkt des Beginns der Gewinnberechtigung im 59

---

1 OLG Düsseldorf v. 11.4.1988 – 19 W 32/86, WM 1988, 1052ff. = NJW-RR 1988, 1499 sub I 2. der Gründe (zur Eingliederung); *Piltz*, Die Unternehmensbewertung in der Rechtsprechung, 3. Aufl. 1994, S. 160f.; vgl. auch *Treptow* in IDW (Hrsg.), Reform des Umwandlungsrechts, 1993, S. 155 (169); a.A. für Verlustvorträge des aufnehmenden Rechtsträgers BFH v. 5.11.1969 – I R 60/67, BStBl. II 1970, S. 149 (150); *Widmann/Mayer* (1981), Rz. 2824.4 (wie hier jetzt auch *Mayer* in Widmann/Mayer, § 5 UmwG Rz. 109.1).

2 Allg. Meinung, etwa OLG Düsseldorf v. 11.4.1988 – 19 W 32/86, WM 1988, 1052 (1055); OLG Zweibrücken v. 9.3.1995 – 3 W 133/92, DB 1995, 866 (867); *Bermel/Hannappel* in Goutier/Knopf/Tulloch, § 5 UmwG Rz. 16; *Mayer* in Widmann/Mayer, § 5 UmwG Rz. 105; vgl. auch die Darstellung bei *Bula/Pernegger* in Sagasser/Bula/Brünger, § 9 Rz. 109.

3 OLG Düsseldorf v. 11.1.1990 – 19 W 6/86, WM 1990, 1182 (1189); zur Abgrenzung zwischen betriebsnotwendigem und nicht betriebsnotwendigem Vermögen OLG Düsseldorf v. 16.10.1990 – 19 W 9/88, AG 1991, 106 (107); BayObLG v. 19.10.1995 – 3Z BR 17/90, DB 1995, 2590 (2591); *Hüttemann*, ZHR 162 (1998), 563 (592); *W. Müller* in Semler/Volhard, Arbeitshdb. für Unternehmensübernahmen, 2002, § 10 Rz. 98.

4 LG Stuttgart v. 5.11.2012 – 31 O 55/08 KfH AktG, NZG 2013, 342 (Rz. 144); ebenso *Mayer* in Widmann/Mayer, § 5 UmwG Rz. 106. Vgl. auch *Martens/Röttger*, DB 1990, 1097ff.

5 *Stratz* in Schmitt/Hörtnagl/Stratz, § 5 UmwG Rz. 31; *Mayer* in Widmann/Mayer, § 5 UmwG Rz. 110; *Bula/Pernegger* in Sagasser/Bula/Brünger, § 9 Rz. 91. Vgl. auch BGH v. 30.3.1967 – II ZR 141/64, WM 1967, 479.

6 IDW S 1, Ziffer 4.4.2.3.

7 *Mayer* in Widmann/Mayer, § 5 UmwG Rz. 106; *Barz*, AG 1972, 1 (3).

übernehmenden Rechtsträger (§ 5 Abs. 1 Nr. 5 UmwG), weil etwa eine später beginnende Gewinnbeteiligung ein den Anteilseignern besonders günstig erscheinendes Umtauschverhältnis kompensieren kann[1]. Nicht möglich ist dagegen die Einbeziehung „qualitativer" Unterschiede der Anteile an Rechtsträgern unterschiedlicher Rechtsform bei Mischverschmelzungen in die Bewertung[2]. Das Gesetz hat die Unmöglichkeit der Bewertung von Herrschaftsrechten abschließend durch die Möglichkeit geregelt, Abfindung unter den Voraussetzungen der §§ 29 ff. UmwG verlangen zu können.

60 Entscheidenden Einfluss auf die Höhe der Verschmelzungswertrelation hat letztlich die Höhe des **Kapitalisierungszinsfußes**, mit dessen Hilfe die für die Zukunft prognostizierten Jahresergebnisse auf den Bewertungsstichtag abgezinst und so in einen Gesamtbarwert des Unternehmens umgesetzt werden. Durchgesetzt hat sich insoweit in den vergangenen Jahren ein Verfahren, das zunächst den risikolos erzielbaren Zins aus der zur Zeit des Vertragsschlusses geltenden Zinsstrukturkurve ableitet[3]. Gerichtlich anerkannt ist das Verfahren nach Nelson-Svensson-Siegel[4]; jedoch ist hier, genau wie bei der Anwendung des Ertragswertverfahrens selbst, keine bestimmte Methode vorgeschrieben[5]. Hinsichtlich des Marktrisikozuschlags hat sich im Hinblick auf die allgemein anzunehmende Überrendite von Aktien gegenüber risikolosen Geldanlagen das Capital Asset Pricing Modell (CAPM) unter Berücksichtigung der Steuerbelastung (Tax-CAPM) als üblicher Bewertungsmaßstab etabliert[6]. Konkretisiert wird dieser allgemeine Risikozuschlag durch einen besonderen, unternehmensspezifischen Faktor (Beta-Faktor), der das unternehmensspezifische Risiko abbildet[7]. Diesen Beta-Faktor kann man aus Kapitalmarktdaten ableiten, aber auch aus Vergleichsbetrachtungen zu ähnlichen Unternehmen. Welche Methode anzuwenden ist, ist Frage des Einzelfalls; bei fehlender Börsennotierung und Gesellschaften, die vor der Verschmelzung bereits Teil eines Beherrschungsvertrages sind, wird die Vergleichsbetrachtung zu bevorzugen sein[8].

---

1 Vgl. *Engelmeyer*, AG 1996, 193 (195); *Bula/Pernegger* in Sagasser/Bula/Brünger, § 9 Rz. 150; *Barz*, AG 1972, 1 (3); *Hoffmann-Becking* in FS Fleck, 1988, S. 105 (110).

2 Dazu auch *Bula/Pernegger* in Sagasser/Bula/Brünger, § 9 Rz. 140.

3 S. LG Stuttgart v. 5.11.2012 – 31 O 55/08 KfH AktG, NZG 2013, 342.

4 Vgl. *Nelson/Svensson*, Estimating and Interpreting Forward Interest Rates: Sweden 1992–1994, IMF Working Paper 94/114; Deutsche Bundesbank, Monatsbericht Oktober 1997, S. 61 ff.

5 *Nelson/Svensson*, Estimating and Interpreting Forward Interest Rates: Sweden 1992–1994, IMF Working Paper 94/114, S. IV.

6 OLG Stuttgart v. 19.1.2011 – 20 W 3/09, AG 2011, 205 (Rz. 191 ff.); OLG Stuttgart v. 4.5. 2011 – 20 W 11/08, AG 2011, 560 (Rz. 174 ff.); OLG Stuttgart v. 17.10.2011 – 20 W 7/11, NZG 2011, 1346; OLG Frankfurt/M. v. 24.11.2011 – 21 W 7/11, AG 2012, 513 (Rz. 115 ff.); OLG Frankfurt/M. v. 2.3.2012 – 21 W 11/11, AG 2012, 417 (Rz. 61 f.); KG Berlin v. 19.5. 2011 – 2 W 154/08, AG 2011, 627; *Hachmeister/Wiese*, WPg 2009, 54 (61); *Jonas*, WPg 2009, 826 ff.; *Ballwieser/Kruschwitz/Löffler*, WPg 2007, 765 ff.

7 *Großfeld*, Recht der Unternehmensbewertung, 7. Aufl. 2012, Rz. 771 f.; vgl. auch *Stratz* in Schmitt/Hörtnagl/Stratz, § 5 UmwG Rz. 33 f.; *Gehling* in Semler/Stengel, § 8 UmwG Rz. 38.

8 OLG Stuttgart v. 14.9.2011 – 20 W 4/10, AG 2012, 221; OLG Stuttgart v. 3.4.2012 – 20 W 6/09, AG 2012, 839; OLG Stuttgart v. 8.7.2011 – 20 W 14/08, AG 2011, 795; OLG Frankfurt/M. v. 5.3.2012 – 21 W 11/11, AG 2012, 417; OLG Frankfurt/M. v. 29.3.2011 – 21 W 12/11, AG 2011, 629.

Bei diesen rechtlichen Vorgaben ist zu beachten, dass es nie um die Ermittlung des einen, einzig richtigen Wertes geht. In vielen der hier angesprochenen Einzelpunkte sind **Bewertungs- und Interpretationsspielräume** enthalten. Diese müssen von den Vertretungsorganen der beteiligten Rechtsträger in vertretbarer Weise ausgefüllt werden, gerade auch im Hinblick auf eine nachfolgende Überprüfung im Spruchverfahren. Die angenommenen Werte müssen aber nicht mehr sein als vertretbar und plausibel; es geht bei der Nachkontrolle im Spruchverfahren nicht darum, „einen plausiblen Wert durch einen anderen, ebenfalls nur plausiblen, zu ersetzen"[1]. Dieser Beschränkung ist zuzustimmen. Sie gilt auch dann, wenn der eine Rechtsträger an dem anderen mit Mehrheit beteiligt ist und deshalb Einfluss auf die Gestaltung des Vertrages hat (s. oben Rz. 37 ff.). 61

dd) Ermittlung des Umtauschverhältnisses und der baren Zuzahlung

Sind die Unternehmenswerte festgestellt, so werden sie zur Ermittlung des Umtauschverhältnisses zu den Nennbeträgen des gezeichneten Kapitals bzw. der Anzahl der jeweiligen Mitgliedschaften ins Verhältnis gesetzt. Hieraus ergibt sich dann der jeweilige Wert eines Anteils. Es wird also berechnet, welchen Wert z.B. eine Aktie oder ein Geschäftsanteil von nominell 100, – Euro oder rechnerisch 5,– Euro (z.B. bei Stückaktien) repräsentiert. Aus dem Wertverhältnis der auf den gleichen Nennbetrag berechneten Anteile aller beteiligten Rechtsträger ergibt sich dann das Umtauschverhältnis; verbleibende Spitzenbeträge können dann in einem begrenzten Umfang (10 %, vgl. §§ 54 Abs. 4, 68 Abs. 3 UmwG) durch bare Zuzahlungen ausgeglichen werden[2]. 62

Hat bei der Verschmelzung von Aktiengesellschaften ein Aktionär weniger Aktien, als nach dem Umtauschverhältnis für den Erwerb einer Aktie an der übernehmenden Gesellschaft erforderlich sind, so hat er keinen Anspruch auf eine Barzahlung, da das Gesetz nur bare *Zuzahlungen* vorsieht[3]. In diesem Fall gelten die § 72 Abs. 1 Satz 2 UmwG i.V.m. §§ 73, 226 AktG, wonach dem Aktionär nur die Möglichkeit bleibt, seine Aktien zum Zwecke der Verwertung für seine Rechnung zur Zusammenlegung zur Verfügung zu stellen und sie andernfalls als nicht eingereichte Aktien für kraftlos erklärt und vernichtet werden[4]. Bis dahin bleibt der betreffende Aktionär Inhaber eines Teilrechts und Inhaber der meisten Mitgliedschaftsrechte (z.B. Gewinnbezugsrecht, Bezugsrecht, Teilnahme- und Rederecht in der Hauptversammlung), nicht jedoch des Stimmrechts[5]. 63

---

1 BVerfG v. 24.5.2012 – 1 BvR 3221/10, AG 2012, 674 (676) (Daimler/Chrysler); OLG Stuttgart v. 14.10.2010 – 20 W 16/06, AG 2011, 49 (Daimler/Chrysler).

2 *Bermel/Hannappel* in Goutier/Knopf/Tulloch, § 5 UmwG Rz. 42. Zu anderen Möglichkeiten der Herstellung eines „gängigen Umtauschverhältnisses" vgl. *Mayer* in Widmann/Mayer, § 5 UmwG Rz. 129.

3 So *Bula/Pernegger* in Sagasser/Bula/Brünger, § 9 Rz. 139; a.A. *Simon* in KölnKomm. UmwG, § 2 UmwG Rz. 117; *Marsch-Barner* in Kallmeyer, § 5 UmwG Rz. 9.

4 Vgl. dazu § 72 und *Bula/Pernegger* in Sagasser/Bula/Brünger, § 9 Rz. 139.

5 *Lutter* in KölnKomm. AktG, § 224 AktG Rz. 11 f. sowie BGH v. 30.9.1991 – II ZR 47/91, WM 1991, 1880 ff. und OLG Hamburg v. 11.1.1991 – 11 U 125/90, WM 1991, 951 ff.; a.A. etwa *Hüffer*, § 224 AktG Rz. 6 m.w.N.

4. Einzelheiten der Anteilsübertragung oder des Mitgliedschaftserwerbs (§ 5 Abs. 1 Nr. 4 UmwG)

64 Der Verschmelzungsvertrag oder sein Entwurf muss weiter die Einzelheiten festlegen, die die Übertragung der Anteile oder Mitgliedschaften des übernehmenden Rechtsträgers auf die Anteilsinhaber der übertragenden Rechtsträger betreffen. Dazu gehören zum einen Angaben über die **Modalitäten des Erwerbs** der neuen Anteile und eine Bestimmung über die Tragung der mit dem Anteilstausch verbundenen **Kosten** und deren Höhe[1], da dies für die Anteilsinhaber der übertragenden Rechtsträger von besonderer Wichtigkeit ist. Bei Kapitalgesellschaften wird dazu regelmäßig auch die Angabe gehören, ob die zu übertragenden Anteile **eigene Anteile** des übernehmenden Rechtsträgers sind oder erst durch eine Kapitalerhöhung geschaffen werden[2].

65 Bei der Verschmelzung auf eine bestehende oder neu gegründete Aktiengesellschaft oder KGaA muss noch bestimmt werden, wer als **Treuhänder** nach §§ 71 Abs. 1, 73, 78 UmwG bestellt wird, damit die künftigen Aktionäre wissen, wie sie an ihre neuen Aktien bzw. an ihre baren Zuzahlungen kommen[3]. Der Verschmelzungsvertrag muss diesen Treuhänder, der auch eine juristische Person sein kann, genau bezeichnen. In der Regel wird es sich um eine Großbank handeln, es kann aber auch eine Treuhandgesellschaft oder ein Notar sein. Üblich ist es aber, im Verschmelzungsvertrag den Auftrag an den Treuhänder aufzunehmen, etwa mit der Bestimmung, den Treuhänder unwiderruflich zu verpflichten, die neuen Aktien und baren Zuzahlungen in Empfang zu nehmen und nach der Eintragung an die Aktionäre oder Anteilsinhaber Zug um Zug gegen Rückgabe ihrer Aktienanteile zu gewähren. In diesem Fall sind dann auch Angaben zur Übergabe der Aktien und baren Zuzahlungen durch die übernehmende Aktiengesellschaft an den Treuhänder zu machen (§ 72 UmwG). Derartige Klauseln im Verschmelzungsvertrag machen jedoch einen gesonderten Vertragsschluss mit dem Treuhänder nicht entbehrlich. Von Vorteil ist u.U. auch die Klarstellung, dass die neuen Aktien gegen Vorlage der alten Anteile oder Aktien ausgegeben werden; notwendig ist das allerdings nicht, da sich dies schon aus dem Gesetz ergibt[4].

66 Nicht erforderlich sind Angaben über die **Planungen der Gesellschaft** im Hinblick auf die alten Aktien oder Mitgliedschaften nach erfolgtem Umtausch (vor allem: Vernichtung). Im Verschmelzungsvertrag sind nur die aktuellen Modalitäten des Anteilstausches darzulegen, nicht solche Umstände, die erst nach der Anteilsübertragung akut werden. Es muss also weder festgehalten werden, was mit den alten Anteilen geschieht, noch muss eine Prognose bezüglich der Entwicklung

---

1 *Sagasser/Luke* in Sagasser/Bula/Brünger, § 9 Rz. 147; a.A. *Marsch-Barner* in Kallmeyer, § 5 UmwG Rz. 25; *Mayer* in Widmann/Mayer, § 5 UmwG Rz. 139.1; *Simon* in KölnKomm. UmwG, § 5 UmwG Rz. 51; *Maulbetsch* in Maulbetsch/Klumpp/Rose, § 5 UmwG Rz. 71; *Schröer* in Semler/Stengel, § 5 UmwG Rz. 35 (keine Angaben über Höhe der Kosten). In der Regel ist dies für die Anteilsinhaber kostenfrei.

2 Str., wie hier *Schröer* in Semler/Stengel, § 5 UmwG Rz. 36; *Simon* in KölnKomm. UmwG, § 5 UmwG Rz. 53; a.A. *Marsch-Barner* in Kallmeyer, § 5 UmwG Rz. 16; *Mayer* in Widmann/Mayer, § 5 UmwG Rz. 139 und wohl *Heidenhain*, NJW 1995, 2873 (2875) (für die Spaltung).

3 *Marsch-Barner* in Kallmeyer, § 5 UmwG Rz. 24; *Stratz* in Schmitt/Hörtnagl/Stratz, § 5 UmwG Rz. 68; vgl. dazu *Heckschen*, S. 16.

4 Ebenso *Marsch-Barner* in Kallmeyer, § 5 UmwG Rz. 24; a.A. offenbar *Engelmeyer*, S. 40.

der ausgegebenen Anteile abgegeben werden. Auch eine geplante Börseneinführung muss daher nicht offen gelegt werden[1].

Da auch Rechtsträger verschiedener Rechtsformen miteinander verschmolzen werden können (sog. Mischverschmelzungen, § 3 Abs. 4 UmwG), lässt es das Gesetz auch zu, dass es statt des Anteilstausches zu dem **Erlöschen einer Mitgliedschaft bei gleichzeitigem Erwerb einer neuen Mitgliedschaft** kommt (so z.B. bei Genossenschaften und Vereinen) oder zu einem Ersatz eines Anteils durch eine Mitgliedschaft oder umgekehrt[2]. In diesen Fällen ergeben sich aber Schwierigkeiten bei der Berechnung des Umtauschverhältnisses, da sich die qualitativen Unterschiede in der Art der gewährten Anteile oder Mitgliedschaften kaum bewerten lassen (s. oben Rz. 16). So ist es z.B. bei der Verschmelzung einer GmbH auf eine KG, bei der der Komplementär ein zusätzliches Haftungsrisiko zu tragen hat, oder bei der Verschmelzung einer Genossenschaft auf eine Kapitalgesellschaft, bei der die Anteilseigner mit geringer Beteiligung Nachteile hinsichtlich des Einflusses ihrer Stimmrechte hinnehmen müssen. Diese Nachteile können nicht berechnet werden; derartige Rechtsverluste sind zu erläutern, wobei sowohl eine Erläuterung im Vertrag selbst als auch ein bloßer Hinweis im Vertrag und eine nähere Erläuterung im Verschmelzungsbericht möglich sind[3]. Die Anteilsinhaber werden in diesen Fällen durch besondere Zustimmungserfordernisse (§§ 13 Abs. 2, 40 Abs. 2, 43 Abs. 2 und 51 Abs. 2 UmwG) und die Möglichkeit zum Austritt gegen Barabfindung nach § 29 UmwG geschützt. 67

5. Zeitpunkt der Gewinnbeteiligung (§ 5 Abs. 1 Nr. 5 UmwG)[4]

Der Verschmelzungsvertrag bzw. der Entwurf muss den Zeitpunkt festlegen, von dem an die neuen (etwa durch Kapitalerhöhung geschaffenen) Anteile gewinnberechtigt sind, und hat zugleich die Besonderheiten dieses Gewinnanspruchs darzulegen. Der Zeitpunkt der Gewinnberechtigung kann dabei von den Parteien des Verschmelzungsvertrages frei festgelegt werden[5], er muss aber dann bei der Bestimmung des Umtauschverhältnisses berücksichtigt werden (s. oben Rz. 27). Üblicherweise wird die Gewinnberechtigung (Beginn des Dividendenrechts) dabei auf den Beginn des Geschäftsjahres des übernehmenden Rechtsträgers gelegt, das auf den Stichtag der letzten Jahresbilanz der übertragenden Rechtsträger folgt[6]. Dieser Zeitpunkt hat den Vorteil, dass die Gewinnberechtigung aus den neuen 68

---

1 LG Mannheim v. 3.3.1988 – 24 O 75/87, WM 1988, 775 (777) = ZIP 1988, 773 (774); *Mayer* in Widmann/Mayer, § 5 UmwG Rz. 139.1; *Marsch-Barner* in Kallmeyer, § 5 UmwG Rz. 24.

2 Vgl. dazu BegrRegE zu § 5 UmwG, abgedr. bei *Schaumburg/Rödder*, § 5 UmwG Rz. 3 und bei *Ganske*, S. 50; ausführlich hierzu: *Hadding/Hennrichs* in FS Boujong, 1996, S. 203 ff.

3 So *Mayer* in Widmann/Mayer, § 5 UmwG Rz. 143; für Angabe nur im Verschmelzungsbericht *Schröer* in Semler/Stengel, § 5 UmwG Rz. 41.

4 Vgl. dazu *Mayer* in Widmann/Mayer, § 5 UmwG Rz. 144 ff.

5 BegrRegE zu § 5 UmwG, abgedr. bei *Schaumburg/Rödder*, § 5 UmwG Rz. 6 und bei *Ganske*, S. 50; *Stratz* in Schmitt/Hörtnagl/Stratz, § 5 UmwG Rz. 71; BGH v. 4.12.2012 – II ZR 17/12, ZIP 2013, 358 = AG 2013, 165.

6 *Bermel/Hannappel* in Goutier/Knopf/Tulloch, § 5 UmwG Rz. 47; *Priester*, BB 1992, 1594; *Picot/Müller-Eising* in Picot, Unternehmenskauf und Restrukturierung, 3. Aufl. 2004, Rz. II. 230; *Engelmeyer*, S. 41; *Marsch-Barner* in Kallmeyer, § 5 UmwG Rz. 28; *Schröer* in Semler/Stengel, § 5 UmwG Rz. 43; *Bungert/Wansleben*, DB 2013, 979 (980).

Anteilen direkt im Anschluss an das Ende der Gewinnberechtigung aus den Anteilen am alten Rechtsträger anschließt. Es kann aber auch ein anderer, etwa ein späterer Beginn der Gewinnberechtigung festgelegt werden[1]. Nicht zweckmäßig erscheint es dagegen, die Gewinnberechtigung auf die Mitte des Geschäftsjahres des übernehmenden Rechtsträgers festzulegen, da eine auf diesen Zeitpunkt bezogene Gewinnermittlung bei dem übernehmenden Rechtsträger üblicherweise nicht erfolgt[2].

69 Die besondere Schwierigkeit bei der Festlegung des Zeitpunkts der Gewinnberechtigung besteht zum einen darin, dass beim Abschluss des Vertrages überhaupt noch nicht absehbar ist, wann die Verschmelzung mit der Registereintragung (§ 20 UmwG) wirksam werden wird. Nach Abschluss des Verschmelzungsvertrages können hier zahlreiche Verzögerungen eintreten, etwa wegen schwebender Anfechtungsklagen, aber auch aus anderen Gründen[3]. Es empfiehlt sich daher[4], wenn mit Komplikationen (Anfechtungsklagen) bei der Verschmelzung zu rechnen ist, eine variable Stichtagsregelung[5].

70 Bedenken gegen eine solche variable Regelung[6] hat der BGH mit Recht zurückgewiesen[7], da ein fixer Termin der Gewinnberechtigung die Anteilsinhaber des übernehmenden Rechtsträgers benachteiligen würde und eine Verkoppelung mit einem festen Verschmelzungsstichtag (§ 5 Abs. 1 Nr. 6 UmwG, dazu unten

---

1 *Hoffmann-Becking* in FS Fleck, 1988, S. 105 (110); *Picot/Müller-Eising* in Picot, Unternehmenskauf und Restrukturierung, 3. Aufl. 2004, Rz. II. 230. Eine Gewinnberechtigung für ein früheres Geschäftsjahr als das, in dem neuen Anteile/Aktien entstehen, kann nur dann vorgesehen werden, wenn über den Gewinn dieser Vorperioden noch kein Gewinnverwendungsbeschluss gefasst wurde, *Bermel/Hannappel* in Goutier/Knopf/Tulloch, § 5 UmwG Rz. 48; *Marsch-Barner* in Kallmeyer, § 5 UmwG Rz. 28.

2 So aber der Vorschlag von *Hoffmann-Becking* in FS Fleck, 1988, S. 105 (110); ebenso *Marsch-Barner* in Kallmeyer, § 5 UmwG Rz. 28; *Mayer* in Widmann/Mayer, § 5 UmwG Rz. 144; *Schröer* in Semler/Stengel, § 5 UmwG Rz. 44; dagegen *Simon* in Köln-Komm. UmwG, § 5 UmwG Rz. 67.

3 Vgl. dazu *Hoffmann-Becking* in FS Fleck, 1988, S. 105 (117f.); *Kiem*, ZIP 1999, 173ff. und den Fall BGH v. 22.5.1989 – II ZR 206/88, BGHZ 107, 296 - Kochs Adler, in dem nach der Beendigung des Anfechtungsverfahrens in einem weiteren Verfahren über den Jahresabschluss gestritten wurde, vgl. OLG Hamm v. 11.12.1991 – 8 U 135/91, AG 1992, 274 = DB 1992, 417; ebenso auch der Sachverhalt von BGH v. 4.12.2012 – II ZR 17/12, ZIP 2013, 358 = AG 2013, 165.

4 Vgl. *Bermel/Hannappel* in Goutier/Knopf/Tulloch, § 5 UmwG Rz. 49; *Picot/Müller-Eising* in Picot, Unternehmenskauf und Restrukturierung, 3. Aufl. 2004, Rz. II. 230; dazu auch *Martens*, AG 1986, 57 Fn. 1; *Hoffmann-Becking* in FS Fleck, 1988, S. 105 (119f.) und *Hoffmann-Becking* in Münch. Vertragshdb., Bd. 1 Gesellschaftsrecht, 7. Aufl. 2011, Formular XI.1 § 8 Abs. 3.

5 So ebenfalls der BGH v. 4.12.2012 – II ZR 17/12, WM 2013, 325 = AG 2013, 165; Formulierungsvorschlag: *„Falls die Verschmelzung erst nach der Anteilseignerversammlung von X (übertragender Rechtsträger) im Jahr 2013 in das Handelsregister von Y eingetragen wird, sind die zur Durchführung der Verschmelzung ausgegebenen neuen Anteile der Y (übernehmender Rechtsträger) abweichend von § … dieses Vertrages erst ab 1.1. 2014 gewinnberechtigt. Bei einer weiteren Verzögerung der Eintragung über die ordentliche Hauptversammlung von X in einem Folgejahr hinaus verschiebt sich der Beginn der Gewinnberechtigung jeweils entsprechend der vorstehenden Regelung um ein Jahr.“*

6 So etwa *Kiem*, Die Eintragung der angefochtenen Verschmelzung, 1991, S. 63ff.; *Kiem*, ZIP 1999, 173 (179); *Schütze/Fett*, DB 2002, 2696 (2698).

7 BGH v. 4.12.2012 – II ZR 17/12, ZIP 2013, 358ff. = AG 2013, 165.

Rz. 74) den Anteilsinhabern des übertragenden Rechtsträgers nicht nutzen würde, denn der vorausgehende Gewinnverwendungsbeschluss des übernehmenden Rechtsträgers würde ihre Berücksichtigung bei der Ausschüttung nicht zulassen[1]. Die variable Stichtagsregelung ist daher in Bezug auf die Gewinnverwendung die optimale Vertragsgestaltung.

71 Aus diesem Grunde fragt es sich, ob die Vereinbarung eines festen Datums für die Gewinnberechtigung als eine suboptimale Vertragsgestaltung eine Anfechtbarkeit des Zustimmungsbeschlusses der Anteilseignerversammlung begründen kann[2]. Dazu ist zunächst zu fragen, ob die Anfechtung nicht nach § 14 Abs. 2 UmwG ausgeschlossen ist. Das ist regelmäßig nicht der Fall, da die reguläre Ausschüttung den Anteilswert nicht beeinflusst (s. oben Rz. 59). Das kann jedoch bei Sonderausschüttungen großen Umfangs und bei Ausschüttungen, die dem Verschmelzungsbeschluss unmittelbar vorausgehen, anders sein[3]. Kommt es deshalb zu einer Korrektur des Anteilswerts, bildet die Ausschüttung einen unselbständigen Teil des Umtauschverhältnisses und der Anfechtungsausschluss greift ein. Die Frage ist dann im Rahmen des Spruchverfahrens zu erörtern.

72 Liegt ein solcher Sonderfall nicht vor, ist danach zu differenzieren, ob die eine Vertragspartei auf das Zustandekommen des Vertrages bestimmenden Einfluss hat oder nicht. Die Rechtsprechung des BVerfG, die eine solche Differenzierung ablehnt[4], steht dem nicht entgegen, da in diesem Fall das Umtauschverhältnis nicht betroffen ist und die Dividende auch nur eine Erwartung und noch keinen verfestigten Vermögenswert darstellt, so dass Art. 14 GG nicht eingreift[5]. Kann keines der beteiligten Unternehmen den Vertragsinhalt bestimmen, ist eine Vertragsklausel, die sich im Ergebnis zu Lasten eines der beiden Unternehmen auswirkt, als Ergebnis der Verhandlungen zu akzeptieren. Es kann dann sein, dass die Vertretungsorgane einen Fehler gemacht haben, aber davor schützt das UmwG nicht. Es kann ferner auch sein, dass das benachteiligte Unternehmen den Nachteil bewusst in Kauf genommen hat, um Vorteile an anderer Stelle durchzusetzen. In jedem Fall verbietet sich bei einem ausverhandelten Vertrag eine richterliche Überprüfung der Inhalte, jedenfalls diesseits des § 138 BGB. Anders liegt hingegen ein Fall der Konzernverschmelzung vor, bei dem eines der beiden Unternehmen den Vertragsinhalt faktisch allein bestimmt. Hier verstößt das beherrschende Unternehmen gegen die Treupflicht, wenn es einen Vertragsinhalt festsetzt, der im Falle einer Verzögerung der Verschmelzung die andere Partei unangemessen benachteiligt[6]. Da dem Verschmelzungsvertrag in dieser Konstellation die Richtigkeitsgewähr fehlt, ist eine richterliche Inhaltskontrolle geboten.

73 Fehlt es an einer variablen Stichtagsregelung und kommt es bei der Eintragung der Verschmelzung zu erheblichen Verzögerungen, ist im Hinblick auf die im Vertrag vorgesehene Gewinnbeteiligung zu differenzieren, ob der übernehmende Rechts-

1 BGH v. 4.12.2012 – II ZR 17/12, ZIP 2013, 358 ff. = AG 2013, 165; *Simon* in KölnKomm. UmwG, § 5 UmwG Rz. 66; *Marsch-Barner* in Kallmeyer, § 5 UmwG Rz. 28; *Schröer* in Semler/Stengel, § 5 UmwG Rz. 45.

2 Verneint von *Bungert/Wansleben*, DB 2013, 979 (981).

3 *Weber*, ZGR 2004, 280 (287); *Wasmann*, ZGR 2011, 83 (100).

4 BVerfG v. 24.5.2012 – 1 BvR 3221/10, AG 2012, 674 (Daimler/Chrysler).

5 Zu dieser Differenzierung BGH v. 25.11.2002 – II ZR 133/01, BGHZ 153, 47 = AG 2003, 273 (Macrotron).

6 BGH v. 25.11.2002 – II ZR 133/01, BGHZ 153, 47 Rz. 16 = AG 2003, 273 (Macrotron).

träger bereits über die Gewinnverwendung gem. § 174 AktG beschlossen hat[1]. Liegt ein solcher Beschluss bereits vor, ist die Gewinnbeteiligung ausgeschlossen. Hat die Hauptversammlung hingegen noch nicht beschlossen, ist die vereinbarte Stichtagsregelung maßgeblich. Eine Pflicht der übernehmenden Gesellschaft aus dem noch nicht wirksam gewordenen Verschmelzungsvertrag, die Ausschüttung zurückzuhalten, scheitert daran, dass eine solche Pflicht nicht im Verschmelzungsvertrag, sondern nur in der Satzung wirksam vereinbart werden kann, § 58 Abs. 3 Satz 2 AktG[2]. Auch eine Rücksichtspflicht als Vorwirkung aus dem noch nicht wirksam gewordenen Verschmelzungsvertrag dahingehend, den Gewinn auf neue Rechnung vorzutragen[3], sieht der BGH skeptisch, weil damit eine de-facto-Bindungswirkung im Hinblick auf die angefochtene Verschmelzung bewirkt wird[4]. Diese Skepsis ist berechtigt, da nur die Hauptversammlung beschließen kann, den Gewinn auf neue Rechnung vorzutragen (§ 58 Abs. 3 Satz 1 AktG) und die Aktionäre an die Vereinbarungen im Verschmelzungsvertrag nicht gebunden sind. Wenn überhaupt, kann eine Rücksichtnahmepflicht hier nur die Verwaltung treffen und dahin gehen, der Hauptversammlung einen Gewinnvortrag vorzuschlagen. Die Aktionäre sind aber frei, sich dem anzuschließen oder nicht.

6. Verschmelzungsstichtag (§ 5 Abs. 1 Nr. 6 UmwG)

74 Im Verschmelzungsvertrag bzw. seinem Entwurf muss außerdem der Verschmelzungsstichtag angegeben werden, den das Gesetz als den Tag beschreibt, von dem an die Geschäfte der übertragenden Rechtsträger im Innenverhältnis als für Rechnung des übernehmenden Rechtsträgers vorgenommen gelten. Damit ist, wie besonders am europäischen Vorbild des § 5 Abs. 1 Nr. 6 UmwG in Art. 5 Abs. 3 lit. e 3. Richtlinie deutlich wird, der **Stichtag des Wechsels der Rechnungslegung** vom übertragenden auf den übernehmenden Rechtsträger gemeint; ihm kommt daher für die handels- und damit auch steuerrechtliche Gewinnermittlung entscheidende Bedeutung zu. Auch er kann von den an der Verschmelzung beteiligten Rechtsträgern frei bestimmt werden[5], wobei er regelmäßig, aber nicht zwingend[6] mit dem Tag übereinstimmen wird, an dem die Gewinnberechtigung der Anteilsinhaber des übertragenden Rechtsträgers im übernehmenden Rechtsträger beginnt (§ 5 Abs. 1 Nr. 5 UmwG). Es kann auch ein Stichtag gewählt werden, der vor dem Entstehen eines beteiligten Rechtsträgers liegt, was insbesondere bei der Verschmelzung auf eine NewCo Bedeutung hat[7]. Bei der Festlegung dieses Termins

1 Vgl. zur Parallelproblematik bei der Dividende auf junge Aktien *Drygala* in KölnKomm. AktG, § 60 AktG Rz. 21; *Hüffer*, § 60 AktG Rz. 5; *Cahn* in Spindler/Stilz, § 60 AktG Rz. 14; *Bayer* in MünchKomm. AktG, § 60 AktG Rz. 13.

2 BGH v. 4.12.2012 – II ZR 17/12, ZIP 2013, 358 ff. (Rz. 19) = AG 2013, 165.

3 Zutr. *Austmann/Frost*, ZHR 169 (2005), 431 (465).

4 BGH v. 4.12.2012 – II ZR 17/12, ZIP 2013, 358 ff. (Rz. 19) = AG 2013, 165.

5 Vgl. BegrRegE zu § 5 UmwG, abgedruckt bei *Schaumburg/Rödder*, § 5 UmwG Rz. 4 und bei *Ganske*, S. 50. Bei mehreren übertragenden Rechtsträgern ist die Wahl eines einheitlichen Verschmelzungsstichtages sinnvoll, aber wohl nicht zwingend, dazu *Stratz* in Schmitt/Hörtnagl/Stratz, § 5 UmwG Rz. 80 und *W. Müller* in Kallmeyer, § 5 UmwG Rz. 36.

6 *Stratz* in Schmitt/Hörtnagl/Stratz, § 5 UmwG Rz. 73; *W. Müller* in Kallmeyer, § 5 UmwG Rz. 35; *Heidenhain*, NJW 1995, 2873 (2875) (zur Spaltung); krit. dazu Arbeitskreis Umwandlungsrecht, ZGR 1993, 322: sein Zweck neben dem Zeitpunkt des § 5 Abs. 1 Nr. 5 UmwG sei fraglich; a.A. *Limmer*, Unternehmensumwandlung, S. 112.

7 *Ulrich/Böhle*, GmbHR 2006, 644.

muss in jedem Fall sichergestellt werden, dass eine Rechnungslegung des übertragenden Rechtsträgers noch so lange erfolgt, wie die Anteilseigner an ihm gewinnberechtigt sind. Der Verschmelzungsstichtag dient zugleich als Stichtag für die steuerlich relevante Übertragung, vgl. § 2 Abs. 1 UmwStG[1]. Er muss ferner mit dem Stichtag der Schlussbilanz des übertragenden Rechtsträgers, die der Verschmelzung zugrunde gelegt wird (§ 17 Abs. 2 Satz 1 UmwG), übereinstimmen[2], weil der Termin im Innenverhältnis der Rechtsträger die Überleitung der Rechnungslegung betrifft[3]. Dabei ist zu beachten, dass die der Verschmelzung zugrunde liegende Schlussbilanz[4] nach § 17 Abs. 2 Satz 4 UmwG nicht älter als acht Monate sein darf; umgekehrt ist es allerdings möglich, dass Vertragsabschluss und Zustimmung dem Stichtag der Schlussbilanz vorangehen[5], wie sich aus folgenden Überlegungen ergibt: Zunächst verlangt das Gesetz an keiner Stelle die Vorlage der Schlussbilanz an das beschlussfassende Organ; sie ist gem. § 17 Abs. 2 UmwG erst mit Anmeldung der Verschmelzung dem Registergericht vorzulegen. Außerdem könnte bei durch Anfechtung des Verschmelzungsbeschlusses bedingter Überschreitung der Acht-Monats-Frist des § 17 Abs. 2 UmwG kein neuer Stichtag durch die Verwaltung festgelegt werden, so dass das gesamte Verfahren unabdingbar zu wiederholen wäre. Und schließlich steht es den Gesellschaftern frei, die Zustimmung zur Verschmelzung abzulehnen bzw. zu vertagen, bis eine Schlussbilanz vorliegt.

Hinsichtlich der Einhaltung des Termins ergeben sich dieselben Schwierigkeiten wie bei der Terminierung der Gewinnberechtigung. Insofern empfiehlt es sich, auch insoweit eine **variable Stichtagsregelung** vorzunehmen[6]. Unterlässt man 75

---

1 *Bermel/Hannappel* in Goutier/Knopf/Tulloch, § 5 UmwG Rz. 52; *Stratz* in Schmitt/Hörtnagl/Stratz, § 5 UmwG Rz. 78; dazu auch *Schaumburg/Rödder*, § 2 UmwStG Rz. 7. Vgl. ferner *Heidenhain*, NJW 1995, 2873 (2875).

2 Weiter *W. Müller* in Kallmeyer, § 5 UmwG Rz. 34a, der eine Verlegung des Verschmelzungsstichtages sowohl vor als auch nach den Stichtag der Schlussbilanz zulassen will. Vertragsabschluss und Zustimmungsbeschlüsse können aber dem Stichtag der Schlussbilanz auch vorangehen, vgl. *Ihrig*, GmbHR 1995, 622 (628); *Hoffmann-Becking* in FS Fleck, 1988, S. 105 (117).

3 So zu § 340 Abs. 2 Nr. 6 AktG a.F. schon *Grunewald* in G/H/E/K, § 340 AktG Rz. 20; *Hoffmann-Becking* in FS Fleck, 1988, S. 105 (111f.); zu § 5 Abs. 1 Nr. 6 des RefE UmwG auch *Schulze-Osterloh*, ZGR 1993, 420 (442). A.A. *W. Müller* in Kallmeyer, § 5 UmwG Rz. 33, 34, der § 5 Abs. 1 Nr. 6 UmwG nicht als Rechnungslegungsvorschrift versteht und darauf hinweist, dass die Bilanzierungspflicht des übertragenden Rechtsträgers bis zur Eintragung der Verschmelzung nach § 20 Abs. 1 UmwG fortbesteht.

4 Nach § 24 UmwG hat der übernehmende Rechtsträger ein Wahlrecht, ob er die Buchwerte fortführt oder die übernommenen Wirtschaftsgüter mit den durch die Anteilsgewährung entstandenen Anschaffungskosten (§ 253 Abs. 1 HGB) ansetzt, wobei nach § 11 Abs. 1 UmwStG die Buchwertfortführung den Regelfall bildet.

5 *W. Müller* in Kallmeyer, § 5 UmwG Rz. 34; *Hoffmann-Becking* in FS Fleck, 1988, S. 105 (117); speziell für die Genossenschaft und aus speziellen Gründen für sie anders *Bayer*, § 80 Rz. 26ff.

6 Formulierungsvorschlag etwa: *„Falls die Verschmelzung nicht bis zum 31.12.12 in das Handelsregister von Y (übernehmender Rechtsträger) eingetragen wird, gilt abweichend von § … dieses Vertrages der 31.12.2012 als Stichtag der Schlussbilanz und abweichend von § … dieses Vertrages der Ablauf des 31.12.2012 und der Beginn des 1.1. 2013 als Stichtag für die Übernahme des Vermögens und den Wechsel der Rechnungslegung (Verschmelzungsstichtag). Bei einer weiteren Verzögerung der Eintragung über den 31. 12. des Folgejahres hinaus verschieben sich die Stichtage jeweils entsprechend der vorstehenden Regelung um ein Jahr.“* Vgl. dazu *Hoffmann-Becking* in FS Fleck,

dies, kann in einer Beherrschungssituation der resultierende Nachteil für die Anteilsinhaber des beherrschten Rechtsträgers die Anfechtbarkeit des Zustimmungsbeschlusses begründen. Bei einer Verschmelzung aneinander nicht wesentlich beteiligter Gesellschaften ist der verursachte Nachteil hingegen als Ergebnis der Verhandlungen zu akzeptieren. Hier bleibt bei Verzögerungen nur die Möglichkeit einer einvernehmlichen Abänderung des Vertrages[1] (vgl. dazu § 4 Rz. 26).

7. Gewährung von Sonderrechten (§ 5 Abs. 1 Nr. 7 UmwG)

76 Der Verschmelzungsvertrag hat all diejenigen Vorzugsrechte, Rechtspositionen und Maßnahmen offen zu legen, die der übernehmende Rechtsträger bestimmten Personen gewährt. Der Wortlaut der Vorschrift beschränkt sich dabei nicht auf Rechte oder Rechtspositionen, die „anlässlich der Verschmelzung" gewährt werden, sondern verlangt eine generelle Angabe derartiger Rechte oder Rechtspositionen. Die Bestimmung will nämlich sicherstellen, dass die den Inhabern der genannten Rechte oder Papiere eingeräumten materiellen Vergünstigungen so frühzeitig offen gelegt werden, dass den anderen, nicht-begünstigten Anteilsinhabern ermöglicht wird, die Einhaltung des Grundsatzes der Gleichbehandlung[2] im Verhältnis zu Sonderrechtsinhabern zu überprüfen. Daher müssen auch nur die einzelnen (also nicht allen) Anteilsinhabern eingeräumten Vorteile im Verschmelzungsvertrag bzw. seinem Entwurf genannt werden[3].

77 Inhaltlich bezieht sich die Angabepflicht auf jede Form gesellschaftsrechtlicher Sonderrechte oder sonstiger gegenüber dem neuen Rechtsträger eingeräumter schuldrechtlicher Sondervorteile (vgl. § 23 UmwG, also etwa auch Optionsrechte auf Aktien, Wandelschuldverschreibungen usw.); die Sonderstellung kann in **vermögensrechtlicher** (z.B. Vorzugsrechte auf Gewinn oder Liquidationserlös) wie auch **mitverwaltungsrechtlicher** Hinsicht bestehen (z.B. Sonderstimmrechte, Bestellungs- und Entsendungsrechte oder Vorerwerbsrechte). Anzugeben ist dabei nach dem Zweck der Vorschrift auch die Gewährung von Vorzugsaktien an Aktionäre, die schon in einer übertragenden Gesellschaft Vorzugsaktien besaßen. Nicht erfasst werden hingegen zwischen den einzelnen Anteilsinhabern vereinbarte schuldrechtliche Sonderstellungen wie z.B. Optionen oder Stimmrechtsvereinbarungen. Erfolgt keine Gewährung von Sonderrechten, muss der Verschmelzungsvertrag keine Negativerklärung enthalten[4].

1988, S. 105 (107 ff.); *Limmer*, Unternehmensumwandlung, S. 114 und *Mayer* in Widmann/Mayer, § 5 UmwG Rz. 164, 165; *Austmann/Frost*, ZHR 169 (2005), 431 (465); kritisch gegenüber solchen variablen Regelungen *Schütz/Fett*, DB 2002, 2696; gegen diese wiederum zutr. BGH v. 4.12.2012 – II ZR 17/12, ZIP 2013, 358 ff. (Rz. 15 f.) = AG 2013, 165.

1 Vgl. dazu *Weiler*, DNotZ 2007, 888 ff.

2 Vgl. etwa § 53a AktG sowie oben Rz. 27 ebenso *Marsch-Barner* in Kallmeyer, § 5 UmwG Rz. 40. Vertiefend zum Gleichbehandlungsgrundsatz *K. Schmidt*, GesR, § 16 II 4b S. 462 ff.

3 So schon die Begr zum Verschmelzungsrichtliniegesetz, BT-Drucks. 9/1065, 15; OLG Frankfurt/M. v. 4.4.2011 – 20 W 466/10, ZIP 2011, 2408 (2409) = AG 2011, 793; *Stratz* in Schmitt/Hörtnagl/Stratz, § 5 UmwG Rz. 81; *Mayer* in Widmann/Mayer, § 5 UmwG Rz. 168.

4 OLG Frankfurt/M. v. 4.4.2011 – 20 W 466/10, ZIP 2011, 2408 (2409 f.) = AG 2011, 793.

Unter den Begriff der **Anteilsinhaber** fallen neben den Anteilsinhabern des übertragenden Rechtsträgers auch diejenigen des übernehmenden Rechtsträgers, da der Gesetzeswortlaut insoweit keine Einschränkung enthält und es durchaus denkbar ist, dass sich ein Anteilsinhaber eines übernehmenden Rechtsträgers seinen Widerstand gegen die Verschmelzung durch Gewährung eines Sonderrechts abkaufen lässt[1]. Die Personengruppe der **Inhaber besonderer Rechte** wird vom Gesetz nicht abschließend definiert, wobei eine Parallele zu dem von § 23 UmwG geschützten Personenkreis nahe liegt[2]. Es müssen also nicht Anteilsinhaber sein, sondern gemeint sind vor allem die Inhaber von Wandelschuldverschreibungen[3], Obligationsanleihen, Gewinnschuldverschreibungen und Genussrechten[4], die von einem übertragenden Rechtsträger ausgegeben wurden. Diese verlieren ihre Bezugsrechte gegenüber diesen Rechtsträgern mit deren Erlöschen bei der Verschmelzung; ihnen sind daher nach § 23 UmwG (früher § 347a AktG) gleichwertige Rechte zu gewähren[5]. Schuldrechtliche Rechtspositionen *außerhalb* des Schutzbereichs des § 23 UmwG unterfallen daher allein den Gläubigerschutzvorschriften[6]; hierfür gewährte Rechte oder Vorteile sind nicht im Rahmen des § 5 Abs. 1 Nr. 7 UmwG anzugeben, wenn der Berechtigte nicht gleichzeitig Anteilsinhaber des übernehmenden Rechtsträgers wird. 78

8. Gewährung von Sondervorteilen (§ 5 Abs. 1 Nr. 8 UmwG)

Im Zuge einer Verschmelzung kommt es häufig zu Absprachen über Vergünstigungen für Mitglieder von Vertretungsorganen beteiligter Rechtsträger sowie für Verschmelzungsprüfer[7]. Das gilt insbesondere für die Organmitglieder der übertragenden Rechtsträger, da diese ihr Amt mit Wirksamwerden der Verschmelzung verlieren[8] und denen deshalb auf diese Weise häufig ein Ausgleich gewährt werden soll[9]. Dies ist auch nicht von vornherein zu missbilligen, da die Verschmelzung für die Organmitglieder eine Endspielsituation hervorruft, was zu öko- 79

1 *Sagasser/Luke* in Sagasser/Bula/Brünger, § 9 Rz. 157.
2 Vgl. dazu § 23 UmwG und *Grunewald* in Kölner Umwandlungsrechtstage, S. 19 (55).
3 Vgl. *Lutter* in KölnKomm. AktG, § 192 AktG Rz. 37; *Habersack* in MünchKomm. AktG, § 221 AktG Rz. 9.
4 Vgl. dazu *Franzen*, Genussrechte, 1993, S. 273 (275 ff.); *Lutter* in KölnKomm. AktG, § 221 AktG Rz. 400; *Habersack* in MünchKomm. AktG, § 221 AktG Rz. 12; *Marsch-Barner* in Kallmeyer, § 5 UmwG Rz. 42.
5 Sofern die neuen Rechte in ihrer Ausgestaltung von den bisherigen abweichen, besteht u.U. ein Recht zur Kündigung aus wichtigem Grund.
6 Vgl. dazu *Sagasser/Luke* in Sagasser/Bula/Brünger, Rz. 158.
7 In der bilderreichen Sprache der USA wird das der „golden handshake" genannt.
8 Vgl. etwa *Kleindiek* in Lutter/Hommelhoff, § 38 GmbHG Rz. 40; *Hockemeier*, Die Auswirkungen der Verschmelzung von Kapitalgesellschaften auf die Anstellungsverhältnisse der Geschäftsleiter, 1990. Die von den übertragenden Rechtsträgern geschlossenen Dienstverträge bestehen jedoch fort, so OLG Hamm v. 1.3.1995 – 8 U 263/94, NJW-RR 1995, 1317 (1318) zur Verschmelzung von Genossenschaften; zur Kündigung vgl. BAG v. 21.2.1994 – 2 AZB 28/93, NZA 1994, 905 = WiB 1995, 73; *Hueck*, ZfA 1985, 25, da Organstellung und Anstellungsvertrag im Regelfall, d.h. wenn sie nicht in Gesellschaftsvertrag, Statut oder Satzung miteinander verbunden sind, dazu BGH v. 29.5.1989 – II ZR 220/88, GmbHR 1989, 415 (416) zur AG; BGH v. 26.6.1995 – II ZR 109/94, ZIP 1995, 1334 (1335), rechtlich zu trennen sind, vgl. BGH v. 28.5.1990 – II ZR 245/89, GmbHR 1990, 345 (346).
9 Vgl. *Stratz* in Schmitt/Hörtnagl/Stratz, § 5 UmwG Rz. 84.

nomisch suboptimalen Verhaltensweisen führen kann[1]. Diesen kann durch eine sinnvolle Vertragsgestaltung entgegengewirkt werden[2]. § 5 Abs. 1 Nr. 8 UmwG sieht zum Schutz der Anteilsinhaber[3] der an der Verschmelzung beteiligten Rechtsträger und in Anlehnung an Art. 5 Abs. 2 lit. g der 3. Richtlinie vor, dass der Verschmelzungsvertrag alle diese Vorteile anzugeben hat. Die Anteilsinhaber sollen beurteilen können, in welchem Umfang Personen aus dem in § 5 Abs. 1 Nr. 8 UmwG genannten Kreis von der Verschmelzung profitieren und deshalb u.U. in ihrer Objektivität beeinträchtigt sind. Als Mitglieder von Aufsichtsorganen kommen dabei nicht nur die Mitglieder obligatorischer Aufsichtsräte bei AG oder GmbH in Betracht, sondern sämtliche Mitglieder von Organen wie Beiräten, Gesellschafterausschüssen und sonstigen Organen, denen bei einem Rechtsträger nicht nur beratende, sondern echte Überwachungsfunktionen übertragen worden sind[4]. Aufgenommen werden müssen in den Vertrag auch die besonderen Vorteile, die Abschluss- und Verschmelzungsprüfern gewährt werden[5]. Gleiches gilt für Vergünstigungen, die Partnern einer PartG gewährt werden[6]. Letzteres dient lediglich der Klarstellung, da auch ohne ausdrückliche Regelung die Partner einer PartG als geschäftsführende Gesellschafter erfasst wären[7].

80 Unter **Vorteil** sind Vergünstigungen jeglicher Art zu verstehen. Zu nennen sind daher im Verschmelzungsvertrag auch etwa Abfindungszahlungen für ausscheidende Vorstände[8], Geschäftsführer, Aufsichtsräte, Partner oder Prüfungsgesellschaften. Bei Austauschgeschäften kommt es darauf an, ob Leistung und Gegenleistung gleichwertig sind. Verzichtet etwa ein Vorstand als Gegenleistung für eine Abfindung auf ihm zustehende Optionsrechte, so ist der Vorgang angabepflichtig, wenn die Vereinbarung nicht nur fällige Optionen abgilt, sondern einen darüber hinausgehenden Vorteil gewährt[9]. Nicht unter die Vorschrift fallen die üblichen Prüfungshonorare[10]; ebenso wenig Sachverständigenhonorare[11], da es sich dabei um eine Gegenleistung für eine erbrachte Tätigkeit und nicht um einen besonderen Vorteil i.S.d. § 5 Abs. 1 Nr. 8 UmwG handelt[12]. Angabepflichtig sind auch Vereinbarungen, die zum Zeitpunkt des Vertragsschlusses nur dem Grunde nach bestehen und einer späteren Konkretisierung bedürfen, weil alleine das Be-

1 *Klöhn/Verse*, AG 2013, 2 (6).
2 *Klöhn/Verse*, AG 2013, 2 (7).
3 A.A. *Stratz* in Schmitt/Hörtnagl/Stratz, § 5 UmwG Rz. 86: auch Gläubigerschutz.
4 *H. Schmidt* in Kölner Umwandlungsrechtstage, S. 59 (71 f.) für Personenhandelsgesellschaften; ebenso *Marsch-Barner* in Kallmeyer, § 5 UmwG Rz. 45.
5 Vgl. dazu BegrRegE zu § 5 UmwG, abgedr. bei *Schaumburg/Rödder*, § 5 UmwG Rz. 5 und bei *Ganske*, S. 50 und oben Rz. 1.
6 Eingefügt durch Gesetz zur Änderung des Umwandlungsgesetzes, des Partnerschaftsgesellschaftsgesetzes und anderer Gesetze v. 22.7.1998, BGBl. I, S. 1878.
7 *Neye*, ZIP 1997, 722 (724) spricht daher von „Klarstellungen redaktioneller Art".
8 Vgl. OLG Hamburg v. 16.4.2004 – 11 U 11/03, ZIP 2004, 906 = AG 2004, 619.
9 OLG Hamburg v. 16.4.2004 – 11 U 11/03, ZIP 2004, 906 (908 f.) = AG 2004, 619.
10 BegrRegE zum Verschmelzungsrichtliniegesetz, BT-Drucks. 9/1065, 15.
11 *Stratz* in Schmitt/Hörtnagl/Stratz, § 5 UmwG Rz. 86; *Marsch-Barner* in Kallmeyer, § 5 UmwG Rz. 46; *Mayer* in Widmann/Mayer, § 5 UmwG Rz. 173 weist darauf hin, dass überhöhte Vergütungen jedoch anzugeben seien.
12 Bei Verstoß gegen die Bestimmung des § 5 Abs. 1 Nr. 8 UmwG ist die Zusage unwirksam, auch wenn sie durch eine vertretungsberechtigte Person abgegeben wurde, *Bermel/Hannappel* in Goutier/Knopf/Tulloch, § 5 UmwG Rz. 64; *Heckschen*, S. 18; a.A. *Schröer* in Semler/Stengel, § 5 UmwG Rz. 74: Unwirksamkeit ist zivilrechtlich nicht begründbar und hätte gesetzlich angeordnet werden müssen.

wusstsein, dass überhaupt etwas gezahlt werden wird, geeignet ist, das Organmitglied in seinen Entscheidungen zu beeinflussen[1]. Offenzulegen sind nur Vergünstigungen, die **aus Anlass der Verschmelzung** zugesagt wurden. Besteht bereits aufgrund einer anderen Rechtsgrundlage ein Anspruch auf Leistung, führt das nicht zur Angabepflicht. Das gilt auch dann, wenn die Leistung speziell für den Fall des vorzeitigen Amtsverlustes infolge von Verschmelzung oder ähnlichen Umständen zugesagt wurde. Nicht von § 5 Abs. 1 Nr. 8 UmwG betroffen sind daher insbesondere Vereinbarungen, die bereits im Anstellungsvertrag des Organmitglieds für derartige Fälle getroffen wurden[2]; also Change-of-Control- oder Golden-parachute-Vereinbarungen. Grund dafür ist, dass eine solche Regelung im Anstellungsvertrag die bisher erbrachte Arbeitsleistung mit abgilt. Daher ist sie Teil der ohnehin geschuldeten Vergütung und gerade kein besonderer Vorteil[3].

Die **Zusage irgendwelcher Organfunktionen** in dem übernehmenden Rechtsträger 81
im Verschmelzungsvertrag ist möglich, soweit den Anteilseignern dazu im übernehmenden Rechtsträger die Kompetenz zusteht[4]. So kann etwa bei einer Verschmelzung auf eine bzw. zur Neugründung einer GmbH die Zustimmung der Gesellschafter zum Verschmelzungsvertrag zugleich die Wahl von dort benannten Aufsichtsratsmitgliedern umfassen (vgl. auch § 59 Satz 2 UmwG). Entsprechende Zusagen sind jedoch dann unverbindlich und unwirksam, wenn sie nach der Rechtsform des übernehmenden Rechtsträgers allein von den dort dafür zuständigen, anderen Organen gemacht werden können[5]. Das gilt vor allem für die *Aktiengesellschaft*, bei der über die Zusammensetzung des Vorstands allein der Aufsichtsrat der übernehmenden Gesellschaft zu bestimmen hat. Verpflichtungen des Großaktionärs, auf ein bestimmtes Abstimmungsergebnis im Aufsichtsrat hinzuwirken, sind bei entsprechend vorsichtiger Formulierung nicht unzulässig[6]. Ebenso wenig kann in der Zustimmung der Hauptversammlung der übernehmenden Gesellschaft zu einem Verschmelzungsvertrag, der die Vergabe eines Aufsichtsratspostens regelt, zugleich die Wahl dieser Person in den Aufsichtsrat gesehen werden. Dazu bedürfte es eines deutlich auf diesen Punkt bezogenen Beschlussantrags[7]. Eine solche Vertragsbestimmung verpflichtet entgegen *Barz*[8] auch nicht die jeweiligen Vorstände, sich für die Wahl zum Aufsichtsrat wie versprochen einzusetzen. Der Verschmelzungsvertrag verpflichtet nur die beteiligten Rechtsträger und nicht deren Vertretungsorgane. Sollte aber ausnahmsweise ausdrücklich eine Verpflichtung des Vorstands vorgesehen sein, so wäre zu fragen, ob der Vorstand eine solche Verpflichtung überhaupt eingehen darf. Schadensersatz-

1 Zutr. LAG Nürnberg v. 26.8.2004 – 2 Sa 463/02, ZIP 2005, 398 (400) zu einer Vorruhestandsregelung, die in ihren Einzelheiten erst nach dem Verschmelzungsvertrag vereinbart wurde.
2 *Ihrig/Redeke* in FS Maier-Reimer, 2010, S. 297 (304 ff.); *Drygala* in FS K. Schmidt, 2009, S. 269 (271).
3 *Drygala* in FS K. Schmidt, 2009, S. 269 (271).
4 Zustimmend *Limmer*, Unternehmensumwandlung, S. 115.
5 Vgl. *Stratz* in Schmitt/Hörtnagl/Stratz, § 5 UmwG Rz. 85; *Picot/Müller-Eising* in Picot, Unternehmenskauf und Restrukturierung, 3. Aufl. 2004, Rz. II. 231; *Marsch-Barner* in Kallmeyer, § 5 UmwG Rz. 44; *Schröer* in Semler/Stengel, § 5 UmwG Rz. 73; *Reichert/Ott* in FS Goette, 2011, S. 397 (401); dies wird bei *Hockemeier*, S. 26 f. übersehen.
6 Näher *Reichert/Ott* in FS Goette, 2011, S. 297 (401 ff.); *Schall* in Kämmerer/Veil, Übernahme- und Kapitalmarktrecht in der Reformdiskussion, 2013, S. 75 (101 ff.).
7 S. *Zöllner* in KölnKomm. AktG, § 133 AktG Rz. 5.
8 *Barz*, AG 1972, 1 (4).

ansprüche der betroffenen Personen wegen Nichteinhaltung einer solchen Abrede scheiden aus, da allen Beteiligten bekannt sein muss, dass eine solche Zusage nicht gemacht werden kann. Gleiches gilt, wenn die Zusagen in einem Zusatzvertrag zu dem Verschmelzungsvertrag gemacht werden[1]. Die rechtliche Unverbindlichkeit der Zusage ändert nichts daran, dass das betroffene Organmitglied sich darauf verlassen wird, dass die Zusage faktisch eingehalten werden wird, was sein Verhalten im Hinblick auf die Verschmelzung beeinflussen kann. Daher sind auch solche unverbindlichen Zusagen nach § 5 Abs. 1 Nr. 8 UmwG angabepflichtig[2].

82 Die **Rechtsfolge** einer fehlenden Angabe ist insoweit unstreitig, als der Verstoß die Anfechtbarkeit des Verschmelzungsvertrages begründet und auch ein Eintragungshindernis darstellt[3]. Umstritten ist, ob im Fall der unterbliebenen Anfechtung und der Eintragung der Verschmelzung die Zusage wirksam ist, also ein Anspruch des Begünstigten auf den Sondervorteil besteht[4]. Das Argument, das ein Beurkundungsmangel des Verschmelzungsvertrages vorliege, wenn die begünstigende Abrede nicht in den Vertrag aufgenommen wird, kann jedenfalls für die Zeit nach der Eintragung ins Handelsregister nicht überzeugen, denn der Formmangel wird durch die Eintragung geheilt, § 20 Abs. 1 Nr. 4 UmwG. Die Unwirksamkeit der Zusage kann sich also nur aus allgemeinen Regeln ergeben, und insoweit wird vorgebracht, dass sich für die Unwirksamkeit der Zusage keine zivilrechtliche Grundlage finden lasse[5]. Eine Anwendung von § 134 BGB scheitere daran, dass nicht das Rechtsgeschäft als solches verboten sei, sondern § 5 Abs. 1 Nr. 8 UmwG dafür lediglich bestimmte Modalitäten festlege, also insbesondere die Offenlegung. Daher richte sich das Verbot, wenn man denn in Nr. 8 überhaupt ein Verbot sehen wolle, nicht gegen die Vornahme des Geschäfts an sich. Stützen lässt sich die Unwirksamkeit aber auf eine Analogie zu den §§ 32 Abs. 3 und 26 Abs. 3 AktG. Die beiden Normen lassen erkennen, dass nicht offen gelegte Sonderzahlungen an Organmitglieder bei der Gründung einer Gesellschaft unwirksam sein sollen[6]. Das ist in § 32 Abs. 3 AktG nicht ausdrücklich gesagt, ergibt sich aber mittelbar aus dem Zweck der Norm und der Tatsache, dass ein Verstoß dagegen die Strafbarkeit begründet, § 399 Abs. 1 Nr. 2 AktG[7]. Zweifelhaft ist auch, ob die außerhalb des Verschmelzungsvertrages getroffene Zusage tatsächlich an der Heilungswirkung des § 20 Abs. 1 Nr. 4 UmwG teilnimmt. Der Normzweck des § 20 UmwG liegt darin, die Wirksamkeit der Verschmelzung nachträglichen Zweifeln zu entziehen, nicht aber darin, den Leitungsorganen Ansprüche auf Leistungen zu verschaffen, die ohne die Herstellung von Transparenz gegenüber den Anteilseignern unzulässig sind, und zwar nicht nur wegen § 5 Abs. 1 Nr. 8 UmwG, sondern (im Fall der AG) schon aufgrund der organschaftlichen

1 Daher nicht überzeugend *Hockemeier*, S. 27.
2 Wie hier *Schröer* in Semler/Stengel, § 5 UmwG Rz. 73; *Mayer* in Widmann/Mayer, § 5 UmwG Rz. 172.
3 Statt aller *Marsch-Barner* in Kallmeyer, § 5 UmwG Rz. 46a.
4 Verneinend LAG Nürnberg v. 26.8.2004 – 2 Sa 463/02, ZIP 2005, 398 ff.; *Mayer* in Widmann/Mayer, § 5 UmwG Rz. 175.
5 *Schröer* in Semler/Stengel, § 5 UmwG Rz. 74; *Marsch-Barner* in Kallmeyer, § 5 UmwG Rz. 46a; *Graef*, GmbHR 2005, 908 (909 f.).
6 Vgl. *Drygala* in FS K. Schmidt, 2009, S. 269 (286 f.) m.w.N.; *Bermel/Hannappel* in Goutier/Knopf/Tulloch, § 5 UmwG Rz. 64.
7 A.A. *Graef*, GmbHR 2005, 908 (910), der übersieht, dass man bei einem Verstoß gegen ein Strafgesetz den Vertrag schwerlich als zivilrechtlich gültig ansehen kann.

Treupflicht, die dem Vorstand die Annahme von Zuwendungen Dritter (jedenfalls sofern sie über Bagatellbeträge hinausgeht) verbietet[1]. Auch das spricht dafür, dass diese Vorteile nur bei Einhaltung der besonderen Transparenzerfordernisse nach § 5 Abs. 1 Nr. 8 UmwG wirksam zugesagt werden können. Die Vereinbarung zwischen dem Zuwendenden und dem Organmitglied nimmt daher an der Heilungswirkung des § 20 Abs. 1 Nr. 4 UmwG nicht teil. Der Vertrag bleibt vielmehr auch nach der Eintragung unwirksam, wenn gegen die Angabepflicht verstoßen wurde.

Nicht von § 5 Abs. 1 Nr. 8 UmwG geregelt ist die Frage, ob der Sondervorteil, 83 selbst wenn er ordnungsgemäß offengelegt wird, mit dem Begünstigten **wirksam vereinbart** werden kann und von diesem angenommen werden darf[2]. Dies beurteilt sich bei Wirtschaftsprüfern etwa nach §§ 55 ff. WPO. Die Zusage von Organfunktionen in der AG kann nicht ohne Zustimmung des Aufsichtsrats erfolgen. Schon aus diesen beiden Beispielen erhellt, dass ein nach § 5 Abs. 1 Nr. 8 UmwG ordnungsgemäß offengelegter Vorteil nicht generell rechtmäßig ist. Die Zusage kann gegen anderweitige Rechtsvorschriften verstoßen. Umgekehrt wird sich aber auch nicht sagen lassen, dass Organmitgliedern aufgrund der ihnen obliegenden Loyalitätspflicht stets gehindert wären, anlässlich der Verschmelzung eine Sonderleistung anzunehmen[3]. Für Sonderzahlungen können schließlich gute unternehmerische Gründe sprechen; etwa, wenn es darum geht, ein für die Gesellschaft wichtiges Vorstandsmitglied am Ausscheiden zu hindern und die eingangs erwähnte Endspielsituation[4] aufzulösen. Zahlungen an ausscheidende Organmitglieder müssen dabei den besonders strengen Regeln der Mannesmann-Entscheidung[5] in Bezug auf nachträgliche Bonifizierungen standhalten. Insgesamt kann die Frage nur im Einzelfall beantwortet werden, wobei aber die besondere Lage, in der sich die Gesellschaft befindet, gebührend zu berücksichtigen ist[6].

9. Die Folgen der Verschmelzung für die Arbeitnehmer und ihre Vertretungen sowie die insoweit vorgesehenen Maßnahmen (§ 5 Abs. 1 Nr. 9 UmwG)[7]

a) Gesetzesgeschichte und Normzweck

Die Vorschrift wurde im Laufe der Gesetzesberatungen zum UmwG 1994 nach- 84 träglich in den Gesetzestext aufgenommen; im RefE war sie noch nicht enthalten[8]. Bezweckt wurde damit auf politischer Ebene, die von Teilen des Schrifttums geäußerten Bedenken bezüglich einer Beeinträchtigung von Arbeitnehmerinteressen, insbesondere im Fall der Spaltung zu zerstreuen[9]. Die frühzeitige Information über die Verschmelzung und die durch sie bewirkten Folgen für die Arbeitnehmer

1 *Hopt* in Großkomm. AktG, § 93 AktG Rz. 181; *Fleischer* in Spindler/Stilz, § 93 AktG Rz. 142 f. m.w.N.; ebenso auch Ziff. 4.3.2 DCGK, näher *Ringleb* in Ringleb/Kremer/Lutter/v. Werder, DCGK, 4. Aufl. 2010, Rz. 809 f.
2 Im Übernahmerecht besteht insofern eine ausdrückliche Sonderregelung in § 33d WpÜG.
3 So *Hopt* in FS Lutter, 2000, S. 1361 (1379) unter Verweis auf seine Kommentierung in Großkomm. AktG, § 93 AktG Rz. 176 ff.
4 *Klöhn/Verse*, AG 2013, 2 (6).
5 BGH v. 21.12.2005 – 3 StR 470/04, NZG 2006, 141 (Mannesmann/Vodafone).
6 *Drygala* in FS K. Schmidt, 2009, S. 269 (285).
7 Grundlegend zur Kritik an dieser Regelung *Willemsen*, NZA 1996, 791.
8 Veröffentlicht als Beilage Nr. 112a zum Bundesanzeiger v. 20.6.1992.
9 Vgl. *Mayer* in Widmann/Mayer, Einf. UmwG Rz. 178 ff.

sollen im Vorfeld des Verschmelzungsvorgangs seine sozialverträgliche Durchführung erleichtern. Die Regelung dient somit dem sozialen Frieden[1]. § 5 Abs. 1 Nr. 9 UmwG entsprechende Vorschriften finden sich für die Spaltung und den Formwechsel in § 126 Abs. 1 Nr. 11 UmwG und § 194 Abs. 1 Nr. 7 UmwG.

85 Die Vorschrift wirkte bei ihrer erstmaligen Einführung im Jahre 1994 **befremdlich**, weil sie in Inhalt (Rechtsbelehrung durch den Arbeitgeber) und Standort (Arbeitnehmerschutz als Gegenstand des Vertrages zwischen zwei Unternehmen) singulär und auch sachlich nicht überzeugend wirkte[2]. Der singuläre Charakter wurde auch dadurch betont, dass die Regelung nicht durch eine Vorgabe der 3. oder 6. Richtlinie veranlasst war, sondern allein auf der Entscheidung des deutschen Gesetzgebers beruhte. Hinzu kamen Befürchtungen, durch die offene Formulierung könnte Rechtsunsicherheit in die Verträge hineingetragen werden, die zu Auseinandersetzungen mit den Arbeitnehmern und anfechtungswilligen Aktionären führen könnte[3]. In beiden Punkten haben sich die Rahmenbedingungen geändert. Zum einen hat sich die Vorschrift als weniger konfliktträchtig erwiesen, als anfangs befürchtet worden war; die Anzahl der dazu bekannt gewordenen Gerichtsentscheidungen ist überschaubar geblieben[4]. Zum anderen steht die Vorschrift inzwischen nicht mehr allein, sondern hat Parallelen in den Art. 7 Abs. 1 der Richtlinie über die grenzüberschreitende Verschmelzung[5] sowie in der Richtlinie über Übernahmeangebote[6] gefunden. Die entsprechenden deutschen Umsetzungsregeln finden sich in § 11 Abs. 2 Satz 3 WpÜG sowie in § 122e UmwG. Zudem hat der deutsche Gesetzgeber mit § 106 Abs. 2 Satz 2, Abs. 3 Nr. 9a BetrVG eine entsprechende Regelung im Hinblick auf die Übernahme durch Finanzinvestoren geschaffen[7]. Eine inhaltlich vergleichbare Vorschrift findet sich ferner in § 613a Abs. 5 BGB für alle Fälle des Betriebsübergangs[8]. Von daher ist der Gedanke, die Arbeitnehmer bei wesentlichen Unternehmenstransaktionen über Eckdaten und Folgen zu informieren, im Begriff, sich zu einem auf nationaler und europäischer Ebene üblichen Standard zu entwickeln. Er lässt sich im Grundsatz dadurch rechtfertigen, dass das Unternehmen nicht allein im Interesse der Anteilseigner geführt wird, sondern dass die Interessen der sonstigen Beteiligten zumindest ergänzend zu berücksichtigen sind (Stakeholder-Ansatz[9]). Dem entspricht es, die Arbeitnehmer als wichtige Interessengruppe angemessen zu informieren. Zu kritisieren ist aber nach wie vor, dass der Regelungsstandort

1 BegrRegE, bei *Schaumburg/Rödder*, § 5 UmwG Rz. 6 und bei *Ganske*, S. 50.
2 Vgl. 3. Aufl., Rz. 50.
3 Vgl. insoweit *Joost*, Umwandlungsrecht und Arbeitsrecht, in Kölner Umwandlungsrechtstage, S. 297 (300); *A. Drygala*, ZIP 1996, 1365 (1366f.).
4 LG Stuttgart v. 29.3.1996 – 4 KfHT 1/96, DNotZ 1996, 701 f.; OLG Düsseldorf v. 15.5. 1998 – 3 Wx 156/98, NZA 1998, 766; OLG Naumburg v. 6.2.1997 – 7 U 236/96, DB 1997, 466 = GmbHR 1998, 382. Die Entscheidungen sind zudem überwiegend zum Registerrecht ergangen. Beruhigend hat sich auch ausgewirkt, dass es gelungen ist, die Frage des § 5 Abs. 1 Nr. 9 UmwG aus den häufigen Anfechtungsprozessen zwischen AG und Aktionären herauszuhalten, vgl. *Willemsen* in Kallmeyer, § 5 UmwG Rz. 57.
5 ABl. EU Nr. L 310/1 v. 25.11.2005.
6 Art. 3 I b der Richtlinie 2004/25/EG betreffend Übernahmeangebote, ABl. EU Nr. L 142/12 v. 30.4.2004.
7 Art. 4 RegE eines Risikobegrenzungsgesetzes, BT-Drucks. 16/7438, 5.
8 S. *Doublet*, S. 9f. Auch diese Regelung beruht auf einer Richtlinie, Richtlinie 2001/23/EG, ABl. EG Nr. L 83/16ff. v. 22.3.2001.
9 Vgl. dazu statt vieler *Fleischer* in Spindler/Stilz, § 76 AktG Rz. 30f.

nicht überzeugt und dass die betreffenden Normen inhaltlich in keiner Weise aufeinander abgestimmt sind. So verlangt § 5 UmwG die Angaben als Teil des Vertrages, § 122e UmwG hingegen als Teil des Verschmelzungsberichts[1]. Durch das Risikobegrenzungsgesetz müssen nun entsprechende Angaben gegenüber den Arbeitnehmervertretungen im Verfahren nach dem Betriebsverfassungsgesetz erfolgen (§ 106 Abs. 2 Satz 2, Abs. 3 Nr. 9a BetrVG), das nach hier schon immer vertretener Ansicht der allein zutreffende Regelungsstandort ist, da nur so doppelte Informationspflichten über den gleichen Vorgang vermieden werden[2].

In inhaltlicher Hinsicht ist zu kritisieren, dass die Normen schon vom Wortlaut her unterschiedlich ausgestaltet sind, und zwar sogar innerhalb desselben Gesetzes. So spricht insbesondere § 122e UmwG im Gegensatz zu § 5 UmwG nur von den „Auswirkungen auf die Arbeitnehmer" und erwähnt weder die Arbeitnehmervertretungen noch die vorgesehenen Maßnahmen. § 11 WpÜG stellt wiederum auf die Absichten des Bieters ab, bezieht aber dafür die Arbeitnehmervertretungen mit ein[3]. Das zeigt, dass ein einheitlicher Standard in der Frage, welche Informationen für die Arbeitnehmer und ihre Vertretungen erforderlich sind und auf welchem Wege sie sinnvollerweise erfolgen sollen, noch nicht gefunden wurde. Diese Unsicherheit erschwert nach wie vor den Umgang mit § 5 Abs. 1 Nr. 9 UmwG. 86

b) Folgen für die Arbeitnehmer und ihre Vertretungen

Nach § 5 Abs. 1 Nr. 9 UmwG hat der Verschmelzungsvertrag Angaben über die Folgen der Verschmelzung für die Arbeitnehmer und ihre Vertretungen zu enthalten. Das bedeutet im Einzelnen: 87

aa) Angaben über unmittelbare Folgen

Im Vertrag anzugeben sind jedenfalls diejenigen Folgen, die durch die Verschmelzung unmittelbar bewirkt werden. Das ist im bisherigen Schrifttum unstreitig[4]. Mit Eintragung der Verschmelzung im Handelsregister geht das gesamte Vermögen des/der übertragenden Rechtsträger(s) auf die neuen Rechtsträger über; der oder die alten Rechtsträger gehen ohne jegliche Liquidation unter. Durch § 5 Abs. 1 Nr. 9 UmwG sollen die Arbeitnehmer und ihre Vertretungen Rechtsklarheit über die hierdurch entstehenden Auswirkungen auf den Bestand der Arbeitsverhältnisse, das Schicksal tarifvertraglicher und auf Betriebsvereinbarungen beruhender Ansprüche, die betriebliche und unternehmerische Interessenvertretung erhalten. Angaben zu machen sind daher über: 88

1 Näher *Marsch-Barner* in Kallmeyer, § 122e UmwG Rz. 1; für diese Lösung auch *Priester* in Kölner Umwandlungsrechtstage, S. 113; dem zustimmend *Fandel*, S. 193.
2 *Willemsen* in Kallmeyer, § 5 UmwG Rz. 48 zum Verhältnis der Normen untereinander.
3 Vgl. zu den Auswirkungen dieser Formulierung *Seydel* in KölnKomm. WpÜG, § 11 WpÜG Rz. 72 m.w.N.
4 Vgl. etwa *Bermel/Hannappel* in Goutier/Knopf/Tulloch, § 5 UmwG Rz. 97; *Mayer* in Widmann/Mayer, § 5 UmwG Rz. 180f.; *Dzida*, NZG 2008, 521 (522); *Schröer* in Semler/Stengel, § 5 UmwG Rz. 82.

(1) Folgen für die Arbeitsverträge[1]

(a) Übergang der Arbeitsverhältnisse auf den neuen Rechtsträger

89 Durch die Verschmelzung gehen die bestehenden Arbeitsverhältnisse im übertragenden Rechtsträger auf den neuen Rechtsträger über. Fraglich ist nur, aufgrund welcher Rechtsgrundlage sich dieser Übergang vollzieht: Im Wege der Gesamtnachfolge nach § 20 Abs. 1 UmwG bzw. § 36 Abs. 1 i.V.m. § 20 Abs. 1 UmwG[2] oder durch § 613a BGB, der im Gegensatz zu § 20 Abs. 1 UmwG Folgeprobleme ausdifferenziert regelt[3]. Dies entspricht der Position der Rechtsprechung[4] und der herrschenden Lehre[5]. Die Ansicht, die Gesamtrechtsnachfolge erfolge durch Gesetz und nicht durch Rechtsgeschäft[6], widerspricht der heutigen Fassung des § 613a Abs. 3 BGB[7]. Ferner wird durch § 324 UmwG § 613a Abs. 1 und 4 BGB unmittelbar auf die Umwandlung für anwendbar erklärt[8]. Die Anwendbarkeit ergibt sich aus der Gesetzgebungsgeschichte. § 324 UmwG ist aufgrund der Empfehlung des Rechtsausschusses eingeführt worden, der auf diese Weise die Anwendbarkeit von § 613a Abs. 1 und 4 BGB gerade für die Umwandlungsfälle klarstellen wollte[9]. Damit stehen das Gesetz und seine Interpretation auch im Einklang mit dem europäischen Recht; denn die Richtlinie des Rates v. 14.2.1977[10], auf deren Vorgaben § 613a BGB beruht, gilt ausdrücklich auch für den Betriebsübergang aufgrund einer Verschmelzung[11].

90 Gem. den § 324 UmwG, § 613a Abs. 1 BGB tritt der Rechtsträger des verschmolzenen (übernehmenden) Unternehmens kraft Gesetzes an die Stelle des oder der bisherigen (übertragenden) Rechtsträger(s) in die Rechte und Pflichten aus dem Arbeitsverhältnis ein. Ein **Widerspruchsrecht** gegen den Übergang der Arbeitsverhältnisse i.S.v. § 613a BGB entfällt bei der Verschmelzung, da der bisherige

1 Vgl. zur Rechtslage in der Schweiz *Winkler*, Unternehmensumwandlungen und ihre Auswirkungen auf Arbeitsverträge, 2001.

2 So *Bachner*, NJW 1995, 2881 (2882).

3 Für den Vorrang des § 613a BGB: *Mayer* in Widmann/Mayer, § 5 UmwG Rz. 189ff.; *Sagasser/Luke* in Sagasser/Bula/Brünger, § 9 Rz. 162 allerdings nur im Verhältnis zu den Normen des BetrVG; undeutlich *Schröer* in Semler/Stengel, § 5 UmwG Rz. 86.

4 BAG v. 25.5.2000 – 8 AZR 416/99, ZIP 2000, 1630.

5 So auch *Wank* in MünchHdb. Arbeitsrecht, Bd. 1, 3. Aufl. 2009, § 102 Rz. 187 m.w.N.; *Müller-Glöge* in MünchKomm. BGB, § 613a BGB Rz. 217f.; zustimmend aber enger *Annuß* in Staudinger, § 613a BGB Rz. 333.

6 So die frühere Rechtsprechung BAG v. 25.2.1981 – 5 AZR 991/78, AP Nr. 24 zu § 613a BGB; BAG v. 14.10.1982 – 2 AZR 811/79, AP Nr. 36 zu § 613a BGB und Literatur *Wank* in MünchHdb. Arbeitsrecht, Bd. 2, 1993, § 120 Rz. 67f.; *Richardi* in Staudinger, § 613a BGB Rz. 83; *Schaub* in MünchKomm. BGB, § 613a BGB Rz. 147ff.

7 *Boecken*, Unternehmensumwandlungen und Arbeitsrecht, Rz. 59f.

8 So auch *Mayer* in Widmann/Mayer, § 5 UmwG Rz. 189; *Joost*, ZIP 1995, 976 (980); *Sagasser/Luke* in Sagasser/Bula/Brünger, § 9 Rz. 162; *Wlotzke*, DB 1995, 40 (42); *Boecken*, Unternehmensumwandlungen und Arbeitsrecht, Rz. 63ff.; *Däubler*, RdA 1995, 136 (139).

9 Bei *Schaumburg/Rödder*, § 324 UmwG Rz. 6.

10 Richtlinie 77/187/EWG, ABl. EG Nr. L 61/26 (Betriebsübergangs-Richtlinie), auch abgedr. bei *Lutter/Bayer/J. Schmidt*, Europäisches Unternehmens- und Kapitalmarktrecht, S. 1375.

11 So auch *Joost* in Kölner Umwandlungsrechtstage, S. 318f.; *Sagasser/Luke* in Sagasser/Bula/Brünger, § 9 Rz. 162.

Rechtsträger erlischt[1]. Allenfalls kann hier das Widerspruchsrecht auf ein fristloses Kündigungsrecht hinauslaufen[2].

(b) Kündigungsschutz

Die Verschmelzung gibt weder dem neuen noch dem alten Rechtsträger das Recht, das Arbeitsverhältnis aufzulösen. Das folgt aus den § 324 UmwG, § 613a Abs. 4 BGB[3]. Die Wirksamkeit von Kündigungen aus anderen Gründen wird hiervon nicht berührt. Das trifft insbesondere auf betriebsbedingte Kündigungen zu, die schon vor Abschluss des Verschmelzungsvertrages ins Auge gefasst und nach der Verschmelzung ausgesprochen wurden[4]. 91

(c) Haftung

Da die Arbeitsverhältnisse kraft Gesetzes mit unveränderten individualrechtlichen Bedingungen auf den neuen Rechtsträger übergehen, haftet er auch für Verbindlichkeiten, die vor der Umwandlung begründet wurden. Eine zusätzliche Haftung des/der bisherigen Rechtsträger/s i.S.d. § 613a Abs. 2 BGB entfällt, da er/sie durch die Verschmelzung erlischt/erlöschen (§ 613a Abs. 3 BGB). 92

(2) Tarifverträge

Bei der Verschmelzung gehen die bisher in den übertragenden Unternehmen geltenden **Verbandstarifverträge** nicht automatisch auf den neuen Arbeitgeber über, es sei denn, auch in dessen Person seien die Voraussetzungen für die Tarifgebundenheit an die gleichen Verbandstarifverträge erfüllt[5]. Die bei der Verschmelzung eintretende Gesamtrechtsnachfolge wirkt sich auf die Tarifbindung des neuen Rechtsträgers als Arbeitgeber nicht aus. Ein Übergang der Tarifbindung wäre mit der negativen Koalitionsfreiheit des neuen Rechtsträgers nicht vereinbar[6]. Gehört der neue Rechtsträger einem anderen Verband an als der bisherige Rechtsträger, so gilt gem. den § 324 UmwG, § 613a Abs. 1 Satz 3 BGB der von diesem Verband abgeschlossene Tarifvertrag. Das Gleiche gilt, wenn der neue Rechtsträger durch Allgemeinverbindlichkeitserklärung an einen bestimmten Tarifvertrag gebunden ist[7]. 93

---

1 So auch *Wlotzke*, DB 1995, 40 (43); *Däubler*, RdA 1995, 139 (140); a.A. *Willemsen*, NZA 1996, 791 (798), der davon ausgeht, dass das Widerspruchsrecht „im schlimmsten Fall Umwandlungen ganz verhindern kann".

2 So *Däubler*, RdA 1995, 139 (140).

3 Das wurde bereits vor In-Kraft-Treten des Umwandlungsgesetzes im Wege der richtlinienkonformen Interpretation zutreffend angenommen; vgl. hierzu EuGH v. 16.12.1992 – Rs. C-132/91, C-138/91 und C-139/91, DB 1993, 230.

4 Vgl. *Joost*, ZIP 1995, 976 (981); *Boecken*, Unternehmensumwandlungen und Arbeitsrecht, Rz. 269.

5 *Wlotzke*, DB 1995, 40 (41); *Boecken*, Unternehmensumwandlungen und Arbeitsrecht, Rz. 183.

6 So BAG v. 5.10.1993 – 3 AZR 586/92, AP Nr. 42 zu § 1 BetrAVG – Zusatzversorgungskassen; BAG v. 13.7.1994 – 4 AZR 555/93, AP Nr. 14 zu § 3 TVG – Verbandszugehörigkeit.

7 Vgl. *Boecken*, Unternehmensumwandlungen und Arbeitsrecht, Rz. 183.

94 Ist der neue Rechtsträger verbandsfrei, entfällt die unmittelbare Tarifbindung ganz. Die Normen des bisher einschlägigen Tarifvertrages gelten dann aber im Wege der Nachwirkung gem. § 4 Abs. 5 TVG weiter[1]. Die nachwirkenden Tarifbedingungen können aber durch neue Vereinbarungen (z.B. durch Arbeitsvertrag oder Betriebsvereinbarung) geändert werden, und zwar auch zuungunsten der Arbeitnehmer. Zu beachten ist jedoch das auf 1 Jahr befristete Verschlechterungsgebot gem. den § 324 UmwG, § 613a Abs. 1 Sätze 2–4 BGB[2], wonach die Bestimmungen des Tarifvertrags individualrechtlich fortgelten.

95 Beim **Firmentarifvertrag** liegen die Dinge anders. Wer durch Rechtsgeschäft oder rechtsgeschäftlich veranlasste Gesamtrechtsnachfolge ein Unternehmen erwirbt, muss auch die in dieser Organisation geltenden Regeln gegen sich gelten lassen[3]. Tritt der neue Rechtsträger in einen bestehenden Tarifvertrag ein, ist aber an einen anderen Tarifvertrag gebunden, so ist die Kollision nach den Grundsätzen der Tarifkonkurrenz zu lösen[4]. Die Geltung zweier Tarifverträge in einem Unternehmen ist aber denkbar, da eine solche Situation auch jederzeit durch Vereinbarung herbeigeführt werden könnte[5].

(3) Weitergeltung von Betriebsvereinbarungen

96 Die normative Geltung von Betriebsvereinbarungen bleibt auch nach der Verschmelzung für die neuen Rechtsträger gem. den § 324 UmwG, § 613a Abs. 1 BGB bestehen, da diese gem. § 77 Abs. 4 BetrVG in ähnlicher Weise wie Tarifverträge unmittelbar und zwingend gelten. Dies folgt daraus, dass sich die Verschmelzung zunächst nur auf Unternehmensebene abspielt und unmittelbar noch keinen Einfluss auf die betriebliche Einheit hat. Erst wenn nach dem Vollzug der Verschmelzung Betriebsänderungen (Zusammenlegung von Betrieben oder Betriebsteilen, Abspaltung und Ausgliederung von Betriebsteilen) vorgenommen werden, können diese Betriebsänderungen Auswirkungen auf die Geltung der einzelnen Betriebsvereinbarungen haben. Auch hier gilt jedoch das Verschlechterungsverbot des § 613a Abs. 1 Sätze 2–4 BGB. Ob über diese mittelbare Folge der Verschmelzung der Betriebsrat gem. § 5 Abs. 1 Nr. 9, Abs. 3 UmwG informiert werden muss, wird im Folgenden geklärt werden, vgl. unten Rz. 103 ff.

Für Gesamtbetriebsvereinbarungen gelten die Ausführungen zu den Firmentarifverträgen entsprechend.

---

1 BAG v. 5.10.1993 – 3 AZR 586/92, AP Nr. 42 zu § 1 BetrAVG – Zusatzversorgungskassen; BAG v. 13.7.1994 – 4 AZR 555/93, AP Nr. 14 zu § 3 TVG – Verbandszugehörigkeit.

2 Vgl. *Joost*, ZIP 1995, 976 (980); BAG v. 5.10.1993 – 3 AZR 586/92, AP Nr. 42 zu § 1 BetrAVG – Zusatzversorgungskassen.

3 *Gaul*, NZA 1995, 717 (722); *Boecken*, Unternehmensumwandlungen und Arbeitsrecht, Rz. 203 f.

4 *Müller-Glöge* in MünchKomm. BGB, § 613a BGB Rz. 130 Fn. 688 m.w.N.; dazu auch *Simon* in KölnKomm. UmwG, § 5 UmwG Rz. 161 f.

5 So *Däubler*, RdA 1995, 137 (140); ähnlich *Boecken*, Unternehmensumwandlungen und Arbeitsrecht, Rz. 205.

(4) Folgen für die Arbeitnehmervertretungen

Anzugeben sind im Verschmelzungsvertrag ferner die Folgen der Verschmelzung für die Arbeitnehmervertretungen, also die Auswirkungen auf die organisationsrechtliche Repräsentationsstruktur[1]. 97

Die Verschmelzung selbst hat unmittelbar keine Auswirkungen auf das Amt des **Betriebsrats**, da sich nur der Rechtsträger des Betriebes ändert, die betriebliche Einheit jedoch erhalten bleibt. 98

Besteht beim übertragenden Rechtsträger ein **Gesamtbetriebsrat**, so entfällt dieser; Organ und Amt erlöschen[2]. Besteht beim neuen Rechtsträger bereits ein Gesamtbetriebsrat, so können die Betriebsräte aus den/dem übernommenen Unternehmen Vertreter entsenden. Die Verschmelzung kann aber auch dazu führen, dass erstmalig die Bildung eines Gesamtbetriebsrates erforderlich wird. Das ist dann der Fall, wenn ein Rechtsträger, der bisher nur eine betriebsratsfähige Einheit hatte, durch die Verschmelzung eine weitere selbständige Betriebseinheit erhält, in der ein Betriebsrat besteht[3]. Die Bildung erfolgt dann gem. § 51 Abs. 3 BetrVG. 99

War der übertragende Rechtsträger die Spitze eines Konzerns und war dort ein **Konzernbetriebsrat** gebildet, so erlischt dieser (wie im Falle des Gesamtbetriebsrates). Gehört der aufnehmende Rechtsträger einem Konzern an, für den ein Konzernbetriebsrat besteht, so ist dieser für sämtliche Betriebe des aufnehmenden Rechtsträgers zuständig, also auch für die neu hinzukommenden. 100

Besteht ein **Wirtschaftsausschuss** bei einem übertragenden Unternehmen, so erlischt er. Andererseits kann die Umwandlung dazu führen, dass bei einem aufnehmenden Rechtsträger erstmals ein Wirtschaftsausschuss zu bilden ist. 101

(5) Mitbestimmung in Unternehmensorganen

Die Verschmelzung kann sich auf die Mitbestimmung im Aufsichtsrat nach den verschiedenen Mitbestimmungsgesetzen (DrittelbG, MitbestG 1976, MontanMitbestG, MitbestErgG) auswirken[4]. 102

Zunächst einmal **erlöschen** die mitbestimmten Organe und die Organpositionen in ihnen bei allen übertragenden Rechtsträgern. In diese Folge können auch die Regeln über die Mitbestimmungsbeibehaltung (§ 325 UmwG) nicht eingreifen.

Beim übernehmenden Rechtsträger können sich jedoch durchaus positive Auswirkungen für die Mitbestimmung ergeben:

Handelt es sich um eine Verschmelzung durch Neugründung und hat das so verschmolzene Unternehmen mehr als 500 bzw. 2000 Arbeitnehmer und ist der neu gegründete Rechtsträger mitbestimmungspflichtig (§§ 1 und 4 MitbestG, § 1 DrittelbG), so ist ein mitbestimmter Aufsichtsrat nach den rechtsformspezifischen Gründungsregeln zu bilden.

---

1 So auch *Joost*, ZIP 1995, 976 (981); *Simon* in Semler/Stengel, § 5 UmwG Rz. 87 und *Willemsen* in Kallmeyer, § 5 UmwG Rz. 48.

2 LAG Düsseldorf v. 14.2.2001 – 4 TaBV 67/00, BB 2001, 2012; *Annuß* in Richardi, § 47 BetrVG Rz. 27.

3 So auch *Joost*, ZIP 1995, 976 (982).

4 Vgl. dazu *T.G. Jung*, Umwandlungen unter Mitbestimmungsverlust, 2001; *Henssler*, ZFA 2002, 241 ff.

Handelt es sich um eine Verschmelzung durch Aufnahme, so können durch die hinzukommenden Arbeitnehmer die soeben genannten Schwellenwerte überschritten werden.

bb) Angaben über mittelbare Folgen der Verschmelzung

103 **(1)** Zum Teil wird vertreten, dass auch mittelbar mit der Verschmelzung verbundene Folgen, also geplante Umstrukturierungs- und Rationalisierungsmaßnahmen (wie z.B. Zusammenschlüsse von Betrieben, Werksschließungen, u.Ä.), in den Verschmelzungsvertrag aufzunehmen seien[1].

Diese Ansicht stützt sich in erster Linie auf die **Formulierung** „sowie die insoweit vorgesehenen Maßnahmen"[2]. Das Treffen von Maßnahmen setze einen Gestaltungsspielraum des neuen Rechtsträgers voraus. Diesen habe der neue Rechtsträger bei den unmittelbaren Folgen nur sehr begrenzt, da sie sich in der Regel schon zwingend aus dem Gesetz (§ 324 UmwG, § 613a BGB) ergäben. Beziehe man hingegen die mittelbaren Folgen in den Regelungsbereich mit ein, so ergäbe sich ein Gestaltungsspielraum für den (neuen) Arbeitgeber z.B. dahingehend, wie er einen geplanten Personalabbau sozialverträglich durchführen wolle (Abfindungen, Sozialplan, Versetzungen, Angebot von Vorruhestand etc.).

104 **(2)** Teilweise wird versucht, die tendenziell uferlosen Folgen, die sich aus einer Angabepflicht auch für mittelbare Folgen der Verschmelzung ergeben, dadurch in den Griff zu bekommen, dass man die Angabepflicht auf solche mittelbaren Folgen beschränkt, die sich kraft Sachzusammenhangs aus dem Verschmelzungsvertrag ergeben[3]. Gedacht ist dabei vor allem an solche Maßnahmen, zu denen sich die beteiligten Vertragsparteien notwendigerweise bereits bei Vertragsschluss eine Meinung bilden müssen. Nicht erfasst werden sollen hingegen solche Maßnahmen, die erst später, nach Wirksamwerden der Verschmelzung, von den Organen des neuen Rechtsträgers beschlossen und durchgeführt werden sollen[4]. Zum Teil wird diese Ansicht dann aber wieder auf Maßnahmen erweitert, die zwar nicht im Vertrag selbst angelegt sind, aber zeitlich alsbald nachfolgen[5].

105 **(3) Diese Auffassungen treffen nicht zu**; mittelbare Folgen sind von § 5 Abs. 1 Nr. 9 UmwG nicht erfasst und müssen in den Verschmelzungsvertrag nicht aufgenommen werden. Und das aus vielfachen Gründen:

---

1 So *Bachner*, NJW 1995, 2881 (2886); *Däubler*, RdA 1995, 137 (138); *Blechmann*, NZA 2005, 1143 (1146); *Boecken*, Unternehmensumwandlungen und Arbeitsrecht, Rz. 320; *Gaul*, Das Arbeitsrecht der Betriebs- und Unternehmensspaltung, 2002, § 29 Rz. 27; *Hjort*, NJW 1999, 750 (751); *Joost*, ZIP 1995, 976 (979); *Wlotzke*, DB 1995, 45; a.A. *Bermel/Hannappel* in Goutier/Knopf/Tulloch, § 5 UmwG Rz. 97; *Boecken*, Unternehmensumwandlungen und Arbeitsrecht, Rz. 319ff.; *A. Drygala*, ZIP 1996, 1365 (1368ff.); *Gaul*, DB 1995, 2265 (2266); *Sagasser/Luke* in Sagasser/Bula/Brünger, § 9 Rz. 163; *Stratz* in Schmitt/Hörtnagl/Stratz, § 5 UmwG Rz. 95; *Mayer* in Widmann/Mayer, § 5 UmwG Rz. 182ff., 200; *Ahrend/Pohlmann-Weide* in Limmer, Unternehmensumwandlung, S. 116f.; ausführlich zum Meinungstand *Doublet*, S. 151ff.

2 So *Wlotzke*, DB 1995, 45; *Engelmeyer*, DB 1996, 2542.

3 Grundlegend *Willemsen*, RdA 1998, 23 (28); *Willemsen* in Kallmeyer, § 5 UmwG Rz. 55; *Simon* in Semler/Stengel, § 5 UmwG Rz. 83; *Blechmann*, NZA 2005, 1143 (1145f.); ähnlich auch *Fandel*, S. 72ff.; einschränkend *Dzida*, NZG 2008, 521 (523).

4 *Fandel*, S. 73ff.

5 *Hausch*, RNotZ 2007, 308 (324).

(a) Zunächst trägt schon die Argumentation aus dem Wortlaut nicht. Denn das Gesetz enthält in § 194 Abs. 1 Nr. 7 UmwG für den Formwechsel dieselbe Formulierung. Beim Formwechsel ändert sich aber nur die Rechtsform, nicht dagegen die Identität des Unternehmens. Deshalb sind dort auch nur unmittelbare arbeitsrechtliche Folgen überhaupt denkbar (so auch bei § 194 Rz. 28). 106

(b) Gegen die Aufnahme der mittelbaren Folgen in den Verschmelzungsvertrag spricht auch der **Kontext** der Norm. Die § 5 Abs. 1 Nr. 1–8 UmwG enthalten neben den essentialia negotii lediglich bestimmte Grundinformationen. Ein weit verstandener Folgenbegriff in § 5 Abs. 1 Nr. 9 UmwG würde sich in diese Regelungssystematik nicht einfügen, sondern den Vertragstext überfrachten und ihn in eine Art Verschmelzungsbericht für die Arbeitnehmer umwandeln[1]. Die oben bei Rz. 104 dargestellte einschränkende Auffassung kann dieses Problem nicht wirklich lösen, da der Begriff der sich „unmittelbar" aus dem Verschmelzungsvertrag ergebenden mittelbaren Folgen wiederum kaum fassbar ist. Zudem setzt diese Ansicht einen Fehlanreiz dahingehend, die Abreden über die zukünftige Struktur des Unternehmens aus dem Vertrag möglichst herauszuhalten, um sie so der Angabepflicht zu entziehen. 107

Auch die **Geheimhaltung** unternehmerischer Planungen spricht gegen eine Erstreckung auf mittelbare Folgen. Durch die Veröffentlichung des Vertragstextes (§§ 47, 61 UmwG) gelangen bei einem weit gefassten Inhalt Informationen an die Öffentlichkeit, die von der Konkurrenz schädigend ausgenutzt werden könnten.

(c) Entscheidend ist aber, dass die Arbeitnehmer und ihre Vertreter im Verschmelzungsvertrag gar nicht über die mittelbaren Folgen informiert werden müssen, weil insoweit schon das **Betriebsverfassungsgesetz** Informationsrechte vorsieht[2] und diese Informationspflichten für den einzelnen Arbeitnehmer noch einmal nach § 613a Abs. 5 BGB erweitert werden[3]. 108

Zum einen bezieht der durch Art. 13 Nr. 1 des Umwandlungsbereinigungsgesetzes neu gefasste **§ 106 Abs. 3 Nr. 8 BetrVG** auch den Zusammenschluss von Unternehmen mit ein und verpflichtet insoweit den Unternehmer zu rechtzeitiger und umfassender Information des Wirtschaftsausschusses über hiermit verbundene arbeitnehmerrelevante Planungen. 109

Zum anderen ist der Betriebsrat nach **§ 111 BetrVG** vor jeder **Betriebsänderung** rechtzeitig zu informieren. Die häufig mit einer Verschmelzung verbundenen Maßnahmen der Umstrukturierung erfüllen aber zugleich den Tatbestand der Betriebsänderung[4], sofern sie nicht völlig ohne Gewicht sind und nur ganz wenige Arbeitnehmer betreffen. Ein weites Verständnis des § 5 Abs. 1 Nr. 9 UmwG würde also zu einer Doppelinformation führen. Auch in zeitlicher Hinsicht ergibt sich kein Unterschied, da die Rechtsprechung des BAG zu § 111 BetrVG ohnehin 110

1 Um das Überfrachtungsproblem zu vermeiden, wollen die Vertreter der o.g. Meinung z.T. die Angabepflicht auf die „wesentlichen" mittelbaren Folgen beschränken, vgl. *Joost*, ZIP 1995, 976 (986); *Stratz* in Schmitt/Hörtnagl/Stratz, § 5 UmwG Rz. 95; kritisch hierzu *A. Drygala*, ZIP 1996, 1365.

2 *Sagasser/Luke* in Sagasser/Bula/Brünger, § 9 Rz. 162: „Pleonasmus"; *Willemsen* in Kallmeyer, § 5 UmwG Rz. 51; *Mayer* in Widmann/Mayer, § 5 UmwG Rz. 183; ausführlich hierzu *A. Drygala*, ZIP 1996, 1365.

3 Insofern wie hier *Simon* in Semler/Stengel, § 5 UmwG Rz. 66; a.A. *Doublet*, S. 263.

4 So auch *Bermel/Hannappel* in Goutier/Knopf/Tulloch, § 5 UmwG Rz. 85, 97; ausführlich hierzu *A. Drygala*, ZIP 1996, 1365; *Willemsen*, NZA 1996, 791 (795f.).

eine Information zum frühestmöglichen Zeitpunkt verlangt[1]. Und für die Information allein nach den Regeln des BetrVG spricht auch die bessere gerichtliche Durchsetzung (Beschlussverfahren) und Sanktionierung (Anspruch auf Nachteilsausgleichung nach § 113 Abs. 3 BetrVG) bei Verletzung des Beteiligungs- bzw. Informationsrechts sowie schließlich die Möglichkeit einer einstweiligen (Untersagungs-)Verfügung für den Fall, dass die Betriebsänderung vollzogen werden soll, ohne dass ein Interessenausgleich zustande gekommen ist.

111 Das Argument der (sinnlosen) Doppelinformation soll nun allerdings nach *Bachner* dadurch vermieden werden, dass § 5 Abs. 1 Nr. 9 UmwG als Vorverlagerung der Rechte des Betriebsrates aus §§ 111 ff. BetrVG verstanden wird; andernfalls laufe das nach §§ 111 ff. BetrVG vorgeschriebene Beteiligungsverfahren leer[2], da mit der Verschmelzung regelmäßig Betriebsänderungen einhergingen. Da die entscheidende Weichenstellung schon durch die Verschmelzung erfolge, könne später nicht mehr, wie es von §§ 111 ff. BetrVG vorgesehen sei, über alternative Modelle mit dem Ziel einer Einigung verhandelt werden[3]. Deshalb sei es geboten, im Wege der einstweiligen Verfügung bereits den Verschmelzungsbeschluss verhindern zu können, sofern vor dem Verschmelzungsbeschluss kein Interessenausgleich zustande gekommen sei[4].

112 Diese Ansicht ist jedoch mit dem System und den Rechtsfolgen der Verschmelzung nicht vereinbar. Die Verschmelzung ist eine unternehmerische Entscheidung. Über sie befinden allein die Anteilseigner. Ein Mitberatungs- oder Mitbestimmungsrecht des Betriebsrats über die Frage, ob der Rechtsträger verschmolzen werden soll, besteht gerade nicht[5]. Verhandlungen über alternative Modelle und eine Einigung, auf die *Bachner* sich beruft, können sich auf diese Frage also von vornherein nicht beziehen. Es geht um strukturelle Änderungen, die ggf. nach der Verschmelzung durchgeführt werden sollen. Über diese zu beraten, ist auch nach dem Verschmelzungsbeschluss noch genügend Zeit, da weder durch diesen noch durch eine Eintragung die Stellung des Arbeitnehmers beeinträchtigt wird. Das gilt dann auch für die Sicherungsverfügung, um die es *Bachner* offenbar vor allem geht[6].

113 **(d)** Entgegen der Ansicht von *Doublet*[7] zwingt auch die Angabepflicht hinsichtlich mittelbarer Folgen nach § 613a BGB nicht zu einem erweiterten Verständnis von § 5 Abs. 1 Nr. 9 UmwG. Bei § 613a Abs. 5 BGB vertritt das BAG eine mittlere Auffassung, die eine Angabe mittelbarer Folgen verlangt, jedoch nur dann, wenn diese zum Zeitpunkt der Mitteilung bereits geplant sind[8]. Hieraus wird abgeleitet, dass demnach diese Angaben auch nach § 5 Abs. 1 Nr. 9 UmwG erforderlich seien[9]. Diese Ansicht überbetont den Zusammenhang zwischen den beiden Normen.

---

1 BAG v. 17.9.1974 – 1 AZR 16/74, AP Nr. 1 zu § 113 BetrVG 1972; BAG v. 14.9.1976 – 1 AZR 784/75, AP Nr. 2 zu § 113 BetrVG 1972.
2 So *Bachner*, NJW 1995, 2881 (2886).
3 So *Bachner*, NJW 1995, 2881 (2886).
4 *Bachner*, NJW 1995, 2881 (2886).
5 Zutr. *Doublet*, S. 254.
6 Pointiert gegen *Bachner* auch *Willemsen*, NZA 1996, 791 (797).
7 *Doublet*, S. 262.
8 Zuletzt BAG v. 10.11.2011 – 8 AZR 430/10, BB 2012, 700; BAG v. 24.5.2005 – 8 AZR 398/04, NZA 2005, 1302; dazu auch *Fuhlrott/Ritz*, BB 2012, 2689 ff.
9 *Doublet*, S. 255 ff.

Zwar mag es sein, dass ein Interesse besteht, die Informationen i.S.d. § 613a BGB bereits frühzeitig zu erteilen, so dass für die beteiligten Unternehmen bereits bei Fassung der Zustimmungsbeschlüsse feststeht, welche Arbeitnehmer von ihrem Widerspruchsrecht Gebrauch machen werden[1]. Aber dies ist eine reine Zweckmäßigkeitsfrage, die nicht dazu zwingt, die nach § 613a Abs. 5 BGB zu machenden Angaben noch einmal im Verschmelzungsvertrag zu wiederholen. Im Gegenteil, das Argument der sinnlosen Doppelinformation wird durch die gegenwärtige Fassung von § 613a Abs. 5 BGB noch verstärkt[2]. Hinzu kommt, dass die Frage auch bei § 613a BGB umstritten ist. Neben Zustimmung[3] hat die Position des BAG auch scharfe Ablehnung erfahren[4]. Eine Übernahme der nach § 613a BGB erforderlichen Angaben in den Verschmelzungsvertrag würde diese Unsicherheit ohne Not in das Umwandlungsrecht importieren.

(e) Schließlich zwingen auch die Vorgaben des europäischen Rechts nicht zu einer Einbeziehung der mittelbaren Folgen in die Pflichtangaben nach § 5 Abs. 1 Nr. 9 UmwG. Zwar sind nach Art. 7 Abs. 1 der Richtlinie v. 14.2.1977 (77/187/EWG)[5] beim Betriebsübergang die betroffenen Arbeitnehmer nicht nur über die rechtlichen, sondern auch über die wirtschaftlichen und sozialen Folgen sowie über die in Aussicht genommenen Maßnahmen zu informieren. Jedoch erlaubt Art. 7 Abs. 3 der Richtlinie den Mitgliedstaaten, die Information auf Betriebsänderungen mit wesentlichen Nachteilen für einen erheblichen Teil der Arbeitnehmer zu beschränken, wenn als Ausgleich ein Schiedsverfahren hinsichtlich der beabsichtigten Änderungen vorgesehen ist. Von dieser Option hat die Bundesrepublik durch die §§ 111 ff. BetrVG und dort insbesondere durch die Vorschriften über den Interessenausgleich Gebrauch gemacht[6]. Damit ist den Vorgaben der Richtlinie Genüge getan. Eine Pflicht zu weiter gehenden Informationen lässt sich dem europäischen Recht nicht entnehmen; das hat der deutsche Gesetzgeber bei der Vorbereitung des UmwG so gesehen[7]. 114

(f) Das alles ändert nichts daran, dass gegenwärtig hinsichtlich der Angabepflicht nach § 5 Abs. 1 Nr. 9 UmwG große Rechtsunsicherheit besteht[8]. Um Risiken auszuschließen, kann es sich empfehlen, wenn möglich bereits im Vorfeld der Verschmelzung einen Interessenausgleich mit dem Betriebsrat über die mittelbaren Folgen zu vereinbaren. Die Arbeitnehmerbelange sind damit umfassend berücksichtigt. Selbst nach der hier abgelehnten Auffassung können sich dann die Angaben zu den mittelbaren Folgen darauf beschränken, dass auf den Inhalt der 115

---

1 *Doublet*, S. 259.

2 Wie hier *Simon* in Semler/Stengel, § 5 UmwG Rz. 66.

3 *Lembke*, NJW 2007, 254; zuvor bereits *Willemsen/Lembke*, NJW 2002, 1159 (1163).

4 *Hohenstatt/Grau*, NZA 2007, 13 (16); *Grau*, RdA 2007, 367 (370).

5 Richtlinie 77/187/EWG, ABl. EG Nr. L 61/26 (Betriebsübergangsrichtlinie), auch abgedr. bei *Lutter/Bayer/J. Schmidt*, Europäisches Unternehmens- und Kapitalmarktrecht, S. 1375 ff.

6 Vgl. *Lutter/Bayer/J. Schmidt*, Europäisches Unternehmens- und Kapitalmarktrecht, S. 1372; ebenso: *von Alvensleben*, Die Rechte der Arbeitnehmer bei Betriebsübergang im Europäischen Gemeinschaftsrecht, 1992, S. 332 ff.; im Grundsatz auch *Colneric* in FS Steindorff, 1990, S. 1129 (1133 ff.).

7 Die Gesetzesmaterialien nennen als umzusetzende Richtlinie nur die Fusionsrichtlinie, nicht aber Art. 7 der Betriebsübergangsrichtlinie (77/187/EWG); vgl. *Ganske*, S. 44 (50).

8 Die Praxis ist uneinheitlich, vgl. die Nachweise bei *Simon* in Semler/Stengel, § 5 UmwG Rz. 78.

erzielten Einigung verwiesen wird (so wurde bei der Verschmelzung Asko/Metro/Kaufhof verfahren, vgl. Bundesanzeiger 1996, S. 4834 und 4518).

c) Angaben über zu treffende Maßnahmen

116 Im Verschmelzungsvertrag sind auch die Maßnahmen aufzuführen, die vom neuen Rechtsträger tatsächlich ergriffen werden, um etwaige mit der Verschmelzung einhergehende Nachteile für die Arbeitnehmer und ihre Vertreter auszugleichen. Hierbei wird es sich vor allem um freiwillige Vorhaben des neuen Rechtsträgers handeln, wie z.B. die freiwillige Beibehaltung eines mitbestimmten Aufsichtsrats bei der Verschmelzung auf eine Personengesellschaft, die freiwillig vereinbarte Beibehaltung von bisher geltenden Tarifverträgen bei anderweitiger Tarifbindung des neuen Rechtsträgers u.Ä. (so im Ergebnis auch *Decher/Hoger*, § 194 Rz. 27).

d) Negativerklärungen

117 Hat eine Gesellschaft keine Arbeitnehmer, so ist dies im Vertrag zu vermerken, um klarzustellen, dass sich das Problem der arbeitnehmerbezogenen Angaben nicht stellt. Ansonsten sind, wenn sich keine besonderen Auswirkungen auf die Arbeitnehmer und ihre Vertretungen ergeben, keine ausdrücklichen Negativerklärungen erforderlich[1]. Das Fehlen besonderer Auswirkungen ergibt sich vielmehr aus der Auslegung des Vertragstextes.

e) Muster von Angaben nach § 5 Abs. 1 Nr. 9 UmwG

118 Auf Grund dieser Überlegungen könnten die Angaben nach § 5 Abs. 1 Nr. 9 UmwG etwa wie folgt lauten[2] (wobei von der Verschmelzung zweier GmbHs auf eine AG ausgegangen wird):

„1. Die Folgen der Verschmelzung für die Arbeitnehmer der Gesellschaften mbH und für ihre Vertretungen ergeben sich aus §§ 20 Abs. 1 Nr. 1 und 2, 324 UmwG sowie § 613a Abs. 1 und 4 BGB.

2. Nach diesen Vorschriften tritt die AG in die Rechte und Pflichten aus den am Verschmelzungsstichtag bei jeder GmbH bestehenden Arbeitsverhältnissen ein. Diese Arbeitsverhältnisse können nicht wegen der Verschmelzung gekündigt werden.

3. Die Vertretungen der Arbeitnehmer in den Betrieben der Gesellschaften mbH bleiben in diesen Betrieben bestehen. Diese Betriebe werden durch die Verschmelzung nicht berührt.

---

1 *Willemsen* in Kallmeyer, § 5 UmwG Rz. 59; *Blechmann*, NZA 2005, 1143 (1145); *Simon* in Semler/Stengel, § 5 UmwG Rz. 92; a.A. OLG Düsseldorf v. 15.5.1998 – 3 Wx 156/98, NZA 1998, 766 f. = GmbHR 1998, 745.

2 Der bloße Hinweis darauf, dass sich die Folgen der Verschmelzung nach den Vorschriften des UmwG sowie nach § 613a BGB richten, ist nach OLG Düsseldorf v. 15.5.1998 – 3 Wx 156/98, GmbHR 1998, 745 = ZIP 1998, 1190 nicht ausreichend; insoweit zust. *Bungert*, NZG 1998, 733; vgl. auch *Limmer*, Unternehmensumwandlung, S. 123.

4. Die Ämter der Mitglieder der Wirtschaftsausschüsse bei den Gesellschaften mbH und die Ämter der Mitglieder des Gesamtbetriebsrats und des Konzernbetriebsrats erlöschen am Tag der Eintragung der Verschmelzung in das Handelsregister der AG. Das Gleiche gilt für die Ämter der Aufsichtsratsmitglieder in den Aufsichtsräten der Gesellschaften mbH.

5. Im Unternehmen der AG ist künftig ein Gesamtbetriebsrat zu errichten, in den jeder Betriebsrat zwei seiner Mitglieder entsendet.

6. Nach Eintragung der Verschmelzung in das Handelsregister der AG wird diese mehr als 2000 Arbeitnehmer haben. Der bislang bei der AG nach §§ 95, 96 AktG, §§ 1ff. DrittelbG gebildete Aufsichtsrat ist ab dann nach den Regeln des Mitbestimmungsgesetzes von 1976 zu bilden; die erforderlichen Maßnahmen werden dann nach §§ 97ff. AktG unverzüglich eingeleitet."

IV. Weitere zwingende Vorschriften

1. Abfindungsangebot

a) Regel

Handelt es sich um eine sog. Mischverschmelzung oder gelten für die Anteile an 119 dem übernehmenden Rechtsträger, die an die Stelle der Anteile an dem übertragenden Rechtsträger treten, Verfügungsbeschränkungen (Vinkulierung, Zustimmungserfordernisse), so muss der Verschmelzungsvertrag nach § 29 UmwG ein konkretes und angemessenes Barabfindungsangebot mit dem Angebot der Übernahme der Anteile des ausscheidungswilligen Anteilsinhabers gegen bar bzw. ein befristetes Austrittsrecht enthalten (§§ 29 Abs. 1, 30 Abs. 1 UmwG); ferner ist auf die Annahmefrist des § 31 UmwG hinzuweisen[1], nicht jedoch auf das Spruchverfahren nach § 33 UmwG[2].

b) Ausnahme

Kann es einen Widerspruch mangels außenstehender Anteilsinhaber nicht geben 120 (Verschmelzung einer 100 %-Tochter auf die Mutter), so entfällt die Pflicht zur Aufnahme eines Abfindungsangebots analog § 5 Abs. 2 UmwG. Fraglich ist, ob das auch für andere Fälle gelten kann, in denen mit einem Widerspruch nach § 29 UmwG nicht zu rechnen ist (vgl. auch § 29 Rz. 18ff.)[3]. Das ist nicht anzunehmen, da die Aufnahme in den Vertrag auch eine Hinweisfunktion zugunsten des Betroffenen hat. Allerdings kann auf das Widerspruchsrecht und die Möglichkeit der Abfindung individuell verzichtet werden. Geschieht das von allen potentiell berechtigten Anteilsinhabern analog §§ 8 Abs. 3, 9 Abs. 3 UmwG in notariell beurkundeter Form, so entfällt die Pflicht naturgemäß. Es empfiehlt sich dann ein entsprechender Vermerk als Hinweis an den Registerrichter.

---

1 *Sagasser/Luke* in Sagasser/Bula/Brünger, § 9 Rz. 175; *Heidenhain*, NJW 1995, 2873 (2876).

2 Vgl. dazu *Sagasser/Luke* in Sagasser/Bula/Brünger, § 9 Rz. 175 Fn. 337.

3 So *Picot/Müller-Eising* in Picot, Unternehmenskauf und Restrukturierung, 3. Aufl. 2004, Rz. II. 229 mit Fn. 521 und *Heidenhain*, NJW 1995, 2873 (2876) (zur Spaltung).

Haben alle Anteilseigner zugestimmt, so bedeutet das allein aber noch keinen entsprechenden Verzicht, denn das Gesetz fördert die Zustimmung und will sie nicht als Rechtsverzicht gewertet wissen. Fraglich ist, ob Gleiches gilt, wenn auch kein Widerspruch erklärt wurde. Dann haben die Anteilseigner ja nicht nur ihr Einverständnis mit der Verschmelzung erklärt, sondern auch ihren Wunsch zum Ausdruck gebracht, weiter Anteilseigner zu sein. Dem könnte aber entgegenstehen, dass der einzelne Anteilseigner mangels Hinweis im Vertrag keine Kenntnis von einem Abfindungs-/Austrittsangebot hat. Liegen einzelne Verzichtserklärungen analog §§ 8 Abs. 3, 9 Abs. 3 UmwG bei der Beschlussfassung nicht vor, empfiehlt es sich daher, den Verzicht anlässlich der Versammlung nachzuholen.

2. Rechtsformspezifische Sonderregelungen

121 Neben den allgemeinen Regeln zum Mindestinhalt des Vertrages sind bei einzelnen Rechtsformen zusätzliche Angaben zwingend erforderlich, damit der Verschmelzungsvertrag vollständig ist. Diese sind:

a) AG und KGaA

122 Unbekannte Aktionäre einer AG oder KGaA (vgl. § 35 UmwG) sind seit der Änderung des UmwG im Jahre 2007[1] nur noch mit dem auf sie entfallenden Anteil am Grundkapital der übernehmenden Gesellschaft und der auf sie nach der Verschmelzung entfallenden Anteile zu bezeichnen. Die zuvor verlangte Angabe ihrer Aktienurkunden war angesichts der Verbreitung der Globalurkunde unpraktikabel und ist vom Gesetzgeber zu Recht abgeschafft worden[2]. Zur Benennung eines Treuhänders nach §§ 71, 73, 78 UmwG s. oben Rz. 65.

b) GmbH

123 Zwingende Sonderregelungen enthalten die §§ 46, 56, 57 UmwG. Danach ist im Gesellschaftsvertrag u.a. die ausdrückliche Angabe des Nennbetrags jedes Geschäftsanteils erforderlich, wie ihn jeder Anteilsinhaber des bzw. der übertragenden Rechtsträger erhält[3]. Außerdem ist anzugeben, ob die Anteile aus einer Kapitalerhöhung oder aus eigenen Beständen der übernehmenden GmbH stammen (dazu schon oben Rz. 64) und ob Abweichungen bei der Ausgestaltung der durch Kapitalerhöhung geschaffenen Anteile gegenüber den originären Anteilen bestehen. Sollen schon bestehende Anteile übertragen werden, so müssen die Gesellschafter und die Nennbeträge der Geschäftsanteile, die sie erhalten sollen, besonders bestimmt werden (§ 46 Abs. 3 UmwG). Sind die Geschäftsanteile einer übertragenden oder übernehmenden GmbH nicht voll eingezahlt, so müssen nach § 51 Abs. 1 UmwG wegen des Risikos einer Haftung nach § 24 GmbHG und abweichend von der sonst ausreichenden Dreiviertelmehrheit nach § 50 Abs. 1 UmwG alle bei der Beschlussfassung anwesenden Anteilsinhaber des jeweils an-

---

1 2. Gesetz zur Änderung des UmwG, BGBl. I 2007, S. 542 ff.

2 Näher *Marsch-Barner* in Kallmeyer, § 35 UmwG Rz. 1; *Heckschen*, DNotZ 2007, 444 (446).

3 Nicht anzugeben ist der Ausgabekurs der zu schaffenden Anteile, also ein Agio, vgl. *Ihrig*, GmbHR 1995, 622 (626).

deren Rechtsträgers der Verschmelzung zustimmen. Zur Klarstellung der Mehrheitserfordernisse ist daher bei der Beurkundung des Verschmelzungsvertrages ein Hinweis auf die vorliegende Volleinzahlung der Anteile aufzunehmen[1].

c) Personenhandelsgesellschaften

Hier sind zusätzlich nach § 40 Abs. 1 UmwG Angaben über die Gesellschafter- 124
stellung (persönlich haftende Gesellschafter oder Kommanditisten) und die Einlage der Anteilsinhaber des übertragenden Rechtsträgers in der übernehmenden Personenhandelsgesellschaft im Verschmelzungsvertrag erforderlich. Wer bisher – etwa als Aktionär oder GmbH-Gesellschafter – nicht persönlich gehaftet hat, wird nach § 40 Abs. 2 UmwG Kommanditist, außer wenn er dem Verschmelzungsbeschluss selbst zustimmt. Nach § 43 Abs. 2 Satz 3 UmwG kann auch ein bisher persönlich haftender Gesellschafter, der der Verschmelzung widerspricht, verlangen, nach der Verschmelzung bloß noch Kommanditist zu sein.

d) Genossenschaften

§ 80 Abs. 1 UmwG sieht Abweichungen und Präzisierungen zu § 5 Abs. 1 Nr. 3 125
UmwG beim Verschmelzungsvertrag vor, § 80 Abs. 2 UmwG verlangt Angaben über die Stichtage der Schlussbilanzen der übertragenden Genossenschaften.

e) Versicherungsvereine auf Gegenseitigkeit

§ 110 UmwG befreit von den Angaben nach § 5 Abs. 1 Nr. 3–5 und Nr. 7 UmwG, 126
sofern nur VVaGs an einer Verschmelzung beteiligt sind.

f) Kleine Vereine nach § 53 VAG

§ 118 Satz 1 UmwG verweist auf § 110 UmwG und befreit ebenfalls von den An- 127
gaben nach § 5 Abs. 1 Nr. 3–5 und Nr. 7 UmwG.

g) Partnerschaftsgesellschaften

Sonderregeln für die Verschmelzung unter Beteiligung von Partnerschaftsgesell- 128
schaften finden sich in den §§ 45a–45e UmwG[2]. Gem. § 45b UmwG müssen neben den nach § 5 UmwG erforderlichen Angaben zusätzlich für jeden künftigen Partner der vollständige Name, der künftig in der Partnerschaftsgesellschaft ausgeübte Beruf sowie der Wohnort angegeben werden[3].

1 A.A. *Simon* in KölnKomm. UmwG, § 5 UmwG Rz. 228; *Schröer* in Semler/Stengel, § 5 UmwG Rz. 122.
2 Eingefügt durch Gesetz zur Änderung des Umwandlungsgesetzes, des Partnerschaftsgesellschaftsgesetzes und anderer Gesetze v. 22.7.1998, BGBl. I, S. 1878.
3 Ausführlich hierzu *Neye*, ZIP 1997, 722 (723 f.).

3. Verschmelzung durch Neugründung

129 Bei der Verschmelzung durch Neugründung hat nach § 37 UmwG der Verschmelzungsvertrag zugleich den Gesellschaftsvertrag (Satzung, Statut) des neu gegründeten Rechtsträgers vollständig zu enthalten. Dabei ist eine Verweisung auf diesen Gesellschaftsvertrag als beigefügte Anlage nach § 9 Abs. 1 Satz 2 BeurkG oder durch Bezugnahme in der erleichterten Form nach § 13a BeurkG möglich, sofern dessen Voraussetzungen vorliegen. Ferner sind, soweit sich aus dem UmwG nichts anderes ergibt, die allgemeinen Gründungsvorschriften (etwa §§ 3 ff. GmbHG, §§ 23 ff. AktG) zu beachten (§ 36 Abs. 2 Satz 1 UmwG) und Vertretungsorgane für den neuen Rechtsträger zu bestellen. So haben die Gründer einer AG den ersten Aufsichtsrat und die ersten Abschlussprüfer zu bestellen (§ 30 Abs. 1 Satz 1 AktG; vgl. auch § 59 Satz 2 UmwG), bei der Gründung einer GmbH gilt dies für die ersten Geschäftsführer (§ 6 Abs. 2 Satz 2 GmbHG)[1].

Sofern es sich um eine Verschmelzung durch Neugründung einer GmbH oder AG handelt, sind nach §§ 57, 74 UmwG die Festsetzungen über Sondervorteile, Gründungsaufwand, Sacheinlagen und Sachübernahmen zu übernehmen. Schließlich sind nach § 23 UmwG den Inhabern von Sonderrechten gleichwertige Rechte zu gewähren[2].

V. Fakultative Regelungen im Verschmelzungsvertrag[3]

130 Neben die in § 5 Abs. 1 UmwG vorgeschriebenen Bestandteile des Verschmelzungsvertrages können weitere Bestimmungen treten. Solche zusätzlichen Angaben sind zulässig (vgl. § 1 Abs. 3 Satz 2 UmwG) und sinnvoll, sie können rein deklaratorische, aber auch konstitutive Bestandteile des Verschmelzungsvertrages darstellen; sie müssen aber in jedem Fall in den Verschmelzungsvertrag selbst aufgenommen werden (vgl. schon oben Rz. 3).

1. Präambel

131 Möglich und bei größeren Verschmelzungen üblich ist die Aufnahme einer Präambel in die Vertragsurkunde über die Verschmelzung. Eine solche Präambel kann eine Auslegungshilfe für das Verständnis des Verschmelzungsvertrages darstellen. Üblich sind dabei Angaben über die erwarteten Synergieeffekte und andere Ziele der Verschmelzung, ferner die Angabe, dass der Organisationsmaßnahme ein gemeinsames Konzept der beteiligten Rechtsträger zugrunde liegt, und häufig auch die Formulierung, dass die gewachsene Identität beider Unternehmen sich auch in dem neuen Rechtsträger wiederfinden soll.

---

1 Dem steht nicht entgegen, dass bis zu den Zustimmungsbeschlüssen der übertragenden Rechtsträger noch keine Vorgesellschaft besteht, vgl. § 59 Satz 1 UmwG und *D. Mayer*, DB 1995, 861 (863).

2 Sollen bestehende Sonderrechte beseitigt werden, so kann dies nur mit deren Zustimmung geschehen, vgl. § 50 Abs. 2 UmwG.

3 Vgl. *Schröer* in Semler/Stengel, § 5 UmwG Rz. 107 ff.; *Mayer* in Widmann/Mayer, § 5 UmwG Rz. 215 ff. und *Picot/Müller-Eising* in Picot, Unternehmenskauf und Restrukturierung, 3. Aufl. 2004, Rz. II. 233 ff.

2. Firma/Name

In Betracht kommen weitere Regelungen über die künftige Firma des übernehmenden Rechtsträgers nach der Verschmelzung. So kann insbesondere festgelegt werden, dass aus Firmenbestandteilen der beteiligten Rechtsträger eine neue Firma des übernehmenden Rechtsträgers gebildet wird[1]. § 18 UmwG trifft hierfür besondere Bestimmungen (vgl. dazu im Einzelnen bei § 18 UmwG), die jedoch angesichts der grundlegenden Liberalisierung des Firmenrechts[2] nur noch wenige umwandlungsrechtliche Spezialfragen betreffen[3]. 132

3. Kosten[4]

Regelmäßig finden sich in Verschmelzungsverträgen auch Regelungen über die Tragung der mit der Verschmelzung verbundenen Kosten. Bei einer Verschmelzung durch Aufnahme ist eine solche Regelung für den Fall, dass die Verschmelzung durchgeführt wird, an sich überflüssig, da die Kosten letztlich sowieso vom übernehmenden Rechtsträger zu tragen sind. Sie ist aber klarstellend und sinnvoll. Notwendig ist aber eine Regelung für den Fall, dass die Verschmelzung scheitert. Häufig werden auch Ausnahmen für die Kosten der Anteilseignerversammlung der beteiligten Rechtsträger gemacht. Eine Regelung könnte etwa lauten: *„Die Kosten des Verschmelzungsvertrages und etwaige Steuern sowie die Kosten der Ausführung des Verschmelzungsvertrages werden vom aufnehmenden Rechtsträger getragen. Im Falle des Scheiterns der Verschmelzung werden die Kosten geteilt, wobei die Kosten der Anteilseignerversammlung der beteiligten Rechtsträger diese jeweils selbst tragen."* 133

4. Besondere Verpflichtungen des übernehmenden Rechtsträgers

Möglich ist es auch, im Verschmelzungsvertrag bestimmte Verpflichtungen des übernehmenden Rechtsträgers gegenüber dem übertragenden Rechtsträger oder gegenüber Dritten (Arbeitnehmer, Absatzmittler oder Organmitglieder des übertragenden Rechtsträgers) festzulegen. So kann etwa im Interesse der Arbeitnehmer des übertragenden Rechtsträgers ein Erhalt der erworbenen Rechte (des sog. sozialen Besitzstandes) vereinbart oder festgeschrieben werden, dass bestimmte Werke (vorerst) nicht stillgelegt werden. Die Durchsetzung solcher Verpflichtungen bereitet allerdings erhebliche Schwierigkeiten, auch wenn sie als echter Vertrag zugunsten Dritter ausformuliert sein sollten[5]. 134

---

1 Beispiel: Krupp-Hoesch AG.

2 Instruktiv dazu *Lutter/Welp*, ZIP 1999, 1073 ff.

3 Zur Änderung des § 18 UmwG durch das 7. HRefG v. 22.6.1998, BGBl. I, S. 1474, s. BegrRegE, BT-Drucks. 13/8444, 73; vgl. auch *Neye*, DB 1998, 1649 (1654).

4 OLG Stuttgart v. 23.11.1994 – 3 U 77/94, WM 1995, 1355; LG Stuttgart v. 8.3.1994 – 4 KfM O 6/94, ZIP 1994, 631 = EWiR § 339 AktG 1/94, 429 mit Anm. *Grunewald:* Die Kostentragung durch das aufnehmende Unternehmen ist keine solche Belastung, als dass deswegen eine Anfechtungsklage wegen Treupflichtverletzung gerechtfertigt wäre.

5 *Schröer* in Semler/Stengel, § 5 UmwG Rz. 108, 111; *Marsch-Barner* in Kallmeyer, § 5 UmwG Rz. 62.

Denkbar ist auch die Verpflichtung zur Satzungsänderung im aufnehmenden Rechtsträger[1], etwa im Hinblick auf den Unternehmensgegenstand oder die Organe. Solche Vereinbarungen können im Verschmelzungsvertrag aber nur derart gesichert werden, dass dem übertragenden Rechtsträger ein Rücktrittsrecht eingeräumt wird, wenn beim übernehmenden Rechtsträger eine Beschlussfassung über die Änderung von Satzung/Gesellschaftsvertrag/Statut und deren Eintragung im Register nicht bis zu einem bestimmten Termin (vor der Eintragung der Verschmelzung) stattgefunden hat[2].

5. Kündigungsrechte und Bedingungen

135 Über § 7 UmwG hinaus können in dem Vertrag auch Kündigungsrechte und auflösende Bedingungen vorgesehen werden, nach der der Verschmelzungsvertrag nur wirksam wird, wenn die Verschmelzung bis zu einem bestimmten Termin im Handelsregister eingetragen ist[3]; auch ein Rücktrittsrecht für jeden Vertragspartner kann vereinbart werden (dazu § 4 Rz. 40).

6. Vorbehalt kartellrechtlicher Zulässigkeit der Fusion

136 Sofern die Aufgreifkriterien der deutschen oder europäischen Fusionskontrolle eingreifen, sollte eine aufschiebende Bedingung vereinbart werden, wonach die Verschmelzung erst wirksam wird, wenn die Europäische Kommission/das Bundeskartellamt dem bereits angemeldeten Verschmelzungsvorhaben zugestimmt bzw. dieses innerhalb der 1-Monats-Frist des § 40 Abs. 1 Satz 1 GWB nicht untersagt hat. Das wirft allerdings das Problem auf, wie das Ausbleiben der Untersagung gegenüber dem Handelsregister nachgewiesen werden soll[4]. Insofern ginge es zu weit, wenn das Registergericht den Nachweis des Bedingungseintritts in öffentlich beglaubigter Form fordern würde (vgl. § 12 HGB)[5]. Der Form des § 12 HGB bedürfen nur die Anmeldung selbst und die zur Aufbewahrung bestimmten Unterschriften. Ferner regelt § 17 UmwG die Formbedürftigkeit der einzureichenden Anlagen abschließend. Bedingungen und Befristungen sind dort nicht erwähnt. Daraus ist zu schließen, dass das Gericht bei der Prüfung, ob die Verschmelzung wirksam geworden ist, nach freier Überzeugung entscheidet und diese Überzeugungsbildung nicht von der Einreichung von Urkunden in bestimmter Form abhängig machen kann[6]. Dafür spricht auch, dass der Nachweis der Zuleitung an den Betriebsrat nach § 5 Abs. 3 UmwG gegenüber dem Registergericht formlos erfolgen kann. Eine Erklärung der Leitungsorgane, dass keine Untersagungsverfügung eingegangen sei, ist daher zum Nachweis völlig ausreichend. Daher ist es auch überflüssig, die Nachweisfrage im Vertrag besonders zu regeln.

---

1 Dazu allg. etwa *Ulmer* in Ulmer/Habersack/Winter, § 53 GmbHG Rz. 42; *Bayer* in Lutter/Hommelhoff, § 53 GmbHG Rz. 38; *Hüffer*, § 179 AktG Rz. 32.
2 Wie hier auch *Mayer* in Widmann/Mayer, § 5 UmwG Rz. 219; *Schröer* in Semler/Stengel, § 5 UmwG Rz. 93.
3 *Schröer* in Semler/Stengel, § 5 UmwG Rz. 113 ff.; *Mayer* in Widmann/Mayer, § 5 UmwG Rz. 233; näher unten bei § 7 UmwG.
4 *Mayer* in Widmann/Mayer, § 5 UmwG Rz. 235.1.
5 So offenbar die Befürchtung von *Mayer* in Widmann/Mayer, § 5 UmwG Rz. 235.1.
6 Für Nachweis durch schriftliche Erklärung auch *Schwanna* in Semler/Stengel, § 17 UmwG Rz. 4; unten § 17 Rz. 5.

7. Sonstiges

Bei GmbH-Verschmelzungsverträgen werden häufig Sonderrechte zur Bestellung eines Geschäftsführers[1] aufgenommen. Denkbar sind ferner Garantien Dritter (des beherrschenden Gesellschafters) für Umfang und Wert des Vermögens eines übertragenden Rechtsträgers[2] sowie die Regelung der Auswirkungen der Verschmelzung auf andere Verträge wie etwa Unternehmensverträge. Ferner sind Klarstellungen nützlich, wie etwa Hinweise auf die aufschiebende Bedingung der Wirksamkeit des Verschmelzungsvertrages durch § 13 Abs. 1 UmwG oder der Hinweis, dass sich durch den Abschluss des Verschmelzungsvertrages die Vertragsparteien verpflichten, die zu seiner Durchführung erforderlichen und notwendigen Maßnahmen zu ergreifen. 137

Daneben ist die Aufnahme einer Schiedsgerichtsklausel in den Verschmelzungsvertrag möglich[3].

8. Notarielle Belehrungen

Schließlich sind Notare darauf hinzuweisen, dass in die Urkunde über den Verschmelzungsvertrag folgende Belehrungen und Hinweise aufgenommen werden sollten: zum einen der Hinweis darauf, dass die Verschmelzung binnen 8 Monaten nach dem Stichtag der bei der Anmeldung einzureichenden Schlussbilanz zur Eintragung in das Handelsregister angemeldet werden muss, ferner dass sie erst mit der Eintragung wirksam wird, dass die Vermögensübertragung, soweit sie Grundstücke zum Gegenstand hat, der Grunderwerbsteuer unterliegt[4] und dass die Grundbuchberichtigung erfolgen muss. 138

C. Verschmelzung einer 100%igen Tochtergesellschaft auf die Muttergesellschaft (§ 5 Abs. 2 UmwG)

I. Grundsatz

§ 5 Abs. 2 UmwG gewährt eine Erleichterung für die Verschmelzung durch die Aufnahme einer 100%igen Tochtergesellschaft, wie sie im vor 1994 geltenden Verschmelzungsrecht nur für Aktiengesellschaften[5] enthalten war[6]. Diese Erleichterung gilt im Grundsatz für alle verschmelzungsfähigen Rechtsformen, sofern sich alle Anteile des übertragenden Rechtsträgers in der Hand des übernehmenden Rechtsträgers befinden. Sie kann jedoch dort keine Anwendung finden, wo es, wie bei Personenhandelsgesellschaften, keine Alleingesellschafterstellung 139

---

1 Vgl. etwa *Rawert* in Beck`sches Formularbuch Bürgerliches, Handels- und Wirtschaftsrecht, 11. Aufl. 2013, Form XI 6 § 5 und Anm. 10.

2 *Barz*, AG 1972, 1 (3). Garantien der Vertragspartner sind dagegen wegen der Gesamtrechtsnachfolge sinnlos.

3 *Marsch-Barner* in Kallmeyer, § 5 UmwG Rz. 62.

4 Zur Belehrungspflicht von Notaren im Hinblick auf steuerrechtliche Sachverhalte vgl. BGH v. 10.11.1988 – IX ZR 31/88, NJW 1989, 586 = EWiR § 14 BNotO 1/89, 355 (*Brambring*) und BGH v. 13.6.1995 – IX ZR 203/94, WM 1995, 1502 (zur Spekulationssteuer) sowie § 14 BNotO, § 21 BeurkG.

5 Vgl. § 352b Abs. 2 AktG a.F.

6 Vgl. BegrRegE, bei *Schaumburg/Rödder*, § 5 UmwG Rz. 7 und bei *Ganske*, S. 50.

gibt. Letzteres wird auch im Fall der Verschmelzung einer GmbH auf die KG innerhalb einer GmbH & Co. KG mit einem identischen Kreis von GmbH-Gesellschaftern und Kommanditisten anzunehmen sein[1], da auch hier kein dem § 5 Abs. 2 UmwG entsprechendes Mutter-Tochter-Verhältnis zwischen der GmbH und der KG vorliegt – es sei denn, die KG halte alle Anteile an ihrer persönlich haftenden Gesellschafterin, eben der GmbH[2]. Nicht von den Erleichterungen des § 5 Abs. 2 UmwG erfasst ist der umgekehrte Fall, also die Verschmelzung einer Muttergesellschaft auf eine 100%ige Tochter (*down stream merger*)[3]. Hier sind die Angaben nach § 5 Abs. 1 Nr. 2–5 UmwG erforderlich, da die Anteilseigner der bisherigen Muttergesellschaft nach der Verschmelzung Anteile der Tochtergesellschaft erhalten. Die rechtlichen Probleme dieser Form der Verschmelzung, die vor allem beliebt ist, um nach einer Übernahme der Tochter die dafür aufgelaufenen Schulden mit dem Vermögen der Tochter zu vereinigen (*debt push down*), liegen weniger bei der Gestaltung des Verschmelzungsvertrages als vielmehr auf dem Gebiet der Kapitalerhaltung, weil gerade in den genannten Fällen ein negativer Vermögenswert auf die Tochter übertragen wird (näher dazu § 24 Rz. 61 ff.)[4].

II. Schwestergesellschaften[5]

140 Nicht unmittelbar einschlägig ist § 5 Abs. 2 UmwG dagegen im Fall der Verschmelzung von Schwestergesellschaften, die beide zu 100 % im Besitz derselben Muttergesellschaft stehen. Allerdings ermöglicht es § 54 Abs. 1 Satz 3 UmwG seit 2007[6], dass auf die Kapitalerhöhung verzichtet werden kann, wenn alle Anteilsinhaber des übertragenden Rechtsträgers darauf in notarieller Form verzichten[7]. Damit sollte gerade die Möglichkeit geschaffen werden, Verschmelzungen von Schwestergesellschaften entgegen der zuvor herrschenden Meinung[8] ohne Kapitalerhöhung durchzuführen. Wird davon Gebrauch gemacht, so ist § 5 Abs. 2 UmwG analog anzuwenden, und die auf den Anteilstausch bezogenen Angaben nach § 5 Abs. 1 Nr. 2–5 UmwG entfallen. Stattdessen ist auf die Verzichtserklärung der Anteilsinhaber zu verweisen.

---

1 *H. Schmidt* in Kölner Umwandlungsrechtstage, S. 59 (72); *Marsch-Barner* in Kallmeyer, § 5 UmwG Rz. 68.
2 Das ist möglich, vgl. nur *Hopt* in Baumbach/Hopt, Anh. § 177a HGB Rz. 1 m.w.N.
3 Allgemeine Meinung, vgl. *Schröer* in Semler/Stengel, § 5 UmwG Rz. 134; *Mertens*, AG 2005, 785 (786).
4 *Hörtnagl* in Schmitt/Hörtnagl/Stratz, § 24 UmwG Rz. 47; *Enneking/Heckschen*, DB 2006, 1099 (1100); *Mertens*, AG 2005, 785 ff.
5 Ausführlich dazu *Mayer* in Widmann/Mayer, § 5 UmwG Rz. 41 ff.; *Tillmann*, GmbHR 2003, 740.
6 BGBl. I 2007, S. 542.
7 Näher dazu *Heckschen*, DNotZ 2007, 444 (450); *Reichert* in Semler/Stengel, § 54 UmwG Rz. 19 ff.
8 BayObLG v. 24.5.1989 – BReg 3 Z 20/89, GmbHR 1990, 35 = DB 1989, 1158 mit abl. Anm. *Heckschen* = WuB II C. § 55 GmbHG 2.90 mit zust. Anm. *Peterhoff*; OLG Hamm v. 20.4.1988 – 15 W 84/87, GmbHR 1988, 395 = DB 1988, 1538; OLG Frankfurt/M. v. 10.3.1998 – 20 W 60/98, ZIP 1998, 1191 = NZG 1998, 649; abl. dazu *D. Mayer*, DB 1998, 913; *Neye*, EWiR 1998, 517; KG v. 22.9.1998 – 1 W 4387/97, DB 1998, 2511 = WM 1999, 323.

III. Zeitpunkt

Das Gesetz klärt nicht, zu welchem Zeitpunkt das 100 %-Tochter-Verhältnis vorliegen muss. Obwohl sich die Erleichterungen auf den Anteilstausch beziehen, der erst mit der Eintragung der Verschmelzung erfolgt, wird man verlangen müssen, dass sich das abhängige Unternehmen schon bei Fassung der Verschmelzungsbeschlüsse (bzw. nach § 62 Abs. 1 UmwG des Verschmelzungsbeschlusses der übertragenden Gesellschaft) und bis zur Eintragung der Verschmelzung im Handelsregister zu 100 % unmittelbar[1] in der Hand der Muttergesellschaft befindet, weil andernfalls der Vertrag im Moment der Beschlussfassung unvollständig und die daraufhin ergehenden Beschlüsse deshalb fehlerhaft wären. Daher müssen im Moment der Beschlussfassung über die Verschmelzung die Voraussetzungen des § 5 Abs. 2 UmwG vorliegen[2]. Ist dies nicht der Fall, so ist schon der Verschmelzungsvertrag unvollständig. 141

IV. Rechtsfolgen

Liegt das in § 5 Abs. 2 UmwG beschriebene Mutter-Tochter-Verhältnis vor, so entfallen die den Anteilstausch betreffenden Angaben nach § 5 Abs. 1 Nr. 2–5 UmwG, soweit sie die Aufnahme dieses Rechtsträgers betreffen. Die Angaben sind in diesem Fall überflüssig, weil nach § 20 Abs. 1 Nr. 3 UmwG der Anteilstausch gesetzlich ausgeschlossen ist. Da eine Kapitalerhöhung zur Schaffung neuer Geschäftsanteile oder Aktien bei der Verschmelzung auf eine Muttergesellschaft in der Rechtsform einer Kapitalgesellschaft untersagt ist (§§ 54 Abs. 1 Satz 1 Nr. 1, 68 Abs. 1 Satz 1 Nr. 1 UmwG), wäre in diesen Fällen die Anteilsgewähr ohnehin nur mit eigenen Anteilen der Mutter möglich. Mangels Anteilstausch in diesen Fällen entfällt auch die Verschmelzungsprüfung (§ 9 Abs. 2 UmwG)[3]. 142

---

1 *Bermel/Hannappel* in Goutier/Knopf/Tulloch, § 5 UmwG Rz. 112.

2 So auch LG Mannheim v. 26.3.1990 – 24 O 124/88, ZIP 1990, 992; a.A. *Bermel/Hannappel* in Goutier/Knopf/Tulloch, § 5 UmwG Rz. 117; *Marsch-Barner* in Kallmeyer, § 5 UmwG Rz. 70; *Schröer* in Semler/Stengel, § 5 UmwG Rz. 129; *Mayer* in Widmann/Mayer, § 5 UmwG Rz. 213; *Simon* in KölnKomm. UmwG, § 5 UmwG Rz. 238; *Henze*, AG 1993, 341 (344): Der Zeitpunkt der Anmeldung sei entscheidend; der Verschmelzungsvertrag könne entsprechend aufschiebend bedingt geschlossen werden. Dabei ist es nach h.M. zulässig, dass der Erwerb der 100 %-Mehrheit erst unmittelbar vor der Verschmelzung und allein wegen der Erleichterung des § 5 Abs. 2 UmwG erfolgt. Zur sog. „zweistufigen Konzernverschmelzung" vgl. insoweit LG Mannheim v. 26.3.1990 – 24 O 124/88, ZIP 1990, 992 = EWiR § 352b AktG 1/90 (*v. Gerkan*); *Bermel/Hannappel* in Goutier/Knopf/Tulloch, § 5 UmwG Rz. 115; a.A. OLG Karlsruhe v. 9.8.1991 – 15 U 127/90, ZIP 1991, 1145 = WuB A. § 183 AktG – 1.83 mit abl. Anm. *Marsch-Barner* und LG München v. 19.1.1995 – 5 HKO 12980/94, WM 1995, 715 (717) (zur Eingliederung).

3 Vgl. auch die BegrRegE zu § 9 UmwG, bei *Schaumburg/Rödder*, § 9 UmwG Rz. 6 und bei *Ganske*, S. 55.

D. Zuleitung des Vertrages an den Betriebsrat (§ 5 Abs. 3 UmwG)

I. Zweck der Norm

143 Um die gesetzgeberischen Ziele des § 5 Abs. 1 Nr. 9 UmwG sicherzustellen, sieht § 5 Abs. 3 UmwG die nachzuweisende (§ 17 Abs. 1 UmwG) Zuleitung des Verschmelzungsvertrages oder seines Entwurfes an den jeweils zuständigen Betriebsrat der an der Verschmelzung beteiligten Rechtsträger vor[1].

II. Zuständiger Betriebsrat

144 Die Frage, welcher Betriebsrat zuständig ist, beantwortet sich nach den Vorschriften des BetrVG[2]. Immer zuständig ist der Betriebsrat, dessen Betrieb auch Gegenstand der Umwandlung ist. Bei der Verschmelzung sind das alle Betriebe der beteiligten Rechtsträger[3], also auf jeden Fall **mehrere** Betriebsräte. Besteht im übertragenden Rechtsträger ein Gesamtbetriebsrat, so hat die Zuleitung ausschließlich[4] an ihn zu erfolgen, da er das auf Unternehmensebene kompetente Gremium ist, § 50 BetrVG[5]. Bei einer Ausgliederung oder Abspaltung kann das anders sein; hier ist denkbar, dass nur ein einzelner Betrieb betroffen ist[6]. Ist ein Konzernbetriebsrat vorhanden, so ist dieser für die Verschmelzung regelmäßig nicht zuständig, weil die Angelegenheit auch auf der Ebene der einzelnen Betriebsräte oder der Gesamtbetriebsräte der beteiligten Rechtsträger geregelt werden kann, § 58 BetrVG[7].

III. Fehlender Betriebsrat

145 Gibt es bei den betroffenen Rechtsträgern keinen Betriebsrat, so **entfällt** das Zuleitungserfordernis nach § 5 Abs. 3 UmwG[8]. Zum Teil wird darüber hinaus vertreten, dass es dann auch keiner Angaben nach § 5 Abs. 1 Nr. 9 UmwG bedürfe[9]. Be-

1 Vgl. *Ganske*, S. 50.
2 *Ganske*, S. 50.
3 Vgl. *Joost*, ZIP 1995, 976 (984).
4 Darauf weist *K. Müller*, DB 1997, 713 (715) m.w.N. hin.
5 *Joost*, ZIP 1995, 976 (984); *Däubler*, RdA 1995, 136 (138).
6 Zutr. *Hausch*, RNotZ 2007, 312; *Blechmann*, NZA 2005, 1143 (1147).
7 So auch *Däubler*, RdA 1995, 136 (138); *Joost*, ZIP 1995, 985; *Blechmann*, NZA 2005, 1148; im Ergebnis auch *Wlotzke*, DB 1995, 40 (45); *Boecken*, Unternehmensumwandlungen und Arbeitsrecht, Rz. 333 f.; *Willemsen* in Kallmeyer, § 5 UmwG Rz. 76 und RdA 1998, 23 (32); *Engelmeyer*, DB 1997, 2542 (2545); differenzierend *K. Müller*, DB 1997, 713 (715), der die Zuständigkeit des Konzernbetriebsrats bei Beteiligung des herrschenden Unternehmens als übertragender Rechtsträger an der Verschmelzung annimmt; generell für Zuständigkeit des Konzernbetriebsrats *Hausch*, RNotZ 2007, 313.
8 *Joost*, ZIP 1995, 976 (985); *Simon* in Semler/Stengel, § 5 UmwG Rz. 148; *Stohlmeier*, BB 1999, 1394 (1395); *Limmer*, Unternehmensumwandlung, S. 121; *Boecken*, Unternehmensumwandlungen und Arbeitsrecht, Rz. 336.
9 *Mayer* in Widmann/Mayer, § 5 UmwG Rz. 202; so im Erg. auch LG Stuttgart v. 11.12. 1995 – 4 KfH T 22/95, DNotI-Report 5/1996, 43, wonach die unterbliebene Beachtung von § 5 Abs. 1 Nr. 9 UmwG dann unschädlich sein soll, wenn Gesellschafteridentität zwischen dem übertragenden und aufnehmenden Rechtsträger besteht; im Beschl. v. 29.3.1996 – 4 KfH T 1/96, DNotZ 1996, 701 lässt das OLG Stuttgart es darüber hinaus

gründet wird diese Auffassung mit dem Normzweck der § 5 Abs. 1 Nr. 9 UmwG. Die dortigen Angaben dienten allein der Unterrichtung des Betriebsrates. Könne das Unterrichtungsziel mangels Bestehen eines Betriebsrats nicht erreicht werden, so entfalle zugleich die Verpflichtung zur Aufnahme der entsprechenden Angaben im Verschmelzungsvertrag[1].

Die Auffassung interpretiert den Normzweck von § 5 Abs. 1 Nr. 9 UmwG zu eng. 146
Auch die Gesetzesbegründung besagt nur, dass durch § 5 Abs. 1 Nr. 9 UmwG „insbesondere" den Arbeitnehmervertretern eine frühzeitige Information über die Verschmelzungsfolgen zur Verfügung gestellt werden solle[2]. Aus dieser Formulierung ergibt sich, dass die Norm **nicht nur** eine **Information** der Betriebsräte bezweckt. Die Angaben nach § 5 Abs. 1 Nr. 9 UmwG sind in den Katalog der Vorschriften aufgenommen, die den Mindestinhalt des Verschmelzungsvertrages bestimmen. Der Verschmelzungsvertrag richtet sich aber in erster Linie an die Vertragsparteien und ihre Gesellschafter. Somit ist eine Information dieser Personengruppen zumindest mitbezweckt[3].

IV. Zuleitungsfrist

Die Zuleitung an den zuständigen Betriebsrat hat nach § 5 Abs. 3 UmwG „spätes- 147
tens einen Monat vor dem Tag" zu erfolgen, an dem die Versammlung der Anteilsinhaber des fraglichen Rechtsträgers den Verschmelzungsbeschluss gem. § 13 Abs. 1 UmwG fassen soll. Die Berechnung dieser Frist richtet sich nach §§ 187–193 BGB, da es sich um eine gesetzliche Frist i.S.d. § 186 BGB handelt. Nach einhelliger Ansicht sind die §§ 187, 188 BGB – entgegen dem Gesetzeswortlaut – auch auf sog. Rückwärtsfristen anwendbar[4]. In der Literatur unterschiedlich beantwortet wird die Frage nach der Auswahl des Tages, an dem das fristauslösende Ereignis eintritt. Dieser Tag wird gem. § 187 Abs. 1 BGB bei der Fristberechnung nicht einbezogen. In Betracht kommen der Tag der Beschlussfassung[5] oder die Tage der Beschlussfassung und der Zuleitung kumulativ[6] oder aber keiner dieser Tage[7]. Dabei ist jeweils der Versammlungstermin desjenigen Rechtsträgers entscheidend, dessen Betriebsrat der Verschmelzungsvertrag zugeleitet werden soll[8].

---

ausreichen, dass der übertragende Rechtsträger keine Arbeitnehmer beschäftigt; kritisch zu dieser Rechtsprechung *Trölitzsch*, WiB 1996, 994 und *Trölitzsch*, WiB 1997, 32.

1 *Joost*, ZIP 1995, 976 (985).

2 Vgl. *Ganske*, S. 50.

3 So auch *Boecken*, Unternehmensumwandlungen und Arbeitsrecht, Rz. 336; *Pfaff*, BB 2002, 1604. In der Begründung anders *Willemsen*, RdA 1998, 23 (32), der auf den durch die Klärung wesentlicher Fragen hinsichtlich der Folgen für die Arbeitnehmer erzielten Schutz dieser Personengruppe abstellt.

4 Vgl. nur *Ellenberger* in Palandt, 72. Aufl. 2013, § 187 BGB Rz. 4, der § 5 Abs. 3 UmwG ausdrücklich als Anwendungsfall nennt.

5 *Müller-Eising/Bert*, DB 1996, 1398 (1399).

6 *Bermel/Hannappel* in Goutier/Knopf/Toulloch, § 5 UmwG Rz. 123f.; *Mayer* in Widmann/Mayer, § 5 UmwG Rz. 256.

7 *Stratz* in Schmitt/Hörtnagl/Stratz, § 5 UmwG Rz. 114.

8 *Willemsen* in Kallmeyer, § 5 UmwG Rz. 77.

148 Richtiger Ansicht zufolge ist zur Fristberechnung einzig auf den Tag der Beschlussfassung abzustellen[1]. Eine Kumulierung der Tage von Beschlussfassung und Zuleitung würde voraussetzen, dass beide Ereignisse die Frist auslösen könnten. Das vermag aber die Zuleitung als gerade innerhalb der Frist zu erbringende Obliegenheit nicht. Die Nichtbeachtung beider Tage verstößt indes gegen die ausdrückliche Anweisung des § 187 Abs. 1 BGB und führt zu einer unnötigen Verkürzung der Zuleitungsfrist[2]. Der Betriebsrat kann auf die Einhaltung der Frist verzichten[3], da § 5 Abs. 3 UmwG insoweit dispositives Recht enthält[4]. Ein gänzlicher Verzicht auf die Zuleitung ist hingegen nicht möglich[5].

149 In manchen Fällen ermöglicht das UmwG eine **beschlusslose Verschmelzung**. Das ist zum einen der Fall des § 62 Abs. 4 Satz 1 und 2 UmwG. Danach entfällt der Verschmelzungsbeschluss, wenn sich das gesamte Stamm- oder Grundkapital der übertragenden Kapitalgesellschaft bereits in der Hand einer übernehmenden Aktiengesellschaft befindet (§ 62 Abs. 4 Satz 1 UmwG) oder wenn zeitgleich der umwandlungsrechtliche Squeeze-out beschlossen wird (§ 62 Abs. 4 Satz 2 UmwG). Die Vorschrift ist richtigerweise auf andere Rechtsträger als die AG als übernehmende Gesellschaft entsprechend anwendbar[6]. In diesen Fällen gibt es keinen Verschmelzungsbeschluss, der als Anknüpfungspunkt für die Fristberechnung dienen könnte. Daher bestimmt § 62 Abs. 4 Satz 4 UmwG, dass die Zuleitungsverpflichtung des § 5 Abs. 3 UmwG spätestens bei Beginn der in § 62 Abs. 4 Satz 3 UmwG normierten Frist von einem Monat nach Abschluss des Verschmelzungsvertrags zu erfüllen sei. Dabei ist umstritten, ob der Fristbeginn stets mit dem Abschluss des Verschmelzungsvertrages zusammenfällt[7] oder ob auch ein späterer Fristbeginn möglich ist[8]. Nach der zweiten (vorzugswürdigen) Ansicht beginnt die Monatsfrist dann mit dem Termin, ab dem die Betriebsratsinformation tatsächlich vorgenommen wird. Eine frühere Zuleitung, insbesondere eine solche bereits vor Beurkundung des Verschmelzungsvertrags ist zulässig[9]. Jedoch darf dann der Vertrag nicht mehr verändert werden; die dem Betriebsrat zugeleitete Fassung muss mit der beurkundeten übereinstimmen.

---

1 So auch *Willemsen* in Kallmeyer, § 5 UmwG Rz. 77; zu der Frage, wie die Frist zu berechnen ist, wenn dieser Tag auf einen Sonnabend, Sonn- oder Feiertag fällt, vgl. *Stohlmeier*, BB 1999, 1394 (1395).

2 Berechnungsbeispiele finden sich bei *Müller-Eising/Bert*, DB 1996, 1398 und bei *K. Müller*, DB 1997, 713 (716f.).

3 Vgl. OLG Naumburg v. 17.3.2003 – 7 Wx 6/02, NZG 2004, 734 = GmbHR 2003, 1433; LG Stuttgart v. 11.4.2000 – KfH T 17 u. 18/99, GmbHR 2000, 622; *Stratz* in Schmitt/Hörtnagl/Stratz, § 5 UmwG Rz. 113; *Mayer* in Widmann/Mayer, § 5 UmwG Rz. 266; *Limmer*, Unternehmensumwandlung, S. 121.

4 *Melchior*, GmbHR 1996, 833 (836f.).

5 OLG Naumburg v. 17.3.2003 – 7 Wx 6/02, NZG 2004, 734 = GmbHR 2003, 1433; *Willemsen* in Kallmeyer, § 5 UmwG Rz. 77b; a.A. *Mayer* in Widmann/Mayer, § 5 UmwG Rz. 266.

6 *Ising*, NZG 2011, 1368 (1373); *Leitzen*, DNotZ 2011, 526 (534).

7 *Freytag*, BB 2010, 1611 (1613f.); *Kraft/Redenius-Hövermann*, ZIP 2013, 961 (965ff.); wohl auch *Heckschen* in Widmann/Mayer, § 62 UmwG Rz. 53.

8 *Ising*, NZG 2011, 1368 (1372); *Leitzen*, DNotZ 2011, 526 (535); *Simon/Merkelbach*, DB 2011, 1317 (1319f.).

9 So *Ising*, NZG 2011, 1368 (1372); *Willemsen* in Kallmeyer, § 5 UmwG Rz. 77a.

V. Nachweispflicht nach § 17 Abs. 1 UmwG

Die rechtzeitige Zuleitung ist bei der Anmeldung zum jeweils zuständigen Register nachzuweisen (§ 17 Abs. 1 UmwG) und damit Eintragungsvoraussetzung für die Umwandlung[1]. Der Nachweis wird dabei am besten dadurch geführt, dass die erfolgte Zuleitung von dem jeweiligen Betriebsratsvorsitzenden durch Empfangsbekenntnis bestätigt wird[2]. Denkbar sind aber auch andere Belegformen, wie z.B. Vorlage des Übersendungsschreibens mit Nachweis der Aufgabe zur Post, Bestätigung durch einen Boten im Unternehmen o.Ä.[3]. 150

Bei fehlendem Betriebsrat entfällt der von § 17 Abs. 1 UmwG geforderte Nachweis der rechtzeitigen Zuleitung; es ist dann aber das Fehlen einer Arbeitnehmervertretung nachzuweisen[4]. Das AG Duisburg[5] verlangt hierfür eine eidesstattliche Versicherung der gesetzlichen Vertreter, ohne dass dies die erforderliche Stütze im Gesetz fände[6].

E. Mängel des Verschmelzungsvertrages[7]

I. Formfehler

Ein Verschmelzungsvertrag, der nicht oder nicht vollständig, d.h. einschließlich allem, was nach dem Willen der an der Verschmelzung beteiligten Parteien dazugehört, gem. § 6 UmwG ordnungsgemäß notariell beurkundet wurde, ist nach § 125 BGB nichtig[8]. Alle Mängel der Form (insb. unvollständige Beurkundung und fehlende Beurkundung bei Änderungen) werden aber ebenso wie das Fehlen ggf. erforderlicher Zustimmungs- oder Verzichterklärungen einzelner Inhaber durch die Eintragung nach § 20 Abs. 1 Nr. 4 UmwG geheilt (vgl. dazu auch § 6 Rz. 16 und § 20 Rz. 76ff.). Dabei gelten dieselben Grundsätze wie etwa bei § 311b Abs. 1 Satz 1 BGB oder § 15 Abs. 4 Satz 2 GmbHG. 151

II. Abschlussmängel, insb. Anfechtung wegen Willensmängeln

Wie bei allen zivilrechtlichen Verträgen können auch beim Verschmelzungsvertrag die Willenserklärungen der beteiligten Rechtsträger nach §§ 119f., 123 BGB innerhalb der Fristen der §§ 121, 124 BGB angefochten werden[9]; die für kapitalgesellschaftsrechtliche Anfechtungs- und Nichtigkeitsklagen geltenden Fristen der §§ 241ff. AktG gelten insoweit nicht. Praktische Bedeutung hat dieses Recht aber erst nach Fassung der Zustimmungsbeschlüsse, da der Vertrag zuvor ohnehin 152

---

1 *Mayer* in Widmann/Mayer, Einf. UmwG Rz. 201.
2 *Simon* in Semler/Stengel, § 5 UmwG Rz. 141.
3 *Mayer* in Widmann/Mayer, Einf. UmwG Rz. 201.
4 *Simon* in Semler/Stengel, § 5 UmwG Rz. 148; *Willemsen* in Kallmeyer, § 5 UmwG Rz. 79.
5 AG Duisburg v. 4.1.1996 – 23 HRB 4942, 5935, GmbHR 1996, 372.
6 Ablehnend auch *Stratz* in Schmitt/Hörtnagl/Stratz, § 5 UmwG Rz. 107; *Simon* in Semler/Stengel, § 5 UmwG Rz. 148; *Stohlmeier*, BB 1999, 1394 (1396).
7 Dazu auch *Stratz* in Schmitt/Hörtnagl/Stratz, § 4 UmwG Rz. 16ff. und § 7 UmwG Rz. 13ff.; *Marsch-Barner* in Kallmeyer, § 5 UmwG Rz. 63ff.
8 *Schröer* in Semler/Stengel, § 6 UmwG Rz. 19 sowie § 4 UmwG Rz. 41.
9 *Schröer* in Semler/Stengel, § 4 UmwG Rz. 42; *Stratz* in Schmitt/Hörtnagl/Stratz, § 4 UmwG Rz. 18; *Mayer* in Widmann/Mayer, § 4 UmwG Rz. 72; vgl. auch *Bonke*, S. 15ff.

schwebend unwirksam ist. Ausgeübt wird das Anfechtungsrecht durch die Vertretungsorgane in vertretungsberechtigter Anzahl.

153 Ist die Verschmelzung bereits im Register eingetragen, so bleibt die Anfechtung gegenüber dem übertragenden Rechtsträger noch möglich[1]. Wegen des Untergangs der übertragenden Rechtsträger durch die Verschmelzung ist diesen vom Registergericht ein besonderer Vertreter analog § 26 Abs. 1 UmwG als Empfänger der Anfechtungserklärung zu bestellen[2], da zwar der übertragende Rechtsträger insoweit noch als fortbestehend gilt, aber keine Organe mehr vorhanden sind, denen gegenüber die Anfechtung erklärt werden könnte (vgl. dazu § 20 Rz. 81 ff.)[3]. Umgekehrt gilt, dass die *übertragenden Rechtsträger* untergegangen sind und deshalb nicht mehr gegenüber dem übernehmenden Rechtsträger anfechten können. Allerdings kann der Verschmelzungsvertrag zu Fall gebracht werden, wenn frühere Anteilsinhaber dieses Rechtsträgers ihre Stimmabgabe beim Verschmelzungsbeschluss wirksam anfechten und ohne die angefochtenen Stimmen nicht die erforderliche Mehrheit erreicht worden wäre[4].

III. Inhaltsmängel des Verschmelzungsvertrages, insb. Fehlen notwendiger Angaben und rechtswidrige Angaben

1. Überblick

154 Die Nichtigkeit des Verschmelzungsvertrages kann sich zum einen aus den allgemeinen Vorschriften der §§ 134, 138 BGB ergeben[5]. Sollte der Verschmelzungsvertrag oder sein Entwurf entgegen § 5 Abs. 1 UmwG oder anderer zwingender Regelungen die dort genannten Angaben nicht enthalten, so darf der Registerrichter die Verschmelzung nicht eintragen[6], weil der ordnungsgemäße und inhaltlich vollständige Verschmelzungsvertrag eine (im öffentlichen Interesse bestehende) Voraussetzung der Eintragung ist. Das Gleiche gilt, wenn weiter gehende Abreden im Zusammenhang mit der Verschmelzung getroffen, dann aber nicht in den Vertrag bzw. seinen Entwurf aufgenommen worden sind, z.B. zu hohe Zuzahlungen außerhalb des Vertrages vereinbart worden sind[7]. In dem zuletzt genannten Fall ist der Verschmelzungsvertrag zumindest teilweise und unter den Voraussetzungen des § 139 BGB als insgesamt nichtig anzusehen[8].

1 *Schröer* in Semler/Stengel, § 4 UmwG Rz. 42.
2 Zum früheren Recht vgl. Verweise in der 4. Aufl., Fn. 347.
3 Nach Eintragung der Verschmelzung soll nach *Stratz* in Schmitt/Hörtnagl/Stratz, § 20 UmwG Rz. 122 wegen § 20 Abs. 2 UmwG eine Anfechtung des Verschmelzungsvertrages und eine Berufung auf dessen Nichtigkeit generell ausscheiden.
4 *Schmidt-Troschke*, GmbHR 1992, 505 (508).
5 Vgl. etwa *Stratz* in Schmitt/Hörtnagl/Stratz, § 4 UmwG Rz. 16; *Schröer* in Semler/Stengel, § 4 UmwG Rz. 38 sowie *Bonke*, Mängel der Verschmelzung von Aktiengesellschaften nach dem Aktiengesetz vom 6. September 1965, Diss. Hamburg 1970, S. 73 ff.
6 *Marsch-Barner* in Kallmeyer, § 5 UmwG Rz. 63; *Stratz* in Schmitt/Hörtnagl/Stratz, § 4 UmwG Rz. 16.
7 *Stratz* in Schmitt/Hörtnagl/Stratz, § 6 UmwG Rz. 5; *Schröer* in Semler/Stengel, § 4 UmwG Rz. 38.
8 Ebenso *Schröer* in Semler/Stengel, § 4 UmwG Rz. 38 Fn. 72.

2. Einzelheiten

Fehlen die Angaben nach § 5 Abs. 1 Nr. 1–3 UmwG, so ist der Verschmelzungsvertrag nichtig und kann auch durch Eintragung (§ 20) nicht geheilt werden, da es schon an den essentialia eines Vertrages fehlt[1]. Das gilt aber nicht für den Fall der Verschmelzung ohne Anteilstausch nach § 5 Abs. 2 UmwG. Die Nichtigkeit des Verschmelzungsvertrages führt zur Nichtigkeit der Verschmelzung insgesamt[2]. Fehlen nur andere Gesichtspunkte, so ist der Vertrag zwar unvollständig und der darauf beruhende Beschluss fehlerhaft; er ist aber nur anfechtbar[3], d.h. kann insoweit mit Eintragung geheilt werden. 155

Keinen Anfechtungsgrund stellen fehlende oder unrichtige Angaben nach § 5 Abs. 1 Nr. 9 UmwG dar, da diese nur berichtenden Charakter haben und ausschließlich den Schutz der Arbeitnehmer sowie die Information der Anteilsinhaber bezwecken (s. oben Rz. 84ff.)[4]. Ein Anfechtungsrecht der Arbeitnehmervertretungen scheidet auf jeden Fall aus[5], aber Schadensersatzansprüche von Arbeitnehmern sind denkbar, wenn diese aufgrund fehlerhafter Angaben in dem Vertrag Vertrauensdispositionen getätigt haben[6]. 156

Der Registerrichter darf aber bei einem unvollständigen Verschmelzungsvertrag die Verschmelzung nicht eintragen, da er im öffentlichen Interesse die Vollständigkeit zu kontrollieren hat.

IV. Beschlussmängel (Nichtigkeit und Anfechtbarkeit)

Ein Zustimmungsbeschluss, dem ein nicht ordnungsgemäßer Verschmelzungsvertrag zugrunde lag, ist seinerseits mit Mängeln behaftet und daher anfechtbar[7]. Bei einer Nichtigkeit des Vertrages kommt auch eine Feststellungsklage in Betracht, und zwar auch dann, wenn im Außenverhältnis die Heilungswirkung nach § 20 UmwG eingetreten ist[8]. Zu den Einzelheiten vgl. bei § 13 Rz. 49ff. 157

1 OLG Frankfurt/M. v. 10.3.1998 – 20 W 60/98, WM 1999, 322; KG v. 22.9.1998 – 1 W 4387/97, WM 1999, 323; *Schröer* in Semler/Stengel, § 4 UmwG Rz. 40. Dies gelte auch, wenn mehr als 10 % an baren Zuzahlungen gewährt werden, wobei aber in diesem Fall die Möglichkeit bestehe, einen neuen mangelfreien Verschmelzungsvertrag abzuschließen oder den nichtigen Vertrag nach § 140 BGB in eine Vermögensübertragung nach § 179a AktG bzw. § 419 BGB umzudeuten (letztere Möglichkeit besteht freilich nur für vor dem 1.1.1999 geschlossene Verschmelzungsverträge). Gegen die Möglichkeit einer Umdeutung aber BGH v. 18.12.1995 – II ZR 294/93, NJW 1996, 659 (660) m.w.N. = AG 1996, 173.

2 *Schröer* in Semler/Stengel, § 4 UmwG Rz. 38ff. Zu den Verschmelzungsbedingungen bei einem fehlerhaften Verschmelzungsvertrag nach Eintragung vgl. § 20 Rz. 89ff.

3 *Mayer* in Widmann/Mayer, § 4 UmwG Rz. 74.

4 So auch *Simon* in Semler/Stengel, § 5 UmwG Rz. 98; ähnlich *Willemsen*, RdA 1998, 23 (34); a.A. *Drygala*, ZIP 1996, 1365 (1366f.).

5 OLG Naumburg v. 6.2.1997 – 7 U 236/96, DB 1997, 466 = WiB 1997, 864 mit zust. Anm. *Trölitzsch*; *Doublet*, S. 254.

6 Zutr. *Fandel*, S. 172ff.

7 Vgl. BGH v. 16.11.1981 – II ZR 150/80, BGHZ 82, 188 zu § 361 AktG a.F.; *Stratz* in Schmitt/Hörtnagl/Stratz, § 14 UmwG Rz. 5ff.; *Marsch-Barner* in Kallmeyer, § 5 UmwG Rz. 66.

8 OLG Karlsruhe v. 9.8.1991 – 15 U 127/90, WM 1991, 1759 (1763) = AG 1992, 31; *Marsch-Barner* in Kallmeyer, § 5 UmwG Rz. 66.

V. Heilung durch Eintragung

158 Inhaltsmängel, also etwa fehlende Angaben im Verschmelzungsvertrag, werden ebenso wie Formmängel bei der Beurkundung (dazu bei § 6 Rz. 16) durch die Eintragung der Verschmelzung nach § 20 Abs. 1 Nr. 4, Abs. 2 UmwG geheilt[1]. Da der Verschmelzungsvertrag vom Registergericht von Amts wegen zu prüfen ist[2] (und das Gericht verpflichtet ist, bei Mängeln die Eintragung abzulehnen), wird es zumindest bei offensichtlichen Mängeln zu keiner Eintragung kommen. Bedeutung kommt der Heilungswirkung daher insbesondere für nicht beurkundete Nebenabreden zu[3]. Wird trotz eines mängelbehafteten Verschmelzungsvertrages die Verschmelzung eingetragen, ergibt sich aber u.U. ein Amtshaftungsanspruch (§ 839 BGB) gegen den Registerrichter, für den das Spruchrichterprivileg des § 839 Abs. 2 BGB nicht gilt[4].

Nach Eintragung der Verschmelzung macht die Geltendmachung der Anfechtbarkeit bzw. Nichtigkeit des Verschmelzungsvertrages wegen der durch § 20 Abs. 2 UmwG vom Gesetzgeber[5] mit der Eintragung bezweckten und bewirkten umfassenden Heilung der Verschmelzung (dazu im Einzelnen bei § 20 Rz. 73 ff.: für umfassende Heilungswirkung) bei heilungsfähigen Mängeln wenig Sinn. Die Geltendmachung von Schadensersatzansprüchen richtet sich nach den §§ 25, 26 UmwG, insoweit dürfte einer Feststellungsklage das Feststellungsinteresse fehlen, da unmittelbar auf Leistung geklagt werden kann[6]. Wegen der umfassenden Heilungswirkung des § 20 Abs. 2 UmwG bedarf es auch keiner analogen Anwendung des § 242 Abs. 2 AktG auf den gesamten Verschmelzungsvorgang mehr[7], ebenso wenig besteht etwa analog § 242 Abs. 2 Satz 3 AktG i.V.m. § 398 FamFG die Möglichkeit einer Amtslöschung.

§ 6
Form des Verschmelzungsvertrags

Der Verschmelzungsvertrag muss notariell beurkundet werden.

---

1 Davon unberührt bleiben aber etwaige Schadensersatzansprüche, vgl. dazu § 20 Rz. 83.
2 *Schröer* in Semler/Stengel, § 4 UmwG Rz. 39.
3 *Stratz* in Schmitt/Hörtnagl/Stratz, § 20 UmwG Rz. 132; *Picot/Müller-Eising* in Picot, Unternehmenskauf und Restrukturierung, 3. Aufl. 2004, Rz. II. 236.
4 Vgl. etwa *J. Hecker* in Erman, 13. Aufl. 2011, § 839 BGB Rz. 118; zur Haftung bei Verletzung der Prüfungspflicht des Registerrichters bei der Gründung einer AG vgl. RG v. 7.4. 1937 – V 185/36, RGZ 154, 276 ff.
5 BegrRegE zu § 20 UmwG, abgedr. bei *Schaumburg/Rödder*, § 20 UmwG Rz. 7 und bei *Ganske*, S. 75.
6 Das übersieht OLG Karlsruhe v. 9.8.1991 – 15 U 127/90, WM 1991, 1759 (1763) = AG 1992, 31.
7 Zum alten GmbH-Verschmelzungsrecht s. 4. Aufl.

Literatur

Vgl. die Angaben zu § 4 sowie *Austmann/Frost*, Vorwirkungen von Verschmelzungen, ZHR 169 (2005), 431; *Bauer/Anders*, Beurkundung von GmbH-Anteilsübertragungen in der Schweiz – Rechtsfolgen einer möglichen Unwirksamkeit, BB 2012, 593; *Goette*, Auslandsbeurkundungen im Kapitalgesellschaftsrecht, in FS Boujong, 1996, S. 131 = DStR 1996, 709; *Hasselmann*, Keine Einreichung einer Gesellschafterliste durch ausländischen Notar, NZG 2013, 325; *Heckschen*, Auslandsbeurkundung und Richtigkeitsgewähr, DB 1990, 161; *Hermanns*, Beurkundungspflichten im Zusammenhang mit Unternehmenskaufverträgen und Umstrukturierungen, ZIP 2006, 2296; *Kröll*, Beurkundung gesellschaftsrechtlicher Vorgänge durch einen ausländischen Notar, ZGR 2000, 111; *van Randenborgh/Kallmeyer*, Pro und Contra: Beurkundung gesellschaftsrechtlicher Rechtsgeschäfte durch ausländische Notare?, GmbHR 1996, 908; *Reuter*, Keine Auslandsbeurkundung im Gesellschaftsrecht?, BB 1998, 116; *Wicke*, Die GmbH-Gesellschafterliste im Fokus der Rechtsprechung, DB 2011, 1037.

I. Überblick

1 § 6 UmwG schreibt die notarielle Beurkundung des Verschmelzungsvertrags vor. Die Regelung entspricht dem in § 311b Abs. 3 BGB enthaltenen Grundsatz, wonach Verträge über die Übertragung des gesamten Vermögens notariell beurkundet werden müssen, damit den Beteiligten die Tragweite der Entscheidung bewusst wird[1]. Neben der Beweissicherung sichert die Form eine materielle Richtigkeitsgewähr, um den vom Gesetzgeber beabsichtigten Schutz der Anteilseigner sicherzustellen[2]. Die vor 1994 für Genossenschaften und genossenschaftliche Prüfungsverbände geltenden Ausnahmen sind entfallen, weil an Verschmelzungen dieser Rechtsformen heute meist größere Unternehmen beteiligt sind, denen die Kostenbelastung zugemutet werden kann, die Zulassung der Verschmelzung von verschiedenen Rechtsträgern eine eindeutige Regelung erforderlich machte und bei Spaltungen (§ 125 UmwG verweist auf § 6 UmwG) nicht auf die notarielle Beurkundung verzichtet werden konnte[3].

Zuständig für die Beurkundung sind die Notare (§§ 1, 56 Abs. 4 BeurkG), für das Verfahren gelten § 128 BGB und §§ 6ff. BeurkG.

Die Vorschrift findet über die Verschmelzung hinaus Anwendung auf die Spaltung (§ 125 UmwG) und die Vermögensübertragung (§§ 175 Nr. 1, 177 Abs. 1 UmwG).

---

1 Vgl. *Stadler* in Jauernig, 14. Aufl. 2011, § 311b BGB Rz. 53; vertiefend *Schröer* in Semler/Stengel, § 6 UmwG Rz. 2. Dieser Grund ist allerdings in den Fällen der Konzernverschmelzung nicht gegeben und verursacht dann nur unnötige Kosten; daher insoweit mit Recht krit. Arbeitskreis Umwandlungsrecht, ZGR 1993, 321 (328).

2 Vgl. *Heckschen* in Widmann/Mayer, § 6 UmwG Rz. 8; kritisch *Teichmann*, ZGR 2002, 421.

3 BegrRegE zu § 6 UmwG, bei *Schaumburg/Rödder*, § 6 UmwG Rz. 3 und bei *Ganske*, S. 51.

II. Gegenstand der Beurkundung

2 Nach § 6 UmwG muss der **gesamte Inhalt** des **Verschmelzungsvertrages** notariell beurkundet werden, wobei als Maßstab die zu § 311b Abs. 1 BGB entwickelten Grundsätze herangezogen werden können[1]. Das bedeutet, dass die Beurkundungspflicht alle Nebenabreden und alle Vereinbarungen einschließt, ohne die mindestens ein Partner den Verschmelzungsvertrag nicht abgeschlossen hätte[2]; zu beurkunden ist also alles, was nach dem Willen der Parteien als „untrennbares Ganzes" zum Vertrag gehören soll. Bei der Verschmelzung durch Neugründung einer Personengesellschaft hat dies zur Folge, dass abweichend vom allgemeinen Gesellschaftsrecht auch der Gesellschaftsvertrag der (übernehmenden) Personengesellschaft zu beurkunden ist[3]. Formbedürftig ist daher auch die Zusage von besonderen Vorteilen an ein Organmitglied der Gesellschaft i.S.v. § 5 Abs. 1 Nr. 8 UmwG[4].

Wo und solange das UmwG allerdings einen bloßen **Vertragsentwurf** genügen lässt (etwa § 5 Abs. 3 UmwG), reicht einfache Schriftform aus[5].

3 Ein **Vorvertrag** enthält in bestimmter oder bestimmbarer Weise die Elemente des geplanten Hauptvertrages, macht aber die Rechtspflicht zu dessen – noch erforderlichem – Abschluss vom Eintritt bestimmter Voraussetzungen abhängig. Weil er zur rechtlichen Pflicht zum Abschluss des Verschmelzungsvertrages führen kann, unterliegt er der Formpflicht aus § 6 UmwG[6]. Gleiches gilt, wenn in einem Vorvertrag vereinbarte Pflichten (etwa zu Struktur und Corporate Governance der zukünftigen Gesellschaft) zeitlich auch noch nach dem Wirksamwerden der Verschmelzung gelten sollen[7]. Anderes gilt für Regelungen, die nur für die Schwebephase bis zur Wirksamkeit des Vertrages Geltung haben[8].

4 Formbedürftig sind auch vertragliche Abreden, die nur einen **indirekten bzw. rein wirtschaftlichen Zwang** zum Abschluss des Verschmelzungsvertrages enthalten[9]. Dies gilt insbesondere für sog. Break fee-Vereinbarungen bei Unternehmenszusammenschlüssen, wenn diese nach Art und Höhe nicht lediglich als Schadensersatzpauschalen, sondern als selbständige Strafversprechen zu qualifizieren sind[10]. Das wiederum ist abhängig von der Höhe der zugesagten Zahlung für den

---

1 *Stratz* in Schmitt/Hörtnagl/Stratz, § 6 UmwG Rz. 3f.; *Heckschen* in Widmann/Mayer, § 6 UmwG Rz. 20; *Schröer* in Semler/Stengel, § 6 UmwG Rz. 5.

2 BGH v. 16.11.1981 – II ZR 150/80, BGHZ 82, 188 (195); *Sagasser/Luke* in Sagasser/Bula/Brünger, § 9 Rz. 44; *Hermanns*, ZIP 2006, 2299.

3 Vgl. *H. Schmidt* in Kölner Umwandlungsrechtstage, S. 59 (66), der deshalb empfiehlt, eine Regelung in den Gesellschaftsvertrag aufzunehmen, wonach bei künftigen Vertragsänderungen und -ergänzungen einfache Schriftform genügt.

4 Zutr. LAG Nürnberg v. 26.8.2004 – 2 Sa 463/02, ZIP 2005, 398; a.A. *Graef*, EWiR 2005, 441; *Schröer* in Semler/Stengel, § 5 UmwG Rz. 74.

5 *Stratz* in Schmitt/Hörtnagl/Stratz, § 6 UmwG Rz. 3; *Heckschen* in Widmann/Mayer, § 6 UmwG Rz. 32; *Simon* in KölnKomm. UmwG, § 6 UmwG Rz. 3.

6 *Hermanns*, ZIP 2006, 2296 (2298).

7 *Austmann/Frost*, ZHR 169 (2005), 431 (449).

8 *Schröer* in Semler/Stengel, § 6 UmwG Rz. 7; *Austmann/Frost*, ZHR 169 (2005), 431 (449).

9 So die h.M. zu § 311b Abs. 1 BGB: BGH v. 6.12.1979 – VII ZR 313/78, BGHZ 76, 43 (46); *Grüneberg* in Palandt, § 311b BGB Rz. 13; *Kanzleiter* in MünchKomm. BGB, § 311b BGB Rz. 36; *Stadler* in Jauernig, 14. Aufl. 2011, § 311b BGB Rz. 11.

10 Das ist dann der Fall, wenn die Höhe der Leistungsverpflichtung nicht an den tatsächlich entstehenden Kosten und Schäden orientiert ist, sondern die Absicherung des un-

Fall des Nichtzustandekommens der Fusion und dem Umstand, der nach dem Vertragsinhalt die Zahlungspflicht auslöst. Stellt die Vereinbarung gerade auf den Fall ab, dass die Gesellschafterversammlung der Umwandlung nicht zustimmt, und wird mehr als ein pauschalierter Kostenersatz zugesagt, dürfte eine Zwangswirkung zu bejahen sein[1]. Die Gegenmeinung[2], wonach in diesen Fällen die zu § 15 GmbHG entwickelten Grundsätze heranzuziehen seien, vermag nicht zu überzeugen. Zwar ist für Verträge über die Abtretung von Geschäftsanteilen einer GmbH anerkannt, dass nur indirekt zur Abtretung zwingende Abreden nicht dem Formerfordernis des § 15 Abs. 4 Satz 1 GmbHG unterliegen[3]. Der von dieser Norm verfolgte Zweck, einen leichten und spekulativen Handel mit Geschäftsanteilen zu verhindern[4], lässt sich jedoch nicht auf § 6 UmwG übertragen. Der von § 6 UmwG intendierte Schutz der beteiligten Rechtsträger ist nur mit dem Schutzbedürfnis des Grundstückserwerbers bzw. Grundstücksveräußerers vergleichbar. Aus diesem Grund muss es bei den zu § 311b Abs. 1 Satz 1 BGB entwickelten Grundsätzen bleiben[5]. Nicht vom Formerfordernis erfasst sind jedoch Nebenabreden, die nicht geeignet sind, die Entscheidung der Gesellschafterversammlung zu beeinflussen, wie etwa die Zusage der Leitungsorgane, das Vorhaben zu fördern und keinen anderweitigen Zusammenschluss anzustreben[6].

III. Zeitpunkt der Beurkundung

1. Vor und nach Beschlussfassung

Die Beurkundung kann vor, muss aber erst **nach der Beschlussfassung** der beteilig- 5
ten Anteilseignerversammlungen erfolgen[7]. Die Möglichkeit der Anteilseignerversammlungen, dem Entwurf zuzustimmen, soll es gerade ermöglichen, die Kosten der notariellen Beurkundung erst aufzuwenden, wenn der Vertragsabschluss sicher ist[8]. Werden die Zustimmungsbeschlüsse erst nach der Beurkundung gefasst, so wird der Verschmelzungsvertrag erst wirksam, wenn sämtliche Beschlüsse bzw. gesonderte Zustimmungserklärungen vorliegen.

2. Sukzessivbeurkundung

Nach § 128 BGB ist es ausreichend, wenn **zunächst** der **Antrag** und später die **An-** 6
nahme des Antrags beurkundet werden (sog. Sukzessivbeurkundung); der Vertrag

---

ternehmerischen Erfolgsinteresses der berechtigten Partei bezweckt, vgl. im Einzelnen *Guinomet*, Break fee-Vereinbarungen, 2003, S. 175 f.; *Austmann/Frost*, ZHR 169 (2005), 431 (451); *Hilgard*, BB 2008, 267 (269); *Fleischer*, AG 2009, 345.

1 Vgl. im Einzelnen *Guinomet*, Break fee-Vereinbarungen, 2003, S. 151 ff.; *Ströhmann*, Corporate Lockups, 2003, S. 357 ff.; *Drygala*, WM 2004, 1413 (1419); *Hilgard*, BB 2008, 267 (269 ff.).

2 *Sieger/Hasselbach*, BB 2000, 625 (627); *Banerjea*, DB 2003, 1489 (1497).

3 Vgl. nur *Fastrich* in Baumbach/Hueck, § 15 GmbHG Rz. 33.

4 BGH v. 24.3.1954 – II ZR 23/53, BGHZ 13, 49 (51 f.); *Bayer* in Lutter/Hommelhoff, § 15 GmbHG Rz. 1; *Seibt* in Scholz, § 15 GmbHG Rz. 77.

5 So schon *Guinomet*, Break fee-Vereinbarungen, 2003, S. 187 f.; im Erg. ebenso LG Paderborn v. 28.4.2000 – 2 O 132/00, NZG 2000, 899 m. zust. Anm. *Gehling*.

6 Insoweit zutr. *Banerjea*, DB 2003, 1489 (1497).

7 Statt aller *Zimmermann* in Kallmeyer, § 6 UmwG Rz. 2; *Schröer* in Semler/Stengel, § 6 UmwG Rz. 13.

8 Ebenso *Simon* in KölnKomm. UmwG, § 6 UmwG Rz. 7.

kommt dann im Zweifel mit der Beurkundung der Annahmeerklärung zustande, d.h. des Zugangs beim anderen Rechtsträger bedarf es nicht[1]. Auch wenn Grundstücke zum Vermögen des übertragenden Rechtsträgers gehören, ist die in § 925 BGB vorgesehene Form (gleichzeitige Anwesenheit beider Teile) nicht erforderlich, da die Verfügung durch Gesamtrechtsnachfolge und nicht durch Auflassung erfolgt[2].

3. Vollmacht und Genehmigung

7 Zum Abschluss des Verschmelzungsvertrages sind die vertretungsberechtigten Organe der beteiligten Rechtsträger befugt. Der Verschmelzungsvertrag ist aber auch kein **höchstpersönlicher** Vertrag; die Vertretung durch rechtsgeschäftlich Bevollmächtigte ist zulässig. Die Vollmacht unterliegt nach § 167 Abs. 2 BGB auch nicht der Form des § 6 UmwG; zum Nachweis korrekter Vertretung beim Registergericht ist sie jedoch privatschriftlich zu erteilen[3], darüber hinaus *empfiehlt* sich auch die notarielle Beglaubigung[4]. Formbedürftigkeit ist im Hinblick auf § 55 Abs. 1 Satz 1 UmwG auch dann nicht gegeben, wenn bei der übernehmenden GmbH eine Kapitalerhöhung zur Durchführung der Verschmelzung vereinbart ist[5]. *Etwas anderes* gilt hingegen bei der *Verschmelzung zur Neugründung:* In diesem Fall muss der Verschmelzungsvertrag nach § 37 UmwG den Gesellschaftsvertrag (Partnerschaftsvertrag, Satzung oder Statut) des neuen Rechtsträgers enthalten, so dass die Vollmacht auf Grund gesetzlicher Sondervorschriften bei GmbH, AG, KGaA (§ 2 Abs. 2 GmbHG, §§ 23 Abs. 1 Satz 2, 280 Abs. 1 Satz 3 AktG) der notariellen Beglaubigung (§ 129 BGB, § 40 BeurkG) bedarf[6].

Das Gleiche – auch bezüglich der Form – wie für die Vollmacht gilt für die Genehmigung nach vollmachtloser Vertretung (§ 4 Rz. 10f.)[7]; der Verschmelzungsvertrag wird (rückwirkend) wirksam mit Genehmigung durch das vertretungsberechtigte Organ des vollmachtlos vertretenen Rechtsträgers, §§ 177 Abs. 1, 182 Abs. 2, 184 BGB.

---

1 *Mayer* in Widmann/Mayer, § 4 UmwG Rz. 56; *Ellenberger* in Palandt, § 128 BGB Rz. 3.
2 *Heckschen* in Widmann/Mayer, § 6 UmwG Rz. 47; *Zimmermann* in Kallmeyer, § 6 UmwG Rz. 5.
3 *Heckschen* in Widmann/Mayer, § 6 UmwG Rz. 46; *Zimmermann* in Kallmeyer, § 6 UmwG Rz. 6; *Melchior*, GmbHR 1999, 520 (521).
4 Vgl. insoweit aber *Melchior*, GmbHR 1999, 520 (521).
5 So auch *Zimmermann* in Kallmeyer, § 6 UmwG Rz. 6; *Melchior*, GmbHR 1999, 520 (521); a.A. *Mayer* in Widmann/Mayer, § 4 UmwG Rz. 41 sowie *Heckschen* in Widmann/Mayer, § 6 UmwG Rz. 44.
6 Ebenso *Mayer* in Widmann/Mayer, § 4 UmwG Rz. 41 sowie *Heckschen* in Widmann/Mayer, § 6 UmwG Rz. 44; *Schröer* in Semler/Stengel, § 4 UmwG Rz. 11; *Zimmermann* in Kallmeyer, § 6 UmwG Rz. 12; *Melchior*, GmbHR 1999, 520 (521); vgl. dazu auch oben § 4 Rz. 9.
7 *Schröer* in Semler/Stengel, § 4 UmwG Rz. 13ff.; *Zimmermann* in Kallmeyer, § 6 UmwG Rz. 6.

IV. Beurkundung im Ausland

8 Ob die Beurkundung des Verschmelzungsvertrages auch durch einen ausländischen Notar[1] im Ausland erfolgen kann, ist umstritten[2]. Dabei sind zwei Fragen zu unterscheiden:

1. Ortsform

9 Vereinzelt wird vertreten, dass nach Art. 11 Abs. 1 EGBGB für die Form des Verschmelzungsvertrages neben dem deutschen Recht auch auf das Ortsrecht, also auf das am Ort der Beurkundung geltende Recht, abgestellt werden kann[3]. Nach Art. 12 Abs. 2 Fusionsgesetz (FusG) genügt in der Schweiz allein die Schriftform und die Zustimmung der Generalversammlung. Gegen die Ortsform spricht hingegen schon Art. 11 Abs. 4 EGBGB, wonach bei Verfügungsgeschäften die Ortsform nicht genügt, sondern die *lex rei sitae* entscheidend ist. Da die Verschmelzung aber auch in ihrer Bedeutung über den Kreis der unmittelbar an ihr Beteiligten hinausgeht, ist mit der h.M. allein auf die Form des § 6 UmwG abzustellen[4].

2. Einhaltung der Form durch Beurkundung im Ausland

10 **a)** Davon zu trennen ist die Frage, ob die Form des § 6 UmwG durch eine *Beurkundung im Ausland* erfüllt werden kann[5]. Die ältere Rspr. und Lehre vertritt dazu die Ansicht[6], dass die (kostengünstigere[7]) Beurkundung durch einen ausländischen Notar dann die Form erfüllt, wenn (1) die Anforderungen an seine **Person**

---

1 Die Tätigkeit deutscher Notare im Ausland scheitert regelmäßig am Territorialitätsprinzip, näher BGH v. 4.3.2013 – NotZ (Brfg) 9/12, ZIP 2013, 886f.

2 Zum Streitstand vgl. *Goette* in FS Boujong, S. 131ff. = DStR 1996, 709; *Heckschen* in Widmann/Mayer, § 6 UmwG Rz. 56ff.; *Kröll*, ZGR 2000, 111 (125ff.) sowie die Nachweise bei *Thorn* in Palandt, Art. 11 EGBGB Rz. 12ff.

3 Dafür *Thorn* in Palandt, Art. 11 EGBGB Rz. 13.

4 Vgl. LG Augsburg v. 4.6.1996 – 2 HK T 2093/96, DB 1996, 1666 = EWIR 1996, 937 m. zust. Anm. *Wilken*; LG Kiel v. 25.4.1997 – 3 T 143/97, DB 1997, 1223 m. zust. Anm. *Stange* = GmbHR 1997, 952 = EWIR 1998, 215 m. zust. Anm. *Horn/Kröll*; OLG Hamm v. 1.2.1974 – 15 Wx 6/74, DNotZ 1974, 479; *Behrens* in Ulmer, Einl. B 135; *Schervier*, NJW 1992, 593 (597); so im Erg. auch *Goette* in FS Boujong, S. 143 = DStR 1996, 709; *Assmann* in Großkomm. AktG, Einl. Rz. 604ff., 609 (unter Berufung auf Art. 11 Abs. 5 EGBGB); *Heckschen* in Widmann/Mayer, § 6 UmwG Rz. 60f.; *Kröll*, ZGR 2000, 111 (122ff.); *Röhricht* in Großkomm. AktG, § 23 AktG Rz. 48; a.A. *Thorn* in Palandt, Art. 11 EGBGB Rz. 13. Wie hier auch die BegrRegE IPR-Novelle 1986, BT-Drucks. 10/504, 49.

5 Dazu *Assmann* in Großkomm. AktG, Einl. Rz. 610ff. und *Stratz* in Schmitt/Hörtnagl/Stratz, § 6 UmwG Rz. 13. je m.w.N.

6 BGH v. 16.2.1981 – II ZB 8/80, BGHZ 80, 76 (78) und LG Köln v. 13.10.1989 – 87 T 20/89, WM 1989, 1769 (je für einen Züricher Notar); BGH v. 22.5.1989 – II ZR 211/88, ZIP 1989, 1052 (1054); LG Nürnberg-Fürth v. 20.8.1991 – 4 HKT 489/91, NJW 1992, 633 = AG 1993, 45 (Baseler Notar); vgl. auch OLG Düsseldorf v. 21.1.1989 – 3 Wx 21/89, WM 1989, 643 (niederländischer Notar); OLG Stuttgart v. 17.5.2000 – 20 U 68/99, DB 2000, 1218 (amerikanischer notary public); *Schaffland*, DB 1997, 864; a.A. LG Köln v. 13.10.1989 – 87 T 20/89, DB 1989, 2014 = GmbHR 1990, 171; *Priester*, ZGR 1990, 420 (446); *Heckschen*, DB 1990, 161; *Schervier*, NJW 1992, 592 (593ff.).

7 *Heckschen* in Widmann/Mayer, § 6 UmwG Rz. 58ff.

(Ausbildung, Auswahl, Stellung) und (2) an das Verfahren dem vor einem deutschen Notar *gleichwertig* sind[1]. Dafür hatte die Rechtsprechung ursprünglich nur verlangt, dass die ausländische Urkundsperson nach Vorbildung und Stellung im Rechtsleben eine der Tätigkeit eines deutschen Notars entsprechende Funktion ausübt und bei der Beurkundung ein Verfahren einhält, das den tragenden Grundsätzen des deutschen Rechts entspricht, er insbesondere die Urkunde vorliest[2]. Nachdem der BGH in der **„Supermarkt"-Entscheidung**[3] betont hat, dass die notarielle Beurkundung der Einhaltung des materiellen Rechts dient, wurden höhere Anforderungen diskutiert. Dabei geht es im Wesentlichen um die Gleichwertigkeit im Bereich der Notarhaftung. Da deutschen Notaren die vertragliche Vereinbarung einer Haftungsbeschränkung bei ihrer Beurkundungstätigkeit nach ganz h.M. verboten ist[4], muss (im Gegensatz zur Praxis etwa der Züricher Notare) für die Gleichwertigkeit sichergestellt sein, dass der ausländische Notar wie ein deutscher für seine Tätigkeit haftet und damit die Gewähr für die materielle Richtigkeit der beurkundeten Erklärungen übernimmt[5]; eine **Haftungsbeschränkung beseitigt daher die Gleichwertigkeit** und macht eine Nachbeurkundung im Inland erforderlich. Auslandsbeurkundungen darüber hinaus die Gleichwertigkeit generell abzusprechen mit der Begründung, ausländische Notare könnten die von der „Supermarkt"-Entscheidung des BGH[6] geforderte materielle Richtigkeitsgewähr der notariellen Beurkundung nicht sicherstellen, so dass die Beurkundung stets durch einen deutschen Notar zu erfolgen habe (§ 126 Rz. 13)[7], ginge indes zu weit[8].

10a Im Übrigen sind die vielen und wachsenden Mitteilungspflichten der deutschen Notare gegenüber Behörden und insbesondere den Finanzbehörden kein Problem der Gleichwertigkeit[9]; hier genügt die Publizität im Inland und insbesondere die Notwendigkeit der Eintragung im deutschen Handelsregister. Ebenso stellt die durch das EHUG[10] eingeführte Pflicht zur elektronischen Übermittlung an das Handelsregister (§ 12 Abs. 2 HGB) kein Problem der Gleichwertigkeit der Beurkundung dar[11], sondern betrifft nur eine davon zu unterscheidende registerrecht-

---

1 Vgl. auch *Bayer* in Lutter/Hommelhoff, § 2 GmbHG Rz. 17; *Hüffer*, § 23 AktG Rz. 11.
2 BGH v. 16.2.1981 – II ZB 8/80, BGHZ 80, 76 (78); im Erg. auch BGH v. 22.5.1989 – II ZR 211/88, GmbHR 1990, 25 (28); OLG Köln v. 4.5.1988 – 2 Wx 6/88, GmbHR 1989, 125.
3 BGH v. 24.10.1988 – II ZB 7/88, BGHZ 105, 324 (338, 341 f.) für die notarielle Beurkundung des Zustimmungsbeschlusses zu einem GmbH-Unternehmensvertrag.
4 Vgl. *Schlee* in Beck'sches Notar-Hdb., 5. Aufl. 2009, Rz. K 44 m.w.N.
5 Ebenso etwa *Schervier*, NJW 1992, 593 (598); insoweit auch *Heckschen* in Widmann/Mayer, § 6 UmwG Rz. 62.
6 BGH v. 24.10.1988 – II ZB 7/88, BGHZ 105, 324 (338, 341 f.).
7 So *Goette* in FS Boujong, S. 131 (142) = DStR 1996, 709 (712 f.); ihm folgend *Limmer*, Unternehmensumwandlung, S. 191 f.; LG Augsburg v. 4.6.1996 – 2 HK T 2093/96, DB 1996, 1666 = EWIR 1996, 937 m. zust. Anm. *Wilken* und AG Kiel v. 17.3.1997 – 4 GnR 433, MittBayNot 1997, 116 = GmbHR 1997, 506 (anders hingegen in der Folgeinstanz LG Kiel v. 25.4.1997 – 3 T 143/97, DB 1997, 1223 m. zust. Anm. *Stange* = GmbHR 1997, 952 = EWIR 1998, 215 m. zust. Anm. *Horn/Kröll*); vgl. auch *Heckschen* in Widmann/Mayer, § 6 UmwG Rz. 70 f. und *Heckschen*, DB 1998, 1385 (1388 f.) sowie *Zimmermann* in Kallmeyer, § 6 UmwG Rz. 11.
8 Wie hier *Röhricht* in Großkomm. AktG, § 23 AktG Rz. 49 ff., 56; *Schröer* in Semler/Stengel, § 6 UmwG Rz. 17; *Kröll*, ZGR 2000, 111 (129 ff.).
9 Vgl. hingegen *Heckschen* in Widmann/Mayer, § 6 UmwG Rz. 58.
10 EHUG v. 10.11.2006, BGBl. I, S. 2553.
11 So aber *Heckschen*, DNotZ 2007, 444 (457 f.).

liche Frage, ob das Registergericht die Unterlagen zurückweisen kann, wenn sie nicht in elektronischer Form oder nicht mit dem erforderlichen elektronischen Zeugnis (§ 39a BeurkG) eingereicht werden[1]. Im UmwG erfolgt die Einreichung jedoch nicht durch den beurkundenden Notar, sondern durch die Vertretungsorgane (§ 16 Abs. 1 Satz 1 UmwG). Das Problem, das vor allem im Hinblick auf die Gesellschafterliste im GmbH-Recht diskutiert wird[2], stellt sich daher hier nicht.

b) Nach einem **Beschluss des OLG Düsseldorf**[3] zu Auslandsbeurkundungen bei Übertragungen von Geschäftsanteilen nach Einführung des **MoMiG** hat die Debatte über ihre Zulässigkeit wieder zugenommen[4]. Problematisch war im zu entscheidenden Fall, dass durch das MoMiG die **Anteilsübertragung nach § 15 Abs. 3 GmbHG** durch die Möglichkeit des gutgläubigen Erwerbs **(§ 16 Abs. 3 GmbHG)** nach Ansichten in Rechtsprechung[5] und Literatur[6] an Gewicht zugenommen habe und infolge dieser Aufwertung dem ausländischen Notar die notwendige gewährleistende Richtigkeitskontrolle abgesprochen wurde. Das OLG Düsseldorf hielt die Auslandsbeurkundung der Anteilsübertragung jedoch trotz dieser Bedenken für wirksam. Die Gleichwertigkeit der Beurkundung wurde unter Verweis auf den BGH[7] bejaht. Die Frage, ob hingegen eine vereinbarte Haftungsbeschränkung die Gleichwertigkeit ausschließt, wurde nicht aufgegriffen[8]. 11

Das OLG Düsseldorf differenzierte **zwischen Beurkundung und Einreichung** der Liste. Dass § 40 Abs. 2 GmbHG eine Einreichung durch den Notar vorsehe, bedeute nicht, dass die vorherige Beurkundung unwirksam sei. Die Einreichung durch den Notar solle allein das Verfahren erleichtern. Mit Verweis auf § 40 GmbHG lehnte das OLG Düsseldorf zudem eine gewährleistende Richtigkeitskontrolle ab. Da ebenso der – gesellschaftsrechtlich unkundige – Geschäftsführer die Liste infolge einer Veränderung der Gesellschafterzusammensetzung korrigieren und einreichen müsse (§ 40 Abs. 1 GmbHG), könne dem mitwirkenden Notar (§ 40 Abs. 2 GmbHG) **keine weiterreichende Prüfungspflicht** treffen[9]. Für die An- 12

1 S. OLG München v. 6.2.2013 – 31 Wx 8/13, NZG 2013, 340 = GmbHR 2013, 269.

2 *Stabenau*, BB 2011, 787; *Bauer/Anders*, BB 2012, 593; *Wicke*, DB 2011, 1037; *Götze/Mörtel*, NZG 2011, 727; *Hasselmann*, NZG 2013, 325; *Bayer* in Lutter/Hommelhoff, § 40 GmbHG Rz. 27; *Zöllner/Noack* in Baumbach/Hueck, § 40 GmbHG Rz. 69; *Heidinger* in MünchKomm. GmbHG, § 40 GmbHG Rz. 225; *Olk*, NZG 2011, 381 (383).

3 OLG Düsseldorf v. 2.3.2011 – I-3 Wx 236/10, 3 Wx 236/10, BB 2011, 785 = GmbHR 2011, 417. Zur Problematik der Zurückweisung einer durch einen ausländischen Notar unterzeichneten Gesellschafterliste s. auch OLG München v. 6.2.2013 – 31 Wx 8/13, NZG 2013, 340 = GmbHR 2013, 269.

4 Vgl. *Stabenau*, BB 2011, 787; *Bauer/Anders*, BB 2012, 593; *Wicke*, DB 2011, 1037; *Götze/Mörtel*, NZG 2011, 727; *Hasselmann*, NZG 2013, 325; *Bayer* in Lutter/Hommelhoff, § 40 GmbHG Rz. 27; *Zöllner/Noack* in Baumbach/Hueck, § 40 GmbHG Rz. 69.

5 So ein obiter dictum des LG Frankfurt/M. v. 7.10.2009 – 3/13 O 46/09, NJW 2010, 683 = GmbHR 2010, 96.

6 Kritisch *Bauer/Anders*, BB 2012, 593 (595); *Wicke*, DB 2011, 1037 (1041); *Hasselmann*, NZG 2013, 325 (327).

7 OLG Düsseldorf v. 2.3.2011 – I-3 Wx 236/10, 3 Wx 236/10, BB 2011, 785 (786) = GmbHR 2011, 417; grundlegend BGH v. 16.2.1981 – II ZB 8/80, NJW 1981, 1160ff.

8 OLG Düsseldorf v. 2.3.2011 – I-3 Wx 236/10, 3 Wx 236/10, BB 2011, 785ff. = GmbHR 2011, 417; s. dazu bereits oben Rz. 10.

9 OLG Düsseldorf v. 2.3.2011 – I-3 Wx 236/10, 3 Wx 236/10, BB 2011, 785 (786) = GmbHR 2011, 417.

teilsübertragung gilt danach die ausländische Beurkundung nach Ansicht des OLG Düsseldorf als wirksam[1].

13 c) Im Hinblick auf den **zu beurkundenden Verschmelzungsvertrag** können die Ausführungen nicht ohne weiteres überzeugen. Das beginnt bereits mit der fehlenden Auseinandersetzung der Haftungsfrage. Dies ist ein wesentlicher Differenzierungspunkt, der unberücksichtigt bleibt. Denn wenn eine Haftungsvereinbarung vorliegt, ist das Gleichwertigkeitsmerkmal nicht erfüllt. Liegt hingegen im konkreten Einzelfall keine solche Vereinbarung vor, so muss der Beurkundungsgegenstand genauer betrachtet werden: Während es in dem vom OLG Düsseldorf zu entscheidenden Fall um eine **Anteilsübertragung** ging, der **Rechtsträger** also nach der **Beurkundung als solcher fortbestand,** führen Beurkundung und Einreichung des Verschmelzungsvertrages zu den vom UmwG vorgesehenen absoluten Rechtsfolgen: Entweder erlöschen die zu verschmelzenden Rechtsträger und es entsteht ein neuer (Verschmelzung zur Neugründung). Oder ein Rechtsträger nimmt den anderen auf, was dazu führt, dass der andere erlischt (Verschmelzung zur Aufnahme). Bei der Verschmelzung handelt es sich um einen statusrelevanten Vorgang, der im Gegensatz zur „bloßen" Anteilsübertragung gravierendere Folgen mit sich bringt. Vieles spricht daher dafür, dass die Beurkundung des Verschmelzungsvertrags durch einen ausländischen Notar **unwirksam** ist, da sie trotz des Beschlusses des OLG Düsseldorf für Anteilsübertragungen **erhebliche Risiken** mit sich bringt.

3. Kostenobergrenze des Gebührenrechts

14 Die im Recht der KostO bestandene Obergrenze für die Beurkundung von Plänen und Verträgen nach dem UmwG (Geschäftswert von 5 Mio. Euro, ex-§ 39 Abs. 5 KostO), wurde mit der Reform des Kostenrechts und der Einführung des Gerichts- und Notarkostengesetzes[2] auf 10 Mio. Euro angehoben, § 107 Abs. 1 Satz 1 GNotKG. Danach beträgt die anfallende Gebühr maximal 22 770 Euro (dazu auch bereits § 2 Rz. 48 ff.)[3]. Trotz der Anhebung des Geschäftswerts, dient diese Obergrenze vor allem dem Zweck, einem Ausweichen auf die Auslandsbeurkundung aus Kostengründen vorzubeugen, da ausländische Notare nicht wesentlich günstiger arbeiten[4].

V. Verschmelzungsgründung einer Europäischen Aktiengesellschaft (SE)

15 Nach inzwischen ganz überwiegender Auffassung bedürfen bei der Verschmelzungsgründung (Artt. 2 Abs. 1, 17 ff. SE-VO) einer Europäischen Aktiengesell-

1 A.A. hins. der Einreichung OLG München v. 6.2.2013 – 31 Wx 8/13, NZG 2013, 340 = GmbHR 2013, 269.
2 Gerichts- und Notarkostengesetz v. 23.7.2013, BGBl. I, S. 2586.
3 *Funke*, DB 1997, 1120; *Neye*, GmbHR 1997, R153.
4 So auch *Heckschen*, DB 1998, 1385 (1388); *Bayer*, ZIP 1997, 1613 (1619); *Schröer* in Semler/Stengel, § 6 UmwG Rz. 15; anders *Stratz* in Schmitt/Hörtnagl/Stratz, § 6 UmwG Rz. 19; der Gesetzgeber will durch die Anhebung vor allem dem Umstand einer möglichen Notarhaftung und der Komplexität der Materie, die mit umwandlungsrechtlichen Verträgen verbunden ist, Rechnung tragen, vgl. dazu RegBegr, BT-Drucks. 17/11471, 283.

schaft (Societas Europea – SE) die erforderlichen Verschmelzungspläne (Art. 20 SE-VO) einer notariellen Beurkundung gem. § 6 UmwG. Nach Art. 18 SE-VO gilt in Bereichen, in denen die SE-VO keine oder nur teilweise Regelungen getroffen hat, für die Gründungsgesellschaft das Recht ihres Sitzstaates, soweit dieses im Einklang mit der Verschmelzungsrichtlinie steht. Eine die Beurkundungspflicht festlegende Vorschrift beinhaltet die SE-VO nicht. Daraus jedoch zu folgern, die SE-VO sei insoweit abschließend, geht angesichts Art. 18 SE-VO zu weit[1].

Zwar betrifft der Wortlaut des § 6 UmwG nur einen zu beurkundenden Verschmelzungs*vertrag*. Doch gebieten Sinn und Zweck des Formerfordernisses eine Anwendung der Vorschrift auch auf einen Verschmelzungs*plan*. Die Beurkundungspflicht des Verschmelzungsvertrages soll dessen Inhalt nach außen hin beweiskräftig festhalten[2] und den Beteiligten darüber hinaus die Tragweite ihrer Entscheidung vor Augen führen (vgl. schon oben Rz. 2ff.). Diese Bedürfnisse bestehen bei Verschmelzungsplänen in gleichem Maße. Für den Verschmelzungsplan bei der grenzüberschreitenden Verschmelzung hat der Gesetzgeber genau aus diesen Gründen eine klarstellende Regelung in § 122c Abs. 4 UmwG getroffen[3].

Darüber hinaus gebietet Art. 16 der 3. Richtlinie ein Verfahren zur Kontrolle der Rechtmäßigkeit von Verschmelzungen. Dieses Gebot wurde in Deutschland durch eine Kombination von richterlicher und notarieller Kontrolle umgesetzt und ist konsequenterweise auch auf die Gründung einer SE anzuwenden[4].

VI. Fehlen oder Mängel der Beurkundung

Die fehlende, nicht vollständige oder fehlerhafte Beurkundung führt zur **Nichtigkeit** des Verschmelzungsvertrages einschließlich aller Nebenabreden (§§ 125 Satz 1, 139 BGB); der Registerrichter ist deshalb verpflichtet, die Eintragung der Verschmelzung abzulehnen. Die Nichtigkeit wird durch die **Eintragung** ins Handelsregister (§ 20 Abs. 1 Nr. 4 UmwG) **geheilt**; das gilt auch für schriftliche, aber nicht beurkundete Nebenabreden (dazu auch § 20 Rz. 73ff.)[5]. 16

VII. Kosten

Zu den Kosten für die Beurkundung des Verschmelzungsvertrages vgl. bei § 2 Rz. 48ff. 17

---

1 Ebenso *Heckschen* in Widmann/Mayer, § 6 UmwG Rz. 87; *Schröer* in Semler/Stengel, § 6 UmwG Rz. 18; *Bayer* in Lutter/Hommelhoff, SE-Kommentar, Art. 20 SE-VO Rz. 6; *Schröder* in Manz/Mayer/Schröder, SE, Art. 20 SE-VO Rz. 7; vermittelnd *Hirte*, NZG 2002, 1 (3): Beibehaltung des nationalen Beurkundungserfordernisses sei jedenfalls zulässig; a.A. *Schulz/Geismar*, DStR 2001, 1078; *Brandes*, AG 2005, 177 (182); *Pluskat*, EWS 2004, 1 (4).

2 Vgl. BGH v. 16.11.1981 – II ZR 150/80, BGHZ 82, 188 (194); BGH v. 24.10.1988 – II ZB 7/88, BGHZ 105, 324 (338).

3 *Krause/Kulpa*, ZHR 171 (2007), 39 (58); *Heckschen*, DNotZ 2007, 444 (457); *Louven*, BB Beilage 2006 Nr. 13, 1 (14).

4 *Teichmann*, ZGR 2002, 383 (421).

5 *Schröer* in Semler/Stengel, § 6 UmwG Rz. 19; weitergehend auch für Heilung nur mündlicher Nebenabreden *Mayer* in Widmann/Mayer, § 4 UmwG Rz. 69.

§ 7
Kündigung des Verschmelzungsvertrags

Ist der Verschmelzungsvertrag unter einer Bedingung geschlossen worden und ist diese binnen fünf Jahren nach Abschluss des Vertrags nicht eingetreten, so kann jeder Teil den Vertrag nach fünf Jahren mit halbjähriger Frist kündigen; im Verschmelzungsvertrag kann eine kürzere Zeit als fünf Jahre vereinbart werden. Die Kündigung kann stets nur für den Schluss des Geschäftsjahres des Rechtsträgers, dem gegenüber sie erklärt wird, ausgesprochen werden.

Literatur

Vgl. die Angaben zu § 4 sowie *Kiem*, Die schwebende Umwandlung, ZIP 1999, 173; *Körner/Rodewald*, Bedingungen, Befristungen, Rücktritts- und Kündigungsrechte in Verschmelzungs- und Spaltungsverträgen, BB 1999, 853; *Scheel*, Befristete und bedingte Handelsregistereintragungen bei Umstrukturierung von Kapitalgesellschaften, DB 2004, 2355.

I. Überblick

1 Das gesetzliche Kündigungsrecht des § 7 UmwG soll der Tatsache Rechnung tragen, dass sich die wirtschaftliche Entwicklung von Unternehmen für einen längeren Zeitraum nicht voraussagen lässt[1]. Die Verhältnisse der an einem Verschmelzungsvertrag beteiligten Rechtsträger können sich nach fünf Jahren grundlegend verändert haben, so dass insbesondere das Umtauschverhältnis nicht mehr den tatsächlichen Gegebenheiten entspricht[2]. Daher sollen sich die Parteien mit halbjähriger Kündigungsfrist vom Vertrag lösen können, wenn eine aufschiebende Bedingung auch nach fünf Jahren noch nicht eingetreten ist. Nach § 7 Satz 1 2. Halbsatz UmwG kann eine kürzere Zeit als fünf Jahre für den Beginn der Kündigungsmöglichkeit vereinbart werden[3].

§ 7 UmwG gilt entsprechend für die Spaltung (§ 125 UmwG) und die Vermögensübertragung (§ 176 Abs. 1 UmwG für die Vollübertragung und §§ 177 Abs. 1, 125 UmwG für die Teilübertragung).

---

1 Dazu *Simon* in KölnKomm. UmwG, § 7 UmwG Rz. 1 ff.

2 *Stratz* in Schmitt/Hörtnagl/Stratz, § 7 UmwG Rz. 7; *Schröer* in Semler/Stengel, § 7 UmwG Rz. 1; *Heckschen* in Widmann/Mayer, § 7 UmwG Rz. 12; vgl. auch *Hoffmann-Becking* in FS Fleck, 1988, S. 105 (117 ff.); *Marsch-Barner* in Kallmeyer, § 7 UmwG Rz. 1.

3 Die Dispositionsbefugnis der Parteien in dieser Frage wurde in Abweichung vom vor 1994 geltenden Recht bewusst eingefügt, vgl. BegrRegE zu § 7 UmwG, bei *Schaumburg/Rödder*, § 7 UmwG Rz. 4 und bei *Ganske*, S. 52.

II. Das gesetzliche Kündigungsrecht

1. Überblick

Die Vereinbarung einer aufschiebenden Bedingung in Verschmelzungsverträgen ist heute allgemein üblich[1], wobei man in der Praxis weit kürzere als fünfjährige Fristen vereinbaren sollte und wird[2]. Schon bei Verzögerungen von mehr als einem Jahr werden sich nicht nur die Umtauschrelationen verschoben haben, sondern auch neue Zwischen- oder sogar Schlussbilanzen (§ 17 Abs. 2 UmwG) erforderlich sein. Auf der anderen Seite erhöhen Bedingungen und Befristungen u.U. auch das Erpressungspotential von sog. „räuberischen" Anfechtungsklägern[3]. 2

2. Voraussetzungen

a) Vereinbarung einer aufschiebenden Bedingung

Zunächst muss die aufschiebende Wirkung *vertraglich vereinbart* sein, d.h. rein tatsächliche Verzögerungen reichen nicht aus[4]. Weiterhin setzt das Kündigungsrecht nach § 7 UmwG voraus, dass eine aufschiebende Bedingung *wirksam* vereinbart wurde. Da der Übergang von Bedingungen und Befristungen fließend ist, sind auch Befristungen in Verschmelzungsverträgen zulässig (dazu § 4 Rz. 34)[5]. Kein Recht zur Kündigung besteht aber, wenn der Verschmelzungsvertrag infolge Fehlens der notwendigen Beschlüsse nicht beiderseits bindend ist und nur deshalb die Wirkung nicht binnen fünf Jahren eintritt; hier ist die Fünf-Jahres-Frist nicht Vertragsinhalt[6]. 3

Typische Bedingungen sind etwa die Eintragung einer bei dem übernehmenden Rechtsträger vorzunehmenden Kapitalerhöhung, Zustimmungsbeschlüsse durch die Versammlung der Anteilseigner oder die Erteilung einer Genehmigung durch die Kartellbehörde[7].

b) Nichteintritt der Bedingung binnen fünf Jahren

Ist die Bedingung wirksam vereinbart und nicht binnen fünf Jahren eingetreten, besteht ein Kündigungsrecht. Gleichzusetzen ist der Fall, dass es im Belieben einer Vertragspartei steht, zu welchem Zeitpunkt sie den Vollzug der Verschmelzung verlangen will, wenn sie ihr Recht nicht binnen fünf Jahren ausübt. Dies ist etwa dann der Fall, wenn ein Vertragspartner ein Angebot in Form eines Zustimmungsbeschlusses zum Verschmelzungsvertrag abgegeben hat; auch hier wird 4

1 *Heckschen* in Widmann/Mayer, § 7 UmwG Rz. 1.
2 *Schröer* in Semler/Stengel, § 7 UmwG Rz. 1; *Sagasser/Luke* in Sagasser/Bula/Brünger, § 9 Rz. 186; *Heckschen* in Widmann/Mayer, § 7 UmwG Rz. 6.
3 *Heckschen* in Widmann/Mayer, § 7 UmwG Rz. 12; vgl. auch *Hoffmann-Becking* in FS Fleck, 1988, S. 105 (119f.); *Kiem*, ZIP 1999, 173 (175ff.) (jeweils mit Gestaltungsvorschlägen).
4 *Marsch-Barner* in Kallmeyer, § 7 UmwG Rz. 6; *Körner/Rodewald*, BB 1999, 853 (854); *Schröer* in Semler/Stengel, § 7 UmwG Rz. 4 sowie zu diesbezüglichen Gestaltungsmöglichkeiten *Kiem*, ZIP 1999, 173 (177ff.).
5 Vgl. *Heckschen* in Widmann/Mayer, § 7 UmwG Rz. 32; *Körner/Rodewald*, BB 1999, 853; *Schröer* in Semler/Stengel, § 7 UmwG Rz. 13.
6 Ebenso *Schröer* in Semler/Stengel, § 7 UmwG Rz. 4.
7 Vgl. *Heckschen* in Widmann/Mayer, § 7 UmwG Rz. 22ff.; *Scheel*, DB 2004, 2355 (2358).

man davon ausgehen müssen, dass dieses bindende Angebot innerhalb der im Vertrag vereinbarten Frist, längstens nach fünf Jahren, angenommen werden muss. Danach wäre die Annahme in Form eines Zustimmungsbeschlusses auch nicht als Annahme, sondern nur als Abgabe eines neuen Angebots nach § 150 Abs. 1 BGB zu verstehen[1].

3. Beginn der Kündigungsfrist

5 Die Fünf-Jahres-Frist beginnt mit dem wirksamen Abschluss des Verschmelzungsvertrags[2]. Es gilt das Datum der Urkunde, da selbst bei vollmachtlosem Handeln für einen beteiligten Rechtsträger dessen Genehmigung zurückwirkt, § 184 BGB, bei Sukzessivbeurkundung das Datum der letzten Beurkundung.

4. Ausübung des Kündigungsrechts

6 Die Kündigung erfolgt durch das vertretungsberechtigte Organ des betreffenden Rechtsträgers (vgl. § 4 UmwG) mit **halbjähriger Frist für den Schluss des Geschäftsjahres** des Rechtsträgers, gegenüber dem die Kündigung erklärt wird (§ 7 Satz 2 UmwG)[3]. Bis zum Ende dieses Geschäftsjahres bleibt, trotz Kündigung, das Vertragsverhältnis bestehen. In der Zwischenzeit kann die Bedingung noch eintreten und damit die Verschmelzung wirksam und die Kündigung hinfällig werden[4].

Die Zustimmung der Anteilseignerversammlung ist – ebenso wie bei der Kündigung eines Unternehmensvertrages nach § 297 AktG[5] – nicht erforderlich[6]. Die Kündigung bedarf keiner Begründung[7].

7 Die Frist des § 7 UmwG kann im Verschmelzungsvertrag **verkürzt** (§ 7 Satz 1 2. Halbsatz UmwG), nicht aber verlängert werden, da das Kündigungsrecht als solches zwingend ist, es kann also auch nicht vertraglich beschränkt oder abbedungen werden[8]: Es soll die Dispositionsfreiheit der beteiligten Rechtsträger schützen.

---

1 So auch *Sagasser/Luke* in Sagasser/Bula/Brünger, § 9 Rz. 187.

2 BegrRegE, BR-Drucks. 75/94, 83; *Bermel* in Goutier/Knopf/Tulloch, § 7 UmwG Rz. 12; *Stratz* in Schmitt/Hörtnagl/Stratz, § 7 UmwG Rz. 8; *Schröer* in Semler/Stengel, § 7 UmwG Rz. 7; *Heckschen* in Widmann/Mayer, § 7 UmwG Rz. 6, 53; *Marsch-Barner* in Kallmeyer, § 7 UmwG Rz. 2; *Simon* in KölnKomm. UmwG, § 7 UmwG Rz. 14.

3 Kritisch hierzu *Heckschen* in Widmann/Mayer, § 7 UmwG Rz. 7, 56: Zumindest könne die Festlegung eines Kündigungszeitpunktes vertraglich vereinbart werden. Vgl. außerdem *Stratz* in Schmitt/Hörtnagl/Stratz, § 7 UmwG Rz. 11.

4 *Bermel* in Goutier/Knopf/Tulloch, § 7 UmwG Rz. 13; *Marsch-Barner* in Kallmeyer, § 7 UmwG Rz. 5; *Simon* in KölnKomm. UmwG, § 7 UmwG Rz. 18.

5 Dort ist nur im Fall des § 297 Abs. 2 AktG ein Sonderbeschluss der außenstehenden Aktionäre erforderlich. Vgl. dazu *Hüffer*, § 297 AktG Rz. 18 und BGH v. 5.4.1993 – II ZR 238/91, BGHZ 122, 211 (232 ff.) = AG 1993, 422.

6 *Stratz* in Schmitt/Hörtnagl/Stratz, § 7 UmwG Rz. 11; *Schröer* in Semler/Stengel, § 7 UmwG Rz. 10; *Marsch-Barner* in Kallmeyer, § 7 UmwG Rz. 4; a.A. *Heckschen* in Widmann/Mayer, § 7 UmwG Rz. 42 ff., 51.

7 *Schröer* in Semler/Stengel, § 7 UmwG Rz. 10.

8 *Bermel* in Goutier/Knopf/Tulloch, § 7 UmwG Rz. 12; *Heckschen* in Widmann/Mayer, § 7 UmwG Rz. 52; *Marsch-Barner* in Kallmeyer, § 7 UmwG Rz. 3; *Schröer* in Semler/Stengel, § 7 UmwG Rz. 8; *Simon* in KölnKomm. UmwG, § 7 UmwG Rz. 16; a.A. *Stratz* in Schmitt/Hörtnagl/Stratz, § 7 UmwG Rz. 9.

III. Sonstige Vertragsanpassung und -beendigung

Vgl. dazu § 4 Rz. 26ff. und 40f. Zum Vorvertrag vgl. § 6 Rz. 3. 8

§ 8
Verschmelzungsbericht

(1) Die Vertretungsorgane jedes der an der Verschmelzung beteiligten Rechtsträger haben einen ausführlichen schriftlichen Bericht zu erstatten, in dem die Verschmelzung, der Verschmelzungsvertrag oder sein Entwurf im Einzelnen und insbesondere das Umtauschverhältnis der Anteile oder die Angaben über die Mitgliedschaft bei dem übernehmenden Rechtsträger sowie die Höhe einer anzubietenden Barabfindung rechtlich und wirtschaftlich erläutert und begründet werden (Verschmelzungsbericht); der Bericht kann von den Vertretungsorganen auch gemeinsam erstattet werden. Auf besondere Schwierigkeiten bei der Bewertung der Rechtsträger sowie auf die Folgen für die Beteiligung der Anteilsinhaber ist hinzuweisen. Ist ein an der Verschmelzung beteiligter Rechtsträger ein verbundenes Unternehmen im Sinne des § 15 des Aktiengesetzes, so sind in dem Bericht auch Angaben über alle für die Verschmelzung wesentlichen Angelegenheiten der anderen verbundenen Unternehmen zu machen. Auskunftspflichten der Vertretungsorgane erstrecken sich auch auf diese Angelegenheiten.

(2) In den Bericht brauchen Tatsachen nicht aufgenommen zu werden, deren Bekanntwerden geeignet ist, einem der beteiligten Rechtsträger oder einem verbundenen Unternehmen einen nicht unerheblichen Nachteil zuzufügen. In diesem Falle sind in dem Bericht die Gründe, aus denen die Tatsachen nicht aufgenommen worden sind, darzulegen.

(3) Der Bericht ist nicht erforderlich, wenn alle Anteilsinhaber aller beteiligten Rechtsträger auf seine Erstattung verzichten oder sich alle Anteile des übertragenden Rechtsträgers in der Hand des übernehmenden Rechtsträgers befinden. Die Verzichtserklärungen sind notariell zu beurkunden.

Literatur

Bayer, Informationsrechte bei der Verschmelzung von Aktiengesellschaften, AG 1988, 323; *Fuhrmann*, Gesetzliche Formerfordernisse bei Vorstandsberichten, AG 2004, 135; *Heckschen*, Verschmelzung von Kapitalgesellschaften, 1989; *Heckschen*, Beschränkung des Klagerechts im Umwandlungsverfahren, NotBZ 2001, 206; *Henze*, Aktienrecht – Höchstrichterliche Rechtsprechung, 5. Aufl. 2002; *Henze*, Aspekte und Entwicklungstendenzen der aktienrechtlichen Anfechtungsklage in der Rechtsprechung des BGH, ZIP 2002, 97; *Hirte*, Informationsmängel und Spruchverfahren, ZHR 167 (2003), 8; *Horn*, Änderungen bei der Vorbereitung und Durchführung der Hauptversammlung nach dem Referentenentwurf zum ARUG, ZIP 2008, 1558; *Hügel*, Verschmelzung und Einbringung, 1993; *Keil*, Der Verschmelzungsbericht nach § 340a AktG, 1990; *Kai Mertens*, Umwandlung und Universalsukzession, 1993; *Klaus J. Müller*, Unterzeichnung des Verschmelzungsberichts, NJW 2000, 2001; *Noack*, ARUG: das nächste Stück der Aktienrechtsreform in Permanenz, NZG 2008, 441; *Rieder*, Minderheitenschutz bei Verschmelzungen unter Beteiligung von Kapitalgesellschaften, 2012; *Harry Schmidt*, Verschmelzung von Personengesellschaften, in Lutter, Kölner Umwandlungsrechtstage, 1995, S. 59; *Jessica Schmidt*, Die Änderung der umwandlungsrechtlichen Informationspflicht durch das ARUG, NZG 2008, 734; *Schwarz*, Umwandlung mittelständischer Unternehmen im Handels- und Steuerrecht, 1995; *Seibert*, Der Referentenentwurf eines Gesetzes zur Umsetzung der Aktionärsrechterichtlinie (ARUG), ZIP 2008, 906; *Seibert*, UMAG und Hauptversammlung – Der Regierungsentwurf eines Gesetzes zur Unternehmensintegrität und Modernisierung des Anfechtungsrechts (UMAG), WM 2005, 157; *E. Vetter*, Abfindungswertbezogene Informationsmängel und Rechtsschutz, in FS Wiedemann, 2002, S. 1321; *Vossius*, Zur Unterzeichnung des Verschmelzungsberichts, NotBZ 2007, 368; *Martin Winter*, Die Verschmelzung von Kapitalgesellschaften, Verschmelzungsbericht/-prüfung, in Lutter, Kölner Umwandlungsrechtstage, 1995, S. 25.

I. Anwendungsbereich

1 Der Verschmelzungsbericht ist bei allen rechtlich möglichen Verschmelzungsformen Pflicht; zudem entfaltet die Regelung kraft Verweisung erhebliche Ausstrahlungswirkung für andere Umwandlungsvorgänge. So finden § 8 Abs. 1 Sätze 2–4, Abs. 2 und 3 UmwG auch beim Spaltungsbericht entsprechende Anwendung (§ 127 Satz 2 UmwG). Bei der Ausgliederung ist ein Ausgliederungsbericht zu erstatten (§ 162 UmwG). Bei der Vermögensübertragung ist § 8 UmwG insgesamt entsprechend anzuwenden (§§ 176ff. UmwG). § 8 Abs. 1 Sätze 2–4 UmwG und § 8 Abs. 2 UmwG finden beim Formwechsel entsprechende Anwendung (§ 192 Abs. 1 Satz 2 UmwG). Darüber hinaus sind heute gleichartige Berichte beim Abschluss eines Unternehmensvertrages (§ 293a AktG) sowie bei der Eingliederung erforderlich, § 319 Abs. 3 Nr. 3 AktG[1]. Zur Berichtspflicht bei wirtschaftlichen Umwandlungen s. Einl. I Rz. 56.

1 Näher dazu *Bungert*, DB 1995, 1384.

Die Regelung über den Verschmelzungsbericht beruht auf der 3. EG-Richtlinie, die in Art. 9 für die AG die Erstattung eines „ausführlichen" und „schriftlichen" Verschmelzungsberichts fordert. Insoweit sind die Vorgaben des europäischen Rechts besonders zu beachten. Vgl. dazu den Text der 3. Richtlinie Anh. III, S. 3451 ff. 2

II. Normzweck

Aufgabe des § 8 UmwG ist der Schutz der Anteilsinhaber, nicht der Gläubiger oder der Arbeitnehmer[1]. Der Bericht soll eine Grundlage für die sachgerechte Entscheidung der Anteilsinhaber bilden und im Hinblick auf die geplante Maßnahme Akzeptanz bei den Anteilsinhabern schaffen[2]. Sie sollen in die Lage versetzt werden, eine **Plausibilitätskontrolle** vorzunehmen, nicht aber den Vorgang in allen Einzelheiten nachzuvollziehen[3]. Schwerpunktmäßig ist dabei zu erläutern und zu begründen, wie sich die Beteiligung infolge der Verschmelzung verändert[4]. Dieser Normzweck war bereits im vor 1994 geltenden Umwandlungsrecht für die Aktiengesellschaft anerkannt[5]. 3

Zu beachten ist jedoch, dass die Berichtspflicht für alle Verschmelzungsformen gilt[6]. Das Gesetz überträgt also eine Regelung, die sich am Leitbild der großen Publikumsgesellschaft orientiert und die nach Artt. 1 und 9 der 3. Richtlinie nur für Aktiengesellschaften verpflichtend ist, auch auf die kleineren und personalistisch geprägten Strukturen. Die Gesetzesbegründung rechtfertigt das damit, dass durch die allgemeine Berichtspflicht ein größerer Schutz gewährleistet sei, als dies allein durch die allgemeinen Auskunfts- und Einsichtsrechte möglich wäre[7]. Diese Begründung trifft z.B. auf die GmbH nicht zu, denn die Informationsverweigerungsgründe des § 51a Abs. 2 GmbHG sind deutlich enger als die des § 8 Abs. 2 UmwG. Richtig aber ist, dass durch die Berichtspflicht das Geschäftsführungsorgan den „ersten Schritt" tun und eine systematische Begründung vorlegen muss, der Anteilsinhaber sich aber auf Zusatzfragen, Kritik und Wertung konzentrieren kann[8]. 4

Die allgemeine **Kritik** an der Vorschrift, dass sie bei stark personalistischen Gesellschaften ihren Zweck weitgehend verfehlen und zu einem Obstruktionsinstrument der Minderheit werden würde[9], ist daher überzogen; auch sind in der Zeit seit 1994 ernsthafte Probleme damit in den personalistischen Gesellschaften nicht bekannt geworden[10]. Die im Gesetz vorgesehenen Verzichtsmöglichkeiten 5

1 *Gehling* in Semler/Stengel, § 8 UmwG Rz. 2; *Stratz* in Schmitt/Hörtnagl/Stratz, § 8 UmwG Rz. 1; *Schwarz*, S. 90; *Simon* in KölnKomm. UmwG, § 8 UmwG Rz. 4.
2 *Bork*, ZGR 1993, 343 (350); *Henze*, S. 414 ff.; *Mayer* in Widmann/Mayer, § 8 UmwG Rz. 5; *Simon* in KölnKomm. UmwG, § 8 UmwG Rz. 3.
3 OLG Düsseldorf v. 15.3.1999 – 17 W 18/99, ZIP 1999, 793 (795); OLG Hamm v. 4.3.1999 – 8 W 11/99, ZIP 1999, 798 (801); OLG Frankfurt/M. v. 22.8.2000 – 14 W 23/00, ZIP 2000, 1928 (1930).
4 Vgl. *Ganske*, WM 1993, 1117 (1122).
5 S. dazu ausführlich die Verweise in der 4. Aufl.
6 S. etwa OLG Bamberg v. 18.6.2012 – 6 W 26/12, NZG 2012, 1269 zum Verein.
7 *Ganske*, S. 53.
8 *Keil*, S. 23; *Timm*, AG 1989, 103 f.
9 *Kallmeyer*, GmbHR 1993, 461 (464); ähnlich zur Personengesellschaft *H. Schmidt* in Kölner Umwandlungsrechtstage, S. 74; in der Bewertung positiver *Hommelhoff*, ZGR 1993, 463; *M. Winter* in Kölner Umwandlungsrechtstage, S. 26.
10 In der Bewertung wie hier *Priester*, DStR 2005, 788.

haben sich offenbar in der Praxis bewährt. Möglichen Missbräuchen kann zudem durch das Freigabeverfahren nach § 16 Abs. 3 UmwG begegnet werden (vgl. dazu unten § 16 Rz. 26ff.). Zuzugeben ist der Kritik allerdings, dass Erkenntnisse, die zum Recht der AG gewonnen wurden, nicht blindlings in Richtung auf die personalistischen Gesellschaften verlängert werden dürfen. Den Besonderheiten der jeweiligen Rechtsform ist vielmehr bei der Anwendung Rechnung zu tragen[1]. Trotz ihrer Herkunft aus Art. 9 der 3. Richtlinie ist eine einheitliche Auslegung für alle Rechtsträger daher zwar nahe liegend, aber nicht notwendig. Das gilt vor allem für die Praxis, in der Publikums-AG aus Furcht vor Anfechtungsklagen möglichst umfassend zu berichten; Berichte mit einem Umfang von über 250 Druckseiten sind insoweit keine Seltenheit. Ein solcher Berichtsstandard wäre für eine personalistische Gesellschaft deutlich überzogen.

III. Erstattung des Verschmelzungsberichts

1. Form

6 Gem. § 8 Abs. 1 Satz 1 UmwG ist schriftliche Form erforderlich. Es handelt sich nicht um Schriftform i.S.d. § 126 BGB, da der Bericht eine Wissens- und keine Willenserklärung ist[2]. Trotzdem muss der Bericht nicht von allen Organmitgliedern unterzeichnet werden, sondern es genügt die Unterzeichnung von Mitgliedern in vertretungsberechtigter Zahl[3]. Der Schutzzweck der schriftlichen Erstattung des Berichts wird auch mit einer solchen Gestaltung vollumfänglich erreicht[4] und die Gesetzessystematik spricht dafür, dass dort, wo eine Unterzeichnung durch sämtliche Organmitglieder erforderlich ist, dies im Gesetz besonders angeordnet wird[5]. Hinzu kommt, dass bei § 327c AktG anerkanntermaßen ebenso verfahren wird[6], und für eine unterschiedliche Behandlung der beiden Fälle ist kein Grund ersichtlich. Dabei genügt die Unterzeichnung eines Originals; der Bericht kann dann auch in einer gedruckten Fassung vorgelegt werden, die lediglich Faksimile-Unterschriften der Organmitglieder oder einen sonstigen Hinweis auf das für den Bericht verantwortliche Organ enthält[7]. Zur Frage, ob eventuell fehlende Angaben in der Anteilseignerversammlung, die über die Verschmelzung beschließt, mündlich nachgetragen werden können, vgl. unten Rz. 59f.

1 Im Grundsatz zutr. daher *Schöne*, GmbHR 1995, 325ff.

2 KG v. 25.10.2004 – 23 U 234/03, ZIP 2005, 167 (168); BAG v. 11.6.2002 – 1 ABR 43/01, ZIP 2003, 317.

3 BGH v. 21.5.2007 – II ZR 266/04, BB 2007, 1977 (1979) = AG 2007, 625; KG v. 25.10.2004 – 23 U 234/03, ZIP 2005, 167 (168); *K. J. Müller*, NJW 2000, 2001; *Mayer* in Widmann/Mayer, § 8 UmwG Rz. 13; *Fuhrmann*, AG 2004, 135ff.; *Vossius*, NotBZ 2007, 368 (369); jetzt ebenso *Stratz* in Schmitt/Hörtnagl/Stratz, § 8 UmwG Rz. 7; a.A. LG Berlin v. 8.9. 2003 – 93 O 47/03, NZG 2004, 337; *Gehling* in Semler/Stengel, § 8 UmwG Rz. 5; *Marsch-Barner* in Kallmeyer, § 8 UmwG Rz. 3.

4 BGH v. 21.5.2007 – II ZR 266/04, BB 2007, 1977 (1979) = AG 2007, 625; KG v. 25.10.2004 – 23 U 234/03, ZIP 2005, 167 (168); *Vossius*, NotBZ 2007, 368f.

5 *Fuhrmann*, AG 2004, 135 (138).

6 OLG Düsseldorf v. 14.1.2005 – I-16 U 59/04, WM 2005, 650 (652) = AG 2005, 293; OLG Stuttgart v. 3.12.2003 – 20 W 6/03, ZIP 2003, 2363 (2364) = AG 2004, 105; *Heidel/Lochner* in Heidel, § 327a AktG Rz. 4 m.w.N.

7 *Gehling* in Semler/Stengel, § 8 UmwG Rz. 7; *Mayer* in Widmann/Mayer, § 8 UmwG Rz. 15; *Marsch-Barner* in Kallmeyer, § 8 UmwG Rz. 3; *Simon* in KölnKomm. UmwG, § 8 UmwG Rz. 9.

2. Schuldner der Berichtspflicht

7 Schuldner der Berichtspflicht sind die Vertretungsorgane der beteiligten Rechtsträger. Eine Vertretung in dem Sinne, dass die Aufgabe nicht mehr vom Vertretungsorgan, sondern von anderen Personen wahrgenommen wird, ist nicht möglich[1]. Zulässig ist nur die Delegation der tatsächlichen Erstellung des Berichts an interne oder externe Hilfspersonen unter fortbestehender Gesamtverantwortung des Leitungsorgans.

3. Gemeinsamer Bericht

8 § 8 Abs. 1 Satz 1 2. Halbsatz UmwG stellt klar, dass ein gemeinsamer Bericht der beteiligten Rechtsträger zulässig ist, da das Informationsinteresse der Anteilsinhaber durch einen gemeinsamen Bericht ebenso wie durch getrennte Berichte befriedigt wird. Die gesetzliche Klarstellung geht auf eine im alten Recht offen gebliebene Frage zurück[2]. Die gemeinsame Berichterstattung ist in der Praxis inzwischen zur Regel geworden.

4. Offenlegung des Berichts gegenüber den Gesellschaftern

9 Das Gesetz kennt zwei verschiedene Formen der Bekanntmachung des Berichts: Bei den Rechtsträgern, die typischerweise eine große Zahl von Anteilsinhabern aufweisen (AG, KGaA, Genossenschaft, Verein, VVaG), ist die Auslegung in den Räumen der Gesellschaft und die Zusendung auf Verlangen des Mitglieds vorgesehen (§ 63 Abs. 1 Nr. 4, Abs. 4; § 78; § 82 Abs. 1; § 101 Abs. 1; § 112 Abs. 1 Satz 1 UmwG). Durch das ARUG (Gesetz zur Umsetzung der Aktionärsrechterichtlinie) aus 2009 ist es den Gesellschaften nun gestattet, die Unterlagen anstelle der „physischen" Auslegung und Versendung via Internet zur Verfügung zu stellen[3]. Bei den personalistischen Gesellschaften erfolgt die Bekanntmachung durch Versendung an die Anteilsinhaber gemeinsam mit der Einberufung der Gesellschafterversammlung, die über die Verschmelzung beschließen soll (§§ 42, 47 UmwG).

10 Nicht geregelt ist insoweit das Bekanntmachungsverfahren für die nicht börsennotierte AG (§ 3 Abs. 2 AktG). Die nicht börsennotierte AG kann ihre Aktionäre – wie die GmbH – durch eingeschriebenen Brief laden und über die Tagesordnung informieren, wenn ihr die Aktionäre namentlich bekannt sind (§§ 121 Abs. 4, 124 Abs. 1 Satz 3 AktG)[4]. Das lässt es als nahe liegend erscheinen, die Aktionäre auf diesem Wege sogleich auch über den Verschmelzungsbericht zu informieren. Da die Zusendung gegenüber der Auslegung das „gesellschafterfreundlichere" Verfahren ist, spricht nichts dagegen, dass die nicht börsennotierte AG dieses Verfahren an Stelle der Auslegung wählen kann[5]. Sie kann zudem auch die Internet-Be-

1 Allg. A.; statt aller: *Stratz* in Schmitt/Hörtnagl/Stratz, § 8 UmwG Rz. 8.
2 Vgl. BGH v. 2.7.1990 – II ZR 1/90, WM 1990, 1372 (1379).
3 Vgl. ARUG v. 30.7.2009, BGBl. I, S. 2479; ausführlich dazu *J. Schmidt*, NZG 2008, 734; *Seibert*, ZIP 2008, 906; *Noack*, NZG 2008, 441.
4 Dazu *Lutter*, AG 1993, 437 und *Hüffer*, § 121 AktG Rz. 11aff.
5 Zustimmend *Mayer* in Widmann/Mayer, § 8 UmwG Rz. 16; der formal vorliegende Verstoß gegen § 63 UmwG wird für die Beschlussfassung nicht relevant, wenn alle Aktionäre die Unterlagen erhalten haben, vgl. § 63 Rz. 14.

kanntmachung wählen, da § 63 UmwG nicht zwischen börsennotierten und nicht börsennotierten Gesellschaften unterscheidet.

In allen Fällen gehört der Verschmelzungsbericht zu den Eintragungsunterlagen nach § 17 UmwG. Er wird daher Bestandteil der Registerakten und ist so nicht nur den Gesellschaftern, sondern auch interessierten Dritten in elektronischer Form zugänglich[1].

IV. Inhalt des Verschmelzungsberichts

1. Allgemeines

11 § 8 Abs. 1 UmwG ist hinsichtlich des Inhalts der Berichtspflicht nicht näher konkretisiert, jedoch hat sich in Literatur und Rechtsprechung ein weitgehender Konsens über den Umfang der Berichtspflicht gebildet, der den Umgang mit der Vorschrift erleichtert.

12 Einigkeit besteht heute darin, dass bei der Auslegung der Berichtspflichten eine **Abwägung zwischen Gesellschafts- und Gesellschafterinteressen** erforderlich ist. Auf Seiten des Gesellschafters besteht dabei das Interesse, über die Daten der bevorstehenden Umwandlung so genau wie möglich informiert zu werden. Auf der anderen Seite besteht weitgehende Einigkeit darin, dass der Umfang der zu leistenden Information begrenzt werden muss. Diese Begrenzung ergibt sich aus systematischen Erwägungen: Im System des Gesellschafterschutzes der §§ 5, 8 und 9 ff. UmwG dient der § 8 UmwG vor allem der **Information** der Gesellschafter darüber, ob die Verschmelzung **wirtschaftlich sinnvoll** und **gesetzmäßig** ist[2]. Dabei soll der Gesellschafter in die Lage versetzt werden, eine Plausibilitätskontrolle vorzunehmen[3], nicht aber, den Vorgang bis in alle Einzelheiten nachzuvollziehen[4]. Die Kontrolle des Vorgangs auf seine inhaltliche Richtigkeit, rechtliche Korrektheit und hinsichtlich der Angemessenheit des Umtauschverhältnisses ist der Prüfung durch den Verschmelzungsprüfer zugewiesen. Der Bericht muss also nur solche Tatsachen enthalten, die ein vernünftig denkender Gesellschafter als Entscheidungsgrundlage für *sein* Abstimmungsverhalten hinsichtlich der Umwandlungsmaßnahme für erforderlich halten darf. Er muss es nicht ermöglichen, die Annahmen der Unternehmensleitung auf ihre Richtigkeit nachzuprüfen. Für ein derartiges Verständnis spricht auch der Gesichtspunkt, dass der Verschmelzungsbericht für die beteiligten Rechtsträger handhabbar bleiben muss. Je mehr Angaben verlangt werden, desto größer ist die Fehlerwahrscheinlichkeit und desto aufwendiger und teurer gestaltet sich die Vorbereitung der Verschmelzung. Gerade

1 Kritisch dazu *Schöne*, GmbHR 1995, 334 f.

2 Ausdr. BGH v. 22.5.1989 – II ZR 206/88, BGHZ 107, 296 (303) = AG 1989, 399 (Kochs Adler).

3 OLG Hamm v. 20.6.1988 – 8 U 329/87, DB 1988, 1842 (1843); OLG Karlsruhe v. 30.6. 1989 – 15 U 76/88, WM 1989, 1134 (1138); OLG Düsseldorf v. 15.3.1999 – 17 W 18/99, ZIP 1999, 793; *Stratz* in Schmitt/Hörtnagl/Stratz, § 8 UmwG Rz. 13; *Henze*, S. 415; *Keil*, S. 76; *Hügel*, S. 150; *Sagasser/Luke* in Sagasser/Bula/Brünger, § 9 Rz. 45; *Marsch-Barner* in Kallmeyer, § 8 UmwG Rz. 6; *Mayer* in Widmann/Mayer, § 8 UmwG Rz. 19.1; *Simon* in KölnKomm. UmwG, § 8 UmwG Rz. 18.

4 OLG Karlsruhe v. 30.6.1989 – 15 U 76/88, WM 1989, 1134 (1138); LG Frankenthal v. 5.10. 1989 – 2 HK O 80/89, WM 1989, 1854 (1857); ebenso *Engelmeyer*, S. 78 f. zur Parallelvorschrift des § 127 UmwG.

unter dem Gesichtspunkt, dass die Berichtspflicht jetzt nicht mehr nur für Aktiengesellschaften gilt, muss dieser Aspekt beachtet werden[1]. Auf der Basis dieser Überlegungen ergibt sich folgender Inhalt des Berichts:

2. Angaben zur Verschmelzung

Erforderlich sind nach § 8 Abs. 1 Satz 1 UmwG zunächst Angaben zur Verschmelzung. Dahinter verbergen sich nach den Vorstellungen des Gesetzgebers Ausführungen dazu, welche rechtlichen und wirtschaftlichen Gründe die Verschmelzung als das geeignete Mittel zur weiteren Verfolgung des Unternehmenszwecks erscheinen lassen[2]. Zu erläutern ist also das rechtliche und unternehmerische Für und Wider der Umwandlungsmaßnahme[3]. Neben dem in § 8 Abs. 1 Satz 1 UmwG enthaltenen „ausführlich" hat der Begriff „im Einzelnen" keine weitere Bedeutung[4], so dass dadurch keine Erweiterung der Berichtspflicht eintritt. 13

Im Einzelnen bedeutet das, dass über die **wirtschaftliche Ausgangslage** der beteiligten Gesellschaften zu berichten ist. Dazu ist zunächst erforderlich, die beteiligten Unternehmen als solche kurz vorzustellen, damit sich die Gesellschafter von dem potentiellen Partner ein Bild machen können. Zu berichten ist also zunächst über deren Umsatz, Tätigkeitsfeld, Marktanteil, wesentliche Beteiligungen, Mitarbeiter sowie Kapital und Gesellschafterstruktur. Werden getrennte Berichte erstellt, so genügt die Vorstellung des bzw. der anderen beteiligten Unternehmen; die Kenntnis der eigenen Gesellschaft kann auch bei außenstehenden Gesellschaftern vorausgesetzt werden[5]. 14

Im zweiten Schritt sind die **wirtschaftlichen Auswirkungen** der Verschmelzung zu erläutern. Darzustellen sind also die angestrebten Ziele und die aus der Verschmelzung resultierenden Vorteile, insbesondere die Synergieeffekte (Verbesserung der Einkaufsmöglichkeiten, rentablere Produktion, vermeidbare Doppelinvestitionen, stärkere Stellung im Wettbewerb), aber auch Vorteile für Arbeitnehmer oder die Allgemeinheit (Sicherung von Arbeitsplätzen, Möglichkeit umweltfreundlicherer Produktionsverfahren). Einen detaillierten Synergiefahrplan braucht der Verschmelzungsbericht hingegen nicht zu enthalten. Eine grobe Schätzung der geplanten Maßnahmen zur Kosteneinsparung reicht aus[6]. Lässt die Verschmelzung für das Unternehmen auch Nachteile (z.B. Betriebsstilllegungen, Aufgabe von Produktionslinien, Kosten für Sozialpläne) erwarten, so sind selbstverständlich auch diese zu nennen[7]. Zu den Angaben über die Verschmelzung als 15

1 Die Erstellung eines Verschmelzungsberichts von über 250 Seiten (wie z.B. im Fall Krupp/Hoesch) bzw. knapp 200 Seiten (wie im Fall Thyssen/Krupp) ist für ein mittelständisches Unternehmen schlicht eine Zumutung.

2 LG München v. 31.8.1999 – 5HK O 8188/99, AG 2000, 86 (87); *Ganske*, S. 53; *Streck/Mack/Schwedhelm*, GmbHR 1995, 161 (165).

3 BGH v. 22.5.1989 – II ZR 206/88, BGHZ 107, 296 (301) = AG 1989, 399; OLG Saarbrücken v. 7.12.2010 – 4 AktG 476/10, AG 2011, 343; *Bermel* in Goutier/Knopf/Tulloch, § 8 UmwG Rz. 8.

4 Vgl. Arbeitskreis Umwandlungsrecht, ZGR 1993, 321 (323); *Bork*, ZGR 1993, 343 (349) m.w.N.; a.A. *Priester*, ZGR 1990, 420 (425).

5 *Keil*, S. 81; a.A. wohl *Gehling* in Semler/Stengel, § 8 UmwG Rz. 16: Kurze Beschreibung des eigenen Unternehmens.

6 Vgl. OLG Düsseldorf v. 15.3.1999 – 17 W 18/99, ZIP 1999, 793 (795).

7 *M. Winter* in Kölner Umwandlungsrechtstage, S. 28.

solche gehört auch die erwartete wirtschaftliche **Verfassung** der vereinigten Gesellschaft **nach Vollzug der Maßnahme** in bilanzieller und finanzwirtschaftlicher Hinsicht, hier insbesondere in Bezug auf Eigenkapitalquote und Verschuldungsgrad sowie deren voraussichtliche weitere Entwicklung. Die Ertragslage der beiden Gesellschaften ergibt sich aus den Ausführungen zum Umtauschverhältnis, sofern dies nach der Ertragswertmethode berechnet wird. In diesem Fall erübrigen sich Angaben an dieser Stelle. Wird ausnahmsweise nicht nach dem Ertragswertverfahren bewertet, so sind die gegenwärtigen und erwarteten zukünftigen Ertragsdaten hier anzugeben.

Ist eine der Gesellschaften börsennotiert, so ist auch die Auswirkung der Verschmelzung auf die zukünftige **Handelbarkeit der Aktien** (während der Umtauschphase und danach) darzustellen. Stehen bei einem der Partner Options- oder Wandelschuldverschreibungen aus, so ist anzugeben, inwieweit sich deren Ausübung auf das Kapital der vereinigten Gesellschaften auswirkt. Darzustellen sind auch die wesentlichen **steuerlichen Auswirkungen** auf die beteiligten Gesellschaften, da die Anteilsinhaber auch diese Vor- und Nachteile mit in die Entscheidung einbeziehen müssen[1] und diese bei der verbreiteten Anwendung des Tax-CAPM-Verfahrens (s. § 5 Rz. 60) das Umtauschverhältnis mit beeinflussen. Die unmittelbaren Auswirkungen in arbeitsrechtlicher Hinsicht (z.B. Wechsel der Tarifzuständigkeit, Änderung der anwendbaren Mitbestimmungsregelung) sind bereits von § 5 Abs. 1 Nr. 9 UmwG erfasst und müssen hier nicht noch einmal erläutert werden.

16 In einem dritten Schritt sind schließlich die zuvor erwähnten wirtschaftlichen **Vor- und Nachteile abzuwägen:** Es ist darzustellen, warum in Anbetracht dieser Gründe die Verschmelzung aus Sicht der Verwaltung zur besten Verfolgung des unternehmerischen Zwecks geboten ist und warum die Gesellschafter dem zustimmen sollten.

3. Erläuterung des Verschmelzungsvertrages

17 Die Erläuterung des Verschmelzungsvertrages ist erforderlich, um dem juristisch und betriebswirtschaftlich nicht vorgebildeten Gesellschafter das Verständnis der dort vereinbarten, oft sehr „technisch" formulierten Klauseln zu erläutern. Der Verschmelzungsvertrag bedarf dabei schon angesichts des Wortlautes des § 8 Abs. 1 Satz 1 UmwG der Erläuterung sowohl in rechtlicher wie in wirtschaftlicher Hinsicht. Dies gilt nicht nur für den Vorgang im Ganzen, sondern auch für die Bestimmungen des Verschmelzungsvertrages, soweit sich aus ihnen wirtschaftliche Konsequenzen ergeben. Darüber besteht im Ergebnis Einigkeit. Ein Teil der Literatur verortet allerdings diese Angaben unmittelbar beim Vertrag[2], während sie nach anderer Ansicht bei den Auswirkungen der Verschmelzung als solche besser aufgehoben sind[3]. Diesen Unterschied sollte man nicht überbetonen. Rechtmäßig ist jede Gestaltungsform, die dem Informationszweck des Berichts gerecht wird. Daher dürfte es sich um eine Frage der Zweckmäßigkeit handeln, wo die entspre-

---

1 Dazu LG Essen v. 8.2.1999 – 44 O 249/98, AG 1999, 329 (331); s. im Übrigen unten Rz. 27.
2 *Stratz* in Schmitt/Hörtnagl/Stratz, § 8 UmwG Rz. 16.
3 *Gehling* in Semler/Stengel, § 8 UmwG Rz. 17; *Mayer* in Widmann/Mayer, § 8 UmwG Rz. 23.

chenden Angaben im Einzelfall besser aufgehoben sind. In jedem Fall kann sich der Bericht auf die Dinge beschränken, die aus Sicht des Laien erläuterungsbedürftig sind[1]. Selbstverständlichkeiten wie salvatorische Klauseln oder der Zeitpunkt des In-Kraft-Tretens brauchen nicht noch einmal mit anderen Worten wiedergegeben werden.

4. Erläuterung des Umtauschverhältnisses

Als dritten erläuterungsbedürftigen Punkt nennt § 8 Abs. 1 Satz 1 UmwG das Umtauschverhältnis. Hier liegt der Schwerpunkt der Berichtspflicht, denn für den Gesellschafter ist vor allem interessant, in welchem Verhältnis sich seine Beteiligung in dem neuen Rechtsträger fortsetzt (Verschmelzungswertrelation). Dabei kommt es auf **Plausibilität** der Darstellung an. Keinesfalls ausreichend ist die bloße Angabe des Umtauschverhältnisses; diese Verfahrensweise hat der BGH schon vor 20 Jahren beanstandet[2], was manche Unternehmen freilich nicht hindert, den Fehler heute noch einmal zu machen[3]. Die rechtliche Korrektheit und die Angemessenheit des Umtauschverhältnisses kontrolliert der Verschmelzungsprüfer nach §§ 9 ff. UmwG[4]. Aus diesem Grunde sind nachfolgende Punkte zu erläutern: 18

a) Bewertungsmethode

Anzugeben ist zunächst, nach welcher Methode die beteiligten Unternehmen bewertet wurden. Erfolgt die Bewertung – wie meist – nach der Ertragswertmethode unter Hinzurechnung des nicht betriebsnotwendigen Vermögens und mit dem Liquidationswert als Untergrenze der Bewertung[5], so genügt der Hinweis, dass die Bewertung nach dieser Methode erfolgt ist und dass es sich dabei um die allgemein anerkannte und praktizierte Methode der Unternehmensbewertung handelt[6]. Weitere Erläuterungen zur Methode können unterbleiben. Wird bei einem oder beiden Unternehmen eine andere Methode angewendet, muss begründet werden, warum das Ertragswertverfahren in diesem Fall nicht sachgerecht war[7]. Werden die beteiligten Unternehmen – was nur in Ausnahmefällen zulässig ist – 19

---

1 Strenger *Marsch-Barner* in Kallmeyer, § 8 UmwG Rz. 9; *Gehling* in Semler/Stengel, § 8 UmwG Rz. 21; *Sagasser/Luke* in Sagasser/Bula/Brünger, § 9 Rz. 210.

2 BGH v. 22.5.1989 – II ZR 206/88, BGHZ 107, 296 = AG 1989, 402 (Kochs Adler).

3 Vgl. OLG Frankfurt/M. v. 20.3.2012 – 5 AktG 4/11, ZIP 2012, 766 (767) = AG 2012, 414.

4 Zutr. OLG Hamm v. 4.3.1999 – 8 W 11/99, ZIP 1999, 798; *Gehling* in Semler/Stengel, § 8 UmwG Rz. 22.

5 Vgl. Stellungnahme 2/1988 des HFA des IDW S 1 i.d.F. 2008, WPg Supplement 3/2008, 82, 76; *Hüffer*, § 305 AktG Rz. 19 ff.; *Lutter/Drygala*, AG 1995, 49 (50).

6 Wie hier LG Mannheim v. 3.3.1988 – 24 O 75/87, AG 1988, 248 (249); OLG Zweibrücken v. 9.3.1995 – 3 W 133/92 u. 3 W 145/92, DB 1995, 866; BayObLG v. 19.10.1995 – BReg 3 Z 17/90, WM 1996, 526; *Keil*, S. 64; *Engelmeyer*, S. 80; weiter gehend *Sagasser/Luke* in Sagasser/Bula/Brünger, § 9 Rz. 212 ff., die eine eingehende Beschreibung der einzelnen Vorgehensschritte bei der Unternehmensbewertung und eine Stellungnahme zu denkbaren alternativen Vorgehensweisen verlangen; dies dürfte aber, wenn überhaupt erforderlich, dem Prüferbericht nach § 12 UmwG vorbehalten sein; vgl. zudem die Übersichten bei *Meinert*, DB 2011, 2397 ff., 2455 ff. sowie *Wüstemann*, BB 2012, 1719 ff.

7 *Lutter/Drygala*, AG 1995, 49 (50); *Marsch-Barner* in Kallmeyer, § 8 UmwG Rz. 13; *Simon* in KölnKomm. UmwG, § 8 UmwG Rz. 26.

nach unterschiedlichen Methoden bewertet, ist zur Vergleichbarkeit der Ergebnisse Stellung zu nehmen[1].

20 Sind beteiligte Aktiengesellschaften an der **Börse** zugelassen, so ist ggf. **zusätzlich** ein Vergleich nach gemittelten Börsenwerten erforderlich (§ 5 Rz. 34 ff.). Auch das ist zu erläutern, insbesondere aber die Frage, wie aus diesen Börsenwerten allein oder unter Hinzuziehung der Ertragswerte das vorgeschlagene Umtauschverhältnis ermittelt wurde.

21 Eine Erläuterung, welche Werte sich nach der Substanzwertmethode ergeben würden, ist regelmäßig entbehrlich, weil bei Unternehmen, die Ertrag erwirtschaften, die Ertragswertmethode in der Regel zu weit höheren Unternehmenswerten führt[2]. Das kann bei auf Dauer ertragslosen Gesellschaften anders sein. Nähere Ausführungen zum Substanzwert oder Liquidationswert sind aber nur erforderlich, wenn ernsthafte Anhaltspunkte dafür bestehen, dass dieser höher als der Ertragswert sein könnte[3].

b) Zahlenwerk

22 Für den außenstehenden Gesellschafter nachvollziehbar ist die Information über das Umtauschverhältnis aber nur dann, wenn nicht nur die Grundsätze der Bewertung, sondern auch die wesentlichen Zahlen genannt werden, die in die Bewertung eingehen[4]. Eine vollständige Offenlegung der Bewertungsgutachten kann hingegen nicht gefordert werden, da dies vom Informationszweck her nicht mehr geboten ist[5]. Mehr als eine Plausibilitätskontrolle soll der Bericht nicht ermöglichen; ein Nachrechnen des Zahlenwerks durch den Gesellschafter ist zudem nicht erforderlich, weil dies durch den Verschmelzungsprüfer geleistet wird[6]. Erforderlich, aber auch ausreichend ist es daher, die **Jahresergebnisse** der vergangenen Jahre zu nennen, die in die Bewertung eingehen. Sofern diese Ergebnisse um Sondereinflüsse bereinigt werden, ist dies zu erläutern und zu begründen[7].

23 Eingang in die Unternehmensbewertung finden neben den Ergebnissen für die Vergangenheit auch die Prognosen für die Zukunft, meist die nächsten drei Jahre (sog. **Planzahlen**). Die zugrundeliegenden Prognosen müssen auf einer zutreffenden Tatsachengrundlage beruhen und vertretbar sein[8]. Auch hier reicht die Angabe der Jahreswerte aus, Aufschlüsselung nach einzelnen Produkten kann nicht verlangt werden[9]. Zu erläutern ist aber, welche Annahmen der Prognose zugrunde liegen, also ob es sich schlicht um eine Fortschreibung der Vergangenheitswerte

---

1 *Marsch-Barner* in Kallmeyer, § 8 UmwG Rz. 11.
2 LG Stuttgart v. 5.11.2012 – 31 O 55/08 KfH AktG, NZG 2013, 342 (Rz. 148).
3 LG Stuttgart v. 5.11.2012 – 31 O 55/08 KfH AktG, NZG 2013, 342 (Rz. 149).
4 Seit BGH v. 22.5.1989 – II ZR 206/88, BGHZ 107, 296 (302) = AG 1989, 399 (Kochs Adler) wohl einhellige Meinung.
5 OLG Karlsruhe v. 30.6.1989 – 15 U 76/88, WM 1989, 1134; BGH v. 29.10.1990 – II ZR 146/89, WM 1990, 2073; *Gehling* in Semler/Stengel, § 8 UmwG Rz. 36; *Mayer* in Widmann/Mayer, § 8 UmwG Rz. 33.
6 OLG Hamm v. 4.3.1999 – 8 W 11/99, ZIP 1999, 798; *M. Winter* in Kölner Umwandlungsrechtstage, S. 35.
7 OLG Düsseldorf v. 15.3.1999 – 17 W 18/99, ZIP 1999, 793.
8 BVerfG v. 24.5.2012 – 1 BvR 3221/10, ZIP 2012, 1656 (1658) = AG 2012, 674.
9 *H.-J. Mertens*, AG 1990, 20 (28).

handelt oder ob und warum ein verändertes Ertragspotential der betreffenden Gesellschaft angenommen wurde. Deshalb muss näher ausgeführt werden, wie sich Umsatz, sonstige Erträge, Material- und Personalaufwand, sonstige laufende Aufwendungen sowie die Reinvestitionsrate in den Prognosejahren voraussichtlich entwickeln werden[1]. Hinzuweisen ist auch darauf, dass die Ertragswerte nach dem **stand-alone-Prinzip** errechnet werden, d.h. dass von der Annahme ausgegangen wird, dass die beteiligten Gesellschaften selbständig weiterarbeiten. Der beabsichtigte wirtschaftliche Nutzen der Umwandlung ist also nicht bei der Erläuterung des Umtauschverhältnisses, sondern nur im Rahmen der Angaben zur Verschmelzung (vgl. oben Rz. 17) zu berücksichtigen[2].

Die Planzahlen sind nicht generell **geheimhaltungsbedürftig**, sofern man – wie hier vertreten – die Angabepflicht auf zusammengefasste Jahresendwerte beschränkt. Da sich diese in der Regel auf mehrere Produkte oder Geschäftszweige beziehen, kann ein Konkurrent aus diesen Zahlen kaum etwas über konkrete geschäftliche Absichten und Vorhaben der Gesellschaft schließen. Hinzu kommt, dass in die Zukunftsprognose nur solche Tatsachen eingehen, deren Realisierung bei Abschluss des Verschmelzungsvertrages schon erkennbar ist[3]. Geheime Projekte (z.B. im Forschungsbereich), deren Verwertbarkeit noch unsicher ist, bleiben daher von vornherein außer Ansatz. Nur soweit die Realisierung der fraglichen Tatsache sich bereits abzeichnet, ist zu prüfen, ob sich aus besonderen Gründen des Einzelfalls eine Geheimhaltungsbedürftigkeit der Planzahlen ergibt. Ein solcher Grund kann darin liegen, dass das Unternehmen lediglich mit einem Produkt oder einer Produktgruppe am Markt tätig ist, denn in diesem Fall kann ein Konkurrent die angegebenen Zahlen unmittelbar auf das betreffende Produkt beziehen. Zumindest die Reinvestitionsrate ist in einem solchen Fall als geheimhaltungsbedürftig anzusehen[4]. Jedoch muss dies dann nach § 8 Abs. 2 UmwG anhand der Produktionsstruktur des Unternehmens begründet werden; ein allgemeiner Hinweis auf die Geheimhaltungsbedürftigkeit reicht nicht aus[5]. 24

Generell nicht angabepflichtig sind hingegen konkrete Zahlen zur Steuerbelastung der Gesellschaft[6]. Diese sind nach § 131 Abs. 3 Satz 1 Nr. 2 AktG als stets geheimhaltungsbedürftig von der Auskunftspflicht ausgenommen, ohne dass es darauf ankäme, ob die Angabe im Einzelfall für das Unternehmen schädlich ist[7]. 25

---

1 *Sagasser/Luke* in Sagasser/Bula/Brünger, § 9 Rz. 219; *Keil*, S. 81 ff.; *Engelmeyer*, S. 81 f.

2 Wie hier BayObLG v. 19.10.1995 – BReg 3 Z 17/90, DB 1995, 2590 (2591) (Paulaner); OLG Düsseldorf v. 29.10.1976 – 19 W 6/73, DB 1977, 296 (298); OLG Celle v. 4.4.1979 – 9 Wx 2/77, DB 1979, 1031 (1033); OLG Hamburg v. 17.8.1979 – 11 W 2/79, DB 1980, 77 (78); *Marsch-Barner* in Kallmeyer, § 8 UmwG Rz. 17; *Simon* in KölnKomm. UmwG, § 5 UmwG Rz. 16; ausführlich *H.-J. Mertens*, AG 1992, 321 ff. m.w.N.; *K. Mertens*, S. 205 ff.; *Werner* in FS Steindorff, 1990, S. 303 ff.; a.A. wohl *Busse von Colbe*, ZGR 1994, 595 ff.

3 Zur sog. „Wurzeltheorie" s. Nachweise bei *Marsch-Barner* in Kallmeyer, § 8 UmwG Rz. 16.

4 Zutr. *Keil*, S. 87 f.

5 Das wurde vor Inkrafttreten des UmwG z.T. anders gesehen, s. etwa OLG Karlsruhe v. 30.6.1989 – 15 U 76/88, WM 1989, 1134 (1138) einerseits; OLG Hamm v. 20.6.1988 – 8 U 329/87, DB 1988, 1842 (1843); OLG Köln v. 21.9.1988 – 24 U 244/87, ZIP 1988, 1391 (1393) andererseits.

6 Ebenso *Marsch-Barner* in Kallmeyer, § 8 UmwG Rz. 16; *Simon* in KölnKomm. UmwG, § 8 UmwG Rz. 35; a.A. *Sagasser/Luke* in Sagasser/Bula/Brünger, § 9 Rz. 219; *Gehling* in Semler/Stengel, § 8 UmwG Rz. 35; *Engelmeyer*, S. 82; wie hier *Keil*, S. 85.

7 Zutr. *Keil*, S. 85 f.

Diese Vorgabe muss auch im Rahmen des § 8 UmwG beachtet werden, da der Umfang der geschuldeten Angaben durch § 131 AktG mitbestimmt wird[1]. Die gegenüber § 131 AktG engere Fassung des § 8 Abs. 2 UmwG steht dem nicht entgegen. Der Gesetzgeber hat dort nur die Informationsverweigerung wegen zu befürchtender Nachteile für das Unternehmen besonders geregelt. Das schließt es nicht aus, die anderen Fälle des § 131 Abs. 3 AktG weiterhin entsprechend auf die Berichtspflicht anzuwenden. Aus diesem Grunde muss die Geheimhaltungsbedürftigkeit der steuerlichen Daten auch nicht begründet werden.

26 Anzugeben ist weiterhin der Wert des nicht betriebsnotwendigen, d.h. ohne Schmälerung des Unternehmensertrags veräußerbaren Vermögens[2], da es den Barwert der betreffenden Gesellschaft erhöht und daher für die Berechnung der Verschmelzungswertrelation von besonderer Bedeutung ist[3]. Die Angabe des Gesamtwerts ist ausreichend, eine Aufschlüsselung einzelner Vermögenspositionen kann nicht verlangt werden.

c) Kapitalisierungszinsfuß

27 Entscheidenden Einfluss auf die Höhe der Verschmelzungswertrelation hat auch die Höhe des **Kapitalisierungszinsfußes** (s. dazu § 5 Rz. 60). Darzustellen ist dabei nicht nur die Höhe des Kapitalisierungszinsfußes[4] als solche, sondern auch, welche Methode zu seiner Ermittlung verwendet wurde und welche Gründe für den Ansatz des Risikozuschlags bei den einzelnen Gesellschaften maßgeblich waren[5]. Den Schluss der Darstellung bildet sodann die Angabe der so ermittelten Unternehmensergebnisse und die Verschmelzungswertrelation, die sich durch Verteilung des Unternehmenswerts auf die existierenden Aktien, Geschäftsanteile oder sonstigen Beteiligungen ergibt.

28 Damit ist zugleich auch eine eventuell anzubietende **Barabfindung** begründet, wie es von § 8 UmwG gefordert wird, denn die Verschmelzungswertrelation und die Abfindung werden nach denselben Grundsätzen ermittelt[6], nur dass im Falle der Barabfindung am Schluss der Rechnung kein Vergleich mit der anderen Gesellschaft erfolgt, sondern nur der Anteil am Unternehmenswert ausgewiesen wird. Warum eine Barabfindung nötig ist, muss im Bericht nicht erläutert werden; der Wortlaut verlangt nur die Erläuterung der Höhe[7].

---

1 BGH v. 18.12.1989 – II ZR 254/88, WM 1990, 140 (142); OLG Karlsruhe v. 30.6.1989 – 15 U 76/88, ZIP 1989, 988 (991); *H.-J. Mertens*, AG 1990, 27.

2 Zur Abgrenzung zwischen betriebsnotwendigem und nicht betriebsnotwendigem Vermögen s. OLG Düsseldorf v. 16.10.1990 – 19 W 9/88, AG 1991, 106 (107); BayObLG v. 19.10.1995 – BReg 3 Z 17/90, DB 1995, 2590 (2591); *Hüttemann*, ZHR 162 (1998), 563 (592).

3 Allg. M., vgl. OLG Frankfurt/M. v. 20.12.2011 – 21 W 8/11, AG 2012, 330; OLG Karlsruhe v. 30.6.1989 – 15 U 76/88, WM 1989, 1134 (1138); LG Frankenthal v. 5.10.1989 – 2 HK O 80/89, ZIP 1990, 232; OLG Zweibrücken v. 9.3.1995 – 3 W 133/92 u. 3 W 145/92, DB 1995, 866; OLG Frankfurt/M. v. 22.8.2000 – 14 W 23/00, ZIP 2000, 1928 (1930); *Gehling* in Semler/Stengel, § 8 UmwG Rz. 40.

4 *Mayer* in Widmann/Mayer, § 8 UmwG Rz. 36.

5 Vgl. IDW S 1 i.d.F. 2008, WPg Supplement 3/2008, 79.

6 Statt aller *Ganske*, S. 85.

7 A.A. *Stratz* in Schmitt/Hörtnagl/Stratz, § 8 UmwG Rz. 24; wie hier *Gehling* in Semler/Stengel, § 8 UmwG Rz. 49.

Wird die Barabfindung wegen Beteiligung einer börsennotierten Gesellschaft aus dem Börsenkurs als Untergrenze abgeleitet (s. § 5 Rz. 35 ff.) oder muss der Börsenkurs nach der Rechtsprechung des BVerfG bereits bei der Festlegung des Umtauschverhältnisses berücksichtigt werden[1], so sind zusätzlich Erläuterungen zur Ermittlung des relevanten Börsenkurses erforderlich. Anzugeben ist insoweit, wie der relevante Zeitraum ermittelt und die Umsatzgewichtung vorgenommen wurde (näher dazu § 5 Rz. 36 f.). Ist bereits bei Abfassung des Berichts abzusehen, dass zwischen Bekanntgabe der Verschmelzungsabsicht und Beschlussfassung der Anteilseigner ein längerer Zeitraum i.S.d. Stollwerck-Urteils[2] vergehen wird, ist eine Angabe zur Korrektur des Börsenkurses und der dabei zur Anwendung kommenden Methoden geboten (s. § 5 Rz. 44). Ansonsten sind diese Dinge zur Hauptversammlung in einem schriftlichen Nachbericht nachzutragen. 29

d) Stichtag

Ferner anzugeben ist der Stichtag, auf den die Bewertung erfolgt ist. Eine Regelung, die den Zeitpunkt der Beschlussfassung der übertragenden Gesellschaft für maßgeblich erklärt – so § 30 Abs. 1 UmwG für die Barabfindung –, stellt das Gesetz für das Umtauschverhältnis nicht auf. Daher kann die Bewertung auch auf einen früheren Zeitpunkt abstellen[3]. Sofern sich nach diesem Zeitpunkt für die Bewertung bedeutsame Änderungen ergeben, genügt es jedoch nicht, wenn darüber ergänzend in der Anteilsinhaberversammlung berichtet wird[4]. Denn der Bericht soll für sich und nicht erst in Zusammenhang mit später erlangten Informationen die Plausibilitätskontrolle durch die Anteilsinhaber ermöglichen. Für den Fall, dass nach § 29 UmwG eine Barabfindung anzubieten ist, ergibt sich die Unzulänglichkeit einer mündlichen Ergänzung auch aus § 30 Abs. 1 UmwG. Denn die für die Bewertung bedeutsamen Änderungen wirken sich auch auf die Höhe einer Barabfindung aus, für die nach § 30 Abs. 1 UmwG der Zeitpunkt der Beschlussfassung maßgeblich ist und die nach dem Wortlaut des § 8 Abs. 1 Satz 1 UmwG im Bericht selbst, nicht erst in der späteren Versammlung der Anteilsinhaber zu begründen ist. Daher ist bei einer nachträglichen Änderung der für die Bewertung bedeutsamen Verhältnisse der Bericht selbst entsprechend zu ergänzen[5]. 30

Im Jahre 2011 wurde die Verschmelzungsrichtlinie dahingehend ergänzt, dass die Hauptversammlung über jede wesentliche Änderung des Aktiv- oder Passivvermögens zwischen Aufstellung des Verschmelzungsplans und dem Tag der Hauptversammlung zu informieren ist[6]. Der deutsche Gesetzgeber setzte diese Vorgabe mit der Änderung von § 64 Abs. 1 UmwG um[7]. Zwar ist dort nur von einer münd- 31

---

1 Befürwortend *Erb*, DB 2001, 523 ff.; ebenso *Weiler/Meyer*, NZG 2003, 669 (670). Ablehnend *Bungert*, BB 2003, 699 (703); *Paschos*, ZIP 2003, 1017 (1024); *Wilsing/Kruse*, DStR 2001, 991 (995).
2 BGH v. 19.7.2010 – II ZB 18/09, NZG 2010, 939 = AG 2010, 629.
3 Ebenso *Marsch-Barner* in Kallmeyer, § 8 UmwG Rz. 21.
4 So aber *Marsch-Barner* in Kallmeyer, § 8 UmwG Rz. 21.
5 Ebenso *Seetzen*, WM 1999, 565 (569).
6 Vgl. Art. 9 Abs. 2 der Verschmelzungsrichtlinie i.d.F. der Richtlinie des Europäischen Parlaments und des Rates vom 5.4.2011 über die Verschmelzung von Aktiengesellschaften, ABl. EU Nr. L 110/1 v. 29.4.2011.
7 I.d.F. des Dritten Gesetzes zur Änderung des Umwandlungsgesetzes v. 11.7.2011, BGBl. I, S. 1338.

lichen Erläuterung die Rede. Daraus sollte jedoch nicht der Schluss gezogen werden, dass ein schriftlicher Nachbericht generell entbehrlich wäre[1]. Dies wäre verfehlt, da der Gesetzgeber nicht hinter dem bisher erreichten Schutzstandard zurückbleiben, sondern nur eine EU-Richtlinie[2] umsetzen wollte, die ihrerseits nur einen Mindeststandard vorsieht[3]. Ungeklärt ist zudem, ob die Nachberichtspflicht neben der AG auch andere Rechtsformen trifft. Zwar enthält das Gesetz nur eine Regelung in § 64 Abs. 1 Satz 2 UmwG für die AG, jedoch erscheint dies gegenüber anderen Rechtsformen unangemessen, die ähnlich wie die AG über einen weit gestreuten Anteilseignerkreis verfügen. So ist ein Kommanditist in der Massen-KG nicht besser gestellt als ein Aktionär. Insofern spricht hier vieles für eine analoge Anwendung von § 64 Abs. 1 Satz 2 UmwG.

e) Besondere Schwierigkeiten der Unternehmensbewertung

32 Neben diesen Angaben zur Verschmelzungswertrelation ist darauf hinzuweisen, ob und wenn ja, wo bei der Unternehmensbewertung besondere, d.h. über die Schwierigkeiten und Unsicherheiten jeder Unternehmensbewertung hinausgehende Probleme entstanden sind. Das betrifft besonders die Prognoseentscheidungen im Rahmen der Unternehmensbewertung, also die Planzahlen und den Risikozuschlag des Kapitalisierungszinsfußes. Hier ist offen zu legen, ob diese Prognose über das gewöhnliche Maß hinaus mit Unsicherheiten belastet ist, etwa weil Sanierungsbemühungen im Gange sind und der zukünftige Ertrag deshalb nur grob geschätzt werden kann, weil es sich um eine junge Gesellschaft handelt, deren nachhaltiges Ertragspotential sich noch erweisen muss, oder weil besondere Risiken (oder auch Chancen) der Marktentwicklung den zukünftigen Ertrag beeinflussen[4]. Hinzuweisen ist auch auf eine etwa kritische Lage der aufnehmenden Gesellschaft[5]. Hierher gehören aber auch besondere Einflüsse der allgemeinen Wirtschaftsbedingungen, wie z.B. drohende öffentlich-rechtliche Eingriffe. Näher zum Ganzen bei § 5.

5. Angaben über die Mitgliedschaft bei dem übernehmenden Rechtsträger

33 § 8 Abs. 1 Satz 1 UmwG verlangt Angaben zum Umtauschverhältnis der Anteile oder Angaben über die Mitgliedschaft bei dem übernehmenden Rechtsträger. Diese Bestimmung darf nicht dahin missverstanden werden, dass hier hinsichtlich der Angaben ein Wahlrecht bestünde[6]. Die Bestimmung knüpft vielmehr an § 5 Abs. 1 Nr. 3 UmwG an, wonach der Verschmelzungsvertrag ebenfalls das Umtauschverhältnis oder Aussagen über die Mitgliedschaft beim übernehmenden Rechtsträger enthalten muss. Die Vorschrift soll der Tatsache Rechnung tragen, dass es bei einigen verschmelzungsfähigen Rechtsträgern ihrer Rechtsform nach überhaupt nicht zu einem Anteilsumtausch kommen kann, so wie etwa beim

---

1 *Drygala/Staake/Szalai*, Kapitalgesellschaftsrecht, § 35 Rz. 43.
2 Richtlinie 2009/109/EG vom 16.9.2009, ABl. EU Nr. L 259/14 v. 2.10.2009.
3 *Drygala/Staake/Szalai*, Kapitalgesellschaftsrecht, § 35 Rz. 43.
4 Wie hier *Gehling* in Semler/Stengel, § 8 UmwG Rz. 51.
5 Vgl. *Meilicke/Heidel*, BB 2003, 1805.
6 So auch *Schöne*, GmbHR 1995, 330f.; *Marsch-Barner* in Kallmeyer, § 8 UmwG Rz. 10; *Gehling* in Semler/Stengel, § 8 UmwG Rz. 46.

Verein und der Genossenschaft[1]. In diesen Fällen wären Ausführungen zum Umtauschverhältnis sinnlos; an ihre Stelle treten Angaben über die Mitgliedschaft im aufnehmenden Rechtsträger. Dementsprechend ist auch der Bericht zu fassen: Dort, wo Angaben zum Umtauschverhältnis möglich sind, sind sie auch nötig und von § 8 Abs. 1 Satz 1 UmwG geboten. Entsprechend der alternativen Formulierung sind dann aber unter dem Gesichtspunkt des § 8 Abs. 1 Satz 1 UmwG keine Angaben über die Mitgliedschaft mehr erforderlich. Die Gegenansicht von *Schöne*, der in der Erläuterung der Rechtsstellung im aufnehmenden Rechtsträger eine der Hauptaufgaben des Verschmelzungsberichts nach neuem Recht sieht[2], verkennt zum einen, dass der Gesetzgeber mit der alternativen Formulierung in § 8 Abs. 1 Satz 1 UmwG lediglich eine Auffangregelung für die Fälle schaffen wollte, in denen ein Umtauschverhältnis nicht existiert. Zum anderen wäre bei einer Auslegung, die stets Angaben zur Mitgliedschaft neben der Verschmelzungswertrelation verlangt, die 2. Alt. von § 8 Abs. 1 Satz 2 UmwG überflüssig: Die dort genannten Folgen für die Beteiligung wären in den Angaben zur Mitgliedschaft stets enthalten und hätten nicht als Maßnahme des Minderheitenschutzes von großer Bedeutung[3] zusätzlich eingeführt werden müssen. In Gesellschaftsformen, bei denen es zum Anteilsumtausch kommt, sind die Anforderungen des § 8 Abs. 1 Satz 1 UmwG daher mit der Erläuterung der Verschmelzungswertrelation erfüllt. Ob und inwieweit zusätzliche Angaben über die Beteiligung des einzelnen Anteilsinhabers nötig sind, bestimmt sich nach § 8 Abs. 1 Satz 2 UmwG.

Ist ein **Anteilstausch nicht möglich**, entfallen die Angaben zum Umtauschverhältnis. Hinsichtlich des Umfangs der Angaben über die Mitgliedschaft in neuen Rechtsträgern ist hier wie auch sonst zu beachten, dass eine allgemeine Rechtsbelehrung nicht Aufgabe des Verschmelzungsberichts ist (näher dazu unten Rz. 37ff.). Auswirkungen auf die Rechtsstellung, die sich bereits aus gesetzlichen Vorschriften ergeben, müssen nicht besonders dargestellt werden. Die Ausgestaltung der Mitgliedschaft durch die Satzung ist für die Genossenschaft wenig bedeutsam, da der Satzungsinhalt gesetzlich weitgehend festgelegt ist (§ 18 GenG). Ein Satzungsabdruck ist gleichwohl zu empfehlen. Größere Bedeutung hat dieser Punkt beim Verein, für den weitgehende Satzungsautonomie besteht (§ 25 BGB). Hier sind neben dem Satzungsabdruck nähere Ausführungen zu den Bestimmungen erforderlich, die vom gesetzlichen Normalstatut abweichen und die Rechtslage im Vergleich zum übertragenden Rechtsträger verändern (näher dazu unten Rz. 40). 34

6. Folgen für die Beteiligung (§ 8 Abs. 1 Satz 2 UmwG)

Nach § 8 UmwG ist auch auf die Folgen der Verschmelzung für die Beteiligung der Anteilsinhaber hinzuweisen. Hiermit ist ausweislich der Gesetzesbegründung vor allem die Änderung der **Beteiligungsquote** gemeint, die für die Minderheit von großer Bedeutung sein könne[4]. Die Anteilsinhaber müssen also über die Quotenverschiebung informiert werden, es fragt sich nur, in welcher Form: Am meisten gedient ist den Anteilsinhabern, wenn der Bericht für sämtliche Beteiligte eine 35

1 BegrRegE bei *Ganske*, S. 50.
2 *Schöne*, GmbHR 1995, 331; i. Erg. auch *Gehling* in Semler/Stengel, § 8 UmwG Rz. 46.
3 So wörtl. die BegrRegE, bei *Ganske*, S. 53f.
4 *Ganske*, S. 54.

konkrete, auf die jeweilige Person bezogene Gegenüberstellung der Beteiligung am Vermögen und am Stimmrecht im alten und im neuen Rechtsträger enthält. Eine Pflicht, die Höhe der Beteiligung zu nennen, folgt für Personengesellschaften und GmbH schon aus §§ 40 und 46 UmwG. Aber auch in anderen personalistischen Gesellschaften mit wenigen, der Gesellschaft namentlich bekannten Anteilsinhabern spricht nichts dagegen, eine solche Angabe als erforderlich anzusehen, die den Gesellschafter genau über seine Stellung im neuen Rechtsträger informiert und erkennen lässt, ob sich durch die Verschmelzung in der Hand eines anderen Anteilsinhabers z.B. eine Mehrheitsbeteiligung bildet. Bei Rechtsträgern mit einem größeren Gesellschafterkreis verursacht diese Form der Angabe hingegen einen übermäßigen, mit dem Zweck der Information nicht mehr zu rechtfertigenden Aufwand; bei Publikumsgesellschaften ist sie völlig ausgeschlossen, da die Gesellschafter der Gesellschaft nicht bekannt sind[1]. Hat der betroffene Rechtsträger also mehr als etwa 10 bis 20 Gesellschafter oder sind nicht alle Gesellschafter namentlich bekannt (vgl. § 121 Abs. 4 AktG), so tritt an die Stelle der individuellen Berechnung ein allgemeines Rechenbeispiel, das den Vermögens- und Stimmrechtsanteil im alten und im neuen Rechtsträger anhand einer einfach hochzurechnenden, beispielhaften Beteiligung (z.B. für eine Aktie oder einen Geschäftsanteil im Nennwert von 1 000 Euro) demonstriert.

36 Wird von dieser letztgenannten Möglichkeit der Darstellung Gebrauch gemacht, so kann der Anteilsinhaber errechnen, wie er selbst vermögens- und stimmrechtsmäßig im neuen Rechtsträger steht. Anders als im Fall der individuellen Darstellung ist aber nicht erkennbar, wie sich die Beteiligung der übrigen Anteilsinhaber entwickelt und ob sich daraus **grundlegende Änderungen der Beteiligungsstruktur** ergeben. An der letztgenannten Mitteilung besteht aber durchaus ein schützenswertes Interesse, denn es ist von erheblicher Bedeutung, ob die Beteiligung an einem Rechtsträger in Streubesitz oder an einem solchen mit Mehrheitsbeteiligung oder gar qualifizierter Mehrheitsbeteiligung besteht. Eine solche Verschiebung ändert die Struktur der Gesellschaft grundlegend und mit Folgen für alle. Zudem ist das Rechenbeispiel nur dann mit der grundsätzlich geschuldeten individuellen Berechnung gleichwertig, wenn es ebenso wie diese bedeutende Veränderungen der Beteiligungsstruktur erkennen lässt. Wird daher über die Folgen für die Beteiligung in der Form des Rechenbeispiels informiert, muss auf solche wesentlichen Veränderungen hingewiesen werden. Als wesentlich in diesem Sinne wird man die erstmalige Begründung einer Sperrminorität[2] sowie das Erlangen der Mehrheit oder der satzungsändernden Mehrheit durch einen bestimmten Anteilsinhaber anzusehen haben. Das gilt erst recht, wenn infolge der Verschmelzung erstmals eine Abhängigkeit von einem herrschenden Unternehmen begründet wird: Auch darin liegt ein entscheidender Struktureinschnitt im Leben der Gesellschaft, den die Gesellschafter bei der Abstimmung berücksichtigen sollten.

37 Inwieweit über die Quotenverschiebung hinaus **weitere Angaben** erforderlich sind, wird vor allem in Hinblick auf die Strukturunterschiede der einzelnen Gesellschaftsformen bei der Mischverschmelzung diskutiert[3]. Relevant ist diese Frage in zwei Richtungen: Zum einen ergeben sich Folgen für die Beteiligung

1 *M. Winter* in Kölner Umwandlungsrechtstage, S. 29.
2 LG Essen v. 8.2.1999 – 44 O 249/98, AG 1999, 329 (331).
3 Vgl. *Schöne*, GmbHR 1995, 331; *M. Winter* in Kölner Umwandlungsrechtstage, S. 29; *Stratz* in Schmitt/Hörtnagl/Stratz, § 8 UmwG Rz. 21 f.

durch **Rechtsformunterschiede:** Die Mitgliedschaft in einer AG vermittelt nun einmal nicht dieselben Rechte wie die Mitgliedschaft in einer GmbH und diese nicht dieselben Rechte wie die Kommanditistenstellung in der KG. Zum anderen können auch bei gleich bleibender Rechtsform die Unterschiede in der Rechtsstellung beachtlich sein, sofern nicht wie nach § 23 Abs. 5 AktG die Satzungsgestaltung durch das Gesetz weitgehend vorbestimmt ist. Vor allem in den personalistischen Gesellschaften stellt sich also die Frage, inwieweit solche **Satzungsunterschiede** im Bericht zu erläutern sind.

Die beiden Problemkreise bedürfen einer differenzierenden Betrachtung. Die Än- 38
derungen, die sich aus der bloßen **Rechtsformänderung** von Gesetzes wegen ergeben, sind mit dem in der Gesetzesbegründung genannten Fall der Quotenverschiebung nicht ohne weiteres vergleichbar. Die Quotenverschiebung führt zu Nachteilen von erheblichem Gewicht, insbesondere durch den Verlust von Minderheitsrechten, und trifft alle Gesellschafter in gleichem Maße; gerade das rechtfertigt die an alle Gesellschafter gerichtete Information. Auf die Folgen der Rechtsformänderung trifft das nicht in vollem Umfang zu. Zwar können sich hier Unterschiede von Gewicht ergeben, aber die Auswirkungen sind bei den einzelnen Gesellschaftern ganz unterschiedlich: Die mangelnde Handelbarkeit von GmbH-Anteilen im Vergleich zu Aktien wird nur denjenigen stören, der nicht an einer Daueranlage interessiert ist; der Wegfall des Weisungsrechts der Gesellschafter gegenüber der Unternehmensleitung bei Wechsel in die AG trifft nur den unternehmerischen Gesellschafter, nicht aber den Kapitalanleger. Eine allgemeine Information ist hier weder nötig noch zuverlässig möglich, zumal die rechtsformbedingten Unterschiede tendenziell uferlos sind. Wollte man hier vollständige Angaben verlangen, käme man in der Tat schnell dazu, ein Kurzlehrbuch des Gesellschaftsrechts in den Bericht hineinschreiben zu müssen[1]. Eine solche allgemeine Belehrung über Umstände, die sich dem Gesetz entnehmen lassen, kann aber nicht Sinn des Berichts sein. Hier genügt daher der Hinweis auf das nach der Verschmelzung einschlägige Gesetz; nur dort, wo den Anteilseignern durch die Umwandlung Nachteile entstehen, die weder allgemein bekannt sind noch sich unmittelbar aus dem Gesetz ergeben, sind nähere Ausführungen zu machen[2].

Anders ist das Problem der **Satzungsunterschiede** zu bewerten. Die Veränderun- 39
gen, die sich hier für den Anteilsinhaber ergeben, lassen sich nicht schlicht aus dem Gesetz heraus beantworten. Auch eine individuelle Beratung ist nur möglich, wenn der Berater den Text der zukünftigen geltenden Satzung bzw. des Gesellschaftsvertrages des übernehmenden Rechtsträgers kennt; ohne diese Kenntnis ist weder für den Anteilsinhaber noch für seinen Berater eine fundierte Aussage zur zukünftigen Rechtsstellung möglich. Ist die aufnehmende Gesellschaft eine AG, ist der Inhalt der Mitgliedschaft weitgehend durch das AktG vorbestimmt. Hier genügen Angaben zur Stückelung und Gattung der gewährten Aktien, zur Börseneinführung und ggf. zu Beschränkungen aus § 68 Abs. 2 AktG (Vinkulierung). Bei den übrigen Rechtsformen, deren Satzungsautonomie größer

---

1 Insoweit zutr. *M. Winter* in Kölner Umwandlungsrechtstage, S. 29.

2 LG Heidelberg v. 7.8.1996 – O 4/96 KfH II, AG 1996, 523 (526); a.A. *Bayer*, ZIP 1997, 1613 (1620); *Marsch-Barner* in Kallmeyer, § 8 UmwG Rz. 26; *Gehling* in Semler/Stengel, § 8 UmwG Rz. 55; *Decher/Hoger*, unten § 192 Rz. 20ff.: Aufklärung über die wichtigsten Unterschiede zwischen den verschiedenen Gesellschaftsformen erforderlich.

ist, muss in jedem Falle die Satzung bzw. der Gesellschaftsvertrag des übernehmenden Rechtsträgers im Bericht abgedruckt werden.

40 Fraglich kann nur noch sein, ob und inwieweit die **einzelnen Satzungsbestimmungen** den Anteilseignern in ihren rechtlichen und wirtschaftlichen Auswirkungen erläutert werden müssen. Geht man davon aus, dass es die Treupflicht – gerade in den hier betroffenen personalistischen Gesellschaften – schon bei gewöhnlichen, nicht „berichtspflichtigen" Beschlüssen außerhalb des Umwandlungsrechts gebietet, die Mitgesellschafter über wichtige Entscheidungen aufzuklären und ihnen gegebenenfalls auch die Auswirkungen von bestimmten Beschlüssen zu erläutern[1], kann man die Frage nicht pauschal verneinen. Die Erläuterungspflicht besteht jedoch aus den oben genannten Gründen nur insoweit, als sich die Veränderungen nicht schon aus dem Gesetz ergeben, also bei **Abweichungen vom gesetzlichen Normalstatut**. Diese Abweichungen müssen zudem so relevant sein, dass sie einen Einfluss auf das Abstimmungsverhalten haben können, was nur bei gravierenden Abweichungen angenommen werden kann. Beispiele hierfür sind Abweichungen vom gesetzlichen Kompetenzgefüge, vor allem zu Lasten der Gesellschafter[2], gesetzlich nicht vorgesehene Verfügungsbeschränkungen oder Sonderrechte zugunsten einzelner Gesellschafter. Die Erläuterungspflicht entfällt zudem, wenn dieselbe oder eine inhaltlich gleichwertige Regelung auch schon im übertragenden Rechtsträger bestand, da für den Anteilsinhaber nur **Veränderungen** seiner Rechtsposition relevant sind. Erläuterungsbedürftig sind also gravierende Abweichungen vom gesetzlichen Normalstatut, die im übertragenden Rechtsträger nicht bestanden.

41 Sind die rechtlichen Folgen der Verschmelzung umstritten, so ist auf diesen Umstand hinzuweisen[3]. Welcher der vertretenen Ansichten das Unternehmen sich anzuschließen gedenkt, wird im Regelfall erläuterungsbedürftig sein, jedoch können Gründe bestehen, von einer Festlegung abzusehen. Diese können in der Absicht gesehen werden, die höchstrichterliche Klärung der Frage abzuwarten[4].

42 Weiterhin könnte man daran denken, eine Erläuterungspflicht auch in Bezug auf **steuerrechtliche Folgen** für die Anteilsinhaber (zu steuerlichen Folgen für den Rechtsträger s. oben Rz. 15 und unten Anh. 1 nach § 122l) anzunehmen, die sich insbesondere beim Übergang von der Personen- in die Kapitalgesellschaft ergeben können. Hier muss man jedoch schon daran zweifeln, ob es sich dabei überhaupt um eine Folge „für die Beteiligung" handelt[5]. Auf jeden Fall sind aber die steuerlichen Verhältnisse zu individuell, um verlässliche Aussagen im Verschmelzungsbericht zuzulassen. Hier ist der Anteilsinhaber noch mehr als in Bezug auf die Rechtsformunterschiede auf individuelle Beratung verwiesen[6].

---

1 BGH v. 7.10.1991 – II ZR 194/90, DB 1991, 2588; *Wiedemann* in FS Heinsius, 1991, S. 954; *Bayer* in Lutter/Hommelhoff, § 14 GmbHG Rz. 25.

2 Zu denken wäre hier beispielsweise an eine weitgehende Übertragung von Gesellschafterrechten auf einen Beirat.

3 OLG Saarbrücken v. 7.12.2010 – 4 AktG 476/10, AG 2011, 343 zum Schicksal der Ansprüche aus einem bestehenden Beherrschungsvertrag im Falle der nachfolgenden Verschmelzung.

4 OLG Saarbrücken v. 7.12.2010 – 4 AktG 476/10, AG 2011, 343.

5 Verneinend *Geck*, DStR 1995, 416 (421); a.A. *Simon* in KölnKomm. UmwG, § 8 UmwG Rz. 51.

6 Ähnlich *Gehling* in Semler/Stengel, § 8 UmwG Rz. 57, der abstrakt typisierende Erläuterungen für ausreichend hält.

7. Verbundene Unternehmen

a) Allgemeines

§ 8 Abs. 1 Satz 3 UmwG erstreckt die Berichtspflicht auf die für die Verschmelzung wesentlichen Angelegenheiten der anderen verbundenen Unternehmen, sofern an dem Vorhaben ein verbundenes Unternehmen beteiligt ist. Die Vorschrift geht damit deutlich über § 131 AktG hinaus[1], bei dem nach überwiegender Meinung eine Erstreckung des Auskunftsrechts auf Konzernbelange nur dann anzunehmen ist, wenn die Angelegenheit wegen ihrer Bedeutung für die Muttergesellschaft zu deren eigener Angelegenheit wird. Nach § 8 Abs. 1 Satz 3 UmwG genügt es hingegen, wenn die Angelegenheit im Hinblick auf die Verschmelzung wesentlich ist; in diesem Falle besteht neben der Berichtspflicht auch ein Auskunftsrecht der Anteilsinhaber (§ 8 Abs. 1 Satz 4 UmwG). Die Schwierigkeit der Norm besteht mithin darin, für die Vielzahl möglicher Unternehmensverbindungen festzulegen, welche Angelegenheiten für die Verschmelzung „wesentlich" sind. 43

b) Mehrheitsbeteiligung

Für den Begriff der verbundenen Unternehmen verweist § 8 Abs. 1 Satz 3 UmwG auf § 15 AktG. Die Berichtspflicht setzt also eine Mehrheitsbeteiligung oder eine stärkere Form der Unternehmensverbindung voraus, die insbesondere im Fall des Unternehmensvertrags vorliegt. Minderheitsbeteiligungen fallen demgegenüber als solche nicht unter die erweiterte Berichtspflicht; im Rahmen der Ertragsermittlung der Muttergesellschaft sind sie wie Finanzanlagen zu behandeln. Gleichgewichtige Beteiligungen, etwa im Rahmen eines Jointventure sind ebenfalls nicht berichtspflichtig, sofern nicht das Jointventure nach Satzung und/oder Gesellschaftervereinbarung unter der unternehmerischen Führung eines der Partner steht und dieser deshalb als herrschendes Unternehmen (§ 17 AktG) zu qualifizieren ist. 44

c) Obergesellschaft

Im Übrigen ist danach zu unterscheiden, ob die an der Verschmelzung beteiligte Gesellschaft im Rahmen der Unternehmensverbindung Unter- oder Obergesellschaft ist. Soll etwa eine **Konzernmutter** verschmolzen werden, so ergibt sich bereits aus der Tatsache, dass im Verschmelzungsbericht die für und gegen die Verschmelzung sprechenden Gründe aufzuführen sind[2], dass der Bericht an den Verhältnissen der Tochtergesellschaften nicht vorbeigehen kann. Das bedeutet, dass im Rahmen der Angaben zum wirtschaftlichen Hintergrund der Verschmelzung (oben Rz. 15ff.) zunächst die Konzernstruktur darzustellen ist, denn der Anteilsinhaber soll wissen, an was er sich im Rahmen der Verschmelzung beteiligt. Aus diesem Grunde ist – ebenso wie bei § 294 HGB – ohne Belang, ob die Tochtergesellschaft ihren Sitz im In- oder Ausland hat. Darzustellen sind die Betei- 45

---

1 Wie hier *Sagasser/Luke* in Sagasser/Bula/Brünger, § 9 Rz. 224; a.A. *M. Winter* in Kölner Umwandlungsrechtstage, S. 31, der in der Vorschrift lediglich eine redaktionelle Korrektur sieht.

2 *Gehling* in Semler/Stengel, § 8 UmwG Rz. 58; *Marsch-Barner* in Kallmeyer, § 8 UmwG Rz. 27.

ligungsverhältnisse und eventuell bestehende Unternehmensverträge. Bei Letzteren ist auf das Risiko der Verlustübernahme hinzuweisen[1]. Weniger wichtige Beteiligungen im Bericht gar nicht zu erwähnen[2], ist mit dem Informationszweck des Dokuments gänzlich unvereinbar. Zudem stellt das Einfügen einer entsprechenden Übersicht auch keine unzumutbare Erweiterung des Berichtsumfangs dar. Sodann ist das unternehmerische Für und Wider der Verschmelzung unter Einbeziehung der Tochtergesellschaften zu erläutern; das gilt vor allem für die Verschmelzung einer Holding: Da diese überhaupt kein eigenes operatives Geschäft betreibt, können sich die unternehmerischen Vor- und Nachteile nur in den Töchtern realisieren. Ein Bericht, der an dieser Tatsache vorbeigeht, wäre inhaltsleer und schon deshalb fehlerhaft. Berichtspflichtig sind ferner (auch wenn kein Beherrschungsvertrag besteht) wesentliche wirtschaftliche Risiken in Tochtergesellschaften, die im Fall ihrer Verwirklichung den Wert der Muttergesellschaft beeinflussen können[3]. Das gilt vor allem, wenn die Muttergesellschaft Bürgschaften oder Garantien für die Tochter übernommen hat[4].

46 Bedeutung hat die Stellung als Obergesellschaft auch für die **Unternehmensbewertung**. Der Wert der Tochtergesellschaften kann einen erheblichen Anteil des Unternehmenswerts ausmachen; im Falle der Holding macht er den gesamten Wert aus. Daraus folgt, dass die Anteilsinhaber ein erhebliches Interesse daran haben, zu erfahren, wie sich die wirtschaftlichen Verhältnisse der Tochtergesellschaften darstellen. Trotzdem besteht keine Pflicht, die ganze Bewertung des Konzerns von unten nach oben, also von den einzelnen Tochtergesellschaften her vorzunehmen und daraus auf ein Gesamtergebnis zu schließen (sog. Bottom-up-Ansatz)[5]. Im Regelfall ist es vielmehr möglich, den **Konzern als Ganzen wie ein Unternehmen zu bewerten**. Auch in der Prüfungspraxis hat sich diese Vorgehensweise durchgesetzt[6]. Es verbleibt jedoch eine Pflicht zu erläuternden Angaben, wenn allein der Blick von oben nicht ausreicht, um eine vollständige Information zu gewinnen. Das ist aber der Ausnahmefall.

Lediglich dann, wenn die Unternehmensgruppe in ganz unterschiedlichen Segmenten tätig ist, die sich, gerade was die Risikozuschläge angeht, nicht sinnvoll vereinheitlichen lassen, ist eine zusätzliche Erläuterung nötig. Diese kann dann aber auch nach Sparten erfolgen und muss nicht zwingend bei der einzelnen Tochtergesellschaft ansetzen[7]. Zudem müssen nur die wesentlichsten Kennzahlen mitgeteilt werden. Liegt ein solcher Fall vor, sind die Segmentangaben aber auch Rechtspflicht und kein freiwilliger Service an die Anteilsinhaber[8].

---

1 *Sagasser/Luke* in Sagasser/Bula/Brünger, § 9 Rz. 224.
2 So aber *Gehling* in Semler/Stengel, § 8 UmwG Rz. 60.
3 OLG Frankfurt/M. v. 8.2.2006 – 12 W 185/05, DB 2006, 438 (441) = AG 2006, 249 (T-Online).
4 OLG Frankfurt/M. v. 8.2.2006 – 12 W 185/05, DB 2006, 438 (441) = AG 2006, 249 (T-Online).
5 OLG Düsseldorf v. 8.7.2003 – 19 W 6/00 AktE, AG 2003, 688 (691) (Veba); OLG Frankfurt/M. v. 8.2.2006 – 12 W 185/05, DB 2006, 438 (441) = AG 2006, 249 (T-Online); *Gehling* in Semler/Stengel, § 8 UmwG Rz. 44; *Mayer* in Widmann/Mayer, § 8 UmwG Rz. 34.
6 IDW S 1 i.d.F. 2008, WPg Supplement 3/2008, 72.
7 Hierbei kann man sich an der bilanziellen Segmentberichterstattung nach § 297 Abs. 1 Satz 2 UmwG bzw. IAS 14 orientieren.
8 So aber *Gehling* in Semler/Stengel, § 8 UmwG Rz. 43.

d) Untergesellschaft

47 Ist das an der Verschmelzung beteiligte Unternehmen hingegen eine Untergesellschaft, **reduziert sich die Angabepflicht beträchtlich**. Für die Anteilsinhaber relevant sind hier vor allem die Person des herrschenden Unternehmens sowie dessen Einflussmöglichkeiten nach Vollzug der Verschmelzung. Darzustellen ist also die Form der Unternehmensverbindung vor und nach der Verschmelzung sowie die wirtschaftliche Rolle der betreffenden Untergesellschaft im Rahmen der Unternehmensverbindung. Besteht ein Unternehmensvertrag, so ist dieser im Bericht wiederzugeben und zu erläutern, sofern er nicht infolge der Verschmelzung wegfällt oder gekündigt wird. Erläuterungsbedürftig ist auch das Schicksal noch offener Abfindungsfragen aus diesem Vertrag sowie die Auswirkung auf insoweit möglicherweise noch laufende Spruchverfahren[1]. Die Bewertung der betreffenden Gesellschaft folgt hingegen allgemeinen Regeln.

V. Auskunftspflichten

1. Auskunftspflichten gegenüber den Anteilseignern

48 Nach § 8 Abs. 1 Satz 4 UmwG erstrecken sich die nach sonstigen Normen bestehenden Auskunftspflichten (z.B. §§ 49 Abs. 3, 64 Abs. 2 UmwG, § 51a GmbHG, § 131 AktG) auch auf diejenigen Tatsachen, die der Bericht beinhalten muss. Auskunftsverweigerungsrechte werden dadurch aber nicht beschränkt[2]. Umgekehrt werden weiter gehende Auskunftspflichten aber auch nicht von § 8 Abs. 2 UmwG berührt (so auch *Schwab*, § 127 Rz. 50 zum Spaltungsbericht).

2. Auskunftspflichten zwischen den beteiligten Rechtsträgern

49 Auch wenn kein gemeinsamer Bericht der an der Verschmelzung beteiligten Rechtsträger erstattet wird, so muss doch jeder Bericht auch Angaben über alle beteiligten Rechtsträger enthalten, ohne die eine wirtschaftliche und rechtliche Erläuterung der Verschmelzung, des Verschmelzungsvertrages und des Umtauschverhältnisses nicht möglich ist. Aus dem zwischen den beteiligten Rechtsträgern bestehenden vorvertraglichen Rechtsverhältnis folgen daher entsprechende Auskunftsansprüche[3]. Wo Angaben über verbundene Unternehmen erforderlich sind, besteht auch für diese eine Auskunftspflicht.

VI. Beschränkung der Berichtspflicht

50 Die Berichtspflicht wird hinsichtlich geheimhaltungsbedürftiger Tatsachen durch § 8 Abs. 2 UmwG eingeschränkt. Das Geheimhaltungsinteresse ist ausdrücklich in § 8 Abs. 2 Satz 1 UmwG geregelt und entspricht in der Sache den Voraussetzungen des § 131 Abs. 3 Nr. 1 AktG. Maßgeblich ist also, ob die Angabe der fraglichen Tatsache nach vernünftiger kaufmännischer Beurteilung geeignet ist, die Gesell-

1 OLG Saarbrücken v. 7.12.2010 – 4 AktG 476/10, AG 2011, 343.
2 *Marsch-Barner* in Kallmeyer, § 8 UmwG Rz. 28.
3 *Marsch-Barner* in Kallmeyer, § 8 UmwG Rz. 29; ablehnend *Gehling* in Semler/Stengel, § 8 UmwG Rz. 64; vgl. auch *Austmann/Frost*, ZHR 169 (2005), 431 (434).

schaftsinteressen gewichtig zu beeinträchtigen. Es handelt sich dabei um einen objektiven, der gerichtlichen Nachprüfung in vollem Umfang zugänglichen Maßstab[1]. Vor- und Nachteile der Offenlegung für die Gesellschaft sind gegeneinander abzuwägen. Vorteile der Anteilsinhaber bleiben hingegen außer Betracht[2], da das Gesetz diese Abwägung schon vorgenommen hat: Ist die Offenlegung für den Rechtsträger überwiegend nachteilig, tritt das Informationsinteresse der Anteilsinhaber zurück.

51 Dieser an das Aktienrecht angelehnte Maßstab gilt nach dem Willen des Gesetzgebers für alle Gesellschaftsformen, obwohl für die **Auskunftsverweigerung in der GmbH** weit engere Grenzen gelten. Offen bleibt damit, wie sich der von § 8 Abs. 2 UmwG normierte, für alle Gesellschaften einheitliche Standard der Geheimhaltung im Verschmelzungsbericht mit den individuellen Auskunftsrechten verträgt, und zwar insbesondere bei Beteiligung einer GmbH. § 51a GmbHG ist hinsichtlich der Geheimhaltung viel restriktiver als § 131 Abs. 3 Nr. 1 AktG, auf dem § 8 Abs. 2 UmwG beruht. Die Auskunft darf nach § 51a GmbHG nur verweigert werden, wenn eine Verwendung der Information zu gesellschaftsschädigenden Zwecken wahrscheinlich ist[3]. Es fragt sich daher, ob der GmbH-Gesellschafter die im Bericht unter Berufung auf § 8 Abs. 2 UmwG verweigerte Information mündlich nachgeliefert verlangen kann. Das ist mit Hinblick auf § 49 Abs. 3 UmwG zu bejahen. Die Norm entspricht dem früheren § 20 Abs. 5 KapErhG. Zu dieser Vorschrift wurde angenommen, dass sich die Reichweite des Auskunftsrechts mit § 51a GmbHG deckt[4]. Es kann nicht angenommen werden, dass der Gesetzgeber die Information des GmbH-Gesellschafters mit § 8 Abs. 2 UmwG im Ganzen auf den aktienrechtlichen Standard zurückführen wollte. Das wäre angesichts der regelmäßig engen Bindung der GmbH-Gesellschafter zur Gesellschaft auch keine sachgerechte Lösung. § 8 Abs. 2 UmwG normiert also nur einen allgemein gültigen Berichtsinhalt, lässt aber weiter gehende **rechtsformabhängige Informationsansprüche unberührt**.

52 Ferner verlangt § 8 Abs. 2 Satz 2 UmwG eine **Begründung** für die Geheimhaltungsbedürftigkeit der betreffenden Tatsache. Die Norm geht auf die Rechtsprechung des BGH zur Auskunftsverweigerung zurück, wonach in einem solchen Fall die Gründe für die Geheimhaltungsbedürftigkeit soweit angegeben werden müssen, wie das ohne Offenlegung des Geheimnisses überhaupt möglich ist[5]. Die schlichte Behauptung, eine bestimmte Angabe sei geheimhaltungsbedürftig,

---

1 OLG Düsseldorf v. 17.7.1991 – 19 W 2/91, WM 1991, 2148 (2152); *Hüffer*, § 131 AktG Rz. 25; *Semler* in MünchHdb. GesR AG, § 37 Rz. 31; *Stratz* in Schmitt/Hörtnagl/Stratz, § 8 UmwG Rz. 31; *Gehling* in Semler/Stengel, § 8 UmwG Rz. 66.
2 OLG Hamm v. 20.6.1988 – 8 U 329/87, WM 1988, 1164 (1167 f.); OLG Köln v. 21.9.1988 – 24 U 244/87, WM 1988, 1792 (1794); OLG Karlsruhe v. 30.6.1989 – 15 U 76/88, WM 1989, 1134 (1137); *Bayer*, WM 1989, 121 (122 f.).
3 *Lutter/Bayer* in Lutter/Hommelhoff, § 51a GmbHG Rz. 26; *K. Schmidt* in Scholz, § 51a GmbHG Rz. 41.
4 Wie hier *Mayer* in Widmann/Mayer, § 8 UmwG Rz. 50.
5 *Ganske*, S. 54; BGH v. 22.5.1989 – II ZR 206/88, BGHZ 107, 296 (305 f.) = AG 1989, 399 (Kochs Adler); BGH v. 18.12.1989 – II ZR 254/88, ZIP 1990, 168 (169); BGH v. 29.10.1990 – II ZR 146/89, ZIP 1990, 1560 (1561).

reicht daher nicht aus[1], sondern die Verweigerung von Angaben ist nur im begründeten Einzelfall zulässig[2].

VII. Entbehrlichkeit des Berichts

1. Verzichtsmöglichkeit

Die Vorschrift des § 8 UmwG dient ausschließlich dem Schutz der Anteilsinhaber. Daher ist gem. § 8 Abs. 3 UmwG kein Bericht erforderlich, wenn alle Anteilsinhaber aller beteiligten Rechtsträger auf ihn verzichten. Ob das Verlangen nach einem Verzicht in **allen Rechtsträgern** sinnvoll ist, kann man bezweifeln: Wird z.B. eine personalistische GmbH von einer großen AG aufgenommen, so mag aus Sicht der Aktionäre der AG der Bericht erforderlich sein, aber es ist nicht einsichtig, warum nicht die Gesellschafter der GmbH, die mit den Verhältnissen vertraut sind, auf ihn verzichten können sollen[3]. Die gesetzliche Regelung ist gleichwohl eindeutig. Der Aufwand lässt sich in Grenzen halten, indem man in diesem Fall den für die AG ohnehin erforderlichen Bericht zum gemeinsamen Bericht nach § 8 Abs. 1 Satz 1 2. Halbsatz UmwG ausbaut. 53

Die Verzichtsmöglichkeit besteht theoretisch auch bei der **AG**. Sie besteht lediglich theoretisch, weil bei einer Gesellschaft mit größerem Gesellschafterkreis ein einmütiger Verzicht kaum zu erzielen sein wird und weil die Beurkundung der Verzichtserklärungen zahlreicher Gesellschafter zusätzlichen Aufwand verursacht[4]. Gleiches gilt für Vereine mit größerem Mitgliederkreis. Bei einer personalistischen AG wäre der Verzicht aber zumindest denkbar. Insoweit fragt sich, ob § 8 Abs. 3 UmwG europarechtskonform ist. Art. 9 der 3. Richtlinie verlangt den Bericht bei Verschmelzung einer Aktiengesellschaft. Eine Verzichtsmöglichkeit ist nicht vorgesehen, Art. 24 der 3. Richtlinie regelt nur den Fall der 100 %-Beteiligung. Der 4. Erwägungsgrund betont aber den Schutz der Aktionäre durch Information als Ziel der Richtlinie. Da es sich dabei um Individualinteressen handelt, muss der Verzicht zulässig sein; für einen aufgedrängten Schutz der Aktionäre besteht kein Anlass[5]. Hinzu kommt Folgendes: Bei einer Konzernverschmelzung, bei der die Muttergesellschaft mehr als 90 % der Anteile der Tochter hält, können die Mitgliedstaaten ebenfalls vom Berichtserfordernis absehen; erforderlich sind in diesem Fall nur die in Art. 11a–c der 3. Richtlinie genannten Unterlagen, also Verschmelzungsplan, Jahresabschlüsse und Zwischenbilanz (Art. 27b der 3. Richtlinie). Wenn dies schon gegenüber einer zehnprozentigen Minderheit zulässig ist, dann muss der einmütige Verzicht erst recht zulässig sein. 54

Die Warnfunktion gegenüber der Minderheit wird durch die Pflicht zur **notariellen Beurkundung** der Verzichtserklärungen gewährleistet. Der Verzicht kann auch in der Versammlung erklärt und protokolliert werden, die über die Ver- 55

1 Das wurde zum vor 1994 geltenden Umwandlungsrecht verbreitet angenommen, vgl. Nachweise in der 4. Aufl.
2 Wie hier auch *Marsch-Barner* in Kallmeyer, § 8 UmwG Rz. 32; *Gehling* in Semler/Stengel, § 8 UmwG Rz.65; *Sagasser/Luke* in Sagasser/Bula/Brünger, § 9 Rz. 227.
3 *Rieder*, S. 131.
4 *Ganske*, WM 1993, 1117 Fn. 71; *M. Winter* in Kölner Umwandlungsrechtstage, S. 26.
5 Wie hier auch *Mayer* in Widmann/Mayer, § 8 UmwG Rz. 57.

schmelzung beschließt[1]. Das spart Kosten, da der Beschluss ohnehin notariell beurkundet werden muss (§ 13 Abs. 3 UmwG). Allerdings ist dieses Verfahren nicht ungefährlich, da die Beschlussfassung über die Verschmelzung verschoben werden muss, wenn nur ein Gesellschafter wider Erwarten nicht verzichtet, da dann vor Beschlussfassung erst der Bericht zu erstellen und bekannt zu machen ist. Angesichts des Formerfordernisses besteht regelmäßig (zu Ausnahmen unten Rz. 57) auch keine Möglichkeit, den Gesellschafter (etwa unter dem Gesichtspunkt der Treupflicht) an eine zuvor mündlich erklärte Verzichtsbereitschaft zu binden; eine solche Bindung würde das Formerfordernis und damit die Warnfunktion unterlaufen[2].

56 **Nicht zulässig** ist es auch, den Verzicht **beliebig weit vor dem Verschmelzungsbeschluss** herbeizuführen. Das Gesetz geht erkennbar davon aus, dass der Gesellschafter verzichtet, weil er sich auch ohne den Bericht hinreichend informiert fühlt. Diese Entscheidung kann er aber nur treffen, wenn er zumindest umrisshaft über die geplante Maßnahme informiert ist. Man wird also wenigstens die Vorlage eines Entwurfs zum Verschmelzungsvertrag verlangen müssen, wenn die Verzichtsentscheidung informiert getroffen werden soll[3]. Aus diesem Grunde kann die Verzichtserklärung auch nicht als „Vorab-Verzicht" in die Satzung aufgenommen werden, also etwa in der Form, dass die Gesellschafter für zukünftige Maßnahmen nach dem UmwG auf die Erstellung von Berichten verzichten[4]. Bei einem solchen Vorab-Verzicht wüsste der Gesellschafter ebenfalls nicht, worauf er verzichtet.

2. Entbehrlichkeit bei 100 %-Besitz

57 § 8 Abs. 3 Satz 1 2. Alt. UmwG macht von der Möglichkeit des Art. 24 der 3. Richtlinie Gebrauch und erklärt den Bericht für überflüssig, wenn der übernehmende Rechtsträger 100 % der Anteile am übertragenden Rechtsträger hält. Auch diese Regelung gilt für alle Rechtsformen. Die Regelung gilt nicht für die Verschmelzung zweier Schwestergesellschaften, an denen dieselbe Mutter jeweils 100 % hält. Hier ist Verzicht der Mutter als Gesellschafter beider Töchter erforderlich[5], aber auch ohne weiteres möglich.

3. Rechtsformbedingte Besonderheiten

58 Gem. § 41 UmwG ist von vornherein kein Bericht erforderlich bei Personengesellschaften, bei denen jeder Gesellschafter zur Geschäftsführung berechtigt ist. Die

1 *Decher* in Kölner Umwandlungsrechtstage, S. 201 (209) in Bezug auf den Formwechsel; ebenso *Priester* in IDW (Hrsg.), Fachtagung 1994, S. 419 (426).

2 Zur vergleichbaren Problematik bei § 311b Abs. 1 BGB (§ 313 BGB a.F.) vgl. BGH v. 6.12. 1979 – VII ZR 313/78, BGHZ 76, 43 (46); BGH v. 19.9.1989 – XI ZR 10/89, NJW 1990, 390 (391).

3 A.A. *Gehling* in Semler/Stengel, § 8 UmwG Rz. 68.

4 Insoweit übereinstimmend *Gehling* in Semler/Stengel, § 8 UmwG Rz. 68; ebenso *Marsch-Barner* in Kallmeyer, § 8 UmwG Rz. 38; *Simon* in KölnKomm. UmwG, § 8 UmwG Rz. 61.

5 Wie hier auch OLG Frankfurt/M. v. 20.3.2012 – 5 AktG 4/11, AG 2012, 414; krit. *Pluskat/Wiegand*, EWiR 2013, 91 (92).

Begründung, dass ein geschäftsführender Gesellschafter keines Berichts bedarf[1], trifft aber ohne weiteres auch auf die GmbH zu. Die Vorschrift enthält daher einen allgemeinen Rechtsgedanken und ist für andere personalistische Gesellschaften **analogiefähig**; sie gilt also insbesondere auch für die **GmbH**[2]. In der echten Mitunternehmergemeinschaft, in der alle Gesellschafter auch zu Geschäftsführern bestellt sind, ist daher der Bericht unabhängig von der Rechtsform entbehrlich[3]. Auf jeden Fall würde zudem der geschäftsführende Gesellschafter treuwidrig handeln, wenn er sich weigert, auf die Berichterstattung nach § 8 Abs. 3 UmwG zu verzichten: Angesichts der Tatsache, dass er aus seiner Stellung als Geschäftsführer heraus hinreichend informiert ist, wäre das Verlangen nach einem Verschmelzungsbericht der Missbrauch einer formalen Rechtsstellung ohne schützenswertes Interesse.

VIII. Fehlerhafte Berichte

Berichte, die den oben aufgeführten Anforderungen nicht genügen, sind fehlerhaft. 59
Die auf Grund solcher Berichte ergehenden Zustimmungsbeschlüsse einer **Kapitalgesellschaft** sind daher anfechtbar[4], aber nicht nichtig, und zwar selbst dann nicht, wenn der Bericht gänzlich fehlt[5]. Die Anfechtung setzt weiterhin voraus, dass der Beschluss auf dem Berichtsmangel beruht. Mit der Novellierung des § 243 Abs. 4 AktG durch das UMAG hat der Gesetzgeber die Rechtsprechung des BGH zur Relevanz von Informationsmängeln bei der Beschlussfassung der Hauptversammlung übernommen, nach der nur geringe Anforderungen an die Relevanz gestellt wurden[6] und immer noch werden[7]. Danach ist ein Berichtsmangel für die Beschlussfassung kausal, wenn bei wertender Betrachtung der Beschluss durch den Informationsmangel an einem Legitimationsdefizit leidet, das die Anfechtung rechtfertigt. Wichtig ist es dabei, worauf man bei der wertenden Betrachtung abstellt: Auf die als fehlend gerügte Einzelinformation oder auf den gesamten Bericht? Stellt man auf die Einzelinformation ab, so sind kaum Fälle denkbar, in denen die Relevanz zu verneinen wäre, weil in den Bericht ja nur wesentliche, für die Anteilsinhaber wichtige Informationen aufgenommen werden müssen. Bei Angaben, die darüber hinaus gemacht werden, wäre ja schon die materielle Erfor-

1 *Ganske*, S. 93.
2 Wie hier *Gehling* in Semler/Stengel, § 8 UmwG Rz. 75. A.A. *H. Schmidt*, § 41 Rz. 3 mit Hinweis auf § 1 Abs. 3 Satz 1 UmwG.
3 A.A. *Bayer*, ZIP 1997, 1613 (1620).
4 Vgl. BGH v. 18.12.1989 – II ZR 254/88, ZIP 1990, 168 (170); BGH v. 22.5.1989 – II ZR 206/88, BGHZ 107, 296 (302 f.) = AG 1989, 399 (Kochs Adler); OLG Hamm v. 20.6.1988 – 8 U 329/87, WM 1988, 1164 (1168); OLG Köln v. 21.9.1988 – 24 U 244/87, WM 1988, 1792 (1795); *Marsch-Barner* in Kallmeyer, § 8 UmwG Rz. 33.
5 *Stratz* in Schmitt/Hörtnagl/Stratz, § 8 UmwG Rz. 40.
6 BGH v. 22.5.1989 – II ZR 206/88, BGHZ 107, 296 (307) = AG 1989, 399 (Kochs Adler); BGH v. 18.12.1989 – II ZR 254/88, WM 1990, 140 (143); OLG Karlsruhe v. 30.6.1989 – 15 U 76/88, WM 1989, 1134 (1140); LG Essen v. 8.2.1999 – 44 O 249/98, AG 1999, 329 (331); *Stratz* in Schmitt/Hörtnagl/Stratz, § 8 UmwG Rz. 40; *Gehling* in Semler/Stengel, § 8 UmwG Rz. 80; deutlich strenger *Messer* in FS Quack, 1991, S. 321 (331 f.); wohl auch *Heckschen*, S. 23 f.
7 BGH v. 12.11.2001 – II ZR 225/99, BGHZ 149, 158 f.; BGH v. 18.10.2004 – II ZR 250/02, BGHZ 160, 385 = AG 2005, 87; *Röhricht* in VGR (Hrsg.), Gesellschaftsrecht in der Diskussion 2004, 2005, S. 1 (2); *Hüffer*, § 243 AktG Rz. 46a.

derlichkeit zu verneinen[1], denn in einem Bericht, der nur für die Beschlussfassung erhebliche Angaben enthalten muss, können keine unerheblichen Angaben fehlen. Richtigerweise sollte man daher auf den Sinn und Zweck des gesamten Berichts abstellen. Ist dieser in seiner Gesamtheit geeignet, dem verständigen Anteilsinhaber eine Beurteilung des Vorgangs zu ermöglichen, so ist die Relevanz möglicher Fehler im Detail zu verneinen[2].

60 Inhaltliche Mängel des Verschmelzungsberichts sind durch mündliche Nachholung der Information in der Hauptverhandlung **nicht heilbar**[3]. Andernfalls würden die gesetzlichen Anforderungen an Inhalt und Umfang des Verschmelzungsberichts und sein Zweck, die Anteilsinhaber auf die beschlussfassende Versammlung vorzubereiten, völlig leer laufen.

61 Bei der Anfechtung wegen Informationsmängeln ist die frühere Aqua Butzke-Rechtsprechung des BGH[4] insoweit überholt, als das UMAG in § 243 Abs. 4 AktG die Anfechtung ausdrücklich nur im Hinblick auf Informationsmängel beschränkt hat, die in der Hauptversammlung vorgekommen sind. Eine Beschränkung der Anfechtung auch im Hinblick auf beschlussvorbereitende Berichte wurde im Gesetzgebungsverfahren erwogen, ist aber bewusst nicht in den endgültigen Text aufgenommen worden[5]. Damit stützt die Lösung des UMAG die hier schon immer vertretene Ansicht, dass es nicht zumutbar ist, in Unkenntnis der Wertrelationen über die Verschmelzung abzustimmen. Das mag dort anders sein, wo es – wie in den vom BGH entschiedenen Fällen – nicht zu einem Anteilstausch kommt und nur die Höhe der Abfindung fraglich ist[6]. Wo es darum geht, ob die Beteiligung an der neuen Gesellschaft als Hauptleistung ein äquivalenter Gegenwert für die aufzugebende Beteiligung ist, muss eine Kontrolle des hinreichenden Berichtsinhalts durch Anfechtung möglich sein.

62 Registerrechtlich folgt aus der Tatsache, dass ein fehlerhafter Bericht nur zur Anfechtbarkeit des Beschlusses führt, eine **Eintragungspflicht des Registerrichters**, sofern keine Anfechtungsklage erhoben ist und keine Interessen der Gläubiger oder der Öffentlichkeit betroffen sind[7]. Eben das ist bei Mängeln des Berichts gerade nicht der Fall, da der Bericht die Interessen der Gesellschafter und nur diese schützt. Das ist anders, wenn der Bericht gänzlich fehlt, ohne dass wirksam auf seine Erstattung verzichtet wurde, denn dann wurden wesentliche Verfahrensvor-

---

1 Wie hier *Hüffer*, § 243 AktG Rz. 46b.

2 Wie hier *Gehling* in Semler/Stengel, § 8 UmwG Rz. 78; *Marsch-Barner* in Kallmeyer, § 8 UmwG Rz. 33; *Mayer* in Widmann/Meyer, § 8 UmwG Rz. 71 (allerdings noch auf Grundlage der Kausalitätsbetrachtung), weitergehend *Stratz* in Schmitt/Hörtnagl/Stratz, § 8 UmwG Rz. 42.

3 So auch LG Köln v. 4.12.1987 – 91 AktE 123/87, DB 1988, 542; LG München I v. 5.8.1999 – 5 HKO 11213/99, AG 2000, 87 (88); *Marsch-Barner* in Kallmeyer, § 8 UmwG Rz. 35; *Hommelhoff*, ZGR 1993, 452 (467); a.A. *Bayer*, AG 1988, 323 (330); *H.-J. Mertens*, AG 1990, 29f.

4 BGH v. 18.12.2000 – II ZR 1/99, BGHZ 146, 179 = GmbHR 2001, 200 m. Anm. *Kallmeyer*; BGH v. 29.1.2001 – II ZR 368/98, ZIP 2001, 412 = GmbHR 2001, 247 m. Anm. *Bärwaldt*.

5 BegrRegE, BT- Drucks. 15/5092, 26.

6 Insoweit zutr. *Henze*, ZIP 2002, 97 (105); OLG Köln v. 6.10.2003 – 18 W 35/03, DB 2003, 2592 zum Squeeze-out. Vgl. auch die sachgerechte Differenzierung von *Adolff*, Unternehmensbewertung, S. 413ff. in Abfindungswertermittlung einerseits und Ermittlung von Umtauschverhältnissen andererseits.

7 *Bayer* in Lutter/Hommelhoff, § 54 GmbHG Rz. 7 m.w.N.

schriften verletzt[1]. Die weitergehende Ansicht, der Registerrichter müsse auch offensichtliche Verstöße gegen Individualinteressen beanstanden[2], hat ausschließlich die Interessenlage in großen Publikumsgesellschaften vor Auge und kann daher für umwandlungsrechtliche Beschlüsse, die für alle Rechtsträger gleichen Regeln folgen, nicht überzeugen. Zudem ist nicht abgrenzbar, wann ein offensichtlicher Verstoß vorliegt. Gleiches gilt für die einschränkende Ansicht von *Rieder*, der darauf abstellen will, ob die Angaben vorsätzlich unterlassen wurden[3]. Dies ist für den Registerrichter nicht zu beurteilen.

Fehlerhafte Berichte einer **Personengesellschaft** führen hingegen zur Nichtigkeit, 63
da das Personengesellschaftsrecht keine anfechtbaren Beschlüsse kennt[4]. Gleiches gilt für den Verein[5]. Daran hat auch § 14 UmwG nichts geändert; er hat nur für alle Klagen eine Monatsfrist eingeführt, aber die Klageart als solche unverändert gelassen[6]. Fehlerhafte Beschlüsse einer Personengesellschaft können aber gleichwohl ins Handelsregister eingetragen werden, sofern keiner der Gesellschafter innerhalb der Monatsfrist Klage nach § 14 UmwG erhoben hat. Für den Verein kann nichts anderes gelten, so dass auch hier nur das völlige Fehlen des Berichts ein Eintragungshindernis begründet[7]. Für die Eintragung kommt es nicht auf die Unterscheidung zwischen anfechtbaren und nichtigen Beschlüssen, sondern in Anlehnung an § 398 FamFG darauf an, ob der Beschluss zwingende Rechtsnormen oder öffentliche Interessen verletzt (§ 14 Rz. 14)[8]. Beides ist hier nicht der Fall, denn der Bericht ist verzichtbar und schützt lediglich die Interessen der Gesellschafter. Die registerrechtliche Folge mangelhafter oder unvollständiger Berichte ist daher für Personen- und Kapitalgesellschaften sowie Vereine identisch.

IX. Vorlage an den EuGH

§ 8 UmwG beruht auf der 3. Richtlinie. Es handelt sich hier also um angeglichenes Recht, für dessen Auslegung Vorlagerecht bzw. Vorlagepflicht an den EuGH besteht (Art. 267 AEU [ex-Art. 234 EG]). Die Verpflichtung entfällt nur dann, wenn das Ergebnis der Rechtsanwendung so eindeutig ist, dass am Ergebnis keine vernünftigen Zweifel möglich sind, wobei allerdings auch die Rechtsauffassung und Gerichtspraxis in den anderen Mitgliedstaaten zu berücksichtigen ist[9]. Eine Vorlagepflicht entfällt daher vor allem, wenn der Bericht völlig fehlt oder so grob 64

1 *Mayer* in Widmann/Mayer, § 8 UmwG Rz. 68.
2 *Wiedemann* in Großkomm. AktG, § 181 AktG Anm. 7c; *Bokelmann*, DB 1994, 1344.
3 *Rieder*, S. 140.
4 St. Rspr., vgl. BGH v. 13.2.1995 – II ZR 15/94, BB 1995, 692; *Hopt* in Baumbach/Hopt, § 119 HGB Rz. 31; a.A. *K. Schmidt* in FS Stimpel, 1985, S. 217ff.; *Scholz*, WM 2006, 897ff. mit m.w.N. zum Streitstand.
5 S. etwa OLG Bamberg v. 18.6.2012 – 6 W 26/12, NZG 2012, 1269.
6 Vgl. *Ganske*, S. 63; *Timm*, ZGR 1996, 246 (255).
7 S. etwa OLG Bamberg v. 18.6.2012 – 6 W 26/12, NZG 2012, 1269 mit zust. Anm. *Gräwe*, ZStV 2012, 225 und *Terner*, EWiR 2012, 807.
8 *Baums*, Eintragung und Löschung von Gesellschafterbeschlüssen, 1981, S. 21f.; *Lüke*, ZGR 1990, 657 (669f.); a.A. (keine Eintragung nichtiger Beschlüsse) BayObLG v. 18.7. 1991 – BReg 3 Z 133/90, BB 1991, 1729; OLG Hamm v. 8.12.1993 – 15 W 291/93, OLGZ 1994, 415 (418).
9 Sog. acte-claire-Doktrin, vgl. EuGH v. 6.10.1982 – Rs. O-283/81, Slg. 1982, 3415 (3431) (CILFIT); *Lutter/Bayer/J. Schmidt*, EuropUR, S. 52f. m.w.N.

fehlerhaft ist wie in den bisher entschiedenen Fällen[1]. Aber auch sonst kann kein Zweifel daran bestehen, dass der in Rechtsprechung und Literatur entwickelte Standard der Umwandlungsberichterstattung den Anforderungen der Richtlinie im Grundsatz genügt; das kann lediglich in Einzelfragen einmal anders sein[2].

65 Keine Vorlagepflicht besteht hingegen hinsichtlich der Frage, ob das nationale Recht auch Angaben verlangen kann, die in Art. 9 der Richtlinie nicht oder nicht ausdrücklich genannt sind. Die Norm enthält nur eine **Mindestregelung**. Das folgt zum einen aus ihrem mittelbaren Verweis auf Art. 5 Abs. 2 der 3. Richtlinie, der seinerseits ausdrücklich Mindestregelung ist. Zum anderen bezweckt die Richtlinie ausweislich des 4. Erwägungsgrundes Aktionärsschutz durch Information. Dieser Zweck kann umso besser erreicht werden, je ausführlicher der Bericht ist. Schon aus diesem Grund besteht kein Raum für die Annahme, die 3. Richtlinie wolle den Berichtsumfang begrenzen.

§ 9
Prüfung der Verschmelzung

(1) Soweit in diesem Gesetz vorgeschrieben, ist der Verschmelzungsvertrag oder sein Entwurf durch einen oder mehrere sachverständige Prüfer (Verschmelzungsprüfer) zu prüfen.

(2) Befinden sich alle Anteile eines übertragenden Rechtsträgers in der Hand des übernehmenden Rechtsträgers, so ist eine Verschmelzungsprüfung nach Absatz 1 nicht erforderlich, soweit sie die Aufnahme dieses Rechtsträgers betrifft.

(3) § 8 Abs. 3 ist entsprechend anzuwenden.

Literatur

Bayer, Informationsrechte bei der Verschmelzung von Aktiengesellschaften, AG 1988, 323; *Bitzer*, Probleme der Prüfung von Umtauschverhältnissen bei aktienrechtlichen Verschmelzungen, 1987; *Henckel*, Die Verschmelzungsprüfung als Schutzrecht der Anteilsinhaber, 2010; *Hommelhoff*, Minderheitenschutz bei Umstrukturierungen, ZGR 1993, 452; *Hügel*, Verschmelzung und Einbringung, 1993; *Keil*, Der Verschmelzungsbericht nach § 340a AktG, 1990; *Leuering*, Die parallele Angemessenheitsprüfung durch den gerichtlich bestellten Prüfer, NZG 2004, 606; *Ossadnik*, Die angemessene Synergievertei-

1 Vgl. etwa BGH v. 29.10.1990 – II ZR 146/89, AG 1991, 102 (SEN); BGH v. 18.12.1989 – II ZR 254/88, AG 1990, 259 (DAT/Altana); OLG Frankfurt/M. v. 20.3.2012 – 5 AktG 4/11, AG 2012, 414.

2 Zur besonderen Frage, ob eine Vorlagepflicht auch bei anderen Rechtsformen als der AG besteht, vgl. Einl. I Rz. 31.

lung bei der Verschmelzung, DB 1997, 885; *Priester*, Strukturänderungen – Beschlussvorbereitung und Beschlussfassung, ZGR 1990, 420; *Rieder*, Minderheitenschutz bei Verschmelzung unter Beteiligung von Kapitalgesellschaften, 2012; *Schaal*, Der Wirtschaftsprüfer als Umwandlungsprüfer, 2001; *Harry Schmidt*, Verschmelzung von Personengesellschaften, in Lutter, Kölner Umwandlungsrechtstage, 1995, S. 59; *Karsten Schmidt*, Gläubigerschutz bei Umstrukturierungen, ZGR 1993, 366; *Schwarz*, Umwandlung mittelständischer Unternehmen im Handels- und Steuerrecht, 1995; *Streck/Mack/Schwedhelm*, Verschmelzung und Formwechsel nach dem neuen Umwandlungsgesetz, GmbHR 1995, 161; *Martin Winter*, Die Verschmelzung von Kapitalgesellschaften, Verschmelzungsbericht/-prüfung, in Lutter, Kölner Umwandlungsrechtstage, 1995, S. 25; *Wittgens*, Zur Frage des Prüfungsumfangs des gerichtlich bestellten sachverständigen Prüfers eines Unternehmensvertrages, BB 2007, 1070; *Zimmermann*, Verschmelzungsprüfung bei der GmbH-Verschmelzung, in FS Brandner, 1996, S. 167.

I. Überblick

§ 9 UmwG gehört ebenfalls zu den Vorschriften, bei denen das UmwG eine ursprünglich nur für die AG vorgesehene und durch die 3. Richtlinie vorgegebene Regelung rechtsformunabhängig anwendet. Vor 1994 war die Verschmelzungsprüfung nur für Verschmelzungen von AG und KGaA in §§ 340b, 354 Abs. 2 AktG a.F. zwingend vorgeschrieben. Für den Fall der Verschmelzung einer GmbH auf eine AG sah das Gesetz eine Prüfung auf Verlangen eines der Gesellschafter vor. § 9 UmwG ordnet hingegen die Verschmelzungsprüfung im Grundsatz für alle verschmelzungsfähigen Rechtsträger an. Der daraus resultierende Mehraufwand wird vom Gesetz im Interesse eines umfangreichen Schutzes der Anteilsinhaber hingenommen[1]. 1

Erleichterungen für die Beteiligten enthält die Vorschrift aber insoweit, als nicht für jede beteiligte Gesellschaft eine separate Prüfung durchzuführen ist; das Gesetz lässt vielmehr die gemeinsame Prüfung ausdrücklich zu. Ferner enthält § 9 Abs. 2 UmwG eine Ausnahme für Konzernverschmelzungen. Im Übrigen besteht nach § 9 Abs. 3 UmwG eine Verzichtsmöglichkeit für die Anteilsinhaber, wenn sie sich auch ohne Prüfung hinreichend informiert fühlen. Dadurch ist auch für die AG die Prüfung nicht mehr zwingend. 2

II. Normzweck

1. Die Vorschrift setzt zusammen mit den folgenden §§ 10–12 UmwG **Art. 10 Abs. 1 der 3. Richtlinie** um. Dort ist die Prüfung nur bei Beteiligung einer Aktiengesellschaft vorgeschrieben. Auch hier besteht die Norm also aus zwei Schichten: einer europarechtlich vorgegebenen mit der Pflicht zur richtlinienkonformen Auslegung und Anwendung[2] sowie einer autonomen, für die es keinen verpflichtenden Bezug auf europarechtliche Vorgaben gibt. 3

2. Die Norm dient ausschließlich dem **Schutz der Anteilsinhaber**[3]. Sie soll sicherstellen, dass die Anteilsinhaber in Kenntnis der Wertrelationen der beteiligten 4

1 Kritisch *Kallmeyer*, GmbHR 1993, 461 (464); ausdrücklich begrüßt vom *DAV*, WM 1993, Sonderbeilage 2 Rz. 37; näher dazu *Rieder*, S. 141.

2 Dazu näher Einl. I Rz. 26ff.

3 So schon die Gesetzesbegr zu § 340b AktG a.F., s. BT-Drucks. 9/1065, 15; *W. Müller* in Kallmeyer, § 9 UmwG Rz. 2; *Mayer* in Widmann/Mayer, § 9 UmwG Rz. 13 und 37; *Stratz* in Schmitt/Hörtnagl/Stratz, § 9 UmwG Rz. 1; *Zeidler* in Semler/Stengel, § 9

Rechtsträger über die Verschmelzung abstimmen und dass Benachteiligungen durch unzutreffende Umtauschverhältnisse von vornherein verhindert werden[1]. Dem entspricht es, dass die Prüfung verzichtbar ist; der Schutz der Anteilsinhaber gegen ihren einmütig erklärten Willen ist zu Recht nicht Anliegen des Gesetzes.

III. Anwendungsbereich

5 § 9 UmwG regelt die Verschmelzungsprüfung als gesetzliches Institut für alle rechtlich möglichen Formen der Verschmelzung. Der Gesetzesbefehl, der die Prüfung anordnet und erforderlichenfalls besondere Voraussetzungen vorsieht, ist jedoch nicht in § 9 UmwG, sondern in den rechtsformbezogenen Abschnitten des zweiten Teils des 2. Buches enthalten (§§ 44, 45e, 48, 60, 78, 100 UmwG)[2].

6 Das Gesetz sieht drei verschiedene Möglichkeiten vor: Bei den zumeist personalistisch strukturierten Gesellschaften ist die Verschmelzungsprüfung eine **Antragsprüfung:** Sie findet nur statt, wenn einer der Gesellschafter sie verlangt, so § 44 UmwG für die Verschmelzung unter Beteiligung einer Personengesellschaft, wenn die Verschmelzung mit Mehrheit beschlossen werden kann (§ 43 Abs. 2 UmwG), und § 48 UmwG für die Verschmelzung unter Beteiligung einer GmbH. Diese Regel gilt gem. § 45e UmwG auch für die Partnerschaftsgesellschaft und für den eingetragenen (nichtwirtschaftlichen) Verein, allerdings muss hier der Antrag von 10 % der Mitglieder gestellt werden (§ 100 Satz 2 UmwG). Im Übrigen ist die Verschmelzungsprüfung eine **Pflichtprüfung mit Verzichtsmöglichkeit**, so nach §§ 60, 78 UmwG bei der Verschmelzung unter Beteiligung einer AG (KGaA) und nach § 100 Satz 1 UmwG bei der Verschmelzung unter Beteiligung eines wirtschaftlichen Vereins[3]. Hier besteht jeweils die Verzichtsmöglichkeit nach § 9 Abs. 3 UmwG i.V.m. § 8 Abs. 3 UmwG. Eine **Pflichtprüfung ohne Verzichtsmöglichkeit** sieht § 81 UmwG für die eingetragene Genossenschaft vor; hier ist stets das Gutachten durch den genossenschaftlichen Prüfungsverband erforderlich.

7 Eine Verschmelzungsprüfung hat unabhängig von der Rechtsform der beteiligten Rechtsträger gem. § 30 Abs. 2 Satz 1 UmwG stets dann stattzufinden, wenn eine **Barabfindung** erfolgt, da der damit verbundene Austritt stets eine erhebliche Bedeutung hat[4]. Ein Verzicht auf die Prüfung setzt die notarielle Erklärung der Berechtigten voraus, § 30 Abs. 2 Satz 3 UmwG. Auch im Falle der **Mischverschmelzung** ist die Prüfung also **Pflichtprüfung mit Verzichtsmöglichkeit**. Berechtigt i.S.d. § 30 UmwG sind diejenigen Anteilsinhaber, die gegen den Verschmelzungsbeschluss Widerspruch zur Niederschrift erheben. Wer Berechtigter ist, entscheidet sich daher erst in der Versammlung, die über die Verschmelzung beschließt[5]. Aus diesem Grunde ist im Voraus nicht mit Sicherheit zu prognostizieren, wessen Verzicht erforderlich ist. Deshalb ist es ratsam, im Falle der Barabfindung die Ver-

UmwG Rz. 2; vgl. auch *Dörrie*, WiB 1995, 1 (5); *Ossadnik*, DB 1995, 105 (106); *K. Schmidt*, ZGR 1993, 366 (374 f.); *Simon* in KölnKomm. UmwG, § 9 UmwG Rz. 1.

1 Begr zu § 340b AktG, BR-Drucks. 9/1065, 140 f.

2 Vgl. dazu auch den Überblick bei *W. Müller* in Kallmeyer, § 9 UmwG Rz. 10; *Ossadnik*, DB 1995, 105 (106).

3 Kritisch dazu und de lege ferenda für eine Abschaffung der Antragsprüfung *Henckel*, S. 183 ff.

4 RegBegr bei *Schaumburg/Rödder*, S. 96.

5 Vgl. dazu auch *Zimmermann* in FS Brandner 1996, S. 167 (178).

schmelzungsprüfung präventiv durchzuführen, sofern nicht zweifelsfrei sichergestellt ist, dass niemand die Barabfindung anzunehmen beabsichtigt.

8 Bedeutung hat die Regelung der Verschmelzungsprüfung auch für **andere Formen der Umwandlung:** § 9 Abs. 1 und 3 UmwG finden bei der Spaltung entsprechende Anwendung (§ 125 Satz 1 UmwG). Keine Prüfung findet hingegen bei der Ausgliederung statt (§ 125 Satz 2 UmwG). Bei der Vermögensübertragung ist § 9 UmwG insgesamt entsprechend anzuwenden (§§ 176ff. UmwG). Für den Formwechsel finden gem. § 197 UmwG die für die neue Rechtsform geltenden Gründungsvorschriften Anwendung, die z.T. eine Gründungsprüfung vorsehen (vgl. § 33 AktG).

IV. Prüfungsgegenstand; Zeitpunkt

9 Prüfungsgegenstand ist zunächst das **Vertragswerk** bzw. dessen Entwurf, das den in § 5 UmwG aufgestellten allgemeinen Voraussetzungen sowie den speziellen Voraussetzungen für jede einzelne Rechtsform (§§ 40, 45b, 46, 80 UmwG) entsprechen muss und vom Prüfer auf Vollständigkeit und Richtigkeit zu prüfen ist[1]. Dies gilt auch für freiwillige Angaben im Verschmelzungsvertrag, sofern diese Auswirkungen auf die Gültigkeit der Vereinbarung haben, was z.B. bei Bedingungen zu bejahen[2], bei Regelungen über die Kostentragung hingegen zu verneinen ist[3]. Da zum Mindestinhalt des Verschmelzungsvertrages nach § 5 Abs. 1 Nr. 9 UmwG auch die Folgen für die Arbeitnehmer gehören, muss der Prüfer auch insoweit Stellung nehmen und prüfen, ob diese Angaben vollständig und richtig sind.

10 Kernstück der Verschmelzungsprüfung ist mehr noch als beim Verschmelzungsbericht die **Kontrolle der Umtauschverhältnisse**[4]. Der Normzweck des Schutzes der Anteilsinhaber verlangt, dass der Schwerpunkt der Prüfung auf der Angemessenheit des Umtauschverhältnisses liegt. Gerade in dieser Hinsicht sind die Anteilsinhaber besonders auf den Sachverstand der Prüfer angewiesen. Das gilt vor allem deshalb, weil sich der Verschmelzungsbericht nicht auf alle Einzelheiten der Verschmelzung beziehen muss und deshalb keine eigenständige Nachprüfung durch den Anteilsinhaber, sondern nur eine Plausibilitätskontrolle ermöglicht (vgl. § 8 Rz. 12). Verschmelzungsbericht und Verschmelzungsprüfung bilden daher ein ineinander greifendes System der Vorabinformation; die diesbezüglichen Vorschriften sind mit Bezug aufeinander anzuwenden. Wo der eine Teil dieses Systems nur reduzierte Anforderungen stellt, muss der andere besonders ausführlich sein. Abzulehnen ist jedoch die Forderung, die Verschmelzungsprüfung müsse auch die portfoliotheoretischen und steuerrechtlichen Auswirkungen der Verschmelzung erfassen[5]. Hier handelt es sich um individuelle Umstände, die die Anteilsinhaber unterschiedlich betreffen und die sie deshalb selbst beurteilen müssen. Gleiches gilt für die Frage, ob der Anteilsinhaber durch die Verschmelzung eine Verwässerung seiner Einflussposition erleidet. Solche Veränderungen sind nach § 8 Abs. 1 Satz 2 UmwG zu berichten, gehen aber nicht in die Berech-

---

1 RegBegr zu § 340b AktG a.F., BT-Drucks. 9/1065, 16; *W. Müller* in Kallmeyer, § 9 UmwG Rz. 17ff.; *Bayer*, ZIP 1997, 1613 (1621); *Wittgens*, BB 2007, 1070f.

2 Insoweit zutr. *W. Müller* in Kallmeyer, § 9 UmwG Rz. 12.

3 *Zeidler* in Semler/Stengel, § 9 UmwG Rz. 15.

4 *W. Müller* in Kallmeyer, § 9 UmwG Rz. 23ff.; *Bayer*, ZIP 1997, 1613 (1621); *M. Winter* in Kölner Umwandlungsrechtstage, S. 33 (35); *Rieder*, S. 148f.

5 *Henckel*, S. 142ff.

nung des Umtauschverhältnisses ein. Folglich besteht die Aufgabe des Prüfers hier nur darin, zu überprüfen, ob die Angaben vorhanden sind und den Tatsachen entsprechen. Eine inhaltliche Bewertung, inwieweit diese Folgen für den einzelnen Anteilsinhaber akzeptabel sind, ist hingegen nicht Aufgabe des Prüfers[1].

11 Hinsichtlich der **Kontrolldichte** ist es Aufgabe des Prüfers, die **Angemessenheit** des vereinbarten bzw. im Entwurf vorgesehenen Umtauschverhältnisses nachzuprüfen[2]. Das bedeutet nicht, dass der Prüfer die beteiligten Unternehmen noch einmal vollständig zu bewerten hätte[3]. Er hat vielmehr die bereits vorliegende Bewertung anhand konkreten Zahlenmaterials zu überprüfen[4]. Zudem indiziert bereits der Begriff der Angemessenheit das Bestehen eines Bewertungsspielraums. Exakt kontrollierbar sind bei einer Unternehmensbewertung auf der Grundlage der Ertragswertmethode allenfalls die zugrunde liegenden Vergangenheitsergebnisse. Ferner kann überprüft werden, ob die Planungszeiträume sachgerecht gewählt wurden und ob gleiche Sachverhalte in beiden Unternehmen gleich behandelt wurden[5]. Bei börsennotierten Unternehmen ist ferner zu prüfen, ob die Heranziehung des Börsenkurses bei der Ermittlung des Umtauschverhältnisses sachgerecht war. Im Übrigen ist die Bewertung in großem Umfang auf Prognosen (z.B. zukünftige Erträge) und Wertungsentscheidungen (z.B. Risikozuschlag bei der Ermittlung des Kapitalisierungszinsfußes) angewiesen. Ein allein richtiges Ergebnis, das vom Prüfer festzustellen wäre, kann es hier von vornherein nicht geben[6]. Zu beurteilen ist daher, ob die angewendeten Methoden der Unternehmensbewertung sowie die getroffenen Prognose- und Wertungsentscheidungen **vertretbar** waren und den Regeln einer ordnungsgemäßen Unternehmensbewertung entsprechen.

12 Nicht Gegenstand der Prüfung ist die wirtschaftliche **Zweckmäßigkeit** der Verschmelzung[7], d.h. die Frage, ob sich die Maßnahme nach Abwägung aller dafür und dagegen sprechenden Gründe als beste Verfolgung des Unternehmenszwecks darstellt. Gerade diese Entscheidung sollen die Anteilsinhaber in ihrer Abstimmung treffen. Verschmelzungsbericht und Verschmelzungsprüfung dienen dabei der Vorabinformation, können ihnen aber die letztendliche Entscheidung nicht abnehmen.

13 Die Frage, ob der **Verschmelzungsbericht** des Vertretungsorgans ebenfalls Gegenstand der Prüfung ist, wird unterschiedlich beantwortet. Eine Ansicht spricht sich mit Berufung auf den Minderheitenschutz für eine umfassende Prüfung aus, die

1 A.A. *Henckel*, S. 103ff.
2 Zur Beurteilung der „Angemessenheit" vgl. auch *Bayer*, ZIP 1997, 1613 (1617); *Ossadnik*, DB 1997, 885 (886); *Wittgens*, BB 2007, 1070 (1071).
3 A.A. wohl *Dirrigl*, WPg 1989, 412 (416).
4 Allg. M., vgl. *Grunewald* in G/H/E/K, § 340b AktG Rz. 11; *Heckschen*, S. 25; *W. Müller* in Kallmeyer, § 9 UmwG Rz. 23; *M. Winter* in Kölner Umwandlungsrechtstage, S. 35; *Zimmermann* in FS Brandner, S. 181.
5 Zutr. *Zeidler* in Semler/Stengel, § 9 UmwG Rz. 38.
6 So auch *Keil*, S. 69 m.w.N.
7 RegBegr zu § 340b AktG a.F., BT-Drucks. 9/1065, 16; s. auch *Bayer*, ZIP 1997, 1613 (1621); *Mayer* in Widmann/Mayer, § 9 UmwG Rz. 22f.; *Stratz* in Schmitt/Hörtnagl/Stratz, § 9 UmwG Rz. 7; *Zeidler* in Semler/Stengel, § 9 UmwG Rz. 16; *Bitzer*, S. 31; *Hoffmann-Becking* in FS Fleck, 1988, S. 122; *Priester* in IDW, S. 196 (205); *Bula/Luke* in Sagasser/Bula/Brünger, § 9 Rz. 263.

auch die Richtigkeit des Verschmelzungsberichts erfassen soll[1]. Die überwiegende Meinung hingegen verneint die Frage unter Berufung auf den Wortlaut des § 9 Abs. 1 UmwG, der eine Prüfung des Vertrages, nicht aber des Berichtes verlangt[2]. Das entspricht auch der gängigen Praxis und den Empfehlungen des IDW[3]. Dieser Ansicht ist zuzustimmen. Eine vollständige Prüfung des Berichts auf Richtigkeit und Vollständigkeit[4] kann vom Prüfer nicht geleistet werden. Insbesondere ist die Vollständigkeit des Berichts eine rein juristische Bewertungsfrage, die im Zweifelsfall von den Gerichten, aber nicht vom Verschmelzungsprüfer zu entscheiden ist. Auch aus Art. 10 der 3. Richtlinie folgt nichts anderes. Zwar hat der Prüfer danach den Verschmelzungsplan zu prüfen, was man in Richtung auf eine Prüfung des geplanten Gesamtvorhabens auslegen könnte[5]. Dagegen spricht aber, dass die Richtlinie die Bezeichnung „Verschmelzungsplan" in allen Vorschriften verwendet, die sich auf Maßnahmen im Vorfeld der Hauptversammlung beziehen (Artt. 5–11), im Übrigen jedoch vom „nach den Hauptversammlungen geschlossenen Verschmelzungsvertrag" spricht (Art. 16 Abs. 1). Daraus wird deutlich, dass die Richtlinie unter Verschmelzungsplan den mangels Zustimmung der Hauptversammlung noch nicht verbindlichen Vertrag, nicht aber den wirtschaftlichen Gesamtvorgang versteht.

Der vermittelnden Meinung, die eine Prüfungspflicht nur in Bezug auf die Richtigkeit des Berichts annimmt[6], ist zuzugeben, dass die Angaben im Bericht in einem engen Zusammenhang zur Unternehmensbewertung selbst stehen. Jedoch ist daran zu erinnern, dass Gegenstand der Prüfung in erster Linie die Angemessenheit des Umtauschverhältnisses ist. Zu diesem Zweck muss der Prüfer ermitteln, von welchen Voraussetzungen und Prognosen bei der Unternehmensbewertung ausgegangen wurde. Dabei kann er selbstverständlich auch den Verschmelzungsbericht mit heranziehen. Stellt er fest, dass die Voraussetzungen oder Prognosen unzutreffend oder nicht vertretbar waren, und werden dadurch die Regeln ordnungsgemäßer Unternehmensbewertung verletzt, so muss der Prüfer dies aber auf jeden Fall beanstanden, und zwar unabhängig davon, ob die betreffende Tatsache Aufnahme in den Verschmelzungsbericht gefunden hat oder nicht. Nur insoweit ist es daher berechtigt, von einer Richtigkeitskontrolle auch des Verschmelzungsberichts zu sprechen. Die Teile des Verschmelzungsberichts, die sich nicht auf das Umtauschverhältnis beziehen, insbesondere also die Angaben zur Verschmelzung und deren wirtschaftlichen Hintergrund, sind hingegen von vornherein kein Teil des Prüfungsumfangs und können daher auch nicht Gegenstand einer Richtigkeitskontrolle sein. 14

Da die Prüfung folglich von den Angaben im Verschmelzungsbericht unabhängig ist, kann sie schon erfolgen, wenn der Verschmelzungsbericht noch nicht vor- 15

---

1 *Bayer*, ZIP 1997, 1613 (1621); *Becker*, AG 1988, 223 (225).

2 *Bula/Luke* in Sagasser/Bula/Brünger, § 9 Rz. 273ff.; *Mayer* in Widmann/Mayer, § 9 UmwG Rz. 18 und 33; *Stratz* in Schmitt/Hörtnagl/Stratz, § 9 UmwG Rz. 5; *Zeidler* in Semler/Stengel, § 9 UmwG Rz. 18; *M. Winter* in Kölner Umwandlungsrechtstage, S. 35; *Rieder*, S. 151f.

3 Stellungnahme des IDW, HFA 6/88, abgedr. in WPg 1989, 43.

4 So *Hommelhoff*, ZGR 1993, 452 (466).

5 So *Hommelhoff*, ZGR 1993, 452 (464).

6 Für eine Kontrolle des Berichts auf Richtigkeit, nicht aber auf Vollständigkeit *Priester*, ZGR 1990, 420 (430); *Hoffmann-Becking* in FS Fleck, 1988, S. 105 (122).

liegt, eine **zeitliche Reihenfolge** lässt sich dem Gesetz nicht entnehmen[1]. Auch ist der Prüfer nicht gehindert, parallel zur Erstellung der Unterlagen zu arbeiten, die seiner Prüfung zugrunde liegen (sog. Parallelprüfung)[2] und auch nicht daran, Fragen der Unternehmensbewertung mit der Geschäftsleitung oder dem Mehrheitsgesellschafter zu erörtern[3]. Diese Frage ist in Bezug auf die Prüfung der Abfindung beim Squeeze-out mehrfach Gegenstand gerichtlicher Entscheidungen gewesen, die die Zulässigkeit der Parallelprüfung zu Recht bejaht haben[4]. Da für die Ermittlung und Prüfung des Umtauschverhältnisses bei Verschmelzungen dieselben Grundsätze Anwendung finden wie bei der Prüfung einer Abfindung, kann die Frage hier nicht anders entschieden werden.

16 Zeitlich bezieht sich die Prüfung auf den im Vertrag festgesetzten Verschmelzungsstichtag; dieser ist bei der Ermittlung des Wertverhältnisses zugrunde zu legen. Außerordentliche Entwicklungen, die sich bis zum Ende der Prüfung ergeben, sind daher mit zu berücksichtigen[5].

V. Entbehrlichkeit der Prüfung

1. Konzernverschmelzung (§ 9 Abs. 2 UmwG)

17 Gem. § 9 Abs. 2 UmwG bedarf es keiner Prüfung, wenn es um die Aufnahme einer 100 %-Tochtergesellschaft geht. Die Prüfung ist in diesem Fall ebenso entbehrlich wie der Verschmelzungsbericht (§ 8 Abs. 3 2. Alt. UmwG), denn es findet kein Anteilstausch statt, und es gibt keine schutzbedürftigen Anteilsinhaber[6]. Das fortbestehende Interesse an der Überprüfung der Vollständigkeit und Richtigkeit der Bestimmungen des Verschmelzungsvertrages erfordert keine sachverständige Prüfung, sondern kann durch die registergerichtliche Kontrolle bei der Eintragung befriedigt werden[7].

---

1 *Zeidler* in Semler/Stengel, § 9 UmwG Rz. 22.

2 BGH v. 18.9.2006 – II ZR 225/04, ZIP 2006, 2080 = AG 2006, 887; OLG Frankfurt/M. v. 30.3.2009 – 20 W 101/04, Juris; OLG Stuttgart v. 26.11.2007 – 20 W 8/07, AG 2008, 464; OLG Düsseldorf v. 11.8.2006 – I-15 W 110/05, DB 2006, 2223 (2226 f.); OLG Hamm v. 28.2.2005 – 8 W 6/05, AG 2005, 361 (362); OLG Stuttgart v. 3.12.2003 – 20 W 6/03, AG 2004, 105; *Leuering*, NZG 2004, 606; *Puszkajler*, ZIP 2003, 518 (521); *Büchel*, NZG 2003, 793 (801); *Wittgens*, BB 2007, 1070 (1072); a.A. LG Wuppertal v. 6.11.2003 – 12 O 119/03, AG 2004, 161; LG Heidelberg v. 28.2.2006 – 11 O 143/05 KfH, AG 2006, 760; einschränkend auch LG Frankfurt/M. v. 14.11.2006 – 3-5 O 73/04, BB 2007, 1069 (1070 f.).

3 BGH v. 18.9.2006 – II ZR 225/04, AG 2006, 887 zur sachverständigen Prüfung der Abfindung beim Squeeze-Out.

4 BGH v. 18.9.2006 – II ZR 225/04, AG 2006, 887 (DSL); OLG Düsseldorf v. 13.1.2006 – I-16 U 137/04, AG 2006, 202; OLG Düsseldorf v. 14.1.2005 – I-16 U 59/04, AG 2005, 293; OLG Stuttgart v. 5.11.2003 – 20 W 5/03, AG 2004, 109; OLG Hamburg v. 29.9.2004 – 11 W 78/04, AG 2005, 253; OLG Hamm v. 17.3.2005 – 27 W 3/05, AG 2005, 773; OLG Karlsruhe v. 29.6.2006 – 7 W 22/06, AG 2007, 92; vgl. näher *Gehling* in DAV (Hrsg.), Squeeze Out – Recht und Praxis, DAV- Studie Nr. 39, 2007, S. 53 ff. m.w.N. auch zur Gegenmeinung.

5 *Hoffmann-Becking* in FS Fleck, 1988, S. 105 (117); *Zeidler* in Semler/Stengel, § 9 UmwG Rz. 42.

6 So schon die RegBegr zu § 352b Abs. 2 AktG a.F., BT-Drucks. 9/1065, 20; *W. Müller* in Kallmeyer, § 9 UmwG Rz. 40; *Stratz* in Schmitt/Hörtnagl/Stratz, § 9 UmwG Rz. 9.

7 Zutr. *Priester* in IDW, S. 196 (207).

Die Frage, ob die Prüfung entfällt, wenn im Zuge der Verschmelzung der verschmelzungsrechtliche Squeeze-out nach § 62 Abs. 5 UmwG durchgeführt wird, ist hier gesetzlich ebenso unklar geregelt wie bei § 8 UmwG in Bezug auf den Verschmelzungsbericht (s. § 8 Rz. 57). Der Gesetzeswortlaut spricht dagegen, die Teleologie klar dafür. Denn wenn die übertragende Gesellschaft zwar ursprünglich Minderheitsgesellschafter hat, diese aber zeitgleich mit dem Wirksamwerden der Verschmelzung aus der Gesellschaft ausscheiden (§ 62 Abs. 5 Satz 6 UmwG), dann macht es keinen Sinn, den Verschmelzungsvertrag einer sachverständigen Prüfung zu unterziehen, da die Regelungen des Vertrages die Minderheitsgesellschafter nicht mehr betreffen[1]. Insbesondere ist es nicht nötig, das Umtauschverhältnis zu prüfen, wenn die Minderheitsgesellschafter gar nicht mehr Aktionäre der übernehmenden AG werden und es zu keinem Anteilstausch kommt. Erforderlich ist eine Prüfung nur in Bezug auf die zu zahlende Abfindung; dies ist jedoch dadurch sichergestellt, dass § 62 Abs. 5 Satz 7 UmwG auf § 327c Abs. 2 Satz 2 AktG Bezug nimmt. Vgl. im Übrigen die Argumentation bei § 8 Rz. 53ff. 18

Stiefmütterlich behandelt hat das Gesetz hier ebenso wie bei § 8 UmwG die Verschmelzung zweier 100 %-Tochtergesellschaften miteinander, d.h. die Fusion unter **Schwestergesellschaften**. Obwohl auch hier Minderheitsinteressen nicht berührt sind, gelten keine Sonderregeln[2]. Allerdings entfällt für den häufigen Fall der GmbH-Tochter das Prüfungserfordernis schon dadurch, dass die Muttergesellschaft naturgemäß keine Prüfung verlangen wird. Ist die Tochter hingegen eine AG, so muss die Muttergesellschaft nach § 9 Abs. 3 UmwG auf die Prüfung verzichten[3]. 19

2. Verzicht

Gem. § 9 Abs. 3 UmwG i.V.m. § 8 Abs. 3 1. Alt. UmwG ist keine Prüfung erforderlich, wenn alle Anteilsinhaber aller beteiligten Rechtsträger auf diese notariell verzichten. Die Vorschrift hat Bedeutung vor allem für die AG und den wirtschaftlichen Verein, da bei den übrigen Rechtsformen die Prüfung (sofern nicht ein Fall der Mischverschmelzung vorliegt, vgl. § 30 Abs. 2 UmwG) nur auf Verlangen stattfindet und bei der Genossenschaft ein Verzicht nicht vorgesehen ist (§ 81 UmwG). Für die AG mit Streubesitz wird sie in der Regel ebenfalls belanglos sein; Bedeutung hat sie aber für die kleine AG: Sofern sich die Aktionäre einig sind, kann der mit der Prüfung verbundene Aufwand vermieden werden. Sieht man von der Beurkundung der Verzichtserklärungen ab, kann damit derselbe Rechtszustand herbeigeführt werden, der auch für die GmbH gilt. Ein Konflikt mit der 3. Richtlinie ergibt sich insoweit nicht. Zwar sieht deren Art. 10 die Verschmelzungsprüfung für die AG zwingend vor und erwähnt die Möglichkeit des Verzichts nicht. Jedoch kann hier ebenso wie bei § 8 Abs. 3 UmwG nicht angenommen werden, dass die Richtlinie die Anteilsinhaber auch gegen ihren Willen zu schützen beabsichtigt (näher dazu § 8 Rz. 53ff.). Vielmehr folgt aus dem aktio- 20

1 Wie hier auch *Schockenhoff/Lumpp*, ZIP 2013, 749 (757f.); *Rubner/Leuering*, NJW-Spezial 2011, 527, jeweils m.w.N.

2 Vgl. *Mayer* in Widmann/Mayer, § 9 UmwG Rz. 35; *Stratz* in Schmitt/Hörtnagl/Stratz, § 9 UmwG Rz. 10; *Zeidler* in Semler/Stengel, § 9 UmwG Rz. 50; *Simon* in KölnKomm. UmwG, § 9 UmwG Rz. 32.

3 *Rieder*, S. 152.

närsschützenden Zweck des Art. 10 und der Regelung des Art. 27b der 3. Richtlinie, der bereits gegenüber einer zehnprozentigen Minderheit den Prüfungsbericht für entbehrlich erklärt, dass ein einmütiger Verzicht auf den von der Richtlinie vorgesehenen Schutz zulässig sein muss[1].

Da es sich insoweit um eine Auslegung der Richtlinie handelt, muss darüber eines Tages der EuGH aufgrund der Vorlage eines deutschen Gerichts nach Art. 267 AEU befinden (näher dazu Einl. I Rz. 32 ff.).

3. Umfang der Verweisung in § 9 Abs. 3 UmwG

21 § 9 Abs. 3 UmwG verweist auf § 8 Abs. 3 UmwG. § 8 Abs. 3 UmwG wiederum regelt die Entbehrlichkeit des Berichts, wenn entweder alle Anteilsinhaber auf die Erstattung verzichten (§ 8 Abs. 3 1. Alt. UmwG) oder sich alle Anteile des übertragenden Rechtsträgers in der Hand des übernehmenden Rechtsträgers befinden (§ 8 Abs. 3 2. Alt. UmwG). Die letzte Frage ist jedoch für den Bereich des § 9 UmwG in Abs. 2 geregelt. Insofern ist die 2. Alt. in § 8 Abs. 3 UmwG nicht Gegenstand der Verweisung des § 9 Abs. 3 UmwG. Es handelt sich um eine überflüssige Doppelregelung, die auf Änderungen im Gesetzgebungsverfahren[2] beruht. Bedeutung erlangt diese einschränkende Sichtweise bei der Spaltung[3]. Hier erklärt § 125 Satz 1 UmwG den § 9 Abs. 2 UmwG für unanwendbar. Diese Regel würde unterlaufen, wenn man den § 9 Abs. 3 UmwG auf beide Alternativen des § 8 Abs. 3 UmwG bezieht.

§ 10
Bestellung der Verschmelzungsprüfer

(1) Die Verschmelzungsprüfer werden auf Antrag des Vertretungsorgans vom Gericht ausgewählt und bestellt. Sie können auf gemeinsamen Antrag der Vertretungsorgane für mehrere oder alle beteiligten Rechtsträger gemeinsam bestellt werden. Für den Ersatz von Auslagen und für die Vergütung der vom Gericht bestellten Prüfer gilt § 318 Abs. 5 des Handelsgesetzbuchs.

(2) Zuständig ist jedes Landgericht, in dessen Bezirk ein übertragender Rechtsträger seinen Sitz hat. Ist bei dem Landgericht eine Kammer für Handelssachen gebildet, so entscheidet deren Vorsitzender an Stelle der Zivilkammer.

(3) Auf das Verfahren ist das Gesetz über das Verfahren in Familiensachen und in den Angelegenheiten der freiwilligen Gerichtsbarkeit anzuwenden, soweit in den folgenden Absätzen nichts anderes bestimmt ist.

(4) Gegen die Entscheidung findet die Beschwerde statt. Sie kann nur durch Einreichung einer von einem Rechtsanwalt unterzeichneten Beschwerdeschrift eingelegt werden.

---

1 Vgl. *Mayer* in Widmann/Mayer, § 9 UmwG Rz. 37 f.; *Simon* in KölnKomm. UmwG, § 9 UmwG Rz. 34.

2 Näher *Stratz* in Schmitt/Hörtnagl/Stratz, § 9 UmwG Rz. 14; sowie *Mayer* in Widmann/Mayer, § 9 UmwG Rz. 39.

3 Dies verkennt *Zeidler* in Semler/Stengel, § 9 UmwG Rz. 52.

(5) Die Landesregierung kann die Entscheidung über die Beschwerde durch Rechtsverordnung für die Bezirke mehrerer Oberlandesgerichte einem der Oberlandesgerichte oder dem Obersten Landesgericht übertragen, wenn dies der Sicherung einer einheitlichen Rechtsprechung dient. Die Landesregierung kann die Ermächtigung auf die Landesjustizverwaltung übertragen.

Literatur

Bungert, Zuständigkeit des Landgerichts bei Bestellung des Verschmelzungsprüfers im neuen Umwandlungsrecht, BB 1995, 1399. Vgl. im Übrigen die Angaben zu § 9.

I. Überblick

Die Vorschrift setzt zusammen mit den §§ 9 und 12 UmwG **Art. 10 der 3. Richtlinie** um. **§ 10 Abs. 1 UmwG** regelt die Bestellung der Verschmelzungsprüfer im Wesentlichen übereinstimmend mit dem früheren § 340b Abs. 2 AktG a.F. Betont wird durch **§ 10 Abs. 1 Satz 2 UmwG** die Möglichkeit der Bestellung eines gemeinsamen Prüfers für mehrere beteiligte Rechtsträger und die Bestellung des bzw. der Prüfer durch das Gericht. Durch Art. 4 des Gesetzes zur Neuordnung des gesellschaftsrechtlichen Spruchverfahrens **(Spruchverfahrensneuordnungsgesetz)** v. 12.6.2003 wurden § 10 Abs. 1 und 3 UmwG neu gefasst sowie verfahrensrechtliche Regeln in den früheren Absätzen 4–7 angefügt[1]. Diese Änderungen waren nach der Aufhebung des bisherigen 6. Buches des UmwG zum Spruchverfahren notwendig geworden[2]. 1

Durch das FGG-RG[3] aus dem Jahre 2008 wurden die Absätze 4–6 gestrichen sowie die Absätze 3 und 4 redaktionell verändert. § 10 Abs. 3 UmwG verweist hinsichtlich des Verfahrens auf das FamFG **(Gesetz über das Verfahren in Familiensachen und in den Angelegenheiten der freiwilligen Gerichtsbarkeit)**, sofern § 10 Abs. 4 und Abs. 5 UmwG nichts Abweichendes bestimmen. Gegen die Entscheidung des 2

1 BGBl. I 2003, S. 838; vgl. zum Spruchverfahrensneuordnungsgesetz *Büchel*, NZG 2003, 793; *Bungert/Mennicke*, BB 2003, 2021; *Lamb/Schluck-Amend*, DB 2003, 1259; *Meilicke/Heidel*, DB 2003, 2267; *Neye*, BB 2003, 1245; *Puszkajler*, ZIP 2003, 518; *van Kann/Hirschmann*, DStR 2003, 1488.

2 *Fronhöfer* in Widmann/Mayer, § 10 UmwG Rz. 1.1; *W. Müller* in Kallmeyer, § 10 UmwG Rz. 3.

3 Gesetz zur Reform des Verfahrens in Familiensachen und in den Angelegenheiten der freiwilligen Gerichtsbarkeit (FGG-Reformgesetz – FGG-RG) v. 17.12.2008, BGBl. I, S. 2586 mit Wirkung ab dem 1.9.2009.

Landgerichts ist die Beschwerde nach §§ 58 ff. FamFG und – bei Statthaftigkeit – die Rechtsbeschwerde nach §§ 70 ff. FamFG gegeben. Die in der bisherigen Fassung von § 10 Abs. 4 UmwG enthaltene Ermächtigung für die Landesregierungen zur Zuständigkeitskonzentration ist nun in § 71 Abs. 2 Nr. 4 lit. d und Abs. 4 GVG geregelt.

II. Bestellung der Prüfer

1. Allgemeines

3 § 10 Abs. 1 Satz 1 UmwG bestimmt, dass die Verschmelzungsprüfer auf Antrag des Vertretungsorgans vom Gericht ausgewählt und bestellt werden. Durch die zwingende Bestellung durch ein Gericht soll dem Eindruck der Parteinähe der Prüfer von vornherein entgegengewirkt und damit die Akzeptanz der Prüfungsergebnisse erhöht werden[1]. Die gerichtliche Bestellung soll dazu beitragen, dass es möglichst überhaupt nicht zu einer gerichtlichen Auseinandersetzung kommt[2].

2. Zuständigkeit

a) Sachliche Zuständigkeit

4 Die sachliche Zuständigkeit war früher in § 145 Abs. 1 GVG geregelt, der die Entscheidung den Amtsgerichten zuwies. Davon abweichend bestimmt § 10 Abs. 2 Satz 1 UmwG die **ausschließliche Zuständigkeit der Landgerichte**.

b) Örtliche Zuständigkeit

5 Örtlich zuständig ist jedes Landgericht, in dessen Bezirk ein übertragender Rechtsträger seinen Sitz hat, § 10 Abs. 2 Satz 1 UmwG. Maßgeblich ist dabei der **Verwaltungssitz** des Rechtsträgers; insoweit kann § 17 Abs. 1 Satz 2 ZPO entsprechend herangezogen werden[3]. Sind an der Verschmelzung mehrere übertragende Rechtsträger beteiligt, besteht ein Wahlrecht, welches Gericht die Bestellung durchführen soll[4]. Weder dem Wortlaut noch dem Zweck des § 10 Abs. 2 Satz 1 UmwG kann entnommen werden, dass jeder übertragende Rechtsträger den Antrag auf Bestellung zwingend an das für ihn zuständige Gericht zu richten hat. Das gilt auch dann, wenn kein gemeinsamer Verschmelzungsprüfer bestellt werden soll[5].

---

1 Vgl. BT-Drucks. 15/371, 18; zur früheren Fassung vgl. BegrRegE *Ganske*, S. 56.
2 BegrRegE *Ganske*, S. 57.
3 So auch *Fronhöfer* in Widmann/Mayer, § 10 UmwG Rz. 6.1.
4 Wie hier *Bermel* in Goutier/Knopf/Tulloch, § 10 UmwG Rz. 8; *Sagasser/Luke* in Sagasser/Bula/Brünger, § 9 Rz. 241; *Bungert*, BB 1995, 1399 (1401); *W. Müller* in Kallmeyer, § 10 UmwG Rz. 8; *Fronhöfer* in Widmann/Mayer, § 10 UmwG Rz. 6; *Stratz* in Schmitt/Hörtnagl/Stratz, § 10 UmwG Rz. 9; *Zeidler* in Semler/Stengel, § 10 UmwG Rz. 11 f.
5 *Sagasser/Luke* in Sagasser/Bula/Brünger, § 9 Rz. 241; *Schaal*, Der Wirtschaftsprüfer als Umwandlungsprüfer, 2001, S. 368.

c) Funktionelle Zuständigkeit

6 Funktionell zuständig ist bei dem Landgericht die **Kammer für Handelssachen**, sofern eine solche besteht. Diese Zuständigkeit ist eine ausschließliche. Eines ausdrücklichen Antrags gem. § 96 Abs. 1 GVG, um die Zuständigkeit der Kammer für Handelssachen zu begründen, bedarf es deshalb nicht[1]. Eine Zivilkammer, an die der Antrag irrtümlicherweise gerichtet wurde, hat die Sache von Amts wegen an die zuständige Kammer für Handelssachen abzugeben[2]. Die Entscheidung der Kammer für Handelssachen ergeht durch den **Vorsitzenden** allein (§ 10 Abs. 2 Satz 2 UmwG), da die Bedeutung der Sache eine Entscheidung des Kollegialgerichts nicht erforderlich macht und das bisherige System (Entscheidung durch den Einzelrichter beim Amtsgericht) keinen Anlass zu Beanstandungen gegeben hat[3].

d) Zuständigkeitskonzentration

7 Die Justizverwaltungen können im Verordnungswege die örtliche Zuständigkeit bei einem Landgericht konzentrieren (§ 71 Abs. 2 Nr. 4 lit. d und Abs. 4 GVG; früher § 10 Abs. 4 UmwG[4]). Davon hatten die Länder **Baden-Württemberg**[5] (LG Mannheim für den OLG-Bezirk Karlsruhe, LG Stuttgart für den OLG-Bezirk Stuttgart), **Bayern**[6] (LG München I für den Bereich des OLG München und LG Nürnberg für den Bereich der OLG Nürnberg und Bamberg); **Hessen**[7] (LG Frankfurt/M.), **Mecklenburg-Vorpommern**[8] (LG Rostock), **Niedersachsen**[9] (LG Hannover), **Nordrhein-Westfalen**[10] (LG Dortmund für den OLG-Bezirk Hamm, LG Düsseldorf für den OLG-Bezirk Düsseldorf, LG Köln für den OLG-Bezirk Köln) und **Sachsen**[11] (LG Leipzig) bereits nach der Vorgängernorm Gebrauch gemacht. Diese Zuständigkeitskonzentrationen beanspruchen auch nach Inkrafttreten des Spruchverfahrensneuordnungsgesetzes Geltung. Denn für die Gültigkeit einer im Zeitpunkt ihres Erlasses ordnungsgemäß erlassenen Rechtsverordnung ist es ohne Bedeutung, wenn die Ermächtigungsnorm später wegfällt oder sie nachträglich geändert wird[12]. Dies muss umso mehr gelten, wenn die gestrichene Vorschrift an anderer Stelle im Gesetz wieder eingefügt wurde, ohne dass damit eine sachliche Änderung einhergehen sollte[13]. Ein erneuter Erlass der Konzentrationsverordnungen

1 Vgl. *Fronhöfer* in Widmann/Mayer, § 10 UmwG Rz. 7.
2 *Fronhöfer* in Widmann/Mayer, § 10 UmwG Rz. 7.
3 BegrRegE *Ganske*, S. 57.
4 § 10 Abs. 4 UmwG ist zum 1.9.2009 durch das FGG-Reformgesetz aufgehoben worden, vgl. RegE v. 7.9.2007, BT-Drucks. 16/6308, 149.
5 VO v. 20.11.1998, GVBl. 1998, S. 680.
6 VO v. 28.8.2003, GVBl. 2003, S. 661.
7 VO v. 19.2.2004, GVBl. 2004, S. 98.
8 VO v. 28.3.1994, GVBl. 1994, S. 514.
9 VO v. 28.5.1996, GVBl. 1996, S. 283.
10 VO v. 16.12.2003, GVBl. 2004, S. 10.
11 VO v. 6.8.1996, GVBl. 1996, S. 369.
12 So die h.M., vgl. BVerfG v. 3.12.1958 – 1 BvR 488/57, BVerfGE 9, 3 (12); BVerfG v. 16.5.1961 – 2 BvF 1/60, BVerfGE 12, 341 (346f.); BVerfG v. 13.12.1961 – 1 BvR 1137/59, BVerfGE 13, 245 (249); BVerfG v. 23.3.1977 – 2 BvR 812/74, BVerfGE 44, 216 (226); *Maunz* in Maunz/Dürig/Herzog, Loseblatt, Lfg. 32, 1996, Art. 80 GG Rz. 9; kritisch *Brenner* in v. Mangoldt/Klein/Starck, 6. Aufl. 2010, Art. 80 GG Rz. 76.
13 So die BegrRegE, BT-Drucks. 15/371, 19.

unter Zitierung des § 71 Abs. 2 Nr. 4 lit. d und Abs. 4 GVG ist deshalb nicht erforderlich.

3. Das Bestellungsverfahren

8 Das Verfahren zur Bestellung des Verschmelzungsprüfers unterliegt gem. § 10 Abs. 3 UmwG dem Gesetz über das Verfahren in Familiensachen und in den Angelegenheiten der freiwilligen Gerichtsbarkeit, soweit nicht in § 10 Abs. 4 und Abs. 5 UmwG etwas anderes bestimmt ist. Zur Anwendung kommen danach grundsätzlich die Vorschriften des FamFG (§§ 1–85 FamFG)[1].

a) Antrag

9 Das Bestellungsverfahren wird durch Antrag des **Vertretungsorgans** eines an der Verschmelzung beteiligten Rechtsträgers eingeleitet, § 10 Abs. 1 Satz 1 UmwG i.V.m. § 23 Abs. 1 FamFG. Der Antrag ist schriftlich einzureichen oder zu Protokoll der Geschäftsstelle des zuständigen Landgerichts oder eines beliebigen Amtsgerichts zu erklären (§ 25 FamFG). Für den Antrag besteht **kein Anwaltszwang**[2].

10 Der Antrag sollte nicht nur die Angabe enthalten, dass ein Verschmelzungsprüfer bestellt werden soll. Vielmehr ist auch eine kurze Schilderung des zugrunde liegenden Sachverhalts erforderlich, um dem Gericht eine Nachprüfung zu ermöglichen[3]. Die beteiligten Rechtsträger können dem Gericht einen Prüfer zur Bestellung vorschlagen. Allerdings ist das Gericht an einen gemeinsamen Vorschlag der Rechtsträger nicht nur nicht gebunden[4], sondern sogar verpflichtet, die Unabhängigkeit des Prüfers kritisch zu würdigen. § 10 Abs. 1 UmwG verlangt vom Gericht die selbständige Auswahl des Prüfers; das wäre nicht gegeben, wenn dem Vorschlag ohne weiteres gefolgt wird. Keine Voraussetzung ist allerdings, dass das Gericht von sich aus mehrere Prüfer in Betracht zieht und unter diesen eine Auswahlentscheidung trifft[5]. Auch Beratungsmandate des Prüfers bei dem zu prüfenden Unternehmen stellen die Eignung des Prüfers nicht zwangsläufig in Frage; dies gilt vielmehr nur dann, wenn sich die Beratung auf unternehmerische Zweckmäßigkeitserwägungen erstreckt[6]. Sind unter diesen Aspekten keine Einwendungen gegen den vorgeschlagenen Prüfer zu erheben, ist das Gericht auch berechtigt, dem Vorschlag zu folgen[7]. Dem Antrag ist der Entwurf oder die endgül-

---

1 Das gesamte Verfahren wurde grundlegend reformiert, vgl. BegrRegE eines FGG-Reformgesetzes, BT-Drucks. 16/6308.

2 Vgl. *Sagasser/Luke* in Sagasser/Bula/Brünger, § 9 Rz. 242; *Fronhöfer* in Widmann/Mayer, § 10 UmwG Rz. 11.2.

3 *Fronhöfer* in Widmann/Mayer, § 10 UmwG Rz. 11.3; *Zeidler* in Semler/Stengel, § 10 UmwG Rz. 6.

4 *Zeidler* in Semler/Stengel, § 10 UmwG Rz. 8.

5 BGH v. 18.9.2006 – II ZR 225/04, AG 2006, 887 (DSL).

6 BGH v. 18.9.2006 – II ZR 225/04, AG 2006, 887 (888); BGH v. 21.4.1997 – II ZR 317/95, BGHZ 135, 260 (264) = GmbHR 1997, 652.

7 Wie hier auch OLG Düsseldorf v. 11.8.2006 – I-15 W 110/05, DB 2006, 2223 (2226 f.) = AG 2007, 363; OLG Düsseldorf v. 13.1.2006 – I-16 U 137/04, AG 2006, 202 (204); OLG Hamburg v. 29.9.2004 – 11 W 78/04, NZG 2005, 86 (87) = AG 2005, 253; OLG Düsseldorf v. 16.1.2004 – I-16 W 63/03, ZIP 2004, 359 (364) = AG 2004, 207; OLG Stuttgart v. 3.12.2003 – 11 W 78/03, ZIP 2003, 2363 (2365); *W. Müller* in Kallmeyer, § 10 UmwG Rz. 5.

tige Fassung des Verschmelzungsvertrages beizufügen[1]. Der Antrag sollte durch das zuständige Vertretungsorgan unterzeichnet werden[2].

b) Gerichtliche Entscheidung und Bekanntmachung

Entspricht das Gericht dem Antrag, so muss der Beschluss im Tenor sowohl den bestellten Verschmelzungsprüfer als auch den Verschmelzungsvertrag bzw. den Vertragsentwurf, auf den sich die Prüfung beziehen soll, bezeichnen. Da der stattgebende Beschluss mangels Beschwer des antragstellenden Rechtsträgers unanfechtbar ist, bedarf es keiner Begründung. Das gilt auch in den Fällen, in denen das Gericht einem Vorschlag der Antragsteller hinsichtlich der Person des Prüfers aufgrund der oben erwähnten Bedenken nicht folgt und einen anderen Prüfer bestellt. Nur wenn dem Antrag, einen Prüfer zu bestellen, überhaupt nicht entsprochen werden soll, ist er durch begründeten Beschluss – bei Unzulässigkeit mit dem Zusatz „als unzulässig" – zurückzuweisen[3]. 11

Die gerichtliche Entscheidung ist sodann bekannt zu machen. Die **Bekanntmachung** erfolgt gem. § 10 Abs. 3 UmwG i.V.m. § 41 Abs. 1 FamFG gegenüber den Beteiligten. Nach § 7 FamFG gelten neben dem Antragsteller als beteiligt diejenigen, deren Recht durch das Verfahren unmittelbar betroffen ist (§ 7 Abs. 2 Nr. 1 FamFG), und diejenigen, die aufgrund dieses oder eines anderen Gesetzes von Amts wegen oder auf Antrag zu beteiligen sind (§ 7 Abs. 2 Nr. 2 FamFG). Deshalb ist die Entscheidung außer dem antragstellenden Rechtsträger auch dem Verschmelzungsprüfer bekannt zu geben[4]; eine Information auch der Anteilsinhaber ist nicht vorgeschrieben[5]. Die **Form der Bekanntmachung** richtet sich nach § 10 Abs. 3 UmwG i.V.m. § 41 Abs. 1 Satz 1 FamFG. Danach erfolgt die Bekanntmachung durch Zustellung nach den für die Zustellung von Amts wegen geltenden Vorschriften der Zivilprozessordnung (§ 15 Abs. 2 Satz 1 Alt. 1 FamFG i.V.m. §§ 166ff. ZPO), wenn durch sie eine Frist in Gang gesetzt wird. Das ist bei ablehnenden Beschlüssen stets der Fall, weil mit ihrer Bekanntmachung die **Monatsfrist** zur Einlegung der Beschwerde in Gang gesetzt wird, § 10 Abs. 3 UmwG i.V.m. § 63 Abs. 1 FamFG (*vorher:* zweiwöchige Frist für sofortige Beschwerde, § 22 Abs. 1 Satz 1 FGG). Dagegen genügt bei stattgebenden Beschlüssen, gegen die ein Rechtsmittel nicht statthaft ist, die formlose Übersendung. 12

c) Wirkungen

Die Bestellung durch das Gericht umfasst lediglich die Auswahl des Verschmelzungsprüfers sowie einen Auftrag zum Tätigwerden. Sie bedarf noch der **Annahme durch den Prüfer**[6]. 13

---

1 Vgl. *Sagasser/Luke* in Sagasser/Bula/Brünger, § 9 Rz. 242.
2 So *Sagasser/Luke* in Sagasser/Bula/Brünger, § 9 Rz. 242; *Fronhöfer* in Widmann/Mayer, § 10 UmwG Rz. 11.6. Allerdings ist Schriftform nicht zwingend vorgeschrieben; es reicht aus, dass die Person des Erklärenden auch ohne Unterschrift aus dem Schriftstück zweifelsfrei hervorgeht, vgl. *Bumiller/Harders*, FamFG – Freiwillige Gerichtsbarkeit, 10. Aufl. 2011, § 23 FamFG Rz. 14.
3 Vgl. *Fronhöfer* in Widmann/Mayer, § 10 UmwG Rz. 14.1.
4 So auch *Fronhöfer* in Widmann/Mayer, § 10 UmwG Rz. 15.1f.
5 *Rieder*, S. 145.
6 *Sagasser/Luke* in Sagasser/Bula/Brünger, § 9 Rz. 243; *Fronhöfer* in Widmann/Mayer, § 10 UmwG Rz. 16.

14 Ungeachtet der Tatsache, dass die Bestellung des Prüfers durch das Gericht erfolgt, besteht keine Leistungsbeziehung zwischen dem bestellten Prüfer und dem Staat[1]. Durch die Annahme der Bestellung entsteht vielmehr ein **werkvertragsähnliches gesetzliches Schuldverhältnis** mit dem oder den beteiligten Rechtsträgern[2]. Die gerichtliche Bestellung soll dem Eindruck der Parteinähe der Prüfer von vornherein entgegenwirken und damit die Akzeptanz der Prüfungsergebnisse erhöhen[3]. Dem stehen unmittelbare Rechtsbeziehungen des Prüfers mit dem Rechtsträger nach der Bestellung aber nicht entgegen. Für einen abweichenden gesetzgeberischen Willen finden sich keinerlei Anhaltspunkte.

d) Fehlerhafte Bestellung

15 Wird der Verschmelzungsprüfer nicht gerichtlich, sondern von dem Vertretungsorgan des Rechtsträgers bestellt, so wird die Verschmelzungsprüfung von einem unzuständigen Prüfer durchgeführt. Die daraus folgende Fehlerhaftigkeit des Prüfungsberichts hat zumindest auf die Wirksamkeit einer **eingetragenen** Verschmelzung keine Auswirkungen (§ 20 Abs. 2 UmwG).

16 Vor der Eintragung der Verschmelzung und vor der Beschlussfassung der Anteilsinhaber kann ein solcher Bericht durch **Nachholung eines gerichtlichen Bestellungsverfahrens** geheilt werden. Für eine derartige Heilungsmöglichkeit besteht ein Bedürfnis, da der ohne gerichtliche Bestellung erstellte Verschmelzungsbericht offensichtlich nicht den gesetzlichen Anforderungen (§ 10 Abs. 1 UmwG) genügt und ein objektiv urteilender Aktionär deshalb der Verschmelzung nicht zustimmen würde. Der aufgrund des Verschmelzungsberichts ergehende Zustimmungsbeschluss wäre anfechtbar (dazu allgemein, § 8 Rz. 54)[4], das Registergericht müsste die Eintragung zurückweisen. Die Zulassung einer Heilung führt in diesem Fall auch nicht dazu, dass die gesetzlichen Anforderungen an Inhalt und Umfang eines Verschmelzungsprüfungsberichts völlig leer laufen würden[5], da die Bestellung des Verschmelzungsprüfers rein formeller Natur ist. Eine Heilung ist freilich nur dann möglich, wenn das Gericht denselben Verschmelzungsprüfer bestellt, der bereits aufgrund der fehlerhaften Bestellung durch das Vertretungsorgan tätig wurde. Dabei wird das Gericht die Frage einer möglichen Befangenheit besonders kritisch prüfen müssen. Hat die Gesellschafterversammlung schon zugestimmt, kommt eine Heilung nicht mehr in Betracht, da der Beschluss auf fehlerhafter Entscheidungsgrundlage gefasst ist und nicht ausgeschlossen werden kann, dass die Anteilsinhaber bei Kenntnis des Problems anders abgestimmt hätten. Das kann durch eine nachträgliche Korrektur des Bestellungsvorgangs nicht aus der Welt geschafft werden[6].

1 Vgl. *Fronhöfer* in Widmann/Mayer, § 10 UmwG Rz. 16.2.
2 *Fronhöfer* in Widmann/Mayer, § 10 UmwG Rz. 16.2; *Rieder*, S. 146, beide unter Verweis auf die h.M. zu § 318 Abs. 4 HGB.
3 Vgl. BT-Drucks. 15/371, 18; zur früheren Fassung vgl. BegrRegE *Ganske*, S. 56.
4 Vgl. auch OLG Karlsruhe v. 29.6.2006 – 7 W 22/06, AG 2007, 92 hält für erforderlich, dass zumindest ein ordnungsgemäß bestellter Prüfer tätig geworden ist.
5 So aber das LG München I v. 5.8.1999 – 5 HKO 11213/99, AG 2000, 87 (88) für inhaltlich unzureichende Verschmelzungsberichte.
6 *W. Müller* in Kallmeyer, § 10 UmwG Rz. 23 Fn. 2 will hingegen auch eine Heilung nach der Beschlussfassung durch die Gesellschafterversammlung zulassen, wenn die Gesellschafterversammlung einen einstimmigen „Bestätigungsbeschluss" fasst.

Von der soeben diskutierten Problematik einer formell unwirksamen Prüferbestellung zu unterscheiden ist die Frage, ob das zuständige Gericht sein **Auswahlermessen** sachgerecht ausgeübt hat. Auch diese Problematik hat in Anfechtungsklagen häufiger eine Rolle gespielt[1]. Richtigerweise sollte man diese Frage gänzlich aus dem Anfechtungsverfahren heraushalten[2]. Denn das Gesetz hat ein Rechtsmittel zugunsten einzelner Anteilsinhaber für den Fall, dass das Gericht „ohne weiteres" den vorgeschlagenen Prüfer bestellt, gerade nicht vorgesehen. Das spricht dagegen, dieselbe Frage mittelbar dadurch rechtsmittelfähig zu machen, dass eine Beschlussanfechtung auf diesen Umstand gestützt werden kann. 17

4. Auswirkungen auf ein nachfolgendes Spruchverfahren

Die Konzentration der Verfahren bei den Landgerichten führt zu dem verfahrensökonomischen Vorteil, dass der Antrag zur gerichtlichen Prüferbestellung jedenfalls in der Regel bei dem Spruchkörper anhängig wird, der auch für ein eventuell nachfolgendes Spruchverfahren zwecks Verbesserung des Umtauschverhältnisses zuständig wäre[3]. Das hat zum einen den Vorteil, dass das betreffende Gericht mit dem Sachverhalt schon in gewissem Umfang vertraut ist, soll aber ausweislich der Gesetzesbegründung auch dazu beitragen, dass die **Einholung eines Obergutachtens**[4] unterbleiben kann und die damit verbundene Verfahrensverzögerung vermieden wird. Diese Äußerung darf nicht dahin missverstanden werden, dass in einem nachfolgenden Spruchverfahren ein Bewertungsgutachten nicht mehr eingeholt werden dürfte oder regelmäßig nicht mehr eingeholt werden müsste[5]. Insofern trifft das SpruchG eine besondere Regelung zur Sachverhaltsaufklärung in §§ 7 Abs. 3, 8 Abs. 2 SpruchG. Danach soll, sofern das nicht in Einzelfall entbehrlich ist, der sachverständige Prüfer, der den Verschmelzungsvertrag geprüft hat, in der mündlichen Verhandlung als sachverständiger Zeuge angehört werden. Diese Form der Sachaufklärung ist gegenüber einer erneuten Begutachtung vorrangig[6]. Ob nach der Anhörung noch Bedarf an einer Beweiserhebung durch erneute Begutachtung besteht, muss das Gericht im Rahmen seiner Beweiswürdigung entscheiden[7]. Eine allgemeine Regel, dass eine solche Beweiserhebung sich auf einzelne, vom Prüfer übersehene Punkte zu beschränken habe, gibt es aber nicht[8]. Vielmehr kann dann, wenn sich der Prüfungsbericht in mehreren Punkten als lücken- oder fehlerhaft herausstellt, durchaus auch die Anordnung einer vollständigen Neube- 18

---

1 Vgl. BGH v. 18.9.2006 – II ZR 225/04, AG 2006, 887 (DSL); OLG Düsseldorf v. 13.1.2006 – I-16 U 137/04, AG 2006, 202; OLG Stuttgart v. 5.11.2003 – 20 W 5/03, AG 2004, 109.

2 So OLG Hamm v. 17.3.2005 – 27 W 3/05, AG 2005, 773; sehr restriktiv auch OLG Karlsruhe v. 29.6.2006 – 7 W 22/06, AG 2007, 92; LG Bonn v. 9.3.2004 – 11 O 35/03, Der Konzern 2004, 491.

3 BegrRegE *Ganske*, S. 57.

4 So etwa *Bungert*, BB 1995, 1399 (1401).

5 So *W. Müller* in Kallmeyer, § 10 UmwG Rz. 2; *Wiesen*, ZGR 1990, 503 (508); zur Spaltung auch *Engelmeyer*, Die Spaltung von Aktiengesellschaften nach dem neuen Umwandlungsrecht, 1995, S. 139.

6 Wie hier auch *Mennicke* in Anh. I, § 8 SpruchG Rz. 7; *Hüffer*, AktG, § 8 SpruchG Rz. 5; zuletzt OLG Düsseldorf v. 12.12.2012 – I-26 W 19/12 (AktE), AG 2013, 226; OLG Frankfurt/M. v. 2.5.2011 – 21 W 3/11, AG 2011, 828; OLG Stuttgart v. 19.1.2011 – 20 W 2/07, AG 2011, 420 (Rz. 72); a.A. *Fritzsche/Dreier/Verfürth*, § 8 SpruchG Rz. 22.

7 OLG Düsseldorf v. 20.11.2001 – 19 W 2/00 AktE, AG 2002, 398 (399); *Gottwald* in Bassenge/Roth, FamFG/RPflG, 12. Aufl. 2009, § 26 FamFG Rz. 16.

8 Zu eng insoweit *Mennicke* in Anh. I, § 8 SpruchG Rz. 7.

wertung erforderlich und geboten sein. In einem solchen Fall dürfte es sich zudem verbieten, gerade denjenigen Prüfer, der die zweifelhafte Erstprüfung vorgenommen hat, zum Sachverständigen zu bestellen[1]. Lässt sich eine hinreichende Sach aufklärung aber dadurch erreichen, dass der ursprüngliche Verschmelzungsprüfer in der mündlichen Verhandlung noch einmal erläutert, zu Einwänden des Antragstellers Stellung nimmt und das Gericht letztlich von der Richtigkeit seiner im Gutachten eingenommenen Position überzeugt, hat es damit sein Bewenden.

5. Rechtsmittel gegen die gerichtliche Entscheidung

19 Gegen die Entscheidung steht den Beteiligten die **Beschwerde** zu, § 10 Abs. 4 Satz 1 UmwG. Am Beschwerdeverfahren beteiligt sind dabei nur die antragstellenden Rechtsträger, nicht aber deren Anteilsinhaber, da die Bestellungsentscheidung nicht, wie es § 59 Abs. 1 FamFG voraussetzt, ein bestimmtes Recht der Anteilsinhaber beeinträchtigt[2]. Die Beschwerde ist binnen eines **Monats** einzulegen (§ 10 Abs. 3 UmwG i.V.m. § 63 Abs. 1 FamFG). Die Frist beginnt jeweils mit der schriftlichen Bekanntgabe des Beschlusses an die Beteiligten (§ 10 Abs. 3 UmwG i.V.m. §§ 15 Abs. 2 Satz 1, 63 Abs. 3 FamFG), sie kann also für verschiedene Beschwerdeberechtigte unterschiedlich laufen. Die Frist endet mit Ablauf des Tages des letzten Monats, welcher durch seine Benennung oder seine Zahl dem Zustellungstag entspricht (§ 10 Abs. 3 UmwG i.V.m. § 16 Abs. 2 FamFG, § 222 Abs. 1 ZPO, §§ 187 Abs. 1, 188 Abs. 2 BGB). Erfolgt die Zustellung also z.B. an einem Donnerstag, so endet die Frist am Mittwoch in einem Monat um 24.00 Uhr). Bei unverschuldeter Fristversäumung ist Wiedereinsetzung in den vorigen Stand möglich (§ 10 Abs. 3 UmwG i.V.m. § 17 Abs. 1 FamFG)[3].

20 Über die Beschwerde entscheidet das **Oberlandesgericht** (§ 119 Abs. 1 Nr. 2 GVG). Die Beschwerde kann nur bei dem Gericht eingelegt werden, dessen Bestellungsentscheidung angefochten wird (§ 10 Abs. 3 UmwG i.V.m. § 64 Abs. 1 FamFG). Dazu bedarf es der Einreichung einer **Beschwerdeschrift**, die durch einen Rechtsanwalt eigenhändig unterzeichnet sein muss (§ 10 Abs. 4 Satz 2 UmwG)[4]. Es genügt die Unterzeichnung durch einen bei einem deutschen Gericht zugelassenen Rechtsanwalt; eine Zulassung bei dem Landgericht, dessen Entscheidung angefochten wird, oder beim Beschwerdegericht ist nicht erforderlich. Der **Anwaltszwang** beschränkt sich auf die Einlegung der Beschwerde. Das weitere Verfahren kann hingegen ohne anwaltliche Mitwirkung betrieben werden.

21 Gem. § 10 Abs. 5 UmwG ist die Landesregierung zur Konzentration der Verfahren bei einem Oberlandesgericht ermächtigt, wenn dies zur Vereinheitlichung der Rechtsprechung dient. Von dieser Möglichkeit Gebrauch gemacht haben **Bayern**[5] (OLG München), **Nordrhein-Westfalen**[6] (OLG Düsseldorf) und **Rheinland-Pfalz**[7] (OLG Zweibrücken).

1 Zu großzügig *Mennicke* in Anh. I, § 8 SpruchG Rz. 10.
2 Vgl. OLG Hamm v. 13.11.1970 – 15 W 280/70, OLGZ 1971, 226; OLG Zweibrücken v. 28.2.1990 – 3 W 183/89, NJW-RR 1990, 672f. = ZIP 1990, 374.
3 Weiterführend *Sternal* in Keidel, 17. Aufl. 2011, § 63 FamFG Rz. 48ff.
4 Vgl. *Meyer-Holz* in Keidel, 17. Aufl. 2011, § 71 FamFG Rz. 21ff.
5 VO v. 11.6.2012, GVBl 2012, S. 295.
6 VO v. 26.11.1996, GVBl. 1996, S. 518.
7 VO v. 19.4.1995, GVBl. 1995, S. 125.

Eine **Rücknahme der Beschwerde** ist bis zur rechtskräftigen Entscheidung jederzeit möglich, § 10 Abs. 3 UmwG i.V.m. § 67 Abs. 4 FamFG. Die (auch formlos mögliche[1]) Rücknahme ist dem Gericht gegenüber zu erklären, bei dem die Beschwerde eingelegt wurde. 22

Das Gericht entscheidet durch einen mit Gründen versehenen **Beschluss** (§ 10 Abs. 3 UmwG i.V.m. § 69 Abs. 2 FamFG), mit dem es entweder die Beschwerde als unzulässig oder unbegründet zurückweisen oder die erstinstanzliche Entscheidung abändern und selbst einen Verschmelzungsprüfer bestellen kann. Da das FamFG keine weitere Beschwerde kennt, wird diese auch nicht mehr ausdrücklich ausgeschlossen. Einen Ausschluss der Rechtsbeschwerde hat der Gesetzgeber nicht vorgesehen, da diese ohnehin nur auf Zulassung erfolgt. 23

Die Divergenzvorlage an den BGH nach § 10 Abs. 6 Satz 2 UmwG a.F. i.V.m. § 28 Abs. 2 und 3 FGG wurde mit Wirkung zum 1.9.2009 durch das FGG-Reformgesetz gestrichen[2]. Als Mittel zur Wahrung der Rechtseinheit ist nur die Rechtsbeschwerde (§§ 70ff. FamFG) vorgesehen. 24

III. Vergütung der Prüfer

Hinsichtlich der Auslagen und für die Vergütung der gerichtlich bestellten Prüfer findet § 318 Abs. 5 HGB Anwendung (§ 10 Abs. 1 Satz 3 UmwG). Danach setzt das Gericht die Auslagen und die Vergütung fest, § 318 Abs. 5 Satz 2 HGB. Das schließt eine vertragliche Vereinbarung zwischen der Gesellschaft und dem gerichtlich bestellten Prüfer über die Vergütung nicht aus, da die Festsetzung nur auf Antrag stattfindet[3]. Zwar will das Gesetz durch die gerichtliche Prüferbestellung den Eindruck von Parteinähe vermindern[4], aber als Mittel dafür ist nur die Bestellung durch eine neutrale Instanz vorgesehen. Regelungen zur Vergütung des Prüfers wurden nicht getroffen. Auch spricht gegen eine gerichtliche Festsetzung der Vergütung die aus den Spruchverfahren bekannte Problematik, dass nur wenige Prüfer bereit sind, für die gesetzliche Vergütung ein Gutachten zeitnah zu erstellen. 25

§ 11
Stellung und Verantwortlichkeit der Verschmelzungsprüfer

1) Für die Auswahl und das Auskunftsrecht der Verschmelzungsprüfer gelten § 319 Abs. 1 bis 4, § 319a Abs. 1, § 319b Abs. 1, § 320 Abs. 1 Satz 2 und Abs. 2 Satz 1 und 2 des Handelsgesetzbuchs entsprechend. Soweit Rechtsträger betroffen sind, für die keine Pflicht zur Prüfung des Jahresabschlusses besteht, gilt Satz 1

1 Vgl. *Bumiller/Harders*, FamFG – Freiwillige Gerichtsbarkeit, 10. Aufl. 2011, § 67 FamFG Rz. 8ff.
2 Vgl. RegE, BT-Drucks. 16/6308, 149.
3 So die ganz h.M. zu § 318 HGB: *Ebke* in MünchKomm. HGB, § 318 HGB Rz. 80; *Förschle/Heinz* in BeckBilKomm., § 318 HGB Rz. 32; *Morck* in Koller/Roth/Morck, 7. Aufl. 2011, § 318 HGB Rz. 6.
4 Vgl. BT-Drucks. 15/371, 18.

entsprechend. Dabei findet § 267 Abs. 1 bis 3 des Handelsgesetzbuchs für die Umschreibung der Größenklassen entsprechende Anwendung. Das Auskunftsrecht besteht gegenüber allen an der Verschmelzung beteiligten Rechtsträgern und gegenüber einem Konzernunternehmen sowie einem abhängigen und einem herrschenden Unternehmen.

(2) Für die Verantwortlichkeit der Verschmelzungsprüfer, ihrer Gehilfen und der bei der Prüfung mitwirkenden gesetzlichen Vertreter einer Prüfungsgesellschaft gilt § 323 des Handelsgesetzbuchs entsprechend. Die Verantwortlichkeit besteht gegenüber den an der Verschmelzung beteiligten Rechtsträgern und deren Anteilsinhabern.

Literatur

Vgl. die Angaben zu § 9.

I. Überblick

1 Die Vorschrift setzt Art. 21 der 3. Richtlinie um. Die Verweisungen hinsichtlich der Auswahl und des Auskunftsrechts der Prüfer in § 11 Abs. 1 Satz 1 UmwG wurden im Jahre 2004 und 2009 redaktionell an die Änderungen des HGB durch das Bilanzrechtsreformgesetz[1] und durch das Bilanzrechtsmodernisierungsgesetz[2] angepasst. Zum Anwendungsbereich s. § 9; zur Genossenschaft beachte die Sondervorschrift des § 81 UmwG.

II. Auswahl des Prüfers

2 Für die Auswahl der Prüfer verweist § 11 Abs. 1 Satz 1 UmwG auf die Vorschriften der §§ 319 Abs. 1–4, 319a Abs. 1, 319b Abs. 1 HGB. Nach § 319 Abs. 1 Satz 1 HGB können zum Prüfer von prüfungspflichtigen Aktiengesellschaften (also solchen, die gemessen an § 267 HGB nicht „kleine" Gesellschaften sind, § 316 HGB) nur Wirtschaftsprüfer oder Wirtschaftsprüfungsgesellschaften bestellt werden. Zum Prüfer von mittelgroßen GmbH können nach § 319 Abs. 1 Satz 2 HGB auch vereidigte Buchprüfer oder Buchprüfungsgesellschaften bestellt werden. Diese Regelung gilt folglich auch für die Verschmelzungsprüfung: Große und mittlere Aktiengesellschaften sowie große GmbH sind durch Wirtschaftsprüfer zu prüfen; für die mittelgroße GmbH genügt der vereidigte Buchprüfer. Die VVaG sind durch § 330 Abs. 3 HGB den großen Kapitalgesellschaften gleichgestellt; sie sind also durch Wirtschaftsprüfer zu prüfen. Kapitalmarkorientierte Kapitalgesellschaften sind wie große Kapitalgesellschaften zu behandeln, § 267 Abs. 3 Satz 2 HGB i.V.m. § 264d HGB.

1 Gesetz v. 4.12.2004, BGBl. I, S. 3166.
2 Gesetz v. 25.5.2009, BGBl. I, S. 1102.

Die Regelung des § 319 HGB gilt gem. § 11 Abs. 1 Satz 2 UmwG **entsprechend** für solche Rechtsträger, für die keine Pflicht zur Prüfung von Jahresabschlüssen besteht. Das sind die so genannten kleinen Kapitalgesellschaften[1] (§ 316 Abs. 1 Satz 1 HGB i.V.m. § 267 HGB) und die Personengesellschaften[2] sowie die Vereine. Nicht ganz deutlich ist, was der Gesetzgeber sich unter einer „entsprechenden" Anwendung des § 319 HGB vorgestellt hat: Anwendung der für die GmbH oder der für die AG geltenden Regeln? Für die kleine GmbH ist die Frage einfach zu beantworten: Da bereits für die mittelgroße Form der vereidigte Buchprüfer ausreicht, gilt dies für die kleine GmbH erst recht. Die AG muss hingegen, sofern sie überhaupt prüfungspflichtig ist, nach der Regelung des § 319 HGB stets von einem Wirtschaftsprüfer geprüft werden. Diese rechtsformbezogene Regelung kann für das Verschmelzungsrecht nicht unberücksichtigt bleiben, zumal die Verschmelzungsprüfung für die AG ebenfalls Pflichtprüfung ist (§ 60 UmwG). Die AG ist daher unabhängig von ihrer Größe stets durch den Wirtschaftsprüfer zu prüfen[3]. Gleiches gilt für die Vereine, die ihrer Struktur nach der AG näher stehen als der im Regelfall personalistisch ausgestalteten GmbH. Demgegenüber stehen die Personengesellschaften ihrer Struktur und ihrer praktischen Erscheinungsform nach der GmbH näher als der AG, so dass auf diese die für die GmbH geltende Regelung anzuwenden ist. Kleine und mittelgroße Personengesellschaften können daher ebenso wie GmbH von vereidigten Buchprüfern, große müssen durch Wirtschaftsprüfer geprüft werden[4]. 3

Hinsichtlich der Bestellung des Verschmelzungsprüfers unterscheidet das Gesetz zwischen allgemeinen und besonderen Ausschlussgründen[5]. Die allgemeinen Ausschlussgründe sind in § 319 Abs. 2–4 HGB sowie § 319b HGB enthalten. Durch den entsprechenden Verweis auf § 319 Abs. 2–4 HGB treten an Stelle von Abschlussprüfer, Abschlussprüfung oder Jahresabschluss der Verschmelzungsprüfer und der Verschmelzungsvertrag mit allen seinen Vorbereitungshandlungen[6]. Liegt in der Person des Verschmelzungsprüfers ein Ausschlussgrund von § 319 Abs. 2–4 HGB vor, so kann derjenige nicht als Verschmelzungsprüfer bestellt werden. Das gilt auch, wenn der Ausschlussgrund (z.B. Anteilsbesitz oder Organmitgliedschaft) nicht in Bezug auf die beauftragende Gesellschaft, sondern in Bezug auf eine andere an der Verschmelzung beteiligte Gesellschaft besteht, da auch in diesem Falle die Unabhängigkeit des Prüfers nicht gewährleistet ist[7]. Kein Ausschlussgrund besteht hingegen, wenn der Prüfer zugleich Abschlussprüfer bei ei- 4

1 Also auch die am Maßstab des § 267 HGB gemessene „kleine" AG.

2 Für die GmbH & Co. KG ordnet der durch das Kapitalgesellschaften- und Co.-Richtlinie-Gesetz v. 24.2.2000, BGBl. I, S. 154 eingefügte § 264a Abs. 1 HGB die Aufstellung und Prüfung des Jahresabschlusses an. Der deutsche Gesetzgeber hat damit die GmbH & Co.-Richtlinie der EG (90/605/EWG, ABl. EG Nr. L 317/60 v. 16.11.1990) umgesetzt. Näher dazu *Eisolt/Verdenhalven*, NZG 2000, 130.

3 A.A. *Engelmeyer*, Die Spaltung von Aktiengesellschaften, 1995, S. 119 zur Spaltungsprüfung; *Mayer* in Widmann/Mayer, § 11 UmwG Rz. 7; *Zeidler* in Semler/Stengel, § 11 UmwG Rz. 3; *Stratz* in Schmitt/Hörtnagl/Stratz, § 11 UmwG Rz. 5; *W. Müller* in Kallmeyer, § 11 UmwG Rz. 2.

4 So auch *W. Müller* in Kallmeyer, § 11 UmwG Rz. 2; *Sagasser/Luke* in Sagasser/Bula/Brünger, § 9 Rz. 248ff.; *Stratz* in Schmitt/Hörtnagl/Stratz, § 11 UmwG Rz. 5ff.

5 Ausführlich dazu *Mayer* in Widmann/Mayer, § 11 UmwG Rz. 11ff.

6 *W. Müller* in Kallmeyer, § 11 UmwG Rz. 5.

7 RegBegr zu § 340b AktG a.F., BT-Drucks. 9/1065, 16.

ner der beteiligten Gesellschaften ist[1]. Das BilMoG erweiterte 2009 den Kreis der Ausschlussgründe mit Einführung des § 319b HGB, des sog. „Netzwerktatbestandes". Danach liegt ebenfalls ein Ausschlussgrund vor, wenn ein Mitglied eines Netzwerks eines Verschmelzungsprüfers einen allgemeinen Ausschlussgrund nach § 319 Abs. 2, Abs. 3 Satz 1 Nr. 1, 2 oder Nr. 4, Abs. 3 Satz 2 oder Abs. 4 HGB erfüllt. Ein Netzwerk liegt nach § 319 Abs. 1 Satz 3 HGB vor, wenn Personen bei ihrer Berufsausübung zur Verfolgung gemeinsamer wirtschaftlicher Interessen für eine gewisse Dauer zusammenwirken. Darunter fallen Gewinn- und Kostenteilung, gemeinsames Eigentum, gemeinsame Kontrolle, gemeinsame Geschäftsführung u.Ä.[2]. Jedoch soll der Netzwerktatbestand dann nicht gelten, wenn der Verschmelzungsprüfer nachweisen kann, dass das Mitglied auf Prüfungsgegenstand (Verschmelzungsvertrag und Umtauschergebnis) und Prüfungsergebnis keinen Einfluss nehmen kann, § 319b Abs. 1 2. Halbsatz HGB. Hingegen ist ein absoluter Ausschlussgrund gegeben, wenn ein Netzwerkmitglied den Tatbestand des § 319 Abs. 3 Satz 1 Nr. 3 oder des § 319a Abs. 1 Satz 1 Nr. 2 oder 3 HGB verwirklicht, § 319b Abs. 1 Satz 2 HGB.

Neben den allgemeinen Ausschlussgründen gelten für kapitalmarktorientierte Rechtsträger i.S.d. § 264d HGB die besonderen Ausschlussgründe des § 319a HGB. Als besonders relevant gilt hier § 319a Abs. 1 Satz 1 Nr. 2 HGB, wenn durch den Prüfer, über die Prüfungstätigkeit hinaus, Rechts- oder Steuerberatungsleistungen erbracht wurden und diese sich auf den Verschmelzungsvertrag unmittelbar und nicht unwesentlich auswirken sowie über das Aufzeigen von Gestaltungsmöglichkeiten hinausgehen.

Gehört der Verschmelzungsprüfer dem Personenkreis des § 319 Abs. 2–4 HGB und §§ 319a Abs. 1, 319b Abs. 1 HGB an, so ist die Verschmelzungsprüfung nichtig. Der Verschmelzungsbeschluss der Anteilsinhaber unterliegt daher der Anfechtung; das Registergericht kann die Anmeldung der Verschmelzung zurückweisen[3]. Wurde die Prüfung dennoch durch einen nach § 319 Abs. 2–4 HGB und §§ 319a Abs. 1, 319b Abs. 1 HGB ausgeschlossenen Prüfer durchgeführt oder befindet sie sich noch in der Durchführung, so hat das Gericht auf Antrag des Vertretungsorgans einen neuen Prüfer zu bestellen[4].

III. Auskunftsrecht

5 Das Auskunftsrecht der Prüfer gegenüber den Gesellschaften bestimmt sich nach § 320 Abs. 1 und 2 HGB. Demnach ist dem Verschmelzungsprüfer zu gestatten, Einsicht in die Bücher und Schriften zu nehmen sowie die Vermögensgegenstände und Schulden zu prüfen (§ 320 Abs. 1 Satz 2 HGB). Des Weiteren kann der Prüfer von den gesetzlichen Vertretern alle Aufklärungen und Nachweise verlangen, die

1 Vgl. Stellungnahme des Rechtsausschusses zum § 340b AktG a.F., BT-Drucks. 9/1785, 23; *Hoffmann-Becking* in FS Fleck, 1988, S. 105 (121); zu beachten ist aber der durch das KonTraG eingefügte § 319 Abs. 3 Nr. 6 HGB.

2 Vgl. BT-Drucks. 16/10067, 90; *W. Müller* in KölnKomm. RechnungslegungsR, 2010, § 319b HGB Rz. 4ff.; *W. Müller* in Kallmeyer, § 11 UmwG Rz. 5.

3 Vgl. *Mayer* in Widmann/Mayer, § 11 UmwG Rz. 22ff.; *Zeidler* in Semler/Stengel, § 11 UmwG Rz. 5.

4 *Mayer* in Widmann/Mayer, § 11 UmwG Rz. 23 m.w.N.; *W. Müller* in Kallmeyer, § 11 UmwG Rz. 8.

für eine sorgfältige Prüfung notwendig sind (§ 320 Abs. 2 Satz 1 HGB). Der Verweis auf § 320 Abs. 2 Satz 2 HGB macht hingegen wenig Sinn, da i.d.R. die Prüfer vor dem Abschluss des Verschmelzungsvertrages bzw. der Aufstellung des Entwurfes noch nicht bestellt worden sind und die Prüfung zu diesem Zeitpunkt auch nicht sinnvoll durchgeführt werden könnte[1].

Das Auskunftsrecht besteht gem. § 11 Abs. 1 Satz 4 UmwG nicht nur gegenüber dem zu prüfenden Rechtsträger, sondern **auch gegenüber den übrigen an der Verschmelzung beteiligten Rechtsträgern** sowie gegenüber einem **Konzernunternehmen** sowie einem abhängigen und einem herrschenden Unternehmen. Die etwas merkwürdig klingende Aufzählung geht auf § 165 AktG 1965 zurück. Sie soll klarstellen, dass zur Erstreckung des Auskunftsrechts entweder ein Beherrschungsverhältnis oder ein Konzernverhältnis nötig ist; andere Formen der Unternehmensverbindung, wie beispielsweise die wechselseitige Beteiligung (§ 19 AktG), genügen hingegen nicht[2]. Erstreckt wird nur das Auskunfts-, nicht das Einsichts- und Prüfungsrecht; jedoch kann der Prüfer neben der Auskunft auch Nachweise verlangen (§ 320 Abs. 2 Satz 1 HGB), was einem konzernweiten Prüfungsrecht zumindest sehr nahe kommt[3]. Die Auskunftspflicht besteht auch für ein ausländisches verbundenes Unternehmen. Lässt sie sich im Ausland nicht durchsetzen, muss der Prüfer versuchen, über das Inlandsunternehmen an die Auskünfte zu kommen; lässt sich auch dies nicht erreichen, ist darauf im Prüfungsbericht hinzuweisen[4]. 6

IV. Verantwortlichkeit der Prüfer

Gem. § 11 Abs. 2 Satz 1 UmwG i.V.m. § 323 Abs. 1 HGB sind die Prüfer, ihre Gehilfen und die bei der Prüfung mitwirkenden gesetzlichen Vertreter einer Prüfungsgesellschaft zur gewissenhaften und unparteiischen Prüfung und zur Verschwiegenheit verpflichtet. Bei der Durchführung der Prüfung sind die dazu bestehenden Standards[5], insbesondere die „Grundsätze zur Durchführung von Unternehmensbewertungen[6]" des IDW zu beachten. Wenn sie ihre Pflichten vorsätzlich oder fahrlässig verletzen, sind sie gem. § 323 Abs. 1 Satz 3 HGB zum **Schadensersatz** verpflichtet. Die Verantwortlichkeit besteht gem. § 11 Abs. 2 Satz 2 UmwG gegenüber allen an der Verschmelzung beteiligten Rechtsträgern – also auch gegenüber denen, die nicht selbst den Prüfungsauftrag erteilt haben[7] – **und deren Anteilsinhabern**, die gerade im Fall einer unrichtigen Feststellung des 7

1 A.A. *Mayer* in Widmann/Mayer, § 11 UmwG Rz. 27.
2 Vgl. *Kropff*, AktG 1965, S. 270.
3 Näher dazu *Ebke* in MünchKomm. HGB, § 320 HGB Rz. 18ff.
4 *Förschle/Heinz* in BeckBilKomm., § 320 HGB Rz. 16; *Ebke* in MünchKomm. HGB, § 320 HGB Rz. 18 m.w.N.
5 Vgl. IDW PS 300, WPg 2001, 898ff.; IDW PS 303, WPg 2003, 680; IDW PS 312, WPg 2001, 903; IDW PS 314, WPg 2001, 906; IDW PS 322, WPg 2002, 689 und WPg 2011 Supplement 1; IDW PS 450, WPg 2009, Supplement 4.
6 IDW S 1 i.d.F. 2008, WPg Supplement 3/2008, 68ff.
7 Vgl. *Sagasser/Luke* in Sagasser/Bula/Brünger, § 9 Rz. 256; *W. Müller* in Kallmeyer, § 11 UmwG Rz. 18.

Umtauschverhältnisses die Hauptgeschädigten sind; insoweit weicht § 11 Abs. 2 UmwG von der engeren Formulierung des § 323 Abs. 1 Satz 3 HGB ab[1].

8 Ganz und gar unverständlich ist, warum es der Gesetzgeber in § 11 Abs. 2 Satz 2 UmwG ebenso wie schon vorher in § 340b Abs. 5 AktG a.F. unterlassen hat, die **verbundenen Unternehmen** mit in den Haftungsbereich einzubeziehen. Zwar ist eine Schlechterfüllung der eigentlichen Prüfungspflicht hier nicht möglich; sehr wohl in Betracht kommt aber eine Verletzung der Verschwiegenheitspflicht im Verhältnis zu dem verbundenen Unternehmen[2]. Das erkennt auch § 323 Abs. 1 Satz 3 HGB ausdrücklich an, indem er verbundenen Unternehmen einen eigenen Schadensersatzanspruch zubilligt, wenn sie durch eine Pflichtverletzung des Prüfers geschädigt werden. Eine Gleichbehandlung der Verschmelzungsprüfung mit dieser Regel hätte umso näher gelegen, als hier ebenso wie bei der Abschlussprüfung nach dem HGB das erweiterte Auskunftsrecht besteht, das es dem Prüfer gerade ermöglicht, geheimhaltungsbedürftige Tatsachen in Mutter- und Tochtergesellschaften des zu prüfenden Unternehmens in Erfahrung zu bringen. Warum das Gesetz daran bei der Abschlussprüfung eine Haftungsfolge knüpft, bei der Verschmelzungsprüfung aber nicht, bleibt das Geheimnis des Gesetzgebers. Die gesetzliche Regelung in § 11 Abs. 2 Satz 2 UmwG ist jedoch eindeutig; eine Korrekturmöglichkeit besteht nicht. Möglich ist lediglich ein Schadensersatzanspruch für den Fall, dass das an der Verschmelzung beteiligte Unternehmen durch den Verschwiegenheitsverstoß gegenüber verbundenen Unternehmen mittelbar einen Eigenschaden erleidet, etwa weil es den dadurch bei einem Tochterunternehmen entstehenden Verlust nach § 302 AktG übernehmen muss. In umgekehrter Richtung, also bei einer Schädigung der Mutter eines zu prüfenden Unternehmens, bleibt der Verstoß hingegen sanktionslos.

9 Gem. § 323 Abs. 2 Satz 1 HGB ist die Haftung für eine fahrlässige Pflichtverletzung auf 1 Mio. Euro **beschränkt**; bei börsennotierten Aktiengesellschaften beträgt die Haftungshöchstgrenze nach § 323 Abs. 2 Satz 2 HGB 4 Mio. Euro. Die Ersatzpflicht kann durch Vertrag weder ausgeschlossen noch eingeschränkt werden (§ 323 Abs. 4 HGB). Die besondere Verjährungsvorschrift in § 323 Abs. 5 HGB wurde zum 1.1.2004 aufgehoben[3]. Stattdessen gilt die regelmäßige Verjährung nach §§ 195 ff. BGB.

§ 12
Prüfungsbericht

(1) Die Verschmelzungsprüfer haben über das Ergebnis der Prüfung schriftlich zu berichten. Der Prüfungsbericht kann auch gemeinsam erstattet werden.

(2) Der Prüfungsbericht ist mit einer Erklärung darüber abzuschließen, ob das vorgeschlagene Umtauschverhältnis der Anteile, gegebenenfalls die Höhe der baren

1 Zu § 323 HGB wird durchgängig angenommen, dass die Gesellschafter der zu prüfenden Gesellschaften Dritte und daher von der Ersatzberechtigung ausgenommen sind, vgl. *Winkeljohann/Feldmüller* in BeckBilKomm., § 323 HGB Rz. 171 m.w.N.

2 Wie hier auch *Claussen/Korth* in KölnKomm. AktG, § 323 HGB Rz. 20.

3 Gesetz v. 1.12.2003, BGBl. I, S. 2446.

Zuzahlung oder die Mitgliedschaft bei dem übernehmenden Rechtsträger als Gegenwert angemessen ist. Dabei ist anzugeben,

1. **nach welchen Methoden das vorgeschlagene Umtauschverhältnis ermittelt worden ist;**
2. **aus welchen Gründen die Anwendung dieser Methoden angemessen ist;**
3. **welches Umtauschverhältnis oder welcher Gegenwert sich bei der Anwendung verschiedener Methoden, sofern mehrere angewandt worden sind, jeweils ergeben würde; zugleich ist darzulegen, welches Gewicht den verschiedenen Methoden bei der Bestimmung des vorgeschlagenen Umtauschverhältnisses oder des Gegenwerts und der ihnen zugrunde liegenden Werte beigemessen worden ist und welche besonderen Schwierigkeiten bei der Bewertung der Rechtsträger aufgetreten sind.**

(3) § 8 Abs. 2 und 3 ist entsprechend anzuwenden.

Literatur

Vgl. die Angaben zu § 9.

I. Überblick

1 Die Vorschrift setzt **Art. 10 der 3. Richtlinie** zusammen mit den §§ 9 und 10 UmwG um. Die Vorschrift entspricht in weiten Teilen dem früheren § 340b Abs. 4 AktG a.F. Eingefügt wurde durch den Verweis auf § 8 Abs. 3 UmwG die Möglichkeit, durch Beschluss der Anteilsinhaber auf den Prüfungsbericht zu verzichten. Zum Anwendungsbereich s. § 9 UmwG.

II. Form

2 Gem. § 12 Abs. 1 Satz 1 UmwG hat **jeder Prüfer** über das Ergebnis seiner Prüfung **schriftlich** zu berichten. Der Bericht kann aber auch **gemeinsam** erstattet werden (§ 12 Abs. 1 Satz 2 UmwG). Die Entscheidung über die gemeinsame Erstattung des Berichts liegt im freien Ermessen der Verschmelzungsprüfer[1]. Sind mehrere Prüfer durch das Gericht bestellt worden, so geben sie den Bericht berufsüblicherweise gemeinsam ab[2].

---

1 Vgl. *Stratz* in Schmitt/Hörtnagl/Stratz, § 12 UmwG Rz. 3; *Zeidler* in Semler/Stengel, § 12 UmwG Rz. 5; *Simon* in KölnKomm. UmwG, § 12 UmwG Rz. 5.

2 Vgl. IDW (Hrsg.), Wirtschaftsprüfer-Handbuch 2008, Band II, D Rz. 64; *Zeidler* in Semler/Stengel, § 12 UmwG Rz. 5; *Priester*, NJW 1983, 1459 (1462).

III. Inhalt des Berichts

3 Aufbau und Inhalt des Berichts sind in § 12 Abs. 2 UmwG nur ganz ansatzweise gesetzlich normiert[1]. Die Einzelheiten müssen daher aus dem Prüfungszweck heraus entwickelt werden. Dementsprechend muss der Bericht Ausführungen darüber enthalten, dass der Verschmelzungsvertrag bzw. dessen Entwurf den gesetzlichen Anforderungen genügt, d.h. **vollständig** und **richtig** ist. Maßstab dafür ist der Katalog des § 5 Abs. 1 UmwG. Eingeschlossen ist damit eine Stellungnahme zu den die Arbeitnehmer betreffenden Fragen nach § 5 Abs. 1 Nr. 9 UmwG; dass es sich dabei eher um Information zugunsten der Arbeitnehmer als um materiellen Vertragsinhalt handelt[2], ändert nichts daran, dass es sich in formeller Hinsicht um einen Bestandteil des Verschmelzungsvertrages handelt, dessen Gesetzmäßigkeit, sprich Vollständigkeit und Richtigkeit, vom Verschmelzungsprüfer zu prüfen ist[3]. Soweit keine Beanstandungen bestehen, bedarf es nur einer kurzen Stellungnahme[4].

4 Weiterhin ist gem. § 12 Abs. 2 Satz 2 Nr. 1 und 2 UmwG anzugeben, **nach welchen Methoden** das vorgeschlagene Umtauschverhältnis ermittelt worden ist und aus welchen Gründen die Anwendung dieser Methode angemessen ist. Soweit nach der Ertragswertmethode ermittelt wurde, wie sie in dem IDW-Standard „Grundsätze zur Durchführung von Unternehmensbewertungen" konkretisiert worden ist[5], genügt es, darauf hinzuweisen[6]. In diesem Fall genügt zur Begründung, warum diese Methode gewählt wurde, die Angabe, dass es sich dabei um die für den Normalfall angemessene und allgemein anerkannte Methode der Unternehmensbewertung handelt. Werden beteiligte Rechtsträger oder Teile von ihnen nach anderen Methoden bewertet, so ist dies im Einzelnen zu begründen. Dies trifft vor allem für dauernd ertraglose Gesellschaften zu: Da die Ertragswertmethode hier zum Wert Null führen würde, sind bei solchen Unternehmen die Liquidationswerte maßgeblich[7].

5 Sofern **verschiedene Methoden angewandt** worden sind, sind gem. § 12 Abs. 2 Satz 2 Nr. 3 UmwG weitere Angaben erforderlich. Es ist anzugeben, welches Umtauschverhältnis oder welcher Gegenwert sich ergeben würde, wenn die einzelne Methode allein angewandt worden wäre und welches Gewicht der einzelnen Methode bei der Berechnung des vorgeschlagenen Umtauschverhältnisses oder Gegenwerts beigemessen worden ist. Fraglich ist dabei, was als eine „Methode" i.S.d. § 12 UmwG anzusehen ist. Soweit teilweise die Ansicht vertreten wird, dass schon unterschiedliche Wertansätze und Ertragsprognosen im Rahmen der Ertragswertmethode eine besondere Methode im Sinne der Vorschrift begründen[8],

---

1 Vgl. aber die Empfehlungen des IDW in WPg 1989, 42 (43); sowie die Mindestgliederung in IDW (Hrsg.), Wirtschaftsprüfer-Handbuch 2008, Band II, D Rz. 65.
2 So *Priester* in Kölner Umwandlungsrechtstage, S. 112f.
3 *Rieder*, S. 154f.
4 *W. Müller* in Kallmeyer, § 12 UmwG Rz. 4; *Stratz* in Schmitt/Hörtnagl/Stratz, § 12 UmwG Rz. 7; *M. Winter* in Kölner Umwandlungsrechtstage, S. 35.
5 IDW S 1 i.d.F. 2008, WPg Supplement 3/2008, 68ff.
6 *Zeidler* in Semler/Stengel, § 12 UmwG Rz. 9; *Stratz* in Schmitt/Hörtnagl/Stratz, § 12 UmwG Rz. 9; *Simon* in KölnKomm. UmwG, § 12 UmwG Rz. 16f.; *Mertens*, AG 1990, 20 (32); *Meyer zu Lösebeck*, WPg 1989, 499 (500); a.A. *Sagasser/Luke* in Sagasser/Bula/Brünger, § 9 Rz. 278f.; *Bayer*, AG 1988, 323 (328); *Dirrigl*, WPg 1989, 452 (456f.).
7 Vgl. *Lutter/Drygala*, AG 1995, 49 (51); *Bayer*, ZIP 1997, 1613 (1617) m.w.N.
8 *Schedlbauer*, WPg 1984, 33 (42); jetzt auch *Zeidler* in Semler/Stengel, § 12 UmwG Rz. 8.

ist dem nicht zu folgen. Eine solche Pflicht zur Alternativrechnung würde den Prüfungsbericht weit überfrachten. Zudem entspräche sie nicht den Intentionen des Gesetzgebers, der bei Einführung des § 340b AktG a.F. Ertragswert- und Substanzwertmethode noch als gleichrangig ansah[1]. Diese Ansicht ist heute überholt. Jedoch haben sich neben den Wirtschaftsprüferverfahren gemäß dem oben erwähnten IDW-Standard andere Bewertungsverfahren innerhalb der Ertragswertmethode herausgebildet. Zu nennen sind dabei insbesondere das Discounted Cash Flow-Verfahren und das Adjusted Present Value Verfahren. Auch diese Vorgehensweisen können für sich beanspruchen, „Methode" i.S.d. § 12 UmwG zu sein, weil sie jeweils ein in sich geschlossenes und rationales System zur Ermittlung des Unternehmenswerts sind[2]. Wenn also derartige verschiedene Ausprägungen des Ertragswertverfahrens zur Anwendung kommen, sind die zusätzlichen Angaben nach § 12 Abs. 2 Satz 2 Nr. 3 UmwG erforderlich. Ein Vergleich der einzelnen Rechenansätze und Prognoseannahmen ist hingegen nicht bezweckt[3], da es sich hierbei nicht um eigenständige Bewertungsmethoden handelt, sondern nur um verschiedene Annahmen innerhalb derselben Methode.

Schließlich ist auf aufgetretene besondere Schwierigkeiten der Unternehmensbewertung besonders hinzuweisen; insoweit gilt im Wesentlichen dasselbe wie bei § 8 UmwG, vgl. § 8 Rz. 29. Eine solche Schwierigkeit der Unternehmensbewertung kann speziell im Fall der Verschmelzungsprüfung aber auch die Unzugänglichkeit von Informationen für den Prüfer sein, so z.B., wenn aus ausländischen Tochtergesellschaften keine oder nur spärliche Auskünfte zu erhalten sind (s. dazu § 11 Rz. 7 m.w.N.). 6

Ob der Prüfungsbericht über diese Punkte hinaus noch weitere Angaben enthalten muss, ist streitig, aber zu verneinen. Ein Teil der Rechtsprechung und der Literatur bejahte dies unter Berufung auf die Geheimhaltungsvorschrift des § 340b Abs. 4 AktG a.F. Diese Ansicht schloss aus der Existenz dieser Vorschrift, dass in den Prüfungsbericht – ähnlich wie in den Verschmelzungsbericht – auch konkrete Zahlen aufzunehmen wären, aus denen sich das Bewertungsergebnis ergibt und deren Nichtveröffentlichung sich im Ausnahmefall aufgrund des in § 340b Abs. 4 AktG a.F. anerkannten Geheimhaltungsinteresses ergeben kann[4]. Dieser Ansicht ist nicht zu folgen. Es ist nicht überzeugend, aus einer Norm, die den Berichtsinhalt begrenzen soll, die Erweiterung des Mindestinhalts entgegen dem Wortlaut von § 340b Abs. 4 AktG (jetzt § 12 UmwG) abzuleiten. Auch inhaltlich ist diese Ansicht unberechtigt: Die von ihr geforderten Planzahlen sind nach ganz überwiegender und auch hier vertretener Ansicht (§ 8 Rz. 25) schon Teil des Verschmelzungsberichts. Die Nachprüfbarkeit für den Anteilsinhaber ist schon von daher 7

1 Vgl. BT-Drucks. 9/1065, 16: „Bewertung aller Vermögensgegenstände und Schulden, (daneben) ... in der Regel auch eine Bewertung der Ertragslage und der Zukunftsaussichten".

2 Zutr. *W. Müller* in Kallmeyer, § 12 UmwG Rz. 7.

3 Wie hier *Stratz* in Schmitt/Hörtnagl/Stratz, § 12 UmwG Rz. 15; IDW (Hrsg.), Wirtschaftsprüfer-Handbuch 2008, Band II, S. 310; *Mayer* in Widmann/Mayer, § 12 UmwG Rz. 24.

4 OLG Karlsruhe v. 30.6.1989 – 15 U 76/88, AG 1990, 35 (37f.) = WM 1989, 1134 (1139); *Bayer*, AG 1988, 323 (328); *Bayer*, WM 1989, 121 (123); *Dirrigl*, WPg 1989, 413 (418f.); differenzierend: *W. Müller* in Kallmeyer, § 12 UmwG Rz. 6 m.w.N.

gesichert, ohne dass es einer nochmaligen Aufnahme in den Bericht des Verschmelzungsprüfers bedarf[1].

8 Abzuschließen ist der Bericht mit einer Erklärung darüber, ob das Umtauschverhältnis der Anteile, gegebenenfalls die Höhe der baren Zuzahlung oder die Mitgliedschaft bei dem übernehmenden Rechtsträger als Gegenwert **angemessen** ist (§ 12 Abs. 2 Satz 1 UmwG). Am Schluss des Prüferberichts steht daher zwingend das so genannte Testat[2].

IV. Einsicht und Auskunft der Anteilsinhaber

9 Der Prüfungsbericht ist auszulegen. Die Anteilsinhaber haben also ein Einsichtsrecht und einen Auskunftsanspruch in der Hauptversammlung, insbesondere hinsichtlich des Umtauschverhältnisses und der Angemessenheit der Barabfindung[3]. Das gilt trotz Verlegung des Streits ins Spruchstellenverfahren, da die Hauptversammlung über den Vertrag und mithin auch dessen Konditionen beschließt. Das Auskunftsrecht der Anteilseigner ergibt sich unmittelbar aus § 12 UmwG sowie aus § 131 AktG. Eine Verletzung der Vorlage- und Auskunftspflicht macht den Umwandlungsbeschluss anfechtbar.

V. Geheimhaltungsinteresse

10 § 12 Abs. 3 UmwG verweist u.a. auf die Regelung des § 8 Abs. 2 UmwG, der das Geheimhaltungsinteresse der betroffenen Gesellschaften festschreibt. Vgl. dazu die Erläuterung bei § 8 Rz. 45. Die Prüfer müssen die Frage der Geheimhaltungsbedürftigkeit bestimmter Tatsachen aufgrund ihres eigenen pflichtgemäßen Ermessens beantworten[4]. An die diesbezügliche Entscheidung der Verwaltungsorgane sind sie nicht gebunden[5]. Der Prüfer haftet für die Vertretbarkeit der von ihm getroffenen Ermessensentscheidung im Rahmen der § 11 Abs. 2 UmwG, § 323 HGB. Mit Hinblick darauf sollte der Prüfer nur dann von der Einschätzung der Organe abweichen, wenn deutliche Anhaltspunkte dafür vorliegen, dass deren Einschätzung der Geheimhaltungsbedürftigkeit fehlerhaft war[6].

---

1 OLG Hamm v. 20.6.1988 – 8 U 329/87, WM 1988, 1164 (1168); LG Mannheim v. 3.3.1988 – 24 O 75/87, WM 1988, 775 (780 f.); LG Frankfurt/M. v. 29.1.1990 – 3/1 O 109/89, WM 1990, 592 (594); *Stratz* in Schmitt/Hörtnagl/Stratz, § 12 UmwG Rz. 17 ff.; *Mayer* in Widmann/Mayer, § 12 UmwG Rz. 14; *Hüffer*, § 293e AktG Rz. 6 m.w.N.; *Hoffmann-Becking* in FS Fleck, 1988, S. 105 (123); *H.-J. Mertens*, AG 1990, 20 (32); *Priester*, ZGR 1990, 420 (431); *Sagasser/Luke* in Sagasser/Bula/Brünger, § 9 Rz. 283.

2 S. *Mayer* in Widmann/Mayer, § 12 UmwG Rz. 26.

3 So auch LG Heidelberg v. 7.8.1996 – O 4/96 KfH II, AG 1996, 523 = DB 1996, 1768 (1769); *Bayer*, ZIP 1997, 1613 (1622); a.A. LG Berlin v. 26.2.1997 – 99 O 178/96, ZIP 1997, 1065 (1066); *Kiem*, EWIR 1997, 421 f.

4 Wie jede Form der Ermessensausübung ist natürlich auch diese in eindeutigen Fällen einer Ermessensreduktion auf Null zugänglich. Die Kritik von *W. Müller* in Kallmeyer, § 12 UmwG Rz. 12 an der Einräumung eines Ermessens geht daher ins Leere.

5 *Mayer* in Widmann/Mayer, § 12 UmwG Rz. 29; *Stratz* in Schmitt/Hörtnagl/Stratz, § 12 UmwG Rz. 24; *Zeidler* in Semler/Stengel, § 12 UmwG Rz. 12.

6 Ähnlich auch IDW (Hrsg.), Wirtschaftsprüfer-Handbuch 2008, Band II, S. 312.

VI. Verzichtsmöglichkeiten

§ 12 Abs. 3 UmwG verweist auf die Regelung des § 8 Abs. 3 UmwG. Demnach bedarf es keines Berichts, wenn sich alle Anteile in der Hand des übernehmenden Rechtsträgers befinden oder wenn alle Anteilsinhaber aller beteiligten Rechtsträger auf seine Erstattung in notariell beglaubigter Form verzichten. 11

Die 1. Alt. dürfte keine eigenständige Bedeutung haben, da in diesem Fall schon gar keine Prüfung erfolgt (§ 9 Abs. 2 UmwG). Die 2. Alt. soll der Möglichkeit Rechnung tragen, dass die Anteilsinhaber nach Durchführung der Prüfung auf Grund einer mündlichen Erörterung mit dem Prüfer das Ergebnis billigen und den häufig kostenaufwendigen Bericht nicht mehr für erforderlich halten[1]. Diese sinnvolle Möglichkeit wird allerdings dadurch beeinträchtigt, dass in einem solchen Fall nach § 8 Abs. 3 Satz 2 UmwG die notarielle Beglaubigung der Verzichtserklärung aller Anteilsinhaber erforderlich wird, was wiederum Kosten verursacht. 12

Die Regelung des § 12 Abs. 3 UmwG ist jedoch nicht die einzige Möglichkeit, die Prüfung einvernehmlich vorzeitig zu beenden. Praktische Bedeutung hat die Verzichtsmöglichkeit hier wie auch bei § 8 Abs. 3 UmwG nur in den personalistisch strukturierten Gesellschaften. Bei diesen ist die Verschmelzungsprüfung aber oft nur auf Verlangen eines Anteilsinhabers erforderlich (§§ 44, 48 UmwG). Nichts zwingt in einem solchen Fall den Anteilsinhaber, auf dessen Initiative die Prüfung zurückgeht, an seinem Verlangen bis zum Ende der Prüfung festzuhalten. Er kann sein **Prüfungsverlangen jederzeit zurückziehen** und damit die Prüfung überflüssig machen[2]. Diese Möglichkeit hat er selbstverständlich auch noch, nachdem der Verschmelzungsprüfer sein Prüfergebnis mündlich erläutert hat. Sind die anfänglichen Bedenken des betreffenden Anteilsinhabers gegen die Verschmelzung, die für sein Prüfungsverlangen ursächlich waren, damit ausgeräumt, spricht nichts dagegen, jetzt das Prüfungsverlangen zurückzuziehen. Diese Erklärung ist formlos und ohne Mitwirkung der übrigen Anteilsinhaber gültig und daher gegenüber einem Verzicht nach § 12 Abs. 3 UmwG der günstigere Weg. 13

VII. Rechtsfolgen

Keine unmittelbare Rechtsfolge hat es, wenn der Verschmelzungsprüfer das Testat nicht oder nur eingeschränkt erteilt[3]. Bei einer Testatsverweigerung ist es jedoch mehr als fraglich, ob die Versammlung der Anteilseigner der Verschmelzung zustimmen wird. Tut sie es mit der erforderlichen $^3/_4$-Mehrheit doch, liegt der Gedanke eines Mehrheitsmissbrauchs[4] für die Minderheit nahe (Rechtsfolge: Anfechtbarkeit, bei Personengesellschaften Nichtigkeit). Wird das Testat verweigert, weil das Umtauschverhältnis unangemessen ist, fragt sich allerdings, ob der Anfechtungsausschluss nach § 14 Abs. 2 UmwG eingreift, so dass die Minderheit auf das Spruchverfahren verwiesen wäre. Das wird zum Recht des Squeeze-out teil- 14

1 BegrRegE *Ganske*, S. 60.
2 A.A. *Müller* in Kallmeyer, § 12 UmwG Rz. 17.
3 *Stratz* in Schmitt/Hörtnagl/Stratz, § 12 UmwG Rz. 29.
4 Dazu *Zöllner* in KölnKomm. AktG, 1. Aufl., § 243 AktG Rz. 189ff.; *Hüffer* in MünchKomm. AktG, § 243 AktG Rz. 40ff.; wie hier auch *Rieder*, S. 156f. sowie *Simon* in KölnKomm. UmwG, § 12 UmwG Rz. 30.

weise angenommen[1]. Demgegenüber vertritt das OLG Bremen[2] dazu die Ansicht, dass dann, wenn der Prüfer die Angemessenheit der angebotenen Abfindung ausdrücklich verneint habe, der Anfechtungsausschluss wegen fehlerhafter Anteilsbewertung (§ 327f AktG) nicht gelte, weil ohne ein positives Votum des Sachverständigen nicht sichergestellt sei, dass die ausgeschlossenen Aktionäre den nach Art. 14 GG geschuldeten Gegenwert für ihre Anteile erhielten. Angesichts der Tatsache, dass das BVerfG Umwandlung und Squeeze-out in Bezug auf Art. 14 GG im Wesentlichen gleichbehandelt[3], ist diese Ansicht auch für das UmwG relevant. Angesichts des hohen Stellenwerts, den das BVerfG dem Schutz der Minderheit nach Art. 14 GG beimisst, ist der Ansicht des OLG Bremen zu folgen. § 14 Abs. 2 UmwG steht bei einer Verschmelzung entgegen dem Bewertungsurteil des Verschmelzungsprüfers einer Anfechtung nicht entgegen.

15 Demgegenüber kann sich ein fehlender oder nicht ordnungsgemäßer (d.h. erheblich unrichtiger oder unvollständiger) Prüfungsbericht auf den zustimmenden Beschluss der Anteilseigner auswirken und dessen Anfechtbarkeit begründen. Voraussetzung dafür ist, dass die Anteilseigner in Kenntnis der wahren Sachlage der Verschmelzung nicht zugestimmt hätten[4]. Der einschränkenden Auffassung des OLG Karlsruhe, das eine Anfechtbarkeit verneint, sofern der Bericht nur überhaupt Angaben zum Unternehmenswert enthält[5], ist nicht zu folgen. Diese Auffassung ist nur vor dem Hintergrund der rechtsmissbräuchlichen Anfechtungsklagen zu erklären und verkennt, dass jedenfalls schwerwiegende inhaltliche Mängel des Berichts nach der Relevanztheorie[6] auf den Beschluss durchschlagen müssen. Rechtsfolge ist bei Beschlüssen von Kapitalgesellschaften Anfechtbarkeit, bei Personengesellschaften Nichtigkeit des Beschlusses.

§ 13
Beschlüsse über den Verschmelzungsvertrag

(1) Der Verschmelzungsvertrag wird nur wirksam, wenn die Anteilsinhaber der beteiligten Rechtsträger ihm durch Beschluss (Verschmelzungsbeschluss) zustimmen. Der Beschluss kann nur in einer Versammlung der Anteilsinhaber gefasst werden.

---

1 *Grunewald* in MünchKomm. AktG, § 327c AktG Rz. 15; undeutlich BGH v. 25.7.2005 – II ZR 327/03, NZG 2006, 117 = AG 2005, 921; BVerfG v. 30.5.2007 – I BvR 390/04, NJW 2007, 3268.
2 OLG Bremen v. 16.8.2012 – 2 U 51/12, ZIP 2013, 460.
3 BVerfG v. 26.4.2011 – 1 BvR 2658/10, NJW 2011, 2497 = AG 2011, 511; BVerfG v. 24.5. 2012 – 1 BvR 3221/10, ZIP 2012, 1656 = AG 2012, 674.
4 Es gelten dieselben Regeln wie beim fehlerhaften Verschmelzungsbericht. Vgl. OLG Karlsruhe v. 30.6.1989 – 15 U 76/88, WM 1989, 1134 (1140); *Stratz* in Schmitt/Hörtnagl/Stratz, § 12 UmwG Rz. 31; *H.-J. Mertens*, AG 1990, 20 (32); *Zeidler* in Semler/Stengel, § 12 UmwG Rz. 3; *Rieder*, S. 157f.
5 OLG Karlsruhe v. 29.6.2006 – 7 W 22/06, AG 2007, 92.
6 BGH v. 22.5.1989 – II ZR 206/88, BGHZ 107, 296 (307); OLG Karlsruhe v. 30.6.1989 – 15 U 76/88, WM 1989, 1134 (1140); LG Essen v. 8.2.1999 – 44 O 249/98, AG 1999, 329 (331); *Stratz* in Schmitt/Hörtnagl/Stratz, § 8 UmwG Rz. 41 ff.; *Gehling* in Semler/Stengel, § 8 UmwG Rz. 77.

(2) Ist die Abtretung der Anteile eines übertragenden Rechtsträgers von der Genehmigung bestimmter einzelner Anteilsinhaber abhängig, so bedarf der Verschmelzungsbeschluss dieses Rechtsträgers zu seiner Wirksamkeit ihrer Zustimmung.

(3) Der Verschmelzungsbeschluss und die nach diesem Gesetz erforderlichen Zustimmungserklärungen einzelner Anteilsinhaber einschließlich der erforderlichen Zustimmungserklärungen nicht erschienener Anteilsinhaber müssen notariell beurkundet werden. Der Vertrag oder sein Entwurf ist dem Beschluss als Anlage beizufügen. Auf Verlangen hat der Rechtsträger jedem Anteilsinhaber auf dessen Kosten unverzüglich eine Abschrift des Vertrags oder seines Entwurfs und der Niederschrift des Beschlusses zu erteilen.

Literatur

Austmann/Frost, Vorwirkungen von Verschmelzungen, ZHR 169 (2005), 431; *Binnewies*, Formelle und materielle Voraussetzungen von Umwandlungsbeschlüssen, GmbHR 1997, 727; *Bork*, Beschlussverfahren und Beschlusskontrolle, ZGR 1993, 343; *Bungert*, Hauptversammlungen deutscher Aktiengesellschaften und Auslandsbezug, AG 1995, 26; *Erkens/Lakenberg*, Das Dritte Gesetz zur Änderung des Umwandlungsgesetzes, Der Konzern 2011, 392; *Feddersen/Kiem*, Die Ausgliederung zwischen „Holzmüller" und neuem Umwandlungsrecht, ZIP 1994, 1078; *Grunewald*, Rückverlagerung von Entscheidungskompetenzen der Hauptversammlung auf den Vorstand, AG 1990, 133; *Grunewald/M. Winter*, Die Verschmelzung von Kapitalgesellschaften, in Lutter, Kölner Umwandlungsrechtstage, 1995, S. 19; *Heckschen*, Verschmelzung von Kapitalgesellschaften, 1989; *Hofmann/Krolop*, Rückverschmelzung nach Börsengang, AG 2005, 866; *Hommelhoff*, Minderheitenschutz bei Umstrukturierungen, ZGR 1993, 452; *Hommelhoff*, Zur Kontrolle strukturändernder Gesellschafterbeschlüsse, ZGR 1990, 447; *Hommelhoff*, Ungleiche Devestion – Bemerkungen zu einem verschmelzungsrechtlichen Freigabebeschluss, AG 2012, 194; *Hügel*, Verschmelzung und Einbringung, 1994; *Joussen*, Der Auskunftsanspruch des Aktionärs, AG 2000, 241; *Kallmeyer*, Die Auswirkungen des neuen Umwandlungsrechts auf die mittelständische GmbH, GmbHR 1993, 461; *Kersting*, Das Auskunftsrecht des Aktionärs bei elektronischer Teilnahme an der Hauptversammlung (§§ 118, 131 AktG), NZG 2010, 130; *Möller*, Der aktienrechtliche Verschmelzungsbeschluss, 1991; *Neumann/Siebmann*, Aktuelle Fragestellungen im aktien- und umwandlungsrechtlichen Freigabeverfahren, DB 2006, 435; *Noack*, Briefwahl und Online-Teilnahme an der Hauptversammlung: der neue § 118 AktG, WM 2009, 2289; *Paschos*, Die Zulässigkeit von Vereinbarungen über künftige Leitungsmaßnahmen des Vorstands, NZG 2012, 1142; *Priester*, Strukturänderungen – Beschlussvorbereitung und Beschlussfassung, ZGR 1990, 420; *Rieder*, Minderheitenschutz bei Verschmelzungen unter Beteiligung von Kapitalgesellschaften, 2012; *Ross*, Materielle Kontrolle des Verschmelzungsbeschlusses bei der Verschmelzung von Aktiengesellschaften, 1997; *H. Schmidt*, Verschmelzung von Personengesellschaften, in Lutter, Kölner Umwandlungsrechtstage, S. 59; *Schöne/Arens*, Die Erosion des umwandlungsrechtlichen Versammlungszwangs durch das Europäische Gesellschaftsrecht, WM 2012, 381; *Stephanblome*, Gestaltungsmöglichkeiten beim verschmelzungsrechtlichen Squeeze-out, AG 2012, 814; *Streck/Mack/Schwedhelm*, Die Spaltung der GmbH nach dem neuen Umwandlungsrecht, GmbHR 1995, 7, 161; *Wiedemann*, Minderheitsrechte ernst genommen, ZGR 1999, 857; *Wälzholz*, Nebenleistungspflichten beim aufnehmenden Rechtsträger als Verschmelzungshindernis, DStR 2006, 236.

I. Überblick

1. Allgemeines

1 **§ 13 Abs. 1 UmwG** entspricht dem vor 1994 geltenden Recht, soweit dieses eine Verschmelzungsmöglichkeit vorsah. Der Grundsatz, dass die Verschmelzung eines ausdrücklichen Beschlusses durch die Anteilsinhaber in einer Versammlung bedarf, wird durch § 13 Abs. 1 UmwG auf die übrigen beteiligungsfähigen Rechtsträger ausgedehnt. Insofern folgt das Gesetz seinem rechtsformübergreifenden Ansatz. **§ 13 Abs. 2 UmwG** normiert den allgemeinen Rechtsgedanken, dass in Sonderrechte eines Anteilsinhabers nicht ohne dessen Zustimmung eingegriffen werden darf (§ 35 BGB), noch einmal ausdrücklich für das Umwandlungsrecht. Durch **§ 13 Abs. 3 Satz 1 UmwG** wird die notarielle Beurkundungspflicht auf alle Formen beteiligter Rechtsträger einer Verschmelzung erweitert[1]. Auch die Beifügung des Vertrags zum Beschluss als Anlage (§ 13 Abs. 3 Satz 2 UmwG) gilt unabhängig von der Rechtsform der beteiligten Rechtsträger. Die Vorschrift beruht auf **Artt. 7 und 25 der 3. Richtlinie** (Text unten Anh. III, S. 3451 ff.).

2. Anwendungsbereich

2 Die Vorschrift findet **mit wenigen Ausnahmen bei allen Verschmelzungsformen** Anwendung, die nach dem UmwG möglich sind. Eine Ausnahme bildet § 62 UmwG: Wenn sich mindestens neun Zehntel des Stammkapitals oder des Grund-

1 Die notarielle Beurkundung war nach dem vor 1994 geltenden Recht nicht erforderlich bei Beschlüssen der Generalversammlung einer Genossenschaft, einer Mitgliederversammlung wirtschaftlicher Vereine und einer Mitgliederversammlung genossenschaftlicher Prüfungsverbände.

kapitals einer übertragenden Kapitalgesellschaft in der Hand einer übernehmenden AG befinden, so ist gem. § 62 Abs. 1 Satz 1 UmwG ein Verschmelzungsbeschluss der übernehmenden AG nicht erforderlich. Hinzugekommen ist durch das 3. Gesetz zur Änderung des UmwG[1] die beschlusslose Verschmelzung in der 100%igen Tochtergesellschaft, § 62 Abs. 4 UmwG[2]. Für die GmbH als Übernehmerin gilt die Erleichterung nach § 62 Abs. 1 UmwG nicht, wohl aber kann eine GmbH nach § 62 Abs. 4 UmwG beschlusslos auf eine Aktiengesellschaft als Alleingesellschafter verschmolzen werden. Problematisch ist in den Fällen des § 62 UmwG die Berechnung von Fristen, die an die Beschlussfassung anknüpfen[3]. Vgl. im Übrigen die Kommentierung zu § 62 UmwG.

Bei der **Spaltung** und der **Vermögensübertragung** findet § 13 UmwG gem. §§ 125, 176 ff. UmwG entsprechende Anwendung. Für den **Formwechsel** ist der Beschluss hingegen in § 193 UmwG eigenständig, aber sachlich weitgehend mit § 13 UmwG übereinstimmend geregelt. 3

3. Normzweck

Die Norm dient dem **Schutz der Anteilsinhaber**. Die Verschmelzung stellt für alle beteiligten Rechtsträger, sowohl für die übernehmende als auch für die übertragende Gesellschaft, eine Grundlagenentscheidung von erheblicher Tragweite dar. Eine solche Entscheidung kann nicht von den Vertretungsorganen, sondern ausschließlich von den Anteilsinhabern getroffen werden. Aus diesem Grunde scheidet auch eine satzungsmäßige Übertragung der Zuständigkeit auf andere Organe (z.B. Beirat) aus[4]. Die Entscheidung kann auch nicht von der Mitwirkung solcher weiteren Organe abhängig gemacht werden; erforderlich ist die alleinige Entscheidung der Anteilsinhaber (§ 65 Rz. 4 zur AG)[5]. Die Individualrechte einzelner Anteilsinhaber werden dabei durch das gesonderte Zustimmungserfordernis nach § 13 Abs. 2 UmwG noch einmal besonders geschützt[6]. 4

II. Vorbereitung des Beschlusses

Die Vorbereitung der Anteilseignerversammlung, die über die Verschmelzung beschließt, ist im UmwG nur ansatzweise geregelt. Die vorhandenen Regelungen sind rechtsformabhängig und betreffen vor allem die Frage, wie die erforderlichen **Unterlagen**, insbesondere Verschmelzungsbericht und Prüfungsbericht, den Anteilsinhabern **zugänglich zu machen** sind (vgl. §§ 42, 47, 49, 61, 63, 82, 101 UmwG sowie die Erläuterungen dazu). Nach den allgemeinen Regeln (Gesetz, Satzung, Vertrag) beurteilen sich die **Ladung** der Anteilseigner, ihre Form und die Frist der Ladung sowie insbesondere die Anforderungen an die **Tagesordnung**. 5

---

1 BGBl. I 2011, S. 1338.
2 Näher dazu *Erkens/Lakenberg*, Der Konzern 2011, 392 m.w.N.
3 Näher *Kraft/Redenius-Hövermann*, ZIP 2013, 961 ff.
4 *Limmer*, Unternehmensumwandlung, S. 84; *Heckschen* in Widmann/Mayer, § 13 UmwG Rz. 42, allgemeine Meinung.
5 *Bayer* in Lutter/Hommelhoff, § 53 GmbHG Rz. 7 zur GmbH; *Lehnhoff* in Lang/Weidmüller, GenG, § 13 UmwG Rz. 2 zur eG.
6 Vgl. *Stratz* in Schmitt/Hörtnagl/Stratz, § 13 UmwG Rz. 60 ff.; *Zimmermann* in Kallmeyer, § 13 UmwG Rz. 1 und 22 ff.

Sieht die gesetzliche oder statutarische Ordnung des betreffenden Rechtsträgers qualifizierte Voraussetzungen für die Ladung zu einer Versammlung vor, die über eine **Satzungsänderung** beschließen soll, so gelten diese Voraussetzungen im Zweifel auch für die Verschmelzung, die zwar nicht Satzungsänderung ist, aber jedenfalls für den übertragenden Rechtsträger zu denselben Folgen führt: Es gilt nunmehr die Satzung des aufnehmenden Rechtsträgers, dadurch tritt eine Änderung der für den betroffenen Gesellschafter geltenden Verbandsverfassung ein (§ 65 Rz. 6)[1]. Daher ist ebenso wie bei einer Satzungsänderung der Text des vorgeschlagenen Beschlusses in der Tagesordnung wörtlich wiederzugeben (bei der AG vgl. § 124 Abs. 2 Satz 2 AktG) bzw. sinngemäß zu umschreiben (bei der GmbH)[2]. Im Übrigen ist die Tagesordnung so zu fassen, dass eine angemessene Vorbereitung auf die Beschlussfassung ermöglicht und eine Überrumpelung vermieden wird[3]. Soweit es bei der Abfassung der Tagesordnung um die Bekanntgabe von Informationen geht, die nach §§ 42, 47, 63 UmwG zuzusenden, auszulegen oder im Internet bekannt zu machen[4] sind, kann davon ausgegangen werden, dass die im UmwG getroffene Regelung eine ausreichende Vorbereitung ermöglicht und zusätzliche Informationen in der Tagesordnung entbehrlich sind. Daher ist etwa bei einer Mischverschmelzung die Angabe der Satzung des übernehmenden Rechtsträgers in der Tagesordnung nicht erforderlich, da die künftig geltende Satzung zum notwendigen Inhalt des Verschmelzungsberichts gehört (§ 8 Rz. 40), der wiederum den Anteilsinhabern gem. §§ 42, 47, 63 UmwG zugänglich gemacht wird[5].

6 Auch für die Verschmelzung gelten die Grundsätze der **Vollversammlung**. Sind alle Anteilsinhaber erschienen und hat niemand der Beschlussfassung widersprochen, so kann der Verschmelzungsbeschluss unter Verzicht auf Formen und Fristen der Einberufung gefasst werden. Im Fall einer einstimmigen Beschlussfassung ist die sofortige Anmeldung zum Handelsregister möglich, da niemand anfechtungsbefugt ist und der von § 16 Abs. 2 Satz 2 UmwG verlangte **Klageverzicht** stillschweigend voraussetzt, dass überhaupt ein Anfechtungsrecht besteht (§ 16 Rz. 12)[6]. Eine ausdrückliche Verzichtserklärung kann das Eintragungsverfahren aber erleichtern und ist daher aus Vorsichtsgründen zu empfehlen[7].

---

1 *Sagasser/Luke* in Sagasser/Bula/Brünger, § 9 Rz. 297; *M. Winter* in Kölner Umwandlungsrechtstage, S. 37; *Heckschen*, S. 29; *Diekmann* in Semler/Stengel, § 65 UmwG Rz. 14; *Rieger* in Widmann/Mayer, § 65 UmwG Rz. 10.

2 *Bayer* in Lutter/Hommelhoff, § 51 GmbHG Rz. 26.

3 Allg. M., RG v. 13.11.1914 – III 235/14, RGZ 86, 22; BGH v. 23.5.1960 – II ZR 89/58, WM 1960, 761; BGH v. 14.12.1961 – II ZR 195/60, BB 1962, 110; BGH v. 25.11.2002 – II ZR 49/01, BGHZ 153, 32 (36) = AG 2003, 319; LG München I v. 24.8.2006 – 5 HK O 1558/06, AG 2007, 336 (337); *Hüffer*, § 124 AktG Rz. 1; *M. Winter* in Kölner Umwandlungsrechtstage, S. 36.

4 Durch das ARUG (Gesetz zur Umsetzung der Aktionärsrechterichtlinie v. 30.7.2009, BGBl. I, S. 2479) wurde erstmals für die AG eine Internet-Publikation mit befreiender Wirkung in §§ 62 Abs. 3, 63 Abs. 4 UmwG eingeführt; näher dazu *Rieder*, S. 167f.

5 Zu weitgehend daher LG Hanau v. 2.11.1995 – 5 O 149/95, DB 1995, 2515f., dessen Ansicht aber offenbar aus Vorsichtsgründen gleichwohl gefolgt wird, so *Stratz* in Schmitt/Hörtnagl/Stratz, § 63 UmwG Rz. 2.

6 LG Dresden v. 14.11.1996 – 45 T 60/96, GmbHR 1997, 175; *Schwanna* in Semler/Stengel, § 16 UmwG Rz. 19f.; *Fronhöfer* in Widmann/Mayer, § 16 UmwG Rz. 91, a.A. 3. Aufl.

7 Wie hier auch *Schwanna* in Semler/Stengel, § 16 UmwG Rz. 20.

III. Formale Anforderungen

7 Die Förmlichkeiten des Beschlusses und der Versammlung der Anteilsinhaber sind in § 13 UmwG nur ansatzweise geregelt. Abgesehen von den nachfolgenden Besonderheiten gelten daher die Regeln, die das Recht des betreffenden Rechtsträgers für die Abhaltung von Gesellschafterversammlungen und die Beschlussfassung aufstellt.

1. Zeitpunkt des Beschlusses

8 Der Beschluss kann entweder vor dem Vertragsschluss als vorherige Einwilligung oder auch als nachträgliche Genehmigung gefasst werden[1]. Denn in § 4 Abs. 2 UmwG ist die Möglichkeit der Beschlussfassung zu einem bloßen Vertragsentwurf ausdrücklich geregelt. Zudem sieht § 13 Abs. 3 Satz 2 UmwG vor, dass dem Beschluss der Vertrag oder der Entwurf beizufügen ist. Ebenso ist auch keine Reihenfolge in Hinblick darauf vorgeschrieben, ob der übernehmende oder der übertragende Rechtsträger den Beschluss zuerst zu fassen hat[2]. Der Vertrag wird erst wirksam, wenn er durch Beschluss der Anteilseigner aller beteiligten Rechtsträger angenommen ist. Bis dahin ist er schwebend unwirksam[3].

2. Versammlungszwang

9 Gem. § 13 Abs. 1 Satz 2 UmwG kann der Beschluss nur in der Versammlung der Anteilsinhaber gefasst werden. Damit hat sich die (früher streitige) Frage erledigt, ob stattdessen die Durchführung eines **schriftlichen Beschlussverfahrens** (§ 48 Abs. 2 GmbHG) ausreichend ist[4]. Der Beschluss ist daher stets und unabhängig von der Rechtsform der beteiligten Rechtsträger in einer **Versammlung der Anteilsinhaber** zu fassen. Stellvertretung ist zulässig; die Form der Vollmacht bestimmt sich nach den für den betreffenden Rechtsträger geltenden Bestimmungen (z.B. § 47 Abs. 3 GmbHG, § 134 Abs. 3 AktG)[5]. Von diesen Bestimmungen hängt auch ab, ob vollmachtlose Vertretung mit der Möglichkeit der nachträglichen Ge-

---

1 *Stratz* in Schmitt/Hörtnagl/Stratz, § 13 UmwG Rz. 17; *Heckschen*, S. 31; *Gehling* in Semler/Stengel, § 13 UmwG Rz. 11, allgemeine Meinung; gegen die Differenzierung zwischen Einwilligung und Genehmigung, aber in der Sache übereinstimmend *Simon* in KölnKomm. UmwG, § 4 UmwG Rz. 7.

2 *Heckschen* in Widmann/Mayer, § 13 UmwG Rz. 68; *Zimmermann* in Kallmeyer, § 13 UmwG Rz. 8.

3 Vgl. *Gehling* in Semler/Stengel, § 13 UmwG Rz. 12; *Stratz* in Schmitt/Hörtnagl/Stratz, § 13 UmwG Rz. 9; *Heckschen* in Widmann/Mayer, § 13 UmwG Rz. 235; *Simon* in KölnKomm. UmwG, § 4 UmwG Rz. 7.

4 Wie hier auch *Gehling* in Semler/Stengel, § 13 UmwG Rz. 14; *Stratz* in Schmitt/Hörtnagl/Stratz, § 13 UmwG Rz. 14; *Decher* in Kölner Umwandlungsrechtstage, S. 212 für den wortgleichen § 193 Abs. 1 Satz 2 UmwG.

5 Wie hier: *Gehling* in Semler/Stengel, § 13 UmwG Rz. 15f.; *Zimmermann* in Kallmeyer, § 13 UmwG Rz. 13; *Simon* in KölnKomm. UmwG, § 13 UmwG Rz. 18f.; a.A. *Heckschen* in Widmann/Mayer, § 13 UmwG Rz. 106ff.: stets notarielle Beglaubigung erforderlich.

nehmigung zulässig ist[1] oder nicht[2]. Bei der Verschmelzung zur Neugründung ist das Gründungsrecht des entstehenden Rechtsträgers nur für die Formbedürftigkeit der Vollmacht zum Abschluss des neuen Gesellschaftsvertrages maßgeblich; für den Verschmelzungsbeschluss spielt es keine Rolle[3].

10 Soweit das auf den betroffenen Rechtsträger anwendbare Gesetz und die Satzung es zulassen, ist auch die nicht physische Teilnahme einzelner Mitglieder im Wege der **Video- oder Telefonkonferenz** zulässig[4]. Das gilt teilweise auch für die Formen der **Internet-Beteiligung**, die das AktG mit dem ARUG[5] eingeführt hat[6]. Denn diese ermöglichen dem Aktionär die (je nach Ausgestaltung mehr oder weniger intensive) Teilnahme an der stattfindenden Präsenzversammlung und sind mit einer Zuschaltung via Telefon oder Videokonferenz vergleichbar, sofern der Aktionär sich aktiv an der Diskussion beteiligen, insbesondere auch Wortbeiträge leisten und Fragen stellen kann (2-Wege-Verbindung). Denn dann ist dem Normzweck Genüge getan, der darin liegt, dass die Anteilsinhaber den Beschluss untereinander und mit der Verwaltung erörtern können[7]. Der körperlichen Zusammenkunft kommt demgegenüber kein Eigenwert zu. Daher ist gerade die **voll-virtuelle Versammlung**, die bei Vereinen teilweise bereits durchgeführt wird[8], Versammlung im Sinne des § 13 Abs. 1 Satz 2 UmwG. Entscheidend ist, dass den Anteilsinhabern dabei im Wesentlichen dieselben Möglichkeiten zur Kommunikation und zum Meinungsaustausch zur Verfügung stehen wie bei einer physischen Versammlung.

11 Problematisch sind jedoch die Fälle, in denen die Anteilsinhaber **nur einzelne Rechte** online ausüben können. Meist sind bei Aktiengesellschaften nur die Übertragung der Versammlung im Internet und die Online-Stimmabgabe vorgesehen[9]. Dann lässt sich die Analogie zur Videokonferenz nicht mehr ziehen, da der via Internet verbundene Aktionär die Versammlung dann nur passiv verfolgen, aber nicht aktiv ins Geschehen eingreifen und mitdiskutieren kann. Der von § 13 Abs. 1 Satz 2 UmwG verfolgte Zweck der Aktionärskommunikation wird nicht erreicht[10]. Das gilt erst recht für die seit 2009 ebenfalls zulässige Briefwahl und die reine Online-Abstimmung, § 118 Abs. 2 AktG. Hier kann nicht mehr von einer Versammlungsteilnahme gesprochen werden, so dass diese Formen der Versammlungsteilnahme an sich mit dem Versammlungszwang des § 13 Abs. 1

---

1 So die h.M. zu § 47 GmbHG. Vgl. BayObLG v. 8.12.1988 – BReg 3 Z 138/88, DB 1989, 374; *Bayer* in Lutter/Hommelhoff, § 47 GmbHG Rz. 26; *Zöllner* in Baumbach/Hueck, § 47 GmbHG Rz. 55; *K. Schmidt* in Scholz, § 47 GmbHG Rz. 87, jeweils m.w.N.

2 So die h.M. zu § 134 AktG, vgl. BGH v. 14.12.1967 – II ZR 30/67, BGHZ 49, 183 (194); *Spindler* in K. Schmidt/Lutter, § 134 AktG Rz. 50; *Hüffer*, § 134 AktG Rz. 23; *Zöllner* in KölnKomm. AktG, § 134 AktG Rz. 90.

3 *Zimmermann* in Kallmeyer, § 13 UmwG Rz. 13; a.A. *Heckschen* in Widmann/Mayer, § 13 UmwG Rz. 106.

4 *Gehling* in Semler/Stengel, § 13 UmwG Rz. 14, enger *Erdmann*, MMR 2000, 626 (629).

5 Gesetz zur Umsetzung der Aktionärsrechterichtlinie v. 30.7.2009, BGBl. I, S. 2479.

6 Weitergehend *Simon* in KölnKomm. UmwG, § 13 UmwG Rz. 11: stets zulässig.

7 Hierin (und nicht in der Mitwirkung des Notars, der auch eine teilnehmerlose Veranstaltung beurkunden könnte) liegt der Zweck der Vorschrift, überzeugend *Schöne/Arens*, WM 2012, 381 (382).

8 OLG Hamm v. 27.9.2011 – I-27 W 106/11, NZG 2012, 189; *Piper*, NZG 2012, 735.

9 Zu den Gründen *Noack*, WM 2009, 2289 (2293 f.), *Kersting*, NZG 2010, 130 zu Problemen bei Einräumung eines Fragerechts.

10 Das übersieht *Simon* in KölnKomm. UmwG, § 13 UmwG Rz. 11.

Satz 2 UmwG unvereinbar wären. Ein auf diese Weise gefasster Beschluss wäre nicht in der Versammlung zustande gekommen und damit anfechtbar, wenn es auf die online abgegebenen Stimmen ankommt.

Allerdings verpflichtet die **Aktionärsrechterichtlinie** (ARL) die nationalen Gesetzgeber dazu, die Briefwahl und auch die Online-Stimmabgabe bei der börsennotierten AG zuzulassen. Das folgt unmissverständlich aus Art. 12 ARL. Die Richtlinie nimmt Verschmelzungsbeschlüsse nicht aus[1]. Die ARL ist daher in § 13 Abs. 1 Satz 2 UmwG **fehlerhaft umgesetzt**. Die Norm ist richtlinienkonform so auszulegen, dass auch bei Verschmelzungsbeschlüssen die Briefwahl und die elektronische Stimmabgabe zulässig sind. Es ist ferner nicht unzulässig, dass alle Anteilsinhaber von dieser Option Gebrauch machen[2]. Allerdings muss die Gesellschaft weiterhin die Möglichkeit anbieten, die Versammlung physisch zu besuchen. Die Abhaltung rein virtueller Versammlungen wird von der ARL nicht gefordert[3] und ist auch nach § 118 AktG nicht vorgesehen[4]. Sie ist nach § 13 Abs. 1 Satz 2 UmwG zulässig (s. oben Rz. 10), aber die Entscheidung dazu liegt bei der Gesellschaft. 12

Allerdings gilt die Aktionärsrechterichtlinie nur für die **börsennotierte AG**. Es käme daher eine richtlinienkonforme Reduktion des § 13 Abs. 1 Satz 2 UmwG nur für die börsennotierte AG in Betracht. Dagegen spricht aber, dass der nationale Gesetzgeber die ARL in § 118 AktG auch für die nicht börsennotierte AG umgesetzt hat. In einem solchen Fall der bewussten überschießenden Umsetzung kommt eine gespaltene Auslegung regelmäßig nicht in Betracht; für sie sind auch keine zwingenden Gründe erkennbar. Anders ist jedoch für **andere Rechtsformen** zu entscheiden, für die die ARL nicht gilt. Hier sollte man am Versammlungszwang festhalten, diesen jedoch dadurch auflockern, dass Online- Zuschaltungen von Anteilsinhabern nicht schaden, wenn eine 2-Wege-Verbindung besteht, die dem Anteilsinhaber eine Kommunikation ähnlich wie bei physischer Teilnahme ermöglicht. Dies betrifft insbesondere den Verein, bei dem nach inzwischen herrschender Meinung auch voll-virtuelle Anteilseignerversammlungen zulässig und nicht unüblich sind[5]. Gleiches gilt für die GmbH, auch wenn bei dieser das praktische Bedürfnis angesichts des typischerweise personalistischen Zuschnitts geringer sein wird. Für eine einheitliche Auslegung spricht hier allerdings die Grundregel, dass das UmwG rechtsformübergreifend gilt, wenn keine Ausnahme vorgesehen ist[6]. Dies kann jedoch nicht gelten, wenn nur in Bezug auf eine einzelne Rechtsform eine richtlinienbedingte Korrektur erforderlich ist. Vielmehr gebietet es hier der Respekt vor dem nationalen Gesetzgeber, die Korrektur nicht größer als vermeidbar ausfallen zu lassen. Auch inhaltlich spricht einiges für die hier vertretene kleine Lösung. Denn das Argument, dass in heutiger Zeit eine wirkliche Kommunikation der Anteilseigner in der Versammlung nicht stattfin- 13

---

1 *Schöne/Arens*, WM 2012, 381 (382).
2 *Schöne/Arens*, WM 2012, 381 (384); a.A. *Dauner-Lieb/Tettinger* in KölnKomm. UmwG, § 43 UmwG Rz. 12.
3 *Schöne/Arens*, WM 2012, 381 (382).
4 *Kubis* in MünchKomm. AktG, § 118 AktG Rz. 15; *Hoffmann* in Spindler/Stilz, § 118 AktG Rz. 35.
5 Dazu bereits OLG Hamm v. 27.9.2011 – I-27 W 106/11, NZG 2012, 189; *Piper*, NZG 2012, 735; sowie *Fleck*, DNotZ 2008, 245.
6 *Schöne/Arens*, WM 2012, 381 (382).

de, weil die Mehrheiten vorher feststünden[1], trifft auf die AG zu, aber sicher nicht auf den Verein, da es dort aufgrund des Kopfteilprinzips keine festen Mehrheiten gibt. Daher sollte man für diese Rechtsform durchaus daran festhalten, dass die Maßnahme auf der Versammlung erst diskutiert und dann beschlossen wird. Bei der GmbH und den Personengesellschaften gibt es zwar u.U. feststehende Mehrheiten, die sich vor der Versammlung ihre Meinung schon gebildet haben. Hier spricht aber die enge Verbundenheit der Gesellschafter dafür, die Angelegenheit persönlich zu erörtern. Die Beteiligungen sind zudem typischerweise größer, so dass es den Gesellschaftern auch zuzumuten ist, in den Angelegenheiten der Gesellschaft die Versammlung aufzusuchen. Für Rechtsformen abseits der AG ist daher am Versammlungszwang festzuhalten[2].

14 Nicht „in einer Versammlung der Anteilsinhaber" gefasst ist der **Beschluss, der in der Versammlung**[3] **die erforderliche Mehrheit nicht erreicht**, und zwar auch dann nicht, wenn später weitere, in der Versammlung nicht erschienene Anteilsinhaber dem Beschluss zustimmen und unter Berücksichtigung dieser Stimmen die erforderliche Mehrheit erreicht würde[4]. Daran ändert auch die hier vertretene teilweise Zulassung der Briefwahl und der Internet-Abstimmung nichts. Der Zeitpunkt, zu dem der Beschluss gefasst wurde, muss unzweifelhaft feststehen, weil mit ihm die Anfechtungsfrist nach § 14 Abs. 1 UmwG beginnt[5]. Die Zulässigkeit der Berücksichtigung dieser Stimmen folgt auch nicht etwa aus der Regelung des § 43 Abs. 1 UmwG, der eine nachträgliche Stimmabgabe bei der einstimmigen Entscheidung zuzulassen scheint. Denn in § 43 Abs. 1 UmwG geht es um die Zustimmung zu einem schon gefassten Beschluss, und zwischen einer solchen Zustimmung und der nachträglichen Abstimmung des Anteilsinhabers besteht ein Unterschied. Im ersten Fall ist der Beschluss in der Versammlung gefasst, vom Versammlungsleiter festgestellt und in die Niederschrift des Notars (§ 37 BeurkG) aufgenommen. Der Beschluss ist aufgrund der ausstehenden Genehmigung lediglich schwebend unwirksam[6]. Dieser Mechanismus liegt auch § 43 Abs. 1 UmwG zugrunde: Der Beschluss kommt mit den Stimmen der Anwesenden zustande, mit der Zustimmung der Abwesenden wird er endgültig wirksam. Wird hingegen die erforderliche Mehrheit verfehlt, z.B. indem im Falle des § 43 Abs. 1 UmwG nicht alle Anwesenden für den Beschluss stimmen, kommt ein Ablehnungsbeschluss zustande[7], der nicht dadurch in einen Zustimmungs-

1 *Schöne/Arens*, WM 2012, 381 (382), zur Hauptversammlung als „Kasperltheater" für die Aktionäre.

2 Insofern a.A. *Schöne/Arens*, WM 2012, 381 (382 ff.).

3 Briefwahl- und Internet-Stimmen sind insofern mitzurechnen, da sie „in der Versammlung" abgegeben worden sind.

4 So auch *Limmer*, Unternehmensumwandlung, S. 184; *Zimmermann* in Kallmeyer, § 13 UmwG Rz. 10; *Gehling* in Semler/Stengel, § 13 UmwG Rz. 14.

5 Zutr. *Schöne/Arens*, WM 2012, 381 (382).

6 *Bayer* in Lutter/Hommelhoff, Anh. § 47 GmbHG Rz. 3; *K. Schmidt* in Scholz, § 45 GmbHG Rz. 53; *Zöllner* in Baumbach/Hueck, Anh. § 47 GmbHG Rz. 10; *K. Schmidt* in Großkomm. AktG, § 241 AktG Rz. 7 ff. m.w.N.; *Berg*, Schwebend unwirksame Beschlüsse privatrechtlicher Verbände, 1994, S. 58 ff.; a.A. *Baums*, ZHR 142 (1978), 582 ff., der darin nur eine heilbare Nichtigkeit sieht.

7 BGH v. 26.10.1983 – II ZR 87/83, BGHZ 88, 320 (328); BGH v. 20.1.1986 – II ZR 73/85, BGHZ 97, 28 (30); *K. Schmidt* in Scholz, § 45 GmbHG Rz. 31; *Hüffer* in Ulmer, § 47 GmbHG Rz. 35; *Koppensteiner/Gruber* in Rowedder/Schmidt-Leithoff, § 47 GmbHG Rz. 5; *Zöllner* in Baumbach/Hueck, § 47 GmbHG Rz. 3; *Zöllner* in KölnKomm. AktG,

beschluss verwandelt werden kann, dass später ein Gesellschafter der Fraktion der Zustimmenden beitritt oder er sich sein Stimmverhalten anders überlegt. Hier ist erneute Beschlussfassung erforderlich (vgl. dazu auch § 43 Rz. 6).

Daraus folgt aber zugleich, dass alle Erklärungen von Anteilsinhabern, die nicht Stimmabgabe, sondern **Zustimmung** zum bereits gefassten Beschluss sind, nicht in der Versammlung der Anteilsinhaber erklärt werden müssen, sondern nachgeholt werden können. Dem entspricht auch der Wortlaut des § 13 Abs. 3 Satz 1 UmwG, der für einen solchen Fall die notarielle Beurkundung der Zustimmungserklärung vorsieht. Zustimmung in diesem Sinne sind die Erklärungen der Anteilsinhaber nach § 13 Abs. 2 UmwG, § 50 Abs. 2 UmwG und eben auch § 43 Abs. 1 2. Halbsatz UmwG. 15

3. Gegenanträge

Fraglich ist, ob die Anteilseignerversammlung bei der Beschlussfassung den Verschmelzungsvertrag nur insgesamt ablehnen oder billigen kann oder ob auch **Änderungen des Vertrages**, die von Aktionären im Wege des Gegenantrags eingebracht werden, wirksam beschlossen werden können. Das ist vor allem relevant, wenn nach Einberufung der Versammlung noch Fehler im Vertrag entdeckt werden, die der Mehrheitsgesellschafter in Einvernehmen mit der Verwaltung beheben will[1]. Es finden sich verneinende[2], generell bejahende[3] und vermittelnde Ansichten[4], wobei letztere im Grundsatz überzeugen. Denn angesichts der Tatsache, dass letztlich die Anteilseigner das Gremium bilden, das über die Verschmelzung endgültig beschließt, kann ein generelles Verbot der Abweichung vom Beschlussvorschlag nicht überzeugen[5]. Die Frage ist aber, ob eine hinreichende Beschlussvorbereitung gewährleistet ist, auf die das UmwG mit den §§ 8–12 UmwG besonderen Wert legt. Angesichts dessen können Dinge, die im Umwandlungsbericht zu behandeln sind und der Prüfung des Verschmelzungsprüfers unterliegen, sicherlich nicht geändert werden. Sonst wäre die Mehrheit der Anteilseigner nicht gehindert, etwas völlig anderes zu beschließen als das, was vorher kommuniziert und geprüft wurde[6]. Abweichend wird zum Teil auch eine Orientierung an § 5 Abs. 1 Nr. 2–6 UmwG befürwortet[7]. Aber das ist gleichzeitig zu weit und zu eng. Zu eng insoweit, also auch Ausgleichsmaßnahmen nach § 5 Abs. 1 Nr. 7 UmwG und Sondervorteile nach § 5 Abs. 1 Nr. 8 UmwG zur sachgemäßen Entscheidungsvorbereitung im Vorfeld kommuniziert werden müssen. Zu weit ist es insofern, als dass nicht alle Vertragsinhalte, die unter § 5 Abs. 1 Nr. 2–6 UmwG stehen, zu den essentialia des Vertrages gehören. Eine Verschiebung des Verschmelzungsstichtags (§ 5 Abs. 1 Nr. 6 UmwG) um einen Monat dürfte die Interessen der Anteilseigner nur geringfügig berühren. Gleiches gilt für eine Aus- 16

---

§ 133 AktG Rz. 6; *Renkl*, Der Gesellschafterbeschluss, 1982, S. 107; a.A. *Maier-Reimer* in FS Oppenhoff, 1985, S. 193 ff.; *Baltzer*, GmbHR 1972, 61.

1 S. Sachverhalt von OLG Hamm v. 28.2.2005 – 8 W 6/05, AG 2005, 361 (Rz. 76).

2 4. Aufl., § 4 Rz. 15 mit Fn. 8.

3 *Mayer* in Widmann/Mayer, § 4 UmwG Rz. 11.

4 OLG Hamm v. 28.2.2005 – 8 W 6/05, AG 2005, 361 (Rz. 73); *Simon* in KölnKomm. UmwG, § 13 UmwG Rz. 37 ff.

5 Zutr. *Simon* in KölnKomm. UmwG, § 13 UmwG Rz. 38.

6 Zutr. OLG Hamm v. 28.2.2005 – 8 W 6/05, AG 2005, 361 (Rz. 79 ff.).

7 *Simon* in KölnKomm. UmwG, § 13 UmwG Rz. 41.

wechselung des Treuhänders im Rahmen des § 5 Abs. 1 Nr. 4 UmwG i.V.m. § 71 UmwG. Eine Orientierung an der Inhaltsliste des § 5 Abs. 1 UmwG ist also zu schematisch. Es muss nach der materiellen Bedeutung der Änderung für die Anteilsinhaber und für die ordnungsgemäße Beschlussvorbereitung gefragt werden[1]. Eine endgültige Beurteilung, welche Änderung noch als geringfügig anzusehen ist, wird sich nur im Einzelfall vornehmen lassen.

4. Beurkundung

17 Der Beschluss bedarf zu seiner Wirksamkeit gem. § 13 Abs. 3 Satz 1 UmwG der notariellen Beurkundung. Ebenso sind die nach dem Gesetz erforderlichen **Zustimmungserklärungen**, einschließlich der Zustimmungserklärungen nicht erschienener Anteilsinhaber, notariell zu beurkunden. Dieses Erfordernis dient zum einen der Rechtssicherheit durch die Kontrolle des Notars, der die Verantwortung dafür übernimmt, dass die Versammlung der Anteilsinhaber ordnungsgemäß abgewickelt worden ist. Zum anderen übernimmt die Beurkundung eine Warnfunktion, vor allem in den Fällen einer erforderlichen Zustimmungserklärung einzelner Anteilsinhaber[2]. Erscheint in der AG kein Aktionär persönlich, weil alle Stimmen online oder per Briefwahl abgegeben wurden, hat der Notar gleichwohl das vom Versammlungsleiter festgestellte Beschlussergebnis zu beurkunden[3]. Zur Beurkundungspflicht von break-fee-Vereinbarungen vgl. § 6 Rz. 4.

18 Die **Beurkundung im Ausland** ist nach verbreiteter, hier jedoch nicht geteilter Ansicht möglich, vgl. dazu § 6 Rz. 9f. Abgesehen von der Problematik der Auslandsbeurkundung ist jedoch zu beachten, dass aufgrund des Versammlungszwangs dann auch die Versammlung der Anteilseigner, die den zu beurkundenden Beschluss fasst, im Ausland abgehalten werden muss. Die Zulässigkeit einer solchen Auslandsversammlung ist richtiger Ansicht nach zu bejahen, sofern damit keine übermäßige Erschwerung der Teilnahme für die Anteilsinhaber verbunden ist[4]. Die Zulässigkeit ist jedoch vor allem für die AG heftig umstritten[5], so dass das mit einer Auslandsversammlung verbundene Anfechtungsrisiko hoch ist. Mit Geltung des Gerichts- und Notarkostengesetzes (GNotKG) zum 1.8.2013 wurde die vormals in § 47 KostO normierte Höchstgebühr von 5000 Euro gestrichen. Maßgeblich ist allein die Höhe des Geschäftswerts des Verschmelzungsvertrages. Der Maximalwert wurde nach neuem Recht auf 10 Mio. Euro angehoben, § 107

---

1 Bejahend OLG Hamm v. 28.2.2005 – 8 W 6/05, AG 2005, 361 (Rz. 11). Für den Verzicht auf die Buchwertfortführung nach § 24 UmwG.

2 *Ganske*, S. 61; vgl. außerdem *Gehling* in Semler/Stengel, § 13 UmwG Rz. 51.

3 *Schöne/Arens*, WM 2012, 381 (382).

4 BGH v. 28.1.1985 – II ZR 79/84, WM 1985, 567; OLG Düsseldorf v. 25.1.1989 – 3 Wx 21/89, NJW 1989, 2200; *Bayer* in Lutter/Hommelhoff, § 48 GmbHG Rz. 13; *Seibt* in Scholz, § 48 GmbHG Rz. 9ff.; *Hüffer* in Ulmer, § 48 GmbHG Rz. 6ff.; *Deutler*, ZHR 140 (1976), 520 (523); *Stauch*, Die Geltung ausländischer notarieller Urkunden in der Bundesrepublik Deutschland, 1983, S. 33; a.A. OLG Hamm v. 1.2.1974 – 15 Wx 9/74, BB 1974, 338; *Heckschen* in Widmann/Mayer, § 13 UmwG Rz. 230.

5 Dafür *Hüffer*, § 121 AktG Rz. 15; *Kubis* in MünchKomm. AktG, § 121 AktG Rz. 144; *Ziemons* in K. Schmidt/Lutter, § 121 AktG Rz. 87; *Semler* in MünchHdb. AG, § 35 Rz. 32f.; jetzt auch *Noack/Zetzsche* in KölnKomm. AktG, § 121 AktG Rz. 187; ablehnend OLG Hamburg v. 7.5.1993 – 2 Wx 55/91, AG 1993, 384f.; OLG Hamm v. 1.2.1974 – 15 Wx 9/74, NJW 1974, 1057; *Werner* in Großkomm. AktG, § 121 AktG Rz. 47ff.; *Heckschen* in Widmann/Mayer, § 13 UmwG Rz. 230.

Abs. 1 Satz 1 GNotKG (vormals 5 Mio. Euro, vgl. ex-§ 39 Abs. 5 KostO). Damit beträgt die Höchstgebühr 22770 Euro (doppelte Gebühr nach § 3 Abs. 2 GNotKG i.V.m. Anlage 1 Nr. 21100). Für die Anhebung wurden die Komplexität der Materie als auch das mögliche Haftungsrisiko der Notare angeführt[1]. Trotz dieser Kostensteigerung darf aber nicht das bestehende Anfechtungsrisiko bei der Auslandsbeurkundung außer Acht gelassen werden; es dürfte sich nicht lohnen, dieses Risiko einzugehen, um Kosten zu sparen.

5. Vertrag als Anlage des Beschlusses

Gem. § 13 Abs. 3 Satz 2 UmwG ist der Vertrag oder sein Entwurf dem Beschluss als Anlage beizufügen. Diese Vorschrift dient dem Registerrichter zur Überprüfung, ob sich der Beschluss tatsächlich auf den Vertrag bzw. seinen Entwurf bezieht[2]. Der Beschluss ist trotz Fehlens der Anlage wirksam, wenn anders nachgewiesen wird, dass sich der Beschluss auf den Vertrag bzw. seinen Entwurf bezieht[3]. Dafür reicht eine unbeglaubigte Abschrift des Verschmelzungsvertrages aus[4]. 19

6. Übersendungsanspruch der Anteilsinhaber

§ 13 Abs. 3 Satz 3 UmwG räumt jedem Anteilsinhaber das Recht ein, auf sein Verlangen hin eine Abschrift des Vertrages oder seines Entwurfes und der Niederschrift des Beschlusses auf eigene Kosten zu erhalten. Eine übermäßige Belastung der Gesellschaft durch dieses Informationsrecht wird durch die Kostentragungspflicht der entsprechenden Anteilsinhaber verhindert[5]. 20

Die Vorschrift geht über die allgemeinen Informationsrechte (z.B. § 118 HGB, § 131 AktG, § 51a GmbHG) hinaus, da diese nur Einsicht und Auskunft gewähren. Die Abschrift ist **unverzüglich**, d.h. ohne schuldhaftes Zögern, zu erteilen[6]. Der Übersendungsanspruch besteht daher auch schon vor der Beschlussfassung. Der Gesellschafter hat demnach Anspruch auf zwei Abschriften: Einmal zur Vorbereitung der Beschlussfassung (§ 47 UmwG) und auf Verlangen noch einmal nach dem erfolgten Beschluss. Das ermöglicht z.B. dem nicht erschienenen Anteilsinhaber, sich über die endgültige Beschlusslage zu informieren und den Beschluss auf etwaige Abweichungen vom Entwurf hin zu prüfen. 21

Fraglich ist, ob bei Aktiengesellschaften anstelle der Übersendung eine Einstellung auf die **Internetseite der Gesellschaft** genügt. § 63 Abs. 4 UmwG sieht das für die Dokumente vor, die die Verschmelzung vorbereiten. Eine entsprechende Regelung zur Übersendung des Vertrages nach dem Verschmelzungsbeschluss 22

---

1 Vgl. RegBegr, BT-Drucks. 17/11471, 283.

2 BegrRegE zu § 77b GmbHG, BT-Drucks. 8/1374, 49; *Stratz* in Schmitt/Hörtnagl/Stratz, § 13 UmwG Rz. 72; *M. Winter*, S. 37; *Bermel* in Goutier/Knopf/Tulloch, § 13 UmwG Rz. 62.

3 *Gehling* in Semler/Stengel, § 13 UmwG Rz. 54; *Zimmermann* in Kallmeyer, § 13 UmwG Rz. 39.

4 So auch *Gehling* in Semler/Stengel, § 13 UmwG Rz. 55; *Zimmermann* in Kallmeyer, § 13 UmwG Rz. 39; a.A. *Heckschen* in Widmann/Mayer, § 13 UmwG Rz. 233.

5 *Ganske*, S. 63.

6 *Stratz* in Schmitt/Hörtnagl/Stratz, § 13 UmwG Rz. 73.

fehlt. Eine bewusste Entscheidung des Gesetzgebers ist nicht ersichtlich, und die Interessenlage ist dieselbe. Die Einstellung auf der Internetseite ist für die Aktionäre lediglich vorteilhaft, da sie einen schnelleren und (angesichts der Kostentragungspflicht des Aktionärs) auch günstigeren Zugriff auf die begehrte Information ermöglicht. § 63 Abs. 4 UmwG ist daher auf Informationen nach dem Zustimmungsbeschluss entsprechend anwendbar[1].

IV. Beschlussinhalt

1. Allgemeines

23 Gegenstand des Beschlusses ist der **Verschmelzungsvertrag** (§ 13 Abs. 1 Satz 1 UmwG). Der Verschmelzungsvertrag muss jedoch selbst noch nicht abgeschlossen sein, die Versammlung kann auch den Entwurf billigen[2]. Zumindest ein Entwurf muss jedoch in jedem Fall vorliegen; eine Ermächtigung an die Vertretungsorgane, den Vertrag nach ihrem Ermessen auszuhandeln und abzuschließen, ist ausgeschlossen[3]. Bedingungen und Befristungen sind nur insoweit möglich, als sie den Vertretungsorganen keinen eigenen Spielraum überlassen[4]. Soweit der Verschmelzungsvertrag eine Satzungsänderung des übernehmenden Rechtsträgers vorsieht, wird diese noch nicht durch den Beschluss gebilligt, sondern bedarf eines getrennten satzungsändernden Beschlusses[5].

2. Bindungswirkung

24 Der ordnungsgemäß zustande gekommene Beschluss entfaltet zum einen **Bindungswirkung nach innen**, indem die Vertreter der Gesellschaft angewiesen werden, den Vertrag entsprechend dem Beschlussinhalt abzuschließen bzw. ihn durchzuführen[6]. Zum anderen sind auch die Gesellschafter untereinander gebunden, auch die überstimmten[7].

Liegt bei der Beschlussfassung bereits ein notariell beurkundetes Vertragsangebot vor, so wird dieses durch den Beschluss für die Gesellschaft gegenüber dem Vertragspartner i.S.d. § 145 BGB bindend (**Außenbindung**)[8]. Einer gesonderten

---

1 Grundlegend *Rieder*, S. 174f.

2 Vgl. BegrRegE zu § 340c AktG a.F. BT-Drucks. 9/1065, 17; OLG Frankfurt/M. v. 8.2.2006 – 12 W 185/05, ZIP 2006, 370 (374) (T-Online); *Bermel* in Goutier/Knopf/Tulloch, § 13 UmwG Rz. 14; *Gehling* in Semler/Stengel, § 13 UmwG Rz. 32; *Stratz* in Schmitt/Hörtnagl/Stratz, § 13 UmwG Rz. 18; *Zimmermann* in Kallmeyer, § 13 UmwG Rz. 7; *Simon* in KölnKomm. UmwG, § 13 UmwG Rz. 30; s. auch oben Rz. 8.

3 Vgl. LG Frankfurt/M. v. 29.1.1990 – 3/1 O 109/89, WM 1990, 237; *Gehling* in Semler/Stengel, § 13 UmwG Rz. 33; a.A. *Simon* in KölnKomm. UmwG, § 13 UmwG Rz. 32.

4 *Bermel* in Goutier/Knopf/Tulloch, § 13 UmwG Rz. 16; *Gehling* in Semler/Stengel, § 13 UmwG Rz. 33; *Zimmermann* in Kallmeyer, § 13 UmwG Rz. 7; *Lutter* in FS Quack, 1991, S. 301 (310).

5 *Zimmermann* in Kallmeyer, § 13 UmwG Rz. 20.

6 *Gehling* in Semler/Stengel, § 13 UmwG Rz. 62; *Stratz* in Schmitt/Hörtnagl/Stratz, § 13 UmwG Rz. 8ff.; *Lehnhoff* in Lang/Weidmüller, GenG, § 13 UmwG Rz. 7.

7 *Zimmermann* in Kallmeyer, § 13 UmwG Rz. 17.

8 *Gehling* in Semler/Stengel, § 13 UmwG Rz. 64; *Zimmermann* in Kallmeyer, § 13 UmwG Rz. 17; *Stratz* in Schmitt/Hörtnagl/Stratz, § 13 UmwG Rz. 10; *Heckschen*, S. 28; a.A. *Simon* in KölnKomm. UmwG, § 13 UmwG Rz. 89ff.

Mitteilung an den Vertragspartner bedarf es nicht mehr. Liegt bei der Beschlussfassung der notariell beurkundete Vertrag selbst vor, so wird er mit den Zustimmungsbeschlüssen beider Gesellschaften unmittelbar wirksam[1]. Zur Rechtslage vor Wirksamwerden vgl. § 5 Rz. 8. Ein Ausschluss der einseitigen externen Bindung dahingehend, dass der Vertrag erst dann bindend sein soll, wenn auch die Anteilseignerversammlung des oder der anderen beteiligten Rechtsträger zugestimmt hat, ist unproblematisch zulässig[2]; zu weitgehend ist es aber, diesen Inhalt auch ohne eine solche Klausel als vereinbart anzusehen[3].

Liegt jedoch nur der Vertragsentwurf vor, so tritt gegenüber dem Vertragspartner noch keine Bindungswirkung ein[4]. Eine Bindungswirkung entsteht in diesem Fall erst beim späteren Abschluss des Vertrages. Gleiches gilt für den von der Versammlung abgeänderten Vertrag. Der geänderte Vertrag muss dann erneut der Versammlung des Vertragspartners vorgelegt werden und bedarf eines erneuten Vertragsschlusses, da der ursprüngliche Vertrag keine Zustimmung erhalten hat. Der Inhalt des später abgeschlossenen Vertrages muss in beiden dieser Fälle wörtlich, nicht nur inhaltlich, mit dem Text übereinstimmen, dem die Versammlung zugestimmt hat. Stimmt der Vertrag nicht genau mit dem Wortlaut des dem Beschluss zugrunde liegenden Textes überein, wird überwiegend angenommen, dass der Vertrag nichtig ist[5]. Richtiger erscheint es, den abgeschlossenen Vertrag lediglich als gegenstandslos anzusehen, weil das von der Hauptversammlung gebilligte Angebot nicht angenommen wurde (vgl. § 146 BGB). Der stattdessen abgeschlossene Vertrag ist an sich gültig, ihm fehlt jedoch die Zustimmung der Anteilseigner. Diese kann aber, anderes als bei Annahme von Nichtigkeit, noch nachgeholt werden. 25

V. Beschlusserfordernisse

1. Stimmberechtigung

Für die Stimmberechtigung gelten keine Besonderheiten. Ein **Stimmrechtsausschluss** zu Lasten der übernehmenden Gesellschaft, die bereits Anteile an der übertragenden Gesellschaft besitzt, käme insbesondere nach § 47 Abs. 4 GmbHG oder § 34 BGB (für den Verein) in Betracht; diese Normen verbieten dem Mitglied die Abstimmung über ein Rechtsgeschäft, das mit ihm selbst geschlossen werden 26

1 *Bermel* in Goutier/Knopf/Tulloch, § 13 UmwG Rz. 49; *Gehling* in Semler/Stengel, § 13 UmwG Rz. 66.
2 *Gehling* in Semler/Stengel, § 13 UmwG Rz. 32f.; *Stratz* in Schmitt/Hörtnagl/Stratz, § 13 UmwG Rz. 18.
3 So aber *Simon* in KölnKomm. UmwG, § 13 UmwG Rz. 91.
4 *Gehling* in Semler/Stengel, § 13 UmwG Rz. 66; *Stratz* in Schmitt/Hörtnagl/Stratz, § 13 UmwG Rz. 10; *Simon* in KölnKomm. UmwG, § 13 UmwG Rz. 84ff.; a.A. *Austmann/Frost*, ZHR 169 (2005), 442; *Limmer*, Unternehmensumwandlung, S. 85.
5 *Stratz* in Schmitt/Hörtnagl/Stratz, § 13 UmwG Rz. 19; *Heckschen* in Widmann/Mayer, § 13 UmwG Rz. 116ff.; *Zimmermann* in Kallmeyer, § 13 UmwG Rz. 7.

soll[1]. Ein solches Stimmverbot ist abzulehnen[2]. Die Gegenansicht[3] kann nicht überzeugen. Sie widerspricht zum einen den Vorstellungen des Gesetzgebers sowohl zum alten[4] als auch zum seit 1994 geltenden Umwandlungsrecht[5]. Zum anderen fügt sich diese Ansicht nicht mehr in das heutige System des Minderheitenschutzes bei Umwandlungen ein. Solange das Stimmverbot von Gesetzes wegen die einzig gangbare Möglichkeit war, die Minderheit gegen die Nachteile der Verschmelzung zu schützen, war die Annahme eines Stimmverbots immerhin erwägenswert, auch wenn dann infolge des Stimmrechtsausschlusses zu Lasten des Mehrheitsgesellschafters die Minderheit allein über die Maßnahme entscheiden und der Mehrheit ihren Willen aufzwingen kann[6]. Heute steht aber das ausgefeilte System der §§ 8–13 UmwG zur Verfügung, das als *alleiniges* Schutzinstrument zugunsten der Minderheit angemessen ist, als Schutz *neben* einem Stimmverbot (d.h. nur als Schutz der Minderheit innerhalb der Minderheit) aber sicherlich überzogen wäre[7]. Die Ausformung des Minderheitenschutzes durch das UmwG ist daher als bewusste Entscheidung gegen das Stimmverbot und für eine andere Form des Minderheitenschutzes zu werten.

2. Erforderliche Mehrheit

27 § 13 UmwG enthält keine Mehrheitserfordernisse. Diese sind im zweiten Teil des zweiten Buches für die verschiedenen Rechtsträger gesondert geregelt (vgl. §§ 43, 50, 65, 78, 84, 103, 106, 112 Abs. 3, 118 UmwG). In der Regel ist eine **$^3/_4$-Mehrheit** erforderlich. Für die Personengesellschaften ist Zustimmung aller Gesellschafter erforderlich, sofern nicht der Gesellschaftsvertrag eine qualifizierte Mehrheitsentscheidung zulässt (§ 43 Abs. 2 UmwG). Gesellschaftsvertrag bzw. Satzung können eine **höhere Mehrheit** oder weitere Erfordernisse verlangen. Verlangt die Satzung eine höhere Mehrheit für die **Satzungsänderung**, ohne den Fall der Verschmelzung ausdrücklich zu regeln, so ist anzunehmen, dass sich die Klausel auch auf die Ver-

1 Diese Regelung gilt nach überwiegender Meinung entspr. für die Personengesellschaften, vgl. *Hopt* in Baumbach/Hopt, § 119 HGB Rz. 8; *K. Schmidt*, GesR, § 21 II 2 S. 610.

2 Wie hier LG Arnsberg v. 28.1.1994 – 2 O 410/93, ZIP 1994, 536; OLG Stuttgart v. 7.2.2001 – 20 U 52/97, DB 2001, 854 (858); *Heckschen* in Widmann/Mayer, § 13 UmwG Rz. 118; *Limmer*, Unternehmensumwandlung, S. 188; *K. Schmidt* in Scholz, § 47 GmbHG Rz. 114; *Raiser/Veil*, Recht der Kapitalgesellschaften, § 48 Rz. 33; *M. Winter* in Kölner Umwandlungsrechtstage, S. 38f.; unentschieden *Gehling* in Semler/Stengel, § 13 UmwG Rz. 25ff.

3 *Zöllner*, Schranken mitgliedschaftlicher Stimmrechtsmacht, 1963, S. 253; *Zöllner* in Baumbach/Hueck, § 47 GmbHG Rz. 58; *Römermann* in Michalski, § 47 GmbHG Rz. 287.

4 Vgl. BT-Drucks. 9/1065, 24ff. zu §§ 9, 15, 24 UmwG a.F., diese Ausführungen gehen ersichtlich von einer Stimmberechtigung der herrschenden Gesellschaft aus.

5 Die RegBegr zu § 50 UmwG, *Ganske*, S. 100, nimmt ausdrücklich die Unanwendbarkeit von § 47 Abs. 4 GmbHG an.

6 Vgl. RG v. 11./18.6.1914 – VI 135/14, RGZ 85, 170 (172); *Hüffer* in Ulmer/Habersack/Winter, § 47 GmbHG Rz. 176.

7 So jetzt auch *Hüffer* in Ulmer/Habersack/Winter, § 47 GmbHG Rz. 178f. unter Aufgabe der Ansicht aus der Voraufl. (vgl. *Hüffer* in Hachenburg, GmbHG, 8. Aufl. 1996, § 47 Rz. 175).

schmelzung erstreckt[1]. Die Gegenansicht (*Grunewald*, § 65 Rz. 6)[2] kann nicht überzeugen. Aus Sicht des übertragenden Rechtsträgers *ist* die Verschmelzung faktisch Satzungsänderung, da sich die Mitgliedschaft zu den veränderten Bedingungen des übernehmenden Rechtsträgers fortsetzt. Aus Sicht des übernehmenden Rechtsträger bleibt die Satzung zwar unverändert, jedoch werden derartige Klauseln gerade deshalb gewählt, um der Minderheit einen erhöhten Einfluss bei Grundlagenentscheidungen zu verschaffen. Um eine Grundlagenentscheidung handelt es sich aber auch für den übernehmenden Rechtsträger, und zwar wegen der Veränderung in der mitgliedschaftlichen Struktur und der Beteiligungsverhältnisse[3]. Das spricht dafür, die Verschmelzung nicht anders als die Satzungsänderung zu behandeln.

Die Satzung kann die **Verschmelzung nicht ausschließen**, und zwar weder auf Dauer noch für bestimmte Zeit. Das gilt nicht nur in der AG aufgrund von § 23 Abs. 5 AktG, sondern auch in den Rechtsträgern mit größerer Satzungsautonomie, da die Anteilsinhaber jederzeit frei sind, die betreffende Klausel mit satzungsändernder Mehrheit wieder aufzuheben. Eine solche Klausel kann jedoch in ein Einstimmigkeitserfordernis umgedeutet werden[4].

3. Zustimmung einzelner Anteilsinhaber (§ 13 Abs. 2 UmwG)

a) Zustimmungsrecht in Bezug auf die Anteilsübertragung

§ 13 Abs. 2 UmwG normiert einen Zustimmungsvorbehalt zugunsten **bestimmter einzelner Anteilsinhaber**, von deren Genehmigung die Übertragung der Anteile des übertragenden Rechtsträgers abhängt. Die Vorschrift hat Bedeutung vor allem für die Personengesellschaften und die GmbH, bei der die Vinkulierung der Anteile nach § 15 Abs. 5 GmbHG faktisch der Regelfall ist. Ausweislich der Gesetzesbegründung beruht die Vorschrift auf dem Rechtsgedanken, dass Sonderrechte eines Anteilsinhabers nicht ohne dessen Zustimmung geändert werden dürfen[5]. Aus diesem Zweck sowie aus dem Wortlaut erschließt sich sogleich der Anwendungsbereich: Unmittelbar anwendbar ist die Regelung nur dann, wenn das Zustimmungsrecht einem **bestimmten** Gesellschafter als **Sonderrecht** zugewiesen ist. Ob es sich dabei um ein personengebundenes oder ein anteilsgebundenes Sonderrecht handelt, ist ohne Belang (§ 50 Rz. 40)[6]. 28

Der Zuweisung eines Sonderrechts gleichzustellen ist jedoch die Konstellation, dass in der Satzung die Zustimmung **aller Anteilsinhaber** zur Abtretung von Ge- 29

1 *Zimmermann* in Kallmeyer, § 13 UmwG Rz. 11; *Sagasser/Luke* in Sagasser/Bula/Brünger, § 9 Rz. 299; *Diekmann* in Semler/Stengel, § 65 UmwG Rz. 14; *Rieger* in Widmann/Mayer, § 65 UmwG Rz. 10; *M. Winter* in Kölner Umwandlungsrechtstage, S. 37; *Heckschen*, S. 29; a.A. *Simon* in KölnKomm. UmwG, § 13 UmwG Rz. 23.
2 Einschränkend *Simon* in KölnKomm. UmwG, § 13 UmwG Rz. 23, der durch Auslegung des Gesellschaftsvertrages im Einzelfall bestimmen will, ob im Wege der Lückenfüllung die Kautelen der Satzungsänderung auch für die Verschmelzung gelten.
3 *Bayer*, ZIP 1997, 1613 (1622).
4 Vgl. *Stratz* in Schmitt/Hörtnagl/Stratz, § 65 UmwG Rz. 11; *Dieckmann* in Semler/Stengel, § 65 UmwG Rz. 16 m.w.N.
5 So unter Bezugnahme auf § 35 BGB die RegBegr, *Ganske*, S. 61.
6 So auch *Reichert*, GmbHR 1995, 176 (179).

sellschaftsanteilen vorgeschrieben ist (§ 50 Rz. 47)[1]. Hier ist jeder von ihnen i.S.d. § 13 Abs. 2 UmwG berechtigt, die Anteilsübertragung zu verhindern. Dies gilt aber auch dann, wenn in der Satzung zwar keine Einmütigkeit verlangt wird, diese jedoch nach dem allgemeinen Recht des übertragenden Rechtsträgers (insbesondere bei der Personengesellschaft) vorgeschrieben ist. Eine gesonderte Festschreibung der Einstimmigkeit/Einmütigkeit in der Satzung ist dann nicht erforderlich[2].

30 **Unanwendbar** ist die Regelung hingegen dann, wenn – was häufig ist – das Zustimmungsrecht der **Gesellschaft als solcher**, der Gesellschafterversammlung (mit **Mehrheit**) oder einem anderen Organ, z.B. einem Beirat, zusteht[3]. Das ist unbefriedigend, weil die diesbezüglichen Regelungen in der Praxis vielfach synonym gebraucht werden: Hat die Gesellschaft einen Mehrheitsgesellschafter und soll diesem die Entscheidung über die Abtretung zustehen, ist es gleichgültig, ob man ihm die Zustimmung als Sonderrecht zuweist oder lediglich einen Mehrheitsbeschluss der Gesellschafterversammlung fordert[4]. Die gesetzliche Regelung, dass ein Zustimmungsvorbehalt zugunsten der Gesellschaft oder der Gesellschafterversammlung nicht genügt, ist jedoch eindeutig[5].

31 Ebenso ist § 13 Abs. 2 UmwG unanwendbar, wenn der betreffende Minderheitsgesellschafter aufgrund **erhöhter Mehrheitserfordernisse** die Möglichkeit gehabt hätte, zwar nicht die Verschmelzung, aber einen Genehmigungsbeschluss der Gesellschafterversammlung zu verhindern, etwa weil die Satzung für die Erteilung der Abtretungsgenehmigung eine Mehrheit von 90 % voraussetzt und er mit 15 % beteiligt ist. Auch in diesem Fall handelt es sich nur um eine Auswirkung der getroffenen Mehrheitsregelung, nicht aber um ein Sonderrecht des betreffenden Gesellschafters (§ 50 Rz. 44)[6]. Allenfalls könnte man daran denken, in diesem Fall das erhöhte Mehrheitserfordernis auch auf den Verschmelzungsbeschluss zu beziehen, so wie das oben für erhöhte Mehrheitserfordernisse bei der Satzungsänderung vertreten wurde[7]. Damit wird aber der mögliche und von den Gesellschaftern vorhersehbare Rahmen der Auslegung überschritten. Richtiger erscheint es, in einem solchen Fall das Zustimmungsrecht zu verneinen, aber den Verschmelzungsbeschluss besonders intensiv auf einen möglichen Treupflichtverstoß des Mehrheitsgesellschafters hin zu untersuchen. Ein solcher liegt insbesondere vor, wenn die Verschmelzung lediglich das Ziel verfolgt, die Vinkulierung zu unterlaufen.

---

1 *Gehling* in Semler/Stengel, § 13 UmwG Rz. 45; *Zimmermann* in Kallmeyer, § 13 UmwG Rz. 23; *M. Winter* in Kölner Umwandlungsrechtstage, S. 42; *H. Schmidt* in Kölner Umwandlungsrechtstage, S. 78; a.A. *Stratz* in Schmitt/Hörtnagl/Stratz, § 13 UmwG Rz. 62.

2 So auch *Reichert*, GmbHR 1995, 176 (181); a.A. *H. Schmidt* in Kölner Umwandlungsrechtstage, S. 78.

3 *Stratz* in Schmitt/Hörtnagl/Stratz, § 13 UmwG Rz. 63; *Gehling* in Semler/Stengel, § 13 UmwG Rz. 46; *Bermel* in Goutier/Knopf/Tulloch, § 13 UmwG Rz. 54.

4 So auch *Heckschen* in Widmann/Mayer, § 13 UmwG Rz. 171.

5 *Ganske*, S. 61, insbesondere zum Fall des § 68 Abs. 2 AktG, der eben diese Form der Genehmigung vorsieht.

6 So auch *M. Winter* in Kölner Umwandlungsrechtstage, S. 43; *H. Schmidt* in Kölner Umwandlungsrechtstage, S. 78 a.E.

7 Dafür *Reichert*, GmbHR 1995, 176 (185), zumindest für den Fall, dass auch die Aufhebung der Vinkulierung einer derart erhöhten Mehrheit vorbehalten ist.

Nicht unter § 13 Abs. 2 UmwG fällt der Fall, dass die Satzung nur eine Zustimmung der Gesellschafterversammlung mit **100 %-Mehrheit der abgegebenen Stimmen** verlangt, da § 13 Abs. 2 UmwG nicht gilt, wenn die Abtretung von der Zustimmung des Rechtsträgers selbst abhängig ist (s. dazu auch oben Rz. 29f.)[1]. Das Erfordernis einer 100 %-Mehrheit der abgegebenen Stimmen ist wie jede andere Mehrheitsentscheidung auch als eine Zustimmung der Gesellschafterversammlung anzusehen, wenn auch mit einem besonders qualifizierten Mehrheitserfordernis. Ein solches begründet aber kein sonderrechtsähnliches Individualrecht und fällt daher nicht unter § 13 Abs. 2 UmwG[2]. 32

Problematisch ist der Fall, dass die Abtretung der Anteile nicht an eine Zustimmung gebunden, sondern statutarisch **generell ausgeschlossen** ist. Dieser Fall ist vom Wortlaut des § 13 Abs. 2 UmwG nicht gedeckt, jedoch ist der Anteilsinhaber in einem Rechtsträger, dessen Satzung eine Abtretung bedingungslos ausschließt, nicht weniger schützenswert als derjenige in einem Rechtsträger, der die Abtretung mit Zustimmung immerhin zulassen will. Eine analoge Anwendung ist daher geboten, sofern die Aufhebung des Abtretungsverbots nur einstimmig erfolgen kann: Dann liegt dieselbe Interessenlage vor, wie sie bei einer einmütigen Entscheidung über die Abtretung besteht[3]. 33

b) Andere Sonderrechte

Keinen Schutz bietet § 13 Abs. 2 UmwG den Inhabern von Vorkaufs- und Optionsrechten sowie von sonstigen statutarischen Sonderrechten, die sich nicht auf die **Abtretbarkeit der Anteile** beziehen, also z.B. Sonderrechte auf Benennung eines Geschäftsführers. Diese Rechte fallen nicht unter § 13 Abs. 2 UmwG. Ihr Schutz ist im Gesetz nicht allgemein, sondern, gerade in Bezug auf die GmbH, nur punktuell in § 50 Abs. 2 UmwG geregelt[4]. Der Verschmelzungsbeschluss kann rechtsmissbräuchlich sein, wenn er darauf zielt, derartige Sonderrechte unter dem Deckmantel der Verschmelzung zu entziehen. Zu beachten ist auch, dass Rechte wie die erwähnten Vorkaufs- und Optionsrechte in der Gestaltungspraxis an Stelle einer Vinkulierung eingesetzt werden können, um den Gesellschafterkreis geschlossen zu halten[5]. Sie können dann – je nach Ausgestaltung – als geschützte Minderheitenrechte unter § 50 Abs. 2 UmwG fallen (§ 50 Rz. 40ff.). Ist die Rechtsstellung des betroffenen Gesellschafters in der neuen Gesellschaft ohne das Sonderrecht unzumutbar, so kann er aus wichtigem Grund austreten[6]. 34

1 Z.B. im Falle des § 68 Abs. 2 AktG; *Ganske*, S. 61.
2 So auch *Reichert*, GmbHR 1995, 176 (180).
3 Zustimmend *Zimmermann* in Kallmeyer, § 13 UmwG Rz. 23; *Gehling* in Semler/Stengel, § 13 UmwG Rz. 40; a.A. *Bermel* in Goutier/Knopf/Tulloch, § 13 UmwG Rz. 55 im Anschluss an *Reichert*, GmbHR 1995, 176 (180f.), der jedoch eine Analogie nur deshalb für nicht erforderlich hält, weil er – anders als hier vertreten – die zusätzlichen Erfordernisse für eine Aufhebung oder Beschränkung der Vinkulierung auch auf den Verschmelzungsbeschluss anwenden will. Ablehnend auch *Stratz* in Schmitt/Hörtnagl/Stratz, § 13 UmwG Rz. 60; *Heckschen* in Widmann/Mayer, § 13 UmwG Rz. 172; *Simon* in Köln-Komm. UmwG, § 13 UmwG Rz. 49.
4 Zutr. *Gehling* in Semler/Stengel, § 13 UmwG Rz. 45f.
5 Dazu *Reichert*, GmbHR 2012, 713 (721).
6 *Gehling* in Semler/Stengel, § 13 UmwG Rz. 45f.; ebenso *M. Winter* in Kölner Umwandlungsrechtstage, S. 47ff.

c) Leistungsvermehrung

35 **§ 13 UmwG schützt** seinem Wortlaut nach **nicht vor erhöhten Leistungspflichten**, die die Satzung des neuen Rechtsträgers vorsieht. Auch andere Schutzbestimmungen des Gesetzes (z.B. § 50 Abs. 2 UmwG) regeln dieses Problem nicht. Die Gesetzesbegründung spricht sich – im Gegensatz zur einhelligen Meinung zum vor 1994 geltenden Recht[1] – gegen einen Rechtsbehelf des überstimmten Gesellschafters in Bezug auf erhöhte Leistungspflichten aus, da ein Zustimmungsrecht die Verschmelzung oft verhindern würde und die Belastung durch derartige Pflichten im Rahmen der Bestimmung des Umtauschverhältnisses ausgeglichen werden könnte[2]. Diese Begründung trifft allenfalls auf den Fall zu, dass die Leistungspflicht in einem Unterlassen, z.B. von Wettbewerb, besteht. Hier könnte man daran denken, in der Erhöhung des Umtauschverhältnisses eine Entschädigung für das Wettbewerbsverbot zu sehen. Gänzlich fehl geht die Überlegung des Gesetzgebers aber dann, wenn positive Leistungspflichten begründet werden und deren Ausmaß an den Umfang der Beteiligung anknüpft, wie dies etwa § 26 Abs. 2 GmbHG vorsieht. Sie führt dann dazu, dass der Minderheitsgesellschafter gegen seinen Willen verpflichtet werden kann, im übernehmenden Rechtsträger z.B. Nachschüsse zu leisten (§ 26 GmbHG) oder Zuckerrüben abzuliefern (§ 55 AktG). Als Ausgleich dafür erhält er zusätzliche Geschäftsanteile bzw. Aktien. Da aber der Umfang der Nebenleistungspflichten an die Zahl der Geschäftsanteile bzw. Aktien anknüpft, bedeutet das, dass er im Ernstfall noch mehr Nachschusskapital aufzubringen bzw. Rüben zu liefern hat. Der Ausgleich, den sich der Gesetzgeber hier vorstellt, ist also nicht nur unberechenbar[3], sondern undurchführbar.

36 Aber auch in den übrigen Fällen kann die Lösung des Gesetzes nicht überzeugen. Leistungspflichten zum Unterlassen von Wettbewerb oder zur Geschäftsführung in der übernehmenden Gesellschaft berühren das Grundrecht aus Art. 12 Abs. 1 GG. Nach der Rechtsprechung des BVerfG ist ein Wettbewerbsverbot schon dann verfassungsrechtlich bedenklich, wenn der Betroffene eingewilligt hat, sich dabei aber in einer Abhängigkeitslage befand, die ihm keine freie Entscheidung ermöglichte[4]. Erst recht bedenklich ist es deshalb, wenn das Wettbewerbsverbot vollständig gegen seinen Willen eingeführt wurde. Das Gleiche gilt für eine Nebenpflicht zur Geschäftsführung, zumal auch mit einer solchen Zwangsverpflichtung ein Wettbewerbsverbot einhergehen würde.

37 Die Nichtregelung des Schutzes gegenüber Nebenleistungspflichten beruht daher auf einer Fehlanschauung des Gesetzgebers[5], so dass die entstandene Anschauungslücke im Wege der **Auslegung** zu schließen ist[6]. Fraglich ist allerdings, ob dies unbedingt durch eine Ausdehnung des § 13 Abs. 2 UmwG auf diese Fälle zu geschehen hat. Das Gesetz sieht noch einen anderen Schutzmechanismus in Bezug auf die persönliche Rechtsstellung des Anteilsinhabers vor, nämlich den Aus-

---

1 Vgl. *Wiedemann*, Gesellschaftsrecht I, S. 393.

2 *Ganske*, S. 61; *Simon* in KölnKomm. UmwG, § 13 UmwG Rz. 62.

3 Kritisch aus diesem Grunde *M. Winter* in Kölner Umwandlungsrechtstage, S. 47.

4 BVerfG v. 7.2.1990 – 1 BvR 26/84, BVerfGE 81, 242 ff.

5 Zustimmend *Gehling* in Semler/Stengel, § 13 UmwG Rz. 44; *Zimmermann* in Kallmeyer, § 13 UmwG Rz. 26; a.A. *Heckschen* in Widmann/Mayer, § 13 UmwG Rz. 184 ff.; differenzierend *Simon* in KölnKomm. UmwG, § 13 UmwG Rz. 59 ff.

6 Zust. *Gehling* in Semler/Stengel, § 13 UmwG Rz. 45; *Raiser/Veil*, Recht der Kapitalgesellschaften, § 46 Rz. 54; a.A. *Wälzholz*, DStR 2006, 236 (238).

tritt nach § 29 UmwG. Auf diesem Wege könnte das Anliegen des Gesetzgebers, die Durchführung der Verschmelzung nicht zu behindern, doch noch Rechnung getragen werden[1]. Einer solchen Lösung widerspricht aber, dass der Gesetzgeber für den Entzug von Sonderrechten (§§ 13 Abs. 2, 50 Abs. 2 UmwG) und für haftungserweiternde Eingriffe (§§ 40 Abs. 2 Satz 2, 51 UmwG) die Zustimmung des Betroffenen vorgesehen hat. Diesen Fallgruppen steht die Leistungsvermehrung näher als den Nachteilen, die sich durch den Rechtsformwechsel oder die Anteilsvinkulierung nach § 29 UmwG ergeben[2]. Das Verbot der Leistungsvermehrung gegen den Willen des Betroffenen ist zudem ein so fundamentales Prinzip des Korporationsrechts (§ 707 BGB) und mithin des Individualschutzes, dass die Verdrängung aus dem Verband für den Fall, dass der Gesellschafter die zusätzliche Verpflichtung nicht in Kauf nehmen will, keine angemessene Konfliktlösung darstellt[3]. Hinzu kommt, dass eine Lösung über das Austrittsrecht dem Mehrheitsgesellschafter die Möglichkeit zur gezielten Verdrängung der Minderheit eröffnet, etwa indem er die betreffende Gesellschaft auf eine von ihm gegründete 100 %-Tochter verschmilzt, deren Satzung er zuvor entsprechend unattraktiv ausgestaltet hat. Den Bedenken des Gesetzgebers hinsichtlich einer Blockade der Verschmelzung ist zu entgegnen, dass in der besonders konfliktträchtigen AG das Problem wegen § 55 AktG (Nebenpflicht nur bei vinkulierten Namensaktien) nur selten praktisch wird. In Bezug auf die übrigen Rechtsträger wird häufig eine Einigung möglich sein, z.B. dahin gehend, dass eine existierende Nebenleistungspflicht nur für die Altgesellschafter der übernehmenden Gesellschaft gilt[4] oder dass einem bestimmten Gesellschafter Befreiung, z.B. vom Wettbewerbsverbot, erteilt wird. Bietet die aufnehmende Gesellschaft eine solche Lösung an, so handelt der widersprechende Gesellschafter treuwidrig, wenn er die Zustimmung verweigert, obwohl er durch die Klausel keinen Nachteil erleidet. Gleiches gilt, wenn der Nachteil ganz geringfügig ist[5]. Schließlich sind die Besonderheiten in Hinblick auf die Leistungsvermehrung zu berücksichtigen, die das Recht des betreffenden Rechtsträgers vorsieht. Wo das allgemeine Gesetz eine Leistungsvermehrung gestattet (z.B. § 16 Abs. 2 GenG), hat dies auch für Umwandlungsbeschlüsse Gültigkeit.

4. Sachliche Rechtfertigung

Die Vorschrift des § 13 UmwG enthält keine Regelung zur Frage einer sachlichen 38
Rechtfertigung des Verschmelzungsbeschlusses. Auch in der Gesetzesbegründung wird diese Frage bewusst offen gelassen. Sie führt hierzu aus, dass es zum einen zweifelhaft sei, ob sich diese zur Kapitalerhöhung unter Bezugsrechtsausschluss entwickelten Grundsätze auf Verschmelzungsbeschlüsse übertragen lassen, und dass es zum anderen ausgeschlossen erscheine, dieses Grundsatzproblem unter

1 So *H. Schmidt* in Kölner Umwandlungsrechtstage, S. 84; ähnl. *Grunewald* in Kölner Umwandlungsrechtstage, S. 24: Austrittsrecht aus wichtigem Grund.
2 So auch *M. Winter* in Kölner Umwandlungsrechtstage, S. 47; für Zustimmung des betroffenen Gesellschafters auch *Priester*, ZGR 1990, 420 (442); a.A. *Wälzholz*, DStR 2006, 236 (239).
3 *Wiedemann*, Gesellschaftsrecht I, S. 393.
4 So auch *Grunewald* in Kölner Umwandlungsrechtstage, S. 24; für eine kautelarjuristische Lösung auch *Wälzholz*, DStR 2006, 236 (240 f.).
5 *Gehling* in Semler/Stengel, § 13 UmwG Rz. 44.

Beschränkung für die Verschmelzung zu regeln, ansonsten aber ungeregelt zu lassen[1]. Soweit in dieser Äußerung der amtlichen Begründung eine Distanzierung von dem sachlichen Rechtfertigungszwang gesehen wird[2], kann dem nicht gefolgt werden. Ihr ist lediglich die Aussage zu entnehmen, dass eine isolierte Betrachtung unzulässig ist. Vielmehr wollte der Gesetzgeber einer umfassenden gesellschaftsrechtlichen Lösung nicht vorgreifen, diese sollte zunächst der Rechtsprechung und Literatur vorbehalten bleiben[3].

a) Ausgangslage

39 Der Gedanke, dass ein Mehrheitsentscheid zur Regelung einer bestimmten Frage im Gesellschaftsrecht nicht in allen Fällen allein ausreichend ist, hat sich in den 60er-Jahren vor allem am Problem des Bezugsrechtsausschlusses herausgebildet[4]. Die Rspr. hat diese Ansicht aufgegriffen[5] und – ebenfalls im Anschluss an Vorarbeiten der Literatur – auf andere Fälle ausgedehnt. Zu nennen ist insoweit vor allem die Inhaltskontrolle von Beschlüssen, die eine Abhängigkeit von einem herrschenden Unternehmen erstmals begründen[6].

40 Teilweise wird darüber hinaus die Ansicht vertreten, dass **sämtliche strukturändernde Entscheidungen** der Gesellschafterversammlung der materiellen Kontrolle im Sinne einer sachlichen Rechtfertigungsprüfung unterliegen[7]. Die (inzwischen deutlich vorherrschende) Gegenmeinung differenziert hingegen zwischen den Beschlüssen, die einer sachlichen Rechtfertigung bedürfen, und solchen, die durch eine qualifizierte Beschlussmehrheit und gegebenenfalls hinzutretende besondere Schutzmaßnahmen bereits hinreichend legitimiert sind[8]. Jedenfalls tendenziell entspricht die differenzierende Lösung auch der Rechtsprechung

1 *Ganske*, S. 61.

2 So *Heckschen*, S. 78; für den Umwandlungsbeschluss gem. § 193 UmwG *Streck/Mack/Schwedhelm*, GmbHR 1995, 161 (172); *Gehling* in Semler/Stengel, § 13 UmwG Rz. 23; wohl auch *Decher* in Kölner Umwandlungsrechtstage, S. 220.

3 So auch *M. Winter* in Kölner Umwandlungsrechtstage, S. 40; *Hommelhoff*, ZGR 1993, 452 (458 f.).

4 S. *Lutter* in KölnKomm. AktG, § 186 AktG Rz. 50; *Zöllner* in KölnKomm. AktG, § 243 AktG Rz. 196; *Zöllner*, Schranken mitgliedschaftlicher Stimmrechtsmacht, 1963, S. 352 ff.; *R. Fischer*, Minderheitenschutz bei Kapitalgesellschaften (Deutsch-Italienischer Juristenkongress in Rom), 1967, S. 59 (70); *Füchsel*, Der Bezugsrechtsausschluss im deutschen Aktienrecht, 1970, S. 95.

5 BGH v. 13.3.1978 – II ZR 142/76, BGHZ 71, 40 (Kali u. Salz); BGH v. 19.4.1982 – II ZR 55/81, BGHZ 83, 319 (Holzmann).

6 BGH v. 16.2.1981 – II ZR 168/78, BGHZ 80, 69 (Süßen).

7 So *Wiedemann*, Gesellschaftsrecht I, § 8 III 1a; *Martens* in FS Fischer, 1979, S. 437 (445); *Martens*, GmbHR 1984, 265 (269).

8 So namentlich *Lutter*, ZGR 1981, 171 (177 ff.); *Lutter*, ZHR 153 (1989), 446 ff.; *Timm*, ZGR 1987, 415 (421 ff.); *Timm*, JZ 1980, 665 (667); *Hirte*, Bezugsrechtsausschluss und Konzernbildung, 1986, S. 138 ff.; *M. Winter*, Mitgliedschaftliche Treuebindungen, 1986, S. 135 ff.; *Schockenhoff*, Gesellschaftsinteresse und Gleichbehandlung beim Bezugsrechtsausschluss, 1988, S. 97 ff.; *Priester/Veil* in Scholz, § 53 GmbHG Rz. 59; *K. Schmidt* in Scholz, § 47 GmbHG Rz. 30; *K. Schmidt* in Großkomm. AktG, § 243 AktG Rz. 46; *Raiser* in Ulmer/Habersack/Winter, Anh. § 47 GmbHG Rz. 151 ff.; *Hüffer* in MünchKomm. AktG, § 243 AktG Rz. 55; *Neumann/Siebmann*, DB 2006, 435 (437).

des BGH, der z.B. für den Auflösungsbeschluss[1], den Squeeze-out[2] und das Delisting[3] eine materielle Beschlusskontrolle ablehnt. Innerhalb der Autoren, die einen differenzierenden Ansatz vertreten, bestehen wiederum erhebliche Unterschiede hinsichtlich der Differenzierungskriterien. Das führt dazu, dass der Fall der Verschmelzung unter diesen Autoren lebhaft umstritten ist[4]. Einigkeit besteht jedoch darin, dass insoweit, als keine sachliche Rechtfertigung erforderlich ist, jedenfalls eine so genannte Kontrolle auf der 1. Stufe stattfindet, die den Beschluss auf Ermessensmissbrauch und Ungleichbehandlung hin überprüft[5].

An der **differenzierenden Ansicht** ist auch für das UmwG festzuhalten. Dass die Forderung nach einer für alle strukturändernden Beschlüsse geltenden sachlichen Rechtfertigung unberechtigt ist, zeigt sich vor allem am Fall der Auflösung: Es muss der Mehrheit gestattet bleiben, den Gesellschaftszweck zu beenden, um das in der Gesellschaft gebundene Kapital frei zu bekommen, auch wenn dieser Beschluss den Interessen der Minderheit und natürlich auch der Gesellschaft selbst entgegensteht[6]. Diese Möglichkeit hat das Gesetz den Gesellschaftern an die Hand gegeben und zum Schutz dem Erfordernis einer qualifizierten Mehrheit unterworfen. Eine materielle Kontrolle kann daher nur dort gerechtfertigt sein, wo das Gesetz die Interessenabwägung zwischen der Mehrheit und der betroffenen Minderheit nicht schon abschließend vorgenommen hat. Somit ist für die verschiedenen strukturändernden Beschlüsse jeweils eine separate Entscheidung darüber zu treffen, ob eine sachliche Rechtfertigung erforderlich ist. 41

b) Verlust an Kapital- und Stimmrechtsquote

Problematisch ist die Verschmelzung ähnlich wie der Bezugsrechtsausschluss deshalb, weil die Maßnahme den Vermögenswert und die Stimmkraft des einzelnen Anteilsinhabers beeinträchtigt. Dies gilt für die übertragende wie für die auf- 42

1 BGH v. 28.1.1980 – II ZR 124/78, BGHZ 76, 352 (353); BGH v. 1.2.1988 – II ZR 75/87, BGHZ 103, 183 (190). Vgl. auch OLG Stuttgart v. 21.12.1993 – 10 U 48/93, DB 1994, 205 = AG 1994, 411; OLG Düsseldorf v. 9.12.1993 – 6 U 2/93, WM 1994, 337 = AG 1994, 228; LG Stuttgart v. 22.1.1993 – 2 KfH O 113/92, DB 1993, 472 = AG 1993, 471; ebenso BGH v. 9.2.1998 – II ZR 278/96, BGHZ 138, 71 (74 ff.) = AG 1998, 284 (Sachsenmilch) zur Kapitalherabsetzung.

2 BGH v. 16.3.2009 – II ZR 302/06, WM 2009, 896 = AG 2009, 441 (Wertpapierdarlehen).

3 BGH v. 25.11.2002 – II ZR 133/01, WM 2003, 533 = AG 2003, 273; BGH v. 7.12.2009 – II ZR 239/08, NZG 2010, 618 = AG 2010, 453.

4 Dafür *Hirte*, Bezugsrechtsausschluss und Konzernbildung, 1986, S. 70 ff.; *Krieger/Kraft* in MünchHdb. AG, § 56 Rz. 85; *Becker*, AG 1988, 223 (227 f.); *Bayer*, ZIP 1997, 1613 (1624); *Ross*, passim; dagegen *Lutter*, ZGR 1981, 171 (177 ff.); *Lutter*, ZHR 153 (1989), 446 ff.; *Timm*, ZGR 1987, 415 (421 ff.); *Timm*, JZ 1980, 665 (667); LG Arnsberg v. 28.1. 1994 – 2 O 416/93, ZIP 1994, 536 (537); *Bermel* in Goutier/Knopf/Tulloch, § 13 UmwG Rz. 24 f.; *Heckschen*, S. 31; *M. Winter* in Kölner Umwandlungsrechtstage, S. 41; *K. Schmidt* in Großkomm. AktG, § 243 AktG Rz. 46; *Semler*, BB 1983, 1566 (1569); *Zimmermann* in Kallmeyer, § 13 UmwG Rz. 12.

5 Vgl. insbesondere *Lutter*, ZGR 1981, 171 (177 ff.); s. auch *Kindler*, ZHR 158 (1994), 339 ff.

6 BGH v. 28.1.1980 – II ZR 124/78, BGHZ 76, 352 (353); BGH v. 1.2.1988 – II ZR 75/87, BGHZ 103, 183 (190); OLG Frankfurt/M. v. 19.2.1991 – 5 U 5/86, AG 1991, 208 (210); OLG Stuttgart v. 21.12.1993 – 10 U 48/93, AG 1994, 411 (413); *Lutter*, ZHR 158 (1989), 446 ff.; *Hüffer*, § 243 AktG Rz. 28.

nehmende Gesellschaft in gleicher Weise[1]. Ähnlich wie bei der Kapitalerhöhung kommt es durch den Anteilsumtausch zu einer Beteiligung zusätzlicher Gesellschafter, daher tritt stets eine Verschiebung der Stimmkraft ein. Möglich ist auch eine Kapitalverwässerung durch ein zu hohes bzw. zu niedriges Umtauschverhältnis. Das Problem der **Kapitalverwässerung** ist jedoch bei der Verschmelzung als vom Gesetz bereits gelöst anzusehen. Eine Kapitalverwässerung entsteht aus Sicht der Anteilsinhaber des übertragenden Rechtsträgers, wenn die auszutauschenden Anteile unterbewertet werden, aus Sicht des übernehmenden Rechtsträgers, wenn diese Anteile überbewertet sind. Den ersten Fall hat der Gesetzgeber explizit aus der Beschlusskontrolle herausgenommen und dafür das Spruchverfahren zur Verfügung gestellt. Der zweite Fall ist dadurch gelöst, dass dann, wenn die Anteilsinhaber des übernehmenden Rechtsträgers durch ein zu hohes Umtauschverhältnis benachteiligt werden, der Verschmelzungsbeschluss schon aus diesem Grunde anfechtbar ist, ohne dass es deshalb eines Rückgriffs auf die sachliche Rechtfertigung bedürfte[2].

43 Damit verbleibt die Frage der **Stimmrechtsverwässerung:** Durch die Aufnahme der neuen Gesellschafter geht der relative Stimmanteil des einzelnen Gesellschafters in der aufnehmenden Gesellschaft zurück, was in einer Konfliktlage zwischen (qualifizierter) Mehrheit und Minderheit dazu benutzt werden kann, den Anteil der Minderheit gezielt zu verringern. Den Verlust an Stimmrechtsmacht nimmt das Gesetz aber dadurch billigend in Kauf, dass bei der Kapitalerhöhung im Zusammenhang mit einem Zusammenschluss von Unternehmen nach § 192 Abs. 2 Nr. 2 AktG und § 69 UmwG – ebenso wie zuvor nach § 343 AktG a.F. – ein Bezugsrecht schon von Gesetzes wegen nicht besteht. Nach bestrittener, aber zutreffender Ansicht ist in dieser Wertung die Freistellung auch der Sachkapitalerhöhung vom Rechtfertigungserfordernis zu sehen, sofern sich die Sacheinlage als unternehmerischer Zusammenschluss darstellt[3]. Ist aber schon bei der Sachkapitalerhöhung zum Zweck des Unternehmenszusammenschlusses die Stimmrechtsverschiebung als von Gesetzes wegen akzeptiert anzusehen, so gilt dies für die Verschmelzung erst recht[4]. Ebenso wie im Fall der Sachkapitalerhöhung ist daher in § 192 Abs. 2 Nr. 2 AktG und § 69 UmwG eine gesetzliche Wertung für die

---

1 Der Hinweis, in der übertragenden Gesellschaft komme der Verschmelzungsbeschluss einer Auflösung gleich und sei schon deshalb nicht rechtfertigungsbedürftig (so *M. Winter* in Kölner Umwandlungsrechtstage, S. 40; *Westermann* in FS Semler, 1993, S. 651 [658 f.]), ist demgegenüber eher zweifelhaft: Im Falle der Verschmelzung durch Neubildung müssten dann die Beschlüsse beider Gesellschaften kontrollfrei sein, obwohl die sachlichen Probleme sich nicht unterscheiden, zutr. *Mülbert*, Aktiengesellschaft, Unternehmensgruppe und Kapitalmarkt, 2. Aufl. 1996, S. 316.

2 BGH v. 2.7.1990 – II ZR 1/90, WM 1990, 1372 (1375); kritisch, aber im Ergebnis ebenso *Boujong* in FS Kellermann, 1991, S. 1 (14); *Heckschen*, S. 45; *Hoffmann-Becking*, ZGR 1990, 482 (484 f.); *Timm*, JZ 1982, 403 (410); *Bermel* in Goutier/Knopf/Tulloch, § 14 UmwG Rz. 7; a.A. OLG Hamm v. 20.6.1988 – 8 U 329/87, DB 1988, 1842 (1844); LG Frankfurt/M. v. 15.1.1990 – 3/11 T 62/89, WM 1990, 592.

3 So *Lutter* in KölnKomm. AktG, § 186 AktG Rz. 82; *Bermel* in Goutier/Knopf/Tulloch, § 13 UmwG Rz. 25; *Semler*, BB 1983, 1566 (1569); a.A. *Wiedemann* in Großkomm. AktG, § 186 AktG Rz. 173; *Martens* in FS Fischer, 1979, S. 437 (445).

4 *Timm*, ZGR 1987, 403 (428); *Lutter*, ZGR 1981, 171 (178); a.A. *M. Winter* in Kölner Umwandlungsrechtstage, S. 41; *Wiedemann* in Großkomm. AktG, § 186 AktG Rz. 173; *Krieger/Kraft* in MünchHdb. AG, § 56 Rz. 85; *Hirte*, Bezugsrechtsausschluss und Konzernbildung, 1986, S. 70 ff. m.w.N. zu beiden Ansichten.

Freistellung unternehmerischer Zusammenschlüsse vom Rechtfertigungserfordernis zu sehen[1].

Hinzu kommt noch, dass das Gesetz den **Minderheitenschutz** auf andere Weise berücksichtigt. Das gilt nicht nur für das Austrittsrecht nach § 29 UmwG im Falle der Mischverschmelzung[2], sondern vor allem auch für den Bericht nach § 8 UmwG[3]. In diesem Bericht ist die unternehmerische Notwendigkeit der Verschmelzung mit allen Vor- und Nachteilen darzulegen und zu begründen. Zielt die Verschmelzung auf eine Schwächung der Minderheitenposition, wird schon diese Darlegung schwer fallen[4]. Der Verschmelzungsbericht hat insoweit eine ähnlich bremsende Funktion wie der Abhängigkeitsbericht im faktischen Konzern[5] und ist daher kein Indiz für die materielle Kontrolle[6]: Die Geschäftsleitung kann keine Maßnahme mittragen, die sie nicht auch in schriftlicher Form begründen und vor dem für die Entscheidung zuständigen Gremium vertreten kann. Im Übrigen liefert der Bericht der überstimmten Minderheit die Informationen, die sie für eine Kontrolle auf der ersten Stufe, also im Hinblick auf einen möglichen Mehrheitsmissbrauch, benötigt. 44

Schließlich lässt sich der Verschmelzungsbeschluss auch nur schwerlich an den Kriterien Erforderlichkeit, Geeignetheit und Verhältnismäßigkeit beurteilen. Vor allem kann nicht zuverlässig festgestellt werden, ob ein milderes Mittel als die Verschmelzung zur Verfügung gestanden hätte. Die Vorstellung, der Beschluss könne überhaupt daraufhin kontrolliert werden, ob überhaupt, mit wem, in welchem Umfang und zu welchen Bedingungen eine Verschmelzung durchgeführt werden soll[7], ist unzutreffend. Diese Alternativen stellen sich in der Regel nicht, vielmehr geht es bei der Verschmelzung um ein konkretes unternehmerisches Projekt, das entweder im Einverständnis mit dem anderen beteiligten Rechtsträger so wie geplant oder aber überhaupt nicht vollzogen wird. Die Fusion mit einem anderen Partner ist kein milderes Mittel, sondern ein wirtschaftliches aliud. Gleiches gilt für den Verzicht auf die Verschmelzung und ihren Ersatz durch eine andere Strukturmaßnahme, etwa durch Abschluss eines Beherrschungsvertrages[8]. Ein solcher hätte zwar aus Sicht des übernehmenden Rechtsträgers den Vorteil, dass das Stimmenverhältnis nicht angetastet wird, aber den Nachteil, dass die außenstehenden Aktionäre der abhängigen Gesellschaft abgefunden werden müssen und der abhängige Rechtsträger nicht untergeht und weiterhin Kosten der Betei- 45

1 Für eine Freistellung sämtlicher Grundlagenbeschlüsse vom Rechtfertigungserfordernis demgegenüber *K. Schmidt* in Großkomm. AktG, § 243 AktG Rz. 46; *Hüffer*, § 243 AktG Rz. 27.
2 So auch *Bermel* in Goutier/Knopf/Tulloch, § 13 UmwG Rz. 24.
3 Wie hier auch OLG Düsseldorf v. 16.1.2003 – 6 U 60/02, AG 2003, 578 (579); *Gehling* in Semler/Stengel, § 13 UmwG Rz. 23; *Zimmermann* in Kallmeyer, § 13 UmwG Rz. 12; *Raiser/Veil*, Recht der Kapitalgesellschaften, § 46 Rz. 70; *Hofmann/Krolop*, AG 2005, 866 (870).
4 *Baums*, AG 1994, 1 (10); wie hier auch *Hofmann/Krolop*, AG 2005, 870.
5 Zu dieser Funktion des Abhängigkeitsberichts vgl. *Hommelhoff*, ZHR 156 (1992), 295 (313); *Hüffer*, § 312 AktG Rz. 1; *Altmeppen* in MünchKomm. AktG, § 312 AktG Rz. 18ff.
6 So aber *Feddersen/Kiem*, ZIP 1994, 1078 (1084).
7 *Hirte*, Bezugsrechtsausschluss und Konzernbildung, 1986, S. 148.
8 Wie hier auch OLG Frankfurt/M. v. 8.2.2006 – 12 W 185/05, DB 2006, 438 (440) = AG 2006, 249; *Zimmermann* in Kallmeyer, § 13 UmwG Rz. 12; *Hüffer*, § 243 AktG Rz. 26f.; *Neumann/Siebmann*, DB 2006, 435 (437).

ligungsverwaltung verursacht. Eine Abwägung dieser Vor- und Nachteile gegeneinander ist kaum möglich. Deshalb stehen die verschiedenen Formen von Beherrschungsverträgen, die Eingliederung, die Auflösung in Verbindung mit einer Vermögensübertragung und andere Alternativmaßnahmen nicht in einem Stufenverhältnis zur Verschmelzung, das es ermöglichen würde, die Vorzugswürdigkeit dieser Maßnahme in Hinblick auf die Interessen der Minderheitsgesellschafter festzustellen[1]. Anders als beim Bezugsrechtsauschluss im Zusammenhang mit einer Sachkapitalerhöhung[2] gibt es daher bei der Verschmelzung in aller Regel kein geeignetes Ausweichverfahren, mit dem der Grundsatz der geringsten Last für die überstimmte Minderheit zuverlässig verwirklicht werden könnte. Auch aus diesem Grunde ist es geboten, von der materiellen Beschlusskontrolle beim Verschmelzungsbeschluss abzusehen (vgl. § 193 Rz. 9 für den Formwechsel)[3]. Das entspricht auch der Auffassung der Rechtsprechung in den bisher zu § 13 UmwG geführten Verfahren[4].

c) Abhängigkeitsbegründende Verschmelzung

46 Anders als soeben dargelegt ist im Anschluss an BGHZ 80, 69 (Süßen)[5] lediglich dann zu entscheiden, wenn sich die Verschmelzung als eine **abhängigkeitsbegründende Maßnahme** darstellt, also die Anteilsinhaber eines beteiligten Rechtsträgers erstmals Gesellschafter einer abhängigen Gesellschaft (§§ 15 ff. AktG) werden[6]. Diese Ausnahme beruht auf der Notwendigkeit einer zusätzlichen Konzerneingangskontrolle, da das Gesetz den Schutz der Minderheit allein innerhalb des existierenden Konzerns regelt und den Schutz der Unabhängigkeit der Gesellschaft vernachlässigt hat[7]. Zwar lassen sich mit der Beschlusskontrolle gewiss nicht alle Fälle der Abhängigkeitsbegründung lösen; das ist aber nicht Ausdruck einer wertungsmäßigen Inkonsistenz[8], sondern Folge des vom Gesetz zu schwach ausgebauten Konzerneingangsschutzes. Die Tatsache, dass der vor-

1 So mit Recht *Westermann* in FS Semler, 1993, S. 651 (661 ff.).
2 Dort stehen immerhin der Erwerb der Vermögensgegenstände gegen bar und die gleichzeitige Barkapitalerhöhung unter Ausschluss des Sachinferenten als gleichwertige Maßnahmen zur Verfügung, vgl. *Lutter* in KölnKomm. AktG, § 186 AktG Rz. 79.
3 Ebenso *Stratz* in Schmitt/Hörtnagl/Stratz, § 13 UmwG Rz. 42 f.; *Gehling* in Semler/Stengel, § 13 UmwG Rz. 23; *Engelmeyer*, Die Spaltung von Aktiengesellschaften, 1995, S. 189 ff. für die Spaltung.
4 OLG Düsseldorf v. 16.1.2003 – 6 U 60/02, AG 2003, 578 (579); OLG Frankfurt/M. v. 8.12. 2005 – WpÜG 1/05, ZIP 2006, 428 (437); OLG Frankfurt/M. v. 20.3.2012 – 5 AktG 4/11, AG 2012, 414 (Rz. 40 f.).
5 BGH v. 16.2.1981 – II ZR 168/78, BGHZ 80, 69.
6 So insbesondere *Timm*, ZGR 1987, 402 (424 ff.); *Raiser/Veil*, Recht der Kapitalgesellschaften, § 52 Rz. 13; *Hirte*, Bezugsrechtsausschluss und Konzernbildung, 1986, S. 165 ff.; einschränkend *Binnewies*, GmbHR 1997, 727 (730 ff.); a.A. *Bermel* in Goutier/Knopf/Tulloch, § 13 UmwG Rz. 24; *Gehling* in Semler/Stengel, § 13 UmwG Rz. 24; *K. Schmidt* in Großkomm. AktG, § 243 AktG Rz. 46; *Wahlers*, Konzernbildungskontrolle durch die Hauptversammlung der Obergesellschaft, 1995, S. 192.
7 Dazu schon *Lutter*, ZGR 1987, 324 (335, 344 f.); *Lutter/Timm*, NJW 1982, 409 (415 f.) und *Seydel*, Konzernbildungskontrolle bei der AG, 1995, S. 185 ff.; zur Fortgeltung dieses Gedankens trotz der Aufgabe des konzernbezogenen Ansatzes im Haftungsrecht *Drygala/Staake/Szalai*, Kapitalgesellschaftsrecht, 2012, § 30 Rz. 3 f.
8 So *Mülbert*, Aktiengesellschaft, Unternehmensgruppe und Kapitalmarkt, 2. Aufl. 1996, S. 308.

geschaltete Aufkauf einer Mehrheit mit der Beschlusskontrolle nicht zu verhindern ist, kann deshalb Anlass sein, über ein angemessenes Schutzinstrument auch für diesen Fall nachzudenken, nicht aber, auf die Beschlusskontrolle dort zu verzichten, wo sie einen Beitrag zum Minderheitenschutz leisten kann.

Die Abhängigkeitsbegründung birgt auch für die überstimmte Minderheit neue, 47
zusätzliche Gefahren, die den Fall der abhängigkeitsbegründenden Verschmelzung signifikant vom oben dargestellten Normalfall unterscheiden. In diesem Fall muss daher das Interesse des Unternehmens an der Verschmelzung die Nachteile überwiegen, die der Minderheit infolge der Konzernierung drohen.

5. Besondere Zustimmungserfordernisse im Konzern

Schließlich ist zu beachten, dass unter Umständen die Verschmelzung einer 48
Tochtergesellschaft dazu führen kann, dass die Anteilseignerversammlung der Muttergesellschaft der Maßnahme zustimmen muss[1]. Eine solche Zustimmungspflicht besteht, wenn die besonderen Voraussetzungen vorliegen, die der BGH in der **Gelatine-Entscheidung**[2] für eine Erstreckung der Zuständigkeit in die Hauptversammlung der Muttergesellschaft aufgestellt hat. Voraussetzung ist aber, dass es sich zum einen nicht um eine rein konzerninterne Umstrukturierung handelt, also dass die Verschmelzung zu einer Beteiligung neuer, konzernfremder Gesellschafter am Vermögen der Tochter führt[3]. Nur dann besteht die Befürchtung, dass die Vermögens- und Herrschaftsinteressen der Anteilseigner der Mutter beeinträchtigt werden können (sog. Mediatisierungseffekt[4]). Zum anderen haben sich die inhaltlichen Voraussetzungen durch den Übergang von „Holzmüller"[5] zu „Gelatine" erheblich nach oben verschoben: Voraussetzung ist jetzt, dass es sich bei der Beteiligung an der Tochtergesellschaft um einen ganz wesentlichen Vermögensgegenstand handelt, der bei weitem den überwiegenden Teil des Unternehmensvermögens ausmacht und den Gesamtvorgang in die Nähe der Satzungsänderung rückt[6]. Das ist im Zweifel erst dann anzunehmen, wenn der Wert der Tochter mehr als 75 % des Gesamtwerts der Gruppe ausmacht. Keine Voraussetzung für eine Zuständigkeit der Mutter-Hauptversammlung ist es hingegen, dass die betroffene Tochter selbst durch Ausgliederung entstanden sein muss. Die diesbezügliche Ansicht des OLG Köln[7] übersieht, dass es hier – anders als in BGHZ 83, 122 (Holzmüller) – nicht um Konzernbildungs-, sondern um Konzern-

---

1 OLG Köln v. 24.11.1992 – 22 U 72/92, ZIP 1993, 110 mit zust. Anm. *Timm*; *Gehling* in Semler/Stengel, § 13 UmwG Rz. 50; *Bermel* in Goutier/Knopf/Tulloch, § 13 UmwG Rz. 27f.

2 BGH v. 26.4.2004 – II ZR 155/02, BGHZ 159, 30 = AG 2004, 384.

3 *Timm*, Die AG als Konzernspitze, 1980, S. 139 (143ff.); *Lutter* in FS Stimpel, 1985, S. 825 (851); *Bermel* in Goutier/Knopf/Tulloch, § 13 UmwG Rz. 30.

4 Wer freilich die Veräußerung von Tochtergesellschaften generell für zustimmungsfrei hält (*Habersack* in Emmerich/Habersack, Aktien- und GmbH-Konzernrecht, 7. Aufl. 2013, vor § 311 AktG Rz. 40; *Groß*, AG 1994, 266 [271f.]; *Röhricht* in VGR [Hrsg.], Gesellschaftsrecht in der Diskussion 2003, 2004, S. 1 [10]), müsste die Zustimmungsbedürftigkeit auch hier konsequent ablehnen, da die Verschmelzung wohl den gegenüber einer Komplettveräußerung weniger eingreifenden Tatbestand darstellt.

5 BGH v. 25.2.1982 – II ZR 174/80, BGHZ 83, 122.

6 BGH v. 26.4.2004 – II ZR 155/02, BGHZ 159, 30 (44f.) = AG 2004, 384; *Hüffer*, § 119 AktG Rz. 18b m.w.N.

7 OLG Köln v. 24.11.1992 – 22 U 72/92, ZIP 1993, 110 (113).

leitungskontrolle geht. Für diese ist es irrelevant, wie die Tochtergesellschaft entstanden bzw. ursprünglich in den Konzernverbund gelangt ist[1]. Die Zustimmung der Mutter-Hauptversammlung aufgrund der nach außen unbeschränkbaren Vertretungsmacht des Mutter-Vorstandes ist kein Wirksamkeitserfordernis für die Verschmelzung, jedoch können im Falle des Verstoßes Anteilsinhaber der Muttergesellschaft Unterlassung verlangen[2]. Ein Anspruch auf Rückgängigmachung ist ausgeschlossen, wenn die Verschmelzung ins Handelsregister eingetragen wurde (§ 20 Abs. 2 UmwG).

VI. Beschlussmängel

1. Formelle Mängel

49 Beschlussmängel werden üblicherweise in formelle und materielle Mängel eingeteilt[3]. Formelle Mängel betreffen Verletzungen des Beschlussverfahrens. Sie können sich im Falle der Verschmelzung aus drei Fehlerquellen ergeben. In Betracht kommen **Mängel der vorbereitenden Unterlagen**, also Verschmelzungsvertrag, Verschmelzungsbericht und Prüfungsbericht. Die Auswirkung solcher Mängel ist bei den betreffenden Normen erläutert (vgl. § 5 Rz. 151ff.; § 8 Rz. 54ff.; § 12 Rz. 14)[4]. Gleiches gilt für Mängel hinsichtlich der **Veröffentlichung, Auslegung oder Übersendung** des vorbereitenden Materials (vgl. §§ 42, 47, 49, 63, 82, 101 UmwG). Mängel der **Ladung** und der **Versammlungsdurchführung** (z.B. Umfang des Rede- und Fragerechts in der Versammlung der Anteilsinhaber) sind im UmwG nicht geregelt, insoweit ist auf die rechtsformspezifischen Gesetze zu verweisen[5].

50 Gemeinsam ist den formellen Mängeln, dass sie sich nur dann auf den Beschluss auswirken, wenn der Fehler für die Beschlussfassung **relevant**[6] geworden ist. Inwieweit dies der Fall ist und nach welchen Maßstäben sich die Kausalität oder Relevanz beurteilt, ist wiederum für die einzelnen Fehler unterschiedlich zu bewerten. Bei reinen Formverstößen ist ein großzügigerer Maßstab anzulegen als bei Verstößen gegen Normen, die ein konkretes Informations- und Partizipationsinteresse des Anteilsinhabers verletzen. Bei diesen kann Irrelevanz nur angenommen werden, wenn feststeht, dass der Fehler das Abstimmungsverhalten des betreffenden Anteilsinhabers nicht beeinträchtigt hat[7]. Das gilt nicht für die Verletzung

---

1 So zutr. *Timm*, ZIP 1993, 117; *Martens*, ZHR 147 (1983), 377 (404).

2 Vgl. BGH v. 25.2.1982 – II ZR 174/80, BGHZ 83, 122 (131); *Lutter* in FS Barz, 1974, S. 199 (215); *Wahlers*, Konzernbildungskontrolle durch die Hauptversammlung der Obergesellschaft, 1995, S. 195f.; *Gehling* in Semler/Stengel, § 13 UmwG Rz. 50; *Heckschen* in Widmann/Mayer, § 13 UmwG Rz. 197.

3 Vgl. statt vieler *K. Schmidt* in Großkomm. AktG, § 243 AktG Rz. 5; *Hüffer*, § 243 AktG Rz. 11, 20; *Bayer* in Lutter/Hommelhoff, Anh. § 47 GmbHG Rz. 1; *K. Schmidt* in Scholz, § 45 GmbHG Rz. 35f.; *Enzinger* in MünchKomm. HGB, § 119 HGB Rz. 95ff.

4 Vgl. auch den Überblick bei *Gehling* in Semler/Stengel, § 14 UmwG Rz. 8ff.

5 Beachtlich ist insofern die Überlegung von *Noack/Zetzsche* in KölnKomm. AktG, Vor §§ 121ff. AktG Rz. 24f. in diesen Fällen den Aktionär aus der Treupflicht heraus für verpflichtet anzusehen, den Mangel in der Hauptversammlung zu rügen.

6 *Hüffer*, § 243 AktG Rz. 12; *K. Schmidt* in Großkomm. AktG, § 243 AktG Rz. 21ff.; *K. Schmidt* in Scholz, § 45 GmbHG Rz. 100f.; *Bayer* in Lutter/Hommelhoff, Anh. § 47 GmbHG Rz. 50ff.

7 *K. Schmidt* in Großkomm. AktG, § 243 AktG Rz. 37.

der Angabepflicht aus § 5 Abs. 1 Nr. 9 UmwG bezüglich der Folgen für die Arbeitnehmer. Diese Angaben haben nur berichtenden Charakter, dienen ausschließlich dem Schutz der Arbeitnehmer (s. oben § 5 Rz. 84ff.)[1]. Die Anteilseigner sind nicht Schutzadressaten dieser Norm.

Eine dritte Kategorie bilden schließlich Informationen, bei denen aufgrund gesetzlicher Wertung die Relevanz feststeht. Das betrifft vor allem Verschmelzungsbericht und Prüfungsbericht. Hier ist aufgrund der Mindestinhalte aus §§ 8 und 12 UmwG ein abstrakter Informationsstandard festgelegt, den das Gesetz stets für erforderlich hält und dessen Unterschreitung daher stets zu einem relevanten Beschlussmangel führt, wenn der Bericht als Ganzer diesen Standard nicht erreicht (näher dazu § 8 Rz. 53). 51

2. Inhaltsmängel

Ein Inhaltsmangel liegt vor, wenn der Beschluss durch seinen Inhalt entweder das Gesetz oder die Satzung bzw. den Gesellschaftsvertrag verletzt. Dieser Maßstab ist für die Kapitalgesellschaften durch § 243 AktG ausdrücklich anerkannt, gilt aber auch für die anderen Rechtsträger entsprechend[2]. Verstöße gegen Satzungs- bzw. Gesellschaftsvertrag sind im Bereich der Verschmelzung selten, da die Satzungen/Gesellschaftsverträge üblicherweise keine darauf bezogenen Regeln enthalten. Zu den Gesetzesverstößen zählen auch Verstöße gegen Generalklauseln, wie z.B. Sittenwidrigkeit, Verstoß gegen den Gleichbehandlungsgrundsatz oder Streben nach Sondervorteilen (§ 243 Abs. 2 AktG)[3] sowie Verstöße gegen ungeschriebene Regeln des Gesellschaftsrechts, insbesondere die Treupflicht[4] oder den im Recht der Personengesellschaften geltenden Bestimmtheitsgrundsatz[5]. 52

a) Nichtigkeitsgründe

Anerkannter Nichtigkeitsgrund bei Verschmelzungen ist das Fehlen der essentialia des Verschmelzungsvertrages, die in § 5 Abs. 1 Nr. 1–3 UmwG enthalten sind[6]. 53

---

1 So auch *Simon* in Semler/Stengel, § 5 UmwG Rz. 98; ähnlich *Willemsen*, RdA 1998, 23 (34); a.A. *Drygala*, ZIP 1996, 1365 (1366f.); *Bermel/Hannappel* in Goutier/Knopf/Tulloch, § 5 UmwG Rz. 109; *Stratz* in Schmitt/Hörtnagl/Stratz, § 5 UmwG Rz. 98.

2 *Bermel* in Goutier/Knopf/Tulloch, § 13 UmwG Rz. 40; *Raiser* in Ulmer/Habersack/Winter, Anh. § 47 GmbHG Rz. 124, 146; *Bayer* in Lutter/Hommelhoff, Anh. § 47 GmbHG Rz. 53; vgl. auch § 51 GenG.

3 *K. Schmidt* in Großkomm. AktG, § 243 AktG Rz. 42, 51ff. m.w.N.

4 BGH v. 1.2.1988 – II ZR 75/87, BGHZ 103, 184; *Lutter*, ZHR 153 (1989), 446 (458ff.); *M. Winter*, Treubindungen, S. 61, 82; *Zöllner*, Schranken mitgliedschaftlicher Stimmrechtsmacht, 1963, S. 399ff.; *K. Schmidt* in Großkomm. AktG, § 243 AktG Rz. 48; *Gehling* in Semler/Stengel, § 14 UmwG Rz. 14.

5 RG v. 23.11.1917 – II 242/17, RGZ 91, 166; RG v. 15.5.1936 – II 291/35, RGZ 151, 321 (326); RG v. 13.4.1940 – II 143/39, RGZ 163, 385 (391) BGH v. 15.11.1982 – II ZR 62/82, BGHZ 85, 350 (356); BGH v. 15.6.1987 – II ZR 261/86, WM 1987, 1102; BGH v. 15.1.2007 – II ZR 245/05, AG 2007, 493 = ZIP 2007, 475; *Hopt* in Baumbach/Hopt, § 119 HGB Rz. 37ff.; *Enzinger* in MünchKomm. HGB, § 119 HGB Rz. 78ff.

6 OLG Frankfurt/M. v. 10.3.1998 – 20 W 60/98, WM 1999, 322f. = GmbHR 1998, 542; KG v. 22.9.1998 – 1 W 4387/97, WM 1999, 323 (325) = GmbHR 1998, 1230; *Marsch-Barner* in Kallmeyer, § 5 UmwG Rz. 63; *Schröer* in Semler/Stengel, § 5 UmwG Rz. 127; a.A. *Mayer* in Widmann/Mayer, § 4 UmwG Rz. 70.

In diesem Fall ist auch eine Heilung nach § 20 UmwG nicht möglich[1]. Ein fehlerhaftes Umtauschverhältnis macht den Beschluss hingegen selbst dann nicht nichtig, wenn es grob fehlerhaft ist. Insoweit käme Sittenwidrigkeit nach § 241 Nr. 4 AktG in Betracht, die allgemein im BGB vermutet wird, wenn die Gegenleistung den Verkehrswert um mehr als die Hälfte unterschreitet[2]. Jedoch wird § 241 Nr. 4 AktG enger ausgelegt als § 138 BGB, die Sittenwidrigkeit muss bei § 241 Nr. 4 AktG aus dem Beschluss selber und nicht aus den begleitenden Umständen folgen[3]. Das fehlerhafte Umtauschverhältnis oder eine zu niedrig bemessene Abfindung begründet daher keine Sittenwidrigkeit[4]. Verfahrensrechtlich können Einberufungs- und Beurkundungsmängel eine Sittenwidrigkeit begründen (§ 241 Nr. 1 und 2 AktG); insoweit ergeben sich jedoch keine umwandlungsrechtlichen Besonderheiten, so dass auf die aktienrechtliche Literatur verwiesen werden kann.

b) Treupflicht und Mehrheitsmissbrauch

54 Da vom Fall der Abhängigkeitsbegründung abgesehen eine materielle Beschlusskontrolle nicht stattfindet, erfolgt die Kontrolle des Verschmelzungsbeschlusses allein auf der ersten Kontrollstufe, also in Hinblick auf einen möglichen Mehrheitsmissbrauch und Beachtung des Gleichbehandlungsprinzips[5]. Wegen der erheblichen Auswirkungen, die eine Verschmelzung auf die Rechtsstellung der überstimmten Minderheit hat, sind hier eher strengere Maßstäbe anzulegen als im übrigen Gesellschaftsrecht; die Mehrheit, der die Entscheidung über die Verschmelzung vom Gesetz zugewiesen ist, unterliegt einer **erhöhten Treubindung**[6]. Deshalb gilt auch hier die Regel, die der BGH in BGHZ 85, 350 (360)[7] für den Formwechsel zu Recht aufgestellt hat, dass die aus betriebswirtschaftlichen, rechtlichen oder sonstigen Gründen beschlossene Umwandlung von der Mehrheit nicht dazu benutzt werden darf, weitere, nicht durch die Umwandlung bedingte oder ihre Gründe veranlasste Veränderungen der bestehenden Gesellschaftsstruktur durchzusetzen[8]. Eine bloße Vermeidung der unternehmerischen Mitbestimmung durch die gewählte Gesellschaftsstruktur begründet hingegen regelmäßig keinen Missbrauch, selbst dann nicht, wenn gezielt Lücken in den gesetzlichen Regeln über die Mitbestimmungs-Beibehaltung ausgenutzt werden[9]. Gleiches gilt

1 Vgl. § 5 Rz. 155.
2 St. Rspr., BGH v. 8.11.1991 – V ZR 260/90, NJW 1992, 899 (900); BGH v. 25.2.1994 – V ZR 63/93, NJW 1994, 1344 (1347); BGH v. 26.11.1997 – VIII ZR 322/96, NJW-RR 1998, 1065 (1066); BGH v. 4.2.2000 – V ZR 146/98, NJW 2000, 1487 (1488); *Armbrüster* in MünchKomm. BGB, § 138 BGB Rz. 114; *Jauernig*, § 138 BGB Rz. 16.
3 RG v. 9.1.1931 – II 158/30, RGZ 131, 141 (145); *Hüffer*, § 241 AktG Rz. 24; *K. Schmidt* in Großkomm. AktG, § 241 AktG Rz. 65.
4 *Rieder*, S. 238.
5 Näher dazu *Lutter*, ZGR 1981, 171 (177 ff.).
6 A.A. *Gehling* in Semler/Stengel, § 13 UmwG Rz. 24; wie hier hingegen *Raiser/Veil*, Recht der Kapitalgesellschaften, § 46 Rz. 70; *Heckschen* in Widmann/Mayer, § 13 UmwG Rz. 210163.13.
7 BGH v. 15.11.1982 – II ZR 62/82, BGHZ 85, 350 (360).
8 Daran anknüpfend auch BGH v. 9.5.2005 – II ZR 29/03, ZIP 2005, 1318 (1320) = GmbHR 2005, 1136 (Feldmühle).
9 *Henssler*, ZFA 2000, 241 (244 ff.) im Anschluss an OLG Naumburg v. 6.2.1997 – 7 U 236/96, DB 1997, 466 = AG 1998, 430.

für die Erlangung von Steuervorteilen, auch wenn sie nicht allen Gesellschaftern gleichmäßig zugutekommen[1]. Ein Treupflichtverstoß kann sich schließlich auch aus der Satzungsgestaltung des übernehmenden Rechtsträgers ergeben, wenn etwa die Satzung im Vorfeld der Verschmelzung in eine Richtung geändert wurde, die offensichtlich der Minderheit den Austritt nahe legen soll (§ 193 Rz. 9)[2]. Ein Indiz für Mehrheitsmissbrauch ist es, wenn das Umtauschverhältnis außerhalb der vom Verschmelzungsprüfer festgelegten Bewertungsspanne liegt, der Anfechtungsausschluss nach § 14 Abs. 2 UmwG greift in diesem Fall nicht ein[3].

Besonders kritisch sind hingegen Fälle zu bewerten, in denen durch die Verschmelzung die **Minderheitenbeteiligung unter die relevanten Schwellen von 5 oder 10 %** absinkt oder in denen der **Minderheit sonstige Nachteile** entstehen[4]. Die Moto-Meter-Konstellation, in der der Mehrheitsgesellschafter die Gesellschaft auflöst, um die Vermögenswerte auf eine von ihm neu gegründete und allein kontrollierte Gesellschaft zu übertragen[5], ist rechtsmissbräuchlich, wenn an der aufgelösten Gesellschaft eine größere Gruppe an Minderheitsgesellschaftern (mehr als 10 %) vorhanden ist (näher dazu bei § 1 Rz. 54), insbesondere weil dann nicht ausgeschlossen werden kann, dass auch von Seiten der Minderheit Interesse am Erwerb von Vermögensgegenständen besteht[6]. Nicht treuwidrig ist es hingegen, eine Gesellschaft nur deshalb in die Rechtsform der AG umzuwandeln, um danach die Minderheit im Squeeze-out-Verfahren nach § 327a AktG oder § 62 UmwG auszuschließen[7]. 55

Ein weiterer Anwendungsfall der Missbrauchskontrolle ist eröffnet, wo eine **gesunde Tochtergesellschaft auf eine bereits überschuldete Muttergesellschaft verschmolzen** wird[8], weil hier der überstimmten Minderheit nicht zugemutet werden kann, Gesellschafter eines bereits insolvenzreifen Rechtsträgers zu werden. Die Anfechtung ist dann auch nicht nach § 14 Abs. 2 UmwG ausgeschlossen, weil es nicht nur um eine Fehlbewertung der Anteile geht, sondern um die Tauglichkeit des aufnehmenden Rechtsträgers als Verschmelzungspartner an sich[9], und weil die Problematik im Rahmen eines Spruchverfahrens nicht sachgerecht 56

---

1 BGH v. 9.5.2005 – II ZR 29/03, ZIP 2005, 1318 (1321) = GmbHR 2005, 1136 (Feldmühle).

2 OLG Düsseldorf v. 16.1.2003 – 6 U 60/02, AG 2003, 578 (579); OLG Stuttgart v. 28.1.2004 – 20 U 3/03, AG 2004, 271 (274); *Happ* in Kölner Umwandlungsrechtstage, S. 237, jeweils zum Formwechsel.

3 OLG Bremen v. 16.8.2012 – 2 U 51/12 (AktG), ZIP 2013, 460 ff. zum Squeezeout; a.A. *Grunewald* in MünchKomm. AktG, § 327c AktG Rz. 15; undeutlich BGH v. 25.7.2005 – II ZR 327/03, NZG 2006, 117 = AG 2005, 921; BVerfG v. 30.5.2007 – I BvR 390/04, NJW 2007, 3268.

4 Wie hier *Mülbert*, Aktiengesellschaft, Unternehmensgruppe und Kapitalmarkt, 2. Aufl. 1996, S. 345 zum Bezugsrecht; a.A. *Gehling* in Semler/Stengel, § 13 UmwG Rz. 24.

5 Vgl. zu dieser Vorgehensweise OLG Stuttgart v. 21.12.1993 – 10 U 48/93, DB 1994, 205 = AG 1994, 411; BVerfG v. 23.8.2000 – 1 BvR 68/95, 147/97, WM 2000, 1948 = AG 2001, 42; *Lutter/Drygala* in FS Kropff, 1997, S. 197 ff.; *Henze*, ZIP 1995, 1473 (1475 ff.).

6 Zutr. BGH v. 28.1.1980 – II ZR 124/78, BGHZ 76, 352 (354).

7 BGH v. 16.3.2009 – II ZR 302/06, WM 2009, 896 = AG 2009, 441; OLG Hamburg v. 14.6.2012 – 11 AktG 1/12, AG 2012, 639; OLG München v. 26.11.2009 – 23 U 2306/06, Juris; anders noch OLG München v. 23.11.2006 – 23 U 2306/06, AG 2007, 173; dazu auch *Stephanblome*, AG 2012, 814.

8 Der Fall ist bei der Verschmelzung der Balcke-Dürr AG auf die Babcock-Borsig AG relevant geworden, vgl. zum Sachverhalt näher *Meilicke/Heidel*, BB 2003, 1805.

9 Insofern anders *Meilicke/Heidel*, BB 2003, 1805 ff., die von einer Rechtsschutzlücke ausgehen.

bewältigt werden kann[1]. Zudem wird in solchen Fällen häufig der Verschmelzungsbericht fehlerhaft sein, da der Mehrheitsgesellschafter die Überschuldung schwerlich offen legen kann. Auch darauf kann die Anfechtung gestützt werden.

57 Treuwidrig ist es auch, eine Verschmelzung mit dem Ziel durchzuführen, eine **ungleiche Vermögensausschüttung** aus der Gesellschaft zu erhalten. Bei dieser Konstellation nimmt der Mehrheitsgesellschafter über eine weitere ihm gehörende Gesellschaft (Zweckgesellschaft) Kredit auf, lässt sich die Darlehensvaluta auszahlen und bewirkt dann die Verschmelzung der Zweckgesellschaft mit der anderen Gesellschaft[2]. Dies ist selbst dann unzulässig, wenn die Tatsache, dass die Zweckgesellschaft ein negatives Vermögen ausweist, bei der Festlegung des Umtauschverhältnisses berücksichtigt wird[3], denn das ändert nichts an der ungleichen Verteilung der liquiden Mittel und führt dazu, dass die Minderheit sogar noch mehr als bisher zur Finanzierung der Gesellschaft beitragen muss[4].

58 Ein treuwidriges Verhalten kann schließlich auch darin liegen, dass zwischen der Gründung bzw. Ausgliederung der übertragenden Gesellschaft und ihrer nachfolgenden Verschmelzung nur eine geringe **Zeitspanne** liegt. Das ist für Fälle des Squeeze-out anerkannt[5], da in der Beteiligung an der betreffenden Gesellschaft die Einräumung einer Gewinnchance liegt, die der Gesellschafter eine gewisse Zeit lang haben soll. Diese Chance wird ihm aber nicht nur dann entzogen, wenn er ausgeschlossen wird, sondern auch dann, wenn sich der Charakter der Gesellschaft infolge der Verschmelzung vollkommen ändert. Allerdings ist bei der Festlegung des relevanten Zeitraums Vorsicht geboten. Die in der Literatur genannten zwei bis drei Jahre[6] sind sicherlich die Höchstgrenze[7]. Zudem können sich auf Seiten der verschmelzungswilligen Gesellschaften beachtliche unternehmerische Gründe dafür finden lassen, die gegründete Gesellschaft schon nach kurzer Zeit nicht mehr als rechtlich selbständige Einheit fortbestehen zu lassen[8]. Je mehr Zeit vergangen ist, desto geringere Anforderungen sind an eine solche Darlegung zu stellen. Zu eng ist es hingegen, treuwidriges Verhalten nur dann anzunehmen, wenn sich die Maßnahme gezielt gegen die Interessen der Minderheit richtet[9], das läuft auf eine Rückkehr zu der überwunden geglaubten Position des Reichsgerichts hinaus, ein Mehrheitsbeschluss sei nur unter den Voraussetzungen des § 826 BGB anfechtbar[10]. De lega lata unvertretbar ist auch die Position, die An-

1 Wie hier auch *Klein/Stephanblome*, ZGR 2007, 351 (368 f.).
2 *Hommelhoff*, AG 2012, 194 ff.; a.A. OLG Hamm v. 16.5.2011 – I-8 AktG 1/11, AG 2011, 624.
3 A.A. OLG Hamm v. 16.5.2011 – I-8 AktG 1/11, AG 2011, 624.
4 *Hommelhoff*, AG 2012, 194 (196).
5 *Fleischer*, ZGR 2002, 757 (785 f.); *Grunewald*, ZIP 2002, 18 (22); *Grunewald* in MünchKomm. AktG, § 327a AktG Rz. 28; *Habersack* in Emmerich/Habersack, Aktien- und GmbH-Konzernrecht, § 327a AktG Rz. 30; *Hofmann/Krolop*, AG 2005, 870 (876).
6 *Krieger*, BB 2002, 53 (61); *Hofmann/Krolop*, AG 2005, 870 (876).
7 *Grunewald* in MünchKomm. AktG, § 327a AktG Rz. 2524. Vgl. auch OLG Frankfurt/M. v. 8.2.2006 – 12 W 185/05, ZIP 2006, 370 (374) = AG 2006, 249: Vier Jahre jedenfalls zu lang.
8 Insoweit zutr. OLG Frankfurt/M. v. 8.2.2006 – 12 W 185/05, ZIP 2006, 370 (374) = AG 2006, 249; *Hofmann/Krolop*, AG 2005, 876.
9 So aber *Gehling* in Semler/Stengel, § 13 UmwG Rz. 24.
10 RGZ 107, 72 (76).

fechtungsklage sei subsidiär gegenüber anderen Ausgleichsmöglichkeiten, etwa der Möglichkeit, gegen Abfindung aus der Gesellschaft auszuscheiden[1].

c) „Durchschlagen" unzulässiger Vorabsprachen auf den Verschmelzungsbeschluss?

LG und OLG München haben in einem Fall, der den Abschluss eines Beherrschungsvertrages betraf, die Ansicht vertreten, dass ein zu weit gefasstes und deshalb nach § 134 BGB nichtiges **Business Combination Agreement** über § 139 BGB dazu führt, dass auch der in Vollzug der Vereinbarung beschlossene Beherrschungsvertrag nichtig sei. Der Zustimmungsbeschluss sei demzufolge wenigstens anfechtbar[2]. Das könnte man bei einem Business Combination Agreement zur Vorbereitung einer Verschmelzung genauso sehen. Dieser Rechtsprechung ist aber schon im Ansatz zu widersprechen, da maßvoll formulierte Business Combination Agreements das Zustandekommen wertschöpfender Strukturmaßnahmen fördern und daher auch im Interesse der Aktionäre liegen (s. § 5 Rz. 10). Vor allem aber kann die Annahme, ein zu weitgehend formuliertes Business Combination Agreement infiziere den nachfolgenden Strukturvertrag, nicht zutreffen. Business Combination Agreement und Verschmelzungsvertrag sind äußerlich getrennte Rechtsgeschäfte. Eine Gesamtnichtigkeit kann daher nur vorliegen, wenn ein Wille zur inneren Verbindung beider Geschäfte bei wenigstens einer Partei bestand[3]. Er ist Ausdruck der Entscheidung, das zweite Geschäft auch nicht mehr zu wollen, wenn sich das erste als nichtig erweist. Das wird beim Business Combination Agreement regelmäßig nicht der Fall sein. Denn beide Parteien wollen und werden auf die Verschmelzung nicht verzichten wollen, wenn das Business Combination Agreement unwirksam ist. Sie werden vielmehr versuchen, das angestrebte Ziel trotzdem zu erreichen. Das zeigt sich gerade auch an den vielfältigen Schritten, die die Parteien in dem Münchener Fall unternommen haben, um den angestrebten Strukturbeschluss doch noch zustande zu bringen, auch und gerade nachdem das LG das Business Combination Agreement für nichtig erklärt hatte. Vor diesem Hintergrund stellt sich die Annahme eines einheitlichen Geschäfts geradezu als eine Vergewaltigung des Parteiwillens dar. Aus objektiver Sicht spricht gegen die Annahme eines einheitlichen Geschäfts ferner, dass das Business Combination Agreement seinen Zweck erfüllt hat, wenn die Hauptversammlung dem Strukturbeschluss zugestimmt hat. Sein Zweck besteht gerade darin, die Transaktion bis zu diesem kritischen Punkt abzusichern. Eine längere Wirkung ist auch nicht erforderlich, da die Mitwirkung an der dann noch erforderlichen Registereintragung schon kraft des schwebend unwirksamen Vertrages verlangt werden kann[4]. Von daher spricht nichts für die Annahme, dass das Business Combination Agreement in diesem Zeitpunkt noch von Bedeutung wäre. 59

1 *Gehling* in Semler/Stengel, § 13 UmwG Rz. 24; ebenso auch *Szalai*, DStR 2008, 358 ff.
2 LG München v. 5.4.2012 - 5 HK O 20488/11, NZG 2012, 1152 ff.; OLG München v. 14.11.2012 – 7 AktG 2/12, NZG 2013, 459 ff. = AG 2013, 173.
3 BGH v. 10.10.1989 – VI ZR 78/89, NJW 1990, 442 (443); BGH v. 25.3.1987 – VIII ZR 43/86, ZIP 1987, 788; *Ellenberger* in Palandt, § 139 BGB Rz. 5; *Hefermehl* in Soergel, § 139 BGB Rz. 17; *Roth* in Staudinger, § 139 BGB Rz. 37; kritisch und auf einen objektiven Sinnzusammenhang abstellend *Busche* in MünchKomm. BGB, § 139 BGB Rz. 16.
4 *Nordhues*, GWR 2012, 274; *Oppenhoff* in Müller/Rödder, Hdb. der AG, 2. Aufl. 2009, § 27 Rz. 112; *Paschos*, NZG 2012, 1142.

3. Rechtsfolgen von Beschlussmängeln

60 Hinsichtlich der Rechtsfolgen ist zu unterscheiden: Beschlüsse von Kapitalgesellschaften, eG (§ 51 GenG) und VVaG (§ 36 VAG) sind nach ganz überwiegender Ansicht[1] je nach Schwere des Fehlers nichtig (§ 241 AktG) oder nur anfechtbar (§ 243 AktG). In beiden Fällen muss die gegen die Gültigkeit des Beschlusses gerichtete Klage innerhalb eines Monats erhoben sein (§ 14 UmwG). Das Problem des Schein- oder Nichtbeschlusses, also z.B. der Konstellation, dass ein Verschmelzungsbeschluss als gefasst angesehen wurde, obwohl die erforderliche Mehrheit in Wirklichkeit nicht vorlag (Zählfehler, Berücksichtigung ungültiger Stimmen)[2], kann im Umwandlungsrecht aufgrund der Formvorschrift des § 13 Abs. 3 UmwG nicht auftreten. Der Beschluss ist als gefasst anzusehen, wenn und soweit er in der Versammlung festgestellt und notariell beurkundet wurde[3]. Wer ihn für nicht wirksam hält, muss dagegen fristgerecht Klage erheben.

61 In den übrigen beteiligungsfähigen Rechtsträgern (Personengesellschaften, Vereine) sind fehlerhafte Beschlüsse nach überwiegender Ansicht[4] stets nichtig. Rechtsmittel ist die allgemeine Feststellungsklage, § 256 ZPO. Auch diese Klage muss im Umwandlungsrecht jedoch innerhalb eines Monats erhoben werden, § 14 UmwG (näher dazu bei § 14 Rz. 5 ff.).

VII. Kosten des Beschlusses

62 Die Beschlussfassung verursacht Kosten vor allem aufgrund des Beurkundungserfordernisses, § 3 Abs. 2 GNotKG i.V.m. Anlage 1 Nr. 21102 (ex-§§ 141, 47 KostO). Geschäftswert ist das Aktivvermögen der jeweiligen Gesellschaft ohne Abzug der Verbindlichkeiten, §§ 108 Abs. 3, 38 Satz 1 GNotKG.

Die in § 47 KostO a.F. beinhaltete Begrenzung der Gebühr auf maximal 5 000 Euro[5] wurde mit Einführung des GNotKG abgeschafft.

---

1 So BGH v. 16.12.1953 – II ZR 167/52, BGHZ 11, 231 (236); BGH v. 9.12.1968 – II ZR 57/67, BGHZ 51, 209 (210); BGH v. 20.1.1986 – II ZR 73/85, BGHZ 97, 28 (31); BGH v. 1.6.1987 – II ZR 128/86, BGHZ 101, 113 (116); *Koppensteiner/Gruber* in Rowedder/Schmidt-Leithoff, § 47 GmbHG Rz. 94; *Bayer* in Lutter/Hommelhoff, Anh. § 47 GmbHG Rz. 1; *K. Schmidt* in Scholz, § 45 GmbHG Rz. 35 f. Für eine Gleichstellung der GmbH mit den Personengesellschaften *Zöllner/Noack*, ZGR 1989, 525; *Noack*, Fehlerhafte Beschlüsse in Gesellschaften und Vereinen, 1989, S. 113 ff.; *Raiser* in FS Heinsius, 1991, S. 645 (655 ff.); einschränkend jetzt *Raiser* in Ulmer/Habersack/Winter, Anh. § 47 GmbHG Rz. 10 ff.

2 Dazu *K. Schmidt* in Großkomm. AktG, § 243 AktG Rz. 38 m.w.N.

3 Ebenso für die AG aufgrund des funktional mit § 13 Abs. 3 UmwG vergleichbaren § 130 AktG *Hüffer*, § 241 AktG Rz. 3; *Zöllner* in KölnKomm. AktG, § 241 AktG Rz. 49 ff.; *K. Schmidt* in Großkomm. AktG, § 241 AktG Rz. 11 m.w.N.; vgl. auch *Raiser* in Ulmer/Habersack/Winter, Anh. § 47 GmbHG Rz. 28.

4 Vgl. BGH v. 9.11.1972 – II ZR 63/71, BGHZ 59, 369 (372); BGH v. 10.10.1966 – II ZR 71/64, WM 1966, 1169; BGH v. 15.6.1987 – II ZR 261/86, NJW 1988, 411; *Hadding* in Soergel, § 32 BGB Rz. 40; *Ulmer/Schäfer* in MünchKomm. BGB, § 709 BGB Rz. 105; *Emmerich* in Heymann, § 119 HGB Rz. 10; a.A. und für eine Anwendung der Anfechtungsklage auch auf diese Rechtsformen *K. Schmidt*, GesR, § 15 II 3 S. 448 und § 21 V 2 S. 647; *K. Schmidt* in Großkomm. AktG, § 241 AktG Rz. 37 ff.; *K. Schmidt* in FS Stimpel, 1985, S. 217; *Enzinger* in MünchKomm. HGB, § 119 HGB Rz. 98 ff.

5 Näher dazu *Gehling* in Semler/Stengel, § 13 UmwG Rz. 56 ff.

§ 14
Befristung und Ausschluss von Klagen gegen den Verschmelzungsbeschluss

(1) Eine Klage gegen die Wirksamkeit eines Verschmelzungsbeschlusses muss binnen eines Monats nach der Beschlussfassung erhoben werden.

(2) Eine Klage gegen die Wirksamkeit des Verschmelzungsbeschlusses eines übertragenden Rechtsträgers kann nicht darauf gestützt werden, dass das Umtauschverhältnis der Anteile zu niedrig bemessen ist oder dass die Mitgliedschaft bei dem übernehmenden Rechtsträger kein ausreichender Gegenwert für die Anteile oder die Mitgliedschaft bei dem übertragenden Rechtsträger ist.

Literatur

Bork, Beschlussverfahren und Beschlusskontrolle nach dem Referentenentwurf eines Gesetzes zur Bereinigung des Umwandlungsrechts, ZGR 1993, 343; *Decher*, Die Information der Aktionäre über die Unternehmensbewertung bei Strukturmaßnahmen in der Hauptversammlungs- und Gerichtspraxis, in FS Hoffmann-Becking, 2013, S. 295; *Hoffmann-Becking*, Der materielle Gesellschafterschutz: Abfindung und Spruchverfahren, ZGR 1990, 482; *Hommelhoff*, Minderheitenschutz bei Umstrukturierungen, ZGR 1993, 452; *Hommelhoff*, Zur Kontrolle strukturändernder Gesellschafterbeschlüsse, ZGR 1990, 447; *Rettmann*, Die Rechtmäßigkeitskontrolle von Verschmelzungsbeschlüssen, 1998; *Karsten Schmidt*, Zur gesetzlichen Befristung der Nichtigkeitsklage gegen Verschmelzungs- und Umwandlungsbeschlüsse, DB 1995, 1849; *Schöne*, Die Klagefrist des § 14 Abs. 1 UmwG: Teils Rechtsfortschritt, teils „Aufforderung" zu sanktionslosen Geheimbeschlüssen?, DB 1995, 1317.

I. Überblick

§ 14 Abs. 1 UmwG normiert für alle gegen die Wirksamkeit des Verschmelzungsbeschlusses gerichteten Klagen eine Klagefrist von einem Monat. Die Regelung knüpft an die Monatsfrist des § 246 Abs. 1 AktG für Anfechtungsklagen bei der AG an (vgl. ferner § 51 Abs. 1 Satz 2 GenG, § 36 Abs. 1 Satz 1 VAG). § 14 Abs. 2 UmwG schließt – nur für den übertragenden Rechtsträger, nicht aber für den übernehmenden Rechtsträger (vgl. unten Rz. 20) – Klagen gegen den Verschmelzungsbeschluss aus, mit denen die Unangemessenheit der Gegenleistung gerügt werden soll. Die Regelung des § 14 Abs. 2 UmwG wird ergänzt gem. § 15 UmwG durch einen Anspruch auf bare Zuzahlung bei Unangemessenheit des Umtauschverhält- 1 nisses, der in einem gesonderten Spruchverfahren geltend gemacht werden muss. Für das Angebot einer Barabfindung gem. § 29 UmwG findet sich eine entsprechende Regelung in § 32 UmwG. Mit § 14 Abs. 2 UmwG vergleichbare Regelungen finden sich in §§ 305 Abs. 5 Satz 1, 320b Abs. 2, 327f Satz 1 AktG, § 6 Abs. 1 SEAG. Bei grenzüberschreitenden Verschmelzungen gilt § 14 Abs. 2 UmwG gem. § 122h Abs. 1 UmwG nur unter den dort bestimmten Voraussetzungen.

II. Befristung von Klagen gegen den Verschmelzungsbeschluss (§ 14 Abs. 1 UmwG)

1. Normzweck

2 Nach § 14 Abs. 1 UmwG muss eine Klage gegen die Wirksamkeit eines Verschmelzungsbeschlusses binnen eines Monats nach der Beschlussfassung erhoben werden. Die Regelung ist der für Anfechtungsklagen bei der AG geltenden Monatsfrist des § 246 Abs. 1 AktG nachgebildet[1]. Unabhängig von der Rechtsform des Unternehmensträgers wird die Monatsfrist für Klagen gegen Verschmelzungsbeschlüsse sowohl eines übertragenden als auch des übernehmenden Rechtsträgers etabliert. Die einheitliche Geltung der Monatsfrist für alle Rechtsformen dient der **Rechtssicherheit**. Sie ist im Zusammenhang mit der Registersperre des § 16 Abs. 2 UmwG beim Vorliegen von Klagen gegen die Wirksamkeit des Verschmelzungsbeschlusses zu sehen. Ohne eine klare und kurz bemessene Frist zur Klageerhebung würde die Eintragung und damit das Wirksamwerden der Verschmelzung auf unbestimmte Zeit hinausgeschoben[2].

2. Bedeutung

3 Die Monatsfrist des § 14 Abs. 1 UmwG für Klagen gegen die Beschlussfassung zur Verschmelzung (und über § 125 UmwG auch für die Spaltung sowie gem. § 195 Abs. 1 UmwG für den Formwechsel) nimmt eine Sonderstellung für Klagen gegen Gesellschaftsbeschlüsse ein. Insbesondere für das Recht der Personengesellschaften, das im Übrigen keine zeitliche Begrenzung von Klagen kennt, ist die Regelung der kurzen aktienrechtlichen Klagefrist von einem Monat bemerkenswert. Aber selbst für die AG hatte die Regelung bei ihrer Einführung einen Sondercharakter, weil sie abweichend von § 242 Abs. 2 AktG auch für Nichtigkeitsklagen des § 241 AktG die Befristung auf einen Monat vorsieht (vgl. unten Rz. 6). Die Einbeziehung auch der Nichtigkeitsklage in die kurze Anfechtungsfrist des § 14 Abs. 1 UmwG war im Gesetzgebungsverfahren kritisiert worden[3]. In der **Praxis** erlangt die kurze Frist des § 14 Abs. 1 UmwG nahezu ausschließlich Bedeutung für die (börsennotierte) AG, KGaA und SE. Hier hat sich die Monatsfrist für alle Unwirksamkeitsklagen gegen Umwandlungsbeschlüsse als ein effizientes Mittel zur Eindämmung von nachgeschobenen Nichtigkeitsklagen **bewährt**.

4 Bei Strukturmaßnahmen außerhalb von Umwandlungsbeschlüssen wird die Möglichkeit einer (nachgeschobenen) Erhebung von Nichtigkeitsklagen bis zu drei

---

1 Vgl. BegrRegE, BT-Drucks. 12/6699, 87.

2 BegrRegE, BT-Drucks. 12/6699, 87.

3 Vgl. *Bork*, ZGR 1993, 343 (355); ferner *Arbeitskreis Umwandlungsrecht*, ZGR 1993, 321 (323); *Schöne*, DB 1995, 1317 (1319); dafür jedoch etwa *K. Schmidt*, DB 1995, 1849 (1850).

Jahre nach Eintragung des Beschlusses in das Handelsregister von professionellen Aktionären nach wie vor genutzt, wenn sich die beklagte AG gerade anschickt, ein Freigabeverfahren zur Überwindung von Anfechtungsklagen gem. § 16 Abs. 3 UmwG erfolgreich abzuschließen[1]. Für die (börsennotierte) AG, KGaA oder SE sollte der Regelung des § 14 Abs. 1 UmwG **Vorbildcharakter** zuerkannt und die Monatsfrist für die Erhebung von Nichtigkeitsklagen gegen sämtliche Strukturmaßnahmen eingeführt werden, für die ein Freigabeverfahren möglich ist[2]. Der Gesetzgeber beabsichtigte im Rahmen der letztlich gescheiterten Aktienrechtsnovelle 2013 Nichtigkeitsklagen lediglich dahingehend einzuschränken, dass sie nur noch innerhalb eines Monats nach Bekanntgabe einer Anfechtungsklage erhoben werden können[3].

3. Betroffene Klagearten

Das UmwG äußert sich nicht zu der Frage, auf welchem Wege die Verschmelzungsbeschlüsse angegriffen werden können. Das bleibt den **allgemeinen Vorschriften** für die jeweilige Rechtsform überlassen, so dass z.B. bei der AG die Anfechtungs- oder die Nichtigkeitsklage nach §§ 246, 249 AktG in Betracht kommt, bei der Personengesellschaft hingegen nur die Klage auf Feststellung der Nichtigkeit. Wo diese Klage einzureichen ist und wie sich das weitere Verfahren gestaltet, bestimmt nicht das Umwandlungs-, sondern das allgemeine Prozessrecht, soweit es nicht – wie in §§ 241 ff. AktG – spezialgesetzlich modifiziert ist. 5

§ 14 Abs. 1 UmwG sieht lediglich einheitlich **für alle Klagen, die sich gegen die Wirksamkeit eines Verschmelzungsbeschlusses richten**, eine einmonatige Klagefrist vor. Unzweifelhaft erfasst davon sind **Anfechtungsklagen** bei Kapitalgesellschaften, Genossenschaften und Versicherungsvereinen auf Gegenseitigkeit. Die Monatsfrist gilt darüber hinaus bei den vorgenannten Rechtsformen – insoweit in Abweichung vom Aktienrecht (vgl. oben Rz. 3) – auch für **Nichtigkeitsklagen**[4]. Im Vereinsrecht und im Recht der Personengesellschaften sind Anfechtungs- und Nichtigkeitsklagen allerdings nicht vorgesehen[5]. Da der Gesetzgeber jedoch auch für diese Gesellschaftsformen die Monatsfrist des § 14 Abs. 1 UmwG einführen wollte, spricht der Wortlaut allgemein von Klagen gegen die Wirksamkeit eines Verschmelzungsbeschlusses. Davon werden alle Klagetypen erfasst, mit denen die Nichtigkeit, Unwirksamkeit oder Anfechtbarkeit eines Beschlusses der Anteilsinhaber über die Verschmelzung geltend gemacht werden kann[6]. Auch die **all-** 6

1 Vgl. etwa OLG Köln v. 1.4.2009 – 18 U 134/08 (nicht veröffentlicht): Squeeze-out Kölnische Rück; *Decher* in Veil, Unternehmensrecht in der Reformdiskussion, 2013, S. 115 (133).

2 *DAV-Handelsrechtsausschuss*, NZG 2012, 380 (382); *DAV-Handelsrechtsausschuss*, NZG 2011, 217 (220); ebenso etwa *Bungert/Wettich*, ZIP 2011, 160 (163); *Drinhausen/Keinath*, BB 2011, 11 (15); *Götze/Arnold/Carl*, NZG 2012, 321 (328).

3 Vgl. *Seibert/Böttcher*, ZIP 2012, 12 (14).

4 *Gehling* in Semler/Stengel, § 14 UmwG Rz. 22; *Marsch-Barner* in Kallmeyer, § 14 UmwG Rz. 6; *Müller-Eising* in Picot, § 6 Rz. 440; *Simon* in KölnKomm. UmwG, § 14 UmwG Rz. 8.

5 Zum Verein vgl. etwa BGH v. 25.5.1992 – II ZR 23/92, DB 1992, 1568 = AG 1992, 320; zur Personengesellschaft vgl. etwa BGH v. 13.2.1995 – II ZR 15/94, NJW 1995, 1218 = GmbHR 1995, 303.

6 BegrRegE, BT-Drucks. 12/6699, 87.

gemeine Feststellungsklage eines Anteilsinhabers wird erfasst[1]. Ausweislich der Gesetzesmaterialien soll auch die für Personenhandelsgesellschaften und Vereine allein zur Verfügung stehende Feststellungsklage gem. § 256 ZPO an die Klagefrist des § 14 Abs. 1 UmwG gebunden werden[2]. Erfasst sind nicht nur Klagen von Anteilsinhabern, sondern auch Klagen von Organen oder Organmitgliedern gegen die Wirksamkeit des Verschmelzungsbeschlusses[3].

7 **Nicht** an die Monatsfrist des § 14 Abs. 1 UmwG gebunden ist die Erhebung von **Klagen**, die sich **gegen andere Entscheidungen** als den Verschmelzungsbeschluss richten, etwa gegen einen flankierenden Kapitalerhöhungsbeschluss[4]. Außerdem ist § 14 Abs. 1 UmwG nicht auf allgemeine Feststellungsklagen anzuwenden, mit denen ein nicht an dem Unternehmensträger beteiligter und nicht zu den Vertretungsorganen gehörender **Dritter** gem. § 256 ZPO Feststellung der Nichtigkeit eines Verschmelzungsbeschlusses begehrt[5]. Eine solche Klage wirkt sich auf die Bestandskraft des Beschlusses nicht aus. Die Verschmelzung kann (vorbehaltlich des unten Rz. 14 Gesagten) eingetragen werden, so dass sie gem. § 20 UmwG auch mit Wirkung gegenüber dem Dritten vollzogen ist. Die Monatsfrist des § 14 Abs. 1 UmwG gilt ferner nicht für die Erhebung einer **Unterlassungsklage** bzw. einer **einstweiligen Verfügung** gegen die Durchführung der Verschmelzung[6].

4. Monatsfrist

a) Fristberechnung

8 Die Monatsfrist des § 14 Abs. 1 UmwG ist keine prozessuale Frist, sondern eine **materiell-rechtliche Ausschlussfrist**[7]. Für Fristbeginn, Fristende, Hemmung und Verjährung der Frist gelten daher §§ 186 ff. BGB und nicht die Regeln der §§ 221 ff. ZPO für prozessuale Fristen. Die Regelungen des § 14 Abs. 1 UmwG ist der Monatsfrist des § 246 AktG für die aktienrechtliche Anfechtungsklage nachgebildet (vgl. oben Rz. 2). Rechtsprechung und Literatur zu § 246 Abs. 1 AktG können daher für die Beurteilung der Monatsfrist des § 14 Abs. 1 UmwG herangezogen wer-

1 *Bermel* in Goutier/Knopf/Tulloch, § 14 UmwG Rz. 5; *Gehling* in Semler/Stengel, § 14 UmwG Rz. 22; *Marsch-Barner* in Kallmeyer, § 14 UmwG Rz. 6; *Rettmann*, S. 60 f.; *Schöne*, DB 1995, 1317; *Simon* in KölnKomm. UmwG, § 14 UmwG Rz. 8; abweichend *Heckschen* in Widmann/Mayer, § 14 UmwG Rz. 30; *K. Schmidt*, DB 1995, 1849 f.

2 Vgl. BegrRegE, BT-Drucks. 12/6699, 87; vgl. auch *Schöne*, DB 1995, 1317.

3 *Marsch-Barner* in Kallmeyer, § 14 UmwG Rz. 6.

4 *Gehling* in Semler/Stengel, § 14 UmwG Rz. 22; *Marsch-Barner* in Kallmeyer, § 14 UmwG Rz. 8; *Schöne*, DB 1995, 1317; *Simon* in KölnKomm. UmwG, § 14 UmwG Rz. 18.

5 *Gehling* in Semler/Stengel, § 14 UmwG Rz. 22; *Marsch-Barner* in Kallmeyer, § 14 UmwG Rz. 6; *Rettmann*, S. 61 f.; *Schöne*, DB 1995, 1317 (1321); *Simon* in KölnKomm. UmwG, § 14 UmwG Rz. 19; abweichend *Bermel* in Goutier/Knopf/Tulloch, § 14 UmwG Rz. 6.

6 *Marsch-Barner* in Kallmeyer, § 14 UmwG Rz. 8; *Simon* in KölnKomm. UmwG, § 14 UmwG Rz. 20.

7 Vgl. OLG Hamburg v. 16.4.2007 – 11 U 11/03, ZIP 2004, 906 (907) = AG 2004, 619; LG München I v. 9.6.2005 – 5HK O 10136/03, DB 2005, 1731 (1732) = AG 2005, 623; *Gehling* in Semler/Stengel, § 14 UmwG Rz. 23; *Heckschen* in Widmann/Mayer, § 14 UmwG Rz. 32; *Marsch-Barner* in Kallmeyer, § 14 UmwG Rz. 2; *Simon* in KölnKomm. UmwG, § 14 UmwG Rz. 21; abweichend *K. Schmidt*, DB 1995, 1849.

den[1]. Für den **Fristbeginn** gem. § 187 Abs. 1 BGB wird der Tag der Versammlung, die den Verschmelzungsbeschluss gefasst hat, nicht mitgezählt[2]. Unerheblich ist es für den Fristbeginn, zu welchem Zeitpunkt der Kläger von dem Unwirksamkeitsgrund erfahren hat, etwa durch Kenntnisnahme von der Abschrift der notariellen Niederschrift des Beschlusses[3]. Für das **Fristende** gelten §§ 188 Abs. 2 und 3, 193 BGB. Die Frist endet mit Ablauf des Tages der Anteilsinhaberversammlung des nachfolgenden Monats, welcher durch seine Zahl dem Tag der Beschlussfassung in der Anteilsinhaberversammlung entspricht. Fällt das Fristende auf einen Sonn- oder Feiertag, ist auf den nächsten Werktag abzustellen (§ 193 BGB). Für nicht bundeseinheitlich geregelte Feiertage ist auf die Geltung beim örtlich zuständigen Gericht abzustellen[4]. Die Monatsfrist ist **zwingend** (vgl. § 1 Abs. 3 Satz 1 UmwG). Sie unterliegt nicht der Parteidisposition und kann durch Gesellschaftsvertrag oder Satzung nicht verlängert werden[5].

b) Fristwahrung

Die Frist des § 14 Abs. 1 UmwG wird durch **Klageerhebung** gewahrt. Nach § 253 Abs. 1 ZPO erfolgt eine Klageerhebung durch Zustellung der Klageschrift an den Prozessgegner (Rechtshängigkeit). Für die Fristwahrung, die im Streitfall vom Kläger darzulegen und zu beweisen ist[6], genügt es allerdings gem. § 167 ZPO, dass die Klage rechtzeitig bei Gericht eingereicht wird (Anhängigkeit), sofern nur die Zustellung „demnächst" erfolgt, sich also nicht infolge eines Umstandes verzögert, den der Kläger zu vertreten hat[7]. Auch die Klageerhebung vor einem unzuständigen Gericht führt zur Rechtshängigkeit und wahrt deshalb die Frist, sofern kein Rechtsmissbrauch vorliegt[8]. 9

Ein **Prozesskostenhilfeantrag** kann die Frist wahren, wenn die Voraussetzungen des § 167 ZPO dadurch erfüllt werden, dass die Klage zusammen mit einem ordnungsgemäßen Prozesskostenhilfeantrag eingereicht, aber erst nach Bewilligung der Prozesskostenhilfe zugestellt wird, sei es, dass die Klage bedingt durch die Bewilligung eingereicht wurde, sei es, dass wegen der Mittellosigkeit der gem. § 12 10

1 Vgl. *Heckschen* in Widmann/Mayer, § 14 UmwG Rz. 32; *Simon* in KölnKomm. UmwG, § 14 UmwG Rz. 23; *Stratz* in Schmitt/Hörtnagl/Stratz, § 14 UmwG Rz. 6.

2 Vgl. OLG Hamburg v. 16.4.2004 – 11 U 11/03, ZIP 2004, 906 (907) = AG 2004, 619; *Heckschen* in Widmann/Mayer, § 14 UmwG Rz. 32.

3 *Heckschen* in Widmann/Mayer, § 14 UmwG Rz. 33; *Gehling* in Semler/Stengel, § 14 UmwG Rz. 23; *Hüffer* in MünchKomm. AktG, § 246 AktG Rz. 36; *Marsch-Barner* in Kallmeyer, § 14 UmwG Rz. 3; *Simon* in KölnKomm. UmwG, § 14 UmwG Rz. 26; vgl. auch RG v. 13.5.1907 – 35/06 I, JW 1907, 490 Nr. 32.

4 *Gehling* in Semler/Stengel, § 14 UmwG Rz. 23; *Marsch-Barner* in Kallmeyer, § 14 UmwG Rz. 3; *Simon* in KölnKomm. UmwG, § 14 UmwG Rz. 22.

5 *Gehling* in Semler/Stengel, § 14 UmwG Rz. 22.

6 Vgl. *Heidel* in Heidel, § 246 AktG Rz. 39; *Hüffer*, § 243 AktG Rz. 60; vgl. auch BGH v. 4.7.1951 – II ZR 117/50.

7 Vgl. BGH v. 11.2.2011 – V ZR 136/10, Rz. 6 (zit. nach Juris); BGH v. 22.9.2009 – XI ZR 230/08, BGHZ 182, 284; BGH v. 12.7.2006 – IV ZR 23/05, BGHZ 168, 366; BGH v. 31.10.2000 – VI ZR 198/99, BGHZ 145, 358; OLG Hamburg v. 16.4.2004 – 11 U 11/03, ZIP 2004, 906 (907) = AG 2004, 619.

8 Vgl. *Heckschen* in Widmann/Mayer, § 14 UmwG Rz. 33; *Hüffer*, § 246 AktG Rz. 24; *K. Schmidt* in Großkomm. AktG, § 246 AktG Rz. 18; zurückhaltend *Gehling* in Semler/Stengel, § 14 UmwG Rz. 24.

GKG für die Zustellung erforderliche Prozesskostenvorschuss nicht eingezahlt wurde[1]. Angesichts der Gestaltung des § 14 Abs. 1 UmwG als materiell rechtliche Ausschlussfirst verstößt es nicht gegen § 242 BGB, wenn sich der Gegner auf den Fristablauf beruft, obwohl die bedürftige Partei kein Verschulden am Fristablauf trifft[2].

11 Die rechtzeitig erhobene Klage **wahrt** die **Frist nur für** den mit der Klage definierten Streitgegenstand, also nur für diejenigen Unwirksamkeitsgründe, die sich als Rechtsfolge aus dem in der Klage vorgetragenen **Lebenssachverhalt** ergeben. Ist die Monatsfrist verstrichen, so können neue Unwirksamkeitsgründe nur aus dem mit der Klage mitgeteilten Lebenssachverhalt hergeleitet, nicht aber auf einen neuen Tatsachenvortrag gestützt werden. Es handelt sich dann nämlich um eine Klageänderung. Diese kann zwar prozessual zulässig sein. Materiell-rechtlich können die neuen Unwirksamkeitsgründe aber wegen Fristablaufs nicht mehr berücksichtigt werden[3].

c) Folgen der Fristversäumnis

12 Eine verspätet erhobene **Klage** ist wegen des Charakters von § 14 Abs. 1 UmwG als materiell rechtliche Ausschlussfrist (oben Rz. 8) nicht als unzulässig, sondern als **unbegründet** abzuweisen[4]. Eine Wiedereinsetzung in den vorigen Stand (§§ 233 ff. ZPO) kommt ebenso wenig in Betracht[5] wie eine Hemmung der Frist gem. §§ 203 ff. BGB[6]. Der Fristablauf begründet nicht nur eine Einrede, die nur berücksichtigt werden könnte, wenn sich der verklagte Unternehmensträger darauf

---

1 Vgl. BGH v. 1.10.1986 – IVa ZR 108/85, BGHZ 98, 295 ff.; BGH v. 21.3.1991 – III ZR 94/89, NJW 1991, 1745 (1746); *Gehling* in Semler/Stengel, § 14 UmwG Rz. 24; *K. Schmidt* in Großkomm. AktG, § 246 AktG Rz. 21; weitergehend OLG Frankfurt/M. v. 8.10.1965 – 5 W 33/65, NJW 1966, 838 (839): § 203 Abs. 2 BGB a.F. = § 206 BGB analog; vgl. auch *Bork*, 4. Aufl., Rz. 9.

2 Vgl. *Gehling* in Semler/Stengel, § 14 UmwG Rz. 25; abweichend OLG Hamburg v. 16.4. 2004 – 11 U 11/03, ZIP 2004, 906 (907) = AG 2004, 619; *Bork*, 4. Aufl., Rz. 9.

3 OLG Düsseldorf v. 15.3.1999 – 17 W 18/99, ZIP 1999, 793 = AG 1999, 418; OLG Frankfurt/M. v. 10.2.2003 – 5 W 33/02, ZIP 2003, 1654 (1656 f.) = AG 2003, 573; OLG Hamm v. 4.3.1999 – 8 W 11/99, ZIP 1999, 798 (803) = AG 1999, 422; OLG Stuttgart v. 13.3.2002 – 20 W 32/01, AG 2003, 456 (458); LG München I v. 29.3.2007 – 5 HKO 11176/06, WM 2007, 1276 (1280 f.) = AG 2007, 830; LG München I v. 9.6.2005 – 5 HKO 10136/03, DB 2005, 1731 (1732) = AG 2005, 623; *Bork*, ZIP 1995, 609 (612 f.); *Gehling* in Semler/Stengel, § 14 UmwG Rz. 29; *Marsch-Barner* in Kallmeyer, § 14 UmwG Rz. 5; *Simon* in KölnKomm. UmwG, § 14 UmwG Rz. 23; *Stratz* in Schmidt/Hörtnagl/Stratz, § 14 UmwG Rz. 9; ebenso zu § 246 AktG etwa BGH v. 24.4.2006 – II ZR 30/05, WM 2006, 1151, (1153) = AG 2006, 501; BGH v. 9.11.1992 – II ZR 230/91, BGHZ 120, 141 (157) = AG 1993, 134; *Hüffer*, § 246 AktG Rz. 26; *K. Schmidt* in Großkomm. AktG, § 246 AktG Rz. 22 ff.

4 Vgl. OLG Düsseldorf v. 27.8.2001 – 6 W 28/01, ZIP 2001, 1717 (1718) = AG 2002, 47; *Gehling* in Semler/Stengel, § 14 UmwG Rz. 26; *Marsch-Barner* in Kallmeyer, § 14 UmwG Rz. 2; zu § 246 AktG vgl. ebenso BGH v. 14.7.1998 – XI ZR 173/97, NJW 1998, 3344 (3345) = AG 1998, 520; *Hüffer* in MünchKomm. AktG, § 246 AktG Rz. 36; abweichend zu § 51 Abs. 1 Satz 2 GenG BGH v. 23.2.1978 – II ZR 37/77, BGHZ 70, 384 (386).

5 LG München I v. 9.6.2005 – 5 HK O 10136/03, DB 2005, 1731 (1732) = AG 2005, 623; *Marsch-Barner* in Kallmeyer, § 14 UmwG Rz. 2.

6 *Gehling* in Semler/Stengel, § 14 UmwG Rz. 26; *Marsch-Barner* in Kallmeyer, § 14 UmwG Rz. 2; *Simon* in KölnKomm. UmwG, § 14 UmwG Rz. 21; vgl. auch BGH v. 27.10.1951 – II ZR 44/50, NJW 1952, 98.

beruft, sondern eine Einwendung, die das Gericht **von Amts wegen** zu berücksichtigen hat[1].

13 Ist die Frist versäumt, so kann nicht mehr die Beseitigung des Verschmelzungsbeschlusses, sondern allenfalls noch Schadensersatz verlangt werden (vgl. auch § 16 Rz. 94)[2]. Für die kaum praktischen Fälle einer Beschlussfassung in einem „Geheimverfahren" wird diskutiert, ob opponierende Anteilsinhaber gem. § 242 BGB die Nichtigkeit der Verschmelzung geltend machen können[3]. Ausreichend erscheint es, in solchen – außerhalb einzelner Umwandlungsfälle im Gefolge der Wiedervereinigung in den neuen Bundesländern (vgl. dazu etwa § 202 Rz. 54) kaum praktischen – Fällen die Erhebung einer Klage binnen einen Monats nach Möglichkeit der Kenntnisnahme von dem Verschmelzungsbeschluss zuzulassen[4].

14 Ist die Klagefrist des § 14 Abs. 1 UmwG verstrichen, so können die Vertretungsorgane das in § 16 Abs. 2 UmwG verlangte „Negativattest" abgeben (vgl. § 16 Rz. 15). Der Fristablauf bewirkt indessen keine Heilung des Beschlussmangels. Vielmehr bleibt der nicht oder nicht rechtzeitig angegriffene Verschmelzungsbeschluss rechtswidrig oder sogar nichtig[5]. Geheilt wird der Mangel nur nach Maßgabe von § 20 Abs. 1 Nr. 4 UmwG durch Eintragung. Unbeschadet nicht geheilter Mängel kann freilich gem. § 20 Abs. 2 UmwG eine „Entschmelzung" nicht verlangt werden (vgl. § 20 Rz. 79). Das **Registergericht** hat dementsprechend die Fehlerhaftigkeit des Beschlusses weiterhin zu prüfen und die Eintragung gegebenenfalls abzulehnen (vgl. § 16 Rz. 90)[6]. Prüfungsmaßstab des Registergerichts ist entsprechend § 398 FamFG lediglich die Überprüfung der Einhaltung von Normen, die dem Schutz öffentlicher Interessen dienen (s. § 19 Rz. 5). Verfügt das Registergericht oder das Beschwerdegericht die Eintragung trotz des nicht geheilten Mangels, so kann der Anteilsinhaber, der die Frist des § 14 Abs. 1 UmwG versäumt hat, dagegen keine (weitere) Beschwerde einlegen, da ihm wegen der Fristversäumung die Beschwerdebefugnis fehlt[7].

III. Ausschluss von Klagen gegen den Verschmelzungsbeschluss (§ 14 Abs. 2 UmwG)

1. Normzweck

15 Mit Eintragung der Verschmelzung in das Handelsregister des übernehmenden Rechtsträgers erlischt ein übertragender Rechtsträger (§ 20 Abs. 1 Nr. 2 UmwG). Stattdessen werden die Anteilsinhaber der übertragenden Rechtsträger nach Maßgabe des Verschmelzungsvertrages Anteilsinhaber des übernehmenden Rechtsträgers (§§ 2, 5 Abs. 1 Nr. 3 ff., 20 Abs. 1 Nr. 3 UmwG). Nicht selten wird Streit darü-

1 BGH v. 4.7.1951 – II ZR 117/50, LM Nr. 1 zu § 199 AktG 1937.
2 Vgl. *Heckschen* in Widmann/Mayer, § 14 UmwG Rz. 41; *Schöne,* DB 1995, 1317 (1320 f.); vgl. auch BGH v. 5.10.2006 – III ZR 283/05, NZG 2006, 956.
3 Vgl. *Bork,* ZGR 1993, 343 (355); *Bork,* 4. Aufl., Rz. 11; *Schöne,* DB 1995, 1317; offen lassend OLG Brandenburg v. 22.8.2006 – 7 W 54/06, Rz. 11 (zit. nach Juris).
4 OLG Brandenburg v. 22.8.2006 – 7 W 54/06, Rz 11 f. (zit. nach Juris); *Marsch-Barner* in Kallmeyer, § 14 UmwG Rz. 9; *Simon* in KölnKomm. UmwG, § 14 UmwG Rz. 24.
5 *Heckschen* in Widmann/Mayer, § 14 UmwG Rz. 40; *K. Schmidt,* DB 1995, 1849.
6 KG v. 22.3.2005 – 1 W 263/04, Rpfleger 2005, 441; *Gehling* in Semler/Stengel, § 14 UmwG Rz. 27.
7 KG v. 22.3.2005 – 1 W 263/04, Rpfleger 2005, 441 f.

ber bestehen, ob die neuen Anteilsrechte den bisherigen gleichwertig sind, ob also die Anteilsinhaber des übertragenden Rechtsträgers eine angemessene Gegenleistung bekommen. Um zu verhindern, dass die Verschmelzung durch diesen Streit verzögert wird, verweisen §§ 14 Abs. 2, 15 UmwG die Anteilsinhaber des übertragenden Rechtsträgers auf das Spruchverfahren[1]: Ist die Gegenleistung unangemessen, so führt das nicht zur Unwirksamkeit des Verschmelzungsbeschlusses, sondern nur zu einem Anspruch auf bare Zuzahlung (vgl. § 15 Abs. 1 UmwG), der im Spruchverfahren durchzusetzen ist (dazu näher unten Anh. I SpruchG). § 14 Abs. 2 UmwG ist verfassungsgemäß[2] und verstößt auch nicht gegen Art. 6 EMRK[3]. Daraus folgt zugleich, dass der Verschmelzungsbeschluss in diesen Fällen wirksam und eintragungsfähig ist[4].

2. Norminhalt

16 Die Rüge der **Unangemessenheit des Umtauschverhältnisses** oder der Gegenleistung ist gem. § 14 Abs. 2 UmwG ausgeschlossen für **Anteilsinhaber des übertragenden Rechtsträgers**. Das gilt auch dann, wenn das Umtauschverhältnis grob falsch ermittelt oder die Abfindung gezielt unangemessen niedrig ist[5]. Eine Ausnahme ist auch in dem – ohnehin eher theoretischen – Fall nicht angebracht, dass die mangelhafte Berechnung auf ein kollusives Verhalten der beteiligten Organe unter Verstoß gegen § 826 BGB zurückzuführen ist[6]; allerdings machen sich die Organe in einem solchen Fall gem. §§ 25, 27 UmwG schadensersatzpflichtig. Soweit die Unwirksamkeit des Verschmelzungsbeschlusses entgegen § 14 Abs. 2 UmwG auf die Unangemessenheit der Gegenleistung gestützt wird, ist die Klage angesichts der in § 14 Abs. 2 UmwG angesprochenen Unstatthaftigkeit unzulässig[7]. In der Praxis wird eine Unwirksamkeitsklage allerdings regelmäßig nicht allein auf eine (dann regelmäßig verdeckte, vgl. unten Rz. 18) Bewertungsrüge gestützt, sondern daneben auf eine Reihe anderer Rügen; in solchen Fällen wird auch die (verdeckte) Bewertungsrüge in der Praxis als (offensichtlich) unbegründet behandelt (vgl. § 16 Rz. 42, 47). Wird von den Gesellschaftern des übertragenden Rechtsträgers geltend gemacht, das Umtauschverhältnis sei zu Lasten der Gesellschafter des übernehmenden Rechtsträgers **zu hoch** bemessen, gilt § 14 Abs. 2 UmwG analog[8].

---

1 BegrRegE, BT-Drucks. 12/6699, 87.

2 BVerfG v. 30.5.2007 – 1 BvR 1267/06, NJW 2007, 3266 (3268) = AG 2007, 697 – Verstoß gegen Art. 6 EMRK; *Gehling* in Semler/Stengel, § 14 UmwG Rz. 30; *Marsch-Barner* in Kallmeyer, § 14 UmwG Rz. 12.

3 Abweichend *Meilicke/Heidel*, BB 2003, 1805 f.

4 *Bork*, ZGR 1993, 343 (346).

5 OLG Düsseldorf v. 15.3.1999 – 17 W 18/99, ZIP 1999, 793 (794) = AG 1999, 418; *Bermel* in Goutier/Knopf/Tulloch, § 14 UmwG Rz. 15; *Ihrig*, ZHR 160 (1996), 317 (332); *Simon* in KölnKomm. UmwG, § 14 UmwG Rz. 37.

6 *Marsch-Barner* in Kallmeyer, § 14 UmwG Rz. 13; *Simon* in KölnKomm. UmwG, § 14 UmwG Rz. 37; abweichend *Bork*, 4. Aufl., Rz. 13; *Heckschen* in Widmann/Mayer, § 14 UmwG Rz. 54; *Stratz* in Schmitt/Hörtnagl/Stratz, § 14 UmwG Rz. 37.

7 *Bork*, 4. Aufl., Rz. 13; *Marsch-Barner* in Kallmeyer, § 14 UmwG Rz. 13; *Simon* in KölnKomm. UmwG, § 14 UmwG Rz. 44; abweichend *Gehling* in Semler/Stengel, § 14 UmwG Rz. 34: unbegründet.

8 LG Essen v. 8.2.1999 – 44 O 249/98, AG 1999, 329 (330); *Marsch-Barner* in Kallmeyer, § 14 UmwG Rz. 13; *Simon* in KölnKomm. UmwG, § 14 UmwG Rz. 36.

3. Verbleibende Klagemöglichkeiten

Der Ausschluss von Bewertungsrügen ist beschränkt auf Unwirksamkeitsklagen gegen den Verschmelzungsbeschluss des übertragenden Rechtsträgers und auch insoweit nur auf die Rüge der Unangemessenheit des Umtauschverhältnisses. Andere Unwirksamkeitsgründe können mit der Unwirksamkeitsklage gegen den Verschmelzungsbeschluss des übertragenden Rechtsträgers geltend gemacht werden. Auch die **Rüge einer fehlerhaften Information über die Unternehmensbewertung im Vorfeld der Hauptversammlung**, insbesondere einer unzureichenden Erläuterung des Umtauschverhältnisses im Verschmelzungsbericht (vgl. näher § 8 Rz. 18ff.; § 16 Rz. 47), wird durch § 14 Abs. 2 UmwG nicht ausgeschlossen. Die abweichende Rechtsprechung des BGH zum Formwechsel, nach der bewertungsrelevante Informationsmängel zum Angebot einer Barabfindung nicht durch eine Unwirksamkeitsklage geltend gemacht werden können (vgl. näher § 210 Rz. 3ff.)[1], ist entgegen entsprechenden Forderungen[2] nur teilweise in § 243 Abs. 4 Satz 2 AktG aufgegriffen worden. Danach ist die aktienrechtliche Anfechtungsklage weitestgehend für die Verletzung bewertungsbezogener Informationspflichten in der Hauptversammlung (insbesondere gem. § 131 AktG), nicht jedoch für die Verletzung von bewertungsbezogenen Berichtspflichten im Vorfeld der Hauptversammlung ausgeschlossen worden. Eine Erstreckung des Anfechtungsausschlusses des § 14 Abs. 2 UmwG auf bewertungsbezogene Berichtsmängel im Verschmelzungsbericht oder im Prüfbericht lässt sich daher nach der Reform des § 243 Abs. 4 Satz 2 AktG nicht mehr begründen[3]. Befürchtungen der Kritiker, Unwirksamkeitsklagen gegen wesentliche Strukturmaßnahmen würden sich nach der Reform des § 243 Abs. 4 Satz 2 AktG auf Rügen einer fehlerhaften Berichterstattung über die Unternehmensbewertung im Vorfeld der Hauptversammlung konzentrieren, obwohl es auch in diesen Fällen letztlich nur um eine angemessene Bewertung gehe[4], sind spätestens seit der Reform des § 16 Abs. 3 UmwG unbegründet (vgl. § 16 Rz. 47). Für das Angebot einer Barabfindung gem. § 32 UmwG (und entsprechend gem. § 210 UmwG) wird allerdings nach wie vor die Geltung der Rechtsprechungsgrundsätze des BGH und damit ein Anfechtungsausschluss gefordert, da sich die Gesetzesmaterialien insoweit nicht geäußert haben (vgl. näher § 32 Rz. 4; § 210 Rz. 4)[5]. Im Ergebnis sollten *de lege ferenda* alle Fälle der Information über bewertungsrelevante Sachverhalte einheitlich behandelt werden[6]. 17

1 BGH v. 18.12.2000 – II ZR 1/99, BGHZ 146, 179ff. = AG 2001, 301; BGH v. 29.1.2001 – II ZR 368/98, NJW 2001, 1428ff. = AG 2001, 263.

2 Beschlüsse des 63. DJT, Leipzig 2000, DB 2000, 2108 (2109); *Baums* (Hrsg.), Bericht der Regierungskommission Corporate Governance, 2001, Rz. 134; ebenso RefE UMAG, S. 8 Nr. 18, NZG 2004, Beil. Heft H.4, 7.

3 Vgl. *Decher* in FS Hoffmann-Becking, S. 295 (306); *Gehling* in Semler/Stengel, § 14 UmwG Rz. 33; *Marsch-Barner* in Kallmeyer, § 14 UmwG Rz. 14; abweichend *Stratz* in Schmitt/Hörtnagl/Stratz, § 14 UmwG Rz. 36.

4 Vgl. *Heinrich/Theusinger*, BB 2006, 449 (451); *Noack/Zetzsche*, ZHR 170 (2006), 218 (240); *Stratz* in Schmitt/Hörtnagl/Stratz, § 16 UmwG Rz. 31; *Veil*, AG 2005, 567 (570).

5 So *Gehling* in Semler/Stengel, § 8 UmwG Rz. 81; *Noack/Zetzsche*, ZHR 170 (2006), 218 (242); *Simon* in KölnKomm. UmwG, § 8 UmwG Rz. 84; *Weißhaupt*, ZIP 2005, 1766 (1772); abweichend *Emmerich* in Emmerich/Habersack, Aktien- und GmbH-Konzernrecht, § 293 AktG Rz. 60; *Grunewald* in FS Röhricht, 2005, S. 129 (130); *Schwab* in K. Schmidt/Lutter, § 243 AktG Rz. 33.

6 Vgl. *DAV-Handelsrechtsausschuss*, NZG 2005, 388 (392); *Decher* in FS Hoffmann-Becking, S. 295 (306); BegrRegE, BT-Drucks. 15/5092, 8 Nr. 20.

18 Der **Anfechtungsausschluss** des § 14 Abs. 2 UmwG kann im Einzelfall trotz § 243 Abs. 4 Satz 2 AktG auch für Rügen gelten, die formal darauf gestützt werden, im Bericht bzw. im Bewertungsgutachten fehlten bestimmte Angaben zu alternativen Bewertungsmethoden oder Bewertungsansätzen. Eine derartige Rüge kann in der Sache eine **verdeckte Bewertungsrüge** sein, wenn die angemahnten Bewertungsmethoden oder Bewertungsansätze tatsächlich nicht gewählt wurden, so dass hierüber im Spruchverfahren zu streiten ist (vgl. auch § 16 Rz. 47).

19 Ebenso kann eine Klage nicht auf eine Verletzung des Gleichbehandlungsgebots (§ 53a AktG) oder auf unzulässige Sondervorteile (§ 243 Abs. 2 AktG) zugunsten von Stammaktionären und zulasten von Vorzugsaktionären gestützt werden, wenn damit in der Sache ein unangemessenes Umtauschverhältnis geltend gemacht wird[1]. Eine Ungleichbehandlung oder Sondervorteile können nur dann im Wege der Unwirksamkeitsklage gerügt werden, wenn sich diese nicht aus einem unangemessenen Umtauschverhältnis ergeben, sondern etwa aus einer mangelhaften Umsetzung des Verschmelzungsvertrages. Im Übrigen bleiben sämtliche formellen und materiellen Rügen durch § 14 Abs. 2 UmwG unberührt, soweit sie sich nicht auf die Unangemessenheit des Umtauschverhältnisses beziehen (vgl. näher § 13 Rz. 49 ff.). Unberührt bleiben ferner Klagen gegen eine mit der Verschmelzung einhergehende **Kapitalerhöhung** unter Berufung auf einen unangemessen niedrigen Ausgabebetrag (§ 255 Abs. 2 AktG)[2].

4. Keine Geltung für übernehmenden Rechtsträger

20 Die Vorschrift des § 14 Abs. 2 UmwG gilt nur für Beschlüsse des übertragenden Rechtsträgers. Die Anteilsinhaber des übernehmenden Rechtsträgers können daher die Wirksamkeit ihres Verschmelzungsbeschlusses mit der Begründung angreifen, das Umtauschverhältnis sei (zu ihren Lasten) unangemessen[3]. § 14 Abs. 2 UmwG ist *de lege lata* weder direkt noch – wegen des entgegenstehenden Gesetzgeberwillens – analog anwendbar.

21 Die Beschränkung des § 14 Abs. 2 UmwG auf Unwirksamkeitsklagen durch Anteilsinhaber des übertragenden Rechtsträgers ist schon im Gesetzgebungsverfahren als **rechtspolitisch** fragwürdig **kritisiert** worden[4]. Ein Gesetzesvorschlag des Handelsrechtsausschusses des DAV zu einer Ausdehnung des Spruchverfahrens auf die Anteilsinhaber des übernehmenden Rechtsträgers hat daher zunächst vielfach Unterstützung gefunden[5]. Seit der Erleichterung des Freigabeverfahrens durch das ARUG haben allerdings Forderungen aus der Praxis nach einer einheit-

1 Vgl. auch *Gehling* in Semler/Stengel, § 14 UmwG Rz. 31; *Simon* in KölnKomm. UmwG, § 14 UmwG Rz. 38.

2 BGH v. 2.7.1990 – II ZB 1/90, BGHZ 112, 9 (19) = AG 1990, 538.

3 BGH v. 2.7.1990 – II ZR 1/90, BGHZ 112, 9 (19) = AG 1990, 538; OLG Stuttgart v. 13.3.2002 – 20 W 32/01, AG 2003, 456 (457); *Gehling* in Semler/Stengel, § 14 UmwG Rz. 17; *Heckschen* in Widmann/Mayer, § 14 UmwG Rz. 60; *Hirte*, ZHR 167 (2003), 8 (31); *Marsch-Barner* in Kallmeyer, § 14 UmwG Rz. 15; *J. Vetter*, ZHR 168 (2004), 8 (29); abweichend *Mertens*, AG 1990, 20 (23).

4 Vgl. schon *Bork*, ZGR 1993, 343 (354); *Hommelhoff*, ZGR 1993, 452 (471); *Hommelhoff*, ZGR 1990, 447 (474); ferner etwa *Baums*, Verhandlungen 63. DJT, 2000, F 130; ebenso Beschlussfassung 63. DJT, AG 2000, R439; *Lutter*, JZ 2000, 837 (839).

5 *DAV-Handelsrechtsausschuss*, NZG 2007, 497 (503); *Bayer*, ZHR 172 (2008), 24 (28); *Hüffer*, ZHR 172 (2008), 8 (10).

lichen Geltung des Spruchverfahrens für Anteilsinhaber des übertragenden und des übernehmenden Rechtsträgers deutlich nachgelassen. Als Konsequenz der Reform des § 16 Abs. 3 UmwG wird die Rüge einer unangemessenen Bewertung durch Anteilsinhaber der übernehmenden AG der Freigabe einer Verschmelzung nicht mehr regelmäßig entgegenstehen (vgl. § 16 Rz. 74). In der aktuellen Reformdiskussion steht die Ausdehnung des Spruchverfahrens auf den übernehmenden Rechtsträger daher nicht mehr im Vordergrund. Gefordert wird nunmehr in erster Linie die Gewährung von Aktien statt einer baren Zuzahlung als Ausgleich eines unangemessenen Umtauschverhältnisses bzw. eine weitere Beschleunigung des Spruchverfahrens (vgl. § 15 Rz. 9).

§ 15
Verbesserung des Umtauschverhältnisses

(1) Ist das Umtauschverhältnis der Anteile zu niedrig bemessen oder ist die Mitgliedschaft bei dem übernehmenden Rechtsträger kein ausreichender Gegenwert für den Anteil oder die Mitgliedschaft bei einem übertragenden Rechtsträger, so kann jeder Anteilsinhaber dieses übertragenden Rechtsträgers, dessen Recht, gegen die Wirksamkeit des Verschmelzungsbeschlusses Klage zu erheben, nach § 14 Abs. 2 ausgeschlossen ist, von dem übernehmenden Rechtsträger einen Ausgleich durch bare Zuzahlung verlangen; die Zuzahlungen können den zehnten Teil des auf die gewährten Anteile entfallenden Betrags des Grund- oder Stammkapitals übersteigen. Die angemessene Zuzahlung wird auf Antrag durch das Gericht nach den Vorschriften des Spruchverfahrensgesetzes bestimmt.

(2) Die bare Zuzahlung ist nach Ablauf des Tages, an dem die Eintragung der Verschmelzung in das Register des Sitzes des übernehmenden Rechtsträgers nach § 19 Abs. 3 bekannt gemacht worden ist, mit jährlich fünf Prozentpunkten über dem jeweiligen Basiszinssatz nach § 247 des Bürgerlichen Gesetzbuchs zu verzinsen. Die Geltendmachung eines weiteren Schadens ist nicht ausgeschlossen.

Literatur

Bayer, Fehlerhafte Bewertung: Aktionärsausgleich bei Sachkapitalerhöhung und Verschmelzung?, ZHR 172 (2008), 24; *Friese-Dormann/Rothenfußer*, Selbstfinanzierungseffekt und Bagatellgrenze als Frage der Angemessenheit des Umtauschverhältnisses bei Verschmelzungen, AG 2008, 243; *Hoffmann-Becking*, Der materielle Gesellschafterschutz: Abfindung und Spruchverfahren, ZGR 1990, 482; *Hoger*, Kapitalschutz als Durchsetzungsschranke umwandlungsrechtlicher Ausgleichsansprüche von Gesellschaftern, AG 2008, 149; *Ihrig*, Verschmelzung und Spaltung ohne Gewährung neuer Anteile?, ZHR 160 (1996), 317; *Ihrig*, Gläubigerschutz durch Kapitalaufbringung bei Verschmelzung und Spaltung nach neuem Umwandlungsrecht, GmbHR 1995, 622; *Knoll*, Gesetzliche Verzinsung von Sachverfahrensansprüchen: legislativer Wille und verfassungswidrige Wirklichkeit, BB 2004, 1727; *Maier-Reimer*, Verbesserung des Umtauschverhältnisses im Spruchverfahren, ZHR 164 (2000), 563; *Philipp*, Ist die Verschmelzung von Aktiengesellschaften nach dem neuen Umwandlungsrecht noch vertretbar?, AG 1998, 264; *Tettinger*, Die Barzahlung gem. § 15 UmwG – Für mehr Gestaltungsfreiheit im Verschmelzungsrecht, NZG 2008, 93; *J. Vetter*, Ausweitung des Spruchverfahrens, ZHR 168 (2004), 8.

I. Überblick

1 § 15 Abs. 1 UmwG gewährt den Anteilsinhabern eines übertragenden Rechtsträgers, denen § 14 Abs. 2 UmwG im Rahmen von Unwirksamkeitsklagen gegen den Verschmelzungsbeschluss die Rüge des unangemessenen Umtauschverhältnisses abschneidet, die Möglichkeit, einen Anspruch auf bare Zuzahlung wegen Unangemessenheit des Umtauschverhältnisses in einem gesonderten Spruchverfahren geltend zu machen. Eine entsprechende Regelung findet sich in § 34 UmwG zur gerichtlichen Nachprüfung der Angemessenheit einer nach § 29 UmwG anzubietenden Barabfindung. Für Genossenschaften gilt § 15 UmwG gem. § 85 UmwG nur eingeschränkt. Mit § 15 UmwG vergleichbare Regelungen finden sich in §§ 305 Abs. 5 Satz 2, 320b Abs. 2 Satz 2, 327f Satz 2 AktG, § 6 Abs. 2 – 4 SEAG. Bei grenzüberschreitenden Verschmelzungen gilt die Regelung des § 15 UmwG nur unter den in § 122h Abs. 1 und Abs. 2 UmwG genannten Voraussetzungen. § 15 Abs. 2 UmwG enthält eine Regelung über die Verzinsung des Anspruchs auf bare Zuzahlung. Mit dem Gesetz zur Umsetzung der Aktionärsrechterichtlinie (ARUG)[1] ist der Zinssatz mit Wirkung vom 1.9.2009 (vgl. § 321 Abs. 1 UmwG) von 2 auf jährlich 5 Prozentpunkte über dem jeweiligen Basiszinssatz nach § 247 BGB erhöht worden.

II. Bare Zuzahlung (§ 15 Abs. 1 UmwG)

1. Anspruchsberechtigte Anteilsinhaber

2 Die Möglichkeit, eine Verbesserung des Umtauschverhältnisses durch eine bare Zuzahlung zu erlangen, steht nur für die **Anteilsinhaber eines übertragenden Rechtsträgers** zur Verfügung. Die Anteilsinhaber des übernehmenden Rechtsträgers sind darauf angewiesen, gegen den Verschmelzungsbeschluss durch Unwirksamkeitsklage vorzugehen (s. § 14 Rz. 20). Überlegungen *de lege ferenda*, allen Anteilsinhabern der an einer Verschmelzung beteiligten Rechtsträger eine Überprüfung der Angemessenheit des Umtauschverhältnisses im Spruchverfahren zu ermöglichen und im Gegenzug Bewertungsrügen in Unwirksamkeitsklagen auszuschließen, dürften in absehbarer Zeit nicht in gesetzgeberische Reformen einmünden (vgl. § 14 Rz. 21).

3 Für die **Antragsberechtigung** ist gem. § 3 Satz 2 SpruchG erforderlich, aber auch ausreichend, dass der Antragsteller zum Zeitpunkt der Antragstellung Anteilsinhaber ist, also Anteile des übernehmenden Rechtsträgers hält, die aufgrund der Verschmelzung an die Stelle der Anteile des übertragenden Rechtsträgers getreten sind (vgl. unten Anh. I, § 3 SpruchG Rz. 6; zur Einzelrechtsübertragung vgl. dort Rz. 3, zu den Auswirkungen der Annahme eines Angebots auf Barabfindung gem.

1 BGBl. I 2009, S. 2479 (2489).

§ 29 UmwG vgl. dort Rz. 6 i.V.m. Rz. 4). § 15 Abs. 1 UmwG macht das Recht auf Geltendmachung einer baren Zuzahlung – insoweit anders als für das Abfindungsangebot des § 29 UmwG (vgl. auch für den Formwechsel §§ 207 Abs. 1, 212 UmwG) – **nicht abhängig von einem Widerspruch** der Anteilsinhaber gegen den Verschmelzungsbeschluss. Der Gesetzgeber wollte verhindern, dass Anteilsinhaber, die die Verschmelzung grundsätzlich befürworten, gegen die Verschmelzung stimmen und dem Verschmelzungsbeschluss widersprechen müssen und damit das Zustandekommen der Verschmelzung mit der erforderlichen 75 % Mehrheit gefährden würden, wenn sie die Angemessenheit der ihnen angebotenen Gegenleistung überprüfen lassen wollen[1]. Angesichts dessen wird man auch denjenigen Anteilsinhaber als antragsbefugt ansehen müssen, der dem Verschmelzungsbeschluss ausdrücklich zugestimmt hat (vgl. unten Anh. I, § 3 SpruchG Rz. 6 i.V.m. Rz. 2). Dementsprechend kann jeder (ehemalige) Anteilsinhaber des übertragenden Rechtsträgers einen Antrag auf gerichtliche Festsetzung einer baren Zuzahlung im Spruchverfahren stellen.

2. Voraussetzungen

Voraussetzung für die Festsetzung einer baren Zuzahlung im Spruchverfahren ist eine **unangemessene Gegenleistung**. Diese liegt vor, wenn das gem. § 5 Abs. 1 Nr. 3 UmwG im Verschmelzungsvertrag festgelegte Umtauschverhältnis der Anteile zu niedrig bemessen oder die Mitgliedschaft bei dem übernehmenden Rechtsträger kein ausreichender Gegenwert für den Anteil oder die Mitgliedschaft bei dem übertragenden Rechtsträger ist. Der Fall, dass die neue Mitgliedschaft keinen ausreichenden Gegenwert darstellt, betrifft die praktisch weniger bedeutsame Konstellation des Erlöschens einer Mitgliedschaft gegen Erwerb einer neuen Mitgliedschaft beim übernehmenden Rechtsträger, z.B. bei Verschmelzung auf eine Genossenschaft oder einen Verein[2]. Praktisch bedeutsamer ist der Untergang von Anteilen an Gesellschaften (insbesondere einer AG) gegen Gewährung von Anteilen des übernehmenden Rechtsträgers. Ein unangemessenes Umtauschverhältnis liegt in solchen Fällen nicht schon dann vor, wenn der übertragende Rechtsträger oder der übernehmende Rechtsträger für sich gesehen zu hoch oder zu niedrig bewertet worden ist, sondern maßgeblich ist die Angemessenheit der Verschmelzungsrelation. Sind also etwa übertragender und übernehmender Rechtsträger beide deutlich zu hoch bewertet worden, weil die Unternehmensplanungen vergleichbar (über)ambitioniert waren, so kann dennoch das Umtauschverhältnis angemessen sein (vgl. § 5 Rz. 28). Der Umstand, dass zur baren Zuzahlung berechtigte Anteilsinhaber des übertragenden Rechtsträgers zum Zeitpunkt der Zahlung der baren Zuzahlung in ihrer Eigenschaft als nunmehrige Anteilsinhaber des übernehmenden Rechtsträgers die bare Zuzahlung wirtschaftlich mitfinanzieren, rechtfertigt nicht eine Erhöhung der baren Zuzahlung um diesen Effekt[3]. 4

1 BegrRegE, BT-Drucks. 12/6699, 88; abweichend *de lege ferenda* vgl. *Tettinger*, NZG 2008, 93 (94).

2 Vgl. BegrRegE, BT-Drucks. 12/66, 88; LG Köln v. 19.12.2003 – 82 O 95/03, ZIP 2004, 220 (221).

3 *Friese-Dormann/Rothenfußer*, AG 2008, 243 (245 f.); *Marsch-Barner* in Kallmeyer, § 15 UmwG Rz. 2.

5 Die angemessene Zuzahlung wird auf Antrag durch das Gericht nach den Vorschriften des SpruchG bestimmt, § 15 Abs. 1 Satz 2 UmwG (§ 1 Nr. 4 SpruchG). Die Einzelheiten zur Zuständigkeit des Gerichts, zur Antragsberechtigung, zur Antragsfrist und Begründung, zum Antragsgegner, zum Verfahren, zur Entscheidung und ihrer Wirkung ergeben sich aus dem SpruchG (vgl. näher unten Anh. I SpruchG). Die Entscheidung im Spruchverfahren wirkt auch für alle anderen Anteilsinhaber des übertragenden Rechtsträgers, die nicht selbst einen Antrag auf Überprüfung der Angemessenheit des Umtauschverhältnisses gestellt haben (*inter omnes* Wirkung, § 13 SpruchG).

3. Schuldner

6 Schuldner einer im Spruchverfahren rechtskräftig festgesetzten baren Zuzahlung ist die Antragsgegnerin im Spruchverfahren, im Fall der Verschmelzung also der übernehmende oder neue Rechtsträger, § 5 Nr. 4 SpruchG. Die Zuzahlung ist in bar zu erbringen. Weder kann der Anteilsinhaber einen Ausgleich durch Gewährung weiterer Anteilsrechte an dem übernehmenden Rechtsträger verlangen, noch hat der übernehmende Rechtsträger als Schuldner insoweit eine Ersatzungsbefugnis (zu Reformüberlegungen unten Rz. 9). Entgegen der etwas missverständlichen (unverbindlichen) Gesetzesüberschrift findet also keine Verbesserung des Umtauschverhältnisses im Sinne einer Veränderung statt, sondern lediglich eine wirtschaftliche Korrektur durch bare Zuzahlung. Der Anspruch auf bare Zuzahlung setzt die Wirksamkeit der Verschmelzung mit Eintragung im Register des übernehmenden Rechtsträgers voraus, § 20 Abs. 1 Nr. 1–3 UmwG. Da die Zahlung jedoch erst nach rechtskräftiger Festsetzung im Spruchverfahren und damit regelmäßig jahrelang nach Wirksamwerden der Verschmelzung erfolgen kann, sieht § 15 Abs. 2 UmwG eine Verzinsung vor (vgl. unten Rz. 10).

4. Grenzen der Zuzahlung

7 Gem. § 15 Abs. 1 Satz 1 UmwG können die baren Zuzahlungen 10 % des Nennbetrags der gewährten Anteile des übernehmenden Rechtsträgers übersteigen. Insoweit ist die Regelung nicht zu verwechseln mit der Regelung einer baren Zuzahlung im Sinne von § 5 Abs. 1 Nr. 3 UmwG (aus Gründen des Spitzenausgleichs, vgl. § 5 Rz. 62), für die in §§ 54 Abs. 4, 68 Abs. 3, 78 Satz 1 UmwG i.V.m. §§ 68 Abs. 3 und 87 Abs. 2 Satz 2 UmwG eine entsprechende Begrenzung vorgesehen ist.

8 Keine Regelung enthält § 15 UmwG zu der Frage, ob die **allgemeinen Kapitalschutzvorschriften** (etwa § 30 GmbHG, § 57 AktG) auch für bare Zuzahlungen gelten sollen oder ob diese bei gerichtlicher Festsetzung einer baren Zuzahlung im Spruchverfahren verdrängt werden. Nach zutreffender Auffassung ist eine bare Zuzahlung nur aus frei verfügbarem Vermögen zulässig, die Kapitalerhaltungsregeln bleiben also zu beachten[1]. Kollidieren Ansprüche auf bare Zuzahlung mit

1 *Bayer*, ZHR 172 (2008), 24 (32); *Hoger*, AG 2008, 149 (158); *Gehling* in Semler/Stengel, § 15 UmwG Rz. 23a; *Heckschen* in Wiedmann/Mayer, § 15 UmwG Rz. 107; *Ihrig*, ZHR 160 (1996), 317 (336); *Ihrig*, GmbHR 1995, 622 (632); *Keßler* in Keßler/Kühnberger, § 15 UmwG Rz. 9; *Marsch-Barner* in Kallmeyer, § 15 UmwG Rz. 2; *Philipp*, AG 1998, 264

den Kapitalerhaltungsvorschriften, so entstehen die Ansprüche auf bare Zuzahlung allerdings in voller Höhe; sie sind lediglich so lange nicht auszuzahlen, wie freies Vermögen zur Bedienung nicht zur Verfügung steht[1]. Eine originäre Kürzung liefe dem Schutz der Anteilsinhaber des übertragenden Rechtsträgers zuwider, wenn der übernehmende Rechtsträger später über hinreichend freies Vermögen verfügt. Ist eine AG übernehmender Rechtsträger, kann die bare Zuzahlung nicht nur aus dem Bilanzgewinn gezahlt werden, sondern entsprechend § 71 Abs. 2 Satz 2 AktG auch aus allen Mitteln, die für einen Rückerwerb von eigenen Aktien zur Verfügung stehen[2].

5. Reformdiskussion

Die Notwendigkeit einer baren Zuzahlung kann bei einer Verschmelzung mehrerer übertragenden Rechtsträger auf einen übernehmenden Rechtsträger oder auf eine neue Gesellschaft (NewCo) wegen des mit einer wirtschaftlichen Korrektur des Umtauschverhältnisses verbundenen Hebeleffekts zu massiven Belastungen des übernehmenden oder neu gegründeten Rechtsträgers bis hin zu einer Existenzgefährdung führen[3]. Deshalb wurden schon alsbald nach der Einführung des § 15 UmwG Forderungen laut, jedenfalls für eine AG als übernehmenden Rechtsträger die **Möglichkeit einer Gewährung von Aktien** statt einer baren Zuzahlung einzuräumen[4]. Der Handelsrechtsausschuss des DAV hat einen Gesetzesvorschlag zur Erfüllung des Ausgleichsanspruchs durch Gewährung von Aktien vorgelegt. Der Vorschlag sieht vor, dass die übernehmende AG im Wege einer Ersetzungsbefugnis statt einer baren Zuzahlung Aktien gewähren kann, die durch eigene Aktien oder Aktien Dritter, aber auch im Wege einer Sachkapitalerhöhung geschaffen werden können[5]. Der Gesetzgeber hat diese jedenfalls im Grundkonzept von einem breiten Konsens in der Literatur getragenen Überlegungen[6] allerdings vorerst nicht aufgegriffen[7]. 9

---

(269); *J. Vetter*, ZHR 168 (2004), 8 (19); abweichend *Stratz* in Schmidt/Hörtnagl/Stratz, § 15 UmwG Rz. 29; im Ergebnis auch (Verletzung der Kapitalerhaltungsvorschriften ablehnend) vgl. *Simon* in KölnKomm. UmwG, § 15 UmwG Rz. 13,17.

1 Vgl. *Bayer*, ZHR 172 (2008), 24 (33); *Gehling* in Semler/Stengel, § 15 UmwG Rz. 23b; *Hoger*, AG 2008, 149 (158); *Junker* in Henssler/Strohn, § 15 UmwG Rz. 7; *Keßler* in Keßler/Kühnberger, § 15 UmwG Rz. 9; *J. Vetter*, ZHR 168 (2004), 8 (42); abweichend *Bork*, 4. Aufl., Rz. 5.

2 *Bayer*, ZHR 172 (2008), 24 (33); *Gehling* in Semler/Stengel, § 15 UmwG Rz. 23b; *Hoger*, AG 2008, 149 (158); *J. Vetter*, ZHR 168 (2004), 8 (41); insoweit abweichend *Bork*, 4. Aufl., Rz. 5; *Ihrig*, ZHR 160 (1996), 317 (336).

3 *Gehling* in Semler/Stengel, § 15 UmwG Rz. 26; *Marsch-Barner* in Kallmeyer, § 15 UmwG Rz. 6; *Philipp*, AG 1998, 264.

4 Vgl. *DAV-Handelsrechtsausschuss*, NZG 2000, 802 (803); *DAV-Handelsrechtsausschuss*, NZG 2007, 497 (500); *Maier-Reimer*, ZHR 164 (2000), 563 (574); *Martens*, AG 2000, 301 (308); *Philipp*, AG 1998, 264 (271).

5 *DAV-Handelsrechtsausschuss*, NZG 2007, 497 (500, 503); konkretisierend *DAV-Handelsrechtsausschuss*, NZG 2013, 694 (699); grundsätzlich zustimmend, aber für Kapitalerhöhung aus Gesellschaftsmitteln vgl. *Bayer*, ZHR 172 (2008), 24 (29).

6 Vgl. etwa *Bayer*, ZHR 172 (2008), 24 (39f.); *Gehling* in Semler/Stengel, § 15 UmwG Rz. 26; *Hüffer*, ZHR 172 (2008), 8 (16); *Marsch-Barner* in Kallmeyer, § 15 UmwG Rz. 6.

7 Vgl. BT-Drucks. 17/14239, 4 Zi 7.

III. Verzinsung (§ 15 Abs. 2 UmwG)

10 Gem. § 15 Abs. 2 Satz 1 UmwG ist die bare Zuzahlung mit jährlich 5 Prozentpunkten über dem jeweiligen Basiszinssatz nach § 247 BGB zu verzinsen. Die Verzinsung beginnt nicht mit dem Ende der Hauptversammlung, die als letzte über die Verschmelzung Beschluss fasst, sondern erst mit Ablauf des Tages, an dem gem. § 19 Abs. 3 UmwG i.V.m. § 10 HGB die Eintragung der Verschmelzung in das Handelsregister des Sitzes der übernehmenden Gesellschaft bekannt gemacht worden ist. Der Gesetzgeber wollte verhindern, dass der übernehmende Rechtsträger das Spruchverfahren verzögert und damit seine Zahlungspflicht hinausschiebt[1]. Diesem Anliegen hat er durch die Anhebung des Zinssatzes von 2 auf 5 Prozentpunkte über dem jeweiligen Basiszinssatz seit dem 1.9.2009 durch das ARUG (vgl. oben Rz. 1, § 321 Abs. 1 UmwG) zusätzlichen Nachdruck verliehen. Nachdem schon die Vorgängerregelung mit der geringeren Verzinsung für verfassungsgemäß erklärt wurde[2], bestehen gegen die nunmehr sehr hohe Verzinsung aus Sicht der Anteilsinhaber keine verfassungsrechtlichen Bedenken hinsichtlich des Eigentumsschutzes, und zwar auch nicht wegen des Ausschlusses von Zinseszins[3]. Aus der Sicht des übernehmenden Rechtsträgers als Antragsgegner handelt es sich um einen **Strafzins**, den dieser auch dann zu zahlen hat, wenn eine Verzögerung des Spruchverfahrens durch Umstände eintritt, die außerhalb seiner Sphäre liegen. Derartige Fälle, wie ein Wechsel des zuständigen Richters oder die Erstellung einer ergänzenden gutachtlichen Stellungnahme durch einen gerichtlich bestellten Sachverständigen über Jahre hinaus oder Befangenheitsanträge durch Antragsteller gegen Richter sind in der Praxis keine Seltenheit[4].

11 In Übereinstimmung mit § 288 Abs. 4 BGB bestimmt § 15 Abs. 2 Satz 2 UmwG, dass die Zinsregelung es nicht ausschließt, einen **weiteren Schaden** geltend zu machen. Gemeint ist derjenige Schaden, der darauf beruht, dass den Anteilsinhabern des übertragenden Rechtsträgers nicht von vornherein eine angemessene Gegenleistung angeboten worden ist. Dieser weitere Schaden ist allerdings nicht im Spruchverfahren, sondern mit der Leistungsklage geltend zu machen[5].

§ 16
Anmeldung der Verschmelzung

(1) Die Vertretungsorgane jedes der an der Verschmelzung beteiligten Rechtsträger haben die Verschmelzung zur Eintragung in das Register (Handelsregister, Partnerschaftsregister, Genossenschaftsregister oder Vereinsregister) des Sitzes ihres Rechtsträgers anzumelden. Das Vertretungsorgan des übernehmenden Rechtsträgers ist berechtigt, die Verschmelzung auch zur Eintragung in das Register des Sitzes jedes der übertragenden Rechtsträger anzumelden.

---

1 Vgl. BegrRegE, BT-Drucks. 12/6699, 88.
2 BVerfG v. 30.5.2007 – 1 BvR 1267/06, 1 BvR 1280/06, AG 2007, 697; seinerzeit kritisch *Knoll*, BB 2004, 1727 (1729).
3 Anders zur früheren Verzinsung noch *Knoll*, BB 2004, 1727 (1728).
4 Kritisch auch *Marsch-Barner* in Kallmeyer, § 15 UmwG Rz. 9.
5 OLG Düsseldorf v. 20.10.2005 – I-19 W 11/04 AktE, AG 2006, 287 (288); *Gehling* in Semler/Stengel, § 15 UmwG Rz. 30; *Marsch-Barner* in Kallmeyer, § 15 UmwG Rz. 10.

(2) Bei der Anmeldung haben die Vertretungsorgane zu erklären, dass eine Klage gegen die Wirksamkeit eines Verschmelzungsbeschlusses nicht oder nicht fristgemäß erhoben oder eine solche Klage rechtskräftig abgewiesen oder zurückgenommen worden ist; hierüber haben die Vertretungsorgane dem Registergericht auch nach der Anmeldung Mitteilung zu machen. Liegt die Erklärung nicht vor, so darf die Verschmelzung nicht eingetragen werden, es sei denn, dass die klageberechtigten Anteilsinhaber durch notariell beurkundete Verzichtserklärung auf die Klage gegen die Wirksamkeit des Verschmelzungsbeschlusses verzichten.

(3) Der Erklärung nach Absatz 2 Satz 1 steht es gleich, wenn nach Erhebung einer Klage gegen die Wirksamkeit eines Verschmelzungsbeschlusses das Gericht auf Antrag des Rechtsträgers, gegen dessen Verschmelzungsbeschluss sich die Klage richtet, durch Beschluss festgestellt hat, dass die Erhebung der Klage der Eintragung nicht entgegensteht. Auf das Verfahren sind § 247 des Aktiengesetzes, die §§ 82, 83 Abs. 1 und § 84 der Zivilprozessordnung sowie die im ersten Rechtszug für das Verfahren vor den Landgerichten geltenden Vorschriften der Zivilprozessordnung entsprechend anzuwenden, soweit nichts Abweichendes bestimmt ist. Ein Beschluss nach Satz 1 ergeht, wenn

1. **die Klage unzulässig oder offensichtlich unbegründet ist oder**
2. **der Kläger nicht binnen einer Woche nach Zustellung des Antrags durch Urkunden nachgewiesen hat, dass er seit Bekanntmachung der Einberufung einen anteiligen Betrag von mindestens 1 000 Euro hält oder**
3. **das alsbaldige Wirksamwerden der Verschmelzung vorrangig erscheint, weil die vom Antragsteller dargelegten wesentlichen Nachteile für die an der Verschmelzung beteiligten Rechtsträger und ihre Anteilsinhaber nach freier Überzeugung des Gerichts die Nachteile für den Antragsgegner überwiegen, es sei denn, es liegt eine besondere Schwere des Rechtsverstoßes vor.**

Der Beschluss kann in dringenden Fällen ohne mündliche Verhandlung ergehen. Der Beschluss soll spätestens drei Monate nach Antragstellung ergehen; Verzögerungen der Entscheidung sind durch unanfechtbaren Beschluss zu begründen. Die vorgebrachten Tatsachen, aufgrund derer der Beschluss nach Satz 3 ergehen kann, sind glaubhaft zu machen. Über den Antrag entscheidet ein Senat des Oberlandesgerichts, in dessen Bezirk die Gesellschaft ihren Sitz hat. Eine Übertragung auf den Einzelrichter ist ausgeschlossen; einer Güteverhandlung bedarf es nicht. Der Beschluss ist unanfechtbar. Erweist sich die Klage als begründet, so ist der Rechtsträger, der den Beschluss erwirkt hat, verpflichtet, dem Antragsgegner den Schaden zu ersetzen, der ihm aus einer auf dem Beschluss beruhenden Eintragung der Verschmelzung entstanden ist; als Ersatz des Schadens kann nicht die Beseitigung der Wirkungen der Eintragung der Verschmelzung im Register des Sitzes des übernehmenden Rechtsträgers verlangt werden.

Literatur

Arbeitskreis Beschlussmängelrecht, Vorschlag zur Neufassung der Vorschriften des Aktiengesetzes über Beschlussmängel, AG 2008, 617; *Baums*, Empfiehlt sich eine Neuregelung des aktienrechtlichen Anfechtungs- und Organhaftungsrechts, insbesondere der Klagemöglichkeiten von Aktionären, Gutachten F zum 63. Deutschen Juristentag 2000, 2000; *Baums/Drinhausen/Keinath*, Anfechtungsklagen und Freigabeverfahren. Eine empirische Studie, 2011, ILF Working Papers Series No. 130 (Zusammenfassung in ZIP 2011, 2329); *Baums/Keinath/Gajek*, Fortschritte bei Klagen gegen Hauptversammlungsbeschlüsse? Eine empirische Studie, ZIP 2007, 1629; *Bayer*, Kein Abschied vom Minderheitenschutz durch Informationen, ZGR 1995, 613; *Bayer*, Empfehlen sich besondere Regelungen für börsennotierte und für geschlossene Gesellschaften?, Gutachten E zum 67. Deutschen Juristentag 2008, 2008; *Bayer*, Das Freigabeverfahren gem. § 246a AktG idF des ARUG als Instrument zur Bekämpfung räuberischer Aktionäre – Rechtsdogmatik, Rechtstatsachen, Rechtspolitik –, in FS Hoffmann-Becking, 2013, S. 91; *Bayer/Fiebelkorn*, Vorschläge für eine Reform des Beschlussmängelrechts der Aktiengesellschaft, ZIP 2012, 2181; *Bayer/Hoffmann/Sawada*, Beschlussmängelklagen, Freigabeverfahren und Berufskläger, ZIP 2012, 897; *Bork*, Das Unbedenklichkeitsverfahren nach § 16 Abs. 3 UmwG, in Lutter, Kölner Umwandlungsrechtstage, S. 261; *Brandner/Bergmann*, Anfechtungsklage und Registersperre, in FS Bezzenberger, 2000, S. 59; *Büchel*, Voreilige Eintragung von Verschmelzung oder Formwechsel und die Folgen, ZIP 2006, 2289; *Decher*, Die Überwindung der Registersperre nach § 16 Abs. 3 UmwG, AG 1997, 388; *Decher*, Anfechtungsklage und Freigabeverfahren – Das ARUG in der Bewährungsprobe, in Veil (Hrsg.), Unternehmensrecht in der Reformdiskussion, 2013, S. 115; *Decher*, Die Information der Aktionäre über die Unternehmensbewertung bei Strukturmaßnahmen in der Hauptversammlungs- und Gerichtspraxis, in FS Hoffmann-Becking, 2013, S. 295; *Florstedt*, Die Reform des Beschlussmängelrechts durch das ARUG, AG 2009, 465; *Fuhrmann/Linnerz*, Das überwiegende Vollzugsinteresse im aktien- und umwandlungsrechtlichen Freigabeverfahren, ZIP 2004, 2306; *Habersack/Stilz*, Zur Reform des Beschlussmängelrechts. Bestandsaufnahme nach ARUG und Perspektiven, ZGR 2010, 710; *Heermann*, Auswirkungen einer Behebbarkeit oder nachträglichen Korrektur von gerügten Verfahrensmängeln auf das Unbedenklichkeitsverfahren nach § 16 Abs. 3 UmwG, ZIP 1999, 1861; *Hirte*, Die Behandlung unbegründeter oder missbräuchlicher Gesellschafterklagen im Referentenentwurf eines Umwandlungsgesetzes, DB 1993, 77; *Hirte*, Anmerkungen zur Neuordnung des Freigabeverfahrens durch das ARUG, in FS Meilicke, 2010, S. 201; *Kiem*, Umwandlungsrecht – Rückschau und Entwicklungstendenzen nach drei Jahren Praxis, in Hommelhoff/Röhricht (Hrsg.), Gesellschaftsrecht 1997, 1998, S. 105; *Kläsener/Wasse*, Erste Freigabebeschlüsse nach dem ARUG. Erkenntnisse, Probleme und Konsequenzen für die Praxis, AG 2010, 202; *Koch/Wackerbeck*, Der Schutz vor räuberischen Aktionären durch die Neuregelungen des ARUG, ZIP 2009, 1603; *Kösters*, Das Unbedenklichkeitsverfahren nach § 16 Abs. 3 UmwG, WM 2000, 1921; *Lorenz/Pospiech*, Ein Jahr Freigabeverfahren nach dem ARUG. Zeit für einen Blick auf Entscheidungen, Entwicklungstrends und ungeklärte Rechtsfragen, BB 2010, 2515; *K.P. Martens/S.A.E. Martens*, Strategien gegen missbräuchliche Anlegerklagen in Deutschland und den Vereinigten Staaten, in FS K. Schmitt, 2009, S. 1129; *Noack*, Das Freigabeverfahren bei Umwandlungsbeschlüssen, ZHR 164 (2000), 274; *Noack*, ARUG: das nächste Stück der Aktienrechtsreform in Permanenz, NZG 2008, 441; *Reichard*, Der Nachweis des Mindestaktienbesitzes im Freigabeverfahren, NZG 2011, 292; *Rettmann*, Die Rechtmäßigkeitskontrolle von Verschmelzungsbeschlüssen, 1998; *Rieckers*, Rechtskraftwirkung abweisender Entscheidungen im Freigabeverfahren, BB 2008, 514; *Riegger/Schockenhoff*, Das Unbedenklichkeitsverfahren zur Eintragung der Umwandlung in das Handelsregister, ZIP 1997, 2105; *Rubel*, Die Interessenabwägungsklauseln in Freigabeverfahren nach dem ARUG – Bestandsaufnahme und Anwendungshinweise, DB 2009, 2027; *Satzl*, Freigabe von Gesellschafterbeschlüssen im Kapitalgesellschaftsrecht: Registersperren, Freigabeverfahren, Bestandskraft, 2011; *C. Schäfer*, Die „Bestandskraft" fehlerhafter Strukturänderungen im Aktien- und Umwandlungsrecht – Zu neuen, rechtlich nicht vertretbaren Ausdehnungstendenzen und zu ihrer prinzipiellen Ungeeignetheit, missbräuchliche Anfechtungsklagen einzudämmen, in FS K. Schmidt, 2009, S. 1389; *C. Schäfer*, Was ist getan, was wäre zu tun bei der Reform des Beschlussmängelrechts?, in Veil (Hrsg.), Unternehmensrecht in der Reformdiskussion, 2013, S. 97; *Schall/Habbe/Wiegand*, Anfechtungsmissbrauch – Gibt es einen überzeugenderen Ansatz als das ARUG?, NJW 2010, 1789; *Schmid*, Das umwandlungsrechtliche Unbedenklichkeitsverfahren und die Reversibilität registrierter Verschmelzungsbeschlüsse, ZGR 1997, 493; *K. Schmidt*, Reflexionen über das Beschlussmängelrecht – Dogmatik und Rechtspolitik der Anfechtungsklagen für Heute und Morgen –, AG 2009, 248; *Seibert*, Gute Aktionäre – Schlechte Aktionäre: Räuberische Aktionäre und die Interessensabwägung im Freigabeverfahren – Bericht aus dem Gesetzgebungsverfahren zum ARUG, in FS Uwe H. Schneider, 2011, S. 1211; *Sosnitza*, Das Unbedenklichkeitsverfahren nach § 16 III UmwG, NZG 1999, 965; *Stilz*, Freigabeverfahren und Beschlussmängelrecht – Zur Evaluation des Freigabeverfahrens nach dem ARUG und zur Weiterentwicklung des Beschlussmängelrechts, in FS Hommelhoff, 2012, S. 1181; *Veil*, Die Registersperre bei der Umwandlung einer AG in eine GmbH, ZIP 1998, 361; *Verse*, Das Beschlussmängelrecht nach dem ARUG, NZG 2009, 1127; *J. Vetter*, Bewertungsrügen im Freigabeverfahren, in FS Maier-Reimer, 2010, S. 819; *J. Vetter*, Freigabeverfahren, Holzmüller und Änderung des Unternehmensgegenstandes, in Liber amicorum Winter, 2011, S. 731; *Wasmann*, Der Bestätigungsbeschluss, in Festgabe Riegger, 2008, S. 47; *Weber/Kersjes*, Hauptversammlungsbeschlüsse vor Gericht: die aktienrechtliche Anfechtungs- und Nichtigkeitsklage, Freigabeverfahren und Spruchverfahren, 2010; *Wilsing/Saß*, Die Rechtsprechung zum Freigabeverfahren seit Inkrafttreten des ARUG, DB 2011, 919; *M. Winter*, Die Anfechtung eintragungsbedürftiger Strukturbeschlüsse de lege lata und de lege ferenda, in FS Ulmer, 2003, S. 699; *M. Winter*, Die Reform des Beschlussanfechtungsrechts – eine Zwischenbilanz, in Liber amicorum Happ, 2006, S. 363; *Zöllner*, Evaluation des Freigabeverfahrens, in FS Westermann, 2008, S. 1631.

I. Überblick

1 Die Verschmelzung bedarf zu ihrer Wirksamkeit der Eintragung in das Register des übertragenden und des übernehmenden Rechtsträgers. § 16 Abs. 1 UmwG enthält allgemeine Grundsätze zur Anmeldung der Verschmelzung. Die der Anmeldung der Verschmelzung beizufügenden Anlagen ergeben sich aus § 17 UmwG. § 16 Abs. 2 UmwG enthält den Grundsatz der Registersperre bei Vorliegen einer Klage gegen die Wirksamkeit eines Verschmelzungsbeschlusses. Ohne eine entsprechende Negativerklärung darf die Verschmelzung nicht eingetragen werden. § 16 Abs. 3 UmwG sieht jedoch die Möglichkeit eines Freigabeverfahrens zur Überwindung der Registersperre vor.

II. Anmeldung der Verschmelzung (§ 16 Abs. 1 UmwG)

1. Allgemeine Grundsätze

2 Die Eintragung einer Verschmelzung erfolgt nicht von Amts wegen, sondern aufgrund einer Anmeldung zur Eintragung in das Register. § 16 Abs. 1 UmwG enthält hierzu allgemeine Grundsätze. Gegenstand der Anmeldung ist nicht der Verschmelzungsbeschluss, sondern die Verschmelzung. Die Anmeldung erfolgt durch jeden an der Verschmelzung beteiligten Rechtsträger, also im Regelfall durch die übertragende Gesellschaft und durch die aufnehmende Gesellschaft, zur Eintragung in das Register des Sitzes ihres Rechtsträgers (§ 16 Abs. 1 Satz 1 UmwG). Die Registeranmeldungen müssen **für alle beteiligten Rechtsträger gesondert** erfolgen. Dies gilt auch dann, wenn die Anmeldungen in einer Urkunde für alle beteiligten Rechtsträger zusammengefasst werden und wenn die verschiedenen Rechtsträger bei demselben Registergericht geführt werden[1]. Der übernehmende Rechtsträger kann die Anmeldung auch für den übertragenden Rechtsträger übernehmen (§ 16 Abs. 1 Satz 2 UmwG), vgl. unten Rz. 9.

2. Besondere Vorschriften

3 Für die Anmeldung der Verschmelzung durch Neugründung gilt § 36 Abs. 1 UmwG. Stellt die Verschmelzung einen Nachgründungsvorgang dar, so ist zusätzlich § 67 UmwG i.V.m. § 52 Abs. 6 AktG zu beachten. Für die Anmeldung einer Verschmelzung unter Beteiligung von Gesellschaften mbH enthält § 52 UmwG ergänzende Regelungen. Für die Anmeldung einer Konzernverschmelzung unter Beteiligung von Aktiengesellschaften ist § 62 Abs. 3 Satz 5 UmwG zu beachten. Für die Anmeldung einer grenzüberschreitenden Verschmelzung gelten ergänzend §§ 122k Abs. 1 Satz 1, 122l Abs. 1 Satz 1 UmwG.

---

1 OLG Oldenburg v. 4.11.2011 – 12 W 269/11, BeckRS 2012, 00121 und OLG Oldenburg v. 7.11.2011 – 12 W 270/11, BeckRS 2012, 00122: für Abspaltung; *Krafka/Willer/Kühn*, Registerrecht, 8. Aufl. 2010, Rz. 1179.

3. Zuständiges Gericht

Sachlich zuständig für die Anmeldung jedes an der Verschmelzung beteiligten Rechtsträgers ist das Register (Handelsregister, Partnerschaftsregister, Genossenschaftsregister oder Vereinsregister) beim Amtsgericht. Für die **örtliche Zuständigkeit** ist der Sitz des jeweiligen beteiligten Rechtsträgers maßgeblich. Das gilt auch dann, wenn gleichzeitig mit der Anmeldung der Verschmelzung die Sitzverlegung des Rechtsträgers angemeldet wird[1]. Bei einem Doppelsitz eines Rechtsträgers hat die Anmeldung an beiden Registern zu erfolgen[2]. **Funktionell zuständig** ist bei einer Verschmelzung unter Beteiligung von Kapitalgesellschaften oder einem VVaG der Richter, im Übrigen der Rechtspfleger, § 17 Nr. 1c Alt. 2, § 3 Nr. 2d RPflG. 4

4. Anmeldepflicht des Vertretungsorgans (§ 16 Abs. 1 Satz 1 UmwG)

Die Anmeldung der Verschmelzung erfolgt durch das **Vertretungsorgan** jedes der an der Verschmelzung beteiligten Rechtsträger. Es ist keine Anmeldung durch sämtliche Mitglieder des Vertretungsorgans erforderlich, sondern es reicht eine Anmeldung in vertretungsberechtigter Anzahl[3]. Dies gilt auch dann, wenn an sich für Registeranmeldungen nach den für den Rechtsträger geltenden allgemeinen Regeln alle Anteilsinhaber mitwirken müssen (vgl. § 108 Abs. 1 HGB, § 4 Abs. 1 PartGG)[4]. Für die gleichzeitige Anmeldung einer mit der Verschmelzung verbundenen Kapitalerhöhung (unten Rz. 8) sind allerdings Anmeldevoraussetzungen durch alle Mitglieder des Vertretungsorgans zu beachten (§ 188 Abs. 1 AktG, § 78 GmbHG)[5]. Die Anmeldung durch ein einzelnes Organmitglied in Gemeinschaft mit einem Prokuristen (unechte Gesamtvertretung) ist ausreichend, sofern sie nach den jeweiligen Statuten des Rechtsträgers zugelassen ist[6]. Die Anmeldung nur durch Prokuristen ist nicht ausreichend. Die Anmeldung kann aber auch durch Bevollmächtigte erfolgen, sofern nicht höchstpersönliche Erklärungen abzugeben sind (zur Negativerklärung vgl. unten Rz. 13). Für die Anmeldung gilt auch der die Verschmelzung beurkundende Notar als bevollmächtigt (§ 378 Abs. 2 FamFG). 5

Das Vertretungsorgan ist gegenüber dem jeweiligen Rechtsträger zur Anmeldung **verpflichtet** („haben anzumelden"). Diese Verpflichtung ergibt sich im Übrigen aus der Folgepflicht des Vertretungsorgans, von den Anteilsinhabern beschlossene Strukturmaßnahmen umzusetzen. Daraus folgt an sich die Verpflichtung, die Anmeldung unverzüglich vorzunehmen, sobald der Verschmelzungsvertrag wirksam abgeschlossen und die Verschmelzungsbeschlüsse aller beteiligten Rechtsträger 6

---

1 OLG Oldenburg v. 11.12.1996 – 5 AR 26/96, GmbHR 1997, 657; OLG Hamm v. 1.8.1994 – 15 Sbd 37/94, GmbHR 1994, 715; *Zimmermann* in Kallmeyer, § 16 UmwG Rz. 2.

2 *Heidinger* in Henssler/Strohn, § 16 UmwG Rz. 9; *Schwanna* in Semler/Stengel, § 16 UmwG Rz. 8; *Simon* in KölnKomm. UmwG, § 16 UmwG Rz. 7.

3 Vgl. *Fronhöfer* in Widmann/Mayer, § 16 UmwG Rz. 22; *Keßler* in Keßler/Kühnberger, § 16 UmwG Rz. 3; *Limmer* in Limmer, Unternehmensumwandlung, Teil 2 Rz. 581.

4 Vgl. *Fronhöfer* in Widmann/Mayer, § 16 UmwG Rz. 22; *Simon* in KölnKomm. UmwG, § 16 UmwG Rz. 5; *Zimmermann* in Kallmeyer, § 16 UmwG Rz. 4; abweichend *Müller-Eising* in Picot, § 6 Rz. 445.

5 Vgl. *Müller-Eising* in Picot, § 6 Rz. 445.

6 *Fronhöfer* in Widmann/Mayer, § 16 UmwG Rz. 23; *Schwanna* in Semler/Stengel, § 16 UmwG Rz. 7; *Zimmermann* in Kallmeyer, § 16 UmwG Rz. 4.

gefasst worden sind[1]. Allerdings wäre eine derartige Anmeldung vor Ablauf der Monatsfrist des § 14 Abs. 1 UmwG angesichts der Notwendigkeit einer Negativerklärung gem. § 16 Abs. 2 UmwG nicht vollständig (vgl. auch unten Rz. 17)[2]. Eine Verpflichtung zur Anmeldung besteht für das Vertretungsorgan daher grundsätzlich erst mit Ablauf der Klagefrist oder – bei Vorliegen von Klagen – nach rechtskräftigem Freigabebeschluss gem. § 16 Abs. 3 UmwG. Vor Ablauf der Frist ist das Vertretungsorgan des an der Verschmelzung beteiligten Rechtsträgers allerdings berechtigt die Anmeldung der Verschmelzung vorzunehmen[3]. Für die **zeitliche Erfüllung** der Anmeldepflicht ist beim übertragenden Rechtsträger § 17 Abs. 2 Satz 4 UmwG zu beachten, wonach die Schlussbilanz auf einen höchstens acht Monate vor der Anmeldung liegenden Stichtag aufgestellt sein darf. In diesem Fall besteht nicht nur ein Recht, sondern eine Pflicht des Vertretungsorgans des übertragenden Rechtsträgers, die Anmeldung der Verschmelzung bereits vor Ablauf der Frist des § 14 Abs. 1 UmwG vorzunehmen, wenn die Frist des § 17 Abs. 2 Satz 4 UmwG früher endet[4].

7 Die Anteilsinhaber können dem Vertretungsorgan hinsichtlich des Zeitpunktes der Anmeldung der Verschmelzung zeitliche Vorgaben im Verschmelzungsbeschluss machen. Eine Regelung im Verschmelzungsvertrag selbst ist nicht erforderlich[5]. Dem Vertretungsorgan darf kein Ermessen eingeräumt werden, wann es die Eintragung der Verschmelzung beantragt[6]. Die Erfüllung der Anmeldepflicht durch das Vertretungsorgan kann gem. § 316 Abs. 2 UmwG nicht durch die Festsetzung eines Zwangsgeldes erzwungen werden. Allerdings kann sich das Vertretungsorgan bei Verletzung der Pflicht zu Anmeldung gegenüber dem Rechtsträger schadensersatzpflichtig machen[7]. Daneben kommt eine Leistungsklage des anderen an der Verschmelzung beteiligten Rechtsträgers auf Vornahme der Registeranmeldung in Betracht[8]. Zum Anmelderecht des übernehmenden Rechtsträgers vgl. unten Rz. 9.

5. Inhalt der Anmeldung

8 Angemeldet wird die **Verschmelzung** als solche, nicht etwa der Verschmelzungsvertrag oder die Verschmelzungsbeschlüsse. Der Verschmelzungsvertrag und die Beschlüsse der Anteilsinhaber des übertragenden Rechtsträgers und des überneh-

---

1 So *Schwanna* in Semler/Stengel, § 16 UmwG Rz. 4; vgl. auch *Zimmermann* in Kallmeyer, § 16 UmwG Rz. 6.

2 Vgl. BGH v. 5.10.2006 – III ZR 283/05, ZIP 2006, 2312 = AG 2006, 934; *Fronhöfer* in Widmann/Mayer, § 16 UmwG Rz. 73, 95; *Limmer* in Limmer, Unternehmensumwandlung, Teil 2 Rz. 596; *Marsch-Barner* in Kallmeyer, § 16 UmwG Rz. 25; *Simon* in KölnKomm. UmwG, § 17 UmwG Rz. 34.

3 *Fronhöfer* in Widmann/Mayer, § 16 UmwG Rz. 32; *Simon* in KölnKomm. UmwG, § 16 UmwG Rz. 12; vgl. auch BGH v. 2.7.1990 – II ZB 1/90, BGHZ 112, 9 (23) = AG 1990, 538.

4 Vgl. *Schäffler* in Maulbetsch/Klumpp/Rose, § 16 UmwG Rz. 9; *Simon* in KölnKomm. UmwG, § 17 UmwG Rz. 37.

5 Vgl. aber *Schwanna* in Semler/Stengel, § 16 UmwG Rz. 4.

6 *Schwanna* in Semler/Stengel, § 16 UmwG Rz. 4.

7 Weitergehend *Schwanna* in Semler/Stengel, § 16 UmwG Rz. 2; *Zimmermann* in Kallmeyer, § 16 UmwG Rz. 6: Schadensersatzpflicht auch gegenüber den Anteilsinhabern möglich.

8 *Schäffler* in Maulbetsch/Klumpp/Rose, § 16 UmwG Rz. 6; *Simon* in KölnKomm. UmwG, § 16 UmwG Rz. 14; *Stratz* in Schmitt/Hörtnagl/Stratz, § 16 UmwG Rz. 11.

menden Rechtsträgers werden in der Anmeldung mit dem jeweiligen Datum als Grundlage der Verschmelzung genannt. Ferner ist zu erwähnen, ob es sich um eine Verschmelzung auf den näher bezeichneten übernehmenden Rechtsträger durch Aufnahme oder um eine Verschmelzung zur Neugründung handelt[1]. Eine Reihenfolge der Anmeldung beim übertragenden Rechtsträger und beim übernehmenden Rechtsträger ist gesetzlich (anders als für die Reihenfolge der Eintragung durch das Register selbst, § 19 Abs. 1 UmwG) nicht vorgesehen. Ist mit der Verschmelzung gleichzeitig eine **Kapitalerhöhung** verbunden, so ist deren gleichzeitige Anmeldung zwar nicht zwingend erforderlich, aber empfehlenswert, da diese nach §§ 53, 66 UmwG vor der Verschmelzung einzutragen ist[2]. Es empfiehlt sich dann, in der Anmeldung die Reihenfolge der bei der übernehmenden Gesellschaft einzutragenden Tatsachen anzuregen[3]. Beim **verschmelzungsrechtlichen Squeeze-out** (§ 62 Abs. 5 UmwG) kann sich für den übertragenden Rechtsträger die zeitgleiche Anmeldung von Verschmelzung und Squeeze-out empfehlen. Erfolgt die Anmeldung von Kapitalerhöhung oder Squeeze-out getrennt von der Anmeldung der Verschmelzung, so wird sich jeweils ein Hinweis auf den Zusammenhang zwischen beiden Maßnahmen an das Registergericht empfehlen.

6. Anmelderecht des übernehmenden Rechtsträgers (§ 16 Abs. 1 Satz 2 UmwG)

9 Gem. § 16 Abs. 1 Satz 2 UmwG darf auch das Vertretungsorgan des übernehmenden Rechtsträgers die Verschmelzung zur Eintragung in das für jeden übertragenden Rechtsträger zuständige Register anmelden. Damit soll zur **Verfahrensbeschleunigung** einem besonderen Interesse des übernehmenden Rechtsträgers an einer raschen Eintragung Rechnung getragen werden. In der Anmeldung kann sich ein Hinweis auf diese nicht selbstverständliche gesetzliche Regelung empfehlen[4]. Große praktische Bedeutung hat diese Regelung allerdings nicht. Die reibungslose Mitwirkung des Vertretungsorgans eines übertragenden Rechtsträgers ist in der Praxis die Regel. Ohnehin kann der zeitliche Vorteil einer Anmeldung in einer Hand dadurch relativiert werden, dass sich der übernehmende Rechtsträger beim übertragenden Rechtsträger vorhandene notwendige Anlagen zur Anmeldung, z.B. die Schlussbilanz (§ 17 Abs. 2 UmwG), beschaffen müsste. Die Befugnis nach § 16 Abs. 1 Satz 2 UmwG umfasst über die Anmeldung der gem. § 16 Abs. 1 Satz 1 UmwG eintragungspflichtigen Tatsachen hinaus auch die Abgabe der sonst im Zusammenhang mit der Anmeldung gesetzlich erforderlichen Erklärungen[5]. Dagegen erstreckt sich die Befugnis nicht auf sonstige, nur anlässlich der Verschmelzung vorgenommene eintragungspflichtige Umstände, z.B. eine Sitzverlegung. Ebenso wenig besteht eine Anmeldebefugnis für einen im Zusammen-

1 Vgl. *Schwanna* in Semler/Stengel, § 16 UmwG Rz. 3; *Simon* in KölnKomm. UmwG, § 16 UmwG Rz. 15; weitergehend für Notwendigkeit der Angabe auch des Sitzes aller beteiligten Rechtsträger vgl. *Fronhöfer* in Widmann/Mayer, § 16 UmwG Rz. 35; *Zimmermann* in Kallmeyer, § 16 UmwG Rz. 12.

2 *Sagasser/Luke* in Sagasser/Bula/Brunger, § 9 Rz. 55; *Schwanna* in Semler/Stengel, § 16 UmwG Rz. 3; für Pflicht zur kombinierten Anmeldung vgl. *Fronhöfer* in Widmann/Mayer, § 16 UmwG Rz. 36.

3 *Zimmermann* in Kallmeyer, § 16 UmwG Rz. 8.

4 *Zimmermann* in Kallmeyer, § 16 UmwG Rz. 3.

5 *Limmer* in Limmer, Unternehmensumwandlung, Teil 2 Rz. 583; *Simon* in KölnKomm. UmwG, § 16 UmwG Rz. 16; *Zimmermann* in Kallmeyer, § 16 UmwG Rz. 14.

hang mit der Verschmelzung vorgenommenen Squeeze-out gem. § 62 Abs. 5 UmwG[1].

7. Form, Kosten

10 Die Anmeldung ist von den für die Vertretung des jeweiligen Rechtsträgers zuständigen Personen zu unterschreiben. Die Unterschriften müssen **öffentlich beglaubigt** werden (§ 12 Abs. 1 Satz 1 HGB, § 129 Abs. 1 Satz 1 BGB, §§ 39, 40 BeurkG). Die öffentliche Beglaubigung durch einen Notar kann auch durch die notarielle Beurkundung der Erklärung ersetzt werden (§ 129 Abs. 2 BGB), die jedoch aus Kostengründen (vgl. unten Rz. 11) unüblich ist. Die Einreichung der Anmeldung beim Registergericht erfolgt in elektronischer Form (§ 12 Abs. 2 Satz 1 HGB). Auch eine Bevollmächtigung zur Anmeldung oder die Genehmigung der Erteilung einer Vollmacht zur Anmeldung durch einen Dritten bedürfen einer öffentlichen Beglaubigung (§ 12 Abs. 1 Satz 2 i.V.m. Satz 1 HGB)[2].

11 An **Notarkosten** fällt für die Anmeldung zum Handels-, Partnerschafts- und Genossenschaftsregister eine halbe Gebühr an, abhängig vom Geschäftswert (Nr. 21201 Nr. 5 der Anlage 1 zu § 3 Abs. 2 GNotKG). Der Geschäftswert berechnet sich nach § 105 GNotKG und beträgt maximal 1 000 000 Euro (§ 106 GNotKG). Für Eintragungen ins Vereinsregister wird eine Festgebühr in Höhe von 50 Euro erhoben (Nr. 13101 der Anlage 1 zu § 3 Abs. 2 GNotKG). Wird gleichzeitig eine Kapitalerhöhung beim übernehmenden Rechtsträger angemeldet, ist dem Wert der Anmeldung der Verschmelzung der Betrag der Kapitalerhöhung hinzuzurechnen. Es bleibt aber beim Höchstwert von 1 000 000 Euro[3]. Für die Beglaubigungen der Unterschriften erhält der Notar eine 0,2 Gebühr gem. Nr. 25100 der Anlage 1 zu § 3 Abs. 2 GNotKG (mindestens 20 Euro, höchstens 70 Euro). Für den Entwurf der Anmeldung erhält er eine Gebühr von 0,5, mindestens aber 30 Euro (Nr. 24102 der Anlage 1 zu § 3 Abs. 2 GNotKG i.V.m. § 92 Abs. 2 GNotKG). Gerichtskosten verursacht nicht die Anmeldung, sondern erst die Eintragung.

III. Negativerklärung (§ 16 Abs. 2 UmwG)

1. Normzweck

12 Gem. **§ 16 Abs. 2 Satz 1 1. Halbsatz UmwG** haben die Vertretungsorgane bei der Anmeldung der Verschmelzung auch eine Negativerklärung betreffend Klagen gegen die Wirksamkeit eines Verschmelzungsbeschlusses abzugeben. Die Regelung ist im **Kontext mit § 14 Abs. 1 UmwG und § 20 Abs. 1 Nr. 4, Abs. 2 UmwG** zu sehen. Eine Klage gegen die Wirksamkeit des Verschmelzungsbeschlusses kann nur binnen eines Monats nach der Beschlussfassung erhoben werden. Ist die Verschmelzung in das jeweilige Register eingetragen, so lassen Mängel der Verschmelzung die Wirkung der Eintragung unberührt, so dass einer Klage gegen die Wirksamkeit eines Verschmelzungsbeschlusses die Wirkung der Kassation ge-

1 Weitergehend *Mayer*, NZG 2012, 561 (574): Anmeldebefugnis gem. § 16 Abs. 1 Satz 2 UmwG entfällt.
2 OLG Frankfurt/M. v. 7.11.2011 – 20 W 459/11, Rz. 18 (zit. nach Juris).
3 So zur KostO bereits *Fronhöfer* in Widmann/Mayer, § 16 UmwG Rz. 54ff.; *Marsch-Barner* in Kallmeyer, § 16 UmwG Rz. 21; *Tiedtke* in Limmer, Teil 8 Rz. 40.

nommen ist. Um zu vermeiden, dass trotz fristgerechter Klage die Verschmelzung bereits eingetragen und damit endgültig wirksam ist, darf die Eintragung nur erfolgen, wenn eine Negativerklärung über das Vorliegen von Klagen abgegeben worden ist. Bei Fehlen einer Negativerklärung sieht § 16 Abs. 2 Satz 2 UmwG das Verbot einer Eintragung der Verschmelzung durch das Registergericht vor. Die Unwirksamkeitsklage führt daher zu einer Registersperre, weil eine Negativerklärung nicht abgegeben werden kann. Damit werden **irreversible Folgen** vor der Entscheidung über die Klage **verhindert**[1].

2. Vertretungsorgane

13 Für die Negativerklärung ist – wie bei der Anmeldung der Verschmelzung – die vertretungsberechtigte Anzahl von Mitgliedern des Vertretungsorgans notwendig, aber auch ausreichend (vgl. oben Rz. 5)[2]. Anders als bei der Anmeldung der Verschmelzung ist die Negativerklärung durch die Vertretungsorgane **höchstpersönlich** abzugeben, eine rechtsgeschäftliche Vertretung ist unzulässig[3]. Anders als die Anmeldung der Verschmelzung (oben Rz. 10) bedarf die Negativerklärung keiner besonderen Form, wenn sie zulässigerweise getrennt[4] von der Anmeldung der Verschmelzung erfolgt[5].

3. Inhalt

14 Die Negativerklärung bezieht sich auf eine **Klage gegen die Wirksamkeit eines Verschmelzungsbeschlusses** im Sinne von § 14 Abs. 1 UmwG. Erfasst sind Anfechtungs- und Nichtigkeitsklagen und sonstige Klagen, mit denen die Nichtigkeit, Unwirksamkeit oder Anfechtbarkeit eines Verschmelzungsbeschlusses der Anteilsinhaber geltend gemacht werden kann, unter Einschluss der allgemeinen Feststellungsklage (§ 14 Rz. 6). Nicht von der Notwendigkeit einer Negativerklärung erfasst ist eine Klage auf Feststellung der Nichtigkeit des Verschmelzungsvertrages[6]. Ebenso wenig erfasst sind Klagen gegen eine mit der Verschmelzung verbundene Kapitalerhöhung oder Klagen gegen sonstige, die Verschmelzung begleitende Beschlüsse[7]. Unberührt bleibt bei derartigen Klagen die Möglichkeit ei-

---

1 BegrRegE, BT-Drucks. 12/6699, 88.

2 *Fronhöfer* in Widmann/Mayer, § 16 UmwG Rz. 85; *Heidinger* in Henssler/Strohn, § 16 UmwG Rz. 15; *Marsch-Barner* in Kallmeyer, § 16 UmwG Rz. 22; *Simon* in KölnKomm. UmwG, § 16 UmwG Rz. 21; abweichend *Bermel* in Goutier/Knopf/Tulloch, § 16 UmwG Rz. 22.

3 *Fronhöfer* in Widmann/Mayer, § 16 UmwG Rz. 85; *Heidinger* in Henssler/Strohn, § 16 UmwG Rz. 4; *Marsch-Barner* in Kallmeyer, § 16 UmwG Rz. 22; *Simon* in KölnKomm. UmwG, § 16 UmwG Rz. 22.

4 *Schwanna* in Semler/Stengel, § 16 UmwG Rz. 16; *Zimmermann* in Kallmeyer, § 16 UmwG Rz. 15.

5 Vgl. *Fronhöfer* in Widmann/Mayer, § 16 UmwG Rz. 85; *Zimmermann* in Kallmeyer, § 16 UmwG Rz. 15; abweichend *Simon* in KölnKomm. UmwG, § 16 UmwG Rz. 23.

6 *Fronhöfer* in Widmann/Mayer, § 16 UmwG Rz. 86; *Marsch-Barner* in Kallmeyer, § 16 UmwG Rz. 24; *Simon* in KölnKomm. UmwG, § 16 UmwG Rz. 31.

7 *Keßler* in Keßler/Kühnberger, § 16 UmwG Rz. 7; *Marsch-Barner* in Kallmeyer, § 16 UmwG Rz. 24; *Schäffler* in Maulbetsch/Klumpp/Rose, § 16 UmwG Rz. 20; *Schwanna* in Semler/Stengel, § 16 UmwG Rz. 14.

ner Aussetzung der Eintragung der Verschmelzung und der mit ihr verbundenen Beschlüsse durch das Registergericht (vgl. § 19 Rz. 41 f.).

15 Die Negativerklärung kann zunächst zum Gegenstand haben, dass eine **Klage** gegen die Wirksamkeit eines Verschmelzungsbeschlusses **nicht erhoben** worden ist (§ 16 Abs. 2 Satz 1 Alt. 1 UmwG). Maßgeblich für die Erhebung einer Klage ist deren förmliche Zustellung. Trotz fehlender förmlicher Zustellung darf die Negativerklärung bei Kenntnis von einer Klage nicht abgegeben werden[1]. Auch wenn keine Pflicht zur Erkundigung besteht, empfiehlt es sich, dass der beteiligte Rechtsträger vor Abgabe der Negativerklärung bei der Geschäftsstelle des zuständigen Landgerichts nachfragt, ob eine Klage vorliegt[2]. Wurde eine **Klage** erhoben, ist diese aber **verfristet**, so kann die Negativerklärung ebenfalls abgegeben werden (§ 16 Abs. 2 Satz 1 Alt. 2 UmwG). Ob eine Verfristung vorliegt, ist vom Vertretungsorgan des beteiligten Rechtsträgers eigenständig zu prüfen; es genügt, wenn das Vertretungsorgan aufgrund pflichtgemäßer Prüfung zu einem eindeutigen Ergebnis gelangt[3]. Liegt eine fristgemäß erhobene Klage vor, so kann die Negativerklärung erst nach **rechtskräftiger Abweisung** aller Wirksamkeitsklagen oder nach **Klagerücknahme** gem. § 269 Abs. 3 ZPO abgegeben werden (§ 16 Abs. 2 Satz 1 Alt. 3, 4 UmwG). Auch sonstige Fälle einer Verfahrensbeendigung ermöglichen eine Negativerklärung, § 16 Abs. 2 Satz 1 UmwG ist insoweit nicht abschließend[4]. Deshalb ermöglicht auch eine beiderseitige Erledigungserklärung oder ein gerichtlicher Prozessvergleich die Abgabe einer Negativerklärung.

16 Trotz Abgabe einer Negativerklärung hinsichtlich der Erhebung einer Klage innerhalb der Frist des § 14 Abs. 1 UmwG soll mit Rücksicht auf die Rückwirkung einer Klageerhebung auf den Eingang der Klageschrift bei „demnächst" erfolgter Zustellung nach § 167 ZPO das Registergericht verpflichtet sein, vor einer Eintragung der Verschmelzung noch weitere zwei Wochen zuzuwarten[5], oder von den an der Verschmelzung beteiligten Rechtsträgern eine erst zwei Wochen nach Ablauf der Monatsfrist des § 14 Abs. 1 UmwG aktuell abgefasste Negativerklärung anzufordern[6]. Demgegenüber genügt es, wenn sich das Registergericht nach Abgabe der Negativerklärung zusätzlich vom zuständigen Landgericht bestätigen lässt, dass keine Klagen vorliegen[7]. Liegt eine Klage vor, hat es selbständig zu prüfen, ob diese fristgerecht eingereicht wurde[8]. Liegt keine (fristgemäße) Klage vor,

---

1 Vgl. *Fronhöfer* in Widmann/Mayer, § 16 UmwG Rz. 85; *Marsch-Barner* in Kallmeyer, § 16 UmwG Rz. 26; *Schwanna* in Semler/Stengel, § 16 UmwG Rz. 17.

2 Vgl. *Büchel*, ZIP 2006, 2289 (2291).

3 *Marsch-Barner* in Kallmeyer, § 16 UmwG Rz. 25; *Simon* in KölnKomm. UmwG, § 16 UmwG Rz. 25; für Erfordernis der Offensichtlichkeit vgl. *Fronhöfer* in Widmann/Mayer, § 16 UmwG Rz. 78.

4 *Marsch-Barner* in Kallmeyer, § 16 UmwG Rz. 23; *Simon* in KölnKomm. UmwG, § 16 UmwG Rz. 31; abweichend *Fronhöfer* in Widmann/Mayer, § 16 UmwG Rz. 84.

5 Vgl. OLG Hamm v. 9.11.2005 – 11 U 70/04, ZIP 2006, 1296 (1297); OLG Hamburg v. 20.8. 2003 – 11 W 39/03, NZG 2003, 981 = AG 2003, 695; *Bork*, 4. Aufl., Rz. 11; *Fronhöfer* in Widmann/Mayer, § 16 UmwG Rz. 73; offen lassend BGH v. 5.10.2006 – III ZR 283/05, ZIP 2006, 2312 (2314) = AG 2006, 934.

6 Vgl. *Büchel*, ZIP 2006, 2289 (2291); *Fronhöfer* in Widmann/Mayer, § 16 UmwG Rz. 73; vgl. auch *Marsch-Barner* in Kallmeyer, § 16 UmwG Rz. 23.

7 Vgl. auch OLG Koblenz v. 19.4.2013 – 6 U 733/12 AktG, Rz. 44 (zit. nach Juris): Pflicht zur Amtsermittlung gem. § 26 FamFG bei konkreten Hinweisen auf Klage.

8 Vgl. *Schäffler* in Maulbetsch/Klumpp/Rose, § 16 UmwG Rz. 29; *Simon* in KölnKomm. UmwG, § 16 UmwG Rz. 28.

darf das Registergericht ohne weiteres Zuwarten eintragen. Es ist Sache eines Klägers für eine fristgemäße Klagezustellung Sorge zu tragen. Im Übrigen ist es einem Kläger unbenommen, das Registergericht über die Einreichung einer Klage zu informieren (vgl. auch unten Rz. 21)[1].

Nach dem Wortlaut des § 16 Abs. 2 Satz 1 UmwG („eines Verschmelzungsbeschlusses") ist die Negativerklärung an sich auf **Klagen gegen** die Wirksamkeit der Verschmelzungsbeschlüsse zu erstrecken, die auch oder sogar ausschließlich einen **anderen** an der Verschmelzung beteiligten **Rechtsträger** betreffen[2]. Damit dürfte jedoch nur gemeint sein, dass alle an der Verschmelzung beteiligten Rechtsträger eine Negativerklärung abgeben müssen. Da derartige Negativerklärungen typischerweise – ebenso wie die Registeranmeldung – für jeden beteiligten Rechtsträger und in jedem Fall gesondert abgegeben werden (vgl. oben Rz. 2), wäre es eine unnötige Formelei und mit zusätzlichem Abstimmungsaufwand verbunden, wenn sich jede Negativerklärung auch auf Klagen gegen andere beteiligte Rechtsträger beziehen müsste[3]. 17

4. Zeitpunkt, Nacherklärungspflicht

Die Negativerklärung ist **„bei der Anmeldung"** (**§ 16 Abs. 2 Satz 1 1. Halbsatz UmwG**) abzugeben. Das bedeutet jedoch nur, dass die Anmeldung in der Verschmelzung erst mit der Negativerklärung vollständig wird; die Anmeldung der Verschmelzung selbst kann auch schon vor Ablauf der Monatsfrist des § 14 Abs. 1 UmwG erfolgen (vgl. oben Rz. 6). Die Negativerklärung muss dann nach Ablauf der Klage nachgereicht werden. Wurde bereits mit der Anmeldung, aber vor Ablauf der Monatsfrist, eine Negativerklärung abgegeben, so muss diese nach Ablauf der Monatsfrist **aktualisiert** werden[4]. Die vor Ablauf der Monatsfrist bereits abgegebene Negativerklärung ist in dem Sinne unwirksam, als das Registergericht keine darauf gestützte Eintragung der Verschmelzung vornehmen darf[5]. 18

Gem. **§ 16 Abs. 2 Satz 1 2. Halbsatz UmwG** haben die Vertretungsorgane dem Registergericht auch **nach der Anmeldung** Mitteilung über Vorgänge zu machen, die Gegenstand einer Negativerklärung sein können. Die Regelung soll dem Schutz etwaiger Kläger dienen[6]. Allerdings ist die Regelung unnötig, soweit es darum geht sicherzustellen, dass die Negativerklärung erst nach Ablauf der Klagefrist des § 14 Abs. 1 UmwG erfolgt, weil sich dies bereits aus dem Wortlaut des § 16 Abs. 2 Satz 1 1. Halbsatz UmwG ergibt. Praktisch eigenständige Bedeutung erlangt § 16 Abs. 2 Satz 1 2. Halbsatz UmwG, wenn nach Ablauf der Klagefrist und Abgabe der 19

1 Zutreffend *Simon* in KölnKomm. UmwG, § 16 UmwG Rz. 38; vgl. auch OLG Koblenz v. 19.4.2013 – 6 U 733/12 AktG, BeckRS 2013, 08497.

2 So *Bork*, 4. Aufl., Rz. 9; *Fronhöfer* in Widmann/Mayer, § 16 UmwG Rz. 70.

3 Vgl. *Marsch-Barner* in Kallmeyer, § 16 UmwG Rz. 22; *Schwanna* in Semler/Stengel, § 16 UmwG Rz. 13 mit Fn. 40; *Simon* in KölnKomm. UmwG, § 16 UmwG Rz. 21; *Stratz* in Schmitt/Hörtnagl/Stratz, § 16 UmwG Rz. 22.

4 Vgl. *Goette* in FS K. Schmidt, 2009, S. 469 (472); *Marsch-Barner* in Kallmeyer, § 16 UmwG Rz. 25.

5 Vgl. BGH v. 5.10.2006 – III ZR 283/05, ZIP 2006, 2312 (2313) = AG 2006, 934; OLG Karlsruhe v. 10.4.2001 – 11 Wx 12/01, NJW-RR 2001, 1326 (1327) = AG 2002, 523; *Büchel*, ZIP 2006, 2289 (2290); *Marsch-Barner* in Kallmeyer, § 16 UmwG Rz. 25; *Simon* in KölnKomm. UmwG, § 16 UmwG Rz. 34.

6 BegrRegE, BT-Drucks. 12/6699, 88.

Negativerklärung die Zustellung einer fristgerecht eingereichten Klage bekannt wird[1]. Ist eine Negativerklärung dahingehend abgegeben worden, dass keine Klage erhoben wurde, und geht eine Klage nach Ablauf der Klagefrist und damit verspätet ein, so besteht keine Nacherklärungspflicht gegenüber dem Registergericht zur Tatsache der nicht fristgemäß erhobenen Klage[2].

5. Fehlen einer Negativerklärung

20 Liegt die Negativerklärung nicht vor, darf die Verschmelzung gem. **§ 16 Abs. 2 Satz 2 1. Halbsatz UmwG** nicht eingetragen werden, sog. **Registersperre**. Es handelt sich bei der Negativerklärung nicht um eine Voraussetzung für die Zulässigkeit der Anmeldung, sondern um eine Eintragungsvoraussetzung. Die Anmeldung darf also nicht als unzulässig zurückgewiesen werden, sondern es darf lediglich nicht eingetragen werden[3]. Da es sich um ein behebbares Hindernis handelt, setzt das Registergericht den Beteiligten gem. § 25 Abs. 1 Satz 3 HRV, § 382 Abs. 4 Satz 1 FamFG nach Ablauf der Frist des § 14 Abs. 1 UmwG durch Zwischenverfügung eine Frist, die Negativerklärung einzureichen[4]. Kann eine Negativerklärung wegen einer fristgemäß eingereichten Klage gegen die Wirksamkeit eines Verschmelzungsbeschlusses nicht abgegeben werden, erfolgt eine Aussetzung analog § 21 FamFG für den Zeitraum bis zum rechtskräftigen Abschluss des Klageverfahrens oder bis zum Vorliegen eines Freigabebeschlusses nach § 16 Abs. 3 UmwG (vgl. auch § 19 Rz. 6). Die Registersperre gilt selbst dann, wenn der Registerrichter eine Klage gegen die Wirksamkeit eines Beschlusses gegen einen Verschmelzungsbeschluss für offensichtlich unbegründet hält[5]. Wird ein Verschmelzungsbeschluss rechtskräftig für unwirksam erklärt, erfolgt eine Zurückweisung der Anmeldung durch das Registergericht.

21 Wird die **Eintragung** der Verschmelzung pflichtwidrig bereits vor Ablauf der Klagefrist vorgenommen, so ist die Eintragung **trotz** fristgemäß eingereichter **Klage** und damit an sich bestehender Registersperre **wirksam**. Eine Amtslöschung gem. § 398 FamFG kommt angesichts der endgültigen Wirkung der Eintragung gem. § 20 Abs. 2 UmwG nicht in Betracht[6]. Deshalb informieren Kläger in der Praxis das Registergericht über die Absicht der Einreichung einer Klage und widersprechen der Eintragung (vgl. auch oben Rz. 16)[7].

---

1 OLG Hamburg v. 20.8.2003 – 11 W 39/03, AG 2003, 695; *Marsch-Barner* in Kallmeyer, § 16 UmwG Rz. 26; *Simon* in KölnKomm. UmwG, § 16 UmwG Rz. 33.

2 Abweichend wohl *Marsch-Barner* in Kallmeyer, § 16 UmwG Rz. 26.

3 Ebenso bereits BGH v. 2.7.1990 – II ZB 1/90, BGHZ 112, 9 (13, 25) = AG 1990, 538.

4 *Schäffler* in Maulbetsch/Klumpp/Rose, § 16 UmwG Rz. 17; *Schwanna* in Semler/Stengel, § 16 UmwG Rz. 16; *Stratz* in Schmitt/Hörtnagl/Stratz, § 16 UmwG Rz. 27;

5 Vgl. etwa *Brandner/Bergmann* in FS Bezzenberger, S. 59 (62); *Marsch-Barner* in Kallmeyer, § 16 UmwG Rz. 33; *Schwanna* in Semler/Stengel, § 16 UmwG Rz. 44.

6 Vgl. OLG Hamm v. 27.11.2000 – 15 W 347/00, ZIP 2001, 569 (570); jedenfalls bei Verletzung verfahrensrechtlicher Vorschriften im Anmeldeverfahren ebenso BGH v. 5.10.2006 – III ZR 283/05, ZIP 2006, 2312 (2315) = AG 2006, 934; OLG Karlsruhe v. 10.4.2001 – 11 Wx 12/01, NJW-RR 2001, 1326 (1327); *Heidinger* in Henssler/Strohn, § 16 UmwG Rz. 15; *Marsch-Barner* in Kallmeyer, § 16 UmwG Rz. 27; vgl. aber BVerfG v. 9.12.2009 – 1 BvR 1542/06, AG 2010, 160 (161); abweichend *Büchel*, ZIP 2006, 2289 (2293); *Meilicke*, DB 2001, 1235.

7 Zur Frage einer Obliegenheit vgl. BVerfG v. 13.10.2004 – 1 BvR 2303/00, WM 2004, 2354: Unzulässigkeit einer Verfassungsbeschwerde bei Unterlassung; BGH v. 5.10.2006 – III ZR 283/05, ZIP 2006, 2312 (2316) = AG 2006, 934: Mitverschulden naheliegend; abwei-

6. Entbehrlichkeit der Negativerklärung (§ 16 Abs. 2 Satz 2 2. Halbsatz UmwG)

22 Einer Negativerklärung bedarf es nicht, wenn die klageberechtigten Anteilsinhaber auf die Klage gegen die Wirksamkeit des Verschmelzungsbeschlusses **verzichtet** haben, § 16 Abs. 2 Satz 2 2. Halbsatz UmwG. Der Gesetzgeber wollte damit die Möglichkeit eröffnen, die Verschmelzung von Rechtsträgern mit nur wenigen Anteilsinhabern zu beschleunigen[1]. Bei einem Verzicht hat die Anmeldung unverzüglich nach Vorliegen des Verschmelzungsvertrages und der Verschmelzungsbeschlüsse zu erfolgen, ohne dass auf den Ablauf der Klagefrist des § 14 Abs. 1 UmwG gewartet werden müsste (vgl. oben Rz. 6). Die Verzichtserklärung muss gem. § 16 Abs. 2 Satz 2 2. Halbsatz UmwG notariell beurkundet werden (§ 128 BGB). Erforderlich ist, dass sämtliche Anteilsinhaber auf eine Klage gegen die Wirksamkeit des Verschmelzungsbeschlusses verzichten. Anteilsinhaber können sich hierbei vertreten lassen; die Vollmacht bedarf nach § 167 Abs. 2 BGB lediglich der Schriftform und keiner notariellen Beurkundung. Eine nachträgliche Genehmigung einer durch einen Vertreter ohne Vertretungsmacht abgegebenen Verzichtserklärung ist gem. § 180 Satz 1 BGB ausgeschlossen[2]. Ist eine KG alleinige Gesellschafterin einer GmbH und hat der alleinvertretungsberechtigte Geschäftsführer der KG dem Verschmelzungsvertrag zugestimmt und für die KG auf eine Klage gegen den Verschmelzungsbeschluss verzichtet, ist den gesetzlichen Anforderungen des § 16 Abs. 2 UmwG Genüge getan; einen Nachweis der Mitwirkung der Kommanditisten verlangt das Gesetz nicht[3].

23 Einem Verzicht auf die Erhebung von Klagen gegen die Wirksamkeit eines Verschmelzungsbeschlusses steht nach verbreiteter Auffassung die Zustimmung aller Anteilsinhaber zum Verschmelzungsbeschluss gleich[4]. Aus Gründen rechtlicher Vorsorge werden dennoch in der Praxis regelmäßig auch bei Zustimmung aller Anteilsinhaber von diesen zusätzlich ausdrückliche Verzichtserklärungen eingeholt[5].

24 Das Gesetz verlangt lediglich einen Verzicht sämtlicher Anteilsinhaber auf die Erhebung von Klagen gegen die Wirksamkeit eines Verschmelzungsbeschlusses, nicht aber einen Verzicht sämtlicher Klagebefugter. So kann der Verschmelzungsbeschluss einer AG auch vom Vorstand sowie ggf. von den Mitgliedern des Vorstandes und des Aufsichtsrates angefochten werden (§ 245 Nr. 4, 5 AktG). Dennoch ist die gesetzliche Regelung zur Vermeidung unnötigen Aufwands

---

chend OLG Hamm v. 9.11.2005 – 11 U 70/04, ZIP 2006, 1296 (1298, 1299) (Vorinstanz); *Büchel*, ZIP 2006, 2289 (2294).

1 Vgl. BegrRegE, BT-Drucks. 12/6699, 88.

2 *Simon* in KölnKomm. UmwG, § 16 UmwG Rz. 41.

3 OLG Zweibrücken v. 25.8.2011 – 3 W 75/11, Rz. 7 (zit. nach Juris).

4 LG Dresden v. 14.11.1996 – 45 T 60/96, GmbHR 1997, 175; *Bork*, 4. Aufl., Rz. 13; *Fronhöfer* in Widmann/Mayer, § 16 UmwG Rz. 91; *Heidinger* in Henssler/Strohn, § 16 UmwG Rz. 16; *Marsch-Barner* in Kallmeyer, § 16 UmwG Rz. 29; *Schäffler* in Maulbetsch/Klumpp/Rose, § 16 UmwG Rz. 30; *Schwanna* in Semler/Stengel, § 16 UmwG Rz. 20; zurückhaltend *Simon* in KölnKomm. UmwG, § 16 UmwG Rz. 43; *Stratz* in Schmitt/Hörtnagl/Stratz, § 16 UmwG Rz. 26.

5 Vgl. auch *Simon* in KölnKomm. UmwG, § 16 UmwG Rz. 43; *Stratz* in Schmitt/Hörtnagl/Stratz, § 16 UmwG Rz. 26.

überzeugend, zumal derartige Klagen in der Praxis kaum vorkommen[1]. Sollte ein Vorstands- oder ein Aufsichtsratsmitglied im Einzelfall eine Klage gegen die Wirksamkeit eines Verschmelzungsbeschlusses erheben wollen, kann es das Registergericht darauf aufmerksam machen (vgl. oben Rz. 21); dieses kann dann die Eintragung bis zum Vorliegen der Klage und deren Prüfung analog §§ 21 Abs. 1, 381 FamFG aussetzen[2].

25 Eine Negativerklärung ist auch dann entbehrlich, wenn es keines Beschlusses der Anteilsinhaber über die Verschmelzung bedarf. Beispiele sind die Konzernverschmelzung (§ 62 Abs. 1 Satz 1, § 62 Abs. 4 Satz 1, § 122g Abs. 2 UmwG)[3] sowie die Verschmelzung einer Kapitalgesellschaft mit dem Vermögen des Alleingesellschafters (§§ 120ff. UmwG)[4].

IV. Freigabeverfahren (§ 16 Abs. 3 UmwG)

1. Bedeutung

a) Gesetzeszweck

26 Der Individual- und Minderheitenschutz der Anteilsinhaber vor Rechtsverstößen der Verwaltung oder eines Mehrheitsaktionärs wird vor allem durch die Möglichkeit der Klageerhebung gewährleistet, die auf eine Beseitigung der Wirksamkeit des betreffenden Beschlusses gerichtet ist. Wird eine Klage gegen wesentliche Strukturmaßnahmen wie eine Umwandlung (hier: Verschmelzung) gerichtet, so ordnet § 16 Abs. 2 UmwG (ebenso wie schon seine Vorgängervorschrift zur aktienrechtlichen Verschmelzung) eine Registersperre und damit eine Blockade der Wirksamkeit der Maßnahme und ihrer Vollziehung an (vgl. oben Rz. 12, 20). Diese Blockadewirkung hatten sich bereits früh professionelle Aktionäre durch Klagen gegen Verschmelzungen zunutze gemacht. Die Folge waren Vergleiche, mit denen die Kläger durch nicht selten beträchtliche finanzielle Zuwendungen zur Zurücknahme ihrer Klagen bewegt wurden[5]. Aus der Sicht der Unternehmen und von Investoren war die notwendige Transaktionssicherheit für wesentliche Strukturmaßnahmen nicht gewährleistet. Auf diesen Missstand hat der Gesetzgeber durch die Einführung des Freigabeverfahrens reagiert, und zwar zunächst in § 16 Abs. 3 UmwG begrenzt für Umwandlungen. Das Freigabeverfahren ermöglicht als gerichtliches Eilverfahren eine Überwindung der Registersperre bei Überwiegen des Vollzugsinteresses des Unternehmens gegenüber dem Aufschubinteresse des klagenden Anteilsinhabers. Durch das besondere Verfahren des § 16 Abs. 3 UmwG sollte es nach dem ursprünglichen Konzept des Gesetzgebers (zur Reform unten Rz. 27ff.) dem Rechtsträger ermöglicht werden, trotz des Grundsat-

---

1 Vgl. *Marsch-Barner* in Kallmeyer, § 16 UmwG Rz. 31; *Simon* in KölnKomm. UmwG, § 16 UmwG Rz. 42; kritisch dagegen *Bork*, 4. Aufl., Rz. 14; *Rettmann*, S. 90f.

2 *Marsch-Barner* in Kallmeyer, § 16 UmwG Rz. 31; *Simon* in KölnKomm. UmwG, § 16 UmwG Rz. 42.

3 *Marsch-Barner* in Kallmeyer, § 16 UmwG Rz. 29; *Simon* in KölnKomm. UmwG, § 16 UmwG Rz. 37.

4 *Simon* in KölnKomm. UmwG, § 13 UmwG Rz. 2.

5 Vgl. *Baums*, Gutachten F 63. DJT, 2000, S. 57; *Baums/Vogel/Tacheva*, ZIP 2000, 1649 (1653); *Baums/Drinhausen*, ZIP 2008, 145 (146); *Bayer* in FS Hoffmann-Becking, S. 91 (93); *Bayer/Fiebelkorn*, ZIP 2012, 2181 (2182); *Bayer/Hoffmann/Sawada*, ZIP 2012, 897 (910).

zes der Registersperre bei einer Geringfügigkeit der behaupteten Rechtsverletzungen die Umwandlung im Register eintragen zu lassen und dadurch vollziehen zu können[1].

b) Reform des § 16 Abs. 3 UmwG

aa) Entwicklung bis zum ARUG

Die Gerichte haben die gesetzlichen Voraussetzungen zur Überwindung der Registersperre im Freigabeverfahren allerdings zunächst vielfach restriktiv gehandhabt. So ließen manche Gerichte anfangs die Eintragung vorbehaltlich eines glaubhaft gemachten überragenden Vollzugsinteresses nicht zu, wenn die von den Anfechtungsklägern behaupteten Mängel eines Beschlusses nicht schon nach erster Plausibilitätsprüfung offensichtlich ausschieden[2]. Auch wenn sich die Gerichte alsbald zu einer umfassenden Prüfung der geltend gemachten Mängel der angegriffenen Strukturmaßnahmen bekannten[3], fiel den betroffenen Unternehmen die erfolgreiche Durchführung eines Freigabeverfahrens in Fällen schwer, in denen sich finanzielle Nachteile eines unterlassenen Vollzugs nicht in Millionenhöhe niederschlugen. Dies betraf weniger die Fälle der Verschmelzung, wohl aber den Formwechsel[4] und später (vgl. unten Rz. 28) den Squeeze-out[5]. Selbst wenn durch die Blockade einer Strukturmaßnahme massive Nachteile drohten, wie dies bei Verschmelzungen oft der Fall ist, konnten Nichtigkeitsgründe oder behauptete materielle Mängel und hier insbesondere Bewertungsrügen auf der Ebene der übernehmenden Gesellschaft im Freigabeverfahren häufig nicht überwunden werden (vgl. unten Rz. 74)[6]. Dementsprechend waren die Parteien bei Verschmelzungen auf umständliche Ausweichkonstruktionen, wie eine Verschmelzung auf eine neue Drittgesellschaft (NewCo-Merger) oder das Angebot eines freiwilligen Spruchverfahrens auf der Ebene des übernehmenden Rechtsträgers, angewiesen[7]. Zudem dauerten Freigabeverfahren bis zum rechtskräftigen Abschluss beim OLG regelmäßig länger als sechs Monate und konnten durch nachgeschobene Nichtigkeitsklagen weiter verzögert werden. 27

Mit der Einführung des Freigabeverfahrens in § 246a AktG auch für Unternehmensverträge und Kapitalmaßnahmen durch das **UMAG** im Jahre 2005 wollte der 28

---

1 Vgl. BegrRegE, BT-Drucks. 12/6699, 88.

2 Vgl. etwa OLG Frankfurt/M. v. 22.8.2000 – 14 W 23/00, ZIP 2000, 1928 (1930); LG Duisburg v. 4.2.1999 – 44 O 3/99 SH, NZG 1999, 564; LG Frankfurt/M. v. 28.5.2003 – 3-13 O 22/03, NZG 2003, 731 (732); LG Freiburg v. 26.11.1997 – 11 T 1/96, AG 1998, 536 (537); LG Hanau v. 5.10.1995 – 5 O 183/95, ZIP 1995, 1820 (1821) = AG 1996, 90; LG Wiesbaden v. 5.2.1997 – 11 O 83/96, AG 1997, 274; LG Wuppertal v. 6.11.2003 – 12 O 119/03, AG 2004, 161.

3 Vgl. etwa OLG Düsseldorf v. 16.1.2004 – 16 W 63/03, ZIP 2004, 359 = AG 2004, 207; OLG Frankfurt/M. v. 17.2.1998 – 5 W 32/97, NJW-RR 1999, 334 (335) = AG 1998, 428; OLG Frankfurt/M. v. 10.2.2003 – 5 W 33/02, ZIP 2003, 1654 (1655) = AG 2003, 573; OLG Hamburg v. 11.4.2003 – 11 U 215/02, ZIP 2003, 1344 (1350) = AG 2003, 441; OLG Hamburg v. 11.8.2003 – 11 W 28/03, AG 2003, 696; OLG Hamm v. 4.3.1999 – 8 W 11/99, NZG 1999, 560 = AG 1999, 422; OLG Köln v. 6.10.2003 – 18 W 35/03, ZIP 2004, 760 = AG 2004, 39.

4 Vgl. OLG Frankfurt/M. v. 9.6.1997 – 10 W 12/97, ZIP 1997, 1291; LG Hanau v. 5.10.1995 – 5 O 183/95, ZIP 1995, 1820 = AG 1996, 90; vgl. näher *Decher*, AG 1997, 388 (389).

5 Vgl. etwa LG Frankfurt/M. v. 27.5.2008 – 3-5 O 89/08 (nicht veröffentlicht).

6 Vgl. etwa *J. Vetter* in FS Maier-Reimer, S. 819 (821).

7 Vgl. dazu *Decher* in FS Lutter, 2000, S. 1209 (1215).

Gesetzgeber der Freigabe von Strukturmaßnahmen unter Nutzung der Interessenabwägungsklausel einen breiteren Raum einräumen. So betonen die Gesetzesmaterialien, dass nur bei besonderer Schwere des behaupteten Rechtsverstoßes, also bei massiver Verletzung elementarer Aktionärsrechte, eine Versagung der Eintragung erfolgen solle[1]. Die Gerichte nahmen diesen Hinweis in den Gesetzesmaterialien, der im Gesetzestext keinen deutlichen Niederschlag fand, nur zurückhaltend auf[2]. Eine nachhaltig dämpfende Wirkung auf die Praxis der Anfechtungsklagen hatte das UMAG daher nicht[3]. Der Effekt des Freigabeverfahrens blieb damit für die Praxis unbefriedigend. Strukturmaßnahmen wurden weiterhin regelmäßig – bei steigender Zahl von Klägern und Nebenintervenienten – durch Anfechtungs- und Nichtigkeitsklagen angegriffen[4]. Gerichtliche Vergleiche zur Erledigung von Anfechtungsklagen, die nicht selten zur Zahlung von Anwaltsgebühren in sechsstelliger Höhe führten, blieben weiterhin oft der letzte Ausweg für die Unternehmen[5].

bb) Wesentliche Änderungen durch das ARUG

29 Durch das ARUG wurden zur Erleichterung des Freigabeverfahrens und damit zur Eindämmung von Anfechtungsklagen die gesetzlichen Voraussetzungen für eine Freigabe der angefochtenen Strukturmaßnahme in § 246a AktG und – weitestgehend (vgl. unten Rz. 80) entsprechend – in § 16 Abs. 3 UmwG wesentlich zugunsten der Unternehmen und zulasten der Anfechtungskläger geändert. Die **Beschleunigung des Freigabeverfahrens** wird vor allem durch eine Beschränkung des Freigabeverfahrens auf eine einzige Gerichtsinstanz beim OLG erreicht, § 16 Abs. 3 Satz 7 UmwG. Der Beschluss ist unanfechtbar, § 16 Abs. 3 Satz 9 UmwG. Praktische Erleichterungen des Freigabeverfahrens ergeben sich zudem dadurch, dass gem. § 16 Abs. 3 Satz 2 UmwG i.V.m. §§ 82ff. ZPO die Prozessvollmacht des Anfechtungsklägers im Anfechtungsverfahren auch für das Freigabeverfahren gilt. Noch wichtiger sind die **Änderungen der Voraussetzungen für eine Freigabeentscheidung**. Insbesondere wurde das Mindestquorum von 1000 Euro gem. § 16 Abs. 3 Satz 3 Nr. 2 UmwG eingeführt. Kann ein Kläger nicht binnen einer Woche nach Zustellung des Antrags ein derartiges Mindestquorum seit Bekanntmachung der Einberufung der Hauptversammlung durch Urkunden nachweisen, nimmt er am Freigabeverfahren nicht teil und der Freigabebeschluss ergeht ohne weitere Prüfung. Nicht weniger gewichtig ist die Präzisierung der Interessenabwägungs-

1 Vgl. BegrRegE zu § 246a AktG, BT-Drucks. 15/5092, 29.

2 Vgl. etwa OLG Jena v. 12.10.2006 – 6 W 452/06, NZG 2007, 147 (151 f.) = AG 2007, 31; LG Frankfurt/M. v. 17.12.2008 – 3-05 O 241/08, Rz. 42 ff. (zit. nach Juris); LG Frankfurt/M. v. 27.5.2008 – 3-5 O 89/08 (nicht veröffentlicht).

3 Vgl. *Baums/Drinhausen/Keinath*, IV.2., S. 15, 17 = ZIP 2011, 2329 (2332); *Bayer* in FS Hoffmann-Becking, S. 91 (95); *Decher* in Veil (Hrsg.). Unternehmensrecht in der Reformdiskussion, S. 115 (117); *K. Schmidt*, AG 2009, 248 (256); *J. Vetter* in FS Maier-Reimer, S. 819 (822).

4 Vgl. *Baums/Keinath/Gajek*, ZIP 2007, 1629 (1649); *Baums/Drinhausen/Keinath*, IV.2., S. 15 ff. = ZIP 2011, 2329 (2332); vgl. auch *DAI*, Squeeze-out. Recht und Praxis, Studien des Deutschen Aktieninstituts, Heft 39, Oktober 2007, S. 44; *Decher* in Veil (Hrsg.), Unternehmensrecht in der Reformdiskussion, S. 115 (118); *Verse*, NZG 2009, 1127 Fn. 3.

5 Vgl. *Baums/Drinhausen/Keinath*, IV.3.1.5, S. 35 f., 3.8, S. 72, 3.9, S. 75 f. = ZIP 2011, 2329 (2344 f.); *Decher* in Veil (Hrsg.), Unternehmensrecht in der Reformdiskussion, S. 115 (118).

klausel gem. § 16 Abs. 3 Satz 3 Nr. 3 UmwG[1]. In einer ersten Stufe erfolgt eine Abwägung zwischen dem Interesse des Klägers einerseits und den wirtschaftlichen Interessen der Gesellschaft und ihrer übrigen Aktionäre andererseits. Nach der Klarstellung durch den Gesetzgeber wird die Interessenabwägung praktisch immer zugunsten der Gesellschaft und der übrigen Aktionäre ausfallen[2]. Die danach grundsätzlich vorgezeichnete Eintragung der Strukturmaßnahme entfällt nur ausnahmsweise bei einer besonderen Schwere des Rechtsverstoßes. Nach den gesetzlichen Voraussetzungen ist also die Eintragung der angegriffenen Strukturmaßnahme nunmehr die Regel, das Unterbleiben der Eintragung hingegen die nur unter besonderen Umständen gerechtfertigte Ausnahme[3].

c) Anwendungsbereich

Schon im Hinblick auf den Gesetzeszweck des § 16 Abs. 3 UmwG, rechtsmissbräuchliche Anfechtungsklagen einzudämmen (vgl. oben Rz. 26, 29), ist das Freigabeverfahren ganz auf die börsennotierte AG (und KGaA) zugeschnitten. Es findet auch auf die SE Anwendung[4]. Die nicht börsennotierte Gesellschaft und hier insbesondere die GmbH oder die Personenhandelsgesellschaft standen dagegen nicht im Fokus; für diese Gesellschaften waren zwar Auseinandersetzungen zwischen Mehrheits- und Minderheitsgesellschaftern bekannt geworden, nicht aber das Phänomen rechtsmissbräuchlicher Klagen. Dennoch enthält die Regelung des § 16 Abs. 3 UmwG keine Einschränkung des Freigabeverfahrens auf die (börsennotierte) AG. Auch für § 16 Abs. 3 UmwG hat der Gesetzgeber den **aktienrechtlichen Standard auf alle in das UmwG einbezogenen Rechtsträger erstreckt** (vgl. auch § 8 Rz. 4; Vor § 189 Rz. 12ff.; § 192 Rz. 11). Der Fokus auf die AG zeigt sich auch daran, dass das Freigabeverfahren des § 16 Abs. 3 UmwG auf aktienrechtliche Strukturmaßnahmen wie die Eingliederung, alsdann den Squeeze-out (§ 319 Abs. 6, § 327e Abs. 2 AktG) und schließlich in § 246a AktG auf Kapitalmaßnahmen und den Unternehmensvertrag erstreckt wurde. Damit wurde Forderungen nach einer analogen Anwendung des § 16 Abs. 3 UmwG bzw. nach einer Ausdehnung des Freigabeverfahrens auf andere aktienrechtliche Strukturmaßnahmen[5] Rechnung getragen. 30

Für andere Rechtsformen als AG, KGaA und SE findet sich außerhalb von § 16 Abs. 3 UmwG keine Regelung eines Freigabeverfahrens. Deshalb sind auch insoweit Rufe nach einer **analogen Anwendung** von § 246a AktG bzw. von § 16 Abs. 3 UmwG insbesondere auf Kapitalmaßnahmen bei der **GmbH** laut geworden[6]. Eine analoge Erstreckung des Freigabeverfahrens wäre für die GmbH insbesondere auf 31

---

1 *Decher* in Veil (Hrsg), Unternehmensrecht in der Reformdiskussion, S. 115 (119); vgl. auch *Seibert* in FS Uwe H. Schneider, S. 1211 (1213ff.).

2 Vgl. BegrRegE zu § 246a AktG, BT-Drucks. 16/11642, 41; Rechtsausschuss zu § 246a AktG, BT-Drucks. 16/13098, 42.

3 BegrRegE zu § 246a AktG, BT-Drucks. 16/11642, 41; Rechtsausschuss zu § 246a AktG, BT-Drucks. 16/13098, 42.

4 Vgl. OLG Frankfurt/M. v. 30.3.2010 – 5 Sch 3/09, NZG 2010, 824 = AG 2010, 508; *Bücker* in Habersack/Drinhausen, Art. 37 SE-VO Rz. 69.

5 Vgl. *Hirte*, DB 1993, 77 (77); *Schmid*, ZGR 1997, 493 (495); *Sosnitza*, NZG 1999, 965 (967).

6 Vgl. *Bayer/Lieder*, NZG 2011, 1170 (1172); *Zöllner* in Baumbach/Hueck, § 54 GmbHG Rz. 29.

die Kapitalerhöhung denkbar, wenn diese zur Durchführung der Verschmelzung gem. § 69 UmwG zwingend erforderlich ist[1]. Die **Gerichte** haben derartigen Forderungen allerdings bislang eine **Absage erteilt**[2]. Für eine weitere Ausdehnung des Freigabeverfahrens auf andere Maßnahmen (z.B. Satzungsänderungen) bei AG, KGaA und SE im Wege analoger Anwendung von § 16 Abs. 3 UmwG oder § 246a AktG besteht spätestens seit der Einführung des § 246a AktG mangels planwidriger Regelungslücke kein Raum[3].

32 Trotz der Geltung des § 16 Abs. 3 UmwG für alle vom UmwG erfassten Rechtsträger konzentriert sich die nachfolgende Kommentierung schon angesichts der praktischen Bedeutung auf die (börsennotierte) AG, KGaA und SE. Die nachfolgenden Grundsätze gelten im Ausgangspunkt auch für andere Rechtsformen; jedoch kann den Besonderheiten personalistisch geprägter, geschlossener Gesellschaften im Freigabeverfahren Rechnung zu tragen sein, etwa bei der Beurteilung der besonderen Schwere eines geltend gemachten Rechtsverstoßes (vgl. unten Rz. 70). Für die Praxis von Freigabeverfahren nach § 16 Abs. 3 UmwG sind auch Rechtsprechung und Literatur zu § 246a AktG (zu Unternehmensverträgen und Kapitalmaßnahmen) sowie zu § 327e Abs. 2 AktG i.V.m. § 319 Abs. 6 AktG (Squeeze-out, Eingliederung) von Bedeutung und werden nachfolgend daher berücksichtigt, ohne dass insoweit stets nach den einzelnen Strukturmaßnahmen differenziert wird.

d) Bedeutung für die Praxis

33 Das Freigabeverfahren des § 16 Abs. 3 UmwG und der Parallelvorschriften § 246a AktG, §§ 327 Abs. 2, 319 Abs. 6 AktG im Allgemeinen und die Neuerungen durch das ARUG im Besonderen haben erhebliche Auswirkungen für die Praxis von (börsennotierter) AG, KGaA und SE[4]. Anfechtungsklagen gegen Strukturmaßnahmen sind seither deutlich zurückgegangen[5]. Dementsprechend werden auch Freigabeverfahren seltener durchgeführt[6]. Das ARUG erfüllt damit seinen gesetzgeberischen Zweck. Damit geht eine erheblich höhere Transaktionssicherheit für wesentliche Strukturmaßnahmen wie die Verschmelzung einher. Auch das Ziel

---

1 *Marsch-Barner* in Kallmeyer, § 16 UmwG Rz. 38, 55; *Simon* in KölnKomm. UmwG, § 16 UmwG Rz. 52; weitergehend (auch bei Anfechtung einer Kapitalerhöhung) vgl. *Fronhöfer* in Widmann/Mayer, § 16 UmwG Rz. 106; *Schwanna* in Semler/Stengel, § 16 UmwG Rz. 22; ebenso für die AG (dort allerdings mittlerweile durch § 246a AktG geregelt) vgl. OLG Frankfurt/M. v. 20.3.2012 – 5 AktG 4/11, AG 2012, 414; OLG Hamm v. 28.2.2005 – 8 W 6/05, AG 2005, 361.

2 KG v. 23.6.2011 – 23 AktG 1/11, GmbHR 2011, 1044; vgl. auch (für Unternehmensvertrag mit GmbH) LG Hanau v. 5.10.1995 – 5 O 183/95, ZIP 1995, 1820 (1822) = AG 1996, 90; ebenso *Fleischer*, DB 2011, 2132 (2134); vgl. auch *Stilz* in FS Hommelhoff, S. 1181 (1188).

3 Vgl. LG München I v. 12.7.2007 – 5 HK O 9543/07, WM 2008, 77 (79) = AG 2008, 340; *Ehmann* in Grigoleit, § 246a AktG Rz. 2; *J. Vetter* in Liber amicorum Winter, S. 731 (738).

4 *Decher* in Veil (Hrsg.), Unternehmensrecht in der Reformdiskussion, S. 115 (130); ebenso etwa *Simon* in KölnKomm. UmwG, § 16 UmwG Rz. 47.

5 *Baums/Drinhausen/Keinath*, III.2., S. 17 = ZIP 2011, 2329 (2332); *Bayer/Hoffmann/Sawada*, ZIP 2012, 897 (899); *Bayer/Hoffmann*, ZIP 2013, 1193 (1200); *Decher* in Veil (Hrsg.), Unternehmensrecht in der Reformdiskussion, S. 115 (130).

6 Vgl. *Baums/Drinhausen/Keinath*, V.3., S. 94 = ZIP 2011, 2329 (2348); *Decher* in Veil (Hrsg.), Unternehmensrecht in der Reformdiskussion, S. 115 (130).

einer Beschleunigung des Freigabeverfahrens ist erreicht worden[1]. Weniger positiv wird in statistischen Auswertungen der Effekt des ARUG auf das „Klägergewerbe" (oben Rz. 26, 28) gesehen: Noch immer konzentriere sich ein beträchtlicher Teil von Klagen auf einen harten Kern von Anfechtungsklägern und es komme nach wie vor häufig zu Vergleichen zum Vorteil dieser Anfechtungskläger[2]. In der Praxis stellt sich das Bild positiver dar: das Bagatellquorum hat zu einer spürbaren Verringerung der Zahl der Anfechtungskläger geführt. Auch sind Vergleiche zu Anfechtungsklagen gegen Strukturmaßnahmen seltener geworden[3].

e) Ausblick

Mit dem durch das ARUG erreichten Zwischenstand ist für die Praxis schon viel erreicht worden. Die Reform ist aber nur ein Zwischenschritt zu einem stimmigen Gesamtsystem[4]. Dementsprechend hat auch der Rechtsausschuss des Bundestages eine grundlegende Reform des Beschlussmängelrechts in der nächsten Legislaturperiode in Aussicht gestellt[5]. Eine derartige Reform sollte insgesamt noch konsequenter abrücken vom traditionellen Modell des Individualschutzes der Aktionäre durch Kassation und sich zu einem Vermögensschutz der Aktionäre vor pflichtwidrigem Verhalten der Organe fortentwickeln (vgl. unten Rz. 36). Zudem bedarf es einer noch konsequenteren Eindämmung rechtsmissbräuchlicher Anfechtungsklagen (unten Rz. 35). 34

aa) Weitere Eindämmung rechtsmissbräuchlicher Anfechtungsklagen

Durch das ARUG ist die Zahl von Klagen gegen Strukturmaßnahmen signifikant zurückgegangen (oben Rz. 33). Damit relativiert sich auch das jahrzehntealte Problem rechtsmissbräuchlicher Anfechtungsklagen (oben Rz. 26). Der **Schutz** insbesondere der (börsennotierten) AG vor solchen Klagen durch die Rechtsprechung ist aber nach wie vor praktisch **nicht ausreichend**[6]. So ist die Rechtsprechung nach wie vor nicht über die Formel hinausgelangt, dass eine Anfechtungsklage rechtsmissbräuchlich sei, wenn der Kläger damit in grob eigennütziger Weise Vermögensvorteile erzielen wolle, auf die er keinen Anspruch habe[7]. In der Praxis 35

---

1 Vgl. *Baums/Drinhausen/Keinath*, V.5., S. 96 = ZIP 2011, 2329 (2349); *Bayer/Hoffmann/Sawada*, ZIP 2012, 894 (907); *Decher* in Veil (Hrsg.), Unternehmensrecht in der Reformdiskussion, S. 115 (131).

2 Vgl. *Baums/Drinhausen/Keinath*, IV.3.1.4, S. 33, 37 = ZIP 2011, 2329 (2336, 2344, 2351).

3 *Decher* in Veil (Hrsg.), Unternehmensrecht in der Reformdiskussion, S. 115 (131); ebenso *Bayer/Hoffmann/Sawada*, ZIP 2012, 897 (901); *Bayer/Hoffmann*, ZIP 2013, 1193 (1201).

4 Vgl. etwa *Arbeitskreis Beschlussmängelrecht*, AG 2008, 617; *Bayer/Fiebelkorn*, ZIP 2012, 2181 (2183 f.); *Ehmann* in Grigoleit, § 246a AktG Rz. 3; *Fleischer* in Fleischer/Kalss, Aktuelle Entwicklungen im deutschen, österreichischen und schweizerischen Gesellschafts- und Kapitalmarktrecht, S. 67 (139 ff.); *Florstedt*, AG 2009, 465 (473); *Habersack/Stilz*, ZGR 2010, 710 (723); *C. Schäfer* in Veil (Hrsg.), Unternehmensrecht in der Reformdiskussion, S. 97 (102, 110); *Verse*, NZG 2009, 1127 (1132); *J. Vetter* in Liber amicorum Winter, S. 731 (737); insoweit auch *Hirte* in FS Meilicke, 2010, S. 201 (204).

5 Vgl. Rechtsausschuss zu § 246a AktG, BT-Drucks. 16/13098, 35; dafür auch der DJT, Bd. II/1, Beschlüsse N 67. DJT, 2008, S. 105.

6 Vgl. auch *Baums/Drinhausen/Keinath*, IV.3.1.4, S. 33, 37 = ZIP 2011, 2329 (2341); *Bayer/Fiebelkorn*, ZIP 2012, 2181 (2183 f.); *Hess/Leser* in FS Uwe H. Schneider, S. 519 (525); *C. Schäfer* in Veil (Hrsg.), Unternehmensrecht in der Reformdiskussion, S. 97 (101).

7 BGH v. 14.5.1992 – II ZR 299/90, ZIP 1992, 1081 (1082) = AG 1992, 317; BGH v. 14.10.1991 – II ZR 249/90, ZIP 1991, 1577 (1578) = AG 1992, 86; BGH v. 22.5.1989 – II ZR 206/88, ZIP 1989, 980 (Kochs Adler); KG v. 29.10.2010 – 14 U 96/09, ZIP 2011, 123 (124)

lässt sich die von der Rechtsprechung insoweit geforderte verwerfliche innere Einstellung regelmäßig nicht nachweisen[1]. Allein die Bereitwilligkeit zum Vergleich, die Tatsache einer flächendeckenden Anfechtung von Beschlüssen der Hauptversammlung unter Berufung auf Formalien, der geringe Aktienbesitz des Anfechtungsklägers und die Mitwirkung des Klägers an Vergleichen in der Vergangenheit mit Vereinbarung erheblicher Zahlungen an die Rechtsanwälte soll nach der Rechtsprechung nicht ausreichen als Indiz für eine verwerfliche innere Einstellung[2]. Damit bleibt der Vorwurf rechtsmissbräuchlichen Verhaltens in der Praxis regelmäßig erfolglos, weil nur wenige Kläger offen vermögenswerte Leistungen verlangen, auf die sie keinen Anspruch haben. Wo das im Einzelfall ausnahmsweise einmal der Fall war, haben sich die beklagten Gesellschaften in jüngerer Zeit verschiedentlich erfolgreich gewehrt und im Wege einer Eventual-Widerklage eine Schadensersatzpflicht des Klägers feststellen lassen[3]. Für die Praxis ist der damit verbundene Entlastungseffekt jedoch bescheiden. Die Rechtsprechung bleibt aufgefordert, mutigere Regelungen zum Schutz vor rechtsmissbräuchlichen oder mutwilligen Klagen zu entwickeln[4].

bb) Notwendigkeit eines umfassenden Reformansatzes

36 Der Gesetzgeber hat das ARUG als eine vorläufige Lösung begriffen und will die Folgen der gesetzlichen Regelung für die Praxis genau beobachten lassen[5]. Die Änderungen beim Freigabeverfahren durch das ARUG sind zudem konzeptionell nicht vollständig schlüssig[6]. Denn der Ausgangspunkt, dass jeder Aktionär mit nur einer einzigen Aktie eine Kassation eines Hauptversammlungsbeschlusses durch Anfechtungsklage erreichen kann, bleibt unangetastet[7]. Die Einführung des Mindestquorums im Freigabeverfahren stellt allerdings in der Sache eine Einschränkung des Anfechtungsrechts dar. Konsequent wäre – insoweit über Vorschläge des Arbeitskreises Beschlussmängelrecht hinausgehend[8] – ein genereller Weg weg von der Kassation und hin zu einem Vermögensschutz der Aktionäre. Die Möglichkeit der Anfechtung von Hauptversammlungsbeschlüssen mit einer einzigen Aktie ist ein deutscher Sonderweg, der im Ausland wenig Verständnis

= AG 2011, 299; OLG Frankfurt/M. v. 13.1.2009 – 5 U 183/07, ZIP 2009, 271 (272) = AG 2009, 200.

1 Vgl. auch *Baums/Drinhausen/Keinath*, IV.3.1.5, S. 34, 3.6, S. 65 = ZIP 2011, 2329 (2342).

2 KG v. 29.10.2010 – 14 U 96/09, ZIP 2011, 123 (124) = AG 2011, 299.

3 BGH v. 10.8.2010 – VI ZR 47/09 (zit. nach Juris); ebenso die Vorinstanzen, OLG Frankfurt/M. v. 13.1.2009 – 5 U 183/07, ZIP 2009, 271 = AG 2009, 200; LG Frankfurt/M. v. 2.10.2007 – 3-5 O 177/07, NZG 2007, 949 = AG 2007, 824.

4 Vgl. näher *Decher* in Veil (Hrsg.), Unternehmensrecht in der Reformdiskussion, S. 115 (132); ebenso *Bayer/Hoffmann/Sawada*, ZIP 2012, 899 (900, 910); vgl. erste Ansätze bei LG Mannheim v. 5.7.2010 – 24 O 59/09 (nicht veröffentlicht); OLG Celle v. 25.3. 2010 – 9 W 19/10, ZIP 2010, 1198 = AG 2010, 367.

5 Vgl. Rechtsausschuss zu § 246a AktG, BT-Drucks. 16/13098, 41; vgl. auch *Seibert* in FS Uwe H. Schneider, S. 1211 (1226).

6 Vgl. etwa die Kritik bei *Arbeitskreis Beschlussmängelrecht*, AG 2008, 617 (619); *Ehmann* in Grigoleit, § 246a AktG Rz. 3; *Habersack/Stilz*, ZGR 2010, 710; *Hirte* in FS Meilicke, S. 201 (202); *Zöllner* in FS Westermann, S. 1631 (1643).

7 Für Quorum auch bei Anfechtungsklage vgl. DJT, Bd. II/1, Beschlüsse N 67. DJT, 2008, S. 105.

8 *Arbeitskreis Beschlussmängelrecht*, AG 2008, 617 (621); vgl. auch *Schall/Habbe/Wiegand*, NJW 2010, 1789 (1792); entgegengesetzt etwa *Hirte* in FS Meilicke, 2010, S. 208 (218).

findet. Er schafft Transaktions- und damit Rechtsunsicherheit. Die Kassation von Hauptversammlungsbeschlüssen als Folge einer Anfechtungsklage ist auch vielfach unangemessen. Die differenzierte Regelung des § 243 Abs. 4 Satz 2 AktG zu einer Anfechtbarkeit von bewertungsrelevanten Informationsmängeln stellt einen ersten Ansatz in diese Richtung dar. Vorzugswürdig wäre deshalb eine Generalreform des Anfechtungs- und Nichtigkeitsrechts. Erwägenswert wäre eine Kassation nur bei schwerwiegenden Mängeln des Hauptversammlungsbeschlusses. Im Übrigen sollte der Aktionär auf einen vermögensrechtlichen Schutz seiner Position als Kapitalanleger verwiesen werden[1]. Dieser Vermögensschutz müsste dann allerdings auch effizient ausgestaltet werden.

2. Formelle Voraussetzungen

a) Klage gegen Wirksamkeit des Verschmelzungsbeschlusses

Gem. **§ 16 Abs. 3 Satz 1 UmwG** kann das Freigabeverfahren erst nach Erhebung einer Klage gegen die Wirksamkeit eines Verschmelzungsbeschlusses eingeleitet werden. Gemeint sind Klagen, auf die sich auch die Negativerklärung des § 16 Abs. 2 Satz 1 UmwG bezieht und die bei Fehlen einer Negativerklärung eine Registersperre auslösen, also **Klagen im Sinne von § 14 Abs. 1 UmwG**, insbesondere Anfechtungs- und Nichtigkeitsklagen **gegen** den **Verschmelzungsbeschluss** (§§ 241, 246 AktG) sowie allgemeine Feststellungsklagen (§ 256 ZPO) (vgl. oben Rz. 14; § 14 Rz. 6). Nicht erfasst sind Klagen, die nur gegen die mit der Verschmelzung verbundene Kapitalerhöhung, nicht jedoch gegen den Verschmelzungsbeschluss selbst gerichtet sind[2]. Bei der AG, KGaA und SE besteht in diesen Fällen die Möglichkeit eines Freigabeverfahrens gem. § 246a AktG. Das Freigabeverfahren des § 16 Abs. 3 UmwG ist dementsprechend nur eröffnet für eine Klage gegen die Wirksamkeit des Verschmelzungsbeschlusses; ein anderer Streitgegenstand, für den die Wirksamkeit der Verschmelzung nur Vorfrage ist, genügt nicht[3]. Auch Klagen, die im Zusammenhang mit der Verschmelzung nur bestimmte Gläubigerrechte geltend machen (z.B. gem. § 22 UmwG) oder die die Erteilung bestimmter Auskünfte zum Gegenstand haben (§ 132 AktG, § 51b GmbHG), eröffnen nicht einen Freigabeantrag nach § 16 Abs. 3 UmwG[4]. Es ist nicht ausreichend, wenn Kläger in der Klageschrift die Ansicht vertreten, sämtliche Beschlussfassungen der streitgegenständlichen Hauptversammlung seien nichtig, sofern sie nicht tatsächlich eine Klage gegen die Wirksamkeit der Verschmelzung erheben[5]. 37

Das Freigabeverfahren kann erst „**nach Erhebung**" der Klage eingeleitet werden. Dafür genügt an sich nicht der Eingang der Klage bei Gericht, sondern die Klage muss dem betreffenden Rechtsträger zugestellt sein (§§ 253 Abs. 1, 261 Abs. 1 ZPO). Ist die Klage anhängig, wird die Zustellung an die beklagte Gesellschaft je- 38

---

1 Ansätze bei *Bayer*, Gutachten E 67. DJT, 2008, S. 107; *Bayer/Hoffmann/Sawada*, ZIP 2012, 897 (910); *J. Vetter*, AG 2008, 177 (188); vgl. auch schon *M. Winter* in FS Ulmer, S. 699, 720.

2 Vgl. *Marsch-Barner* in Kallmeyer, § 16 UmwG Rz. 38; wohl auch *Simon* in KölnKomm. UmwG, § 16 UmwG Rz. 51 f.; abweichend für analoge Anwendung von § 16 Abs. 3 UmwG vgl. *Fronhöfer* in Widmann/Mayer, § 16 UmwG Rz. 106; *Schwanna* in Semler/Stengel, § 16 UmwG Rz. 22.

3 *Kösters*, WM 2000, 1921 (1923).

4 *Fronhöfer* in Widmann/Mayer, § 16 UmwG Rz. 126; *Marsch-Barner* in Kallmeyer, § 16 UmwG Rz. 38.

5 OLG Frankfurt/M. v. 23.2.2010 – 5 Sch 2/09, AG 2010, 596.

doch mangels Zahlung eines Prozesskostenvorschusses verzögert, so erscheint es aber im Hinblick auf den Schutzzweck des § 16 Abs. 3 UmwG sachgerecht, bereits vor Zustellung die Einleitung des Freigabeverfahrens zuzulassen[1]. Der Antrag muss nicht unverzüglich nach Klageerhebung gestellt werden; vielmehr ist die Einleitung eines Freigabeverfahrens jederzeit während der Rechtshängigkeit des Hauptsacheverfahrens möglich. Eine Antragsfrist sieht das Gesetz nicht vor (vgl. unten Rz. 61). Allerdings muss das Freigabeverfahren vor rechtskräftigem Abschluss des Klageverfahrens über die Wirksamkeit des Verschmelzungsbeschlusses eingeleitet werden[2]. Ausreichend ist es, dass ein Bestätigungsbeschluss (§ 244 AktG) zur Verschmelzung mit einer Unwirksamkeitsklage angegriffen worden ist und dieses Verfahren noch nicht rechtskräftig abgeschlossen ist. In einem solchen Fall kann auch nach rechtskräftiger Abweisung des Freigabeantrags gegen den Ausgangsbeschluss ein erneuter Freigabeantrag hinsichtlich des Bestätigungsbeschlusses gestellt werden[3].

b) Antrag

39 Die Einleitung des Freigabeverfahrens setzt einen Antrag voraus. **Antragsteller** kann nur der Rechtsträger sein, gegen dessen Verschmelzungsbeschluss sich die Klage richtet. Wurde nur gegen den Verschmelzungsbeschluss des übertragenden Rechtsträgers Klage erhoben, so kann der übernehmende Rechtsträger kein Freigabeverfahren einleiten; eine der Antragstellung auf Eintragung der Verschmelzung vergleichbare Regelung wie § 16 Abs. 1 Satz 2 UmwG enthält § 16 Abs. 3 UmwG nicht[4]. Ebenso wenig sind die Anteilsinhaber des betroffenen Rechtsträgers zur Antragstellung befugt, selbst wenn sie – wie bei Personenhandelsgesellschaften – Klagegegner sind[5]. Das Freigabeverfahren nach § 16 Abs. 3 UmwG kann eingeleitet werden, auch wenn noch kein Antrag auf Eintragung der Verschmelzung gem. § 16 Abs. 1 Satz 2 UmwG gestellt worden ist[6]. **Antragsgegner** ist der Kläger des Hauptsacheverfahrens, in dem die Unwirksamkeit des Verschmelzungsbeschlusses geltend gemacht wird (vgl. aber auch unten Rz. 40), nicht dagegen ein Nebenintervenient auf Klägerseite im Hauptsachenverfahren[7].

40 Beim Freigabeantrag einer AG wird diese allein durch den **Vorstand** vertreten; anders als bei der Verteidigung gegen eine Anfechtungsklage ist eine Doppelvertre-

---

1 Vgl. OLG Hamburg v. 22.6.2011 – 11 AktG 2/11 (Conergy – nicht veröffentlicht); *Fronhöfer* in Widmann/Mayer, § 16 UmwG Rz. 126; *Göz* in Bürgers/Körber, § 246a AktG Rz. 3; vgl. auch OLG München v. 10.4.2013 – 7 AktG 1/13, ZIP 2013, 931: Rechtshängigkeit zum Zeitpunkt der Freigabeentscheidung; im Ergebnis auch LG Freiburg v. 26.11. 1997 – 11 T 1/96, AG 1998, 536 (537) und de lege ferenda ebenso *Ehmann* in Grigoleit, § 246a AktG Rz. 4; abweichend *Bork*, 4. Aufl., Rz. 19; *Kösters*, WM 2000, 1921 (1923); *Marsch-Barner* in Kallmeyer, § 16 UmwG Rz. 37; im Grundsatz auch *Hüffer* in MünchKomm. AktG, § 246a AktG Rz. 8.

2 *Marsch-Barner* in Kallmeyer, § 16 UmwG Rz. 37.

3 OLG München v. 14.11.2012 – 7 AktG 2/12, NZG 2013, 459 (460) = AG 2013, 173 (WET); OLG Frankfurt/M. v. 5.11.2007 – 5 W 22/07, NZG 2008, 78 = AG 2008, 167 (Wella); *Hüffer*, § 246a AktG Rz. 14; *Rieckers*, BB 2008, 514 (515); *Riegger/Schockenhoff*, ZIP 1997, 2105 (2110); *Wasmann* in Festgabe Riegger, S. 47 (53).

4 Kritisch *Marsch-Barner* in Kallmeyer, § 16 UmwG Rz. 36.

5 *Simon* in KölnKomm. UmwG, § 16 UmwG Rz. 50.

6 OLG Stuttgart v. 17.12.1996 – 12 W 44/96, ZIP 1997, 75 (76) = AG 1997, 138; *Marsch-Barner* in Kallmeyer, § 16 UmwG Rz. 37.

7 *Ehmann* in Grigoleit, § 246a AktG Rz. 10.

tung der AG auch durch den Aufsichtsrat analog § 246 Abs. 2 Satz 2 AktG nicht veranlasst[1]. Aus Gründen äußerster rechtlicher Vorsorge wird in der Praxis dennoch gelegentlich der Antrag für die AG durch Vorstand und Aufsichtsrat gestellt. Aus der Pflicht des Vertretungsorgans, die von den Anteilsinhabern beschlossene Verschmelzung umzusetzen und dementsprechend einen Antrag auf Eintragung zu stellen (vgl. oben Rz. 6), folgt auch die **Verpflichtung**, in geeigneter Weise die Registersperre des § 16 Abs. 2 UmwG wegen bestehender Klagen zu überwinden. Dementsprechend wird das Vertretungsorgan regelmäßig verpflichtet sein, ein Freigabeverfahren einzuleiten, wenn es nach pflichtgemäßer Prüfung von deren Erfolgsaussichten überzeugt ist (was nach der Reform durch das ARUG regelmäßig der Fall sein sollte, vgl. oben Rz. 29)[2]. Alternativ kann im Einzelfall auch bei bestehenden Erfolgsaussichten ein außergerichtlicher oder gerichtlicher Vergleich zur Beendigung des Hauptsacheverfahrens in Betracht kommen, der die Einleitung eines Freigabeverfahrens entbehrlich macht. Ebenso kann es deshalb im Einzelfall vertretbar sein, einen Freigabeantrag nicht gegen sämtliche Kläger zu stellen, sondern nur gegen einzelne Kläger[3]. Allerdings kann das Freigabeverfahren im Ergebnis nur Erfolg haben, wenn die mit jeder einzelnen Klage verbundene Registersperre überwunden werden kann. Deshalb wird sich der Freigabeantrag in der Praxis regelmäßig gegen sämtliche Kläger richten (auch solche, die nicht über das notwendige Quorum verfügen, vgl. unten Rz. 51, 53), sofern nicht vorab mit einzelnen Klägern ein gerichtlicher oder außergerichtlicher Vergleich im Hauptsacheverfahren erzielt worden ist.

c) Zuständiges Gericht

Sachlich zuständig ist gem. **§ 16 Abs. 3 Satz 7 UmwG** seit der Reform durch das 41
ARUG nicht mehr das Prozessgericht, das über die Unwirksamkeitsklage zu entscheiden hat, sondern das **Oberlandesgericht**. Durch die damit verbundene Verkürzung des Rechtswegs soll das Freigabeverfahren beschleunigt werden[4]. Die Beschränkung des Verfahrens auf eine Instanz beim OLG erfolgte erst im Laufe des Gesetzgebungsverfahrens auf entsprechende Forderungen aus der Praxis[5]. Sie ist im deutschen Gesellschaftsrecht ein Novum und wurde vom Gesetzgeber deshalb auch zur Überprüfung auf seine praktischen Auswirkungen gestellt[6]. Angesichts der Bewährung der Verkürzung des Rechtsweges in der Praxis (vgl. oben Rz. 33) ist nicht damit zu rechnen, dass der Gesetzgeber wieder zu einer Instanz beim Land-

1 OLG Bremen v. 1.12.2008 – 2 W 71/08, AG 2009, 412 (413); OLG Frankfurt/M. v. 20.3. 2012 – 5 AktG 4/11, AG 2012, 414; OLG Frankfurt/M. v. 6.4.2009 – 5 W 8/09, AG 2010, 39 (40); OLG Hamm v. 17.3.2005 – 27 W 3/05, ZIP 2005, 1457 = AG 2005, 773; OLG Karlsruhe v. 7.12.2006 – 7 W 78/06, AG 2007, 284 (284); *Ehmann* in Grigoleit, § 246a AktG Rz. 10; *Faßbender*, AG 2006, 872 (874); abweichend OLG Düsseldorf v. 16.1. 2004 – I-16 W 63/03, NZG 2004, 328 = AG 2004, 207.

2 Vgl. *Marsch-Barner* in Kallmeyer, § 16 UmwG Rz 36; *Simon* in KölnKomm. UmwG, § 16 UmwG Rz. 53.

3 *Kösters*, WM 2000, 1921 (1923); *Marsch-Barner* in Kallmeyer, § 16 UmwG Rz 36; *Simon* in KölnKomm. UmwG, § 16 UmwG Rz. 54; abweichend *Ehmann* in Grigoleit, § 246a AktG Rz. 10; *Fronhöfer* in Widmann/Mayer, § 16 UmwG Rz. 121.

4 BegrRegE zu § 246a AktG, BT-Drucks. 16/11642, 42; Rechtsausschuss zu § 246a AktG, BT-Drucks. 16/13098, 41.

5 Rechtsausschuss zu § 246a AktG, BT-Drucks. 16/13098, 41; vgl. näher *Seibert* in FS Uwe H. Schneider, S. 1211 (1222 f.).

6 Rechtsausschuss zu § 246a AktG, BT-Drucks. 16/13098, 41.

gericht zurückkehrt. Eher erscheint eine Ausdehnung auf andere Verfahren denkbar[1]. Die Beschränkung des Freigabeverfahrens auf eine Instanz beim OLG wurde von mehreren Oberlandesgerichten als **verfassungsgemäß** anerkannt[2]. Das Gebot des gesetzlichen Richters gem. Art. 19 Abs. 4 GG und der Justizgewährungsanspruch, der sich aus Art. 2 Abs. 1 GG in Verbindung mit dem Rechtsstaatsprinzip ergibt, gewähren keinen Anspruch auf einen Instanzenzug. Wie und in welchem Umfang effektiver Rechtsschutz gewährt wird, bleibt dem Gesetzgeber überlassen.

3. Materielle Voraussetzungen

a) Unzulässigkeit

42 Einem Freigabeantrag ist gem. **§ 16 Abs. 3 Satz 3 Alt. 1 UmwG** ohne weiteres stattzugeben, wenn die Klage bereits unzulässig ist. Der Fall einer Unzulässigkeit der Klage spielt in der Praxis von Freigabeverfahren nur eine geringe Rolle[3]. Denkbare Fälle sind die Unvollständigkeit einer Klageschrift unter Verstoß gegen § 253 Abs. 2 ZPO oder die fehlende Unterzeichnung der Klageschrift durch einen Anwalt[4]. Unzulässig ist an sich auch wegen § 14 Abs. 2 UmwG oder § 32 UmwG eine gegen die Unangemessenheit der Bewertung gerichtete und wegen § 243 Abs. 4 Satz 2 AktG eine auf bewertungsrelevante Informationspflichtverletzungen in der Hauptversammlung gestützte Klage (vgl. oben § 14 Rz. 16). In der Praxis der Freigabeverfahren werden derartige (überwiegend verdeckt erhobene) Rügen zusammen mit anderen Rügen geltend gemacht und dann von den Gerichten regelmäßig als (offensichtlich) unbegründet behandelt (vgl. unten Rz. 47). Ob ein Zulässigkeitsmangel behebbar ist, ist unerheblich; es genügt, wenn der Mangel zum Zeitpunkt der Entscheidung im Freigabeverfahren noch nicht behoben ist[5]. Ist Klage beim örtlich unzuständigen Gericht erhoben worden und hat der Kläger einen Verweisungsantrag nach § 281 Abs. 1 Satz 1 ZPO gestellt, so kommt ein Freigabebeschluss unter Hinweis auf die Unzulässigkeit der Klage nicht mehr in Betracht. Eine offensichtliche Unzulässigkeit der Klage ist – anders als für die Unbegründetheit (unten Rz. 43) – nicht erforderlich. Das Gericht muss die Zulässigkeit der Klage also umfassend und abschließend prüfen. Hängt die Unzulässigkeit von streitigen Tatsachen ab, reicht es aus, dass diese von dem Antragsteller gem. § 16 Abs. 3 Satz 6 UmwG glaubhaft gemacht werden (vgl. unten Rz. 83).

---

1 Vgl. auch *Hüffer*, § 246a AktG Rz. 11; *Stilz* in FS Hommelhoff, S. 1181 (1196); *Stratz* in Schmitt/Hörtnagl/Stratz, § 16 UmwG Rz. 37.

2 KG v. 10.12.2009 – 23 AktG 1/10, NZG 2010, 224 = AG 2011, 170; OLG Hamburg v. 11.12.2009 – 11 AR 2/09, AG 2010, 214; OLG Hamburg v. 11.12.2009 – 11 AR 1/09, AG 2010, 215; ebenso *Lorenz/Pospiech*, BB 2010, 2515 (2516f.); *Wilsing/Saß*, DB 2011, 919 (920); vgl. auch BVerfG v. 30.5.2007 – 1 BvR 390/04, NJW 2007, 3268 = AG 2007, 544; BVerfG v. 9.12.2009 – 1 BvR 1542/06, AG 2010, 160 (161).

3 Vgl. *Ehmann* in Grigoleit, § 246a AktG Rz. 5; *Satzl*, S. 183; zur Praxis vgl. *Baums/Drinhausen/Keinath*, V.6.c), S. 97 = ZIP 2011, 2329 (2349): Ein Fall von 61 Fällen vom 1.9. 2009 bis 1.7.2011.

4 *Keßler* in Keßler/Kühnberger, § 16 UmwG Rz. 15; *Marsch-Barner* in Kallmeyer, § 16 UmwG Rz. 40; *Schwanna* in Semler/Stengel, § 16 UmwG Rz. 28.

5 Vgl. *Ehmann* in Grigoleit, § 246a AktG Rz. 5; *Kösters*, WM 2000, 1921 (1925); *Marsch-Barner* in Kallmeyer, § 16 UmwG Rz. 40; *Sosnitza*, NZG 1999, 965 (968); abweichend LG Darmstadt v. 29.11.2005 – 12 O 491/05, AG 2006, 127 (128); *Bork*, 4. Aufl., Rz. 20; *Brandner/Bergmann* in FS Bezzenberger, S. 59 (63); *Dörr* in Spindler/Stilz, § 246a AktG Rz. 20; *Schwab* in K. Schmidt/Lutter, § 246a AktG Rz. 2.

b) Offensichtliche Unbegründetheit

43 Dem Freigabeantrag ist weiterhin gem. **§ 16 Abs. 3 Satz 3 Nr. 1 Alt. 2 UmwG** stattzugeben, wenn die Klage offensichtlich unbegründet ist. Hinsichtlich der Anforderungen an die Prüfung des Gerichts, wann eine Klage **offensichtlich** unbegründet ist, bestanden zunächst Unsicherheiten. So stellten manche Gerichte anfangs hohe Anforderungen an die Offensichtlichkeit und verneinten diese bereits, wenn die von den Anfechtungsklägern behaupteten Mängel eines Beschlusses nicht schon nach erster Plausibilitätsprüfung ausschieden bzw. wenn die Unbegründetheit ins Auge sprang (vgl. oben Rz. 27 Fn. 2). Spätestens seit der Klarstellung in den Gesetzesmaterialien zum UMAG (oben Rz. 28) ist jedoch gesichert, dass es ausreicht, wenn sich mit hoher Sicherheit die Unbegründetheit der Klage vorhersagen lässt, wobei der für diese Prognose erforderliche Prüfungsaufwand nicht entscheidend ist[1]. An diesem Prüfungsmaßstab orientiert sich seither die einhellige Rechtsprechung[2]. Es genügt danach, wenn das Gericht nach seiner Überzeugung zu dem Ergebnis gelangt, dass die Klage mit hoher Wahrscheinlichkeit unbegründet ist und eine andere Beurteilung nicht oder kaum vertretbar erscheint[3]. Es ist zur Bejahung einer offensichtlichen Unbegründetheit der Klage nicht erforderlich, dass hinsichtlich der geltend gemachten Rügen bereits ein einhelliges Meinungsbild oder gar eine höchstrichterliche Klärung vorliegt oder dass sich wenigstens in Rechtsprechung und Literatur ein gefestigtes Meinungsbild herausgebildet hat[4]. Auch steht der Offensichtlichkeit nicht entgegen, dass es sich um schwierige Rechtsfragen handelt. Entscheidend ist allein, dass das Gericht nach Prüfung der Rügen der Kläger zu einer eindeutigen rechtlichen Auffassung gelangt.

44 Ist der Sachverhalt in **tatsächlicher Hinsicht streitig**, so steht dieser Umstand einer offensichtlichen Unbegründetheit der Klage nicht notwendig entgegen. Das

---

1 BegrRegE zu § 246a AktG, BT-Drucks. 15/5092, 29.

2 KG v. 9.6.2008 – 2 W 101/07, AG 2009, 30 (32); OLG Frankfurt/M. v. 19.6.2009 – 5 W 6/09, NZG 2009, 1183 (1184) = AG 2010, 212; OLG Frankfurt/M. v. 20.3.2012 – 5 AktG 4/11, AG 2012, 414 (415); OLG Hamm v. 22.9.2010 – 8 AktG 1/10, NZG 2011, 148 (149) = AG 2011, 136; OLG Jena v. 5.11.2008 – 6 W 288/08, NJW-RR 2009, 182 = AG 2009, 582; OLG München v. 4.11.2009 – 7 AktG 2/09, AG 2010, 170; OLG München v. 14.12.2011 – 7 AktG 3/11, NZG 2012, 261 (262) = AG 2012, 260; OLG München v. 14.11.2012 – 7 AktG 2/12, NZG 2013, 459 (461) = AG 2013, 173; OLG Rostock v. 15.5.2013 – 1 AktG 1/13, Rz. 94 (zitiert nach Juris); OLG Stuttgart v. 21.12.2012 – 20 AktG 1/12, Rz. 119 (zit. nach Juris); vgl. ferner die Nachweise zur entsprechenden Rechtsprechung bereits vor dem UMAG, oben Rz. 27 Fn. 3.

3 Vgl. statt aller OLG Bremen v. 16.8.2012 – 2 U 51/12, ZIP 2013, 460 (461); OLG Frankfurt/M. v. 19.6.2009 – 5 W 6/09, NZG 2009, 1183 (1184) = AG 2010, 212; OLG München v. 14.12.2011 – 7 AktG 3/11, AG 2012, 290 (291); OLG Hamburg v. 14.6.2012 – 11 AktG 1/12, Rz. 32 (zit. nach Juris); OLG München v. 4.11.2009 – 7 AktG 2/09, AG 2010, 170; OLG Stuttgart v. 21.12.2012 – 20 AktG 1/12, Rz. 119 (zit. nach Juris); ebenso etwa *Bayer* in FS Hoffmann-Becking, S. 91 (101); *Fuhrmann/Linnerz*, ZIP 2004, 2306 (2307); *Marsch-Barner* in Kallmeyer, § 16 UmwG Rz 41; *Schwanna* in Semler/Stengel, § 16 UmwG Rz. 31; *Simon* in KölnKomm. UmwG, § 16 UmwG Rz. 72; *Stratz* in Schmitt/Hörtnagl/Stratz, § 16 UmwG Rz. 58.

4 Vgl. OLG Hamburg v. 14.6.2012 – 11 AktG 1/12, Rz. 32 (zit. nach Juris); OLG Karlsruhe v. 7.12.2006 – 7 W 78/06, AG 2007, 284 (285); *Dörr* in Spindler/Stilz, § 246a AktG Rz. 24f.; *Hüffer*, § 246a AktG Rz. 18; *Stratz* in Schmitt/Hörtnagl/Stratz, § 16 UmwG Rz. 58; vgl. aber OLG München v. 14.11.2012 – 7 AktG 2/12, NZG 2013, 459 (461) = AG 2013, 173; *Ehmann* in Grigoleit, § 246a AktG Rz. 6.

Gericht kann aufgrund der gem. § 16 Abs. 3 Satz 6 UmwG glaubhaft gemachten (vgl. unten Rz. 83) Tatsachen ohne weitere sachliche Ermittlungen zu der Überzeugung gelangen, dass die Klage zweifelsfrei unbegründet ist. Hängt die Sachentscheidung von einer Beweisaufnahme ab, so ist die Klage nur dann offensichtlich unbegründet, wenn die Beweisaufnahme in der mündlichen Verhandlung aufgrund präsenter Beweise erfolgen kann, § 294 Abs. 2 ZPO[1]. Dagegen fehlt es an einer offensichtlichen Unbegründetheit, wenn eine umfangreiche Beweisaufnahme erforderlich ist[2].

45 Die Prüfung der offensichtlichen Unbegründetheit der Klage war vor der Neufassung der Interessenabwägungsklausel des § 16 Abs. 3 Satz 3 Nr. 3 UmwG in der Praxis oft zentral für Erfolg oder Misserfolg des Freigabeantrags[3]. Nach der Verschärfung der Interessenabwägungsklausel zulasten der Kläger und zugunsten der antragstellenden Unternehmen durch das ARUG könnten die Gerichte die Frage der offensichtlichen Unbegründetheit einer Klage im Ergebnis an sich regelmäßig offenlassen. Denn schon aufgrund des Regel-Ausnahmeverhältnisses der Interessenabwägungsklausel werden sie meist zu einer Freigabeentscheidung gelangen (vgl. oben Rz. 29, unten Rz. 60, aber auch unten Rz. 71). Dementsprechend spielt die Prüfung der offensichtlichen Unbegründetheit der Klage in erster Linie bei Zurückweisung des Antrags eine entscheidende Rolle[4]. Dennoch neigen die Gerichte in der bisherigen Spruchpraxis seit dem ARUG dazu, nach wie vor nicht allein auf die Interessenabwägungsklausel des § 16 Abs. 3 Satz 3 Nr. 3 UmwG abzustellen, sondern zusätzlich oder ausschließlich die Frage der offensichtlichen Unbegründetheit der Klage eingehend zu prüfen[5].

46 **Beispiele** für eine **offensichtliche Unbegründetheit** der Klage bilden etwa eine fehlende Klagebefugnis in der Unwirksamkeitsklage wegen fehlenden Widerspruchs gegen die Beschlussfassung zu Protokoll des Notars gem. § 245 Abs. 1 Nr. 1 AktG, mangels Übertragung der Aktien auf einen klagenden Legitimationsaktionär[6], wegen fehlender Inhaberschaft an den Aktien zum Zeitpunkt der Bekanntmachung der Tagesordnung der Hauptversammlung (vgl. § 245 Nr. 3 AktG)[7] oder wegen fehlender oder nicht rechtzeitiger Eintragung des Klägers in das Aktienregister[8], ferner die Erhebung einer Anfechtungsklage bzw. das Nachschieben von Rügen

---

1 OLG Düsseldorf v. 16.1.2004 – I – 16 W 63/03, AG 2004, 207 (208); *Schwanna* in Semler/Stengel, § 16 UmwG Rz. 31.
2 OLG Köln v. 6.10.2003 – 18 W 35/03, AG 2004, 39; *Rettmann*, S. 123.
3 Vgl. *Baums/Drinhausen/Keinath*, V.6.b), S. 97 = ZIP 2001, 2329 (2330).
4 Vgl. etwa KG v. 18.5.2010 – 14 AktG 1/10, AG 2010, 494; OLG Frankfurt/M. v. 30.3.2010 – 5 Sch 3/09, NZG 2010, 824 (826) = AG 2010, 508; OLG München v. 28.7.2010 – 7 AktG 2/10, ZIP 2011, 1147 (1148) = AG 2010, 842; OLG München v. 4.11.2009 – 7 A 2/09, AG 2010, 170 (172).
5 *Baums/Drinhausen/Keinath*, V.6.c), S. 98 = ZIP 2011, 2329 (2349); beispielhaft etwa KG v. 10.12.2009 – 23 AktG 1/09, AG 2010, 166 (168 f.); OLG Frankfurt/M. v. 11.4.2011 – 5 Sch 4/10 (nicht veröffentlicht); OLG Hamm v. 22.9.2010 – I-8 AktG 1/10, AG 2011, 136; OLG München v. 4.11.2009 – 7 A 2/09, AG 2010, 170; OLG München v. 28.7.2010 – 7 AktG 2/10, ZIP 2010, 1147 (1149) = AG 2010, 842; OLG München v. 16.6.2010, AG 2010, 715 (716); OLG München v. 10.4.2013 – 7 AktG 1/13, ZIP 2013, 931 (932) = AG 2013, 527; OLG Saarbrücken v. 7.12.2010 – 4 U AktG 476/10, NZG 2011, 358 (359) = AG 2011, 343.
6 KG v. 10.12.2009 – 23 AktG 1/09, AG 2010, 166 (168).
7 OLG Frankfurt/M. v. 17.2.1998 – 5 W 32/97, DB 1998, 1222 = AG 1998, 428.
8 OLG Köln v. 11.9.2012 – 18 U 107/12 (nicht veröffentlicht) (Postbank).

nach Ablauf der Anfechtungsfrist (vgl. auch § 14 Rz. 12)[1]. Enthält eine Klage im Wesentlichen „Standardrügen", welche nach höchstrichterlicher oder gesicherter instanzgerichtlicher Rechtsprechung keine schlüssigen Nichtigkeits- oder Anfechtungsgründe darstellen, so ist eine Klage ebenfalls offensichtlich unbegründet[2]. Mangels Notwendigkeit einer sachlichen Rechtfertigung der Verschmelzung (vgl. § 13 Rz. 41) ist auch die Rüge einer angeblichen Treuwidrigkeit des Mehrheitsaktionärs regelmäßig offensichtlich unbegründet[3].

Offensichtlich unbegründet sind ferner **Bewertungsrügen** eines Anteilsinhabers 47 des **übertragenden Rechtsträgers**. Derartige Rügen sind im Spruchverfahren zu klären, vgl. §§ 14 Abs. 2, 15 Abs. 1 UmwG (zum übernehmenden Rechtsträger vgl. unten Rz. 74). Das gilt auch dann, wenn der Verschmelzungsprüfer das Umtauschverhältnis als unangemessen bezeichnet hat[4], oder für die Rüge, dass im Verschmelzungsbericht auf angebliche Bedenken des damaligen Vorstandsvorsitzenden und des Finanzvorstands zur Wertrelation hingewiesen werden muss[5]. Offensichtlich unbegründet sind wegen § 243 Abs. 4 Satz 2 AktG auch Rügen einer Auskunftspflichtverletzung zu Fragen der Aktionäre in der Hauptversammlung betreffend die Angemessenheit des Umtauschverhältnisses bei der Verschmelzung. Dagegen sind **Rügen einer unvollständigen Berichterstattung über die Unternehmensbewertung** im Vorfeld der Hauptversammlung (Bericht gem. § 8 UmwG, Prüfungsbericht gem. § 12 UmwG) nicht von vornherein gem. § 243 Abs. 4 Satz 2 AktG ausgeschlossen und deshalb nicht stets offensichtlich unbegründet (vgl. auch unten Rz. 50). Werden aber Rügen darauf gestützt, dass im Bericht bzw. im Bewertungsgutachten Angaben zu alternativen Bewertungsmethoden oder Bewertungsansätzen fehlten, so handelt es sich in der Sache um eine offensichtlich unbegründete **verdeckte Bewertungsrüge**, über deren Berechtigung allein im Spruchverfahren zu entscheiden ist, wenn die angemahnten Bewertungsmethoden oder Bewertungsansätze tatsächlich nicht gewählt wurden[6]. Auch im Übrigen sind angesichts des etablierten hohen Standards von Verschmelzungsberichten hinsichtlich der Darlegung der Angemessenheit des Umtauschverhältnisses Rügen zu bewertungsbezogenen Berichtsdefiziten häufig wegen offensichtlicher Unbegründetheit im Freigabeverfahren erfolglos[7]. Das gilt auch für

1 Vgl. OLG Düsseldorf v. 27.8.2001 – 6 W 28/01, ZIP 2001, 1717 (1718) = AG 2002, 47; OLG Düsseldorf v. 15.3.1999 – 17 W 18/99, ZIP 1999, 793 = AG 1999, 418.

2 OLG Stuttgart v. 19.10.2009 – 20 AR (Freig.) 1/09, NZG 2010, 27 (29) = AG 2010, 89 unter Hinweis auf BGHZ 180, 154: Wertpapierdarlehen; vgl. auch OLG Hamburg v. 14.6.2012 – 11 AktG 1/12, Rz. 32 (zit. nach Juris); *Hüffer*, § 246a AktG Rz. 18; *Stratz* in Schmitt/Hörtnagl/Stratz, § 16 UmwG Rz. 58.

3 KG v. 10.12.2009 – 23 AktG 1/09, AG 2010, 166 (170).

4 Vgl. im Ergebnis auch OLG Hamm v. 22.9.2010 – I-8 AktG 1/10, AG 2011, 136 (137); abweichend (für Squeeze-out) vgl. OLG Bremen v. 16.8. 2012 – 2 U 51/12, ZIP 2013, 460 (462).

5 OLG Hamm v. 4.3.1999 – 8 W 11/99, NZG 1999, 560 (561) = AG 1999, 422.

6 OLG Düsseldorf v. 19.12.2008 – I-17 W 63/08, AG 2009, 535 (537); OLG Düsseldorf v. 14.1.2005 – 16 U 59/04, AG 2005, 293 (296); OLG Frankfurt/M. v. 14.7.2008 – 23 W 14/08, AG 2008, 827; OLG Hamburg v. 29.9.2004 – 11 W 78/04, AG 2005, 253 (254); *Decher* in FS Hoffmann-Becking, S. 295 (305).

7 OLG Düsseldorf v. 10.9.2008 – I-6 W 30/08, NZG 2009, 260 = AG 2009, 40; OLG Düsseldorf v. 11.8.2006 – I-15 W 110/05, AG 2007, 363; OLG Düsseldorf v. 15.1.2004 – I-19 W 5/03 AktE, NZG 2004, 622 = AG 2004, 212; OLG Düsseldorf v. 15.3.1999 – 17 W 18/99, NZG 1999, 565 = AG 1999, 418; LG Berlin v. 12.6.2003 – 93 O 84/03, Der Konzern 2003, 483; *Decher* in FS Hoffmann-Becking, S. 295 (304).

geltend gemachte **sonstige Berichtsmängel:** Als offensichtlich unbegründet wurden die Rügen zurückgewiesen, ein 109 Seiten umfassender Verschmelzungsbericht werde den gesetzlichen Anforderungen des § 8 Abs. 1 Satz 1 UmwG nicht gerecht[1], der Verschmelzungsbericht müsse einen detaillierten Synergiefahrplan enthalten[2], oder der Verschmelzungsbericht müsse die Absichten des Hauptgesellschafters der aufnehmenden Gesellschaft im Anschluss an die Verschmelzung (Vorbereitung eines Squeeze-out) darlegen[3]. Offensichtlich unbegründet sind ferner Rügen, die auf die Angabe einer Tatsachenvielfalt abzielen, die es den Aktionären erlauben sollen, den Vorgang bis in alle Einzelheiten nachzuvollziehen (vgl. auch § 8 Rz. 12), wie Angaben zu einer Kreditvereinbarung zwischen den beiden übertragenden Rechtsträgern und hier insbesondere zum Zinssatz[4]. Offensichtlich unbegründet ist ferner regelmäßig die **Rüge von Mängeln des Prüfungsberichts des gerichtlich bestellten Prüfers**, weil derartige Mängel der beklagten Gesellschaft nicht zuzurechnen sind, sofern nicht ausnahmsweise eine grobe Unvollständigkeit[5] oder ein gravierender inhaltlicher Mangel vorliegt (vgl. aber § 12 Rz. 15)[6].

48 Einen Fall der offensichtlichen Unbegründetheit der Klage bildet auch die **rechtsmissbräuchliche Klage**[7]. Die von der Rechtsprechung insoweit geforderte verwerfliche innere Einstellung (vgl. oben Rz. 35) muss allerdings glaubhaft gemacht werden[8]. Selbst wenn insoweit Beweismittel angeboten werden können, dürfte eine offensichtliche Unbegründetheit der Klage häufig schon an der Notwendigkeit einer aufwendigen Beweisaufnahme scheitern (vgl. oben Rz. 44). In der Praxis spielt

---

1 OLG Saarbrücken v. 7.12.2010 – 4 U AktG 476/10, NZG 2011, 358 (359) = AG 2011, 343; vgl. ferner OLG Hamm v. 22.9.2010 – I-8 AktG 1/10, AG 2011, 136.

2 OLG Düsseldorf v. 15.3.1999 – 17 W 18/99, NZG 1999, 565 (567) = AG 1999, 418; OLG Düsseldorf v. 11.8.2006 – I-15 W 110/05, AG 2007, 363 (354); OLG Hamburg v. 1.2.2008 – 11 U 288/05, Rz. 164 (zit. nach Juris); OLG Hamm v. 4.3.1999 – 8 W 11/99, NZG 1999, 560 (562) = AG 1999, 422.

3 OLG Hamburg v. 1.2.2008 – 11 U 288/05, Rz. 138, 159 (zit. nach Juris).

4 OLG Jena v. 5.11.2008 – 6 W 288/08, NJW-RR 2009, 182 (183) = AG 2009, 582.

5 OLG Karlsruhe v. 30.6.1989 – 15 U 76/88, WM 1989, 1134 (1140) = AG 1990, 35; vgl. auch OLG Frankfurt/M. v. 20.3.2012 – 5 AktG 4/11, AG 2012, 414 (415).

6 OLG Frankfurt/M. v. 21.7.2008 – 23 W 13/08, AG 2008, 826 (827); OLG Hamm v. 17.3. 2005 – 27 W 3/05, AG 2005, 773 (775); OLG Karlsruhe v. 29.6.2006 – 7 W 22/06, AG 2007, 92 (93); KG v. 10.12.2009 – 23 AktG 1/09, AG 2010, 166 (169); OLG München v. 3.9.2008 – 7 W 1432/08, Rz. 74 (zit. nach Juris); OLG Stuttgart v. 3.12.2008 – 20 W 12/08, AG 2009, 204 (209); LG Berlin v. 11.3.2009 – 100 O 17/07, Rz. 146 (zit. nach Juris); LG München I v. 4.6.2009 – 5 HK O 591/09, AG 2009, 918; *Decher* in FS Hoffmann-Becking, S. 295 (307); abweichend wohl *Simon* in KölnKomm. UmwG, § 12 UmwG Rz. 29.

7 Vgl. BGH v. 2.7.1990 – II ZB 1/90, BGHZ 112, 9 (24) = AG 1990, 538 (Hypothekenbankschwestern); OLG Stuttgart v. 21.12.2012 – 20 AktG 1/12, Rz. 221 (zit. nach Juris); *Bayer* in FS Hoffmann-Becking, S. 91 (102); *Decher*, AG 1997, 388 (390); *Heidinger* in Henssler/Strohn, § 16 UmwG Rz. 21; *Schwanna* in Semler/Stengel, § 16 UmwG Rz. 29; *Simon* in KölnKomm. UmwG, § 16 UmwG Rz.74; *Stratz* in Schmitt/Hörtnagl/Stratz, § 16 UmwG Rz. 59.

8 Vgl. OLG Düsseldorf v. 15.12.2008 – 6 W 24/08, AG 2009, 538 (540) (Schwarz Pharma); OLG Stuttgart v. 21.12.2012 – 20 AktG 1/12, Rz. 228 (zit. nach Juris); *Bayer* in FS Hoffmann-Becking, S. 91 (102); *Hüffer*, § 246a AktG Rz. 19; für Notwendigkeit eines vollen Beweises vgl. *Schwab* in K. Schmidt/Lutter, § 246a AktG Rz. 32f.; ebenso schon *Kösters*, WM 2000, 1921 (1924); *Rettmann*, S. 118.

eine Freigabeentscheidung wegen rechtsmissbräuchlicher Anfechtungsklage daher keine wesentliche Rolle[1].

49 Die offensichtliche Unbegründetheit einer Klage kann sich auch erst im Zusammenwirken mit einem **Bestätigungsbeschluss** (§ 244 AktG) ergeben. Werden in einem derartigen Bestätigungsbeschluss die mit der Ausgangsklage gerügten Mängel behoben, kann die Ausgangsklage offensichtlich unbegründet werden[2]. Wird der Bestätigungsbeschluss seinerseits angefochten, hat das Gericht im Freigabeverfahren in erster Linie zu prüfen, ob die Anfechtungsklage gegen den Bestätigungsbeschluss offensichtlich unbegründet ist[3]. Eine Aussetzung des Freigabeverfahrens gem. § 148 ZPO bis zur Entscheidung über den Erfolg der Klage gegen den Bestätigungsbeschluss kommt nicht in Betracht[4].

50 **Verneint** wurde die **offensichtliche Unbegründetheit** einer Klage bei einer nicht ordnungsgemäßen Bekanntmachung der Tagesordnung in der Versammlungseinladung[5], ferner für die Rüge, die Berichterstattung über eine Strukturmaßnahme habe sich auf eine abstrakte Darlegung der angewendeten Bewertungsmethoden ohne Zahlengerüst beschränkt[6], der **Verschmelzungsbericht** habe sich zum Umtauschverhältnis von beteiligungsidentischen Schwestergesellschaften mit der bloßen Mitteilung des Umtauschverhältnisses begnügt, ohne diese rechtlich und wirtschaftlich zu erläutern und zu begründen[7]; oder der Verschmelzungsbericht enthalte lediglich eine Darstellung der allgemeinen theoretischen Grundlagen der Ertragswertmethode und eine Mitteilung der Bewertungsergebnisse unter Nennung des Kapitalisierungszinssatzes, nicht aber aussagekräftige Einzelplanzahlen, Vergangenheitswerte oder das vorhandene nicht betriebsnotwendige Vermögen[8]. Ebenso wenig offensichtlich unbegründet war die Rüge der Ordnungsgemäßheit eines Verschmelzungsberichtes, in dem auf 10 Seiten zusammenfassende „bewertungsrelevante Überschüsse" für eine Detailplanungsphase und eine Phase der ewigen Rente ohne Erläuterung des Begriffes und ohne jede zahlenmäßige Darstellung mitgeteilt wurden und in dem es an einer Plausibilisierung anhand der Vergangenheitswerte fehlte[9]. Die Rüge unzureichender Angaben zu verbundenen Unternehmen wurde als nicht offensichtlich unbegründet angesehen, soweit es um das Fehlen von Angaben zu den besonderen Risiken aufgrund der Verlustsitua-

---

1 Vgl. auch *Bayer* in FS Hoffmann-Becking, S. 91 (103).

2 BGH v. 15.12.2003 – II ZR 194/01, BGHZ 157, 206 (210) = AG 2004, 204; OLG München v. 14.11.2012 – 7 AktG 2/12, NZG 2013, 459 (461) = AG 2013, 173; *Ehmann* in Grigoleit, § 246a AktG Rz. 6; *Simon* in KölnKomm. UmwG, § 16 UmwG Rz. 78.

3 OLG Frankfurt/M. v. 5.11.2007 – 5 W 22/07, NZG 2008, 78 = AG 2008, 167 (Wella); OLG München v. 14.11.2012 – 7 AktG 2/12, NZG 2013, 459 (461) = AG 2013, 173; *Rieckers*, BB 2008, 514; *Simon* in KölnKomm. UmwG, § 16 UmwG Rz.79; *Wasmann* in Festgabe Riegger, S. 47 (53).

4 *Kocher*, NZG 2006, 1 (6); *Simon* in KölnKomm. UmwG, § 16 UmwG Rz. 80.

5 OLG Rostock v. 15.5.2013 – 1 AktG 1/13, Rz. 95 (zit. nach Juris): sanierende Kapitalerhöhung.

6 KG v. 27.11.1998 – 14 U 2892/97, NZG 1999, 508 (510) = AG 1999, 126 (Formwechsel Aqua Butzke).

7 OLG Frankfurt/M. v. 20.3.2012 – 5 AktG 4/11, AG 2012, 414 (416).

8 OLG Frankfurt/M. v. 22.8.2000 – 14 W 23/00, ZIP 2000, 1928 (1931) (Piper Generalvertretung Deutschland).

9 LG München I v. 5.8.1999 – 4 HKO 11213/99, AG 2000, 87 (88) (MHM Mode Holding München/Hucke); Hauptsacheverfahren vgl. LG München I v. 31.8.1999 – 5HKO 8188/99, AG 2000, 86 (87).

tion, zum Risiko einer Steuerzahlung und zur Notwendigkeit weiterer außerplanmäßiger Abschreibungen ging[1]. Die Klage gegen einen **Bestätigungsbeschluss**, in dem es um die Bestätigung eines nicht nur anfechtbaren, sondern nichtigen Ausgangsbeschlusses ging, wurde als nicht offensichtlich unbegründet angesehen[2]. Kommt das Gericht zu dem Ergebnis, dass die Klage nicht offensichtlich unbegründet, sondern im Gegenteil **offensichtlich begründet** ist, kann der Antrag im Freigabeverfahren dennoch nicht ohne weiteres abgewiesen werden[3]. Vielmehr muss sodann geprüft werden, ob trotz der Begründetheit der Klage ein vorrangiges Eintragungsinteresse besteht (vgl. unten Rz. 59).

c) Bagatellquorum

aa) Anwendungsbereich

51 Das Bagatellquorum des **§ 16 Abs. 3 Satz 3 Nr. 2 UmwG** wurde – mit Wirkung ab dem 1.9.2009 (vgl. § 321 Abs. 2 UmwG) – durch das ARUG für das Freigabeverfahren bei Umwandlungen und bei aktienrechtlichen Strukturmaßnahmen (§ 246a Abs. 2 Nr. 2, § 319 Abs. 6 Satz 3 Nr. 2 AktG § 327e Abs. 2 AktG) eingeführt. Danach ist dem Freigabeantrag stattzugeben, wenn der Kläger nicht binnen einer Woche nach Zustellung des Antrags durch Urkunden nachgewiesen hat, dass er seit Bekanntmachung der Einberufung der Versammlung der Anteilsinhaber an dem betroffenen Rechtsträger einen anteiligen Betrag von mindestens 1000 Euro hält. Die Regelung ist **auf** die **AG**, **KGaA** und **SE zugeschnitten**. Ausweislich der Gesetzesmaterialien dient sie dazu, rechtsmissbräuchliche Anfechtungsklagen einzudämmen (vgl. oben Rz. 29)[4]. Mit diesem – im Gesetzgebungsverfahren zunächst nur mit 100 Euro angesetzten[5] spürbaren Quorum wird der Praxis ein Riegel vorgeschoben, dass zahlreiche Kläger Anfechtungsklage erheben, von denen die große Mehrzahl nur eine oder wenige Aktien der Gesellschaft halten. Durch das Bagatellquorum, das nur im Freigabeverfahren, nicht aber für die Erhebung einer Anfechtungs- oder Nichtigkeitsklage (§§ 241, 246 AktG) gilt, wird letztlich „durch die Hintertür" das Grundprinzip durchbrochen, dass ein Aktionär mit einer einzigen Aktie den Individualschutz der Anfechtungsklage für sich in Anspruch nehmen kann. Die Einführung des Bagatellquorums wurde deshalb im Gesetzgebungsverfahren insbesondere von Vertretern der Rechtswissenschaft kritisiert[6] und nach dessen Einführung mit der Verfassungsbeschwerde angegrif-

---

1 OLG Frankfurt/M. v. 8.2.2006 – 12 W 185/05, Rz. 158f. (zit. nach Juris) (Deutsche Telekom/t-online).

2 OLG München v. 14.11.2012 – 7 AktG 2/12, NZG 2013, 459 (461) = AG 2013, 173.

3 OLG Hamm v. 22.9.2010 – I-8 AktG 1/10, AG 2011, 136 (138); *Bayer* in FS Hoffmann-Becking, S. 91 (101); *Fronhöfer* in Widmann/Mayer, § 16 UmwG Rz. 161; *Hüffer* in MünchKomm. AktG, § 246a AktG Rz. 26; *Lorenz/Pospiech*, BB 2010, 2515 (2520); ebenso bereits *Bermel* in Goutier/Knopf/Tulloch, § 16 UmwG Rz. 50; *Bork*, 4. Aufl., Rz. 23; abweichend *Dörr* in Spindler/Stilz, § 246a AktG Rz. 28, 30; vor dem ARUG etwa *Bayer*, ZGR 1995, 613 (625); *Rettmann*, S. 146; für wesentliche Mängel auch *Decher*, AG 1997, 388 (391); *Riegger/Schockenhoff*, ZIP 1997, 2105 (2109).

4 BegrRegE zu § 246a AktG, BT-Drucks. 16/11642, 41; Rechtsausschuss, BT-Drucks. 16/13098, 41; vgl. auch *DAV-Handelsrechtsausschuss*, NZG 2008, 534 (541).

5 Vgl. BegrRegE zu § 246a AktG, BT-Drucks. 847/08, 65.

6 Kritisch etwa *Arbeitskreis Beschlussmängelrecht*, AG 2008, 617 (619); *Habersack/Stilz*, ZGR 2010, 710 (714); *Hirte* in FS Meilicke, S. 201 (206); *C. Schäfer* in FS K. Schmidt, 2009, S. 1389 (1408); *Verse*, NZG 2009, 1127 (1130); *Zöllner* in FS Westermann, S. 1631 (1643); dafür aber etwa *Baums/Drinhausen*, ZIP 2008, 145 (148).

fen. Die Oberlandesgerichte haben indessen das Bagatellquorum als **verfassungsgemäß** angesehen: Der Eigentumsschutz des Art. 14 GG gewährt einem Aktionär nicht das Individualrecht auf Kassation eines Hauptversammlungsbeschlusses durch Anfechtungsklage[1].

Auch wenn das Gesetz keine Einschränkung für andere Rechtsträger, die vom UmwG erfasst sind, erkennen lässt, passt das Bagatellquorum erkennbar nicht für Rechtsträger, bei denen das Gesetz kein Mindestkapital vorschreibt. Deshalb ist das Bagatellquorum **nicht anwendbar** auf die OHG, KG, EWIV, eV und wohl auch nicht auf die eG[2]. Auch auf den phG einer KGaA, für den das Gesetz keine Mindestbeteiligung vorsieht, ist das Bagatellquorum des § 16 Abs. 3 UmwG nicht anwendbar[3]. Weitergehend wird das Bagatellquorum auch für die GmbH aufgrund teleologischer Reduktion als nicht anwendbar angesehen[4]. Demgegenüber kann ein mit 1 000 Euro am Stammkapital beteiligter GmbH-Gesellschafter vom Sinn und Zweck des § 16 Abs. 3 UmwG angesichts eines Mindeststammkapitals von 25 000 Euro durchaus den Beschränkungen des Freigabeverfahrens unterworfen werden[5]. Das gilt nicht für den Gesellschafter einer UG, da für die UG nur ein Mindeststammkapital von 1 Euro vorgeschrieben ist (§§ 5, 5a GmbHG). 52

bb) Anforderungen an Mindestquorum

Bezugsgröße für das Erreichen des Mindestquorums von 1 000 Euro ist der anteilige Betrag am Grundkapital, also der **Nennbetrag** des durch die Zahl der Aktien dividierten Grundkapitals, und nicht der Börsenwert[6]. Sind Anfechtungskläger zwar nicht einzeln in der Lage, das Mindestquorum zu stellen, wohl aber gemeinsam mit anderen Anfechtungsklägern, so ist das nicht ausreichend. Das Quorum muss jeder Kläger einzeln erreichen, eine **Zusammenrechnung** kommt **nicht** in Betracht[7]. Schon nach dem Wortlaut des § 16 Abs. 3 Satz 3 Nr. 2 UmwG muss „der 53

---

1 OLG Bremen v. 16.8.2012 – 2 U 51/12, ZIP 2013, 460 (461); OLG Frankfurt/M. v. 23.2. 2010 – 5 Sch 2/09, AG 2010, 596 (598); OLG Hamburg v. 11.12.2009 – 11 AR 2/09, AG 2010, 214; OLG Hamburg v. 11.12.2009 – 11 AR 1/09, AG 2010, 215; OLG Köln v. 23.1. 2012 – 18 U 323/11, BeckRS 2012, 03266; OLG Nürnberg v. 25.7.2012 – 12 AktG 778/12, ZIP 2012, 2052 (2055) = AG 2012, 758; OLG Nürnberg v. 27.9.2010 – 12 AktG 1218/10, ZIP 2010, 2498 (2499) = AG 2011, 179; OLG Stuttgart v. 21.12.2012 – 20 AktG 1/12, Rz. 117 (zit. nach Juris); OLG Stuttgart v. 19.10.2009 – 20 AR (Freig.) 1/09, NZG 2010, 87 (88) = AG 2010, 89; ebenso etwa *Decher* in Veil (Hrsg.), Unternehmensrecht in der Reformdiskussion, S. 115 (121); *Bayer* in FS Hoffmann-Becking, S. 104; *Hüffer*, § 246a AktG Rz. 20; kritisch dagegen *Baums/Drinhausen*, ZIP 2008, 145 (148); *Heidel* in Heidel, § 246a AktG Rz. 22e; *Schwab* in K. Schmidt/Lutter, § 246a AktG Rz. 7.

2 *Fronhöfer* in Widmann/Mayer, § 16 UmwG Rz. 156.2; *Marsch-Barner* in Kallmeyer, § 16 UmwG Rz. 41a.

3 *Fronhöfer* in Widmann/Mayer, § 16 UmwG Rz. 156.2.

4 Vgl. *Marsch-Barner* in Kallmeyer, § 16 UmwG Rz. 41a; *de lege ferenda* auch *Stratz* in Schmitt/Hörtnagl/Stratz, § 16 UmwG Rz. 74.

5 Vgl. *Fronhöfer* in Widmann/Mayer, § 16 UmwG Rz. 156.3.

6 Vgl. BegrRegE zu § 246a AktG, BT-Drucks. 16/11642, 41; Rechtsausschuss zu § 246a AktG, BT-Drucks. 16/13098, 41; ebenso OLG Frankfurt/M. v. 20.3.2012 – 5 AktG 4/11, AG 2012, 414; OLG Hamburg v. 11.12.2009 – 11 AR 2/09, AG 2010, 214; OLG Hamburg v. 11.12.2009 – 11 AR 1/09, AG 2010, 215; OLG Saarbrücken v. 7.12.2010 – 4 U AktG 476/10, NZG 2011, 358 = AG 2011, 343; OLG Stuttgart v. 21.12.2012 – 20 AktG 1/12, Rz. 116 (zit. nach Juris); OLG Stuttgart v. 19.10.2009 – 20 AR (Freig.) 1/09, NZG 2010, 87 (88) = AG 2010, 89; kritisch *Hirte* in FS Meilicke, S. 201 (209).

7 OLG Bremen v. 16.8.2012 – 2 U 51/12, ZIP 2013, 460 (461); OLG Frankfurt/M. v. 30.3. 2010 – 5 Sch 3/09, NZG 2010, 824 (826) = AG 2010, 508; OLG Frankfurt/M. v. 23.2.2010 –

Kläger" das Quorum nachweisen. Anders als bei anderen gesetzlich geregelten Schwellenwerten (vgl. § 122 Abs. 1 Satz 1, Abs. 2 AktG, § 142 Abs. 2 Satz 1 AktG, § 148 Abs. 1 Satz 1 AktG, § 258 Abs. 2 Satz 2 AktG) ist eine Zusammenrechnung gerade nicht vorgesehen. Auch der Sinn und Zweck des Bagatellquorums spricht gegen eine Zusammenrechnung: es ging dem Gesetzgeber gerade darum, die hohe Anzahl von Klagen und Klägern einzudämmen (vgl. oben Rz. 29). Bei **Rechtsgemeinschaften** i.S. von § 69 AktG (z.B. GbR, Erbengemeinschaft, eheliche Gütergemeinschaft) ist die gemeinschaftliche Erreichung des Quorums ausreichend[1].

54 Das Mindestquorum hat sich auf den Tag der **Bekanntmachung der Einberufung** der Hauptversammlung bzw. Gesellschafterversammlung zu beziehen, die über die Verschmelzung Beschluss fasst. Für die AG kommt es auf den Tag der Bekanntmachung der Einberufung in den Gesellschaftsblättern und damit im Bundesanzeiger an (§§ 25, 121 Abs. 4 Satz 1 AktG). Da verhindert werden soll, dass ein Kläger in Kenntnis der Verschmelzung noch Aktien erwirbt, ist trotz der etwas ungenauen gesetzlichen Bezeichnung das Erreichen des Mindestquorums zu Beginn des Tages der Bekanntmachung der Einberufung, faktisch also am Tag zuvor, erforderlich[2]. Erfolgt die Einberufung der Hauptversammlung gem. § 121 Abs. 4 Satz 2 AktG durch eingeschriebenen Brief, ist für die Erreichung des Mindestquorums der Tag der Absendung des Einladungsschreibens (vgl. § 121 Abs. 4 Satz 2 2. Halbsatz AktG) maßgeblich[3]. Bei Namensaktien muss die Eintragung im Aktienregister bereits zum Zeitpunkt der Bekanntmachung der Einberufung der Hauptversammlung erfolgt sein (§ 68 Abs. 2 AktG)[4]. Das Halten des Mindestquorums am record date, also dem Stichtag, der im Fall von § 123 Abs. 2 AktG für die Berechtigung zur Teilnahme an der Hauptversammlung maßgeblich ist, reicht nicht[5]. Darüber hinausgehend muss das Mindestquorum ununterbrochen für den Zeitraum vom Tag der Bekanntmachung der Einberufung der Hauptversammlung bis zum fristgemäßen Nachweis im Freigabeverfahren (vgl. unten Rz. 55) gehalten werden[6]. Nicht erforderlich ist, dass das Quorum bis zur Entscheidung über den Freigabean-

---

5 Sch 2/09, AG 2010, 596 (598); OLG Hamburg v. 11.12.2009 – 11 AR 1/09, AG 2010, 215; OLG Hamburg v. 11.12.2009 – 11 AG 2/09, AG 2010, 214; OLG Stuttgart v. 21.12.2012 – 20 AktG 1/12, Rz. 117 (zit. nach Juris); *Hüffer*, § 246a AktG Rz. 20; *Kläsener/Wasse*, AG 2010, 202 (203); *Marsch-Barner* in Kallmeyer, § 16 UmwG Rz. 41b; *Stratz* in Schmitt/Hörtnagl/Stratz, § 16 UmwG Rz. 67; abweichend *Heidel* in Heidel, § 246a AktG Rz. 17i; vgl. auch *Koch/Wackerbeck*, ZIP 2009, 1603 (1606).

1 OLG Rostock v. 15.5.2013 – 1 AktG 1/13, Rz. 88 (zit. nach Juris); *Fronhöfer* in Widmann/Mayer, § 16 UmwG Rz. 156.7.

2 *Wilsing/Saß*, DB 2011, 919 (922); abweichend *Bayer* in FS Hoffmann-Becking, S. 91 (105); *Bosse*, NZG 2009, 807 (811).

3 OLG Nürnberg v. 25.7.2012 – 12 AktG 778/12, ZIP 2012, 2052 (2054) = AG 2012, 758.

4 OLG Köln v. 11.9.2012 – 18 U 107/12 (nicht veröffentlicht); ebenso zur Anfechtungsbefugnis vgl. *Hüffer*, § 67 AktG Rz. 14, § 245 AktG Rz. 7; *Göz* in Bürgers/Körber, § 245 AktG Rz. 8; *Bezzenberger* in K. Schmidt/Lutter, § 67 AktG Rz. 14; *Dörr* in Spindler/Stilz, § 245 AktG Rz. 18; abweichend OLG München v. 10.4.2013 – 7 AktG 1/13, ZIP 2013, 931 (932) = AG 2013, 527: tatsächliches Halten ausreichend.

5 OLG Nürnberg v. 27.9.2010 – 12 AktG 1218/10, ZIP 2010, 2498 (2499) = AG 2011, 179; *Marsch-Barner* in Kallmeyer, § 16 UmwG Rz. 41b.

6 Vgl. *Marsch-Barner* in Kallmeyer, § 16 UmwG Rz. 41b; *Reichard*, NZG 2011, 292 (293); *Stratz* in Schmitt/Hörtnagl/Stratz, § 16 UmwG Rz. 70; *Wilsing/Saß*, DB 2011, 919 (922); tendenziell ebenso OLG Nürnberg v. 27.9.2010 – 12 AktG 1218/10, ZIP 2010, 2498 (2500) = AG 2011, 179; abweichend *Bayer* in FS Hoffmann-Becking, S. 91 (106); *Satzl*, S. 203: Nachweis lediglich bis einschließlich Klageerhebung.

trag gehalten wird. Anders als für § 142 Abs. 2 Satz 2 AktG zur Sonderprüfung findet sich ein entsprechendes Erfordernis in § 246a Abs. 2 Nr. 2 AktG nicht[1].

cc) Nachweis des Mindestquorums

55 Das Mindestquorum muss durch den Kläger als Antragsgegner des Freigabeverfahrens **binnen einer Woche** nach Zustellung des Freigabeantrags gegenüber dem Gericht nachgewiesen werden. Die Wochenfrist ist zwingend und kann vom Gericht nicht verlängert werden[2]. Eine Wiedereinsetzung wegen Fristversäumung kommt nicht in Betracht[3]. Ein nicht fristgerecht oder nicht erbrachter Nachweis führt dazu, dass der betreffende Kläger am Freigabeverfahren nicht weiter teilnimmt (vgl. unten Rz. 58).

56 Der Nachweis des Mindestquorums hat gegenüber dem Gericht durch **Urkunden** zu erfolgen. Für den Nachweis ist die Vorlage einer Bankbestätigung oder – bei Namensaktien – ein Auszug aus dem Aktienregister erforderlich. Eine Ablichtung des Teilnehmerverzeichnisses (§ 129 Abs. 1 Satz 2 AktG) genügt nicht[4]. Wird das Aktienregister bei der beklagten AG geführt, muss der Kläger rechtzeitig bei dieser eine Abschrift beantragen. Das ist ihm im Zusammenhang mit der Vorbereitung einer Klage zumutbar (vgl. auch unten Rz. 57). Wird die AG rechtzeitig vom Kläger um Erteilung einer Abschrift gebeten, so kann sie sich als Antragstellerin im Freigabeverfahren nicht auf die nicht (rechtzeitig) erfolgte Führung des Nachweises durch den Antragsgegner berufen, wenn sie selbst den Nachweis dem Antragsgegner nicht unverzüglich erteilt hat. In einem solchen Fall muss der Antragsgegner allerdings innerhalb der Wochenfrist diesbezüglichen Sachvortrag mit einem entsprechenden Beweisantrag erbringen. Ein Beweisantritt gem. § 421 ZPO ist ausreichend. [5] Ein Nachweis gem. § 123 Abs. 3 Satz 3 AktG ist nicht ausreichend, da dieser den Anteilsbesitz nur zum record date bestätigt (vgl. oben Rz. 54). Die Urkunde muss keinen Nachweis der Vertretungsberechtigung des Unterzeichners enthalten[6]. Beim Erbfall ist neben dem urkundlichen Nachweis des Aktienbesitzes des Erblassers auch der urkundliche Nachweis des eingetretenen Erbfalls erforderlich, insbesondere durch Vorlage eines Erbscheins; bei testamentarisch angeordneter Testamentsvollstreckung ist zusätzlich der urkundliche Nachweis der angeordneten Testamentsvollstreckung erforderlich[7].

57 Eines Nachweises des Mindestquorums durch den Kläger und Antragsgegner bedarf es nach h.M. auch dann, wenn dessen Erreichen durch die antragstellende Gesellschaft im Freigabeantrag nicht bestritten worden ist oder nachträglich **unstrei-**

---

1 OLG Saarbrücken v. 7.12.2010 – 4 U AktG 476/10, NZG 2011, 358 = AG 2011, 343; *Marsch-Barner* in Kallmeyer, § 16 UmwG Rz. 41b; *Schwanna* in Semler/Stengel, § 16 UmwG Rz. 31d; *Stratz* in Schmitt/Hörtnagl/Stratz, § 16 UmwG Rz 70.

2 *Bayer* in FS Hoffmann-Becking, S. 91 (105); *Lorenz/Pospiech*, BB 2010, 2515 (2518); *Marsch-Barner* in Kallmeyer, § 16 UmwG Rz. 41b.

3 OLG Nürnberg v. 27.9.2010 – 12 AktG 218/10, ZIP 2010, 2498 (2499) = AG 2011, 179; *Bayer* in FS Hoffmann-Becking, S. 91 (105); *Marsch-Barner* in Kallmeyer, § 16 UmwG Rz. 41b.

4 OLG Hamm v. 6.7.2011 – I-8 AktG 2/11, AG 2011, 826 (828).

5 OLG Nürnberg v. 25.7.2012 – 12 AktG 778/12, ZIP 2012, 2052 (2056) = AG 2012, 758; abweichend OLG Hamm v. 6.6.2011 – I-8 AktG 2/11, ZIP 2011, 2257 (2259) = AG 2011, 826.

6 OLG Saarbrücken v. 7.12.2010 – 4 U AktG 476/10, NZG 2011, 358 = AG 2011, 343.

7 OLG München v. 16.6.2010 – 7 AktG 1/10, AG 2010, 715 (716); *Ehmann* in Grigoleit, § 246a AktG Rz. 7.

tig wurde. Der Nachweis des Bagatellquorums durch Urkunden ist danach ein eigenständiges materiell-rechtliches Erfordernis und nicht lediglich eine Verfahrensregelung, so dass auf dieses gesetzliche Erfordernis nicht verzichtet werden kann[1]. Nach anderer Auffassung soll die Erfüllung des Nachweiserfordernisses durch den Antragsgegner entbehrlich sein, wobei auf die Parallele zum Urkundenprozess hingewiesen wird[2]. Dem wird man nur dann zustimmen können, wenn die Erreichung des Mindestquorums zum maßgeblichen Zeitpunkt (oben Rz. 54) in der Antragsschrift oder innerhalb der Wochenfrist durch die Antragstellerin ausdrücklich unstreitig gestellt wird, was in der Praxis die Ausnahme sein wird. In einem solchen Fall erscheint das Festhalten am Nachweiserfordernis als unnötige Förmelei.

dd) Bedeutung eines fehlenden Bagatellquorums

58 Kann keiner der Kläger das Vorliegen des Mindestquorums nachweisen, nehmen diese am Freigabeverfahren nicht teil und die Klagen werden im Freigabeverfahren durch das OLG nicht berücksichtigt[3]. Die beklagte Gesellschaft kann sich in ihrem Freigabeantrag darauf beschränken, die Nichterreichung des Mindestquorums durch den oder die Kläger darzutun; eines Eingehens auf die in den Klagen geltend gemachten Rügen bedarf es nicht. Das OLG kann dem Freigabeantrag nach Fristablauf ohne weitere Prüfung stattgeben[4]. Das gilt selbst bei Geltendmachung eines besonders schweren Rechtsverstoßes i.S.v. § 16 Abs. 3 Satz 3 Nr. 3 UmwG[5]. Haben einzelne Kläger das Mindestquorum fristgemäß nachgewiesen, andere Kläger dagegen nicht, so muss sich das Gericht nur mit dem Sachvortrag der Antragsgegner auseinandersetzen, die das Quorum erreicht haben[6]. Würde

1 OLG Hamburg v. 22.6.2011 – 11 AktG 2/11 (nicht veröffentlicht) (Conergy); OLG Hamm v. 6.6.2011 – I-8 AktG 2/11, ZIP 2011, 2257 (2259) = AG 2011, 826; KG v. 6.12.2010 – 23 AktG 1/10, ZIP 2011, 172 (173) = AG 2011, 170; OLG Köln v. 23.1.2012 – 18 U 323/11, BeckRS 2012, 03266; OLG Nürnberg v. 25.7.2012 – 12 AktG 778/12, ZIP 2012, 2052 (2054) = AG 2012, 758; *Bayer* in FS Hoffmann-Becking, S. 91 (104); *Ehmann* in Grigoleit, § 246a AktG Rz. 7; *Marsch-Barner* in Kallmeyer, § 16 UmwG Rz. 41b; *Reichard*, NZG 2011, 775 (776); *Satzl*, S. 204; *Stilz* in FS Hommelhoff, S. 1181 (1187); *Stratz* in Schmitt/Hörtnagl/Stratz, § 16 UmwG Rz. 72; *Wilsing/Saß*, DB 2011, 919 (923).

2 Vgl. OLG Frankfurt/M. v. 30.3.2010 – 5 Sch 3/09, NZG 2010, 824 (826) = AG 2010, 508; OLG Frankfurt/M. v. 20.3.2012 – 5 AktG 4/11, AG 2012, 414; ebenso noch OLG Nürnberg v. 27.9.2010 – 12 AktG 1218/10, ZIP 2010, 2498 (2500) = AG 2011, 179; vgl. auch *Bayer* in FS Hoffmann-Becking, S. 91 (104).

3 Vgl. *DAV-Handelsrechtsausschuss*, NZG 2008, 534 (541); *Heidinger* in Henssler/Strohn, § 16 UmwG Rz. 20; *Marsch-Barner* in Kallmeyer, § 16 UmwG Rz. 41a.

4 Vgl. OLG München v. 16.8.2011 – 23 AktG 2/11 (nicht veröffentlicht) (GBW); OLG Nürnberg v. 25.7.2012 – 12 AktG 778/12, ZIP 2012, 2052 (2053) = AG 2012, 758.

5 *Bayer* in FS Hoffmann-Becking, S. 91 (104), *Noack*, NZG 2008, 441 (446); *Stratz* in Schmitt/Hörtnagl/Stratz, § 16 UmwG Rz. 71; *Verse*, NZG 2009, 1127 (1129).

6 Vgl. OLG Bremen v. 16.8.2012 – 2 U 51/12, ZIP 2013, 460 (461); OLG Frankfurt/M. v. 11.4.2011 – 5 Sch 4/10 (nicht veröffentlicht); OLG Hamburg v. 11.12.2009 – 11 AR 1/09, AG 2010, 215; *Kläsener/Wasse*, AG 2010, 202 (204); *Linnerz*, BB 2010, 340; *Lorenz/Pospiech*, BB 2010, 2515 (2518); *Marsch-Barner* in Kallmeyer, § 16 UmwG Rz. 41a; *Satzl*, S. 204, 221; *Schwanna* in Semler/Stengel, § 16 UmwG Rz. 31b; *Stilz* in FS Hommelhoff, S. 1181 (1186); *Stratz* in Schmitt/Hörtnagl/Stratz, § 16 UmwG Rz. 68; *Verse*, NZG 2009, 1127 (1129); *Wilsing/Saß*, DB 2011, 919 (923); zur vergleichbaren Frage bei Teilprozessvergleich und Rücknahme der Klage durch die Mehrheit der Kläger vgl. OLG Köln v. 5.2. 2009 – 18 W 66/08 (nicht veröffentlicht) (GenRe); vgl. auch Vorinstanz LG Köln v. 18.7. 2008 – 82 O 63/07, Rz. 75 (zit. nach Juris).

man auch den Sachvortrag von Klägern im Freigabeverfahren berücksichtigen, die das Quorum nicht erreicht haben[1], so würde man der Intention des Gesetzgebers, das Verfahren übersichtlicher zu gestalten und damit zur Verfahrensbeschleunigung beizutragen, nicht gerecht werden. Für das Hauptsacheverfahren hat das Nichterreichen des Mindestquorums durch einzelne oder alle Kläger dagegen keine unmittelbaren Auswirkungen (vgl. unten Rz. 92).

d) Vorrang des Vollzugsinteresses vor dem Aufschubinteresse

Eine Überwindung der Registersperre kommt schließlich in Betracht, wenn das 59
alsbaldige Wirksamwerden der Verschmelzung vorrangig erscheint, weil die vom Antragsteller dargelegten wesentlichen Nachteile für die an einer Verschmelzung beteiligten Rechtsträger und ihre Anteilsinhaber nach freier Überzeugung des Gerichts die Nachteile für den Antragsgegner überwiegen, es sei denn, es liegt eine besondere Schwere des Rechtsverstoßes vor, **§ 16 Abs. 3 Satz 3 Nr. 3 UmwG**. Dieser durch das ARUG wesentlich zugunsten der antragstellenden Gesellschaft geänderten Interessenabwägungsklausel (vgl. oben Rz. 29) kommt in der Praxis gerichtlicher Freigabeverfahren zentrale Bedeutung zu[2]. Auf einer **ersten Stufe** erfolgt eine **rein wirtschaftliche Abwägung** der mit dem Aufschub der Verschmelzung bzw. deren Vollzug verbundenen Interessen. Wie die Gesetzesmaterialien nunmehr klarstellen, sind die Erfolgsaussichten der Klage auf dieser Stufe der Prüfung auszublenden[3]. Dieser Aspekt wird auf der **zweiten Stufe** bei der Prüfung berücksichtigt, ob die **besondere Schwere des Rechtsverstoßes** der Eintragung entgegensteht. Als Ergebnis der Prüfung auf beiden Stufen wird regelmäßig der Freigabeantrag des Unternehmens Erfolg haben[4]. Dementsprechend könnten sich die Gerichte im Freigabeverfahren an sich häufig auf die Prüfung der Interessenabwägungsklausel des § 16 Abs. 3 Satz 3 Nr. 3 UmwG konzentrieren und die Frage einer offensichtlichen Unbegründetheit der Klage, die gem. § 16 Abs. 3 Satz 3 Nr. 1 UmwG ebenfalls die Freigabe ermöglichen würde, offenlassen (vgl. oben Rz. 45). Selbst eine offensichtlich begründete Anfechtungsklage rechtfertigt nämlich nicht die Abweisung des Freigabeantrags, sofern die Rechtsverletzung nicht ausnahmsweise besonders schwer wiegt (oben Rz. 50)[5].

---

1 So tendenziell OLG München v. 4.11.2009 – 7 A 2/09, AG 2010, 170 (171 f.).

2 Ebenso *Simon* in KölnKomm. UmwG, § 16 UmwG Rz. 82.

3 Vgl. Rechtsausschuss zu § 246a AktG, BT-Drucks. 16/13098, 42; *Seibert* in FS Uwe H. Schneider, S. 1211 (1214); ebenso OLG Hamm v. 22.9.2010 – 8 AktG 1/10, AG 2011, 136 (138); *Florstedt*, AG 2009, 465 (470); *Fronhöfer* in Widmann/Mayer, § 16 UmwG Rz. 160; *Stratz* in Schmitt/Hörtnagl/Stratz, § 16 UmwG Rz. 78; zuvor schon OLG Düsseldorf v. 15.3.1999 – 17 W 18/99, ZIP 1999, 793 (797) = AG 1999, 418; *Decher*, AG 1997, 387 (391).

4 Vgl. BegrRegE zu § 246a AktG, BT-Drucks. 16/11642, 42; Rechtsausschuss zu § 246a AktG, BT-Drucks. 16/13098, 42.

5 Vgl. BegrRegE zu § 246a AktG, BT-Drucks. 15/5092, 29; *Marsch-Barner* in Kallmeyer, § 16 UmwG Rz. 42; ebenso schon *Kösters*, WM 2000, 1921 (1929); *J. Vetter* in Liber amicorum Winter, S. 731 (736); kritisch *Zöllner* in FS Westermann, 2008, S. 1631 (1643); abweichend *Schwanna* in Semler/Stengel, § 16 UmwG Rz. 40; zum früheren Recht auch OLG Frankfurt/M. v. 22.8.2000 – 14 W 23/00, ZIP 2000, 1928 (1933); *Rettmann*, S. 146; eingeschränkt auch *Decher*, AG 1997, 388 (391).

aa) Abwägung der wirtschaftlichen Interessen

60 Auf der ersten Stufe der Interessenabwägung sind die Nachteile des Aufschubs der Verschmelzung für die antragstellende **Gesellschaft** und ihre Anteilsinhaber mit den Nachteilen abzuwägen, die für den oder die Antragsgegner, also die Kläger, mit dem Vollzug der Verschmelzung verbunden sind. Anders als bei der Interessenabwägungsklausel vor dem ARUG ist nunmehr klargestellt, dass die Interessen der nicht klagenden, **übrigen Anteilsinhaber** auf Seiten der antragstellenden Gesellschaft stehen und nur das Interesse der **Kläger** für das Aufschubinteresse zu berücksichtigen ist[1]. Diese Abwägung wird in aller Regel zugunsten der antragstellenden Gesellschaft und ihrer (nicht klagenden) Anteilsinhaber ausfallen[2].

(1) Vollzugsinteresse der Gesellschaft und der übrigen Anteilsinhaber

61 Ein vorrangiges Vollzugsinteresse der Gesellschaft und der übrigen Anteilsinhaber ist **nicht bereits** deshalb **abzulehnen**, **weil** die Gesellschaft **nicht zeitnah** nach Erhebung einer Klage einen Freigabeantrag gestellt hat[3]. Eine faktische Antragsfrist von drei Monaten oder die Glaubhaftmachung eines besonderen Eilinteresses wie im Verfahren des einstweiligen Rechtsschutzes sind für das Freigabeverfahren nicht anzuerkennen[4]. Das Gesetz sieht keine Antragsfrist vor. Im Einzelfall kann es aus pragmatischen Gründen zur Vermeidung von Kosten und Zeitaufwand als Alternative zur Einleitung eines Freigabeverfahrens in Frage kommen, einen außergerichtlichen oder gerichtlichen Vergleich mit den Klägern zu suchen und so gleichzeitig das Hauptsacheverfahren zu erledigen (vgl. oben Rz. 40).

62 Für ein Vollzugsinteresse lassen sich Nachteile anführen, die mit dem Aufschub des Wirksamwerdens der Verschmelzung mangels Eintragung in das Handelsregister entstehen. Erfasst sind nicht nur Nachteile aus der **Verzögerung** der Eintragung, sondern auch solche Nachteile, die sich bei einem Erfolg der Anfechtungsklage durch ein vollständiges **Unterbleiben der Verschmelzung** ergeben würden[5]. Erfasst sind Nachteile für die antragstellende Gesellschaft und ihre (nicht klagenden) Anteilsinhaber. Nachteile bei Anteilsinhabern, die nicht gleichzeitig bei der Gesellschaft selbst eintreten, sind insbesondere denkbar bei der Konzernverschmelzung auf die aufnehmende Konzernmutter. Die Nachteile müssen nicht bei allen Anteilsinhabern gleichermaßen eintreten[6]. Das Gesetz fordert **we-**

---

1 BegrRegE zu § 246a AktG, BT-Drucks. 16/11642, 41.

2 BegrRegE zu § 246a AktG, BT-Drucks. 16/11642, 41; Rechtsausschuss zu § 246a AktG, BT-Drucks. 16/13098, 42.

3 OLG Frankfurt/M. v. 30.3.2010 – 5 Sch 3/09, NZG 2010, 824 (825) = AG 2010, 508; KG v. 12.3.2010 – 14 AktG 1/09, AG 2010, 497 (498); ebenso etwa *Bayer* in FS Hoffmann-Becking, S. 91 (115); *Ehmann* in Grigoleit, § 246a AktG Rz. 8; *Habersack/Stilz*, ZGR 2010, 710 (720); *Marsch-Barner* in Kallmeyer, § 16 UmwG Rz. 46; *Merkner/Sustmann*, CFL 2011, 65 (71); *Stilz* in FS Hommelhoff, S. 1181 (1186); *Wilsing/Saß*, DB 2011, 919 (924).

4 Abweichend OLG München v. 4.11.2009 – 7 A 2/09, AG 2010, 170 (172f.); *Hirte* in FS Meilicke, S. 201 (211); *Weber/Kersjes*, § 3 Rz. 33-35.

5 Vgl. BegrRegE zu § 246a AktG, BT-Drucks. 15/5092, 29; *Fronhöfer* in Widmann/Mayer, § 16 UmwG Rz. 164; *Noack*, NZG 2008, 441 (446); *Satzl*, S. 207; abweichend *Bayer* in FS Hoffmann-Becking, S. 91 (110f.); *Schwab* in K. Schmidt/Lutter, § 246a AktG Rz. 19.

6 OLG Düsseldorf v. 27.8.2001 – 6 W 28/01, NZG 2002, 191 (194) = AG 2002, 47; *Fronhöfer* in Widmann/Mayer, § 16 UmwG Rz. 166; *Kösters*, WM 2000, 1921 (1927); *Schall/Habbe/Wiegand*, NJW 2010, 1789 (1790).

sentliche Nachteile. Die Gesetzesmaterialien hatten damit ursprünglich nachteilige Folgen von einigem Gewicht umschrieben[1]. Die Gesetzesmaterialien zum ARUG sprechen nur noch davon, dass in die Abwägung alle nicht ganz unbedeutenden wirtschaftlichen Nachteile einzubeziehen sind[2]. Nimmt man hinzu, dass ausweislich der Gesetzesmaterialien die Freigabe die Regel und deren Versagung die Ausnahme sein soll (oben Rz. 29), spricht vieles dafür, dass die Anforderungen an die im Gesetz nach wie vor geforderte Wesentlichkeit der Nachteile jedenfalls seit der Reform durch das ARUG nicht allzu hoch sein dürften (vgl. auch unten Rz. 67 a.E.)[3].

Bei einer **Verschmelzung** werden sich **häufig wesentliche Nachteile** für die Gesell- 63
schaft und deren Anteilsinhaber darlegen lassen. Schon vor der Reform durch das ARUG waren Freigabeanträge bei Verschmelzungen regelmäßig erfolgreich[4]. Angesichts der mit einer Verschmelzung häufig verbundenen Einsparungspotentiale wird sich typischerweise der Verlust einer sofortigen Nutzung von Synergieeffekten für einen Vollzug anführen lassen[5]. Ebenso können zu berücksichtigen sein eine Gefährdung oder ein Scheitern eines geplanten Börsengangs im Anschluss an die Verschmelzung oder schlechtere Finanzierungsmöglichkeiten[6], ferner die Unmöglichkeit oder die weniger effiziente Möglichkeit der Nutzung von Verlustvorträgen oder sonstige steuerliche Nachteile[7]. Berücksichtigungsfähig sind auch Kosten der Durchführung von Hauptversammlungen beider Rechtsträger (statt

---

1 BegrRegE zu § 246a AktG, BT-Drucks. 12/6699, 89.

2 BegrRegE zu § 246a AktG, BT-Drucks. 16/11642, 42, Rechtsausschuss zu § 246a AktG, BT-Drucks. 16/13098, 42.

3 Ebenso *Marsch-Barner* in Kallmeyer, § 16 UmwG Rz. 45; *Verse*, NZG 2009, 1127 (1130); vgl. auch *Stratz* in Schmitt/Hörtnagl/Stratz, § 16 UmwG Rz. 79; abweichend *Fronhöfer* in Widmann/Mayer, § 16 UmwG Rz. 165 (mit Fn. 1).

4 OLG Düsseldorf v. 15.3.1999 – 17 W 18/99, ZIP 1999, 793 (798) = AG 1999, 418 (ThyssenKrupp); OLG Düsseldorf v. 27.8.2001 – 6 W 28/01, ZIP 2001, 1717 (1718) = AG 2002, 47; OLG Frankfurt/M. v. 22.12.1995 – 5 W 42 u. 43/95, ZIP 1996, 379 = AG 1996, 135 (Frankfurter Hypothekenbank/Deutsche Centralbodenkredit); OLG Frankfurt/M. v. 10.2.2003 – 5 W 33/02, ZIP 2003, 1654 (1655); OLG Stuttgart v. 17.12.1996 – 12 W 44/96, ZIP 1997, 75 = AG 1997, 138 (Kolbenschmidt); *Decher*, AG 1997, 387 (392).

5 OLG Düsseldorf v. 15.3.1999 – 17 W 18/99, ZIP 1999, 793 (798) = AG 1999, 418 (ThyssenKrupp); OLG Frankfurt/M. v. 22.12.1995 – 5 W 42/95 u. 5 W 43/95, ZIP 1996, 379 (381) = AG 1996, 135; OLG Frankfurt/M. v. 8.2.2006 – 12 W 185/05, AG 2006, 249 (257); OLG Frankfurt/M. v. 22.12.1995 – 5 W 42 u. 43/92, ZIP 1996, 379 = AG 1996, 135 (Frankfurter Hypothekenbank/Deutsche Centralbodenkredit); OLG Hamm v. 16.5.2011 – I-8 AktG 1/11, AG 2011, 624 (625); OLG Hamm v. 28.2.2005 – 8 W 6/05, AG 2005, 361 (365); OLG Saarbrücken v. 7.12.2010 – 4 AktG 476/10, NZG 2011, 358 (360) = AG 2011, 343; OLG Stuttgart v. 22.3.2002 – 20 W 32/01, AG 2003, 456 (460); LG Berlin v. 12.6.2003 – 93 O 84/03, Der Konzern 2003, 483 (494); LG Essen v. 8.2.1999 – 44 O 249/98, AG 1999, 329 (330); *Fronhöfer* in Widmann/Mayer, § 16 UmwG Rz. 167; *Fuhrmann/Linnerz*, ZIP 2004, 2306 (2309); *Marsch-Barner* in Kallmeyer, § 16 UmwG Rz. 45; *Schwanna* in Semler/Stengel, § 16 UmwG Rz. 33.

6 OLG Hamm v. 16.5.2011 – I-8 AktG 1/11, AG 2011, 624 (625); *Marsch-Barner* in Kallmeyer, § 16 UmwG Rz. 45.

7 OLG Düsseldorf v. 27.8.2001 – 6 W 28/01, ZIP 2001, 1717 (1720) = AG 2002, 47; OLG Düsseldorf v. 15.3.1999 – 17 W 18/99, ZIP 1999, 793 (798) = AG 1999, 418; OLG Frankfurt/M. v. 13.12.2011 – 5 AktG 2/11 (nicht veröffentlicht); OLG Frankfurt/M. v. 22.12.1995 – 5 W 42/95 u. 5 W 43/95, ZIP 1996, 379 (381) = AG 1996, 135; OLG Hamm v. 16.5.2011 – I-8 AktG 1/11, AG 2011, 624 (625); *Bosse*, NZG 2009, 807 (811); *Fronhöfer* in Widmann/Mayer, § 16 UmwG Rz. 167; *Marsch-Barner* in Kallmeyer, § 16 UmwG Rz. 45; *Schwanna* in Semler/Stengel, § 16 UmwG Rz. 33.

nur einer nach der Verschmelzung)[1] oder die durch Fortdauer der Börsennotierung von zwei (statt einem verschmolzenen) Unternehmen entstehenden Kosten[2].

64 Eine **Bezifferung** der Nachteile oder wenigstens die Angabe von ungefähren Größenordnungen ist, sofern möglich, empfehlenswert, aber **nicht** zwingend **erforderlich**[3]. Zu berücksichtigen sein können auch Nachteile, die sich nicht quantifizieren lassen, etwa die drohende Abwanderung verunsicherten Personals[4], der Vertrauensverlust von Geschäftspartnern oder Kunden und dadurch drohende Zinsmindererträge[5], ein möglicher Ansehens- oder Vertrauensverlust am Markt[6] oder ein Verlust von Geschäftschancen[7]. Erforderlich ist allerdings stets eine **konkrete, substantiierte Darlegung** (zur notwendigen Glaubhaftmachung vgl. unten Rz. 83)[8]. Die Behauptung abstrakter Nachteile[9], die mit einem Unterbleiben der Verschmelzung oder deren Verzögerung verbunden sind, reicht ebenso wenig aus wie die pauschale Behauptung des Entstehens hoher Kosten oder eines hohen Arbeitsaufwandes[10]. An die Darlegung sind jedoch keine überzogenen Anforderungen zu stellen[11]. Die konkrete Darlegung etwa künftiger Synergien erfordert eine

---

1 Rechtsausschuss zu § 246a AktG, BT-Drucks. 16/13098, 42; OLG Saarbrücken v. 7.12. 2010 – 4 AktG 476/10, NZG 2011, 358 (360) = AG 2011, 343; *Fronhöfer* in Widmann/Mayer, § 16 UmwG Rz. 167; *Schwanna* in Semler/Stengel, § 16 UmwG Rz. 33; vgl. auch OLG Rostock v. 15.5.2013 – 1 AktG 1/13, Rz. 132 (zit. nach Juris); vgl. aber OLG Frankfurt/M. v. 11.4.2011 – 5 Sch 4/10, Rz. 51 (zit. nach Juris): Kosten von 100000 Euro begründen kein Vollzugsinteresse für Squeeze-out.

2 Vgl. OLG Hamm v. 22.9.2010 – I-8 AktG 1/10, AG 2011, 136 (139) (Squeeze-out).

3 *Decher*, AG 1997, 387 (392); abweichend LG Hanau v. 5.10.1995 – 5 O 183/95, ZIP 1995, 1820 (1821) = AG 1996, 90.

4 OLG Hamm v. 28.2.2005 – 8 W 6/05, AG 2005, 361 (365); *Fronhöfer* in Widmann/Mayer, § 16 UmwG Rz. 167; *Schwanna* in Semler/Stengel, § 16 UmwG Rz. 33; *Stratz* in Schmitt/Hörtnagl/Stratz, § 16 UmwG Rz. 80; kritisch *Heermann*, ZIP 1999, 1861 (1863).

5 OLG Düsseldorf v. 15.3.1999 – 17 W 18/99, ZIP 1999, 793 (798) = AG 1999, 418; OLG Frankfurt/M. v. 22.12.1995 – 5 W 42/95 u. 5 W 43/95, ZIP 1996, 379 (381) = AG 1996, 135; OLG Stuttgart v. 17.12.1996 – 12 W 44/96, ZIP 1997, 75 (77) = AG 1997, 138; *Marsch-Barner* in Kallmeyer, § 16 UmwG Rz. 45.

6 LG Duisburg v. 4.2.1999 – 44 O 3/99, NZG 1999, 564; LG Frankfurt/M. v. 17.9.1999 – 3/1 O 84/99, BB 1999, 2304; *Bayer* in FS Hoffmann-Becking, S. 91 (110); *Fronhöfer* in Widmann/Mayer, § 16 UmwG Rz. 167; *Lorenz/Pospiech*, BB 2010, 2515 (2519); *Marsch-Barner* in Kallmeyer, § 16 UmwG Rz. 45; *Schwanna* in Semler/Stengel, § 16 UmwG Rz. 33; kritisch *Heermann*, ZIP 1999, 1861 (1863); *Noack*, ZHR 164 (2000), 274 (284); einschränkend OLG Hamm v. 16.5.2011 – I-8 AktG 1/11, Der Konzern 2011, 354 (356) = AG 2011, 624

7 OLG Frankfurt/M. v. 10.2.2003 – 5 W 33/02, ZIP 2003, 1654 (1657); *Stratz* in Schmitt/Hörtnagl/Stratz, § 16 UmwG Rz. 80.

8 Vgl. OLG München v. 14.12.2011 – 7 AktG 3/11, AG 2012, 290 (291): betriebswirtschaftlich nicht nachvollziehbare Darlegung von Synergieeffekten; sehr streng vgl. OLG München v. 14.11.2012 – 7 AktG 2/12, NZG 2013, 459 (461) = AG 2013, 173; *Fronhöfer* in Widmann/Mayer, § 16 UmwG Rz. 169; *Schwanna* in Semler/Stengel, § 16 UmwG Rz. 34.

9 OLG Frankfurt/M. v. 9.6.1997 – 10 W 12/97, ZIP 1997, 1291 (1292); LG Hanau v. 5.10. 1995 – 5 O 183/95, ZIP 1995, 1820 (1821) = AG 1996, 90.

10 Insoweit zutreffend LG Hanau v. 5.10.1995 – 5 O 183/95, ZIP 1995, 1820 (1821) = AG 1996, 90.

11 OLG Nürnberg v. 20.2.1996 – 12 W 3317/95, AG 1996, 229 (230); OLG Stuttgart v. 17.12.1996 – 12 W 44/96, ZIP 1997, 75 (77) = AG 1997, 138; *Fronhöfer* in Widmann/Mayer, § 16 UmwG Rz. 169; *Schwanna* in Semler/Stengel, § 16 UmwG Rz. 34.

unternehmerische Einschätzung der antragstellenden Gesellschaft, die von Gericht nur eingeschränkt auf ihre Vertretbarkeit überprüft werden darf (§ 93 Abs. 1 Satz 2 AktG)[1].

(2) Nachteile für den Antragsgegner

Auf Seiten der Antragsgegner sind die Nachteile zu berücksichtigen, die ihnen durch den **Vollzug der Verschmelzung** entstehen. Der Umstand, dass die Verschmelzung nach der Darlegung der Antragsgegner als Kläger der Unwirksamkeitsklage rechtswidrig oder gar nichtig ist, ist – anders als nach der Interessenabwägungsklausel vor der Reform durch das ARUG – auf dieser ersten Stufe der Interessenabwägung nicht zu berücksichtigen; die Schwere der geltend gemachten Rechtsverletzung ist erst auf der zweiten Stufe der Interessenabwägung zu prüfen (vgl. oben Rz. 59, unten Rz. 70). Es geht auch seit der eindeutigen Regelung durch das ARUG nur noch darum, ob bei den Antragsgegnern Nachteile entstehen oder drohen (vgl. oben Rz. 60), während die Interessen von (allen) anderen Aktionären auf dieser Stufe der Interessenabwägung nicht zugunsten der Antragsgegner zu berücksichtigen sind (sondern nur mittelbar auf der zweiten Stufe)[2]. Zu berücksichtigen sind kumulativ die Nachteile für sämtliche Antragsgegner, die das Quorum erreichen[3]. Wesentlich müssen die Nachteile für die Antragsgegner nicht sein, um berücksichtigungsfähig zu sein (vgl. auch unten Rz. 67)[4]. 65

Zu berücksichtigen sein kann etwa der Einflussverlust von Antragsgegnern durch Herabsinken ihrer Beteiligung unter eine maßgebliche Schwelle zur Rechtsverfolgung aufgrund der Verschmelzung[5]. Ein derartiger Nachteil wird allerdings nur Anteilsinhabern mit einer nicht unwesentlichen Beteiligung drohen können, weshalb er bei börsennotierten Aktiengesellschaften in der Praxis in Freigabeverfahren selten eine Rolle spielen wird. Einen beachtlichen Nachteil der Antragsgegner kann es darstellen, wenn die Verschmelzung über Jahre hinweg zu einer Ausschüttungssperre bei der übernehmenden Gesellschaft und damit zum Ausfall der Dividenden führen würde[6]. Die pauschale Behauptung, der übernehmende Rechtsträger sei nach der Verschmelzung insolvenzreif, stellt kein konkretes und aktuelles Risiko dar, das dem Vollzug entgegengehalten werden könnte[7]. 66

---

1 *J. Vetter* in FS Maier-Reimer, S. 819 (826).

2 Vgl. BegrRegE zu § 246a AktG, BT-Drucks. 16/11642, 41; Rechtsausschuss zu § 246a AktG, BT-Drucks. 16/13098, 42; *Bosse*, NZG 2009, 807 (811); kritisch *Bayer* in FS Hoffmann-Becking, S. 91 (112); *Hirte* in FS Meilicke, S. 201 (210).

3 Vgl. *Bayer* in FS Hoffmann-Becking, S. 91 (112); *Enders/Ruttmann*, ZIP 2010, 2280 (2283); *Verse*, NZG 2009, 1127 (1130); abweichend *K. P. Martens/S. A. E. Martens* in FS K. Schmidt, 2009, S. 1129 (1144): jeweils nur isoliertes Interesse jedes einzelnen Antragsgegners zu berücksichtigen.

4 Vgl. *Simon* in KölnKomm. UmwG, § 16 UmwG Rz. 90; *J. Vetter* in FS Maier-Reimer, S. 819 (826).

5 Vgl. *Fronhöfer* in Widmann/Mayer, § 16 UmwG Rz. 169.1.

6 OLG Hamm v. 16.5.2011 – I-8 AktG 1/11, AG 2011, 624 (626); vgl. auch OLG Frankfurt/M. v. 13.12.2011 – 5 AktG 2/11 (nicht veröffentlicht): niedrigere Dividendenausschüttungen.

7 OLG Hamm v. 16.5.2011 – I-8 AktG 1/11, AG 2011, 624 (626).

(3) Interessenabwägung

67 Das Vollzugsinteresse der Gesellschaft und der übrigen (nicht klagenden) Anteilsinhaber wird vom Gericht gegen das Aufschubinteresse der Antragsgegner abgewogen. Die Abwägung erfolgt „**nach freier Überzeugung des Gerichts**". Dem Prozessgericht wird damit im Interesse größtmöglicher Entscheidungsfreiheit ein weiter Beurteilungsspielraum eingeräumt[1]. Bei der Interessenabwägung zwischen den künftigen Nachteilen, die mit einem Aufschub oder mit einer Vollziehung der Eintragung der Verschmelzung verbunden sind, handelt es sich um eine Entscheidung mit Prognosecharakter, da diese Nachteile nicht feststehen, sondern nur konkret erwartet werden und durch die antragstellende Gesellschaft entsprechend glaubhaft gemacht werden müssen (§ 16 Abs. 3 Satz 6 UmwG, vgl. unten Rz. 83)[2]. Dementsprechend genügt es für die Freigabeentscheidung, wenn das Gericht den Vorrang der Interessen des Rechtsträgers und seiner übrigen Anteilsinhaber vor dem Aufschubinteresse für überwiegend wahrscheinlich hält[3]. Eine derartige überwiegende Wahrscheinlichkeit drohender wesentlicher Nachteile für die antragstellende Gesellschaft und ihre Anteilsinhaber ist aber auch erforderlich. Drohen weder dem Antragsgegner noch der antragstellenden Gesellschaft wesentliche Nachteile, so fällt die Interessenabwägung nicht zugunsten der Gesellschaft aus[4]. Eine Mindestschwelle für die Annahme wesentlicher Nachteile wird man nicht annehmen können. So können auch Hauptversammlungskosten von 100 000 Euro im Einzelfall im Verhältnis zu den den Antragsgegnern drohenden Nachteilen wesentlich sein[5]. Jedoch sind die Anforderungen an die Wesentlichkeit der mit einer Verzögerung oder einem Unterbleiben der Verschmelzung drohenden Nachteile umso höher anzusetzen, je gewichtiger die aus einem Vollzug der Verschmelzung für die Antragsgegner drohenden Nachteile sind[6].

68 Bei der Abwägung kann zugunsten der antragstellenden Gesellschaft berücksichtigt werden, dass die Verschmelzung mit der überwältigenden Mehrheit der Aktionäre gebilligt worden ist[7]. Ebenso kann es seit der Reform durch das ARUG zugunsten der Gesellschaft und der übrigen Antragsteller berücksichtigt werden, wenn die Antragsgegner nur eine Beteiligung in Höhe des Mindestquorums halten: Ausweislich der Gesetzesmaterialien kann bei Anteilsinhabern mit geringer Beteiligung die Abwägung der beiderseitigen Nachteile schwerlich zu ihren Gunsten ausgehen[8]. Je geringer die **Beteiligung der Antragsgegner** ist, desto weniger

---

1 BegrRegE, BT-Drucks. 12/6699, 89.

2 Vgl. OLG Frankfurt/M. v. 8.2.2006 – 12 W 185/05, ZIP 2006, 370 (378) = AG 2006, 249; OLG Stuttgart v. 22.3.2002 – 20 W 32/2001, DB 2003, 33 (36) = AG 2003, 456; *Rubel*, DB 2009, 2027 (2030).

3 OLG Hamburg v. 22.6.2011 – 11 AktG 2/11 (Conergy – nicht veröffentlicht); *Decher*, AG 1997, 388 (394); *Marsch-Barner* in Kallmeyer, § 16 UmwG Rz. 46; *Schwanna* in Semler/Stengel, § 16 UmwG Rz. 41; *Stratz* in Schmitt/Hörtnagl/Stratz, § 16 UmwG Rz. 83.

4 Vgl. *Simon* in KölnKomm. UmwG, § 16 UmwG Rz. 90.

5 Vgl. auch Rechtsausschuss zu § 246a AktG, BT-Drucks. 16/13098, 42; abweichend OLG Frankfurt/M. v. 11.4.2011 – 5 Sch 4/10, Rz. 51 (zit. nach Juris).

6 Vgl. *Fronhöfer* in Widmann/Mayer, § 16 UmwG Rz. 169.4; *Sosnitza*, NZG 1999, 965 (970); *Schwanna* in Semler/Stengel, § 16 UmwG Rz. 37.

7 LG Frankfurt/M. v. 17.9.1999 – 3-1 O 84/99, DB 1999, 2304; *Marsch-Barner* in Kallmeyer, § 16 UmwG Rz. 44; *Noack*, ZHR 164 (2000), 274 (285); *Schwanna* in Semler/Stengel, § 16 UmwG Rz. 38.

8 Rechtsausschuss zu § 246a AktG, BT-Drucks. 16/13098, 42; *Bayer* in FS Hoffmann-Becking, S. 91 (113); *Bosse*, NZG 2009, 807 (811); *Fronhöfer* in Widmann/Mayer, § 16

werden Nachteile für sie ins Gewicht fallen können[1]. Umgekehrt kann bei der Interessenabwägung zugunsten der Antragsgegner ins Gewicht fallen, dass diese über eine wesentliche Beteiligung an der antragstellenden Gesellschaft verfügen. In der Spruchpraxis der Freigabeverfahren sind es deshalb auch zumeist solche Fälle, in denen Freigabeanträge zurückgewiesen werden[2].

Im Rahmen der Interessenabwägung kann auch berücksichtigt werden, ob den **Interessen der Antragsgegner** hinsichtlich der Folgen einer Vollziehung der Verschmelzung auch **auf andere Weise** als durch Versagung der Freigabe **Rechnung getragen** werden kann[3]. Insbesondere kann für ein Vollzugsinteresse des übertragenden Rechtsträgers berücksichtigt werden, dass die Vermögensinteressen der Anteilsinhaber durch ein Spruchverfahren vor einem unangemessenen Umtauschverhältnis geschützt sind. Deshalb fällt es bei der Abwägung nicht zugunsten des Aufschubinteresses der Antragsgegner ins Gewicht, dass der übernehmende Rechtsträger über erhebliche Verbindlichkeiten verfügt und die Aktionäre nach Wirksamwerden der Verschmelzung an einer Gesellschaft mit einer deutlich geringeren Eigenkapitalquote beteiligt sein werden[4]. Bei der Abwägung zwischen dem Vollzugsinteresse des übernehmenden Rechtsträgers und seiner übrigen Anteilsinhaber und dem Aufschubinteresse der Antragsgegner kann es zugunsten des Vollzugsinteresses berücksichtigt werden, wenn den Anteilsinhabern des übernehmenden Rechtsträgers das ihnen an sich gem. § 14 Abs. 2 UmwG nicht zustehende Überprüfungsrecht der Umtauschrelation in einem gerichtlichen Spruchverfahren durch ein freiwilliges Spruchverfahren in einem Schiedsverfahren ermöglicht wird (vgl. auch unten Rz. 74). Auch die Möglichkeit von Antragsgegnern, gem. § 16 Abs. 3 Satz 10 UmwG Schadensersatz wegen Vollziehung einer nachträglich im Hauptsacheverfahren als rechtswidrig erkannten Verschmelzung geltend zu machen, kann berücksichtigt werden, wenn die Geltendmachung eines derartigen Schadensersatzanspruches realistisch erscheint (vgl. unten Rz. 93)[5]. 69

UmwG Rz. 169.2; *Marsch-Barner* in Kallmeyer, § 16 UmwG Rz. 44; *Stratz* in Schmitt/Hörtnagl/Stratz, § 16 UmwG Rz. 81; ebenso schon OLG Frankfurt/M. v. 8.2.2006 – 12 W 185/05, ZIP 2006, 370 (380) = AG 2006, 249; LG Heilbronn v. 2.8.1996 – 1 KfH O 295/96, EWiR 1997, 43; *Noack*, ZHR 164 (2000), 274 (285); *Winter* in FS Ulmer, S. 699 (715); abweichend zur Rechtslage vor ARUG vgl. etwa *Bayer*, ZGR 1995, 613 (625); *Bork*, 4. Aufl., Rz. 27; *Decher*, AG 1997, 388 (394).

1 *Bayer* in FS Hoffmann-Becking, S. 91 (113); *Bosse*, NZG 2009, 807 (811); *Fronhöfer* in Widmann/Mayer, § 16 UmwG Rz. 169.2; *Fuhrmann/Linnerz*, ZIP 2004, 2306 (2308); *Heidinger* in Henssler/Strohn, § 16 UmwG Rz. 19; *Marsch-Barner* in Kallmeyer, § 16 UmwG Rz. 44; *J. Vetter* in FS Maier-Reimer, S. 819 (828); abweichend *Schall/Habbe/Wiegand*, NJW 2010, 1789 (1790).

2 Vgl. OLG Frankfurt/M. v. 20.3.2012 – 5 AktG 4/11, AG 2012, 414; OLG München v. 14.12.2011 – 7 AktG 3/11, AG 2012, 260; *Bayer* in FS Hoffmann-Becking, S. 91 (113, 119).

3 Vgl. BegrRegE, BT-Drucks. 12/6699, 89; *Decher*, AG 1997, 388 (394); *Fronhöfer* in Widmann/Mayer, § 16 UmwG Rz. 169.6; *Schwanna* in Semler/Stengel, § 16 UmwG Rz. 39.

4 OLG Hamm v. 16.5.2011 – I-8 AktG 1/11, AG 2011, 624 (626).

5 Vgl. *Decher*, AG 1997, 388 (394); weitergehend KG v. 18.5.2010 – 14 AktG 1/10, AG 2010, 494 (495); KG v. 12.3.2010 – 14 AktG 1/09, AG 2010, 497 (499); OLG Hamm v. 28.2.2005 – 8 W 6/05, AG 2005, 361 (364); OLG Stuttgart v. 13.3.2001 – 20 W 32/01, AG 2003, 456 (469); *Fronhöfer* in Widmann/Mayer, § 16 UmwG Rz. 169.6; *Schwanna* in Semler/Stengel, § 16 UmwG Rz. 39; abweichend LG Hanau v. 5.10.1995 – 5 O 183/95, ZIP 1995, 1820 (1821) = AG 1996, 90; *Bayer* in FS Hoffmann-Becking, S. 91 (114); *Bork*, 4. Aufl., Rz. 25.

bb) Besondere Schwere des Rechtsverstoßes

70 Gelangt das Gericht bei der Interessenabwägung zwischen dem Vollzugsinteresse der Gesellschaft und der übrigen Anteilsinhaber mit dem Aufschubinteresse der Antragsgegner – wie dies in der Regel der Fall sein wird – zu einem Vorrang des Vollzugsinteresses, so kann es dennoch die Eintragung der Verschmelzung nicht freigeben, wenn die Prüfung ergibt, dass der Eintragung eine besondere Schwere des Rechtsverstoßes entgegensteht. Dabei ist abzustellen auf die Bedeutung der verletzten Norm und das Ausmaß der Rechtsverletzung[1]. Die **Anforderungen** an das Vorliegen eines besonders schweren Rechtsverstoßes sind schon ausweislich der Gesetzesmaterialien **hoch:** Erforderlich ist, dass der Rechtsverstoß derart krass rechtswidrig ist, dass eine Eintragung und damit die Durchführung des Beschlusses ohne vertiefte Prüfung im Hauptsacheverfahren für die Rechtsordnung unerträglich wäre[2]. Erst auf dieser zweiten Stufe der Prüfung der Schwere des Rechtsverstoßes kommt es nach der Reform durch das ARUG zu einer Berücksichtigung der Erfolgsaussichten der Klagen gegen die Wirksamkeit der Verschmelzung (oben Rz. 45, 59).

71 Das Vorliegen eines derartig gravierenden Rechtsverstoßes muss **vom Antragsgegner dargelegt** werden[3]. Das Gericht berücksichtigt insoweit nur solche Rügen des Antragsgegners, die es nicht bereits gem. § 16 Abs. 3 Satz 3 Nr. 1 UmwG als offensichtlich unbegründet ansieht[4]. Gelangt das Gericht nach ausreichend intensiver Prüfung (vgl. oben Rz. 43) zu dem Ergebnis, dass die Klage nicht offensichtlich unbegründet ist, so sind die entsprechenden Rügen für die Beurteilung der Schwere des Rechtsverstoßes in rechtlicher Hinsicht als begründet zu unterstellen[5]. Bleiben die Rügen der Antragsgegner allerdings in tatsächlicher Hinsicht streitig, so ist es Sache des Antragsgegners, diese zur Überzeugung des Gerichts glaubhaft zu machen[6].

---

1 BegrRegE zu § 246a AktG, BT-Drucks. 16/11642, 41; Rechtsausschuss zu § 246a AktG, BT-Drucks. 16/13098, 42.

2 BegrRegE zu § 246a AktG, BT-Drucks. 16/11642, 41; Rechtsausschuss zu § 246a AktG, BT-Drucks. 16/13098, 42.

3 BegrRegE zu § 246a AktG, BT-Drucks. 16/11642, 41; Rechtsausschuss zu § 246a AktG, BT-Drucks. 16/13098, 42; *Simon* in KölnKomm. UmwG, § 16 UmwG Rz. 92; *Stratz* in Schmitt/Hörtnagl/Stratz, § 16 UmwG Rz. 83.

4 *Fronhöfer* in Widmann/Mayer, § 16 UmwG Rz. 161 (170); *Simon* in KölnKomm. UmwG, § 16 UmwG Rz. 94; ebenso schon OLG Düsseldorf v. 27.8.2001 – 6 W 28/01, ZIP 2001, 1717 (1720) = AG 2002, 47; OLG Düsseldorf v. 15.3.1999 – 17 W 18/99, ZIP 1999, 793 (797) = AG 1999, 418; OLG Frankfurt/M. v. 8.2.2006 – 12 W 185/05, Der Konzern 2006, 276 (285) = AG 2006, 249 (Deutsche Telekom/t-online); OLG Hamm v. 28.2.2005 – 8 W 6/05, Der Konzern 2005, 374 (379) = AG 2005, 361 (Wectron/Hansa); OLG Stuttgart v. 17.12.1996 – 12 W 44/96, ZIP 1997, 75 (77) = AG 1997, 138 (Rheinmetall/Kolbenschmidt); LG Berlin v. 12.6.2003 – 93 O 84/03, Der Konzern 2003, 483 (494) (Vattenfall).

5 Vgl. *Simon* in KölnKomm. UmwG, § 16 UmwG Rz. 94; vgl. auch Rechtsausschuss zu § 246a AktG, BT-Drucks. 16/13098, 42 „ohne vertiefte Prüfung im Hauptsacheverfahren"; ebenso schon OLG Frankfurt/M. v. 8.2.2006 – 12 W 185/05, Der Konzern 2006, 276 (285) = AG 2006, 249; OLG Stuttgart v. 22.3.2002 – 20 W 32/2001, DB 2003, 33 = AG 2003, 456; LG Berlin v. 12.6.2003 – 93 O 84/03, Der Konzern 2003, 483 (494); abweichend *Koch/Wackerbeck*, ZIP 2009, 1603 (1607); *Marsch-Barner* in Kallmeyer, § 16 UmwG Rz. 46a; *Noack*, ZHR 164 (2000), 274 (283); *Stratz* in Schmitt/Hörtnagl/Stratz, § 16 UmwG Rz. 83; *J. Vetter* in FS Maier-Reimer, S. 819 (831).

6 Vgl. auch BegrRegE zu § 246a AktG, BT-Drucks. 16/11642, 41; Rechtsausschuss zu § 246a AktG, BT-Drucks. 13098, 42; *Bayer* in FS Hoffmann-Becking, S. 91 (102); *Simon*

Nach den Gesetzesmaterialien ist eine **besondere Schwere des Rechtsverstoßes zu bejahen** bei einer **Verletzung elementarer Rechte der Anteilsinhaber**, die durch Schadensersatz nicht angemessen zu kompensieren wäre. Als Beispiel nennen die Gesetzesmaterialien die Beschlussfassung in einer „Geheimversammlung", die bewusst zu diesem Zweck nicht ordnungsgemäß einberufen wurde[1], ferner absichtliche Verstöße gegen das Gleichbehandlungsgebot und die Treuepflicht mit schweren Folgen[2] oder das völlige Fehlen einer notariellen Beurkundung der Hauptversammlung einer börsennotierten Gesellschaft[3]. Dem gleichgestellt wird eine unberechtigte Nichtzulassung eines Aktionärs zur Hauptversammlung[4] oder ein unberechtigter Ausschluss von der Hauptversammlung[5]. Ein schwerer Rechtsverstoß liegt ferner vor bei Verstößen gegen grundlegende Strukturprinzipien des Aktienrechts, z.B. bei Herabsetzung des Grundkapitals der AG auf einen Nennbetrag unter den Mindestnennbetrag[6]. Zu letzteren sollen Verstöße gegen die Kapitalerhaltungsregeln bei Qualifizierung eines Darlehens als Eigenkapital ersetzend zählen[7], ferner eine unzulässige Umgehung des § 57 AktG, die mit der Verschmelzung zum Abschluss gebracht werden soll[8]. Ein besonders schwerer Rechtsverstoß kann ferner vorliegen, wenn mit der Verschmelzung ein Sondervorteil für den Großaktionär und Darlehensgeber verfolgt wird[9]. 72

Vor der Reform durch das ARUG wurde für die Beurteilung einer schweren Rechtsverletzung, die einen Aufschub der Eintragung rechtfertigt, vielfach auf die Unterscheidung zwischen Nichtigkeits- und Anfechtungsgründen abgestellt. Beim Vorliegen von Nichtigkeitsgründen wurde regelmäßig ein Aufschubinteresse bejaht[10]. Die Gesetzesmaterialien stellen nunmehr klar, dass **nicht jeder Nichtigkeitsgrund** ein Aufschubinteresse rechtfertigt[11]. Die Einordnung eines ge- 73

---

in KölnKomm. UmwG, § 16 UmwG Rz. 92; insoweit auch *Marsch-Barner* in Kallmeyer, § 16 UmwG Rz. 46; *Schwanna* in Semler/Stengel, § 16 UmwG Rz. 41b.

1 Rechtsausschuss zu § 246a AktG, BT-Drs. 16/13098, S. 42; OLG München v. 28.7.2010 – 7 AktG 2/10, AG 2010, 842 (843).

2 Rechtsausschuss zu § 246a AktG, BT-Drucks. 16/13098, 42; KG v. 6.12.2010 – 23 AktG 1/10, ZIP 2011, 172 (174) = AG 2011, 170; OLG Hamm v. 22.9.2010 – I-8 AktG 1/10, AG 2011, 136 (139).

3 Rechtsausschuss zu § 246a AktG, BT-Drucks. 16/13098, 42; KG v. 6.12.2010 – 23 AktG 1/10, ZIP 2011, 172 (174) = AG 2011, 170.

4 Rechtsausschuss zu § 246a AktG, BT-Drucks. 16/13098, 42.

5 OLG München v. 28.7.2010 – 7 AktG 2/10, AG 2010, 842 (843).

6 Vgl. Rechtsausschuss zu § 246a AktG, BT-Drucks. 16/13098, 42; KG v. 6.12.2010 – 23 AktG 1/10, ZIP 2011, 172 (174) = AG 2011, 170.

7 KG v. 18.5.2010 – 14 AktG 1/10, AG 2010, 494 (496f.); *Stilz* in FS Hommelhoff, S. 1181 (1188).

8 OLG Hamm v. 16.5.2011 – I-8 AktG 1/11, AG 2011, 624 (627).

9 OLG Frankfurt/M. v. 20.3.2012 – 5 AktG 4/11, AG 2012, 414 (416).

10 Vgl. etwa *Bork*, 4. Aufl., Rz. 26; *Noack*, ZHR 164 (2000), 274 (284); für den Regelfall auch *Rettmann*, S. 140; für Abwägung im Einzelfall *Decher*, AG 1997, 388 (391); *Kösters*, WM 2000, 1921 (1928).

11 BegrRegE zu § 246a AktG, BT-Drucks. 16/11642, 41; Rechtsausschuss zu § 246a AktG, BT-Drucks. 16/13098, 42; OLG Hamm v. 16.5.2011 – 8 AktG 1/11, AG 2011, 624 (626); OLG Saarbrücken v. 7.12.2010 – 4 AktG 476/10, NZG 2011, 358 (360) = AG 2011, 343; KG v. 6.12.2010 – 23 AktG 1/10, ZIP 2011, 172 (174) = AG 2011, 170; *Florstedt*, AG 2009, 465 (471); *Fronhöfer* in Widmann/Mayer, § 16 UmwG Rz. 174; *Lorenz/Pospiech*, BB 2010, 2515 (2520); *Marsch-Barner* in Kallmeyer, § 16 UmwG Rz. 46b; *Simon* in KölnKomm. UmwG, § 16 UmwG Rz. 95; *Stratz* in Schmitt/Hörtnagl/Stratz, § 16 UmwG Rz. 85; skeptisch zur praktischen Umsetzung vgl. *C. Schäfer* in Veil (Hrsg.), Un-

rügten Mangels durch den Gesetzgeber als Nichtigkeitsgrund mag zwar einen ersten Anhaltspunkt dafür geben, dass die Rechtsverletzung nicht unwesentlich ist[1]. Dennoch können geltend gemachte Nichtigkeitsgründe bei der Abwägung weniger schwer wiegen als Anfechtungsgründe. **Materielle Inhaltsfehler** des Beschlusses werden eher eine besonders schwere Rechtsverletzung rechtfertigen als formale Verfahrensfehler, selbst wenn letztere Nichtigkeitsgründe darstellen[2]. So wird es trotz Nichtigkeit gem. § 241 Nr. 1 AktG oft keinen besonders schweren Rechtsverstoß darstellen, wenn die Firma oder der Sitz der Gesellschaft in der Einladung der Hauptversammlung entgegen § 121 Abs. 3 Satz 1 AktG nicht korrekt angegeben wurde, sofern diese dennoch für Dritte identifizierbar bleiben.

74 Vor der Reform durch das ARUG wurde die Rüge eines unangemessenen Umtauschverhältnisses (**Bewertungsrüge**) im Rahmen einer Anfechtungsklage gegen die Wirksamkeit des **bei der übernehmenden AG** gefassten Verschmelzungsbeschlusses als schwerer materieller Rechtsverstoß angesehen, der einer Freigabeentscheidung zugunsten der Verschmelzung regelmäßig entgegenstand[3]. Angesichts der mit einer Unternehmensbewertung der beiden Rechtsträger verbundenen vielfältigen Unsicherheiten, insbesondere im Zusammenhang mit der Ertragswertmethode, konnte ein Gericht kaum von einer offensichtlichen Unbegründetheit der Klage ausgehen. Nur wenn den Aktionären der übernehmenden Gesellschaft freiwillig ein Spruchverfahren im Wege eines Schiedsverfahrens zur Überprüfung der Angemessenheit des Umtauschverhältnisses angeboten wurde, erschien eine positive Freigabeentscheidung hinreichend gesichert, weil dem Interesse der klagenden Anteilsinhaber damit auf andere Weise Rechnung getragen wurde (vgl. oben Rz. 69)[4]. Seit der Reform durch das ARUG wird auch eine solche Bewertungsrüge **nicht mehr regelmäßig** einen besonders **schweren Rechtsverstoß** begründen[5]. So spricht bei einer Verschmelzung zwischen unabhängigen Vertragsparteien das Zusammenwirken eines – allein nicht ausreichenden[6] – pflichtgemäßen Verhandlungsprozesses „auf Augenhöhe" mit einer Anwendung materiell anerkannter Bewertungsparameter (z.B. Umtauschverhältnis entsprechend Börsenkursrelation) gegen das Vorliegen eines besonders schweren Rechtsverstoßes, auch wenn hinsichtlich der das Umtauschverhältnis ebenfalls stützenden Ertragswertrelation Bewertungsrügen der Kläger erhoben werden. Auch bei einer Konzernverschmelzung begründet die Rüge eines unangemessenen Umtauschverhält-

---

ternehmensrecht in der Reformdiskussion, S. 97 (100); abweichend *Schwab* in K. Schmidt/Lutter, § 246a AktG Rz. 16.

1 Vgl. *Marsch-Barner* in Kallmeyer, § 16 UmwG Rz. 46b.

2 *Fronhöfer* in Widmann/Mayer, § 16 UmwG Rz. 176; *Simon* in KölnKomm. UmwG, § 16 UmwG Rz. 96.

3 Vgl. etwa *Heckschen* in Widmann/Mayer, § 14 UmwG Rz. 61; *Hoffmann-Becking*, WPg-Sonderheft 2001, 121 (125); *K. P. Martens*, AG 2000, 301 (306); *Noack*, ZHR 164 (2000), 274 (285); *Winter* in Liber amicorum Happ, S. 363 (373); vgl. aber OLG Jena v. 12.10.2006 – 6 W 452/06, AG 2007, 31 (37) (Zeiss Meditec).

4 Vgl. *Decher* in FS Lutter, 2000, S. 1202 (1216).

5 Vgl. auch *Fronhöfer* in Widmann/Mayer, § 16 UmwG Rz. 182; *Marsch-Barner* in Kallmeyer, § 16 UmwG Rz. 46b; *Simon* in KölnKomm. UmwG, § 16 UmwG Rz. 103; *J. Vetter* in FS Maier-Reimer, S. 819 (828, 831); vgl. aber (obiter dictum) OLG Frankfurt/M. v. 20.3.2012 – 5 AktG 4/11, AG 2012, 414 (417).

6 Vgl. BVerfG v. 24.5.2012 – 1 BvR 3221/10, NJW 2012, 3020 (3022) = AG 2012, 674 (DaimlerChrysler); vgl. aber *Bungert/Wettich* in FS Hoffmann-Becking, 2013, S. 157 (187); *Klöhn/Verse*, AG 2013, 2 (5).

nisses nach der Ertragswertmethode keinen besonders schweren Rechtsverstoß, wenn das Umtauschverhältnis die Relation der Börsenkurse der Verschmelzungspartner reflektiert. Auch wenn man bei Aktien mit hoher Liquidität zur Überprüfung der Angemessenheit der Verschmelzungsrelation die Börsenkursrelation entgegen einer vordringenden Auffassung[1] nicht als allein ausreichend ansehen will, so liegt bei Beachtung der Marktwerte jedenfalls kein besonders schwerer Rechtsverstoß vor. Umgekehrt wird man allerdings nicht eine Bewertungsrüge unter Hinweis auf den Schadensersatzanspruch des § 16 Abs. 3 Satz 10 UmwG als generell unbeachtlich erklären können[2], wenn und weil sich dieser praktisch nur schwer durchsetzen lassen sollte (z.B. wegen Kostenrisiko bei Sachverständigengutachten), vgl. auch oben Rz. 69, unten Rz. 93.

Die Geltendmachung **bewertungsbezogener Informationsmängel** im Vorfeld der 75
Hauptversammlung (insbesondere Mängel des Verschmelzungsberichts hinsichtlich der Darlegung der Angemessenheit der Verschmelzungsrelation gem. § 8 UmwG, vgl. § 8 Rz. 61) wird regelmäßig keinen besonders schweren Rechtsverstoß begründen[3]. Wird der Verschmelzungsbericht der übertragenden AG angegriffen, ergibt sich dies schon daraus, dass Bewertungsrügen im gerichtlichen Spruchverfahren Rechnung getragen werden kann (vgl. auch oben Rz. 69). Auch auf der Ebene der übernehmenden AG wird es regelmäßig an einer Verletzung elementarer Aktionärsrechte fehlen. Ein besonders schwerer Rechtsverstoß wird nur ausnahmsweise bei Fundamentalmängeln des Berichts über die Angemessenheit des Umtauschverhältnisses in Betracht kommen. Ein solcher Fundamentalmangel liegt nur vor, wenn es an jeder nachvollziehbaren Erläuterung des Umtauschverhältnisses im Verschmelzungsbericht fehlt und sich dieser auf eine bloße Mitteilung des Umtauschverhältnisses beschränkt (vgl. oben Rz. 50)[4]. Auch **bei sonstigen** geltend gemachten **Mängeln des Verschmelzungsberichtes** wird nur ausnahmsweise ein besonders schwerer Rechtsverstoß angenommen werden können, wenn fundamentale Mängel in Rede stehen, die jede sachgerechte Vorbereitung auf die Hauptversammlung unmöglich machen[5]. Geht es dagegen um die Rüge einzelner fehlender Informationen, wird regelmäßig ein der Vollziehung der Verschmelzung entgegenstehender schwerer Rechtsverstoß fehlen, weil sich ein Anteilsinhaber auch durch Fragen in der Hauptversammlung zusätzliche Informationen geben lassen kann[6]. Dasselbe gilt für eine unzureichende mündliche Erläuterung des Verschmelzungsvertrages entgegen § 64 Abs. 1 Satz 2 UmwG zu Be-

1 Dafür OLG Frankfurt/M. v. 13.3.2009 – 3-5 O 57/06, NZG 2009, 553 (556 f.) = AG 2009, 749 (DTAG/T-online); Verfassungsmäßigkeit bestätigt durch BVerfG v. 26.4.2011 – 1 BvR 2658/10, NZG 2011, 869 (870) = AG 2011, 511; ebenso etwa *Bungert/Wettich* in FS Hoffmann-Becking, 2013, S. 157 (173); *Decher* in FS Maier-Reimer, 2010, S. 57 (69); abweichend etwa *Adolff*, Unternehmensbewertung im Recht der börsennotierten Aktiengesellschaft, 2007, S. 129 f.; *Hüffer*, § 305 AktG Rz. 24c; *Paulsen* in MünchKomm. AktG, § 305 AktG Rz. 83 mit Hinweisen zur verbreiteten Anwendung einer Meistbegünstigung durch die Rechtsprechung der Instanzgerichte.

2 Abweichend *Fronhöfer* in Widmann/Mayer, § 16 UmwG Rz. 182; vgl. auch *Koch/Wackerbeck*, ZIP 2009, 1603 (1607); *J. Vetter* in FS Maier-Reimer, S. 819 (828).

3 *Decher* in FS Hoffmann-Becking, S. 293 (307); *Marsch-Barner* in Kallmeyer, § 16 UmwG Rz. 46b.

4 OLG Frankfurt/M. v. 20.3.2012 – 5 AktG 4/11, AG 2012, 414 (416).

5 Vgl. *Rubel*, DB 2009, 2027 (2029); *Schwanna* in Semler/Stengel, § 16 UmwG Rz. 41d.

6 Vgl. *Decher*, AG 1997, 388 (392); *Fronhöfer* in Widmann/Mayer, § 16 UmwG Rz. 179; *Schwanna* in Semler/Stengel, § 16 UmwG Rz. 41d.

ginn der Hauptversammlung, sofern der Bericht im Vorfeld der Hauptversammlung eine ausreichende Information der Aktionäre ermöglichte[1].

76 Kein besonders schwerer Rechtsverstoß liegt regelmäßig vor bei **formalen Fehlern** im Zusammenhang mit der Durchführung einer Hauptversammlung. Eine elementare Verletzung von Aktionärsrechten wird nur ausnahmsweise bei gezielten Verstößen in Betracht kommen[2]. Dementsprechend betrifft die Rüge einer Bildung von Schlangen an den Sicherheitsschleusen und eines damit verbundenen zeitlich verzögerten Einlasses zur Hauptversammlung keinen besonders schweren Rechtsverstoß[3]. Vor der Reform durch das ARUG wurde ein schwerer Rechtsverstoß bejaht, wenn einem Aktionär, der sich einer Sicherheitskontrolle verweigerte, der Zutritt zur Hauptversammlung verwehrt wurde[4]. Die Gesetzesmaterialien machen nunmehr deutlich, dass formale Fehler, die von professionellen Klägern provoziert worden sind, keinen schweren Rechtsverstoß darstellen[5]. Deshalb werden nur noch unzumutbare, das Persönlichkeitsrecht eines Aktionärs gezielt verletzende Sicherheitsmaßnahmen einen schweren Rechtsverstoß darstellen können. Bei einer möglichen Übergehung der Wortmeldung eines Aktionärs wird es ebenfalls regelmäßig an einem besonders schweren Rechtsverstoß fehlen, wenn der Aktionär ohne weiteres auf diesen Umstand hätte hinweisen können[6]. Ebenso wenig liegt ein besonders schwerer Rechtsverstoß vor bei unzureichender Beschallung des Catering-Bereichs[7], bei provisorischer Übernahme der Versammlungsleitung durch den Notar[8] oder bei Leitung der Hauptversammlung durch einen unzuständigen Versammlungsleiter, wenn sich die Versammlungsleitung nicht inhaltlich auf den angefochtenen Beschluss ausgewirkt hat[9].

77 Ein besonders schwerer Rechtsverstoß wird regelmäßig auch zu verneinen sein bei Verstößen gegen die **Auskunftspflicht** gem. § 131 AktG. Dies gilt jedenfalls in solchen Fällen, in denen die beklagte Gesellschaft eine Vielzahl von Informationen gegeben hat und lediglich die mangelhafte Beantwortung von einzelnen Fragen gerügt wird[10]. Etwas anderes kann allenfalls dann gelten, wenn in der Hauptversammlung praktisch jede Information zu Fragen der Aktionäre verweigert wird, die zur Beurteilung der Tagesordnung erforderlich sind (Totalverweige-

---

1 OLG Frankfurt/M. v. 13.11.2011 – 5 AktG 2/11 (nicht veröffentlicht): Teilgewinnabführungsvertrag.
2 Vgl. Rechtsausschuss zu § 246a AktG, BT-Drucks. 16/13098, 42; OLG Frankfurt/M. v. 13.11.2011 – 5 AktG 2/11 (nicht veröffentlicht).
3 OLG Frankfurt/M. v. 23.2.2010 – 5 Sch 2/09, Rz. 58 ff. (zit. nach Juris).
4 OLG Frankfurt/M. v. 16.2.2007 – 5 W 43/06, NZG 2007, 310 (312) = AG 2007, 357.
5 Rechtsausschuss, BT-Drucks. 16/13098, 42; ferner *Bosse*, NZG 2009, 807 (812); *Fronhöfer* in Widmann/Mayer, § 16 UmwG Rz. 177.
6 OLG Frankfurt/M. v. 23.2.2010 – 5 Sch 2/09, Rz. 77 (zit. nach Juris); vgl. aber LG Frankfurt/M. v. 18.12.2012 – 3-05 O 93/12, AG 2013, 178 (179): Anfechtungsklage Deutsche Bank Hauptversammlung 2012.
7 OLG Frankfurt/M. v. 13.11.2011 – 5 AktG 2/11 (nicht veröffentlicht); OLG München v. 10.4.2013 – 7 AktG 1/13, ZIP 2013, 931 (932) = AG 2013, 527.
8 KG v. 6.12.2010 – 23 AktG 1/10, ZIP 2011, 172 (174).
9 OLG Frankfurt/M. v. 13.11.2011 – 5 AktG 2/11 (nicht veröffentlicht).
10 Vgl. auch KG v. 12.3.2010 – 24 AktG 1/09, AG 2010, 497 (501); OLG Frankfurt/M. v. 23.2.2010 – 5 Sch 2/09, Rz. 74 (zit. nach Juris): Antworten ggfs. nicht erschöpfend genug; generell für Informationsmängel vgl. auch *Marsch-Barner* in Kallmeyer, § 16 UmwG Rz. 46b.

rung)[1]. Verstöße gegen die **Mitteilungspflichten** nach §§ 21, 22 **WpHG** oder nach § 20 AktG, die zu einem Verlust des Stimmrechts in der Hauptversammlung führen können, wurden vor der Reform durch das ARUG bei Kausalität für das Abstimmungsergebnis als eine den Vollzug hindernde Rechtsverletzung angesehen[2]. Demgegenüber dürfte in solchen Fällen nach der Reform durch das ARUG häufig das Vorliegen eines besonders schweren Rechtsverstoßes zu verneinen sein[3].

Die besondere Schwere eines Rechtsverstoßes wird vielfach generell verneint bei einer **Behebbarkeit** des Mangels, etwa angesichts der Möglichkeit eines Bestätigungsbeschlusses (§ 244 AktG)[4]. Materielle Mängel (Verstoß gegen Treuepflicht, Sondervorteile) sind allerdings nach der Rechtsprechung einem Bestätigungsbeschluss nicht zugänglich[5]. Bei den einem Bestätigungsbeschluss zugänglichen formalen Mängeln wird es häufig schon an einem besonders schweren Rechtsverstoß fehlen (oben Rz. 76). Wo ein solcher ausnahmsweise vorliegt, kann die bloße Möglichkeit eines Bestätigungsbeschlusses indessen nicht für die Freigabeentscheidung ausreichend sein. Erforderlich ist vielmehr, dass tatsächlich ein Bestätigungsbeschluss gefasst wird oder die Beschlussfassung hierüber – nach Einladung der Hauptversammlung und entsprechenden Bekundungen maßgeblicher Aktionäre zur Unterstützung des Bestätigungsbeschlusses – gesichert erscheint[6]. 78

4. Verfahren

a) Anwendbare Vorschriften

Das Freigabeverfahren ist ein von der Klage gegen die Wirksamkeit eines Verschmelzungsbeschlusses (Hauptsacheverfahren) unabhängiges Verfahren (vgl. auch unten Rz. 92). Es handelt sich um ein Verfahren der ordentlichen Gerichtsbarkeit und nicht um ein Verfahren der freiwilligen Gerichtsbarkeit. Deshalb sind für das Verfahren die Regelungen der **ZPO** anwendbar, soweit nicht § 16 Abs. 3 UmwG speziellere Regelungen enthält, **§ 16 Abs. 3 Satz 2 UmwG**. Anwendbar 79

---

1 Vgl. *Decher* in FS Hoffmann-Becking, S. 293 (307).

2 OLG München v. 17.2.2005 – 23 W 2406/04, NZG 2005, 1017 (1019) = AG 2005, 407; LG Köln v. 5.10.2007 – 82 O 114/06, AG 2008, 336 (337); einschränkend OLG Stuttgart v. 15.10.2008 – 20 U 19/07 (zit. nach Juris).

3 Vgl. *Marsch-Barner* in Kallmeyer, § 16 UmwG Rz. 46b; tendenziell auch *Baums/Drinhausen/Keinath*, VI.5., S. 104; vgl. auch OLG Stuttgart v. 21.12.2012 – 20 AktG 1/12, Rz. 145 ff. (zit. nach Juris); abweichend OLG Frankfurt/M. v. 11.4.2011 – 5 Sch 4/10 (nicht veröffentlicht): Verstoß gegen § 20 AktG bei Squeeze-out; *Simon* in KölnKomm. UmwG, § 16 UmwG Rz. 97.

4 OLG Frankfurt/M. v. 5.11.2007 – 5 W 22/07, NZG 2008, 78 (79) = AG 2008, 167; OLG Hamm v. 28.2.2005 – 8 W 6/05, AG 2005, 361 (363); OLG Stuttgart v. 17.12.1996 – 12 W 44/96, ZIP 1997, 75 (77) = AG 1997, 138 (Kolbenschmidt); LG Berlin v. 19.6.2003 – 95 O 98/03, Der Konzern 2003, 639 (642) (Vattenfall II); LG Berlin v. 12.6.2003 – 93 O 84/03, Der Konzern 2003, 483 (495) (Vattenfall I); *Bork*, 4. Aufl., Rz. 27; *Fuhrmann/Linnerz*, ZIP 2004, 2306 (2308); *Marsch-Barner* in Kallmeyer, § 16 UmwG Rz. 46b; *Sagasser/Lucke* in Sagasser/Bula/Brünger, § 3 Rz. 21; *Simon* in KölnKomm. UmwG, § 16 UmwG Rz. 96.

5 Vgl. BGH v. 12.12.2005 – II ZR 253/03, ZIP 2006, 227 (228) = AG 2006, 158; BGH v. 26.6.2012 – II ZR 30/11 (Rz. 10), NZG 2012, 1030 (1031); abweichend etwa *Wasmann* in Festgabe Riegger, S. 47 (54).

6 Vgl. *Decher*, AG 1997, 388 (394); *Fronhöfer* in Widmann/Mayer, § 16 UmwG Rz. 180; *Riegger/Schockenhoff*, ZIP 1997, 2105 (2110).

sind die im ersten Rechtszug für das Verfahren vor den Landgerichten geltenden Vorschriften, insbesondere §§ 253 ff. ZPO. Es gelten also insbesondere die Dispositionsmaxime sowie der Beibringungsgrundsatz[1]. Abweichend von den allgemeinen Regeln gilt seit der Reform durch das ARUG die **Prozessvollmacht** des Anfechtungsklägers im Anfechtungsverfahren **auch für das Freigabeverfahren**, § 16 Abs. 3 Satz 2 UmwG i.V.m. §§ 82 ff. ZPO. Dadurch wird verhindert, dass sich der Prozessbevollmächtigte des Anfechtungsklägers, wie es in der Vergangenheit der Fall war, als für die Zustellung eines Freigabeantrags für den Antragsgegner nicht zuständig erklären und die Einleitung des Freigabeverfahrens damit verzögern kann. [2] Zudem waren einzelne Kläger dazu übergegangen, ihren Wohnsitz ins Ausland zu verlegen, was eine Zustellung des Freigabeantrags zusätzlich erschweren sollte. Eine **Nebenintervention** ist im Hinblick auf das für die Teilnahme am Freigabeverfahren als Antragsgegner erforderliche Bagatellquorum entgegen §§ 66 ff. ZPO nur für solche Aktionäre auf Seiten der Kläger und Antragsgegner möglich, die ihrerseits das Bagatellquorum erfüllen, und nur zugunsten eines das Bagatellquorum erfüllenden Klägers[3]. Auch die Nebenintervention auf Seiten der antragstellenden Gesellschaft wird man nur solchen Anteilsinhabern zugestehen können, die selbst das Bagatellquorum erfüllen[4].

80 Seit der Reform durch das ARUG hat die beklagte AG gem. § 246 Abs. 3 Satz 5 AktG bereits nach Einreichung der Klage ein **Akteneinsichtsrecht**. Damit wird der Verzögerungstaktik von Klägern entgegengewirkt, eine Anfechtungsklage einzureichen, aber den Gerichtskostenvorschuss nicht einzuzahlen[5]. Die Blockadewirkung war bereits eingetreten, die Zustellung der Klage und damit die Möglichkeit zur Einleitung eines Freigabeverfahrens wurden jedoch verzögert. Für § 16 Abs. 3 UmwG findet sich eine entsprechende Regelung nicht. Es handelt sich insoweit um ein offenkundiges Redaktionsversehen: Für eine unterschiedliche Behandlung besteht keinerlei Anlass. Dementsprechend findet die Regelung des **§ 246 Abs. 3 Satz 5 AktG** im Freigabeverfahren des § 16 Abs. 3 UmwG **entsprechende Anwendung**[6]. Dadurch wird es ermöglicht, dass der Freigabeantrag schon vor Zustellung der Klage eingereicht werden kann (vgl. oben Rz. 38).

81 Für die **Streitwertfestsetzung** gilt gem. § 16 Abs. 3 Satz 2 UmwG die Regelung des § 247 AktG. Das Gericht hat danach den Streitwert unter Berücksichtigung aller Umstände, insbesondere der Bedeutung der Sache für die Parteien, nach billigem Ermessen zu bestimmen. In der Praxis wird von den Gerichten oft ein Streitwert in Höhe der Hälfte des für das Hauptsacheverfahren festgesetzten Streitwertes an-

---

1 OLG Nürnberg v. 27.9.2010 – 12 AktG 1218/10, ZIP 2010, 2498 (2499) = AG 2011, 179; *Ehmann* in Grigoleit, § 246a AktG Rz. 10; *Stratz* in Schmitt/Hörtnagl/Stratz, § 16 UmwG Rz. 44.

2 BegrRegE zu § 246a AktG, BR-Drucks. 847/08, 63; *Marsch-Barner* in Kallmeyer, § 16 UmwG Rz. 47; *Schall/Habbe/Wiegand*, NJW 2010, 1789 (1790); ebenso schon LG Münster v. 27.6.2006 – 21 O 57/06, NZG 2006, 833 = AG 2007, 377.

3 Vgl. OLG Bremen v. 16.8.2012 – 2 U 51/12, ZIP 2013, 460 (465); ebenso allgemein *Florstedt*, AG 2009, 465 (473); *Verse*, NZG 2009, 1127 (1129); für unbeschränkte Zulässigkeit der Nebenintervention dagegen *Bayer* in FS Maier-Reimer, 2010, S. 1 (11): zu § 246a AktG.

4 Vgl. aber OLG München v. 10.4.2013 – 7 AktG 1/13, ZIP 2013, 931 (932) = AG 2013, 527.

5 Vgl. BegrRegE zu § 246a AktG, BT-Drucks. 16/11642, 41.

6 Vgl. *Fronhöfer* in Widmann/Mayer, § 16 UmwG Rz. 112; *Marsch-Barner* in Kallmeyer, § 16 UmwG Rz. 47.

gesetzt[1]. Bei weitgehender Vorwegnahme der Hauptsache kann der (Teil-)Streitwert des Hauptsacheverfahrens angesetzt werden[2]. Ebenso wie im Hauptsacheverfahren (§ 247 Abs. 2 AktG) kann eine Streitwertspaltung erfolgen.

Eine Übertragung auf den Einzelrichter ist ausgeschlossen, **§ 16 Abs. 3 Satz 8 1. Halbsatz UmwG**. Dahinter steht die Überlegung, dass das Verfahren regelmäßig besondere tatsächliche Schwierigkeiten aufweist[3]. Eine Entscheidung durch den gesamten Senat ist auch angesichts der Bedeutung der Angelegenheit und der fehlenden Möglichkeit eines Rechtsmittels (vgl. unten Rz. 87) angemessen. Einer Güteverhandlung bedarf es nicht, **§ 16 Abs. 3 Satz 8 2. Halbsatz UmwG**. Dem Eilcharakter des Verfahrens würde eine vorgeschaltete Güteverhandlung zuwiderlaufen[4]. 82

b) Glaubhaftmachung

Gem. **§ 16 Abs. 3 Satz 6 UmwG** hat die antragstellende Gesellschaft die vorgebrachten Tatsachen, aufgrund derer der Freigabebeschluss ergehen kann, glaubhaft zu machen. Gemeint sind die Tatsachen, aus denen sich die Unzulässigkeit (oben Rz. 42), die offensichtliche Unbegründetheit (oben Rz. 43) oder das vorrangige Eintragungsinteresse (oben Rz. 59) ergibt. Die Möglichkeit zur Glaubhaftmachung steht auch dem Antragsgegner zu, soweit er vom Antragsteller vorgetragene und glaubhaft gemachte Tatsachen bestreitet und eigenen Tatsachenvortrag macht[5]. Für die Glaubhaftmachung sind alle Beweismittel einschließlich der eidesstattlichen Versicherung gem. § 249 Abs. 1 ZPO zulässig. Allerdings muss es sich um präsente Beweismittel handeln, da eine nicht sofort mögliche Beweisaufnahme unstatthaft ist (§ 294 Abs. 2 ZPO). Dadurch wird der Eilcharakter des Verfahrens betont[6]. Anders als im einstweiligen Verfügungsverfahren (§ 921 Satz 1 ZPO) kann eine fehlende Glaubhaftmachung nicht durch Sicherheitsleistung ersetzt werden[7]. Bei der Formulierung der eidesstattlichen Versicherung ist darauf zu achten, dass der Tatsachenvortrag ausreichend ist zur Stützung des rechtlichen Vortrags[8]. Im Einzelfall kann es zum Schutz berechtigter Interessen der antragstellenden Gesellschaft – insbesondere aus Wettbewerbsgründen – zulässig sein, dass Unterlagen zur Glaubhaftmachung lediglich auszugsweise vorgelegt oder teilweise geschwärzt werden, sofern sich im Übrigen ein hinreichend sicheres Bild ergibt[9]. Eine ausreichende Glaubhaftmachung wesentlicher Nachteile wurde trotz einer eidesstattlichen Versicherung vermutet, weil ein Widerspruch zur Kapitalmarktkommunikation und zur Darstellung während der Hauptversammlung 83

---

1 Vgl. OLG Frankfurt/M. v. 2.12.2010 – 5 Sch 3/10, NZG 2012, 351; OLG Jena v. 5.11.2008 – 6 W 288/08, ZIP 1999, 798 = AG 2009, 582; LG Frankfurt/M. v. 17.12.2008 – 3-05 O 241/08 und 3-5 O 241/08 (zit. nach Juris).

2 OLG Stuttgart v. 21.12.2012 – 20 AktG 1/12, Rz. 234 (zit. nach Juris).

3 Vgl. Rechtsausschuss zu § 246a AktG, BT-Drucks. 16/13098, 60.

4 *Marsch-Barner* in Kallmeyer, § 16 UmwG Rz. 47.

5 *Simon* in KölnKomm. UmwG, § 16 UmwG Rz. 64; vgl. *Bork*, 4. Aufl., Rz. 30 (Fn. 1): keine Verpflichtung zur Glaubhaftmachung.

6 Vgl. BegrRegE zu § 246a AktG, BT-Drucks. 16/11642, 42; Rechtsausschuss zu § 246a AktG, BT-Drucks. 16/13098, 41.

7 *Fronhöfer* in Widmann/Mayer, § 16 UmwG Rz. 112; *Schwanna* in Semler/Stengel, § 16 UmwG Rz. 24.

8 Vgl. OLG Frankfurt/M. v. 11.4.2011 – 5 Sch 4/10 (nicht veröffentlicht): fehlender Tatsachenvortrag zur Berechtigung einer Mitteilung gem. § 20 Abs. 1, 4 AktG.

9 Rechtsausschuss zu § 246a AktG, BT-Drucks. 16/13098, 42; KG v. 12.3.2010 – 14 AktG 1/09, AG 2010, 497 (499); *Florstedt*, AG 2009, 465 (470).

gesehen wurde[1]. Nach Zurückweisung eines Freigabeantrags wegen fehlender Glaubhaftmachung eines besonderen Vollzugsinteresses soll in Anlehnung an § 916 ZPO ein wiederholter Freigabeantrag (nach Bestätigungsbeschluss) nur auf neue, nach der ersten Beschlussfassung entstandene Tatsachen gestützt werden können, die wiederum glaubhaft zu machen sind[2].

c) Mündliche Verhandlung, rechtliches Gehör

84 Gem. **§ 16 Abs. 3 Satz 4 UmwG** kann der Freigabebeschluss in dringenden Fällen ohne mündliche Verhandlung ergehen. Daraus wird deutlich, dass die **mündliche Verhandlung** den **Regelfall** darstellt. Die Voraussetzung eines dringenden Falls für den Verzicht auf eine mündliche Verhandlung entspricht § 937 Abs. 2 ZPO. Dementsprechend kann auf die Rechtsprechungsgrundsätze zu dieser Regelung zurückgegriffen werden[3]. Eine mündliche Verhandlung ist danach **entbehrlich**, wenn der Erlass des Freigabebeschlusses so eilbedürftig ist, dass selbst eine innerhalb kürzester Zeit terminierte mündliche Verhandlung nicht abgewartet werden kann, oder wenn nach Ermessen des Gerichts die Anordnung der mündlichen Verhandlung den Zweck der Freigabe gefährden würde[4]. Solche Fälle können vorliegen, wenn bei einer weiteren Verzögerung besonders schwerwiegende Nachteile für einen der an der Verschmelzung beteiligten Rechtsträger zu befürchten sind[5]. Darüber hinausgehend sind mit Blick auf die Besonderheiten des Freigabeverfahrens weitere Fälle denkbar, in denen ohne mündliche Verhandlung entschieden werden kann. So bedarf es keiner mündlichen Verhandlung, wenn der Antragsgegner unstreitig nicht über das notwendige Quorum eines anteiligen Betrags von 1000 Euro verfügt[6] (vgl. oben Rz. 53), ferner bei offenkundiger Unzulässigkeit der Klage mangels fehlender (rechtzeitiger) Inhaberschaft an den Aktien (vgl. oben Rz. 46)[7], oder in Fällen, in denen eine Klage offenkundig nur zum Zweck der Verzögerung der Eintragung erhoben wurde, z.B. durch nachgeschobene Nichtigkeitsklage[8]. In allen Fällen muss dem Antragsgegner **rechtliches Gehör** gewährt werden. Auch wenn danach ausnahmsweise keine mündliche Verhandlung anberaumt wird, ist dem Antragsgegner daher Gelegenheit zu einer schriftlichen Stellungnahme zu geben[9]. Dabei ist die zweiwöchige Einlassungsfrist gem. § 274 Abs. 3 ZPO zu wahren[10].

---

1 OLG Rostock v. 15.5.2013 – 1 AktG 1/13, Rz. 139 ff. (zit. nach Juris): Insolvenzgefahr bei Unterbleiben einer sanierenden Kapitalerhöhung.

2 OLG München v. 14.11.2012 – 7 AktG 2/12, NZG 2013, 459 (463) = AG 2013, 173.

3 *Fronhöfer* in Widmann/Mayer, § 16 UmwG Rz. 127; *Marsch-Barner* in Kallmeyer, § 16 UmwG Rz. 48.

4 Vgl. OLG München v. 4.12.2003 – 7 W 2518/03, ZIP 2004, 237 (238) = AG 2004, 217; LG Köln v. 13.8.2009 – 26 O 375/09, Rz. 3 (zit. nach Juris); LG Münster v. 27.6.2006 – 21 O 57/06, NZG 2006, 833 = AG 2007, 377.

5 OLG Frankfurt/M. v. 22.12.1995 – 5 W 42/95 und 5 W 43/95, WM 1996, 534 (536) = AG 1996, 135; OLG Frankfurt/M. v. 17.2.1998 – 5 W 32/97, AG 1998, 428; OLG Nürnberg v. 20.2.1996 – 12 W 3317/95, AG 1996, 229; *Fronhöfer* in Widmann/Mayer, § 16 UmwG Rz. 127; *Marsch-Barner* in Kallmeyer, § 16 UmwG Rz. 48; enger *Bork*, 4. Aufl., Rz. 31.

6 OLG München v. 17.8.2011 – 23 AktG 2/11 (nicht veröffentlicht).

7 Vgl. auch *Fronhöfer* in Widmann/Mayer, § 16 UmwG Rz. 128.

8 Vgl. etwa den Fall OLG Köln v. 5.2.2009 – 18 W 66/08 (nicht veröffentlicht) für einen der Antragsgegner (Kölnische Rück).

9 OLG München v. 17.2.2005 – 23 W 2406/04, AG 2005, 407.

10 *Fronhöfer* in Widmann/Mayer, § 16 UmwG Rz. 130; abweichend *Bork*, 4. Aufl., Rz. 31: einwöchige Mindestfrist des § 217 Abs. 1 ZPO.

d) Entscheidung, zeitlicher Rahmen

Über den Freigabeantrag entscheidet das OLG durch **Beschluss**, nicht durch Urteil, **§ 16 Abs. 3 Satz 1 UmwG**. Im Tenor ist festzustellen, dass die Erhebung der näher bezeichneten Klage gegen den näher bezeichneten Verschmelzungsbeschluss der Eintragung dieses Verschmelzungsbeschlusses in das Handelsregister der Antragstellerin nicht entgegensteht. Auflagen darf das Gericht nicht anordnen[1]. Der Beschluss ist in jedem Fall wenigstens kurz zu begründen, damit der Registerrichter beurteilen kann, welche Mängel Gegenstand der Klage und des Freigabebeschlusses sind (unten Rz. 90) und die Beteiligten erkennen können, dass das Gericht ihre Standpunkte zur Kenntnis genommen und sich mit ihnen auseinandergesetzt hat. 85

Der Beschluss soll gem. **§ 16 Abs. 3 Satz 5** 1. Halbsatz UmwG **spätestens drei Monate** nach Antragstellung ergehen. Durch diese Vorgabe wird der Eilcharakter des Verfahrens unterstrichen. Verzögerungen sind im Beschluss eigens zu begründen, § 16 Abs. 3 Satz 5 2. Halbsatz UmwG. Prozessuale Sanktionen für eine längere Verfahrensdauer gibt es nicht. Die Praxis zeigt aber, dass die Gerichte die Regelfrist von drei Monaten oft einhalten[2]. Dazu hat die Reform durch das ARUG wesentlich beigetragen, durch die die Zahl der Anfechtungskläger und damit auch der Umfang der Anfechtungsrügen deutlich zurückgegangen ist (vgl. oben Rz. 33). 86

e) Unanfechtbarkeit

Der Beschluss des OLG über den Freigabeantrag ist gem. **§ 16 Abs. 3 Satz 9 UmwG** unanfechtbar. Eine Rechtsbeschwerde zum BGH ist nicht möglich. Auch hier zeigt sich das Anliegen des Gesetzgebers, dass Freigabeverfahren als Eilverfahren auszugestalten und möglichst rasch zum Abschluss zu bringen. Verfassungsrechtliche Bedenken hiergegen bestehen nicht (vgl. oben Rz. 41)[3]. 87

f) Kosten und Gebühren

Für die **Gerichtsgebühren** ist eine 1,5-Gerichtsgebühr anzusetzen, Nr. 1641 der Anlage 1 zu § 3 Abs. 2 Satz 1 GKG (für die Bemessung des Streitwerts vgl. oben Rz. 81). Für den Ersatz gerichtlicher Auslagen gelten die Nummern 9000 ff. der Anlage 1 zu § 3 Abs. 2 Satz 1 GKG. Die **Anwaltskosten** richten sich nach Nr. 3325 der Anlage 1 zu § 2 Abs. 2 RVG; es fällt eine 0,75-Gebühr an. Daneben besteht nach Nr. 3332 RVG eine 0,5-Terminsgebühr. Bei einem Vergleich entsteht ferner eine 1,5-Vergleichsgebühr, Nr. 1000 der Anlage 1 zu § 2 Abs. 2 RVG. Der Ansatz 88

1 Vgl. *Fronhöfer* in Widmann/Mayer, § 16 UmwG Rz. 134; *Grunewald* in MünchKomm. AktG, § 319 AktG Rz. 40; *Stratz* in Schmitt/Hörtnagl/Stratz, § 16 UmwG Rz. 47; abweichend *Heermann*, ZIP 1999, 1861 (1870); *Kiem* in Hommelhoff/Röhricht (Hrsg.), Gesellschaftsrecht 1997, S. 105 (122); de lege ferenda für diese Möglichkeit vgl. *Arbeitskreis Beschlussmängelrecht*, AG 2008, 617 (622, 624).

2 Vgl. *Baums/Drinhausen/Keinath*, ZIP 2011, 2329 (2348); *Bayer/Hoffmann/Sawada*, ZIP 2012, 897 (910); *Stilz* in FS Hommelhoff, S. 1181 (1184); zur Verfahrensdauer pro Instanz vor der Reform durch das ARUG vgl. auch *Baums/Keinath/Gajek*, ZIP 2007, 1629 (1648).

3 OLG Hamburg v. 11.12.2009 – 11 AR 1/09, Rz. 14 (zit. nach Juris); KG v. 10.12.2009 – 23 AktG 1/10, AG 2011, 170; KG v. 10.12.2009 – 23 AktG 1/09, AG 2010, 166 (167); *Marsch-Barner* in Kallmeyer, § 16 UmwG Rz. 50; *Schall/Habbe/Wiegand*, NJW 2010, 1789.

eines Vergleichsmehrwertes ist für das Freigabeverfahren (anders als für das Hauptsacheverfahren) regelmäßig nicht veranlasst. Der Beschluss des OLG muss die Kostenentscheidung selbst enthalten. Die Kostenverteilung richtet sich nach § 91 ZPO. Wird dem Antrag stattgegeben, trägt der Antragsgegner (Kläger) die Kosten, der das Verfahren durch die Klageerhebung und die dadurch bewirkte Registersperre veranlasst hat. Wird der Antrag zurückgewiesen, trägt der Antragsteller die Kosten. Wird die Verschmelzung aufgrund eines Vergleichs im Hauptsacheverfahren eingetragen, führt dies zur Erledigung des Freigabeverfahrens. Die Kostenentscheidung richtet sich dann nach § 91a ZPO[1].

5. Wirkung

a) Bindung des Registergerichts

89 Die Entscheidung des OLG, dass die Erhebung der Klage der Eintragung der Verschmelzung nicht entgegensteht, **ersetzt** die **Negativerklärung** des Vertretungsorgans gem. § 16 Abs. 2 Satz 1 UmwG. Dementsprechend darf das Registergericht die Eintragung nicht unter Hinweis auf die erhobene Klage oder das Fehlen der Negativerklärung ablehnen. Ersetzt wird die Negativerklärung durch den Freigabebeschluss nur für den Antragsteller, für den eine Freigabeentscheidung ergangen ist. Wurde also eine Klage nur gegen den Verschmelzungsbeschluss des übernehmenden Rechtsträgers gerichtet, so bedarf es auch nach einer Freigabeentscheidung zugunsten des übernehmenden Rechtsträgers einer Negativerklärung durch den übertragenden Rechtsträger[2].

90 Bei der Prüfung der sonstigen Eintragungsvoraussetzungen ist das Registergericht an die Entscheidung im Freigabeverfahren **gebunden**, **soweit** diese Eintragungsvoraussetzungen **Gegenstand des Freigabeverfahrens** waren. Die Bindungswirkung hängt dementsprechend von dem Umfang ab, in dem mit der Klage geltend gemachte Rechtsverletzungen durch das OLG im Freigabeverfahren geprüft wurden[3]. Hat sich das OLG mit allen Rügen des oder der Kläger und Antragsgegner auseinandergesetzt und dem Antrag wegen offensichtlicher Unbegründetheit aller Rügen stattgegeben, so besteht eine Bindungswirkung hinsichtlich sämtlicher geltend gemachter Rügen. Hat das OLG die Frage der offensichtlichen Unbegründetheit der gerügten Rechtsverletzungen offen gelassen und dem Eintragungsantrag wegen vorrangigen Vollzugsinteresses stattgegeben, so ist das Registergericht ebenso hinsichtlich aller geltend gemachter Rügen gebunden und darf die Eintragung nicht ablehnen, weil es einzelne Rügen für begründet hält. Verfügt nur ein Teil der Kläger über die Mindestbeteiligung, so besteht mangels Berücksichtigung der Rügen der übrigen Kläger durch das OLG (oben Rz. 58) insoweit keine Bindungswirkung. Hat das OLG den Antrag wegen Unzulässigkeit der Klage oder wegen der fehlenden Mindestbeteiligung aller Antragsgegner erteilt, besteht keine

1 OLG Frankfurt/M. v. 17.2.1998 – 5 W 32/97, NJW-RR 1999, 334 (335) = AG 1998, 428.

2 Vgl. *Fronhöfer* in Widmann/Mayer, § 16 UmwG Rz. 206.

3 Vgl. *Decher*, AG 1997, 388 (395); *Fronhöfer* in Widmann/Mayer, § 16 UmwG Rz. 207; *Marsch-Barner* in Kallmeyer, § 16 UmwG Rz. 35; *Noack*, ZHR 164 (2000), 274 (287); *Rettmann*, S. 233; *Schwanna* in Semler/Stengel, § 16 UmwG Rz. 45; *Zöllner* in FS Westermann, S. 1631 (1634); abweichend für Prüfung auf Wahrung des öffentlichen Interesses vgl. *Bokelmann*, DB 1994, 1341 (1346).

Bindungswirkung des Registergerichts[1]. Im letztgenannten Fall bleibt die eigenständige Kompetenz des Registergerichts zur Prüfung aller anderen Eintragungsvoraussetzungen außer der Negativerklärung des § 16 Abs. 2 Satz 1 UmwG erhalten (vgl. näher § 19 Rz. 2ff.).

Lehnt das OLG den Freigabeantrag ab, so besteht die Registersperre des § 16 Abs. 2 UmwG bis zu einer etwaigen rechtskräftigen Klageabweisung im Hauptsacheverfahren fort. Das Registergericht kann in einem solchen Fall eine Eintragung der Verschmelzung auch dann nicht verfügen, wenn es selbst die Klage gegen den Verschmelzungsbeschluss für unzulässig oder unbegründet hält. Das gilt auch in dem (eher theoretischen) Fall, dass die Klage offensichtlich unbegründet ist[2]. 91

b) Auswirkungen auf das Hauptsacheverfahren

Durch den Beschluss des OLG im Freigabeverfahren wird das anhängige Klageverfahren (Hauptsacheverfahren) nicht berührt. Streitgegenstand des Verfahrens gem. § 16 Abs. 3 UmwG ist nur das Bestehen oder Nichtbestehen der Registersperre, nicht dagegen die Wirksamkeit des Verschmelzungsbeschlusses[3]. Das Hauptsacheverfahren wird daher – ähnlich wie eine Fortsetzungsfeststellungsklage (§ 113 Abs. 1 Satz 4 VwGO)[4] – bei einem Erfolg des Freigabeantrags und Eintragung der Verschmelzung fortgeführt, wenn auch wegen der damit verbundenen Auflösung des übertragenden Rechtsträgers nur noch gegen den übernehmenden Rechtsträger, vgl. auch § 28 UmwG[5]. Die Klage wird weder mangels Rechtsschutzbedürfnisses unzulässig noch führt die Eintragung zur Erledigung der Hauptsache[6]. Hat das OLG dem Freigabeantrag wegen Unzulässigkeit oder offensichtlicher Unbegründetheit der Klage stattgegeben, so ist der Ausgang des Hauptsacheverfahrens jedenfalls für die ersten beiden Instanzen naturgemäß vorgezeichnet. In der Sache geht es im Hauptsacheverfahren in allen anderen Fällen nach Eintragung der Verschmelzung wegen der damit verbundenen Irreversibilität (§ 20 Abs. 2 UmwG) nur noch darum, eine Grundlage für einen etwaigen Schadensersatzanspruch nach § 16 Abs. 3 Satz 6 UmwG zu schaffen[7]. 92

---

1 Vgl. *Fronhöfer* in Widmann/Mayer, § 16 UmwG Rz. 207, *Noack*, NZG 2008, 441 (446).

2 Vgl. *Marsch-Barner* in Kallmeyer, § 16 UmwG Rz. 33; *Simon* in KölnKomm. UmwG, § 16 UmwG Rz. 60; kritisch insoweit *Schwanna* in Semler/Stengel, § 16 UmwG Rz. 46.

3 BegrRegE, BT-Drucks. 12/6699, 90.

4 Vgl. *DAV-Handelsrechtsausschuss*, NZG 2000, 802 (804); *Stratz* in Schmitt/Hörtnagl/Stratz, § 16 UmwG Rz. 92; *J. Vetter* in FS Maier-Reimer, S. 819 (833); *Winter* in Liber amicorum Happ, S. 363 (371); vgl. auch *Sosnitza*, NZG 1999, 965 (975).

5 OLG Hamburg v. 16.4.2004 – 11 U 11/03, NZG 2004, 729 (730) = AG 2004, 619; *Fronhöfer* in Widmann/Mayer, § 16 UmwG Rz. 210; *Kösters*, WM 2000, 1921 (1929).

6 OLG Düsseldorf v. 27.8.2001 – 6 W 28/01, ZIP 2001, 1717 (1722) = AG 2002, 47; *Fronhöfer* in Widmann/Mayer, § 16 UmwG Rz. 209; *Riegger/Schockenhoff*, ZIP 1997, 2105 (2107); *Sosnitza*, NZG 1999, 965 (975).

7 BGH v. 21.5.2007 – II ZR 266/04, ZIP 2007, 1524 Rz. 13 = AG 2007, 625; OLG Stuttgart v. 28.1.2004 – 20 U 3/03, NZG 2004, 463 (465) = AG 2004, 271.

6. Schadensersatz

93 Erweist sich die Klage gegen die Wirksamkeit des Verschmelzungsbeschlusses in der Hauptsache als begründet, obwohl das Freigabeverfahren gem. § 16 Abs. 3 UmwG zur Eintragung der Verschmelzung geführt hat, so ist der Rechtsträger gem. **§ 16 Abs. 3 Satz 10 1. Halbsatz UmwG** verpflichtet, dem Antragsgegner den Schaden zu ersetzen, der ihm aus der Eintragung der Verschmelzung entstanden ist. Eine Rückgängigmachung der Wirkung der Eintragung der Verschmelzung ins Register kann allerdings nicht verlangt werden, **§ 16 Abs. 3 Satz 10 2. Halbsatz UmwG**. Damit wird der Irreversibilität der Verschmelzung nach Eintragung ins Register (§ 20 Abs. 2 UmwG) Rechnung getragen. Die Vorschrift ist der Regelung des § 945 ZPO für den einstweiligen Rechtsschutz nachgebildet[1]. Erfolgt eine Eintragung der Verschmelzung trotz bestehender Registersperre ohne Vorliegen eines Freigabebeschlusses, so gilt § 16 Abs. 3 Satz 10 UmwG entsprechend, sofern der Kläger im Hauptsacheverfahren später Erfolg hat[2]. Die Verweisung des erfolgreichen Klägers im Hauptsacheverfahren auf einen Schadensersatzanspruch wurde im Gesetzgebungsverfahren und wird auch in der aktuellen Reformdiskussion (vgl. oben Rz. 36) als unbefriedigend bezeichnet, weil ein ersatzfähiger Vermögensschaden oft nicht nachgewiesen werden könne und der Anspruch damit letztlich vielfach wertlos sei[3]. In der Praxis sind Fälle, in denen ein Schadensersatzanspruch erfolgreich geltend gemacht wurde, bislang nicht bekannt geworden[4]. Der **Kritik** ist aber nicht durch eine Beseitigung der endgültigen Wirkung der Eintragung der Verschmelzung, sondern durch einen effizienteren Vermögensschutz der Anteilsinhaber Rechnung zu tragen (vgl. oben Rz. 36).

94 Der Kläger kann nach § 16 Abs. 3 Satz 10 1. Halbsatz UmwG denjenigen **Schaden** ersetzt verlangen, der ihm durch die Eintragung der Verschmelzung entstanden ist. Es geht also um den Ersatz des Individualinteresses des Klägers und nicht etwa um eine Geltendmachung des Schadens, der auch anderen Anteilsinhabern durch die Verschmelzung entstanden sein kann[5]. Für die Schadensberechnung gelten die allgemeinen Regelungen der §§ 249 ff. BGB. Eine Naturalrestitution durch „Entschmelzung" kann allerdings entgegen § 249 Satz 1 BGB gem. § 16 Abs. 3 Satz 10 2. Halbsatz UmwG wegen der Endgültigkeit der Eintragung der Verschmelzung (§ 20 Abs. 2 UmwG) nicht verlangt werden. Eine Rückabwicklung kommt unabhängig davon, ob sie überhaupt noch faktisch möglich wäre, auch nicht mit Wirkung ex nunc in Betracht[6]. Der Schadensersatzanspruch ist demge-

---

1 Vgl. *Fronhöfer* in Widmann/Mayer, § 16 UmwG Rz. 213; *Marsch-Barner* in Kallmeyer, § 16 UmwG Rz. 53.

2 OLG Hamburg v. 16.4.2004 – 11 U 11/04, ZIP 2004, 906 (908); *Fronhöfer* in Widmann/Mayer, § 16 UmwG Rz. 214.

3 Vgl. *Bork* in Kölner Umwandlungsrechtstage, S. 272; *Bork*, 4. Aufl., Rz. 4; *Hirte*, DB 1993, 77 (79); *Kiem* in Hommelhoff/Röhricht (Hrsg.), Gesellschaftsrecht 1997, S. 105 (115); *Kort*, AG 2010, 230 (235); *C. Schäfer* in Veil (Hrsg.), Unternehmensrecht in der Reformdiskussion, S. 97 (100); *K. Schmidt*, AG 2009, 248 (257); *Verse*, NZG 2009, 1127 (1129).

4 Vgl. LG Darmstadt v. 29.11.2005 – 12 O 491/05, AG 2006, 127 (132); LG Essen v. 20.1. 1999 – 44 O 3/99, NZG 1999, 556 (558).

5 BegrRegE, BT-Drucks. 75/94, 90.

6 OLG Frankfurt/M. v. 26.5.2003 – 20 W 61/03, ZIP 2003, 1607 (1608); *Fronhöfer* in Widmann/Mayer, § 16 UmwG Rz. 216; *Marsch-Barner* in Kallmeyer, § 16 UmwG Rz. 52, 53; *Schwanna* in Semler/Stengel, § 16 UmwG Rz. 50; *Sosnitza*, NZG 1999, 965 (973); abwei-

mäß regelmäßig auf Geldersatz (§ 250 BGB) gerichtet. Berücksichtigt man, dass die Anteilsinhaber ein unangemessenes Umtauschverhältnis im Spruchverfahren verfolgen können, wird eine sonstige Schlechterstellung durch die Verschmelzung im Vergleich zum Unterbleiben einer Verschmelzung oft nicht leicht darzulegen sein. Ersatzfähig sind jedenfalls die Kosten, die dem Kläger durch das Unterliegen im Freigabeverfahren entstanden sind[1]. Ansonsten sind wohl nur Extremfälle denkbar, etwa die Insolvenz des übernehmenden Rechtsträgers, wenn der übertragende Rechtsträger allein gute Überlebenschancen gehabt hätte[2].

Der Schadensersatzanspruch ist vom Gesetzgeber **verschuldensunabhängig** ausgestaltet[3]. Haftungsbegründender Tatbestand ist die Eintragung der Verschmelzung infolge des Freigabebeschlusses und der Prozesserfolg des Klägers im Hauptsacheverfahren. Eine weitergehende **Kausalität** dahingehend, dass der Schaden auf dem Wirksamwerden der Verschmelzung gem. § 20 beruhen muss, ist nicht erforderlich. Kommt es dementsprechend zur Eintragung der Verschmelzung bei dem beklagten übertragenden Rechtsträger, nicht jedoch bei dem übernehmenden Rechtsträger, entfällt dadurch nicht ein Schadensersatzanspruch eines Anteilsinhabers des übertragenden Rechtsträgers gem. § 16 Abs. 3 Satz 10 UmwG[4]. **Ersatzverpflichteter** ist der Rechtsträger, der den Freigabebeschluss erwirkt hat. Handelt es sich dabei um den übertragenden Rechtsträger, so gilt dieser gem. § 25 Abs. 2 Satz 1 UmwG insoweit als fortbestehend. Eine Klage gegen den übernehmenden Rechtsträger kommt dann nicht in Betracht[5]. Der Schadensersatzanspruch kann durch eine gesonderte Leistungsklage und ggf. durch eine Feststellungsklage geltend gemacht werden. Daneben kommt auch eine Fortsetzung des Hauptsacheverfahrens dahingehend in Betracht, dass dieses nunmehr im Wege der Klageänderung auf Verfolgung des Schadensersatzanspruches gerichtet wird (vgl. oben Rz. 92)[6]. 95

§ 17

Anlagen der Anmeldung

(1) Der Anmeldung sind in Ausfertigung oder öffentlich beglaubigter Abschrift oder, soweit sie nicht notariell zu beurkunden sind, in Urschrift oder Abschrift der Verschmelzungsvertrag, die Niederschriften der Verschmelzungsbeschlüsse, die nach diesem Gesetz erforderlichen Zustimmungserklärungen einzelner An-

---

chend *Schmid*, ZGR 1997, 493 (511); *Veil*, ZIP 1998, 361 (365); *de lege ferenda* vgl. *Hirte* in FS Meilicke, S. 201 (218).

1 OLG Hamburg v. 22.6.2011 – 11 AktG 2-11 (nicht veröffentlicht); *Fronhöfer* in Widmann/Mayer, § 16 UmwG Rz. 217; im Ergebnis auch *Simon* in KölnKomm. UmwG, § 16 UmwG Rz. 111; *Rettmann*, S. 181; abweichend *Kösters*, WM 2000, 1921 (1929).

2 *Bork* in Kölner Umwandlungsrechtstage, S. 272.

3 *Fronhöfer* in Widmann/Mayer, § 16 UmwG Rz. 221; *Marsch-Barner* in Kallmeyer, § 16 UmwG Rz. 54; *Stratz* in Schmitt/Hortnagl/Stratz, § 16 UmwG Rz. 91.

4 Vgl. *Fronhöfer* in Widmann/Mayer, § 16 UmwG Rz. 219; *Marsch-Barner* in Kallmeyer, § 16 UmwG Rz. 54.

5 *Fronhöfer* in Widmann/Mayer, § 16 UmwG Rz. 223; *Kösters*, WM 2000, 1921 (1929).

6 *Sosnitza*, NZG 1999, 965 (975); für Klageerweiterung vgl. *Fronhöfer* in Widmann/Mayer, § 16 UmwG Rz. 224.

teilsinhaber einschließlich der Zustimmungserklärungen nicht erschienener Anteilsinhaber, der Verschmelzungsbericht, der Prüfungsbericht oder die Verzichtserklärungen nach § 8 Abs. 3, § 9 Abs. 3, § 12 Abs. 3, § 54 Abs. 1 Satz 3 oder § 68 Abs. 1 Satz 3, ein Nachweis über die rechtzeitige Zuleitung des Verschmelzungsvertrages oder seines Entwurfs an den zuständigen Betriebsrat beizufügen.

(2) Der Anmeldung zum Register des Sitzes jedes der übertragenden Rechtsträger ist ferner eine Bilanz dieses Rechtsträgers beizufügen (Schlussbilanz). Für diese Bilanz gelten die Vorschriften über die Jahresbilanz und deren Prüfung entsprechend. Sie braucht nicht bekanntgemacht zu werden. Das Registergericht darf die Verschmelzung nur eintragen, wenn die Bilanz auf einen höchstens acht Monate vor der Anmeldung liegenden Stichtag aufgestellt worden ist.

Literatur

Bartovics, Die Ausschlussfrist gemäß § 17 Abs. 2 UmwG, GmbHR 1996, 514; *Germann*, Die Acht-Monats-Frist für die Einreichung der Schlussbilanz nach Verschmelzung und ihre Bedeutung für die Praxis, GmbHR 1999, 591; *Heckschen*, Die Wahrung der Acht-Monats-Frist gemäß § 17 Abs. 2 UmwG, NotBZ 1997, 132; *Heckschen*, Das Umwandlungsrecht unter Berücksichtigung registerrechtlicher Problembereiche, Rpfleger 1999, 357; *Heidtkamp*, Die umwandlungsrechtliche Schlussbilanz – praxisrelevante Zweifelsfragen, NZG 2013, 852; *Henckel*, Rechnungslegung und Prüfung anlässlich einer grenzüberschreitenden Verschmelzung zu einer Societas Europaea (SE), DStR 2005, 1785; *Naraschewski*, Stichtage und Bilanzen bei der Verschmelzung, 2001; *Scheunemann*, Die Schlussbilanz bei der Verschmelzung von in einen Konzernabschluss einbezogenen Gesellschaften, DB 2006, 797; *Weiler*, Fehlerkorrektur im Umwandlungsrecht nach Ablauf der Acht-Monats-Frist des § 17 Abs. 2 Satz 4 UmwG, MittBayNot 2006, 377; *Weiler*, Heilung einer verfristeten Umwandlung durch Änderung des Umwandlungsstichtages – Anmerkungen zum Beschl. des OLG Schleswig v. 4.11.2007 – 2 W 58/07, DNotZ 2007, 888.

I. Überblick

1 § 17 UmwG ergänzt die Regelung des § 16 UmwG zur Anmeldung der Verschmelzung durch eine Auflistung der erforderlichen Anlagen der Anmeldung der Verschmelzung beim übertragenden und beim übernehmenden Rechtsträger. § 17 Abs. 1 UmwG zählt die Unterlagen auf, die der Registeranmeldung beizufügen sind. § 17 Abs. 2 UmwG verlangt für die Eintragung im Register des übertragenden Rechtsträgers eine Schlussbilanz dieses Rechtsträgers, deren Höchstalter einheitlich für alle Rechtsformen auf acht Monate festgelegt ist.

II. Anlagen der Anmeldung (§ 17 Abs. 1 UmwG)

1. Normzweck

2 Mit Hilfe der in § 17 Abs. 1 UmwG aufgeführten Anlagen soll dem Registergericht die Prüfung erleichtert werden, ob die Voraussetzungen für die Eintragung der Verschmelzung erfüllt sind. Gleichzeitig soll der Schutz der Anteilsinhaber verstärkt werden[1]. Dementsprechend sind die gesetzlich erforderlichen Zustimmungserklärungen einzelner Anteilsinhaber sowie etwaige Verzichtserklärungen auf die Erstellung des Verschmelzungsberichts und des Prüfungsberichts zwingende Anlage der Anmeldung. Auch der Schutz der Arbeitnehmer wird wesentlich durch § 17 Abs. 1 UmwG erreicht: Der Nachweis über die rechtzeitige Zuleitung des (Entwurfs des) Verschmelzungsvertrages an den zuständigen Betriebsrat gem. § 5 Abs. 3 UmwG ist der Anmeldung beizufügen und damit Voraussetzung für die Eintragung der Verschmelzung. § 17 Abs. 1 UmwG ist ergänzt worden durch Art. 1 Nr. 4 des 2. UmwGÄndG v. 19.4.2007 (BGBl. I, S. 542). Durch das ARUG wurde das Erfordernis einer Beifügung etwaiger staatlicher Genehmigungsurkunden zur Verschmelzung mit Wirkung zum 1.9.2009 gestrichen (BGBl. I 2009, S. 2479).

2. Anwendungsbereich

3 § 17 UmwG gilt für die Verschmelzung aller verschmelzungsfähigen Rechtsträger und sowohl für die Verschmelzung zur Aufnahme als auch für die Verschmelzung durch Neugründung. Im letzteren Fall sind allerdings aufgrund der anwendbaren Gründungsvorschriften zusätzliche Anlagen beizufügen. Für die Anmeldung einer Verschmelzung unter Beteiligung von Gesellschaften mbH ist zusätzlich § 52 Abs. 2 UmwG zu beachten, für die Verschmelzung unter Beteiligung von Aktiengesellschaften bei der Konzernverschmelzung § 62 Abs. 3 Satz 4 UmwG und für die Verschmelzung mit Kapitalerhöhung § 69 Abs. 2 UmwG, für die Verschmelzung unter Beteiligung der eG § 86 UmwG und für die Verschmelzung unter Beteiligung rechtsfähiger Vereine § 104 Abs. 2 UmwG. Für grenzüberschreitende Verschmelzungen sind §§ 122k Abs. 1 Satz 2, 122l Abs. 1 Satz 3 2. Halbsatz UmwG zu beachten.

3. Beizufügende Unterlagen

4 § 17 Abs. 1 UmwG enthält einen Katalog derjenigen Unterlagen, die der Registeranmeldung beizufügen sind. Im Einzelnen sind folgende Unterlagen als Anlagen der Anmeldung der Verschmelzung beim übertragenden Rechtsträger und beim übernehmenden Rechtsträger einzureichen:

- der Verschmelzungsvertrag (§§ 4, 5 UmwG);
- die Niederschriften der **Verschmelzungsbeschlüsse** aller beteiligten Rechtsträger (§ 13 Abs. 1 UmwG). Ist der Verschmelzungsvertrag den Verschmelzungs-

1 BegrRegE, BT-Drucks. 75/94, 90.

beschlüssen als Anlage beigefügt (§ 13 Abs. 3 Satz 2 UmwG), braucht er nicht gesondert als Anlage zum Registergericht eingereicht zu werden[1];

- die nach diesem Gesetz erforderlichen **Zustimmungserklärungen** einzelner Anteilsinhaber[2] einschließlich der erforderlichen Zustimmungserklärungen nicht erschienener Anteilsinhaber[3];
- der **Verschmelzungsbericht** (§ 8 UmwG) oder die Verzichtserklärungen nach § 8 Abs. 3 UmwG (gem. § 26 FamFG)[4];
- der **Prüfbericht** (§§ 9, 12 UmwG) oder die Verzichtserklärungen nach §§ 9 Abs. 3, 12 Abs. 3 UmwG;
- ggf. die **Verzichtserklärungen** nach § 54 Abs. 1 Satz 3 UmwG, § 68 Abs. 1 Satz 3 UmwG;
- ein Nachweis über die rechtzeitige **Zuleitung** des Verschmelzungsvertrages oder seines Entwurfs **an den zuständigen Betriebsrat** (§ 5 Abs. 3 UmwG), soweit ein solcher vorhanden ist, hilfsweise die Erklärung des Betriebsrates, dass er auf die (fristgerechte) Zuleitung verzichte (s. dazu § 5 Rz. 150). Das Gesetz verlangt einen Nachweis, etwa eine Empfangsbestätigung oder eine Quittung[5]. Die bloße Vorlage eines Übersendungsschreibens an den Betriebsrat ohne Zugangsbestätigung genügt nicht[6]. Besteht kein Betriebsrat, so ist eine entsprechende übereinstimmende Erklärung aller beteiligten Rechtsträger in Schriftform ausreichend[7]; eine Glaubhaftmachung durch eidesstattliche Versicherung ist nicht erforderlich. Das Gericht ist jedoch an eine derartige Erklärung gem. § 26 FamFG nicht gebunden und kann eigene Ermittlungen anstellen[8].
- Die Notwendigkeit einer Beifügung von Genehmigungsurkunden in Fällen, in denen die Verschmelzung der staatlichen Genehmigung bedarf (z.B. nach § 14a VAG Art. 66 § 1 EGKS-Vertrag) ist zum 1.9.2009 durch Art. 4 ARUG (BGBl. I 2009, S. 2479) zur Beschleunigung der Registereintragung aufgehoben worden. Eine Ausnahme bildet allerdings nach wie vor § 43 Abs. 1 KWG für den Nach-

---

1 OLG Karlsruhe v. 2.3.1998 – 11 Wx 6/98, GmbHR 1998, 379; *Schwanna* in Semler/Stengel, § 17 UmwG Rz. 2; *Simon* in KölnKomm. UmwG, § 17 UmwG Rz. 6; *Zimmermann* in Kallmeyer, § 17 UmwG Rz. 2.

2 Vgl. §§ 13 Abs. 2, 40 Abs. 2 Satz 2, 50 Abs. 2, 51 Abs. 1 Satz 1, 78 Abs. 1 Satz 3, 128 Satz 1, 180 Abs. 3, 193 Abs. 2, 217 Abs. 1, 233 Abs. 1, 240 Abs. 2 und 3, 241, 242, 252 Abs. 1, 275 Abs. 1, 284, 303 Abs. 2 UmwG sowie diejenigen Normen, die auf diese Vorschriften verweisen.

3 Vgl. §§ 43 Abs. 1 2. Halbsatz, 51 Abs. 1 Satz 2, 51 Abs. 2, 217 Abs. 1, 233 Abs. 1, 252 Abs. 1, 275 Abs. 1, 284 UmwG sowie diejenigen Normen, die auf diese Vorschriften verweisen.

4 Vgl. OLG Bamberg v. 18.6.2012 – 6 W 26/12, FGPrax 2012, 209.

5 Vgl. *Fronhöfer* in Widmann/Mayer, § 17 UmwG Rz. 8; *Müller-Eising* in Picot, § 6 Rz. 455.

6 *Zimmermann* in Kallmeyer, § 17 UmwG Rz. 3; abweichend *Simon* in KölnKomm. UmwG, § 17 UmwG Rz. 19.

7 *Fronhöfer* in Widmann/Mayer, § 17 UmwG Rz. 3; *Simon* in KölnKomm. UmwG, § 17 UmwG Rz. 19; *Trölitzsch*, WiB 1997, 795 (797); *Zimmermann* in Kallmeyer, § 17 UmwG Rz. 3; vgl. auch *Schwanna* in Semler/Stengel, § 17 UmwG Rz. 10; a.A. AG Duisburg v. 4.1.1996 – 23 HRB 4942 u. 5935, GmbHR 1996, 372.

8 *Melchior*, GmbHR 1996, 833 (834); *Schwanna* in Semler/Stengel, § 17 UmwG Rz. 10; *Simon* in KölnKomm. UmwG, § 17 UmwG Rz. 19.

weis der Erteilung der Erlaubnis zum Betreiben von Bankgeschäften oder zur Erbringung von Finanzdienstleistungen gegenüber dem Registergericht[1].

4. Form

Hinsichtlich der Form der vorzulegenden Anlagen unterscheidet das Gesetz: Bei notariell beurkundeten Erklärungen (notarielle Niederschrift von Verschmelzungsvertrag, Verschmelzungsbeschlüssen und Verzichts- und Zustimmungserklärungen, vgl. oben Rz. 4) verbleibt die Originalurkunde beim Notar. Dem Registergericht ist daher eine **Ausfertigung** (§ 49 BeurkG) oder eine **öffentlich beglaubigte Abschrift** (§ 42 BeurkG) einzureichen. Bei nicht notariell zu beurkundenden Erklärungen kann die **Urschrift**, aber auch eine **Abschrift** vorgelegt werden, ohne dass eine öffentliche Beglaubigung erforderlich wäre. Davon betroffen sind ein erforderlicher Verschmelzungsbericht und Verschmelzungsprüfungsbericht und der Nachweis der rechtzeitigen Zuleitung des Verschmelzungsvertrages an den zuständigen Betriebsrat (vgl. oben Rz. 4). Ferner sind Vollmachtsurkunden in Urschrift oder Abschrift vorzulegen[2]. 5

5. Mängel der Unterlagen

Sind die gem. § 17 UmwG der Anmeldung der Verschmelzung beizufügenden Anlagen unvollständig oder fehlerhaft, so muss der Registerrichter bei behebbaren Mängeln den anmeldenden Rechtsträger gem. § 382 Abs. 4 FamFG durch Zwischenverfügung unter Fristsetzung zur Nachbesserung auffordern (zur Schlussbilanz vgl. unten Rz. 11). Ist der Mangel nicht behebbar, weil z.B. selbst im Wege der Auslegung der Abschluss eines Verschmelzungsvertrages nicht angenommen werden kann, muss die Eintragung zurückgewiesen werden, ohne dass es einer Zwischenverfügung bedarf[3]. 6

III. Schlussbilanz des übertragenden Rechtsträgers (§ 17 Abs. 2 UmwG)

1. Normzweck

Die übertragenden Rechtsträger haben ihrer Anmeldung nach § 17 Abs. 2 Satz 1 UmwG eine Schlussbilanz beizufügen. Eine Stichtagsbilanz für den übernehmenden Rechtsträgers muss weder bei der Anmeldung zum Register des übertragenden noch bei der Anmeldung zum Register für den übernehmenden Rechtsträger vorgelegt werden[4]. Der Normzweck wird in mehreren Gründen gesehen[5]. Zum ei- 7

1 Vgl. *Schwanna* in Semler/Stengel, § 17 UmwG Rz. 3; *Zimmermann* in Kallmeyer, § 17 UmwG Rz. 3.
2 *Melchior*, GmbHR 1999, 520 (521).
3 KG v. 22.6.2004 – 1 W 243/02, AG 2005, 400 (401); *Fronhöfer* in Widmann/Mayer, § 17 UmwG Rz. 101; *Zimmermann* in Kallmeyer, § 17 UmwG Rz. 7.
4 BayObLG v. 10.12.1998 – 3 ZR 237/98, GmbHR 1999, 295; LG Frankfurt/M. v. 24.11. 1995 – 3/114 57/95, GmbHR 1996, 542 (543); *W. Müller* in Kallmeyer, § 17 UmwG Rz. 13; *Simon* in KölnKomm. UmwG, § 17 UmwG Rz. 29.
5 Vgl. BayObLG v. 10.12.1998 – 3 Z BR 237/98, GmbHR 1999, 295; OLG Frankfurt/M. v. 23.10.1996 – 20 W 291/96 (unveröffentlicht); KG v. 22.9.1998 – 1 W 4387/97, NJW-RR 1999, 186 (187) = GmbHR 1998, 1230; OLG Hamm v. 19.12.2005 – 15 W 377/05, GmbHR 2006, 255 (257); *Fronhöfer* in Widmann/Mayer, § 17 UmwG Rz. 62–65; *Heidtkamp*,

nen können die in der Schlussbilanz angesetzten Werte gem. § 24 UmwG in den Jahresbilanzen des übernehmenden Rechtsträgers als Anschaffungskosten angesetzt werden. Eine derartige **Bilanzkontinuität** besteht nur, wenn der übernehmende Rechtsträger eine Buchwertverknüpfung wählt, was nicht mehr zwingend ist (vgl. § 24 Rz. 38). Zum anderen können die Gläubiger anhand der Schlussbilanz prüfen, ob sie gem. § 22 UmwG Sicherheitsleistung verlangen wollen. Der damit verbundene **Gläubigerschutz** beschränkt sich auf eine Überprüfung der Buchwerte. Weiter soll die Schlussbilanz der Kontrolle über den Wert der Sacheinlage bei der Kapitalerhöhung nach § 69 Abs. 1 Satz 1 2. Halbsatz UmwG dienen (**Kapitalerhöhungskontrolle**). Das setzt voraus, dass die Schlussbilanz – auch ohne eine entsprechende gesetzliche Verpflichtung – zum Register des übernehmenden Rechtsträgers eingereicht wird. Schließlich dient die Schlussbilanz der Ergebnisabgrenzung zwischen übertragendem und übernehmendem Rechtsträger[1].

2. Inhalt

8 Nach **§ 17 Abs. 2 Satz 2 UmwG** gelten für die Schlussbilanz die Vorschriften über die Jahresbilanz und deren Prüfung entsprechend. Damit ist auf §§ 242ff., 316ff. HGB verwiesen[2]. Vorzulegen ist eine Jahresbilanz und damit eine Erfolgs-, keine Vermögensbilanz[3]. Das HGB verwendet zwar den Begriff der Jahresbilanz nicht, jedoch wird hinreichend deutlich, dass die Vorlage der Bilanz und nicht eines kompletten Jahresabschlusses gemeint ist. Es bedarf daher weder der Vorlage einer Gewinn- und Verlustrechnung noch des Anhangs nach §§ 264, 284 HGB[4]. Wird allerdings ein Anhang nicht eingereicht, so sind Wahlpflichtangaben in die Bilanz aufzunehmen[5]. In der Praxis wird aus Gründen der Zeit- und Kostenersparnis, soweit gem. § 17 Abs. 2 Satz 4 UmwG möglich (vgl. unten Rz. 11), die letzte reguläre Jahresbilanz als Schlussbilanz verwendet, was der Grund für die ungenaue gesetzliche Bezeichnung als Jahresbilanz sein mag. Eine Pflicht zur **Bekanntmachung** der Schlussbilanz besteht **nicht, § 17 Abs. 2 Satz 3 UmwG**.

9 Die Pflicht zur Einreichung einer Schlussbilanz ist **rechtsformunabhängig**. Dennoch entspricht es gesicherter Auffassung, dass durch § 17 Abs. 2 UmwG eine

---

NZG 2013, 852 (853); *W. Müller* in Kallmeyer, § 17 UmwG Rz. 11; *Schwanna* in Semler/Stengel, § 17 UmwG Rz. 13; kritisch *Hörtnagl* in Schmitt/Hörtnagl/Stratz, § 17 UmwG Rz. 12; *Simon* in KölnKomm. UmwG, § 17 UmwG Rz. 27.

1 *Heidtkamp*, NZG 2013, 852 (854); *Schwanna* in Semler/Stengel, § 17 UmwG Rz. 13; *Simon* in KölnKomm. UmwG, § 17 UmwG Rz. 28.

2 OLG Frankfurt/M. v. 23.10.1996 – 20 W 291/96 (unveröffentlicht); *Fronhöfer* in Widmann/Mayer, § 17 UmwG Rz. 67; *Simon* in KölnKomm. UmwG, § 17 UmwG Rz. 31.

3 Vgl. *Fronhöfer* in Widmann/Mayer, § 17 UmwG Rz. 67; *Henckel*, DStR 2005, 1785 (1788); *Hörtnagl* in Schmitt/Hörtnagl/Stratz, § 17 UmwG Rz. 9; *Jorde/Wetzel*, BB 1996, 1246.

4 LG Dresden v. 18.11.1997 – 45 T 12/97, GmbHR 1998, 1086 (LS); LG Stuttgart v. 29.3. 1996 – 4 KfH T 1/96, DNotZ 1996, 701 (702); *Fronhöfer* in Widmann/Mayer, § 17 UmwG Rz. 68, 69; *Hörtnagl* in Schmitt/Hörtnagl/Stratz, § 17 UmwG Rz. 14; *W. Müller* in Kallmeyer, § 17 UmwG Rz. 20; *Narascheswki*, S. 46f.; *Scheunemann*, DB 2006, 797 (799); *Simon* in KölnKomm. UmwG, § 17 UmwG Rz. 32. Abweichend *Aha*, BB 1996, 2559; *Bula/Pernegger* in Sagasser/Bula/Brunger, § 10 Rz. 37; *Henckel*, DStR 2005, 1785 (1788).

5 *IDW* IRS HFA 42 Rz. 7, WPg 2011, Supplement 3, S. 77 (79); *Hörtnagl* in Schmitt/Hörtnagl/Stratz, § 17 UmwG Rz. 14; *St. Richter* in Happ, Abschn. 7.01, Rz. 10.3; *Simon* in KölnKomm. UmwG, § 17 UmwG Rz. 31.

Pflicht zur Aufstellung einer Bilanz nicht begründet wird, sofern ein an der Verschmelzung beteiligter Rechtsträger nach den allgemeinen handelsrechtlichen Vorschriften nicht buchführungs- und jahresabschlusspflichtig ist (§§ 238 Abs. 1, 241a, 242 Abs. 1 und Abs. 4 HGB). Vielmehr ist die Vorschrift sinnentsprechend so anzuwenden, dass ein solcher Rechtsträger seine bisherigen Rechnungsunterlagen (etwa Einnahmen-/Ausgabenrechnung, Vermögensverzeichnis etc.) einzureichen hat[1]. Bei prüfungspflichtigen Rechtsträgern muss die Bilanz in Übereinstimmung mit §§ 316ff. HGB geprüft sein[2]. Wird als Schlussbilanz die letzte reguläre Jahresbilanz verwendet, die bereits geprüft worden ist, bedarf es keiner gesonderten Prüfung der Schlussbilanz[3]. Einer erneuten Prüfung bedarf es nur dann, wenn die bereits geprüfte Jahresbilanz im Zusammenhang mit der Verwendung als Schlussbilanz geändert wird[4]. Anders als das Fehlen oder die Versagung des Bestätigungsvermerks rechtfertigt ein eingeschränkter Bestätigungsvermerk nicht eine Ablehnung der Eintragung der Verschmelzung[5].

Als Schlussbilanz muss nicht die letzte reguläre Bilanz des vorangegangenen Geschäftsjahres verwendet werden, sondern es kann eine **Zwischenbilanz** auf einen anderen Stichtag als Schlussbilanz verwendet werden. Für die Zwischenbilanz gelten inhaltlich alle Vorschriften über die Bilanz. Nach allgemeinen handelsrechtlichen und gesellschaftsrechtlichen Grundsätzen bedarf die Zwischenbilanz aber weder einer Feststellung durch einen vorhandenen Aufsichtsrat noch einer Prüfung durch den Abschlussprüfer. Ob diese Anforderungen dennoch für die Verwendung einer Zwischenbilanz als Schlussbilanz im Sinne von § 17 Abs. 2 UmwG gelten, ist sehr umstritten. Unstreitig ist nur, dass der Zwischenabschluss durch das auch für den Jahresabschluss zuständige Organ aufgestellt und unterschrieben werden muss[6]. In der Praxis der Registergerichte und in der Literatur wird verbreitet gefordert, dass darüber hinaus auch eine Feststellung der Zwischenbilanz, die als Schlussbilanz im Sinne von § 17 Abs. 2 UmwG verwendet wird, durch einen vorhandenen Aufsichtsrat[7] und eine Prüfung des Zwischenabschlusses durch einen Abschlussprüfer erfolgt[8]. Eine Prüfung durch den Auf- 10

1 *Germann*, GmbHR 1999, 591 (592); *Heidinger* in Henssler/Strohn, § 17 UmwG Rz. 19; *W. Müller* in Kallmeyer, § 17 UmwG Rz. 12; *Scheunemann*, DB 2006, 797 (798); *Schwanna* in Semler/Stengel, § 17 UmwG Rz. 3; *Simon* in KölnKomm. UmwG, § 17 UmwG Rz. 31.

2 *Henckel*, DStR 2005, 1785 (1789); *Hörtnagl* in Schmitt/Hörtnagl/Stratz, § 17 UmwG Rz. 20; *W. Müller* in Kallmeyer, § 17 UmwG Rz. 36; *Scheunemann*, DB 2006, 797 (798); *Simon* in KölnKomm. UmwG, § 17 UmwG Rz. 35.

3 *IDW* IRS HFA 42 Rz. 8, WPg 2011, Supplement 3, S. 77 (79); *Bula/Pernegger* in Sagasser/Bula/Brunger, § 10 Rz. 59; *Hörtnagl* in Schmitt/Hörtnagl/Stratz, § 17 UmwG Rz. 21; *St. Richter* in Happ, Abschn. 7.01, Rz. 10.4.

4 *W. Müller* in Kallmeyer, § 17 UmwG Rz. 35.

5 *Hörtnagl* in Schmitt/Hörtnagl/Stratz, § 17 UmwG Rz. 23; *W. Müller* in Kallmeyer, § 17 UmwG Rz. 39; *Schwanna* in Semler/Stengel, § 17 UmwG Rz. 15 Fn. 72; vgl. auch *Bula/Pernegger* in Sagasser/Bula/Brunger, § 10 Rz. 61.

6 OLG Schleswig v. 11.4.2007 – 2 W 58/07, DNotZ 2007, 957 (958); *Heidinger* in Henssler/Strohn, § 17 UmwG Rz. 21.

7 *Fronhöfer* in Widmann/Mayer, § 17 UmwG Rz. 74; *Heidinger* in Henssler/Strohn, § 17 UmwG Rz. 21; *Hörtnagl* in Schmitt/Hörtnagl/Stratz, § 17 UmwG Rz. 18, 34; *Schäffler* in Maulbetsch/Klumpp/Rose, § 17 UmwG Rz. 7; abweichend *Keßler* in Keßler/Kühnberger, § 17 UmwG Rz. 7; *W. Müller* in Kallmeyer, § 17 UmwG Rz. 19.

8 Vgl. *Fronhöfer* in Widmann/Mayer, § 17 UmwG Rz. 77; *Hörtnagl* in Schmitt/Hörtnagl/Stratz, § 17 UmwG Rz. 20; *St. Richter* in Happ, Abschn. 7.01, Rz. 10.8; abweichend *IDW*

sichtsrat gem. § 171 Abs. 1 Satz 1 AktG ist allerdings nicht erforderlich[1]. Der Abschlussprüfer ist gesondert zu bestellen, weil die Bestellung als Abschlussprüfer des Jahresabschlusses sich nicht auf die Zwischenbilanz erstreckt[2]. Nicht zu verwechseln ist damit die Zwischenbilanz, die gem. § 63 Abs. 1 Nr. 3 UmwG erforderlich werden kann und die nicht prüfungspflichtig ist (vgl. § 24 Rz. 18).

3. Stichtag

11 Nach **§ 17 Abs. 2 Satz 4 UmwG** darf die Verschmelzung nur eingetragen werden, wenn die Bilanz auf einen **höchstens acht Monate vor der Anmeldung** liegenden Stichtag aufgestellt worden ist (wegen des Verhältnisses des Bilanzstichtages zum Verschmelzungsstichtag nach § 5 Abs. 1 Nr. 6 UmwG s. § 5 Rz. 74). Mit diesem Zeitraum soll die Aktualität der Bilanz sichergestellt werden[3]. Der Stichtag ermöglicht es den übertragenden Rechtsträgern i.d.R., die Bilanz des letzten Geschäftsjahres als Schlussbilanz einzureichen[4]. Da es sich bei § 17 Abs. 2 Satz 4 UmwG um zwingendes Recht handelt (§ 1 Abs. 3 Satz 1 UmwG), ist auch eine nur geringfügige Überschreitung der Frist schädlich. [5] Das Registergericht muss daher bei Fehlen einer Schlussbilanz oder bei Fristüberschreitung durch Zwischenverfügung eine ausreichend aktuelle Schlussbilanz nachfordern[6] (s. oben Rz. 5). Hat das keinen Erfolg, ist die Anmeldung bei einem länger zurückliegenden Stichtag als zurzeit unzulässig zurückzuweisen[7]. Wird gleichwohl eingetragen, so wird die Verschmelzung allerdings irreversibel wirksam (§ 20 Abs. 2 UmwG).

12 Für die **Fristberechnung** gelten die §§ 186ff. BGB in entsprechender Anwendung[8]. Die Frist wird rückwärts berechnet. Fristauslösendes Ereignis ist der Tag der Anmeldung der Verschmelzung (Eingang beim Gericht), wobei dieser Tag bei der Fristberechnung nicht mitzurechnen ist. In entsprechender Anwendung des § 188

IRS HFA 42 Rz. 13, WPg 2011, Supplement 3, S. 77 (79); *Bula/Pernegger* in Sagasser/Bula/Brunger, § 10 Rz. 26; *W. Müller* in Kallmeyer, § 17 UmwG Rz. 19.

1 *Bula/Pernegger* in Sagasser/Bula/Brunger, § 10 Rz. 26; *Hörtnagl* in Schmitt/Hörtnagl/Stratz, § 17 UmwG Rz. 20; *Heidinger* in Henssler/Strohn, § 17 UmwG Rz. 20; *Keßler* in Keßler/Kühnberger, § 17 UmwG Rz. 7; *W. Müller* in Kallmeyer, § 17 UmwG Rz. 19.

2 Vgl. *Heidinger* in Henssler/Strohn, § 17 UmwG Rz. 21; *Hörtnagl* in Schmitt/Hörtnagl/Stratz, § 17 UmwG Rz. 20; *W. Müller* in Kallmeyer, § 17 UmwG Rz. 38; *Simon* in KölnKomm. UmwG, § 17 UmwG Rz. 35.

3 *Fronhöfer* in Widmann/Mayer, § 17 UmwG Rz. 88; *Hörtnagl* in Schmitt/Hörtnagl/Stratz, § 17 UmwG Rz. 35.

4 Vgl. BegrRegE BR-Drucks. 75/94, 90; *Germann*, GmbHR 1999, 591.

5 OLG Köln v. 22.6.1998 – 2 Wx 34/98, GmbHR 1998, 1085 (1086); *Heidinger* in Henssler/Strohn, § 17 UmwG Rz. 22; *Hörtnagl* in Schmitt/Hörtnagl/Stratz, § 17 UmwG Rz. 43; *W. Müller* in Kallmeyer, § 17 UmwG Rz. 26; *Naraschewski*, S. 38.

6 OLG Frankfurt/M. v. 10.11.2005 – 20 W 273/05, GmbHR 2006, 382; OLG Schleswig v. 11.4.2007 – 2 W 58/07, DNotZ 2007, 957 (958); LG Kassel v. 20.4.2007 – 3 T 20/06, Rpfleger 2007, 668 (669); LG Kempten v. 4.5.2001 – 1 HKT 850/01, Rpfleger 2001, 433; *W. Müller* in Kallmeyer, § 17 UmwG Rz. 26; *Schwanna* in Semler/Stengel, § 17 UmwG Rz. 20.

7 BayObLG v. 16.2.2000 – 3Z BR 389/99, DB 2000, 811 = GmbHR 2000, 493.

8 Vgl. *Fronhöfer* in Widmann/Mayer, § 17 UmwG Rz. 88; *W. Müller* in Kallmeyer, § 17 UmwG Rz. 27; *Schwanna* in Semler/Stengel, § 17 UmwG Rz. 17; *Simon* in KölnKomm. UmwG, § 17 UmwG Rz. 38.

Abs. 3 BGB reicht bei einem Bilanzstichtag 28.2. eine Anmeldung am 31.10[1]. § 193 BGB ist nicht anwendbar, der Fristablauf kann also auch an einem Sonntag oder Feiertag eintreten[2].

Für die **Fristwahrung** ist eine wirksame **Anmeldung** beim Register des übertragenden Rechtsträgers ausreichend. Nicht erforderlich ist, dass die Anmeldung ohne Weiteres zur Eintragung führen kann. Dies ergibt sich schon daraus, dass auch im Übrigen eine Anmeldung vor Abgabe einer Negativerklärung nach § 16 Abs. 2 Satz 1 UmwG erfolgen kann (vgl. oben § 16 Rz. 17). Es ist daher für den Stichtag grundsätzlich unerheblich, wenn bei der Anmeldung Unterlagen fehlen, die nachgereicht werden können[3]. Allerdings muss die Verschmelzung als solche wenigstens beschlossen sein. Man wird daher für die Fristwahrung verlangen müssen, dass wenigstens der Verschmelzungsvertrag, die Verschmelzungsbeschlüsse und erforderliche Zustimmungsbeschlüsse vorliegen[4]. Daraus folgt zugleich, dass nach Ablauf des Achtmonatszeitraums nur noch solche Unterlagen nachgereicht werden können, die die Wirksamkeit des Umwandlungsvorgangs als solchen nicht berühren[5]. 13

Die Schlussbilanz selbst muss nicht bis zum Ablauf der Achtmonatsfrist eingereicht werden[6]. Allerdings fordern die Registergerichte vielfach, dass die Schlussbilanz innerhalb der Achtmonatsfrist bereits erstellt worden sein muss[7]. Die Prü- 14

---

1 Vgl. *Fronhöfer* in Widmann/Mayer, § 17 UmwG Rz. 89; *W. Müller* in Kallmeyer, § 17 UmwG Rz. 27; *Schwanna* in Semler/Stengel, § 17 UmwG Rz. 17; *Simon* in KölnKomm. UmwG, § 17 UmwG Rz. 40; abweichend wegen einer unrichtigen Vorwärtsrechnung der Frist vgl. OLG Köln v. 22.6.1998 – 2 Wx 34/98, GmbHR 1998, 1085 (1086); *Hörtnagl* in Schmitt/Hörtnagl/Stratz, § 17 UmwG Rz. 43.

2 *Fronhöfer* in Widmann/Mayer, § 17 UmwG Rz. 89; *Heidinger* in Henssler/Strohn, § 17 UmwG Rz. 24; *Hörtnagl* in Schmitt/Hörtnagl/Stratz, § 17 UmwG Rz. 43; *Schwanna* in Semler/Stengel, § 17 UmwG Rz. 17; *Simon* in KölnKomm. UmwG, § 17 UmwG Rz. 41.

3 OLG Hamm v. 19.12.2005 – 15 W 377/05, GmbHR 2006, 255 (257); LG Frankfurt/M. v. 19.12.1997 – 11 T 81/97, GmbHR 1998, 380 (381); *Bermel* in Goutier/Knopf/Tulloch, § 17 UmwG Rz. 12; *Germann*, GmbHR 1999, 591 (592ff.); *Naraschewski*, S. 42ff.; *Weiler*, MittBayNot 2006, 377 (378ff.). Ganz ablehnend hingegen KG v. 22.9.1998 – 1 W 4387/97, NJW-RR 1999, 186 (187f.) = GmbHR 1998, 1230; LG Dresden v. 21.2.1997 – 42 T 85/96, NotBZ 1997, 138 (LS); AG Duisburg v. 4.1.1996 – 23 HRB 4942 u. 5935, GmbHR 1996, 372; *Zeidler*, NZG 1999, 176.

4 *Fronhöfer* in Widmann/Mayer, § 17 UmwG Rz. 92; *Heidinger* in Henssler/Strohn, § 17 UmwG Rz. 26; *Heckschen*, Rpfleger 1999, 357 (362); *W. Müller* in Kallmeyer, § 17 UmwG Rz. 26; *Simon* in KölnKomm. UmwG, § 17 UmwG Rz. 43; *Schäffler* in Maulbetsch/Klumpp/Rose, § 17 UmwG Rz. 13.

5 Vgl. OLG Hamm v. 3.8.2004 – 15 W 236/04, GmbHR 2004, 1533 (1534); *Fronhöfer* in Widmann/Mayer, § 17 UmwG Rz. 93, 94; *Weiler*, MittBayNot 2006, 377 (380f.).

6 OLG Jena v. 21.10.2002 – 6 W 534/02, NJW-RR 2003, 99 (100); OLG Zweibrücken v. 29.7. 2002 – 7 U 25/02, GmbHR 2003, 118 (L); LG Frankfurt/M. v. 30.1.1998 – 3-11T 85/97, GmbHR 1998, 379 (380); *Heckschen*, Rpfleger 1999, 357 (363); *W. Müller* in Kallmeyer, § 17 UmwG Rz. 26; *St. Richter* in Happ, Abschn. 7.01 Rz. 10.6; *Schäffler* in Maulbetsch/Klumpp/Rose, § 17 UmwG Rz. 13; *Schwanna* in Semler/Stengel, § 17 UmwG Rz. 20; *Simon* in KölnKomm. UmwG, § 17 UmwG Rz. 44; abweichend KG v. 22.9.1998 – 1 W 4387/97, NJW-RR 1999, 186 (187) = GmbHR 1998, 1230; LG Dresden v. 21.2.1997 – 42 T 85/96, NotBZ 1997, 138; *Fronhöfer* in Widmann/Mayer, § 17 UmwG Rz. 96; *Germann*, GmbHR 1999, 591 (593); *Weiler*, MittBayNot 2006, 377 (378ff.).

7 LG Frankfurt/M. v. 19.121997 – 3-11 T 81/97, DB 1998, 410; LG Kempten v. 4.5.2001 – 1 HK T 850/01, Rpfleger 2001, 433; vgl. auch OLG Jena v. 21.10.2002 – 6 W 543/02, NJW-RR 2003, 99 (100); OLG Zweibrücken v. 29.7.2002 – 7 U 25/02, RNotZ 2002,

fung der Schlussbilanz muss nicht innerhalb der Achtmonatsfrist erfolgen; dementsprechend kann ein Bestätigungsvermerk gem. § 322 HGB nachgereicht werden[1]. In jedem Fall darf aber die Schlussbilanz nicht älter als acht Monate vor der Anmeldung sein; auf die Einreichung zum Handelsregister kommt es für die Frist nicht an[2].

15 Für eine fristgerechte Einreichung der Anmeldung der Verschmelzung zum Handelsregister des übertragenden Rechtsträgers ist nach verbreiteter Auffassung nicht erforderlich, dass die Form des § 12 HGB oder des § 77 BGB eingehalten wurde; ausreichend ist danach auch eine Vorabübermittlung per Fax[3]. Auch der Nachweis des Bestehens einer Vollmacht für die Registeranmeldung kann nach Ablauf der Frist des § 17 Abs. 2 Satz 4 UmwG erbracht werden[4].

16 Insgesamt bestehen zur Frage der Fristwahrung und der Frage der Fristberechnung (Rückwärtsrechnung, oben Rz. 12) in der Praxis noch zahlreiche Zweifelsfragen, die es empfehlenswert erscheinen lassen, entweder von vornherein aus Gründen rechtlicher Vorsorge die strengsten Anforderungen anzuwenden oder die betreffende Frage vorab mit dem zuständigen Registergericht zu klären.

17 Bei mehreren Anmeldungen wird die Frist durch die zeitlich frühere gewahrt, sofern diese Anmeldung zur Eintragung führt. Auch die **Anmeldung bei einem unzuständigen Gericht** kann die Frist wahren[5], wenn dieses den Antrag nicht zurückweist, sondern von Amts wegen an das zuständige Gericht abgibt. Nicht ausreichend ist es dagegen, wenn die Bilanz zunächst beim Registergericht des übernehmenden Rechtsträgers zusammen mit der Anmeldung einer Kapitalerhöhung eingereicht worden ist, die anlässlich der Verschmelzung beschlossen wurde, sofern das Verfahren nach der Eintragung der Kapitalerhöhung von Amts wegen an das Gericht des übertragenden Rechtsträgers abgegeben wird[6].

516; *Heidinger* in Henssler/Strohn, § 17 UmwG Rz. 28; *Weiler*, DNotZ 2007, 888 (891); großzügiger für Möglichkeit auch späterer Unterzeichnung der Schlussbilanz vgl. OLG Schleswig v. 11.4.2007 – 2 W 58/07, DNotZ 2007, 957 (958); noch weitergehend LG Frankfurt/M. v. 30.1.1998 – 3-11 T 85/97, GmbHR 1998, 379 (380).

1 Vgl. *Fronhöfer* in Widmann/Mayer, § 17 UmwG Rz. 97; *Hörtnagl* in Schmitt/Hörtnagl/Stratz, § 17 UmwG Rz. 46; *Keßler* in Keßler/Kühnberger, § 17 UmwG Rz. 8; *W. Müller* in Kallmeyer, § 17 UmwG Rz. 36; *Simon* in KölnKomm. UmwG, § 17 UmwG Rz. 42; auch insoweit zurückhaltend *Heidinger* in Henssler/Strohn, § 17 UmwG Rz. 28.

2 *Heidinger* in Henssler/Strohn, § 17 UmwG Rz. 28; *W. Müller* in Kallmeyer, § 17 UmwG Rz. 26; *Naraschewski*, S. 39 ff.; abweichend LG Frankfurt/M. v. 19.12.1997 – 3-11 T 81/97, GmbHR 1998, 380 (381).

3 OLG Jena v. 21.10.2002 – 6 W 534/02, NJW-RR 2003, 99/100; *Fronhöfer* in Widmann/Mayer, § 17 UmwG Rz. 99; *Heidinger* in Henssler/Strohn, § 17 UmwG Rz. 22; *Simon* in KölnKomm. UmwG, § 17 UmwG Rz. 44; abweichend OLG Schleswig v. 11.4.2007 – 2 W 58/07, DNotZ 2007, 957 (958); *Weiler*, DNotZ 2007, 888 (889); zurückhaltend auch *Heidinger* in Henssler/Strohn, § 17 UmwG Rz. 26.

4 *Fronhöfer* in Widmann/Mayer, § 17 UmwG Rz. 99; *Heidinger* in Henssler/Strohn, § 17 UmwG Rz. 23; *Hörtnagl* in Schmitt/Hörtnagl/Stratz, § 17 UmwG Rz. 45; offen BayObLG v. 16.2.2000 – 3Z BR 389/99, DB 2000, 811 = GmbHR 2000, 811.

5 *Fronhöfer* in Widmann/Mayer, § 17 UmwG Rz. 103; BayObLG v. 10.12.1998 – 3Z BR 237/98, GmbHR 1999, 295.

6 Vgl. auch *Heckschen*, DB 1998, 1385 (1393); *Heidinger* in Henssler/Strohn, § 17 UmwG Rz. 23; *Hörtnagl* in Schmitt/Hörtnagl/Stratz, § 17 UmwG Rz. 48; abweichend LG Frankfurt/M. v. 30.1.1998 – 3 U 85/97, GmbHR 1998, 379 (380); *Bork*, 4. Aufl., Rz. 7.

Verzögert sich die Eintragung, etwa wegen einer ausstehenden Kartellfreigabe oder wegen eines schwebenden Anfechtungsprozesses, so braucht die fristgerechte Bilanz nicht aktualisiert zu werden. Bei einer variablen Regelung des Verschmelzungsstichtages kann das Registergericht allerdings im Rahmen der Amtsermittlung die ohnehin aufzustellenden neueren Jahresbilanzen anfordern[1]. 18

§ 18
Firma oder Name des übernehmenden Rechtsträgers

(1) Der übernehmende Rechtsträger darf die Firma eines der übertragenden Rechtsträger, dessen Handelsgeschäft er durch die Verschmelzung erwirbt, mit oder ohne Beifügung eines das Nachfolgeverhältnis andeutenden Zusatzes fortführen.

(2) Ist an einem der übertragenden Rechtsträger eine natürliche Person beteiligt, die an dem übernehmenden Rechtsträger nicht beteiligt wird, so darf der übernehmende Rechtsträger den Namen dieses Anteilsinhabers nur dann in der nach Absatz 1 fortgeführten oder in der neu gebildeten Firma verwenden, wenn der betroffene Anteilsinhaber oder dessen Erben ausdrücklich in die Verwendung einwilligen.

(3) Ist eine Partnerschaftsgesellschaft an der Verschmelzung beteiligt, gelten für die Fortführung der Firma oder des Namens die Absätze 1 und 2 entsprechend. Eine Firma darf als Name einer Partnerschaftsgesellschaft nur unter den Voraussetzungen des § 2 Abs. 1 des Partnerschaftsgesellschaftsgesetzes fortgeführt werden. § 1 Abs. 3 und § 11 des Partnerschaftsgesellschaftsgesetzes sind entsprechend anzuwenden.

Literatur

Bokelmann, Die Firma im Fall der Umwandlung, ZNotP 1998, 265; *Kögel*, Firmenrechtliche Besonderheiten des neuen Umwandlungsrechts, GmbHR 1996, 168.

I. Überblick, Normzweck

§ 18 Abs. 1 UmwG eröffnet einheitlich für die Verschmelzung die Möglichkeit, dass der übernehmende Rechtsträger die Firma des übertragenden Rechtsträgers 1

1 Vgl. *Kiem*, ZIP 1999, 173 (178); *Naraschewski*, S. 42; *Widmann* in Widmann/Mayer, § 24 UmwG Rz. 74. Abweichend *Schwanna* in Semler/Stengel, § 17 UmwG Rz. 21.

fortführt. § 18 Abs. 2 UmwG sieht zusätzliche Erfordernisse für eine derartige Firmenfortführung bei Beteiligung natürlicher Personen an einem übertragenden Rechtsträger vor. § 18 Abs. 3 UmwG regelt weitere Voraussetzungen für die Firmenfortführung bei Beteiligung einer Partnerschaftsgesellschaft an der Verschmelzung. Die Regelung betrifft unmittelbar nur die Verschmelzung zur Aufnahme. Für die Verschmelzung durch Neugründung gelten im Ergebnis über die Verweisung in § 36 Abs. 1 Satz 1 UmwG und die Verweisung in § 36 Abs. 2 Satz 1 UmwG auf die Gründungsvorschriften dieselben Regeln.

2 Der übernehmende Rechtsträger kann insbesondere bei traditionsreichen und gut eingeführten Firmen ein Interesse daran haben, die Firma des übertragenden Rechtsträgers zu erwerben und sie als Namen des aus der Verschmelzung hervorgegangenen Unternehmensträgers fortzuführen[1]. Diesem Interesse wird durch die allgemeinen Regeln nicht genügt, weil die Firma kein Vermögensbestandteil i.S.d. § 20 Abs. 1 Nr. 1 UmwG ist und die Firma deshalb nicht von selbst auf den übernehmenden Rechtsträger übergeht, sondern an sich mit diesem nach § 20 Abs. 1 Nr. 2 UmwG erlischt. Deshalb bedarf es der besonderen Anordnung des § 18 Abs. 1 Satz 1 UmwG, der als Spezialvorschrift zu § 22 HGB (vgl. aber auch unten Rz. 4) und zu § 20 Abs. 1 UmwG die Firmenfortführung durch den übernehmenden Rechtsträger erlaubt.

II. Möglichkeiten der Firmierung

3 § 18 Abs. 1 Satz 1 UmwG räumt dem übernehmenden Rechtsträger das Recht ein, nach der Verschmelzung die **Firma des übertragenden Rechtsträgers** fortzuführen. Verpflichtet ist er dazu nicht („darf"). Er kann die bisherige **Firma des übernehmenden Rechtsträgers**, auch wenn er das Handelsgeschäft des übertragenden Rechtsträgers fortführt, **beibehalten**. Er kann die Firma aber auch nach den allgemeinen Grundsätzen des Firmenrechts (§§ 18, 19 HGB) **ändern** oder eine völlig **neue Firma** bilden. Um eine neue Firma handelt es sich auch bei der **Firmenvereinigung**, bei der die Firma aus Bestandteilen der Firma des übertragenden und des übernehmenden Rechtsträgers zusammengesetzt wird, was in den Grenzen der §§ 18, 19 HGB zulässig ist[2].

III. Firmenfortführung (18 Abs. 1 Satz 1 UmwG)

1. Voraussetzungen

4 Das Recht zur Firmenfortführung hängt davon ab, dass ein übernehmender Rechtsträger im Wege der Verschmelzung das bei der Verschmelzung noch bestehende **Handelsgeschäft** des übertragenden Rechtsträgers **erwirbt** und dass dieser Rechtsträger eine **Firma im handelsrechtlichen Sinne** (und nicht nur eine sonstige Geschäftsbezeichnung) führt. Das Handelsgeschäft muss durch den übernehmen-

1 Vgl. BegrRegE, BT-Drucks. 12/6699, 90.

2 *Bokelmann*, ZNotP 1998, 265 (267); *Heidinger* in Henssler/Strohn, § 18 UmwG Rz. 7; *Simon* in KölnKomm. UmwG, § 18 UmwG Rz. 20; *Stratz* in Schmitt/Hörtnagl/Stratz, § 18 UmwG Rz. 11; *Vollrath* in Widmann/Mayer, § 18 UmwG Rz. 22; für den Fall der Firmenfortführung gem. § 22 HGB vgl. etwa *Kögel*, GmbHR 1996, 168 (169); *Marsch-Barner* in Kallmeyer, § 18 UmwG Rz. 16; *Schwanna* in Semler/Stengel, § 18 UmwG Rz. 6.

den Rechtsträger auch nach der Verschmelzung tatsächlich fortgeführt werden[1]. Die Firmenfortführung bedarf keiner Vereinbarung im Verschmelzungsvertrag, da das Recht zur Firmenfortführung kraft Gesetzes besteht. Auch die Zustimmung des übertragenden Rechtsträgers wird, abweichend von § 22 HGB, nicht verlangt, weil dieser Rechtsträger durch die Verschmelzung aufgelöst wird und deshalb kein Interesse mehr daran haben kann, dass seine Firma nicht weiterverwendet wird (vgl. aber § 18 Abs. 2 UmwG)[2]. Zudem ist es dem übernehmenden Rechtsträger freigestellt, ob er der übernommenen Firma einen **Nachfolgezusatz** beifügt oder nicht. Übernommen werden kann aber nur die zum Zeitpunkt der Verschmelzung geführte Firma. Da die Firma i.d.R. Bestandteil des Gesellschaftsvertrages bzw. der Satzung ist (§ 23 Abs. 3 Nr. 1 AktG, § 3 Abs. 1 Nr. 1 GmbHG), müssen die Statuten bei dem übernehmenden Rechtsträger entsprechend geändert werden. Die Firmenfortführung kann sich auch auf die **Zweigniederlassung** beschränken, wenn das erworbene Handelsgeschäft als Zweigniederlassung weitergeführt und die Verbindung zur Hauptniederlassung in der Firma der Zweigniederlassung erkennbar wird[3].

2. Rechtsfolgen

Liegen die Voraussetzungen für die Firmenfortführung vor, so erlischt die Firma des übertragenden Rechtsträgers (entgegen § 20 Abs. 1 Nr. 2 UmwG) nicht, sondern sie geht auf den übernehmenden Rechtsträger über. Die bisherige Firma des übernehmenden Rechtsträgers erlischt dagegen. Es handelt sich um eine **echte Firmenfortführung** im firmenrechtlichen Sinne. Das hat u.a. zur Folge, dass die übernommene Firma im Wesentlichen unverändert fortzuführen ist[4]. Änderungen können freilich zur Vermeidung von Irreführungen (§ 18 Abs. 2 HGB) geboten sein[5]. So sind beispielsweise nicht mehr zutreffende Rechtsformzusätze zu streichen oder durch geeignete Nachfolgezusätze zu neutralisieren[6]. 5

---

1 *Schäffler* in Maulbetsch/Klumpp/Rose, § 18 UmwG Rz. 3; *Simon* in KölnKomm. UmwG, § 18 UmwG Rz. 13; *Vollrath* in Wiedmann/Mayer, § 18 UmwG Rz. 17; abweichend *Marsch-Barner* in Kallmeyer, § 18 UmwG Rz. 4.

2 BegrRegE, BT-Drucks. 12/6699, 91; *Marsch-Barner* in Kallmeyer, § 18 UmwG Rz. 5; *Schwanna* in Semler/Stengel, § 18 UmwG Rz. 3.

3 Vgl. *Bokelmann*, ZNotP 1998, 265 (267); *Limmer* in Limmer, Unternehmensumwandlung, Teil 5 Rz. 17; *Marsch-Barner* in Kallmeyer, § 18 UmwG Rz. 10; *Schwanna* in Semler/Stengel, § 18 UmwG Rz. 5; *Simon* in KölnKomm. UmwG, § 18 UmwG Rz. 21; *Vollrath* in Widmann/Mayer, § 18 UmwG Rz. 23.

4 *Bokelmann*, ZNotP 1998, 265 (266); *Heidinger* in Henssler/Strohn, § 18 UmwG Rz. 6; *Keßler* in Keßler/Kühnberger, § 18 UmwG Rz. 3; *Schäffler* in Maulbetsch/Klumpp/Rose, § 18 UmwG Rz. 3; *Schwanna* in Semler/Stengel, § 18 UmwG Rz. 2; *Simon* in KölnKomm. UmwG, § 18 UmwG Rz. 17; abweichend *Marsch-Barner* in Kallmeyer, § 18 UmwG Rz. 4.

5 *Bokelmann*, ZNotP 1998, 265 (266); *Heidinger* in Henssler/Strohn, § 18 UmwG Rz. 8; *Simon* in KölnKomm. UmwG, § 18 UmwG Rz. 17.

6 *Bokelmann*, ZNotP 1998, 265 (267); *Heidinger* in Henssler/Strohn, § 18 UmwG Rz. 8; *Schwanna* in Semler/Stengel, § 18 UmwG Rz. 2; *Simon* in KölnKomm. UmwG, § 18 UmwG Rz. 18.

IV. Einwilligung natürlicher Personen (§ 18 Abs. 2 UmwG)

6 Gem. § 18 Abs. 2 UmwG darf der Name einer an dem übertragenden Rechtsträger beteiligten natürlichen Person, der Bestandteil der Firma des übertragenden Rechtsträgers ist, nicht ohne Zustimmung des Namensträgers (oder seiner Erben) nach § 18 Abs. 1 UmwG in der Firma des übernehmenden Rechtsträgers fortgeführt werden, sofern die natürliche Person an dem übernehmenden Rechtsträger nicht beteiligt wird. Damit wird dem Namens- und dem Allgemeinen Persönlichkeitsrecht Rechnung getragen, dass der Name einer natürlichen Person – auch firmenmäßig – nicht ohne deren Zustimmung verwendet werden kann. Praktisch kommt ein Ausscheiden im Zuge der Verschmelzung in erster Linie bei der Wahl der Abfindung nach § 29 UmwG in Betracht. Das Gesetz verlangt eine ausdrückliche Zustimmung allerdings nur, wenn die natürliche Person nicht zugleich auch an dem übernehmenden Rechtsträger beteiligt ist. Offenbar wird ansonsten unterstellt, dass der Namensträger seine Zustimmung zur Firmenfortführung bereits bei der Entscheidung gegeben hat (vgl. auch unten Rz. 7).

7 Die Einwilligung muss „**ausdrücklich**" erklärt werden, bedarf aber keiner besonderen Form. In Übereinstimmung mit der herrschenden firmenrechtlichen Auffassung zu §§ 22, 24 HGB sollte insoweit eine zweifelsfreie, eindeutige Einwilligung ausreichen, mag diese auch **konkludent** erfolgt sein[1]. Die bloße Duldung der Namensverwendung genügt aber nicht. Nur bei Zulassung einer konkludenten Einwilligung ist auch der Verzicht des Gesetzgebers auf eine Einwilligung natürlicher Personen zur Fortführung ihres Namens als Firma des übernehmenden Rechtsträgers konsequent (vgl. oben Rz. 6). Für § 18 Abs. 2 UmwG dürfte die praktische Erleichterung einer konkludenten Einwilligung allerdings gering sein, da das Registergericht einen Nachweis für die Einwilligung verlangen wird[2].

8 Die Einwilligung zur Firmenfortführung muss durch eine natürliche Person oder deren Erben **persönlich** erfolgen. Die Einwilligung durch den Testamentsvollstrecker oder den Nachlassverwalter genügt nicht[3]. Für den Insolvenzverwalter wird dagegen für §§ 22, 24 HGB aus Gründen des Gläubigerschutzes die Erteilung der Einwilligung vielfach zugelassen[4]. Die Einwilligung muss entgegen § 183 Satz 1 BGB nicht zwingend vor der Entscheidung über die Firmierung vorliegen, sondern

---

1 Vgl. *Bermel* in Goutier/Knopf/Tulloch, § 18 UmwG Rz. 26; *Marsch-Barner* in Kallmeyer, § 18 UmwG Rz. 13; *Simon* in KölnKomm. UmwG, § 18 UmwG Rz. 29; *Stratz* in Schmitt/Hörtnagl/Stratz, § 18 UmwG Rz. 19; zu §§ 22, 24 HGB vgl. etwa BGH v. 27.4. 1994 – VIII ZR 34/93, NJW 1994, 2025 (2026); BayObLG v. 26.11.1997 – 3 Z BR 279/97, NZG 1998, 148; abweichend *Bork*, 4. Aufl., Rz. 5; *Schwanna* in Semler/Stengel, § 18 UmwG Rz. 2.

2 Vgl. *Heidinger* in Henssler/Strohn, § 18 UmwG Rz. 14.

3 Vgl. *Heidinger* in Henssler/Strohn, § 18 UmwG Rz. 13; *Keßler* in Keßler/Kühnberger, § 18 UmwG Rz. 5; *Marsch-Barner* in Kallmeyer, § 18 UmwG Rz. 12; *Schäffler* in Maulbetsch/Klumpp/Rose, § 18 UmwG Rz. 9; *Simon* in KölnKomm. UmwG, § 18 UmwG Rz. 28.

4 Vgl. *Heidinger* in Henssler/Strohn, § 18 UmwG Rz. 1; *Simon* in KölnKomm. UmwG, § 18 UmwG Rz. 28, jeweils m.w.N.; abweichend *Marsch-Barner* in Kallmeyer, § 18 UmwG Rz. 12; *Schäffler* in Maulbetsch/Klumpp/Rose, § 18 UmwG Rz. 9; *Schwanna* in Semler/Stengel, § 18 UmwG Rz. 8 Fn. 21.

es genügt die Erteilung vor Eintragung der Firma in das Handelsregister[1]. Zur Vermeidung einer Zwischenverfügung durch das Registergericht wird sich aber die Einholung der Einwilligung spätestens unmittelbar vor Anmeldung der Verschmelzung zum Handelsregister empfehlen[2]. Die Einwilligung ist bis zur Eintragung widerruflich, danach nur aus wichtigem Grund, etwa bei einem Missbrauch[3].

V. Besonderheiten bei Partnerschaftsgesellschaften (§ 18 Abs. 3 UmwG)

Für Verschmelzungen unter Beteiligung von Partnerschaftsgesellschaften sieht **§ 18 Abs. 3 Satz 1 UmwG** die entsprechende Anwendbarkeit von § 18 Abs. 1 und Abs. 2 UmwG vor. Der Regelung bedurfte es, weil die Partnerschaftsgesellschaft gem. § 1 Abs. 1 Satz 2 PartGG kein Handelsgewerbe betreibt und keine Firma, sondern einen Namen führt. Mit der Verweisung in **§ 18 Abs. 3 Satz 2 UmwG** auf die Voraussetzungen des § 2 Abs. 1 PartGG wird allerdings der Besonderheit Rechnung getragen, dass Partnerschaftsgesellschaften gem. § 1 Abs. 1 Satz 3 PartGG strikt personalistisch strukturiert sind[4]. Die Regelung hat vor allem für die Partnerschaftsgesellschaft als übernehmenden Rechtsträger Bedeutung. Ist daher der übernehmende Rechtsträger eine Partnerschaftsgesellschaft, so muss ihre Firma in jedem Fall, auch bei Namensfortführung, den Namen mindestens einer natürlichen Person, den Rechtsformzusatz „und Partner" oder „Partnerschaft" und für die Partnerschaftsgesellschaft mit beschränkter Berufshaftung mit dem Rechtsformzusatz „mbB"[5] sowie die Berufsbezeichnungen aller in der Partnerschaft vertretenen Berufe enthalten. Die Fortführung einer reinen Sach- oder Phantasiefirma ist folglich unzulässig, während Mischfirmen möglich sind[6]. Durch den Verweis auf § 1 Abs. 3 PartGG wird zusätzlich klargestellt, dass von diesen Regelungen durch berufsrechtliche Sondervorschriften abgewichen werden kann (Berufsrechtsvorbehalt). 9

Führt der übertragende Rechtsträger (der keine Partnerschaftsgesellschaft ist) in seiner Firma die Zusätze „Partnerschaft" oder „und Partner" und ggf. „mbB", so kann diese Firma nicht vom übernehmenden Rechtsträger fortgeführt werden (**§ 18 Abs. 3 Satz 3 UmwG** i.V.m. § 11 Satz 1 PartGG). Denn diese Zusätze sind exklusiv für die Partnerschaftsgesellschaft und die Partnerschaftsgesellschaft mit beschränkter Berufshaftung vorgesehen. Etwas anderes gilt nach § 18 Abs. 3 Satz 3 UmwG i.V.m. § 11 Satz 2 und 3 PartGG für Gesellschaften, die den Partnerzusatz schon vor dem 1.7.1995 geführt haben und dann – nach einer Phase in der Rechtsform der Partnerschaft – auf einen anderen Rechtsträger verschmolzen werden. 10

---

1 *Marsch-Barner* in Kallmeyer, § 18 UmwG Rz. 13; *Schwanna* in Semler/Stengel, § 18 UmwG Rz. 8; *Stratz* in Schmitt/Hörtnagl/Stratz, § 18 UmwG Rz. 21; abweichend *Simon* in KölnKomm. UmwG, § 18 UmwG Rz. 26.

2 Insoweit zutreffend *Simon* in KölnKomm. UmwG, § 18 UmwG Rz. 26.

3 *Simon* in KölnKomm. UmwG, § 18 UmwG Rz. 26; *Bermel* in Goutier/Knopf/Tulloch, § 18 UmwG Rz. 26; *Marsch-Barner* in Kallmeyer, § 18 UmwG Rz. 13; *Schwanna* in Semler/Stengel, § 18 UmwG Rz. 8.

4 Vgl. BegrRegE 1. UmwGÄndG, BR-Drucks. 609/97, 20.

5 BegrRegE, BT-Drucks. 17/10487, 7, 14.

6 Vgl. *Marsch-Barner* in Kallmeyer, § 18 UmwG Rz. 15; *Simon* in KölnKomm. UmwG, § 18 UmwG Rz. 33; *Stratz* in Schmitt/Hörtnagl/Stratz, § 18 UmwG Rz. 25; *Vollrath* in Widmann/Mayer, § 18 UmwG Rz. 32.

§ 19
Eintragung und Bekanntmachung der Verschmelzung

(1) Die Verschmelzung darf in das Register des Sitzes des übernehmenden Rechtsträgers erst eingetragen werden, nachdem sie im Register des Sitzes jedes der übertragenden Rechtsträger eingetragen worden ist. Die Eintragung im Register des Sitzes jedes der übertragenden Rechtsträger ist mit dem Vermerk zu versehen, dass die Verschmelzung erst mit der Eintragung im Register des Sitzes des übernehmenden Rechtsträgers wirksam wird, sofern die Eintragungen in den Registern aller beteiligten Rechtsträger nicht am selben Tag erfolgen.

(2) Das Gericht des Sitzes des übernehmenden Rechtsträgers hat von Amts wegen dem Gericht des Sitzes jedes der übertragenden Rechtsträger den Tag der Eintragung der Verschmelzung mitzuteilen. Nach Eingang der Mitteilung hat das Gericht des Sitzes jedes der übertragenden Rechtsträger von Amts wegen den Tag der Eintragung der Verschmelzung im Register des Sitzes des übernehmenden Rechtsträgers im Register des Sitzes des übertragenden Rechtsträgers zu vermerken und die bei ihm aufbewahrten Dokumente dem Gericht des Sitzes des übernehmenden Rechtsträgers zur Aufbewahrung zu übermitteln.

(3) Das Gericht des Sitzes jedes der an der Verschmelzung beteiligten Rechtsträger hat jeweils die von ihm vorgenommene Eintragung der Verschmelzung von Amts wegen nach § 10 des Handelsgesetzbuchs ihrem ganzen Inhalt nach bekannt zu machen.

Literatur

Bokelmann, Eintragung eines Beschlusses: Prüfungskompetenz des Registerrichters bei Nichtanfechtung, rechtsmissbräuchlicher Anfechtungsklage und bei Verschmelzung, DB 1994, 1341; *Bork,* Beschlussverfahren und Beschlusskontrolle nach dem Referentenentwurf eines Gesetzes zur Bereinigung des Umwandlungsrechts, ZGR 1993, 343; *Lüke,* Das Verhältnis von Auskunfts-, Anfechtungs- und Registerverfahren im Aktienrecht, ZGR 1990, 657; *Rettmann,* Die Rechtmäßigkeitskontrolle von Verschmelzungsbeschlüssen, 1998.

I. Überblick, Normzweck

1 § 19 Abs. 1 UmwG regelt die Reihenfolge der Eintragungen. § 19 Abs. 2 UmwG befasst sich mit den Mitteilungspflichten zwischen den beteiligten Registergerichten. Beide Regelungen sorgen dafür, dass widersprüchliche Entscheidungen

der Registergerichte vermieden werden[1] und der Verfahrensstand aus beiden Registern klar hervorgeht[2]. § 19 Abs. 3 UmwG regelt die Bekanntmachung der Verschmelzung durch die beteiligten Registergerichte. Die Vorschrift dient der Registerpublizität. Einer ausdrücklichen Verweisung auf § 10 HGB hätte es an sich nicht bedurft, weil § 19 Abs. 3 UmwG ohnehin nur eine Wiederholung dieser Bekanntmachungsvorschrift darstellt und es lediglich für die Verschmelzung unter Beteiligung von Genossenschaften und Vereinen einer besonderen Regel bedurft hätte[3]. Bei grenzüberschreitenden Verschmelzungen sind §§ 122k Abs. 2 Satz 3, 122l Abs. 3 UmwG zu beachten. Für den verschmelzungsrechtlichen Squeeze-out ist § 62 Abs. 5 Satz 7 UmwG zu beachten.

II. Prüfungskompetenz des Registergerichts

Der für den jeweiligen Unternehmensträger zuständige Richter bzw. (soweit nicht Kapitalgesellschaften betroffen sind) Rechtspfleger (vgl. § 16 Rz. 4) prüft vor Eintragung der Verschmelzung, ob die Voraussetzungen für die Eintragung in formeller und materieller Hinsicht erfüllt sind. Diese Prüfung hat im Hinblick auf die Irreversibilität der Eintragung (§ 20 Abs. 3 UmwG) besondere Bedeutung. Die Prüfung erfolgt jeweils selbständig durch das für den übertragenden Rechtsträger und für den übernehmenden Rechtsträger zuständige Registergericht. Die Prüfung erfolgt jeweils unabhängig voneinander[4]. Allerdings ist das für den übernehmenden Rechtsträger zuständige Registergericht an die Entscheidung des oder der Registergerichte der übertragenden Rechtsträger über die Eintragung oder die Ablehnung der Eintragung hinsichtlich deren formeller und materieller Prüfung gebunden[5]. 2

Das Registergericht prüft in **formeller Hinsicht**, ob alle Eintragungsvoraussetzungen erfüllt sind. Insbesondere prüft das Registergericht neben seiner sachlichen und örtlichen Zuständigkeit, ob die gem. § 16 UmwG und den Besonderen Vorschriften sowie den allgemeinen Gründungsvorschriften erforderlichen Anmeldungen und Erklärungen durch die Anmeldeverpflichteten formgerecht vorliegen. Weiter müssen die gem. § 17 UmwG, den Besonderen Vorschriften sowie den allgemeinen Gründungsvorschriften erforderlichen Anlagen der Anmeldung vollständig beigefügt sein. 3

Darüber hinaus nimmt das Registergericht auch eine **materielle Prüfung** der Ordnungsmäßigkeit der Verschmelzung vor. Insbesondere müssen die Wirksamkeit des Verschmelzungsvertrages[6], die Verschmelzungsfähigkeit der Rechtsträger[7] und die Rechtmäßigkeit der Verschmelzungsbeschlüsse geprüft werden. Die Prü- 4

1 Vgl. OLG Frankfurt/M. v. 14.10.2004 – 20 W 418/04, GmbHR 2005, 237 (238); OLG Hamm v. 1.8.1994 – 15 Sdb 37/94, NJW-RR 1995, 356 (357).
2 *Pluskat*, WM 2004, 601 (605).
3 BegrRegE, BT-Drucks. 12/6699, 91.
4 OLG Naumburg v. 12.12.1997 – 10 Wx 1/97, GmbHR 1997, 1153; *Fronhöfer* in Widmann/Mayer, § 19 UmwG Rz. 28; *Zimmermann* in Kallmeyer, § 19 UmwG Rz. 6.
5 *Fronhöfer* in Widmann/Mayer, § 19 UmwG Rz. 29; *Zimmermann* in Kallmeyer, § 19 UmwG Rz. 6.
6 Vgl. OLG Hamm v. 26.9.1996 – 15 W 151/96, NJW 1997, 666.
7 OLG Naumburg v. 12.2.1997 – 10 Wx 1/97, NJW-RR 1998, 178 (179); vgl. auch OLG Stuttgart v. 4.10.2005 – 8 W 426/05, AG 2006, 380 (381).

fung erstreckt sich auch auf eine anlässlich der Verschmelzung durchgeführte Kapitalerhöhung. In diesem Zusammenhang prüft das Registergericht der übernehmenden Kapitalgesellschaft auch die Kapitalaufbringung nach den Vorschriften über die Sachkapitalerhöhung[1].

5 Der **Prüfungsumfang** ergibt sich dabei indirekt aus **§ 398 FamFG**. Nach dieser Vorschrift kann ein Beschluss „als nichtig gelöscht werden, wenn er durch seinen Inhalt zwingende Vorschriften des Gesetzes verletzt und seine Beseitigung im öffentlichen Interesse erforderlich erscheint". Diese Voraussetzungen muss der Registerrichter bereits vor der Eintragung prüfen, denn ein Beschluss kann nicht eingetragen werden, der anschließend nach § 398 FamFG sofort wieder gelöscht werden müsste[2]. Es kommt also darauf an, ob der Beschluss inhaltlich zwingende Vorschriften des Gesetzes (nicht nur der Satzung) verletzt, die **öffentliche Interessen** (nicht nur Individualinteressen der Anteilsinhaber) schützen sollen. Die notwendige Voraussetzung einer Verletzung öffentlicher Interessen, also solchen von Gläubigern oder der Öffentlichkeit, wird nur **ausnahmsweise** gegeben sein (z.B. bei einer Verletzung von § 5 Nr. 8 UmwG). Zumeist wird eine Verletzung der Individualinteressen der Anteilsinhaber in Rede stehen, die diese selbst durch Anfechtungs- oder Nichtigkeitsklage geltend machen können. So betrifft der Inhalt des Verschmelzungsberichtes die Individualinteressen der Anteilsinhaber und ist deshalb vom Registergericht ebenso wenig zu prüfen[3] wie der Prüfungsbericht des gerichtlich bestellten Verschmelzungsprüfers oder die sonstige Erfüllung von Informationspflichten gegenüber den Anteilsinhabern[4]. Eine Prüfung der sachlichen Angemessenheit der Verschmelzung oder gar der unternehmerischen Richtigkeit der Maßnahme erfolgt durch das Registergericht ebenso wenig wie bei einer gerichtlichen Überprüfung im Rahmen von Klagen (vgl. § 13 Rz. 40f.). Liegt ausnahmsweise ein öffentliche Interessen verletzender, inhaltlicher Mangel der Verschmelzung vor, so ist es unerheblich, ob dieser zur Nichtigkeit oder nur zur Anfechtbarkeit führt[5]. Die Registergerichte bejahen häufig eine Pflicht zur Eintragung, wenn der einzutragende Beschluss weder nichtig noch fristgemäß angefochten ist[6]; in der Praxis wird dieser Unterschied nur selten relevant werden. Anfechtbare Beschlüsse, die öffentliche Interessen verletzen, können daher auch dann nicht eingetragen werden, wenn sie nicht oder nicht rechtzeitig angefochten worden sind (wie sich schon daraus ergibt, dass der Beschluss nach § 398 FamFG

---

1 Vgl. *Fronhöfer* in Widmann/Mayer, § 19 UmwG Rz. 22.

2 *Bork*, ZGR 1993, 343 (357); *Lüke*, ZGR 1990, 657 (669); *Schäffler* in Maulbetsch/Klumpp/Rose, § 17 UmwG Rz. 1; *Schmid*, ZGR 1997, 493 (498); *Schwanna* in Semler/Stengel, § 19 UmwG Rz. 5; *Simon* in KölnKomm. UmwG, § 19 UmwG Rz. 12; *Sosnitza*, NZG 1999, 965 (973). Abweichend für eine umfassende Rechtmäßigkeitsprüfung vgl. *Bokelmann*, DB 1994, 1341 (1344).

3 Vgl. *Simon* in KölnKomm. UmwG, § 19 UmwG Rz. 14; insoweit abweichend *Zimmermann* in Kallmeyer, § 19 UmwG Rz. 5: Prüfung auf offensichtliche Unvollständigkeit und Unrichtigkeit.

4 Insoweit zustimmend auch *Zimmermann* in Kallmeyer, § 19 UmwG Rz. 5.

5 *Fronhöfer* in Widmann/Mayer, § 19 UmwG Rz. 17; *Rettmann*, S. 204ff.; *Simon* in Köln-Komm. UmwG, § 19 UmwG Rz. 15.

6 Vgl. BayObLG v. 5.7.1996 – 3 Z BR 114/96, Rpfleger 1997, 25 = AG 1996, 468; BayObLG v. 18.7.1991 – BReg 3 Z 133/90, BB 1991, 1729 = GmbHR 1992, 304; OLG Hamm v. 8.12.1993 – 15 W 291/93, OLGZ 1994, 415 (418) = AG 1994, 376; OLG München v. 14.6.2012 – 31 Wx 192/12, NZG 2013, 557 (558) = GmbHR 2012, 905; *Bumiller/Harders*, § 398 FamFG Rz. 3; *Heinemann* in Keidel, § 398 FamFG Rz. 17.

„als nichtig" gelöscht wird). Ebenso können nichtige Beschlüsse, die öffentliche Interessen verletzen, auch dann nicht eingetragen werden, wenn die Klagefrist des § 14 Abs. 1 UmwG versäumt ist (s. § 14 Rz. 14). Trotz ihrer Nichtigkeit ist eine Verschmelzung einzutragen, wenn sie öffentliche Interessen nicht verletzt[1].

Der Richter prüft die Eintragungsvoraussetzungen grundsätzlich in eigener Verantwortung. Sind die **Beschlussmängel Gegenstand eines Freigabeverfahrens gem. § 16 Abs. 3 UmwG**, ist das Registergericht an die Entscheidung im Freigabeverfahren gebunden (vgl. § 16 Rz. 90f.). Lehnt das OLG den Freigabeantrag ab, so hat das Registergericht, da in diesem Fall das „Negativattest" nach § 16 Abs. 2 UmwG (s. § 16 Rz. 9) fehlt, das Eintragungsverfahren analog § 21 Abs. 1 FamFG bis zur Erledigung des Hauptsacheverfahrens auszusetzen. Vor einer Entscheidung im Freigabeverfahren wird das Registergericht das Verfahren ebenfalls regelmäßig aussetzen. Es kann zwar den Eintragungsantrag unbeschadet des schwebenden Freigabeverfahrens zurückweisen, wenn es die Verschmelzung für nicht eintragungsfähig hält[2], wird aber in der Praxis mit der Prüfung bis zur Entscheidung im Freigabeverfahren zuwarten. Denn bei einem Erfolg des antragstellenden Unternehmens im Freigabeverfahren könnte dieses einen neuen Eintragungsantrag stellen. 6

III. Eintragungen

1. Reihenfolge (§ 19 Abs. 1 UmwG)

Liegen die Eintragungsvoraussetzungen vor, so besteht ein öffentlich rechtlicher Anspruch auf Eintragung und diese muss durch das jeweilige Registergericht erfolgen[3]. Die Verschmelzung muss sowohl in das Register des übertragenden als auch in das Register des übernehmenden Rechtsträgers eingetragen werden. Konstitutive Wirkung hat nur die Eintragung in das Register des übernehmenden Rechtsträgers (§ 20 Abs. 1 UmwG), vgl. auch § 19 Abs. 1 Satz 2 UmwG. Bevor diese Wirkung herbeigeführt werden kann, muss sicher sein, dass die Verschmelzung ordnungsgemäß vorbereitet und beschlossen ist. Deshalb ordnet **§ 19 Abs. 1 Satz 1 UmwG** zwingend an, dass die Verschmelzung **zuerst in das Register des übertragenden Rechtsträgers** einzutragen ist, damit dort in einem ersten Schritt geprüft werden kann, ob die formellen und materiellen Eintragungsvoraussetzungen vorliegen. Die gesetzlich angeordnete Reihenfolge der Eintragungen dient dem Schutz der Anteilsinhaber. 7

Sind an der Verschmelzung mehrere übertragende Rechtsträger beteiligt, bedarf es einer Eintragung der Verschmelzung in sämtlichen Registern der übertragenden Rechtsträger, bevor die Eintragung im Register des übernehmenden Rechtsträgers erfolgen kann[4]. Ist die Verschmelzung bei der übernehmenden Gesellschaft mit einer Kapitalerhöhung verbunden, so hat gem. § 53 UmwG bzw. § 66 UmwG die 8

---

1 Zutr. *Lüke*, ZGR 1990, 657 (669f.); *Simon* in KölnKomm. UmwG, § 19 UmwG Rz. 15; abweichend *Bokelmann*, DB 1994, 1341 (1343); *Fronhöfer* in Widmann/Mayer, § 19 UmwG Rz. 17; *Limmer* in Limmer, Unternehmensumwandlung, Teil 2 Rz. 576.

2 *Bokelmann*, DB 1994, 1341.

3 KG v. 19.5.1998 – 1 W 5328/97, GmbHR 1998, 786; *Zimmermann* in Kallmeyer, § 19 UmwG Rz. 7.

4 *Simon* in KölnKomm. UmwG, § 19 UmwG Rz. 18; *Stratz* in Schmitt/Hörtnagl/Stratz, § 19 UmwG Rz. 5.

Eintragung der Durchführung der Kapitalerhöhung beim übernehmenden Rechtsträger vor der Eintragung der Verschmelzung zu erfolgen. Dagegen muss beim übertragenden Rechtsträger nicht auf die Eintragung der Kapitalerhöhung beim übernehmenden Rechtsträger gewartet werden.

9 Die Eintragung ist nach **§ 19 Abs. 1 Satz 2 UmwG** mit dem **Vermerk** zu versehen, dass die Verschmelzung erst mit der Eintragung im Register des übernehmenden Rechtsträgers wirksam wird. Von diesem Vermerk kann gem. § 19 Abs. 1 Satz 2 a.E. UmwG nur abgesehen werden, wenn gewährleistet ist, dass die Eintragung in beiden Registern am selben Tag erfolgt, etwa weil für beide dasselbe Gericht zuständig ist bzw. die zuständigen Richter eine taggleiche Eintragung abgesprochen haben[1]. Der Eintragung für den übertragenden Rechtsträger kommt nur ankündigende Wirkung mit Warnfunktion zu[2]. Die Warnfunktion bezieht sich auf die Gläubiger (§ 22 UmwG), sie hat ferner Bedeutung für den Verjährungsbeginn beim Schadensersatz (§§ 25 Abs. 3, 27 UmwG) und für die Barabfindung (§§ 29, 31 UmwG) (vgl. auch unten Rz. 13)[3]. Die Löschung des Wirksamkeitsvorbehalts kann von Amts wegen erfolgen, wenn er sachlich unrichtig ist, nicht dagegen, wenn er verfahrensfehlerhaft zustande gekommen ist[4]. Wird bei einer Verschmelzung mit Kapitalerhöhung für die aufnehmende Gesellschaft zugleich deren Sitzverlegung angemeldet, so ist das Registergericht des bisherigen Sitzes zunächst zur Erledigung des Antrags bezüglich der nach § 53 UmwG vorab einzutragenden Kapitalerhöhung verpflichtet, bevor es die Sache zur Eintragung der Verschmelzung und Sitzverlegung (sowie etwaiger sonstiger Satzungsänderungen) an das Gericht des neuen Sitzes abgeben kann[5].

10 **Inhalt der Registereintragung** ist beim übertragenden Rechtsträger und beim übernehmenden Rechtsträger „die Verschmelzung" und nicht der Verschmelzungsvertrag. Genauer hat die Eintragung jeweils zum Gegenstand, dass der oder die näher bezeichneten übertragenden Rechtsträger gemäß dem datierten Verschmelzungsvertrag und den datierten Verschmelzungsbeschlüssen unter Übertragung des Vermögens als Ganzes Auflösung der übertragenden Rechtsträger ohne Abwicklung auf den näher bezeichneten übernehmenden Rechtsträger gegen Gewährung von Anteilen oder Mitgliedschaften des übernehmenden Rechtsträgers (oder des neuen Rechtsträgers) verschmolzen sind. Die Fassung des Eintragungsvermerks wird vom Gericht bestimmt und ist nicht an den Antrag in der Anmeldung gebunden[6].

11 Wird die vom Gesetz vorgesehene Reihenfolge nicht eingehalten, so wirkt sich das auf die Wirksamkeit der Verschmelzung nicht aus. Die Verschmelzung wird mit Eintragung in das für den übernehmenden Rechtsträger zuständige Register

1 Vgl. BegrRegE, BT-Drucks. 16/2919, 13.
2 OLG Zweibrücken v. 28.2.1990 – 3 W 183/89, DB 1990, 725 (726); *Stratz* in Schmitt/Hörtnagl/Stratz, § 19 UmwG Rz. 4.
3 *Heidinger* in Henssler/Strohn, § 19 UmwG Rz. 6; *Stratz* in Schmitt/Hörtnagl/Stratz, § 19 UmwG Rz. 4.
4 OLG Düsseldorf v. 14.12.1998 – 3 Wx 483/98, DB 1999, 734 = GmbHR 1999, 236; *Fronhöfer* in Widmann/Mayer, § 19 UmwG Rz. 46.
5 OLG Frankfurt/M. v. 14.10.2004 – 20 W 418/04, DB 2005, 154 = GmbHR 2005, 237.
6 *Zimmermann* in Kallmeyer, § 19 UmwG Rz. 10.

wirksam, die Eintragung in das Register des übertragenden Rechtsträgers hat nur deklaratorische Bedeutung (vgl. § 20 Rz. 3)[1].

2. Mitteilungspflichten (§ 19 Abs. 2 UmwG)

12 Hat das für den übernehmenden Rechtsträger zuständige Gericht eingetragen, so ist die Verschmelzung nach § 20 Abs. 1 UmwG vollzogen. Der Zeitpunkt dieser Wirkung muss noch im Register des übertragenden Rechtsträgers dokumentiert werden. § 19 Abs. 2 Satz 1 UmwG ordnet deshalb an, dass das Gericht des Sitzes des übernehmenden Rechtsträgers dem Gericht des Sitzes des übertragenden Rechtsträgers den Tag der Eintragung mitzuteilen hat. Dieser Tag wird nach § 19 Abs. 2 Satz 2 UmwG von Amts wegen im Register des übertragenden Rechtsträgers eingetragen (**Wirksamkeitsvermerk**). Da der übernehmende Rechtsträger die Gesamtrechtsnachfolge des übertragenden Rechtsträgers angetreten hat, sollen auch die Registerunterlagen beim Register des übernehmenden Rechtsträgers konzentriert werden. Deshalb bestimmt § 19 Abs. 2 Satz 3 UmwG, dass die beim Register des übertragenden Rechtsträgers aufbewahrten Dokumente dem für den übernehmenden Rechtsträger zuständigen Gericht zur Aufbewahrung zu übermitteln sind. Übermittelt werden aber nur die Originalurkunden aus den Registerakten (von denen das Gericht nach § 8 Abs. 2 Satz 1 HRegV beglaubigte Abschriften zurückzubehalten hat), nicht das Registerblatt selbst.

3. Bekanntmachung (§ 19 Abs. 3 UmwG)

13 Die Eintragungen in beiden Registern sind nach Maßgabe des § 19 Abs. 3 UmwG öffentlich bekannt zu machen. Diese Bekanntmachungen haben für die Verschmelzung keine konstitutive, sondern nur verlautbarende Wirkung. Eigenständige **Bedeutung** hat die Bekanntmachung allerdings für die Anmeldung von Ansprüchen nach § 22 UmwG, die Verjährungsfrist für Schadensersatzansprüche nach §§ 25 Abs. 3, 27 UmwG, die Frist für die Annahme des Abfindungsangebots nach §§ 29, 31 UmwG, die Frist für die Nachhaftung persönlich haftender Gesellschafter nach § 45 Abs. 2 UmwG und insbesondere für die Antragsfrist im Spruchverfahren gem. § 4 Abs. 1 Nr. 4 SpruchG.

14 Die **Art und Weise** der Bekanntmachung regelt **§ 10 HGB**, der über § 19 Abs. 3 UmwG auch auf Genossenschaften und Vereine erstreckt wird, für die § 10 HGB nicht gilt. Die Bekanntmachung erfolgt nicht durch die Rechtsträger, sondern von Amts wegen durch die Registergerichte, die dabei die Verfahrensregelungen der §§ 32ff. HRegV zu beachten haben. Jedes der beteiligten Registergerichte muss die von ihm verfügten und vorgenommenen Eintragungen unverzüglich (§ 32 HRegV) und im vollen Wortlaut[2] verlautbaren. Die Bekanntmachung erfolgt in dem von der jeweiligen Landesjustizverwaltung bestimmten elektronischen Informationssystem.

---

1 *St. Richter* in Happ, Abschn. 7.01 Rz. 81.3; *Schwanna* in Semler/Stengel, § 19 UmwG Rz. 10; *Simon* in KölnKomm. UmwG, § 19 UmwG Rz. 20; *Zimmermann* in Kallmeyer, § 19 UmwG Rz. 8.

2 *Hüffer* in Großkomm. HGB, § 10 HGB Rz. 2.

4. Kosten

15 Die Kosten für die Eintragung in das Handelsregister richten sich nach der auf der Grundlage von § 58 GNotKG erlassenen Handelsregistergebührenverordnung. Für die Eintragung in das Vereinsregister gelten Nr. 13100 und 13101 der Anlage 1 zu § 3 Abs. 2 GNotKG (regelmäßig 50 Euro). Die Gebühr für die Eintragung der Verschmelzung beträgt für jedes Register der beteiligten Rechtsträger 180 Euro. Hinzu kommen Veröffentlichungs- und Bekanntmachungskosten. Verfügt der übertragende Rechtsträger über Grundbesitz, bedarf es einer Berichtigung des Grundbuchs, für die eine 10/10-Gebühr gem. Nr. 14110 der Anlage 1 zu § 3 Abs. 2 GNotKG nach dem zusammengerechneten Wert der Grundstücke (§ 69 Abs. 1 Satz 1 GNotKG) anfällt.

5. Rechtsmittel

16 Wird der Eintragungsantrag zurückgewiesen, so ist dagegen gem. § 58 Abs. 1 FamFG die Beschwerde zum LG möglich. Gegen die Beschwerdeentscheidung ist gem. § 70 FamFG die Rechtsbeschwerde zum OLG möglich. Die den übertragenden Rechtsträger betreffende Eintragungsverfügung kann von den Anteilsinhabern nicht mit der Beschwerde angegriffen werden, weil dieser Eintragung nur ankündigende Wirkung zukommt (oben Rz. 9)[1]. Eine Eintragungsverfügung im Register des übernehmenden Rechtsträgers ist nicht mit der Beschwerde angreifbar, § 383 Abs. 3 FamFG. Eine unrichtige Eintragung kann zwar im Amtslöschungsverfahren gem. § 395 FamFG beseitigt werden[2]. Nach der Eintragung der Verschmelzung im Register des übernehmenden Rechtsträgers besteht allerdings für eine Amtslöschung wegen § 20 Abs. 2 UmwG kein Raum mehr[3]. Etwas anderes kann allenfalls aufgrund verfassungskonformer Auslegung bei einer gesetzeswidrigen Eintragung trotz bestehender Registersperre (§ 16 Abs. 2 UmwG) in Betracht kommen[4].

§ 20
Wirkungen der Eintragung

(1) Die Eintragung der Verschmelzung in das Register des Sitzes des übernehmenden Rechtsträgers hat folgende Wirkungen:

1. **Das Vermögen der übertragenden Rechtsträger geht einschließlich der Verbindlichkeiten auf den übernehmenden Rechtsträger über.**
2. **Die übertragenden Rechtsträger erlöschen. Einer besonderen Löschung bedarf es nicht.**
3. **Die Anteilsinhaber der übertragenden Rechtsträger werden Anteilsinhaber des übernehmenden Rechtsträgers; dies gilt nicht, soweit der übernehmende**

1 OLG Zweibrücken v. 28.2.1990 – 3 W 183/89, DB 1990, 725.
2 OLG Düsseldorf v. 14.12.1998 – 3 Wx 483/98, GmbHR 1999, 236 (237); *Zimmermann* in Kallmeyer, § 19 UmwG Rz. 13.
3 Vgl. OLG Frankfurt/M. v. 17.2.1998 – 5 W 12/97, NJW-RR 1999, 334 (335).
4 Vgl. BVerfG v. 9.12.2009 – 1 BvR 1542/06, AG 2010, 160 (161).

Rechtsträger oder ein Dritter, der im eigenen Namen, jedoch für Rechnung dieses Rechtsträgers handelt, Anteilsinhaber des übertragenden Rechtsträgers ist oder der übertragende Rechtsträger eigene Anteile innehat oder ein Dritter, der im eigenen Namen, jedoch für Rechnung dieses Rechtsträgers handelt, dessen Anteilsinhaber ist. Rechte Dritter an den Anteilen oder Mitgliedschaften der übertragenden Rechtsträger bestehen an den an ihre Stelle tretenden Anteilen oder Mitgliedschaften des übernehmenden Rechtsträgers weiter.

4. Der Mangel der notariellen Beurkundung des Verschmelzungsvertrags und gegebenenfalls erforderlicher Zustimmungs- oder Verzichtserklärungen einzelner Anteilsinhaber wird geheilt.

(2) Mängel der Verschmelzung lassen die Wirkungen der Eintragung nach Absatz 1 unberührt.

Literatur

Baums, Die Auswirkungen der Verschmelzung von Kapitalgesellschaften auf die Anstellungsverhältnisse der Geschäftsleiter, ZHR 156 (1992), 248; *Baums*, Eintragung und Löschung von Gesellschafterbeschlüssen, 1981; *Bayer*, Herrschaftsveränderungen im Vertragskonzern – Besprechung der Entscheidung BGHZ 119, 1, ZGR 1993, 599; *Bitter*, Kreditverträge in Umwandlung und Umstrukturierung, ZHR 173 (2009), 379; *Blasche/Söntgerath*, Verschmelzung: Möglichkeiten des übertragenden Rechtsträgers zur Einflussnahme auf die Geschäftspolitik des übernehmenden Rechtsträgers, BB 2009, 1432; *Bork*, Beschlussverfahren und Beschlusskontrolle nach dem Referentenentwurf eines Gesetzes zur Bereinigung des Umwandlungsrechts, ZGR 1993, 343; *Bredow*, Kreditverkäufe in der Praxis – Missbrauchsfälle und aktuelle Reformansätze, BKR 2008, 271; *Büchel*, Voreilige Eintragung von Verschmelzung oder Formwechsel und die Folgen, ZIP 2006, 2289; *Buchner/Schlobach*, Die Auswirkungen der Umwandlung von Gesellschaften auf die Rechtsstellung ihrer Organpersonen, GmbHR 2004, 1; *Bungert*, Grenzüberschreitendes Umwandlungsrecht: Gesamtrechtsnachfolge für im Ausland belegene Immobilien bei Verschmelzung deutscher Gesellschaften, in FS Heldrich, 2005, S. 527; *Bungert/Hentzen*, Kapitalerhöhung zur Durchführung von Verschmelzung oder Abspaltung bei parallelem Rückkauf eigener Aktien durch die übertragende AG, DB 1999, 2501; *Burg/Marx*, Vinkulierungen und Konsortialverträge in Umwandlungsfällen, NZG 2013, 127; *Butzke*, Der Abfindungsanspruch nach § 305 AktG nach Squeeze out, Formwechsel oder Verschmelzung, in FS Hüffer, 2010, S. 97; *Döss*, Die Auswirkungen von Mängeln einer Verschmelzung durch Aufnahme auf die rechtliche Stellung einer übertragenden Gesellschaft und ihrer Aktionäre, Diss. Mainz 1990; *Dreyer*, Rechtsnachfolge in „höchst-persönliche" Rechte von Verbänden, JZ 2007, 606; *Emmerich/Habersack*, Konzernrecht, 9. Aufl. 2008; *Eusani*, Auswirkungen der Verschmelzung auf Bürgschaftsverpflichtungen für Dauerschuldverhältnisse am Beispiel der Mietbürgschaft, WM 2004, 866; *Eusani/Schaudinn*, Die Bindungswirkung formfreier Anteilsveräußerungen nach zwischenzeitlicher Umwandlung in eine GmbH, GmbHR 2009, 1125; *Fedke*, Auswirkungen von konzerninternen Verschmelzungsvorgängen auf bestehende Unternehmensverträge, Der Konzern 2008, 533; *Michael Fischer*, Formwechsel zwischen GmbH und GmbH & Co. KG, BB 1995, 2173; *Frey*, Rechtsnachfolge in Vollmachtgeberstellungen, 1997; *Gaiser*, Die Umwandlung und ihre Auswirkungen auf personenbezogene öffentlich-rechtliche Erlaubnisse. Ein unlösbarer Konflikt zwischen Umwandlungsrecht und Gewerberecht?, DB 2000, 361; *Grunewald*, Scheinsozietäten als besondere Form der Scheingesellschaft, in FS Ulmer, 2003, S. 141; *Gutheil*, Die Auswirkungen von Umwandlungen auf Unternehmensverträge nach §§ 291, 292 AktG und die Rechte außenstehender Aktionäre, 2001; *Heckschen*, Verschmelzung von Kapitalgesellschaften, 1989; *Heckschen*, Der Verzicht auf Anteilsgewähr bei Umwandlungsvorgängen aus gesellschafts- und steuerrechtlicher Sicht, GWR 2010, 101; *Heidenhain*, Sonderrechtsnachfolge bei der Spaltung, ZIP 1995, 801; *Heidinger/Blath*, Die Legitimation zur Teilnahme an der Hauptversammlung nach Inkrafttreten des UMAG, DB 2006, 2275; *Hennrichs*, Formwechsel und Gesamtrechtsnachfolge bei Umwandlungen, 1995; *Hoffmann-Becking*, „Organnachfolge" bei der Verschmelzung, in FS Ulmer, 2003, S. 242; *Markus Huber*, Anteilsgewährpflicht im Umwandlungsrecht?, 2005; *Ihrig*, Verschmelzung und Spaltung ohne Gewährung neuer Anteile?, ZHR 160 (1996), 317; *Kalss*, Öffentlich-rechtliche Berechtigungen und Genehmigungen bei Umgründungen, GesRZ 2000, 212; *Kandelhard*, Die Änderung der Rechtsform des Gewerberaummieters, NZM 1999, 440; *Kiem*, Die Eintragung der angefochtenen Verschmelzung, 1991; *Kiem*, Der umwandlungsbedingte Wechsel des Mitbestimmungsstatus, NZG 2001, 680; *Klein/Stephanblome*, Der Downstream Merger – aktuelle umwandlungs- und gesellschaftsrechtliche Fragestellungen, ZGR 2007, 351; *Kohlegger/Knopflach*, Gemeinschaftsrechtliche Auslegungs- und Umsetzungsprobleme am Beispiel von Fusions- sowie Spaltungsrichtlinie und EU-GesRÄG, RdW 1996, 97; *Koppensteiner*, Zur Überbewertung von Vermögen bei der Verschmelzung von Kapitalgesellschaften, in FS Hüffer, 2010, S. 465; *Kort*, Aktien aus vernichteten Kapitalerhöhungen, ZGR 1994, 291; *Kort*, Bestandsschutz fehlerhafter Strukturänderungen im Kapitalgesellschaftsrecht, 1998; *Kort*, Bedeutung und Reichweite des Bestandsschutzes von Umwandlungen, AG 2010, 230; *Kort*, Pflichten und Obliegenheiten der Beteiligten bei spät erhobener Anfechtungsklage gegen einen Umwandlungsbeschluss (§§ 16, 20 UmwG), NZG 2010, 893; *Korte*, Aktienerwerb und Kapitalschutz bei Umwandlungen, WiB 1997, 953; *Kreuznacht*, Wirkungen der Eintragungen fehlerhafter Verschmelzungen von Aktiengesellschaften und Gesellschaften mit beschränkter Haftung nach § 20 Abs. 2 UmwG, 1998; *Krieger*, Fehlerhafte Satzungsänderungen: Fallgruppen und Bestandskraft, ZHR 158 (1994), 35; *Krieger*, Der Konzern in Umwandlung und Fusion, ZGR 1990, 517; *Krohs/Timmerbeil*, Die Durchsetzung von Kartellbußen gegen Rechtsnachfolger, BB 2012, 2447; *Kuhlmann*, Die Mitbestimmungsfreiheit im ersten Aufsichtsrat einer AG gemäß § 30 II AktG, NZG 2010, 46; *Kusserow/Prüm*, Die Gesamtrechtsnachfolge bei Umwandlungen mit Auslandsbezug, WM 2005, 633; *Limmer*, Anteilsgewährung und Kapitalschutz bei Verschmelzung und Spaltung nach neuem Umwandlungsrecht, in FS Schippel, 1997, S. 415; *Löbbe*, Konzernverantwortung und Umwandlungsrecht, ZHR 177 (2013), 518; *Lüttge*, Unternehmensumwandlungen und Datenschutz, NJW 2000, 2463; *Marsch-Barner/Mackenthun*, Das Schicksal gespeicherter Daten bei Verschmelzung und Spaltung von Unternehmen, ZHR 165 (2001), 426; *Martens*, Kontinuität und Diskontinuität im Verschmelzungsrecht der Aktiengesellschaften, AG 1986, 57; *Meilicke*, Kein Rechtsschutz gegen rechtswidrige Handelsregistereintragungen?, DB 2001, 1235; *Kai Mertens*, Zur Universalsukzession in einem neuen Umwandlungsrecht, AG 1994, 66; *Kai Mertens*, Umwandlung und Universalsukzession, 1993; *Meschke*, MVZ-Trägergesellschaften – Veränderungen auf Gesellschafter- und Trägerebene, MedR 2009, 263; *Meyer*, Auswirkungen der Umwandlung von Gesellschaften nach dem UmwG auf einen anhängigen Zivilprozess, JR 2007, 133; *Moll*, Beschäftigung des Geschäftsführers/Vorstandsmitglieds nach Beendigung der Organstellung, in FS Schwerdtner, 2004, S. 453; *K. Müller*, Auswirkungen von Umstrukturierungen nach dem Umwandlungsgesetz auf Beherrschungs- und Gewinnabführungsverträge, BB 2002, 157; *Mutter/Stehle*, Exportfinanzierung in Gefahr – der drohende Verlust von Akkreditiven bei der Verschmelzung, ZIP 2002, 1829; *Naraschewski*, Verschmelzung im Konzern: Ausgleichs- und Abfindungsansprüche außenstehender Aktionäre bei Erlöschen eines Unternehmensvertrages, DB 1997, 1653 und DB 1998, 762; *Petersen*, Der Gläubigerschutz im Umwandlungsrecht, 2001; *Racky*, Die Behandlung von im Ausland belegenen Gesellschaftsvermögen bei Verschmelzungen, DB 2003, 923; *Redeke*, Entlastungslücken nach einer Verschmelzung von Kapitalgesellschaften?, 2007; *Reimann*, Ende der Testamentsvollstreckung durch Umwandlung?, ZEV 2000, 381; *Rieble*, Verschmelzung und

Spaltung von Unternehmen und ihre Folgen für Schuldverhältnisse mit Dritten, ZIP 1997, 301; *Riegger*, Zum Schicksal von Beteiligungen an Drittgesellschaften bei Verschmelzungen, in FS Bezzenberger, 2000, S. 379; *Röder/Lingemann*, Schicksal von Vorstand und Geschäftsführer bei Unternehmensumwandlungen und Unternehmensveräußerungen, DB 1993, 1341; *Rosner*, Ausstehende Einlagen nach Verschmelzung von Aktiengesellschaften, AG 2011, 5; *Schäfer*, Die Lehre vom fehlerhaften Verband, 2002; *Schaffland*, Datenschutz und Bankgeheimnis bei Fusion – (k)ein Thema?, NJW 2002, 1539; *Scharf*, Umwandlung und Datenschutz, 2008; *Christoph Schmid*, Das umwandlungsrechtliche Unbedenklichkeitsverfahren und die Reversibilität registrierter Verschmelzungsbeschlüsse, ZGR 1997, 493; *Karsten Schmidt*, Die fehlerhafte Verschmelzung nach dem Aktiengesetz, AG 1991, 131; *Karsten Schmidt*, Das Prozessrechtsverhältnis bei Umstrukturierung, Auflösung und Konkurs einer Handelsgesellschaft, in FS Henckel, 1995, S. 749; *Karsten Schmidt*, Einschränkung der umwandlungsrechtlichen Eintragungswirkungen durch den umwandlungsrechtlichen numerus clausus?, ZIP 1998, 181; *Karsten Schmidt*, Haftungsrisiken bei „stecken gebliebenen" Verschmelzungen, DB 1996, 1859; *Karsten Schmidt*, Integrationswirkung des Umwandlungsgesetzes, in FS Ulmer, 2003, S. 557; *Karsten Schmidt*, § 673 BGB bei Verschmelzungsvorgängen in Dienstleistungsunternehmen – oder: Geisterstunde im Umwandlungsrecht?, DB 2001, 1019; *Schmidt-Troschke*, Rechtsbehelfe bei fehlerhafter Verschmelzung zweier GmbH, GmbHR 1992, 505; *Schnorbus*, Grundlagen der persönlichen Haftung von Organmitgliedern nach § 25 Abs. 1 UmwG, ZHR 167 (2003), 166; *Schubert*, Die Gesamtrechtsnachfolge bei der Fusion von Aktiengesellschaften, Diss. München, 1965; *Schubert*, Verschmelzung: Ausgleichs- und Abfindungsansprüche außenstehender Aktionäre bei vorhergehendem Unternehmensvertrag, DB 1998, 761; *Schürnbrand*, Organschaft im Recht der privaten Verbände, 2007; *Schwab*, Abfindungsanspruch außenstehender Aktionäre bei Beendigung des Unternehmensvertrages durch Verschmelzung, BB 2000, 527; *Seibt*, Gesamtrechtsnachfolge beim gestalteten Ausscheiden von Gesellschaftern aus Personengesellschaften: Grundfragen des Gesellschafter-, Gläubiger- und Arbeitnehmerschutz, in FS Röhricht, 2005, S. 603; *Simitis*, Umwandlungen: ein blinder Fleck im Datenschutz?, ZHR 165 (2001), 453; *Stadie*, Rechtsnachfolge im Verwaltungsrecht, DVBl. 1990, 501; *Stöber*, Die Auswirkungen einer Umwandlung nach dem Umwandlungsgesetz auf einen laufenden Zivilprozess, NZG 2006, 574; *Streck/Mack/Schwedhelm*, Verschmelzung und Formwechsel nach dem neuen Umwandlungsgesetz, GmbHR 1995, 161; *Teichmann*, Ausstrahlungen des Umwandlungsgesetzes auf den Nießbrauch am Unternehmen und an Gesellschaftsanteilen, in FS Lutter, 2000, S. 1261; *Teichmann/Kießling*, Datenschutz bei Umwandlungen, ZGR 2001, 33; *Timm*, Missbräuchliche Aktionärsklagen einschließlich Abfindungsregelungen, in Timm (Hrsg.), Missbräuchliches Aktionärsverhalten, 1990, S. 1; *Vossius*, Unternehmensvertrag und Umwandlung, in FS Widmann, 2000, S. 133; *Weiss*, Put Option auf eigene Aktien kraft Gesamtrechtsnachfolge, AG 2004, 127; *Wengert/Widmann-Wengert*, Bankenfusionen und Datenschutz, NJW 2000, 1289; *Werhahn*, Der Kreditvertrag in der Umwandlung, 2007; *Harm Peter Westermann*, Das Schicksal von Gesellschaftssicherheiten nach Veränderungen im Mitgliederkreis der Gesellschaft, in FS Rowedder, 1994, S. 529; *Wicke/Menzel*, Der Amtsübergang bei Umstrukturierung des WEG-Verwalters, MittBayNot 2009, 203; *Widder*, Kapitalmarktrechtliche Beteiligungstransparenz und Gesamtrechtsnachfolge, BB 2005, 1979; *Widder*, Rechtsnachfolge in Mitteilungspflichten nach §§ 21 ff. WpHG, § 20 AktG, NZG 2004, 275; *Widder*, Mitteilungspflichten gemäß §§ 21 ff. WpHG und Anteilserwerb nach UmwG, NZG 2010, 455; *Martin Winter*, Die Anteilsgewährung – zwingendes Prinzip des Verschmelzungsrechts?, in FS Lutter, 2000, S. 1279; *Martin Winter*, Die Rechtsstellung des stillen Gesellschafters in der Verschmelzung, in FS Peltzer, 2001, S. 645; *Zöllner*, Folgen der Nichtigerklärung durchgeführter Kapitalerhöhungsbeschlüsse, AG 1993, 68; *Zöllner*, Umwandlung und Datenschutz, ZHR 165 (2001), 440; *Zöllner/Winter*, Folgen der Nichtigerklärung durchgeführter Kapitalerhöhungsbeschlüsse, ZHR 158 (1994), 59.

I. Inhalt der Norm

§ 20 UmwG ist eine der zentralen Normen des UmwG. Geregelt werden die Folgen der Eintragung. Dazu gehört nach § 20 Abs. 1 Nr. 1 UmwG die **Gesamtrechtsnachfolge** des übernehmenden Rechtsträgers in die Rechtsstellung des übertragenden (zur Firma § 18 UmwG). Hierin liegt ein entscheidender Vorteil gegenüber zahlreichen anderen Formen der Zusammenführung von Unternehmen. Festgelegt wird auch, dass die Anteilsinhaber des übertragenden Rechtsträgers **ohne besonderen Übertragungsakt Anteilsinhaber** des übernehmenden Rechtsträgers werden (§ 20 Abs. 1 Nr. 3 UmwG). 1

In § 20 Abs. 1 Nr. 4 UmwG wird bestimmt, dass mit der Eintragung der Verschmelzung bestimmte Mängel des Verschmelzungsvertrags und der Zustimmungs- und Verzichtserklärungen **geheilt werden**. § 20 Abs. 2 UmwG legt zudem fest, dass Mängel der Verschmelzung die Wirkung der Eintragung nicht beeinflussen. 2

II. Eintragung der Verschmelzung im Register des übernehmenden Rechtsträgers

1. Für die Verschmelzungswirkungen maßgeblicher Zeitpunkt

Die Verschmelzungswirkungen treten nach § 20 Abs. 1 Satz 1 UmwG mit Eintragung der Verschmelzung im Register des Sitzes des übernehmenden Rechtsträgers ein (§ 8a HGB). Diese Eintragung erfolgt nach § 19 Abs. 1 Satz 1 UmwG **erst nach Eintragung der Verschmelzung im Register jedes übertragenden Rechtsträgers**. Aber selbst wenn die Eintragung im Register des übernehmenden Rechtsträgers entgegen dieser Bestimmung zuerst erfolgt, ist sie für den Eintritt der Verschmelzungswirkungen maßgebend[1]. Die dann erst später erfolgende Eintragung der Verschmelzung im Register der übertragenden Rechtsträger hat nur deklaratorische Bedeutung. 3

Entscheidend für den Eintritt der Verschmelzungswirkungen ist **nicht der Zeitpunkt der Bekanntmachung** der Eintragung[2]. Zwar muss die Verschmelzung gem. § 10 HGB bekannt gemacht werden, aber dies ist für die Festlegung des für die Verschmelzungsfolgen maßgeblichen Zeitpunkts ohne Bedeutung. Die Verschmelzungsfolgen treten demgemäß auch ein, wenn die Bekanntmachung versehentlich gänzlich unterbleibt[3]. 4

Sollten die Vertragspartner **im Verschmelzungsvertrag einen anderen Zeitpunkt** oder den Eintritt einer Bedingung für den Eintritt der Verschmelzungsfolgen für maßgeblich erklärt haben, so hat dies nur schuldrechtliche Folgen (s. auch unten Rz. 89)[4]. Durch Vertragsauslegung ist zu ermitteln, was mit dieser Regelung gemeint ist. Meist wird es sich um die Festlegung des Verschmelzungsstichtags 5

1 *Stratz* in Schmitt/Hörtnagl/Stratz, § 19 UmwG Rz. 10; *Kübler* in Semler/Stengel, § 20 UmwG Rz. 7; *Marsch-Barner* in Kallmeyer, § 20 UmwG Rz. 3.
2 *Heidinger* in Henssler/Strohn, § 20 UmwG Rz. 2.
3 *Simon* in KölnKomm. UmwG, § 20 UmwG Rz. 2.
4 *Kübler* in Semler/Stengel, § 20 UmwG Rz. 6; *Marsch-Barner* in Kallmeyer, § 20 UmwG Rz. 3; *Simon* in KölnKomm. UmwG, § 20 UmwG Rz. 2; *Stratz* in Schmitt/Hörtnagl/Stratz, § 20 UmwG Rz. 3.

(dazu § 5 Rz. 74ff.) handeln. Die Annahme, in einer solchen Regelung liege der Abschluss eines Ergebnisabführungsvertrages, der bis zur Verschmelzung gelten solle, liegt demgegenüber fern[1]. Anderenfalls müssten für die Zeit bis zum Eintritt der Verschmelzungsfolgen u.U. ein Ausgleich und eine Abfindung nach §§ 304f. AktG vorgesehen und weitere Formalien beachtet werden. Das wird regelmäßig nicht gewollt sein.

2. Prüfung der Verschmelzung durch den Registerrichter

6 Der Registerrichter prüft vor Eintragung der Verschmelzung wie vor jeder Eintragung die **Vollständigkeit und Ordnungsmäßigkeit** der Anmeldung (§ 16 UmwG) und der **Verschmelzung**, die ihrerseits auf dem Verschmelzungsvertrag und den Verschmelzungsbeschlüssen beruht[2]. Der Registerrichter hat den ganzen Verschmelzungsvorgang zu überprüfen, nicht aber die wirtschaftliche Zweckmäßigkeit der Verschmelzung zu beurteilen. Er kann sich also nicht darauf berufen, dass schon bei Eintragung der Verschmelzung im Register der übertragenden Rechtsträger eine Prüfung stattgefunden hat. Stellt der Registerrichter bei dieser Prüfung fest, dass bei der Verschmelzung nicht ordnungsgemäß verfahren wurde, so trägt er im Grundsatz die Verschmelzung nicht ein[3]. Allerdings gibt es Ausnahmen von dieser Regel (dazu bei der jeweiligen Norm). So prüft der Registerrichter beispielsweise nicht, ob das Umtauschverhältnis richtig festgesetzt ist[4]. Über das Umtauschverhältnis wird in dem Verfahren nach § 15 UmwG entschieden. Die damit vom Gesetzgeber angestrebte Konzentration dieser Problematik auf das Spruchverfahren würde unterlaufen, wenn auch im Registerverfahren die Angemessenheit des Umtauschverhältnisses zur Überprüfung stehen würde. Auch ist es nicht Sache des Registerrichters zu entscheiden, ob die Anteilseigner auch weniger günstige Bedingungen akzeptieren wollen.

III. Gesamtrechtsnachfolge

1. Prinzip der Gesamtrechtsnachfolge

7 Mit der Eintragung der Verschmelzung im Register des übernehmenden Rechtsträgers geht das Vermögen der übertragenden Rechtsträger einschließlich der Verbindlichkeiten auf den übernehmenden Rechtsträger über (§ 20 Abs. 1 Nr. 1 UmwG). Mit dieser Bestimmung wird die **Gesamtrechtsnachfolge** des übernehmenden Rechtsträgers in die Rechtspositionen des oder der übertragenden Rechtsträger angeordnet, die mit einer Verschmelzung unabdingbar verbunden ist (§ 2 UmwG)[5].

8 Es ist **nicht möglich, einzelne Vermögensobjekte** eines übertragenden Rechtsträgers im Verschmelzungsvertrag von dem Übergang auf den übernehmenden

---

1 A.A. *Vossius* in Widmann/Mayer, § 20 UmwG Rz. 17ff.
2 Oben § 16 Rz. 8; *Schwanna* in Semler/Stengel, § 19 UmwG Rz. 5.
3 Dazu *Baums*, S. 163.
4 *Stratz* in Schmitt/Hörtnagl/Stratz, § 19 UmwG Rz. 24; *Kübler* in Semler/Stengel, § 20 UmwG Rz. 5.
5 Zur Entwicklung der Gesamtrechtsnachfolge im Verschmelzungsrecht *K. Schmidt*, AcP 191 (1991), 495 (502ff.).

Rechtsträger **auszunehmen**[1]. Sollte das gewünscht sein, muss das Objekt vor Wirksamwerden der Verschmelzung (oben Rz. 3) mit dinglicher Wirkung aus dem Vermögen des übertragenden Rechtsträgers ausgeschieden sein[2]. Dies kann etwa durch eine entsprechende Vereinbarung mit dem Partner des Rechtsverhältnisses, das nicht übergehen soll, erreicht werden[3], da dem keine schutzwürdigen Interessen Dritter entgegenstehen (s. unten Rz. 14). Schuldrechtliche Verpflichtungen zur Aussonderung einzelner Gegenstände sind möglich und gehen auf den übernehmenden Rechtsträger über.

Einzelübertragungen der Vermögensobjekte des übertragenden Rechtsträgers auf den übernehmenden Rechtsträger sind nicht erforderlich. Soweit **Grundstücke** des übertragenden Rechtsträgers vorhanden sind, reicht folglich eine Grundbuchberichtigung[4]. Ist für eine Grundschuld oder eine Hypothek ein Brief ausgestellt, so bedarf es für den Rechtserwerb des übernehmenden Rechtsträgers nicht der Übergabe des Briefes. **Besitz**, den der übertragende Rechtsträger gehabt hat, geht auf den übernehmenden Rechtsträger über, ohne dass ein Tätigwerden des übernehmenden Rechtsträgers erforderlich wäre[5]. 9

Mehr, als im Vermögen der übertragenden Rechtsträger enthalten ist, erwirbt der übernehmende Rechtsträger aber nicht. Ein **gutgläubiger Erwerb** ist also ausgeschlossen[6]. Dies ist auch sachgerecht, da anderenfalls die Anteilseigner des übertragenden Rechtsträgers von einem gutgläubigen Erwerb des übernehmenden Rechtsträgers profitieren würden, obwohl sie bei wirtschaftlicher Betrachtung auf beiden Seiten des den Rechtsübergang herbeiführenden Geschäfts stehen. Zwar würde dies für sich allein den gutgläubigen Erwerb nicht ausschließen[7], aber zu den Regeln der Gesamtrechtsnachfolge gehört auch, dass man das Vermögen so erwirbt, wie es ist[8]. Bei Zweifeln am Vermögensbestand des übertragenden Rechtsträgers können entsprechende Nachweise verlangt werden. Für den Schutz der Gläubiger sorgt § 22 UmwG. Sollte ein Rechtsträger etwas gutgläubig erworben haben, so spielt es keine Rolle, ob ein anderer an der Verschmelzung beteiligter Rechtsträger bösgläubig gewesen wäre[9]. Anderenfalls müsste jeder gutgläubige Erwerb erneut aufgerollt werden, was einem Ziel der Normen (Rechtssicherheit) 10

1 *Bungert* in FS Heldrich, S. 527; *Heidinger* in Henssler/Strohn, § 20 UmwG Rz. 7; *Stratz* in Schmitt/Hörtnagl/Stratz, § 20 UmwG Rz. 24; *Vossius* in Widmann/Mayer, § 20 UmwG Rz. 32.

2 *Heidinger* in Henssler/Strohn, § 20 UmwG Rz. 7; *Stratz* in Schmitt/Hörtnagl/Stratz, § 20 UmwG Rz. 24.

3 *K. Mertens*, S. 156, 165, 177; auch *Hennrichs*, S. 115 ff., der aber eine ausdrückliche Vereinbarung verlangt. Dem ist nicht zu folgen, es gelten vielmehr die allgemeinen Regeln der Auslegung von Willenserklärungen; a.A. *Stratz* in Schmitt/Hörtnagl/Stratz, § 20 UmwG Rz. 19.

4 KG, HRR 1930, Nr. 1949; *Bungert* in FS Heldrich, S. 527 (528); *Kübler* in Semler/Stengel, § 20 UmwG Rz. 8; *Marsch-Barner* in Kallmeyer, § 20 UmwG Rz. 6; *Vossius* in Widmann/Mayer, § 20 UmwG Rz. 217.

5 *Simon* in KölnKomm. UmwG, § 20 UmwG Rz. 18.

6 *Stratz* in Schmitt/Hörtnagl/Stratz, § 20 UmwG Rz. 25, 32; *Kübler* in Semler/Stengel, § 20 UmwG Rz. 9; *Marsch-Barner* in Kallmeyer, § 20 UmwG Rz. 4; *K. Schmidt*, AcP 191 (1991), 495 (520); *Vossius* in Widmann/Mayer, § 20 UmwG Rz. 27 f.

7 Zum gutgläubigen Erwerb bei der Einbringung von Sacheinlagen, wo dasselbe Problem auftritt, *Veil* in Scholz, § 5 GmbHG Rz. 55.

8 S. *K. Schmidt*, AcP 191 (1991), 495 (520): Man erwerbe „tel quel".

9 A.A. *Vossius* in Widmann/Mayer, § 20 UmwG Rz. 27 ff.

widerspricht. Für die Gesamtrechtsnachfolge ist es auch nicht maßgeblich, ob die Vermögensobjekte oder **Verbindlichkeiten der beteiligten Rechtsträger bekannt waren**[1], und es ist auch gleichgültig, ob die **Schuldner und Gläubiger** der Rechtsträger mit der Verschmelzung **einverstanden sind**.

11 Die Gesamtrechtsnachfolge erfasst auch **im Ausland belegenes Vermögen**[2]. Sollte die Gesamtrechtsnachfolge dort nicht anerkannt werden, empfiehlt es sich, eine – nach deutschem Recht überflüssige – Einzelrechtsnachfolge vor Wirksamwerden der Verschmelzung herbeizuführen[3]. Nach Wirksamwerden der Verschmelzung ist dies nicht mehr möglich, da der übertragende Rechtsträger dann erloschen ist[4]. Sollte die ausländische Rechtsordnung die Gesamtrechtsnachfolge nicht anerkennen, müssen nach Wirksamwerden der Verschmelzung die Regeln der Nachtragsliquidation analog angewandt werden[5].

2. Besonderheiten einzelner Rechtsverhältnisse mit Dritten

12 Von dem Grundsatz der umfassenden Gesamtrechtsnachfolge kann es **Ausnahmen** geben, da von der Nachfolge auch Interessen Dritter betroffen sein können, die dem Einrücken des übertragenden Rechtsträgers in ein Rechtsverhältnis entgegenstehen. Zwar werden Dritte vor finanziellen Nachteilen, die für sie mit der Verschmelzung verbunden sein können, durch § 22 UmwG weitgehend geschützt. Aber dieser Schutz betrifft eben nur die finanziellen Folgen. Andere Interessen Dritter werden so nicht gewahrt. Daher ist es denkbar, dass in Einzelfällen Ausnahmen von dem Prinzip der Gesamtrechtsnachfolge bestehen[6].

a) Öffentlich-rechtliche Rechtsverhältnisse

13 Von der Gesamtrechtsnachfolge werden auch öffentlich-rechtliche Rechtsverhältnisse (Berechtigung und Verpflichtungen) erfasst, sofern sie nicht an eine bestimmte Rechtsform (z.B. **Genehmigungen** nach § 7 Abs. 1 VAG) oder an persön-

---

1 *Kübler* in Semler/Stengel, § 20 UmwG Rz. 8; *Marsch-Barner* in Kallmeyer, § 20 UmwG Rz. 4.

2 *Kübler* in Semler/Stengel, § 20 UmwG Rz. 10; *Kusserow/Prüm*, WM 2005, 633 (634 ff.); *Kuntz*, IStR 2006, 224 (229); *Marsch-Barner* in Kallmeyer, § 20 UmwG Rz. 5; *Racky*, DB 2003, 923 ff.; *Simon* in KölnKomm. UmwG, § 20 UmwG Rz. 64, 70; *Vossius* in Widmann/Mayer, § 20 UmwG Rz. 33 ff.; enger *Bungert* in FS Heldrich, S. 527 (529), der für den Fall anders entscheidet, dass die Rechtsfigur der Gesamtrechtsnachfolge mit dem Sachenrecht des jeweiligen ausländischen Belegenheitsort unvereinbar ist; auch *Kindler* in MünchKomm. BGB, IntGesR Rz. 864.

3 *Bungert* in FS Heldrich, S. 527 (533); *Heidinger* in Henssler/Strohn, § 20 UmwG Rz. 9.

4 *Marsch-Barner* in Kallmeyer, § 20 UmwG Rz. 5.

5 *Bungert* in FS Heldrich, S. 527 (535); *Kübler* in Semler/Stengel, § 20 UmwG Rz. 10; *Racky*, DB 2003, 923 (926 f.).

6 Nach *Hennrichs*, S. 87 ff. bestehen solche Ausnahmen nur im Bereich der Firma (§ 18 UmwG) sowie dann, wenn die Parteien die Rechtsnachfolge gerade für den Fall der Umwandlung ausdrücklich ausgeschlossen oder an bestimmte Voraussetzungen gebunden haben. Doch kann eine pauschale Aussage nicht getroffen werden. Vielmehr muss für jedes Rechtsverhältnis, das Interessen Dritter betrifft, untersucht werden, ob die Regeln der Gesamtrechtsnachfolge zur Anwendung kommen.

liche Qualifikationen gebunden sind[1]. Sind sie an persönliche Voraussetzungen gebunden, so müssen diese bei juristischen Personen meist von dem Vertretungsorgan erfüllt werden. Daher kann die Rechtsposition übergehen, wenn die Person, auf deren Voraussetzungen die öffentlich-rechtliche Rechtsposition beruht, in dem übernehmenden Rechtsträger eine entsprechende Rechtsstellung erhält[2]. Allein die Tatsache, dass eine Genehmigung befristet ist, spricht nicht gegen den Übergang, da die Gesamtrechtsnachfolge auch kurzzeitige Rechtspositionen erfasst[3]. Sind die Genehmigungen an eine bestimmte Rechtsform gebunden, so gehen sie über, wenn der übernehmende Rechtsträger eine zulässige Rechtsform hat[4]. **Verpflichtungen** sind fast nie an eine bestimmte Rechtsform oder persönliche Qualifikation gebunden. Sie gehen daher nahezu stets über[5]. Mitteilungspflichten nach §§ 21 ff. WpHG, § 20 AktG erledigen sich allerdings infolge der Gesamtrechtsnachfolge[6], da an der Erfüllung dieser Pflicht nach der Gesamtrechtsnachfolge kein Interesse mehr besteht. Allerdings können infolge der Gesamtrechtsnachfolge Mitteilungspflichten bei dem übernehmenden Rechtsträger entstehen.

Zu Geldbußen s. unten Rz. 43.

---

1 *Schubert*, S. 23; *Stadie*, DVBl. 1990, 501 (503), der aber davon ausgeht, dass juristische Personen und Personengesellschaften keine höchstpersönlichen Rechtsbeziehungen haben können. Dass das so pauschal nicht gesagt werden kann, zeigen z.B. § 30 GewO, § 2, § 4 Abs. 2 GaststättenG, § 7 HandwerksO, § 5 StBerG, § 28 WPO; *Stratz* in Schmitt/Hörtnagl/Stratz, § 20 UmwG Rz. 68.

2 *Seibt* in FS Röhricht, S. 603 (613); weiter gehend *Bermel* in Goutier/Knopf/Tulloch, § 20 UmwG Rz. 36; *Hennrichs*, S. 82 f.: Die Behörde könne auf eine Widerrufsmöglichkeit verwiesen werden. Aber das leuchtet nicht ein, da die Behörde von der Gesamtrechtsnachfolge meist gar nichts weiß. Auch eine Verpflichtung zu einer entsprechenden Mitteilung an die Behörde hilft da nicht, weil nicht sicher ist, dass der Verpflichtete dem nachkommt; a.A. *Gaiser*, DB 2000, 361 (364) und *Simon* in KölnKomm. UmwG, § 20 UmwG Rz. 30: kein Übergang; so auch *Kübler* in Semler/Stengel, § 20 UmwG Rz. 71 mit Ausnahme für den Fall, dass bei Tod des Inhabers die Fortführung durch die Erben vom Gesetz gestattet wird; a.A. auch BGH v. 10.1.2005 – AnwZ (B) 27/03, NJW 2005, 1568 (1569) und BFH v. 3.6.2004 – IX B 71/04, GmbHR 2004, 1105 für den Formwechsel einer Rechtsanwalts-GmbH in eine AG; auch *Marsch-Barner* in Kallmeyer, § 20 UmwG Rz. 26 unter Hinweis darauf, dass oft auch die Vermögensverhältnisse des betreffenden Rechtsträgers eine Rolle spielen. Sofern das einmal der Fall ist, reicht natürlich die persönliche Qualifikation nicht aus; a.A. auch *Vossius* in Widmann/Mayer, § 20 UmwG Rz. 251 ff., wie hier nur für die Eintragung in die Handwerksrolle; für die Eintragung in die Handwerksrolle beim Formwechsel auch BGH v. 30.9.2003 – III R 6/02, GmbHR 2004, 196 (197), mit für die Zeit ab 1.1.2004 (Änderung der Handwerksordnung) zustimmender Anmerkung von *Mildner*; für die Nachfolge in Medizinische Versorgungszentren auch *Meschke*, MedR 2009, 263 (271).

3 Insoweit a.A. *Kalss*, GesRZ 2000, 213 (220).

4 *Vossius* in Widmann/Mayer, § 20 UmwG Rz. 250.

5 *Marsch-Barner* in Kallmeyer, § 20 UmwG Rz. 27; einschränkend *Stratz* in Schmitt/Hörtnagl/Stratz, § 20 UmwG Rz. 94 für unvertretbare Handlungen.

6 *Marsch-Barner* in Kallmeyer, § 20 UmwG Rz. 27; a.A. *Heppe*, WM 2002, 60 (63 ff.); *Widder*, NZG 2004, 275; *Widder*, BB 2005, 1979; *Widder*, NZG 2010, 455.

b) Nießbrauch, beschränkte persönliche Dienstbarkeit, nicht übertragbare dingliche Vorkaufsrechte

14 Kraft ausdrücklicher gesetzlicher Anordnung (§§ 1059a Abs. 1 Nr. 1, Abs. 2, 1092 Abs. 2, 1098 Abs. 3 BGB) ist in den genannten Fällen eine Gesamtrechtsnachfolge möglich, sofern der übertragende Rechtsträger eine juristische Person oder eine rechtsfähige Personengesellschaft ist[1]. Dies gilt auch für einen Nießbrauch an einem Unternehmen[2]. Die Gesamtrechtsnachfolge ist aber nicht zwingend vorgeschrieben. Es kann in dem Vertrag über die Bestellung des Rechts[3] und im Verschmelzungsvertrag[4] vereinbart werden, dass **keine Gesamtrechtsnachfolge** eintreten (sondern das Recht erlöschen) soll. Sofern die Vereinbarung zwischen übertragendem und übernehmendem Rechtsträger außerhalb des Verschmelzungsvertrages getroffen wurde, ist sie nicht formgerecht erfolgt. Denn als Ausnahme vom Prinzip der Gesamtrechtsnachfolge ist sie im Verschmelzungsvertrag niederzulegen (s. § 5 Abs. 1 Nr. 2 UmwG). Auch ist es insbesondere für die Anteilseigner des übernehmenden Rechtsträgers wichtig zu wissen, welche Vermögensobjekte des übertragenden Rechtsträgers nicht übergehen sollen. Ein Formmangel wird allerdings durch Eintragung der Verschmelzung geheilt.

15 Nach § 1059a Abs. 2 BGB, auf den § 1098 Abs. 3 BGB verweist, und nach § 1092 Abs. 2 BGB gelten die genannten Bestimmungen auch für **rechtsfähige Personengesellschaften**. Hierzu zählen die BGB-Gesellschaft, OHG und KG[5].

c) Immaterialgüterrechte

16 **Patente, Marken, Warenzeichen sowie Gebrauchs- und Geschmacksmuster** gehen auf den übernehmenden Rechtsträger über[6]. Die Patentrolle (§ 30 PatG), das Markenregister (§ 32 MarkenG), die Gebrauchsmusterrolle (§ 8 GebrMG) und das Geschmacksmusterregister (§ 8 GeschmMG) müssen berichtigt werden. Das Gleiche gilt für Lizenzen für derartige Rechte, auch sie gehen über[7]. Eventuell muss der zugrunde liegende Vertrag im Wege der ergänzenden Vertragsauslegung oder

---

1 Beispiel BayObLG v. 20.6.1983 – BReg 2 Z 24/83, DB 1983, 1650 (auf dem belasteten Grundstück durfte ein bestimmtes Gewerbe nicht ausgeübt werden).; auch *Cahn* in Spindler/Stilz § 68 Rz. 33: Eintragungshindernis in Missbrauchsfällen

2 Dazu *Teichmann* in FS Lutter, S. 1261 (1262 ff.).

3 BayObLG v. 20.6.1083 – BReg 2 Z 24/83, DB 1983, 1650 = BayObLGZ 1983, 143; *Marsch-Barner* in Kallmeyer, § 20 UmwG Rz. 6; *Heidinger* in Henssler/Strohn, § 20 UmwG Rz. 32; a.A. *Wegmann* in Bamberger/Roth, § 1059a BGB Rz. 6 nur im Verschmelzungsvertrag.

4 *Kübler* in Semler/Stengel, § 20 UmwG Rz. 33; *Marsch-Barner* in Kallmeyer, § 20 UmwG Rz. 6.

5 Zu der Frage, ob die Norm auch für die BGB-Gesellschaft gilt, *Timm*, ZGR 1996, 247 (253); mittlerweile ist die Rechtsfähigkeit der BGB-Gesellschaft aber allgemein anerkannt, s. *Grunewald*, Gesellschaftsrecht, 8. Aufl. 2011, 1. A.103, da die BGB-Gesellschaft nur an einem Formwechsel beteiligt sein kann, spielt die Frage im Bereich von § 20 UmwG keine Rolle.

6 BGH v. 14.2.2008 – I ZR 162/05, ZIP 2008, 2188 (Unternehmenskennzeichen); *Heidinger* in Henssler/Strohn, § 20 UmwG Rz. 39; *Kübler* in Semler/Stengel, § 20 UmwG Rz. 11; *Marsch-Barner* in Kallmeyer, § 20 UmwG Rz. 6; *Stratz* in Schmitt/Hörtnagl/Stratz, § 20 UmwG Rz. 87; *Vossius* in Widmann/Mayer, § 20 UmwG Rz. 204.

7 *Kübler* in Semler/Stengel, § 20 UmwG Rz. 11; *Marsch-Barner* in Kallmeyer, § 20 UmwG Rz. 6; *Stratz* in Schmitt/Hörtnagl/Stratz, § 20 UmwG Rz. 87.

nach den Regeln des Wegfalls der Geschäftsgrundlage angepasst werden. In Frage kommt auch ein Kündigungsrecht (unten Rz. 53). Zum Übergang der **Firma** s. bei § 18.

d) Anteile an Rechtsträgern, stille Gesellschaftsverhältnisse

Aktien- und GmbH-Anteile gehen ebenfalls auf den übernehmenden Rechtsträger über. Auch eine Vinkulierung hindert die Gesamtrechtsnachfolge nicht[1]. Es ist auch nicht möglich, durch vertragliche Vereinbarung Vinkulierungsklauseln auf den Fall der Gesamtrechtsnachfolge zu erstrecken, da anderenfalls der Anteil ohne Inhaber bliebe und daher Kapitalaufbringung und -erhaltung gefährdet werden würden[2]. Für den Tod eines Gesellschafters ist dies unstreitig[3]. Eine Umdeutung einer unzulässig auf die Gesamtrechtsnachfolge erstreckten Vinkulierungsklausel in ein Ausschlussrecht ist in diesem Fall aber regelmäßig möglich[4]. Falls eine Vinkulierungsklausel – wie meist – der Abschottung gegenüber bislang an der Gesellschaft nicht beteiligten Personen dient, kann dieser Klausel im Wege der ergänzenden Vertragsauslegung oftmals ein entsprechendes Ausschlussrecht entnommen werden[5]. Erfolgt die Eintragung der Verschmelzung nach dem record date von § 123 Abs. 3 Satz 3 AktG, können die Rechte in der Hauptversammlung der AG, deren Anteile übergehen, nur ausgeübt werden, wenn der übertragende Rechtsträger (Aktionär) eine bestimmte Person mit der Wahrnehmung seiner Rechte in der Hauptversammlung bevollmächtigt hat. Diese Bevollmächtigung wirkt dann auch für und gegen den übernehmenden Rechtsträger (unten Rz. 26)[6]. Sofern eine **Put-Option** durch die Gesamtrechtsnachfolge zum Erwerb eigener Aktien führt, ist auch dies problemlos möglich. § 71 Abs. 1 Nr. 5 AktG gilt analog[7]. Zu **Mitteilungspflichten** oben Rz. 13. 17

Die **BGB-Gesellschaft** wird durch den Tod eines Gesellschafters aufgelöst, wenn im Gesellschaftsvertrag nichts anderes bestimmt ist (§ 727 Abs. 1 BGB). Hieraus lässt sich folgern, dass bei Fehlen einer anders lautenden Bestimmung auch im Falle einer Gesamtrechtsnachfolge anderer Art die Gesellschaft aufgelöst werden soll[8]. Dem ist entgegengehalten worden, dass Parallelen zwischen der Gesamtrechtsnachfolge von Todes wegen und der Gesamtrechtsnachfolge im Falle einer Verschmelzung nicht gezogen werden können, da der Anlass für die Gesamtrechtsnachfolge einmal auf einem nicht steuerbaren Ereignis beruhe, während er 18

---

1 *Burg/Marx*, NZG 2013, 127 (128); *Bungert* in FS Heldrich, S. 527 (528); *Heidinger* in Henssler/Strohn, § 20 UmwG Rz. 24; *Kübler* in Semler/Stengel, § 20 UmwG Rz. 22; *Marsch-Barner* in Kallmeyer, § 20 UmwG Rz. 7; *Riegger* in FS Bezzenberger, S. 379 (380); *Simon* in KölnKomm. UmwG, § 20 UmwG Rz. 19; *Stratz* in Schmitt/Hörtnagl/Stratz, § 20 UmwG Rz. 63; a.A. für Umgehungsfälle *Seibt*, NJW 1999, 126 (127); s. auch *Cahn* in Spindler/Stilz, § 68 AktG Rz. 33: Eintragungshindernis in Missbrauchsfällen; s. auch § 131 Rz. 71, 22.

2 *Bungert* in FS Heldrich, S. 527 (528); a.A. *K. Mertens*, AG 1994, 66 (72); *Seibt*, NJW 1999, 126 (127).

3 *Fastrich* in Baumbach/Hueck, § 15 GmbHG Rz. 9, 12; *Bayer* in Lutter/Hommelhoff, § 15 GmbHG Rz. 11.

4 Ähnlich *Rieble*, ZIP 1998, 301 (309).

5 *Riegger* in FS Bezzenberger, S. 379 (381).

6 *Heidinger/Blath*, DB 2006, 2275 (2277).

7 *Weiss*, AG 2004, 127 (129).

8 RG v. 12.2.1929 – II 295/28, RGZ 123, 289 (294); RG v. 19.2.1936 – V 1/36, RGZ 150, 289 (291); *Marsch-Barner* in Kallmeyer, § 20 UmwG Rz. 7.

bei der Verschmelzung zielgerichtet herbeigeführt werde[1]. Auch fällt der übertragende Rechtsträger bei einer Verschmelzung gerade nicht ersatzlos weg[2]. Doch spielt dies aus der Sicht der Mitgesellschafter, um deren Schutz es geht, keine Rolle[3]. Sofern der Gesellschaftsvertrag allerdings eine rechtsgeschäftliche Übertragung der Gesellschafterstellung[4] oder im Falle des Todes eines Gesellschafters ein Einrücken der oder einzelner Erben ohne Zustimmung der Mitgesellschafter vorsieht, zeigt er, dass die Gesellschafter keinen Wert darauf legen, dass der Gesellschafterkreis unverändert bleibt[5]. Dann ist auch eine Gesamtrechtsnachfolge im Wege der Verschmelzung möglich. Auch wenn der übertragende Rechtsträger eine Kapitalgesellschaft ist[6], lässt sich nicht generell sagen, dass es den Gesellschaftern der BGB-Gesellschaft auf die individuelle Zusammensetzung des Gesellschafterkreises nicht ankomme und daher der Grundgedanke von § 727 Abs. 1 BGB prinzipiell nicht anwendbar sei. Auch eine Kapitalgesellschaft – man denke etwa an eine Ein-Personen-Gesellschaft – kann von den Gesellschaftern bewusst ausgewählt worden sein. Allerdings kann die Interpretation des Gesellschaftsvertrages im Einzelfall auch etwas anderes ergeben. Dies ist insbesondere dann der Fall, wenn die Personengesellschaft auf die Beteiligung juristischer Personen ausgerichtet ist und daher das Fehlen einer die gesetzliche Regelung abbedingenden Vereinbarung darauf zurückzuführen ist, dass man an den dann doch seltenen Fall der Gesamtrechtsnachfolge nicht gedacht hat[7]. Kommt es zur Gesamtrechtsnachfolge, so besteht immer noch die Möglichkeit, den übernehmenden Gesellschafter aus der GbR auszuschließen (unten Rz. 23).

19 Ist der übertragende Rechtsträger Gesellschafter einer **OHG oder Komplementär der KG**, so ist wiederum von den Normen auszugehen, die die Gesamtrechtsnachfolge im Todesfall regeln (§§ 131 Abs. 3 Nr. 1, 161 Abs. 2 HGB)[8]. Nach diesen Bestimmungen scheidet der Gesellschafter mangels abweichender vertraglicher Regelung aus der Gesellschaft aus. Sein Rechtsnachfolger erhält einen Abfindungsanspruch. Diese Normierung gilt dann analog auch für die Gesamtrechtsnachfolge durch Verschmelzung. Wiederum ist aber zu beachten, dass eine abweichende Regelung im Gesellschaftsvertrag möglich ist und dann auch für die Gesamtrechtsnachfolge durch Verschmelzung gilt. Entgegen einer in der Literatur vertretenen Ansicht[9] sollte nicht darauf abgestellt werden, ob die Gesellschafter

1 *Hennrichs*, S. 69.

2 *Riegger* in FS Bezzenberger, S. 379 (383).

3 Daher im Ergebnis nicht überzeugend *Dreyer*, JZ 2007, 606 (611), die der Frage nachgeht, ob die Mitgliedschaft für den übertragenden Rechtsträger höchstpersönlich ist. Das spielt keine Rolle.

4 Zu der Parallele zwischen Einzelrechts- und Gesamtrechtsnachfolge im vorliegenden Zusammenhang *Bermel* in Goutier/Knopf/Tulloch, § 20 UmwG Rz. 15; *Hennrichs*, S. 70ff.; bei Konsortien wird das Einrücken des Gesamtrechtsnachfolgers in das Konsortium regelmäßig gewünscht sein, *Burg/Marx*, NZG 2013, 127 (130).

5 So auch *Kübler* in Semler/Stengel, § 20 UmwG Rz. 26.

6 A.A. *Simon* in KölnKomm. UmwG, § 20 UmwG Rz. 21; für alle rechtsfähigen „Verbände" auch *Dreyer*, JZ 2007, 606 (610).

7 Ähnlich *Kraft* in KölnKomm. AktG, § 346 AktG Rz. 22.

8 *Marsch-Barner* in Kallmeyer, § 20 UmwG Rz. 7; *Stratz* in Schmitt/Hörtnagl/Stratz, § 20 UmwG Rz. 64; einschränkend *Kübler* in Semler/Stengel, § 20 UmwG Rz. 25; Gesamtrechtsnachfolge im Regelfall möglich; ähnlich *Simon* in KölnKomm. UmwG, § 20 UmwG Rz. 21.

9 *Riegger* in FS Bezzenberger, S. 379 (384).

der OHG/KG Veränderungen anderer Art (Wechsel in der Geschäftsführung, im Gesellschafterkreis) in dem übertragenden Rechtsträger hinnehmen müssen (dann Gesamtrechtsnachfolge) oder nicht. Einflussmöglichkeiten auf die Organisation eines Gesellschafters können in dem Gesellschaftsvertrag einer OHG/KG kaum vereinbart werden (denkbar wäre aber z.B. eine Ausschlussklausel). Daher sollten aus dem Fehlen einer solchen Klausel auch keine weitreichenden Schlüsse im Bereich der Vertragsauslegung gezogen werden. Ist die OHG/KG auf die Beteiligung juristischer Personen ausgerichtet, so gilt das Gleiche wie in der BGB-Gesellschaft (oben Rz. 18). Im Übrigen besteht, falls die Beteiligung übergeht, immer noch die Möglichkeit, den übernehmenden Gesellschafter auszuschließen (Rz. 23).

Ist der übertragende Rechtsträger **Kommanditist** oder **stiller Gesellschafter**, so ist die Gesamtrechtsnachfolge ohne weiteres möglich[1] (s. §§ 177, 234 Abs. 2 HGB). Sofern der Gesellschaftsvertrag abweichende Regeln für die Gesamtrechtsnachfolge von Todes wegen trifft, ist davon auszugehen, dass sie im Regelfall auch für die Gesamtrechtsnachfolge durch Verschmelzung gelten sollen. Sofern der übertragende Gesellschafter der Unternehmergesellschafter in der stillen Gesellschaft ist, geht die stille Gesellschaft ebenfalls auf den übernehmenden Rechtsträger über[2]. Eventuell besteht ein Kündigungsrecht des stillen Gesellschafters (zur Anpassung des Vertrages § 23 Rz. 20, Rz. 22. Sofern der Unternehmergesellschafter aus dem Gesellschaftsverhältnis verpflichtet ist, die Zustimmung des stillen Gesellschafters zu der Gesamtrechtsnachfolge einzuholen[3], hat das Fehlen dieser Zustimmung jedenfalls keinen Einfluss auf die Wirksamkeit der Verschmelzung. Der Registerrichter trägt die Verschmelzung also ein[4]. Zum Ausschluss unten Rz. 23. 20

Nach § 38 BGB ist die Mitgliedschaft **in einem Verein** nicht übertragbar und nicht vererblich, wenn nicht in der Satzung etwas anderes bestimmt ist (§ 40 BGB)[5]. Da diese Bestimmung die Höchstpersönlichkeit der Mitgliedschaft im Verein absichern will, ist davon auszugehen, dass auch eine Gesamtrechtsnachfolge anderer Art nicht möglich ist[6]. Der übernehmende Rechtsträger muss also dem Verein erneut beitreten. Doch wird ihm dies im Regelfall auch durchaus zumutbar sein. Ein solcher Eintritt ist nicht erforderlich, wenn die Mitgliedschaft ausnahmsweise übertragbar oder vererblich ausgestaltet ist. Sofern, wie meist, die Satzung hierüber keine Aussage trifft, muss im Wege der Auslegung ermittelt werden, ob eine Gesamtrechtsnachfolge möglich sein soll oder nicht. Dabei ist davon aus- 21

---

1 S. auch RG v. 12.2.1929 – II 295/28, RGZ 123, 289 (294f.); *Kübler* in Semler/Stengel, § 20 UmwG Rz. 23; *Marsch-Barner* in Kallmeyer, § 20 UmwG Rz. 7; *Simon* in KölnKomm. UmwG, § 20 UmwG Rz. 19; wohl auch *Vossius* in Widmann/Mayer, § 20 UmwG Rz. 166 (167).

2 LG Bonn v. 15.2.2001 – 14 O 54/00, AG 2001, 367 (371); *Marsch-Barner* in Kallmeyer, § 20 UmwG Rz. 7; *Riegger* in FS Bezzenberger, S. 379 (389); *M. Winter* in FS Peltzer, S. 645 (649).

3 Dazu *Riegger* in FS Bezzenberger, S. 379 (386); *M. Winter* in FS Peltzer, S. 645 (647ff.).

4 *M. Winter* in FS Peltzer, S. 645 (647).

5 Für nicht rechtsfähige Vereine gilt über § 54 BGB das Recht der BGB-Gesellschaft. Dies macht im Ergebnis aber keinen Unterschied, so auch *Riegger* in FS Bezzenberger, S. 379 (390).

6 *Marsch-Barner* in Kallmeyer, § 20 UmwG Rz. 7; *Riegger* in FS Bezzenberger, S. 379 (390); *Vossius* in Widmann/Mayer, § 20 UmwG Rz. 171; s. auch BAG v. 24.6.1998 – 4 AZR 208/97, ZIP 1998, 2180 (2182).

zugehen, dass dann, wenn der Verein auf die Beteiligung juristischer Personen ausgerichtet ist, auch ohne ausdrückliche Regelung in der Satzung eine Gesamtrechtsnachfolge zugelassen ist (s. oben Rz. 18)[1]. Zum Ausschluss unten Rz. 23.

22 Ist der übertragende Rechtsträger **Genosse**, erwirbt der übernehmende Rechtsträger zwar die Mitgliedschaft in der Genossenschaft, doch endet sie mit Schluss des Geschäftsjahres (§ 77a Satz 1, 2 GenG)[2].

23 Ist es den Gesellschaftern/Mitgliedern/Genossen nicht zumutbar, den übernehmenden Rechtsträger als Gesellschafter/Mitglied/Genossen zu akzeptieren, so kann er nach den jeweiligen Regeln zumindest bei Vorliegen eines wichtigen Grundes **ausgeschlossen werden**.

e) Geschäftsbesorgungs-, Auftrags- und Dienstverhältnisse, Vollmachten

24 Nach § 673 Satz 1 BGB, auf den § 675 BGB für Geschäftsbesorgungsverträge verweist, erlischt der **Auftrag** im Zweifel durch den Tod des Beauftragten. Für den Fall, dass der **übertragende Rechtsträger beauftragt wurde**, kann im Ausgangspunkt nichts anderes gelten[3]. Allerdings wird die Auslegung des Auftrags, wenn eine juristische Person oder eine Personengesellschaft Auftragnehmerin ist, regelmäßig ergeben, dass ein besonderes Vertrauensverhältnis nicht begründet wurde und daher auch die Regel des § 673 Satz 1 BGB nicht zur Anwendung kommt[4]. Gleiches gilt für die **Dienstverträge** betreffende Auslegungsregel des § 613 Satz 1 BGB, so dass auch die Verpflichtung zur Leistung von Diensten im Regelfall auf den übernehmenden Rechtsträger übergeht[5].

25 Ist der übertragende Rechtsträger **bevollmächtigt** worden, so gilt für den Übergang der Vollmacht auf den übernehmenden Rechtsträger § 168 BGB[6]. Die Vollmacht

---

1 So *Hennrichs*, S. 64 für den Fall, dass die Mitgliedschaft „unternehmensbezogen" ist; ablehnend *Kübler* in Semler/Stengel, § 20 UmwG Rz. 27: Es bestehe kein Bedürfnis, aber danach unterscheidet das Gesetz nicht; a.A. AG Kaiserslautern v. 3.9.2004 – 3 C 915/04, NZG 2005, 285.

2 *Heidinger* in Henssler/Strohn, § 20 UmwG Rz. 24; *Kübler* in Semler/Stengel, § 20 UmwG Rz. 28; *Stratz* in Schmitt/Hörtnagl/Stratz, § 20 UmwG Rz. 69; s. den Fall OLG Stuttgart v. 24.2.1989 – 2 U 113/87, BB 1989, 1148; eher kritisch dazu *Bermel* in Goutier/Knopf/Tulloch, § 20 UmwG Rz. 18.

3 RG v. 19.2.1936 – V 1/36, RGZ 150, 289 (291 f.); KG, HRR 1930 Nr. 1949; *K. Mertens*, AG 1994, 66 (72); *Seiler* in MünchKomm. BGB, § 673 BGB Rz. 2; gegen diesen Ausgangspunkt *Hennrichs*, S. 78; s. auch *K. Schmidt*, DB 2001, 1019 (1023): Automatische Vertragsbeendigung sei ein krasser Ausnahmefall. Dieses Ergebnis entspricht weitgehend dem hier vertretenen Standpunkt.

4 Für juristische Personen ebenso RG v. 19.2.1936 – V 1/36, RGZ 150, 289 (292); allgemein wie hier *Bermel* in Goutier/Knopf/Tulloch, § 20 UmwG Rz. 21; *Dreyer*, JZ 2007, 606 (614); *Kübler* in Semler/Stengel, § 20 UmwG Rz. 18; *Simon* in KölnKomm. UmwG, § 20 UmwG Rz. 5; a.A. OLG Dresden, OLGR 34, 219; OLG Hamburg, HRR 1933 Nr. 942; a.A. für Testamentsvollstreckung *Reimann*, ZEV 2000, 381 (384); a.A. für Wohnungseigentumsverwalter LG Frankfurt/M. v. 20.8.2012 – 2–09 S 97/11, NZG 2012, 1107; wie hier *Wicke/Menzel*, MittBayNot 2009, 203 (206).

5 Es geht nur um die Dienstverträge, aus denen der übertragende Rechtsträger die Erbringung von Diensten schuldet! Zu den Dienstverträgen der Vorstandsmitglieder unten Rz. 28.

6 RG v. 19.2.1936 – V 1/36, RGZ 150, 289; *Bermel* in Goutier/Knopf/Tulloch, § 20 UmwG Rz. 21; *Heidinger* in Henssler/Strohn, § 20 UmwG Rz. 33; *Marsch-Barner* in Kallmeyer, § 20 UmwG Rz. 24; *Vossius* in Widmann/Mayer, § 20 UmwG Rz. 303; zurückhaltend

führt nun zur Vertretung durch den übernehmenden Rechtsträger. Auch eine **Prokura** geht auf den übernehmenden Rechtsträger über. Dem steht auch § 52 Abs. 2 HGB nicht entgegen[1]. Diese Norm will verhindern, dass die Rechtsstellung des Prokuristen ausgewechselt und der Vollmachtgeber damit von einer Person vertreten wird, die er nicht ausgewählt hat. Da in den Fällen der Umwandlung ein Unternehmen Prokurist ist, spielt dieser Aspekt aber keine entscheidende Rolle. Denn dann soll zwischen Prokurist und Vollmachtgeber keine Vertrauensstellung begründet werden.

Hat der übertragende Rechtsträger **seinerseits jemanden bevollmächtigt**, so gilt § 168 BGB ebenfalls[2]. Dies gilt auch für in ihrer Reichweite nicht oder kaum begrenzte Vollmachten. Für die Prokura widerspricht dies der allgemeinen Meinung[3], doch kann allein der durch Gesetz festgelegte Umfang der Vertretungsmacht eine Sonderbehandlung der Prokura gegenüber anderen umfassenden Vollmachten nicht rechtfertigen. Vielmehr ist allgemein davon auszugehen, dass es dem Interesse des übernehmenden Rechtsträgers entspricht, dass auch umfassende Vollmachten übergehen. Auch fordert § 48 Abs. 1 HGB keine Aufnahme der Prokura in den Umwandlungsvertrag[4]. Denn aufgrund der Gesamtrechtsnachfolge müssen die Formalien der Neuerteilung nicht eingehalten werden. 26

f) Arbeitsverhältnisse

S. dazu die Ausführungen zu § 324. 27

g) Rechtsverhältnisse von Komplementären, Geschäftsführern, Vorstands- und Aufsichtsratsmitgliedern

Mit der Eintragung der Verschmelzung **endet die Organstellung** der Komplementäre, Geschäftsführer, Vorstands- und Aufsichtsratsmitglieder. Gleiches gilt für den besonderen Vertreter nach § 147 AktG, da auch er Organ der Gesellschaft ist und seine Aufgabe problemlos vom übernehmenden Rechtsträger ausgefüllt werden kann[5]. Insbesondere entfällt die organschaftliche Vertretungsmacht. Die Anstellungsverträge der genannten Geschäftsführer und Vorstandsmitglieder dauern aber fort[6], sofern nicht der Anstellungsvertrag durch eine Vereinbarung an die 28

Leptien in Soergel, § 168 BGB Rz. 14; a.A. OLG Düsseldorf v. 28.5.1990 – 3 Wx 159/90, NJW-RR 1990, 1299 (1300): Eine KG war zum Wohnungsverwalter bestellt worden und wurde auf eine GmbH verschmolzen, in der Entscheidung wird offen gelassen, ob für den Fall der Verschmelzung einer juristischen Person das Gleiche gelten würde.

1 *Kübler* in Semler/Stengel, § 20 UmwG Rz. 19; *Simon* in KölnKomm. UmwG, § 20 UmwG Rz. 5; a.A. *Frey*, S. 58; *Marsch-Barner* in Kallmeyer, § 20 UmwG Rz. 24.

2 BGH v. 1.12.2003 – II ZR 161/02, NJW 2004, 1528 = AG 2004, 142 (Prozessvollmacht); *Kübler* in Semler/Stengel, § 20 UmwG Rz. 16; *Frey*, S. 205 ff.; *Simon* in KölnKomm. UmwG, § 20 UmwG Rz. 4.

3 *Marsch-Barner* in Kallmeyer, § 20 UmwG Rz. 24; *Streck/Mack/Schwedhelm*, GmbHR 1995, 161 (166); *Vossius* in Widmann/Mayer, § 20 UmwG Rz. 304 auch für Handlungsvollmachten; wie hier *Hennrichs*, S. 77 ff.; *Kübler* in Semler/Stengel, § 20 UmwG Rz. 17; *Simon* in KölnKomm. UmwG, § 20 UmwG Rz. 4.

4 A.A. *Frey*, S. 182.

5 BGH v. 18.6.2013 – II ZA 4/12, ZIP 2013, 1467.

6 BGH v. 8.1.2007 – II ZR 267/05, ZIP 2007, 910 (911) = GmbHR 2007, 606 (Formwechsel); BAG v. 13.2.2003 – 8 AZR 654/01, GmbHR 2003, 765 (767); OLG Hamm v. 1.3.1995 – 8 U 263/94, NJW-RR 1995, 1317 (1318) (Genossenschaft); *Heidinger* in Henssler/Strohn, § 20

Fortdauer der Organstellung gebunden ist[1]. Die geschuldete Vergütung ist weiterzuzahlen, da die Verschmelzung nicht in die Risikosphäre der genannten Geschäftsleiter fällt[2]. Auch die **Tantiemen** sind (in durchschnittlicher Höhe) weiter geschuldet, da die Geschäftsleiter auf den Fortbestand dieses Bestandteils ihrer Vergütung genauso vertrauen wie auf die übrige Summe. Eventuell greift § 23 UmwG ein. Nur wenn die Geschäftsleiter eine vergleichbare Position in dem übernehmenden Rechtsträger erhalten, kann bei der Berechnung der Tantieme auf die Verhältnisse im übernehmenden Rechtsträger abgestellt werden[3]. Ansonsten würden die Geschäftsleiter mit Risiken belastet, die sie nie getragen haben und auf deren Realisierung sie auch keinen Einfluss haben. Dass Tantiemen nicht mehr als Anreiz für besonders engagiertes Tun zugunsten des übertragenden Rechtsträgers dienen können, betrifft wiederum nicht die Risikosphäre der Geschäftsleiter[4]. Gleiches gilt für die **Komplementäre**. Die Vergütung ist anzupassen, sofern sie auch mit Rücksicht auf die Übernahme des Haftungsrisikos erfolgt ist und dieses nach der Verschmelzung nicht mehr zu tragen ist. Ansonsten müssen die Verträge für die Zeit nach der Verschmelzung nicht an die gesetzlichen Bestimmungen für Geschäftsleiterverträge (etwa § 84 Abs. 1 AktG) angepasst werden, da die Organstellung, die diese Sonderregeln bedingt, gerade nicht übergeht[5]. Mit den **Aufsichtsratsmitgliedern** geschlossene Geschäftsbesorgungsverträge enden. Eine Vergütung ist für die Zeit nach der Verschmelzung also nicht mehr geschuldet[6]. Diese Verschiedenbehandlung im Verhältnis zu den Geschäftsleitern ist gerechtfertigt, weil Aufsichtsratsmitglieder nicht hauptberuflich tätig sind.

29 Für **Vertragsaufhebungen oder Änderungen ist das Gesellschaftsorgan** des aufnehmenden Rechtsträgers **zuständig**, das generell für die Verträge der Mitarbeiter zuständig ist, zu denen das ehemalige Organmitglied nunmehr zählt (regelmäßig also das Geschäftsführungsorgan des übernehmenden Rechtsträgers). Es spielt re-

---

UmwG Rz. 35; *Kübler* in Semler/Stengel, § 20 UmwG Rz. 20; *Marsch-Barner* in Kallmeyer, § 20 UmwG Rz. 13; *Martens*, AG 1986, 57 (58); *Schürnbrand*, S. 64; *Simon* in KölnKomm. UmwG, § 20 UmwG Rz. 7; *Stratz* in Schmitt/Hörtnagl/Stratz, § 20 UmwG Rz. 45; *Vossius* in Widmann/Mayer, § 20 UmwG Rz. 121. Zum Inhalt der geschuldeten Dienste *Baums*, ZHR 156 (1992), 248 (253 f.); *Buchner/Schlobach*, GmbHR 2004, 1 (16 f.); *Hockemeier*, S. 61 ff.; *Moll* in FS Schwerdtner, S. 453 (463).

1 *Heidinger* in Henssler/Strohn, § 20 UmwG Rz. 35; *Röder/Lingemann*, DB 1993, 1331 (1343); *Stratz* in Schmitt/Hörtnagl/Stratz, § 20 UmwG Rz. 46; zu der Frage, ob die üblichen Kündigungsfristen eingehalten werden müssen oder eine solche auflösende Bedingung zulässig ist: *Baums*, ZHR 156 (1992), 248 (250); *Marsch-Barner* in Kallmeyer, § 20 UmwG Rz. 15 und *Röder/Lingemann*, DB 1993, 1331 (1343) (bejahend) sowie *Hockemeier*, S. 35 (verneinend).

2 *Baums*, ZHR 156 (1992), 248 (251 f.); *Heidinger* in Henssler/Strohn, § 20 UmwG Rz. 35; *Marsch-Barner* in Kallmeyer, § 20 UmwG Rz. 13; *Simon* in KölnKomm. UmwG, § 20 UmwG Rz. 7; a.A. (Wegfall der Geschäftsgrundlage) *Hockemeier*, S. 73 ff., 80, 135.

3 A.A. *Marsch-Barner* in Kallmeyer, § 20 UmwG Rz. 13; wohl auch *Simon* in KölnKomm. UmwG, § 20 UmwG Rz. 7.

4 *Röder/Lingemann*, DB 1993, 1341 (1347); *Baums*, ZHR 156 (1992), 248 (252); nach *Hockemeier*, S. 123 f., 136 erfolgt eine Anpassung nach den Regeln des Wegfalls der Geschäftsgrundlage; dazu tendiert auch *Stratz* in Schmitt/Hörtnagl/Stratz, § 20 UmwG Rz. 46.

5 Offen gelassen in BGH v. 19.12.1988 – II ZR 74/88, NJW 1989, 1928 (1930) für den Rechtsformwechsel einer GmbH & Co. KG in eine AG und den mit der KG abgeschlossenen Anstellungsvertrag des Geschäftsführers der GmbH.

6 *Kübler* in Semler/Stengel, § 20 UmwG Rz. 20; *Marsch-Barner* in Kallmeyer, § 20 UmwG Rz. 16; *Stratz* in Schmitt/Hörtnagl/Stratz, § 20 UmwG Rz. 49.

gelmäßig (anders etwa, wenn die Auslegung einer Bestimmung des Gesellschaftsvertrages des übernehmenden Rechtsträgers ergibt, dass eine Kompetenznorm auch für Organe übertragender Rechtsträger gelten soll) keine Rolle, dass vor der Gesamtrechtsnachfolge ein anderes Organ (etwa beim Vorstand einer AG der Aufsichtsrat) zuständig war. Ein vergleichbares Organ wird es in dem aufnehmenden Rechtsträger oftmals gar nicht geben. Hinzu kommt, dass die besondere Zuständigkeit Folge der nun nicht mehr gegebenen ehemaligen Organfunktion war[1]. Entgegen der Annahme des BGH[2] ist für das ehemalige Mitglied der Geschäftsführung auch nicht automatisch das für die eigene Geschäftsführung zuständige Organ ebenfalls zuständig. Denn die Bedeutung der Vertragsverhältnisse der „aktiven" Organmitglieder ist eine andere als die „Abwicklung" der Vertragsverhältnisse der Organmitglieder des übertragenden Rechtsträgers.

Nach Eintragung der Verschmelzung können die ehemaligen Geschäftsleiter und Aufsichtsratsmitglieder **nicht mehr entlastet werden**. Die Entlastung kann von der Anteilseignerversammlung des übernehmenden Rechtsträgers nicht erteilt werden, da die zur Debatte stehende Geschäftsleitung an den Interessen des übertragenden Rechtsträgers auszurichten war[3]. Demgemäß kann auch nur ein Organ des übertragenden Rechtsträger darüber befinden, ob ordnungsgemäß gehandelt wurde. Auch ist jede Abhängigkeit der Vorstands- und Aufsichtsratsmitglieder des übertragenden Rechtsträgers von der Anteilseignerversammlung des übernehmenden Rechtsträgers unerwünscht, da diese Personen den Interessen des übertragenden Rechtsträgers, die oftmals ganz anders liegen als die des übernehmenden Rechtsträgers, verpflichtet sind. Auch § 147 AktG kommt im Falle der Verschmelzung von Aktiengesellschaften nicht mehr zur Anwendung, da es an einer Hauptversammlung der übertragenden Aktiengesellschaft nach ihrer Verschmelzung fehlt[4]. Auch § 93 Abs. 4 Satz 3 AktG gilt nicht, da ein kollegialer Verzicht durch Verwaltungsträger derselben Gesellschaft, dem die Norm entgegenwirken soll, nicht mehr zu befürchten ist[5]. Insofern kommt es nicht darauf an, ob der übertragende oder der übernehmende oder sogar beide Rechtsträger Aktiengesellschaften sind. Insbesondere muss die Norm nicht bei der Geltendmachung 30

1 A.A. für ehemalige Vorstandsmitglieder bei Verschmelzung von Genossenschaften BGH v. 26.1.1998 – II ZR 279/96, ZIP 1998, 508 = AG 1998, 341; *Kübler* in Semler/Stengel, § 20 UmwG Rz. 20; ähnlich wie hier *Hoffmann-Becking* in FS Ulmer, S. 243 (262f.), aber für analoge Anwendung von Zuständigkeitsregeln in manchen Fällen.

2 BGH v. 1.12.2003 – II ZR 161/02, ZIP 2004, 92 = AG 2004, 142; zustimmend *Kübler* in Semler/Stengel, § 20 UmwG Rz. 20; *Marsch-Barner* in Kallmeyer, § 20 UmwG Rz. 13.

3 OLG München v. 15.11.2000 – 7 U 3916/00, AG 2001, 197 (198); *Heidinger* in Henssler/Strohn, § 20 UmwG Rz. 34; *Simon* in KölnKomm. UmwG, § 20 UmwG Rz. 6; a.A. OLG Hamburg v. 30.12.2004 – 11 U 98/04, ZIP 2005, 1074 (1077) = AG 2005, 355; *Martens*, AG 1986, 57 (58f.); *Marsch-Barner* in Kallmeyer, § 20 UmwG Rz. 17; s. auch *Hoffmann-Becking* in FS Ulmer, S. 243 (248); *Redeker*, S. 110ff.; *Schürnbrand*, S. 66: Zuständig sei das Organ, das zuständig wäre, wenn ein genuin dem aufnehmenden Rechtsträger zuzuordnender Sachverhalt zu beurteilen wäre.

4 A.A. *Martens*, AG 1986, 57 (59): Die Hauptversammlung der übernehmenden Aktiengesellschaft tritt an diese Stelle; ähnlich *Vossius* in Widmann/Mayer, § 20 UmwG Rz. 330; a.A. auch *Hoffmann-Becking* in FS Ulmer, S. 243 (264) für die Verschmelzung einer AG auf eine AG, die nicht zuvor 100%ige Tochtergesellschaft war, und wenn das Organmitglied in ein Verwaltungsorgan der übernehmenden AG aufgenommen wurde.

5 A.A. *Martens*, AG 1986, 57 (59); differenzierend je nach Position des betroffenen Organmitglieds in der aufnehmenden Gesellschaft, *Hoffmann-Becking* in FS Ulmer, S. 243 (263) und *Schnorbus*, ZHR 167 (2003), 666 (678).

von Ansprüchen gegen die ehemaligen Organmitglieder des übertragenden Rechtsträgers (gleich welcher Rechtsform) beachtet werden[1]. Diesen Ansprüchen kommt nicht die gleiche Bedeutung zu wie den gegen den eigenen Vorstand gerichteten. Es gelten die gleichen Regeln wie bei jedem anderen Verzicht auch. Allerdings muss derjenige, der den Verzicht erklärt, bei pflichtwidrigem Verhalten mit einer persönlichen Inanspruchnahme rechnen.

31 Ist durch die Verschmelzung die **Zusammensetzung eines Aufsichtsrates** einer Aktiengesellschaft unrichtig geworden, so ist mit Eintragung der Verschmelzung[2] ein Statusverfahren nach §§ 97 ff. AktG einzuleiten[3]. § 104 AktG kommt zur Anwendung[4].

h) Nicht frei übertragbare Forderungen

32 Inwieweit über § 412 BGB § 399 BGB auf die Gesamtrechtsnachfolge zur Anwendung kommt, ist umstritten[5]. Der Grundgedanke von § 399 BGB passt jedenfalls, da es auch im Wege der Gesamtrechtsnachfolge dazu kommen kann, dass wegen der Natur des Anspruchs eine Auswechslung des Gläubigers für den Schuldner nicht akzeptabel ist bzw. dass für den Schuldner die Schwierigkeiten bestehen, vor denen er sich durch die Vereinbarung des Abtretungsverbotes schützen wollte. Gleichwohl kommt § 399 BGB nicht zur Anwendung, da anderenfalls in Konsequenz der Verschmelzung nur ein völliger Untergang des Anspruchs denkbar wäre, während eine nicht abtretbare Forderung sonst im Vermögen des ehemaligen Schuldners verbleibt. Dieser völlige Untergang der Forderung wird meist nicht im Interesse der Betroffenen, meist sind es Vertragspartner, liegen[6]. Daher ist es sachgerechter, gegebenenfalls von einem Kündigungsrecht auszugehen (unten Rz. 53). Der übernehmende Rechtsträger bleibt aber an das Abtretungsverbot gebunden[7]. Es ist auch möglich, für den Fall der Verschmelzung ein Erlöschen der Forderung zu vereinbaren[8].

1 A.A. *Habersack/Schürnbrand*, NZG 2007, 81 (87).
2 Nicht schon vorgreifend vor diesem Zeitpunkt, da es oft ungewiss ist, ob und wann es zur Eintragung kommt und dem durch ein parallel laufendes Statusverfahren nicht vorgegriffen werden soll: *K. Mertens*, AG 1994, 66 (73 f.); *K. Mertens*, S. 191; a.A. *Kiem*, NZG 2001, 680 (682 ff.).
3 LG Berlin v. 30.10.2007 – 102 O 183/07, BeckRS 2009, 11392; *Kübler* in Semler/Stengel, § 20 UmwG Rz. 20; *Kuhlmann*, NZG 2010, 46 (49); *Marsch-Barner* in Kallmeyer, § 20 UmwG Rz. 17a.
4 S. den Fall LG Hof v. 17.11.1992 – 1 HAT 3/92, BB 1993, 138.
5 Bejahend für die Verschmelzung *Zeiss* in Soergel, § 412 BGB Rz. 1; verneinend für die Verschmelzung RG v. 27.5.1932 – II 331/31, RGZ 136, 313 (315); *Bermel* in Goutier/Knopf/Tulloch, § 20 UmwG Rz. 19; *Heidenhain*, ZIP 1995, 801; *Hennrichs*, S. 45 f.; *Kübler* in Semler/Stengel, § 20 UmwG Rz. 13 f.; *Marsch-Barner* in Kallmeyer, § 20 UmwG Rz. 8; *Westermann* in Erman, § 412 BGB Rz. 2; nach *Roth* in MünchKomm. BGB, § 412 BGB Rz. 15 ist die Anwendung von § 399 BGB erwägenswert, sofern nicht eine ungerechtfertigte Bereicherung des Schuldners eintritt.
6 S. BGH v. 8.10.2003 – XII ZR 50/02, AG 2004, 98 (99): Ausgliederung eines Mietvertrages auf einen neuen Vermieter.
7 *Marsch-Barner* in Kallmeyer, § 20 UmwG Rz. 8; *Westermann* in Erman, § 412 BGB Rz. 2.
8 *K. Mertens*, S. 179; *Bermel* in Goutier/Knopf/Tulloch, § 20 UmwG Rz. 25.

i) Kreditverhältnisse, Sicherheiten

Kreditzusagen an den übertragenden Rechtsträger gehen im Grundsatz auf den übernehmenden Rechtsträger über[1]. Dem Schutz der Gläubiger trägt § 22 UmwG Rechnung. Soweit dies nicht hinreichend erscheint, besteht u.U. ein Recht zur Kündigung aus wichtigem Grund (unten Rz. 53)[2]. Auch Kreditnehmer des übertragenden Rechtsträgers können ein solches Kündigungsrecht haben, sofern sie ein besonderes Interesse daran haben (etwa wegen weitgehender Kontrollrechte des Kreditgebers), ihre Kreditgeschäfte nicht mit dem aufnehmenden Rechtsträger abzuwickeln[3]. 33

Sicherheiten (Personal- oder Realsicherheiten), **die Dritte für Kredite des übertragenden Rechtsträgers gestellt haben**, bleiben bestehen. Aufgrund der Gesamtrechtsnachfolge sichern sie nunmehr den Anspruch gegen den übernehmenden Rechtsträger[4]. Allerdings ist der Umfang des abgesicherten Risikos auf das im Moment der Eintragung der Verschmelzung gegebene Risiko beschränkt[5]. Da Sicherheiten zugunsten der Forderung eines bestimmten Hauptschuldners gestellt werden, kann der Risikorahmen durch den übernehmenden Rechtsträger nicht erweitert werden[6]. Etwas anderes kann zwar in Individualvereinbarungen[7], nicht aber in AGB vorgesehen werden[8]. Der Sicherheitengeber kann ein Kündigungsrecht haben (unten Rz. 53). Doch ist dies wohl nur von Bedeutung, wenn die Sicherheit durch entsprechende Individualvereinbarung auf Risikoerhöhungen durch den übernehmenden Rechtsträgers erstreckt worden ist[9]. 34

Sicherheiten, die der übertragende Rechtsträger gestellt hat (z.B. Bürgschaften, Sicherungsübereignung), binden den übernehmenden Rechtsträger[10]. Hat der **übertragende Rechtsträger** zur Absicherung von Krediten **eine Globalzession vor-** 35

---

1 *Marsch-Barner* in Kallmeyer, § 20 UmwG Rz. 23; zurückhaltend aber *Stratz* in Schmitt/Hörtnagl/Stratz, § 20 UmwG Rz. 71.
2 *Marsch-Barner* in Kallmeyer, § 20 UmwG Rz. 23.
3 OLG Karlsruhe v. 25.6.2001 – 9 U 143/00, DB 2001, 1548; *Bredow*, BKR 2008, 271 (275 f.); *Kübler* in Semler/Stengel, § 21 UmwG Rz. 11.
4 BGH v. 6.5.1993 – IX ZR 73/92, NJW 1993, 1917 (1918): Bürgschaft war für die Verbindlichkeiten einer KG gestellt, alle Gesellschafter bis auf einen schieden aus; *Marsch-Barner* in Kallmeyer, § 20 UmwG Rz. 23; *Stratz* in Schmitt/Hörtnagl/Stratz, § 20 UmwG Rz. 72 (Bürgschaft); *Westermann* in FS Rowedder, S. 529 (544); wohl auch *Vossius* in Widmann/Mayer, § 20 UmwG Rz. 269. Speziell zu Akkreditiven *Mutter/Stehle*, ZIP 2002, 1829.
5 BGH v. 6.5.1993 – IX ZR 73/92, NJW 1993, 1917 (1918); *Kübler* in Semler/Stengel, § 20 UmwG Rz. 14; *Marsch-Barner* in Kallmeyer, § 20 UmwG Rz. 23.
6 BGH v. 6.5.1993 – IX ZR 73/92, NJW 1993, 1917 (1918), zum Sachverhalt s. vorherige Fn.; keine Erweiterung liegt aber allein in dem Wechsel des Hauptschuldners, da sonst die Sicherung des Anspruchs gegen den übernehmenden Rechtsträger stets entfallen würde. Keine Erweiterung läge etwa in der Sicherung von drei Mietraten, die nunmehr der übernehmende Rechtsträger schuldet, wohl aber in einer Erhöhung eines Kontokorrents. A.A. *Eusani*, WM 2004, 866: Nur Kündigungsrecht.
7 BGH v. 6.5.1993 – IX ZR 73/92, NJW 1993, 1917 (1919).
8 Zustimmend für die Bürgschaft *Kübler* in Semler/Stengel, § 20 UmwG Rz. 14; offen gelassen in BGH v. 6.5.1993 – IX ZR 73/92, NJW 1993, 1917 (1919); tendenziell verneinend *Westermann* in FS Rowedder, S. 529 (545).
9 S. *Marsch-Barner* in Kallmeyer, § 20 UmwG Rz. 23: kündbar, wenn sich das wirtschaftliche Risiko erhöht; *Eusani*, WM 2004, 866: kündbar, wenn die Grenze von § 22 UmwG überschritten wird.
10 *Marsch-Barner* in Kallmeyer, § 20 UmwG Rz. 23.

genommen, so sind davon die Forderungen des übernehmenden Rechtsträgers – über die der übertragende Rechtsträger nur als Nichtberechtigter verfügen könnte – regelmäßig nicht erfasst. In AGB wäre eine anders lautende Klausel zudem überraschend i.S.v. § 305c Abs. 1 BGB[1].

j) Unternehmensverträge

36 Zu **Unternehmensverträgen zwischen übertragendem und übernehmendem Rechtsträger** unten Rz. 45.

aa) Unternehmensverträge unter Beteiligung des übernehmenden Rechtsträgers

37 Unternehmensverträge, die der übernehmende Rechtsträger geschlossen hat, **bestehen fort**[2]. Dies ist sachgerecht, weil allein die „Vergrößerung" des beteiligten Rechtsträgers nicht zur Folge haben kann, dass die eingegangenen Verpflichtungen nicht mehr gelten. Ist der übernehmende Rechtsträger **herrschendes Unternehmen**, kann u.U. ein Kündigungsrecht für das abhängige Unternehmen bestehen (etwa wenn die Verschmelzung wirtschaftliche Risiken in erheblichem Ausmaß mit sich bringt)[3]. Sofern der übernehmende Rechtsträger **abhängiges Unternehmen** ist, vergrößert sich also in gewisser Hinsicht die Rechtsposition des herrschenden Unternehmens. Da das herrschende Unternehmen eine Verlustausgleichspflicht trifft und auch den außenstehenden Gesellschaftern Ausgleichsansprüche zustehen, vergrößert sich damit auch zugleich sein Risiko. Hieraus kann aber nicht gefolgert werden, dass der Unternehmensvertrag erlöschen würde[4], zumal sich ja auch die Einflussmöglichkeit vergrößert. Allerdings kann für das herrschende Unternehmen ein Kündigungsrecht bestehen (unten Rz. 53)[5]. Dabei ist allerdings zu beachten, dass das herrschende Unternehmen die Verschmelzung auf das abhängige Unternehmen wohl oftmals selbst unterstützt hat und sich daher nicht ohne weiteres darauf berufen kann, es liege ein wichtiger Grund zur Kündigung des Unternehmensvertrages vor[6]. Sofern das abhängige Unternehmen infolge der Verschmelzung neue Anteilseigner erhält, erstreckt sich das Ausgleichsangebot nach § 304 AktG auch auf die neuen Anteilseigner. Eine Neuberechnung ist nicht erforderlich, da die Verschmelzungsrelation die wirtschaftlichen Verhältnisse bei dem übernehmenden Rechtsträger berücksichtigt[7]. Dass die

1 BGH v. 24.9.2007 – II ZR 237/05, WM 2008, 65.
2 *Heidinger* in Henssler/Strohn, § 20 UmwG Rz. 20; *Hohner*, DB 1973, 1487; *Krieger*, ZGR 1990, 517 (536, 540); *Kübler* in Semler/Stengel, § 20 UmwG Rz. 29; *Marsch-Barner* in Kallmeyer, § 20 UmwG Rz. 19; *Martens*, AG 1986, 57 (61 f.); *Westermann* in FS Schilling, S. 271 (283).
3 *K. Müller*, BB 2002, 157, 158.
4 BayObLG v. 22.10.2003 – 3 Z BR 211/03, AG 2004, 99; *Emmerich/Habersack*, Konzernrecht, § 19 VII 3; a.A. *Dehmer*[2], § 20 UmwG Rz. 45.
5 *Fedke*, Der Konzern 2008, 533; *K. Müller*, BB 2002, 157 (159); *Stratz* in Schmitt/Hörtnagl/Stratz, § 20 UmwG Rz. 57.
6 *Kübler* in Semler/Stengel, § 20 UmwG Rz. 29.
7 *Kübler* in Semler/Stengel, § 20 UmwG Rz. 29; *Marsch-Barner* in Kallmeyer, § 20 UmwG Rz. 19; *Simon* in KölnKomm. UmwG, § 20 UmwG Rz. 25; a.A. *Emmerich* in Emmerich/Habersack, Aktien- und GmbH-Konzernrecht, § 297 AktG Rz. 44; *Krieger* in MünchHdb. GesR AG, § 70 Rz. 205.

neuen Anteilseigner infolge dessen Ausgleichszahlungen erhalten, die nicht auf aktuellen Berechnungen beruhen, ist Folge der Tatsache, dass sich der alte Unternehmensvertrag nunmehr auch auf sie erstreckt, und wird, wie gesagt, zudem bei der Festsetzung der Verschmelzungsrelation berücksichtigt. Hatte das abhängige Unternehmen vor der Verschmelzung keine außenstehenden Aktionäre und treten infolge der Verschmelzung erstmals außenstehende Aktionäre hinzu, gilt § 307 AktG[1].

bb) Unternehmensverträge unter Beteiligung des übertragenden Rechtsträgers

Ist der übertragende Rechtsträger **abhängige Gesellschaft** eines Unternehmensvertrages, so erlischt der Unternehmensvertrag mit Eintragung der Verschmelzung[2]. Es kann nicht davon ausgegangen werden, dass der übernehmende Rechtsträger zur abhängigen Gesellschaft wird, und eine Beschränkung des Unternehmensvertrages auf den nicht mehr bestehenden übertragenden Rechtsträger ist nicht möglich. Auch wächst u.U. das Risiko des herrschenden Unternehmens, da es verlustausgleichspflichtig ist (§ 302 AktG). Auch im Verschmelzungsvertrag kann der Übergang des Unternehmensvertrages nicht vereinbart werden. Die außenstehenden Aktionäre des übernehmenden Rechtsträgers, die zu außenstehenden Aktionären eines abhängigen Rechtsträgers werden würden, bleiben sonst ungeschützt. Im Bereich von **Betriebspacht- und Betriebsüberlassungsverträgen** gilt etwas anderes. Sie dauern fort, allerdings nicht als Unternehmensverträge, sondern als normale bürgerlich-rechtliche Verträge[3]. Betriebsbezogene **Teilgewinnabführungsverträge und Gewinngemeinschaften** bleiben ebenfalls bestehen[4]. In den anderen Fällen kann in der Durchführung der Verschmelzung eine Verletzung des Unternehmensvertrages liegen, die zum Schadensersatz verpflichtet. 38

Im Unternehmensvertrag enthaltene Angebote auf **Abfindung der außenstehenden Aktionäre** erlöschen nicht[5], und zwar auch dann nicht, wenn kein Spruchstellenverfahren anhängig ist[6]. Zwar erhalten die außenstehenden Anteilseigner, sofern sie ihre Anteile nicht bereits auf das herrschende Unternehmen übertragen haben, aufgrund der Verschmelzung einen Ausgleich (Anteile am übernehmenden 39

1 *Simon* in KölnKomm. UmwG, § 20 UmwG Rz. 25.
2 OLG Karlsruhe v. 29.8.1994 – 15 W 19/94, ZIP 1994, 1529 (1531) = AG 1995, 139; *Hohner*, DB 1973, 1487 (1436); *Krieger*, ZGR 1990, 517 (538 f.); *Kübler* in Semler/Stengel, § 20 UmwG Rz. 31; *Marsch-Barner* in Kallmeyer, § 20 UmwG Rz. 21; *Martens*, AG 1986, 57 (60 f.); *Simon* in KölnKomm. UmwG, § 20 UmwG Rz. 27; *Westermann* in FS Schilling, S. 271 (281 f.); a.A. *Vossius* in FS Widmann, S. 133 (138): Es bestehe nur ein Kündigungsrecht.
3 *Emmerich/Habersack*, Konzernrecht, § 19 VII 2; *Heidinger* in Henssler/Strohn, § 20 UmwG Rz. 23; *Gutheil*, S. 206 ff.; einschränkend *Koppensteiner* in KölnKomm. AktG, § 297 AktG Rz. 39.
4 *Emmerich/Habersack*, Konzernrecht, § 19 VII 2; *Gutheil*, S. 192 ff.; *Kübler* in Semler/Stengel, § 20 UmwG Rz. 31; *Koppensteiner* in KölnKomm. AktG, § 297 AktG Rz. 39; *Martens*, AG 1986, 57 (61 bei Fn. 25).
5 BGH v. 20.5.1997 – II ZB 9/96, ZIP 1997, 1193 = AG 1997, 515; *Heidinger* in Henssler/Strohn, § 20 UmwG Rz. 22; *Marsch-Barner* in Kallmeyer, § 20 UmwG Rz. 21; a.A. OLG Karlsruhe v. 29.8.1994 – 15 W 19/94, ZIP 1994, 1529 (1531) = AG 1995, 139; *Bermel* in Goutier/Knopf/Tulloch, § 20 UmwG Rz. 28; zu dieser mehr zu § 305 AktG gehörenden Fragestellung statt aller *Koppensteiner* in KölnKomm. AktG, § 305 AktG Rz. 12; *Krieger*, ZGR 1990, 517 (538 f.); *Meilicke*, AG 1995, 181 ff.
6 Für diesen Fall offen BGH v. 20.5.1997 – II ZB 9/96, ZIP 1997, 1193 = AG 1997, 515.

Rechtsträger)[1], aber da der Wert ihres Unternehmens durch Maßnahmen im Zusammenhang mit dem Unternehmensvertrag bereits reduziert worden sein kann, wäre das u.U. kein adäquater Ausgleich[2]. Ein bereits eingeleitetes Spruchstellenverfahren wird fortgeführt[3]. Mit Eintragung der Verschmelzung entfällt der Anspruch auf Ausgleich, da nun der Unternehmensvertrag endet[4]. Der Anspruch auf Abfindung kann aus demselben Grund nach Eintragung der Verschmelzung nicht mehr erstmalig geltend gemacht werden[5].

40 Ist der übertragende Rechtsträger **herrschendes Unternehmen** des Unternehmensvertrages, so besteht der Unternehmensvertrag fort[6]. Ein Beschluss der Anteilseignerversammlung des abhängigen Rechtsträgers, der der Verschmelzung zustimmt, ist nicht erforderlich. § 295 AktG gilt also nicht[7]. Zwar führt die Verschmelzung in der Tat zur Auswechslung des herrschenden Unternehmens und damit in gewisser Weise auch zu einer Änderung des Unternehmensvertrages. Diese Abänderung erfolgt im Wege der Gesamt- und nicht der Einzelrechtsnachfolge. Doch macht das für die außenstehenden Aktionäre, um deren Schutz es geht, keinen Unterschied. Aber das UmwG legt abschließend fest, wer der Verschmelzung zuzustimmen hat. Vertragspartner der beteiligten Unternehmensträger (bzw. die Gesellschafter der Vertragspartner) gehören hierzu nicht. Deren Schutz dient § 22 UmwG. Der Vertrag kann aber u.U. nach § 297 Abs. 1 AktG gekündigt werden[8]. Eine Dividendengarantie, die der übertragende Rechtsträger gegeben hat (§ 304 Abs. 1 Satz 2 AktG), bleibt bestehen. U.U. muss sie an die ver-

1 So die Argumentation des LG Mannheim v. 30.5.1994 – 23 AktE 1/90, AG 1995, 89.

2 *Gutheil*, S. 185.

3 BGH v. 20.5.1997 – II ZB 9/96, ZIP 1997, 1193 (1194) = AG 1997, 515; *Emmerich/Habersack*, Konzernrecht, § 22a V 2; *Kübler* in Semler/Stengel, § 20 UmwG Rz. 31; a.A. OLG Karlsruhe v. 29.8.1994 – 15 W 19/94, ZIP 1994, 1529 (1531) = AG 1995, 139. Nach BVerfG v. 27.1.1999 – 1 BvR 1805/94, NJW 1999, 1699 (1700) = ZIP 1999, 532 (534) = AG 1999, 218 gebietet Art. 14 GG die Fortführung für Aktionäre, die ihre Aktien auf das herrschende Unternehmen übertragen haben und daher an der Verschmelzung nicht mehr teilnehmen.

4 *Kübler* in Semler/Stengel, § 20 UmwG Rz. 31; zum Squeeze out BGH v. 19.4.2011 – II ZR 237/09, ZIP 2011, 1097 = AG 2011, 514.

5 *Kübler* in Semler/Stengel, § 20 UmwG Rz. 31; a.A. *Butzke* in FS Hüffer, S. 97 (109 f.).

6 LG Bonn v. 30.1.1996 – 11 T 1/96, GmbHR 1996, 774; OLG Karlsruhe v. 7.12.1990 – 15 U 256/89, ZIP 1991, 101 (104) = AG 1991, 144; *Emmerich/Habersack*, Konzernrecht, § 19 VII 3; *Fedke*, Der Konzern 2008, 533 (534); *Hohner*, DB 1973, 1487 (1490); *Krieger*, ZGR 1990, 517 (540); *Kübler* in Semler/Stengel, § 20 UmwG Rz. 30; *Marsch-Barner* in Kallmeyer, § 20 UmwG Rz. 20; *Martens*, AG 1986, 57 (62); *Stratz* in Schmitt/Hörtnagl/Stratz, § 20 UmwG Rz. 58; *Westermann* in FS Schilling, S. 271 (283); a.A. *Würdinger* in Großkomm. AktG, 1. Aufl., § 291 AktG Rz. 24.

7 LG Mannheim v. 23.10.1989 – 24 O 84/88 u. 88/88, ZIP 1990, 379 (381) = AG 1991, 26; LG Bonn v. 30.1.1996 – 11 T 1/96, GmbHR 1996, 774; *Bermel* in Goutier/Knopf/Tulloch, § 20 UmwG Rz. 29; *Emmerich/Habersack*, Konzernrecht, § 19 VII 3; *Koppensteiner* in KölnKomm. AktG, § 295 AktG Rz. 4; *Heidinger* in Henssler/Strohn, § 20 UmwG Rz. 21; *Kübler* in Semler/Stengel, § 20 UmwG Rz. 30; *Marsch-Barner* in Kallmeyer, § 20 UmwG Rz. 20; *Priester*, ZIP 1992, 293 (301); *Simon* in KölnKomm. UmwG, § 20 UmwG Rz. 26; a.A. *Bayer*, ZGR 1993, 599 (604).

8 LG Bonn v. 30.1.1996 – 111 T 1/96, GmbHR 1996, 774 (776); *Hohner*, DB 1973, 1487 (1490); *Krieger*, ZGR 1990, 517 (521); *Kübler* in Semler/Stengel, § 20 UmwG Rz. 30; *Marsch-Barner* in Kallmeyer, § 20 UmwG Rz. 20; *Martens*, AG 1986, 57 (62); *K. Müller*, BB 2002, 157; *Simon* in KölnKomm. UmwG, § 20 UmwG Rz. 26; *Westermann* in FS Schilling, S. 271 (283 f.).

änderten Umstände angepasst werden, wobei es aber nur um Umformulierungen, nicht um eine wirtschaftliche Neubewertung geht[1]. Die Eintragung des Unternehmensvertrages ins Handelsregister (§ 294 AktG) ist nicht Voraussetzung für den Eintritt des herrschenden Unternehmens in den Unternehmensvertrag[2]. Fälle der Gesamtrechtsnachfolge sind von der Norm nicht erfasst. Auch liegt eine (meist nur kurzfristige) Beendigung des Unternehmensvertrages bis zur Eintragung des neuen herrschenden Unternehmens weder im Interesse der Gläubiger noch im berechtigten Interesse der außenstehenden Aktionäre. Soweit an dem beherrschten Unternehmen Anteilsinhaber des übernehmenden Rechtsträgers beteiligt sind und dieser eine AG oder GmbH ist, scheitert die Fortzahlung der Dividendengarantie nicht an § 30 GmbHG oder an § 57 AktG. Es liegt ein Geschäft vor, das so auch mit Dritten abgeschlossen wurde. Daher gelten die genannten Normen nicht[3].

k) Wettbewerbsverbote, wettbewerbswidrige Handlungen

41 Wettbewerbsverbote, die der übertragende Rechtsträger eingegangen ist, gehen über[4]. Dabei ist aber zu bedenken, dass sich nur der untergehende (übertragende) Rechtsträger gebunden hat. Regelmäßig wird sich im Wege der Vertragsauslegung eine **Beschränkung des Verbots** auf die übernommenen Betriebsstätten sowie die Verpflichtung, das dort angesammelte Know-how nicht zu nutzen, ermitteln lassen. U.U. besteht ein Kündigungsrecht (unten Rz. 53). Zur Not muss mit den Regeln der Störung der Geschäftsgrundlage (unten Rz. 56, § 21 Rz. 9) geholfen werden[5]. **Wettbewerbswidrige Handlungen, die in dem übertragenden Rechtsträger begangen wurden**, haben nicht zur Folge, dass nach der Verschmelzung in Bezug auf den übernehmenden Rechtsträger eine Erstbegehungs- oder Wiederholungsgefahr i.S.d. UWG bestehen würde[6]. Für das Bestehen einer Erstbegehungsgefahr kommt es darauf an, ob der Betrieb fortgeführt wird und wie sich der neue Inhaber verhält[7].

---

1 Wie hier *Marsch-Barner* in Kallmeyer, § 20 UmwG Rz. 20.

2 A.A. *Heidinger* in Henssler/Strohn, § 20 UmwG Rz. 21.

3 Statt aller *Hüffer*, § 57 AktG Rz. 8; *Fastrich* in Baumbach/Hueck, § 30 GmbHG Rz. 29; die Problematik liegt aber anders als bei den üblicherweise genannten Verkehrsgeschäften, da die „Gegenleistung" der außenstehenden Aktionäre/GmbH-Gesellschafter nicht klar beziffert werden kann.

4 *Stratz* in Schmitt/Hörtnagl/Stratz, § 20 UmwG Rz. 60; nicht einleuchtend *Vossius* in Widmann/Mayer, § 20 UmwG Rz. 320: Übergang nur, wenn zwischen übertragendem und übernehmendem Rechtsträger wirtschaftliche und funktionelle Kontinuität besteht; a.A. *Heidinger* in Henssler/Strohn, § 20 UmwG Rz. 40.

5 S. die Fälle RG v. 30.1.1917 – II 335/16, RGZ 89, 354 (377 ff.) und RG v. 30.10.1923 – II 898/22, RGZ 108, 20 (25): Beschränkung einer übernommenen Verpflichtung auf die Anlagen des übertragenden Rechtsträgers; *Flechtheim*, JW 1927, 1060 (1064); *Rieble*, ZIP 1997, 301 (312); ähnlich *Schilling/Zutt* in Hachenburg[7], § 25 VerschmG Rz. 30: Vertragsanpassung sei erforderlich; so auch *Schubert*, S. 40 f.; *Stratz* in Schmitt/Hörtnagl/Stratz, § 20 UmwG Rz. 61.

6 BGH v. 6.12.2012 – III ZR 173/12, NJW 2013, 593 (594); BGH v. 26.4.2007 – I ZR 34/05, NJW 2008, 301 (302); OLG Hamburg v. 11.7.2007 – 5 U 174/06, AG 2007, 868 (869); *Heidinger* in Henssler/Strohn, § 20 UmwG Rz. 40; *Kübler* in Semler/Stengel, § 20 UmwG Rz. 11; *Simon* in KölnKomm. UmwG, § 20 UmwG Rz. 29.

7 BGH v. 6.12.2012 – III ZR 173/12, NJW 2013, 593 (595).

l) Rechtsverhältnisse mit sensiblen Daten

42 Von der Gesamtrechtsnachfolge werden auch **Rechtsverhältnisse erfasst, die bei dem übertragenden Rechtsträger mit Hilfe von Daten dokumentiert sind**. Ebenfalls erfasst sind Dateien, die sich bei dem übertragenden Rechtsträger befinden. Dem steht das BDSG nicht entgegen. Zwar ist das BDSG anwendbar (§ 131 Rz. 115ff.). Auch ist das UmwG keine Erlaubnisnorm i.S.v. § 4 Abs. 1 BDSG, da das UmwG die Verarbeitung der Daten nicht eindeutig, also unter Nennung der Arten der Daten und des Zwecks der Verarbeitung für zulässig erklärt[1]. In dem Übergang der Daten auf den übernehmenden Rechtsträger liegt auch eine Übermittlung i.S.v. § 3 Abs. 4 Satz 2 Nr. 3 BDSG, da die Daten an diesen Rechtsträger weitergegeben werden[2]. Dies ist aber gem. § 28 Abs. 1 Satz 1 Nr. 2 BDSG zulässig, da die Weitergabe zur Wahrung des Interesses des übertragenden Rechtsträgers an der Umwandlung erforderlich ist[3]. Eventuell entgegenstehende Interessen der Betroffenen können durch ein Kündigungsrecht gewahrt werden[4]. Auch für das Bank- und das durch § 203 StGB geschützte Berufsgeheimnis gilt nichts anderes[5]. Da auch im Rahmen der Veräußerung entsprechender Praxen die Weitergabe der Daten weitgehend gestattet ist[6], muss dies auch für die Umwandlung gelten[7]. Zu den Rechtsfolgen unzulässiger Datenweitergabe § 131 Rz. 124f.

m) Geldbußen

43 Nach Ansicht des BGH kann gegen den übernehmenden Rechtsträger ein Bußgeld, das ein Organ des übertragenden Rechtsträgers i.S.v. § 30 OWiG zu Lasten des übertragenden Rechtsträgers verwirkt hat, nur verhängt werden, wenn übertragender und übernehmender Rechtsträger **bei wirtschaftlicher Betrachtungsweise nahezu identisch sind**[8]. Dies wird mit dem Wortlaut von § 30 Abs. 1 OWiG („gegen diese") und dem Analogieverbot begründet. Es liegt auf der Hand, dass eine solche Identität bei Verschmelzungen kaum je gegeben sein wird und sich daher Möglichkeiten auftun, eine drohende Geldbuße „abzuschütteln", die mit

1 Zu diesem Erfordernis *Gola/Schomerus*, 11. Aufl. 2012, § 4 BDSG Rz. 8; wie hier *Scharf*, S. 181ff.; *Wengert/Widmann-Wengert*, NJW 2000, 1289 (1292); a.A. *Marsch-Barner* in Kallmeyer, § 20 UmwG Rz. 23a; *Marsch-Barner/Mackenthun*, ZHR 165 (2001), 426 (431); *Teichmann/Kießling*, ZGR 2001, 33 (57).

2 *Bitter*, ZHR 173 (2009), 379 (394); *Scharf*, S. 126ff.; *Teichmann/Kießling*, ZGR 2001, 33 (43ff.); *Zöllner*, ZHR 165 (2001), 440 (442); a.A. *Marsch-Barner* in Kallmeyer, § 20 UmwG Rz. 23a; *Marsch-Barner/Mackenthun*, ZHR 165 (2001), 426 (432ff.); *Lüttge*, NJW 2000, 2463 (2465); *Schaffland*, NJW 2002, 1539, 1540.

3 *Marsch-Barner* in Kallmeyer, § 20 UmwG Rz. 23a; *Schaffland*, NJW 2002, 1539 (1541); *Zöllner*, ZHR 165 (2001), 440 (448); a.A. *Wengert/Widmann-Wengert*, NJW 2000, 1289 (1293).

4 S. OLG Karlsruhe v. 25.6.2001 – 9 U 143/00, DB 2001, 1548: Fusion von Banken; *Vossius* in Widmann/Mayer, § 20 UmwG Rz. 177.17.

5 *Marsch-Barner/Mackenthun*, ZHR 165 (2001), 426 (436); restriktiver *Teichmann/Kießling*, ZGR 2001, 33 (62ff.).

6 Schilderung bei *Grunewald* in FS Ulmer, S. 141 (147).

7 Zum Bankgeheimnis *Marsch-Barner/Mackenthun*, ZHR 165 (2001), 426 (438); *Zöllner*, ZHR 165 (2001), 440 (449); nach *Bitter*, ZHR 173 (2009), 379 (395), ist der Übergang nur unproblematisch, wenn im Zuge der Umwandlung das Unternehmen übergeht. Das wird bei der Verschmelzung stets der Fall sein.

8 BGH v. 10.8.2011 – KRB 55/10, NZWiSt 2012, 184 mit zustimmender Anm. *Waßmer*; s. auch *Krohs/Timmerbeil*, BB 2012, 2447; *Löbbe*, ZHR 177 (2013), 519ff.

nichts zu rechtfertigen sind. Jedenfalls für rechtskräftig festgesetzte Geldbußen kann diese Einschränkung nicht gelten. Dann gilt für diese Geldschuld der allgemeine Grundsatz der Gesamtrechtsnachfolge, nach dem Verbindlichkeiten – gleich welchen Ursprungs – auf den Rechtsnachfolger übergehen. Anderenfalls müsste man Rechtsträgern, die eine Geldbuße verwirkt haben, ja geradezu eine zögerliche Bezahlung und eine Verschmelzung raten!

n) Schwebende Prozesse

Für die schwebenden Prozesse des übertragenden Rechtsträgers gelten nach h.M. 44 §§ 239, 246 ZPO analog. Das Erlöschen des übertragenden Rechtsträgers soll insoweit dem Tod einer natürlichen Person vergleichbar sein[1]. Dies leuchtet aber letztlich nicht ein, da § 239 ZPO der Tatsache Rechnung tragen will, dass der Tod der Prozesspartei meist überraschend eintritt und der Erbe eine gewisse Überlegungszeit benötigt, um sich über sein Vorgehen in dem Prozess schlüssig zu werden. Bei der Verschmelzung muss sich dagegen niemand über die Konsequenz eines für ihn unerwarteten Ereignisses Gedanken machen. Meist bleibt der zuständige Bearbeiter sogar derselbe. Auch § 241 ZPO passt nicht, da Schwierigkeiten bei der Vertretung der Prozessparteien nicht bestehen[2]. Eine vom übertragenden Rechtsträger erteilte Prozessvollmacht gilt nun für den übernehmenden Rechtsträger[3]. Daher ist davon auszugehen, dass der übernehmende Rechtsträger **automatisch und ohne Unterbrechung in den Prozess einrückt**[4]. Ein Titel, der auf den übertragenden Rechtsträger lautet, kann nach § 727 ZPO umgeschrieben werden[5]. War die Verschmelzung während des Verfahrens aktenkundig gemacht worden, so kann das Rubrum gem. § 319 ZPO berichtigt werden[6]. Die Zustellung einer noch gegen den übertragenden Rechtsträger gerichteten Klage erfolgt nach Eintragung der Verschmelzung an den übernehmenden Rechtsträger[7].

Zu Klagen gegen Beschlüsse der Anteilsinhaber und Auskunftserzwingungsverfahren gegen einen übertragenden Rechtsträger § 28 UmwG. Ausführlich zu anhängigen Prozessen unten § 133 Rz. 152.

---

1 BGH v. 1.12.2003 – II ZR 161/02, GmbHR 2004, 182 (183); RG v. 25.1.1904 – I 11/04, RGZ 56, 331 (332); OLG München v. 4.6.1989 – 29 W 1291/89, DB 1989, 1918; *Bermel* in Goutier/Knopf/Tulloch, § 20 UmwG Rz. 26; *Marsch-Barner* in Kallmeyer, § 20 UmwG Rz. 25; *Stöber*, NZG 2006, 574; *Vossius* in Widmann/Mayer, § 20 UmwG Rz. 258.

2 *Meyer*, JR 2007, 133 (134); a.A. *K. Schmidt* in FS Henckel, S. 749 (766f.).

3 BGH v. 1.12.2003 – II ZR 161/02, NJW 2004, 1528 = AG 2004, 142; *Heidinger* in Henssler/Strohn, § 20 UmwG Rz. 43; allgemein oben Rz. 26.

4 *Hennrichs*, S. 84f.; *Kübler* in Semler/Stengel, § 20 UmwG Rz. 66; *Meyer*, JR 2007, 133 (134); *Simon* in KölnKomm. UmwG, § 20 UmwG Rz. 32.

5 OLG München v. 4.6.1989 – 29 W 1291/89, DB 1989, 1918; OLG Frankfurt/M. v. 4.4. 2000 – 6 W 32/00, BB 2000, 1000 (Spaltung); *Stratz* in Schmitt/Hörtnagl/Stratz, § 20 UmwG Rz. 41; *Heckschen*, S. 57; *Heidinger* in Henssler/Strohn, § 20 UmwG Rz. 45; *Kübler* in Semler/Stengel, § 20 UmwG Rz. 66; *Marsch-Barner* in Kallmeyer, § 20 UmwG Rz. 25; *Simon* in KölnKomm. UmwG, § 20 UmwG Rz. 33.

6 BGH v. 1.12.2003 – II ZR 161/02, GmbHR 2004, 182 (183); s. auch BGH v. 19.2.2002 – VI ZR 394/00, NJW 2002, 1430.

7 OLG Hamburg v. 16.4.2004 – 11 U 11/03, ZIP 2004, 906 = AG 2004, 619.

3. Rechtsverhältnisse zwischen den beteiligten Rechtsträgern und ihren Anteilseignern

a) Rechtsverhältnisse zwischen den beteiligten Rechtsträgern

45 **Unternehmensverträge**, die zwischen den beteiligten Rechtsträgern bestanden, erlöschen, weil sie gegenstandslos geworden sind[1]. Etwas anderes gilt nur, wenn – wie bei einer Gewinngemeinschaft denkbar – noch ein drittes Unternehmen beteiligt ist[2]. Ein in dem Unternehmensvertrag enthaltenes Angebot auf Abfindung besteht fort (oben Rz. 39). Dem ist entgegen gehalten worden, dass nach Eintragung der Verschmelzung die außenstehenden Aktionäre nicht mehr in der Lage sind, die Anteile an der übertragenden Gesellschaft auf die übernehmende Gesellschaft zu übertragen, wie es eine Abfindung infolge des Abschlusses eines Unternehmensvertrages eigentlich erfordert[3]. Das trifft zwar zu, kann aber nicht dazu führen, dass den außenstehenden Aktionären die Abfindung durch die Verschmelzung, die das herrschende Unternehmen schließlich selbst beschlossen hat, aus der Hand geschlagen wird. Als Gegenleistung für die Abfindung müssen die im Zuge der Verschmelzung erhaltenen Anteile an dem übernehmenden Rechtsträger auf diesen übertragen werden. Ein eventuell laufendes Spruchverfahren wird fortgeführt[4]. Es findet also keine Verrechnung mit dem im Verschmelzungsvertrag enthaltenen Umtauschangebot statt, und dies wird auch nicht schlicht unter Zugrundelegung des alten Abfindungsangebotes errechnet[5]. Eine solche Vorgehensweise wäre nicht sachdienlich, da der für die Berechnung maßgebliche Zeitpunkt unterschiedlich ist. Auch kann ein Spruchstellenverfahren in Bezug auf das im Unternehmensvertrag enthaltene Angebot kurz vor dem Abschluss stehen. Würde man die außenstehenden Anteilseigner auf ein erneutes Spruchstellenverfahren verweisen, wäre dies für sie nicht akzeptabel. Nach Wirksamwerden der Verschmelzung richtet sich das Abfindungsangebot aus dem Unternehmensvertrag automatisch auf die Anteile an dem übernehmenden Rechtsträger.

46 **Forderungen und Verbindlichkeiten** zwischen den beteiligten Rechtsträgern erlöschen durch Konfusion[6]. Gestellte Sicherheiten erlöschen ebenfalls oder werden frei. Eine Ausnahme ist in § 25 Abs. 2 Satz 2 UmwG normiert (s. die Erläuterungen dort). Sollen Ansprüche gegen den übernehmenden Rechtsträger, die im Interesse des übertragenden Rechtsträger begründet sind, noch nach der Verschmelzung fortbestehen, so muss außerhalb des Anwendungsbereichs von § 25 Abs. 2

1 OLG Hamm v. 20.6.1988 – 8 U 329/87, WM 1988, 1164 (1168) = AG 1989, 31; *Butzke* in FS Hüffer, S. 97 (106); *Emmerich/Habersack*, Konzernrecht, § 19 VII 1; *Heidinger* in Henssler/Strohn, § 20 UmwG Rz. 19; *Hohner*, DB 1973, 1487; *Krieger*, ZGR 1990, 517 (533); *Marsch-Barner* in Kallmeyer, § 20 UmwG Rz. 18; *Martens*, AG 1986, 57 (60); *Simon* in KölnKomm. UmwG, § 20 UmwG Rz. 24.

2 *Krieger*, ZGR 1990, 517 (533).

3 *Butzke* in FS Hüffer, S. 97 (108).

4 Dies ist sogar verfassungsrechtlich geboten: BVerfG v. 27.1.1999 – 1 BvR 1638/94, NJW 1999, 1701 (1702) = AG 1999, 217.

5 *Marsch-Barner* in Kallmeyer, § 20 UmwG Rz. 18; *Schubert*, DB 1998, 761; *Schwab*, BB 2000, 527 (529); a.A. *Naraschewski*, DB 1997, 1653 und DB 1998, 762.

6 *Kübler* in Semler/Stengel, § 20 UmwG Rz. 60; *Marsch-Barner* in Kallmeyer, § 20 UmwG Rz. 9; *Simon* in KölnKomm. UmwG, § 20 UmwG Rz. 9.

Satz 2 UmwG der Weg über die Begründung des Anspruchs eines Dritten gewählt werden[1].

b) Rechtsverhältnisse unter Beteiligung der Anteilseigner

aa) Rückständige Einlagen

Auf eine noch **offene Einlageschuld**, die dem **übernehmenden Rechtsträger** gegenüber besteht, hat die Verschmelzung keine Auswirkung. Die Einlage ist weiter geschuldet. Auch die durch die Verschmelzung hinzutretenden Anteilseigner haften, wenn der übernehmende Rechtsträger eine GmbH ist, für die Erfüllung der Einlageschuld (§ 24 GmbHG, s. auch § 51 Abs. 1 UmwG). Zu dem Fall, dass der übertragende Rechtsträger nicht voll eingezahlte Anteile der übernehmenden AG bzw. GmbH hält, s. § 68 Rz. 4 bzw. § 54 Rz. 25 ff. Soweit die **Einlage dem übertragenden Rechtsträger geschuldet war**, geht die Forderung auf den übernehmenden Rechtsträger über[2], sofern nicht der übernehmende Rechtsträger selbst der Schuldner der Einlage ist[3]. Die Anteilseigner des übertragenden Rechtsträgers haften für die Erfüllung so weiter wie vor der Verschmelzung (also etwa auch nach § 24 GmbHG, § 65 AktG)[4]. Das Gesetz geht davon aus, dass im Falle der Beteiligung von GmbHs als übertragende und übernehmende Rechtsträger die Gesellschafter der übernehmenden GmbH ebenfalls nach § 24 GmbHG für die noch offene Einlageschuld der Gesellschafter der übertragenden GmbH haften (§ 51 Abs. 1 Satz 3 UmwG; s. § 51 Rz. 27 ff.). Dies entspricht nicht der zuvor h.M.[5] und ist auch nicht sachgerecht, da § 24 GmbHG nur für die in der jeweiligen GmbH übernommenen Einlagen gilt. Nur das Stammkapital der übernehmenden GmbH ist nach § 24 GmbHG durch die Haftung der Gesellschafter der übernehmenden GmbH abgesichert. Doch macht § 51 UmwG nur dann Sinn, wenn man dem Gesetzgeber insoweit Folge leistet[6]. Ein Verzicht des übertragenden Rechtsträgers auf die Einlage ist nicht möglich (§ 66 Abs. 1 AktG, § 19 Abs. 2 GmbHG, § 7 Nr. 1 GenG, § 172 Abs. 3 HGB)[7], und zwar auch nicht im Verschmelzungsvertrag[8]. Der übernehmende Rechtsträger kann demgegenüber einen Verzicht erklären. Für ihn gelten die genannten Verbote nur in Bezug auf die eigenen Einlageforderungen[9]. Dem Schutz der Gläubiger trägt § 22 UmwG Rechnung. 47

---

1 Dazu *Blasche/Söntgerath*, BB 2009, 1432 mit Hinweis darauf, dass, sofern der Dritte Anteilseigner des übernehmenden Rechtsträgers wird, die Regeln der Kapitalerhaltung zu beachten sind.

2 RG v. 27.5.1932 – II 322/31, RGZ 136, 313 (316); RG v. 7.2.1933, JW 1933, 1012 (1014); BGH v. 2.7.1990 – II ZR 139/89, DB 1990, 1707 (1708) (Kommanditeinlage nach Umwandlung in eine GmbH); *Flechtheim*, JW 1933, 1012 (1013 f.); *Marsch-Barner* in Kallmeyer, § 20 UmwG Rz. 9; *Rosner*, AG 2011, 5 (8); *Simon* in KölnKomm. UmwG, § 20 UmwG Rz. 11; a.A. *Godin*, JW 1933, 2500; auch *Vossius* in Widmann/Mayer, § 20 UmwG Rz. 231 für die Pflichteinlage des Kommanditisten ohne Begründung für diese Sonderbehandlung.

3 Dann tritt Konfusion ein: *Marsch-Barner* in Kallmeyer, § 20 UmwG Rz. 9.

4 *Bermel* in Goutier/Knopf/Tulloch, § 20 UmwG Rz. 48; *Priester* in Scholz[7], § 25 KapErhG Rz. 31; *Rosner*, AG 2011, 5 (8).

5 *Dehmer*[2], § 25 KapErhG Anm. 11; *Priester* in Scholz[7], § 25 KapErhG Rz. 31.

6 *Simon* in KölnKomm. UmwG, § 20 UmwG Rz. 13.

7 A.A. für die AG *Heckschen*, S. 59.

8 A.A. für die AG *Godin*, JW 1933, 2500 f.

9 *Rosner*, AG 2011, 5 (8).

48 Der übernehmende Rechtsträger muss, selbst wenn er **nicht voll eingezahlte Anteile erwirbt**, seinerseits voll eingezahlte Anteile ausgeben, sofern er eine andere Rechtsform als die des übertragenden Rechtsträgers hat[1]. Denn die Anteilsinhaber müssen nicht mit anderen Sanktionen rechnen als ursprünglich eingeplant. Bei einer Verschmelzung auf einen Rechtsträger gleicher Rechtsform könnte man demgegenüber der Ansicht sein, es müssten wiederum nicht voll eingezahlte Anteile ausgegeben werden[2]. Doch treten dann Schwierigkeiten auf, wenn der Nennwert der neuen Anteile nicht so hoch ist, dass der noch offene Einlageteil voll abgedeckt werden könnte. Zudem sind die Gläubiger der beteiligten Gesellschaften durch § 22 UmwG geschützt. Daher sollte davon ausgegangen werden, dass die neuen Anteile voll eingezahlt sein dürfen, aber – bei identischer Rechtsform – in Höhe der noch offenen Einlageschuld nicht voll eingezahlt sein müssen[3]. Sofern nicht voll eingezahlte Anteile ausgegeben werden, darf die offene Schuld nicht höher sein, als sie in dem übertragenden Rechtsträger war. Anderenfalls würde die Anteilsinhaber eine Leistungsvermehrung treffen, mit der sie nicht rechnen mussten.

bb) Eigenkapitalersatz

49 Zu den Folgen der Verschmelzung im Bereich der mittlerweile aufgehobenen speziellen gesellschaftsrechtlichen Eigenkapitalersatzregeln s. 4. Auflage (§ 20 Rz. 45 f.).

cc) Nebenverpflichtungen

50 Nebenverpflichtungen, die die **Anteilsinhaber des übernehmenden Rechtsträgers** treffen, bestehen fort. Die Anteilsinhaber des übertragenden Rechtsträgers, die mit Wirksamwerden der Verschmelzung Anteilsinhaber des übernehmenden Rechtsträgers werden, sind nur an solche Verpflichtungen gebunden, die alle Anteilsinhaber treffen, also allgemein gelten sollen[4]. Sofern diese nicht akzeptabel sind, kann sich der Anteilsinhaber auf das so genannte allgemeine Austrittsrecht berufen (dazu § 29 Rz. 33).

51 Nebenverpflichtungen, die die **Anteilsinhaber des übertragenden Rechtsträgers treffen**, gehen im Wege der Gesamtrechtsnachfolge auf den übernehmenden Rechtsträger über[5]. Dies gilt aber nur, wenn nicht etwas anderes vereinbart ist[6]. Das ist insbesondere dann anzunehmen, wenn die Nebenverpflichtung wegen ih-

1 *Simon* in KölnKomm. UmwG, § 20 UmwG Rz. 12.

2 So für die Verschmelzung von Aktiengesellschaften *Flechtheim*, JW 1933, 1012 (1014); *Grunewald* in G/H/E/K, § 346 AktG Rz. 34; *Schilling* in Großkomm. AktG, § 346 AktG Rz. 34; a.A. *Kraft* in KölnKomm. AktG, § 339 AktG Rz. 56.

3 *Rosner*, AG 2011, 5 (8); a.A. *Heidinger* in Henssler/Strohn, § 20 UmwG Rz. 55: Zwingend voll eingezahlte Anteile, da die Verschmelzung ein Fall der Sacheinlage sei. Das trifft zu. Doch folgt daraus nicht, dass Absicherungen für Forderungen des übertragenden Rechtsträgers untergehen müssen.

4 *Kübler* in Semler/Stengel, § 20 UmwG Rz. 62; *Simon* in KölnKomm. UmwG, § 20 UmwG Rz. 14.

5 RG v. 27.5.1932 – II 332/31, RGZ 136, 313 (316); *Bermel* in Goutier/Knopf/Tulloch, § 20 UmwG Rz. 48; *Bungeroth* in MünchKomm. AktG, § 55 AktG Rz. 37; *Kübler* in Semler/Stengel, § 20 UmwG Rz. 65.

6 RG v. 27.5.1932 – II 332/31, RGZ 136, 313 (318); *Bungeroth* in MünchKomm. AktG, § 55 AktG Rz. 37.

res besonderen Zuschnitts auf den übertragenden Rechtsträger nicht bestehen bleiben soll, wenn der Rechtsträger erlischt. Ist dies nur in einem eingeschränkten Umfang der Fall, so kann eine Anpassung nach den Regeln der Störung der Geschäftsgrundlage erfolgen[1]. Da Nebenverpflichtungen in der Satzung bzw. im Gesellschaftsvertrag niedergelegt sein müssen, muss die Satzung/der Gesellschaftsvertrag des übernehmenden Rechtsträgers entsprechend geändert werden. Geschieht dies nicht, erlischt die Nebenverpflichtung[2]. Ihr Fortbestand als normale schuldrechtliche Verpflichtung wäre zwar möglich, würde aber bei Veräußerung der Beteiligung zu einer Trennung von Beteiligung und Verpflichtung führen, was regelmäßig nicht den Vorstellungen der Beteiligten entspricht[3].

dd) Förderbeziehung in der Genossenschaft

Sofern die Förderbeziehung zwischen Genossenschaft und Genosse auf rein **schuldrechtlicher** Basis abgewickelt wird, tritt der übernehmende Rechtsträger problemlos in diese Beziehung ein. Erfolgt sie auf **mitgliedschaftlicher Basis**[4], so gilt das zu den Nebenverpflichtungen Gesagte entsprechend. 52

4. Kündigungsmöglichkeiten, Vertragsanpassung/Nebenpflichten

a) Kündigungsmöglichkeiten

Durch die Gesamtrechtsnachfolge ändert sich für die **Gläubiger und Schuldner des übertragenden Rechtsträgers** der Vertragspartner. Soweit Auswirkungen auf die geschuldete oder zu fordernde Leistung bestehen, kann dem Vertragspartner des übertragenden Rechtsträgers ein Kündigungsrecht aus wichtigem Grund zustehen[5]. Dies kann insbesondere bei Dauerschuldverhältnissen (§ 314 BGB)[6] und bei Verträgen, bei denen die **Bonität des Schuldners** eine Rolle spielt, der Fall sein. Allerdings ergibt sich aus § 22 UmwG, dass, sofern Sicherheit verlangt werden kann, die wirtschaftlichen Interessen des Gläubigers im Normalfall als hinreichend gewahrt anzusehen sind. Es lässt sich aber nicht allgemein sagen, dass eine Risikoerhöhung, die nicht einmal einen Anspruch auf Sicherheitsleistung herbeiführt, erst recht kein Kündigungsrecht begründen könne[7]. Besonderheiten des Einzelfalls (Zuschnitt eines Kredit- oder Mietverhältnisses auf den Umsatz einer 53

---

1 *Grunewald* in G/H/E/K, § 346 AktG Rz. 35; *Kraft* in KölnKomm. AktG, § 346 AktG Rz. 17; im Ergebnis ebenso RG v. 27.5.1932 – II 332/31, RGZ 136, 313 (316f.).

2 *Kübler* in Semler/Stengel, § 20 UmwG Rz. 65; *Marsch-Barner* in Kallmeyer, § 20 UmwG Rz. 8; *Simon* in KölnKomm. UmwG, § 20 UmwG Rz. 14.

3 *Simon* in KölnKomm. UmwG, § 20 UmwG Rz. 14.

4 Nach h.M. kann die Genossenschaft insoweit wählen, dazu *Grunewald*, Gesellschaftsrecht, 8. Aufl. 2011, 2. G Rz. 20ff.

5 *Rieble*, ZIP 1997, 301 (305); zur Kündigung von Kreditverhältnissen *Werhahn*, S. 314ff.

6 BGH v. 26.4.2002 – LwZR 20/01, NJW 2002, 2168 (2169): Pacht; zur stillen Gesellschaft *Riegger* in FS Bezzenberger, S. 379 (386); *K. Schmidt* in MünchKomm. HGB, § 234 HGB Rz. 48f.

7 So aber wohl BGH v. 26.4.2002 – LwZR 20/01, NJW 2002, 2168 (2169). Das Urteil überzeugt aber im Ergebnis, da keinerlei besondere Umstände vorlagen, die dem Verpächter eine Fortsetzung des Pachtverhältnisses mit den übernehmenden Rechtsträgern unzumutbar machen könnten; nach *Petersen*, S. 337f., besteht bei fehlendem Vertrauen in die Solvenz ein Kündigungsrecht. Dies gilt aber nur, wenn ausnahmsweise § 22 UmwG den Kreditgeber nicht hinreichend schützt; wie hier *Eusani*, WM 2004, 866 (871).

bestimmten[1] Person) sind möglich. Insbesondere wenn eine Sicherheit die mit der Rechtsnachfolge verbundenen Nachteile nicht vollständig abdeckt, besteht u.U. ein Kündigungsrecht. Gerade im Bereich der Dauerschuldverhältnisse trägt eine Sicherheitsleistung den Interessen des Vertragspartners, der u.U. nur mit einer bestimmten Person vertraglich verbunden sein wollte, bisweilen nicht hinreichend Rechnung (z.B. Kreditzusagen nur an ökologisch ausgerichtetes Unternehmen) (s. auch oben Rz. 33)[2]. Im Übrigen besteht die Möglichkeit, vertraglich ein Kündigungsrecht für den Fall der Umwandlung des Vertragspartners zu vereinbaren[3]. Umgekehrt kann auch vereinbart werden, dass die Umwandlung nicht zur Kündigung berechtigt. Dies kann außerhalb von § 309 Nr. 10 BGB – da dies der gesetzlichen Grundwertung entspricht – regelmäßig auch in AGB geschehen[4]. Dem entspricht, dass der BGH im Formwechsel keine Überlassung einer Pachtsache an einen Dritten i.S.v. § 589 BGB gesehen hat[5].

54 Auch **Gläubiger und Schuldner des übernehmenden Rechtsträgers** können u.U. ein Kündigungsrecht haben. Denn durch die Verschmelzung wird der übernehmende Rechtsträger Schuldner der Gläubiger des übertragenden Rechtsträgers. Dies kann zu einer Einschränkung seiner Bonität führen. Wiederum muss aber bedacht werden, dass § 22 UmwG für den Regelfall davon ausgeht, dass eine Sicherheitsleistung den Interessen des Gläubigers hinreichend Rechnung trägt.

55 Für den **übernehmenden Rechtsträger** besteht normalerweise kein Kündigungsrecht. Er kann sich seinen Verpflichtungen, auch soweit es sich um ehemalige Verpflichtungen des übertragenden Rechtsträgers handelt, nicht durch Hinweis auf die Verschmelzung entziehen[6]. Allerdings muss bei der Interpretation übergegangener Rechtsverhältnisse der Schuldner-/Gläubigerwechsel berücksichtigt werden. Zu Wettbewerbsverboten oben Rz. 41, s. auch § 21 UmwG. So können beispielsweise Abnahmepflichten für Produkte des übernehmenden Rechtsträgers nicht ohne weiteres auf die Produkte des übertragenden Rechtsträgers erstreckt werden.

Zu Austrittsrechten der Anteilsinhaber § 29 Rz. 32.

b) Störung der Geschäftsgrundlage (§ 313 BGB)

56 Ergänzend gelten die Regeln der Störung der Geschäftsgrundlage (§ 313 BGB)[7]. Dabei ist zu beachten, dass sich der **übernehmende Rechtsträger nur in seltenen Fällen** auf diese Grundsätze berufen kann, da die Verschmelzung von den Partnern des Verschmelzungsvertrages bewusst herbeigeführt wurde. Sofern den Interessen

---

1 So zur umsatzabhängigen Miete *Kandelhard*, NZM 1999, 440 (445).
2 *Kübler* in Semler/Stengel, § 21 UmwG Rz. 11.
3 *Reuther*, GWR 2011, 334.
4 BGH v. 9.6.2010 – XII ZR 171/08, NJW 2010, 3708 (Gewerberaummiete, Vermieter wird von AG zur BGB-Gesellschaft).
5 BGH v. 27.11.2009 – LwZR 15/09, DB 2010, 612 = AG 2010, 251; ebenso OLG Brandenburg v. 19.5.2011 – 5 U (Lw) 8/08, Juris = BeckRS 2011, 16981; OLG Brandenburg v. 19.5. 2011 – 5 U (Lw) 17/08, Juris = BeckRS 2011, 16980; OLG Brandeburg v. 26.5.2011 – 5 U (Lw) 14/08, Juris = BeckRS 2011, 16979.
6 *Grunewald* in G/H/E/K, § 346 AktG Rz. 22; *Schubert*, S. 39; *Petersen*, S. 328 f.
7 Nach *K. Mertens*, S. 148 f., hat die Vertragsanpassung Vorrang vor der Kündigung. Aber das entspricht nicht dem Grundsatz von der Subsidiarität der Regeln des Wegfalls der Geschäftsgrundlage.

des Vertragspartners des übernehmenden Rechtsträgers hinreichend Rechnung getragen werden kann und die Fortdauer der Verpflichtung den übernehmenden Rechtsträger weit mehr als bei Vertragsschluss absehbar und auch unter Berücksichtigung der Interessen des Vertragspartners hinnehmbar belasten würde, ist eine Vertragsanpassung nach den Regeln der Störung der Geschäftsgrundlage aber durchaus denkbar (§ 21 Rz. 9).

c) Nebenpflichten

Die Umwandlung muss den Vertragspartnern, Gläubigern und Schuldnern **mitgeteilt werden**, die hieran ein Interesse haben. Das sind jedenfalls alle diejenigen, die Erklärungen gegenüber dem betroffenen Rechtsträger abgeben wollen oder Erklärungen von ihm erhalten. Nur so kann sichergestellt werden, dass sich der genannte Personenkreis auf die Rechtsnachfolge einstellen kann. Fehlt es an einer entsprechenden Mitteilung, so haben die betreffenden Personen einen Anspruch nach §§ 241 Abs. 2, 280 BGB. Werden Erklärungen verspätet abgegeben, so kann sich der übernehmende Rechtsträger hierauf nicht berufen[1]. 57

IV. Erlöschen des übertragenden Rechtsträgers (§ 20 Abs. 1 Nr. 2 UmwG)

Mit der Eintragung der Verschmelzung im Register des übernehmenden Rechtsträgers erlischt der übertragende Rechtsträger. Eine besondere Löschung ist nicht erforderlich (§ 20 Abs. 1 Nr. 2 UmwG). Eine **Abwicklung** findet nicht statt. Der übertragende Rechtsträger wird lediglich im Bereich von § 25 Abs. 2 UmwG als fortbestehend fingiert. 58

Beschlüsse, die die Anteilsinhaber vor Eintragung der Verschmelzung gefasst haben, gelten fort. Soweit sie zu ihrer Wirksamkeit der Eintragung im Handelsregister bedürfen, kann diese nur bis zur Eintragung der Verschmelzung erfolgen. Sie müssen daher vor der Verschmelzung angemeldet und eingetragen werden[2]. 59

V. Erwerb der Mitgliedschaft durch die Anteilsinhaber des übertragenden Rechtsträgers (§ 20 Abs. 1 Nr. 3 UmwG)

1. Grundsatz

Mit der Eintragung der Verschmelzung im Register des übernehmenden Rechtsträgers werden die Anteilsinhaber des übertragenden Rechtsträgers Anteilsinhaber des übernehmenden Rechtsträgers (§ 20 Abs. 1 Nr. 3 Satz 1 UmwG). Bis zu diesem Zeitpunkt bleiben sie **Anteilsinhaber des übertragenden Rechtsträgers** und können daher auch noch über diese Beteiligung verfügen[3]. Personen, die wie Gesellschafter behandelt werden, ohne es zu sein (Scheingesellschafter), erwerben keine Anteile im übernehmenden Rechtsträger, da der Rechtsschein nicht zu seinem Nachteil wirkt. Möglich ist, dass die Person nunmehr den Rechtsschein 60

---

1 BGH v. 12.6.2002 – VIII ZR 187/01, DB 2002, 2208: rechtsmissbräuchliche Berufung auf die Verjährung.

2 *Simon* in KölnKomm. UmwG, § 20 UmwG Rz. 38; *Vossius* in Widmann/Mayer, § 20 UmwG Rz. 334.

3 *Heidinger* in Henssler/Strohn, § 20 UmwG Rz. 52.

setzt, Anteilsinhaber des übernehmenden Rechtsträgers zu sein. Etwas anderes gilt für Anteilseigner, zu deren Gunsten § 16 Abs. 1 Satz 1 GmbHG und § 67 Abs. 2 AktG eingreifen[1]. Da zugunsten dieser Personen unwiderleglich im Verhältnis zur GmbH/AG vermutet wird, dass sie Anteilsinhaber sind, stehen ihnen auch die aus dieser Beteiligung erwachsenden Anteile am übernehmenden Rechtsträger zu.

61 **Der Erwerb der Mitgliedschaft erfolgt kraft Gesetzes**, ohne dass die Anteilsinhaber etwas dazu beitragen müssten[2]. Die Übergabe von Papieren (etwa von Aktien, wenn der übernehmende Rechtsträger eine AG ist) ist nicht erforderlich[3]. Es spielt keine Rolle, ob die Anteile aus einer Kapitalerhöhung stammen, dem übertragenden Rechtsträger gehörten oder dem übernehmenden Rechtsträger auch ohne Kapitalerhöhung zur Verfügung standen[4]. Handelt es sich um Anteile, die vor der Verschmelzung dem übertragenden Rechtsträger gehörten, so erwirbt sie der Anteilsinhaber ohne Durchgangserwerb des übernehmenden Rechtsträgers[5]. Die Interessen der Gläubiger des übernehmenden Rechtsträgers, die auf einen Durchgangserwerb ihres Schuldners gerichtet sein können, sind unbeachtlich, da diese Anteile nie dem Zugriff der Gläubiger des übernehmenden Rechtsträgers offen standen. Auch sind die Gläubiger durch § 22 UmwG hinreichend geschützt. Stellen Dritte Anteile zur Verfügung, so muss der übertragende oder der übernehmende Rechtsträger Anteilsinhaber werden.

62 Im Verschmelzungsvertrag kann nicht festgelegt werden, dass die Anteilsinhaber **Anteile eines anderen Rechtsträgers** als des Rechtsträgers, der das Vermögen übernimmt, erwerben[6]. Dies gilt auch dann, wenn dieser dritte Rechtsträger dem Anteilserwerb zugestimmt hat und ebenfalls am Verschmelzungsvertrag beteiligt ist. Auch auf die Zustimmung der betroffenen Anteilsinhaber kommt es insoweit nicht an. Der vom Gesetz angeordnete Erwerb der Mitgliedschaft kann nicht durch vertragliche Vereinbarung auf andere Situationen als gesetzlich zugelassen ausgedehnt werden, da der Anwendungsbereich des gesetzlichen Erwerbs vom Gesetzgeber bestimmt wird[7]. Möglich ist ein Verzicht der berechtigten Anteilsinhaber auf diesen Erwerb (unten Rz. 69) sowie die Einräumung eines schuldrechtlichen Anspruchs auf Mitgliedschaften in einem anderen Rechtsträger durch den Verschmelzungsvertrag[8]. Zur Hingabe verpfändeter Anteile unten Rz. 71.

---

1 *Bayer* in MünchKomm. AktG, § 67 AktG Rz. 37; a.A. *Heidinger* in Henssler/Strohn, § 20 UmwG Rz. 53.

2 *Marsch-Barner* in Kallmeyer, § 20 UmwG Rz. 29.

3 *Stratz* in Schmitt/Hörtnagl/Stratz, § 20 UmwG Rz. 109.

4 *Marsch-Barner* in Kallmeyer, § 20 UmwG Rz. 29; auch *Limmer* in FS Schippel, S. 415 (432), wo aber fälschlich auch der Fall miteinbezogen wird, dass der übertragende Rechtsträger eigene Anteile hat (unten Rz. 68).

5 *Heidinger* in Henssler/Strohn, § 20 UmwG Rz. 41; *Korte*, WiB 1997, 953 (955); *Kübler* in Semler/Stengel, § 20 UmwG Rz. 74; *Marsch-Barner* in Kallmeyer, § 20 UmwG Rz. 29.

6 *Kübler* in Semler/Stengel, § 20 UmwG Rz. 75; *Korte*, WiB 1997, 953 (956); *Simon* in KölnKomm. UmwG, § 20 UmwG Rz. 39.

7 Dies gilt auch, wenn gute Gründe für die Zuteilung von Anteilen an anderen Rechtsträgern sprechen, etwa bei der Verschmelzung auf eine eingegliederte Gesellschaft.

8 *Kübler* in Semler/Stengel, § 20 UmwG Rz. 75; *Simon* in KölnKomm. UmwG, § 20 UmwG Rz. 39.

2. Ausnahmen

a) Der übernehmende Rechtsträger ist Anteilsinhaber des übertragenden Rechtsträgers

Eine Ausnahme von dem Grundsatz, dass die Anteilsinhaber des übertragenden Rechtsträgers Anteilsinhaber des übernehmenden Rechtsträgers werden, besteht für den Fall, dass der übernehmende Rechtsträger Anteilsinhaber des übertragenden Rechtsträgers war (§ 20 Abs. 1 Nr. 3 Satz 1 UmwG). Ist der übernehmende Rechtsträger **Mitinhaber** (Erbengemeinschaft, Bruchteilsgemeinschaft) an dem Anteil des übertragenden Rechtsträgers, gilt die Regelung in Bezug auf seine Quote. War der **übernehmende Rechtsträger Gesellschafter einer Personengesellschaft** (inklusive der BGB-Gesellschaft), die den Anteil an dem übertragenden Rechtsträger hielt, gilt die Regelung nicht. Anteilsinhaber ist dann die Gesellschaft. Es bleibt auch nicht die Beteiligungsquote des übernehmenden Rechtsträgers bei der Festlegung der Beteiligungshöhe der Personengesellschaft an dem übernehmenden Rechtsträger unberücksichtigt[1]. Vielmehr gilt dasselbe wie in dem Fall, dass der übernehmende Rechtsträger an einer Kapitalgesellschaft beteiligt ist, die an dem übernehmenden Rechtsträger beteiligt ist, da die Personengesellschaften ebenfalls rechtsfähig sind. 63

In den Fällen von § 20 Abs. 1 Nr. 3 Satz 1 UmwG würde der Erwerb der Mitgliedschaft zu einer Beteiligung des übernehmenden Rechtsträgers an sich selbst führen, was als unerwünscht gilt. Dabei hatte der Gesetzgeber in erster Linie die **AG und die GmbH** als **übernehmende Rechtsträger** im Auge, da bei diesen die Aufbringung und Erhaltung des Grund-/Stammkapitals gefährdet ist, wenn sich die Gesellschaften (teilweise) selbst gehören. Dem entspricht, dass nach § 54 Abs. 1 Satz 1 Nr. 1 UmwG und § 68 Abs. 1 Satz 1 Nr. 1 UmwG eine Kapitalerhöhung nicht erfolgen darf, wenn die übernehmende Gesellschaft Anteile an dem übertragenden Rechtsträger hält. Diese Regeln ergänzen einander. Da nach § 20 Abs. 1 Nr. 3 UmwG insoweit kein Anteilserwerb erfolgt, dürfen auch keine Anteile des übernehmenden Rechtsträgers durch Kapitalerhöhung bereitgestellt werden. 64

Die Norm betrifft aber nicht nur Aktiengesellschaften und GmbH als übernehmende Rechtsträger, sondern **gilt allgemein**[2]. Die Begründung[3] räumt dieser Erweiterung nur geringe praktische Bedeutung ein. Dabei heißt es, es müssten alle Fälle erfasst werden, in denen es zu vergleichbaren Gefährdungen des Eigenkapitals des Rechtsträgers kommen könne wie bei Aktiengesellschaften und GmbH. Aber das kann nicht als Einschränkung des umfassend formulierten Gesetzeswortlauts gedeutet werden. Vielmehr erfolgt auch dann kein Anteilserwerb, wenn es überhaupt nicht um Eigenkapitalerhalt geht (übernehmender Rechtsträger ist z.B. ein eingetragener Verein). Die Bestimmung ist insoweit eindeutig. Sofern der übernehmende Rechtsträger eine Personengesellschaft oder eine Genossenschaft ist, bringt die Norm den allgemeinen Grundsatz zum Ausdruck, dass eine solche Korporation nicht an sich selbst beteiligt sein kann[4]. 65

1 So wohl *Marsch-Barner* in Kallmeyer, § 20 UmwG Rz. 30.
2 *Kübler* in Semler/Stengel, § 20 UmwG Rz. 75; *Marsch-Barner* in Kallmeyer, § 20 UmwG Rz. 30.
3 *Ganske*, S. 75.
4 Zur OHG und KG *K. Schmidt* in MünchKomm. HGB, § 105 HGB Rz. 93.

66 Die geschilderte Ausnahme vom Grundsatz des Anteilserwerbs gilt auch, wenn ein **Dritter** zwar im eigenen Namen, aber **für Rechnung** des übernehmenden Rechtsträgers **die Anteile hält** (§ 20 Abs. 1 Nr. 3 Satz 1 UmwG). Für die Kapitalgesellschaften entspricht dies der Regel, dass durch die Einschaltung solcher Zwischenpersonen die Bestimmungen über Kapitalaufbringung und -erhaltung nicht tangiert werden sollen. Die dort entwickelten Interpretationen für den Begriff des Dritten können auch hier verwandt werden[1]. Bei den anderen Rechtsträgern kann ebenfalls weitgehend von demselben Verständnis ausgegangen werden. Dies gilt insbesondere für Personengesellschaften, da die dort für ausgeschlossen gehaltene Beteiligung der Gesellschaft an sich selbst auch darauf beruht, dass die Gesellschaft nicht auch noch als Gesellschafter für die eigenen Schulden haften soll, da dann anders als beim Hinzutreten anderer Gesellschafter keine Vergrößerung des Haftungsfonds eintritt. Diese Überlegungen ähneln denen, die den Regeln der Kapitalaufbringung und -erhaltung bei den Kapitalgesellschaften zugrunde liegen.

67 **Tochtergesellschaften**, auch 100%ige, sind nicht Dritte. Dies zeigt der Vergleich mit § 71d AktG, in dem Tochtergesellschaften und Dritte gesondert genannt werden. Es handelt sich dann um eine Verschmelzung einer Enkelgesellschaft auf die Muttergesellschaft. Eine solche Verschmelzung und die damit verbundene Übernahme von Anteilen der Mutter durch die Tochter verstößt weder bei der GmbH noch bei der AG gegen § 33 GmbHG bzw. § 71d AktG, da für die Gesamtrechtsnachfolge Sonderregeln gelten (s. § 71 Abs. 1 Nr. 5 AktG)[2]. Nicht möglich ist eine Verschmelzung ohne Kapitalerhöhung, da die 100%ige Tochtergesellschaft nicht Dritte i.S.v. §§ 54 Abs. 2, 68 Abs. 2 UmwG ist. Für die Vorläuferregelung von § 68 Abs. 2 UmwG (§ 344 Abs. 1 Satz 4 AktG a.F.) wurde dies ebenso entschieden, weil Tochtergesellschaften anders als in § 71d AktG nicht ausdrücklich genannt wurden[3]. Würde man Tochtergesellschaften als Dritte ansehen, würde den Gläubigern der Tochter ein Kapitalentzug ohne Gegenleistung in der Tochter drohen, ohne dass sie Sicherheit nach § 22 UmwG verlangen könnten[4].

b) Der übertragende Rechtsträger hat eigene Anteile

68 Hat der übertragende Rechtsträger eigene Anteile, so findet ebenfalls kein Anteilstausch statt. Denn anderenfalls käme es zum Erwerb eigener Anteile durch den übernehmenden Rechtsträger, was aus den genannten Gründen unerwünscht ist (oben Rz. 64). Wiederum gilt für **GmbH und AG** als übernehmende Rechtsträger, dass eine Kapitalerhöhung nicht erfolgen darf (§ 68 Abs. 1 Satz 1 Nr. 2, § 54 Abs. 1 Satz 1 Nr. 2 UmwG)[5]. Die gleiche Regelung gilt, wenn ein **Dritter** im eigenen Namen, aber für Rechnung des Rechtsträgers die Anteile hält.

---

1 S. § 71d Satz 1 AktG und die Kommentierungen hierzu.

2 *Korte*, WiB 1997, 953 (959); *Oechsler* in MünchKomm. AktG, § 71 AktG Rz. 174; a.A. *Marsch-Barner* in Kallmeyer, § 20 UmwG Rz. 30.

3 *Dehmer*², § 344 AktG Anm. 3; *Grunewald* in G/H/E/K, § 344 AktG Rz. 5.

4 *Kübler* in Semler/Stengel, § 20 UmwG Rz. 77; a.A. *Huber*, S. 234 unter Hinweis darauf, dass sonst wechselseitige Beteiligungen entstehen. Das trifft zwar zu, macht die Verschmelzung aber nicht unmöglich (s. § 328 AktG).

5 Zu den Schwierigkeiten im Zusammenhang mit einem in einer übertragenden AG laufenden Aktienrückkaufprogramm *Bungert/Hentzen*, DB 1999, 2501.

c) Verzicht

Ein Erwerb von Mitgliedschaften in dem übernehmenden Rechtsträger durch die Anteilsinhaber des übertragenden Rechtsträgers **findet nicht statt**, wenn die Berechtigten auf diesen Anteilserwerb verzichten. Wenn Mitgliedschaften in dem übernehmenden Rechtsträger nicht gewünscht werden, müssen sie den Anteilsinhabern des übertragenden Rechtsträgers auch nicht aufgezwungen werden. An einer solchen Verfahrensweise könnten allenfalls die Gläubiger des übernehmenden Rechtsträgers interessiert sein. Denn durch die Beteiligung weiterer Anteilsinhaber würde das Grund-/Stammkapital bzw. die Anzahl der haftenden Personen erhöht. Doch kann die Erhöhung minimal ausfallen und die Anteilsinhaber können den übertragenden Rechtsträger vor Wirksamwerden der Verschmelzung auf jeden Fall verlassen. Diese insbesondere die Verschmelzung von Schwestergesellschaften betreffende Fragestellung beantwortet das Gesetz in § 54 UmwG und § 68 UmwG für eine GmbH/AG dahingehend, dass eine Kapitalerhöhung und Anteilsgewährung nicht erforderlich ist, wenn alle Anteilsinhaber des übertragenden Rechtsträgers darauf verzichten (§ 54 Rz. 86ff.)[1]. Dies gilt – über den Wortlaut von § 54 UmwG und § 68 UmwG hinaus – auch, wenn es nicht um eine Verschmelzung auf eine AG oder GmbH geht, und auch, wenn nicht alle, sondern nur einzelne Anteilseigner verzichten, da auch dann eine Anteilsgewährung aus den gleichen Gründen nicht erforderlich ist. Auch steht es den anderen Anteilsinhabern jederzeit offen, ebenfalls zu verzichten. Dies gilt auch, wenn die übergehenden Anteile noch nicht vollständig eingezahlt sind[2]. Der übernehmenden Rechtsträger erwirbt diese Forderung (oben Rz. 47), auch wenn der Verpflichtete nicht Anteilsinhaber in dem übernehmenden Rechtsträger wird. Damit sind seine Interessen hinreichend gewahrt. 69

Ausgleichszahlungen für den Verzicht können auf jeden Fall von Personen erbracht werden, die nicht auf Rechnung des übernehmenden Rechtsträgers handeln[3]. Insbesondere können Anteilseigner des übertragenden Rechtsträgers diese Leistungen erbringen. Leistungen des übernehmenden Rechtsträgers könnte die Grundkonzeption der Verschmelzung (Gegenleistung Anteile am übernehmenden Rechtsträger, nur selten Barzahlungen) entgegenstehen. Da aber Zuzahlungen bis zu 10 % vom Gesetz akzeptiert werden (§ 54 Abs. 4, § 68 Abs. 3 UmwG), sollte dies auch als „Gegenleistung" für einen Verzicht zulässig sein[4]. Als Vereinbarung im Zusammenhang mit der Verschmelzung muss die Absprache in den Verschmelzungsvertrag aufgenommen werden[5]. Der übernehmende Rechtsträger kann oftmals nahezu das gleiche Ergebnis dadurch erzielen, dass er die Anteile der Anteilsinhaber, die ausscheiden wollen, vor der Verschmelzung ankauft. 70

---

1 *Ihrig*, ZHR 160 (1996), 317 (339ff.); *Kübler* in Semler/Stengel, § 20 UmwG Rz. 75; *M. Winter* in FS Lutter, S. 1279 (1280ff.).
2 A.A. *Ihrig*, ZHR 160 (1996), 317 (340).
3 *Heckschen*, GWR 2010, 101 (102).
4 Offen *Heckschen*, GWR 2010, 101 (102).
5 *Heckschen*, GWR 2010, 101 (102).

3. Rechte Dritter an den Anteilen des übertragenden Rechtsträgers, schuldrechtliche Vereinbarungen

71 Rechte Dritter an den Anteilen des übertragenden Rechtsträgers ergreifen im Wege der **dinglichen Surrogation** auch die an ihre Stelle getretenen Anteile an dem übernehmenden Rechtsträger (§ 20 Abs. 1 Nr. 3 UmwG). Sie müssen also nicht neu begründet werden. Dies gilt auch für den Nießbrauch[1] und das Pfandrecht (§§ 1075, 1287 BGB). Sofern für die alten Anteile keine neuen ausgegeben werden (oben Rz. 63ff.), fallen die Rechte Dritter weg[2]. Möglich sind Schadensersatzansprüche aufgrund der der Bestellung regelmäßig zugrunde liegenden Vereinbarungen (Sicherungsabrede)[3]. Ansprüche nach § 812 Abs. 1 Satz 1 Alt. 2 BGB (Eingriffskondiktion) können gegen den übernehmenden Rechtsträger nicht geltend gemacht werden, da dieser durch den Untergang der Rechte nicht bereichert ist. Schadensersatzansprüche von Pfandrechtsinhabern können auch bestehen, wenn eine Muttergesellschaft auf eine (100%ige) Tochtergesellschaft verschmolzen wird und die Mutter Anteile an der Tochter verpfändet hatte. Es ist den ehemaligen Anteilsinhabern der Mutter nicht zumutbar, für ihre pfandrechtsfreien Anteile an der Mutter belastete Anteile an der Tochter zu erhalten[4]. Auch müsste geklärt werden, wer gegebenenfalls die belasteten und wer die unbelasteten Anteile erhält. Daher ist davon auszugehen, dass die Pfandrechte erlöschen, zumal diese Rechtsfolge – wie dargelegt – dem Gesetz nicht fremd ist.

72 Sind **schuldrechtliche Vereinbarungen** in Bezug auf die Anteile an dem übertragenden Rechtsträger getroffen worden (etwa Kaufverträge, Vorkaufsrechte, Put- und Call-Optionen), so muss im Wege der ergänzenden Vertragsauslegung ermittelt werden, ob auch die Anteile an dem übernehmenden Rechtsträger erfasst sein sollen[5]. Dies wird nicht immer der Fall sein[6]. Das gilt insbesondere dann, wenn Sinn der Vereinbarung die Absicherung einer personalistischen Zusammensetzung der Anteilseignergruppe war und dies nach der Verschmelzung sowieso nicht mehr erreichbar ist. Denkbar sind Schadenseratzansprüche (§§ 280 Abs. 1, Abs. 3, 283 BGB) und Rücktrittsrechte (§ 323 BGB). Sofern Put- und Call-Optionen von der Gesamtrechtsnachfolge betroffen sind, wird die Auslegung im Regelfall ergeben, dass nunmehr eine entsprechende Zahl von Anteilen an den übernehmenden Rechtsträger angedient oder verlangt werden können[7]. Sollte sich im Wege der Auslegung ergeben, dass nach einer Verschmelzung einer AG auf eine

1 Zu den Rechten des Nießbrauchsberechtigten an den Anteilen des übernehmenden Rechtsträgers *Teichmann* in FS Lutter, S. 1261 (1269).

2 *Kübler* in Semler/Stengel, § 20 UmwG Rz. 80; *Marsch-Barner* in Kallmeyer, § 20 UmwG Rz. 31; *Stratz* in Schmitt/Hörtnagl/Stratz, § 20 UmwG Rz. 112.

3 *Kübler* in Semler/Stengel, § 20 UmwG Rz. 60; *Marsch-Barner* in Kallmeyer, § 20 UmwG Rz. 31; *Simon* in KölnKomm. UmwG, § 20 UmwG Rz. 40.

4 *Kallmeyer/Kocher* in Kallmeyer, § 54 UmwG Rz. 11; a.A. *Klein/Stephanblome*, ZGR 2007, 351.

5 *Heidinger* in Henssler/Strohn, § 20 UmwG Rz. 61; *Kübler* in Semler/Stengel, § 20 UmwG Rz. 81; *Simon* in KölnKomm. UmwG, § 20 UmwG Rz. 41; *Weiss*, AG 2004, 127 (132f.) für einen Put.

6 *Marsch-Barner* in Kallmeyer, § 20 UmwG Rz. 31; entgegen LG Frankfurt/M. v. 5.11.1984 – 2/8 S 2/84, AG 1985, 226f. kann auch bei einem Aktienkauf nicht ohne weiteres davon ausgegangen werden, dass nach einer Verschmelzung mit einer AG nunmehr Aktien der übernehmenden AG zu liefern sind.

7 *Weiss*, AG 2004, 127 (133).

GmbH nunmehr GmbH-Anteile geschuldet sind, bleibt die Vereinbarung auch dann wirksam, wenn die Form von § 15 Abs. 4 GmbHG nicht eingehalten wurde[1], da und wenn bei Vertragsschluss die Gesamtrechtsnachfolge nicht absehbar war.

VI. Heilung von Beurkundungsmängeln

1. Beurkundung des Verschmelzungsvertrages

Nach § 20 Abs. 1 Nr. 4 UmwG werden Mängel der notariellen Beurkundung des Verschmelzungsvertrages mit Eintragung der Verschmelzung im Register des übernehmenden Rechtsträgers geheilt. Demgemäß können nach der Eintragung aus der Tatsache, dass der **Verschmelzungsvertrag nicht** vollständig, gar nicht, unzulässigerweise im Ausland[2] oder fehlerhaft (etwa mit unrichtigem Inhalt) **beurkundet worden ist**, keine Einwendungen gegen die Verschmelzung mehr hergeleitet werden. 73

Damit stellt sich die Frage, mit **welchem Inhalt der Verschmelzungsvertrag** in diesem Fall gilt. Maßgeblich ist der Inhalt, der der Beschlussfassung der Anteilsinhaber zugrunde lag (§ 13 UmwG), nicht der Inhalt, der von den Organen der Rechtsträger ausgehandelt worden ist[3]. Denn anderenfalls würde die Verschmelzung u.U. zu ganz anderen Bedingungen durchgeführt als von den maßgeblichen Gremien der betreffenden Rechtsträger beschlossen. Daher gelten nur die Nebenabreden, die bei der Beschlussfassung den Anteilsinhabern bekannt waren. Lagen den Anteilsinhaberversammlungen unterschiedliche Regelungen vor, so muss ein Mittelweg gefunden werden[4]. 74

2. Mängel bei der Beurkundung von Zustimmungs- und Verzichtserklärungen einzelner Anteilsinhaber

Das Gesetz sieht an verschiedenen Stellen vor, dass einzelne Anteilsinhaber der Verschmelzung besonders zustimmen oder auf bestimmte Rechte verzichten müssen. Diese Erklärungen müssen notariell beurkundet werden (etwa §§ 8 Abs. 3, 9 Abs. 3, 12 Abs. 3, 13 Abs. 2, 3, 16 Abs. 2 Satz 2 UmwG). Sofern sie nicht, nicht vollständig, unzulässigerweise im Ausland oder fehlerhaft (etwa mit falschem Inhalt) beurkundet worden sind, gilt dieser Mangel als **mit der Eintragung** 75

1 Im Ergebnis auch *Eusani/Schaudinn*, GmbHR 2009, 1125, die aber den Sonderfall behandeln, dass die AG eigene Aktien verkauft.

2 A.A. für die gänzlich fehlende und manche Fälle der Beurkundung im Ausland *Vossius* in Widmann/Mayer, § 20 UmwG Rz. 370; doch für diese Einschränkung gibt der Wortlaut keine Anhaltspunkte. Auch leuchtet eine besondere Behandlung gerade dieser Fehler nicht ein; wie hier *Heidinger* in Henssler/Strohn, § 20 UmwG Rz. 62; *Kübler* in Semler/Stengel, § 20 UmwG Rz. 82; *Simon* in KölnKomm. UmwG, § 20 UmwG Rz. 42.

3 LAG Nürnberg v. 26.8.2004 – 2 Sa 463/02, ZIP 2005, 398 (400); *Bermel* in Goutier/Knopf/Tulloch, § 20 UmwG Rz. 50; *Kübler* in Semler/Stengel, § 20 UmwG Rz. 83; *Marsch-Barner* in Kallmeyer, § 20 UmwG Rz. 32; *Simon* in KölnKomm. UmwG, § 20 UmwG Rz. 42; *Vossius* in Widmann/Mayer, § 20 UmwG Rz. 369.

4 A.A. *Kübler* in Semler/Stengel, § 20 UmwG Rz. 83: Verschmelzungsvertrag sei unwirksam. Aber dieses Ergebnis soll nach dem Sinn der Norm vermieden werden.

geheilt[1]. Aus den Mängeln können keinerlei Einwendungen gegen die Verschmelzung mehr hergeleitet werden. Die Rechtslage ist genauso, als wenn ordnungsgemäß beurkundet worden wäre. Das gänzliche Fehlen dieser Erklärungen fällt nicht unter § 20 Abs. 1 Nr. 2 UmwG (a.A. *M. Winter/J. Vetter*, § 50 Rz. 85, für § 50 Abs. 2 UmwG), sondern unter § 20 Abs. 2 UmwG (dazu unten Rz. 76). Schadensersatzansprüche bleiben bestehen.

VII. Auswirkungen von Verschmelzungsmängeln auf die Verschmelzung

1. Allgemeines

76 § 20 Abs. 2 UmwG bezweckt ausweislich der Begründung[2] eine Ausdehnung des Anwendungsbereichs des alten § 352a AktG auf alle Verschmelzungen. Mit der **Einschränkung der Nichtigkeit von Verschmelzungen** wollte man der allgemeinen Tendenz, gesellschaftsrechtliche Akte möglichst zu erhalten, Rechnung tragen. Zu Recht führt die Begründung[3] weiter an, dass eine „Entschmelzung" i.S.d. Rückübertragung jedes einzelnen Vermögensgegenstandes praktisch nicht möglich sei. Weiter heißt es dann, dass eine Fusion, die sich nachträglich als unzweckmäßig erwiesen habe, durch Spaltung wirtschaftlich rückabgewickelt werden könne. Diese Ausführungen, die auf der einen Seite die praktische Unmöglichkeit einer Entschmelzung betonen, dann aber doch einen Weg zur „wirtschaftlichen Rückabwicklung" aufzeigen, der sich aber nur auf den Fall der Unzweckmäßigkeit (und nicht der hier interessierenden Rechtswidrigkeit) der Verschmelzung bezieht, sind in sich nicht richtig schlüssig und tragen daher auch nicht zur Klärung der schon zu § 352a AktG a.F. umstrittenen Reichweite der Heilungswirkung bei[4].

2. Absoluter Bestandsschutz oder „vorläufige" Wirksamkeit der Verschmelzung?

77 Schon zu § 352a AktG a.F. war umstritten, ob die Norm eine umfassende Wirksamkeit der Verschmelzung herbeiführt[5] oder ob sie zwar eine Entschmelzung

---

1 *Heidinger* in Henssler/Strohn, § 20 UmwG Rz. 62; *Kübler* in Semler/Stengel, § 20 UmwG Rz. 83; *Marsch-Barner* in Kallmeyer, § 20 UmwG Rz. 32; *Simon* in KölnKomm. UmwG, § 20 UmwG Rz. 43.

2 *Ganske*, S. 91 f.

3 *Ganske*, S. 91.

4 So auch *Bork*, ZGR 1993, 343 (355 bei Fn. 50); a.A. C. *Schmid*, ZGR 1997, 493 (500 ff.): Wille des Gesetzgebers sei klar die endgültige Bestandskraft der Verschmelzung gewesen.

5 *Heckschen*, S. 62; *Köhler*, ZGR 1985, 307 (324); *Krieger*, ZHR 158 (1994), 35 (44); *Priester*, NJW 1983, 1459 (1465); a.A. *Döss*, S. 163 f.; *Kraft* in KölnKomm. AktG, § 352a AktG Rz. 24 ff. für den Fall, dass eine erforderliche Kapitalerhöhung nicht stattgefunden hat oder der Kapitalerhöhungsbeschluss angefochten, nichtig oder unwirksam ist. Nicht deutlich wird, was gelten soll, wenn nur nicht genügend Mitgliedschaftsrechte geschaffen wurden; *Döss*, S. 164 f. hält auch in diesem Fall eine Entschmelzung für erforderlich; a.A. auch *Timm*, S. 22: Eine Entschmelzung finde statt, wenn eine Anfechtungsklage gegen die Zustimmungsbeschlüsse Erfolg hat; rechtspolitische Kritik bei *Paschke*, ZHR 155 (1991), 1 (13 f.); zur Spaltung § 131 Rz. 19 ff.

mit Rückwirkung verhindert, gemäß den Regeln der fehlerhaften Gesellschaft aber eine Entschmelzung mit Wirkung ex nunc nicht ausschließt[1]. Überzeugen kann letztlich aber nur die Annahme einer auch für die **Zukunft wirkenden Bestandsfestigkeit der Verschmelzung**. Denn die Zurückübertragung der verschmolzenen und in der Regel auch tatsächlich vermischten Vermögensmassen der beteiligten Rechtsträger stößt auf große praktische und rechtliche Schwierigkeiten, und zwar auch dann, wenn sie nicht mit Wirkung ex tunc, sondern ex nunc erfolgen soll. Denn auch in dem zuletzt genannten Fall muss die Zuteilung von Vermögen an einen der beteiligten Rechtsträger erfolgen, wobei das Vermögen zu dem Zeitpunkt der Verschmelzung u.U. noch gar nicht vorhanden war. Weiter muss für Vermögen, das damals bestand, jetzt aber nicht mehr vorhanden ist, u.U. eine Kompensation geleistet werden. An diesen Schwierigkeiten ändert auch das neue Spaltungsrecht nichts, das für eine einverständliche Vermögenszuteilung gedacht ist, nicht aber für den hier zur Debatte stehenden Fall einer – meist durch Klage – erzwungenen Entschmelzung[2]. Will man daher der Intention des Gesetzgebers (Erhalt gesellschaftsrechtlicher Akte, keine Anordnung praktisch nicht möglicher Rechtsfolgen) Rechnung tragen, so muss man davon ausgehen, dass – gleichgültig um welchen Mangel es sich handelt – mit Eintragung der Verschmelzung im Handelsregister des übernehmenden Rechtsträgers die Verschmelzung wirksam ist und bleibt[3]. Dem entspricht, dass in § 16 Abs. 3 Satz 10 UmwG für einen bestimmten Fall (Eintragung der Verschmelzung trotz Klage gegen den Verschmelzungsbeschluss) ausdrücklich gesagt ist, dass eine Beseitigung der Verschmelzungswirkungen nicht verlangt werden kann. Dem Schutz der Mitglieder der beteiligten Rechtsträger ist durch die Registersperre des § 16 UmwG sowie durch eventuelle Schadensersatzansprüche hinreichend Rechnung getragen. Wenn es aber trotz dieser Schutzvorkehrungen zur Eintragung kommt, ist die Verschmelzung damit unwiderruflich eingetreten. Dass eine solche Wirkung durch Eintragung nichts Ungewöhnliches ist, zeigt § 242 Abs. 2 AktG.

Diesem Ergebnis ließe sich entgegenhalten[4], dass § 20 Abs. 1 Nr. 4 UmwG ausdrücklich von einer Heilung spricht und daher in § 20 Abs. 2 UmwG etwas anderes als eine Heilung gemeint sein müsse, da anderenfalls § 20 Abs. 1 Nr. 4 UmwG überflüssig wäre. In der Tat heißt es in der Begründung zum Gesetzentwurf der Bundesregierung zu § 352a AktG a.F., auf den die Regelung von § 20 Abs. 2 UmwG zurückgeht, dass die Eintragung die fehlerhafte Rechtshandlung als solche nicht heile[5]. Zugleich wird aber auch gesagt, dass solche Mängel der Rechtshand- 78

---

1 So *Kiem*, S. 149ff.; *Schäfer*, S. 181ff.; bei Vorliegen eines wichtigen Grundes auch *Kreuznacht*, S. 88ff. und für schwere Verschmelzungsmängel *Martens*, AG 1986, 57 (63ff.); *K. Schmidt*, AG 1991, 131ff.; *K. Schmidt*, ZGR 1991, 373 (375ff., 391ff.); *K. Schmidt*, DB 1996, 1859 (1860); *K. Schmidt* in FS Ulmer, S. 557 (572f.).

2 S. den Hinweis bei *K. Schmidt*, ZGR 1991, 373 (393). In der Begründung zu § 16 UmwG (*Ganske*, S. 70) heißt es, einer Spaltung stünden die Interessen der anderen Anteilsinhaber entgegen. Aber es fragt sich, inwieweit diese im jeweiligen Fall Berücksichtigung verdienen.

3 So auch *Bork*, ZGR 1993, 343 (355); *Kort*, S. 256; *Kübler* in Semler/Stengel, § 20 UmwG Rz. 86; *Marsch-Barner* in Kallmeyer, § 20 UmwG Rz. 47; *Simon* in KölnKomm. UmwG, § 20 UmwG Rz. 45; a.A. *Kohlegger/Knopflach*, RdW 1996, 97 (100f.) unter Hinweis darauf, dass die Richtlinie den Ausschluss der Nichtigkeit nicht vorsehe (Art. 22 Abs. 1e). Doch ist die Richtlinie insofern nicht abschließend.

4 *Kiem*, S. 163f.; *Kreuznacht*, S. 48; *Schäfer*, S. 189.

5 BT-Drucks. 9/1065, 20.

lungen nur zu Ansprüchen gegen diejenigen Personen führen, die für sie verantwortlich sind. Hierin sah man einen Unterschied zur Heilung. Diese auf die Stellungnahme des Bundesrates[1] zurückgehende **Unterscheidung zwischen Heilung eines Mangels und Fehlen der Erheblichkeit für die Wirksamkeit einer Verschmelzung** ist nicht zutreffend[2]. Die Möglichkeit, Schadensersatzansprüche[3] gegen Personen zu erheben, die für Mängel der Verschmelzung verantwortlich sind, besteht immer, also auch dann, wenn der Mangel geheilt ist. Vielfach ist es ja auch gerade so, dass der Schaden in der Heilungswirkung liegt. Aus dieser unrichtigen Unterscheidung kann aber nicht gefolgert werden, dass noch weitere ganz erhebliche Unterschiede (Wirksamkeit der Verschmelzung nur bis zum Zeitpunkt der Geltendmachung der Verschmelzungsmängel versus komplette Wirksamkeit) bestehen müssten. Eine Entschmelzung findet also nicht statt.

79 Da die Verschmelzung – wie geschildert – auch für die Zukunft bestandsfest ist, sind neben der **Löschung von Amts wegen**[4], der Beschwerde, und der Rechtspflegererinnerung (§ 11 RPflG)[5] auch **alle Ansprüche auf Entschmelzung** ausgeschlossen. Dies gilt auch, wenn es zu der Eintragung aufgrund von Verfahrensfehlern kommt (etwa unrichtige Negativerklärung, keine Nachmeldung später erhobener Klagen), da das Gesetz für Verfahrensfehler keine Sonderregel vorsieht und diese auch nicht stets von besonderer Bedeutung sind[6]. Es spielt auch keine Rolle, ob ein solcher Anspruch gegen den übernehmenden Rechtsträger, gegen die Mitglieder eines Vertretungsorgans des übertragenden oder übernehmenden Rechtsträgers, gegen Anteilsinhaber oder gegen die öffentliche Hand (Staatshaftung) gerichtet ist. Es ist auch gleichgültig, welche Anspruchsgrundlage (z.B. Verletzung der mitgliedschaftlichen Treuepflicht, quasi negatorischer Beseitigungsanspruch[7], Schadensersatzanspruch in Form der Naturalrestitution wegen Eingriffs in die Mitgliedschaft nach § 823 Abs. 1 BGB[8] oder nach § 839 BGB[9], Kündigung einer

---

1 BT-Drucks. 9/1065, 30.

2 A.A. *K. Schmidt*, ZGR 1991, 373 (377).

3 Diese Ansprüche können allerdings nicht auf Naturalrestitution gerichtet sein, da die Wirksamkeit der Verschmelzung irreversibel ist (oben Rz. 76f.).

4 OLG Frankfurt/M. v. 26.5.2003 – 20 W 61/03, ZIP 2003, 1607 = AG 2003, 641; OLG Frankfurt/M. v. 22.10.2002 – 20 W 299/02, NZG 2003, 236; BayObLG v. 15.10.1999 – 3 ZBR 295/99, AG 2000, 130; OLG Hamm v. 27.11.2000 – 15 W 347/00, ZIP 2001, 569; OLG München v. 14.4.2010 – 7 U 5167/09, Der Konzern 2010, 320 (321) = AG 2010, 458; *Heidinger* in Henssler/Strohn, § 20 UmwG Rz. 64; *Kübler* in Semler/Stengel, § 20 UmwG Rz. 87; *Marsch-Barner* in Kallmeyer, § 20 UmwG Rz. 47; *K. Schmidt*, ZIP 1998, 181 (187); s. auch BGH v. 5.10.2006 – III ZR 283/05, ZIP 2006, 2312 (2315) = AG 2006, 934: weitgehend versperrt.

5 BGH v. 5.10.2006 – III ZR 283/05, ZIP 2006, 2312 (2315) = AG 2006, 934; *Büchel*, ZIP 2006, 2289 (2292); a.A. *Meilicke*, DB 2001, 1235 (1237ff.).

6 BGH v. 5.10.2006 – III ZR 283/05, ZIP 2006, 2312 = AG 2006, 934 betraf eine verfrühte Negativerklärung: keine Beschwerde, keine Amtslöschung; a.A. *Büchel*, ZIP 2006, 2289 (2293): Amtslöschung; wie hier für die nicht erfolgte Nachmeldung *Kort*, NZG 2010, 893.

7 A.A. C. *Schmid*, ZGR 1997, 493 (510ff.); *K. Schmidt*, ZIP 1998, 181 (197); ähnlich auch *Kiem*, S. 250ff.; wie hier *Kort*, S. 277, der zudem zu Recht darauf hinweist, dass dieser Anspruch nur auf Abstellen der Einwirkung abzielt, nicht auf die Rückgängigmachung.

8 A.A. *K. Schmidt*, ZIP 1998, 181 (187); wie hier *Kort*, S. 278, der auch auf § 251 Abs. 2 BGB hinweist.

9 *Büchel*, ZIP 2006, 2289 (2293).

fehlerhaften Gesellschaft)[1] zur Erreichung dieser Rechtsfolge gewählt wird. Der geschilderten Intention des Gesetzes lässt sich nur Rechnung tragen, wenn insoweit keine Unterschiede gemacht werden. Sogar eine „Entschmelzung" unter Zustimmung aller Gesellschafter ist nicht möglich[2]. Vielmehr muss eine Spaltung durchgeführt werden.

80 Eine **Nichtdurchführung der Verschmelzung trotz Eintragung im Register** des übernehmenden Rechtsträgers ist nur in den rein theoretischen Extremfällen denkbar, dass ein Verschmelzungsvertrag gänzlich fehlt[3]. Dann ist eine Rückgängigmachung der Verschmelzung aber auch problemlos möglich, da eine Vermischung von Vermögensmassen nicht stattgefunden haben wird, eben weil die Eintragung der Verschmelzung für alle Beteiligten überraschend kam. Allein die Beteiligung eines nicht verschmelzungsfähigen Rechtsträgers (etwa einer Gesellschaft bürgerlichen Rechts) stellt keinen solchen Extremfall dar[4], da auch dann die Verschmelzung wie im Verschmelzungsvertrag vorgesehen durchgeführt werden kann. Auch das Fehlen von Verschmelzungsbeschlüssen hat nicht zur Folge, dass § 20 Abs. 2 UmwG nicht eingreifen würde[5]. Wie § 62 UmwG zeigt, ist in manchen Fällen ein solcher Beschluss nicht erforderlich. Dann kann ein Fehlen dieses Beschlusses in anderen – vielleicht sogar ähnlich liegenden Fällen – nicht zur unheilbaren Nichtigkeit führen[6]. Daher kann auch nicht pauschal gesagt werden, dass die Heilung nicht eintrete, wenn die Mängel der Umwandlung derart gravierend sind, dass die Verschmelzung als nichtig anzusehen sei, was wiederum der Fall sei, wenn die gewählte Umwandlungsform oder die Gesellschaftsform, in die umgewandelt werden solle, nicht dem Gesetz entspricht[7]. Unter diese Formulierung lassen sich nahezu alle Fehler bei Durchführung der Umwandlung einordnen[8]. Allerdings betont die Rechtsprechung, dass der Mangel gravierend sein müsse. Das könnte dem hier vertretenen Standpunkt entsprechen.

3. Feststellung von Mängeln nach Eintragung der Verschmelzung

a) Der Verschmelzungsvertrag

81 Nach Eintragung des Verschmelzungsvertrags kommt es auf die Feststellung irgendwelcher Mängel des Verschmelzungsvertrages insofern nicht mehr an, als die Wirksamkeit der Verschmelzung nicht mehr in Zweifel gezogen werden kann

1 Nachweise oben Rz. 77.
2 OLG Frankfurt/M. v. 22.10.2002 – 20 W 299/02, NZG 2003, 236 (237).
3 *Kübler* in Semler/Stengel, § 20 UmwG Rz. 89; *K. Schmidt*, ZIP 1998, 181 (186).
4 A.A. *Heidinger* in Henssler/Strohn, § 20 UmwG Rz. 65; *Simon* in KölnKomm. UmwG, § 20 UmwG Rz. 46.
5 A.A. BGH v. 3.5.1996 – BLw 54/95, BGHZ 132, 353 (360): Fehlen eines Gesellschafterbeschlusses; *Kübler* in Semler/Stengel, § 20 UmwG Rz. 89; ähnlich *Heidinger* in Henssler/Strohn, § 20 UmwG Rz. 65; *Kort*, S. 276, der auch den Fall hinzuzählt, dass keinerlei Möglichkeit zur Erhebung der Beschlussmängelklage vor Eintragung bestand.
6 *Simon* in KölnKomm. UmwG, § 20 UmwG Rz. 46.
7 So BGH v. 29.6.2001 – V ZR 186/00, ZIP 2001, 2006: Verneint für Verschmelzung einer GmbH in Liquidation, deren Vermögen bereits verteilt ist; BGH v. 7.11.1997 – LwZR 1/97, ZIP 1997, 2134 (2136): Bejaht für Verstoß gegen Numerus clausus der Umwandlungsmodalitäten.
8 Kritisch auch *Vossius* in Widmann/Mayer, § 20 UmwG Rz. 393.

(oben Rz. 76 ff.)[1]. Beurkundungsmängel sind geheilt (§ 20 Abs. 1 Nr. 4 UmwG, oben Rz. 73). Ein Interesse an der Geltendmachung von **Anfechtbarkeit oder Nichtigkeit des Verschmelzungsvertrags** kann daher eigentlich nicht mehr bestehen[2]. Soweit ein Schadensersatzanspruch der beteiligten Rechtsträger, seiner Anteilsinhaber oder Gläubiger auf einem Verhalten beruht, das zur Anfechtbarkeit oder Nichtigkeit des Verschmelzungsvertrages geführt hat, kann dieser Anspruch direkt geltend gemacht werden (§ 25 Abs. 1, § 27 UmwG). Ein vorheriges Vorgehen gegen den Verschmelzungsvertrag ist nicht zweckdienlich.

82 Gleichwohl wird ein **Rechtsschutzbedürfnis** für eine solche Vorgehensweise nicht von vornherein völlig von der Hand zu weisen sein. Sollte die Anfechtung oder die Geltendmachung der Nichtigkeit des Verschmelzungsvertrages darauf abzielen, die Verschmelzung **zu anderen als den im Verschmelzungsvertrag niedergelegten Bedingungen** zu erreichen, so ist allerdings auch dies nicht erfolgversprechend. Denn auch dann, wenn der Verschmelzungsvertrag nichtig ist, muss wegen der nicht mehr revidierbaren Wirksamkeit der Verschmelzung doch wieder auf das im Verschmelzungsvertrag Niedergelegte zurückgegriffen werden (unten Rz. 89). Ein (nun ordnungsgemäßer) Neuabschluss des Verschmelzungsvertrages kommt ebenfalls nicht in Frage. Zwar könnten die Vertretungsorgane des übertragenden und erloschenen Rechtsträgers wohl durch einen besonderen Vertreter (analog § 26 UmwG) ersetzt werden. Aber es besteht keine Versammlung der Anteilsinhaber mehr, die den neuen Verschmelzungsvertrag billigen könnte[3]. Auch wäre eine solche Versammlung zwecklos, da die Verschmelzung in jedem Fall wirksam ist. Wenn gleichwohl ausnahmsweise einmal ein Interesse an einer Anfechtung oder an der Geltendmachung der Nichtigkeit des Verschmelzungsvertrages besteht, so kann im Verfahren nach § 25 Abs. 2, § 26 UmwG vorgegangen werden (§ 25 Rz. 23, 27, § 26 Rz. 2).

b) Die Verschmelzungsbeschlüsse, Zustimmungs- oder Verzichtserklärungen der Anteilsinhaber

83 Zur Geltendmachung der Anfechtbarkeit bzw. Nichtigkeit der Verschmelzungsbeschlüsse nach Eintragung der Verschmelzung s. § 28 UmwG.

Das Gesetz sieht mehrfach besondere Zustimmungs- oder Verzichtserklärungen von Anteilsinhabern vor. Fehlen diese Erklärungen oder sind sie nicht ordnungsgemäß beurkundet, so wird die Verschmelzung nicht eingetragen. Ist die Verschmelzung gleichwohl eingetragen, so haben das Fehlen oder Mängel der Erklärungen **keine Auswirkungen** mehr auf die Wirksamkeit der Verschmelzung (oben Rz. 76 ff.; zum Fehlen der notariellen Beurkundung oben Rz. 73). Denkbar sind Schadensersatzansprüche der betroffenen Anteilsinhaber, die auch nach Eintra-

1 BayObLG v. 15.10.1999 – 3 Z BR 295/99, BB 2000, 477 = AG 2000, 130.
2 *Kübler* in Semler/Stengel, § 20 UmwG Rz. 91; *Simon* in KölnKomm. UmwG, § 20 UmwG Rz. 48; a.A. wohl *K. Schmidt*, ZGR 1991, 373 (377); s. auch § 93p GenG a.F. Die Norm fingierte die übertragende Genossenschaft für die Durchführung der Anfechtung als fortbestehend.
3 A.A. OLG Karlsruhe v. 9.8.1991 – 15 U 127/90, ZIP 1991, 1145 (1149) = AG 1992, 31. In der Entscheidung wird davon ausgegangen, dass das Minderheitsverlangen nach § 352b Abs. 1 Satz 1 AktG a.F. nach einem ordnungsgemäßen Vertragsabschluss gestellt werden könnte.

gung der Verschmelzung noch geltend gemacht werden können (§ 25 UmwG)[1]. Vielfach liegt der Schaden gerade im Eintritt der Verschmelzungswirkungen begründet.

c) Verschmelzungsbericht, Verschmelzungsprüfung

Fehlt ein Verschmelzungsbericht oder ist er nicht ordnungsgemäß, oder wurde die Verschmelzungsprüfung nicht (ordnungsgemäß) durchgeführt, so hat dies auf die **Wirksamkeit einer eingetragenen Verschmelzung keinen Einfluss** (oben Rz. 76ff.). Möglich bleiben Schadensersatzansprüche, die auch nach Eintragung der Verschmelzung noch geltend gemacht werden können (§ 25 UmwG); keine Naturalrestitution, oben Rz. 76ff. 84

d) Kapitalerhöhungsbeschluss/Kapitalherabsetzung

Eine Beseitigung der Kapitalerhöhung kommt nach Eintragung der Verschmelzung nicht in Betracht, weil die Wirksamkeit der Verschmelzung nicht mehr in Frage gestellt werden kann und daher auch nicht ein Glied der Kette herausgebrochen werden kann, auf dem die Verschmelzung beruht[2]. Ließe man zu, dass der Kapitalerhöhungsbeschluss zu Fall gebracht wird, so stünden die Anteilsinhaber des übertragenden Rechtsträgers ohne Gegenleistung für den Verlust ihrer Rechte da[3]. Für Anfechtungs- und Nichtigkeitsklagen gegen den Kapitalerhöhungsbeschluss gilt also das Gleiche wie für Anfechtungs- und Nichtigkeitsklagen gegen den Verschmelzungsbeschluss: Sie sind, sofern ein Rechtsschutzbedürfnis gegeben ist – etwa weil eine Schadensersatzklage vorbereitet werden soll[4] –, nicht unzulässig, aber sie können die Wirksamkeit der Verschmelzung nicht mehr in Frage stellen. Dieses Ergebnis ist auch in sich stimmig, da eine unterschiedliche Behandlung von Klagen gegen den Zustimmungsbeschluss und Klagen gegen den Kapitalerhöhungsbeschluss nicht überzeugen würde. Der Eingriff in die Mitglied- 85

---

1 Diese Ansprüche können allerdings nicht auf Naturalrestitution gerichtet sein, da eine Entschmelzung nicht stattfindet, oben Rz. 76ff.

2 *Heidinger* in Henssler/Strohn, § 20 UmwG Rz. 68; *Kort*, ZGR 1994, 291 (311); *Kort*, S. 210; *Krieger*, ZHR 158 (1994), 35 (50); *Kübler* in Semler/Stengel, § 20 UmwG Rz. 95; *Marsch-Barner* in Kallmeyer, § 20 UmwG Rz. 42; *Simon* in KölnKomm. UmwG, § 20 UmwG Rz. 50; *Stratz* in Schmitt/Hörtnagl/Stratz, § 20 UmwG Rz. 133; a.A. *Döss*, S. 76ff.; wohl auch LG Frankfurt/M. v. 15.1.1990 – 3/11 T 62/89, WM 1990, 592 (595) unter Hinweis auf § 352c AktG a.F. = § 15 UmwG. Aber in diesem Verfahren kann nur eine bare Zuzahlung, nicht aber eine Verschlechterung des Umtauschverhältnisses erreicht werden; a.A. auch LG Mannheim v. 26.3.1990 – 24 O 124/88, ZIP 1990, 992 = AG 1991, 110 und OLG Karlsruhe v. 9.8.1991 – 15 U 127/90, ZIP 1991, 1145 = AG 1992, 31, wo trotz Eintragung der Verschmelzung davon ausgegangen wird, die Anfechtung des Kapitalerhöhungsbeschlusses könne noch zur Beseitigung der Kapitalerhöhung führen.

3 Dies gilt auch dann, wenn man mit der neueren Lehre auf die fehlerhafte Kapitalerhöhung die Regeln der fehlerhaften Gesellschaft anwendet. Dann wird die Mitgliedschaft in einem komplizierten Verfahren (s. *Kort*, ZGR 1994, 291 [311ff.]; *Kort*, S. 211; *Zöllner/M. Winter*, ZHR 158 [1994], 59 [61ff.]; *Zöllner*, AG 1993, 68 [75ff.]) vernichtet. Diese kaum handhabbaren Rechtsfolgen sollten allgemein zu der Frage führen, ob eine Kapitalerhöhung nicht mit Eintragung jedenfalls dann geheilt ist, wenn die Fehler nur unerheblich waren; s. *Krieger*, ZHR 158 [1994], 35 (49); umfassend *Kort*, S. 207ff.; *Veil* in K. Schmidt/Lutter, § 189 AktG Rz. 4.

4 *Kort*, ZGR 1994, 291 (311) bejaht für diesen Fall ein Rechtsschutzbedürfnis.

schaft, der durch einen fehlerhaften Zustimmungsbeschluss erfolgt, ist eher intensiver als der durch einen fehlerhaften Kapitalerhöhungsbeschluss. Auch wenn der Kapitalerhöhungsbeschluss nicht eingetragen wurde[1], ganz fehlt oder nicht genügend Mitgliedschaftsrechte schafft, hat dies aus den genannten Gründen keinen Einfluss auf die Wirksamkeit der Verschmelzung[2]. Eine Ausnahme gilt auch nicht in dem Fall, in dem der Unternehmenswert des übertragenden Rechtsträgers hinter dem Kapitalerhöhungsbetrag zurückbleibt, also unter pari ausgegeben wird (zur Differenzhaftung § 69 UmwG)[3]. Denn ganz abgesehen davon, dass ein dann erforderlicher Austausch der bereits ausgegebenen Anteilsrechte nach Eintragung der Verschmelzung jedenfalls bei größeren Gesellschaften nicht praktikabel ist, können sich die Anteilsinhaber der übernehmenden Gesellschaft durch Erhebung einer Anfechtungsklage zur Wehr setzen.

86 Die gleiche Bestandskraft hat auch ein **Kapitalherabsetzungsbeschluss der übernehmenden Gesellschaft**, der in Vorbereitung auf eine Verschmelzung (etwa zum Ausgleich von Wertminderungen) gefasst wurde[4]. Denn nur wenn auch dieser Beschluss Bestandskraft hat, kann die Verschmelzung wie vorgesehen abgewickelt werden. Anderenfalls hätten Anteilsinhaber an dem übernehmenden Rechtsträger, die vor der Verschmelzung schon Anteile an dem übernehmenden Rechtsträger hielten, plötzlich mehr Anteile zu bekommen. Dem entspricht, dass in der Literatur zunehmend davon ausgegangen wird, dass nach Eintragung eines Kapitalherabsetzungsbeschlusses generell eine – also auch wenn der Beschluss nicht im Zusammenhang mit einer Verschmelzung erfolgte – Rückabwicklung ausscheidet[5].

87 Von dieser Bestandskraft werden **auch Kapitalerhöhungs- und -herabsetzungsbeschlüsse in dem übertragenden Rechtsträger** erfasst. Zur Erstreckung des Freigabeverfahrens auf die Kapitalerhöhung § 16 Rz. 37, wenn die Kapitalmaßnahme mit einer Verschmelzung in Zusammenhang steht[6]. In diesem Fall geht es zwar nicht um die Bereitstellung der erforderlichen Mitgliedschaften, aber Veränderungen in den Beteiligungsquoten der Anteilsinhaber des übertragenden Rechtsträgers führen nun zu Veränderungen der Beteiligungsquote an dem übernehmenden Rechtsträger, was nach Eintragung der Verschmelzung nicht mehr möglich ist.

---

1 *Kübler* in Semler/Stengel, § 20 UmwG Rz. 96; *Marsch-Barner* in Kallmeyer, § 20 UmwG Rz. 45; a.A. *Kraft* in KölnKomm. AktG, § 352a AktG Rz. 34: Erneute Eintragung der Verschmelzung sei erforderlich, aber es reicht aus, dass die Eintragung der Kapitalerhöhung nachträglich erfolgt.

2 *Stratz* in Schmitt/Hörtnagl/Stratz, § 20 UmwG Rz. 134. Zu der Frage, wie die fehlenden Mitgliedschaftsrechte geschaffen werden können, unten Rz. 91.

3 So aber *Koppensteiner* in FS Hüffer, S. 465 (470).

4 OLG Frankfurt/M. v. 24.1.2012 – 20 W 504/10, AG 2012, 461 = ZIP 2012, 826 mit Anm. *Grunewald*, EWiR 2012, 331, § 20 UmwG 1/12; *von der Linden*, GWR 2012, 205; *Marsch-Barner* in Kallmeyer, § 20 UmwG Rz. 42.

5 S. dazu *Marsch-Barner* in Spindler/Stilz, § 224 AktG Rz. 18; *Oechsler* in MünchKomm. AktG, § 224 AktG Rz. 4; *Veil* in K. Schmidt/Lutter, § 224 AktG Rz. 1.

6 Ähnlich *Kübler* in Semler/Stengel, § 20 UmwG Rz. 97 und *Marsch-Barner* in Kallmeyer, § 20 UmwG Rz. 43, Kapitalerhöhungsbeschluss werde gegenstandslos; a.A. OLG Karlsruhe v. 9.8.1991 – 15 U 127/90, WM 1991, 1759 = AG 1992, 31.

4. „Verschmelzung" ohne Eintragung

Sofern die Rechtsfolgen der Verschmelzung nur rein real von den betroffenen Rechtsträgern praktiziert werden, ohne dass die Verschmelzung im Register des übernehmenden Rechtsträgers eingetragen wird, **treten** die genannten **Rechtsfolgen des § 20 Abs. 1 UmwG nicht ein**. Die Grundsätze der Behandlung fehlerhafter gesellschaftsrechtlicher Akte, die im Prinzip von einer jedenfalls vorläufigen Wirksamkeit solcher Akte ausgehen, sind nicht anwendbar, da sie voraussetzen, dass konstitutive Registereintragungen erfolgt sind[1]. Auch die von § 20 Abs. 2 UmwG garantierte Bestandskraft für eine Verschmelzung setzt die Eintragung voraus. Anderenfalls würden diese Eintragungen, die maßgeblich zur Übersichtlichkeit der Rechtslage im Unternehmensrecht beitragen, entwertet[2]. Auch kann ohne Überprüfung durch einen Registerrichter eine so weit gehende Rechtsfolge nicht eintreten. 88

VIII. Verschmelzungsbedingungen bei fehlerhafter Verschmelzung

1. Mängel des Verschmelzungsvertrages

Ist der Verschmelzungsvertrag unvollständig oder seinem Inhalt nach ganz oder teilweise nichtig (zu Formmängeln oben Rz. 73 ff.), so hat dies nach der Eintragung der Verschmelzung auf die Wirksamkeit der Verschmelzung keinen Einfluss mehr. Gleichwohl bleibt die Frage zu beantworten, zu welchen Bedingungen die Verschmelzung nun durchgeführt werden soll. Fest steht, dass **Zusatzabreden**, die den Hauptversammlungen nicht vorgelegen haben, nicht wirksam geworden sind (oben Rz. 74). **Im Übrigen** muss, soweit einzelne Regeln von der Nichtigkeit betroffen sind, im Wege der **ergänzenden Vertragsauslegung** ein Interessenausgleich gefunden werden[3]. Soweit die Frage zur Debatte steht, ob der gesamte Verschmelzungsvertrag infolge der Nichtigkeit einzelner Bestimmungen nichtig ist, ist § 139 BGB nicht anzuwenden[4]. Da die Verschmelzungswirkungen nicht mehr beseitigt werden können, kommt es auf einen darauf abzielenden Willen der Verschmelzungspartner bzw. ihrer Hauptversammlungen nicht an. Vielmehr ist unter Rückgriff auf die gesetzliche Regelung und unter Beachtung der getroffenen und von der Nichtigkeit nicht tangierten Abreden der Inhalt eines angemessenen Verschmelzungsvertrages zu entwickeln. War der Verschmelzungsvertrag auf- 89

---

1 S. BGH v. 18.12.1995 – II ZR 294/93, ZIP 1996, 225 = AG 1996, 173 für die Verschmelzung zweier GmbHs; *Heidinger* in Henssler/Strohn, § 20 UmwG Rz. 67; *Kübler* in Semler/Stengel, § 20 UmwG Rz. 87; *Simon* in KölnKomm. UmwG, § 20 UmwG Rz. 47; auch *Schäfer*, S. 343 ff., der allerdings nach Eintragung eine Rückabwicklung ex nunc befürwortet.

2 Allerdings wird der „übernehmende Rechtsträger" vielfach für die Schulden des „übertragenden Rechtsträgers" haften. So können etwa die Regeln der Durchgriffshaftung bei Vermögensvermischung oder bei Vorliegen eines qualifiziert faktischen Konzerns eingreifen: s. *Grunewald*, EWiR 1996, 267; *K. Schmidt*, DB 1996, 1859 (1861).

3 *Heidinger* in Henssler/Strohn, § 20 UmwG Rz. 66; *Kort*, S. 272; *Kübler* in Semler/Stengel, § 20 UmwG Rz. 99; *Marsch-Barner* in Kallmeyer, § 20 UmwG Rz. 40; *Simon* in KölnKomm. UmwG, § 20 UmwG Rz. 53; *Stratz* in Schmitt/Hörtnagl/Stratz, § 20 UmwG Rz. 131.

4 *Kort*, S. 272; allgemein so für Organisationsverträge OLG Hamburg v. 13.7.1990 – 11 U 30/90, ZIP 1990, 1071 (1073) = AG 1991, 21; OLG Hamburg v. 6.10.1989 – 11 W 91/89, AG 1991, 23.

schiebend bedingt geschlossen, so gilt mit Eintragung der Verschmelzung die Bedingung als eingetreten[1]. Denn der Zeitpunkt des Eintritts der Verschmelzungsfolgen (Eintragung im Register des übernehmenden Rechtsträgers) unterliegt nicht der Disposition der Partner des Verschmelzungsvertrags.

2. Mängel der Verschmelzungsbeschlüsse, Zustimmungs- und Verzichtserklärungen

90 Fehlen Verschmelzungsbeschlüsse, sind sie anfechtbar oder nichtig, fehlen Zustimmungs- oder Verzichtserklärungen oder sind diese anfechtbar bzw. nichtig (zu Formmängeln oben Rz. 73 ff.), so hat dies keine Auswirkung auf die Verschmelzungsbedingungen (oben Rz. 76 ff.). Die Verschmelzung wird so, wie im Verschmelzungsvertrag niedergelegt, durchgeführt[2].

3. Mängel des Kapitalerhöhungsbeschlusses

91 Mängel des Kapitalerhöhungsbeschlusses spielen für die Wirksamkeit der Verschmelzung keine Rolle (oben Rz. 85 f.). Die Verschmelzung wird zu den im Verschmelzungsvertrag niedergelegten Bedingungen durchgeführt. Sollte der Kapitalerhöhungsbeschluss fehlen oder nicht ausreichen, um alle für die Verschmelzung **erforderlichen Mitgliedschaftsrechte** zum Entstehen zu bringen, so müssen die noch benötigten Anteile geschaffen werden. Ein solcher Anspruch ergibt sich zugunsten der betroffenen Anteilsinhaber aus dem Verschmelzungsvertrag. Der Verschmelzungsvertrag ist insoweit ein Vertrag zugunsten Dritter[3]. Der Anspruch besteht auch für den übertragenden Rechtsträger und ist gerichtet auf Leistung an einen Dritten, eben seine ehemaligen Anteilseigner[4]. Sollte die Kapitalerhöhung nicht durchgeführt werden und hat der übernehmende Rechtsträger auch keine (oder zu wenige) eigenen Anteile, kann Schadensersatz verlangt werden[5]. Die Beschaffung der erforderlichen Anteile kann verlangt werden, soweit dem nicht § 275 Abs. 1 BGB entgegensteht.

1 *Kübler* in Semler/Stengel, § 20 UmwG Rz. 99; *Marsch-Barner* in Kallmeyer, § 20 UmwG Rz. 40; *Simon* in KölnKomm. UmwG, § 20 UmwG Rz. 53; *Vossius* in Widmann/Mayer, § 20 UmwG Rz. 394; a.A. *Kraft* in KölnKomm. AktG, § 352a AktG Rz. 8.

2 *Kübler* in Semler/Stengel, § 20 UmwG Rz. 93; *Marsch-Barner* in Kallmeyer, § 20 UmwG Rz. 41; a.A. *Martens*, AG 1986, 57 (64): Bei Fehlen des Beschlusses des übertragenden Rechtsträgers finde eine Entschmelzung statt. Doch könne die Versammlung der Anteilseigner des übertragenden Rechtsträgers den Mangel heilen. Dies kann nicht überzeugen, da eine Entschmelzung nicht durchführbar und vom Gesetzgeber nicht gewünscht ist (oben Rz. 76 ff.).

3 *Heidinger* in Henssler/Strohn, § 20 UmwG Rz. 68; *Kübler* in Semler/Stengel, § 20 UmwG Rz. 96.

4 *Stratz* in Schmitt/Hörtnagl/Stratz, § 20 UmwG Rz. 134; zur Durchsetzung nach Eintragung der Verschmelzung, § 25 Rz. 23.

5 *Marsch-Barner* in Kallmeyer, § 20 UmwG Rz. 44; *Stratz* in Schmitt/Hörtnagl/Stratz, § 20 UmwG Rz. 135.

§ 21
Wirkung auf gegenseitige Verträge

Treffen bei einer Verschmelzung aus gegenseitigen Verträgen, die zur Zeit der Verschmelzung von keiner Seite vollständig erfüllt sind, Abnahme-, Lieferungs- oder ähnliche Verpflichtungen zusammen, die miteinander unvereinbar sind oder die beide zu erfüllen eine schwere Unbilligkeit für den übernehmenden Rechtsträger bedeuten würde, so bestimmt sich der Umfang der Verpflichtungen nach Billigkeit unter Würdigung der vertraglichen Rechte aller Beteiligten.

Literatur

Kai Mertens, Umwandlung und Universalsukzession, 1993; *Petersen*, Der Gläubigerschutz im Umwandlungsrecht, 2001; *Rieble*, Verschmelzung und Spaltung von Unternehmen und ihre Folgen für Schuldverhältnisse mit Dritten, ZIP 1997, 301.

I. Inhalt der Regelung

§ 21 UmwG regelt den Fall, dass der übernehmende Rechtsträger aufgrund der Gesamtrechtsnachfolge sich Verpflichtungen gegenüber sieht, die mit von ihm selbst eingegangenen Verbindlichkeiten nicht oder nur schwer vereinbar sind. Die Norm bestimmt, dass auf diese Schwierigkeiten durch Anpassung Rücksicht zu nehmen ist. 1

II. Zusammentreffen von noch nicht vollständig erfüllten, miteinander unvereinbaren Verpflichtungen

§ 21 UmwG ist nur auf **ganz bestimmte Verpflichtungen** anwendbar. Hieraus kann aber nicht gefolgert werden, dass in allen anderen Fällen eine Anpassung nicht erfolgen könne. Vielmehr gelten insoweit die allgemeinen Regeln der Störung der Geschäftsgrundlage (unten Rz. 9). 2

Die Verpflichtungen müssen **beiderseits noch nicht vollständig erfüllt** sein. Nicht maßgeblich ist, ob die Pflicht, deren Erfüllung zu der in der Norm genannten Belastung führt und die noch nicht erfüllt ist, selbst im Synallagma steht, da davon die Belastung des Rechtsträgers nicht abhängt. Hat nur eine Seite noch nicht erfüllt, greift § 21 UmwG nicht ein. Dies leuchtet ein, wenn die an der Verschmelzung beteiligten Rechtsträger schon vollständig erfüllt haben. In der Tat muss dann nach der Verschmelzung der aufnehmende Rechtsträger in der Lage sein, sei- 3 nerseits Erfüllung zu verlangen. Doch wird dann sowieso keine Seite eine Vertragsanpassung wünschen. Wenn die andere Seite vollständig erfüllt hat, ist es aber durchaus denkbar, dass der übernehmende Rechtsträger in die Zwangslage gerät, vor der § 21 UmwG ihn schützen will. Allerdings ist der Vertragspartner, wenn er seinerseits bereits erfüllt hat, auch besonders schutzwürdig. Doch kann das allein kaum zur Folge haben, dass jede Vertragsanpassung von vornherein ausscheidet. Es kann daher in diesem Fall durchaus auf die allgemeinen Regeln der Störung der Geschäftsgrundlage zurückgegriffen werden (unten Rz. 9).

4 Die Verbindlichkeiten müssen auf **gegenseitigen**[1] Verträgen beruhen und **Abnahme-, Lieferungs- oder ähnliche Verpflichtungen betreffen**. An diese Ähnlichkeit sind keine hohen Anforderungen zu stellen[2], da nicht einzusehen ist, warum gerade für diese Vertragsarten Sonderregeln gelten sollten; zu nicht erfassten Verträgen unten Rz. 9.

5 Die Vorschrift bricht mit dem Grundsatz, dass sich die an der Verschmelzung beteiligten Rechtsträger durch die Verschmelzung nicht ihrer Verpflichtungen entledigen können. Dieser Grundsatz ist im Prinzip richtig, da die Verschmelzung nicht zum Risikobereich des Vertragspartners gehört. Daher entlastet die Unerfüllbarkeit oder erschwerte Erfüllbarkeit einer Verpflichtung infolge der Verschmelzung den übernehmenden Rechtsträger regelmäßig nicht[3]. Vielmehr verlangt § 21 UmwG, dass die Verpflichtungen entweder **miteinander unvereinbar** sind oder die Erfüllung beider Verbindlichkeiten für den übernehmenden Rechtsträger eine **schwere Unbilligkeit** bedeutet. Unvereinbarkeit liegt vor, wenn die Verpflichtungen einander widersprechen[4], wie dies etwa bei Ausschließlichkeitsbindungen der Fall sein kann. Unvereinbarkeit ist nicht gegeben, wenn sich im Wege der ergänzenden Vertragsauslegung eine Beschränkung der Verpflichtung auf den Betrieb des übertragenden Rechtsträgers ermitteln lässt[5] (§ 20 Rz. 41). Eine schwere Unbilligkeit ist gegeben, wenn die Aufrechterhaltung der Verpflichtung den übernehmenden Rechtsträger weit mehr als bei Vertragsschluss absehbar und auch unter Berücksichtigung der Interessen des Vertragspartners hinnehmbar belasten würde. Bloße Unzweckmäßigkeit reicht nicht aus[6]. Nicht erforderlich ist, dass die Erfüllung die wirtschaftliche Lage des übernehmenden Rechtsträgers erheblich beeinträchtigen würde[7], da dies auch nach den allgemeinen Regeln der Störung der Geschäftsgrundlage, auf denen § 21 UmwG beruht, nicht Voraussetzung einer Vertragsanpassung ist. Auch würde dies eine nicht gerechtfertigte Bevorzugung wirtschaftlich schwacher Rechtsträger beinhalten. Eine schwere Unbilligkeit kann auch gegeben sein, wenn die Rechtsträger bei Abschluss des Verschmelzungsvertrages wussten oder wissen konnten, dass es zu

---

1 Zu dem Fall, dass kein gegenseitiger Vertrag vorliegt, unten Rz. 9.

2 *Kübler* in Semler/Stengel, § 21 UmwG Rz. 4; *Marsch-Barner* in Kallmeyer, § 21 UmwG Rz. 4; *C. Müller* in Henssler/Strohn, § 21 UmwG Rz. 4; a.A. *Schilling* in Großkomm. AktG, § 346 AktG Rz. 29.

3 *Petersen*, S. 326ff.; s. zu § 275 BGB unten Rz. 8.

4 *Kübler* in Semler/Stengel, § 21 UmwG Rz. 5.

5 Nach *K. Mertens*, S. 175 erfolgt eine solche Beschränkung im Wege der Vertragsanpassung. Auch das ist möglich.

6 *Marsch-Barner* in Kallmeyer, § 21 UmwG Rz. 5.

7 *Marsch-Barner* in Kallmeyer, § 21 UmwG Rz. 5; *Simon* in KölnKomm. UmwG, § 21 UmwG Rz. 9; a.A. *Stratz* in Schmitt/Hörtnagl/Stratz, § 21 UmwG Rz. 9; *Vossius* in Widmann/Mayer, § 21 UmwG Rz. 18.

der Pflichtenkollision kommen würde[1]. Dies folgt zum einen daraus, dass dies regelmäßig so sein wird, und die Norm andernfalls keinen Anwendungsbereich hätte. Zudem ist es gerade das Ziel der Norm, die Durchführbarkeit einer Verschmelzung zu erleichtern.

Tritt die schwere Unbilligkeit dadurch ein, dass eine **Tochtergesellschaft** sich in bestimmter Art und Weise gebunden hat (etwa eine bestimmte Konzernzugehörigkeit zu behalten), so greift § 21 UmwG nicht ein[2]. Dies folgt aus dem Wortlaut der Norm. Nur wenn der Vertrag, der den übernehmenden Rechtsträger bindet, angepasst werden soll, greift § 21 UmwG ein. Es bleibt daher bei den allgemeinen Regeln. 6

Die Verpflichtungen müssen infolge der Verschmelzung **zusammentreffen**. Dies kann sowohl dadurch geschehen, dass Verpflichtungen eines übertragenden Rechtsträgers mit solchen des übernehmenden Rechtsträgers zusammentreffen, wie auch dadurch, dass Verpflichtungen zweier übertragender Rechtsträger nun den übernehmenden Rechtsträger binden. 7

III. Verhältnis zu den allgemeinen Regeln des BGB

1. Ausschluss der Leistungspflicht nach § 275 BGB, Kündigungsrecht

Sofern die Voraussetzungen von § 275 BGB erfüllt sind, muss der übernehmende **Rechtsträger nicht leisten**. Bei der Festlegung der dem übernehmenden Rechtsträger zumutbaren Belastungen ist zu bedenken, dass er die Umwandlung mit herbeigeführt und damit das Leistungshindernis i.S.v. § 275 Abs. 2 BGB zu vertreten hat. Zum Kündigungsrecht § 20 Rz. 55. 8

2. Störung der Geschäftsgrundlage in anderen Fällen

§ 21 UmwG kodifiziert die allgemeinen **Regeln der Störung der Geschäftsgrundlage für einen bestimmten Fall**[3]. Die Norm ist daher nicht abschließend zu verstehen, vielmehr kann in allen nicht von ihr erfassten Fällen (kein gegenseitiger Vertrag, Vertrag anderer Art, Verpflichtung bereits einseitig erfüllt) ebenfalls eine Vertragsanpassung verlangt werden, wenn den Interessen des Vertragspartners hinreichend Rechnung getragen werden kann und die Fortdauer der Verpflichtung den übernehmenden Rechtsträger weit mehr als bei Vertragsschluss absehbar und auch unter Berücksichtigung der Interessen des Verschmelzungspartners hinnehmbar belasten würde (§ 20 Rz. 56)[4]. Bei der Prüfung, ob diese Voraussetzungen erfüllt sind, ist aber stets zu bedenken, dass die Verschmelzung in den Risikobereich des übernehmenden Rechtsträgers fällt. 9

---

1 Zurückhaltend *Vossius* in Widmann/Mayer, § 21 Rz. 18.

2 *C. Müller* in Henssler/Strohn, § 21 UmwG Rz. 3; *Simon* in KölnKomm. UmwG, § 21 UmwG Rz. 10; a.A. *Marsch-Barner* in Kallmeyer, § 21 UmwG Rz. 2.

3 *Marsch-Barner* in Kallmeyer, § 21 UmwG Rz. 8; *Rieble*, ZIP 1997, 301 (302); a.A. *K. Mertens*, S. 175; *Stratz* in Schmitt/Hörtnagl/Stratz, § 21 UmwG Rz. 1.

4 S. zu den Voraussetzungen der Störung der Geschäftsgrundlage § 313 BGB.

IV. Rechtsfolgen

10 Die miteinander nicht zu vereinbarenden bzw. nur unter Hinnahme schwerer Unbilligkeiten zu erfüllenden Verpflichtungen sind **anzupassen**. Es gelten die Regeln von § 313 Abs. 1 BGB[1]. Dabei ist zu berücksichtigen, dass der übernehmende Rechtsträger die Umwandlung herbeigeführt hat. Dies hat zur Folge, dass bei der erforderlichen Interessenabwägung die Interessen des übernehmenden Rechtsträgers weniger stark ins Gewicht fallen.

§ 22
Gläubigerschutz

(1) Den Gläubigern der an der Verschmelzung beteiligten Rechtsträger ist, wenn sie binnen sechs Monaten nach dem Tag, an dem die Eintragung der Verschmelzung in das Register des Sitzes desjenigen Rechtsträgers, dessen Gläubiger sie sind, nach § 19 Abs. 3 bekannt gemacht worden ist, ihren Anspruch nach Grund und Höhe schriftlich anmelden, Sicherheit zu leisten, soweit sie nicht Befriedigung verlangen können. Dieses Recht steht den Gläubigern jedoch nur zu, wenn sie glaubhaft machen, dass durch die Verschmelzung die Erfüllung ihrer Forderung gefährdet wird. Die Gläubiger sind in der Bekanntmachung der jeweiligen Eintragung auf dieses Recht hinzuweisen.

(2) Das Recht, Sicherheitsleistung zu verlangen, steht Gläubigern nicht zu, die im Falle der Insolvenz ein Recht auf vorzugsweise Befriedigung aus einer Deckungsmasse haben, die nach gesetzlicher Vorschrift zu ihrem Schutz errichtet und staatlich überwacht ist.

1 *C. Müller* in Henssler/Strohn, § 21 UmwG Rz. 8; *Vossius* in Widmann/Mayer, § 21 UmwG Rz. 19ff.; a.A. *Stratz* in Schmitt/Hörtnagl/Stratz, § 21 UmwG Rz. 10: § 315 BGB gelte sinngemäß.

Literatur

Canaris, Schutzgesetze – Verkehrspflichten – Schutzpflichten, in FS Larenz, 1993, S. 26; *Emmerich/Habersack*, Aktien- und GmbH-Konzernrecht, 7. Aufl. 2013; *Eusani*, Auswirkungen der Verschmelzung auf Bürgschaftsverpflichtungen für Dauerschuldverhältnisse am Beispiel der Mietbürgschaft, WM 2004, 866; *Habersack*, Der persönliche Schutzbereich des § 303 AktG, in FS Koppensteiner, 2001, S. 31; *Hügel*, Kapital entsperrende und Gewinn realisierende Verschmelzungen, in FS Maier-Reimer, 2010, S. 265; *Jaeger*, Sicherheitsleistung für Ansprüche aus Dauerschuldverhältnissen bei Kapitalherabsetzung, Verschmelzung und Beendigung eines Unternehmensvertrages, DB 1996, 1069; *Jung*, Die stille Gesellschaft in der Spaltung, ZIP 1996, 1734; *Kandelhard*, Die Änderung der Rechtsform des Gewerberaummieters, NZM 1999, 440; *Koppensteiner*, Zum Gläubigerschutz bei der Verschmelzung von Aktiengesellschaften, in FS Westermann, 2008, S. 1157; *Krieger*, Sicherheitsleistung für Versorgungsrechte?, in FS Nirk, 1992, S. 551; *Lutter*, Zur Reform von Umwandlung und Fusion, ZGR 1990, 392; *Maier-Reimer*, Schutzgesetze – Verhaltensnormen, Sanktionen, Adressat, NJW 2007, 3157; *Maier-Reimer*, Vereinfachte Kapitalherabsetzung durch Verschmelzung, GmbHR 2004, 1128; *Petersen*, Der Gläubigerschutz im Umwandlungsrecht, 2001; *Ries*, Die Sicherheitsleistung für Ansprüche aus Dauerschuldverhältnissen nach § 22 UmwG, Diss. Köln 2005; *Rittner*, Sicherheitsleistung bei der ordentlichen Kapitalherabsetzung, in FS Oppenhoff, 1985, S. 317; *Karsten Schmidt*, Gläubigerschutz bei Umstrukturierungen, ZGR 1993, 366; *Karsten Schmidt*, Zur Durchgriffsfestigkeit der GmbH, ZIP 1994, 837; *Uwe H. Schneider*, Missbräuchliches Verhalten durch Private Equity, NZG 2007, 888; *Schröer*, Sicherheitsleistung für Ansprüche aus Dauerschuldverhältnissen bei Unternehmensumwandlungen, DB 1999, 317; *Wiedemann/Küpper*, Die Rechte des Pensionssicherungsvereins als Träger der Insolvenzsicherung vor einem Konkursverfahren und bei der Kapitalherabsetzung, in FS Pleyer, 1986, S. 445.

I. Inhalt der Norm

1 § 22 UmwG beruht auf der Überlegung, dass eine Verschmelzung für die Gläubiger aller beteiligten Rechtsträger neue Risiken mit sich bringen kann. Die **Gläubiger des übertragenden Rechtsträgers** verlieren ihren Schuldner. Stattdessen erhalten sie zwar einen neuen Schuldner, eben den übernehmenden Rechtsträger. Doch haben sie sich diesen nicht ausgesucht. Zugleich stehen sie in Konkurrenz mit den anderen Gläubigern des übernehmenden Rechtsträgers. Eventuell hat der neue Schuldner sogar eine andere Rechtsform als der ursprüngliche. Das rechtfertigt ihren Anspruch auf Sicherheitsleistung.

2 Die **Gläubiger des übernehmenden Rechtsträgers** behalten zwar auch nach der Verschmelzung ihren Schuldner, doch treten nunmehr neue Gläubiger (nämlich die Gläubiger des übertragenden Rechtsträgers) hinzu, mit denen die bisherigen Gläubiger des übernehmenden Rechtsträgers nun konkurrieren. Dies kann zu einer Erhöhung des Risikos dieser Gläubiger führen, da das im Wege der Gesamtrechtsnachfolge auf die übernehmende Gesellschaft übergegangene Aktivvermögen des übertragenden Rechtsträgers nicht unbedingt diese Schulden abdeckt.

3 Diese Risiken der Gläubiger sollen durch einen Anspruch auf **Sicherheitsleistung** abgefedert werden. Gläubiger, die bereits hinreichend gesichert sind, haben diesen Anspruch nicht.

II. Berechtigte Gläubiger

1. Anspruch gegen einen an der Verschmelzung beteiligten Rechtsträger

4 Der Gläubiger muss einen **Anspruch gegen den übernehmenden oder übertragenden Rechtsträger** haben. Es spielt keine Rolle, gegen welchen der beteiligten Rechtsträger sich der Anspruch richtet. Dies ist sachgerecht, da es oft von Zufälligkeiten (Sitzvorteile, Firma) abhängt, welcher Rechtsträger als übertragender und welcher als übernehmender auftritt. Ebenso wenig kommt es darauf an, ob der zu sichernde Anspruch auf Vertrag oder Gesetz beruht, oder ob der Gläubiger vor Begründung der Forderung von der Verschmelzung wusste oder nicht. Auch dingliche Ansprüche fallen unter die Norm[1]. § 22 UmwG kennt insoweit keine Ausnahme und es wäre auch nicht einsichtig, warum gerade diese Gruppe von Anspruchsinhabern ungesichert bleiben sollte (s. auch unten Rz. 29).

5 Für Ansprüche, die auf dem **Gesellschaftsverhältnis** beruhen (Gewinnansprüche), kann unter den üblichen Voraussetzungen Sicherheit verlangt werden[2], ebenso für Ansprüche von Gesellschaftern, die mit dem Gesellschaftsverhältnis nichts zu tun haben (Drittgläubigerforderungen). Insoweit steht der Gesellschafter nicht schlechter als jeder andere Gläubiger auch[3]. Dies gebietet insbesondere der Schutz überstimmter Gesellschafter. Ansprüche, die Folge der Umwandlung sind (etwa aufgrund von § 15 UmwG oder § 29 UmwG), werden erst durch die Umwandlung begründet. Sie werden schon vom Wortlaut der Norm nicht erfasst[4]. Die übrigen auf dem Gesellschaftsverhältnis beruhenden Ansprüche werden nicht erfasst, weil die Anteilsinhaber das wirtschaftliche Risiko der Umwandlung zu tragen haben. Ihr Schutz liegt insoweit in ihren Mitwirkungsrechten. Daher gilt etwas anderes für Ansprüche von ehemaligen Gesellschaftern (Abfindungszahlungen).

6 Auch für die **Inhaber von Sonderrechten** i.S.v. § 23 UmwG gilt § 22 UmwG unter den üblichen Voraussetzungen[5]. Meist wird das Sonderrecht nicht gefährdet sein, da § 23 UmwG eine Absicherung beinhaltet. Nur wenn diese nicht ausreicht, greift ergänzend § 22 UmwG ein. Dem kann nicht entgegengehalten werden, dass das Sonderrecht korporationsrechtsähnlich sei[6], da dies zum einen nicht für alle Sonderrechte zutrifft und zum anderen auch keine Schlechterstellung rechtfertigt, zumal die Gläubiger bei der Beschlussfassung über die Verschmelzung kein Stimmrecht haben.

---

1 A.A. *Marsch-Barner* in Kallmeyer, § 22 UmwG Rz. 2; eher wie hier *C. Müller* in Henssler/Strohn, § 22 UmwG Rz. 5; *Simon* in KölnKomm. UmwG, § 22 UmwG Rz. 16; *Vossius* in Widmann/Mayer, § 22 UmwG Rz. 17.

2 *Maier-Reimer/Seulen* in Semler/Stengel, § 22 UmwG Rz. 6; *C. Müller* in Henssler/Strohn, § 22 UmwG Rz. 6; *Simon* in KölnKomm. UmwG, § 22 UmwG Rz. 10.

3 *Vossius* in Widmann/Mayer, § 22 UmwG Rz. 14.

4 So auch *Maier-Reimer/Seulen* in Semler/Stengel, § 22 UmwG Rz. 6; *Simon* in KölnKomm. UmwG, § 22 UmwG Rz. 11; für § 29 UmwG im Ergebnis auch *Kalss* in Semler/Stengel, § 29 UmwG Rz. 1.

5 *Simon* in KölnKomm. UmwG, § 22 UmwG Rz. 14; a.A. für den Teil der Rechte, der § 23 UmwG unterliegt, *Maier-Reimer/Seulen* in Semler/Stengel, § 22 UmwG Rz. 6; a.A. für die stille Gesellschaft *Jung*, ZIP 1996, 1734 (1738).

6 So aber *Simon* in KölnKomm. UmwG, § 22 UmwG Rz. 13.

Der **Anspruch muss bei Eintragung der Umwandlung** im Register des übernehmenden Rechtsträgers (§ 20 Abs. 1 UmwG)[1] bereits **begründet** sein, da in diesem Zeitpunkt die Risikoerhöhung eintritt. Bis zur Bekanntmachung der Umwandlung werden Neugläubiger nach § 15 Abs. 1 und Abs. 2 HGB geschützt[2]. Der Anspruch ist begründet, wenn der Rechtsgrund bereits gelegt ist[3]. Auch **befristete und bedingte, auch auflösend oder aufschiebend bedingte Ansprüche** berechtigen demgemäß zur Forderung von Sicherheiten[4]. Dies gilt auch für Einzelansprüche aus Dauerschuldverhältnissen[5] und für Forderungen, die später als fünf Jahre nach Wirksamwerden der Verschmelzung fällig werden[6], und auch dann, wenn das Sicherungsbedürfnis auf dem Wegfall eines persönlich haftenden Gesellschafters beruht (unten Rz. 12)[7]. Der Anspruch auf Sicherheitsleistung entfällt auch dann nicht, wenn bei einer aufschiebenden Bedingung der Eintritt der Bedingung unwahrscheinlich ist[8]. Allerdings entwertet diese Tatsache den Anspruch. Dies wiederum hat zur Folge, dass die Höhe der Sicherheitsleistung geringer ausfällt. 7

Allein die Tatsache, dass der **Gläubiger es noch in der Hand hat, ob sein Anspruch überhaupt zur Entstehung kommt** (etwa bindendes Angebot des Rechtsträgers[9], Abrufmöglichkeiten, Kündigung eines Arbeitsverhältnisses führt zum Verfall von Versorgungsanwartschaften), besagt nicht, dass der Anspruch nicht bereits begründet ist. Denn auch in diesem Fall ist der Gläubiger schutzbedürftig, da er keine Möglichkeit mehr hat, eine Absicherung des Anspruchs, dessen Zustande- 8

---

1 *Maier-Reimer/Seulen* in Semler/Stengel, § 22 UmwG Rz. 12; *C. Müller* in Hensler/Strohn, § 22 UmwG Rz. 4; *Stratz* in Schmitt/Hörtnagl/Stratz, § 22 UmwG Rz. 6; a.A. *Marsch-Barner* in Kallmeyer, § 22 UmwG Rz. 3: Es komme auf den Zeitpunkt der Bekanntmachung nach § 19 Abs. 3 UmwG an; so auch *Vossius* in Widmann/Mayer, § 22 UmwG Rz. 19 für Forderungen gegen die Übernehmerin. Aber die Verschmelzungswirkungen treten mit Eintragung der Verschmelzung ein, die Überträgerin besteht danach gar nicht mehr.

2 *Maier-Reimer/Seulen* in Semler/Stengel, § 22 UmwG Rz. 12; *C. Müller* in Henssler/Strohn, § 22 UmwG Rz. 4; *Simon* in KölnKomm. UmwG, § 22 UmwG Rz. 21.

3 *Marsch-Barner* in Kallmeyer, § 22 UmwG Rz. 3; *Maier-Reimer/Seulen* in Semler/Stengel, § 22 UmwG Rz. 10; *Simon* in KölnKomm. UmwG, § 22 UmwG Rz. 18; s. zu der Frage, wann eine Forderung begründet ist: *Habersack* in FS Koppensteiner, S. 31 (37).

4 BAG v. 30.7.1996 – 3 AZR 397/95, ZIP 1997, 289 (290) = AG 1997, 268; BAG v. 26.5.2009 – 3 AZR 369/07, ZIP 2009, 2166 (2167) = AG 2009, 829; LG Augsburg v. 29.3.2011 – 2HK O 363/08, Juris = BeckRS 2011, 18537; *Maier-Reimer/Seulen* in Semler/Stengel, § 22 UmwG Rz. 16; *Marsch-Barner* in Kallmeyer, § 22 UmwG Rz. 3; *Vossius* in Widmann/Mayer, § 22 UmwG Rz. 20; a.A. für aufschiebend bedingte Ansprüche *Kraft* in KölnKomm. AktG, § 347 AktG Rz. 5; *Wiedemann/Küpper* in FS Pleyer, S. 445 (451); a.A. für auflösend bedingte Ansprüche *Schröer*, DB 1999, 317 (319).

5 *Maier-Reimer/Seulen* in Semler/Stengel, § 22 UmwG Rz. 19; *Marsch-Barner* in Kallmeyer, § 22 UmwG Rz. 3; *Simon* in KölnKomm. UmwG, § 22 UmwG Rz. 23.

6 BGH v. 18.3.1996 – II ZR 299/94, ZIP 1996, 705 = AG 1996, 321; LG Augsburg v. 29.3.2011 – 2HK O 363/08, Juris = BeckRS 2011, 18537; *C. Müller* in Henssler/Strohn, § 22 UmwG Rz. 4; *Simon* in KölnKomm. UmwG, § 22 UmwG Rz. 23; a.A. *Bermel* in Goutier/Knopf/Tulloch, § 22 UmwG Rz. 12: Keine Sicherheitsleistung für nicht fällige Ansprüche aus Dauerschuldverhältnissen, da der Anspruch erst mit Fälligkeit der Teilleistungen entstehe.

7 *K. Schmidt*, ZGR 1993, 366 (383).

8 *C. Müller* in Henssler/Strohn, § 22 UmwG Rz. 4; *Simon* in KölnKomm. UmwG, § 22 UmwG Rz. 22; einschränkend *Maier-Reimer/Seulen* in Semler/Stengel, § 22 UmwG Rz. 11.

9 *Maier-Reimer/Seulen* in Semler/Stengel, § 22 UmwG Rz. 15.

bringen ihm von Rechts wegen offen steht, zu erreichen. Dem lässt sich nicht entgegenhalten, dass es in manchen der genannten Fälle (Hauptbeispiel verfallbare Versorgungsanwartschaften[1]) noch äußerst ungewiss ist, ob es überhaupt zur Fälligkeit des Anspruchs kommt[2]. Denn ganz abgesehen davon, dass diese geringe Wahrscheinlichkeit für den wichtigsten Fall (verfallbare Versorgungsanwartschaften) bislang nur behauptet und zudem davon abhängig ist, wie lange es noch bis zur Unverfallbarkeit dauert, ändert dies an dem Schutzbedürfnis des Gläubigers wenig. Bei der Bestimmung der Höhe der Sicherheitsleistung ist aber zu bedenken, dass ab Unverfallbarkeit regelmäßig eine hinreichende Absicherung durch den PSV vorliegt[3]. Hinzu kommt, dass ein Anspruch, der vielleicht nie fällig wird, entwertet ist. Dies wiederum mindert die Höhe der Sicherheitsleistung.

2. Kein Anspruch auf Befriedigung

9 Sicherheit kann nur verlangt werden, wenn der **Anspruch noch nicht fällig ist** (§ 22 Abs. 1 Satz 1 a.E. UmwG). Dies ist insofern sinnvoll, als Gläubiger mit fälligen Forderungen einen zusätzlichen Anspruch – gerichtet auf Sicherheitsleistung – nicht benötigen. Gläubiger, die zwar keine Befriedigung verlangen können, bei denen dies aber nur darauf beruht, dass sie selbst die Voraussetzungen dafür nicht herbeiführen (etwa bei einer Zug-um-Zug-Leistung die Leistung nicht anbieten bzw. bei einer Steuerschuld, die nur deshalb nicht fällig ist, weil der Bescheid noch fehlt[4]), können ebenfalls keine Sicherheit verlangen[5]. Sie haben es selbst in der Hand, die Fälligkeit ihrer Forderung zu erreichen. Nur soweit sie ein berechtigtes Interesse daran haben, dies nicht zu tun, können sie Sicherheit verlangen[6]. Soweit zwar nicht von dem Rechtsträger, wohl aber von einem Dritten Befriedigung verlangt werden kann, steht dies einem Anspruch auf Sicherheitsleistung gegen den Rechtsträger nicht entgegen[7]. Der Gläubiger ist nicht verpflichtet, den Dritten in Anspruch zu nehmen, und hat daher durchaus ein berechtigtes Interesse daran, von dem Rechtsträger Sicherheit zu verlangen.

10 Der Anspruch auf Sicherheitsleistung entfällt nicht, wenn die **Forderung nach Entstehung des Anspruchs auf Sicherheitsleistung fällig wird**. Wenn der Rechtsträger die Sicherheit nicht leisten will, bleibt die Möglichkeit, die Forderung zu er-

---

1 Zu unverfallbaren Anwartschaften unten Rz. 26.

2 So aber *Krieger* in FS Nirk, S. 551 (556); *Ulmer* in Hachenburg, § 58 GmbHG Rz. 51a; nach *Maier-Reimer/Seulen* in Semler/Stengel, § 22 UmwG Rz. 72 kommt es darauf an, ob Unverfallbarkeit bis zum ersten gemeinsamen Kündigungstermin eintritt, wie hier *Emmerich* in Emmerich/Habersack, Aktien- und GmbH-Konzernrecht, § 303 AktG Rz. 13.

3 *Maier-Reimer/Seulen* in Semler/Stengel, § 22 UmwG Rz. 72.

4 *Vossius* in Widmann/Mayer, § 22 UmwG Rz. 22; ebenso für die Zug-um-Zug-Leistung *Maier-Reimer/Seulen* in Semler/Stengel, § 22 UmwG Rz. 36; *Simon* in KölnKomm. UmwG, § 22 UmwG Rz. 35.

5 *Bermel* in Goutier/Knopf/Tulloch, § 22 UmwG Rz. 14; *Marsch-Barner* in Kallmeyer, § 22 UmwG Rz. 8.

6 Ähnlich *Maier-Reimer/Seulen* in Semler/Stengel, § 22 UmwG Rz. 36: Zumutbare Fälligkeitskündigung müsse erfolgen; enger *C. Müller* in Henssler/Strohn, § 22 UmwG Rz. 7.

7 *Maier-Reimer/Seulen* in Semler/Stengel, § 22 UmwG Rz. 36; *C. Müller* in Henssler/Strohn, § 22 UmwG Rz. 7; a.A. *Simon* in KölnKomm. UmwG, § 22 UmwG Rz. 36; *Stratz* in Schmitt/Hörtnagl/Stratz, § 22 UmwG Rz. 17; *Vossius* in Widmann/Mayer, § 22 UmwG Rz. 37.

füllen. Auch soll dem Rechtsträger aus der zögerlichen Bestellung der geschuldeten Sicherheit kein Vorteil erwachsen[1].

Behauptet der Gläubiger bei einer **streitigen Forderung**, sie sei fällig, so kann er auf Befriedigung klagen. Ein Anspruch auf Sicherheitsleistung besteht daneben nicht[2]. Da er für die Durchsetzung des Anspruchs auf Sicherheitsleistung die streitige Forderung ebenfalls beweisen müsste (unten Rz. 15), wäre ihm mit einem solchen Anspruch auch nicht gedient. 11

III. Gefährdung des Anspruchs

1. Gläubiger des übertragenden Rechtsträgers

Allein die Tatsache, dass die Gläubiger statt ihres alten Schuldners einen neuen erhalten, den sie sich nicht ausgesucht haben, führt nicht zu einer Gefährdung ihres Anspruchs. Vielmehr muss in jedem Einzelfall eine konkrete Gefährdung gegeben sein[3]. Dies gilt auch dann, wenn im Zuge der Verschmelzung die unbeschränkte Haftung einer natürlichen (oder juristischen) Person wegfällt (etwa aufgrund von § 45 UmwG)[4] und auch wenn die Stamm- oder Grundkapitalziffer nach der Verschmelzung niedriger ist als zuvor[5]. Denn ganz abgesehen davon, dass in dem Fall, dass eine AG übernehmender Rechtsträger ist, die Kapitalrücklage u.U. zu bedienen ist und damit eine Absicherung der Gläubiger gegeben ist[6], ist die Höhe des gebundenen Kapitals nur ein – oftmals nicht mal entscheidender – Faktor bei der Beurteilung der wirtschaftlichen Leistungsfähigkeit eines Rechtsträgers[7]. Vielmehr kommt es entscheidend auf die **Seriosität dieses neuen Schuldners** in Bezug auf seine Vermögens- und Ertragslage[8] an. Entscheidend ist, ob ihm mit guten Gründen die Erfüllung der Forderung bei Fälligkeit zugetraut werden kann. Hat der aufnehmende Rechtsträger nach der Verschmelzung eine Unterbilanz, so ist eine solche Gefährdung im Regelfall[9] gegeben, sofern der Gläubiger nicht bereits anderweit durch den aufnehmenden Rechtsträger[10] (etwa Grundschuld, Pfandrecht) gesichert ist. Aber auch wenn eine Unterbilanz nicht besteht, kann eine Gefährdung bestehen, etwa wenn der Markt, auf dem der aufnehmende Rechtsträger tätig ist, sich nicht günstig entwickelt und es sich um eine erst in 12

---

1 A.A. *Maier-Reimer/Seulen* in Semler/Stengel, § 22 UmwG Rz. 42; *C. Müller* in Henssler/Strohn, § 22 UmwG Rz. 7.
2 OLG Celle v. 2.11.1988 – 9 U 54/88, BB 1989, 868; *Marsch-Barner* in Kallmeyer, § 22 UmwG Rz. 8; *Simon* in KölnKomm. UmwG, § 22 UmwG Rz. 34; *Vossius* in Widmann/Mayer, § 22 UmwG Rz. 37.
3 BGH v. 26.4.2002 – LwZR 20/01, NJW 2002, 2168 (2169) (obiter dictum); *Simon* in KölnKomm. UmwG, § 22 UmwG Rz. 28.
4 *K. Schmidt*, ZGR 1993, 366 (393); *Maier-Reimer/Seulen* in Semler/Stengel, § 22 UmwG Rz. 28.
5 Strenger *Vossius* in Widmann/Mayer, § 22 UmwG Rz. 29.
6 *Maier-Reimer*, GmbHR 2004, 1128 (1130); *Maier-Reimer/Seulen* in Semler/Stengel, § 22 UmwG Rz. 24.
7 Ähnlich *Simon* in KölnKomm. UmwG, § 22 UmwG Rz. 26; strenger *Marsch-Barner* in Kallmeyer, § 22 UmwG Rz. 7 und *C. Müller* in Henssler/Strohn, § 22 UmwG Rz. 10.
8 *Simon* in KölnKomm. UmwG, § 22 UmwG Rz. 29.
9 Anders etwa u.U., wenn eine (natürliche) Person unbeschränkt haftet; generell kritisch gegenüber dem Kriterium der Unterbilanz *Simon* in KölnKomm. UmwG, § 22 UmwG Rz. 26.
10 Die Absicherung durch Dritte reicht nicht aus, oben Rz. 9.

fernerer Zukunft fällige Forderung handelt. Ein Indiz für eine Gefährdung liegt vor, wenn ein Gläubiger zwar vor, nicht aber nach der Verschmelzung eine vergleichbare Forderung begründen würde[1].

13 Die mit der **Verschmelzung verbundenen Ansprüche** auf Zuzahlungen und Abfindungen sind zu berücksichtigen, da sie den übernehmenden Rechtsträger ebenfalls belasten. Sofern andere Gläubiger (z.B. solche mit kurzfristig fällig werdenden Forderungen) Sicherheit verlangen, ist dies auch mit einzubeziehen, da auch das andere Gläubiger (z.B. solche mit langfristig fällig werdenden Forderungen) gefährden kann[2]. **Bestand die Gefährdung schon vor der Verschmelzung** (Unterbilanz des übertragenden Rechtsträgers), so besteht ein Anspruch auf Sicherheitsleistung nur, wenn sich die Gefährdung aufgrund der Verschmelzung erhöht hat[3]. Eine Gefährdung kann sich auch ergeben, wenn die Liquidität des übernehmenden Rechtsträgers aufgrund der Verschmelzung in naher oder ferner Zukunft in Mitleidenschaft gezogen ist.

2. Gläubiger des übernehmenden Rechtsträgers

14 Die Gläubiger des übernehmenden Rechtsträgers behalten auch nach der Verschmelzung ihr Zugriffsobjekt. Eine Gefährdung ihrer Forderungen kann eintreten, wenn die auf den Rechtsträger im Zuge der Verschmelzung **übergehenden Verbindlichkeiten das Aktivvermögen des übertragenden Rechtsträgers übersteigen** und dadurch die wirtschaftliche Leistungskraft des übernehmenden Rechtsträgers in Mitleidenschaft gezogen wird[4]. Dies ist nicht der Fall, wenn die wirtschaftliche Bedeutung der Verschmelzung aus der Sicht des übernehmenden Rechtsträgers nur gering ist. Eine Gefährdung kann sich auch ergeben, wenn die Verschmelzung die Liquidität des übernehmenden Rechtsträgers in Mitleidenschaft zieht[5]. Im Übrigen gelten die Ausführungen oben Rz. 12 entsprechend.

IV. Glaubhaftmachung

15 Die Gläubiger müssen glaubhaft machen, dass durch die Verschmelzung die Erfüllung ihrer Forderungen gefährdet wird (§ 22 Abs. 1 Satz 2 UmwG). Die Glaubhaftmachung bezieht sich also nicht auf die **Existenz der Forderung**. Diese **muss vielmehr bewiesen werden**[6]. Der Wortlaut ist insoweit eindeutig. Auch ist nicht einzusehen, warum für das Bestehen der Forderung lediglich eine Glaubhaftma-

---

1 *Maier-Reimer/Seulen* in Semler/Stengel, § 22 UmwG Rz. 32.

2 A.A. LG Köln v. 30.1.2004 – 82 O 139/03, Der Konzern 2004, 806 (808); *Maier-Reimer/Seulen* in Semler/Stengel, § 22 UmwG Rz. 31; *Marsch-Barner* in Kallmeyer, § 22 UmwG Rz. 7; *C. Müller* in Henssler/Strohn, § 22 UmwG Rz. 10; *Simon* in KölnKomm. UmwG, § 22 UmwG Rz. 31.

3 LG Augsburg v. 29.3.2011 – 2HK O 363/08, Juris = BeckRS 2011, 18537; *Maier-Reimer/Seulen* in Semler/Stengel, § 22 UmwG Rz. 34: erhebliche Verschärfung der Gefährdung.

4 Dann liegt eine an sich verbotene Unterpari-Emission vor: *Stratz* in Schmitt/Hörtnagl/Stratz, § 22 UmwG Rz. 13.

5 *Stratz* in Schmitt/Hörtnagl/Stratz, § 22 UmwG Rz. 13.

6 OLG Celle v. 2.11.1988 – 9 U 54/88, BB 1989, 868 f.; *Marsch-Barner* in Kallmeyer, § 22 UmwG Rz. 4; *Maier-Reimer/Seulen* in Semler/Stengel, § 22 UmwG Rz. 35; *Stratz* in Schmitt/Hörtnagl/Stratz, § 22 UmwG Rz. 14.

chung genügen sollte. Durch die Verschmelzung haben sich insoweit für die Gläubiger keinerlei Darlegungs- oder Beweisschwierigkeiten ergeben.

Demgemäß bezieht sich die **Beweiserleichterung** nur darauf, dass die **Erfüllung** der Forderung aufgrund der Verschmelzung **gefährdet ist**. Da eine Glaubhaftmachung genügt, muss lediglich dargelegt werden, dass die gute Möglichkeit der Nichterfüllung besteht[1] bzw. dass eine überwiegende Wahrscheinlichkeit einer solchen Gefährdung gegeben ist[2]. 16

Da die **Gläubiger** die wirtschaftliche Lage der beteiligten Rechtsträger vielfach **nicht überblicken können**, dürfen an die Glaubhaftmachung der Gefährdung keine zu hohen Anforderungen gestellt werden[3]. Insbesondere trifft den übernehmenden Rechtsträger die Darlegungslast, wenn er sich auf stille Reserven beruft. 17

V. Geltendmachung des Anspruchs auf Sicherheitsleistung

1. Die Anmeldung

Der Gläubiger muss seinen **Anspruch** nach Grund und Höhe **schriftlich** bei dem Rechtsträger **anmelden**, der sein Schuldner ist (§ 22 Abs. 1 Satz 1 UmwG). Nach Eintragung der Verschmelzung im Register des übernehmenden Rechtsträgers ist dies stets der übernehmende Rechtsträger (§ 20 Abs. 1 UmwG). Aber auch wenn die Anmeldung zu diesem Zeitpunkt **fälschlich bei dem** (nicht mehr bestehenden) **übertragenden Rechtsträger** erfolgt, hat dies aufgrund der Gesamtrechtsnachfolge keine nachteiligen Folgen[4]. Aus der Anmeldung muss im Interesse des betroffenen Rechtsträgers ersichtlich sein, um welchen Anspruch es sich handeln soll und wie hoch er nach Ansicht des Gläubigers ist. Nicht gesagt werden muss, warum im Einzelnen dieser Anspruch nach Meinung des Gläubigers besteht. Ein zu hoch angemeldeter Anspruch gilt als Anmeldung des niedrigeren Anspruchs[5]. Steht die Anspruchshöhe noch nicht fest, so reicht es aus, wenn die für die Höhe maßgeblichen bereits bekannten Faktoren genannt werden oder eine erste Schätzung erfolgt[6]. 18

2. Frist

Die Anmeldung muss binnen sechs Monaten nach dem Tag, an dem die Eintragung der Verschmelzung in dem Register des schuldenden Rechtsträgers bekannt gemacht worden ist (s. § 19 Abs. 3 UmwG), erfolgen, also zugehen (§ 130 Abs. 1 19

1 So *Gottwald* in Rosenberg/Schwab/Gottwald, Zivilprozessrecht, 16. Aufl. 2004, § 112 II 2.
2 *Maier-Reimer/Seulen* in Semler/Stengel, § 22 UmwG Rz. 35; *Prütting* in MünchKomm. ZPO, 4. Aufl., § 294 ZPO Rz. 24; *Stratz* in Schmitt/Hörtnagl/Stratz, § 22 UmwG Rz. 13. In BGH v. 18.3.1996 – II ZR 299/94, ZIP 1996, 705 (706) = AG 1996, 321 wird offen gelassen, ob eine konkrete Gefährdung verlangt wird.
3 *Vossius* in Widmann/Mayer, § 22 UmwG Rz. 36.1.
4 *Marsch-Barner* in Kallmeyer, § 22 UmwG Rz. 5; *Simon* in KölnKomm. UmwG, § 22 UmwG Rz. 44; s. auch BGH v. 12.6.2002 – VIII ZR 187/01, NJW 2002, 3110 (3111): rechtsmissbräuchliche Berufung auf die Verjährung.
5 *Simon* in KölnKomm. UmwG, § 22 UmwG Rz. 44.
6 Ähnlich *Maier-Reimer/Seulen* in Semler/Stengel, § 22 UmwG Rz. 41; *C. Müller* in Henssler/Strohn, § 22 UmwG Rz. 11; *Simon* in KölnKomm. UmwG, § 22 UmwG Rz. 44.

Satz 1 BGB). Die **Frist** kann **nicht generell** – weder im Verschmelzungsvertrag noch in AGB – **abgekürzt** werden[1]. Einzelvereinbarungen sind aber möglich[2], da dem keine schutzwürdigen Interessen entgegenstehen. Wird die Frist **verlängert**, so kann hierin ein Angebot auf Leistung einer Sicherheit auch zu einem späteren Zeitpunkt liegen, das der Gläubiger annehmen kann[3]. Erfolgt die Fristverlängerung im Verschmelzungsvertrag, so wird dieser insoweit zum Vertrag zugunsten Dritter[4].

20 In der **Bekanntmachung** werden die Gläubiger auf ihr Recht **hingewiesen** (§ 22 Abs. 1 Satz 3 UmwG). Aber auch wenn dieser Hinweis nicht erfolgt ist, läuft die Frist[5], da die Gläubiger durch die Eintragung und Bekanntmachung der Verschmelzung hinreichend gewarnt sind. Für die Wahrung der Frist kommt es auf den Zugang der Anmeldung an. Eine **Anmeldung** ist auch **vor Fristbeginn** möglich. Doch wird man zu diesem ungewöhnlichen Zeitpunkt einen deutlichen Bezug auf den Anspruch auf Sicherheitsleistung verlangen müssen, da anderenfalls nicht klar ist, was der Gläubiger will. Eine Anmeldung vor Fälligkeit des Anspruchs auf Sicherheitsleistung (unten Rz. 22) ist problemlos möglich. Dies ist für die Gläubiger des übertragenden Rechtsträgers von Bedeutung, da die Frist zur Anmeldung ihres Anspruchs bereits zu dem Zeitpunkt anläuft, zu dem die Verschmelzung im Register des übertragenden Rechtsträgers bekannt gemacht worden ist.

21 **Nach Ablauf der Frist** kann Sicherheit nicht mehr verlangt werden. Dies gilt auch dann, wenn den Gläubiger kein Verschulden an der Fristversäumnis trifft[6]. Eine gleichwohl geleistete Sicherheit kann kondiziert werden (§ 812 Abs. 1 Satz 1 1. Alt. BGB), es sei denn, dem Rechtsträger war bekannt, dass er zur Stellung von Sicherheiten nicht verpflichtet ist (§ 814 BGB). Auf den zu sichernden Anspruch hat die Fristversäumnis aber keine Auswirkungen[7].

---

1 *Maier-Reimer/Seulen* in Semler/Stengel, § 22 UmwG Rz. 39; *Marsch-Barner* in Kallmeyer, § 22 UmwG Rz. 5; *Stratz* in Schmitt/Hörtnagl/Stratz, § 22 UmwG Rz. 12.

2 *Maier-Reimer/Seulen* in Semler/Stengel, § 22 UmwG Rz. 39.

3 *Maier-Reimer/Seulen* in Semler/Stengel, § 22 UmwG Rz. 39; *Marsch-Barner* in Kallmeyer, § 22 UmwG Rz. 5; *C. Müller* in Henssler/Strohn, § 22 UmwG Rz. 11; *Simon* in KölnKomm. UmwG, § 22 UmwG Rz. 47; a.A. *Stratz* in Schmitt/Hörtnagl/Stratz, § 22 UmwG Rz. 12: Fristverlängerung sei nichtig.

4 *Maier-Reimer/Seulen* in Semler/Stengel, § 22 UmwG Rz. 39.

5 *Maier-Reimer/Seulen* in Semler/Stengel, § 22 UmwG Rz. 44; *C. Müller* in Henssler/Strohn, § 22 UmwG Rz. 12; *Marsch-Barner* in Kallmeyer, § 22 UmwG Rz. 6; *Simon* in KölnKomm. UmwG, § 22 UmwG Rz. 46.

6 *Marsch-Barner* in Kallmeyer, § 22 UmwG Rz. 5; *C. Müller* in Henssler/Strohn, § 22 UmwG Rz. 11; *Stratz* in Schmitt/Hörtnagl/Stratz, § 22 UmwG Rz. 12.

7 RG v. 6.1.1925 – II 735/23, RGZ 109, 387 (392); *Bermel* in Goutier/Knopf/Tulloch, § 22 UmwG Rz. 16; *Grunewald* in G/H/E/K, § 347 AktG Rz. 11; *Schilling/Zutt* in Hachenburg[7], § 26 VerschmG Rz. 15.

VI. Anspruchsinhalt und Schuldner

1. Fälligkeit

Der Anspruch auf Sicherheitsleistung wird mit der **Eintragung der Verschmelzung** im Register des übernehmenden Rechtsträgers fällig, da mit diesem Zeitpunkt die Gefährdung des Anspruchs eintritt[1]. 22

2. Schuldner

Schuldner ist der **übernehmende Rechtsträger**. Dies folgt schon daraus, dass im Moment der Fälligkeit (oben Rz. 22) der übertragende Rechtsträger nicht mehr besteht[2]. 23

3. Anspruchsinhalt

Wie Sicherheit zu leisten ist, bestimmt sich nach §§ 232ff. BGB. Insbesondere bei Dauerschuldverhältnissen, aber auch sonst ist zu bedenken, dass sich die **Höhe der Sicherheitsleistung** nach dem Wert des zu sichernden Rechts einschließlich von Nebenforderungen (z.B. Zinsen) bemisst[3]. Auf Kündigungsmöglichkeiten kann nicht abgestellt werden, da das Sicherungsinteresse, wenn keiner kündigt, bestehen bleibt. Dies ist für den Fall, dass nur der Rechtsträger kündigen kann, evident. Aber auch wenn der Gläubiger kündigen kann, ist er hierzu nicht verpflichtet und sollte auch faktisch nicht dazu gezwungen werden[4]. Es können aber nicht schlicht alle noch ausstehenden Ansprüche addiert werden[5]. Vielmehr muss das konkrete Risiko, dessen Höhe maßgeblich von der wirtschaftlichen Lage des Schuldners abhängt, abgeschätzt und bewertet werden[6]. Dabei ist auch zu bedenken, dass allein die gerade auf die Verschmelzung zurückzuführende Ri- 24

1 *Maier-Reimer/Seulen* in Semler/Stengel, § 22 UmwG Rz. 42; *Simon* in KölnKomm. UmwG, § 22 UmwG Rz. 49; a.A. *Stratz* in Schmitt/Hörtnagl/Stratz, § 22 UmwG Rz. 8: Anspruch entsteht mit Beginn der Ausschlussfrist, oben Rz. 19.

2 *Maier-Reimer/Seulen* in Semler/Stengel, § 22 UmwG Rz. 45; *Marsch-Barner* in Kallmeyer, § 22 UmwG Rz. 11; a.A. *Stratz* in Schmitt/Hörtnagl/Stratz, § 22 UmwG Rz. 8; auch der übertragende Rechtsträger schuldet.

3 *Fahse* in Soergel, vor § 232 BGB Rz. 9; *Grothe* in MünchKomm. BGB, § 232 BGB Rz. 1; s. BGH v. 18.3.1996 – II ZR 299/94, ZIP 1996, 705 (707) (Mietvertrag); OLG Hamm v. 18.2. 2008 – 8 U 235/06, ZIP 2008, 1925 = AG 2008, 898 (Versorgungsansprüche von Vorstandsmitgliedern); *Emmerich* in Emmerich/Habersack, Aktien- und GmbH-Konzernrecht, § 303 AktG Rz. 19; *Jaeger*, DB 1996, 1069 (1070) und *Ries*, S. 49ff. halten höchstens eine Sicherheit in Höhe der in fünf Jahren fälligen Ansprüche für angebracht. Sie wollen § 160 HGB als Modellfall nehmen, aber diese Norm regelt einen anderen Fall, dazu LG Augsburg v. 29.3.2011 – 2HK O 363/08, Juris = BeckRS 2011, 18537; *Hoffmann*, NZG 2000, 935 (937); *Maier-Reimer/Seulen* in Semler/Stengel, § 22 UmwG Rz. 46; *C. Müller* in Henssler/Strohn, § 22 UmwG Rz. 13; *Schröer*, DB 1999, 317 (322).

4 *C. Müller* in Henssler/Strohn, § 22 UmwG Rz. 13; *Soldierer*, S. 134; a.A. *Maier-Reimer/Seulen* in Semler/Stengel, § 22 UmwG Rz. 47.

5 OLG Hamm v. 18.2.2008 – 8 U 235/06, ZIP 2008, 1925 (1926) = AG 2008, 898; *Kandelhard*, NZM 1999, 440 (442); *Schröer*, DB 1999, 317 (321).

6 *Schröer*, DB 1999, 317 (321).

sikoerhöhung Basis der Sicherheitsleistung ist[1]. Sofern dieses Risiko nicht steigt, erhält der Gläubiger keine, sofern es nur geringfügig steigt, nur eine weniger umfassende Sicherheit. Diese Risikoerhöhung fällt im Laufe der Zeit immer weniger ins Gewicht[2]. Die Höhe der Sicherheitsleistung hängt im Regelfall nicht von Schwierigkeiten bei der Rechtsverfolgung ab, da diese auch ohne die Umwandlung bestehen würden[3]. Eine eventuell geschuldete Gegenleistung ist zu berücksichtigen[4].

4. Ausschüttungssperre

25 Der Gläubiger hat einen einklagbaren Anspruch auf Sicherheitsleistung. Dieser Anspruch wird aber, auch bei einer Verschmelzung auf eine Kapitalgesellschaft, **nicht durch eine besondere Ausschüttungssperre**[5] gesichert. Der gegen den Rechtsträger gerichtete Anspruch beeinflusst die Bilanzierung in diesem Rechtsträger und damit auch die Summe des zur Ausschüttung an die Anteilsinhaber nicht zur Verfügung stehenden Kapitals. Eine weiter gehende Absicherung ist nicht erforderlich, zumal auch zugunsten anderer Gläubiger, die eine Sicherheitsleistung verlangen können, eine solche Ausschüttungssperre nicht greift.

VII. Ausschluss des Anspruchs auf Sicherheitsleistung/Rückgewähr der Sicherheit

1. Recht auf vorzugsweise Befriedigung aus einer staatlich überwachten Deckungsmasse

26 Ein Anspruch auf Sicherheitsleistung steht den Gläubigern nicht zu, die im Falle der Insolvenz ein Recht auf vorzugsweise Befriedigung aus einer nach gesetzlicher Vorschrift zu ihrem Schutz errichteten und staatlich überwachten Deckungsmasse haben (§ 22 Abs. 2 UmwG). Diese **Gläubiger sind bereits hinreichend gesichert**[6]. Hierzu zählen die Inhaber von Hypotheken- und Schiffspfandbriefen (s. das PfandBG) sowie die Versicherungsgläubiger nach §§ 77, 79 VAG. Auch der Insolvenzschutz durch den **Pensionssicherungsverein** für Versorgungsansprüche und unverfallbare Versorgungsanwartschaften nach §§ 7ff. des Gesetzes zur Verbesserung der betrieblichen Altersversorgung fällt unter diese Bestimmung[7]. Denn

1 A.A. *Maier-Reimer/Seulen* in Semler/Stengel, § 22 UmwG Rz. 49: Sicherung der Befriedigung, aber eine damit u.U. verbundene Besserstellung des Gläubigers infolge der Umwandlung ist nicht sachgerecht.
2 LG Augsburg v. 29.3.2011 – 2HK O 363/08, Juris = BeckRS 2011, 18537; *Schröer*, DB 1999, 317 (321).
3 A.A. BGH v. 18.3.1996 – II ZR 299/94, ZIP 1996, 705 (707) = AG 1996, 321; *Schröer*, DB 1999, 317 (322).
4 *Kraft* in KölnKomm. AktG, § 347 AktG Rz. 13; *Marsch-Barner* in Kallmeyer, § 22 UmwG Rz. 12.
5 A.A. *Koppensteiner* in FS Westermann, S. 1157 (1164); *Maier-Reimer/Seulen* in Semler/Stengel, § 22 UmwG Rz. 56f.; *Schneider*, NZG 2007, 888 (892).
6 *Ganske*, S. 77.
7 *Ganske*, S. 77; BAG v. 30.7.1996 – 3 AZR 397/95, ZIP 1997, 289 (292, 294) = AG 1997, 268; BAG v. 11.3.2008 – 3 AZR 358/06, WM 2009, 27 (Rz. 25) = GmbHR 2008, 1326; *Marsch-Barner* in Kallmeyer, § 22 UmwG Rz. 10; *Simon* in KölnKomm. UmwG, § 22 UmwG Rz. 38.f.; *Stratz* in Schmitt/Hörtnagl/Stratz, § 22 UmwG Rz. 19; *Vossius* in Wid-

die Inhaber von Versorgungsansprüchen und unverfallbaren[1] Versorgungsanwartschaften haben nach § 7 Abs. 1 Satz 1, Abs. 2 BetrAVG gegen die Träger der Insolvenzsicherung einen Anspruch in Höhe der Leistung, die der Arbeitgeber aufgrund der Versorgungszusagen zu erbringen hätte, wenn das Insolvenzverfahren nicht eröffnet worden wäre. Träger der Insolvenzsicherung ist der Pensionssicherungsverein auf Gegenseitigkeit. Damit sind die genannten Gläubiger in einer ausreichenden Weise vor einer eventuellen Zahlungsunfähigkeit ihres Schuldners gesichert. Der Pensionssicherungsverein selbst ist nicht Gläubiger i.S.v. § 22 UmwG: Er hat keinen (auch keinen bedingten) Anspruch gegen den Rechtsträger[2].

2. Anderweitige ausreichende Sicherheit

27 Gläubiger, deren **Forderungen bereits in der Art von § 232 BGB durch den übernehmenden Rechtsträger gesichert sind**, haben keinen Anspruch auf Sicherheitsleistung, da ihrem Sicherungsbedürfnis bereits hinreichend Rechnung getragen ist[3]. Sie werden auch kaum geltend machen können, dass ihre Forderung durch die Verschmelzung gefährdet ist. Soweit Forderungen nur teilweise nach Art von § 232 BGB gesichert sind, kann **Aufstockung der Sicherheit** verlangt werden. Ist die Forderung anderweit gesichert, so kann eine Gefährdung des Anspruchs meist nicht geltend gemacht werden[4]. Sofern dies doch der Fall ist (nur teilweise andere Sicherung), besteht der Anspruch auf Sicherheit nach § 232 BGB.

28 Hat ein **Dritter eine Sicherheit gestellt**, so entfällt der Anspruch auf Sicherheitsleistung auch dann nicht, wenn der Gläubiger auch durch diesen Dritten hinreichend gesichert ist[5]. § 22 Abs. 2 UmwG ist insoweit abschließend zu verstehen. Entscheidend ist, ob der Anspruch gegen den Rechtsträger gefährdet ist oder nicht, nicht aber, ob der Gläubiger selbst für diesen Fall noch anderweit vorgesorgt hat. Der Gläubiger kann zudem gute Gründe dafür haben, den Dritten nicht in Anspruch zu nehmen.

29 Auch für einen **Anspruch aus einer dinglichen Sicherheit** (Grundschuld, Hypothek, Pfandrecht) kann keine weitere Sicherheit verlangt werden, da dieser Anspruch unverändert besteht[6]. Die Umwandlung tangiert diese Sicherheit nicht. **Andere dingliche Ansprüche** (etwa noch nicht fälliger Herausgabeanspruch nach § 985 BGB, Nießbrauch) können aber durchaus einen Anspruch auf Sicherheitsleistung begründen[7].

mann/Mayer, § 22 UmwG Rz. 42; im Ergebnis auch *Maier-Reimer/Seulen* in Semler/Stengel, § 22 UmwG Rz. 59: Ausschluss nach § 22 Abs. 1 Satz 2 UmwG.

1 Zu den verfallbaren Anwartschaften oben Rz. 7.

2 *Krieger* in FS Nirk, S. 551 (564 ff.); *Maier-Reimer/Seulen* in Semler/Stengel, § 22 UmwG Rz. 75; a.A. *Wiedemann/Küpper* in FS Pleyer, S. 445 (456 f.).

3 *Krieger* in FS Nirk, S. 551 (558); *Rittner* in FS Oppenhoff, S. 317 (322) *Simon* in KölnKomm. UmwG, § 22 UmwG Rz. 40.

4 *Maier-Reimer/Seulen* in Semler/Stengel, § 22 UmwG Rz. 62.

5 *C. Müller* in Henssler/Strohn, § 22 UmwG Rz. 9; a.A. *Maier-Reimer/Seulen* in Semler/Stengel, § 22 UmwG Rz. 62; *Simon* in KölnKomm. UmwG, § 22 UmwG Rz. 41 mit Ausnahme für den Fall, dass die Inanspruchnahme des Dritten dem Gläubiger nicht zumutbar ist.

6 *Maier-Reimer/Seulen* in Semler/Stengel, § 22 UmwG Rz. 7; *Vossius* in Widmann/Mayer, § 22 UmwG Rz. 45.

7 *C. Müller* in Henssler/Strohn, § 22 UmwG Rz. 5; teilweise (für §§ 985, 1004 BGB) a.A. *Vossius* in Widmann/Mayer, § 22 UmwG Rz. 17; a.A. *Marsch-Barner* in Kallmeyer,

3. Rückgewähr der Sicherheit

30 Der Rechtsträger kann Rückgewähr der Sicherheit verlangen, wenn die **Gefährdung entfällt**. Der Sinn der Norm – Absicherung gegen Risikoerhöhungen infolge der Umwandlung – greift dann nicht mehr[1]. Worauf der Wegfall beruht, spielt keine Rolle.

VIII. Schutzgesetz

31 § 22 UmwG ist **kein Schutzgesetz** i.S.v. § 823 Abs. 2 BGB[2]. Die Norm regelt einen Anspruch der Gläubiger der Rechtsträger. Es versteht sich von selbst, dass sich dieser Anspruch zugunsten der betreffenden Gläubiger auswirkt. Doch besagt dies nicht, dass die Norm deshalb auch ein Schutzgesetz zu ihren Gunsten sein müsste. Dafür wäre vielmehr erforderlich, dass die Begründung eines deliktischen Anspruchs bei Verstoß gegen die Bestimmung vom Gesetz erstrebt wird oder zumindest im Rahmen des haftungsrechtlichen Gesamtsystems liegt[3]. Davon kann aber keine Rede sein, da eine Nichtleistung der nach § 22 UmwG geschuldeten Sicherheit durch die Verzugs- und sonstigen Regeln des allgemeinen Schuldrechts hinreichend sanktioniert ist. Auch sonst werden anspruchsbegründende Normen nicht als Schutzgesetz zugunsten der Anspruchsinhaber verstanden[4]. Soweit die gegenteilige Ansicht der Literatur darauf abzielt, dem Gläubiger bei Nichtbestellung der Sicherheit einen direkten Anspruch gegen die Organmitglieder des jeweiligen Rechtsträgers zu verschaffen[5], ist auch dies äußerst problematisch, da sich die Norm an die Gesellschaft und nicht an die Organträger richtet[6]. Auch sollte es jedenfalls im Grundsatz dabei bleiben, dass für Fehlverhalten der Organträger nicht diese selbst, sondern der Rechtsträger haftet, dem dieses Fehlverhalten nach § 31 BGB zugerechnet wird.

---

§ 22 UmwG Rz. 2; *Stratz* in Schmitt/Hörtnagl/Stratz, § 22 UmwG Rz. 5; offen *Maier-Reimer/Seulen* in Semler/Stengel, § 22 UmwG Rz. 7.

1 *Maier-Reimer/Seulen* in Semler/Stengel, § 22 UmwG Rz. 64.

2 So auch *Maier-Reimer/Seulen* in Semler/Stengel, § 22 UmwG Rz. 67; *C. Müller* in Henssler/Strohn, § 22 UmwG Rz. 14; *Petersen*, S. 239ff.; *Schröer*, DB 1999, 317 (323); *Simon* in KölnKomm. UmwG, § 22 UmwG Rz. 62; a.A. *Marsch-Barner* in Kallmeyer, § 22 UmwG Rz. 13; *Stratz* in Schmitt/Hörtnagl/Stratz, § 22 UmwG Rz. 22; *Vossius* in Widmann/Mayer, § 22 UmwG Rz. 4.

3 BGH v. 8.6.1976 – VI ZR 50/75, BGHZ 66, 388 (390f.); BGH v. 13.12.1988 – VI ZR 235/87, ZIP 1989, 102 (103); BGH v. 13.4.1994 – II ZR 16/93, BGHZ 125, 366 (374) = GmbHR 1994, 390; *Canaris* in FS Larenz, 1983, S. 27 (47); *Larenz/Canaris*, Schuldrecht II/2, 13. Aufl. 1994, § 77 II 4a; ausführlich *Wagner* in MünchKomm. BGB, § 823 BGB Rz. 346ff.

4 *Maier-Reimer*, NJW 2007, 3157 (3158, 3161); *K. Schmidt*, ZIP 1994, 837 (841): „Nur Ge- oder Verbotsnormen können Schutzgesetze i.S.v. § 823 Abs. 2 BGB sein"; *Petersen*, S. 240: § 22 begründe nur eine Pflicht aus der Sonderverbindung Gläubiger/Rechtsträger; *Schröer*, DB 1999, 317 (323).

5 *Stratz* in Schmitt/Hörtnagl/Stratz, § 22 UmwG Rz. 22; *Vossius* in Widmann/Mayer, § 22 UmwG Rz. 6.

6 *Maier-Reimer*, NJW 2007, 3157 (3161).

§ 23
Schutz der Inhaber von Sonderrechten

Den Inhabern von Rechten in einem übertragenden Rechtsträger, die kein Stimmrecht gewähren, insbesondere den Inhabern von Anteilen ohne Stimmrecht, von Wandelschuldverschreibungen, von Gewinnschuldverschreibungen und von Genussrechten, sind gleichwertige Rechte in dem übernehmenden Rechtsträger zu gewähren.

Literatur

Brause, Stimmrechtslose Vorzugsaktien bei Umwandlungen, 2001; *Florstedt*, Schuldrechtliches Beteiligungskapital, in FS Karsten Schmidt, 2009, S. 399; *Gehling*, „Obligationsähnliche Genussrechte": Genussrechte oder Obligation?, WM 1992, 1093; *Hüffer*, Der Schutz besonderer Rechte in der Verschmelzung, in FS Lutter, 2000, S. 1227; *Jung*, Die Stille Gesellschaft in der Spaltung, ZIP 1996, 1734; *Kiem*, Die Stellung der Vorzugsaktionäre bei Umwandlungsmaßnahmen, ZIP 1997, 1627; *Krieger*, Vorzugsaktie und Umstrukturierung, in FS Lutter, 2000, S. 497; *Loos*, Sachgemäße Ausgestaltung der Bedingungen von Wandelschuldverschreibungen zum Schutze der Wandelschuldverschreibungsgläubiger, DB 1960, 543; *Lutter*, Aktienerwerb von Rechts wegen: Aber welche Aktien?, in FS Mestmäcker, 1996, S. 943; *Martens*, Die rechtliche Behandlung von Options- und Wandlungsrechten anlässlich der Eingliederung der verpflichteten Gesellschaft, AG 1992, 209; *Petersen*, Der Gläubigerschutz im Umwandlungsrecht, 2001; *Reichert*, Folgen der Anteilsvinkulierung für Umstrukturierungen von Gesellschaften mit beschränkter Haftung und Aktiengesellschaften nach dem Umwandlungsgesetz 1995, GmbHR 1995, 176; *Rinnert*, Auswirkung eines Formwechsels von einer AG in eine GmbH auf das bedingte Kapital zur Sicherung von Bezugsrechten, NZG 2001, 865; *Rothenburg*, Aktienoptionen in der Verschmelzung, 2009; *Schäfer*, Der stimmrechtslose GmbH-Geschäftsanteil, 1997; *Schürnbrand*, Gewinnbezogene Schuldtitel in der Umstrukturierung, ZHR 173 (2009), 689; *Timm/Schöne*, Abfindung in Aktien: Das Gebot der Gattungsgleichheit – Ein Bericht über ein aktienrechtliches Schiedsverfahren, in FS Kropff, 1997, S. 315; *Volhard/Goldschmidt*, Nötige und unnötige Sonderbeschlüsse der Inhaber stimmrechtsloser Vorzugsaktien, in FS Lutter, 2000, S. 779; *Willemsen/Müller-Bonanni*, Aktien beim Betriebsübergang, ZIP 2003, 1177; *Martin Winter*, Die Rechtsstellung des stillen Gesellschafters in der Verschmelzung, in FS Peltzer, 2001, S. 661.

I. Inhalt der Norm

1 Die Norm gewährt Inhabern von Anteilen an dem übertragenden Rechtsträger, die kein Stimmrecht haben, einen gewissen **Verwässerungsschutz.** Sie sollen davor bewahrt werden, infolge der Verschmelzung einen Wertverlust zu erleiden.

II. Allgemeine Grundsätze

1. Berechtigte Gläubiger

2 Die Norm gilt für die Inhaber von Rechten in einem übertragenden Rechtsträger, die kein Stimmrecht gewähren. Beispielhaft werden Inhaber von Anteilen ohne Stimmrecht, von Wandelschuldverschreibungen, Gewinnschuldverschreibungen und von Genussrechten genannt. Unter einem Inhaber von Rechten in dem übertragenden Rechtsträger, die kein Stimmrecht gewähren, könnte vom **Wortlaut** her jede Person verstanden werden, die eine rechtlich abgesicherte Position in dem Rechtsträger hat, also etwa auch Anteilsinhaber mit Vorzugsrechten im Bereich der Geschäftsführung oder mit Zustimmungsrechten (beispielsweise bei der Veräußerung von Anteilen). Vorkaufsrechte in Bezug auf Anteile sind allerdings schon vom Wortlaut her nicht erfasst, da sie keine Rechte in einem Rechtsträger gewähren[1]. Aus der **Begründung** ergibt sich aber, dass ein so weites Verständnis nicht gewollt war. Die Begründung[2] nennt als Ziel der Vorschrift den so genannten **Verwässerungsschutz**, wie er in § 347a AktG a.F. aufgrund von Art. 15 der 3. Richtlinie eingeführt worden war. § 347a AktG hatte diesen Schutz nur den Inhabern von Wandel-, Gewinnschuldverschreibungen sowie von Genussrechten gewährt und damit Art. 15 der 3. Richtlinie umgesetzt. Dieser Art. 15 spricht seinerseits von den Inhabern von Wertpapieren, die mit Sonderrechten verbunden, jedoch keine Aktien sind. Dies macht deutlich, dass gleichwie geartete Vorzugs- oder Zustimmungsrechte von der Bestimmung nicht erfasst sind[3]. Denn da es um Verwässerungsschutz geht, können **nur Vermögensrechte** gemeint sein. Soweit es um Anteilsinhaber mit solchen Vorzugs- oder Zustimmungsrechten geht, kommt hinzu, dass § 23 UmwG nach der Begründung auch einen Ersatz für das Fehlen des Stimmrechts bilden soll, was diesen Personen aber durchaus zusteht. Zu demselben Ergebnis führt ein Blick auf die **Systematik des Gesetzes**. Vorzugs- und Zustimmungsrechte der Anteilsinhaber werden verschiedentlich behandelt (§ 13 Abs. 2, § 50 Abs. 2 UmwG), wobei als Prinzip des Gesetzes erkennbar ist, dass diese Personen die Verschmelzung blockieren können. Die Einräumung vergleichbarer Rechte ist nicht vorgesehen.

3 Diese Entscheidung des Gesetzes ist auch **sinnvoll**. Denn die Einräumung vergleichbarer Rechte ist – und das gilt sowohl für die Berechtigung der Anteilseigner wie auch Dritter – bei Einflussmöglichkeiten auf die Organisation des Rechtsträ-

---

1 *Kalss* in Semler/Stengel, § 23 UmwG Rz. 5.

2 *Ganske*, S. 77.

3 *Hüffer* in FS Lutter, S. 1227 (1233); *Kalss* in Semler/Stengel, § 23 UmwG Rz. 8; *Marsch-Barner* in Kallmeyer, § 23 UmwG Rz. 2; *Rinnert*, NZG 2001, 865 (866); *Simon* in Köln-Komm. UmwG, § 23 UmwG Rz. 6; *Vossius* in Widmann/Mayer, § 23 UmwG Rz. 10; im Ergebnis ebenso für Vinkulierungsklauseln, Vorerwerbs-, Vorkaufs- oder sonstige Ankaufsrechte *Reichert*, GmbHR 1995, 176 (184); ähnlich auch *Bermel* in Goutier/Knopf/Tulloch, § 23 UmwG Rz. 8: Erfasst seien Sonderrechte als Ausgleich für stimmrechtslose Anteile sowie Gläubiger mitgliedschaftsähnlicher vermögensmäßiger Rechte.

gers vielfach gar nicht möglich. So könnten etwa Rechte zur Einflussnahme auf die Geschäftsführung bei einer Verschmelzung, bei der der übernehmende Rechtsträger eine AG ist, schon wegen § 23 Abs. 5 AktG gar nicht gewährt werden.

Vor diesem Hintergrund betrachtet erscheint es fraglich, ob es außer den in der Norm genannten Beispielen und diesen sehr ähnlichen Rechtspositionen (unten Rz. 11, 19, 23) überhaupt noch **weitere Anwendungsfälle** der Bestimmung gibt. Normale Gläubiger, und zwar auch Gläubiger von Inhaberschuldverschreibungen, fallen jedenfalls nicht unter die Bestimmung, da sie nicht Rechte in dem übertragenden Rechtsträger haben, sondern ihm gegenüber. Ihre Rechtsstellung zeichnet sich nicht durch eine besondere Nähe zum übertragenden Rechtsträger aus und ist daher nicht verstärkt schutzbedürftig[1]. Die Begründung[2] stellt dies klar, indem sie eine Rechtsstellung verlangt, die über eine nur schuldrechtliche Gläubigerstellung hinausgeht. Ebenso klar ist, dass Rechtspositionen gegenüber Dritten (etwa den Gesellschaftern oder gegenüber Tochtergesellschaften des übertragenden Rechtsträgers[3]) nicht erfasst sind, da auch dies keine Rechte in einem übertragenden Rechtsträger sind[4]. 4

2. Rechtsfolgen

a) Gewährung von Rechten gleicher Art

Dem Gesetzestext lässt sich nicht entnehmen, dass die neuen Rechte von der **gleichen Art** wie die alten sein müssen. Vom Sinn der Norm her betrachtet kommt in erster Linie ein Umtausch in gleichartige Rechte (also etwa für Wandelschuldverschreibungen wieder Wandelschuldverschreibungen) und nicht nur gleichwertige[5] in Betracht. Denn es geht ja gerade darum, die Rechtsinhaber vor einer Veränderung ihrer Rechtsposition zu schützen. Sie sollen nicht auf irgendeine beliebige Art und Weise abgefunden werden (also etwa für Vorzugsaktien nunmehr Inhaberschuldverschreibungen), sondern ihre Rechtsstellung soll so weit wie möglich auch in dem neuen Rechtsträger beibehalten werden[6]. Die steuerlichen Folgen bleiben bei der Feststellung der Gleichartigkeit allerdings außer Acht[7]. Sie sind je nach der persönlichen Situation der Anteilsinhaber verschieden und können daher nicht berücksichtigt werden. 5

---

1 *Reichert*, GmbHR 1995, 184; *Kalss* in Semler/Stengel, § 23 UmwG Rz. 11; *C. Müller* in Henssler/Strohn, § 23 UmwG Rz. 2 und *Simon* in KölnKomm. UmwG, § 23 UmwG Rz. 5 sprechen von „mitgliedschaftsähnlich"; in der Tendenz auch *Hüffer* in FS Lutter, S. 1227 (1234).

2 *Ganske*, S. 77; so auch *Kalss* in Semler/Stengel, § 23 UmwG Rz. 8; *Marsch-Barner* in Kallmeyer, § 23 UmwG Rz. 2; *C. Müller* in Henssler/Strohn, § 23 UmwG Rz. 2; *Schürnbrand*, ZHR 173 (2009), 689 (693).

3 Eine Ausnahme gilt nur für 100%ige Tochtergesellschaften, da sonst Umgehungsmöglichkeiten offensichtlich sind.

4 *Kalss* in Semler/Stengel, § 23 UmwG Rz. 5.

5 A.A. *Kalss* in Semler/Stengel, § 23 UmwG Rz. 12; *Kiem*, ZIP 1997, 1627 (1632); *Simon* in KölnKomm. UmwG, § 23 UmwG Rz. 19; wohl auch BGH v. 28.5.2013 – II ZR 67/12, ZIP 2013, 1570 (1576).

6 S. auch *Kraft* in KölnKomm. AktG, § 347a AktG Rz. 7; *Stratz* in Schmitt/Hörtnagl/Stratz, § 23 UmwG Rz. 9; *Vossius* in Widmann/Mayer, § 23 UmwG Rz. 27.

7 *Vossius* in Widmann/Mayer, § 23 UmwG Rz. 42.

6 Unproblematisch ist es, Inhabern von **Anteilen ohne Stimmrecht Anteile mit Stimmrecht** zuzuteilen[1]. Denn insoweit bleibt die Art des Rechts dieselbe, es kommt lediglich eine Berechtigung (Stimmrecht) hinzu. Eine Entrechtung der Anteilsinhaber ist also nicht zu befürchten. Allerdings verlieren die Anteilsinhaber des übernehmenden Rechtsträgers an Einfluss (ihr prozentualer Stimmenanteil verringert sich). Aber das ist Konsequenz fast jeder Verschmelzung. Die Inhaber von Anteilen an dem übertragenden Rechtsträger mit Stimmrecht verlieren ebenfalls an Einfluss, da durch den Erwerb des Stimmrechts durch die Anteilsinhaber, die bislang ohne Stimmrecht waren, ihre Stimmrechtsquote in dem übernehmenden Rechtsträger geringer ausfällt, als es der Fall wäre, wenn die Inhaber stimmrechtsloser Anteile wiederum stimmrechtslose Anteile erhalten hätten. Doch können diese Anteilsinhaber ihre Interessen selbst wahren, da sie über die Verschmelzung beschließen (zum Umtauschverhältnis unten Rz. 11).

7 Von dem Grundsatz, dass im Prinzip Rechte gleicher Art zu gewähren sind, muss aber eine **Ausnahme** gemacht werden, wenn dies aufgrund der Rechtsform des übernehmenden Rechtsträgers nicht möglich ist[2]. Schwierigkeiten bereitet insoweit die Verschmelzung einer AG, die Wandelschuldverschreibungen ausgegeben hat, auf eine GmbH (dazu unten Rz. 17). In solchen und vergleichbaren Fällen muss von dem Prinzip der Gleichartigkeit soweit erforderlich abgesehen werden. Sollte eine einigermaßen gleichartige Rechtsstellung **nicht geschaffen werden können**, greifen §§ 283, 326 Abs. 5 BGB ein.

b) Durchsetzung des Anspruchs

8 Der Berechtigte hat einen **Anspruch auf Einräumung** eines solchen Rechts[3]. Die Vollstreckung erfolgt nach § 894 ZPO[4]. Es ist auch möglich, direkt auf Leistung

---

1 *Bermel* in Goutier/Knopf/Tulloch, § 23 UmwG Rz. 16; *Kiem*, ZIP 1997, 1627 (1632); *Krieger* in FS Lutter, S. 497 (512); *Stratz* in Schmitt/Hörtnagl/Stratz, § 23 UmwG Rz. 10; in diese Richtung auch *Martens*, AG 1992, 209 (214 bei Fn. 17). Wollte man eine punktgenaue Verteilung der Kontrollmacht in dem übernehmenden Rechtsträger im Verhältnis zu der Situation vor der Verschmelzung erreichen, müssten die Inhaber von Anteilen mit Stimmrecht in dem übertragenden Rechtsträger nach der Verschmelzung ein erhöhtes Stimmrecht erhalten. *Beispiel:* Rechtsträger A wird auf Rechtsträger B verschmolzen. In A gibt es 100 Anteilsinhaber, 50 mit, 50 ohne Stimmrecht. In B gibt es 100 Anteilsinhaber mit Stimmrecht. Das Wertverhältnis beträgt 1: 1. Um den A-Anteilsinhabern mit Stimmrecht die Kontrolle über das halbe Vermögen von A + B zu erhalten, müssen sie 100 Stimmen (oder die B-Alt-Anteilsinhaber 50 Stimmen) erhalten. Erhalten dagegen die A-Anteilsinhaber wiederum Anteile ohne Stimmrecht in B, so wirkt sich dies auch zugunsten der Anteilsinhaber von B aus. Gleichbehandlung unter den Aktionären ist also so gerade nicht zu erreichen, denn das Stimmrecht in A verkörperte mehr Einfluss pro Anteil als das in B; a.A. *Timm/Schöne* in FS Kropff, S. 315 (328); tendenziell ebenfalls eher a.A. *Lutter* in FS Mestmäcker, S. 943 (947 ff.).

2 Großzügiger wohl *Hüffer* in FS Lutter, S. 1227 (1239) und *Marsch-Barner* in Kallmeyer, § 23 UmwG Rz. 8: nur in der Regel Gleichartigkeit erforderlich; *Kalss* in Semler/Stengel, § 23 UmwG Rz. 12 und *Simon* in KölnKomm. UmwG, § 23 UmwG Rz. 19: Es reiche Gleichwertigkeit.

3 *Hüffer* in FS Lutter, S. 1227 (1238); *Kalss* in Semler/Stengel, § 23 UmwG Rz. 17; *Marsch-Barner* in Kallmeyer, § 23 UmwG Rz. 13; *Simon* in KölnKomm. UmwG, § 23 UmwG Rz. 28; *M. Winter* in FS Peltzer, S. 645 (647); *Vossius* in Widmann/Mayer, § 23 UmwG Rz. 1, 8.

4 *Kalss* in Semler/Stengel, § 23 UmwG Rz. 17; *C. Müller* in Henssler/Strohn, § 23 UmwG Rz. 5; *Simon* in KölnKomm. UmwG, § 23 UmwG Rz. 28.

des geschuldeten Rechts zu klagen[1]. Die Formulierung des Antrags ist meist schwierig, da regelmäßig eine Vielzahl komplexer Fragen (Bewertung des neuen und alten Rechts, Einzelheiten der Vertragsgestaltung) zu klären ist. Der Berechtigte trägt das Risiko der Formulierung eines angemessenen Vertragsangebotes. Dies ergibt sich aus § 23 UmwG. Der Verschmelzungsvertrag kann einen solchen Anspruch als Vertrag zugunsten Dritter begründen[2]. Sofern diesem Anspruch nicht nachgekommen wird, gerät der übernehmende Rechtsträger unter den üblichen Voraussetzungen in Verzug. Hierauf gründet dann eine entsprechende Verpflichtung zur Leistung von Schadensersatz (§§ 280 Abs. 2, Abs. 3, 281 BGB). Fälligkeit tritt mit Wirksamkeit der Verschmelzung ein, da die Berechtigten zu diesem Zeitpunkt ihre Rechtsposition in dem übertragenden Rechtsträger verlieren und dann auch zu diesem Zeitpunkt einen Ausgleich verlangen können[3].

c) Fehlen von Angaben, unrichtige Angaben im Verschmelzungsvertrag

Fehlen die genannten Angaben im Verschmelzungsvertrag, so ist der **Verschmelzungsbeschluss anfechtbar** (§ 5 Rz. 155)[4]. Ist das Recht, das der Berechtigte erhalten soll, nicht ordnungsgemäß beschaffen, so bleibt es bei dem schuldrechtlichen Anspruch (oben Rz. 8). Die Rechtsposition der Anteilsinhaber wird durch solche Unrichtigkeiten nicht so sehr betroffen, dass eine Anfechtung angebracht wäre. Eine Ausnahme gilt für Inhaber von Anteilen ohne Stimmrecht. Ihnen steht neben dem schuldrechtlichen Anspruch, sofern sie Zuzahlungen verlangen, das Spruchverfahren offen (§ 1 Nr. 4 SpruchG; unten Rz. 12). 9

III. Einzelfälle

1. Inhaber von Anteilen ohne Stimmrecht

Unter § 23 UmwG fallen Inhaber von Anteilen ohne Stimmrecht[5]. Diese Anordnung stellt sicher, dass diesen Anteilsinhabern **soweit irgend möglich gleichartige Anteile** in dem übernehmenden Rechtsträger eingeräumt werden. Damit erübrigt sich die Frage, ob dieses Ergebnis auch ohne § 23 UmwG gelten würde. Auch auf Vorzugsaktionäre ist die Norm – wie auch der Wortlaut zeigt[6] – anwendbar[7]. Eine 10

1 *Schürnbrand*, ZHR 173 (2009), 689 (703) unter Hinweis auf § 313 BGB; s. den Fall BGH v. 28.5.2013 – II ZR 67/12, ZIP 2013, 1571 (1576).
2 *Hüffer* in FS Lutter, S. 1227 (1240); *C. Müller* in Henssler/Strohn, § 23 UmwG Rz. 5.
3 *Simon* in KölnKomm. UmwG, § 23 UmwG Rz. 27; *Hüffer* in FS Lutter, S. 1227 (1241) verlangt ein zeitnahes Vorgehen. Doch setzt Verzug Verschulden voraus (§ 286 Abs. 4 BGB). Dies reicht zum Schutz des übernehmenden Rechtsträgers aus.
4 A.A. *Vossius* in Widmann/Mayer, § 22 UmwG Rz. 1.9: Nichtigkeit des Verschmelzungsbeschlusses.
5 Kritisch aus rechtssystematischen Gründen aber *Hüffer* in FS Lutter, S. 1227 (1232); *Kalss* in Semler/Stengel, § 23 UmwG Rz. 11.
6 Kritisch insoweit *Hüffer* in FS Lutter, S. 1227 (1232) unter Hinweis auf § 5 Abs. 1 Nr. 7 UmwG, wo Vorzugsaktien neben Anteilen ohne Stimmrecht genannt werden. Aber insoweit kann es sich nur um eine Klarstellung handeln.
7 Offen gelassen bei *Hüffer* in FS Lutter, S. 1227 (1232); wie hier *Kiem*, ZIP 1997, 1627 (1631); *Marsch-Barner* in Kallmeyer, § 23 UmwG Rz. 4; *Vossius* in Widmann/Mayer,

Schlechterstellung von Vorzugsaktionären im Vergleich zu anderen Anteilsinhabern ohne Stimmrecht wäre nicht sachgerecht.

11 Den Inhabern von Anteilen ohne Stimmrecht sind wiederum Anteile ohne Stimmrecht bzw. Anteile mit Stimmrecht zu gewähren (oben Rz. 6). **Wie viele Anteile** sie zu erhalten haben, ist im Verschmelzungsvertrag niedergelegt (§ 5 Abs. 1 Nr. 7 UmwG) und richtet sich meist nach dem ebenfalls im Verschmelzungsvertrag angegebenen Umtauschverhältnis für alle Anteile (§ 5 Abs. 1 Nr. 3 UmwG). Dieses Umtauschverhältnis für Anteile ohne Stimmrecht muss so beschaffen sein, dass die neuen Anteile mit den alten gleichwertig sind. Doch versteht sich dies insofern von selbst, als dies für jeden Anteilstausch gilt, also auch, wenn es um Anteile mit Stimmrecht geht. Sofern Anteile ohne Stimmrecht in Anteile mit Stimmrecht umgetauscht werden, ist eine Schlechterstellung im Verhältnis zu den Anteilsinhabern, die schon in dem übertragenden Rechtsträger Anteile mit Stimmrecht hatten, gerechtfertigt, da das Fehlen des Stimmrechts üblicherweise zu einer Verringerung des Anteilswertes führt. Der Erwerb der neuen Anteile erfolgt gem. § 20 Abs. 1 Nr. 3 UmwG[1].

12 Die **Überprüfung der Wertrelation** erfolgt im Verfahren nach § 15 UmwG. Dies ergibt sich zum einen daraus, dass im Prinzip auch Anteilsinhaber, die kein Stimmrecht haben, Klage gegen den Verschmelzungsbeschluss erheben könnten[2], wenn nicht § 14 Abs. 2 UmwG dem entgegenstehen würde (so die Voraussetzung von § 15 Abs. 1 UmwG). Auch ist die Interessenlage bei der Überprüfung des Umtauschverhältnisses nicht deshalb anders, weil einmal Anteile mit und einmal ohne Stimmrecht betroffen sind.

13 Eine **Klage gegen den Verschmelzungsbeschluss** kann nicht darauf gestützt werden, dass entgegen dem Gebot von § 23 UmwG den Anteilsinhabern im Verschmelzungsvertrag keine gleichartigen Rechte gewährt worden sind, obgleich dies möglich gewesen wäre (oben Rz. 9)[3].

2. Inhaber von Wandelschuldverschreibungen und ähnlichen Rechtspositionen

14 Wandelschuldverschreibungen sind Schuldverschreibungen, bei denen dem Gläubiger ein Umtausch- oder Bezugsrecht auf Aktien eingeräumt wird (§ 221 Abs. 1 Satz 1 AktG). Eine **wertpapiermäßige Verbriefung** ist für die Anwendbarkeit von § 23 UmwG ebenso wenig erforderlich[4] wie das Bestehen einer größeren Zahl solcher Berechtigungen. Denn auch wenn die Rechtsstellung nicht verbrieft ist, ist das vom Gesetz geschützte Interesse auf eine gleichwertige Rechtsstellung anzuerkennen. Da nach dem Gesetz auch Berechtigungen vergleichbarer Art erfasst

---

§ 23 UmwG Rz. 1.10; a.A. *Brause*, S. 155; *Simon* in KölnKomm. UmwG, § 23 UmwG Rz. 8 ff.

1 *Schäfer*, S. 222.

2 Allgemeine Meinung zum Aktienrecht, auf das § 14 UmwG zurückgreift, *Hüffer*, § 245 AktG Rz. 5; zum GmbH-Recht BGH v. 14.7.1954 – II ZR 342/53, BGHZ 14, 264 (271).

3 S. auch *Kalss* in Semler/Stengel, § 23 UmwG Rz. 18; a.A. *Volhard/Goldschmidt* in FS Lutter, S. 779 (789).

4 *Marsch-Barner* in Kallmeyer, § 23 UmwG Rz. 5; *Simon* in KölnKomm. UmwG, § 23 UmwG Rz. 12.

sein sollen, fällt ein **isoliertes Bezugs- oder Umtauschrecht**[1] sowie generell jede ähnliche Rechtsposition in Bezug auf GmbH-Anteile oder Mitgliedschaften in Personengesellschaften etc., soweit sie gegenüber der GmbH oder der Personengesellschaft besteht, ebenfalls unter die Norm. Die den Gläubigern zugedachten neuen Rechte müssen, sofern es sich um Schuldverschreibungen handelt, im Verschmelzungsvertrag genannt werden (§ 5 Abs. 1 Nr. 7 UmwG). Zum Anspruch auf Sicherheitsleistung § 22 Rz. 6.

a) Verschmelzung einer AG auf eine AG

Bei der Verschmelzung einer AG mit einer AG muss das Umtausch- oder Bezugsrecht nunmehr auf Aktien der übernehmenden Gesellschaft umgestellt werden, während die Zins- und Rückzahlungsverpflichtungen unproblematisch nach § 20 Abs. 1 Nr. 1 UmwG auf die übernehmende AG übergehen. Gemäß dem **Grundsatz der Gleichartigkeit** (oben Rz. 5) sind, sofern möglich, Aktien gleicher Gattung auszugeben. Die Umstellung hat „gleichwertig" zu erfolgen. Ausweislich der Begründung zum Gesetzentwurf der Bundesregierung zum Vorläufer dieser Regelung[2] ist diese Gleichwertigkeit wirtschaftlich und nicht formalrechtlich zu verstehen. Doch sind die Schwierigkeiten damit nicht beseitigt, da gerade diese wirtschaftliche Gleichwertigkeit nicht ohne weiteres feststellbar ist. 15

Bei der Umstellung des Umtausch- bzw. Bezugsrechts ist im Regelfall das im Verschmelzungsvertrag niedergelegte **Umtauschverhältnis für Anteile** (§ 5 Abs. 1 Nr. 3 UmwG) zugrunde zu legen, da dieses die Wertrelation zwischen übertragender und übernehmender Gesellschaft im Regelfall am besten trifft[3]. Wenn Zweifel an der Richtigkeit dieses Umtauschverhältnisses bestehen, wie es etwa bei der Verschmelzung von Tochtergesellschaften der Fall sein kann, kann die Wertrelation auch anders festgelegt werden[4]. § 15 UmwG, der einen Ersatz für das dem Inhaber von Wandelschuldverschreibungen sowieso nicht zustehende Anfechtungsrecht beinhaltet, gilt nicht. Zur Absicherung des Umtausch-/Bezugsrechts hat die übernehmende AG ein bedingtes Kapital zu schaffen, wenn eine solche Absicherung in der übertragenden AG bestand oder sonst zur Herstellung einer vergleichbaren Sicherung der Inhaber der genannten Rechte erforderlich ist[5]. 16

b) Verschmelzung einer AG auf eine GmbH

Hat eine AG Wandelschuldverschreibungen ausgegeben und wird sie dann auf eine GmbH verschmolzen, so müssen Umtausch- und Bezugsrechte auf GmbH- 17

1 *Marsch-Barner* in Kallmeyer, § 23 UmwG Rz. 5; *Schröer* in Semler/Stengel, § 5 UmwG Rz. 67; *Willemsen/Müller-Bonanni*, ZIP 2003, 1177 (1180); auch *Rothenburg*, S. 40 mit der Annahme, dies seien Genussrechte.
2 § 347a AktG a.F., BT-Drucks. 9/1065, 19.
3 *Kalss* in Semler/Stengel, § 23 UmwG Rz. 14; *Loos*, DB 1960, 543 (545); *Marsch-Barner* in Kallmeyer, § 23 UmwG Rz. 11; *Simon* in KölnKomm. UmwG, § 23 UmwG Rz. 21; *Stratz* in Schmitt/Hörtnagl/Stratz, § 23 UmwG Rz. 11; auch *Rothenburg*, S. 69 ff, die außerdem finanzmathematische Bewertungsmethoden zur Ermittlung des Optionswerts akzeptiert.
4 *Simon* in KölnKomm. UmwG, § 23 UmwG Rz. 21.
5 *Kalss* in Semler/Stengel, § 23 UmwG Rz. 14; *Marsch-Barner* in Kallmeyer, § 23 UmwG Rz. 11; nach *Karollus* in G/H/E/K, § 221 AktG Rz. 195 muss ein bedingtes Kapital nur geschaffen werden, wenn es auch in der übertragenden AG zur Verfügung stand.

Anteile **nach den genannten Regeln** (oben Rz. 16) **umgestellt werden**[1]. Probleme bereitet die Absicherung dieser Rechte, da in der GmbH eine bedingte Kapitalerhöhung nicht möglich ist. Sofern eine vergleichbare Sicherung (etwa über Treuhänder oder durch ein genehmigtes, dafür bestimmtes Kapital; nicht vergleichbar ist eine Verpflichtung der Gesellschaft gegenüber dem Berechtigten zur späteren Änderung des Gesellschaftsvertrages, wenn er das Bezugsrecht ausüben will, da umstritten ist, ob eine solche Verpflichtung überhaupt wirksam ist[2]) nicht erreicht werden kann, muss den Rechtsinhabern die Möglichkeit zum sofortigen Umtausch bzw. Bezug eingeräumt werden[3]. Ein Abfindungsrecht nach § 29 UmwG besteht dann ebenfalls, da eine Mischverschmelzung vorliegt und der Rechtsinhaber zuvor Aktionär geworden ist[4]. Auch realisiert sich genau das Risiko, dem § 29 UmwG entgegentreten will.§§ 275 ff. BGB sind nur selten einschlägig[5], da kaum je die Schranke der Unmöglichkeit überschritten sein wird (zumal wenn man nur wirtschaftliche Gleichwertigkeit der Rechte fordert).

c) Andere Verschmelzungskonstellationen

18 Wandelschuldverschreibungen oder vergleichbare Rechte werden regelmäßig nur von einer der AG ausgegeben. Sofern dies einmal anders sein sollte, gelten die geschilderten Grundsätze ebenfalls. Es ist also, soweit irgend möglich, eine gleichartige und gleichwertige Rechtsstellung in dem übernehmenden Rechtsträger einzuräumen. Soweit dies nicht geht, wird das Umtausch-/Bezugsrecht sofort fällig (oben Rz. 17). In diesem Fall besteht bei Mischverschmelzungen auch ein Abfindungsrecht (oben Rz. 17).

3. Inhaber von Gewinnschuldverschreibungen, Stille Gesellschaft und ähnlichen Rechtspositionen

a) Betroffene Gläubiger

19 Gewinnschuldverschreibungen sind Schuldverschreibungen, bei denen Rechte der Gläubiger einer AG **mit Gewinnanteilen von Aktionären in Verbindung** gebracht werden (§ 221 Abs. 1 Satz 1 AktG). Für § 23 UmwG ist weder eine wertpapiermäßige Verbriefung noch die Existenz einer größeren Anzahl von Berechtigungen erforderlich. Denn auch wenn nur eine einzige Berechtigung besteht, ist ein schutzwürdiges Interesse auf Einräumung einer vergleichbaren Rechtsposition anzuerkennen. Da nach dem Gesetz auch Berechtigungen vergleichbarer Art

1 *Marsch-Barner* in Kallmeyer, § 23 UmwG Rz. 11; a.A. zum alten Recht: Anspruch wandle sich in eine Zahlungsverpflichtung um, *Dehmer*², § 33 KapErhG Anm. 11; *Schilling/Zutt* in Hachenburg⁷, § 33 VerschmG Rz. 18.

2 A.A. *Rinnert*, NZG 2001, 865 (870).

3 *Kalss* in Semler/Stengel, § 23 UmwG Rz. 15; nach *Martens*, AG 1992, 209 (214) zur Eingliederung ist eine solche Absicherung nur erforderlich, wenn im Einzelfall Zweifel an dem Leistungsvermögen der Gesellschaft ersichtlich sind; a.A. *Marsch-Barner* in Kallmeyer, § 23 UmwG Rz. 11 unter Hinweis darauf, dass eine Abfindung nicht gleichwertig sei. Doch muss der Gläubiger die Abfindung nicht wählen.

4 *Bermel* in Goutier/Knopf/Tulloch, § 23 UmwG Rz. 10; *Kalss* in Semler/Stengel, § 23 UmwG Rz. 15.

5 *Simon* in KölnKomm. UmwG, § 23 UmwG Rz. 23; wohl auch *C. Müller* in Henssler/Strohn, § 23 UmwG Rz. 5.

erfasst sein sollen, ist eine Anknüpfung an den Gewinn nicht zwingend. Auch die Bezugnahme auf den Umsatz oder sonstige den übertragenden Rechtsträger betreffende Faktoren, die sich nach der Verschmelzung nicht mehr ermitteln lassen, fallen unter die Bestimmung. Denn stets geht es darum, den Gläubiger vor einer Verwässerung seiner Rechtsposition zu schützen.

Unter § 23 UmwG fällt auch die **stille Gesellschaft**[1]. Sofern der Stille am Gewinn beteiligt ist, ähnelt die Rechtsposition den in der Norm genannten Gläubigern gewinnabhängiger Ansprüche. Zudem ist die Abgrenzung zu den in der Bestimmung ebenfalls genannten Genussrechten oftmals schwierig[2]. Hinzu kommt, dass bei atypisch ausgestalteten stillen Gesellschaften die Umstellung schwierig und die Absicherung des Stillen durch § 23 UmwG daher sachgerecht ist. Dies gilt trotz des dem stillen Gesellschafter aufgrund des Gesellschaftsrechtsverhältnisses zustehenden Zustimmungsrechts zu der Verschmelzung[3], da dieses keine Außenwirkungen hat und daher ein weiter gehender Schutz durch § 23 UmwG – allerdings ebenfalls ohne Außenwirkung – sachgerecht bleibt[4]. Im Übrigen knüpft der Anspruch aus § 23 UmwG auch nicht daran an, ob der Rechtsinhaber sich anderweit sichern kann oder nicht[5]. 20

Nicht von § 23 UmwG erfasst sind **partiarische Rechtsverhältnisse** aller Art (Darlehen)[6]. Rein schuldrechtliche Rechtspositionen, die mehr oder weniger die Gegenleistung an Gewinne oder andere durch die Verschmelzung wechselnde Parameter (Umsatz) knüpfen, begründen keine so starke Rechtsstellung, dass eine Absicherung nach § 23 UmwG angezeigt wäre. Dies gilt auch für **Tantiemen**[7]. Die Anpassung erfolgt im Wege der ergänzenden Vertragsauslegung, die aber vielfach ähnliche Ergebnisse liefern wird. 21

b) Rechtsfolgen

Nach der Verschmelzung kann der Gewinn des übertragenden Rechtsträgers, von dem die Rechte der betreffenden Gläubiger abhängen, nicht mehr festgestellt werden. Nunmehr müssen die Berechtigungen an den **Gewinn des übernehmenden Rechtsträgers oder an den Durchschnittsgewinn des übertragenden Rechtsträgers** 22

---

1 *C. Müller* in Henssler/Strohn, § 23 UmwG Rz. 3; *Schürnbrand*, ZHR 173 (2009), 689 (698); *Simon* in KölnKomm. UmwG, § 23 UmwG Rz. 35; *Jung*, ZIP 1996, 1734 (1738); *Kalss* in Semler/Stengel, § 23 UmwG Rz. 7; *Stratz* in Schmitt/Hörtnagl/Stratz, § 23 UmwG Rz. 5, 8; *Westermann* in FS Ulmer, S. 657 (669); a.A. *Hüffer* in FS Lutter, S. 1227 (1237); *Marsch-Barner* in Kallmeyer, § 23 UmwG Rz. 3; *Vossius* in Widmann/Mayer, § 23 UmwG Rz. 11; zum Übergang der stillen Gesellschaft auf den übernehmenden Rechtsträger § 20 Rz. 20; zu Sicherheitsleistungen unten Rz. 22.

2 *Petersen*, S. 254; *M. Winter* in FS Peltzer, S. 645 (651).

3 Dazu *Westermann* in FS Ulmer, S. 657 (669); *M. Winter* in FS Peltzer, S. 645 (647 ff.); s. auch *Florstedt* in FS Karsten Schmidt, 2009, S. 399 (421) und *Schürnbrand*, ZHR 173 (2009), 689 (697 ff.): Zustimmungserfordernis bei stillem Gesellschafter, dessen Rechtsstellung der eines Kommanditisten gleicht.

4 *Simon* in KölnKomm. UmwG, § 23 UmwG Rz. 16.

5 A.A. *Hüffer* in FS Lutter, S. 1227 (1237); *Petersen*, S. 254.

6 *Marsch-Barner* in Kallmeyer, § 23 UmwG Rz. 3; a.A. *Kalss* in Semler/Stengel, § 23 UmwG Rz. 7; *Petersen*, S. 253.

7 *Marsch-Barner* in Kallmeyer, § 23 UmwG Rz. 3 u. 6; *Stratz* in Schmitt/Hörtnagl/Stratz, § 23 UmwG Rz. 8; s. zur Anpassung § 20 Rz. 28; a.A. *Bermel* in Goutier/Knopf/Tulloch, § 23 UmwG Rz. 10.

in den letzten Jahren angeknüpft werden. Sofern man an den Gewinn des übernehmenden Rechtsträgers anknüpft, wird man normalerweise das im Verschmelzungsvertrag festgelegte Umtauschverhältnis zugrunde legen können. Dann ist zu ermitteln, welcher Gewinn auf einen entsprechend umgetauschten Anteil entfallen würde[1]. Zum Anspruch auf Sicherheitsleistung § 22 Rz. 6. Sofern die Bezugsgröße nicht der Gewinn ist, ist die Umstellung meist schwierig, da eine entsprechende Wertrelation im Verschmelzungsvertrag nicht niedergelegt ist. Sollte die Schaffung einer vergleichbaren Rechtsposition nicht möglich sein, gilt das zu Wandelschuldverschreibungen Ausgeführte ebenfalls, oben Rz. 17f.

4. Inhaber von Genussrechten

23 Eine gesetzliche Definition für Genussrechte gibt es nicht. In § 221 Abs. 3 AktG, in dem Genussrechte ebenfalls genannt werden, geht es um den Schutz der Aktionäre bei der Begründung solcher Rechte. Demgemäß wird dort unter einem Genussrecht ein Gläubigerrecht verstanden, das die **Rechte der Aktionäre erheblich beeinflussen kann**[2], während es etwa im Bereich von § 10 Abs. 5 KWG darum geht, Genussrechte zu erfassen, die als haftendes Eigenkapital i.S.d. KWG anzusehen sind[3]. Im vorliegenden Zusammenhang geht es um den Schutz von Inhabern von **Vermögensrechten, die über eine nur schuldrechtliche Gläubigerstellung hinausgehen und in einer solchen Art und Weise mit dem übertragenden Rechtsträger verbunden sind, dass nach einer Verschmelzung eine Übernahme der Verpflichtung im Wege der Gesamtrechtsnachfolge durch den übernehmenden Rechtsträger nicht ohne weiteres möglich** ist. Insofern besteht eine gewisse Verwandtschaft zu den Rechten der Anteilsinhaber. Hierzu können Rechte auf Teilhabe am Gewinn oder am Liquidationserlös zählen oder Rechte auf Bezug von Anteilen bzw. Wandelschuldverschreibungen. Keine Genussrechte i.S.v. § 23 UmwG sind die Rechte auf die Benutzung von Einrichtungen, die dem Rechtsträger gehören[4], da diese als normale Gläubigerrechte typischerweise auch nach der Verschmelzung noch durchgesetzt werden können. Sofern Dritte diese Berechtigung haben, handelt es sich um ein normales Gläubigerrecht, sofern den Anteilsinhabern ein solches Recht zusteht, können Sonderrechte i.S.v. § 50 Abs. 2 UmwG vorliegen. Die in § 23 UmwG behandelte Problematik des Verwässerungsschutzes taucht nicht auf. Dagegen hindert es die Anwendung von § 23 UmwG nicht, wenn das Recht nicht verbrieft ist[5] oder nur einmal besteht. Für das Schutzbedürfnis des Rechtsinhabers, um das es in der Norm geht, spielt dies keine Rolle. Soweit es sich um Genussrechte i.S.v. § 5 Abs. 1 Nr. 7 UmwG handelt, müssen die neuen Rechte im Verschmelzungsvertrag niedergelegt werden.

---

1 Sind also z.B. 10 % des Gewinns des übertragenden Rechtsträgers geschuldet und erhielten die Anteilseigner für ihre alten Anteile 50 % der Anteile an dem übernehmenden Rechtsträgers, so sind 10 % des halben Gewinns des übernehmenden Rechtsträgers geschuldet.

2 *Gehling*, WM 1992, 1093 (1094); *Hüffer*, § 221 AktG Rz. 25f.; s. auch *Habersack* in MünchKomm. AktG, § 221 AktG Rz. 64: aktionärstypische Vermögensrechte.

3 *Gehling*, WM 1992, 1093 (1096).

4 *Kalss* in Semler/Stengel, § 23 UmwG Rz. 6; *Simon* in KölnKomm. UmwG, § 23 UmwG Rz. 14.

5 *Marsch-Barner* in Kallmeyer, § 23 UmwG Rz. 7.

Nach der Verschmelzung können die Genussrechte gegenüber dem übertragenden Rechtsträger nicht mehr geltend gemacht werden. Sie müssen nun in entsprechende Rechte gegenüber dem übernehmenden Rechtsträger umgewandelt werden. Wie dies zu geschehen hat, lässt sich wegen des sehr unterschiedlichen Inhalts der Genussrechte nicht allgemein sagen. Soweit eine Gewinnbeteiligung zugesagt ist, gilt oben Rz. 22; zu Umtausch- und Bezugsrechten oben Rz. 14ff.; zur Durchsetzung oben Rz. 8. 24

IV. Abweichende Vereinbarungen

Die Bestimmung **ist für Wertpapiere** mit der geschilderten Ausgestaltung **zwingend**[1]. Dies folgt aus Art. 15 der 3. Richtlinie. Danach müssen die Inhaber von Wertpapieren in dem übernehmenden Rechtsträger mindestens gleichwertige Rechte erhalten. Die Richtlinie gilt zwar nur für eine AG. Aber der Wortlaut und die systematische Stellung von § 23 UmwG bringen zum Ausdruck, dass nach der Rechtsform des übertragenden Rechtsträgers nicht unterschieden werden soll. Es macht im Grundsatz auch keinen Unterschied, ob im Verschmelzungsvertrag oder in den Anleihebedingungen – es sei denn, es liege ausnahmsweise ein Individualvertrag vor – von der Regel des § 23 UmwG abgewichen wird. Wertpapierinhaber sind, weil ein Studium der Anleihebedingungen nicht erwartet werden kann, besonders schutzwürdig. Allerdings wird man Bestimmungen in Anleihebedingungen, die zur Streitvermeidung die Gleichartig- und Gleichwertigkeit angemessen regeln, akzeptieren können[2]. 25

Für nicht wertpapiermäßig verbriefte Berechtigungen der genannten Art gilt die 3. Richtlinie nicht. Daher kommen die allgemeinen Regeln zur Anwendung. Liegen AGB vor, ist eine Klausel, die die Anpassung der Rechte an die Umwandlung regelt, anhand von § 307 BGB[3] zu kontrollieren. Sonst gilt § 138 BGB. 26

V. Schutzgesetz

§ 23 UmwG begründet einen Anspruch der dort genannten Personen und beinhaltet daher **kein Schutzgesetz** (s. § 22 Rz. 31)[4]. 27

---

1 *Bermel* in Goutier/Knopf/Tulloch, § 23 UmwG Rz. 17; *Kalss* in Semler/Stengel, § 23 UmwG Rz. 3; a.A. *Simon* in KölnKomm. UmwG, § 23 UmwG Rz. 31.

2 Im Ergebnis ähnlich *Kalss* in Semler/Stengel, § 23 UmwG Rz. 3; *Rothenburg*, S. 113; a.A. *Marsch-Barner* in Kallmeyer, § 23 UmwG Rz. 9; *Stratz* in Schmitt/Hörtnagl/Stratz, § 23 UmwG Rz. 15; *Vossius* in Widmann/Mayer, § 23 UmwG Rz. 46ff.: In den Anleihebedingungen könne anderes vereinbart werden.

3 *Kalss* in Semler/Stengel, § 23 UmwG Rz. 3; *Vossius* in Widmann/Mayer, § 23 UmwG Rz. 47ff.

4 *C. Müller* in Henssler/Strohn, § 23 UmwG Rz. 5; a.A. *Vossius* in Widmann/Mayer, § 23 UmwG Rz. 3.

§ 24
Wertansätze des übernehmenden Rechtsträgers

In den Jahresbilanzen des übernehmenden Rechtsträgers können als Anschaffungskosten im Sinne des § 253 Abs. 1 des Handelsgesetzbuchs auch die in der Schlussbilanz eines übertragenden Rechtsträgers angesetzten Werte angesetzt werden.

Literatur

Adler/Düring/Schmaltz (ADS), Rechnungslegung und Prüfung der Unternehmen, 5. Aufl. 1987 ff.; 6. Aufl. 1995 ff.; *Aha*, Ausgewählte Zweifelsfragen zur Rechnungslegung bei Verschmelzungen, BB 1996, 2559; *Angermayer*, Handelsrechtliche Anschaffungskosten von Sacheinlagen, DB 1998, 145; *Bacmeister*, § 24 UmwG und die Bindung zwischen Handels- und Steuerbilanz (Maßgeblichkeit) bei der Verschmelzung, DStR 1996, 121; *Bock*, Institutioneller Gläubigerschutz nach § 30 Abs. 1 GmbHG beim Down-stream-merger nach einem Anteilskauf?, GmbHR 2005, 1023; *Budde/Zerwas*, Verschmelzungsschlussbilanzen, in Budde/Förschle/Winkeljohann, Sonderbilanzen, 4. Aufl. 2008; *Enneking/Heckschen*, Gesellschafterhaftung beim down-stream-merger, DB 2006, 1099; *Festl-Wietek*, Bewertung von Sacheinlagen, Umwandlungen und Verschmelzungen bei Gesellschaften mit beschränkter Haftung, BB 1993, 2410; *Michael Fischer*, Verschmelzung von GmbH in der Handels- und Steuerbilanz, DB 1995, 485; *Förschle/Hoffmann*, Übernahmebilanzierung bei Umwandlungen, in Budde/Förschle/Winkeljohann, Sonderbilanzen, 4. Aufl. 2008; *Förster/Ernst*, Höhe der Anschaffungskosten bei Anwachsung, DB 1997, 241; *Gassner*, Ausgewählte handelsrechtliche und steuerrechtliche Bilanzierungsfragen bei Umwandlungen, in FS Widmann, 2000, S. 343; *Gelhausen/Heinz*, Handelsrechtliche Zweifelsfragen der Abwicklung von Ergebnisaführungsverträgen in Umwandlungsfällen, NZG 2005, 775; *Goerdeler*, Bilanzierungs-Probleme bei Verschmelzung und Umwandlung, in FS Schmaltz, 1970, S. 54; *Hense*, Die Rechnungslegung im Umwandlungsfall, in IDW (Hrsg.), Reform des Umwandlungsrechts, 1993, S. 171; *Hoffmann-Becking*, Das neue Verschmelzungsrecht in der Praxis, in FS Fleck, 1988, S. 105; *Hügel*, Verschmelzung und Einbringung, 1993; Hügel, Kapital entsperrende und Gewinn realisierende Verschmelzungen – Zur Bilanzierung und Bindung von Verschmelzungsdifferenzbeträgen, in FS Maier-Reimer, 2010, S. 265; *Institut der Wirtschaftsprüfer (IDW)*, Stellungnahme HFA 2/1997: Zweifelsfragen der Rechnungslegung bei Verschmelzungen, WPg 1997, 235 mit Änderungen WPg 2000, 439; *Institut der Wirtschaftsprüfer (IDW)*, RS HFA 42, Auswirkungen einer Verschmelzung auf den handelsrechtlichen Jahresabschluss, WPg Supplement 4/2012, S. 91; *Jorde/Wetzel*, Rückwirkung und Interimszeit bei Umwandlungen, BB 1996, 1246; *Kahling*, Bilanzierung bei konzerninternen Verschmelzungen, 1999; *Kiem*, Die schwebende Umwandlung, ZIP 1999, 173; *Klein/Stephanblome*, Der Downstream Merger – aktuelle umwandlungs- und gesellschaftsrechtliche Fragen, ZGR 2007, 351; *Knop/Küting*, Anschaffungskosten im Umwandlungsrecht, BB 1995, 1023; *Knüppel*, Bilanzierung von Verschmelzungen, 2007; *Koppensteiner*, Zum Gläubigerschutz bei der Verschmelzung von Aktiengesellschaften, in FS H.P. Westermann, 2008, S. 1157; *Gerhard Kraft*, Die handels- und steuerrechtliche Bedeutung des Bilanzstichtags bei gesellschaftsrechtlichen Vermögensübertragungen durch Gesamtrechtsnachfolge, DB 1993, 693; *Krawitz/Klotzbach*, Anwendungsvoraussetzungen und Aussagefähigkeit der Fresh-Start-Methode bei der Bilanzierung von Unternehmenszusammenschlüssen, WPg 2000, 1164; *Kremer*, Zur Bilanzierung von Verschmelzungsgewinnen, DB 1989, 492; *Kußmaul/Richter*, Die Behandlung von Verschmelzungsdifferenzbeträgen nach UmwG und UmwStG, GmbHR 2004, 701; *Martens/Röttger*, Aktivierung des Geschäfts- und Firmenwerts bei Umwandlung einer Personenhandelsgesellschaft in eine GmbH nach §§ 46ff. UmwG, DB 1990, 1097; *Wienand Meilicke*, Auf welchen Stichtag ist bei übertragenden Umwandlungen ein Jahresabschluss aufzustellen?, BB 1986, 1958; *Kai Mertens*, Aktuelle Fragen zur Verschmelzung von Mutter- auf Tochtergesellschaften – down stream merger, AG 2005, 785; *Moser*, Bilanzielle und steuerliche Behandlung eines downstream mergers, 2000; *Welf Müller*, Anschaffungskosten und Buchwertverknüpfung bei der Verschmelzung – Freiräume und Grenzen bei der Bewertung, in FS Clemm, 1996, S. 243; *Welf Müller*, Zweifelsfragen zum Umwandlungsrecht, WPg 1996, 857; *Welf Müller*, Bilanzierungsfragen bei der grenzüberschreitenden Umwandlung und Sitzverlegung, in FS Raupach, 2006, S. 261; *Mujkanovic*, Zur Bewertung bei Verschmelzung am Beispiel von AG und GmbH, BB 1995, 1735; *Naraschewski*, Stichtage und Bilanzen bei der Verschmelzung, 2001; *Naumann*, Zur Anwendung von § 24 UmwG in Verschmelzungsfällen, in FS Ludewig, 1996, S. 683; *Oelmann*, Handels- und steuerrechtliche Bilanzierungsprobleme bei Verschmelzungen, 1993; *Orth*, Umwandlungskosten. Bilanzielle und steuerliche Behandlung, GmbHR 1998, 511; *Pohl*, Handelsbilanzen bei der Verschmelzung von Kapitalgesellschaften, 1995; *Priester*, Bilanzierung bei schwebender Verschmelzung, BB 1992, 1594; *Priester*, Ansatz des originären Firmenwertes in Einbringungs- und Umwandlungsbilanzen, in FS Nirk, 1992, S. 893; *Priester*, Kapitalaufbringung und Bilanzansatz – Verbot bilanzieller Unterpariemission im Anwendungsbereich von § 24 UmwG?, GmbHR 1999, 1273; *Scherrer*, Bilanzierung der Verschmelzung durch Aufnahme beim übernehmenden Rechtsträger, in FS Claussen, 1997, S. 743; *Schmidbauer*, Bilanzierung der konzerninternen Verschmelzung voll konsolidierter Unternehmen im Konzernabschluss, BB 2001, 2466; *Schmitt/Hülsmann*, Verschmelzungsgewinn in der Handelsbilanz und Prinzip der Gesamtrechtsnachfolge, BB 2000, 1563; *Schulze-Osterloh*, Bilanzierung nach dem Reformentwurf eines Gesetzes zur Bereinigung des Umwandlungsrechts, ZGR 1993, 420; *Telkamp/Bruns*, Pooling-of-interests-Methode versus Fresh-Start-Methode – ein Vergleich, WPg 2000, 744; *Thume*, Darstellung konzerninterner Verschmelzungen im Konzernabschluss, 2000; *Tischer*, Der Übergang des wirtschaftlichen Eigentums bei schwebender Verschmelzung, WPg 1996, 745; *Veit*, Zur Aktivierung negativer Verschmelzungsdifferenzen, DB 1993, 1681; *Weilep*,

„bad will" bei Verschmelzungen – alle Zweifelsfragen geklärt?, DB 1998, 2130; *Winnefeld*, Bilanz-Handbuch, 4. Aufl. 2006.

I. Bedeutung der Vorschrift

1. Historischer Hintergrund

1 In § 24 UmwG enthält das Gesetz eine **deutliche Änderung** gegenüber dem vorangegangenen Recht. Gem. § 348 Abs. 1 AktG a.F., § 27 Abs. 1 KapErhG[1] galten die Wertansätze in der Schlussbilanz der übertragenden Gesellschaft für die Jahresbilanzen der übernehmenden Gesellschaft als Anschaffungskosten i.S.d. § 253 Abs. 1 HGB. Es bestand damit **früher** im Grundsatz ein **Zwang** zur **Buchwertfortführung**. Ihr lag der Gedanke der Gesamtrechtsnachfolge zugrunde[2]. Diese Regelung führte allerdings häufig zu Verschmelzungsverlusten bei der übernehmenden Gesellschaft (unten Rz. 68 f.).

2 Eine gewisse **Erleichterung** war nur insoweit vorgesehen, als ein solcher Verschmelzungsverlust bei Ausgabe neuer Anteile der übernehmenden Gesellschaft an die Gesellschafter der übertragenden Gesellschaft neutralisiert werden konnte. Dazu sahen § 348 Abs. 2 AktG a.F. bzw. § 27 Abs. 2 KapErhG vor, dass der Unterschied zwischen dem höheren Gesamtausgabebetrag der Anteile und dem Wertansatz des übertragenen Vermögens unter der Bezeichnung „Geschäfts- oder Firmenwert" als Bilanzierungshilfe aktiviert werden durfte. Der Posten musste allerdings in längstens 5 Jahren durch Abschreibung getilgt sein.

3 Der **DiskE** hatte die alte Regelung **beibehalten** wollen. Das war auf Kritik gestoßen, nicht zuletzt aus Kreisen der Wirtschaftsprüfer. Die Buchwertfortführung verletze das Prinzip der Erfolgsneutralität von Anschaffungsvorgängen. Die dadurch hervorgerufenen Verschmelzungsverluste seien vielfach nicht gerechtfertigt. Auch die Aktivierung eines Verschmelzungsmehrwerts löse das Problem wegen der relativ kurzen Abschreibungsfrist nur bedingt. Mit dem **RefE** wurde dann die **Gesetz** gewordene Fassung präsentiert.

3a Das Bilanzrechtsmodernisierungsgesetz 2009 **(BilMoG)**[3] hat den Text des § 24 zwar unangetastet gelassen, für seine Anwendung jedoch eine Reihe von Änderungen gebracht. Das betrifft vor allem die Ansatzebene beim übernehmenden Rechtsträger. Soweit der übertragende Rechtsträger bestimmte Posten nicht mehr ansetzen darf, stellt sich auch nicht länger das Problem ihrer Bilanzierung beim übernehmenden Rechtsträger. Das gilt etwa für den Wegfall der Ingangsetzungskosten (§ 269 HGB a.F.) oder der Aufwandsrückstellungen (§ 249 Abs. 1 Satz 3 HGB a.F.). Sollte für Altfälle von einem Beibehaltungswahlrecht Gebrauch gemacht worden sein (Art. 67 Abs. 3 EGHGB), wird auf die entsprechenden Ausführungen in der 4. Auflage (insbes. § 24 Rz. 33, 35, 39) verwiesen.

---

1 Gleiche Regelungen fanden sich in § 93g GenG und § 44a Abs. 3 VAG (Verweisung auf § 348 Abs. 1 AktG a.F.).

2 *Hense* in IDW, S. 182; *Schulze-Osterloh*, ZGR 1993, 420 (425).

3 BGBl. I, S. 1102.

2. Regelungsgegenstand

Der § 24 UmwG hat die buchmäßigen bzw. bilanziellen Konsequenzen der Verschmelzung bei der übernehmenden Gesellschaft zum Gegenstand. Der zu regelnde Sachverhalt ist folgender: Mit Eintragung der Verschmelzung geht das Vermögen einer übertragenden Gesellschaft in Aktiven und Passiven auf die übernehmende Gesellschaft über (§ 20 Abs. 1 Nr. 1 UmwG). Sie hat dementsprechend die einzelnen Vermögensgegenstände und Verbindlichkeiten bei sich einzubuchen. Insoweit muss festgelegt werden, welche Positionen in der Bilanz des übernehmenden Rechtsträgers anzusetzen sind – **Ansatzebene** – und mit welchen Werten dies geschehen soll – **Bewertungsebene**. 4

Im Text des Gesetzes heißt es dazu, die Übernehmerin könne als Anschaffungskosten i.S.v. § 253 Abs. 1 HGB auch die Werte aus der Schlussbilanz der übertragenden Gesellschaft ansetzen. Das Gesetz geht damit von dem **Grundsatz** aus, dass eine Neubewertung zu den nach allgemeinen Regeln ermittelten Anschaffungskosten für den Wertansatz maßgebend sein soll[1]. Zugleich wird aber ein **Wahlrecht** zugunsten der Buchwertverknüpfung eingeräumt. Inwieweit dieses eingeschränkt ist, wird unten zu erörtern sein (dazu unten Rz. 82ff.). – Dem § 24 UmwG unterstellt ist aber immer nur das übertragene Vermögen, nicht dagegen das eigene (Alt-)Vermögen des übernehmenden Rechtsträgers[2]. 5

3. Funktionsweise

Die bilanziellen Folgen der Einbuchung des übertragenen Vermögens hängen einmal von der Art und Weise ab, in der die Verschmelzung durchgeführt wird, zum anderen von der Höhe des gewählten Wertansatzes. Die Verschmelzung kann sich unter Gewährung von Anteilen an die Gesellschafter der übertragenden Gesellschaft vollziehen, sei es, dass die übertragende Gesellschaft dazu eigene Anteile verwendet, sei es, dass im Wege einer Kapitalerhöhung neu geschaffene Anteile ausgegeben werden. Die Verschmelzung kann bzw. muss ohne Anteilsgewährung ablaufen, soweit die übernehmende Gesellschaft an der übertragenden beteiligt ist. 6

Findet eine Hingabe eigener Anteile statt, tritt das übernommene Netto-Vermögen der übertragenden Gesellschaft an die Stelle der eigenen Anteile. Werden neue Anteile ausgegeben, bildet das Netto-Vermögen deren Gegenposten. Ist die übernehmende Gesellschaft an der übertragenden beteiligt, tritt das Netto-Vermögen an die Stelle der bisherigen Beteiligung. 7

Das Netto-Vermögen und die gewährten Anteile bzw. die weggefallene Beteiligung können betragsmäßig übereinstimmen. Das ist praktisch aber nur dann so, wenn der Wertansatz des Vermögens nach dem Wert der Anteile bzw. dem bisherigen Beteiligungsansatz bestimmt wird. Anderenfalls ergibt sich eine Differenz: Ist das eingebuchte Vermögen höher, entsteht bei der übernehmenden Gesell- 8

1 Für eine Neubewertung als Regelfall auch *Naumann* in FS Ludewig, S. 683 (710); *Angermayer*, DB 1998, 145 (149); ebenso *IDW*, HFA 2/1997, Abschn. 31, WPg 1997, 235 (238): Buchwertverknüpfung als Ausnahmeregelung.

2 *Moszka* in Semler/Stengel, § 24 UmwG Rz. 2; anders die sog. Fresh-Start-Methode, nach der auch das bisherige Vermögen als angeschafft betrachtet werden kann; dazu *Krawitz/Klotzbach*, WPg 2000, 1164ff.

schaft ein Verschmelzungsgewinn, ist es niedriger, entsteht ein Verschmelzungsverlust (vgl. unten Rz. 68 ff.).

9 Die Wertansätze des übernommenen Vermögens bestimmen aber nicht nur über eine einmalige Erfolgswirksamkeit der Verschmelzung bei der übernehmenden Gesellschaft. Sie bilden als Anschaffungskosten vielmehr auch die Bemessungsgrundlage der künftigen Abschreibungen und beeinflussen damit deren Höhe. Das hat wiederum Auswirkungen auf die nachfolgenden Ergebnisse (Gewinne bzw. Verluste).

4. Bindungswirkung

10 Mit der im Rahmen von § 24 UmwG getroffenen Entscheidung werden die Wertansätze des übernommenen Vermögens für die Zukunft bindend festgelegt. Eine spätere Zuschreibung über die so festgesetzten Anschaffungskosten hinaus ist nicht möglich. Das gilt auch dann, wenn bei erstmaliger Bewertung ein höherer Ansatz zulässig gewesen wäre. Abweichendes kommt nur insoweit in Betracht, als eine Bilanzänderung statthaft ist[1].

5. Rechtsformneutralität

11 Die Bestimmung des § 24 UmwG gilt – wie ihre rechtssystematische Stellung im Ersten Teil des Zweiten Buches zeigt – unabhängig von der Rechtsform des übernehmenden Rechtsträgers[2]. Soweit man das Ansatz-Wahlrecht einschränken will, etwa unter dem Gesichtspunkt einer Legung stiller Reserven (dazu unten Rz. 82 ff.), können aber Unterschiede in den Rechnungslegungsvorschriften für Personenunternehmen und Kapitalgesellschaften relevant werden. – Die Norm kommt nicht zum Zuge, wenn der übernehmende Rechtsträger nicht bilanzierungspflichtig ist, so im Falle der Verschmelzung auf eine Partnerschaftsgesellschaft (§ 1 Abs. 1 Satz 2 PartGG) oder bei Verschmelzung auf eine nichtkaufmännische natürliche Person, etwa einer Steuerberatungsgesellschaft auf ihren Alleingesellschafter.

II. Bilanzen bei Verschmelzung

1. Übertragende Gesellschaft

a) Schlussbilanz

12 Nach § 17 Abs. 2 UmwG ist bei Anmeldung der Verschmelzung zum Register der übertragenden Gesellschaft deren Schlussbilanz einzureichen (vgl. dazu § 17 Rz. 7 ff.). Der Vorlage einer Gewinn- und Verlustrechnung bedarf es nicht. Gleiches gilt für den Anhang[3]. Allerdings müssen dann die sog. Wahlpflichtangaben, die wahlweise in der Bilanz oder dem Anhang aufzuführen sind, in die Bilanz auf-

1 *ADS*, § 255 HGB Rz. 102; *W. Müller* in Kallmeyer, § 24 UmwG Rz. 3.
2 *Bula/Pernegger* in Sagasser/Bula/Brünger, § 10 Rz. 2.
3 H. M.; LG Stuttgart v. 29.3.1996 – 4 KfH T 1/96, DNotZ 1996, 701 (702); LG Dresden v. 18.11.1997 – 45 T 52/97, GmbHR 1998, 1086 (LS); oben *Decher*, § 17 Rz. 8; *W. Müller* in Kallmeyer, § 17 UmwG Rz. 18.

genommen werden[1]. Die Schlussbilanz bedarf der Feststellung durch das zur Feststellung des Jahresabschlusses berufene Organ, da sie die Rechnungslegung des übertragenden Rechtsträgers abschließt[2]. Ist ein übertragender Rechtsträger nicht buchführungs- und jahresabschlusspflichtig, wie dies bei eingetragenen Vereinen der Fall sein kann, wird er durch § 17 Abs. 2 UmwG nicht zur Bilanzierung gezwungen. Daran ändert § 104 Abs. 2 UmwG nichts. Er hat vielmehr seine üblichen Rechnungsunterlagen beizufügen[3].

Der **Stichtag** der Schlussbilanz ist nach h.M. identisch mit dem Verschmelzungsstichtag gem. § 5 Abs. 1 Nr. 6 UmwG bzw. geht ihm unmittelbar voran (z.B. 31.12./1.1.)[4]. Bei der Schlussbilanz wird es sich regelmäßig um die letzte **Jahresbilanz** handeln. Zwingend ist das freilich nicht. Kann die Acht-Monats-Frist des § 17 Abs. 2 Satz 3 UmwG nicht eingehalten werden, muss man eine separate Schlussbilanz erstellen, falls mit der Verschmelzung nicht gewartet werden soll. Ein Rumpfgeschäftsjahr entsteht daraus nicht[5]. – In Verschmelzungsverträgen wird im Hinblick auf mögliche Verzögerungen gelegentlich eine **variable Stichtagsregelung** getroffen: Die gesetzlichen oder vereinbarten Rechtsfolgen des Stichtages der Schlussbilanz sind dann auf den neu festgelegten Stichtag zu beziehen[6]. – Zulässig erscheint ein einheitlicher Stichtag der Schlussbilanzen bei der sog. **Kettenverschmelzung**. Darunter versteht man eine Verschmelzung von drei oder mehr Rechtsträgern durch zwei oder mehr Verschmelzungsvorgänge, wobei der übernehmende Rechtsträger der ersten Verschmelzung noch vor deren Wirksamwerden einen zweiten Verschmelzungsvertrag, dann als übertragender Rechtsträger, mit einem weiteren übernehmenden Rechtsträger abschließt. Die insgesamt auf den letzten übernehmenden Rechtsträger übergehenden Vermögensgegenstände und Schulden ergeben sich hier aus den Schlussbilanzen sämtlicher übertragender Rechtsträger[7]. 13

Für die Schlussbilanz gelten gem. § 17 Abs. 2 Satz 2 UmwG die **Vorschriften** über die **Jahresbilanz**. Sie ist also nach §§ 242 ff. HGB aufzustellen. Zusätzlich sind die §§ 150 ff. AktG bzw. § 42 GmbHG zu beachten. Dabei ist dem Umstand Rechnung zu tragen, dass der übertragende Rechtsträger bis zur Eintragung der Verschmelzung fortbesteht. Forderungen und Verbindlichkeiten gegen die Überneh- 14

1 *Budde/Zerwas*, Rz. H 77; *Winnefeld*, Rz. N 233.

2 Str., wie hier: *Hörtnagl* in Schmitt/Hörtnagl/Stratz, § 17 UmwG Rz. 18. *Widmann* in Widmann/Mayer, § 24 UmwG Rz. 51 m. Nachw. zum früheren Recht; a.A. *IDW*, RS HFA 42 Rz. 13; *W. Müller*, WPg 1996, 857 (861).

3 H.M., oben *Decher*, § 17 Rz. 9; *W. Müller* in Kallmeyer, § 17 UmwG Rz. 12; *Simon* in KölnKomm. UmwG, § 17 UmwG Rz. 31; einschränkend *Hadding/Hennrichs* in FS Boujong, 1996, S. 203 (226 f.); *Germann*, GmbHR 1999, 591 (592): Pflicht zur Aufstellung einer Schlussbilanz, wenn der übernehmende Rechtsträger bilanzierungspflichtig ist.

4 *Drygala*, oben § 5 Rz. 74; *Bermel* in Goutier/Knopf/Tulloch, § 17 UmwG Rz. 13; *Hoffmann-Becking* in FS Fleck, 1988, S. 105 (112); *Priester*, BB 1992, 1594 f. Abw. *W. Müller* in Kallmeyer, § 5 UmwG Rz. 33 f.; *Widmann* in Widmann/Mayer, § 24 UmwG Rz. 64; ebenso mit eingehender Begründung *Naraschewski*, Stichtage, S. 71 ff., die eine Übereinstimmung beider Zeitpunkte zwar für üblich und empfehlenswert, nicht aber für zwingend halten; i. Erg. auch *Moszka* in Semler/Stengel, § 24 UmwG Rz. 12. Die Streitfrage dürfte eher theoretische Bedeutung haben.

5 *W. Müller* in Kallmeyer, § 17 UmwG Rz. 18; *Widmann* in Widmann/Mayer, § 24 UmwG Rz. 67; a.A. *Pohl*, S. 33.

6 *IDW*, RS HFA 42 Rz. 25 f.; dazu näher oben § 5 Rz. 75 m.w.N.

7 *IDW*, RS HFA 42 Rz. 12, 21.

merin sind deshalb in der Schlussbilanz ebenso auszuweisen wie Anteile an der Übernehmerin[1]. Eigene Anteile können unverändert ausgewiesen, aber auch bereits abgeschrieben werden.

15 Die Bindung an die Jahresabschlussvorschriften bedeutet: Eine **Wertaufstockung** ist im Grundsatz nur insoweit möglich, wie sie auch im normalen Jahresabschluss zulässig wäre, also im Rahmen von §§ 253 Abs. 5, 254 Satz 2, 280 Abs. 1 und 2 HGB. Nach altem Recht wurde allerdings zu den gleich lautenden Vorschriften des § 345 Abs. 3 AktG a.F. bzw. des § 24 Abs. 3 KapErhG überwiegend angenommen, auf der Grundlage des § 252 Abs. 2 HGB dürfe auch eine darüber hinausgehende Anhebung vorgenommen werden. Die Verschmelzung stelle einen begründeten Ausnahmefall im Sinne der letztgenannten Vorschrift dar[2]. Obergrenze seien aber in jedem Fall die historischen Anschaffungs- bzw. Herstellungskosten[3].

16 Unter Geltung des **heutigen Rechts** ließe sich an einen Fortfall dieser Aufstockungsmöglichkeit denken. Sie habe dazu dienen sollen, die Wertansätze an die Bilanzierungsgrundsätze der übernehmenden Gesellschaft anzupassen. Aufgrund des jetzt bei dieser zugelassenen höheren Ansatzes bestehe dafür kein Bedürfnis mehr[4]. Hinzu käme, dass der Zivilgesetzgeber das Bewertungswahlrecht – anders als das Steuerrecht dies für die praktisch besonders bedeutsamen Fälle handhabt (unten Rz. 90) – bei der übernehmenden Gesellschaft, nicht aber bei der übertragenden vorgesehen hat.

17 Man sollte hier **differenzieren:** Bilanziert die übernehmende Gesellschaft zu Anschaffungskosten, ist in der Tat für Wertansatzerhöhungen bei der übertragenden kein Anlass mehr. Übernimmt sie jedoch die Wertansätze der übertragenden Gesellschaft, sollten die zum alten Recht entwickelten Grundsätze auch weiterhin anwendbar sein. Das gilt insbesondere für eine Anpassung an die Methodenwahlrechte bei der Bewertung der übernehmenden Gesellschaft[5].

b) Zwischenbilanz

18 Bei der Verschmelzung unter Beteiligung von **Aktiengesellschaften** kann die Aufstellung einer Zwischenbilanz erforderlich werden. Das ist nach § 63 Abs. 1 Nr. 3 UmwG dann der Fall, wenn sich der letzte Jahresabschluss auf ein Geschäftsjahr bezieht, das mehr als sechs Monate vor dem Abschluss des Verschmelzungsvertrages oder der Aufstellung des Entwurfs geendet hat. Der **Stichtag** der Bilanz darf nicht länger als drei Monate vor dem Abschluss des Verschmelzungsvertrages liegen. Ausreichend sind die **Bilanz als solche** und Wahlpflichtangaben aus dem Anhang (vgl. oben Rz. 12), nicht erforderlich sind dagegen eine Gewinn- und Verlustrechnung sowie ein Lagebericht (§ 63 Rz. 9)[6]. Die Zwischenbilanz ist auch nicht prüfungspflichtig[7].

---

1 *Budde/Zerwas*, Rz. H 94.
2 *ADS*, § 348 AktG Rz. 7; *Budde/Zerwas*, Rz. H 104; *Winnefeld*, Rz. N 232 a.E.
3 *Schulze-Osterloh*, ZGR 1993, 420 (424).
4 So *Budde/Zerwas*, 1. Aufl. 1994, Rz. F 82.
5 *Budde/Zerwas*, Rz. H 105; *IDW*, RS HFA 42 Rz. 17.
6 Allg. A., *W. Müller* in Kallmeyer, § 63 UmwG Rz. 7.
7 *Plendl*, WP-Handbuch, Bd. I, 14. Aufl. 2012, Teil Q Rz. 1148.

Inhaltlich ist die Zwischenbilanz gem. § 63 Abs. 2 UmwG nach den Vorschriften der letzten Jahresbilanz aufzustellen. Ansatz- und Bewertungswahlrechte sind also in gleicher Weise auszuüben. Es gelten aber einige **Vereinfachungen:** Eine körperliche Bestandsaufnahme ist nicht erforderlich. Die Wertansätze der letzten Jahresbilanz dürfen übernommen werden. Abschreibungen, Wertberichtigungen und Rückstellungen sowie wesentliche, aus den Büchern nicht ersichtliche Veränderungen der wirklichen Werte von Vermögensgegenständen bis zum Stichtag der Zwischenbilanz sind aber zu berücksichtigen. 19

Gleiches gilt durch **Verweisung** für Genossenschaften (§ 82 Abs. 1 UmwG), eingetragene Vereine (§ 101 Abs. 1 UmwG), genossenschaftliche Prüfungsverbände (§ 106 UmwG) und Versicherungsvereine auf Gegenseitigkeit (§ 112 Abs. 1 UmwG). 20

2. Übernehmende Gesellschaft

a) Übernahmebilanz

Im Regelfall der Verschmelzung durch **Aufnahme** braucht die übernehmende Gesellschaft eine besondere Übernahmebilanz **nicht** aufzustellen. Der Vermögensübergang aufgrund der Verschmelzung ist wie ein laufender Geschäftsvorfall im Geschäftsjahr zu behandeln[1]. Das schließt eine solche Bilanz zu internen Dokumentationszwecken nicht aus. Sie hat aber weder handels- noch steuerrechtliche Bedeutung und muss auch nicht unterzeichnet oder festgestellt werden[2]. 21

b) Eröffnungsbilanz

Anders liegt es bei der eher seltenen Verschmelzung durch **Neugründung**. Hier hat die neu entstehende Gesellschaft gem. § 242 Abs. 1 HGB eine Eröffnungsbilanz aufzustellen, die das übernommene Vermögen ausweist. Ebenso liegt es, wenn der übernehmende Rechtsträger durch die Umwandlungsmaßnahme erstmals buchführungspflichtig wird. Stichtag dieser Eröffnungsbilanz müsste an sich der Tag des Wirksamwerdens der Verschmelzung sein[3], da die Gesellschaft erst mit diesem Tage entsteht (§ 36 Abs. 1 Satz 1 UmwG i.V.m. § 20 Abs. 1 Nr. 1 UmwG). Der Gesichtspunkt einer Einbeziehung der Vorgesellschaft in die Bilanzierungspflicht[4] kommt nicht zum Zuge, da eine solche hier nicht operativ tätig wird[5]. Gleichwohl wird man in diesem Falle den **Verschmelzungsstichtag** zugrunde legen müssen[6], da er nach der Legaldefinition des § 5 Abs. 1 Nr. 6 UmwG 22

---

1 *W. Müller* in Kallmeyer, § 24 UmwG Rz. 5; *Moszka* in Semler/Stengel, § 24 UmwG Rz. 19. Wegen abweichender Beurteilung unter dem Gesichtspunkt der Organzuständigkeit zur Wahlrechtsausübung vgl. unten Rz. 79.

2 *Hörtnagl* in Schmitt/Hörtnagl/Stratz, § 24 UmwG Rz. 6.

3 So *Simon* in KölnKomm. UmwG, § 24 UmwG Rz. 26.

4 Dazu *Winnefeld*, Rz. N 124f.

5 *Simon* in KölnKomm. UmwG, § 24 UmwG Rz. 28.

6 *Hörtnagl* in Schmitt/Hörtnagl/Stratz, § 24 Rz. 8; *Moszka* in Semler/Stengel, § 24 UmwG Rz. 18; *Gassner* in FS Widmann, S. 343 (349); i. Erg. Auch *IDW*, RS HFA 42 Rz. 40: Mengengerüst kann aus der Schlussbilanz übernommen werden. A. A. *W. Müller* in Kallmeyer, § 24 UmwG Rz. 56: maßgebend Übergang des wirtschaftlichen Eigentums auf die Vorgesellschaft.

den Zeitpunkt darstellt, von dem an die Geschäfte der übertragenden Gesellschaft als für Rechnung der übernehmenden (hier: der neuen, § 36 Abs. 1 Satz 2 UmwG) geführt gelten. Haben mehrere übertragende Rechtsträger unterschiedliche Umwandlungsstichtage, ist der früheste maßgebend[1].

c) Jahresbilanz

23 Im praktischen Regelfall der Verschmelzung durch Aufnahme unter Verzicht auf eine besondere Übernahmebilanz (oben Rz. 21) findet die Verschmelzung ihren bilanziellen Niederschlag erstmals – dann aber auch zwingend – in der auf ihr Wirksamwerden folgenden Jahresbilanz der übernehmenden Gesellschaft[2]. In dieser wird die Bewertung des übergegangenen Vermögens auf der Grundlage des § 24 UmwG vorgenommen. Die Jahresbilanz der Übernehmerin ist damit der eigentliche Regelungsgegenstand des § 24 UmwG.

24 **Buchhaltungstechnisch** geschieht die Übernahme aus Vereinfachungsgründen zumeist auf der Basis des Mengengerüsts der Schlussbilanz. Die Geschäftsvorfälle zwischen dem Umwandlungsstichtag und dem Übergang des Vermögens sind erfolgswirksam bei der übernehmenden Gesellschaft zu erfassen, sei es in Gestalt der Einzelposten, sei es als Saldo[3].

25 Handelt es sich bei dem übernehmenden Rechtsträger um eine Kapitalgesellschaft oder um eine dieser aufgrund von § 264a HGB gleichgestellte Personenhandelsgesellschaft, bestimmen sich ihre Rechnungslegungspflichten nach den in § 267 HGB festgelegten **Größenkriterien**. Bei deren Ermittlung sind die vom übertragenden Rechtsträger ab dem Umwandlungsstichtag erzielten Umsatzerlöse einzubeziehen[4].

3. Verschmelzungsbilanzen

26 Sie sind gesetzlich nicht vorgesehen. Werden sie aufgestellt, so dienen sie der **Ermittlung** des **Umtauschverhältnisses** (§ 5 Abs. 1 Nr. 3 UmwG)[5]. Dieses ergibt sich aus einem Vergleich der Unternehmenswerte, wie sie nach den Methoden der Unternehmensbewertung gewonnen werden. Dabei steht heutigem Verständnis entsprechend der Ertragswert im Vordergrund[6]. Soweit daneben Substanzwert-Aspekte zu berücksichtigen sind, kommen Verschmelzungsbilanzen zum Zuge. Ihrer speziellen Aufgabe gem. handelt es sich bei ihnen um Vermögensbilanzen, nicht um solche zur Erfolgsermittlung. In die handelsrechtliche Bilanzkontinuität sind sie nicht eingebunden[7].

---

1 *Hörtnagl* in Schmitt/Hörtnagl/Stratz, § 24 UmwG Rz. 8; *Widmann* in Widmann/Mayer, § 24 UmwG Rz. 226.
2 Wegen Besonderheiten bei schwebender Verschmelzung vgl. unten Rz. 27ff.
3 *IDW*, RS HFA 42 Rz. 33; *Förschle/Hoffmann*, Rz. K 15; *Simon* in KölnKomm. UmwG, § 24 UmwG Rz. 24
4 *Hörtnagl* in Schmitt/Hörtnagl/Stratz, § 24 UmwG Rz. 110f.; *Förschle/Hoffmann*, Rz. K 9f.
5 *Hoffmann-Becking* in FS Fleck, S. 105 (114ff.); *M. Fischer*, DB 1995, 485 (488).
6 Zur Unternehmensbewertung gute Darstellung von Problemen und Diskussionsstand: WP-Handbuch, Bd. II, 13. Aufl. 2008, S. 1ff.
7 *Budde/Zerwas*, Rz. H 78; ähnlich *Simon* in KölnKomm. UmwG, § 24 UmwG Rz. 29f.

4. Bilanzierung bei schwebender Verschmelzung

Die **Rechnungslegungspflicht** der übertragenden Gesellschaft bleibt grundsätzlich bis zur Eintragung der Verschmelzung bestehen[1]. Dabei ist eine Erfassung ihrer Geschäftsvorfälle auch in Gestalt eines gesonderten Buchungskreises beim übernehmenden Rechtsträger möglich[2]. Gleichwohl stellt die Schlussbilanz regelmäßig den letzten Abschluss der übertragenden Gesellschaft dar. Eine Bilanzierung auf den Eintragungstag ist nämlich nicht mehr vorzunehmen[3], da ihre Geschäfte ab Verschmelzungsstichtag als für Rechnung der übernehmenden Gesellschaft geführt gelten (§ 5 Abs. 1 Nr. 6 UmwG). 27

Anders sieht es dann aus, wenn die Verschmelzung im nächsten ordentlichen Bilanzierungszeitpunkt der übertragenden Gesellschaft, also bei Ablauf ihres Geschäftsjahres, noch **nicht eingetragen** ist. Das wird selten sein, ist aber – insbesondere bei Anfechtung der Verschmelzung – nicht ausgeschlossen[4]. Solchenfalls hat die übertragende Gesellschaft weiterhin einen – gegebenenfalls sogar mehrere – Jahresabschlüsse nach den für sie maßgeblichen Regeln aufzustellen[5]. Da nach dem Verschmelzungsstichtag von ihr erzielte Gewinne aufgrund des Verschmelzungsvertrages regelmäßig für Ausschüttungen an ihre Anteilseigner gesperrt sind, bietet es sich an, einen solchen Gewinn als Rückstellung zu passivieren[6]. Ihre Vermögensgegenstände und Verbindlichkeiten sind nicht schon bei der übernehmenden Gesellschaft zu erfassen. 28

Die Vermögensgegenstände und Verbindlichkeiten der übertragenden Gesellschaft können jedoch bei der übernehmenden erfasst werden, wenn diese bereits **wirtschaftliches Eigentum** erlangt hat. Die daraus entstehenden Aufwendungen und Erträge sind dann als originäre der Übernehmerin zu behandeln[7]. 29

Für den Erwerb des wirtschaftlichen Eigentums bei Verschmelzungen hat das Institut der Wirtschaftsprüfer vier **Voraussetzungen** aufgestellt. Danach müssen am Abschlussstichtag des übernehmenden Rechtsträgers 1. Verschmelzungsvertrag und Zustimmungsbeschlüsse formwirksam sein, 2. der Verschmelzungsstichtag vor dem Abschlussstichtag liegen oder mit ihm zusammenfallen, 3. die Eintragung der Verschmelzung bis zur Abschlussaufstellung erfolgt oder mit an Sicherheit grenzender Wahrscheinlichkeit gewährleistet, 4. faktisch sichergestellt sein, dass der übertragende Rechtsträger über die Vermögensgegenstände nur mit Einwilligung des Übernehmenden verfügen kann[8]. 30

---

1 *W. Müller* in Kallmeyer, § 17 UmwG Rz. 21; *IDW*, RS HFA 42 Rz. 22.
2 *Budde/Zerwas*, Rz. H 50.
3 *W. Meilicke*, BB 1986, 1958 (1959); *Bermel* in Goutier/Knopf/Tulloch, § 17 UmwG Rz. 9; *IDW*, RS HFA 42 Rz. 24.
4 Beispielsfall aus der Rechtsprechung ist die Fusion Dürkopp/Kochs-Adler, BGH v. 22.5.1989 – II ZR 206/88, BGHZ 107, 296; OLG Hamm v. 11.12.1991 – 8 U 135/91, DB 1992, 417; dazu BGH v. 12.10.1992 – II ZR 30/92, DB 1992, 2432 m. Anm. *Götz*; weitere Fälle bei *Kiem*, ZIP 1999, 173 (174f.).
5 OLG Hamm v. 11.12.1991 – 8 U 135/91, DB 1992, 417; *Bermel* in Goutier/Knopf/Tulloch, § 17 UmwG Rz. 9.
6 *W. Müller* in Kallmeyer, § 17 UmwG Rz. 24.
7 *IDW*, RS HFA 42 Rz. 31.
8 *IDW*, RS HFA 42 Rz. 29; zustimmend *W. Müller* in Kallmeyer, § 24 UmwG Rz. 54.

31 Kommt es später zur Eintragung der Verschmelzung, wird der **Bestand zwischenzeitlicher Abschlüsse** dadurch nicht betroffen[1]. Die Festlegung des Stichtags, von dem an die Geschäfte als für Rechnung der übernehmenden Gesellschaft geführt gelten, bewirkt keine nachträgliche Unwirksamkeit der Bilanzen. Auch eine Bilanzänderung muss ausscheiden[2].

III. Ansatzebene

1. Allgemeine Grundsätze

32 Ist der übernehmende Rechtsträger nach §§ 238 ff. HGB rechnungslegungspflichtig – und das gilt für die ganz große Mehrzahl aller Verschmelzungsfälle –, hat er die auf ihn übergehenden Vermögensgegenstände und Schulden bei sich **einzubuchen** (vgl. oben Rz. 23 f.). Er ist insoweit an die allgemeinen Ansatzvorschriften der §§ 246–251 HGB gebunden, die für Kapitalgesellschaften um die §§ 269–274 HGB ergänzt werden. Dabei ist insbesondere dem **Vollständigkeitsgebot** (§ 246 Abs. 1 Satz 1 HGB) Rechnung zu tragen.

33 **Nicht** zu übernehmen sind allerdings **Bilanzierungshilfen**. Sie bilden keinen Vermögensgegenstand, der im Wege der Gesamtrechtsnachfolge übergehen könnte[3]. Ein bei dem übertragenden Rechtsträger aktivierter entgeltlich erworbener **Geschäftswert** (§ 246 Abs. 1 Satz 4 HGB) ist beim übernehmenden Rechtsträger nicht gesondert ansetzbar. Er geht in den anlässlich des Übergangs zu ermittelnden Geschäftswert auf[4].

34 Soweit beim übertragenden Rechtsträger **latente Steuern** aktivisch und/oder passivisch angesetzt waren, sind diese vom übernehmenden Rechtsträger nicht fortzuführen. Der übernehmende Rechtsträger hat vielmehr neu zu prüfen, ob latente Steuern nach § 274 Abs. 1 HGB angesetzt werden dürfen oder müssen[5].

35 Das Aktivierungswahlrecht (§ 248 Abs. 2 Satz 1 HGB) und das Aktivierungsverbot (§ 248 Abs. 2 Satz 2 HGB) finden keine Anwendung auf **immaterielle Vermögensgegenstände** des Anlagevermögens, die auf den übernehmenden Rechtsträger übergegangen sind. Aus dessen Sicht werden alle Vermögensgegenstände des übertragenden Rechtsträgers entgeltlich erworben, auch wenn sie von letzterem selbst geschaffen worden sind[6]. Anzusetzen sind **geringwertige Anlagegüter**. Sie können jedoch sogleich wieder vollständig abgeschrieben werden[7]. **Rechnungsabgrenzungsposten** sind anzusetzen, soweit sie Vermögens- oder Verbindlichkeitscharakter haben. Die ihnen zugrunde liegenden Ansprüche oder Verpflichtungen sind allerdings im Rahmen der Übernahme erforderlichenfalls neu zu bewerten[8]. Über-

---

1 OLG Hamm v. 11.12.1991 – 8 U 135/91, DB 1992, 417; *Bermel* in Goutier/Knopf/Tulloch, § 17 UmwG Rz. 9; *W. Müller* in Kallmeyer, § 17 UmwG Rz. 25; *Budde/Zerwas*, Rz. H 63.

2 *Priester*, BB 1992, 1594 (1598).

3 Wie hier: *Simon* in KölnKomm. UmwG, § 24 UmwG Rz. 50.

4 *IDW*, RS HFA 42 Rz. 36; *Hörtnagl* in Schmitt/Hörtnagl/Stratz, § 24 UmwG Rz. 24; *Scherrer* in FS Claussen, S. 743 (759); *Förschle/Hoffmann*, Rz. K 20.

5 *Förschle/Hoffmann*, Rz. I 37; *Hörtnagl* in Schmitt/Hörtnagl/Stratz, § 24 UmwG Rz. 25; i. Erg. ähnlich *W. Müller* in Kallmeyer, § 24 UmwG Rz. 9.

6 *IDW*, RS HFA 42 Rz. 36; *W. Müller* in Kallmeyer, § 24 UmwG Rz. 6.

7 *Förschle/Hoffmann*, Rz. K 24.

8 *W. Müller* in Kallmeyer, § 24 UmwG Rz. 6; *Scherrer* in FS Claussen, S. 743 (759).

nommene **Pensionsverpflichtungen** sind unabhängig vom Ansatz beim übertragenden Rechtsträger vollständig zu passivieren. Ein Passivierungswahlrecht nach Art. 28 Abs. 1 EGHGB besteht nicht[1]. Nimmt der übertragende Rechtsträger nach dem Umwandlungsstichtag noch **Gewinnausschüttungen** vor, muss bei Übernahme der Vermögenswerte aus seiner Schlussbilanz eine Verbindlichkeit in Höhe der Ausschüttung erfolgsneutral passiviert werden[2].

Forderungen oder **Verbindlichkeiten** des übertragenden Rechtsträgers, die beim übernehmenden durch **Konfusion** untergehen, sind nicht zu bilanzieren. Gleiches gilt für **eigene Anteile** des übertragenden Rechtsträgers, da sie durch die Verschmelzung untergehen[3]. 36

Sind alle Vermögensgegenstände und Schulden angesetzt und ergibt sich danach ein Differenzbetrag zu den Gesamtanschaffungskosten, ist diese Differenz als **Geschäftswert** i.S.v. § 246 Abs. 1 Satz 4 HGB zu aktivieren[4]. Das gilt auch für **konzerninterne Verschmelzungen**. Bei ihnen fehlt es zwar an einem echten Interessengegensatz. Diesem Umstand wird man aber durch eine vorsichtige Bewertung Rechnung tragen können und müssen[5] (vgl. unten Rz. 58). 37

2. Buchwertverknüpfung

Entscheidet sich der übernehmende Rechtsträger für eine Buchwertverknüpfung, tritt eine **bilanzielle Bindung** an die Ansätze des übertragenden Rechtsträgers ein. Das gilt auch für Ansatzwahlrechte. Aus dem Wortlaut des § 24 UmwG geht zwar nicht hervor, dass er sich auch auf die Ansatzvorschriften bezieht. Wegen der Bezugnahme auf § 253 HGB könnte er vielmehr als reine Bewertungsbestimmung anzusehen sein. Geht man aber davon aus, dass § 24 UmwG den alten Rechtszustand – wenngleich jetzt als bloße Möglichkeit – perpetuieren wollte (vgl. oben Rz. 1 f., 5), dann besteht eine Bindung auch hinsichtlich der Ansatzvorschriften[6]. 38

Im Einzelnen bedeutet dies: Vom übertragenden Rechtsträger selbst erstellte **immaterielle** Gegenstände des Anlagevermögens können nur aktiviert werden, soweit sie nach § 248 Abs. 2 HGB beim übertragenden Rechtsträger angesetzt waren[7]. **Steuerabgrenzungsposten** (§ 274 HGB) sind fortzuführen, wenn die Voraussetzungen beim Übernehmer künftig noch erfüllt werden können[8]. Eine Nichtpassivierung von **Pensionsrückstellungen** bleibt grundsätzlich erhalten. Der übernehmende Rechtsträger kann aber verpflichtet sein, sie außerhalb der Übernahmebilanzierung erfolgswirksam einzubuchen[9]. **Eigene Anteile** des übertragen- 39

1 *IDW*, RS HFA 42 Rz. 37; *Simon* in KölnKomm. UmwG, § 24 UmwG Rz. 52.
2 *IDW*, RS HFA 42 Rz. 18; ähnlich *W. Müller* in Kallmeyer, § 24 UmwG Rz. 15: Verbindlichkeit.
3 *IDW*, RS HFA 42 Rz. 38; *Förschle/Hoffmann*, Rz. K 25 f.; *Simon* in KölnKomm. UmwG, § 24 UmwG Rz. 53.
4 *IDW*, RS HFA 42 Rz. 58.
5 *W. Müller* in Kallmeyer, § 24 UmwG Rz. 8.
6 Allg. A.; *W. Müller* in Kallmeyer, § 24 UmwG Rz. 13; *Moszka* in Semler/Stengel, § 24 UmwG Rz. 20.
7 *IDW*, RS HFA 42 Rz. 65.
8 *W. Müller* in Kallmeyer, § 24 UmwG Rz. 45; *Hörtnagl* in Schmitt/Hörtnagl/Stratz, § 24 UmwG Rz. 69.
9 *Förschle/Hoffmann*, Rz. K 77.

den Rechtsträgers, die durch die Verschmelzung untergehen, bleiben auch hier außer Ansatz[1]. Eine Ausschüttung nach dem Umwandlungsstichtag muss wiederum als Verbindlichkeit passiviert werden (vgl. oben Rz. 35 a.E.).

40 Wichtig ist, dass eine Differenz zwischen den Gesamtanschaffungskosten und dem Buchwertansatz **nicht** als **Geschäftswert** angesetzt werden kann. Auch eine Aktivierung als Verschmelzungsmehrwert ist nicht möglich. Die Differenz führt vielmehr stets zu einem als Aufwand zu erfassenden Verlust[2].

41 **Kosten** der Verschmelzung, wie etwa Grunderwerbsteuer oder Notar- und Gerichtskosten können nicht als Anschaffungsnebenkosten aktiviert werden[3].

IV. Bewertungsebene

1. Neubewertung

a) Anschaffungskostenprinzip

42 Die Bewertung des übergegangenen Vermögens hat – wie der Text des § 24 UmwG deutlich ergibt („... können als Anschaffungskosten ...") – zu Anschaffungskosten zu erfolgen[4]. Dieser Grundsatz trägt dem Umstand Rechnung, dass es sich bei einer Verschmelzung um einen Anschaffungsvorgang handelt: Die Vermögensgegenstände des übertragenden Rechtsträgers gehen auf den übernehmenden über. Daran ändert es nichts, dass dieses durch Gesamtrechtsnachfolge geschieht (§ 20 Abs. 1 Nr. 1 UmwG), denn darin liegt nur eine sachenrechtliche Modalität des Vermögenstransports[5]. Das frühere Recht legte als Anschaffungskosten die Schlussbilanzwerte der übertragenden Gesellschaft zwingend fest (oben Rz. 1). Jetzt *können* sie als Anschaffungskosten gewählt werden.

43 Wie die Anschaffungskosten zu bestimmen sind, wenn keine Buchwertverknüpfung (unten Rz. 64ff.) erfolgt, sagt das Gesetz nicht[6]. Es gelten damit die **allgemeinen Grundsätze**. Danach sind Anschaffungskosten die zum Erwerb eines Vermögensgegenstandes geleisteten Aufwendungen (§ 255 Abs. 1 Satz 1 HGB). Hinsichtlich der Bedeutung dieser Definition für die Verschmelzung muss wieder nach der Art ihrer Durchführung unterschieden werden: Ausgabe neuer Anteile im Wege der Kapitalerhöhung oder der Gründung – Hingabe vorhandener eigener Anteile – bestehende Beteiligung der übernehmenden an der übertragenden Gesellschaft.

b) Gewährung neuer Anteile

44 Gibt der übernehmende Rechtsträger im Wege einer Kapitalerhöhung oder – seltener – bei seiner Gründung geschaffene neue Anteile aus, kommen die Grundsätze

1 Zust. *W. Müller* in Kallmeyer, § 24 UmwG Rz. 15; abw. *Scherrer* in FS Claussen, S. 743 (749f.).
2 *IDW*, RS HFA 42 Rz. 70.
3 *W. Müller* in Kallmeyer, § 24 UmwG Rz. 45; *Hörtnagl* in Schmitt/Hörtnagl/Stratz, § 24 UmwG Rz. 73.
4 Vgl. Begr, *Ganske*, S. 66.
5 So mit Recht *Hörtnagl* in Schmitt/Hörtnagl/Stratz, § 24 UmwG Rz. 12.
6 Auch die Gesetzesbegründung enthält darüber nichts, wie *Schulze-Osterloh*, ZGR 1993, 420 (435) zutreffend festgestellt hat.

für die Bewertung von **Sacheinlagen** zum Zuge. Die Gesellschafter der übertragenden Gesellschaft bringen die Vermögensgegenstände zwar nicht unmittelbar, wohl aber mittelbar ein, denn der Vermögensübergang geschieht für ihre Rechnung[1].

Was die **Anschaffungskosten** bei Sacheinbringung anlangt, besteht Einigkeit darüber, dass der Zeitwert des übergehenden Vermögens nicht überschritten werden darf[2]. Anderenfalls müsste eine Ausgleichsforderung gegen die Gesellschafter der übertragenden Gesellschaft aktiviert werden[3]. Innerhalb dieser Grenze gehen die Ansichten dagegen auseinander. Nach einer Ansicht ist der Ausgabebetrag der neuen Anteile (Nennbetrag zuzüglich etwaiges Aufgeld) maßgebend[4]. Eine andere Auffassung will zwingend die Zeitwerte des übergegangenen Vermögens ansetzen[5]. Eine dritte Meinung räumt der Übernehmerin ein Wahlrecht zwischen Ausgabebetrag und Zeitwert ein[6]. Ihr ist zuzustimmen. Im Rahmen von § 24 UmwG besteht kein Zwang zur Aufdeckung aller stillen Reserven durch Ansatz der Zeitwerte. Das lässt sich der Gesetzesbegründung hinreichend deutlich entnehmen[7]. 45

Das **Aufgeld** braucht nicht betragsmäßig festgelegt zu sein, sondern kann durch die Festlegung eines Zeitwertansatzes für das übernommene Vermögen bestimmbar gemacht werden. Werden nur die Anteilsnennwerte festgelegt, ist durch Auslegung zu ermitteln, ob die Anschaffungskosten damit fixiert sind oder ob ein Aufgeld bis zur Höhe des Zeitwerts mit der Folge entsprechend höherer Anschaffungskosten gewollt ist[8]. 46

Ein etwa festgesetztes Agio ist nach § 272 Abs. 2 Nr. 1 HGB in die **Kapitalrücklage** einzustellen. Das Gleiche gilt bei einer Bewertung der eingebrachten Vermögensgegenstände mit ihrem Zeitwert für die Differenz zwischen Ausgabebetrag der Anteile und dem höheren Zeitwert[9]. 47

Zu den Anschaffungskosten gehören auch etwaige im Rahmen von §§ 54 Abs. 4, 68 Abs. 3 UmwG geleistete bare **Zuzahlungen**[10]. Sind die Zuzahlungen aufgrund eines **Spruchstellenverfahrens** nach § 15 UmwG zu leisten, handelt es sich um 48

---

1 *Schulze-Osterloh*, ZGR 1993, 420 (428).
2 Zum Zeitpunkt seiner Ermittlung *Förschle/Hoffmann*, Rz. K 46.
3 *Förschle/Hoffmann*, Rz. K 46; *W. Müller* in Kallmeyer, § 24 UmwG Rz. 28.
4 *IDW*, RS HFA 42 Rz. 42; *Förschle/Hoffmann*, Rz. K 44; *Naumann* in FS Ludewig, S. 683 (691); *Gassner* in FS Widmann, S. 343 (350f.).
5 *Schulze-Osterloh*, ZGR 1993, 420 (428ff.) m. zahlr. Nachw. in Fn. 25, 26; *Hörtnagl* in Schmitt/Hörtnagl/Stratz, § 24 UmwG Rz. 31ff.; *Widmann* in Widmann/Mayer, § 24 UmwG Rz. 289, 364, es sei denn, dass steuerliche Vorschriften einen niedrigen Wertansatz voraussetzen.
6 *W. Müller* in Kallmeyer, § 24 UmwG Rz. 27; *Simon* in KölnKomm. UmwG, § 24 UmwG Rz. 64; *Hannappel* in Goutier/Knopf/Tulloch, § 24 UmwG Rz. 28; *Hense* in IDW, S. 184; *ADS*, § 255 HGB Rz. 97, soweit dem nicht die Einlagevereinbarung ausdrücklich entgegensteht.
7 Es heißt dort, beim Anschaffungswertprinzip müssten nur die stillen Reserven aufgelöst werden, die vom übernehmenden Rechtsträger „bezahlt" worden seien, *Ganske*, S. 65; darauf hat *Angermayer*, DB 1998, 145 (151) zutreffend aufmerksam gemacht.
8 *IDW*, RS HFA 42 Rz. 43; *Förschle/Hoffmann*, Rz. K 44.
9 *ADS*, § 255 HGB Rz. 97 a.E.; *Hannappel* in Goutier/Knopf/Tulloch, § 24 UmwG Rz. 29; *Hörtnagl* in Schmitt/Hörtnagl/Stratz, § 24 UmwG Rz. 34; *W. Müller* in Kallmeyer, § 24 UmwG Rz. 27.
10 *Schulze-Osterloh*, ZGR 1993, 420 (437).

nachträgliche Anschaffungskosten[1]. Anders liegt es, wenn Anteilseigner des übertragenden Rechtsträgers nachträglich gem. § 29 UmwG ausscheiden[2]. Ihnen gezahlte **Abfindungen** betreffen nicht die Anschaffungskosten des übergehenden Vermögens, sondern diejenigen der erworbenen eigenen Anteile. – Zu den Anschaffungskosten gehören die **Anschaffungsnebenkosten**, insbesondere für eine etwaige Grunderwerbsteuer[3]. – Hat die übernehmende Gesellschaft Forderungen oder Verbindlichkeiten, die durch **Konfusion** untergehen, so erhöhen sich die Anschaffungskosten um den Betrag der untergehenden Forderungen und vermindern sich um den Betrag der erlöschenden Verbindlichkeiten[4].

49 Ist der übernehmende Rechtsträger eine **Personenhandelsgesellschaft**, ergeben sich die Anschaffungskosten aus den Kapitalkonten, die den neuen Gesellschaftern vereinbarungsgemäß eingeräumt werden, etwa vorgesehenen Rücklagendotierungen und – Zuzahlungen vergleichbar – Gutschriften auf Darlehenskonten[5]. Insoweit sind die Gesellschafter in der Wertbestimmung frei. Soll der Zeitwert angesetzt werden und übersteigt er die solchermaßen gewährten Gegenleistungen, entsteht ein Verschmelzungsgewinn. Er ist bei Personenhandelsgesellschaften, die nicht dem § 272 Abs. 2 Nr. 1 HGB unterliegen, nach den jeweils geltenden Gewinnverteilungsregeln ausschüttbar[6].

50 Erfolgt die Verschmelzung auf einen **Verein**, kann sie sich bilanziell nicht durch Ausgabe von Kapital niederschlagen, da den Mitgliedern keine Anteile an einem Nominalkapital zustehen. In Höhe des Wertansatzes für das übernommene Vermögen, der durch den Zeitwert nach oben begrenzt wird, ergibt sich ein Zuwachs an Reinvermögen[7].

51 Die Anschaffungskosten sind auf die einzelnen Vermögensgegenstände und Schulden **aufzuteilen**. Dabei ist vom Grundsatz der Einzelbewertung (§ 252 Abs. 1 Nr. 3 HGB) auszugehen. Die Bewertung der Verbindlichkeiten bereitet zumeist keine Probleme: Sie sind mit dem Rückzahlungsbetrag anzusetzen (§ 253 Abs. 1 Satz 2 HGB). Angesprochen sind die Aktiva und die Rückstellungen. Bei ersteren wird regelmäßig eine **Wertaufstockung** stattfinden, die durch den jeweiligen Zeitwert des Gegenstandes nach oben begrenzt ist[8]. Anzusetzen sind auch bisher nicht aktivierte immaterielle Vermögensgegenstände (vgl. oben Rz. 35). Die Aufstockung wird regelmäßig im Verhältnis der Zeitwerte vorzunehmen sein. Zwin-

---

1 *W. Müller* in Kallmeyer, § 24 UmwG Rz. 58.

2 *Moszka* in Semler/Stengel, § 24 UmwG Rz. 43.

3 *Förschle/Hoffmann*, Rz. K 44. Die Kosten für die Durchführung der Umwandlung, z.B. die Beurkundungskosten, werden von ihnen dagegen als Beschaffungskosten des Eigenkapitals nach § 248 Abs. 1 HGB für nicht aktivierbar gesehen, wie vor, Rz. I 43; ebenso *Hörtnagl* in Schmitt/Hörtnagl/Stratz, § 24 UmwG Rz. 60. Das erscheint nicht zweifelsfrei. Immerhin dienen die Gesamtaufwendungen für die Verschmelzung dem Erwerb des Vermögens der übertragenden Gesellschaft. Außerdem: Obergrenze sind immer die Zeitwerte (unten Rz. 50). Für Aktivierbarkeit: *W. Müller* in Kallmeyer, § 24 UmwG Rz. 12.

4 *Förschle/Hoffmann*, Rz. K 42. Anders bei Buchwertfortführung, unten Rz. 73.

5 *Förschle/Hoffmann*, Rz. K 45.

6 *W. Müller* in Kallmeyer, § 24 UmwG Rz. 26; *Simon* in KölnKomm. UmwG, § 24 UmwG Rz. 68.

7 *W. Müller* in Kallmeyer, § 24 UmwG Rz. 30.

8 *IDW*, RS HFA 42 Rz. 56; *Moszka* in Semler/Stengel, § 24 UmwG Rz. 75; a.A. *Scherrer* in FS Claussen, S. 743 (767).

gend ist das aber handelsrechtlich – anders als im Steuerrecht – nicht[1]. Sind die Anschaffungskosten höher als die Summe dieser Zeitwerte, ist die Differenz als **Geschäftswert** anzusetzen (oben Rz. 37). Liegen die Anschaffungskosten unter den Buchwerten des übergehenden Vermögens, muss eine entsprechende **Abstockung** erfolgen[2]. Auch hier ist mangels konkreter gesetzlicher Vorgaben wieder jedes sachgerechte Verteilungsverfahren anwendbar[3]. Monetäre Posten (Kasse, Bank) lassen sich allerdings nicht abstocken. Insoweit hilft nur die Bildung eines Passivpostens[4].

Bei Kapitalgesellschaften ist das Verteilungsverfahren im **Anhang** zu erläutern 52
(§ 284 Abs. 2 Nr. 1 HGB). Im **Anlagespiegel** (§ 268 Abs. 2 HGB) sind die übernommenen Gegenstände als Zugänge zu zeigen. Die historischen Anschaffungskosten dürfen höchstens statistisch aufgeführt werden[5].

c) Hingabe eigener Anteile

Werden den Gesellschaftern der übertragenden Gesellschaft für den Übergang ih- 53
res Vermögens von der übernehmenden bereits vorhandene eigene Anteile gewährt, ist darin ein **Tauschvorgang** zu sehen: Ein Vermögensgegenstand wird zum Erwerb anderer Vermögensgegenstände hingegeben[6].

Auch bei Tauschvorgängen räumt die **h.M.** ein Wahlrecht ein, diesmal sogar zwi- 54
schen **drei Bewertungsmethoden:** Erstens kann das erworbene Vermögen mit dem Buchwert der gewährten eigenen Anteile, zweitens mit dem höheren Zeitwert der Anteile und drittens mit einem Zwischenwert angesetzt werden, der die ertragsteuerliche Belastung aufgrund einer im Zuge der Verschmelzung vorgenommenen steuerlichen Wertaufstockung und die mit der Verschmelzung verbundenen Kosten neutralisiert[7]. Diese Bewertungsmethoden müssen jedoch konsequent angewandt werden. Andere Zwischenwerte sind nicht zulässig[8]. – Ein Unterschiedsbetrag bei Ansatz von Zeitwerten ist in die **Kapitalrücklage** einzustellen. Insoweit gilt das Gleiche wie beim Buchwertansatz (unten Rz. 71)[9].

---

1 *W. Müller* in Kallmeyer, § 24 UmwG Rz. 29; *Simon* in KölnKomm. UmwG, § 24 UmwG Rz. 70.

2 *Förschle/Hoffmann*, Rz. K 49; *W. Müller* in Kallmeyer, § 24 UmwG Rz. 26.

3 *Moszka* in Semler/Stengel, § 24 UmwG Rz. 77.

4 *Förschle/Hoffmann*, Rz. K 49 schlagen insoweit eine (erhöhte) Dotierung der Kapitalrücklage vor; *Bula/Pernegger* in Sagasser/Bula/Brünger, § 10 Rz. 211 plädieren für den Ansatz eines negativen Firmenwerts; ähnlich *Weilep*, DB 1998, 2130 (2132); Letzteres erscheint zutreffender.

5 *W. Müller* in Kallmeyer, § 24 UmwG Rz. 38; ebenso *IDW*, RS HFA 42 Rz. 64 (für den Fall der Buchwertverknüpfung).

6 H. M. etwa: *Hense* in IDW, S. 185; *Simon* in KölnKomm. UmwG, § 24 UmwG Rz. 71; a.A. *Pohl*, S. 72.

7 *Förschle/Hoffmann*, Rz. K 54; *W. Müller* in Kallmeyer, § 24 UmwG Rz. 31; *ADS*, § 255 HGB Rz. 89ff.; *Hense* in IDW, S. 185ff.; *Gassner* in FS Widmann, S. 343 (351); a.A. *Schulze-Osterloh*, ZGR 1993, 420 (436f.); *Hörtnagl* in Schmitt/Hörtnagl/Stratz, § 24 UmwG Rz. 38ff.: nur Zeitwert der Vermögensgegenstände; *Moszka* in Semler/Stengel, § 24 UmwG Rz. 41: Zeitwert der Anteile.

8 *Förschle/Hoffmann*, Rz. K 54; *W. Müller* in Kallmeyer, § 24 UmwG Rz. 35.

9 Wie hier: *W. Müller* in Kallmeyer, § 24 UmwG Rz. 33; a.A. *Hörtnagl* in Schmitt/Hörtnagl/Stratz, § 24 UmwG Rz. 46.

d) Bestehende Beteiligung

55 Soweit die übernehmende Gesellschaft an der übertragenden beteiligt ist, kann eine Anteilsgewährung nicht erfolgen (§§ 54 Abs. 1 Nr. 1, 68 Abs. 1 Nr. 1 UmwG). Es fragt sich deshalb, ob die übernehmende Gesellschaft überhaupt Anschaffungskosten hat. Das wird man indessen bejahen müssen, denn es findet ein Rechtsträgerwechsel und damit ein Anschaffungsvorgang statt. Außerdem verliert die übernehmende Gesellschaft ihre Beteiligung an der übertragenden. Infolgedessen liegt es nahe – und wird auch ganz überwiegend vertreten[1] – wie bei der Gewährung eigener Anteile die **Tauschgrundsätze** heranzuziehen. Insoweit wird oben auf Rz. 54 verwiesen.

56 Zu berücksichtigen ist freilich, dass es an dem sonst für Anschaffungsgeschäfte charakteristischen **Markttest fehlt**, denn zu einem Aushandeln des Übernahmewertes zwischen zwei gegensätzlich interessierten Partnern kommt es nicht. Dieser Markttest kann zwar nach heutiger Auffassung durch eine gerichtliche Kapitalaufbringungskontrolle ersetzt werden[2]. Eine solche findet aber mangels Kapitalerhöhung nicht statt. Auch eine Prüfung der Verschmelzung durch sachverständige Dritte ist zumindest dann gesetzlich verzichtbar, wenn der übernehmenden Gesellschaft sämtliche Anteile an der übertragenden gehören (§ 9 Abs. 2 UmwG).

57 Unter diesen Umständen sind Wertansätze, die zu einer **Gewinnrealisierung** bei der übernehmenden Gesellschaft führen, nicht bedenkenfrei[3]. Das gilt vor allem deshalb, weil solche Gewinne das laufende Jahresergebnis erhöhen und zu Ausschüttungen an die Gesellschafter zur Verfügung stehen. Zutreffender Ansatz des übernommenen Vermögens wäre damit der Wert, mit dem die Beteiligung an der übertragenden Gesellschaft bei der übernehmenden zu Buche steht[4]. Solchenfalls entsteht bei der übernehmenden Gesellschaft weder ein Verschmelzungsgewinn noch ein Verschmelzungsverlust.

58 Gegenüber einer derartigen Einschränkung der Gewinnrealisierung ist freilich zu berücksichtigen, dass man die Verschmelzung auf die Muttergesellschaft mit einem Umsatzgeschäft zwischen Mutter und Tochter vergleichen kann. Es ist dann die Frage einer **Gewinnrealisierung im Konzern** betroffen[5]. Aus einem Umkehrschluss zu § 304 HGB, der eine Eliminierung von Gewinnen zwischen Konzernunternehmen zum Zwecke der Aufstellung des Konzernabschlusses verlangt, kann man schließen, dass Gewinnrealisierungen im Konzern grundsätzlich nicht ausgeschlossen sind. Wendet man das auf die Verschmelzung an, würde die hier geschilderte Restriktion in einem neuen Licht erscheinen. Das **Fazit** dürfte sein: Der Zeitwert der untergehenden Anteile ist **vorsichtig** zu ermitteln. Das gilt ins-

1 Etwa: *IDW*, RS HFA 42 Rz. 46; *Förschle/Hoffmann*, Rz. K 52; *W. Müller* in Kallmeyer, § 24 UmwG Rz. 31; *Hannappel* in Goutier/Knopf/Tulloch, § 24 UmwG Rz. 36; *Simon* in KölnKomm. UmwG, § 23 UmwG Rz. 77; a.A. *Hörtnagl* in Schmitt/Hörtnagl/Stratz, § 24 UmwG Rz. 44: zwingend Zeitwert des übergehenden Vermögens; anders *Moszka* in Semler/Stengel, § 24 UmwG Rz. 47: Zeitwert der Anteile.

2 *Priester* in FS Nirk, S. 893 (909); *M. Fischer*, DB 1995, 485 (486).

3 *Schulze-Osterloh*, ZGR 1993, 420 (437 f.); *M. Fischer*, DB 1995, 485 (486 f.); *Mujkanovic*, BB 1995, 1735 (1738); *Naumann* in FS Ludewig, S. 683 (693).

4 *Mujkanovic*, BB 1995, 1735 (1738).

5 Dazu *IDW*, Stellungnahme HFA 2/1982, WPg 1982, 548.

besondere für den Ansatz eines Geschäftswertes beim übernehmenden Rechtsträger[1].

e) Mischfälle

59 Ist die übernehmende Gesellschaft zu weniger als 100 % an der übertragenden beteiligt, findet die Verschmelzung teilweise gegen Kapitalerhöhung, teilweise gegen Wegfall der Beteiligung statt. Wir haben es dann mit einer zusammengesetzten Gegenleistung zu tun[2]. Soweit Dritten Anteile gewährt werden, stößt ein Zeitwertansatz nicht auf Bedenken. Eine quotale Wertaufstockung ist also unproblematisch[3]. Im Übrigen gilt die hier geforderte Vorsicht bei Gewinnrealisierungen (oben Rz. 58)[4].

60 Da die Anschaffungskosten hinsichtlich der neuen Anteile anders zu berechnen sind als diejenigen hinsichtlich der weggefallenen Beteiligung, sind die Gesamt-Anschaffungskosten auf die übertragenen Vermögensgegenstände **aufzuteilen**[5]. Soweit ein dabei entstehender Verschmelzungsgewinn auf die Kapitalerhöhung entfällt, ist er gem. § 272 Abs. 2 Nr. 1 HGB in die Kapitalrücklage einzustellen, soweit er auf die Beteiligung entfällt, wird er ergebniswirksam; wegen der Hingabe eigener Anteile vgl. oben Rz. 54. Ein Verschmelzungsverlust ist stets erfolgswirksam[6].

f) Verschmelzung Mutter auf Tochter (downstream merger)

61 Wird eine Muttergesellschaft auf ihre Tochtergesellschaft verschmolzen, fallen die Anteile der Mutter an der Tochter den Gesellschaftern der Mutter zu. Das geschieht nach h.M. unmittelbar, d.h. ohne **Durchgangserwerb** bei der Tochter (vgl. § 20 Rz. 60). Sie hat insoweit also auch nichts zu buchen. Bei der übernehmenden Gesellschaft ist infolgedessen nur das **Restvermögen** zu erfassen, also die übrigen Vermögensgegenstände der Mutter und deren Verbindlichkeiten. Als Wertansätze kommen die Buchwerte aus der Schlussbilanz, der Wert der Verbindlichkeiten (er-

---

1 I. Erg. ebenso *Hörtnagl* in Schmitt/Hörtnagl/Stratz, § 24 UmwG Rz. 45; *Moszka* in Semler/Stengel, § 24 UmwG Rz. 47; *Moszka* – wie vor – Rz. 62 empfiehlt die Einstellung in die Kapitalrücklage; ebenso *IDW*, RS HFA 42 Rz. 48.

2 *IDW*, RS HFA 42 Rz. 54f.

3 *Schulze-Osterloh*, ZGR 1993, 420 (438f.).

4 Demgegenüber lehnte *Schulze-Osterloh*, ZGR 1993, 420 (439) eine Aufstockung bei den Teilen des übertragenen Vermögens ab, die rechnerisch auf die übernehmende Gesellschaft entfallen.

5 *W. Müller* in Kallmeyer, § 24 UmwG Rz. 36; *Förschle/Hoffmann*, Rz. K 66; anders *Moszka* in Semler/Stengel, § 24 UmwG Rz. 52: Mischverschmelzung kein Sonderfall, da Anschaffungskosten nach gleichen Kriterien zu ermitteln; ebenso *Hörtnagl* in Schmitt/Hörtnagl/Stratz, § 24 UmwG Rz. 54.

6 *W. Müller* in Kallmeyer, § 24 UmwG Rz. 36; *Hörtnagl* in Schmitt/Hörtnagl/Stratz, § 24 UmwG Rz. 58.

folgsneutral) oder die Zeitwerte in Betracht[1]. Positive oder negative Differenzbeträge bilden einen Verschmelzungsgewinn oder -verlust[2].

62 War die Beteiligung an der Tochter der (im Wesentlichen) einzige Vermögensgegenstand der Mutter und überwiegend fremdfinanziert, kann es geschehen, dass ein zu Zeitwerten negatives Vermögen auf die Tochter übergeht. So etwas stößt bei einer Kapitalgesellschaft als übernehmendem Rechtsträger auf das Problem der **Kapitalerhaltung**[3]. Im Hinblick auf § 30 GmbHG wird man anzunehmen haben, dass eine solche Verschmelzung nur zulässig ist, wenn der Verlust das über das Stammkapital hinaus offen ausgewiesene Eigenkapital nicht übersteigt[4]. Durch den Ansatz eines Firmenwertes bei der Tochter[5] lässt sich der Verlust nicht beseitigen, da es sich der Sache nach um einen originären Firmenwert der Tochter handeln würde[6]. – In gravierenden Fällen können die Haftungsgrundsätze wegen existenzvernichtenden Eingriffs[7] zum Zuge kommen[8]. – Probleme können sich auch für **Minderheitsgesellschafter** der Tochter ergeben, deren Beteiligung Wertverluste erleidet. Hier ließe sich an einen Anspruch denken, dass ihre Anteile auf Verlangen gegen angemessene Abfindung übernommen werden[9].

63 Eine **Kapitalerhöhung** bei der übernehmenden Tochter ist nur insoweit erforderlich, als es bei ihr neben der Mutter weitere Anteilseigner gibt. Anderenfalls ist sie fakultativ, wenn die Anteile der Mutter voll eingezahlt sind, sonst verboten (§§ 54, 68 je Abs. 1 Satz 2 Nr. 2 bzw. Satz 1 Nr. 3 UmwG). Zu beachten ist aber immer, dass der Erhöhungsbetrag aus übergehendem Nettovermögen der Mutter dargestellt werden muss, und zwar ohne Ansatz der Beteiligung an der Tochter[10].

---

1 *W. Müller* in Kallmeyer, § 24 UmwG Rz. 39; *Simon* in KölnKomm. UmwG, § 24 UmwG Rz. 79; a.A. *Hörtnagl* in Schmitt/Hörtnagl/Stratz, § 24 UmwG Rz. 50: zwingend Zeitwerte; *Moszka* in Semler/Stengel, § 24 UmwG Rz. 50: übernommene Verbindlichkeiten als alleiniger Maßstab.

2 *W. Müller* in Kallmeyer, § 24 UmwG Rz. 39; a.A. *IDW*, RS HFA 42 Rz. 48; *Hörtnagl* in Schmitt/Hörtnagl/Stratz, § 24 UmwG Rz. 51: Kapitalrücklage gem. § 272 Abs. 2 Nr. 4 HGB.

3 Zum Kapitalschutz beim Down-stream-merger eingehend *Priester* in FS Spiegelberger, 2009, S. 890ff.

4 *Moszka* in Semler/Stengel, § 24 UmwG Rz. 48; ähnlich *W. Müller* in Kallmeyer, § 24 UmwG Rz. 40; *IDW*, RS HFA 42 Rz. 49; bei einer AG liegt ein Verstoß gegen § 57 AktG (Verbot der Einlagenrückgewähr) vor; *Förschle/Hoffmann*, Rz. K 68; *Louven/Weng*, BB 2006, 619 (623); *Koppensteiner* in FS H.P. Westermann, S. 1157 (1166 Fn. 53); a.A. *Bock*, GmbHR 2005, 1023 (1025ff.); ihm folgend *Enneking/Heckschen*, DB 2006, 1099 (1100): mangels „Auszahlung" kein Verstoß gegen § 30 GmbHG; einen Verstoß gegen § 57 AktG ablehnend *Riegger*, ZGR 2008, 233 (247).

5 Wie *Enneking/Heckschen*, DB 2006, 1099 (1100) dies im Anschluss an *Bock*, GmbHR 2005, 1023 (1029f.) vorschlagen.

6 So mit Recht *Förschle/Hoffmann*, Rz. K 67; ablehnend auch *K. Mertens*, AG 2005, 785 (786); *Klein/Stephanblome*, ZGR 2007, 351 (384ff.); *Koppensteiner* in FS H.P. Westermann, S. 1157 (1166).

7 Dazu näher *Lutter/Bayer* in Lutter/Hommelhoff, § 13 GmbHG Rz. 25ff.

8 *W. Müller* in Kallmeyer, § 24 UmwG Rz. 40; *Enneking/Heckschen*, DB 2006, 1099 (1100f.).

9 So *W. Müller* in Kallmeyer, § 24 UmwG Rz. 41f.

10 Ebenso *Simon* in KölnKomm. UmwG, § 24 UmwG Rz. 80f.

g) Verschmelzung ohne Anteilsgewährung

Ist der übernehmende Rechtsträger eine GmbH oder AG, lassen §§ 54 Abs. 1 Satz 3, 68 Abs. 1 Satz 3 UmwG den Verzicht der Anteilsinhaber des übertragenden Rechtsträgers auf eine Anteilsgewährung zu. Der Praktisch wichtigste Fall ist die Verschmelzung von **Schwestergesellschaften** (Side-stream-merger). Aus der Sicht des übernehmenden Rechtsträgers erbringt dieser für die Vermögensübertragung keine Gegenleistung[1]. 63a

Als **Wertansatz** für die so erworbenen Vermögensgegenstände kommt der Wert der übernommenen Verbindlichkeiten in Betracht. Diesenfalls erfolgt die Übernahme ergebnisneutral[2]. Als zulässig wird auch der Ansatz vorsichtig geschätzter Zeitwerte angesehen[3]. Dann entsteht zumeist ein Übernahmegewinn, der wegen des Einlagecharakters der Übertragung als sonstige Zuzahlung nach § 272 Abs. 2 Nr. 4 HGB in der Kapitalrücklage zu erfassen ist[4]. 63b

2. Buchwertverknüpfung

a) Begriff, Inhalt

Begrifflich versteht man unter „Buchwertansatz" bei der Verschmelzung die Übernahme der Wertansätze in der Schlussbilanz der übertragenden Gesellschaft. Sie war nach altem Recht die einzig zugelassene Bewertungsmethode (oben Rz. 1), heute steht sie zur Wahl, offen ist nur, ob uneingeschränkt (unten Rz. 82 ff.). 64

Inhaltlich bedeutet Buchwertverknüpfung zunächst Bindung des übernehmenden Rechtsträgers auf der Ansatzebene (dazu oben Rz. 38 ff.). Für die hier in Rede stehende Bewertungsebene hat die Buchwertverknüpfung eine strikte Bindung an die Bilanzierungsentscheidungen in der Schlussbilanz des übertragenden Rechtsträgers zur Folge[5]. Das gilt auch für Wertansätze, die bei der Übernehmerin wegen ihrer Rechtsform nicht zulässig sind. So hat etwa eine übernehmende Kapitalgesellschaft Unterbewertungen der übertragenden Personengesellschaft nach § 253 Abs. 4 HGB fortzuführen[6]. Fehlerhafte Wertansätze dürfen freilich nicht übernommen werden, sondern sind durch fehlerfreie zu ersetzen[7]. Latente Steuern (§ 274 HGB) sind nur insoweit fortzuführen, als deren Voraussetzungen auch nach der Verschmelzung noch bestehen[8]. 65

Die angesetzten Werte gelten als **Anschaffungskosten** des übernehmenden Rechtsträgers und – handelsrechtlich – nicht als Fortführung der bilanziellen Rechtsposition des Übertragenden[9]. Sie begrenzen damit das künftige **Zuschrei-** 66

---

1 *Hörtnagl* in Schmitt/Hörtnagl/Stratz, § 24 UmwG Rz. 53; *Simon* in KölnKomm. UmwG, § 24 UmwG Rz. 82.
2 *Simon* in KölnKomm. UmwG, § 24 UmwG Rz. 83.
3 *Hörtnagl* in Schmitt/Hörtnagl/Stratz, § 24 UmwG Rz. 54.
4 Wie hier *IDW*, RS HFA 42 Rz. 50, 48; *Hörtnagl* in Schmitt/Hörtnagl/Stratz, § 24 UmwG Rz. 55; a.A. *Simon* in KölnKomm. UmwG, § 24 UmwG Rz. 84: ergebniswirksam über GuV zu vereinnahmen.
5 *IDW*, RS HFA 42 Rz. 60.
6 *Förschle/Hoffmann*, Rz. K 85.
7 *Förschle/Hoffmann*, Rz. K 70.
8 *IDW*, RS HFA 42 Rz. 61.
9 *Hörtnagl* in Schmitt/Hörtnagl/Stratz, § 24 UmwG Rz. 72; *Schmitt/Hülsmann*, BB 2000, 1563 (1567 ff.).

bungspotential (vgl. oben Rz. 10). Die Bindung betrifft aber nur die Anschaffungskosten. Im Hinblick auf das Stetigkeitsgebot (§ 252 Abs. 1 Nr. 6 HGB) ist der übernehmende Rechtsträger an die Entscheidungen des übertragenden deshalb nicht gebunden[1]. Für die Bemessung der künftigen **Abschreibungen** ist die (Rest-)Nutzungsdauer neu zu schätzen[2]. **Anschaffungsnebenkosten** können nicht aktiviert werden, sondern sind als Aufwand zu erfassen[3].

67 **Rechnungslegungstechnisch** sind die übernommenen Werte mangels Übernahmebilanz (oben Rz. 21) vom Stichtag der Schlussbilanz an nach allgemeinen Grundsätzen bis zum Geschäftsjahresende des übernehmenden Rechtsträgers fortzuentwickeln[4].

b) Verschmelzungsverlust, Verschmelzungsgewinn

68 Bei Übernahme in das Rechenwerk der aufnehmenden Gesellschaft kommt es regelmäßig zu einer **Differenz** zwischen dem übergegangenen Netto-Vermögen und dem Nennwert der hingegebenen Anteile bzw. dem Buchwert der bisherigen Beteiligung der übernehmenden Gesellschaft an der übertragenden (vgl. oben Rz. 8).

69 Dieser Differenzbetrag kann und wird vielfach **negativ** sein: Das Nettovermögen liegt unter dem Ausgabebetrag der neuen Anteile aus der Kapitalerhöhung oder dem Buchwert der eigenen Anteile. Wir haben es dann mit einem **Verschmelzungsverlust** zu tun. Seine Ursache liegt in stillen Reserven oder einem Firmenwert der übertragenden Gesellschaft, die mit den Anteilen abgegolten werden, die ihren Gesellschaftern zu gewähren sind. Anderes gilt nur dann, wenn die übernehmende Gesellschaft vergleichsweise noch höhere stille Reserven aufweist. Dann kann das eingebrachte Vermögen trotz Buchwertansatz über dem Nennwert der hingegebenen Anteile liegen. Bei bestehender Beteiligung der übernehmenden an der übertragenden Gesellschaft kann der Verschmelzungsverlust darauf beruhen, dass beim seinerzeitigen Beteiligungserwerb stille Reserven mitbezahlt wurden, was zu einem Beteiligungsansatz geführt hat, der über den Buchwerten der einzelnen Vermögensgegenstände liegt.

70 Buch- und **bilanzierungsmäßig belastet** ein solcher Verschmelzungsverlust stets das **Jahresergebnis**. Wird dadurch die Vermögens- und Ertragslage der übernehmenden Gesellschaft erheblich beeinflusst, ist ein gesonderter Ausweis in der Gewinn- und Verlustrechnung – regelmäßig im Rahmen der außerordentlichen Aufwendungen und Erträge – oder eine Erläuterung im Anhang erforderlich[5]. Die vor dem UmwG 1994 bestehende Möglichkeit, ihn bei Ausgabe neuer Anteile – aber auch nur dann – durch eine Geschäftswertaktivierung zu neutralisieren (oben Rz. 2), ist mit dem geltenden Recht entfallen[6]. Ein Verschmelzungsverlust kann auch nicht durch Verrechnung mit den Rücklagen ausgeglichen werden[7]. Zur Fra-

---

1 *W. Müller* in Kallmeyer, § 24 UmwG Rz. 44 a.E.; *Widmann* in Widmann/Mayer, § 24 UmwG Rz. 358.
2 *Förschle/Hoffmann*, Rz. K 86.
3 *IDW*, RS HFA 42 Rz. 62; *Hörtnagl* in Schmitt/Hörtnagl/Stratz, § 24 UmwG Rz. 73.
4 *W. Müller* in Kallmeyer, § 24 UmwG Rz. 43.
5 *W. Müller* in Kallmeyer, § 24 UmwG Rz. 21.
6 Unstr.; vgl. nur *Hörtnagl* in Schmitt/Hörtnagl/Stratz, § 24 UmwG Rz. 76.
7 *IDW*, RS HFA 42 Rz. 70.

ge, ob ein sonst entstehender Verschmelzungsverlust zur Aufstockung der Buchwerte verpflichtet, vgl. unten Rz. 86.

71 Möglich ist andererseits, dass ein **positiver Differenzbetrag** auftritt. Seine **Bilanzierung** hängt davon ab, wie die Verschmelzung durchgeführt wird. Bei einer **Kapitalerhöhung** stellt der Verschmelzungsgewinn ein Agio dar, das gem. § 272 Abs. 2 Nr. 1 HGB in die Kapitalrücklage einzustellen ist[1]. – Gleiches sollte für den Fall gelten, dass die übernehmende Gesellschaft als Gegenleistung **eigene Anteile** gewährt[2]. Es ist zwar richtig, dass Gewinne aus der Verwertung eigener Anteile im Grundsatz nicht der Kapitalrücklage zuzuführen sind[3]. Hier überwiegt aber die Parallele zur Ausgabe neuer Anteile, denn die Gewährung eigener Anteile wird vom Gesetz als Ersatzlösung für die Kapitalerhöhung gesehen (vgl. § 54 Satz 2 Nr. 1 UmwG). Wegen der Parallelität zur Kapitalerhöhung erscheint es auch zutreffend, den Mehrbetrag nicht in die Rücklage nach § 272 Abs. 2 Nr. 4, sondern Nr. 1 HGB einzustellen. – Bei Verschmelzung auf eine Personenhandelsgesellschaft sind mangels dort vorgesehener Kapitalrücklage die Kapitalkonten der Gesellschafter beteiligungsproportional zu dotieren[4], und zwar sowohl der bisherigen als auch der neuen. Bei Vereinen geht der Mehrbetrag ins Vereinsvermögen[5]. – Soweit die übernehmende Gesellschaft an der übertragenden **beteiligt ist**, bildet der Verschmelzungsgewinn einen laufenden Ertrag des Geschäftsjahres, eine Einstellung in die Kapitalrücklage scheidet aus[6].

72 Vorstehendes gilt nicht, wenn der **Buchwert** des übertragenen Vermögens **über** seinen **Zeitwert** liegt, etwa wegen nach Art. 28 Abs. 1 EGHGB nicht passivierter Pensionsverpflichtungen. Hier hat der Unterschied Verpflichtungscharakter. Die Schuld muss deshalb bilanziert werden (vgl. oben Rz. 35)[7].

73 Nicht zu den Übernahmegewinnen im vorstehenden Sinne gehören etwaige **Übernahmefolgegewinne**. Sie entstehen insbesondere dann, wenn zwischen den beteiligten Gesellschaften gegenseitig Forderungen und Verbindlichkeiten bestehen, die nicht in identischer Höhe ausgewiesen sind. Grund dafür sind vorangegangene Wertberichtigungen beim Forderungsinhaber. Ihr Erlöschen durch Konfusion führt zu laufendem Gewinn beim Übernehmer[8].

---

1 *W. Müller* in Kallmeyer, § 24 UmwG Rz. 47; *Moszka* in Semler/Stengel, § 24 UmwG Rz. 62; a.A. *Kremer*, DB 1989, 492 ff.: in Gewinnrücklagen.

2 Ebenso *IDW*, RS HFA 42 Rz. 68; *Schulze-Osterloh*, ZGR 1993, 420 (437) unter Hinweis auf die Behandlung verdeckter Einlagen; i. Erg. auch *Moszka* in Semler/Stengel, § 24 UmwG Rz. 62; *Hörtnagl* in Schmitt/Hörtnagl/Stratz, § 24 UmwG Rz. 41, Simon in Köln-Komm. UmwG, § 24 UmwG Rz. 93; die allerdings nicht § 272 Abs. 2 Nr. 1, sondern Nr. 4 HGB (sonstige Zuzahlungen) anwenden wollen; abw. *Hense* in IDW, S. 178 f.; *Hannappel* in Goutier/Knopf/Tulloch, § 24 UmwG Rz. 17; *W. Müller* in Kallmeyer, § 24 UmwG Rz. 48: laufender Gewinn. Gegen eine Einstellung in Rücklagen auch *Koppensteiner* in FS H.P. Westermann, S. 1157 (1163).

3 So mit Recht *Hense* in IDW, S. 179.

4 *W. Müller* in Kallmeyer, § 24 UmwG Rz. 47, allerdings mit der Maßgabe, dass bei Gesellschaften, die unter § 264a HGB fallen, gem. § 264c Abs. 2 Satz 1 HGB die Einstellung in eine Rücklage erfolgen muss.

5 *Hörtnagl* in Schmitt/Hörtnagl/Stratz, § 24 UmwG Rz. 77.

6 *Hense* in IDW, S. 180.

7 *Förschle/Hoffmann*, Rz. K 89.

8 *Moszka* in Semler/Stengel, § 24 UmwG Rz. 63; ähnlich *Förschle/Hoffmann*, Rz. K 74; anders bei Neubewertung, § 24 Rz. 48.

V. Wahlrecht

1. Gesetzliches Konzept

74 In § 24 UmwG heißt es, „in den Jahresbilanzen des übernehmenden Rechtsträgers können als Anschaffungskosten i.S.d. § 253 Abs. 1 HGB auch die in der Schlussbilanz ... angesetzten Werte angesetzt werden." Dieser **Wortlaut** lässt deutlich auf ein dem Bilanzierenden eingeräumtes **Wahlrecht** schließen. Die Gesetzesformulierung hat das Schrifttum allerdings nicht daran gehindert, über etwaige ungeschriebene Einschränkungen des Wahlrechts nachzudenken.

75 In der **Begründung** wird ausgeführt, die strikte Buchwertverknüpfung des alten Rechts habe das Anschaffungswertprinzip des § 253 Abs. 1 HGB durchbrochen. Es habe ferner dazu geführt, dass bei der übernehmenden Gesellschaft Verluste entstehen, die den Wert der Anteile ihrer bisherigen Gesellschafter mindern, obwohl wirtschaftlich eine Wertminderung nicht eingetreten ist. Der früher zulässige aktive Ausgleichsposten habe dieses Problem nicht lösen können, da er nur eine Bilanzierungshilfe und in nicht mehr als fünf Jahren aufzulösen gewesen sei. Zur Vermeidung solcher Verluste habe man die strikte Buchwertverknüpfung abgemildert und durch ein – wie es wörtlich heißt – Wahlrecht ersetzt. Gleichzeitig würden auch alle Zweifel ausgeräumt, inwieweit die strenge Buchwertfortführung mit den Grundsätzen der 4. und 7. gesellschaftsrechtlichen EG-Richtlinie vereinbar sei[1].

76 Man muss diese Entscheidung des Gesetzgebers vor ihrem **Hintergrund** sehen. Dazu gehört einerseits, dass die Buchwertfortführung des alten Rechts auf der Vorstellung einer Bilanzkontinuität beruhte und willkürliche Neubewertungen verhindern sollte[2]. Dazu gehören andererseits aber auch betriebswirtschaftlich begründete Bedenken gegen die Buchwertfortführung in der vorangegangenen Diskussion.

2. Ausübung

a) Einheitlichkeit

77 Das Wahlrecht der Buchwertverknüpfung kann nach allgemeiner Ansicht nur einheitlich ausgeübt werden. Es müssen also alle übernommenen Vermögensgegenstände und Schulden entweder mit dem Buchwert in der Schlussbilanz oder mit einem anderen als Anschaffungskosten zulässigen Wert angesetzt werden. Das gilt auch bei sog. Mischfällen, also dann, wenn die Verschmelzung teilweise mit und teilweise ohne Anteilsgewährung stattfindet. Eine selektive Ausübung für einzelne Vermögensteile eines übertragenden Rechtsträgers ist nicht zulässig[3]. Bei einer kombinierten Verschmelzung mehrerer Überträger ist allerdings eine unterschiedliche Ausübung für jedes übergehende Vermögen möglich[4].

1 BegrRegE § 24, *Ganske*, S. 65 f.

2 *Grunewald* in G/H/E/K, § 348 AktG Rz. 3; *Kraft* in KölnKomm. AktG, § 348 AktG Rz. 2.

3 Allg. A.; *Hörtnagl* in Schmitt/Hörtnagl/Stratz, § 24 UmwG Rz. 85; *Moszka* in Semler/Stengel, § 24 UmwG Rz. 74; *Widmann* in Widmann/Mayer, § 24 UmwG Rz. 311; *Naumann* in FS Ludewig, S. 683 (709); *Angermeyer*, DB 1998, 145 (149).

4 *Pohl*, S. 131, 139; *W. Müller* in Kallmeyer, § 24 UmwG Rz. 17; *Hörtnagl* in Schmitt/Hörtnagl/Stratz, § 24 UmwG Rz. 85.

b) Organzuständigkeit

Die Zuständigkeit für die Ausübung des Wahlrechts ist in § 24 UmwG **nicht geregelt**. Man könnte auf die allgemeinen Grundsätze für die Feststellung des Jahresabschlusses rekurrieren und käme damit zu dem Organ, das insoweit berufen ist[1]. Für das GmbH-Recht liegt diese Kompetenz bei den Gesellschaftern (§ 46 Nr. 1 GmbHG). Gleiches gilt für die Personengesellschaften, und zwar auch für die Kommanditgesellschaft, bei der nach heutiger Auffassung die Kommanditisten am Feststellungsbeschluss beteiligt sind[2]. Anders sieht es im Aktienrecht aus. Dort sind Vorstand und Aufsichtsrat zur Abschlussfeststellung berufen (§ 172 Satz 1 AktG). 78

Richtiger erscheint jedoch, die Entscheidungskompetenz grundsätzlich bei den **Gesellschaftern** zu verorten[3]. Die Wahlrechtsausübung ist zwar vorderhand eine bilanzielle Entscheidung, beeinflusst aber über die Höhe der Wertansätze das Jahresergebnis und dadurch das mögliche Ausschüttungsvolumen. Damit ist die Gewinnverwendung und mit ihr die Rechtsstellung der Gesellschafter betroffen. Die Wahlrechtsentscheidung bildet deshalb einen Teil des Verschmelzungsvorgangs. Insoweit sind aber – eben wegen des Eingriffs in ihre Rechte (vgl. § 13 Rz. 4) – stets die Anteilseigner berufen (§ 13 Abs. 1 Satz 1 UmwG). Der Vermögensübergang bei Verschmelzung ist der Sache nach kein laufender Geschäftsvorfall, mag er auch hinsichtlich der buchhaltungstechnischen Erfassung der einzelnen Vermögensgegenstände als solcher behandelt werden (oben Rz. 21). Diese betrifft allein das Mengengerüst, nicht aber die Bewertungsentscheidung. 79

Wegen der Zuständigkeit der Gesellschafter für die Verschmelzung wird man ihnen eine **Annexkompetenz** zur Wahlrechtsausübung auch dort zumessen müssen, wo ihnen die Abschlussfeststellung kraft Gesetzes – wie bei der AG – oder aufgrund Gesellschaftsvertrages – wie gegebenenfalls bei GmbH und Personengesellschaften – nicht obliegt. 80

Die praktisch einfachste Vollzugsform dieser **Wahlrechtsentscheidung** sind entsprechende Festlegungen im Verschmelzungsvertrag[4], was in praxi auch nicht selten vorkommt. In der Zustimmung zur Verschmelzung liegt dann die Wahlrechtsausübung. Eine Ausübung des Wahlrechts wird man auch in der Festlegung des Ausgabebetrages der neuen Anteile sehen können: Ist der Buchwertsaldo des übertragenen Vermögens niedriger, liegt darin im Zweifel eine Entscheidung zugunsten entsprechender Aufstockungen und damit gegen eine Buchwertfortführung[5]. Wollen die Gesellschafter das nicht, müssen sie ausdrücklich einen abweichenden Beschluss fassen. Machen die Anteilseigner von diesen Möglichkeiten keinen Gebrauch, ermächtigen sie das Feststellungsorgan, die Wahl zu treffen. – Nach- 81

---

1 So *Moszka* in Semler/Stengel, § 24 UmwG Rz. 65; *Widmann* in Widmann/Mayer, § 24 UmwG Rz. 399; im Grundsatz auch *W. Müller* in Kallmeyer, § 24 UmwG Rz. 17, 50. Anders *Simon* in KölnKomm. UmwG, § 24 UmwG Rz. 32f., 36, der das Aufstellungsorgan als zuständig ansieht, das aber verpflichtet sein könne, auf Ausschüttungsineteressen Rücksicht zu nehmen, *Simon* in KölnKomm. UmwG, § 24 UmwG Rz. 40.

2 BGH v. 29.3.1996 – II ZR 263/94, BGHZ 132, 263 (266f., 272ff.) = DB 1996, 926 (927, 929f.); BGH v. 15.1.2007 – II ZR 245/05, Rz. 6 BGHZ 170, 283 = DB 2007, 564 (Otto).

3 Abw. *Moszka* in Semler/Stengel, § 24 UmwG Rz. 68f. für die AG.

4 So auch *Moszka* in Semler/Stengel, § 24 UmwG Rz. 70f.; *Hörtnagl* in Schmitt/Hörtnagl/Stratz, § 24 UmwG Rz. 88.

5 *W. Müller*, WPg 1996, 857 (864).

trägliche **Abweichungen** von der Wahlrechtsentscheidung im Verschmelzungsvertrag erfordern dessen Änderung. Ist der übertragende Rechtsträger durch Eintragung der Verschmelzung erloschen, können die Anteilseigner des übertragenden und des übernehmenden Rechtsträgers jeweils durch Sonderbeschlüsse mit vertragsändernder Mehrheit Abweichungen billigen[1] – Für die Verschmelzung zur **Neugründung** gilt das Vorstehende gleichermaßen, jedenfalls dann, wenn man verlangt, dass die Eröffnungsbilanz durch einen entsprechenden Beschluss festgestellt werden muss[2].

3. Ungeschriebene Einschränkungen?

a) Einblicksgebot

82 Von den Kritikern der alten Buchwertfortführung wurde in erster Linie geltend gemacht, im Vermögen der übertragenden Gesellschaft seien regelmäßig stille Reserven enthalten, die bei einer Buchwertverknüpfung auf die übernehmende Gesellschaft übertragen würden. Deren künftige Abschreibungen auf das übernommene Vermögen fielen infolge solchermaßen zu niedriger Wertansätze geringer aus, als dies bei betriebswirtschaftlicher Betrachtung erforderlich wäre. Die Werte seien in einem anderen Unternehmen gebildet und könnten die wirtschaftlichen Vorgänge im übernehmenden Unternehmen nicht zutreffend abbilden. Der Gedanke der **Bilanzkontinuität** entspreche den Realitäten nicht, denn das übertragende Unternehmen werde in das übernehmende integriert. Die Buchwertfortführung verstoße schließlich auch gegen das Einblicksgebot der 4. EG-Richtlinie, wie es in § 264 Abs. 2 Satz 1 HGB seinen Niederschlag gefunden habe[3].

83 Diese Argumente geben Anlass zur Frage, ob das Wahlrecht des § 24 UmwG etwa durch allgemeine Rechnungslegungsgrundsätze eingeschränkt ist[4]. Die radikale These wäre, das Einblicksgebot des § 264 Abs. 2 Satz 1 HGB und die Grundsätze ordnungsmäßiger Buchführung (§ 252 Abs. 1 HGB) machten stets einen Ansatz der Zeitwerte erforderlich. Abgemildert könnte man meinen, da die Bewertung zu Anschaffungskosten die Regel bilde (oben Rz. 5), müsse eine Buchwertfortführung jeweils gerechtfertigt werden.

84 Einer derartigen Position ist jedoch nicht zuzustimmen. Zunächst einmal: Die Bestimmung des § 264 Abs. 2 Satz 1 HGB geht dem § 24 UmwG nicht vor, Letzterer ist vielmehr lex specialis, nicht umgekehrt[5]. Sodann: Die **Aufstockung** ist selbstverständlich zulässig. Sie wird auch vielfach unverzichtbar sein, wenn bei Ausgabe neuer Anteile ein entsprechendes Nettovermögen bilanziell dargestellt werden soll[6]. Ein Interesse an der Buchwertfortführung kann sich andererseits vor allem aus steuerrechtlichen Überlegungen ergeben. Auch wenn der Maßgeblichkeitsgrundsatz durch das BilMoG (oben Rz. 3a) aufgegeben wurde[7]und damit nicht

1 *W. Müller* in Kallmeyer, § 24 UmwG Rz. 18.
2 Was *Winnefeld*, Rz. N 101 gegen die wohl h.M. mit Recht tut; ihm folgend *Moszka* in Semler/Stengel, § 24 UmwG Rz. 67.
3 So vor allem eingehend *Schulze-Osterloh*, ZGR 1993, 420 (425 ff.).
4 Überlegungen dazu in der Stellungnahme des IDW zum RefE, WPg 1992, 613 (614 f.).
5 Ebenso: *Moszka* in Semler/Stengel, § 24 UmwG Rz. 79; *Scherrer* in FS Claussen, S. 743 (747); *Simon* in KölnKomm. UmwG, § 24 UmwG Rz. 46.
6 Wegen einer Erforderlichkeit solcher Aufstockung vgl. unten Rz. 88 f.
7 Vgl. *Moszka* in Semler/Stengel, § 24 UmwG Rz. 10.

mehr zur Beibehaltung der bisherigen Werte zwingt, so käme es doch zu einem Auseinanderlaufen von Handels- und Steuerbilanz. Eine solche Divergenz ist aus praktischer Sicht vor allem bei mittleren und noch mehr bei kleineren Unternehmen wenig wünschenswert. Man sollte daher die Entscheidung des Gesetzgebers respektieren, wonach eine Buchwertfortführung in der Handelsbilanz zulässig ist. Jedenfalls dürfte die weitere Entwicklung hier ihren Ausgangspunkt zu nehmen haben.

Umgekehrt könnte sich eine **Einschränkung** des **Anschaffungswertprinzips** ergeben, wenn die Buchwerte des übernommenen Vermögens höher liegen als der Beteiligungsansatz bei der übernehmenden Gesellschaft. Hier könnte man sich fragen, ob dieser niedrige Ansatz gewählt werden darf oder eine Bewertung zu den höheren Buchwerten in der Schlussbilanz der übertragenden Gesellschaft erforderlich ist. Geschähe das nicht, würden bei der übernehmenden Gesellschaft in Höhe der Differenz stille Reserven gelegt. Im Hinblick darauf, dass sich der Gesetzgeber den Buchwert offenbar als Untergrenze vorgestellt hat, sollte man bei ihm bleiben[1]. Anderes gilt selbstverständlich dann, wenn die Zeitwerte des Vermögens etwa geringer sind als die Buchwerte[2]. 85

b) Ausschüttungsinteressen

Liegt der Buchwert des übertragenen Vermögens unter dem Beteiligungsansatz in den Büchern der übernehmenden Gesellschaft oder dem Ausgabebetrag der von ihr gewährten Anteile, entsteht bei Buchwertfortführung ein Verschmelzungsverlust der übernehmenden Kapitalgesellschaft (oben Rz. 69f.). In solchen Fällen wird eine entsprechende **Aufstockung** für erforderlich gehalten[3]. Auch insoweit ist zwar im Grundsatz das Wahlrecht des § 24 UmmG anzuerkennen. Anders als im Hinblick auf die Übertragung stiller Reserven (oben Rz. 84) sollte hier aber gelten, dass eine zur Entstehung von Verschmelzungsverlusten führende Bilanzierung im Gesellschafterinteresse einer **besonderen Rechtfertigung** bedarf, da sie das Ausschüttungsvolumen schmälert[4]. Dafür spricht nicht zuletzt, dass der Gesetzgeber seine Abkehr von der früher zwingenden Buchwertverknüpfung gerade mit der Vermeidung solcher Verluste begründet hat (oben Rz. 75). 86

c) Kapitalaufbringung

Erfolgt die Verschmelzung auf eine Kapitalgesellschaft gegen Gewährung von Gesellschaftsrechten, so muss deren Ausgabebetrag, also in jedem Fall der Nennwert, durch entsprechendes Nettovermögen gedeckt sein, das von der übertragen- 87

1 Abw. *Weilep*, DB 1998, 2130 (2131f.).
2 Ebenso *Simon* in KölnKomm. UmwG, § 24 UmwG Rz. 47.
3 *Hannappel* in Goutier/Knopf/Tulloch, § 24 UmwG Rz. 21; *Hense* in IDW, S. 180f.; ähnlich *M. Fischer*, DB 1995, 485 (487); an einer Buchwertfortführung diesenfalls zweifelnd auch *ADS*, § 255 HGB Rz. 99; vgl. ferner *Naumann* in FS Ludewig, S. 683 (711ff.), der eine Buchwertverknüpfung für den Fall ablehnt, dass von der Erleichterungsregel des § 62 Abs. 1 Satz 1 UmwG Gebrauch gemacht werden soll.
4 Im Ansatz auch *W. Müller* in Kallmeyer, § 24 UmwG Rz. 51: Willkürfreiheit geboten; anders dagegen: *Moszka* in Semler/Stengel, § 24 UmwG Rz. 80; *Förschle/Hoffmann*, § 24 Rz. 93; *Simon* in KölnKomm. UmwG, § 24 UmwG Rz. 39: im Grundsatz keine Einschränkung der Buchwertfortführung durch Ausschüttungsinteressen.

den Gesellschaft auf die übernehmende übergeht. Das fordert der Grundsatz realer Kapitalaufbringung[1], dessen Einhaltung der Registerrichter zu prüfen hat. Insoweit herrscht kein Streit.

88 Problematisch ist dagegen, inwieweit dieser Kapitalaufbringungsgrundsatz zu einer Einschränkung der Buchwertverknüpfung führt. Hierzu wird teilweise vertreten, der Bilanzansatz des übergehenden Vermögens müsse dem Ausgabebetrag entsprechen. Es genüge also nicht, wenn der Zeitwert des Vermögens den Ausgabebetrag der Anteile abdecke. Auch eine bloß nominelle Unterpariemission sei nicht zulässig[2].

89 Dem sollte so nicht gefolgt werden. Schon aus Gründen des Bilanzbildes wird man regelmäßig eine Wertaufstockung dahin vornehmen, dass das entsprechende Eigenkapital durch die bilanziellen Werte gedeckt ist. Zwingend erforderlich erscheint das jedoch nicht. Es genügt, wenn die Werthaltigkeit des Saldos zu Zeitwerten für die Kapitalprüfung des Handelsregisters dokumentiert werden kann. Wenn beim Formwechsel für die Kapitaldeckung gem. § 220 UmwG eine separate Wertnachweisrechnung ausreichen soll[3], müsste das konsequenterweise auch für das Wahlrecht aus § 24 UmwG gelten[4]. Das Kapital wird nicht aus künftigen Gewinnen aufgebracht[5], sondern ist real vorhanden. Der auszuweisende Verlust sperrt vielmehr Ausschüttungen und bietet damit zusätzlichen Gläubigerschutz[6]. – Etwas anderes ergibt sich auch nicht aus den Vorschriften der § 92 Abs. 1 AktG, § 49 Abs. 3 GmbHG[7]. Selbst wenn die unterlassene Wertaufstockung im Einzelfall alsbald eine Anzeige erforderlich machen sollte, dass die Hälfte des Nennkapitals verloren ist: Die Bestimmungen dienen der – hier wenig bedeutsamen – Information der Gesellschafter, ohne weitere Folgen auszulösen[8].

4. Anwachsung

89a Scheidet der vorletzte Gesellschafter einer Personengesellschaft aus dieser aus, kommt es nach § 738 Abs. 1 Satz 1 BGB zu einer Anwachsung. Die Vermögensgegenstände und Schulden der Gesellschaft gehen durch Gesamtrechtsnachfolge auf den letzten verbleibenden Gesellschafter über. Die Gestaltungspraxis macht von diesem Anwachsungsmodell vielfach für den Übergang des Vermögens einer GmbH & Co. KG auf die Komplementär-GmbH Gebrauch. Die Vorschrift des § 24 UmwG kommt hier jedenfalls unmittelbar nicht zum Zuge. Streitig ist, ob sie entsprechend angewendet werden kann. Ein Teil des Schrifttums lehnt dies

---

1 Statt vieler: *Karsten Schmidt*, GesR, § 20 III 4a, S. 584f.

2 *Pohl*, S. 128ff.; *W. Müller* in FS Clemm, S. 243 (251ff.); *W. Müller*, WPg. 1996, 857 (864); *W. Müller* in Kallmeyer, § 24 UmwG Rz. 18.

3 Nachweise zum Streitstand bei *Schlitt* in Semler/Stengel, § 220 UmwG Rz. 23.

4 Ebenso *Förschle/Hoffmann*, Rz. I 91; *Moszka* in Semler/Stengel, § 24 UmwG Rz. 81; *Simon* in KölnKomm. UmwG, § 24 UmwG Rz. 43f.

5 So aber *W. Müller* in FS Clemm, S. 243 (253).

6 Zu diesem Komplex näher *Priester*, GmbHR 1999, 1273.

7 Wie *W. Müller* in Kallmeyer, § 24 UmwG Rz. 18 meint.

8 So jedenfalls die h.M.: BGH v. 9.7.1979 – II ZR 211/76, NJW 1979, 1829 (1831) (Herstatt); *Priester*, ZGR 1999, 533 (536f.); für das Aktienrecht: *Habersack* in Großkomm. AktG, § 92 AktG Rz. 1; *Hüffer*, § 92 AktG Rz. 1; für das GmbH-Recht: *Hüffer* in Ulmer, § 49 GmbHG Rz. 21, 28; *Seibt* in Scholz, § 49 GmbHG Rz. 23.

unter Hinweis auf eine Kollision mit § 1 Abs. 2 UmwG ab[1]. Sachgerecht erscheint jedoch eine analoge Anwendung von § 24 UmwG, da die Anwachsung in ihren rechtlichen Wirkungen der Verschmelzung nach dem UmwG entspricht[2]. Der letzte verbleibende Gesellschafter, im geschilderten Fall die Komplementär-GmbH, kann die Vermögensgegenstände und Schulden der Gesellschaft dementsprechend mit den Buchwerten im Anwachsungszeitpunkt fortführen oder nach den allgemeinen Vorschriften der §§ 253, 255 HGB bewerten[3].

VI. Steuerrecht

Steuerrechtlich bietet sich für die Verschmelzung von **Kapital- auf Personengesellschaften** bzw. von **Kapital- auf Kapitalgesellschaften** ein geradezu **umgekehrtes Bild:** Gem. §§ 3, 11 UmwStG können die Wirtschaftsgüter in der steuerlichen Schlussbilanz der übertragenden Körperschaft mit dem Buchwert oder einem höheren Wert, höchstens jedoch den Teilwert angesetzt werden. An diese Werte ist die übernehmende Gesellschaft dann gebunden (§§ 4 Abs. 1, 12 Abs. 1 UmwStG). Anders als nach Handelsrecht ist das **Aufstockungswahlrecht** damit **steuerrechtlich** bei der **übertragenden** und nicht bei der übernehmenden Gesellschaft angesiedelt. 90

Anders geregelt ist freilich die Verschmelzung einer **Personengesellschaft auf** eine **Kapitalgesellschaft**. Sie wird vom Steuerrecht als Sacheinlage angesehen (§ 20 UmwStG). Die übernehmende Kapitalgesellschaft darf das eingebrachte Betriebsvermögen mit dem Buchwert oder einem höheren Wert ansetzen, wobei die Teilwerte die Obergrenze bilden (§ 20 Abs. 2 Satz 1 UmwStG). – Ähnlich sieht es bei der Verschmelzung **zweier Personengesellschaften** aus, die sich steuerrechtlich nach § 24 UmwStG regelt. Insoweit räumt auch § 24 Abs. 2 UmwG der übernehmenden Gesellschaft ein Wahlrecht ein. Sie kann das eingebrachte Betriebsvermögen in ihrer Bilanz einschließlich der Ergänzungsbilanzen ihrer Gesellschafter mit dem Buchwert, einem höheren Wert oder dem Teilrecht ansetzen. 91

Wegen **Einzelheiten** wird auf die ausführliche Darstellung im Anh. 1 nach § 122l verwiesen. 92

VII. Transnationale Aspekte

1. Internationale Rechnungslegungsstandards

Die in § 24 UmwG angesprochene „Jahresbilanz" ist – wie die Bezugnahme auf § 253 Abs. 1 HGB zeigt – der Abschluss nach § 242 Abs. 1 oder Abs. 2 HGB. Auch wenn der übernehmende Rechtsträger in seinem Konzernabschluss zwingend oder freiwillig nach internationalen Rechnungslegungsstandards (**IAS/IFRS**)[4] bilanziert oder gem. § 325 Abs. 2a UmwG für Veröffentlichungszwecke einen Jah- 93

1 *Ekkenga* in KölnKomm. Rechnungslegungsrecht, § 255 HGB Rz. 30 unter Berufung auf *Heckschen/Gassen*, GWR 2010, 101 (105).
2 *IDW*, RS HFA 42 Rz. 93; *Förster/Ernst*, DB 1997, 241 (243); *Moszka* in Semler/Stengel, § 24 UmwG Rz. 88.
3 *IDW*, RS HFA 42 Rz. 94.
4 § 315a HGB i.V.m. Art. 4 VO(EG) Nr. 1606/2002 v. 19.7.2002, ABl. EG Nr. L 243/1.

resabschluss nach diesen Regeln aufstellt, hat er, soweit er Kaufmann ist, stets eine **HGB-Einzelbilanz** aufzustellen[1]. Für diese gilt **§ 24 UmwG**[2].

94 Nach **IFRS 3.4** sind Unternehmenszusammenschlüsse nach der sog. Erwerbsmethode zu bilanzieren. Das bedeutet: Als Anschaffungskosten sind die entrichteten Gegenleistungen (gewährte Anteile, untergegangene Beteiligung) anzusetzen. Die von § 24 UmwG gestattete **Buchwertverknüpfung** mit der Schlussbilanz des übertragenden Rechtsträgers ist dementsprechend nach internationalen Rechnungslegungsstandards **nicht** zulässig[3].

2. Grenzüberschreitende Verschmelzung

95 Sowohl die **SE-Verordnung**[4] als auch die **Verschmelzungsrichtlinie**[5] und die dazu ergangenen Ausführungsgesetze[6] haben **keine Änderung** des **§ 24 UmwG** mit sich gebracht. Die genannten Regelwerke enthalten selbst keine ausdrücklichen Bestimmungen zur Rechnungslegung. Über die Generalverweisung auf das nationale Recht (Art. 18 SE-VO) ist also § 24 UmwG anwendbar[7].

96 Aus der Sicht des § 24 UmwG bedeutet das: Bei der **Hereinverschmelzung** nach Deutschland kann der übernehmende Rechtsträger zunächst nach allgemeinen Grundsätzen zu Anschaffungskosten bewerten. Er kann aber **auch** von dem Wahlrecht der **Buchwertfortführung** Gebrauch machen und die Werte der ausländischen – nach deren Regeln aufgestellten – Schlussbilanz übernehmen[8]. Voraussetzung ist allerdings, dass der übertragende Rechtsträger nach seinem nationalen Recht oder kraft Vereinbarung im Verschmelzungsplan eine Schlussbilanz aufstellen muss[9]. Eine Einschränkung besteht nur insoweit, als auf den ersten Jahresabschluss nach Einbuchung des übernommenen Vermögens ausschließlich deutsches Rechnungslegungsrecht Anwendung findet. Spätestens hier sind deshalb **Korrekturen** vorzunehmen, wenn Posten nach deutschem Bilanzrecht **zwingend** anders zu beurteilen sind[10].

97 Bei der **Hinausverschmelzung**, also der Übertragung einer deutschen Kapitalgesellschaft auf eine ausländische, ist § 24 UmwG nicht betroffen. Einschlägig ist hier vielmehr § 17 UmwG (§ 122k Abs. 1 Satz 2 UmwG). Für die solchermaßen zu errichtende Schlussbilanz bestehen keine Unterschiede gegenüber einer Schlussbilanz bei inländischer Verschmelzung. Sie muss den deutschen handelsrechtlichen Regelungen entsprechen, während Anpassungen an die Ansatz- und Bewer-

1 Statt vieler: *Merkt* in Baumbach/Hopt, § 325 HGB Rz. 7.
2 Unstr.; *W. Müller* in Kallmeyer, § 24 UmwG Rz. 61; *Moszka* in Semler/Stengel, § 24 UmwG Rz. 1.
3 Dazu *W. Müller* in Kallmeyer, § 24 UmwG Rz. 61; *Simon* in KölnKomm. UmwG, § 24 UmwG Rz. 95.
4 VO (EG) Nr. 2157/2001, ABl. Nr. L 294/1.
5 Richtlinie 2005/56/EG v. 26.10.2005, ABl. Nr. L 310/1; s. unten Anh. V, S. 3481 ff.
6 Gesetz zur Einführung der Europäischen Gesellschaft (SEEG), BGBl. I 2004, S. 3675 ff.; 2. Gesetz zur Änderung des UmwG v. 19.4.2007, BGBl. I, S. 542 ff.
7 *W. Müller* in Kallmeyer, § 24 UmwG Rz. 62 ff.
8 *IDW*, RS HFA 42 Rz. 87 ff.
9 *W. Müller* in FS Raupach, S. 261 (271).
10 *W. Müller* in FS Raupach, S. 261 (272); *Simon* in KölnKomm. UmwG, § 24 UmwG Rz. 97.

tungsmethoden der übernehmenden ausländischen Gesellschaft nicht erfolgen dürfen[1]. Die Übernahmebilanzierung bei der ausländischen Gesellschaft richtet sich dann nach den Vorschriften ihres Sitzstaates[2].

§ 25
Schadenersatzpflicht der Verwaltungsträger der übertragenden Rechtsträger

(1) Die Mitglieder des Vertretungsorgans und, wenn ein Aufsichtsorgan vorhanden ist, des Aufsichtsorgans eines übertragenden Rechtsträgers sind als Gesamtschuldner zum Ersatz des Schadens verpflichtet, den dieser Rechtsträger, seine Anteilsinhaber oder seine Gläubiger durch die Verschmelzung erleiden. Mitglieder der Organe, die bei der Prüfung der Vermögenslage der Rechtsträger und beim Abschluss des Verschmelzungsvertrags ihre Sorgfaltspflicht beobachtet haben, sind von der Ersatzpflicht befreit.

(2) Für diese Ansprüche sowie weitere Ansprüche, die sich für und gegen den übertragenden Rechtsträger nach den allgemeinen Vorschriften aufgrund der Verschmelzung ergeben, gilt dieser Rechtsträger als fortbestehend. Forderungen und Verbindlichkeiten vereinigen sich insoweit durch die Verschmelzung nicht.

(3) Die Ansprüche aus Absatz 1 verjähren in fünf Jahren seit dem Tage, an dem die Eintragung der Verschmelzung in das Register des Sitzes des übernehmenden Rechtsträgers nach § 19 Abs. 3 bekannt gemacht worden ist.

Literatur

Blasche/Söntgerath, Verschmelzung: Möglichkeiten des übertragenden Rechtsträgers zur Einflussnahme auf die Geschäftspolitik des übernehmenden Rechtsträgers, BB 2009, 1432; *Clemm/Dürrschmidt*, Überlegungen zu den Sorgfaltspflichten für Vertretungs- und Aufsichtsorgane bei der Verschmelzung von Unternehmen gem. § 25 und § 27 UmwG, in FS Widmann, 2001, S. 3; *Döss*, Die Auswirkungen von Mängeln einer Verschmelzung durch Aufnahme auf die rechtliche Stellung einer übertragenden Gesellschaft und ihrer Aktionäre, Diss. Mainz 1990; *Goette*, Zur Verteilung der Darlegungs- und Beweislast der objektiven Pflichtwidrigkeit bei der Organhaftung, ZGR 1995, 648; *Hadding*, Ergibt die

1 *IDW*, RS HFA 42 Rz. 84.
2 *IDW*, RS HFA 42 Rz. 85.

Vereinsmitgliedschaft quasi-vertragliche Ansprüche, erhöhte Treue- und Förderpflichten sowie ein sonstiges Recht i.S.v. § 823 Abs. 1 BGB?, in FS Kellermann, 1991, S. 91; *Hommelhoff*, Ungleiche Devestition, AG 2012, 194; *Kohlegger/Knoflach*, Gemeinschaftsrechtliche Auslegungs- und Umsetzungsprobleme am Beispiel von Fusions- sowie Spaltungsrichtlinie und EU-GesRÄG, RdW 1996, 97; *Martens*, Kontinuität und Diskontinuität im Verschmelzungsrecht, AG 1986, 57; *Petersen*, Der Gläubigerschutz im Umwandlungsrecht, 2001; *Pöllath/Philipp*, Unternehmenskauf und Verschmelzung: Pflichten und Haftung von Vorstand und Geschäftsführer, DB 2005, 1503; *Karsten Schmidt*, Die Vereinsmitgliedschaft als Grundlage von Schadensersatzansprüchen, JZ 1991, 157; *Schnorbus*, Grundlage der persönlichen Haftung von Organmitgliedern nach § 25 Abs. 1 UmwG, ZHR 167 (2003), 666; *Schöne*, Die Klagefrist des § 14 Abs. 1 UmwG: Teils Rechtsfortschritt, teils „Aufforderung" zu sanktionslosen Geheimbeschlüssen?, DB 1995, 1317; *Siebel/Gebauer*, Prognosen im Aktien- und Kapitalmarktrecht, WM 2001, 173; *Veil*, Aktionärsschutz bei der Verschmelzung von Aktiengesellschaften durch vertragliche und gesellschaftsrechtliche Haftung, in FS Raiser, 2005, S. 453.

I. Inhalt der Norm

1 § 25 Abs. 1 UmwG statuiert **Ansprüche** des übertragenden Rechtsträgers, seiner Anteilsinhaber bzw. seiner Gläubiger **gegen die Organmitglieder des übertragenden Rechtsträgers**. § 25 Abs. 2 UmwG bestimmt, dass der übertragende Rechtsträger für diese (und weitere) Ansprüche als fortbestehend gilt. § 25 Abs. 3 UmwG regelt die Verjährung des in § 25 Abs. 1 UmwG begründeten Anspruchs.

2 Die genannten Ansprüche des § 25 Abs. 1 UmwG unterscheiden sich von der sonst üblichen Haftung der Organmitglieder insbesondere dadurch, dass sie den **Anteilsinhabern und Gläubigern** zustehen. Dies widerspricht dem allgemeinen Grundsatz, dass solche direkten Ansprüche gegen Organmitglieder im Prinzip für die genannte Personengruppe (Anteilsinhaber und Gläubiger) nicht bestehen[1]. Ansprüche des übertragenden Rechtsträgers gegen seine Organmitglieder sind demgegenüber auch nach den allgemeinen Regeln vielfach gegeben. Sie folgen aus der Organstellung oder aus vertraglichen Beziehungen. Doch können sie nach der Verschmelzung im Grundsatz nur von dem übernehmenden Rechtsträger als dem Gesamtrechtsnachfolger des übertragenden Rechtsträgers geltend gemacht werden. Hiervon weicht § 25 Abs. 2 UmwG ab.

II. Haftung der Mitglieder des Vertretungsorgans und des Aufsichtsorgans des übertragenden Rechtsträgers

1. Ersatzpflichtige Personen

3 **Mitglieder des Vertretungsorgans** sind bei der AG, der Genossenschaft und dem Verein die Vorstandsmitglieder, bei der GmbH die Geschäftsführer und bei den Personenhandelsgesellschaften und der KGaA die vertretungsberechtigten Komplementäre (s. auch § 5 Rz. 79). Das Gesetz stellt auf das Vertretungsorgan und damit auf die Handlungsmöglichkeit im Außenverhältnis ab. Erfasst sind also, sofern vertretungsbefugt, bei den Personenhandelsgesellschaften auch die nicht geschäftsführungsbefugten Komplementäre[2]. Das ist insofern unschädlich, als es

1 So auch *Kübler* in Semler/Stengel, § 25 UmwG Rz. 1; *Simon* in KölnKomm. UmwG, § 25 UmwG Rz. 1.

2 *Stratz* in Schmitt/Hörtnagl/Stratz, § 25 UmwG Rz. 7; a.A. *Kübler* in Semler/Stengel, § 25 UmwG Rz. 4.

sich um eine Haftung für die Verletzung von bestimmten Pflichten (unten Rz. 8ff.) handelt und solche Pflichten diese Personen u.U. nicht oder nur in einem eingeschränkten Umfang treffen. Personen, die keine Vertretungsmacht haben, fallen nicht unter § 25 UmwG[1], da sie nicht die für den Rechtsträger im Außenverhältnis maßgebliche Position haben. Die Norm erfasst nicht jede einflussreiche Person. Dies ist auch akzeptabel, da die üblichen Haftungsgrundlagen (z.B. Vertragsverhältnis mit dem übertragenden Rechtsträger) erhalten bleiben.

Mitglieder des Aufsichtsorgans sind in der AG und, falls vorhanden, auch in der GmbH die Aufsichtsratsmitglieder. Auch Beiräte können zu den Aufsichtsorganen gehören (§ 5 Rz. 79), und zwar auch dann, wenn sie nur beratende Funktion haben, da Aufsicht nicht bedeutet, dass auch entschieden wird, zumal dann gesagt werden müsste, in welchem Bereich Entscheidungsbefugnisse bestehen müssen, um Aufsichtsorgan im Sinne der Norm zu sein[2]. Für die Anwendbarkeit von § 25 UmwG ist entscheidend, ob das Organ bestimmte Pflichten (unten Rz. 8ff.) in Bezug auf die Verschmelzung hat. Sofern dies – sei es auch im beratenden Bereich – der Fall ist, gehören die Mitglieder des betreffenden Organs zu den ersatzpflichtigen Personen. Hinzu kommt, dass oftmals nur schwer festgestellt werden kann, ob der Einfluss eines Beirats so groß ist, dass er schon als mitentscheidendes Organ anzusehen ist. 4

Es spielt keine Rolle, ob die betreffenden **Personen zum Zeitpunkt der Verschmelzung noch für den Rechtsträger tätig waren** oder die Organstellung in diesem Moment bereits beendet war[3]. Zum Schadensersatz verpflichtet sollen die Personen sein, die im Zuge der Verschmelzung den Schaden herbeigeführt haben. Demgemäß ist es gleichgültig, ob die Organstellung zu einem späteren Zeitpunkt noch besteht. 5

Neben den genannten Personen **haftet auch der übernehmende Rechtsträger**, wenn der Anteilsinhaber bzw. der Gläubiger einen Anspruch gegen den übertragenden Rechtsträger hatte. Dieser richtet sich dann gem. § 20 Abs. 1 UmwG nach der Verschmelzung gegen den übernehmenden Rechtsträger. Solche Ansprüche können sich aus einem Fehlverhalten der Organmitglieder des übertragenden Rechtsträgers ergeben, wobei dies über § 31 BGB dem Rechtsträger zugerechnet wird[4]. Allein die Tatsache, dass die Organmitglieder die in § 25 Abs. 1 Satz 2 UmwG genannten Pflichten verletzt haben, führt aber nicht zur Haftung des übertragenden Rechtsträgers, da Pflichtverletzungen im Verhältnis Organ/Rechtsträger üblicherweise keine Außenhaftung – sei es nun des Rechtsträgers oder des Organs – zur Folge haben[5]. Das Gesetz durchbricht diesen Grundsatz für die 6

---

1 *Marsch-Barner* in Kallmeyer, § 25 UmwG Rz. 3; *Simon* in KölnKomm. UmwG, § 25 UmwG Rz. 8; a.A. *C. Müller* in Henssler/Strohn, § 25 UmwG Rz. 4; *Stratz* in Schmitt/Hörtnagl/Stratz, § 25 UmwG Rz. 7.

2 A.A. *Kübler* in Semler/Stengel, § 25 UmwG Rz. 5; *Marsch-Barner* in Kallmeyer, § 25 UmwG Rz. 4; *C. Müller* in Henssler/Strohn, § 25 UmwG Rz. 5; *Simon* in KölnKomm. UmwG, § 25 UmwG Rz. 10; *Stratz* in Schmitt/Hörtnagl/Stratz, § 25 UmwG Rz. 8; *Vossius* in Widmann/Mayer, § 25 UmwG Rz. 15.

3 *Kübler* in Semler/Stengel, § 25 UmwG Rz. 6; *Marsch-Barner* in Kallmeyer, § 25 UmwG Rz. 5; *Stratz* in Schmitt/Hörtnagl/Stratz, § 25 UmwG Rz. 10; *Vossius* in Widmann/Mayer, § 25 UmwG Rz. 15.

4 *Kübler* in Semler/Stengel, § 25 UmwG Rz. 7; *Simon* in KölnKomm. UmwG, § 25 UmwG Rz. 5; speziell zu § 25 UmwG *Siebel/Gebauer*, WM 2001, 173 (187).

5 *Schnorbus*, ZHR 167 (2003), 666 (667); *Simon* in KölnKomm. UmwG, § 25 UmwG Rz. 5.

Eigenhaftung der Organmitglieder, begründet aber nicht darüber hinaus noch Ansprüche gegen den Rechtsträger selbst.

7 Mehrere Verpflichtete haften als **Gesamtschuldner** (§ 25 Abs. 1 Satz 1 UmwG).

2. Verletzung der Sorgfaltspflicht

8 § 25 UmwG greift nur ein, wenn die genannten Personen ihre Sorgfaltspflichten verletzt haben. Dabei kommt eine Inanspruchnahme nach dieser Bestimmung nur in Frage, wenn sich die **Pflichtverletzung auf die Prüfung der Vermögenslage oder auf Pflichten bei Abschluss des Verschmelzungsvertrages** bezieht. Dies folgt aus der Entlastungsmöglichkeit von § 25 Abs. 1 Satz 2 UmwG, die nur sinnvoll ist, wenn sich auch das Fehlverhalten auf diesen Punkt bezieht[1]. Auch sollte einer nicht wirklich systemverträglichen Norm (oben Rz. 2) kein zu großer Anwendungsbereich eingeräumt werden, zumal die damit verbundene Verbesserung der Rechtsstellung von Anteilsinhabern und Gläubigern aufgrund des umfassenden Schutzes, den gerade diese Personengruppe bei einer Verschmelzung genießt, nicht unbedingt notwendig ist. Daran ändert auch der Hinweis auf die irreversiblen Rechtsfolgen der Verschmelzung nichts. Sie stehen auch im Bereich des § 25 UmwG nicht zur Disposition und rechtfertigen daher die Norm nicht. Schutz anderer Art wird den Gläubigern und Anteilsinhabern aber – wie ausgeführt – hinreichend gewährt.

9 Was zu den **Pflichten bei der Prüfung der Vermögenslage** des übertragenden wie des aufnehmenden Rechtsträgers gehört, kann nicht pauschal gesagt werden. Es kommt auf die Funktion des jeweiligen Organs an. § 25 UmwG begründet keine weiter gehenden Pflichten[2]. Die Mitglieder des Vertretungsorgans (bei Personenhandelsgesellschaften nur die geschäftsführungsbefugten) müssen versuchen, sich ein möglichst klares Bild über die Vermögenslage zu verschaffen. Es kann aber nicht pauschal gesagt werden, dass bei der Durchführung der Verschmelzung immer dann eine Pflichtverletzung vorliegt, wenn die Unterlagen des übernehmenden Rechtsträgers unzureichend sind[3]. Auch das kann eine Chance des übertragenden Rechtsträgers sein[4]. Der Vorstand/Geschäftsführer hat die Zahlenangaben, die das von ihm geleitete Unternehmen betreffen, wie auch die darauf aufbauende Bewertung zumindest auf Plausibilität zu überprüfen[5]. Gleiches gilt im Grundsatz auch für die Angaben, die das übernehmende Unternehmen betreffen[6]. In Bezug auf den übernehmenden Rechtsträger ist zu berücksichtigen, dass vielfach Einblickmöglichkeiten fehlen. Eine Due-Diligence-Prüfung ist wenn

1 *Kübler* in Semler/Stengel, § 25 UmwG Rz. 8; *Marsch-Barner* in Kallmeyer, § 25 UmwG Rz. 6; *C. Müller* in Henssler/Strohn, § 25 UmwG Rz. 9; *Pöllath/Philipp*, DB 2005, 1503 (1505); *Simon* in KölnKomm. UmwG, § 25 UmwG Rz. 24; *Vossius* in Widmann/Mayer, § 25 UmwG Rz. 22; a.A. wohl *Schöne*, DB 1995, 1317 (1320), der davon ausgeht, dass jeder Schadensersatzanspruch gegen Organmitglieder des übertragenden Rechtsträgers entfällt, wenn § 25 Abs. 1 Satz 2 UmwG eingreift. *Schöne* nennt dies aber selbst eine merkwürdige Konsequenz.

2 *Schnorbus*, ZHR 167 (2003), 666 (679).

3 So aber *Schilling/Zutt* in Hachenburg[7], § 29 VerschmG Rz. 8; *Veil* in FS Raiser, S. 453 (457).

4 *Kübler* in Semler/Stengel, § 25 UmwG Rz. 9; *Schnorbus*, ZHR 167 (2003), 666 (680).

5 Ähnlich *Pöllath/Philipp*, DB 2005, 1503 (1505); *Veil* in FS Raiser, S. 453 (456).

6 *Pöllath/Philipp*, DB 2005, 1503 (1505); *Veil* in FS Raiser, S. 453 (456).

irgend möglich durchzuführen[1]. Unabdingbar notwendig ist die sorgfältige Auswahl der Verschmelzungsprüfer[2]. Auch muss die Zweckmäßigkeit der Verschmelzung abgeschätzt werden[3]. Stets zu berücksichtigen ist, dass die Organträger einen erheblichen Handlungsspielraum haben (§ 93 Abs. 1 Satz 2 AktG)[4].

Zu den **Pflichten bei Abschluss des Verschmelzungsvertrages** gehört eine ordnungsgemäße und wirtschaftlich vertretbare Verhandlungsführung[5], wobei den Organträgern wiederum erheblicher Spielraum offen steht (s. § 93 Abs. 1 Satz 2 AktG, s. Fn. 4). Zu den Pflichten gehört weiter die Beachtung von Zustimmungserfordernissen sowie der jeweils einschlägigen Formvorschriften und überhaupt aller Regeln, die das Zustandekommen eines ordnungsgemäßen Verschmelzungsvertrages betreffen[6]. Auch die Berichts- und Auskunftserteilung gegenüber den Anteilsinhabern zählt hierzu, da deren Zustimmung für die Wirksamkeit des Verschmelzungsvertrages unabdingbar ist (§ 13 Abs. 1 UmwG)[7]. 10

Für andere Pflichtverletzungen (z.B. Fehlverhalten nach dem Vertragsschluss, etwa in Form eines Verstoßes gegen eine Pflicht, nicht den Vollzug des Verschmelzungsvertrages zu verhindern oder die Aufhebung des Vertrages zu betreiben[8], die Anmeldung einer nicht ordnungsgemäß zustande gekommenen Verschmelzung[9]) bleibt es bei den allgemeinen Regeln (oben Rz. 2)[10]. Demgemäß besteht dann normalerweise kein Anspruch von Gläubigern oder Anteilsinhabern gegen die Organmitglieder. Ansprüche des übertragenden Rechtsträgers gegen diese Personen sind im Wege der Gesamtrechtsnachfolge auf den übernehmenden Rechtsträger übergegangen, es sei denn, es handelt sich – wie in den genannten Beispielsfällen – um Ansprüche aufgrund der Verschmelzung. Dann gilt § 25 Abs. 2 UmwG (s. unten Rz. 23 ff.). Sofern dem Schaden des übertragenden Rechtsträgers ein entsprechender Vorteil des übernehmenden Rechtsträgers gegenübersteht, kann Ersatz nicht verlangt werden (Vorteilsausgleich). 11

---

1 *Marsch-Barner* in Kallmeyer, § 25 UmwG Rz. 6; *C. Müller* in Henssler/Strohn, § 25 UmwG Rz. 9; *Pöllath/Philipp*, DB 2005, 1503 (1505); *Schnorbus*, ZHR 167 (2003), 666 (684); *Simon* in KölnKomm. UmwG, § 25 UmwG Rz. 26; wohl auch *Clemm/Dürrschmidt* in FS Widmann, S. 3 (14).

2 *Kübler* in Semler/Stengel, § 25 UmwG Rz. 9; *Simon* in KölnKomm. UmwG, § 25 UmwG Rz. 27.

3 *Pöllath/Philipp*, DB 2005, 1503 (1505).

4 S. den Fall LG Stuttgart v. 8.3.1994 – 4 KfH O 6/94, ZIP 1994, 631 = AG 1994, 567 und dazu *Grunewald*, EWiR, § 339 AktG 1/94, 429. Der Fall betraf die Übernahme der Verschmelzungskosten durch die aufnehmende Gesellschaft im Verschmelzungsvertrag; *Kübler* in Semler/Stengel, § 25 UmwG Rz. 9; *Marsch-Barner* in Kallmeyer, § 25 UmwG Rz. 6; *C. Müller* in Henssler/Strohn, § 25 UmwG Rz. 9; *Simon* in KölnKomm. UmwG, § 25 UmwG Rz. 28 f.

5 *Clemm/Dürrschmidt* in FS Widmann, S. 3 (14).

6 *Kübler* in Semler/Stengel, § 25 UmwG Rz. 10; *Simon* in KölnKomm. UmwG, § 25 UmwG Rz. 28; *Stratz* in Schmitt/Hörtnagl/Stratz, § 25 UmwG Rz. 22.

7 *Kübler* in Semler/Stengel, § 25 UmwG Rz. 10; *Marsch-Barner* in Kallmeyer, § 25 UmwG Rz. 6; *Simon* in KölnKomm. UmwG, § 25 UmwG Rz. 28; *Vossius* in Widmann/Mayer, § 25 UmwG Rz. 21; a.A. *Schilling/Zutt* in Hachenburg[7], § 29 VerschmG Rz. 8.

8 *Schnorbus*, ZHR 167 (2003), 666 (680 f.); *Vossius* in Widmann/Mayer, § 25 UmwG Rz. 22; a.A. *Schilling/Zutt* in Hachenburg[7], § 29 VerschmG Rz. 7.

9 A.A. *Priester* in Scholz[7], § 29 KapErhG Rz. 5.

10 *Marsch-Barner* in Kallmeyer, § 25 UmwG Rz. 6; *Vossius* in Widmann/Mayer, § 25 UmwG Rz. 22.

12 Des Weiteren ist **Verschulden** erforderlich[1]. Es gelten die üblichen Verschuldensmaßstäbe für Organmitglieder. Der Anspruchsinhaber muss nur seinen Schaden und die Kausalität zwischen diesem und der Verschmelzung **beweisen**. Im Übrigen (Pflichtverletzung, Verschulden) ist es Sache des Organmitglieds, sich zu entlasten (§ 25 Abs. 1 Satz 2 UmwG)[2].

3. Anspruchsinhaber

13 Nach § 25 Abs. 1 Satz 1 UmwG sind Anspruchsinhaber der übertragende Rechtsträger, seine Anteilsinhaber und seine Gläubiger. Diese **verschiedenen Ansprüche müssen miteinander in Einklang gebracht werden**. Dabei ist davon auszugehen, dass ein Schaden des Rechtsträgers, also eine Verminderung seines Vermögens im Zeitpunkt der Verschmelzung, der reflexartig auch die vermögensrechtliche Stellung der Anteilsinhaber (sie erhalten wegen Entwertung ihrer Anteile an dem übertragenden Rechtsträger weniger Anteile an dem übernehmenden Rechtsträger) und der Gläubiger (ihre Ansprüche gegen den übertragenden Rechtsträger sind wegen der Vermögensminderung weniger sicher) trifft, nur zu einem Anspruch des Rechtsträgers führt[3]. Denn die betreffenden Organmitglieder haben nur einmal Schadensersatz zu leisten. Daher kann nur durch einen Schadensersatzanspruch des übertragenden Rechtsträgers sichergestellt werden, dass nicht nur einzelne Gläubiger und Anteilsinhaber ihren Schaden ersetzt erhalten, sondern ein ordnungsgemäßes Verteilungsverfahren stattfindet.

14 **Ansprüche des übertragenden Rechtsträgers** sind selten[4]. Denn ein ungünstiges Umtauschverhältnis aufgrund einer Fehlberechnung des Wertes der Anteile (Hauptfall der Haftung) berührt den übertragenden Rechtsträger nicht[5]. Gleiches gilt, wenn eine ungenügende Überprüfung der Vermögenslage stattgefunden hat und es bei ordnungsgemäßem Verhalten gar nicht zur Verschmelzung gekommen wäre. In diesem Fall mag es zwar sein, dass die Gläubiger des übertragenden Rechtsträgers geschädigt werden (unten Rz. 16), die Verschmelzungswirkungen können aber nicht mehr in Frage gestellt werden, was zugleich einen Anspruch des übertragenden Rechtsträgers ausschließt. Ein solcher kann sich aber daraus ergeben, dass Geheimhaltungsinteressen verletzt oder der Ruf des übertragenden

---

1 *Marsch-Barner* in Kallmeyer, § 25 UmwG Rz. 7; *C. Müller* in Henssler/Strohn, § 25 UmwG Rz. 12; *Stratz* in Schmitt/Hörtnagl/Stratz, § 25 UmwG Rz. 22; *Vossius* in Widmann/Mayer, § 25 UmwG Rz. 29.

2 *Kübler* in Semler/Stengel, § 25 UmwG Rz. 8; *Marsch-Barner* in Kallmeyer, § 25 UmwG Rz. 6; *C. Müller* in Henssler/Strohn, § 25 UmwG Rz. 10; *Schnorbus*, ZHR 167 (2003), 666 (679); *Stratz* in Schmitt/Hörtnagl/Stratz, § 25 UmwG Rz. 20; allgemein *Goette*, ZGR 1995, 648 (671); a.A. *Vossius* in Widmann/Mayer, § 25 UmwG Rz. 29: Pflichtverletzung müsse bewiesen werden.

3 *Kübler* in Semler/Stengel, § 25 UmwG Rz. 14; a.A. *Stratz* in Schmitt/Hörtnagl/Stratz, § 25 UmwG Rz. 19: auch Ansprüche der Anteilsinhaber.

4 Nach *Martens*, AG 1986, 57 (63) besteht bei wirksamer Verschmelzung nie ein Anspruch des Rechtsträgers; nach *Bermel* in Goutier/Knopf/Tulloch, § 25 UmwG Rz. 15 besteht ein Schaden, wenn die Verschmelzung keinem wirtschaftlich sinnvollen Ziel dient.

5 *Marsch-Barner* in Kallmeyer, § 25 UmwG Rz. 9; *C. Müller* in Henssler/Strohn, § 25 UmwG Rz. 7; *Simon* in KölnKomm. UmwG, § 25 UmwG Rz. 14; *Stratz* in Schmitt/Hörtnagl/Stratz, § 25 UmwG Rz. 21; *Veil* in FS Raiser, S. 453 (461); *Vossius* in Widmann/Mayer, § 25 UmwG Rz. 27; a.A. *Kraft* in KölnKomm. AktG, § 349 AktG Rz. 6.

Rechtsträgers im Zuge der Verschmelzung beschädigt worden sind[1]. Dass dieser Schaden nicht direkt durch die Verschmelzung (sondern schon im Zuge der Vorbereitung der Verschmelzung) entsteht, schließt die Haftung nach § 25 Abs. 1 UmwG nicht aus[2]. Da der übertragende Rechtsträger mit Eintragung der Verschmelzung erlischt, kann ihm zu diesem Zeitpunkt nie ein Schaden entstehen. Genau davon geht der Wortlaut der Norm aber aus.

Ein **Anspruch der Anteilsinhaber** besteht also nur, soweit sie einen über den Re- 15
flexschaden hinausgehenden Eigenschaden haben. Hierzu gehört der Schaden, der durch ein ungünstiges Umtauschverhältnis entsteht[3]. Wird in einem solchen Fall das Verfahren nach § 15 UmwG nicht betrieben, so liegt hierin regelmäßig ein Mitverschulden des Anteilsinhabers (§ 254 Abs. 2 BGB)[4]. Demgegenüber wird eingewandt, dass der Schadensersatzanspruch auch der Disziplinierung der Geschäftsleiter diene und daher nicht hinter den baren Zuzahlungen von § 15 UmwG zurückzutreten habe[5]. Aber das überzeugt nicht, da das – zudem einfacher zu führende – Spruchstellenverfahren dazu führt, dass derjenige den Ausgleich erbringt, den das unrichtige Umtauschverhältnis begünstigt hat (nämlich die Anteilseigner des übernehmenden Rechtsträgers, zu deren Lasten die Zuzahlung letztlich geht). Dies entspricht den üblichen Gerechtigkeitsvorstellungen.

Ein **Anspruch der Gläubiger** ist gegeben, wenn es aufgrund einer ungenügenden 16
Überprüfung der Vermögenslage des übernehmenden Rechtsträgers zu einer Gefährdung ihrer Ansprüche kommt. Das Umtauschverhältnis spielt für die Gläubiger keine Rolle[6]. Auch ist zu bedenken, dass ihrer Absicherung in erster Linie § 22 UmwG dient. Daher müssen die Gläubiger in erster Linie den von § 22 UmwG vorgezeichneten Weg beschreiten. Andernfalls trifft sie Mitverschulden[7]. Nicht erfasst ist der Fall, dass der Gläubiger ein dingliches Recht an einem Anteil des übertragenden Rechtsträgers besaß und durch ein zu ungünstiges Umtauschverhältnis nun nicht mehr hinreichend gesichert ist[8]. Denn Inhaber des Anspruchs nach § 25 UmwG kann nur ein Gläubiger des übertragenden Rechtsträgers sein und Ersatz kann nur für einen typischen Schaden solcher Gläubiger verlangt werden. Ein dingliches Recht an einem Anteil des übertragenden Rechtsträgers kön-

---

1 *Marsch-Barner* in Kallmeyer, § 25 UmwG Rz. 9; *Vossius* in Widmann/Mayer, § 25 UmwG Rz. 27; sofern dem übernehmenden Rechtsträger hieraus Vorteile erwachsen sind, gilt das oben Rz. 12 Gesagte nicht, da nun nicht der übernehmende Rechtsträger Anspruchsinhaber ist.

2 A.A. *Schnorbus*, ZHR 167 (2003), 666 (695).

3 *Kübler* in Semler/Stengel, § 25 UmwG Rz. 14; *Marsch-Barner* in Kallmeyer, § 25 UmwG Rz. 9; *Stratz* in Schmitt/Hörtnagl/Stratz, § 25 UmwG Rz. 19; *Veil* in FS Raiser, S. 453 (462); *Vossius* in Widmann/Mayer, § 25 UmwG Rz. 25.

4 *Kübler* in Semler/Stengel, § 25 UmwG Rz. 23; *Marsch-Barner* in Kallmeyer, § 25 UmwG Rz. 11; *Schnorbus*, ZHR 167 (2003), 666 (698); *Simon* in KölnKomm. UmwG, § 25 UmwG Rz. 39; *Vossius* in Widmann/Mayer, § 25 UmwG Rz. 25; *Siebel/Gebauer*, WM 2001, 173 (187); weitergehend *Stratz* in Schmitt/Hörtnagl/Stratz, § 25 UmwG Rz. 19: regelmäßig Ausschluss des Anspruchs.

5 *Veil* in FS Raiser, S. 453 (465 f.).

6 *Marsch-Barner* in Kallmeyer, § 25 UmwG Rz. 9; ähnlich *Clemm/Dürrschmidt* in FS Widmann, S. 3 (7); *Vossius* in Widmann/Mayer, § 25 UmwG Rz. 24.

7 Ähnlich *Kübler* in Semler/Stengel, § 25 UmwG Rz. 16; *C. Müller* in Henssler/Strohn, § 25 UmwG Rz. 7; *Simon* in KölnKomm. UmwG, § 25 UmwG Rz. 40.

8 Seine Sicherheit setzt sich am Anteil des übernehmenden Rechtsträgers fort, § 20 Rz. 71; *Kübler* in Semler/Stengel, § 25 UmwG Rz. 16; *Stratz* in Schmitt/Hörtnagl/Stratz, § 25 UmwG Rz. 20.

nen aber genauso gut andere Gläubiger als die des übertragenden Rechtsträgers haben. Meist wird es sich um Gläubiger des Anteilsinhabers handeln.

4. Ersatzfähiger Schaden

17 Die umfassende Formulierung des § 25 Abs. 1 Satz 1 UmwG könnte zu der Annahme verleiten, bei Erfüllung der genannten Anspruchsvoraussetzungen sei der gesamte Schaden zu ersetzen, der kausal auf die Verschmelzung zurückzuführen ist[1]. Dies ist aber nicht der Fall. Zu ersetzen ist – wie üblich – nur derjenige **Schaden, der auf der Pflichtverletzung beruht**[2]. Liegt also beispielsweise die Pflichtverletzung darin, dass das Umtauschverhältnis falsch ermittelt wurde, so ist nur der Schaden zu ersetzen, der in der Differenz zu dem richtigen Umtauschverhältnis liegt, und nicht jeder auf die Verschmelzung zurückzuführende Schaden. Der übernehmende Rechtsträger hat demgemäß, sofern er Anteilsinhaber des übertragenden Rechtsträgers war, in diesem Fall überhaupt keinen Schaden, da seine Beteiligung in jedem Fall ersatzlos untergegangen wäre (§ 20 Abs. 1 UmwG). Zuzahlungen, die im Spruchverfahren erstritten werden, lassen den Schaden entfallen (oben Rz. 15). Der Schadensersatz kann nie auf Rückgängigmachung der Verschmelzung, etwa als Form der Naturalrestitution (§ 249 BGB), abzielen[3]. Dem steht § 20 Abs. 2 UmwG entgegen.

18 Da der Schaden durch die Verschmelzung eingetreten sein muss, kann der Anspruch nach § 25 UmwG nur geltend gemacht werden, wenn die **Verschmelzung wirksam** geworden ist[4]. Anderenfalls besteht der übertragende Rechtsträger noch fort, und es gelten die allgemeinen Regeln.

5. Haftungsausschluss aufgrund der Beschlussfassung der Anteilsinhaber

19 Die Haftung **gegenüber dem übertragenden Rechtsträger, seinen Gläubigern und Anteilsinhabern** ist nicht deshalb ausgeschlossen, weil die Anteilsinhaber die **Verschmelzung gebilligt haben**[5]. Denn da die Verschmelzung praktisch stets einen solchen Beschluss voraussetzt (§ 13 UmwG), wäre die Norm anderenfalls ohne Sinn.

20 Ob ein Beschluss der Anteilsinhaber, der eine konkrete Vorgehensweise im Rahmen der Verschmelzung billigt, einen **Schadensersatzanspruch des Rechtsträgers**

---

1 So die Formulierung bei *Lutter/Hommelhoff*[13], § 28 KapErhG Rz. 1, 3; *Schilling/Zutt* in Hachenburg[7], § 29 VerschmG Rz. 2.

2 *Kübler* in Semler/Stengel, § 25 UmwG Rz. 17; *Marsch-Barner* in Kallmeyer, § 25 UmwG Rz. 8; *C. Müller* in Henssler/Strohn, § 25 UmwG Rz. 18; *Petersen*, S. 242; *Schnorbus*, ZHR 167 (2003), 666 (692); *Stratz* in Schmitt/Hörtnagl/Stratz, § 25 UmwG Rz. 17.

3 *Kübler* in Semler/Stengel, § 25 UmwG Rz. 17; *Schnorbus*, ZHR 167 (2003), 666 (691); *Simon* in KölnKomm. UmwG, § 25 UmwG Rz. 21; *Stratz* in Schmitt/Hörtnagl/Stratz, § 25 UmwG Rz. 2; *Vossius* in Widmann/Mayer, § 25 UmwG Rz. 20; a.A. für manche Fälle *Döss*, S. 118ff.

4 *Schnorbus*, ZHR 167 (2003), 666 (692); *Stratz* in Schmitt/Hörtnagl/Stratz, § 25 UmwG Rz. 16; *Vossius* in Widmann/Mayer, § 25 UmwG Rz. 17.

5 *Kübler* in Semler/Stengel, § 25 UmwG Rz. 18ff.; *Marsch-Barner* in Kallmeyer, § 25 UmwG Rz. 7; *C. Müller* in Henssler/Strohn, § 25 UmwG Rz. 11; *Schnorbus*, ZHR 167 (2003), 666 (677); *Simon* in KölnKomm. UmwG, § 25 UmwG Rz. 35; *Vossius* in Widmann/Mayer, § 25 UmwG Rz. 34.

unter Berufung auf genau diese Maßnahme ausschließt, hängt von der Rechtsform des jeweiligen Rechtsträgers ab. Insoweit gelten die allgemeinen Regeln[1]. So haftet z.B. der Geschäftsführer einer GmbH gegenüber der Gesellschaft nicht, wenn er aufgrund eines wirksamen Weisungsbeschlusses gehandelt hat[2]. Ein Mitverschulden des übertragenden Rechtsträgers kann etwa darin liegen, dass seine Vertretungsorgane ebenfalls unsorgfältig vorgegangen sind.

Für **Ansprüche der Anteilsinhaber und Gläubiger** fehlt es an solchen Regeln, da vergleichbare Ansprüche üblicherweise nicht bestehen (oben Rz. 2). Klar ist, dass die Rechtsposition der Gläubiger nicht durch Beschlüsse der Anteilsinhaber verkürzt werden kann. Demgegenüber sind jedenfalls diejenigen Anteilsinhaber, die selbst die Maßnahme gebilligt haben, nicht berechtigt, Ansprüche geltend zu machen, die auf den Folgen eben dieser von ihnen gebilligten Maßnahme beruhen[3]. Für die anderen Anteilsinhaber gilt Vergleichbares nur, wenn von ihnen ein Vorgehen gegen den eine konkrete Maßnahme billigenden Beschluss verlangt werden konnte. In den Kapitalgesellschaften ist dies oftmals der Fall. Sofern ein solches Vorgehen nicht erfolgt, liegt hierin ein **Mitverschulden**, das zum Ausschluss des Anspruchs führen kann[4]. Die Zustimmung zur Verschmelzung hat diese Wirkung nicht, da in einem solchen Votum nicht eine Billigung aller Schritte liegt, die zu der Verschmelzung geführt habe. Zur Entlastung durch den übernehmenden Rechtsträger § 20 Rz. 30. 21

6. Verjährung (§ 25 Abs. 3 UmwG)

Nach § 25 Abs. 3 UmwG verjährt der Anspruch nach § 25 Abs. 1 UmwG **in fünf Jahren** ab dem Tag, an dem die Eintragung der Verschmelzung im Register des übernehmenden Rechtsträgers nach § 19 Abs. 3 UmwG bekannt gemacht wurde. Dieser Zeitpunkt für den Verjährungsbeginn gilt auch dann, wenn der Schaden erst später erkennbar wird[5], die Verjährungsfrist nach der allgemeinen Regel des § 199 BGB also noch nicht angelaufen wäre. Die Verjährungsfrist läuft auch dann nicht früher an, wenn der Anspruch schon früher geltend gemacht werden könnte[6] und daher nach der Grundregel des § 199 BGB die Frist beginnen würde. Ver- 22

1 § 93 Abs. 4 AktG zum Ersatzanspruch der AG; ebenso *Marsch-Barner* in Kallmeyer, § 25 UmwG Rz. 7; auch *Kübler* in Semler/Stengel, § 25 UmwG Rz. 19, wenn spezifische Verhaltensweisen verlangt oder gebilligt wurden; genau darum geht es hier. A.A. (Norm nicht anwendbar, weil abschließend die Regelung in § 349 AktG, dem Vorläufer der Norm) *Dehmer*², § 349 AktG Anm. 5 f.; nach *Vossius* in Widmann/Mayer, § 25 UmwG Rz. 35 kann ein solcher Beschluss die Kausalität unterbrechen.

2 S. *Marsch-Barner* in Kallmeyer, § 25 UmwG Rz. 5; *C. Müller* in Henssler/Strohn, § 25 UmwG Rz. 11; *Simon* in KölnKomm. UmwG, § 25 UmwG Rz. 36.

3 *C. Müller* in Henssler/Strohn, § 25 UmwG Rz. 11; *Simon* in KölnKomm. UmwG, § 25 UmwG Rz. 36; *Vossius* in Widmann/Mayer, § 25 UmwG Rz. 40; nach *Schnorbus*, ZHR 167 (2003), 666 (678) greift § 242 BGB ein.

4 BGH v. 12.3.1990 – II ZR 179/89, NJW 1990, 2877 (2878 f.) (Schärenkreuzer); *Schnorbus*, ZHR 167 (2003), 666 (698); nach *Bermel* in Goutier/Knopf/Tulloch, § 25 UmwG Rz. 21 ist der Anspruch dann stets ausgeschlossen, so wohl auch *C. Müller* in Henssler/Strohn, § 25 UmwG Rz. 11; nach *Stratz* in Schmitt/Hörtnagl/Stratz, § 25 UmwG Rz. 31 erfolgt meist eine Quotelung.

5 *Kübler* in Semler/Stengel, § 25 UmwG Rz. 31; *Marsch-Barner* in Kallmeyer, § 25 UmwG Rz. 15; *C. Müller* in Henssler/Strohn, § 25 UmwG Rz. 13; *Simon* in KölnKomm. UmwG, § 25 UmwG Rz. 52; *Stratz* in Schmitt/Hörtnagl/Stratz, § 25 UmwG Rz. 32.

6 *Simon* in KölnKomm. UmwG, § 25 UmwG Rz. 52.

jährungsregeln dienen immer auch der Rechtssicherheit und dem Rechtsfrieden und sind daher wortlautgetreu anzuwenden.

III. Fiktion des Fortbestehens des übertragenden Rechtsträgers

1. Ansprüche des übertragenden Rechtsträgers

23 Für die geschilderten Ansprüche (oben Rz. 14) gilt der übertragende Rechtsträger ebenso als fortbestehend wie für weitere Ansprüche aufgrund der Verschmelzung (§ 25 Abs. 2 Satz 1 UmwG). Solche Ansprüche können sich **insbesondere gegen den übernehmenden Rechtsträger** richten. Sie können auf der Verletzung von Sorgfaltspflichten bei Abschluss oder Durchführung des Verschmelzungsvertrages beruhen oder auch Ansprüche aus dem Verschmelzungsvertrag selbst sein[1]. Dabei ist etwa an Ansprüche des übertragenden Rechtsträgers auf Leistung von Anteilen oder von baren Zuzahlungen an seine Anteilsinhaber zu denken. Soweit noch eine Kapitalerhöhung zur Schaffung dieser Anteile durchgeführt werden muss, ergibt sich ein solcher Anspruch auf Kapitalerhöhung ebenfalls aus dem Verschmelzungsvertrag[2]. Ansprüche des übertragenden Rechtsträgers aus dem Verschmelzungsvertrag können auch die Börsennotierung des übernehmenden Rechtsträgers oder Arbeitnehmerbelange betreffen. So ist es etwa möglich, dass im Verschmelzungsvertrag vereinbart wird, dass ein bestimmter Betrieb oder Betriebsteil nicht stillgelegt wird[3]. Sofern ausnahmsweise einmal ein Interesse an der Anfechtung des Verschmelzungsvertrages bestehen kann (§ 20 Rz. 81 f.), gilt die Fiktion des § 25 Abs. 2 UmwG ebenfalls[4]. Für den übertragenden Rechtsträger wird ein besonderer Vertreter bestellt, § 26 Rz. 4.

24 Ansprüche des übertragenden Rechtsträgers aufgrund der Verschmelzung können sich auch **gegen Dritte** richten. So sind etwa Schadensersatzansprüche aus fehlerhafter Beratung beim Zustandekommen des Verschmelzungsvertrages denkbar[5]. Ebenfalls möglich sind Schadensersatzansprüche gegen Organe des übernehmen-

---

1 *Marsch-Barner* in Kallmeyer, § 25 UmwG Rz. 12; *C. Müller* in Henssler/Strohn, § 25 UmwG Rz. 26; *Simon* in KölnKomm. UmwG, § 25 UmwG Rz. 45; *Stratz* in Schmitt/Hörtnagl/Stratz, § 25 UmwG Rz. 34; *Vossius* in Widmann/Mayer, § 25 UmwG Rz. 50; zum Anspruch der Anteilsinhaber selbst § 20 Rz. 91.

2 *Kübler* in Semler/Stengel, § 25 UmwG Rz. 26; *Simon* in KölnKomm. UmwG, § 25 UmwG Rz. 45; a.A. *Döss*, S. 83 f., kein Anspruch, da nur die Hauptversammlung und nicht die AG Kapitalerhöhungsbeschluss fassen könne. Dies ist richtig, führt aber nur dazu, dass, wenn ein Beschluss nicht gefasst wird, ein Anspruch auf Geldersatz besteht. Entgegen *Döss*, S. 88, kann nach Eintragung der Verschmelzung gegen diesen Anspruch nicht eingewandt werden, der Verschmelzungsvertrag sei unwirksam, weil die Kapitalerhöhung nicht erfolgt sei, und daher könne auf den Verschmelzungsvertrag auch kein Anspruch gestützt werden. Nach Eintragung der Verschmelzung kann die Wirksamkeit der Verschmelzung nicht mehr in Frage gestellt werden, auch nicht unter Berufung auf die Nichtigkeit des Verschmelzungsvertrages, § 20 Rz. 79.

3 OLG Frankfurt/M. v. 19.5.2006 – 25 U 28/05, ZIP 2007, 331 = AG 2007, 559; *Blasche/Söntgerath*, BB 2009, 1432 (1434); *Marsch-Barner* in Kallmeyer, § 25 UmwG Rz. 12; *C. Müller* in Henssler/Strohn, § 25 UmwG Rz. 26; *Simon* in KölnKomm. UmwG, § 25 UmwG Rz. 45; *Kübler* in Semler/Stengel, § 25 UmwG Rz. 26.

4 *Marsch-Barner* in Kallmeyer, § 25 UmwG Rz. 12.

5 *C. Müller* in Henssler/Strohn, § 25 UmwG Rz. 17; a.A. *Marsch-Barner* in Kallmeyer, § 25 UmwG Rz. 13; zur Haftung der Verschmelzungsprüfer § 11 Rz. 7.

den Rechtsträgers aus unerlaubter Handlung[1]. Sofern der **Schaden sowohl bei dem übertragenden wie auch bei dem übernehmenden Rechtsträger** eintritt (mögliche Steuervorteile nicht genutzt), müssen die Ansprüche von dem übernehmenden Rechtsträger geltend gemacht werden, da es nicht sinnvoll ist, den komplizierten Weg von § 25 Abs. 2 UmwG zu eröffnen[2].

In allen genannten Fällen wird das Fortbestehen des übertragenden Rechtsträgers 25 fingiert. Dies schließt zugleich die bei Ansprüchen gegen den übernehmenden Rechtsträger sonst eintretende Konfusion aus (§ 25 Abs. 2 Satz 2 UmwG). Der übernehmende Rechtsträger haftet für die Erfüllung der gegen Dritte gerichteten Ansprüche nicht, da er nicht Rechtsnachfolger des Verpflichteten ist.

2. Ansprüche gegen den übertragenden Rechtsträger

Der übertragende Rechtsträger gilt nach § 25 Abs. 2 Satz 1 UmwG auch als fort- 26 bestehend, soweit Ansprüche aus der Verschmelzung gegen ihn gerichtet sind. Hierzu gehören **Ansprüche des übernehmenden Rechtsträgers** aus culpa in contrahendo oder aus dem Verschmelzungsvertrag. Da der übernehmende Rechtsträger aber Gesamtrechtsnachfolger des übertragenden ist und daher die gesamten vermögenswerten Rechtspositionen des übertragenden Rechtsträgers innehat, sind solche Ansprüche des übernehmenden Rechtsträgers nur von Interesse, wenn mit ihrer Hilfe Ansprüche des übertragenden Rechtsträgers nach § 25 UmwG oben Rz. 23, die letztlich dessen Gläubigern und Anteilsinhabern zugutekommen würden, durch Aufrechnung erfüllt werden können[3]. Wenn der übertragende Rechtsträger Ansprüche nach § 25 Abs. 2 UmwG gegen den übernehmenden geltend macht, ist es demgemäß sinnvoll, Ansprüche des übernehmenden Rechtsträgers gegen den übertragenden nach eben dieser Norm zu bedenken. In diesem Fall erlöschen die Gegenansprüche nicht durch Konfusion (§ 25 Abs. 2 Satz 2 UmwG). Vielmehr ist eine Aufrechnungserklärung erforderlich.

Zur Anfechtung des Verschmelzungsvertrages durch den übernehmenden Rechts- 27 träger § 20 Rz. 81. Der übertragende Rechtsträger gilt für die Entgegennahme der Anfechtungserklärung als fortbestehend. Für ihn wird ein besonderer Vertreter bestellt, § 26 Rz. 4.

Ansprüche Dritter gegen den übertragenden Rechtsträger werden trotz des umfas- 28 senden Wortlauts von § 25 Abs. 2 Satz 1 UmwG nicht erfasst. Für sie haftet der übernehmende Rechtsträger als Gesamtrechtsnachfolger. Die Begründung zu § 16

---

1 *C. Müller* in Henssler/Strohn, § 25 UmwG Rz. 17; *Vossius* in Widmann/Mayer, § 25 UmwG Rz. 50.

2 Im Ergebnis ebenso BGH v. 5.12.1996 – IX ZR 61/96, ZIP 1997, 322 (324) = AG 1997, 229, entgegen den dort getroffenen Formulierungen ist aber nicht stets ein Interessengegensatz zwischen übertragendem und übernehmendem Rechtsträger erforderlich.

3 *Kübler* in Semler/Stengel, § 25 UmwG Rz. 29; *Simon* in KölnKomm. UmwG, § 25 UmwG Rz. 47; Gegenansprüche, die wegen der Verschiedenartigkeit des Geschuldeten nicht zur Aufrechnung führen können, werden nach den Regeln der Unmöglichkeit zu Geldansprüchen, da der übertragende Rechtsträger nicht mehr leisten kann. Nicht in Geld bestehende Ansprüche gegen den übernehmenden Rechtsträger (Anteile an die Anteilsinhaber des übertragenden Rechtsträgers) können nicht durch ein Zurückbehaltungsrecht blockiert werden, da der übertragende Rechtsträger aufgrund der Gesamtrechtsnachfolge nicht leisten kann.

UmwG[1] nennt als Beispiel für einen solchen Anspruch die Verpflichtung zum Schadensersatz nach § 16 Abs. 3 Satz 10 UmwG. Aber auch in diesem Fall ist die Fiktion des Fortbestehens des übertragenden Rechtsträgers ohne Sinn[2], zumal dieser Rechtsträger keinerlei Vermögen mehr hat. Auch um den Erhalt einer Aufrechnungslage kann es nicht gehen[3], da auch die gegen den übertragenden Rechtsträger gerichteten Ansprüche auf den übernehmenden Rechtsträger übergegangen sind. Die Sicherung der Gläubiger des übertragenden Rechtsträgers erfolgt im Allgemeinen nach § 22 UmwG. Zu den Ansprüchen des besonderen Vertreters § 26 Rz. 17ff. Zu den Ansprüchen der Gläubiger und Anteilsinhaber nach Durchsetzung der Ansprüche aus § 25 Abs. 1 UmwG s. § 26 Rz. 25ff.

3. Folgen der Fiktion

29 **Sinn der Regelung** des § 25 Abs. 2 UmwG ist in Bezug auf die Ansprüche des übertragenden Rechtsträgers, dass in den genannten Situationen eine Verfolgung der in Rede stehenden Ansprüche des übertragenden Rechtsträgers durch den übernehmenden nicht sichergestellt ist, und folglich der von jedem möglichen Anspruch ausgehende präventive Druck in Richtung auf ein ordnungsgemäßes Verhalten bei der Verschmelzung nicht bestehen würde. Dies ist für Ansprüche gegen den übernehmenden Rechtsträger und seine Organe offensichtlich, gilt aber u.U. auch für Ansprüche gegen Dritte und Organmitglieder des übertragenden Rechtsträgers, die im Zusammenhang mit der Verschmelzung entstanden sind (etwa wenn der übertragende Rechtsträger zugunsten des übernehmenden benachteiligt wurde).

30 Nach § 25 Abs. 2 Satz 1 UmwG gilt der übertragende Rechtsträger für die genannten Ansprüche (oben Rz. 23ff.) als fortbestehend. Damit wird deutlich, dass diese **Fiktion nur so weit reicht, wie dies für die Realisierung dieser Ansprüche erforderlich** ist. Für den übertragenden Rechtsträger handelt ein besonderer Vertreter (§ 26 Abs. 1 UmwG). Organe werden für ihn nicht bestellt[4].

31 Da der übertragende Rechtsträger für die genannten Ansprüche als fortbestehend gilt, gehen die **Forderungen und Verbindlichkeiten nicht auf den übernehmenden Rechtsträger über**. Die Rechtsinhaberschaft wechselt also nicht. Gegen die Ansprüche des übertragenden Rechtsträgers kann also nicht mit Forderungen aufgerechnet werden, die sich gegen den übernehmenden Rechtsträger richten. Auch kann der übernehmende Rechtsträger nicht auf diese Ansprüche verzichten oder anderweitig über sie verfügen[5].

1 *Ganske*, S. 70.
2 *Bermel* in Goutier/Knopf/Tulloch, § 25 UmwG Rz. 27; *Kübler* in Semler/Stengel, § 25 UmwG Rz. 28; a.A. *Hommelhoff*, AG 2012, 194 (198) und *Kraft* in KölnKomm. AktG, § 349 AktG Rz. 19 für Schadensersatzansprüche aufgrund wirksamer Verschmelzung, da die übernehmende Gesellschaft nur für die im Zeitpunkt der Verschmelzung bereits begründeten Ansprüche hafte. Doch sind auch diese Ansprüche bei der Verschmelzung insofern schon begründet, als das entscheidende Fehlverhalten vor der Verschmelzung liegt. Nach der Verschmelzung wird lediglich die Schadenshöhe deutlich.
3 A.A. *C. Müller* in Henssler/Strohn, § 25 UmwG Rz. 18; *Simon* in KölnKomm. UmwG, § 25 UmwG Rz. 49.
4 *Kübler* in Semler/Stengel, § 25 UmwG Rz. 30; *C. Müller* in Henssler/Strohn, § 25 UmwG Rz. 19.
5 *C. Müller* in Henssler/Strohn, § 25 UmwG Rz. 19; *Simon* in KölnKomm. UmwG, § 25 UmwG Rz. 48; *Stratz* in Schmitt/Hörtnagl/Stratz, § 25 UmwG Rz. 42.

Den gleichen Regelungsinhalt hat **§ 25 Abs. 2 Satz 2 UmwG** in Bezug auf die dort erwähnten Forderungen und Verbindlichkeiten zwischen übertragendem und übernehmendem Rechtsträger. Auch diese Norm ordnet trotz der Gesamtrechtsnachfolge an, dass für einige Forderungen und Verbindlichkeiten die Rechtsträger weiterhin getrennt zu denken sind, also ein Übergang der genannten Ansprüche und Verbindlichkeiten nicht stattfindet. 32

Für die Geltendmachung der **Ansprüche des übernehmenden Rechtsträgers** gegen den übertragenden Rechtsträger wird der übertragende Rechtsträger als fortbestehend fingiert, um es dem übernehmenden zu ermöglichen, mit seinen Ansprüchen gegen den übertragenden aufzurechnen (oben Rz. 26). Zugleich wird der übernehmende Rechtsträger so zum Gläubiger des übertragenden und hat damit das **Antragsrecht** nach § 26 Abs. 1 Satz 2 UmwG[1]. 33

Da die Fiktion dazu führt, dass der übertragende Rechtsträger zumindest in manchen Bereichen als fortbestehend zu denken ist, **durchbricht die Norm den Grundsatz, dass der übertragende Rechtsträger** mit der Eintragung der Verschmelzung **erlischt** (§ 20 Abs. 1 Nr. 2 UmwG). 34

§ 26
Geltendmachung des Schadenersatzanspruchs

(1) Die Ansprüche nach § 25 Abs. 1 und 2 können nur durch einen besonderen Vertreter geltend gemacht werden. Das Gericht des Sitzes eines übertragenden Rechtsträgers hat einen solchen Vertreter auf Antrag eines Anteilsinhabers oder eines Gläubigers dieses Rechtsträgers zu bestellen. Gläubiger sind nur antragsberechtigt, wenn sie von dem übernehmenden Rechtsträger keine Befriedigung erlangen können. Gegen die Entscheidung findet die Beschwerde statt.

(2) Der Vertreter hat unter Hinweis auf den Zweck seiner Bestellung die Anteilsinhaber und Gläubiger des betroffenen übertragenden Rechtsträgers aufzufordern, die Ansprüche nach § 25 Abs. 1 und 2 binnen einer angemessenen Frist, die mindestens einen Monat betragen soll, anzumelden. Die Aufforderung ist im Bundesanzeiger und, wenn der Gesellschaftsvertrag, der Partnerschaftsvertrag oder die Satzung andere Blätter für die öffentlichen Bekanntmachungen des übertragenden Rechtsträgers bestimmt hatte, auch in diesen Blättern bekannt zu machen.

(3) Der Vertreter hat den Betrag, der aus der Geltendmachung der Ansprüche eines übertragenden Rechtsträgers erzielt wird, zur Befriedigung der Gläubiger dieses Rechtsträgers zu verwenden, soweit die Gläubiger nicht durch den übernehmenden Rechtsträger befriedigt oder sichergestellt sind. Für die Verteilung gelten die Vorschriften über die Verteilung, die im Falle der Abwicklung eines Rechtsträgers in der Rechtsform des übertragenden Rechtsträgers anzuwenden sind, entsprechend. Gläubiger und Anteilsinhaber, die sich nicht fristgemäß gemeldet haben, werden bei der Verteilung nicht berücksichtigt.

(4) Der Vertreter hat Anspruch auf Ersatz angemessener barer Auslagen und auf Vergütung für seine Tätigkeit. Die Auslagen und die Vergütung setzt das Gericht

1 *Simon* in KölnKomm. UmwG, § 26 UmwG Rz. 12.

fest. Es bestimmt nach den gesamten Verhältnissen des einzelnen Falles nach freiem Ermessen, in welchem Umfange die Auslagen und die Vergütung von beteiligten Anteilsinhabern und Gläubigern zu tragen sind. Gegen die Entscheidung findet die Beschwerde statt; die Rechtsbeschwerde ist ausgeschlossen. Aus der rechtskräftigen Entscheidung findet die Zwangsvollstreckung nach der Zivilprozessordnung statt.

Literatur

Blasche/Söntgerath, Verschmelzung: Möglichkeiten des übertragenden Rechtsträgers zur Einflussnahme auf die Geschäftspolitik des übernehmenden Rechtsträgers, BB 2012, 1432; *Schmidt-Troschke*, Rechtsbehelfe bei fehlerhafter Verschmelzung zweier GmbH, GmbHR 1992, 505.

I. Inhalt der Norm

1 § 26 UmwG regelt die Frage, wie die Gläubiger/Anteilsinhaber des übertragenden Rechtsträgers bei der Durchsetzung der Ansprüche nach § 25 Abs. 1 UmwG bzw. wie der übertragende Rechtsträger, sofern er als fortbestehend gedacht wird, vertreten werden und welche Aufgaben dieser Vertreter hat.

II. Normzweck

2 Soweit die Norm **Ansprüche des übertragenden Rechtsträgers** – gleichgültig, ob es sich um Erfüllungs-[1] oder Schadensersatzansprüche handelt – betrifft, sorgt sie dafür, dass es eine Person gibt, die diese Ansprüche durchsetzen kann[2]. Da der Rechtsträger selbst erloschen ist (§ 20 Abs. 1 Nr. 2 UmwG), hat er keine Organe mehr, die für ihn handeln könnten. Nicht anders ist die Interessenlage im Bereich von Ansprüchen, die **gegen den übertragenden Rechtsträger** gerichtet sind[3].

1 *Blasche/Söntgerath*, BB 2009, 1432 (1435); *Marsch-Barner* in Kallmeyer, § 26 UmwG Rz. 6a.
2 *Kübler* in Semler/Stengel, § 26 UmwG Rz. 3; *Stratz* in Schmitt/Hörtnagl/Stratz, § 26 UmwG Rz. 3.
3 Im Wesentlichen geht es darum, dass die Aufrechnung gegen den übertragenden Rechtsträger erklärt werden muss (§ 25 Rz. 33). In seltenen Fällen kann es um die Anfechtung

In den Fällen, in denen es um die **Ansprüche der Gläubiger und Anteilsinhaber** des übertragenden Rechtsträgers geht, hat der besondere Vertreter die Aufgabe, eine einheitliche Anspruchsdurchsetzung zu erreichen[1] und einen eventuellen Erlös gleichmäßig zu verteilen. Es soll keinen Wettlauf der Berechtigten geben[2]. 3

III. Der besondere Vertreter

1. Notwendigkeit eines besonderen Vertreters

Für die Durchsetzung der Ansprüche nach § 25 Abs. 1, 2 UmwG ist die Bestellung eines besonderen Vertreters erforderlich (§ 26 Abs. 1 Satz 1 UmwG). Der als fortbestehend fingierte Rechtsträger, die Anteilsinhaber sowie die Gläubiger können also nicht selbst klagen. Ihre Klagen wären als unzulässig abzuweisen[3]. Eine Aufrechnung gegenüber dem Schuldner des Anspruchs nach § 25 UmwG ist für Gläubiger und Anteilsinhaber nur möglich, wenn ihnen als Erlös ein Teil der Forderung zugewiesen wurde[4]. In den anderen Fällen würde die Erlösverteilung unmöglich werden. Genau diese soll der besondere Vertreter aber sicherstellen. Möglich ist der Beitritt zum Prozess des besonderen Vertreters als Nebenintervenient[5]. Diese Regelung ist sinnvoll, wenn es entweder um Ansprüche des übertragenden Rechtsträgers geht oder mehrere Personen gleichliegende Ansprüche geltend machen könnten. Sofern es um die Verletzung eines Sonderrechts eines einzelnen Anteilsinhabers geht, ist die Norm demgegenüber wenig überzeugend. Gleichwohl muss es bei der Regelung bleiben. Immerhin lässt sich sagen, dass vielfach auch dann nicht sicher ist, ob gleichartige Ansprüche weiterer Personen bestehen[6]. Dies gilt auch, wenn nur eine Person den Anspruch geltend machen will[7]. Das Gesetz macht keine Ausnahme. Hinzu kommt, dass auch in diesem Fall vielfach nicht klar ist, ob weitere Personen beteiligt werden wollen. 4

---

des Verschmelzungsvertrages gehen: OLG Hamm v. 8.10.1991 – 15 W 276/91, DB 1991, 2535 = AG 1992, 232 (§ 20 Rz. 81); *Marsch-Barner* in Kallmeyer, § 26 UmwG Rz. 3; *C. Müller* in Henssler/Strohn, § 26 UmwG Rz. 5; *Simon* in KölnKomm. UmwG, § 26 UmwG Rz. 12; *Stratz* in Schmitt/Hörtnagl/Stratz, § 26 UmwG Rz. 10; a.A. *Schmidt-Troschke*, GmbHR 1992, 505 (508): Bestellung eines Liquidators.

1 *Stratz* in Schmitt/Hörtnagl/Stratz, § 26 UmwG Rz. 2; *Vossius* in Widmann/Mayer, § 26 UmwG Rz. 1.

2 *Ganske*, S. 81; *C. Müller* in Henssler/Strohn, § 26 UmwG Rz. 1; *Vossius* in Widmann/Mayer, § 26 UmwG Rz. 1.

3 *Kübler* in Semler/Stengel, § 26 UmwG Rz. 3; *Marsch-Barner* in Kallmeyer, § 26 UmwG Rz. 2; *Simon* in KölnKomm. UmwG, § 26 UmwG Rz. 5; *Stratz* in Schmitt/Hörtnagl/Stratz, § 26 UmwG Rz. 8; *Vossius* in Widmann/Mayer, § 26 UmwG Rz. 7.

4 *Kübler* in Semler/Stengel, § 26 UmwG Rz. 3; *Simon* in KölnKomm. UmwG, § 26 UmwG Rz. 7; eine Aufrechnung des übertragenden (durch den besonderen Vertreter) sowie des übernehmenden Rechtsträgers gegenüber dem übertragenden Rechtsträger ist möglich: § 25 Rz. 26; gegen jede Aufrechnung *Kübler* in Semler/Stengel, § 26 UmwG Rz. 3; *Vossius* in Widmann/Mayer, § 26 UmwG Rz. 10; wie hier *C. Müller* in Henssler/Strohn, § 26 UmwG Rz. 2; *Simon* in KölnKomm. UmwG, § 26 UmwG Rz. 7.

5 § 66 ZPO; *Kübler* in Semler/Stengel, § 26 UmwG Rz. 3; *Marsch-Barner* in Kallmeyer, § 26 UmwG Rz. 2; *C. Müller* in Henssler/Strohn, § 26 UmwG Rz. 2; a.A. *Vossius* in Widmann/Mayer, § 26 UmwG Rz. 8; dem Eintritt der Interventionswirkung nur gegenüber einer Person stehe der Zweck des § 26 UmwG (einheitliche Entscheidung) entgegen. Aber die Rechtskrafterstreckung steht mit diesem Ziel im Einklang (§ 68 ZPO).

6 A.A. *Schilling/Zutt* in Hachenburg[7], § 29 VerschmG Rz. 23: In diesem Fall sei u.U. kein besonderer Vertreter zu bestellen; dagegen *Lutter/Hommelhoff*[13], § 29 KapErhG Rz. 11.

7 *Simon* in KölnKomm. UmwG, § 26 UmwG Rz. 6.

2. Antragsberechtigung für die Bestellung des besonderen Vertreters

a) Berechtigung des Anteilsinhabers

5 Antragsberechtigt ist **jeder ehemalige Anteilsinhaber** des übertragenden Rechtsträgers. Es spielt also im Grundsatz keine Rolle, ob er auch einen Anteil an dem übernehmenden Rechtsträger erhält. Eine Ausnahme gilt für den übernehmenden Rechtsträger sowie für Anteilsinhaber, die keine Beteiligung an dem übernehmenden Rechtsträger erhalten, sofern Ansprüche der Anteilsinhaber im Zusammenhang mit der Berechnung des Umtauschverhältnisses durchgesetzt werden sollen. Da diese Anteile des übernehmenden Rechtsträgers mit der Verschmelzung in jedem Falle ersatzlos untergehen (§ 20 Abs. 1 Nr. 3 UmwG), ist es für diesen Rechtsträger ohne Bedeutung, wie das Umtauschverhältnis berechnet wird[1]. Der übernehmende Rechtsträger ist als ehemaliger Anteilsinhaber aber durchaus antragsbefugt, wenn Ansprüche des übertragenden Rechtsträgers geltend gemacht werden sollen (etwa gegen die ehemaligen Organe oder Dritte[2]). Da dann der übernehmende Rechtsträger in dem Verteilungsverfahren berücksichtigt würde, muss auch eine entsprechende Antragsbefugnis bestehen. Sofern die ehemaligen Anteilsinhaber Aktionäre waren, sind die Voraussetzungen von § 70 UmwG zu beachten.

6 Antragsberechtigt ist auch der **Gesamtrechtsnachfolger** des ehemaligen Anteilsinhabers des übertragenden Rechtsträgers[3]. Für **Einzelrechtsnachfolger** in die Mitgliedschaft ist demgegenüber anders zu entscheiden. Schon der Wortlaut deutet darauf hin, dass diese Personen keine Antragsberechtigung haben[4]. Hinzu kommt, dass nur die ehemaligen Anteilsinhaber und nicht ihre Rechtsnachfolger geschädigt sind, da nur die Rechtsstellung der Ersteren beeinträchtigt wurde. Dies gilt auch dann, wenn diese Beeinträchtigung bei der Verschmelzung nicht erkannt wurde, und auch dann, wenn bei der Veräußerung der neu erworbenen Anteile an dem übernehmenden Rechtsträger eine Gegenleistung erzielt wurde, die über dem Wert der Anteile an dem übertragenden Rechtsträger lag[5]. Insofern ist die Sachlage nicht anders, als wenn jemand einen Unfallwagen über Wert verkauft. Dies ändert nichts daran, dass nur er durch den Unfall geschädigt wurde.

---

1 *Marsch-Barner* in Kallmeyer, § 26 UmwG Rz. 7.

2 An der Durchsetzung der Ansprüche des übertragenden Rechtsträgers gegen sich selbst (den übertragenden Rechtsträger) wird er kein Interesse haben.

3 *Marsch-Barner* in Kallmeyer, § 26 UmwG Rz. 6; *C. Müller* in Henssler/Strohn, § 26 UmwG Rz. 7; *Simon* in KölnKomm. UmwG, § 26 UmwG Rz. 9.

4 *Kübler* in Semler/Stengel, § 26 UmwG Rz. 5; *Marsch-Barner* in Kallmeyer, § 26 UmwG Rz. 6; *Simon* in KölnKomm. UmwG, § 26 UmwG Rz. 9; *Stratz* in Schmitt/Hörtnagl/Stratz, § 26 UmwG Rz. 13; *Vossius* in Widmann/Mayer, § 26 UmwG Rz. 19; a.A. *Schilling/Zutt* in Hachenburg[7], § 29 VerschmG Rz. 27.

5 *Rieger* in Widmann/Mayer, § 70 UmwG Rz. 6; im Ergebnis ebenso *Kraft* in KölnKomm. UmwG, § 350 AktG Rz. 5, der aber auf die Schädigung des Anteilsinhabers abstellt. Diese Überlegungen betreffen aber vorwiegend die Schadenshöhe und nicht die Frage, wessen Rechte beeinträchtigt sind.

Das Antragsrecht ist für sich allein **nicht abtretbar**[1]. Abtretbar ist aber der Anspruch auf Beteiligung am Erlös[2]. Ob bei einer Übertragung der Mitgliedschaft auch ein solcher Anspruch mit abgetreten sein soll, muss durch Auslegung ermittelt werden. Normalerweise wird das nicht gewollt sein, da die genannten Ansprüche mit der übergegangenen Mitgliedschaft nicht notwendig verbunden sind[3]. Aber auch wenn der Anspruch abgetreten ist, bleibt das Antragsrecht bei dem ehemaligen Anteilsinhaber[4]. Dies folgt aus dem Wortlaut der Norm. Auf diese Weise wird das Verfahren nach § 26 UmwG von der Überprüfung eventueller Abtretungen entlastet. 7

b) Berechtigung des Gläubigers

Auch die Gläubiger des übertragenden Rechtsträgers sind antragsberechtigt (§ 26 Abs. 1 Satz 2 UmwG). Voraussetzung dafür ist allerdings, dass der betreffende Gläubiger von dem übernehmenden Rechtsträger **keine Befriedigung erlangen kann** (§ 26 Abs. 1 Satz 3 UmwG). Wer Gläubiger ist, bestimmt sich nach denselben Kriterien wie bei § 22 UmwG (§ 22 Rz. 4 ff.). Sofern den Gläubigern nach dieser Bestimmung Sicherheit geleistet wurde, sind sie nicht antragsberechtigt, es sei denn, sie konnten aus der Sicherheit keine Befriedigung erlangen. Es muss also stets zuerst aus der Sicherheit vorgegangen werden[5]. Der Versuch einer Zwangsvollstreckung ist aber nicht erforderlich. Für das Antragsrecht reicht es vielmehr aus, wenn der Gläubiger, gleichgültig auf welche Weise, darlegt, dass er keine Befriedigung erlangen könne[6]. Ist der gesicherte Anspruch noch nicht fällig, muss dargelegt werden, dass der Anspruch bei Fälligkeit nicht hinreichend gesichert sein wird. Gläubiger, die Sicherheit hätten verlangen können, dies aber nicht getan haben, sind antragsberechtigt[7]. Da das Verfahren nach § 25 UmwG sehr viel komplexer ist als ein Verfahren nach § 22 UmwG, steht nicht zu erwarten, dass Gläubiger entgegen der Intention der Norm bewusst vorrangig nach §§ 25 ff. UmwG vorgehen. Im Einzelfall kann der Einwand des Rechtsmissbrauchs helfen. 8

Soweit der **übernehmende Rechtsträger als Gläubiger des übertragenden Rechtsträgers** ein Verfahren nach §§ 25, 26 UmwG einleiten will, ist er ebenfalls antragsberechtigt[8]. Ein Interesse an einer solchen Antragstellung kann insbesondere dann bestehen, wenn gegen einen Dritten vorgegangen werden soll (§ 25 Rz. 24). Ein Antragsrecht des übernehmenden Rechtsträgers ist auch dann gegeben, wenn 9

1 *Marsch-Barner* in Kallmeyer, § 26 UmwG Rz. 6; *C. Müller* in Henssler/Strohn, § 26 UmwG Rz. 7; *Simon* in KölnKomm. UmwG, § 26 UmwG Rz. 9; *Stratz* in Schmitt/Hörtnagl/Stratz, § 26 UmwG Rz. 13.

2 *Kübler* in Semler/Stengel, § 26 UmwG Rz. 5; *Marsch-Barner* in Kallmeyer, § 26 UmwG Rz. 6; *Rieger* in Widmann/Mayer, § 70 UmwG Rz. 9; *Simon* in KölnKomm. UmwG, § 26 UmwG Rz. 9.

3 *Marsch-Barner* in Kallmeyer, § 26 UmwG Rz. 6.

4 *Simon* in KölnKomm. UmwG, § 26 UmwG Rz. 9.

5 *Kübler* in Semler/Stengel, § 26 UmwG Rz. 6; *Marsch-Barner* in Kallmeyer, § 26 UmwG Rz. 8.

6 *Marsch-Barner* in Kallmeyer, § 26 UmwG Rz. 8; *C. Müller* in Henssler/Strohn, § 26 UmwG Rz. 7; *Simon* in KölnKomm. UmwG, § 26 UmwG Rz. 10; *Stratz* in Schmitt/Hörtnagl/Stratz, § 26 UmwG Rz. 14; *Vossius* in Widmann/Mayer, § 26 UmwG Rz. 23.

7 *Simon* in KölnKomm. UmwG, § 26 UmwG Rz. 11.

8 *Kübler* in Semler/Stengel, § 26 UmwG Rz. 6; *Marsch-Barner* in Kallmeyer, § 26 UmwG Rz. 8; *Rieger* in Widmann/Mayer, § 70 UmwG Rz. 10.

der Anspruch nach § 25 Abs. 1 UmwG durchgesetzt werden soll[1]. Zwar hat der übernehmende Rechtsträger dann meist keinen eigenen Anspruch nach dieser Norm, da es bei ihm an einem Schaden fehlt. Aber die Antragsberechtigung hängt nicht davon ab, dass ein eigener Anspruch geltend gemacht werden soll (sonst könnten die Ansprüche des übertragenden Rechtsträgers nie durchgesetzt werden). Selbstverständlich kann von dem übernehmenden Rechtsträger nicht verlangt werden, dass er zuvor versucht, bei sich selbst Befriedigung zu erlangen. Dagegen ist der übernehmende Rechtsträger an einer Antragstellung zur Durchsetzung von Ansprüchen gegen sich selbst nicht interessiert. In diesem Fall wird er sich lediglich per Anmeldung nach § 26 Abs. 2 UmwG an einem von anderen Personen eingeleiteten Verfahren beteiligen, um gegebenenfalls bei der Erlösverteilung berücksichtigt zu werden.

c) Berechtigung des übernehmenden Rechtsträgers

10 Antragsberechtigt ist der übernehmende Rechtsträger außer in den bereits genannten Fällen (oben Rz. 5, 9) auch, wenn er die **Anfechtung des Verschmelzungsvertrages** erklären will[2], wobei aber zu bedenken ist, dass nach der hier vertretenen Ansicht eine Anfechtung praktisch stets ausscheidet (§ 20 Rz. 81). Zwar kann man ihn dann kaum als Gläubiger bezeichnen, aber seine Rechtsstellung ist der eines Gläubigers durchaus ähnlich. Zu **Ansprüchen, die sich gegen den übertragenden Rechtsträger richten**, § 25 Rz. 26, 33.

d) Berechtigung weiterer Personen

11 Weitere Personen sind **nicht antragsbefugt**. Dies kann zu Problemen führen, wenn es um die Durchsetzung von Ansprüchen des übertragenden Rechtsträgers geht, an deren Realisierung den Anteilsinhabern nichts gelegen ist. Dazu gehören etwa im Verschmelzungsvertrag getroffene Vereinbarungen zugunsten der Arbeitnehmer[3]. Zwar sind diese regelmäßig durchaus Gläubiger des übertragenden Rechtsträgers. Aber Gläubiger haben nur zur Durchsetzung/Absicherung ihrer Ansprüche (bei Arbeitnehmern etwa offene Lohnforderungen) ein Antragsrecht. Insoweit bleibt den Begünstigten nur die Möglichkeit, Antragsberechtigte für ihr Anliegen zu gewinnen.

---

1 A.A. *Lutter/Hommelhoff*[13], § 29 KapErhG Rz. 6; *Schilling/Zutt* in Hachenburg[7], § 29 VerschmG Rz. 31.

2 OLG Hamm v. 8.10.1991 – 15 W 276/91, DB 1991, 2535 = AG 1992, 232; *Kübler* in Semler/Stengel, § 26 UmwG Rz. 28; *Marsch-Barner* in Kallmeyer, § 26 UmwG Rz. 3; *Rieger* in Widmann/Mayer, § 70 UmwG Rz. 10; *Stratz* in Schmitt/Hörtnagl/Stratz, § 26 UmwG Rz. 11.

3 S. den Fall OLG Frankfurt/M. v. 19.5.2006 – 25 U 28/05, ZIP 2007, 331 = AG 2007, 559; *Blasche/Söntgerath*, BB 2009, 1432 (1435); *Marsch-Barner* in Kallmeyer, § 26 UmwG Rz. 9; kein Problem besteht, wenn der Verschmelzungsvertrag insoweit ein Vertrag zugunsten Dritter ist. Dann haben diese Personen Ansprüche gegen den übernehmenden Rechtsträger.

e) Glaubhaftmachung des Anspruchs

Für die Antragstellung muss der Anspruch, der durchgesetzt werden soll, glaubhaft gemacht werden[1]. Es ist **nicht erforderlich, dass der Antragsteller** einen eigenen Schaden nachweist. Das Interesse des Antragstellers liegt regelmäßig in der Möglichkeit, bei der Erlösverteilung berücksichtigt zu werden. Geht es um Erfüllungsansprüche, muss dieser Anspruch glaubhaft gemacht werden. Soll die Anfechtung des Verschmelzungsvertrags durch den besonderen Vertreter erklärt oder entgegengenommen werden, so muss die ernsthafte Möglichkeit des Bestehens eines Anfechtungsrechts glaubhaft gemacht werden[2]. Gleiches gilt, wenn der besondere Vertreter eine Aufrechnungserklärung entgegennehmen soll. 12

3. Bestellung durch das Gericht

Der besondere Vertreter wird vom Gericht des Sitzes eines übertragenden Rechtsträgers bestellt (§ 26 Abs. 1 Satz 2 UmwG). Zuständig ist das Amtsgericht: § 23a Abs. 1 Satz 1 Nr. 2, Abs. 2 Nr. 4 GVG i.V.m. § 375 Nr. 5 FamFG[3]. Sind mehrere Gerichte zuständig, so besteht ein Wahlrecht. Soweit zweckmäßig, können auch juristische Personen, BGB-Gesellschaften (Sozietäten)[4] oder mehrere Vertreter[5] bestellt werden. Dies kann insbesondere dann sachdienlich sein, wenn vor verschiedenen Gerichten ganz unterschiedliche Sachverhalte zur Überprüfung stehen oder wenn bei der Verschmelzung mehrerer Rechtsträger die Ansprüche verschiedener Rechtsträger betroffen sind. Eine Pflicht zur Annahme der Bestellung besteht nicht[6]. 13

Gegen die Entscheidung ist die **Beschwerde** möglich (§ 58 Abs. 1 FamFG). Die Beschwerdefrist beträgt gem. § 63 Abs. 1 FamFG einen Monat. 14

4. Stellung des besonderen Vertreters

Der besondere Vertreter vertritt im Regelfall weder den Rechtsträger noch seine Gläubiger oder Anteilsinhaber. Vielmehr macht er die genannten **Ansprüche im eigenen Namen geltend**[7]. Er ist **Partei kraft Amtes**[8]. Er vertritt den übertragenden 15

---

1 OLG Hamm v. 8.10.1991 – 15 W 276/91, DB 1991, 2535 (2536) = AG 1992, 232; *Kübler* in Semler/Stengel, § 26 UmwG Rz. 4; *Stratz* in Schmitt/Hörtnagl/Stratz, § 26 UmwG Rz. 17.

2 OLG Hamm v. 8.10.1991 – 15 W 276/91, DB 1991, 2535 (2536) = AG 1992, 232; *Vossius* in Widmann/Mayer, § 26 UmwG Rz. 28.

3 Dies war während des Gesetzgebungsverfahrens umstritten, s. Begr bei *Ganske*, S. 79.

4 *Kübler* in Semler/Stengel, § 26 UmwG Rz. 4; *Simon* in KölnKomm. UmwG, § 26 UmwG Rz. 14; *Vossius* in Widmann/Mayer, § 26 UmwG Rz. 30, der aber annimmt, dies sei ein Fall der Bestellung mehrerer Vertreter.

5 *Marsch-Barner* in Kallmeyer, § 26 UmwG Rz. 4.

6 *Kübler* in Semler/Stengel, § 26 UmwG Rz. 9; *Marsch-Barner* in Kallmeyer, § 26 UmwG Rz. 12; *Simon* in KölnKomm. UmwG, § 26 UmwG Rz. 14.

7 *Kübler* in Semler/Stengel, § 26 UmwG Rz. 9; *Marsch-Barner* in Kallmeyer, § 26 UmwG Rz. 11; *Simon* in KölnKomm. UmwG, § 26 UmwG Rz. 16.

8 OLG Frankfurt/M. v. 19.5.2006 – 25 U 28/05, ZIP 2007, 331 (332) = AG 2007, 559; *Kübler* in Semler/Stengel, § 26 UmwG Rz. 9; *Marsch-Barner* in Kallmeyer, § 26 UmwG Rz. 11; *C. Müller* in Henssler/Strohn, § 26 UmwG Rz. 3; *Simon* in KölnKomm. UmwG, § 26 UmwG Rz. 16; *Stratz* in Schmitt/Hörtnagl/Stratz, § 26 UmwG Rz. 18; offen gelassen

Rechtsträger nur dann, wenn er für ihn eine Aufrechnungs- oder Anfechtungserklärung abgibt oder entgegennimmt (dann sog. Passivvertretung)[1]. Der Vertreter ist an **Weisungen** der Anteilsinhaber, Gläubiger oder des Gerichts **nicht gebunden**[2]. Vielfach kann es schon wegen der Vielzahl der Anspruchsinhaber zu solchen Weisungen kaum kommen.

16 Der Vertreter **macht sich gegenüber den Anteilsinhabern und Gläubigern schadensersatzpflichtig**, wenn er bei der Anspruchsverfolgung und Erlösverteilung nicht pflichtgemäß vorgeht. Denn die Bestellung durch das Gericht erfolgt zugunsten dieser Personen. Demgemäß besteht, genau wie bei sonstigen vom Gericht zugunsten Dritter bestellter Personen, eine entsprechende Haftung (s. etwa § 1833 BGB für den Vormund, § 1915 Abs. 1 BGB für den Pfleger, § 1908i BGB für den Betreuer, § 60 InsO für den Insolvenzverwalter)[3]. Auskunfts- und rechenschaftspflichtig ist der besondere Vertreter ebenfalls[4]. Bei einer Vielzahl von Berechtigten kann der Vertreter aber die Kanalisierung der Ansprüche auf eine Versammlung der Berechtigten verlangen[5].

5. Vergütung und Auslagenersatz des besonderen Vertreters

17 Der Vertreter erhält eine Vergütung und Ersatz seiner Auslagen, soweit sie angemessen sind (§ 26 Abs. 4 Satz 1 UmwG). **Die Höhe der erstattungsfähigen Auslagen sowie der Vergütung** setzt das Gericht fest (§ 26 Abs. 4 Satz 2 UmwG), sofern nicht der Vertreter mit den Anteilsinhabern oder den Gläubigern eine anders lautende Vereinbarung getroffen hat[6]. Ist der Vertreter Rechtsanwalt, wird regelmäßig das RVG zugrunde gelegt[7]. Zu den Auslagen zählen auch die Prozesskosten. Hat der Vertreter Kostenvorschüsse zu zahlen oder andere Auslagen aufzubringen, so kann er verlangen, dass ihm diese Kosten vorgeschossen werden,

---

bei OLG Hamm v. 8.10.1991 – 15 W 276/91, DB 1991, 2535 f. = AG 1992, 232; a.A. *Vossius* in Widmann/Mayer, § 26 UmwG Rz. 42 unter Berufung auf den Wortlaut.

1 OLG Hamm v. 8.10.1991 – 15 W 276/91, DB 1991, 2535 = AG 1992, 232.

2 *Kübler* in Semler/Stengel, § 26 UmwG Rz. 9; *Marsch-Barner* in Kallmeyer, § 26 UmwG Rz. 12; *C. Müller* in Henssler/Strohn, § 26 UmwG Rz. 3; *Simon* in KölnKomm. UmwG, § 26 UmwG Rz. 16; *Stratz* in Schmitt/Hörtnagl/Stratz, § 26 UmwG Rz. 18; *Vossius* in Widmann/Mayer, § 26 UmwG Rz. 46.

3 *Bermel* in Goutier/Knopf/Tulloch, § 26 UmwG Rz. 13; auf eine Parallele zum Abwickler stellen *Marsch-Barner* in Kallmeyer, § 26 UmwG Rz. 11 und *Kübler* in Semler/Stengel, § 26 UmwG Rz. 11 ab, im Ergebnis ähnlich *Vossius* in Widmann/Mayer, § 26 UmwG Rz. 46: quasivertragliche Haftung aus Auftragsrecht; auch *Stratz* in Schmitt/Hörtnagl/Stratz, § 26 UmwG Rz. 27: rechtsformspezifische Organhaftung, Haftung nach Auftrags- und nach Deliktsrecht.

4 Nach *Marsch-Barner* in Kallmeyer, § 26 UmwG Rz. 12; *Simon* in KölnKomm. UmwG, § 26 UmwG Rz. 16; *Stratz* in Schmitt/Hörtnagl/Stratz, § 26 UmwG Rz. 27; *Vossius* in Widmann/Mayer, § 26 UmwG Rz. 47 gilt § 666 BGB entsprechend.

5 *Marsch-Barner* in Kallmeyer, § 26 UmwG Rz. 12.

6 *Kübler* in Semler/Stengel, § 26 UmwG Rz. 10; *Marsch-Barner* in Kallmeyer, § 26 UmwG Rz. 13; *Simon* in KölnKomm. UmwG, § 26 UmwG Rz. 17.

7 Zu dem gemeinsamen Vertreter nach § 306 AktG a.F. OLG Düsseldorf v. 20.8.1984 – 19 W 12/84, DB 1984, 2188; *Kübler* in Semler/Stengel, § 26 UmwG Rz. 10; *Marsch-Barner* in Kallmeyer, § 26 UmwG Rz. 13; *C. Müller* in Henssler/Strohn, § 26 UmwG Rz. 19; *Stratz* in Schmitt/Hörtnagl/Stratz, § 26 UmwG Rz. 26.

bevor er tätig wird[1]. Gleiches gilt in Bezug auf seine Vergütung[2]. Ein solches Verlangen ist an das Gericht zu stellen, das dann seinerseits entsprechende Vorschüsse von den beteiligten Anteilsinhabern und Gläubigern einfordert (§ 26 Abs. 4 Satz 2, 3 UmwG).

Nach Beendigung der Anspruchsverfolgung werden die dem Vertreter noch zu erstattenden Auslagen sowie seine Vergütung dem erzielten Erlös (unter Einschluss der eventuell vom Prozessgegner zu erstattenden Prozesskosten) entnommen[3]. Sollte dieser Betrag nicht ausreichen oder anderweit verbraucht sein oder sollte eine andere Verteilung sachgerechter sein, bestimmt das Gericht nach freiem Ermessen, **in welchem Umfang diese Kosten von den beteiligten Gläubigern und Anteilsinhabern zu tragen sind** (§ 26 Abs. 4 Satz 3 UmwG). Dabei werden auch diejenigen belastet, die sich zwar gemeldet, das Verfahren aber nicht in Gang gesetzt haben. Maßgebend für die Bestimmung der zu tragenden Quote ist der Erfolg bei der Durchsetzung des Anspruchs des Anteilsinhabers/Gläubigers, die Höhe des geltend gemachten Anspruchs sowie – falls dies für die Höhe der Kosten mit maßgeblich war – der Zeitaufwand, der bei der Anspruchsdurchsetzung auf die betreffende Person entfiel[4]. Werden Ansprüche des übertragenden Rechtsträgers geltend gemacht, so ist die Höhe des Interesses an der Erlösverteilung nach § 26 Abs. 3 UmwG sowie wiederum der Zeitaufwand, der auf den Betreffenden entfiel, zu berücksichtigen. 18

Gegen die Entscheidung des Gerichts ist die **Beschwerde** zulässig (§§ 58 ff. FamFG). Die Rechtsbeschwerde ist ausgeschlossen (§ 26 Abs. 4 Satz 4 UmwG). Aus der rechtskräftigen Entscheidung kann der Vertreter die Zwangsvollstreckung betreiben (§ 26 Abs. 4 Satz 5 UmwG). 19

IV. Aufruf der Gläubiger und Anteilsinhaber, Anmeldung

Der Vertreter hat die Anteilsinhaber und Gläubiger des betreffenden übertragenden Rechtsträgers aufzufordern, die Ansprüche nach § 25 Abs. 1, 2 UmwG anzumelden. Er hat dabei auf den **Zweck seiner Bestellung hinzuweisen** (§ 26 Abs. 2 Satz 1 UmwG). Dieser Hinweis muss erkennen lassen, aufgrund welchen Sachverhalts Ansprüche verfolgt werden und gegen wen diese Ansprüche gerichtet sind[5]. 20

1 *Kübler* in Semler/Stengel, § 26 UmwG Rz. 10; *Marsch-Barner* in Kallmeyer, § 26 UmwG Rz. 4, 13; *C. Müller* in Henssler/Strohn, § 26 UmwG Rz. 19; *Simon* in KölnKomm. UmwG, § 26 UmwG Rz. 17; *Vossius* in Widmann/Mayer, § 26 UmwG Rz. 45; *Schilling/Zutt* in Hachenburg[7], § 29 VerschmG Rz. 28, Letzterer allerdings mit der Maßgabe, dass der besondere Vertreter diese Vorschüsse direkt von den Anspruchsstellern verlangen kann. Dies widerspricht aber der Regelung von § 26 Abs. 4 Satz 3 UmwG, wonach das Gericht die Kosten verteilt.

2 *Kübler* in Semler/Stengel, § 26 UmwG Rz. 10; *Marsch-Barner* in Kallmeyer, § 26 UmwG Rz. 13; *C. Müller* in Henssler/Strohn, § 26 UmwG Rz. 19; a.A. *Vossisus* in Widmann/Mayer, § 26 UmwG Rz. 45, aber dies kann keinem Vertreter zugemutet werden und folgt auch nicht aus dem in § 26 Abs. 4 Satz 3 UmwG niedergelegten Verteilungsschlüssel.

3 *Kübler* in Semler/Stengel, § 26 UmwG Rz. 10; *Marsch-Barner* in Kallmeyer, § 26 UmwG Rz. 14; *C. Müller* in Henssler/Strohn, § 26 UmwG Rz. 19; *Stratz* in Schmitt/Hörtnagl/Stratz, § 26 UmwG Rz. 26.

4 *Marsch-Barner* in Kallmeyer, § 26 UmwG Rz. 14, in Bezug auf den Zeitaufwand, aber ohne die hier vertretene Einschränkung.

5 *Simon* in KölnKomm. UmwG, § 26 UmwG Rz. 18.

Die Namen der Anspruchsgegner müssen nur dann nicht genannt werden, wenn auch ohne diese Nennung deutlich ist, gegen wen die Ansprüche geltend gemacht werden sollen (etwa wenn gegen alle Vorstandsmitglieder vorgegangen werden soll)[1]. Nur wenn diese Angaben gemacht sind, ist es den Anteilsinhabern und Gläubigern möglich, sachgerecht darüber zu entscheiden, ob sie sich melden und das damit verbundene Kostenrisiko auf sich nehmen wollen. Die Aufforderung geht dahin, dass sich Gläubiger und Anteilsinhaber, die am Verfahren zur Durchsetzung dieses Anspruchs beteiligt sein wollen, innerhalb einer bestimmten Frist melden müssen. Geht es um einen Anspruch des übertragenden Rechtsträgers (etwa auf Standortsicherung), wird es meist keine weiteren Berechtigten geben. Die Aufforderung muss gleichwohl erfolgen[2], da auch in diesem Fall nicht ausgeschlossen werden kann, dass solche Ansprüche bestehen, etwa wenn der Verschmelzungsvertrag in diesem Punkt ein Vertrag zugunsten Dritter ist.

21 Bei der Aufforderung sollte auf die **Folgen der Nichtmeldung** hingewiesen werden (keine Beteiligung am Erlös und bei eigenen Ansprüchen Anspruchsverlust, soweit der eigene Anspruch auf demselben Lebenssachverhalt beruht), um den Anteilsinhabern und Gläubigern diese Konsequenz vor Augen zu führen[3]. Doch ist die Aufforderung auch dann wirksam, wenn ein solcher Hinweis nicht erfolgt ist[4].

22 Die **Anmeldefrist** muss angemessen sein und sollte mindestens einen Monat betragen (§ 26 Abs. 2 Satz 1 UmwG). Eine kürzere Frist ist gültig, solange sie noch angemessen ist[5]. Fristen von weniger als zwei Wochen sind aber selbst bei einfacher Sachlage durchweg nicht mehr angemessen[6], da die Frist dazu dienen soll, die Zweckmäßigkeit der Anspruchsverfolgung wenigstens ansatzweise zu überprüfen. Eine zu kurze Frist setzt eine angemessene in Lauf[7].

23 Die **Aufforderung** ist im Bundesanzeiger **bekannt zu machen**. Sofern Gesellschaftsvertrag, Partnerschaftsvertrag oder die Satzung andere Blätter für die öffentlichen Bekanntmachungen des übertragenden Rechtsträgers bestimmt hatten, hat die Bekanntmachung auch dort zu erfolgen (§ 26 Abs. 2 Satz 2 UmwG).

24 Die **Anmeldung kann formlos** erfolgen[8]. Es ist nicht notwendig, schon bei der Anmeldung die Gläubiger- oder Anteilsinhaberstellung nachzuweisen[9]. Sofern meh-

---

1 *Marsch-Barner* in Kallmeyer, § 26 UmwG Rz. 16; a.A. *Schilling/Zutt* in Hachenburg[7], § 29 VerschmG Rz. 34 unter Hinweis darauf, dass der Anspruchsgegner u.U. noch nicht feststehe. Doch muss dies zuvor geklärt worden sein, da sonst nicht sachgerecht über die Meldung entschieden werden kann.

2 A.A. *Blasche/Söntgerath*, BB 2009, 1432 (1435).

3 *Kübler* in Semler/Stengel, § 26 UmwG Rz. 12; *Marsch-Barner* in Kallmeyer, § 26 UmwG Rz. 17; *Stratz* in Schmitt/Hörtnagl/Stratz, § 26 UmwG Rz. 20.

4 *Kübler* in Semler/Stengel, § 26 UmwG Rz. 12; *Simon* in KölnKomm. UmwG, § 26 UmwG Rz. 18; *Stratz* in Schmitt/Hörtnagl/Stratz, § 26 UmwG Rz. 20.

5 *Kübler* in Semler/Stengel, § 26 UmwG Rz. 12; *Simon* in KölnKomm. UmwG, § 26 UmwG Rz. 19; *Stratz* in Schmitt/Hörtnagl/Stratz, § 26 UmwG Rz. 19; a.A. *Vossius* in Widmann/Mayer, § 26 UmwG Rz. 32, doch steht dem der Wortlaut entgegen.

6 Eine Ausnahme ist denkbar, etwa wenn Verjährung droht.

7 *Simon* in KölnKomm. UmwG, § 26 UmwG Rz. 19; *Vossius* in Widmann/Mayer, § 26 UmwG Rz. 33; a.A. *Marsch-Barner* in Kallmeyer, § 26 UmwG Rz. 16: Aufforderung unwirksam.

8 *Simon* in KölnKomm. UmwG, § 26 UmwG Rz. 21.

9 *Kübler* in Semler/Stengel, § 26 UmwG Rz. 13; a.A. *Kraft* in KölnKomm. AktG, § 350 AktG Rz. 9: Anteilsinhaber müssen nachweisen, dass sie bei der Verschmelzung An-

rere Ansprüche durch den besonderen Vertreter geltend gemacht werden sollen, muss deutlich werden, an der Durchsetzung welchen Anspruchs sich der Anmelder beteiligen will. Der übernehmende Rechtsträger ist nur dann als ehemaliger Anteilsinhaber des übertragenden Rechtsträgers zur Anmeldung berechtigt, wenn es nicht um Ansprüche des Anteilsinhabers im Zusammenhang mit der Festlegung des Umtauschverhältnisses geht (oben Rz. 5). Als Gläubiger ist er stets anmeldeberechtigt (oben Rz. 9).

V. Erlösverteilung

Sofern aus der (gerichtlichen oder außergerichtlichen) Anspruchsverfolgung ein Erlös erzielt wird, ist dieser nach § 26 Abs. 3 UmwG zu verteilen (zur Begleichung der Auslagen zur Vergütung des besonderen Vertreters oben Rz. 18). Dabei betrifft § 26 Abs. 3 UmwG nur den Fall, dass Ansprüche des übertragenden Rechtsträgers geltend gemacht worden sind. Nicht nach § 26 Abs. 3 UmwG verteilt wird ein Erlös, der im **Wege der Durchsetzung von Ansprüchen eines Anteilsinhabers oder Gläubigers** erzielt wurde. Diese Gelder hat der besondere Vertreter (nach Abzug seiner Auslagen und seiner Vergütung) direkt an den oder die Anspruchsinhaber abzuführen[1]. Reicht der Erlös nicht für alle berechtigten Anspruchsinhaber, so erhält, wenn die Ansprüche auf demselben Sachverhalt beruhten, jeder dieselbe Quote. 25

Der Erlös, der aus der Durchsetzung von Ansprüchen des übertragenden Rechtsträgers resultiert, ist nach Abzug der Auslagen und der Vergütung des besonderen Vertreters vorrangig zur Befriedigung **der Gläubiger des übertragenden Rechtsträgers** zu verwenden, soweit diese nicht durch den übernehmenden Rechtsträger befriedigt oder sichergestellt sind (§ 26 Abs. 3 Satz 1 UmwG). Vor der Verteilung des Erlöses muss der besondere Vertreter die Berechtigung des Anspruchs prüfen. Bestehen insoweit Zweifel, muss er den Erlösanteil zurückhalten, bis das Bestehen des Anspruchs durch eine Feststellungsklage geklärt ist[2]. Reicht der Erlös nicht zur Befriedigung aller Gläubiger aus, so erfolgt eine Befriedigung zu einem für alle Gläubiger gleichen Prozentsatz des Anspruchs[3]. Sollten die Gläubiger etwas anderes vereinbart haben oder sollten Ansprüche nachrangig sein, so ist dies zu berücksichtigen[4]. Es werden nur Gläubiger berücksichtigt, die sich fristgemäß gemeldet haben (§ 26 Abs. 3 Satz 3 UmwG). 26

Ein eventueller **Rest wird unter die Anteilsinhaber** verteilt, wobei nur derjenige Anteilsinhaber berücksichtigt wird, der sich rechtzeitig gemeldet hat (§ 26 Abs. 3 27

---

teilsinhaber des übertragenden Rechtsträgers waren. Doch ist dies erst für Erlös- und Kostenverteilung wichtig und sollte nicht die Wahrung der u.U. doch recht kurzen Anmeldefrist erschweren.

1 *Kübler* in Semler/Stengel, § 26 UmwG Rz. 15; *Marsch-Barner* in Kallmeyer, § 26 UmwG Rz. 22; *C. Müller* in Henssler/Strohn, § 26 UmwG Rz. 18.

2 *C. Müller* in Henssler/Strohn, § 26 UmwG Rz. 15; *Simon* in KölnKomm. UmwG, § 26 UmwG Rz. 23; die Klage wäre von dem Gläubiger gegen den übernehmenden Rechtsträger als Rechtsnachfolger des übertragenden zu richten. Die übrigen Gläubiger können gegen den, dessen Anspruch streitig ist, Feststellungsklage erheben.

3 *Kübler* in Semler/Stengel, § 26 UmwG Rz. 16; *Marsch-Barner* in Kallmeyer, § 26 UmwG Rz. 20.

4 *C. Müller* in Henssler/Strohn, § 26 UmwG Rz. 15; *Vossius* in Widmann/Mayer, § 26 UmwG Rz. 38.

Satz 4 UmwG). Die Erlösverteilung erfolgt nach den Regeln der Abwicklung, die sich wiederum nach der Rechtsform des übertragenden Rechtsträgers richten (etwa § 271 AktG, §§ 70, 72 GmbHG, §§ 149, 155 HGB: also Verteilung rechtsformspezifisch nach Köpfen oder quotaler Beteiligung). Soweit der übernehmende Rechtsträger sich an der Erlösverteilung beteiligen will, ist zu beachten, dass dies nicht in Betracht kommt, wenn der Schaden in einer fehlerhaften Berechnung des Umtauschverhältnisses lag (oben Rz. 5)[1]. Sofern der übernehmende Rechtsträger aus der der Erlösverteilung zugrunde liegenden Pflichtverletzung (etwa im Rahmen eines Anspruchs aus Verschulden bei Abschluss des Verschmelzungsvertrages) einen Vorteil gezogen hat (Pflichtverletzung hat sich zugunsten des übernehmenden Rechtsträgers ausgewirkt), wird er im Rahmen der Erlösverteilung nicht oder nur eingeschränkt berücksichtigt. Da es nicht um die Befriedigung von Ansprüchen der Anteilsinhaber geht (dazu oben Rz. 25), sondern um die Verteilung von Erlös, der auf Ansprüchen des übertragenden Rechtsträgers beruht, gibt es keine Grenze, bis zu der eine Auszahlung an die Anteilsinhaber erfolgen könnte. Reste verbleiben daher nicht.

VI. Anspruchsverlust

28 **Anspruchsinhaber, die sich nicht gemeldet haben, verlieren ihre** auf demselben Lebenssachverhalt beruhenden **Ansprüche**[2]. Nur so lässt sich sicherstellen, dass der Schuldner nicht permanent mit neuen Verfahren nach § 25 UmwG überzogen wird. Da eine an alle Betroffenen gerichtete Aufforderung, sich zu melden, ergeht, ist diese Rechtsfolge gerechtfertigt.

§ 27

Schadenersatzpflicht der Verwaltungsträger des übernehmenden Rechtsträgers

Ansprüche auf Schadenersatz, die sich aufgrund der Verschmelzung gegen ein Mitglied des Vertretungsorgans oder, wenn ein Aufsichtsorgan vorhanden ist, des Aufsichtsorgans des übernehmenden Rechtsträgers ergeben, verjähren in fünf Jahren seit dem Tage, an dem die Eintragung der Verschmelzung in das Register des Sitzes des übernehmenden Rechtsträgers nach § 19 Abs. 3 bekannt gemacht worden ist.

1 *C. Müller* in Henssler/Strohn, § 26 UmwG Rz. 16; a.A. *Marsch-Barner* in Kallmeyer, § 26 UmwG Rz. 20; *Simon* in KölnKomm. UmwG, § 26 UmwG Rz. 25.
2 *C. Müller* in Henssler/Strohn, § 26 UmwG Rz. 17; *Simon* in KölnKomm. UmwG, § 26 UmwG Rz. 20; a.A. *Kübler* in Semler/Stengel, § 26 UmwG Rz. 16.

Literatur

Clemm/Dürrschmidt, Überlegungen zu den Sorgfaltspflichten für Vertretungs- und Aufsichtsorgane bei der Verschmelzung von Unternehmen nach §§ 25 und 27 UmwG, in FS Widmann, 2001, S. 3; *Immenga*, Unternehmensfusion und Aktionärsrechte, BB 1970, 629; *Kohlegger/Knoflach*, Gemeinschaftsrechtliche Auslegungs- und Umsetzungsprobleme am Beispiel von Fusions- sowie Spaltungsrichtlinie und EU-GesRÄG, RdW 1996, 97; *Pöllath/Philipp*, Unternehmenskauf und Verschmelzung: Pflichten und Haftung von Vorstand und Geschäftsführer, DB 2005, 1503; *Schnorbus*, Grundlagen der persönlichen Haftung von Organmitgliedern nach § 25 Abs. 1 UmwG, ZHR 167 (2003), 666.

I. Inhalt der Norm

§ 27 UmwG legt eine spezielle Verjährungsfrist für Ansprüche gegen die Vertretungs- und Aufsichtsorgane des übernehmenden Rechtsträgers fest, die der in § 25 Abs. 3 UmwG getroffenen Bestimmung für die Haftung der entsprechenden Organe in dem übertragenden Rechtsträger entspricht. 1

II. Betroffene Haftungsnormen

1. Anspruchsgegner, Anspruchsgrundlagen und Gläubiger

§ 27 UmwG gilt nur für die Haftung der in der Norm genannten Personen, also der Mitglieder des Vertretungsorgans (§ 25 Rz. 3) und des Aufsichtsorgans (§ 25 Rz. 4) des übernehmenden Rechtsträgers[1]. In den **Vorläufernormen waren die betreffenden Anspruchsgrundlagen im Einzelnen aufgezählt**. Da insoweit eine Änderung nicht beabsichtigt war[2] und diese ehemals aufgezählten Normen auch vom Wortlaut des § 27 UmwG klar gedeckt sind, steht fest, dass jedenfalls die früher genannten Bestimmungen erfasst sind. Hierzu zählen §§ 93, 116, 117[3], 309, 310, 317, 318 AktG, § 43 GmbHG, § 52 GmbHG i.V.m. § 116 AktG, §§ 34, 41 GenG, die alle die Verjährungsfrist von fünf Jahren vorschreiben. Diese Verjährungsregel wird auch auf eventuell ebenfalls bestehende vertragliche Ansprüche übertragen[4]. § 27 UmwG enthält insoweit also für die Länge der Verjährungsfrist nur eine Klarstellung, während der Fristbeginn eigenständig geregelt ist. 2

In den **Personenhandelsgesellschaften und im Verein** haften die Vertretungsorgane nach vertraglichen Grundsätzen mit einer dreijährigen Verjährungsfrist (§ 195 BGB). Hier würde also die Anwendung von § 27 UmwG zu einer Verlängerung der Verjährungsfrist führen. Andererseits beginnt die Frist von § 27 UmwG zu einem objektiv bestimmten Zeitpunkt (§ 19 Abs. 3 UmwG), während § 199 BGB auf die Kenntnis bzw. grob fahrlässige Unkenntnis des Gläubigers abstellt. Um Diskrepanzen zu der Haftung der Leitungsorgane anderer Rechtsträger zu ver- 3

1 Zur Haftung der entsprechenden Organmitglieder des übertragenden Rechtsträgers § 25 UmwG.

2 *Ganske*, S. 82.

3 Auf diese Normen verweisen auch §§ 278 Abs. 3, 283 AktG für die KGaA.

4 BGH v. 12.6.1989 – II ZR 334/87, WM 1989, 1335 = GmbHR 1989, 365 (GmbH); *Kleindiek* in Lutter/Hommelhoff, § 43 GmbHG Rz. 67.

meiden (oben Rz. 2), sollte auch auf die Haftung der Vertretungsorgane von Vereinen und OHG § 27 UmwG uneingeschränkt angewandt werden[1].

4 Auch **deliktsrechtliche Ansprüche** werden von der in § 27 UmwG festgelegten Verjährungsfrist erfasst[2]. Die Abgrenzung zwischen den deliktischen und vertraglichen Ansprüchen ist bisweilen eher zufällig. Hinzu kommt, dass nunmehr auch das BGB eine gesonderte Verjährungsfrist für deliktische Ansprüche nicht mehr vorsieht.

2. Mögliche Pflichtverletzungen

5 § 27 UmwG enthält keine eigenständige Anspruchsgrundlage[3], sondern regelt nur Beginn und Länge der Verjährungsfrist. Hierin liegt ein Unterschied zu § 25 Abs. 1 UmwG, der die Haftung der Organträger des übertragenden Rechtsträgers betrifft[4]. Daher muss anhand der jeweiligen Haftungsnorm ermittelt werden, welche Pflichten die Organe des übernehmenden Rechtsträgers treffen. § 27 UmwG greift weiter nur ein, wenn es um Schadensersatzansprüche **aufgrund der Verschmelzung** geht. Gemeint ist damit jedes Fehlverhalten, das mit der Verschmelzung im sachlichen Zusammenhang steht[5]. Insofern ist der Anwendungsbereich weiter als derjenige von § 25 Abs. 1 UmwG. Es spielt keine Rolle, wer die Ansprüche geltend macht.

6 **Pflichtverletzungen** können sich darauf beziehen, dass die Vermögenslage des übertragenden (aber auch des übernehmenden) Rechtsträgers nicht hinreichend überprüft wurde, die Verschmelzungsprüfer nicht sorgfältig ausgewählt wurden, der Verschmelzungsbericht nicht ordnungsgemäß abgefasst war[6], im Rahmen der Vertragsverhandlungen die Interessen des übernehmenden Rechtsträgers nicht hinreichend gewahrt wurden[7] etc.

7 Bei **Konzernverschmelzungen** ist davon auszugehen, dass eine Verschmelzung im Grundsatz zulässig und rechtmäßig ist. Für die Verschmelzung des abhängigen Unternehmens auf das herrschende Unternehmen folgt dies auch aus § 62 UmwG. **Besteht ein Beherrschungsvertrag**, so ist umstritten, ob eine Weisung zum Abschluss eines Verschmelzungsvertrages ergehen darf[8]. Unzulässig wäre es

---

1 *Kübler* in Semler/Stengel, § 27 UmwG Rz. 4; *Marsch-Barner* in Kallmeyer, § 27 UmwG Rz. 3; *C. Müller* in Henssler/Strohn, § 27 UmwG Rz. 3; *Simon* in KölnKomm. UmwG, § 27 UmwG Rz. 4.

2 *Simon* in KölnKomm. UmwG, § 27 UmwG Rz. 6; a.A. *Marsch-Barner* in Kallmeyer, § 27 UmwG Rz. 4; *C. Müller* in Henssler/Strohn, § 27 UmwG Rz. 4; *Stratz* in Schmitt/Hörtnagl/Stratz, § 27 UmwG Rz. 10; *Vossius* in Widmann/Mayer, § 27 UmwG Rz. 10, Rz. 2.

3 *Clemm/Dürrschmidt* in FS Widmann, S. 3 (15); *Kübler* in Semler/Stengel, § 27 UmwG Rz. 1; *Marsch-Barner* in Kallmeyer, § 27 UmwG Rz. 2; *C. Müller* in Henssler/Strohn, § 27 UmwG Rz. 1; *Schnorbus*, ZHR 167 (2003), 666 (675).

4 § 27 UmwG bezieht sich nicht auf § 25 Abs. 1 UmwG, da dort nur die Haftung der Organe des übertragenden Rechtsträgers angesprochen ist.

5 *Marsch-Barner* in Kallmeyer, § 27 UmwG Rz. 2; *Simon* in KölnKomm. UmwG, § 27 UmwG Rz. 7; *Stratz* in Schmitt/Hörtnagl/Stratz, § 27 UmwG Rz. 4.

6 *C. Müller* in Henssler/Strohn, § 27 UmwG Rz. 5; *Pöllath/Philipp*, DB 2005, 1503 (1508).

7 *Pöllath/Philipp*, DB 2005, 1503 (1508); die Organe haben einen erheblichen Spielraum, s. den Fall LG Stuttgart v. 8.3.1994 – 4 KfH O 6/94, AG 1994, 567 = ZIP 1994, 631 mit Anm. *Grunewald*, EWiR § 339 AktG 1/94, 429: Kostenübernahme des übernehmenden Rechtsträgers im Verschmelzungsvertrag.

8 Dazu *Hüffer*, § 308 AktG Rz. 19; *Krieger* in MünchHdb. GesR AG, § 70 Rz. 148.

jedenfalls, wenn die abhängige Gesellschaft zum Abschluss eines für ihre Anteilsinhaber nachteiligen Verschmelzungsvertrages (Umtauschverhältnis!) veranlasst würde[1]. Die in § 302 AktG vorgesehene Verlustübernahme bliebe in diesen Fällen wirkungslos, weil die übertragende Gesellschaft nicht mehr besteht und dieser Rechtsträger auch keinen Verlust hat. Wenn die Ansprüche nach § 309 Abs. 1, § 310 Abs. 1 AktG der übertragenden Gesellschaft zustehen, werden sie durch einen besonderen Vertreter geltend gemacht[2]. Die in § 309 Abs. 4 AktG vorgesehene Möglichkeit, dass der Aktionär Zahlung an die Gesellschaft fordert, hieße, dass er Zahlung an einen besonderen Vertreter – der erst bestellt werden müsste – verlangen kann. Diese Vorgehensweise wäre extrem aufwendig und hätte zur Folge, dass der in § 309 Abs. 4 AktG vorgesehene Gesellschafterschutz weitgehend ins Leere geht. Man wird die Norm daher weiterzuentwickeln haben und in dem hier zur Debatte stehenden Fall ausnahmsweise von einem eigenen Anspruch der Anteilsinhaber gegen die betreffenden Personen auf Ausgleich ihres Reflexschadens auszugehen haben.

Besteht kein Beherrschungsvertrag, so ist eine Weisung auf Abschluss eines für die Anteilsinhaber ungünstigen Verschmelzungsvertrages ebenfalls unzulässig. In diesem Fall gilt § 317 Abs. 1 Satz 1 und Satz 2 AktG. Dagegen kommt § 311 Abs. 2 AktG wohl kaum je zur Anwendung. Berechtigt wäre die abhängige Gesellschaft, von deren Fortbestehen nach § 25 Abs. 2 UmwG insoweit auszugehen wäre[3]. Aber meist wird die Verschmelzung für sie keine besonderen Nachteile mit sich bringen. 8

III. Verjährung

Die Verjährungsfrist beginnt mit dem Tag, an dem die **Eintragung der Verschmelzung** in das Register des übernehmenden Rechtsträgers nach § 19 Abs. 3 UmwG bekannt gemacht worden ist. Sie beträgt fünf Jahre. Insoweit ergibt sich kein Unterschied zu § 25 Abs. 3 UmwG. 9

§ 28
Unwirksamkeit des Verschmelzungsbeschlusses eines übertragenden Rechtsträgers

Nach Eintragung der Verschmelzung in das Register des Sitzes des übernehmenden Rechtsträgers ist eine Klage gegen die Wirksamkeit des Verschmelzungsbeschlusses eines übertragenden Rechtsträgers gegen den übernehmenden Rechtsträger zu richten.

---

1 *C. Müller* in Henssler/Strohn, § 27 UmwG Rz. 5; *Stratz* in Schmitt/Hörtnagl/Stratz, § 27 UmwG Rz. 6.

2 *Simon* in KölnKomm. UmwG, § 27 UmwG Rz. 9.

3 Nach *Immenga*, BB 1990, 629 (632) besteht eine Pflicht zur Ausgabe weiterer Aktien an die Aktionäre der übertragenden Gesellschaft, wenn das Umtauschverhältnis zu ungünstig ist. Doch beinhaltet § 311 UmwG keine Pflicht zur Leistung eines Ausgleichs an die Aktionäre.

Literatur

Döss, Die Auswirkungen von Mängeln einer Verschmelzung durch Aufnahme auf die rechtliche Stellung einer übertragenden Gesellschaft und ihrer Aktionäre, 1990; *Hoffmann-Becking*, Organnachfolge bei der Verschmelzung?, in FS Ulmer, 2003, S. 243; *Kreuznacht*, Wirkungen der Eintragung fehlerhafter Verschmelzungen von Aktiengesellschaften und Gesellschaften mit beschränkter Haftung nach § 20 Abs. 2 UmwG, 1998; *Martens*, Kontinuität und Diskontinuität im Verschmelzungsrecht der Aktiengesellschaft, AG 1986, 57; *Mayrhofer/Dohm*, Das Rechtsschutzbedürfnis des Aktionärs bei der Beschlussanfechtungsklage nach einer Verschmelzung, DB 2000, 961.

I. Inhalt der Norm

1 Die Norm befasst sich nach ihrem Wortlaut mit der seltenen Situation, dass **nach Eintragung der Verschmelzung** noch eine **Klage gegen den Verschmelzungsbeschluss des übertragenden Rechtsträgers** eingereicht wird, und setzt fest, dass diese dann gegen den **übernehmenden Rechtsträger** zu richten ist. Die Norm legt damit zugleich auch die **örtliche Zuständigkeit** fest, da diese Gesellschaft an dem für sie üblichen Ort zu verklagen ist[1]. Zwar spricht § 246 Abs. 3 Satz 1 AktG von dem Sitz der Gesellschaft, deren Beschluss angefochten wird. Doch ist dies aufgrund der Gesamtrechtsnachfolge nunmehr die übernehmende Gesellschaft, da ihr der Beschluss zugerechnet wird.

II. Klagen gegen Beschlüsse der Anteilsinhaber des übertragenden Rechtsträgers, die vor Eintragung der Verschmelzung erhoben wurden; Auskunftserzwingungsverfahren

1. Klagen gegen den Verschmelzungsbeschluss

2 Soweit **vor Eintragung der Verschmelzung** Anfechtungs- oder Nichtigkeitsklagen gegen den Verschmelzungsbeschluss der Anteilsinhaber des übertragenden Rechtsträgers erhoben wurden, hat dies im Allgemeinen zur Folge, dass die Verschmelzung nicht eingetragen wird (§ 16 Abs. 2 UmwG). In Ausnahmesituatio-

1 LG Frankfurt/M. v. 18.9.2006 – 3-05 O 42/06, NZG 2007, 120; *Marsch-Barner* in Kallmeyer, § 28 UmwG Rz. 1; a.A. OLG Düsseldorf v. 29.7.1957 – 6 W 50/1957, AG 1957, 279; *Kübler* in Semler/Stengel, § 28 UmwG Rz. 4; *C. Müller* in Henssler/Strohn, § 28 UmwG Rz. 3.

nen kann dies aber anders sein (§ 16 Abs. 3 UmwG). Auch besteht die Möglichkeit einer unrichtigen Erklärung nach § 16 Abs. 2 UmwG. Für diese seltenen Fälle enthält § 28 UmwG die Regelung, dass die Klage nunmehr gegen den übernehmenden Rechtsträger zu richten ist. Vom Wortlaut der Norm her betrachtet, könnte man der Ansicht sein, dass nur Klagen erfasst sein sollen, die erst nach Eintragung der Verschmelzung erhoben werden. Doch ist die Interessenlage bei zuvor erhobenen Klagen nicht anders[1]. Letztlich spielt diese Frage aber keine größere Rolle, da § 28 UmwG weitgehend nur das ausformuliert, was aufgrund des Prinzips der Gesamtrechtsnachfolge sowieso gilt. Es gelten die Regeln der Gesamtrechtsnachfolge bei schwebenden Prozessen (§ 20 Rz. 44).

Damit stellt sich die Frage, ob ein **Rechtsschutzbedürfnis** für die Fortführung des Prozesses vorliegt. Da nach Eintragung der Verschmelzung die Verschmelzungswirkungen nicht mehr beseitigt werden können (§ 20 Rz. 76), ist der Prozess unter diesem Aspekt betrachtet wenig sinnvoll. Aus § 16 Abs. 3 Satz 10 UmwG ergibt sich aber, dass mit dem Prozessgewinn ein Anspruch auf Schadensersatz verbunden ist. Damit ist zugleich für diese Fälle das Rechtsschutzbedürfnis unzweifelhaft gegeben. Sofern § 16 Abs. 3 UmwG nicht einschlägig ist, kann ein Rechtsschutzbedürfnis nicht unter Berufung darauf, dass nur so Schadensersatzprozesse erfolgreich geführt werden können, behauptet werden. Wenn ein Fehlverhalten zu einer Verschmelzung geführt hat, kann unabhängig davon Schadensersatz verlangt werden, ob der Verschmelzungsbeschluss des übertragenden Rechtsträgers zuvor erfolgreich angefochten wurde oder nicht[2]. Gleichwohl wird man ein Rechtsschutzbedürfnis zu bejahen haben, wenn es um die Vorbereitung einer Schadensersatzklage geht[3]. 3

2. Klagen gegen andere Beschlüsse

Auch gegen andere Beschlüsse der Anteilsinhaber gerichtete Klagen können bei Eintragung der Verschmelzung anhängig sein. Aufgrund der Gesamtrechtsnachfolge tritt der übernehmende Rechtsträger in diese Prozesse ein (§ 20 Rz. 44). Da die Verschmelzung zum Erlöschen des übertragenden Rechtsträgers führt, wird allerdings kaum je ein **Rechtsschutzbedürfnis** für die Fortführung dieser Prozesse 4

1 OLG Hamburg v. 16.4.2004 – 11 U 11/03, NZG 2004, 729 (730) = AG 2004, 619; *Marsch-Barner* in Kallmeyer, § 28 UmwG Rz. 2; *C. Müller* in Henssler/Strohn, § 28 UmwG Rz. 4; *Simon* in KölnKomm. UmwG, § 28 UmwG Rz. 11; *Stratz* in Schmitt/Hörtnagl/Stratz, § 28 UmwG Rz. 6.

2 *Döss*, S. 43, 46: *Döss* meint, das Rechtsschutzbedürfnis folge daraus, dass sonst Heilung nach § 242 Abs. 2 AktG eintrete. Doch geht auch diese in den Auswirkungen nicht über § 20 Abs. 2 UmwG hinaus und beinhaltet daher ebenfalls keine ein Rechtsschutzbedürfnis begründende Belastung für den Kläger.

3 OLG Stuttgart v. 28.1.2004 – 20 U 3/03, NZG 2004, 463 (464) = AG 2004, 271; OLG Hamburg v. 16.4.2004 – 11 U 11/03, ZIP 2004, 906 (908) = AG 2004, 619; OLG München v. 14.4.2010 – 7 U 5167/09, Der Konzern 2010, 320 (321) = AG 2010, 320; *Kübler* in Semler/Stengel, § 28 UmwG Rz. 5; *Marsch-Barner* in Kallmeyer, § 28 UmwG Rz. 3; *Martens*, AG 1986, 57 (63); *Simon* in KölnKomm. UmwG, § 28 UmwG Rz. 12; *Stratz* in Schmitt/Hörtnagl/Stratz, § 28 UmwG Rz. 8; *Vossius* in Widmann/Mayer, § 28 UmwG Rz. 6; a.A. *Kreuznacht*, S. 77. S. zu dem gleichliegenden Fall der Anfechtung eines Kapitalerhöhungsbeschlusses § 20 Rz. 85.

bestehen[1]. In Sonderfällen (etwa wenn es um den Ausschluss eines Anteilsinhabers geht oder wenn der Prozess Einfluss auf das Umtauschverhältnis haben könnte[2]) kann dies aber auch anders sein. Dagegen spielt es keine Rolle, dass der Kläger nach Eintritt der Gesamtrechtsnachfolge nicht mehr Anteilsinhaber des ursprünglich beklagten Rechtsträgers ist[3].

3. Auskunftserzwingungsverfahren

5 Ist der übertragende Rechtsträger eine AG und ist gegen sie im Moment der Verschmelzung ein Auskunftserzwingungsverfahren nach § 132 AktG anhängig, so richtet sich auch dieses nunmehr gegen den übernehmenden Rechtsträger[4]. Dies gilt auch, wenn der übernehmende Rechtsträger keine AG ist, da allein der verschmelzungsbedingte Wechsel der Rechtsform des Beklagten nicht zur Folge haben kann, dass sich eine Klage erledigt[5]. Eventuell fehlt aber das Rechtsschutzbedürfnis für die Fortsetzung des Prozesses[6]. Ein Spruchverfahren, das gegen den übertragenden Rechtsträger anhängig war, wird gegen den übernehmenden Rechtsträger fortgeführt[7]. Da es um Zahlungsansprüche geht, fehlt das Rechtsschutzbedürfnis selbstverständlich nicht.

III. Anfechtungs- und Nichtigkeitsklage gegen Beschlüsse der Anteilsinhaber des übertragenden Rechtsträgers nach Eintragung der Verschmelzung

1. Klage gegen den Verschmelzungsbeschluss

6 Nur in seltenen Fällen wird es **nach Eintragung der Verschmelzung** noch zu Klagen gegen den Verschmelzungsbeschluss kommen, da § 14 Abs. 1 UmwG eine

---

1 *Hüffer* in MünchKomm. AktG, § 246 AktG Rz. 53; *Marsch-Barner* in Kallmeyer, § 28 UmwG Rz. 4; *Simon* in KölnKomm. UmwG, § 28 UmwG Rz. 13; *Stratz* in Schmitt/Hörtnagl/Stratz, § 28 UmwG Rz. 3; *Vossius* in Widmann/Mayer, § 28 UmwG Rz. 17; s. LG München v. 12.11.1998 – 5 HKO 10758/98, DB 1999, 628 für die Anfechtungsklage gegen einen Entlastungsbeschluss; weiter gehend *Kübler* in Semler/Stengel, § 28 UmwG Rz. 7; und für die AG auch *Martens*, AG 1986, 57 (68); wohl auch BGH v. 3.11.1975 – II ZR 67/73, NJW 1976, 241 für eine Nichtigkeitsklage gegen den Jahresabschluss des übertragenden Rechtsträgers; auch *Mayrhofer/Dohm*, DB 2000, 961 (963), unter Hinweis darauf, dass ursprünglich ein Rechtsschutzbedürfnis gegeben war, aber die Lage hat sich durch die Verschmelzung geändert.

2 BGH v. 18.6.2013 – II ZA 4/12, ZIP 2013, 1467 (1468); s. BGH v. 9.10.2006 – II ZR 46/05, NZG 2007, 26 = AG 2006, 931 zum Squeeze out, wo die Interessenlage vergleichbar ist.

3 BGH v. 3.11.1975 – II ZR 67/73, NJW 1976, 241; *Hüffer* in MünchKomm. AktG, § 246 AktG Rz. 53.

4 LG München v. 10.12.1998 – 5 HKO 10806/97, NZG 1999, 674 = DB 1999, 629; *Kort*, EWiR § 131 ArtG 1/99, 241; *Kübler* in Semler/Stengel, § 28 UmwG Rz. 6; *Simon* in KölnKomm. UmwG, § 28 UmwG Rz. 16; *Vossius* in Widmann/Mayer, § 28 UmwG Rz. 16.

5 *Simon* in KölnKomm. UmwG, § 28 UmwG Rz. 16.

6 A.A. LG München v. 10.12.1998 – 5 HKO 10806/97, NZG 1999, 674 (675) = AG 1999, 283: Für das Auskunftsverfahren sei eine nach rückwärts gerichtete Betrachtungsweise typisch. Gleichwohl ist aber ein Rechtsschutzbedürfnis erforderlich; dem LG München folgend *Mayrhofer/Dohm*, DB 2000, 961 (963).

7 *Simon* in KölnKomm. UmwG, § 28 UmwG Rz. 16.

kurz bemessene Klagefrist festlegt. Sollte dies aber doch einmal geschehen[1], so bestimmt § 28 UmwG, dass diese Klage gemäß dem Prinzip der Gesamtrechtsnachfolge gegen den übernehmenden Rechtsträger zu richten ist. Problematisch ist wiederum das Vorliegen eines Rechtsschutzbedürfnisses (oben Rz. 3). Welches Gesellschaftsorgan für die Vertretung des übernehmenden Rechtsträgers zuständig ist, bestimmt sich nach dem auf ihn anwendbaren Recht. Ist eine AG der übernehmende Rechtsträger, so gilt also § 246 Abs. 2 AktG, und zwar unabhängig davon, welche Rechtsform der übertragende Rechtsträger hatte. Ein Rückgriff auf Regeln der alten Rechtsform ist für die neue nicht passend[2].

2. Klagen gegen andere Beschlüsse

Insofern entspricht die Rechtslage derjenigen in Bezug auf Klagen, die vor Eintragung der Verschmelzung erhoben wurden (oben Rz. 4). Es fehlt also regelmäßig an einem Rechtsschutzbedürfnis[3]. In Sonderfällen mag es allerdings sein, dass ein Rechtsschutzbedürfnis gegeben ist. 7

IV. Klagen gegen den Verschmelzungsbeschluss der Anteilsinhaber des übernehmenden Rechtsträgers

Ist eine Klage gegen den Verschmelzungsbeschluss anhängig, so wird die Verschmelzung regelmäßig nicht eingetragen (§ 16 Abs. 2 UmwG). Sollte dies aber doch erfolgen (Beispiele oben Rz. 2), so sind die Verschmelzungswirkungen nicht mehr revidierbar (§ 20 Rz. 76ff.). Daher kann ein Rechtsschutzbedürfnis für eine Klage gegen den Verschmelzungsbeschluss nur noch in Ausnahmefällen gegeben sein. Zulässig ist eine Klage in der Situation des § 16 Abs. 3 Satz 10 UmwG sowie allgemein zur Vorbereitung von Schadensersatzprozessen (oben Rz. 3). 8

§ 29
Abfindungsangebot im Verschmelzungsvertrag

(1) Bei der Verschmelzung eines Rechtsträgers im Wege der Aufnahme durch einen Rechtsträger anderer Rechtsform oder bei der Verschmelzung einer börsennotierten Aktiengesellschaft auf eine nicht börsennotierte Aktiengesellschaft hat der übernehmende Rechtsträger im Verschmelzungsvertrag oder in seinem Entwurf jedem Anteilsinhaber, der gegen den Verschmelzungsbeschluss des übertragenden Rechtsträgers Widerspruch zur Niederschrift erklärt, den Erwerb seiner Anteile oder Mitgliedschaften gegen eine angemessene Barabfindung anzubieten; § 71 Abs. 4 Satz 2 des Aktiengesetzes und § 33 Abs. 2 Satz 3 zweiter Halbsatz erste

1 Als Beispiel LG Frankfurt/M. v. 18.9.2006 – 3-05 O 42/06, NZG 2007, 120; OLG München v. 14.4.2010 – 7 U 5167/09, Der Konzern 2010, 320 = AG 2010, 320 (Umwandlung).

2 OLG München v. 15.11.2000 – 7 U 3319/99, AG 2001, 197 (198) für Verschmelzung einer AG auf eine AG; *Hoffmann-Becking* in FS Ulmer, S. 243 (265); *Simon* in KölnKomm. UmwG, § 28 UmwG Rz. 8.

3 So auch LG Bonn v. 8.1.2008 – 11 O 132/06, ZIP 2008, 835 (836) = AG 2008, 595 mit zustimmender Anm. *Lutter* zum Entlastungsbeschluss.

Alternative des Gesetzes betreffend die Gesellschaften mit beschränkter Haftung sind insoweit nicht anzuwenden. Das Gleiche gilt, wenn bei einer Verschmelzung von Rechtsträgern derselben Rechtsform die Anteile oder Mitgliedschaften an dem übernehmenden Rechtsträger Verfügungsbeschränkungen unterworfen sind. Kann der übernehmende Rechtsträger aufgrund seiner Rechtsform eigene Anteile oder Mitgliedschaften nicht erwerben, so ist die Barabfindung für den Fall anzubieten, dass der Anteilsinhaber sein Ausscheiden aus dem Rechtsträger erklärt. Eine erforderliche Bekanntmachung des Verschmelzungsvertrags oder seines Entwurfs als Gegenstand der Beschlussfassung muss den Wortlaut dieses Angebots enthalten. Der übernehmende Rechtsträger hat die Kosten für eine Übertragung zu tragen.

(2) Dem Widerspruch zur Niederschrift im Sinne des Absatzes 1 steht es gleich, wenn ein nicht erschienener Anteilsinhaber zu der Versammlung der Anteilsinhaber zu Unrecht nicht zugelassen worden ist oder die Versammlung nicht ordnungsgemäß einberufen oder der Gegenstand der Beschlussfassung nicht ordnungsgemäß bekannt gemacht worden ist.

Literatur

Adolff/Tieves, Über den rechten Umgang mit einem entschlusslosen Gesetzgeber: Die aktienrechtliche Lösung des BGH für den Rückzug von der Börse, BB 2003, 797; *Bayer/J. Schmidt*, Wer ist mit welchen Anteilen bei Strukturveränderungen abfindungsberechtigt?, ZHR 178 (2014); *Brause*, Stimmrechtslose Vorzugsaktien bei Umwandlungen, 2002; *Burg/Braun*, Austrittsrechte nach Verschmelzung von börsennotierten Aktiengesellschaften bei gleichbleibender Kontrolle im aufnehmenden Rechtsträger, AG 2009, 22; *Butzke*, Gesetzliche Neuregelungen beim Erwerb eigener Aktien, WM 1995, 1389; *Drinhausen*, Der Regierungsentwurf eines zweiten Gesetzes zur Änderung des Umwandlungsgesetzes – ein Gewinn für die Praxis, BB 2006, 2313; *Eilers/Müller-Eising*, Die Umwandlung als neue Form des Unternehmenskaufs, WiB 1995, 449; *Groß*, Rechtsprobleme des Delisting, ZHR 165 (2001), 141; *Grunewald*, Die Verschmelzung von Kapitalgesellschaften, in Lutter (Hrsg.), Kölner Umwandlungsrechtstage, S. 19; *Grunewald*, Austrittsrechte als Folge von Mischverschmelzungen und Verfügungsbeschränkungen (§ 29 UmwG), in FS Boujong, 1996, S. 175; *Grunewald*, Das Recht zum Austritt aus der Aktiengesellschaft, in FS Claussen, 1997, S. 103; *Grunewald*, Die Auswirkungen der Macrotron-Entscheidung auf das kalte Delisting, ZIP 2004, 542; Vorschläge des Handelsrechtsausschusses des Deutschen Anwaltvereins zur Änderung des UmwG, NZG 2000, 802; *Hellwig/Bormann*, Die Abfindungsregeln beim Going Private – Der Gesetzgeber ist gefordert, ZGR 2002, 465; *Hoffmann-Becking*, Der materielle Gesellschafterschutz: Abfindung und Spruchverfahren, ZGR 1990, 482; *Hoger*, Kapitalschutz als Durchsetzungsschranke umwandlungsrechtlicher Ausgleichsansprüche von Gesellschaften, AG 2008, 149; *Hommelhoff*, Minderheitenschutz bei Umstrukturierungen, ZGR 1993, 452; *Ihrig*, Gläubigerschutz durch Kapitalaufbringung bei Verschmelzung und Spaltung nach neuem Umwandlungsrecht, GmbHR 1995, 622; *Klöhn*, Delisting – Zehn Jahre später, NZG 2012, 1041; *König*, Zur Willensbildung im Stimmenpool, ZGR 2005, 417; *Korte*, Aktienerwerb und Kapitalschutz bei Umwandlungen, WiB 1997, 953; *Krämer/Theiß*, Delisting nach der Macrotron-Entscheidung des BGH, AG 2003, 225; *Lutter*, Mindestumfang der Kapitalerhöhung bei der Verschmelzung zur Aufnahme oder Neugründung in Aktiengesellschaften, in FS Wiedemann, 2002, S. 1097; *Mayer/Weiler*, Neuregelungen durch das Zweite Gesetz zur Änderung des Umwandlungsgesetzes, DB 2007, 1235; *Mülbert*, Rechtsprobleme des Delisting, ZHR 165 (2001), 104; *Neye*, Partnerschaft und Umwandlung, ZIP 1997, 722; *Neye*, Die Änderungen im Umwandlungsrecht nach den handels- und gesellschaftsrechtlichen Reformgesetzen in der 13. Legislaturperiode, DB 1998, 1649; *Petersen*, Der Gläubigerschutz im Umwandlungsrecht, 2001; *Reichert*, Folgen der Anteilsvinkulierung für Umstrukturierungen von Gesellschaften mit beschränkter Haftung und Aktiengesellschaften nach dem UmwG 1995, GmbHR 1995, 176; *Schaub*, Das Abfindungsangebot nach § 29 UmwG, NZG 1998, 626; *Schindler*, Das Austrittsrecht in den Kapitalgesellschaften, 1999; *Harry Schmidt*, Die Verschmelzung von Personengesellschaften, in Lutter (Hrsg.), Kölner Umwandlungsrechtstage, 1995, S. 59; *Uwe H. Schneider*, Das außerordentliche fristlose Kündigungsrecht des Mitglieds einer Genossenschaft, in FS Fleck, 1988, S. 2097; *Schwab*, Abfindungsanspruch außenstehender Aktionäre bei Beendigung des Unternehmensvertrages durch Verschmelzung, BB 2000, 527; *Seibt/Wollenschläger*, Downlisting einer börsennotierten Gesellschaft ohne Abfindungsangebot und Hauptversammlungsbeschluss, AG 2009, 807; *Simon/Burg*, Zum Anwendungsbereich des § 29 Abs. 1 Satz 1 UmwG beim „kalten Delisting", Der Konzern 2009, 214; *Steck*, „Going private" über das UmwG. Das Gesellschaftsrecht des „kalten Delisting", AG 1998, 460; *Streck/Mack/Schwedhelm*, Verschmelzung und Formwechsel nach dem neuen Umwandlungsgesetz, GmbHR 1995, 161; *Jochen Vetter*, Ausweitung des Spruchverfahrens, ZHR 168 (2004), 8; *Martin Winter*, Die Verschmelzung von Kapitalgesellschaften, in Lutter (Hrsg.), Kölner Umwandlungsrechtstage, 1995, S. 19; *Zimmermann*, Verschmelzungsprüfung bei der GmbH-Verschmelzung, in FS Brandner, 1996, S. 167.

I. Inhalt der Norm

1 § 29 UmwG gibt den Anteilsinhabern des übertragenden Rechtsträgers unter gewissen Voraussetzungen ein **Austrittsrecht**. Dieses besteht sowohl in dem Fall, dass der aufnehmende Rechtsträger eine andere Rechtsform hat, wie auch dann, wenn die Fungibilität der Anteile des übernehmenden Rechtsträgers hinter der Fungibilität der Anteile des übertragenden Rechtsträgers zurückbleibt. Die Bestimmung trägt damit dem Interesse der Anteilsinhaber am Erhalt einer vergleichbaren Mitgliedschaft Rechnung. Sie ist zwingend (§ 1 Abs. 3 UmwG)[1].

II. Voraussetzungen des Austrittsrechts

1. Mischverschmelzungen

2 Ein Austrittsrecht besteht, wenn der aufnehmende Rechtsträger eine andere Rechtsform hat als der übertragende. Damit wird der Tatsache Rechnung getra-

1 OLG Karlsruhe v. 26.9.2002 – 9 U 195/01, NZG 2002, 1118 (Formwechsel); *C. Müller* in Henssler/Strohn, § 29 UmwG Rz. 3.

gen, dass jede Veränderung der Rechtsform erhebliche Auswirkungen auf die Rechtsstellung des Anteilsinhabers hat und diesem daher eine Mitgliedschaft in dem übernehmenden Rechtsträger nicht ohne weiteres zumutbar ist[1]. **Unterschiedliche Rechtsformen sind auch OHG und KG** (s. die Aufzählung in § 3 Abs. 1 UmwG). Denn es macht einen erheblichen Unterschied, ob man Mitglied einer wirklichen Mitunternehmergemeinschaft (OHG) ist oder ob auch nicht unbeschränkt haftende Gesellschafter beteiligt sind[2]. Dem steht auch nicht entgegen, dass nach § 43 Abs. 2 Satz 3 UmwG einem OHG-Gesellschafter, der der Verschmelzung auf eine KG widerspricht, eine Beteiligung als Kommanditist angeboten werden muss. Denn trotz dieses Angebots ist das Austrittsrecht nicht obsolet. Im Gegenteil: Mit dieser im Vergleich zur OHG völlig anderen Rechtsstellung muss sich ein persönlich haftender Gesellschafter nicht zufrieden geben. Keine unterschiedlichen Rechtsformen sind AG und KGaA (§ 78 Satz 4 UmwG). Für Genossen und Mitglieder gemeinnütziger Vereine besteht das Austrittsrecht bei einer Verschmelzung auf einen Rechtsträger anderer Rechtsform nicht (§§ 90 Abs. 1, 104a UmwG). Für grenzüberschreitende Verschmelzungen gilt § 122i UmwG, der aber weitgehend auf §§ 29 ff. UmwG verweist (§ 122i Abs. 1 UmwG).

2. Verschmelzung einer börsennotierten AG auf eine nicht börsennotierte AG

3 Gem. § 29 Abs. 1 Satz 1 UmwG[3] besteht auch ein Austrittsrecht, wenn eine börsennotierte AG auf eine nicht börsennotierte verschmolzen wird. Damit wird den Aktionären die vom BGH in diesen Fällen geforderte Möglichkeiten zum Verlassen der Gesellschaft eröffnet[4]. Da die Aktionäre die **Fungibilität ihrer Papiere verlieren**, überzeugt die gesetzliche Wertung. Ob eine Gesellschaft **börsennotiert** ist, bestimmt sich nach den Kriterien von § 3 Abs. 2 AktG[5]. Daher führt der Verlust der Handelbarkeit der Aktien im Freiverkehr nicht zu einem Austrittsrecht nach § 29 UmwG[6]. Wollte man demgegenüber darauf abstellen, ob die tatsächliche Veräußerungsmöglichkeit verloren geht[7], wäre unklar, wann das Austrittsrecht besteht und wann nicht. Dies würde Umwandlungen erheblich erschweren, da vielfach mit Abfindungszahlungen gerechnet werden müsste. Das widerspricht der Intention des Gesetzgebers. Für Extremfälle bleibt das allgemeine Austrittsrecht (Rz. 33).

1 *Hoffmann-Becking*, ZGR 1990, 482 (487); *Simon* in KölnKomm. UmwG, § 29 UmwG Rz. 11.

2 *Kalss* in Semler/Stengel, § 29 UmwG Rz. 6; *C. Müller* in Henssler/Strohn, § 29 UmwG Rz. 4; *Schaub*, NZG 1998, 626; *Simon* in KölnKomm. UmwG, § 29 UmwG Rz. 7, 12; *Wälzholz* in Widmann/Mayer, § 29 UmwG Rz. 12; *Marsch-Barner* in Kallmeyer, § 29 UmwG Rz. 4. In Betracht kommt aber nur die Verschmelzung einer OHG auf eine KG. Im umgekehrten Fall (Verschmelzung einer KG auf eine OHG) muss jeder Gesellschafter der Verschmelzung zustimmen (§ 40 Abs. 2 Satz 2 UmwG). Das Austrittsrecht besteht aber nur für widersprechende Gesellschafter (unten Rz. 11 ff.).

3 Insoweit eingefügt durch das 2. Gesetz zur Änderung des UmwG, BGBl. I 2007, S. 542 ff.

4 BGH v. 25.11.2002 – II ZR 133/01, NZG 2003, 280 = AG 2003, 273; *Adolff/Tieves*, BB 2003, 797 (805); *Grunewald*, ZIP 2004, 542 (544); *Kubis* in MünchKomm. AktG, § 119 AktG Rz. 89; *Krämer/Theiß*, AG 2003, 225 (240); *Schlitt*, ZIP 2004, 533 (540).

5 *C. Müller* in Henssler/Strohn, § 29 UmwG Rz. 6.

6 *Marsch-Barner* in Kallmeyer, § 29 UmwG Rz. 4b; *C. Müller* in Henssler/Strohn, § 29 UmwG Rz. 6; *Seibt/Wollenschläger*, AG 2009, 807 (814); a.A. eventuell *Simon/Burg*, Der Konzern 2009, 214 (218).

7 So *Klöhn*, NZG 2012, 1041 (1046).

Die Norm greift nicht ein, wenn die übernehmende AG mit Eintragung **der Verschmelzung oder wenige Tage später börsennotiert wird**, da die Aktionäre dann keine nennenswerten Übertragungsmöglichkeiten i.S.v. § 29 Abs. 1 Satz 1 UmwG einbüßen[1]. Dies ist – etwa durch einen Vorbescheid der Börsenzulassungsstelle – gegenüber dem Registerrichter nachzuweisen. Sofern die Börsennotierung für einen späteren Zeitpunkt geplant ist, besteht das Austrittsrecht[2]. Nach dem klaren Wortlaut müssen sich die Aktionäre auf solche Ungewissheiten nicht einlassen. Etwas anderes gilt, wenn zugunsten des übertragenden Rechtsträgers im Verschmelzungsvertrag vereinbart ist, dass der übernehmende Rechtsträger börsennotiert werden wird[3]. Dann ist sichergestellt, dass die Börsennotierung erfolgen wird. Zwar ist die Durchsetzung dieses Anspruchs der übertragenden AG durch den Aktionär alles andere als einfach. Aber wenn der Verschmelzungsvertrag in diesem Punkt als Vertrag zugunsten der Aktionäre ausgestaltet ist (§ 25 Rz. 23; § 26 Rz. 4, 5), ist dies hinnehmbar, zumal andernfalls eine Verschmelzung auf eine noch nicht börsennotierte AG kaum praktikabel (Erstellung des Prospekts mit Zahlen für bestimmte Stichtage) abgewickelt werden könnte. Für eine börsennotierte KGaA gilt die Bestimmung analog, da die Interessenlage die gleiche ist[4]. 4

3. Verfügungsbeschränkungen

a) Ein Austrittsrecht besteht auch, wenn die Anteile an dem übernehmenden Rechtsträger, die an die Stelle der Anteile an dem übertragenden Rechtsträger treten, Verfügungsbeschränkungen unterworfen sind. Für Genossenschaften und gemeinnützige Vereine als übertragende Rechtsträger gilt die Bestimmung nicht (§§ 90 Abs. 1, 104a UmwG). Eine Verfügungsbeschränkung ist jede **Einschränkung der freien Übertragbarkeit** oder einer sonstigen Verfügung (Belastung), etwa wenn die Zustimmung der anderen oder einzelner anderer Anteilsinhaber oder des Vertretungs-, Aufsichts- oder eines sonstigen Organs bzw. des Rechtsträgers selbst erforderlich ist. § 29 UmwG kommt auch zur Anwendung, wenn nur bestimmte Verfügungen (z.B. Übertragung an Familienfremde oder nur innerhalb einer bestimmten Zeitspanne) betroffen sind[5], da auch dann eine Beschränkung vorliegt. Sollte die Beschränkung bedeutungslos sein, kann sie vor der Verschmelzung aufgehoben werden. Trifft die Verfügungsbeschränkung nur einzelne Anteile, so kann nur derjenige austreten, der einen solchen Anteil erhält, da nur er entsprechend betroffen ist[6]. 5

---

1 *Mayer/Weiler*, DB 2007, 1235 (1236); *Marsch-Barner* in Kallmeyer, § 29 UmwG Rz. 4c; *Wälzholz* in Widmann/Mayer, § 29 UmwG Rz. 15.

2 *Wälzholz* in Widmann/Mayer, § 29 UmwG Rz. 14; a.A. *Drinhausen*, BB 2006, 2313 (2314).

3 So *Marsch-Barner* in Kallmeyer, § 29 UmwG Rz. 4c; *Simon* in KölnKomm. UmwG, § 29 UmwG Rz. 27; *Simon/Burg*, Der Konzern 2009, 214 (216); a.A. *C. Müller* in Henssler/Strohn, § 29 UmwG Rz. 7.

4 *Mayer/Weiler*, DB 2007, 1235 (1236); *C. Müller* in Henssler/Strohn, § 29 UmwG Rz. 6.

5 *Marsch-Barner* in Kallmeyer, § 29 UmwG Rz. 5; *C. Müller* in Henssler/Strohn, § 29 UmwG Rz. 11; *Reichert*, GmbHR 1995, 176 (187); *Schaub*, NZG 1998, 626 (627).

6 *Kalss* in Semler/Stengel, § 29 UmwG Rz. 8; *Marsch-Barner* in Kallmeyer, § 29 UmwG Rz. 5; *Schaub*, NZG 1998, 626 (627).

6 Eine Verfügungsbeschränkung liegt aber nur vor, wenn das dingliche Rechtsgeschäft bei Nichtbeachtung der Einschränkung unwirksam ist[1]. Bloß **schuldrechtlich wirkende Beschränkungen** muss der Anteilsinhaber genau so hinnehmen wie sonstige ihm nicht genehme Satzungsbestandteile (etwa Nebenleistungspflichten oder Wettbewerbsverbote)[2]. Der Wortlaut ist insofern eindeutig. Hinzu kommt, dass nicht jede Schwierigkeit bei der Verwertung der Beteiligung (etwa Zulässigkeit nur zu bestimmten Terminen) die weit reichenden Folgen des § 29 UmwG auslösen kann. Anderenfalls müssten etwa auch Kündigungsmöglichkeiten für die Beteiligung in die Betrachtung mit einbezogen werden. Dies würde zu einer erheblichen Erweiterung des Anwendungsbereichs des § 29 UmwG und damit zu einer Erschwerung zahlreicher Verschmelzungen führen. Das war vom Gesetzgeber nicht beabsichtigt[3]. Zwar trifft es zu, dass schuldrechtliche Absprachen über Verfügungen (z.B. Vorkaufsrechte, Ausschlussrechte) den redlichen Anteilsinhaber genauso stark belasten können wie Verfügungsbeschränkungen[4]. Das Gesetz unterscheidet aber nicht nach der Schwere der Belastung – und das mit gutem Grund, da andernfalls unklar wäre, wann nun § 29 eingreift. In Extremfällen bleibt das allgemeine Austrittsrecht (Rz. 33) Eine Ausnahme gilt auch nicht für Poolverträge[5], zumal diese als schuldrechtliche Vereinbarung der bisherigen Anteilsinhaber außerhalb des Gesellschaftsvertrages die neu hinzutretenden Anteilsinhaber gar nicht binden.

7 Auch **Ausschlussklauseln** in dem Gesellschaftsvertrag, der Satzung oder dem Statut des übernehmenden Rechtsträgers fallen nicht unter § 29 Abs. 1 Satz 2 UmwG. Solche Klauseln beinhalten keine Verfügungsbeschränkungen, da sie die Fähigkeit des Anteilsinhabers, über seine Beteiligung zu verfügen, nicht betreffen[6]. Dies gilt auch, wenn die Ausschlussklausel an bestimmte Verfügungen des Anteilsinhabers (etwa Übertragung oder Vererbung der Beteiligung auf im Gesellschaftsvertrag genannte Personen) anknüpft. Denn auch in diesem Fall gilt: Die Verfügung ist möglich, nur muss mit bestimmten Konsequenzen gerechnet werden. Es wäre auch nicht sachgerecht, dass jedes Ausschlussrecht die Verschmelzung erschweren kann. Auch der Gesetzgeber dachte an einen eher eingeschränkten Anwendungsbereich von § 29 UmwG[7]. In krassen Fällen hilft das allgemeine Austrittsrecht (Rz. 33). Auch **Formvorschriften für Übertragungen** fallen nicht unter § 29 UmwG[8]. Sie legen nur die Art und Weise fest, wie Verfügungen zu erfolgen haben. Ebenfalls nicht von § 29 UmwG erfasst werden bloße Erschwerungen bei der Übertragung der Anteile.

---

1 *Kalss* in Semler/Stengel, § 29 UmwG Rz. 8; *Simon* in KölnKomm. UmwG, § 29 UmwG Rz. 17; a.A. *Marsch-Barner* in Kallmeyer, § 29 UmwG Rz. 7; *C. Müller* in Henssler/Strohn, § 29 UmwG Rz. 11; *Reichert*, GmbHR 1995, 176 (188f.).

2 *Simon* in KölnKomm. UmwG, § 29 UmwG Rz. 17.

3 In wirklich gravierenden Fällen hilft das allgemeine Austrittsrecht (unten Rz. 33).

4 So *C. Müller* in Henssler/Strohn, § 29 UmwG Rz. 12.

5 A.A. *Kalss* in Semler/Stengel, § 29 UmwG Rz. 8; wie hier *Marsch-Barner* in Kallmeyer, § 29 UmwG Rz. 7; *C. Müller* in Henssler/Strohn, § 29 UmwG Rz. 12.

6 *Grunewald* in FS Boujong, S. 175 (181); *Marsch-Barner* in Kallmeyer, § 29 UmwG Rz. 8; *Simon* in KölnKomm. UmwG, § 29 UmwG Rz. 17.

7 In der Begr, *Gansle*, S. 83 wird als voraussichtlicher Hauptfall von § 29 Abs. 1 Satz 2 UmwG die doch eher seltene Konstellation der Verschmelzung einer AG mit Inhaberaktien auf eine AG mit vinkulierten Namensaktien genannt.

8 *Kalss* in Semler/Stengel, § 29 UmwG Rz. 9, 15; *Marsch-Barner* in Kallmeyer, § 29 UmwG Rz. 6; *Simon* in KölnKomm. UmwG, § 29 UmwG Rz. 18.

Es spielt keine Rolle, ob die Anteile nach der u.U. dispositiven **gesetzlichen Regel von vornherein nicht** (Genossenschaft, Verein § 38 Satz 1 BGB) bzw. nur mit Zustimmung der anderen Anteilsinhaber (OHG, KG) übertragen werden können oder ob die Beschränkungen **durch entsprechende Satzungsbestimmungen** eingeführt wurden (AG § 68 Abs. 2 AktG, GmbH § 15 Abs. 5 GmbHG; § 29 Abs. 1 Satz 2 UmwG[1]). Eine Verfügungsbeschränkung i.S.v. § 29 UmwG liegt daher auch dann vor, wenn auf eine Personenhandelsgesellschaft verschmolzen wird, auf die die gesetzliche Regelung des HGB zur Anwendung kommt. Gleiches gilt bei der Verschmelzung auf einen Verein[2]. Zwar ließe sich in diesen Fällen sagen, dass die Mitgliedschaft nach der dispositiven gesetzlichen Regel nicht übertragbar sei und daher keine Verfügungsbeschränkung, sondern eine nicht übertragbare Rechtsposition vorliege. Aber das wäre eine rein begriffliche Argumentation und würde der Intention der Norm (Schutz vor dem Erwerb nur schwer oder nicht übertragbarer Mitgliedschaften) nicht Rechnung tragen. 8

b) Da die Norm Eingriffe in die Verfügungsmacht des Anteilsinhabers abfedern will, stellt sich die Frage, ob sie auch zur Anwendung kommt, wenn bereits **in dem übertragenden Rechtsträger Verfügungsbeschränkungen bestanden**. Der Wortlaut legt eine solche eingeschränkte Interpretation nicht nahe. Im Grundsatz wird man daher die Bestimmung auch dann anzuwenden haben, wenn eine solche Beschränkung bereits vorlag[3]. Dies ist auch sachgerecht, da Verfügungsbeschränkung nicht gleich Verfügungsbeschränkung ist. Konnte etwa in der übertragenden GmbH der Anteil nur mit Zustimmung der Gesellschafterversammlung übertragen werden und ist dies in der übernehmenden GmbH nun genauso, so heißt das nicht, dass der Anteilsinhaber in seiner Rechtsposition nicht beschränkt worden wäre. Vielmehr kann es durchaus sein, dass ihm nahe stehende Personen in der übertragenden GmbH die Mehrheit besaßen, was in der übernehmenden GmbH keineswegs der Fall sein muss. Aber auch wenn keine solche Sonderlage gegeben ist, besteht das Austrittsrecht, weil die Entscheidung über die Verfügungsbeschränkung nun von anderen Faktoren (etwa anderen Organmitgliedern) abhängt[4]. Hinzu kommt, dass sich kaum je sagen lässt, ob eine Verfügungsbeschränkung in dem aufnehmenden Rechtsträger über eine solche Beschränkung in dem übertragenden Rechtsträger hinausgeht[5]. Demgemäß spricht auch § 33 UmwG den Fall, dass Verfügungsbeschränkungen in dem übertragenden Rechtsträger vorliegen, generell im vorliegenden Zusammenhang an, ohne danach zu unterscheiden, ob eine Mischverschmelzung gegeben ist oder eine Verfügungsbeschränkung 9

1 S. BegrRegE 1. Gesetz zur Änderung des UmwG, BT-Drucks. 13/8808, 11; zu dieser Klarstellung *Neye*, ZIP 1997, 722 (724); *Neye*, DB 1998, 1649 (1651).

2 Verschmelzungen von Genossenschaften auf Genossenschaften sind nicht erfasst, oben Rz. 2.

3 S. BegrRegE 1. Gesetz zur Änderung des UmwG, BT-Drucks. 13/8808, 11; *Kalss* in Semler/Stengel, § 29 UmwG Rz. 11; *Marsch-Barner* in Kallmeyer, § 29 UmwG Rz. 9; *C. Müller* in Henssler/Strohn, § 29 UmwG Rz. 10; *Reichert*, GmbHR 1995, 176 (187); *Schaub*, NZG 1998, 626 (627); *Simon* in KölnKomm. UmwG, § 29 UmwG Rz. 23; *Wälzholz* in Widmann/Mayer, § 29 UmwG Rz. 18; a.A. *Streck/Mack/Schwedhelm*, GmbHR 1995, 163 (164).

4 A.A. *Kalss* in Semler/Stengel, § 29 UmwG Rz. 13; *Schindler*, S. 119, die darauf hinweisen, dass dies eine generelle Folge der Verschmelzung sei. Dies ändert aber nichts daran, dass den Anteilsinhaber nunmehr eine andersartige Verfügungsbeschränkung trifft; auch *Simon* in KölnKomm. UmwG, § 29 UmwG Rz. 23.

5 *Reichert*, GmbHR 1995, 176 (187 f.); *Schaub*, NZG 1998, 626 (627).

in dem aufnehmenden Rechtsträger. Sofern allerdings eine zuvor bestehende **Verfügungsbeschränkung eingeschränkt** wird (etwa Vinkulierung nur noch für den Fall der Übertragung an Gesellschaftsexterne), greift die Norm nicht[1]. Die Anteilsinhaber werden dann weniger belastet als zuvor. Doch wird dieser Aspekt im Regelfall keine Rolle spielen, da auch in diesen Fällen meist ein anders zusammengesetztes Gremium über die Befreiung von der Verfügungsbeschränkung entscheidet, was aus den genannten Gründen das Austrittsrecht auslöst. Auch eine Aufrechnung von „Einschränkungen" und „Erleichterungen" kommt schon mangels Vergleichbarkeit der maßgeblichen Umstände nicht in Betracht. Im Einzelfall kann die Berufung auf das Austrittsrecht allerdings treuwidrig sein[2].

10 Ein Austrittsrecht besteht nicht bei der Verschmelzung von Schwestergesellschaften **mit absolut identischer Ausgestaltung der Verfügungsbeschränkung**[3]. Denn in diesem Fall wird der Anteilsinhaber durch die Verfügungsbeschränkung in dem aufnehmenden Rechtsträger nicht belastet. Gleiches gilt, wenn an die Stelle einer nicht übertragbaren Mitgliedschaft im Verein wiederum eine nicht übertragbare Mitgliedschaft im Verein tritt. Hier kann vor und nach der Verschmelzung eine Ausnahmeregelung in dem Sinne, dass ausnahmsweise doch eine Übertragung gestattet wird, nicht erwartet werden[4]. Die Rechtsposition des Mitglieds verschlechtert sich also nicht. Bei Personenhandelsgesellschaften ist dies anders, da erfahrungsgemäß hier auch dann, wenn die gesetzliche Regelung gilt, immer wieder mit Ausnahmeregelungen gerechnet werden kann. Daher greift § 29 UmwG ein, wenn eine solche Gesellschaft mit nicht übertragbaren Mitgliedschaften auf eine eben solche Gesellschaft mit ebenfalls nicht übertragbaren Mitgliedschaften verschmolzen wird.

4. Widerspruch zur Niederschrift

a) Erklärung des Widerspruchs

11 Das Austrittsrecht besteht nur, wenn der Anteilsinhaber gegen den Verschmelzungsbeschluss Widerspruch zur Niederschrift erklärt hat. Widerspruch kann **nur derjenige Anteilsinhaber erklären, der gegen die Verschmelzung gestimmt hat**[5]. Auf diese Weise stellt das Gesetz sicher, dass nicht eine übergroße Zahl von Anteilsinhabern das Austrittsrecht wählt und damit schwer überschaubare Abfindungsforderungen auf den übernehmenden Rechtsträger zukommen[6]. Nur dann,

---

1 *Kalss* in Semler/Stengel, § 29 UmwG Rz. 12; *Schindler*, S. 118.

2 *C. Müller* in Henssler/Strohn, § 29 UmwG Rz. 10.

3 *Marsch-Barner* in Kallmeyer, § 29 UmwG Rz. 10; *Schindler*, S. 119; *Stratz* in Schmitt/Hörtnagl/Stratz, § 29 UmwG Rz. 10; *Wälzholz* in Widmann/Mayer, § 29 UmwG Rz. 18; *C. Müller* in Henssler/Strohn, § 29 UmwG Rz. 10 und *Reichert*, GmbHR 1995, 176 (188) wollen dann mit den Schranken der Treuepflicht helfen.

4 Die Norm gilt von vornherein nicht für gemeinnützige Vereine, § 104a UmwG.

5 *Bayer/J. Schmidt*, ZHR 178 (2014); *Hommelhoff*, ZGR 1993, 452 (470f.); *Kalss* in Semler/Stengel, § 29 UmwG Rz. 21; *C. Müller* in Henssler/Strohn, § 29 UmwG Rz. 14; *Schaub*, NZG 1998, 626 (628); *Simon* in KölnKomm. UmwG, § 29 UmwG Rz. 28; *Stratz* in Schmitt/Hörtnagl/Stratz, § 29 UmwG Rz. 15; *Wälzholz* in Widmann/Mayer, § 29 UmwG Rz. 30; *Zimmermann* in FS Brandner, S. 167 (179); a.A. *Decher/Hoger*, § 207 Rz. 8; *Marsch-Barner* in Kallmeyer, § 29 UmwG Rz. 13.

6 Das rechtfertigt den Unterschied im Vergleich zu § 245 Nr. 1 AktG; zu dieser Bestimmung *Hüffer*, § 245 AktG Rz. 13.

wenn der Anteilsinhaber kein Stimmrecht hat[1] oder aufgrund seiner Treuepflicht[2] daran gehindert ist, gegen die Verschmelzung zu stimmen, gilt etwas anderes. Die dann gebotene Rücksichtnahme auf die Belange der anderen Anteilsinhaber besagt nicht, dass das Austrittsrecht hinfällig wäre. Stimmbindungsverträge, die dazu verpflichten, für die Verschmelzung zu stimmen, haben diese Wirkung nicht. Sie fallen allein in die Risikosphäre des gebundenen Anteilsinhabers[3]. Sofern für einzelne Anteile unterschiedlich abgestimmt werden kann, kann also auch ein Anteilsinhaber nur für einige seiner Anteile den Austritt erklären. Dies setzt aber voraus, dass er auch mehrere Anteile in dem übernehmenden Rechtsträger erhält. Da der Anteilsinhaber nur in Bezug auf Anteile, die er im Moment der Beschlussfassung hat, Widerspruch einlegen kann, ist er auch nur in Bezug auf diese Anteile zum Austritt berechtigt.

Allein die Stimmabgabe gegen die Verschmelzung reicht als Widerspruch aber nicht aus[4]. Vielmehr erklärt nur derjenige **Anteilsinhaber Widerspruch, der zum Ausdruck bringt**, dass er nicht Anteilsinhaber des übernehmenden Rechtsträgers zu werden wünscht und dass er sich die Geltendmachung seines Austrittsrechts vorbehält[5]. Eine Begründung ist nicht notwendig[6]. Der Widerspruch kann bis zum Ende der Anteilsinhaberversammlung geltend gemacht werden[7]. 12

Der Widerspruch muss **zur Niederschrift** erklärt werden. Widerspruch zur Niederschrift kann nur in der Anteilsinhaberversammlung erklärt werden. Der betreffende Anteilsinhaber muss daher entweder selbst anwesend oder ordnungsgemäß vertreten sein[8]. Wird der Widerspruch nicht ordnungsgemäß in der Niederschrift festgehalten, so hindert dies den Austritt des Anteilsinhabers nicht, da er nicht mehr tun kann, als die entsprechende Erklärung gerichtet an den richtigen Adressaten abzugeben[9]. Erwirbt der Anteilsinhaber weitere Anteile hiervon, so bleibt es gleichwohl dabei, dass er nur bezüglich der Anteile austreten kann, in Bezug auf die er Widerspruch eingelegt hat. Dies gilt auch dann, wenn er Anteile hinzuerwirbt, bezüglich derer der Rechtsvorgänger Widerspruch eingelegt hat. Zwar wird in dieser Konstellation die Summe, mit deren Auszahlung an Abfindungsberech- 13

---

1 *C. Müller* in Henssler/Strohn, § 29 UmwG Rz. 14; etwa Vorzugsaktionäre: *Brause*, S. 127f.

2 *Bayer/J. Schmidt*, ZHR 178 (2014); zweifelnd *C. Müller* in Henssler/Strohn, § 29 UmwG Rz. 14.

3 *Wälzholz* in Widmann/Mayer, § 29 UmwG Rz. 30; a.A. *König*, ZGR 2005, 417 (429ff.) unter Hinweis darauf, dass die Mehrheit in einem Stimmrechtspool ja wisse, dass es Gegenstimmen gibt. Aber dies muss weder der Gesellschaft bekannt sein, noch kann sie prüfen, wer nur auf Grund von Bindungen für die Verschmelzung gestimmt hat.

4 S. den Fall OLG München v. 3.2.2010 – 31 Wx 135/09, WM 2010, 1126 (1127) = AG 2010, 677.

5 BGH v. 3.7.1989 – II ZR 5/89, NJW 1989, 2693 = AG 1989, 439; *Kalss* in Semler/Stengel, § 29 UmwG Rz. 21; *Marsch-Barner* in Kallmeyer, § 29 UmwG Rz. 11; *Schaub*, NZG 1998, 626 (628); *Simon* in KölnKomm. UmwG, § 29 UmwG Rz. 29; *Stratz* in Schmitt/Hörtnagl/Stratz, § 29 UmwG Rz. 16.

6 *Marsch-Barner* in Kallmeyer, § 29 UmwG Rz. 12; *Schaub*, NZG 1998, 626 (628); *Stratz* in Schmitt/Hörtnagl/Stratz, § 29 UmwG Rz. 16.

7 *Marsch-Barner* in Kallmeyer, § 29 UmwG Rz. 12. *Stratz* in Schmitt/Hörtnagl/Stratz, § 29 UmwG Rz. 16; so zu der parallel liegenden Norm des § 245 Nr. 1 AktG *Hüffer*, § 245 AktG Rz. 14.

8 *Schaub*, NZG 1998, 626 (628); *Simon* in KölnKomm. UmwG, § 29 UmwG Rz. 29; *Stratz* in Schmitt/Hörtnagl/Stratz, § 29 UmwG Rz. 16.

9 *Marsch-Barner* in Kallmeyer, § 29 UmwG Rz. 12.

tigte zu rechnen war, nicht größer. Aber genausowenig wie eine Abfindungsoption nach Beendigung eines Unternehmensvertrages auf den Erwerber der Aktie übergeht[1], erwirbt der neue Anteilsinhaber mit dem Anteil die Abfindungsberechtigung[2]. Er ist insoweit nicht schutzwürdig, da er beim Erwerb um die Verschmelzung und ihre Folgen für den Anteil weiß.

b) Entbehrlichkeit des Widerspruchs (§ 29 Abs. 2 UmwG)

14 Ein Widerspruch ist nicht erforderlich, wenn der Anteilsinhaber zu der Versammlung der Anteilsinhaber **zu Unrecht nicht zugelassen wurde** (§ 29 Abs. 2 UmwG)[3]. Diese Ausnahme leuchtet ein, da dem betreffenden Anteilsinhaber dann ohne sein Verschulden die Einlegung von Widerspruch in der Versammlung nicht möglich ist. Eine unberechtigte Nichtzulassung liegt vor, wenn der Anteilsinhaber alle Zulassungskriterien erfüllt (sich also bei entsprechenden Satzungs-, Vertragsklauseln rechtzeitig angemeldet, seine Mitgliedschaft nachgewiesen hat etc.). Gleich steht der Fall, dass der Anteilsinhaber zu Unrecht aus der Versammlung verwiesen wird[4].

15 Ein Widerspruch ist auch dann nicht notwendig, **wenn die Versammlung nicht ordnungsgemäß einberufen** bzw. der Gegenstand der Beschlussfassung nicht ordnungsgemäß bekannt gemacht worden ist (§ 29 Abs. 2 UmwG). Unter welchen Voraussetzungen ordnungsgemäß einberufen und bekannt gemacht worden ist, bestimmt sich nach der jeweiligen Rechtsform. Mit dem Gegenstand der Beschlussfassung ist die Fassung des Verschmelzungsbeschlusses gemeint, da der Anteilsinhaber zu diesem Zeitpunkt Widerspruch einlegen muss. Falls eine Bekanntmachung des Verschmelzungsvertrages oder seines Entwurfs als Gegenstand der Beschlussfassung erforderlich ist, muss das Abfindungsangebot im Wortlaut in dieser Bekanntmachung enthalten sein (§ 29 Abs. 1 Satz 4 UmwG)[5]. Ist der Anteilsinhaber trotz eines solchen Verfahrensfehlers erschienen, muss er aber Widerspruch einlegen, da sich der Fehler dann nicht ausgewirkt hat[6].

16 Aus den im Gesetz genannten Fällen ergibt sich, dass immer dann, wenn der Anteilsinhaber aufgrund von **Umständen, die in der Sphäre des Rechtsträgers ihren Grund haben**, am Widerspruch gehindert ist, das Abfindungsangebot trotz Fehlens des Widerspruchs angenommen werden kann[7]. Dies leuchtet auch ein, da ihm in diesen Fällen das seinem Schutz dienende Austrittsrecht nicht entzogen werden

---

1 BGH v. 8.5.2006 – II ZR 27/05, NZG 2006, 623.

2 *Bayer/J. Schmidt*, ZHR 178 (2014).

3 Diese Formulierung ist aus § 245 Nr. 2 AktG entnommen, s. die Erläuterungen zu dieser Norm etwa bei *Hüffer*, § 245 AktG Rz. 18 ff.

4 BGH v. 11.11.1965 – II ZR 122/63, BGHZ 44, 245 (250 ff.); *Schaub*, NZG 1998, 626 (628).

5 Dazu, dass das Abfindungsangebot nicht in jedem Fall in der Bekanntmachung genannt werden muss, unten Rz. 21.

6 OLG München v. 3,2,2010 – 31 Wx 135/09, WM 2010, 1126 (1127) = ZIP 2010, 326 (328) = AG 2010, 677; *C. Müller* in Henssler/Strohn, § 29 UmwG Rz. 15; *Simon* in KölnKomm. UmwG, § 29 UmwG Rz. 30; *Wälzholz* in Widmann/Mayer, § 29 UmwG Rz. 35.

7 *C. Müller* in Henssler/Strohn, § 29 UmwG Rz. 13; *Simon* in KölnKomm. UmwG, § 29 UmwG Rz. 31; weitergehend *Stratz* in Schmitt/Hörtnagl/Stratz, § 29 UmwG Rz. 17 (Widerspruch entbehrlich, wenn Anteilsinhaber kein Verschulden trifft); a.A. *Heckschen*, EWiR § 29 UmwG 1/10, 507: Aufzählung abschließend: kritisch auch OLG München v. 3.2.2010 – 31 Wx 135/09, WM 2010, 1126 (1127) = ZIP 2010, 326 (328) = AG 2010, 677.

darf. Hierzu gehört etwa der Fall, dass in der Versammlung von dem Versammlungsleiter gesagt wird, ein Widerspruch sei nicht erforderlich[1]. Gleiches gilt, wenn die durch § 29 UmwG begründete Möglichkeit zum Austritt weder im Verschmelzungsvertrag genannt noch in der Versammlung angesprochen wird[2]. Der Anteilsinhaber muss dann nicht widersprechen, da er in diesem Fall aus in der Sphäre des Rechtsträgers liegenden Gründen von seinem Austrittsrecht nichts weiß[3]. Auch ein Notar kann zur Sphäre des Rechtsträgers zählen[4]. Dies ist der Fall, wenn er in den Angelegenheiten der Gesellschaft tätig ist. Allein die Tatsache, dass er unabhängiger Träger eines öffentlichen Amtes ist, ändert daran nichts. Auch solche Personen können – obwohl von Weisungen unabhängig – Erklärungen abgeben und Handlungen vornehmen, die in die Sphäre Dritter fallen (Beispiel oben Rz. 13).

Wenn der Widerspruch aus den genannten Gründen nicht erforderlich ist, kann 17
aber gleichwohl **stets nur ein Anteilsinhaber austreten, der gegen die Verschmelzung gestimmt hat**[5] (oben Rz. 11). Denn wiederum ist zu bedenken, dass die Anzahl der abzufindenden Anteilsinhaber wegen des damit verbundenen Kapitalabflusses für den Rechtsträgers überschaubar bleiben muss. Auch ist es einem Anteilsinhaber, der für die Verschmelzung stimmt, zumutbar, selbst an ihr teilzunehmen. Hat der Anteilsinhaber an der Versammlung nicht teilgenommen (oben Rz. 14), gilt diese Einschränkung naturgemäß nicht[6].

III. Das Abfindungsangebot

1. Notwendigkeit des Abfindungsangebots

Im Grundsatz ist in allen Fällen, in denen ein Austrittsrecht besteht (oben 18
Rz. 2 ff.), ein Abfindungsangebot zu machen; zu den Folgen, falls ein solches Angebot fehlt, unten Rz. 22. Es ist also nicht möglich, im Verschmelzungsvertrag oder -beschluss eine andere Regelung zu treffen[7]. Steht allerdings aufgrund entsprechender Verzichtserklärungen der Anteilsinhaber schon vor Fassung des Verschmelzungsbeschlusses fest, dass **kein Anteilsinhaber austreten will**, so erübrigt sich ein solches Angebot, da es dann überflüssig wäre und unnötige Kosten verursachen würde[8]. Gleichwohl ein Angebot zu verlangen, würde lediglich Scheinerklärungen Vorschub leisten. Diesem Ergebnis ließe sich entgegenhalten, dass das Gesetz Verzichtsmöglichkeiten der Anteilsinhaber auf zu ihren Gunsten be-

---

1 *Wälzholz* in Widmann/Mayer, § 29 UmwG Rz. 35; *Schaub*, NZG 1998, 626 (628).
2 *Schaub*, NZG 1998, 626 (628).
3 Anders die Situation in dem Fall des OLG München v. 3.2.2010 – 31 Wx 135/09, WM 2010, 1126 = ZIP 2010, 326 = AG 2010, 677, weil der Anteilsinhaber sein Recht kannte.
4 A.A. OLG München v. 3.2.2010 – 31 Wx 135/09, WM 2010, 1126 (1127) = ZIP 2010, 326 (328) = AG 2010, 677; *Heckschen*, EWiR § 29 UmwG 1/10, 507; *C. Müller* in Henssler/Strohn, § 29 UmwG Rz. 13.
5 *Schaub*, NZG 1998, 626 (628).
6 OLG Stuttgart v. 16.2.2007 – 20 W 25/05, AG 2007, 596 (597); *C. Müller* in Henssler/Strohn, § 29 UmwG Rz. 15.
7 *Marsch-Barner* in Kallmeyer, § 29 UmwG Rz. 20; *Schaub*, NZG 1998, 626 (628).
8 *Grunewald* in FS Boujong, S. 175 (185); *Kalss* in Semler/Stengel, § 29 UmwG Rz. 27; *Marsch-Barner* in Kallmeyer, § 29 UmwG Rz. 17; *C. Müller* in Henssler/Strohn, § 29 UmwG Rz. 16; *Schaub*, NZG 1998, 626 (629); *Simon* in KölnKomm. UmwG, § 29 UmwG Rz. 39; *Eilers/Müller-Eising*, WiB 1995, 449 (451) für das Barabfindungsangebot beim Formwechsel.

stehende Rechte vielfach ausdrücklich erwähnt (so etwa §§ 8 Abs. 3, 12 Abs. 3, 30 Abs. 2 UmwG) und daher ungeschriebene Verzichtsmöglichkeiten nicht denkbar seien. Aber gerade diese gesetzlich geregelten Verzichtsmöglichkeiten zeigen, dass dem Gesetz ein zur Disposition der Anteilsinhaber stehender Schutz nahe liegt und eine systemkonforme Auslegung demgemäß zu dem Ergebnis führt, dass auch auf das Abfindungsangebot verzichtet werden kann.

19 Die **Verzichtserklärungen** müssen wie in den genannten Normen ausdrücklich erfolgen[1]. Anderenfalls besteht die Möglichkeit, dass das Austrittsrecht den Berechtigten gar nicht bekannt wird. Allein die Tatsache, dass kein Widerspruch zur Niederschrift erklärt wird oder alle Anteilsinhaber für die Verschmelzung stimmen, reicht also nicht aus[2]. Eine notarielle Beurkundung für diese Verzichtserklärungen ist aber nicht erforderlich[3]. Zwar sieht das Gesetz diese Form für Verzichtserklärungen regelmäßig vor, doch sollten Formvorschriften, da sie dem Grundsatz der Formfreiheit widersprechen, regelmäßig nicht analog angewandt werden. Auch muss die Austrittserklärung ebenfalls nicht notariell beurkundet werden.

20 Bei der Verschmelzung eines **zu 100 % im Besitz des übernehmenden Rechtsträgers befindlichen Rechtsträgers** auf den alleinigen Anteilsinhaber ist ein Abfindungsangebot ebenfalls nicht erforderlich, da es ausgeschlossen ist, dass das Angebot relevant wird[4].

2. Form des Abfindungsangebots, Bekanntmachung, Kosten

21 Das Abfindungsangebot muss **im Verschmelzungsvertrag** bzw. in dem Entwurf enthalten sein (§ 29 Abs. 1 Satz 1 UmwG). Der Verschmelzungsvertrag kann in diesem Punkt unter Einhaltung der üblichen Regeln ergänzt werden (s. § 4 Rz. 26f.). Sofern eine **Bekanntmachung des Verschmelzungsvertrages als Gegenstand der Beschlussfassung erforderlich ist** (etwa nach § 124 Abs. 2 Satz 2 AktG[5]), muss das Abfindungsangebot **wörtlich bekannt gemacht werden (§ 29 Abs. 1 Satz 4 UmwG)**. Die Pflicht zu einer solchen Bekanntmachung ist für die Personengesellschaften und die GmbH in §§ 42, 47 UmwG enthalten[6]. Diese Bestimmung spricht zwar nicht ausdrücklich von einer Bekanntmachung des Verschmelzungsvertrages, aber die Norm bringt jedenfalls zusammen mit § 29 UmwG doch zum Ausdruck, dass auch das Abfindungsangebot im übersandten Vertrag enthalten sein muss. Allein die Tatsache, dass die Tagesordnung der Anteilsinhaberversammlung vor der Versammlung bekannt gemacht werden muss

1 *Schaub*, NZG 1998, 626 (629); *Wälzholz* in Widmann/Mayer, § 29 UmwG Rz. 53.

2 *Wälzholz* in Widmann/Mayer, § 29 UmwG Rz. 53; a.A. wohl *Streck/Mack/Schwedhelm*, GmbHR 1995, 161 (164).

3 A.A. *C. Müller* in Henssler/Strohn, § 29 UmwG Rz. 16; *Schaub*, NZG 1998, 626 (629); *Wälzholz* in Widmann/Mayer, § 29 UmwG Rz. 53, falls Beschlussfassung nicht einstimmig erfolgt; für das Barabfindungsangebot beim Formwechsel *Eilers/Müller-Eising*, WiB 1995, 449 (451); offen gelassen bei *Simon* in KölnKomm. UmwG, § 29 UmwG Rz. 39.

4 *Kalss* in Semler/Stengel, § 29 UmwG Rz. 23; *Marsch-Barner* in Kallmeyer, § 29 UmwG Rz. 17; *C. Müller* in Henssler/Strohn, § 29 UmwG Rz. 16; *Schaub*, NZG 1998, 626 (628).

5 Diesen Fall nennt die Begr als Beispiel: *Ganske*, S. 84; nicht einschlägig ist § 61 UmwG. Es geht um die Bekanntmachung der Eintragung.

6 *Simon* in KölnKomm. UmwG, § 29 UmwG Rz. 33 mit Fn. 59; a.A. *C. Müller* in Henssler/Strohn, § 29 UmwG Rz. 18; *Wälzholz* in Widmann/Mayer, § 29 UmwG Rz. 35.

(§ 32 Abs. 1 Satz 2 BGB, § 46 Abs. 2 Satz 1 GenG), führt nicht zur Anwendung von § 29 Abs. 1 Satz 4 UmwG. Anderenfalls wäre, da diese Bestimmungen einen allgemeinen Rechtsgedanken zum Ausdruck bringen, eine pauschale Formulierung gewählt worden[1]. Für andere Rechtsformen als die AG, die KGaA (§ 278 Abs. 3 AktG), den Versicherungsverein auf Gegenseitigkeit (§ 36 VAG), die Personengesellschaften und die GmbH gilt § 29 Abs. 1 Satz 4 UmwG also nur, wenn entsprechende Satzungs-(Gesellschaftsvertrags-)Bestimmungen gelten.

Ist ein erforderliches **Abfindungsangebot nicht im Verschmelzungsvertrag** enthalten, so ist dieser nicht ordnungsgemäß zustande gekommen. Da das Abfindungsangebot – sofern nicht ein ordnungsgemäßer Verzicht vorliegt – zwingend erforderlich und zum Schutz der Anteilsinhaber sogar verfassungsrechtlich geboten ist, liegt die Versagung der Eintragung im öffentlichen Interesse. Der Registerrichter wird die Verschmelzung daher nicht eintragen (§ 5 Rz. 82, 158)[2]. Dies führt auch nicht zu ungerechtfertigten Verzögerungen der Verschmelzung, da die Voraussetzungen von § 29 UmwG – sofern man sich wie hier vertreten an den Wortlaut der Norm hält – relativ problemlos feststellbar sind. Die Eintragung unterbleibt auch, wenn kein Widerspruch eingelegt wurde. Denn das Fehlen eines Widerspruchs kann seinen Grund gerade darin haben, dass die Möglichkeit des Austritts nicht bekannt war. Zu den Auswirkungen auf den Verschmelzungsbeschluss s. § 32. 22

Ist die Bekanntmachung nicht ordnungsgemäß erfolgt, so sind die Rechtsfolgen im Ausgangspunkt rechtsformspezifisch zu bestimmen. Da ein komplettes Fehlen des Abfindungsangebots die Anfechtbarkeit bzw. Nichtigkeit des Verschmelzungsbeschlusses gem. § 32 UmwG gerade nicht zur Folge hat, folgt daraus, dass auch eine nicht ordnungsgemäße Bekanntmachung als weniger gravierender Eingriff im Grundsatz folgenlos bleiben soll[3]. Dieser Bruch mit dem allgemeinen Beschlussmängelrecht basiert auf der Sonderstellung von Bewertungsrügen (s. § 243 Abs. 4 Satz 2 AktG). Zu den **Kosten** § 31 Rz. 13. 23

3. Inhalt des Abfindungsangebots

Das Angebot ist **gerichtet auf Erwerb der Anteile oder Mitgliedschaften des übernehmenden Rechtsträgers** gegen eine angemessene, genau zu bestimmende Barabfindung (§ 29 Abs. 1 Satz 1 UmwG). In dem Angebot muss außerdem klar gesagt werden, wer es annehmen kann[4]. Sollte der Erwerb eigener Anteile oder Mitgliedschaften dem übernehmenden Rechtsträger nicht möglich sein (Personenhandelsgesellschaften, Verein, Genossenschaft), so ist ebenfalls eine angemessene Bar- 24

---

1 Die Begr (*Ganske*, S. 84) sagt, die Norm gelte nur dann, wenn die für die betreffende Rechtsform geltenden Vorschriften eine Bekanntmachung vorsehen; a.A. *Stratz* in Schmitt/Hörtnagl/Stratz, § 29 UmwG Rz. 20.

2 *Wälzholz* in Widmann/Mayer, § 29 UmwG Rz. 59; a.A. *Gehling* in Semler/Stengel, § 32 UmwG Rz. 7; *Marsch-Barner* in Kallmeyer, § 29 UmwG Rz. 16; *C. Müller* in Henssler/Strohn, § 29 UmwG Rz. 3; *Simon* in KölnKomm. UmwG, § 29 UmwG Rz. 37; BGH v. 18.12.2000 – II ZR 1/99, ZIP 2001, 199 (201) = AG 2001, 301 für den Formwechsel; s. § 32 Rz. 3.

3 *Marsch-Barner* in Kallmeyer, § 32 UmwG Rz. 2; *C. Müller* in Henssler/Strohn, § 29 UmwG Rz. 18: Verschmelzungsvertrag und Verschmelzungsbeschluss sind wirksam.

4 *Kalss* in Semler/Stengel, § 29 UmwG Rz. 23; *Marsch-Barner* in Kallmeyer, § 29 UmwG Rz. 14; *Simon* in KölnKomm. UmwG, § 29 UmwG Rz. 34.

abfindung anzubieten, der Anteilsinhaber hat aber nichts auf den Rechtsträger zu übertragen, sondern lediglich sein Ausscheiden zu erklären. Das Gesetz geht also davon aus, dass der austrittswillige Anteilsinhaber an der Verschmelzung teilnimmt und daher erst einmal Anteilsinhaber in dem übernehmenden Rechtsträger wird (zu den damit verbundenen Schwierigkeiten sowie allgemein zur Abwicklung § 31 Rz. 9; zu der Frage, wann ein Angebot angemessen ist, § 30 Rz. 2; zum teilweisen Austritt § 31 Rz. 4).

4. Kapitalerhaltung und Abfindung

25 In den Kapitalgesellschaften gelten besondere Kapitalerhaltungsregeln. Diese können mit der Pflicht zur Zahlung einer Abfindung kollidieren.

a) Aktiengesellschaft als übernehmender Rechtsträger

Im Zuge der Abwicklung des Austritts erwirbt die AG eigene Anteile (§ 31 Rz. 8). Dies ist in § 71 Abs. 1 Nr. 3 AktG im Prinzip für zulässig erklärt, hat sich aber in dem von § 71 Abs. 2 AktG und § 272 Abs. 4 HGB vorgezeichneten Rahmen zu halten[1]. Sofern sich **vor oder bei Fassung eines der beiden Verschmelzungsbeschlüsse** abzeichnet, dass diese Schranke nicht eingehalten werden kann, hat die Verschmelzung zu unterbleiben, da § 71 Abs. 2 AktG nach dem klaren Wortlaut der Norm anwendbar bleibt. Ein dann gleichwohl gefasster Verschmelzungsbeschluss ist rechtswidrig, da er einen Verstoß gegen § 71 Abs. 2 AktG vorbereitet[2]. Dies gilt auch für den Verschmelzungsbeschluss der Anteilsinhaber des übertragenden Rechtsträgers. Zwar könnte man der Ansicht sein, dass die Problematik der Kapitalerhaltung in der übernehmenden AG für den übertragenden Rechtsträger ohne Bedeutung ist. Aber da gerade der Austritt der Anteilsinhaber des übertragenden Rechtsträgers den Verstoß gegen § 71 Abs. 2 AktG herbeiführt und beide Verschmelzungsbeschlüsse als Bestandteil eines einheitlichen Verschmelzungsvorgangs zu sehen sind, kann eine solche Sichtweise nicht überzeugen. Der Verschmelzungsbeschluss in der übernehmenden AG ist beispielsweise rechtswidrig und anfechtbar, wenn aufgrund zahlreicher Widerspruchserklärungen bei der Beschlussfassung in dem übertragenden Rechtsträger mit einem Erwerb eigener Aktien zu rechnen ist, der die Schranke des § 71 Abs. 2 AktG übersteigt.

26 Oftmals wird sich aber erst **nach Fassung eines oder beider Verschmelzungsbeschlüsse herausstellen**, wie viele Aktien erworben werden müssen, weil erst jetzt Widerspruch erklärt bzw. das Angebot angenommen wird. Unerwartete Schwierigkeiten mit den Kapitalerhaltungsregeln können auch dadurch entstehen, dass das zu zahlende Abfindungsentgelt nach § 31 UmwG erhöht wird. Dann kann nicht davon ausgegangen werden, dass der ursprünglich rechtmäßige Verschmelzungsbeschluss aufgrund dieser nicht vorhersehbaren Entwicklung nun rechtswidrig geworden ist. Eine solche nachträgliche Rechtswidrigkeit kennt das

---

1 A.A. *Korte*, WiB 1997, 953 (959): Redaktionsversehen.

2 *Kalss* in Semler/Stengel, § 29 UmwG Rz. 33; *Marsch-Barner* in Kallmeyer, § 29 UmwG Rz. 27; *C. Müller* in Henssler/Strohn, § 29 UmwG Rz. 22; *Wälzholz* in Widmann/Mayer, § 29 UmwG Rz. 46, 2; a.A. *Simon* in KölnKomm. UmwG, § 29 UmwG Rz. 44; *Stratz* in Schmitt/Hörtnagl/Stratz, § 29 UmwG Rz. 12.

AktG nicht. Hinzu kommt, dass eine Anfechtung meist auch an § 14 Abs. 1 UmwG scheitert.

Aufgrund von § 29 UmwG ist der Rechtsträger mit Eintritt der Verschmelzung aber in jedem Fall zum Erwerb der Anteile verpflichtet. Daher bestimmt § 29 Abs. 1 Satz 1 UmwG, dass § 71 Abs. 4 Satz 2 AktG nicht anzuwenden ist. Ein schuldrechtliches Geschäft, gerichtet auf **Erwerb der Aktien** zum angemessenen Preis, ist also auch dann möglich[1], wenn gegen § 71 Abs. 2 AktG verstoßen wurde. Gleiches gilt für das dingliche Geschäft (§ 71 Abs. 4 Satz 1 AktG). Die Zug-um-Zug-Abwicklung kann also erfolgen[2]. Der Gesellschaft steht entgegen einer in der Literatur verbreiteten Ansicht auch kein Leistungsverweigerungsrecht zu[3]. Das Gesetz sieht diese Lösung nicht vor. Sie trägt auch den Interessen der ausscheidenden Anteilsinhaber nicht Rechnung, die vielleicht gerade wegen des Austrittsrechts auf eine Anfechtung verzichtet haben. 27

Jede Entgeltzahlung beim Erwerb eigener Aktien beinhaltet zugleich einen **Verstoß gegen § 57 Abs. 1 Satz 1 AktG**. § 57 Abs. 1 Satz 2 AktG lässt eine Ausnahme von diesem Grundsatz zu bei der Zahlung des Erwerbspreises beim zulässigen Erwerb eigener Aktien. Da der Erwerb, soweit die Schranken von § 71 Abs. 2 AktG nicht eingehalten sind, unzulässig ist, könnte man in diesem Fall zu dem Schluss kommen, dass § 57 Abs. 1 Satz 1 AktG anwendbar bleibt mit der Folge, dass auch § 62 Abs. 1 Satz 1 AktG eingreifen würde[4]. Aber das kann vom Gesetz nicht gemeint sein, da sonst die Verschmelzung scheitern würde. Denn wenn der ausgetretene Gesellschafter die Entgeltzahlung zurückgibt, müsste er wohl auch seine Aktie zurückerhalten und die ganze Verschmelzung müsste rückabgewickelt werden. Daher ist § 29 Abs. 1 Satz 1 UmwG dahingehend auszulegen, dass auch ein Verstoß gegen § 57 Abs. 1 Satz 1 AktG nicht vorliegt[5]. Die Anteilsinhaber der übernehmenden AG können den Verschmelzungsbeschluss anfechten, wenn sie die Abfindung für zu hoch halten. 28

b) GmbH als übernehmender Rechtsträger

Im Zuge der Abwicklung des Austritts **erwirbt die GmbH eigene Anteile**. Nach § 33 Abs. 1, 2 GmbHG ist dies nur in einem eingeschränkten Umfang möglich. Darüber hinaus gestattet § 33 Abs. 3 GmbHG unter bestimmten Umständen den Erwerb eigener (auch nicht voll eingezahlter[6]) Anteile, wenn dies zur Abfindung der Gesellschafter nach § 29 Abs. 1 UmwG erforderlich ist. 29

---

1 *Butzke*, WM 1995, 1389 (1390). Erforderlich ist es aber nicht, ein gesondertes schuldrechtliches Geschäft abzuschließen. § 29 Abs. 1 UmwG reicht als Rechtsgrund i.S.v. § 812 Abs. 1 Satz 1 BGB aus, *Bermel* in Goutier/Knopf/Tulloch, § 29 UmwG Rz. 29. A.A. *Ihrig*, GmbHR 1995, 622 (632).

2 *C. Müller* in Henssler/Strohn, § 29 UmwG Rz. 22; *Simon* in KölnKomm. UmwG, § 29 UmwG Rz. 44.

3 So aber *Hoger*, AG 2008, 149 (154); *Ihrig*, GmbHR 1995, 622 (631); *J. Vetter*, ZHR 168 (2004), 8 (23); wie hier *Kalss* in Semler/Stengel, § 29 UmwG Rz. 33; *C. Müller* in Henssler/Strohn, § 29 UmwG Rz. 22.

4 So *Hoger*, AG 2008, 149 (155).

5 *Simon* in KölnKomm. UmwG, § 29 UmwG Rz. 48; *J. Vetter*, ZHR 168 (2004), 8 (22); *Wälzholz* in Widmann/Mayer, § 29 UmwG Rz. 37; a.A. *Petersen*, S. 178.

6 *Fastrich* in Baumbach/Hueck, § 33 GmbHG Rz. 16; *Hoger*, AG 2008, 149 (155); dies wird nur selten vorkommen, da im Zuge der Verschmelzung meist voll eingezahlte Anteile ausgegeben werden: s. § 20 Rz. 48.

30 Sofern sich vor **Abfassung eines Verschmelzungsbeschlusses** zeigt, dass die Schranken des § 33 Abs. 3 GmbHG nicht eingehalten werden können, hat die Verschmelzung zu unterbleiben. Ein gleichwohl gefasster Verschmelzungsbeschluss ist rechtswidrig[1]. Es gilt dasselbe wie in dem Fall, dass eine AG übernehmender Rechtsträger ist (oben Rz. 25). Zeigt sich erst nach Fassung der Verschmelzungsbeschlüsse (Beispiele oben Rz. 26), dass die Schranken von § 33 Abs. 3 GmbHG nicht eingehalten werden können, kommt eine Anfechtung nicht mehr in Frage (oben Rz. 26).

31 **Mit Eintritt der Verschmelzungswirkungen** (§ 20 Abs. 1 UmwG) ist die GmbH in jedem Fall aufgrund von § 29 Abs. 1 UmwG zum Erwerb der Anteile verpflichtet. Daher bestimmt § 29 Abs. 1 Satz 1 2. Halbsatz UmwG, dass § 33 Abs. 2 Satz 3 2. Halbsatz 1. Alt. des GmbHG nicht anwendbar ist[2]. Wie bei der AG sind damit auch bei der GmbH sowohl das schuldrechtliche wie auch das dingliche Geschäft wirksam (s. oben Rz. 27). Damit ist zugleich klargestellt, dass den Gesellschafter auch die Haftung nach §§ 30 Abs. 1, 31 Abs. 1 GmbHG nicht trifft[3]. Denn anderenfalls würde es zur Rückabwicklung der Verschmelzung kommen, da der Gesellschafter seinen alten Anteil müsste zurückverlangen können.

IV. Analoge Anwendung der Norm auf andere Fälle, allgemeines Austrittsrecht

1. Analoge Anwendung

32 In der Literatur ist die Ansicht vertreten worden, § 29 UmwG solle analog auf andere Lasten als Verfügungsbeschränkungen angewandt werden, die dem Anteilsinhaber des übertragenden Rechtsträgers in dem übernehmenden Rechtsträger auferlegt werden, wobei **als Beispiel Wettbewerbsverbote oder Nachschusspflichten** oder auch die **Verschmelzung auf eine börsennotierte AG, über die ein Aktionär die Kontrolle** i.S.v. § 29 Abs. 2 WpÜG **hat, genannt** werden[4]. Dem kann nicht gefolgt werden[5]. Zum einen ist die Norm ausdrücklich auf die genannten Anwendungsfälle beschränkt und nicht allgemein für alle Belastungen formuliert, die den Anteilsinhaber in dem übernehmenden Rechtsträger treffen. Auch ist keineswegs klar, welche „Belastungen" eine analoge Anwendung rechtfertigen würden. Das liegt nicht nur daran, dass der Begriff „Belastung" gesellschaftsrechtlich nicht näher definiert ist, sondern auch daran, dass das Gesetz für einige Belastungen andere Regelungen bereithält (§§ 15 Abs. 1, 50 Abs. 2, 51 Abs. 1 UmwG), so dass ein allgemeiner Rechtssatz mit dem Inhalt, dass jede Belastung zu einem Austritts-

1 *Hoger*, AG 2008, 149 (156); *Marsch-Barner* in Kallmeyer, § 29 UmwG Rz. 27.

2 Eingefügt durch 2. Gesetz zur Änderung des UmwG, BGBl. I 2007, S. 542 ff.

3 *Marsch-Barner* in Kallmeyer, § 29 UmwG Rz. 25; a.A. *Hoger*, AG 2008, 149 (156).

4 *H. Schmidt* in Kölner Umwandlungsrechtstage, S. 59, 84 f.; s. auch *Bermel* in Goutier/Knopf/Tulloch, § 65 UmwG Rz. 25: Tausch von Stammaktien in stimmrechtslose Vorzugsaktien; § 65 Rz. 29.

5 *Bermel* in Goutier/Knopf/Tulloch, § 29 UmwG Rz. 9; *Grunewald* in Kölner Umwandlungsrechtstage, S. 19 (24); *Kalss* in Semler/Stengel, § 29 UmwG Rz. 15; *M. Winter* in Kölner Umwandlungsrechtstage, S. 19 (48); ablehnend für den Fall der Verschmelzung auf eine kontrollierte AG zu Recht *Burg/Braun*, AG 2009, 22 (24); *Marsch-Barner* in Kallmeyer, § 29 UmwG Rz. 31; *C. Müller* in Henssler/Strohn, § 29 UmwG Rz. 24; *Simon* in KölnKomm. UmwG, § 29 UmwG Rz. 55 ff.

recht nach § 29 UmwG führt, nicht entwickelt werden kann. Der Fall, dass auf eine kontrollierte AG verschmolzen wird, ist zudem weder der Mischverschmelzung noch der Verschmelzung auf eine nicht notierte AG oder auf einen Rechtsträger, in dem Verfügungsbeschränkungen eingreifen, ähnlich. Vielmehr geht es darum, dass neue Anteilseigner mit neuen Beteiligungsquoten hinzutreten – was für nahezu jede Verschmelzung gilt. Auch besteht kein Bedürfnis für eine solche Analogie. Jede Rechtsform kennt ihr eigenes Austrittsrecht (unten Rz. 33), das den Anteilsinhaber vor untragbaren Belastungen schützt.

2. Allgemeines Austrittsrecht

Rechtsformspezifisch besteht – **jedenfalls bei Vorliegen eines wichtigen Grundes** 33 – ein Austrittsrecht für die Gesellschafter/Mitglieder[1]. Gerade in dem Fall, dass ein Anteilsinhaber sich nach der Verschmelzung Belastungen[2] ausgesetzt sieht, mit denen er bei der Begründung seiner Mitgliedschaft in dem übertragenden Rechtsträger nicht rechnen musste, können die Voraussetzungen eines Austrittsrechts aus dem übernehmenden Rechtsträger erfüllt sein. Allein die Tatsache, dass der übernehmende Rechtsträger von einem Gesellschafter kontrolliert wird, reicht für die Annahme eines allgemeinen Austrittsrechts nicht aus[3]. Oftmals erfolgt der Austritt bereits aus dem übertragenden Rechtsträger (§ 31 Rz. 11), um so den Erwerb der Mitgliedschaft in dem übernehmenden Rechtsträger von vornherein zu vermeiden. Die Abwicklung des Austritts nach den allgemeinen Regeln ist meist weniger kompliziert als das in § 29 UmwG stark formalisierte Verfahren[4].

§ 30

Inhalt des Anspruchs auf Barabfindung und Prüfung der Barabfindung

(1) Die Barabfindung muss die Verhältnisse des übertragenden Rechtsträgers im Zeitpunkt der Beschlussfassung über die Verschmelzung berücksichtigen. § 15 Abs. 2 ist auf die Barabfindung entsprechend anzuwenden.

(2) Die Angemessenheit einer anzubietenden Barabfindung ist stets durch Verschmelzungsprüfer zu prüfen. Die §§ 10 bis 12 sind entsprechend anzuwenden. Die Berechtigten können auf die Prüfung oder den Prüfungsbericht verzichten; die Verzichtserklärungen sind notariell zu beurkunden.

---

1 Allgemein *Wiedemann*, GesR, S. 396ff.; *Grunewald* in FS Boujong, S. 173 (199).

2 Vor allem Haftungsrisiken und Nebenpflichten, § 20 Rz. 50, 47, etwa Wettbewerbsverbote, Nebenleistungspflichten, aber auch Beitrags- und Nachschusspflichten, die in dem übertragenden Rechtsträger nicht bestanden.

3 *Burg/Braun*, AG 2009, 22; *J. Vetter* in K. Schmidt/Lutter, § 317 AktG Rz. 67.

4 Zur AG *Grunewald* in FS Claussen, S. 103; *Schindler*, S. 80ff., 177ff.; zur GmbH *Seibt* in Scholz, Anh. § 34; *Lutter* in Lutter/Hommelhoff, § 34 GmbHG Rz. 70; zum Verein § 39 BGB; zur Genossenschaft *Uwe H. Schneider* in FS Fleck, S. 297ff.; für die Personenhandelsgesellschaften gilt § 723 BGB. Daneben kommt § 132 HGB zur Anwendung.

Literatur

Liebscher, Einschränkung der Verzinslichkeit des Abfindungsanspruchs dissentierender Gesellschafter gem. §§ 30 Abs. 1 S. 2, 208 UmwG, § 305 Abs. 3 S. 3 1. HS AktG, AG 1996, 455; *Schöne*, Das Aktienrecht als „Maß aller Dinge" im neuen Umwandlungsrecht?, GmbHR 1995, 325.

I. Inhalt der Norm

1 § 30 UmwG bestimmt den Stichtag für die Bewertung bei der Ermittlung der Barabfindung der aufgrund von § 29 UmwG ausscheidenden Anteilsinhaber. Zugleich wird festgelegt, dass eine Prüfung zu erfolgen hat.

II. Inhalt des Anspruchs auf Barabfindung

1. Angemessenes Angebot

2 Die anzubietende Barabfindung hat angemessen zu sein (§ 29 Abs. 1 Satz 1 UmwG)[1]. § 30 Abs. 1 Satz 1 UmwG konkretisiert diese Aussage geringfügig und legt fest, dass die **Verhältnisse des übertragenden Rechtsträgers im Zeitpunkt der Beschlussfassung** über die Verschmelzung zu berücksichtigen sind. Damit wird gesagt, dass ein Abfindungsangebot dann angemessen ist, wenn dem Anteilsinhaber der Verkehrswert seiner Beteiligung im Zeitpunkt der Beschlussfassung der Anteilsinhaber des übertragenden Rechtsträgers (Stichtag) in bar angeboten wird. Die Bestimmung dieses Wertes ist schwierig[2], hat aber durch Judikatur und Literatur, insbesondere zu § 305 AktG, eine gewisse Konkretisierung erfahren[3]. Bei der Ermittlung der angemessenen Höhe eines Abfindungsangebots ergeben sich insoweit gewisse Erleichterungen, als der Wert des übertragenden Rechtsträgers zur Festlegung des Umtauschverhältnisses sowieso ermittelt werden muss. Für die Bestimmung des Barangebots gelten dieselben Grundsätze. Allerdings ist der Bewertungsstichtag ein anderer (zur Ermittlung des Umtauschverhältnisses § 5 Rz. 32). Doch kann der für das Umtauschverhältnis ermittelte Wert auf den Tag der Beschlussfassung fortgeschrieben werden[4]. Dies kann aber nicht dadurch erfolgen, dass die ab dem für die Berechnung des Umtauschverhältnisses maßgeb-

---

1 Dazu, dass dies unabhängig von der Rechtsform des übertragenden Rechtsträgers gilt, *Schöne*, GmbHR 1995, 325 (328 f.).

2 Dies war der Grund, aus dem der Bundesrat in seiner Stellungnahme um eine konkretere Formulierung bat, s. *Ganske*, S. 84.

3 Die Begr bei *Ganske*, S. 84, spricht von einem im Gesellschaftsrecht seit langem eingeführten Terminus; zur Angemessenheit § 5 Rz. 27 ff.; und *Stephan* in K. Schmidt/Lutter, § 305 AktG Rz. 47 ff.

4 *W. Müller* in Kallmeyer, § 30 UmwG Rz. 11.

lichen Zeitpunkt erzielten Gewinne hinzuaddiert werden[1], da diese bereits in Form der Prognose in die Berechnung des Umtauschverhältnisses eingerechnet sind. Vielmehr ist festzustellen, ob die wesentlichen Ausgangsdaten der Bewertung noch zutreffen.

2. Verzinsung

Nach § 30 Abs. 1 Satz 2 UmwG gilt § 15 Abs. 2 UmwG entsprechend. Demgemäß ist das Abfindungsangebot ab dem **Zeitpunkt, zu dem die Eintragung der Verschmelzung** nach § 19 Abs. 3 UmwG bekannt gemacht worden ist, zu verzinsen (§ 15 Abs. 2 Satz 1 UmwG). Dies gilt für alle Anteilsinhaber, gleichgültig wann sie das Angebot annehmen[2]. Zwischenzeitlich an Anteilseigner, die erst später ausgetreten sind, gezahlte Dividenden werden von den geschuldeten Zinsen abgezogen. Auf diese Weise wird sichergestellt, dass der Anteilsinhaber eine vollwertige Abfindung erhält, die ab Eintragung der Verschmelzung und damit ab Umgestaltung seiner Rechte verzinst wird[3]. 3

3. Weiter gehender Schaden

Durch Verweis auf § 15 Abs. 2 Satz 2 UmwG legt die Norm (§ 30 Abs. 1 Satz 2 UmwG) fest, dass die Geltendmachung eines weiteren Schadens nicht ausgeschlossen ist. Ein solcher Schaden kann aber nur ersetzt verlangt werden, wenn die Voraussetzungen einer Anspruchsgrundlage (etwa §§ 280 Abs. 1, Abs. 2, 286 BGB) erfüllt sind[4]. § 15 Abs. 2 Satz 2, § 30 Abs. 1 Satz 2 UmwG sind nicht selbst Anspruchsgrundlagen, da sie selbst nicht angeben, welche Schäden unter welchen Voraussetzungen liquidiert werden können. Sie sind zu unspezifisch, um selbst Anspruchsgrundlage zu sein. 4

III. Überprüfung des Angebots auf Barabfindung

1. Prüfung durch Verschmelzungsprüfer

Die Angemessenheit der Barabfindung muss von Verschmelzungsprüfern geprüft werden (§ 30 Abs. 2 Satz 1 UmwG). Dies erfolgt am besten im Rahmen der allgemeinen Verschmelzungsprüfung (§ 9 UmwG)[5], zumal die Kriterien für die Feststellung der Angemessenheit des Umtauschverhältnisses dieselben sind wie dieje- 5

1 So *W. Müller* in Kallmeyer, § 30 UmwG Rz. 11.
2 *Vollrath* in Widmann/Mayer, § 30 UmwG Rz. 29; a.A. *Liebscher*, AG 1996, 455 (457): nur für die Anteilsinhaber, die das Angebot angenommen haben.
3 So BGH v. 16.9.2002 – II ZR 284/01, NJW 2002, 3467 (3468) = AG 2003, 40 zur Anrechnung von Ausgleichszahlungen nach § 304 AktG auf die Abfindungszinsen nach § 305 Abs. 3 Satz 2 AktG; für § 30 UmwG ebenso *C. Müller* in Henssler/Strohn, § 30 UmwG Rz. 3; *Simon* in KölnKomm. UmwG, § 30 UmwG Rz. 18ff.; dagegen *W. Müller* in Kallmeyer, § 30 UmwG Rz. 14; *Zeidler* in Semler/Stengel, § 30 UmwG Rz. 23: Keine Besserstellung gegenüber Aktionär, der sofort das Angebot annimmt.
4 *C. Müller* in Henssler/Strohn, § 30 UmwG Rz. 3; *W. Müller* in Kallmeyer, § 30 UmwG Rz. 15; *Vollrath* in Widmann/Mayer, § 30 UmwG Rz. 30. Da Verzug Fälligkeit voraussetzt, muss für die Geltendmachung dieses Anspruchs das Barabfindungsangebot angenommen werden.
5 *W. Müller* in Kallmeyer, § 30 UmwG Rz. 17.

nigen für die Bestimmung der Angemessenheit der Barabfindung (oben Rz. 2). Wenn eine Verschmelzungsprüfung nicht erfolgt, muss allerdings eine isolierte Prüfung der Angemessenheit der Barabfindung stattfinden[1].

6 Über den **Zeitpunkt der Prüfung** trifft § 30 UmwG keine Aussage. Der Verweis auf die Verschmelzungsprüfung kann aber wohl so verstanden werden, dass auch die Überprüfung des Barangebots vor der Beschlussfassung über die Verschmelzung zu erfolgen hat[2]. Dies ist auch deshalb sinnvoll, weil die Anteilsinhaber durch Erklärung des Widerspruchs sich in diesem Moment darüber schlüssig werden müssen, ob sie ihr Austrittsrecht nutzen wollen. Der Bericht muss aber weder vor der Hauptversammlung in den Geschäftsräumen noch in der Hauptversammlung zur Einsicht der Anteilsinhaber ausgelegt werden[3]. Die Vertretungsorgane haben aber in der Versammlung der Anteilsinhaber Auskunft über den Inhalt des Berichts zu geben[4]. § 10 UmwG über die Bestellung der Verschmelzungsprüfer und § 11 UmwG über die Stellung und Verantwortlichkeit der Verschmelzungsprüfer gelten ebenfalls (§ 30 Abs. 2 Satz 2 UmwG).

7 Über die Prüfung ist **schriftlich zu berichten** (§ 30 Abs. 2 Satz 2, § 12 UmwG). Der Berichtsinhalt ergibt sich aus § 12 Abs. 2 UmwG.

2. Verzicht auf die Prüfung und den Prüfungsbericht

8 Nach § 30 Abs. 2 Satz 3 UmwG können die **Berechtigten** auf die Prüfung oder den Bericht verzichten. Nach der Begründung **sind diejenigen berechtigt, die aus dem Rechtsträger ausscheiden wollen**[5]. Dies leuchtet ein, da die anderen Anteilsinhaber von dem Abfindungsangebot nicht oder jedenfalls kaum betroffen sind. Allerdings steht frühestens zwei Monate nach Bekanntmachung der Eintragung der Verschmelzung fest, wer das Angebot annehmen will (§ 31 UmwG). Da zu diesem Zeitpunkt die Überprüfung des Angebots aber schon stattgefunden haben muss, damit die Anteilsinhaber, die austreten wollen, die Abfindung in ihr Kalkül einbeziehen können, kann mit der Überprüfung nicht bis zu diesem Moment gewartet werden. Daher muss die Bestimmung, wer Berechtigter ist, auf einen früheren Zeitpunkt vorgezogen werden. Da über die Durchführung der Überprüfung schon vor der Beschlussfassung über die Verschmelzung entschieden werden muss, muss auch bezogen auf diesen Zeitpunkt bestimmt werden, wer Berechtigter ist. Im Grundsatz können dies alle Anteilsinhaber sein. Wer allerdings bereits erklärt hat, dass er nicht widersprechen bzw. austreten werde (§ 29 Rz. 18), ist nicht berechtigt. Ihn betrifft die Barabfindung nicht.

9 Die Berechtigten (also die, die weder ausdrücklich erklärt haben, sie würden nicht widersprechen bzw. nicht gegen die Verschmelzung stimmen, noch, sie wollten

---

1 *Ganske*, S. 85: Deshalb spricht der Gesetzestext davon, dass die Überprüfung „stets" zu erfolgen habe; *W. Müller* in Kallmeyer, § 30 UmwG Rz. 16.
2 *C. Müller* in Henssler/Strohn, § 30 UmwG Rz. 4; *W. Müller* in Kallmeyer, § 30 UmwG Rz. 18.
3 BGH v. 29.1.2001 – II ZR 368/98, ZIP 2001, 412 (415) = AG 2001, 263; *C. Müller* in Henssler/Strohn, § 30 UmwG Rz. 4; *W. Müller* in Kallmeyer, § 30 UmwG Rz. 19.
4 *W. Müller* in Kallmeyer, § 30 UmwG Rz. 19.
5 *Ganske*, S. 85; *W. Müller* in Kallmeyer, § 30 UmwG Rz. 20.

nicht austreten[1]) können **auf die Prüfung** (und damit natürlich auch auf den Bericht) **verzichten**. Sie können auch allein auf den Bericht verzichten (§ 30 Abs. 2 Satz 3 UmwG)[2]. Die Verzichtserklärungen sind notariell zu beurkunden (§ 30 Abs. 2 Satz 3 UmwG). Dies leuchtet ein, weil dieser Verzicht für diejenigen, die den Austritt erwägen, von erheblicher Bedeutung ist. Die Anteilsinhaber verlieren mit dieser Prüfung/dem Bericht ein wesentliches Element der Richtigkeitsgewähr für die angebotene Abfindung.

Fehlt es an den Verzichtserklärungen der Berechtigten und hat gleichwohl keine Prüfung/Berichterstattung stattgefunden, so gelten dieselben Regeln wie bei Fehlen der Verschmelzungsprüfung[3] (§ 12 Rz. 15). Denn in beiden Fällen geht es um den Schutz der Anteilsinhaber vor einer unzureichenden Gegenleistung für die im Zuge der Verschmelzung verlorenen Anteile. Sofern von den Berechtigten kein Widerspruch zur Niederschrift erklärt wird (es sei denn, der Widerspruch ist entbehrlich, § 29 Rz. 14ff.), hat sich der Verfahrensverstoß aber nicht ausgewirkt, und die Verschmelzung wird gleichwohl eingetragen. Klagen gegen den Verschmelzungsbeschluss, die mit dem Fehlen der Überprüfung bzw. des Berichts begründet waren, werden dann unbegründet. Erklärt kein Berechtigter innerhalb der Frist des § 31 UmwG seinen Austritt, so hat sich der Verstoß ebenfalls nicht ausgewirkt. Wiederum gilt, dass Klagen gegen den Verschmelzungsbeschluss, die auf das Fehlen der Prüfung/des Prüfungsberichts gestützt waren, unbegründet werden[4]. 10

§ 30 Abs. 2 Satz 2 UmwG verweist durch die Bezugnahme auf § 12 Abs. 3 UmwG auch auf die Verzichtserklärungen nach § 8 Abs. 3 UmwG. Doch dürfte dies ein Redaktionsversehen sein. Neben der speziellen Norm des § 30 Abs. 2 Satz 3 UmwG hat § 8 Abs. 3 UmwG keine Bedeutung[5]. Der dort ebenfalls erfasste Fall der Verschmelzung einer 100%igen Tochter auf die Muttergesellschaft spielt für § 30 UmwG keine Rolle, da in dieser Situation für ein Abfindungsangebot sowieso kein Raum ist (§ 29 Rz. 20). 11

§ 31
Annahme des Angebots

Das Angebot nach § 29 kann nur binnen zwei Monaten nach dem Tage angenommen werden, an dem die Eintragung der Verschmelzung in das Register des Sitzes des übernehmenden Rechtsträgers nach § 19 Abs. 3 bekannt gemacht worden ist. Ist nach § 34 ein Antrag auf Bestimmung der Barabfindung durch das Gericht gestellt worden, so kann das Angebot binnen zwei Monaten nach dem Tage angenommen werden, an dem die Entscheidung im Bundesanzeiger bekannt gemacht worden ist.

1 Weiter gehend *W. Müller* in Kallmeyer, § 30 UmwG Rz. 20: Verzicht auch derer erforderlich, die erklärt haben, sie würden nicht widersprechen.
2 Rechtspolitische Kritik an dieser Regelung in Stellungnahme des IDW zum RefE, WPg 1992, 613 (615).
3 *Zeidler* in Semler/Stengel, § 30 UmwG Rz. 29.
4 *W. Müller* in Kallmeyer, § 30 UmwG Rz. 22.
5 *W. Müller* in Kallmeyer, § 30 UmwG Rz. 21.

Literatur

Grunewald, Probleme bei der Aufbringung der Abfindung für ausgetretene GmbH-Gesellschafter, GmbHR 1991, 185; *Kesselmeier*, Ausschließungs- und Nachfolgeregeln in der GmbH-Satzung, 1989; *Ulmer*, Gesellschafterhaftung gegenüber der GmbH bei Vorteilsgewährung unter Verstoß gegen § 30 Abs. 1 GmbHG, in FS 100 Jahre GmbHG, 1992, S. 363.

I. Inhalt der Norm

1 § 31 UmwG legt den Zeitpunkt fest, bis zu dem das Angebot nach § 29 UmwG angenommen werden kann. Dieser ist verschieden, je nachdem, ob eine gerichtliche Überprüfung der Abfindung erfolgt oder nicht.

II. Annahme des Angebots nach Eintragung der Verschmelzung

1. Frist für die Annahme des Angebots

2 Das Angebot muss innerhalb der Zwei-Monats-Frist des § 31 Satz 1 UmwG durch Zugang einer Annahmeerklärung angenommen werden. Die Fristberechnung erfolgt nach § 187 Abs. 2 Satz 1, § 188 Abs. 2 letzter Halbsatz BGB. Die Frist ist eine **Ausschlussfrist**. Eine Wiedereinsetzung in den vorigen Stand oder ein sonstiger Rechtsbehelf ist also bei Fristversäumnis nicht möglich[1]. Nach Ablauf der Frist kann das Angebot nur noch in den Fällen des § 31 Satz 2 UmwG angenommen werden, also wenn ein Antrag auf Bestimmung der Barabfindung durch das Gericht gestellt worden ist. Es muss sich aber um einen zulässigen Antrag handeln, da unzulässiges Handeln nicht dazu führen kann, dass ein neuer Anspruch auf Abfindung entsteht, zumal das Gericht dann zur Höhe der Abfindung gar nicht entscheidet. In den anderen Fällen läuft erneut eine Zwei-Monats-Frist, die auch jetzt eine Ausschlussfrist ist, ab dem Tag, an dem die Entscheidung bekannt gemacht worden ist (§ 14 Nr. 4 SpruchG). Wird das Verfahren anders als durch gerichtliche Entscheidung beendet, so ist auch dies bekannt zu machen mit der Folge, dass die

1 OLG Frankfurt/M. v. 8.10.2009 – 15 U 125/08, ZIP 2010, 370 (371) = AG 2010, 332 (Angebot erlischt, § 146 BGB); *Kalss* in Semler/Stengel, § 31 UmwG Rz. 2; *Marsch-Barner* in Kallmeyer, § 31 UmwG Rz. 3; *Simon* in KölnKomm. UmwG, § 31 UmwG Rz. 9; *Stratz* in Schmitt/Hörtnagl/Stratz, § 31 UmwG Rz. 3.

Frist beginnt[1]. Sofern die Entscheidung nicht bekannt gemacht wird, läuft die Frist auch nicht an[2]. Im Einzelfall kann aber das Recht, das Angebot anzunehmen, verwirkt werden. Doch lässt sich nicht pauschal sagen, dass dies stets spätestens nach sechs Monaten bzw. bei gerichtlicher Entscheidung nach zwölf Monaten der Fall wäre[3]. Die Frist läuft auch dann, wenn das Gericht die Abfindung für angemessen hielt[4], da der Anteilsinhaber bis zu diesem Zeitpunkt mit seiner endgültigen Entscheidung soll warten können. Das hat zur Folge, dass oft erst sehr lange Zeit nach Eintragung der Verschmelzung klar ist, wer ausscheidet.

2. Form der Annahme, teilweise Annahme

Eine besondere **Form** ist regelmäßig nicht erforderlich. Es reicht, dass der Wille, das Angebot anzunehmen bzw. aus dem Rechtsträger auszutreten, zum Ausdruck kommt[5]. Allerdings kann die anschließende Übertragung des Anteils formgebunden sein. Dies wirkt sich auf die Austrittserklärung, die lediglich die Verpflichtung zur Übertragung begründet, nicht aus. Nur wenn auch diese Verpflichtung formgebunden ist (§ 15 Abs. 4 GmbHG), kann auch die Austrittserklärung nicht formlos abgegeben werden[6]. Nicht erforderlich ist, dass der Anteilsinhaber das Verfahren selbst betrieben hat oder überhaupt an ihm beteiligt war[7]. Es reicht aus, dass überhaupt ein Antrag gestellt wurde. 3

Wenn der Anteilsinhaber in dem übertragenden Rechtsträger **mehrere Anteile** hält, kann er auch bezüglich nur eines Teils seiner Anteile den Austritt erklären[8]. Dies gilt auch, wenn er in dem übernehmenden Rechtsträger nur einen einzigen Anteil erhalten hat (etwa weil dieser eine Personengesellschaft ist[9]). Zwar erfolgt der Austritt aus dem übernehmenden und nicht aus dem übertragenden Rechtsträger. Aber da der Anteilsinhaber mehrere Anteile hielt, muss ihm auch eine je nach Anteil unterschiedliche Vorgehensweise möglich bleiben, zumal ein teilwei- 4

1 *Kalss* in Semler/Stengel § 31 UmwG Rz. 3; *Marsch-Barner* in Kallmeyer, § 31 UmwG Rz. 9; *Simon* in KölnKomm. UmwG, § 31 UmwG Rz. 12.
2 *Marsch-Barner* in Kallmeyer, § 31 UmwG Rz. 9; a.A.: Für die Verfahrensbeendigung auf andere Weise als durch gerichtliche Entscheidung *Kalss* in Semler/Stengel, § 31 UmwG Rz. 3, aber für diese Sonderbehandlung besteht kein Anlass, da die betroffenen Anteilsinhaber von dieser Beendigung nichts erfahren.
3 So aber *Simon* in KölnKomm. UmwG, § 31 UmwG Rz. 9, 10.
4 *Kalss* in Semler/Stengel, § 31 UmwG Rz. 3; *Marsch-Barner* in Kallmeyer, § 31 UmwG Rz. 8; *Simon* in KölnKomm. UmwG, § 31 UmwG Rz. 10; *Stratz* in Schmitt/Hörtnagl/Stratz, § 31 UmwG Rz. 6.
5 *Kalss* in Semler/Stengel, § 31 UmwG Rz. 5; *Marsch-Barner* in Kallmeyer, § 31 UmwG Rz. 4; *C. Müller* in Henssler/Strohn, § 31 UmwG Rz. 2; *Simon* in KölnKomm. UmwG, § 31 UmwG Rz. 3; *Stratz* in Schmitt/Hörtnagl/Stratz, § 31 UmwG Rz. 4.
6 *C. Müller* in Henssler/Strohn, § 31 UmwG Rz. 2; *Simon* in KölnKomm. UmwG, § 31 UmwG Rz. 3; a.A. *Stratz* in Schmitt/Hörtnagl/Stratz, § 31 UmwG Rz. 4.
7 *Kalss* in Semler/Stengel, § 31 UmwG Rz. 4; *Marsch-Barner* in Kallmeyer, § 31 UmwG Rz. 8; *C. Müller* in Henssler/Strohn, § 31 UmwG Rz. 5; *Simon* in KölnKomm. UmwG, § 31 UmwG Rz. 11; *Stratz* in Schmitt/Hörtnagl/Stratz, § 31 UmwG Rz. 6; er muss aber Widerspruch eingelegt haben, § 29 Rz. 11.
8 OLG Düsseldorf v. 6.12.2000 – 19 W 1/00, ZIP 2001, 158 (159) = AG 2001, 596; *Kalss* in Semler/Stengel, § 31 UmwG Rz. 4; *Marsch-Barner* in Kallmeyer, § 31 UmwG Rz. 19; *C. Müller* in Henssler/Strohn, § 31 UmwG Rz. 3; a.A. *Bermel* in Goutier/Knopf/Tulloch, § 29 UmwG Rz. 35.
9 *Kalss* in Semler/Stengel, § 31 UmwG Rz. 4; *C. Müller* in Henssler/Strohn, § 31 UmwG Rz. 3.

ses Ausscheiden aus dem übernehmenden Rechtsträger rechtstechnisch problemlos möglich ist (in einer Personengesellschaft wird die Beteiligungsquote reduziert, in den Kapitalgesellschaften der Anteil geteilt).

3. Abwicklung des Austritts

a) Personenhandelsgesellschaften als übernehmende Rechtsträger

5 Der Austritt wird **Zug um Zug gegen Erhalt der Abfindung** erklärt[1]. Auf diese Weise ist der Gesellschafter davor gesichert, seine Gesellschafterstellung zu verlieren, ohne eine Gegenleistung zu erhalten. Das Gesetz (§ 29 Abs. 1 Satz 3 UmwG) deutet diese sachgerechte Abwicklungsform dadurch an, dass die Abfindung für den Fall anzubieten ist, dass der Anteilsinhaber sein Ausscheiden erklärt. Diese Konzeption entspricht nicht den Kündigungsregeln von HGB und BGB (§ 132 HGB, § 738 BGB), nach denen das Ausscheiden lediglich die Pflicht zur Zahlung der Abfindung auslöst. Für den in §§ 29ff. UmwG geregelten Austritt kann aber die sachgerechtere Zug-um-Zug-Abwicklung gewählt werden, da die zu zahlende Abfindung feststeht[2].

6 Handelt es sich um eine **GmbH & Co. KG**, so sind die Regeln der Kapitalerhaltung in Bezug auf die Komplementär-GmbH zu beachten. Da für den Kapitalerhalt in der GmbH nach Ansicht des BGH auch die Kommanditisten verantwortlich sind[3], wäre die Abfindung eigentlich nur dann ordnungsgemäß erbracht, wenn eine solche Haftung nicht besteht. Es gelten insoweit zum Schutz der Anteilsinhaber aber dieselben Regeln wie bei der GmbH (unten Rz. 8). Für die Rückzahlung der Kommanditeinlage gilt § 172 Abs. 4 HGB.

b) Verein, Genossenschaft als übernehmender Rechtsträger

7 Der Austritt erfolgt Zug um Zug gegen Erhalt der Abfindung (§ 29 Abs. 1 Satz 3 UmwG, oben Rz. 5)[4].

c) AG und GmbH als übernehmender Rechtsträger

8 In der GmbH und in der AG erfolgt die Übertragung der Anteile auf den übernehmenden Rechtsträger Zug um Zug gegen Erhalt der Abfindung. Bei der GmbH ist § 15 Abs. 3 GmbHG zu beachten. Dem austretenden Aktionär/GmbH-Gesellschafter droht aufgrund der Regelung von § 29 Abs. 1 Satz 1 2. Halbsatz UmwG auch dann keine Haftung, wenn die Abfindung aus gebundenem Vermögen gezahlt wird (§ 29 Rz. 25ff.).

---

1 *Kalss* in Semler/Stengel, § 31 UmwG Rz. 6; *Simon* in KölnKomm. UmwG, § 31 UmwG Rz. 13; a.A. *Bermel* in Goutier/Knopf/Tulloch, § 29 UmwG Rz. 32: Verlust der Mitgliedschaft mit Annahme des Angebots; nach *Marsch-Barner* in Kallmeyer, § 31 UmwG Rz. 6 hat der Rechtsträger ein Zurückbehaltungsrecht nach § 273 BGB.

2 *Simon* in KölnKomm. UmwG, § 31 UmwG Rz. 13.

3 BGH v. 29.3.1973 – II ZR 25/70, BGHZ 60, 324; BGH v. 19.2.1990 – II ZR 268/88, BGHZ 110, 342 (355ff.); *Hommelhoff* in Lutter/Hommelhoff, § 30 GmbHG Rz. 60; *Verse* in Scholz, § 30 GmbHG Rz. 131ff.

4 A.A. *Bermel* in Goutier/Knopf/Tulloch, § 29 UmwG Rz. 34.

4. Rechtsstellung in dem übernehmenden Rechtsträger

Da auch ein austrittswilliger Anteilsinhaber an der Verschmelzung teilnimmt, wird er Anteilsinhaber in dem übernehmenden Rechtsträger. Oftmals wird diese Rechtsstellung nur von kurzer Dauer sein. Doch schließt dies ein mit der Gesellschafterstellung verbundenes **Haftungsrisiko** nicht aus, wie es insbesondere in der GmbH nach §§ 24, 30, 31 Abs. 3 GmbHG gegeben sein kann. § 29 UmwG schützt nicht vor den mit der Mitgliedschaft in dem übernehmenden Rechtsträger verbundenen Nachteilen. Diese lassen sich nur durch einen Austritt aus dem übertragenden Rechtsträger vermeiden. 9

Es entspricht allgemeiner Auffassung im Gesellschaftsrecht, dass ein Gesellschafter, der sein Ausscheiden aus einer Gesellschaft erklärt hat, bis zum Vollzug des Austritts bei allen *Abstimmungen*, die nicht seine Vermögensinteressen betreffen, **Zurückhaltung zu üben hat**[1]. Dieser Grundsatz kann auf das Austrittsrecht nach § 29 UmwG übertragen werden. Wenn ein Anteilsinhaber erklärt hat, dass er ausscheiden werde (oben Rz. 3), muss er seine Rechte rücksichtsvoll ausüben. Denn auch in diesem Fall kann von dem Anteilsinhaber Zurückhaltung bei der Entscheidung von Fragen erwartet werden, die ihn nicht mehr betreffen. Anteilsinhaber, die eine entsprechende Erklärung nicht abgeben, haben demgegenüber auch innerhalb der Frist, in der das Abfindungsangebot noch angenommen werden kann (§ 31 UmwG), alle Rechte in dem übernehmenden Rechtsträger. Denn da in Bezug auf diese Personen noch nicht feststeht, wie sie sich entscheiden werden, kann ihre Rechtsstellung auch nicht verkürzt werden. 10

III. Annahme des Angebots vor Eintragung der Verschmelzung

Der Anteilsinhaber kann ein Interesse daran haben, vor Wirksamkeit der Verschmelzung auszutreten. Dies gilt insbesondere dann, wenn in dem aufnehmenden Rechtsträger Nebenverpflichtungen oder Haftungsrisiken bestehen. § 29 UmwG geht aber davon aus, dass der Austritt erst nach Eintragung der Verschmelzung erklärt wird (s. etwa § 31 Abs. 1 Satz 3 UmwG: Austritt aus dem übernehmenden Rechtsträger). Das hindert aber nicht den Austritt aus dem übertragenden Rechtsträger nach den Regeln des **allgemeinen Austrittsrechts** (§ 29 Rz. 33). Dies setzt im Normalfall das Vorliegen eines wichtigen Grundes voraus. Dieser liegt vor, wenn dem Anteilsinhaber ein Verbleiben in dem übertragenden Rechtsträger unter Berücksichtigung der Tatsache, dass die Verschmelzung bevorsteht, nicht zumutbar ist. Allein die Tatsache, dass die Voraussetzungen des Austrittsrechts nach § 29 UmwG erfüllt sind, reicht hierfür nicht aus. Vielmehr muss es für den Anteilsinhaber unzumutbar sein, an der Verschmelzung teilzunehmen, weil der Erwerb einer Mitgliedschaft in dem übernehmenden Rechtsträger auch für kurze Zeit nicht akzeptabel ist. Dies ist etwa dann der Fall, wenn in dem übernehmenden Rechtsträger Haftungsrisiken oder Nebenpflichten bestehen, die in dem übertragenden Rechtsträger nicht gegeben waren. 11

1 BGH v. 26.10.1983 – II ZR 87/83, BGHZ 88, 320 (328); BGH v. 17.10.1983 – II ZR 80/83, WM 1983, 1354 f.; *Lutter* in Lutter/Hommelhoff, § 34 GmbHG Rz. 75; *Seibt* in Scholz, Anh. § 34 GmbHG Rz. 17.

12 § 33 UmwG erleichtert die **Veräußerung der Beteiligung** an dem übertragenden Rechtsträger. Gelingt die Veräußerung, so nimmt der Anteilsinhaber ebenfalls nicht an der Verschmelzung teil.

IV. Kosten

13 Die Kosten der Übertragung des Anteils trägt der **übernehmende Rechtsträger** (§ 29 Abs. 1 Satz 5 UmwG). Gleich steht der im Gesetz nicht genannte Fall, dass die Austrittserklärung mit Kosten verbunden ist. Damit sind nur die unmittelbar mit der Übertragung (der Austrittserklärung) verbundenen Kosten gemeint. Weitere mit dem Verlust der Beteiligung verbundenen Verluste hat der Rechtsträger nur unter den Voraussetzungen der allgemeinen Bestimmungen zu tragen.

§ 32
Ausschluss von Klagen gegen den Verschmelzungsbeschluss

Eine Klage gegen die Wirksamkeit des Verschmelzungsbeschlusses eines übertragenden Rechtsträgers kann nicht darauf gestützt werden, dass das Angebot nach § 29 zu niedrig bemessen oder dass die Barabfindung im Verschmelzungsvertrag nicht oder nicht ordnungsgemäß angeboten worden ist.

Literatur

Decher, Die Information der Aktionäre über die Unternehmensbewertung bei Strukturmaßnahmen in der Hauptversammlungs- und Gerichtspraxis, in FS Hoffmann-Becking, 2013, S. 295; *Fritzsche/Dreier*, Spruchverfahren und Anfechtungsklage im Aktienrecht: Vorrang oder Ausnahme des Anfechtungsausschlusses gem. § 14 Abs. 2 UmwG, BB 2002, 737; *Heckschen*, Beschränkung des Klagerechts im Umwandlungsverfahren, NotBZ 2001, 206; *Henze*, Rechtsschutz bei Verletzung von Auskunfts- und Informationsrechten im Unternehmensvertrags-, Umwandlungs- und Verschmelzungsrecht, in Henze/Hoffmann-Becking (Hrsg.), Gesellschaftsrecht 2001, 2001, S. 39; *Henze*, Aspekte und Entwicklungstendenzen der aktionärsrechtlichen Anfechtungsklage in der Rechtsprechung des BGH, ZIP 2002, 97; *Hirte*, Informationsmängel und Spruchverfahren, ZHR 167 (2003), 8; *Hoffmann-Becking*, Rechtsschutz bei Informationsmängeln im Unternehmensvertrags- und Umwandlungsrecht, in Henze/Hoffmann-Becking (Hrsg.), Gesellschaftsrecht 2001, 2001, S. 55; *Kleindiek*, Abfindungsbezogene Informationsmängel und Anfechtungsausschluss, NZG 2001, 553; *Linnerz*, Zu den Beteiligungs- und Rechtsschutzmöglichkeiten des Anteilseigners bei einer überhöhten Kompensation in Spruchverfahren, ZIP 2007, 662; *Harry Schmidt*, Ausschluss der Anfechtung des Squeeze-out Beschlusses bei abfindungswertbezogenen Informationsmängeln, in FS Ulmer, 2003, S. 543; *Sinewe*, Keine Anfechtungsklage gegen Umwandlungsbeschlüsse bei wertbezogenen Informationsmängeln, DB 2001, 690; *Eberhard Vetter*, Abfindungswertbezogene Informationsmängel und Rechtsschutz, in FS Wiedemann, 2002, S. 1323.

I. Inhalt der Norm

§ 32 UmwG schließt Klagen gegen den Verschmelzungsbeschluss aus, die darauf gestützt sind, dass die Abfindung zu niedrig oder im Verschmelzungsvertrag nicht ordnungsgemäß angeboten wurde. Auf diese Weise soll eine Verzögerung der Verschmelzung vermieden werden (§ 14 Rz. 15f.). 1

II. Ausschluss der Anfechtung bei zu niedrigem Abfindungsangebot

§ 32 UmwG betrifft nur Klagen gegen den Verschmelzungsbeschluss des übertragenden Rechtsträgers. Wie bei § 14 UmwG gilt auch im vorliegenden Zusammenhang, dass die Anfechtung des Verschmelzungsbeschlusses des übernehmenden Rechtsträgers unter Hinweis darauf, dass die **Abfindung zu hoch** bemessen sei, möglich ist[1]. Denn die Anteilsinhaber des übernehmenden Rechtsträgers sind durch eine zu hoch bemessene Abfindung in ihrer Rechtsstellung betroffen, weil durch solche Zahlungen ihre Beteiligung entwertet wird. Ihr Anfechtungsrecht wird durch § 32 UmwG nicht ausgeschlossen. Wird die Abfindung erst im Spruchverfahren erhöht, so kommt die Anfechtung allerdings zu spät. Die Interessen der Anteilsinhaber des übernehmenden Rechtsträgers werden im Spruchverfahren durch den übernehmenden Rechtsträger gewahrt[2]. Eine Beteiligung der Anteilsinhaber auf der Seite des übernehmenden Rechtsträgers (etwa als Nebenintervenient) ist möglich[3]. 2

III. Ausschluss der Anfechtbarkeit bei fehlendem bzw. nicht ordnungsgemäßem Angebot

Anders als in § 14 Abs. 2 UmwG wird in § 32 UmwG auch der Fall genannt, dass eine **Abfindung im Verschmelzungsvertrag nicht angeboten** wird. Auch dann kann der Verschmelzungsbeschluss nicht unter Berufung auf diesen Mangel angefochten werden. Gleichwohl bleibt ein solcher Verstoß gegen § 29 Abs. 1 UmwG während des Verschmelzungsverfahrens nicht sanktionslos. Vielmehr wird die Verschmelzung, sofern der Registerrichter den Fehler bemerkt, nicht eingetragen (§ 29 Rz. 22). Dies entspricht dem allgemeinen Grundsatz, dass ein nicht ordnungsgemäßer Verschmelzungsvertrag die Eintragung hindert (§ 20 Rz. 6). Dies ist sachgerecht, da das Fehlen des Angebots dazu führen kann, dass die Anteilsinhaber von ihrer Berechtigung nichts erfahren und daher auch die Frist des § 31 3

---

1 *Gehling* in Semler/Stengel, § 32 UmwG Rz. 4; *C. Müller* in Henssler/Strohn, § 32 UmwG Rz. 1; *Simon* in KölnKomm. UmwG, § 32 UmwG Rz. 3; *Stratz* in Schmitt/Hörtnagl/Stratz, § 32 UmwG Rz. 4; a.A. *Fritzsche/Dreier*, BB 2002, 737 (743); zur Kritik de lege ferenda *Handelsrechtsausschuss des DAV*, NZG 2007, 497 (499); *Simon* in Köln-Komm. UmwG, § 32 UmwG Rz. 4f.; zu Beteiligungsmöglichkeiten am Spruchverfahren *Linnerz*, ZIP 2007, 662.

2 *Gehling* in Semler/Stengel, § 32 UmwG Rz. 8; *Hoffmann-Becking*, S. 55, 69; zurückhaltend *Simon* in KölnKomm. UmwG, § 32 UmwG Rz. 5; zu der Frage, ob darüber hinaus eine Beteiligung im Spruchverfahren sogar verfassungsrechtlich geboten ist: BGH v. 18.12.2000 – II ZR 1/99, ZIP 2001, 199 (201) = AG 2001, 301; BGH v. 29.1.2001 – II ZR 368/98, ZIP 2001, 412 (415) = AG 2001, 263; dagegen zutreffend *Gehling* in Semler/Stengel, § 32 UmwG Rz. 8; *Hoffmann-Becking*, S. 55, 69.

3 *Heckschen*, NotBZ 2001, 206 (207); *Henze*, ZIP 2002, 97 (107); *Simon* in KölnKomm. UmwG, § 32 UmwG Rz. 5.

UmwG nicht einhalten. Diese gravierenden Rechtsfolgen müssen nach Möglichkeit vermieden werden. Zwar verzögert der Registerrichter auf diese Weise u.U. die Verschmelzung. Aber dies ist Konsequenz einer jeden Verweigerung der Eintragung und daher wie auch sonst im Falle eines nicht ordnungsgemäßen Verschmelzungsvertrages hinzunehmen.

4 Eine Anfechtung ist nach § 32 UmwG auch ausgeschlossen, wenn zwar eine Barabfindung angeboten wird, dies aber **nicht ordnungsgemäß** erfolgt ist. Was mit dieser in § 14 Abs. 2 UmwG ebenfalls nicht auftretenden Formulierung gemeint ist, ist nicht leicht zu sagen, da die Fälle des zu niedrigen wie auch des fehlenden Angebots gesondert genannt sind. Ebenfalls nicht gemeint sein kann der Fall, dass das Angebot zu hoch ist (oben Rz. 2). Erfasst ist, wenn auch vom Wortlaut nicht unmittelbar gedeckt, der Fall, dass die Abfindung im Verschmelzungsvertrag zwar zutreffend genannt, aber nicht richtig bekannt gemacht worden ist (s. § 29 Rz. 23)[1]. Nicht erfasst ist der Fall, dass die in AG und GmbH geltenden Regeln der Kapitalerhaltung nicht eingehalten werden können. Zwar könnte diese Situation vom Wortlaut her betrachtet durchaus unter die Bestimmung subsumiert werden, aber das als Kompensation gedachte Verfahren nach § 34 UmwG hilft auch in diesem Fall nicht. Gemeint sein kann daher nur der Fall, dass das Angebot aus anderen Gründen nicht ordnungsgemäß ist, etwa weil es unklar, widersprüchlich oder unvollständig formuliert ist[2].

5 Gem. § 243 Abs. 4 Satz 2 AktG ist zudem die **Anfechtung wegen** unrichtiger, unvollständiger oder unzureichender **Information** über Ermittlung, Höhe oder Angemessenheit der Abfindung ausgeschlossen. Darüber hinaus folgt aus § 32 UmwG, dass jeder Verstoß gegen Informationsrechte (seien die Auskünfte schriftlich oder mündlich zu erteilen), die sich auf die Barabfindung beziehen, nicht zur Anfechtung des Verschmelzungsbeschlusses berechtigt[3]. Denn wenn das völlige Fehlen eines Angebots nicht zur Anfechtung berechtigt, muss dies für den weniger gravierenden Rechtsverstoß, der in der Nichterteilung geschuldeter Informationen liegt, erst recht gelten.

§ 33
Anderweitige Veräußerung

Einer anderweitigen Veräußerung des Anteils durch den Anteilsinhaber stehen nach Fassung des Verschmelzungsbeschlusses bis zum Ablauf der in § 31 bestimmten Frist Verfügungsbeschränkungen bei den beteiligten Rechtsträgern nicht entgegen.

1 *Gehling* in Semler/Stengel, § 32 UmwG Rz. 4; *Marsch-Barner* in Kallmeyer, § 32 UmwG Rz. 2; *C. Müller* in Henssler/Strohn, § 32 UmwG Rz. 2.

2 *Gehling* in Semler/Stengel, § 32 UmwG Rz. 4; *Marsch-Barner* in Kallmeyer, § 32 UmwG Rz. 2.

3 BGH v. 18.12.2000 – II ZR 1/99, NJW 2001, 1425 (1426) = AG 2001, 301; BGH v. 29.1.2001 – II ZR 368/98, NJW 2001, 1428 (1429) = AG 2001, 263 beide zum Formwechsel; *Decher* in FS Hoffmann-Becking, 2013, S. 296 (306); *Gehling* in Semler/Stengel, § 32 UmwG Rz. 5; *Kalss* in Semler/Stengel, § 34 UmwG Rz. 8; *Marsch-Barner* in Kallmeyer, § 32 UmwG Rz. 2; *C. Müller* in Henssler/Strohn, § 32 UmwG Rz. 2; *Simon* in KölnKomm. UmwG, § 32 UmwG Rz. 13.

Literatur

Grunewald, Die Verschmelzung von Kapitalgesellschaften, in Lutter (Hrsg.), Kölner Umwandlungsrechtstage, 1995, S. 19; *Grunewald*, Austrittsrechte als Folge von Mischverschmelzungen und Verfügungsbeschränkungen, in FS Boujong, 1996, S. 175; Vorschläge des Handelsrechtsausschusses des Deutschen Anwaltvereins e.V. zur Änderung des UmwG, NZG 2000, 802; *Neye*, Partnerschaft und Umwandlung, ZIP 1997, 722; *Reichert*, Folgen der Anteilsvinkulierung für Umstrukturierungen von Gesellschaften mit beschränkter Haftung und Aktiengesellschaften nach dem Umwandlungsgesetz 1995, GmbHR 1995, 176; *Harry Schmidt*, Verschmelzung von Personengesellschaften, in Lutter (Hrsg.), Kölner Umwandlungsrechtstage, 1995, S. 59.

I. Inhalt der Norm

Einem Anteilsinhaber, der das Austrittsrecht nach § 29 UmwG hat, ist nach der Wertung des Gesetzes eine Teilnahme an der Verschmelzung und der damit verbundene Anteilserwerb in dem übernehmenden Rechtsträger nicht stets zumutbar. Deshalb gewährt ihm § 29 UmwG ein Austrittsrecht aus dem übernehmenden Rechtsträger. § 33 UmwG schafft darüber hinaus eine Möglichkeit, den **Erwerb der Mitgliedschaft in dem übernehmenden Rechtsträger zu vermeiden** oder nach kurzer Zeit zu beenden, indem dem Anteilsinhaber die Veräußerung seiner Anteile erleichtert wird[1]. 1

II. Berechtigte Anteilsinhaber

1. Veräußerbare Beteiligung

Das Recht des § 33 UmwG setzt eine Veräußerung voraus und besteht daher nur für veräußerbare Beteiligungen[2]. Damit sind **übertragbare Beteiligungen** gemeint. Demgemäß setzt die Norm Verfügungsbeschränkungen, also Beeinträchtigungen der Übertragbarkeit, außer Kraft. Auch soll die Norm ein Ausscheiden aus den beteiligten Rechtsträgern erleichtern, und ein solches Ausscheiden kann durch eine Übertragung der Mitgliedschaft erfolgen. Ob eine Beteiligung übertragbar ist, richtet sich nach der Rechtsform[3] und der Ausgestaltung der jeweiligen Satzung bzw. des Statuts oder Gesellschaftsvertrages[4]. Die Rechtsstellung des Aktionärs ist 2

1 Die rechtspolitische Kritik durch den *Handelsrechtsausschuss des DAV*, NZG 2000, 802 (804) weist darauf hin, dass der Schutz von § 29 UmwG ausreichend ist.

2 *Ganske*, S. 86; unklar aber BegrRegE 1. Gesetz zur Änderung des UmwG, BT-Drucks. 13/8808.

3 Beteiligungen an einer Genossenschaft sind nicht übertragbar. Doch gilt für sie § 33 UmwG sowieso nicht, § 90 Abs. 1 UmwG.

4 *Kalss* in Semler/Stengel, § 33 UmwG Rz. 5; *Marsch-Barner* in Kallmeyer, § 33 UmwG Rz. 4; a.A. *Reichert*, GmbHR 1995, 176 (190): Erfasst seien nur Beteiligungen, die nach

stets übertragbar[1], ebenso die eines GmbH-Gesellschafters, sofern nicht ausnahmsweise ein anderes bestimmt ist[2]. Die Mitgliedschaft in einer Personenhandelsgesellschaft und in einem Verein ist nicht übertragbar. Doch kann der Gesellschaftsvertrag/die Satzung etwas anderes bestimmen[3]. Sofern das geschehen ist, gilt § 33 UmwG[4]. Denn die Veräußerung ohne Beachtung der Verfügungsbeschränkung ist für die anderen Anteilsinhaber immer dann akzeptabel, wenn im Statut wenigstens im Grundsatz eine Übertragung der Mitgliedschaft vorgesehen ist. Dieser Aspekt ist zugleich der Grund für das von § 29 UmwG (§ 29 Rz. 8) abweichende Normverständnis.

3 Liegt eine **nicht übertragbare Mitgliedschaft** vor, so greift die Bestimmung nach ihrem Wortlaut und nach der Begründung[5] nicht ein. Das lässt sich damit rechtfertigen, dass sich in diesem Fall die Anteilsinhaber generell gegen das Eindringen Dritter abgesichert haben, so dass ihnen unter keinen Umständen ein neuer Anteilsinhaber ohne ihr Einverständnis zumutbar ist[6]. Insofern spielt es keine Rolle, ob das Fehlen der Übertragbarkeit auf einer entsprechenden Bestimmung des Gesellschaftsvertrages/der Satzung oder des dispositiven Gesetzesrechts beruht[7].

2. Anteilsinhaber beider Rechtsträger

4 Die Veräußerungsmöglichkeit steht nur den Anteilsinhabern des übertragenden Rechtsträgers offen. Dieselbe Veräußerungsmöglichkeit ist **den Anteilsinhabern des übernehmenden Rechtsträgers** nicht eingeräumt[8]. Sofern sie sich durch eine Verfügungsbeschränkung gegen das Eindringen unerwünschter Dritter abgesichert glaubten, wird dieses Ziel durch die Verschmelzung zwar eventuell verfehlt. Aber es bleibt die Möglichkeit, gegen den Verschmelzungsbeschluss zu stimmen. Auch kann das allgemeine Austrittsrecht (§ 29 Rz. 33) helfen.

---

der gesetzlichen Regel übertragbar seien, also etwa keine Beteiligungen an Personengesellschaften, wohl aber stets GmbH-Anteile. So wohl auch *H. Schmidt* in Kölner Umwandlungsrechtstage, S. 59 (84).

1 *Hüffer*, § 68 AktG Rz. 14.

2 *Kalss* in Semler/Stengel, § 33 UmwG Rz. 5; *Bayer* in Lutter/Hommelhoff, § 15 GmbHG Rz. 57.

3 *Kalss* in Semler/Stengel, § 33 UmwG Rz. 5; zum Verein §§ 38, 40 BGB.

4 *Kalss* in Semler/Stengel, § 33 UmwG Rz. 5; *Marsch-Barner* in Kallmeyer, § 33 UmwG Rz. 4; *C. Müller* in Henssler/Strohn, § 33 UmwG Rz. 5; *Simon* in KölnKomm. UmwG, § 33 UmwG Rz. 5; unklar BegrRegE 1. Gesetz zur Änderung des UmwG, BT-Drucks. 13/8808, 11: Es seien auch auf Gesetz beruhende Verfügungsbeschränkungen erfasst. Zugleich lässt die Begr aber nicht erkennen, dass auch nicht veräußerbare Anteile erfasst sein sollen.

5 *Ganske*, S. 86; unklar aber BegrRegE 1. Gesetz zur Änderung des UmwG, BT-Drucks. 13/8808, dazu unten Rz. 10.

6 Allerdings führt die Verschmelzung zur Aufsprengung des Kreises der Anteilsinhaber. Doch wissen diese insofern oft, um wen es geht (unten Rz. 6), während die Veräußerung zum Eindringen völlig Fremder führen kann.

7 A.A. *Reichert*, GmbHR 1995, 176 (190); wohl auch *H. Schmidt* in Kölner Umwandlungsrechtstage, S. 59 (84).

8 *Kalss* in Semler/Stengel, § 33 UmwG Rz. 9; *Marsch-Barner* in Kallmeyer, § 33 UmwG Rz. 1; *C. Müller* in Henssler/Strohn, § 33 UmwG Rz. 3; *Simon* in KölnKomm. UmwG, § 33 UmwG Rz. 12.

3. Widerspruch

Zu § 375 Abs. 4 AktG a.F. entsprach es allgemeiner Meinung, dass **nur Aktionäre, die Widerspruch erklärt hatten**, die erweiterten Verfügungsmöglichkeiten nutzen konnten[1], wobei dies in erster Linie mit historischen Argumenten begründet wurde[2]. Wie weit diese heute noch überzeugen, mag hier dahinstehen. Nach wie vor wird man aber an dieser Ansicht festhalten müssen[3], um sicherzustellen, dass die anderen Anteilsinhaber von der Möglichkeit einer ungebundenen Veräußerung erfahren. Hieran kann durchaus trotz der Verschmelzung und der damit verbundenen Erweiterung des Kreises der Anteilsinhaber ein erhebliches Interesse bestehen. Denn obwohl mit der Verschmelzung klar ist, dass sich die Zusammensetzung des Kreises der Anteilsinhaber verändern wird, wird doch vielfach absehbar sein, wer die Anteile des übernehmenden Rechtsträgers nach der Verschmelzung halten wird. Die Beteiligung eines unbekannten Dritten kann unerwünscht sein. Wissen die Betroffenen aufgrund eines entsprechenden Widerspruchs bei Fassung des Verschmelzungsbeschlusses um diese Gefahr, so können sie sich rechtzeitig darauf einstellen. Sie können u.U. den Verschmelzungsbeschluss wieder aufheben[4] oder aber ihrerseits versuchen, den Anteil zu erwerben[5]. 5

Der Widerspruch muss in der **Versammlung der Anteilsinhaber** erklärt werden, die über die Verschmelzung entscheidet. Es reicht aus, dass der Anteilsinhaber deutlich macht, dass er mit der Verschmelzung nicht einverstanden ist. Er muss nicht gegen die Verschmelzung stimmen[6], da Folge der Veräußerung nicht eine finanzielle Belastung des übernehmenden Rechtsträgers ist. Darin liegt der Unterschied zum Austrittsrecht nach § 29 UmwG (§ 29 Rz. 11). Er muss sein Vorgehen auch nicht begründen und auch nicht erklären, dass er die Möglichkeiten von § 33 UmwG nutzen will[7]. Dies kann schon deshalb nicht verlangt werden, weil hierüber der Anteilsinhaber oftmals gar nicht unterrichtet wird. Auch wird man ihm eine Überlegungsfrist zubilligen müssen. Für die übrigen Anteilsinhaber ist dies schon deshalb akzeptabel, weil sie aufgrund des Widerspruchs um die Gefahr wissen. Auch nach erklärtem Widerspruch ist der Anteilsinhaber zur Veräuße- 6

---

1 BGH v. 3.7.1989 – II ZR 5/89, NJW 1989, 2693 (2694) = AG 1989, 439; *Dehmer*², § 375 AktG Anm. 11; *Neye*, ZIP 1997, 722 (725); *Semler/Grunewald* in G/H/E/K, § 375 AktG Rz. 36.

2 BGH v. 3.7.1989 – II ZR 5/89, NJW 1989, 2693 = AG 1989, 439 mit Hinweis auf das AktG 1937.

3 *Kalss* in Semler/Stengel, § 33 UmwG Rz. 12; *Marsch-Barner* in Kallmeyer, § 33 UmwG Rz. 5; *Simon* in KölnKomm. UmwG, § 33 UmwG Rz. 16; wohl auch *Reichert*, GmbHR 1995, 176 (189); *Vollrath* in Widmann/Mayer, § 33 UmwG Rz. 4.

4 Aber nur, wenn der Verschmelzungsvertrag noch nicht wirksam geworden ist, etwa weil der Verschmelzungsbeschluss der Anteilsinhaberversammlung des übernehmenden Rechtsträgers noch fehlt.

5 Zu der Frage, inwieweit der Veräußerungswillige sich darauf einlassen muss, *Grunewald* in FS Boujong, S. 175 (197f.).

6 *Marsch-Barner* in Kallmeyer, § 33 UmwG Rz. 5; *C. Müller* in Henssler/Strohn, § 33 UmwG Rz. 2; *Simon* in KölnKomm. UmwG, § 33 UmwG Rz. 17.

7 Enger *Kalss* in Semler/Stengel, § 33 UmwG Rz. 13: Er müsse sagen, ob er eines der Rechte nach §§ 29 oder 33 UmwG geltend machen oder Unwirksamkeitsklage erheben wolle.

rung nicht verpflichtet[1]. Die Erhebung des Widerspruchs ist unter denselben Voraussetzungen nicht erforderlich wie im Bereich von § 29 UmwG (§ 29 Rz. 14ff.).

III. Begünstigte Übertragungsakte

1. Betroffene Geschäfte

7 § 33 UmwG spricht von einer Veräußerung. Doch ist damit nicht ein entgeltliches Geschäft oder überhaupt ein schuldrechtlicher Vertrag gemeint. Vielmehr geht es um **Verfügungsgeschäfte**, also um die Übertragung der Beteiligung. Nur sie kann ja auch durch Verfügungsbeschränkungen behindert sein. Welche Art von schuldrechtlichem Geschäft dieser Verfügung zugrunde liegt (Schenkung, Kauf), spielt keine Rolle[2]. Nicht erfasst sind Belastungen[3], da dem Anteilsinhaber das Ausscheiden (nicht aber eine Kapitalaufnahme) erleichtert werden soll.

2. Frist

8 Die Verfügung muss **innerhalb des Zeitraums** zwischen der Fassung des Verschmelzungsbeschlusses und dem Ablauf der in § 31 UmwG bestimmten Frist erfolgen. Zuvor erfolgte Verfügungen werden also nicht etwa wirksam – es sei denn, sie sind aufschiebend bedingt auf den Eintritt der Verschmelzung erfolgt. Der Zeitraum beginnt mit Fassung des Verschmelzungsbeschlusses, der die Wirksamkeit des Verschmelzungsvertrages herbeiführt, also regelmäßig der der späteren Anteilsinhaberversammlung[4]. Denn erst ab diesem Zeitpunkt steht die Durchführung der Verschmelzung fest. Die Frist endet mit Ablauf der in § 31 UmwG bestimmten Frist (§ 31 Rz. 2), also u.U. erst relativ lange nach Eintragung der Verschmelzung. Verfügungen, die nach Ablauf der Zweimonatsfrist, aber vor Einleitung eines Spruchverfahrens erfolgen, werden mit der Einleitung wirksam, sofern sie aufschiebend bedingt erfolgt sind[5]. Anderenfalls bleiben sie unwirksam, da § 33 UmwG keine irgendwie geartete Heilung vorsieht. Den Parteien bleibt die Möglichkeit der Neuvornahme.

3. Betroffene Verfügungsbeschränkungen

9 Eine Verfügungsbeschränkung ist jede Einschränkung der Übertragbarkeit, sei es, dass die Zustimmung der anderen oder einzelner anderer Anteilsinhaber oder eines Vertretungs-, Aufsichts- oder sonstigen Organs erforderlich ist. Eine Verfügungsbeschränkung liegt nur vor, wenn das dingliche Rechtsgeschäft bei **Nichtbeachtung der Einschränkung unwirksam** ist[6]. Sollte die Beteiligung nicht veräußerbar sein, so ist sie von der Freistellung nicht erfasst (oben Rz. 2). Gleiches gilt für schuldrechtliche Vereinbarungen (Vorkaufsrecht, Vereinbarungen auf-

1 *Kalss* in Semler/Stengel, § 33 UmwG Rz. 13.
2 *Kalss* in Semler/Stengel, § 33 UmwG Rz. 8; *C. Müller* in Henssler/Strohn, § 33 UmwG Rz. 8; *Stratz* in Schmitt/Hörtnagl/Stratz, § 33 UmwG Rz. 6.
3 *C. Müller* in Henssler/Strohn, § 33 UmwG Rz. 8.
4 *Kalss* in Semler/Stengel, § 33 UmwG Rz. 11.
5 Generell so *C. Müller* in Henssler/Strohn, § 33 UmwG Rz. 9.
6 *Kalss* in Semler/Stengel, § 33 UmwG Rz. 6; *Simon* in KölnKomm. UmwG, § 33 UmwG Rz. 9.

grund von schuldrechtlichen Nebenabreden[1] etc.) (§ 29 Rz. 5ff.). Dies gilt auch für Vorerwerbsrechte des übernehmenden Rechtsträgers oder seiner Anteilsinhaber. Daher kann auf diesem Wege das Eindringen Dritter verhindert werden (s. unten Rz. 11). Auch Formvorschriften fallen nicht unter die Norm. Sie legen nur die Art und Weise fest, wie die Verfügung zu erfolgen hat.

Ob die Verfügungsbeschränkungen für die Anteile **an dem übertragenden oder an dem übernehmenden Rechtsträger** gelten, spielt keine Rolle[2]. Solange der Anteilsinhaber noch Anteile an dem übertragenden Rechtsträger hält (also bis zur Eintragung der Verschmelzung, § 20 Abs. 1 Nr. 3 UmwG), wird er von den dort geltenden Verfügungsbeschränkungen freigestellt, nach diesem Zeitpunkt von Verfügungsbeschränkungen, die in dem übernehmenden Rechtsträger gelten. Man kann auch nicht sagen, § 29 UmwG sei die Hauptregelung und daher gelte auch § 33 UmwG nur für Verfügungsbeschränkungen in dem übernehmenden Rechtsträger[3]. Im Gegenteil: Gerade weil § 29 UmwG nur ein Austrittsrecht aus dem übernehmenden Rechtsträger gewährt, muss § 33 UmwG im Interesse der betroffenen Anteilsinhaber so verstanden werden, dass auch ein Ausscheiden vor Durchführung der Verschmelzung möglich ist. Denn schon der Erwerb der Mitgliedschaft in dem übernehmenden Rechtsträger kann unerwünscht sein. Im Übrigen ist auch der Wortlaut eindeutig[4]. 10

IV. Anderweitige Vereinbarungen

Die Norm ist **zwingend**[5]. Schuldrechtliche Absprachen, deren Abwicklung zu einem anderen Ergebnis führt (Vorkaufsrechte, Ausschluss), sind aber im Prinzip zulässig (oben Rz. 9)[6], solange sie den Rechtsinhaber nicht benachteiligen. Dies ist der Fall, wenn der Verlust der Beteiligung zu nicht nur unerheblich ungünstigeren Bedingungen herbeigeführt wird[7]. 11

§ 34
Gerichtliche Nachprüfung der Abfindung

Macht ein Anteilsinhaber geltend, dass eine im Verschmelzungsvertrag oder in seinem Entwurf bestimmte Barabfindung, die ihm nach § 29 anzubieten war, zu niedrig bemessen sei, so hat auf seinen Antrag das Gericht nach den Vorschriften des Spruchverfahrensgesetzes die angemessene Barabfindung zu bestimmen. Das

1 *Marsch-Barner* in Kallmeyer, § 33 UmwG Rz. 4.
2 *Marsch-Barner* in Kallmeyer, § 33 UmwG Rz. 3; *C. Müller* in Henssler/Strohn, § 33 UmwG Rz. 10; *Simon* in KölnKomm. UmwG, § 33 UmwG Rz. 15.
3 So *Kalss* in Semler/Stengel, § 33 UmwG Rz. 10.
4 Die Norm spricht von Rechtsträgern.
5 *Kalss* in Semler/Stengel, § 33 UmwG Rz. 2; *Simon* in KölnKomm. UmwG, § 33 UmwG Rz. 2; *Stratz* in Schmitt/Hörtnagl/Stratz, § 33 UmwG Rz. 8.
6 *Marsch-Barner* in Kallmeyer, § 33 UmwG Rz. 4; *Simon* in KölnKomm. UmwG, § 33 UmwG Rz. 10.
7 *Simon* in KölnKomm. UmwG, § 33 UmwG Rz. 10; *Vollrath* in Widmann/Mayer, § 33 UmwG Rz. 8.

Gleiche gilt, wenn die Barabfindung nicht oder nicht ordnungsgemäß angeboten worden ist.

I. Inhalt der Norm

1 Die Bestimmung gleicht den in § 32 UmwG niedergelegten Ausschluss der Anfechtungsklage aus. Der Anteilsinhaber, der die Verschmelzung nicht unter Berufung auf die in der Bestimmung genannten Gründe durch eine Anfechtungsklage blockieren kann, soll die Möglichkeit haben, im Spruchverfahren eine **angemessene Abfindung durchzusetzen**. Dies entspricht dem Normzweck des § 15 UmwG.

II. Antragsberechtigung

1. Berechtigte Anteilsinhaber

2 Antragsberechtigt sind alle Anteilsinhaber, denen nach § 29 UmwG eine Abfindung anzubieten war (§ 29 Rz. 18ff.; § 3 Satz 1 Nr. 3 SpruchG [Kommentierung unten Anh. I]). Insbesondere ist nur derjenige Anteilsinhaber berechtigt, der **Widerspruch** erklärt und gegen die Verschmelzung gestimmt hat[1], sofern nicht ausnahmsweise ein Widerspruch nicht erforderlich war (§ 29 Rz. 14ff.). Nicht antragsberechtigt ist ein Anteilsinhaber, der das Angebot bereits angenommen hat[2]. Inwieweit er im Falle einer Erhöhung des Angebots aufgrund einer gerichtlichen Entscheidung eine Nachzahlung beanspruchen kann, bestimmt sich nach § 13 SpruchG.

2. Frist

3 S. § 4 Abs. 1 Satz 1 Nr. 4 SpruchG (Kommentierung unten Anh. I).

III. Betroffene Fehler

4 Das Verfahren nach dem Spruchgesetz wird eingeleitet, wenn der Anteilsinhaber entweder geltend macht, die Abfindung sei zu niedrig, also nicht angemessen (§ 30 UmwG), es sei überhaupt kein Abfindungsangebot gemacht worden (§ 32 UmwG) bzw. die Abfindung sei nicht ordnungsgemäß angeboten worden (§ 32 Rz. 4). In allen diesen Fällen bestimmt das Gericht die angemessene Abfindung. Zu der Geltendmachung von Informationsmängeln § 32 Rz. 5.

---

1 *Ganske*, S. 87; *Kalss* in Semler/Stengel, § 34 UmwG Rz. 11; *Marsch-Barner* in Kallmeyer, § 34 UmwG Rz. 1; *Simon* in KölnKomm. UmwG, § 34 UmwG Rz. 4.

2 *Ganske*, S. 87; *Marsch-Barner* in Kallmeyer, § 34 UmwG Rz. 3; *Kalss* in Semler/Stengel, § 34 UmwG Rz. 11; *Simon* in KölnKomm. UmwG, § 34 UmwG Rz. 7.

§ 35
Bezeichnung unbekannter Aktionäre; Ruhen des Stimmrechts

Unbekannte Aktionäre einer übertragenden Aktiengesellschaft oder Kommanditgesellschaft auf Aktien sind im Verschmelzungsvertrag, bei Anmeldungen zur Eintragung in ein Register oder bei der Eintragung in eine Liste von Anteilsinhabern durch die Angabe des insgesamt auf sie entfallenden Teils des Grundkapitals der Gesellschaft und der auf sie nach der Verschmelzung entfallenden Anteile zu bezeichnen, soweit eine Benennung der Anteilsinhaber für den übernehmenden Rechtsträger gesetzlich vorgeschrieben ist; eine Bezeichnung in dieser Form ist nur zulässig für Anteilsinhaber, deren Anteile zusammen den zwanzigsten Teil des Grundkapitals der übertragenden Gesellschaft nicht überschreiten. Werden solche Anteilsinhaber später bekannt, so sind Register oder Listen von Amts wegen zu berichtigen. Bis zu diesem Zeitpunkt kann das Stimmrecht aus den betreffenden Anteilen in dem übernehmenden Rechtsträger nicht ausgeübt werden.

Literatur

Bandehzadeh, Zur Zulässigkeit gesellschaftsverträglicher Handelsregistervollmachten bei Personenhandelsgesellschaften – speziell bei durch Umwandlung entstehenden (Publikums-)Kommanditgesellschaften, DB 2003, 1663; *Bayer/Jessica Schmidt,* Der Regierungsentwurf zur Änderung des Umwandlungsgesetzes, NZG 2006, 841; Vorschläge des Handelsrechtsausschusses des Deutschen Anwaltvereins e.V. zur Änderung des UmwG, NZG 2000, 802; *Mayer/Weiler,* Neuregelung durch das Zweite Gesetz zur Änderung des Umwandlungsgesetzes, DB 2007, 1235; *Meyer-Landrut/Kiem,* Der Formwechsel einer Publikumsaktiengesellschaft, WM 1997, 1413; *Schmittmann,* Vorschusspflicht im Spruchverfahren und registerrechtliche Behandlung unbekannter Aktionäre, AG 1998, 514.

I. Inhalt der Norm

Bisweilen müssen im Verschmelzungsvertrag oder bei der Anmeldung zur Eintragung in ein Register oder bei der Eintragung in eine Liste der Anteilsinhaber die durch die Verschmelzung neu hinzutretenden Anteilsinhaber bezeichnet werden. Dies kann schwierig sein, wenn eine AG oder KGaA verschmolzen wird, da die Aktionäre vielfach nicht namentlich bekannt sind. § 35 UmwG beinhaltet insoweit Erleichterungen. Die jetzige Fassung geht auf das 2. Gesetz zur Änderung des 1

UmwG[1] zurück. Die bis dahin geltende Fassung verlangte die Angabe der Aktienurkunden, was aufgrund der Girosammelverwahrung ohne Einzelverbriefung oftmals nicht möglich war[2].

II. Anwendungsbereich der Norm

1. AG oder KGaA als übertragende Rechtsträger

2 § 35 UmwG kommt nur zur Anwendung, wenn eine AG oder KGaA verschmolzen wird. Sofern bei der **Verschmelzung anderer Rechtsträger** ebenfalls vergleichbare Probleme bei der Bezeichnung der neuen Anteilsinhaber auftreten (Verschmelzung eines Vereins, einer Publikums-KG), kann die Norm schon deshalb nicht unmittelbar entsprechend angewandt werden, weil es an einem entsprechenden Anteil am Grundkapital fehlt. Immerhin lässt sich aber aus § 35 UmwG entnehmen, dass eine anderweitige Bezeichnung der Anteilsinhaber als durch Namensnennung möglich ist, sofern die Individualisierung des Berechtigten in ähnlicher Weise erfolgen kann wie nach der Regel des § 35 UmwG[3]. Dem entspricht es, dass die Bestimmung, obwohl sie von ihrem Wortlaut her nur die Verschmelzung einer AG oder KGaA betrifft, im „Allgemeinen Teil" des Verschmelzungsrechts (und nicht in §§ 60ff. UmwG) eingeordnet ist. Dies zeigt, dass ein allgemeiner Rechtsgedanke zum Ausdruck gebracht werden soll.

2. Personenhandelsgesellschaften, Partnerschaftsgesellschaften, GmbH, AG, Genossenschaft als übernehmende Rechtsträger

a) Personenhandelsgesellschaften

3 Nach § 40 UmwG hat der Verschmelzungsvertrag für jeden Anteilsinhaber des übertragenden Rechtsträgers zu bestimmen, ob er Komplementär oder Kommanditist des neuen Rechtsträgers wird. Das erfordert seine Benennung. Auch werden die Gesellschafter einer Personenhandelsgesellschaft ins Handelsregister eingetragen (§ 162 HGB). Auch insoweit müssen sie namentlich benannt werden. Allerdings kommt eine Beteiligung als persönlich haftender Gesellschafter für einen unbekannten Aktionär nicht in Betracht, da es an der nach § 40 Abs. 2 UmwG erforderlichen Zustimmung fehlt. Zur Kommanditistenstellung unten Rz. 9. Für Folgeanmeldungen (§ 108 HGB) gilt § 35 UmwG sinngemäß; daher müssen – auch wenn § 108 HGB nicht abbedungen ist[4] – die unbekannten Gesellschafter auch nicht durch einen Pfleger vertreten werden[5].

---

1 BGBl. I 2007, S. 542ff.

2 S. Stellungnahme des Handelsrechtsausschusses des DAV, NZG 2000, 802 (804f.).

3 *Marsch-Barner* in Kallmeyer, § 35 UmwG Rz. 1; a.A. *C. Müller* in Henssler/Strohn, § 35 UmwG Rz. 2; *Schwanna* in Semler/Stengel, § 35 UmwG Rz. 2; *Simon* in KölnKomm. UmwG, § 35 UmwG Rz. 5.

4 S. OLG Schleswig-Holstein v. 4.6.2003 – 2 W 50/03, DB 2003, 1502; *Bandehzadeh*, DB 2003, 1663.

5 *Marsch-Barner* in Kallmeyer, § 35 UmwG Rz. 7; *C. Müller* in Henssler/Strohn, § 35 UmwG Rz. 8; *Simon* in KölnKomm. UmwG, § 35 UmwG Rz. 25; *Stratz* in Schmitt/Hörtnagl/Stratz, § 35 UmwG Rz. 8.

b) Partnerschaftsgesellschaften

Gem. § 45b Abs. 2 UmwG gilt § 35 UmwG für Partnerschaftsgesellschaften als übernehmende Rechtsträger nicht. S. die Erläuterungen dort. 4

c) GmbH, AG

Für jeden Anteilsinhaber des übertragenden Rechtsträgers muss in dem Verschmelzungsvertrag der Nennbetrag des Geschäftsanteils bestimmt werden, den er in der übernehmenden GmbH erhält (§ 46 Abs. 1 UmwG). Dies erfordert ebenso eine Benennung des Anteilsinhabers des übertragenden Rechtsträgers wie die von § 40 GmbHG geforderte Gesellschafterliste. In der AG ist eine Benennung erforderlich, wenn die Gesellschaft ein Aktienregister führt (§ 67 AktG)[1]. 5

d) Genossenschaft

Nach § 80 Abs. 1 Satz 2 UmwG muss der Verschmelzungsvertrag bei der Verschmelzung eines Rechtsträgers, der keine Genossenschaft ist, auf eine Genossenschaft für jeden Anteilsinhaber den Betrag des Geschäftsanteils und die Zahl der Geschäftsanteile angeben, mit denen er an der neuen Genossenschaft beteiligt ist. Dies setzt eine namentliche Benennung voraus. Gleiches gilt für die Bezeichnung in der nach § 30 GenG zu führenden Mitgliederliste (s. auch § 89 Abs. 1 UmwG). 6

III. Bezeichnung des Aktionärs

1. Unbekannte Aktionäre

Die Erleichterungen von § 35 UmwG gelten nur, wenn die Aktionäre unbekannt sind. Dies ist der Fall, wenn die Gesellschaft bei Fassung des Verschmelzungsbeschluss nicht weiß, wer ihr Aktionär ist. **Offen zutage tretende Möglichkeiten zur Ermittlung** der Aktionäre (Anwesenheitsliste, Aktienbuch) müssen genutzt werden. Anderenfalls ist der Aktionär nicht unbekannt[2]. Nachforschungen (etwa Verlangen an Legitimationsaktionäre, die Inhaber der Aktien zu benennen) müssen aber nicht betrieben werden (§ 234 Rz. 21)[3]. Die Angabe der Namen der Aktionäre ist sowieso nicht sehr bedeutsam, da ein Wechsel der Aktionärsstellungen bis zur Eintragung der Namen im Handelsregister oder in die Gesellschafterliste weiterhin möglich ist. 7

---

1 *Simon* in KölnKomm. UmwG, § 35 UmwG Rz. 7.

2 A.A. *Marsch-Barner* in Kallmeyer, § 35 UmwG Rz. 4.

3 *Marsch-Barner* in Kallmeyer, § 35 UmwG Rz. 4; *C. Müller* in Henssler/Strohn, § 35 UmwG Rz. 7; *Schöne*, EWiR § 213 UmwG 1/96, 619; *Simon* in KölnKomm. UmwG, § 35 UmwG Rz. 19; weiter gehend BayObLG v. 5.7.1996 – 3 Z BR 114/96, ZIP 1996, 1467 (1468) = AG 1996, 468: Gesellschaft habe den Personenkreis zu ermitteln, soweit dies nicht mit einem unverhältnismäßigen Aufwand verbunden sei. Hierzu gehöre eine Aufforderung bei der Einladung zur Hauptversammlung, sich zu melden; dem folgend *Neye*, EWiR § 213 UmwG 2/96, 761 (762); ähnlich *Vollrath* in Widmann/Mayer, § 35 UmwG Rz. 19; noch weiter gehend LG Augsburg v. 16.4.1996 – 2 HKT 1318/96, ZIP 1996, 1011 (1012).

2. Bezeichnung durch Angabe des auf die Aktien entfallenden Grundkapitals und des entsprechenden Anteils am übernehmenden Rechtsträger

8 Unbekannte Aktionäre können in allen genannten Fällen (oben Rz. 3 ff.) durch die Angabe des insgesamt auf die Aktien entfallenden Teils des Grundkapitals und der auf sie entfallenden Anteile an dem Kapital (bei der KG durch Angabe der Kommanditanteile) bezeichnet werden. Eine Aufteilung dieses Anteils entsprechend der Beteiligungsquote der Anteilsinhaber ist nicht erforderlich. Das Gesetz spricht von dem einen Anteil. Es muss aber sichergestellt sein, dass eine Aufteilung möglich ist, falls sich die Anteilsinhaber melden.

9 Eine Ausnahme gilt für die **Bezeichnung von Kommanditisten**, die ihre Hafteinlage noch nicht geleistet haben. Diese müssen namentlich benannt werden, da dem Gläubiger sonst eine Inanspruchnahme praktisch nicht möglich ist[1]. Etwas anderes gilt[2], wenn die Einlage vollständig geleistet ist. Zwar kann auch in diesem Fall durch Rückzahlung der Einlage die Haftung wieder aufleben[3]. Aber das Gesetz bringt zum Ausdruck, dass die pauschale Bezeichnung regelmäßig ausreichend ist. Das schließt die Übernahme eines solchen „Restrisikos" mit ein.

3. Höchstgrenze

10 Die geschilderte Form der pauschalen Bezeichnung ist allerdings nur in Höhe von **5 % des Grundkapitals** der übertragenden AG zulässig (§ 35 Satz 1 a.E. UmwG). Maßgeblich ist der Zeitpunkt des Wirksamwerdens der Verschmelzung[4]. Durch entsprechende Kapitalerhöhungen kann die Anzahl also erhöht werden, sofern diese nicht missbräuchlich (also allein mit dem Ziel, die 5 %-Quote zu verschieben) erfolgen. Durch die 5 %-Schranke sollte Missbräuchen vorgebeugt werden[5]. Solche Missbräuche sind allerdings kaum zu befürchten, wenn – wie hier vertreten, oben Rz. 7 – Aktionäre nur dann als unbekannt angesehen werden, wenn offen zu Tage liegende Möglichkeiten zur Ermittlung ausgeschöpft sind[6].

IV. Berichtigung

11 Werden die Namen der nach § 35 Satz 1 UmwG bezeichneten Aktionäre später bekannt, so sind die Register/Listen **von Amts wegen** zu berichtigen (§ 35 Satz 2

---

1 A.A. *Marsch-Barner* in Kallmeyer, § 35 UmwG Rz. 5; *C. Müller* in Henssler/Strohn, § 35 UmwG Rz. 5; *Simon* in KölnKomm. UmwG, § 35 UmwG Rz. 17; *Stratz* in Schmitt/Hörtnagl/Stratz, § 35 UmwG Rz. 3.

2 A.A. *Marsch-Barner* in Kallmeyer, § 35 UmwG Rz. 5; *Meyer-Landrut/Kiem*, WM 1997, 1413 (1415); *Stratz* in Schmitt/Hörtnagl/Stratz, § 35 UmwG Rz. 3; wie hier BayObLG v. 5.7.1996 – 3 Z BR 114/96, ZIP 1996, 1467 (1469) = AG 1996, 468; *Schmittmann*, AG 1998, 514 (516).

3 Darauf, dass anlässlich der Rückzahlung der Kommanditist namentlich benannt und das Register nach § 35 Satz 2 UmwG berichtigt wird, kann man sich nicht unbedingt verlassen.

4 *Marsch-Barner* in Kallmeyer, § 35 UmwG Rz. 4; *Wälzholz* in Widmann/Mayer, § 35 UmwG Rz. 22.

5 Stellungnahme des *Handelsrechtsausschusses des DAV*, NZG 2000, 802 (804).

6 Für eine 10 %-Schranke tendenziell *Bayer/J. Schmidt*, NZG 2006, 841 (845); *Mayer/Weiler*, DB 2007, 1235 (1236).

UmwG). Auf diese Weise wird erreicht, dass die entsprechenden Register und Listen gegebenenfalls vollständige Angaben über die Betreffenden enthalten. Allerdings wird der Registerrichter nur selten die entsprechenden Kenntnisse haben. Möglich ist dies im Zuge von Anmeldungen oder aufgrund der Einreichung der Gesellschafterliste (§ 40 GmbHG). Der übernehmende Rechtsträger ist zur Mitteilung ihm bekannt gewordener Anteilsinhaber verpflichtet[1]. Dies folgt aus der jeweiligen gesetzlichen Vorschrift, die die Benennung der Anteilsinhaber verlangt (etwa § 162 HGB, § 40 GmbHG).

V. Ruhen des Stimmrechts

Gem. § 35 Satz 3 UmwG ruht bis zum Zeitpunkt der Berichtigung der Liste das Stimmrecht. Die Anteile der unbekannten Anteilsinhaber werden generell **wie nicht existent** behandelt[2], da nur so der Normzweck (Erleichterungen für den übernehmenden Rechtsträger) vollständig erreicht werden kann. Allerdings können den unbekannten Anteilsinhabern keine Belastungen zugemutet werden, die nach der gesetzlichen Regel nur mit Zustimmung eines Anteilsinhabers erfolgen dürfen (z.B. Nachschusspflichten, Beitragserhöhungen)[3]. Die Anteilsinhaber müssen auch nicht persönlich geladen werden[4]. Denn da dies bei unbekannten Anteilsinhabern nicht möglich ist, würde ein solches Erfordernis dem Ziel der Norm komplett zuwiderlaufen, da die in der Versammlung der Anteilsinhaber gefassten Beschlüsse andernfalls wegen Ladungsmängeln angreifbar wären. Zu Handelsregisteranmeldungen oben Rz. 3. 12

Die geschilderte Regel gilt bis zum **Zeitpunkt** der Berichtigung der Liste. Es kommt nicht auf den Zeitpunkt des Bekanntwerdens des Anteilsinhabers an[5]. Dieser Zeitpunkt ist meist nicht klar feststellbar, zumal ungeklärt ist, auf wessen Kenntnis abzustellen wäre. Anteilsinhaber, die ihr Stimmrecht ausüben wollen, müssen also für eine entsprechende Eintragung sorgen. Aufgrund ihrer Mitgliedschaft in dem übernehmenden Rechtsträger haben sie einen **Anspruch** gegen den Rechtsträger auf **Betreiben der Berichtigung**. Kommt dieser dem nicht nach, gerät er unter den Voraussetzungen des § 286 BGB in Verzug. 13

VI. Ausschluss

Ein Gesellschafter, der so wie in § 35 UmwG vorgeschrieben bezeichnet werden kann, **kann nicht unter Berufung darauf, dass er nicht namentlich benannt werden kann**, ausgeschlossen werden. Ausweislich der Begründung[6] ging es bei der 14

1 *Marsch-Barner* in Kallmeyer, § 35 UmwG Rz. 6; *Schwanna* in Semler/Stengel, § 35 UmwG Rz. 10; *Simon* in KölnKomm. UmwG, § 35 UmwG Rz. 20; *Stratz* in Schmitt/Hörtnagl/Stratz, § 35 UmwG Rz. 7; *Wälzholz* in Widmann/Mayer, § 35 UmwG Rz. 24.
2 *C. Müller* in Henssler/Strohn, § 35 UmwG Rz. 8; *Simon* in KölnKomm. UmwG, § 35 UmwG Rz. 21.
3 *C. Müller* in Henssler/Strohn, § 35 UmwG Rz. 8.
4 *Simon* in KölnKomm. UmwG, § 35 UmwG Rz. 24; *Stratz* in Schmitt/Hörtnagl/Stratz, § 35 UmwG Rz. 8.
5 *Marsch-Barner* in Kallmeyer, § 35 UmwG Rz. 7; *Stratz* in Schmitt/Hörtnagl/Stratz, § 35 UmwG Rz. 8; so aber *C. Müller* in Henssler/Strohn, § 35 UmwG Rz. 9; *Wälzholz* in Widmann/Mayer, § 35 UmwG Rz. 30.
6 *Ganske*, S. 87 f.

Schaffung der Bestimmung gerade auch darum, einen solchen Ausschluss zu vermeiden. In der Tat wird durch § 35 UmwG ein Weg aufgezeichnet, der für alle Beteiligten akzeptabel ist.

Dritter Abschnitt Verschmelzung durch Neugründung

§ 36
Anzuwendende Vorschriften

(1) Auf die Verschmelzung durch Neugründung sind die Vorschriften des Zweiten Abschnitts mit Ausnahme des § 16 Abs. 1 und des § 27 entsprechend anzuwenden. An die Stelle des übernehmenden Rechtsträgers tritt der neue Rechtsträger, an die Stelle der Eintragung der Verschmelzung in das Register des Sitzes des übernehmenden Rechtsträgers tritt die Eintragung des neuen Rechtsträgers in das Register.

(2) Auf die Gründung des neuen Rechtsträgers sind die für dessen Rechtsform geltenden Gründungsvorschriften anzuwenden, soweit sich aus diesem Buch nichts anderes ergibt. Den Gründern stehen die übertragenden Rechtsträger gleich. Vorschriften, die für die Gründung eine Mindestzahl der Gründer vorschreiben, sind nicht anzuwenden.

Literatur

Baßler, Gesellschafterwechsel bei Umwandlungen, GmbHR 2007, 1252; *Kallmeyer*, Der Ein- und Austritt der Komplementär-GmbH einer GmbH & Co. KG bei Verschmelzung, Spaltung und Formwechsel nach dem UmwG 1995, GmbHR 1996, 80.

I. Inhalt der Norm

1 Die Norm regelt den Fall, dass der übernehmende Rechtsträger im Zeitpunkt der Verschmelzung und durch die Verschmelzung überhaupt erst entsteht. Dadurch erklärt sich der Verweis auf das Verschmelzungs- und das Gründungsrecht.

II. Ablauf einer Verschmelzung durch Neugründung

1. Überblick

Zum Begriff der Verschmelzung durch Neugründung § 2 Rz. 27. Dort auch zu den Vorteilen und Nachteilen der Verschmelzung durch Neugründung gegenüber der Verschmelzung durch Aufnahme. Ein Nachteil der Verschmelzung durch Neugründung gegenüber der Verschmelzung durch Aufnahme liegt oftmals darin, dass die Kosten der Beurkundung höher sind, da sich der Geschäftswert nach dem Aktivvermögen der übertragenden Rechtsträger richtet[1]. Wie die Verschmelzung durch Aufnahme beginnt auch die Verschmelzung durch Neugründung mit dem **Abschluss des Verschmelzungsvertrages** durch alle übertragenden Rechtsträger, der Erstellung des **Verschmelzungsberichts** und der Durchführung der **Verschmelzungsprüfung**. Daran schließt sich die Fassung der Verschmelzungsbeschlüsse an, die zugleich die Zustimmung zum Statut, Gesellschaftsvertrag oder zur Satzung des neuen Rechtsträgers beinhalten (§ 37 Rz. 5). Danach wird die Verschmelzung sowie der neu gegründete Rechtsträger eingetragen (unten Rz. 7ff.). 2

Die Vorschriften der **Verschmelzung durch Aufnahme** gelten für die Verschmelzung durch Neugründung **entsprechend** (§ 36 Abs. 1 Satz 1 UmwG). Dabei gilt jeder an der Verschmelzung zur Neugründung beteiligte Rechtsträger als übertragender Rechtsträger. An die Stelle des übernehmenden Rechtsträgers tritt der neu zu gründende Rechtsträger (§ 36 Abs. 1 Satz 2 UmwG). 3

2. Der Verschmelzungsvertrag

Für den Verschmelzungsvertrag gelten im Grundsatz dieselben Vorschriften wie bei der Verschmelzung zur Aufnahme. § 36 Abs. 1 Satz 1 UmwG verweist auf §§ 4–35 UmwG (mit Ausnahme des § 16 Abs. 1 und des § 27 UmwG) (s. auch § 37 Rz. 3ff.). Der durch die Verschmelzung entstehende Rechtsträger ist selbstverständlich nicht Vertragspartner des Verschmelzungsvertrages, da er bei Vertragsschluss noch nicht existiert[2]. 4

3. Verschmelzungsbericht, Verschmelzungsprüfung

§§ 8–12 UmwG gelten entsprechend. 5

4. Verschmelzungsbeschlüsse

§§ 13–15, § 32 UmwG kommen zur Anwendung. Ein entsprechender Beschluss muss in der Anteilsinhaberversammlung jeder der an der Verschmelzung beteiligten übertragenden Rechtsträger gefasst werden. Der Ausschluss für Klagen gegen den Verschmelzungsbeschluss (§ 14 Abs. 2 UmwG) gilt für sämtliche Verschmelzungsbeschlüsse, da alle Rechtsträger übertragende Rechtsträger sind. Dies wird 6

---

1 *Bärwaldt* in Semler/Stengel, § 36 UmwG Rz. 2; *Simon/Nießen* in KölnKomm. UmwG, § 36 UmwG Rz. 7.

2 *Marsch-Barner* in Kallmeyer, § 36 UmwG Rz. 4; *Simon/Nießen* in KölnKomm. UmwG, § 36 UmwG Rz. 19.

in der Praxis als erheblicher Vorteil angesehen[1]. Allerdings gilt auch § 29 UmwG zugunsten aller Anteilsinhaber, was von Nachteil für die Durchführbarkeit der Verschmelzung sein kann (§ 37 Rz. 4)[2]. Da im Verschmelzungsvertrag der Gesellschaftsvertrag, die Satzung oder das **Statut des neuen Rechtsträgers** enthalten ist (§ 37 Rz. 5), beinhaltet der Verschmelzungsbeschluss zugleich die Zustimmung (hierzu § 37 Rz. 5; s. auch die Formulierungen von §§ 59, 76 Abs. 2, 98 UmwG).

5. Anmeldung und Eintragung

a) Anmeldung

7 § 16 Abs. 1 UmwG kommt nicht zur Anwendung (§ 36 Abs. 1 Satz 1 UmwG). Stattdessen gilt für die Anmeldung der Verschmelzung durch die Vertretungsorgane der übertragenden Rechtsträger § 38 Abs. 1 UmwG sowie § 16 Abs. 2 UmwG und § 17 UmwG. Die Schlussbilanz der zu verschmelzenden Rechtsträger müssen nicht alle auf denselben Stichtag lauten. Zwar können die in den **Schlussbilanzen** angesetzten Werte als Anschaffungskosten des neu zu gründenden Rechtsträgers angesetzt werden (§ 24 UmwG), aber das besagt nicht, dass derselbe Stichtag gewählt werden müsste[3]. Vielmehr gilt § 17 Abs. 2 Satz 4 UmwG für jede dieser Schlussbilanzen.

8 Der **neue Rechtsträger** wird bei dem nach den jeweiligen Gründungsvorschriften zuständigen Register angemeldet (§ 38 Abs. 2 UmwG, s. § 38 Rz. 2). Für diese Anmeldung gelten nach § 36 Abs. 1 UmwG die Bestimmungen, die bei der Verschmelzung durch Aufnahme für die Anmeldung der Verschmelzung in das Register des übernehmenden Rechtsträgers getroffen sind (§ 16 Abs. 2, § 17 Abs. 1, § 18 UmwG)[4].

b) Eintragung

9 Für die Eintragung der Verschmelzung im **Register der sich verschmelzenden Rechtsträger** gilt § 19 UmwG. Bei dieser Eintragung brauchen die für die Eintragung eines neu gegründeten Rechtsträgers erforderlichen Unterlagen nicht eingereicht zu werden[5]. Dies ist nur für die Eintragung des neu zu gründenden Rechtsträgers erforderlich.

10 Für die **Eintragung des neu gegründeten Rechtsträgers** gilt § 19 UmwG (§ 38 Rz. 2). Mit der Eintragung treten die in § 20 UmwG beschriebenen Wirkungen ein[6]. Die Verschmelzung kann dann also nicht mehr in Frage gestellt werden. Für

---

1 S. OLG Düsseldorf v. 15.3.1999 – 17 W 18/99, ZIP 1999, 793 (795) = AG 1999, 418; *C. Müller* in Henssler/Strohn, § 36 UmwG Rz. 3; *Simon/Nießen* in KölnKomm. UmwG, § 36 UmwG Rz. 8.

2 *C. Müller* in Henssler/Strohn, § 36 UmwG Rz. 3.

3 So aber *Schilling/Zutt* in Hachenburg[7], § 32 KapErhG Rz. 28.

4 Der RefE hatte dieses noch ausdrücklich gesagt (§ 38 Abs. 1 Satz 2 des RefE).

5 LG Ulm v. 9.10.1990 – 1 KfH T 1/90, Rpfleger 1991, 115; LG Wiesbaden v. 12.4.1989 – 12 T 3/89, DB 1990, 1809; LG Stuttgart v. 10.4.1990 – 4 KfH T 11/90, GmbHR 1991, 67; *Simon/Nießen* in KölnKomm. UmwG, § 36 UmwG Rz. 22.

6 *Bärwaldt* in Semler/Stengel, § 36 UmwG Rz. 17; *C. Müller* in Henssler/Strohn, § 36 UmwG Rz. 3; *Simon/Nießen* in KölnKomm. UmwG, § 36 UmwG Rz. 23; *Stratz* in Schmitt/Hörtnagl/Stratz, § 36 UmwG Rz. 5.

Gründungsmängel gilt das für die jeweilige Rechtsform einschlägige Recht (etwa §§ 275ff. AktG bei der AG, § 75 GmbHG bei der GmbH)[1]. Eine Entschmelzung findet nicht statt. Die Verschmelzung als solche wird im Register des neu gegründeten Rechtsträgers nicht eingetragen. Es muss aber aus dem Register hervorgehen, dass der Rechtsträger durch Verschmelzung durch Neugründung entstanden ist[2]. § 22 UmwG gilt ebenfalls. Die Frist läuft ab dem Tag, an dem die Eintragung der Verschmelzung bekannt gemacht worden ist (§ 22 Abs. 1 Satz 1 UmwG).

III. Schutz der Inhaber von Sonderrechten, Wertansätze, Mischverschmelzungen, Ausgabe vinkulierter Anteile, Bezeichnung unbekannter Aktionäre

§§ 23, 24, 35 UmwG gelten entsprechend. Zur Anwendbarkeit von § 29 UmwG bei § 37 Rz. 4. 11

IV. Schadensersatzansprüche

Für Schadensersatzansprüche gegen Mitglieder der Vertretungs- oder Aufsichtsorgane der sich verschmelzenden Rechtsträger gilt § 25 UmwG[3]. Die Durchsetzung erfolgt nach § 26 UmwG. Wenn mehr als einer der sich vereinigenden Rechtsträger bzw. seiner Anteilsinhaber oder Gläubiger Schadensersatzansprüche geltend machen wollen, ist auf eine **klare Trennung der Vermögensmassen** zu achten. Für diese Ansprüche sowie für sonstige Ansprüche gilt der übertragende Rechtsträger als fortbestehend (§ 25 Abs. 2 UmwG). Auch Ansprüche der sich verschmelzenden Rechtsträger untereinander sind denkbar. In diesem Fall wird der berechtigte Rechtsträger zum Gläubiger. Er kann den Antrag nach § 26 Abs. 1 UmwG stellen bzw. sich nach § 26 Abs. 2 UmwG anmelden. Für diese Ansprüche haftet als Gesamtrechtsnachfolger auch der neue Rechtsträger[4]. 12

V. Anwendung der Gründungsvorschriften

§ 36 Abs. 2 Satz 1 UmwG verweist pauschal auf das **Gründungsrecht des jeweiligen Rechtsträgers**. Diese Verweisung wird allerdings im 2. Teil des 2. Buches (§§ 39ff. UmwG) rechtsformspezifisch relativiert für die GmbH in §§ 56ff. UmwG; für die AG in §§ 73ff. UmwG, für die Genossenschaft in §§ 96ff. UmwG, für den VVaG in §§ 114ff. UmwG; zur Personenhandelsgesellschaft § 40 Rz. 4. 13

1 *Bärwaldt* in Semler/Stengel, § 36 UmwG Rz. 18; *Marsch-Barner* in Kallmeyer, § 36 UmwG Rz. 8.

2 Zur AG *Bärwaldt* in Semler/Stengel, § 36 UmwG Rz. 54; *Mayer* in Widmann/Mayer, § 36 UmwG Rz. 155.

3 Die Verweisung in § 36 Abs. 1 Satz 1 UmwG nimmt zu Recht § 27 UmwG aus, da der neue Rechtsträger bei der Verschmelzung noch nicht besteht und sich daher Schadensersatzansprüche gegen seine Vertretungs- und Aufsichtsorgane aufgrund der Verschmelzung nicht ergeben können.

4 A.A. *Kraft* in KölnKomm. AktG, § 353 AktG Rz. 38, aber ohne Begründung. Es besteht kein Anlass, hier von dem Grundsatz, dass der neue Rechtsträger für die Verbindlichkeiten der sich verschmelzenden Rechtsträger haftet, abzuweichen.

Zur Partnerschaftsgesellschaft § 45a Rz. 16. Daher soll an diesen Stellen der Gründungsvorgang durch Verschmelzung durch Neugründung rechtsformspezifisch jeweils im Zusammenhang geschildert werden.

VI. Gründer

14 Gründer sind die **übertragenden Rechtsträger** (§ 36 Abs. 2 Satz 2 UmwG). Hierin liegt eine Abweichung von den allgemeinen Regeln, nach denen die Gründer zugleich auch die ersten Anteilsinhaber sind. Dies wären hier die Anteilsinhaber der sich verschmelzenden Rechtsträger. Die Begründung sagt zu Recht, dass § 36 Abs. 2 Satz 2 UmwG der Verfahrenserleichterung dient[1].

15 Neben den übertragenden Rechtsträgern können sich auch **weitere Personen als Gründer** beteiligen[2]. Damit wird zwar der Vorstellung des Gesetzes, nach der nur die Anteilsinhaber der übertragenden Rechtsträger die ersten Gesellschafter des neuen Rechtsträgers sind, nicht entsprochen. Aber dies ist hinnehmbar, da die Beteiligung weiterer Personen keine Interessen Dritter verletzt. Für die Gläubiger ist es eher vorteilhaft, wenn sich die Zahl der Gesellschafter vergrößert (klar erkennbar in den Personengesellschaften, Gleiches gilt aber auch in den Kapitalgesellschaften, da das gebundene Kapital aufgrund der Beteiligung heraufgesetzt wird). Auch die Interessen der Anteilsinhaber des übertragenden Rechtsträgers werden nicht tangiert, da sie der Beteiligung weiterer Personen durch den Verschmelzungsbeschluss zustimmen. Nicht erforderlich ist die Zustimmung aller Gesellschafter[3]. Die Verschmelzung durch Neugründung führt stets dazu, dass neue Gesellschafter hinzutreten. Der Beitretende muss im Verschmelzungsvertrag[4] seinen Beitritt erklären[5], da dieser die Basis der Verschmelzung bildet und dort auch die Verteilung der Anteile an dem neu zu gründenden Rechtsträger erfolgt. Er muss den Vertrag unterzeichnen[6], da er auf diese Weise seine Verpflichtungen als Anteilsinhaber (z.B. Einlagepflicht) übernimmt. Da er seinen Beitritt von beliebigen Bedingungen abhängig machen kann, ist auch er nicht weitergehend schutzbedürftig. Diese Vorgehensweise führt auch nicht zu Unklarheiten in Bezug auf die Frage, wer Gesellschafter ist.

16 Sofern eine **Mindestzahl von Gründern** erforderlich ist (z.B. § 56 BGB, § 4 GenG), gelten diese Bestimmungen nicht (§ 36 Abs. 2 Satz 3 UmwG). An einer Verschmelzung zur Neugründung müssen mindestens zwei übertragende Rechtsträger beteiligt sein. Wäre nur ein Rechtsträger beteiligt, läge bei anderer Rechtsform

1 *Ganske*, S. 89.

2 *Bärwaldt* in Semler/Stengel, § 36 UmwG Rz. 70; *Baßler*, GmbHR 2007, 1252 (1257); *Kallmeyer*, GmbHR 1996, 80; *C. Müller* in Henssler/Strohn, § 36 UmwG Rz. 7; *Priester*, DB 1997, 560 (562ff.); so zum Formwechsel mit Eintritt eines Komplementärs BGH v. 9.5.2005 – II ZR 29/03, AG 2005, 613; a.A. *Marsch-Barner* in Kallmeyer, § 36 UmwG Rz. 14 mit Ausnahme für den Fall, dass ein persönlich haftender Gesellschafter beitritt.

3 *Bärwaldt* in Semler/Stengel, § 36 UmwG Rz. 70; *Simon/Nießen* in KölnKomm. UmwG, § 36 UmwG Rz. 33.

4 *C. Müller* in Henssler/Strohn, § 36 UmwG Rz. 7; *Simon/Nießen* in KölnKomm. UmwG, § 36 UmwG Rz. 32.

5 Nach *Priester*, DB 1997, 560 (566) muss die Erklärung in der Form von § 13 Abs. 3 UmwG erfolgen.

6 *Simon/Nießen* in KölnKomm. UmwG, § 36 UmwG Rz. 32.

des neuen Rechtsträgers ein Formwechsel vor[1]. Sofern die Existenz eines Rechtsträgers zwingend zwei oder mehr Anteilsinhaber erfordert (so nach h.M. im Recht der Personengesellschaften, § 73 BGB für den rechtsfähigen Verein), ist darauf zu achten, dass die übertragenden Rechtsträger eine hinreichende Anzahl von Anteilsinhabern aufweisen[2].

§ 37
Inhalt des Verschmelzungsvertrags

In dem Verschmelzungsvertrag muss der Gesellschaftsvertrag, der Partnerschaftsvertrag oder die Satzung des neuen Rechtsträgers enthalten sein oder festgestellt werden.

I. Inhalt der Norm

1 Die Bestimmung trägt der Tatsache Rechnung, dass im Zuge einer Verschmelzung zur Neugründung ein neuer Rechtsträger entsteht, dessen Gesellschaftsvertrag etc. festgelegt werden muss.

II. Abschluss des Verschmelzungsvertrages

2 Der Verschmelzungsvertrag wird von den **Vertretungsorganen der beteiligten Rechtsträger** abgeschlossen[3] (§ 36 Rz. 4). Für die Form gilt § 6 UmwG (§ 36 Abs. 1 Satz 1 UmwG).

III. Inhalt des Verschmelzungsvertrages

1. Verweis auf § 5 UmwG

3 Für den Inhalt des Verschmelzungsvertrages gilt die Verweisung in § 36 Abs. 1 Satz 1 UmwG. Demgemäß kommt § 5 UmwG zur Anwendung. Bei der Festlegung des Umtauschverhältnisses ist darauf abzustellen, in welchem Wertverhältnis die Anteile der übertragenden Rechtsträger zueinander[4] stehen. Die für

1 Kritisch *Bärwaldt* in Semler/Stengel, § 36 UmwG Rz. 8.
2 *Mayer* in Widmann/Mayer, § 36 UmwG Rz. 14; *Simon/Nießen* in KölnKomm. UmwG, § 36 UmwG Rz. 27 f.; *Stratz* in Schmitt/Hörtnagl/Stratz, § 36 UmwG Rz. 36.
3 *Bärwaldt* in Semler/Stengel, § 36 UmwG Rz. 11; *Marsch-Barner* in Kallmeyer, § 36 UmwG Rz. 4; *Simon/Nießen* in KölnKomm. UmwG, § 36 UmwG Rz. 19.
4 *Bärwaldt* in Semler/Stengel, § 36 UmwG Rz. 12; *Marsch-Barner* in Kallmeyer, § 37 UmwG Rz. 5.

bare Zuzahlungen geltende 10 %-Schranke (§§ 54 Abs. 4, 56, 68 Abs. 3, 73, 78 UmwG) bezieht sich auf die Zuzahlungen, die an die Anteilsinhaber jedes beteiligten Rechtsträgers geleistet werden[1]. Damit wird sichergestellt, dass nicht eine größere Anzahl von Anteilsinhabern eines beteiligten Rechtsträgers in bar abgefunden wird[2]. Es reicht also nicht aus, dass in Bezug auf den neu zu gründenden Rechtsträger die 10 %-Schranke eingehalten wird. Weiter ist zu bedenken, dass bare Zuzahlungen aus dem Vermögen der übertragenden Rechtsträger erbracht werden müssen. Es muss daher darauf geachtet werden, dass bei entsprechenden gesetzlichen Vorschriften (§ 9 Abs. 1 AktG, § 9 Abs. 1 GmbHG) der Nennwert (oder bei Stückaktien der anteilige Betrag des Grundkapitals) der auszugebenden Anteile durch den Wert der eingebrachten Vermögen abgedeckt ist[3]. Eine solche Wertdeckung muss aber nicht in Bezug auf die Anteile, die für das Vermögen eines jeden übertragenden Rechtsträgers ausgegeben wurden, festgestellt werden[4]. Es genügt, wenn das Vermögen als Ganzes ausreicht. Dieser Unterschied zu den üblichen Regeln der Gründung mit Sacheinlagen passt zu dem Befund, dass die Anteilsinhaber der Gründer keine Verlustdeckungshaftung trifft (§ 74 Rz. 5). Der Registerrichter lehnt die Eintragung daher nur ab, wenn das Kapital unter Einbeziehung aller übertragener Werte nicht abgedeckt ist.

2. Verweis auf §§ 29 ff. UmwG

4 In § 36 Abs. 1 Satz 1 UmwG wird auch auf §§ 29 ff. UmwG verwiesen. Demgemäß besteht unter den dort genannten Umständen (der neu gegründete Rechtsträger hat eine andere Form als der sich verschmelzende[5] bzw. in dem neu gegründeten Rechtsträger bestehen Verfügungsbeschränkungen[6]) ein **Austrittsrecht**[7]. § 29 UmwG spricht zwar ausdrücklich von einer Verschmelzung im Wege der Aufnahme, aber die Verweisung von § 36 Abs. 1 Satz 1 UmwG umfasst die Norm gleichwohl. Dies ist auch sachgerecht, da der von § 29 UmwG angestrebte Schutz der Anteilsinhaber vor einem Rechtsformwechsel bzw. vor Verfügungsbeschränkungen auch dann angebracht ist, wenn die Verschmelzung statt durch Aufnahme durch Neugründung erfolgt. Die Interessenlage ist dieselbe. Die geschuldete Abfindung wird im Verschmelzungsvertrag zu Lasten des neu zu gründenden Rechtsträgers festgesetzt[8].

---

1 *Marsch-Barner* in Kallmeyer, § 36 UmwG Rz. 5; *Mayer* in Widmann/Mayer, § 36 UmwG Rz. 165; a.A. *Bärwaldt* in Semler/Stengel, § 36 UmwG Rz. 12.

2 Da die Norm dem Schutz dieser Anteilsinhaber dient, sollten diese auch darauf verzichten können: *Priester*, DB 1997, 560 (565).

3 *Marsch-Barner* in Kallmeyer, § 36 UmwG Rz. 5; *Stratz* in Schmitt/Hörtnagl/Stratz, § 36 UmwG Rz. 8.

4 *Simon/Nießen* in KölnKomm. UmwG, § 36 UmwG Rz. 49; *Stratz* in Schmitt/Hörtnagl/Stratz, § 36 UmwG Rz. 9.

5 Das Austrittsrecht steht dann nur denjenigen Anteilsinhabern zu, deren Rechtsträger eine andere Rechtsform hat als der neu zu gründende, da nur diese durch einen „Rechtsformwechsel" belastet sind; *Mayer* in Widmann/Mayer, § 37 UmwG Rz. 25.3.

6 *Mayer* in Widmann/Mayer, § 37 UmwG Rz. 25.3.

7 *Marsch-Barner* in Kallmeyer, § 36 UmwG Rz. 4; *Simon/Nießen* in KölnKomm. UmwG, § 36 UmwG Rz. 18.

8 *Simon/Nießen* in KölnKomm. UmwG, § 36 UmwG Rz. 18.

3. Gesellschaftsvertrag, Partnerschaftsvertrag, Satzung

Während früher umstritten war, ob der Gesellschaftsvertrag, der Partnerschaftsvertrag bzw. die Satzung des neuen Rechtsträgers **Bestandteil des Verschmelzungsvertrages** war[1], trifft § 37 UmwG nunmehr eine klare Aussage: Die genannten Verträge müssen im Verschmelzungsvertrag enthalten sein oder festgestellt werden. Demgemäß werden sie entweder in den Verschmelzungsvertrag aufgenommen oder ihm als Bestandteil beigefügt und mitbeurkundet[2]. Dies wahrt zugleich eventuell für diese Urkunden bestehende Formvorschriften (etwa § 23 Abs. 1 Satz 1 AktG, § 2 Abs. 1 Satz 1 GmbHG, § 5 GenG). Spätere Änderungen sind nur formbedürftig, wenn dies auch sonst für Änderungen des Gesellschaftsvertrages, der Satzung etc. gilt[3]. Sofern das nicht der Fall ist (wie etwa bei den Personengesellschaften), ist aber zu bedenken, dass für die beurkundete Fassung die Vermutung der Vollständigkeit und Richtigkeit spricht. Die Fassung des Verschmelzungsbeschlusses beinhaltet zugleich die Zustimmung zu diesem Gesellschaftsvertrag, Partnerschaftsvertrag oder der Satzung (§§ 59, 76, 98, 116 UmwG)[4]. Die Beurkundung von Gesellschaftsvertrag, Partnerschaftsvertrag oder Satzung kann auch nach Fassung dieses Beschlusses erfolgen[5]. Dies folgt daraus, dass das Gesetz auch für die Verschmelzung durch Neugründung die Zustimmung zu dem Entwurf des Verschmelzungsvertrages für ausreichend hält (§ 36 Abs. 1 Satz 1, § 4 Abs. 2 UmwG). Dieser enthält dann auch nur den Entwurf des Gesellschaftsvertrages bzw. des Partnerschaftsvertrages bzw. der Satzung[6]. 5

Der BGH hat im Rahmen der Überprüfung eines Formwechsels zu der Frage Stellung genommen, inwieweit der neue **Gesellschaftsvertrag zu Lasten der Anteilsinhaber** von dem alten Gesellschaftsvertrag abweichen darf. Die dort entwickelten Grundsätze (dazu § 195 Rz. 21 ff.) gelten auch für die Verschmelzung durch Neugründung[7]. 6

§ 38
Anmeldung der Verschmelzung und des neuen Rechtsträgers

(1) Die Vertretungsorgane jedes der übertragenden Rechtsträger haben die Verschmelzung zur Eintragung in das Register des Sitzes ihres Rechtsträgers anzumelden.

1 Dafür etwa *Grunewald* in G/H/E/K, § 353 AktG Rz. 14; dagegen etwa *Dehmer*², § 353 AktG Anm. 7d.
2 *Marsch-Barner* in Kallmeyer, § 37 UmwG Rz. 2; *Mayer* in Widmann/Mayer, § 36 UmwG Rz. 11; *Schröer* in Semler/Stengel, § 37 UmwG Rz. 3; *Simon/Nießen* in KölnKomm. UmwG, § 37 UmwG Rz. 5.
3 *Marsch-Barner* in Kallmeyer, § 37 UmwG Rz. 2; *C. Müller* in Henssler/Strohn, § 37 UmwG Rz. 1; *Schröer* in Semler/Stengel, § 37 UmwG Rz. 4; *Simon/Nießen* in KölnKomm. UmwG, § 37 UmwG Rz. 7; *Stratz* in Schmitt/Hörtnagl/Stratz, § 37 UmwG Rz. 3.
4 *Simon/Nießen* in KölnKomm. UmwG, § 36 UmwG Rz. 21.
5 *Marsch-Barner* in Kallmeyer, § 37 UmwG Rz. 3.
6 *Schröer* in Semler/Stengel, § 37 UmwG Rz. 5; *Simon/Nießen* in KölnKomm. UmwG, § 37 UmwG Rz. 8.
7 *Simon/Nießen* in KölnKomm. UmwG, § 37 UmwG Rz. 13.

(2) Die Vertretungsorgane aller übertragenden Rechtsträger haben den neuen Rechtsträger bei dem Gericht, in dessen Bezirk er seinen Sitz haben soll, zur Eintragung in das Register anzumelden.

I. Anmeldung und Eintragung der Verschmelzung (§ 38 Abs. 1 UmwG)

1 Für die Anmeldung zuständig sind die Vertretungsorgane der übertragenden Rechtsträger (§ 38 Abs. 1 UmwG). § 16 Abs. 2 und § 17 UmwG kommen zur Anwendung (§ 36 Rz. 7). Für die Eintragung gilt § 19 UmwG (§ 36 Rz. 9).

II. Anmeldung und Eintragung des neuen Rechtsträgers (§ 38 Abs. 2 UmwG)

2 Für die Anmeldung des neuen Rechtsträgers (diese erfolgt statt der sonst erforderlichen Eintragung der Verschmelzung im Register des übernehmenden Rechtsträgers) zuständig sind die **Vertretungsorgane der übertragenden Rechtsträger**. Sie müssen so, wie sie für den übertragenden Rechtsträger vertretungsberechtigt sind, handeln[1]. Die Vertretungsorgane der übertragenden Rechtsträger haben gemeinsam zu handeln (§ 38 Abs. 2 UmwG). Nicht erforderlich ist ein gemeinsames Schriftstück. Vielmehr kann der gemeinsame Wille der Rechtsträger auch durch inhaltlich übereinstimmende Erklärungen deutlich werden. § 16 Abs. 2, § 17 Abs. 1, §§ 18 und 19 UmwG kommen zur Anwendung. Darüber hinaus sind die für die Eintragung eines neu gegründeten Rechtsträgers der jeweiligen Rechtsform notwendigen Unterlagen erforderlich. Die Eintragung dieses neuen Rechtsträgers darf erst erfolgen, nachdem die Verschmelzung im Register der übertragenden Rechtsträger eingetragen ist (§ 19 Abs. 1 UmwG).

III. Kein Zwangsgeld

3 Die Anmeldung der Verschmelzung und des neuen Rechtsträgers werden nicht durch Zwangsgeld erzwungen (§ 316 Abs. 2 UmwG, zum Sinn dieser Regelung § 16 Rz. 7).

1 *Schwanna* in Semler/Stengel, § 38 UmwG Rz. 3; *Simon/Nießen* in KölnKomm. UmwG, § 38 UmwG Rz. 4, 6; *Zimmermann* in Kallmeyer, § 38 UmwG Rz. 4.

Zweiter Teil Besondere Vorschriften

Erster Abschnitt Verschmelzung unter Beteiligung von Personengesellschaften

Erster Unterabschnitt Verschmelzung unter Beteiligung von Personenhandelsgesellschaften

§ 39

Ausschluss der Verschmelzung

Eine aufgelöste Personenhandelsgesellschaft kann sich nicht als übertragender Rechtsträger an einer Verschmelzung beteiligen, wenn die Gesellschafter nach § 145 des Handelsgesetzbuchs eine andere Art der Auseinandersetzung als die Abwicklung oder als die Verschmelzung vereinbart haben.

Literatur

Bayer, 1000 Tage neues Umwandlungsrecht – eine Zwischenbilanz, ZIP 1997, 1613; *Caspers*, Das Gesetz zur Ergänzung der handelsrechtlichen Vorschriften über die Änderung der Unternehmensform, WM 1969, Sonderheft 3, S. 3; *Ege/Klett*, Aktuelle gesellschaftsrechtliche und steuerliche Aspekte von Anwachsungsmodellen – Zugleich Anmerkung zum Beschluss des OLG Hamm vom 24.6.2010, I-15 Wx 360/09, DStR 2010, 2463; *Lutter*, Die überschießende Umsetzung von Richtlinien, in GS Heinze, 2005, S. 571; *Milatz*, Verschmelzende Umwandlung einer GmbH auf eine GmbH & Co. KG, GmbHR 1994, 610; *Nelißen*, Augen auf bei konzerninternen Verschmelzungen!, NZG 2010, 1291; *Neye*, Partnerschaft und Umwandlung, ZIP 1997, 722; *Neye*, Die Änderungen im Umwandlungsrecht nach den handels- und gesellschaftsrechtlichen Reformgesetzen in der 13. Legislaturperiode, DB 1998, 1649; *Priester*, Personengesellschaften im Umwandlungsrecht – Praxisrelevante Fragen und offene Posten, DStR 2005, 788; *Harry Schmidt*, Verschmelzung von Personengesellschaften, in Lutter (Hrsg.), Kölner Umwandlungsrechtstage, 1995, S. 59; *Schöne*, Das Aktienrecht als „Maß aller Dinge" im neuen Umwandlungsrecht?, GmbHR 1995, 325; *Streck/Mack/Schwedhelm*, Verschmelzung und Formwechsel nach dem neuen Umwandlungsgesetz, GmbHR 1995, 161; *Schwarz*, Das neue Umwandlungsrecht, DStR 1994, 1694; *Werner/Kindermann*, Umwandlung mittelständischer Unternehmen in eine Aktiengesellschaft: Gesellschaftsrechtliche Vor- und Nachteile und Verfahren, ZGR 1981, 17.

I. Überblick

1. Entstehungsgeschichte des Ersten Unterabschnitts

1 Der Erste Unterabschnitt enthält in den §§ 39–45 UmwG die besonderen Vorschriften für die Verschmelzung unter Beteiligung von Personenhandelsgesellschaften. Die §§ 39–45 UmwG stimmen – vorbehaltlich der Reformen nach Inkrafttreten des UmwG (dazu unten Rz. 3f.) – im Wesentlichen mit den besonderen Regelungen für die Verschmelzung unter Beteiligung von Personenhandelsgesellschaften überein, die der DiskE und der RefE vorsahen; s. dazu die Kommentierung der Einzelvorschriften. **§ 38 Abs. 1 Satz 3 und § 44 DiskE** enthielten noch Regelungen für die Verfahrensweise bei unbekannten Aktionären im Falle der Verschmelzung einer übertragenden AG oder KGaA mit einer Personenhandelsgesellschaft. Mit § 35 UmwG a.F. waren diese Regelungen im Wesentlichen sachlich übereinstimmend in den Allgemeinen Teil des Verschmelzungsrechts aufgenommen worden; zur Reform von § 35 UmwG s. § 40 Rz. 7 und § 35 Rz. 1. **§ 39 DiskE** stellte klar, dass als Vertretungsorgan i.S.d. UmwG die zur Vertretung der Personenhandelsgesellschaft ermächtigten Gesellschafter anzusehen sind. Diese Vorschrift ist nicht in das UmwG übernommen worden. Jedoch lassen bereits die §§ 125, 161 Abs. 2, 170 HGB keinen Zweifel daran, dass Vertretungsorgan die zur Vertretung der Gesellschaft nach Gesetz oder Gesellschaftsvertrag ermächtigten Gesellschafter sind (oben § 4 Rz. 7).

2 Die Vorschrift des § 39 UmwG ist wortgleich mit **§ 39 RefE**. Sie stimmt weiterhin sachlich mit **§ 37 DiskE** überein, der eine Verschmelzung noch als unzulässig bezeichnete.

2. Reform des Ersten Unterabschnitts

3 Mit dem am 1.8.1998 in Kraft getretenen Gesetz zur Änderung des Umwandlungsgesetzes, des Partnerschaftsgesellschaftsgesetzes und anderer Gesetze **v. 22.7.1998**[1] ist die **Partnerschaftsgesellschaft als umwandlungsfähiger Rechtsträger** in das UmwG einbezogen worden (dazu § 45a Rz. 2). Die Aufnahme der für sie geltenden §§ 45a–45e UmwG in einen Zweiten Unterabschnitt hat zu einer Änderung der Überschriften des die §§ 39ff. UmwG betreffenden Regelungsteils des UmwG geführt. Eine **inhaltliche Änderung** der für die Personenhandelsgesellschaft geltenden Vorschriften der §§ 39–45 UmwG hat das Änderungsgesetz **nur für § 43 Abs. 2 Satz 2 UmwG** gebracht. Hatte die *unklare Formulierung* in § 43 Abs. 2 Satz 2 UmwG a.F. für die Zulässigkeit gesellschaftsvertraglicher Mehrheitsklauseln noch auf drei Viertel *der Stimmen der Gesellschafter* abgestellt (dazu § 43 Rz. 5), sieht die geänderte Regelung eine Mehrheit von mindestens drei Viertel *der abgegebenen Stimmen* vor (§ 43 Rz. 13); nach der Gesetzesbegründung handelt es sich hierbei nur um eine Klarstellung[2]. Bedeutung für die Personenhandelsgesellschaft hat weiterhin die **Änderung von § 29 Abs. 1 Satz 2 UmwG**, nach der nicht mehr nur vertragliche, sondern Verfügungsbeschränkungen jeglicher Art für Anteile des übernehmenden Rechtsträgers ein Barabfindungsangebot erforderlich machen. Dies betrifft insbesondere die Personenhandelsgesellschaft[3],

1 BGBl. I, S. 1878; dazu *Neye*, DB 1998, 1649ff.
2 BT-Drucks. 13/8808, 12; so auch *Neye*, DB 1998, 1652.
3 *Neye*, ZIP 1997, 724f.; *Neye*, DB 1998, 1651.

wenn von der grundsätzlichen Unübertragbarkeit der an ihr gehaltenen Beteiligung im Gesellschaftsvertrag nicht abgewichen wird (oben § 29 Rz. 5). Auch die **Änderung von § 33 UmwG** erfasst über vertragliche Verfügungsbeschränkungen hinaus auch den Fall der grundsätzlichen Unübertragbarkeit der Mitgliedschaft. Bis zum Wirksamwerden der Verschmelzung kann daher die Beteiligung an einer übertragenden Personenhandelsgesellschaft auch dann veräußert werden, wenn der Gesellschaftsvertrag die Frage der Übertragbarkeit überhaupt nicht regelt und diese daher – vorbehaltlich der Zustimmung aller Mitgesellschafter – von Gesetzes wegen nicht gegeben ist. Entsprechendes gilt nach Wirksamwerden der Verschmelzung für die beim übernehmenden Rechtsträger erworbene und dort Verfügungsbeschränkungen unterliegende Beteiligung (§ 33 Rz. 10). Zu den die Personenhandelsgesellschaft betreffenden Änderungen in der **firmenrechtlichen Regelung des § 18 UmwG** durch Art. 7 Nr. 1 des Handelsrechtsreformgesetzes v. 22.6.1998[1] vgl. § 18 Rz. 6. Die Änderung des Verjährungsrechts im BGB durch das **Schuldrechtsmodernisierungsgesetz** v. 26.11.2001 hat eine **Änderung von § 45 UmwG** erforderlich gemacht; dazu näher § 45 Rz. 7.

Zu einer erneuten Änderung von **§ 45 UmwG** hat das **EHUG** (Gesetz über das elektronische Handelsregister und Genossenschaftsregister sowie das Unternehmensregister v. 10.11.2006[2]) geführt, mit dem die Vorschrift an die Neufassung von § 19 Abs. 3 UmwG durch das EHUG angepasst worden ist; dazu näher § 45 Rz. 7. Schließlich ist **§ 44 UmwG** durch das am 25.4.2007 in Kraft getretene **Zweite Gesetz zur Änderung des Umwandlungsgesetzes** v. 19.4.2007[3] geändert worden. Das Verlangen eines Gesellschafters auf Prüfung des Verschmelzungsvertrages oder seines Entwurfs ist seither fristgebunden und muss innerhalb von einer Woche nach Erhalt der in § 42 UmwG genannten Unterlagen geäußert werden; dazu näher § 44 Rz. 6ff. Das **Dritte Gesetz zur Änderung des Umwandlungsgesetzes** v. 11.7.2011[4] hat zu keinen Änderungen für das Verschmelzungsrecht der Personenhandelsgesellschaft geführt. 4

3. Funktion und Regelungsbereich des Ersten Unterabschnitts

Die Möglichkeit der Teilnahme von inländischen (§ 1 Abs. 1 UmwG) Personenhandelsgesellschaften an einer Verschmelzung eröffnet bereits § 3 Abs. 1 Nr. 1 UmwG; zu Sachverhalten mit Auslandsberührung s. § 1 Rz. 11ff. Die §§ 39–45 UmwG regeln die **für die Personenhandelsgesellschaft** als beteiligter Rechtsträger (dazu § 1 Rz. 3) einer Verschmelzung **geltenden Besonderheiten; auf die Partnerschaftsgesellschaft** sind die §§ 39, 45 UmwG sowie in den Fällen des § 45d Abs. 2 UmwG auch § 44 UmwG nach § 45e UmwG entsprechend anzuwenden. Der **Erste Unterabschnitt ergänzt** damit das auch für die Verschmelzung unter Beteiligung von Personenhandelsgesellschaften anzuwendende **allgemeine Verschmelzungsrecht der §§ 2–38 UmwG**. Die Regelungen des Ersten Unterabschnitts können die Personenhandelsgesellschaft als übertragenden, übernehmenden oder – im Falle der Verschmelzung durch Neugründung (§ 2 Rz. 2, 27) – neuen Rechtsträger betreffen. Da das UmwG in § 3 Abs. 4 sowohl die Mischverschmelzung (§ 3 5

1 BGBl. I, S. 1474 (1478).
2 BGBl. I, S. 2553 (2578) (Art. 8 Nr. 20).
3 BGBl. I, S. 542 (Art. 1 Nr. 8).
4 BGBl. I, S. 1338ff.

Rz. 34ff.) als auch die Verschmelzung gleicher Rechtsformen zulässt – zu den Möglichkeiten der Verschmelzung unter Beteiligung der Personenhandelsgesellschaft s. Einl. I Rz. 53 (Schaubild 3, Verschmelzung) –, können die Bestimmungen des Ersten Unterabschnitts auch für alle beteiligten Rechtsträger anzuwenden sein. Im Falle der **Mischverschmelzung** sind für den Rechtsträger, der nicht zum Kreis der Personenhandelsgesellschaften zählt, die für seine Rechtsform maßgeblichen Regelungen des Besonderen Teils des Verschmelzungsrechts heranzuziehen. Zu den **Steuerfolgen** der Verschmelzung unter Beteiligung von Personenhandelsgesellschaften vgl. die Kommentierung im Anh. 2 nach § 122l; zu **Kostenfragen** s. § 2 Rz. 48ff.

6 Von den **einzelnen Vorschriften des Ersten Unterabschnitts** schränkt **§ 39 UmwG** die nach § 3 Abs. 3 UmwG unter der Voraussetzung, dass die Fortsetzung des aufgelösten Rechtsträgers beschlossen werden könnte, für übertragende Rechtsträger bestehende Möglichkeit der Verschmelzung aufgelöster Rechtsträger für die Personenhandelsgesellschaft weiter ein; zur Geltung von § 3 Abs. 3 UmwG auch für die Personenhandelsgesellschaft vgl. unten Rz. 9ff. **§ 40 UmwG** betrifft zusätzliche Regelungen im Verschmelzungsvertrag, die erforderlich sind, weil eine übernehmende oder neue Personenhandelsgesellschaft persönlich unbeschränkt haftende Gesellschafter, aber auch Kommanditisten haben kann. **§ 41 UmwG** enthält über § 8 Abs. 3 UmwG hinaus einen weiteren Fall, in dem ein Verschmelzungsbericht entbehrlich ist. Mit der Information der Gesellschafter über den Verschmelzungsvertrag und -bericht befasst sich **§ 42 UmwG**, während **§ 44 UmwG** für den Fall der durch Mehrheitsbeschluss möglichen Verschmelzung einen Anspruch auf eine Prüfung der Verschmelzung begründet. **§ 45 UmwG** regelt Fragen der Nachhaftung persönlich haftender Gesellschafter einer übertragenden Personenhandelsgesellschaft. Die wohl wichtigste Bestimmung ist **§ 43 UmwG**, der einerseits den Grundsatz der Einstimmigkeit des Verschmelzungsbeschlusses aufstellt, andererseits aber gesellschaftsvertragliche Mehrheitsklauseln zulässt; dazu näher § 43 Rz. 12ff. Der Erste Unterabschnitt enthält freilich nicht alle Besonderheiten für die Personenhandelsgesellschaft als beteiligter Rechtsträger einer Verschmelzung. **Weitere Regelungen** finden sich für den Fall der Verschmelzung mit einer übernehmenden GmbH in den **§§ 51, 52 UmwG**. Soweit bei dieser nicht alle Stammeinlagen in voller Höhe erbracht sind, bedarf der **Verschmelzungsbeschluss** bei der übertragenden Personenhandelsgesellschaft der Zustimmung aller vorhandenen Gesellschafter. Diese Regelung ist zwingend und setzt etwaige gesellschaftsvertragliche Mehrheitsklauseln außer Kraft; dazu näher § 43 Rz. 24 und § 51 Rz. 6ff. Das Vorliegen der Zustimmung aller Gesellschafter ist nach § 52 Abs. 1 UmwG bei der Registeranmeldung zu erklären (dazu § 52 Rz. 1). Mit Besonderheiten der **Firmenbildung** bei einer übernehmenden Personenhandelsgesellschaft befasst sich sich **§ 18 UmwG**; vgl. dazu § 18 Rz. 6. Hinzuweisen ist schließlich auf **§ 29 Abs. 1 Satz 3 UmwG**, der ein nach § 29 UmwG erforderliches Anteilsübernahmeangebot im Verschmelzungsvertrag für der Verschmelzung widersprechende Gesellschafter des übertragenden Rechtsträgers im Falle einer übernehmenden Personenhandelsgesellschaft durch ein **Austrittsrecht gegen Barabfindung** ersetzt; dazu näher § 29 Rz. 24. Zu § 29 UmwG s. auch noch oben Rz. 3; zur Bedeutung von **§ 33 UmwG** für die Personenhandelsgesellschaft s. oben Rz. 3.

7 Die Regelungen der **§§ 39–45 UmwG sind zwingend;** von ihnen kann nur abgewichen werden, wenn das Gesetz es ausdrücklich zulässt, § 1 Abs. 3 UmwG. Praktische Bedeutung hat das für die Regelung über die Zulässigkeit von Mehr-

heitsbeschlüssen[1]. Die von § 43 Abs. 2 Satz 2 UmwG verlangte qualifizierte Mehrheit (vgl. im Einzelnen § 43 Rz. 12 ff.) bildet die Untergrenze, schließt es also aus, die nach allgemeinem Gesellschaftsrecht mögliche einfache Mehrheit für den Verschmelzungsbeschluss im Gesellschaftsvertrag einer Personenhandelsgesellschaft vorzusehen. Der Numerus clausus der Umwandlungsarten (§ 1 Abs. 2 UmwG) verbietet es nicht, **einer Verschmelzung wirtschaftlich gleichstehende oder nahe kommende Transaktionen** auf Wegen außerhalb des Umwandlungsgesetzes durchzuführen[2]; s. oben § 1 Rz. 51 ff. Zu denken ist insoweit insbesondere an die Einbringung des Vermögens des übertragenden Rechtsträgers im Wege der *Einzelrechtsnachfolge* bei einer Sachgründung oder Sachkapitalerhöhung, an die *Einbringung der Anteile* am übertragenden in den übernehmenden Rechtsträger[3] sowie an die *Anwachsungsmodelle*, bei denen bis auf einen alle Gesellschafter einer Personenhandelsgesellschaft ausscheiden oder ihre Anteile an der Gesellschaft auf einen Mitgesellschafter übertragen[4]. Zur Unzulässigkeit einer Verschmelzung der Komplementär-GmbH auf die Kommanditgesellschaft bei einer **Ein-Personen-GmbH & Co. KG** vgl. unten Rz. 19.

4. Funktion und Normzweck von § 39 UmwG

Die Vorschrift behandelt – sowohl für die Verschmelzung durch Aufnahme als auch für die Verschmelzung durch Neugründung – die **Verschmelzungsfähigkeit der aufgelösten Personenhandelsgesellschaft als übertragender Rechtsträger** und schließt sie für den Fall aus, dass als Auseinandersetzung nicht die Abwicklung (unten Rz. 14) oder Verschmelzung vorgesehen ist; zur Frage der Verschmelzungsfähigkeit aufgelöster *übernehmender* Personenhandelsgesellschaften vgl. unten Rz. 18. § 39 UmwG **ergänzt die Regelung des § 3 Abs. 3 UmwG**, die für alle Rechtsformen und damit auch für Personenhandelsgesellschaften Grundvoraussetzungen der Verschmelzungsfähigkeit aufgelöster Rechtsträger aufstellt; hierzu näher unten Rz. 9 ff. Der **Normzweck** von § 39 UmwG richtet sich darauf, eine Verschmelzung auszuschließen, wenn das Vermögen der aufgelösten Gesellschaft aufgrund der von der Abwicklung abweichenden Art der Auseinandersetzung den Gesellschaftern zufließt[5]. Die Regelung knüpft damit an den Grundgedanken von § 3 Abs. 3 UmwG an[6], eine Verschmelzung nur in denjenigen Fällen zuzulassen, in denen das Vermögen der aufgelösten Gesellschaft, ggf. auch nur das nach Befriedigung der Gläubiger verbliebene Reinvermögen als Gegenstand der Verschmelzung noch vorhanden ist. Dabei geht es nicht um die Sicherung der Kapitalaufbringung beim übernehmenden Rechtsträger[7], die bei der Verschmelzung 8

1 Begr, *Ganske*, S. 44.

2 Begr, *Ganske*, S. 43 f.; *Kallmeyer*, ZIP 1994, 1747 f.; *H. Schmidt* in Kölner Umwandlungsrechtstage, S. 59 (65 f.).

3 Vgl. BGH v. 19.2.1990 – II ZR 42/89, NJW-RR 1990, 798 (799); OLG Frankfurt/M. v. 25.8.2003 – 20 W 354/02, ZIP 2004, 1458 = GmbHR 2003, 1358.

4 Zu diesen Fällen der wirtschaftlichen Verschmelzung (zur Terminologie *Kallmeyer*, ZIP 1994, 1747) vgl. näher *H. Schmidt* in Kölner Umwandlungsrechtstage, S. 59 (65 f.); *Priester*, DStR 2005, 788; *Schnitker/Grau*, ZIP 2008, 393 ff.; *Seibt* in FS Röhricht, 2005, S. 603 ff., und Einl. I Rz. 55 f.

5 Begr, *Ganske*, S. 92.

6 So ausdrücklich die Begr, *Ganske*, S. 92.

7 A.A. *Vossius* in Widmann/Mayer, § 39 UmwG Rz. 2; wie hier *Ihrig* in Semler/Stengel, § 39 UmwG Rz. 1.

durch Aufnahme (§ 2 Rz. 26) von vornherein keine Bedeutung hat und bei der Verschmelzung durch Neugründung (§ 2 Rz. 27) durch das maßgebliche Gründungsrecht erfolgt. Es geht auch nicht um die Sicherung der Vermögenssubstanz als Verschmelzungsgegenstand[1] oder um eine *rein minderheitenschützende* Funktion von § 39 UmwG[2]. Der Grund der Regelung der §§ 3, 39 UmwG ist vielmehr in der Funktion und dem **Wesen der Verschmelzung** zu sehen, **das gesamte Vermögen des aufgelösten Rechtsträgers zu übertragen**; dies setzt das – durch teilweise Auskehrung des Liquidationserlöses nicht schon teilweise geschmälerte – Vorhandensein dieses Vermögens voraus[3]. Hinzu kommt, dass die Anerkennung der Verschmelzungsfähigkeit aufgelöster Rechtsträger vor allem *Sanierungsfusionen* erleichtern soll[4]. Mit dieser Zielrichtung des Gesetzes wäre es nicht zu vereinbaren, Vermögensteile ganz oder teilweise durch Verlagerung auf die Gesellschafter von der Verschmelzung auszunehmen. Darüber hinaus hat § 39 UmwG **auch eine minderheitenschützende Funktion**[5]. Die Vorschrift hat zur Folge, dass einem Gesellschafter nicht gegen seinen Willen durch einen mehrheitlich gefassten Verschmelzungsbeschluss Rechte entzogen werden können, die daraus resultieren, dass die Gesellschafter eine andere Art der Auseinandersetzung als die Abwicklung oder die Verschmelzung vereinbart haben (unten Rz. 14f.). Anderes gilt dann, wenn die Vereinbarung über die Art der Auseinandersetzung mehrheitlich abgeändert werden kann (s. unten Rz. 15).

5. Verhältnis zu § 3 Abs. 3 UmwG

9 § 3 Abs. 3 UmwG eröffnet allgemein für aufgelöste übertragende Rechtsträger die Möglichkeit der Verschmelzung, wenn die **Fortsetzung** des Rechtsträgers **beschlossen werden könnte**. Diese Vorschrift ist **auch auf Personenhandelsgesellschaften anzuwenden**; sie ist rechtsformunabhängig ausgestaltet und beansprucht aufgrund ihrer systematischen Stellung als Teil der allgemeinen Verschmelzungsvorschriften Geltung auch für die Personenhandelsgesellschaft (§ 3 Rz. 23). § 39 UmwG ist weiterhin nicht als eine den § 3 Abs. 3 UmwG verdrängende, sondern ihn ergänzende Sonderregelung zu verstehen. Dies ergibt sich auch daraus, dass neben § 39 UmwG ein funktionaler Anwendungsbereich für § 3 Abs. 3 UmwG verbleibt (unten Rz. 10f.). **§ 39 UmwG und § 3 Abs. 3 UmwG** sind also **nebeneinander anzuwenden**[6].

10 Nach allgemeinem Gesellschaftsrecht können die Gesellschafter einer Personenhandelsgesellschaft bis zu deren Vollbeendigung im Grundsatz jederzeit die Fortsetzung einer aufgelösten Gesellschaft beschließen und damit die Abwicklungsgesellschaft wieder in eine werbende Gesellschaft umwandeln[7]. Dies gilt auch

1 Dafür *Meyer-Ladewig*, BB 1969, 1006f.; *Meyer-Ladewig*, GmbHR 1969, 232 sowie auch *Dehmer*[1], § 40 UmwG Anm. 7.
2 Dafür *Dauner-Lieb/Tettinger* in KölnKomm. UmwG, § 39 UmwG Rz. 2, 24.
3 *Ihrig* in Semler/Stengel, § 39 UmwG Rz. 1. Ähnl. *Werner/Kindermann*, ZGR 1981, 17 (43) zu § 40 Abs. 2 UmwG 1969.
4 Begr, *Ganske*, S. 47.
5 Für diese *zusätzliche* Funktion auch *Ihrig* in Semler/Stengel, § 39 UmwG Rz. 2.
6 Allg. M.; vgl. nur *Ihrig* in Semler/Stengel, § 39 UmwG Rz. 6; *Kallmeyer/Kocher* in Kallmeyer, § 39 UmwG Rz. 2.
7 Allg. M.; vgl. nur BGH v. 19.6.1995 – II ZR 255/93, WM 1995, 1536 (1537); *Emmerich* in Heymann, § 131 HGB Rz. 31; *K. Schmidt* in MünchKomm. HGB, § 145 HGB Rz. 71; zur

dann, wenn mit der Verteilung des Liquidationserlöses an die Gesellschafter begonnen worden ist, solange nur dieser Vorgang noch nicht abgeschlossen und deshalb die Vollbeendigung der Abwicklungsgesellschaft noch nicht eingetreten ist[1]; vgl. dazu aber unten Rz. 11. **Bedeutung** hat die **von § 3 Abs. 3 UmwG** vorausgesetzte Möglichkeit des Fortsetzungsbeschlusses daher zunächst einmal für Fälle, in denen der Beschluss an besondere Voraussetzungen geknüpft ist. Soweit die **Auflösung** der Gesellschaft **aufgrund einer behördlichen Entscheidung** erfolgt, setzt die Verschmelzungsfähigkeit daher voraus, dass diese Entscheidung wieder aufgehoben wird. Als Beispiel für den Fall der behördlichen Entscheidung ist die Aufhebung der Erlaubnis zum Betrieb von Bankgeschäften nach **§ 38 KWG** zu nennen, bei der die Abwicklung der Gesellschaft angeordnet werden kann. Nach § 38 Abs. 1 Satz 2 KWG hat die Abwicklungsanordnung die Wirkung eines Auflösungsbeschlusses. Ein Fortsetzungsbeschluss kann in diesem Fall nur gefasst werden, wenn die Abwicklungsanordnung durch behördliche Entscheidung aufgehoben oder eine neue Erlaubnis erteilt wird[2]. In diesem Fall richtet sich die Verschmelzungsfähigkeit dann nach § 39 UmwG. Abweichend von der früheren, bis zur Aufnahme von § 225a InsO in die Insolvenzordnung (dazu § 3 Rz. 27) geltenden Rechtslage[3] ist **eine durch Eröffnung des Insolvenzverfahrens aufgelöste Personenhandelsgesellschaft verschmelzungsfähig**, ohne dass zuvor das Insolvenzverfahren auf Antrag des Schuldners eingestellt oder nach Bestätigung eines Insolvenzplans, der den Fortbestand der Gesellschaft vorsieht, aufgehoben sein müsste. Da nach **§ 225a Abs. 3 InsO** im Insolvenzplan jede gesellschaftsrechtlich zulässige Regelung getroffen werden kann, insbesondere auch die *Fortsetzung einer aufgelösten Gesellschaft*, und jedes Insolvenzverfahren zu einem Insolvenzplan führen kann, ist jede insolvente Personenhandelsgesellschaft nach § 3 Abs. 3 UmwG als übertragender Rechtsträger verschmelzungsfähig[4].

§ 3 Abs. 3 UmwG kommt für Personenhandelsgesellschaften weiterhin die Funktion zu, die Verschmelzungsfähigkeit aufgelöster Gesellschaften auf den Fall zu beschränken, dass mit der **Verteilung des Liquidationserlöses** an die Gesellschafter **noch nicht begonnen** worden ist[5] (a.A. *Drygala*, § 3 Rz. 25). Dies ergibt sich bereits aus Wesen und Funktion der Verschmelzung sowie dem Normzweck (oben Rz. 8). Mit der Formulierung des § 3 Abs. 3 UmwG soll, auch in Umsetzung von Art. 3 Abs. 2 der 3. Richtlinie, sichergestellt werden, dass nur solche aufgelösten Rechtsträger an einer Verschmelzung teilnehmen, deren Vermögen noch nicht an 11

Fortsetzung einer durch gerichtliche Entscheidung (§ 133 HGB) aufgelösten Gesellschaft s. *K. Schmidt* in MünchKomm. HGB, § 145 HGB Rz. 87.

1 *Habersack* in Großkomm. HGB, § 155 HGB Rz. 34; *K. Schmidt* in MünchKomm. HGB, § 145 HGB Rz. 73; *Emmerich* in Heymann, § 131 HGB Rz. 33.

2 *K. Schmidt* in MünchKomm. HGB, § 145 HGB Rz. 89.

3 Vgl. 4. Aufl., § 39 Rz. 10.

4 S. § 13 Rz. 27; *Madaus*, ZIP 2012, 2134; *Simon/Merkelbach*, NZG 2012, 128.

5 So auch *Haggeney* in Maulbetsch/Klumpp/Rose, § 39 UmwG Rz. 5; *Bermel* in Goutier/Knopf/Tulloch, § 39 UmwG Rz. 4; im Erg. auch *Stratz* in Schmitt/Hörtnagl/Stratz, § 39 UmwG Rz. 3; *Ihrig* in Semler/Stengel, § 39 UmwG Rz. 1, 6 (zumindest nach Gläubigerbefriedigung verbliebenes Reinvermögen muss vorhanden sein). A.A. die h.M., vgl. *Dauner-Lieb/Tettinger* in KölnKomm. UmwG, § 39 UmwG Rz. 18 ff.; *Hörtnagl* in Schmitt/Hörtnagl/Stratz, § 124 UmwG Rz. 59; *Picot/Müller-Eising*, Unternehmenskauf und Restrukturierung, Rz. 478; *Marsch-Barner* in Kallmeyer, § 3 UmwG Rz. 23; *Kallmeyer/Kocher* in Kallmeyer, § 39 UmwG Rz. 11; *Vossius* in Widmann/Mayer, § 39 UmwG Rz. 42; *Priester*, DStR 2005, 789.

die Anteilsinhaber teilweise verteilt worden ist[1]. Diese Einschränkung resultiert zwar aus den für die Kapitalgesellschaft geltenden Anforderungen für den Kapitalschutz (§ 3 Rz. 25). Ein sachlich überzeugender Grund für eine großzügigere Behandlung der Personenhandelsgesellschaft in diesem Punkt und für eine „gespaltene Auslegung" von § 3 Abs. 3 UmwG (unten Rz. 13) ist allerdings nicht zu erkennen; auch die Gesetzesbegründung verweist darauf, dass § 39 UmwG dem früheren Recht – das eine Verschmelzung nach Beginn mit der Verteilung des Liquidationserlöses ausschloss (§§ 40 Abs. 2, 46 Satz 2 UmwG 1969) – entspreche. Den Gesellschaftern bleibt in diesen Fällen die Möglichkeit, die Fortsetzung der Gesellschaft zu beschließen und damit den Tatbestand der Auflösung zu beseitigen (dazu auch unten Rz. 15).

6. Personenhandelsgesellschaft als beteiligter Rechtsträger

12 An einer Verschmelzung können sich nach § 3 Abs. 1 Nr. 1 UmwG Personenhandelsgesellschaften beteiligen. Die Legaldefinition der Vorschrift erfasst die **offene Handelsgesellschaft und** die **Kommanditgesellschaft**, unter Einschluss der GmbH & Co. KG[2] (§ 3 Rz. 3); dabei ist bewusst darauf verzichtet worden, für Publikums-Gesellschaften Sonderregelungen vorzusehen[3]. Offenbar geht die Gesetzesbegründung davon aus, dass für derartige Sonderregelungen angesichts der von der Rechtsprechung entwickelten Grundsätze und Einzellösungen kein Bedarf besteht. Insoweit wird freilich die Frage verkannt, ob der zwingende Geltungsanspruch des Verschmelzungsrechts (oben Rz. 7) die uneingeschränkte Fortführung dieser Rechtsprechung überhaupt noch zulässt; Bedeutung hat dies namentlich für die Ausgestaltung von Mehrheitsklauseln in Gesellschaftsverträgen von Publikumsgesellschaften; dazu § 43 Rz. 16. **Nicht** zum Kreis der Personenhandelsgesellschaften gehört die **Gesellschaft bürgerlichen Rechts;** sie kann nicht an einer Verschmelzung teilnehmen[4]; zum Fall der Aufnahme oder des Wegfalls des Handelsgewerbes vgl. § 3 Rz. 32ff. Die **Europäische Wirtschaftliche Interessenvereinigung** (EWIV) wird demgegenüber zu Recht als Personenhandelsgesellschaft i.S.d. UmwG behandelt (§ 3 Rz. 4)[5]. Für ihre **Verschmelzungsfähigkeit** spricht, dass die EWIV nach § 1 des EWIV-Ausführungsgesetzes[6] als Handelsgesellschaft gilt und auf sie die für eine OHG geltenden Vorschriften entsprechend anzuwenden sind (§ 3 Rz. 4). Zu den verschmelzungsfähigen Rechtsträgern zählt auch die Partnerschaftsgesellschaft (vgl. oben Rz. 3); auf sie ist § 39 UmwG nach § 45e UmwG entsprechend anzuwenden (dazu § 45e Rz. 3).

---

1 Begr, *Ganske*, S. 47f.

2 Begr, *Ganske*, S. 92.

3 Begr, *Ganske*, S. 91.

4 Allg. M., vgl. nur *Marsch-Barner* in Kallmeyer, § 3 UmwG Rz. 2; *Simon* in KölnKomm. UmwG, § 3 UmwG Rz. 50. Die Gesetzesbegr sieht insoweit kein begründetes praktisches Bedürfnis, vgl. *Ganske*, S. 91.

5 Vgl. *Dauner-Lieb/Tettinger* in KölnKomm. UmwG, § 39 UmwG Rz. 6; *K. Mertens*, Umwandlung und Universalsukzession, 1993, S. 20 Fn. 40; *Bayer*, ZIP 1997, 1613; *K. Schmidt*, NJW 1995, 7; *Wertenbruch*, ZIP 1995, 713; *H. Schmidt* in Kölner Umwandlungsrechtstage, S. 59 (68); wohl auch *Vossius* in Widmann/Mayer, vor § 39 UmwG Rz. 17.

6 Gesetz zur Ausführung der EWG-Verordnung über die Europäische Wirtschaftliche Interessenvereinigung v. 14.4.1988, BGBl. I, S. 514.

7. Europäisches Recht; Auslegungsfragen

Unmittelbare europarechtliche Vorgaben für die Verschmelzung unter Beteiligung von Personenhandelsgesellschaften bestehen nicht. Die **Verschmelzungsrichtlinie** (3. Richtlinie, vgl. den Abdruck im Anh. III, S. 3451 ff.), deren Umsetzung das UmwG auch dient (§ 2 Rz. 9), betrifft nur Aktiengesellschaften. Eine gemeinschaftsrechtliche Verpflichtung, das UmwG für Aktiengesellschaften und sonstige Rechtsformen einheitlich auszulegen, besteht daher nicht. Vielmehr ist diese Frage nach dem nationalen Recht zu beantworten (Einl. I Rz. 41). Namentlich für die Anwendung der **allgemeinen Vorschriften** des Verschmelzungsrechts kann deren **richtlinienkonforme Auslegung** (dazu näher Einl. I Rz. 27 ff.) freilich Bedeutung auch für die Verschmelzung unter Beteiligung von Personenhandelsgesellschaften erlangen (s. auch Einl. I Rz. 41)[1]. Dies beruht auf der Funktion der Bestimmungen des Allgemeinen Teils des Verschmelzungsrechts, das Verschmelzungsverfahren für alle Rechtsformen und damit auch rechtsformunabhängig zu regeln[2], während rechtsformspezifische Besonderheiten jeweils im Besonderen Teil des Verschmelzungsrechts behandelt werden. Wenn der nationale Gesetzgeber bei der Umsetzung einer Richtlinie auch Sachbereiche einbezieht, deren Erfassung vom Gemeinschaftsrecht nicht vorgegeben ist[3], so verbindet sich damit bereits *typischerweise* der Wille des Gesetzgebers, alle von der Norm erfassten Gegenstände einheitlich zu regeln und eine „gespaltene Auslegung"[4], die für vom Gemeinschaftsrecht erfasste (hier: Aktiengesellschaften) und nicht erfasste (hier: die übrigen Rechtsformen) Gegenstände unterschiedlich ausfällt, grundsätzlich nicht zuzulassen[5]. Unterstrichen wird dieser gesetzgeberische Wille für das UmwG dadurch, dass Abweichungen vom allgemeinen Verschmelzungsrecht oder Ergänzungen zu diesem, die der Gesetzgeber für bestimmte Rechtsformen für erforderlich oder zweckmäßig gehalten hat, bewusst dem Besonderen Teil des Verschmelzungsrechts zugewiesen worden sind[6]. Dies rechtfertigt den Schluss[7], dass der Gesetzgeber im Übrigen für Abweichungen vom allgemeinen Verschmelzungsrecht und damit auch für eine gespaltene Auslegung bei anderen Rechtsformen als der AG keinen Anlass gesehen hat und sie auch nicht zulassen wollte. Für eine **gespaltene Auslegung des allgemeinen Verschmelzungsrechts** je nach der betroffenen Rechtsform ist daher im Grundsatz **kein Raum** (Einl. I Rz. 41)[8]. Daher kann das Gebot der richtlinienkonformen Auslegung auch für die Anwendung der 13

1 *Schwarz*, DStR 1994, 1697; so bereits *H. Schmidt* in Kölner Umwandlungsrechtstage, S. 59 (63). Allgemein für eine Auslegung des UmwG so, wie es für die Aktiengesellschaft unter dem Aspekt der richtlinienkonformen Auslegung nach der Verschmelzungsrichtlinie geboten wäre, BayObLG v. 17.9.1998 – 3 Z BR 37/98, ZIP 1998, 2002 (2005) = AG 1999, 185; a.A. *Schnorbus*, WM 2000, 2326 ff.; wohl auch *Vossius* in Widmann/Mayer, § 39 UmwG Rz. 42.

2 Begr, *Ganske*, S. 45.

3 „Überschießende" Richtlinienumsetzung, vgl. Einl. I Rz. 40 ff.; *Habersack/Mayer*, JZ 1999, 913 ff.

4 Zu dieser Terminologie vgl. etwa BGH v. 9.4.2002 – XI ZR 91/99, ZIP 2002, 1075 (1079).

5 So zu Recht allgemein *Ulmer*, ZIP 2002, 1082.

6 Begr, *Ganske*, S. 26, 45.

7 A.A. *Schnorbus*, WM 2000, 2326.

8 BayObLG v. 17.9.1998 – 3 Z BR 37/98, ZIP 1998, 2002 (2005) = AG 1999, 185; OLG Naumburg v. 12.2.1997 – 10 Wx 1/97, GmbHR 1997, 1152 (1155); *Schwarz*, DStR 1994, 1697; *H. Schmidt* in Kölner Umwandlungsrechtstage, S. 59 (63); so auch *Habersack/Mayer*, JZ 1999, 921. A.A. *Schöne*, GmbHR 1995, 327 f.; *Schnorbus*, WM 2000, 2326.

§§ 2ff. UmwG auf Personenhandelsgesellschaften (und weitere andere Rechtsformen als die AG) zum Tragen kommen (dazu näher Einl. I Rz. 40ff.). Bedeutung hat das zum Beispiel für die Frage der Verschmelzungsfähigkeit einer aufgelösten übernehmenden Personenhandelsgesellschaft (dazu unten Rz. 18); vgl. aber auch oben Rz. 11. Das Gebot der einheitlichen Auslegung der Vorschriften des allgemeinen Verschmelzungsrechts für alle Rechtsformen schließt eine rechtsträgerspezifische Auslegung allerdings in Fällen nicht aus, in denen anders den Zielen des UmwG und dem Zweck der jeweiligen Norm im Hinblick auf die Verschmelzung von Personenhandelsgesellschaften nicht Rechnung getragen werden kann[1]. Insoweit ist zwischen der in die Zuständigkeit des EuGH fallenden Auslegung der Verschmelzungsrichtlinie und der Entscheidung des nationalen Gesetzgebers, in welchem Umfang sie bei nicht unter die Richtlinie fallenden Sachverhalten Berücksichtigung finden oder eine gespaltene Auslegung möglich sein soll, zu unterscheiden[2]. Das eröffnet die Möglichkeit einer unterschiedlichen Auslegung unter den genannten Voraussetzungen[3].

II. Inhalt der Vorschrift

1. Ausschluss der Verschmelzungsfähigkeit

14 Der für die Verschmelzung durch Aufnahme und durch Neugründung geltende § 39 UmwG schränkt für die Personenhandelsgesellschaft als **übertragender Rechtsträger** im Falle der Auflösung die Verschmelzungsfähigkeit ein; zur Frage der Beteiligung einer aufgelösten Gesellschaft als übernehmender Rechtsträger vgl. unten Rz. 18. Die Verschmelzung ist danach ausgeschlossen, wenn die Gesellschafter der übertragenden Personenhandelsgesellschaft eine **andere Art der Auseinandersetzung als die Abwicklung oder die Verschmelzung vereinbart** haben; dazu unten Rz. 17. Zulässig ist die Verschmelzung also, wenn der Gesellschaftsvertrag für den Fall der Auflösung ausdrücklich die Abwicklung nach den gesetzlichen Bestimmungen der §§ 145ff. HGB oder die Verschmelzung vorsieht oder wenn zur Art der Auseinandersetzung keine Regelung im Gesellschaftsvertrag getroffen ist; in diesem Fall erfolgt die Abwicklung ebenfalls nach den §§ 145ff. HGB. Weiterhin darf durch einen bei oder nach der Auflösung gefassten Gesellschafterbeschluss im Wege der Änderung des Gesellschaftsvertrages keine abweichende Abwicklungsart vereinbart worden sein[4].

---

1 Insoweit zutr. *Schöne*, GmbHR 1995, 327f. Nicht zu folgen ist ihm allerdings, soweit er die Anwendung von § 16 Abs. 1 Satz 1 UmwG und damit die Anmeldung der Verschmelzung zum Handelsregister nur durch die Vertretungsorgane der Personenhandelsgesellschaft in vertretungsberechtigter Zahl in Frage stellt (S. 332f.); dazu § 16 Rz. 5 sowie § 40 Rz. 21; *H. Schmidt* in Kölner Umwandlungsrechtstage, S. 59 (81). Für Anmeldung durch sämtliche Gesellschafter zu Unrecht *Picot/Müller-Eising*, Unternehmenskauf und Restrukturierung, Rz. 445.

2 EuGH v. 7.1.2003 – C-306/99, EuGHE, Slg. 2003, I-165 (Rz. 92) (BIAO); EuGH v. 17.7. 1997 – C-28/95, EuGHE, Slg. 1997, I-4190, 4202 (Rz. 33) (Leur-Bloem); EuGH v. 18.10. 1990 – C-I029/88, EuGHE, Slg. 1990, I-3783, 3794 (Rz. 42) (Dzodzi).

3 S. z.B. § 13 Rz. 12f. zum Versammlungszwang für die Beschlussfassung über die Verschmelzung.

4 *Ihrig* in Semler/Stengel, § 39 UmwG Rz. 18; *Dauner-Lieb/Tettinger* in KölnKomm. UmwG, § 39 UmwG Rz. 27. Zu dieser Möglichkeit vgl. nur *Emmerich* in Heymann, § 145 HGB Rz. 18 sowie BGH v. 11.5.2009 – II ZR 210/08, WM 2009, 1231 (1232).

Im Falle eines **einstimmigen Verschmelzungsbeschlusses aller vorhandenen Gesellschafter** ist immer auch eine Vereinbarung über die Verschmelzung als gesellschaftsvertragliche Abwicklungsart gegeben, mit der eine abweichende Vereinbarung i.S.v. § 145 Abs. 1 HGB sowie § 39 UmwG aufgehoben wird[1]. Eine aufgrund einer entsprechenden gesellschaftsvertraglichen Mehrheitsklausel (dazu § 43 Rz. 12 ff.) **mehrheitlich beschlossene Verschmelzung** führt zu einer wirksamen **Änderung der** im Gesellschaftsvertrag oder durch Gesellschafterbeschluss (oben Rz. 14) vorgesehenen anderen **Abwicklungsart** nur dann, wenn der Gesellschaftsvertrag hierfür ebenfalls eine Beschlussfassung mit der entsprechenden Mehrheit zulässt[2]. Eine derartige Änderung des Gesellschaftsvertrages ist auch bei der aufgelösten Gesellschaft möglich (vgl. § 158 HGB) und, da es nur um die Änderung der Abwicklungsart geht, auch mit dem auf die Abwicklung gerichteten Zweck der aufgelösten Gesellschaft vereinbar. In diesem Fall kommt es auf die Frage, ob der Gesellschaftsvertrag einen mehrheitlichen Fortsetzungsbeschluss zulässt, der Verschmelzungsbeschluss auch als *konkludenter Fortsetzungsbeschluss* interpretiert werden kann und deshalb bereits eine aufgelöste Gesellschaft nicht mehr vorliegt, nicht mehr an. Anderes gilt für den Fall, dass nach dem Gesellschaftsvertrag eine Änderung der Abwicklungsart nur einstimmig erfolgen kann. In diesem Fall kann ein mehrheitlicher Verschmelzungsbeschluss nicht gleichzeitig als ein – nach dem Gesellschaftsvertrag möglicher – mehrheitlicher Fortsetzungsbeschluss *ausgelegt* werden[3]. Unberührt bleibt die Möglichkeit, unter Beachtung der erforderlichen Mehrheit einen *ausdrücklichen Fortsetzungsbeschluss* zu fassen, der den Tatbestand der Auflösung und damit auch die Anwendbarkeit von § 39 UmwG vor dem Verschmelzungsbeschluss entfallen lässt (oben Rz. 10)[4]. 15

2. Auflösungsfälle

Die Tatbestände, die zur Auflösung einer Personenhandelsgesellschaft führen, sind in dem **Katalog des § 131 Abs. 1 und 2 HGB** geregelt; weiterhin kann der **Gesellschaftsvertrag** in den in § 131 Abs. 3 HGB genannten Fällen, die nicht zur Auflösung, sondern zum Ausscheiden eines Gesellschafters führen, doch die Auflösung der Gesellschaft vorsehen, aber auch im Übrigen weitere Auflösungsgründe bestimmen. Hinsichtlich der Einzelheiten ist auf die Kommentierungen zu § 131 HGB zu verweisen. Zur Auflösung aufgrund behördlicher Entscheidung vgl. oben Rz. 10. Eine aufgelöste Gesellschaft liegt nicht mehr vor, wenn die Ge- 16

1 Allg. M.; vgl. nur *Ihrig* in Semler/Stengel, § 39 UmwG Rz. 18; *Dauner-Lieb/Tettinger* in KölnKomm. UmwG, § 39 UmwG Rz. 27; *Kallmeyer/Kocher* in Kallmeyer, § 39 UmwG Rz. 6.

2 *Ihrig* in Semler/Stengel, § 39 UmwG Rz. 18; *Dauner-Lieb/Tettinger* in KölnKomm. UmwG, § 39 UmwG Rz. 27.

3 *Ihrig* in Semler/Stengel, § 39 UmwG Rz. 15. Zur Zulässigkeit von Mehrheitsklauseln für Fortsetzungsbeschlüsse s. nur BGH v. 2.7.2007 – II ZR 181/06, WM 2007, 2016.

4 Vgl. *Ihrig* in Semler/Stengel, § 39 UmwG Rz. 14; *Kallmeyer/Kocher* in Kallmeyer, § 39 UmwG Rz. 5. Eine Umgehung von § 39 UmwG kann bei einem Fortsetzungsbeschluss, der ausschließlich der Vorbereitung der Verschmelzung dient, allerdings nur dann in Betracht kommen, wenn der Gesellschaftsvertrag eine mehrheitliche Abänderung der Abwicklungsart nicht zulässt, vgl. *Ihrig* in Semler/Stengel, § 39 UmwG Rz. 14; *Dauner-Lieb/Tettinger* in KölnKomm. UmwG, § 39 UmwG Rz. 27. Noch enger („in der Regel keine Umgehung") *Haggeney* in Maulbetsch/Klumpp/Rose, § 39 UmwG Rz. 10.

sellschafter die Fortsetzung der Gesellschaft beschlossen haben; s. dazu auch oben Rz. 15. § 39 UmwG knüpft an Auflösungstatbestände an, bei denen die Gesellschafter eine Auseinandersetzungsart gesellschaftsvertraglich oder durch Beschluss regeln können, und schließt für sie unter den in § 39 UmwG genannten Voraussetzungen die Verschmelzungsfähigkeit aus. Im Falle der **insolvenzbedingten Auflösung** ist das Abwicklungsverfahren der Regelungsautonomie der Gesellschafter entzogen; **§ 39 UmwG** ist daher **nicht anwendbar**. Der Verschmelzung steht auch § 3 Abs. 3 UmwG nicht entgegen[1] (oben Rz. 10). Im Fall der Auflösung durch **Gläubigerkündigung** oder **Gesellschafterinsolvenz**, soweit der Gesellschaftsvertrag abweichend von § 131 Abs. 3 HGB überhaupt für diese Fälle die Auflösung der Gesellschaft vorsieht, bedarf die Fortsetzung der Gesellschaft nach § 145 Abs. 2 HGB der Zustimmung des Gläubigers oder Insolvenzverwalters bzw. im Falle der Eigenverwaltung des Schuldners. Liegt sie vor, richtet sich die weitere Zulässigkeit der Verschmelzung nach § 39 UmwG[2]. Anwendbar ist § 39 UmwG nach Einstellung oder Aufhebung des Insolvenzverfahrens, soweit nicht ein Insolvenzplan die Fortsetzung der aufgelösten Gesellschaft vorsieht, vgl. oben Rz. 10.

3. Andere Art der Auseinandersetzung

17 Die Arten abweichender Auseinandersetzungen i.S.v. § 39 UmwG (s. oben Rz. 14) sind vielfältig und unterliegen der Vertragsfreiheit[3]. So kann z.B. die Übernahme des Handelsgeschäfts durch einen Gesellschafter oder eine Realteilung des Gesellschaftsvermögens vereinbart werden. **Auf die Art** der abweichenden Auseinandersetzung **kommt es für die Anwendung von § 39 UmwG nicht an**. Soweit als abweichende Auseinandersetzungsart[4] allerdings die Verschmelzung vereinbart ist, ist die Verschmelzungsfähigkeit der aufgelösten Gesellschaft nach § 39 UmwG gegeben. Unerheblich ist der **Zeitpunkt** der Vereinbarung einer abweichenden Auseinandersetzungsart. § 39 UmwG greift daher nicht nur dann ein, wenn eine entsprechende Regelung bereits im Gesellschaftsvertrag enthalten ist, sondern erfasst auch die Fälle, in denen eine abweichende Auseinandersetzungsart bei oder nach der Auflösung im Wege einer Änderung des Gesellschaftsvertrages vereinbart oder beschlossen wird (oben Rz. 14f.).

III. Übernehmender Rechtsträger

18 Für die Frage, ob eine aufgelöste Personenhandelsgesellschaft als übernehmender Rechtsträger an einer Verschmelzung teilnehmen kann[5], **hat § 39 UmwG keine Bedeutung**, da die Verschmelzung die *Art und Weise der Auseinandersetzung* des

1 Anders noch *Ihrig* in Semler/Stengel, § 39 UmwG Rz. 11 und *Vossius* in Widmann/Mayer, § 39 UmwG Rz. 40, die § 225a InsO noch nicht berücksichtigen konnten; für Verschmelzungsunfähigkeit nach § 39 UmwG *Bermel* in Goutier/Knopf/Tulloch, § 39 UmwG Rz. 6.

2 *Ihrig* in Semler/Stengel, § 39 UmwG Rz. 11; *Vossius* in Widmann/Mayer, § 39 UmwG Rz. 43.

3 Vgl. nur *Emmerich* in Heymann, § 145 HGB Rz. 7.

4 Vgl. *Emmerich* in Heymann, § 145 HGB Rz. 15.

5 Ein Bedürfnis hierfür kann in der Praxis z.B. bestehen, wenn die Verschmelzung der erleichterten gemeinsamen Abwicklung dienen soll; vgl. *Bayer*, ZIP 1997, 1614; so auch der Fall OLG Naumburg v. 12.2.1997 – 10 Wx 1/97, GmbHR 1997, 1152 (1155).

übernehmenden Rechtsträgers nicht berührt[1]. Die Verschmelzungsfähigkeit der aufgelösten übernehmenden Personenhandelsgesellschaft richtet sich nach den allgemeinen verschmelzungsrechtlichen Bestimmungen. Insoweit ist derjenigen Ansicht zu folgen, nach der die Verschmelzungsfähigkeit für aufgelöste übernehmende Rechtsträger **durch § 3 Abs. 3 UmwG ausgeschlossen** wird (§ 3 Rz. 31)[2]. Wenn § 3 Abs. 1 UmwG zwischen übertragenden und übernehmenden Rechtsträgern unterscheidet und in § 3 Abs. 3 UmwG eine Sonderregelung für den Fall der Auflösung nur für *übertragende* Rechtsträger getroffen wird, kann dies nur dahin verstanden werden, dass die Verschmelzungsfähigkeit – nach § 1 Abs. 2 UmwG zwingend – für den aufgelösten übernehmenden Rechtsträger nicht gegeben ist[3]. Die Gegenansicht[4] lässt sich auch nicht mit der **Verschmelzungsrichtlinie**[5] in Einklang bringen, die in Art. 3 Abs. 2 die aufgelöste AG nur als übertragenden Rechtsträger zulässt. Eine abweichende nationale Regelung oder Auslegung von § 3 Abs. 3 UmwG für andere Rechtsformen ist zwar nicht von vornherein gemeinschaftsrechtlich ausgeschlossen (oben Rz. 13). Dass § 3 Abs. 3 UmwG im Hinblick auf den aufgelösten übernehmenden Rechtsträger für die AG und die anderen Rechtsformen unterschiedlich auszulegen sein sollte, ist allerdings nicht zu erkennen[6]; vgl. dazu auch oben Rz. 13. In den hier behandelten Fällen ist daher für den übernehmenden Rechtsträger ein **Fortsetzungsbeschluss erforderlich**[7]. Genügt hierfür nach dem Gesellschaftsvertrag die Dreiviertel-Mehrheit, so wird man den Verschmelzungsbeschluss im Regelfall zugleich als Fortsetzungsbeschluss auslegen können[8]. Anderes gilt allerdings dann, wenn die Anteilsinhaber des übernehmenden Rechtsträgers bei der Beschlussfassung über die

1 *Ihrig* in Semler/Stengel, § 39 UmwG Rz. 19; einschränk. *Kallmeyer/Kocher* in Kallmeyer, § 39 UmwG Rz. 9.

2 Vgl. OLG Naumburg v. 12.2.1997 – 10 Wx 1/97, GmbHR 1997, 1152 (1154); AG Erfurt v. 25.10.1995 – HRB 1870, Rpfleger 1996, 163; *Ihrig* in Semler/Stengel, § 39 UmwG Rz. 19; *Dauner-Lieb/Tettinger* in KölnKomm. UmwG, § 39 UmwG Rz. 1; Deutsches Notarinstitut (Hrsg.), Gutachten zum Umwandlungsrecht 1996/97, S. 13 f.; *Priester*, DStR 2005, 789; *Schnorbus*, DB 2001, 1656; so jedenfalls für den aufgelösten Rechtsträger, dessen Fortsetzung nicht mehr beschlossen werden kann, KG v. 22.9.1998 – 1 W 2161/97, DB 1998, 2409 (zur GmbH). Einschränkend *Bayer*, ZIP 1997, 1614: Einstimmig beschlossene Verschmelzung zum Zwecke der gemeinsamen Abwicklung ist zulässig; s. auch § 79 Rz. 13. Uneingeschränkt für Verschmelzungsfähigkeit *Brügel* in Keßler/Kühnberger, § 39 UmwG Rz. 4.

3 Vgl. OLG Naumburg v. 12.2.1997 – 10 Wx 1/97, GmbHR 1997, 1152 (1154).

4 *Bermel* in Goutier/Knopf/Tulloch, § 3 UmwG Rz. 20; *Marsch-Barner* in Kallmeyer, § 3 UmwG Rz. 26; *Haritz/Bärwaldt* in Beck'sches Hdb. Pers. Ges., § 9 Rz. 266; *Heckschen* in Westermann, Hdb. Pers. Ges., Rz. I 3549 (die dort, Rz. I 3550, angeführte Entscheidung OLG Naumburg v. 6.2.1997 – 7 U 236/96, GmbHR 1997, 851 = WiB 1997, 864, betrifft den Formwechsel, bei dem es einen übernehmenden Rechtsträger nicht gibt, und lässt sich auf den Fall der Verschmelzung nicht übertragen); wohl auch *Stratz* in Schmitt/Hörtnagl/Stratz, § 3 UmwG Rz. 47 und *Fronhöfer* in Widmann/Mayer, § 3 UmwG Rz. 72.

5 Dritte Richtlinie v. 9.10.1978 (Fusionsrichtlinie), 78/855 EWG, ABl. EG Nr. L 295/36 v. 20.10.1978; vgl. den Abdruck unten Anh. III, S. 3451 ff.

6 Zutr. OLG Naumburg v. 12.2.1997 – 10 Wx 1/97, GmbHR 1997, 1152 (1155); *Dauner-Lieb/Tettinger* in KölnKomm. UmwG, § 39 UmwG Rz. 9.

7 *Kallmeyer/Kocher* in Kallmeyer, § 39 UmwG Rz. 10, lassen bereits die Möglichkeit eines Fortsetzungsbeschlusses genügen.

8 *Ihrig* in Semler/Stengel, § 39 UmwG Rz. 20; *Dauner-Lieb/Tettinger* in KölnKomm. UmwG, § 39 UmwG Rz. 9. So bereits *H. Schmidt* in Kölner Umwandlungsrechtstage,

Verschmelzung erkennbar an der Abwicklung festhalten[1]. Liegt der Fortsetzungsbeschluss – ggf. auch aufgrund einer Auslegung des Verschmelzungsbeschlusses – vor, so ist im Fall des § 144 Abs. 1 HGB für den Wegfall des Tatbestands der Auflösung und damit für die Verschmelzungsfähigkeit die **Registereintragung** der Fortsetzung gem. § 144 Abs. 2 HGB nicht erforderlich; die Eintragung hat bei der Personenhandelsgesellschaft nur eine deklaratorische Wirkung. Entsprechendes gilt für andere Auflösungsfälle[2].

IV. Ein-Personen-GmbH & Co. KG

19 Von der Frage der Verschmelzungsfähigkeit eines aufgelösten übernehmenden Rechtsträgers zu unterscheiden ist der Fall, in dem eine Verschmelzung zur **Auflösung und** sofortigen **Vollbeendigung einer übernehmenden GmbH & Co. KG** führen würde. Dies wäre die Rechtsfolge, wenn man bei einer **Ein-Personen-GmbH & Co. KG**[3] die **Verschmelzung der Komplementär-GmbH auf die Kommanditgesellschaft** zulassen würde. Mit dem Wirksamwerden der Verschmelzung fiele die Komplementärstellung und die Kommanditistenstellung in einer Person zusammen. Das hätte die Auflösung und *sofortige* Vollbeendigung, also das *Erlöschen* der Kommanditgesellschaft zur Folge, da eine Personengesellschaft mindestens zwei Gesellschafter haben muss[4]. Eine solche „Verschmelzung" ist mit dem UmwG nicht zu vereinbaren und **nicht zuzulassen**[5]. Wie eine Reihe von Verschmelzungsvorschriften zeigen, gehört der Fortbestand des übernehmenden Rechtsträgers zu den Voraussetzungen der Verschmelzung[6]; insoweit sei nur auf die §§ 2, 20 Abs. 1 Nr. 3 UmwG verwiesen, die eine Anteilsgewährung und als Folge des Wirksamwerdens der Verschmelzung die Übernahme von Anteilen am übernehmenden Rechtsträger vorsehen. Dies setzt das Fortbestehen des übernehmenden Rechtsträgers als Rechtsfolge der Verschmelzung voraus. Da aber aus den genannten Gründen das Wirksamwerden der Verschmelzung und die Vollbeendigung des übernehmenden Rechtsträgers zusammenfallen, ist für dessen Fortbestand kein Raum[7]. Im Ergebnis würde der hier behandelte „Verschmelzungs"-Fall zu einer in § 1 Abs. 1 UmwG nicht vorgesehenen und damit gem. § 1

S. 59 (69); zust. *Stratz* in Schmitt/Hörtnagl/Stratz, § 3 UmwG Rz. 48; dafür wohl auch OLG Naumburg v. 12.2.1997 – 10 Wx 1/97, GmbHR 1997, 1152 (1155); a.A. *Bayer*, ZIP 1997, 1614 und unten *Bayer*, § 79 Rz. 13.

1 Vgl. OLG Naumburg v. 12.2.1997 – 10 Wx 1/97, GmbHR 1997, 1152 (1155).

2 Zur str. Frage, ob die Fortsetzung der Gesellschaft in den von § 144 HGB nicht betroffenen Fällen im Handelsregister einzutragen ist, vgl. *K. Schmidt* in MünchKomm. HGB, § 143 HGB Rz. 3 m.w.N.

3 Bei ihr ist der alleinige Kommanditist auch alleiniger Gesellschafter der Komplementär-GmbH; vgl. *K. Schmidt*, GesR, S. 1635.

4 Vgl. nur *Hopt* in Baumbach/Hopt, § 131 HGB Rz. 35; *Schäfer* in Ulmer/Schäfer, GbR, vor § 723 BGB Rz. 9.

5 So auch OLG Hamm v. 24.6.2010 – I-15 Wx 360/09, GmbHR 2010, 985 = ZIP 2010, 2205 (2206) = DNotZ 2011, 230 mit zust. Anm. *Gößl* = BB 2010, 2465 mit zust. Anm. *Müller*; *Stengel* in Semler/Stengel, § 2 UmwG Rz. 37a; a.A. *Limmer* in Limmer, Unternehmensumwandlung, Teil 2 Rz. 681; *Kallmeyer/Kocher* in Kallmeyer, § 39 UmwG Rz. 11; *Traßl* in Engl, Formularbuch Umwandlungen, 3. Aufl. 2013, Teil A. 6 Rz. 20; *Ege/Klett*, DStR 2010, 2465 ff.; *Nelißen*, NZG 2010, 1292 f.; DNotI-Report 2011, 81 ff.

6 Mag dies auch wegen der Selbstverständlichkeit im Gesetz nicht ausdrücklich geregelt sein.

7 Er kann nicht einmal für eine „logische Sekunde" angenommen werden.

Abs. 2 UmwG nicht zulässigen und somit nichtigen Umwandlung führen. Eine Handelsregistereintragung würde nicht gem. § 20 Abs. 2 UmwG zur Wirksamkeit dieser im UmwG nicht vorgesehenen „Verschmelzung" führen, zumal die Ziele von § 20 Abs. 1 Nr. 1 und 3 UmwG nicht erreicht werden könnten[1].

V. Verstoß gegen § 39 UmwG

Der **Verschmelzungsbeschluss und** der **Verschmelzungsvertrag** sind **nichtig**, wenn sie die Beteiligung eines nach den §§ 3 Abs. 3, 39 UmwG nicht verschmelzungsfähigen Rechtsträgers zum Gegenstand haben[2]. Die Verschmelzungsfähigkeit ist damit Gegenstand der **registerrichterlichen Eintragungsprüfung**[3]. Eine trotz des Mangels erfolgende Eintragung der Verschmelzung im Handelsregister führt zur Heilungswirkung des § 20 Abs. 2 UmwG. 20

§ 40
Inhalt des Verschmelzungsvertrags

(1) Der Verschmelzungsvertrag oder sein Entwurf hat zusätzlich für jeden Anteilsinhaber eines übertragenden Rechtsträgers zu bestimmen, ob ihm in der übernehmenden oder der neuen Personenhandelsgesellschaft die Stellung eines persönlich haftenden Gesellschafters oder eines Kommanditisten gewährt wird. Dabei ist der Betrag der Einlage jedes Gesellschafters festzusetzen.

(2) Anteilsinhabern eines übertragenden Rechtsträgers, die für dessen Verbindlichkeiten nicht als Gesamtschuldner persönlich unbeschränkt haften, ist die Stellung eines Kommanditisten zu gewähren. Abweichende Bestimmungen sind nur wirksam, wenn die betroffenen Anteilsinhaber dem Verschmelzungsbeschluss des übertragenden Rechtsträgers zustimmen.

1 Vgl. dazu allgemein bezogen auf die Wahl einer im Gesetz nicht zugelassenen Umwandlungsform BGH v. 29.6.2001 – V ZR 186/00, ZIP 2001, 2006 m.w.N. aus der BGH-Rspr. A.A. *Limmer*, Unternehmensumwandlung, Teil 2 Rz. 681; DNotI-Report 2011, 83; wohl auch oben *Drygala*, § 1 Rz. 57.

2 *Ihrig* in Semler/Stengel, § 39 UmwG Rz. 21; *Dauner-Lieb/Tettinger* in KölnKomm. UmwG, § 39 UmwG Rz. 29. So auch OLG Naumburg v. 12.2.1997 – 10 Wx 1/97, GmbHR 1997, 1152 (1153) (zum Vertrag); *Kallmeyer/Kocher* in Kallmeyer, § 39 UmwG Rz. 8 (zum Beschluss); vgl. allgemein zur Nichtigkeit des Beschlusses wegen eines Gesetzesverstoßes § 13 Rz. 61.

3 Zutr. OLG Naumburg v. 12.2.1997 – 10 Wx 1/97, GmbHR 1997, 1152 (1153); *Ihrig* in Semler/Stengel, § 39 UmwG Rz. 22; allgemein zur Eintragungsprüfung oben § 19 Rz. 2ff.; *Melchior*, GmbHR 1996, 833f.

Literatur

Hegemann, Die Komplementär-GmbH bei der Verschmelzung von zwei GmbH & Co. KG, GmbHR 2009, 702; *Naraschewski*, Haftung bei der Spaltung von Kommanditgesellschaften, DB 1995, 1265; *Priester*, Mitgliederwechsel im Umwandlungszeitpunkt, DB 1997, 560; *Priester*, Personengesellschaften im Umwandlungsrecht – Praxisrelevante Fragen und offene Posten, DStR 2005, 788; *Harry Schmidt*, Verschmelzung von Personengesellschaften, in Lutter (Hrsg.), Kölner Umwandlungsrechtstage, 1995, S. 59; *Tillmann*, Die Verschmelzung von Schwestergesellschaften unter Beteiligung von GmbH und GmbH & Co. KG, GmbHR 2003, 740.

I. Überblick

1. Regelungsgegenstand und Normzweck

1 § 40 UmwG betrifft den Fall der **Verschmelzung** – s. zum Ablauf eines Umwandlungsvorgangs auch den allgemeinen Überblick bei Einl. I Rz. 62f.; zum zeitlichen Ablauf der Verschmelzung s. § 2 Rz. 34ff. – eines übertragenden Rechtsträgers (dazu § 1 Rz. 3), gleich welcher Rechtsform, **auf eine Personenhandelsgesellschaft**. Die Vorschrift gilt sowohl für die Verschmelzung durch Aufnahme mit einer bestehenden als auch für die Verschmelzung durch Neugründung mit einer zu errichtenden Personenhandelsgesellschaft. Hier ist jeweils nach § 40 Abs. 1 Satz 1 UmwG im Verschmelzungsvertrag die Gesellschafterstellung der Anteilsinhaber des übertragenden Rechtsträgers in der übernehmenden oder neuen Personenhandelsgesellschaft zu bestimmen (unten Rz. 6ff.). Sachliche Bedeutung hat **§ 40 Abs. 1 Satz 1 UmwG** vor allem für die Verschmelzung mit einer Kommanditgesellschaft, da nur bei ihr beschränkt und unbeschränkt haftende Gesellschafter vorhanden sind. In diesem Fall muss bestimmt werden, welche Gesellschafterstellung der Anteilsinhaber des übertragenden Rechtsträgers künftig übernehmen soll. Darüber hinaus verlangt die Vorschrift aber **generell** die Bestimmung der Gesellschafterstellung, also auch dann, wenn es sich bei dem übernehmenden oder neuen Rechtsträger um eine OHG oder EWIV (dazu unten Rz. 5) handelt. Der Zweck von § 40 Abs. 1 UmwG richtet sich darauf, den beteiligten Gesellschaftern eine Gestaltungsfreiheit zu gewähren[1]; insoweit trägt die Vorschrift der Gesellschafterautonomie Rechnung.

2 Dem **Schutz** bisher nicht persönlich unbeschränkt haftender Gesellschafter des übertragenden Rechtsträgers dient **§ 40 Abs. 2 UmwG**[2], indem die Übernahme einer Stellung als persönlich haftender Gesellschafter im übernehmenden oder neuen Rechtsträger von ihrer Zustimmung abhängig gemacht wird (unten Rz. 10). Zum Schutz des beim übertragenden Rechtsträger sowie beim übernehmenden Rechtsträger persönlich unbeschränkt haftenden Gesellschafters vgl. § 43 Rz. 17ff. **§ 40 Abs. 1 Satz 2 UmwG** bringt schließlich die Notwendigkeit zum Ausdruck, den für die einzelnen Gesellschafterrechte regelmäßig maßgeblichen Kapitalanteil (s. unten Rz. 15) eines jeden Gesellschafters des übertragenden

1 Begr, *Ganske*, S. 93.
2 Begr, *Ganske*, S. 92.

Rechtsträgers in der übernehmenden oder neuen Personenhandelsgesellschaft und die Hafteinlage des Kommanditisten festsetzen zu müssen (unten Rz. 15 ff.). Zum Austrittsrecht für der Verschmelzung widersprechende Gesellschafter im Falle der **Mischverschmelzung** vgl. § 29 Rz. 2. Zur anderweitigen **Veräußerung i.S.v. § 33 UmwG** vgl. § 33 Rz. 2 f.

2. Entstehungsgeschichte

3 Die Vorschrift stimmt mit **§ 40 RefE** wortgleich überein. Das Gleiche gilt im Wesentlichen für **§ 38 DiskE.** Dieser enthielt nur zusätzlich eine Regelung für die Bezeichnung unbekannter Aktionäre für den Fall eines übertragenden Rechtsträgers in der Rechtsform der AG oder KGaA. S. dazu § 39 Rz. 1.

II. Inhalt der Vorschrift

1. Vorbemerkung

4 Der **Mindestinhalt des nach § 4 UmwG abzuschließenden Verschmelzungsvertrages** (zur Abschlusskompetenz und Vertretung s. § 4 Rz. 7 ff.) richtet sich auch für die Personenhandelsgesellschaft als beteiligter Rechtsträger zunächst einmal nach **§ 5 Abs. 1 UmwG**; zum gegebenenfalls erforderlichen **Barabfindungsangebot** vgl. die Kommentierung zu **§ 29 UmwG.** Ein Barabfindungsangebot ist insbesondere auch erforderlich bei einer Verschmelzung einer OHG mit einer KG, vgl. § 29 Rz. 2. Besondere Fragestellungen im Hinblick auf die Beteiligung einer Personenhandelsgesellschaft an der Verschmelzung werfen die einzelnen Regelungen des § 5 Abs. 1 UmwG mit Ausnahme von dessen Nr. 8 nicht auf; auf die Kommentierung des § 5 UmwG ist daher hinsichtlich der Einzelheiten zu verweisen. Nach **§ 5 Abs. 1 Nr. 8 UmwG** sind u.a. **besondere Vorteile** (dazu § 5 Rz. 79 ff.) im Verschmelzungsvertrag anzugeben, die **Mitgliedern eines Aufsichtsorgans** des an der Verschmelzung beteiligten Rechtsträgers gewährt werden. Diese Regelung geht auf die 3. Richtlinie zurück[1], hat also mit dem Aufsichtsrat der AG in erster Linie ein *gesetzliches* Aufsichtsorgan im Auge. Der Wortlaut der Vorschrift, aber auch deren auf eine Information der Beteiligten gerichteter Zweck lassen eine Anwendung von § 5 Abs. 1 Nr. 8 UmwG jedenfalls auf solche Organe von Personenhandelsgesellschaften wie Beiräte oder Gesellschafterausschüsse zu, denen durch Gesellschaftsvertrag oder Gesellschafterbeschluss über eine Beratungsfunktion hinausgehende Überwachungsbefugnisse gegenüber der Geschäftsführung übertragen worden sind (§ 5 Rz. 79)[2]. Im Falle der **Verschmelzung durch Neugründung einer Personenhandelsgesellschaft** sind nach § 36 Abs. 2 Satz 1 UmwG die maßgeblichen Gründungsvorschriften einzuhalten. Besonderheiten bestehen insoweit nicht, da das Gründungsrecht der Personenhandelsgesellschaft keine besonderen Regelungen über die Kapitalaufbringung enthält. Nach § 37 UmwG muss allerdings der **Gesellschaftsvertrag Bestandteil der notariellen Urkunde über den Verschmelzungsvertrag** (§ 6 UmwG; zu den Beurkundungskosten s. § 2 Rz. 49) sein; dazu § 6 Rz. 2; § 37 Rz. 5. Zur Bezeichnung unbekannter Anteilsinhaber einer

1 Dazu näher *H. Schmidt* in Kölner Umwandlungsrechtstage, S. 59 (71).
2 *Schröer* in Semler/Stengel, § 5 UmwG Rz. 70; *Marsch-Barner* in Kallmeyer, § 5 UmwG Rz. 45. Vgl. auch schon *H. Schmidt* in Kölner Umwandlungsrechtstage, S. 59 (71 f.).

übertragenden AG oder KGaA vgl. unten Rz. 7. Zu **fakultativen Regelungen** im Verschmelzungsvertrag, z.B. zur künftigen Firma des übernehmenden Rechtsträgers, s. § 5 Rz. 130ff. Zur Frage der Anwendbarkeit von **§ 5 Abs. 2 UmwG** s. § 5 Rz. 139. Zur **Zuleitung** des Vertrages **an einen Betriebsrat** s. § 5 Rz. 143ff.

2. Geltungsbereich

5 Bedeutung wird **§ 40 Abs. 1 Satz 1 UmwG** namentlich für Anteilsinhaber eines übertragenden Rechtsträgers erlangen, die bisher über ihre Einlage hinaus keiner persönlichen Haftung unterliegen; die Gesetzesbegründung verweist auf **Aktionäre, GmbH-Gesellschafter, Genossen und Mitglieder von Vereinen** sowie **Kommanditisten**[1]. Darüber hinaus ist die Vorschrift des § 40 Abs. 1 Satz 1 UmwG ihrem Schutzzweck nach auch dann anzuwenden, wenn sich an der Verschmelzung eine **OHG oder EWIV**[2] **als übertragender Rechtsträger** beteiligt. Zwar unterliegen deren Gesellschafter schon bisher der persönlich unbeschränkten Haftung. Die damit verbundenen Risiken können sich mit der Beteiligung an der übernehmenden oder neuen Personenhandelsgesellschaft jedoch vermehren; nach **§ 40 Abs. 1 Satz 1 UmwG** ist daher die Gesellschafterstellung im übernehmenden oder neuen Rechtsträger festzulegen. Das gilt auch für den **Komplementär der KG**. In diesen Fällen *kann* vorgesehen werden, dass der Gesellschafter Kommanditist wird (unten Rz. 10). Der Schutz bereits beim übertragenden Rechtsträger persönlich unbeschränkt haftender Gesellschafter vor einer Übernahme einer persönlich unbeschränkten Haftung beim übernehmenden oder neuen Rechtsträger wird nicht durch § 40 Abs. 2 UmwG, sondern durch § 43 Abs. 2 Satz 3 UmwG bewirkt, soweit eine Verschmelzung mit Mehrheitsbeschluss möglich ist; dazu § 43 Rz. 17. **§ 40 Abs. 2 UmwG** gilt nur für Anteilsinhaber des übertragenden Rechtsträgers, die bei diesem nicht persönlich unbeschränkt haften. Bei einer **EWIV als übernehmender oder neuer Rechtsträger** kommt die Einräumung einer Kommanditistenstellung aufgrund der in Art. 24 Abs. 1 Satz 1 EWIV-VO[3] vorgegebenen unbeschränkten Haftung der Mitglieder der EWIV nicht in Betracht[4]. Die Bestimmung nach § 40 Abs. 1 Satz 1 UmwG kann sich daher nur auf die Gewährung einer Stellung als unbeschränkt haftendes Mitglied der EWIV richten. *Rechtsformbedingt* kann § 40 Abs. 2 UmwG dann keine Anwendung finden. Das gilt auch für das Zustimmungserfordernis in § 40 Abs. 2 Satz 2 UmwG, da es an § 40 Abs. 2 Satz 1 UmwG anknüpft und damit die bei der EWIV nicht gegebene Möglichkeit der Einräumung einer Kommanditistenstellung voraussetzt. Im Falle des § 40 Abs. 2 Satz 2 UmwG hat der Gesellschafter nur die Möglichkeit, auf seine Gesellschafterstellung in der übernehmenden oder neuen Personenhandelsgesellschaft Einfluss zu nehmen, ohne aber die Verschmelzung insgesamt verhindern zu können. Eine analoge Anwendung des Zustimmungsvorbehalts des § 40 Abs. 2 Satz 2 UmwG auf die Verschmelzung in die EWIV würde demgegenüber dazu führen, dass der Gesellschafter die Verschmelzung in die EWIV insgesamt verhindern könnte, was auch unter dem Aspekt des Minderheitenschutzes als zu weitgehende Rechtsfolge erscheint. Dass sich in einer solchen Konstellation der

1 Begr, *Ganske*, S. 92; *Dauner-Lieb/Tettinger* in KölnKomm. UmwG, § 40 UmwG Rz. 32.
2 *Ihrig* in Semler/Stengel, § 40 UmwG Rz. 3.
3 Verordnung (EWG) Nr. 2137/85 des Rates v. 25.7.1985 über die Schaffung einer Europäischen wirtschaftlichen Interessenvereinigung (EWIV), ABl. EG Nr. L 199/1 v. 31.7.1985.
4 *Dauner-Lieb/Tettinger* in KölnKomm. UmwG, § 40 UmwG Rz. 6.

Schutz des Gesellschafters durch einen Zustimmungsvorbehalt nicht durchsetzen muss, zeigt sich auch daran, dass das UmwG bei einer Verschmelzung auf eine Partnerschaftsgesellschaft für Gesellschafter, die dort die Partnerstellung übernehmen oder beibehalten sollen, kein Widerspruchsrecht bzw. keinen Zustimmungsvorbehalt vorsieht (s. dazu § 45d Rz. 7). Der betroffene Gesellschafter des übertragenden Rechtsträgers wird daher zwangsläufig und unabhängig von seiner Zustimmung unbeschränkt haftendes Mitglied der EWIV[1]. Da diese Fallkonstellation aber nur bei einer *Mischverschmelzung* auftreten kann, steht dem betroffenen Gesellschafter ein Austrittsrecht i.S.v. § 29 Abs. 1 Satz 1 UmwG zu (s. auch oben Rz. 2).

3. Bestimmung der Gesellschafterstellung

a) Grundsatz

Die Gesellschafterstellung (unten Rz. 8) in der übernehmenden oder neuen Personenhandelsgesellschaft ist nach § 40 Abs. 1 Satz 1 UmwG **für jeden Anteilsinhaber** des übertragenden Rechtsträgers im Verschmelzungsvertrag festzulegen (oben Rz. 1, 5). Dabei ist, wie § 35 UmwG zeigt, jeder bisherige Anteilsinhaber grundsätzlich individuell, also seinem Namen oder seiner Firma nach, aufzuführen[2]. Es würde aber eine übertriebene, sachlich auch nicht erforderliche Förmelei bedeuten, eine solche Individualisierung *generell* im Verschmelzungsvertrag selbst verlangen zu wollen. Die **Art und Weise der Bestimmung** der Gesellschafterstellung ist danach auszurichten, ob für jeden Anteilsinhaber nach dem Verschmelzungsvertrag Klarheit hierüber besteht. Für jeden Anteilsinhaber ist die Gesellschafterstellung daher auch dann i.S.v. § 40 Abs. 1 Satz 1 UmwG festgelegt, wenn sie im Verschmelzungsvertrag für einen **zusammengefassten oder gattungsmäßig beschriebenen Personenkreis** erfolgt und in einer Anlage zum Vertrag die Anteilsinhaber ihrem Namen oder ihrer Firma nach im Einzelnen wiedergegeben werden[3]. Dies ist etwa bei einer Festlegung der Fall, nach der alle Aktionäre oder Kommanditaktionäre eines übertragenden Rechtsträgers nach Maßgabe der Anlage zum Verschmelzungsvertrag Kommanditisten der übernehmenden Kommanditgesellschaft werden; Entsprechendes gilt, wenn bei der Verschmelzung einer Kommanditgesellschaft bestimmt wird, dass die bisherigen persönlich haftenden Gesellschafter und Kommanditisten die gleiche Gesellschafterstellung in der übernehmenden oder neuen Kommanditgesellschaft nach Maßgabe der Anlage einnehmen. 6

Unbekannte Aktionäre oder Kommanditaktionäre (dazu § 35 Rz. 7) einer übertragenden AG oder KGaA sind nach § 35 Satz 1 UmwG im Verschmelzungsvertrag durch die *Angabe des insgesamt auf sie entfallenden Teils des Grundkapitals der Gesellschaft und der auf sie nach der Verschmelzung entfallenden Anteile* zu 7

1 So im Erg. auch *Dauner-Lieb/Tettinger* in KölnKomm. UmwG, § 40 UmwG Rz. 6, 38.
2 *Ihrig* in Semler/Stengel, § 40 UmwG Rz. 7.
3 *Ihrig* in Semler/Stengel, § 40 UmwG Rz. 7; *Kallmeyer/Kocher* in Kallmeyer, § 40 UmwG Rz. 3; weitergehend *Dauner-Lieb/Tettinger* in KölnKomm. UmwG, § 40 UmwG Rz. 9 ff. (namentliche Benennung erst in der Handelsregisteranmeldung), und *Priester*, DStR 2005, 789 f. (konkretisierende Anlage nicht erforderlich).

bezeichnen[1]. Unzulässig ist diese Art der Bezeichnung aber dann, wenn die Anteile dieser Anteilsinhaber zusammen den Betrag von 5 % des Grundkapitals des übertragenden Rechtsträgers überschreiten[2]. § 35 UmwG ist auch auf die Personenhandelsgesellschaft als übernehmender Rechtsträger anzuwenden (einschränkend *Grunewald*, § 35 Rz. 9) und ermöglicht auch die **Verschmelzung durch Neugründung** bei Vorhandensein unbekannter Anteilsinhaber des übertragenden Rechtsträgers[3]. In dem Gesellschaftsvertrag der neuen Personenhandelsgesellschaft, der gem. § 37 UmwG im Verschmelzungsvertrag enthalten sein oder in ihm festgestellt werden muss, können die unbekannten Anteilsinhaber analog § 35 UmwG bezeichnet werden[4] und kann ihnen auch bei einer neuen Kommanditgesellschaft die Gesellschafterstellung unter Einschluss der Einlage zugeordnet werden[5]. Die **Handelsregisteranmeldung** (unten Rz. 21; zu nachfolgenden Anmeldungen s. § 35 Rz. 3) und damit auch die Handelsregistereintragung unter der in § 35 UmwG vorgesehenen Bezeichnung sieht diese Vorschrift i.V.m. § 36 Abs. 1 Satz 1 UmwG, der auf die entsprechende Anwendung der Vorschriften des Zweiten Abschnitts verweist und dabei für § 35 UmwG keine Ausnahme macht, vor. Damit geht das Gesetz davon aus, dass unbekannte Anteilsinhaber im Gesellschaftsvertrag gem. § 35 UmwG bezeichnet werden können.

8 Im Verschmelzungsvertrag ist festzulegen, ob der Anteilsinhaber nach der Verschmelzung im übernehmenden oder neuen Rechtsträger die Stellung eines **persönlich haftenden Gesellschafters oder** eines **Kommanditisten** einnimmt. Als Regelfall sieht § 40 Abs. 2 Satz 1 UmwG vor, dass bisher nicht persönlich unbeschränkt haftenden Anteilsinhabern des übertragenden Rechtsträgers die Stellung eines Kommanditisten zu gewähren ist; zu den Besonderheiten bei einer EWIV als übernehmender oder neuer Rechtsträger s. oben Rz. 5. Hiervon sind alle Anteils-

---

1 Unter dieser Bezeichnung erfolgt nach § 35 Satz 1 UmwG auch die Handelsregistereintragung unbekannter Anteilsinhaber des übertragenden Rechtsträgers. § 35 UmwG kann daher auch bei der Verschmelzung auf eine Personenhandelsgesellschaft Anwendung finden; so auch *Kallmeyer/Kocher* in Kallmeyer, § 40 UmwG Rz. 3; *Wälzholz* in Widmann/Mayer, § 35 UmwG Rz. 12; *Ihrig* in Semler/Stengel, § 40 UmwG Rz. 7. Zum Formwechsel vgl. BayObLG v. 5.7.1996 – 3 Z BR 114/96, Rpfleger 1997, 25 (26) m. abl. Anm. *Buchberger*. Zur Möglichkeit, für die Wahrung der Interessen der unbekannten Anteilsinhaber einen Pfleger gem. § 1913 BGB zu bestellen, s. OLG Bremen v. 15.5. 2003 – 4 W 13/03, DB 2003, 1498. Zu Einzelfragen zur Rechtsstellung des unbekannten Kommanditisten vgl. *Schöne* in FS Lutter, 2000, S. 905 (916 ff.).

2 Das hat zur Folge, dass eine Verschmelzung auf ganz erhebliche Schwierigkeiten stößt; vgl. zum Formwechsel § 234 Rz. 25 ff.

3 A.A. *Ihrig* in Semler/Stengel, § 40 UmwG Rz. 8. Zur Aufnahme einer Vollmacht für spätere Handelsregisteranmeldungen in den Gesellschaftsvertrag vgl. BGH v. 9.5.2005 – II ZR 29/03, ZIP 2005, 1318 (1322) = AG 2005, 613; BGH v. 17.7.2006 – II ZR 242/04, NJW 2006, 2854 (2855); OLG Schleswig v. 4.6.2003 – 2 W 50/03, DB 2003, 1502 (1503); *Wälzholz* in Widmann/Mayer, § 35 UmwG Rz. 9; *Bandehzadeh*, DB 2003, 1663.

4 Gem. § 35 Satz 3 UmwG ruht deren Stimmrecht solange, bis solche Anteilsinhaber bekannt geworden und im Handelsregister eingetragen worden sind. Zum Problem der Ladung unbekannter Kommanditisten zu Gesellschafterversammlungen vgl. *Wälzholz* in Widmann/Mayer, § 35 UmwG Rz. 31; BGH v. 9.5.2005 – II ZR 29/03, ZIP 2005, 1318 (1321) = AG 2005, 613 (gesellschaftsvertragliche Regelung über die wirksame Ladung durch deren Veröffentlichung im Bundesanzeiger).

5 Aufgrund von § 40 Abs. 2 Satz 2 UmwG kommt faktisch allerdings nur die Stellung als Kommanditist in Betracht; so auch *Kallmeyer/Kocher* in Kallmeyer, § 40 UmwG Rz. 3. Die Festsetzung der Einlage kann erfolgen, indem jeder Aktie eines unbekannten Anteilsinhabers ein bestimmter Einlagebetrag zugeordnet wird.

inhaber betroffen, die im übertragenden Rechtsträger nicht die Stellung des persönlich haftenden Gesellschafters einer OHG, EWIV (vgl. § 39 Rz. 12), KG oder KGaA einnehmen; das gilt auch für den Kommanditisten, der wegen einer noch nicht erbrachten oder zurückgezahlten Einlage persönlich haftet[1]. Anteilsinhabern, die bereits im übertragenden Rechtsträger persönlich unbeschränkt haften, kann im Verschmelzungsvertrag diese Stellung auch in der übernehmenden oder neuen Personenhandelsgesellschaft zugewiesen werden (oben Rz. 5). Im Falle eines Widerspruchs eines hiervon betroffenen Anteilsinhabers gegen den mehrheitlich gefassten Verschmelzungsbeschluss ist ihm jedoch gem. § 43 Abs. 2 Satz 3 UmwG die Stellung eines Kommanditisten zu gewähren; näher dazu § 43 Rz. 17.

9 Ist ein Anteilsinhaber eines übertragenden Rechtsträgers **bereits an der übernehmenden Personenhandelsgesellschaft beteiligt**, kommt es dort mit der Verschmelzung zu einer Vereinigung der Gesellschafterstellung[2]. Dem Anteilsinhaber eines übertragenden Rechtsträgers, der bei der übernehmenden Personenhandelsgesellschaft bereits persönlich haftender Gesellschafter ist, kann dort die Stellung eines Kommanditisten nur eingeräumt werden, wenn seine bisherige Stellung als persönlich haftender Gesellschafter beim übernehmenden Rechtsträger zuvor oder im Rahmen der Verschmelzung in diejenige eines Kommanditisten umgewandelt wird, ggf. auf einen ausdrücklichen Widerspruch nach § 43 Abs. 2 Satz 3 UmwG hin.

b) Abweichende Bestimmungen

10 § 40 Abs. 2 Satz 1 UmwG sieht als Regelfall vor, dass nicht persönlich unbeschränkt haftende Anteilsinhaber des übertragenden Rechtsträgers in der übernehmenden oder neuen Personenhandelsgesellschaft die Stellung eines Kommanditisten erhalten (oben Rz. 8). Nach § 40 Abs. 2 Satz 2 UmwG ist eine hiervon abweichende Bestimmung, also die Zuweisung der Stellung als **OHG-Gesellschafter oder Komplementär einer KG** nur wirksam, wenn die betroffenen Anteilsinhaber dem Verschmelzungsbeschluss zustimmen; zu den Besonderheiten bei einer **EWIV** als übernehmender oder neuer Rechtsträger s. aber oben Rz. 5. Die **Zuweisung der Kommanditistenstellung** bedarf nicht der Zustimmung des betroffenen Anteilsinhabers[3]. Das gilt auch dann[4], wenn wegen einer Überbewertung des Ver-

---

1 *Ihrig* in Semler/Stengel, § 40 UmwG Rz. 12; *Kallmeyer/Kocher* in Kallmeyer, § 40 UmwG Rz. 12; *Priester*, DStR 2005, 790.

2 Vgl. OLG Jena v. 31.8.2011 – 6 W 188/11, NZG 2011, 1301 = GmbHR 2011, 1204; *Haggeney* in Maulbetsch/Klumpp/Rose, § 40 UmwG Rz. 10.

3 Anderes gilt nach § 50 Abs. 2 UmwG, wenn der betroffene Anteilsinhaber bei einer übertragenden GmbH ein Sonderrecht auf Geschäftsführung hat. – Gegen ein einvernehmliches Ausscheiden des alleinigen Kommanditisten einer übertragenden GmbH & Co. KG während des Verschmelzungsverfahrens zutr. Centrale-Gutachtendienst, GmbHR 2002, 259.

4 Von einer solchen Haftung gehen die in der nachfolgenden Fn. Genannten aus. So auch zum Formwechsel § 234 Rz. 35. Gegen eine Differenzhaftung der ehemaligen Gesellschafter des übertragenden Rechtsträgers auf Ausgleich des Unterschieds zwischen dem Wert des übertragenden Vermögens und dem Nennbetrag der ihnen gewährten Aktien im Fall der Verschmelzung auf eine AG BGH v. 12.3.2007 – II ZR 302/05, NZG 2007, 513 = AG 2007, 487; vgl. dazu *Koppensteiner* in FS Hüffer, 2010, S. 465 ff. Die vom BGH angeführten, über eine spezifisch aktienrechtliche Argumentation hinausgehenden Gründe (vgl. BGH v. 12.3.2007 – II ZR 302/05, AG 2007, 487 [Rz. 9 ff.]) sprechen dafür, eine Haftung nach § 171 Abs. 1 HGB abzulehnen.

mögens des übertragenden Rechtsträgers der Beteiligungswert die für den Anteilsinhaber festgesetzte Hafteinlage nicht abdeckt und es deshalb zu einer persönlichen **Haftung** des Kommanditisten **nach § 171 Abs. 1 HGB** kommen sollte[1]. § 40 Abs. 2 UmwG knüpft an die Gesellschafter*stellung* und die damit nach der gesetzlichen Typisierung *im Regelfall* verbundene Haftungssituation an; eine abweichende Bestimmung nach § 40 Abs. 2 Satz 2 UmwG liegt daher nur dann vor, wenn die insoweit vorgesehene Gesellschafterstellung mit einer persönlich unbeschränkten Haftung nach § 128 HGB verbunden ist[2].

11 Die nach § 40 Abs. 2 Satz 2 UmwG erforderliche **Zustimmung** bedarf nach § 13 Abs. 3 Satz 1 UmwG grundsätzlich der **notariellen Form**; s. § 13 Rz. 17. Die Zustimmung ist eine empfangsbedürftige Willenserklärung und **gegenüber dem übertragenden Rechtsträger abzugeben**[3]. Hat der betroffene Anteilsinhaber dem Verschmelzungsbeschluss bei der Beschlussfassung durch Abgabe einer Ja-Stimme zugestimmt, so liegt hierin jedoch auch die nach § 40 Abs. 2 Satz 2 UmwG erforderliche Zustimmung[4]; eine darüber hinausgehende, gesonderte Beurkundung der Zustimmungserklärung von Anteilsinhabern, die für die Verschmelzung gestimmt haben, ist nach dem Schutzzweck der Norm nicht erforderlich (s. auch § 43 Rz. 21). Die Zustimmung ist mit der Anmeldung der Verschmelzung zum Handelsregister einzureichen, § 17 Abs. 1 UmwG. Das Fehlen der Zustimmung oder der erforderlichen notariellen Beurkundung bildet ein Eintragungshindernis. Bei einer gleichwohl erfolgten Eintragung der Verschmelzung in das Handelsregister wird der Mangel der notariellen Beurkundung nach § 20 Abs. 1 Nr. 4 UmwG geheilt (§ 20 Rz. 75, 83).

12 Das **Fehlen der Zustimmung** lässt nach § 20 Abs. 2 UmwG die Wirkungen der Eintragung unberührt. Gem. § 20 Abs. 1 Nr. 3 Satz 1 UmwG werden die Anteilsinhaber des übertragenden Rechtsträgers zu den Bedingungen des Verschmelzungsvertrages Anteilsinhaber der übernehmenden oder neuen Personenhandelsgesellschaft (§ 20 Rz. 77, 83); sie erhalten also die im Verschmelzungsvertrag für sie vorgesehene Gesellschafterstellung. Soweit Anteilsinhabern des übertragenden Rechtsträgers, die bisher nicht persönlich unbeschränkt gehaftet haben, in der übernehmenden oder neuen Personenhandelsgesellschaft die Stellung eines OHG-Gesellschafters oder Komplementärs einer KG ohne ihre Zustimmung auferlegt worden ist, können ihnen **Schadensersatzansprüche** gegen die Organe des

1 A.A. *Bermel* in Goutier/Knopf/Tulloch, § 40 UmwG Rz. 13; *Stratz* in Schmitt/Hörtnagl/Stratz, § 40 UmwG Rz. 8; *Vossius* in Widmann/Mayer, § 40 UmwG Rz. 23, 46; *Priester*, DStR 2005, 790; *Ihrig* in Semler/Stengel, § 40 UmwG Rz. 15, für den Fall, dass die Unterdeckung der Haftsumme ausdrücklicher oder offensichtlicher Inhalt des Verschmelzungsvertrages ist. Differenzierend danach, ob der Gesellschaftsvertrag des übertragenden Rechtsträgers Nachschusspflichten vorsieht, *Dauner-Lieb/Tettinger* in KölnKomm. UmwG, § 40 UmwG Rz. 35. Gegen eine analoge Anwendung von § 40 Abs. 2 UmwG *Kallmeyer/Kocher* in Kallmeyer, § 40 UmwG Rz. 13; nach deren Auffassung soll aber die Verschmelzung nicht mit Mehrheit beschlossen werden können.

2 Nur auf diese abstellend auch die Begr, vgl. *Ganske*, S. 92.

3 *Ihrig* in Semler/Stengel, § 40 UmwG Rz. 21; *Kallmeyer/Kocher* in Kallmeyer, § 40 UmwG Rz. 14.

4 *Haggeney* in Maulbetsch/Klumpp/Rose, § 40 UmwG Rz. 19; *Stratz* in Schmitt/Hörtnagl/Stratz, § 40 UmwG Rz. 8; so auch für die Zustimmung nach § 50 Abs. 2 UmwG § 50 Rz. 66. A.A. *Ihrig* in Semler/Stengel, § 40 UmwG Rz. 21; *Dauner-Lieb/Tettinger* in KölnKomm. UmwG, § 40 UmwG Rz. 36; *Vossius* in Widmann/Mayer, § 40 UmwG Rz. 50; im Erg. auch *Kallmeyer/Kocher* in Kallmeyer, § 40 UmwG Rz. 14.

übertragenden Rechtsträgers gem. § 25 UmwG zustehen (§ 20 Rz. 77, § 25 Rz. 10). Sie kommen namentlich dann in Betracht, wenn der Anteilsinhaber aus seiner persönlichen Haftung in Anspruch genommen wird. Schadensersatzansprüche können sich aber nicht auf eine Umwandlung der Gesellschafterstellung in diejenige eines Kommanditisten richten[1]. Dies setzt eine Änderung des Gesellschaftsvertrages und damit die Mitwirkung der Mitgesellschafter voraus, denen gegenüber § 25 UmwG freilich keine Schadensersatzansprüche begründet. Sind die Mitgesellschafter nicht bereit, betroffenen Anteilsinhabern durch eine Änderung des Gesellschaftsvertrages die Stellung eines Kommanditisten einzuräumen[2], können diese Anteilsinhaber aufgrund ihrer fehlenden Zustimmung nicht an der Stellung als persönlich unbeschränkt haftender Gesellschafter festgehalten werden. Nach § 20 Abs. 2 UmwG lassen Verschmelzungsmängel zwar die Wirkungen der Eintragung unberührt und begründen damit die ungewollte Gesellschafterstellung. Dies ändert aber nichts daran, dass es an einer nach § 40 Abs. 2 Satz 2 UmwG *wirksamen* Bestimmung der Gesellschafterstellung fehlt. Dem betroffenen Anteilsinhaber steht deshalb ein **Recht auf Ausscheiden**[3] aus der Gesellschaft gegen angemessene Abfindung zu; begründen lässt sich dieser Anspruch mit der Treupflicht[4], aber namentlich auch mit einer analogen Anwendung von § 29 UmwG. Sein Grundgedanke, Anteilsinhaber nicht gegen ihren Willen in eine andere Rechtsform zu zwingen, lässt sich auch auf den Fall der ungewollten Beteiligungsart übertragen. Handelt es sich bei dem Anteilsinhaber, der ein Recht auf Ausscheiden geltend macht, um den einzigen Komplementär einer KG, führt sein Ausscheiden zur Auflösung der KG[5]. Allerdings können die verbliebenen Gesellschafter unter Aufnahme eines neuen Komplementärs die Gesellschaft fortsetzen.

c) Einzelfragen

Bei einer **übernehmenden OHG** kommt es mit dem Wirksamwerden der Verschmelzung zu einer **Änderung der Rechtsform** in diejenige der **Kommanditgesellschaft**, wenn Anteilsinhabern des übertragenden Rechtsträgers im übernehmenden Rechtsträger die Gesellschafterstellung eines Kommanditisten eingeräumt wird; Entsprechendes gilt für die Fälle des Widerspruchs nach § 43 Abs. 2 Satz 3 UmwG. Gesonderter, auf die Änderung der Rechtsform und des Gesellschaftsvertrages gerichteter Vereinbarungen oder Beschlüsse bedarf es für die Durchführung der Verschmelzung nicht[6]. Die Änderung der Rechtsform ist nicht Voraussetzung der Verschmelzung, sondern deren Rechtsfolge. Daher muss vor Eintragung der Verschmelzung auch nicht die KG im Handelsregister eingetragen werden[7]. Vielmehr wird mit der Eintragung der Verschmelzung im Register der bisherigen 13

1 *Ihrig* in Semler/Stengel, § 40 UmwG Rz. 26.
2 Zur im Einzelfall möglichen Verpflichtung, an einer Änderung des Gesellschaftsvertrages mitzuwirken unter dem Gesichtspunkt der Treupflicht, vgl. *Schäfer* in Ulmer/Schäfer, GbR, § 705 BGB Rz. 231 f.
3 So auch *Ihrig* in Semler/Stengel, § 40 UmwG Rz. 25; *Kallmeyer/Kocher* in Kallmeyer, § 40 UmwG Rz. 15; *Vossius* in Widmann/Mayer, § 40 UmwG Rz. 50.
4 Dafür *Ihrig* in Semler/Stengel, § 40 UmwG Rz. 25.
5 BGH v. 25.10.2010 – II ZR 115/09, ZIP 2010, 2444 (2446) (Rz. 31); *Hopt* in Baumbach/Hopt, § 131 HGB Rz. 36.
6 *Ihrig* in Semler/Stengel, § 40 UmwG Rz. 16; *Kallmeyer/Kocher* in Kallmeyer, § 40 UmwG Rz. 9.
7 *Ihrig* in Semler/Stengel, § 40 UmwG Rz. 16.

OHG auch die Änderung der Rechtsform in die KG eingetragen[1] (vgl. dazu auch unten Rz. 21). Entsprechendes gilt für den Fall der **übernehmenden KG**. Vergrößert sich die Zahl der Kommanditisten, so ist die damit verbundene **Erhöhung des Kommanditkapitals** ebenfalls nicht Voraussetzung[2], sondern Rechtsfolge der Verschmelzung.

14 Die Verschmelzung auf eine bestehende oder neue Personenhandelsgesellschaft setzt voraus, dass **zumindest ein Anteilsinhaber** der beteiligten Rechtsträger bereit ist, die **Stellung des persönlich haftenden Gesellschafters** zu übernehmen oder beizubehalten. Ist das nicht der Fall, kann vor dem Verschmelzungsbeschluss ein Gesellschafter, etwa eine Komplementär-GmbH, in den übertragenden oder übernehmenden Rechtsträger oder, im Fall der Verschmelzung zur Neugründung, in den übertragenden Rechtsträger eintreten[3]. Einen **Beitritt** eines persönlich haftenden Gesellschafters **als Bestandteil des Verschmelzungsvorgangs**, der den Eintragungswirkungen des § 20 Abs. 1 UmwG unterliegt, sieht das UmwG ausdrücklich nur für den Fall des Formwechsels in die KGaA vor (§§ 194 Abs. 1 Nr. 4, 218 Abs. 2 UmwG). Damit wird aber deutlich, dass einem solchen Beitritt **keine grundsätzlichen umwandlungsrechtlichen Gründe**, insbesondere der Numerus clausus der Umwandlungsarten (§ 1 Abs. 2 UmwG), **entgegenstehen**[4]. Auch soweit die **Gesetzesbegründung** der einen Beitritt zulassenden Vorschrift des § 218 Abs. 2 UmwG einen Ausnahmecharakter zuspricht[5], kann dem nicht mit der gebotenen Eindeutigkeit entnommen werden, dass damit die Möglichkeit des Beitritts eines persönlich haftenden Gesellschafters bei anderen Umwandlungsarten ausgeschlossen werden sollte. Denn es geht um den Ausnahmecharakter von § 218 Abs. 2 UmwG im System des *Formwechsels*, das durch den Grundsatz der Identität, unter Einschluss der Identität der Anteilsinhaber, geprägt ist (dazu § 190 Rz. 1, § 202 Rz. 10). Für die Verschmelzung ist damit keine Aussage getroffen. Führt man sich schließlich vor Augen, dass § 218 Abs. 2 UmwG dem Bedürfnis Rechnung trägt und darin der **Gesetzeszweck**[6] liegt, einen Formwechsel in die KGaA auch dann zu ermöglichen, wenn kein Gesellschafter des formwechselnden Rechtsträgers zur Übernahme der persönlichen Haftung bereit ist, sprechen die besseren Gründe dafür, den **Beitritt eines persönlich haftenden Gesellschafters** auch **bei der Verschmelzung auf eine Kommanditgesellschaft in Analogie zu § 218 Abs. 2 UmwG zuzulassen**[7] (im Erg. auch *Grunewald*, § 36 Rz. 15; a.A. wohl

---

1 *Kallmeyer/Kocher* in Kallmeyer, § 40 UmwG Rz. 9.

2 *Ihrig* in Semler/Stengel, § 40 UmwG Rz. 17; *Kallmeyer/Kocher* in Kallmeyer, § 40 UmwG Rz. 10.

3 Zu weiteren Hilfskonstruktionen in der Praxis s. *Ihrig* in Semler/Stengel, § 40 UmwG Rz. 18.

4 Zutr. *Ihrig* in Semler/Stengel, § 40 UmwG Rz. 19.

5 *Ganske*, S. 240.

6 Die Gesetzesbegr, *Ganske*, S. 240, führt das zwar nicht aus, doch lässt sich die Vorschrift anders nicht erklären.

7 So auch *Dauner-Lieb/Tettinger* in KölnKomm. UmwG, § 40 UmwG Rz. 39; *Kallmeyer/Kocher* in Kallmeyer, § 40 UmwG Rz. 11; im Erg. auch *Ihrig* in Semler/Stengel, § 40 UmwG Rz. 19; *Priester*, DB 1997, 560 (561); a.A. *Vossius* in Widmann/Mayer, § 40 UmwG Rz. 3.1. Zum Formwechsel vgl. § 202 Rz. 12; BGH v. 9.5.2005 – II ZR 29/03, WM 2005, 1462 (1464) = AG 2005, 613; BGH v. 17.5.1999 – II ZR 293/98, WM 1999, 1508 (1510). Für Entbehrlichkeit der Beitrittslösung bei der „typischen beteiligungsidentischen GmbH & Co. KG" *Kallmeyer*, GmbHR 1996, 80 und *Kallmeyer*, GmbHR 2000, 541.

Drygala, § 5 Rz. 23). In der Praxis empfiehlt sich eine Abstimmung der Frage mit dem Handelsregister.

4. Festsetzung des Einlagebetrages

Mit der Bestimmung der Gesellschafterstellung in der **übernehmenden oder neuen Personenhandelsgesellschaft** für jeden Anteilsinhaber des übertragenden Rechtsträgers (dazu oben Rz. 6) ist nach **§ 40 Abs. 1 Satz 2 UmwG** auch der Betrag der Einlage jedes Gesellschafters festzusetzen; Entsprechendes gilt im Falle des Beitritts eines persönlich haftenden Gesellschafters (vgl. oben Rz. 14). Bedeutung hat dies vor allem für den Umfang des Stimmrechts, für die Gewinn- und Verlustbeteiligung, Entnahmerechte sowie für die Berechnung des Abfindungsguthabens bei Auflösung der Gesellschaft oder Ausscheiden eines Gesellschafters, wenn – wie im Regelfall[1] – der Gesellschaftsvertrag hierfür an die feste Einlage anknüpft. Für persönlich haftende Gesellschafter ist deren **Kapitalanteil**, für Kommanditisten die **Kommanditeinlage** zu bestimmen. § 40 Abs. 1 Satz 2 UmwG verlangt die Festsetzung des Betrages der Einlage im Verschmelzungsvertrag. Anzugeben ist im Vertrag also der **bezifferte Einlagebetrag**; dessen bloße Bestimmbarkeit oder eine Regelung, nach der die Bestimmung durch einen Dritten erfolgt, genügt nicht[2]. Die Höhe der Einlage richtet sich nach dem im Verschmelzungsvertrag anzugebenden Umtauschverhältnis[3]; dazu § 5 Rz. 25 ff. Eine **Erhöhung der Gesamtsumme** der bisher beim übernehmenden Rechtsträger gebildeten **Kapitalanteile** kann, muss aber nicht erfolgen; möglich ist auch die **Neuverteilung unter Beibehaltung der Gesamtkapitalgröße**[4]. Sie setzt aber eine Änderung des Gesellschaftsvertrages des übernehmenden Rechtsträgers voraus. Auch in diesem Fall erfolgt eine Gewährung von Anteilen an der übernehmenden Personenhandelsgesellschaft; insoweit ist zwischen der Einräumung der Gesellschafterstellung und damit auch der Anteilsgewährung einerseits und der Bildung von Kapitalanteilen andererseits als ziffernmäßige Umschreibung der Gesellschafterstellung zu unterscheiden. Aus diesem Grund ist bei der Verschmelzung auf eine **Schwester-Personenhandelsgesellschaft** eine Kapitalerhöhung in der Form der Erhöhung der festen Kapitalkonten nicht erforderlich[5]. Keine Bedenken bestehen auch dagegen, für eine **Komplementär-GmbH** festzulegen, dass sie keinen Kapitalanteil hat (vgl. auch unten Rz. 19). 15

1 Zu abweichenden gesellschaftsvertraglichen Gestaltungen s. *Dauner-Lieb/Tettinger* in KölnKomm. UmwG, § 40 UmwG Rz. 16.

2 *Ihrig* in Semler/Stengel, § 40 UmwG Rz. 9; *Haggeney* in Maulbetsch/Klumpp/Rose, § 40 UmwG Rz. 9; a.A. *Dauner-Lieb/Tettinger* in KölnKomm. UmwG, § 40 UmwG Rz. 21 f. (zweifelnd allerdings betreffend Bestimmbarkeit durch Dritte); *Vossius* in Widmann/Mayer, § 40 UmwG Rz. 11.

3 *Ihrig* in Semler/Stengel, § 40 UmwG Rz. 10. Für eine Ersetzung der Angabe des Umtauschverhältnisses durch die Festsetzung des Einlagebetrages *Kallmeyer/Kocher* in Kallmeyer, § 40 UmwG Rz. 3. Jedenfalls der Praxis neben der Festsetzung des Einlagebetrages auch die Angabe des Umtauschverhältnisses empfehlend *Dauner-Lieb/Tettinger* in KölnKomm. UmwG, § 40 UmwG Rz. 13.

4 *Ihrig* in Semler/Stengel, § 40 UmwG Rz. 10; *Dauner-Lieb/Tettinger* in KölnKomm. UmwG, § 40 UmwG Rz. 19; *Vossius* in Widmann/Mayer, § 40 UmwG Rz. 13; *Limmer* in Limmer, Unternehmensumwandlung, Teil 2 Rz. 695, 710; *Priester*, DStR 2005, 790; *Tillmann*, GmbHR 2003, 748.

5 So auch Deutsches Notarinstitut (Hrsg.), Gutachten zum Umwandlungsrecht 1996/97, S. 130 ff.; *Tillmann*, GmbHR 2003, 748.

16 Gesellschaftsrechtlich[1] besteht **kein allgemeiner Zwang für eine wertentsprechende Anteilsgewährung**[2], wenn alle (betroffenen) Gesellschafter mit einer abweichenden Gestaltung einverstanden sind (§ 5 Rz. 27; zum Formwechsel s. § 234 Rz. 33); zum Problem der Zuzahlung s. unten Rz. 17. Die Gesellschafter haben daher die **Gestaltungsfreiheit**[3], die im Rahmen der Verschmelzung übertragenen Vermögensgegenstände wertmäßig teilweise den festen, den Anteil des Gesellschafters abbildenden **Kapitalkonten** und teilweise Rücklagenkonten (soweit solche vorhanden sind oder gebildet werden sollen) sowie **Darlehens- oder Privatkonten** zuzuweisen[4]. Das führt allerdings insoweit zu einer Unterbewertung, als das Umtauschverhältnis der *Anteile* (dazu § 5 Rz. 27 ff.) den Wert des übertragenen Vermögens nicht in vollem Umfang abbildet; erforderlich ist daher die Zustimmung aller davon betroffenen Gesellschafter des übertragenden Rechtsträgers[5].

17 Als problematisch könnte sich bei der oben in Rz. 16 behandelten Vorgehensweise der Umstand erweisen, dass jedenfalls eine **Verbuchung** von Werten der übertragenen Vermögensgegenstände **auf einem Darlehens- oder Privatkonto** eine Forderung des Gesellschafters gegen die Gesellschaft begründet, die den Charakter einer **Zuzahlung** hat, da die wertentsprechende Anteilsgewährung nur teilweise durch die Bildung eines festen Kapitalanteils und im Übrigen durch die Begründung einer Forderung erfolgt[6]. Entnimmt man **§ 5 Abs. 1 Nr. 3 UmwG**, der nur die Angabe *barer* Zuzahlungen im Verschmelzungsvertrag behandelt, ein generelles Verbot von Zuzahlungen in der Form von *Sachwerten* und damit auch Darlehensforderungen[7] oder sonstigen Forderungen, wäre eine Kombination der Bildung von festen Kapitalkonten und sonstigen Konten, insbesondere Darlehens-/Privatkonten i.S.v. oben Rz. 16, nicht zulässig. Die **Funktion von § 5 Abs. 1**

---

1 Zu beachten ist in steuerrechtlicher Hinsicht, ob eine teilweise Verbuchung des Wertes der übertragenen Vermögensgegenstände auf festen Kapitalkonten und auf sonstigen Konten, insbesondere Darlehens- oder Privatkonten die steuerneutrale Übertragung in Frage stellen kann, vgl. *Limmer* in Limmer, Unternehmensumwandlung, Teil 2 Rz. 716; *Traßl* in Engl, Formularbuch Umwandlungen, 3. Aufl. 2013, Teil A.9 Rz. 25. S. dazu auch FG Münster v. 25.10.2012 – 3 K 4089/10 F, BB 2013, 240 m. Anm. *Bünning*.

2 Für Möglichkeit des Verzichts auf eine Anteilsgewährung oben *Grunewald*, § 20 Rz. 69; *Limmer* in Limmer, Unternehmensumwandlung, Teil 2 Rz. 689.

3 Daher muss bei einer Verschmelzung einer AG oder GmbH auf eine Personenhandelsgesellschaft der Betrag der festen Kapitalkonten auch nicht mit dem Betrag des Grund- oder Stammkapitals des übertragenden Rechtsträgers übereinstimmen. Gleiches gilt im Hinblick auf feste Kapitalkonten einer übertragenden Personenhandelsgesellschaft.

4 *Tillmann*, GmbHR 2003, 748; im Erg. auch *Priester*, DStR 2005, 790; einschränkend *Limmer* in Limmer, Unternehmensumwandlung, Teil 2 Rz. 715 betr. Darlehens- und Privatkonten. Eine Verbuchung auf Darlehens- oder Privatkonten eröffnet vorbehaltlich abweichender Festlegungen der Gesellschafter die Möglichkeit der jederzeitigen Entnahme. Zur Frage, ob das Führen von Darlehens- und Privatkonten einer Erlaubnis nach § 32 Abs. 1 KWG bedarf, s. *Wiesner* in FS Hoffmann-Becking, 2013, S. 1397 ff.

5 Nicht erforderlich ist daher die Zustimmung einer Komplementär-GmbH ohne Kapitalanteil.

6 Im Falle der teilweisen Zuweisung zu Rücklagenkonten ist wegen deren regelmäßiger Gebundenheit, die keine freie Entnahme ermöglicht, eine Einordnung als Zuzahlung eher zweifelhaft.

7 So oben *Drygala*, § 2 Rz. 30, § 5 Rz. 26; *Marsch-Barner* in Kallmeyer, § 2 UmwG Rz. 13; *Mayer* in Widmann/Mayer, § 5 UmwG Rz. 67; für Unzulässigkeit nach § 2 UmwG wohl *Stengel* in Semler/Stengel, § 2 UmwG Rz. 41. A.A. *W. Müller* in Kallmeyer, § 5 UmwG Rz. 22; *Stratz* in Schmitt/Hörtnagl/Stratz, § 5 UmwG Rz. 66; *Heidenhain*, NJW 1995, 2875 Fn. 19; *M. Winter/J. Vetter*, § 54 Rz. 144 ff. zur GmbH und für Darlehen.

UmwG liegt allerdings darin, Vorgaben für den (Mindest-)*Inhalt* des Verschmelzungsvertrages zu machen; *Zulässigkeitsfragen* der Verschmelzung regelt die Vorschrift dagegen nicht. Daher kann der Vorschrift kein Ausschluss von Zuzahlungen entnommen werden, die nicht in bar erfolgen[1]. Auch kann die Erwähnung nur barer Zuzahlungen in den §§ 5 Abs. 1 Nr. 3, 54 Abs. 4, 68 Abs. 3 und 87 Abs. 2 Satz 2 UmwG nicht als Beleg für einen **Willen des Gesetzgebers** herangezogen werden, sonstige Zuzahlungen nicht zuzulassen. Es liegt vielmehr nahe, die Erwähnung nur barer Zuzahlungen auf die Funktion dieser Normen zurückzuführen, vor allem dem Fall eines Spitzenausgleichs (vgl. § 5 Rz. 126) Rechnung zu tragen, der aber typischerweise in bar und nicht in Sachwerten erfolgt[2]. Auch unter dem Gesichtspunkt des **Schutzes der Anteilsinhaber und Gläubiger** müssen nicht in bar erfolgende Zuzahlungen nicht als unzulässig angesehen werden. Zuzahlungen sind für den Anteilsinhaber problematisch, weil eine wertentsprechende Anteilsgewährung nicht erfolgt. Ob das auf bare oder sonstige Zuzahlungen zurückzuführen ist, macht aus der Sicht des Anteilsinhabers keinen Unterschied. Nichts anderes gilt für Gläubiger; auch aus ihrer Sicht sind bare und sonstige Zuzahlungen vermögensmäßig austauschbar. Es wäre nach allem sachlich nicht überzeugend, zwischen baren und sonstigen Zuzahlungen einen Unterschied zu machen und davon auszugehen, dass das UmwG mit der Erwähnung nur barer Zuzahlungen Zuzahlungen in der Form von Sachwerten ausschließen will. Soweit sich die Gegenansicht auf **Art. 3 Abs. 1 der Verschmelzungsrichtlinie** (vgl. Anh. III, S. 3454) beruft[3], ist dem nicht zu folgen. Zwar führt diese Regelung in der *Definitionsnorm* für die Verschmelzung – anders als § 2 UmwG, der Zuzahlungen überhaupt nicht erwähnt – neben der Anteilsgewährung nur bare Zuzahlungen auf. Das gibt jedoch keinen Anlass, das UmwG richtlinienkonform dahin auszulegen[4], dass nur bare Zuzahlungen zulässig sein sollen. Auch insoweit liegt vielmehr die Annahme nahe (s. oben Rz. 17), dass ausschließlich bare Zuzahlungen nur deshalb genannt werden, weil sie die typische Art von Zuzahlungen bilden, die Richtlinie aber sonstige Zuzahlungen nicht ausschließen will.

Zuzahlungen in der Form von Sachwerten, insbesondere Darlehensforderungen, 18
sind nach allem durch das UmwG nicht ausgeschlossen und bei Zustimmung aller betroffenen Gesellschafter zulässig. Eine **Aufteilung des Wertes des übertragenen Vermögens auf feste Kapital- und** sonstige Konten, insbesondere **Darlehens- oder Privatkonten** bei einer aufnehmenden Personenhandelsgesellschaft, **schließt das UmwG nicht aus**[5]. Eine den §§ 54 Abs. 4, 68 Abs. 3 und 87 Abs. 2 Satz 2 UmwG, die für (bare) Zuzahlungen bei der GmbH, AG und Genossenschaft eine

1 Eine derartige Ausschlussfunktion kann auch der Gesetzesbegr nicht entnommen werden; vgl. *Ganske*, S. 50.

2 Das führt dann zu der – zu bejahenden – Frage, ob bei einem Spitzenausgleich in Sachwerten oder bei einer solchen Zuzahlung aus sonstigen Gründen § 5 Abs. 1 Nr. 3 UmwG analog anzuwenden ist, steht jedoch Zuzahlungen in der Form von Sachwerten ebenfalls nicht entgegen.

3 *Mayer* in Widmann/Mayer, § 5 UmwG Rz. 68 f.

4 S. dazu und zur mittelbaren Bedeutung der richtlinienkonformen Auslegung auch für Personenhandelsgesellschaften § 39 Rz. 13.

5 Angesichts der ungeklärten Rechtslage empfiehlt sich für die Praxis eine Abstimmung mit dem Handelsregister. Selbst wenn Zuzahlungen in der Form von Sachwerten nach dem UmwG unzulässig wären, würde die Handelsregistereintragung der Verschmelzung gem. § 20 Abs. 2 UmwG zu deren endgültiger Wirksamkeit führen.

Höchstgrenze vorsehen, vergleichbare Vorschrift enthält das UmwG **für die Personenhandelsgesellschaft nicht**. Zu Recht wird daraus der Schluss gezogen, dass für sie keine Höchstgrenzen bestehen[1]. Nichts anderes kann nach der hier vertretenen Auffassung dann für Zuzahlungen in der Form von Sachwerten, darunter auch Darlehensforderungen, gelten.

19 Soweit es um die Festsetzung der Kommanditeinlage geht, differenziert § 40 Abs. 1 Satz 2 UmwG nicht zwischen der **Haft- und Pflichteinlage** des Kommanditisten. Da der Betrag der Hafteinlage in das Handelsregister eingetragen wird und das persönliche Haftungsrisiko des Kommanditisten nach § 172 HGB bestimmt, Haft- und Pflichteinlage aber voneinander abweichen können, muss, wenn eine solche Abweichung gewollt ist, der Verschmelzungsvertrag entsprechende Bestimmungen enthalten[2]. Erfolgen sie nicht, ist der festgesetzte Einlagebetrag als Hafteinlage zu behandeln. Der Betrag der Hafteinlage muss nicht mit der sich aus dem Umtauschverhältnis ergebenden Einlagenhöhe übereinstimmen; die Einlage kann auf eine Haft- und eine Pflichteinlage aufgeteilt werden. Bei einer Verschmelzung einer AG, GmbH oder Kommanditgesellschaft bildet der Nennbetrag der Aktien oder Geschäftsanteile oder die Hafteinlage beim übertragenden Rechtsträger nicht die Untergrenze für die Hafteinlage als Kommanditist beim übernehmenden oder neuen Rechtsträger[3] (so auch zum Formwechsel § 234 Rz. 32). Daher führt eine gegenüber der Hafteinlage beim übertragenden Rechtsträger niedrigere Hafteinlage beim übernehmenden oder neuen Rechtsträger auch nicht zu einer Haftung nach § 174 HGB oder in analoger Anwendung dieser Vorschrift. Die Festsetzung des Einlagebetrages kann für jeden einzelnen, konkret benannten Anteilsinhaber erfolgen. Zulässig ist aber auch die Festsetzung des Einlagebetrages für einen **zusammengefassten Personenkreis**, soweit sie eine eindeutige Bestimmung des Einlagebetrages für jeden Gesellschafter erlaubt (vgl. oben Rz. 6). Im Falle der **Verschmelzung einer GmbH & Co. KG**[4], bei der die GmbH keinen Kapitalanteil hält, mit einer Personenhandelsgesellschaft ist die Festsetzung einer Einlage für die GmbH nicht erforderlich. Im Verschmelzungsvertrag kann daher bestimmt werden, dass die GmbH in der übernehmenden oder neuen Gesellschaft keinen Kapitalanteil hält und dementsprechend für sie ein Einlagebetrag nicht festzusetzen ist[5] (a.A. wohl *Drygala*, § 5 Rz. 23: Komplementär-GmbH scheidet mit Eintragung der Verschmelzung ex lege aus). Ist die Kom-

1 *Simon* in KölnKomm. UmwG, § 2 UmwG Rz. 132; *W. Müller* in Kallmeyer, § 5 UmwG Rz. 22; a.A. *Ihrig*, GmbHR 1995, 631.

2 *Ihrig* in Semler/Stengel, § 40 UmwG Rz. 9; *Dauner-Lieb/Tettinger* in KölnKomm. UmwG, § 40 UmwG Rz. 17; *Kallmeyer/Kocher* in Kallmeyer, § 40 UmwG Rz. 3. Generell nur für Festsetzung der Hafteinlage *Naraschewski*, DB 1995, 1266. Zur Frage der Haftung nach § 171 Abs. 1 HGB im Falle einer Überbewertung des Vermögens des übertragenden Rechtsträgers vgl. oben Rz. 10 Fn. 4.

3 *Limmer* in Limmer, Unternehmensumwandlung, Teil 2 Rz. 721. A.A. – zum Formwechsel – unter Berufung auf Gläubigerschutzgesichtspunkte *Petersen*, Der Konzern 2004, 187; dagegen zutr. *Schlitt* in Semler/Stengel, § 220 UmwG Rz. 11.

4 Zu Gestaltungsfragen bei Verschmelzung einer GmbH & Co. KG auf eine GmbH & Co. KG s. *Dauner-Lieb/Tettinger* in KölnKomm. UmwG, § 40 UmwG Rz. 40ff.; *Kallmeyer/Kocher* in Kallmeyer, § 40 UmwG Rz. 6.

5 *Ihrig* in Semler/Stengel, § 40 UmwG Rz. 10; *Dauner-Lieb/Tettinger* in KölnKomm. UmwG, § 40 UmwG Rz. 26, 29. Für Zulässigkeit eines Ausscheidens der GmbH im Zuge der Verschmelzung *Heckschen*, DB 2008, 1367. Zu verschmelzungsvertraglichen Gestaltungsmöglichkeiten vgl. *Hegemann*, GmbHR 2009, 702ff.

plementär-GmbH bereits Komplementärin einer aufnehmenden GmbH & Co. KG, kommt es zu einer Vereinigung der Komplementärstellung.

5. Verschmelzung von Beteiligungsgesellschaften

Soweit die übernehmende Personenhandelsgesellschaft selbst an dem übertragenden Rechtsträger beteiligt ist, schließt § 20 Abs. 1 Nr. 3 Satz 1 UmwG entsprechend dem allgemeinen Grundsatz, dass eine Personengesellschaft nicht an sich selbst beteiligt sein kann, einen Anteilserwerb aus (s. § 20 Rz. 65) und daher **entfallen die Angaben nach § 40 Abs. 1 UmwG**[1]. Da die Personenhandelsgesellschaft keine eigenen Anteile halten kann, sind weder Bestimmungen zur Gesellschafterstellung noch zum Einlagebetrag möglich und erforderlich. 20

III. Handelsregisteranmeldung

Hinsichtlich der allgemeinen Anforderungen an die Handelsregisteranmeldung ist auf die Kommentierung zu §§ 16, 17 zu verweisen; zu Kostenfragen s. § 2 Rz. 53f., § 16 Rz. 11, § 19 Rz. 15. **Besonderheiten** für die **übernehmende OHG** treten bei der Verschmelzung auf, wenn sich deren Rechtsform in diejenige der KG ändert, weil persönlich unbeschränkt haftende Gesellschafter der beteiligten Rechtsträger nach § 43 Abs. 2 Satz 3 UmwG von der Möglichkeit Gebrauch machen, in die Stellung des Kommanditisten zu wechseln, oder Anteilsinhaber nach § 40 Abs. 2 Satz 1 UmwG von vornherein Kommanditisten werden. Die **Änderung der Rechtsform** der übernehmenden OHG **in die Kommanditgesellschaft** ist Rechtsfolge der Verschmelzung; das Gleiche gilt für die damit verbundene Änderung des Gesellschaftszusatzes in der Firma und den Eintritt der neuen Gesellschafter. Eine besondere Handelsregisteranmeldung und insbesondere vorherige Eintragung der KG im Register ist daher nicht erforderlich (vgl. oben Rz. 13). Diese Änderungen sind im Register als Folge der Verschmelzung einzutragen, ohne dass sie in der Handelsregisteranmeldung ausdrücklich aufgeführt sein müssten (vgl. oben Rz. 13)[2]. Das gilt auch für den Fall einer **übernehmenden KG**, wenn wegen des Beitritts weiterer Kommanditisten eine **Erhöhung des Kommanditkapitals** erfolgt (oben Rz. 13). Die neuen Kommanditisten sind mit ihren Hafteinlagen aufgrund der Anmeldung der Verschmelzung mit dieser einzutragen; dazu sind – soweit diese Angaben nicht bereits im Verschmelzungsvertrag erfolgen – Geburtsdatum und Wohnort des Gesellschafters in der Handelsregisteranmeldung anzugeben, da auch diese Daten gem. § 106 Abs. 2 Nr. 1 HGB im Handelsregister einzutragen sind. Entsprechendes gilt, wenn Hafteinlagen bereits vorhandener Kommanditisten erhöht werden. Eine über die Änderung des Gesellschaftszusatzes hinausgehende **Änderung der Firma** (dazu § 18 Rz. 3) bedarf jedoch der (ausdrücklichen) Handelsregisteranmeldung. Durch das EHUG ist § 108 Abs. 2 HGB a.F. aufgeho- 21

1 *Ihrig* in Semler/Stengel, § 40 UmwG Rz. 11; *Kallmeyer/Kocher* in Kallmeyer, § 40 UmwG Rz. 4; *Dauner-Lieb/Tettinger* in KölnKomm. UmwG, § 40 UmwG Rz. 14.

2 *Ihrig* in Semler/Stengel, § 40 UmwG Rz. 28; *Dauner-Lieb/Tettinger* in KölnKomm. UmwG, § 40 UmwG Rz. 48. Eine andere Frage ist es, ob in der Anmeldung der Umwandlung die genannten Folgen aus Zweckmäßigkeitsgründen ausdrücklich mit angemeldet werden.

ben worden[1]. Neue persönlich haftende Gesellschafter haben daher eine Namens- und Firmenzeichnung nicht mehr beim Handelsregister einzureichen[2]. Für neue persönlich haftende Gesellschafter ist aber die **Vertretungsberechtigung** anzumelden (§ 106 Abs. 2 Nr. 4 HGB). Die **Vertretung** der beteiligten Rechtsträger einer Verschmelzung **bei der Handelsregisteranmeldung** richtet sich nach § 16 Abs. 1 Satz 1 UmwG (Verschmelzung durch Aufnahme) oder § 38 UmwG (Verschmelzung durch Neugründung) und erfolgt durch die **persönlich haftenden Gesellschafter in vertretungsberechtigter Zahl**. Soweit das HGB die Mitwirkung sämtlicher Gesellschafter bei Handelsregisteranmeldungen vorschreibt (§ 108 HGB), geht § 16 Abs. 1 Satz 1 UmwG bzw. § 38 UmwG vor; Kommanditisten wirken daher an der Registeranmeldung der Verschmelzung nicht mit[3]. Zur Bezeichnung **unbekannter Anteilsinhaber** des übertragenden Rechtsträgers in der Handelsregisteranmeldung gem. § 35 UmwG vgl. oben Rz. 7.

§ 41
Verschmelzungsbericht

Ein Verschmelzungsbericht ist für eine an der Verschmelzung beteiligte Personenhandelsgesellschaft nicht erforderlich, wenn alle Gesellschafter dieser Gesellschaft zur Geschäftsführung berechtigt sind.

I. Überblick

1. Funktion und Normzweck

1 **Nach § 8 Abs. 1 Satz 1 UmwG** ist ein **Verschmelzungsbericht** auch für Personenhandelsgesellschaften als beteiligte Rechtsträger im Grundsatz **erforderlich**. Dies

---

1 Art. 1 Nr. 15 des Gesetzes über elektronische Handelsregister und Genossenschaftsregister sowie das Unternehmensregister (EHUG) v. 10.11.2006, BGBl. I, S. 2553 (2556).

2 Das übersehen *Haggeney* in Maulbetsch/Klumpp/Rose, § 40 UmwG Rz. 27 und *Vossius* in Widmann/Mayer, § 40 UmwG Rz. 59.

3 Vgl. § 16 Rz. 5; § 38 Rz. 2; *Ihrig* in Semler/Stengel, § 40 UmwG Rz. 29; *Dauner-Lieb/Tettinger* in KölnKomm. UmwG, § 40 UmwG Rz. 47; *Zimmermann* in Kallmeyer, § 16 UmwG Rz. 4; vgl. bereits *H. Schmidt* in Kölner Umwandlungsrechtstage, S. 59 (81 f.). Zweifelnd, ob nicht alle vertretungsberechtigten Gesellschafter mitwirken müssen, aber *Schöne*, GmbHR 1995, 333. Zum anders gelagerten Fall beim so genannten Anwachsungsmodell vgl. OLG Frankfurt/M. v. 25.8.2003 – 20 W 354/02, Der Konzern 2004, 285 (286) = GmbHR 2003, 1358. Zu auf eine vorläufige Verhinderung der Handelsregistereintragung der Verschmelzung gerichteten Rechtsschutzmöglichkeiten der nicht an der Handelsregisteranmeldung beteiligten Gesellschafter vgl. BVerfG v. 13.10.2004 – 1 BvR 2303/00, BB 2005, 1585.

gilt nach § 8 Abs. 3 UmwG nicht, wenn alle Anteilsinhaber aller beteiligten Rechtsträger auf den Bericht in notarieller Form verzichten oder wenn der übernehmende Rechtsträger alleiniger Gesellschafter des übertragenden ist; dazu § 8 Rz. 53 ff. Der zweite Fall hat bei der Verschmelzung unter Beteiligung von Personenhandelsgesellschaften keine Bedeutung, wenn der übertragende Rechtsträger eine Personenhandelsgesellschaft ist. **§ 41 UmwG ergänzt die Erleichterungen des § 8 Abs. 3 UmwG** für den Fall, dass alle Gesellschafter der an der Verschmelzung beteiligten Personenhandelsgesellschaft zur Geschäftsführung berechtigt sind (dazu unten Rz. 4). Der **Normzweck** dieser Erleichterung liegt darin, den Verschmelzungsbericht für entbehrlich zu erklären, wenn ein Informationsbedürfnis über die Einzelheiten der Verschmelzung deshalb nicht besteht, weil sich alle Anteilsinhaber bereits aufgrund ihrer Geschäftsführerstellung über die Verschmelzung selbst unterrichten können[1].

2. Entstehungsgeschichte

Die Regelung stimmt wortgleich mit **§ 41 RefE** und **§ 40 DiskE** überein. 2

II. Inhalt der Vorschrift

1. Anwendungsbereich

§ 41 UmwG betrifft nur die an der Verschmelzung beteiligte **Personenhandelsgesellschaft**. Einer analogen Anwendung auf andere personalistisch strukturierte Rechtsträger, für die das UmwG den Verschmelzungsbericht vorschreibt, steht § 1 Abs. 3 Satz 1 UmwG entgegen[2]; vgl. demgegenüber § 8 Rz. 58. § 41 UmwG gilt sowohl für eine **übertragende**, als auch für eine **übernehmende** Personenhandelsgesellschaft; die Vorschrift ist bei der Verschmelzung durch Aufnahme und durch Neugründung anwendbar. 3

2. Berechtigung zur Geschäftsführung

Die Erstattung eines Verschmelzungsberichts für eine Personenhandelsgesellschaft ist dann nicht erforderlich, wenn bei ihr **alle Gesellschafter** zur Geschäftsführung berechtigt sind. Maßgeblich hierfür ist nicht die gesetzliche Regelung der Geschäftsführungsbefugnis, sondern deren tatsächliche Ausgestaltung im **Gesellschaftsvertrag**[3]. Auf die **gesetzliche Regelung** ist nur dann abzustellen, wenn der Gesellschaftsvertrag keine abweichenden Bestimmungen trifft. In diesem Fall ist bei der **OHG** aufgrund der Geschäftsführungsbefugnis aller Gesellschafter nach § 114 Abs. 1 HGB der Verschmelzungsbericht entbehrlich; erforderlich ist er jedoch bei der **KG**, da hier nach § 164 Satz 1 HGB die Kommanditisten von der Geschäftsführung ausgeschlossen sind. Ist bei einer OHG aufgrund **gesellschafts-** 4

1 Begr, *Ganske*, S. 93.
2 So auch *Ihrig* in Semler/Stengel, § 41 UmwG Rz. 3; *Haggeney* in Maulbetsch/Klumpp/Rose, § 41 UmwG Rz. 6; *Dauner-Lieb/Tettinger* in KölnKomm. UmwG, § 41 UmwG Rz. 4; *Bayer*, ZIP 1997, 1620. A.A. *Marsch-Barner* in Kallmeyer, § 8 UmwG Rz. 41; *Gehling* in Semler/Stengel, § 8 UmwG Rz. 75.
3 Allg. M., vgl. nur *Kallmeyer/Kocher* in Kallmeyer, § 41 UmwG Rz. 2; *Ihrig* in Semler/Stengel, § 41 UmwG Rz. 8.

vertraglicher Regelungen die Geschäftsführungsbefugnis nur einzelnen Gesellschaftern eingeräumt worden, findet § 41 UmwG keine Anwendung. Bei einer Kommanditgesellschaft ist ein Verschmelzungsbericht nur dann nicht erforderlich, wenn neben den Komplementären auch alle Kommanditisten zur Geschäftsführung ermächtigt worden sind[1]; zu § 215 UmwG vgl. § 215 Rz. 3. § 41 UmwG stellt auf die Geschäftsführungsbefugnis ab. Hiervon zu unterscheiden sind Regelungen über die **Vertretungsbefugnis**; ihre Ausgestaltung ist für die Anwendung der Vorschrift unerheblich[2]. Der Anwendung der auf die *Berechtigung* zur Geschäftsführung abstellenden Vorschrift steht es schließlich nicht entgegen, dass Geschäftsführer aus **tatsächlichen persönlichen Gründen an der Geschäftsführung gehindert** sind. Da ein nach § 41 UmwG erforderlicher Verschmelzungsbericht gem. § 42 UmwG spätestens mit der Einberufung der Gesellschafterversammlung zu übersenden ist, kommt es für die Anwendung von § 41 UmwG in **zeitlicher Hinsicht** darauf an, ob im Zeitpunkt der Einberufung alle Gesellschafter zur Geschäftsführung berechtigt sind. Ist dieser Fall nach der Einberufung nicht mehr gegeben, bleibt § 41 UmwG gleichwohl anwendbar.

5 Die Vorschrift wird auch für anwendbar gehalten, wenn alle Kommanditisten einer **GmbH & Co. KG** Geschäftsführer der Komplementär-GmbH sind[3]; so auch zu § 215 UmwG § 215 Rz. 4. Angesichts des eindeutigen Wortlauts von § 41 UmwG und der Regelung in § 1 Abs. 3 Satz 1 UmwG wird man dieser Ansicht nicht folgen können[4], mag der Normzweck von § 41 UmwG in diesen Fällen einen Verschmelzungsbericht auch nicht erfordern und ein Vorgehen nach § 8 Abs. 3 UmwG nur zu überflüssigem Aufwand führen. Der Bericht ist auch dann nicht nach § 41 UmwG entbehrlich, wenn nach Gesetz oder Gesellschaftsvertrag zwar alle Gesellschafter geschäftsführungsbefugt sind, einzelnen Gesellschaftern aber die Geschäftsführungsbefugnis durch einen dafür gesellschaftsvertraglich vorgesehenen **Gesellschafterbeschluss**[5] oder durch **gerichtliche Entscheidung** entzogen oder eingeschränkt ist oder ihnen die Geschäftsführung ganz oder teilweise aufgrund einer einstweiligen Verfügung untersagt ist[6]. Aus Gründen der Rechtssicherheit ist im Falle einer teilweisen Untersagung der Geschäftsführertätigkeit oder eines teilweisen Entzugs der Geschäftsführungsbefugnis nicht danach zu differenzieren, ob mit dem verbliebenen Bereich der Geschäftsführung alle für die Verschmelzung relevanten Fragen geklärt werden können[7]. Zum Fall des ge-

---

1 *Kallmeyer/Kocher* in Kallmeyer, § 41 UmwG Rz. 2. Zur Zulässigkeit der Übertragung der Geschäftsführungsbefugnis auf Kommanditisten vgl. nur *Hopt* in Baumbach/Hopt, § 164 HGB Rz. 7.

2 *Ihrig* in Semler/Stengel, § 41 UmwG Rz. 9; *Bermel* in Goutier/Knopf/Tulloch, § 41 UmwG Rz. 3.

3 *Ihrig* in Semler/Stengel, § 41 UmwG Rz. 10; *Dauner-Lieb/Tettinger* in KölnKomm. UmwG, § 41 UmwG Rz. 9; *Haggeney* in Maulbetsch/Klumpp/Rose, § 41 UmwG Rz. 5; *Vossius* in Widmann/Mayer, § 41 UmwG Rz. 27. In der Praxis sollte ein Verzicht auf den Bericht jedenfalls vorher mit dem Handelsregister abgestimmt werden.

4 So auch *Kallmeyer/Kocher* in Kallmeyer, § 41 UmwG Rz. 2; *Stratz* in Schmitt/Hörtnagl/Stratz, § 41 UmwG Rz. 3.

5 Dazu *C. Schäfer* in Großkomm. HGB, § 117 HGB Rz. 71.

6 *Dauner-Lieb/Tettinger* in KölnKomm. UmwG, § 41 UmwG Rz. 6; *Vossius* in Widmann/Mayer, § 41 UmwG Rz. 15.

7 So aber *Vossius* in Widmann/Mayer, § 41 UmwG Rz. 16. Wie hier *Dauner-Lieb/Tettinger* in KölnKomm. UmwG, § 41 UmwG Rz. 8; *Haggeney* in Maulbetsch/Klumpp/Rose, § 41 UmwG Rz. 4.

schäftsführungsbefugten Gesellschafters, dessen Informationsrechte nach § 118 HGB gesellschaftsvertraglich ausgeschlossen oder beschränkt sind, vgl. § 42 Rz. 3. Im Fall der **obligatorischen Gruppenvertretung** (§ 42 Rz. 6) kommt es für die Anwendung von § 41 UmwG darauf an, ob der Gruppenvertreter von der Geschäftsführung ausgeschlossen ist oder nicht (s. auch § 42 Rz. 6)[1].

III. Verhältnis zu § 8 Abs. 3 UmwG

§ 8 Abs. 3 UmwG, nach dem ein Verschmelzungsbericht entfällt, wenn alle Anteilsinhaber aller beteiligten Rechtsträger auf seine Erstattung verzichten, ist **neben § 41 UmwG anzuwenden**. Bedeutung hat § 8 Abs. 3 UmwG dann für die Personenhandelsgesellschaft, wenn nicht alle Gesellschafter geschäftsführungsbefugt sind. Soweit für weitere beteiligte Rechtsträger die Voraussetzungen des § 41 UmwG nicht vorliegen, ist für sie ein Verschmelzungsbericht nur nach § 8 Abs. 3 UmwG entbehrlich; dafür ist auch ein Verzicht der Anteilsinhaber der Personenhandelsgesellschaft erforderlich, für die der Tatbestand des § 41 UmwG vorliegt[2]; a.A. zu § 215 UmwG *Joost*, § 215 Rz. 11. Eine **Kombination** der Verzichtsmöglichkeit nach **§ 8 Abs. 3 UmwG und** der Entbehrlichkeit des Verschmelzungsberichts nach **§ 41 UmwG** derart, dass nur die von der Geschäftsführung ausgeschlossenen Gesellschafter den Verzicht erklären müssten und im Übrigen § 41 UmwG Anwendung findet[3], **sieht das UmwG nicht vor**. Sowohl der Wortlaut von § 8 Abs. 3 UmwG, der einen Verzicht *aller* Anteilsinhaber verlangt, als auch § 41 UmwG, nach dem *alle* Gesellschafter geschäftsführungsbefugt sein müssen, ist eindeutig und einer Abänderung aufgrund von Normzweckerwägungen oder aus Praktikabilitätsgründen aufgrund von § 1 Abs. 3 Satz 1 UmwG nicht zugänglich[4]. 6

§ 42
Unterrichtung der Gesellschafter

Der Verschmelzungsvertrag oder sein Entwurf und der Verschmelzungsbericht sind den Gesellschaftern, die von der Geschäftsführung ausgeschlossen sind, spätestens zusammen mit der Einberufung der Gesellschafterversammlung, die gem. § 13 Abs. 1 über die Zustimmung zum Verschmelzungsvertrag beschließen soll, zu übersenden.

---

1 Zutr. *Dauner-Lieb/Tettinger* in KölnKomm. UmwG, § 41 UmwG Rz. 7.

2 *Ihrig* in Semler/Stengel, § 41 UmwG Rz. 6. A.A. *Haggeney* in Maulbetsch/Klumpp/Rose, § 41 UmwG Rz. 9.

3 Dafür *Dauner-Lieb/Tettinger* in KölnKomm. UmwG, § 41 UmwG Rz. 10; *Kallmeyer/Kocher* in Kallmeyer, § 41 UmwG Rz. 3; *Vossius* in Widmann/Mayer, § 41 UmwG Rz. 12f., 19, 23, 26; *Wiedemann*, GesR II, S. 541.

4 Für grundsätzliche Zurückhaltung bei einer vom eindeutigen Wortlaut abweichenden Auslegung OLG Naumburg v. 12.2.1997 – 10 Wx 1/97, GmbHR 1997, 1152 (1155) (zu § 3 Abs. 3 UmwG).

Literatur

Hommelhoff, Minderheitenschutz bei Umstrukturierungen, ZGR 1993, 452; *H. Schmidt*, Verschmelzung von Personengesellschaften, in Lutter (Hrsg.), Kölner Umwandlungsrechtstage, 1995, S. 59.

I. Überblick

1. Funktion und Normzweck

1 Den von der Geschäftsführung ausgeschlossenen Gesellschaftern einer OHG stehen bereits nach § 118 Abs. 1 HGB Kontrollrechte zu, die auch die Einsichtnahme in Geschäftsunterlagen und damit auch den Verschmelzungsvertrag oder dessen Entwurf sowie den Verschmelzungsbericht umfassen[1]. Insoweit hat § 42 UmwG die Funktion, dieses Kontroll- und Informationsrecht des Gesellschafters zu konkretisieren[2]. Entsprechendes gilt nach § 161 Abs. 2 HGB i.V.m. § 118 HGB für den Komplementär einer KG. Abweichend von den genannten Vorschriften begründet § 42 UmwG aber nicht nur ein Informationsrecht, sondern eine **Informationspflicht** durch unaufgeforderte Übersendung der Verschmelzungsunterlagen. Dem Kommanditisten stehen demgegenüber die Rechte aus § 118 HGB nicht zu, § 166 Abs. 2 HGB. Seine Kontroll- und Informationsrechte sind nach § 166 Abs. 1 HGB auf den Jahresabschluss und dessen Richtigkeit beschränkt. § 42 UmwG **erweitert** damit die **Informationsrechte für Kommanditisten** durch Begründung eines selbständigen Auskunftsrechts[3], das ebenfalls zu einer von einem entsprechenden Verlangen des Kommanditisten unabhängigen Informationspflicht führt.

2 Der **Zweck** der Vorschrift richtet sich darauf, den betroffenen Gesellschaftern eine Grundlage für die Entscheidung über die Stimmabgabe bei der Beschlussfassung über die Verschmelzung zu geben[4]. Die Vorschrift findet daher keine Anwendung, wenn **alle Gesellschafter zur Geschäftsführung ermächtigt** sind (dazu § 41 Rz. 4f.; vgl. aber auch unten Rz. 3 zum geschäftsführungsbefugten Gesellschafter, dessen Kontrollrechte nach § 118 HGB gesellschaftsvertraglich eingeschränkt sind) und aus diesem Grund umfassend informiert sind oder sich jedenfalls informieren können. In diesem Fall ist ein Verschmelzungsbericht ohnehin nach § 41 UmwG nicht erforderlich. Anwendbar ist § 42 UmwG sowohl im Falle der Verschmelzung durch Aufnahme als auch bei der Verschmelzung durch Neugründung. Gem. § 13 Abs. 3 Satz 3 UmwG ist weiterhin jedem Anteilsinhaber auf

---

1 Zum umfassenden Begriff der *Papiere* der Gesellschaft i.S.v. § 118 Abs. 1 HGB vgl. nur *Hopt* in Baumbach/Hopt, § 118 HGB Rz. 4.
2 Insoweit zutr. die Begr, *Ganske*, S. 93.
3 Begr, *Ganske*, S. 93.
4 Begr, *Ganske*, S. 93.

sein Verlangen hin nach der Beschlussfassung über die Verschmelzung die **Niederschrift des Verschmelzungsbeschlusses** und eine **Abschrift des Verschmelzungsvertrages** oder seines Entwurfs auf seine Kosten unverzüglich zu übersenden; s. § 13 Rz. 20f.

§ 42 UmwG ist zwingend[1], vgl. § 1 Abs. 3 Satz 1 UmwG. Eine nach § 118 Abs. 2 HGB zulässige Einschränkung der Informationsrechte des persönlich haftenden und von der Geschäftsführung ausgeschlossenen Gesellschafters im **Gesellschaftsvertrag**[2] ist für § 42 UmwG ebenso unbeachtlich wie eine gesellschaftsvertragliche Einschränkung der sich aus § 42 UmwG ergebenden Informationspflichten. Ein persönlich haftender, **geschäftsführungsbefugter Gesellschafter**, dessen Rechte nach § 118 HGB im Gesellschaftsvertrag so eingeschränkt sind, dass er von den Verschmelzungsunterlagen während der Vorbereitung der Verschmelzung keine Kenntnis nehmen kann, ist im Rahmen von § 42 UmwG einem von der Geschäftsführung ausgeschlossenen Gesellschafter gleichzustellen, um dem Normzweck von § 42 UmwG Rechnung zu tragen. Zur Anwendung der Vorschrift, wenn die Ausübung von Gesellschafterrechten im Gesellschaftsvertrag einem **gemeinsamen Vertreter** mehrerer Gesellschafter oder **Stammesbevollmächtigten** übertragen worden ist, s. unten Rz. 6. Ebenso, wie alle Gesellschafter auf die Einhaltung der Formen und Fristen für die Einberufung der Gesellschafterversammlung, die über die Verschmelzung beschließen soll, verzichten können (§ 13 Rz. 6), ist bei der Beschlussfassung auch ein **Verzicht** auf die Einhaltung der Informationspflicht des § 42 UmwG wirksam möglich[3]; so auch zum Formwechsel § 216 Rz. 9. Macht ein Gesellschafter die unterbliebene Übersendung von Verschmelzungsunterlagen nicht im Wege der Klage gegen den Verschmelzungsbeschluss geltend, so hat das die Wirkung eines **Individualverzichts;** eine ausdrückliche Verzichtserklärung ist nicht erforderlich[4]. 3

2. Entstehungsgeschichte

Die Regelung stimmt mit **§ 42 RefE** und **§ 41 DiskE** wortgleich überein. 4

II. Inhalt der Vorschrift

1. Zu übersendende Unterlagen

Gegenstand der Übersendungspflicht sind nach § 42 UmwG der **Verschmelzungsvertrag** oder sein Entwurf sowie der **Verschmelzungsbericht**; zum Verschmelzungsvertrag oder Entwurf gehören auch alle in ihm genannten Anlagen sowie etwaige Nebenabreden[5] (dazu § 6 Rz. 2). Eine Pflicht zur Übersendung eines 5

---

1 *Ihrig* in Semler/Stengel, § 42 UmwG Rz. 14. Einschränkend *Vossius* in Widmann/Mayer, § 42 UmwG Rz. 17.

2 Vgl. *Hopt* in Baumbach/Hopt, § 118 HGB Rz. 17.

3 *Ihrig* in Semler/Stengel, § 42 UmwG Rz. 14; *Dauner-Lieb/Tettinger* in KölnKomm. UmwG, § 41 UmwG Rz. 14 (Verzicht in notarieller Form erforderlich). So auch zur GmbH § 47 Rz. 7.

4 Entgegen *Ihrig* in Semler/Stengel, § 42 UmwG Rz. 14, und *Vossius* in Widmann/Mayer, § 42 UmwG Rz. 20, gilt das auch für den nicht in der Gesellschafterversammlung erschienenen Gesellschafter (vorausgesetzt, er ist ordnungsgemäß geladen worden).

5 *Ihrig* in Semler/Stengel, § 42 UmwG Rz. 5; *Dauner-Lieb/Tettinger* in KölnKomm. UmwG, § 42 UmwG Rz. 7.

Verschmelzungsberichts besteht nicht, wenn ein Bericht gem. § 8 Abs. 3 Satz 1 UmwG nicht erstellt worden ist. Zu übersenden ist jeweils eine (einfache) Kopie[1] des **vollständigen Textes**. § 42 UmwG erwähnt nicht die Übersendung eines **Prüfungsberichts**[2]. Der Schutzcharakter der Vorschrift verlangt es indessen, im Falle einer nach § 44 UmwG erforderlichen Prüfung auch den Prüfungsbericht in die Übersendungspflicht einzubeziehen[3]; so auch für die GmbH § 47 Rz. 10. Entsprechendes gilt bei einem bereits auf Veranlassung der Geschäftsführung erstellten Prüfungsbericht[4] (dazu § 44 Rz. 5). Soweit der Prüfungsbericht zum Zeitpunkt der Absendung der Einberufung bereits vorliegt, ist er spätestens mit dieser zu übersenden. Ist das Prüfungsverlangen vor der Einberufung gestellt worden, ist diese solange zurückzustellen, bis der Prüfungsbericht vorliegt[5]. Bei einem erst nach der Einberufung – innerhalb der Wochenfrist des § 44 UmwG – geäußerten Prüfungsverlangen ist die Übersendung des Prüfungsberichts nachzuholen. Dabei muss freilich dem Empfänger des Berichts ein angemessener Zeitraum zu dessen Auswertung bis zur Gesellschafterversammlung verbleiben, dessen Untergrenze bei einer Woche anzusetzen ist (vgl. unten Rz. 7)[6], wenn nicht alle Gesellschafter auf die Einhaltung dieser Frist verzichten (oben Rz. 3). Gegebenenfalls muss die Gesellschafterversammlung vertagt werden.

2. Adressatenkreis

6 § 42 UmwG schreibt die Übersendung an jeden **von der Geschäftsführung ausgeschlossenen Gesellschafter** der Personenhandelsgesellschaft vor; s. dazu näher § 41 Rz. 4f., oben Rz. 3. Ist die Ausübung von Gesellschafterrechten nach dem Gesellschaftsvertrag einem **gemeinsamen Vertreter** mehrerer Gesellschafter oder einem **Stammesbevollmächtigten** übertragen und übt dieser aufgrund einer Bevollmächtigung das Stimmrecht bei der Beschlussfassung über die Verschmelzung aus (§ 43 Rz. 11), so genügt die Übersendung der oben in Rz. 5 genannten Unterlagen an diesen (so auch § 47 Rz. 15 [zur GmbH])[7]. Damit wird dem Zweck der Vorschrift (s. oben Rz. 2) Rechnung getragen, denjenigen Gesellschafter zu informie-

1 *Ihrig* in Semler/Stengel, § 42 UmwG Rz. 11; *Kallmeyer/Kocher* in Kallmeyer, § 42 UmwG Rz. 4; *Dauner-Lieb/Tettinger* in KölnKomm. UmwG, § 42 UmwG Rz. 9.

2 Für ein Redaktionsversehen *Hommelhoff*, ZGR 1993, 452 (462 Fn. 23).

3 Allg. M.; vgl. *Ihrig* in Semler/Stengel, § 42 UmwG Rz. 6; *Kallmeyer/Kocher* in Kallmeyer, § 42 UmwG Rz. 3; *Dauner-Lieb/Tettinger* in KölnKomm. UmwG, § 42 UmwG Rz. 24. So bereits *Hommelhoff*, ZGR 1993, 452 (462 Fn. 23) sowie *H. Schmidt* in Kölner Umwandlungsrechtstage, S. 59 (77).

4 *Ihrig* in Semler/Stengel, § 42 UmwG Rz. 6, § 44 UmwG Rz. 17; *Dauner-Lieb/Tettinger* in KölnKomm. UmwG, § 42 UmwG Rz. 24.

5 *Ihrig* in Semler/Stengel, § 42 UmwG Rz. 7, § 44 UmwG Rz. 17; *Dauner-Lieb/Tettinger* in KölnKomm. UmwG, § 42 UmwG Rz. 24. A.A. *Heckschen* in Westermann, Hdb. Pers. Ges., Rz. I 3673c.

6 So auch *Ihrig* in Semler/Stengel, § 42 UmwG Rz. 7, § 44 UmwG Rz. 17. Anders aber *Ihrig* in Semler/Stengel, § 44 UmwG Rz. 15: Vertagung der Beschlussfassung erforderlich.

7 *Dauner-Lieb/Tettinger* in KölnKomm. UmwG, § 42 UmwG Rz. 5; *Brügel* in Keßler/Kühnberger, § 42 UmwG Rz. 5; *Vossius* in Widmann/Mayer, § 42 UmwG Rz. 7. A.A. *Ihrig* in Semler/Stengel, § 42 UmwG Rz. 9; *Haggeney* in Maulbetsch/Klumpp/Rose, § 42 UmwG Rz. 8, und *Stratz* in Schmitt/Hörtnagl/Stratz, § 42 UmwG Rz. 4, die aus § 42 UmwG zusätzlich eine Pflicht zur Übersendung der Unterlagen an die vertretenen Gesellschafter ableiten. Auf eine entsprechende gesellschaftsvertragliche Regelung abstellend *Vossius* in Widmann/Mayer, § 42 UmwG Rz. 17.

ren, der über die Verschmelzung im Wege der Beschlussfassung mitzuentscheiden hat. Der zwingende Charakter von § 42 UmwG (oben Rz. 3) steht dem nicht entgegen, da Regelungen über die Ausübung von Gesellschafterrechten durch gemeinsame Vertreter oder Stammesbevollmächtigte als ergänzende Bestimmungen i.S.v. § 1 Abs. 3 Satz 2 UmwG angesehen werden können[1]. Eine andere Frage ist es, welche Informationspflichten der gemeinsame Vertreter oder Stammesbevollmächtigte im *Innenverhältnis* gegenüber der von ihm vertretenen Gesellschaftergruppe hat. Sieht der Gesellschaftsvertrag für die Stimmrechtsausübung durch den gemeinsamen Vertreter oder Stammesbevollmächtigten bei der Beschlussfassung über die Verschmelzung eine interne Vorabstimmung innerhalb der vertretenen Gesellschaftergruppe vor, so steht jedem Gesellschafter nach dem Rechtsgedanken des § 42 UmwG ein Anspruch gegen den Vertreter oder Stammesbevollmächtigten auf vorherige Überlassung der oben in Rz. 5 genannten Unterlagen zu.

3. Übersendungsfrist

Gem. § 42 UmwG sind die Verschmelzungsunterlagen **spätestens** mit der Einberufung zur Gesellschafterversammlung, die über die Verschmelzung beschließen soll, zu übersenden; eine *vorherige* Übersendung ist also zulässig und im Hinblick darauf, dass erst der Erhalt der Verschmelzungsunterlagen den Fristbeginn für ein Prüfungsverlangen nach § 44 UmwG auslöst (§ 44 Rz. 6ff.), regelmäßig auch zweckmäßig (so auch zur GmbH § 47 Rz. 19). Zur nachträglichen Übersendung eines Prüfungsberichts s. oben Rz. 5. Da gesetzliche Regelungen über die bei der Einberufung von Gesellschafterversammlungen einer Personenhandelsgesellschaft einzuhaltenden Fristen nicht bestehen, verzichtet das Gesetz darauf, für die Übersendung der Unterlagen bestimmte Fristen vorzuschreiben[2]. Soweit der Gesellschaftsvertrag keine abweichenden Regelungen trifft, ist es daher im Regelfall ausreichend, wenn die Verschmelzungsunterlagen **zusammen mit der fristgerechten Einberufung der Gesellschafterversammlung** übersendet werden. Soweit allerdings Einberufungsfristen im Gesellschaftsvertrag oder, mangels gesellschaftsvertraglicher Regelungen, aufgrund der konkreten Verfahrensweise im Einzelfall so kurz ausgestaltet sind, dass sie bei vernünftiger Betrachtungsweise eine Auswertung der Verschmelzungsunterlagen durch die nicht an der Geschäftsführung beteiligten Gesellschafter und damit die Bildung einer tragfähigen Entscheidungsgrundlage für die Stimmabgabe bei dem Verschmelzungsbeschluss nicht ermöglichen, wird man eine gleichwohl erfolgte Beschlussfassung als nach § 14 Abs. 1 UmwG im Klagewege angreifbar ansehen müssen[3]. § 42 UmwG sieht zwar insoweit keine Mindestfristen vor, jedoch kann die Vorschrift ihre Schutzfunktion nur dann erfüllen, wenn dem Gesellschafter eine angemessene Zeit zur Prüfung der Verschmelzungsunterlagen verbleibt. In Anlehnung an die gesetzliche Einberufungsfrist für die GmbH gem. § 51 Abs. 1 Satz 2 GmbHG **ist die Mindestfrist bei einer Woche anzusetzen**[4]. Die Angemessenheit der Wochenfrist wird 7

1 A.A. *Ihrig* in Semler/Stengel, § 42 UmwG Rz. 9. Im Erg. wie hier *Dauner-Lieb/Tettinger* in KölnKomm. UmwG, § 42 UmwG Rz. 5.
2 Begr, *Ganske*, S. 93.
3 *Ihrig* in Semler/Stengel, § 42 UmwG Rz. 12, 15. So auch zur GmbH § 47 Rz. 21.
4 So auch *Ihrig* in Semler/Stengel, § 42 UmwG Rz. 12; *Dauner-Lieb/Tettinger* in KölnKomm. UmwG, § 42 UmwG Rz. 11f., § 44 UmwG Rz. 31; *Kallmeyer/Kocher* in Kall-

bestätigt durch § 44 Satz 1 UmwG. Danach kann ein Gesellschafter ein Verlangen nach einer Prüfung nur innerhalb von einer Woche nach Erhalt der Verschmelzungsunterlagen stellen. Damit hält das Gesetz diesen Zeitraum für ausreichend, um die Verschmelzungsunterlagen auszuwerten.

4. Übersendung

8 **Zuständig** für die Übersendung sind die Geschäftsführer der Gesellschaft. Die **Kosten** der Herstellung der Unterlagen und der Versendung gehen – auch ohne ausdrückliche Regelung in § 42 UmwG – entsprechend dem Schutzzweck der Norm zu Lasten der Gesellschaft[1]; eine Abwälzung der Kosten auf die Anteilsinhaber sieht die Vorschrift, anders als § 13 Abs. 3 Satz 3 UmwG, nicht vor. Eine bestimmte **Form** für die Übersendung der Verschmelzungsunterlagen schreibt § 42 UmwG nicht vor; sie kann daher auch per Telefax erfolgen[2] oder per E-Mail[3]. Über den auf eine Übersendung abstellenden Wortlaut der Vorschrift hinaus genügt auch eine Aushändigung der Verschmelzungsunterlagen an den vorgesehenen Empfänger[4]. Nicht entbehrlich wird die Übersendung, wenn die Unterlagen über eine Internetseite der Gesellschaft zugänglich sind; eine dem § 63 Abs. 4 UmwG entsprechende Regelung enthält das Verschmelzungsrecht für Personenhandelsgesellschaften nicht. Sieht der Gesellschaftsvertrag für die **Einberufung** der Gesellschafterversammlung **besondere Formerfordernisse** vor, so werden diese bei Übersendung der Verschmelzungsunterlagen mit der Einberufung auch eingehalten. Zwingend ist diese Vorgehensweise aber nicht. Dem Gesetz lässt sich nicht entnehmen, dass die Verschmelzungsunterlagen zwingender Bestandteil der Einberufung sind[5]; vgl. auch oben Rz. 7 zur Zulässigkeit der Übersendung der Verschmelzungsunterlagen bereits vor der Einberufung. Daher gelten gesellschaftsvertragliche Formerfordernisse der Einberufung auch nicht, wenn Verschmelzungsunterlagen **vor der Einberufung** übersendet werden (a.A. *M. Winter/J. Vetter*, § 47 Rz. 16)[6]; Entsprechendes gilt für die nachträgliche Übersendung eines Prüfungsberichts (dazu oben Rz. 5).

9 Soweit der Gesellschaftsvertrag keine abweichenden Regelungen enthält, sind die Einberufung[7] der Gesellschafterversammlung und – im Falle gleichzeitiger Übersendung – die Verschmelzungsunterlagen an die der Gesellschaft durch den Ge-

---

meyer, § 42 UmwG Rz. 6; *Stratz* in Schmitt/Hörtnagl/Stratz, § 42 UmwG Rz. 3. Krit. *Vossius* in Widmann/Mayer, § 45c UmwG Rz. 10 Fn. 2 (Wochenfrist „allzu schematische" Betrachtungsweise).

1 *Ihrig* in Semler/Stengel, § 42 UmwG Rz. 10; *Dauner-Lieb/Tettinger* in KölnKomm. UmwG, § 42 UmwG Rz. 6.

2 *Ihrig* in Semler/Stengel, § 42 UmwG Rz. 11; *Dauner-Lieb/Tettinger* in KölnKomm. UmwG, § 42 UmwG Rz. 9.

3 *Dauner-Lieb/Tettinger* in KölnKomm. UmwG, § 42 UmwG Rz. 9. Einschränkend *Vossius* in Widmann/Mayer, § 42 UmwG Rz. 13 f.; *Haggeney* in Maulbetsch/Klumpp/Rose, § 42 UmwG Rz. 10.

4 *Ihrig* in Semler/Stengel, § 42 UmwG Rz. 11; *Vossius* in Widmann/Mayer, § 42 UmwG Rz. 15.

5 *Dauner-Lieb/Tettinger* in KölnKomm. UmwG, § 42 UmwG Rz. 13. A.A. *Ihrig* in Semler/Stengel, § 42 UmwG Rz. 11.

6 Wie hier wohl *Ihrig* in Semler/Stengel, § 42 UmwG Rz. 11.

7 Vgl. für die GmbH nur *Bayer* in Lutter/Hommelhoff, § 51 GmbHG Rz. 6.

sellschafter zuletzt bekannt gegebene **Adresse** zu richten[1]. Das gilt entsprechend bei einer vorherigen Übersendung der Verschmelzungsunterlagen oder der Nachsendung eines Prüfungsberichts (oben Rz. 5; vgl. dazu auch § 47 Rz. 12). Der auf eine Übersendung abstellende Gesetzeswortlaut beantwortet nicht eindeutig, ob auch der **Zugang** der Verschmelzungsunterlagen für eine ordnungsgemäße Übersendung erforderlich ist. Dafür spricht § 44 UmwG, der den Beginn der Frist für das Prüfungsverlangen an den **Erhalt** (dazu § 44 Rz. 8) der in § 42 UmwG genannten Unterlagen knüpft, und der Zweck von § 42 UmwG, dem Gesellschafter Informationen zu verschaffen; dies setzt den Zugang der Unterlagen voraus. § 42 UmwG zeigt freilich auch, dass die Übersendung dem Einberufungsvorgang zugeordnet werden kann. Da man aber die Einberufung im Regelfall auch dann als ordnungsgemäß ansehen muss, wenn sie an die zuletzt bekannt gegebene Adresse erfolgt ist, mag sie auch den Empfänger nicht erreicht haben und es deshalb an einem Zugang fehlen, ist für die Übersendung der Verschmelzungsunterlagen nicht anders zu entscheiden. Auch deren Zugang ist für eine ordnungsgemäße Übersendung **nicht erforderlich**[2]. Anderes gilt, wenn bei der Übersendung dem Versendenden bekannt ist, dass die Unterlagen den Empfänger nicht unter der gewählten, wohl aber einer anderen Anschrift erreichen können, etwa bei einem bekannten Wohnsitzwechsel oder längerfristigem Auslandsaufenthalt[3]. Da aber die **Frist für das Prüfungsverlangen** nach § 44 UmwG erst nach dem **tatsächlichen Erhalt** der in § 42 UmwG genannten Unterlagen zu laufen beginnt (vgl. oben Rz. 9 und § 44 Rz. 8), empfiehlt es sich für die Praxis, im Interesse eines möglichst reibungslosen Ablaufs des Verschmelzungsverfahrens sicherzustellen, dass die nach § 42 UmwG zu übersendenden Unterlagen dem Empfänger auch tatsächlich zugehen.

III. Rechtsfolgen eines Verstoßes

Die fehlende oder verspätete (oben Rz. 7) Übersendung der Verschmelzungsunterlagen – oder des nach § 44 UmwG erforderlichen Prüfungsberichtes, oben Rz. 5 – an von der Geschäftsführung ausgeschlossene Gesellschafter begründet einen **Beschlussmangel**, der im Fall seiner Relevanz i.S.d. BGH-Rechtsprechung[4] für das Beschlussergebnis bei der Personenhandelsgesellschaft zur Nichtigkeit des Verschmelzungsbeschlusses führt; vgl. dazu auch § 13 Rz. 49f. Angesichts der besonderen **Informationsfunktion** der Verschmelzungsunterlagen für die Adressaten der Übersendung und des Zwecks von § 42 UmwG, diesen eine **ordnungsgemäße Vorbereitung** auf die Beschlussfassung zu ermöglichen[5] und damit auch in der Gesellschafterversammlung Gegenargumente zu der Verschmelzung in ihrer kon- 10

1 *Dauner-Lieb/Tettinger* in KölnKomm. UmwG, § 42 UmwG Rz. 10; *Ihrig* in Semler/Stengel, § 42 UmwG Rz. 13.
2 *Ihrig* in Semler/Stengel, § 42 UmwG Rz. 13; *Dauner-Lieb/Tettinger* in KölnKomm. UmwG, § 42 UmwG Rz. 10. So auch für die GmbH § 47 Rz. 18. Auf eine entspr. gesellschaftsvertragliche Regelung abstellend *Vossius* in Widmann/Mayer, § 42 UmwG Rz. 12.
3 *Dauner-Lieb/Tettinger* in KölnKomm. UmwG, § 42 UmwG Rz. 10; *Haggeney* in Maulbetsch/Klumpp/Rose, § 42 UmwG Rz. 12.
4 Dazu BGH v. 12.11.2001 – II ZR 225/99, NJW 2002, 1128 (1129) = AG 2002, 241 in Abgrenzung zur „Kausalitäts"-Rechtsprechung.
5 Dazu allgemein BGH v. 14.11.1994 – II ZR 160/93, WM 1995, 701 (706).

kreten Ausgestaltung geltend machen zu können, ist im Regelfall von der Relevanz eines in der unterbliebenen oder verspäteten Übersendung von Verschmelzungsunterlagen liegenden Informationsmangels für das Beschlussergebnis auszugehen[1]. Wenn ein offensichtlich unzureichender Verschmelzungsbericht unter dem Gesichtspunkt der Relevanz einen Beschlussmangel begründet[2] (§ 8 Rz. 59 ff.), muss dies umso mehr gelten, wenn er (oder sonstige Verschmelzungsunterlagen) überhaupt nicht (fristgerecht) Gesellschaftern zur Verfügung gestellt wird. Der Beschlussmangel liegt auch dann vor, wenn man die unterbliebene oder verspätete Übersendung als Einberufungsmangel behandelt (dazu oben Rz. 8) und der betroffene Gesellschafter zur Gesellschafterversammlung erscheint, der Beschlussfassung aber widerspricht[3]. Im Falle eines **Klageverzichts** oder nach **Ablauf der Klagefrist** (§ 14 Abs. 1 UmwG) ohne Klageerhebung kommt dem Beschlussmangel im Ergebnis keine Bedeutung mehr zu und er steht der Handelsregistereintragung nicht entgegen.

IV. Handelsregisteranmeldung

11 Der **Nachweis der Übersendung** der Verschmelzungsunterlagen nach § 42 UmwG gegenüber dem Handelsregister ist in § 17 UmwG nicht vorgeschrieben. Er ist daher **keine formelle Eintragungsvoraussetzung**[4]. Bedeutung könnten Übersendungsmängel wegen der Angreifbarkeit des Verschmelzungsbeschlusses (oben Rz. 10) im Grundsatz aber für das Vorliegen der **materiellen** Eintragungsvoraussetzungen haben. Auch sie sind Gegenstand der Eintragungsprüfung durch das Registergericht (§ 20 Rz. 6)[5]. Allerdings bedarf es eines Nachweises der Übersendung der Verschmelzungsunterlagen aufgrund der für die Handelsregistereintragung gem. § 16 Abs. 2 Satz 2 UmwG immer erforderlichen Negativerklärung bzw. eines Klageverzichts generell dann nicht, wenn man in einer unterbliebenen Klage einen Individualverzicht des Gesellschafters auf die Übersendung sieht (dazu oben Rz. 3, 10)[6]. Auf die Frage der *Zweckmäßigkeit* eines Nachweises[7] kommt es dann nicht an[8].

V. Weitere Informationspflichten

12 Regelungen zur Auskunftserteilung über die Verschmelzung enthält das UmwG für die Personenhandelsgesellschaft nicht; zur Übersendung des Prüfungsberich-

---

1 So auch *Ihrig* in Semler/Stengel, § 42 UmwG Rz. 15; *Dauner-Lieb/Tettinger* in KölnKomm. UmwG, § 42 UmwG Rz. 17.

2 BGH v. 12.11.2001 – II ZR 225/99, NJW 2002, 1128 (1129) = AG 2002, 241.

3 Dazu BGH v. 30.3.1987 – II ZR 180/86, BGHZ 100, 264 (270) (zur GmbH). Enger *Dauner-Lieb/Tettinger* in KölnKomm. UmwG, § 42 UmwG Rz. 17.

4 So auch *Ihrig* in Semler/Stengel, § 42 UmwG Rz. 18; *Dauner-Lieb/Tettinger* in KölnKomm. UmwG, § 42 UmwG Rz. 19. Allgemein zu deren Prüfung durch das Registergericht bei der Umwandlung OLG Naumburg v. 12.2.1997 – 10 Wx 1/97, GmbHR 1997, 1152 (1153).

5 OLG Naumburg v. 12.2.1997 – 10 Wx 1/97, GmbHR 1997, 1152 (1153).

6 Dagegen wohl *Dauner-Lieb/Tettinger* in KölnKomm. UmwG, § 42 UmwG Rz. 15, 21.

7 Darauf abstellend *Ihrig* in Semler/Stengel, § 42 UmwG Rz. 18; *Kallmeyer/Kocher* in Kallmeyer, § 42 UmwG Rz. 7.

8 An der abweichenden Kommentierung in der 4. Aufl. wird nicht mehr festgehalten.

tes vgl. oben Rz. 5. Angesichts des regelmäßig personalistischen Charakters der Personenhandelsgesellschaft und der Beteiligung zumindest eines Teils der Gesellschafter an der Geschäftsführung ist zwar eine generelle **Pflicht zur Erläuterung des Verschmelzungsvertrages** in der Gesellschafterversammlung nach dem Vorbild der Regelung für die AG in § 64 Abs. 1 UmwG **ebenso abzulehnen**[1] **wie** eine Pflicht zur **Auslage des Verschmelzungsvertrages** sowie eines etwaigen **Verschmelzungsberichtes und Prüfungsberichtes**[2] (so auch zum Formwechsel § 216 Rz. 11 f.), zumal diese Unterlagen ohnehin den Gesellschaftern schon vorher zur Verfügung stehen oder nach § 42 UmwG zu überlassen sind. Nach allgemeinen Rechtsgrundsätzen haben aber die von der Geschäftsführung ausgeschlossenen Gesellschafter einen **Anspruch auf Auskunftserteilung vor** und **in der Gesellschafterversammlung** über Fragen zu der Verschmelzung, insbesondere zum Verschmelzungsvertrag und den erstatteten Berichten, wenn sich den hierüber überlassenen Unterlagen die zur sachgerechten Beurteilung der Verschmelzung erforderlichen Informationen nicht entnehmen lassen oder diese Unterlagen oder deren Behandlung in der Gesellschafterversammlung zu neuen Fragen führen, deren Beantwortung zur sachgerechten Beurteilung der Verschmelzung erforderlich ist[3]. Diese Auskunftsverpflichtung erstreckt sich auch auf alle für die Verschmelzung wesentlichen **Angelegenheiten der anderen beteiligten Rechtsträger**[4]. Das ließe sich auch aus einer Gesamtanalogie zu den Vorschriften des UmwG ableiten, die für andere Rechtsträger eine derartige Auskunftspflicht ausdrücklich regeln[5], wenn man die Information über die anderen beteiligten Rechtsträger nicht als Gegenstand des allgemeinen Auskunftsrechts ansehen wollte. Da für eine abweichende Behandlung der Personenhandelsgesellschaft gegenüber den anderen Rechtsformen in diesem Punkt keine sachlichen Gründe in der Gesetzesbegründung genannt werden[6] und auch nicht bestehen, wäre von einer planwidrigen Lücke auszugehen, die im Wege der Gesamtanalogie zu schließen wäre.

1 *Ihrig* in Semler/Stengel, § 42 UmwG Rz. 17; *Dauner-Lieb/Tettinger* in KölnKomm. UmwG, § 42 UmwG Rz. 23; *Vossius* in Widmann/Mayer, § 42 UmwG Rz. 2. Krit. dazu – zum RefE – *Hommelhoff*, ZGR 1993, 452 (462 Fn. 24).

2 *Ihrig* in Semler/Stengel, § 42 UmwG Rz. 17; *Vossius* in Widmann/Mayer, § 42 UmwG Rz. 2. Auch dazu krit. – zum RefE – *Hommelhoff*, ZGR 1993, 452 (462 Fn. 23).

3 So auch *Ihrig* in Semler/Stengel, § 42 UmwG Rz. 17; *Dauner-Lieb/Tettinger* in KölnKomm. UmwG, § 42 UmwG Rz. 22; *Stratz* in Schmitt/Hörtnagl/Stratz, § 42 UmwG Rz. 4. Allgemein vgl. BGH v. 20.6.1983 – II ZR 85/82, WM 1983, 910 (911); BGH v. 23.3.1992 – II ZR 128/91, NJW 1992, 1890 (1891) = GmbHR 1992, 365 (tendenziell für allgemeines Auskunftsrecht des Kommanditisten bei der Abstimmung über außergewöhnliche Geschäfte oder Vertragsänderungen).

4 *Dauner-Lieb/Tettinger* in KölnKomm. UmwG, § 42 UmwG Rz. 22; *Stratz* in Schmitt/Hörtnagl/Stratz, § 42 UmwG Rz. 4.

5 Vgl. § 49 Abs. 3 UmwG (GmbH), § 64 Abs. 2 UmwG (AG), §§ 78, 64 Abs. 2 UmwG (KGaA), § 83 Abs. 1 Satz 3 UmwG (Genossenschaft), § 102 Satz 2 UmwG (Verein) und § 112 Abs. 2 Satz 2 UmwG (VVaG). Auf die § 105 Abs. 2 HGB, §§ 713, 666 BGB abstellend *Vossius* in Widmann/Mayer, § 42 UmwG Rz. 2.

6 Die Gesetzesbegr erörtert das Problem nicht, vgl. *Ganske*, S. 93.

§ 43
Beschluss der Gesellschafterversammlung

(1) Der Verschmelzungsbeschluss der Gesellschafterversammlung bedarf der Zustimmung aller anwesenden Gesellschafter; ihm müssen auch die nicht erschienenen Gesellschafter zustimmen.

(2) Der Gesellschaftsvertrag kann eine Mehrheitsentscheidung der Gesellschafter vorsehen. Die Mehrheit muss mindestens drei Viertel der abgegebenen Stimmen betragen. Widerspricht ein Anteilsinhaber eines übertragenden Rechtsträgers, der für dessen Verbindlichkeiten persönlich unbeschränkt haftet, der Verschmelzung, so ist ihm in der übernehmenden oder der neuen Personenhandelsgesellschaft die Stellung eines Kommanditisten zu gewähren; das Gleiche gilt für einen Anteilsinhaber der übernehmenden Personenhandelsgesellschaft, der für deren Verbindlichkeiten persönlich unbeschränkt haftet, wenn er der Verschmelzung widerspricht.

Literatur

Bayer, 1000 Tage neues Umwandlungsrecht, ZIP 1997, 1613; *Bork*, Beschlussverfahren und Beschlusskontrolle nach dem Referentenentwurf eines Gesetzes zur Bereinigung des Umwandlungsrechts, ZGR 1993, 343; *Decher*, Formwechsel – Allgemeine Vorschriften, in Lutter (Hrsg.), Kölner Umwandlungsrechtstage, 1995, S. 201; *Dörrie*, Das neue Umwandlungsgesetz, WiB 1995, 1; *Joost*, Formwechsel von Personenhandelsgesellschaften, in Lutter (Hrsg.), Kölner Umwandlungsrechtstage, 1995, S. 245; *Lüttge*, Das neue Umwandlungs- und Umwandlungssteuerrecht, NJW 1995, 417; *Mecke*, Von der Personen- zur Kapitalgesellschaft, ZHR 153 (1989), 35; *Priester*, Strukturänderungen – Beschlussvorbereitung und Beschlussfassung, ZGR 1990, 420; *Priester*, Spaltungsvertrag/Spaltungsplan, in Lutter (Hrsg.), Kölner Umwandlungsrechtstage, 1995, S. 99; *Priester*, Personengesellschaften im Umwandlungsrecht – Praxisrelevante Fragen und offene Posten, DStR

2005, 788; *Reichert*, Folgen der Anteilsvinkulierung für Umstrukturierungen von Gesellschaften mit beschränkter Haftung und Aktiengesellschaften nach dem Umwandlungsgesetz 1995, GmbHR 1995, 176; *Harry Schmidt*, Verschmelzung von Personengesellschaften, in Lutter (Hrsg.), Kölner Umwandlungsrechtstage, 1995, S. 59; *Harry Schmidt*, Mehrheitsklauseln für Umwandlungsbeschlüsse in Gesellschaftsverträgen von Personenhandelsgesellschaften nach neuem Umwandlungsrecht, in FS Brandner, 1996, S. 133; *K. Schmidt*, Die obligatorische Gruppenvertretung im Recht der Personengesellschaften und der GmbH, ZHR 146 (1982), 525; *Schöne*, Das Aktienrecht als „Maß aller Dinge" im neuen Umwandlungsrecht?, GmbHR 1995, 325; *Schöne/Arens*, Die Erosion des umwandlungsrechtlichen Versammlungszwangs durch das Europäische Gesellschaftsrecht, WM 2012, 381; *Streck/Mack/Schwedhelm*, Verschmelzung und Formwechsel nach dem neuen Umwandlungsgesetz, GmbHR 1995, 161; *Werner/Kindermann*, Umwandlung mittelständischer Unternehmen in eine Aktiengesellschaft: Gesellschaftsrechtliche Vor- und Nachteile und Verfahren, ZGR 1981, 17; *Harm Peter Westermann*, Die Umwandlung einer Personenhandelsgesellschaft aufgrund eines Mehrheitsbeschlusses in eine Kapitalgesellschaft, in Freundesgabe Hengeler, 1972, S. 240; *Martin Winter*, Zustimmungsbeschlüsse zum Verschmelzungsvertrag (unter besonderer Berücksichtigung der Sondervorschriften für die GmbH), in Lutter (Hrsg.), Kölner Umwandlungsrechtstage, 1995, S. 36.

I. Überblick

1. Funktion und Normzweck

Nach § 13 Abs. 1 Satz 1 UmwG bedarf der Verschmelzungsvertrag zu seiner Wirksamkeit eines Verschmelzungsbeschlusses der Anteilsinhaber des jeweils beteiligten Rechtsträgers (dazu § 1 Rz. 3), mit dem dem Verschmelzungsvertrag zugestimmt wird. Gegenstand des Beschlusses kann gem. §§ 4 Abs. 2, 13 Abs. 3 Satz 2 UmwG auch der Entwurf des Verschmelzungsvertrages sein, vgl. § 4 Rz. 15 f., § 13 Rz. 19. Die **Funktion** von § 43 UmwG liegt vor allem darin, die **Mehrheitserfordernisse** für die Beschlussfassung durch die Gesellschafter der beteiligten Personenhandelsgesellschaft zu regeln[1]. Im Übrigen gelten – etwa für die Frage des Vorliegens von Beschlussmängeln und deren Rechtsfolgen und die Frage der sachlichen Rechtfertigung – die allgemein für Personenhandelsgesellschaften maßgeblichen Rechtsgrundsätze; s. dazu die Kommentierung zu § 13 UmwG, zur Klagefrist die Kommentierung zu § 14 UmwG. Die Vorschrift geht in § 43 Abs. 1 UmwG vom Einstimmigkeitsprinzip aus (unten Rz. 10), lässt aber in § 43 Abs. 2 Satz 1 und 2 UmwG gesellschaftsvertragliche Mehrheitsklauseln zu, die mindestens eine Dreiviertel-Mehrheit der abgegebenen Stimmen vorsehen (dazu unten Rz. 12 f.). 1

§ 43 Abs. 2 Satz 3 UmwG räumt bisher persönlich unbeschränkt haftenden Gesellschaftern einer beteiligten Personenhandelsgesellschaft die Möglichkeit ein, bei der übernehmenden oder neuen Personenhandelsgesellschaft **in die Stellung eines Kommanditisten zu wechseln**, wenn sie mit der Verschmelzung nicht einverstanden sind (unten Rz. 17 ff.). Ergänzt wird die Vorschrift des § 43 UmwG durch **besondere Zustimmungserfordernisse** für den Fall der erstmaligen Übernahme der persönlichen Haftung im übernehmenden oder neuen Rechtsträger (unten Rz. 21), bei vinkulierten Anteilen i.S.v. § 13 Abs. 2 UmwG (dazu unten 2

---

1 Zu den Besonderheiten bei einer Verschmelzung als Gegenstand eines Insolvenzplans für eine insolvenzbedingt aufgelöste Personenhandelsgesellschaft s. *Madaus*, ZIP 2012, 2137.

Rz. 22f.) sowie für die Verschmelzung einer übertragenden Personenhandelsgesellschaft mit einer GmbH, bei der Geschäftsanteile nicht voll eingezahlt sind (unten Rz. 24). Zum Schutz vor einer **Leistungsvermehrung im übernehmenden Rechtsträger** s. § 13 Rz. 35ff.

3 Der **Normzweck** der verschiedenen Regelungen des § 43 UmwG richtet sich auf den **Schutz des einzelnen Gesellschafters**[1]. Soweit es um die Mehrheitserfordernisse geht, verweist die Gesetzesbegründung für die übertragende Personenhandelsgesellschaft auf die **besondere Bedeutung der Verschmelzung** und die Parallelen der Verschmelzung zur Auflösung. Die Beschränkung der Möglichkeit gesellschaftsvertraglicher Mehrheitsklauseln wird auch damit begründet, dass dies der bei anderen Rechtsformen geltenden Mindestgrenze entspricht[2]. Für die übernehmende Personenhandelsgesellschaft wird das verstärkte **Haftungsrisiko** aufgrund der Übernahme der Verbindlichkeiten des übertragenden Rechtsträgers angeführt[3]. Die Vermeidung bisher nicht gegebener Haftungsrisiken verfolgen auch diejenigen Regelungen von § 43 Abs. 2 Satz 3 UmwG, die für bisher persönlich unbeschränkt haftende Gesellschafter den Wechsel in die Kommanditistenstellung ermöglichen[4].

2. Entstehungsgeschichte

4 Das Einstimmigkeitsprinzip sahen als Regelfall bereits **§ 42 DiskE** und **§ 43 RefE** vor. Die Schranken gesellschaftsvertraglicher Mehrheitsklauseln waren in den genannten Entwürfen i.S.d. § 43 Abs. 2 Satz 2 UmwG a.F. (dazu unten Rz. 5) geregelt. § 43 DiskE stellte allerdings für die Berechnung der Mehrheit noch auf die Zahl der Gesellschafter ab; die nachfolgenden Entwürfe knüpften entsprechend der Vertragspraxis bei Personenhandelsgesellschaften an die Zahl der Stimmen an[5]. Möglichkeiten für den Wechsel in die Kommanditistenstellung sah § 42 DiskE nicht und § 43 RefE nur für persönlich haftende Gesellschafter eines übertragenden Rechtsträgers vor. § 43 Abs. 2 RegE bezog dann auch den übernehmenden Rechtsträger ein.

3. Änderung von § 43 Abs. 2 Satz 2 UmwG

5 Die Vorschrift des § 43 Abs. 2 Satz 2 UmwG ist durch das **Gesetz zur Änderung des Umwandlungsgesetzes, des Partnerschaftsgesellschaftsgesetzes und anderer Gesetze** v. 22.7.1998[6] geändert worden[7]. Da die frühere Fassung von § 43 Abs. 2 Satz 2 UmwG nur gesellschaftsvertragliche Mehrheitsklauseln zuließ, die mindestens auf die Dreiviertel-Mehrheit der Stimmen *der Gesellschafter* abstellten, waren unterschiedliche Auffassungen darüber entstanden, ob diese Voraussetzung

---

1 Für Unwirksamkeit nach § 1 Abs. 3 Satz 1 UmwG von gesellschaftsvertraglichen Regelungen, die einen Zwangsausschluss von Gesellschaftern vorsehen, die der Umwandlung nicht zustimmen, OLG Karlsruhe v. 26.9.2002 – 9 U 195/01, ZIP 2003, 78 (79) (zum Formwechsel); zust. *Wiedemann*, GesR II, S. 550.
2 Begr, *Ganske*, S. 94.
3 Begr, *Ganske*, S. 94.
4 Begr, *Ganske*, S. 94.
5 Begr, *Ganske*, S. 94; so auch schon die Begr zu § 43 RefE, S. 92.
6 BGBl. I 1998, S. 1878; dazu *Neye*, DB 1998, 1649ff.
7 Art. 1 Nr. 12 des Änderungsgesetzes (BGBl. I 1998, S. 1878).

auch bei einer Mehrheitsklausel erfüllt war, die für den Verschmelzungsbeschluss eine Dreiviertel-Mehrheit der *abgegebenen* Stimmen genügen ließ, oder ob das Mehrheitserfordernis an die Stimmen *aller vorhandenen* Gesellschafter anknüpfen musste[1]. Diese **unterschiedliche Auslegung im Schrifttum** war **Anlass für die Änderung** der Norm[2]; § 43 Abs. 2 Satz 2 UmwG lässt seitdem Mehrheitsklauseln zu, die mindestens eine **Dreiviertel-Mehrheit der abgegebenen Stimmen** vorsehen. Nach der Gesetzesbegründung handelt es sich um eine **Klarstellung**[3]; die Regelung wird für gerechtfertigt gehalten, weil das UmwG auch bei den anderen Rechtsformen eine Dreiviertel-Mehrheit der abgegebenen Stimmen genügen lässt und weiter gehende Anforderungen bei der Personenhandelsgesellschaft auch im Hinblick auf die Parallele zur Auflösung, für die auf eine entsprechende Mehrheit abstellende Mehrheitsklauseln zulässig sind, nicht erforderlich sind[4]. Dem ist zuzustimmen[5].

II. Grundvoraussetzungen des Verschmelzungsbeschlusses

1. Gesellschafterversammlung

Für alle Rechtsformen und damit auch für die Personenhandelsgesellschaft 6
schreibt **§ 13 Abs. 1 Satz 2 UmwG** vor, dass der Verschmelzungsbeschluss nur in einer Versammlung der Anteilsinhaber, bei der Personenhandelsgesellschaft also in einer Gesellschafterversammlung gefasst werden kann; zur Frage der *richtlinienkonformen Auslegung* von § 13 Abs. 1 Satz 2 UmwG s. § 13 Rz. 13. Die Regelung ist **zwingend** (§ 13 Rz. 9). Die Abhaltung einer Gesellschafterversammlung und die Beschlussfassung über die Verschmelzung in dieser ist also auch dann erforderlich, wenn der Gesellschaftsvertrag über die Form der Beschlussfassung keine Regelungen enthält oder Beschlussfassungen außerhalb von Gesellschafterversammlungen ausdrücklich zulässt[6]. Daher scheidet insbesondere auch eine Beschlussfassung über die Verschmelzung im *schriftlichen Verfahren* aus (§ 13 Rz. 9)[7]. Allerdings zeigt das Zustimmungserfordernis nicht zur Gesellschafterversammlung erschienener Gesellschafter gem. § 43 Abs. 1 UmwG, dass eine Vollversammlung oder eine bestimmte Mindestteilnehmerzahl nicht erforderlich ist[8]. Wenn § 13 Abs. 1 Satz 1 UmwG den Verschmelzungsbeschluss mit dem in den rechtsträgerspezifischen Vorschriften geregelten Mehrheitserfordernissen als Wirksamkeitserfordernis für die Verschmelzung vorsieht und § 13 Abs. 1 Satz 2 UmwG bestimmt, dass dieser Beschluss *nur* in einer Anteilseignerversammlung gefasst werden kann, muss bei einer nach dem Gesellschaftsvertrag möglichen mehrheitlichen Beschlussfassung (unten Rz. 12f.) davon ausgegangen werden, dass die **erforderliche Mehrheit** bereits **bei der Beschlussfassung zustande kom-**

1 Zum seinerzeitigen Meinungsstand vgl. die umfassenden Nachw. bei *H. Schmidt* in FS Brandner, 1996, S. 133 (138).
2 Begr zum Änderungsgesetz (BGBl. I 1998, S. 1878), BT-Drucks. 13/8808, 12.
3 Begr, BT-Drucks. 13/8808 v. 22.10.1997, 12; so auch *Neye*, DB 1998, 1652.
4 Begr, BT-Drucks. 13/8808 v. 22.10.1997, 12.
5 Vgl. näher *H. Schmidt* in FS Brandner, 1996, S. 133 (138ff.) sowie 2. Aufl., § 43 Rz. 14ff.
6 Zur Regelungsautonomie der Gesellschafter vgl. statt aller *A. Hueck*, Das Recht der Offenen Handelsgesellschaft, 4. Aufl. 1971, § 11 II 2; *Emmerich* in Heymann, § 119 HGB Rz. 3, 5.
7 *Ihrig* in Semler/Stengel, § 43 UmwG Rz. 10.
8 *Dauner-Lieb/Tettinger* in KölnKomm. UmwG, § 43 UmwG Rz. 12.

men muss; es reicht daher nicht aus, wenn bei der Beschlussfassung die erforderliche Mehrheit nicht erreicht wird, sie aber unter Berücksichtigung *nachträglicher*[1] Stimmabgaben vorliegt[2] (§ 13 Rz. 14). Fehlt es in der Gesellschafterversammlung an der erforderlichen Mehrheit, liegt ein *ablehnender Beschluss* vor; die nachträgliche Zustimmung abwesender Gesellschafter geht dann ins Leere (vgl. § 13 Rz. 14). Aus § 43 Abs. 1 UmwG kann nicht der Schluss gezogen werden, dass bei der Ermittlung der erforderlichen Mehrheit auch nachträgliche Zustimmungen Berücksichtigung finden können, da § 43 Abs. 1 UmwG einen einstimmigen Beschluss der anwesenden Gesellschafter und als *zusätzliches* Wirksamkeitserfordernis für diesen Beschluss auch die Zustimmung aller übrigen Gesellschafter zu ihm verlangt.

7 Angesichts der Möglichkeit der Stimmabgabe durch Bevollmächtigte (unten Rz. 8) dürfte der Frage nach der Berücksichtigung einer in der Gesellschafterversammlung vorliegenden **schriftlichen Stimmabgabe** bei der Beschlussmehrheit im Regelfall keine wesentliche praktische Bedeutung zukommen. Gleichwohl sollte § 13 Abs. 1 Satz 2 UmwG nicht so eng verstanden werden, dass schriftliche Stimmabgaben bei der Personenhandelsgesellschaft generell unzulässig wären[3]. Die Funktion von § 13 Abs. 1 Satz 2 UmwG ist darin zu sehen, die Beschlussfassung außerhalb einer Gesellschafterversammlung, insbesondere im schriftlichen Verfahren, auszuschließen (vgl. § 13 Rz. 9). Der Vorschrift kann dagegen nicht entnommen werden, dass die Stimmabgabe generell nur durch in der Versammlung anwesende Gesellschafter erfolgen könne[4]. Soweit der Gesellschaftsvertrag die nach allgemeinem Personengesellschaftsrecht bestehende Möglichkeit der schriftlichen Stimmabgabe[5] nicht ausschließt, sind daher schriftliche Stimmabgaben, seien es Ja-Stimmen, Nein-Stimmen oder Enthaltungen[6], bei der Berechnung der Beschlussmehrheit jedenfalls dann zu berücksichtigen, wenn sie in der Gesellschafterversammlung durch einen Stimmboten überreicht werden[7]. Entsprechendes gilt, wenn von insoweit einschränkenden gesellschaftsvertraglichen Regelungen durch Zustimmung aller vorhandenen Gesellschafter zur Berücksichtigung der schriftlichen Stimmabgabe abgewichen wird. Allerdings ist für schriftliche

---

1 Zum hiervon zu unterscheidenden Fall schriftlicher Stimmabgaben, die in der Gesellschafterversammlung vorliegen, s. unten Rz. 7.

2 *Ihrig* in Semler/Stengel, § 43 UmwG Rz. 11; *Dauner-Lieb/Tettinger* in KölnKomm. UmwG, § 43 UmwG Rz. 28; *Zimmermann* in Kallmeyer, § 43 UmwG Rz. 14; a.A. *Bermel* in Goutier/Knopf/Tulloch, § 43 UmwG Rz. 16.

3 *Haggeney* in Maulbetsch/Klumpp/Rose, § 43 UmwG Rz. 7. A.A. *Ihrig* in Semler/Stengel, § 43 UmwG Rz. 12; *Dauner-Lieb/Tettinger* in KölnKomm. UmwG, § 43 UmwG Rz. 29; *Zimmermann* in Kallmeyer, § 43 UmwG Rz. 14.

4 Gegen ein solches Normverständnis aufgrund einer richtlinienkonformen Auslegung der Vorschrift *Schöne/Arens*, WM 2012, 384 ff.

5 Vgl. BGH v. 19.2.1990 – II ZR 42/89, WM 1990, 586 (588); *Schäfer* in Ulmer/Schäfer, GbR, § 709 BGB Rz. 72.

6 Sie werden nicht als Gegenstimmen gezählt, wenn die gesellschaftsvertragliche Mehrheitsklausel auf die Zahl der *abgegebenen* Stimmen abstellt; vgl. *Schäfer* in Ulmer/Schäfer, GbR, § 709 BGB Rz. 96.

7 So auch unten *Decher/Hoger*, § 193 Rz. 4; *Brügel* in Keßler/Kühnberger, § 43 UmwG Rz. 6; *Gehling* in Semler/Stengel, § 13 UmwG Rz. 15; im Erg. auch *Schöne/Arens*, WM 2012, 385 f. aufgrund einer richtlinienkonformen Auslegung von § 13 Abs. 1 Satz 2 UmwG. A.A. *Dauner-Lieb/Tettinger* in KölnKomm. UmwG, § 43 UmwG Rz. 29.

Stimmabgaben in analoger Anwendung von § 13 Abs. 3 Satz 1 UmwG die **notarielle Beurkundung** zu verlangen[1].

Bei Geltung des **Einstimmigkeitsprinzips** (unten Rz. 10) steht eine notariell beurkundete schriftliche Stimmabgabe der Zustimmung i.S.v. § 43 Abs. 1 UmwG gleich, so dass der Frage der Zulässigkeit einer schriftlichen Stimmabgabe hier im Ergebnis keine Bedeutung zukommt. Anderes gilt, wenn der Gesellschaftsvertrag für den Verschmelzungsbeschluss eine **Mehrheitsentscheidung** der Gesellschafterversammlung vorsieht und die erforderliche Mehrheit nur unter Berücksichtigung der schriftlichen Stimmabgabe erreicht (entscheidende Ja-Stimme) bzw. nicht erreicht (entscheidende Nein-Stimme) wird. 7a

Soweit der Gesellschaftsvertrag eine **Stimmabgabe durch Bevollmächtigte** zulässt oder dem die Mitgesellschafter ad hoc zustimmen[2], kann die Stimmabgabe auch bei dem Verschmelzungsbeschluss durch einen Bevollmächtigten erfolgen (§ 13 Rz. 9). Die Vollmacht ermächtigt im Zweifel auch zur Abgabe nach dem UmwG erforderlicher Verzichtserklärungen und Zustimmungserklärungen[3]. Vorbehaltlich abweichender Regelungen im Gesellschaftsvertrag ist für die Erteilung der Vollmacht keine besondere Form einzuhalten; insbesondere eine notarielle Form ist nach § 167 Abs. 2 BGB nicht zu wahren[4]; s. § 13 Rz. 9. Zum Nachweis der Bevollmächtigung gegenüber dem Registergericht empfiehlt sich jedoch zumindest die Schriftform. – Zur Frage eines **Stimmverbots** unter dem Gesichtspunkt einer Interessenkollision vgl. § 13 Rz. 26; zur Geltung des **Selbstkontrahierungsverbots** (§ 181 BGB) für den Verschmelzungsbeschluss s. § 50 Rz. 26f. 8

2. Notarielle Beurkundung

Der **Verschmelzungsbeschluss** bedarf nach § 13 Abs. 3 Satz 1 UmwG der notariellen Beurkundung; dazu § 13 Rz. 17f.; § 50 Rz. 12ff. (zur GmbH). Das Gleiche gilt nach dieser Vorschrift für **Zustimmungserklärungen** nicht erschienener Gesellschafter sowie für sonst nach dem UmwG erforderliche Zustimmungserklärungen (unten Rz. 21ff.). Die notarielle Form ist **zwingend**, § 1 Abs. 3 Satz 1 UmwG. Zur Heilung von Formmängeln durch Eintragung der Verschmelzung in das Handelsregister vgl. § 20 Rz. 73f. Zu den Beurkundungskosten s. § 2 Rz. 52. 9

---

1 Zust. *Vossius* in Widmann/Mayer, § 43 UmwG Rz. 41.1, § 45d UmwG Rz. 12. A.A. *Haggeney* in Maulbetsch/Klumpp/Rose, § 43 UmwG Rz. 7; *Gehling* in Semler/Stengel, § 13 UmwG Rz. 16.

2 Zu diesen Voraussetzungen für eine Stimmabgabe durch Bevollmächtigte bei Beschlüssen von Personengesellschaften *Schäfer* in Ulmer/Schäfer, GbR, § 709 BGB Rz. 77; *Emmerich* in Heymann, § 119 HGB Rz. 14; *Hopt* in Baumbach/Hopt, § 119 HGB Rz. 21.

3 *Haggeney* in Maulbetsch/Klumpp/Rose, § 43 UmwG Rz. 6.

4 *Ihrig* in Semler/Stengel, § 43 UmwG Rz. 13; *Melchior*, GmbHR 1999, 521; *Zimmermann* in Kallmeyer, § 43 UmwG Rz. 17. A.A. *Limmer* in Limmer, Unternehmensumwandlung, Teil 2 Rz. 765; *Stratz* in Schmitt/Hörtnagl/Stratz, § 43 UmwG Rz. 8, *Dauner-Lieb/Tettinger* in KölnKomm. UmwG, § 43 UmwG Rz. 15 und *Vossius* in Widmann/Mayer, § 43 UmwG Rz. 32 (notarielle Beglaubigung) unter unzutr. Berufung auf § 23 Abs. 1 Satz 2 AktG bzw. § 2 Abs. 2 GmbHG, der freilich nur für die Personenhandelsgesellschaft als Beteiligte des Verschmelzungsvertrages (vgl. § 37 UmwG), nicht aber für deren Gesellschafter und Bevollmächtigte als Beteiligte des Zustimmungsbeschlusses Bedeutung hat; s. dazu auch § 13 Rz. 9. Tendenziell für notarielle Beurkundung der Vollmacht Deutsches Notarinstitut (Hrsg.), Gutachten zum Umwandlungsrecht 1996/97, 1. Aufl. 1998, S. 20.

III. Inhalt der Vorschrift

1. Einstimmigkeitsprinzip (§ 43 Abs. 1 UmwG)

10 Soweit der Gesellschaftsvertrag für den Verschmelzungsbeschluss keine abweichenden Mehrheitserfordernisse aufstellt (dazu unten Rz. 12), müssen dem Beschluss nach § 43 Abs. 1 UmwG alle an der Gesellschafterversammlung (oben Rz. 6) teilnehmenden sowie auch alle nicht zu ihr erschienenen Gesellschafter zustimmen. Die – gegenüber dem Vertretungsorgan der Gesellschaft oder dem gesellschaftsvertraglich bestimmten Leiter der Gesellschafterversammlung zu erklärende – Zustimmung nicht erschienener Gesellschafter kann vor, aber auch nach der Beschlussfassung erfolgen[1] (§ 13 Rz. 15); sie muss den Beschluss, dem zugestimmt werden soll, hinreichend konkretisieren und bedarf der notariellen Beurkundung (§ 13 Abs. 3 Satz 1 UmwG; vgl. oben Rz. 9). Den **gesetzlichen Regelfall** bildet also das Einstimmigkeitsprinzip, das aber in den von § 43 Abs. 2 Satz 2 UmwG gezogenen Schranken **dispositiv** ist (unten Rz. 12). Der Bestimmung des § 43 Abs. 1 UmwG kommt eher eine klarstellende Funktion zu, da sich das Erfordernis einer einstimmigen Beschlussfassung als gesetzlicher Regelfall für Personenhandelsgesellschaften bereits aus § 119 Abs. 1, § 161 Abs. 2 HGB ergibt. § 43 Abs. 1 UmwG verlangt die **Zustimmung aller vorhandenen Gesellschafter**. An der erforderlichen Zustimmung fehlt es bei einer **Stimmenthaltung** oder **unwirksamen Stimmabgabe**[2]. Als zulässig ist es anzusehen, wenn den nicht zur Gesellschafterversammlung erschienenen Gesellschaftern mit der Aufforderung zur Zustimmung – durch die Gesellschafterversammlung oder deren Vorsitzenden – eine **Frist zur Erklärung** gesetzt wird, mit der Maßgabe, dass nach Fristablauf eine unterbliebene Erklärung als Verweigerung der Zustimmung behandelt wird[3]; im Interesse des Zustandekommens des Beschlusses sollte die Frist angemessen festgesetzt werden. Stimmen schon nicht alle erschienenen Gesellschafter dem Beschluss zu, ist dieser endgültig nicht zustande gekommen (oben Rz. 6). Liegt die Zustimmung aller erschienenen Gesellschafter vor, ist der **Beschluss** bis zur Zustimmung aller nicht erschienenen Gesellschafter **schwebend unwirksam**[4] und wird mit deren Zustimmung endgültig wirksam oder im Falle der verweigerten Zustimmung eines nicht erschienenen Gesellschafters oder des oben behandelten Fristablaufs ohne Zustimmung aller nicht erschienenen Gesellschafter endgültig unwirksam (vgl. dazu auch § 13 Rz. 14). **Während des Schwebezustands** sind die Gesellschafter, die dem Beschluss in der Gesellschafterversammlung zugestimmt haben, **an die Zustimmung gebunden**[5]. Bei der Stimmabgabe handelt es sich um eine empfangsbedürftige Willenserklärung, die gem. § 130 Abs. 1 Satz 1 BGB mit ihrem Zugang beim Versammlungsleiter wirksam wird, den dem Beschluss zu-

1 *Ihrig* in Semler/Stengel, § 43 UmwG Rz. 22; *Dauner-Lieb/Tettinger* in KölnKomm. UmwG, § 43 UmwG Rz. 17.

2 *Ihrig* in Semler/Stengel, § 43 UmwG Rz. 16; *Zimmermann* in Kallmeyer, § 43 UmwG Rz. 7.

3 So auch *Ihrig* in Semler/Stengel, § 43 UmwG Rz. 24, *Dauner-Lieb/Tettinger* in KölnKomm. UmwG, § 43 UmwG Rz. 19 und *Vossius* in Widmann/Mayer, § 43 UmwG Rz. 46, 58, mit der plausiblen Empfehlung, im Verschmelzungsbeschluss dessen Hinfälligkeit für den Fall vorzusehen, dass die erforderlichen Zustimmungserklärungen nicht bis zu einem bestimmten Zeitpunkt vorliegen.

4 *Ihrig* in Semler/Stengel, § 43 UmwG Rz. 23.

5 *Ihrig* in Semler/Stengel, § 43 UmwG Rz. 25; *Dauner-Lieb/Tettinger* in KölnKomm. UmwG, § 43 UmwG Rz. 19.

stimmenden Gesellschafter nach § 145 Abs. 1 BGB bindet und gem. § 130 Abs. 1 Satz 2 BGB ab dem Zeitpunkt des Zugangs nicht mehr widerrufen werden kann[1]. Gleiches gilt für die **Zustimmung nicht zur Gesellschafterversammlung erschienener Gesellschafter** gem. § 43 Abs. 1 2. Halbsatz UmwG ab dem Zugang ihrer Zustimmungserklärung bei der Gesellschaft oder dem gesellschaftsvertraglich bestimmten Versammlungsleiter. Auch diese Zustimmungserklärung ist eine Willenserklärung, für die die vorgenannten Grundsätze gelten. § 183 Satz 1 BGB, der den Widerruf einer Zustimmung eines Dritten zu einem Rechtsgeschäft bis zur Vornahme des Rechtsgeschäfts zulässt, ist demgegenüber nicht anwendbar[2]. Diese Vorschrift betrifft nur die Zustimmung *Dritter* zu einem Rechtsgeschäft; als solche können nicht zur Gesellschafterversammlung erschienene *Gesellschafter* nicht behandelt werden. Ein Widerruf der Zustimmung nicht zur Versammlung erschienener Gesellschafter bis zum Zeitpunkt der Beschlussfassung scheidet daher aus[3].

Erforderlich ist auch die Zustimmung derjenigen **Gesellschafter, deren Stimmrecht** im Gesellschaftsvertrag **ausgeschlossen** ist[4]; so auch zum Formwechsel *Joost*, § 217 Rz. 6. Mit der h.M. ist ein vertraglicher, genereller Stimmrechtsausschluss bei Personenhandelsgesellschaften wegen der bei ihnen geltenden Vertragsgestaltungsfreiheit zwar nicht von vornherein für unwirksam zu halten[5]. Er findet allerdings dort seine Grenzen, wo in die Rechtsstellung des vom Stimmrechtsausschluss betroffenen Gesellschafters eingegriffen wird[6]. Aufgrund der mit der Verschmelzung verbundenen Aufgabe der Beteiligung am übertragenden und 11

1 BGH v. 13.7.2012 – V ZR 254/11, WM 2013, 666 (667) zur Wohnungseigentümergemeinschaft.

2 A.A. *Ihrig* in Semler/Stengel, § 43 UmwG Rz. 25f.; *Dauner-Lieb/Tettinger* in KölnKomm. UmwG, § 43 UmwG Rz. 20.

3 An der abw. Auffassung der 4. Aufl., § 43 Rz. 10 Fn. 1, wird nicht mehr festgehalten.

4 *Ihrig* in Semler/Stengel, § 43 UmwG Rz. 17; *Dauner-Lieb/Tettinger* in KölnKomm. UmwG, § 43 UmwG Rz. 21; *Stratz* in Schmitt/Hörtnagl/Stratz, § 43 UmwG Rz. 5; *Vossius* in Widmann/Mayer, § 43 UmwG Rz. 81. A.A. *Zimmermann* in Kallmeyer, § 43 UmwG Rz. 20 unter unzutr. Berufung auf einen abschließenden Schutz von Inhabern stimmrechtsloser Anteile durch § 23 UmwG; diese Norm betrifft nicht die Frage des Stimmrechts von Anteilsinhabern bei dem Verschmelzungsbeschluss beim übertragenden Rechtsträger, sondern die Ausgestaltung ihrer Anteilsinhaber-Stellung beim übernehmenden Rechtsträger. So auch die Gesetzesbegr, *Ganske*, S. 77, die den Normzweck von § 23 UmwG im Verwässerungsschutz sieht; soweit die Begr den Regelungsgrund der Norm auch darin sieht, dass der Inhaber eines stimmrechtslosen Anteils beim Verschmelzungsbeschluss nicht mitstimmen könne, trifft dies aus den genannten Gründen jedenfalls für Personenhandelsgesellschaften nicht zu.

5 Vgl. etwa *A. Hueck*, Das Recht der Offenen Handelsgesellschaft, 4. Aufl. 1971, S. 169; *K. Schmidt*, GesR, S. 607; *Schäfer* in Ulmer/Schäfer, GbR, § 709 BGB Rz. 63; *Hopt* in Baumbach/Hopt, § 119 HGB Rz. 13; *Enzinger* in MünchKomm. HGB, § 119 HGB Rz. 75; so auch für den Ausschluss des Stimmrechts von Kommanditisten BGH v. 14.5.1956 – II ZR 229/54, BGHZ 20, 363 (369) und für eine Komplementär-GmbH, deren Gesellschafterkreis mit den Kommanditisten identisch ist, BGH v. 24.5.1993 – II ZR 73/92, DB 1993, 1664 = GmbHR 1993, 591; enger z.B. *Emmerich* in Heymann, § 119 HGB Rz. 25; *Schlegelberger/Martens*, § 119 HGB Rz. 37 (Entzug des Stimmrechts nur unter den Voraussetzungen des Bestimmtheitsgrundsatzes zulässig).

6 BGH v. 14.5.1956 – II ZR 229/54, BGHZ 20, 363 (370); BGH v. 24.5.1993 – II ZR 73/92, DB 1993, 1664 = GmbHR 1993, 591; *Schäfer* in Großkomm. HGB, § 119 HGB Rz. 66; *Schäfer* in Ulmer/Schäfer, GbR, § 709 BGB Rz. 63; *Hopt* in Baumbach/Hopt, § 119 HGB Rz. 13 m.w.N.

des Erwerbs einer neuen Beteiligung am übernehmenden oder neuen Rechtsträger ist ein derartiger Eingriff in die Rechtsstellung des Gesellschafters des übertragenden Rechtsträgers zu bejahen[1]. Deshalb ist auch die **Zustimmung** des vom Stimmrecht ausgeschlossenen Gesellschafters für den Verschmelzungsbeschluss **erforderlich**; anderes gilt für die Komplementär-GmbH einer personengleichen GmbH & Co. KG[2]. Auf der Ebene des übernehmenden Rechtsträgers setzt sich ein Stimmrechtsausschluss ebenfalls nicht durch, da bei ihm die Verschmelzung zu einer Veränderung des Gesellschafterkreises führt[3]. Die Zustimmung des vom Stimmrecht ausgeschlossenen Gesellschafters ist auch erforderlich, soweit der Gesellschaftsvertrag die Stimmrechtsausübung durch einen **gemeinsamen Vertreter** oder Stammesbevollmächtigten[4] vorsieht, was jedenfalls für Kommanditisten als zulässig angesehen wird[5]. Nach zutr. Ansicht sollen Beschlüsse, die in den Kernbereich der Gesellschafterrechte eingreifen, nicht der obligatorischen Gruppenvertretung unterliegen[6]; aus den genannten Gründen trifft dies für den Verschmelzungsbeschluss zu[7]. Der Verschmelzungsbeschluss bedarf also der Zustimmung des vertretenen Gesellschafters; unberührt bleibt für diesen die Möglichkeit, den gemeinsamen Vertreter zur Stimmabgabe zu bevollmächtigen (oben Rz. 8)[8]. Will man so weit nicht gehen und die Ausübung des Stimmrechts bei dem Verschmelzungsbeschluss ausschließlich dem gemeinsamen Vertreter zuweisen, so bedarf es jedenfalls bei der internen Willensbildung der Vertretenen aufgrund des Eingriffs in den Kernbereich der Mitgliedschaft der Zustimmung aller betroffenen Gesellschafter[9].

1 Vgl. BGH v. 14.5.1956 – II ZR 229/54, BGHZ 20, 363 (370): Änderung der Beteiligung als Kommanditist.

2 BGH v. 24.5.1993 – II ZR 73/92, DB 1993, 1664 = GmbHR 1993, 591; *Ihrig* in Semler/Stengel, § 43 UmwG Rz. 19; *Bermel* in Goutier/Knopf/Tulloch, § 43 UmwG Rz. 6.

3 *Ihrig* in Semler/Stengel, § 43 UmwG Rz. 17; *Dauner-Lieb/Tettinger* in KölnKomm. UmwG, § 43 UmwG Rz. 21. Einschr. *Haggeney* in Maulbetsch/Klumpp/Rose, § 43 UmwG Rz. 8.

4 Zur obligatorischen Gruppenvertretung näher *K. Schmidt*, ZHR 146 (1982), 525 ff.

5 BGH v. 12.12.1965 – II ZR 41/65, BGHZ 46, 291 (297); BGH v. 6.10.1992 – KVR 24/91, BGHZ 119, 346 (353 ff.) = AG 1993, 140; BGH v. 7.12.1972 – II ZR 131/68, NJW 1973, 1602; aus dem Schrifttum vgl. z.B. *Wiedemann*, GesR I, S. 371 f.; *Emmerich* in Heymann, § 114 HGB Rz. 41; *Hopt* in Baumbach/Hopt, § 163 HGB Rz. 11; *K. Schmidt*, ZHR 146 (1982), 525 (530).

6 *K. Schmidt*, ZHR 146 (1982), 525 (533) m.w.N.; *Emmerich* in Heymann, § 114 HGB Rz. 42; *Hopt* in Baumbach/Hopt, § 163 HGB Rz. 10 f.; offen gelassen von BGH v. 12.12.1965 – II ZR 41/65, BGHZ 46, 291 (295).

7 So auch *Ihrig* in Semler/Stengel, § 43 UmwG Rz. 18; einschränkend *Dauner-Lieb/Tettinger* in KölnKomm. UmwG, § 43 UmwG Rz. 23 („Auslegungsfrage").

8 So auch *Ihrig* in Semler/Stengel, § 43 UmwG Rz. 18. Die Stimmabgabe durch den Bevollmächtigten ist auch dann wirksam, wenn der Gesellschaftsvertrag dies nicht ausdrücklich vorsieht (dazu oben Rz. 8), da die gesellschaftsvertragliche Regelung über die Stimmrechtsausübung durch den gemeinsamen Vertreter und damit die *obligatorische* Gruppenvertretung auch dessen Bevollmächtigung zur Stimmabgabe abdeckt; a.A. *Dauner-Lieb/Tettinger* in KölnKomm. UmwG, § 43 UmwG Rz. 24.

9 BGH v. 6.10.1992 – KVR 24/91, BGHZ 119, 346 = AG 1993, 140; BGH v. 4.10.2004 – II ZR 356/02, WM 2004, 2390 (2392). Tendenziell a.A. *Dauner-Lieb/Tettinger* in KölnKomm. UmwG, § 43 UmwG Rz. 23.

2. Gesellschaftsvertragliche Mehrheitsklauseln (§ 43 Abs. 2 Satz 1 und 2 UmwG)

a) Grundsatz

§ 43 Abs. 2 Satz 1 UmwG lässt in den Schranken von § 43 Abs. 2 Satz 2 UmwG (unten Rz. 13) für den Verschmelzungsbeschluss gesellschaftsvertragliche Regelungen zu, die eine **mehrheitliche Beschlussfassung** vorsehen; zur Frage der sachlichen Rechtfertigung von mehrheitlichen Verschmelzungsbeschlüssen s. § 13 Rz. 38ff. Dabei legt **§ 43 Abs. 2 Satz 2 UmwG**, wie die Verwendung des Wortes *mindestens* zeigt, mit der Dreiviertel-Mehrheit die **Untergrenze des Mehrheitserfordernisses** fest. Es handelt sich also um eine **halbzwingende Norm**, die weiter gehende Erfordernisse für den Verschmelzungsbeschluss, wie über § 43 Abs. 2 Satz 2 UmwG hinausgehende Mehrheitserfordernisse oder Zustimmungsvorbehalte für bestimmte Gesellschafter, nicht ausschließt. Zulässig sind daher auch Mehrheitsklauseln, die auf eine größere Mehrheit oder auf die Dreiviertel-Mehrheit oder eine größere Mehrheit aller *vorhandenen* Gesellschafter abstellen oder einen einstimmigen Beschluss aller an der Gesellschafterversammlung teilnehmenden Gesellschafter verlangen. Bei einer auf die vorhandenen Gesellschafter abstellenden Mehrheitsklausel hat eine Stimmenthaltung oder Nichtteilnahme an der Abstimmung die Wirkung einer Nein-Stimme; zur abweichenden Rechtslage bei auf die *abgegebenen* Stimmen abstellenden Mehrheitsklauseln s. unten Rz. 13. Sieht der Gesellschaftsvertrag für **Vertragsänderungen** besondere Erfordernisse vor, gelten diese im Zweifel auch für Verschmelzungsbeschlüsse (vgl. § 13 Rz. 27 sowie unten Rz. 25). Gesellschaftsvertraglichen Regelungen über **Mehrfachstimmrechte** oder anderen unterschiedlichen Gewichtungen des Stimmrechts steht § 43 Abs. 2 UmwG nicht entgegen[1] (vgl. zum Formwechsel § 217 Rz. 18). Zur Frage von Stimmverboten s. § 13 Rz. 26. 12

b) Schranken

aa) Dreiviertel-Mehrheit als Mindesterfordernis

§ 43 Abs. 2 Satz 2 UmwG lässt gesellschaftsvertragliche Mehrheitsklauseln für den Verschmelzungsbeschluss zu, soweit sie auf eine **Mehrheit von mindestens drei Viertel der abgegebenen Stimmen**[2] abstellen. Bei der Berechnung der Mehrheit werden nur die Ja- und Nein-Stimmen gezählt. **Stimmenthaltungen** werden nicht berücksichtigt, da es auf die Zahl der abgegebenen Stimmen ankommt[3] (vgl. zum Formwechsel § 217 Rz. 17). Die gesellschaftsvertragliche Mehrheitsklausel kann jedoch anderes vorsehen[4]. Regelungen zur **Beschlussfähigkeit** enthält das UmwG nicht (s. auch oben Rz. 6). Auch das HGB enthält solche Regelungen 13

---

1 *Ihrig* in Semler/Stengel, § 43 UmwG Rz. 29; *Zimmermann* in Kallmeyer, § 43 UmwG Rz. 12. Zu weiteren Gestaltungsmöglichkeiten im Gesellschaftsvertrag s. auch *Dauner-Lieb/Tettinger* in KölnKomm. UmwG, § 43 UmwG Rz. 35.

2 Nach der eindeutigen Regelung lässt § 43 Abs. 2 Satz 2 UmwG keine Mehrheitsklausel zu, die abweichend von der Zahl der Stimmen auf die Zahl der Gesellschafter oder Köpfe abstellt, Begr, *Ganske*, S. 94. A.A. *Ihrig* in Semler/Stengel, § 43 UmwG Rz. 29.

3 Vgl. BGH v. 25.1.1982 – II ZR 164/81, BGHZ 83, 35 (36f.); BGH v. 8.12.1988 – V ZB 3/88, BGHZ 106, 179 (183f.).

4 Oben Rz. 12. So auch *Ihrig* in Semler/Stengel, § 43 UmwG Rz. 29; *Zimmermann* in Kallmeyer, § 43 UmwG Rz. 13.

nicht. Maßgeblich sind daher die – in der Praxis verbreiteten und bei gesellschaftsvertraglichen Mehrheitsklauseln auch regelmäßig vorhandenen – Bestimmungen des Gesellschaftsvertrages über die Beschlussfähigkeit; sie sind nach § 1 Abs. 3 Satz 2 UmwG zulässig[1].

bb) Anforderungen an die Festlegung des Beschlussgegenstands

14 Der in der Gesetzesbegründung enthaltene Hinweis, dass sich die Mehrheitsklausel ausdrücklich auf den Beschluss über die Verschmelzung beziehen müsse[2], ist im Schrifttum offenbar zum Anlass genommen worden, nur Mehrheitsklauseln als zulässig anzusehen, die die einzelnen Umwandlungsarten, also namentlich die Verschmelzung, die Spaltung und den Formwechsel, ausdrücklich aufführen[3]. Dem ist nicht zu folgen. Selbst wenn man die Begründung dahin verstehen wollte, dass die Verschmelzung in der Mehrheitsklausel ausdrücklich genannt sein muss[4], so hat doch dieser gesetzgeberische Wille in § 43 Abs. 2 Satz 1 UmwG keinen hinreichend deutlichen Niederschlag gefunden. Die Vorschrift sagt nichts darüber aus, mit welcher Formulierung der Gesellschaftsvertrag eine Mehrheitsentscheidung zulassen kann. Die Begründung zu § 43 UmwG ist überdies nicht zwingend, da die Begründung zur Parallelvorschrift des § 217 UmwG keinen entsprechenden Vorbehalt enthält[5]. Auch verlangen weder der – früher so genannte[6] – *Bestimmtheitsgrundsatz* – aus dem nach der neueren Rechtsprechung des Bundesgerichtshofs ohnehin nur noch die Auslegung von Mehrheitsklauseln nach allgemeinen Grundsätzen hergeleitet werden kann[7] – noch die *Kernbereichslehre*[8], dass Mehrheitsklauseln sich ausdrücklich auf Verschmelzungen beziehen müssen. Ausreichend ist vielmehr, dass die Mehrheitsklausel deren Geltung auch für Verschmelzungen *eindeutig zum Ausdruck bringt*[9]. Nach diesem Maßstab sind **Mehrheitsklauseln** auch dann eine ausreichende Grundlage für Mehrheitsbeschlüsse, wenn sie sich zusammenfassend **auf Umwandlungsbeschlüsse beziehen**[10]. Aufgrund der Legaldefinition der Umwandlungsarten in § 1 Abs. 1 UmwG

1 *Dauner-Lieb/Tettinger* in KölnKomm. UmwG, § 43 UmwG Rz. 34.
2 *Ganske*, S. 94.
3 *Picot/Müller-Eising*, Unternehmenskauf und Restrukturierung, Rz. 483; *Streck/Mack/Schwedhelm*, GmbHR 1995, 169. So auch noch *Priester*, ZGR 1990, 420 (439) zum DiskE.
4 *Dörrie*, WiB 1995, 5 Fn. 28.
5 Vgl. *Ganske*, S. 238 f.
6 So die Formulierung in BGH v. 16.10.2012 – II ZR 251/10, NZG 2013, 57 (59) = GmbHR 2013, 197 (Rz. 25).
7 BGH v. 15.1.2007 – II ZR 245/05, BGHZ 170, 283 (287) (Rz. 90) = AG 2007, 493 (Otto); BGH v. 20.11.2012 – II ZR 99/10, BeckRS 2013, 01865 (Rz. 21) m.w.N.; BGH v. 16.10. 2012 – II ZR 251/10, NZG 2013, 57 (59) = GmbHR 2013, 197 (Rz. 22). Dazu *Schäfer* in Ulmer/Schäfer, GbR, § 709 BGB Rz. 86; *Schäfer*, ZGR 2013, 237 ff.
8 Dazu *Schäfer* in Ulmer/Schäfer, GbR, § 709 BGB Rz. 90 ff.
9 Vgl. zum „Bestimmtheitsgrundsatz" BGH v. 15.1.2007 – II ZR 245/05, BGHZ 170, 283 (287) (Rz. 9) = AG 2007, 493 (Otto); BGH v. 20.11.2012 – II ZR 99/10, BeckRS 2013, 01865 (Rz. 21) = Juris; BGH v. 16.10.2012 - II ZR 251/10, NZG 2013, 57 (59) = GmbHR 2013, 197 (Rz. 22; 25); zur Kernbereichslehre *Schäfer* in Ulmer/Schäfer, GbR, § 709 BGB Rdnr. 92.
10 So auch die h.M., vgl. *Ihrig* in Semler/Stengel, § 43 UmwG Rz. 31; *DaunerLieb/Tettinger* in KölnKomm. UmwG, § 43 UmwG Rz. 32; *Stratz* in Schmitt/Hörtnagl/Stratz, § 43 UmwG Rz. 9; *Zimmermann* in Kallmeyer, § 43 UmwG Rz. 9; *Vossius* in Widmann/Mayer, § 43 UmwG Rz. 114; *Wiedemann*, GesR II, S. 541; *Priester* in Kölner Umwand-

wird mit einer derartigen Regelung dem Gesellschafter eindeutig vor Augen geführt, dass Verschmelzungen mehrheitlich beschlossen werden können. Soweit nach der Kernbereichslehre die Mehrheitsklausel **Ausmaß und Umfang des Eingriffs** in Gesellschaftsrechte erkennen lassen muss[1], wird dem durch die Bezugnahme auf „Umwandlungen" Rechnung getragen. Tatbestand und Rechtsfolgen sind im UmwG für die einzelnen Umwandlungsarten geregelt. Darüber hinausgehende Detailangaben zu den Voraussetzungen der Verschmelzung und ihren Folgen, etwa zu den Rechtsträgern, zum Umtauschverhältnis oder zur Gesellschafterstellung beim übernehmenden oder neuen Rechtsträger, sind im Regelfall schon aus tatsächlichen Gründen in der Mehrheitsklausel nicht möglich, wegen der umfassenden Schutzinstrumentarien des UmwG[2] aber auch sachlich nicht erforderlich.

Auch **allgemein gefasste**, sich nicht zumindest auf Umwandlungsbeschlüsse beziehende **Mehrheitsklauseln** sind nach § 43 Abs. 2 Satz 1 UmwG für eine mehrheitliche Beschlussfassung (mindestens Dreiviertel-Mehrheit) über die Verschmelzung ausreichend, wenn deren Auslegung ergibt, dass die Mehrheitsentscheidung auch für Verschmelzungen gelten soll (§ 43 Rz. 14; zum Formwechsel § 217 Rz. 13). **Alte Mehrheitsklauseln**, die noch unter der Geltung des früheren Umwandlungsrechts vereinbart worden waren und dementsprechend mit dem Begriff der Umwandlung nur die Umwandlungsarten des UmwG 1969 erfassten, wird man nur dann als nach § 43 Abs. 2 Satz 1 UmwG wirksame Regelung ansehen können, wenn die **Auslegung** der Mehrheitsklausel auch die Einbeziehung der Verschmelzung rechtfertigt[3]. Insoweit ist auf die **Umstände des Einzelfalls** abzustellen[4] und zu prüfen, ob sich die Mehrheitsklausel nach dem Willen der Gesellschafter auch auf Verschmelzungsbeschlüsse nach dem neuen UmwG erstrecken soll. Dafür kann auch die Aufnahme der Mehrheitsklausel in den Vertrag zu einem Zeitpunkt sprechen, zu dem das Reformvorhaben zum Umwandlungsrecht den Gesellschaftern bekannt war. 15

cc) Publikumsgesellschaften

Auf Gesellschaftsverträge von Publikumsgesellschaften hat der Bundesgerichtshof den „Bestimmtheitsgrundsatz" in seiner früheren Ausprägung nicht angewendet, um Mehrheitsbeschlüsse im Interesse einer vernünftigen Fortentwicklung der Gesellschaft zu erleichtern, und weil einer missbräuchlichen Mehrheitsherr- 16

---

lungsrechtstage, S. 89 (115); *Priester*, DStR 2005, 790 f.; *Binnewies*, GmbHR 1997, 732; *Dörrie*, WiB 1995, 5 Fn. 28 sowie bereits *H. Schmidt* in Kölner Umwandlungsrechtstage, S. 59 (80) und in FS Brandner, 1996, S. 133 (145 f.); tendenziell auch *Joost* in Kölner Umwandlungsrechtstage, S. 245 (252).

1 Dazu *Schäfer* in Ulmer/Schäfer, GbR, § 709 BGB Rz. 92.

2 Vgl. in dem genannten Zusammenhang z.B. die §§ 29, 15 und 43 Abs. 2 Satz 3 UmwG.

3 So auch *Ihrig* in Semler/Stengel, § 43 UmwG Rz. 32; *Zimmermann* in Kallmeyer, § 43 UmwG Rz. 9; *Binnewies*, GmbHR 1997, 732. Zur Auslegungsfähigkeit von Mehrheitsklauseln allgemein BGH v. 15.1.2007 – II ZR 245/05, BGHZ 170, 283 (287) = AG 2007, 493 (Otto).

4 Zu dieser „subjektivierten" Auslegung bei Gesellschaftsverträgen von Personengesellschaften und zu den Besonderheiten bei Publikums-Personengesellschaften vgl. *Schäfer* in Ulmer/Schäfer, GbR, § 705 BGB Rz. 171, 175. Dazu vgl. auch *H. Schmidt* in FS Brandner, 1996, S. 133 (146 f.).

schaft in anderer Weise entgegengetreten werden könne[1]. Hieran ist auch unter der Geltung des § 43 Abs. 2 Satz 1 UmwG festzuhalten[2], zumal angesichts der neuen Ausprägung des Bestimmtheitsgrundsatzes in der neueren Rechtsprechung des Bundesgerichtshofs (vgl. dazu oben Rz. 14). Bei Publikumgesellschaften und ihnen gleichzustellenden Gesellschaften mit größerem Mitgliederkreis und körperschaftlicher Verfassung[3] bilden daher schon deshalb **generelle**, die Umwandlung nicht aufführende **Mehrheitsklauseln** eine **ausreichende Grundlage für Mehrheitsbeschlüsse über Verschmelzungen**[4]. Dies gilt grundsätzlich auch aus der Sicht der Kernbereichslehre[5]. Der Gesetzgeber hat zwar bewusst auf Sonderregelungen für Publikumsgesellschaften verzichtet, freilich gleichzeitig auf die insoweit in der Rechtsprechung entwickelten Grundsätze und Einzellösungen hingewiesen[6]. Dies rechtfertigt es, § 43 Abs. 2 Satz 1 UmwG im Lichte der Rechtsprechung des Bundesgerichtshofs zu Publikumsgesellschaften auszulegen und für Umwandlungsbeschlüsse generelle Mehrheitsklauseln genügen zu lassen.

3. Widerspruch persönlich haftender Gesellschafter (§ 43 Abs. 2 Satz 3 UmwG)

a) Übertragender Rechtsträger

17 **§ 43 Abs. 2 Satz 3 1. Halbsatz UmwG** betrifft den Fall der Verschmelzung eines Rechtsträgers, bei dem persönlich unbeschränkt haftende Gesellschafter vorhanden sind, also der **übertragenden OHG, KG, EWIV**[7] **oder KGaA** mit einer übernehmenden oder neuen **Personenhandelsgesellschaft**. Persönlich haftenden Gesellschaftern des übertragenden Rechtsträgers, die der Verschmelzung widersprechen, ist in der übernehmenden oder neuen Personenhandelsgesellschaft die **Stellung eines Kommanditisten** zu gewähren. Zu den Besonderheiten bei einer EWIV als übernehmender Rechtsträger[8] s. § 40 Rz. 5; der Schutz des betroffenen Gesellschafters kann hier nur durch ein Recht auf Ausscheiden aus der übernehmenden EWIV analog § 29 Abs. 1 Satz 1 UmwG erfolgen (s. auch § 40 Rz. 5). **Bedeutung** hat die Vorschrift nur für den **OHG-Gesellschafter und den Komplementär** der KG und KGaA sowie für den Gesellschafter der EWIV auf der Ebene des übertragenden Rechtsträgers. Für die **KGaA** hat das Widerspruchsrecht aber nur dann eine Bedeutung, wenn der Verschmelzungsbeschluss aufgrund der Satzung der KGaA nicht der Zustimmung aller persönlich haftenden Gesellschafter bedarf, sondern dafür gem. § 78 Satz 3 UmwG eine Mehrheitsentscheidung dieser Gesell-

---

1 BGH v. 13.3.1978 – II ZR 63/77, BGHZ 71, 53 (58 f.). Vgl. auch BGH v. 16.10.2012 – II ZR 251/10, NZG 2013, 57 (60) = GmbHR 2013, 197 (Rz. 25); BGH v. 15.11.2011 – II ZR 266/09, ZIP 2012, 515 (517 Rz. 19); BGH v. 15.11.1982 – II ZR 62/82, BGHZ 85, 351 (358 f.).

2 So bereits *H. Schmidt* in FS Brandner, 1996, S. 133 (147), unter Aufgabe der in Kölner Umwandlungsrechtstage, S. 59 (67, 80) vertretenen gegenteiligen Auffassung.

3 Vgl. *Schäfer* in Ulmer/Schäfer, GbR, § 709 BGB Rz. 94; *K. Schmidt*, GesR, S. 1667 f.

4 *Ihrig* in Semler/Stengel, § 43 UmwG Rz. 34; *Dauner-Lieb/Tettinger* in KölnKomm. UmwG, § 43 UmwG Rz. 33; *Stratz* in Schmitt/Hörtnagl/Stratz, § 43 UmwG Rz. 9; *Zimmermann* in Kallmeyer, § 43 UmwG Rz. 9; *Vossius* in Widmann/Mayer, § 43 UmwG Rz. 126; *Binnewies*, GmbHR 1997, 733. A.A. *Wiedemann*, GesR II, S. 541; *Bermel* in Goutier/Knopf/Tulloch, § 43 UmwG Rz. 14.

5 Vgl. *Schäfer* in Ulmer/Schäfer, GbR, § 709 BGB Rz. 94.

6 Begr, *Ganske*, S. 91.

7 *Ihrig* in Semler/Stengel, § 43 UmwG Rz. 35.

8 Vgl. dazu auch *Dauner-Lieb/Tettinger* in KölnKomm. UmwG, § 43 UmwG Rz. 45.

schafter ausreichend ist. Soweit Kommanditisten des übertragenden Rechtsträgers ausnahmsweise persönlich haften, etwa aufgrund einer Einlagenrückgewähr (dazu § 45 Rz. 12), ist ihnen nach § 40 Abs. 2 Satz 2 UmwG ohnehin auch im aufnehmenden Rechtsträger die Kommanditistenstellung zuzuweisen (§ 40 Rz. 8).

Ein ausdrücklicher, als solcher bezeichneter **Widerspruch** gegen die Verschmelzung oder dessen gesonderte Wiedergabe zu Protokoll ist nicht erforderlich[1]. Nach dem Schutzzweck der Norm (oben Rz. 3) reicht es aus, wenn der Gesellschafter **gegen die Verschmelzung stimmt**[2]. Eine *Enthaltung* bei der Stimmabgabe ist demgegenüber kein Widerspruch i.S.v. § 43 Abs. 2 Satz 3 UmwG. Unberührt bleibt das im Falle der Mischverschmelzung nach § 29 UmwG bestehende Austrittsrecht; es setzt allerdings nach § 29 Abs. 1 Satz 1 UmwG voraus, dass der Widerspruch zur Niederschrift erklärt wird (§ 29 Rz. 13). Ein derartiger Widerspruch ist gleichzeitig ein Widerspruch i.S.v. § 43 Abs. 2 Satz 3 UmwG. Der **Zeitpunkt** für die Ausübung des Widerspruchsrechts ist in der Vorschrift nicht geregelt. Daraus folgt zunächst, dass der Widerspruch bereits **vor der Beschlussfassung** über die Verschmelzung erklärt werden kann[3]; die Erklärung gegenüber einem persönlich haftenden Gesellschafter ist entsprechend § 125 Abs. 2 Satz 3 HGB als ausreichend anzusehen[4]; ebenso genügt ein Widerspruch in der Gesellschafterversammlung gegenüber dem Versammlungsleiter. Im Interesse der übrigen Gesellschafter an einem auch in zeitlicher Hinsicht geordneten Ablauf der Verschmelzung muss der Widerspruch aber **spätestens bis zur Beendigung der Gesellschafterversammlung**, die über die Verschmelzung beschließt, erklärt werden[5]. Das gilt auch dann, wenn der betroffene Gesellschafter ordnungsgemäß geladen ist, an der Gesellschafterversammlung aber nicht teilnimmt[6]. Fehlt es an einer ordnungsgemäßen Ladung, so ist – soweit nicht ohnehin der Beschlussmangel im Wege der Klage nach § 14 UmwG geltend gemacht wird – ein unverzüglicher Widerspruch nach Kenntnis von dem Beschluss ausreichend[7]. Zur Änderung der Rechtsform bei einer übernehmenden OHG bei Einräumung der Kommanditistenstellung aufgrund eines Widerspruchs s. § 40 Rz. 13, 21. 18

1 So auch *Ihrig* in Semler/Stengel, § 43 UmwG Rz. 38; *Dauner-Lieb/Tettinger* in KölnKomm. UmwG, § 43 UmwG Rz. 49; *Zimmermann* in Kallmeyer, § 43 UmwG Rz. 24.

2 Die Begr stellt darauf ab, dass ein Gesellschafter *überstimmt* wird, vgl. *Ganske*, S. 94. Wie hier *Ihrig* in Semler/Stengel, § 43 UmwG Rz. 38; *Dauner-Lieb/Tettinger* in KölnKomm. UmwG, § 43 UmwG Rz. 48 f.; *Stratz* in Schmitt/Hörtnagl/Stratz, § 43 UmwG Rz. 13; *Zimmermann* in Kallmeyer, § 43 UmwG Rz. 24. A.A. *Vossius* in Widmann/Mayer, § 43 UmwG Rz. 135.

3 *Ihrig* in Semler/Stengel, § 43 UmwG Rz. 39; *Zimmermann* in Kallmeyer, § 43 UmwG Rz. 24; a.A. *Dauner-Lieb/Tettinger* in KölnKomm. UmwG, § 43 UmwG Rz. 48 (Widerspruch stets nur bei ablehnender Stimmabgabe in der Gesellschafterversammlung); im Erg. auch *Vossius* in Widmann/Mayer, § 43 UmwG Rz. 135.

4 *Ihrig* in Semler/Stengel, § 43 UmwG Rz. 38; so wohl auch *Zimmermann* in Kallmeyer, § 43 UmwG Rz. 25.

5 *Ihrig* in Semler/Stengel, § 43 UmwG Rz. 39; *Vossius* in Widmann/Mayer, § 43 UmwG Rz. 135; *Zimmermann* in Kallmeyer, § 43 UmwG Rz. 26.

6 So auch *Ihrig* in Semler/Stengel, § 43 UmwG Rz. 39; *Zimmermann* in Kallmeyer, § 43 UmwG Rz. 26; *Haggeney* in Maulbetsch/Klumpp/Rose, § 43 UmwG Rz. 24. A.A. *Vossius* in Widmann/Mayer, § 43 UmwG Rz. 135 (unverzüglicher Widerspruch nach Kenntnis des Beschlusses ausreichend).

7 Zust. *Ihrig* in Semler/Stengel, § 43 UmwG Rz. 39; *Zimmermann* in Kallmeyer, § 43 UmwG Rz. 26.

19 Nach § 40 Abs. 1 Satz 1 UmwG ist im Verschmelzungsvertrag oder dessen Entwurf für die Gesellschafter des übertragenden Rechtsträgers die Gesellschafterstellung in der übernehmenden oder neuen Personenhandelsgesellschaft zu bestimmen. Sollen danach Gesellschafter in der Personenhandelsgesellschaft persönlich haftende Gesellschafter werden und kommt es zum Widerspruch nach § 43 Abs. 2 Satz 3 1. Halbsatz UmwG, kann die Verschmelzung mit dem im Verschmelzungsvertrag (oder dessen Entwurf) vorgesehenen Inhalt nicht durchgeführt werden. Ein gleichwohl gefasster Verschmelzungsbeschluss wäre wegen der Verletzung von § 43 Abs. 2 Satz 3 UmwG nichtig, da der Verschmelzungsvertrag dem widersprechenden Gesellschafter nach § 40 Abs. 1 UmwG eine Gesellschafterstellung zuweist, die er nicht übernehmen muss[1]. Auf eine **Änderung des Verschmelzungsvertrages** (s. § 4 Rz. 26) oder seines Entwurfes kann daher nicht verzichtet werden[2]. Das gilt auch dann, wenn der Widerspruch erst in der Gesellschafterversammlung oder nach der Beschlussfassung über die Verschmelzung (dazu oben Rz. 18) erfolgt[3]. Ist die Beurkundung des Verschmelzungsvertrages bereits erfolgt, macht die notwendige Vertragsänderung eine **Nachtragsbeurkundung** erforderlich[4]. Die geänderte Fassung des Verschmelzungsvertrages oder seines Entwurfes bedarf eines **erneuten Verschmelzungsbeschlusses**[5]. Für den Fall eines Widerspruchs können in den Verschmelzungsvertrag vorsorglich Regelungen darüber aufgenommen werden, dass widersprechende Gesellschafter die Stellung eines Kommanditisten erhalten[6]. Dies setzt aber voraus, dass die dann gegebenen Kapitalverhältnisse und Einlagepflichten für alle Gesellschafter eindeutig festgelegt sind. Sind derartige **alternative Regelungen für den Fall des Widerspruchs im Verschmelzungsvertrag** bereits enthalten, ist eine **Vertragsänderung**, eine **Nachtragsbeurkundung** und eine **erneute Beschlussfassung** über die Verschmelzung **entbehrlich**.

b) Übernehmender Rechtsträger

20 Das Recht, in die Stellung eines Kommanditisten zu wechseln, steht gem. **§ 43 Abs. 2 Satz 3 2. Halbsatz UmwG** auch persönlich unbeschränkt haftenden Gesellschaftern einer **übernehmenden Personenhandelsgesellschaft** zu; auf die Rechtsform des übertragenden Rechtsträgers kommt es nicht an. Zu dem Fall, in dem kein Gesellschafter bereit ist, in der übernehmenden Personenhandelsgesellschaft die Stellung eines persönlich haftenden Gesellschafters zu übernehmen, s. § 40 Rz. 14. Zu den Voraussetzungen des Widerspruchs und seinen Folgen vgl. oben Rz. 18f. Da der Wechsel eines persönlich haftenden Gesellschafters in die Kommanditistenstellung bei der übernehmenden Personenhandelsgesellschaft auf-

1 *Ihrig* in Semler/Stengel, § 43 UmwG Rz. 41; *Dauner-Lieb/Tettinger* in KölnKomm. UmwG, § 43 UmwG Rz. 50.
2 *Ihrig* in Semler/Stengel, § 43 UmwG Rz. 41; *Dauner-Lieb/Tettinger* in KölnKomm. UmwG, § 43 UmwG Rz. 52; *Zimmermann* in Kallmeyer, § 43 UmwG Rz. 27; *Vossius* in Widmann/Mayer, § 43 UmwG Rz. 141 ff.
3 *Ihrig* in Semler/Stengel, § 43 UmwG Rz. 41.
4 *Ihrig* in Semler/Stengel, § 43 UmwG Rz. 41; *Dauner-Lieb/Tettinger* in KölnKomm. UmwG, § 43 UmwG Rz. 52; *Vossius* in Widmann/Mayer, § 43 UmwG Rz. 141 ff.
5 *Ihrig* in Semler/Stengel, § 43 UmwG Rz. 41; *Dauner-Lieb/Tettinger* in KölnKomm. UmwG, § 43 UmwG Rz. 52; *Vossius* in Widmann/Mayer, § 43 UmwG Rz. 141 ff.
6 *Ihrig* in Semler/Stengel, § 43 UmwG Rz. 42; *Dauner-Lieb/Tettinger* in KölnKomm. UmwG, § 43 UmwG Rz. 54 ff.; *Vossius* in Widmann/Mayer, § 43 UmwG Rz. 139.

grund eines Widerspruchs nach § 43 Abs. 2 Satz 3 2. Halbsatz UmwG seinen Niederschlag im Verschmelzungsvertrag oder Entwurf finden muss[1], gelten die Ausführungen oben in Rz. 19 zur Frage der Vertragsänderung, einer Nachtragsbeurkundung und eines erneuten Verschmelzungsbeschlusses auch dann, wenn ein Widerspruch i.S.v. § 43 Abs. 2 Satz 2 UmwG nur von einem Gesellschafter der übernehmenden Personenhandelsgesellschaft erfolgt. Bei einer **übernehmenden EWIV** ist die Einräumung einer Kommanditistenstellung nicht möglich. Für ein Widerspruchsrecht der Gesellschafter der EWIV ist daher rechtsformbedingt kein Raum (s. § 40 Rz. 5). Der Schutz des betroffenen Gesellschafters kann hier nur durch ein Recht auf Ausscheiden aus der übernehmenden EWIV analog § 29 Abs. 1 Satz 1 UmwG erfolgen (s. auch § 40 Rz. 5).

IV. Besondere Zustimmungserfordernisse

1. Erstmalige Übernahme der persönlichen Haftung

Anteilsinhabern eines übertragenden Rechtsträgers, **die bisher nicht persönlich unbeschränkt haften**, kann nach **§ 40 Abs. 2 Satz 2 UmwG** in der übernehmenden oder neuen Personenhandelsgesellschaft die Stellung eines persönlich haftenden Gesellschafters nur zugewiesen werden, wenn sie dem Verschmelzungsbeschluss zustimmen. Dazu im Einzelnen § 40 Rz. 10; zu den Besonderheiten bei einer übernehmenden EWIV s. § 40 Rz. 5. Bedeutung hat die Regelung für den Fall der mehrheitlichen Beschlussfassung und für Anteilsinhaber, die nicht an der Abstimmung teilnehmen oder in ihr gegen die Verschmelzung stimmen oder sich der Stimme enthalten. In diesen Fällen ist die gesonderte Zustimmung des betroffenen Anteilsinhabers in notarieller Form erforderlich. Stimmt der Anteilsinhaber dem Verschmelzungsbeschluss zu, so ist damit auch das Zustimmungserfordernis von § 40 Abs. 2 Satz 2 UmwG erfüllt (§ 40 Rz. 11). Zum Schutz des Anteilsinhabers eines übertragenden Rechtsträgers vor einer anderweitigen **Leistungsvermehrung** im übernehmenden oder neuen Rechtsträger (z.B. Wettbewerbsverbot, Nachschusspflicht) s. § 13 Rz. 35 ff. 21

2. Anteilsvinkulierung beim übertragenden Rechtsträger

Ist die Abtretung der Anteile eines übertragenden Rechtsträgers von der **Genehmigung bestimmter einzelner Anteilsinhaber** abhängig, verlangt **§ 13 Abs. 2 UmwG** deren Zustimmung zum Verschmelzungsbeschluss[2]. Zur Erteilung der Zustimmung vgl. oben Rz. 21. Bedeutung hat diese Vorschrift für die Personenhandelsgesellschaft nur dann, wenn das Einstimmigkeitsprinzip (oben Rz. 10) durch die Möglichkeit des Mehrheitsbeschlusses ersetzt worden ist (oben Rz. 12). § 13 Abs. 2 UmwG ist jedenfalls dann anwendbar, wenn der Gesellschaftsvertrag für die Anteilsübertragung die Zustimmung *bestimmter einzelner*, im Gesellschaftsvertrag namentlich benannter oder sonst spezifizierter[3] Gesellschafter 22

---

1 Zutr. *Ihrig* in Semler/Stengel, § 43 UmwG Rz. 41.

2 Unanwendbar ist § 13 Abs. 2 UmwG, wenn die Anteilsübertragung von der Zustimmung der Gesellschaft abhängig gemacht wird, vgl. Begr, *Ganske*, S. 61; oben § 13 Rz. 30; *Reichert*, GmbHR 1995, 180.

3 Etwa: Zustimmung der persönlich haftenden Gesellschafter.

verlangt[1] (§ 13 Rz. 28). Die Vorschrift greift dagegen **nicht** ein[2], wenn **der Gesellschaftsvertrag keine Regelung zur Übertragbarkeit** des Anteils vorsieht und hierfür damit nach allgemeinem Personengesellschaftsrecht die Zustimmung aller Gesellschafter erforderlich ist[3]. In diesem Fall ist die Anteilsübertragung nicht von der Zustimmung bestimmter Gesellschafter abhängig und auch der Zweck der Norm, Anteilsinhaber vor einer Beeinträchtigung von *Sonderrechten* zu schützen[4], verlangt die Anwendung von § 13 Abs. 2 UmwG nicht. Entsprechendes gilt, wenn der Gesellschaftsvertrag für die Anteilsübertragung einen mehrheitlichen **Zustimmungsbeschluss der Gesellschafterversammlung** verlangt[5] oder sogar einen einstimmigen Beschluss der Gesellschafterversammlung voraussetzt[6]; zum hiervon zu unterscheidenden Fall der Zustimmung aller vorhandenen Gesellschafter vgl. unten Rz. 23.

23 Nach überwiegender Ansicht ist § 13 Abs. 2 UmwG auch dann anzuwenden, wenn der **Gesellschaftsvertrag ausdrücklich die Zustimmung aller vorhandenen Gesellschafter** für die Anteilsübertragung verlangt[7]. Dem ist zu folgen[8]. Zwar ist in diesem Fall auf den ersten Blick die Anteilsübertragung nicht, wie es der Wortlaut von § 13 Abs. 2 UmwG voraussetzt, von der Genehmigung bestimmter einzelner Anteilsinhaber abhängig. Es vermag jedoch nach dem Schutzzweck der Norm nicht zu überzeugen, den Fall, dass ausdrücklich allen Gesellschaftern ein Zustimmungsvorbehalt gewährt wird, anders zu behandeln als den Fall des Zustimmungsvorbehalts für einzelne Gesellschafter[9]. Die hier behandelte Vinkulierungsregelung steht einer mehrheitlichen Beschlussfassung über die Verschmelzung daher auch dann entgegen, wenn sie im Gesellschaftsvertrag vorgesehen ist. Entgegen einer im Schrifttum vertretenen Auffassung[10] geht es dabei auch nicht um das systematische Verhältnis gesellschaftsvertraglicher Mehrheitsklauseln und Vinkulierungsregelungen sowie deren Auslegung, sondern um den Anwen-

1 *Ihrig* in Semler/Stengel, § 43 UmwG Rz. 47; *Zimmermann* in Kallmeyer, § 43 UmwG Rz. 32; *Reichert*, GmbHR 1995, 179 (zur GmbH); *Schöne*, GmbHR 1995, 331; *Winter* in Kölner Umwandlungsrechtstage, S. 19 (42) (zur GmbH); *H. Schmidt* in Kölner Umwandlungsrechtstage, S. 59 (78).

2 *Ihrig* in Semler/Stengel, § 43 UmwG Rz. 47; *Zimmermann* in Kallmeyer, § 43 UmwG Rz. 32; *Heckschen* in Widmann/Mayer, § 13 UmwG Rz. 173. A.A. *Drygala*, § 13 Rz. 29; *Gehling* in Semler/Stengel, § 13 UmwG Rz 37; *Simon* in KölnKomm. UmwG, § 13 UmwG Rz. 48.

3 Dazu vgl. nur *Schäfer* in Ulmer/Schäfer, GbR, § 719 BGB Rz. 27.

4 Begr, *Ganske*, S. 61.

5 Vgl. bereits *H. Schmidt* in Kölner Umwandlungsrechtstage, S. 59 (78). So auch oben *Drygala*, § 13 Rz. 30; *Ihrig* in Semler/Stengel, § 43 UmwG Rz. 47; *Simon* in KölnKomm. UmwG, § 13 UmwG Rz. 50; für die GmbH *Schöne*, Die Spaltung unter Beteiligung von GmbH, 1998, S. 181; *Reichert*, GmbHR 1995, 180 und *M. Winter* in Kölner Umwandlungsrechtstage, S. 19 (42f.).

6 *Ihrig* in Semler/Stengel, § 43 UmwG Rz. 47; *Reichert*, GmbHR 1995, 180; tendenziell auch *M. Winter* in Kölner Umwandlungsrechtstage, S. 19 (42).

7 § 13 Rz. 29; *Ihrig* in Semler/Stengel, § 43 UmwG Rz. 47; *Zimmermann* in Kallmeyer, § 43 UmwG Rz. 33; *Simon* in KölnKomm. UmwG, § 13 UmwG Rz. 47; *Reichert*, GmbHR 1995, 179; *M. Winter* in Kölner Umwandlungsrechtstage, S. 19 (42); *Decher* in Kölner Umwandlungsrechtstage, S. 201 (212); a.A. *Schöne*, GmbHR 1995, 332 (anders aber für die GmbH).

8 So bereits *H. Schmidt* in Kölner Umwandlungsrechtstage, S. 59 (78).

9 Zutr. *Reichert*, GmbHR 1995, 179.

10 *Schöne*, GmbHR 1995, 332 mit der Schlussfolgerung, dass der Mehrheitsklausel der Vorrang zukommen soll.

dungsbereich von § 13 Abs. 2 UmwG. Er ist aber gerade dann gegeben, wenn Mehrheitsbeschlüsse im Raum stehen. Unberührt bleibt freilich im Einzelfall die Möglichkeit einer **gegen die Treupflicht verstoßenden Zustimmungsverweigerung**; dies kommt namentlich in Betracht, wenn die Mehrheitsklausel für die Verschmelzung in Anpassung des Gesellschaftsvertrags an das Umwandlungsgesetz mit den Stimmen aller vorhandenen Gesellschafter vereinbart worden ist.

3. GmbH als übernehmender Rechtsträger

Sind bei einer übernehmenden GmbH **nicht alle Stammeinlagen voll eingezahlt**, 24
sieht **§ 51 Abs. 1 Satz 1 und 2 UmwG** bei der **übertragenden Personenhandelsgesellschaft** die **Zustimmung aller vorhandenen Gesellschafter** vor; näher dazu § 51 Rz. 16ff. Bedeutung hat diese Regelung, wenn der Gesellschaftsvertrag eine mehrheitliche Beschlussfassung ermöglicht; sie scheidet im Fall des § 51 Abs. 1 UmwG mit Rücksicht auf den Schutz der Gesellschafter vor der Ausfallhaftung des § 24 GmbHG[1] aus. Entsprechendes gilt, wenn neben der Personenhandelsgesellschaft eine übertragende GmbH an der Verschmelzung teilnimmt, bei der nicht alle Stammeinlagen voll eingezahlt sind[2]. Zur Erteilung der Zustimmung vgl. oben Rz. 9.

4. Gesellschaftsvertragliche Regelungen

Der Gesellschaftsvertrag kann die Verschmelzung von der **Zustimmung bestimmter Gesellschafter** abhängig machen (oben Rz. 12). Sieht er eine solche Zustimmung allgemein für **Änderungen des Gesellschaftsvertrages** vor, so erfasst diese Regelung im Zweifel auch Verschmelzungsbeschlüsse[3]. Sie haben zwar keine Vertragsänderung zum Gegenstand, stehen einer solchen aufgrund ihrer strukturändernden Auswirkung jedoch nicht nach. 25

§ 44
Prüfung der Verschmelzung

Im Falle des § 43 Abs. 2 ist der Verschmelzungsvertrag oder sein Entwurf für eine Personenhandelsgesellschaft nach den §§ 9 bis 12 zu prüfen, wenn dies einer ihrer Gesellschafter innerhalb einer Frist von einer Woche verlangt, nachdem er die in § 42 genannten Unterlagen erhalten hat. Die Kosten der Prüfung trägt die Gesellschaft.

---

1 Begr, *Ganske*, S. 101.

2 So zu Recht *Ihrig* in Semler/Stengel, § 43 UmwG Rz. 45; *Zimmermann* in Kallmeyer, § 43 UmwG Rz. 34.

3 *Ihrig* in Semler/Stengel, § 43 UmwG Rz. 44. So auch für die GmbH *M. Winter/J. Vetter*, § 50 Rz. 35; *Reichert*, GmbHR 1995, 185; *Bermel* in Goutier/Knopf/Tulloch, § 43 UmwG Rz. 21.

Literatur

Grunewald/Martin Winter, Die Verschmelzung von Kapitalgesellschaften, in Lutter (Hrsg.), Kölner Umwandlungsrechtstage, 1995, S. 19; *Hadding/Hennrichs*, Zur Verschmelzung unter Beteiligung rechtsfähiger Vereine nach dem neuen Umwandlungsgesetz, in FS Boujong, 1996, S. 203; *Harry Schmidt*, Verschmelzung von Personengesellschaften, in Lutter (Hrsg.), Kölner Umwandlungsrechtstage, 1995, S. 59; *Zimmermann*, Verschmelzungsprüfung bei der GmbH-Verschmelzung, in FS Brandner, 1996, S. 167.

I. Überblick

1. Funktion und Normzweck

1 Die Einzelheiten der Verschmelzungsprüfung enthalten die §§ 9–12 UmwG, auf die § 44 UmwG verweist. Ob und unter welchen Voraussetzungen eine Prüfung zu erfolgen hat, ist in den rechtsträgerspezifischen Bestimmungen des besonderen Verschmelzungsrechts geregelt. Aus § 44 UmwG ergibt sich, dass **für die Personenhandelsgesellschaft keine generelle Prüfungspflicht für die Verschmelzung** besteht; zur Prüfungspflicht nach § 30 UmwG im Falle einer nach § 29 UmwG zu gewährenden Barabfindung vgl. unten Rz. 12. Eine Verschmelzungsprüfung hat nur zu erfolgen, wenn der Gesellschaftsvertrag einen mehrheitlichen Verschmelzungsbeschluss zulässt (unten Rz. 4) und ein Gesellschafter die Prüfung (fristgemäß) verlangt (unten Rz. 5); insoweit begründet § 44 UmwG einen **Anspruch auf eine Prüfung**, nicht aber auch auf ein Tätigwerden bestimmter Prüfer (unten Rz. 10). Die Vorschrift gilt für die Verschmelzung durch Aufnahme und durch Neugründung. Die Norm dient dem **Schutz von Minderheitsgesellschaftern**, indem jedem Gesellschafter die Möglichkeit eröffnet wird, die Verschmelzung, namentlich das Umtauschverhältnis, durch unabhängige, gerichtlich bestellte (§ 10 Abs. 1 UmwG) Sachverständige prüfen zu lassen und damit durch den Prüfungsbericht weitere Informationen über die Verschmelzung zu erhalten[1]. Dabei geht es darum, diese **Informationen als Grundlage der Beschlussfassung über die Verschmelzung** zu verschaffen. Die Vorschrift ist nach § 1 Abs. 3 Satz 1 UmwG **zwingend**[2]. Daraus folgt auch, dass die Frist für das Prüfungsverlangen nicht abgekürzt werden kann (unten Rz. 6).

2 Bei **Geltung des Einstimmigkeitsgrundsatzes** (§ 43 Rz. 10) kann jeder Gesellschafter seine Zustimmung zum Verschmelzungsbeschluss von der Durchführung einer Verschmelzungsprüfung abhängig machen. § 44 UmwG steht dem nicht ent-

1 Begr, *Ganske*, S. 95, unter Hinweis auf die besondere Schutzbedürftigkeit der Kommanditisten einer Publikums-KG.
2 *Ihrig* in Semler/Stengel, § 44 UmwG Rz. 21.

gegen (s. auch unten Rz. 4). Macht ein Gesellschafter seine Zustimmung zum Verschmelzungsbeschluss allerdings erstmals kurz vor der Gesellschafterversammlung, die über die Verschmelzung beschließen soll, oder in dieser Gesellschafterversammlung von einer Prüfung der Verschmelzung abhängig, obwohl ihm ein früheres Prüfungsverlangen möglich war, so kann darin ein Verstoß gegen die Treupflicht liegen. § 44 UmwG ist die gesetzgeberische Wertung zu entnehmen, dass ein Prüfungsverlangen möglichst frühzeitig geäußert werden soll, um eine Vertagung der Beschlussfassung zu vermeiden (s. unten Rz. 3). Diese Wertung lässt sich auf den Fall übertragen, dass die Zustimmung zum Verschmelzungsbeschluss von einer Prüfung abhängig gemacht wird. Im Regelfall wird man daher verlangen können, dass bei Geltung des Einstimmigkeitsprinzips ein Gesellschafter, der seine Zustimmung zum Verschmelzungsbeschluss von einer Prüfung abhängig machen will, die Gesellschaft hierauf so frühzeitig hinweisen muss (vgl. auch unten Rz. 9), dass die Gesellschaft noch rechtzeitig bis zur Gesellschafterversammlung eine freiwillige Prüfung (s. unten Rz. 5) veranlassen und durchführen lassen kann.

2. Entstehungsgeschichte

Bereits **§ 44 RefE** und **§ 43 DiskE** sahen eine Prüfung des Verschmelzungsvertrages oder seines Entwurfs auf Verlangen eines Gesellschafters vor. § 44 UmwG ist durch das am 25.4.2007 in Kraft getretene Zweite Gesetz zur Änderung des Umwandlungsgesetzes v. 19.4.2007 geändert worden[1] und sieht seither in Satz 1 vor, dass das Verlangen nach einer Prüfung fristgebunden ist und nur innerhalb einer Frist von einer Woche gestellt werden kann, nachdem der die Prüfung verlangende Gesellschafter die in § 42 UmwG genannten Unterlagen erhalten hat. Damit soll vermieden werden, dass ein Prüfungsverlangen erst in der Gesellschafterversammlung gestellt wird, was zur Vertagung der Beschlussfassung führen müsste[2]. Außerdem stellt der ebenfalls geänderte Satz 2 von § 44 UmwG in redaktioneller Hinsicht klar, dass die Kostenregelung die Kosten der Prüfung betrifft. 3

II. Inhalt der Vorschrift

1. Voraussetzungen für die Prüfungspflicht

a) Möglichkeit des Mehrheitsbeschlusses

Das Prüfungsverlangen kann „im Falle des § 43 Abs. 2" gestellt werden. Erste Voraussetzung für die Prüfungspflicht ist es danach, dass der **Gesellschaftsvertrag** der Personenhandelsgesellschaft für den Verschmelzungsbeschluss gem. § 43 Abs. 2 Satz 1 UmwG eine **Mehrheitsentscheidung zulässt**[3]. Eine Mehrheitsentscheidung lässt der Gesellschaftsvertrag auch dann zu, wenn er für den Verschmelzungsbeschluss einen *einstimmigen* Beschluss aller an der Gesellschafterversammlung teilnehmenden Gesellschafter verlangt (§ 43 Rz. 12); auch in diesem Fall ist § 44 UmwG anwendbar[4]. Bedarf der Verschmelzungsbeschluss 4

1 BGBl. I, S. 542 (Art. 1 Nr. 8).
2 Begr, BT-Drucks. 16/2919, 13. S. dazu 3. Aufl., § 44 UmwG Rz. 6ff.
3 Vgl. Begr, *Ganske*, S. 95.
4 So auch *W. Müller* in Kallmeyer, § 44 UmwG Rz. 2. Zweifelnd unter Normzweckgesichtspunkten *Dauner-Lieb/Tettinger* in KölnKomm. UmwG, § 44 UmwG Rz. 7.

mangels einer abweichenden gesellschaftsvertraglichen Regelung nach § 43 Abs. 1 UmwG der Zustimmung aller vorhandenen Gesellschafter (§ 43 Rz. 10), ist § 44 UmwG nicht anwendbar; jedoch kann jeder Gesellschafter seine Zustimmung zum Verschmelzungsbeschluss davon abhängig machen, dass eine Prüfung nach den §§ 9–12 UmwG erfolgt (oben Rz. 2). Auch unabhängig hiervon kann die Geschäftsführung bei Geltung des Einstimmigkeitsgrundsatzes oder bei der Möglichkeit des Mehrheitsbeschlusses eine Prüfung veranlassen (unten Rz. 5).

b) Verlangen der Prüfung (Antragsberechtigung)

5 Das Verlangen der Prüfung kann von **jedem Gesellschafter** gestellt werden. Auf die Beteiligungshöhe kommt es nicht an. Die Vorschrift bezweckt zwar den Schutz von Minderheitsgesellschaftern (oben Rz. 1), jedoch steht die Antragsberechtigung *jedem* Gesellschafter, also auch dem mehrheitlich beteiligten oder geschäftsführungsbefugten (dazu auch unten Rz. 7) Gesellschafter zu. Das Prüfungsverlangen ist an die vertretungsberechtigten Gesellschafter der Personenhandelsgesellschaft als dasjenige Organ zu richten, das die gerichtliche Bestellung der Verschmelzungsprüfer nach § 10 Abs. 1 UmwG zu beantragen hat[1]. Soweit, wie im Regelfall, die geschäftsführenden Gesellschafter auch zur Vertretung berechtigt sind, genügt es, wenn der **Prüfungsantrag an die Geschäftsführung gerichtet** wird; der Zugang des Verlangens bei einem Gesamtvertreter ist nach § 125 Abs. 2 Satz 3 HGB ausreichend[2]. Eine besondere **Form** für das Prüfungsverlangen sieht das Gesetz nicht vor. Es kann daher *schriftlich*, aber auch *mündlich* erfolgen, etwa durch einen in einer Gesellschafterversammlung gegenüber anwesenden, vertretungsberechtigten Gesellschaftern geäußerten Prüfungsantrag[3]. Einem Prüfungsverlangen wird auch dann entsprochen, wenn Verschmelzungsprüfer aufgrund eines **bereits gestellten Antrages** eines anderen Gesellschafters schon bestellt worden sind oder bestellt werden. Nach dem Schutzzweck der Norm **genügt eine Prüfung**[4]. Daher wird einem Prüfungsverlangen auch dann Rechnung getragen, wenn bereits die **Geschäftsführung** aus eigener, von einem Verlangen eines Gesellschafters unabhängiger Initiative eine **Prüfung** nach Maßgabe der §§ 9–12 UmwG, also durch einen gerichtlich bestellten Prüfer, **freiwillig veranlasst** hat[5]. Das kann sogar zweckmäßig sein, um Verzögerungen des Ablaufs der Verschmelzung zu vermeiden[6], um die Tätigkeit eines gemeinsamen Prüfers für alle beteilig-

---

1 So auch *Ihrig* in Semler/Stengel, § 44 UmwG Rz. 11; *W. Müller* in Kallmeyer, § 44 UmwG Rz. 7.

2 Zutr. *Ihrig* in Semler/Stengel, § 44 UmwG Rz. 11; *W. Müller* in Kallmeyer, § 44 UmwG Rz. 7.

3 Allg. M.; vgl. *Ihrig* in Semler/Stengel, § 44 UmwG Rz. 12; *Dauner-Lieb/Tettinger* in KölnKomm. UmwG, § 44 UmwG Rz. 11; *W. Müller* in Kallmeyer, § 44 UmwG Rz. 5; *Vossius* in Widmann/Mayer, § 44 UmwG Rz. 13.

4 So auch *Ihrig* in Semler/Stengel, § 44 UmwG Rz. 16; *W. Müller* in Kallmeyer, § 44 UmwG Rz. 12; *Vossius* in Widmann/Mayer, § 44 UmwG Rz. 12.

5 So auch *Ihrig* in Semler/Stengel, § 44 UmwG Rz. 16; *Dauner-Lieb/Tettinger* in KölnKomm. UmwG, § 44 UmwG Rz. 8; *W. Müller* in Kallmeyer, § 44 UmwG Rz. 12.

6 Vgl. *Drinhausen*, BB 2006, 2314, und *Reichert* in Semler/Stengel, § 48 UmwG Rz. 14f., die zutr. darauf hinweisen, dass die Fristgebundenheit des Prüfungsverlangens nicht sicherstellen kann, dass die Zeit zwischen dem Prüfungsverlangen und der Gesellschafterversammlung für die Durchführung der Prüfung ausreicht.

ten Rechtsträger zu ermöglichen[1], oder wenn sich die Einholung notarieller Verzichtserklärungen aufgrund eines größeren Gesellschafterkreises als unpraktikabel erweist[2]. Schließlich fehlt schon die Antragsberechtigung für eine Prüfung, wenn zuvor **alle Gesellschafter** in notarieller Form **auf die Prüfung verzichtet** haben, § 9 Abs. 3 UmwG i.V.m. § 8 Abs. 3 UmwG.

Eine **Rücknahme des Prüfungsverlangens** ist zulässig, lässt aber ein Prüfungsverlangen anderer Gesellschafter unberührt; liegt kein weiteres Prüfungsverlangen vor, kann die Geschäftsführung gleichwohl eine freiwillige Prüfung veranlassen (oben Rz. 5) oder eine bereits aufgrund eines Verlangens eingeleitete Prüfung nach Rücknahme des Verlangens auf freiwilliger Basis fortsetzen[3]. 5a

c) Antragsfrist

Das Verlangen eines Gesellschafters nach einer Prüfung des Verschmelzungsvertrages oder seines Entwurfs ist fristgebunden. Dem Verlangen muss nur entsprochen werden, wenn es innerhalb einer **Frist von einer Woche** nach Erhalt der in § 42 UmwG genannten Unterlagen gestellt wird. Entsprechend dem Zweck der Norm, zu vermeiden, dass durch ein erst in der Gesellschafterversammlung gestelltes Verlangen eine Vertagung der Gesellschafterversammlung erforderlich wird (oben Rz. 3), handelt es sich um eine **Spätestfrist**. Dem Verlangen eines Gesellschafters nach einer Prüfung ist daher auch dann zu entsprechen, wenn es bereits vor Erhalt der in § 42 UmwG genannten Unterlagen und dem Beginn der Wochenfrist gestellt worden ist[4]. § 44 UmwG ist eine **zwingende Vorschrift** (oben Rz. 1). Daher ist eine *Abkürzung* der Wochenfrist im Gesellschaftsvertrag oder durch eine kürzere Fristsetzung durch die Geschäftsführung ausgeschlossen[5]. Der Gesellschaftsvertrag oder im Einzelfall die Geschäftsführung können aber eine *längere Frist* einräumen. Insoweit ist die Wochenfrist als Mindestfrist und nicht auch als i.S.v. § 1 Abs. 3 Satz 2 UmwG abschließende Höchstfrist zu verstehen. 6

Für den **Fristbeginn** stellt § 44 UmwG auf den **Erhalt der in § 42 UmwG genannten Unterlagen** ab[6], also den Erhalt des Verschmelzungsvertrages oder seines Entwurfs (s. § 42 Rz. 5) und des Verschmelzungsberichts. Ist ein **Verschmelzungsbericht** gem. § 41 UmwG nicht erstattet oder auf ihn nach § 8 Abs. 3 UmwG verzichtet worden, ist für den Fristbeginn nur der Erhalt des Verschmelzungsvertrages oder seines Entwurfs maßgeblich. Wird ein nach § 41 UmwG nicht erforderlicher Verschmelzungsbericht gleichwohl für die Gesellschafter erstellt, ist auch sein Erhalt Voraussetzung für den Fristbeginn. § 44 UmwG knüpft den Fristbeginn an den Erhalt der nach § 42 UmwG zu übersendenden Unterlagen an. Eine solche Übersendung sieht § 42 UmwG nur an die von der Geschäftsführung ausgeschlossenen Gesellschafter vor. Ein Prüfungsverlangen kann jedoch von jedem, also auch einem **geschäftsführenden Gesellschafter** gestellt werden (oben Rz. 5). 7

---

1 *Ihrig* in Semler/Stengel, § 44 UmwG Rz. 8; *Dauner-Lieb/Tettinger* in KölnKomm. UmwG, § 44 UmwG Rz. 8.
2 Vgl. *H. Schmidt* in Kölner Umwandlungsrechtstage, S. 59 (76).
3 *Dauner-Lieb/Tettinger* in KölnKomm. UmwG, § 44 UmwG Rz. 21.
4 *Ihrig* in Semler/Stengel, § 44 UmwG Rz. 13.
5 *Dauner-Lieb/Tettinger* in KölnKomm. UmwG, § 44 UmwG Rz. 16; *W. Müller* in Kallmeyer, § 44 UmwG Rz. 11.
6 So jetzt auch *W. Müller* in Kallmeyer, § 44 UmwG Rz. 8.

Werden die Verschmelzungsunterlagen auch geschäftsführenden Gesellschaftern gem. § 42 UmwG übersendet, richtet sich der Fristbeginn für das Prüfungsverlangen eines geschäftsführenden Gesellschafters[1] nach § 44 UmwG. Wird von einer Übersendung der Verschmelzungsunterlagen abgesehen, weil die geschäftsführenden Gesellschafter bereits aufgrund ihrer Stellung Kenntnis von den Unterlagen haben, greift § 44 UmwG nicht unmittelbar ein. Entsprechend dem Zweck der Norm, auszuschließen, dass ein Prüfungsverlangen erst in der Gesellschafterversammlung gestellt wird (oben Rz. 3), muss aber auch in diesem Fall das Prüfungsverlangen fristgebunden sein. Dem ist dadurch Rechnung zu tragen, dass das Prüfungsverlangen eines geschäftsführenden Gesellschafters, dem die Verschmelzungsunterlagen nicht gem. § 42 UmwG übersandt worden sind, ihm aber vorliegen bzw. für ihn zugänglich sind, nur innerhalb einer Frist von einer Woche seit diesem Zeitpunkt gestellt werden kann[2].

8 Für den Fristbeginn ist nach dem eindeutigen Gesetzeswortlaut („erhalten hat") der tatsächliche **Zugang der Verschmelzungsunterlagen** erforderlich[3] (so auch zur GmbH § 48 Rz. 26). Auf den „unter normalen Umständen zu erwartenden Zugang[4] kommt es daher nicht an[5]. Die bloße Absendung der Verschmelzungsunterlagen an die zuletzt bekannte Anschrift des Gesellschafters, die für die Erfüllung der Unterrichtungspflicht nach § 42 UmwG genügt (§ 42 Rz. 9), reicht für die Auslösung des Fristbeginns nach § 44 UmwG also nicht aus. Der Fristbeginn wird weiterhin nur dann ausgelöst, wenn der Gesellschafter die nach § 42 UmwG zu übersendenden Unterlagen **vollständig** (dazu § 42 Rz. 5) erhalten hat. Für die **Berechnung der Wochenfrist** sind die §§ 187 Abs. 1, 188 Abs. 2, 193 BGB maßgeblich. Wird das Prüfungsverlangen schriftlich gestellt (oben Rz. 5), muss es dem zuständigen Empfänger (oben Rz. 5) spätestens innerhalb der Wochenfrist zugehen.

9 Hat ein Gesellschafter die **Verschmelzungsunterlagen nicht oder nicht vollständig erhalten**, ist ein Prüfungsverlangen nicht fristgebunden und kann grundsätzlich selbst noch in der Gesellschafterversammlung gestellt werden[6]. Im Regelfall wird man einen kurzfristig vor oder erst **in der Gesellschafterversammlung ge-**

---

1 Praktische Bedeutung kann das in Fällen erlangen, in denen ein geschäftsführender Gesellschafter, der keine Einzelgeschäftsführungsbefugnis besitzt, sich innerhalb der Geschäftsführung mit einem Prüfungsverlangen nicht durchsetzen kann und auch keiner der übrigen Gesellschafter eine Prüfung wünscht.

2 Auf den Zeitpunkt der Absendung der Unterlagen an die nicht geschäftsführenden Gesellschafter abstellend *W. Müller* in Kallmeyer, § 44 UmwG Rz. 10. Auf „den Zugang freiwillig übersandter Unterlagen bei geschäftsführenden Gesellschaftern" abstellend *Dauner-Lieb/Tettinger* in KölnKomm. UmwG, § 44 UmwG Rz. 15.

3 *Ihrig* in Semler/Stengel, § 44 UmwG Rz. 13; *W. Müller* in Kallmeyer, § 44 UmwG Rz. 8; *Haggeney* in Maulbetsch/Klumpp/Rose, § 44 UmwG Rz. 10; *Heckschen*, DNotZ 2007, 448; *Bayer/J. Schmidt*, NZG 2006, 845.

4 Dafür hatte sich der Handelsrechtsausschuss des Deutschen Anwaltsvereins in seiner Stellungnahme zum Regierungsentwurf zur Neufassung von § 44 UmwG ausgesprochen und eine entsprechende Klarstellung in der Gesetzesbegr angeregt, vgl. NZG 2006, 739. Eine solche Klarstellung enthält die Gesetzesbegr jedoch nicht. Sie stellt vielmehr darauf ab, dass die Gesellschafter die Verschmelzungsunterlagen „erhalten haben", vgl. Begr, BT-Drucks. 16/2919, S. 13.

5 A.A. *Dauner-Lieb/Tettinger* in KölnKomm. UmwG, § 44 UmwG Rz. 14; *Meyer/Weiler*, DB 2007, 1237.

6 *Vossius* in Widmann/Mayer, § 44 UmwG Rz. 17. So die allg. M. zu § 44 UmwG a.F., der noch keine Frist für das Prüfungsverlangen enthielt, vgl. 3. Aufl., § 44 Rz. 6 m.N. in Fn. 5.

stellten Prüfungsantrag – der zur Vertagung der Gesellschafterversammlung führen muss – auch nicht als treupflichtwidrig oder rechtsmissbräuchlich behandeln können, da ein berechtigtes Interesse des Gesellschafters daran anzuerkennen ist, seine Entscheidung über das Prüfungsverlangen von einer Auswertung der vollständigen Verschmelzungsunterlagen abhängig zu machen. Treupflichtwidrig oder rechtsmissbräuchlich kann ein erst kurz vor oder in der Gesellschafterversammlung gestelltes Prüfungsverlangen allerdings dann sein, wenn der Gesellschafter die Unvollständigkeit der ihm übersandten Verschmelzungsunterlagen erkannt hat oder die Unvollständigkeit leicht erkennbar war, die Unvollständigkeit vom Gesellschafter jedoch gegenüber der Gesellschaft nicht unverzüglich beanstandet worden ist[1]. Der Normzweck von § 44 UmwG legt es nahe, dass in derartigen Fällen zur Vermeidung eines Treupflichtverstoßes die Unvollständigkeit der Unterlagen innerhalb einer Woche nach ihrem Erhalt beanstandet werden muss. Werden auf Verlangen des Gesellschafters hin unvollständige Verschmelzungsunterlagen vervollständigt, läuft die Wochenfrist, sobald der Gesellschafter die restlichen Verschmelzungsunterlagen erhalten hat. Verbleibt bis zur Gesellschafterversammlung kein ausreichender Zeitraum mehr, um die Prüfung durchzuführen und den Gesellschaftern rechtzeitig vor der Gesellschafterversammlung den Prüfungsbericht zur Verfügung zu stellen (dazu § 42 Rz. 5), muss die Gesellschafterversammlung vertagt werden. **Inhaltliche Mängel der Verschmelzungsunterlagen**, wie z.B. Berichtsmängel, stehen dem Fristbeginn nicht entgegen.

Nicht zu folgen ist mit Rücksicht auf den Normzweck von § 44 UmwG, eine Verzögerung des Verschmelzungsverfahrens zu vermeiden (oben Rz. 3, 6), und im Interesse der Rechtssicherheit **der Ansicht, dass bei neuen Erkenntnissen über die Verschmelzung** „nicht ganz unerhebliche neue Kenntnisse" für Gesellschafter nach Ablauf der Frist für das Prüfungsverlangen oder während ihres Laufs aufgrund einer teleologischen Reduktion der Norm **eine erneute Antragsfrist auslösen oder zu einer Fristverlängerung führen** sollen[2]. Die – notwendigerweise – unscharfen Voraussetzungen für einen neuen Fristbeginn oder für eine Fristverlängerung führen zu einer erheblichen Rechtsunsicherheit und jeder Gesellschafter hat die Möglichkeit, eine Prüfung innerhalb der Frist (oder schon zuvor) zu verlangen, unabhängig davon, ob er sie nach seinem zu dem Zeitpunkt gegebenen Kenntnisstand tatsächlich für erforderlich oder zweckmäßig hält. Außerdem ist es dem Gesellschafter auch in der hier behandelten Fallkonstellation freigestellt, gegen die Verschmelzung zu stimmen. 9a

2. Bestellung des Prüfers; Kosten der Prüfung

Die Bestellung der Verschmelzungsprüfer erfolgt gem. § 10 Abs. 1 Satz 1 UmwG durch das für die Gesellschaft zuständige **Gericht** (§ 10 Abs. 2 UmwG; dazu § 10 Rz. 3 ff.) auf Antrag des Vertretungsorgans der Personenhandelsgesellschaft. Dabei kann – und wird in der Praxis regelmäßig auch – dem Gericht ein **personeller Vor-** 10

1 Ähnl. *W. Müller* in Kallmeyer, § 44 UmwG Rz. 9. Enger wohl *Vossius* in Widmann/Mayer, § 44 UmwG Rz 17.
2 Dafür *Dauner-Lieb/Tettinger* in KölnKomm. UmwG, § 44 UmwG Rz. 17; im Erg. auch *W. Müller* in Kallmeyer, § 44 UmwG Rz. 13.

schlag unterbreitet werden[1] (§ 10 Rz. 10). Dabei ist das Vertretungsorgan an etwaige Vorschläge des eine Prüfung verlangenden Gesellschafters nicht gebunden; § 44 UmwG räumt dem Gesellschafter einen Anspruch auf eine Prüfung ein, nicht aber auch auf ein Tätigwerden bestimmter, vom Gesellschafter gewünschter Prüfer in dem Sinne, dass dem Gericht nur solche Prüfer vorgeschlagen werden dürften[2]. Für mehrere oder alle beteiligten Rechtsträger kann gem. § 10 Abs. 1 Satz 2 UmwG ein **gemeinsamer Prüfer** bestellt werden. Die **Kosten der Prüfung** trägt nach § 44 Satz 2 UmwG – zwingend – die Gesellschaft; nach der Begründung zu der vergleichbaren Vorschrift des § 48 UmwG für die GmbH soll diese Kostenregelung die Geschäftsführung der Gesellschaft mit veranlassen, den Verschmelzungsbericht möglichst so umfassend und überzeugend auszugestalten, dass ein weiter gehendes, zu einem Prüfungsverlangen führendes Informationsbedürfnis aus tatsächlichen Gründen nicht mehr besteht[3].

III. Übersendung des Prüfungsberichts an die Gesellschafter

11 Weder § 44 UmwG noch die §§ 9–12 UmwG enthalten Regelungen zu der Frage, ob und wie der **gem. § 12 UmwG zu erstattende Prüfungsbericht** den Anteilsinhabern des betroffenen Rechtsträgers zugänglich zu machen ist. Nach allg. M. besteht aber auch ohne eine ausdrückliche Regelung im UmwG die **Pflicht zur Übersendung**; vgl. näher dazu und auch zur Einberufung der Gesellschafterversammlung § 42 Rz. 5. **Empfänger** des Prüfungsberichtes müssen in entsprechender Anwendung von § 42 UmwG alle von der Geschäftsführung ausgeschlossenen Gesellschafter sein (dazu auch § 42 Rz. 5), nicht nur der oder die Gesellschafter, die eine Prüfung verlangt haben[4]; vgl. dazu auch oben Rz. 7. Zu den Rechtsfolgen eines Verstoßes vgl. § 42 Rz. 10. Im Falle einer Prüfung ist der Bericht nach § 17 Abs. 1 UmwG mit der **Handelsregisteranmeldung** einzureichen; zur Frage des Nachweises der Übersendung des Berichts an die Anteilsinhaber vgl. § 42 Rz. 11. Vgl. im Übrigen § 42 Rz. 5 ff. Ist ein Prüfungsverlangen nicht gestellt worden und deshalb eine Prüfung nicht erfolgt und ein Prüfungsbericht nicht erstellt worden, empfiehlt sich für die Praxis eine entsprechende Negativerklärung bei der Handelsregisteranmeldung, um die Handelsregistereintragung der Verschmelzung verzögernde Rückfragen oder Zwischenverfügungen des Handelsregisters zu vermeiden. Ist schon eine **Prüfung nicht erfolgt**, obwohl sie von einem Gesellschafter fristgemäß verlangt worden war, begründet das zwar einen Beschlussmangel (s. auch § 42 Rz. 10). Im Falle eines **Klageverzichts** oder eines **Ablaufs der Klagefrist** gem. § 14 Abs. 1 UmwG ohne Klageerhebung steht dieser Mangel aber einer Handelsregistereintragung nicht entgegen[5].

---

1 Dies stellt die Unabhängigkeit des Prüfers nicht in Frage; vgl. BGH v. 18.9.2006 – II ZR 225/04, ZIP 2006, 2080 (2082) = AG 2006, 887 (dort auch zur Zulässigkeit der sog. Parallelprüfung); so auch die Begr zu § 10 UmwG n.F., BT-Drucks. 15/371, 18 f.

2 So auch – zur GmbH – *Reichert* in Semler/Stengel, § 48 UmwG Rz. 8; *Schöne*, GmbHR 1995, 335 (mit Kritik an dieser Rechtslage) und im Erg. auch unten *M. Winter/J. Vetter*, § 48 Rz. 34. Für Beschlussfassung der Gesellschafterversammlung über die Prüferauswahl *Bermel* in Goutier/Knopf/Tulloch, § 44 UmwG Rz. 10. Dagegen zutr. *Ihrig* in Semler/Stengel, § 44 UmwG Rz. 18; *W. Müller* in Kallmeyer, § 44 UmwG Rz. 13.

3 *Ganske*, S. 99.

4 Diff. *Vossius* in Widmann/Mayer, § 44 UmwG Rz. 29; wie hier *Ihrig* in Semler/Stengel, § 44 UmwG Rz. 19; *W. Müller* in Kallmeyer, § 44 UmwG Rz. 14.

5 So zu Recht *Dauner-Lieb/Tettinger* in KölnKomm. UmwG, § 42 UmwG Rz. 40 f.

IV. Pflichtprüfung nach § 30 UmwG

In den Fällen des § 29 UmwG ist Gesellschaftern eine **Barabfindung** anzubieten. 12
Deren Angemessenheit ist nach § 30 UmwG **stets zu prüfen**, also unabhängig von einem Prüfungsverlangen; zur Möglichkeit der Berechtigten, gem. § 30 Abs. 2 Satz 3 UmwG auf die Prüfung oder den Prüfungsbericht zu verzichten, s. § 30 Rz. 8 ff. § 44 UmwG betrifft die Prüfung des Verschmelzungsvertrages, ist also neben § 30 UmwG anzuwenden. Für die Prüfungen nach § 30 UmwG und § 44 UmwG kann ein **gemeinsamer Prüfer** bestellt und ein **gemeinsamer Prüfungsbericht** erstellt werden[1] (§ 30 Rz. 5).

§ 45
Zeitliche Begrenzung der Haftung persönlich haftender Gesellschafter

(1) Überträgt eine Personenhandelsgesellschaft ihr Vermögen durch Verschmelzung auf einen Rechtsträger anderer Rechtsform, dessen Anteilsinhaber für die Verbindlichkeiten dieses Rechtsträgers nicht unbeschränkt haften, so haftet ein Gesellschafter der Personenhandelsgesellschaft für ihre Verbindlichkeiten, wenn sie vor Ablauf von fünf Jahren nach der Verschmelzung fällig und daraus Ansprüche gegen ihn in einer in § 197 Abs. 1 Nr. 3 bis 5 des Bürgerlichen Gesetzbuchs bezeichneten Art festgestellt sind oder eine gerichtliche oder behördliche Vollstreckungshandlung vorgenommen oder beantragt wird; bei öffentlich-rechtlichen Verbindlichkeiten genügt der Erlass eines Verwaltungsakts.

(2) Die Frist beginnt mit dem Tage, an dem die Eintragung der Verschmelzung in das Register des Sitzes des übernehmenden Rechtsträgers nach § 19 Abs. 3 bekannt gemacht worden ist. Die für die Verjährung geltenden §§ 204, 206, 210, 211 und 212 Abs. 2 und 3 des Bürgerlichen Gesetzbuchs sind entsprechend anzuwenden.

(3) Einer Feststellung in einer in § 197 Abs. 1 Nr. 3 bis 5 des Bürgerlichen Gesetzbuchs bezeichneten Art bedarf es nicht, soweit der Gesellschafter den Anspruch schriftlich anerkannt hat.

(4) Die Absätze 1 bis 3 sind auch anzuwenden, wenn der Gesellschafter in dem Rechtsträger anderer Rechtsform geschäftsführend tätig wird.

1 *Ihrig* in Semler/Stengel, § 44 UmwG Rz. 24; *Vossius* in Widmann/Mayer, § 44 UmwG Rz. 1; *W. Müller* in Kallmeyer, § 44 UmwG Rz. 14. Für ein Aufgehen der Prüfung gem. § 30 UmwG in der allgemeinen Prüfung *Dauner-Lieb/Tettinger* in KölnKomm. UmwG, § 44 UmwG Rz. 43.

Literatur

Caspers, Das Gesetz zur Ergänzung der handelsrechtlichen Vorschriften über die Änderung der Unternehmensform, WM 1969, Sonderheft 3, S. 3; *Kainz*, Das Nachhaftungsbegrenzungsgesetz (NachBG), DStR 1994, 620; *Leverenz*, Enthält § 160 dispositives Recht?, ZHR 160 (1996), 75; *Naraschewski*, Haftung bei der Spaltung von Kommanditgesellschaften, DB 1995, 1265; *Nitsche*, Das neue Nachhaftungsbegrenzungsgesetz – Vertragsübergang kraft Gesetzes?, ZIP 1994, 1919; *Reichold*, Das neue Nachhaftungsbegrenzungsgesetz, NJW 1994, 1617; *Harry Schmidt*, Verschmelzung von Personengesellschaften, in Lutter (Hrsg.), Kölner Umwandlungsrechtstage, 1995, S. 59; *Karsten Schmidt*, Gesellschaftsrechtliche Grundlagen eines Nachhaftungsbegrenzungsgesetzes, DB 1990, 2357; *Karsten Schmidt/Christian Schneider*, Haftungserhaltende Gläubigerstrategien beim Ausscheiden von Gesellschaftern bei Unternehmensübertragung, Umwandlung und Auflösung, BB 2003, 1961; *Seibert*, Nachhaftungsbegrenzungsgesetz – Haftungsklarheit für den Mittelstand, DB 1994, 461; *Ulmer*, Die zeitliche Begrenzung der Haftung von Gesellschaftern beim Ausscheiden aus einer Personenhandelsgesellschaft sowie bei der Umwandlung zu einer Kapitalgesellschaft, BB 1983, 1865; *Ulmer/Timmann*, Die Enthaftung ausgeschiedener Gesellschafter, ZIP 1992, 1; *Wiesner*, Haftung ausgeschiedener OHG-Gesellschafter für öffentlichrechtliche Gesellschaftsverbindlichkeiten, in FS Hellwig, 2010, S. 413.

I. Überblick

1. Funktion, Normzweck und Wesen

1 Der **persönlich haftende Gesellschafter** einer *übertragenden* OHG oder KG haftet für *deren* Verbindlichkeiten auch nach Wirksamwerden der Verschmelzung persönlich unbeschränkt nach §§ 128, 161 Abs. 2 HGB; Entsprechendes gilt für die EWIV. Die Verschmelzung lässt diese Haftung unberührt und führt nicht etwa zum Erlöschen der Haftung. Die **Funktion** von § 45 UmwG liegt darin, die **Forthaftung des Gesellschafters** der übertragenden Personenhandelsgesellschaft **zeitlich zu begrenzen**; zur analogen Anwendung auf die übertragende KGaA vgl. unten Rz. 11. Die Vorschrift begründet entgegen dem missverständlichen Wortlaut von § 45 Abs. 1 UmwG also nicht etwa erst die Haftung, sondern knüpft an deren Fortbestehen an und schränkt sie ein. Dazu sieht § 45 Abs. 1 UmwG eine **Enthaftungsregelung** („Nachhaftungsbegrenzung") zugunsten forthaftender Gesellschafter für Verbindlichkeiten vor, die überhaupt erst fünf Jahre nach der Verschmelzung fällig werden (zum Fristbeginn vgl. näher unten Rz. 26) oder – bei früherer Fälligkeit – für die vor Ablauf der Fünfjahresfrist vom Gläubiger keine die Enthaf-

tung abwendenden Maßnahmen i.S.v. § 45 Abs. 1 UmwG durchgeführt worden sind und auch kein schriftliches Anerkenntnis des Schuldners gem. § 45 Abs. 3 UmwG vorliegt; dazu sowie zu den Besonderheiten für öffentlich-rechtliche Verbindlichkeiten unten Rz. 18 ff.

Entgegen der insoweit missverständlichen Überschrift, die sich bewusst auf die 2
Begrenzung der Haftung *persönlich haftender Gesellschafter* bezieht[1] und damit nach dem allgemeinen sowie juristischen Sprachgebrauch nur die Gesellschafter der OHG und EWIV sowie Komplementäre der KG und KGaA (s. zur KGaA unten Rz. 11) erfasst[2], **kann die Enthaftungsregelung auch für den Kommanditisten von Bedeutung sein**, der, etwa aufgrund einer Einlagenrückgewähr, gegenüber Gläubigern der Gesellschaft unmittelbar persönlich haftet; dazu näher unten Rz. 12.

Der **Normzweck** von § 45 UmwG wird in der Gesetzesbegründung nicht aus- 3
geführt. Deren Bezugnahme auf das Nachhaftungsbegrenzungsgesetz und die durch dieses eingeführten Vorläuferregelungen im UmwG 1969 und Parallelregelungen im HGB (unten Rz. 6) zeigt jedoch, dass die Enthaftungsregelung einer u.U. über einen unabsehbaren Zeitraum fortdauernden und damit unzumutbaren Haftung des Gesellschafters einer Personenhandelsgesellschaft, die als übertragender Rechtsträger an einer Verschmelzung mitwirkt, entgegentreten soll, wenn der Gesellschafter in dem übernehmenden oder neuen Rechtsträger nicht mehr persönlich haftet (s. auch unten Rz. 13). Dieser **Schutz des Gesellschafters vor einer unzumutbar langen Haftung** hatte sich als erforderlich erwiesen, da namentlich bei der Haftung für Verbindlichkeiten aus Dauerschuldverhältnissen, die frühere Verjährungsregelung des § 45 UmwG 1969[3] zu keiner angemessenen Lösung führen konnte[4]. Dies galt auch unter Berücksichtigung der von der Rechtsprechung im Wege der Rechtsfortbildung zu § 159 HGB entwickelten Enthaftungslösungen[5], zumal deren Anwendung auch auf Umwandlungsvorgänge nicht für selbstverständlich gehalten worden war[6]. Dieser Normzweck rechtfertigt es nicht, auch denjenigen Gesellschafter in den Schutzbereich von § 45 UmwG einzubeziehen, gegen den über die Verbindlichkeiten zum Zeitpunkt des Wirksamwerdens der Verschmelzung **bereits ein rechtskräftiger Titel erwirkt** worden ist. Hier **findet § 45 UmwG keine Anwendung**[7]. Entsprechendes ist bei vollstreckbaren

---

1 Diese Formulierung geht auf eine Empfehlung des Rechtsausschusses zurück und soll klarstellen, dass die Vorschrift die Begrenzung der Haftung der persönlich haftenden Gesellschafter einer Personenhandelsgesellschaft betrifft, vgl. Begr, *Ganske*, S. 95. Dazu unten Rz. 6.

2 Vgl. etwa die §§ 125a Abs. 1 Satz 3, 161 Abs. 1, 176 Abs. 1 Satz 1, 177a Satz 2 HGB.

3 I.d.F. vor Inkrafttreten des Nachhaftungsbegrenzungsgesetzes. Dazu unten Rz. 6.

4 Dazu etwa *Ulmer/Timmann*, ZIP 1992, 1; zum Nachhaftungsbegrenzungsgesetz vgl. z.B. *Nitsche*, ZIP 1994, 1919.

5 Vgl. dazu statt aller *Ulmer/Timmann*, ZIP 1992, 2 ff.

6 *Dehmer*[1], § 45 UmwG Anm. 6b.

7 A.A. zu § 157 UmwG BAG v. 16.5.2013 – 6 AZR 556/11, BeckRS 2013, 69778 (Rz. 33). Wie hier *Ihrig* in Semler/Stengel, § 45 UmwG Rz. 25; *Dauner-Lieb/Tettinger* in KölnKomm. UmwG, § 45 UmwG Rz. 14, 40; *Kallmeyer/Kocher* in Kallmeyer, § 45 UmwG Rz. 4; *Vossius* in Widmann/Mayer, § 45 UmwG Rz. 66; einschr. *K. Schmidt/C. Schneider*, BB 2003, 1963: Im Verfahren nach § 767 ZPO geltend zu machende Enthaftungswirkung nach § 45 UmwG für Forderungen, die erst nach der Fünfjahresfrist fällig werden. Zur fehlenden Schutzbedürftigkeit eines aus § 128 HGB rechtskräftig verurteilten Gesellschafters, sich auf eine danach von der Gesellschaft erworbene Verjährungseinrede berufen zu können, vgl. BGH v. 27.4.1981 – II ZR 177/80, NJW 1981, 2579.

Vergleichen oder vollstreckbaren Urkunden sowie der Vollstreckbarkeit durch Feststellung im Insolvenzverfahren und bei einer öffentlich-rechtlichen Verbindlichkeit anzunehmen, wenn gegenüber dem Gesellschafter zu diesem Zeitpunkt bereits ein bestandskräftiger Verwaltungsakt vorliegt (dazu auch unten Rz. 23); a.A. für die vorgenannten Fälle zu § 133 UmwG *Schwab*, § 133 Rz. 112 (Vollstreckungshandlung zur Vermeidung der Enthaftung erforderlich).

4 § 133 Abs. 1 Satz 1 UmwG begründet im Interesse des Gläubigerschutzes eine Mithaftung des übertragenden Rechtsträgers für die im Wege der Spaltung auf den oder die übernehmenden Rechtsträger übergegangenen Verbindlichkeiten. Der durch das Zweite Gesetz zur Änderung des Umwandlungsgesetzes v. 19.4.2007 neu eingeführte[1] **§ 133 Abs. 3 Satz 2 UmwG** sieht für den übertragenden Rechtsträger, der bei einer Spaltung **Versorgungsverpflichtungen** aufgrund des Betriebsrentengesetzes überträgt, abweichend von der grundsätzlich fünfjährigen Haftungsdauer eine **Haftungsdauer von zehn Jahren** vor. Diese Regelung dient dem **Schutz der Gläubiger** der Versorgungsansprüche[2], erweitert für diesen Fall die Haftung und belastet insoweit den nach § 133 UmwG Haftenden mit einer Verlängerung der Haftungsdauer von fünf auf zehn Jahre. Der Normzweck von § 45 UmwG richtet sich demgegenüber auf den Schutz des haftenden Gesellschafters vor einer unzumutbar langen Haftungsdauer (oben Rz. 3) durch eine Begrenzung der bereits nach §§ 128, 161 Abs. 2 HGB fortbestehenden und nicht erst durch das UmwG angeordneten (oben Rz. 1) Nachhaftung. Deshalb wäre es nicht gerechtfertigt[3], im Anwendungsbereich von § 45 UmwG für Versorgungsverpflichtungen in einer analogen Anwendung von § 133 Abs. 3 Satz 2 UmwG eine zehnjährige Enthaftungsfrist anzunehmen[4].

5 Die Vorschrift des § 45 UmwG enthält keine Verjährungsregelung, sondern eine **Ausschlussfrist**[5]. Mit dem Eintritt der Voraussetzungen für die Enthaftung **erlischt die Haftung** des Gesellschafters[6], ohne dass dieser, wie im Falle der Verjährung, die Enthaftung im Wege der Einrede rechtshindernd geltend machen müsste. Die Enthaftung begründet vielmehr eine *rechtsvernichtende Einwendung*[7] und

1 Auf Initiative des Rechtsausschusses, vgl. BT-Drucks. 16/4193, 2.
2 Vgl. die Begr des Rechtsausschusses, BT-Drucks. 16/4193, 5.
3 Wegen des unterschiedlichen Schutzzwecks von § 133 Abs. 3 Satz 2 UmwG und § 45 UmwG liegt entgegen *Maier-Reimer/Seulen* in Semler/Stengel, § 157 UmwG Rz. 9a, auch kein Systembruch darin, dass der Gesetzgeber die Sonderregelung für Versorgungsverpflichtungen auf den Fall der Spaltung beschränkt hat.
4 So im Erg. auch *Maier-Reimer/Seulen* in Semler/Stengel, § 157 UmwG Rz. 9a.
5 *Ihrig* in Semler/Stengel, § 45 UmwG Rz. 20; *Stratz* in Schmitt/Hörtnagl/Stratz, § 45 UmwG Rz. 20; *Dauner-Lieb/Tettinger* in KölnKomm. UmwG, § 45 UmwG Rz. 6, 21; *Vossius* in Widmann/Mayer, § 45 UmwG Rz. 157. Zu § 160 HGB vgl. BGH v. 27.9.1999 – II ZR 356/98, BGHZ 142, 325 (331) = GmbHR 1999, 1287; BGH v. 24.9.2007 – II ZR 284/05, WM 2007, 2242 (2243).
6 *Ihrig* in Semler/Stengel, § 45 UmwG Rz. 20; *Dauner-Lieb/Tettinger* in KölnKomm. UmwG, § 45 UmwG Rz. 21; *Reichold*, NJW 1994, 1619; allgemein zur Ausschlussfrist BGH v. 8.2.1965 – II ZR 171/62, BGHZ 43, 235 (237). Zur Möglichkeit des Einwands einer gegen Treu und Glauben verstoßenden Geltendmachung des Fristablaufs bei gesetzlichen Ausschlussfristen vgl. BGH v. 14.10.1959 – V ZR 101/59, NJW 1960, 194 (196).
7 *Ihrig* in Semler/Stengel, § 45 UmwG Rz. 20; *Dauner-Lieb/Tettinger* in KölnKomm. UmwG, § 45 UmwG Rz. 21. So – zur vergleichbaren Regelung des § 160 HGB – auch *Habersack* in Großkomm. HGB, § 160 HGB Rz. 1; *Kainz*, DStR 1994, 621; *Reichold*, NJW 1994, 1619; *K. Schmidt*, DB 1990, 2359.

ist im Prozess von Amts wegen zu beachten[1]; dazu auch unten Rz. 16. Die wesensmäßigen Unterschiede zwischen Verjährungsfristen und Ausschlussfristen lassen eine generelle Anwendung der für Verjährungsfristen geltenden Bestimmungen auf Ausschlussfristen nicht zu, sondern erfordern eine je nach Sinn und Zweck der Einzelvorschrift differenzierte Entscheidung[2]. Die damit verbundene Rechtsunsicherheit beseitigt § 45 Abs. 2 Satz 2 UmwG für die Regelung des § 45 UmwG durch die Anordnung der *entsprechenden* Geltung der §§ 204, 206, 210, 211 und 212 Abs. 2 und 3 BGB (dazu unten Rz. 27) und bestätigt damit das Wesen der in § 95 Abs. 1 UmwG geregelten Frist als Ausschlussfrist. Gegen die Vorschrift des § 45 UmwG bestehen **keine verfassungsrechtlichen Bedenken**[3].

2. Entstehungsgeschichte

Die **§§ 45 DiskE, 45 RefE** sahen noch eine dem § 45 UmwG 1969 in der Fassung vor Inkrafttreten des Nachhaftungsbegrenzungsgesetzes im Wesentlichen entsprechende Verjährungsregelung vor. Das **Nachhaftungsbegrenzungsgesetz**[4] stellte in Art. 2 Nr. 1 den § 45 UmwG 1969 von einer Verjährungs- auf eine **Enthaftungsregelung** um, die dann konsequent auch im **Regierungsentwurf** zu § 45 UmwG zu einer entsprechenden Regelung führte[5]. Auf Veranlassung des *Rechtsausschusses* ist zur Vermeidung etwaiger Missverständnisse in der Überschrift deutlich gemacht worden, dass die Vorschrift die Haftung der persönlich haftenden Gesellschafter regeln soll[6]; s. dazu auch unten Rz. 12. Dem Vorschlag des *Bundesrates*, die in Abs. 4 enthaltene, ausdrückliche Erstreckung der Enthaftungsregelung auch auf den in dem übernehmenden Rechtsträger geschäftsführend tätigen Gesellschafter zu streichen[7], ist die Bundesregierung nicht gefolgt. Da § 160 Abs. 3 Satz 2 HGB aufgrund des Nachhaftungsbegrenzungsgesetzes ausdrücklich bestimmte, dass die Enthaftungsregelung auch auf geschäftsführende Kommanditisten anzuwenden ist, sollte nicht durch eine abweichende Fassung von § 45 UmwG der Eindruck erweckt werden, dass in Umwandlungsfällen für den geschäftsführend tätigen Gesellschafter die Enthaftungsregelung nicht gelten könnte[8]. 6

---

1 *Dauner-Lieb/Tettinger* in KölnKomm. UmwG, § 45 UmwG Rz. 21; *Stratz* in Schmitt/Hörtnagl/Stratz, § 45 UmwG Rz. 20; *Kainz*, DStR 1994, 621; allgemein zu Ausschlussfristen BGH v. 18.1.2006 – VIII ZR 94/05, NJW 2006, 903 (904); *Ellenberger* in Palandt, vor § 194 BGB Rz. 13.

2 BGH v. 15.12.1978 – I ZR 59/77, BGHZ 73, 99 (101 f.); BGH v. 24.2.1970 – VI ZR 123/68, BGHZ 53, 270 (272); BGH v. 8.2.1965 – II ZR 171/62, BGHZ 43, 235 (237).

3 Vereinzelt werden sie gegen die Parallelvorschriften der §§ 157, 173 UmwG erhoben, dazu im Einzelnen § 173 Rz. 1. Allerdings ist eine Nachhaftungsbegrenzung verfassungsrechtlich auch nicht geboten, vgl. BVerfG v. 2.1.2006 – 1 BvR 1868/05, NJW 2006, 1724 (1725).

4 Vom 18.3.1994, BGBl. I, S. 560; dazu etwa *Reichold*, NJW 1994, 1617 ff.; *Seibert*, DB 1994, 461 ff. Die Enthaftungskonzeption geht auf einen im Schrifttum unterbreiteten Regelungsvorschlag zurück, vgl. *Ulmer*, BB 1983, 1865 ff.

5 Begr, *Ganske*, S. 95.

6 Begr, *Ganske*, S. 95.

7 Begr, *Ganske*, S. 96, mit der Begründung, der Rspr. mehr Flexibilität geben zu können, in Einzelfällen die Enthaftungswirkung für den von § 45 Abs. 4 UmwG betroffenen Personenkreis versagen zu können.

8 Begr, *Ganske*, S. 96.

7 § 45 UmwG ist – ebenso wie die Enthaftungsregelung in den §§ 133, 157 und 224 UmwG – **durch das Schuldrechtsmodernisierungsgesetz**[1] geändert und an die Änderung des Verjährungsrechts des BGB angepasst worden[2]. In ihrer geänderten Fassung gelten die genannten Vorschriften **seit dem 1.1.2002**[3]. Abweichend von § 45 Abs. 1 UmwG a.F.[4] reicht die bloße *gerichtliche Geltendmachung* des Anspruchs, zur Vermeidung der Enthaftung nach der Neufassung von § 45 Abs. 1 UmwG im Grundsatz nicht mehr aus; erforderlich ist die **Feststellung des Anspruchs** in einer in § 197 Abs. 1 Nr. 3–5 BGB bezeichneten Art. Da jedoch § 45 Abs. 2 Satz 2 UmwG auf die **Hemmungstatbestände des § 204 BGB** verweist, führt bereits die Rechtsverfolgung durch Klageerhebung oder andere in § 204 BGB genannte Maßnahmen im Ergebnis doch zur Vermeidung der Enthaftung (unten Rz. 27). Im Ergebnis hat daher die Änderung von § 45 UmwG gegenüber dem früheren Recht zu keiner wesentlichen Änderung der Voraussetzungen für den Eintritt der Enthaftung oder deren Vermeidung geführt. Erneut geändert worden ist § 45 UmwG durch das Gesetz über elektronische Handelsregister und Genossenschaftsregister sowie das Unternehmensregister – **EHUG** – v. 10.11.2006[5]. Entsprechend der Bekanntmachungsfiktion über die Verschmelzung in § 19 Abs. 3 UmwG a.F. knüpfte § 45 Abs. 2 Satz 1 UmwG a.F. den Beginn der fünfjährigen Ausschlussfrist an diese Bekanntmachungsfiktion an[6]. Aufgrund der Neuregelung der Handelsregisterbekanntmachungen in § 10 HGB durch das EHUG ist die Bekanntmachungsfiktion in dem neugefassten § 19 Abs. 3 UmwG entfallen und folgerichtig auch § 45 Abs. 2 Satz 1 UmwG angepasst worden. Seither ist vorgesehen, dass die Frist mit dem Tag der Bekanntmachung (gem. § 10 HGB) beginnt[7]; s. dazu unten Rz. 26.

II. Verhältnis zu Verjährungsfristen

8 Die Vorschrift des § 45 UmwG begründet nicht die Haftung von Gesellschaftern der übertragenden Personenhandelsgesellschaft, sondern setzt diese Haftung voraus (oben Rz. 1). Daher kann der Gesellschafter – auch nach Wirksamwerden der Verschmelzung – alle haftungshindernden **Einwendungen und Einreden** geltend machen, **die der Gesellschaft möglich sind** und deshalb nach § 129 Abs. 1 bis Abs. 3 HGB auch zugunsten des persönlich haftenden Gesellschafters wirken[8]. Das gilt namentlich auch für Verjährungsfristen, die, wie die regelmäßige Verjährungsfrist von drei Jahren gem. § 195 BGB, **unterhalb der Fünfjahresfrist des § 45**

---

1 Vom 26.11.2001, BGBl. I 2001, S. 3138.
2 Art. 5 Abs. 17 Schuldrechtsmodernisierungsgesetz, BGBl. I 2001, S. 3183.
3 Art. 9 Schuldrechtsmodernisierungsgesetz, BGBl. I 2001, S. 3187. S. dazu die Überleitungsvorschrift zum Verjährungsrecht in Art. 229 § 6 EGBGB, die nach dessen Abs. 6 auf Fristen nach dem UmwG entsprechende Anwendung findet. Das betrifft auch die §§ 45, 133, 157 und 224 UmwG, vgl. *Ellenberger* in Palandt, Art. 229 § 6 EGBGB Rz. 11.
4 Entsprechendes gilt für die übrigen Enthaftungsregelungen in ihrer alten Fassung.
5 BGBl. I, S. 2553.
6 Vgl. 3. Aufl., § 4 Rz. 22.
7 BGBl. I, S. 2553 (2578) (Art. 8 Nr. 20).
8 *Ihrig* in Semler/Stengel, § 45 UmwG Rz. 16; *Dauner-Lieb/Tettinger* in KölnKomm. UmwG, § 45 UmwG Rz. 55. Zu diesen Einwendungen und Einreden vgl. nur *Hopt* in Baumbach/Hopt, § 129 HGB Rz. 1.

UmwG liegen[1]. Erhebt der in Anspruch genommene Gesellschafter die Einrede der Verjährung, so scheidet seine persönliche Haftung unabhängig von dem Vorliegen der Enthaftungsvoraussetzungen des § 45 UmwG aus; s. dazu auch § 224 Rz. 34. Verjährungshemmende Maßnahmen gegenüber der übertragenden Gesellschaft wirken nach § 129 Abs. 1 HGB auch zu Lasten des Gesellschafters[2]. Im Anwendungsbereich von § 45 UmwG, also nach Wirksamwerden der Verschmelzung, gegenüber dem übernehmenden oder neuen Rechtsträger erfolgte Maßnahmen sind demgegenüber für den haftenden Gesellschafter unbeachtlich. Sie verlängern für ihn weder den Lauf der Verjährungsfrist für die Verbindlichkeit, noch berühren sie den Ablauf der Fünfjahresfrist; insoweit gelten ausschließlich die Enthaftungsvoraussetzungen dieser Vorschrift[3].

Eine *unterhalb* der Fünfjahresfrist des § 45 UmwG liegende Haftungsbegrenzung 9
kann bei Verbindlichkeiten aus kündbaren Dauerschuldverhältnissen nicht mehr unter Berufung auf die in der früheren Rechtsprechung zu § 159 HGB entwickelte **Kündigungstheorie**[4] begründet werden[5]. Dagegen spricht bereits der Wortlaut von § 45 UmwG. Hinzu kommt, dass sich der von dieser Vorschrift angestrebte Interessenausgleich auch für Dauerschuldverhältnisse angemessen verwirklichen lässt, da eindeutige Voraussetzungen für die Fortdauer oder Beendigung der Haftung des Gesellschafters der übertragenden Personenhandelsgesellschaft vorgesehen sind. Für dessen weiter gehenden Schutz durch die Kündigungstheorie besteht daher kein sachliches Bedürfnis.

III. Anwendungsbereich

1. Verschmelzungsfälle

Die Vorschrift ist bei der Verschmelzung durch Aufnahme und durch Neugrün- 10
dung[6] ihrem Wortlaut nach anwendbar, wenn der **übernehmende oder neue Rechtsträger** (dazu § 1 Rz. 3) eine **andere Rechtsform** hat als die übertragende Personenhandelsgesellschaft und wenn die Anteilsinhaber des übernehmenden oder neuen Rechtsträgers nicht unbeschränkt haften. In den Geltungsbereich von § 45

1 *Ihrig* in Semler/Stengel, § 45 UmwG Rz. 17; *Dauner-Lieb/Tettinger* in KölnKomm. UmwG, § 45 UmwG Rz. 56; *Vossius* in Widmann/Mayer, § 45 UmwG Rz. 83. Vgl. weiterhin *Hopt* in Baumbach/Hopt, § 160 HGB Rz. 1, 3; *Kainz*, DStR 1994, 621; *Seibert*, DB 1994, 461, jew. zur vergleichbaren Regelung des § 160 HGB.

2 Zum Gleichlauf der Verjährungsfrist für die Gesellschaftsschuld und die Haftungsverbindlichkeit des Gesellschafters s. BGH v. 12.1.2010 – XI ZR 37/09, NZG 2010, 264 (267) (Rz. 41).

3 *Ihrig* in Semler/Stengel, § 45 UmwG Rz. 17; *Dauner-Lieb/Tettinger* in KölnKomm. UmwG, § 45 UmwG Rz. 56.

4 Dazu *Ulmer/Timmann*, ZIP 1992, 2f.

5 *Ihrig* in Semler/Stengel, § 45 UmwG Rz. 18; *Dauner-Lieb/Tettinger* in KölnKomm. UmwG, § 45 UmwG Rz. 57. So auch zu § 160 HGB BGH v. 27.9.1999 – II ZR 356/98, BGHZ 142, 325 (331) = GmbHR 1999, 1287; BGH v. 29.4.2002 – II ZR 330/00, NJW 2002, 2170 (2171) (zum Mietvertrag mit Verlängerungsklausel); BAG v. 16.5.2013 – 6 AZR 556/11, BeckRS 2013, 69778 (Rz. 23); BAG v. 19.5.2004 – 5 AZR 405/03, NJW 2004, 3287 (3288) (zu Arbeitsentgeltansprüchen); *Habersack* in Großkomm. HGB, § 160 HGB Rz. 34; *Seibert*, DB 1994, 461; *Hopt* in Baumbach/Hopt, § 160 HGB Rz. 1, § 128 HGB Rz. 31; offen *Ulmer/Timmann*, ZIP 1992, 3.

6 *Ihrig* in Semler/Stengel, § 45 UmwG Rz. 2; *Kallmeyer/Kocher* in Kallmeyer, § 45 UmwG Rz. 1.

UmwG fällt damit vor allem die Verschmelzung einer Personenhandelsgesellschaft, unter Einschluss der GmbH & Co. KG, mit einer **übernehmenden oder neuen Kapitalgesellschaft**. Erfasst werden aber auch alle anderen Rechtsformen übernehmender oder neuer Rechtsträger, deren Anteilsinhaber nicht unbeschränkt haften[1]. Dieser Tatbestand ist bereits dann erfüllt, wenn nicht *alle* Anteilsinhaber unbeschränkt haften. Unter § 45 UmwG fällt daher auch die Verschmelzung einer **OHG mit einer Kommanditgesellschaft**[2], bei der persönlich haftende Gesellschafter der übertragenden Gesellschaft die Stellung eines Kommanditisten einnehmen. **Nicht erfasst** wird nach dem Wortlaut von § 45 UmwG der Fall der **Verschmelzung einer OHG mit einer anderen OHG** sowie der Verschmelzung einer **KG** (oder **KGaA**, s. Rz. 11) **mit einer übernehmenden OHG**. Nach seinem Schutzzweck (oben Rz. 3) muss § 45 UmwG allerdings auch in diesen Fällen anwendbar sein, wenn einem persönlich haftenden Gesellschafter des übertragenden Rechtsträgers in der übernehmenden OHG von vornherein bei der Bestimmung seiner Gesellschafterstellung gem. § 40 Abs. 1 Satz 1 UmwG (s. § 40 Rz. 8) oder auf seinen Widerspruch gem. § 43 Abs. 2 Satz 3 UmwG hin (s. § 43 Rz. 17) die Stellung eines Kommanditisten eingeräumt wird, mit der Folge der **Umwandlung der übernehmenden OHG in die Rechtsform der KG** mit Wirksamwerden der Verschmelzung (s. § 40 Rz. 13, 21). Dem *Wortlaut* nach ist § 45 UmwG auch unanwendbar im Falle der Verschmelzung einer KG mit einer anderen KG, da hier der übernehmende oder neue Rechtsträger keine *andere* Rechtsform hat. Nach dem Sinn und Zweck der Vorschrift, die die Fortdauer der Haftung nach § 128 HGB für Gesellschafter begrenzen soll, die im übernehmenden oder neuen Rechtsträger nicht mehr persönlich unbeschränkt haften (oben Rz. 3), ist § 45 UmwG über seinen Wortlaut hinaus auch dann **heranzuziehen**, wenn eine **KG mit einer anderen KG verschmolzen** wird und dabei ein bisher persönlich unbeschränkt haftender Gesellschafter **der übertragenden Personenhandelsgesellschaft** in der übernehmenden oder neuen Gesellschaft die Stellung eines Kommanditisten einnimmt[3]. Für die Anwendung von § 45 UmwG in den vorgenannten Fällen spricht auch der Umstand, dass bei einer anderen Auslegung von § 45 UmwG nicht zu überwindende Wertungswidersprüche zu der nach § 160 Abs. 3 HGB für den Wechsel von der Komplementär- in die Kommanditistenstellung bestehenden Rechtslage auftreten würden. Zur Anwendung von § 45 UmwG für den etwa aufgrund einer Einlagenrückgewähr haftenden Kommanditisten s. unten Rz. 12. Wird ein persönlich unbeschränkt haftender Gesellschafter einer übernehmenden Personenhandelsgesellschaft aufgrund eines Widerspruchs gem. § 43 Abs. 2 Satz 3 UmwG Kommanditist, richtet sich die Nachhaftungsbegrenzung gem. § 160 Abs. 3 Satz 1 HGB nach § 160 Abs. 1 und 2 HGB.

11 Die Haftung des Komplementärs einer **übertragenden KGaA** ist für den Fall der Verschmelzung im UmwG nicht geregelt. Die KGaA zählt nach § 3 Abs. 1 Nr. 1 und 2 UmwG nicht zu den Personenhandelsgesellschaften, sondern – entsprechend der allgemeinen gesellschaftsrechtlichen Einordnung – zu den Kapitalge-

1 A.A. *Vossius* in Widmann/Mayer, § 45 UmwG Rz. 19f.
2 *Ihrig* in Semler/Stengel, § 45 UmwG Rz. 3.
3 *Dauner-Lieb/Tettinger* in KölnKomm. UmwG, § 45 UmwG Rz. 10; *Ihrig* in Semler/Stengel, § 45 UmwG Rz. 4; *Kallmeyer/Kocher* in Kallmeyer, § 45 UmwG Rz. 3; a.A. *Vossius* in Widmann/Mayer, § 45 UmwG Rz. 14, 16; *Bermel* in Goutier/Knopf/Tulloch, § 45 UmwG Rz. 3.

sellschaften. § 45 UmwG ist daher **seinem Wortlaut nach nicht anwendbar**[1]. Auch die besonderen Verschmelzungsvorschriften der §§ 78, 60–77 UmwG für die KGaA enthalten keine Vorschriften über die Haftung des Komplementärs. Demgegenüber wird für den **Formwechsel** einer KGaA in eine GmbH oder AG in § 249 UmwG auf die Enthaftungsregelung des § 224 UmwG und für den Formwechsel in eine eingetragene Genossenschaft in § 257 UmwG auf § 224 UmwG verwiesen; nach § 237 UmwG findet § 224 UmwG im Fall des Formwechsels in eine Kommanditgesellschaft Anwendung, wenn der Komplementär der KGaA in der Kommanditgesellschaft die Stellung eines Kommanditisten einnimmt. Im Ergebnis kommt es damit für diese Fälle zu einer **nur begrenzten Forthaftung nach dem Regelungsvorbild des § 45 UmwG**. Der Gesetzesbegründung kann nicht entnommen werden, dass dem Fehlen einer Bezugnahme auf § 45 UmwG für den Fall der Verschmelzung einer KGaA eine bewusste Entscheidung des Gesetzgebers zugrunde liegt[2]. Da sich hierfür und für die daraus resultierende Anwendung von § 159 HGB[3] angesichts ihrer Konzeption als Verjährungsvorschrift und gegenüber § 45 UmwG abweichenden Rechtsfolgen[4] keine Sachgründe finden lassen, ist von einem Redaktionsversehen des Gesetzgebers auszugehen. Dies rechtfertigt eine **analoge Anwendung von § 45 UmwG** auf den Komplementär der übertragenden KGaA[5] (so auch unten § 78 Rz. 10).

2. Personenkreis

§ 45 UmwG ist vom Gesetzgeber die Funktion zugedacht worden, die Forthaftung der **persönlich haftenden Gesellschafter** einer übertragenden Personenhandelsgesellschaft zu begrenzen; diese Zielrichtung sollte durch die Überschrift von § 45 UmwG klargestellt werden (oben Rz. 6). Adressaten der Norm sind daher in erster Linie die **Gesellschafter der OHG (und EWIV) sowie Komplementäre der KG**, die beim übertragenden Rechtsträger nach den §§ 128, 161 Abs. 2 HGB persönlich gehaftet haben; das gilt auch für die Komplementär-GmbH einer übertragenden GmbH & Co. KG. Zur analogen Anwendung auf den **Komplementär der KGaA** s. oben Rz. 11. Nach der Legaldefinition von § 161 Abs. 1 HGB zählt der **Kommanditist** nicht zum Kreis der persönlich haftenden Gesellschafter[6]. Gleichwohl muss er in den Anwendungsbereich von § 45 UmwG einbezogen werden, soweit er, namentlich aufgrund einer **Einlagenrückgewähr** nach § 172 Abs. 4 HGB, persönlich 12

1 So auch *Vossius* in Widmann/Mayer, § 45 UmwG Rz. 12.

2 Vgl. Begr, *Ganske*, S. 95f., 244f., 254, 264, 270.

3 Wegen der Auflösungsfolge der Verschmelzung (vgl. § 2 UmwG) wäre diese Norm und nicht die für das Ausscheiden oder den Wechsel in die Kommanditistenstellung geltende Vorschrift des § 160 HGB anzuwenden; a.A. *Vossius* in Widmann/Mayer, § 45 UmwG Rz. 12.

4 Vgl. z.B. § 159 Abs. 3 HGB: Bei einer erst nach der Eintragung der Auflösung fälligen Forderung beginnt die fünfjährige Verjährungsfrist erst mit der Fälligkeit.

5 *Ihrig* in Semler/Stengel, § 45 UmwG Rz. 5; *Dauner-Lieb/Tettinger* in KölnKomm. UmwG, § 45 UmwG Rz. 12; *Kallmeyer/Kocher* in Kallmeyer, § 45 UmwG Rz. 2. A.A. – für Anwendung von § 160 HGB – *Vossius* in Widmann/Mayer, § 45 UmwG Rz. 12; *Marsch-Barner* in Kallmeyer, § 78 UmwG Rz. 4. Abgesehen davon, dass allenfalls § 159 HGB anwendbar wäre, führt diese Auffassung zu aus gesetzessystematischen Gründen unerwünschten Zeitpunkten für den Beginn der Fünfjahresfrist für die Verschmelzung der KGaA einerseits und die übrigen Umwandlungsfälle – unter Einbeziehung auch der KGaA – andererseits; vgl. Fn. 3 und unten Rz. 26.

6 S. dazu auch oben Rz. 2.

gegenüber Gläubigern des übertragenden Rechtsträgers haftet[1]. Ein sachlich überzeugender Grund, dem Kommanditisten in diesem Fall die Enthaftungswirkung des § 45 UmwG zu versagen, besteht nicht. Hinzu kommt, dass bereits das frühere Recht diesen Fall erfasste[2]; § 45 UmwG 1969 regelte die Haftung des *Gesellschafters* der Personenhandelsgesellschaft und ließ damit bereits dem Wortlaut nach die Einbeziehung des Kommanditisten zu. Den Materialien zum geltenden § 45 UmwG lässt sich nicht entnehmen, dass diese Rechtslage geändert werden sollte, zumal mit dem geltenden das frühere Recht übernommen werden soll[3]. Die Gründe für die persönliche Haftung des Kommanditisten sind für die Anwendung von § 45 UmwG unerheblich. Die Vorschrift ist daher nicht nur im Falle der Einlagenrückgewähr heranzuziehen, sondern auch in **anderen Fällen der Haftung**, etwa wegen einer ursprünglich nicht voll erbrachten Hafteinlage[4]. In dem Erwerb der Beteiligung am übernehmenden oder neuen Rechtsträger liegt keine Einlagenrückgewähr an den Kommanditisten der übertragenden Personenhandelsgesellschaft, da es sich um einen bloßen Anteilstausch handelt[5]. Entsprechendes gilt, wenn der ehemalige Kommanditist *nach* Wirksamwerden der Verschmelzung gegen eine Barabfindung i.S.v. § 29 UmwG aus dem übernehmenden oder neuen Rechtsträger ausscheidet. Mit Wirksamwerden der Verschmelzung ist die bisherige Kommanditistenstellung im übertragenden Rechtsträger beendet; für eine Einlagenrückgewähr ist damit insoweit kein Raum mehr[6]. Auch beim übernehmenden oder neuen Rechtsträger ist die Zahlung einer Barabfindung i.S.v. § 29 UmwG nicht als Einlagenrückgewähr zu behandeln und löst deshalb keine Haftung nach § 172 Abs. 4 Satz 1 HGB aus[7] (a.A. *Grunewald*, § 31 Rz. 6). Sie wäre mit dem Zweck von § 29 UmwG, den Gesellschafter eines übertragenden Rechtsträgers vor einer ungewollten Gesellschafterstellung beim übernehmenden oder neuen Rechtsträger und deren Rechtsfolgen zu schützen, nicht zu vereinbaren. Hat der Gesellschafter im übernehmenden oder neuen Rechtsträger zunächst eine Kommanditistenstellung eingenommen und scheidet dann später nicht mehr auf der Grundlage von § 29 UmwG, also insbesondere nach Ablauf der Annahmefrist des § 31 UmwG (dazu § 31 Rz. 2) gegen eine Abfindung aus, liegt der Fall der Ein-

---

1 *Ihrig* in Semler/Stengel, § 45 UmwG Rz. 7; *Dauner-Lieb/Tettinger* in KölnKomm. UmwG, § 45 UmwG Rz. 11; *Kallmeyer/Kocher* in Kallmeyer, § 45 UmwG Rz. 2; *Vossius* in Widmann/Mayer, § 45 UmwG Rz. 122. So bereits *H. Schmidt* in Kölner Umwandlungsrechtstage, S. 59 (86); ebenso zu § 45 UmwG 1969 i.d.F. vor Inkrafttreten des Nachhaftungsbegrenzungsgesetzes *Dehmer*[1], § 45 UmwG Anm. 5; *Caspers*, WM 1969, Sonderheft 3, S. 10, sowie zu § 160 HGB *Habersack* in Großkomm. HGB, § 160 HGB Rz. 8; *Hopt* in Baumbach/Hopt, § 160 HGB Rz. 1; *Kainz*, DStR 1994, 662.

2 *Widmann/Mayer* (1981), § 45 UmwG Rz. 890ff.

3 So ausdrücklich die Begr, *Ganske*, S. 95.

4 *Ihrig* in Semler/Stengel, § 45 UmwG Rz. 7.

5 So auch *Ihrig* in Semler/Stengel, § 45 UmwG Rz. 8; *Vossius* in Widmann/Mayer, § 45 UmwG Rz. 129; *Kallmeyer/Kocher* in Kallmeyer, § 45 UmwG Rz. 2; a.A. *Naraschewski*, DB 1995, 1266.

6 *Ihrig* in Semler/Stengel, § 45 UmwG Rz. 8; *Petersen*, Der Konzern 2004, 187. So schon *H. Schmidt* in Kölner Umwandlungsrechtstage, S. 59 (86). A.A. *K. Schmidt*, GesR, S. 378; *K. Schmidt* in FS Ulmer, 2003, S. 557 (568), jew. zu § 224 UmwG.

7 So auch *Haas/Mock* in Röhricht/Graf von Westphalen/Haas, § 172 HGB Rz. 21. A.A. die h.M., vgl. *H. Wiedemann*, GesR II, S. 542, der dann aber konsequent und zu Recht eine Nachhaftungsbegrenzung nach § 45 UmwG bejaht; *Bermel* in Goutier/Knopf/Tulloch, § 40 UmwG Rz. 18; *Vossius* in Widmann/Mayer, § 45 UmwG Rz. 125; *Hoger*, AG 2008, 157.

lagenrückgewähr vor[1]; die Enthaftung richtet sich in diesem Fall nach § 160 HGB. Gleiches gilt für den vor Wirksamwerden der Verschmelzung gegen Abfindung aus dem übertragenden Rechtsträger ausscheidenden Kommanditisten[2].

Bedeutung hat die Enthaftungsregelung nur für diejenigen Gesellschafter, die auf- 13
grund ihrer **Gesellschafterstellung im übernehmenden oder neuen Rechtsträger** keiner persönlichen Haftung unterliegen. Das betrifft vor allem Aktionäre, GmbH-Gesellschafter und Kommanditisten. Übernimmt ein persönlich haftender Gesellschafter der übertragenden Personenhandelsgesellschaft oder KGaA (vgl. oben Rz. 11) diese Gesellschafterstellung auch in einer übernehmenden oder neuen OHG, KG oder KGaA, so ist für eine Anwendung von § 45 UmwG nach dem Schutzzweck der Norm (oben Rz. 3) kein Raum. Die persönliche Haftung umfasst auch die im Wege der Verschmelzung auf den übernehmenden oder neuen Rechtsträger übergegangenen Altverbindlichkeiten des übertragenden Rechtsträgers. Für sie kommt eine Enthaftung nach § 45 UmwG ebenso wenig in Betracht wie für Neuverbindlichkeiten des übernehmenden oder neuen Rechtsträgers. Zur grundsätzlichen Unanwendbarkeit von § 45 UmwG bei einer Verschmelzung einer OHG mit einer anderen OHG vgl. oben Rz. 10.

3. Verbindlichkeiten der übertragenden Personenhandelsgesellschaft

§ 45 UmwG ist keine die Haftung begründende, sondern eine sie als Enthaftungs- 14
regelung voraussetzende Norm (oben Rz. 1). Der Haftungsgrund richtet sich nach § 128 HGB, auf dessen Kommentierungen hinsichtlich der Einzelheiten verwiesen wird; zur Haftung des Kommanditisten vgl. oben Rz. 12. Auf eine ins Detail gehende Abgrenzung zu Neuverbindlichkeiten des *übernehmenden oder neuen* Rechtsträgers kann für die Anwendung von § 45 UmwG verzichtet werden. Für diese haftet der von § 45 UmwG betroffene Gesellschafterkreis ohnehin nicht (oben Rz. 1); damit stellt sich für Neuverbindlichkeiten auch nicht die Frage der Enthaftung. Erfasst werden von § 45 UmwG Verbindlichkeiten **gleich welcher Art**, darunter auch solche aus unerlaubter Handlung, ungerechtfertigter Bereicherung und betrieblicher Altersversorgung (vgl. dazu auch oben Rz. 4 und unten § 224 Rz. 4)[3]. Auch auf das Vorliegen eines Dauerschuldverhältnisses kommt es nicht an[4]. Verbindlichkeiten der Personenhandelsgesellschaft sind solche, die **vor Wirksamwerden der Verschmelzung begründet** worden sind[5]. Darauf stellen § 160

1 Vgl. nur *Hopt* in Baumbach/Hopt, § 172 HGB Rz. 6.

2 *H. Schmidt* in Kölner Umwandlungsrechtstage, S. 59 (86).

3 *Ihrig* in Semler/Stengel, § 45 UmwG Rz. 26; *Bermel* in Goutier/Knopf/Tulloch, § 45 UmwG Rz. 6; *Vossius* in Widmann/Mayer, § 45 UmwG Rz. 22 ff. Einschränkend für deliktische Verbindlichkeiten *Hardt*, ZIP 1990, 1541 ff. (zu § 160 HGB); dagegen zu Recht *Medicus* in FS Lutter, 2000, S. 189 ff.

4 Dem Vorschlag des Bundesrates, die Enthaftungsregelungen des Nachhaftungsbegrenzungsgesetzes auf Dauerschuldverhältnisse zu beschränken, war nicht Rechnung getragen worden; vgl. dazu *Ulmer/Timmann*, ZIP 1992, 4 f.

5 *Ihrig* in Semler/Stengel, § 45 UmwG Rz. 27; *Dauner-Lieb/Tettinger* in KölnKomm. UmwG, § 45 UmwG Rz. 15; *Vossius* in Widmann/Mayer, § 45 UmwG Rz. 22. Zur Haftung aus Kontokorrentverbindlichkeiten vgl. OLG Köln v. 18.7.2001 – 13 U 244/00, WM 2002, 177 (179) = GmbHR 2002, 118; zu Arbeitsentgeltansprüchen BAG v. 16.5.2013 – 6 AZR 556/11, BeckRS 2013, 69778 (Rz. 23) (zu § 157 UmwG); BAG v. 19.5.2004 – 5 AZR 405/03, NJW 2004, 3287 (3288) (zu § 160 HGB); zu Bereicherungsschulden vgl. BGH v. 17.1.2012 – II ZR 197/10, NZG 2012, 221. Zu weiteren Einzelfällen s. *Vossius* in Widmann/Mayer, § 45 UmwG Rz. 28 ff.

Abs. 1 Satz 1 HGB und § 133 Abs. 1 Satz 1 UmwG ausdrücklich ab; für die Enthaftungsregelung des § 45 UmwG kann nichts anderes gelten. § 45 UmwG gilt daher für alle Verbindlichkeiten, deren Rechtsgrundlage, etwa durch Abschluss eines Vertrages[1] oder Verwirklichung des Tatbestands einer unerlaubten Handlung, vor Wirksamwerden der Verschmelzung gelegt worden ist; die spätere Fälligkeit der Verbindlichkeit ist damit unerheblich (§ 224 Rz. 5)[2]. Von § 45 UmwG erfasste Altverbindlichkeiten sind daher namentlich auch bei den Einzelverbindlichkeiten aus vor Wirksamwerden der Verschmelzung abgeschlossenen **Dauerschuldverhältnissen** gegeben, wenn diese Einzelverbindlichkeiten erst nach der Verschmelzung fällig werden[3]. Ist gegen den Gesellschafter bereits vor der Verschmelzung hinsichtlich der Haftung nach § 128 HGB und des daraus herrührenden Anspruchs ein **rechtskräftiger Titel** erwirkt worden, ist für eine Anwendung von § 45 UmwG kein Raum mehr. Insoweit läuft die dreißigjährige Verjährungsfrist des § 197 Abs. 1 BGB[4]; s. dazu auch oben Rz. 3, unten Rz. 17.

4. Zeitlicher Anwendungsbereich

15 Für **vor dem 1.1.1995 entstandene Verbindlichkeiten** der übertragenden Personenhandelsgesellschaft ist § 45 UmwG nur unter den Voraussetzungen der Überleitungsvorschrift des § 319 UmwG anzuwenden. Vgl. im Einzelnen die Kommentierung zu § 319 UmwG.

IV. Enthaftungswirkung

1. Grundsatz

16 Fehlt es an den in § 45 UmwG geregelten Voraussetzungen für die Fortdauer der Haftung, so tritt die Enthaftungswirkung unmittelbar ein (oben Rz. 5); zu bereits vor der Verschmelzung rechtskräftig titulierten Verbindlichkeiten s. aber oben Rz. 3. Die **Haftung des Gesellschafters aus § 128 HGB erlischt**. Dies gilt generell (vgl. unten Rz. 18) – und auch für Dauerschuldverhältnisse (s. auch oben Rz. 14) – für Verbindlichkeiten, die erst nach Ablauf der Fünfjahresfrist fällig werden[5]. Für

---

1 Krit. dazu *Lüneborg*, ZIP 2012, 2231 ff.

2 *Vossius* in Widmann/Mayer, § 45 UmwG Rz. 23; zu § 159 HGB vgl. BGH v. 21.12.1970 – II ZR 258/67, BGHZ 55, 267 (269 f.). Zu Versorgungsansprüchen vgl. BAG v. 27.6.2006 – 3 AZR 85/05, NZG 2007, 860 (864). Zu Lohnansprüchen vgl. BAG v. 16.5.2013 – 6 AZR 556/11, BeckRS 2013, 69778 (Rz. 23); LAG Schleswig-Holstein v. 25.9.2012 – 1 Sa 488/11, Juris (Rz. 27 ff.) (zu § 133 Abs. 1 Satz 1 UmwG).

3 *Ihrig* in Semler/Stengel, § 45 UmwG Rz. 27; *Dauner-Lieb/Tettinger* in KölnKomm. UmwG, § 45 UmwG Rz. 16. So auch zu § 157 UmwG BAG v. 16.5.2013 – 6 AZR 556/11, BeckRS 2013, 69778 (Rz. 33); zu § 133 Abs. 1 Satz 1 UmwG LAG Schleswig-Holstein v. 25.9.2012 – 1 Sa 488/11, Juris (Rz. 30) (Arbeitsvertrag); zu § 160 HGB BGH v. 27.9.1999 – II ZR 356/98, BGHZ 142, 325 (329) = GmbHR 1999, 1287 (Steuerberatungsvertrag); BGH v. 29.4.2002 – II ZR 330/00, NJW 2002, 2170 (2171) (Mietvertrag). Zu § 28 Abs. 3 HGB vgl. BAG v. 27.6.2006 – 3 AZR 85/05, NZG 2007, 860 (864) (Versorgungszusage).

4 Soweit nicht nach § 197 Abs. 2 BGB die regelmäßige Verjährungsfrist (§ 195 BGB) maßgeblich ist.

5 BAG v. 16.5.2013 – 6 AZR 556/11, BeckRS 2013, 69778 (Rz. 33) (zu § 157 UmwG); *Seibert*, DB 1994, 461. Einschränkend *Ihrig* in Semler/Stengel, § 45 UmwG Rz. 40 für Fälle der §§ 210, 211 BGB, wenn die Fälligkeit der Forderung von einer Kündigung oder sonstigen Maßnahmen des Gläubigers abhängt; so auch *Dauner-Lieb/Tettinger* in KölnKomm. UmwG, § 45 UmwG Rz. 27.

vorher fällig gewordene Verbindlichkeiten, für die eine Enthaftung abwendende Tatbestände i.S.v. § 45 UmwG nicht vorliegen, führt der Ablauf der Fünfjahresfrist die Enthaftung herbei[1]. Bei **mehreren persönlich haftenden Gesellschaftern** einer übertragenden Personenhandelsgesellschaft tritt die Enthaftung jeweils nur bei demjenigen Gesellschafter ein, bei dem die Enthaftungsvoraussetzungen erfüllt sind[2]. Auch unter dem Gesichtspunkt der gesamtschuldnerischen Haftung mehrerer nach § 128 HGB haftender Gesellschafter[3] ergibt sich nach § 425 BGB nichts anderes. Die **Haftung des übernehmenden oder neuen Rechtsträgers** für die auf ihn übergegangenen Verbindlichkeiten des übertragenden Rechtsträgers **bleibt** von der Enthaftung **unberührt**[4].

2. Besondere Haftungstatbestände

Die Enthaftung erfasst nur die Haftung des Gesellschafters nach § 128 HGB. **§ 45 UmwG** ist daher **nicht anzuwenden**, wenn der Gesellschafter einen besonderen Haftungsgrund gesetzt hat, etwa durch Übernahme einer Bürgschaft oder Stellung anderweitiger Sicherheiten für die Verbindlichkeit der Gesellschaft[5]; zum Fortbestand derartiger Sicherheiten nach der Verschmelzung s. § 20 Rz. 34. Das Gleiche gilt für den Beitritt zur Gesellschaftsschuld oder die eigene Verwirklichung einer auch der Gesellschaft zuzurechnenden unerlaubten Handlung[6]. Liegt gegen den Gesellschafter wegen seiner Haftung ein **rechtskräftiger Titel** bereits zum Zeitpunkt des Wirksamwerdens der Verschmelzung vor, ist für eine Enthaftung nach § 45 UmwG ebenfalls kein Raum (oben Rz. 3, 14). 17

V. Abwendung der Enthaftung

1. Fälligkeit der Verbindlichkeit

Erste Voraussetzung für die Vermeidung der Enthaftung (oben Rz. 16) ist die **Fälligkeit** der Verbindlichkeit **vor Ablauf der** nach § 45 Abs. 2 Satz 1 UmwG zu berechnenden **Fünfjahresfrist** (dazu unten Rz. 26). Liegt die Fälligkeit innerhalb der Fünfjahresfrist nicht vor, tritt die Enthaftung mit dem Wirksamwerden der Verschmelzung ein und sie kann auch durch Maßnahmen i.S.v. § 45 Abs. 2 UmwG nicht mehr abgewendet werden (einschränkend *Karollus*, § 157 Rz. 9)[7]. Unerheblich ist, ob die Fälligkeit bereits vor der Verschmelzung eingetreten war[8]. Soweit 18

1 Zum Einwand der unzulässigen Rechtsausübung bei einer Berufung auf den Ablauf gesetzlicher Ausschlussfristen vgl. BGH v. 14.10.1959 – V ZR 101/59, NJW 1960, 194 (196).
2 *Dauner-Lieb/Tettinger* in KölnKomm. UmwG, § 45 UmwG Rz. 21; *Ihrig* in Semler/Stengel, § 45 UmwG Rz. 21.
3 Dazu vgl. nur *Hopt* in Baumbach/Hopt, § 128 HGB Rz. 21.
4 *Dauner-Lieb/Tettinger* in KölnKomm. UmwG, § 45 UmwG Rz. 21; *Ihrig* in Semler/Stengel, § 45 UmwG Rz. 21.
5 *Ihrig* in Semler/Stengel, § 45 UmwG Rz. 24; *Dauner-Lieb/Tettinger* in KölnKomm. UmwG, § 45 UmwG Rz. 14; *K. Schmidt/C. Schneider*, BB 2003, 1965 f.; *Ulmer/Timmann*, ZIP 1992, 8; so auch zu § 160 HGB *Hopt* in Baumbach/Hopt, § 160 HGB Rz. 2.
6 Dazu *Medicus* in FS Lutter, 2000, S. 891 (894 f.).
7 BAG v. 16.5.2013 – 6 AZR 556/11, BeckRS 2013, 69778 (33) (zu § 157 UmwG). Einschränk. *Ihrig* in Semler/Stengel, § 45 UmwG Rz. 37, 40; *Dauner-Lieb/Tettinger* in KölnKomm. UmwG, § 45 UmwG Rz. 27.
8 *Ihrig* in Semler/Stengel, § 45 UmwG Rz. 30; *Stratz* in Schmitt/Hörtnagl/Stratz, § 45 UmwG Rz. 6, 12.

keine Vereinbarungen über die Fälligkeit getroffen worden sind, richtet sich diese nach den gesetzlichen Bestimmungen, insbesondere § 271 BGB. **Vereinbarungen** zwischen der *übertragenden Personenhandelsgesellschaft* und dem Gläubiger, die, wie im Falle der **Stundung**, die Fälligkeit hinausschieben oder aufgrund eines **pactum de non petendo** bei gegebener Fälligkeit der Geltendmachung der Forderung im Wege der Einrede entgegengehalten werden können[1], wirken nach § 129 Abs. 1 HGB auch zugunsten des haftenden Gesellschafters[2]; dazu auch oben Rz. 8. Dabei spricht der Schutzzweck von § 45 UmwG dafür, die Enthaftungswirkung – trotz der Fälligkeit der Verbindlichkeit – auch dann zu bejahen, wenn diese wegen eines pactum de non petendo nicht vor Ablauf der Fünfjahresfrist geltend gemacht werden kann[3]. Vereinbarungen zwischen dem Gläubiger und dem *übernehmenden oder neuen* Rechtsträger lassen demgegenüber die Haftung des persönlich haftenden Gesellschafters nach § 128 HGB unberührt und sind für die Anwendung von § 45 UmwG unbeachtlich[4], soweit nicht die Vereinbarung ausdrücklich oder im Wege der Auslegung etwas anderes ergibt. Eine vor oder nach Wirksamwerden der Verschmelzung zwischen dem Gläubiger und dem *Gesellschafter* schriftlich vereinbarte Stundung oder ein schriftliches Stundungsgesuch des Gesellschafters enthält ein schriftliches Anerkenntnis[5] i.S.v. § 45 Abs. 3 UmwG. Daher tritt die Enthaftung auch dann nicht ein, wenn die Stundung oder das Stundungsgesuch den Fälligkeitszeitpunkt für die Forderung über die Ausschlussfrist hinausschiebt[6].

2. Enthaftungsabwendende Maßnahmen gem. § 45 Abs. 1 UmwG

a) Überblick

19 Die Abwendung der Enthaftung setzt gem. § 45 Abs. 1 UmwG weiterhin voraus, dass die fällige (oben Rz. 18) **Verbindlichkeit vor Ablauf der Fünfjahresfrist** in einer in § 197 Abs. 1 Nr. 3–5 BGB bezeichneten Art **festgestellt** ist (unten Rz. 20f.). Ist eine solche Feststellung bereits vor dem Wirksamwerden der Verschmelzung erfolgt und liegt deshalb ein rechtskräftiger Titel gegen den Gesellschafter vor, findet § 45 UmwG von vornherein keine Anwendung, vgl. oben Rz. 3, 17. Als Maßnahme zur Abwendung der Enthaftung sieht die Vorschrift auch die **Vornahme oder Beantragung** einer gerichtlichen oder behördlichen **Vollstreckungshandlung** vor (dazu unten Rz. 22). Für öffentlich-rechtliche Verbindlichkeiten genügt schließlich der **Erlass eines Verwaltungsaktes** (unten Rz. 23). Zur Abwendung der Enthaftung durch ein schriftliches Anerkenntnis gem. § 45 Abs. 3

---

1 Dazu *Grüneberg* in Palandt, § 271 BGB Rz. 12ff.

2 *Ihrig* in Semler/Stengel, § 45 UmwG Rz. 31; *Dauner-Lieb/Tettinger* in KölnKomm. UmwG, § 45 UmwG Rz. 37; *Vossius* in Widmann/Mayer, § 45 UmwG Rz. 77f.; so zu § 160 HGB auch *Habersack* in Großkomm. HGB, § 160 HGB Rz. 25.

3 Zust. *Ihrig* in Semler/Stengel, § 45 UmwG Rz. 31.

4 Diff. zwischen Vereinbarungen, die sich zugunsten und zu Lasten des Gesellschafters auswirken, *Ihrig* in Semler/Stengel, § 45 UmwG Rz. 32; *Dauner-Lieb/Tettinger* in Köln-Komm. UmwG, § 45 UmwG Rz. 39; *Kallmeyer/Kocher* in Kallmeyer, § 45 UmwG Rz. 7.

5 *Vossius* in Widmann/Mayer, § 45 UmwG Rz. 108 (zum Stundungsgesuch). Vgl. auch BGH v. 27.4.1978 – VII ZR 219/77, NJW 1978, 1914 (Bitte um Stundung als tatsächliches Eingeständnis der Schuld).

6 So im Erg. auch *Dauner-Lieb/Tettinger* in KölnKomm. UmwG, § 45 UmwG Rz. 40. Generell für eine Enthaftung bei einer über die Ausschlussfrist hinausreichenden Stundung *Ihrig* in Semler/Stengel, § 45 UmwG Rz. 33.

UmwG s. oben Rz. 18, unten Rz. 24. Die Maßnahme zur Abwendung der Enthaftung muss **gegenüber dem haftenden Gesellschafter** erfolgen[1]; eine Maßnahme gegenüber der übertragenden Personenhandelsgesellschaft oder dem übernehmenden oder neuen Rechtsträger oder weiteren haftenden Gesellschaftern genügt nicht (oben Rz. 16). Maßnahmen zur Abwendung der Enthaftung wirken nur in dem **Umfang**, in dem sie die Verbindlichkeit erfassen. Bei einem auf eine **Teilklage** hin ergangenen rechtskräftigen Urteil wird daher die Haftung nur in Höhe des ausgeurteilten Betrages aufrechterhalten; im Übrigen tritt die Enthaftung ein[2]. Entsprechendes gilt für andere Fälle einer nur teilweisen Feststellung des Anspruchs oder der ihnen in § 45 Abs. 1 UmwG gleich gestellten Maßnahmen sowie für ein Teilanerkenntnis. Zwar wird für gesetzliche Ausschlussfristen die Auffassung vertreten, dass auch eine Teilklage genügt, um die Ausschlussfrist für den gesamten Anspruch zu wahren[3]. Eine Anwendung dieses Grundsatzes auf die Ausschlussfrist des § 45 UmwG ist jedoch nach dem Schutzzweck der Norm, die Nachhaftung zu begrenzen, sachlich nicht gerechtfertigt. Da die Verbindlichkeit vor Ablauf der Fünfjahresfrist fällig sein muss, kann der Gläubiger deren volle Höhe auch erkennen und dementsprechend geltend machen. Hinzu kommt, dass die die früheren Verjährungsregelungen ersetzenden Nachhaftungsbestimmungen zu Lasten des Haftenden gehende Regelungsdefizite beseitigen, also vor allem seinem Schutz dienen sollen (oben Rz. 3). Da aber für das **Verjährungsrecht** die nur begrenzte Hemmungswirkung einer Teilklage und damit die Verjährung des nicht eingeklagten Teils anerkannt ist[4], mit ihren Konsequenzen auf der Grundlage der früheren Verjährungsregelungen (oben Rz. 3), wäre es nicht überzeugend, für § 45 UmwG eine verschärfende, zu Lasten des haftenden Gesellschafters gehende Auslegung zu vertreten.

b) Feststellung in einer in § 197 Abs. 1 Nr. 3–5 BGB bezeichneten Art

Die Abwendung der Enthaftung setzt neben der Fälligkeit (oben Rz. 18) nach § 45 Abs. 1 UmwG weiterhin voraus, dass die betroffene Verbindlichkeit vor Ablauf der Fünfjahresfrist in einer in § 197 Abs. 1 Nr. 3–5 BGB bezeichneten Art festgestellt ist oder eine gerichtliche oder behördliche Vollstreckungshandlung vorgenommen oder beantragt worden ist[5]; s. aber auch unten Rz. 27. Für die **Feststellung des Anspruchs** reicht die bloße Klageerhebung oder eine der ihr früher gleich gesetzten Maßnahmen, wie z.B. die Zustellung eines Mahnbescheids, abweichend von § 45 UmwG a.F.[6] nicht aus. Erforderlich ist ein **rechtskräftig festgestellter Anspruch** i.S.v. § 197 Abs. 1 Nr. 3 BGB, also namentlich ein rechtskräftiges Urteil, 20

1 *Ihrig* in Semler/Stengel, § 45 UmwG Rz. 43; *Kallmeyer/Kocher* in Kallmeyer, § 45 UmwG Rz. 6.

2 *Ihrig* in Semler/Stengel, § 45 UmwG Rz. 47; *Vossius* in Widmann/Mayer, § 45 UmwG Rz. 171; zu § 160 HGB *Habersack* in Großkomm. HGB, § 160 HGB Rz. 26. Vgl. auch BGH v. 9.1.2008 – XII ZR 33/06, BeckRS 2008 Nr. 02883 (Rz. 14f.) = MDR 2008, 509 und BGH v. 2.5.2002 – III ZR 135/01, BGHZ 151, 1 (3f.) (zur Verjährung).

3 *Grothe* in MünchKomm. BGB, § 204 BGB Rz. 16 unter Berufung auf BGH v. 23.9.1957 – III ZR 224/56, BGHZ 25, 225 (227).

4 BGH v. 2.5.2002 – III ZR 135/01, BGHZ 151, 1 (3f.); aus der Lit. vgl. nur *Grothe* in MünchKomm. BGB, § 204 BGB Rz. 15.

5 Zur Änderung von § 45 UmwG durch das Schuldrechtsmodernisierungsgesetz vgl. oben Rz. 7.

6 Dazu 2. Aufl., § 45 Rz. 17.

ein Vollstreckungsbescheid oder ein Schiedsspruch (§ 1055 ZPO)[1]. Unerheblich ist es, ob das zur Feststellung des Anspruchs führende Verfahren bereits vor Wirksamwerden der Verschmelzung eingeleitet worden war. Ein festgestellter Anspruch liegt weiterhin vor, wenn er Inhalt eines **vollstreckbaren Vergleichs** (vgl. dazu auch § 224 Rz. 25) **oder** einer **vollstreckbaren Urkunde** i.S.v. § 197 Abs. 1 Nr. 4 BGB ist. Mit dem in § 45 Abs. 1 UmwG enthaltenen Verweis auf § 197 Abs. 1 Nr. 5 BGB führt schließlich auch die Vollstreckbarkeit eines Anspruchs durch die **im Insolvenzverfahren erfolgte Feststellung** (§§ 201 Abs. 2, 215 Abs. 2, 257, 308 Abs. 1 Satz 2 InsO) zu einem i.S.v. § 45 Abs. 1 UmwG festgestellten Anspruch.

21 In erster Linie kommt die Feststellung des Anspruchs im Wege der **Leistungsklage** in Betracht. Sie kann auch dann erhoben werden, wenn es noch an der Fälligkeit der Verbindlichkeit fehlt, mit deren Eintritt bis zum Termin der letzten mündlichen Verhandlung aber zu rechnen ist[2]. Voraussetzung ist aber auch in diesem Fall, dass die Verbindlichkeit vor Ablauf der Fünfjahresfrist fällig wird, also die letzte mündliche Verhandlung in diesen Zeitraum fällt, und weiterhin das rechtskräftige Urteil vor Ablauf der Fünfjahresfrist vorliegt; vgl. allerdings zur Hemmungswirkung bereits der Klage unten Rz. 27. Das gilt auch dann, wenn die zivilprozessualen Voraussetzungen für eine **Klage auf künftige Leistung** nach den §§ 257–259 ZPO[3] oder eine **Feststellungsklage** nach § 256 ZPO[4] (s. dazu auch § 224 Rz. 23) gegeben sind, und mit ihr eine noch nicht fällige Verbindlichkeit gerichtlich geltend gemacht wird. Dem Wortlaut von § 45 UmwG kann insoweit nicht entnommen werden, dass die Verbindlichkeit *bei* der gerichtlichen Geltendmachung bereits fällig sein muss[5]; unabdingbar für die Wahrung der Ausschlussfrist ist es aber, dass sie innerhalb der Fünfjahresfrist fällig wird[6], sei es auch erst nach einem Urteil auf künftige Leistung oder einem Feststellungsurteil, und die rechtskräftige Entscheidung vor Ablauf der Fünfjahresfrist vorliegt; vgl. aber zur Hemmungswirkung bereits der Klage unten Rz. 27.

c) Gerichtliche oder behördliche Vollstreckungshandlung

22 Als Maßnahmen, die den Eintritt der Enthaftung verhindern, nennt § 45 Abs. 1 UmwG auch die Vornahme oder Beantragung einer gerichtlichen oder behördlichen Vollstreckungshandlung innerhalb des Fünfjahreszeitraums. Eine **selbständige Bedeutung** dieser Regelung **für die Abwendung der Enthaftung** ist allerdings **nicht erkennbar**[7]. Vollstreckungshandlungen setzen einen vollstreckbaren Titel

---

1 Vgl. näher *Ellenberger* in Palandt, § 197 BGB Rz. 7.

2 *Ihrig* in Semler/Stengel, § 45 UmwG Rz. 46; *Ulmer/Timmann*, ZIP 1992, 9.

3 Für deren Eignung zur Wahrung der Ausschlussfrist auch *Ihrig* in Semler/Stengel, § 45 UmwG Rz. 46; *Dauner-Lieb/Tettinger* in KölnKomm. UmwG, § 45 UmwG Rz. 25; zu § 160 HGB *Ulmer/Timmann*, ZIP 1992, 9; *Kainz*, DStR 1994, 621.

4 *Ihrig* in Semler/Stengel, § 45 UmwG Rz. 46; *Dauner-Lieb/Tettinger* in KölnKomm. UmwG, § 45 UmwG Rz. 25; *Vossius* in Widmann/Mayer, § 45 UmwG Rz. 94.

5 *Ulmer/Timmann*, ZIP 1992, 9; *Habersack* in Großkomm. HGB, § 160 HGB Rz. 27, zur vergleichbaren Regelung des § 160 HGB.

6 So auch *Ihrig* in Semler/Stengel, § 45 UmwG Rz. 21; *Dauner-Lieb/Tettinger* in KölnKomm. UmwG, § 45 UmwG Rz. 25.

7 So auch *Ihrig* in Semler/Stengel, § 45 UmwG Rz. 44, 49; *Dauner-Lieb/Tettinger* in KölnKomm. UmwG, § 45 UmwG Rz. 46. A.A. *Vossius* in Widmann/Mayer, § 45 UmwG Rz. 98f.; zu § 157 UmwG s. *Simon* in KölnKomm. UmwG, § 157 UmwG Rz. 14, nach

voraus; daher greift entweder bereits der Tatbestand des festgestellten Anspruchs ein (oben Rz. 20) oder es muss zumindest ein vorläufig vollstreckbarer Titel vorliegen, dem dann aber ein Verfahren zugrunde liegt, dessen Einleitung bereits nach § 204 BGB eine Hemmung des Laufs der Fünfjahresfrist bewirkt (unten Rz. 27)[1]. Für öffentlich-rechtliche Verbindlichkeiten genügt bereits der Erlass eines Verwaltungsakts (unten Rz. 23). Eigenständige Bedeutung hätte die Regelung daher nur dann, wenn die Enthaftung (vorbehaltlich enthaftungshindernder Maßnahmen innerhalb des Fünfjahreszeitraums) auch Ansprüche erfassen würde, die bereits vor Wirksamwerden der Verschmelzung rechtskräftig tituliert worden sind oder über die vor diesem Zeitpunkt bereits ein bestandskräftiger Verwaltungsakt erlassen worden ist. Dafür sind sachlich gerechtfertigte Gründe freilich nicht ersichtlich (vgl. oben Rz. 3)[2].

d) Behördliche Geltendmachung

Für **öffentlich-rechtliche Verbindlichkeiten**[3] lässt § 45 Abs. 1 UmwG für die Vermeidung der Enthaftung zur Fristwahrung den **Erlass eines Verwaltungsaktes** genügen (zu § 224 UmwG vgl. § 224 Rz. 29). Die Voraussetzungen für den Erlass bestimmen sich nach den maßgeblichen öffentlich-rechtlichen Bestimmungen[4]. Erforderlich für den Erlass und damit die Existenz des Verwaltungsaktes ist nach § 43 Abs. 1 VwVfG insbesondere dessen **Bekanntgabe gegenüber dem Betroffenen**[5]. 23

3. Schriftliches Anerkenntnis (§ 45 Abs. 3 UmwG)

Eine **Feststellung i.S.v. § 45 Abs. 1 UmwG** ist nach § 45 Abs. 3 UmwG für die Vermeidung der Enthaftung **nicht erforderlich**, soweit der Gesellschafter den Anspruch schriftlich anerkannt hat; zum Teilanerkenntnis s. oben Rz. 19. Über ihren Wortlaut hinaus ist die Bestimmung auch auf **öffentlich-rechtliche Verbindlichkeiten** anzuwenden[6]. Das schriftliche Anerkenntnis ersetzt also auch die behördliche Geltendmachung durch Erlass eines Verwaltungsaktes[7]. Das Anerkenntnis macht nur die *Geltendmachung* der Verbindlichkeit entbehrlich; die **Einhaltung der Fünfjahresfrist** wird demgegenüber nicht von § 45 Abs. 3 UmwG aufgehoben. Ein Anerkenntnis **nach deren Ablauf** führt also nur dann zur Haftung des Gesell- 24

---

dem bei bereits vor Wirksamwerden der Umwandlung titulierten Verbindlichkeiten die Enthaftung durch Vornahme oder Beantragung einer Vollstreckungshandlung verhindert werden muss.

1 Vgl. – zu § 160 HGB – *Maier-Reimer*, DB 2002, 1820.

2 So auch *Ihrig* in Semler/Stengel, § 45 UmwG Rz. 25 und *Dauner-Lieb/Tettinger* in KölnKomm. UmwG, § 45 UmwG Rz. 44 (zu rechtskräftig titulierten Ansprüchen).

3 S. dazu *Wiesner* in FS Hellwig, 2010, S. 413 ff.

4 S. dazu auch *Wiesner* in FS Hellwig, 2010, S. 413 (429).

5 *Ihrig* in Semler/Stengel, § 45 UmwG Rz. 51; *Dauner-Lieb/Tettinger* in KölnKomm. UmwG, § 45 UmwG Rz. 47; *Stratz* in Schmitt/Hörtnagl/Stratz, § 45 UmwG Rz. 15. Zu den Auswirkungen einer Aufhebung eines Verwaltungsakts aufgrund eines Widerspruchs oder einer Klage vgl. *K. Schmidt/C. Schneider*, BB 2003, 1963.

6 *Dauner-Lieb/Tettinger* in KölnKomm. UmwG, § 45 UmwG Rz. 45.

7 *Ihrig* in Semler/Stengel, § 45 UmwG Rz. 52; *Bermel* in Goutier/Knopf/Tulloch, § 45 UmwG Rz. 9; a.A. *Vossius* in Widmann/Mayer, § 45 UmwG Rz. 119.

schafters, wenn damit zugleich eine neue Verbindlichkeit begründet wird[1] (§ 224 Rz. 27). Bedeutung kann das etwa für mit dem Erlöschen der bisherigen Verbindlichkeit aufgrund des Fristablaufs auch erlöschende, akzessorische Sicherheiten erlangen, die ohne Neubestellung für die neu begründete Verbindlichkeit nicht mehr bestehen. Weiterhin scheiden bei einer neu begründeten Verbindlichkeit Ausgleichsansprüche des haftenden Gesellschafters gegen die früheren Mitgesellschafter sowie den übernehmenden Rechtsträger aus. Entsprechendes gilt im Hinblick auf zum Zeitpunkt des Anerkenntnisses und bis zum Ablauf der Fünfjahresfrist **noch nicht fällige Forderungen**[2]; die Voraussetzungen für die Wahrung der gesetzlichen Ausschlussfrist können durch Parteivereinbarung nicht abgeändert werden[3]; s. dazu auch unten Rz. 28. Soweit nicht mit dem schriftlichen Anerkenntnis noch vor Wirksamwerden der Verschmelzung (s. dazu unten Rz. 25) die Fälligkeit der Verbindlichkeit innerhalb der Frist des § 45 UmwG ausdrücklich vereinbart wird oder eine solche Auslegung des Anerkenntnisses gerechtfertigt ist, kann das Anerkenntnis die Enthaftung nach § 45 UmwG nicht vermeiden. In Betracht kommt aber auch hier die Neubegründung der Verbindlichkeit. Zum *Sonderfall* der innerhalb der Ausschlussfrist fälligen Forderung, deren Fälligkeitszeitpunkt im Wege der zwischen dem Gläubiger und dem Gesellschafter schriftlich vereinbarten Stundung oder aufgrund eines schriftlichen Stundungsgesuchs des Gesellschafters über die Ausschlussfrist hinausgeschoben wird, s. oben Rz. 18.

25 Das Anerkenntnis muss in **schriftlicher Form** abgegeben werden; die Wahrung der Form richtet sich nach § 126 BGB. Ein konkludentes Anerkenntnis durch tatsächliche Handlungen, etwa durch Abschlagszahlung oder Sicherheitsleistung, ist damit nicht ausreichend[4]. § 45 UmwG verlangt aber nicht die Abgabe eines Schuldanerkenntnisses i.S.v. § 781 BGB[5]. Die besondere Formvorschrift von § 781 Satz 2 BGB findet daher keine Anwendung. In **zeitlicher Hinsicht** kann das Anerkenntnis sowohl vor als auch nach Wirksamwerden der Verschmelzung erklärt worden sein.

4. Fünfjahresfrist

a) Fristbeginn und -ende

26 § 45 Abs. 2 Satz 1 UmwG legt den **Beginn** der Fünfjahresfrist (s. oben Rz. 16, 18) auf den Tag, an dem die Eintragung der Verschmelzung in das Register des Sitzes des übernehmenden Rechtsträgers nach § 19 Abs. 3 UmwG bekannt gemacht worden ist. Das bezieht sich auf die elektronische Bekanntmachung nach § 10 HGB (§ 19 Rz. 14); zur Änderung[6] von § 45 Abs. 2 Satz 1 UmwG durch das EHUG v. 10.11.2006 s. oben Rz. 7. Hierin unterscheiden sich § 45 UmwG und die vergleichbaren Regelungen des UmwG von § 160 HGB, der auf das Ende des Tages

1 So auch *Ihrig* in Semler/Stengel, § 45 UmwG Rz. 52; *Dauner-Lieb/Tettinger* in KölnKomm. UmwG, § 45 UmwG Rz. 45.
2 *Ihrig* in Semler/Stengel, § 45 UmwG Rz. 52.
3 *Grothe* in MünchKomm. BGB, vor § 194 BGB Rz. 12.
4 *Ihrig* in Semler/Stengel, § 45 UmwG Rz. 53.
5 *Ihrig* in Semler/Stengel, § 45 UmwG Rz. 53.
6 Nicht berücksichtigt von *Dauner-Lieb/Tettinger* in KölnKomm. UmwG, § 45 UmwG Rz. 22 und *Vossius* in Widmann/Mayer, § 45 UmwG Rz. 158, die noch auf die nach früherem Recht maßgebliche Bekanntmachungsfiktion (s. oben Rz. 7) abstellen.

der Eintragung des Ausscheidens oder der Änderung der Gesellschafterstellung im Handelsregister abstellt. Im Falle der Verschmelzung durch Neugründung ist nach § 36 Abs. 1 Satz 2 UmwG der Tag der Bekanntmachung der Eintragung des neuen Rechtsträgers in dessen Register maßgeblich. Für die Fristberechnung gelten die §§ 187ff. BGB. Daraus folgt, dass der den Fristlauf auslösende **Tag der Bekanntmachung bei der Berechnung der Frist nicht mitgerechnet wird**[1] (§ 187 Abs. 1 BGB)[2]. Das **Fristende** richtet sich nach § 188 Abs. 2 BGB. Die Fünfjahresfrist läuft daher mit dem Ende des Tages des letzten Monats ab, der nach seiner Zahl dem Tag des Fristbeginns vorhergeht, also nach seiner Zahl dem Tag der Bekanntmachung gem. § 10 HGB entspricht[3] (s. auch § 224 Rz. 30). Fällt das Fristende auf einen Samstag, Sonntag oder Feiertag i.S.v. § 193 BGB, so kann eine enthaftungsvermeidende Maßnahme bei einem innerhalb der Fünfjahresfrist fällig gewordenen Anspruch nach § 193 BGB auch noch am nächsten Werktag fristwahrend erfolgen[4].

b) Entsprechende Anwendung von Hemmungsvorschriften des BGB (§ 45 Abs. 2 Satz 2 UmwG)

Nach § 45 Abs. 2 Satz 2 UmwG sind die für die Verjährung geltenden **§§ 204, 206, 210, 211 und 212 Abs. 2 und 3 BGB** entsprechend anzuwenden. Die wesentliche Bedeutung dieser Regelung liegt in dem Verweis auf die **Geltung von § 204 BGB**. Sie führt dazu, dass die in dieser Vorschrift genannten Maßnahmen eine **Hemmung des Laufs der Fünfjahresfrist** bewirken. Der entsprechende Zeitraum wird entsprechend § 209 BGB – auch ohne ausdrückliche Bezugnahme auf diese Vorschrift in § 45 Abs. 2 Satz 1 UmwG[5] – nicht in den Fristablauf eingerechnet. Die Hemmung endet nach § 204 Abs. 2 BGB sechs Monate nach der rechtskräftigen Entscheidung oder der anderweitigen Beendigung[6] des eingeleiteten Verfahrens i.S.v. § 204 Abs. 1 BGB, das die Hemmung ausgelöst hat. Von den Hemmungstatbeständen hervorzuheben sind die **Erhebung der Leistungs- oder Feststellungsklage** (§ 204 Abs. 1 Nr. 1 BGB), die Zustellung des Mahnbescheids im Mahnverfahren (§ 204 Abs. 1 Nr. 3 BGB)[7] sowie der Beginn des schiedsrichterlichen Verfahrens (§ 204 Abs. 1 Nr. 11 BGB) gem. § 1044 ZPO. Auch wenn § 45 Abs. 1 27

1 So im Ergebnis auch *Ihrig* in Semler/Stengel, § 45 UmwG Rz. 35.
2 S. BAG v. 16.5.2013 – 6 AZR 556/11, BeckRS 2013, 69778 (Rz. 37) (zu § 157 UmwG). Hat der Gläubiger aufgrund einer Kundgabe der Verschmelzung durch den haftenden Gesellschafter schon zu einem früheren Zeitpunkt Kenntnis vom Wirksamwerden der Verschmelzung, ist nach BGH v. 24.9.2007 – II ZR 284/05, WM 2007, 2242 (2243, Rz. 18) (zu § 160 HGB), dieser Zeitpunkt für die Fristberechnung maßgeblich. So auch zu § 157 UmwG *Kallmeyer/Sickinger* in Kallmeyer, § 157 UmwG Rz. 1. A.A. *Dauner-Lieb/Tettinger* in KölnKomm. UmwG, § 45 UmwG Rz. 22.
3 Vgl. BAG v. 16.5.2013 – 6 AZR 556/11, BeckRS 2013, 69778 (Rz. 37) (zu § 157 UmwG); *Ihrig* in Semler/Stengel, § 45 UmwG Rz. 36; *Haggeney* in Maulbetsch/Klumpp/Rose, § 45 UmwG Rz. 24. Zur entsprechenden Fristberechnung mit dem Tag der Handelsregistereintragung als Anknüpfungspunkt bei § 160 HGB vgl. *K. Schmidt* in MünchKomm. HGB, § 160 HGB Rz. 26.
4 *Ihrig* in Semler/Stengel, § 45 UmwG Rz. 36.
5 So zu Recht *Vossius* in Widmann/Mayer, § 45 UmwG Rz. 168.
6 Besonderheiten gelten für den Fall des Stillstandes des Verfahrens, weil es von den Parteien nicht betrieben wird, vgl. § 204 Abs. 2 BGB.
7 § 167 ZPO – Fristwahrung der Einreichung der Klage oder des Mahnbescheidsantrags bei Zustellung „demnächst" – findet Anwendung.

UmwG für die Verhinderung der Enthaftung, anders als das frühere Recht (oben Rz. 7), an die Feststellung des Anspruchs und damit insbesondere an ein rechtskräftiges Urteil anknüpft (dazu und zu weiteren Fallgruppen oben Rz. 20ff.), führt die Hemmungswirkung doch dazu, dass bereits **mit Maßnahmen nach § 204 Abs. 1 BGB**, also insbesondere der Klageerhebung oder sonstigen *gerichtlichen Geltendmachung* – wie nach früherem Recht – die **Enthaftung verhindert werden kann**. Das gilt jedoch nur für Verbindlichkeiten, die innerhalb der Fünf-Jahres-Frist fällig geworden sind; insoweit wird der Fälligkeitszeitraum durch Maßnahmen nach § 204 Abs. 1 BGB nicht verlängert (oben Rz. 18). Der Verweis in § 45 Abs. 2 Satz 2 UmwG auf die **§§ 206, 210 und 211 BGB** betrifft die Hemmung des Fristablaufs bei höherer Gewalt, die Ablaufhemmung bei nicht voll Geschäftsfähigen und die Ablaufhemmung in Nachlassfällen. Hinsichtlich der Einzelheiten ist auf die Kommentierungen zu diesen Vorschriften zu verweisen. Das gilt auch für den in § 45 Abs. 2 Satz 2 UmwG ebenfalls in Bezug genommenen **§ 212 Abs. 2 und 3 BGB**. Diese Vorschrift betrifft allerdings den Fall der Vollstreckungshandlung i.S.v. § 45 Abs. 1 UmwG, dem jedoch für die Enthaftung keine Bedeutung zukommt (s. oben Rz. 22). Die Hemmungswirkung wird auch durch Maßnahmen ausgelöst, die bereits vor Wirksamwerden der Verschmelzung erfolgt sind. § 45 Abs. 2 Satz 2 UmwG verweist **nicht** auf **§ 203 BGB**[1]. **Verhandlungen** über den Anspruch zwischen dem Gläubiger und dem haftenden Gesellschafter **führen daher nicht zu einer Hemmung** der Fünfjahresfrist[2].

c) Vereinbarungen über eine Fristverlängerung

28 Zu § 160 HGB wird von der h.M. die Auffassung vertreten, dass der Gläubiger und der haftende Gesellschafter die Fünfjahresfrist einvernehmlich verlängern können[3]. Dem ist jedenfalls für § 45 UmwG nicht zu folgen[4]. **Gesetzliche Ausschlussfristen** werden bereits nach allgemeinen Rechtsgrundsätzen **nicht** für **durch Parteivereinbarung verlängerbar** gehalten[5]. Hinzu kommt, dass § 1 Abs. 3 Satz 1

1 Zu überzeugen vermag das allenfalls unter dem Gesichtspunkt der Rechtsklarheit über das Vorliegen eines Hemmungstatbestandes und dem Ende der Hemmungswirkung angesichts der Ausfüllungsbedürftigkeit der Begriffe der Verhandlung und der Verweigerung ihrer Fortsetzung.

2 So auch LG Dortmund v. 18.1.2003 – 3 O 221/12, Juris (Rz. 23) (zu § 133 Abs. 4 UmwG); *Kallmeyer/Kocher* in Kallmeyer, § 45 UmwG Rz. 6; *Dauner-Lieb/Tettinger* in KölnKomm. UmwG, § 45 UmwG Rz. 24.

3 Vgl. nur *Hopt* in Baumbach/Hopt, § 160 HGB Rz. 8 und *K. Schmidt* in MünchKomm. HGB, § 160 HGB Rz. 16 m.w.N.

4 So auch *Ihrig* in Semler/Stengel, § 45 UmwG Rz. 60; *Kallmeyer/Kocher* in Kallmeyer, § 45 UmwG Rz. 7; *Brügel* in Keßler/Kühnberger, § 45 UmwG Rz. 12. Wie hier zu § 160 HGB *Habersack* in Großkomm. HGB, § 160 HGB Rz. 7; *Leverenz*, ZHR 160 (1996), 75 (83). A.A. *Dauner-Lieb/Tettinger* in KölnKomm. UmwG, § 45 UmwG Rz. 32ff.; *Vossius* in Widmann/Mayer, § 45 UmwG Rz. 162; *K. Schmidt/C. Schneider*, BB 2003, 1963f.; zur Parallelvorschrift des § 157 UmwG s. § 157 Rz. 21; zur Parallelvorschrift des § 224 UmwG s. § 224 Rz. 33; *Dirksen/Blasche* in Kallmeyer, § 224 UmwG Rz. 19; *Schlitt* in Semler/Stengel, § 224 UmwG Rz. 36.

5 Vgl. BGH v. 7.6.1990 – III ZR 142/89, BGHZ 111, 339 (341); BGH v. 19.10.1995 – III ZR 2/95, NZV 1996, 193; OLG Celle v. 29.11.1974 – 4 U 62/74, WM 1975, 652 (654); *Grothe* in MünchKomm. BGB, vor § 194 BGB Rz. 12; so im Erg. auch BGH v. 30.1.1975 – III ZR 83/73, NJW 1975, 1171, wenn dort im Prozess übereinstimmendes Parteivorbringen über die für den Lauf der Ausschlussfrist maßgeblichen Umstände als unbeachtlich behandelt

UmwG eine Abweichung von den Vorschriften des Umwandlungsgesetzes nur erlaubt, wenn dies ausdrücklich zugelassen ist. Für § 45 UmwG ist dies nicht geschehen, und man wird eine einvernehmliche Verlängerung der Ausschlussfrist auch nur schwer als ergänzende – und damit wirksame – Bestimmung i.S.v. § 1 Abs. 3 Satz 2 UmwG ansehen können. Da die Wirkungen der Ausschlussfrist eintreten, ohne dass sich der haftende Gesellschafter auf den Fristablauf im Wege einer Einrede berufen müsste (oben Rz. 5), wird die Enthaftung auch nicht bei einem **Verzicht** des Gesellschafters auf die Wahrung der Ausschlussfrist hinfällig[6]. Ist in den genannten Fällen aufgrund der fünfjährigen Ausschlussfrist die Enthaftung eingetreten, kann die Haftung des Gesellschafters nur noch im Wege der einvernehmlichen **vertraglichen Neubegründung** des Anspruchs erreicht werden[7]. Eine Frage der Auslegung ist es, ob in Vereinbarungen über eine Verlängerung der Ausschlussfrist oder über einen Verzicht auf deren Geltendmachung die Neubegründung des Anspruchs zu sehen ist, vgl. dazu auch oben Rz. 24. Im Regelfall wird man davon allerdings nicht ausgehen können, weil – wie das Beispiel der „Verlängerung" von Verjährungsfristen durch einen befristeten Verzicht auf die Geltendmachung der Verjährungseinrede in der Praxis zeigt – die Funktion derartiger Vereinbarungen typischerweise darin liegt, bei *Streitigkeiten über das Bestehen des Anspruchs* eine gerichtliche Auseinandersetzung zunächst einmal zu vermeiden. Zur Vereinbarung einer Stundung s. oben Rz. 18.

5. Geschäftsführender Gesellschafter

29 Die Bestimmungen über die Enthaftung kommen nach § 45 Abs. 4 UmwG auch dem Gesellschafter zugute, der in dem übernehmenden oder neuen Rechtsträger geschäftsführend tätig wird; zur Entstehungsgeschichte vgl. oben Rz. 6. Bedeutung hat die Regelung namentlich für den persönlich haftenden Gesellschafter der übertragenden Personenhandelsgesellschaft, der bei einer übernehmenden **AG oder GmbH** als deren **Vorstand oder Geschäftsführer** tätig wird. Die Vorschrift greift aber auch dann ein, wenn die geschäftsführende Tätigkeit nicht auf organschaftlicher, sondern vertraglicher Grundlage erfolgt, und erfasst daher ebenfalls die Stellung als **geschäftsführender Kommanditist** (dazu oben Rz. 12) bei einer übernehmenden oder neuen Kommanditgesellschaft[8]. Über den Wortlaut hinaus, der für den übernehmenden oder neuen Rechtsträger eine *andere* Rechtsform verlangt, ist § 45 UmwG seinem Schutzzweck nach auch im Falle der **Verschmelzung von zwei Kommanditgesellschaften** (dazu oben Rz. 10) anwendbar, wenn ein bisheriger Komplementär in der übernehmenden oder neuen Gesellschaft Kommanditist wird und Geschäftsführungsfunktionen, etwa als Geschäftsführer einer Komplementär-GmbH, übernimmt. Soweit schließlich ein Kommanditist der übertragenden Personenhandelsgesellschaft, namentlich wegen einer Einlagenrückgewähr, persönlich haftet (oben Rz. 12), gilt auch für ihn § 45 Abs. 4 UmwG.

---

wird. Offen gelassen für die Ausschlussfrist des § 6 Abs. 2 ArbNErfG von BGH v. 4.4.2006 – X ZR 155/03, NJW-RR 2006, 1123 (1127).

6 Allgemein zu gesetzlichen Ausschlussfristen *Grothe* in MünchKomm. BGB, vor § 194 BGB Rz. 12. Zum möglichen Verzicht des Gläubigers auf die Haftungsforderung vgl. BGH v. 27.9.1999 – II ZR 356/98, NJW 2000, 208 f. = GmbHR 1999, 1287.

7 *Ihrig* in Semler/Stengel, § 45 UmwG Rz. 60.

8 *Ihrig* in Semler/Stengel, § 45 UmwG Rz. 55.

6. Rechtsfolgen der Fristwahrung

30 Die Wahrung der Ausschlussfrist lässt die Enthaftung nicht eintreten und führt zur weiteren **Fortdauer der Haftung** des betroffenen Gesellschafters. Die Geltendmachung des Anspruchs nach Maßgabe von § 45 UmwG oder das ihr gleichgesetzte Anerkenntnis setzen dabei nicht etwa eine erneute Ausschlussfrist in Gang[1]; dementsprechend verweist § 45 UmwG auch nicht auf die Verjährungsvorschriften des § 212 Abs. 1 BGB sowie § 53 VwVfG. Für den Anspruch des Gläubigers gelten die **allgemeinen Verjährungsregelungen**. Soweit die Voraussetzungen von § 197 Abs. 1 Nr. 3–5 BGB vorliegen (oben Rz. 20), beträgt die Verjährungsfrist im Regelfall 30 Jahre[2].

31 Wird einer von mehreren persönlich haftenden Gesellschaftern von einem Gläubiger unter *Wahrung der Voraussetzungen des § 45 UmwG* nach der Verschmelzung in Anspruch genommen, so steht ihm gegen die früheren persönlich haftenden Mitgesellschafter der übertragenden Personenhandelsgesellschaft, deren Forthaftung nach § 45 UmwG ebenfalls gegeben ist[3], aufgrund der gesamtschuldnerischen Haftung ein **Ausgleichsanspruch nach § 426 BGB**[4] zu; zu § 224 UmwG vgl. § 224 Rz. 37. Auf diesen ist § 45 UmwG nicht anzuwenden; anderes gilt für die Verfolgung von Ansprüchen gegen ehemalige Mitgesellschafter, die im Wege der *cessio legis*[5] erworben worden sind[6]. Soweit ein Gesellschafter unter den Voraussetzungen des § 45 UmwG von einem Gläubiger in Anspruch genommen worden ist, kann ein **Erstattungsanspruch gegen den übernehmenden oder neuen Rechtsträger** auf § 110 HGB gestützt werden[7], da die Altverbindlichkeit auf den übernehmenden oder neuen Rechtsträger übergegangen ist und § 110 HGB den Haftungsausgleich zwischen der Gesellschaft und einem ihr noch *angehörenden* Gesellschafter betrifft, während eine Anwendung von § 670 BGB[8] oder § 426 Abs. 2 BGB nur für aus der Gesellschaft *ausgeschiedene* Gesellschafter in Betracht kommen kann[9].

---

1 *Ihrig* in Semler/Stengel, § 45 UmwG Rz. 56; *Kainz*, DStR 1994, 621; *Ulmer/Timmann*, ZIP 1992, 9.

2 Bestandskräftige Verwaltungsakte verjähren nach § 53 Abs. 2 Satz 1 VwVfG ebenfalls in 30 Jahren; für Ansprüche auf künftig fällige wiederkehrende Leistungen enthält Abs. 2 Satz 2 der Vorschrift sowie § 197 Abs. 2 BGB eine Sonderregelung. Zum Neubeginn der Verjährung bei einem Anerkenntnis (oben Rz. 24) vgl. § 212 Abs. 1 Nr. 1 BGB.

3 Zur vergleichbaren Rechtslage nach § 160 HGB vgl. *Habersack* in Großkomm. HGB, § 160 HGB Rz. 22 f. Nicht auf die Forthaftung des früheren Mitgesellschafters abstellend *Ihrig* in Semler/Stengel, § 45 UmwG Rz. 58; auf die Forthaftung im Zeitpunkt der Inanspruchnahme des regressnehmenden Gesellschafters abstellend *Dauner-Lieb/Tettinger* in KölnKomm. UmwG, § 45 UmwG Rz. 50, und *Kallmeyer/Kocher* in Kallmeyer, § 45 UmwG Rz. 8.

4 Vgl. allgemein BGH v. 15.10.2007 – II ZR 136/06, WM 2007, 2289 (2290 f.) (auch zum Befreiungsanspruch gegen mithaftende Gesellschafter). Zur gesamtschuldnerischen Haftung vgl. nur *Hopt* in Baumbach/Hopt, § 128 HGB Rz. 21.

5 Dazu *Habersack* in Großkomm. HGB, § 128 HGB Rz. 48.

6 Vgl. zu § 160 HGB *Habersack* in Großkomm. HGB, § 160 HGB Rz. 23.

7 BGH v. 19.7.2011 – II ZR 300/08, NZG 2011, 1023 (1028) (Rz. 59): BGH v. 9.5.1963 – II ZR 124/61, BGHZ 39, 319 (323 f.). An der abweichenden Auffassung der 4. Aufl. (Rz. 31) wird nicht mehr festgehalten.

8 Dafür *Ihrig* in Semler/Stengel, § 45 UmwG Rz. 57; *Kallmeyer/Kocher* in Kallmeyer, § 45 UmwG Rz. 8.

9 Vgl. zu § 670 BGB BGH v. 14.11.1977 – II ZR 35/77, WM 1978, 114 (115); zu § 426 Abs. 2 BGB s. BGH v. 19.7.2011 – II ZR 300/08, NZG 2011, 1023 (1028 Rz. 59); BGH v. 9.5.1963 – II ZR 124/61, BGHZ 39, 319 (323 f.). Die Anspruchsgrundlage offenlassend *Dauner-Lieb/Tettinger* in KölnKomm. UmwG, § 45 UmwG Rz. 48.

Zweiter Unterabschnitt Verschmelzung unter Beteiligung von Partnerschaftsgesellschaften

§ 45a
Möglichkeit der Verschmelzung

Eine Verschmelzung auf eine Partnerschaftsgesellschaft ist nur möglich, wenn im Zeitpunkt ihres Wirksamwerdens alle Anteilsinhaber übertragender Rechtsträger natürliche Personen sind, die einen Freien Beruf ausüben (§ 1 Abs. 1 und 2 des Partnerschaftsgesellschaftsgesetzes). § 1 Abs. 3 des Partnerschaftsgesellschaftsgesetzes bleibt unberührt.

Literatur

Neye, Partnerschaft und Umwandlung, ZIP 1997, 722; *Neye*, Die Änderungen im Umwandlungsrecht nach den handels- und gesellschaftsrechtlichen Reformgesetzen in der 13. Legislaturperiode, DB 1998, 1649; *Römermann*, Neues im Recht der Partnerschaftsgesellschaft, NZG 1998, 675.

I. Einführung zum Zweiten Unterabschnitt

1. Entstehungsgeschichte

1 Das UmwG hatte zunächst bewusst darauf verzichtet, die Partnerschaftsgesellschaft in den Kreis der verschmelzungsfähigen Rechtsträger einzubeziehen[1]. Aufgrund der zunehmenden Verbreitung der Partnerschaftsgesellschaft und der darin zum Ausdruck kommenden Akzeptanz dieser Rechtsform für die Ausübung einer freiberuflichen Tätigkeit, aber auch wegen der zunehmenden Öffnung der GmbH als Gesellschaftsform freiberuflicher Tätigkeit wurde nur gut zwei Jahre nach In-Kraft-Treten des UmwG ein Bedürfnis für die Einbeziehung der Partnerschaftsgesellschaft in das UmwG anerkannt[2] und im März 1997 ein Referenten-

1 Begr zum Entwurf eines Ersten Gesetzes zur Änderung des Umwandlungsgesetzes, BT-Drucks. 13/8808, 8; *Neye*, ZIP 1997, 722.
2 Vgl. *Neye*, ZIP 1997, 722; *Neye*, DB 1998, 1649 f.; Begr, BT-Drucks. 13/8808, 8.

entwurf[1] hierüber vorgelegt. Die entsprechenden Vorschriften der §§ 45a–45e UmwG zur Verschmelzung sind mit unverändertem Wortlaut in das **Gesetz zur Änderung des Umwandlungsgesetzes, des Partnerschaftsgesellschaftsgesetzes und anderer Gesetze vom 22.7.1998** aufgenommen worden[2], das am 1.8.1998 in Kraft getreten ist. Zur Änderung von § 3 Abs. 1 Nr. 1 UmwG durch das vorgenannte Gesetz s. unten Rz. 3. Zu weiteren Anpassungen des UmwG s. unten Rz. 7.

2 Mit dem Zweiten Gesetz zur Änderung des Umwandlungsgesetzes v. 19.4.2007[3] ist **§ 44 UmwG** geändert worden und sieht seither für das Prüfungsverlangen eines Gesellschafters eine Wochenfrist vor (§ 44 Rz. 3). Zu einer Änderung von **§ 45 UmwG** hat das Gesetz über elektronische Handelsregister und Genossenschaftsregister sowie das Unternehmensregister (EHUG) v. 10.11.2006[4] geführt, die Bedeutung für den Beginn der fünfjährigen Ausschlussfrist nach § 45 UmwG hat (vgl. näher § 45 Rz. 7). Aufgrund der Verweisung in § 45e UmwG auf die §§ 44, 45 UmwG kommt den vorgenannten Gesetzesänderungen Bedeutung auch für die Partnerschaftsgesellschaft zu.

2. Funktion und Regelungsbereich

3 Dem Ziel der Reform (oben Rz. 1), auch für die Partnerschaftsgesellschaft die Umwandlung nach dem UmwG zu ermöglichen[5], trägt **§ 3 Abs. 1 Nr. 1 UmwG** Rechnung; die Vorschrift **sieht die Verschmelzungsfähigkeit auch für die Partnerschaftsgesellschaft vor**. Das erfasst auch die **Partnerschaftsgesellschaft mit beschränkter Berufshaftung** i.S.v. § 8 Abs. 4 Satz 1 PartGG (§ 3 Rz. 9, § 225a Rz. 2). Bei der Partnerschaftsgesellschaft mit beschränkter Berufshaftung handelt es sich nicht um eine neue Rechtsform, sondern um eine *Rechtsformvariante*[6], die an der grundsätzlichen Einordnung auch dieser Rechtsformvariante als Partnerschaftsgesellschaft i.S.v. § 3 Abs. 1 Nr. 1 UmwG nichts ändert[7]. Als weitere Umwandlungsart kommt aufgrund der Verweisung in § 124 Abs. 1 UmwG auf § 3 Abs. 1 UmwG die **Spaltung** in Betracht (§ 124 Rz. 2, 8). Eine Ausgliederung auf eine Partnerschaftsgesellschaft ist jedoch nicht möglich (§ 124 Rz. 10), da in diesem Fall wegen der Anteilsgewährung an den übertragenden Rechtsträger nicht ausschließlich natürliche Personen Angehörige der Partnerschaftsgesellschaft wären; das wäre mit § 1 Abs. 1 Satz 3 PartGG nicht zu vereinbaren[8]. Die Möglichkeit des **Formwechsels** wird für die Partnerschaftsgesellschaft in § 225a UmwG eröffnet; s. dazu die Kommentierung der §§ 225a ff. UmwG. Die **§§ 45a–45e UmwG re-**

---

1 V. 24.3.1997; dazu – mit Wiedergabe der die Partnerschaftsgesellschaft betreffenden Regelungen – *Neye*, ZIP 1997, 722.
2 Art. 1 Nr. 13 des Gesetzes, BGBl. I 1998, S. 1878. Dazu *Neye*, DB 1998, 1649.
3 BGBl. I, S. 542 (Art. 8).
4 BGBl. I, S. 2553 (2578) (Art. 8 Nr. 20).
5 Zu den in Betracht kommenden Umwandlungsmöglichkeiten vgl. Einl. I Rz. 53 (Schaubild 3, Verschmelzung) sowie die der BegrRegE der §§ 45a–45e UmwG (BT-Drucks. 13/8808, 9 f.) entnommene Tabelle bei *Neye*, DB 1998, 1650.
6 Vgl. *Schäfer* in Ulmer/Schäfer, GbR, § 8 PartGG Rz. 41; *Leitzen*, DNotZ 2013, 597; *Posegga*, DStR 2012, 612; *Ruppert*, DStR 2013, 1624; *Römermann/Praß*, NZG 2012, 606.
7 Vgl. Gesetzesbegr zu § 8 Abs. 4 PartGG, BT-Drucks. 17/10487, 15: „Zwei Varianten der Partnerschaftsgesellschaft".
8 Dazu auch *Neye*, DB 1998, 1650.

geln die für die Partnerschaftsgesellschaft als beteiligter Rechtsträger **geltenden Besonderheiten für den Fall der Verschmelzung** und ergänzen damit das auch für die Partnerschaftsgesellschaft anzuwendende allgemeine Verschmelzungsrecht der §§ 2–38 UmwG; in **§ 18 Abs. 3 UmwG** enthält das allgemeine Verschmelzungsrecht noch eine Sonderregelung für die **Bildung des Namens einer übernehmenden Partnerschaftsgesellschaft** (unten Rz. 7). Die Regelungen des Zweiten Unterabschnitts können die Partnerschaftsgesellschaft als übertragenden, übernehmenden oder – im Falle der Verschmelzung durch Neugründung – neuen Rechtsträger betreffen. Da das UmwG in § 3 Abs. 4 UmwG sowohl die Mischverschmelzung (§ 3 Rz. 34 ff.) als auch die Verschmelzung gleicher Rechtsformen zulässt, können die Bestimmungen des Zweiten Unterabschnitts auch für alle beteiligten Rechtsträger anzuwenden sein. Im Fall der **Mischverschmelzung** – z.B. einer übertragenden Partnerschaftsgesellschaft auf eine übernehmende Freiberufler-GmbH (oder umgekehrt)[1] – sind für den Rechtsträger, der keine Partnerschaftsgesellschaft ist, die für seine Rechtsform geltenden Regelungen des Besonderen Teils des Verschmelzungsrechts heranzuziehen.

Von den **einzelnen Vorschriften des Zweiten Unterabschnitts** beschränkt **§ 45a UmwG** die Verschmelzung auf eine Partnerschaftsgesellschaft auf den Fall, dass alle Anteilsinhaber übertragender Rechtsträger zum Zeitpunkt des Wirksamwerdens der Verschmelzung (unten Rz. 12, 18) die Freiberufler-Qualifikation von § 1 Abs. 1 und 2 PartGG erfüllen, und schränkt damit die allgemeine Verschmelzungsfähigkeit nach § 3 Abs. 1 Nr. 1 UmwG ein. Weiterhin wird in § 45a UmwG klargestellt, dass berufsrechtliche Einschränkungen i.S.v. § 1 Abs. 3 PartGG zu beachten sind, also Vorrang vor den die Verschmelzungsfähigkeit der Partnerschaftsgesellschaft begründenden Bestimmungen des UmwG haben (unten Rz. 13). **§ 45b UmwG** enthält die allgemeine Regelung des § 5 Abs. 1 UmwG über den Inhalt des Verschmelzungsvertrages ergänzende Bestimmungen. In **§ 45c** UmwG werden Regelungen zum Verschmelzungsbericht und – durch Verweis auf § 42 UmwG – zur Unterrichtung der Partner zusammengefasst, die inhaltlich den §§ 41, 42 UmwG entsprechen. Die Mehrheitserfordernisse für den Verschmelzungsbeschluss der Partnerschaftsgesellschaft regelt **§ 45d UmwG**, und zwar inhaltlich übereinstimmend mit § 43 Abs. 1 sowie Abs. 2 Satz 1 und 2 UmwG. **§ 45e UmwG** verweist schließlich auf einzelne Vorschriften aus dem Besonderen Verschmelzungsrecht der Personenhandelsgesellschaft. Anwendung findet danach die in § 39 UmwG geregelte Einschränkung der Verschmelzungsfähigkeit aufgelöster übertragender Rechtsträger und die in § 45 UmwG vorgesehene Nachhaftungsbegrenzung. Lässt der Partnerschaftsvertrag gem. § 45d Abs. 2 UmwG einen Mehrheitsbeschluss für die Verschmelzung zu, wird durch den Verweis auf § 44 UmwG für jeden Partner ein Anspruch auf eine Prüfung der Verschmelzung nach den §§ 9–12 UmwG auf Kosten der Partnerschaftsgesellschaft begründet. 4

Die Regelungen der **§§ 45a–45e UmwG** sind **zwingend**; von ihnen kann nach § 1 Abs. 3 UmwG nur abgewichen werden, wenn das Gesetz es ausdrücklich zulässt. Bedeutung hat das nur für eine Verschärfung des qualifizierten Mehrheitserfordernisses nach § 45d Abs. 2 Satz 2 UmwG (dazu § 45d Rz. 1, 5). Zur durch das UmwG nicht verbotenen Möglichkeit, **einer Verschmelzung wirtschaftlich gleichstehende Transaktionen** auf Wegen außerhalb des UmwG durchzuführen, 5

1 Zur Zulässigkeit der Mischverschmelzung s. *Kallmeyer/Kocher* in Kallmeyer, § 45a UmwG Rz. 1.

vgl. § 39 Rz. 7. Allerdings dürfen dem Regelungen des PartGG oder berufsrechtliche Schranken nicht entgegenstehen.

3. Anwendungsbereich

6 Die §§ 45a–45e UmwG betreffen die **Partnerschaftsgesellschaft** als an einer Verschmelzung beteiligten Rechtsträger, unter Einschluss ihrer Rechtsformvariante der **Partnerschaftsgesellschaft mit beschränkter Berufshaftung** (oben Rz. 3). In dieser Rechtsform bzw. Rechtsformvariante können sich nach § 1 Abs. 1 Satz 1 PartGG **Angehörige Freier Berufe** zur gemeinsamen Berufsausübung zusammenschließen. Nach der weder in der Legaldefinition[1] des Freien Berufes noch in der Einzelaufzählung abschließenden[2] Regelung in § 1 Abs. 2 PartGG sind als **Beispiele** aus dem Katalog der Freien Berufe in § 1 Abs. 2 Satz 2 PartGG zu nennen: Ärzte, Rechtsanwälte, Patentanwälte, Wirtschaftsprüfer, Steuerberater, Architekten und Ingenieure; dazu näher unten Rz. 10. Hinsichtlich der Einzelheiten zu den Voraussetzungen der Partnerschaftsgesellschaft ist auf die Kommentierungen zum Partnerschaftsgesellschaftsgesetz zu verweisen[3]. An einer Verschmelzung kann die Partnerschaftsgesellschaft nach § 3 Abs. 1 UmwG als **übertragender oder übernehmender Rechtsträger** beteiligt sein. In Betracht kommt auch die Verschmelzung durch **Neugründung** einer Partnerschaftsgesellschaft; das gilt auch für eine neue Partnerschaftsgesellschaft mit beschränkter Berufshaftung. Die **Gesellschaft bürgerlichen Rechts** gehört nach § 3 UmwG nicht zu den verschmelzungsfähigen Rechtsträgern. Sie **kann** daher **nicht mit einer Partnerschaftsgesellschaft verschmolzen werden**. Hier muss, soll eine Verschmelzung einer als GbR organisierten Freiberuflersozietät nach dem UmwG erfolgen, zunächst der **Wechsel der Rechtsform** in diejenige eines verschmelzungsfähigen Rechtsträgers, also vor allem der Partnerschaftsgesellschaft als der gegenüber der GmbH einfacher herbeizuführenden Rechtsform, erfolgen. Dieser Formwechsel muss außerhalb des UmwG erfolgen, da die GbR nach § 191 Abs. 1 UmwG nicht formwechselnder Rechtsträger sein kann. Hierzu[4] ist neben der Wahl der Rechtsform der Partnerschaftsgesellschaft unter entsprechender Anpassung des Gesellschaftsvertrages der bisherigen GbR die nach § 7 Abs. 1 PartGG konstitutiv wirkende Eintragung im Partnerschaftsregister erforderlich (§ 225a Rz. 5).

4. Weitere Regelungen zur Verschmelzung von Partnerschaftsgesellschaften

7 Mit der Einführung der Partnerschaftsgesellschaft als verschmelzungsfähiger Rechtsträger (oben Rz. 1) sind eine Reihe von Vorschriften des UmwG (vgl. z.B. § 36 UmwG) an die **Terminologie** des PartGG angepasst worden, das nicht vom Gesellschafter und Gesellschaftsvertrag, sondern vom Partner und Partnerschaftsvertrag und weiterhin nicht von der Firma, sondern vom Namen der Partnerschaftsgesellschaft spricht. Sachliche Bedeutung kommt diesen Änderungen nicht

1 Krit. dazu *Römermann*, NZG 1998, 676f.

2 Die Legaldefinition in § 1 Abs. 2 Satz 1 PartGG gibt die „im Allgemeinen" prägenden Merkmale des Freien Berufes wieder; der Katalog in Satz 2 der Vorschrift stellt neben der Einzelaufzählung auch auf „ähnliche Berufe" ab.

3 Vgl. z.B. *Henssler*, PartGG, 2. Aufl. 2008; *Michalski/Römermann*, PartGG, 3. Aufl. 2005; *Ulmer/Schäfer*, GbR, 6. Aufl. 2013; *Meilicke/Graf von Westphalen/Hoffmann/Lenz/Wolff*, Partnerschaftsgesellschaftsgesetz, 2. Aufl. 2006.

4 Vgl. *Schäfer* in Ulmer/Schäfer, GbR, § 1 PartGG Rz. 31.

zu. Anderes gilt im Hinblick auf die **Namensbildung bei der aufnehmenden Partnerschaftsgesellschaft** für die Regelung in **§ 18 Abs. 3 Satz 2 UmwG**. Sie schränkt die Möglichkeit ein, die Firma eines übertragenden Rechtsträgers fortzuführen; vgl. im Einzelnen die Kommentierung zu § 18. Die Eintragung der Partnerschaftsgesellschaft erfolgt nach § 4 PartGG in das Partnerschaftsregister. Dementsprechend wird die Legaldefinition des Registers i.S.d. UmwG in **§ 16 Abs. 1 Satz 1 UmwG** um das **Partnerschaftsregister** ergänzt, zu dem die **Anmeldung der Verschmelzung** zu erfolgen hat; s. dazu unten Rz. 14ff. sowie die Kommentierung zu § 16 UmwG.

II. Funktion und Normzweck von § 45a UmwG

Für den Fall der Beteiligung einer Partnerschaftsgesellschaft an einer Verschmelzung enthält § 45a UmwG eine **Einschränkung der allgemeinen Regelung des § 3 UmwG** über die Verschmelzungsfähigkeit der dort genannten Rechtsträger. Der Normzweck von § 45a UmwG richtet sich darauf, die Erfüllung der Freiberufler-Qualifikation i.S.v. § 1 Abs. 2 PartGG und die Einhaltung etwaiger berufsrechtlicher Schranken als Voraussetzungen der Partnerschaftsgesellschaft sicherzustellen[1]. **§ 45a Satz 1 UmwG** beschränkt für den Fall der Verschmelzung auf eine übernehmende oder neue Partnerschaftsgesellschaft den **Kreis der möglichen übertragenden Rechtsträger** auf solche, deren Anteilsinhaber die **Freiberufler-Qualifikation** von § 1 Abs. 2 PartGG erfüllen. Damit wird dem Umstand Rechnung getragen, dass die Rechtsform der Partnerschaftsgesellschaft nach § 1 Abs. 1 Satz 1 und 3 PartGG nur natürlichen Personen zur gemeinsamen Ausübung eines Freien Berufes zur Verfügung steht. Eine weitere Einschränkung enthält **§ 45a Satz 2 UmwG** mit dem sich daraus ergebenden **Vorrang berufsrechtlicher Regelungen**. Soweit diese, sei es wegen der sich nach der Verschmelzung ergebenden Rechtsform, sei es wegen einer interprofessionellen Zusammenarbeit (unten Rz. 13), zu einer Einschränkung der Verschmelzungsfähigkeit führen, kann das sowohl die übertragende als auch die übernehmende oder neue Partnerschaftsgesellschaft betreffen. Für die **aufgelöste Partnerschaftsgesellschaft** als übertragender Rechtsträger wird die Verschmelzungsfähigkeit aufgrund des Verweises in § 45e UmwG auf § 39 UmwG eingeschränkt (§ 45e Rz. 3). 8

III. Inhalt der Vorschrift

1. Freiberufler-Qualifikation der Anteilsinhaber (§ 45a Satz 1 UmwG)

a) Freier Beruf

Nach § 45a Satz 1 UmwG müssen alle Anteilsinhaber des übertragenden Rechtsträgers zum Zeitpunkt des Wirksamwerdens der Verschmelzung (dazu unten Rz. 12) **natürliche Personen** sein, die einen Freien Beruf ausüben (dazu unten Rz. 11). Für das Vorliegen eines **Freien Berufes** verweist die Vorschrift auf § 1 Abs. 1 und 2 PartGG. Nach der **Legaldefinition in § 1 Abs. 2 Satz 1 PartGG**[2] haben Freie Berufe „im Allgemeinen auf der Grundlage besonderer beruflicher Qualifika- 9

1 *Dauner-Lieb/Tettinger* in KölnKomm. UmwG, § 45a UmwG Rz. 2f.
2 Eingefügt in § 1 Abs. 2 PartGG durch Art. 1a des Gesetzes zur Änderung des Umwandlungsgesetzes, des Partnerschaftsgesellschaftsgesetzes und anderer Gesetze v. 22.7.1998, BGBl. I, S. 1878. Krit. dazu *Römermann*, NZG 1998, 676f.

tion oder schöpferischer Begabung die persönliche, eigenverantwortliche und fachlich unabhängige Erbringung von Dienstleistungen höherer Art im Interesse der Auftraggeber und der Allgemeinheit zum Inhalt". Diese Regelung ist auf Initiative des Rechtsausschusses in das Änderungsgesetz aufgenommen worden, mit dem Ziel einer **Typusbeschreibung**, die die besonderen Merkmale des Freien Berufes herausstellen soll[1]. Dementsprechend kommt dieser Regelung, wie die einschränkenden Worte „im Allgemeinen" unterstreichen, **kein abschließender Charakter** zu. Das machen auch die Materialien deutlich, indem sie für den konkreten persönlichen Anwendungsbereich des PartGG auf den bereits in der ursprünglichen Fassung von § 1 Abs. 2 PartGG enthaltenen Katalog der erfassten Tätigkeiten (dazu unten Rz. 10) verweisen[2]. Die **praktische Bedeutung der Legaldefinition** ist daher sowohl für das PartGG[3] als auch für die Beurteilung der Verschmelzungsfähigkeit nach § 45a Satz 1 UmwG **gering**. Sie beschränkt sich darauf, bei der Fortentwicklung des – freilich schon umfangreichen und wegen der Bezugnahme auf ähnliche Berufe (unten Rz. 10) selbst eine Öffnungsklausel enthaltenden – Katalogs von § 1 Abs. 2 Satz 2 PartGG als Richtschnur zu dienen.

10 Ein **Katalogberuf des § 1 Abs. 2 Satz 2 PartGG erfüllt** aufgrund des Verweises in § 45a Satz 1 UmwG immer **die Voraussetzungen des Freien Berufes**, wenn eine selbständige Berufsausübung[4] gegeben ist. Von dem Katalog werden folgende **Berufsgruppen** erfasst[5], die auch die wesentlichen praktischen Fälle berücksichtigen: Ärzte, Zahnärzte, Tierärzte, Heilpraktiker, Krankengymnasten, Hebammen, Heilmasseure, Diplom-Psychologen, Mitglieder der Rechtsanwaltskammern, Patentanwälte, Wirtschaftsprüfer, Steuerberater, beratende Volks- und Betriebswirte, vereidigte Buchprüfer (vereidigte Buchrevisoren), Steuerbevollmächtigte, Journalisten, Bildberichterstatter, Dolmetscher, Übersetzer und ähnliche Berufe. Die **Aufzählung der Berufsgruppen** ist **nicht abschließend**. Aufgrund der Bezugnahme auf die ihnen[6] **ähnlichen Berufe** enthält § 1 Abs. 2 Satz 2 PartGG eine **Öffnungsklausel**. Als **Beispiele**[7] für ähnliche Berufe sind Insolvenzverwalter, Baustatiker und EDV-Berater zu nennen, soweit Letztere eine wissenschaftliche Ausbildung aufweisen und eine ingenieurähnliche Tätigkeit betreiben. Um ähnliche Berufe soll es sich dagegen zum Beispiel **nicht** bei folgenden Tätigkeiten handeln[8]: Anlageberater, Finanz- und Kreditberater, Werbe- und Public Relations-Berater sowie Baubetreuer. Weiterhin nennt § 1 Abs. 2 Satz 2 PartGG über die konkreten Berufsgruppen hinaus in einer **allgemeinen Umschreibung** die selbständige Berufstätigkeit der Wissenschaftler, Künstler, Schriftsteller, Lehrer und Erzieher als Freiberuflertätigkeit. Zu **Apothekern** und **Nur-Notaren** vgl. unten Rz. 13.

---

1 Beschlussempfehlung und Bericht des Rechtsausschusses zum Änderungsgesetz, BT-Drucks. 13/10955, 12f.

2 Beschlussempfehlung und Bericht des Rechtsausschusses zum Änderungsgesetz, BT-Drucks. 13/10955, 13.

3 Zutr. *Römermann*, NZG 1998, 676.

4 Dazu näher *Schäfer* in Ulmer/Schäfer, GbR, § 1 PartGG Rz. 45.

5 Zu den Einzelheiten vgl. *Michalski/Römermann*, § 1 PartGG Rz. 42ff.; *Schäfer* in Ulmer/Schäfer, GbR, § 1 PartGG Rz. 49ff.; insbesondere zu Steuerberatern und Wirtschaftsprüfern *Römermann*, NZG 1998, 677.

6 Dazu *Schäfer* in Ulmer/Schäfer, GbR, § 1 PartGG Rz. 64.

7 Vgl. – mit weiteren Beispielen – *Schäfer* in Ulmer/Schäfer, GbR, § 1 PartGG Rz. 69; *Henssler*, § 1 PartGG Rz. 118ff., 138ff., 140 (dort auch zum Unternehmensberater), 157ff.

8 Auch dazu *Schäfer* in Ulmer/Schäfer, GbR, § 1 PartGG Rz. 70 mit weiteren Beispielen.

b) Ausübung

Zu den Voraussetzungen der Partnerschaftsgesellschaft zählt nach § 1 Abs. 1 Satz 1 PartGG auch die tatsächliche Ausübung des Freien Berufes[1]. Dementsprechend lässt § 45a Satz 1 UmwG eine Verschmelzung auf eine Partnerschaftsgesellschaft nur zu, wenn alle Anteilsinhaber des oder der übertragenden Rechtsträger ihren Freien Beruf auch ausüben. Nach der h.M. zum PartGG[2] ist jedenfalls bei der Gründung der Partnerschaftsgesellschaft die **aktive Berufstätigkeit** aller Mitglieder erforderlich. Daran ist angesichts des Normzwecks von § 45a UmwG, die Voraussetzungen der Partnerschaftsgesellschaft nach § 1 PartGG auch für den Fall der Verschmelzung sicherzustellen (oben Rz. 8), und wegen des nach § 36 Abs. 2 Satz 1 UmwG anwendbaren Gründungsrechts der Partnerschaftsgesellschaft auch bei der Anwendung von § 45a UmwG festzuhalten[3]. Eine **Verschmelzung durch Neugründung** ist daher nach dieser Vorschrift nicht möglich, wenn Anteilsinhaber eines übertragenden Rechtsträgers z.B. aus gesundheitlichen oder Altersgründen ihre **Berufsausübung dauerhaft eingestellt** haben[4]. Entsprechendes gilt im Falle einer **Unterbrechung** der aktiven Berufstätigkeit, etwa aufgrund einer Krankheit, soweit es sich nicht um eine absehbar kurzfristige und deshalb unerhebliche Unterbrechung handelt. **Nach Gründung einer Partnerschaftsgesellschaft** eintretende Unterbrechungen oder Verhinderungen bei der aktiven Berufstätigkeit sind demgegenüber – abgesehen vom Fall des nach § 9 Abs. 3 PartGG zum Ausscheiden des betroffenen Partners führenden Verlusts der Berufszulassung – nach dem *PartGG* für den Bestand der Gesellschaft und die Mitgliedschaft des betroffenen Partners unschädlich[5]. Die Rechtsfolgen richten sich nach den gesellschaftsvertraglichen oder allgemeinen gesellschaftsrechtlichen Regelungen[6]. Dem ist bei der **Verschmelzung auf** eine übernehmende, also **bereits vorhandene Partnerschaftsgesellschaft** auch bei § 45a UmwG Rechnung zu tragen. Zwar geht der Wortlaut der Vorschrift uneingeschränkt von der Berufsausübung aus. Angesichts des auf die Wahrung der Anforderungen des § 1 PartGG beschränkten Normzwecks von § 45a UmwG (oben Rz. 8) besteht jedoch keine Veranlassung, bei dieser Vorschrift an das Merkmal der Berufsausübung strengere Anforderungen zu stellen als bei § 1 PartGG. Eine Verschmelzung auf eine übernehmende Partnerschaftsgesellschaft ist daher auch dann möglich, wenn Anteilsinhaber übertragender Rechtsträger an der Berufsausübung vorübergehend verhindert sind oder den Beruf aus sonstigen Gründen vorübergehend nicht ausüben oder die Berufsausübung aus gesundheitlichen oder Altersgründen dauerhaft eingestellt haben[7]. 11

1 *Schäfer* in Ulmer/Schäfer, GbR, § 1 PartGG Rz. 11.
2 Vgl. *Schäfer* in Ulmer/Schäfer, GbR, § 1 PartGG Rz. 11 m.w.N.; *Henssler*, § 1 PartGG Rz. 22; a.A. *Michalski/Römermann*, § 1 PartGG Rz. 7, 9; *Feddersen/Meyer-Landrut*, Partnerschaftsgesellschaftsgesetz, § 1 PartGG Rz. 5; *Lenz* in Meilicke/Graf von Westphalen/Hoffmann/Lenz/Wolff, § 1 PartGG Rz. 89ff., 101.
3 *Ihrig* in Semler/Stengel, § 45a UmwG Rz. 7; *Dauner-Lieb/Tettinger* in KölnKomm. UmwG, § 45a UmwG Rz. 8.
4 *Ihrig* in Semler/Stengel, § 45a UmwG Rz. 8; *Kallmeyer/Kocher* in Kallmeyer, § 45a UmwG Rz. 4. Vgl. zu § 1 PartGG *Schäfer* in Ulmer/Schäfer, GbR, § 1 PartGG Rz. 11.
5 *Schäfer* in Ulmer/Schäfer, GbR, § 1 PartGG Rz. 13f.
6 Zur Frage der Ausschließung aus wichtigem Grund vgl. *Schäfer* in Ulmer/Schäfer, GbR, § 1 PartGG Rz. 14.
7 *Ihrig* in Semler/Stengel, § 45a UmwG Rz. 9; *Dauner-Lieb/Tettinger* in KölnKomm. UmwG, § 45a UmwG Rz. 8; *Kallmeyer/Kocher* in Kallmeyer, § 45a UmwG Rz. 4; *Stratz* in Schmitt/Hörtnagl/Stratz, §§ 45a–45e UmwG Rz. 4.

c) Maßgeblicher Zeitpunkt

12 Die Freiberufler-Qualifikation muss gem. § 45a Satz 1 UmwG im Zeitpunkt des Wirksamwerdens der Verschmelzung vorliegen (vgl. dazu auch unten Rz. 18). Maßgeblich ist nach § 20 UmwG also die **Eintragung im Partnerschaftsregister**[1]. Im Falle der Verschmelzung auf eine übernehmende Partnerschaftsgesellschaft kommt es nach § 20 Abs. 1 UmwG auf die Eintragung in deren Register, bei der Verschmelzung durch Neugründung nach § 36 Abs. 1 Satz 2 UmwG i.V.m. § 20 UmwG auf die Eintragung der neuen Partnerschaftsgesellschaft im Partnerschaftsregister an. Zur Prüfung der Voraussetzungen durch das Registergericht vgl. unten Rz. 17. Da aber gem. § 45b Abs. 1 UmwG im Verschmelzungsvertrag der im übernehmenden Rechtsträger ausgeübte (freie) Beruf anzugeben ist, muss die Freiberufler-Qualifikation entweder bereits zum Zeitpunkt des Vertragsschlusses vorliegen oder der Vertrag deren Erwerb bis zum Zeitpunkt des Wirksamwerdens der Verschmelzung vorsehen (unten Rz. 18, § 45b Rz. 3).

2. Vorrang des Berufsrechts (§ 45a Satz 2 UmwG)

13 § 1 Abs. 3 PartGG sieht vor, dass berufsrechtliche Regelungen die Berufsausübung in einer Partnerschaft ausschließen oder von weiteren als den in § 1 Abs. 1 und 2 PartGG genannten Voraussetzungen abhängig machen können. § 45a Satz 2 UmwG übernimmt diesen Vorrang des Berufsrechts in das Verschmelzungsrecht. **Apotheker** sind bewusst nicht in den Berufskatalog von § 1 Abs. 2 Satz 2 PartGG aufgenommen worden[2]; eine Tätigkeit in der Partnerschaftsgesellschaft scheidet daher schon aus diesem Grunde aus. Die Frage des Vorrangs des Berufsrechts stellt sich für diese Berufsgruppe daher nicht. Nach der Gesetzesbegründung zum PartGG[3] sollen auch **Nur-Notare** von einer Teilnahme an einer Partnerschaftsgesellschaft ausgeschlossen sein; dem ist jedenfalls auf der Grundlage von § 9 BNotO nicht zu folgen[4]. Für die **Katalogberufe** (oben Rz. 10) sowie Wissenschaftler, Künstler, Schriftsteller, Lehrer und Erzieher besteht in berufsrechtlichen Regelungen – soweit sie überhaupt vorhanden sind – **kein genereller Ausschluss** der Berufsausübung in einer Partnerschaft[5]. Bei verschiedenen Berufsgruppen unterliegt die gemeinsame Berufsausübung aber besonderen Anforderungen, z.B. Genehmigungsvorbehalten[6]. **Anwaltsnotare** dürfen eine Partnerschaftsgesellschaft

1 *Dauner-Lieb/Tettinger* in KölnKomm. UmwG, § 45a UmwG Rz. 9; *Ihrig* in Semler/Stengel, § 45a UmwG Rz. 10; *Kallmeyer/Kocher* in Kallmeyer, § 45a UmwG Rz. 6; *Stratz* in Schmitt/Hörtnagl/Stratz, §§ 45a–45e UmwG Rz. 7.

2 Vgl. *Schäfer* in Ulmer/Schäfer, GbR, § 1 PartGG Rz. 79; *Michalski/Römermann*, § 1 PartGG Rz. 36.

3 BT-Drucks. 12/6152, 10.

4 Zu Recht für Zuordnung der Nur-Notare zu den „ähnlichen Berufen" i.S.v. § 1 Abs. 2 Satz 2 PartGG *Schäfer* in Ulmer/Schäfer, GbR, § 1 PartGG Rz. 48, 80, unter Hinweis auf die in 1998 erfolgte Neufassung des § 9 BNotO, die für Nur-Notare eine gemeinsame Berufsausübung grundsätzlich zulässt.

5 Dazu im Einzelnen *Henssler*, § 1 PartGG Rz. 208 ff. Besonderheiten gelten nur für öffentlich bestellte Vermessungsingenieure; für deren Amtstätigkeit ist der Zusammenschluss in einer Partnerschaftsgesellschaft ausgeschlossen, vgl. *Henssler*, § 1 PartGG Rz. 333.

6 Auch dazu näher *Henssler*, § 1 PartGG Rz. 208 ff.

nach § 59a Abs. 1 Satz 3 BRAO und § 9 Abs. 2 BNotO eingehen[1]. Zulässig ist die gemeinsame Berufsausübung in der Partnerschaftsgesellschaft auch für **Wirtschaftsprüfer** nach § 27 Abs. 1 WPO als anerkannte Wirtschaftsprüfungsgesellschaft und nach § 43a Abs. 2 Satz 1 WPO auch ohne diese Anerkennung. Die Zulässigkeit der Rechtsform der Partnerschaftsgesellschaft für anerkannte **Steuerberatungsgesellschaften** ergibt sich aus § 49 Abs. 1 StBerG; für die Fälle der fehlenden Anerkennung ist sie in § 56 Abs. 2 StBerG geregelt[2]. **Weitere Voraussetzungen** für die Berufsausübung in der Partnerschaft finden sich für verschiedene Berufsgruppen insbesondere in der **Begrenzung der interprofessionellen Zusammenarbeit** durch berufsrechtliche Regelungen[3].

IV. Registeranmeldung

Im Falle der **Verschmelzung auf einen übernehmenden Rechtsträger** haben die **Vertretungsorgane** – handelnd in vertretungsberechtigter Zahl[4] (allgem. zur Verschmelzung § 16 Rz. 5) – jedes an der Verschmelzung beteiligten Rechtsträgers die Verschmelzung zur Eintragung in das maßgebliche Register, für die Partnerschaftsgesellschaft also das **Partnerschaftsregister**[5], des Sitzes ihres Rechtsträgers anzumelden (§ 16 Abs. 1 Satz 1 UmwG). Für die Anmeldung einer übertragenden oder übernehmenden Partnerschaftsgesellschaft ist daher, abweichend von § 4 Abs. 1 Satz 1 und 3 PartGG, eine Anmeldung durch alle Partner nicht erforderlich[6]; anderes gilt nur dann, wenn Gesamtvertretungsbefugnis aller Partner besteht. Nach § 12 HGB bedarf die Anmeldung sowie eine Vollmacht für diese der **notariellen Beglaubigung**. Die Anmeldung der **Verschmelzung durch Neugründung** richtet sich nach § 38 UmwG. Nach § 38 Abs. 1 UmwG haben auch hier die Vertretungsorgane jedes übertragenden Rechtsträgers – in vertretungsberechtigter Zahl (allgem. zur Verschmelzung § 16 Rz. 5) – die Verschmelzung zur Eintragung in das Register des Sitzes ihres Rechtsträgers anzumelden[7]. Die **neue Partnerschaftsgesellschaft** ist von den Vertretungsorganen – in vertretungsberechtigter Zahl[8] (allgem. zur Verschmelzung § 16 Rz. 5) – aller übertragenden Rechtsträger bei dem Partnerschaftsregister des vorgesehenen Sitzes der neuen Partnerschafts- 14

---

1 Dazu und zur interprofessionellen Kooperation mit Wirtschaftsprüfern und vereidigten Buchprüfern vgl. *Schäfer* in Ulmer/Schäfer, GbR, § 1 PartGG Rz. 80 a.E., 83.

2 Dazu *Schäfer* in Ulmer/Schäfer, GbR, § 1 PartGG Rz. 81.

3 Dazu im Einzelnen *Henssler*, § 1 PartGG Rz. 208 ff.; *Michalski/Römermann*, § 1 PartGG Rz. 117 ff.; *Schäfer* in Ulmer/Schäfer, GbR, § 1 PartGG Rz. 82 ff. Zur Frage der Verfassungswidrigkeit von § 59a Abs. 1 BRAO, soweit diese Regelung die gemeinschaftliche Berufsausübung von Rechtsanwälten mit Ärzten und mit Apothekern ausschließt, s. BGH v. 16.5.2013 – II ZB 7/11, WM 2013, 1417 (1422 ff.) (Vorlagebeschluss an das Bundesverfassungsgericht).

4 *Ihrig* in Semler/Stengel, § 45a UmwG Rz. 24; *Kallmeyer/Kocher* in Kallmeyer, § 45a UmwG Rz. 7.

5 Dazu *Schäfer* in Ulmer/Schäfer, GbR, §§ 4, 5 PartGG Rz. 19 ff.

6 *Ihrig* in Semler/Stengel, § 45a UmwG Rz. 24; *Dauner-Lieb/Tettinger* in KölnKomm. UmwG, § 45a UmwG Rz. 16.

7 *Ihrig* in Semler/Stengel, § 45a UmwG Rz. 25; *Dauner-Lieb/Tettinger* in KölnKomm. UmwG, § 45a UmwG Rz. 16.

8 *Dauner-Lieb/Tettinger* in KölnKomm. UmwG, § 45a UmwG Rz. 16; *Ihrig* in Semler/Stengel, § 45a UmwG Rz. 25. Weitergehend – Anmeldung auch durch sämtliche Partner des neuen Rechtsträgers – *Vossius* in Widmann/Mayer, § 45a UmwG Rz. 33.

gesellschaft zur Eintragung anzumelden (§ 38 Abs. 2 UmwG). Auch hier ist § 4 Abs. 1 Satz 1 PartGG nicht anzuwenden.

15 Soweit – wie hinsichtlich der Anmeldebefugnis (oben Rz. 14) – das UmwG nicht eine abweichende Regelung enthält, sind bei der **Verschmelzung durch Neugründung** nach § 36 Abs. 2 Satz 1 UmwG die Gründungsvorschriften des neuen Rechtsträgers anzuwenden. Sie bestimmen daher auch einen etwaigen besonderen **Inhalt der Anmeldung**. Nach § 4 Abs. 1 Satz 2 PartGG muss die Anmeldung die in § 3 Abs. 2 PartGG vorgeschriebenen Angaben enthalten, also den **Namen und Sitz** der Partnerschaft, den **Namen, Vornamen, Wohnort**[1] und den **in der Partnerschaft ausgeübten Beruf für jeden Partner**, sowie den **Gegenstand der Partnerschaft** angeben; erforderlich ist nach § 4 Abs. 1 Satz 2 PartGG auch die Angabe der **Vertretungsmacht der Partner**[2] und deren **Geburtsdatum**. Weiterhin schreibt § 4 Abs. 2 Satz 1 PartGG vor, dass in der Anmeldung die **Zugehörigkeit** jedes Partners zu dem in der Partnerschaft ausgeübten **Freien Beruf** anzugeben ist. Die **Einreichung von Nachweisen**, insbesondere zur Berufszugehörigkeit, sieht § 4 PartGG nicht vor (vgl. dazu auch unten Rz. 17). Die **Partnerschaftsregisterverordnung (PRV)**[3] enthält allerdings in § 3 Abs. 1 Satz 2 eine **Sollvorschrift** über die Einreichung entsprechender **Nachweise**, wenn die Berufsausübung eine **staatliche Zulassung oder Prüfung** voraussetzt (dazu unten Rz. 17). Weiterhin sollen nach § 3 Abs. 2 PRV die anmeldenden Partner – im Falle der Verschmelzung die anmeldenden Vertretungsorgane (oben Rz. 14) – eine **Erklärung** darüber abgeben, **dass berufsrechtliche Regelungen**, insbesondere solche über die Zusammenarbeit von Angehörigen verschiedener Freier Berufe, einer **Eintragung nicht entgegenstehen**. Ist **für die Partnerschaft** aufgrund berufsrechtlicher Regelungen eine **staatliche Zulassung** erforderlich, so tritt nach § 3 Abs. 3 PRV an die Stelle der in § 3 Abs. 1 und 2 PRV genannten Nachweise die **Bestätigung der zuständigen Behörde**, dass eine solche Zulassung erfolgen kann[4]. Schließlich sollen dem Gericht nach § 4 PRV mit der Anmeldung für den in der Partnerschaft ausgeübten Beruf bestehende **Berufskammern** und deren Anschriften mitgeteilt werden. Diese Regelungen gehen, soweit sie den Nachweis der Berufszugehörigkeit betreffen, über § 4 Abs. 2 Satz 2 PartGG hinaus, nach dem das Registergericht bei der Eintragung grundsätzlich von den Angaben in der Anmeldung zur Berufsgehörigkeit ausgeht (dazu unten Rz. 17). Auch wenn es sich nur um Sollvorschriften handelt, empfiehlt sich jedoch deren Einhaltung oder jedenfalls eine Abstimmung hierüber mit dem Registergericht, um Eintragungsverzögerungen durch Zwischenverfügungen über die Anforderung von Nachweisen zu vermeiden. Für den Fall der Verschmelzung durch Neugründung einer **Partnerschaftsgesellschaft mit beschränkter Berufshaftung** sind die Besonderheiten bei der **Namensbildung** für die Partnerschaftsgesellschaft gem. § 8 Abs. 4 Satz 3 PartGG zu beachten; weiterhin ist der Handelsregisteranmeldung eine **Versicherungsbescheinigung** gem. § 113 Abs. 2 VVG nach § 4 Abs. 3 PartGG beizufügen.

---

1 Die Straßenbezeichnung ist nicht erforderlich.

2 Auch wenn die Vertretungsmacht nicht von der gesetzlichen Regelung des § 7 Abs. 3 PartGG i.V.m. § 125 Abs. 1 HGB abweicht; vgl. *Schäfer* in Ulmer/Schäfer, GbR, §§ 4, 5 PartGG Rz. 4.

3 Vom 6.6.1995, BGBl. I, S. 808; abgedruckt bei *Henssler*, Anh. § 4 PartGG.

4 § 3 Abs. 4 PRV sieht die entsprechende Geltung der genannten Regelungen auch im Fall der Umwandlung ausdrücklich vor.

Im Fall der Verschmelzung auf eine **übernehmende Partnerschaftsgesellschaft** finden die Gründungsvorschriften und damit auch § 4 PartGG keine Anwendung. Allerdings sind auch die aufgrund der Verschmelzung beim übernehmenden Rechtsträger neu hinzukommenden Partner in das Register mit den in § 3 Abs. 2 PartGG genannten Angaben (oben Rz. 15) einzutragen, da Änderungen im Partnerkreis nach § 4 Abs. 1 Satz 3 PartGG der Eintragungspflicht unterliegen[1]. Die Anmeldung der Verschmelzung zum Register der übernehmenden Partnerschaftsgesellschaft muss daher die **Angaben zu § 3 Abs. 2 PartGG sowie** zur Berufszugehörigkeit nach **§ 4 Abs. 2 Satz 1 PartGG** (dazu oben Rz. 15) enthalten[2]. Vorbehaltlich der genannten Sollvorschriften der PRV (oben Rz. 15) ist es dann allerdings konsequent, dass das Registergericht auch hier gem. § 4 Abs. 2 Satz 2 PartGG die Angaben zur Berufszugehörigkeit zugrunde legt, wenn ihm nicht deren Unrichtigkeit bekannt ist. 16

Zur **registerrichterlichen Prüfung** der Eintragungsvoraussetzungen vgl. allgemein § 19 Rz. 2ff. In ihrem Rahmen kann das Gericht aufgrund des Amtsermittlungsgrundsatzes des § 26 FamFG **Nachweise** über Eintragungsvoraussetzungen verlangen, wenn es **begründete Zweifel** an der Richtigkeit von Gegenständen der Anmeldung hat. Hierüber gehen die oben bei Rz. 15 genannten Sollvorschriften der PRV, die die Nachweise in den genannten Punkten zum Regelfall machen, hinaus. Das ist umso mehr bedenklich, soweit es um die **Angaben zur Berufszugehörigkeit** geht, denn nach § 4 Abs. 2 Satz 2 PartGG hat das Registergericht insoweit die Angaben in der Anmeldung zugrunde zu legen, wenn ihm nicht deren Unrichtigkeit bekannt ist. 17

V. Verstoß gegen § 45a UmwG

Der **Verschmelzungsvertrag** ist **nichtig**, wenn die – im Vertrag anzugebende (§ 45b Rz. 3) – Freiberufler-Qualifikation nach § 45a Satz 1 UmwG schon zum Zeitpunkt des Vertragsabschlusses nicht für alle Anteilsinhaber des übertragenden Rechtsträgers vorliegt und davon auszugehen ist, dass diese Qualifikation auch nicht bis zum Wirksamwerden der Verschmelzung erworben wird[3]; dann fehlt es an der Verschmelzungsfähigkeit des übertragenden Rechtsträgers[4]. Entsprechendes gilt für den **Verschmelzungsbeschluss**. Anderes gilt, wenn zwar die Freiberufler-Qualifikation zum Zeitpunkt des Vertragsschlusses noch nicht vorliegt, der Verschmelzungsvertrag[5] aber vorsieht, dass die Freiberufler-Qualifikation bis zur Handelsregistereintragung erworben wird[6] (§ 45b Rz. 3) oder ein Anteilsinhaber, 18

1 Vgl. zum Beitritt von Partnern *Schäfer* in Ulmer/Schäfer, GbR, §§ 4, 5 PartGG Rz. 5.

2 *Ihrig* in Semler/Stengel, § 45a UmwG Rz. 24. A.A. *Dauner-Lieb/Tettinger* in KölnKomm. UmwG, § 45a UmwG Rz. 17.

3 *Dauner-Lieb/Tettinger* in KölnKomm. UmwG, § 45a UmwG Rz. 12; OLG Naumburg v. 12.2.1997 – 10 Wx 1/97, GmbHR 1997, 1152 (1153) (zur fehlenden Verschmelzungsfähigkeit nach § 39 UmwG). A.A. *Kallmeyer/Kocher* in Kallmeyer, § 45a UmwG Rz.8 (nur Eintragungshindernis).

4 *Dauner-Lieb/Tettinger* in KölnKomm. UmwG, § 45a UmwG Rz. 12; *Ihrig* in Semler/Stengel, § 45a UmwG Rz. 19f.

5 Ein entsprechender Gesellschafterbeschluss reicht nicht aus, vgl. OLG Hamm v. 26.9.1996 – 15 W 151/96, DB 1997, 268 (269) = GmbHR 1997, 176.

6 *Ihrig* in Semler/Stengel, § 45a UmwG Rz. 19; im Erg. auch *Kallmeyer/Kocher* in Kallmeyer, § 45a UmwG Rz. 8; nur auf den tatsächlichen Erwerb abstellend *Dauner-Lieb/Tettinger* in KölnKomm. UmwG, § 45a UmwG Rz. 10.

der die Freiberufler-Qualifikation nicht erfüllt, bis zum Eintragungszeitpunkt aus dem übertragenden Rechtsträger ausscheidet[1]; s. aber auch oben Rz. 11. Auch ein Verstoß gegen berufsrechtliche Schranken einer Verschmelzung (oben Rz. 13) führt zur Nichtigkeit[2]. Fällt die Freiberufler-Qualifikation nach Abschluss des Verschmelzungsvertrages oder nach dem Beschluss weg, so hat dies zwar nicht die Nichtigkeit der bereits durchgeführten Maßnahme zur Folge, bildet aber gleichwohl nach § 45a Satz 1 UmwG ebenfalls ein **Eintragungshindernis** für die Verschmelzung im Partnerschaftsregister[3], da die Freiberufler-Qualifikation zum Zeitpunkt der Registereintragung gegeben sein muss (dazu oben Rz. 12); s. aber auch oben Rz. 11. Erfolgt gleichwohl die **Eintragung im Partnerschaftsregister**, so treten nach § 20 Abs. 2 UmwG die Wirkungen der Verschmelzung trotz des Mangels ein. Im Falle des Verlustes einer erforderlichen beruflichen Zulassung scheidet der hiervon betroffene Anteilsinhaber allerdings nach § 9 Abs. 3 PartGG mit dem Wirksamwerden der Verschmelzung aus der Partnerschaftsgesellschaft aus. Für die übrigen Fälle eines Wegfalls der Freiberufler-Qualifikation (oben Rz. 11) sieht das PartGG keine Rechtsfolge vor. Die weitere Mitgliedschaft des betroffenen Partners richtet sich daher in diesem Fall sowie bei einer von Anfang an nicht gegebenen Freiberufler-Qualifikation nach den gesellschaftsrechtlichen Regelungen[4]. In Betracht kommen weiterhin eine Amtslöschung nach § 395 FamFG sowie Sanktionen aufgrund ggf. einschlägiger berufsrechtlicher Regelungen.

§ 45b
Inhalt des Verschmelzungsvertrags

(1) Der Verschmelzungsvertrag oder sein Entwurf hat zusätzlich für jeden Anteilsinhaber eines übertragenden Rechtsträgers den Namen und den Vornamen sowie den in der übernehmenden Partnerschaftsgesellschaft ausgeübten Beruf und den Wohnort jedes Partners zu enthalten.

(2) § 35 ist nicht anzuwenden.

Literatur

Neye, Die Änderungen im Umwandlungsrecht nach den handels- und gesellschaftsrechtlichen Reformgesetzen in der 13. Legislaturperiode, DB 1998, 1649.

---

1 *Dauner-Lieb/Tettinger* in KölnKomm. UmwG, § 45a UmwG Rz. 10; *Kallmeyer/Kocher* in Kallmeyer, § 45a UmwG Rz. 6. Vgl. zum Formwechsel unten § 228 Rz. 29.

2 Vgl. OLG Hamm v. 26.9.1996 – 15 W 151/96, DB 1997, 268 (269). Differenzierend *Ihrig* in Semler/Stengel, § 45a UmwG Rz. 22; *Dauner-Lieb/Tettinger* in KölnKomm. UmwG, § 45a UmwG Rz. 22.

3 *Ihrig* in Semler/Stengel, § 45a UmwG Rz. 21.

4 *Schäfer* in Ulmer/Schäfer, GbR, § 1 PartGG Rz. 14; *Dauner-Lieb/Tettinger* in KölnKomm. UmwG, § 45a UmwG Rz. 15.

I. Funktion und Normzweck

1 Für den Fall der Verschmelzung auf eine **übernehmende Partnerschaftsgesellschaft ergänzt § 45b Abs. 1 UmwG die allgemeine Regelung des § 5 UmwG** über den Inhalt des Verschmelzungsvertrages. Die in § 45b Abs. 1 UmwG vorgesehenen Angaben entsprechen denjenigen Angaben, die der Partnerschaftsvertrag nach § 3 Abs. 2 Nr. 2 PartGG enthalten muss. Bei der Verschmelzung durch **Neugründung** einer Partnerschaftsgesellschaft, bei der nach der Legaldefinition für den übernehmenden Rechtsträger in § 2 Nr. 1 UmwG die Vorschrift des § 45b Abs. 1 UmwG keine Anwendung finden kann, sind die in § 45b Abs. 1 UmwG vorgesehenen Angaben zwar nicht im Verschmelzungsvertrag zu machen. Da aber im Verschmelzungsvertrag nach § 37 UmwG der Partnerschaftsvertrag enthalten sein oder festgestellt werden muss und § 36 Abs. 2 Satz 1 UmwG die Anwendung des Gründungsrechts und damit auch von § 3 Abs. 2 PartGG vorschreibt, sind die in § 45b Abs. 1 UmwG vorgesehenen Angaben auch bei der Verschmelzung durch Neugründung erforderlich und erfolgen im Partnerschaftsvertrag. **§ 45b Abs. 2 UmwG** schließt die Anwendung von § 35 UmwG und damit die Möglichkeit aus, bei einer **Aktiengesellschaft oder KGaA als übertragender Rechtsträger** unbekannte Aktionäre durch die in § 35 UmwG vorgesehenen Angaben zu bezeichnen. Der **Normzweck von § 45b Abs. 1 UmwG** richtet sich darauf, sicherzustellen, dass die Voraussetzungen der Freiberufler-Qualifikation (dazu § 45a Rz. 9ff.) zum Zeitpunkt des Wirksamwerdens der Verschmelzung, also bei deren Eintragung im Partnerschaftsregister (§ 45a Rz. 12), eindeutig erfüllt sind[1]. Dieses Ziel wird insoweit erreicht, als schon der Abschluss eines Verschmelzungsvertrages mit einem Rechtsträger, an dem Anteilsinhaber beteiligt sind, die die Freiberufler-Qualifikation von vornherein nicht erfüllen, im Regelfall verhindert wird; s. aber auch § 45a Rz. 11. Die Vorschrift kann es allerdings nicht ausschließen, dass eine vorhandene Freiberufler-Qualifikation nach Abschluss des Vertrages, aber vor Eintragung der Verschmelzung im Partnerschaftsregister wegfällt (dazu § 45a Rz. 18). Mit der Unanwendbarkeit von § 35 UmwG nach **§ 45b Abs. 2 UmwG** soll ebenfalls ausgeschlossen werden, dass Personen, die keinen Freien Beruf ausüben, am Verschmelzungsvorgang teilnehmen[2]. – Zu den Besonderheiten bei der **Fortführung der Firma oder des Namens** des übertragenden Rechtsträgers im Namen der übernehmenden Partnerschaftsgesellschaft s. § 18 Abs. 3 UmwG (§ 18 Rz. 9f. und § 45a Rz. 7).

II. Entstehungsgeschichte

2 Die Vorschrift ist mit dem am 1.8.1998 in Kraft getretenen Gesetz zur Änderung des Umwandlungsgesetzes, des Partnerschaftsgesellschaftsgesetzes und anderer Gesetze v. 22.7.1998[3] in das UmwG eingefügt worden. Sie war bereits unverändert im Referentenentwurf enthalten; dazu und zur Entstehungsgeschichte im Übrigen vgl. § 45a Rz. 1f.

---

1 Gesetzesbegr, BT-Drucks. 13/8808, 12; *Neye*, DB 1998, 1651.
2 Gesetzesbegr, BT-Drucks. 13/8808, 12; *Neye*, DB 1998, 1651.
3 BGBl. I 1998, S. 1878 (dort Art. 1 Nr. 13); dazu *Neye*, DB 1998, 1649ff.

III. Inhalt der Vorschrift

1. Die Pflichtangaben nach § 45b Abs. 1 UmwG

3 § 45b Abs. 1 UmwG betrifft den Fall der **Verschmelzung auf eine übernehmende Partnerschaftsgesellschaft** (oben Rz. 1); zum Fall der Verschmelzung durch Neugründung s. oben Rz. 1. Der **Mindestinhalt des Verschmelzungsvertrages** richtet sich auch für die Partnerschaftsgesellschaft nach **§ 5 UmwG**; s. dazu die Kommentierung bei § 5. Zusätzlich anzugeben sind im Verschmelzungsvertrag oder in seinem Entwurf **für jeden Anteilsinhaber** des oder der übertragenden Rechtsträger der **Vorname** und **Name** sowie der **Beruf**, der in der übernehmenden (s. oben Rz. 1) Partnerschaftsgesellschaft ausgeübt werden soll. Dabei muss es sich nach § 45a Satz 1 UmwG um einen Freien Beruf i.S.v. § 1 Abs. 2 PartGG handeln (dazu näher § 45a Rz. 9ff.). Liegt die Freiberufler-Qualifikation zum Zeitpunkt des Vertragsschlusses noch nicht vor, muss der Verschmelzungsvertrag zumindest vorsehen, dass diese Qualifikation bis zum Wirksamwerden der Verschmelzung erworben wird (§ 45a Rz. 12, 18); s. aber auch § 45a Rz. 11. Weiterhin ist für jeden Anteilsinhaber der **Wohnort** anzugeben; nicht erforderlich ist die Straßenbezeichnung[1]. **Änderungen** des Namens oder Wohnorts nach dem Abschluss des Verschmelzungsvertrages oder nach dem zustimmenden Verschmelzungsbeschluss erfordern keine Änderung des Vertrages und auch keine erneute Beschlussfassung[2]. Die Angaben zum Namen und Wohnort dienen der Individualisierung des jeweiligen Anteilsinhabers. Insoweit kann bei der Anmeldung der Verschmelzung zum Partnerschaftsregister unter der – erforderlichen – Verwendung der aktuellen Daten zur Person (§ 45a Rz. 16) durch geeignete Unterlagen deren Übereinstimmung mit der im Verschmelzungsvertrag genannten Person nachgewiesen werden[3].

2. Unanwendbarkeit von § 35 UmwG

4 Im **Fall der übertragenden Aktiengesellschaft oder KGaA** sieht § 35 UmwG allgemein für die Verschmelzung vor, dass **unbekannte Aktionäre** im Verschmelzungsvertrag und bei der Registeranmeldung durch Angabe des insgesamt auf sie entfallenden Teils des Grundkapitals der Gesellschaft und der auf sie nach der Verschmelzung entfallenden Anteile zu bezeichnen sind, soweit eine Benennung der Anteilsinhaber für den übernehmenden Rechtsträger gesetzlich vorgeschrieben ist. Diese Benennung ist nach den §§ 3–5 PartGG bei der Partnerschaftsgesellschaft erforderlich. Nach § 45b Abs. 2 UmwG ist § 35 UmwG nicht anzuwenden; damit ist die **Bezeichnung unbekannter Aktionäre durch die in § 35 UmwG vorgesehenen Angaben ausgeschlossen**, wenn der übernehmende oder neue Rechtsträger eine Partnerschaftsgesellschaft ist. Damit wird sichergestellt, dass unbekannte Aktionäre, die die Freiberufler-Qualifikation nicht erfüllen, nicht an einer Verschmelzung mitwirken (oben Rz. 1). Die Unanwendbarkeit von § 35 UmwG hat zur Folge, dass eine Verschmelzung einer Freiberufler-AG oder Freiberufler-KGaA nur dann möglich ist, wenn alle Aktionäre bekannt sind[4]. Das wird regel-

---

1 *Ihrig* in Semler/Stengel, § 45b UmwG Rz. 8; *Dauner-Lieb/Tettinger* in KölnKomm. UmwG, § 45b UmwG Rz. 3.
2 *Ihrig* in Semler/Stengel, § 45b UmwG Rz. 9; *Dauner-Lieb/Tettinger* in KölnKomm. UmwG, § 45b UmwG Rz. 4; *Kallmeyer/Kocher* in Kallmeyer, § 45b UmwG Rz. 3.
3 *Dauner-Lieb/Tettinger* in KölnKomm. UmwG, § 45b UmwG Rz. 4.
4 Einschr. *Vossius* in Widmann/Mayer, § 45b UmwG Rz. 16ff.

mäßig der Fall sein. Besondere Erschwernisse einer Verschmelzung unter Beteiligung der Partnerschaftsgesellschaft hat die Unanwendbarkeit von § 35 UmwG für die Praxis daher nicht zur Folge[1].

§ 45c
Verschmelzungsbericht und Unterrichtung der Partner

Ein Verschmelzungsbericht ist für eine an der Verschmelzung beteiligte Partnerschaftsgesellschaft nur erforderlich, wenn ein Partner gem. § 6 Abs. 2 des Partnerschaftsgesellschaftsgesetzes von der Geschäftsführung ausgeschlossen ist. Von der Geschäftsführung ausgeschlossene Partner sind entsprechend § 42 zu unterrichten.

Literatur

Neye, Die Änderungen im Umwandlungsrecht nach den handels- und gesellschaftsrechtlichen Reformgesetzen in der 13. Legislaturperiode, DB 1998, 1649.

I. Funktion und Normzwecks

1 **§ 45c Satz 1 UmwG entspricht inhaltlich** weitgehend dem für die Personenhandelsgesellschaft geltenden **§ 41 UmwG**; in weiten Teilen kann daher hinsichtlich der Einzelheiten auf die Kommentierung zu § 41 UmwG verwiesen werden. Entsprechendes gilt für den auf § 42 UmwG verweisenden **§ 45c Satz 2 UmwG**. Der abweichende Wortlaut von § 45c Satz 1 UmwG gegenüber § 41 UmwG ist darauf zurückzuführen, dass bei der Partnerschaftsgesellschaft ein vollständiger Ausschluss von der Geschäftsführung nicht zulässig ist (unten Rz. 3); dementsprechend stellt § 45c Satz 1 UmwG auf den Ausschluss von der Geschäftsführung gem. § 6 Abs. 2 PartGG ab; vgl. näher unten Rz. 3. § 45c Satz 1 UmwG schränkt den Regelfall der Erstellung eines Verschmelzungsberichts nach § 8 Abs. 1 Satz 1 UmwG für den Fall ein, dass alle Partner an der Geschäftsführung gem. § 6 Abs. 2 PartGG beteiligt sind und sich deshalb über die Einzelheiten der Verschmelzung

1 So auch *Ihrig* in Semler/Stengel, § 45b UmwG Rz. 11; *Dauner-Lieb/Tettinger* in KölnKomm. UmwG, § 45b UmwG Rz. 5; *Stratz* in Schmitt/Hörtnagl/Stratz, §§ 45a–45e UmwG Rz. 9.

unmittelbar informieren können. Der **Normzweck**[1] richtet sich daher darauf, für diesen Fall eine Erleichterung des Verschmelzungsvorgangs zu schaffen, da ein Unterrichtungsbedarf der Partner durch einen Verschmelzungsbericht nicht besteht. Zum Verhältnis zu § 8 Abs. 3 UmwG vgl. unten Rz. 4. § 45c Satz 2 UmwG stellt sicher, dass diejenigen Partner, die unterrichtungsbedürftig sind, durch Übersendung der Verschmelzungsunterlagen die Möglichkeit erhalten, sich über die Verschmelzung umfassend[2] zu informieren.

II. Entstehungsgeschichte

2 Die Vorschrift ist mit dem am 1.8.1998 in Kraft getretenen Gesetz zur Änderung des Umwandlungsgesetzes, des Partnerschaftsgesellschaftsgesetzes und anderer Gesetze v. 22.7.1998[3] in das UmwG eingefügt worden. Sie war bereits unverändert im Referentenentwurf enthalten; dazu und zur Entstehungsgeschichte im Übrigen vgl. § 45a Rz. 1 f.

III. Inhalt der Vorschrift

1. Erforderlichkeit des Verschmelzungsberichts (§ 45c Satz 1 UmwG)

a) Ausschluss von der Geschäftsführung

3 Abweichend vom Regelfall des § 8 Abs. 1 Satz 1 UmwG schreibt § 45c Satz 1 UmwG einen Verschmelzungsbericht nur für den Fall vor, dass zumindest ein Partner **gem. § 6 Abs. 2 PartGG** von der Geschäftsführung ausgeschlossen ist (vgl. dazu auch § 41 Rz. 4 f.). Während bei der Partnerschaftsgesellschaft die Geschäftsführungsbefugnis für die freiberuflichen Geschäfte unabdingbar ist[4] und ihr Fehlen zum Wegfall der Freiberufler-Qualifikation führen würde, lässt § 6 Abs. 2 PartGG den partnerschaftsvertraglichen **Ausschluss von der Führung der sonstigen Geschäfte** zu, die nicht die Ausübung der freiberuflichen Tätigkeit, insbesondere die Begründung und Abwicklung von Mandaten oder anderen Verträgen über freiberufliche Leistungen betreffen. Sieht der Partnerschaftsvertrag die Befugnis zur Führung der sonstigen Geschäfte nur für einen oder mehrere Partner vor, sind die übrigen Partner von der Führung der sonstigen Geschäfte ausgeschlossen (§ 6 Abs. 3 Satz 2 PartGG i.V.m. § 114 Abs. 2 HGB). Sind Regelungen zur Geschäftsführung im Partnerschaftsvertrag überhaupt nicht vorhanden, sind aufgrund des Verweises in § 6 Abs. 3 Satz 2 PartGG auf § 114 Abs. 1 HGB alle Partner zur Führung auch der sonstigen Geschäfte befugt; ein Verschmelzungsbericht ist dann nicht erforderlich. Auf die Vertretungsbefugnis kommt es nicht an. Dem Wortlaut nach erfasst § 45c Satz 1 UmwG aufgrund der Bezugnahme auf § 6 Abs. 2 PartGG nur den Fall des im **Partnerschaftsvertrag** vorgesehenen Ausschlusses von der Führung der sonstigen Geschäfte. Zur Vermeidung von Wertungswidersprüchen zu § 41 UmwG muss § 45c Satz 1 UmwG aber auch dann Anwendung finden, wenn einem Partner die Führung der sonstigen Geschäfte aufgrund **gerichtlicher Entscheidung, einstweiliger Verfügung** oder aufgrund eines im Part-

---

1 Gesetzesbegr, BT-Drucks. 13/8808, 12; *Neye*, DB 1998, 1651.
2 So ausdrücklich die Gesetzesbegr, BT-Drucks. 13/8808, 12.
3 BGBl. I 1998, S. 1878 (dort Art. 1 Nr. 13); dazu *Neye*, DB 1998, 1651.
4 Vgl. *Schäfer* in Ulmer/Schäfer, GbR, § 6 PartGG Rz. 14; *Henssler*, § 6 PartGG Rz. 56.

nerschaftsvertrag dafür vorgesehenen **Beschlusses** der Gesellschafterversammlung ganz oder teilweise entzogen bzw. untersagt ist (vgl. zu § 41 UmwG § 41 Rz. 5)[1].

b) Verhältnis zu § 8 Abs. 3 UmwG

Ein Verschmelzungsbericht ist nach § 8 Abs. 3 UmwG entbehrlich, wenn alle Anteilsinhaber aller beteiligten Rechtsträger auf seine Erstattung **verzichten** (dazu § 8 Rz. 49 ff.). Bedeutung hat diese Vorschrift dann, wenn der Tatbestand des § 45c Satz 1 UmwG gegeben und deshalb ein Verschmelzungsbericht erforderlich ist. Für die Entbehrlichkeit des Berichts genügt in diesem Fall allerdings nicht ein Verzicht nur der von der (sonstigen) Geschäftsführung ausgeschlossenen Partner; dazu näher § 41 Rz. 6. 4

2. Unterrichtung der Partner (§ 45c Satz 2 UmwG)

a) Adressatenkreis und zu übersendende Unterlagen

§ 45c Satz 2 UmwG sieht die Unterrichtung der von der Geschäftsführung ausgeschlossenen Partner (oben Rz. 3; vgl. auch § 42 Rz. 3) entsprechend § 42 UmwG vor. Ihnen sind daher der **Verschmelzungsvertrag** oder sein Entwurf – mit Anlagen, vgl. § 42 Rz. 5 – sowie der **Verschmelzungsbericht** in Kopie zu übersenden (dazu § 42 Rz. 8); zum Verzicht auf die Übersendung vgl. § 42 Rz. 3. Ebenso wie § 42 UmwG sieht auch der Wortlaut von § 45c Satz 2 UmwG nicht die Übersendung des im Fall der nach § 45e Satz 2 UmwG i.V.m. § 44 UmwG erforderlichen Prüfung (§ 45e Rz. 3) nach § 12 UmwG zu erstellenden **Prüfungsberichts** vor. Der auf eine umfassende Information gerichtete Normzweck von § 45c Satz 2 UmwG (oben Rz. 1) verlangt aber auch die Einbeziehung des Prüfungsberichts in den Kreis der zu übersendenden Unterlagen (§ 42 Rz. 5). 5

b) Übersendung und Übersendungsfrist

Zuständig für die Übersendung sind die mit der Führung der sonstigen Geschäfte betrauten Partner. Die **Kosten** der Herstellung der Unterlagen und ihrer Übersendung trägt die Partnerschaftsgesellschaft (§ 42 Rz. 8). Eine bestimmte **Form** ist bei der Übersendung nicht einzuhalten; eine Aushändigung der Unterlagen genügt (§ 42 Rz. 8). Als Frist für die Übersendung der Unterlagen sieht § 42 UmwG vor, dass sie **spätestens mit der Einberufung zur Gesellschafterversammlung**, die über die Verschmelzung beschließen soll, zu übersenden sind. Dabei ist eine Mindestfrist von einer Woche zu wahren; vgl. § 42 Rz. 7. Zu den Rechtsfolgen eines Verstoßes gegen die Unterrichtungspflicht vgl. § 42 Rz. 10. 6

IV. Registeranmeldung

Ein **Nachweis der Übersendung** der Verschmelzungsunterlagen gegenüber dem Partnerschaftsregister ist in § 17 UmwG nicht vorgesehen und daher **keine for-** 7

1 So zu Recht *Vossius* in Widmann/Mayer, § 45c UmwG Rz. 6.

melle Eintragungsvoraussetzung[1]; s. dazu und zu weiteren Einzelheiten der Registeranmeldung § 42 Rz. 11.

V. Weitere Informationspflichten

8 Regelungen zur Auskunftserteilung über die Verschmelzung enthält das UmwG für die Partnerschaftsgesellschaft ebenso wenig wie für die Personenhandelsgesellschaft (dazu § 42 Rz. 12). Für § 118 Abs. 1 HGB, auf den § 6 Abs. 3 Satz 2 PartGG verweist, ist in der h.M.[2] aber anerkannt, dass die von der Geschäftsführung ausgeschlossenen Gesellschafter einen Auskunftsanspruch haben, wenn ein **Informationsbedarf** allein durch Ausübung des Einsichtsrechts nach § 118 Abs. 1 HGB nicht befriedigt werden kann. Daher hat jeder von der sonstigen Geschäftsführung ausgeschlossene Partner einen **Anspruch auf Auskunftserteilung** vor oder in der Gesellschafterversammlung, die über die Verschmelzung beschließen soll, über Fragen zu der Verschmelzung, insbesondere zum Verschmelzungsvertrag und den erstatteten Berichten, wenn sich den hierüber überlassenen Unterlagen die zur sachgerechten Beurteilung der Verschmelzung erforderlichen Informationen nicht entnehmen lassen oder diese Unterlagen oder deren Behandlung in der Gesellschafterversammlung neue Fragen aufwerfen, für deren Beantwortung ein Informationsbedürfnis anzuerkennen ist[3] (dazu § 42 Rz. 12). Die Auskunftsverpflichtung erstreckt sich auch auf alle für die Verschmelzung wesentlichen **Angelegenheiten der anderen beteiligten Rechtsträger**; dazu näher § 42 Rz. 12.

§ 45d
Beschluss der Gesellschafterversammlung

(1) Der Verschmelzungsbeschluss der Gesellschafterversammlung bedarf der Zustimmung aller anwesenden Partner; ihm müssen auch die nicht erschienenen Partner zustimmen.

(2) Der Partnerschaftsvertrag kann eine Mehrheitsentscheidung der Partner vorsehen. Die Mehrheit muss mindestens drei Viertel der abgegebenen Stimmen betragen.

1 *Ihrig* in Semler/Stengel, § 45c UmwG Rz. 11.
2 Vgl. zur Partnerschaftsgesellschaft *Schäfer* in Ulmer/Schäfer, GbR, § 6 PartGG Rz. 33 m.w.N.
3 *Ihrig* in Semler/Stengel, § 45c UmwG Rz. 10.

Literatur

Neye, Die Änderungen im Umwandlungsrecht nach den handels- und gesellschaftsrechtlichen Reformgesetzen in der 13. Legislaturperiode, DB 1998, 1649.

I. Funktion und Normzweck

Nach § 13 Abs. 1 UmwG bedarf der Verschmelzungsvertrag zu seiner Wirksamkeit eines Verschmelzungsbeschlusses der Anteilsinhaber des jeweils beteiligten Rechtsträgers. Die Mehrheitserfordernisse sind in den rechtsträgerspezifischen Bestimmungen des Besonderen Verschmelzungsrechts geregelt. Die **Funktion** von § 45d UmwG liegt darin, die für den Verschmelzungsbeschluss bei der Partnerschaftsgesellschaft maßgeblichen Mehrheitserfordernisse festzulegen. Die Vorschrift geht – entsprechend dem für Personengesellschaften allgemein geltenden Grundsatz – in § 45d Abs. 1 UmwG vom **Einstimmigkeitsprinzip** aus, lässt aber in § 45d Abs. 2 UmwG gesellschaftsvertragliche **Mehrheitsklauseln** unter Festlegung einer Untergrenze für die erforderliche Mehrheit zu. Der **Normzweck** der Vorschrift richtet sich auf den Minderheitenschutz. § 45d UmwG ist eine **halbzwingende Norm**. Die in § 45d Abs. 2 UmwG zugelassene Dreiviertel-Mehrheit der abgegebenen Stimmen bildet die Untergrenze der erforderlichen Mehrheit und kann durch gesellschaftsvertragliche Regelungen nicht herabgesetzt werden. Das ergibt sich schon aus dem Wortlaut von § 45d Abs. 2 Satz 2 UmwG, folgt aber auch aus § 1 Abs. 3 Satz 1 UmwG. Diese Bestimmungen stehen aber gesellschaftsvertraglichen Regelungen nicht entgegen, die höhere Mehrheitserfordernisse vorsehen (unten Rz. 5). 1

II. Entstehungsgeschichte

Die Vorschrift ist mit dem am 1.8.1998 in Kraft getretenen Gesetz zur Änderung des Umwandlungsgesetzes, des Partnerschaftsgesellschaftsgesetzes und anderer Gesetze v. 22.7.1998[1] in das UmwG eingefügt worden. Sie war bereits unverändert im Referentenentwurf enthalten; dazu und zur Entstehungsgeschichte im Übrigen vgl. § 45a Rz. 1 f. 2

III. Grundvoraussetzungen des Verschmelzungsbeschlusses

Für alle Rechtsformen und damit auch für die Partnerschaftsgesellschaft schreibt § 13 Abs. 1 Satz 2 UmwG vor, dass der Verschmelzungsbeschluss nur in einer Versammlung der Anteilsinhaber, bei der Partnerschaftsgesellschaft also nur in einer **Gesellschafterversammlung** gefasst werden kann. Eine schriftliche Beschlussfassung scheidet daher aus; zur Berücksichtigung von in der Gesellschafterversammlung vorliegenden schriftlichen Stimmabgaben s. aber § 43 Rz. 7. Eine Stimmabgabe durch Bevollmächtigte ist zulässig; dazu näher § 43 Rz. 8. Die erforderliche Mehrheit muss bei Mehrheitsbeschlüssen gem. § 45d Abs. 2 UmwG aufgrund der in der Gesellschafterversammlung abgegebenen Stimmen, ggf. unter Berücksichtigung schriftlicher Stimmabgaben, erreicht werden (§ 43 Rz. 6). Kommt die erforderliche Mehrheit nicht zustande, liegt ein ablehnender Beschluss vor; 3

---

1 BGBl. I 1998, S. 1878 (dort Art. 1 Nr. 13); dazu *Neye*, DB 1998, 1649 ff.

eine etwaige nachträgliche Stimmabgabe geht dann ins Leere; dazu § 43 Rz. 6. Der Verschmelzungsbeschluss bedarf nach § 13 Abs. 3 Satz 1 UmwG der **notariellen Beurkundung**; dazu § 13 Rz. 17f. Gleiches gilt nach dieser Vorschrift für **Zustimmungserklärungen** nicht erschienener Partner gem. § 45d Abs. 1 UmwG (s. unten Rz. 4) sowie für sonst nach dem UmwG erforderliche (unten Rz. 9) Zustimmungserklärungen.

IV. Inhalt der Vorschrift

1. Einstimmigkeitsprinzip (§ 45d Abs. 1 UmwG)

4 Soweit der Partnerschaftsvertrag für den Verschmelzungsbeschluss keine abweichenden Mehrheitserfordernisse aufstellt (dazu unten Rz. 5), müssen dem Beschluss alle in der Gesellschafterversammlung anwesenden und alle nicht zu ihr erschienenen Partner zustimmen. Den **gesetzlichen Regelfall** bildet also das auf alle vorhandenen Partner bezogene Einstimmigkeitsprinzip, das aber in den Grenzen von § 45d Abs. 2 Satz 2 UmwG **dispositiv** ist. § 45d Abs. 1 UmwG verlangt die Zustimmung aller vorhandenen Partner; daran fehlt es im Falle von **Stimmenthaltungen** oder unwirksamen Stimmabgaben (§ 43 Rz. 10). Auch von Partnern, deren Stimmrecht im Partnerschaftsvertrag ausgeschlossen ist, ist die Zustimmung erforderlich[1]; dazu näher § 43 Rz. 11. Die Zustimmung nicht erschienener Partner kann bereits vor der Beschlussfassung erfolgen. Zur Fristsetzung für eine Zustimmung nach der Beschlussfassung vgl. § 43 Rz. 10. Zur **Bindung** an den bis zur Zustimmung aller nicht erschienenen Partner schwebend unwirksamen Beschluss und an die Zustimmungserklärung nicht erschienener Partner vgl. § 43 Rz. 10.

2. Gesellschaftsvertragliche Mehrheitsklauseln (§ 45d Abs. 2 UmwG)

5 Nach § 45d Abs. 2 Satz 1 UmwG kann der Partnerschaftsvertrag für die Verschmelzung eine Mehrheitsentscheidung vorsehen. Dabei muss sich dem Gesellschaftsvertrag – ggf. im Wege der Auslegung – eindeutig entnehmen lassen, dass die Mehrheitsklausel auch für den Fall der Verschmelzung gelten soll; vgl. dazu im Einzelnen § 43 Rz. 14f. Die Mehrheit muss nach § 45d Abs. 2 Satz 2 UmwG **mindestens drei Viertel der abgegebenen Stimmen** betragen. Weiter gehende Beschlussanforderungen im Partnerschaftsvertrag sind daher zulässig; dazu § 43 Rz. 12. Sieht der Partnerschaftsvertrag für Vertragsänderungen besondere Erfordernisse vor, gelten diese im Zweifel auch für die Beschlussfassung über die Verschmelzung[2] (§ 43 Rz. 12). Regelungen im Partnerschaftsvertrag über Mehrfachstimmrechte oder anderen unterschiedlichen Gewichtungen des Stimmrechts steht § 45d UmwG nicht entgegen (§ 43 Rz. 12). Bei der **Berechnung der Mehrheit** werden nur die Ja- und Nein-Stimmen als abgegebene Stimmen gezählt. Stimmenthaltungen werden – wenn der Partnerschaftsvertrag nichts anderes vorsieht – nicht berücksichtigt[3]. Für die in der Praxis verbreiteten Regelungen über die **Be-**

---

1 *Ihrig* in Semler/Stengel, § 45d UmwG Rz. 10; a.A. *Zimmermann* in Kallmeyer, § 45d UmwG Rz. 5.
2 *Ihrig* in Semler/Stengel, § 45d UmwG Rz. 14.
3 *Kallmeyer/Kocher* in Kallmeyer, § 45d UmwG Rz. 7. Dazu allgemein BGH v. 25.1.1982 – II ZR 164/81, BGHZ 83, 35 (36f.); BGH v. 8.12.1988 – V ZB 3/88, BGHZ 106, 179 (183).

schlussfähigkeit enthält § 45d UmwG keine Beschränkungen (s. oben Rz. 5 und § 43 Rz. 13).

V. Besondere Zustimmungserfordernisse

6 Wegen des grundsätzlich geltenden Einstimmigkeitsprinzips (oben Rz. 4) haben besondere Zustimmungserfordernisse nur dann Bedeutung, wenn der Partnerschaftsvertrag eine mehrheitliche Beschlussfassung zulässt (oben Rz. 5). Im Fall der **Anteilsvinkulierung** beim übertragenden Rechtsträger derart, dass die Abtretung der Anteile von der Zustimmung einzelner Anteilsinhaber abhängig ist, bedarf der Verschmelzungsbeschluss nach § 13 Abs. 2 UmwG zu seiner Wirksamkeit der Zustimmung dieser Anteilsinhaber; vgl. dazu im Einzelnen § 43 Rz. 22f. Ist bei einer Partnerschaftsgesellschaft die Übertragbarkeit der Anteile im Partnerschaftsvertrag nicht geregelt und damit nach den für die Partnerschaftsgesellschaft geltenden personengesellschaftsrechtlichen Grundsätzen für die Übertragung die Zustimmung aller Partner erforderlich[1], greift § 13 Abs. 2 UmwG allerdings nicht ein; dazu näher § 43 Rz. 22. Sind bei einer **übernehmenden GmbH** nicht alle Stammeinlagen voll eingezahlt, bedarf der Verschmelzungsbeschluss einer übertragenden Partnerschaftsgesellschaft nach § 51 Abs. 1 Satz 1 und 2 UmwG der Zustimmung aller vorhandenen Gesellschafter; näher dazu § 43 Rz. 24 und § 51 Rz. 16ff. Schließlich kann der **Partnerschaftsvertrag** die Verschmelzung von der Zustimmung bestimmter Gesellschafter abhängig machen. Sieht er eine solche Zustimmung allgemein für Vertragsänderungen vor, so erfasst diese Regelung im Zweifel auch Verschmelzungsbeschlüsse (s. oben Rz. 5 und § 43 Rz. 25).

7 Bei einer Partnerschaftsgesellschaft, die keine mit beschränkter Berufshaftung i.S.v. § 8 Abs. 4 Satz 1 PartGG ist, haften die Gesellschafter, soweit nicht das Haftungsprivileg gem. § 8 Abs. 2 PartGG eingreift, für Verbindlichkeiten der Partnerschaft nach § 8 Abs. 1 Satz 1 PartGG persönlich unbeschränkt. Da die §§ 45a bis 45e UmwG eine entsprechende Anwendung von § 43 Abs. 2 Satz 3 UmwG nicht vorsehen, hat abweichend von der Rechtslage bei der Personenhandelsgesellschaft (dazu § 43 Rz. 17) ein **persönlich unbeschränkt haftender Anteilsinhaber eines übertragenden Rechtsträgers** im Falle der Verschmelzung auf eine Partnerschaftsgesellschaft, die keine mit beschränkter Berufshaftung ist, **kein Widerspruchsrecht i.S.v. § 43 Abs. 2 Satz 3 UmwG**; das Gleiche gilt für die Partner einer übernehmenden Partnerschaftsgesellschaft, die keine mit beschränkter Berufshaftung ist. Für ein solches Widerspruchsrecht ist bereits deshalb kein Raum, weil die in § 43 Abs. 2 Satz 3 UmwG vorgesehene Rechtsfolge der Einräumung einer nicht mit einer persönlich unbeschränkten Haftung verbundenen Gesellschafterstellung für widersprechende Gesellschafter *nur für einzelne* Gesellschafter bei der Partnerschaftsgesellschaft nicht möglich ist (§ 8 Abs. 1 PartGG); § 8 Abs. 4 Satz 1 PartGG lässt nur die Rechtsformvariante der Partnerschaftsgesellschaft mit beschränkter Berufshaftung zu, bei der für Verbindlichkeiten der Partnerschaftsgesellschaft wegen Schäden aus fehlerhafter Berufsausübung kein Gesellschafter persönlich, sondern nur die Partnerschaftsgesellschaft haftet. Die Gesetzesbegründung zu § 45d UmwG verweist für die oben (Rz. 7) problematisierten Fälle auf die Möglichkeit des Ausscheidens gegen Barabfindung nach § 29 UmwG oder

1 Dazu *Schäfer* in Ulmer/Schäfer, GbR, § 9 PartGG Rz. 32.

die Anteilsveräußerung nach § 33 UmwG[1]. Das Gleiche gilt im Fall der Verschmelzung auf eine Partnerschaftsgesellschaft, die keine mit beschränkter Berufshaftung ist, für den **nicht persönlich unbeschränkt haftenden Anteilsinhaber** eines übertragenden Rechtsträgers anderer Rechtsform; die eine Kommanditistenstellung vorsehende Regelung des § 40 Abs. 2 Satz 1 UmwG (dazu § 40 Rz. 8) ist bei der Partnerschaftsgesellschaft aus den oben (Rz. 7) genannten Gründen nicht anwendbar. Nach dieser *gesetzlichen Ausgangslage* muss daher in den genannten Fällen der Minderheitenschutz bei der Verschmelzung unter Beteiligung von Partnerschaftsgesellschaften zwangsläufig hinter demjenigen bei der Verschmelzung unter Beteiligung von Personenhandelsgesellschaften zurückbleiben (s. aber Rz. 8).

8 Seit Einführung der Rechtsformvariante (s. dazu § 45a Rz. 3) der Partnerschaftsgesellschaft mit beschränkter Berufshaftung stellt sich in den in Rz. 7 behandelten Fallkonstellationen allerdings die Frage, ob Gesellschaftern des übertragenden Rechtsträgers und der übernehmenden Partnerschaftsgesellschaft, die keine mit beschränkter Berufshaftung ist, in Analogie zu den §§ 40 Abs. 2 Satz 1, 43 Abs. 2 Satz 3 UmwG ein **Widerspruchsrecht gegen die Verschmelzung** einzuräumen ist, mit der Folge, dass die Verschmelzung bei einem Widerspruch nur wirksam beschlossen werden kann, wenn mit ihr ein **Wechsel**[2] **in die Rechtsformvariante der Partnerschaftsgesellschaft mit beschränkter Berufshaftung** einhergeht. Eine solche Analogie ist zu befürworten. Ein Widerspruchsrecht und dessen aufgezeigte Folge sind gegenüber der „Radikallösung" des Ausscheidens eines mit der Verschmelzung nicht einverstandenen Gesellschafters (s. oben Rz. 7) als ein eher ausgewogener Kompromiss zwischen der Durchsetzung des Mehrheitswillens und dem Minderheitenschutz anzusehen, zumal ein Wechsel in die Rechtsformvariante der Partnerschaftsgesellschaft mit beschränkter Berufshaftung jedenfalls keine schwerwiegenden Nachteile für die Partnerschaftsgesellschaft und deren Gesellschafter zur Folge haben dürfte[3].

9 Bei einer **Partnerschaftsgesellschaft mit beschränkter Berufshaftung** gilt die Haftungsbeschränkung auf das Gesellschaftsvermögen gem. § 8 Abs. 4 Satz 1 PartGG nur für *Schäden wegen fehlerhafter Berufsausübung*. Für andere Verbindlichkeiten, wie z.B. solchen aus Mietverträgen oder steuerliche Verbindlichkeiten, verbleibt es bei der persönlich unbeschränkten Haftung der Gesellschafter[4]. Aus Gründen des Minderheitenschutzes ist daher an dem **Recht des Gesellschafters auf Ausscheiden** aus der Gesellschaft in den in Rz. 7 behandelten Fallkonstellationen auch dann festzuhalten, wenn es sich bei der übernehmenden oder neuen Partnerschaftsgesellschaft von vornherein um eine solche mit beschränkter Berufshaftung handelt – zur Verschmelzungsfähigkeit dieser Rechtsformvariante der Partnerschaftsgesellschaft s. § 45a Rz. 3 – oder ein Wechsel in diese Rechtsform-

---

1 Gesetzesbegr, BT-Drucks. 13/8808, 13. So auch *Dauner-Lieb/Tettinger* in KölnKomm. UmwG, § 45d UmwG Rz. 2; *Ihrig* in Semler/Stengel, § 45d UmwG Rz. 3; *Neye*, DB 1998, 1651. Für ein Zustimmungserfordernis aller nicht schon unbeschränkt persönlich haftenden Gesellschafter des übertragenden Rechtsträgers zum Verschmelzungsbeschluss *Kallmeyer/Kocher* in Kallmeyer, § 45e UmwG Rz. 4.

2 Dazu und zur Durchführung des Wechsels s. *Seibert*, DB 2013, 1713. Vgl. weiterhin *Leuering*, NZG 2013, 1005.

3 Vgl. *Römermann*, NJW 2013, 2310: „hochattraktive Rechtsform, deren Wahl sich für die Anhänger der Personengesellschaft heutzutage unbedingt empfiehlt".

4 Vgl. *Seibert*, DB 2013, 1713.

variante mit der Verschmelzung einhergeht, sei es aufgrund eines Widerspruchs eines Gesellschafters (s. Rz. 8) oder ohne einen solchen Widerspruch.

§ 45e
Anzuwendende Vorschriften

Die §§ 39 und 45 sind entsprechend anzuwenden. In den Fällen des § 45d Abs. 2 ist auch § 44 entsprechend anzuwenden.

Literatur

Neye, Die Änderungen im Umwandlungsrecht nach den handels- und gesellschaftsrechtlichen Reformgesetzen in der 13. Legislaturperiode, DB 1998, 1649.

I. Funktion und Normzweck

1 Die Verweisung in § 45e UmwG auf die §§ 39, 44 und 45 UmwG fasst unterschiedliche Regelungsbereiche zusammen. **§ 39 UmwG** regelt die Verschmelzungsfähigkeit der aufgelösten übertragenden Personenhandelsgesellschaft; zum Zweck dieser Regelung vgl. § 39 Rz. 8. Da § 39 UmwG auf § 145 HGB Bezug nimmt, der wiederum nach § 10 Abs. 1 PartGG auch für die Partnerschaftsgesellschaft gilt, ist es sachlich gerechtfertigt, auch die **Verschmelzungsfähigkeit der aufgelösten Partnerschaftsgesellschaft** nach § 39 UmwG zu behandeln[1]. Die entsprechende Anwendung der **Nachhaftungsregelung des § 45 UmwG** rechtfertigt die Gesetzesbegründung[2] mit dem Verweis in § 10 Abs. 2 PartGG auf die §§ 159, 160 HGB; zum Normzweck von § 45 UmwG vgl. § 45 Rz. 3. Sieht der Partnerschaftsvertrag für die Verschmelzung einen Mehrheitsbeschluss vor (§ 45d Rz. 5), so kann jeder Partner aufgrund des Verweises auf § 44 UmwG eine **Prüfung der Verschmelzung** nach den §§ 9–12 UmwG verlangen; zum Normzweck von § 44 UmwG vgl. § 44 Rz. 1.

II. Entstehungsgeschichte

2 Die Vorschrift ist mit dem am 1.8.1998 in Kraft getretenen Gesetz zur Änderung des Umwandlungsgesetzes, des Partnerschaftsgesellschaftsgesetzes und anderer Gesetze v. 22.7.1998[3] in das UmwG eingefügt worden. Sie war bereits unverändert

1 Gesetzesbegr, BT-Drucks. 13/8808, 13.
2 BT-Drucks. 13/8808, 13.
3 BGBl. I 1998, S. 1878 (dort Art. 1 Nr. 13); dazu *Neye*, DB 1998, 1649 ff.

im Referentenentwurf enthalten; dazu und zur Entstehungsgeschichte im Übrigen vgl. § 45a Rz. 1 f.

III. Inhalt der Vorschrift

1. Entsprechende Anwendung von § 39 UmwG

3 Der Verweis auf § 39 UmwG in § 45e Satz 1 UmwG betrifft die **aufgelöste Partnerschaftsgesellschaft als übertragender Rechtsträger**; zur aufgelösten übernehmenden Partnerschaftsgesellschaft vgl. § 39 Rz. 18. Die **Verschmelzungsfähigkeit** ist nach § 39 UmwG **ausgeschlossen**, wenn die Gesellschafter der aufgelösten übertragenden Partnerschaftsgesellschaft eine andere Art der Auseinandersetzung als die Abwicklung nach den §§ 145 ff. HGB oder die Verschmelzung vereinbart haben[1]. Zulässig ist die Verschmelzung daher, wenn der Gesellschaftsvertrag für den Fall der Auflösung ausdrücklich die Abwicklung nach den nach § 10 Abs. 1 PartGG auch für die Partnerschaftsgesellschaft geltenden gesetzlichen Bestimmungen der §§ 145 ff. HGB oder die Verschmelzung vorsieht oder wenn hierzu im Gesellschaftsvertrag keine Regelung getroffen ist; in diesem Fall erfolgt die Abwicklung gem. § 10 Abs. 1 PartGG ebenfalls nach den §§ 145 ff. HGB. Eine Abänderung der von § 39 UmwG vorausgesetzten Abwicklungsart durch Gesellschafterbeschluss[2] bei oder nach der Auflösung führt ebenfalls zum Wegfall der Verschmelzungsfähigkeit (§ 39 Rz. 15, 17). Zu den abweichenden Arten der Auseinandersetzung vgl. § 39 Rz. 17. **Zur Geltung von § 3 Abs. 3 UmwG** neben § 39 UmwG vgl. § 39 Rz. 9 ff. Die **Auflösungsfälle entsprechen** aufgrund des Verweises in § 9 Abs. 1 PartGG denjenigen des **§ 131 Abs. 1 HGB** sowie ggfs. vorhandenen Auflösungsgründen im Gesellschaftsvertrag. § 131 Abs. 2 HGB ist nicht anwendbar, da der von ihm vorausgesetzte Fall eines persönlich haftenden Gesellschafters, der keine natürliche Person ist, bei der Partnerschaftsgesellschaft nach § 1 Abs. 1 Satz 2 PartGG ausgeschlossen ist. Der **Verlust der Berufszulassung** bei einem Partner hat nach § 9 Abs. 3 PartGG sein Ausscheiden aus der Partnerschaftsgesellschaft zur Folge und führt **nicht** zu deren **Auflösung**. Zu den Folgen eines Verstoßes gegen § 39 UmwG vgl. § 39 Rz. 20.

2. Entsprechende Anwendung von § 44 UmwG

4 Lässt der Gesellschaftsvertrag nach § 45d Abs. 2 Satz 1 UmwG einen **mehrheitlichen Verschmelzungsbeschluss** zu (vgl. § 45d Rz. 5), so kann aufgrund des Verweises auf § 44 UmwG in § 45e Satz 2 UmwG jeder Partner eine **Prüfung des Verschmelzungsvertrages** oder des Entwurfes gem. den §§ 9–12 UmwG auf Kosten der Partnerschaftsgesellschaft verlangen; vgl. dazu im Einzelnen die Kommentierung zu § 44 UmwG. Das Prüfungsverlangen ist gem. § 44 Satz 1 UmwG fristgebunden und muss innerhalb einer Woche nach Erhalt der in § 42 UmwG genannten Unterlagen gestellt werden (dazu näher § 44 Rz. 6 ff.). Dem Prüfungsverlangen wird auch entsprochen, wenn eine Prüfung bereits in Auftrag gegeben worden ist, sei es aufgrund eines Antrages eines anderen Gesellschafters oder aufgrund einer aus eigener Initiative der Geschäftsführung veranlassten Prüfung

1 Zur Zulässigkeit einer solchen Vereinbarung auch bei der Partnerschaftsgesellschaft vgl. BGH v. 11.5.2009 – II ZR 210/08, WM 2009, 1231 (1232).

2 Zu dessen Zulässigkeit vgl. BGH v. 11.5.2009 – II ZR 210/08, WM 2009, 1231 (1232).

gem. den §§ 9–12 UmwG (§ 44 Rz. 5). Eine Prüfung kann nicht mehr verlangt werden, wenn alle Gesellschafter gem. § 9 Abs. 3 UmwG i.V.m. § 8 Abs. 3 UmwG in notarieller Form auf eine Prüfung verzichtet haben. Zur Übersendung des Prüfungsberichts vgl. § 45c Rz. 5.

3. Entsprechende Anwendung von § 45 UmwG

§ 8 Abs. 1 PartGG sieht als **Grundsatz** eine **persönliche unbeschränkte Haftung aller Partner** für die Verbindlichkeiten der Partnerschaftsgesellschaft, die keine mit beschränkter Berufshaftung i.S.v. § 8 Abs. 4 Satz 1 PartGG ist, vor. Waren nur einzelne Partner mit der Mandatsbearbeitung befasst, so erfolgt für die Haftung wegen **beruflicher Fehler** nach § 8 Abs. 2 PartGG eine **Haftungskonzentration** auf den oder die bearbeitenden Partner; nicht erfasst werden dabei aber Partner, deren Bearbeitungsbeiträge nur von untergeordneter Bedeutung waren. Eine **summenmäßige Haftungsbeschränkung** tritt nach § 8 Abs. 3 PartGG allerdings dann ein, wenn von insoweit vorhandenen gesetzlichen Ermächtigungen Gebrauch gemacht wird[1]. Bei der **Partnerschaftsgesellschaft mit beschränkter Berufshaftung** i.S.v. § 8 Abs. 4 Satz 1 PartGG haftet für Schäden aus fehlerhafter Berufsausübung nur das Gesellschaftsvermögen, wenn die Partnerschaft eine zu diesem Zweck durch Gesetz vorgegebene Berufshaftpflichtversicherung unterhält. Für andere Verbindlichkeiten (s. § 45d Rz. 9) verbleibt es bei der persönlich unbeschränkten Haftung der Partner. Soweit Partner für Verbindlichkeiten der übertragenden Partnerschaftsgesellschaft bzw. Partnerschaftsgesellschaft mit beschränkter Berufshaftung nach den vorstehenden Grundsätzen haften, **entfällt die Haftung nicht mit der Verschmelzung**. Die Partner haften auch nach der Verschmelzung fort. Die **Funktion von 45e Satz 2 UmwG** liegt darin, durch Verweis auf § 45 UmwG diese **Forthaftung des Partners zeitlich zu begrenzen**. Hierzu wird die entsprechende Anwendung von § 45 UmwG angeordnet, der die zeitliche Begrenzung der Forthaftung im Falle der Verschmelzung einer übertragenden Personenhandelsgesellschaft regelt. Hinsichtlich der Einzelheiten ist daher auf die Kommentierung zu § 45 UmwG, insbesondere § 45 Rz. 16ff. zu verweisen. § 45e Satz 2 UmwG regelt durch den Verweis auf § 45 UmwG die Forthaftung der Partner einer *übertragenden* Partnerschaftsgesellschaft. Die Vorschrift greift auch dann ein, wenn Gegenstand der Forthaftung nur eine summenmäßig beschränkte Haftung i.S.v. § 8 Abs. 3 PartGG ist oder der Fall der Haftungskonzentration gem. § 8 Abs. 3 PartGG vorliegt[2]. 5

Nach § 45 Abs. 1 Satz 1 UmwG greift die Nachhaftungsbegrenzung nur ein, wenn der übernehmende oder neue Rechtsträger eine *andere Rechtsform* als der übertragende Rechtsträger hat und die Anteilsinhaber des übernehmenden oder neuen Rechtsträgers nicht unbeschränkt haften. Bedeutung hat der Verweis in § 45e Satz 1 UmwG auf § 45 UmwG daher vor allem dann, wenn **der übernehmende oder neue Rechtsträger eine andere Rechtsform als die Partnerschaftsgesellschaft** hat, es sich also z.B. um eine Freiberufler-GmbH handelt; zur Zulässigkeit einer solchen Mischverschmelzung s. § 45a Rz. 3. Bei einer **Partnerschaftsgesellschaft**, 6

---

1 Dazu näher *Michalski/Römermann*, § 8 PartGG Rz. 44ff.; *Schäfer* in Ulmer/Schäfer, GbR, § 8 PartGG Rz. 33ff.

2 *Ihrig* in Semler/Stengel, § 45e UmwG Rz. 11; *Kallmeyer/Kocher* in Kallmeyer, § 45e UmwG Rz. 2.

die keine mit beschränkter Berufshaftung i.S.v. § 8 Abs. 4 Satz 1 PartGG ist, als übernehmender oder neuer Rechtsträger haften grundsätzlich alle Partner persönlich unbeschränkt, soweit nicht der Fall der Haftungskonzentration oder summenmäßigen Haftungsbeschränkung (s. oben Rz. 5) vorliegt. Daher ist bei einer Verschmelzung auf eine solche Partnerschaftsgesellschaft für eine Enthaftung nach § 45 UmwG von vornherein kein Raum[1]. Da die Fälle der **Haftungskonzentration** oder der **summenmäßigen Haftungsbegrenzung** in einer übernehmenden oder neuen Partnerschaftsgesellschaft mit einer von § 45 UmwG vorausgesetzten *institutionellen Haftungsbeschränkung* z.B. nach Art einer Kommanditistenstellung eher nicht gleichgesetzt werden können[2], ist es zumindest zweifelhaft, ob in diesen Fällen für eine Anwendung von § 45 UmwG Raum ist[3]. Anders wird man die Dinge bei der **Partnerschaftsgesellschaft mit beschränkter Berufshaftung** als übernehmender oder neuer Rechtsträger sehen können. Sie ist zwar gegenüber der Partnerschaftsgesellschaft ohne beschränkte Berufshaftung keine neue und andere Rechtform, sondern nur eine Rechtsformvariante (§ 45a Rz. 3). Die generelle Haftungsbeschränkung auf das Gesellschaftsvermögen gem. § 8 Abs. 4 Satz 1 PartGG für **Schäden aus fehlerhafter Berufsausübung** (s. oben Rz. 5 und § 45d Rz. 9) ist jedoch als institutionelle Haftungsbeschränkung anzusehen. Das rechtfertigt es, § 45 UmwG analog anzuwenden, wenn es um die Haftung eines Gesellschafters einer übertragenden Partnerschaftsgesellschaft ohne beschränkte Berufshaftung aufgrund von Schäden aus fehlerhafter Berufsausübung geht und eine Verschmelzung auf eine übernehmende oder neue Partnerschaftsgesellschaft mit beschränkter Berufshaftung erfolgt. Unabhängig von den Fällen der Haftungskonzentration, einer summenmäßigen Haftungsbeschränkung bei der übernehmenden oder neuen Partnerschaftsgesellschaft oder dem Fall der übernehmenden oder neuen Partnerschaftsgesellschaft mit beschränkter Berufshaftung ist für eine Enthaftung nach § 45 UmwG kein Raum, wenn es um eine Haftung des Gesellschafters der übertragenden Partnerschaftsgesellschaft geht, die **Verbindlichkeiten** der Gesellschaft betrifft, **die nicht aus einer fehlerhaften Berufsausübung resultieren**. Denn für solche Verbindlichkeiten haftet der Gesellschafter in einer übernehmenden oder neuen Partnerschaftsgesellschaft – sei es mit oder ohne beschränkte Berufshaftung – nach der gesetzlichen Regelung immer persönlich unbeschränkt (s. § 45d Rz. 9). Eine Enthaftung wäre nach dem Normzweck von § 45 UmwG insoweit daher sachlich nicht gerechtfertigt.

7 Im Anwendungsbereich von § 45 UmwG gem. § 45e Satz 1 UmwG (s. oben Rz. 6) sehen die §§ 45e Satz 1, 45 UmwG für die Forthaftung eine **Ausschlussfrist** (dazu § 45 Rz. 5) **von fünf Jahren** vor. Für Verbindlichkeiten, die erst **nach Ablauf von fünf Jahren** seit der Verschmelzung **fällig** werden, **entfällt die Forthaftung** von vornherein (§ 45 Rz. 16). Werden Verbindlichkeiten **innerhalb der Frist** von fünf Jahren **fällig**, so setzt die Aufrechterhaltung der Forthaftung über diesen Zeitraum hinaus voraus, dass eine **die Enthaftung abwendende Maßnahme i.S.v. § 45 Abs. 1 UmwG** vorliegt; im Ergebnis genügt hierzu bereits eine Maßnahme, die nach § 204 BGB eine Hemmung der Verjährung bewirkt (dazu näher § 45 Rz. 19ff.). Im

1 *Ihrig* in Semler/Stengel, § 45e UmwG Rz. 10, 12; *Kallmeyer/Kocher* in Kallmeyer, § 45e UmwG Rz. 2; *Dauner-Lieb/Tettinger* in KölnKomm. UmwG, § 45e UmwG Rz. 4.

2 *Dauner-Lieb/Tettinger* in KölnKomm. UmwG, § 45e UmwG Rz. 4; *Kallmeyer/Kocher* in Kallmeyer, § 45e UmwG Rz. 2; *Ihrig* in Semler/Stengel, § 45e UmwG Rz. 12.

3 Eine Anwendung von § 45 UmwG nicht ausschließen wollen *Dauner-Lieb/Tettinger* in KölnKomm. UmwG, § 45e UmwG Rz. 4 mit Fn. 3.

Falle einer **öffentlich-rechtlichen Verbindlichkeit** genügt der Erlass eines Verwaltungsaktes (§ 45 Rz. 23). Den vorgenannten Maßnahmen steht ein **schriftliches Anerkenntnis** der Verbindlichkeit gleich (§ 45 Rz. 24). Die **Fristberechnung** richtet sich nach § 45 Abs. 2 UmwG und den §§ 187ff. BGB; dazu näher § 45 Rz. 26. Den Beginn der Fünfjahresfrist knüpft § 45 Abs. 2 Satz 1 UmwG an die Bekanntmachung der Eintragung der Verschmelzung im Register des übernehmenden oder neuen Rechtsträgers gem. § 10 HGB an (§ 45 Rz. 26; s. dort aber auch Fn. 1). § 45 Satz 2 UmwG sieht eine entsprechende Anwendung von Hemmungsvorschriften des BGB vor; dazu § 45 Rz. 27. Eine **Verlängerung der Fünfjahresfrist** durch Parteivereinbarung **scheidet aus**, da es sich bei der Frist um eine Ausschlussfrist handelt (§ 45 Rz. 28). Die Enthaftungsregelungen des § 45 Abs. 1–3 UmwG finden nach § 45 Abs. 4 UmwG auch dann Anwendung, wenn – was für die Aufrechterhaltung der Freiberufler-Qualifikation für die freiberuflichen Geschäfte zwingend ist, vgl. § 45c Rz. 3 – der Partner in dem übernehmenden Rechtsträger geschäftsführend tätig wird; dazu § 45 Rz. 29. Auf eine Unterscheidung zwischen der berufsbezogenen und der sonstigen Geschäftsführung i.S.v. § 6 Abs. 2 PartGG (vgl. § 45c Rz. 3) kommt es daher nicht an. Zu den Rechtsfolgen der Fristwahrung im Einzelnen vgl. § 45 Rz. 30f.

Zweiter Abschnitt Verschmelzung unter Beteiligung von Gesellschaften mit beschränkter Haftung

Erster Unterabschnitt Verschmelzung durch Aufnahme

§ 46

Inhalt des Verschmelzungsvertrags

(1) Der Verschmelzungsvertrag oder sein Entwurf hat zusätzlich für jeden Anteilsinhaber eines übertragenden Rechtsträgers den Nennbetrag des Geschäftsanteils zu bestimmen, den die übernehmende Gesellschaft mit beschränkter Haftung ihm zu gewähren hat. Der Nennbetrag kann abweichend von dem Betrag festgesetzt werden, der auf die Aktien einer übertragenden Aktiengesellschaft oder Kommanditgesellschaft auf Aktien als anteiliger Betrag ihres Grundkapitals entfällt. Er muss auf volle Euro lauten.

(2) Sollen die zu gewährenden Geschäftsanteile im Wege der Kapitalerhöhung geschaffen und mit anderen Rechten und Pflichten als sonstige Geschäftsanteile der übernehmenden Gesellschaft mit beschränkter Haftung ausgestattet werden, so sind auch die Abweichungen im Verschmelzungsvertrag oder in seinem Entwurf festzusetzen.

(3) Sollen Anteilsinhaber eines übertragenden Rechtsträgers schon vorhandene Geschäftsanteile der übernehmenden Gesellschaft erhalten, so müssen die Anteilsinhaber und die Nennbeträge der Geschäftsanteile, die sie erhalten sollen, im Verschmelzungsvertrag oder in seinem Entwurf besonders bestimmt werden.

Literatur

Allgemein: *Bayer*, 1000 Tage neues Umwandlungsrecht – eine Zwischenbilanz, ZIP 1997, 1613; *Impelmann*, Die Verschmelzung und der Formwechsel von Unternehmen nach dem neuen Umwandlungsrecht, DStR 1995, 769; *Grunewald/Martin Winter*, Verschmelzung von Kapitalgesellschaften, in Lutter (Hrsg.), Kölner Umwandlungsrechtstage, 1995, S. 19; *Heckschen*, Die Entwicklung des Umwandlungsrechts aus Sicht der Rechtsprechung und Praxis, DB 1998, 1385; *Heckschen/Simon*, Umwandlungsrecht, 2003; *Dieter Mayer*, Anteilsgewährung bei der Verschmelzung mehrerer übertragender Rechtsträger, DB 1998, 913; *Neye*, Die Änderungen im Umwandlungsrecht nach den handels- und gesellschaftsrechtlichen Reformgesetzen in der 13. Legislaturperiode, DB 1998, 1649; *Priester*, Das neue Umwandlungsrecht aus notarieller Sicht, DNotZ 1995, 325; *Uwe H. Schneider*, Die Anpassung des GmbH-Rechts bei Einführung des Euro, NJW 1998, 3158; *Schöne*, Das Aktienrecht als „Maß aller Dinge" im neuen Umwandlungsrecht? – zugleich Anmerkungen zu den Kölner Umwandlungsrechtstagen, GmbHR 1995, 325; *Schöne*, Die Spaltung unter Beteiligung von GmbH gemäß §§ 123ff. UmwG, 1998; *Streck/Mack/Schwedhelm*, Verschmelzung und Formwechsel nach dem neuen Umwandlungsgesetz, GmbHR 1995, 161.

Speziell zur Unternehmergesellschaft: *Berninger*, Die Unternehmergesellschaft (haftungsbeschränkt) – Sachkapitalerhöhungsverbot und Umwandlungsrecht, GmbHR 2010, 63; *Gasteyer*, Die Unternehmergesellschaft (haftungsbeschränkt) – Praktische Umsetzung des § 5a GmbHG aus anwaltlicher Sicht, NZG 2009, 1364; *Heckschen*, Das MoMiG in der notariellen Praxis, 2009; *Heinemann*, Die Unternehmergesellschaft als Zielgesellschaft von Formwechsel, Verschmelzung und Spaltung nach dem Umwandlungsgesetz, NZG 2008, 820; *Hennrichs*, Die UG (haftungsbeschränkt) – Reichweite des Sacheinlageverbots und gesetzliche Rücklage, NZG 2009, 1162; *Klose*, Die Stammkapitalerhöhung bei der Unternehmergesellschaft (haftungsbeschränkt), GmbHR 2009, 294; *Meister, Norbert*, Die Auswirkungen des MoMiG auf das Umwandlungsrecht, NZG 2008, 767; *Schäfer*, Rechtsprobleme bei Gründung und Durchführung einer Unternehmergesellschaft, ZIP 2011, 53; *Seibert*, Der Regierungsentwurf des MoMiG und die haftungsbeschränkte Unternehmergesellschaft, GmbHR 2007, 673; *Römermann/Passarge*, Die GmbH & Co. KG ist tot – es lebe die UG & Co. KG, ZIP 2009, 1497; *Tettinger*, UG (haftungsbeschränkt)? – Die Unternehmergesellschaft nach dem MoMiG-Entwurf und das UmwG, Der Konzern 2008, 75; *Veil*, Die Unternehmergesellschaft nach dem Entwurf des MoMiG, GmbHR 2007, 1080; *Waldenberger/Sieber*, Die Unternehmergesellschaft (haftungsbeschränkt) jenseits der Existenzgründer – Rechtliche Besonderheiten und praktischer Nutzen, GmbHR 2009, 114; *Werner*, Aktuelle Entwicklungen des Rechts der Unternehmergesellschaft, GmbHR 2011, 459.

I. Überblick

1. Anwendungsbereich der §§ 46ff. UmwG

Die §§ 46 bis 49 UmwG ergänzen die allgemeinen Vorschriften über die Verschmelzung nach §§ 2 bis 38 UmwG für an der Verschmelzung beteiligte GmbH. Teilweise konkretisieren sie Bestimmungen, die für jede GmbH gelten, unabhängig davon, ob sie als übertragender oder übernehmender Rechtsträger an der Verschmelzung beteiligt ist. Andere betreffen nur Verschmelzungen, an denen eine GmbH gerade als übertragender oder übernehmender Rechtsträger beteiligt ist. Zu dieser Gruppe gehört § 46 UmwG. Für die Anwendbarkeit des § 46 UmwG ist die Rechtsform des oder der übertragenden Rechtsträger ohne Bedeutung. 1

§ 46 UmwG betrifft zunächst die Verschmelzung durch Aufnahme durch eine GmbH, gilt über die Verweisung des § 56 UmwG grundsätzlich aber auch für die **Verschmelzung durch Neugründung**. Allerdings sind bei der Verschmelzung durch Neugründung die Abs. 2 und 3 gegenstandslos. 2

GmbH i.S.d. §§ 46ff. UmwG ist jede GmbH i.S.d. GmbHG. Dazu zählen auch **gemeinnützige GmbH**, deren Verschmelzungsfähigkeit soweit ersichtlich unbestritten ist. Sie kann sowohl als übertragender als auch als aufnehmender Rechtsträger an einer Verschmelzung beteiligt sein[1]. 3

GmbH i.S.d. GmbHG ist auch die durch das Gesetz zur Modernisierung des GmbH-Rechts und zur Bekämpfung von Missbräuchen (MoMiG) (hierzu unten Rz. 16) eingeführte **Unternehmergesellschaft** (UG) nach § 5a GmbHG; sie bildet gerade keine eigene Rechtsform. Dementsprechend wird ganz allgemein anerkannt, dass eine UG als übertragender Rechtsträger an einer Verschmelzung teilnehmen kann. Heftig umstritten ist dagegen, ob sie auch die Rolle einer aufnehmenden Gesellschaft übernehmen kann (hierzu auch § 3 Rz. 12f.). Die Bedenken rühren von dem Sacheinlageverbot des § 5a Abs. 2 Satz 2 GmbHG her. 4

Nach einer Ansicht steht § 5a Abs. 2 Satz 2 GmbHG einer Verschmelzung auf eine UG mit Sachkapitalerhöhung nicht entgegen, da § 5a GmbHG insgesamt nur 5

1 *Raupach/Böckstiegel* in FS Widmann, 2000, S. 459 (479f.); *Ullrich*, Gesellschaftsrecht und steuerliche Gemeinnützigkeit, 2011, S. 345f.; näher zu Verschmelzungen von gGmbH *Kirchhain* in Schauhoff, Handbuch der Gemeinnützigkeit, 3. Aufl. 2010, § 19 Rz. 21–25, 42–52.

im Gründungsstadium der UG Anwendung finde[1]. Dies folge aus Wortlaut und systematischer Stellung[2]. Außerdem diene § 5a Abs. 2 Satz 2 GmbHG nicht dem Gläubigerschutz, sondern solle nur eine schnelle und unkomplizierte Gründung der UG (haftungsbeschränkt) ermöglichen[3].

6 Rechtsprechung und überwiegende Meinung im Schrifttum bejahen hingegen zu Recht die **Anwendbarkeit des Sacheinlageverbots** auch für den Zeitraum nach der Gründung der UG[4]. Eine Beschränkung des Sacheinlageverbots auf die Gründungsphase lässt sich weder aus dem Wortlaut noch aus der Systematik des § 5a Abs. 2 Satz 3 GmbHG ableiten: § 5a Abs. 5 GmbHG spricht eher dafür, dass das Sacheinlageverbot auch bei Kapitalerhöhungen gilt, da andernfalls der Verweis auf den gesamten Abs. 2 in Abs. 5 überflüssig wäre; ein anderes Ergebnis lässt sich auch nicht aus den Gesetzesmaterialen ableiten[5]. Sinn und Zweck des § 5a Abs. 2 Satz 2 GmbHG ist es, den Verzicht auf ein Mindeststammkapital bei der UG dadurch zu kompensieren, dass das geringe Stammkapital in bar aufgebracht wird. Die Norm vermittelt mithin Gläubigerschutz[6]. Bei einer Beschränkung des Sacheinlageverbots auf die Gründung könnte dieses im Übrigen leicht durch eine Bargründung mit minimalem Stammkapital und nachfolgender Sachkapitalerhöhung umgangen werden[7].

7 Aus der Anwendbarkeit des Sacheinlageverbots auf Kapitalerhöhungen folgt jedoch nur die Unzulässigkeit einer Verschmelzung auf eine UG, bei der eine Kapitalerhöhung stattfindet und das Kapital auf einen Betrag von weniger als 25 000 Euro erhöht wird. Dagegen lässt sich die Aufnahmefähigkeit der UG nicht pauschal in den Fällen ablehnen, in denen eine **Kapitalerhöhung nach § 54 UmwG nicht erforderlich** ist[8].

8 Das Sacheinlageverbot des § 5a Abs. 2 Satz 2 GmbHG gilt nach zutreffender Ansicht auch dann nicht, wenn die Sachkapitalerhöhung dazu führt, dass der Betrag des Stammkapitals von **25 000 Euro überschritten** wird und die UG zur vollwertigen GmbH erstarkt[9]. Nach § 5a Abs. 5 GmbHG findet dessen Abs. 2 keine An-

---

1 *Hennrichs*, NZG 2009, 1161 (1162 ff.); *Freitag/Riemenschneider*, ZIP 2007, 1485 (1491); *Marsch-Barner* in Kallmeyer, § 3 UmwG Rz. 9.

2 *Hennrichs*, NZG 2009, 1161 (1162 ff.); *Klose*, GmbHR 2009, 294 (295).

3 *Hennrichs*, NZG 2009, 1161 (1162 ff.).

4 *Heckschen* in Beck'sches Notarhandbuch, D. IV. Umwandlung, Rz. 53b; *Heckschen*, Das MoMiG in der notariellen Praxis, S. 93; *Seibert*, GmbHR 2007, 673 (675).

5 BGH v. 19.4.2011 – II ZB 25/10, NJW 2011, 1881 (1882) = GmbHR 2011, 699; im Anschluss daran auch: OLG München v. 7.11.2011 – 31 Wx 475/11, NZG 2012, 104 = GmbHR 2011, 1276 und OLG Stuttgart v. 13.10.2011 – 8 W 341/11, DStR 2011, 2261 = GmbHR 2011, 1275.

6 *Waldenberger/Sieber*, GmbHR 2009, 114 (119).

7 *Schäfer*, ZIP 2011, 53 (56).

8 *Berninger*, GmbHR 2010, 63 (68 f.); *Meister*, NZG 2008, 767 (768); *Heckschen*, Das MoMiG in der notariellen Praxis, S. 93 f.; *Heckschen* in Beck'sches Notarhandbuch, D.IV. Umwandlung, Rz. 53b; *Rieder* in MünchKomm. GmbHG, § 5a GmbHG Rz. 51; *Wicke*, § 5a GmbHG Rz. 16; a.A. *Schäfer* in Henssler/Strohn, § 5a GmbHG Rz. 32; *Gasteyer*, NZG 2009, 1364 (1368).

9 BGH v. 19.4.2011 – II ZB 25/10, NJW 2011, 1881 (1882) = GmbHR 2011, 699; im Anschluss daran auch: OLG München v. 7.11.2011 – 31 Wx 475/11, NZG 2012, 104 = GmbHR 2011, 1276 und OLG Stuttgart v. 13.10.2011 – 8 W 341/11, DStR 2011, 2261 = GmbHR 2011, 1275; *Meister*, NZG 2008, 767 (768); *Gasteyer*, NZG 2009, 1364 (1367); *Schäfer*, ZIP 2011, 53 (56); *Tettinger*, Der Konzern 2008, 75 (77); *Waldenberger/Sieber*, GmbHR 2009, 114 (119); *Wicke*, § 5a GmbHG Rz. 16.

wendung mehr, wenn die Kapitalerhöhung zum Überschreiten der Mindestkapitalgrenze führt. Andernfalls würde die UG gegenüber der Neugründung einer gewöhnlichen GmbH ohne Grund benachteiligt[1]. Der Übergang von einer UG zur gewöhnlichen GmbH ist in der Systematik des Gesetzes angelegt und auch rechtspolitisch gewollt; Gläubigerschutz- oder sonstige Erwägungen, diesen Übergang bei Verschmelzungen mit Sachkapitalerhöhungen zu erschweren, sind nicht erkennbar. Vor diesem Hintergrund vermag die Gegenansicht, die den Wortlaut des § 5a Abs. 5 GmbHG bewusst eng auslegt und darauf verweist, dass erst die Eintragung des Kapitalerhöhungsbeschlusses und nicht schon die vorgeschaltete Sacheinlage das Erstarken zur GmbH bewirke[2], nicht zu überzeugen.

2. Überblick über den Regelungsgegenstand

9 § 46 UmwG ergänzt § 5 UmwG und erweitert den **zwingenden Mindestinhalt** des Verschmelzungsvertrages in Fällen, in denen eine **GmbH als übernehmende Gesellschaft** fungiert.

- 10 Gem. § 46 Abs. 1 Satz 1 UmwG muss der Verschmelzungsvertrag in diesen Fällen – neben dem Umtauschverhältnis – die **Nennbeträge** der jedem Anteilsinhaber des übertragenden Rechtsträgers **zu gewährenden Geschäftsanteile** angeben (unten Rz. 18 ff.). Die **namentliche Zuordnung** der im Zuge der Verschmelzung zu gewährenden Anteile bereits im Verschmelzungsvertrag soll nach den Gesetzesmaterialien die jedem Anteilsinhaber des übertragenden Rechtsträgers zustehende Gegenleistung verlautbaren und ihm nach Wirksamwerden der Verschmelzung den Nachweis seiner Beteiligung an der übernehmenden GmbH ermöglichen[3]. Sofern im Rahmen der Verschmelzung keine Anteile gewährt werden, beispielsweise bei einer reinen Konzernverschmelzung oder einem Verzicht gem. § 54 Abs. 1 Satz 3 UmwG, ist auch keine Festsetzung nach § 46 Abs. 1 Satz 1 UmwG erforderlich[4].
- 11 Für **Mischverschmelzungen** (AG/KGaA auf GmbH) enthält § 46 Abs. 1 Satz 2 UmwG eine ausdrückliche **Sondervorschrift** über die Festsetzung des Nennbetrags der den Gesellschaftern der übertragenden AG/KGaA zu gewährenden Geschäftsanteile, die von dem auf die Aktien des übertragenden Rechtsträgers entfallenden anteiligen Betrag des Grundkapitals abweichen kann.
- 12 Soweit zur Durchführung der Verschmelzung eine **Kapitalerhöhung** erforderlich ist und die so geschaffenen Anteile mit Sonderrechten oder -pflichten zugunsten bzw. zu Lasten der Anteilsinhaber des übertragenden Rechtsträgers ausgestattet werden sollen, bedarf dies der ausdrücklichen Festsetzung im Verschmelzungsvertrag (§ 46 Abs. 2 UmwG; näher unten Rz. 53 ff.).
- 13 § 46 Abs. 3 UmwG schließlich stellt klar, dass genaue Angaben über den Nennbetrag des Geschäftsanteils und die Person des Anteilsinhabers auch dann er-

1 BGH v. 19.4.2011 – II ZB 25/10, NJW 2011, 1881 (1883) = GmbHR 2011, 699; *Waldenberger/Sieber*, GmbHR 2009, 114 (119).

2 *Heckschen* in Beck'sches Notarhandbuch, D.IV. Umwandlung., Rz. 53b; *Klose*, GmbHR 2009, 294 (297).

3 Vgl. BegrRegE zur GmbH-Novelle 1980 bei *Deutler*, Das neue GmbH-Recht, 1980, S. 137.

4 Ausdrücklich auch *Simon/Nießen* in KölnKomm. UmwG, § 46 UmwG Rz. 16.

forderlich sind, wenn im Zuge der Verschmelzung den Anteilsinhabern des übertragenden Rechtsträgers **bereits vorhandene Geschäftsanteile** gewährt werden sollen (unten Rz. 50).

3. Entstehungsgeschichte

14 § 46 UmwG übernahm bei seiner Einführung durchweg Regelungen des bereits vor der Umwandlungsrechtsnovelle 1995 geltenden Rechts. § 46 Abs. 1 Satz 1 und Abs. 2 und 3 UmwG entsprachen wörtlich § 21 KapErhG (Kapitalerhöhungsgesetz); die Vorgängerregelungen zu § 46 Abs. 1 Satz 2 und 3 UmwG übernahmen Regelungen, die sich bis dahin nur aufgrund einer komplizierten Verweisungskette erschlossen (§ 33 Abs. 3 KapErhG i.V.m. § 369 Abs. 6 Satz 1 und 2 AktG a.F.). Für die Auslegung des § 46 UmwG kann damit auf die Gesetzesmaterialien insbesondere zum KapErhG zurückgegriffen werden.

15 Seit Inkrafttreten des UmwG wurden im Zuge der Zulassung nennwertloser Aktien durch das **Stückaktiengesetz** v. 25.3.1998[1] die Vorschrift über die Zulässigkeit der Festsetzung eines abweichenden Nennbetrags der zu gewährenden Geschäftsanteile an der übernehmenden GmbH bei Mischverschmelzungen (§ 46 Abs. 1 Satz 2 UmwG, dazu näher unten Rz. 28 ff.) und im Zuge der Währungsumstellung durch das Euro-Einführungsgesetz v. 9.6.1998[2] die Vorschrift über die Stückelung der zu gewährenden Geschäftsanteile (§ 46 Abs. 1 Satz 3 UmwG, dazu unten Rz. 31 f.) an die neue Rechtslage angepasst.

16 Wichtige Änderungen für die Verschmelzung von GmbH brachte das Gesetz zur Modernisierung des GmbH-Rechts und zur Bekämpfung von Missbräuchen (**MoMiG**)[3]. Die für die Verschmelzung von GmbH wichtigsten Änderungen sind:

- Die Herabsetzung des Mindestnennbetrags je Geschäftsanteil von 100 Euro auf 1 Euro (§ 5 Abs. 2 GmbHG);
- die Möglichkeit, bei Gründung und Kapitalerhöhung mehrere Geschäftsanteile zu übernehmen (§ 5 Abs. 2 Satz 2 und § 55 Abs. 4 GmbHG);
- die Einführung der Unternehmergesellschaft gem. § 5a GmbHG (hierzu bereits oben Rz. 4 ff.); sowie
- Änderungen bei der Legitimation der Gesellschafter und Umgang mit und Relevanz der Gesellschafterliste (gem. §§ 16 und 40 GmbHG).

17 Für § 46 UmwG hat die Herabsetzung des Mindestnennbetrags eines Geschäftsanteils durch **§ 5 Abs. 2 GmbHG** auf 1 Euro besondere Bedeutung. Bis zum Inkrafttreten des MoMiG musste der Nennbetrag eines Geschäftsanteils auf mindestens 100 Euro lauten und durch 50 teilbar sein. Um eine möglichst umfassende Beteiligung der Anteilsinhaber des übertragenden Rechtsträgers an der übernehmenden GmbH zu ermöglichen und die Entstehung von nicht verteilungsfähigen Spitzen soweit als möglich zu verhindern, setzte § 46 Abs. 1 Satz 3 UmwG bis zum Inkrafttreten des MoMiG für die an die Anteilsinhaber des übertragenden Rechtsträgers auszugebenden Anteile die Anforderungen des allgemeinen GmbH-

1 BGBl. I, S. 590.
2 BGBl. I, S. 1242.
3 BGBl. I 2008, S. 2026.

Rechts an den Mindestnennbetrag der Anteile und ihre Teilbarkeit herab[1]. Die Einführung von 1-Euro-Geschäftsanteilen ließ die Notwendigkeit solcher verschmelzungsspezifischen Stückelungs- und Teilbarkeitserleichterungen, wie sie neben § 46 Abs. 1 Satz 3 UmwG auch §§ 54 Abs. 3 Satz 1 und 55 Abs. 1 Satz 2 UmwG a.F. vorsahen, entfallen. Folgerichtig wurde § 46 Abs. 1 Satz 3 UmwG dahingehend geändert, dass (auch) im Zuge einer Verschmelzung zu gewährende Geschäftsanteile (lediglich) auf volle Euro lauten müssen.

II. Festsetzungen hinsichtlich der zu gewährenden Geschäftsanteile (§ 46 Abs. 1 UmwG)

1. Grundsatz (§ 46 Abs. 1 Satz 1 UmwG)

a) Namentliche Zuordnung

Die Angabe des Umtauschverhältnisses der Anteile (sowie die Höhe etwaiger 18 barer Zuzahlungen) gehören nach § 5 Abs. 1 Nr. 3 UmwG zum zwingenden Mindestinhalt eines jeden Verschmelzungsvertrages. Fungiert eine **GmbH** als **übernehmender** Rechtsträger, verlangt das Gesetz zusätzlich, dass im Verschmelzungsvertrag für *jeden* Anteilsinhaber des übertragenden Rechtsträgers der Nennbetrag des oder der Geschäftsanteile aufgeführt wird, die ihm die übernehmende GmbH zu gewähren hat; die bloße Angabe des Umtauschverhältnisses genügt insoweit also nicht[2]. Seinen Sachgrund findet das zusätzliche Erfordernis darin, dass bei der GmbH als übernehmendem Rechtsträger ein Treuhänder, der in Zweifelsfällen vor Ausgabe der Anteile an die Anteilsinhaber des übertragenden Rechtsträgers weitere Ermittlungen durchführen kann, nicht zu bestellen ist; die Zuordnung der Anteile im Zeitpunkt des Wirksamwerdens der Verschmelzung muss sich deshalb zweifelsfrei aus dem Verschmelzungsvertrag selbst ergeben[3]. Dabei kann selbstverständlich auf eine Anlage zum Verschmelzungsvertrag verwiesen werden.

Nach früherem, bis 1995 geltendem Recht mussten sämtliche Anteilsinhaber des 19 übertragenden Rechtsträgers im Verschmelzungsvertrag **namentlich aufgeführt** und jedem von ihnen der oder die ihnen im Zuge der Verschmelzung zu gewährenden Geschäftsanteile zugeordnet werden. Am Erfordernis namentlicher Zuordnung ist unter dem UmwG 1995 festzuhalten, soweit der übertragende Rechtsträger eine Rechtsform hat, bei der die Gesellschafter bekannt sind[4]. Dies ist insbesondere bei Personengesellschaften, im Hinblick auf §§ 16 Abs. 1, 40 GmbHG in aller Regel auch bei GmbH, bei Aktiengesellschaften dagegen nur dann der Fall, wenn Namensaktien ausgegeben sind. Bei einer AG mit Inhaber-

1 § 46 Abs. 1 Satz 3 UmwG a.F. lautete: „Er muss mindestens fünfzig Euro betragen und durch zehn teilbar sein."

2 Allg. Meinung, vgl. nur *Mayer* in Widmann/Mayer, § 46 UmwG Rz. 9; *Simon/Nießen* in KölnKomm. UmwG, § 46 UmwG Rz. 8; *Reichert* in Semler/Stengel, § 46 UmwG Rz. 2; *Stratz* in Schmitt/Hörtnagl/Stratz, § 46 UmwG Rz. 3.

3 So deutlich BegrRegE zur GmbH-Novelle 1980 bei *Deutler*, Das neue GmbH-Recht, 1980, S. 137 = BT-Drucks. 8/1347, 50; ausdrücklich zustimmend *Reichert* in Semler/Stengel, § 46 UmwG Rz. 2; *Simon/Nießen* in KölnKomm. UmwG, § 46 UmwG Rz. 2.

4 *Mayer* in Widmann/Mayer, § 46 UmwG Rz. 9; *Kallmeyer/Kocher* in Kallmeyer, § 46 UmwG Rz. 2; *Simon/Nießen* in KölnKomm. UmwG, § 46 UmwG Rz. 8; *Bermel* in Goutier/Knopf/Tulloch, § 46 UmwG Rz. 6.

aktien ist eine namentliche Zuordnung jedoch häufig nicht möglich, weil der übertragenden Gesellschaft gar nicht alle Aktionäre bekannt sind.

20 Damit die Verschmelzung in solchen Fällen nicht an einem technischen Hindernis scheitert, sieht **§ 35 Satz 1 UmwG** vor, dass die nicht namentlich bekannten Aktionäre durch die Angabe des insgesamt auf sie entfallenden Teils des Grundkapitals der (übertragenden) Gesellschaft und der nach den auf sie nach der Verschmelzung entfallenden (Geschäfts-) Anteile der übernehmenden Gesellschaft bezeichnet werden, soweit die Anteile der unbekannten Aktionäre zusammen 5 % des Grundkapitals der übertragenden Gesellschaft nicht übersteigen (vgl. näher § 35 Rz. 7 ff.)[1].

21 Der Gesetzgeber hat die Problematik unbekannter Gesellschafter des übertragenden Rechtsträgers nur für die **AG und KGaA** gesehen und geregelt. Bei anderen deutschen Gesellschaftsformen sollte dieses Problem allenfalls in ganz außergewöhnlichen Fällen denkbar sein. Eher denkbar dürfte es bei **grenzüberschreitenden Verschmelzungen** ausländischer Kapitalgesellschaften nach §§ 122a ff. UmwG sein. Für diese Fälle lässt sich eine Lösung in Anlehnung an § 35 UmwG suchen, der trotz seiner Beschränkung auf AG und KGaA immerhin erkennen lässt, dass eine anderweitige Bezeichnung der Anteilsinhaber als durch Namensnennung möglich ist, sofern eine Individualisierung der Berechtigten ähnlich eindeutig erfolgen kann wie nach § 35 UmwG (§ 35 Rz. 2)[2]. Werden die unbekannten Anteilsinhaber noch vor Wirksamwerden der Verschmelzung bekannt (s. § 35 Satz 2 UmwG), ist der Verschmelzungsvertrag nicht zu ändern (s. hierzu unten Rz. 25)[3].

22 Über das Erfordernis der namentlichen Zuordnung hinausgehend will das OLG Frankfurt/M.[4] aus § 46 Abs. 1 Satz 1 UmwG folgern, bei der **Mehrfachverschmelzung** (§ 2 Rz. 5, 26) müsse für jede untergehende Beteiligung an *jedem* übertragenden Rechtsträger zwingend ein Geschäftsanteil an der aufnehmenden GmbH gewährt werden; die Gewährung eines einheitlichen Geschäftsanteils als Gegenleistung für die Übertragung des Vermögens mehrerer Rechtsträger sei unzulässig. Dies gelte auch bei Identität der Anteilsinhaber mehrerer übertragender Rechtsträger, also auch für den Fall, dass innerhalb eines Konzerns mehrere Schwestergesellschaften auf eine weitere Schwestergesellschaft in der Rechtsform der GmbH verschmolzen werden; auch in diesem Fall müssten dem identischen Alleingesellschafter aller übertragenden Rechtsträger zwingend ebenso viele Geschäftsanteile gewährt werden, wie übertragende Rechtsträger an der Fusion beteiligt sind. Ein vermögensloser oder bilanziell überschuldeter Rechtsträger könne sich auch an einer Mehrfachverschmelzung selbst bei Anteilsinhaberidentität nicht beteiligen, weil das Gebot der realen Kapitalaufbringung hinsichtlich des als Gegenleistung

---

1 S. auch *Bermel* in Goutier/Knopf/Tulloch, § 46 UmwG Rz. 7; *Kallmeyer/Kocher* in Kallmeyer, § 46 UmwG Rz. 2; *Mayer* in Widmann/Mayer, § 46 UmwG Rz. 9; *Stratz* in Schmitt/Hörtnagl/Stratz, § 46 UmwG Rz. 3; *Reichert* in Semler/Stengel, § 46 UmwG Rz. 2.

2 Ähnlich *Kallmeyer/Kocher* in Kallmeyer, § 46 UmwG Rz. 2; i.E. auch *Haeder* in Henssler/Strohn, § 46 UmwG Rz. 4; für eine Analogie zu § 35 UmwG *Mayer* in Widmann/Mayer, § 46 UmwG Rz. 9; *Reichert* in Semler/Stengel, § 46 UmwG Rz. 2.

3 Ausdrücklich auch *Kallmeyer/Kocher* in Kallmeyer, § 46 UmwG Rz. 2.

4 OLG Frankfurt/M. v. 10.3.1998 – 20 W 60/98, ZIP 1998, 1191 = DB 1998, 917 = GmbHR 1998, 542.

für die Übertragung des Vermögens dieses Rechtsträgers zu gewährenden Geschäftsanteils nicht erfüllt werden könne und eine Saldierung der Vermögen aller an der Fusion beteiligten Rechtsträger ausgeschlossen sei.

Diese Auffassung ist in der Literatur zu Recht durchweg auf Ablehnung gestoßen[1]. Weder § 46 Abs. 1 Satz 1 UmwG noch das Verbot der Unterpari-Emission und das Gebot der realen Kapitalaufbringung (zu diesem Aspekt näher § 55 Rz. 26ff., insb. Rz. 29) tragen die Auffassung des OLG Frankfurt/M. Das Prinzip der namentlichen Zuordnung (§ 46 Abs. 1 Satz 1 UmwG) dient ausschließlich der **eindeutigen Identifizierung der zukünftigen Anteilsinhaber** der aufnehmenden GmbH. Diese ist auch dann gewährleistet, wenn dem Anteilsinhaber mehrerer übertragender Rechtsträger als Gegenleistung für den Verlust einer Mehrzahl von Beteiligungsrechten mit seiner Zustimmung lediglich ein einheitlicher Geschäftsanteil an der übernehmenden GmbH zugewiesen wird. Dies gilt insbesondere, aber nicht ausschließlich für den Fall, dass die Anteilsinhaber mehrerer übertragender Rechtsträger ganz oder teilweise personenidentisch sind; maßgeblich für die Zulässigkeit der Gestaltung ist – nicht anders als beim Verzicht auf die Gewährung von Geschäftsanteilen der übernehmenden GmbH (§ 54 Abs. 1 Satz 3 UmwG) – die **Zustimmung sämtlicher betroffener Anteilsinhaber** aller übertragenden Rechtsträger[2]. 23

Die zwingende Gewährung eines Geschäftsanteils für jeden Anteil bzw. jede Mitgliedschaft an einem übertragenden Rechtsträger folgt auch nicht aus Gründen des Schutzes von Rechten Dritter an diesen Anteilen bzw. Mitgliedschaften zur Ermöglichung einer **dinglichen Surrogation nach § 20 Abs. 1 Nr. 3 Satz 2 UmwG**[3]. Das UmwG hat die Gewährung neuer Geschäftsanteile in § 54 Abs. 1 Satz 3 UmwG zur Disposition der Gesellschafter gestellt und kennt auch im Übrigen Fälle, in denen die dingliche Surrogation ins Leere geht. Es ist anerkannt, dass Rechte Dritter an den Anteilen des übertragenden Rechtsträgers erlöschen, soweit für die Anteile am übertragenden keine Geschäftsanteile am übernehmenden Rechtsträger gewährt werden (§ 20 Rz. 71). Der Schutz des Dritten im Hinblick auf einen Verlust seiner Rechte ist auf schuldvertraglicher Basis im Verhältnis zu seinem Vertragspartner, aber nicht durch Beschränkung der umwandlungsrechtlichen Gestaltungsmöglichkeiten zu suchen. 24

b) Änderungen im Gesellschafterbestand nach Vertragsabschluss

Das Erfordernis der namentlichen Erwähnung der Anteilsinhaber des übertragenden Rechtsträgers im Verschmelzungsvertrag schließt **Anteilsveräußerungen** nach Abschluss des Verschmelzungsvertrages, aber vor Eintragung der Ver- 25

1 Vgl. *Mayer* in Widmann/Mayer, § 46 UmwG Rz. 9; *D. Mayer*, DB 1998, 913; *Neye*, EWiR, § 46 UmwG 1/98, 517; *Heckschen*, DB 1998, 1385 (1387, 1389); *Trölitzsch*, DStR 1999, 767; *Reichert* in Semler/Stengel, § 46 UmwG Rz. 3 und § 55 UmwG Rz. 9; *Simon/Nießen* in KölnKomm. UmwG, § 46 UmwG Rz. 12; *Stratz* in Schmitt/Hörtnagl/Stratz, § 46 UmwG Rz. 8; mit anderer Begründung dem OLG Frankfurt/M. zustimmend jedoch *Kallmeyer/Kocher* in Kallmeyer, § 46 UmwG Rz. 5.

2 Wie hier namentlich *Reichert* in Semler/Stengel, § 46 UmwG Rz. 3.

3 A.A. *Kallmeyer/Kocher* in Kallmeyer, § 46 UmwG Rz. 5; gegen sie auch *Mayer* in Widmann/Mayer, § 46 UmwG Rz. 9.1.

schmelzung in das Handelsregister nicht aus[1]; auch bedarf es in diesen Fällen nicht etwa einer nachträglichen Änderung des Verschmelzungsvertrages[2]. Vielmehr wird der Anteilserwerber mit Eintragung der Verschmelzung Gesellschafter der übernehmenden Gesellschaft, auch wenn er im Verschmelzungsvertrag nicht namentlich genannt ist. Die Zuordnung der Anteile des übernehmenden Rechtsträgers kann über den Anteilskauf- und Abtretungsvertrag eindeutig erfolgen.

26 Entsprechendes gilt, wenn die Veräußerung bereits vor Abschluss des Verschmelzungsvertrages erfolgte, eine Eintragung in die Gesellschafterliste gem. § 16 Abs. 1 GmbHG aber erst nachträglich erfolgt[3]. Gleiches gilt, wenn die nachträgliche Abtretung mit einer Teilung des Anteils am übertragenden Rechtsträger verbunden wird[4].

27 Möglich bleibt in der Zeit zwischen dem Abschluss des Verschmelzungsvertrages und der Eintragung der Verschmelzung auch der **Ausschluss des Anteilsinhabers** aus dem übertragenden Rechtsträger bzw. – wenn es sich bei dem übertragenden Rechtsträger ebenfalls um eine GmbH handelt – die **Einziehung** seines Geschäftsanteils[5]. Der Ausschluss bzw. die Einziehung führen allerdings zu einer Diskrepanz zwischen der im Verschmelzungsvertrag verlautbarten und der mit Eintragung der Verschmelzung tatsächlich entstehenden Zuordnung der Geschäftsanteile der übernehmenden GmbH: Die nicht vom Ausschluss bzw. der Einziehung betroffenen Anteilsinhaber erhalten nämlich als Folge der mit dem Ausschluss bzw. der Einziehung verbundenen Anwachsung Geschäftsanteile, deren Nennbeträge entsprechend dem Umtauschverhältnis und dem Nennbetrag des Anteils des ausgeschlossenen Anteilsinhabers erhöht werden[6]. Die Verpflichtung der Geschäftsführer der übernehmenden Gesellschaft, in diesem Fall – ebenso wie bei zwischenzeitlichen Veräußerungen (oben Rz. 25 f.) – die nach § 52 Abs. 2 UmwG zum Handelsregister einzureichende Gesellschafterliste (vgl. hierzu § 52 Rz. 23 ff.) unverzüglich zu berichtigen[7], ergibt sich unmittelbar aus § 40 Abs. 1 Satz 1 GmbHG.

---

1 So zutreffend *Streck/Mack/Schwedhelm*, GmbHR 1995, 164; zust. *Mayer* in Widmann/Mayer, § 46 UmwG Rz. 13; *Kallmeyer/Kocher* in Kallmeyer, § 46 UmwG Rz. 4; *Reichert* in Semler/Stengel, § 46 UmwG Rz. 4; *Simon/Nießen* in KölnKomm. UmwG, § 46 UmwG Rz. 13.

2 *Simon/Nießen* in KölnKomm. UmwG, § 46 UmwG Rz. 14, s. im Übrigen die Nachweise in Fn. 1.

3 *Reichert* in Semler/Stengel, § 46 UmwG Rz. 4; *Simon/Nießen* in KölnKomm. UmwG, § 46 UmwG Rz. 13; *Rebmann* in Maulbetsch/Klumpp/Rose, § 46 UmwG Rz. 11; so zutreffend schon *Schilling/Zutt* in Hachenburg, § 21 KapErhG Rz. 10 zum Anmeldeerfordernis nach § 16 Abs. 1 GmbHG a.F.

4 *Reichert* in Semler/Stengel, § 46 UmwG Rz. 4; *Simon/Nießen* in KölnKomm. UmwG, § 46 UmwG Rz. 13.

5 So auch *Mayer* in Widmann/Mayer, § 46 UmwG Rz. 13; *Reichert* in Semler/Stengel, § 46 UmwG Rz. 5; *Simon/Nießen* in KölnKomm. UmwG, § 46 UmwG Rz. 15; *Kallmeyer/Kocher* in Kallmeyer, § 46 UmwG Rz. 4.

6 Ebenso *Reichert* in Semler/Stengel, § 46 UmwG Rz. 5.

7 *Mayer* in Widmann/Mayer, § 5 UmwG Rz. 13.

2. Nennbetrag der Geschäftsanteile

a) Abweichende Nennbetragsfestsetzung (§ 46 Abs. 1 Satz 2 UmwG)

§ 46 Abs. 1 Satz 2 UmwG bestimmt in seiner Fassung durch das Stückaktiengesetz (oben Rz. 15), dass bei Mischverschmelzungen (AG/KGaA auf GmbH) der Nennbetrag der im Zuge der Verschmelzung gewährten Geschäftsanteile der übernehmenden GmbH nicht mit dem Betrag übereinstimmen muss, der auf die Aktien der (Kommandit-)Aktionäre der übertragenden Gesellschaft als anteiliger Betrag ihres Grundkapitals entfällt. Da nach der Einführung nennwertloser Aktien („Stückaktien") auch Aktiengesellschaften, die solche Stückaktien ausgegeben haben, als übertragende Rechtsträger in Betracht kommen, musste der früher verwendete Begriff des Nennbetrags der Aktien der übertragenen AG/KGaA durch eine allgemeine Formulierung ersetzt werden, die auch den auf die nennwertlose Aktie rechnerisch entfallenden Betrag des Grundkapitals mit umfasst[1]. 28

Die Vorschrift regelt zwar ausdrücklich nur Mischverschmelzungen von AG/KGaA auf GmbH; sie hat jedoch nur **klarstellende Bedeutung**[2]. Verfehlt wäre der Gegenschluss, dass sich etwa bei reinen GmbH-Verschmelzungen der Nennbetrag des Geschäftsanteils eines Gesellschafters an der übertragenden GmbH mit dem Nennbetrag des ihm zu gewährenden Anteils an der übernehmenden GmbH zwingend decken müsste[3]. Durch § 46 Abs. 1 Satz 2 UmwG wird zunächst den technischen Besonderheiten des Verschmelzungsrechts Rechnung getragen. Da sich bei einer Verschmelzung die relative Beteiligungsquote infolge der Zusammenführung der Anteilsinhaber mehrerer Rechtsträger mit Ausnahme von reinen Konzernverschmelzungen zwangsläufig ändert und der Gesamtnennbetrag der den Anteilsinhabern des übertragenden Rechtsträgers zu gewährenden Anteile vom Umtauschverhältnis und damit der Relation der Werte der Vermögen der fusionierten Rechtsträger abhängt, würde das Postulat der Nennbetragsidentität Fusionen ohne Sachgrund erschweren und den Verschmelzungsbeschluss jedenfalls beim übertragenden Rechtsträger letztlich von der Zustimmung aller Anteilsinhaber abhängig machen[4]. 29

§ 46 Abs. 1 Satz 2 UmwG hat primär die vorstehende technische Erleichterung verhältniswahrender Verschmelzungen im Blick, bei denen das relative Beteiligungsverhältnis der Anteilsinhaber des übertragenden Rechtsträgers zueinander bei der Verschmelzung nicht verschoben wird. Er verdeutlicht jedoch auch, dass **disproportionale Verschmelzungen** möglich sind, bei denen ein Anteilsinhaber eines übertragenden Rechtsträgers einen geringeren Anteil am übernehmenden Rechtsträger erhält, als ihm nach dem Wertverhältnis der beteiligten Rechtsträger eigentlich zustünde. Eine solche Verwässerung seiner Rechtsstellung muss selbstverständlich kein Gesellschafter gegen seinen Willen hinnehmen (vgl. § 51 Abs. 2 UmwG, s. zum Ganzen § 51 Rz. 59ff.). 30

---

1 *Neye*, DB 1998, 1654.

2 Ebenso *Mayer* in Widmann/Mayer, § 46 UmwG Rz. 17; *Kallmeyer/Kocher* in Kallmeyer, § 46 UmwG Rz. 7; *Reichert* in Semler/Stengel, § 46 UmwG Rz. 6, 10.

3 Ebenso *Kallmeyer/Kocher* in Kallmeyer, § 46 UmwG Rz. 7; *Mayer* in Widmann/Mayer, § 46 UmwG Rz. 17; *Reichert* in Semler/Stengel, § 46 UmwG Rz. 6; ähnlich *Simon/Nießen* in KölnKomm. UmwG, § 46 UmwG Rz. 21.

4 Zustimmend *Kallmeyer/Kocher* in Kallmeyer, § 46 UmwG Rz. 7; *Reichert* in Semler/Stengel, § 46 UmwG Rz. 6, 10.

b) Mindestnennbetrag (§ 46 Abs. 1 Satz 3 UmwG)

31 Abweichend vom allgemeinen GmbH-Recht mussten die nach dem Verschmelzungsvertrag an die Anteilsinhaber des übertragenden Rechtsträgers auszugebenden Geschäftsanteile bis zum Inkrafttreten des MoMiG (oben Rz. 16) einen Nennbetrag von lediglich 50 Euro (statt 100 Euro) aufweisen und nur durch zehn (statt durch fünfzig) teilbar sein. Die Vorschrift korrespondierte mit §§ 55 Abs. 1 Satz 2 2. Halbsatz, 54 Abs. 3 Satz 1 2. Halbsatz UmwG i.d.F. vor Änderung durch das MoMiG, die für durch Kapitalerhöhung zu schaffende neue Anteile bzw. die Teilung bereits vorhandener (regelmäßig eigener) Anteile der übernehmenden GmbH entsprechende Stückelungs- bzw. Teilbarkeitserleichterungen vorsahen (näher § 55 Rz. 7, 54ff., § 54 Rz. 16). Nach § 46 Abs. 1 Satz 3 UmwG i.d.F. des MoMiG dürfen (und müssen) die im Zuge der Verschmelzung gewährten Anteile auf volle Euro lauten. Zulässig ist insbesondere ein Nennbetrag von 1 Euro. Damit ist die Notwendigkeit verschmelzungsspezifischer Stückelungs- und Teilbarkeitserleichterungen entfallen. Dies erhöht den Gestaltungsspielraum der Vertragspartner deutlich und vermindert die praktische Bedeutung des § 46 Abs. 1 Satz 2 UmwG.

32 Selbstverständlich gelten die **Stückelungserleichterungen** gem. § 46 Abs. 1 Satz 3 UmwG auch für Mischverschmelzungen. Insbesondere in Fällen, in denen bei der übertragenden AG Aktien mit einem rechnerischen Anteil am Grundkapital von 1 Euro ausgegeben sind, fielen Kleinstaktionäre im Zuge einer Verschmelzung auf eine GmbH mit ihrer Beteiligung vor Inkrafttreten des MoMiG regelmäßig aus.

3. Beschränkungen der Vertragsfreiheit im Hinblick auf die Anteilsgewährung

a) Grundsatz

33 Der Umfang der jedem Anteilsinhaber eines übertragenden Rechtsträgers zu gewährenden Beteiligung an der übernehmenden GmbH ergibt sich grundsätzlich aus dem aus der Bewertung der beteiligten Rechtsträger abgeleiteten Umtauschverhältnis. Wie die so ermittelte Gegenleistung gestückelt wird, unterliegt grundsätzlich dem Verhandlungsermessen der beteiligten Rechtsträger[1]. § 46 Abs. 1 Satz 1 UmwG spricht zwar von der **Gewährung eines neuen Geschäftsanteils**. Dies schließt jedoch nicht aus, dass einem Gesellschafter auch mehrere Geschäftsanteile gewährt werden können (vgl. § 55 Abs. 4 UmwG, § 5 Abs. 2 GmbHG). Ob einem Anteilsinhaber eines übernehmenden Rechtsträgers, der am übertragenden Rechtsträger mit einem Anteil beteiligt ist, also ein Geschäftsanteil im Nennbetrag von 100 Euro oder 100 Geschäftsanteile im Nennbetrag von 1 Euro gewährt werden, kann somit im Verschmelzungsvertrag frei bestimmt werden.

34 Hält ein Anteilsinhaber eines übertragenden Rechtsträgers bereits vor Durchführung der Verschmelzung einen Geschäftsanteil an der übernehmenden GmbH, kann die Anteilsgewährung mit seiner ausdrücklichen Zustimmung durch Erhöhung des Nennbetrags des vorhandenen Geschäftsanteils erfolgen (sog. **Aufsto-**

1 So auch *Kallmeyer/Kocher* in Kallmeyer, § 46 UmwG Rz. 6; *Mayer* in Widmann/Mayer, § 46 UmwG Rz. 9; *Simon/Nießen* in KölnKomm. UmwG, § 46 UmwG Rz. 17.

ckung)[1], sofern die allgemeinen Voraussetzungen für eine solche Aufstockung entgegen dem Wortlaut des § 55 Abs. 3 GmbHG vorliegen[2] und die Aufstockung im Kapitalerhöhungsbeschluss ausdrücklich bestimmt wird[3].

Zum Schutz der Anteilsinhaber des übertragenden Rechtsträgers sind insoweit allerdings die folgenden **Einschränkungen** vorzunehmen. 35

b) Ausscheiden von Gesellschaftern eines übertragenden Rechtsträgers

Zunächst muss bei der Stückelung der als Gegenleistung zu gewährenden Ge- 36
schäftsanteile versucht werden, jedem Anteilsinhaber eines übertragenden Rechtsträgers die **Beteiligung als Gesellschafter zu ermöglichen**. Ohne Zustimmung des Betroffenen ist es daher beispielsweise nicht möglich, einen Anteilsinhaber eines übertragenden Rechtsträgers, auf dessen Beteiligung ein Anteil am übernehmenden Rechtsträger im Nennbetrag von 5 Euro entfallen würde, auf eine reine Gegenleistung in bar zu verweisen mit dem Argument, die übernehmende Gesellschaft wolle einheitlich nur Geschäftsanteile im Nennbetrag von 50 Euro ausgeben[4]. Etwas anderes wäre nur bei überwiegenden Interessen an einer abweichenden Festsetzung eines höheren Nennbetrags denkbar, die aber praktisch kaum vorstellbar sind. Die vergleichbare Problematik ist im Aktienrecht bereits intensiver – insbesondere im Anschluss an die gesetzliche Herabsetzung des Mindestnennbetrags von Aktien auf 1 Euro – diskutiert worden[5].

Größere Zurückhaltung ist zwar bei der Gewährung bestehender Geschäftsanteile 37
der übernehmenden Gesellschaft geboten[6]. Auch insoweit kann sich aber durchaus eine **Verpflichtung zur Teilung bestehender Geschäftsanteile** ergeben. Anders als bei der AG dürften bei der GmbH kaum überwiegende Interessen an Gesellschaftsanteilen mit einheitlichen Nennbeträgen denkbar sein.

Soweit es trotz Festlegung eines Mindestnennbetrags von 1 Euro nicht möglich 38
ist, jedem Anteilsinhaber eines übertragenden Rechtsträgers einen Geschäftsanteil an der übernehmenden GmbH zu gewähren, müssen sich die betroffenen Anteilsinhaber des übertragenden Rechtsträgers mit einer baren Zuzahlung abfinden lassen; die 10 %-Begrenzung des § 54 Abs. 4 UmwG ist zu beachten (näher § 54 Rz. 132 ff.)[7].

---

1 Vgl. *Bermel* in Goutier/Knopf/Tulloch, § 46 UmwG Rz. 10; *Kallmeyer/Kocher* in Kallmeyer, § 46 UmwG Rz. 6; *Mayer* in Widmann/Mayer, § 46 UmwG Rz. 12; *Reichert* in Semler/Stengel, § 46 UmwG Rz. 9b; *Simon/Nießen* in KölnKomm. UmwG, § 46 UmwG Rz. 10; *Stratz* in Schmitt/Hörtnagl/Stratz, § 46 UmwG Rz. 7.

2 S. nur *Lieder* in MünchKomm. GmbHG, § 55 GmbHG Rz. 43 f.; *Lutter/Bayer* in Lutter/Hommelhoff, § 55 GmbHG Rz. 15.

3 S. nur *Lieder* in MünchKomm. GmbHG, § 55 GmbHG Rz. 45; *Lutter/Bayer* in Lutter/Hommelhoff, § 55 GmbHG Rz. 15; *Mayer* in Widmann/Mayer, § 46 UmwG Rz. 12.

4 So auch *Marsch-Barner* in Kallmeyer, § 5 UmwG Rz. 8; *Schröer* in Semler/Stengel, § 5 UmwG Rz. 15; zu § 46 UmwG *Simon/Nießen* in KölnKomm. UmwG, § 46 UmwG Rz. 22.

5 Ausführlich *J. Vetter*, AG 2000, 193 ff.

6 *Marsch-Barner* in Kallmeyer, § 5 UmwG Rz. 8; zur AG *J. Vetter*, AG 2000, 193 (199 f.).

7 Ebenso *Mayer* in Widmann/Mayer, § 46 UmwG Rz. 20; *Kallmeyer/Kocher* in Kallmeyer, § 46 UmwG Rz. 8.

39 Hat eine vom Nennbetrag der Anteile bzw. dem anteilig auf sie entfallenden Betrag des Grundkapitals eines übertragenden Rechtsträgers abweichende Festsetzung des oder der Nennbeträge der neuen Geschäftsanteile zur Folge, dass sich ein oder mehrere Gesellschafter des übertragenden Rechtsträgers nicht mit ihrem gesamten Anteilsbesitz an der übernehmenden GmbH beteiligen können, weil sie bei Anwendung des vereinbarten Umtauschverhältnisses den im Verschmelzungsvertrag festgesetzten Mindestnennbetrag der Geschäftsanteile nicht erreichen oder nicht verteilungsfähige Spitzen entstehen, die durch eine bare Zuzahlung auszugleichen wären, bedarf der Zustimmungsbeschluss zum Verschmelzungsvertrag **nach § 51 Abs. 2 UmwG grundsätzlich der Zustimmung des oder der betroffenen Gesellschafter**[1].

40 Eine Zustimmung ist freilich entbehrlich, wenn bei Anwendung des vereinbarten Umtauschverhältnisses für einzelne Gesellschafter des übertragenden Rechtsträgers Geschäftsanteile gebildet werden müssten, die nicht den zwingenden Bestimmungen des § 46 Abs. 1 Satz 3 UmwG entsprechen würden, also entweder nicht den Mindestnennbetrag von 1 Euro erreichen oder nicht auf volle Euro lauten (§ 51 Rz. 66)[2].

41 Das vorstehend Ausgeführte gilt – entgegen der zum alten Recht ganz herrschenden Meinung – nicht nur beim Ausfall so genannter Spitzen, sondern auch dann, wenn bei Anwendung des vereinbarten Umtauschverhältnisses der einem Aktionär zuzuteilende Geschäftsanteil den Mindestnennbetrag von 1 Euro (bis zum Inkrafttreten des MoMiG: 50 Euro) nicht erreicht; aus dem „Wesen" der Verschmelzung folgt nicht, dass auch **Inhaber von „Kleinstbeteiligungen"** *zwingend* an der übernehmenden Gesellschaft beteiligt werden müssten (vgl. näher § 51 Rz. 66 und § 54 Rz. 132ff.)[3].

42 Soweit ein Gesellschafter eines übertragenden Rechtsträgers als Gegenleistung keine Geschäftsanteile der übernehmenden GmbH erhält und dies auch nicht dadurch freiwillig vermeidet, dass er seine Anteilsspitzen mit denen eines anderen Gesellschafters zusammenlegt (§ 18 GmbHG)[4], ist ihm eine **bare Zahlung** zu gewähren. Schranken ergeben sich freilich daraus, dass die im Verschmelzungsvertrag vorgesehenen baren Zuzahlungen gem. § 54 Abs. 4 UmwG 10 % des Nennbetrages der an die Anteilsinhaber des übertragenden Rechtsträgers zu gewährenden Anteile nicht übersteigen dürfen. Auch diese baren (Zu-) Zahlungen sind im Verschmelzungsvertrag unter namentlicher Zuordnung anzugeben (hierzu unten Rz. 45f.).

c) Erhalt der Zahl der Anteile

43 Gehören einem Anteilsinhaber des übertragenden Rechtsträgers mehrere Anteile, so ist ihm nach Möglichkeit **eine gleiche oder größere Anzahl von Geschäftsantei-**

1 Zustimmend *Kallmeyer/Kocher* in Kallmeyer, § 46 UmwG Rz. 8; *Reichert* in Semler/Stengel, § 46 UmwG Rz. 13; *Simon/Nießen* in KölnKomm. UmwG, § 46 UmwG Rz. 17.

2 Zustimmend *Kallmeyer/Kocher* in Kallmeyer, § 46 UmwG Rz. 8; *Reichert* in Semler/Stengel, § 46 UmwG Rz. 13; *Simon/Nießen* in KölnKomm. UmwG, § 46 UmwG Rz. 17ff.

3 Ausdrücklich zustimmend *Reichert* in Semler/Stengel, § 46 UmwG Rz. 14.

4 *Simon/Nießen* in KölnKomm. UmwG, § 46 UmwG Rz. 20.

len an der übernehmenden GmbH zu gewähren[1]. § 5 Abs. 2 GmbHG a.F. in der bis zum Inkrafttreten des MoMiG gültigen Fassung, wonach ein Gesellschafter im Zuge der GmbH-Gründung nur einen einheitlichen Anteil übernehmen konnte, fand schon nach altem Recht auf Verschmelzungen keine Anwendung[2]. Eine „Zusammenlegung" mehrerer Anteile im Zuge der Verschmelzung würde die Fungibilität des Anteilsbesitzes erheblich einschränken, da die Teilung eines Geschäftsanteils nach § 46 Nr. 4 GmbHG einen Gesellschafterbeschluss erfordert. Deshalb ist eine solche Zusammenlegung grundsätzlich nur mit Zustimmung des betroffenen Gesellschafters zulässig[3]. Dies gilt in besonderem Maße bei Mischverschmelzungen, da die Fungibilität der im Zuge der Verschmelzung gewährten Geschäftsanteile regelmäßig ohnedies erheblich geringer ist als diejenige von Aktien einer übertragenden AG; weitere Mobilitätseinbußen, wie sie sich im Fall einer Zusammenlegung ergeben würden, wären für den einzelnen Anteilsinhaber nicht zumutbar[4].

Eine Durchbrechung muss dieser Grundsatz allerdings erfahren, wenn seine Anwendung dazu führte, dass an die Aktionäre der übertragenden AG/KGaA Geschäftsanteile auszugeben wären, die den gesetzlichen Mindestnennbetrag von 1 Euro oder einen auf volle Euro lautenden Nennbetrag nicht erreichen (vgl. § 46 Abs. 1 Satz 3, § 54 Abs. 3 Satz 1 2. Halbsatz UmwG)[5]. In diesem Fall kann auch gegen den Willen des betroffenen Aktionärs die Zusammenlegung mit dem Ziel der Erfüllung der gesetzlichen Mindestanforderungen erfolgen. 44

III. Weitere anteilsbezogene Angaben im Verschmelzungsvertrag

1. Bare Zuzahlungen

Zum früheren bis 1995 geltenden Recht der GmbH-Verschmelzung war streitig, ob bare Zuzahlungen bereits **im Verschmelzungsvertrag** festzusetzen waren. § 5 Abs. 1 Nr. 3 UmwG hat die Streitfrage rechtsformübergreifend im Sinne der schon früher herrschenden Meinung entschieden. Fraglich kann unter dem geltenden UmwG nur noch sein, ob im Verschmelzungsvertrag für jeden Anteilsinhaber des übertragenden Rechtsträgers eine diesem etwa zu gewährende Zuzahlung betragsmäßig aufgeführt werden muss. Die Frage ist zu bejahen. Die Pflichtangaben nach § 46 Abs. 1 Satz 1 UmwG haben vor allem den Zweck, die jedem Anteilsinhaber für die Übertragung des Vermögens des übertragenden Rechtsträgers zustehende Gegenleistung zu verlautbaren. Diese Angaben wären aber unvollständig und letztlich sogar irreführend, wenn bare Zuzahlungen als integrierter Bestandteil 45

1 Heute ganz einhellige Auffassung, s. etwa *Kallmeyer/Kocher* in Kallmeyer, § 46 UmwG Rz. 6; *Mayer* in Widmann/Mayer, § 46 UmwG Rz. 11, 18; *Reichert* in Semler/Stengel, § 46 UmwG Rz. 9a.

2 Allg. Meinung, s. nur 3. Aufl., Rz. 13.

3 So auch *Kallmeyer/Kocher* in Kallmeyer, § 46 UmwG Rz. 6; *Mayer* in Widmann/Mayer, § 46 UmwG Rz. 9.2, 18.1; *Reichert* in Semler/Stengel, § 45 UmwG Rz. 9, 11; *Simon/Nießen* in KölnKomm. UmwG, § 46 UmwG Rz. 11; *Stratz* in Schmitt/Hörtnagl/Stratz, § 46 UmwG Rz. 7.

4 So auch *Reichert* in Semler/Stengel, § 46 UmwG Rz. 10.

5 So auch *Reichert* in Semler/Stengel, § 46 UmwG Rz. 13; *Simon/Nießen* in KölnKomm. UmwG, § 46 UmwG Rz. 17.

der zu gewährenden Gegenleistung nicht erwähnt würden[1]. Die betragsmäßige Festsetzung erleichtert weiter dem Registerrichter die Prüfung, ob die Schranke des § 54 Abs. 4 UmwG beachtet wurde, der bare Zuzahlungen nur in Höhe von 10 % des Gesamtnennbetrags der im Zuge der Verschmelzung gewährten Geschäftsanteile zulässt.

46 Da die Gesellschafter der übertragenden Rechtsträger ohnehin nach § 46 Abs. 1 Satz 1 UmwG im Verschmelzungsvertrag namentlich bestimmt sind, sollte es ausreichen, den Betrag der baren Zuzahlung im Verschmelzungsvertrag so zu bestimmen, dass der jedem einzelnen Gesellschafter eines übertragenden Rechtsträgers zustehende Betrag aus dem Vertrag selbst zu ermitteln ist. Die **namentliche Zuordnung** eines Betrages ist dazu **nicht zwingend erforderlich**. Insbesondere sollte es in dem Fall, dass für jeden zu gewährenden Anteil des übernehmenden Rechtsträgers zusätzlich ein bestimmter einheitlicher Prozentsatz des Nennbetrags in bar gewährt wird, als ausreichend angesehen werden, wenn diese Regelung abstrakt für alle Gesellschafter ohne explizite namentliche Zuordnung getroffen wird.

2. Kapitalerhöhung zur Durchführung der Verschmelzung

47 In der Literatur war vor der UmwG-Novelle 1994 streitig, ob der Verschmelzungsvertrag Regelungen darüber enthalten musste, dass und in welcher Höhe zur Durchführung der Verschmelzung eine **Kapitalerhöhung** notwendig ist und wie die hierdurch geschaffenen **neuen Geschäftsanteile** auf die Anteilsinhaber des übertragenden Rechtsträgers **verteilt** werden. Auch das UmwG hat die Frage nicht ausdrücklich geregelt. § 46 Abs. 2 UmwG betrifft nach seinem Wortlaut nur den Sonderfall, dass im Zuge einer Kapitalerhöhung Anteile mit Sonderrechten oder -pflichten für die Anteilsinhaber des übertragenden Rechtsträgers geschaffen werden (näher unten Rz. 53 ff.), und § 46 Abs. 3 UmwG handelt bei reiner Wortlautauslegung nur von der namentlichen Zuordnung bereits bestehender Geschäftsanteile.

48 Die wohl herrschende Meinung lehnt ein Erfordernis ab, im **Verschmelzungsvertrag** eine zur Durchführung der Verschmelzung notwendige **Kapitalerhöhung** vorzusehen und für **jeden Anteilsinhaber** den **Nennbetrag** der ihm zuzuteilenden jungen Anteile festzusetzen[2]. Dies überzeugt nicht[3]. Zunächst ist im Verschmelzungsvertrag klarzustellen, wie die als Gegenleistung zu gewährenden Geschäftsanteile beschafft werden sollen. Da zwischen den Parteien typischerweise Einvernehmen über die Verpflichtung zur Durchführung einer Kapitalerhöhung besteht, erfordert schon die Beurkundungspflicht im Hinblick auf den Verschmelzungsvertrag, dass eine Kapitalerhöhung der übernehmenden Gesellschaft im Verschmelzungsvertrag selbst geregelt wird. Insbesondere wird es dem übertragenden Rechtsträger und seinen Anteilsinhabern nicht gleichgültig sein, ob eigene An-

1 Wie hier *Bermel* in Goutier/Knopf/Tulloch, § 46 UmwG Rz. 7; *Kallmeyer/Kocher* in Kallmeyer, § 46 UmwG Rz. 3; *Reichert* in Semler/Stengel, § 46 UmwG Rz. 15.

2 *Kallmeyer/Kocher* in Kallmeyer, § 46 UmwG Rz. 3; *Streck/Mack/Schwedhelm*, GmbHR 1995, 163; *Bermel* in Goutier/Knopf/Tulloch, § 46 UmwG Rz. 8; *Stratz* in Schmitt/Hörtnagl/Stratz, § 46 UmwG Rz. 4; *Reichert* in Semler/Stengel, § 46 UmwG Rz. 16.

3 So auch *Mayer* in Widmann/Mayer, § 46 UmwG Rz. 23.1.

teile des übernehmenden Rechtsträgers, neue Geschäftsanteile oder von einem Dritten zur Verfügung gestellte Geschäftsanteile[1] verwendet werden oder wie mit dem Wahlrecht des § 54 Abs. 1 Satz 2 UmwG umgegangen wird. Die Art der Beschaffung (Verwendung neuer oder bereits bestehender Anteile) hat Einfluss auf die relativen Beteiligungsquoten nach Wirksamwerden der Verschmelzung. Darüber hinaus muss sich aus dem Verschmelzungsvertrag selbst eindeutig ergeben, welcher Anteilsinhaber des übertragenden Rechtsträgers welche der im Wege der Kapitalerhöhung zu beschaffenden Geschäftsanteile erhält. Die Erforderlichkeit dieser Festsetzungen resultiert bereits aus der konditionalen Verknüpfung von Verschmelzung und Kapitalerhöhung (§ 55 Rz. 8 ff.). Darüber hinaus werden bei der Kapitalerhöhung zur Durchführung der Verschmelzung Übernahmeerklärungen i.S.d. § 55 GmbHG nicht abgegeben. An ihre Stelle tritt der Verschmelzungsvertrag, der folgerichtig auch der Anmeldung der Kapitalerhöhung zum Handelsregister beizufügen ist (§ 55 Abs. 2 UmwG)[2]. Die exakte Zuordnung der durch Kapitalerhöhung zu schaffenden Geschäftsanteile an die einzelnen Anteilsinhaber des übertragenden Rechtsträgers ist auch im Hinblick auf die die Anteilsinhaber treffende Differenzhaftung nach § 9 GmbHG (vgl. näher § 55 Rz. 35 ff.) unentbehrlich.

Dazu bietet sich die ausdrückliche **namentliche Zuordnung** der im Wege der Kapitalerhöhung zu schaffenden Geschäftsanteile an. Allerdings gilt auch insoweit, dass sich der Inhalt des Verschmelzungsvertrags auch durch seine Auslegung ergeben kann. Die Eintragung der Verschmelzung kann also nicht mit dem Argument abgelehnt werden, die Kapitalerhöhung sei im Verschmelzungsvertrag zwar angesprochen, in dieser Klausel sei aber die Zuordnung der neuen Anteile nicht ausdrücklich geregelt, sofern die Auslegung des Verschmelzungsvertrags unter Berücksichtigung der Angaben nach § 46 Abs. 1 Satz 1 und Abs. 3 UmwG eine eindeutige Zuordnung ermöglicht. 49

IV. Vorhandene Anteile (§ 46 Abs. 3 UmwG)

Sollen den Anteilsinhabern des übertragenden Rechtsträgers schon vorhandene Geschäftsanteile gewährt werden, müssen diese nach § 46 Abs. 3 UmwG den designierten Gesellschaftern bereits **im Verschmelzungsvertrag im Einzelnen zugeordnet** werden. Vorhandene Geschäftsanteile können bisher von der übernehmenden Gesellschaft, dem übertragenden Rechtsträger (s. § 54 Abs. 1 Satz 2 Nr. 2 UmwG) oder einem Dritten gehalten werden. Der Norm kommt lediglich klarstellende Bedeutung zu, da nach der hier vertretenen Auffassung auch die Durchführung einer Kapitalerhöhung nach § 55 UmwG und die Zuteilung der hieraus resultierenden jungen Anteile an die Anteilsinhaber des übertragenden Rechtsträgers zum notwendigen Inhalt des Verschmelzungsvertrages gehören (oben Rz. 47 ff.)[3]. 50

Die Festsetzungen nach § 46 Abs. 3 UmwG sollen die Prüfung ermöglichen, dass die den Anteilsinhabern des übertragenden Rechtsträgers zu gewährenden Anteile tatsächlich zur Verfügung stehen, und insbesondere Zweifel darüber ausschlie- 51

1 *Mayer* in Widmann/Mayer, § 46 UmwG Rz. 23.1.
2 So zutreffend schon *Schilling/Zutt* in Hachenburg[7], § 21 KapErhG Rz. 17.
3 Ebenso *Mayer* in Widmann/Mayer, § 46 UmwG Rz. 15.

ßen, wem im Zeitpunkt des Wirksamwerdens der Verschmelzung eigene oder vom übertragenden Rechtsträger gehaltene Geschäftsanteile an der übernehmenden Gesellschaft zustehen[1], die – Volleinzahlung vorausgesetzt – zum Zwecke des Anteilstauschs eingesetzt werden können, aber nicht müssen (vgl. näher § 54 Rz. 50ff.). Der Verschmelzungsvertrag soll alle Informationen erhalten, die zur Aktualisierung der Gesellschafterliste nach § 40 GmbHG erforderlich sind. Im Verschmelzungsvertrag muss daher auch dokumentiert werden, ob es sich bei den zum Anteilstausch verwendeten vorhandenen Anteilen um eigene Anteile der übernehmenden GmbH (§ 54 Rz. 50), vom übertragenden Rechtsträger gehaltene (§ 54 Rz. 51 ff.) oder von einem namentlich bezeichneten Dritten bereitgestellte Geschäftsanteile (vgl. näher § 54 Rz. 61 f.) handelt[2].

52 Schließlich ist die Klarstellung der Herkunft der gewährten Anteile auch für die Ermittlung und **Überprüfung des Umtauschverhältnisses** erforderlich[3]. Für die letztlich maßgebliche relative Verteilung der Geschäftsanteile auf die bisherigen Gesellschafter der übernehmenden Gesellschaft und die Gesellschafter des übertragenden Rechtsträgers macht es einen Unterschied, ob die gewährten Anteile neu geschaffen oder aus dem Bestand des übertragenden Rechtsträgers oder eines Dritten stammen und damit die absolute Zahl der Anteile und des Stammkapitals, das auf die beiden Gruppen verteilt wird, nicht erhöhen.

V. Sonderrechte bzw. Sonderpflichten für Anteilsinhaber des übertragenden Rechtsträgers (§ 46 Abs. 2 UmwG)

1. Grundlagen

53 Einer besonderen Festsetzung im Verschmelzungsvertrag bedarf es, wenn im Zuge einer Kapitalerhöhung zur Ausgabe an die Anteilsinhaber des übertragenden Rechtsträgers neue Geschäftsanteile der übernehmenden Gesellschaft geschaffen werden sollen, die mit **anderen Rechten oder Pflichten als sonstige Anteile** ausgestattet sein sollen. Ein besonderer Fall einer solchen besonderen Ausgestaltung der als Gegenleistung zu gewährenden Anteile ist die zwingende Festlegung des Beginns der Gewinnbezugsberechtigung und aller Besonderheiten in Bezug auf den Anspruch auf Gewinnbeteiligung gem. § 5 Abs. 1 Nr. 5 UmwG.

54 Besondere Bedeutung hat die Norm, wenn Anteilsinhabern des übertragenden Rechtsträgers **Sonderrechte** gewährt oder **Sonderpflichten** auferlegt werden sollen. Zur Gewährung von Sonderrechten wird es in der Praxis vor allem zugunsten solcher Anteilsinhaber des übertragenden Rechtsträgers kommen, denen im Statut dieses Rechtsträgers entsprechende Sonderrechte eingeräumt waren, die mit Eintragung der Verschmelzung untergehen (vgl. näher § 50 Rz. 40ff.).

55 Mit den Sonderrechten und -pflichten i.S.d. § 46 Abs. 2 UmwG sind lediglich **korporative, statutarische Rechte und Pflichten** gemeint, die den jeweiligen Geschäftsanteilen anhaften und Rechtsnachfolger ohne Weiteres binden. Nicht erfasst sind rein schuldvertragliche Sonderrechte und -pflichten einzelner Gesell-

1 Ebenso *Mayer* in Widmann/Mayer, § 46 UmwG Rz. 14; *Reichert* in Semler/Stengel, § 46 UmwG Rz. 25.

2 So zutreffend *Mayer* in Widmann/Mayer, § 46 UmwG Rz. 14; *Reichert* in Semler/Stengel, § 46 UmwG Rz. 25; *Kallmeyer/Kocher* in Kallmeyer, § 46 UmwG Rz. 13.

3 *Kallmeyer/Kocher* in Kallmeyer, § 46 UmwG Rz. 14.

schafter, die in Gesellschaftervereinbarungen begründet werden können[1]. Für diese gelten die Grundsätze des Vertragsrechts; im Zweifel müssen alle beteiligten Gesellschafter die Gesellschaftervereinbarung oder deren Änderung abschließen.

Das GmbH-Recht ist bei der Begründung von statutarischen Sonderrechten und Sonderpflichten (s. §§ 3 Abs. 2, 45 GmbHG) wesentlich flexibler als die Aktiengesellschaft (s. §§ 23 Abs. 5, 55 AktG). **Beispiele für Sonderrechte** sind etwa Mehrstimmrechte, Zustimmungs- und Vetorechte im Hinblick auf Gesellschafterbeschlüsse, Weisungsrechte gegenüber der Geschäftsführung, Ernennungs- und Entsendungsrechte für Gesellschaftsorgane, Gewinnvorzug, Vorerwerbs- und Ankaufsrechte und Mitveräußerungsrechte („drag-along oder tag-along-rights"). **Beispiele für Sonderpflichten** bzw. nachteilige Ausgestaltungen der Anteile sind etwa Stimmrechtsausschluss, Minder- oder Höchststimmrechte, Stimmbindungen, Andienungspflichten, Mitveräußerungspflichten, Verpflichtungen zur Gewährung von Darlehen oder sonstigen Geld- oder Sachleistungen über die Einlagepflicht hinaus, Verpflichtung zur Geschäftsführung oder Wettbewerbsverbote[2]. Besondere Rechte für einzelne Anteilsinhaber sind dabei häufig das Spiegelbild besonderer Pflichten anderer Anteilsinhaber. 56

Den vorbeschriebenen Festsetzungen kommt infolge der mit der Einführung von Sonderrechten oder -pflichten stets verbundenen Verletzung des Gleichbehandlungsgrundsatzes **Warnfunktion** zu[3], wobei Adressat der Warnung für den Fall, dass den Anteilsinhabern des übertragenden Rechtsträgers Sonderrechte eingeräumt werden sollen, in erster Linie die Gesellschafter der übernehmenden Gesellschaft sind. Sollen dagegen den Anteilsinhabern des übertragenden Rechtsträgers Sonderpflichten auferlegt werden, richtet sich die Warnung – wegen der darin liegenden Abweichung vom Gleichbehandlungsgrundsatz – in erster Linie an diese. 57

In dieser Warnfunktion erschöpft sich der Normzweck jedoch nicht: Genau genommen geht es um den **materiellen Schutz der Anteilsinhaber des übertragenden Rechtsträgers** durch Begrenzung der Privatautonomie und der Gestaltungsbefugnis der Gesellschafterversammlung des übernehmenden Rechtsträgers. Ohne Festsetzung im Verschmelzungsvertrag würde die Ausgestaltung der als Gegenleistung für die Vermögensübertragung zu gewährenden Anteile allein durch den Kapitalerhöhungsbeschluss der Gesellschafterversammlung der übernehmenden GmbH bestimmt. Die Gesellschafter des übertragenden Rechtsträgers wären daran nicht beteiligt. Die Ausgestaltung der Gegenleistung allein dem verpflichteten Vertragspartner zu überlassen, wäre jedoch völlig unangemessen. Entsprechend verlangt das Gesetz zu Recht ebenso wie im Hinblick auf die Bestimmung 58

1 Hierzu etwa *Bayer* in Lutter/Hommelhoff, § 3 GmbHG Rz. 83 ff.; *Emmerich* in Scholz, § 3 GmbHG Rz. 100 ff.; *Wicke* in MünchKomm. GmbHG, § 3 GmbHG Rz. 128 ff.

2 Zu Beispielen etwa *Bayer* in Lutter/Hommelhoff, § 3 GmbHG Rz. 52 ff.; *Emmerich* in Scholz, § 3 GmbHG Rz. 68 ff.; *Wicke* in MünchKomm. GmbHG, § 3 GmbHG Rz. 74 ff.; *Liebscher* in MünchKomm. GmbHG, § 45 GmbHG Rz. 127 ff.

3 Darin wird verbreitet der Normzweck des § 46 Abs. 2 UmwG gesehen, s. *Kallmeyer/Kocher* in Kallmeyer, § 46 UmwG Rz. 9; *Mayer* in Widmann/Mayer, § 46 UmwG Rz. 6, 22; *Simon/Nießen* in KölnKomm. UmwG, § 46 UmwG Rz. 5, 26; *Reichert* in Semler/Stengel, § 46 UmwG Rz. 1, 18; *Stratz* in Schmitt/Hörtnagl/Stratz, § 46 UmwG Rz. 15.

des Umtauschverhältnisses die Festsetzung im Verschmelzungsvertrag selbst und damit die Beteiligung des übertragenden Rechtsträgers und ihrer Gesellschafter.

59 Der Normzweck verbietet, dass der Gesellschafterversammlung der übernehmenden GmbH **Ermessen bei der Ausgestaltung** der als Gegenleistung an die Gesellschafter des übertragenden Rechtsträgers zu gewährenden Anteile verbleibt. Soweit die übernehmende Gesellschaft unterschiedliche Aktiengattungen hat, muss im Verschmelzungsvertrag festgelegt werden, welche Gattung als Gegenleistung zu gewähren ist[1]. Bestimmt der Gesellschaftsvertrag der übernehmenden GmbH die Ausstattung der Anteile einheitlich, ist eine lediglich deskriptive Wiederholung der Merkmale der zu gewährenden Anteile im Verschmelzungsvertrag dagegen nicht erforderlich, solange feststeht, dass die zu gewährenden Anteile gleich ausgestattet sein sollen.

60 Da sich die Rechte eines Anteilsinhabers nie allein aus der Ausstattung seines Anteils, sondern immer nur aus der relativen Ausstattung der übrigen Anteile ergibt (Beispiel: der gewöhnliche Anspruch auf Beteiligung am Gewinn wird eingeschränkt, wenn andere Gesellschafter einen Anspruch auf eine Vorzugs- oder Mehrdividende haben), müssen im Verschmelzungsvertrag auch alle beabsichtigten **Veränderungen der Ausstattung bestehender Anteile der übernehmenden GmbH**, die die Gesellschafter des übertragenden Rechtsträgers beeinträchtigen können, festgesetzt werden. Dies gilt insbesondere für die Schaffung von Sonderrechten oder die Aufhebung von Sonderpflichten für die von den Gesellschaftern der übernehmenden GmbH gehaltenen Anteile[2].

61 Im Hinblick auf den vorstehend beschriebenen Normzweck bedarf es einer entsprechenden Festsetzung im Verschmelzungsvertrag analog § 46 Abs. 2 UmwG auch dann, wenn im Zuge einer Verschmelzung an die Anteilsinhaber des übertragenden Rechtsträgers **bereits bestehende Anteile** an der übernehmenden Gesellschaft ausgegeben werden, die im Zuge der Verschmelzung durch Satzungsänderung mit Sonderrechten bzw. -pflichten ausgestattet werden sollen[3].

2. Umsetzung durch Satzungsänderung

62 **Wirksam** werden die nach Maßgabe von § 46 Abs. 2 UmwG festgesetzten Sonderrechte und -pflichten nicht schon mit Abschluss des Verschmelzungsvertrages oder mit der Fassung der Zustimmungsbeschlüsse. Vielmehr bedarf es bei der übernehmenden GmbH neben dem eigentlichen Kapitalerhöhungsbeschluss einer weiter gehenden Satzungsänderung[4], die erst mit Eintragung in das Handelsregis-

---

1 Dies ergibt sich aus einer unmittelbaren Anwendung des § 46 Abs. 2 UmwG; teilweise wird von einer entsprechenden Anwendung gesprochen, s. *Kallmeyer/Kocher* in Kallmeyer, § 46 UmwG Rz. 10; *Mayer* in Widmann/Mayer, § 46 UmwG Rz. 22; *Simon/Nießen* in KölnKomm. UmwG, § 46 UmwG Rz. 27; *Stratz* in Schmitt/Hörtnagl/Stratz, § 46 UmwG Rz. 17.

2 Ähnlich *Kallmeyer/Kocher* in Kallmeyer, § 46 UmwG Rz. 10; *Simon/Nießen* in KölnKomm. UmwG, § 46 UmwG Rz. 27.

3 Ebenso *Kallmeyer/Kocher* in Kallmeyer, § 46 UmwG Rz. 10; *Mayer* in Widmann/Mayer, § 46 UmwG Rz. 16, 22; *Simon/Nießen* in KölnKomm. UmwG, § 46 UmwG Rz. 27; *Reichert* in Semler/Stengel, § 46 UmwG Rz. 19; *Rebmann* in Maulbetsch/Klumpp/Rose, § 46 UmwG Rz. 24.

4 Allg. Meinung, vgl. nur *Mayer* in Widmann/Mayer, § 46 UmwG Rz. 28; *Reichert* in Semler/Stengel, § 46 UmwG Rz. 20; *Stratz* in Schmitt/Hörtnagl/Stratz, § 46 UmwG Rz. 15.

ter Wirksamkeit erlangt (§ 54 Abs. 3 GmbHG). Auch wenn diese Satzungsänderung aus Anlass der Verschmelzung und zur Umsetzung der Festsetzungen des Verschmelzungsvertrages vorgenommen wird und der Zustimmungsbeschluss der übernehmenden Gesellschaft zum Verschmelzungsvertrag und der Kapitalerhöhungs- und Satzungsänderungsbeschluss in der Praxis gemeinsam gefasst werden, ändert dies nichts daran, dass zwischen dem Zustimmungsbeschluss, der selbst keine Satzungsänderung darstellt, und den eigentlichen Satzungsänderungsbeschlüssen im Ansatz klar zu unterscheiden ist (vgl. näher § 55 Rz. 14).

3. Rechtsnatur der Festsetzungen

Streitig ist die Rechtsnatur der Festsetzungen nach § 46 Abs. 2 UmwG. Die h.M.[1] 63 zum alten Recht vor 1995 verstand sie als aufschiebende Bedingung für die Wirksamkeit des Verschmelzungsvertrages. *Dehmer*[2] erwog ihre Qualifizierung als „schlichte" klagbare Verpflichtung, zu deren Geltendmachung im Wege der actio pro socio ein jeder einzelner Gesellschafter berechtigt sei. Zuzustimmen ist der h.M. schon im Hinblick darauf, dass im Grundsatz zwischen Verschmelzungs- und Satzungsänderungsbeschluss zu unterscheiden ist (vorstehend Rz. 62). Bedarf der Satzungsänderungsbeschluss – wie regelmäßig bei der Etablierung von Sonderrechten – der Zustimmung sämtlicher „Altgesellschafter" der übernehmenden Gesellschaft (näher unten Rz. 66f.), kann allein aus den Zustimmungsbeschlüssen der beteiligten Gesellschaften zum Verschmelzungsvertrag keine klagbare Verpflichtung auf Durchführung der Satzungsänderung resultieren. Andererseits muss sichergestellt sein, dass die Verschmelzung nur wirksam wird, wenn die im Verschmelzungsvertrag vorgesehene Satzungsänderung auch tatsächlich durchgeführt wird; das hierfür taugliche rechtstechnische Mittel ist die **aufschiebende Bedingung**[3].

Nicht erforderlich ist allerdings, dass die im Verschmelzungsvertrag vorgesehene 64 Satzungsänderung im Zeitpunkt der Anmeldung der Verschmelzung bereits eingetragen ist. Vielmehr bestehen keine Bedenken, die **zeitgleiche Anmeldung** von Verschmelzung und Satzungsänderung und die Eintragung der Verschmelzung eine „logische Sekunde" nach der Eintragung der Satzungsänderung zuzulassen[4] (vgl. auch zur gemeinsamen Anmeldung von Verschmelzung und verschmelzungsbegleitender Kapitalerhöhung § 55 Rz. 60).

1 Vgl. *Schilling/Zutt* in Hachenburg[7], § 21 KapErhG Rz. 20; *Priester* in Scholz[7], § 21 KapErhG Rz. 21.
2 *Dehmer*[1], § 46 UmwG Rz. 15.
3 Ebenso *Kallmeyer/Kocher* in Kallmeyer, § 46 UmwG Rz. 15; *Mayer* in *Widmann/Mayer*, § 46 UmwG Rz. 28; *Simon/Nießen* in KölnKomm. UmwG, § 46 UmwG Rz. 31; *Stratz* in Schmitt/Hörtnagl/Stratz, § 46 UmwG Rz. 16.
4 So auch *Kallmeyer/Kocher* in Kallmeyer, § 46 UmwG Rz. 15; *Mayer* in *Widmann/Mayer*, § 46 UmwG Rz. 28; *Simon/Nießen* in KölnKomm. UmwG, § 46 UmwG Rz. 31; i.E. auch *Stratz* in Schmitt/Hörtnagl/Stratz, § 46 UmwG Rz. 16.

4. Auswirkungen von Festsetzungen nach § 46 Abs. 2 UmwG auf die erforderlichen Beschlussmehrheiten

a) Sonderrechte für Anteilsinhaber des übertragenden Rechtsträgers

65 Soweit Sonderrechte für *sämtliche* Anteilsinhaber des übertragenden Rechtsträgers vorgesehen sind, gelten für den Zustimmungsbeschluss beim übertragenden Rechtsträger keine Besonderheiten. Sollen die Sonderrechte jedoch *einzelnen* Anteilsinhabern des übertragenden Rechtsträgers vorbehalten bleiben, bedarf der Zustimmungsbeschluss zum Verschmelzungsvertrag wegen der darin liegenden Abweichung vom Gleichbehandlungsgrundsatz[1] grundsätzlich **der Zustimmung sämtlicher nicht selbst begünstigter Anteilsinhaber** des übertragenden Rechtsträgers[2]. Dies gilt unabhängig davon, ob die Anteilsinhaber stimmberechtigte Anteile halten. Die Zustimmung der Anteilsinhaber des übertragenden Rechtsträgers ist allerdings dann nicht erforderlich, wenn den begünstigten Gesellschaftern bereits im Statut des übertragenden Rechtsträgers entsprechende Sonderrechte eingeräumt waren[3]. Fehlt es an der Zustimmung der nicht begünstigten Anteilsinhaber, führt dies allerdings nicht zur Unwirksamkeit oder Nichtigkeit, sondern nur zur **Anfechtbarkeit** des Zustimmungsbeschlusses[4].

66 Entsprechende Erwägungen gelten für die Beschlussfassung in der **übernehmenden GmbH:** Auch im Verhältnis zu ihren Gesellschaftern impliziert die Schaffung von neuen, mit Sonderrechten verbundenen Geschäftsanteilen eine Verletzung des Gleichbehandlungsgrundsatzes, der im Verschmelzungsrecht nicht nur zwischen den Anteilsinhabern der übertragenden und der übernehmenden Gesellschaft, sondern auch im Verhältnis der Gesellschafter beider Gesellschaften untereinander gilt[5].

67 Im Hinblick auf die Differenzierung zwischen Verschmelzungs- und Satzungsänderungsbeschluss (oben Rz. 62) kann es allerdings hinsichtlich des Zustimmungsbeschlusses zum Verschmelzungsvertrag auch in den Fällen des § 46 Abs. 2 UmwG bei den allgemeinen Regeln bleiben. Der Zustimmung **aller Gesellschafter der übernehmenden Gesellschaft** bedarf freilich der eigentliche Satzungsänderungsbeschluss[6], dessen Zustandekommen wiederum Voraussetzung für die Wirksamkeit des Verschmelzungsvertrages ist (oben Rz. 63).

---

1 Hierzu vgl. *Ulmer* in Ulmer/Habersack/Winter, § 53 GmbHG Rz. 135; *Raiser* in Ulmer/Habersack/Löbbe, § 14 GmbHG Rz. 28; *Priester/Veil* in Scholz, § 53 GmbHG Rz. 155; *Schnorbus* in Rowedder/Schmidt-Leithoff, § 53 GmbHG Rz. 73; *Lutter/Timm*, NJW 1982, 418.

2 Ebenso *Mayer* in Widmann/Mayer, § 46 UmwG Rz. 27; *Kallmeyer/Kocher* in Kallmeyer, § 46 UmwG Rz. 11; *Simon/Nießen* in KölnKomm. UmwG, § 46 UmwG Rz. 29; *Reichert* in Semler/Stengel, § 46 UmwG Rz. 21.

3 Ebenso *Kallmeyer/Kocher* in Kallmeyer, § 46 UmwG Rz. 11; *Simon/Nießen* in KölnKomm. UmwG, § 46 UmwG Rz. 29; *Reichert* in Semler/Stengel, § 46 UmwG Rz. 21.

4 Zutreffend *Ulmer* in Ulmer/Habersack/Winter, § 53 GmbHG Rz. 135.

5 So mit Recht bereits *Schilling/Zutt* in Hachenburg[7], § 21 KapErhG Rz. 7; außerdem etwa *Mayer* in Widmann/Mayer, § 46 UmwG Rz. 24; *Kallmeyer/Kocher* in Kallmeyer, § 46 UmwG Rz. 11; *Reichert* in Semler/Stengel, § 46 UmwG Rz. 22; *Simon/Nießen* in KölnKomm. UmwG, § 46 UmwG Rz. 28, 31.

6 Zustimmend *Schnorbus* in Rowedder/Schmidt-Leithoff, Anh. § 77 GmbHG Rz. 98; *Reichert* in Semler/Stengel, § 46 UmwG Rz. 22.

b) Sonderpflichten für Anteilsinhaber des übertragenden Rechtsträgers

Sieht der Verschmelzungsvertrag vor, dass zu Lasten aller oder einzelner Anteilsinhaber des übertragenden Rechtsträgers im Zuge der Kapitalerhöhung zur Durchführung der Verschmelzung mit Sonderpflichten, insbesondere Nebenleistungspflichten, verbundene Anteile geschaffen werden, so bedarf der Zustimmungsbeschluss zum Verschmelzungsvertrag der **Zustimmung aller hiervon betroffenen Anteilsinhaber** des übertragenden Rechtsträgers[1]. Dies folgt aus § 53 Abs. 3 GmbHG. Dies gilt auch dann, wenn der Gesellschaftsvertrag der übernehmenden Gesellschaft schon bisher derartige Sonderpflichten für alle oder einen Teil der Gesellschafter vorsah (ausführlicher § 51 Rz. 38ff., 51ff.)[2]. Dass die Anteilsinhaber des übertragenden Rechtsträgers regelmäßig erst nach Wirksamwerden der Satzungsänderung Gesellschafter werden, steht nicht entgegen, zumal der Erwerb der Mitgliedschaft an der übernehmenden GmbH (durch Eintragung der Verschmelzung) in praxi häufig nur eine logische Sekunde nach dem Wirksamwerden der Satzungsänderung erfolgen wird. 68

Dagegen ist die Zustimmung jedes einzelnen Gesellschafters des übertragenden Rechtsträgers dann nicht erforderlich, wenn ihm keine Nebenleistungsverpflichtungen i.S.d. § 53 Abs. 3 GmbHG auferlegt werden, sondern seine **Anteile in der Gewinnberechtigung schlechter ausgestattet** sind als die bestehenden Anteile des übernehmenden Rechtsträgers. Derartige rein vermögensmäßige Ungleichbehandlungen sind im Rahmen der Bestimmung des angemessenen Umtauschverhältnisses zu berücksichtigen (s. § 51 Rz. 39, 47, 52). 69

Hinsichtlich der Beschlussfassung der Gesellschafter der **übernehmenden GmbH** verbleibt es bei den allgemeinen Grundsätzen; diese sind durch die Schaffung von Sonderpflichten zu Lasten der Anteilsinhaber des übertragenden Rechtsträgers nicht nachteilig betroffen[3]. 70

§ 47
Unterrichtung der Gesellschafter

Der Verschmelzungsvertrag oder sein Entwurf und der Verschmelzungsbericht sind den Gesellschaftern spätestens zusammen mit der Einberufung der Gesellschafterversammlung, die gemäß § 13 Abs. 1 über die Zustimmung beschließen soll, zu übersenden.

1 Zustimmend *Kallmeyer/Kocher* in Kallmeyer, § 46 UmwG Rz. 12; *Reichert* in Semler/Stengel, § 46 UmwG Rz. 23.
2 Vgl. nur *Ulmer* in Ulmer/Habersack/Winter, § 53 GmbHG Rz. 85ff.; *Priester/Veil* in Scholz, § 53 GmbHG Rz. 50ff.
3 Zustimmend *Kallmeyer/Kocher* in Kallmeyer, § 46 UmwG Rz. 12; *Reichert* in Semler/Stengel, § 46 UmwG Rz. 24.

I. Überblick

1. Regelungsgegenstand und Normzweck

1 Die Vorschrift soll gewährleisten, dass die Gesellschafter **rechtzeitig vor der Gesellschafterversammlung**, in der über die Verschmelzung Beschluss gefasst wird, diejenigen Unterlagen erhalten, die sie zur sachgerechten Beurteilung des Verschmelzungsvorhabens benötigen[1]. Deshalb müssen der Verschmelzungsvertrag (oder sein Entwurf) und der Verschmelzungsbericht den Gesellschaftern spätestens mit der Einberufung der Gesellschafterversammlung übersandt werden. Die amtliche Begründung versteht § 47 UmwG als Ausprägung des allgemeinen Informations- und Einsichtsrechts des Gesellschafters nach § 51a GmbHG[2], doch ist dies nur mit der Maßgabe richtig, dass die Initiativlast zur Erteilung umfassender Informationen im Verschmelzungsfall anders als bei § 51a GmbHG bei den Geschäftsführern liegt, die ohne Aufforderung von sich aus zum Tätigwerden verpflichtet sind[3].

2 Das allgemeine GmbH-Recht regelt nicht, welchen **inhaltlichen Anforderungen** die Ankündigung der Tagesordnung genügen muss; in der Literatur wird zunehmend verlangt, dass jedenfalls bei Grundlagenbeschlüssen der wesentliche Inhalt des Beschlusses bzw. eines Vertrages, der zu seiner Wirksamkeit der Zustimmung der Gesellschafterversammlung bedarf, in der Ankündigung wiedergegeben werden muss[4]. Über diese Vorstellungen geht der Gesetzgeber bei Verschmelzungen nochmals hinaus, indem er die Übersendung eines Volltextes des Verschmelzungsvertrages und des Verschmelzungsberichts vorschreibt. Die Materialien begründen dies zutreffend mit der ganz besonderen Bedeutung, die einer Verschmelzung für die beteiligte GmbH und ihre Gesellschafter zukommt[5].

3 § 47 UmwG wird **ergänzt durch § 49 Abs. 1 UmwG**, wonach bei der Einberufung die Verschmelzung ausdrücklich als Gegenstand der Tagesordnung aufgeführt werden muss (vgl. näher § 49 Rz. 7 ff.). § 49 Abs. 2 UmwG sieht ergänzend die Auslegung weiterer Unterlagen von der Einberufung an vor; § 49 Abs. 3 UmwG ergänzt das Auskunftsrecht des § 51a GmbHG im Hinblick auf Angelegenheiten der anderen an der Verschmelzung beteiligten Rechtsträger.

4 § 47 UmwG findet auf jede an einer Verschmelzung teilnehmende GmbH Anwendung, unabhängig davon, ob sie als übertragender oder übernehmender Rechtsträger beteiligt ist. Bei der **Verschmelzung zur Neugründung** findet § 47 UmwG über § 56 UmwG auf die übertragende GmbH Anwendung.

5 Eine weitgehend identische **Parallelvorschrift** enthält § 42 UmwG zur Information der von der Geschäftsführung ausgeschlossenen Gesellschafter einer an einer

---

1 Vgl. BegrRegE BT-Drucks. 12/6699 v. 1.2.1994, 99, abgedruckt bei *Ganske*, S. 98.

2 BegrRegE BT-Drucks. 12/6699 v. 1.2.1994, 99, abgedruckt bei *Ganske*, S. 98.

3 Ebenso *Kallmeyer/Kocher* in Kallmeyer, § 47 UmwG Rz. 1; *Reichert* in Semler/Stengel, § 47 UmwG Rz. 2; *Simon/Nießen* in KölnKomm. UmwG, § 47 UmwG Rz. 3; *Stratz* in Schmitt/Hörtnagl/Stratz, § 47 UmwG Rz. 1.

4 Vgl. statt aller *Hüffer* in Ulmer/Habersack/Winter, § 51 GmbHG Rz. 26; *Liebscher* in MünchKomm. GmbHG, § 51 GmbHG Rz. 44; *Seibt* in Scholz, § 51 GmbHG Rz. 22; *Zöllner* in Baumbach/Hueck, § 51 GmbHG Rz. 26.

5 Vgl. BegrRegE, BT-Drucks. 12/6699 v. 1.2.1994, 99, abgedruckt bei *Ganske*, S. 98 und *M. Winter* in Kölner Umwandlungsrechtstage, S. 36.

Verschmelzung beteiligten Personengesellschaft. Bei der AG erfolgt die Information der Aktionäre dagegen nicht durch eine zwingende Übersendung von Vertrag und Bericht, sondern durch deren Einreichung zum Handelsregister gem. § 61 UmwG und vor allem gem. § 63 UmwG entweder durch Auslegung in den Geschäftsräumen (Abs. 1) und Übermittlung von Abschriften auf Verlangen (Abs. 3) oder durch Veröffentlichung auf der Internetseite (Abs. 4).

2. Dispositivität

§ 47 UmwG ist in dem Sinne zwingend, dass der Gesellschaftsvertrag der GmbH für spätere Verschmelzungen das Recht der Gesellschafter auf Übersendung der Verschmelzungsunterlagen nicht ausschließen kann. 6

Dagegen bleibt es der Gesellschaftergesamtheit (bzw. dem Alleingesellschafter) unbenommen, ad hoc auf die Übersendung zu verzichten und den Verschmelzungsbeschluss unter ausdrücklichem Verzicht auch auf die Einhaltung der Vorschriften des § 47 UmwG zu fassen. Möglich ist insbesondere eine Universalversammlung gem. § 51 Abs. 3 GmbHG, bei der Mängel der Einberufung geheilt werden[1]. Der nach § 13 Abs. 1 Satz 2 UmwG in jedem Fall erforderliche Beschluss kann unter **Verzicht auf alle gesetzlichen und statutarischen Regelungen über Formen und Fristen** gefasst werden (so auch *Drygala*, § 13 Rz. 6); § 1 Abs. 3 UmwG steht nicht entgegen. Der allseitige Verzicht sollte allerdings im notariellen Protokoll über die Verschmelzungsversammlung ausdrücklich festgehalten werden. 7

3. Entstehungsgeschichte

Das frühere Recht der Verschmelzung unter Beteiligung einer GmbH kannte eine Vorschrift nach Art des § 47 UmwG nicht. Lediglich für den Fall der übertragenden Mehrheitsumwandlung einer GmbH auf ihren Hauptgesellschafter sah § 24 UmwG a.F. über das allgemeine GmbH-Recht hinausgehende Unterrichtungspflichten vor, doch regelt § 47 UmwG die verschmelzungsspezifischen Informationspflichten eigenständig[2]. Seit Inkrafttreten des UmwG 1995 ist § 47 UmwG nicht geändert worden. 8

II. Verschmelzungsunterlagen

Übersandt werden muss sämtlichen Gesellschaftern – vorbehaltlich eines allseitigen Verzichts (oben Rz. 7) – in jedem Fall der **Verschmelzungsvertrag** (§ 5 UmwG) oder sein Entwurf, regelmäßig auch der **Verschmelzungsbericht** (§ 8 UmwG), sofern dieser nicht ausnahmsweise gem. § 8 Abs. 3 UmwG entbehrlich ist (vgl. näher § 8 Rz. 53 ff.). 9

---

1 Zu Voraussetzungen und Wirkung einer Universalversammlung allgemein vgl. etwa *Bayer* in Lutter/Hommelhoff, § 51 GmbHG Rz. 31 ff.; *Liebscher* in MünchKomm. GmbHG, § 51 GmbHG Rz. 55 ff.

2 So ausdrücklich BegrRegE BT-Drucks. 12/6699 v. 1.2.1994, 99, abgedruckt bei *Ganske*, S. 98.

10 Gesetzlich nicht geregelt ist die Frage, ob ein nach Maßgabe von § 48 UmwG etwa erforderlicher **Verschmelzungsprüfungsbericht** den Gesellschaftern zugänglich zu machen ist. Ein Verschmelzungsprüfer muss für eine an einer Fusion beteiligte GmbH nur bestellt werden, wenn ein Gesellschafter dies verlangt (vgl. näher § 48 Rz. 11 ff.). – Wird ein Prüfungsverlangen innerhalb der – durch das 2. UmwG-Änderungsgesetz[1] eingeführten – Wochenfrist gem. § 48 Satz 1 UmwG gestellt, ist zu verlangen, dass auch der aufgrund dieses Prüfungsverlangens erstellte Verschmelzungsprüfungsbericht den Gesellschaftern unter Beachtung der für die jeweilige GmbH maßgeblichen Einberufungsfrist (unten Rz. 20), also mindestens eine Woche vor der Versammlung, in der über die Verschmelzung Beschluss gefasst werden soll, übermittelt wird[2]. Gleiches muss in dem Fall gelten, dass eine Verschmelzungsprüfung freiwillig pro-aktiv veranlasst wird, um das Risiko einer ungeplanten Verzögerung am Ende des Prozesses aufgrund eines solchen Prüfungsverlangens nach § 48 Satz 1 UmwG auszuschließen. Nur so ist sichergestellt, dass der Verschmelzungsprüfungsbericht seinen Zweck erfüllen kann, den Gesellschaftern eine informierte Entscheidung über das Verschmelzungsvorhaben zu ermöglichen.

III. Adressaten der Übersendung

11 Die Verschmelzungsunterlagen sind **allen Gesellschaftern** zu übersenden, auch soweit sie in der Verschmelzungsversammlung nicht stimmberechtigt sind. Dies ist für die Einberufung anerkannt[3]; für die Übersendung der Verschmelzungsunterlagen muss dies erst recht gelten[4]. Zwar haben die **Inhaber stimmrechtsloser Anteile** keine Möglichkeit, durch Stimmrechtsausübung auf die Durchführung der Verschmelzung Einfluss zu nehmen. Schon im Hinblick auf den Verwässerungsschutz nach § 23 UmwG (dazu näher § 23 Rz. 10 ff.), die Prüfung möglicherweise bestehender individueller Zustimmungsrechte wegen gleichheitswidriger Benachteiligung oder Auferlegung von Nebenpflichten (zu einem Überblick § 51 Rz. 8 f.), die Möglichkeit, unter den Voraussetzungen des § 29 UmwG gegen Barabfindung auszuscheiden, sowie ihr Recht, die Rechtmäßigkeit des Verschmelzungsbeschlusses im Wege einer Anfechtungsklage überprüfen zu lassen, sind die Verschmelzungsunterlagen jedoch auch für sie von ganz besonderer Bedeutung.

---

1 UmwGÄndG v. 19.4.2007, BGBl. I, S. 542.

2 So schon *Hommelhoff*, ZGR 1993, 462 Fn. 23 (Redaktionsversehen); zustimmend *Kallmeyer/Kocher* in Kallmeyer, § 47 UmwG Rz. 1; *Reichert* in Semler/Stengel, § 47 UmwG Rz. 8; *Stratz* in Schmitt/Hörtnagl/Stratz, § 47 UmwG Rz. 1; *Zimmermann* in FS Brandner, S. 176 f.; wohl i.E. auch *Rebmann* in Maulbetsch/Klumpp/Rose, § 47 UmwG Rz. 5; kritisch *Simon/Nießen* in KölnKomm. UmwG, § 47 UmwG Rz. 7; a.A. nunmehr *Mayer* in Widmann/Mayer, § 47 UmwG Rz. 4.

3 Vgl. nur BGH v. 28.1.1985 – II ZR 79/84, GmbHR 1985, 256 (257); *Liebscher* in MünchKomm. GmbHG, § 51 GmbHG Rz. 7; *Hüffer* in Ulmer/Habersack/Winter, § 51 GmbHG Rz. 6; *Seibt* in Scholz, § 51 GmbHG Rz. 6; *Bayer* in Lutter/Hommelhoff, § 51 GmbHG Rz. 5.

4 Zustimmend *Schöne*, S. 269; *Bermel* in Goutier/Knopf/Tulloch, § 47 UmwG Rz. 6; *Mayer* in Widmann/Mayer, § 47 UmwG Rz. 8.1; *Reichert* in Semler/Stengel, § 47 UmwG Rz. 9; *Rebmann* in Maulbetsch/Klumpp/Rose, § 47 UmwG Rz. 6; *Stratz* in Schmitt/Hörtnagl/Stratz, § 47 UmwG Rz. 1; *Simon/Nießen* in KölnKomm. UmwG, § 47 UmwG Rz. 9.

Die Übersendung hat regelmäßig **an die letzte der Gesellschaft bekannt gegebene Adresse** des Gesellschafters zu erfolgen[1]. Eine Übersendung an diese Adresse ist regelmäßig selbst dann fehlerfrei, wenn der Gesellschafter zwischenzeitlich **verzogen** oder sogar **verstorben**[2] ist. Anderes gilt nur, wenn der Gesellschaft bekannt war, dass die Unterlagen den Gesellschafter an der zuletzt bekannt gewesenen Adresse nicht erreichen werden[3]. Ist der Gesellschaft die von der vom Gesellschafter mitgeteilten abweichende tatsächliche Adresse bekannt und will sie an diese Adresse zustellen, so trägt sie das Zugangsrisiko[4]. 12

Der durch die MoMiG-Reform[5] neugefasste § 16 Abs. 1 Satz 1 GmbHG bleibt hier ohne Relevanz, da sich aus der im Handelsregister hinterlegten **Gesellschafterliste** lediglich der Wohnort des jeweiligen Gesellschafters, nicht aber dessen genaue (ladungsfähige) Anschrift (insb. Straße und Hausnummer) ergibt[6]. Dies gilt dann ebenso für den Inhalt einer Mitteilung nach § 40 Abs. 1 Satz 2 GmbHG. 13

Unbekannten Gesellschaftern können die Unterlagen öffentlich zugestellt werden[7], was bei umfangreichen Verschmelzungsunterlagen allerdings besonders umständlich ist; für **unerreichbare** Gesellschafter kann ein Pfleger bestellt werden[8]. 14

Gehört ein Gesellschaftsanteil **mehreren Mitberechtigten**, so genügt nach § 18 Abs. 3 GmbHG an sich die Übersendung an einen von ihnen. Schon im Zusammenhang mit der Einberufung wird allerdings durchweg empfohlen, von der Möglichkeit des § 18 Abs. 3 GmbHG nur äußerst zurückhaltend Gebrauch zu machen und – jedenfalls wenn dies ohne unzumutbare Belastung der Gesellschaft möglich ist – die Einberufung allen Mitberechtigten zuzuleiten[9]. Ebenso sollte mit den Verschmelzungsunterlagen verfahren werden, sofern die Mitberechtigten nicht – wozu sie nach den in der Praxis üblichen Gesellschaftsverträgen regelmäßig verpflichtet sind – einen gemeinsamen Vertreter bestellt haben. *Kein* Anwendungsfall des § 18 GmbHG ist nach richtiger, auch vom BGH[10] ausdrücklich bestätigter Auffassung die **Gesellschaft bürgerlichen Rechts**, soweit sie als Außengesellschaft als solche im Rechtsverkehr auftritt[11]. Insoweit genügt die Übersendung der Un- 15

1 Vgl. sinngemäß – zur Ladung – *Liebscher* in MünchKomm. GmbHG, § 51 GmbHG Rz. 12; *Seibt* in Scholz, § 51 GmbHG Rz. 6; *Zöllner* in Baumbach/Hueck, § 51 GmbHG Rz. 4.

2 Ausführlich – zur Einberufung – für den Fall des Todes eines Gesellschafters *Liebscher* in MünchKomm. GmbHG, § 51 GmbHG Rz. 15 m.w.N.

3 Vgl. *Hüffer* in Ulmer/Habersack/Winter, § 51 GmbHG Rz. 6, 8; *Liebscher* in MünchKomm. GmbHG, § 51 GmbHG Rz. 12 ff.; *Seibt* in Scholz, § 51 GmbHG Rz. 9.

4 Eingehend *Rebmann* in Maulbetsch/Klumpp/Rose, § 47 UmwG Rz. 7.

5 Gesetz zur Modernisierung des GmbH-Rechts und zur Bekämpfung von Missbräuchen, BGBl. I 2008, S. 2026.

6 So auch *Bayer* in Lutter/Hommelhoff, § 51 GmbHG Rz. 6.

7 Vgl. – zur Einberufung – *Hüffer* in Ulmer/Habersack/Winter, § 51 GmbHG Rz. 7; *Liebscher* in MünchKomm. GmbHG, § 51 GmbHG Rz. 13; *Seibt* in Scholz, § 51 GmbHG Rz. 10.

8 Vgl. näher *Liebscher* in MünchKomm. GmbHG, § 51 GmbHG Rz. 14; *Hüffer* in Ulmer/Habersack/Winter, § 51 GmbHG Rz. 8 und *Seibt* in Scholz, § 51 GmbHG Rz. 10.

9 S. etwa *Liebscher* in MünchKomm. GmbHG, § 51 GmbHG Rz. 8; *Seibt* in Scholz, § 51 GmbHG Rz. 7.

10 Vgl. BGH v. 29.1.2001 – II ZR 331/00, BGHZ 146, 341 = ZIP 2001, 330 = AG 2001, 307; dazu statt aller *Ulmer*, ZIP 2001, 585 ff.

11 Früher sehr streitig, vgl. *Hüffer* in Ulmer/Habersack/Winter, § 51 GmbHG Rz. 12 m.w.N. pro und contra.

terlagen an den oder die geschäftsführungs- und -vertretungsberechtigten Gesellschafter[1].

IV. Form der Übersendung

16 Zur Form der Übersendung der Verschmelzungsunterlagen trifft das Gesetz keine ausdrückliche Aussage. Gleichwohl ist davon auszugehen, dass die **Form der Einberufung** zu wahren ist; nach der gesetzlichen Regel des § 51 Abs. 1 GmbHG (zu statutarischen Abweichungen vgl. unten Rz. 17) sind die Verschmelzungsunterlagen also durch **eingeschriebenen Brief** zu übersenden. Das folgt daraus, dass § 47 UmwG die Übersendung der Unterlagen als regelmäßigen Bestandteil der Einberufung ansieht[2]. Für eine Lockerung des Formerfordernisses bei vorheriger Übersendung der Verschmelzungsunterlagen gibt es schon im Hinblick auf die – in der amtlichen Begründung zutreffend betonte – Bedeutung dieser Dokumente für die Willensbildung der Gesellschafter keine sachlichen Gründe.

17 Der **Gesellschaftsvertrag** kann die Form der Einberufung nach allgemeiner Auffassung zum GmbH-Recht modifizieren, wobei die Einzelheiten umstritten sind. Insoweit muss auf die Spezialliteratur zum GmbH-Recht verwiesen werden[3]. Festzuhalten ist an dieser Stelle, dass Modifikationen der Form der Einberufung auf die Form der Übersendung der Verschmelzungsunterlagen durchschlagen, auch soweit der Gesellschaftsvertrag dies nicht ausdrücklich regelt[4]. Sofern der Gesellschaftsvertrag eine Einberufung per Telefax oder E-Mail vorsieht, so sind diese speziellen Regelungen – vorbehaltlich ihrer Zulässigkeit[5] – entsprechend auch in Bezug auf die Verschmelzungsunterlagen anzuwenden. Sieht der Gesellschaftsvertrag der GmbH für die Einberufung der Gesellschafterversammlung ausschließlich die Bekanntmachung in den **Gesellschaftsblättern** vor, führt dies dazu, dass auch die Verschmelzungsunterlagen entsprechend publiziert werden müssen.

18 Der **Zugang** der Verschmelzungsunterlagen (§ 130 BGB) ist *nicht* Voraussetzung für ihre ordnungsgemäße Übersendung[6]. Die gegenteilige herrschende Meinung

---

1 So auch *Reichert* in Semler/Stengel, § 47 UmwG Rz. 11; zur Einberufung etwa *Liebscher* in MünchKomm. GmbHG, § 51 GmbHG Rz. 11.

2 Vgl. BegrRegE, BT-Drucks. 12/6699 v. 1.2.1994, 99, abgedruckt bei *Ganske*, S. 98; wie hier *Bermel* in Goutier/Knopf/Tulloch, § 47 UmwG Rz. 5; *Rebmann* in Maulbetsch/Klumpp/Rose, § 47 UmwG Rz. 9; wohl auch von einer Koppelung ausgehend *Reichert* in Semler/Stengel, § 47 UmwG Rz. 12; jedenfalls empfehlend *Mayer* in Widmann/Mayer, § 47 UmwG Rz. 8; ablehnend dagegen *Kallmeyer/Kocher* in Kallmeyer, § 47 UmwG Rz. 3; ebenfalls für eine „formlose Übermittlung" *Simon/Nießen* in KölnKomm. UmwG, § 47 UmwG Rz. 13.

3 Vgl. hierzu *Hüffer* in Ulmer/Habersack/Winter, § 51 GmbHG Rz. 35f.; *Liebscher* in MünchKomm. GmbHG, § 51 GmbHG Rz. 62ff.; *Seibt* in Scholz, § 51 GmbHG Rz. 3; *Zöllner* in Baumbach/Hueck, § 51 GmbHG Rz. 39.

4 Ausdrücklich zustimmend *Reichert* in Semler/Stengel, § 47 UmwG Rz. 13; *Mayer* in Widmann/Mayer, § 47 UmwG Rz. 8; *Rebmann* in Maulbetsch/Klumpp/Rose, § 47 UmwG Rz. 9; *Simon/Nießen* in KölnKomm. UmwG, § 47 UmwG Rz. 13.

5 Eingehend – zur Ladung – *Liebscher* in MünchKomm. GmbHG, § 51 GmbHG Rz. 66 m.w.N.

6 Wie hier namentlich *Reichert* in Semler/Stengel, § 47 UmwG Rz. 13 a.E.; ebenso *Mayer* in Widmann/Mayer, § 47 UmwG Rz. 6; *Rebmann* in Maulbetsch/Klumpp/Rose, § 47

zu § 24 UmwG a.F.[1] ist überholt, nachdem § 47 UmwG, was Form und Frist der Übersendung der Verschmelzungsunterlagen anbetrifft, ausdrücklich auf die gesetzlichen und statutarischen Voraussetzungen über die Einberufung der Gesellschafterversammlung verweist und auf eine eigenständige Regelung verzichtet. Für die Einberufung ist aber anerkannt, dass ihr Zugang nicht Wirksamkeitsvoraussetzung ist[2].

V. Frist für die Übersendung

Die Übersendung der Verschmelzungsunterlagen hat **„spätestens" mit der Einberufung** der Gesellschafterversammlung, in der der Zustimmungsbeschluss gefasst werden soll, zu erfolgen. Eine frühere Unterrichtung der Gesellschafter ist selbstverständlich zulässig und im Hinblick auf die einschneidenden Folgen einer Fusion für die Anteilsinhaber zu empfehlen, wobei die für die Einberufung gesetzlich und statutarisch vorgeschriebenen Anforderungen auch dann eingehalten werden müssen (oben Rz. 16). Eine Übersendung der Verschmelzungsunterlagen vor Einberufung der Gesellschafterversammlung empfiehlt sich auch deshalb, weil der Erhalt der Unterlagen gem. § 47 UmwG für jeden Gesellschafter die Wochenfrist für einen Antrag auf Durchführung der Verschmelzungsprüfung in Lauf setzt und die Stellung eines Prüfungsantrags innerhalb der Wochenfrist zur Vertagung einer bereits einberufenen Gesellschafterversammlung zwingt. 19

Für die Einberufung der Gesellschafterversammlung schreibt § 51 Abs. 1 Satz 2 GmbHG eine Frist von **mindestens einer Woche** vor. Sieht die Satzung eine längere Frist vor, gilt diese ohne weiteres auch für die Übersendung der Verschmelzungsunterlagen[3]. Ob die Mindestfrist in der Satzung überhaupt abgekürzt werden kann, ist in der GmbH-rechtlichen Literatur streitig[4]. Jedenfalls bei Beschlussfassungen über die Verschmelzung ist die Einhaltung der Wochenfrist unbedingt zu empfehlen. Zum einen scheint der Gesetzgeber des Umwandlungsrechts davon auszugehen, dass die Wochenfrist zwingendes Recht ist[5]. Dafür spricht, dass bei einer kürzeren Frist den Gesellschaftern die Frist von einer Woche für ein Prüfungsverlangen nach § 48 Satz 1 UmwG nicht zur Verfügung stünde. Zum anderen kann ein Beschluss trotz Einhaltung der formalen Einberufungs- und Ankündigungsfrist anfechtbar sein, wenn der Gesellschafter nicht ausreichend Zeit 20

UmwG Rz. 10; *Simon/Nießen* in KölnKomm. UmwG, § 47 UmwG Rz. 13; *Stratz* in Schmitt/Hörtnagl/Stratz, § 47 UmwG Rz. 2.

1 Statt aller *Schilling/Zutt* in Hachenburg[7], § 24 UmwG Rz. 4.

2 Vgl. nur *Liebscher* in MünchKomm. GmbHG, § 51 GmbHG Rz. 25; *Seibt* in Scholz, § 51 GmbHG Rz. 14; *Koppensteiner/Gruber* in Rowedder/Schmidt-Leithoff, § 51 GmbHG Rz. 10.

3 Übereinstimmend *Reichert* in Semler/Stengel, § 47 UmwG Rz. 14; *Mayer* in Widmann/Mayer, § 47 UmwG Rz. 6; *Rebmann* in Maulbetsch/Klumpp/Rose, § 47 UmwG Rz. 11; *Simon/Nießen* in KölnKomm. UmwG, § 47 UmwG Rz. 15.

4 Sehr zurückhaltend *Hüffer* in Ulmer/Habersack/Winter, § 51 GmbHG Rz. 36; ebenso *Seibt* in Scholz, § 51 GmbHG Rz. 3 (generelle Verkürzung unzulässig); für zwingenden Charakter der Wochenfrist *Liebscher* in MünchKomm. GmbHG, § 51 GmbHG Rz. 23; so auch *Bayer* in Lutter/Hommelhoff, § 51 GmbHG Rz. 36.

5 Vgl. BegrRegE, BT-Drucks. 12/6699 v. 1.2.1994, 99, abgedruckt bei *Ganske*, S. 98; im Ergebnis übereinstimmend *Mayer* in Widmann/Mayer, § 47 UmwG Rz. 6; *Simon/Nießen* in KölnKomm. UmwG, § 47 UmwG Rz. 32; *Stratz* in Schmitt/Hörtnagl/Stratz, § 47 UmwG Rz. 1; *Bermel* in Goutier/Knopf/Tulloch, § 47 UmwG Rz. 5.

hatte, sich über den Gegenstand der Beschlussfassung ein klares Bild zu verschaffen[1]. Schon im Hinblick auf den regelmäßigen Umfang des Verschmelzungsberichts wird man eine Vorbereitungsfrist von weniger als einer Woche auch unter diesem Gesichtspunkt regelmäßig für unzureichend halten müssen.

21 Umgekehrt ist die Entscheidung des Gesetzgebers, für die Übersendung der Verschmelzungsunterlagen trotz der grundsätzlichen Komplexität des Vorgangs **keine längere** als die statutarische bzw. – bei Schweigen der Satzung – gesetzliche (Wochen-) *Frist* vorzuschreiben, schon aus Gründen der Rechtssicherheit ernst zu nehmen. Allenfalls unter ganz besonderen Umständen wird man deshalb die Anfechtbarkeit des Beschlusses trotz Einhaltung der maßgeblichen Frist annehmen können[2].

22 Für den **Beginn der Übersendungsfrist** und die Berechnung der Frist gilt: Erfolgt die Einberufung – wie regelmäßig – durch eingeschriebenen Brief, ist maßgeblich für den Fristbeginn die letzte Sendung, und hier weder die Aufgabe zur Post noch der Zugang, sondern der Tag, an dem der Zugang des Einschreibebriefes mit den Verschmelzungsunterlagen unter normalen Umständen zu erwarten ist[3]. Der normalerweise zu erwartende Zugang wird bei Inlandszustellungen zwei Tage nach der Aufgabe zur Post angenommen[4]. Bei Postzustellungen im Ausland wird allgemein empfohlen, eine Frist von vier Tagen als Minimum anzusetzen[5].

23 Für die **Fristberechnung** gelten im Übrigen §§ 187 Abs. 1, 188 Abs. 2, 193 BGB entsprechend[6]. Eine Einwochenfrist läuft also mit dem Ende des Wochentags ab, an dem vom Zugang der Unterlagen in der vorangegangenen Woche auszugehen ist[7] (vgl. oben Rz. 20). Frühestens am nächsten Tag darf die Versammlung stattfinden. Fällt das reguläre Fristende auf einen Sonnabend, Sonntag oder gesetzlichen Feiertag, ist stattdessen der nächste Werktag maßgeblich[8].

VI. Rechtsfolgen von Verstößen

24 Der Verstoß gegen die Pflicht zur Übermittlung des Verschmelzungsvertrags bzw. dessen Entwurfs, des Verschmelzungsberichts sowie ggf. des Verschmelzungsprü-

---

1 So zutreffend *Liebscher* in MünchKomm. GmbHG, § 51 GmbHG Rz. 40; *Hüffer* in Ulmer/Habersack/Winter, § 51 GmbHG Rz. 22; *Seibt* in Scholz, § 51 GmbHG Rz. 29.

2 So auch *Reichert* in Semler/Stengel, § 47 UmwG Rz. 15; eine Anfechtbarkeit in diesem Fall völlig ausschließend *Kallmeyer/Kocher* in Kallmeyer, § 47 UmwG Rz. 5.

3 Vgl. BGH v. 30.3.1987 – II ZR 180/86, BGHZ 100, 264 (267 f.) = GmbHR 1987, 424 (425 f.); ebenso *Hüffer* in Ulmer/Habersack/Winter, § 51 GmbHG Rz. 16; *Liebscher* in MünchKomm. GmbHG, § 51 GmbHG Rz. 25; *Seibt* in Scholz, § 51 GmbHG Rz. 14; *Zöllner* in Baumbach/Hueck, § 51 GmbHG Rz. 19; *Bayer* in Lutter/Hommelhoff, § 51 GmbHG Rz. 14.

4 So *Bayer* in Lutter/Hommelhoff, § 51 GmbHG Rz. 14; *Hüffer* in Ulmer/Habersack/Winter, § 51 GmbHG Rz. 16; *Liebscher* in MünchKomm. GmbHG, § 51 GmbHG Rz. 26.

5 *Hüffer* in Ulmer/Habersack/Winter, § 51 GmbHG Rz. 16; *Liebscher* in MünchKomm. GmbHG, § 51 GmbHG Rz. 26; *Bayer* in Lutter/Hommelhoff, § 51 GmbHG Rz. 14 (4 Tage „als Minimum").

6 Unstr., s. nur *Reichert* in Semler/Stengel, § 47 UmwG Rz. 17; *Mayer* in Widmann/Mayer, § 47 UmwG Rz. 7; *Kallmeyer/Kocher* in Kallmeyer, § 47 UmwG Rz. 4.

7 Vgl. nur *Liebscher* in MünchKomm. GmbHG, § 51 GmbHG Rz. 27; *Seibt* in Scholz, § 51 GmbHG Rz. 13; *Hüffer* in Ulmer/Habersack/Winter, § 51 GmbHG Rz. 15; *Bayer* in Lutter/Hommelhoff, § 51 GmbHG Rz. 13.

8 Eingehend dazu *Liebscher* in MünchKomm. GmbHG, § 51 GmbHG Rz. 28 m.w.N.

fungsberichts (vgl. dazu oben Rz. 10) durch unterbliebene, nicht rechtzeitige oder unvollständige Übermittlung an die Gesellschafter begründet die **Anfechtbarkeit** eines nachfolgend gefassten Verschmelzungsbeschlusses analog § 243 AktG, nicht jedoch einen Nichtigkeitsgrund[1]. Es gelten die allgemeinen Grundsätze des Beschlussmängelrechts der GmbH. Insbesondere eine Nichtigkeit entsprechend § 241 Nr. 1 AktG kann bei Verstößen gegen § 47 UmwG nicht angenommen werden[2]. Analog zum Aktienrecht begründen auch bei der GmbH Verfahrensverstöße die Anfechtbarkeit nur dann, wenn sie relevant sind, wobei sich die Relevanz danach richtet, ob eine objektive Beeinträchtigung der Gesellschafter in ihrer Beteiligung an der Willensbildung ausgeschlossen erscheint[3].

Ein **Rügeverzicht** durch den betroffenen Gesellschafter vor, während oder nach 25
Beschlussfassung heilt einen etwaigen Beschlussmangel[4]. Gleiches gilt bei einem erklärten generellen Verzicht aller Anteilsinhaber in der Vollversammlung hinsichtlich „aller Fristen und Formen der Einberufung und Ankündigung"[5]. Die Zustimmung eines **Alleingesellschafters** zum Verschmelzungsvertrag beinhaltet in diesem Zusammenhang stets einen Rügeverzicht[6].

Theoretisch besteht für das Einberufungsorgan bei Verstoß gegen § 47 UmwG ein 26
persönliches **Schadensersatzrisiko**, sofern der Verschmelzungsbeschluss wiederholt werden muss und der Gesellschaft dadurch zusätzlich vermeidbare Kosten entstanden sind[7]. **Gesellschaftsgläubiger** sind vom Schutzbereich des § 47 UmwG dagegen nicht erfasst, so dass in diesem Zusammenhang etwaige Schadensersatzansprüche ausscheiden[8].

§ 48
Prüfung der Verschmelzung

Der Verschmelzungsvertrag oder sein Entwurf ist für eine Gesellschaft mit beschränkter Haftung nach den §§ 9 bis 12 zu prüfen, wenn dies einer ihrer Gesellschafter innerhalb einer Frist von einer Woche verlangt, nachdem er die in § 47 genannten Unterlagen erhalten hat. Die Kosten der Prüfung trägt die Gesellschaft.

---

1 Einhellige Ansicht, s. etwa *Kallmeyer/Kocher* in Kallmeyer, § 47 UmwG Rz. 8; *Mayer* in Widmann/Mayer, § 47 UmwG Rz. 9; *Rebmann* in Maulbetsch/Klumpp/Rose, § 47 UmwG Rz. 13; *Haeder* in Henssler/Strohn, § 47 UmwG Rz. 2.
2 Zur Relevanz des § 241 Nr. 1 AktG bei der GmbH etwa *Bayer* in Lutter/Hommelhoff, Anh. nach § 47 GmbHG Rz. 11ff.; *Wertenbruch* in MünchKomm. GmbHG, § 47 Anh. GmbHG Rz. 18ff.
3 So auch *Simon/Nießen* in KölnKomm. UmwG, § 47 UmwG Rz. 5; *Kallmeyer/Kocher* in Kallmeyer, § 47 UmwG Rz. 8; allgemein zum Erfordernis der Relevanz von Verfahrensverstößen im GmbH-Recht etwa *Bayer* in Lutter/Hommelhoff, Anh. nach § 47 GmbHG Rz. 50ff.; *Wertenbruch* in MünchKomm. GmbHG, § 47 Anh. GmbHG Rz. 123f.
4 So auch *Mayer* in Widmann/Mayer, § 47 UmwG Rz. 12.
5 So auch *Mayer* in Widmann/Mayer, § 47 UmwG Rz. 13.
6 So auch *Mayer* in Widmann/Mayer, § 47 UmwG Rz. 14; *Rebmann* in Maulbetsch/Klumpp/Rose, § 47 UmwG Rz. 13.
7 S. auch *Mayer* in Widmann/Mayer, § 47 UmwG Rz. 9.
8 Vgl. – wenngleich zur Einberufung – *Seibt* in Scholz, § 51 GmbHG Rz. 30.

Literatur

Grunewald/Martin Winter, Die Verschmelzung von Kapitalgesellschaften, in Lutter (Hrsg.), Kölner Umwandlungsrechtstage, 1995, S. 19; *Harry Schmidt*, Die Verschmelzung von Personengesellschaften, in Lutter (Hrsg.), Kölner Umwandlungsrechtstage, 1995, S. 59; *Schöne*, Das Aktienrecht als „Maß aller Dinge" im neuen Umwandlungsrecht? – zugleich Anmerkungen zu den Kölner Umwandlungsrechtstagen, GmbHR 1995, 325; *Schöne*, Die Spaltung unter Beteiligung von GmbH gem. §§ 123 ff. UmwG, 1998; *Zimmermann*, Verschmelzungsprüfung bei der GmbH-Verschmelzung, in FS Brandner, 1996, S. 167.

I. Überblick

1. Regelungsgegenstand und Anwendungsbereich

1 Das Umwandlungsgesetz regelt im allgemeinen Teil des Verschmelzungsrechts (§§ 9 ff. UmwG) lediglich das Institut der Verschmelzungsprüfung als solches. Der Gesetzesbefehl, der die Prüfung – gegebenenfalls unter besonderen Voraussetzungen – anordnet, findet sich im besonderen Teil, wobei je nach der Rechtsform der beteiligten Rechtsträger unterschiedliche Voraussetzungen statuiert sind[1]. Ist eine GmbH an dem Fusionsvorgang beteiligt, bedarf es gem. § 48 UmwG der Bestellung eines Verschmelzungsprüfers für diese, soweit ein Gesellschafter innerhalb der Wochenfrist nach Erhalt der Verschmelzungsunterlagen gem. § 47 UmwG ein entsprechendes Verlangen stellt (§ 48 Satz 1 UmwG). Nach § 48 Satz 2 UmwG trägt in jedem Fall die GmbH die Kosten der Prüfung.

2 § 48 UmwG findet auf sämtliche Verschmelzungen unter Beteiligung einer GmbH Anwendung. Gleichgültig ist, ob die GmbH als übertragender oder als übernehmender Rechtsträger fungiert. Bei der **Verschmelzung zur Neugründung** findet § 48 UmwG über § 56 UmwG auf die übertragende GmbH Anwendung.

3 Sind an der Verschmelzung neben einer GmbH **Rechtsträger mit einer anderen Rechtsform** beteiligt, so beantwortet sich die Frage, ob auch für diese eine Verschmelzungsprüfung erforderlich ist, nach den für die jeweilige Rechtsform geltenden Bestimmungen des besonderen Teils des Verschmelzungsrechts.

4 Eine **Parallelvorschrift** mit weitgehend übereinstimmenden Voraussetzungen enthält § 44 UmwG für die Verschmelzung unter Beteiligung von Personengesell-

1 Vgl. BegrRegE zu § 9 UmwG, BT-Drucks. 12/6699 v. 1.2.1994, 84, abgedruckt bei *Ganske*, S. 55.

schaften[1]. Beide Normen sind, von den Besonderheiten der jeweiligen Legitimation der berechtigten Gesellschafter abgesehen, einheitlich auszulegen.

Eine Verschmelzungsprüfung ist unabhängig von der Rechtsform der beteiligten Rechtsträger **entbehrlich**, soweit sich sämtliche Anteile des übertragenden Rechtsträgers in der Hand des übernehmenden Rechtsträgers befinden (§ 9 Abs. 2 UmwG), sowie ferner, wenn sämtliche Anteilsinhaber des jeweiligen Rechtsträgers in notarieller Form auf eine Verschmelzungsprüfung verzichten (§ 9 Abs. 3 UmwG i.V.m. § 8 Abs. 3 UmwG; vgl. näher § 9 Rz. 17 ff.). 5

Ohne Rücksicht auf das Vorliegen eines Antrags schreibt § 30 Abs. 2 UmwG eine – im Vergleich zur Verschmelzungsprüfung freilich eingeschränkte, da nur auf den Unternehmenswert des übertragenden Rechtsträgers bezogene – **Prüfung des Barabfindungsangebots** vor, falls den Gesellschaftern der übertragenden GmbH nach Maßgabe von § 29 UmwG zusätzlich zum Erwerb von Anteilen am übernehmenden Rechtsträger ein Barabfindungsangebot unterbreitet werden muss (vgl. näher § 30 Rz. 5 ff.)[2]. Für die Prüfungen nach § 30 UmwG und § 48 UmwG kann ein gemeinsamer Prüfer bestellt und ein gemeinsamer Bericht erstellt werden (§ 30 Rz. 5). 6

2. Dispositivität

§ 48 UmwG ist ebenso wie § 44 UmwG (dazu § 44 Rz. 1) gem. § 1 Abs. 3 UmwG **zwingend**[3]. Das Recht, eine Verschmelzungsprüfung zu verlangen, kann nicht im Gesellschaftsvertrag und erst recht nicht im Verschmelzungsvertrag im Vorhinein ausgeschlossen oder eingeschränkt werden. Auch eine Verkürzung der Einwochenfrist ist nicht möglich[4]. 7

Möglich bleibt allerdings der **Verzicht durch alle Gesellschafter** auf die Verschmelzungsprüfung gem. § 8 Abs. 3 UmwG. Anzuerkennen ist darüber hinaus der **Verzicht** jedes einzelnen Gesellschafters auf sein Recht, nach § 48 UmwG eine Verschmelzungsprüfung zu verlangen. Auch für einen solchen individuellen Verzicht ist entsprechend § 8 Abs. 3 UmwG eine notarielle Beurkundung zu fordern. 8

3. Entstehungsgeschichte

Für die Verschmelzung einer GmbH auf eine AG sah § 355 Abs. 2 AktG die Bestellung eines Verschmelzungsprüfers auch für die übertragende GmbH vor, falls ein Gesellschafter dies verlangte. Bei reinen GmbH-Verschmelzungen und im Falle der Verschmelzung einer AG auf eine GmbH bedurfte es dagegen nach altem Recht der Bestellung eines Verschmelzungsprüfers für die an der Verschmelzung beteiligte(n) GmbH nicht. Diese Diskrepanzen hat das UmwG 1995 beseitigt und sieht seitdem eine Verschmelzungsprüfung für die GmbH unabhängig von der Rechtsform der anderen an der Fusion beteiligten Rechtsträger auf Verlangen eines Gesellschafters vor. 9

1 § 44 UmwG wurde ebenfalls durch das 2. UmwGÄndG v. 19.4.2007 (BGBl. I, S. 542) neu gefasst.
2 Zutr. *Schöne*, S. 234 ff.
3 So ausdrücklich auch *Stratz* in Schmitt/Hörtnagl/Stratz, § 48 UmwG Rz. 1.
4 So ausdrücklich auch *Reichert* in Semler/Stengel, § 48 UmwG Rz. 16.

10 Eine Frist für die Stellung des Prüfungsantrags sah § 48 UmwG zunächst nicht vor, mit der Folge, dass Prüfungsanträge grundsätzlich auch noch in der Gesellschafterversammlung, die über die Verschmelzung beschließen sollte, gestellt werden konnten, was regelmäßig deren Vertagung erforderlich machte (vgl. 3. Aufl., Rz. 7 f.). Es entsprach deshalb einem dringenden praktischen Bedürfnis, dass der Gesetzgeber durch die Neufassung von § 48 Satz 1 UmwG im 2. UmwG-Änderungsgesetz vom 19.4.2007[1] bestimmt hat, dass der Antrag auf Verschmelzungsprüfung nur noch innerhalb einer Frist von einer Woche nach Übermittlung der Verschmelzungsunterlagen gestellt werden kann. Damit hat die Novelle eine für die Praxis unerfreuliche Rechtsunsicherheit beseitigt, die aus dem Fehlen einer Antragsfrist resultierte.

II. Antrag auf Verschmelzungsprüfung

1. Antragsberechtigung

11 Antragsberechtigt ist **jeder Gesellschafter**, auch der Inhaber stimmrechtsloser Anteile[2]. Gerade für den zuletzt Genannten, dem die Möglichkeit fehlt, durch Ausübung des Stimmrechts auf die Verschmelzung Einfluss zu nehmen, ist die Prüfung der Rechtmäßigkeit und Vollständigkeit des Verschmelzungsvertrages und der Angemessenheit des Umtauschverhältnisses von besonderer Bedeutung[3].

12 *Nicht* antragsberechtigt sind – mangels Gesellschaftereigenschaft – freilich Inhaber von Wandelschuldverschreibungen, Genussrechtsinhaber und sonstige **Inhaber von Sonderrechten**, obwohl auch ihre Rechtsstellung durch eine Verschmelzung tangiert werden kann. Gleiches gilt für lediglich dinglich am Geschäftsanteil Berechtigte (etwa Nießbraucher oder Pfandgläubiger), denen das Recht zur Ausübung der mit dem Anteil verbundenen Verwaltungsrechte gegenüber der Gesellschaft nicht zusteht[4].

13 Für die Antragsberechtigung eines Gesellschafters gilt § 16 Abs. 1 GmbHG. Grundsätzlich können den Antrag daher – vorbehaltlich des § 16 Abs. 1 Satz 2 GmbHG – nur die Gesellschafter stellen, die in der **Gesellschafterliste** nach § 40 GmbHG aufgeführt sind. Dies kann zur fehlenden Antragsberechtigung eines Gesellschafters führen, der einen Geschäftsanteil dinglich wirksam erworben hat, sofern er nicht in der Gesellschafterliste eingetragen ist; umgekehrt kann die Eintragung eine Antragsberechtigung eines Dritten begründen, der fälschlich (noch) als Gesellschafter in der Gesellschafterliste eingetragen ist[5]. Die Rechtswirkungen des § 16 Abs. 1 GmbHG gelten allerdings nicht, sofern die **Gesellschafterliste fehlerhaft** erstellt wurde; grundsätzlich also dann, wenn aufgrund schwerwiegen-

---

1 UmwGÄndG vom 19.4.2007, BGBl. I, S. 542.

2 Übereinstimmend *Bermel* in Goutier/Knopf/Tulloch, § 48 UmwG Rz. 4; *Mayer* in Widmann/Mayer, § 48 UmwG Rz. 7; *W. Müller* in Kallmeyer, § 48 UmwG Rz. 3; *Reichert* in Semler/Stengel, § 48 UmwG Rz. 7; *Schöne*, S. 404; *Simon/Nießen* in KölnKomm. UmwG, § 48 UmwG Rz. 8; *Stratz* in Schmitt/Hörtnagl/Stratz, § 48 UmwG Rz. 1.

3 Vgl. BegrRegE zu § 23 UmwG, BT-Drucks. 12/6699 v. 1.2.1994, 92 f., abgedruckt bei *Ganske*, S. 77.

4 S. *Simon/Nießen* in KölnKomm. UmwG, § 48 UmwG Rz. 8; zustimmend *W. Müller* in Kallmeyer, § 48 UmwG Rz. 3.

5 Zur Umfang der Legitimationswirkung des § 16 Abs. 1 GmbHG *Bayer* in Lutter/Hommelhoff, § 16 GmbHG Rz. 19 ff.; *Heidinger* in MünchKomm. GmbHG, § 16 GmbHG Rz. 155 ff.; *Seibt* in Scholz, § 16 GmbHG Rz. 16 ff.

den Verfahrensmangels **kein ordnungsgemäßes Eintragungsverfahren** mehr gegeben ist oder die Eintragung demjenigen **nicht zurechenbar** ist, zu dessen Lasten sie wirkt[1].

Die Gesellschaftereigenschaft muss grundsätzlich im Zeitpunkt der Antragstellung bestehen[2]. Dies ergibt sich konsequenterweise daraus, dass sich das Antragsrecht als Teil des allgemeinen Mitgliedschaftsrechts darstellt[3]. Nicht antragsberechtigt sind daher erst **künftige Gesellschafter**, die sich im Zuge einer verschmelzungsbedingten Kapitalerhöhung an der übernehmenden GmbH beteiligen[4]; sie fallen mangels Gesellschaftereigenschaft im maßgeblichen Zeitpunkt ausweislich des klaren Normtextes nicht in den Anwendungsbereich des § 48 UmwG. 14

Eine bereits erfolgte Antragstellung durch einen antragsberechtigten Gesellschafter wirkt nach Übertragung des Geschäftsanteils für den **Rechtsnachfolger** fort[5]. 15

Der Antrag ist nur dann zulässig und beachtlich, wenn eine Verschmelzungsprüfung nicht ohnehin durch die Geschäftsführer beantragt worden ist oder bereits ein anderer Gesellschafter eine Prüfung verlangt hat. § 48 UmwG gewährt kein Recht auf eine zusätzliche Prüfung. 16

Das Verlangen einer Verschmelzungsprüfung durch einen Gesellschafter kann sich zudem als **unzulässige Rechtsausübung** darstellen, wenn der betreffende Gesellschafter zuvor i.S.d. § 9 Abs. 3 UmwG mittels notarieller Urkunde auf diese verzichtet hat[6] (vgl. zu den Verzichtsvoraussetzungen oben Rz. 8). Haben **alle Gesellschafter** im Voraus in notarieller Form auf eine Verschmelzungsprüfung verzichtet, fehlt indes schon die Antragsberechtigung (eingehend dazu schon § 44 Rz. 5). 17

2. Antragstellung

Verbreitet wird das Prüfungsverlangen als **empfangsbedürftige Willenserklärung** bezeichnet[7]. Dies kann dogmatisch nicht vollends überzeugen, ist das Verlangen 18

---

1 Vgl. zu den Einzelheiten etwa *Bayer* in Lutter/Hommelhoff, § 16 GmbHG Rz. 20, 9ff. m.w.N.; *Fastrich* in Baumbach/Hueck, § 16 GmbHG Rz. 11f.; *Seibt* in Scholz, § 16 GmbHG Rz. 30.

2 Vgl. statt vieler *Mayer* in Widmann/Mayer, § 48 UmwG Rz. 6; *W. Müller* in Kallmeyer, § 48 UmwG Rz. 3; *Keßler* in Keßler/Kühnberger, § 48 UmwG Rz. 2; *Rebmann* in Maulbetsch/Klumpp/Rose, § 48 UmwG Rz. 4.

3 *W. Müller* in Kallmeyer, § 48 UmwG Rz. 3; zustimmend *Reichert* in Semler/Stengel, § 48 UmwG Rz. 9.

4 Ebenfalls *Simon/Nießen* in KölnKomm. UmwG, § 48 UmwG Rz. 10; so wohl auch *Keßler* in Keßler/Kühnberger, § 48 UmwG Rz. 2; für eine Antragsberechtigung aber *Mayer* in Widmann/Mayer, § 48 UmwG Rz. 6.

5 So statt vieler *Rebmann* in Maulbetsch/Klumpp/Rose, § 48 UmwG Rz. 4; *Reichert* in Semler/Stengel, § 48 UmwG Rz. 9.

6 Eingehend dazu *Mayer* in Mayer/Widmann, § 48 UmwG Rz. 18 m.w.N.

7 So *W. Müller* in Kallmeyer, § 48 UmwG Rz. 2; *Reichert* in Semler/Stengel, § 48 UmwG Rz. 7; *Rebmann* in Maulbetsch/Klumpp/Rose, § 48 UmwG Rz. 7; *Stratz* in Schmitt/Hörtnagl/Stratz, § 48 UmwG Rz. 3; *Meyer-Landrut* in Meyer-Landrut/Miller/Niehus, § 50 GmbHG Rz. 4 spricht – für das vergleichbare Einberufungsverlangen – von einer „einseitigen rechtsgeschäftlichen Erklärung"; ausdrücklich ablehnend in Bezug auf das Einberufungsverlangen *Liebscher* in MünchKomm. GmbHG, § 50 GmbHG Rz. 18:

durch den jeweiligen Gesellschafter doch jederzeit rücknahmefähig (dazu unten Rz. 24). Jedenfalls aber sind die Vorschriften des BGB über Willenserklärungen entsprechend anwendbar[1].

19 Das Verlangen muss erkennen lassen, dass eine Prüfung des Verschmelzungsvertrags oder seines Entwurfs nach § 9 UmwG gewollt ist. Gegenstand der Verschmelzungsprüfung ist dagegen nicht der Verschmelzungsbericht. Unsicherheiten können sich ergeben, wenn unklar ist, ob eine Verschmelzungsprüfung nach § 9 UmwG oder die Prüfung der Angemessenheit der angebotenen Barabfindung nach § 30 Abs. 2 UmwG gewollt ist. Das Verlangen ist entsprechend § 133 BGB **auslegungsfähig**.

20 Das Verlangen muss **keinen Vorschlag für einen Verschmelzungsprüfer** enthalten; ein solcher Vorschlag wäre zwar zulässig, würde aber keine Bindungswirkung im Hinblick auf den gerichtlichen Antrag der Geschäftsführung nach § 10 Abs. 1 UmwG entfalten.

21 Wie bei Willenserklärungen ist bei der Stellung des Verlangens nach § 48 Satz 1 UmwG **Vertretung** möglich. Es handelt sich nicht um ein höchstpersönliches Recht, das nur vom Gesellschafter selbst ausgeübt werden kann. Bei Anteilsübertragungen im zeitlichen Zusammenhang mit der Einberufung einer Gesellschafterversammlung, die über eine Verschmelzung beschließen soll, kann sich im Hinblick auf § 16 GmbHG (hierzu oben Rz. 13) eine Bevollmächtigung des Erwerbers empfehlen[2].

22 Eine besondere **Form** ist für das Verlangen nicht vorgeschrieben. Auch insoweit gelten die allgemeinen Vorschriften des BGB über die Abgabe von Willenserklärungen analog. Das Verlangen kann daher auch mündlich, z.B. in einer Gesellschafterversammlung, gestellt werden[3].

23 Das Verlangen ist gegenüber der Gesellschaft zu stellen. § 48 UmwG gewährt kein Recht, die Bestellung eines Verschmelzungsprüfers für die GmbH gem. § 10 Abs. 1 UmwG zu beantragen. Die Gesellschaft wird gem. § 35 GmbHG durch die **Geschäftsführer** vertreten. § 35 Abs. 1 Satz 2 GmbHG findet Anwendung. Die Entgegennahme des Verlangens ist vom Umfang der **Prokura** nach § 49 HGB dagegen nicht gedeckt. Ein Prokurist kann die GmbH bei Grundlagen- und Strukturentscheidungen grundsätzlich nicht (allein) vertreten, insbesondere kann er keinen Verschmelzungsvertrag unterzeichnen (s. § 4 Rz. 8). Dies muss auch für andere auf dieses Grundlagengeschäft bezogene Willens- und sonstige Erklärungen gelten.

24 Das Verlangen auf Durchführung einer Verschmelzungsprüfung kann durch den verlangenden Gesellschafter **zurückgenommen** werden[4]. Eine Verschmelzungs-

---

„kein Rechtsgeschäft"; ebenso *Koppensteiner/Gruber* in Rowedder/Schmidt-Leithoff, § 50 GmbHG Rz. 4: „keine Willenserklärung".

1 So – zum Einberufungsverlangen – *Seibt* in Scholz, § 50 GmbHG Rz. 13; ebenfalls *Liebscher* in MünchKomm. GmbHG, § 50 GmbHG Rz. 18.

2 Allgemein zur Praxis solcher Bevollmächtigungen *Bayer* in Lutter/Hommelhoff, § 16 GmbHG Rz. 40 m.w.N.

3 Wohl unstr., s. etwa *W. Müller* in Kallmeyer, § 48 UmwG Rz. 2; *Reichert* in Semler/Stengel, § 48 UmwG Rz. 7; zu § 44 UmwG s. § 44 Rz. 5.

4 Vgl. – für das Einberufungsverlangen – *Seibt* in Scholz, § 50 GmbHG Rz. 15; *Koppensteiner/Gruber* in Rowedder/Schmidt-Leithoff, § 50 GmbHG Rz. 4; *Liebscher* in Münch-

prüfung kann dann zwar, muss aber nicht mehr zwingend durchgeführt werden. Dies gilt auch, wenn andere Gesellschafter von einem eigenen fristgerechten Prüfungsverlangen wegen des bereits vorliegenden Prüfungsverlangens abgesehen haben. Ein solches Unterlassen ist für die Geschäftsführung nicht erkennbar. Wer sicherstellen will, dass die Prüfung tatsächlich durchgeführt wird, muss einen eigenen Antrag stellen.

3. Antragsfrist

Das bis zum Inkrafttreten des 2. UmwG-Änderungsgesetzes geltende Recht sah eine Antragsfrist nicht vor. Regelmäßig konnte der Prüfungsantrag deshalb noch in der Gesellschafterversammlung, die den Zustimmungsbeschluss fassen sollte, gestellt werden, was die Vertagung der Beschlussfassung bis zur Vorlage des Verschmelzungsprüfungsberichts erzwang (vgl. 3. Aufl., Rz. 6f.). Ob der Gesellschafter durch Setzung einer angemessenen Frist zu einer früheren Entscheidung über die Antragstellung veranlasst werden konnte, war zweifelhaft (vgl. 3. Aufl., Rz. 9). Vor diesem Hintergrund ist es vor allem aus Gründen der Rechtssicherheit nachdrücklich zu begrüßen, dass der Gesetzgeber eine **Antragsfrist eingeführt** hat. 25

Die Antragsfrist beträgt **eine Woche**. Sie beginnt nach dem eindeutigen Gesetzeswortlaut für jeden Gesellschafter erst mit dem **Erhalt der Verschmelzungsunterlagen**. Einen Vorschlag des Handelsrechtsausschusses, für den Lauf der Wochenfrist in Anlehnung an § 51 Abs. 1 Satz 2 GmbHG – in Übereinstimmung mit der ganz h.M. zur Übermittlung der Verschmelzungsunterlagen gem. § 47 UmwG – auf den unter normalen Umständen zu erwartenden Zugang abzustellen und damit den für die Praxis dringend erwünschten „Fristengleichlauf" herzustellen[1], ist der Gesetzgeber nicht gefolgt. Anders als bei der Unterrichtung der Gesellschafter gem. § 47 UmwG, bei der der jeweilige Gesellschafter das Risiko des Zugangs der Unterlagen trägt, wenn die Gesellschaft die ordnungsgemäße Übersendung sichergestellt hat (vgl. § 47 Rz. 18), stellt das Gesetz für den Beginn der Antragsfrist auf den **tatsächlichen Zugang** der Unterlagen beim einzelnen Gesellschafter ab[2]. Die Praxis muss deshalb den Zugang der Verschmelzungsunterlagen unbedingt sicherstellen und in geeigneter Weise dokumentieren. 26

Die **Fristberechnung** richtet sich nach den §§ 187 Abs. 1, 188 Abs. 2 BGB. Die Frist läuft also mit dem Ende des Wochentags ab, an dem der Gesellschafter die Verschmelzungsunterlagen erhalten hat. 27

Die Frist ist gewahrt, wenn das Verlangen der Gesellschaft innerhalb der Wochenfrist zugegangen ist. Für den **Zugang** sind die allgemeinen Grundsätze des BGB über den Zugang von Willenserklärungen maßgeblich. 28

Da es sich bei der Frist des § 48 UmwG um eine **Spätestfrist** handelt, ist dem Prüfungsverlangen des Gesellschafters auch dann zu entsprechen, wenn er seinen An- 29

Komm. GmbHG, § 50 GmbHG Rz. 18; *Römermann* in Michalski, § 50 GmbHG Rz. 52; *Vogel*, Gesellschafterbeschlüsse, S. 127.

1 Vgl. *DAV-Handelsrechtsausschuss*, NZG 2006, 739.

2 Ebenso *Simon/Nießen* in KölnKomm. UmwG, § 48 UmwG Rz. 15; kritisch wohl *Mayer* in Widmann/Mayer, § 48 UmwG Rz. 11, der auf den „unter normalen Umständen zu erwartenden Zugang" (analog zu § 51 Abs. 1 Satz 2 GmbHG) abstellen will.

trag bereits vor Erhalt der entsprechenden Unterlagen (und mithin vor Fristbeginn) stellt (näher dazu schon § 44 Rz. 6).

30 Erhält ein Gesellschafter die **Verschmelzungsunterlagen gar nicht oder nicht vollständig**, so ist sein Prüfungsverlangen nicht fristgebunden und kann im Extremfall auch noch in der Gesellschafterversammlung über den Zustimmungsbeschluss gestellt werden (eingehend dazu schon § 44 Rz. 9 m.w.N.).

4. Auswirkung auf den Zeitplan

31 Wird das Prüfungsverlangen innerhalb der Wochenfrist gestellt, muss die Beschlussfassung über die Verschmelzung bis zur Fertigstellung und Übermittlung des Verschmelzungsberichts **vertagt** werden. Für die Praxis wird es sich deshalb empfehlen, zunächst lediglich die Verschmelzungsunterlagen gem. § 47 UmwG zu übermitteln und die Gesellschafterversammlung erst einzuberufen, wenn die Wochenfrist des § 48 UmwG abgelaufen ist.

32 Wird ein ordnungsgemäßes Prüfungsverlangen gestellt, kann die Beschlussfassung über die Verschmelzung erst erfolgen, wenn der Verschmelzungsprüfungsbericht sämtlichen Gesellschaftern ordnungsgemäß übermittelt worden ist. Dabei ist jedenfalls die Wochenfrist gem. § 51 Abs. 1 Satz 2 GmbHG (vgl. näher § 47 Rz. 20) einzuhalten; anders gewendet: Die Beschlussfassung über die Zustimmung zum Verschmelzungsvertrag kann frühestens eine Woche nach dem Tag erfolgen, an dem der Zugang der Einberufung der Gesellschafterversammlung und des Verschmelzungsprüfungsberichts unter normalen Umständen zu erwarten ist. Schreibt die Satzung eine längere Einberufungsfrist vor, gilt diese auch für die Übermittlung des Verschmelzungsprüfungsberichts.

33 § 48 UmwG birgt daher Risiken für den Zeitplan. Die potentielle Verzögerung der Beschlussfassung durch eine erst sehr spät im Prozess initiierte Verschmelzungsprüfung hat Bedeutung insbesondere im Hinblick auf die Achtmonatsfrist des § 17 Abs. 2 Satz 4 UmwG. Sofern sich die Geschäftsführung nicht sehr sicher ist, dass kein Gesellschafter die Verschmelzungsprüfung verlangen wird, sollte sie mit dem Thema Verschmelzungsprüfung pro-aktiv umgehen. Zur Vermeidung von Verzögerungen in letzter Minute bieten sich an[1]:

- Rechtzeitige Einholung notariell beurkundeter Verzichtserklärungen aller Gesellschafter nach § 9 Abs. 3 UmwG i.V.m. § 8 Abs. 3 UmwG.
- Frühzeitige Übermittlung der Verschmelzungsunterlagen nach § 47 UmwG. Ggfs. können diese Unterlagen auch schon vor der Einberufung der Gesellschafterversammlung verteilt werden.
- Rechtzeitige freiwillige Beantragung einer Verschmelzungsprüfung durch die Geschäftsführung, unabhängig von einem Verlangen nach § 48 UmwG.

III. Bestellung des Verschmelzungsprüfers

34 Wird ein Prüfungsverlangen nach § 48 Satz 1 UmwG rechtzeitig gestellt, sind die Geschäftsführer verpflichtet, eine gerichtliche **Bestellung eines Verschmelzungs-**

1 S. auch *Reichert* in Semler/Stengel, § 48 UmwG Rz. 15 und *Simon/Nießen* in Köln-Komm. UmwG, § 48 UmwG Rz. 17.

prüfers nach § 10 Abs. 1 UmwG zu beantragen. Anders als nach früherem Recht[1] ist eine unmittelbare Bestellung durch die Geschäftsführer nicht mehr möglich. Die Antragsbefugnis gegenüber dem Gericht liegt allein bei den Geschäftsführern. Eine Beteiligung der Gesellschafterversammlung ist auch im Innenverhältnis nicht erforderlich[2].

Auswahl und Bestellung erfolgen gem. § 10 Abs. 1 Satz 1 UmwG durch das Gericht. Zuständig ist nach § 10 Abs. 2 UmwG das Landgericht, in dessen Bezirk die GmbH ihren Sitz hat. Die Geschäftsführung kann in ihrem Antrag auf Bestellung eines Verschmelzungsprüfers Vorschläge machen. Bindend sind diese für das Gericht nicht. § 11 Abs. 1 UmwG stellt Anforderungen an die Unabhängigkeit des Verschmelzungsprüfers auf. 35

Möglich ist gemäß der ausdrücklichen Klarstellung in § 10 Abs. 1 Satz 2 UmwG die Bestellung eines **gemeinsamen Verschmelzungsprüfers** für alle beteiligten Rechtsträger. Erforderlich ist dazu ein gemeinsamer Antrag aller beteiligten Rechtsträger. Ein Verlangen nach § 48 UmwG zwingt nicht zur Beantragung eines gesonderten Verschmelzungsprüfers nur für die GmbH. 36

Für die Stellung und Verantwortung des bestellten Verschmelzungsprüfers gilt § 11 UmwG. Der Verschmelzungsprüfer hat zwingend einen schriftlichen Bericht über die Prüfung gem. § 12 UmwG zu erstatten. 37

Beantragt die Geschäftsführung trotz berechtigter Antragstellung keine Verschmelzungsprüfung, begründet dies grundsätzlich die **Anfechtbarkeit** eines in der Folge gefassten Zustimmungsbeschlusses[3]. 38

IV. Übersendung des Berichts an die Gesellschafter

Trotz fehlender ausdrücklicher Anordnung durch § 48 UmwG bzw. §§ 9–12 UmwG besteht nach allg. Meinung eine **Pflicht der Gesellschaft zur Übersendung** des gem. § 12 UmwG zu erstattenden Prüfungsberichts an alle Gesellschafter, nicht nur den Antragsteller, in entsprechender Anwendung des § 47 UmwG (hierzu schon § 47 Rz. 10). 39

V. Kosten

Die **Kosten der Verschmelzungsprüfung** auf Antrag eines Gesellschafters trägt in jedem Fall die Gesellschaft. Nach der amtlichen Begründung soll diese Regelung dazu beitragen, dass die Geschäftsführung den Verschmelzungsbericht so ausführlich und überzeugend abfasst, dass eine Verschmelzungsprüfung überflüssig ist[4]. Ausnahmen von der Kostentragungspflicht der Gesellschaft unter Billigkeits- 40

1 Vgl. die Änderung des § 10 Abs. 1 UmwG durch das Gesetz zur Neuordnung des gesellschaftsrechtlichen Spruchverfahrens (SpruchG) v. 12.6.2003, BGBl. I, S. 838.

2 Mittlerweile unstr., vgl. statt vieler *W. Müller* in Kallmeyer, § 48 UmwG Rz. 6; *Mayer* in Widmann/Mayer, § 48 UmwG Rz. 20; a.A. noch zur alten Rechtslage *Bermel* in Goutier/Knopf/Tulloch, § 48 UmwG Rz. 7 unter – u.E. unzutreffender – Berufung auf *Schöne*, GmbHR 1995, 335.

3 Vgl. statt vieler *Mayer* in Widmann/Mayer, § 48 UmwG Rz. 21.

4 Vgl. BegrRegE BT-Drucks. 12/6699 v. 1.2.1994, 100, abgedruckt bei *Ganske*, S. 99.

gesichtspunkten nach Art des § 15 Abs. 1 SpruchG[1] sieht das Verschmelzungsrecht nicht vor.

§ 49
Vorbereitung der Gesellschafterversammlung

(1) Die Geschäftsführer haben in der Einberufung der Gesellschafterversammlung, die gemäß § 13 Abs. 1 über die Zustimmung zum Verschmelzungsvertrag beschließen soll, die Verschmelzung als Gegenstand der Beschlussfassung anzukündigen.

(2) Von der Einberufung an sind in dem Geschäftsraum der Gesellschaft die Jahresabschlüsse und die Lageberichte der an der Verschmelzung beteiligten Rechtsträger für die letzten drei Geschäftsjahre zur Einsicht durch die Gesellschafter auszulegen.

(3) Die Geschäftsführer haben jedem Gesellschafter auf Verlangen jederzeit Auskunft auch über alle für die Verschmelzung wesentlichen Angelegenheiten der anderen beteiligten Rechtsträger zu geben.

Literatur

Kort, Kein Erfordernis der Aufstellung und Auslegung eines Konzernabschlusses beim Squeeze-Out (§ 327c III Nr. 2 AktG), NZG 2006, 604; *Krieger*, Der Konzern in Fusion und Umwandlung, ZGR 1990, 517; *Schöne*, Das Aktienrecht als „Maß aller Dinge" im neuen Umwandlungsrecht? – zugleich Anmerkungen zu den Kölner Umwandlungsrechtstagen, GmbHR 1995, 325; *Spitze/Diekmann*, Verbundene Unternehmen als Gegenstand des Interesses von Aktionären, ZHR 158 (1994), 447; *J. Vetter*, Auslegung der Jahresabschlüsse für das letzte Geschäftsjahr zur Vorbereitung von Strukturbeschlüssen der Gesellschafter, NZG 1999, 925; *Wartenberg*, Die Auslage von Jahresabschlüssen für das letzte Geschäftsjahr beim Squeeze-Out, AG 2004, 539; *Wendt*, Die Auslegung des letzten Jahresabschlusses zur Vorbereitung der Hauptversammlung – Strukturmaßnahmen als „Saisongeschäft"?, DB 2003, 191.

1 Vgl. dazu Anh. I § 15 SpruchG Rz. 10.

I. Überblick

1. Regelungszweck und -inhalt

Die Vorschrift soll – in Ergänzung zu § 47 UmwG – gewährleisten, dass die Gesellschafter spätestens mit der Einberufung der Gesellschafterversammlung, in der über die Zustimmung zum Verschmelzungsvertrag Beschluss gefasst wird, **von der geplanten Verschmelzung Kenntnis erlangen**[1]: Im Hinblick auf die besondere Bedeutung der Verschmelzung für die Gesellschafter muss sie ausdrücklich als Gegenstand der Beschlussfassung angekündigt werden (§ 49 Abs. 1 UmwG). 1

Ab diesem Zeitpunkt sind in den Geschäftsräumen der Gesellschaft die Jahresabschlüsse und Lageberichte aller an der Verschmelzung beteiligten Rechtsträger für die der Verschmelzung vorangehenden drei Geschäftsjahre auszulegen (§ 49 Abs. 2 UmwG). 2

§ 49 Abs. 3 UmwG schließlich erweitert das allgemeine Informationsrecht des Gesellschafters (§ 51a GmbHG) im Zusammenhang mit der Verschmelzung dahingehend, dass die Geschäftsführer auch über alle wesentlichen Angelegenheiten der übrigen an der Verschmelzung beteiligten Rechtsträger Auskunft zu erteilen haben. 3

§ 49 UmwG gilt **für jede an einer Verschmelzung teilnehmende GmbH**, unabhängig davon, ob sie übertragender oder übernehmender Rechtsträger ist. Für Rechtsträger anderer Rechtsform sieht das UmwG andere, teils abweichende Informations- und Auslegungsvorschriften vor (s. §§ 47, 63, 82, 101 UmwG). 4

§ 63 UmwG enthält das **aktienrechtliche Pendant**, das aufgrund der unterschiedlichen Informationsrechte und Informationswege zwar teilweise übereinstimmend, teilweise aber auch abweichend geregelt ist. Inhaltsgleich sind die Regelungen zur Auslegung von Jahresabschlüssen und Lageberichten (§ 63 Abs. 1 Nr. 2 UmwG). Eine nicht in den strukturellen Unterschieden zwischen GmbH und AG begründete Abweichung liegt in dem Erfordernis, unter den Voraussetzungen des § 63 Abs. 1 Nr. 3 UmwG eine Zwischenbilanz auszulegen (s. auch unten Rz. 26, 35). 5

2. Dispositivität

§ 49 Abs. 1 und 2 UmwG sind in dem Sinne **zwingend**, dass der Gesellschaftsvertrag der GmbH die Einberufungsvoraussetzungen nicht für künftige Verschmelzungen erleichtern und auch die Auslegungsvorschriften des § 49 Abs. 2 UmwG nicht ex ante abbedingen kann. Möglich bleibt – trotz § 1 Abs. 3 UmwG – der **Ad-hoc-Verzicht der Gesellschaftergesamtheit**[2]; insoweit gelten die Erwägungen in § 47 Rz. 7 entsprechend (zu einem Verzicht auf § 49 Abs. 2 UmwG auch unten Rz. 15). Das erweiterte Informationsrecht des § 49 Abs. 3 UmwG wird man entsprechend § 51a Abs. 3 GmbHG ebenfalls für zwingend halten müssen. 6

1 Vgl. BegrRegE zu § 49 UmwG, BT-Drucks. 12/6699, 100, abgedruckt bei *Ganske*, S. 99.
2 So auch *Mayer* in Widmann/Mayer, § 49 UmwG Rz. 20; *Rebmann* in Maulbetsch/Klumpp/Rose, § 49 UmwG Rz. 3.

II. Ankündigung der Beschlussfassung (§ 49 Abs. 1 UmwG)

7 Das GmbHG enthält nur rudimentäre Vorschriften über die inhaltlichen Anforderungen, denen die Ankündigung der Tagesordnung (richtiger: die Mitteilung der Verhandlungsgegenstände) genügen muss. Die herrschende Meinung zum allgemeinen GmbH-Recht[1] gibt die Leitlinie aus, die Ankündigung müsse so deutlich sein, dass jeder Gesellschafter ohne Rückfrage erkennen könne, worüber verhandelt und Beschluss gefasst werden solle. Auf der Grundlage dieses Diskussionsstands erweist sich die gesetzliche Anordnung, dass die Verschmelzung **ausdrücklich als Gegenstand der Tagesordnung** anzugeben ist, eher als Klarstellung denn als Modifikation der Regeln zum allgemeinen GmbH-Recht.

8 Gewichtiger ist, dass – vorbehaltlich des Ad-hoc-Verzichts sämtlicher Gesellschafter (s. dazu bereits Rz. 6) – über eine Verschmelzung nach § 49 Abs. 1 UmwG nur Beschluss gefasst werden kann, wenn der Verschmelzungsbeschluss spätestens **mit der Einberufung** als Tagesordnungspunkt bekannt gegeben wird; § 51 Abs. 4 GmbHG, wonach – soweit nur die Gesellschafterversammlung als solche ordnungsgemäß einberufen ist – die gesamte Tagesordnung, aber auch einzelne Beschlussgegenstände mit einer Frist von drei Tagen nachgeschoben werden können, gilt für Verschmelzungsbeschlüsse somit nicht[2].

9 **Unzulässig** wäre auch die Ankündigung der Verschmelzung **mit separatem Schreiben**, selbst wenn sie innerhalb der Einberufungsfrist erfolgen sollte[3]. Wird die Verschmelzung nicht mit der Einberufung der Gesellschafterversammlung ausdrücklich als Gegenstand bezeichnet, kann – soweit nicht alle Gesellschafter anwesend sind und keinen Widerspruch erheben – ein Verschmelzungsbeschluss nicht gefasst werden.

10 Ein trotzdem gefasster Beschluss wäre allerdings nicht nichtig, sondern lediglich **anfechtbar**[4]. Zur Vermeidung der Anfechtbarkeit des Beschlusses muss die Einberufung unter Beachtung von § 49 Abs. 1 UmwG wiederholt werden. Allerdings können die Gesellschafter auf die Einhaltung des § 49 Abs. 1 UmwG verzichten (s. bereits Rz. 6). Zu den bereits mit der Einberufung zu übersendenden Verschmelzungsunterlagen vgl. die Erläuterungen zu § 47 UmwG.

III. Auslegung von Jahresabschlüssen und Lageberichten (§ 49 Abs. 2 UmwG)

1. Überblick

11 In Ergänzung zu § 47 UmwG, der die Übersendung des Verschmelzungsvertrages und des Verschmelzungsberichts regelt, schreibt § 49 Abs. 2 UmwG vor, dass ab

1 S. etwa *Hüffer* in Ulmer/Habersack/Winter, § 51 GmbHG Rz. 22; *Liebscher* in MünchKomm. GmbHG, § 51 GmbHG Rz. 40; *Zöllner* in Baumbach/Hueck, § 51 GmbHG Rz. 24.

2 Vgl. *M. Winter* in Kölner Umwandlungsrechtstage, S. 36 und *Reichert* in Semler/Stengel, § 49 UmwG Rz. 5.

3 Zutreffend *Stratz* in Schmitt/Hörtnagl/Stratz, § 49 UmwG Rz. 5; ebenso *Reichert* in Semler/Stengel, § 49 UmwG Rz. 5; *Simon/Nießen* in KölnKomm. UmwG, § 49 UmwG Rz. 8.

4 So ausdrücklich auch *Mayer* in Widmann/Mayer, § 49 UmwG Rz. 11; *Simon/Nießen* in KölnKomm. UmwG, § 49 UmwG Rz. 9.

dem Tag der Einberufung der Gesellschafterversammlung, die über die Zustimmung zum Verschmelzungsvertrag beschließen soll, die Jahresabschlüsse nebst Lageberichten (s. § 264 Abs. 1 HGB) **aller an der Verschmelzung beteiligten Rechtsträger** für die im Zeitpunkt der Einberufung „letzten drei Geschäftsjahre" in den Geschäftsräumen der Gesellschaft zur Einsichtnahme durch die Gesellschafter ausgelegt werden müssen. Das bedeutet, dass in den Geschäftsräumen der GmbH nicht nur die jeweils eigenen Jahresberichte, sondern die aller beteiligten Rechtsträger auszulegen sind. Für Rechtsträger anderer Rechtsform sieht das UmwG andere, teils abweichende Auslegungsvorschriften vor (s. §§ 47, 63, 82, 101 UmwG).

Die Auslegung soll es den Gesellschaftern ermöglichen, sich – in Ergänzung zu den Angaben im Verschmelzungsbericht – ein eigenes **Bild über die Vermögens- und Ertragslage** sämtlicher an der Verschmelzung beteiligter Rechtsträger zu machen und sich dadurch in die Lage zu versetzen, sachgerecht über den Vorschlag der Geschäftsführung zu entscheiden[1]. Für die Gesellschafter eines übertragenden Rechtsträgers ist dies im Hinblick auf den übernehmenden Gesellschafter offensichtlich von Bedeutung, da sie zwangsweise an ihm beteiligt sein werden. Für die Gesellschafter des übernehmenden Rechtsträgers hat dies Bedeutung insbesondere wegen der Übernahme aller Verbindlichkeiten der übertragenden Rechtsträger[2]. Daneben können die Abschlüsse und Lageberichte ein Hilfsmittel sein, die Angemessenheit des Umtauschverhältnisses zu beurteilen. 12

Die Verpflichtung zur Auslegung der vorgenannten Abschlussunterlagen besteht auch dann, wenn ein Verschmelzungsbericht nach Maßgabe von § 8 Abs. 3 UmwG entbehrlich ist. Soll also eine **100%ige Tochter-GmbH auf die Mutter-GmbH** verschmolzen werden, sind die Jahresabschlüsse – vorbehaltlich des Verzichts sämtlicher Einsichtsberechtigten – in den Geschäftsräumen der Mutter zur Einsichtnahme durch die Gesellschafter auszulegen. Dies ist im Hinblick auf den mit der Verschmelzung verbundenen Übergang sämtlicher Verbindlichkeiten der übertragenden auf die übernehmende Gesellschaft auch sachgerecht[3]. 13

Das Prinzip des Auslegungserfordernisses des § 49 Abs. 2 UmwG und seiner Parallelvorschriften ist, dass nur das ausgelegt werden muss, was vorliegt oder jedenfalls vorliegen müsste, dass allein zur Erfüllung des Auslegungserfordernisses aber keine zusätzlichen, im Übrigen nicht erforderlichen Unterlagen zu erstellen oder Handlungen vorzunehmen sind[4]. Sind für einen an der Verschmelzung beteiligten Rechtsträger **keine Jahresabschlüsse zu erstellen** (z.B. Verein), braucht auch nichts ausgelegt zu werden; es besteht nicht etwa eine Verpflichtung, die entsprechenden Unterlagen aus Anlass der Verschmelzung nachträglich zu erstellen[5]. Be- 14

1 Vgl. BegrRegE zu § 49 UmwG, BT-Drucks. 12/6699, 100, abgedruckt bei *Ganske*, S. 99.

2 Dieser Aspekt wurde bei der Schaffung der Parallelnorm des § 319 Abs. 3 AktG durch das Gesetz zur Bereinigung des Umwandlungsrechts v. 28.10.2994 ausdrücklich hervorgehoben, s. Begr des CDU/CSU/FDP-Entwurfs, BT-Drucks. 12/6699, 179.

3 Vgl. *M. Winter* in Kölner Umwandlungsrechtstage, S. 26; so auch *Reichert* in Semler/Stengel, § 49 UmwG Rz. 8; *Mayer* in Widmann/Mayer, § 49 UmwG Rz. 16; *Rebmann* in Maulbetsch/Klumpp/Rose, § 49 UmwG Rz. 10.

4 So allgemein auch *Kallmeyer/Kocher* in Kallmeyer, § 49 UmwG Rz. 3; *Reichert* in Semler/Stengel, § 49 UmwG Rz. 8.

5 Unstr., s. nur *Kallmeyer/Kocher* in Kallmeyer, § 49 UmwG Rz. 3; *Simon/Nießen* in KölnKomm. UmwG, § 49 UmwG Rz. 13; zu § 63 UmwG § 63 Rz. 5; *Diekmann* in Semler/Stengel, § 63 UmwG Rz. 11; *Wendt*, DB 2003, 191 f.

steht ein übertragender Rechtsträger **noch keine drei Jahre**, genügen die entsprechenden Unterlagen für den Zeitraum seines Bestehens[1].

15 Auf die Auslegung der Unterlagen kann zwar nicht generell im Gesellschafts- oder Verschmelzungsvertrag, wohl aber individuell durch alle Gesellschafter verzichtet werden (s. bereits oben Rz. 6)[2]. Nicht erforderlich ist die Auslegung auch bei einer **Universalversammlung** nach § 51 Abs. 3 GmbHG, bei der alle Gesellschafter dem Verschmelzungsbeschluss zustimmen oder sich mit der Beschlussfassung trotz Nichteinhaltung der gesetzlichen Anforderungen an die Einberufung einverstanden erklären[3]. In dem Verzicht auf den Verschmelzungsbericht nach § 8 Abs. 3 UmwG ist nicht automatisch ein Verzicht auf die Auslegung der Abschlüsse enthalten[4]. Der Verzicht auf die Einhaltung des § 49 Abs. 2 UmwG erfordert keine notarielle Beurkundung analog § 8 Abs. 3 UmwG.

16 Die Auslegung der relevanten Abschlüsse nebst Lageberichten für die letzten drei Geschäftsjahre findet sich inhaltlich entsprechend in § 63 Abs. 1 Nr. 2 UmwG. Eine dem § 63 Abs. 1 Nr. 2 UmwG entsprechende Vorschrift enthält § 293f Abs. 1 Nr. 2 AktG für die Vorbereitung einer Hauptversammlung, die über den Abschluss eines Unternehmensvertrags beschließen soll. Dieselbe Verpflichtung sehen § 319 Abs. 3 Nr. 2 AktG für die Eingliederung und § 327c Abs. 3 Nr. 2 AktG für den Squeeze-out vor. Insoweit handelt es sich bildlich um eine Verpflichtung des **allgemeinen Teils der kapitalgesellschaftsrechtlichen Strukturmaßnahmen**. Bei Unklarheiten und Streitfragen kann auf die Rechtsprechung und Literatur zu den Parallelvorschriften zurückgegriffen werden.

17 Abweichend von § 49 Abs. 2 UmwG haben Aktionäre gem. § 63 Abs. 3 UmwG (ebenso §§ 293f Abs. 2, 319 Abs. 3 Satz 2, 327c Abs. 4 AktG) außerdem einen Anspruch auf **unverzügliche und kostenlose Übersendung**, wobei es allerdings gem. § 63 Abs. 4 UmwG, §§ 293f Abs. 3, 319 Abs. 3 Satz 3, 327c Abs. 5 AktG möglich ist, statt der Auslegung und Übersendung die Unterlagen für denselben Zeitraum über die Internetseite der Gesellschaft zugänglich zu machen. Diese Verpflichtung erscheint angesichts der weitgehenden Informationsrechte von GmbH-Gesellschaftern gem. § 51a GmbHG und § 49 Abs. 3 UmwG auch außerhalb einer Gesellschafterversammlung nicht erforderlich.

2. Erfasste Jahresabschlüsse und Lageberichte

a) Einzel- oder Konzernabschluss

18 § 49 Abs. 2 UmwG bestimmt ebenso wie die vorgenannten Parallelnormen nicht ausdrücklich, ob bei Konzernobergesellschaften die **Einzel- und/oder die Konzernabschlüsse** nebst zugehörigem Lagebericht auszulegen sind. Ebenso wie das HGB (s. §§ 290ff. HGB) unterscheiden die Vorschriften über Vorlage und Feststellung

1 Unstr., s. nur *Simon/Nießen* in KölnKomm. UmwG, § 49 UmwG Rz. 16; *Reichert* in Semler/Stengel, § 49 UmwG Rz. 8; zu § 63 UmwG *Marsch-Barner* in Kallmeyer, § 63 UmwG Rz. 3.

2 Speziell zu einem Verzicht auf § 49 Abs. 2 UmwG etwa *Mayer* in Widmann/Mayer, § 49 UmwG Rz. 20; *Kallmeyer/Kocher* in Kallmeyer, § 49 UmwG Rz. 5; *Simon/Nießen* in KölnKomm. UmwG, § 49 UmwG Rz. 14.

3 Hierzu auch *Mayer* in Widmann/Mayer, § 49 UmwG Rz. 20; *Kallmeyer/Kocher* in Kallmeyer, § 49 UmwG Rz. 5; *Simon/Nießen* in KölnKomm. UmwG, § 49 UmwG Rz. 14.

4 *Simon/Nießen* in KölnKomm. UmwG, § 49 UmwG Rz. 14.

des Jahresabschlusses einer GmbH (§ 42a GmbHG) und einer Aktiengesellschaft (§§ 170 Abs. 1, 171 Abs. 1 und 175 Abs. 2 AktG) terminologisch und teilweise inhaltlich deutlich zwischen dem Jahresabschluss für das Einzelunternehmen und dem Konzernabschluss. Im Rahmen des § 49 Abs. 2 UmwG und seiner Parallelnormen spricht das Gesetz jedoch nur vom Jahresabschluss und Lagebericht. Diesem klaren Sprachgebrauch ist zu entnehmen, dass das Auslegungserfordernis des § 49 Abs. 2 UmwG nicht für Konzernabschlüsse nebst Konzernlageberichten gilt, sondern nur für die Einzelabschlüsse nebst Lageberichten[1]. Auch für die Parallelvorschriften in § 293f AktG und § 327c Abs. 3 AktG entspricht dieses Verständnis der ganz herrschenden Ansicht in Rechtsprechung und Literatur[2].

Die vereinzelt vertretene **Gegenansicht** fordert hingegen auch die Auslegung des Konzernabschlusses, wenn dieser bedeutend mehr Informationen enthält als der Jahresabschluss, was vor allem im Fall einer Holding typischerweise der Fall ist. Dann sei die Information über die operativen Tätigkeiten der Tochtergesellschaften erforderlich, um sich ein umfassendes Bild von der Gesellschaft machen zu können[3]. Methodisch lässt sich dies nicht begründen. Der Wortlaut ist eindeutig. Für eine Analogie fehlt es an einer planwidrigen Regelungslücke und angesichts der weitgehenden Informationsrechte der Gesellschafter im Übrigen (Verschmelzungsbericht, mündliche Erläuterung in der Gesellschafterversammlung, Auskunftsrechte nach § 51a GmbHG, § 49 Abs. 3 UmwG) an einem durch gesetzliche Wertungen begründeten und erst recht einem rechtspolitischen Bedürfnis. Soweit allein der Konzernabschluss für die Beurteilung der Verschmelzung wichtige Informationen enthält, können diese bei der Darstellung der bilanziellen Auswirkungen der Verschmelzung im Verschmelzungsbericht adressiert werden. 19

b) Prüfung

§ 49 Abs. 2 UmwG sagt ebenso wie seine umwandlungs- und aktienrechtlichen Pendants nicht, ob die auszulegenden Jahresabschlüsse geprüft worden sein müssen. Dies ist sachgemäß. Die Prüfungspflicht ergibt sich allein aus den handelsrechtlichen Vorschriften der **§§ 316 ff. HGB**. Nach § 49 Abs. 2 UmwG ist nur das auszulegen, was ohnehin vorliegt oder jedenfalls vorliegen müsste; allein zur Erfüllung des Auslegungserfordernisses sind aber keine zusätzlichen, im Übrigen nicht erforderlichen Handlungen vorzunehmen (s. bereits oben Rz. 14). 20

Sofern die Jahresabschlüsse und Lageberichte geprüft worden sind, sind die **Prüfungsberichte** nicht mit auszulegen. Der Wortlaut des § 49 Abs. 2 UmwG ist insoweit eindeutig, und Prüfungsberichte werden auch im Übrigen nur unter ganz besonderen Voraussetzungen den Gesellschaftern oder der Öffentlichkeit zugänglich gemacht (s. § 321a HGB). Zwar ließe sich für die GmbH argumentieren, dass 21

1 So zur Parallelnorm des § 63 UmwG § 63 Rz. 5; *Junker* in Henssler/Strohn, § 63 UmwG Rz. 4.

2 BGH v. 16.3.2009 – II ZR 302/06, NJW-RR 2009, 828 (832) = AG 2009, 441; KG v. 9.6.2008 – 2 W 101/07, ZIP 2009, 1223 (1230) = AG 2009, 30; *Habersack* in Emmerich/Habersack, Aktien- und GmbH-Konzernrecht, § 327c AktG Rz. 14; *Grunewald* in MünchKomm. AktG, § 327c AktG Rz. 17; *Singhof* in Spindler/Stilz, § 327c AktG Rz. 11; *Hüffer*, § 327c AktG Rz. 6; ausführlich *Kort*, NZG 2006, 604 (605).

3 OLG Celle v. 29.9.2003 – 9 U 55/03, AG 2004, 206 (207); *Diekmann* in Semler/Stengel, § 63 UmwG Rz. 11; *Heidel/Lochner* in Heidel, § 327c AktG Rz. 7.

den Gesellschaftern gem. § 42a Abs. 1 Satz 2 GmbHG auch der Prüfungsbericht vorzulegen ist. § 49 Abs. 2 UmwG gilt jedoch rechtsformneutral für die Jahresabschlüsse und Lageberichte aller beteiligten Rechtsträger (oben Rz. 11). Bei der AG, bei der anders als bei der GmbH typischerweise nicht die Hauptversammlung, sondern der Aufsichtsrat den Jahresabschluss feststellt (§§ 172f. AktG), wird der Prüfungsbericht den Aktionären gerade nicht offen gelegt.

3. Die Abschlüsse/Lageberichte der letzten drei Geschäftsjahre

22 Es stellt sich die Frage, wie zu verfahren ist, wenn der Jahresabschluss eines an der Verschmelzung beteiligten Rechtsträgers für das letzte abgelaufene Geschäftsjahr bei Einberufung der Gesellschafterversammlung noch nicht vorliegt. Verlangt § 49 Abs. 2 UmwG in jedem Fall die Auslegung der Abschlüsse für die letzten drei im Zeitpunkt der Einberufung bereits abgelaufenen Jahre oder begnügt er sich mit den letzten drei im Zeitpunkt der Einberufung bereits vorliegenden Jahresabschlüsse?

23 Die Frage hat erhebliche **praktische Bedeutung**. Die Aufstellung eines Abschlusses zu einem bestimmten Bilanzstichtag nimmt notwendigerweise einige Zeit in Anspruch. Nach Verbuchung aller Geschäftsvorfälle des abgelaufenen Geschäftsjahres muss die Geschäftsleitung Abschluss und Lagebericht aufstellen. Anschließend erfolgt nach eigener Prüfung die Feststellung des Jahresabschlusses durch die Gesellschafterversammlung oder bei der AG durch den Aufsichtsrat. Eine erforderliche externe Prüfung durch den Abschlussprüfer hat dem vorauszugehen. Dieser Prozess nimmt mindestens einige Wochen, bei manchen Gesellschaften auch einige Monate in Anspruch. Das Gesetz enthält insoweit zeitliche Vorgaben: Nach § 264 Abs. 1 Satz 3 HGB hat eine mittelgroße oder große Kapitalgesellschaft Jahresabschluss und Lagebericht in den ersten drei Monaten des Geschäftsjahres für das vergangene Geschäftsjahr aufzustellen; bei einer kleinen Kapitalgesellschaft darf die Aufstellung des Jahresabschlusses sogar bis zu sechs Monate dauern (§ 264 Abs. 1 Satz 4 HGB). Nach § 42a Abs. 2 Satz 1 GmbHG muss die Feststellung des Jahresabschlusses durch die Gesellschafterversammlung bei großen und mittelgroßen Kapitalgesellschaften bis zum Ablauf der ersten acht Monate des neuen Geschäftsjahres erfolgen, bei kleinen Kapitalgesellschaften hat die Gesellschafterversammlung bis zum Ablauf der ersten elf Monate Zeit.

24 Früher wurde § 49 Abs. 2 UmwG verbreitet dahin gehend interpretiert, dass das Gesetz die Auslegung der Bilanzunterlagen für die im Zeitpunkt der Einberufung abgelaufenen Geschäftsjahre verlange mit der Konsequenz, dass die Einberufung erst erfolgen könne, wenn die Jahresabschlüsse sämtlicher Rechtsträger für das letzte der Verschmelzung vorausgehende Geschäftsjahr zumindest aufgestellt sind[1]. Dieses Verständnis hätte zur Folge, dass in den ersten Monaten nach Ende eines Geschäftsjahres Verschmelzungsversammlungen nicht einberufen werden könnten[2].

---

1 So auch dieser Kommentar bis zur 2. Aufl., s. dort § 46 Rz. 6; zu § 327c AktG *Heidel/Lochner* in Heidel, § 327c AktG Rz. 7; LG Hamburg v. 30.10.2002 – 411 O 34/02, AG 2003, 109ff. (aufgehoben durch OLG Hamburg v. 11.4.2003 – 11 U 215/02, AG 2003, 441ff.).

2 *J. Vetter*, NZG 1999, 925 (927); *Wartenberg*, AG 2004, 539; *Simon/Nießen* in KölnKomm. UmwG, § 49 UmwG Rz. 15.

Diese Auffassung vermag jedoch aus den folgenden Gründen nicht zu überzeugen[1]. 25

- Zwar spricht der Umstand, dass sich das Adjektiv „letzten" auf Geschäftsjahre und nicht Jahresabschlüsse bezieht, auf den ersten Blick für die hier abgelehnte Interpretation. Die Gesetzesbegründung zeigt jedoch, dass der Gesetzgeber solch sprachlichen Feinheiten keine besondere Bedeutung beigemessen hat. So begründet der Regierungsentwurf des Umwandlungsbereinigungsgesetzes näher, warum den Gesellschaftern „die letzten drei Bilanzen" vorzulegen sind[2]. Der **Wortlaut des § 49 Abs. 2 UmwG** spricht daher nicht gegen die hier vertretene Auffassung[3].
- Vom **Schutzzweck** der angemessenen Information der Gesellschafter könnte es zwar sinnvoll erscheinen, möglichst aktuelle Abschlüsse und Lageberichte auszulegen. Allerdings ist zu beachten, dass der Gesetzgeber in § 63 Abs. 1 Nr. 3 UmwG mit dem Erfordernis einer Zwischenbilanz ein spezielles Instrument zur Aktualisierung der Aktionärsinformationen vorgesehen hat. Die Tatsache, dass der Gesetzgeber sich mit einer bloßen Zwischenbilanz (gerade keinem vollständigen Zwischenabschluss) begnügt, lässt erkennen, dass die Gewährung vollständiger aktueller Informationen für ihn kein absoluter Wert war[4]. Auch wenn bei der Einberufung der Gesellschafterversammlung einer GmbH keine Zwischenbilanz gefordert wird, muss diese Überlegung auch für die GmbH gelten. 26
- Im Übrigen ist die Bedeutung der auszulegenden Abschlussunterlagen zur Information der Gesellschafter im Vergleich zu Verschmelzungsbericht und Prüfungsbericht und angesichts der weitreichenden Informationsrechte nach § 51a GmbHG und § 49 Abs. 3 UmwG **eher nachrangig**, so dass es unverhältnismäßig erschiene, von diesem zusätzlichen Informationsinstrument die Strukturierung der gesamten Transaktion abhängig zu machen[5]. 27
- Gegen ein zwingendes Erfordernis, auch den Jahresabschluss für das letzte im Zeitpunkt der Einberufung abgelaufene Geschäftsjahr auszulegen, spricht vor allem die dadurch verursachte **Erschwerung von Verschmelzungsvorhaben**. Unter Berücksichtigung der Acht-Monatsfrist des § 17 Abs. 2 UmwG stände nur ein sehr begrenzter Zeitraum zur Verfügung, um auf Basis des letzten Jahresabschlusses[6] eine Verschmelzung durchzuführen. Sollten mehrere Rechtsträger mit unterschiedlichen Geschäftsjahren an der Verschmelzung beteiligt 28

1 Ausführlich *J. Vetter*, NZG 1999, 925 ff.; *Wendt*, DB 2003, 191 ff.; *Wartenberg*, AG 2004, 539 ff. (zu § 327c Abs. 3 Nr. 2 AktG).

2 BT-Drucks. 12/6699, 100.

3 S. *J. Vetter*, NZG 1999, 925 (926); *Wendt*, DB 2003, 191 f.

4 Ausführlicher *J. Vetter*, NZG 1999, 925 (927); *Wendt*, DB 2003, 191 (193); kritisch *Wartenberg*, AG 2004, 539 f.

5 Ausführlicher *Wendt*, DB 2003, 191 (192); *J. Vetter*, NZG 1999, 925 (926 f.); *Wartenberg*, AG 2004, 539 (540 f.).

6 Die Ermöglichung, die letzte Jahresabschlussbilanz als Schlussbilanz zu verwenden, war Anlass für den Gesetzgeber, im neuen UmwG einheitlich eine Zeitspanne von acht Monaten zwischen Stichtag der Schlussbilanz und Handelsregisteranmeldung genügen zu lassen, s. BegrRegE zu § 17 UmwG, BT-Drucks. 12/6699, 90.

sein, wäre es denkbar, dass ohne Geschäftsjahresänderung eine Verschmelzung überhaupt nicht durchgeführt werden könnte[1].

29 – Der Gesetzgeber hat eine Zeitspanne von mindestens drei Monaten für die Aufstellung des Jahresabschlusses vorgesehen (s. oben Rz. 23). Diesen Zeitrahmen muss die Gesellschaft ohne Nachteile ausschöpfen können – das heißt, dass erst am Ende der Frist der Jahresabschluss so aufgestellt sein muss, dass er an den Abschlussprüfer/die Gesellschafterversammlung weitergegeben werden kann[2]. Wäre die Einberufung einer Verschmelzungsversammlung erst nach Aufstellung des Jahresabschlusses möglich, könnte die Gesellschaft sich dazu gezwungen sehen, auf die Ausnutzug der Drei-Monats-Frist (bzw. Sechs-Monats-Frist) zu verzichten, um eine Verschmelzung zu Beginn eines neuen Geschäftsjahres durchführen zu können. Dies würde auch der in § 264 Abs. 1 Satz 4 HGB angelegten **Privilegierung der kleinen Kapitalgesellschaften** in zeitlicher Hinsicht zuwiderlaufen.

30 – Würde die Gesellschaft andererseits ihre Frist zur Aufstellung des Jahresabschlusses in Anspruch nehmen und erst später zur Beschlussfassung über die Verschmelzung einladen, hätte dies eine deutliche Verzögerung des Wirksamwerdens der Verschmelzung zur Folge. Entsprechend könnten mit der Verschmelzung erstrebte Vorteile und **Synergien erst später** realisiert werden[3].

31 Mit der heute h.M. (auch *Grunewald*, § 63 Rz. 5)[4] ist daher davon auszugehen, dass es ausreicht, dass die **Jahresabschlüsse und Lageberichte für die letzten drei Geschäftsjahre** ausgelegt werden, für die im Zeitpunkt der Einberufung **Jahresabschlüsse** und Lageberichte **tatsächlich vorliegen** oder nach den gesetzlichen Aufstellungsvorschriften (§ 264 Abs. 1 HGB) **vorliegen müssten**. Das Nichtvorliegen des Jahresabschlusses für das der Verschmelzungsversammlung vorangegangene Geschäftsjahr eines Rechtsträgers hindert die Einberufung somit nur dann, wenn die maßgebliche Aufstellungsfrist (drei Monate für große und mittelgroße, sechs Monate für kleine Kapitalgesellschaften) abgelaufen ist. Vor Ablauf dieser Frist genügt die Auslegung der tatsächlich vorhandenen Jahresabschlüsse mit der Konsequenz, dass eine Beschlussfassung über die Verschmelzung auch dann zulässig ist, wenn der Jahresabschluss für das der Verschmelzung vorausgegangene Geschäftsjahr noch nicht vorliegt.

32 Sind Jahresabschluss und Lagebericht zwar von der Geschäftsleitung **aufgestellt, aber noch nicht festgestellt** worden und ist auch keine gesetzliche Frist zur Feststellung verstrichen, genügt es, wenn der aufgestellte Abschluss ausgelegt wird[5]. Auszulegen ist stets nur das, was vorliegt oder jedenfalls vorliegen müsste. Zur Erfüllung des Auslegungserfordernisses sind keine zusätzlichen, im Übrigen nicht

---

1 *J. Vetter*, NZG 1999, 925 (927).

2 *Reiner* in MünchKomm. HGB, § 264 HGB Rz. 21.

3 *J. Vetter*, NZG 1999, 925 (927f.); *Reichert* in Semler/Stengel, § 49 UmwG Rz. 7.

4 *J. Vetter*, NZG 1999, 925 (927); *Wendt*, DB 2003, 191ff.; *Wartenberg*, AG 2004, 539ff.; *Kallmeyer/Kocher* in Kallmeyer, § 49 UmwG Rz. 3; *Rieger* in Widmann/Mayer, § 63 UmwG Rz. 13; *Simon/Nießen* in KölnKomm. UmwG, § 49 UmwG Rz. 15; *Marsch-Barner* in Kallmeyer, § 63 UmwG Rz. 3; *Diekmann* in Semler/Stengel, § 63 UmwG Rz. 12; *Reichert* in Semler/Stengel, § 49 UmwG Rz. 7; für die Parallelvorschrift des § 327c Abs. 3 AktG ebenso OLG Hamburg v. 11.4.2003 – 11 U 215/02, AG 2003, 441 (442f.).

5 *J. Vetter*, NZG 1999, 925 (928); *Wendt*, DB 2003, 191 (193); *Diekmann* in Semler/Stengel, § 63 UmwG Rz. 12; gegen die Pflicht zur Auslegung eines lediglich auf-, aber noch nicht festgestellten Abschlusses *Wartenberg*, AG 2004, 539 (541).

erforderlichen Handlungen vorzunehmen (s. allgemein oben Rz. 14, zur Prüfung oben Rz. 20). Nur wenn der Jahresabschluss noch nicht einmal aufgestellt ist und auch nach handelsrechtlichen Vorschriften noch nicht aufgestellt sein müsste, ist auf den Jahresabschluss des vorangegangenen Jahres zurückzugreifen.

Soweit Jahresabschluss und Lagebericht für das letzte Jahr erst nach der Einberufung, aber vor der Gesellschafterversammlung vorliegen, stellt sich die Frage, ob die Unterlagen dann jedenfalls ab ihrem Vorliegen in den Geschäftsräumen auszulegen sind. Dies ist zu verneinen[1]. Gegen eine Auslegung in den Geschäftsräumen vor der Durchführung der Gesellschafterversammlung spricht, dass das Gesetz keinen Nachtrag zu den ab Einberufung der Gesellschafterversammlung ausgelegten Urkunden vorsieht; auch eine **Aktualisierung** findet nicht statt[2]. 33

§ 49 Abs. 2 UmwG stellt ebenso wie die Parallelvorschriften der § 63 Abs. 1 Nr. 2 UmwG und §§ 293f Abs. 1 Nr. 2, 319 Abs. 3 Satz 1 Nr. 2, 327c Abs. 3 Nr. 2 AktG auf die Jahresabschlüsse und Lageberichte der letzten drei Geschäftsjahre ab; es kommt nicht auf die Abschlüsse der letzten drei Kalender- oder Zeitjahre an. Bei der Bildung eines oder mehrerer **Rumpfgeschäftsjahre** kann der durch die Jahresabschlüsse abgedeckte Zeitraum auch weniger als drei Zeitjahre umfassen[3]. 34

Die Erstellung einer **Zwischenbilanz** ist für Verschmelzungen unter Beteiligung einer GmbH auch dann nicht erforderlich, wenn sich der letzte Jahresabschluss auf ein Geschäftsjahr bezieht, das länger als sechs Monate vor Abschluss des Verschmelzungsvertrages oder der Erstellung seines Entwurfs abgelaufen ist; anderes gilt gem. § 63 Abs. 1 Nr. 3 UmwG für eine an der Verschmelzung beteiligte Aktiengesellschaft (vgl. näher § 63 Rz. 6ff.)[4]. Eine Analogie ist angesichts des eindeutigen Wortlauts methodisch nicht zu begründen. Selbst wenn der Verschmelzung eine Zwischenbilanz des oder der übertragenden Rechtsträger als Schlussbilanz zugrunde gelegt wird, ist deren Auslegung nicht zwingend vorgeschrieben, doch steht jedem Gesellschafter ein Einsichtsrecht nach Maßgabe von § 51a GmbHG, § 49 Abs. 3 UmwG (vgl. unten Rz. 44ff.) zu. 35

4. Erfüllung der Pflicht zur Auslegung

Die Pflicht zur Auslegung beginnt mit der Einberufung, die den Gesellschaftern gem. § 47 UmwG zusammen mit dem Verschmelzungsvertrag und dem -bericht übersendet wird. Maßgeblich ist nicht die Versendung, sondern der Zeitpunkt, zu dem beim ersten Gesellschafter mit dem **Zugang der Unterlagen** zu rechnen ist[5]. 36

1 *J. Vetter*, NZG 1999, 925 (929); zu § 327c Abs. 3 Nr. 2 AktG *Wartenberg*, AG 2004, 539 (541); zu § 63 UmwG § 63 Rz. 5; *Junker* in Henssler/Strohn, § 63 UmwG Rz. 4.

2 Zur für die AG relevanten Frage, ob in einem solchen Fall in der Hauptversammlung selbst der aktuelle, zwischenzeitlich aufgestellte Jahresabschluss nach § 64 Abs. 1 UmwG, §§ 293g Abs. 1, 327d Satz 1 AktG auszulegen ist, bejahend *J. Vetter*, NZG 1999, 925 (929); *Emmerich* in Emmerich/Habersack, Aktien- und GmbH-Konzernrecht, § 293f AktG Rz. 8; *Diekmann* in Semler/Stengel, § 63 UmwG Rz. 12; a.A. *Wartenberg*, AG 2004, 539 (541f.).

3 Wohl einh. Auffassung, s. nur *Kallmeyer/Kocher* in Kallmeyer, § 49 UmwG Rz. 3; *Simon/Nießen* in KölnKomm. UmwG, § 49 UmwG Rz. 16; *Reichert* in Semler/Stengel, § 49 UmwG Rz. 8; *Rebmann* in Maulbetsch/Klumpp/Rose, § 49 UmwG Rz. 8.

4 Zustimmend *Kallmeyer/Kocher* in Kallmeyer, § 49 UmwG Rz. 3.

5 So auch *Simon/Nießen* in KölnKomm. UmwG, § 49 UmwG Rz. 11; *Kallmeyer/Kocher* in Kallmeyer, § 49 UmwG Rz. 4.

37 Die Unterlagen sind in „dem Geschäftsraum" der GmbH auszulegen. Unterhält die Gesellschaft mehrere Geschäftsräume, reicht eine Auslegung im Geschäftsraum am Sitz der Gesellschaft gem. § 4a GmbHG – also dem **Registersitz** – aus[1]. Dies gilt auch, wenn der **Verwaltungssitz** davon abweichend an einem anderen Ort (möglicherweise sogar im Ausland) ist. §§ 63 und 49 Abs. 2 UmwG gehen auf Art. 11 der Verschmelzungsrichtlinie[2] zurück. Die Richtlinie schreibt die Auslegung am Sitz der Gesellschaft vor. Damit ist nach h.M. grundsätzlich der Satzungssitz gemeint[3]. Nach einer teilweise vertretenen Ansicht in der Literatur ist aber stattdessen auf den Verwaltungssitz abzustellen[4]. Die Vertreter dieser Ansicht ziehen dabei eine Parallele zu § 175 Abs. 2 AktG, bei dem mit „Geschäftsräumen" nach ganz herrschender Ansicht der Ort der Hauptverwaltung gemeint ist[5]. Allerdings spricht mehr dafür, im Rahmen des § 49 Abs. 2 UmwG den Begriff des Geschäftsraums richtlinienkonform auszulegen[6]. Um das Risiko einer Anfechtungsklage gegen den Verschmelzungsbeschluss zu minimieren, ist es aber sinnvoll, die Unterlagen vorsorglich auch an dem Ort auszulegen, an dem die Geschäftsführung ihre Geschäftsräume hat[7].

38 Im Falle eines **Doppelsitzes** der Gesellschaft hat die Auslegung an beiden Satzungssitzen zu erfolgen[8].

39 Ob eine Auslegung der Dokumente im Original erforderlich ist oder ob die **Auslegung einer einfachen Abschrift** ausreicht, lässt sich § 49 Abs. 2 UmwG nicht entnehmen. Vereinzelt wird es aufgrund des angeblich eindeutigen Wortlauts für notwendig gehalten, die Urkunden im Original auszulegen. Durch die Verwendung des bestimmten Artikels sei genau die Urkunde gemeint, die den Jahresabschluss verkörpert, und nicht nur deren Abschrift[9]. Diese Auffassung überzeugt nicht[10]. Die Wortlautauslegung ist nicht zwingend. Näherliegend ist, dass der Gesetzgeber durch seine Wortwahl statt des körperlichen Gegenstands der Urkunde den bloßen geistigen Inhalt des Dokuments gemeint hat. Dieser Inhalt findet sich auch in einer einfachen Abschrift wieder. § 49 UmwG dient der Information der Gesellschafter über die geplante Strukturmaßnahme. Dieses Ziel wird auch durch

---

1 So auch *Simon/Nießen* in KölnKomm. UmwG, § 49 UmwG Rz. 12; *Kallmeyer/Kocher* in Kallmeyer, § 49 UmwG Rz. 4.

2 Richtlinie 78/855/EWG.

3 So die wohl h.M. zu § 63 UmwG, s. *Marsch-Barner* in Kallmeyer, § 63 UmwG Rz. 2; *Junker* in Henssler/Strohn, § 63 UmwG Rz. 2; *Diekmann* in Semler/Stengel, § 63 UmwG Rz. 9; *Simon* in KölnKomm. UmwG, § 63 UmwG Rz. 24.

4 Zu § 63 UmwG § 63 Rz. 3; *Rieger* in Widmann/Mayer, § 63 UmwG Rz. 23.

5 *Hüffer*, § 175 AktG Rz. 5; *Hennrichs/Pöschke* in MünchKomm. AktG, § 175 AktG Rz. 30; *Euler* in Spindler/Stilz, § 175 AktG Rz. 26; *E. Vetter* in Henssler/Strohn, § 175 AktG Rz. 5.

6 Daher wird abweichend von der herrschenden Ansicht zu § 175 Abs. 2 AktG zu § 63 UmwG der Satzungssitz als Geschäftsraum angesehen, s. etwa *Marsch-Barner* in Kallmeyer, § 63 UmwG Rz. 2; *Diekmann* in Semler/Stengel, § 63 UmwG Rz. 9.

7 So zu § 63 UmwG auch *Rieger* in Widmann/Mayer, § 63 UmwG Rz. 23; *Marsch-Barner* in Kallmeyer, § 63 UmwG Rz. 2.

8 Zu § 63 UmwG *Diekmann* in Semler/Stengel, § 63 UmwG Rz. 9; *Simon* in KölnKomm. UmwG, § 63 UmwG Rz. 24.

9 Zu § 327c AktG *Heidel/Lochner* in Heidel, § 327c AktG Rz. 8.

10 So auch *Simon/Nießen* in KölnKomm. UmwG, § 49 UmwG Rz. 12; *Kallmeyer/Kocher* in Kallmeyer, § 49 UmwG Rz. 4; zu § 63 UmwG auch *Rieger* in Widmann/Mayer, § 63 UmwG Rz. 28; *Junker* in Henssler/Strohn, § 63 UmwG Rz. 2; *Marsch-Barner* in Kallmeyer, § 63 UmwG Rz. 2.

die Auslegung von Kopien erreicht. Da die Auslegung bei jeder beteiligten Kapitalgesellschaft erfolgen muss und eine Mehrfachauslegung durch einen Doppelsitz bedingt sein kann, wäre eine Auslegung im Original rein praktisch häufig gar nicht möglich[1].

Auslegung meint Auslegung zum Zwecke der Einsichtnahme durch die Gesellschafter. Die Gesellschafter müssen Zugang zum Geschäftsraum haben. Dabei ist nicht erforderlich, dass ein solcher Zugang rund um die Uhr 7 Tage/24 Stunden gewährt wird. Stattdessen muss eine Auslegung vom Beginn bis zum Ende der Auslegungspflicht zu den **gewöhnlichen Geschäftszeiten** erfolgen[2]. Hiermit sind grundsätzlich die Geschäftszeiten der Gesellschaft gemeint, nicht die im Geschäftsverkehr allgemein gängigen Geschäftszeiten[3]. Bei einer erheblichen und einschränkenden Abweichung der Geschäftszeiten der Gesellschaft von den im Geschäftsverkehr üblichen Geschäftszeiten sollte in der Einladung zur Gesellschafterversammlung allerdings ausdrücklich hierauf hingewiesen werden[4]. 40

Abweichend von § 49 Abs. 2 UmwG haben Aktionäre gem. § 63 Abs. 3 UmwG (ebenso §§ 293f Abs. 2, 319 Abs. 3 Satz 2, 327c Abs. 4 AktG) außerdem einen **Anspruch auf unverzügliche und kostenlose Übersendung**. Ein solches Recht auf Übersendung steht dem GmbH-Gesellschafter nicht zu; eine Analogie ist angesichts des eindeutigen Wortlauts methodisch nicht begründbar. 41

Der Gesellschafter kann jedoch auf eigene Kosten **Fotokopien** anfertigen[5]. Grundlage hierfür ist § 51a Abs. 1 GmbHG, der nach ganz herrschender Ansicht in Rechtsprechung und Literatur das Recht des Gesellschafters auf Anfertigung von Kopien enthält[6]. Eine vereinzelt vertretene Ansicht differenziert stattdessen nach dem Rechtsträger: Hinsichtlich der eigenen Gesellschaft bestehe nach § 51a GmbHG ein Recht auf Anfertigung von Kopien. Da § 51a GmbHG aber nur Auskunfts- und Einsichtsrechte für verbundene Unternehmen verleihe, könne daraus nicht ein Kopierrecht betreffend die Unterlagen völlig fremder Rechtsträger hergeleitet werden[7]. Dieser Ansicht ist allerdings entgegenzuhalten, dass § 49 Abs. 2 UmwG gerade nicht zwischen den unterschiedlichen Rechtsträgern differenziert, sondern eine einheitliche Auslegungspflicht für alle beteiligten Rechtsträger vorsieht und § 49 Abs. 3 UmwG das Auskunftsrecht des § 51a GmbHG auf die übrigen an der Verschmelzung beteiligten Unternehmen erweitert. 42

Zur ordnungsgemäßen Vorbereitung einer Hauptversammlung einer an einer Verschmelzung beteiligten AG lässt es § 63 Abs. 4 UmwG (entsprechende Regelun- 43

1 Ähnlich zu § 63 UmwG *Rieger* in Widmann/Mayer, § 63 UmwG Rz. 28.

2 Einh. Auffassung, s. etwa *Kallmeyer/Kocher* in Kallmeyer, § 49 UmwG Rz. 4; *Simon/Nießen* in KölnKomm. UmwG, § 49 UmwG Rz. 12; *Stratz* in Schmitt/Hörtnagl/Stratz, § 49 UmwG Rz. 6; zu § 63 UmwG *Rieger* in Widmann/Mayer, § 63 UmwG Rz. 27.

3 Zu § 63 UmwG Rieger in Widmann/Mayer, § 63 UmwG Rz. 27.

4 Weitergehend wohl von einer Rechtspflicht ausgehend *Rieger* in Widmann/Mayer, § 63 UmwG Rz. 27; *Diekmann* in Semler/Stengel, § 63 UmwG Rz. 8.

5 So auch *Bermel* in Goutier/Knopf/Tulloch, § 49 UmwG Rz. 8; *Mayer* in Widmann/Mayer, § 49 UmwG Rz. 16.1; *Simon/Nießen* in KölnKomm. UmwG, § 49 UmwG Rz. 18; *Kallmeyer/Kocher* in Kallmeyer, § 49 UmwG Rz. 4.

6 OLG München v. 12.1.2005 – 7 U 3691/04, GmbHR 2005, 624 (625); *Hillmann* in MünchKomm. GmbHG, § 51a GmbHG Rz. 59; *Wicke*, § 51a GmbHG Rz. 7; *Roth* in Roth/Altmeppen, § 51a GmbHG Rz. 18; *Römermann* in Michalski, § 51a GmbHG Rz. 172; *Hüffer* in Ulmer/Habersack/Winter, § 51a GmbHG Rz. 43.

7 *Stratz* in Schmitt/Hörtnagl/Stratz, § 49 UmwG Rz. 6f.

gen enthalten §§ 293f Abs. 3, 319 Abs. 3 Satz 3, 327c Abs. 5 AktG) statt der Auslegung genügen, dass die Unterlagen für denselben Zeitraum über die **Internetseite** der Gesellschaft zugänglich sind. Dies ist heutzutage sicher die für die Anteilsinhaber effektivere Art der Information, sofern die Gesellschaft eine Internetseite mit einem entsprechenden Bereich eingerichtet hat und unterhält. Eine solche Vorschrift findet sich im Bereich des § 49 UmwG nicht. Angesichts des eindeutigen Wortlauts können die Unterlagen zwar freiwillig auf der Internetseite zugänglich gemacht werden. Dies entbindet jedoch nicht von der Pflicht zur physischen Auslegung im Geschäftsraum.

IV. Auskunftsrechte (§ 49 Abs. 3 UmwG)

1. Auskunft über die Angelegenheiten der eigenen Gesellschaft (§ 51a GmbHG)

44 Nach **§ 51a GmbHG** hat jeder Gesellschafter das Recht, von den Geschäftsführern jederzeit über die Verhältnisse der Gesellschaft informiert zu werden und in die Geschäftsunterlagen Einsicht zu nehmen[1]. Dieses Recht besteht selbstverständlich auch anlässlich einer beabsichtigten Verschmelzung.

45 Das **allgemeine Informationsrecht** ermöglicht es den Gesellschaftern insbesondere auch, im Verschmelzungsbericht nicht oder nicht zu ihrer Zufriedenheit mitgeteilte verschmelzungsrelevante Tatsachen zu erfragen. Das Auskunftsrecht steht somit neben dem Recht auf Erstellung und Übersendung des Verschmelzungsberichts und ergänzt dieses[2] (zur streitigen Frage, ob Mängel des Verschmelzungsberichts durch die Erteilung weiter gehender Auskünfte vor oder in der Verschmelzungsversammlung geheilt werden können, vgl. § 8 Rz. 60f.).

46 Eine **Verpflichtung** der Geschäftsführer, den Verschmelzungsvertrag in der Gesellschafterversammlung vor der Beschlussfassung **mündlich zu erläutern**, besteht entgegen verbreiteter Auffassung[3] nicht; sie lässt sich weder aus § 51a GmbHG noch aus der Analogie zu § 64 Abs. 1 Satz 2 UmwG ableiten, dessen Anwendung der Gesetzgeber Verschmelzungen unter Beteiligung von Aktiengesellschaft vorbehalten hat[4]. Für die Annahme einer zwingenden mündlichen Erläuterung auch ohne ausdrückliches Verlangen eines Gesellschafters besteht jedenfalls

---

1 Vgl. *Hüffer* in Ulmer/Habersack/Winter, § 51a GmbHG Rz. 5ff.; *K. Schmidt* in Scholz, § 51a GmbHG Rz. 18ff., 25ff.; *Zöllner* in Baumbach/Hueck, § 51a GmbHG Rz. 4ff.; *Lutter/Bayer* in Lutter/Hommelhoff, § 51a GmbHG Rz. 1ff.

2 Kritisch *Schöne*, GmbHR 1995, 337f., der es jedenfalls in der „personalistischen" GmbH weitgehend der Eigeninitiative des einzelnen Gesellschafters überlassen will, wie er sich seine Informationen beschafft, und daraus geringere Anforderungen an den Inhalt des Verschmelzungsberichts ableiten will; dass der von der Geschäftsführung ausgeschlossene Minderheitsgesellschafter zu einer derartigen Informationsbeschaffung ohne weiteres in der Lage wäre, ist freilich – unabhängig von der Realstruktur der Gesellschaft – eine unbewiesene Behauptung; wie hier *Schnorbus* in Rowedder/Schmidt-Leithoff, Anh. § 77 GmbHG Rz. 69.

3 *Mayer* in Widmann/Mayer, § 49 UmwG Rz. 22, ausführlich *Schöne*, S. 276ff.

4 Für eine Analogie zu § 64 Abs. 1 Satz 2 UmwG besteht umso weniger Anlass, als unbeschadet der drastischen (Anfechtungs-)Sanktion die Reichweite der Vorschrift in ihrem unmittelbaren Anwendungsbereich ungeklärt ist und ihre Anwendung die Praxis vor erhebliche Probleme stellt; im Ergebnis wie hier (für den Formwechsel) unten *Göthel*, § 232 Rz. 4 sowie *Reichert* in Semler/Stengel, § 49 UmwG Rz. 11.

nach Einführung des Berichtserfordernisses auch für das GmbH-Verschmelzungsrecht kein praktisches Bedürfnis; Anderes gilt nur, falls sich zwischen Fertigstellung des Berichts und dem Tag der Gesellschafterversammlung für die Beurteilung des Fusionsvorhabens wesentliche Umstände geändert haben[1].

Problematisch ist die Frage, ob nach § 51a GmbHG auch Tatsachen erfragt werden können, von deren Aufnahme in dem Verschmelzungsbericht die Vertretungsorgane in Anwendung des § 8 Abs. 2 Satz 1 UmwG zulässigerweise abgesehen haben. Das Problem resultiert daraus, dass § 8 Abs. 2 UmwG an die **aktienrechtliche Regelung des Auskunftsverweigerungsrechts** (§ 131 Abs. 3 Nr. 1 AktG) anknüpft und dementsprechend für die Nichtoffenlegung von Tatsachen im Bericht genügen lässt, dass ihre Offenlegung geeignet ist, der Gesellschaft einen nicht unerheblichen Nachteil zuzufügen. Demgegenüber können einem GmbH-Gesellschafter Auskunft und Einsicht nach § 51a Abs. 2 GmbHG nur verweigert werden, wenn von dem informationsbegehrenden Gesellschafter selbst eine **Schadenszufügung zu besorgen** ist; anders als im Aktienrecht genügt somit die objektive Möglichkeit der Schadenszufügung für die Informationsverweigerung nicht[2]. 47

Geht man davon aus, dass der Verschmelzungsbericht – im Sinne eines formalisierten Informationsrechts – und das allgemeine Auskunftsrecht nebeneinander stehen, erscheint es nicht möglich, das allgemeine Auskunftsrecht des Gesellschafters nach § 51a GmbHG ausgerechnet im Zusammenhang mit Verschmelzungen oder anderen Umstrukturierungen nach dem Umwandlungsgesetz, die für die mitgliedschaftliche Stellung des Gesellschafters von besonderer Bedeutung sind, stärkeren als den üblicherweise geltenden Restriktionen zu unterwerfen, anders gewendet: Dem Gesellschafter können nicht im Zusammenhang mit einem Verschmelzungsvorhaben Informationen verweigert werden, die er ohne das Verschmelzungsvorhaben jederzeit verlangen könnte. Soweit es sich somit um **Angelegenheiten der eigenen Gesellschaft** handelt, kann der Gesellschafter auch Auskunft über Tatsachen verlangen, deren Aufnahme in den Verschmelzungsbericht zulässigerweise unterblieben ist[3]. Anderes gilt nur, soweit ein **Verweigerungsgrund nach § 51a Abs. 2 GmbHG** vorliegt oder das Informationsverlangen nach allgemeinen Grundsätzen treuwidrig ist[4]. 48

---

1 Ausdrücklich zustimmend *Reichert* in Semler/Stengel, § 49 UmwG Rz. 11; ähnlich *Kallmeyer/Kocher* in Kallmeyer, § 49 UmwG Rz. 7 und *Simon/Nießen* in KölnKomm. UmwG, § 49 UmwG Rz. 29 (Erläuterungspflicht ausnahmsweise aufgrund der Treuepflicht).

2 So ausdrücklich BegrRegE zur GmbH-Novelle 1980 bei *Deutler*, Das neue GmbH-Recht, 1980, S. 95 f.; vgl. auch *Hüffer* in Ulmer/Habersack/Winter, § 51a GmbHG Rz. 47 ff.; *M. Winter*, Mitgliedschaftliche Treubindungen im GmbH-Recht, 1988, S. 121 ff. und für das UmwG *Reichert* in Semler/Stengel, § 49 UmwG Rz. 10.

3 Ausdrücklich zustimmend *Mayer* in Widmann/Mayer, § 49 UmwG Rz. 25; *Reichert* in Semler/Stengel § 49 UmwG Rz. 10; *Simon/Nießen* in KölnKomm. UmwG, § 49 UmwG Rz. 22; *Kallmeyer/Kocher* in Kallmeyer, § 49 UmwG Rz. 6.

4 Vgl. näher *Hüffer* in Ulmer/Habersack/Winter, § 51a GmbHG Rz. 60; *K. Schmidt* in Scholz, § 51a GmbHG Rz. 28 ff., 38 ff.; *Zöllner* in Baumbach/Hueck, § 51a GmbHG Rz. 22; *M. Winter*, Mitgliedschaftliche Treubindungen im GmbH-Recht, 1988, S. 121 ff.

2. Auskunft über die Angelegenheiten anderer an der Fusion beteiligter Rechtsträger (§ 49 Abs. 3 UmwG)

49 § 49 Abs. 3 UmwG erweitert den aus § 51a GmbHG resultierenden allgemeinen Auskunftsanspruch über die Belange der eigenen GmbH auf die wesentlichen Angelegenheiten der übrigen an der Verschmelzung beteiligten Rechtsträger; für Verschmelzungen unter Beteiligung einer AG findet sich eine entsprechende Erweiterung des Auskunftsanspruchs des Aktionärs nach § 131 AktG in § 64 Abs. 2 UmwG (näher § 64 Rz. 11 ff.).

50 Diese Erweiterung des Informationsrechts rechtfertigt sich durch die Überlegung, dass die von allen beteiligten Rechtsträgern betriebenen Unternehmen nach Durchführung der Verschmelzung ein gemeinsames Schicksal teilen[1]. Die Gesellschafter des übertragenden Rechtsträgers haben ein berechtigtes Interesse an Informationen über den übernehmenden Rechtsträger, dessen Gesellschafter sie zwangsweise werden. Die Gesellschafter des übernehmenden Rechtsträgers haben ein berechtigtes Interesse an detaillierten Informationen über den übertragenden Rechtsträger, dessen Aktiv- und Passivvermögen, Verträge und sonstigen Rechtsverhältnisse im Wege der Universalsukzession auf „ihre" Gesellschaft übergehen[2]. Im Übrigen hängt die Angemessenheit des Umtauschverhältnisses von den Verhältnissen aller beteiligten Rechtsträger ab.

51 Gegenstand des erweiterten Auskunftsrechts sind – wiederum in Ergänzung zum Verschmelzungsbericht – nicht nur die **wirtschaftlichen, sondern insbesondere auch die gesellschaftsrechtlichen Verhältnisse** sämtlicher an der Verschmelzung beteiligten Rechtsträger, etwa der Wortlaut der Satzung, die vollständige Erbringung der bedungenen Einlagen durch die Anteilsinhaber, aber auch die Kapitalverhältnisse einschließlich geplanter Kapitalerhöhungen, die Bewertung von Sacheinlagen, die Zusammensetzung des Kreises der Anteilsinhaber, die eingerichteten Risiko- und Compliance Management-Systeme oder die rechtlichen und geschäftlichen Beziehungen zu anderen Unternehmen[3].

52 Ist ein an der Verschmelzung beteiligter anderer Rechtsträger herrschendes Unternehmen i.S.d. §§ 15 ff. AktG, erstreckt sich das Auskunftsrecht auch auf die für die Verschmelzung relevanten **Angelegenheiten der abhängigen Gesellschaften**[4].

53 Auch der Auskunftsanspruch des Gesellschafters gem. § 49 Abs. 3 UmwG besteht wie der allgemeine Auskunftsanspruch nach § 51a GmbHG ausschließlich **gegenüber den Geschäftsführern der eigenen Gesellschaft**, nicht etwa gegenüber den anderen an der Verschmelzung beteiligten Rechtsträgern oder deren Vertretungsorganen[5]. Werden diese in der Gesellschafterversammlung – was zulässig und in der Regel sinnvoll ist – beigezogen, fungieren sie insoweit lediglich als Hilfspersonen der allein auskunftspflichtigen Geschäftsführer, denen die erteilten Aus-

1 Vgl. nur *Grunewald* in G/H/E/K, § 340d AktG Rz. 15.
2 *Reichert* in Semler/Stengel, § 49 UmwG Rz. 8.
3 Vgl. auch *Mayer* in Widmann/Mayer, § 49 UmwG Rz. 33 ff.; *Reichert* in Semler/Stengel, § 49 UmwG Rz. 14.
4 Vgl. *Grunewald* in G/H/E/K, § 340d AktG Rz. 15; *Krieger*, ZGR 1990, 526; zu § 51a GmbHG *Hüffer* in Ulmer/Habersack/Winter, § 51a GmbHG Rz. 30 f.; zu § 131 AktG *Hüffer*, § 131 AktG Rz. 13 ff. und ausführlich *Spitze/Diekmann*, ZHR 158 (1994), 447 ff.
5 Allg. Meinung, vgl. *Stratz* in Schmitt/Hörtnagl/Stratz, § 49 UmwG Rz. 9; *Mayer* in Widmann/Mayer, § 49 UmwG Rz. 29; *Kallmeyer/Kocher* in Kallmeyer, § 49 UmwG Rz. 7; *Simon/Nießen* in KölnKomm. UmwG, § 49 UmwG Rz. 25.

künfte zuzurechnen sind und die die ausschließliche Verantwortung hierfür tragen[1].

Da die auskunftspflichtigen Geschäftsführer regelmäßig nicht über sämtliche Informationen betreffend die anderen an der Fusion beteiligten Rechtsträger verfügen, müssen sie sich diese bei den Vertretungsorganen der anderen Rechtsträger beschaffen; Rechtsgrundlage für ein solches Auskunftsersuchen ist das durch die Aufnahme der Verhandlungen über den Verschmelzungsvertrag zustande gekommene **vorvertragliche Schuldverhältnis** bzw. der – allerdings auch im Falle einer Beurkundung vor Beschlussfassung der Gesellschafterversammlungen schwebend unwirksame – Verschmelzungsvertrag[2]. 54

Grenzen des Auskunftsanspruchs resultieren zum einen daraus, dass die auskunftspflichtigen Geschäftsführer über die Angelegenheiten der anderen an der Verschmelzung beteiligten Rechtsträger regelmäßig **keine eigene Kenntnis** haben und die benötigten Informationen bei den Vertretungsorganen der anderen beteiligten Rechtsträger beschaffen müssen; gelingt ihnen das trotz pflichtgemäßen Bemühens nicht, können sie gem. § 275 BGB insoweit von der Auskunftspflicht frei werden[3]. Eine Zustimmung zum Verschmelzungsvertrag dürfen sie den Gesellschaftern gleichwohl empfehlen, wenn sie von den Vertretungsorganen der übrigen Rechtsträger jedenfalls die zur Erstellung eines ordnungsgemäßen Verschmelzungsberichts erforderlichen Informationen erhalten haben und auf dieser Basis von der Sinnhaftigkeit der Verschmelzung überzeugt sind[4]. 55

Im Übrigen ergeben sich **Schranken des erweiterten Auskunftsanspruchs** nach § 49 Abs. 3 UmwG entgegen der zum alten Recht ganz herrschenden Meinung[5] nicht erst aus § 51a Abs. 2 GmbHG, sondern aus der entsprechenden Anwendung des Rechtsgedankens des § 8 Abs. 2 UmwG i.V.m. § 131 Abs. 3 Nr. 1 AktG: Solange noch gar nicht feststeht, ob die Verschmelzung durchgeführt wird, besteht ein schutzwürdiges Interesse der übrigen Rechtsträger und ihrer Anteilsinhaber an der **Geheimhaltung potenziell unternehmensschädlicher Tatsachen**. Vor dem Wirksamwerden der Verschmelzung fehlt es an der vom Gesetzgeber bei Schaffung des umfassenden Informationsrechts nach § 51a GmbHG unterstellten typischen Interessenparallelität zwischen jedem GmbH-Gesellschafter und „seiner" GmbH[6]. Dieser Befund rechtfertigt es, das erweiterte Informationsrecht des § 49 Abs. 3 UmwG deutlich restriktiver zu handhaben und insoweit verschmelzungs- 56

1 Allg. Meinung, vgl. nur *Reichert* in Semler/Stengel, § 49 UmwG Rz. 15.

2 So schon *Schilling/Zutt* in Hachenburg[7], § 20 KapErhG Rz. 36; vgl. weiter *Mayer* in Widmann/Mayer, § 49 UmwG Rz. 31 *Kallmeyer/Kocher* in Kallmeyer, § 49 UmwG Rz. 7; *Reichert* in Semler/Stengel, § 49 UmwG Rz. 15; *Simon/Nießen* in KölnKomm. UmwG, § 49 UmwG Rz. 25; *Stratz* in Schmitt/Hörtnagl/Stratz, § 49 UmwG Rz. 9.

3 Vgl. zum parallel gelagerten Problem bei § 293g Abs. 3 AktG (= § 293 Abs. 4 AktG a.F.) *Hüffer*, § 293 AktG Rz. 4.

4 So auch *Simon/Nießen* in KölnKomm. UmwG, § 49 UmwG Rz. 28 und wohl auch *Hüffer*, § 293g AktG Rz. 4; zweifelnd *Reichert* in Semler/Stengel, § 49 UmwG Rz. 16; *Kallmeyer/Kocher* in Kallmeyer, § 49 UmwG Rz. 7.

5 *Schilling/Zutt* in Hachenburg[7], § 20 KapErhG Rz. 38; *Priester* in Scholz[7], § 20 KapErhG Rz. 17; zum neuen Recht ebenso *Stratz* in Schmitt/Hörtnagl/Stratz, § 49 UmwG Rz. 10; *Kallmeyer/Kocher* in Kallmeyer, § 49 UmwG Rz. 7, die freilich nur § 8 Abs. 2 UmwG in Bezug nehmen (was im Ergebnis auf die hier vertretene Auffassung hinausläuft).

6 Vgl. zur idealtypischen Interessenparallelität als Voraussetzung für das umfassende Informationsrecht nach § 51a GmbHG *M. Winter*, Mitgliedschaftliche Treubindungen im GmbH-Recht, 1988, S. 121 f.

spezifische Verweigerungsgründe anzuerkennen, wie sie für das unabhängig von einem Verschmelzungsvorhaben bestehende allgemeine Informationsrecht über die Angelegenheiten der eigenen Gesellschaft nicht bestehen[1].

57 Das Auskunftsrecht des § 49 Abs. 3 UmwG besteht **jederzeit**; eine Beschränkung auf die Gesellschafterversammlung lässt sich angesichts des eindeutigen Wortlauts nicht begründen[2]. Es setzt ein entsprechendes Verlangen gegenüber der Geschäftsführung voraus. Wie bei § 51a GmbHG ist keine besondere Form der Informationsübermittlung vorgesehen. Die Erteilung mündlicher Auskünfte reicht aus; zu Nachweiszwecken bietet sich die schriftliche Beantwortung schriftlich gestellter Anfragen an[3].

V. Rechtsfolgen von Verstößen gegen § 49 UmwG

58 Jede Verletzung der aus § 49 UmwG resultierenden Ankündigungs-, Auslegungs- oder Auskunftspflichten stellt eine Gesetzesverletzung dar, die im Grundsatz die **Anfechtung** des Verschmelzungsbeschlusses rechtfertigen kann[4]. Grundlage hierfür ist der auf die GmbH entsprechend anwendbare[5] § 243 Abs. 1 AktG (allgemein zu Mängeln des Verschmelzungsbeschlusses bei der GmbH § 50 Rz. 70ff.).

59 Eine Anfechtung wegen fehlerhafter, unvollständiger oder verweigerter Erteilung von Information ist nach **§ 243 Abs. 4 Satz 1 AktG** aber nur möglich, „wenn ein objektiv urteilender Aktionär die Erteilung der Information als wesentliche Voraussetzung für die sachgerechte Wahrnehmung seiner Teilnahme- und Mitgliedschaftsrechte angesehen hätte". Das Informationsinteresse der Gesellschafter muss derart beeinträchtigt sein, dass diese in der Wahrnehmung ihrer Gesellschafterrechte beschränkt werden[6]. Daran fehlt es beispielsweise, wenn ihnen nicht ausgelegte Informationen vorher bereits zugeleitet worden sind[7].

60 Eine Sondervorschrift für **bewertungsbezogene Informationsmängel** enthält für die AG der durch das UMAG[8] eingeführte § 243 Abs. 4 Satz 2 AktG. Danach kann eine Anfechtungsklage „auf unrichtige, unvollständige oder unzureichende Informationen in der Hauptversammlung über die Ermittlung, Höhe oder Angemessenheit von Ausgleich, Abfindung, Zuzahlung oder über sonstige Kompensatio-

1 Wie hier insbesondere *Reichert* in Semler/Stengel, § 49 UmwG Rz. 17; *Mayer* in Widmann/Mayer, § 49 UmwG Rz. 26; *Simon/Nießen* in KölnKomm. UmwG, § 49 UmwG Rz. 27; a.A. *Drygala*, oben § 8 Rz. 51.

2 So ausdrücklich auch *Simon/Nießen* in KölnKomm. UmwG, § 49 UmwG Rz. 30; *Kallmeyer/Kocher* in Kallmeyer, § 49 UmwG Rz. 7.

3 Ähnlich *Simon/Nießen* in KölnKomm. UmwG, § 49 UmwG Rz. 31.

4 Wohl unstr., s. nur *Mayer* in Widmann/Mayer, § 49 UmwG Rz. 17; *Simon/Nießen* in KölnKomm. UmwG, § 49 UmwG Rz. 19; *Stratz* in Schmitt/Hörtnagl/Stratz, § 49 UmwG Rz. 11.

5 *Ekkenga* in MünchKomm. GmbHG, § 29 GmbHG Rz. 158; *Salje* in Michalski, § 29 GmbHG Rz. 113; *Ulmer* in Ulmer/Habersack/Winter, § 53 GmbHG Rz. 105; *Wertenbruch* in MünchKomm. GmbHG, Anh. § 47 GmbHG Rz. 112.

6 Ebenso *Kallmeyer/Kocher* in Kallmeyer, § 49 UmwG Rz. 8; *Simon/Nießen* in KölnKomm. UmwG, § 49 UmwG Rz. 19.

7 *Mayer* in Widmann/Mayer, § 49 UmwG Rz. 19; *Kallmeyer/Kocher* in Kallmeyer, § 49 UmwG Rz. 8.

8 Gesetz zur Unternehmensintegrität und Modernisierung des Anfechtungsrechts v. 22.9. 2005, BGBl. I, S. 2802.

nen" dann nicht gestützt werden, wenn das Gesetz für Bewertungsrügen ein Spruchverfahren vorsieht. Mit § 243 Abs. 4 Satz 2 AktG hat der Gesetzgeber die Rechtsprechung des BGH zum Formwechsel übernommen und in ihrem Anwendungsbereich ausgeweitet. Für die Barabfindung beim Formwechsel hatte der BGH[1] entschieden, dass **unternehmenswertbezogene Informationsmängel** die Anfechtungsklage nicht rechtfertigen, sondern in das **Spruchverfahren** über die Angemessenheit der Barabfindung verwiesen sind. Ob sich diese Grundsätze de lege lata auf die **Verschmelzung** übertragen lassen, war bis zum Inkrafttreten des UMAG **zweifelhaft**[2], ist heute aber durch § 243 Abs. 4 Satz 2 AktG geklärt.

Auch § 243 Abs. 4 Satz 2 AktG ist auf die GmbH analog anwendbar[3]. Ein Spruchverfahren ist bei der Verschmelzung für die Anteilsinhaber des übertragenden Rechtsträgers im Hinblick auf die Überprüfung des Umtauschverhältnisses einschließlich barer Zuzahlung (§ 15 UmwG) und einer angebotenen Barabfindung (§ 34 UmwG) vorgesehen. Damit beschränkt sich die die Anfechtungsklage ausschließende Wirkung des § 243 Abs. 4 Satz 2 AktG de lege lata auf Informationsmängel beim übertragenden Rechtsträger, weil §§ 14 Abs. 2, 15 (ebenso §§ 32, 34) UmwG nur dessen Anteilsinhabern und nicht auch den Anteilsinhabern des übernehmenden Rechtsträgers das Spruchverfahren eröffnet (vgl. näher § 14 Rz. 20)[4]. 61

Nach seinem rechtspolitisch zwar nicht überzeugenden, aber klaren Wortlaut beschränkt sich die anfechtungsbeschränkende Wirkung des § 243 Abs. 4 Satz 2 AktG auf **Informationsmängel in der Hauptversammlung**. Insbesondere Mängel des Verschmelzungsberichts werden nicht erfasst. 62

Zweifelhaft ist, ob Mängel des Verschmelzungsberichts durch nachgeschobene Auskünfte geheilt werden können[5]. Jedenfalls dann, wenn alle Gesellschafter an der Gesellschafterversammlung teilnehmen, spricht viel dafür, dass ein Mangel des Berichts die Anfechtung nach der in § 243 Abs. 4 Satz 1 AktG kodifizierten Relevanztheorie nicht rechtfertigt, wenn die fehlende Information in der Hauptversammlung erteilt wird[6]. 63

Ausgeschlossen ist eine Anfechtungsklage, wenn alle Gesellschafter in der Gesellschafterversammlung anwesend sind und dem Verschmelzungsbeschluss **zustimmen**; andernfalls müsste man ihnen widersprüchliches Verhalten vorwerfen[7]. 64

---

1 BGH v. 18.12.2000 – II ZR 1/99, BGHZ 146, 179 ff. = AG 2001, 301 (MEZ); BGH v. 29.1. 2001 – II ZR 368/98, ZIP 2001, 412 = AG 2001, 263 (Aqua Butzke).

2 Mit Recht zurückhaltend *Hoffmann-Becking*, RWS-Forum Gesellschaftsrecht 2001, 2002, S. 55 (53 f., 67 ff.); *Lutter/Drygala*, 3. Aufl., § 8 Rz. 55; s. auch 3. Aufl., § 49 Rz. 16.

3 So auch *Bayer* in Lutter/Hommelhoff, Anh. nach § 47 GmbHG Rz. 52; *Noack/Zetzsche*, ZHR 170 (2006), 218 (245); a.A. *Mayer* in Widmann/Mayer, § 8 UmwG Rz. 69.1.

4 De lege ferenda für die Eröffnung des Spruchverfahrens auch für die Anteilsinhaber des übernehmenden Rechtsträgers *DAV-Handelsrechtsausschuss*, BB 2003, Beilage 4, S. 9 f. und NZG 2007, 497 (499 ff.) sowie *M. Winter* in Liber amicorum Happ, S. 373 ff. (376 ff.); *J. Vetter*, ZHR 168 (2004), 8 (24 ff.).

5 Ablehnend *Drygala*, § 8 Rz. 60 f.; differenzierend, aber tendenziell ablehnend *Marsch-Barner* in Kallmeyer, § 8 UmwG Rz. 35; bejahend *Bermel* in Goutier/Knopf/Tulloch, § 49 UmwG Rz. 15; *Schöne*, GmbHR 1995, 325 (334); allg. für die AG bejahend *Bayer*, AG 1988, 323 (339); *Mertens*, AG 1990, 20 (29).

6 Ähnlich, da ebenfalls auf die Relevanz abstellend, *Würthwein* in Spindler/Stilz, § 243 AktG Rz. 136.

7 *Bayer* in Lutter/Hommelhoff, Anh. nach § 47 GmbHG Rz. 71; *Kallmeyer/Kocher* in Kallmeyer, § 50 UmwG Rz. 8.

Auch in den Fällen, in denen alle Gesellschafter auf eine Klage gegen die Wirksamkeit des Verschmelzungsbeschlusses **verzichtet** haben, besteht keine Gefahr einer Anfechtungsklage[1]. Ein solcher Verzicht ist von einem pauschalen Verzicht der Gesellschafter auf alle Fristen und Förmlichkeiten im Zusammenhang mit einer Gesellschafterversammlung umfasst[2].

§ 50
Beschluss der Gesellschafterversammlung

(1) Der Verschmelzungsbeschluss der Gesellschafterversammlung bedarf einer Mehrheit von mindestens drei Vierteln der abgegebenen Stimmen. Der Gesellschaftsvertrag kann eine größere Mehrheit und weitere Erfordernisse bestimmen.

(2) Werden durch die Verschmelzung auf dem Gesellschaftsvertrag beruhende Minderheitsrechte eines einzelnen Gesellschafters einer übertragenden Gesellschaft oder die einzelnen Gesellschaftern einer solchen Gesellschaft nach dem Gesellschaftsvertrag zustehenden besonderen Rechte in der Geschäftsführung der Gesellschaft, bei der Bestellung der Geschäftsführer oder hinsichtlich eines Vorschlagsrechts für die Geschäftsführung beeinträchtigt, so bedarf der Verschmelzungsbeschluss dieser übertragenden Gesellschaft der Zustimmung dieser Gesellschafter.

1 *Kallmeyer/Kocher* in Kallmeyer, § 49 UmwG Rz. 8; *Reichert* in Semler/Stengel, § 49 UmwG Rz. 18; *Haeder* in Henssler/Strohn, § 49 UmwG Rz. 10.
2 *Mayer* in Widmann/Mayer, § 49 UmwG Rz. 19, 38.

Literatur

Bayer, Verschmelzung und Minderheitenschutz, WM 1989, 121; *Bayer*, 1000 Tage neues Umwandlungsrecht – eine Zwischenbilanz, ZIP 1997, 1613; *Bork*, Beschlussverfahren und Beschlusskontrolle nach dem Referentenentwurf des Gesetzes zur Bereinigung des Umwandlungsrechts, ZGR 1993, 343; *Enneking/Heckschen*, Gesellschafterhaftung beim down stream merger, DB 2006, 1099; *Grunewald/Martin Winter*, Die Verschmelzung von Kapitalgesellschaften, in Lutter (Hrsg.), Kölner Umwandlungsrechtstage, 1995, S. 19; *Heckschen*, Die Verschmelzung von Kapitalgesellschaften, 1989; *Hommelhoff*, Zur Kontrolle strukturändernder Gesellschafterbeschlüsse, ZGR 1990, 477; *Hommelhoff*, Minderheitenschutz bei Umstrukturierungen, ZGR 1993, 452; *Hüffer*, Ausgleichsanspruch und Spruchverfahren statt Anfechtungsklage beim Verschmelzungs- oder Kapitalerhöhungsbeschluss des erwerbenden Rechtsträgers, ZHR 172 (2008), 8; *Klein/Stephanblome*, Der Downstream Merger – aktuelle umwandlungs- und gesellschaftsrechtliche Fragestellungen, ZGR 2007, 351; *Martens*, Verschmelzung, Spruchverfahren und Anfechtungsklage in Fällen eines unrichtigen Umtauschverhältnisses, AG 2000, 301; *Mertens*, Aktuelle Fragen zur Verschmelzung von Mutter- und Tochtergesellschaften – down stream merger, AG 2005, 785; *Priester*, Strukturänderungen, Beschlussvorbereitung und Beschlussfassung, ZGR 1990, 420; *Jochem Reichert*, Folgen der Anteilsvinkulierung für Umstrukturierungen von Gesellschaften mit beschränkter Haftung und Aktiengesellschaften nach dem Umwandlungsgesetz 1995, GmbHR 1995, 176; *Schöne*, Die Klagefrist des § 14 Abs. 1 UmwG: Teils Rechtsfortschritt, teils „Aufforderung zu sanktionslosen Geheimbeschlüssen"?, DB 1995, 1317; *Timm*, Minderheitenschutz im GmbH-Verschmelzungsrecht, AG 1982, 93; *Weipert*, Verschmelzung und Umwandlung von Kapitalgesellschaften und allgemeines Mitgliedsrecht, ZHR 110 (1944), 23; *Martin Winter*, Mitgliedschaftliche Treubindungen im GmbH-Recht, 1988; *Wälzholz* Nebenleistungspflichten beim aufnehmenden Rechtsträger als Verschmelzungshindernis?, DStR 2006, 236.

I. Überblick

1. Regelungsgegenstand und Anwendungsbereich

§ 50 Abs. 1 UmwG schreibt für den Zustimmungsbeschluss der Gesellschafterversammlung **jeder an einer Verschmelzung beteiligten GmbH** – gleichgültig, ob sie als übertragende oder als übernehmende Gesellschaft fungiert – eine Mehrheit von drei Vierteln der abgegebenen Stimmen vor. Die Vorschrift ist einseitig zwingend; der Gesellschaftsvertrag kann – ebenso wie allgemein für Satzungsänderungen – höhere Mehrheiten (und weitere Erfordernisse) vorschreiben, nicht aber geringere Mehrheiten zulassen. 1

§ 50 Abs. 2 UmwG verlangt darüber hinaus die individuelle Zustimmung derjenigen Gesellschafter einer **übertragenden GmbH**, die Inhaber solcher statutarischer Sonderrechte sind, die – in den Worten der Gesetzesbegründung – die Möglichkeit sichern, „auf die Leitung und das Leben der übertragenden GmbH" einzuwirken[1]. 2

1 Vgl. BegrRegE BT-Drucks. 12/6699 v. 1.2.1994, 100, abgedruckt bei *Ganske*, S. 100.

3 § 50 Abs. 2 UmwG wird ergänzt durch die weiteren individuellen Zustimmungserfordernisse des § 51 UmwG. Beide Normen enthalten GmbH-spezifische Ergänzungen der allgemeinen rechtsformneutralen Bestimmung des **§ 13 UmwG** zum Verschmelzungsbeschluss.

4 Auf die Verschmelzung durch Neugründung ist die Vorschrift aufgrund der ausdrücklichen Anordnung des § 56 UmwG grundsätzlich **entsprechend anzuwenden**. Relevanz hat sie aber nur für die übertragende Gesellschaft, nicht für eine erst im Wege der Verschmelzung entstehende übernehmende GmbH[1].

5 Eine im Verschmelzungsbeschluss erfolgte **Zustimmung zum Verschmelzungsvertrag** enthält dabei grundsätzlich bereits die Zustimmung zum Gesellschaftsvertrag der neuen Gesellschaft (vgl. § 37 UmwG), so dass diese nicht zusätzlich erklärt werden muss (vgl. dazu § 59 Rz. 5)[2]. Des Weiteren ist gem. § 59 Satz 2 UmwG die Zustimmung der Anteilseigner zur **Bestellung der ersten Geschäftsführer** und der von den Anteilseignern zu wählenden **Mitglieder des Aufsichtsrats** der neuen Gesellschaft erforderlich.

2. Dispositivität

6 Im Hinblick auf die Dispositivität der Vorschrift ist zwischen § 50 Abs. 1 und Abs. 2 UmwG zu unterscheiden. § 50 Abs. 1 Satz 2 UmwG regelt ausdrücklich, inwieweit der Gesellschaftsvertrag von dem Erfordernis des § 50 Abs. 1 Satz 1 UmwG abweichen kann. Zulässig sind allein **Verschärfungen** durch größere Mehrheiten und/oder weitere Erfordernisse.

7 Die Minderheits- bzw. Sonderrechte i.S.d. § 50 Abs. 2 UmwG sind gem. § 1 Abs. 3 UmwG nicht disponibel. Möglich ist jedoch, dass die betroffenen (Minderheits-) Gesellschafter im Vorhinein individuell auf ihr Zustimmungsrecht **verzichten**. Da sämtliche nach dem UmwG vorgesehenen Zustimmungserklärungen bestimmter einzelner Gesellschafter gem. § 13 Abs. 3 Satz 1 UmwG der notariellen Beurkundungspflicht unterliegen, muss dies auch für die entsprechenden Verzichtserklärungen gelten. Dafür spricht auch ein Erst-recht-Schluss aus §§ 8 Abs. 3 Satz 2 und 9 Abs. 3 UmwG.

8 Zur Vermeidung einer mittelbaren Abbedingung des § 50 Abs. 2 UmwG muss sich der Verzicht auf eine **bestimmte Verschmelzung** beziehen, kann also nicht alle beliebigen Verschmelzungen in der Zukunft umfassen. Bei fehlender notarieller Beurkundung der Verzichtserklärung ist **Heilung** gem. § 20 Abs. 1 Nr. 4 UmwG möglich.

3. Entstehungsgeschichte

9 **§ 50 Abs. 1 UmwG entspricht** – abgesehen von redaktionellen Klarstellungen – **§ 20 Abs. 2 Satz 1 und 2 KapErhG**. Demgegenüber kannte die vor dem 1.1.1995 geltende lex scripta *keine* dem § 50 Abs. 2 UmwG entsprechende Regelung; gleichwohl ging die zum früheren Recht ganz überwiegende Auffassung in der Li-

---

1 So ausdrücklich *Mayer* in Widmann/Mayer, § 50 UmwG Rz. 5.

2 Ebenso *Reichert* in Semler/Stengel, § 50 UmwG Rz. 51; *Zimmermann* in Kallmeyer, § 50 UmwG Rz. 31.

teratur vom Erfordernis der Individualzustimmung sämtlicher Sonderrechtsinhaber bei der übertragenden GmbH aus[1].

II. Beschlussfassung der Gesellschafterversammlung (§ 50 Abs. 1 UmwG)

1. Allgemeines

a) Notwendigkeit einer Gesellschafterversammlung

Auch soweit GmbH an der Verschmelzung beteiligt sind, kann der Zustimmungsbeschluss nur **in einer Gesellschafterversammlung** gefasst werden (§ 13 Abs. 1 Satz 2 UmwG). Die zum alten Recht diskutierte Streitfrage, ob Zustimmungsbeschlüsse trotz des Erfordernisses der notariellen Beurkundung (unten Rz. 12) auch im schriftlichen Verfahren gem. § 48 Abs. 2 GmbHG gefasst werden können[2], hat der Gesetzgeber durch die Neuregelung im verneinenden Sinne entschieden[3]. Zur Notwendigkeit der Abhaltung einer gesonderten Gesellschafterversammlung für alle an der Verschmelzung beteiligten Gesellschaften vgl. § 13 Rz. 9. Eine Delegation der Entscheidung auf andere Gesellschaftsorgane und/oder Dritte ist ausgeschlossen (vgl. näher unten Rz. 34). 10

Anders als bei der AG ist ein Gesellschafterbeschluss einer übernehmenden GmbH auch dann erforderlich, wenn die GmbH mindestens 90 % oder sogar 100 % des Stamm- oder Grundkapitals der übertragenden Gesellschaft hält; **§ 62 UmwG** kann auf die GmbH nicht entsprechend angewandt werden[4]. 11

b) Notarielle Beurkundung

Der Zustimmungsbeschluss der Gesellschafterversammlung jeder der an der Verschmelzung beteiligten Gesellschaften bedarf der notariellen Beurkundung (§ 13 Abs. 3 Satz 1 UmwG); das Erfordernis der Beurkundung gilt **zwingend und ausnahmslos**. Auch sämtliche Gesellschafter der an der Verschmelzung beteiligten GmbH oder der Alleingesellschafter einer Ein-Mann-GmbH können auf die notarielle Beurkundung nicht wirksam verzichten[5]. Für die Beurkundung gelten die Regeln über die Beurkundung von Tatsachen gem. §§ 36ff. BeurkG (vgl. näher § 13 Rz. 17f.)[6] oder die Regeln über die Beurkundung von Willenserklärungen gem. §§ 8ff. BeurkG[7]. 12

---

1 Vgl. *Schilling/Zutt* in Hachenburg[7], § 20 KapErhG Rz. 16; *Priester* in Scholz[7], § 20 KapErhG Rz. 8.

2 Für die Möglichkeit der Beschlussfassung im schriftlichen Verfahren *Priester* in Scholz[7], § 20 KapErhG Rz. 5; dagegen die h.M., vgl. nur *Schilling/Zutt* in Hachenburg[7], § 20 KapErhG Rz. 6.

3 So ausdrücklich auch *Mayer* in Widmann/Mayer, § 50 UmwG Rz. 7; *Reichert* in Semler/Stengel, § 50 UmwG Rz. 4; *Simon/Nießen* in KölnKomm. UmwG, § 50 UmwG Rz. 8.

4 So ausdrücklich auch *Mayer* in Widmann/Mayer, § 50 UmwG Rz. 10f.; *Simon/Nießen* in KölnKomm. UmwG, § 50 UmwG Rz. 8.

5 Vgl. BegrRegE BT-Drucks. 12/6699 v. 1.2.1994, 85ff., abgedruckt bei *Ganske*, S. 61f.; *M. Winter* in Kölner Umwandlungsrechtstage, S. 37.

6 Vgl. sinngemäß *Ulmer* in Ulmer/Habersack/Winter, § 53 GmbHG Rz. 48f.; *Priester/Veil* in Scholz, § 53 GmbHG Rz. 69; *Harbarth* in MünchKomm. GmbHG, § 53 GmbHG Rz. 67ff. (zu GmbH-rechtlichen Satzungsänderungen).

7 Ausführlicher *Mayer* in Widmann/Mayer, § 50 UmwG Rz. 53ff.

13 Die Urkunde muss also die **Bezeichnung des Notars sowie den Bericht über seine Wahrnehmungen** hinsichtlich des zu beurkundenden Beschlusses und seine eigenhändige Unterschrift enthalten (§ 37 Abs. 1, 3 BeurkG). Die Gegenstände des Berichts sind – anders als im Aktienrecht (§ 130 AktG) – gesetzlich nicht festgelegt. Aus § 13 UmwG i.V.m. § 50 UmwG folgt, dass die Verschmelzung als Beschlussgegenstand – unter Bezugnahme auf den der Niederschrift beizufügenden Verschmelzungsvertrag –, die Anzahl der an der Beschlussfassung teilnehmenden Stimmen sowie das Abstimmungsergebnis anzugeben sind[1]. Im Hinblick auf § 29 UmwG sind auch alle zur Niederschrift erklärten Widersprüche gegen den Verschmelzungsbeschluss aufzunehmen[2]. Nach § 37 Abs. 2 BeurkG sollen ferner Ort und Tag der Beschlussfassung und der Errichtung der Urkunde angegeben werden; die Nichteinhaltung dieser Vorschrift führt jedoch nicht zur Formunwirksamkeit der Urkunde[3].

14 Der **Verlesung der Niederschrift und der Unterzeichnung** auch durch die Beteiligten bedarf es nur, wenn in ihr zugleich formbedürftige Willenserklärungen einzelner Gesellschafter enthalten sind[4]; zu denken ist neben Verzichtserklärungen nach §§ 8 Abs. 3, 9 Abs. 3 UmwG [5] namentlich an – wie z.B. nach Maßgabe der §§ 50 Abs. 2, 51 UmwG erforderliche – Zustimmungserklärungen der Inhaber stimmrechtsloser Geschäftsanteile[6], soweit diese in der Gesellschafterversammlung abgegeben werden (unten Rz. 67). Die freiwillige Einhaltung der Vorschriften der §§ 6ff., 13 BeurkG, wie sie in der Praxis namentlich bei Universalversammlungen verbreitet ist, ist unbedenklich zulässig[7]. Der Verschmelzungsvertrag (oder sein Entwurf) sind dem Beschlussprotokoll als Anlage beizufügen.

15 Besonderheiten gelten für die Beurkundung des Verschmelzungsbeschlusses des einzigen Gesellschafters einer **Einmann-GmbH**. Diese richtet sich nach den Regeln über die Beurkundung von Willenserklärungen gem. §§ 8ff. BeurkG[8].

c) Stimmrechtsvollmachten

16 Die Alleinzuständigkeit der Gesellschafter für den Verschmelzungsbeschluss hindert eine **Stellvertretung** selbstverständlich nicht[9]. Die Vollmacht bedarf gem.

---

1 Vgl. *Ulmer* in Ulmer/Habersack/Winter, § 53 GmbHG Rz. 50; *Priester/Veil* in Scholz, § 53 GmbHG Rz. 69; *Harbarth* in MünchKomm. GmbHG, § 53 GmbHG Rz. 72; so auch *Reichert* in Semler/Stengel, § 50 UmwG Rz. 22.

2 *Reichert* in Semler/Stengel, § 50 UmwG Rz. 23; *Zimmermann* in Kallmeyer, § 50 UmwG Rz. 18.

3 Zutreffend *Ulmer* in Ulmer/Habersack/Winter, § 53 GmbHG Rz. 50; *Harbarth* in MünchKomm. GmbHG, § 53 GmbHG Rz. 73.

4 Vgl. *Ulmer* in Ulmer/Habersack/Winter, § 53 GmbHG Rz. 51; *Priester/Veil* in Scholz, § 53 GmbHG Rz. 70; *Harbarth* in MünchKomm. GmbHG, § 53 GmbHG Rz. 67; ebenso *Reichert* in Semler/Stengel, § 50 UmwG Rz. 22.

5 So auch *Reichert* in Semler/Stengel, § 50 UmwG Rz. 22; *Bermel* in Goutier/Knopf/Tulloch, § 50 UmwG Rz. 5.

6 Ebenso *Reichert* in Semler/Stengel, § 50 UmwG Rz. 22.

7 *Ulmer* in Ulmer/Habersack/Winter, § 53 GmbHG Rz. 51; *Priester/Veil* in Scholz, § 53 GmbHG Rz. 70; *Harbarth* in MünchKomm. GmbHG, § 53 GmbHG Rz. 68.

8 Ausführlicher *Mayer* in Widmann/Mayer, § 50 UmwG Rz. 48.

9 Allg. Meinung, vgl. zum früheren Recht statt aller *Schilling/Zutt* in Hachenburg[7], § 20 KapErhG Rz. 11.

§ 167 Abs. 2 BGB nicht der Form des § 13 Abs. 3 UmwG und auch nicht der Form des § 2 Abs. 2 GmbHG; vielmehr genügt Textform (§ 47 Abs. 3 GmbHG)[1].

In der GmbH-rechtlichen Diskussion ist streitig, ob die **Textform Gültigkeitsvoraussetzung** für die Vollmacht ist[2] oder ob sie lediglich Legitimationsfunktion hat mit der Folge, dass der Versammlungsleiter einen nur mündlich Bevollmächtigten zurückweisen kann[3]. Die Frage ist für Verschmelzungsbeschlüsse und sonstige Gesellschafterbeschlüsse einheitlich zu beantworten. 17

Wurde der mündlich bevollmächtigte Vertreter allerdings trotz fehlenden Ausweises zur Abstimmung zugelassen, ohne dass ein Gesellschafter dem widersprochen hat, liegt in der Stimmabgabe des formlos Bevollmächtigten nach allgemeiner Auffassung weder ein Verfahrens- noch ein sonstiger Beschlussmangel, so dass eine Anfechtung nicht möglich ist[4]. 18

2. Mehrheitserfordernis des § 50 Abs. 1 Satz 1 UmwG

a) Erfordernis der 3/4-Mehrheit

Der **Zustimmungsbeschluss** zum Verschmelzungsvertrag bedarf nach dem Gesetz einer Mehrheit von mindestens drei Vierteln der abgegebenen Stimmen, und zwar unabhängig davon, ob eine GmbH als übertragende oder als übernehmende Gesellschaft fungiert. Mehrstimmrechte wirken sich damit aus[5]. Das Erfordernis der 3/4-Mehrheit ist **einseitig zwingend:** Der Gesellschaftsvertrag kann **keine geringere** Mehrheit vorsehen, wohl aber **höhere** Mehrheiten (bis zur Einstimmigkeit) oder zusätzliche Erfordernisse, z.B. die Zustimmung eines bestimmten oder sämtlicher Gesellschafter vorschreiben[6] (näher unten Rz. 31 ff.). 19

Für die **Mehrheitsberechnung** gelten die allgemeinen Grundsätze des GmbH-Rechts. Berechnungsgrundlage sind somit ausschließlich die abgegebenen Stimmen[7]. **Stimmenthaltungen** werden nicht berücksichtigt, maßgeblich sind allein 20

1 So auch *Zimmermann* in Kallmeyer, § 50 UmwG Rz. 11; *Mayer* in Widmann/Mayer, § 50 UmwG Rz. 12; *Reichert* in Semler/Stengel, § 50 UmwG Rz. 16; a.A. – notarielle Beglaubigung erforderlich – *Priester* in Scholz[7], § 20 KapErhG Rz. 10.

2 So BGH v. 14.12.1967 – II ZR 30/67, BGHZ 49, 183 (194); *Hüffer* in Ulmer/Habersack/Winter, § 47 GmbHG Rz. 98; *Bayer* in Lutter/Hommelhoff, § 47 GmbHG Rz. 25; *Zöllner* in Baumbach/Hueck, § 47 GmbHG Rz. 51.

3 So *K. Schmidt* in Scholz, § 47 GmbHG Rz. 85; *Ulmer* in Ulmer/Habersack/Winter, § 53 GmbHG Rz. 55; *Harbarth* in MünchKomm. GmbHG, § 53 GmbHG Rz. 62; *Koppensteiner/Gruber* in Rowedder/Schmidt-Leithoff, § 47 GmbHG Rz. 46f.

4 Zustimmend *Mayer* in Widmann/Mayer, § 50 UmwG Rz. 13; *Reichert* in Semler/Stengel, § 50 UmwG Rz. 16. Schwierigkeiten bereitet allerdings die Begründung, soweit man die Textform als Gültigkeitserfordernis qualifiziert. Überwiegend wird die Berufung auf den Formmangel für treuwidrig und deshalb gem. § 242 BGB unbeachtlich gehalten (BGH, *Hüffer, Bayer* und *Zöllner*, alle oben in Fn. 2).

5 Ausdrücklich auch *Mayer* in Widmann/Mayer, § 50 UmwG Rz. 31, 36.

6 *Mayer* in Widmann/Mayer, § 50 UmwG Rz. 41; *Reichert* in Semler/Stengel, § 50 UmwG Rz. 9.

7 Vgl. nur *Drescher* in MünchKomm. GmbHG, § 47 GmbHG Rz. 46; *Hüffer* in Ulmer/Habersack/Winter, § 47 GmbHG Rz. 13f.; *K. Schmidt* in Scholz, § 47 GmbHG Rz. 3; *Zöllner* in Baumbach/Hueck, § 47 GmbHG Rz. 23.

die gültigen Ja- und Nein-Stimmen[1]. Auf das in der Gesellschafterversammlung vertretene Kapital kommt es nicht an, soweit nicht die Satzung – wie in der Praxis üblich – entsprechende Beschlussfähigkeitsvoraussetzungen statuiert.

21 Wurde die Mehrheit in der Gesellschafterversammlung verfehlt, kann die Mehrheit aufgrund des Erfordernisses einer Gesellschafterversammlung (§ 13 Abs. 1 Satz 2 UmwG) auch nicht durch nachträgliche Stimmabgabe abwesender Gesellschafter erreicht werden[2].

b) Beteiligung stimmrechtsloser Anteile

22 Entgegen einer zum früheren Recht vertretenen Auffassung[3] bedarf es bei Verschmelzungsbeschlüssen **nicht** etwa grundsätzlich der **Zustimmung der Inhaber stimmrechtsloser Geschäftsanteile**, deren Schutz in § 23 UmwG abschließend geregelt ist. § 65 Abs. 2 UmwG stellt dies für Inhaber stimmrechtsloser Vorzugsaktien ausdrücklich klar. Für stimmrechtslose Geschäftsanteile gilt nichts anderes; ein allgemeines Prinzip, wonach bei „Strukturänderungen" auch stimmrechtslose Anteile das Stimmrecht gewähren, ist nicht anzuerkennen[4].

23 Hiervon zu unterscheiden ist die Notwendigkeit einer **Individualzustimmung** aller (auch der vom Stimmrecht ausgeschlossenen) Gesellschafter nach Maßgabe des § 50 Abs. 2 UmwG, § 51 UmwG sowie im – gesetzlich nicht geregelten – Fall, dass der Gesellschaftsvertrag des übernehmenden Rechtsträgers statutarische Nebenleistungspflichten enthält[5] (str., vgl. näher § 51 Rz. 8 f., 38 ff.).

c) Stimmverbote

24 Zum früheren Recht war streitig, ob das **Stimmverbot des § 47 Abs. 4 Satz 2 GmbHG** auf Verschmelzungsbeschlüsse Anwendung findet[6]. Im Hinblick darauf,

---

1 *Hüffer* in Ulmer/Habersack/Winter, § 47 GmbHG Rz. 14; *K. Schmidt* in Scholz, § 47 GmbHG Rz. 3; *Drescher* in MünchKomm. GmbHG, § 47 GmbHG Rz. 46; *Zöllner* in Baumbach/Hueck, § 47 GmbHG Rz. 23; *Bayer* in Lutter/Hommelhoff, § 47 GmbHG Rz. 7.

2 *Mayer* in Widmann/Mayer, § 50 UmwG Rz. 32.

3 *Zimmermann* in Rowedder[2], Anh. § 77 GmbHG Rz. 412; *Dehmer*[1], § 20 KapErhG Anm. 4c unter unzutreffender Berufung auf *Priester* in Scholz[7], § 20 KapErhG Rz. 9.

4 So auch *Mayer* in Widmann/Mayer, § 50 UmwG Rz. 35; *Reichert* in Semler/Stengel, § 50 UmwG Rz. 14; *Simon/Nießen* in KölnKomm. UmwG, § 50 UmwG Rz. 10; *Stratz* in Schmitt/Hörtnagl/Stratz, § 50 UmwG Rz. 4; *Zimmermann* in Kallmeyer, § 50 UmwG Rz. 7; unklar *Schnorbus* in Rowedder/Schmidt-Leithoff, Anh. § 77 GmbHG Rz. 103: Dass besondere *Zustimmungserfordernisse* nach Maßgabe von §§ 50 Abs. 2, 51 oder allgemeinen Grundsätzen (§ 51 Rz. 13 ff.) auch zugunsten der Inhaber stimmrechtsloser Anteile wirken, ist zutreffend; mit einem angeblichen Grundsatz, wonach stimmrechtslose Anteile bei Strukturänderungen des Verbandes ein Stimmrecht gewähren sollen, hat das nichts zu tun.

5 So zutreffend *Bermel* in Goutier/Knopf/Tulloch, § 50 UmwG Rz. 25; ebenso *Reichert* in Semler/Stengel, § 50 UmwG Rz. 14.

6 Für Anwendbarkeit des § 47 Abs. 4 GmbHG namentlich *Hüffer* in Hachenburg, § 47 GmbHG Rz. 174 f. (wie hier jetzt aber *Hüffer* in Ulmer/Habersack/Winter, § 47 GmbHG Rz. 179); *Zöllner*, Die Schranken mitgliedschaftlicher Stimmrechtsmacht bei den privatrechtlichen Personenverbänden, 1963, S. 253; *Zöllner* in Baumbach/Hueck, § 47 GmbHG Rz. 90.

dass die Verschmelzung in der Rechtswirklichkeit regelmäßig Konzernverschmelzung ist, d.h. die übernehmende Gesellschaft an der übertragenden Gesellschaft maßgeblich beteiligt ist, hat die Streitfrage erhebliche Bedeutung. Mit der zum früheren Recht ganz überwiegenden Auffassung[1] verneint die Regierungsbegründung die Anwendbarkeit des § 47 Abs. 4 GmbHG auf Verschmelzungsbeschlüsse[2].

Dem ist zu folgen; **ein Stimmverbot für den übernehmenden Rechtsträger besteht nicht**. Dafür spricht schon – ebenso wie bei Unternehmensverträgen[3] – der organisationsrechtliche Charakter des Verschmelzungsvertrages[4]. Wer den Hinweis auf den organisationsrechtlichen Charakter des Verschmelzungsvertrages für zu formal hält und den allgemeinen Grundsatz, dass das gesetzliche Stimmverbot bei Entscheidungen über Angelegenheiten des innergesellschaftlichen Lebens nicht gilt, auf Verschmelzungsbeschlüsse nicht anwenden will, sollte jedenfalls anerkennen, dass der Gesetzgeber den Schutz der Minderheit in Verschmelzungsfällen durch ein ausdifferenziertes System verschmelzungsspezifischer Schutzkautelen und nicht durch die Zuweisung des Letztentscheidungsrechts an eine nicht selten verschwindend gering beteiligte Minderheit gewährleistet sehen will[5]. 25

d) Verbot des Selbstkontrahierens

Von der Frage der Anwendbarkeit des § 47 Abs. 4 GmbHG zu unterscheiden ist die Frage der Anwendung des **§ 181 BGB** auf den Verschmelzungsbeschluss. Für die Beschlussfassung über **GmbH-rechtliche Satzungsänderungen** ist das Eingreifen des § 181 BGB zwischenzeitlich ganz überwiegend anerkannt[6]; für Verschmel- 26

1 LG Arnsberg v. 28.1.1994 – 2 O 410/93, ZIP 1994, 536 (Zuckerfabrik Soest/Südzucker); *Schilling/Zutt* in Hachenburg[7], § 20 KapErhG Rz. 10; *Priester* in Scholz[7], § 20 KapErhG Rz. 6.

2 Vgl. BegrRegE BT-Drucks. 12/6699 v. 1.2.1994, 100, abgedruckt bei *Ganske*, S. 100.

3 Vgl. zu Stimmverboten bei der GmbH beim Abschluss von Beherrschungs- und Gewinnabführungsverträgen *Bayer* in Lutter/Hommelhoff, § 47 GmbHG Rz. 45; *Drescher* in MünchKomm. GmbHG, § 47 GmbHG Rz. 171; *K. Schmidt* in Scholz, § 47 GmbHG Rz. 115; *Lohr*, NZG 2002, 551 (558f.); a.A. *Zöllner* in Baumbach/Hueck, § 47 GmbHG Rz. 90.

4 Zutreffend *Reichert* in Semler/Stengel, § 50 UmwG Rz. 15; *Simon/Nießen* in KölnKomm. UmwG, § 50 UmwG Rz. 11.

5 Vgl. näher *M. Winter* in Kölner Umwandlungsrechtstage, S. 38f.; ihm folgend *Mayer* in Widmann/Mayer, § 50 UmwG Rz. 38; *Stratz* in Schmitt/Hörtnagl/Stratz, § 50 UmwG Rz. 5; *Reichert* in Semler/Stengel, § 50 UmwG Rz. 15; *Simon/Nießen* in KölnKomm. UmwG, § 50 UmwG Rz. 11; *Zimmermann* in Kallmeyer, § 50 UmwG Rz. 14; *K. Schmidt* in Scholz, § 47 GmbHG Rz. 114; *Schnorbus* in Rowedder/Schmidt-Leithoff, Anh. § 77 GmbHG Rz. 93; *Mayer* in Widmann/Mayer, § 50 UmwG Rz. 38 und neuerdings auch *Hüffer* in Ulmer/Habersack/Winter, § 47 GmbHG Rz. 179 (Überlagerung des Stimmverbots durch die umwandlungsrechtliche Sonderordnung); für Stimmverbot dagegen *Römermann* in Michalski, § 47 GmbHG Rz. 286, freilich ohne jede Auseinandersetzung mit dem umwandlungsrechtlichen Schrifttum.

6 Vgl. nur BGH v. 6.6.1988 – II ZR 318/87, ZIP 1988, 1047; *Ulmer* in Ulmer/Habersack/Winter, § 53 GmbHG Rz. 64; *K. Schmidt* in Scholz, § 47 GmbHG Rz. 180; *Priester/Veil* in Scholz, § 53 GmbHG Rz. 101; *Bayer* in Lutter/Hommelhoff, § 53 GmbHG Rz. 9; wie hier jetzt auch *Zöllner* in Baumbach/Hueck, § 47 GmbHG Rz. 60.

zungsbeschlüsse kann nichts anderes gelten[1]. Vorbehaltlich einer Gestattung kann somit weder ein Gesellschafter zugleich als Vertreter eines Mitgesellschafters noch ein Dritter als Vertreter von zwei oder mehreren Gesellschaftern abstimmen.

27 Die **Gestattung des Selbstkontrahierens** kann freilich auch konkludent erteilt werden; in der Bevollmächtigung eines Mitgesellschafters zur Stimmabgabe bei der Verschmelzung (oder auch allgemein bei Satzungsänderungen) liegt regelmäßig die schlüssige Gestattung des Selbstkontrahierens[2].

e) Vertretungsbeschränkungen bei gesetzlicher Vertretung

28 Die **organschaftlichen Vertreter** von **Personengesellschaft** und **GmbH** können im Gesellschaftsvertrag oder durch Gesellschafterbeschluss vom Verbot des Selbstkontrahierens und der Mehrfachvertretung (§ 181 BGB) befreit werden; beim Vorstand einer **AG** kommt immerhin eine Befreiung vom Verbot der Mehrfachvertretung in Betracht[3].

29 In anderen Fällen gesetzlicher Vertretung, insbesondere bei **minderjährigen Gesellschaftern** ist das Selbstkontrahieren bzw. eine Mehrfachvertretung in der Verschmelzungsversammlung nicht möglich; vielmehr bedarf es der Bestellung eines Pflegers. Darüber hinaus haben die Vertreter minderjähriger Gesellschafter auch bei Verschmelzungsbeschlüssen die Beschränkungen gem. §§ 1629 Abs. 2, 1795 BGB zu beachten[4].

30 Eine **familiengerichtliche Genehmigung** ist gem. § 1822 Nr. 10 BGB im Hinblick auf die im Zuge der Verschmelzung drohende Ausfallhaftung gem. § 24 GmbHG nur erforderlich, soweit der Gesellschafter nach Wirksamwerden der Verschmelzung einem Haftungsrisiko nach § 24 GmbHG für noch offene Einlageforderungen eines anderen Rechtsträgers ausgesetzt sein wird. Dieses Risiko besteht insbesondere für die Gesellschafter eines übertragenden Rechtsträgers, wenn bei der übernehmenden GmbH die Einlagen noch nicht vollständig erbracht worden sind[5]. Insbesondere für diesen Fall sieht § 51 Abs. 1 UmwG daher individuelle Zustimmungserfordernisse vor (vgl. im Einzelnen die Ausführungen zu § 51 UmwG). Grund für die Notwendigkeit der familiengerichtlichen Genehmigung ist die die Gesellschafter in diesem Fall treffende Ausfallhaftung für noch nicht erbrachte Einlageforderungen des anderen Rechtsträgers nach § 24 GmbHG[6]. § 1822

1 So auch *Mayer* in Widmann/Mayer, § 50 UmwG Rz. 15f.; *Reichert* in Semler/Stengel, § 50 UmwG Rz. 17; *Simon/Nießen* in KölnKomm. UmwG, § 50 UmwG Rz. 12; *Zimmermann* in Kallmeyer, § 50 UmwG Rz. 13.

2 Vgl. BGH v. 24.11.1975 – II ZR 89/74, NJW 1976, 958 (959) und BGH v. 24.5.1976 – II ZR 164/74, NJW 1976, 1538 (1539); *Ulmer* in Ulmer/Habersack/Winter, § 53 GmbHG Rz. 65; *Priester/Veil* in Scholz, § 53 GmbHG Rz. 102; *Bermel* in Goutier/Knopf/Tulloch, § 50 UmwG Rz. 13; *Reichert* in Semler/Stengel, § 50 UmwG Rz. 17.

3 Vgl. näher *Hüffer*, § 78 AktG Rz. 6f.

4 *Mayer* in Widmann/Mayer, § 50 UmwG Rz. 39; *Reichert* in Semler/Stengel, § 50 UmwG Rz. 19.

5 Ebenso *Zimmermann* in Kallmeyer, § 50 UmwG Rz. 12; *Reichert* in Semler/Stengel, § 50 UmwG Rz. 19; *Mayer* in Widmann/Mayer, § 50 UmwG Rz. 39.

6 Vgl. sinngemäß BGH v. 20.2.1989 – II ZR 148/88, BGHZ 107, 23 (25ff.) zum rechtsgeschäftlichen Erwerb nicht voll eingezahlter Anteile; OLG Stuttgart v. 20.9.1978 – 8 W 128/78, GmbHR 1980, 102f.

Nr. 3 BGB gilt dagegen bei der Verschmelzung durch Aufnahme – anders als bei der Verschmelzung durch Neugründung (vgl. § 59 Rz. 10) – nicht[1].

3. Verschärfte Beschlusserfordernisse (§ 50 Abs. 1 Satz 2 UmwG)

31 Nach § 50 Abs. 1 Satz 2 UmwG kann der Gesellschaftsvertrag eine **größere Mehrheit** als drei Viertel der abgegebenen Stimmen festlegen und andererseits weitere Erfordernisse bestimmen. Damit ist zunächst ausdrücklich gesagt, dass das Mehrheitserfordernis von drei Vierteln **nicht herabgesetzt werden kann**. Eine größere Mehrheit muss stets über drei Viertel der abgegebenen Stimmen hinausgehen.

32 Das verschärfte Mehrheitserfordernis kann sich sowohl auf die erforderliche Mehrheit (z.B. 90 %) als auch die Bezugsgröße (z.B. vertretenes Grundkapital oder Grundkapital insgesamt) beziehen; insbesondere bei Geschäftsanteilen mit unterschiedlichen Stimmrechten ist Letzteres von Bedeutung. Ist eine bestimmte Kapitalmehrheit als Mehrheitserfordernis bestimmt, muss ungeachtet dessen jedoch immer auch eine ¾-Mehrheit der abgegebenen Stimmen vorliegen[2]. „**Einstimmigkeit**" ist im Zweifel im Sinne eines Erfordernisses der Zustimmung sämtlicher Gesellschafter zu verstehen[3]. Daneben sind die Möglichkeiten der Schaffung von Zusatzerfordernissen vielgestaltig. Es gelten die für eine Änderung des GmbH-Gesellschaftsvertrags anerkannten Grundsätze zu „anderen Erfordernisse" i.S.d. § 53 Abs. 2 Satz 2 GmbHG[4]. **Weitere Erfordernisse** i.S.d. § 50 Abs. 1 Satz 2 UmwG können z.B. die Zustimmung eines bestimmten bzw. sämtlicher Gesellschafter sein. Ferner können erschwerende Vorschriften hinsichtlich des **Beschlussverfahrens** im Speziellen festgelegt werden, wie etwa Regelungen betreffend die Beschlussfähigkeit (bspw. eine Mindestanwesenheitszahl)[5] oder zusätzliche Anforderungen betreffend die Ankündigung des zu fassenden Beschlusses bei der Einladung zur Gesellschafterversammlung[6]. Als zusätzliche **Formerfordernisse** kommen etwa die Unterschrift des Versammlungsleiters oder sämtlicher anwesender Gesellschafter unter die notarielle Urkunde in Betracht[7].

33 Vergleichbare Öffnungsklauseln im Hinblick auf die erforderliche Mehrheit und/ oder zusätzliche materielle Erfordernisse einer Beschlussfassung finden sich auch in Parallelvorschriften des UmwG (§§ 65 Abs. 1 Satz 2, 84 Satz 2, 103 Satz 2, 112

---

1 So auch *Mayer* in Widmann/Mayer, § 50 UmwG Rz. 39; *Reichert* in Semler/Stengel, § 50 UmwG Rz. 19; unklar *Bermel* in Goutier/Knopf/Tulloch, § 50 UmwG Rz. 12.
2 So ausdrücklich auch *Simon/Nießen* in KölnKomm. UmwG, § 50 UmwG Rz. 13.
3 Vgl. *Harbarth* in MünchKomm. GmbHG, § 53 GmbHG Rz. 123; *Priester/Veil* in Scholz, § 53 GmbHG Rz. 88; *Ulmer* in Ulmer/Habersack/Winter, § 53 GmbHG Rz. 93; *Zöllner/Noack* in Baumbach/Hueck, § 53 GmbHG Rz. 63.
4 Vgl. dazu *Harbarth* in MünchKomm. GmbHG, § 53 GmbHG Rz. 123f.; *Schnorbus* in Rowedder/Schmitt-Leithoff, § 53 GmbHG Rz. 67; *Bayer* in Lutter/Hommelhoff, § 53 GmbHG Rz. 13 a.E.; *Zöllner/Noack* in Baumbach/Hueck, § 53 GmbHG Rz. 76ff.; *Roth* in Roth/Altmeppen, § 53 GmbHG Rz. 22.
5 Vgl. *Mayer* in Widmann/Mayer, § 50 UmwG Rz. 41; *Reichert* in Semler/Stengel, § 50 UmwG Rz. 9; *Simon/Nießen* in KölnKomm. UmwG, § 50 Rz. 13; *Keßler* in Keßler/Kühnberger, § 50 UmwG Rz. 7.
6 Vgl. *Harbarth* in MünchKomm. GmbHG, § 53 GmbHG Rz. 124.
7 Vgl. dazu *Harbarth* in MünchKomm. GmbHG, § 53 GmbHG Rz. 124; *Ulmer* in Ulmer/Habersack/Winter, § 53 GmbHG Rz. 94; *Schnorbus* in Rowedder/Schmidt-Leithoff, § 53 GmbHG Rz. 67; *Zöllner/Noack* in Baumbach/Hueck, § 53 GmbHG Rz. 77.

Abs. 3 Satz 2, 233 Abs. 2 Satz 2, 240 Abs. 1 Satz 2, 252 Abs. 2 Satz 2, 262 Abs. 1 Satz 3, 275 Abs. 2 Satz 3, 293 Satz 3 UmwG) sowie in verschiedenen **aktienrechtlichen Bestimmungen** (z.B. §§ 179 Abs. 2[1], 182 Abs. 1 Satz 3, 202 Abs. 2 Satz 3, 222 Abs. 1 Satz 2 AktG). Die dazu anerkannten Grundsätze können – freilich unter Berücksichtigung etwaiger korporativer Unterschiede – insoweit vergleichend herangezogen werden.

34 Unzulässig ist es dagegen, die Verschmelzung von der **Mitwirkung anderer Organe** als der Gesellschafterversammlung oder gar der Zustimmung Dritter abhängig zu machen[2]; insoweit gelten die für Satzungsänderungen allgemein anerkannten Grundsätze[3] entsprechend.

35 Stellt der Gesellschaftsvertrag **für satzungsändernde Beschlüsse besondere Mehrheitserfordernisse** auf, ohne die Verschmelzung ausdrücklich zu erwähnen, gelten die für Satzungsänderungen vorgeschriebenen Erfordernisse im Zweifel auch für den Verschmelzungsbeschluss (s. auch § 51 Rz. 56)[4]. Dieser ist zwar selbst nicht Satzungsänderung, hat jedoch für die beteiligten Gesellschaften und ihre Gesellschafter mindestens ebenso gravierende Auswirkungen. Dass lediglich die gesetzliche 3/4-Mehrheit gilt, wenn die Satzung klarstellt, dass ein höheres Mehrheitserfordernis für Satzungsänderungen auf Verschmelzungen (bzw. Umwandlungen im weiteren Sinne) keine Anwendung finden soll, ist selbstverständlich[5].

36 Bedarf es zur Durchführung der Verschmelzung – wie regelmäßig – einer Kapitalerhöhung und damit einer Satzungsänderung bei der übernehmenden Gesellschaft, stellt sich die Frage im Übrigen nur für die übertragende Gesellschaft; die Gesellschafter der übernehmenden Gesellschaft können die Verschmelzung auch dadurch zu Fall bringen, dass sie gegen die Kapitalerhöhung stimmen[6], die gesetzliche Bedingung für die Verschmelzung ist (§ 55 Rz. 8 ff.).

37 **Satzungsklauseln, die eine Verschmelzung dauernd oder auf Zeit überhaupt verbieten**, wären unzulässig und dahin umzudeuten, dass die Verschmelzung der Zustimmung sämtlicher Gesellschafter – auch der in der Gesellschafterversammlung nicht erschienenen – bedarf[7].

---

1 Vgl. dazu etwa *Stein* in MünchKomm. AktG, § 179 AktG Rz. 137 ff. m.w.N.

2 So auch *Mayer* in Widmann/Mayer, § 50 UmwG Rz. 8, 19; *Simon/Nießen* in KölnKomm. UmwG, § 50 UmwG Rz. 8, 13; großzügiger *Reichert* in Semler/Stengel, § 50 UmwG Rz. 9.

3 Vgl. nur *Ulmer* in Ulmer/Habersack/Winter, § 53 GmbHG Rz. 95; *Priester/Veil* in Scholz, § 53 GmbHG Rz. 63; *Harbarth* in MünchKomm. GmbHG, § 53 GmbHG Rz. 123.

4 *M. Winter* in Kölner Umwandlungsrechtstage, S. 37 f.; *Reichert*, GmbHR 1995, 185; *Reichert* in Semler/Stengel, § 50 UmwG Rz. 10; *Mayer* in Widmann/Mayer, § 50 UmwG Rz. 42; *Stratz* in Schmitt/Hörtnagl/Stratz, § 50 UmwG Rz. 7; *Bermel* in Goutier/Knopf/Tulloch, § 50 UmwG Rz. 10; *Zimmermann* in Kallmeyer, § 50 UmwG Rz. 9; oben *Drygala*, § 13 Rz. 38; für die AG *Grunewald*, § 65 Rz. 6.

5 So *Reichert* in Semler/Stengel, § 50 UmwG Rz. 10.

6 Vgl. hierzu *M. Winter* in Kölner Umwandlungsrechtstage, S. 38; so auch *Mayer* in Widmann/Mayer, § 50 UmwG Rz. 43; *Reichert* in Semler/Stengel, § 50 UmwG Rz. 11.

7 So auch *Mayer* in Widmann/Mayer, § 50 UmwG Rz. 44; *Reichert* in Semler/Stengel, § 50 UmwG Rz. 12 und sinngemäß – zur Auslegung von Klauseln, die Satzung als „unabänderlich" bezeichnen – *Ulmer* in Ulmer/Habersack/Winter, § 53 GmbHG Rz. 93; *Priester/Veil* in Scholz, § 53 GmbHG Rz. 88 m.w.N.; *Harbarth* in MünchKomm. GmbHG, § 53 GmbHG Rz. 123.

4. Bewegliche Schranken der Mehrheitsherrschaft

38 Schranken der Mehrheitsherrschaft ergeben sich (auch) bei Verschmelzungsbeschlüssen namentlich aus dem **Gleichbehandlungsgrundsatz** und der **Treupflicht**; die Geltung beider Rechtsinstitute für das GmbH-Recht ist heute nicht mehr diskussionsbedürftig[1]. Daneben gilt grundsätzlich auch bei der GmbH **§ 243 Abs. 2 AktG** entsprechend[2], dem im GmbH-Recht jedoch keine eigenständige Bedeutung zukommt, da der Grundsatz der Gleichbehandlung und Treubindungen weitergehend sind und alle Anwendungsfälle bereits umfassen[3].

39 Dagegen bedarf der Verschmelzungsbeschluss weder bei einer übernehmenden, noch bei einer übertragenden GmbH der **sachlichen Rechtfertigung** nach den Grundsätzen, wie sie der BGH für die Kapitalerhöhung mit Bezugsrechtsausschluss entwickelt hat (vgl. hierzu § 13 Rz. 38ff.)[4]. Eine solch weitgehende staatliche Kontrolle der Privatautonomie der Verschmelzungspartner und ihrer Gesellschafter ist nicht zu rechtfertigen. Das UmwG regelt den berechtigten Minderheitenschutz durch spezielle Mechanismen wie das Erfordernis eines angemessenen Umtauschverhältnisses einschließlich dessen pro-aktiver Prüfung durch den Verschmelzungsprüfer und der Möglichkeit der nachträglichen gerichtlichen Überprüfung im Wege eines Spruchverfahrens oder einer Anfechtungsklage, die §§ 29ff. UmwG und die ausdrücklich geregelten Zustimmungsrechte individuell betroffener Gesellschafter. Auch insoweit lohnt der vergleichende Blick auf andere Strukturbeschlüsse wie die Zustimmung zu einem Beherrschungs- oder Gewinnabführungsvertrag[5].

III. Zustimmung einzelner Gesellschafter der übertragenden Gesellschaft bei Beeinträchtigung statutarischer Sonderrechte (§ 50 Abs. 2 UmwG)

1. Allgemeines

40 Vorzugsrechte, die mit Geschäftsanteilen der übertragenden Gesellschaft verbunden oder einem Gesellschafter der **übertragenden Gesellschaft** in deren Statut ad personam zugewiesen sind, gehen mit Wirksamwerden der Verschmelzung

---

1 Vgl. nur die Darstellungen bei *Ulmer* in Ulmer/Habersack/Winter, § 53 GmbHG Rz. 62ff.; *Priester/Veil* in Scholz, § 53 GmbHG Rz. 55ff.; *Harbarth* in MünchKomm. GmbHG, § 53 GmbHG Rz. 97ff.; zur Geltung bei Verschmelzungsbeschlüssen *Reichert* in Semler/Stengel, § 50 UmwG Rz. 21.

2 Vgl. *K. Schmidt* in Scholz, § 45 GmbHG Rz. 109 m.w.N.; *Wertenbruch* in MünchKomm. GmbHG, Anh. § 47 GmbHG Rz. 126; *Zöllner* in Baumbach/Hueck, Anh. § 47 GmbHG Rz. 87; *M. Winter*, Mitgliedschaftliche Treubindungen im GmbH-Recht, 1988, S. 300.

3 Vgl. *K. Schmidt* in Scholz, § 45 GmbHG Rz. 109; *Zöllner* in Baumbach/Hueck, Anh. § 47 GmbHG Rz. 90.

4 Eingehend *M. Winter*, Mitgliedschaftliche Treubindungen im GmbH-Recht, 1988, S. 165f.; *M. Winter* in Kölner Umwandlungsrechtstage, S. 39ff.; außerdem *Reichert* in Semler/Stengel, § 50 UmwG Rz. 20; wohl auch *Mayer* in Widmann/Mayer, § 50 UmwG Rz. 119.

5 Vgl. für die AG: *Altmeppen* in MünchKomm. AktG, § 293 AktG Rz. 47ff.; *Krieger*, MünchHdb. GesR AG, 3. Aufl. 2007, Rz. 50f.; speziell zur GmbH: *Harbarth* in MünchKomm. GmbHG, § 53 GmbHG Rz. 108ff.; *Priester/Veil* in Scholz, § 53 GmbHG Rz. 55; *Servatius* in Michalski, Syst. Darst. 4 GmbHG Rz. 414ff., jeweils m.w.N.

unter[1]. Dies führt zu einer Schmälerung der Rechtsposition des betroffenen Gesellschafters, sofern nicht im Zusammenhang mit der Durchführung der Verschmelzung durch Änderung der Satzung des übernehmenden Rechtsträgers gleichwertige Rechte geschaffen werden (vgl. hierzu – insbesondere auch zu den formalen Voraussetzungen – § 46 Rz. 53 ff.).

41 Da Vorzugsrechte nach allgemeinen Grundsätzen nicht ohne Zustimmung der Berechtigten entzogen werden können[2], ging schon die ganz herrschende Meinung zum alten Recht[3] davon aus, dass der Verschmelzungsbeschluss der übertragenden GmbH der Zustimmung derjenigen Vorzugsrechtsinhaber bedurfte, denen im Statut der übernehmenden Gesellschaft keine gleichwertige Rechtsposition eingeräumt wurde. § 50 Abs. 2 UmwG bestätigt diese herrschende Meinung, dem Wortlaut nach freilich beschränkt auf statutarische „Minderheitsrechte" sowie Geschäftsführungssonderrechte, Bestellungs- und Vorschlagsrechte für die Geschäftsführung.

42 § 50 Abs. 2 UmwG ist eine derjenigen Vorschriften, die Sonderrechte von (Minderheits-) Gesellschaftern durch ein Zustimmungserfordernis schützt. **§ 13 Abs. 2 UmwG** sieht ein solches Zustimmungsrecht rechtsformunabhängig für den Fall vor, dass die Abtretung der Anteile eines übertragenden Rechtsträgers von der Genehmigung bestimmter einzelner Anteilsinhaber abhängig ist. **§ 51 UmwG** regelt Zustimmungserfordernisse in weiteren Sonderfällen, nämlich (i) der Begründung persönlicher Haftungsrisiken und (ii) der nicht zwingend aufgrund der Wertrelationen der beteiligten Rechtsträger vorgegebenen Verminderungen des Beteiligungsumfangs. Die Frage individueller Zustimmungserfordernisse der Gesellschafter der übertragenden GmbH stellt sich darüber hinaus, wenn die Anteile beim übernehmenden Rechtsträger mit Nachschuss- oder sonstigen Nebenpflichten verbunden sind (hierzu § 46 Rz. 68 ff. und § 51 Rz. 38 ff., zu einem Überblick über individuelle Zustimmungserfordernisse s. § 51 Rz. 8 f.).

2. Die geschützten Rechtspositionen

a) Statutarische Sonderrechte „einzelner" Gesellschafter

43 Eine Individualzustimmung des betroffenen Gesellschafters verlangt § 50 Abs. 2 UmwG zunächst bei der Beeinträchtigung **auf dem Gesellschaftsvertrag** beruhender **Minderheitsrechte** eines **einzelnen Gesellschafters**.

1 *Mayer* in Widmann/Mayer, § 50 UmwG Rz. 82; *Reichert* in Semler/Stengel, § 50 UmwG Rz. 24; *Simon/Nießen* in KölnKomm. UmwG, § 50 UmwG Rz. 15; *Stratz* in Schmitt/Hörtnagl/Stratz, § 50 UmwG Rz. 9; *Zimmermann* in Kallmeyer, § 50 UmwG Rz. 20; zu § 20 KapErhG bereits *Schilling/Zutt* in Hachenburg[7], § 20 KapErhG Rz. 16; *Priester* in Scholz[7], § 20 KapErhG Rz. 8, § 25 KapErhG Rz. 18; *Lutter/Hommelhoff*[13], § 20 KapErhG Rz. 8, § 25 KapErhG Rz. 15.

2 *Ulmer* in Ulmer/Habersack/Winter, § 53 GmbHG Rz. 70; *Priester/Veil* in Scholz, § 53 GmbHG Rz. 48; *Harbarth* in MünchKomm. GmbHG, § 53 GmbHG Rz. 118; *Schnorbus* in Rowedder/Schmidt-Leithoff, § 53 GmbHG Rz. 73.

3 *Schilling/Zutt* in Hachenburg[7], § 20 KapErhG Rz. 16; *Priester* in Scholz[7], § 20 KapErhG Rz. 8; *Priester*, ZGR 1990, 441 f.

In den Anwendungsbereich des § 50 Abs. 2 UmwG fallen lediglich **statutarische** Vorzugsrechte[1]. Die Beeinträchtigung **gesetzlicher** Individualrechte (etwa § 51a GmbHG) oder an eine bestimmte Quote geknüpfter Minderheitsrechte (etwa nach Maßgabe des § 50 GmbHG) löst ein Zustimmungserfordernis dagegen **nicht** aus. Dem Vorschlag des Diskussionsentwurfs[2], auch und gerade bei der Beeinträchtigung gesetzlicher Minderheitsrechte die Zustimmung der betroffenen Gesellschafter vorzusehen, ist der Gesetzgeber mit Recht nicht gefolgt[3]. Im Hinblick auf die mit einer Verschmelzung regelmäßig verbundene Verminderung der Beteiligungsquote liefe ihre Berücksichtigung als zustimmungsbegründendes Element in der Sache darauf hinaus, für Verschmelzungen unter Beteiligung einer GmbH als übertragendem Rechtsträger – systemwidrig – eine Mehrheit von 90 % der vorhandenen Stimmen vorzusehen[4]. 44

Das Vorzugsrecht muss nach dem klaren Wortlaut **auf dem Gesellschaftsvertrag** beruhen; rein schuldrechtliche, in einem **Konsortialvertrag** oder einer Gesellschaftervereinbarung niedergelegte Rechte stellen kein Vorzugsrecht i.S.d. § 50 Abs. 2 UmwG dar, da sie lediglich relativ wirken, mithin ausschließlich das Rechtsverhältnis zwischen den jeweiligen an der Vereinbarung beteiligten Gesellschaftern betreffen[5]. Die Rechtsfolgen von Beeinträchtigungen schuldvertraglicher Sonderrechte ergeben sich aus dem Vertrag oder dem BGB; in Betracht kommen Unterlassungs- und Schadensersatzansprüche. Es ergibt sich jedoch kein verschmelzungsrelevantes Zustimmungsbedürfnis. 45

Die Anwendung des § 50 Abs. 2 UmwG setzt nach dem Wortlaut weiter voraus, dass das statutarische Vorzugsrecht **einzelnen Gesellschaftern** zusteht; gleichgültig ist dabei, ob das Recht einem Gesellschafter ad personam oder dem Inhaber eines bestimmten Geschäftsanteils zugewiesen ist[6]. Entsprechendes muss gelten, wenn bestimmte Rechte (etwa Vorkaufs- oder Vorerwerbsrechte, vgl. näher unten Rz. 53) statutarisch **allen Gesellschaftern eingeräumt** sind[7]. 46

Das Erfordernis, dass das Sonderrecht einem einzelnen Gesellschafter zustehen muss, impliziert, dass das Recht nicht ohne seine Zustimmung entzogen oder beeinträchtigt werden kann. Rechte, die mit einer Mehrheit von drei Vierteln auch gegen den Willen des Berechtigten entzogen werden können, sind nicht geeignet, ein Zustimmungserfordernis nach § 50 Abs. 2 UmwG zu begründen. 47

An einer durch § 50 Abs. 2 UmwG geschützten Individualposition fehlt es dagegen, wenn der Gesellschaftsvertrag **Vorzugsrechte an einen quotalen Anteils-** 48

1 Vgl. *Reichert*, GmbHR 1995, 176 (181 f.); zustimmend *Mayer* in Widmann/Mayer, § 50 UmwG Rz. 85.
2 § 50 Abs. 2 des DiskE, BAnz. 1998, Nr. 214a.
3 Vgl. BegrRegE BT-Drucks. 12/6699 v. 1.2.1994, 100, abgedruckt bei *Ganske*, S. 100; mit Recht kritisch zum DiskE auch schon *Priester*, ZGR 1990, 441.
4 Zutreffend *Priester*, ZGR 1990, 441; so auch *Bermel* in Goutier/Knopf/Tulloch, § 50 UmwG Rz. 29; *Mayer* in Widmann/Mayer, § 50 UmwG Rz. 84; *Reichert* in Semler/Stengel, § 50 UmwG Rz. 27; *Simon/Nießen* in KölnKomm. UmwG, § 50 UmwG Rz. 19.
5 So ausdrücklich auch *Simon/Nießen* in KölnKomm. UmwG, § 50 UmwG Rz. 19.
6 Ebenso *Zimmermann* in Kallmeyer, § 50 UmwG Rz. 29; *Simon/Nießen* in KölnKomm. UmwG, § 50 UmwG Rz. 18; vgl. sinngemäß (zu § 13 Abs. 2 UmwG) *Reichert*, GmbHR 1995, 179; vgl. auch *Priester/Veil* in Scholz, § 53 GmbHG Rz. 48.
7 So zutreffend *Reichert*, GmbHR 1995, 179; *Zimmermann* in Kallmeyer, § 50 UmwG Rz. 29.

besitz knüpft; auch ein Gesellschafter, der im Zeitpunkt des Verschmelzungsbeschlusses über die zur Ausübung des Rechts erforderliche qualifizierte Minderheit verfügt, hat mithin keine Vetoposition nach § 50 Abs. 2 UmwG [1].

49 Zu beachten ist allerdings, dass nach ganz h.M. Satzungsbestimmungen, die für besondere Beschlussgegenstände höhere als die gesetzlich vorgeschriebene Mehrheit vorsehen, nur mit der für den Beschluss vorgeschriebenen besonderen Mehrheit geändert oder gar beseitigt werden können[2]. Folgt man dem und geht man mit der hier vertretenen Auffassung davon aus, dass auch ohne ausdrückliche Regelung im Gesellschaftsvertrag für Satzungsänderungen vorgeschriebene höhere Mehrheiten bzw. sonstige Erfordernisse auch auf den Verschmelzungsbeschluss anwendbar sind (oben Rz. 35), bedarf auch der Verschmelzungsbeschluss der zur Beseitigung der Satzungsklauseln erforderlichen Mehrheit[3]. Von der in § 50 Abs. 2 UmwG allein geregelten Notwendigkeit einer Individualzustimmung ist dieses – durch Satzungsauslegung gewonnene – Erfordernis einer höheren als der in § 50 Abs. 1 UmwG geregelten Mehrheit freilich klar zu unterscheiden[4].

b) Minderheitsrechte

50 Nach seinem Wortlaut schützt § 50 Abs. 2 UmwG lediglich die Inhaber von **Minderheitsrechten**. Dies darf freilich nicht dahin (miss-)verstanden werden, dass statutarische Rechte, die (auch) dem Mehrheitsgesellschafter oder sämtlichen Gesellschaftern zustehen, nicht in den Schutzbereich des § 50 Abs. 2 UmwG fielen[5]. Das Zustimmungserfordernis greift vielmehr immer dann ein, wenn Individualrechte (auch) Gesellschaftern zustehen, die über die nach § 50 Abs. 1 UmwG zur Verhinderung der Verschmelzung erforderliche Sperrminorität nicht verfügen.

c) Abgrenzung zu „vermögensrechtlichen Beteiligungselementen"

51 Die nach Maßgabe von § 50 Abs. 2 UmwG eine Vetoposition gewährenden Individualrechte sind nach der Regierungsbegründung[6] abzugrenzen gegen vermögensrechtliche Beteiligungselemente, die nach dem Willen des Gesetzgebers bei der „Bemessung des Umtauschverhältnisses" zu berücksichtigen sind. Als Beispiel für ein nicht unter § 50 Abs. 2 UmwG zu subsumierendes „Beteiligungselement" nennt die Gesetzesbegründung Gewinnvorzüge; im Übrigen wird die Abgrenzung Rechtsprechung und Schrifttum überlassen[7].

---

1 So *Reichert*, GmbHR 1995, 180 (182); *Zimmermann* in Kallmeyer, § 50 UmwG Rz. 28; *M. Winter* in Kölner Umwandlungsrechtstage, S. 43 f.; *Mayer* in Widmann/Mayer, § 50 UmwG Rz. 84.

2 BGH v. 13.3.1980 – II ZR 54/78, BGHZ 76, 191 (196); OLG Düsseldorf v. 27.2.1964 – 6 U 208/63, GmbHR 1964, 250; *Ulmer* in Ulmer/Habersack/Winter, § 53 GmbHG Rz. 98; *Priester/Veil* in Scholz, § 53 GmbHG Rz. 89; *Harbarth* in MünchKomm. GmbHG, § 53 GmbHG Rz. 126.

3 Vgl. ausführlich *Reichert*, GmbHR 1995, 185; außerdem *Simon/Nießen* in KölnKomm. UmwG, § 50 UmwG Rz. 17.

4 So auch *Reichert*, GmbHR 1995, 183 (185 f.).

5 Überzeugend *Reichert*, GmbHR 1995, 182; *Reichert* in Semler/Stengel, § 50 UmwG Rz. 30; zustimmend *Simon/Nießen* in KölnKomm. UmwG, § 50 UmwG Rz. 18.

6 Vgl. BegrRegE BT-Drucks. 12/6699 v. 1.2.1994, 100, abgedruckt bei *Ganske*, S. 100.

7 Vgl. BegrRegE BT-Drucks. 12/6699 v. 1.2.1994, 100, abgedruckt bei *Ganske*, S. 100.

Maßgeblich ist, ob der Verlust eines Individualrechts überhaupt durch eine entsprechende Bemessung der künftigen Beteiligungsquote am übernehmenden Rechtsträger **kompensiert** werden kann; dies kommt allenfalls für rein vermögenswerte Rechtspositionen – wie dem in der Regierungsbegründung ausdrücklich genannten Gewinnvorzug (Gewinnvoraus oder Mehrgewinn) oder ein Vorzugsrecht bei Verteilung des Liquidationserlöses –, nicht dagegen bei individuellen Verwaltungs- und Einflussrechten in Betracht[1]. 52

d) Beispiele

Zu den **durch § 50 Abs. 2 UmwG erfassten Individualrechten** gehören namentlich Mehrstimmrechte[2], Zustimmungsrechte bzw. Vetorechte gegenüber Gesellschafterbeschlüssen[3], Weisungsrechte gegenüber der Geschäftsführung[4], Bestellungs- oder Benennungsrechte für den Aufsichtsrat oder ähnliche Gremien bei der GmbH sowie statutarische Vorkaufs- oder Vorerwerbsrechte[5]. Letztere werden in der Praxis zwar regelmäßig mit Vinkulierungsklauseln kombiniert, sind von diesen jedoch im Ansatz klar zu unterscheiden und durch § 13 Abs. 2 UmwG nicht geregelt[6]. 53

Nicht unter § 50 Abs. 2 UmwG fallen dagegen Satzungsbestimmungen, die den Beschluss über die Erteilung der Genehmigung zur Übertragung eines vinkulierten Geschäftsanteils von der Zustimmung einzelner (oder aller) Gesellschafter abhängig machen[7]. Insoweit trifft § 13 Abs. 2 UmwG eine spezielle Regelung und verlangt die Zustimmung des betroffenen Gesellschafters unabhängig davon, ob seine Rechtsposition durch eine Verschmelzung geschmälert wird oder nicht (vgl. im Einzelnen § 13 Rz. 28). Entsprechendes gilt für einen Ausschluss der Abtretbarkeit durch den Gesellschaftsvertrag; insoweit stellt sich die Frage einer entsprechenden Anwendung des § 13 Abs. 2 UmwG (s. § 13 Rz. 33). 54

e) Insbesondere: Einflussrechte auf die Geschäftsführung

Als geschützte Individualrechte hebt § 50 Abs. 2 UmwG Geschäftsführungssonderrechte, Rechte auf Bestellung und Benennung eines Geschäftsführers und Präsentationsrechte ausdrücklich hervor. **Geschäftsführungssonderrecht** ist das im Gesellschaftsvertrag einem oder mehreren Gesellschaftern zugewiesene, mit- 55

---

1 So im Ansatz auch *Priester*, ZGR 1990, 441 f.; *Bermel* in Goutier/Knopf/Tulloch, § 50 UmwG Rz. 21; *Reichert* in Semler/Stengel, § 50 UmwG Rz. 31.

2 Vgl. *Raiser* in Ulmer/Habersack/Löbbe, § 14 GmbHG Rz. 30; *Reichert/Weller* in MünchKomm. GmbHG, § 14 GmbHG Rz. 99; *Seibt* in Scholz, § 14 GmbHG Rz. 21; *Priester*, ZGR 1990, 441.

3 *Raiser* in Ulmer/Habersack/Löbbe, § 14 GmbHG Rz. 29; *Reichert/Weller* in MünchKomm. GmbHG, § 14 GmbHG Rz. 99; *Seibt* in Scholz, § 14 GmbHG Rz. 21.

4 *Raiser* in Ulmer/Habersack/Löbbe, § 14 GmbHG Rz. 29; *Reichert/Weller* in MünchKomm. GmbHG, § 14 GmbHG Rz. 100; *Seibt* in Scholz, § 14 GmbHG Rz. 21.

5 Ausführlich *Reichert*, GmbHR 1995, 183 ff. und *Reichert* in Semler/Stengel, § 50 UmwG Rz. 32 f.; *Reichert/Weller* in MünchKomm. GmbHG, § 14 GmbHG Rz. 98, 100; vgl. auch RGZ 159, 272 (280); *Seibt* in Scholz, § 14 GmbHG Rz. 22; *Raiser* in Ulmer/Habersack/Löbbe, § 14 GmbHG Rz. 29.

6 So zutreffend *Reichert*, GmbHR 1995, 181.

7 So auch *Reichert* in Semler/Stengel, § 50 UmwG Rz. 36; *Mayer* in Widmann/Mayer, § 50 UmwG Rz. 87.

gliedschaftliche Recht auf das Amt des Geschäftsführers, das dem Begünstigten gegen seinen Willen nur aus wichtigem Grund entzogen werden kann[1]. Ob die Bestellung eines Gesellschafters im Gesellschaftsvertrag diesem ein Sonderrecht im vorgenannten Sinne gewährt, ist eine – regelmäßig zu verneinende – Auslegungsfrage[2].

56 **Bestellungsrecht** ist das statutarisch verankerte Individualrecht eines Gesellschafters, an Stelle der nach dem dispositiven GmbH-Recht an sich zuständigen Gesellschafterversammlung alle Geschäftsführer, den Geschäftsführer für ein bestimmtes Ressort oder auch seinen Nachfolger als Gesellschafter-Geschäftsführer mit Wirksamkeit für die GmbH zu bestellen[3].

57 Ein **„Vorschlagsrecht"** i.S.d. § 50 Abs. 2 UmwG ist sowohl das nur relativ verbindliche **Benennungsrecht**[4], das sämtliche Gesellschafter zur Stimmabgabe zugunsten des Benannten solange verpflichtet, wie sie ihm nicht ihre Stimme aus sachlichen, im Interesse der Gesellschaft liegenden Gründen verweigern können, als auch das stärkere **Präsentationsrecht**[5], bei dem eine die Bestellung ablehnende Stimmabgabe, soweit der Präsentierte etwaige statutarische Qualifikationsmerkmale erfüllt, nur bei Vorliegen eines die sofortige Abberufung rechtfertigenden wichtigen Grundes zulässig ist[6]. Vorschlagsrechte im eigentlichen Sinne, wie sie nach allgemeiner Meinung jedem Gesellschafter zustehen[7], für das Bestellungsorgan freilich keinerlei Rechtsverbindlichkeit haben, sind dagegen nicht geeignet, das Zustimmungserfordernis gem. § 50 Abs. 2 UmwG zu begründen[8].

58 § 50 Abs. 2 UmwG nennt als Regelbeispiele nur besondere Bestellungs- und Vorschlagsrechte im Hinblick auf die Geschäftsführung, nicht auf die in der Praxis nicht weniger gebräuchlichen **Rechte im Hinblick auf einen Aufsichtsrat**, einen Gesellschafterausschuss oder ein sonstiges freiwilliges Gremium. Das bedeutet jedoch nicht, dass derartige Sonderrechte einzelner Gesellschafter ohne deren Zustimmung beeinträchtigt werden können. Sie werden von der allgemein formulierten ersten Alternative – auf dem Gesellschaftsvertrag beruhende Minderheitsrechte – erfasst[9].

---

1 Vgl. *Kleindiek* in Lutter/Hommelhoff, § 38 GmbHG Rz. 10; *Uwe H. Schneider/Sven H. Schneider* in Scholz, § 6 GmbHG Rz. 79 ff.; *Paefgen* in Ulmer/Habersack/Winter, § 38 GmbHG Rz. 8; *Stephan/Tieves* in MünchKomm. GmbHG, § 38 GmbHG Rz. 95.

2 *Paefgen* in Ulmer/Habersack/Löbbe, § 6 GmbHG Rz. 69; *Uwe H. Schneider/Sven H. Schneider* in Scholz, § 6 GmbHG Rz. 81; *Fastrich* in Baumbach/Hueck, § 6 GmbHG Rz. 27; *Mayer in* Widmann/Mayer, § 50 UmwG Rz. 90; *Reichert* in Semler/Stengel, § 50 UmwG Rz. 42.

3 BGH v. 4.10.1973 – II ZR 31/73, WM 1973, 1295 (1296); *Bayer* in Lutter/Hommelhoff, § 46 GmbHG Rz. 23; *Liebscher* in MünchKomm. GmbHG, § 46 GmbHG Rz. 178; *Baums*, Der Geschäftsleitervertrag, 1987, S. 81 ff.

4 BGH v. 12.12.1988 – II ZR 378/87, WM 1989, 253; OLG Hamm v. 8.7.1985 – 8 U 295/83, ZIP 1986, 1188 (1194); *Bayer* in Lutter/Hommelhoff, § 46 GmbHG Rz. 25.

5 OLG Hamm v. 8.7.1985 – 8 U 295/83, ZIP 1986, 1194; *Bayer* in Lutter/Hommelhoff, § 46 GmbHG Rz. 25.

6 So auch *Reichert* in Semler/Stengel, § 50 UmwG Rz. 44.

7 OLG Hamm v. 8.7.1985 – 8 U 295/83, ZIP 1986, 1194; *Bayer* in Lutter/Hommelhoff, § 46 GmbHG Rz. 25.

8 Zustimmend *Reichert* in Semler/Stengel, § 50 UmwG Rz. 44; *Simon/Nießen* in Köln-Komm. UmwG, § 50 UmwG Rz. 25.

9 So auch *Reichert* in Semler/Stengel, § 50 UmwG Rz. 45.

3. Beeinträchtigung der Rechtsposition

An einer das Erfordernis der Individualzustimmung auslösenden Rechtsbeeinträchtigung fehlt es, soweit der Gesellschaftsvertrag bzw. die Satzung des übernehmenden Rechtsträgers **funktional-äquivalente Rechte** enthält oder diese im Zuge einer den Verschmelzungsbeschluss begleitenden Satzungsänderung geschaffen werden[1]. Ist auch der übernehmende Rechtsträger GmbH, müssen den Gesellschaftern der übertragenden GmbH einzuräumende Sonderrechte bereits im Verschmelzungsvertrag verlautbart werden (§ 46 Abs. 2 UmwG, vgl. näher § 46 Rz. 53 ff.)[2]. 59

Sollen – zur Vermeidung des Zustimmungserfordernisses nach § 50 Abs. 2 UmwG – einzelnen oder sämtlichen Gesellschaftern der übertragenden GmbH Sonderrechte bei der übernehmenden GmbH eingeräumt werden, bedarf der entsprechende Satzungsänderungsbeschluss wegen der damit implizierten Verletzung des Gleichbehandlungsgrundsatzes der **Zustimmung aller Gesellschafter der übernehmenden GmbH** (näher hierzu und zu den Rechtsfolgen § 46 Rz. 66)[3]. 60

Im Einzelfall kann die funktionale Äquivalenz zweifelhaft sein. Dies gilt namentlich bei **Vorkaufs- und Vorerwerbsrechten**. Fraglich ist hier insbesondere, ob beim übertragenden Rechtsträger etablierte Vorkaufs- oder Vorerwerbsrechte im Zuge der Verschmelzung auf sämtliche Anteile am übernehmenden Rechtsträger erstreckt werden müssen, oder ob es genügt, dem Berechtigten inhaltsgleiche Vorrechte an den im Zuge der Verschmelzung an die Stelle der Geschäftsanteile des übertragenden Rechtsträgers tretenden Geschäftsanteilen einzuräumen[4]. Für Letzteres ließe sich anführen, dass sich das Vorrecht des Berechtigten bei der übertragenden GmbH auf eben diese Anteile beschränkte und ihm andernfalls ein Mehr an Rechtsmacht eingeräumt werden müsste[5]. Berücksichtigt man freilich, dass Vorkaufs- und Vorerwerbsrechte auch, wenn nicht in erster Linie, dazu dienen sollen, dem Berechtigten maßgeblichen Einfluss auf die Zusammensetzung des Gesellschafterkreises zu sichern und das Eindringen unerwünschter Dritter zu verhindern, sprechen die deutlich besseren Gründe dafür, die Individualzustimmung des Vorrechtsinhabers in der übertragenden GmbH nur dann für entbehrlich zu halten, wenn ihm entsprechende Vorrechte an sämtlichen Anteilen des übernehmenden Rechtsträgers gewährt werden[6]. 61

Schwierigkeiten können sich auch im Hinblick auf **Einflussrechte auf die Verwaltung** ergeben, wenn der übertragende Rechtsträger eine andere Corporate Governance aufweist. Hat beispielsweise ein Gesellschafter das Recht, eines von drei 62

1 So zutreffend *Reichert*, GmbHR 1995, 181; *Reichert* in Semler/Stengel, § 50 UmwG Rz. 40; *Stratz* in Schmitt/Hörtnagl/Stratz, § 50 UmwG Rz. 10; *Zimmermann* in Kallmeyer, § 50 UmwG Rz. 23; *Bermel* in Goutier/Knopf/Tulloch, § 50 UmwG Rz. 26; *Mayer in* Widmann/Mayer, § 50 UmwG Rz. 92; *Simon/Nießen* in KölnKomm. UmwG, § 50 UmwG Rz. 21; zum alten Recht *Schilling/Zutt* in Hachenburg[7], § 20 KapErhG Rz. 17.

2 So auch *Reichert* in Semler/Stengel, § 50 UmwG Rz. 40.

3 So auch *Mayer* in Widmann/Mayer, § 50 UmwG Rz. 93; *Reichert* in Semler/Stengel, § 50 UmwG Rz. 40; *Zimmermann* in Kallmeyer, § 50 UmwG Rz. 23.

4 Vgl. hierzu *Reichert*, GmbHR 1995, 184.

5 Tendenziell anders *Reichert*, GmbHR 1995, 184.

6 Zustimmend *Mayer* in Widmann/Mayer, § 50 UmwG Rz. 93; *Simon/Nießen* in KölnKomm. UmwG, § 50 UmwG Rz. 22.

Mitgliedern eines fakultativen Aufsichtsrats zu benennen, fragt sich, wie ein funktional äquivalentes Recht beim übernehmenden Rechtsträger auszusehen hat, der einen mitbestimmten 12-köpfigen Aufsichtsrat eingerichtet hat. Die mitunter schwierige und streitanfällige Aufgabe besteht darin, den Inhalt des Sonderrechts durch Auslegung zu bestimmen. So kann das Sonderrecht darin bestehen, im Aufsichtsrat über Vertraute eine Vetoposition zu erhalten; dann würde die Gewährung eines Benennungsrechts für eines von zwölf Mitgliedern nicht ausreichen. Nahe liegender dürfte es jedoch sein, dass der Gesellschafter lediglich das Recht haben soll, sicher zu stellen, dass im Aufsichtsrat die Diskussionen und Entscheidungen durch eine Person seines Vertrauens mit beeinflusst werden können. Als Kompensation für den Verlust eines solchen Rechts würde ein Benennungsrecht für ein Mitglied bei der aufnehmenden Gesellschaft genügen. Schließlich wäre daran zu denken, dass ein Benennungsrecht eine quotale Repräsentanz im Aufsichtsrat ermöglichen soll. In diesem Fall wäre es gerechtfertigt, die Zahl der Sitze, für die ein Benennungsrecht besteht, entsprechend der Beteiligungsquote am übernehmenden Rechtsträger zu mindern, wobei im Zweifel immer zumindest ein Benennungsrecht für einen Sitz gewährt werden muss.

63 Häufig wird die Gewährung eines funktional äquivalenten Rechts auch aus Rechtsgründen nicht möglich sein. So können Vorschlags- und Bestellungsrechte im Hinblick auf die Geschäftsleiter beispielsweise **bei Aktiengesellschaften** aufgrund der zwingenden Personalkompetenz des Aufsichtsrats – Entsprechendes gilt für dem MitbestG unterliegende aufnehmende Gesellschaften sonstiger Rechtsform – bei der übernehmenden Gesellschaft nicht perpetuiert werden[1].

64 Im Hinblick auf die Satzungsstrenge des Aktienrechts (§§ 23 Abs. 5, 55 AktG) und die zwingende Personalkompetenz des Aufsichtsrats kommt die Etablierung gleichwertiger Rechte in der Praxis regelmäßig nur in Betracht, wenn auch der übertragende Rechtsträger GmbH oder Personengesellschaft ist[2]. Auf **Rechte in begleitenden Konsortialverträgen**[3] braucht sich der Gesellschafter der übertragenden Gesellschaft regelmäßig *nicht* verweisen zu lassen[4]. Nur in ganz besonders gelagerten Einzelfällen wird die Zustimmungsverweigerung treuwidrig sein[5].

4. Erteilung der Zustimmung

65 Die Zustimmung des betroffenen Gesellschafters ist eine **empfangsbedürftige Willenserklärung**, die gegenüber der Gesellschaft – vertreten durch ihre Geschäftsführer – abzugeben ist[6]. Die Individualzustimmung tritt neben die nach § 50 Abs. 1 UmwG erforderliche, qualifizierte Mehrheit der abgegebenen Stim-

1 S. auch *Reichert* in Semler/Stengel, § 50 UmwG Rz. 40; *Mayer* in Widmann/Mayer, § 50 UmwG Rz. 92.

2 Übereinstimmend *Reichert* in Semler/Stengel, § 50 UmwG Rz. 40.

3 Hierzu vgl. *Noack*, Gesellschaftervereinbarungen bei Kapitalgesellschaften, 1994, S. 271 ff. (insb. S. 279 f.).

4 Ebenso *Simon/Nießen* in KölnKomm. UmwG, § 50 UmwG Rz. 21.

5 Näher *M. Winter* in Kölner Umwandlungsrechtstage, S. 44.

6 So zutreffend *Priester/Veil* in Scholz, § 53 GmbHG Rz. 94; *Zöllner/Noack* in Baumbach/Hueck, § 53 GmbHG Rz. 78 und für das UmwG 1994 *Bermel* in Goutier/Knopf/Tulloch, § 50 UmwG Rz. 33; *Mayer* in Widmann/Mayer, § 50 UmwG Rz. 67, 70; *Reichert* in Semler/Stengel, § 50 UmwG Rz. 47; *Simon/Nießen* in KölnKomm. UmwG, § 50 UmwG Rz. 27.

men; sie ist zusätzliches Wirksamkeitserfordernis für den Verschmelzungsbeschluss der übertragenden Gesellschaft[1].

Allerdings liegt in der die Verschmelzung billigenden Stimmabgabe des nach § 50 Abs. 2 UmwG geschützten Gesellschafters in der Gesellschafterversammlung zugleich die nach § 50 Abs. 2 UmwG erforderliche Zustimmung[2]; einer gesonderten Protokollierung der Zustimmungserklärung derjenigen Gesellschafter, die für die Verschmelzung gestimmt haben, bedarf es nicht. 66

Soweit ihnen Individualrechte nach § 50 Abs. 2 UmwG zustehen, müssen auch die **Inhaber stimmrechtsloser Geschäftsanteile** eine Zustimmungserklärung abgeben[3]. Geschieht dies in der Gesellschafterversammlung, muss die Zustimmungserklärung, schon um den Nachweis gegenüber dem Registergericht zu ermöglichen, gesondert protokolliert werden[4]. 67

Nach § 50 Abs. 2 UmwG erforderliche Zustimmungserklärungen können **auch außerhalb der Gesellschafterversammlung** abgegeben werden[5]. Sie bedürfen jedoch auch dann – wie alle nach UmwG erforderlichen Individualzustimmungen – der notariellen Form (§ 13 Abs. 3 Satz 1 UmwG, vgl. näher § 13 Rz. 17). 68

Fehlt es an einer nach § 50 Abs. 2 UmwG erforderlichen **Zustimmung**, so ist der Beschluss nicht anfechtbar, sondern **unwirksam**[6]. Diese für das allgemeine GmbH-Recht bedeutsame Unterscheidung verliert jedoch für den Verschmelzungsbeschluss an Gewicht, weil auch die Unwirksamkeit des Verschmelzungsbeschlusses durch die Eintragung der Verschmelzung geheilt wird (unten Rz. 85). 69

IV. Beschlussmängel

1. Überblick

Für die Behandlung **fehlerhafter Zustimmungsbeschlüsse** einer an der Verschmelzung beteiligten GmbH gelten mutatis mutandis die Regeln über GmbH-rechtliche Satzungsänderungsbeschlüsse. Deren Behandlung, insbesondere die entsprechende Anwendung des gesetzlich detailliert ausgeformten und in den letzten Jahren mehrfach reformierten[7] aktienrechtlichen Beschlussmängelrechts, ist in der neueren Literatur[8] so weitgehend geklärt, dass nachfolgend ein Überblick ge- 70

1 Allg. Meinung, vgl. nur *Ulmer* in Ulmer/Habersack/Winter, § 53 GmbHG Rz. 102; *Harbarth* in MünchKomm. GmbHG, § 53 GmbHG Rz. 101, 181; *Zöllner/Noack* in Baumbach/Hueck, § 53 GmbHG Rz. 78.

2 Zustimmend *Reichert* in Semler/Stengel, § 50 UmwG Rz. 47; *Simon/Nießen* in Köln-Komm. UmwG, § 50 UmwG Rz. 28.

3 So zutreffend *Bermel* in Goutier/Knopf/Tulloch, § 50 UmwG Rz. 25; *Reichert* in Semler/Stengel, § 50 UmwG Rz. 47.

4 So auch *Reichert* in Semler/Stengel, § 50 UmwG Rz. 47.

5 Unstreitig, vgl. *Stratz* in Schmitt/Hörtnagl/Stratz, § 50 UmwG Rz. 13; *Mayer* in Widmann/Mayer, § 50 UmwG Rz. 66, 73 f.; *Reichert* in Semler/Stengel, § 50 UmwG Rz. 47.

6 So auch *Reichert* in Semler/Stengel, § 50 UmwG Rz. 49; a.A. – Anfechtbarkeit – *Schilling/Zutt* in Hachenburg[7], § 20 KapErhG Rz. 16.

7 Vgl. Gesetz zur Unternehmensintegrität und Modernisierung des Aktienrechts v. 22.9. 2005, BGBl. I, S. 2802; Gesetz zur Umsetzung der Aktionärsrechterichtlinie (ARUG) v. 30.7.2009, BGBl. I, S. 2479.

8 Vgl. eingehend *Wertenbruch* in MünchKomm. GmbHG, Anh. § 47 GmbHG Rz. 1 ff.; *Bayer* in Lutter/Hommelhoff, Anh. nach § 47 GmbHG Rz. 1 ff.; *Koppensteiner/Gruber*

geben werden kann; Modifikationen ergeben sich für Verschmelzungsbeschlüsse freilich aus § 14 Abs. 1 UmwG (unten Rz. 80) und – nach Eintragung der Verschmelzung – aus § 20 Abs. 1 Nr. 4 und Abs. 2 UmwG (unten Rz. 85).

2. Nichtige Zustimmungsbeschlüsse

71 Nichtig ist ein Zustimmungsbeschluss namentlich dann, wenn er der nach § 13 Abs. 3 Satz 1 UmwG zwingend geforderten **notariellen Beurkundung** ermangelt[1]. Einberufungsmängel führen nur dann zur Nichtigkeit analog § 241 Nr. 1 AktG, wenn entweder nicht alle Gesellschafter eingeladen worden sind oder die Einladung nicht schriftlich erfolgt ist oder keinerlei Angaben über Ort und Zeit der Versammlung enthält (s. auch § 47 Rz. 24)[2].

72 **Inhaltliche Mängel** des Verschmelzungsbeschlusses führen nur unter den Voraussetzungen des § 241 Nr. 3 und 4 AktG analog zur Nichtigkeit. Gegen das Wesen der GmbH verstoßende Zustimmungsbeschlüsse sind schwerlich denkbar. Nichtigkeit wegen inhaltlicher Mängel kommt praktisch deshalb nur in Betracht, wenn der Beschluss Vorschriften zum Schutze von Gläubigern und Öffentlichkeit verletzt oder inhaltlich gegen die guten Sitten verstößt[3]. Verschmelzungsspezifische zwingende Vorschriften, deren Verletzung zur Beschlussnichtigkeit führen, enthält namentlich § 54 UmwG. Sieht der Verschmelzungsvertrag eine Kapitalerhöhung unter Verstoß gegen die Kapitalerhöhungsverbote des § 54 Abs. 1 Satz 1 UmwG oder aber eine Kapitalerhöhung oder bare Zuzahlungen vor, die eine Unterpari-Emission zur Folge haben, führt dies (auch) zur Nichtigkeit des Zustimmungsbeschlusses (vgl. näher § 54 Rz. 149 ff.).

73 Eine Verschmelzung, insbesondere die „absteigende" Verschmelzung einer überschuldeten Muttergesellschaft auf ihre Tochter-GmbH („**Downstream Merger**") kann eine gegen **§ 30 Abs. 1 Satz 1 GmbHG** verstoßende verbotswidrige Auszahlung der übernehmenden Tochter-GmbH an den/die Gesellschafter des übertragenden Rechtsträgers darstellen, wenn dadurch bei der übernehmenden GmbH eine Unterbilanz entsteht oder vertieft wird (vgl. dazu schon § 24 Rz. 62 und § 54 Rz. 55 ff.). Handelt es sich bei der übernehmenden Tochtergesellschaft um eine Aktiengesellschaft, stellt die Übernahme des Vermögens eines überschuldeten übertragenden Rechtsträgers im Rahmen eines „Downstream Mergers" regelmäßig einen Verstoß gegen **§ 57 AktG** dar[4]. Auch bei einem Verstoß gegen

---

in Rowedder/Schmidt-Leithoff, § 47 GmbHG Rz. 85 ff.; *Zöllner* in Baumbach/Hueck, Anh. § 47 Rz. 1 ff.; *Ulmer* in Ulmer/Habersack/Winter, § 53 GmbHG Rz. 99 ff.; *Priester/Veil* in Scholz, § 54 GmbHG Rz. 38 ff.

1 § 241 Nr. 2 AktG analog; vgl. *Wertenbruch* in MünchKomm. GmbHG, Anh. § 47 GmbHG Rz. 37; *Bayer* in Lutter/Hommelhoff, Anh. nach § 47 GmbHG Rz. 15; *Zöllner* in Baumbach/Hueck, Anh. § 47 GmbHG Rz. 49; *Ulmer* in Ulmer/Habersack/Winter, § 53 GmbHG Rz. 103.

2 *Bayer* in Lutter/Hommelhoff, Anh. nach § 47 GmbHG Rz. 11 ff.; *Zöllner* in Baumbach/Hueck, Anh. § 47 GmbHG Rz. 45 ff.; *Wertenbruch* in MünchKomm. GmbHG, Anh. § 47 GmbHG Rz. 18 ff.; *Ulmer* in Ulmer/Habersack/Winter, § 53 GmbHG Rz. 104.

3 *Wertenbruch* in MünchKomm. GmbHG, Anh. § 47 GmbHG Rz. 48 ff., 55 ff.; *Bayer* in Lutter/Hommelhoff, Anh. nach § 47 GmbHG Rz. 20; *Ulmer* in Ulmer/Habersack/Winter, § 53 GmbHG Rz. 106; *Zöllner* in Baumbach/Hueck, Anh. § 47 GmbHG Rz. 51 ff. und 55.

4 *Mertens*, AG 2005, 785 (786); *Schröer* in Semler/Stengel, § 5 UmwG Rz. 135; *Hörtnagl* in Schmitt/Hörtnagl/Stratz, § 24 UmwG Rz. 52; *Förschle/Hoffmann* in Budde/Förschle/

Kapitalerhaltungsgrundsätze sind die Zustimmungsbeschlüsse zum Verschmelzungsvertrag nichtig. Etwas anderes folgt nicht daraus, dass Verstöße gegen Kapitalerhaltungsgrundsätze nicht zur Nichtigkeit des betreffenden Geschäfts führen[1]. Es geht insoweit nicht um die Wirksamkeit der Verschmelzung, sondern die Anerkennung eines gesellschaftsinternen, rechtswidrigen Willensakts. Bis zum Wirksamwerden der Verschmelzung muss insbesondere das Registergericht die Möglichkeit haben, die Eintragung der Verschmelzung wegen Verstoßes gegen Kapitalerhaltungsgrundsätze abzulehnen. Die bloße Anfechtbarkeit des Zustimmungsbeschlusses ist keine adäquate Sanktion, da die Gesellschafter selbst von dem rechtswidrigen Beschluss profitieren und entsprechend kaum durch Erhebung einer Anfechtungsklage auf die Beachtung der Kapitalerhaltungsgrundsätze dringen werden.

3. Anfechtbare Zustimmungsbeschlüsse

Analog § 243 Abs. 1 AktG ist der Verschmelzungsbeschluss einer GmbH anfechtbar, wenn er gegen das Gesetz oder den Gesellschaftsvertrag verstößt und kein Nichtigkeitsgrund gegeben ist. Die Verstöße können sowohl das Verfahren der Beschlussvorbereitung und -fassung, also auch den Inhalt des Beschlusses betreffen. 74

Anfechtbar sind Zustimmungsbeschlüsse, wenn das Erreichen der gesetzlich zwingend vorgeschriebenen oder einer statutarisch vorgesehenen (höheren) Mehrheit vom Versammlungsleiter zu Unrecht festgestellt und/oder zu Unrecht notariell beurkundet wurde[2]. 75

In der Praxis besondere Bedeutung haben Verstöße gegen **Informationspflichten**. Dies betrifft zum einen die Information der Gesellschafter in der Gesellschafterversammlung, daneben aber auch die Information der Gesellschafter im Vorfeld der Gesellschafterversammlung durch den Verschmelzungsbericht und aufgrund Auskunftsverlangens nach § 49 Abs. 3 UmwG und § 51a GmbHG (vgl. hierzu schon § 49 Rz. 58ff.). Für in der Gesellschafterversammlung erteilte, angeblich unrichtige oder unvollständige Informationen gilt § 243 Abs. 4 AktG analog (ausführlicher § 49 Rz. 59ff.). 76

Zur Anfechtbarkeit führen weiter formelle Mängel, namentlich Einberufungsmängel, soweit sie nicht ausnahmsweise die Nichtigkeit der gefassten Beschlüsse zur Folge haben (oben Rz. 71). Anfechtungsbegründende formelle Mängel sind insbesondere die Nichteinhaltung der Ladungsfrist, bei Verschmelzungsbeschlüssen aber auch die Nichteinhaltung der verschmelzungsspezifischen Anforderungen gem. §§ 47, 49 Abs. 1 und 2 UmwG. 77

Zu der Frage, ob und unter welchen Voraussetzungen Zustimmungsbeschlüsse zum Verschmelzungsvertrag der sachlichen Rechtfertigung bedürfen und ob und 78

Winkeljohann, Sonderbilanzen, 4. Aufl. 2008, K. Rz. 68; *Sagasser/Luke* in Sagasser/Bula/Brünger, Umwandlungen, § 9 Rz. 362.

1 Vgl. für die GmbH: *Ekkenga* in MünchKomm. GmbHG, § 30 GmbHG Rz. 276f.; *Verse* in Scholz, § 30 GmbHG Rz. 120; für die AG jüngst BGH v. 12.3.2013 – II ZR 179/12, NZG 2013, 496 = AG 2013, 431; vgl. auch *Bayer* in MünchKomm. AktG, § 57 AktG Rz. 157ff.

2 So auch *Bayer* in Lutter/Hommelhoff, Anh. nach § 47 GmbHG Rz. 49ff.; *Ulmer* in Ulmer/Habersack/Winter, § 53 GmbHG Rz. 101; *Wertenbruch* in MünchKomm. GmbHG, Anh. § 47 GmbHG Rz. 119f.; *Zöllner* in Baumbach/Hueck, Anh. § 47 GmbHG Rz. 116f.

unter welchen Voraussetzungen sie wegen Verstoßes gegen die Treupflicht und den Gleichbehandlungsgrundsatz anfechtbar sein können, vgl. näher oben Rz. 38f. und § 13 Rz. 38ff., 52.

4. Unwirksame Zustimmungsbeschlüsse

79 Unwirksam sind Fusionsbeschlüsse namentlich bei Fehlen einer vom Gesetz vorgesehenen oder nach allgemeinen gesellschaftsrechtlichen Grundsätzen erforderlichen **Individualzustimmung** (vgl. für Verschmelzungsbeschlüsse unter Beteiligung von GmbH § 46 Rz. 65ff., oben Rz. 41ff., § 51 Rz. 6ff., 38ff., 48ff.). Fehlen diese Zustimmungen, sind Beschlüsse zunächst schwebend unwirksam. Wird die Zustimmung endgültig verweigert, tritt endgültige Unwirksamkeit ein[1]. Die fehlende und die endgültig verweigerte Zustimmung begründen ein **Eintragungshindernis**.

5. Relativierung des allgemeinen Beschlussmängelrechts durch § 14 UmwG

80 Die für das allgemeine Gesellschaftsrecht in vielfacher Hinsicht bedeutsame Unterscheidung zwischen nichtigen und anfechtbaren Beschlüssen wird für den Bereich des Umwandlungsgesetzes dadurch relativiert, dass nach herrschender Meinung zu § 14 Abs. 1 UmwG sämtliche Beschlussmängel – ohne Rücksicht auf ihre Schwere – **nur innerhalb der dort geregelten Monatsfrist und nur durch Klage geltend gemacht werden können**. Auch nichtige Verschmelzungsbeschlüsse, deren Heilung nach allgemeinem Gesellschaftsrecht erst drei Jahre nach Handelsregistereintragung eintreten würde (§ 242 Abs. 2 AktG analog)[2], konvaleszieren mithin einen Monat nach Beschlussfassung mit der Folge, dass eine nach Ablauf der Ausschlussfrist erhobene Nichtigkeitsklage abzuweisen ist[3].

81 Ob dies auch für besonders gravierende Mängel, wie etwa die vorsätzlich unterbliebene Einladung einzelner Gesellschafter gelten kann[4], ist kein GmbH-rechtliches Spezialproblem und deshalb hier nicht zu diskutieren (vgl. näher § 14 Rz. 3, 6). Unberührt von der „Heilung" nichtigkeitsbegründender Mängel infolge des Ablaufs der Ausschlussfrist bleibt das Recht (und die Pflicht) des Registerrichters, die Eintragung der Verschmelzung abzulehnen[5].

82 Große Bedeutung hat auch § 14 Abs. 2 UmwG, wonach eine Klage gegen den Verschmelzungsbeschluss eines **übertragenden Rechtsträgers** nicht auf die angebliche Unangemessenheit des Umtauschverhältnisses gestützt werden kann. Eine parallele Vorschrift enthält § 32 UmwG im Hinblick auf die Unangemessenheit eines Barabfindungsangebots nach § 29 UmwG. Statt der Anfechtungsklage steht hierfür nach § 15 UmwG das Spruchverfahren zur Verfügung, das die Wirksamkeit des Verschmelzungsbeschlusses unberührt lässt. § 243 Abs. 4 Satz 4 AktG erstreckt den Anfechtungsausschluss auf unrichtige, unvollständige oder unzurei-

1 Vgl. nur *Ulmer* in Ulmer/Habersack/Winter, § 53 GmbHG Rz. 102.
2 Vgl. nur *Ulmer* in Ulmer/Habersack/Winter, § 53 GmbHG Rz. 106; *Bermel* in Goutier/Knopf/Tulloch, § 50 UmwG Rz. 14.
3 Vgl. *Schöne*, GmbHR 1995, 1319f.; *Bork*, ZGR 1993, 354f.
4 Dagegen mit guten Gründen *Schöne*, GmbHR 1995, 1320; *Bork*, ZGR 1993, 354f.
5 Unstr., s. nur *Bermel* in Goutier/Knopf/Tulloch, § 14 UmwG Rz. 7 a.E.; *Reichert* in Semler/Stengel, § 50 UmwG Rz. 56; *Schöne*, GmbHR 1995, 1320.

chende Informationen in der Hauptversammlung über die Ermittlung, Höhe oder Angemessenheit des Umtauschverhältnisses, einer baren Zuzahlung oder einer Abfindung.

Nach wie vor bleibt es allerdings bei der unsystematischen Ungleichbehandlung der Gesellschafter des übertragenden und derjenigen des übernehmenden Rechtsträgers. Während Erstere die Bewertungsrüge wie gezeigt nicht im Wege der Anfechtungsklage, sondern nur im Spruchverfahren geltend machen können, können die Gesellschafter des **übernehmenden Rechtsträgers** die Bewertungsrüge allein im Rahmen einer Anfechtungsklage geltend machen. Während dies früher zu erheblichen Vollzugsunsicherheiten für die Verschmelzung führte, ist heute allerdings davon auszugehen, dass die Bewertungsrüge im Freigabeverfahren nach § 16 Abs. 3 UmwG gemäß dessen Satz 3 Nr. 3 regelmäßig überwunden werden kann[1]. Über den Schadensersatz des § 16 Abs. 3 Satz 10 UmwG wird der Kläger ähnlich gestellt wie in einem Spruchverfahren. 83

Der große Unterschied besteht allerdings darin, dass bei einer Benachteiligung aufgrund eines unangemessenen Umtauschverhältnisses **auf Seiten der übernehmenden Gesellschaft nur die Anfechtungskläger entschädigt werden**, eine Verbesserung des Umtauschverhältnisses im Rahmen eines Spruchverfahrens zugunsten der Gesellschafter des übertragenden Rechtsträgers dagegen gem. § 13 Satz 2 SpruchG für alle Gesellschafter dieses Rechtsträgers wirkt[2]. 84

6. Bestandskraft durch Eintragung (§ 20 Abs. 2 UmwG)

Fehlt es an einer für die Wirksamkeit des Beschlusses an sich erforderlichen Individualzustimmung oder wurde diese endgültig verweigert und wird die Verschmelzung unter Nichtbeachtung des daraus resultierenden Eintragungshindernisses (oben Rz. 79) gleichwohl eingetragen, führt dies zwar nicht zur Heilung des Mangels[3], gleichwohl aber zur **Irreversibilität der Verschmelzung gem. § 20 Abs. 2 UmwG**[4]. Die Eintragung der Verschmelzung beim übernehmenden Rechtsträger hat nach § 20 Abs. 2 UmwG in der von der ganz herrschenden Meinung vertretenen Auslegung zur Folge, dass auch gravierende, nach allgemeinem Gesellschaftsrecht zur Nichtigkeit oder Unwirksamkeit führende Mängel nicht mehr zu einer Vernichtung des Beschlusses und einer Rückgängigmachung der Verschmelzung, sondern allenfalls zu Schadensersatzansprüchen führen können (vgl. näher § 20 Rz. 76ff.). Dies gilt auch für Beschlussmängel, die innerhalb der Monatsfrist des § 14 Abs. 1 UmwG klageweise geltend gemacht wurden, wenn das Prozessgericht 85

---

1 Ausführlich *J. Vetter* in FS Maier-Reimer, 2010, S. 819ff.; ebenso *Marsch-Barner* in Kallmeyer, § 14 UmwG Rz. 16; kritisch *Heckschen* in Widmann/Mayer, § 14 UmwG Rz. 61; *Stratz* in Schmitt/Hörtnagl/Stratz, § 14 UmwG Rz. 31.

2 Kritisch dazu etwa *M. Winter* in Liber amicorum Happ, 2006, S. 363 (374); *Bork*, ZGR 1993, 343 (354); *Hüffer*, ZHR 172 (2008), 8ff.; *Martens*, AG 2000, 301 (303ff.); *Marsch-Barner* in Kallmeyer, § 14 UmwG Rz. 16; *Gehling* in Semler/Stengel, § 14 UmwG Rz. 35; *Simon* in KölnKomm. UmwG, § 14 UmwG Rz. 46; *Heckschen* in Widmann/Mayer, § 14 UmwG Rz. 60; vgl. auch *Handelsrechtsausschuss des DAV*, NZG 2007, 497.

3 *Zimmermann* in Kallmeyer, § 13 UmwG Rz. 30; *Maulbetsch* in Maulbetsch/Klumpp/Rose, § 13 UmwG Rz. 64.

4 So ausdrücklich auch *Simon/Nießen* in KölnKomm. UmwG, § 50 UmwG Rz. 33, 35; *Haeder* in Henssler/Strohn, § 50 UmwG Rz. 8.

im Verfahren nach § 16 Abs. 3 UmwG die Eintragung anordnet (§ 16 Abs. 3 Satz 6 UmwG).

§ 51
Zustimmungserfordernisse in Sonderfällen

(1) Ist an der Verschmelzung eine Gesellschaft mit beschränkter Haftung, auf deren Geschäftsanteile nicht alle zu leistenden Einlagen in voller Höhe bewirkt sind, als übernehmender Rechtsträger beteiligt, so bedarf der Verschmelzungsbeschluss eines übertragenden Rechtsträgers der Zustimmung aller bei der Beschlussfassung anwesenden Anteilsinhaber dieses Rechtsträgers. Ist der übertragende Rechtsträger eine Personenhandelsgesellschaft, eine Partnerschaftsgesellschaft oder eine Gesellschaft mit beschränkter Haftung, so bedarf der Verschmelzungsbeschluss auch der Zustimmung der nicht erschienenen Gesellschafter. Wird eine Gesellschaft mit beschränkter Haftung, auf deren Geschäftsanteile nicht alle zu leistenden Einlagen in voller Höhe bewirkt sind, von einer Gesellschaft mit beschränkter Haftung durch Verschmelzung aufgenommen, bedarf der Verschmelzungsbeschluss der Zustimmung aller Gesellschafter der übernehmenden Gesellschaft.

(2) Wird der Nennbetrag der Geschäftsanteile nach § 46 Abs. 1 Satz 2 abweichend vom Betrag der Aktien festgesetzt, so muss der Festsetzung jeder Aktionär zustimmen, der sich nicht mit seinem gesamten Anteil beteiligen kann.

Literatur

Grunewald/Martin Winter, Die Verschmelzung von Kapitalgesellschaften, in Lutter (Hrsg.), Kölner Umwandlungsrechtstage, 1995, S. 19; *Priester*, Strukturänderungen: Beschlussvorbereitung, Beschlussfassung, ZGR 1990, 420; *Reichert/Harbarth*, Statutarische Schiedsklauseln – Einführung, Aufhebung und umwandlungsrechtliche Behandlung, NZG 2003, 379; *Harry Schmidt*, Die Verschmelzung von Personengesellschaften, in Lutter (Hrsg.), Kölner Umwandlungsrechtstage, 1995, S. 59; *Timm*, Minderheitenschutz im GmbH-Verschmelzungsrecht, AG 1982, 93; *Wälzholz*, Nebenleistungspflichten beim aufnehmenden Rechtsträger als Verschmelzungshindernis?, DStR 2006, 236.

I. Überblick

1. Regelungsgegenstand und Anwendungsbereich

§ 51 UmwG regelt bestimmte Fälle, in denen für die Wirksamkeit des Verschmelzungsbeschlusses neben der nach Gesetz und Satzung erforderlichen Mehrheit der abgegebenen Stimmen die **Individualzustimmung** aller oder einzelner Gesellschafter erforderlich ist. 1

Gesetzgeberischer Grund für die Statuierung einer Individualzustimmung gem. **§ 51 Abs. 1 UmwG** ist das den Anteilsinhabern des anderen an der Fusion beteiligten Rechtsträgers drohende **Risiko einer Ausfallhaftung gem. § 24 GmbHG** bei der Verschmelzung auf eine GmbH als Übernehmerin, bei der die zu leistenden Einlagen nicht vollständig erbracht sind[1]. 2

Dabei betrifft **§ 51 Abs. 1 Satz 1 UmwG** den Fall der **Verschmelzung** eines Rechtsträgers beliebiger Rechtsform **auf eine GmbH**, bei der die **Einlagen nicht vollständig erbracht** sind: Der Verschmelzungsbeschluss bedarf jedenfalls der Zustimmung aller bei der Beschlussfassung **anwesenden Anteilsinhaber** des übertragenden Rechtsträgers (unten Rz. 16ff.). Ist der übertragende Rechtsträger Personenhandelsgesellschaft, Partnerschaftsgesellschaft oder GmbH, bedarf der Beschluss nach **§ 51 Abs. 1 Satz 2 UmwG** *darüber hinaus* der Zustimmung **aller vorhandenen Anteilsinhaber** (unten Rz. 24ff.). 3

Die durch das 2. UmwG-Änderungsgesetz[2] neugefasste Vorschrift des **§ 51 Abs. 1 Satz 3 UmwG** regelt den umgekehrten Fall, dass eine GmbH mit **ausstehenden Einlageforderungen** als übertragende Gesellschaft fungiert und verlangt für diesen Fall die Zustimmung aller Gesellschafter der übernehmenden GmbH (vgl. unten Rz. 27ff.). 4

Der auf **Mischverschmelzungen** (AG/KGaA auf GmbH) beschränkte **§ 51 Abs. 2 UmwG** statuiert ein Zustimmungserfordernis in den Fällen, in denen sich ein (Kommandit-)Aktionär infolge der Festsetzung des Nennbetrags der zu gewährenden Geschäftsanteile der übernehmenden GmbH nicht mit seinem gesamten An- 5

1 Vgl. BegrRegE BT-Drucks. 12/6699 v. 1.2.1994, 100, abgedruckt bei *Ganske*, S. 101.
2 UmwGÄndG v. 19.4.2007, BGBl. I, S. 542.

teilsbesitz an der GmbH beteiligen kann, vielmehr ganz oder teilweise in Geld abgefunden werden müsste (unten Rz. 59 ff.).

2. Minderheitenschutz durch das UmwG

6 § 51 UmwG regelt den **Schutz von Minderheitsgesellschaftern** der GmbH durch individuelle Zustimmungsrechte **nicht abschließend**, sondern ergänzt § 50 Abs. 2 UmwG und § 13 Abs. 2 UmwG. Auch in der Kombination der verschiedenen Vorschriften verbleiben Lücken, die in Anlehnung an die gesetzlichen Wertungen auszufüllen sind (hierzu insb. unten Rz. 33 ff., 38 ff.).

7 Im Hinblick auf die eher punktuelle und wenig systematische Regelung des Schutzes von Minderheitsgesellschaftern gegen Beschränkungen ihrer gesellschaftsvertraglichen Rechte oder die Belastung mit zusätzlichen gesellschaftsvertraglichen Pflichten soll nachfolgend ein knapper Überblick über die verschiedenen Fallgruppen und die jeweils anwendbaren Schutzinstrumente gegeben werden.

8 Schutz der **Gesellschafter einer übertragenden Gesellschaft:**

- Die **Anteile der übertragenden Gesellschaft sind vinkuliert:** § 13 Abs. 2 UmwG (s. hierzu § 13 Rz. 28 ff.).
- Die Gesellschafter des übertragenden Rechtsträgers treffen **Vinkulierungsklauseln beim übernehmenden Rechtsträger:** § 29 Abs. 1 Satz 2 UmwG (s. hierzu § 29 Rz. 5 ff.).
- Die Gesellschafter des übertragenden Rechtsträgers treffen **Nachschusspflichten nach § 24** GmbHG aufgrund nicht voll eingezahlter Anteile des übernehmenden Rechtsträgers: § 51 Abs. 1 Satz 1 und 2 UmwG (s. hierzu unten Rz. 16 ff.).
- Die Gesellschafter der übertragenden GmbH **verlieren** nach dem Gesellschaftsvertrag der übertragenden GmbH **bestehende Sonderrechte:** § 50 Abs. 2 UmwG (s. hierzu § 50 Rz. 40 ff.).
- Bei der übernehmenden GmbH sollen gesellschaftsvertragliche **Sonderpflichten zulasten von Gesellschaftern des übertragenden Rechtsträgers** eingeführt werden: Der Verschmelzungsbeschluss bedarf der Zustimmung sämtlicher betroffener Anteilsinhaber des übertragenden Rechtsträgers (s. hierzu § 46 Rz. 68 f.).
- Die Gesellschafter der übertragenden Gesellschaft sind bei der übernehmenden Gesellschaft erstmals satzungsmäßigen **Nebenleistungspflichten oder einer Schiedsklausel ausgesetzt** (hierzu unten Rz. 48 ff.).
- Die Gesellschafter der übertragenden GmbH sind bei der übernehmenden Gesellschaft erstmals satzungsmäßigen **Sonderrechten von Gesellschaftern des übernehmenden Rechtsträgers ausgesetzt** (hierzu unten Rz. 51 ff.).
- Die Gesellschafter der übertragenden Gesellschaft erhalten **unterschiedlich ausgestattete Anteile an der übernehmenden Gesellschaft:** Die gleichheitswidrig benachteiligten Gesellschafter müssen dem Verschmelzungsbeschluss zustimmen (s. § 46 Rz. 65).
- Die Gesellschafter der übertragenden GmbH erhalten Geschäftsanteile der übernehmenden Gesellschaft, die mit **ungünstigeren Vermögensrechten aus-**

gestattet sind als die bisher bestehenden Anteile der übernehmenden Gesellschaft: Das UmwG sieht keinen besonderen Schutz vor; die Unterschiede sind vielmehr bei der Festlegung des Umtauschverhältnisses zu berücksichtigen (hierzu § 50 Rz. 51 f.; unten Rz. 39, 47, 52; § 46 Rz. 69).

- Die Gesellschafter der übertragenden Gesellschaft können sich aufgrund einer **nicht optimalen Festsetzung der Nennbeträge der gewährten Anteile** der übernehmenden GmbH nicht ihrem Anteil gemäß am übernehmenden Rechtsträger beteiligen: § 51 Abs. 2 UmwG (s. hierzu unten Rz. 59 ff. und § 46 Rz. 28 ff.).
- Die Gesellschafter des übertragenden Rechtsträgers erhalten **weniger Anteile an der übernehmenden GmbH**, als sie am übertragenden Rechtsträger hielten, ohne dass dies durch den Mindestnennbetrag von einem Euro bedingt ist: Hierzu ist ein Zustimmungsrecht des betroffenen Gesellschafters anerkannt (s. § 46 Rz. 43 f.)

Schutz der **Gesellschafter einer übernehmenden GmbH:** 9

- Die Gesellschafter der übernehmenden GmbH treffen **Nachschusspflichten** aufgrund von noch nicht voll eingezahlten Anteilen des übertragenden Rechtsträgers: § 51 Abs. 1 Satz 3 UmwG (s. hierzu unten Rz. 27 ff.).
- Bei der übernehmenden GmbH sollen gesellschaftsvertragliche **Sonderrechte zugunsten von Gesellschaftern des übertragenden Rechtsträgers eingeführt** werden: Die damit einhergehende Änderung des Gesellschaftsvertrags beim übernehmenden Rechtsträger bedarf der Zustimmung aller Gesellschafter des übernehmenden Rechtsträgers gem. § 53 Abs. 3 GmbHG (s. hierzu § 46 Rz. 65 f.).
- Bei der übernehmenden GmbH sollen gesellschaftsvertragliche **Sonderrechte von Gesellschaftern des übernehmenden Rechtsträgers abgeschafft** werden: Der Beschluss zur Satzungsänderung bedarf der Zustimmung sämtlicher betroffener Anteilsinhaber der übernehmenden GmbH analog § 35 BGB[1]. Verschmelzungsspezifische Besonderheiten ergeben sich nicht.

3. Anwendung auf Verschmelzung zur Neugründung

Gemäß der ausdrücklichen Anordnung in § 56 UmwG findet § 51 UmwG auf die **Verschmelzung zur Neugründung** insgesamt keine Anwendung. Dies überzeugt uneingeschränkt für § 51 Abs. 1 Satz 1 und 2 UmwG, weil die „übernehmende Gesellschaft" erst durch die Verschmelzung neu gegründet wird und die auf ihr Kapital zu leistenden Einlagen durch den Vermögensübergang bewirkt werden; im Zeitpunkt der Beschlussfassung über die Verschmelzung kann es mithin regelmäßig keine offenen Einlageforderungen der übernehmenden Gesellschaft geben. Wenig überzeugend ist dagegen die **Nichtanwendung des § 51 Abs. 1 Satz 3 und des Abs. 2 UmwG**, da die dort adressierten Nachteile, aufgrund derer der Gesetzgeber bei der Verschmelzung zur Aufnahme ein Zustimmungserfordernis vorgesehen hat, auch bei der Verschmelzung zur Neugründung möglich sind. Näher hierzu und zu der Frage, wie mit dieser rechtspolitisch verfehlten Entscheidung des Gesetzgebers de lege lata umzugehen ist, § 56 Rz. 19 ff. 10

---

1 S. etwa *Bayer* in Lutter/Hommelhoff, § 53 GmbHG Rz. 24; *Zöllner/Noack* in Baumbach/Hueck, § 53 GmbHG Rz. 35.

4. Dispositivität

11 Die Minderheitenrechte des § 51 UmwG sind gem. § 1 Abs. 3 UmwG **zwingend**. Die Gesellschaftsverträge der beteiligten Rechtsträger können keine zu Lasten der Minderheitsgesellschafter abweichende Regelung treffen.

12 Möglich ist jedoch, dass die betroffenen Minderheitsgesellschafter im Vorhinein individuell auf ihr Zustimmungsrecht **verzichten**, wobei sich die Verzichtserklärung immer auf eine bestimmte Verschmelzung zu beziehen hat und nicht generell erteilt werden kann. Genau genommen ist ein solcher Verzicht jedoch kein Verzicht, sondern die Erteilung der Individualzustimmung. Das Erfordernis notarieller Beurkundung der Erklärung folgt aus § 13 Abs. 3 Satz 1 UmwG. Das Beurkundungserfordernis ließe sich im Übrigen für eine Verzichtserklärung aufgrund eines Erst-recht-Schlusses aus den §§ 8 Abs. 3 und 9 Abs. 3 UmwG begründen (vgl. zu den Verzichtsvoraussetzungen bereits § 50 Rz. 7).

5. Entstehungsgeschichte

13 § 51 Abs. 1 Satz 1 und 2 UmwG übernimmt – unter Einbeziehung der Mischverschmelzung – schon vor Inkrafttreten des UmwG 1994 geltendes Recht. § 51 Abs. 1 Satz 3 UmwG klärt die früher lebhaft umstrittene Frage[1] nach der Notwendigkeit einer Individualzustimmung der Gesellschafter einer **übernehmenden** GmbH für den Fall des Vorhandenseins nicht voll eingezahlter Geschäftsanteile bei der übertragenden GmbH im bejahenden Sinne. Durch das **2. UmwG-Änderungsgesetz**[2] wurde die – redaktionell nicht vollständig geglückte und deshalb missverständliche – Vorschrift neu formuliert und dadurch ihre Auslegung im Sinne der schon früher herrschenden, in diesem Kommentar seit der 1. Aufl. vertretenen Meinung geklärt.

14 § 51 Abs. 2 UmwG hatte für **Mischverschmelzungen** in seiner ursprünglichen Form – mit lediglich redaktionellen Änderungen – früher geltendes Recht übernommen (vgl. näher 3. Aufl., § 51 Rz. 1). Die Vorschrift wurde im Zuge der Zulassung nennwertloser Aktien durch das Stückaktiengesetz v. 25.3.1998[3] angepasst[4]. § 51 Abs. 2 UmwG trug den früheren Anforderungen an den Mindestnennbetrag und die Stückelung von Geschäftsanteilen Rechnung[5].

15 **§ 51 Abs. 2 UmwG** wurde durch das **MoMiG**[6] neu gefasst. Die Neufassung trägt dem Umstand Rechnung, dass mit Inkrafttreten des MoMiG eine GmbH Geschäftsanteile mit einem Nennbetrag von einem Euro ausgeben kann, so dass verschmelzungsspezifische Stückelungs- und Teilungserleichterungen zukünftig entbehrlich sind und das Individualzustimmungserfordernis des § 51 Abs. 2

1 Vgl. Nachweise in 3. Aufl., § 51 Rz. 9.
2 UmwGÄndG v. 19.4.2007, BGBl. I, S. 542.
3 BGBl. I, S. 590.
4 Vgl. *Neye*, DB 1998, 1654.
5 Bis zum MoMiG lautete § 51 Abs. 2 UmwG: „Ist im Falle des § 46 Abs. 1 Satz 2 die abweichende Festsetzung des Nennbetrages nicht durch § 46 Abs. 1 Satz 3 bedingt, so bedarf sie der Zustimmung jedes Aktionärs, der sich nicht mit seinem Anteil beteiligen kann."
6 Gesetz zur Modernisierung des GmbH-Rechts und zur Bekämpfung von Missbräuchen, BGBl. I. 2008, S. 2026.

UmwG zukünftig auf die Fälle beschränkt werden kann, bei denen der Gesellschaftsvertrag der übernehmenden GmbH von den Stückelungsmöglichkeiten des allgemeinen GmbH-Rechts keinen Gebrauch macht (vgl. näher unten Rz. 61).

II. Zustimmungserfordernisse bei Vorhandensein nicht voll eingezahlter Geschäftsanteile (§ 51 Abs. 1 UmwG)

1. Nicht voll eingezahlte Anteile bei der übernehmenden GmbH (§ 51 Abs. 1 Satz 1 und 2 UmwG)

a) Grundsatz

16 § 51 Abs. 1 Satz 1 und 2 UmwG statuiert besondere Zustimmungserfordernisse für die Anteilsinhaber des **übertragenden Rechtsträgers**, wenn die Geschäftsanteile an der übernehmenden GmbH nicht voll eingezahlt sind. Der Grund für das Zustimmungserfordernis liegt im Haftungsrisiko der Anteilsinhaber des übertragenden Rechtsträgers, die mit Eintragung der Verschmelzung Gesellschafter der übernehmenden GmbH werden: Sie können unter den Voraussetzungen des § 24 GmbHG für Einlagerückstände in Anspruch genommen werden[1].

17 Das Zustimmungserfordernis greift nicht nur ein, wenn bedungene Bareinlagen noch nicht vollständig geleistet sind, sondern auch dann, wenn **Sacheinlagen** zu leisten waren, deren tatsächlicher Wert den Nennbetrag der hierfür gewährten Geschäftsanteile nicht erreicht[2]. Nach einhelliger Meinung haften nämlich sämtliche Mitgesellschafter nach Maßgabe von § 24 GmbHG für die Aufbringung des Differenzbetrages, den der Sacheinleger gem. § 9 GmbHG schuldet[3].

18 Ein Anwendungsfall des § 51 Abs. 1 Satz 1 UmwG ist auch die **verdeckte Sacheinlage**, also der Fall, dass die Bareinlage deshalb nicht als geleistet gilt, weil sie bei wirtschaftlicher Betrachtung und aufgrund einer im Zusammenhang mit der Übernahme der Geldeinlage getroffenen Abrede vollständig oder teilweise als Sacheinlage zu bewerten ist (vgl. § 19 Abs. 4 Satz 1 GmbHG)[4]. Hintergrund ist dabei, dass für die (zukünftigen) Mitgesellschafter auch in den Fällen einer verdeckten Sacheinlage das Risiko einer Ausfallhaftung nach § 24 GmbHG besteht, soweit die bestehende Einlageforderung gegen den Gesellschafter nicht durch

---

1 Vgl. BegrRegE BT-Drucks. 12/6699 v. 1.2.1994, 100, abgedruckt bei *Ganske*, S. 101; zum alten Recht BegrRegE zur GmbH-Novelle 1980 bei *Deutler*, Das neue GmbH-Recht, 1980, S. 136; *Schilling/Zutt* in Hachenburg[7], § 20 KapErhG Rz. 13; *Priester* in Scholz[7], § 20 KapErhG Rz. 7; *Zimmermann* in Rowedder[2], Anh. § 77 GmbHG Rz. 410; *Lutter/Hommelhoff*[13], § 20 KapErhG Rz. 9; *Dehmer*[1], § 20 KapErhG Anm. 4e.

2 Heute wohl unstr., s. etwa *Mayer* in Widmann/Mayer, § 51 UmwG Rz. 10; *Reichert* in Semler/Stengel, § 51 UmwG Rz. 11; *Simon/Nießen* in KölnKomm. UmwG, § 51 UmwG Rz. 10; *Zimmermann* in Kallmeyer, § 51 UmwG Rz. 8; *Rebmann* in Maulbetsch/Klumpp/Rose, § 51 UmwG Rz. 7; *Haeder* in Henssler/Strohn, § 51 UmwG Rz. 2

3 Vgl. nur *Ulmer/Habersack* in Ulmer/Habersack/Löbbe, § 9 GmbHG Rz. 4; *Märtens* in MünchKomm. GmbHG, § 9 GmbHG Rz. 6; *Veil* in Scholz, § 9 GmbHG Rz. 5; *Fastrich* in Baumbach/Hueck, § 9 GmbHG Rz. 5; *Bayer* in Lutter/Hommelhoff, § 9 GmbHG Rz. 9.

4 *Mayer* in Widmann/Mayer, § 51 UmwG Rz. 10; *Reichert* in Semler/Stengel, § 51 UmwG Rz. 11; *Simon/Nießen* in KölnKomm. UmwG, § 51 UmwG Rz. 10; *Zimmermann* in Kallmeyer, § 51 UmwG Rz. 8.

Anrechnung (vgl. § 19 Abs. 4 Satz 3 GmbHG) erloschen ist[1]. Gleiches gilt für Fälle des sog. (unzulässigen)[2] **Hin- und Herzahlens**, bei denen die Erfüllung der Einlageforderung deshalb scheitert, weil vor der Einlageleistung eine Leistung an den Gesellschafter vereinbart wurde, die wirtschaftlich einer Rückzahlung der Einlage entspricht (vgl. § 19 Abs. 5 Satz 1 GmbHG). Im Hinblick auf die fehlende Erfüllungswirkung der in diesem Zusammenhang geleisteten Einlage[3] besteht auch in diesem Fall das Risiko einer Ausfallhaftung der (zukünftigen) Mitgesellschafter nach § 24 GmbHG[4]. Allerdings liegt ein Anwendungsfall des § 51 Abs. 1 Satz 1 UmwG nur vor, soweit die Einlageleistung noch zumindest teilweise besteht und nicht vollständig durch Anrechnung nach § 19 Abs. 4 Satz 3 GmbHG oder Befreiung nach § 19 Abs. 5 GmbHG untergegangen ist.

19 Als Anwendungsfall des § 51 Abs. 1 Satz 1 UmwG ist außerdem die **Unterbilanzhaftung** anerkannt[5]. Es handelt sich dabei um die anteilige Haftung der Gründer für eine am Eintragungsstichtag bestehende Unterdeckung des Stammkapitals[6]. Auch die Unterbilanzhaftung begründet ein Haftungsrisiko nach § 24 GmbHG[7].

20 Entgegen *Priester*[8] besteht das Erfordernis einer allseitigen Zustimmung der Gesellschafter des übertragenden Rechtsträgers freilich nicht schon dann, wenn im Zuge der Gründung der übernehmenden GmbH oder einer späteren Kapitalerhöhung Sacheinlagen gemacht wurden und die fünfjährige Verjährungsfrist noch nicht abgelaufen ist; diese Auffassung würde Verschmelzungen über Gebühr erschweren und berücksichtigt nicht hinreichend, dass der Registerrichter vor der Eintragung die Werthaltigkeit der Sacheinlage bereits geprüft hat. Vielmehr muss der Anteilsinhaber des übertragenden Rechtsträgers, der ein Vetorecht nach Maßgabe von § 51 Abs. 1 UmwG behauptet, zumindest konkrete Umstände darlegen, die geeignet sind, Zweifel an der Vollwertigkeit der geleisteten Sacheinlage zu erwecken[9]. Bei verdeckten Sacheinlagen und Hin- und Herzahlen muss der Anteilsinhaber allerdings nicht darlegen, warum die Anrechnungs- oder Erfüllungswirkung nach § 19 Abs. 4 und 5 GmbHG nicht eingetreten ist.

---

1 Vgl. *Müller* in Ulmer/Habersack/Löbbe, § 24 GmbHG Rz. 16; *Emmerich* in Scholz, § 24 GmbHG Rz. 3a; *Schütz* in MünchKomm. GmbHG, § 24 GmbHG Rz. 14.

2 Ein solches liegt immer dann vor, wenn eine der Tatbestandsvoraussetzungen des § 19 Abs. 5 Satz 1 GmbHG nicht erfüllt ist, vgl. dazu *Märtens* in MünchKomm. GmbHG, § 19 GmbHG Rz. 288 ff.; *Veil* in Scholz, § 19 GmbHG Rz. 181 ff.

3 Vgl. nur *Märtens* in MünchKomm. GmbHG, § 19 GmbHG Rz. 317; *Veil* in Scholz, § 19 GmbHG Rz. 190 m.w.N.

4 Ausdrücklich *Herrler*, DStR 2011, 2300.

5 *Mayer* in Widmann/Mayer, § 51 UmwG Rz. 10; *Reichert* in Semler/Stengel, § 51 UmwG Rz. 11; *Simon/Nießen* in KölnKomm. UmwG, § 51 UmwG Rz. 10; *Zimmermann* in Kallmeyer, § 51 UmwG Rz. 8.

6 Vgl. dazu etwa *Märtens* in MünchKomm. GmbHG, § 11 GmbHG Rz. 156 ff.; *Ulmer/Habersack* in Ulmer/Habersack/Löbbe, § 11 GmbHG Rz. 98 ff.; *K. Schmidt* in Scholz, § 11 GmbHG Rz. 139.

7 *Emmerich* in Scholz, § 24 GmbHG Rz. 3a; *Schütz* in MünchKomm. GmbHG, § 24 GmbHG Rz. 14; *Müller* in Ulmer/Habersack/Löbbe, § 24 GmbHG Rz. 16.

8 *Priester* in *Scholz*[7], § 20 KapErhG Rz. 7.

9 Vgl. sinngemäß (zur Differenzhaftung) *Ulmer/Habersack* in Ulmer/Habersack/Löbbe, § 9 GmbHG Rz. 14 und *Märtens* in MünchKomm. GmbHG, § 9 GmbHG Rz. 20; zustimmend *Reichert* in Semler/Stengel, § 51 UmwG Rz. 11; *Rebmann* in Maulbetsch/Klumpp/Rose, § 51 UmwG Rz. 7; *Haeder* in Henssler/Strohn, § 51 UmwG Rz. 2; *Simon/Nießen* in KölnKomm. UmwG, § 51 UmwG Rz. 10.

Sind bei der übernehmenden GmbH **nicht voll eingezahlte Geschäftsanteile** (s. oben Rz. 16ff.) vorhanden, bedarf der Zustimmungsbeschluss in der Versammlung der Anteilsinhaber des übertragenden Rechtsträgers der **Einstimmigkeit**. Bereits eine Stimmenthaltung führt also zum Scheitern des Verschmelzungsbeschlusses. 21

Darüber hinaus ist auch die Zustimmung aller in der Versammlung erschienenen **Anteilsinhaber ohne Stimmrecht** erforderlich (bspw. Vorzugsaktionäre ohne Stimmrecht oder Inhaber stimmrechtsloser GmbH-Geschäftsanteile)[1]. Die von ihnen in der Versammlung erklärte Zustimmung ist – neben der Einstimmigkeit des gefassten Beschlusses – gesondert zu protokollieren. 22

Eine Ausnahme vom Erfordernis einer Zustimmungserklärung gilt insoweit, als einem Anteilsinhaber zur Zeit der Beschlussfassung **Rechte aus seinen Anteilen nicht zustehen**. Bedeutung hat dies für Aktiengesellschaften, bei denen aufgrund unterlassener Melde- oder Mitteilungspflichten gem. §§ 20 Abs. 7, 21 Abs. 4 AktG, § 28 WpHG, § 59 WpÜG ein umfassender Rechtsverlust eintreten kann. 23

b) Personengesellschaft, Partnerschaftsgesellschaft oder GmbH als übertragender Rechtsträger

Hat der übertragende Rechtsträger die Rechtsform der Personengesellschaft, der Partnerschaftsgesellschaft oder der GmbH, bedarf es neben dem einstimmigen Beschluss in der Verschmelzungsversammlung und der Zustimmung der dort anwesenden Inhaber stimmrechtsloser Anteile (oben Rz. 22) darüber hinaus der Zustimmung **aller vorhandenen Gesellschafter**, auch soweit sie an der Beschlussfassung über den Verschmelzungsvertrag nicht teilgenommen haben oder vom Stimmrecht ausgeschlossen sind (§ 51 Abs. 1 Satz 2 UmwG)[2]. Die Aufzählung der Rechtsformen ist insofern abschließend[3]. 24

Die Beschränkung des Erfordernisses der Zustimmung aller vorhandenen Gesellschafter auf Personengesellschaften, Partnerschaftsgesellschaften und GmbH findet seinen Grund offenbar nicht darin, dass die Ausfallhaftung diese stärker trifft als etwa den Aktionär einer übertragenden AG, der nach dem Aktienrecht mit einer Haftung für fremde Verbindlichkeiten überhaupt nicht zu rechnen brauchte, sondern ausschließlich in Praktikabilitätserwägungen: Da den Vertretungsorganen einer AG in aller Regel nicht sämtliche Aktionäre persönlich bekannt sind, würde die Statuierung des Erfordernisses der **allseitigen Individualzustimmung** 25

---

1 So zutreffend *Mayer* in Widmann/Mayer, § 51 UmwG Rz. 13f.; *Zimmermann* in Kallmeyer, § 51 UmwG Rz. 2; *Reichert* in Semler/Stengel, § 51 UmwG Rz. 12; *Simon/Nießen* in KölnKomm. UmwG, § 51 UmwG Rz. 13; *Haeder* in Henssler/Strohn, § 51 UmwG Rz. 3; *Rebmann* in Maulbetsch/Klumpp/Rose, § 51 UmwG Rz. 5; unklar *Bermel* in Goutier/Knopf/Tulloch, § 51 UmwG Rz. 7, der im Falle des § 51 UmwG offenbar von einem „Wiederaufleben" des Stimmrechts ausgeht und die Zustimmung der Inhaber stimmrechtsloser Anteile außerhalb der Gesellschafterversammlung nicht genügen lässt.

2 Vgl. zum früheren Recht *Schilling/Zutt* in Hachenburg[7], § 20 KapErhG Rz. 14; *Priester* in Scholz[7], § 20 KapErhG Rz. 7.

3 So ausdrücklich auch *Simon/Nießen* in KölnKomm. UmwG, § 51 UmwG Rz. 16.

letztlich dazu führen, dass Verschmelzungen auf eine GmbH mit nicht voll eingezahlten Geschäftsanteilen nicht durchgeführt werden könnten[1].

26 Die Zustimmung der in der Verschmelzungsversammlung **nicht anwesenden Gesellschafter** der übertragenden Personengesellschaft, Partnerschaftsgesellschaft oder GmbH bedarf der notariellen Beurkundung (§ 13 Abs. 3 Satz 1 UmwG). Die Zustimmungserklärung muss sich zweifelsfrei auf den Beschluss der Gesellschafter des jeweiligen übertragenden Rechtsträgers beziehen; die Beifügung des Vertragstextes zur Zustimmungsurkunde als Anlage ist dagegen nicht zwingend notwendig[2] (vgl. § 13 Abs. 3 Satz 2 UmwG). Die Zustimmung muss jedenfalls vor Anmeldung der Verschmelzung zum Handelsregister vorliegen, da sie dieser beizufügen ist (§ 17 Abs. 1 UmwG). Darüber hinaus haben die Vertretungsorgane sämtlicher an der Verschmelzung beteiligten Rechtsträger nach § 52 Abs. 1 UmwG zu versichern, dass die nach § 51 UmwG erforderlichen Zustimmungserklärungen vorliegen (vgl. näher § 52 Rz. 9 ff.).

2. Nicht voll eingezahlte Geschäftsanteile bei der übertragenden GmbH (§ 51 Abs. 1 Satz 3 UmwG)

a) Die gesetzliche Regelung

27 Für das vor der Novellierung des Umwandlungsgesetzes im Jahr 1994 geltende GmbH-Verschmelzungsrecht war streitig, ob die Zustimmung sämtlicher Gesellschafter der **übernehmenden** GmbH erforderlich war, wenn **nicht sämtliche Geschäftsanteile der übertragenden GmbH** voll **eingezahlt** waren (vgl. die Nachw. zum Meinungsstand in 3. Aufl., § 51 Rz. 9). Die wohl herrschende Meinung bejahte dies im Hinblick auf die Ausfallhaftung der Gesellschafter der übernehmenden Gesellschaft für die im Zuge der Verschmelzung auf diese übergehenden Einlageforderungen der übertragenden Gesellschaft, während es nach anderer Auffassung der Zustimmung der Gesellschafter der übernehmenden Gesellschaft in diesen Fällen schon deshalb nicht bedurfte, weil sie eine Ausfallhaftung für Einlageforderungen des im Zuge der Verschmelzung untergegangenen übertragenen Rechtsträgers nicht treffe.

28 § 51 Abs. 1 Satz 3 UmwG entscheidet die Streitfrage – freilich begrenzt auf die reine GmbH-Verschmelzung – im Sinne der herrschenden Meinung und bringt dadurch zugleich zum Ausdruck, dass nach Ansicht des Gesetzgebers nach Wirksamwerden der Verschmelzung eine Ausfallhaftung der Gesellschafter der übernehmenden Gesellschaft für Einlageforderungen der übertragenden Gesellschaft gem. § 24 GmbHG besteht[3]. Diese Auffassung des Gesetzgebers erscheint zumindest zweifelhaft. § 24 GmbHG dient nur der Aufbringung des Stammkapitals der

1 Wie hier namentlich *Schöne*, S. 205; *Reichert* in Semler/Stengel, § 51 UmwG Rz. 14; *Rebmann* in Maulbetsch/Klumpp/Rose, § 51 UmwG Rz. 6.
2 So auch *Mayer* in Widmann/Mayer, § 51 UmwG Rz. 18.
3 So auch *Schöne*, S. 206; *Reichert* in Semler/Stengel, § 51 UmwG Rz. 20; *Rebmann* in Maulbetsch/Klumpp/Rose, § 51 UmwG Rz. 10; *Zimmermann* in Kallmeyer, § 51 UmwG Rz. 6; *Simon/Nießen* in KölnKomm. UmwG, § 51 UmwG Rz. 23; nunmehr auch *Stratz* in Schmitt/Hörtnagl/Stratz, § 51 UmwG Rz. 8; *Altmeppen* in Roth/Altmeppen, § 24 GmbHG Rz. 13; *Fastrich* in Baumbach/Hueck, § 24 GmbHG Rz. 5.

übernehmenden Gesellschaft[1]. Auf die Aufbringung (und Erhaltung) des Kapitals der übertragenden Rechtsträger kann sich ein Gläubiger nach Wirksamwerden der Verschmelzung nicht verlassen. Das UmwG verlangt gerade nicht, dass die aufnehmende Gesellschaft ein Stammkapital in Höhe der Summe der Kapitalia aller an der Verschmelzung beteiligten Gesellschaften aufweist (s. § 54 Rz. 74). Dies ist letztlich aber keine Frage, die von § 51 UmwG entschieden wird, sondern eine Frage der Auslegung der § 20 UmwG und § 24 GmbHG.

§ 51 Abs. 1 Satz 3 UmwG in der bis zur 2. UmwG-Novelle geltenden Fassung ordnete die „entsprechende Anwendung" von Satz 1 und 2 für den Fall an, dass eine GmbH, auf deren Geschäftsanteile nicht alle Einlagen in vollem Umfang bewirkt sind, von einer anderen GmbH durch Verschmelzung aufgenommen wird. Die Vorschrift war unklar formuliert mit der Folge, dass über ihre Auslegung ein schwer verständlicher Meinungsstreit entbrannte. Trotz der schiefen Formulierung war schon vor der Novelle davon auszugehen, dass die „entsprechende Anwendung" von Satz 1 und 2 bedeutete, dass im Fall von Satz 3 die Zustimmung sämtlicher Gesellschafter der übernehmenden GmbH zur Verschmelzung erforderlich war, weil nur ihnen infolge der Aufnahme einer GmbH mit nicht voll eingezahlten Geschäftsanteilen das Risiko einer Ausfallhaftung nach § 24 GmbHG aufgebürdet wurde (vgl. 3. Aufl., Rz. 10). 29

Die durch das 2. UmwG-Änderungsgesetz neugefasste Vorschrift schreibt – seit der Novelle unzweideutig – vor, dass **sämtliche Gesellschafter der übernehmenden Gesellschaft**, auch soweit sie in der Verschmelzungsversammlung nicht anwesend sind oder keine stimmberechtigten Anteile halten, dem Verschmelzungsvertrag **zustimmen** müssen, soweit bei der **übertragenden GmbH nicht voll eingezahlte Geschäftsanteile** vorhanden sind, und erledigt damit eine weitere Streitfrage zum UmwG 1994 im Sinne der in diesem Kommentar seit der 1. Auflage vertretenen Auffassung (zum Meinungsstand nach früherem Recht vgl. 3. Aufl., Rz. 10). Die gegenteilige Auffassung, wonach die Zustimmung der Gesellschafter der übertragenden Gesellschaft erforderlich sein sollte[2], hat sich durch die Neuregelung erledigt. 30

Dem Vorhandensein nicht voll eingezahlter Anteile steht es auch im Fall des § 51 Abs. 1 Satz 3 UmwG gleich, wenn der Wert einer bedungenen Sacheinlage den Nennbetrag der hierfür gewährten Geschäftsanteile nicht erreichte (oben Rz. 17). Zur Form der Zustimmung und zur Notwendigkeit, die Zustimmung vor Anmeldung der Verschmelzung zum Handelsregister einzuholen, vgl. oben Rz. 26. 31

Eine teleologische Reduktion des § 51 Abs. 1 Satz 3 UmwG dahingehend, dass eine gesonderte Zustimmung aller Gesellschafter der übernehmenden Gesellschaft nicht erforderlich ist, ist gerechtfertigt, soweit eine Ausfallhaftung der Gesellschafter der übernehmenden GmbH nach § 24 GmbHG ausgeschlossen ist. Dies ist jedenfalls bei der Verschmelzung einer **100%igen Tochtergesellschaft** mit ausstehenden Einlageforderungen auf die Muttergesellschaft der Fall[3]. Aufgrund 32

---

1 Oben *Grunewald*, § 20 Rz. 47; *Marsch-Barner* in Kallmeyer, § 20 UmwG Rz. 9; *Simon* in KölnKomm. UmwG, § 20 UmwG Rz. 11; *Vossius* in Widmann/Mayer, § 20 UmwG Rz. 342.

2 So noch *Stratz* in Schmitt/Hörtnagl/Stratz, 4. Aufl. 2006, § 51 UmwG Rz. 8, 10.

3 Zutreffend *Simon/Nießen* in KölnKomm. UmwG, § 51 UmwG Rz. 25; zustimmend *Haeder* in Henssler/Strohn, § 51 UmwG Rz. 3.

der durch Konfusion erloschenen Einlagenforderung der Tochtergesellschaft gegen die Muttergesellschaft besteht kein entsprechendes Risiko einer Ausfallhaftung gem. § 24 GmbHG für die Gesellschafter der Muttergesellschaft.

b) Analoge Anwendung auf andere übertragende GmbH

33 § 51 Abs. 1 Satz 3 UmwG hat eine Zwei-Parteien-Verschmelzung im Blick und konzentriert sich auf das Schutzbedürfnis der erstmals von einer Nachschusspflicht nach § 24 GmbHG betroffenen Gesellschafter der übernehmenden GmbH. In gleicher Weise schutzwürdig sind bei der Drei-Parteien-Verschmelzung aber auch die Gesellschafter der zweiten übertragenden GmbH, bei der alle Einlagen bewirkt sind, deren Gesellschafter aber nach Wirksamwerden der Verschmelzung in gleicher Weise der Nachschusspflicht des § 24 GmbHG ausgesetzt sind wie die Gesellschafter der übernehmenden GmbH. Es gibt keinen Hinweis in den Gesetzesmaterialien, dass der Gesetzgeber diesen – in der Tat nicht offensichtlichen – Fall mitbedacht hat. Umgekehrt zeigen auch die Sätze 1 und 2 des § 51 Abs. 1 UmwG, dass der Gesetzgeber die Gesellschafter übertragender Rechtsträger nicht gegen ihren Willen einer Nachschusspflicht für rückständige Einlagen bei einer anderen GmbH aussetzen wollte. Würde man mit der hier bezweifelten (s. oben Rz. 28) Ansicht eine Ausfallhaftung der Gesellschafter der übernehmenden GmbH nach § 24 GmbHG für noch offene Einlageforderungen einer übertragenden GmbH annehmen, ließen sich die **Voraussetzungen einer Analogie** kaum widerlegen. Diese würde die Erklärung nach § 52 UmwG umfassen; ein Verstoß wäre aufgrund des strafrechtlichen Analogieverbots aber nicht nach § 313 Abs. 2 UmwG strafbar.

34 Die Frage wird bisher – soweit ersichtlich – nicht im Zusammenhang mit § 51 Abs. 1 UmwG erörtert, wohl aber im Zusammenhang mit § 56 UmwG und der Frage, ob § 51 Abs. 1 Satz 3 UmwG bei einer **Verschmelzung zur Neugründung** entgegen dem Wortlaut des § 56 UmwG Anwendung finden kann (hierzu § 56 Rz. 20ff.).

35 Hat die zweite übertragende Gesellschaft **nicht die Rechtsform einer GmbH**, ließe sich zur Begründung zwar ebenfalls auf die Wertung der Sätze 1 und 2 des § 51 Abs. 1 UmwG verweisen. Allerdings ist das Schutzbedürfnis der Gesellschafter eines solchen übertragenden Rechtsträgers insoweit geringer, als es sich um eine Mischverschmelzung handelt, bei der der übernehmende Rechtsträger den Gesellschaftern des übertragenden Rechtsträgers ein Abfindungsangebot nach § 29 UmwG unterbreiten muss. Jeder Gesellschafter des übertragenden Rechtsträgers hat also die Möglichkeit, der Haftung nach § 24 GmbHG durch sein Ausscheiden gegen angemessene Barabfindung zu entgehen. Dies spricht gegen die Ausweitung individueller Zustimmungserfordernisses in diesem Fall.

c) Analoge Anwendung auf Mischverschmelzungen?

36 Dunkel ist, warum der Gesetzgeber den Anwendungsbereich des § 51 Abs. 1 Satz 3 UmwG auf die reine GmbH-Verschmelzung beschränkt hat. Die Materialien schweigen. Will man sich nicht mit dem vordergründigen Befund begnügen, dass die Problematik vor In-Kraft-Treten des UmwG 1994 nur im Zusammenhang mit der reinen GmbH-Verschmelzung diskutiert wurde, bleiben zwei Deutungs-

möglichkeiten: Entweder nimmt der Gesetzgeber an, dass für Einlageforderungen eines übertragenden Rechtsträgers, der nicht GmbH ist, trotz ihres Übergangs auf die übernehmende GmbH im Wege der Gesamtrechtsnachfolge deren Gesellschafter nicht nach § 24 GmbHG haften; oder der Gesetzgeber geht davon aus, das Schutzbedürfnis der Gesellschafter einer übernehmenden GmbH sei bei Verschmelzungen mit einem Rechtsträger anderer Rechtsform, bei dem noch nicht alle Einlagen geleistet sind, geringer als bei der reinen GmbH-Verschmelzung. Die Unterscheidung zwischen den unterschiedlichen Rechtsformen des übertragenden Rechtsträgers wären bei beiden Hypothesen schwerlich überzeugend.

In der Tat sprechen gute Gründe dafür, dass die Gesellschafter der übernehmenden GmbH nicht nach § 24 GmbHG für offene Einlageforderungen der übertragenden Rechtsträger, gleich welcher Rechtsform, haften (s. oben Rz. 28). Selbst wenn man dazu käme, dass eine solche Haftung aus § 24 GmbHG besteht, spräche die eindeutige Gesetzesformulierung und der Umstand, dass der Gesetzgeber – in Kenntnis des Meinungsstreits – die Vorschrift im Zuge der 2. UmwG-Novelle unverändert gelassen hat, gegen die Annahme einer planwidrigen, eine Analogie rechtfertigenden Gesetzeslücke. Angesichts des Fehlens einer planwidrigen Lücke wird man das Erfordernis, dass sich die Geschäftsführer gem. § 52 Abs. 1 UmwG in der Anmeldung über das Vorliegen der erforderlichen Individualzustimmungen zu erklären haben und falsche Versicherungen nach § 313 Abs. 2 UmwG strafbewehrt sind, als weiteres Argument gegen eine Analogie (und nicht nur einen Ausschluss der Strafbarkeit nach § 313 Abs. 2 UmwG) werten können. Im Ergebnis ist daher in diesem Fall unabhängig davon, ob eine Ausfallhaftung nach § 24 GmbHG droht, **eine erweiternde oder analoge Auslegung des § 51 Abs. 1 Satz 3 UmwG insoweit *nicht* zu befürworten**[1]. 37

III. Exkurs: Zustimmungserfordernis auf Grund von statutarischen Nebenleistungspflichten, Schiedsklauseln oder Sonderrechten beim übernehmenden Rechtsträger?

1. Statutarische Nebenleistungspflichten beim übernehmenden Rechtsträger

a) Problemstellung

Während das Verschmelzungsrecht Anteilsinhaber des übertragenden Rechtsträgers, die auf Grund der Verschmelzung das Risiko einer Ausfallhaftung nach § 24 GmbHG laufen, durch weitgehende Zustimmungsvorbehalte schützt, fehlt es an vergleichbaren Schutzkautelen für die Anteilsinhaber eines Rechtsträgers, der auf eine GmbH verschmolzen werden soll, deren Satzung **Nebenleistungspflichten** (Beispiel: Nachschusspflichten gem. § 26 GmbHG; Nebenleistungspflichten, etwa § 55 AktG; Wettbewerbsverbote; Pflicht zu Darlehensgewährung, persönliche Mitarbeitspflichten, Belieferungs- oder Abnahmeverpflichtungen, Vertrags- 38

1 Für die Analogie aber *Bayer*, ZIP 1998, 1623 und *Reichert* in Semler/Stengel, § 51 UmwG Rz. 20 (Zustimmung auch bei Mischverschmelzungen erforderlich, falsche Erklärungen aber insoweit nicht strafbewehrt); wie hier dagegen *Schöne*, S. 205; *Mayer* in Widmann/Mayer, § 51 UmwG Rz. 22; *Rebmann* in Maulbetsch/Klumpp/Rose, § 51 UmwG Rz. 11, 13; *Simon/Nießen* in KölnKomm. UmwG, § 51 UmwG Rz. 30; *Haeder* in Henssler/Strohn, § 51 UmwG Rz. 4.

strafen etc.) enthält. Nach der zum alten Recht ganz herrschenden Auffassung[1] bedurfte es in diesen Fällen gleichfalls der Zustimmung aller Gesellschafter der übertragenden Gesellschaft; dies wurde aus **§ 53 Abs. 3 GmbHG** gefolgert.

39 Die **Regierungsbegründung** verwirft diesen Ansatz ausdrücklich[2]. Eine Übernahme dieses Rechtsgedankens in das Umwandlungsgesetz sei „nicht zweckmäßig", weil dadurch Verschmelzungen häufig verhindert würden. Dem aus dem Bestehen von Nebenleistungspflichten resultierenden Schutzbedürfnis könne bei der Bestimmung des Umtauschverhältnisses und dessen gerichtlicher Nachprüfung Rechnung getragen werden.

b) Stellungnahme

40 **Diese Problemsicht ist verfehlt**[3]. Hierüber besteht in der Diskussion zum neuen Recht rechtspolitisch weitgehend Einigkeit[4]. Streitig ist jedoch, ob die in der Gesetzesbegründung zum Ausdruck kommende Grundentscheidung des Gesetzgebers trotzdem zu respektieren ist[5], und, wenn man dies verneint, wie die Schutzlücke zu schließen ist.

41 Zum Schließen der Schutzlücke werden im Wesentlichen drei Lösungsansätze diskutiert:

- Die Verschmelzung bedarf **analog § 53 Abs. 3 GmbHG** der Zustimmung aller Gesellschafter der übertragenden Gesellschaft[6];
- den widersprechenden Gesellschaftern ist **analog § 29 UmwG** ein Barabfindungsangebot zu unterbreiten[7];
- die Gesellschafter werden durch ein **Austrittsrecht aus wichtigem Grund** geschützt, soweit die Nebenleistungspflichten sie unzumutbar belasten[8].

---

1 Vgl. *Schilling/Zutt* in Hachenburg[7], § 20 KapErhG Rz. 18; *Priester* in Scholz[7], § 20 KapErhG Rz. 8.

2 Vgl. BegrRegE BT-Drucks. 12/6699 v. 1.2.1994, 86, abgedruckt bei *Ganske,* S. 61.

3 Vgl. näher *M. Winter* in Kölner Umwandlungsrechtstage, S. 46 ff.

4 So teilweise selbst diejenigen, die die gesetzgeberische Entscheidung de lege lata für bindend halten, s. *Mayer* in Widmann/Mayer, § 50 UmwG Rz. 113, 116, der die „inakzeptablen" (sic!) Wertungswidersprüche der von ihm favorisierten Auslegung erkennt und deshalb nach Abhilfe durch den Gesetzgeber ruft; s. auch *Wälzholz,* DStR 2006, 236 (237); *Simon/Nießen* in KölnKomm. UmwG, § 51 UmwG Rz. 19.

5 Ausführlich *Wälzholz,* DStR 2006, 236 ff., der § 53 Abs. 3 GmbHG allerdings ausnahmsweise dann analog anwenden will, wenn die neu auszugebenden Geschäftsanteile für die Gesellschafter des übertragenden Rechtsträgers mit besonderen Sonder- oder Nebenleistungspflichten ausgestattet werden, die jedoch nicht die Gesellschafter des aufnehmenden Rechtsträgers treffen; außerdem *Mayer* in Widmann/Mayer, § 50 UmwG Rz. 115 f.; *Simon/Nießen* in KölnKomm. UmwG, § 51 UmwG Rz. 20; so – jedenfalls für die Nachschusspflicht gem. § 26 GmbHG – auch *Stratz* in Schmitt/Hörtnagl/Stratz, § 51 UmwG Rz. 3.

6 So *M. Winter* in Kölner Umwandlungsrechtstage, S. 46 ff. unter Bezugnahme auf die ganz h.M. zum früheren Recht (Nachweise vorstehend Fn. 1); ebenso (zum Referentenentwurf) *Priester,* ZGR 1990, 420 (442).

7 So – mit ausführlicher Begründung – *H. Schmidt* in Kölner Umwandlungsrechtstage, S. 84 f.; ihm folgend *Bermel* in Goutier/Knopf/Tulloch, § 50 UmwG Rz. 33.

8 Hierauf will *Grunewald* in Kölner Umwandlungsrechtstage, S. 24 den dissentierenden Gesellschafter verweisen.

42 Vorzugswürdig ist der zuerst genannte Lösungsansatz (vgl. auch § 13 Rz. 42ff.)[1]. Die Annahme eines Zustimmungserfordernisses passt am besten zu den gesetzlichen Spezialregelungen in § 51 Abs. 1 UmwG, die den Gesellschafter vor einer Ausfallhaftung nach § 24 GmbHG schützen sollen, und vor allen Dingen zum im Grundsatz für alle Rechtsträger geltenden **Leistungsvermehrungsverbot**, das für das GmbH-Recht in § 53 Abs. 3 GmbHG (für die AG § 180 AktG) spezialgesetzlich geregelt ist[2]. Dieses allgemeine gesellschaftsrechtliche Prinzip kann nicht durch ein obiter dictum in der Regierungsbegründung, das im Gesetzestext keinen Niederschlag gefunden hat, ausgehebelt werden. Dies gilt erst recht, wenn der Gesetzgeber offensichtlich zu kurz gedacht hat, indem er solche Nebenleistungspflichten nicht bedacht hat, die in Geld nicht quantifizierbar sind (wie z.B. Wettbewerbsverbote) und daher im Rahmen des Umtauschverhältnisses nicht berücksichtigt werden können[3].

43 Soweit die Verschmelzung auf einen Rechtsträger, dessen Satzung Nebenleistungspflichten vorsieht, in Rede steht, fehlt es im UmwG an einer abschließenden, die ergänzende Anwendung allgemein anerkannten Rechtsprinzipien derogierenden Regelung. Das räumen letztlich auch Vertreter der Gegenauffassung ein, wenn sie konstatieren, dass die Nichtanwendung des Leistungsverweigerungsverbots zu „**inakzeptablen Wertungswidersprüchen**" führen würde[4]. Ein als „inakzeptabel" erkanntes Auslegungsergebnis hinzunehmen, besteht aber umso weniger Anlass, als nicht etwa die hier vertretene Auffassung eine Gesetzeslücke nachweisen muss; vielmehr müsste die Gegenauffassung eine Gesetzesnorm (und nicht nur ein obiter dictum in der Gesetzesbegründung) namhaft machen, die die Anwendung der allgemeinen Rechtsprinzipien ausschließt. Eine solche Norm enthält das UmwG nicht.

44 Für ein Individualzustimmungsrecht spricht auch der **Vergleich mit dem Schutz der Minderheitsgesellschafter bei der übernehmenden Gesellschaft**. Hat beispielsweise nicht der übernehmende, sondern der übertragende Rechtsträger in seiner Satzung ein Wettbewerbsverbot vorgesehen und beabsichtigen die Verschmelzungspartner, dieses nun auch bei der übernehmenden Gesellschaft als überlebenden Rechtsträger des einheitlichen Unternehmens einzuführen, muss dem jeder Gesellschafter der übernehmenden GmbH nach § 53 Abs. 3 GmbHG zustimmen. Bei Verschmelzungen ist die Verschmelzungsrichtung aber grundsätzlich austauschbar; die Fortführung des einheitlichen Unternehmens durch einen Rechtsträger kann auf verschiedene Weise herbeigeführt werden. Bei dieser Konstellation erschiene es widersprüchlich, den Minderheitsgesellschaftern, denen nach der Verschmelzung ein Wettbewerbsverbot erstmals aufgezwungen werden soll,

1 So auch *Reichert* in Semler/Stengel, § 51 UmwG Rz. 15f.; *Rebmann* in Maulbetsch/Klumpp/Rose, § 51 UmwG Rz. 9; *Zimmermann* in Kallmeyer, § 51 UmwG Rz. 8; ausdrücklich a.A. *Wälzholz*, DStR 2006, 236 (239), der eine solche Analogie allenfalls dann anerkennen will, wenn die neu auszugebenden Geschäftsanteile für die Gesellschafter des übertragenden Rechtsträgers Sonder- oder Nebenleistungspflichten enthalten, die die Gesellschafter des aufnehmenden Rechtsträgers nicht gleichfalls treffen.

2 Vgl. eingehend *M. Winter* in Kölner Umwandlungsrechtstage, S. 47f.; zustimmend *Schöne*, S. 189ff.; *Bayer*, ZIP 1997, 1613 (1623); für den Regelfall – soweit nicht das Zustimmungserfordernis des § 13 Abs. 2 UmwG eingreift – auch *Reichert*, GmbHR 1995, 176 (189).

3 Ähnlich *Reichert* in Semler/Stengel, § 51 UmwG Rz. 16.

4 So explizit *Mayer* in Widmann/Mayer, § 50 UmwG Rz. 113.

abhängig von der Verschmelzungsrichtung in dem einen Fall durch ein Individualzustimmungsrecht, in dem anderen Fall dagegen gar nicht oder nur über die Möglichkeit des Ausscheidens gegen Abfindung zu schützen.

45 Eine **analoge Anwendung des § 29 UmwG** ist aus Gründen des Minderheitenschutzes dagegen nicht zu befürworten. Gegen eine entsprechende Analogie spricht dabei vor allem die Gefahr, dass Minderheitsgesellschafter durch entsprechend nachteilige Gestaltung der Satzung des übernehmenden Rechtsträgers durch die Mehrheitsgesellschafter (freilich gegen Abfindung) aus der Gesellschaft gedrängt werden könnten (vgl. dazu schon § 13 Rz. 37)[1]. Selbiges gilt für den Verweis des Gesellschafters auf ein **Austrittsrecht aus wichtigem Grund** – auch in diesem Fall kann die Gefahr bestehen, dass sich der Minderheitsgesellschafter (durch die Mehrheitsgesellschafter beabsichtigt) zu einem Austritt gezwungen sieht, sollten ihn die zusätzlichen Pflichten über Gebühr belasten.

46 Zwar ist es richtig, dass die Erweiterung von Individualzustimmungsrechten zusätzliche **Umsetzungsrisiken** begründet. Die Annahme, dass aufgrund der häufig unterschiedlichen Ausgestaltung von Gesellschaftsverträgen „in der ganz überwiegenden Zahl" der Umwandlungsfälle entgegen der im UmwG grundsätzlich angeordneten Dreiviertelmehrheit auf Seiten des übertragenden Rechtsträgers Einstimmigkeit erforderlich sei[2], erscheint jedoch überzogen. Die Verschmelzungspartner haben die Möglichkeit, sich für den übernehmenden Rechtsträger auf das jeweils geringste Niveau an Nebenpflichten zu einigen. Bestehen bei der übertragenden GmbH weniger weitreichende Nebenpflichten als bei der übernehmenden, kann die Gesellschafterversammlung der übernehmenden GmbH ihren Gesellschaftsvertrag mit Dreiviertelmehrheit entsprechend anpassen und so das Einstimmigkeitserfordernis auf Seiten der übertragenden Gesellschaft verhindern.

47 Die zuvor dargestellten Grundsätze gelten für alle diejenigen Sonder- und Nebenpflichten, für die § 53 Abs. 3 GmbHG bei einer Einführung in der übertragenden GmbH die Zustimmung jedes betroffenen Gesellschafters fordern würde, soweit nicht das UmwG ein spezielles Schutzinstrument vorsieht. Entsprechend ist die Individualzustimmung analog § 53 Abs. 3 GmbHG nicht erforderlich, wenn beim übernehmenden Rechtsträger **schärfere Vinkulierungsklauseln** bestehen. Zwar unterfällt die Einführung oder Verschärfung von Vinkulierungsklauseln nach h.M. dem § 53 Abs. 3 GmbHG[3], doch ist der Schutz der Minderheitsgesellschafter der übertragenden GmbH in diesem Fall durch § 29 UmwG speziell geregelt. Kein Individualschutz durch Zustimmungs- oder Austrittsrechte ist auch im Hinblick auf eine nachteilige vermögensrechtliche Ausgestaltung der den Gesellschaftern des übertragenden Rechtsträgers gewährten Anteile erforderlich, da diese bewertbar und bei der **Bemessung des Umtauschverhältnisses** zu berücksichtigen sind (s. hierzu auch oben Rz. 39 und § 50 Rz. 51 f., § 46 Rz. 69). Dies betrifft insbesondere **zeitlich später einsetzende oder geringere Gewinnbeteiligungsrechte**.

1 Zustimmend *Sagasser/Luke* in Sagasser/Bula/Brünger, Umwandlungen, Rz. 301.
2 *Wälzholz*, DStR 2006, 236 (239).
3 Vgl. *Harbarth* in MünchKomm. GmbHG, § 53 GmbHG Rz. 201 ff.; *Ulmer* in Ulmer/Habersack/Winter, § 53 GmbHG Rz. 138 f.; *Priester/Veil* in Scholz, § 53 GmbHG Rz. 160 f.

2. Statutarische Schiedsklauseln beim übernehmenden Rechtsträger

Die vorstehend entwickelten Grundsätze gelten mutatis mutandis für den Fall, dass ein Rechtsträger, dessen Satzung bzw. Gesellschaftsvertrag keine Schiedsklausel enthält, auf eine GmbH mit statutarischer Schiedsklausel verschmolzen wird[1], sofern man mit der (noch) herrschenden Meinung davon ausgeht, dass die **nachträgliche Einführung** einer Schiedsklausel durch Satzungsänderung der **Zustimmung sämtlicher Gesellschafter** bedarf[2]. Die herrschende Meinung leitet dieses Zustimmungserfordernis aus der Kernbereichslehre ab. Auf dieser Basis ist es konsequent, sicherzustellen, dass dieses Zustimmungserfordernis nicht durch eine Verschmelzung auf eine GmbH mit statutarischer Schiedsklausel ausgehebelt werden kann[3]. Die statutarische Schiedsklausel kann sich nach h.M. somit als potentielle „Verschmelzungsbremse" erweisen, die freilich durch Änderung der Satzung des übernehmenden Rechtsträgers beseitigt werden kann. 48

Ob das vorstehende Ergebnis letztlich überzeugt, hängt von der hier nicht zu vertiefenden Frage ab, ob die Einführung einer Schiedsklausel wirklich den einzelnen Gesellschafter in seinem Kernbereich der Mitgliedschaft betrifft und daher der Zustimmung aller Gesellschafter bedarf. Gegen diese Sichtweise lassen sich angesichts der grundsätzlichen Gleichwertigkeit von staatlichen Gerichten und Schiedsgerichten nach der ZPO berechtigte Einwände anführen[4]. 49

Eine lediglich **beim übertragenden Rechtsträger bestehende statuarische Schiedsklausel** ist dagegen stets unbeachtlich, da ein Anspruch auf Beibehaltung derselben auch nach h.M. nicht zum mitgliedschaftlichen Kernbereich gehört[5]. 50

3. Sonderrechte für Gesellschafter des übernehmenden Rechtsträgers

Wenig diskutiert wird die Konstellation, dass einzelnen Gesellschaftern des übernehmenden Rechtsträgers **besondere statutarische Rechte im Hinblick auf die Geschäftsführung** zustehen, beispielsweise Mehrstimmrechte, Entsendungsrechte oder Bestellungsrechte (zu derartigen besonderen Rechten bei einem übertragenden Rechtsträger s. § 50 Rz. 43 ff.). Die Gesellschafter des übertragenden Rechtsträgers werden solchen Sonderrechten damit erstmals mit Wirksamwerden der Verschmelzung ausgesetzt. Würden derartige Sonderrechte zugunsten einzelner Gesellschafter bei einer GmbH eingeführt, müssten der erforderlichen Satzungsänderung alle nichtbegünstigten Gesellschafter zustimmen; andernfalls wäre der Beschluss anfechtbar[6]. 51

Auch hier gilt zunächst, dass alle Sonderrechte, die bewertbar sind, bei der **Bemessung des Umtauschverhältnisses** zu berücksichtigen sind. Dies betrifft insbeson- 52

---

1 So zutreffend *Reichert/Harbarth*, NZG 2003, 379 (381 ff.).

2 BGH v. 6.4.2009 – II ZR 255/08, NJW 2009, 1962 (1964) = AG 2009, 496; vgl. dazu nur *Harbarth* in MünchKomm. GmbHG, § 53 GmbHG Rz. 237 m.w.N.; *Priester/Veil* in Scholz, § 53 GmbHG Rz. 152a.

3 So auch *Reichert* in Semler/Stengel, § 51 UmwG Rz. 17 f.

4 S. zur Einführung von Schiedsklauseln bei der AG *J. Vetter*, DB 2000, 705; rechtsformübergreifend *Ebbing*, NZG 1999, 754.

5 *Reichert* in Semler/Stengel, § 51 UmwG Rz. 19.

6 *Harbarth* in MünchKomm. GmbHG, § 53 GmbHG Rz. 179; *Priester/Veil* in Scholz, § 53 GmbHG Rz. 155.

dere Gewinnvorrechte einzelner Gesellschafter des übernehmenden Rechtsträgers. Im Hinblick auf Verwaltungsrechte ist dies jedoch genauso wenig möglich wie bei statutarischen Nebenleistungspflichten (hierzu oben Rz. 39, 47 und § 50 Rz. 51 f.).

53 Nicht begründen lässt sich ein Zustimmungserfordernis unter Berufung auf den für den übertragenden Rechtsträger geltenden **Gleichbehandlungsgrundsatz**. Alle Gesellschafter des übertragenden Rechtsträgers werden gleich behandelt und die Gesellschafter des übernehmenden Rechtsträgers werden nicht Gesellschafter des übertragenden.

54 Eine **Parallele zum Umgang mit statutarischen Nebenleistungspflichten** (hierzu oben Rz. 38 ff.) liegt nahe; nach der hier vertretenen Auffassung müssten danach alle Gesellschafter der übertragenden Gesellschaft dem Verschmelzungsbeschluss zustimmen. Trotzdem wird eine ungleiche Behandlung vorgeschlagen: Da die Verschmelzung typischerweise ohnehin zu einer Verwässerung und damit Minderung der Einflussrechte des einzelnen Gesellschafters einer übertragenden Gesellschaft führt, erschiene es überzogen, den individuellen Schutzstandard, der bei Einführung von Sonderrechten in der übertragenden GmbH selbst gilt, anzuwenden. Da alle Gesellschafter der übertragenden Gesellschaft in gleicher Weise von dem Sonderrecht eines Gesellschafters der übernehmenden Gesellschaft betroffen sind, erscheint der Filter der Drei-Viertel-Mehrheit ausreichend. Eine Unterscheidung zwischen dem Schutz vor einer erstmaligen Konfrontation mit Sonderrechten eines anderen Gesellschafters einerseits und der Begründung von den Gesellschafter selbst treffenden Nebenleistungspflichten andererseits ist dem Gesetz auch nicht fremd. Im Aktienrecht bedarf die Einführung statutarischer Nebenverpflichtungen der Zustimmung aller betroffenen Aktionäre (§ 180 Abs. 1 AktG), während beispielsweise die Einführung von Entsendungsrechten für den Aufsichtsrat gem. § 101 Abs. 2 AktG mit satzungsändernder Mehrheit beschlossen werden kann[1]. Schließlich spricht für eine tendenziell restriktive Annahme von individuellen Zustimmungsrechten die Gesetzesbegründung[2], auch wenn deren Relevanz, wie sich im Zusammenhang mit der Problematik statutarischer Nebenleistungspflichten gezeigt hat (s. oben Rz. 38 f.) zweifelhaft ist.

55 Einen Mindestschutz gewähren allerdings die beweglichen Schranken der Mehrheitsmacht. Sollte ein Mehrheitsgesellschafter, der zugleich an der übernehmenden Gesellschaft beteiligt ist, die Verschmelzung gerade dazu benutzen, um seine Sonderrechte auf das Geschäft der übertragenden Gesellschaft zu erstrecken, dürfte dies einen **Treupflichtverstoß** darstellen, der die Minderheitsgesellschafter zur Anfechtung des Verschmelzungsbeschlusses berechtigt.

4. Zusätzliche statuarische Voraussetzungen für eine Satzungsänderung

56 Bestehen bei der übertragenden Gesellschaft **für eine Satzungsänderung zusätzliche statutarische Voraussetzungen** (wird etwa Einstimmigkeit für den Satzungsänderungsbeschluss gefordert), so sind diese Anforderungen – unabhängig von der oben angesprochenen Problemlage – jedenfalls auch auf den Verschmelzungs-

1 S. nur *Drygala* in K. Schmidt/Lutter, § 101 AktG Rz. 13; *Mertens/Cahn* in KölnKomm. AktG, § 101 AktG Rz. 50.

2 Vgl. BegrRegE BT-Drucks. 12/6699 v. 1.2.1994, 86, abgedruckt bei *Ganske*, S. 61.

beschluss zu übertragen, sofern die Auferlegung vormals nicht vorhandener Nebenverpflichtungen durch statutarische Nebenleistungspflichten in der Satzung des übernehmenden Rechtsträgers für die Gesellschafter der übertragenden Gesellschaft wertungsmäßig einer Satzungsänderung gleichzustellen ist (hierzu bereits § 50 Rz. 35)[1].

5. Form der Zustimmungserklärung

Obwohl eine **notarielle Beurkundung** im Rahmen des § 53 Abs. 3 GmbHG grundsätzlich nicht erforderlich ist[2], ist diese im Umwandlungsrecht im Hinblick auf § 13 Abs. 3 UmwG gleichwohl zu fordern[3]. In Bezug auf die der Verschmelzung zustimmenden Gesellschafter liegt die Zustimmungserklärung bereits in ihrem positiven Votum im Rahmen des Verschmelzungsbeschlusses und bedarf keiner gesonderten Beurkundung[4]; andernfalls ist eine gesonderte notarielle Beurkundung der Zustimmungserklärungen gem. § 13 Abs. 3 UmwG notwendig. 57

Die Zustimmungserklärung kann auch außerhalb der Gesellschafterversammlung, die über die Verschmelzung beschließt, erklärt werden; die Zustimmungserklärung ist der Handelsregisteranmeldung gem. § 17 Abs. 1 UmwG beizufügen. 58

IV. Zustimmungserfordernis bei nicht beteiligungsproportionaler Anteilsgewährung (§ 51 Abs. 2 UmwG)

1. Voraussetzungen

§ 51 Abs. 2 UmwG hatte in seiner ursprünglichen Form die Vorgängerregelung des § 33 KapErhG i.V.m. § 369 Abs. 6 Sätze 3–5 AktG mit lediglich sprachlichen Korrekturen, aber ohne sachliche Änderung übernommen[5]. Dies erstaunte, da die Regierungsbegründung zu § 64 UmwG die Vorschriften der § 369 Abs. 6 Satz 3–5 AktG ausdrücklich als im Verschmelzungsrecht fehl am Platze bezeichnet und ihre Abschaffung empfohlen hat, da sie Verschmelzungen ohne Grund erschweren würden[6]. 59

Auch anlässlich der Einführung der nennwertlosen Aktie durch das Stückaktiengesetz konnte sich der Gesetzgeber nicht zur Streichung des Individualzustimmungserfordernisses entschließen. Vielmehr hat er es bei einem Zustimmungserfordernis für den Fall belassen, dass der Nennbetrag des zu gewährenden 60

---

1 Ähnlich *Simon/Nießen* in KölnKomm. UmwG, § 51 UmwG Rz. 21.

2 Unstr. gilt § 53 Abs. 2 Satz 1 GmbHG hierfür nicht, vgl. statt vieler *Harbarth* in MünchKomm. GmbHG, § 53 GmbHG Rz. 132; *Schnorbus* in Rowedder/Schmidt-Leithoff, § 53 GmbHG Rz. 79.

3 So auch *Wälzholz*, DStR 2006, 236 (238).

4 Vgl. *Reichert* in Semler/Stengel, § 51 UmwG Rz. 18.

5 Wurden die Nennbeträge der den Aktionären einer übertragenden Gesellschaft zu gewährenden Geschäftsanteile abweichend vom Nennbetrag der Aktien festgesetzt, so bedurfte die Verschmelzung einer AG/KGaA auf eine GmbH nach § 33 KapErhG i.V.m. § 369 Abs. 6 Sätze 3–5 AktG grundsätzlich der Zustimmung sämtlicher Aktionäre, die sich auf Grund der abweichenden Nennwertfestsetzung nicht entsprechend dem Gesamtnennbetrag ihrer Aktien beteiligen konnten; näher dazu *Zöllner* in KölnKomm. AktG[1], § 369 AktG Rz. 86–97.

6 Vgl. BegrRegE, BT-Drucks. 12/6699 v. 1.2.1994, 104, abgedruckt bei *Ganske*, S. 112.

Geschäftsanteils abweichend von dem Betrag festgesetzt wird, der auf die Aktien der übertragenden AG oder KGaA als anteiligen Betrag ihres Grundkapitals entfällt, soweit hierdurch ein Beteiligungsdefizit zu Lasten der (Kommandit-)Aktionäre entsteht (näher unten Rz. 62), das nicht durch die zwingenden Bestimmungen des § 46 Abs. 1 Satz 3 UmwG über den Mindestnennbetrag und die Stückelung von Geschäftsanteilen hervorgerufen wird (näher Rz. 66f.).

61 § 51 Abs. 2 UmwG wurde durch das **MoMiG** neu gefasst. Die Änderung beschränkte sich technisch auf die Anpassung an den durch das MoMiG ebenfalls geänderten § 46 Abs. 1 UmwG (s. § 46 Rz. 17). Hintergrund war die Zulassung von Geschäftsanteilen mit einem Nennbetrag von 1 Euro (§ 5 Abs. 2 Satz 1 GmbHG). Durch die Zulassung von Geschäftsanteilen mit einem Nennbetrag von 1 Euro wurde das Problem die Verschmelzung erschwerender Individualzustimmungen nach § 51 Abs. 2 UmwG praktisch weitgehend entschärft. § 51 Abs. 2 UmwG beschränkt das Zustimmungserfordernis folgerichtig auf den Fall, dass das „**Beteiligungsdefizit**“ zu Lasten der Aktionäre der übertragenden AG/KGaA darauf beruht, dass die Satzung der übernehmenden GmbH von den allgemeinen GmbH-rechtlichen Stückelungserleichterungen keinen Gebrauch macht. Anders gewendet: Das Individualzustimmungsrecht gem. § 51 Abs. 2 UmwG besteht von vornherein nicht, wenn die übernehmende GmbH von der Möglichkeit Gebrauch macht, den Aktionären der übertragenden AG Geschäftsanteile im Nennbetrag von 1 Euro zu gewähren.

62 Weitere Voraussetzung für das Zustimmungserfordernis ist ein **Beteiligungsdefizit auf Seiten der (Kommandit-)Aktionäre der übertragenden Gesellschaft**, das darauf beruht, dass diese infolge der (vom Nennbetrag bzw. rechnerischen Anteil der Aktien der übertragenden AG oder KGaA am Grundkapital abweichenden) Festsetzung des Nennbetrags der zu gewährenden Geschäftsanteile an der übernehmenden GmbH nicht für ihren gesamten Aktienbesitz GmbH-Geschäftsanteile erhalten können[1].

63 Gleichgültig ist, ob das Beteiligungsdefizit daraus resultiert, dass der festgesetzte Mindestnennbetrag vom Aktionär überhaupt nicht erreicht wird mit der Folge, dass er mit seiner gesamten Beteiligung ausfällt, oder ob es lediglich zu einem Ausfall von Spitzen kommt[2], die in Geld abgefunden werden müssten (zu den Anforderungen an die Nennbetragsfestsetzung auch § 46 Rz. 36ff.).

2. Rechtsfolgen

64 Liegen die Voraussetzungen des § 51 Abs. 2 UmwG vor, bedarf der Verschmelzungsbeschluss bei der übertragenden AG grundsätzlich (zu den Ausnahmen vgl. unten Rz. 66f.) der **(Individual-) Zustimmung aller betroffener Aktionäre**, auch soweit sie vom Stimmrecht ausgeschlossen sind. § 65 Abs. 2 UmwG betrifft nicht den Fall, dass das Gesetz neben den allgemein vorgeschriebenen Mehrheiten auch noch die Individualzustimmung einzelner Aktionäre verlangt.

---

1 Übereinstimmend *Reichert* in Semler/Stengel, § 51 UmwG Rz. 22; *Simon/Nießen* in KölnKomm. UmwG, § 51 UmwG Rz. 32; *Zimmermann* in Kallmeyer, § 51 UmwG Rz. 9; *Bermel* in Goutier/Knopf/Tulloch, § 51 UmwG Rz. 10.

2 Ebenso *Mayer* in Widmann/Mayer, § 51 UmwG Rz. 26; *Reichert* in Semler/Stengel, § 51 UmwG Rz. 25; *Simon/Nießen* in KölnKomm. UmwG, § 51 UmwG Rz. 33.

3. Ausnahmen

Das Zustimmungserfordernis entfällt, wenn die **Nennbetragsfestsetzung bei der übernehmenden GmbH auf der zwingenden Regelung des § 46 Abs. 1 Satz 3 UmwG beruht**[1], d.h. zur Erreichung einer vollständigen beteiligungsproportionalen Zuteilung Geschäftsanteile geschaffen werden müssten, die dem Mindestnennbetragserfordernis (oder bis zum Inkrafttreten des MoMiG der Teilbarkeit durch zehn) nicht Rechnung tragen. In diesen Fällen, die im Hinblick auf die Möglichkeit, Aktien mit einem Nennbetrag von einem Euro oder Stückaktien mit einem entsprechenden rechnerischen Anteil am Grundkapital zu schaffen, in der Praxis nach wie vor sehr wohl vorkommen können, löst also das durch die abweichende Nennbetragsfestsetzung entstandene Beteiligungsdefizit ein Vetorecht des betroffenen Aktionärs nicht aus. 65

Entgegen der ganz herrschenden Meinung zum früheren Recht[2] bedarf die Verschmelzung auch *nicht* der Zustimmung solcher Aktionäre, die an der übertragenden Gesellschaft so gering beteiligt sind, dass der ihnen im Zuge der Verschmelzung zuzuteilende Geschäftsanteil den durch § 46 Abs. 1 Satz 3 UmwG vorgeschriebenen **Mindestnennbetrag von 1 Euro** (bis zum Inkrafttreten des MoMiG 50 Euro) **nicht erreichen** würde[3]. Diese Aktionäre sind vielmehr auf eine Barabfindung verwiesen; dass das Wesen der Verschmelzung es verbiete, auch nur einen Anteilsinhaber des übertragenden Rechtsträgers auf eine Barabfindung zu verweisen, trifft nicht zu (näher § 54 Rz. 132 ff., außerdem § 46 Rz. 41). 66

Zu beachten ist selbstverständlich auch insoweit § 54 Abs. 4 UmwG: Die an die ausscheidenden Aktionäre geleisteten Zahlungen dürfen zusammen mit den zum Spitzenausgleich geleisteten baren Zuzahlungen 10 % des Gesamtnennbetrags aller gewährten Geschäftsanteile nicht übersteigen[4]. 67

4. Form der Zustimmung

Soweit nach dem Vorstehenden die Zustimmung einzelner Aktionäre erforderlich ist, bedarf diese der **notariellen Beurkundung** gem. § 13 Abs. 3 UmwG (s. auch § 13 Rz. 17). Die Zustimmungserklärung kann auch außerhalb der Hauptversammlung, die über die Verschmelzung beschließt, erklärt werden; die Zustimmungserklärung ist der Handelsregisteranmeldung gem. § 17 Abs. 1 UmwG beizufügen. 68

5. Nennbetragsfestsetzung und Verhältnismäßigkeitsgrundsatz

Gesetzlich nicht geregelt ist die Frage nach der Rechtsstellung der Anteilsinhaber von **anderen übertragenden Rechtsträgern als AG/KGaA**, die sich deshalb nicht mit ihrem gesamten Anteilsbesitz am übertragenden Rechtsträger an der übernehmenden GmbH beteiligen können, weil der Verschmelzungsvertrag von den Erleichterungen des Umwandlungsgesetzes hinsichtlich des Mindestnennbetrags 69

1 Ebenso *Reichert* in Semler/Stengel, § 51 UmwG Rz. 28; *Simon/Nießen* in KölnKomm. UmwG, § 51 UmwG Rz. 36; *Zimmermann* in Kallmeyer, § 51 UmwG Rz. 10.
2 Nachw. in 3. Aufl., § 51 Rz. 22.
3 Vgl. *Mayer* in Widmann/Mayer, § 51 UmwG Rz. 28.
4 Zustimmend *Reichert* in Semler/Stengel, § 51 UmwG Rz. 31.

und der Teilbarkeit der Geschäftsanteile keinen Gebrauch macht. Eine Analogie zu § 51 Abs. 2 UmwG wird insofern jedoch allgemein abgelehnt[1]. Eine solche sollte schon mit Blick auf die in den Gesetzesmaterialien zutreffend betonte rechtspolitische Verfehltheit[2] (näher dazu oben Rz. 59) von § 51 Abs. 2 UmwG nicht erwogen werden.

70 Dieser Befund legt es nahe, auf die beweglichen Schranken der Mehrheitsherrschaft zu rekurrieren: Regelmäßig erweist sich die Festsetzung eines höheren als des gesetzlich vorgeschriebenen Mindestnennbetrages als unverhältnismäßiger und damit **treuwidriger Eingriff** in die Rechtsposition des Anteilsinhabers des übertragenden Rechtsträgers, soweit sie dazu führt, dass sich dieser Anteilsinhaber nicht im größtmöglichen Umfang an der übernehmenden Gesellschaft beteiligen kann[3]. Hieraus leitet sich allerdings kein formelles Zustimmungserfordernis ab, wohl aber das Recht des betroffenen Gesellschafters, den Zustimmungsbeschluss wegen Treupflichtverletzung anzufechten[4]. Die Entscheidung des BGH[5], wonach es treuwidrig ist, bei Kapitalerhöhungen im Anschluss an eine Herabsetzung des Stammkapitals auf null Anteile zu einem höheren als dem gesetzlichen Mindestnennbetrag auszugeben, gilt insofern mutatis mutandis auch für Verschmelzungen[6].

§ 52
Anmeldung der Verschmelzung

Bei der Anmeldung der Verschmelzung zur Eintragung in das Register haben die Vertretungsorgane der an der Verschmelzung beteiligten Rechtsträger im Falle des § 51 Abs. 1 auch zu erklären, dass dem Verschmelzungsbeschluss jedes der übertragenden Rechtsträger alle bei der Beschlussfassung anwesenden Anteilsinhaber dieses Rechtsträgers und, sofern der übertragende Rechtsträger eine Personenhandelsgesellschaft, eine Partnerschaftsgesellschaft oder eine Gesellschaft mit beschränkter Haftung ist, auch die nicht erschienenen Gesellschafter dieser Gesellschaft zugestimmt haben. Wird eine Gesellschaft mit beschränkter Haftung, auf deren Geschäftsanteile nicht alle zu leistenden Einlagen in voller Höhe bewirkt sind, von einer Gesellschaft mit beschränkter Haftung durch Verschmelzung aufgenommen, so ist auch zu erklären, dass alle Gesellschafter dieser Gesellschaft dem Verschmelzungsbeschluss zugestimmt haben.

---

1 *Simon/Nießen* in KölnKomm. UmwG, § 51 UmwG Rz. 39; *Reichert* in Semler/Stengel, § 51 UmwG Rz. 32; *Zimmermann* in Kallmeyer, § 51 UmwG Rz. 12.
2 Vgl. BegrRegE, BT-Drucks. 12/6699 v. 1.2.1994, 104, abgedruckt bei *Ganske*, S. 112.
3 So auch *Mayer* in Widmann/Mayer, § 51 UmwG Rz. 30.1; *Reichert* in Semler/Stengel, § 51 UmwG Rz. 32; *Simon/Nießen* in KölnKomm. UmwG, § 51 UmwG Rz. 39.
4 So auch *Mayer* in Widmann/Mayer, § 51 UmwG Rz. 30.1; *Reichert* in Semler/Stengel, § 51 UmwG Rz. 32.
5 BGH v. 5.7.1999 – II ZR 126/98, ZIP 1999, 1444 f. = AG 1999, 517 (Hilgers) und dazu *Goette*, RWS-Forum 1999, S. 1 ff.
6 Ebenso *Mayer* in Widmann/Mayer, § 51 UmwG Rz. 30.1; *Reichert* in Semler/Stengel, § 51 UmwG Rz. 32; ausführlich, auch zu weiteren Anwendungsfällen, *J. Vetter*, AG 2000, 192 ff.

Literatur

Ausschließlich zur Einreichung der Gesellschafterliste: Berninger, Gesellschafterliste und Übergangsproblematik der Einreichungsverantwortlichkeit bei nachträglicher Berichtigung, GmbHR 2009, 679; *Flick*, Die Gesellschafterliste bei einer Verschmelzung mit Kapitalerhöhung, NZG 2010, 170; *Gottschalk*, Neue Regelungen für die Gesellschafterliste und die Geschäftsanteile sowie der gutgläubige Erwerb von Geschäftsanteilen nach dem MoMiG, DZWiR 2008, 45; *Hasselmann*, Die Gesellschafterliste nach § 40 GmbHG: Inhalt und Zuständigkeit, NZG 2009, 449; *Heilmeier*, Listeneinreichungszuständigkeit bei mittelbarer Mitwirkung eines Notars nach § 40 GmbHG, NZG 2012, 217; *Herrler*, Aktuelles zur Kapitalerhöhung bei der GmbH, DNotZ 2008, 903; *Link*, Gesellschafterliste und gutgläubiger Erwerb von GmbH-Anteilen aus Sicht der Notarpraxis, RNotZ 2009, 193; *Löbbe*, Zuständigkeit von Geschäftsführer und Notar für Inhalt und Einreichung der GmbH-Gesellschafterliste, GmbHR 2012, 7; *Mayer*, Der Erwerb einer GmbH nach den Änderungen durch das MoMiG, DNotZ 2008, 403; *Mayer*, Aufwertung der Gesellschafterliste durch das MoMiG – Fluch oder Segen?, ZIP 2009, 1037; *Preuß*, Die Mitwirkung des Notars bei Veränderungen des Gesellschafterbestandes nach dem MoMiG, in FS Spiegelberger, 2009, S. 876; *Ries*, Never ending story, die Gesellschafterliste, NZG 2010, 135; *Tebben*, Die Reform der GmbH – das MoMiG in der notariellen Praxis, RNotZ 2008, 441; *Vossius*, Gutgläubiger Erwerb von GmbH-Anteilen nach MoMiG, DB 2007, 2299; *Wachter*, GmbH-Reform: Auswirkungen auf die Übertragung von GmbH-Geschäftsanteilen, ZNotP 2008, 378; *Wälzholz*, Die Reform des GmbH-Rechts, MittBayNot 2008, 425; *Wicke*, Die GmbH-Gesellschafterliste im Fokus der Rechtsprechung, DB 2011, 1037; *Wicke*, Gründung, Satzungsgestaltung und Anteilsabtretung nach der GmbH-Reform, NotBZ 2009, 1.

I. Überblick

1. Regelungsgegenstand und Anwendungsbereich

§ 52 UmwG ergänzt für Verschmelzungen unter Beteiligung einer GmbH die allgemeinen Bestimmungen des § 17 UmwG über den Inhalt der Handelsregisteranmeldung. Er betrifft die gem. § 313 Abs. 2 UmwG strafbewehrte Erklärung über das Vorliegen sämtlicher nach § 51 Abs. 1 UmwG erforderlicher Individualzustimmungen. Diese erforderlichen Individualzustimmungen sind ebenso wie alle sonstigen erforderlichen Zustimmungserklärungen gem. § 13 Abs. 1 Satz 1 UmwG notariell zu beurkunden und der Anmeldung gem. § 17 Abs. 1 UmwG beizufügen. 1

Die von anderen Vorschriften geforderten (s. §§ 13 Abs. 2, 50 Abs. 2 UmwG) individuellen Zustimmungserfordernisse sind von den Geschäftsführern im Zusammenhang mit der Anmeldung nicht ausdrücklich zu adressieren. Gleiches gilt für Zustimmungserfordernisse, die sich aufgrund allgemeiner gesellschaftsrecht- 2 licher Grundsätze ergeben (zu einem Überblick s. § 51 Rz. 8f.). Der Wortlaut des § 52 UmwG ist insoweit eindeutig und sein ohnehin zweifelhafter Normzweck (hierzu nachfolgend Rz. 3) erfordern keine extensive Auslegung oder gar **Analogie**. Insbesondere ist ein Schutz von Minderheitsgesellschaftern durch das Registergericht angesichts der Möglichkeit der Anfechtungsklage und der Registersperre des § 16 Abs. 2 UmwG nicht erforderlich. Schließlich spricht gegen eine Analogie auch die Strafbarkeitsfolge des § 313 Abs. 2 UmwG.

3 Der **Zweck** der Vorschrift im System des geltenden Rechts ist unklar[1]. Nach früherem Recht, das Formvorschriften für die schon seinerzeit für erforderlich gehaltenen Individualzustimmungen nicht enthielt, ersetzte die Geschäftsführererklärung zwar nicht die Vorlage des Beschlusses, wohl aber die Vorlage der Zustimmungserklärungen der vom Stimmrecht ausgeschlossenen sowie sämtlicher bei der Beschlussfassung nicht erschienener Gesellschafter[2]. Das geltende Recht schreibt dagegen für sämtliche Individualzustimmungen, auch für solche nach § 51 UmwG, zwingend notarielle Beurkundung (§ 13 Abs. 3 UmwG) und ihre Beifügung zur Handelsregisteranmeldung (§ 17 Abs. 1 Satz 1 UmwG) vor; die Versicherung des Geschäftsführers über die erfolgte Zustimmung macht die Vorlage der Zustimmungserklärungen in gehöriger Form auch nicht etwa entbehrlich.

4 Dass in den Fällen des § 51 UmwG – anders als bei sämtlichen übrigen nach dem Umwandlungsgesetz erforderlichen Individualzustimmungen – neben der Vorlage der Zustimmungserklärungen eine Versicherung der Vertretungsorgane über die erfolgte Zustimmung verlangt wird, könnte seinen Grund allenfalls darin haben, dass die Notwendigkeit einer Individualzustimmung nach § 51 UmwG im Hinblick auf die tatbestandlichen Voraussetzungen für den Registerrichter nicht ohne weiteres erkennbar ist. Zweck der strafrechtlich sanktionierten Erklärung wäre es demnach, zu verhindern, dass die anmeldenden Vertretungsorgane das Erfordernis einer Individualzustimmung verschweigen und so den Registerrichter zu einer (rechtlich fehlerhaften) Eintragung der Verschmelzung veranlassen[3]. Dem so verstandenen Normzweck hätte allerdings eher eine Negativklärung entsprochen, wonach andere als die in gehöriger Form vorgelegten Zustimmungserklärungen nach § 51 UmwG nicht erforderlich sind.

5 § 52 UmwG findet aufgrund der ausdrücklichen Anordnung in § 56 UmwG auf die **Verschmelzung zur Neugründung** keine Anwendung[4].

2. Dispositivität

6 § 52 UmwG ist gem. § 1 Abs. 3 Satz 1 UmwG **zwingend**. Abweichende Bestimmungen sind weder im Gesellschaftsvertrag noch im Verschmelzungsvertrag möglich. Zu Fällen, in denen die an sich geforderte Erklärung über die vorliegen-

1 So auch *Mayer* in Widmann/Mayer, § 52 UmwG Rz. 2.

2 Vgl. *Schilling/Zutt* in Hachenburg[7], § 24 KapErhG Rz. 10; *Priester* in Scholz[7], § 24 KapErhG Rz. 9.

3 So auch *Simon/Nießen* in KölnKomm. UmwG, § 52 UmwG Rz. 2; ähnlich auch *Mayer* in Widmann/Mayer, § 52 UmwG Rz. 2; *Reichert* in Semler/Stengel, § 52 UmwG Rz. 2; *Zimmermann* in Kallmeyer, § 52 UmwG Rz. 4; *Keßler* in Keßler/Kühnberger, § 52 UmwG Rz. 1.

4 Unstr., s. nur *Mayer* in Widmann/Mayer, § 52 UmwG Rz. 1; *Zimmermann* in Kallmeyer, § 52 UmwG Rz. 8.

den Individualzustimmungen kraft Gesetzes keine Anwendung findet, unten Rz. 12.

3. Entstehungsgeschichte

§ 52 UmwG übernimmt mit lediglich redaktionellen Modifikationen durchweg bereits vor der Novelle 1994 geltendes Recht (vgl. § 24 Abs. 2 Satz 2, Abs. 4 KapErhG). Die Ergänzung von § 52 Abs. 1 UmwG durch einen Satz 2 im Zuge des 2. UmwG-Änderungsgesetzes diente der Beseitigung eines Redaktionsversehens[1] und der Schlichtung eines – schwer verständlichen – Meinungsstreits, der sich hieran entzündet hatte (dazu auch unten Rz. 11). 7

§ 52 UmwG wies zunächst einen Abs. 2 mit folgendem Wortlaut auf: „Der Anmeldung zum Register des Sitzes der übernehmenden Gesellschaft ist eine von den Geschäftsführern dieser Gesellschaft unterschriebene berichtigte Gesellschafterliste beizufügen." Diese Bestimmung wurde durch das 3. UmwGÄndG[2] gestrichen. Hintergrund ist die durch das MoMiG[3] deutlich gestärkte Einbindung des Notars in die Aktualisierung der Gesellschafterliste gem. **§ 40 Abs. 2 GmbHG** (s. ausführlicher unten Rz. 23 ff.). Bei einer Verschmelzung wirkt zwingend ein Notar mit (§§ 6, 13 Abs. 3 Satz 1 UmwG). Damit ist § 40 Abs. 2 GmbHG anwendbar, so dass es einer zusätzlichen Verpflichtung der Geschäftsführer zur Einreichung der berichtigten Gesellschafterliste nicht bedarf[4]. Mit der Streichung des § 52 Abs. 2 UmwG hat sich die nach Inkrafttreten des MoMiG entfachte Diskussion über das Verhältnis des § 52 Abs. 2 UmwG zur Einreichungspflicht des Notars nach § 40 GmbHG[5] erfreulicherweise erledigt. 8

II. Erklärungen über vorhandene Individualzustimmungen

1. Gegenstand der Erklärung

§ 51 UmwG verlangt für den Fall, dass bei einer **übernehmenden GmbH nicht eingezahlte Geschäftsanteile** vorhanden sind, einen einstimmigen Beschluss sämtlicher in der Verschmelzungsversammlung anwesenden **Anteilsinhaber des übertragenden Rechtsträgers** (§ 51 Abs. 1 Satz 1 UmwG). Für den Fall, dass dieser Rechtsträger Personenhandelsgesellschaft, Partnerschaftsgesellschaft oder GmbH ist, ist darüber hinaus die gesonderte Zustimmung sämtlicher nicht erschienener Anteilsinhaber (§ 51 Abs. 1 Satz 2 UmwG) erforderlich (§ 51 Rz. 24 ff.). Bei **reinen GmbH-Verschmelzungen** bedarf es der Zustimmung der sämtlichen Gesellschafter der übernehmenden GmbH, falls bei der übertragenden GmbH die Einlagen nicht in voller Höhe erbracht sind (§ 51 Abs. 1 Satz 3 UmwG, vgl. § 51 Rz. 27 ff.). Grund für das Erfordernis eines solchen Zustimmungsbeschlusses ist das Risiko einer Ausfallhaftung nach § 24 GmbHG[6]. 9

1 So ausdrücklich die Gesetzesbegründung, BT-Drucks. 16/2919, 13.
2 BGBl. I 2011, S. 1338.
3 Gesetz zur Modernisierung des GmbH-Rechts und zur Bekämpfung von Missbräuchen (MoMiG) v. 23.10.2008, BGBl. I, S. 2026.
4 BegrRegE zum 3. UmwGÄndG, BT-Drucks. 17/3122, 11, rechte Spalte.
5 Hierzu etwa *Reichert* in Semler/Stengel, § 52 UmwG Rz. 12a.
6 S. § 51 Rz. 2; *Reichert* in Semler/Stengel, § 52 UmwG Rz. 2; *Zimmermann* in Kallmeyer, § 52 UmwG Rz. 2.

10 Sind bei der **übernehmenden** GmbH **nicht sämtliche Anteile voll eingezahlt**, haben die Vertretungsorgane sämtlicher an der Verschmelzung beteiligter Rechtsträger (und zwar jeweils sämtliche Mitglieder der Vertretungsorgane, unten Rz. 14) bei der Anmeldung zum jeweils zuständigen Register das Vorhandensein der nach **§ 51 Abs. 1 Satz 1 und 2 UmwG** erforderlichen **Zustimmungen** der Anteilsinhaber der **übertragenden Rechtsträger** zu versichern.

11 Sind bei der **übertragenden** GmbH **nicht sämtliche Anteile voll eingezahlt**, haben gem. § 52 Abs. 1 Satz 2 UmwG die (sämtlichen) Geschäftsführer sämtlicher an der Verschmelzung beteiligten GmbH zu versichern, dass die nach **§ 51 Abs. 1 Satz 3 UmwG** erforderlichen **Zustimmungen sämtlicher Gesellschafter** der **übernehmenden GmbH** vorliegen (zur entsprechenden Anwendung auf die Gesellschafter einer anderen übertragenden Gesellschaft bei der Mehrparteienverschmelzung § 51 Rz. 33ff.). Dass § 52 Abs. 1 UmwG nach seinem Wortlaut in seiner bis zum 2. Änderungsgesetz zum UmwG geltenden Fassung auch in diesem Fall eine Versicherung über das Vorliegen der – materiellrechtlich gar nicht erforderlichen – Zustimmung der Gesellschafter der übertragenden Gesellschaft verlangte, beruhte auf einem Redaktionsversehen, dessen Korrektur nachdrücklich zu begrüßen ist[1]. Mit dieser Korrektur hat sich der frühere Meinungsstreit (dazu 3. Aufl., Rz. 6) erledigt.

12 In der Literatur wird darauf hingewiesen, dass die **Erklärung entbehrlich** sei, wenn alle betroffenen Gesellschafter der Verschmelzung in einer Universalversammlung zugestimmt haben[2]. Gleiches wird für eine Verschmelzung einer 100%igen Tochter auf ihre Mutter gefordert, da keine Anteile gewährt würden und keine Gefahr einer Ausfallhaftung bestehe[3]. Beidem kann angesichts des ohnehin beschränkt relevanten Normzwecks (s. oben Rz. 3) zugestimmt werden. Der Praxis empfohlen werden kann ein Verzicht auf die Erklärung in diesen Fällen ohne Vorabstimmung mit dem Registergericht jedoch nicht.

2. Erklärende

13 Die Erklärung nach § 52 UmwG ist für **jeden der beteiligten Rechtsträger** abzugeben[4]. Die Verpflichtung besteht also nicht nur für diejenigen Rechtsträger, bei denen sich besondere Zustimmungserfordernisse nach § 51 UmwG ergeben haben. § 52 UmwG regelt – ebenso wie § 51 UmwG zur Frage der materiellen Zustimmungserfordernisse – die Anmeldungsmodalitäten auch für Gesellschaften in anderer Rechtsform als der GmbH, soweit die betreffenden Voraussetzungen des § 51 UmwG vorliegen.

1 So auch *DAV-Handelsrechtsausschuss*, NZG 2000, 805.

2 *Reichert* in Semler/Stengel, § 52 UmwG Rz. 7; *Simon/Nießen* in KölnKomm. UmwG, § 52 UmwG Rz. 12; *Zimmermann* in Kallmeyer, § 52 UmwG Rz. 7; *Rebmann* in Maulbetsch/Klumpp/Rose, § 52 UmwG Rz. 9; *Haeder* in Henssler/Strohn, § 52 UmwG Rz. 1.

3 *Reichert* in Semler/Stengel, § 52 UmwG Rz. 7; *Zimmermann* in Kallmeyer, § 52 UmwG Rz. 7; *Rebmann* in Maulbetsch/Klumpp/Rose, § 52 UmwG Rz. 9; *Haeder* in Henssler/Strohn, § 52 UmwG Rz. 1; bereits das Bestehen einer Zustimmungspflicht verneinend *Simon/Nießen* in KölnKomm. UmwG, § 52 UmwG Rz. 12; s. hierzu § 51 Rz. 32.

4 Unstr., s. etwa *Rebmann* in Maulbetsch/Klumpp/Rose, § 52 UmwG Rz. 3; *Reichert* in Semler/Stengel, § 52 UmwG Rz. 3; *Simon/Nießen* in KölnKomm. UmwG, § 52 UmwG Rz. 8; *Stratz* in Schmitt/Hörtnagl/Stratz, § 52 UmwG Rz. 2.

Verpflichtet zur Abgabe der Versicherung nach § 52 UmwG sind jeweils **sämtliche Mitglieder der Vertretungsorgane** der an der Verschmelzung beteiligten Rechtsträger; eine Abgabe der Erklärung durch **Organmitglieder in vertretungsberechtigter Zahl** genügt nicht[1]. Dass für die Anmeldung der Verschmelzung als solche das Handeln von Organmitgliedern in vertretungsberechtigter Zahl ausreicht, steht schon deshalb nicht entgegen, weil die Erklärung über die erfolgte Zustimmungserteilung nicht unbedingt in der Anmeldung selbst erfolgen muss (s. unten Rz. 17). Dass die falsche Erklärung über erfolgte Zustimmungserteilungen gem. § 313 Abs. 2 UmwG strafbewehrt ist, spricht dafür, dass der Gesetzgeber insoweit – wie auch beim Verschmelzungsbericht – alle Organmitglieder in die Pflicht nehmen wollte. 14

Auch eine **Stellvertretung** ist mit Blick darauf, dass falsche Erklärungen strafbewehrt sind, nicht zulässig[2]. 15

3. Qualifikation und Abgabe der Erklärung

Die Erklärung ist keine Willenserklärung, sondern eine **Wissenserklärung**[3]. Ob und in welchem Umfang die Regelungen über Willenserklärungen Anwendung finden, dürfte praktisch ohne Relevanz sein. Sollte es wirklich einmal zu ausfüllungsbedürftigen Lücken kommen, wären diese durch eine Orientierung an den zivilrechtlichen Regelungen über Willenserklärungen auszufüllen. 16

Die Erklärungen nach § 52 UmwG sind „bei", also **nicht zwingend in der Handelsregisteranmeldung** abzugeben. Der Wortlaut entspricht insoweit dem zur Negativerklärung des § 16 Abs. 2 UmwG. Die Erklärung kann, muss aber nicht in der Handelsregisteranmeldung selbst erfolgen[4]. Dabei ist allerdings zu beachten, dass die Erklärung anders als die Handelsregisteranmeldung zwingend von allen Geschäftsführern abzugeben ist (s. oben Rz. 14). 17

§ 52 UmwG bestimmt keine besondere **Form der Erklärung**. Daraus wird verbreitet abgeleitet, dass sie formfrei abgegeben werden könnte[5]. Dem ist nicht zu folgen. Die Erklärung ist beim Registergericht einzureichen. Es gilt daher § 12 Abs. 2 HGB. Die elektronische Einreichung setzt eine privatschriftliche Erklärung mit Namensunterschrift voraus[6]. Notarielle Beurkundung oder öffentliche Beglaubi- 18

1 Heute ganz h.M.; s. *Bermel* in Goutier/Knopf/Tulloch, § 52 UmwG Rz. 6; *Mayer* in Widmann/Mayer, § 52 UmwG Rz. 4; *Reichert* in Semler/Stengel, § 52 UmwG Rz. 6; *Zimmermann* in Kallmeyer, § 52 UmwG Rz. 5.

2 Unstr., s. etwa *Mayer* in Widmann/Mayer, § 52 UmwG Rz. 4; *Rebmann* in Maulbetsch/Klumpp/Rose, § 52 UmwG Rz. 5; *Reichert* in Semler/Stengel, § 52 UmwG Rz. 6; *Stratz* in Schmitt/Hörtnagl/Stratz, § 52 UmwG Rz. 2; *Zimmermann* in Kallmeyer, § 52 UmwG Rz. 5; *Haeder* in Henssler/Strohn, § 52 UmwG Rz. 1.

3 So auch *Zimmermann* in Kallmeyer, § 52 UmwG Rz. 5.

4 Unstr., s. etwa *Rebmann* in Maulbetsch/Klumpp/Rose, § 52 UmwG Rz. 6; *Reichert* in Semler/Stengel, § 52 UmwG Rz. 6; *Simon/Nießen* in KölnKomm. UmwG, § 52 UmwG Rz. 11; *Zimmermann* in Kallmeyer, § 52 UmwG Rz. 5.

5 *Reichert* in Semler/Stengel, § 52 UmwG Rz. 6; *Simon/Nießen* in KölnKomm. UmwG, § 52 UmwG Rz. 11; *Zimmermann* in Kallmeyer, § 52 UmwG Rz. 5; *Haeder* in Henssler/Strohn, § 52 UmwG Rz. 1; *Keßler* in Keßler/Kühnberger, § 52 UmwG Rz. 3.

6 So auch *Rebmann* in Maulbetsch/Klumpp/Rose, § 52 UmwG Rz. 6.

gung sind, wenn die Erklärung nicht in der Anmeldung selbst abgegeben wird, nicht erforderlich[1].

4. Rechtsfolgen fehlender oder unzutreffender Erklärungen

19 Das Registergericht darf die Eintragung nicht vornehmen, solange die Erklärung fehlt. Bemerkt der Registerrichter das Fehlen der Erklärung, ist die Eintragung nicht abzulehnen. Vielmehr hat das Registergericht durch eine **Zwischenverfügung** auf das Fehlen der Erklärung hinzuweisen (§ 382 Abs. 4 FamFG)[2].

20 Für die Einhaltung der **Acht-Monats-Frist des § 17 Abs. 2 Satz 4 UmwG** ist der Zeitpunkt der Einreichung der Erklärung unerheblich[3] (zur Einreichung der Negativerklärung nach § 16 Abs. 2 UmwG s. § 17 Rz. 13).

21 Trägt der Registerrichter die Verschmelzung trotz Fehlens der Erklärung ein, berührt dies die **Wirksamkeit der Verschmelzung** gem. § 20 Abs. 2 UmwG nicht[4].

22 Die (vorsätzliche) Abgabe einer unrichtigen Erklärung nach § 52 UmwG wird gem. § 313 Abs. 2 i.V.m. Abs. 1 UmwG mit **Freiheitsstrafe** bis zu drei Jahren oder mit **Geldstrafe** bestraft.

III. Gesellschafterliste

1. Veränderungen bei der aufnehmenden GmbH

23 Die Verschmelzung auf eine GmbH erfordert in allen Fällen, in denen diese (bereits existierende oder neue) Anteile gewährt, eine Korrektur der **Gesellschafterliste** gem. § 40 GmbHG. Die Einreichung einer berichtigten Gesellschafterliste ist dagegen nicht erforderlich, wenn durch die Verschmelzung keine **Änderung im Gesellschafterkreis** einer GmbH erfolgt, also in den Fällen, in denen die übernehmende GmbH keine Anteile gewährt, beispielsweise bei der Verschmelzung einer 100%igen Tochtergesellschaft auf die GmbH oder einem Verzicht aller Anteilsinhaber des übertragenden Rechtsträgers auf die Gewährung von Anteilen gem § 54 Abs. 1 Satz 3 UmwG. Eine Fehlanzeigemeldung ist in diesen Fällen nicht erforderlich; § 40 GmbHG ist insoweit eindeutig[5].

24 § 52 Abs. 2 UmwG a.F. sah im Hinblick auf die erforderliche Korrektur der Gesellschafterliste vor, dass der Anmeldung zum Register des Sitzes der übernehmenden

---

1 So ausdrücklich auch *Simon/Nießen* in KölnKomm. UmwG, § 52 UmwG Rz. 11.

2 Einhellige Auffassung, s. nur *Rebmann* in Maulbetsch/Klumpp/Rose, § 52 UmwG Rz. 8; *Reichert* in Semler/Stengel, § 52 UmwG Rz. 8; *Simon/Nießen* in KölnKomm. UmwG, § 52 UmwG Rz. 13f.; *Zimmermann* in Kallmeyer, § 52 UmwG Rz. 6.

3 Einhellige Auffassung, s. nur *Haeder* in Henssler/Strohn, § 52 UmwG Rz. 1; *Rebmann* in Maulbetsch/Klumpp/Rose, § 52 UmwG Rz. 8; *Reichert* in Semler/Stengel, § 52 UmwG Rz. 8; *Simon/Nießen* in KölnKomm. UmwG, § 52 UmwG Rz. 14; *Zimmermann* in Kallmeyer, § 52 UmwG Rz. 6.

4 Unstr., s. nur *Mayer* in Widmann/Mayer, § 52 UmwG Rz. 7; *Reichert* in Semler/Stengel, § 52 UmwG Rz. 8; *Simon/Nießen* in KölnKomm. UmwG, § 52 UmwG Rz. 13; *Keßler* in Keßler/Kühnberger, § 52 UmwG Rz. 3.

5 Ebenso *Mayer* in Widmann/Mayer, § 52 UmwG Rz. 11; auf die Möglichkeit einer fakultativen Fehlanzeigenmeldung hinweisend *Simon/Nießen* in KölnKomm. UmwG, § 52 UmwG Rz. 18; *Zimmermann* in Kallmeyer, § 52 UmwG Rz. 11; *Keßler* in Keßler/Kühnberger, § 52 UmwG Rz. 4; *Rebmann* in Maulbetsch/Klumpp/Rose, § 52 UmwG Rz. 13.

Gesellschaft eine von den Geschäftsführern dieser Gesellschaft unterschriebene berichtigte Gesellschafterliste beizufügen ist. Diese Bestimmung wurde durch das 3. UmwGÄndG zu Recht gestrichen (s. bereits oben Rz. 8). Die Einreichung der aktualisierten Gesellschafterliste erfolgt heute durch den Notar und ist der Handelsregisteranmeldung nicht mehr beizufügen.

Hintergrund der Streichung war, dass die **Bedeutung des Notars** für die Aktualisierung der Gesellschafterliste durch das MoMiG[1] deutlich gestärkt wurde. Nach § 40 Abs. 2 Satz 1 GmbHG hat ein Notar, der an Veränderungen in den Personen der Gesellschafter oder im Umfang ihrer Beteiligung mitgewirkt hat, unverzüglich nach Wirksamwerden der Veränderung die Gesellschafterliste anstelle der Geschäftsführer zu unterschreiben, zum Handelsregister einzureichen und eine Abschrift der geänderten Liste an die Gesellschaft zu übermitteln. Nach § 40 Abs. 2 Satz 2 GmbHG muss die Liste mit der Bescheinigung des Notars versehen sein, dass die geänderten Eintragungen den Veränderungen entsprechen, an denen er mitgewirkt hat, und die übrigen Eintragungen mit dem Inhalt der zuletzt im Handelsregister aufgenommenen Liste übereinstimmen. Bei einer Verschmelzung wirkt zwingend ein Notar mit (§§ 6, 13 Abs. 3 Satz 1 UmwG). 25

Nach der Neuregelung des § 40 Abs. 2 GmbHG ist damit jeder Notar, der einen entsprechenden Verschmelzungsvorgang beurkundet hat, verpflichtet, **unverzüglich nach Wirksamwerden der Verschmelzung** durch Eintragung in das Handelsregister der zu übernehmenden GmbH eine neue Gesellschafterliste zum Handelsregister einzureichen. Bereits in der 4. Aufl. (Rz. 8) wurde kritisiert, dass das Verhältnis dieser Einreichungspflicht zu § 52 Abs. 2 UmwG a.F. unklar war und die Einreichungspflicht nach § 52 Abs. 2 UmwG redundant erschien[2]. Diese Unklarheit hat der Gesetzgeber durch Streichung des § 52 Abs. 2 UmwG a.F. beseitigt. 26

Der Notar knüpft bei der Erstellung der neuen Liste an die bisher im Handelsregister aufgenommene Gesellschafterliste an und darf sich grundsätzlich auf deren Richtigkeit verlassen[3]. Dies kann dazu führen, dass bei einer materiell unrichtigen früheren Gesellschafterliste die neue Gesellschafterliste ebenfalls unrichtig ist. Daher hat auch die vom Notar erstellte Gesellschafterliste nur eine **begrenzte Richtigkeitsgewähr**[4]. 27

Die Einreichung der aktualisierten Gesellschafterliste erfolgt durch den Notar **zusätzlich zur Einreichung der Liste der Übernehmer** nach § 55 Abs. 1 UmwG i.V.m. § 57 Abs. 3 Nr. 2 GmbHG[5], die nach wie vor der Anmeldung beizufügen ist. 28

---

1 Gesetz zur Modernisierung des GmbH-Rechts und zur Bekämpfung von Missbräuchen (MoMiG) v. 23.10.2008, BGBl. I, S. 2026.

2 Zum Zuständigkeitskonflikt zwischen § 40 Abs. 2 GmbHG und § 52 Abs. 2 UmwG a.F. etwa *Flick*, NZG 2010, 170 m.w.N.

3 *Mayer* in Widmann/Mayer, § 52 UmwG Rz. 11; *Zimmermann* in Kallmeyer, § 52 UmwG Rz. 9; *Heidinger* in MünchKomm. GmbHG, § 40 GmbHG Rz. 205; *Terlau* in Michalski, § 40 GmbHG Rz. 30.

4 *Mayer* in Widmann/Mayer, § 52 UmwG Rz. 11; *Heidinger* in MünchKomm. GmbHG, § 40 GmbHG Rz. 208.

5 *Reichert* in Semler/Stengel, § 52 UmwG Rz. 10; *Zimmermann* in Kallmeyer, § 52 UmwG Rz. 12; *Keßler* in Keßler/Kühnberger, § 52 UmwG Rz. 4.

29 Für den **Inhalt der Gesellschafterliste** und der mitzuteilenden Änderungen gelten die allgemeinen Grundsätze des § 40 GmbHG. Eine verschmelzungsrechtliche Besonderheit enthält **§ 35 UmwG:** Danach genügt in dem Fall, dass die Aktionäre einer übertragenden AG oder KGaA unbekannt sind, die Angabe des insgesamt auf sie entfallenden Grundkapitals und der auf sie nach der Verschmelzung entfallenden Geschäftsanteile, wenn ihre Anteile zusammen 5 % des Grundkapitals der übertragenden Gesellschaft nicht überschreiten (vgl. näher § 35 Rz. 7 ff.; § 46 Rz. 20). Werden sie später bekannt, ist die Liste durch die Geschäftsführung nach § 40 Abs. 1 GmbHG zu berichtigen[1].

30 **Zeitpunkt der Einreichung:** Die aktualisierte Gesellschafterliste ist gem. § 40 GmbHG grundsätzlich „unverzüglich nach Wirksamwerden" der Veränderung im Gesellschafterkreis, also ohne schuldhaftes Zögern nach Wirksamwerden der Verschmelzung durch Eintragung in das Handelsregister des übernehmenden Rechtsträgers gem. § 20 UmwG einzureichen. Es bestehen allerdings keine Bedenken, die Liste bereits zusammen mit der Handelsregisteranmeldung der Verschmelzung einzureichen und dabei darauf hinzuweisen, dass die Veränderung im Gesellschafterkreis erst mit Wirksamwerden der Verschmelzung eintritt und die Gesellschafterliste entsprechend erst mit Eintragung der Verschmelzung in das Register aufzunehmen ist[2]. Es müssen insoweit die gleichen Grundsätze gelten wie bei sonstigen Änderungen im Gesellschafterkreis aufgrund von Kapitalerhöhungen[3].

2. Veränderungen bei einer nachgeordneten GmbH

31 Fraglich ist, ob der Notar auch zur Einreichung einer aktualisierten **Gesellschafterliste einer nachgeordneten GmbH** verpflichtet ist, wenn ein übertragender Rechtsträger Anteile an dieser GmbH gehalten hat. Diese sind durch das Wirksamwerden der Verschmelzung auf die übernehmende Gesellschaft übergegangen, was eine Veränderung des Gesellschafterkreises bei der nachgeordneten GmbH zur Folge hatte. Insofern muss nach § 40 GmbHG eine neue Gesellschafterliste für diese GmbH erstellt werden. Problematisch ist in diesem Zusammenhang die Zuständigkeitsverteilung zwischen Geschäftsführung nach § 40 Abs. 1 GmbHG und Notar nach § 40 Abs. 2 GmbHG[4]. Der Notar hat hier schließlich nur mittelbar an der Veränderung des Gesellschafterkreises der nachgeordneten Gesellschaft mitgewirkt.

---

1 So ausdrücklich auch *Zimmermann* in Kallmeyer, § 52 UmwG Rz. 9.

2 *Zimmermann* in Kallmeyer, § 52 UmwG Rz. 13; a.A. *Mayer* in Widmann/Mayer, § 52 UmwG Rz. 10 unter Berufung auf den Wortlaut des § 40 Abs. 2 Satz 1 GmbHG.

3 Dazu *Krafka/Willer/Kühn*, Registerrecht, 8. Aufl. 2010, Rz. 1051a; *Wicke*, § 40 GmbHG Rz. 13; *Hasselmann*, NZG 2009, 486 (491); *Herrler*, DNotZ 2008, 903 (910); a.A. *Heidinger* in MünchKomm. GmbHG, § 40 GmbHG Rz. 189 ff.; *Mayer*, ZIP 2009, 1037 (1048).

4 Zur Problematik eingehend *Heilmeier*, NZG 2012, 217 ff.; *Herrler/Blath*, ZIP 2010, 129 ff.; *Löbbe*, GmbHR 2012, 7 ff.; *Heidinger* in MünchKomm. GmbHG, § 40 GmbHG Rz. 143 ff.

Während manche die Zuständigkeit des Notars bei mittelbarer Mitwirkung pauschal ablehnen[1] oder annehmen[2], nimmt eine Ansicht in der Literatur die Zuständigkeit des Notars zumindest bei einer 100 %-igen Tochter an[3]. Für eine solche **Differenzierung nach der Höhe der Beteiligung** bietet das Gesetz jedoch keinen Anhaltspunkt[4]. Außerdem kann eine generelle Zuständigkeit des Notars bei der mittelbaren Mitwirkung unabhängig von seiner Kenntnis über Beteiligungen an einer nachgeordneten GmbH nicht angenommen werden. Den Notar trifft keine Nachforschungspflicht[5]. 32

Vereinzelt wird in der Literatur eine **Parallele zu § 18 Abs. 2 Satz 2 GrEStG** gezogen[6]. Nach dieser Vorschrift trifft den Notar im Grunderwerbssteuerrecht eine Anzeigepflicht gegenüber dem Finanzamt, wenn eine Steuerpflicht aus Grundstücken resultiert, die sich im Vermögen einer Gesellschaft befinden, und wenn die Anteile an der Gesellschaft übertragen werden. Hiervon wird auch der Fall einer Umwandlung erfasst, durch die Grundeigentum auf einen anderen Rechtsträger übergeht[7]. In diesem Zusammenhang trifft den Notar eine Erkundigungspflicht[8]. Diese Anzeigepflicht des Notars könnte für die weite Auslegung des Begriffes „Mitwirkung" im Rahmen des § 40 Abs. 2 GmbHG sprechen und damit einhergehend den Notar auch zu Erkundigungen verpflichten. Allerdings verlangt das GrEStG die Anzeigepflicht des Notars ausdrücklich. Die Zuständigkeit des Notars zur Listeneinreichung bei mittelbarer Mitwirkung ergäbe sich aber allenfalls aus einem weiten Verständnis des Wortlauts des § 40 Abs. 2 GmbHG. Dieser Unterscheid spricht dagegen, § 18 Abs. 2 GrEStG zur Auslegung des § 40 Abs. 2 GmbHG heranzuziehen[9]. 33

Teilweise wird auf die **Erkennbarkeit** der Veränderung für den Notar abgestellt[10]. In diesem Zusammenhang wird vereinzelt eine **Unterscheidung zwischen Spaltung und Verschmelzung** vorgeschlagen: Bei der Verschmelzung kenne der Notar aufgrund der Gesamtrechtsnachfolge die Zusammensetzung des Vermögens in der Regel nicht. Daher sei für ihn die Veränderung im Gesellschafterkreis einer nachgeordneten GmbH, an der die übertragende Gesellschaft Anteile hält, nicht erkennbar. Bei der Spaltung sei dies aufgrund der Pflicht, die betroffenen Geschäftsanteile inhaltlich genau zu beschreiben (§ 126 Abs. 1 Nr. 9 UmwG), an- 34

1 *Heilmeier*, NZG 2012, 217 (219); *Löbbe*, GmbHR 2012, 7 (12); *Preuß* in FS Spiegelberger, 2009, S. 876 (883); *Mayer* in Widmann/Mayer, § 52 UmwG Rz. 15; *Altmeppen* in Roth/Altmeppen, § 40 GmbHG Rz. 20; *Terlau* in Michalski, § 40 GmbHG Rz. 26; *Zöllner/Noack* in Baumbach/Hueck, § 40 GmbHG Rz. 56; kritisch *Wicke*, DB 2011, 1037 (1040); zweifelnd auch *Bayer* in Lutter/Hommelhoff, § 40 GmbHG Rz. 25 und *Mayer*, ZIP 2009, 1037 (1045).

2 *Herrler/Blath*, ZIP 1010, 129 (131); *Link*, RNotZ 2009, 193 (197), *Wälzholz*, MittBayNot 2008, 425 (435).

3 *Vossius*, DB 2007, 2299 (2304); ihm folgend *Berninger*, GmbHR 2009, 679 (682); ebenso *Gottschalk*, DZWiR 2008, 45 (47).

4 So auch *Hasselmann*, NZG 2009, 449 (454).

5 So auch *Tebben*, RNotZ 2008, 441 (452).

6 So *Herrler/Blath*, ZIP 2010, 129 (130f.).

7 *Viskorf* in Boruttau, 17. Aufl. 2011, § 18 GrEStG Rz. 19.

8 *Herrler/Blath*, ZIP 2010, 129 (131); *Ising*, DNotZ 2012, 384 (385f.).

9 So auch *Löbbe*, GmbHR 2012, 7 (12).

10 *Mayer*, DNotZ 2008, 403 (408).

ders[1]. Allerdings ist diese Beschreibung auch als Negativkatalog möglich, sodass nur die Vermögensgegenstände aufgelistet werden, die nicht erfasst werden[2]. Daher überzeugt eine pauschale Differenzierung zwischen Verschmelzung und Spaltung nicht[3].

35 Der 15. Zivilsenat des OLG Hamm hat in einer Entscheidung aus dem Jahr 2009 die Zuständigkeit eines Notars, der die Beteiligung der GmbH an der nachfolgenden GmbH positiv kannte, bei mittelbaren Veränderungen im Gesellschafterbestand bejaht. Der Begriff „Mitwirkung" müsse weit ausgelegt werden und erfasse sowohl unmittelbare als auch mittelbare Mitwirkung[4]. Gegen das Abstellen auf die **subjektive Kenntnis des Notars** spricht aber ein Bedürfnis nach Rechtssicherheit. Die subjektive Kenntnis ist kein objektiv sichtbares Kriterium, sodass die Geschäftsführer nicht zweifelsfrei erkennen können, ob ihre Zuständigkeit nach § 40 Abs. 1 GmbHG begründet ist. Das gilt insbesondere für Zufallskenntnisse des Notars. Diese Unsicherheit, die durch das Abstellen auf die subjektive Kenntnis entstünde, liefe dem Ziel des MoMiG, die Verfahrensabläufe im Rahmen des § 40 GmbHG zu vereinfachen, entgegen[5].

36 In einem Beschluss aus 2011 befasst sich der 27. Zivilsenat des OLG Hamm mit einem Fall, in dem der Notar eine Firmenänderung eines GmbH-Gesellschafters beurkundet hatte. Hier verneint das Gericht die Pflicht des Notars zur Einreichung einer aktualisierten Gesellschafterliste für die nachgeordnete GmbH[6]. Ohne das Verhältnis zu der früher ergangenen Entscheidung klarzustellen, tendiert das Gericht zu dem Erfordernis einer objektiven Erkennbarkeit der Veränderung für den Notar im Sinne einer **finalen Auswirkung der notariellen Tätigkeit**[7]. Die Entscheidung lässt sich auch für den Fall einer mittelbaren Mitwirkung des Notars im Rahmen einer Verschmelzung fruchtbar machen. Teilweise wird dazu vertreten, dass ein Abstellen auf das Kriterium der Finalität bei der Verschmelzung regelmäßig zu einer Zuständigkeit der Geschäftsführer nach § 40 Abs. 1 GmbHG führe, da die Veränderung des Gesellschafterkreises der nachfolgenden Gesellschaft nur ein Reflex der Beurkundung des Umwandlungsvorgangs und das Handeln des Notars nicht final auf diese Veränderung gerichtet sei[8]. Das erscheint sehr formal und überzeugt nicht. Im Übrigen ist die Verschmelzung unmittelbar (auch) auf den Übergang des Vermögens des übertragenden Rechtsträgers auf den übernehmenden Rechtsträger gerichtet.

37 Eine praktikable Begrenzung der Zuständigkeit des Notars lässt sich unter Berücksichtigung der vorstehenden Argumente bei Umwandlungsvorgängen durch

1 *Hasselmann*, NZG 2009, 449 (454); *Paefgen* in Ulmer/Habersack/Winter, Ergänzungsband MoMiG, § 40 GmbHG Rz. 67 f.; in diese Richtung auch *Ries*, NZG 2010, 135 (136).
2 *Mayer* in Widmann/Mayer, § 126 UmwG Rz. 203; *Simon* in KölnKomm. UmwG, § 129 UmwG Rz. 59.
3 Aus diesem Grund ablehnend auch *Löbbe*, GmbHR 2012, 7 (11).
4 OLG Hamm v. 1.12.2009 – 15 W 304/09, GmbHR 2010, 205 f.
5 So auch *Heilmeier*, NZG 2012, 217 (219); a.A. aber OLG Hamm v. 1.12.2009 – 15 W 304/09, GmbHR 2010, 205 (206).
6 OLG Hamm v. 2.11.2011 – 27 W 100/11, GmbHR 2012, 38 f.
7 OLG Hamm v. 2.11.2011 – 27 W 100/11, GmbHR 2012, 38 (39); so auch *Heidinger* in MünchKomm. GmbHG, § 40 GmbHG Rz. 149; *Preuß* in Armbrüster/Preuß/Renner, Beurkundungsgesetz und Dienstordnung für Notarinnen und Notare, 5. Aufl. 2009, Anh. nach § 53 BeurkG Rz. 48; *Wachter*, ZNotP 2008, 378 (389).
8 *Löbbe*, GmbHR 2012, 7 (12).

das Kriterium der **objektiven Erkennbarkeit aus der aufgenommenen Urkunde** einschließlich ihrer Anlagen herbeiführen[1]. Lässt sich dem Verschmelzungs- oder Spaltungsvertrag entnehmen, dass zum Vermögen des übertragenden Rechtsträgers eine GmbH-Beteiligung gehört, hat der Notar zu deren Register eine aktualisierte Gesellschafterliste einzureichen. Nachforschungspflichten treffen den Notar dagegen nicht. Soweit der Übergang der GmbH-Beteiligung aus der Urkunde nicht erkennbar wird, bleibt es bei der Verpflichtung der Geschäftsführer der GmbH aus § 40 Abs. 1 GmbHG. Die aufnehmende Gesellschaft als neuer GmbH-Gesellschafter wird von sich aus im Hinblick auf die Rechtsfolgen des § 16 GmbHG darauf dringen, dass die Geschäftsführer zeitnah eine korrigierte Gesellschafterliste einreichen.

Angesichts der nach wie vor bestehenden Rechtsunsicherheit wird dem Notar 38 teilweise empfohlen, **aus Vorsichtsgründen** auch bei fehlender Erkennbarkeit einer Übertragung von GmbH-Anteilen als Teil des Vermögens des übertragenden Rechtsträgers bei diesem nachzufragen, ob der übertragende Rechtsträger Anteile an GmbH hält, und ggfs. auf eine Einreichung einer berichtigten Gesellschafterliste sowohl durch die Geschäftsführer als auch den Notar hinzuwirken[2]. Darüber hinaus wird es in der Literatur für möglich gehalten, durch einen Vollzugsauftrag in der entsprechenden Urkunde die Zuständigkeit des Notars zu begründen[3].

§ 53
Eintragung bei Erhöhung des Stammkapitals

Erhöht die übernehmende Gesellschaft zur Durchführung der Verschmelzung ihr Stammkapital, so darf die Verschmelzung erst eingetragen werden, nachdem die Erhöhung des Stammkapitals im Register eingetragen worden ist.

I. Überblick

In Ergänzung zu § 19 Abs. 1 Satz 2 UmwG, der die Reihenfolge der Eintragung der 1 Verschmelzung in das Handelsregister der beteiligten Rechtsträger regelt, bestimmt § 53 UmwG, dass eine zur Durchführung der Verschmelzung erforderliche Kapitalerhöhung vorab in das Register der übernehmenden GmbH einzutragen ist. Dadurch soll gewährleistet werden, dass im Zeitpunkt des Wirksamwerdens der Verschmelzung die den Anteilsinhabern des übertragenden

1 Im Ergebnis ebenso *Mayer*, DNotZ 2008, 403 (408); *Tebben*, RNotZ 2008, 441 (452).
2 Ausführlicher *Mayer* in Widmann/Mayer, § 52 UmwG Rz. 15; *Zimmermann* in Kallmeyer, § 52 UmwG Rz. 9 m.w.N.
3 *Wicke*, § 40 GmbHG Rz. 14; *Wicke*, DB 2011, 1037 (1041); *Wicke*, NotBZ 2009, 1 (14).

Rechtsträgers zu gewährenden neuen Geschäftsanteile in jedem Fall zur Verfügung stehen[1].

2 § 53 UmwG betrifft nur **Verschmelzungen auf eine übernehmende GmbH**. Gesellschaft i.S.d. § 53 UmwG ist allein die GmbH. Bei einer Verschmelzung einer GmbH auf eine Gesellschaft anderer Rechtsform richtet sich das Verhältnis der Eintragung der Verschmelzung zur Eintragung der erforderlichen Kapitalerhöhung nach den Regeln, die auf die aufnehmende Gesellschaft Anwendung finden. Bei einer aufnehmenden Personengesellschaft muss die „Kapitalerhöhung" nicht in das Handelsregister eingetragen werden, um wirksam zu werden. Die von § 53 UmwG adressierte Problematik stellt sich also nicht.

3 **§ 66 UmwG** enthält eine weitgehend inhaltsgleiche Vorschrift für die Verschmelzung auf eine AG. Allerdings orientiert sich § 66 UmwG an den aktienrechtlichen Kapitalerhöhungsvorschriften, die klar zwischen Kapitalerhöhungsbeschluss und Durchführung der Kapitalerhöhung unterscheiden (vgl. § 184 AktG einerseits und §§ 188f. AktG andererseits). § 66 UmwG ordnet entsprechend die Voreintragung der „Durchführung" der Kapitalerhöhung an.

4 § 53 UmwG gilt nur für Kapitalerhöhungen, die zum Zwecke einer Verschmelzung notwendigerweise durchgeführt werden. Fällt eine reguläre Kapitalerhöhung nur zeitlich mit einer Verschmelzung zusammen, findet § 53 UmwG keine Anwendung[2].

5 § 53 UmwG findet aufgrund der ausdrücklichen Anordnung in § 56 UmwG auf die **Verschmelzung zur Neugründung** keine Anwendung.

6 § 53 UmwG ist gem. § 1 Abs. 3 Satz 1 UmwG **zwingend**. Das Registergericht hat kein Ermessen.

7 § 53 UmwG übernimmt in der Sache bereits früher geltendes Recht (§ 25 Abs. 1 Satz 2 KapErhG); bei der Formulierung war jedoch zu berücksichtigen, dass nach dem geltenden UmwG (§§ 19 Abs. 1, 20 Abs. 1 UmwG) auch Verschmelzungen unter Beteiligung von GmbH erst mit Eintragung in das Register der übernehmenden Gesellschaft wirksam werden[3].

II. Anmeldung und Prüfung durch das Registergericht

8 Die Geschäftsführer der übernehmenden Gesellschaft haben die Erhöhung des Stammkapitals beim zuständigen Handelsregister anzumelden. Diese Anmeldung kann zeitgleich mit der Anmeldung der Verschmelzung erfolgen[4]. Zu den sich dabei stellenden Fragen, insbesondere dem Erfordernis einer Anmeldung durch alle

---

1 Unstr., s. nur *Mayer* in Widmann/Mayer, § 53 UmwG Rz. 1; *Rebmann* in Heidelberger-Komm. UmwG, § 53 UmwG Rz. 1; *Reichert* in Semler/Stengel, § 53 UmwG Rz. 2; *Stratz* in Schmitt/Hörtnagl/Stratz, § 53 UmwG Rz. 1; *Zimmermann* in Kallmeyer, § 53 UmwG Rz. 18.

2 Unstr., s. nur *Mayer* in Widmann/Mayer, § 53 UmwG Rz. 2; *Reichert* in Semler/Stengel, § 53 UmwG Rz. 3; *Simon/Nießen* in KölnKomm. UmwG, § 53 UmwG Rz. 1; *Zimmermann* in Kallmeyer, § 53 UmwG Rz. 1.

3 Vgl. BegrRegE UmwG 1994, BT-Drucks. 12/6699, abgedruckt bei *Ganske*, S. 73f. und 102.

4 So auch *Simon/Nießen* in KölnKomm. UmwG, § 53 UmwG Rz. 7; *Zimmermann* in Kallmeyer, § 53 UmwG Rz. 2.

Geschäftsführer und dem Ausschluss von unechter Gesamtvertretung und rechtsgeschäftlicher Bevollmächtigung sowie dem Inhalt der Anmeldung s. § 55 Rz. 59 ff.

Der Anmeldung zum Registergericht der übernehmenden GmbH müssen **folgende Unterlagen beigefügt** werden (ausführlicher s. § 55 Rz. 62 ff.)[1]: 9

- notarielle Niederschrift des Kapitalerhöhungsbeschlusses und des Satzungsänderungsbeschlusses in Ausfertigung oder beglaubigter Abschrift;
- notarielle Niederschrift des Verschmelzungsvertrages und der Verschmelzungsbeschlüsse/Zustimmungserklärungen in Ausfertigung oder beglaubigter Abschrift (§ 55 Abs. 2 UmwG);
- vollständiger Wortlaut der Satzung mit notarieller Satzungsbescheinigung nach § 54 Abs. 1 Satz 2 GmbHG;
- Werthaltigkeitsnachweis des eingebrachten Unternehmens, i.d.R. Verschmelzungsbilanz nach § 17 Abs. 2 UmwG;
- nach verbreiteter Ansicht Liste der Übernehmer gem. § 55 Abs. 2 UmwG, § 57 Abs. 3 Nr. 2 GmbHG (s. dazu näher § 55 Rz. 64)[2].

Das Registergericht prüft nach der Einreichung der Unterlagen die formelle Ordnungsmäßigkeit der Anmeldung (örtliche/sachliche Zuständigkeit, Vertretungsbefugnis, Form, Vollständigkeit der Unterlagen, Rechtmäßigkeit des Kapitalerhöhungsbeschlusses und des Satzungsänderungsbeschlusses) sowie die **Wirksamkeitsvoraussetzungen der Verschmelzung** als Voraussetzung der Kapitalerhöhung[3]. 10

Bei der Kapitalerhöhung zur Durchführung einer Verschmelzung handelt es sich um eine Sachkapitalerhöhung, bei der das übertragende Unternehmen als Sacheinlage eingebracht wird[4]. Daher prüft das Registergericht die **Werthaltigkeit** des übertragenden Vermögens, §§ 57a, 9c GmbHG (hierzu ausführlicher § 55 Rz. 68 ff.). In der Regel dient zum Nachweis der Werthaltigkeit die Schlussbilanz der übertragenden Gesellschaft, wenn ihre (Netto-)Buchwerte den Nennbetrag der übernommenen Geschäftsanteile erreichen; ansonsten können andere Nachweise, z.B. Sachverständigengutachten, verlangt werden[5]. 11

Bei Unterdeckung wird die Eintragung bei nicht nur unwesentlicher Überbewertung abgelehnt (§§ 57a, 9c GmbHG). Zuvor muss der Registerrichter den Beteiligten durch Zwischenverfügung aber die Möglichkeit geben, die Differenz in bar auszugleichen (hierzu ausführlicher § 55 Rz. 73). 12

---

1 S. auch *Richter* in Happ, Konzern- und Umwandlungsrecht, 2012, Muster 7.05 Anm. 12.2.

2 Strittig; in der Theorie ablehnend, aber wegen der Registerpraxis trotzdem empfehlend *Reichert* in Semler/Stengel, § 55 UmwG Rz. 22; völlig ablehnend *Stratz* in Schmitt/Hörtnagl/Stratz, § 55 UmwG Rz. 25; das Erfordernis der Liste bejahend *Simon/Nießen* in KölnKomm. UmwG, § 53 UmwG Rz. 8; *Zimmermann* in Kallmeyer, § 53 UmwG Rz. 9; *Mayer* in Widmann/Mayer, § 55 UmwG Rz. 91.

3 *Reichert* in Semler/Stengel, § 53 UmwG Rz. 8; *Simon/Nießen* in KölnKomm. UmwG, § 53 UmwG Rz. 11; *Zimmermann* in Kallmeyer, § 53 UmwG Rz. 13.

4 *Richter* in Happ, Konzern- und Umwandlungsrecht, 2012, Muster 7.01 Anm. 22.14.

5 *Reichert* in Semler/Stengel, § 53 UmwG Rz. 9; *Simon/Nießen* in KölnKomm. UmwG, § 53 UmwG Rz. 12; *Zimmermann* in Kallmeyer, § 53 UmwG Rz. 14.

III. Eintragungsreihenfolge

1. Grundlagen

13 Bei jeder Verschmelzung durch Aufnahme sind **zwei Eintragungen zwingend:** Die Verschmelzung muss beim übertragenden und beim übernehmenden Rechtsträger eingetragen werden (§ 19 UmwG). Hinzu kommt regelmäßig die Eintragung der zur Durchführung der Verschmelzung erforderlichen Kapitalerhöhung beim übernehmenden Rechtsträger (hier: der übernehmenden GmbH), soweit eine Kapitalerhöhung nicht ausnahmsweise mangels Anteilsgewährung gem. § 54 UmwG oder wegen anderweitiger Beschaffung der zu gewährenden Anteile entbehrlich ist.

14 Die Reihenfolge in Bezug auf die übernehmende Gesellschaft ist vom Gesetz zwingend vorgeschrieben. Als Erstes ist gem. § 53 UmwG die Kapitalerhöhung bei der übernehmenden GmbH einzutragen. Erst anschließend kann die Eintragung der Verschmelzung beim übernehmenden Rechtsträger erfolgen.

15 Die deklaratorische Eintragung der Verschmelzung beim übertragenden Rechtsträger kann bereits vor der Eintragung der Kapitalerhöhung bei der übernehmenden Gesellschaft erfolgen (s. auch § 19 Rz. 11)[1]. Das Ziel der Norm, bei Wirksamwerden der Verschmelzung die Existenz der Geschäftsanteile sicherzustellen (s. oben Rz. 1), wird auch so erreicht – denn die Verschmelzung wird erst mit der Eintragung beim übernehmenden Rechtsträger wirksam (näher § 19 Rz. 7; § 20 Rz. 3 f.). Die Eintragung in das Register des übertragenden Rechtsträgers wird nach § 19 Abs. 1 Satz 2 UmwG mit dem Vermerk verbunden, dass die Verschmelzung erst mit Eintragung in das Register der übernehmenden GmbH wirksam wird.

16 Die Erhöhung des Stammkapitals einer GmbH erfolgt – ebenso wie im Aktienrecht – grundsätzlich in den zwei Schritten (i) Beschluss und (ii) Durchführung der Kapitalerhöhung[2]. Die **Durchführung der Kapitalerhöhung** setzt nach § 55 Abs. 1 GmbHG die Übernahme der Geschäftsanteile an dem erhöhten Kapital voraus, wozu grundsätzlich eine notariell beurkundete und beglaubigte Übernahmeerklärung des Übernehmers erforderlich ist. § 55 Abs. 1 GmbHG ist jedoch gem. § 55 Abs. 1 UmwG auf eine Kapitalerhöhung zur Durchführung einer Verschmelzung nicht anzuwenden. Dass auch bei der Verschmelzungskapitalerhöhung zu ihrer Durchführung die Deckung des erhöhten Stammkapitals durch Übernahme von Geschäftsanteilen erforderlich ist, ergibt sich jedoch aus § 57 Abs. 1 GmbHG, der gem. § 55 Abs. 1 UmwG auch auf eine Kapitalerhöhung zur Durchführung der Verschmelzung anzuwenden ist.

17 Anders als im Aktienrecht (vgl. § 184 AktG einerseits und § 188 AktG andererseits) wird bei der GmbH nicht zwischen der Eintragung des Kapitalerhöhungsbeschlusses und der Eintragung der Durchführung der Kapitalerhöhung unterschieden[3]. Vielmehr wird die Kapitalerhöhung nach § 57 Abs. 1 GmbHG erst nach Übernahme sämtlicher Geschäftsanteile zur Eintragung in das Handelsregis-

---

1 So auch *Mayer* in Widmann/Mayer, § 53 UmwG Rz. 7; *Simon/Nießen* in KölnKomm. UmwG, § 53 UmwG Rz. 14; *Zimmermann* in Kallmeyer, § 53 UmwG Rz. 18; widersprüchlich *Reichert* in Semler/Stengel, § 53 UmwG Rz. 11, 15.
2 S. nur *Lieder* in MünchKomm. GmbHG, § 55 GmbHG Rz. 13, 25 ff., 108 ff.
3 S. nur *Lutter/Bayer* in Lutter/Hommelhoff, § 57 GmbHG Rz. 3.

ter angemeldet. Inhaltlich ist mit Kapitalerhöhung i.S.d. § 53 UmwG also **nicht der Kapitalerhöhungsbeschluss, sondern deren Durchführung** gemeint. Insoweit besteht kein Unterschied zu § 66 UmwG.

Die Verschmelzungskapitalerhöhung ist bereits dann durchgeführt, wenn (i) der Verschmelzungsvertrag beurkundet ist und (ii) die zu seiner Wirksamkeit erforderlichen Zustimmungsbeschlüsse der jeweiligen Gesellschafterversammlungen (und ggf. die erforderlichen Zustimmungsbeschlüsse einzelner Gesellschafter) gefasst worden sind[1]. Das Wirksamwerden der Verschmelzung mit Eintragung in das Handelsregister der übernehmenden Gesellschaft, durch die die Einlage erst in Besitz und Eigentum der übernehmenden Gesellschaft gelangt, ist hingegen keine tatbestandliche Voraussetzung der Durchführung der Verschmelzungskapitalerhöhung. Von der Durchführung der Verschmelzungskapitalerhöhung zu unterscheiden ist auch ihr Wirksamwerden mit Eintragung der Verschmelzung in das Handelsregister des übernehmenden Rechtsträgers (s. nachfolgend Rz. 19). Insoweit unterscheidet sich die Verschmelzungskapitalerhöhung von der gewöhnlichen Kapitalerhöhung, die gem. § 54 Abs. 3 GmbHG bereits mit Eintragung der Kapitalerhöhung (bei der AG gem. § 189 AktG mit Eintragung der Durchführung) wirksam wird[2]. 18

2. Wirksamkeit der Kapitalerhöhung

Die zeitliche Vorschaltung der Eintragung der Kapitalerhöhung soll sicherstellen, dass im Zeitpunkt des Wirksamwerdens der Verschmelzung und dem damit zwingend verbundenen Untergang der Anteile des übertragenden Rechtsträgers die den Anteilsinhabern zu gewährenden Geschäftsanteile an der übernehmenden GmbH zur Verfügung stehen (s. oben Rz. 1). Die Kapitalerhöhung zur Durchführung der Verschmelzung i.S.d. § 55 UmwG ist dabei mit der Verschmelzung derart **konditional verknüpft**, dass sie – abweichend von § 54 Abs. 3 GmbHG – nicht schon mit der Eintragung, sondern erst mit Eintragung der Verschmelzung wirksam wird[3]. 19

Auch wenn insoweit eine gesetzliche Regelung nach Art des § 19 Abs. 1 Satz 2 UmwG fehlt, steht doch auch die Kapitalerhöhung unter dem **Vorbehalt der (konstitutiven) Eintragung der Verschmelzung** und wird erst mit dieser wirksam. Dies folgt aus § 20 Abs. 1 Nr. 3 UmwG, der dahin zu interpretieren ist, dass die neuen Anteile erst mit Eintragung der Verschmelzung entstehen[4]. 20

Scheitert die Eintragung der Verschmelzung endgültig, ist die Kapitalerhöhung sowie die entsprechende Satzungsänderung nach § 395 Abs. 1 FamFG (vor dem 1.9. 2009 § 144 Abs. 2 FGG) **von Amts wegen zu löschen**[5]. Nicht haltbar ist die zu 21

1 S. etwa *Grunewald*, § 69 Rz. 23 m.w.N.; *Marsch-Barner* in Kallmeyer, § 69 UmwG Rz. 21; *Zimmermann* in Kallmeyer, § 66 UmwG Rz. 10.
2 S. nur *Lieder* in MünchKomm. GmbHG, § 57 GmbHG Rz. 49.
3 So auch *Mayer* in Widmann/Mayer, § 53 UmwG Rz. 12; *Reichert* in Semler/Stengel, § 53 UmwG Rz. 12; *Simon/Nießen* in KölnKomm. UmwG, § 53 UmwG Rz. 15; *Stratz* in Schmitt/Hörtnagl/Stratz, § 53 UmwG Rz. 1; *Zimmermann* in Kallmeyer, § 53 UmwG Rz. 19.
4 *Rebmann* in Maulbetsch/Klumpp/Rose, § 53 UmwG Rz. 5; *Keßler* in Keßler/Kühnberger, § 53 UmwG Rz. 5; ähnlich *Reichert* in Semler/Stengel, § 53 UmwG Rz. 12.
5 So zutreffend *Grunewald* in G/H/E/K, § 343 AktG Rz. 16; ebenso *Rebmann* in Maulbetsch/Klumpp/Rose, § 53 UmwG Rz. 5; *Reichert* in Semler/Stengel, § 53 UmwG

§ 343 AktG a.F. vertretene Auffassung[1], die „durchgeführte" (d.h. in das Register eingetragene) Kapitalerhöhung bleibe auch bei Scheitern der Verschmelzung wirksam und die mit der Eintragung entstandenen Anteile stünden – als eigene Anteile – der übernehmenden GmbH zu. Dies widerspräche dem allgemeinen Grundsatz, dass eine Kapitalgesellschaft im Zuge einer Kapitalerhöhung keine eigenen Anteile übernehmen kann; im Übrigen kann für den Fall des Scheiterns der Verschmelzung von einer „Durchführung" der Kapitalerhöhung im Sinne eines Wirksamwerdens der Kapitalerhöhung schon deshalb keine Rede sein, weil das Vermögen der übertragenden Gesellschaft – die „Gegenleistung" für die Gewährung der neuen Anteile – gerade nicht auf die übernehmende Gesellschaft übergegangen ist.

22 Eine Löschung der Kapitalerhöhung von Amts wegen ist theoretisch auch möglich, wenn sich die Anmeldung der Verschmelzung nach der Eintragung der Kapitalerhöhung signifikant verzögert und die Beteiligten der Aufforderung des Gerichts, die Anmeldung vorzunehmen, nicht nachkommen[2].

23 Umgekehrt führt die konditionale Verknüpfung von Verschmelzung und Kapitalerhöhung dazu, dass eine nach allgemeinen Grundsätzen nichtige Kapitalerhöhung mit Eintragung der Verschmelzung analog § 20 Abs. 2 UmwG irreversibel wird (näher § 55 Rz. 82).

3. Verstöße gegen die Eintragungsreihenfolge

24 Für den – praktisch sicher äußerst seltenen – Fall, dass im Handelsregister der übernehmenden GmbH zunächst die Verschmelzung und erst danach die Kapitalerhöhung eingetragen wird, ist heute anerkannt, dass der zuletzt erfolgenden **Eintragung Heilungswirkung** zukommt, freilich mit der Maßgabe, dass die Verschmelzung in diesem Fall abweichend von § 20 Abs. 1 UmwG erst mit Eintragung der Kapitalerhöhung wirksam wird[3]. Zu empfehlen ist in diesem Fall ein entsprechender Vermerk im Handelsregister[4]. Die zum alten Recht vertretene Auffassung, die zum Wirksamwerden der Verschmelzung eine Wiederholung der Eintragung der Verschmelzung verlangte[5], ist heute obsolet (ausführlicher 4. Aufl., § 53 Rz. 5).

Rz. 13; *Simon/Nießen* in KölnKomm. UmwG, § 53 UmwG Rz. 16; *Zimmermann* in Kallmeyer, § 53 UmwG Rz. 19; allgemein zur Kapitalerhöhung gegen Einlagen vgl. auch *Lutter* in KölnKomm. AktG, 2. Aufl. 1995, § 189 AktG Rz. 6.

1 So aber *Kraft* in KölnKomm. AktG, 1. Aufl. 1971, § 343 AktG Rz. 25 f.; dies ausdrücklich ablehnend auch *Rebmann* in Maulbetsch/Klumpp/Rose, § 53 UmwG Rz. 5.

2 *Simon/Nießen* in KölnKomm. UmwG, § 53 UmwG Rz. 16.

3 Ebenso *Mayer* in Widmann/Mayer, § 53 UmwG Rz. 12; *Reichert* in Semler/Stengel, § 53 UmwG Rz. 14; *Simon/Nießen* in KölnKomm. UmwG, § 53 UmwG Rz. 17; *Zimmermann* in Kallmeyer, § 53 UmwG Rz. 19; *Keßler* in Keßler/Kühnberger, § 53 UmwG Rz. 5; *Rebmann* in Maulbetsch/Klumpp/Rose, § 53 UmwG Rz. 4; a.A. dagegen noch *Zimmermann* in Rowedder/Schmidt-Leithoff, 4. Aufl., Anh. § 77 GmbHG Rz. 391.

4 *Mayer* in Widmann/Mayer, § 53 UmwG Rz. 12; *Rebmann* in Maulbetsch/Klumpp/Rose, § 53 UmwG Rz. 4; *Reichert* in Semler/Stengel, § 53 UmwG Rz. 14; *Simon/Nießen* in KölnKomm. UmwG, § 53 UmwG Rz. 17.

5 *Schilling/Zutt* in Hachenburg[7], § 25 KapErhG Rz. 4; *Priester* in Scholz[7], § 25 KapErhG Rz. 4; *Lutter/Hommelhoff*[13], § 25 KapErhG Rz. 3.

In jedem Fall unschädlich ist, wenn die Verschmelzung entgegen § 19 Abs. 1 UmwG zuerst bei der übernehmenden Gesellschaft und danach beim übertragenden Rechtsträger eingetragen wird (s. § 19 Rz. 11; § 20 Rz. 3)[1]. Die Verschmelzungswirkung tritt dann bereits mit der Eintragung in das Register der übernehmenden Gesellschaft ein; die (ohnedies nur deklaratorische) Eintragung der Verschmelzung in das Register des übertragenden Rechtsträgers kann nachgeholt werden[2]. 25

§ 54
Verschmelzung ohne Kapitalerhöhung

(1) Die übernehmende Gesellschaft darf zur Durchführung der Verschmelzung ihr Stammkapital nicht erhöhen, soweit

1. sie Anteile eines übertragenden Rechtsträgers innehat;

2. ein übertragender Rechtsträger eigene Anteile innehat oder

3. ein übertragender Rechtsträger Geschäftsanteile dieser Gesellschaft innehat, auf welche die Einlagen nicht in voller Höhe bewirkt sind.

Die übernehmende Gesellschaft braucht ihr Stammkapital nicht zu erhöhen, soweit

1. sie eigene Geschäftsanteile innehat oder

2. ein übertragender Rechtsträger Geschäftsanteile dieser Gesellschaft innehat, auf welche die Einlagen bereits in voller Höhe bewirkt sind.

Die übernehmende Gesellschaft darf von der Gewährung von Geschäftsanteilen absehen, wenn alle Anteilsinhaber eines übertragenden Rechtsträgers darauf verzichten; die Verzichtserklärungen sind notariell zu beurkunden.

(2) Absatz 1 gilt entsprechend, wenn Inhaber der dort bezeichneten Anteile ein Dritter ist, der im eigenen Namen, jedoch in einem Fall des Absatzes 1 Satz 1 Nr. 1 oder des Absatzes 1 Satz 2 Nr. 1 für Rechnung der übernehmenden Gesellschaft oder in einem der anderen Fälle des Absatzes 1 für Rechnung des übertragenden Rechtsträgers handelt.

(3) Soweit zur Durchführung der Verschmelzung Geschäftsanteile der übernehmenden Gesellschaft, die sie selbst oder ein übertragender Rechtsträger innehat, geteilt werden müssen, um sie den Anteilsinhabern eines übertragenden Rechtsträgers gewähren zu können, sind Bestimmungen des Gesellschaftsvertrags, welche die Teilung der Geschäftsanteile der übernehmenden Gesellschaft ausschließen oder erschweren, nicht anzuwenden; jedoch muss der Nennbetrag jedes Teils der Geschäftsanteile auf volle Euro lauten. Satz 1 gilt entsprechend, wenn Inhaber der Geschäftsanteile ein Dritter ist, der im eigenen Namen, jedoch für Rechnung der übernehmenden Gesellschaft oder eines übertragenden Rechtsträgers handelt.

---

1 Vgl. nur *Mayer* in Widmann/Mayer, § 53 UmwG Rz. 13; *Reichert* in Semler/Stengel, § 53 UmwG Rz. 16; *Simon/Nießen* in KölnKomm. UmwG, § 53 UmwG Rz. 19; *Zimmermann* in Rowedder/Schmidt-Leithoff, 4. Aufl., Anh. § 77 GmbHG Rz. 391.

2 So auch *Mayer* in Widmann/Mayer, § 53 UmwG Rz. 13; *Richter* in Happ, Konzern- und Umwandlungsrecht, 2012, Muster 7.01 Anm. 81.3.

(4) Im Verschmelzungsvertrag festgesetzte bare Zuzahlungen dürfen nicht den zehnten Teil des Gesamtnennbetrags der gewährten Geschäftsanteile der übernehmenden Gesellschaft übersteigen.

Literatur

Baumann, Kapitalerhöhung zur Durchführung der Verschmelzung von Schwestergesellschaften mbH im Konzern?, BB 1998, 2311; *Bayer*, 1000 Tage neues Umwandlungsrecht – eine Zwischenbilanz, ZIP 1997, 1613; *Bock*, Institutioneller Gläubigerschutz nach § 30 Abs. 1 GmbHG beim Down-stream-merger nach einem Anteilskauf?, GmbHR 2005, 1023; *DAV-Handelsrechtsausschuss*, Vorschläge zur Änderung des UmwG, NZG 2000, 802; *DAV-Handelsrechtsausschuss*, Stellungnahme zum Regierungsentwurf eines Zweiten Gesetzes zur Änderung des Umwandlungsgesetzes, NZG 2006, 737; *Enneking/Heckschen*, Gesellschafterhaftung beim down-stream-merger, DB 2006, 1099; *Geßler*, Die Behandlung eigener Aktien bei der Verschmelzung, in FS W. Schilling, 1973, S. 145; *Heckschen*, Anmerkung zu BayObLG, Beschluss vom 24. Mai 1989, DB 1989, 1560; *Heckschen*, Die Pflicht zur Anteilsgewährung im Umwandlungsrecht, DB 2008, 1363; *Heckschen/Gassen*, Der Verzicht auf Anteilsgewähr bei Umwandlungsvorgängen aus gesellschafts- und steuerrechtlicher Sicht, GWR 2010, 101; *Ihrig*, Verschmelzung und Spaltung ohne Gewährung neuer Anteile?, ZHR 160 (1996), 317; *Keller/Klett*, Die sanierende Verschmelzung, DB 2010, 1220; *Klein/Stephanblome*, Der Downstream Merger – aktuelle umwandlungs- und gesellschaftsrechtliche Fragestellungen, ZGR 2007, 351; *Knott*, Gläubigerschutz bei horizontaler und vertikaler Konzernverschmelzung, DB 1996, 2423; *Kowalski*, Kapitalerhöhung bei horizontaler Verschmelzung, GmbHR 1996, 158; *Krieger*, Der Konzern in Fusion und Umwandlung, ZGR 1990, 517; *Krumm*, Die Verschmelzung von Schwestergesellschaften ohne Anteilsgewährung, GmbHR 2010, 24; *Lutter*, Mindestumfang der Kapitalerhöhung bei der Verschmelzung zur Aufnahme oder Neugründung in Aktiengesellschaften?, in FS Wiedemann, 2002, S. 1097; *Maier-Reimer* Vereinfachte Kapitalerhöhung durch Verschmelzung?, GmbHR 2004, 1128; *Dieter Mayer*, Erste Zweifelsfragen bei der Unternehmensspaltung, DB 1995, 861; *Mayer/Weiler*, Neuregelungen durch das Zweite Gesetz zur Änderung des Umwandlungsgesetzes (Teil I), DB 2007, 1235; *Mertens*, Aktuelle Fragen zur Verschmelzung von Mutter- auf Tochtergesellschaften – down stream merger, AG 2005, 785; *Naraschewski*, Gläubigerschutz bei der Verschmelzung von GmbH, GmbHR 1998, 356; *Petersen*, Der Gläubigerschutz im Umwandlungsrecht, 2001; *Petersen*, Der Gläubigerschutz im System des Umwandlungsrechts, Der Konzern 2004, 185; *Petersen*, Vereinfachte Kapitalherabsetzung durch Verschmelzung?, GmbHR 2004, 728; *Priester*, Notwendige Kapitalerhöhung bei Verschmelzung von Schwestergesellschaften?, BB 1985, 363; *Priester*, Das neue Umwandlungsrecht aus notarieller Sicht, DNotZ 1995, 325; *Priester*, Kapitalschutz beim Down-stream-merger, in FS Spiegelberger, 2009, S. 890; *Roß/Drögemüller*, Verschmelzungen und Abspaltungen bei Schwestergesellschaften nach der Reform des UmwG, DB 2009, 580; *Schwetlik*, Umwandlung überschuldeter Unternehmen auf haftungsbeschränkte Gesellschaften, GmbHR 2011, 130; *Simon*, Gläubigerschutz im Umwandlungsrecht, Der Konzern 2004, 191; *Tillmann*, Die Verschmelzung von Schwestergesellschaften unter Beteiligung von GmbH und GmbH & Co. KG, GmbHR 2003, 740; *Weiler*, Grenzen des Verzichts auf die Anteilsgewährung im Umwandlungsrecht – Kritische Betrachtung der §§ 54 I 3, 68 I 3 UmwG n.F. und mögliche Mechanismen zum Schutz von Minderheitsgesellschaftern, NZG 2008, 527; *Martin Winter*, Die Anteilsgewährung – zwingendes Prinzip des Verschmelzungsrechts?, in FS Lutter, 2000, S. 1279.

I. Überblick

1. Regelungsinhalt und -zweck

§ 54 Abs. 1 UmwG regelt die Fälle, in denen eine Kapitalerhöhung zur Durchführung einer Verschmelzung gem. § 55 UmwG unzulässig oder jedenfalls entbehrlich ist. Dabei unterscheidet das Gesetz zwischen den in § 54 Abs. 1 Satz 1 UmwG geregelten **Kapitalerhöhungsverboten**, unter deren Voraussetzungen die Kapitalerhöhung unzulässig ist (unten Rz. 17 ff.), und den **Kapitalerhöhungswahlrechten** (§ 54 Abs. 1 Satz 2 UmwG), bei denen die Beteiligten frei sind, ob sie den 1

Anteilsinhabern des übertragenden Rechtsträgers bereits vorhandene Gesellschaftsanteile gewähren oder durch eine Kapitalerhöhung neue Geschäftsanteile schaffen (unten Rz. 45 ff.).

2 Die **Kapitalerhöhungsverbote** des § 54 Abs. 1 Satz 1 Nr. 1 (die übernehmende GmbH hält Anteile am übertragenden Rechtsträger) und Nr. 2 UmwG (ein übertragender Rechtsträger hält eigene Anteile) reflektieren die allgemeine Bestimmung des **§ 20 Abs. 1 Nr. 3 UmwG**, wonach in diesen Fällen die Anteilsinhaber des übertragenden Rechtsträgers insoweit keine Anteilsinhaber des übernehmenden Rechtsträgers werden. § 54 Abs. 1 Satz 1 Nr. 3 UmwG regelt – allerdings sehr rudimentär – den Sonderfall, dass die aufnehmende Gesellschaft Anteile an der übernehmenden GmbH hält, die nicht voll eingezahlt sind, in dem also bei Wirksamwerden der Verschmelzung im Wege der Konfusion Einlageansprüche der GmbH erlöschen würden.

3 Die **Kapitalerhöhungswahlrechte** des § 54 Abs. 1 Satz 2 UmwG betreffen Fälle, in denen zur Gewährung von Anteilen an die Anteilsinhaber des übertragenden Rechtsträgers bereits existierende GmbH-Anteile zur Verfügung stehen. Dies sind zum einen eigene Geschäftsanteile der übernehmenden GmbH und zum anderen (voll eingezahlte) Geschäftsanteile der übernehmenden GmbH, die bisher von einem übertragenden Rechtsträger gehalten und als Gegenleistung von der übernehmenden Gesellschaft eingesetzt werden.

4 **Zweck des § 54 Abs. 1 Satz 1 UmwG** ist es, zu verhindern, dass die übernehmende GmbH im Zuge einer Kapitalerhöhung neue eigene Anteile erwirbt, weil dies aus Sicht der Kapitalaufbringung und -erhaltung nicht hinnehmbar erscheint[1]. Dabei unterscheiden sich die drei Fälle des Satz 1 und insbesondere der der Nr. 3 von den Nr. 1 und 2 deutlich (s. näher unten Rz. 17, 22 und 25).

5 **§ 54 Abs. 1 Satz 2 UmwG** erhöht die Flexibilität der Vertragspartner im Hinblick auf die Beschaffung der zu gewährenden Anteile und ermöglicht es, den Bestand bereits vorhandener eigener Anteile der übernehmenden Gesellschaft abzubauen, indem sie den Anteilsinhabern des übertragenden Rechtsträgers gewährt werden.

6 **§ 54 Abs. 1 Satz 3 UmwG** stellt klar, dass die Pflicht zur Anteilsgewährung zur Disposition der Gesamtheit der Gesellschafter des übertragenden Rechtsträgers steht (unten Rz. 63 ff.). Damit wird letztlich ein Grundprinzip des Verschmelzungsrechts – die Gewährung von Anteilen des übernehmenden Rechtsträgers an die Anteilsinhaber des übertragenden Rechtsträgers als Gegenleistung für die Vermögensübertragung gem. § 2 UmwG – disponibel gestellt.

7 Durch **§ 54 Abs. 2 UmwG** (und § 54 Abs. 3 Satz 2 UmwG) wird die **verdeckte Anteilsinhaberschaft** der offenen gleichgestellt (unten Rz. 108 ff.).

8 Um die Zuteilung vorhandener Geschäftsanteile an die Anteilsinhaber des übertragenden Rechtsträgers zu erleichtern, erklärt **§ 54 Abs. 3** Satz 1 UmwG gesellschaftsvertragliche Teilungserschwerungen für unanwendbar. Die Vorschrift hatte in der **Zeit vor dem MoMiG**[2] größere Bedeutung, da § 17 GmbHG a.F. die

1 Übereinstimmend *Kallmeyer/Kocher* in Kallmeyer, § 54 UmwG Rz. 1; *Reichert* in Semler/Stengel, § 54 UmwG Rz. 3.

2 Gesetz zur Modernisierung des GmbH-Rechts und zur Bekämpfung von Missbräuchen, BGBl. I 2008, S. 2026.

Teilung von Geschäftsanteilen materiell und prozedural deutlich restriktiver ausgestaltet hatte[1].

§ 54 Abs. 4 UmwG schließlich ermöglicht insbesondere zum Ausgleich für Spitzenbeträge **bare Zuzahlungen** an die Anteilsinhaber der übertragenden Rechtsträger, begrenzt sie jedoch auf 10 % des Nennbetrages der im Zuge der Verschmelzung an die Anteilsinhaber des übertragenden Rechtsträgers zu gewährenden Anteile (unten Rz. 124ff.). 9

Eine entsprechende Bestimmung für die Verschmelzung auf eine AG findet sich in **§ 68 UmwG**. § 68 UmwG ist weitgehend parallel aufgebaut (Kapitalerhöhungsverbote und -wahlrechte sowie die Dispositivität der Anteilsgewährung in Abs. 1, Gleichstellung der verdeckten Anteilsinhaberschaft in Abs. 2 und Begrenzung barer Zuzahlungen in Abs. 3). Eine den Teilungserleichterungen des § 54 Abs. 3 UmwG entsprechende Regelung erübrigt sich für die AG. 10

§ 54 UmwG regelt Besonderheiten allein für die **aufnehmende GmbH**. Die Rechtsform des übertragenden Rechtsträgers ist irrelevant. 11

§ 54 UmwG gilt wie die §§ 46ff. UmwG insgesamt grundsätzlich auch für die durch das MoMiG in § 5a GmbHG eingeführte **Unternehmergesellschaft (haftungsbeschränkt)** (s. § 46 Rz. 4ff.). Allerdings ist das Sachkapitalerhöhungsverbot des § 5a Abs. 2 Satz 2 GmbHG zu beachten. Dieses hat die folgenden Konsequenzen (s. ausführlicher § 46 Rz. 7f.): 12

- Zulässig ist die Verschmelzung auf eine UG dann, wenn diese gem. § 54 UmwG ihr Stammkapital nicht erhöht[2]. Der UG ist lediglich eine Kapitalerhöhung auf weniger als 25 000 Euro untersagt, nicht jedoch ein Vermögenserwerb ohne Gewährung von Anteilen als Gegenleistung. Zulässig ist insoweit insbesondere eine sog. Aufwärtsverschmelzung (**Upstream Merger**) einer 100%igen Tochter auf eine UG. Die Gläubiger der UG werden ausreichend durch die speziellen umwandlungsrechtlichen Gläubigerschutzinstrumente geschützt. Auch in den Fällen, in denen die aufnehmende Gesellschaft nach § 54 Abs. 1 Satz 2 UmwG ein Wahlrecht hat, ob sie die zu gewährenden Anteile im Wege der Kapitalerhöhung neu schafft oder stattdessen schon bestehende Anteile verwendet, liegt keine Umgehung des Kapitalerhöhungsverbots vor, wenn die UG eigene Anteile gewährt.
- Unzulässig ist die Verschmelzung auf eine UG dann, wenn diese ihr Stammkapital auf weniger als 25 000 Euro erhöht.
- Zulässig ist die Verschmelzung auf eine UG dann, wenn diese ihr Kapital auf mehr als 25 000 Euro erhöht und dadurch zur gewöhnlichen GmbH ohne die Erleichterungen und Erschwernisse der UG wird (s. § 5a Abs. 5 GmbHG).

Die Regelungen des § 54 Abs. 1 – 3 UmwG finden auf die **Verschmelzung durch Neugründung** aus der Natur der Sache und aufgrund der ausdrücklichen Regelung in § 56 UmwG keine Anwendung. Demgegenüber gilt die Begrenzung barer Zuzahlungen gem. § 54 Abs. 4 UmwG auch für eine Verschmelzung durch Neugründung. 13

1 Zur Änderung der Teilungsregeln durch das MoMiG s. etwa *Bayer* in Lutter/Hommelhoff, § 46 GmbHG Rz. 17f.; *Liebscher* in MünchKomm. GmbHG, § 46 GmbHG Rz. 82f.
2 So ausdrücklich auch *Kallmeyer/Kocher* in Kallmeyer, § 54 UmwG Rz. 6.

2. Dispositivität

14 § 54 UmwG enthält durchweg zwingende Vorschriften, von denen auch mit Zustimmung aller Anteilsinhaber der an der Verschmelzung beteiligten Rechtsträger nicht abgewichen werden kann; dies gilt auch für § 54 Abs. 4 UmwG (vgl. unten Rz. 130)[1].

3. Entstehungsgeschichte

15 Die Vorschrift enthält – mit redaktionellen Vereinfachungen und Klarstellungen – in der Sache schon vor der UmwG-Novelle 1994 geltendes Recht. Durch die **Einführung von § 54 Abs. 1 Satz 3 UmwG** klärte das 2. UmwG-Änderungsgesetz[2] die zum früheren Recht hochstreitige Frage, ob die Pflicht zur Anteilsgewährung zur Disposition sämtlicher Anteilsinhaber des übertragenden Rechtsträgers steht, im Sinne der in diesem Kommentar seit der 1. Aufl. vertretenen, bejahenden Auffassung (hierzu ausführlicher unten Rz. 72 ff.).

16 Die **Neufassung des § 54 Abs. 3 Satz 1 UmwG** durch das MoMiG[3] trägt dem Umstand Rechnung, dass das GmbHG die Schaffung von Geschäftsanteilen mit einem Nennbetrag von einem Euro bereits bei der Gründung der GmbH zulässt (§ 5 Abs. 2 Satz 1 GmbHG) und Stückelungsbestimmungen, die die Durchführung von Verschmelzungen erleichtern sollten, aus diesem Grunde entbehrlich sind[4]. Entsprechende Stückelungserleichterungen sah § 55 Abs. 1 Satz 2 UmwG a.F. für durch Kapitalerhöhung geschaffene neue Geschäftsanteile vor; diese Bestimmung wurde durch das MoMiG vollständig aufgehoben (s. § 55 Rz. 7).

II. Kapitalerhöhungsverbote (§ 54 Abs. 1 Satz 1 UmwG)

1. Übernehmende Gesellschaft besitzt Anteile am übertragenden Rechtsträger (§ 54 Abs. 1 Satz 1 Nr. 1 UmwG)

17 Eine Kapitalerhöhung ist unzulässig, wenn und soweit die übernehmende GmbH Anteile an dem oder den übertragenden Rechtsträgern besitzt. Die Regelung steht in unmittelbarem **Zusammenhang mit § 20 Abs. 1 Nr. 3 Satz 1 1. Alt. UmwG**, wonach in diesem Fall keine Geschäftsanteile an der übernehmenden Gesellschaft erworben werden; eine Bereitstellung von Geschäftsanteilen durch eine Kapitalerhöhung wäre deshalb zwecklos. Eine Anteilsgewährung hätte weiter zur Folge, dass die Gesellschaft eigene Anteile aus einer Kapitalerhöhung erhielte, was nach allgemeiner Auffassung mit dem **Gebot realer Kapitalaufbringung** unvereinbar

1 So ausdrücklich auch *Mayer* in Widmann/Mayer, § 54 UmwG Rz. 8; *Reichert* in Semler/Stengel, § 54 UmwG Rz. 4.

2 UmwGÄndG v. 19.4.2007, BGBl. I, S. 542.

3 Gesetz zur Modernisierung des GmbH-Rechts und zur Bekämpfung von Missbräuchen, BGBl. I 2008, S. 2026.

4 § 54 Abs. 3 Satz 1 UmwG hatte zuvor den folgenden Wortlaut: „Soweit zur Durchführung der Verschmelzung […], sind Bestimmungen des Gesellschaftsvertrags, welche die Teilung der Geschäftsanteile der übernehmenden Gesellschaft ausschließen oder erschweren, *sowie § 5 Abs. 1 zweiter Halbsatz und Abs. 3 Satz 2 des Gesetzes betreffend die Gesellschaften mit beschränkter Haftung* nicht anzuwenden; jedoch muss der Nennbetrag jedes Teils der Geschäftsanteile *mindestens fünfzig Euro betragen und durch zehn teilbar sein*".

wäre[1]. Im Übrigen besteht in den Fällen des § 54 Abs. 1 Satz 1 Nr. 1 UmwG auch nach allgemeinen zivilrechtlichen Grundsätzen keine Anteilsgewährungspflicht, weil die Möglichkeit der (Selbst-)Verpflichtung der übernehmenden GmbH bei Abschluss des Verschmelzungsvertrages von vornherein zu verneinen ist[2].

18 Es bedarf also nicht des Hinweises darauf, dass sich mit Wirksamwerden der Verschmelzung in der Person der übernehmenden GmbH die Anteilsgewährungspflicht mit dem ihr (als Anteilsinhaber des übertragenden Rechtsträgers) zustehenden Recht auf Anteilsgewährung vereinigt, wodurch das Schuldverhältnis durch Konfusion erlösche[3]. Vielmehr entsteht ein Anspruch auf Anteilsgewährung insoweit von vornherein nicht[4].

19 Für den Fall, dass die übernehmende GmbH sämtliche Geschäftsanteile des übertragenden Rechtsträgers hält (sog. Aufwärtsverschmelzung oder **Upstream Merger**), führt das Kapitalerhöhungsverbot des § 54 Abs. 1 Satz 1 Nr. 1 UmwG somit dazu, dass eine Kapitalerhöhung und mithin ein Anteilstausch überhaupt nicht stattfinden[5]. Des Zustimmungsbeschlusses der Gesellschafter der übernehmenden Mutter-GmbH bedarf es freilich auch für diesen Fall der **Konzernverschmelzung**; Sonderregelungen nach Art des § 62 UmwG sieht das Gesetz für den Fall, dass eine GmbH als übernehmender Rechtsträger fungiert, nicht vor[6].

20 Ähnlich wie zu Downstream und Sidestream Merger stellt sich die Frage, ob die Verschmelzung einer überschuldeten übertragenden Gesellschaft (hier der Tochter) auf die übernehmende Gesellschaft (hier die Mutter) einen Verstoß gegen § 30 GmbHG begründet, wenn dadurch eine Unterbilanz bei der Mutter begründet oder verstärkt würde. Anders als bei Downstream und Sidestream Merger (hierzu s. unten Rz. 53 und 66) ist dies nicht denkbar[7]. Ein **Verstoß gegen Kapitalerhaltungsgrundsätze** bei der Tochter ist nicht denkbar, da diese erlischt. Bei der Mutter fehlt es an einer Auszahlung an deren Gesellschafter. Im Übrigen dürfte bei ordnungsgemäßer Bilanzierung schon zuvor eine Teilwertabschreibung auf den Beteiligungsansatz der Tochter bei der Mutter erforderlich gewesen sein, so dass die die Unterbilanz herbeiführende oder verstärkende Wirkung nicht erst aufgrund der Verschmelzung eintreten dürfte.

---

1 Vgl. hierzu allgemein *Ulmer* in Ulmer/Habersack/Winter, § 55 GmbHG Rz. 61; *Priester* in Scholz, § 55 GmbHG Rz. 110; *Zöllner/Fastrich* in Baumbach/Hueck, § 55 GmbHG Rz. 19.

2 Vgl. sinngemäß (zur regulären Kapitalerhöhung gegen Einlagen) *Ulmer* in Ulmer/Habersack/Winter, § 55 GmbHG Rz. 62.

3 So aber die h.M., vgl. BegrRegE zur GmbH-Novelle 1980, BT-Drucks. 8/1347, 51, abgedruckt bei *Deutler*, Das neue GmbH-Recht, 1980, S. 141; BayObLG v. 5.12.1983 – BReg 3 Z 168/83, DB 1984, 285 f.; zum alten Recht *Priester* in Scholz[7], § 23 KapErhG Rz. 1; *Lutter/Hommelhoff*[13], § 23 KapErhG Rz. 2; so auch *Mayer* in Widmann/Mayer, § 54 UmwG Rz. 13; *Stratz* in Schmitt/Hörtnagl/Stratz, § 54 UmwG Rz. 3; *Bermel* in Goutier/Knopf/Tulloch, § 54 UmwG Rz. 9.

4 Wie hier wohl auch *Reichert* in Semler/Stengel, § 54 UmwG Rz. 5.

5 BayObLG v. 5.12.1983 – BReg 3 Z 168/83, DB 1984, 285 für die Verschmelzung einer 100%igen GmbH-Tochter auf die Mutter-GmbH; BGH v. 17.10.1983 – BReg 3 Z 153/83, DB 1983, 2675 für die Verschmelzung einer 100%igen GmbH-Tochter auf die Mutter-AG; *Kallmeyer/Kocher* in Kallmeyer, § 54 UmwG Rz. 5; *Mayer* in Widmann/Mayer, § 5 UmwG Rz. 27 ff.; *Reichert* in Semler/Stengel, § 54 UmwG Rz. 6.

6 Kritisch *Grunewald* in Kölner Umwandlungsrechtstage, S. 52.

7 So ausdrücklich auch *Schwetlik*, GmbHR 2011, 130 (133).

21 Keine Relevanz hat § 54 Abs. 1 Satz 1 Nr. 1 UmwG für den Fall, dass eine mittelbar zu 100 % von der Mutter gehaltene Enkelgesellschaft auf die Mutter verschmolzen werden soll (näher hierzu unten Rz. 111 ff.). Gleiches gilt für die Verschmelzung von **Schwestergesellschaften**. Die Voraussetzungen für ein Kapitalerhöhungsverbot liegen nicht vor[1]. Gerade bei der Verschmelzung von Schwestergesellschaften kommt aber ein Verzicht auf eine Anteilsgewährung durch die Mutter gem. § 54 Abs. 1 Satz 3 UmwG in Betracht.

2. Übertragender Rechtsträger hält eigene Anteile (§ 54 Abs. 1 Satz 1 Nr. 2 UmwG)

22 Unzulässig ist eine Kapitalerhöhung im Zuge der Verschmelzung auch, soweit der übertragende Rechtsträger eigene Anteile hält. Auch insoweit findet gem. **§ 20 Abs. 1 Nr. 3 Satz 1 2. Alt. UmwG** ein Anteilstausch nicht statt. Die eigenen Anteile erlöschen wie der übertragende Rechtsträger selbst gem. § 20 Abs. 1 Nr. 2 UmwG mit Wirksamwerden der Verschmelzung.

23 Im Übrigen gelten die Erwägungen unter Rz. 17 sinngemäß: Da die übernehmende GmbH mit Eintragung der Verschmelzung Gesamtrechtsnachfolger des übertragenden Rechtsträgers wird, hätte eine Anteilsgewährungspflicht zur Folge, dass die übernehmende GmbH eigene Anteile aus einer Kapitalerhöhung erwerben würde, was unzulässig ist[2]. Im Übrigen könnte sich in diesem Fall zwar die übernehmende GmbH zur Anteilsgewährung an den übertragenden Rechtsträger verpflichten, jedoch würden sich mit Eintragung der Verschmelzung die Pflicht zur Anteilsgewährung und der Anspruch hierauf in der Person der übernehmenden GmbH mit der Folge der Konfusion vereinigen[3].

24 Das Kapitalerhöhungsverbot gilt unabhängig davon, ob die von dem übertragenden Rechtsträger gehaltenen eigenen Anteile **voll eingezahlt sind oder nicht**[4].

3. Übertragender Rechtsträger hält nicht voll eingezahlte Geschäftsanteile an der übernehmenden GmbH (§ 54 Abs. 1 Satz 1 Nr. 3 UmwG)

25 Eine Kapitalerhöhung ist nach dem Gesetzeswortlaut schließlich unzulässig, wenn und soweit einer der übertragenden Rechtsträger nicht voll eingezahlte Geschäftsanteile an der übernehmenden GmbH hält. Normzweck und Regelungsinhalt sind nicht ohne Weiteres fassbar und entsprechend umstritten. Unklar ist insbesondere, ob § 54 Abs. 1 Satz 1 Nr. 3 UmwG entsprechend seinem Wortlaut nur die Kapitalerhöhung beschränken oder nicht weitergehend schon den Erwerb der nicht voll eingezahlten eigenen Geschäftsanteile durch die übernehmende GmbH verhindern soll.

---

1 Wohl unstr., s. etwa *Kallmeyer/Kocher* in Kallmeyer, § 54 UmwG Rz. 5; *Reichert* in Semler/Stengel, § 54 UmwG Rz. 6.

2 *Priester* in Scholz, § 55 GmbHG Rz. 110; *Ulmer* in Ulmer/Habersack/Winter, § 55 GmbHG Rz. 61; *Zöllner/Fastrich* in Baumbach/Hueck, § 55 GmbHG Rz. 19; zur alten Rechtslage *Dehmer*[1], § 23 KapErhG Anm. 4.

3 Für diese Fallkonstellation zutreffend deshalb BegrRegE zur GmbH-Novelle 1980, BT-Drucks. 8/1347, 51, abgedruckt bei *Deutler*, Das neue GmbH-Recht, 1980, S. 141; übereinstimmend *Reichert* in Semler/Stengel, § 54 UmwG Rz. 7.

4 *Kallmeyer/Kocher* in Kallmeyer, § 54 UmwG Rz. 8; *Reichert* in Semler/Stengel, § 54 UmwG Rz. 7.

a) Normativer Rahmen

26 Anders als in den Fällen des § 54 Abs. 1 Satz 1 Nr. 1 und 2 UmwG folgt das Kapitalerhöhungsverbot nicht schon daraus, dass nach § 20 Abs. 1 Nr. 3 UmwG gar keine Anteile an die Anteilsinhaber des übertragenden Rechtsträgers zu gewähren sind. Die Konstellation, dass der übertragende Rechtsträger Anteile am übernehmenden Rechtsträger hält, ist in § 20 Abs. 1 Nr. 3 UmwG bewusst und zu Recht nicht als Ausnahme vom Gebot, als Gegenleistung für den Vermögensübergang Anteile des übernehmenden Rechtsträgers zu gewähren, vorgesehen. Folglich sind auch im Fall des § 54 Abs. 1 Satz 1 Nr. 3 UmwG **zwingend Geschäftsanteile** der übernehmenden GmbH an die Anteilsinhaber des übertragenden, nicht voll eingezahlte Anteile der GmbH haltenden Rechtsträgers **zu gewähren**.

27 **§ 33 Abs. 1 GmbHG** verbietet den Erwerb eigener Geschäftsanteile, auf welche die Einlagen noch nicht vollständig geleistet sind. Die Norm dient der Sicherstellung der realen Kapitalaufbringung: Erwürbe die GmbH einen solchen Geschäftsanteil, würde ihre Einlageforderung durch Konfusion untergehen und als Vermögenswert vernichtet[1].

28 Umstritten ist, ob § 33 Abs. 1 GmbHG auch auf den Erwerb im Wege der **Gesamtrechtsnachfolge** anwendbar ist. Im Aktienrecht ist ein Erwerb nicht voll eingezahlter eigener Aktien im Wege der Gesamtrechtsnachfolge nach § 71 Abs. 1 Nr. 5 i.V.m. Abs. 2 Satz 3 AktG zulässig. § 71 Abs. 1 Nr. 5 AktG versteht unter Gesamtrechtsnachfolge gerade auch den Vermögensübergang im Wege der Verschmelzung[2]. Teilweise wird diese Ausnahme auch auf § 33 Abs. 1 GmbHG analog angewandt[3]. Zur Begründung der Analogie wird primär auf die Erbschaft verwiesen unter Hinweis darauf, dass die Rechtsfolge eines Verstoßes gegen § 33 Abs. 1 GmbHG, die Nichtigkeit des Erwerbsgeschäfts, nicht passe und dem Willen des Erblassers widerspreche[4].

29 Die wohl h.M. folgt dem zu Recht nicht und wendet das Verbot des § 33 Abs. 1 GmbHG jedenfalls auch auf die **Gesamtrechtsnachfolge im Wege der Verschmelzung** an[5]. Dafür spricht Folgendes:

– Der Wortlaut des § 33 Abs. 1 GmbHG erfasst auch Erwerbe im Wege der Gesamtrechtsnachfolge.

1 S. etwa *Altmeppen* in Roth/Altmeppen, § 33 GmbHG Rz. 8; *Fastrich* in Baumbach/Hueck, § 33 GmbHG Rz. 3; *Löwisch* in MünchKomm. GmbHG, § 33 GmbHG Rz. 8, 23.
2 S. nur *T. Bezzenberger* in K. Schmidt/Lutter, § 71 AktG Rz. 46; *Cahn* in Spindler/Stilz, § 71 AktG Rz. 80.
3 *Löwisch* in MünchKomm. GmbHG, § 33 GmbHG Rz. 23; *Lutter* in Lutter/Hommelhoff, § 33 GmbHG Rz. 10.
4 *Löwisch* in MünchKomm. GmbHG, § 33 GmbHG Rz. 23; *Lutter* in Lutter/Hommelhoff, § 33 GmbHG Rz. 10.
5 Für eine Anwendung des § 33 Abs. 1 GmbHG auch auf Fälle der Gesamtrechtsnachfolge *Hohner/Paura* in Ulmer/Habersack/Winter, § 33 GmbHG Rz. 9; *Wicke*, § 33 GmbHG Rz. 3; *H.P. Westermann* in Scholz, § 33 GmbHG Rz. 9; ebenso die h.M. zur Verschmelzung, s. *Kallmeyer/Kocher* in Kallmeyer, § 54 UmwG Rz. 9; *Mayer* in Widmann/Mayer, § 54 UmwG Rz. 23; *Reichert* in Semler/Stengel, § 54 UmwG Rz. 11; *Simon/Nießen* in KölnKomm. UmwG, § 54 UmwG Rz. 26.

- Die abweichende Regelung im Aktienrecht zwingt nicht zur Analogie, sondern rechtfertigt auch einen Umkehrschluss, zumal die für eine Analogie erforderliche Planwidrigkeit der Regelungslücke schwer nachzuweisen ist[1].
- Der Normzweck erfasst die auf Vertrag beruhende Gesamtrechtsnachfolge in gleicher Weise.
- Die erbrechtlichen Bedenken haben jedenfalls für die Gesamtrechtsnachfolge im Wege der Verschmelzung keine Relevanz.

b) Regelungsgehalt und Normzweck des § 54 Abs. 1 Satz 1 Nr. 3 UmwG

30 Folgt man der h.M., ergibt sich die Unzulässigkeit des Erwerbs nicht voll eingezahlter Geschäftsanteile im Wege der Verschmelzung bereits aus **§ 33 Abs. 1 Satz 2 GmbHG**. Es fragt sich, welcher Regelungsgehalt daneben noch für § 54 Abs. 1 Satz 1 Nr. 3 UmwG bleibt: Soll er entsprechend seinem Wortlaut allein die Kapitalerhöhung betreffen und verhindern, dass die nicht voll eingezahlten Anteile als Grundlage einer Kapitalerhöhung dienen, oder betrifft er über die Unzulässigkeit der Kapitalerhöhung hinaus auch und wohl sogar primär die Unzulässigkeit des Erwerbs nicht voll eingezahlter eigener Geschäftsanteile, also die Sicherung der Kapitalerhöhungsgrundsätze im Hinblick auf die früher ausgegebenen und noch nicht voll eingezahlten Anteile?

31 Für die erstgenannte Ansicht könnte zum einen der Wortlaut und zum anderen sprechen, dass die (Un-)Zulässigkeit des Erwerbs bereits in § 33 Abs. 1 GmbHG geregelt ist. Entsprechend wird der Normzweck teilweise darin gesehen, dass die reale Kapitalaufbringung im Rahmen der Verschmelzungskapitalerhöhung gesichert werden soll. Eigene Anteile seien nicht sacheinlagefähig, so dass die übernehmende GmbH im Umfang der von einem übertragenden Rechtsträger gehaltenen Anteile an der übernehmenden GmbH auch keine Kapitalerhöhung durchführen dürfe[2].

32 Diese Sichtweise überzeugt nicht[3]. Sacheinlagegenstand ist die Gesamtheit des Vermögens des übertragenden Rechtsträgers. Den neu zu schaffenden Anteilen werden keine konkreten einzelnen Vermögensgegenstände zugeordnet. Richtig ist, dass bei der Überprüfung der realen Kapitalaufbringung Anteile am übernehmenden Rechtsträger nicht mitberücksichtigt werden können. Das bedeutet aber nicht zwingend, dass der Umfang der Kapitalerhöhung eingeschränkt werden muss. Häufig wird das sonstige Vermögen ausreichen, die Wertdeckung sicher zu stellen. Gegen das in der vorstehenden Rz. dargestellte Verständnis spricht auch, dass das Gesetz entgegen § 54 Abs. 1 Satz 1 Nr. 3 und Satz 2 Nr. 2 UmwG im Hinblick auf die Zulässigkeit der Kapitalerhöhung nicht zwischen eingezahlten und nicht voll eingezahlten Anteilen unterscheiden dürfte, da auch voll eingezahlte eigene Anteile kein tauglicher Einlagegenstand sind[4].

---

1 Ähnlich *Hohner/Paura* in Ulmer/Habersack/Winter, § 33 GmbHG Rz. 9.
2 *Simon/Nießen* in KölnKomm. UmwG, § 54 UmwG Rz. 8f., 25.
3 So auch *Mayer* in Widmann/Mayer, § 54 UmwG Rz. 24.
4 S. nur *Hermanns* in Michalski, § 56 GmbHG Rz. 40; *Lieder* in MünchKomm. GmbHG, § 56 GmbHG Rz. 16; *Lutter/Bayer* in Lutter/Hommelhoff, § 56 GmbHG Rz. 5; *Priester* in Scholz, § 56 GmbHG Rz. 19.

Überzeugender ist es, den Normzweck des § 54 Abs. 1 Satz 1 Nr. 3 UmwG mit der wohl h.M. darin zu sehen, dass unabhängig von den gesellschaftsrechtlichen Regelungen (§ 33 GmbHG) auch umwandlungsrechtlich verhindert wird, dass die übernehmende Gesellschaft die nicht voll eingezahlten Anteile unter Gefährdung der Kapitalgrundlagen erwirbt und die Anteilsinhaber des übertragenden Rechtsträgers mit durch eine Kapitalerhöhung geschaffenen Anteilen abfindet[1]. Die Verschmelzung ist somit nur zulässig, wenn der Verschmelzungsvertrag sicherstellt, dass die vorhandenen, nicht voll eingezahlten Geschäftsanteile an der übernehmenden Gesellschaft zum **Anteilstausch** benutzt, d.h. im Zuge der Verschmelzung Anteilsinhabern des übertragenden Rechtsträgers gewährt werden[2]. Ein Verstoß gegen § 33 GmbHG liegt bei dieser Gestaltung schon deshalb nicht vor, weil die vom übertragenden Rechtsträger gehaltenen Anteile unmittelbar, d.h. ohne Durchgangserwerb durch die übernehmende GmbH, auf die Anteilsinhaber des übertragenden Rechtsträgers übergehen (s. unten Rz. 52). Um diese allein zulässige Art der Verwendung sicherzustellen, verbietet das Gesetz insoweit eine Kapitalerhöhung zum Zwecke des Anteilstauschs. 33

Ist – wie regelmäßig (s. unten Rz. 38) – die Gewährung der nicht voll eingezahlten Anteile an die Anteilsinhaber des übertragenden Rechtsträgers nicht möglich und wird das Halten nicht voll eingezahlter Anteile der übernehmenden GmbH in der Hand des übertragenden Rechtsträgers nicht im Vorhinein beseitigt (s. unten Rz. 40), ist die Verschmelzung insgesamt und nicht nur teilweise unzulässig. 34

Zuzugestehen ist, dass das Regelungsziel etwas unklar und indirekt herbeigeführt wird. Offen bleibt insbesondere der Fall, dass die von der übernehmenden GmbH zu gewährenden Anteile auch ohne Kapitalerhöhung beschafft werden können, indem z.B. bereits gehaltene eigene Anteile oder von einem Dritten zur Verfügung gestellte Anteile verwendet werden. Unklar ist die Rechtsfolge des § 54 Abs. 1 Satz 1 Nr. 3 UmwG auch in dem Fall, dass eine **Gewährung von Anteilen nach § 54 Abs. 1 UmwG aus anderen Gründen nicht erforderlich** ist, z.B. weil die Anteilsinhaber des übertragenden Rechtsträgers darauf verzichtet haben. Sähe man den Normzweck allein in der Sicherstellung der realen Kapitalaufbringung im Rahmen der Verschmelzungskapitalerhöhung (hierzu oben Rz. 30ff.), stünde § 54 Abs. 1 Satz 1 Nr. 3 UmwG dem Erwerb der nicht voll eingezahlten Anteile nicht entgegen. 35

Richtig ist, dass der Wortlaut des § 54 Abs. 1 Satz 1 Nr. 3 UmwG diese Fallgruppen nicht erfasst. Das ist praktisch ohne Relevanz, wenn man mit der zutreffenden h.M. § 33 Abs. 1 GmbHG auch auf Erwerbe im Wege der Gesamtrechtsnachfolge anwendet: § 33 Abs. 1 GmbHG wird durch § 54 Abs. 1 UmwG nicht verdrängt und verbietet in diesen Fällen den Erwerb nicht voll eingezahlter Anteile im Wege der Verschmelzung[3]. Sollte man § 33 Abs. 1 GmbHG entgegen der hier vertretenen Auffassung nicht anwenden, stellte sich die Frage, ob sich ein 36

1 Wie hier *Reichert* in Semler/Stengel, § 54 UmwG Rz. 8; ähnlich *Mayer* in Widmann/Mayer, § 54 UmwG Rz. 24.

2 So im Ergebnis auch *Bermel* in Goutier/Knopf/Tulloch, § 54 UmwG Rz. 13; *Mayer* in Widmann/Mayer, § 54 UmwG Rz. 25; *Reichert* in Semler/Stengel, § 54 UmwG Rz. 9f.

3 So auch *Kallmeyer/Kocher* in Kallmeyer, § 54 UmwG Rz. 9; *Mayer* in Widmann/Mayer, § 54 UmwG Rz. 23; *Reichert* in Semler/Stengel, § 54 UmwG Rz. 11; *Petersen*, Gläubigerschutz im Umwandlungsrecht, S. 188.

Verbot des Erwerbs nicht voll eingezahlter Anteile nicht auch aus § 54 Abs. 1 Satz 1 Nr. 3 UmwG ergibt. Dafür spricht der Normzweck deutlich.

37 Zuzugestehen ist, dass der Regelungsgehalt des § 54 Abs. 1 Satz 1 Nr. 3 UmwG neben § 33 Abs. 1 GmbHG, wenn man ihn mit der h.M. auch auf Erwerbe im Wege der Verschmelzung anwendet, gering ist. Anders sieht es allerdings bei der **Parallelvorschrift des § 68 Abs. 1 Satz 1 Nr. 3 UmwG** aus, da das Aktienrecht den Erwerb nicht voll eingezahlter Aktien im Wege der Verschmelzung nicht verbietet (§ 71 Abs. 1 Nr. 5 i.V.m. Abs. 2 Satz 3 AktG). Insbesondere in den oben in Rz. 35 angesprochenen Fällen hängt die Zulässigkeit des Erwerbs nicht voll eingezahlter Aktien von der Reichweite des § 68 Abs. 1 Satz 1 Nr. 3 UmwG ab (dazu § 68 Rz. 4).

c) Praktischer Umgang mit nicht voll eingezahlten Anteilen am übernehmenden Rechtsträger

38 Einziger möglicher **Verwendungszweck nicht voll eingezahlter Geschäftsanteile** der übernehmenden GmbH ist die Gewährung an die Anteilsinhaber des übertragenden Rechtsträgers. Allerdings lassen sich nicht voll eingezahlte Geschäftsanteile an der übernehmenden GmbH allenfalls in Ausnahmefällen zum Anteilstausch verwenden, nämlich dann, wenn Anteilsinhaber eines übertragenden Rechtsträgers nicht voll eingezahlte Anteile inne hatten und man mit der h.M. davon ausgeht, dass ihnen im Zuge der Verschmelzung nicht voll eingezahlte Geschäftsanteile an der übernehmenden GmbH, bei denen der Betrag der ausstehenden Einlageschuld nicht höher ist, gewährt werden können[1]. Teilweise wird darüber hinaus gefordert, dass auch der übertragende Rechtsträger die Rechtsform der GmbH hat (ausführlicher § 20 Rz. 48).

39 Zulässig ist die Gewährung nicht voll eingezahlter Anteile auch dann, wenn der empfangende Gesellschafter des übertragenden Rechtsträgers **ausdrücklich zugestimmt** hat[2]. Wenn schon der vollständige Verzicht auf die Anteilsgewährung möglich ist (§ 54 Abs. 1 Satz 3 UmwG), bestehen auch keine Bedenken gegen die Gewährung nicht voll einbezahlter Anteile mit Zustimmung des Betroffenen. Allerdings ist auch in diesem Fall in Analogie zu den §§ 8 Abs. 3 Satz 2, 9 Abs. 3, 13 Abs. 3, 54 Abs. 1 Satz 3 UmwG eine notarielle Beurkundung der Zustimmung zu verlangen.

40 Angesichts dieser sehr begrenzten Möglichkeiten ist es in der Praxis dringend zu empfehlen, den Zustand von nicht voll eingezahlten Geschäftsanteilen der übernehmenden GmbH in der Hand eines übertragenden Rechtsträgers im **Vorfeld der Verschmelzung** zu beseitigen. Der einfachste Weg dürfte häufig die vollständige

1 *Kallmeyer/Kocher* in Kallmeyer, § 54 UmwG Rz. 9; *Reichert* in Semler/Stengel, § 54 UmwG Rz. 10; *Simon/Nießen* in KölnKomm. UmwG, § 54 UmwG Rz. 29; vgl. zum alten Recht statt aller *Grunewald* in G/H/E/K, § 346 AktG Rz. 34 (anders zum UmwG 1994 *Grunewald*, oben § 20 Rz. 48); *Schilling/Zutt* in Hachenburg[7], § 25 KapErhG Rz. 47.

2 So zu Recht *Kallmeyer/Kocher* in Kallmeyer, § 54 UmwG Rz. 9; *Simon/Nießen* in KölnKomm. UmwG, § 54 UmwG Rz. 29.

Leistung der Einlage sein[1]. Nach Volleinzahlung der Anteile hat die übernehmende Gesellschaft ein Wahlrecht (§ 54 Abs. 1 Satz 2 Nr. 2 UmwG, vgl. näher unten Rz. 51 ff.): Voll eingezahlte eigene Anteile kann sie im Zuge der Verschmelzung auch erwerben (und behalten) und zum Zwecke des Anteilstauschs eine Kapitalerhöhung durchführen.

Keine Möglichkeit ist die Nutzung einer im Gesellschaftsvertrag vorgesehenen Möglichkeit zur **Einziehung des Geschäftsanteils** mit Zustimmung des übertragenden Rechtsträgers. Nach ganz h.M. setzt jede Einziehung eines Geschäftsanteils voraus, dass die Einlage vollständig geleistet ist. Dies wird zwar nicht ausdrücklich von § 34 GmbHG verlangt, ergibt sich aber aus dem Verbot der Befreiung von der Einlageverpflichtung des § 19 Abs. 2 Satz 1 GmbHG[2]. An eine Einziehung wäre daher erst nach Durchführung einer sehr aufwändigen Kapitalherabsetzung nach den §§ 58 ff. GmbHG zu denken. 41

Kommt eine Leistung der ausstehenden Einlagen nicht in Betracht und haben alle Anteilsinhaber des übertragenden Rechtsträgers Anspruch auf voll eingezahlte Anteile, müssen die vom übertragenden Rechtsträger gehaltenen, nicht voll eingezahlten Anteile vor der Verschmelzung **an Dritte veräußert** werden, die freilich nicht als Treuhänder eines an der Verschmelzung beteiligten Rechtsträgers fungieren dürfen (§ 54 Abs. 2 UmwG, vgl. näher unten Rz. 108 f.). 42

4. Relevanter Zeitpunkt

Relevanter Zeitpunkt für das Vorliegen der Kapitalerhöhungsverbote des § 54 Abs. 1 Satz 1 UmwG ist das **Wirksamwerden der Verschmelzung** durch Eintragung in das Handelsregister des Sitzes der übernehmenden GmbH[3]. § 54 Abs. 1 UmwG stellt gerade auf die Kapitalerhöhung zur Durchführung der Verschmelzung ab. 43

Allerdings muss das Vorliegen der Voraussetzungen des § 54 Abs. 1 Satz 1 UmwG bei Abschluss des Verschmelzungsvertrags antizipiert werden, da im Verschmelzungsvertrag zu bestimmen ist, wie die als Gegenleistung zu gewährenden Anteile beschafft werden (s. § 46 Rz. 48). Es bietet sich daher an, ab **Unterzeichnung des Verschmelzungsvertrags** die nach § 54 Abs. 1 Satz 1 UmwG relevanten Beteiligungsverhältnisse konstant zu halten und dies ggfs. auch vertraglich abzusichern. Sollte dies aus welchen Gründen auch immer nicht möglich sein, ist im Verschmelzungsvertrag Vorsorge zu treffen, beispielsweise durch eine Bis-zu-Kapitalerhöhung (dazu § 55 Rz. 16 f.) und eine abstrakte Regelung, wie viele Geschäftsanteile zu gewähren sind und wie diese beschafft werden sollen. 44

---

1 *Bermel* in Goutier/Knopf/Tulloch, § 54 UmwG Rz. 13; *Kallmeyer/Kocher* in Kallmeyer, § 54 UmwG Rz. 9; *Mayer* in Widmann/Mayer, § 54 UmwG Rz. 25; *Reichert* in Semler/Stengel, § 54 UmwG Rz. 10.

2 S. nur *Strohn* in MünchKomm. GmbHG, § 34 GmbHG Rz. 30; *Lutter* in Lutter/Hommelhoff, § 34 GmbHG Rz. 22.

3 So ausdrücklich auch *Kallmeyer/Kocher* in Kallmeyer, § 54 UmwG Rz. 10; *Mayer* in Widmann/Mayer, § 54 UmwG Rz. 72; *Simon/Nießen* in KölnKomm. UmwG, § 54 UmwG Rz. 19.

III. Kapitalerhöhungswahlrechte (§ 54 Abs. 1 Satz 2 UmwG)

1. Allgemeines

45 § 54 Abs. 1 Satz 2 UmwG gibt der übernehmenden GmbH die Möglichkeit, auf eine Kapitalerhöhung zu verzichten, soweit sie über eigene Anteile verfügt (unten Rz. 50) oder voll eingezahlte eigene Anteile im Zuge der Verschmelzung erwirbt (unten Rz. 51 ff.). Von der Kapitalerhöhung kann in diesen Fällen deshalb abgesehen werden, weil zur Gewährung an die Anteilsinhaber des übertragenden Rechtsträgers **bereits vorhandene Anteile** zur Verfügung stehen; soweit etwa vorhandene eigene Anteile nicht ausreichen, muss in jedem Fall eine Kapitalerhöhung durchgeführt werden[1].

46 **Maßgeblicher Zeitpunkt** für das Vorliegen der Voraussetzungen der Kapitalerhöhungswahlrechte des § 54 Abs. 1 Satz 2 UmwG ist wie bei Satz 1 das Wirksamwerden der Verschmelzung durch Eintragung in das Handelsregister des Sitzes der übernehmenden GmbH[2]. Allerdings gilt auch hier, dass das Vorliegen der Voraussetzungen des § 54 Abs. 1 Satz 2 UmwG und die Ausnutzung des dadurch geschaffenen Entscheidungsspielraums bei Abschluss des Verschmelzungsvertrags antizipiert werden muss, da im Verschmelzungsvertrag zu bestimmen ist, wie die als Gegenleistung zu gewährenden Anteile beschafft werden (s. § 46 Rz. 48). Soweit bei Abschluss des Verschmelzungsvertrages noch nicht bekannt ist, ob und in welchem Umfang die Voraussetzungen des § 54 Abs. 1 Satz 2 UmwG bei Wirksamwerden der Verschmelzung vorliegen werden, ist dem durch eine abstrakte Beschreibung des Regelungsmechanismus Rechnung zu tragen.

47 Die übernehmende Gesellschaft kann grundsätzlich im **freien Ermessen** entscheiden, ob sie die zu gewährenden Geschäftsanteile im Wege der Kapitalerhöhung neu schafft oder bestehende eigene bzw. bisher vom übertragenden Rechtsträger gehaltene Anteile verwendet. Allerdings ist die Entscheidung gem. § 46 UmwG im Verschmelzungsvertrag nieder zu legen, so dass letztlich doch der übertragende Rechtsträger als Vertragspartner und seine Anteilsinhaber zustimmen müssen[3].

48 Eine Reduzierung des Ermessens tritt allerdings dann ein, wenn die bereits bestehenden eigenen oder bisher vom übertragenden Rechtsträger gehaltenen **Geschäftsanteile mit Rechten Dritter belastet** sind, was auch bei eigenen Anteilen denkbar ist[4]. Die Anteilsinhaber des übertragenden Rechtsträgers haben grundsätzlich Anspruch auf die Gewährung von unbelasteten Anteilen der übernehmenden GmbH. Rechte Dritter an bestehenden Geschäftsanteilen der übernehmenden Gesellschaft erlöschen nicht allein deshalb, weil diese als Gegenleistung im Rahmen einer Verschmelzung den Anteilsinhabern eines übertragenden Rechtsträgers gewährt werden sollen[5]. Besteht ein Anspruch auf den Erhalt unbelasteter Anteile und kann die übernehmende Gesellschaft nicht für eine Beseiti-

1 Zutreffend *Stratz* in Schmitt/Hörtnagl/Stratz, § 54 UmwG Rz. 11; *Reichert* in Semler/Stengel, § 54 UmwG Rz. 13.
2 So ausdrücklich auch *Kallmeyer/Kocher* in Kallmeyer, § 54 UmwG Rz. 10; *Simon/Nießen* in KölnKomm. UmwG, § 54 UmwG Rz. 30.
3 Ähnlich auch *Simon/Nießen* in KölnKomm. UmwG, § 54 UmwG Rz. 31.
4 S. etwa *Löwisch* in MünchKomm. GmbHG, § 33 GmbHG Rz. 77.
5 So auch *Kallmeyer/Kocher* in Kallmeyer, § 54 UmwG Rz. 12; *Klein/Stephanblome*, ZGR 2007, 351 (390); a.A. *Grunewald*, § 20 Rz. 71.

gung der Rechte Dritter vor Wirksamwerden der Verschmelzung sorgen, ist sie verpflichtet, neue, unbelastete Anteile im Wege der Kapitalerhöhung zu beschaffen[1].

Ähnlich wie bei der Möglichkeit des Anteilsverzichts gem. § 54 Abs. 1 Satz 3 UmwG (unten Rz. 63 ff.) sollten bei der Entscheidung über die Anteilsgewährung die **steuerlichen Folgen** der Entscheidung auf Ebene des übertragenden Rechtsträgers (§ 11 UmwStG), der übernehmenden GmbH (§ 12 UmwStG) und der Anteilseigner (§ 13 UmwStG) sorgfältig überprüft werden (s. auch oben Einl. II Rz. 17 ff. und Anh. 1 nach § 122l)[2]. 49

2. Übernehmende GmbH hat eigene Anteile (§ 54 Abs. 1 Satz 2 Nr. 1 UmwG)

Besitzt die übernehmende GmbH zulässigerweise eigene Anteile, kann sie diese den Anteilsinhabern der übertragenden Rechtsträger gewähren, muss dies jedoch nicht. Sie kann stattdessen auch ihr Stammkapital erhöhen und ihre eigenen Anteile behalten. Die Entscheidung steht (vorbehaltlich der oben in Rz. 48 beschriebenen Beschränkung) in ihrem freien Ermessen[3], erfordert aber – da im Verschmelzungsvertrag zu regeln – die Zustimmung des übertragenden Rechtsträgers und seiner Anteilsinhaber (s. oben Rz. 47). 50

3. Übertragender Rechtsträger hält voll eingezahlte Anteile an der übernehmenden GmbH (§ 54 Abs. 1 Satz 2 Nr. 2 UmwG)

a) Allgemeines

Eine Kapitalerhöhung ist weiter nicht erforderlich, soweit die übertragenden Rechtsträger voll eingezahlte Anteile an der übernehmenden GmbH inne haben. Diese würden mit Wirksamwerden der Verschmelzung **im Wege der Gesamtrechtsnachfolge** auf die übernehmende GmbH übergehen und stehen somit für die Ausgabe an die Anteilsinhaber des übertragenden Rechtsträgers zur Verfügung. Eine Verpflichtung, diese Anteile an die Anteilsinhaber des übertragenden Rechtsträgers weiterzugeben, besteht allerdings – anders als für den Fall, dass der übertragende Rechtsträger nicht voll eingezahlte Anteile der übernehmenden Gesellschaft hält (oben Rz. 25 ff.) – nicht; vielmehr kann auch eine Kapitalerhöhung durchgeführt werden[4]. 51

Sieht der Verschmelzungsvertrag vor, dass die vom übertragenden Rechtsträger gehaltenen Geschäftsanteile zum Anteilstausch verwendet werden, gehen diese 52

1 So auch *Heckschen*, GmbHR 2008, 802 (803); *Kallmeyer/Kocher* in Kallmeyer, § 54 UmwG Rz. 12, jeweils zum Fall des § 54 Abs. 1 Satz 2 Nr. 2 UmwG.
2 Zu den Steuerfolgen eines Verzichts auf die Anteilsgewährung *Heckschen/Gassen*, GWR 2010, 101 (103 ff.); speziell zu den steuerlichen Folgen der Verschmelzung von Schwestergesellschaften *Krumm*, GmbHR 2010, 24 (25 ff.).
3 Allg. Meinung, vgl. nur *Mayer* in Widmann/Mayer, § 54 UmwG Rz. 43; *Reichert* in Semler/Stengel, § 54 UmwG Rz. 12; *Simon/Nießen* in KölnKomm. UmwG, § 54 UmwG Rz. 31.
4 So auch *Mayer* in Widmann/Mayer, § 54 UmwG Rz. 43; *Reichert* in Semler/Stengel § 54 UmwG Rz. 12.

unmittelbar, d.h. **ohne Durchgangserwerb**, auf die Anteilsinhaber des übertragenden Rechtsträgers über[1].

b) Insbesondere: Downstream Merger

53 Aus dem Vorstehenden folgt unmittelbar, dass die Verschmelzung der Muttergesellschaft auf ihre Tochter-GmbH (sog. **Downstream Merger**) **ohne Kapitalerhöhung** möglich ist, weil die vor der Verschmelzung von der Muttergesellschaft gehaltenen Anteile an der Tochter-GmbH zur Ausgabe an die Anteilsinhaber der Mutter zur Verfügung stehen. Dem UmwG lässt sich ein Verbot des Downstream Merger nicht entnehmen[2].

54 Auch die **Unzulässigkeit der Kein-Mann-GmbH**[3] steht der Verschmelzung einer Muttergesellschaft auf ihre 100%ige Tochter nicht entgegen: Da die Anteile der aufnehmenden Tochter-GmbH unmittelbar, d.h. ohne Durchgangserwerb bei der Tochter, auf die Anteilsinhaber der übertragenden Mutter übergehen, besteht noch nicht einmal für eine logische Sekunde eine Kein-Mann-GmbH[4].

55 Eine **Unterbilanz** oder selbst die **Überschuldung** der übertragenden Muttergesellschaft stehen dem Downstream Merger nicht per se entgegen. Der Downstream Merger ist jedoch wegen Verstoßes gegen **§ 30 GmbHG** unzulässig, wenn infolge der Zuführung von negativem Vermögen das zur Erhaltung des Stammkapitals der übernehmenden Tochter-GmbH erforderliche Vermögen angegriffen würde[5]. In diesem Fall muss das Registergericht die Eintragung auch dann ablehnen, wenn sämtliche Gesellschafter der übernehmenden Gesellschaft der Verschmelzung zugestimmt haben, weil das GmbH-rechtliche Kapitalerhaltungsgebot nicht zur Disposition der Gesellschafter steht (so auch *Priester*, § 24 Rz. 62, zur Nichtigkeit des Verschmelzungsbeschlusses in diesem Fall § 50 Rz. 73). Der Anspruch der übernehmenden GmbH aus § 31 GmbHG richtet sich gegen den oder die Gesellschafter der übertragenden Mutter[6].

---

1 Heute ganz einhellige Ansicht, s. nur *Kallmeyer/Kocher* in Kallmeyer, § 54 UmwG Rz. 11; *Reichert* in Semler/Stengel, § 54 UmwG Rz. 15; *Simon/Nießen* in KölnKomm. UmwG, § 54 UmwG Rz. 35; allg. § 20 Rz. 61.

2 So ausdrücklich auch *Mayer* in Widmann/Mayer, § 5 UmwG Rz. 37 ff.; *Reichert* in Semler/Stengel, § 54 UmwG Rz. 16.

3 S. etwa *Altmeppen* in Roth/Altmeppen, § 33 GmbHG Rz. 28; *Fastrich* in Baumbach/Hueck, § 33 GmbHG Rz. 19; *Hohner/Paura* in Ulmer/Habersack/Winter, § 33 GmbHG Rz. 115 ff.; *Löwisch* in MünchKomm. GmbHG, § 33 GmbHG Rz. 18 ff.

4 Wie hier *Kallmeyer/Kocher* in Kallmeyer, § 54 UmwG Rz. 11; *Mayer* in Widmann/Mayer, § 54 UmwG Rz. 51; *Reichert* in Semler/Stengel, § 54 UmwG Rz. 16; *Stratz* in Schmitt/Hörtnagl/Stratz, § 54 UmwG Rz. 11.

5 Zutreffend *Klein/Stephanblome*, ZGR 2007, 351 (383 ff.); *Mertens*, AG 2005, 785 ff.; *Priester* in FS Spiegelberger, 2009, S. 890 (892 ff.); *Schwetlik*, GmbHR 2011, 130 (131); *Ekkenga* in MünchKomm. GmbHG, § 30 GmbHG Rz. 193 m.w.N.; *Kallmeyer/Kocher* in Kallmeyer, § 54 UmwG Rz. 16; *Mayer* in Widmann/Mayer, § 5 UmwG Rz. 40.1; *Moszka* in Semler/Stengel, § 24 UmwG Rz. 48; *W. Müller* in Kallmeyer, § 24 UmwG Rz. 40; *Hörtnagl* in Schmitt/Hörtnagl/Stratz, § 24 UmwG Rz. 52; a.A. *Bock*, GmbHR 2005, 1023 (1025 ff.); *Enneking/Heckschen*, DB 2006, 1099 (1100); *Heckschen*, GmbHR 2008, 802 (804).

6 So ausdrücklich auch *Schwetlik*, GmbHR 2011, 130 (131).

Das gegen die Anwendbarkeit des § 30 GmbHG vorgebrachte formale Argument, aufgrund des Direkterwerbs der bisher von der Mutter gehaltenen Beteiligung an der Tochter-GmbH durch die Gesellschafter der Mutter fehle es an einer **Auszahlung** durch die Tochter-GmbH[1], überzeugt nicht. Wirtschaftlich wird das Vermögen der Tochter-GmbH zugunsten der neuen Gesellschafter gemindert. Eine Auszahlung kann auch in der Übernahme von Verbindlichkeiten bestehen, was bei der Übernahme eines überschuldeten übertragenden Rechtsträgers immer der Fall ist. Dass es sich nicht um Verbindlichkeiten der Gesellschafter selbst, sondern der von ihnen zu 100 % gehaltenen Gesellschaft handelt, kann keinen Unterschied machen. An einer mitgliedschaftlichen Veranlassung besteht beim Downstream Merger kein Zweifel. 56

Sofern der Downstream Merger dazu führt, dass die übernehmende GmbH überschuldet oder aufgrund der übernommenen Verbindlichkeiten zahlungsunfähig wird, liegt ein unzulässiger **existenzvernichtender Eingriff** vor, der nach der aktuellen Rechtsprechung einen Schadensersatzanspruch nach § 826 BGB begründet[2]. Anspruchsgegner sind beim Downstream Merger der oder die Gesellschafter der Mutter. 57

Etwaige **Minderheitsgesellschafter** der übernehmenden Tochtergesellschaft müssen die Entwertung ihrer Beteiligung als Folge der Zuführung negativen Vermögens nicht hinnehmen; sie können den Zustimmungsbeschluss zum Downstream-Verschmelzungsvertrag wegen Unangemessenheit des Umtauschverhältnisses anfechten; der Anfechtungsausschluss des § 14 Abs. 2 UmwG aufgrund der Verweisung von Bewertungsrügen in das Spruchverfahren gilt de lege lata nicht für die Gesellschafter des übernehmenden Rechtsträgers (s. § 14 Rz. 20). Unabhängig von einem Verstoß gegen Kapitalerhaltungsgrundsätze begründete in einem solchen Fall die Einbringung von Vermögen mit einem negativen Wert im Wege der Verschmelzung einen Treupflichtverstoß und einen Sondervorteil zugunsten des Mehrheitsgesellschafters und zu Lasten der aufnehmenden Gesellschaft und ihrer Minderheitsgesellschafter analog § 243 Abs. 2 AktG[3]. 58

Generell entgegen dem Wortlaut des § 50 Abs. 1 UmwG einen **einstimmigen Verschmelzungsbeschluss** der Gesellschafterversammlung der aufnehmenden GmbH zu fordern[4], erscheint daher nicht erforderlich und jedenfalls de lege lata nicht überzeugend. Die vergleichbare Problematik kann sich im Fall des § 54 Abs. 1 Satz 3 UmwG ergeben; hier hat der Gesetzgeber bewusst nur die Zustimmung der Gesellschafter des übertragenden Rechtsträgers zu einem Anteilsverzicht verlangt, obwohl mit dem Anteilsverzicht die registerliche Wertkontrolle entfällt 59

1 *Bock*, GmbHR 2005, 1023 (1027); *Enneking/Heckschen*, DB 2006, 1099 (1100); *Heckschen*, GmbHR 2008, 802 (804).
2 So ausdrücklich auch *Enneking/Heckschen*, DB 2006, 1099 (1100f.); *Schwetlik*, GmbHR 2011, 130 (131); *Keller/Klett*, DB 2010, 1220 (1222) (zum Sidestream Merger); *Priester*, § 24 Rz. 62 m.w.N.; zur Existenzvernichtungshaftung grundlegend BGH v. 16.7.2007 – II ZR 3/04, BGHZ 173, 246 = AG 2007, 657 (Trihotel), zu weiteren Nachweisen s. etwa *Lutter/Bayer* in Lutter/Hommelhoff, § 13 GmbHG Rz. 28ff.; *Bayer* in Lutter/Hommelhoff, § 14 GmbHG Rz. 29.
3 Ausführlicher *Weiler*, NZG 2008, 527 (530ff.); ebenso *Marsch-Barner* in Kallmeyer, § 3 UmwG Rz. 22.
4 *Drygala*, § 3 Rz. 24; *Klein/Stephanblome*, ZGR 2007, 351 (368).

und die Interessen der Gesellschafter der übernehmenden Gesellschaft berührt werden können[1].

60 Gute Gründe sprechen für die Auffassung, dass ein Anfechtungsrecht der Minderheitsgesellschafter dadurch ausgeschlossen werden kann, dass die zuvor von der Muttergesellschaft gehaltenen Geschäftsanteile der Tochter nicht insgesamt an die Anteilsinhaber der Muttergesellschaft, sondern – entsprechend den Unternehmenswerten – anteilig den Altgesellschaftern der übernehmenden GmbH zugewiesen werden[2]. Der allgemein anerkannte Grundsatz, dass eine Kapitalerhöhung zur Durchführung der Verschmelzung keinesfalls dazu benutzt werden darf, auch den Gesellschaftern der übernehmenden GmbH zu einer Erhöhung ihres Anteilsbesitzes zu verhelfen und ihnen einen Geschäftsanteil aus der Kapitalerhöhung zuzuweisen (§ 55 Rz. 12), spricht jedenfalls nicht gegen diese Lösung. Dieser Grundsatz beschränkt sich nach Sinn und Zweck auf Geschäftsanteile, die aus einer Kapitalerhöhung zur Durchführung der Verschmelzung stammen und lässt sich auf die Zuweisung bereits vorhandener Anteile nicht übertragen.

4. Dritte stellen Geschäftsanteile zur Verfügung

61 n der Literatur ist anerkannt, dass eine Kapitalerhöhung auch dann entbehrlich ist, wenn **Dritte** (insbesondere der Alleingesellschafter der übernehmenden GmbH) **Geschäftsanteile** zur Gewährung an die Anteilseigner des übertragenden Rechtsträgers **zur Verfügung** stellen[3]. § 54 Abs. 1 Satz 2 UmwG ist also jedenfalls nicht in dem Sinne abschließend, dass eine Kapitalerhöhung auch dann erforderlich wäre, wenn die zur Durchführung des Anteilstauschs notwendigen Geschäftsanteile anderweitig zur Verfügung stehen.

62 Die wohl h.M. zum alten Recht verlangte allerdings, dass der Dritte die Geschäftsanteile der übernehmenden Gesellschaft übereignet, weil sich nur so ein Anteilserwerb gem. § 20 Abs. 1 Nr. 3 UmwG vollziehen könne[4]. Dies erscheint mit Blick auf § 54 Abs. 2 UmwG nicht zutreffend; jedenfalls die Vereinbarung eines Treuhandverhältnisses zwischen der Gesellschaft und dem Dritten ist in jedem Fall ausreichend. Darüber hinaus sollte man es zulassen, dass der Dritte die Anteile – aufschiebend bedingt durch die Eintragung der Verschmelzung – **unmittelbar** an die Anteilsinhaber des übertragenden Rechtsträgers **übereignet**[5].

---

1 So auch *Mayer/Weiler*, DB 2007, 1235 (1239) trotz rechtspolitischer Kritik an dieser Lösung

2 Zutr. *Klein/Stephanblome*, ZGR 2007, 351 (372 ff.); zust. *Kallmeyer/Kocher* in Kallmeyer, § 54 UmwG Rz. 15.

3 *Kallmeyer/Kocher* in Kallmeyer, § 54 UmwG Rz. 17; *Mayer* in Widmann/Mayer, § 54 UmwG Rz. 46; *Reichert* in Semler/Stengel, § 54 UmwG Rz. 18; *Simon/Nießen* in KölnKomm. UmwG, § 54 UmwG Rz. 39.

4 *Schilling/Zutt* in Hachenburg[7], § 23 KapErhG Rz. 10; *Priester* in Scholz[7], § 23 KapErhG Rz. 6.

5 Zustimmend *Kallmeyer/Kocher* in Kallmeyer, § 54 UmwG Rz. 17; *Mayer* in Widmann/Mayer, § 54 UmwG Rz. 46; *Reichert* in Semler/Stengel, § 54 UmwG Rz. 18; *Simon/Nießen* in KölnKomm. UmwG, § 54 UmwG Rz. 40; a.A. *Grunewald*, § 20 Rz. 61.

IV. Verzicht auf Geschäftsanteile der übernehmenden GmbH durch Anteilsinhaber des übertragenden Rechtsträgers (§ 54 Abs. 1 Satz 3 UmwG)

1. Grundlagen

a) Regelungsgegenstand und praktische Bedeutung

§ 54 Abs. 1 Satz 3 UmwG stellt klar, dass die übernehmende GmbH nicht verpflichtet ist, ihr Kapital zu erhöhen, wenn die Anteilsinhaber des übertragenden Rechtsträgers auf die Gewährung von Anteilen verzichten. Mit der Kapitalerhöhung entfällt auch die zwingende **registergerichtliche Prüfung der Werthaltigkeit** der Sacheinlage (s. hierzu § 55 Rz. 68ff.). § 54 Abs. 1 Satz 3 UmwG betrifft allerdings nicht nur den Verzicht auf die Gewährung neuer, im Wege der Kapitalerhöhung zu schaffender Anteile, sondern den Verzicht auf die Gewährung von Anteilen insgesamt. Der Verzicht ist auch möglich und zur Vermeidung einer Anteilsgewährung erforderlich, wenn die Gesellschaft nach § 54 Abs. 1 Satz 2 UmwG eigene Anteile verwenden könnte[1]. 63

Voraussetzung für den Verzicht ist lediglich die Zustimmung der Anteilsinhaber des übertragenden Rechtsträgers bzw. derjenigen Anteilsinhaber, die selbst keine Geschäftsanteile verlangen (zu einem Teilverzicht unten Rz. 90ff.). Nicht erforderlich ist dagegen der **Verzicht der Gesellschafter der übernehmenden GmbH**. Dies erscheint im Regelfall, dass die Gesellschafter der übernehmenden GmbH durch den Anteilsverzicht nicht nachteilig betroffen sind, ohne Weiteres verständlich. Nach der gesetzlichen Regelung gilt dies allerdings auch dann, wenn eine Benachteiligung denkbar ist, beispielsweise weil der übertragende Rechtsträger überschuldet ist (zum Schutz der Minderheitsgesellschafter in diesen Fällen unten Rz. 85 und 98ff.)[2]. 64

Im Falle eines wirksamen Verzichts darf die übernehmende Gesellschaft von der Gewährung von Geschäftsanteilen absehen; die übernehmende Gesellschaft hat nach dem Wortlaut der Norm somit ein **Wahlrecht**, ob sie Anteile gewährt oder nicht[3]. Auch dieses Wahlrecht und das damit verbundene Ermessen relativiert sich aber ebenso wie bei den Kapitalerhöhungswahlrechten des § 54 Abs. 1 Satz 2 UmwG (hierzu oben Rz. 47f.) dadurch, dass dessen Ausübung im Verschmelzungsvertrag erfolgt, der der Zustimmung des übertragenden Rechtsträgers und dessen Gesellschafterversammlung bedarf. Zutreffend ist aber, dass kein Gesellschafter des übertragenden Rechtsträgers einen Anspruch darauf hat, dass die Verschmelzung ohne Anteilsgewährung an ihn durchgeführt wird. Minderheitsgesellschafter des übertragenden Rechtsträgers, die beim Verschmelzungsbeschluss überstimmt werden, können also auch gegen ihren Willen und trotz Verzichts auf eine Anteilsgewährung Gesellschafter der übernehmenden GmbH werden[4]. 65

Praktische Bedeutung hat die Möglichkeit des Verzichts zum einen dann, wenn die Anteilsinhaber des übertragenden Rechtsträgers unabhängig von einer Gewährung von Anteilen ihre Beteiligung an der übernehmenden GmbH nicht verändern. Dies ist dann der Fall, wenn sie bereits Alleininhaber aller Anteile der 66

1 Unstr., s. nur *Kallmeyer/Kocher* in Kallmeyer, § 54 UmwG Rz. 18.
2 S. auch *Simon/Nießen* in KölnKomm. UmwG, § 54 UmwG Rz. 50.
3 *Simon/Nießen* in KölnKomm. UmwG, § 54 UmwG Rz. 58.
4 Ebenso *Simon/Nießen* in KölnKomm. UmwG, § 54 UmwG Rz. 58.

übernehmenden GmbH sind, also im Fall der **Verschmelzung auf eine Schwester** (***Sidestream Merger***).

67 Keine wirtschaftliche Relevanz hat die Anteilsgewährung für die Anteilsinhaber des übertragenden Rechtsträgers zum anderen dann, wenn der Wert des übertragenden Rechtsträgers kleiner null ist, insbesondere weil er überschuldet ist. In diesem Fall würde sich aufgrund einer Unternehmensbewertung ohnehin kein Umtauschverhältnis ergeben können, nach dem die Anteilsinhaber des übertragenden Rechtsträgers Geschäftsanteile der übernehmenden GmbH erhalten würden. Durch eine solche Verschmelzung kann eine in der Krise befindliche Gesellschaft durch Zusammenführung mit einer gesunden Kapitalgesellschaft saniert werden. Eine solche **sanierende Verschmelzung** wäre nicht möglich, wenn die übernehmende GmbH neue im Wege einer Kapitalerhöhung geschaffene Anteile gewähren müsste. Dann bliebe nur die Übernahme des Unternehmens im Wege des Asset Deals, der jedoch erhebliche Probleme für die Fortführung des Unternehmens mit sich bringen kann, wenn eine Vielzahl von Verträgen oder öffentlich-rechtliche Rechtsverhältnisse und Genehmigungen übertragen werden müssten[1].

68 Eine sanierende Verschmelzung ist zwar trotz § 54 Abs. 1 Satz 3 UmwG nicht grenzenlos möglich; sie ist jedoch nur an den im Vergleich zu den strikten Kapitalaufbringungsvorschriften **weniger strengen Kapitalerhaltungsgrundsätzen** zu messen (dazu oben Rz. 55f. und unten Rz. 82). Solange das Stammkapital der übernehmenden GmbH nicht unter Verstoß gegen § 30 GmbHG angegriffen wird, kann ihr im Wege der Verschmelzung ein überschuldetes Unternehmen bzw. eine Vermögensgesamtheit mit einem negativen Wert zugeführt werden. Insbesondere an der Frage, ob und unter welchen Voraussetzungen eine sanierende Verschmelzung zulässig ist und keine berechtigten Interessen von Gläubigern und Minderheitsgesellschaftern der übernehmenden Gesellschaft verletzt, knüpft eine **kontroverse rechtspolitische Diskussion** um § 54 Abs. 1 Satz 3 UmwG an, die nach wie vor nicht abgeschlossen ist (hierzu unten Rz. 77ff.).

69 Praktische Bedeutung hat der Verzicht auf die Anteilsgewährung auch bei einer Verschmelzung einer typischen **GmbH & Co. KG**, bei der die Komplementär-GmbH nicht am Kapital der KG beteiligt ist, auf eine GmbH. Bei der GmbH ist eine Gesellschafterstellung ohne Kapitalbeteiligung nicht vorgesehen, so dass die Komplementär-GmbH bei der Verschmelzung auf eine GmbH ihre bisherige Sonderstellung nicht beibehalten kann. Hierzu ist umstritten, ob auch der Komplementär-GmbH im Wege der Verschmelzung ein Anteil an der übernehmenden GmbH zu gewähren ist[2] oder ob die Beteiligung der Komplementär-GmbH mit dem Wirksamwerden der Verschmelzung ersatzlos erlischt und sie am übernehmenden Rechtsträger nicht mehr beteiligt wird[3]. Für die zweite Lösung wird grundsätzlich eine notariell beurkundete Zustimmungserklärung der ausschei-

1 Darauf weisen zu Recht *Keller/Klett*, DB 2010, 1220 hin.
2 S. *Mayer* in Widmann/Mayer, § 5 UmwG Rz. 24.3ff.
3 So die h.M., s. etwa *Drygala*, § 5 Rz. 23; *Kallmeyer/Kocher* in Kallmeyer, § 54 UmwG Rz. 23; *Kallmeyer*, GmbHR 1996, 80 (82); *Marsch-Barner* in Kallmeyer, § 5 UmwG Rz. 5; *Priester*, DB 1997, 560 (567); *Schröer* in Semler/Stengel, § 5 UmwG Rz. 16; *Simon* in KölnKomm. UmwG, § 40 UmwG Rz. 28.

denden Komplementär-GmbH zur Verschmelzung verlangt[1], auf die allerdings im Fall der personenidentischen GmbH & Co. KG nach teilweise vertretener Ansicht ausnahmsweise verzichtet werden könne[2]. Die aufgrund dieses Meinungsstands bestehende rechtliche Unsicherheit lässt sich dadurch vermeiden, dass alle Gesellschafter der KG auf die Gewährung eines Anteils an die Komplementär-GmbH nach § 54 Abs. 1 Satz 3 UmwG verzichten[3] (zu einem Verzicht mit Wirkung nur für einen Teil der Gesellschafter unten Rz. 90ff.).

Schließlich hat der Verzicht in den Fällen Bedeutung, in denen ein Gesellschafter Interesse daran hat, statt dem Erhalt von Anteilen an der übernehmenden GmbH **in bar abgefunden** zu werden. § 54 Abs. 4 UmwG erlaubt bare Zuzahlungen in Höhe von bis zu 10 % des Gesamtnennbetrags der gewährten Anteile. Es ist zulässig, diese baren Zuzahlungen mit Zustimmung der betroffenen Gesellschafter des übertragenden Rechtsträgers disproportional auf diese zu verteilen (ausführlich unten Rz. 137ff.). 70

Ähnlich wie bei dem Wahlrecht des § 54 Abs. 1 Satz 2 UmwG (oben Rz. 49) sollten bei der Entscheidung über den Verzicht auf die Anteilgewährung die **steuerlichen Folgen** der Entscheidung auf Ebene des übertragenden Rechtsträgers, der übernehmenden GmbH und der Anteilseigner sorgfältig überprüft werden (s. auch oben Einl. II Rz. 17ff. und unten Anh. 1 nach § 122l)[4]. 71

b) Meinungsstand zum alten Recht

§ 54 Abs. 1 Satz 3 UmwG ist erst durch das 2. UmwG-Änderungsgesetz[5] eingefügt worden. Für das **frühere Recht** war **streitig**, ob eine Kapitalerhöhung auch in dem bis zum Inkrafttreten des 2. UmwG-Änderungsgesetzes gesetzlich nicht geregelten Fall unterbleiben konnte, dass die Anteilsinhaber des übertragenden Rechtsträgers auf die ihnen zustehenden Anteile an der übernehmenden Gesellschaft verzichten. Die **in der Literatur überwiegende Meinung**[6] hielt eine Kapitalerhöhung für entbehrlich, weil diese dazu diene, den Anteilsinhabern des übertragenden Rechtsträgers als Gegenleistung für die Verschmelzung eine Mitgliedschaft an der übernehmenden Gesellschaft zu verschaffen; das Bedürfnis für eine Kapitalerhöhung entfalle also, soweit die Anteilsinhaber des übertragenden Rechtsträgers hierauf verzichteten. 72

Die **Gegenauffassung** hielt unter Berufung auf die Regierungsbegründung zum UmwG 1995 eine Kapitalerhöhung nur in den in § 54 Abs. 1 UmwG a.F. aus- 73

---

1 *Kallmeyer/Kocher* in Kallmeyer, § 54 UmwG Rz. 23; *Kallmeyer*, GmbHR 1996, 80 (82); *Priester*, DB 1997, 560 (567); *Schröer* in Semler/Stengel, § 5 UmwG Rz. 16.

2 *Kallmeyer*, GmbHR 1996, 80 (82); *Priester*, DB 1997, 560 (567).

3 Wohl unstr., s. etwa *Heckschen*, DB 2008, 1363 (1367f.).

4 Speziell zu den steuerlichen Folgen der Verschmelzung von Schwestergesellschaften *Krumm*, GmbHR 2010, 24 (25ff.); zur Bilanzierung von Verschmelzungen auf Schwestergesellschaften *Roß/Drögemüller*, DB 2009, 580ff.

5 UmwGÄndG v. 19.4.2007, BGBl. I, S. 542.

6 *M. Winter*, 3. Aufl., § 54 Rz. 16ff., *Grunewald*, 3. Aufl., § 20 Rz. 64; *Baumann*, BB 1998, 2321ff.; *Bayer*, ZIP 1997, 1613 (1615); *Ihrig*, ZHR 160 (1996), 317 (322ff.); *Knott*, DB 1996, 2423f.; *Kowalski*, GmbHR 1996, 158ff.; *Rottnauer*, EWiR 1998, 1145; *Trölitzsch*, Differenzhaftung für Sacheinlagen in Kapitalgesellschaften, 1998, S. 306ff.; *Trölitzsch*, DStR 1999, 766f.; *M. Winter* in FS Lutter, S. 1281ff.; wohl auch *Naraschewski*, GmbHR 1998, 356.

drücklich aufgeführten Fällen für entbehrlich[1]. Insbesondere in dem Fall, dass eine GmbH mit verhältnismäßig geringem Stammkapital eine GmbH mit hohem Stammkapital aufnehme, führe der Verzicht auf eine Kapitalerhöhung zu einer signifikanten Verminderung der Auszahlungssperre, was im Interesse der Gläubiger nicht akzeptabel sei. Noch deutlicher werde die Gefahr einer „Gläubigerschädigung" im Falle der Aufnahme einer AG oder KGaA durch eine GmbH, weil durch den Verzicht auf eine Kapitalerhöhung die strengen aktienrechtlichen Kapitalerhaltungsvorschriften „umgangen" werden könnten.

74 Noch weitergehend vertrat insbesondere *Petersen* die – freilich mit allgemein anerkannten verschmelzungsrechtlichen Prinzipien unvereinbare[2] – Auffassung, das Kapital der übernehmenden Gesellschaft müsse zwingend um den Betrag des Nominalkapitals des übertragenden Rechtsträgers erhöht werden, so dass das Garantiekapital des übernehmenden Rechtsträgers nach Durchführung der Kapitalerhöhung die Summe von Grund- bzw. Stammkapital von übertragenden und übernehmenden Rechtsträgern erreiche[3].

75 Die **Rechtsprechung war uneinheitlich:** Während das Kammergericht[4] und (obiter) das OLG Frankfurt/M.[5] – in der Tradition der Judikatur zum alten Recht – eine Kapitalerhöhung bei der übernehmenden GmbH für zwingend erforderlich hielten, hatte sich das Landgericht München[6] für die Gegenauffassung ausgesprochen.

c) Rechtspolitische Beurteilung

76 Mit der ausdrücklichen Regelung der Verzichtsmöglichkeit auf die Anteilsgewährung durch die Anteilsinhaber des übertragenden Rechtsträgers hat der Gesetzgeber ein seit der 1. Aufl. dieses Kommentars geäußertes rechtspolitisches Desideratum[7] erfüllt. Die Neuregelung ist nachdrücklich zu begrüßen[8].

77 Die von der Regierungsbegründung zum UmwG 1995 aufgegriffene These von der zwingenden Kapitalerhöhung zur Vermeidung einer „kalten Kapitalherabsetzung durch Fusion" war schon im Ansatz allenfalls plausibel, wenn als übertragender Rechtsträger ebenfalls eine Kapitalgesellschaft fungierte, an der Fusion also ausschließlich Rechtsträger mit einem gebundenen Haftungsfonds beteiligt waren. Unter dem seit 1995 geltenden UmwG griff dieser Ansatz ersichtlich schon deshalb zu kurz, weil er dessen rechtsformübergreifenden Geltungsanspruch ver-

---

1 *Lutter/Drygala*, 3. Aufl., § 5 Rz. 9; *Mayer* in Widmann/Mayer, § 5 UmwG Rz. 20, 41 ff.; *Bermel* in Goutier/Knopf/Tulloch, § 54 UmwG Rz. 7; *Zeidler*, NZG 1999, 174; besonders nachdrücklich *Petersen*, Gläubigerschutz im Umwandlungsrecht, S. 189 ff.

2 Zur Kritik der Thesen von *Petersen* vgl. ausführlich 3. Aufl., Rz. 21 f. und *Drygala*, § 5 Rz. 24.

3 *Petersen*, Gläubigerschutz im Umwandlungsrecht, S. 206 ff.

4 KG v. 22.9.1998 – 1 W 4387/97, DB 1998, 2511 ff. = GmbHR 1998, 1230.

5 OLG Frankfurt/M. v. 10.3.1998 – 20 W 60/98, DB 1998, 917 = ZIP 1998, 1191 = GmbHR 1998, 542; zu dieser Entscheidung vgl. auch § 46 Rz. 22 und § 55 Rz. 29.

6 LG München I v. 22.1.1998 – 17 HKT 623/98, BB 1998, 2331 = GmbHR 1999, 35.

7 Ebenso *DAV-Handelsrechtsausschuss*, NZG 2000, 802 (802) und *DAV-Handelsrechtsausschuss*, NZG 2006, 737 (739).

8 Wie hier namentlich *DAV-Handelsrechtsausschuss*, NZG 2006, 737 (739); *Bayer/J. Schmidt*, NZG 2006, 841 (845); *Drinhausen*, BB 2006, 2313 (2315); *Kallmeyer*, GmbHR 2006, 418 (419); *Reichert* in Semler/Stengel, § 54 UmwG Rz. 25; kritisch *Mayer/Weiler*, DB 2007, 1235 (1238 ff.); *Weiler*, NZG 2008, 527 (528 ff.).

fehlte, der es ermöglicht, eine Kapitalgesellschaft auf einen Rechtsträger zu verschmelzen, für den überhaupt keine Kapitalaufbringungs- und -erhaltungsvorschriften gelten. Aber auch begrenzt auf die Verschmelzung von Kapitalgesellschaften überzeugte die Auffassung von der angeblich zwingend erforderlichen Kapitalerhöhung nicht. Zweck der Kapitalerhöhung zur Durchführung der Verschmelzung war schon immer allein die Zurverfügungstellung der an die Anteilsinhaber des übertragenden Rechtsträgers auszugebenden Geschäftsanteile; wo der Anteilstausch – und sei es aufgrund eines wirksamen Verzichts aller Anteilsinhaber des übertragenden Rechtsträgers – entbehrlich war, entfiel auch die Notwendigkeit einer Kapitalerhöhung[1]. Dem Gläubigerschutz war schon nach früherem Recht nicht durch eine zwingende Kapitalaufstockung, sondern durch das Instrument der Sicherheitsleistung (§ 22 UmwG) sowie der Schadensersatzhaftung der Organe (§ 25 UmwG) Rechnung zu tragen (vgl. schon 3. Aufl., Rz. 18).

Soweit an der Neuregelung verschiedentlich **Kritik** geäußert wird, weil es das neue Recht durch Verzicht auf Kapitalerhöhung und Registerkontrolle ermögliche, Rechtsträger mit negativem Vermögen auf „gesunde" Rechtsträger zu verschmelzen und dadurch „Firmenbestattern" die Verschmelzung als „besonders elegante Form der stillen Liquidation" zu eröffnen[2], **überzeugt** das aus mehreren voneinander unabhängigen Gründen **nicht:** 78

- Zunächst konnte die – nach altem Recht insbesondere bei der Fusion von Schwestergesellschaften angeblich zwingend notwendige – Kapitalerhöhung leicht dadurch umgangen werden, dass die Obergesellschaft sämtliche Anteile an der als Übertragerin vorgesehenen Gesellschaft in die übernehmende Gesellschaft einbrachte mit der Folge, dass die zuvor angeblich zwingend notwendige Kapitalerhöhung nunmehr gem. § 54 Abs. 1 Satz 1 Nr. 1 UmwG eindeutig unzulässig war. 79
- Auch wird das Problem der „**Firmenbestattungen**" herkömmlicherweise und völlig zu Recht darin gesehen, dass sich die zu „bestattende" Gesellschaft für ihre Gläubiger unerreichbar macht und etwa noch vorhandene Vermögensgegenstände an die Gesellschafter verschoben werden[3] und nicht etwa darin, dass diese Gesellschaft unter voller Registerpublizität auf eine werthaltige Gesellschaft verschmolzen wird[4]. 80
- Richtigerweise ist der Schutz der Gläubiger der übernehmenden GmbH nicht durch eine erzwungene Kapitalerhöhung, sondern durch das Instrument der **Sicherheitsleistung** (§ 22 UmwG) und die Schadensersatzpflicht der Vertretungsorgane der beteiligten Rechtsträger (§ 25 UmwG) zu gewährleisten. 81
- Führt die Zuführung negativen Vermögens im Zuge einer Schwesterfusion dazu, dass durch die Übertragung einer überschuldeten Gesellschaft das zur Erhaltung des Stammkapitals der übernehmenden Gesellschaft erforderliche Vermögen angegriffen wird, ist dies – nicht anders als beim Downstream Merger 82

1 Grundlegend *Ihrig*, ZHR 160 (1996), 317 (339 ff.).
2 So insbes. *Mayer* in Widmann/Mayer, § 54 UmwG Rz. 10.2; *Mayer/Weiler*, DB 2007, 1235 (1238 ff.); *Weiler*, NZG 2008, 527 (529).
3 Instruktiv *Kleindiek*, ZGR 2007, 276 (277 ff.).
4 So auch *Keller/Klett*, DB 2010, 1220 (1223).

(oben Rz. 55 f.) – wegen Verstoßes gegen die GmbH-rechtlichen **Kapitalerhaltungsvorschriften** unzulässig[1].

83 – Sofern eine sanierende Verschmelzung dazu führt, dass die übernehmende GmbH überschuldet oder aufgrund der übernommenen Verbindlichkeiten zahlungsunfähig wird, liegt ein unzulässiger **existenzvernichtender Eingriff** vor, der nach der aktuellen Rechtsprechung einen Schadensersatzanspruch gegen die Gesellschafter der übernehmenden GmbH nach § 826 BGB begründet (s. auch insoweit bereits zum Downstream Merger oben Rz. 57)[2].

84 – Für ein Verbot des Sidestream Merger in Fällen, in denen trotz der Zuführung negativen Vermögens das zur Erhaltung des Stammkapitals erforderliche Vermögen der übernehmenden GmbH unangetastet bleibt und keine Insolvenz verursacht wird, gibt es keine überzeugenden Gründe. Jedenfalls in dem Umfang, in dem der Gesellschafter Gesellschaftsvermögen entnehmen darf, darf er der GmbH auch negatives Vermögen zuführen.

85 – Auch zum **Schutz der Minderheitsgesellschafter** der übernehmenden GmbH ist die Gewährung von Anteilen und damit eine Erschwerung von sanierenden Verschmelzungen nicht erforderlich. Die allgemeinen gesellschaftsrechtlichen Schutzmechanismen, insbesondere die Möglichkeit, aufgrund von Treupflichtverstößen oder Sondervorteilen zugunsten des Mehrheitsgesellschafters rechtswidrige Verschmelzungsbeschlüsse anzufechten und für treupflichtwidrige Nachteilszufügungen Schadensersatz zu verlangen, bleiben unberührt und reichen zum Schutz der Minderheit aus (s. bereits zum Downstream Merger oben Rz. 58 f., dort auch zur Frage, ob ein einstimmiger Beschluss der Gesellschafterversammlung der aufnehmenden GmbH erforderlich ist)[3].

2. Die Verzichtserklärung

86 Liegt keiner der in § 54 Abs. 1 Satz 1 oder Satz 2 UmwG geregelten Fälle vor, darf die Kapitalerhöhung zur Durchführung der Verschmelzung nach § 54 Abs. 1 Satz 3 UmwG nur unterbleiben, wenn **alle Anteilsinhaber des übertragenden Rechtsträgers** auf die **Gewährung von Anteilen** an der übernehmenden GmbH **verzichten**. Die Verzichtserklärung ist – ebenso wie die Individualzustimmung (§ 50 Rz. 65) – empfangsbedürftige Willenserklärung, die gegenüber der GmbH – vertreten durch die Geschäftsführer – abzugeben ist[4].

87 Die Verzichtserklärungen bedürfen der **notariellen Beurkundung**. Die Verzichtserklärungen können entweder anlässlich der Beschlussfassung über die Zustimmung zum Verschmelzungsvertrag oder in gesonderter Urkunde abgegeben werden.

---

1 So ausdrücklich auch *Keller/Klett*, DB 2010, 1220 (1222); *Schwetlik*, GmbHR 2011, 130 (133 f.).

2 So ausdrücklich auch *Schwetlik*, GmbHR 2011, 130 (134); zur Existenzvernichtungshaftung grundlegend BGH v. 16.7.2007 – II ZR 3/04, BGHZ 173, 246 = AG 2007, 657 (Trihotel), zu weiteren Nachweisen s. etwa *Lutter/Bayer* in Lutter/Hommelhoff, § 13 GmbHG Rz. 28 ff.; *Bayer* in Lutter/Hommelhoff, § 14 GmbHG Rz. 29.

3 Ausführlicher *Weiler*, NZG 2008, 527 (530 ff.); zur Treuepflicht auch *Simon/Nießen* in KölnKomm. UmwG, § 51 UmwG Rz. 51, 54.

4 So auch *Keller/Klett*, DB 2010, 1220 (1221).

Mit Blick darauf, dass der Verzicht auf die Anteilsgewährung zum kompensationslosen Verlust der Mitgliedschaft am übertragenden Rechtsträger führt, wird man i.d.R. verlangen müssen, dass der **Verzicht explizit** erfolgt. Allein die Zustimmung der Anteilsinhaber des übertragenen Rechtsträgers zu einem Verschmelzungsvertrag, der eine Kapitalerhöhung nicht vorsieht, wird mit Blick auf die allgemein anerkannte Differenzierung zwischen Stimmabgabe und Verzichtserklärung, aber auch mit Blick auf die Warnfunktion der Verzichtserklärung, nur dann genügen können, wenn der Verzichtswille der Gesellschafter anderweitig hinreichend dokumentiert ist[1]. Der Praxis ist dringend zu empfehlen, die Verzichtserklärung explizit zu beurkunden, schon um Schwierigkeiten bei der Registereintragung zu vermeiden. 88

Verzichtserklärungen sind gem. § 17 Abs. 1 UmwG – ebenso wie andere explizit angeordnete Verzichts- bzw. Zustimmungserklärungen einzelner Anteilsinhaber – der Handelsregisteranmeldung beizufügen. Fehlen die Verzichtserklärungen, darf das Registergericht die Verschmelzung nicht eintragen; anderenfalls würden die Anteile am übertragenden Rechtsträger untergehen, ohne dass die den Anteilsinhabern zu gewährenden Geschäftsanteile an der übernehmenden GmbH zur Verfügung stünden. Lediglich der wirksame Verzicht aller Anteilsinhaber rechtfertigt den kompensationslosen Untergang der Anteile am übertragenden Rechtsträger. 89

3. Teilweiser Verzicht

§ 54 Abs. 1 Satz 3 UmwG regelt ausdrücklich den Fall, dass die übernehmende GmbH vollständig auf die Gewährung von Anteilen verzichten darf, wenn alle Anteilsinhaber des übertragenden Rechtsträgers zustimmen. Im Hinblick auf einen teilweisen Verzicht stellen sich **zwei Fragen:** 90

- Können alle Anteilsinhaber des übertragenden Rechtsträgers auch teilweise auf die Gewährung von Anteilen verzichten mit der Folge, dass sie alle gleichmäßig weniger Anteile erhalten, als sie eigentlich beanspruchen könnten?
- Können auch nur einzelne Anteilsinhaber des übertragenden Rechtsträgers auf die Gewährung von Anteilen verzichten mit der Folge, dass nur die Verzichtenden keine Geschäftsanteile der übernehmenden GmbH erhalten?

Die erste Frage ist eindeutig zu bejahen[2]. Der Gesetzestext setzt keinen vollumfänglichen Verzicht voraus. Die Wertäquivalenz zwischen der bisherigen Beteiligung am übertragenden Rechtsträger und der neuen Beteiligung am übernehmenden Rechtsträger steht zur Disposition der Anteilsinhaber des übertragenden Rechtsträgers[3]. Die Angemessenheit des Umtauschverhältnisses ist nicht gegen den Willen der benachteiligten Anteilsinhaber durchzusetzen. 91

---

1 So auch *Mayer* in Widmann/Mayer, § 54 UmwG Rz. 51.1; a.A. *Simon/Nießen* in KölnKomm. UmwG, § 54 UmwG Rz. 56., die bei Zustimmung des Anteilsinhabers zum Verschmelzungsbeschluss, der eine Anteilsgewährung an ihn nicht vorsieht, eine separate Verzichtserklärung für nicht erforderlich halten.

2 So auch *Kallmeyer/Kocher* in Kallmeyer, § 54 UmwG Rz. 21; *Simon/Nießen* in KölnKomm. UmwG, § 54 UmwG Rz. 48.

3 Dazu *Simon/Nießen* in KölnKomm. UmwG, § 54 UmwG Rz. 48.

92 Schwieriger zu beantworten ist die zweite Frage. Dabei ist weiter zu differenzieren: (i) Ist der Verzicht auf die Anteilsgewährung auch nur für einzelne Anteilsinhaber des übertragenden Rechtsträgers möglich? (ii) Wenn ja, genügt dazu die Zustimmung der betroffenen oder müssen alle Anteilsinhaber des übertragenden Rechtsträgers zustimmen?

93 Ein **Teilverzicht zu Lasten einzelner Anteilsinhaber** des übertragenden Rechtsträgers wird zu Recht allgemein für zulässig gehalten[1]. Ein Schutz des einzelnen Anteilsinhabers vor sich selbst ist nicht erforderlich. Die Beteiligung aller Anteilsinhaber des übertragenden Rechtsträgers am übernehmenden Rechtsträger stellt kein zwingendes verschmelzungsrechtliches Erfordernis dar.

94 Umstritten ist, ob nur die Zustimmung der tatsächlich verzichtenden Anteilsinhaber oder eine **Zustimmung aller Anteilsinhaber** des übertragenden Rechtsträgers erforderlich ist[2]. Der Wortlaut der Norm spricht für den zweiten Ansatz. Die Gesetzesbegründung führt als Beispiel den Verzicht durch eine 100%ige Mutter bei einer Schwesterverschmelzung an[3]. In diesem speziellen Fall bedeutet „Verzicht aller Anteilsinhaber" nichts anderes als „Verzicht des tatsächlich betroffenen Anteilsinhabers". Das könnte dafür sprechen, dass der Gesetzgeber mit „allen Anteilsinhabern" nur diejenigen meint, die auch tatsächlich keinen Anteil erhalten. Allerdings spricht die Gesetzesbegründung davon, dass die Verzichtsmöglichkeit „insbesondere" Bedeutung für die Schwesterverschmelzung hat. Der Gesetzgeber hatte also auch andere Konstellationen im Blick. Ihm kann nicht unterstellt werden, dass er die Möglichkeit eines Teilverzichts nicht gesehen hat.

95 Trotzdem ist das Erfordernis einer **Zustimmung auch der nicht betroffenen Anteilsinhaber des übertragenden Rechtsträgers abzulehnen**. Der Gesetzgeber hatte den Regelfall im Blick und nicht den ungewöhnlichen Fall, dass ein einzelner Gesellschafter auf etwas verzichtet, was ihm eigentlich zustehen würde. Individuelle Zustimmungserfordernisse jedes einzelnen Gesellschafters sind im Gesellschafts- und Verschmelzungsrecht die Ausnahme. Ein Verschmelzungsvertrag, der für einen einzelnen Gesellschafter von der Gewährung von Anteilen absieht, bedürfte statt der Zustimmung einer qualifizierten Mehrheit von drei Vierteln der Einstimmigkeit. Dies sollte nur bei einem zwingenden Schutzbedürfnis auch der nicht betroffenen Gesellschafter angenommen werden.

96 Für ein Zustimmungserfordernis aller Anteilsinhaber des übertragenden Rechtsträgers spricht nicht die in der Gesetzesbegründung gezogene Parallele zum **Verzicht auf Verschmelzungsbericht und -prüfung**[4]. Dort ist zwar der Verzicht aller Anteilsinhaber aller beteiligten Gesellschaften erforderlich (vgl. auch § 8 Rz. 53). Dabei ist aber zu beachten, dass die Folgen eines Verzichts auf Verschmelzungsbericht bzw. -prüfung alle Anteilsinhaber gleich treffen, der Verzicht auf Anteilsgewährung aber nur denjenigen Gesellschafter, der keine Anteile an der überneh-

1 S. dazu nur *Kallmeyer/Kocher* in Kallmeyer, § 54 UmwG Rz. 21; *Mayer* in Widmann/Mayer, § 54 UmwG Rz. 51.2; *Simon/Nießen* in KölnKomm. UmwG, § 54 UmwG Rz. 48f.

2 Die Zustimmung aller Anteilsinhaber des übertragenden Rechtsträgers fordernd *Mayer* in Widmann/Mayer, § 54 UmwG Rz. 51.2; wohl auch *Heckschen*, DB 2008, 1363 (1366); a.A. *Kallmeyer/Kocher* in Kallmeyer, § 54 UmwG Rz. 21; *Simon/Nießen* in KölnKomm. UmwG, § 54 UmwG Rz. 49; *Keller/Klett*, DB 2010, 1220 (1221).

3 BT-Drucks. 16/2919, 13.

4 BT-Drucks. 16/2919, 13.

menden Gesellschaft erhält[1]. Die anderen Anteilsinhaber sind bei einem solchen Teilverzicht daher nicht durch ein individuelles Zustimmungserfordernis schutzwürdig[2].

Zutreffend ist, dass ein Teilverzicht zu unerwünschten **Quotenverschiebungen**[3] oder weitergehend der Aushebelung von Vorerwerbsrechten oder im Gesellschaftsvertrag des übertragenden Rechtsträgers abgesicherten relativen Mehrheitspositionen einzelner Anteilsinhaber führen kann. So könnte ein Teilverzicht dazu führen, dass ein Mitgesellschafter eine für die Ausübung von Minderheitsrechten relevante Beteiligungsquote beim übernehmenden Rechtsträger überschreitet. Bei diesen Überlegungen handelt es sich jedoch nicht um verschmelzungsrechtliche Kriterien, die ein generelles Zustimmungserfordernis aller Anteilsinhaber des übertragenden Rechtsträgers erfordern. Sollte die Verschmelzung unter Teilverzicht wirklich in unzulässiger Weise in gesellschaftsvertraglich abgesicherte Rechtspositionen einzelner Anteilsinhaber des übertragenden Rechtsträgers eingreifen, würden diese in ausreichender Weise durch die Möglichkeit, den Verschmelzungsbeschluss anzufechten, geschützt, wobei das Vorliegen solcher rechtlich geschützten Positionen praktisch kaum vorstellbar ist. 97

4. Grenzen des Verzichts

Grenzen des freiwilligen Verzichts auf die Gewährung von Anteilen werden abgesehen von den allgemeinen GmbH-rechtlichen Gläubigerschutzinstrumenten der Kapitalerhaltung und des Existenzvernichtungsverbots (hierzu bereits oben Rz. 82 f.) im Verbot der Kein-Mann-GmbH, im Schutz der Gläubiger des übertragenden Rechtsträgers, im Schutz der Gläubiger von Anteilsinhabern des übertragenden Rechtsträgers, die dingliche Rechte an den Anteilen am übertragenden Rechtsträgers halten, und im Schutz der Gläubiger des verzichtenden Anteilsinhabers gesehen. 98

a) Verbot der Kein-Mann-GmbH

Der Anteilsverzicht darf nicht dazu führen, dass ein gesetzwidriger Zustand herbeigeführt wird. Entsprechend darf der Verzicht nicht dazu führen, dass eine Kein-Mann-GmbH (hierzu bereits oben Rz. 54) entsteht[4]. Dies wäre beispielsweise der Fall, wenn bei einem Downstream Merger einer Mutter auf die Tochter die Gesellschafter der Mutter auf die Gewährung von Geschäftsanteilen verzichten würden. 99

b) Grundsätze der Kapitalherabsetzung?

Die Verschmelzung kann praktisch zu einer **kalten Kapitalherabsetzung** benutzt werden, wenn eine GmbH mit aus Sicht ihrer Gesellschafter zu hohem Stammkapital auf eine Schwestergesellschaft mit einem deutlich niedrigeren Stamm- 100

1 Ähnlich auch *Simon/Nießen* in KölnKomm. UmwG, § 54 UmwG Rz. 49.
2 So auch *Kallmeyer/Kocher* in Kallmeyer, § 54 UmwG Rz. 21 mit Fn. 6; zu § 68 Abs. 1 Satz 3 UmwG auch *Marsch-Barner* in Kallmeyer, § 68 UmwG Rz. 16.
3 So auch *Kallmeyer/Kocher* in Kallmeyer, § 54 UmwG Rz. 21; *Mayer* in Widmann/Mayer, § 54 UmwG Rz. 51.2.
4 So ausdrücklich auch *Kallmeyer/Kocher* in Kallmeyer, § 54 UmwG Rz. 18.

kapital verschmolzen wird. Möglicherweise wird die übernehmende GmbH speziell zu diesem Zweck gegründet. Verzichten die Gesellschafter der übertragenden GmbH auf eine Anteilsgewährung, wird das Unternehmen der übertragenden Gesellschaft nach Wirksamwerden der Verschmelzung von einer GmbH mit deutlich niedrigerem Stammkapital fortgeführt.

101 Der Gläubigerschutz erfolgt bei der Verschmelzung grundsätzlich über den Anspruch auf Sicherheitsleistung (§ 22 UmwG). Damit folgt das umwandlungsrechtliche Gläubigerschutzkonzept weitgehend dem Ansatz des § 58 Abs. 1 Nr. 2 GmbHG bei der ordentlichen Kapitalherabsetzung. Nach teilweise vertretener Ansicht soll der Anspruch auf Sicherheitsleistung in Verschmelzungsfällen jedoch deshalb nicht ausreichend sein, weil das frei gewordene Ausschüttungsvolumen in dem Zeitpunkt, in dem es zur Geltendmachung des Anspruchs aus § 22 UmwG kommt, bereits vollständig an die Gesellschafter ausbezahlt sein könnte, während bei der Kapitalherabsetzung die **einjährige Auszahlungssperre des** § 58 Abs. 1 Nr. 3 GmbHG gilt[1]. Auch im Verschmelzungsfall soll der Anspruch auf Sicherheitsleistung daher durch eine Ausschüttungssperre flankiert werden, soweit entsprechende Ansprüche auf Sicherheitsleistung fristgerecht angemeldet, aber noch nicht erfüllt worden sind[2].

102 Eine solche Analogie würde zwar zu einer Ausweitung des Gläubigerschutzes führen; die erforderliche **planwidrige Regelungslücke ist jedoch nicht zu erkennen**. Umwandlungsrechtlich ist der Gläubigerschutz abschließend durch den Anspruch auf Sicherheitsleistung gem. § 22 UmwG (und eine Organhaftung gem. § 25 UmwG) geregelt[3]. Ergänzend mag in Extremfällen eine Inanspruchnahme der Gesellschafter wegen bereits ausgeschütteter Beträge über allgemeine Regeln (§ 826 BGB) in Betracht kommen[4].

c) Sicherungsrechte Dritter

103 Der Verzicht auf die Gewährung von Geschäftsanteilen kann die **Gläubiger von Anteilsinhabern des übertragenden Rechtsträgers benachteiligen**. Nach § 20 Abs. 1 Nr. 3 Satz 2 UmwG bestehen Rechte Dritter an den Anteilen oder Mitgliedschaften der übertragenden Rechtsträger an den an ihre Stelle tretenden Anteilen des übernehmenden Rechtsträgers fort. Sofern für die alten Anteile keine neuen gewährt werden, fallen die Rechte Dritter weg (s. § 20 Rz. 71 m.w.N.). Insbesondere in Konzernen besteht damit die Möglichkeit, Rechte Dritter an Anteilen dadurch zum Erlöschen zu bringen, dass diejenige Gesellschaft, deren Anteile Gegenstand der Drittrechte sind, auf eine Schwester verschmolzen wird und die Mutter, die dem Dritten die Rechte eingeräumt hat, auf die Gewährung von Anteilen verzichtet.

---

1 *Ihrig*, ZHR 160 (1996), 317 (337); *Schöne*, Spaltung unter Beteiligung von GmbH, 1998, S. 71 f.

2 *Ihrig*, ZHR 160 (1996), 317 (337); *Naraschewski*, GmbHR 1998, 356 (360); *Maier-Reimer/Seulen* in Semler/Stengel, § 22 UmwG Rz. 25 und 56 f.; dem folgend *Uwe H. Schneider*, NZG 2007, 888 (892).

3 *Rodewald*, GmbHR 1997, 19 (21); *Krumm*, GmbHR 2010, 24 (25); *Vossius* in Widmann/Mayer, § 22 UmwG Rz. 2 Fn. 2; *Marsch-Barner* in Kallmeyer, § 22 UmwG Rz. 12; *Reichert* in Semler/Stengel § 54 UmwG Rz. 30; *J. Vetter* in MünchKomm. GmbHG, Vor § 58 GmbHG Rz. 119; oben *Grunewald*, § 22 Rz. 25.

4 Hierauf weist *Rodewald*, GmbHR 2005, 515 (518) hin.

104 Teilweise wird zum Schutz der Dritten gefordert, dass diese dem Verzicht auf die Anteilsgewährung in notariell beurkundeter Form zustimmen müssen[1]. Auch diese **Drittzustimmungen** sollen der Handelsregisteranmeldung der Verschmelzung beizufügen sein. Diskutiert, im Ergebnis aber abgelehnt wird eine Negativerklärung bei der Anmeldung analog § 16 Abs. 2 UmwG, dass an dem Anteil eines auf die Anteilsgewährung verzichtenden Anteilsinhabers keine Rechte Dritter i.S.d. § 20 Abs. 1 Nr. 3 Satz 2 UmwG bestehen[2].

105 Dieser **umwandlungsrechtliche Schutz der Dritten ist abzulehnen** (s. auch schon § 46 Rz. 24). Zwar kann die Mitwirkung am Erlöschen von Rechten Dritter an den Anteilen eine Verletzung des Sicherheitenvertrags zwischen Anteilsinhaber und Dritten begründen. Vielfach wird der Dritte eine solche Verschmelzung vertraglich seiner Zustimmung unterstellen; häufig wird sich ein solches Zustimmungserfordernis auch im Wege der Auslegung ergeben. Zur Sicherstellung der Beachtung der Rechte des Dritten ist jedoch nicht das Handelsregister zuständig. Entsprechend ist keine notarielle Zustimmungserklärung und deren Einreichung zu fordern. Der Rechtsschutz des Dritten erfolgt wie bei sonstigen Vertragsverletzungen zivilrechtlich durch Unterlassungs- und Schadensersatzansprüche (s. auch § 20 Rz. 71), nicht aber durch Beschränkung der umwandlungsrechtlichen Gestaltungsmöglichkeiten oder Ausbau umwandlungsrechtlicher Kontrollinstrumente.

d) Insolvenzrechtliche Grenzen

106 Wird über das Vermögen einer übernehmenden Gesellschaft nach einer sanierenden Verschmelzung das Insolvenzverfahren eröffnet, stellt sich die Frage, ob die **sanierende Verschmelzung nach den §§ 129 ff. InsO anfechtbar** sein kann. Dies ist jedenfalls nach Wirksamwerden der Verschmelzung durch Eintragung in das Handelsregister zu verneinen[3]. Der Gläubigerschutz ist umwandlungsrechtlich in den §§ 22, 23 und 25 UmwG speziell geregelt. Eine Einschränkung des besonderen umwandlungsrechtlichen Bestandsschutzes nach § 20 Abs. 2 UmwG ist daher nicht gerechtfertigt.

107 Nicht in Fällen der sanierenden Verschmelzung, sondern in den Fällen, in denen ein werthaltiger Rechtsträger auf eine GmbH verschmolzen wird, stellt sich die Frage, ob die **Gläubiger des verzichtenden Anteilsinhabers** des übertragenden Rechtsträgers die Verzichtserklärung anfechten können. Dies ist – vorbehaltlich des Vorliegens der speziellen insolvenzrechtlichen Voraussetzungen eines konkreten Anfechtungstatbestands – grundsätzlich zu bejahen[4]. Zu denken ist vor allem an eine Schenkungsanfechtung nach § 134 Abs. 1 InsO, daneben auch an eine Vorsatzanfechtung nach § 133 InsO. Eine anfechtbare Rechtshandlung ist mit der Verzichtserklärung gegeben. Die Gläubiger des verzichtenden Anteilsinhabers

1 *Kallmeyer/Kocher* in Kallmeyer, § 54 UmwG Rz. 20; *Simon/Nießen* in KölnKomm. UmwG, § 54 UmwG Rz. 47.
2 *Kallmeyer/Kocher* in Kallmeyer, § 54 UmwG Rz. 20; *Simon/Nießen* in KölnKomm. UmwG, § 54 UmwG Rz. 57.
3 Ausführlicher *Lwowski/Wunderlich*, NZI 2008, 595 (597 f.); *Heckschen*, ZInsO 2008, 824 (829); *Keller/Klett*, DB 2010, 1220 (1223); a.A. *Hirte* in Uhlenbruck, § 143 InsO Rz. 9, demzufolge die Umwandlung rückgängig zu machen ist.
4 Ausführlicher *Keller/Klett*, DB 2010, 1220 (1223 ff.).

werden umwandlungsrechtlich nicht speziell geschützt. Rechtsfolge wäre nicht die Rückabwicklung der Verschmelzung. Als Begünstigte und Anfechtungsgegner dürften wohl die Gesellschafter der übernehmenden Gesellschaft anzusehen sein.

V. Zurechnung von Anteilen, die von Dritten gehalten werden

1. Treuhandverhältnisse (§ 54 Abs. 2 UmwG)

108 Zur **Vermeidung von Umgehungen**, namentlich der Kapitalerhöhungsverbote des § 54 Abs. 1 Satz 1 UmwG durch Treuhandkonstruktionen, sieht § 54 Abs. 2 UmwG vor, dass Anteile, die ein Dritter im eigenen Namen, aber auf Rechnung der übernehmenden GmbH hält, in den Fällen des § 54 Abs. 1 Satz 1 Nr. 1 UmwG und § 54 Abs. 1 Satz 2 Nr. 1 UmwG eigenen Anteilen dieser GmbH, und Anteile, die ein Dritter treuhänderisch für den übertragenden Rechtsträger hält, eigenen Anteilen dieses Rechtsträgers gleichgestellt werden[1]. Dies entspricht der Rechtslage bei der AG bereits vor der Umwandlungsrechtsnovelle[2] und der ganz herrschenden Meinung zu § 33 GmbHG[3].

109 Die Verweisung des § 54 Abs. 2 UmwG auf den gesamten Abs. 1 geht im Hinblick auf dessen Satz 3 ins Leere. Insoweit ist es bei Einführung des § 54 Abs. 1 Satz 3 UmwG durch das 2. UmwGÄndG zu einer leichten **redaktionellen Ungenauigkeit** gekommen.

2. Abhängige Unternehmen

110 Dagegen gilt § 54 Abs. 2 UmwG jedenfalls grundsätzlich nicht für Anteile, die einem **abhängigen Unternehmen** der übernehmenden GmbH oder des übertragenden Rechtsträgers gehören[4]. Hierin liegt eine Abweichung von den allgemeinen Grundsätzen, wonach ein abhängiges Unternehmen Anteile aus einer Kapitalerhöhung der Mutter nicht übernehmen kann[5], doch wird man dies als bewusste Entscheidung des Gesetzgebers hinzunehmen haben. Grund für die Sonderregelung war augenscheinlich der Schutz der außenstehenden Gesellschafter des abhängigen Unternehmens, in deren Vermögenssphäre für den Fall eines ersatzlosen Untergangs der Anteile im Falle der Verschmelzung eingegriffen worden wäre.

111 Die bis zur 3. Auflage im Anschluss an *Grunewald*[6] erwogene Subsumtion 100%iger Tochtergesellschaften unter § 54 Abs. 2 UmwG mit dem Ziel, hierdurch eine **Verschmelzung von Enkelgesellschaften auf die Muttergesellschaft ohne Kapitalerhöhung** zu ermöglichen, dürfte näherer Prüfung *nicht* standhalten.

---

1 Vgl. BegrRegE zum UmwBerG, BT-Drucks. 12/6699, 101, abgedruckt bei *Ganske*, S. 103.
2 Vgl. § 344 Abs. 1 Satz 4 AktG a.F. und dazu *Grunewald* in G/H/E/K, § 344 AktG Rz. 5; *Kraft* in KölnKomm. AktG, § 344 AktG Rz. 10f.
3 Vgl. nur *Hohner/Paura* in Ulmer/Habersack/Winter, § 33 GmbHG Rz. 15; *H.P. Westermann* in Scholz, § 33 GmbHG Rz. 12.
4 So auch *Mayer* in Widmann/Mayer, § 54 UmwG Rz. 70; *Reichert* in Semler/Stengel, § 54 UmwG Rz. 34; *Simon/Nießen* in KölnKomm. UmwG, § 54 UmwG Rz. 62; *Stratz* in Schmitt/Hörtnagl/Stratz, § 54 UmwG Rz. 16.
5 *Lutter/Bayer* in Lutter/Hommelhoff, § 55 GmbHG Rz. 34; *Priester* in Scholz, § 55 GmbHG Rz. 111f.; *Ulmer* in Ulmer/Habersack/Winter, § 55 GmbHG Rz. 63; *Zöllner/Fastrich* in Baumbach/Hueck, § 55 GmbHG Rz. 19.
6 *M. Winter*, 2. Aufl., § 20 Rz. 60; wie hier jetzt aber *Grunewald*, § 20 Rz. 67.

§ 54 Abs. 2 UmwG betrifft Fälle, in denen Dritte Anteile für Rechnung eines an der Verschmelzung beteiligten Rechtsträgers halten mit der Folge, dass diese Anteile wirtschaftlich nicht dem Dritten, sondern dem an der Verschmelzung beteiligten Rechtsträger zugeordnet werden. Das Vermögen der Tochtergesellschaft (auch der 100%igen Tochtergesellschaft) wird aber nicht für Rechnung der Obergesellschaft gehalten; schon deshalb passt der Analogieschluss nicht.

Hinzu kommt, dass die Gleichstellung der von der Tochter gehaltenen Anteile an der Enkelgesellschaft mit von der übernehmenden Mutter-GmbH unmittelbar gehaltenen Enkel-Anteilen nicht etwa ein Kapitalerhöhungswahlrecht, sondern ein Kapitalerhöhungsverbot (§ 54 Abs. 1 Satz 1 Nr. 1 UmwG) zur Folge hätte. Das ist nicht sachgerecht, weil der ersatzlose Entzug der Beteiligung an der Enkelgesellschaft jedenfalls bei Tochtergesellschaften in der Rechtsform der Aktiengesellschaft regelmäßig, bei Tochtergesellschaften in der Rechtsform der GmbH jedenfalls dann zu einem Verstoß gegen die gesetzlichen Kapitalerhaltungsvorschriften führen würde, wenn durch die erforderliche Abschreibung auf den Beteiligungsbuchwert das zur Erhaltung des Stammkapitals erforderliche Vermögen der Tochter geschmälert würde. 112

Auch für den Fall der 100%igen Tochtergesellschaft ist deshalb richtigerweise von einer Pflicht zur Gewährung von Geschäftsanteilen der Mutter-GmbH an die Tochtergesellschaft auszugehen, die an die Stelle der Anteile an der verschmolzenen Enkelgesellschaft treten und dem Zugriff der Tochter-Gläubiger unterliegen[1]. Dabei sind die Beschränkungen des GmbH-Rechts im Hinblick auf die Zeichnung neuer und den Erwerb bestehender Geschäftsanteile durch eine Tochtergesellschaft[2] zu beachten. 113

3. Gemeinschaftliche Anteile

Nach allgemeiner Auffassung gilt § 54 Abs. 1 UmwG auch dann nicht, wenn der übertragende Rechtsträger oder die übernehmende Gesellschaft gem. § 18 GmbHG an einem Geschäftsanteil neben Dritten nur mitbeteiligt sind[3]. Auch in diesen Fällen schließen die insoweit vorrangigen Drittinteressen eine Zurechnung für Zwecke des § 54 Abs. 1 UmwG aus. 114

VI. Stückelung und Teilung vorhandener Geschäftsanteile (§ 54 Abs. 3 UmwG)

1. Grundlagen

Um vorhandene und durch Kapitalerhöhung neu geschaffene Geschäftsanteile auch hinsichtlich der Zuteilungsmöglichkeiten an die Anteilsinhaber des übertragenden Rechtsträgers gleichzustellen, sieht § 54 Abs. 3 UmwG vor, dass die **Tei-** 115

---

1 Zutr. *Kallmeyer/Kocher* in Kallmeyer, § 54 UmwG Rz. 5; *Mayer* in Widmann/Mayer, § 5 UmwG Rz. 56; *Reichert* in Semler/Stengel, § 54 UmwG Rz. 34f.

2 Hierzu etwa *Hohner/Paura* in Ulmer/Habersack/Winter, § 33 GmbHG Rz. 100ff.; *Löwisch* in MünchKomm. GmbHG, § 33 GmbHG Rz. 82; *Lutter* in Lutter/Hommelhoff, § 33 GmbHG Rz. 40ff.

3 Vgl. nur *Kallmeyer/Kocher* in Kallmeyer, § 54 UmwG Rz. 25; *Mayer* in Widmann/Mayer, § 54 UmwG Rz. 15; *Reichert* in Semler/Stengel, § 54 UmwG Rz. 36.

lung erschwerende oder gar **ausschließende statutarische Bestimmungen** nicht gelten (unten Rz. 118 ff.).

116 Darüber hinaus musste bis zum Inkrafttreten des MoMiG (oben Rz. 16) der **Mindestbetrag** des durch Teilung entstandenen Geschäftsanteiles abweichend von § 5 Abs. 1 2. Halbs. und Abs. 3 Satz 2 GmbHG a.F. nur **50,– Euro** (statt 100,– Euro) betragen. Schließlich musste der Teilgeschäftsanteil auch nur **durch 10** (statt durch 50) **teilbar** sein, d.h. er musste sich in der Weise durch 10 teilen lassen, dass nach der Teilung ein voller Euro-Betrag verbleibt. Entsprechende Sondervorschriften zur Anteilsstückelung enthielt § 55 Abs. 1 Satz 2 UmwG für durch Kapitalerhöhung neu geschaffene Anteile (näher § 55 Rz. 54 ff.).

117 Mit **Inkrafttreten des MoMiG** entfiel die Notwendigkeit verschmelzungsspezifischer Stückelungs- und Teilungserleichterungen (vgl. Rz. 16). Auch zur Durchführung einer Verschmelzung gewährte Geschäftsanteile müssen seitdem auf volle Euro lauten und mindestens 1 Euro betragen.

2. Teilungserschwerungen

118 § 54 Abs. 3 Satz 1 UmwG erfasste vor Inkrafttreten des MoMiG (oben Rz. 16) in seinem unmittelbaren Anwendungsbereich **Satzungsbestimmungen gem. § 17 Abs. 6 Satz 2 GmbHG a.F.**, die eine nach § 17 Abs. 6 Satz 1 GmbHG a.F. an sich zulässige Teilung ausschlossen oder von der Zustimmung der Gesellschafterversammlung abhängig machten[1], und erklärte sie für den Fall, dass vorhandene Geschäftsanteile der übernehmenden GmbH zum Zwecke des Anteilstausches im Zuge einer Verschmelzung verwendet werden sollten, für unanwendbar. Die Vorschrift hat auch nach Inkrafttreten des MoMiG (oben Rz. 16) Bedeutung behalten, weil davon auszugehen ist, dass in der GmbH-Satzung auch nach Streichung des § 17 GmbHG Teilungserschwerungen angeordnet werden können[2]; dafür spricht die das Innenverhältnis der GmbH prägende Gestaltungsfreiheit des Gesellschafters.

119 Die Vorschrift gilt entsprechend für mittelbare Teilungserschwerungen wie namentlich **Vorerwerbsrechte** von Gesellschaftern der übernehmenden Gesellschaft, soweit diese eigene Anteile erfassen[3].

120 Darüber hinaus derogierten bzw. überlagerten **verschmelzungsspezifische Besonderheiten** auch andere Vorschriften des GmbH-Rechts über die Teilung von Geschäftsanteilen. Dies galt namentlich für § 17 Abs. 5 GmbHG, welcher die gleichzeitige Übertragung mehrerer Teilgeschäftsanteile an denselben Erwerber untersagte, da im Zuge einer Verschmelzung grundsätzlich jeder Anteilsinhaber des übertragenden Rechtsträgers verlangen kann, mit ebenso vielen selbständigen

1 *Reichert* in Semler/Stengel, § 54 UmwG Rz. 37; *Bermel* in Goutier/Knopf/Tulloch, § 54 UmwG Rz. 19.
2 *Mayer* in Widmann/Mayer, § 54 UmwG Rz. 52; *Stratz* in Schmitt/Hörtnagl/Stratz, § 54 UmwG Rz. 18.
3 *Bermel* in Goutier/Knopf/Tulloch, § 54 UmwG Rz. 18; *Mayer* in Widmann/Mayer, § 54 UmwG Rz. 52; *Reichert* in Semler/Stengel, § 54 UmwG Rz. 37; s. auch *Simon/Nießen* in KölnKomm. UmwG, § 54 UmwG Rz. 66, die § 54 Abs. 3 Satz 1 UmwG nicht auf Regelungen anwenden wollen, die neben der Teilungserschwerung noch einen weiteren Zweck verfolgen.

Geschäftsanteilen beteiligt zu werden, wie er am übertragenden Rechtsträger innehatte[1].

121 Die Frage nach der Anwendbarkeit des § 17 Abs. 1–3 GmbHG a.F. blieb akademisch, da die dort vorgesehene Genehmigung der Gesellschaft im Abschluss des Verschmelzungsvertrages und eine statutarisch etwa notwendige Zustimmung der Gesellschafterversammlung im Zustimmungsbeschluss gem. § 50 UmwG lag[2]. Weitere Erklärungen waren daneben nicht erforderlich. Durch die Streichung des § 17 GmbHG mit Inkrafttreten des MoMiG (oben Rz. 16) haben sich die vorstehenden Fragen erledigt.

3. Anteile Dritter (§ 54 Abs. 3 Satz 2 UmwG)

122 Da § 54 Abs. 2 UmwG Anteile, die Dritte **treuhänderisch** für die übernehmende Gesellschaft bzw. übertragende Rechtsträger gehalten haben, eigenen Anteilen der übernehmenden Gesellschaft gleichstellt, müssen die Erleichterungen hinsichtlich der Teilbarkeit und Stückelung für diese Anteile gleichfalls gelten; § 54 Abs. 3 Satz 2 UmwG stellt dies ausdrücklich klar.

123 Entsprechendes ist anzunehmen, falls ein Dritter – was zulässig ist – in sonstiger Weise Geschäftsanteile der übernehmenden GmbH zur Ausgabe an die Anteilsinhaber des übertragenden Rechtsträgers zur Verfügung stellt (oben Rz. 61 f.)[3].

VII. Bare Zuzahlungen (§ 54 Abs. 4 UmwG)

1. Grundlagen

124 Grundsätzlich hat jeder Anteilsinhaber des übertragenden Rechtsträgers Anspruch auf Gewährung von Anteilen an der übernehmenden Gesellschaft. Lediglich in geringem Umfang gestattet § 54 Abs. 4 UmwG *bare* Zuzahlungen. Gesetzgeberisches Motiv für deren Zulassung ist die **Ermöglichung eines Wertausgleichs für Spitzenbeträge**, wie sie trotz der erleichterten Stückelungs- und Teilbarkeitsregelungen vorkommen können[4]. Aufgrund der durch das MoMiG geschaffenen Möglichkeit zur Ausgabe von 1-Euro-Anteilen hat diese Problematik allerdings ganz erheblich an praktischer Bedeutung verloren. In den nachstehend dargelegten Grenzen können bare Zuzahlungen jedoch **auch aus anderen Gründen** vereinbart werden[5].

125 Die systematische Stellung von § 54 Abs. 4 UmwG könnte den Schluss nahe legen, dass bare Zuzahlungen nur in den Fällen zulässig sind, in denen die Ver-

---

1 § 46 Rz. 43; so auch *Reichert* in Semler/Stengel, § 54 UmwG Rz. 37; *Stratz* in Schmitt/Hörtnagl/Stratz[4], § 54 UmwG Rz. 15.

2 *Reichert* in Semler/Stengel[2], § 54 UmwG Rz. 37; *Stratz* in Schmitt/Hörtnagl/Stratz[4], § 54 UmwG Rz. 15.

3 *Kallmeyer/Kocher* in Kallmeyer, § 54 UmwG Rz. 26; *Reichert* in Semler/Stengel, § 54 UmwG Rz. 39.

4 Vgl. Bericht des Rechtsausschusses zur GmbH-Novelle 1980, BT-Drucks. 8/3908, 80, abgedruckt bei *Deutler*, Das neue GmbH-Recht, 1980, S. 142.

5 Allg. Meinung, *Kallmeyer/Kocher* in Kallmeyer, § 54 UmwG Rz. 27; *Mayer* in Widmann/Mayer, § 54 UmwG Rz. 55, 63; *Reichert* in Semler/Stengel, § 54 UmwG Rz. 40; *Simon/Nießen* in KölnKomm. UmwG, § 54 UmwG Rz. 71.

schmelzung ohne Kapitalerhöhung, dh. unter Gewährung bereits vorhandener Geschäftsanteile der übernehmenden GmbH, durchgeführt wird. Die ganz h.M. in der Literatur lässt bare Zuzahlungen aber **auch im Zusammenhang mit Kapitalerhöhungen** zur Durchführung der Verschmelzung zu[1].

126 Dem ist schon deshalb zu folgen, weil das Bedürfnis für bare Zuzahlungen – insbesondere zum Spitzenausgleich – bei Verschmelzungen mit Kapitalerhöhung in gleicher Weise entstehen kann wie bei Verschmelzungen ohne Kapitalerhöhung. Aus § 5 Abs. 1 Nr. 3 UmwG lässt sich eine Beschränkung der Zulässigkeit barer Zuzahlungen auf Verschmelzungen ohne Kapitalerhöhung nicht entnehmen. Auch § 56 UmwG, der § 54 Abs. 4 UmwG im Zuge der Verschmelzung durch Neugründung für anwendbar und damit bare Zuzahlungen insoweit ausdrücklich für zulässig erklärt, legt den Schluss nahe, dass der Gesetzgeber das Instrument der baren Zuzahlung unabhängig von der Technik der Verschmelzungsdurchführung für zulässig erklären wollte. Aus der systematischen Stellung der Vorschrift folgt nichts anderes: Ausweislich der Materialien zur GmbH-Verschmelzungsnovelle 1980[2] wurde die Vorgängervorschrift (§ 23 Abs. 3 KapErhG) unter Hinweis auf das Bedürfnis nach baren Zuzahlungen auch bei GmbH-Verschmelzungen erst durch den Rechtsausschuss und ersichtlich ohne Reflektion der systematischen Stellung eingeführt. Das UmwG hat die Vorschrift dann ohne neuerliche Problemdiskussion unverändert übernommen, ohne dass hiermit eine Beschränkung der Zulassung barer Zuzahlungen auf Verschmelzungen ohne Kapitalerhöhung bezweckt war.

127 Eine betragsmäßige Beschränkung sieht das Gesetz insofern vor, als der Gesamtbetrag 10 % des Nennbetrags aller den Anteilsinhabern des übertragenden Rechtsträgers gewährten Geschäftsanteile nicht übersteigen darf. Diese Bestimmung soll nach h.M. sicherstellen, dass die Verschmelzung nicht zu einem Auskauf der Anteilsinhaber des übertragenden Rechtsträgers führt[3]. Zu einem so verstandenen **Normzweck** passt jedoch weder der allgemein angenommene zwingende Charakter der Regelung (hierzu Rz. 130) noch der Umstand, dass das UmwG Grenzen für bare Zuzahlungen lediglich in Fällen vorsieht, in denen eine GmbH, eine AG (§ 63 Abs. 3 UmwG) oder eine eG (§ 87 Abs. 2 UmwG) als übernehmender Rechtsträger fungieren. Dies zwingt zu dem Schluss, dass es § 54 Abs. 4 UmwG und den vorzitierten Parallelvorschriften neben dem Schutz der Anteilsinhaber des übertragenden Rechtsträgers jedenfalls auch um den Schutz der Kapitalgrundlagen und der Liquidität des übernehmenden Rechtsträgers geht[4].

128 Zugelassen sind **Zuzahlungen in Höhe von 10 %** der Gesamtnennbeträge **aller** von der übernehmenden GmbH **gewährten Anteile**. Maßgeblich ist der Gesamtnennbetrag aller gewährten Anteile; eine Beschränkung auf 10 % des Gesamtnennbetrages der den Anteilsinhabern jedes einzelnen übertragenden Rechtsträ-

---

1 *Kallmeyer/Kocher* in Kallmeyer, § 54 UmwG Rz. 27; *Mayer* in Widmann/Mayer, § 54 UmwG Rz. 55; *Reichert* in Semler/Stengel, § 54 UmwG Rz. 41; *Simon/Nießen* in KölnKomm. UmwG, § 54 UmwG Rz. 69; *Stratz* in Schmitt/Hörtnagl/Stratz, § 54 UmwG Rz. 20.

2 Vgl. Bericht des Rechtsausschusses, BT-Drucks. 8/3908, 80, abgedruckt bei *Deutler*, Das neue GmbH-Recht, 1980, S. 142.

3 *Simon/Nießen* in KölnKomm. UmwG, § 54 UmwG Rz. 14; s. auch *Mayer* in Widmann/Mayer, § 54 UmwG Rz. 60; *Reichert* in Semler/Stengel, § 54 UmwG Rz. 3.

4 Zustimmend *Simon/Nießen* in KölnKomm. UmwG, § 54 UmwG Rz. 69.

gers gewährten Geschäftsanteile lässt sich § 54 Abs. 4 UmwG nicht entnehmen[1]. Unerheblich ist, ob die gewährten Geschäftsanteile aus einer Kapitalerhöhung stammen, der übernehmenden Gesellschaft als eigene Anteile zustanden oder von einem übertragenden Rechtsträger (im Wege der Gesamtrechtsnachfolge) erworben oder von einem Dritten zur Verfügung gestellt wurden[2]. Dagegen bleiben (eigene) Anteile der übernehmenden Gesellschaft außer Betracht, die diese nach Maßgabe von § 54 Abs. 1 Satz 2 Nr. 1 UmwG den Anteilsinhabern des übertragenden Rechtsträgers gewähren könnte, jedoch in Ausübung ihres Wahlrechts (oben Rz. 50) selbst behält[3].

Die 10 %-Schranke des § 54 Abs. 4 UmwG gilt nur für bare Zuzahlungen, die bereits im Verschmelzungsvertrag festgesetzt sind, dagegen nicht für spätere Erhöhungen oder Neufestsetzungen im **Spruchverfahren** gem. § 15 UmwG[4] und auch nicht für **Barabfindungen** nach § 29 UmwG[5], obwohl diese ihre Grundlage im Verschmelzungsvertrag finden. 129

§ 54 Abs. 4 UmwG ist nach ganz herrschender, freilich durchweg nicht problematisierter Auffassung **zwingend**[6]. Dieses Ergebnis wäre freilich wenig überzeugend, wenn es tatsächlich nur um den Schutz der Anteilsinhaber des übertragenden Rechtsträgers vor einem „Auskauf" ginge. Mit der Maßgabe, dass § 54 Abs. 4 UmwG gleichrangig die Kapitalgrundlagen und die Liquidität der übernehmenden Gesellschaft schützen soll (oben Rz. 127), ist der h.M. jedoch im Ergebnis zu folgen. 130

Bare Zuzahlungen dürfen in keinem Fall zu einem Verstoß gegen das **Verbot der Unterpari-Emission** führen[7]. Dies wäre der Fall, wenn der Wert des übertragenden Unternehmens lediglich den Gesamtnennbetrag der hierfür gewährten Anteile deckt oder aber der Unternehmenswert zwar höher ist als der Gesamtnennwert der hierfür ausgegebenen Anteile, die baren Zuzahlungen aber höher sind als die Differenz[8]. 131

2. Reine Barabfindung für Inhaber von Kleinstbeteiligungen?

Aus dem Begriff der **Zuzahlung**[9] sowie aus dem **„Wesen" der Verschmelzung**, aus dem sich ergeben soll, dass jeder Anteilsinhaber des übertragenden Rechtsträgers an der übernehmenden Gesellschaft beteiligt sein müsse, wollte die zum **früheren Recht ganz h.M.** schließen, dass eine **Verschmelzung gegen den Willen eines An-** 132

1 Anders eine verbreitete Auffassung zur Verschmelzung zur Neugründung, s. § 56 Rz. 17.
2 Unstr., s. nur *Kallmeyer/Kocher* in Kallmeyer, § 54 UmwG Rz. 29; *Mayer* in Widmann/Mayer, § 54 UmwG Rz. 61 f.; *Simon/Nießen* in KölnKomm. UmwG, § 54 UmwG Rz. 73.
3 So zutreffend *Schilling/Zutt* in Hachenburg[7], § 23 KapErhG Rz. 15.
4 Vgl. BegrRegE zum UmwBerG, BT-Drucks. 12/6699, 101, abgedruckt bei *Ganske*, S. 103.
5 Unstr., s. nur *Bermel* in Goutier/Knopf/Tulloch, § 54 UmwG Rz. 22; *Kallmeyer/Kocher* in Kallmeyer, § 54 UmwG Rz. 29; *Simon/Nießen* in KölnKomm. UmwG, § 54 UmwG Rz. 72.
6 *Mayer* in Widmann/Mayer, § 54 UmwG Rz. 65; *Reichert* in Semler/Stengel, § 54 UmwG Rz. 50; a.A. offenbar *Ihrig*, GmbHR 1995, 622 (631).
7 Allgemeine Meinung, vgl. nur *Mayer* in Widmann/Mayer, § 54 UmwG Rz. 56 f.; *Reichert* in Semler/Stengel, § 54 UmwG Rz. 43; *Simon/Nießen* in KölnKomm. UmwG, § 54 UmwG Rz. 77; *Stratz* in Schmitt/Hörtnagl/Stratz, § 54 UmwG Rz. 23.
8 Vgl. Nachweise soeben Fn. 7.
9 S. *Mayer* in Widmann/Mayer, § 54 UmwG Rz. 60.

teilsinhabers des übertragenden Rechtsträgers, der auf Grund seiner geringen Beteiligungsquote noch nicht einmal einen Geschäftsanteil mit dem gesetzlichen Mindestnennbetrag erhalten würde, **unzulässig sei:** Kein Gesellschafter dürfe auf eine Barabfindung verwiesen werden. In diesen Fällen sei die Verschmelzung nur möglich, wenn der Kleinstgesellschafter seinen Anteil vorher veräußere oder aber ausdrücklich der Bildung eines gemeinschaftlichen Anteils i.S.d. § 18 GmbHG zustimme[1].

133 **Dem kann nicht gefolgt werden**[2], und zwar umso weniger, als sich das Problem anlässlich der Euro-Einführung zwischenzeitlich noch verschärft hatte: Während der Mindestnennbetrag einer Aktie (bzw. ihr rechnerischer Anteil am Grundkapital bei der Ausgabe von Stückaktien) auf 1 Euro herabgesetzt wurde, wurde der Mindestnennbetrag eines im Zuge der Verschmelzung auszugebenden Geschäftsanteils auf 50 Euro erhöht. Durch das MoMiG, das die Einteilung des Stammkapitals in Geschäftsanteile von 1 Euro zulässt, hat sich die praktische Relevanz der Streitfrage zwar deutlich vermindert; gleichwohl sind auch nach der Novelle Fälle denkbar, in denen auf „Kleinstgesellschafter" des übertragenden Rechtsträgers bei Anwendung des vereinbarten Umtauschverhältnisses weniger entfällt als ein „ganzer" Geschäftsanteil. In diesen Fällen bleibt es nicht angängig, ausgerechnet Anteilsinhabern mit Kleinstbeteiligungen am übertragenden Rechtsträger entgegen dem erklärten Anliegen des Gesetzgebers, Verschmelzungen nicht über Gebühr zu erschweren[3], ein Vetorecht einzuräumen.

134 Der Wortlaut des § 54 Abs. 4 UmwG spricht zwar von „Zuzahlungen". Begrifflich sind Zuzahlungen nur **zusätzlich** zu einer anderen Leistung möglich, nicht als vollständiger Ersatz. Dies spricht aber nicht gegen die Möglichkeit der Barzahlung statt einer Anteilsgewährung an einzelne Gesellschafter des übertragenden Rechtsträgers. Der Wortlaut kann aggregiert und nicht individualisiert derart verstanden werden, dass zusätzlich zu den als Gegenleistung für die Vermögensübertragung insgesamt zu gewährenden Geschäftsanteilen der übernehmenden GmbH – in begrenztem Umfang (10 %) – Barmittel an Anteilsinhaber des übertragenden Rechtsträgers gezahlt werden können[4].

135 Ein aus dem angeblichen Wesen der Verschmelzung abgeleitete Vetorecht widerspräche auch der **Wertung des § 51 Abs. 2 UmwG:** Danach begründet der Umstand, dass bei Anwendung des vereinbarten Umtauschverhältnisses ein Aktionär nicht für seinen gesamten Anteilsbesitz Geschäftsanteile erhält, dann kein Individualzustimmungserfordernis, wenn das Beteiligungsdefizit entsteht, obwohl der Verschmelzungsvertrag von allen verschmelzungsspezifischen Erleichterungen hinsichtlich der Anteilsstückelung und -teilbarkeit Gebrauch macht, insbesondere für die zu gewährenden Geschäftsanteile lediglich den gesetzlichen Mindestnennbetrag (§ 46 Rz. 31 f.) festsetzt; das gilt nicht nur beim Ausfall von Spitzen, sondern auch, wenn der Aktionär mit seiner gesamten Beteiligung ausfällt (vgl.

---

1 Vgl. BegrRegE zur GmbH-Novelle 1980, BT-Drucks. 8/1347, 50, abgedruckt bei *Deutler*, Das neue GmbH-Recht, 1980, S. 137 f.; *Priester* in Scholz[7], § 23 KapErhG Rz. 12; *Schilling/Zutt* in Hachenburg[7], § 23 KapErhG Rz. 14.

2 Vgl. ausführlich *M. Winter* in Kölner Umwandlungsrechtstage, S. 48 ff. und in FS Lutter, 2000, S. 1285 ff.

3 Vgl. BegrRegE zum UmwBerG, BT-Drucks. 12/6699, 85 ff., abgedruckt bei *Ganske*, S. 61, 62.

4 Ebenso *Simon/Nießen* in KölnKomm. UmwG, § 54 UmwG Rz. 76.

näher § 51 Rz. 59ff.). Die gesetzgeberische Entscheidung für den Fall der Verschmelzung einer AG/KGaA auf eine GmbH lässt sich verallgemeinern: Macht der Verschmelzungsvertrag von allen gesetzlichen Erleichterungen hinsichtlich der Stückelung und Teilbarkeit der Anteile Gebrauch und **erreicht ein Anteilsinhaber** gleichwohl **nicht den gesetzlichen Mindestnennbetrag**, so ist er mit *Grunewald*[1] auf eine **Barabfindung** als Ultima Ratio zu verweisen[2]. Sollte es jemals vorkommen, dass ein Verschmelzungsvorhaben allein mit dem Ziel durchgeführt wird, Kleinstgesellschafter aus der Gesellschaft herauszudrängen, bleibt immer noch die Anfechtbarkeit des Zustimmungsbeschlusses. Selbstverständlich sind auch Zahlungen an Gesellschafter, die im Zuge der Verschmelzung insgesamt bar abgefunden werden, bei der Berechnung der 10 %-Grenze (oben Rz. 128) zu berücksichtigen.

Wer dem Vorstehenden nicht folgen will, muss jedenfalls zulassen, dass – und 136
zwar auch gegen den Willen des Kleinstbeteiligten – **gemeinsame Geschäftsanteile gem. § 18 GmbHG** geschaffen werden, wie dies die h.M. (vgl. § 242 Rz. 13 i.V.m. § 248 Rz. 27) zum Recht der formwechselnden Umwandlung allgemein akzeptiert. Dass dem „Zwerggesellschafter" im Zuge einer Verschmelzung, die regelmäßig zu einer Verminderung der Beteiligungsquote führt, nicht zumutbar sein soll, was ihm bei der formwechselnden Umwandlung mit Selbstverständlichkeit zugemutet wird, ist nicht einzusehen[3]. Dies gilt umso mehr, als der BGH im Sachsenmilch-Urteil klargestellt hat, dass der Umstand, dass Kleinaktionäre im Zuge einer Kapitalherabsetzung durch Zusammenlegung gem. § 222 Abs. 4 Satz 2 AktG lediglich Teilrechte an Aktien erhalten, noch nicht einmal ausreicht, die Kapitalherabsetzung dem Erfordernis einer sachlichen Rechtfertigung zu unterstellen[4]. Auch bei der GmbH-rechtlichen Kapitalherabsetzung ist eine Zustimmung zur Zusammenlegung von Anteilen nicht erforderlich, wenn „Zwerganteile" infolge des Kapitalherabsetzungsbeschlusses nicht mehr die Höhe der gesetzlich vorgeschriebenen Mindeststammeinlage erreichen[5]. Mit diesen Wertungen wäre es schwerlich vereinbar, wenn man im Verschmelzungsrecht Inhabern von Kleinstbeteiligungen bei Verschmelzungen sogar ein Vetorecht zuerkennen würde[6]. Hält man die Bildung gemeinschaftlicher Geschäftsanteile auch gegen den Willen des Kleingesellschafters für zulässig, wird man aber in jedem Fall verlangen müssen, dass diesem alternativ eine Barabfindung angeboten wird.

1 In G/H/E/K, § 344 AktG Rz. 16; ebenso für das UmwG 1994 *Kallmeyer/Kocher* in Kallmeyer, § 54 UmwG Rz. 27; *Mayer* in Widmann/Mayer, § 50 UmwG Rz. 117f.; *Reichert* in Semler/Stengel, § 54 UmwG Rz. 44f.; *Schnorbus* in Rowedder/Schmidt-Leithoff, Anh. § 77 GmbHG Rz. 102; *Simon/Nießen* in KölnKomm. UmwG, § 54 UmwG Rz. 70; *Stratz* in Schmitt/Hörtnagl/Stratz, § 46 UmwG Rz. 13; *Bermel* in Goutier/Knopf/Tulloch, § 46 UmwG Rz. 12; a.A. aber *Bermel* in Goutier/Knopf/Tulloch, § 54 UmwG Rz. 25 unter gänzlich unzutreffender Berufung auf *M. Winter* in Kölner Umwandlungsrechtstage, S. 48.

2 A.A. – trotz weitgehend übereinstimmender Problemanalyse – *Schöne*, S. 140ff., 143.

3 Insoweit übereinstimmend *Schöne*, S. 144f.

4 BGH v. 9.2.1998 – II ZR 278/96, ZIP 1998, 692 (695) = AG 1998, 284; vgl. auch die erläuternden Hinweise von *Röhricht* in VGR (Hrsg.), Gesellschaftsrecht in der Diskussion 1998, 1999, S. 1 (16ff.).

5 *Casper* in Ulmer/Habersack/Winter, § 58 GmbHG Rz. 24; *J. Vetter* in MünchKomm. GmbHG, § 58 GmbHG Rz. 22 und § 58a GmbHG Rz. 56ff.; *Zöllner/Haas* in Baumbach/Hueck, § 58 GmbHG Rz. 10.

6 Übereinstimmend *Schöne*, S. 145.

3. Disproportionale Zuzahlungen und freiwilliger Anteilsverzicht

137 Fraglich ist, ob im Verschmelzungsvertrag unter Beachtung der 10 %-Grenze Anteile und bare Zuzahlungen disproportional zugeordnet werden dürfen und im Extremfall einzelne Gesellschafter des übertragenden Rechtsträgers allein eine Barzahlung und andere Gesellschafter allein Anteile erhalten können.

138 Grundsätzliche **verschmelzungsrechtliche Bedenken** gegen eine reine Barabfindung bestehen nicht (s. bereits oben Rz. 132ff.). Dass das Ausscheiden einzelner Gesellschafter des übertragenden Rechtsträgers nicht grundsätzlichen verschmelzungsrechtlichen Prinzipien widerspricht, zeigen die §§ 29ff. UmwG, die unter bestimmten Voraussetzungen ein Barabfindungsangebot an Minderheitsgesellschafter zwingend verlangen. Teilweise wird die Möglichkeit des Verzichts auf die Anteilsgewährung gegen Barzahlung mit dem Argument abgelehnt, dass es dadurch zu einer Vermischung von Vermögensübertragung und Verschmelzung komme[1]. Auch dies überzeugt nicht. Unabhängig davon, ob einzelne Gesellschafter des übertragenden Rechtsträgers allein eine Barzahlung erhalten, besteht die insgesamt gewährte Gegenleistung für die Übertragung des Vermögens zu mindestens 90 % in Anteilen.

139 Soweit sich die Notwendigkeit der Abfindung in bar nicht daraus ergibt, dass ein Gesellschafter des übertragenden Rechtsträgers aufgrund des Umtauschverhältnisses Anspruch auf einen Geschäftsanteil hätte, der den Mindestnennbetrag von einem Euro nicht erreicht, muss kein Gesellschafter sich mit einer Barzahlung abfinden lassen. In einem solchen Fall muss er gem. § 54 Abs. 1 Satz 3 UmwG **auf die Gewährung von Geschäftsanteilen verzichten** und der (bloßen) Gewährung einer Barzahlung zustimmen[2].

140 Über die Wahrung der Interessen des bar Abgefundenen hinaus ist bei der Aufteilung der Gegenleistung für die Vermögensübertragung auf die Gesellschafter des übertragenden Rechtsträgers der **Gleichbehandlungsgrundsatz** zu beachten[3]. Dies bedeutet, dass einer nicht zwingend durch das Umtauschverhältnis vorgegebenen Ungleichbehandlung bei der Art der Gegenleistung auch die übrigen Gesellschafter des übertragenden Rechtsträgers zustimmen müssen. Möglicherweise würden auch andere Gesellschafter lieber eine Barzahlung statt Geschäftsanteile erhalten. Mit der bloßen qualifizierten Mehrheit, die für den Verschmelzungsbeschluss erforderlich ist, lässt sich die Ungleichbehandlung zu Lasten von Minderheitsgesellschaftern nicht legitimieren.

141 Die **Gesellschafter der übernehmenden GmbH** müssen der Gewährung der baren Zuzahlung und deren Aufteilung auf die Gesellschafter des übertragenden Rechtsträgers dagegen nicht individuell zustimmen; insoweit bildet der Verschmelzungsbeschluss eine ausreichende Legitimationsgrundlage.

1 *Heckschen/Gassen*, GWR 2010, 101 (102).
2 So ausdrücklich auch *Kallmeyer/Kocher* in Kallmeyer, § 54 UmwG Rz. 28.
3 *Kallmeyer/Kocher* in Kallmeyer, § 54 UmwG Rz. 27; *Mayer* in Widmann/Mayer, § 54 UmwG Rz. 58; *Reichert* in Semler/Stengel, § 54 UmwG Rz. 40; *Simon/Nießen* in KölnKomm. UmwG, § 54 UmwG Rz. 71.

4. Sachleistungen

142 § 54 Abs. 4 UmwG erlaubt als verschmelzungsspezifische Gegenleistung außer Anteilen an der übernehmenden Gesellschaft lediglich **bare Zuzahlungen**. Es fragt sich, ob statt Geldleistungen innerhalb der 10 %-Grenze auch **Sachleistungen** gewährt werden können[1]. Dies ist zu verneinen[2]. Der Verschmelzungsvertrag, dem die Gesellschafterversammlungen der beteiligten Gesellschaften jeweils mit qualifizierter Mehrheit zugestimmt haben, kann keine Grundlage für die Gewährung von Sachleistungen schaffen. Es gilt § 1 Abs. 3 Satz 1 UmwG. Insbesondere kommt kein automatischer verschmelzungsrechtlicher Übergang des Eigentums an der Sache auf die Gesellschafter des übertragenden Rechtsträgers analog § 20 Abs. 1 Nr. 1 oder Nr. 3 UmwG in Betracht. Etwaige Mängel der Verpflichtung zur Gewährung der Sachleistung werden von der Heilungswirkung und der Bestandskraft gem. § 20 Abs. 2 UmwG nicht erfasst. Eine qualifizierte Mehrheit in der Gesellschafterversammlung des übertragenden Rechtsträgers kann einem Minderheitsgesellschafter als Teil des Verschmelzungsvertrags keine Sachleistungen aufzwingen.

143 Denkbar wäre allein eine Verknüpfung des Verschmelzungsvertrags, der eine bare Zuzahlung vorsieht, mit einem Kaufvertrag über die Sache, bei dem der Kaufpreis mit der baren Zuzahlung beglichen werden soll. Diese Trennung der beiden Rechtsgeschäfte sollte dann aber in der Dokumentation deutlich zum Ausdruck gebracht werden. Ein praktischer Nutzen für solche Verknüpfung in einem Vertrag ist jedenfalls bei Sachleistungen nicht erkennbar. In jedem Fall wäre für einen solchen Vertrag über Sachleistungen die zusätzliche Legitimation durch Einzelzustimmung aller betroffenen Gesellschafter erforderlich.

144 Eine Ausnahme vom Verbot von Sachleistungen wird insbesondere für die Gewährung von **Darlehen** diskutiert, die wirtschaftlich einer verzinslichen Stundung der baren Zuzahlung entsprechen[3]. Bei der Einbringung von Unternehmen oder Unternehmensteilen im Wege der Sachkapitalerhöhung wird in der Praxis häufig vereinbart, dass der den Nennbetrag der Kapitalerhöhung übersteigende höhere Einbringungswert dem Inferenten als Darlehen gutgebracht wird. Es fragt sich, ob diese Möglichkeit auch bei der Einbringung eines Unternehmens im Wege der Verschmelzung möglich ist[4].

145 Grundsätzlich hat jeder Gesellschafter des übertragenden Rechtsträgers einen Anspruch darauf, die vereinbarte Gegenleistung sofort zu erhalten. Einem Minderheitsgesellschafter kann ein Aufschub der Fälligkeit nicht aufgezwungen werden. Anderes gilt, wenn er dem Aufschub zustimmt.

---

1 S. *Kallmeyer/Kocher* in Kallmeyer, § 54 UmwG Rz. 30 und *Stratz* in Schmitt/Hörtnagl/Stratz, § 5 UmwG Rz. 66, die Sachleistungen bei Zustimmung der betroffenen Gesellschafter zulassen wollen; für Darlehen auch *Simon/Nießen* in KölnKomm. UmwG, § 54 UmwG Rz. 74, die das Darlehen als zeitlich aufgeschobene Barzahlung ansehen.

2 So auch *Mayer* in Widmann/Mayer, § 54 UmwG Rz. 63f.; *Reichert* in Semler/Stengel, § 54 UmwG Rz. 42.

3 Für die Zulassung der Gewährung von Darlehen *Simon/Nießen* in KölnKomm. UmwG, § 54 UmwG Rz. 74; *Kallmeyer/Kocher* in Kallmeyer, § 54 UmwG Rz. 30.

4 Für eine Unzulässigkeit derartiger Gestaltungen bei Verschmelzungen *D. Mayer*, DB 1995, 861 (863f.) und *Mayer* in Widmann/Mayer, § 54 UmwG Rz. 64; zustimmend *Reichert* in Semler/Stengel, § 54 UmwG Rz. 42.

146 Dann stellt sich die weitere Frage, ob dem auch die übrigen Gesellschafter des übertragenden Rechtsträgers individuell zustimmen müssen. Wird das Darlehen verzinst, besteht keine Schlechterstellung des zum Aufschub bereiten Gesellschafters, sondern eine Ungleichbehandlung, die nur bei Zustimmung der übrigen Gesellschafter, die Anspruch auf die bare Zuzahlung haben, zulässig ist.

147 Es fragt sich weiter, ob der Darlehensgewährung auch die Gesellschafter der übernehmenden Gesellschaft individuell zustimmen müssen. Insoweit sind jedoch keine individuellen Interessen betroffen. Sollten die Darlehenszinsen für die übernehmende Gesellschaft ungünstig sein oder sollte sogar ein Mehrheitsgesellschafter der übernehmenden GmbH, der zugleich am übertragenden Rechtsträger beteiligt ist, davon profitieren, käme eine Anfechtung des Verschmelzungsbeschlusses in Betracht, da bei einer bewussten Verknüpfung des Verschmelzungsvertrags mit einer Darlehensgewährung Mängel des Darlehens auf den Verschmelzungsvertrag durchschlagen können.

148 Liegen alle erforderlichen Zustimmungen vor, bestehen keine durchgreifenden Bedenken gegen eine solche Darlehensgewährung. Konzeptionell besteht die verschmelzungsspezifische Gegenleistung jedoch nicht in einem Darlehensanspruch; vielmehr wird ein Vertrag über die (verzinsliche) Überlassung der baren Zuzahlung mit dem Verschmelzungsvertrag kombiniert.

VIII. Verstoßfolgen

1. Verstoß gegen Kapitalerhöhungsverbote

149 Soweit eine Kapitalerhöhung unter Verstoß gegen die Kapitalerhöhungsverbote des § 54 Abs. 1 Satz 1 UmwG (gegebenenfalls i.V.m. Abs. 2) erfolgt, ist der **Kapitalerhöhungsbeschluss nichtig**[1]. Wie gezeigt (oben Rz. 17, 23) würde eine Kapitalerhöhung in diesen Fällen dazu führen, dass die übernehmende Gesellschaft eigene Anteile aus einer Kapitalerhöhung erhielte, was als Verstoß gegen die Grundsätze der Kapitalaufbringung und -erhaltung und damit gegen gläubigerschützende Vorschriften anzusehen ist. Die Kapitalerhöhung darf nicht in das Handelsregister eingetragen werden. Gleiches gilt für die Verschmelzung, da die Schaffung der im Verschmelzungsvertrag als Gegenleistung vorgesehenen Anteile nicht zulässig ist[2].

150 In den Fällen des § 54 Abs. 1 Satz 1 Nr. 3 UmwG sind die **Zustimmungsbeschlüsse zum Verschmelzungsvertrag nichtig**, wenn eine vom Gesetz verbotene Kapitalerhöhung zwar unterbleibt, der Verschmelzungsvertrag aber nicht dafür Sorge trägt, dass die nicht voll eingezahlten Anteile an der Übernehmerin zum Anteilstausch verwendet, d.h. an die Anteilsinhaber der übertragenden Rechtsträger ausgegeben werden (vgl. auch oben Rz. 34).

151 In all diesen Fällen darf der Registerrichter die Kapitalerhöhung und die Verschmelzung nicht eintragen[3].

1 So auch *Reichert* in Semler/Stengel, § 54 UmwG Rz. 46; *Simon/Nießen* in KölnKomm. UmwG, § 54 UmwG Rz. 78; *Stratz* in Schmitt/Hörtnagl/Stratz, § 54 UmwG Rz. 27; jetzt auch *Mayer* in Widmann/Mayer, § 54 UmwG Rz. 71 f.

2 Allg. Meinung, s. nur *Kallmeyer/Kocher* in Kallmeyer, § 54 UmwG Rz. 31; *Simon/Nießen* in KölnKomm. UmwG, § 54 UmwG Rz. 79.

3 Wohl unstr., s. etwa *Kallmeyer/Kocher* in Kallmeyer, § 54 UmwG Rz. 31.

Maßgeblicher **Zeitpunkt** für die Beurteilung der Zulässigkeit ist wie bei sonstigen Gesellschafterbeschlüssen grundsätzlich die Beschlussfassung über die Kapitalerhöhung[1]; gleichwohl wird man die Eintragungsfähigkeit des Beschlusses bejahen müssen, wenn nachträglich eine Veräußerung der eigenen Anteile an Dritte nachgewiesen wird. Umgekehrt wird die Kapitalerhöhung unzulässig, soweit die übernehmende GmbH in der Zeit zwischen Beschlussfassung und Eintragung – z.B. im Rahmen eines der Durchführung der Verschmelzung vorgeschalteten Erwerbsangebots – Geschäftsanteile des übertragenden Rechtsträgers hinzuerworben hat (vgl. auch § 55 Rz. 16)[2]. 152

In den Fällen des § 54 Abs. 1 Satz 1 Nr. 3 UmwG genügt es, dass der Verschmelzungsvertrag die Verwendung der nicht voll eingezahlten Anteile zum Anteilstausch vorsieht; der Erwerb dieser Anteile durch Anteilsinhaber des übertragenden Rechtsträgers vollzieht sich dann mit der Eintragung der Verschmelzung in das Handelsregister der übernehmenden GmbH. 153

Zweifelhaft sind die Rechtsfolgen einer **gleichwohl erfolgten Eintragung** von Kapitalerhöhung und Verschmelzung (zu der hiervon zu unterscheidenden Frage nach der Rechtsfolge der Eintragung der Kapitalerhöhung bei Unterbleiben der Eintragung der Verschmelzung vgl. § 53 Rz. 20f.). Ob die Eintragung den Mangel heilt und die übernehmende Gesellschaft eigene Anteile aus der Kapitalerhöhung erwirbt, ist zweifelhaft und lässt sich für den Sonderfall des Verstoßes gegen § 54 Abs. 1 UmwG nicht mit der Analogie zu § 20 Abs. 2 UmwG (hierzu § 55 Rz. 82) begründen: Dass die Verschmelzung als solche nach Eintragung im Register nicht rückgängig gemacht werden kann, zwingt nicht zu der Annahme, dass die übernehmende Gesellschaft originär eigene Anteile erwerben und eine Nichtigkeitsklage bzw. die (teilweise) Amtslöschung des Kapitalerhöhungsbeschlusses ausgeschlossen sein müssten. 154

Geht man allerdings mit der h.M.[3] davon aus, dass auch die Mitwirkung einer Kapitalgesellschaft an einer regulären Erhöhung ihres Kapitals gegen Einlagen unter Verstoß gegen § 56 Abs. 2 AktG, der im GmbH-Recht analoge Anwendung findet[4], durch die Handelsregistereintragung geheilt wird, kann für verschmelzungsdurchführende Kapitalerhöhungen unter Verstoß gegen § 54 UmwG schwerlich etwas anderes gelten. Angesichts der Regelung des § 20 Abs. 2 UmwG liegt sogar ein Erst-recht-Schluss nahe. Die Frage erscheint allerdings nicht ausdiskutiert[5]. Geht man davon aus, dass die übernehmende Gesellschaft eigene Anteile erwirbt, muss man jedenfalls eine Pflicht zur unverzüglichen Veräußerung annehmen[6]. 155

1 So auch *Reichert* in Semler/Stengel, § 54 UmwG Rz. 48; grundsätzlich auf den Zeitpunkt der Eintragung abstellend *Mayer* in Widmann/Mayer, § 54 UmwG Rz. 72; *Simon/Nießen* in KölnKomm. UmwG, § 54 UmwG Rz. 81.

2 Zustimmend *Reichert* in Semler/Stengel, § 54 UmwG Rz. 48.

3 *Bungeroth* in MünchKomm. AktG, § 56 AktG Rz. 13; *Drygala* in KölnKomm. AktG, § 56 AktG Rz. 11; *Fleischer* in K. Schmidt/Lutter, § 56 AktG Rz. 10f.

4 Zur analogen Anwendung des § 56 AktG auf die GmbH etwa *Lieder* in MünchKomm. GmbHG, § 55 GmbHG Rz. 118.

5 Zutreffend *Hüffer*, § 56 AktG Rz. 5.

6 So *Kallmeyer/Kocher* in Kallmeyer, § 54 UmwG Rz. 31; *Mayer* in Widmann/Mayer, § 54 UmwG Rz. 73; *Reichert* in Semler/Stengel, § 54 UmwG Rz. 47; kritisch, aber im Ergebnis doch zustimmend, *Simon/Nießen* in KölnKomm. UmwG, § 54 UmwG Rz. 80.

2. Verstöße gegen § 54 Abs. 3 UmwG

156 Widersprechen die Festsetzungen im Verschmelzungsvertrag Vorschriften über den Mindestnennbetrag oder die Teilbarkeit durch zehn, führt dies zur **Nichtigkeit** der entsprechenden Vertragsbestimmungen gem. § 134 BGB[1]. Nach allgemeinen Grundsätzen hat der Verstoß zugleich die **Anfechtbarkeit** des hierauf bezogenen Zustimmungsbeschlusses zur Folge. Die Rechtsfolgen sind in beiden Fällen gleich: Der Registerrichter darf die Verschmelzung nicht eintragen. Erfolgt die Eintragung gleichwohl, führt dies allerdings zur Heilung des Mangels (§ 20 Abs. 2 UmwG)[2].

3. Verstöße gegen § 54 Abs. 4 UmwG

157 Sieht der Verschmelzungsvertrag bare Zuzahlungen vor, die die 10 %-Grenze nach § 54 Abs. 4 UmwG übersteigen, führt dies zu den oben in Rz. 156 beschriebenen **Rechtsfolgen:** Nichtigkeit der entsprechenden Vertragsbestimmungen mit der Vermutung der Gesamtnichtigkeit des Verschmelzungsvertrages[3], Anfechtbarkeit des Zustimmungsbeschlusses, Heilung mit Eintragung der Verschmelzung[4].

158 Erfolgen bare Zuzahlungen unter Verstoß gegen das Verbot der Unter-pari-Emission, führt dies zur **Nichtigkeit des Zustimmungsbeschlusses**. Trägt der Registerrichter gleichwohl ein, ist die Verschmelzung auch in diesem Fall wirksam[5].

159 Nach trotz Verstoß gegen die Grenzen des § 54 Abs. 4 UmwG erfolgter Eintragung der Verschmelzung fragt sich, ob der **Anspruch auf Zahlung der baren Zuzahlung durchsetzbar** ist. Bei einem Verstoß gegen zwingende Kapitalaufbringungsgrundsätze (Verbot der Unterpari-Emission) ist dies zu verneinen[6]. Bei Verstößen gegen sonstige Rechtsgrundsätze wie den Gleichbehandlungsgrundsatz oder auch die 10 %-Grenze ist der Anspruch durchsetzbar; insoweit ist der Barzuzahlungsanspruch der bestandskräftigen Gewährung von Anteilen vergleichbar[7].

160 Ist der Barzahlungsanspruch trotz Verstoß gegen zwingende Kapitalaufbringungsgrundsätze von der übernehmenden GmbH erfüllt worden, schuldet jeder Anteilsinhaber des übertragenden Rechtsträgers gem. **§ 56 UmwG i.V.m. § 9 GmbHG** die seiner Beteiligung am übertragenden Rechtsträger entsprechende quotale Differenz zwischen dem Nominalbetrag der gewährten Geschäftsanteile zuzüglich der

1 *Mayer* in Widmann/Mayer, § 54 UmwG Rz. 74; *Stratz* in Schmitt/Hörtnagl/Stratz, § 54 UmwG Rz. 28.
2 Übereinstimmend *Mayer* in Widmann/Mayer, § 54 UmwG Rz. 74; *Reichert* in Semler/Stengel, § 54 UmwG Rz. 49; *Simon/Nießen* in KölnKomm. UmwG, § 54 UmwG Rz. 82.
3 So auch *Mayer* in Widmann/Mayer, § 54 UmwG Rz. 75; *Reichert* in Semler/Stengel, § 54 UmwG Rz. 50; *Simon/Nießen* in KölnKomm. UmwG, § 54 UmwG Rz. 83.
4 Übereinstimmend *Kallmeyer/Kocher* in Kallmeyer, § 54 UmwG Rz. 33; *Reichert* in Semler/Stengel, § 54 UmwG Rz. 50; *Simon/Nießen* in KölnKomm. UmwG, § 54 UmwG Rz. 84.
5 So auch *Mayer* in Widmann/Mayer, § 54 UmwG Rz. 77.
6 *Kallmeyer/Kocher* in Kallmeyer, § 54 UmwG Rz. 33; a.A. *Simon/Nießen* in KölnKomm. UmwG, § 54 UmwG Rz. 84.
7 *Kallmeyer/Kocher* in Kallmeyer, § 54 UmwG Rz. 33; *Simon/Nießen* in KölnKomm. UmwG, § 54 UmwG Rz. 84.

baren Zuzahlung einerseits und dem Wert des Vermögens des übertragenden Rechtsträgers andererseits[1] (str., näher § 55 Rz. 35 ff.).

§ 55
Verschmelzung mit Kapitalerhöhung

(1) Erhöht die übernehmende Gesellschaft zur Durchführung der Verschmelzung ihr Stammkapital, so sind § 55 Abs. 1, §§ 56a, 57 Abs. 2, Abs. 3 Nr. 1 des Gesetzes betreffend die Gesellschaften mit beschränkter Haftung nicht anzuwenden.

(2) Der Anmeldung der Kapitalerhöhung zum Register sind außer den in § 57 Abs. 3 Nr. 2 und 3 des Gesetzes betreffend die Gesellschaften mit beschränkter Haftung bezeichneten Schriftstücken der Verschmelzungsvertrag und die Niederschriften der Verschmelzungsbeschlüsse in Ausfertigung oder öffentlich beglaubigter Abschrift beizufügen.

Literatur

Ihrig, Gläubigerschutz durch Kapitalaufbringung bei Verschmelzung und Spaltung nach neuem Umwandlungsrecht, GmbHR 1995, 622; *Kallmeyer*, Differenzhaftung bei Verschmelzung mit Kapitalerhöhung und Verschmelzung im Wege der Neugründung, GmbHR 2007, 1121; *Kort*, Aktien aus vernichteten Kapitalerhöhungen, ZGR 1994, 291; *Dieter Mayer*, Anteilsgewährung bei der Verschmelzung mehrerer übertragender Rechtsträger, DB 1998, 13; *Moog*, Differenzhaftung im Umwandlungsrecht, 2009; *Neye*, Die Änderungen im Umwandlungsrecht nach den handels- und gesellschaftsrechtlichen Reformgesetzen in der 13. Legislaturperiode, DB 1998, 1649; *Pataki*, Die Bewertung von Unternehmensbeteiligungen als Sacheinlage – ein Beitrag zur Praktikabilität des Rechts, GmbHR 2003, 404; *Sandberger*, Differenzhaftung, Unterbilanzhaftung und Gründerhaf-

1 So auch *Mayer* in Widmann/Mayer, § 54 UmwG Rz. 77; *Kallmeyer/Kocher* in Kallmeyer, § 54 UmwG Rz. 33; *Reichert* in Semler/Stengel, § 54 UmwG Rz. 50.

tung bei Umwandlungsvorgängen, in FS H.P. Westermann, 2008, S. 1401; *Uwe H. Schneider*, Die Anpassung des GmbH-Rechts bei Einführung des Euro, NJW 1998, 3158; *Thoß*, Differenzhaftung bei der Kapitalerhöhung zur Durchführung einer Verschmelzung, NZG 2006, 376; *Trölitzsch*, Differenzhaftung für Sacheinlagen in Kapitalgesellschaften, 1998; *Wälzholz*, Aktuelle Probleme der Unterbilanz- und Differenzhaftung bei Umwandlungsvorgängen, AG 2006, 469; *Wegmann/Schmitz*, Die Fusion unter besonderer Berücksichtigung ertragsschwacher und insolventer Unternehmen (Sanierungsfusion), WPg. 1989, 189; *Martin Winter*, Die Anfechtung eintragungsbedürftiger Strukturbeschlüsse de lege lata und de lege ferenda, in FS Ulmer, 2003, S. 699; *Martin Winter*, Die Reform des Beschlussanfechtungsrechts – Eine Zwischenbilanz, in Liber amicorum Happ, 2006, S. 363; *Zöllner*, Folgen der Nichtigerklärung durchgeführter Kapitalerhöhungsbeschlüsse, AG 1993, 68; *Zöllner/Martin Winter*, Folgen der Nichtigerklärung durchgeführter Kapitalerhöhungsbeschlüsse, ZHR 158 (1994), 59.

I. Überblick

1 Zur Durchführung der Verschmelzung und zur Schaffung der den Anteilsinhabern des übertragenden Rechtsträgers zu gewährenden Geschäftsanteile bedarf es regelmäßig (zu Ausnahmen vgl. § 54 Rz. 17 ff.) einer Kapitalerhöhung bei der übernehmenden GmbH. Auf diese finden grundsätzlich die Vorschriften der §§ 55 ff. GmbHG Anwendung. Allerdings unterscheidet sich die **Kapitalerhöhung zur Durchführung einer Verschmelzung** von der regulären Kapitalerhöhung durch Einlagen insbesondere dadurch, dass eine Übernahme der Stammeinlagen durch die (zukünftigen) Gesellschafter nicht erfolgt und die als Gegenleistung für die neuen Anteile zu erbringende (Sach-)Einlage nicht von den zukünftigen Gesellschaftern, sondern vom übertragenden Rechtsträger erbracht wird. Dieser Sondersituation bei der Verschmelzung trägt § 55 Abs. 1 Satz 1 UmwG Rechnung, indem er bestimmte, für die Verschmelzungssituation nicht passende Vorschriften des allgemeinen GmbH-Rechts für unanwendbar erklärt (vgl. unten Rz. 50 ff.).

2 Eine **Parallelnorm** für die Verschmelzung auf eine Aktiengesellschaft enthält **§ 69 UmwG**, der im Regelungsansatz vergleichbar diejenigen Normen der §§ 182 ff. AktG für unanwendbar erklärt, die aus Sicht des Gesetzgebers auf eine Kapitalerhöhung zur Durchführung einer Verschmelzung nicht passen.

3 Die §§ 46 ff. UmwG gelten grundsätzlich auch für die durch das MoMiG in § 5a GmbHG eingeführte **Unternehmergesellschaft (haftungsbeschränkt)** (s. § 46 Rz. 4 ff.). Allerdings ist das Sachkapitalerhöhungsverbot des § 5a Abs. 2 Satz 2 GmbHG zu beachten. Dieses hat die folgenden Konsequenzen (s. ausführlicher § 46 Rz. 7 f.):

- Zulässig ist die Verschmelzung auf eine UG dann, wenn diese gem. § 54 UmwG ihr Stammkapital nicht erhöht (hierzu § 54 Rz. 12).
- Unzulässig ist die Verschmelzung auf eine UG dann, wenn diese ihr Stammkapital auf weniger als 25 000 Euro erhöht.
- Zulässig ist die Verschmelzung auf eine UG dann, wenn diese ihr Kapital auf mehr als 25 000 Euro erhöht und dadurch zur gewöhnlichen GmbH ohne die Erleichterungen und Erschwernisse der UG wird (s. § 5a Abs. 5 GmbHG).

4 Auf die **Verschmelzung zur Neugründung** ist § 55 UmwG – wie § 56 UmwG ausdrücklich klarstellt – nicht anwendbar. Bei der Verschmelzung zur Neugründung findet gerade keine Kapitalerhöhung statt.

§ 55 UmwG ist gem. § 1 Abs. 3 UmwG **zwingend**. Die Regelungen sind nicht nur der Disposition durch Gesellschaftsvertrag und Verschmelzungsvertrag entzogen, sondern können auch nicht mit Zustimmung aller Gesellschafter abgeändert werden. 5

§ 55 UmwG entsprach ursprünglich wörtlich **§ 22 KapErhG**. Die Vorschriften über die Anteilsstückelung wurden im Zuge des Euro-Einführungsgesetzes angepasst. Der Mindestnennbetrag eines im Zuge der verschmelzungsdurchführenden Kapitalerhöhung ausgegebenen neuen Geschäftsanteils musste seitdem 50,– Euro (früher 50,– DM) betragen. 6

Mit Inkrafttreten des **MoMiG** wurde § 55 Abs. 1 Satz 2 UmwG gestrichen, der folgenden Wortlaut hatte: „*Auf die neuen Geschäftsanteile ist § 5 Abs. 1 zweiter Halbsatz und Abs. 3 Satz 2 des Gesetzes betreffend die Gesellschaften mit beschränkter Haftung nicht anzuwenden; jedoch muss der Betrag jeder neuen Stammeinlage mindestens fünfzig Euro betragen und durch zehn teilbar sein*". Das GmbHG gestattet nunmehr generell die Einteilung des Stammkapitals in Geschäftsanteile im Nennbetrag von einem Euro, so dass für verschmelzungsspezifische Stückelungserleichterungen kein Bedarf mehr besteht (s. auch unten Rz. 54 ff.). 7

II. Verknüpfung von Kapitalerhöhung und Verschmelzung

Eine Kapitalerhöhung nach § 55 UmwG ist nur zulässig „zur Durchführung der Verschmelzung". **Verschmelzungsspezifische Schranken** ergeben sich zunächst aus den in § 54 Abs. 1 Satz 1 UmwG normierten Kapitalerhöhungsverboten (vgl. § 54 Rz. 17 ff.). Die Kapitalerhöhungsziffer sowie die Nennwerte der den Anteilsinhabern des übertragenden Rechtsträgers jeweils zu gewährenden Anteile sind im Verschmelzungsvertrag festzusetzen (näher § 46 Rz. 48). Darüber hinaus sind Verschmelzung und Kapitalerhöhung in der Weise konditional verbunden, dass die zur Durchführung der Verschmelzung erforderliche Kapitalerhöhung Wirksamkeitsvoraussetzung für den Verschmelzungsvertrag ist[1]; sie ist deshalb gem. § 53 UmwG auch vor der Verschmelzung im Handelsregister einzutragen. 8

Umgekehrt ist aber auch die Wirksamkeit der Verschmelzung **gesetzliche Bedingung für die Wirksamkeit der Kapitalerhöhung** (vgl. schon § 53 Rz. 20). Deshalb zieht die Nichtigkeit der Verschmelzung grundsätzlich die Nichtigkeit der Kapitalerhöhung nach sich; ist die Kapitalerhöhung als solche mangelfrei, erstreckt sich freilich die Bestandskraft der Verschmelzung infolge Handelsregistereintragung nach § 20 Abs. 2 UmwG auch auf die Kapitalerhöhung (vgl. näher § 20 Rz. 85). 9

Entsprechendes gilt für den Fall, dass die Kapitalerhöhung nach allgemeinen Grundsätzen nichtig oder anfechtbar, die Verschmelzung als solche dagegen mangelfrei ist. Wird in diesem Falle die Verschmelzung eingetragen, scheidet ihre Rückgängigmachung nach **§ 20 Abs. 2 UmwG** aus. Für die verschmelzungsdurchführende Kapitalerhöhung kann nichts anderes gelten, soweit andernfalls der Anteilsinhaber des übertragenden, infolge Eintragung der Verschmelzung unterge- 10

1 So auch *Schilling/Zutt* in Hachenburg[7], § 20 KapErhG Rz. 30, § 22 KapErhG Rz. 3; *Mayer* in Widmann/Mayer, § 55 UmwG Rz. 108 f.

gangenen Rechtsträgers die ihm gebührende Gegenleistung, nämlich die durch die Kapitalerhöhung geschaffenen Mitgliedschaften, nicht erhalten würde (so auch *Grunewald*, § 20 Rz. 85; vgl. im Einzelnen unten Rz. 82).

11 Ein **zeitlich vor der Aufstellung des Verschmelzungsvertrages** bzw. der Beschlussfassung über die Verschmelzung **gefasster Kapitalerhöhungsbeschluss** ist per se wirkungslos, falls die Verschmelzung scheitert[1]. Eine bereits eingetragene Kapitalerhöhung ist von Amts wegen zu löschen (s. dazu § 53 Rz. 21). Da die die Kapitalerhöhung betreffenden Festsetzungen des Verschmelzungsvertrages und der Kapitalerhöhungsbeschluss zwingend übereinstimmen müssen, werden in der Praxis der Kapitalerhöhungsbeschluss stets gemeinsam mit dem Zustimmungsbeschluss der übernehmenden Gesellschaft gefasst[2].

12 Fällt eine reguläre, nicht zur Durchführung einer Verschmelzung erfolgende Kapitalerhöhung zeitlich mit einer Verschmelzung zusammen, findet § 55 UmwG auf die reguläre Kapitalerhöhung keine Anwendung. Keinesfalls darf eine Verschmelzung unter den erleichterten Voraussetzungen des § 55 UmwG dazu führen, dass auch die „Alt-Gesellschafter" der übernehmenden GmbH (oder auch Dritte) neue Anteile erhalten[3]. Somit darf der **Nennbetrag der verschmelzungsdurchführenden Kapitalerhöhung** den Gesamtnennbetrag der den Anteilsinhabern des übertragenden Rechtsträgers zu gewährenden Anteile (abzüglich des Nennbetrags bereits existierender Anteile, die nach Maßgabe von § 54 Abs. 1 UmwG gewährt wurden) nicht übersteigen[4].

13 Allerdings kann eine Verschmelzung nach § 55 UmwG mit einer **ordentlichen Kapitalerhöhung** nach §§ 55ff. GmbHG **kombiniert** werden. Für diese gelten dann die allgemeinen Vorschriften[5]; insbesondere sind für den „regulären" Teil der Kapitalerhöhung Übernahmeerklärungen abzugeben und von den zur Übernahme zugelassenen Gesellschaftern (oder auch Dritten) Einlagen zu leisten[6]. Auch die vorbeschriebene Heilungswirkung des § 20 Abs. 2 UmwG betrifft eine solche lediglich gelegentlich der Verschmelzung erfolgende Kapitalerhöhung nicht. Im Hinblick auf die erheblichen Unterschiede ist von einer Zusammenfassung der Kapitalerhöhungen in einem einheitlichen Beschluss abzuraten[7].

---

1 Ganz h.M., vgl. nur *Mayer* in Widmann/Mayer, § 55 UmwG Rz. 27; *Reichert* in Semler/Stengel, § 53 UmwG Rz. 13; *Stratz* in Schmitt/Hörtnagl/Stratz, § 55 UmwG Rz. 28; *Zimmermann* in Kallmeyer, § 53 UmwG Rz. 19.

2 Zutreffend *Priester* in Scholz[7], § 22 KapErhG Rz. 2 a.E.

3 Ebenso *Mayer* in Widmann/Mayer, § 55 UmwG Rz. 10; *Simon/Nießen* in KölnKomm. UmwG, § 55 UmwG Rz. 16.

4 So zutreffend *Schilling/Zutt* in Hachenburg[7], § 22 KapErhG Rz. 2, § 23 KapErhG Rz. 4; zustimmend *Stratz* in Schmitt/Hörtnagl/Stratz, § 55 UmwG Rz. 3.

5 *Kallmeyer/Kocher* in Kallmeyer, § 55 UmwG Rz. 2; *Mayer* in Widmann/Mayer, § 55 UmwG Rz. 115ff.; *Simon/Nießen* in KölnKomm. UmwG, § 55 UmwG Rz. 3.

6 *Mayer* in Widmann/Mayer, § 55 UmwG Rz. 115ff.; *Stratz* in Schmitt/Hörtnagl/Stratz, § 55 UmwG Rz. 3.

7 So zutreffend *Mayer* in Widmann/Mayer, § 55 UmwG Rz. 45.1, 118; zustimmend *Haeder* in Henssler/Strohn, § 55 UmwG Rz. 3; *Kallmeyer/Kocher* in Kallmeyer, § 55 UmwG Rz. 2; *Stratz* in Schmitt/Hörtnagl/Stratz, § 55 UmwG Rz. 3.

III. Anwendbare Vorschriften des GmbHG

1. Kapitalerhöhungsbeschluss

14 Auch die Kapitalerhöhung zur Durchführung einer Verschmelzung gem. § 55 UmwG ist eine **Satzungsänderung** bei der übernehmenden GmbH, auf die die Vorschriften der §§ 53f. GmbHG Anwendung finden[1]. Der Erhöhungsbeschluss wird zwar regelmäßig mit dem Zustimmungsbeschluss der übernehmenden Gesellschaft verbunden, ist mit ihm aber keinesfalls identisch[2]. Nach § 53 GmbHG bedarf der Erhöhungsbeschluss der notariellen Beurkundung sowie einer Mehrheit von mindestens drei Viertel der abgegebenen Stimmen. Ebenso wie zum Verschmelzungsbeschluss (s. § 50 Abs. 1 Satz 2 UmwG) kann der Gesellschaftsvertrag auch insoweit zwar höhere, nicht aber geringere Mehrheiten sowie weitere Erfordernisse vorsehen (zur entsprechenden Rechtslage beim Verschmelzungsbeschluss vgl. § 50 Rz. 19, 31 ff.).

15 Zentraler **Gegenstand** des Kapitalerhöhungsbeschlusses ist der **Betrag, um den das Stammkapital der übernehmenden GmbH erhöht** werden soll. Die gesonderte Festsetzung eines den Erhöhungsbetrag übersteigenden Werts des Unternehmens des übertragenden Rechtsträgers als Agio im Kapitalerhöhungsbeschluss ist – ebenso wie bei der regulären Sachkapitalerhöhung gegen Einlagen[3] – entbehrlich[4], und zwar auch dann, wenn bei der Ermittlung des Umtauschverhältnisses ein den Nennbetrag der Kapitalerhöhung übersteigender Unternehmenswert zugrunde gelegt wurde. Unabhängig von einer entsprechenden Festsetzung ist die Differenz zwischen dem Kapitalerhöhungsbetrag und dem Nettovermögen des übertragenden Rechtsträgers gem. **§ 272 Abs. 2 Nr. 1 HGB in die Kapitalrücklage** einzustellen[5]. Maßgeblich für die Ermittlung des Nettovermögens ist die Schlussbilanz des übertragenden Rechtsträgers gem. § 17 Abs. 2 UmwG, wenn die übernehmende GmbH in ihrer Handelsbilanz gem. § 24 UmwG die Buchwerte fortführt und nicht von ihrem Aufstockungsrecht (vgl. dazu näher § 24 Rz. 42 ff., 74 ff.) Gebrauch macht.

16 Ebenso wie bei der regulären Kapitalerhöhung gegen Einlagen[6] ist es auch bei der Kapitalerhöhung zur Durchführung einer Verschmelzung zulässig, das Stammkapital der übernehmenden GmbH bis zu einer bestimmten **Höchstziffer** zu erhöhen und den endgültigen Betrag der Kapitalerhöhung danach zu bestimmen, in welchem Umfang Anteile aus der Kapitalerhöhung zur Durchführung der Ver-

---

1 Unstr., s. nur *Kallmeyer*, § 55 UmwG Rz. 2; *Mayer* in Widmann/Mayer, § 55 UmwG Rz. 23; *Simon/Nießen* in KölnKomm. UmwG, § 55 UmwG Rz. 5; *Stratz* in Schmitt/Hörtnagl/Stratz, § 55 UmwG Rz. 4.

2 Ebenso ausdrücklich *Mayer* in Widmann/Mayer, § 55 UmwG Rz. 21; *Reichert* in Semler/Stengel, § 55 UmwG Rz. 3; *Simon/Nießen* in KölnKomm. UmwG, § 55 UmwG Rz. 6.

3 Vgl. nur *Mayer* in Widmann/Mayer, § 55 UmwG Rz. 35; *Ulmer* in Ulmer/Habersack/Winter, § 56 GmbHG Rz. 24; *Priester* in Scholz, § 56 GmbHG Rz. 26.

4 Übereinstimmend *Mayer* in Widmann/Mayer, § 55 UmwG Rz. 35; *Reichert* in Semler/Stengel, § 55 UmwG Rz. 4; a.A. *Bermel* in Goutier/Knopf/Tulloch, § 55 UmwG Rz. 22.

5 Insoweit übereinstimmend *Bermel* in Goutier/Knopf/Tulloch, § 55 UmwG Rz. 22; s. auch *Kallmeyer/Kocher* in Kallmeyer, § 55 UmwG Rz. 5; *Mayer* in Widmann/Mayer, § 55 UmwG Rz. 36; *Reichert* in Semler/Stengel, § 55 UmwG Rz. 4; *Simon/Nießen* in KölnKomm. UmwG, § 55 UmwG Rz. 8.

6 *Priester* in Scholz, § 55 GmbHG Rz. 19; *Ulmer* in Ulmer/Habersack/Winter, § 55 GmbHG Rz. 17.

schmelzung benötigt werden[1]. Ein praktisches Bedürfnis für eine solche Gestaltung – wie sie beispielsweise bei der Verschmelzung der Daimler-Benz AG auf die DaimlerChrysler AG gewählt wurde, aber ohne Weiteres auch bei Verschmelzungen unter Beteiligung von GmbH vorstellbar ist – besteht insbesondere, wenn der verschmelzungsdurchführenden Kapitalerhöhung ein Erwerbsangebot der übernehmenden GmbH an die Anteilsinhaber des übertragenden Rechtsträgers vorgeschaltet wird, dessen Ergebnis im Zeitpunkt der Beschlussfassung noch nicht feststeht[2]. Soweit dieses Angebot vor der Anmeldung der Kapitalerhöhung angenommen und Anteile am übertragenden Rechtsträger an die übernehmende GmbH abgetreten werden, darf die Kapitalerhöhung nicht durchgeführt werden (§ 54 Abs. 1 Satz 1 Nr. 1 UmwG, vgl. näher § 54 Rz. 152). Andere praktische Gründe für eine solche Bis-zu-Kapitalerhöhung können insbesondere in der Ungewissheit über den Bestand eigener Anteile des übernehmenden Rechtsträgers (s. § 54 Abs. 1 Nr. 2 UmwG) liegen.

17 Der Wille der Gesellschafter zu einem derartigen Verfahren muss sich freilich deutlich aus dem Erhöhungsbeschluss ergeben, z.B. durch eine **Erhöhung „bis zu“**[3]. Unter diesen Voraussetzungen ist der Kapitalerhöhungsbeschluss hinreichend bestimmt. Die endgültige Festsetzung des Kapitalerhöhungsbetrages innerhalb der durch den Beschluss gezogenen Grenzen wird durch Anmeldung und Eintragung des Betrages bewirkt, der zur Durchführung der Verschmelzung und zur Gewährung von Anteilen an diejenigen Anteilsinhaber des übertragenden Rechtsträgers benötigt wird, die im Zeitpunkt der Handelsregisteranmeldung noch Anteile am übertragenden Rechtsträger halten[4].

18 Erforderlich ist darüber hinaus, dass der Verschmelzungsvertrag auch für den Fall solcher nach Abschluss des Vertrages eintretenden Veränderungen klare Regelungen dafür enthält, welcher Inhaber eines übertragenden Rechtsträgers welche Gegenleistung erhält.

19 Soweit Anteile am übertragenden Rechtsträger vor Handelsregisteranmeldung in Vollzug des Übernahmeangebots an die übernehmende GmbH übertragen wurden, findet der im Verschmelzungsvertrag vorgesehene Anteilstausch nicht statt. Einer Änderung des Verschmelzungsvertrages bedarf es ebenso wenig wie im Fall der zwischenzeitlichen Anteilsveräußerung an Dritte oder der Anteilseinziehung (§ 46 Rz. 25f.). Die endgültige Zusammensetzung des Kreises der Anteilsinhaber ergibt sich in diesem Fall nur aus der unverzüglich zum Handelsregister einzureichenden berichtigten Gesellschafterliste.

---

1 Zustimmend *Kallmeyer/Kocher* in Kallmeyer, § 55 UmwG Rz. 5; *Mayer* in Widmann/Mayer, § 55 UmwG Rz. 32; *Reichert* in Semler/Stengel, § 55 UmwG Rz. 5; *Simon/Nießen* in KölnKomm. UmwG, § 55 UmwG Rz. 9; *Stratz* in Schmitt/Hörtnagl/Stratz, § 55 UmwG Rz. 12; s. für die AG auch *Richter* in Happ, Konzern- und Umwandlungsrecht, 2012, Muster 7.01 Anm. 22.12.

2 So auch *Reichert* in Semler/Stengel, § 55 UmwG Rz. 5; *Simon/Nießen* in KölnKomm. UmwG, § 55 UmwG Rz. 9; *Rebmann* in Maulbetsch/Klumpp/Rose, § 55 UmwG Rz. 3.

3 Vgl. zur regulären Kapitalerhöhung etwa *Ulmer* in Ulmer/Habersack/Winter, § 55 GmbHG Rz. 17.

4 So auch *Reichert* in Semler/Stengel, § 55 UmwG Rz. 6.

2. Genehmigtes Kapital

20 Die Kapitalerhöhung der übernehmenden Gesellschaft zur Durchführung der Verschmelzung kann auch durch Ausnutzung eines genehmigten Kapitals gem. **§ 55a GmbHG** erfolgen[1]. Zwar enthält § 55 Abs. 1 UmwG für die GmbH keine explizite Klarstellung, wie sie in § 69 Abs. 1 Satz 2 UmwG für die Aktiengesellschaft enthalten ist. Nach Schaffung des § 55a GmbHG durch das MoMiG ist aber für die GmbH in diesem Punkt keine andere Betrachtungsweise als für die Aktiengesellschaft gerechtfertigt. Dort finden die Ausnahmen des § 69 Abs. 1 Satz 1 UmwG Anwendung auf alle Fälle, in denen die übernehmende Aktiengesellschaft ihr Grundkapital zur Durchführung der Verschmelzung erhöht, d.h. neben der gewöhnlichen Kapitalerhöhung auch im Falle einer Kapitalerhöhung aus genehmigtem Kapital und im Falle einer – bei der GmbH nicht möglichen – bedingten Kapitalerhöhung[2]. Die Tatsache, dass eine entsprechende Klarstellung im Rahmen von § 55 Abs. 1 UmwG fehlt, obwohl sich der Gesetzgeber im Rahmen des MoMiG mit der Regelung im Zuge der Streichung des § 55 Abs. 1 Satz 2 UmwG a.F. ausdrücklich beschäftigt hat, lässt sich damit erklären, dass eine ausdrückliche Regelung zwar möglich, angesichts der klar geregelten Ausnahmen von der Anwendbarkeit der GmbH-rechtlichen Vorschriften in § 55 Abs. 1 UmwG aber nicht erforderlich war, zumal keine Gründe dafür erkennbar sind, dass ein genehmigtes Kapital nicht auch zur Durchführung einer Verschmelzung eingesetzt werden kann.

21 Bei der Kapitalerhöhung zur Durchführung der Verschmelzung handelt es sich um eine Sachkapitalerhöhung (s. dazu unten Rz. 24). Zur Durchführung einer Verschmelzung eingesetzt werden kann ein genehmigtes Kapital daher nur, wenn die Ermächtigung gem. § 55a Abs. 1 GmbHG eine Kapitalerhöhung gegen Sacheinlagen vorsieht (§ 55a Abs. 3 GmbHG).

22 Erlaubt die Ermächtigung eine Kapitalerhöhung gegen Sacheinlagen, gelten die Ausnahmen gem. § 55 Abs. 1 UmwG auch bei Ausnutzung eines genehmigten Kapitals der übernehmenden Gesellschaft zur Durchführung der Verschmelzung (s. hierzu ausführlicher unten Rz. 50ff.). Nicht erforderlich sind mithin die Abgabe von Übernahmeerklärungen (§ 55 Abs. 1 GmbHG), die Leistung der Einlagen vor der Anmeldung zum Handelsregister (§ 56a GmbHG) sowie die Abgabe der Versicherung über die Leistung der Einlagen (§ 57 Abs. 2, Abs. 3 Nr. 1 GmbHG).

23 Gem. § 55a Abs. 1 Satz 2 GmbHG darf der Nennbetrag des genehmigten Kapitals die Hälfte des Stammkapitals zum Zeitpunkt der Eintragung der Ermächtigung nicht überschreiten[3]. Übersteigt der Nennbetrag der neu zu gewährenden Geschäftsanteile im Rahmen der Verschmelzung diese Grenze, ist die übernehmende Gesellschaft mithin auf die Durchführung einer gewöhnlichen Kapitalerhöhung angewiesen.

1 Vgl. *Richter* in Happ, Konzern- und Umwandlungsrecht, 2012, Muster 7.01 Anm. 22.8.
2 *Grunewald*, § 69 Rz. 24f.; *Diekmann* in *Semler/Stengel*, § 69 UmwG Rz. 3; *Marsch-Barner* in Kallmeyer, § 69 UmwG Rz. 1.
3 *Zöllner/Fastrich* in Baumbach/Hueck, § 55a GmbHG Rz. 6.

3. Beachtung der Sachkapitalerhöhungsvorschriften

a) Allgemeines

24 Die Kapitalerhöhung zur Durchführung der Verschmelzung ist notwendig **Sachkapitalerhöhung**; Gegenstand der Einlage sind sämtliche Aktiva und Passiva der übertragenden Rechtsträger[1]. Auf diese Sachkapitalerhöhung findet § 56 GmbHG im Grundsatz entsprechende Anwendung. Abweichend von § 56 Abs. 1 GmbHG bedarf es allerdings bei der verschmelzungsdurchführenden Kapitalerhöhung **keiner näheren Spezifikation** des Gegenstands der Sacheinlage; diese ergibt sich aus dem Verschmelzungsvertrag[2]. Folgerichtig verlangt § 55 Abs. 2 UmwG, dass der Anmeldung der verschmelzungsdurchführenden Kapitalerhöhung statt der bei der ordentlichen Kapitalerhöhung geforderten Übernahmeerklärungen der Verschmelzungsvertrag beigefügt wird (vgl. näher unten Rz. 63).

25 Die Praxis begnügt sich im Kapitalerhöhungsbeschluss mit dem Hinweis, dass die durch Kapitalerhöhung geschaffenen Anteile den Anteilsinhabern des übertragenden Rechtsträgers „als Gegenleistung für die Übertragung dessen gesamten Vermögens im Wege der Verschmelzung zur Aufnahme gewährt" werden[3]. Falls allerdings der Kapitalerhöhungsbeschluss und der Zustimmungsbeschluss ausnahmsweise in gesonderter Urkunde gefasst werden, empfiehlt sich ein ausdrücklicher Hinweis im Kapitalerhöhungsbeschluss auf den Verschmelzungsvertrag.

b) Verbot der Unterpari-Emission

26 Auch für die Kapitalerhöhung zur Durchführung einer Verschmelzung gilt das **Gebot der realen Kapitalaufbringung** und das **Verbot der Unterpari-Emission**[4]. Der Gesamtnennbetrag der Kapitalerhöhung (zuzüglich barer Zuzahlungen) darf den Wert des Vermögens des übertragenden Rechtsträgers bzw. (bei Mehrfachverschmelzung) den saldierten Wert des Vermögens der übertragenden Rechtsträger nicht übersteigen. Nicht erforderlich ist dagegen, dass der Nennbetrag des oder der Geschäftsanteile, die dem einzelnen Anteilsinhaber eines übertragenden Rechtsträgers gewährt werden (wiederum zuzüglich barer Zuzahlungen) von dem nach Maßgabe der Beteiligungsquote auf den betreffenden Anteilsinhaber entfallenden anteiligen Vermögen des oder der übertragenden Rechtsträger gedeckt sein[5]. Die Kapitalerhöhung zur Durchführung der Verschmelzung ist eine einheitliche Kapitalerhöhung mit einem einheitlichen Sacheinlagegenstand, dem Ver-

---

1 So auch *Mayer* in Widmann/Mayer, § 55 UmwG Rz. 12, 36; *Reichert* in Semler/Stengel, § 55 UmwG Rz. 7; *Richter* in Happ, Konzern- und Umwandlungsrecht, 2012, Muster 7.01 Anm. 22.14; *Stratz* in Schmitt/Hörtnagl/Stratz, § 55 UmwG Rz. 3.

2 *Hoffmann-Becking* in Münchener Vertragshdb., Bd. 1 Gesellschaftsrecht, 7. Aufl. 2011, Formular XI.10, Anm. 7; zustimmend *Reichert* in Semler/Stengel, § 55 UmwG Rz. 7; *Simon/Nießen* in KölnKomm. UmwG, § 55 UmwG Rz. 19.

3 Vgl. *Hoffmann-Becking* in Münchener Vertragshdb., Bd. 1 Gesellschaftsrecht, 7. Aufl. 2011, Formular XI.10, § 2; ähnlich auch *Richter* in Happ, Konzern- und Umwandlungsrecht, 2012, Muster 7.01 S. 645.

4 Wohl unstr., s. etwa *Ihrig*, GmbHR 1995, 622 (640); *Kallmeyer/Kocher* in Kallmeyer, § 55 UmwG Rz. 10; *Mayer* in Widmann/Mayer, § 55 UmwG Rz. 60; *Reichert* in Semler/Stengel, § 55 UmwG Rz. 8; *Rebmann* in Maulbetsch/Klumpp/Rose, § 55 UmwG Rz. 4; *Stratz* in Schmitt/Hörtnagl/Stratz, § 55 UmwG Rz. 20; *Haeder* in Henssler/Strohn, § 55 UmwG Rz. 2.

5 A.A. *Ihrig*, GmbHR 1995, 622 (630, 635 ff.); 4. Aufl., Rz. 10.

mögen des übertragenden Rechtsträgers. Wie die Gesellschafter des übertragenden Rechtsträgers die als Gegenleistung für diese Sacheinlage gewährten Anteile unter sich aufteilen, ist ihre Sache und betrifft – solange nur insgesamt der Nennbetrag der als Gegenleistung neu geschaffenen Anteile erreicht wird – keine Gläubigerbelange.

Maßgeblicher **Bewertungsstichtag** ist nach traditioneller Auffassung der Tag der Eintragung der Verschmelzung in das Handelsregister der übernehmenden GmbH, weil hierdurch der Erwerb des Vermögens des übertragenden Rechtsträgers bewirkt wird[1]. Dies überzeugt nicht; maßgeblich ist vielmehr der **Zeitpunkt der Anmeldung der Kapitalerhöhung** (s. auch unten Rz. 35 zur Differenzhaftung und unten Rz. 76 zum maßgeblichen Zeitpunkt für die Wertprüfung des Gerichts)[2]. Nach § 53 UmwG ist die Kapitalerhöhung vor der Verschmelzung einzutragen. Dies impliziert, dass das Registergericht seine Prüfung der Kapitalerhöhung vorher abgeschlossen haben muss. Im Zusammenhang mit der Eintragung der Verschmelzung erfolgt keine erneute Prüfung, ob die Voraussetzungen der Kapitalerhöhung immer noch vorliegen. Besonders offensichtlich ist dies bei der Spaltung, die mit Eintragung in das Register des übertragenden Rechtsträgers wirksam wird (§ 129 Abs. 1 UmwG). Das zuletzt mit der Spaltung befasste Gericht ist damit ein anderes als dasjenige, das für die Eintragung der Kapitalerhöhung zuständig ist. Bei regulären Kapitalerhöhungen sind für die Differenzhaftung des Inferenten gemäß dem eindeutigen Wortlaut der §§ 9 Abs. 1 Satz 1, 56 Abs. 2 GmbHG[3] und nach mittlerweile wohl überwiegender Auffassung auch für die Ablehnung der Eintragung wegen Überbewertung von Sacheinlagen nach §§ 9c Abs. 1 Satz 2, 57a GmbHG[4] ebenfalls die Wertverhältnisse im Zeitpunkt der Anmeldung der Kapitalerhöhung maßgeblich. Der Umstand, dass die Sacheinlage bei der regulären Kapitalerhöhung nach §§ 56a, 7 Abs. 3 GmbHG vor der Anmeldung der Kapitalerhöhung so zu bewirken sind, dass sie endgültig zur freien Verfügung der Geschäftsführer steht, rechtfertigt keine unterschiedliche Behandlung: Zum einen steht dem bei der regulären Kapitalerhöhung nicht entgegen, dass die Sacheinlage aufschiebend bedingt auf den Zeitpunkt der Eintragung der Kapitalerhöhung eingebracht wird[5], also auch erst nach dem relevanten Zeitpunkt der Handelsregisteranmeldung dinglich übergeht. Zum anderen haben die Vertragspartner einer Verschmelzung mit dem Abschluss des Verschmelzungsvertrages und der Einholung der erforderlichen Zustimmungen der Gesellschafter ebenfalls alles getan, um den dinglichen Übergang der Einlage mit der Handelsregistereintragung der Verschmelzung sicherzustellen. 27

1 *Ihrig*, GmbHR 1995, 622 (640f.); ihm folgend *Bermel* in Goutier/Knopf/Tulloch, § 55 UmwG Rz. 28; *Mayer* in Widmann/Mayer, § 55 UmwG Rz. 71f.; *Rebmann* in Maulbetsch/Klumpp/Rose, § 55 UmwG Rz. 6; *Reichert* in Semler/Stengel, § 55 UmwG Rz. 8; ebenso auch noch die 4. Aufl., Rz. 10.

2 Zutreffend *Simon/Nießen* in KölnKomm. UmwG, § 55 UmwG Rz. 41.

3 *Fastrich* in Baumbach/Hueck, § 9 GmbHG Rz. 4; *Zöllner/Fastrich* in Baumbach/Hueck, § 56 GmbHG Rz. 18.

4 *Bayer* in Lutter/Hommelhoff, § 9c GmbHG Rz. 16; *Fastrich* in Baumbach/Hueck, § 9c GmbHG Rz. 8; *Wicke* in MünchKomm. GmbHG, § 9c GmbHG Rz. 39ff.; *Lieder* in MünchKomm. GmbHG, § 55 GmbHG Rz. 50; § 57a GmbHG Rz. 24; *Veil* in Scholz, § 9c GmbHG Rz. 33; a.A. allerdings BGH v. 9.3.1981, BGHZ 80, 129 (136f.).

5 S. etwa *Bayer* in Lutter/Hommelhoff, § 7 GmbHG Rz. 26.

28 Im Rahmen einer **Einzelverschmelzung** kann somit ein vermögensloser oder gar überschuldeter Rechtsträger dann nicht als übertragender Rechtsträger fungieren, wenn zur Durchführung der Verschmelzung eine Kapitalerhöhung erforderlich ist (§ 3 Rz. 24; zur Möglichkeit der Verschmelzung eines überschuldeten Rechtsträgers bei einem Verzicht auf eine Kapitalerhöhung § 54 Rz. 67f.)[1]. Der Wert des Vermögens des übertragenden Rechtsträgers muss vielmehr den Mindestnennbetrag der Kapitalerhöhung erreichen, also einem Euro für jeden Anteilsinhaber, der Anspruch auf einen Geschäftsanteil an der übernehmenden GmbH hat. Ist dies nicht der Fall, muss vor Durchführung der Verschmelzung ein den Mindestnennbetrag der Kapitalerhöhung entsprechendes Vermögen hergestellt werden, sei es durch Zahlung eines verlorenen Zuschusses, sei es durch eine sanierende Kapitalherabsetzung mit anschließender Kapitalerhöhung[2].

29 Anderes gilt für den Fall der **Mehrfachverschmelzung**. Entgegen der Auffassung des OLG Frankfurt/M.[3] lässt sich weder aus dem Verbot der Unterpari-Emission noch aus § 46 UmwG (näher § 46 Rz. 22ff.) das generelle Verbot der Beteiligung eines „Not leidenden" Rechtsträgers an einer Mehrfachverschmelzung zur Aufnahme ableiten. Eine solche Beteiligung ist vielmehr unbedenklich, wenn nur das **saldierte Gesamtvermögen aller übertragenden Rechtsträger** den Gesamtbetrag der Kapitalerhöhung und der rechnerisch auf den einzelnen Anteilsinhaber entfallende saldierte Wert des Gesamtvermögens den Nennbetrag des ihm gewährten Geschäftsanteils erreicht bzw. übersteigt. Das UmwG behandelt die Mehrfachverschmelzung als einheitlichen Vorgang; dieser gesetzliche Ansatz impliziert die Zulässigkeit der Gesamtsaldierung des Vermögens aller beteiligten Rechtsträger und schließt die Aufspaltung des als einheitlich konzipierten Verschmelzungsvorgangs in mehrere Teilverschmelzungen, auf die je für sich und ohne die Möglichkeit einer Saldierung das Unterpari-Emissionsverbot anwendbar wäre, aus[4].

30 Die Saldierungsmöglichkeit hatte früher **praktische Bedeutung** vor allem bei der Verschmelzung von Schwestergesellschaften mit identischen Anteilsinhabern, indem sie die Beteiligung vermögensloser oder überschuldeter Rechtsträger an der Mehrfachverschmelzung ermöglichte. Heute ist es vielfach einfacher und angesichts der Entscheidung des OLG Frankfurt/M.[5] rechtssicherer, wenn die Mutter als Gesellschafter aller beteiligten Rechtsträger auf die Gewährung von Anteilen nach § 54 Abs. 1 Satz 3 UmwG verzichtet (s. dazu ausführlicher § 54 Rz. 63ff., insbes. Rz. 66).

---

1 *Heckschen*, DB 1998, 1386; *Limmer* in Limmer, Unternehmensumwandlung, Teil 5 Rz. 51; *Limmer* in Kölner Schrift zur Insolvenzordnung, 3. Aufl. 2009, S. 859 (870f.); *Mayer* in Widmann/Mayer, § 55 UmwG Rz. 83.6; *Reichert* in Semler/Stengel, § 55 UmwG Rz. 9.

2 Vgl. *Limmer* in Limmer, Unternehmensumwandlung, Teil 5 Rz. 51; *Limmer* in Kölner Schrift zur Insolvenzordnung, 3. Aufl. 2009, S. 859 (870f.); *Mayer* in Widmann/Mayer, § 55 UmwG Rz. 83.8 und 83.9; *Bermel* in Goutier/Knopf/Tulloch, § 55 UmwG Rz. 36.

3 OLG Frankfurt/M. v. 10.3.1998 – 20 W 60/98, ZIP 1998, 1191 = DB 1998, 917 = GmbHR 1998, 542; ablehnend *D. Mayer*, DB 1998, 913ff.; *Neye*, EWiR, § 46 UmwG 1/98, 517; *Reichert* in Semler/Stengel, § 55 UmwG Rz. 9; *Stratz* in Schmitt/Hörtnagl/Stratz, § 46 UmwG Rz. 8; vgl. auch § 46 Rz. 22.

4 So zutreffend *Heckschen*, DB 1998, 1385 (1387); *D. Mayer*, DB 1998, 913 (914ff.); *Mayer* in Widmann/Mayer, § 5 UmwG Rz. 56.13; *Moog*, S. 159ff.; *Neye*, EWiR, § 46 UmwG 1/98, 518; *Reichert* in Semler/Stengel, § 55 UmwG Rz. 9.

5 OLG Frankfurt/M. v. 10.3.1998 – 20 W 60/98, ZIP 1998, 1191 = DB 1998, 917.

Für die Frage der Kapitaldeckung kommt es nicht auf den bilanziellen Buchwert, sondern den **„wahren Wert“** des Vermögens des übertragenden Rechtsträgers an. Betreibt dieser – wie im Regelfall – ein **Unternehmen**, ist der nach allgemeinen Grundsätzen ermittelte Unternehmenswert maßgeblich. Dies gilt auch, wenn gem. § 24 UmwG von der Möglichkeit der **Buchwertfortführung** Gebrauch gemacht wird. Dass für die Überprüfung der Kapitalaufbringung – anders als für die Bestimmung des nach § 30 Abs. 1 GmbHG durch die Kapitalerhaltungsgrundsätze maßgeblichen Vermögens – nicht Buchwerte, sondern wahre Werte maßgeblich sind, dürfte unbestritten sein[1]. 31

Der „wahre Wert" ist grundsätzlich der **Ertragswert zuzüglich des Verkehrswerts des nicht betriebsnotwendigen Vermögens**[2]. Die früher in der Literatur anzutreffende Feststellung, maßgeblich für den Wert des übertragenden Rechtsträgers sei das Nettovermögen „unter Einschluss der stillen Reserven und des Firmenwerts", ist noch der herkömmlichen Substanzwertmethode zur Ermittlung des Unternehmenswerts verpflichtet, die versucht, die Ertragskraft von Unternehmen durch Ansatz eines Firmenwerts bzw. „good will" als einer Art fiktiven Substanzposten Rechnung zu tragen. Aus Sicht der neueren Rechtsprechung und des Schrifttums zur Unternehmensbewertung ist diese Auffassung überholt[3]. 32

Sollten die Aktien eines übertragenden Rechtsträgers börsennotiert sein, fragt sich, inwieweit auf **Börsenkurse und Marktkapitalisierung** abgestellt werden kann. Die Grundsätze, die für die Maßgeblichkeit von Börsenkursen bei der Unternehmensbewertung zu Zwecken der Ermittlung insbesondere von Abfindungsansprüchen von der Rechtsprechung aufgestellt worden sind (s. dazu § 5 Rz. 35 ff.)[4], sind für Fragen der Kapitalaufbringung irrelevant. In den genannten Entscheidungen ging es um die Überlegung, dass Minderheitsaktionäre bei einer Abfindung oder einem Ausgleich nicht weniger erhalten dürfen, als sie bei einer „freien Deinvestitionsentscheidung" erhalten hätten[5]. Bei der Kapitalaufbringung hingegen erfolgt die Wertbestimmung aus der Sicht des übernehmenden Rechtsträgers. Hier ist kein vergleichbares Schutzbedürfnis ersichtlich[6]. Daher stellt der Börsenkurs bzw. die Marktkapitalisierung nicht die Untergrenze der Bewertung dar. 33

---

1 S. nur *Altmeppen* in Roth/Altmeppen, § 14 GmbHG Rz. 6; *Bayer* in Lutter/Hommelhoff, § 14 GmbHG Rz. 5; *Reichert/Weller* in MünchKomm. GmbHG, § 14 GmbHG Rz. 33.

2 Vgl. nur *Großfeld*, Recht der Unternehmensbewertung, 7. Aufl. 2012, S. 47 ff.; *Piltz*, Die Unternehmensbewertung in der Rechtsprechung, 1994, S. 3 ff. (16 ff.); ausführlich zur Unternehmensbewertung und zur Maßgeblichkeit der Ertragswertmethode bei der Ermittlung des Umtauschverhältnisses vgl. § 5 Rz. 25 ff., § 8 Rz. 18 ff.; für Maßgeblichkeit des Ertragswerts jetzt auch *Mayer* in Widmann/Mayer, § 55 UmwG Rz. 64; *Stratz* in Schmitt/Hörtnagl/Stratz, § 55 UmwG Rz. 15 ff.

3 Vgl. auch BGH v. 9.11.1998 – II ZR 190/97, ZIP 1998, 2151 f. zur grundsätzlichen Maßgeblichkeit der Ertragswertmethode bei der Bewertung des Vermögens in der Vorbelastungsbilanz der GmbH.

4 BVerfG v. 27.4.1999 – 1 BvR 1613/94, AG 1999, 566 ff. (DAT/Altana); BGH v. 12.3.2001 – II ZB 15/00, AG 2001, 417 ff. (DAT/Altana).

5 So BVerfG v. 27.4.1999 – 1 BvR 1613/94, AG 1999, 566 ff. (DAT/Altana).

6 Dieselbe Tendenz *Reuter*, BB 2000, 2298 (2299) in Fn. 10; im Ergebnis wohl auch, da die Bedeutung des Börsenkurses nicht erwähnend, *Bayer* in Lutter/Hommelhoff, § 5 GmbHG Rz. 25; *Fastrich* in Baumbach/Hueck, § 5 GmbHG Rz. 34; *Märtens* in MünchKomm. GmbHG, § 5 GmbHG Rz. 149.

34 Unstreitig ist jedoch, dass die Marktkapitalisierung **zur Plausibilisierung der Unternehmensbewertung** herangezogen werden kann[1]. Darüber hinaus spricht viel dafür, den Gedanken der §§ 33a Abs. 1 Nr. 1 und Abs. 2, 183a AktG heranzuziehen. Dies ist aber keine Besonderheit von Kapitalerhöhungen zur Durchführung einer Verschmelzung, sondern des allgemeinen Rechts der Kapitalaufbringung bei der GmbH. Aktien, die von einem übertragenden Rechtsträger gehalten werden, können im Rahmen der Unternehmensbewertung des übertragenden Rechtsträgers ggfs. als neutrales Vermögen mit ihrem Börsenwert angesetzt werden[2].

c) Insbesondere: Differenzhaftung

35 Auf die Kapitalerhöhung zur Durchführung einer Verschmelzung anwendbar ist nach in der Literatur ganz h.M. auch § 56 Abs. 2 UmwG i.V.m. § 9 GmbHG. Die **Anteilsinhaber des übertragenden Rechtsträgers** trifft also die dort vorgesehene **Differenzhaftung**, falls der Wert des Unternehmens des übertragenden Rechtsträgers den Gesamtnominalbetrag der dessen Anteilsinhabern gewährten neuen Geschäftsanteile unterschreitet[3]. Der Betrag barer Zuzahlungen ist dem Nennbetrag der neuen Anteile hinzuzurechnen und muss ebenso vom Wert des übertragenen Vermögens gedeckt werden, unabhängig davon, ob die übernehmende GmbH in Höhe der baren Zuzahlungen freie Rücklagen aufweist[4]. Grund für diese Differenzhaftung ist das im GmbH-Recht allgemein geltende Prinzip der effektiven Kapitalaufbringung[5]. Der übertragende Rechtsträger, der mit Wirksamwerden der Verschmelzung gemäß § 20 Abs. 1 Nr. 2 Satz 1 UmwG erlischt, kann nicht mehr für die Werthaltigkeit des übertragenen Vermögens einstehen[6]. Maßgeblicher **Zeitpunkt** ist, wie bei der Kapitalaufbringung (dazu oben Rz. 27) und bei der Werthaltigkeitsprüfung (dazu unten Rz. 76), die Anmeldung der Kapitalerhöhung[7].

36 Der Hinweis der die Differenzhaftung ablehnenden Gegenauffassung[8], die Sacheinlagen würden bei der verschmelzungsdurchführenden Kapitalerhöhung vom übertragenden Rechtsträger, nicht von dessen Anteilsinhabern erbracht, ist zu for-

---

1 S. dazu IDW S1 i.d.F. 2008 Rz. 15; ähnlich *Pataki*, GmbHR 2003, 404 (404), der von einem „Abgleich mit einem Markt- oder Börsenwert" spricht.

2 S. dazu näher *Großfeld*, Recht der Unternehmensbewertung, 7. Aufl. 2012, Rz. 1158ff. (1164, 1171).

3 Eingehend *Ihrig*, GmbHR 1995, 622 (633ff.); *Kallmeyer*, GmbHR 2007, 1121; *Moog*, S.46ff.; *Thoß*, NZG 2006, 376; außerdem *Bermel* in Goutier/Knopf/Tulloch, § 55 UmwG Rz. 35; *Kallmeyer/Kocher* in Kallmeyer, § 55 UmwG Rz. 13; *Mayer* in Widmann/Mayer, § 55 UmwG Rz. 80ff.; *Reichert* in Semler/Stengel, § 55 UmwG Rz. 11ff.; *Stratz* in Schmitt/Hörtnagl/Stratz, § 55 UmwG Rz. 5.

4 Für den Fall frei verfügbarer Rücklagen a.A. *Moog*, S. 130ff.

5 So auch *Moog*, S. 73ff.; *Thoß*, NZG 2006, 376 (376); vgl. zum Prinzip der effektiven Kapitalaufbringung allgemein *H.P. Westermann* in Scholz, Einleitung Rz. 16ff.

6 Ebenso *Thoß*, NZG 2006, 376 (377).

7 So auch *Mayer* in Widmann/Mayer, § 55 UmwG Rz. 81; *Wälzholz*, AG 2006, 469 (475); zur regulären Sachkapitalerhöhung *Bayer* in Lutter/Hommelhoff, § 56 GmbHG Rz. 28; *Lieder* in MünchKomm. GmbHG, § 56 GmbHG Rz. 50; *Schnorbus* in Rowedder/Schmidt-Leithoff, § 56 GmbHG Rz. 23; *Ulmer* in Ulmer/Habersack/Winter, § 56 GmbHG Rz. 40; *Kallmeyer* in Kallmeyer, 3. Aufl., § 55 UmwG Rz. 5; *Mayer* in Widmann/Mayer, § 55 UmwG Rz. 81; *Trölitzsch*, S. 321f.; a.A. zur Verschmelzungskapitalerhöhung *Drygala*, § 4 Rz. 49; *Moog*, S. 105ff., die auf den Zeitpunkt der Eintragung als Zeitpunkt der erstmaligen effektiven Leistungserbringung abstellen.

8 *Schnorbus* in Rowedder/Schmidt-Leithoff, Anh. § 77 GmbHG Rz. 154.

mal; er berücksichtigt insbesondere nicht hinreichend, dass es die Anteilsinhaber des übertragenden Rechtsträgers sind, die nach der Systematik des Verschmelzungsrechts die neuen Geschäftsanteile als „Gegenleistung" für die Vermögensübertragung erhalten. Dies rechtfertigt es, ihnen auch die **Kapitalaufbringungsverantwortung** zuzuweisen[1].

37 Das Bedenken, der einzelne Anteilsinhaber des übertragenden Rechtsträgers habe nur beschränkten Einfluss auf die Vermögensbewertung[2], ist nicht verschmelzungsspezifisch und muss hinter den Interessen des Rechtsverkehrs an der vollständigen realen Kapitalaufbringung zurückstehen[3]. Auch eine Berufung auf den Grundgedanken des gutgläubigen lastenfreien Erwerbs (s. dazu § 69 Rz. 28) ist in der Konstellation der Differenzhaftung nicht angebracht: Da der betroffene Anteilsinhaber bereits an der übertragenden Gesellschaft beteiligt war, rührt der die Haftung auslösende Umstand aus seiner Sphäre her, so dass keine dem gutgläubigen Erwerb vergleichbare Konstellation vorliegt[4].

38 Gewichtiger erscheint der Hinweis, jedenfalls die Situation derjenigen **Anteilsinhaber, die gegen die Verschmelzung gestimmt haben**, sei nicht mit derjenigen vergleichbar, dass ein Gesellschafter willentlich an einer ordentlichen Kapitalerhöhung teilnimmt und eine Übernahmeerklärung abgibt. Diese Erwägung könnte aber allenfalls dafür sprechen, lediglich diejenigen Anteilsinhaber der Differenzhaftung zu unterwerfen, die für die Verschmelzung gestimmt haben[5]; für diesen Lösungsansatz finden sich bezogen auf die – allerdings verschuldungsabhängige – Gründerhaftung im Recht der formwechselnden Umwandlung durchaus Anhaltspunkte (vgl. z.B. § 219 UmwG und die Anm. von *Joost* dort).

39 Die besseren Gründe dürften gleichwohl dafür sprechen, alle Gesellschafter pro rata ihrer Beteiligung der Haftung zu unterwerfen[6] und denjenigen, die gegen die Verschmelzung votiert haben, im Innenverhältnis einen **Ausgleichsanspruch** gegen ihre Mitgesellschafter zuzubilligen[7], wobei für einen solchen Ausgleichsanspruch eine schuldhafte Treupflichtverletzung gefordert werden muss. Eine Haftung für Einlageverpflichtungen ohne eigene aktive Mitwirkung ist dem GmbH-Recht nicht fremd ist (s. § 24 GmbHG)[8]. Das gegen diese Lösung vorgebrachte Argument, bei fehlender Liquidität der zustimmenden Mitgesellschafter sei der Regressanspruch nicht durchsetzbar und der widersprechende Gesellschafter gehe leer aus[9], ist nicht verschmelzungsspezifisch, sondern besteht in

---

1 Überzeugend *Ihrig*, GmbHR 1995, 622 (633 ff.) zur Verschmelzung zur Neugründung, S. 642 f. zur Verschmelzung durch Aufnahme; ausführlich *Moog*, S. 73 ff., insb. 81 ff.; ähnlich auch *Kallmeyer*, GmbHR 2007, 1121 (1123), der im Rahmen eines Dreiecksverhältnisses die Erbringung der Sacheinlage nicht als Pflicht des übertragenden Rechtsträgers, sondern dessen Anteilsinhaber ansieht.

2 So zur Aktiengesellschaft *Grunewald*, § 69 Rz. 28.

3 Zustimmend *Thoß*, NZG 2006, 376 (377); so auch *Trölitzsch*, S. 319.

4 So auch *Wälzholz*, AG 2006, 469 (475); im Ergebnis auch *Ihrig*, GmbHR 1995, 622 (634 f.).

5 Dafür *Thoß*, NZG 2006, 376 (378); dagegen *Ihrig*, GmbHR 1995, 622 (635).

6 Ausführlich *Moog*, S. 85 ff., 139 ff.

7 Vgl. *Ihrig*, GmbHR 1995, 622 (635 f.); ausführlich Moog, S. 86 ff., zustimmend auch *Keßler* in Keßler/Kühnberger, § 55 UmwG Rz. 7; *Reichert* in Semler/Stengel, § 55 UmwG Rz. 11; jetzt auch *Stratz* in Schmitt/Hörtnagl/Stratz, § 55 UmwG Rz. 6.

8 *Moog*, S. 95 f., 99.

9 So *Thoß*, NZG 2006, 376 (378); kritisch auch *Moog*, S. 145 f.

jedem auf Zahlung gerichteten Rechtsstreit. Die dissentierenden Anteilsinhaber sind auch nicht schutzlos; bei einer die Differenzhaftung auslösenden Verschmelzung mit Kapitalerhöhung ist nicht nur der der Kapitalerhöhungsbeschluss bei der übernehmenden GmbH, sondern auch der Verschmelzungsbeschluss beim übertragenden Rechtsträger anfechtbar. Jeder von der Differenzhaftung bedrohte Gesellschafter kann sich also gegen seine Haftung wehren. Im Übrigen hat jeder Gesellschafter, der neue Anteile der übernehmenden GmbH erhält, dies zumindest bewusst hingenommen, wenn er auf eine Anteilsgewährung nicht nach § 54 Abs. 1 Satz 3 UmwG verzichtet hat. Zu denken wäre daneben an das **allgemeine Austrittsrecht** der widersprechenden Gesellschafter aus wichtigem Grund; ein wichtiger Grund wird verbreitet in einer drohenden Ausfallhaftung nach § 24 GmbHG gesehen[1]. Allerdings müsste dieses Austrittsrecht alsbald nach der Beschlussfassung ausgeübt werden, da es ab Eintritt des Haftungsfalls – vorliegend das Wirksamwerden der Verschmelzung – ausgeschlossen ist[2]. Insofern böte es für den widersprechenden Gesellschafter allenfalls einen sehr beschränkten Schutz[3].

40 Für die **aktienrechtliche Verschmelzung** hat der **BGH**[4] allerdings entschieden, dass die Aktionäre der übertragenden Gesellschaft **keine Differenzhaftung** trifft, wenn der Wert des Vermögens der übertragenden AG hinter dem Nennbetrag der Kapitalerhöhung zur Durchführung der Verschmelzung zurückbleibt. Der BGH begründet dies vordergründig damit, dass das geschriebene Aktienrecht eine Differenzhaftung für überbewertete Sacheinlagen nicht explizit anordnet. § 188 Abs. 2 AktG, der das Verbot der Unterpari-Emission – aus dem die Rechtsprechung die aktienrechtliche Differenzhaftung ableitet – für den Fall der Kapitalerhöhung gegen Einlagen durch Verweis auf § 36a Abs. 2 Satz 3 AktG wiederholt, gelte bei der Kapitalerhöhung zur Durchführung einer Verschmelzung gem. § 69 UmwG gerade nicht. Wichtiger als diese technische Ableitung ist dem BGH die Feststellung, ausschließlich die **rechtsgeschäftliche Übernahme** eines Gesellschaftsanteils und die in diesem Zusammenhang abgegebene **Kapitaldeckungszusage** zur Leistung eines dem anteiligen Nennbetrag der Kapitalerhöhung entsprechenden Betrages **rechtfertige die Differenzhaftung**. Weil es bei der **Kapitalerhöhung zur Durchführung der Verschmelzung** an einer solchen **Kapitaldeckungszusage fehle** (die Zustimmungsbeschlüsse der Gesellschafterversammlungen enthielten gerade keine solche Kapitaldeckungszusage), gebe es für eine **Differenzhaftung auch keine Rechtsgrundlage**.

41 Diese Ableitung ließe sich in gleicher Weise für die GmbH-rechtliche Verschmelzung fruchtbar machen, bei der die Anteilsinhaber des übertragenden Rechtsträ-

---

1 Ausführlicher *Moog*, S. 147 ff.; *Trölitzsch*, S. 331; a.A. *Mayer* in Widmann/Mayer, § 55 UmwG Rz. 82; *Stratz* in Schmitt/Hörtnagl/Stratz, § 55 UmwG Rz. 6; zweifelnd auch *Thoß*, NZG 2006, 376 (378); es entspricht ganz h.M. im GmbH-Recht, dass die Gefahr der Differenzhaftung einen Austritt aus wichtigem Grund rechtfertigt, s. dazu *Altmeppen* in Roth/Altmeppen, § 24 GmbHG Rz. 17; *Ebbing* in Michalski, § 24 GmbHG Rz. 53; *Emmerich* in Scholz, § 24 GmbHG Rz. 17; *Fastrich* in Baumbach/Hueck, § 24 GmbHG Rz. 5; *Müller* in Ulmer/Habersack/Löbbe, § 24 GmbHG Rz. 21.

2 *Altmeppen* in Roth/Altmeppen, § 24 GmbHG Rz. 17; *Ebbing* in Michalski, § 24 GmbHG Rz. 53; *Emmerich* in Scholz, § 24 GmbHG Rz. 17; *Fastrich* in Baumbach/Hueck, § 24 GmbHG Rz. 5; *Müller* in Ulmer/Habersack/Löbbe, § 24 GmbHG Rz. 21; dazu auch LG Mönchengladbach v. 23.10.1985 – 7 O 45/85, NJW-RR 1986, 837 (838).

3 Kritisch auch *Ihrig*, GmbHR 1995, 622 (635); *Thoß*, NZG 2006, 376 (378).

4 BGH v. 12.3.2007 – II ZR 302/05, AG 2007, 487; s. dazu auch § 69 Rz. 28.

gers ebenfalls keine Übernahmeerklärung abgeben[1]; Grundlage des Erwerbs für neue Anteile ist im GmbH-Recht – nicht anders als im Aktienrecht – nicht eine rechtsgeschäftliche Erklärung des einzelnen Gesellschafters, sondern der Verschmelzungsvertrag in Kombination mit den Zustimmungsbeschlüssen der Anteilsinhaber. Das lässt den Schluss zu, dass der BGH, der die Streitfrage für die GmbH-rechtliche Verschmelzung ausdrücklich offen gelassen hat, im Ergebnis nicht anders entscheiden und die Anwendung von § 9 GmbHG auf die GmbH-rechtliche Verschmelzung ablehnen würde.

Stellungnahme: An der Differenzhaftung der Gesellschafter der übertragenden GmbH ist jedenfalls solange festzuhalten[2], wie das Gesetz den Gesellschaftern der übernehmenden Gesellschaft im Falle der Überbewertung des übertragenden Rechtsträgers Zuzahlungen gem. § 15 UmwG und ein Spruchverfahren zu ihrer Geltendmachung vorenthält[3]. *Kallmeyer* hat zutreffend darauf hingewiesen, dass die Differenzhaftung de lege lata das einzige Mittel ist, Überbewertungen des übertragenden Rechtsträgers jedenfalls teilweise auszugleichen[4]. Dass die Gesellschafter des übertragenden Rechtsträgers die Geschäftsanteile der übernehmenden GmbH als Gegenleistung für die Übertragung des Vermögens des übertragenden Rechtsträgers erhalten, stellt eine hinreichende Rechtfertigung dar, sie der Kapitaldeckungshaftung zu unterwerfen[5], wenn sich die Beteiligten – was ihnen seit Inkrafttreten des 2. Gesetzes zur Änderung des UmwG freisteht (vgl. näher § 54 Rz. 76ff.) – für eine Verschmelzung mit Kapitalerhöhung entscheiden und damit dem Rechtsverkehr die Zuführung eines zusätzlichen Vermögenswerts zumindest in Höhe des Nennbetrags der Kapitalerhöhung suggerieren. Die Rechtslage unterscheidet sich insoweit deutlich von der Rechtslage bei der – vom BGH ebenfalls in Bezug genommenen – Kapitalerhöhung aus Gesellschaftsmitteln, bei der lediglich eine Umbuchung auf der Passivseite der Bilanz erfolgt. Für den Fall einer solchen „nominellen" Kapitalerhöhung werden Einlagen von vornherein nicht geschuldet, so dass insoweit auch keine Differenzhaftung greift. Die Situation bei der Kapitalerhöhung zur Durchführung einer Verschmelzung ist damit nicht vergleichbar. Zur Verschmelzungskapitalerhöhung bei der AG besteht im Übrigen ein Unterschied darin, dass § 69 Abs. 1 Satz 1 UmwG den § 188 Abs. 2 AktG, aus dem die Differenzhaftung bei der regulären Sachkapitalerhöhung im Aktienrecht abgeleitet wird, ausschließt, während § 55 Abs. 1 UmwG den § 56 Abs. 2 GmbHG i.V.m. § 9 GmbHG gerade nicht ausschließt. Schließlich besteht zwischen AG und GmbH ein Unterschied darin, dass die GmbH in § 24 GmbHG 42

1 Aus diesem Grund die Differenzhaftung bei der Verschmelzung auf eine GmbH ablehnend *Simon/Nießen* in KölnKomm. UmwG, § 55 UmwG Rz. 23f.

2 Ausführlich gegen eine Übertragung des BGH-Urteils v.12.3.2007 auf die GmbH-Verschmelzung *Moog*, S. 94ff.

3 Zur rechtspolitischen Notwendigkeit einer Erweiterung des Spruchverfahrens zugunsten der Anteilsinhaber der übernehmenden Gesellschaft vgl. etwa *Bayer*, ZHR 163 (1999), 505 (548ff.); *Burwitz*, NZG 2007, 497 (499); *J. Vetter*, ZHR 168 (2004), 8 (24ff.); *M. Winter* in Liber amicorum Happ, 2006, S. 375ff. und *DAV-Handelsrechtsausschuss*, NZG 2007, 497ff. (499).

4 *Kallmeyer*, GmbHR 2007, 1121 (1123); ebenso *Kallmeyer/Kocher* in Kallmeyer, § 55 UmwG Rz. 13; *Moog*, S. 88ff., 93; zweifelnd *Rebmann* in Maulbetsch/Klumpp/Rose, § 55 UmwG Rz. 13.

5 So auch *Sandberger* in FS H.P. Westermann, S. 1401 (1406ff., 1414); *Wälzholz*, AG 2006, 469 (472).

die Haftung für (fremde) Einlageverpflichtungen ohne jede eigene Mitwirkung an der Begründung der Einlagepflicht kennt.

43 Die einzelnen Anteilsinhaber eines übertragenden Rechtsträgers haften nicht als Gesamtschuldner für die Differenz zwischen dem Gesamtnennbetrag der Kapitalerhöhung und dem Wert des Vermögens des übertragenden Rechtsträgers, sondern lediglich **pro rata ihrer Beteiligung**[1]. Der Wert des übertragenen Vermögens des übertragenden Rechtsträgers ist pro rata ihrer jeweiligen Beteiligung allen seinen Gesellschaftern zuzuordnen. Der Betrag der Differenzhaftung ergibt sich aus der Differenz zwischen dem Nennbetrag des erhaltenen Anteils und dem auf den Gesellschafter entfallenden Teil des Werts der Einlage. Gesellschafter, die auf eine Anteilsgewährung nach § 54 Abs. 1 Satz 3 UmwG verzichtet haben, haften überhaupt nicht (von einer Haftung nach § 24 GmbHG abgesehen). Allein eine solche anteilige Haftung wird den häufig stark divergierenden Beteiligungsquoten, dem gesellschaftsrechtlichen Gleichbehandlungsgrundsatz und dem Schutz der – möglicherweise dissentierenden – Minderheitsgesellschafter gerecht.

44 Vollzieht sich die Verschmelzung durch **Aufnahme mehrerer Rechtsträger**, ist zu differenzieren: Für die Frage, ob überhaupt eine Differenzhaftung ausgelöst wird, kommt es darauf an, ob der Wert der übertragenen Gesamtvermögen aller übertragenden Rechtsträger insgesamt den Gesamtnominalbetrag der allen Anteilsinhabern gewährten neuen Geschäftsanteile (zuzüglich etwaiger barer Zuzahlungen) unterschreitet[2]. Wie bei der Prüfung einer Unterpari-Emission ist die Mehrfachverschmelzung als eine Transaktion zu sehen (s. oben Rz. 29). Die unterschiedlichen Einlagen sind zueinander ins Verhältnis gesetzt; die verschiedenen Rechtsträger haben sich auf eine relative Bewertung der Rechtsträger im Verhältnis zueinander geeinigt. Diese wird durcheinander gebracht, soweit die Gesellschafter eines Rechtsträgers im Wege der Differenzhaftung nach dem für die Bewertung relevanten Stichtag zusätzliche Leistungen erbringen. Dies kann nur mit zwingenden Gründen des Gläubigerschutzes gerechtfertigt werden, die gerade nicht vorliegen, solange alle Einlagen zusammen den Gesamtnennbetrag zuzüglich der baren Zuzahlungen decken.

45 Besteht danach insgesamt eine **Deckungslücke**, fragt sich, wie diese **auf die Anteilsinhaber der verschiedenen übertragenden Rechtsträger zu verteilen** ist. Hier dürfte es – vorbehaltlich abweichender Vereinbarungen – näher liegen, den Ausgleichsbetrag jeweils gesondert für jeden der übertragenden Rechtsträger durch einen Vergleich des übertragenen Vermögens zum Nennbetrag der erhaltenen Anteile (zuzüglich barer Zuzahlungen) zu bestimmen, statt die Gesamtunterdeckung pro rata auf alle Gesellschafter der übertragenden Rechtsträger aufzuteilen[3]. Anteilsinhaber eines Rechtsträgers, dessen Vermögen den Nennbetrag der seinen Anteilsinhabern gewährten Geschäftsanteile deckt, haften ebenso wenig nach § 9 GmbHG wie die Gesellschafter der übernehmenden GmbH. In Betracht kommt insoweit allenfalls eine Ausfallhaftung gem. § 24 GmbHG[4]. Beispiel: Den Gesell-

---

1 *Ihrig*, GmbHR 1995, 622 (635 f., 642); *Moog*, S. 115 f.; *Kallmeyer/Kocher* in Kallmeyer, § 55 UmwG Rz. 13;. *Mayer* in Widmann/Mayer, § 55 UmwG Rz. 81; *Reichert* in Semler/Stengel, § 55 UmwG Rz. 11.

2 Ausführlich *Moog*, S. 159 ff.; a.A. wohl *Ihrig*, GmbHR 1995, 622 (630, 635 f.).

3 Insoweit zutreffend *Ihrig*, GmbHR 1995, 622 (636); zustimmend *Mayer* in Widmann/Mayer, § 55 UmwG Rz. 81; *Reichert* in Semler/Stengel, § 55 UmwG Rz. 12.

4 S. etwa *Moog*, S. 168 f.

schaftern der drei übertragenden Gesellschaften A, B und C werden jeweils Anteile der übernehmenden GmbH im Nennbetrag von 100 gewährt; das Vermögen von A hat einen Wert von 120, das Vermögen von B einen Wert von 90 und das Vermögen von C einen Wert von 80. Die insgesamt bestehende Unterdeckung von 10 ist auf die Gesellschafter von B und C im Verhältnis von ein Drittel (3,33) zu zwei Dritteln (6,66) aufzuteilen.

Eine gewisse Durchbrechung dieses Gedankens ist insoweit anzuerkennen, als **ein Anteilsinhaber an mehreren übertragenden Rechtsträgern beteiligt** ist. In diesem Fall sind die rechnerisch auf ihn entfallenden Vermögensanteile zu saldieren; eine Differenzhaftung kommt nur in Betracht, wenn der Gesamtsaldo geringer als der Nennbetrag der gewährten Anteile an der übernehmenden GmbH ist[1]. Beispiel: Im vorgenannten Beispiel ist Gesellschafter X an A und X zu jeweils 50 % beteiligt; einziger Mitgesellschafter der C ist Y. X trifft keine Differenzhaftung. Die Gesamtdeckungslücke von nach wie vor 10 ist von den Gesellschaftern der B zu einem Drittel und Y zu zwei Dritteln zu tragen. Auf Y entfallen damit 6,66. Er steht sich also schlechter, als wenn X nur an C und nicht auch an A beteiligt gewesen wäre. Dies ist aber nicht unangemessen, da seine Haftung immer noch unter dem auf ihn entfallenden Teil der Deckungslücke „seiner" Gesellschaft C (50 % von 20) liegt. 46

Sonderprobleme im Zusammenhang mit der Differenzhaftung nach § 9 GmbHG ergeben sich in den Fällen, in denen neben durch Kapitalerhöhung geschaffenen neuen Anteilen auch **bereits vorhandene Geschäftsanteile der übernehmenden GmbH zum Zwecke des Anteilsaustauschs Verwendung finden**. In diesem Zusammenhang fragt sich zunächst, ob für den absoluten Betrag der Differenzhaftung der Gesamtnennbetrag der ausgegebenen Geschäftsanteile oder aber der Nennbetrag der Kapitalerhöhung maßgeblich ist. Zutreffend ist allein Letzteres, weil nur insoweit von einer Kapitaldeckungszusage auszugehen ist und der Rechtsverkehr nur insoweit auf eine reale Kapitalzufuhr vertrauen kann[2]. Insofern kann durch die zumindest teilweise Verwendung bereits vorhandener eigener Anteile das Risiko einer Differenzhaftung gemindert werden[3]. 47

Hiervon streng zu unterscheiden ist die Frage, ob **Adressat der Differenzhaftung** sämtliche Anteilsinhaber des übertragenden Rechtsträgers oder nur diejenigen sind, die im Zuge der Verschmelzung junge Geschäftsanteile aus der Kapitalerhöhung erhalten. Schon weil es regelmäßig rein zufällig ist, welcher Anteilsinhaber bereits vorhandene und welcher durch Kapitalerhöhung zu schaffende Anteile erhält, erscheint es im Hinblick auf den Gleichbehandlungsgrundsatzes allein zutreffend, die Kapitalaufbringungsverantwortung sämtlichen Anteilsinhabern, die neue oder bereits existierende Anteile erhalten haben, zuzuweisen[4]. Die Haftung nach § 9 GmbHG trifft im hier behandelten Sonderfall somit die Anteilsinhaber 48

1 Vgl. zur Saldierung bei der Mehrfachverschmelzung namentlich *D. Mayer*, DB 1998, 913 (915 f.); *Mayer* in Widmann/Mayer, § 55 UmwG Rz. 81; *Neye*, EWiR § 46 UmwG 1/98, 518; *Reichert* in Semler/Stengel, § 55 UmwG Rz. 12.

2 Ebenso *Ihrig*, GmbHR 1995, 622 (642); *Mayer* in Widmann/Mayer, § 55 UmwG Rz. 81; *Moog*, S. 137; *Reichert* in Semler/Stengel, § 55 UmwG Rz. 13.

3 So auch *Kallmeyer/Kocher* in Kallmeyer, § 55 UmwG Rz. 14.

4 So zutreffend *Ihrig*, GmbHR 1995, 622 (642); ihm folgend auch *Mayer* in Widmann/Mayer, § 55 UmwG Rz. 81; *Moog*, S. 138; *Reichert* in Semler/Stengel, § 55 UmwG Rz. 13.

des übertragenden Rechtsträgers entsprechend ihrer quotalen Beteiligung am Gesamtnennbetrag sämtlicher anlässlich der Verschmelzung gewährter Anteile.

49 Das **Risiko einer Differenzhaftung** kann des Weiteren durch die Konstruktion minimiert werden, dass außerhalb des Verschmelzungsvorgangs die Anteilsinhaber der übernehmenden Gesellschaft Anteile an die Anteilsinhaber der übertragenden Gesellschaft abtreten und dann die im Rahmen der Verschmelzung erfolgende Anteilsgewährung durch die übernehmende Gesellschaft selbst geringer ausfällt. Im Falle einer Verschmelzung zur Sanierung der übernehmenden Gesellschaft kann auch eine Kapitalherabsetzung zum Ausgleich der Verluste durchgeführt werden, um dann eine Kapitalerhöhung in geringerem Umfang durchführen zu können[1].

IV. Unanwendbare Vorschriften des GmbHG (§ 55 Abs. 1 UmwG)

1. Keine Übernahmeerklärungen

50 § 55 Abs. 1 Satz 1 UmwG erklärt die Vorschrift des § 55 Abs. 1 GmbHG ausdrücklich für unanwendbar. Die Anteilsinhaber des übertragenen Rechtsträgers brauchen also **keine Übernahmeerklärungen** abzugeben. Grundlage ihres Anteilserwerbs im Zuge der Verschmelzung ist nicht eine eigene rechtsgeschäftliche Erklärung jedes Anteilsinhabers, sondern der Verschmelzungsvertrag, der die Zuordnung der neuen Anteile enthalten muss, sowie die mit der erforderlichen Mehrheit gefassten Zustimmungsbeschlüsse[2].

51 Da keine Übernahmeerklärungen existieren, können sie der Handelsregisteranmeldung auch nicht beigefügt werden; § 55 Abs. 1 Satz 1 UmwG erklärt folgerichtig auch § 57 Abs. 3 Nr. 1 GmbHG für unanwendbar. An die Stelle der Übernahmeerklärungen tritt der **Verschmelzungsvertrag** (unten Rz. 63).

2. Keine Einlagen, keine Versicherung über Einlageleistungen

52 Da die Anteilsinhaber des übertragenden Rechtsträgers bei der verschmelzungsdurchführenden Kapitalerhöhung keine Einlagen schulden, vielmehr die Deckung des erhöhten Stammkapitals dadurch herbeigeführt wird, dass das gesamte Vermögen des übertragenden Rechtsträgers im Zuge der Verschmelzung auf die übernehmende GmbH übergeht, sind auch die Vorschriften über die **Erbringung der Einlagen** (§ 56a GmbHG) und diejenigen über die **Versicherung** der Geschäftsführer betreffend den Vollzug der Einlageleistungen und die freie Verfügung (§ 57 Abs. 2 UmwG) nicht anwendbar[3].

53 Eine derartige **Versicherung als Eintragungsvoraussetzung** für die Kapitalerhöhung ist im Verschmelzungsrecht schon deshalb **nicht möglich**, weil das Vermögen des übertragenden Rechtsträgers erst mit Eintragung der Verschmelzung

1 So auch *Kallmeyer/Kocher* in Kallmeyer, § 55 UmwG Rz. 14.
2 Ausdrücklich zustimmend OLG Hamm v. 6.12.2001 – 15 W 314/01, NZG 2002, 396 (397); ebenso *Kallmeyer/Kocher* in Kallmeyer, § 55 UmwG Rz. 1; *Reichert* in Semler/Stengel, § 55 UmwG Rz. 14; *Bermel* in Goutier/Knopf/Tulloch, § 55 UmwG Rz. 5.
3 Zutreffend *Ihrig*, GmbHR 1995, 622 (629 f.); ihm folgend *Bermel* in Goutier/Knopf/Tulloch, § 55 UmwG Rz. 6; *Stratz* in Schmitt/Hörtnagl/Stratz, § 55 UmwG Rz. 9.

auf die übernehmende Gesellschaft übergeht und die Eintragung der Verschmelzung der Eintragung der Kapitalerhöhung zwingend nachfolgt (§ 53 UmwG)[1]. Da das Gesetz die Eintragung des Kapitalerhöhungsbeschlusses jedoch von der Vorlage des Verschmelzungsvertrages und sämtlicher Zustimmungsbeschlüsse abhängig macht (unten Rz. 63), ist die Durchführung der Verschmelzung im Zeitpunkt der Eintragung der Kapitalerhöhung im Regelfall hinreichend gesichert.

3. Stückelung der neuen Anteile

Im Hinblick auf die Stückelung der neuen Geschäftsanteile ergeben sich keine Besonderheiten: Die Nennbeträge der neuen Geschäftsanteile müssen gem. §§ 55 Abs. 4, 5 Abs. 2 GmbHG jeweils auf volle und mindestens 1 Euro lauten. 54

Bis zur Änderung des GmbHG und der damit verbundenen ersatzlosen Streichung des § 55 Abs. 1 Satz 2 UmwG durch das MoMiG in 2008[2] war die Lage komplexer: Abweichend von den Vorschriften des allgemeinen GmbH-Rechts, die nach § 55 Abs. 4 GmbHG auch für die Kapitalerhöhung gegen Einlagen galten, mussten gem. § 55 Abs. 1 Satz 2 UmwG die im Zuge der verschmelzungsdurchführenden Kapitalerhöhung geschaffenen Geschäftsanteile mindestens **50,– Euro** betragen und **durch zehn teilbar** sein; dies entsprach der Regelung in § 54 Abs. 3 UmwG für die Teilung bereits vorhandener Anteile zum Zwecke der Begebung an Anteilsinhaber des übertragenden Rechtsträgers. Zweck der gegenüber dem allgemeinen GmbH-Recht erleichterten Stückelung war es, möglichst jedem Inhaber des übertragenden Rechtsträgers die Möglichkeit zur Beteiligung an der übernehmenden GmbH zu eröffnen und nicht verteilungsfähige Spitzen weitestgehend zu vermeiden. 55

Nach dem 1.1.2002 angemeldete Kapitalerhöhungen zur Durchführung einer Verschmelzung **mussten** auf **Euro lauten** und die soeben in Rz. 55 dargestellten **Mindestnennbetrags- und Stückelungsvorschriften gem. Euro-Einführungsgesetz beachten**; die Registersperre nach Maßgabe von § 86 Abs. 1 Satz 4 GmbHG galt auch für Kapitalerhöhungen zur Durchführung einer Verschmelzung[3]. Soweit noch nicht geschehen, mussten somit im Zuge der Verschmelzung zugleich die Euroumstellung bei der übernehmenden GmbH vorgenommen und die in Euro berechneten Nennbeträge der Geschäftsanteile unter Berücksichtigung der neuen Stückelungs- und Teilbarkeitsvorschriften geglättet werden[4]. Zu den für die Zeit vom 1.1.1999 bis zum 31.12.2001 geltenden Übergangsvorschriften vgl. 2. Aufl., § 55 Rz. 20. 56

Nicht anwendbar war schon vor Inkrafttreten des MoMiG § 55 Abs. 4 UmwG i.V.m. § 5 Abs. 2 GmbHG, wonach kein Gesellschafter aus einer Kapitalerhöhung mehrere Anteile übernehmen konnte (vgl. 3. Aufl., § 55 Rz. 23). Nach § 5 Abs. 2 GmbHG i.d.F. des MoMiG kann ein Gesellschafter bei Errichtung der Gesellschaft mehrere Geschäftsanteile übernehmen; Gleiches gilt gem. § 55 Abs. 4 GmbHG für Kapitalerhöhungen. 57

---

1 Zutreffend *Stratz* in Schmitt/Hörtnagl/Stratz, § 55 UmwG Rz. 9; *Reichert* in Semler/Stengel, § 55 UmwG Rz. 15.
2 BGBl. I 2008, S. 2026.
3 Zutr. *Neye*, DB 1998, 1649 (1655).
4 Vgl. zum Ganzen *Uwe H. Schneider*, NJW 1998, 3158 (3159).

4. Kein Bezugsrecht

58 Für die ordentliche Kapitalerhöhung bei der GmbH ist streitig, ob ein gesetzliches Bezugsrecht nach Art des § 186 Abs. 3 AktG Anerkennung verdient[1]. Im Zuge einer verschmelzungsdurchführenden Kapitalerhöhung besteht ein solches Bezugsrecht dagegen nach allgemeiner Meinung nicht[2]. Dies folgt schon daraus, dass eine Kapitalerhöhung nach § 55 UmwG nur insoweit zulässig ist, als die neuen Anteile zur Gewährung an die Anteilsinhaber des übertragenden Rechtsträgers benötigt werden. Der verschmelzungsdurchführenden Kapitalerhöhung ist somit ein Bezugsrechtsausschluss immanent; zu der Frage, ob dies zur Folge hat, dass der Verschmelzungsbeschluss jedenfalls bei der übernehmenden Gesellschaft der sachlichen Rechtfertigung bedarf, vgl. § 13 Rz. 38 ff.

V. Anmeldung zum Handelsregister (§ 55 Abs. 2 UmwG)

1. Allgemeines

59 Die zur Durchführung der Verschmelzung erforderliche Kapitalerhöhung ist durch die Geschäftsführer der übernehmenden GmbH zur Eintragung in das Handelsregister anzumelden (§ 57 Abs. 1 GmbHG), und zwar durch **sämtliche Geschäftsführer** (§ 78 GmbHG). Wegen der Strafbarkeit falscher Angaben bei der Anmeldung (§ 82 Abs. 1 Nr. 3 GmbHG) scheiden sowohl unechte Gesamtvertretung wie auch rechtsgeschäftliche **Vertretung** bei der Anmeldung aus[3].

60 Die Anmeldung der Kapitalerhöhung kann und wird zweckmäßigerweise mit der Anmeldung der Verschmelzung verbunden. Abweichend von § 16 Abs. 1 UmwG, der für die Anmeldung der Verschmelzung die Mitwirkung von Geschäftsführern in vertretungsberechtigter Zahl genügen lässt, müssen dann freilich an der verbundenen Anmeldung sämtliche Geschäftsführer mitwirken (vgl. zur Anmeldung auch § 53 Rz. 8)[4].

61 In inhaltlicher Hinsicht muss sowohl die **Kapitalerhöhung** als auch die **Satzungsänderung** bezüglich der Änderung des Stammkapitals angemeldet werden[5]. Beides ist in der Anmeldung stichwortartig zu bezeichnen[6]. Eine Anmeldung der Kapital-

---

1 Für Anerkennung eines gesetzlichen Bezugsrechts z.B. *Priester* in Scholz, § 55 GmbHG Rz. 42 ff.; *Lutter/Bayer* in Lutter/Hommelhoff, § 55 GmbHG Rz. 17; *Zöllner* in Baumbach/Hueck, § 55 GmbHG Rz. 20; zur Gegenposition vgl. *Ulmer* in Ulmer/Habersack/Winter, § 55 GmbHG Rz. 44 ff.; *M. Winter*, Mitgliedschaftliche Treubindungen im GmbH-Recht, 1988, S. 267.

2 S. etwa *Schnorbus* in Rowedder/Schmidt-Leithoff, Anh. § 77 GmbHG Rz. 107; *Stratz* in Schmitt/Hörtnagl/Stratz, § 55 UmwG Rz. 11; *Mayer* in Widmann/Mayer, § 55 UmwG Rz. 51; *Reichert* in Semler/Stengel, § 55 UmwG Rz. 20.

3 Ganz h.M., s. etwa *Kallmeyer/Kocher* in Kallmeyer, § 55 UmwG Rz. 8; *Simon/Nießen* in KölnKomm. UmwG, § 53 UmwG Rz. 5, § 55 UmwG Rz. 30; *Zimmermann* in Kallmeyer, § 53 UmwG Rz. 3; *Reichert* in Semler/Stengel, § 53 UmwG Rz. 4; a.A. betreffend rechtsgeschäftlicher Vertretung *Mayer* in Widmann/Mayer, § 55 UmwG Rz. 87.

4 So ausdrücklich auch *Schnorbus* in Rowedder/Schmidt-Leithoff, Anh. § 77 GmbHG Rz. 151.

5 *Haeder* in Henssler/Strohn, § 53 UmwG Rz. 1; *Simon/Nießen* in KölnKomm. UmwG, § 53 UmwG Rz. 4; *Zimmermann* in Kallmeyer, § 53 UmwG Rz. 5; *Reichert* in Semler/Stengel, § 53 UmwG Rz. 5.

6 *Krafka/Kühn* in Krafka/Willer/Kühn, Registerrecht, 8. Aufl. 2010, Rz. 1372; *Zimmermann* in Kallmeyer, § 53 UmwG Rz. 5.

erhöhung ist erst ab dem Zeitpunkt möglich, in dem der Verschmelzungsvertrag sowie die erforderlichen Beschlüsse und Zustimmungserklärungen vorliegen[1].

2. Beizufügende Unterlagen (§ 55 Abs. 2 UmwG)

Als Anlage ist der Anmeldung zur Kapitalerhöhung zur Durchführung der Verschmelzung zunächst der notariell beurkundete **Kapitalerhöhungsbeschluss** der Gesellschafter der übernehmenden GmbH (einschließlich des Beschlusses über die Änderung der Stammkapitalziffer) in Ausfertigung oder notariell beglaubigter Abschrift beizufügen[2]. In der Praxis werden der Beschluss über die Zustimmung der übernehmenden GmbH zum Verschmelzungsvertrag und der Kapitalerhöhungsbeschluss nebst Satzungsänderungsbeschluss – schon aus Kostengründen – in derselben Gesellschafterversammlung gefasst und sind mithin in derselben notariellen Urkunde enthalten; rechtlich zwingend ist dies indessen nicht, auch eine gesonderte Beschlussfassung wäre zulässig[3]. 62

Anstatt der – im Falle der verschmelzungsdurchführenden Kapitalerhöhung nicht existenten (s. oben Rz. 50f.) – Übernahmeerklärungen sind der **Handelsregisteranmeldung der Kapitalerhöhung** der **Verschmelzungsvertrag** und die Protokolle über die **Zustimmungsbeschlüsse** in Ausfertigung oder öffentlich beglaubigter Abschrift beizufügen. Dadurch trägt das Gesetz der konditionalen Verknüpfung von Verschmelzung und Kapitalerhöhung (oben Rz. 8ff.) Rechnung und gewährleistet, dass die Eintragung der Kapitalerhöhung nur erfolgt, wenn auch die Eintragung der Verschmelzung und damit der Übergang des Vermögens des übertragenden Rechtsträgers auf die übernehmende Gesellschaft hinreichend gesichert ist (s. auch § 53 Rz. 1)[4]. Somit kann die Kapitalerhöhung erst angemeldet werden, wenn die Anteilsinhaber sämtlicher an der Fusion beteiligter Rechtsträger dem Verschmelzungsvertrag zugestimmt haben (s. auch § 53 Rz. 10). 63

Nach dem Gesetzeswortlaut sind der Handelsregisteranmeldung weiter eine **Liste der Übernehmer** (§ 57 Abs. 3 Nr. 2 GmbHG) und die mit dem Sacheinleger abgeschlossenen **Einbringungsverträge** (§ 57 Abs. 3 Nr. 3 GmbHG) beizufügen. Da die im Zuge der verschmelzungsdurchführenden Kapitalerhöhung geschaffenen neuen Geschäftsanteile den jeweiligen Anteilsinhabern des übertragenen Rechtsträgers bereits im Verschmelzungsvertrag namentlich zugeordnet werden müssen (§ 46 Rz. 10), erscheint die Vorlage einer gesonderten Liste der Übernehmer überflüssig[5]. Vom überwiegenden Teil der Registergerichte wird sie gleichwohl verlangt; hierauf hat sich die beratende Praxis einzustellen. 64

---

1 So ausdrücklich auch *Mayer* in Widmann/Mayer, § 55 UmwG Rz. 97; *Zimmermann* in Kallmeyer, § 53 UmwG Rz. 4; *Simon/Nießen* in KölnKomm. UmwG, § 53 UmwG Rz. 6.

2 Unstr., s. nur *Mayer* in Widmann/Mayer, § 55 UmwG Rz. 96; *Reichert* in Semler/Stengel, § 53 UmwG Rz. 6; *Simon/Nießen* in KölnKomm. UmwG, § 55 UmwG Rz. 36; *Zimmermann* in Kallmeyer, § 53 UmwG Rz. 7.

3 So ausdrücklich auch *Kallmeyer/Kocher* in Kallmeyer, § 55 UmwG Rz. 4.

4 *Priester* in Scholz[7], § 22 KapErhG Rz. 7.

5 Ebenso *Schilling/Zutt* in Hachenburg[7], § 22 KapErhG Rz. 10; *Stratz* in Schmitt/Hörtnagl/Stratz, § 55 UmwG Rz. 25; *Rebmann* in Maulbetsch/Klumpp/Rose, § 55 UmwG Rz. 22; zumindest rechtspolitisch *Reichert* in Semler/Stengel, § 55 UmwG Rz. 22; a.A. *Kallmeyer/Kocher* in Kallmeyer, § 55 UmwG Rz. 9; *Mayer* in Widmann/Mayer, § 55 UmwG Rz. 91; *Schnorbus* in Rowedder/Schmidt-Leithoff, Anh. § 77 GmbHG Rz. 152; *Simon/Nießen* in KölnKomm. UmwG, § 53 UmwG Rz. 8, § 55 UmwG Rz. 32; *Zimmermann* in Kallmeyer, § 53 UmwG Rz. 9.

65 **Verträge i.S.d. § 57 Abs. 3 Nr. 3 GmbHG** existieren bei der verschmelzungsdurchführenden Kapitalerhöhung nicht, da sich der Vermögensübergang allein auf der Grundlage des Verschmelzungsvertrages und der Zustimmungsbeschlüsse im Wege der Gesamtrechtsnachfolge vollzieht[1].

66 Da die Kapitalerhöhung zugleich Satzungsänderung ist, ist der Anmeldung schließlich der vollständige **Wortlaut des Gesellschaftsvertrages** mit der Notarbescheinigung nach § 54 Abs. 1 GmbHG beizufügen[2].

67 Darüber hinaus ist der Anmeldung eine Unterlage beizufügen, die dem Registergericht die Prüfung der Werthaltigkeit (hierzu unten Rz. 68ff.) ermöglicht. Eine allgemeine Pflicht zur Beifügung eines **Sachkapitalerhöhungsberichts** analog § 5 Abs. 4 Satz 2 GmbHG besteht nach herrschender Meinung jedoch nicht[3].

3. Werthaltigkeitsprüfung

68 Neben der Prüfung der formellen Voraussetzungen der Anmeldung und der Wirksamkeitsvoraussetzungen für die Verschmelzung (dazu näher § 53 Rz. 10) hat der Registerrichter nach § 57a i.V.m. § 9c Abs. 1 Satz 2 GmbHG insbesondere die **Werthaltigkeit der Sacheinlagen** zu prüfen und für den Fall der nicht unwesentlichen Überbewertung die Eintragung abzulehnen.

69 Jedenfalls in den Fällen, in denen das Reinvermögen des übertragenden Rechtsträgers zu Netto-Buchwerten den Gesamtnennbetrag der den Anteilsinhabern des übertragenden Rechtsträgers zu gewährenden Geschäftsanteile (zuzüglich etwaiger barer Zuzahlungen) deckt, genügt zum Werthaltigkeitsnachweis regelmäßig die – nach § 17 Abs. 2 UmwG ohnedies zum Register einzureichende – **Schlussbilanz** des übertragenden Rechtsträgers[4]. Dies gilt jedenfalls dann, wenn sie – wie bei mittelgroßen und großen Kapitalgesellschaften – von einem Abschlussprüfer geprüft ist.

70 Bei nicht kraft Gesetzes prüfungspflichtigen Rechtsträgern sollte regelmäßig eine **Bescheinigung über die Werthaltigkeit** genügen[5], die nicht notwendig von einem Wirtschaftsprüfer erstellt sein muss; vielmehr genügen grundsätzlich auch Bescheinigungen durch Steuerberater o.Ä. Eine Prüfung der nicht testierten Bilanz durch unabhängige Prüfer i.S.d. § 319 HGB darf das Registergericht nicht routine-

---

1 So auch *Simon/Nießen* in KölnKomm. UmwG, § 55 UmwG Rz. 33; *Stratz* in Schmitt/Hörtnagl/Stratz, § 55 UmwG Rz. 25.

2 Zutreffend *Mayer* in Widmann/Mayer, § 55 UmwG Rz. 93; *Reichert* in Semler/Stengel § 55 UmwG Rz. 22; *Simon/Nießen* in KölnKomm. UmwG, § 55 UmwG Rz. 35; *Zimmermann* in Kallmeyer, § 55 UmwG Rz. 9.

3 *Keßler* in Keßler/Kühnberger, § 53 UmwG Rz. 3; *Reichert* in Semler/Stengel, § 53 UmwG Rz. 7; *Simon/Nießen* in KölnKomm. UmwG, § 53 UmwG Rz. 9; *Zimmermann* in Kallmeyer, § 53 UmwG Rz. 12; *Mayer* in Widmann/Mayer, § 55 UmwG Rz. 57; a.A. *Priester* in Scholz, § 56 GmbHG Rz. 39.

4 *Reichert* in Semler/Stengel, § 53 UmwG Rz. 9; *Simon/Nießen* in KölnKomm. UmwG, § 55 UmwG Rz. 40; *Zimmermann* in Kallmeyer, § 53 UmwG Rz. 14; vgl. aber auch *Ihrig*, GmbHR 1995, 622 (627f.).

5 *Priester* in Scholz[7], § 22 KapErhG Rz. 10; *Schilling/Zutt* in Hachenburg[7], § 22 KapErhG Rz. 10; vgl. auch *Mayer* in Widmann/Mayer, § 55 UmwG Rz. 79.

mäßig, sondern nur beim Vorliegen von Anhaltspunkten für die fehlende Werthaltigkeit des Unternehmens des übertragenden Rechtsträgers verlangen[1].

71 **Eingehendere Ermittlungen** des Registergerichts sind allerdings geboten, wenn der Nennbetrag der Kapitalerhöhung (zuzüglich etwaiger barer Zuzahlungen) den Netto-Buchwert des zu übertragenden Vermögens gem. Schlussbilanz übersteigt[2]. Zum Nachweis eines höheren (Ertrags-)Werts des Unternehmens des übertragenden Rechtsträgers (vgl. näher oben Rz. 31 ff.) wird regelmäßig die Einholung eines Sachverständigengutachtens erforderlich sein[3].

72 Die Erstattung eines **Sacherhöhungsberichts** analog § 5 Abs. 4 Satz 2 GmbHG kann jedenfalls bei Kapitalerhöhungen zur Durchführung einer Verschmelzung dagegen **nicht** verlangt werden (s. schon oben Rz. 67)[4].

73 Im Falle einer **Unterdeckung** wird die Eintragung bei nicht nur unwesentlicher Überbewertung abgelehnt (§§ 57a, 9c GmbHG). Zuvor muss der Registerrichter den Beteiligten durch Zwischenverfügung aber die Möglichkeit geben, die Differenz in bar – zugunsten des übertragenden oder zugunsten des übernehmenden Rechtsträgers – auszugleichen[5].

74 Für den Fall einer **Zuzahlung zugunsten des übertragenden Rechtsträgers** wird in der Literatur darauf hingewiesen, dass der Werthaltigkeitsnachweis durch eine korrigierte Schlussbilanz erbracht werden könne[6]. Da die Handelsregisteranmeldung regelmäßig erst nach dem Verschmelzungsstichtag und Stichtag der Schlussbilanz erfolgt, ist dies regelmäßig jedoch nicht möglich. Die Zuzahlung ist ein Geschäftsvorfall der Folgeperiode, die in der Schlussbilanz gerade nicht abgebildet werden kann.

75 In der Regel erfolgt die **Zuzahlung unmittelbar an die übernehmende Gesellschaft**. In diesem Fall haben die Geschäftsführer der übernehmenden GmbH die Zahlung entsprechend §§ 57 Abs. 2, 8 Abs. 2 GmbHG zu versichern[7]. Der Ausschluss des § 57 Abs. 2 GmbHG durch § 55 Abs. 1 UmwG gilt für diesen Fall nicht, da die Einlageleistung gerade nicht im Wege der Verschmelzung erbracht wird.

76 **Relevanter Zeitpunkt** für die Werthaltigkeit soll nach traditioneller Auffassung der Zeitpunkt der Eintragung der Verschmelzung beim übernehmenden Rechts-

1 So zutreffend OLG Düsseldorf v. 29.3.1995 – 3 Wx 568/94, WM 1995, 1840 f.; zustimmend *Reichert* in Semler/Stengel, § 53 UmwG Rz. 9; *Zimmermann* in Kallmeyer, § 53 UmwG Rz. 15; s. auch *Simon/Nießen* in KölnKomm. UmwG, § 55 UmwG Rz. 40.
2 So zutreffend *Priester* in Scholz[7], § 22 KapErhG Rz. 10; *Lutter/Hommelhoff*[13], § 22 KapErhG Rz. 4; *Dehmer*[1], § 22 KapErhG Anm. 16.
3 So auch *Mayer* in Widmann/Mayer, § 55 UmwG Rz. 66.
4 Zutreffend *Zimmermann* in Kallmeyer, § 53 UmwG Rz. 12; a.A. *Mayer* in Widmann/Mayer, § 55 UmwG Rz. 57; ihm folgend *Haeder* in Henssler/Strohn, § 55 UmwG Rz. 5; *Reichert* in Semler/Stengel, § 53 UmwG Rz. 7.
5 Einh. Auffassung, s. etwa *Mayer* in Widmann/Mayer, § 55 UmwG Rz. 79.1; *Reichert* in Semler/Stengel, § 53 UmwG Rz. 10; *Simon/Nießen* in KölnKomm. UmwG, § 53 UmwG Rz. 12; *Zimmermann* in Kallmeyer, § 53 UmwG Rz. 17.
6 *Simon/Nießen* in KölnKomm. UmwG, § 53 UmwG Rz. 12.
7 So auch *Mayer* in Widmann/Mayer, § 55 UmwG Rz. 79.1; *Reichert* in Semler/Stengel, § 53 UmwG Rz. 10; *Simon/Nießen* in KölnKomm. UmwG, § 53 UmwG Rz. 12; *Zimmermann* in Kallmeyer, § 53 UmwG Rz. 17.

träger sein[1] mit der Folge, dass das Gericht bis zu diesem Zeitpunkt etwaigen Kenntnissen über Wertveränderungen nachgehen muss [2]. Dies überzeugt nicht; maßgeblich ist vielmehr der Zeitpunkt der **Anmeldung der Kapitalerhöhung**[3]. Insoweit kann auf die parallele Frage zum relevanten Zeitpunkt der Beurteilung einer Unterpari-Emission verwiesen werden (oben Rz. 27). Nach § 53 UmwG ist die Kapitalerhöhung vor der Verschmelzung einzutragen. Dies impliziert, dass das Registergericht seine Prüfung der Kapitalerhöhung vorher abgeschlossen haben muss. Es gibt auch keinen Grund, bei Verschmelzungskapitalerhöhungen von den heute für reguläre Kapitalerhöhungen anerkannten Grundsätzen abzuweichen; insoweit ist heute sowohl für die Differenzhaftung des Inferenten als auch die Prüfung der Werthaltigkeit einer Sacheinlage durch das Registergericht anerkannt, dass es auf den Wert der Einlage im Zeitpunkt der Anmeldung ankommt[4].

4. Bekanntmachung

77 Die eingetragene Kapitalerhöhung ist nach **§ 10 HGB**, auf den auch § 19 Abs. 3 UmwG für die Bekanntmachung der Eintragung der Verschmelzung verweist, **bekannt zu machen**. Die frühere spezialgesetzliche Regelung für Kapitalerhöhungen in § 57b GmbHG wurde durch das MoMiG aufgehoben. Die Bekanntmachung erfolgt von Amts wegen durch das Registergericht (näher dazu § 19 Rz. 13 f.). Neben dem Betrag der Kapitalerhöhung, dem Beschluss- und Eintragungsdatum und dem Hinweis auf die Änderung der Satzung ist anzugeben, dass das Kapital zur Durchführung einer Verschmelzung durch Aufnahme erhöht wurde[5].

VI. Mängel der Kapitalerhöhung

1. Anfechtung des Kapitalerhöhungsbeschlusses

78 Die Kapitalerhöhung bei der übernehmenden GmbH kann nach allgemeinen Grundsätzen nichtig, anfechtbar oder – insbesondere wegen des Fehlens einer nach der Satzung erforderlichen Individualzustimmung – unwirksam sein. Derartige Mängel können von den Gesellschaftern der übernehmenden GmbH bis zur Eintragung der Verschmelzung durch Nichtigkeits- oder Anfechtungsklage geltend gemacht werden[6]; verschmelzungsspezifische Besonderheiten bestehen insoweit nicht[7].

79 Auch bei der verschmelzungsdurchführenden Kapitalerhöhung können die **Gesellschafter der übernehmenden** GmbH den **Erhöhungsbeschluss** mit der Begrün-

---

1 *Reichert* in Semler/Stengel, § 53 UmwG Rz. 10; *Zimmermann* in Kallmeyer, § 53 UmwG Rz. 16; *Mayer* in Widmann/Mayer, § 55 UmwG Rz. 71.

2 *Reichert* in Semler/Stengel, § 53 UmwG Rz. 10; *Zimmermann* in Kallmeyer, § 53 UmwG Rz. 16.

3 Zutreffend *Simon/Nießen* in KölnKomm. UmwG, § 53 UmwG Rz. 12.

4 Zur Differenzhaftung s. etwa *Lieder* in MünchKomm. GmbHG, § 55 GmbHG Rz. 50; *Lutter/Bayer* in Lutter/Hommelhoff, § 56 GmbHG Rz. 28; zur Wertprüfung durch das Gericht *Lieder* in MünchKomm. GmbHG, § 57a GmbHG Rz. 24; *Lutter/Bayer* in Lutter/Hommelhoff, § 57a GmbHG Rz. 3, jeweils m.w.N.

5 *Zimmermann* in Kallmeyer, § 53 UmwG Rz. 20.

6 Vgl. nur *Schilling/Zutt* in Hachenburg[7], § 23 KapErhG Rz. 17.

7 Zustimmend *Reichert* in Semler/Stengel, § 55 UmwG Rz. 27.

dung **anfechten**, das Umtauschverhältnis sei zu ihrem Nachteil unrichtig bemessen[1]. Es besteht jedoch **keine Anfechtungsobliegenheit**, da die Kapitalerhöhung erst mit Eintragung der Verschmelzung wirksam wird (oben Rz. 8f.) und deshalb eine erfolgreiche Anfechtung des Verschmelzungsbeschlusses, zu der die Gesellschafter der übernehmenden GmbH – anders als die Anteilsinhaber des übertragenden Rechtsträgers (§ 14 Abs. 2 UmwG) – berechtigt sind (§ 14 Rz. 20), auch die Kapitalerhöhung zu Fall bringt. Umgekehrt macht die Eintragung der Verschmelzung auch die nach allgemeinen Grundsätzen fehlerhafte Kapitalerhöhung irreversibel (unten Rz. 82).

2. Erstreckung des Freigabeverfahrens

Die Anfechtung eines regulären Kapitalerhöhungsbeschlusses gegen Einlagen hat 80
zur Folge, dass der Registerrichter nach pflichtgemäßem Ermessen entscheiden muss, ob er die Kapitalerhöhung trotz der erhobenen Anfechtungsklage einträgt oder das Eintragungsverfahren nach § 381 FamFG (vor dem 1.9.2009: § 127 FGG) aussetzt[2].

Für die Kapitalerhöhung zur Durchführung einer Verschmelzung nach § 55 81
UmwG gelten diese Grundsätze nicht; vielmehr erstreckt sich die **Befugnis des Prozessgerichts gem. § 16 Abs. 3 UmwG**, die Eintragung der Verschmelzung trotz anhängiger Anfechtungsklage einzutragen, **auch auf die verschmelzungsbegleitende Kapitalerhöhung**[3], und zwar auch dann, wenn lediglich der Kapitalerhöhungsbeschluss und nicht auch der Verschmelzungsbeschluss angegriffen werden. Da die Handelsregistereintragung der Kapitalerhöhung gem. § 53 UmwG zwingende Voraussetzung für die Eintragung der Verschmelzung ist, würde jede andere Auslegung dazu führen, dass die Durchführung der Verschmelzung trotz eines für die beteiligten Rechtsträger erfolgreichen Freigabeverfahrens nach § 16 Abs. 3 UmwG blockiert werden könnte[4]. Dies widerspräche der Intention des Gesetzgebers, die Entscheidung über die Eintragung trotz anhängiger Anfechtungsklage beim Prozessgericht zu konzentrieren und gegenläufige Entscheidungen zu verhindern. Eines gesonderten Freigabeverfahrens hinsichtlich der Kapitaler-

---

1 BGH v. 21.5.2007 – II ZR 266/04, ZIP 2007, 1524 (1525) = AG 2007, 625 (für die AG-Verschmelzung); OLG Hamm v. 20.6.1988 – 8 U 329/87, WM 1988, 1164 (1168); LG Frankfurt/M. v. 15.1.1990 – 3/11 T 62/89, WM 1990, 592 (594ff.); *Mayer* in Widmann/Mayer, § 55 UmwG Rz. 106; *Reichert* in Semler/Stengel, § 55 UmwG Rz. 27; *Simon/Nießen* in KölnKomm. UmwG, § 55 UmwG Rz. 43; a.A. *Stratz* in Schmitt/Hörtnagl/Stratz, § 55 UmwG Rz. 29, demzufolge die Anfechtungsmöglichkeit der Anteilsinhaber des übernehmenden Rechtsträgers wegen eines nachteiligen Umtauschverhältnisses auf den Verschmelzungsbeschluss beschränkt ist.

2 Vgl. nur *Ulmer* in Ulmer/Habersack/Winter, § 54 GmbHG Rz. 52; *Priester/Veil* in Scholz, § 54 GmbHG Rz. 45; *Simon/Nießen* in KölnKomm UmwG, § 55 UmwG Rz. 44.

3 BGH v. 21.5.2007 – II ZR 266/04, ZIP 2007, 1524 (1526) = AG 2007, 625 (für die AG-Verschmelzung); OLG Hamm v. 28.2.2005 – 8 W 6/05, Der Konzern 2005, 374 (376) = AG 2005, 361; ebenso *Kallmeyer/Kocher* in Kallmeyer, § 55 UmwG Rz 16; *Marsch-Barner* in Kallmeyer, § 16 UmwG Rz. 55; *Mayer* in Widmann/Mayer, § 55 UmwG Rz. 107; *Reichert* in Semler/Stengel, § 55 UmwG Rz. 28; *Simon/Nießen* in KölnKomm. UmwG, § 55 UmwG Rz. 45.

4 Ebenso *Kallmeyer/Kocher* in Kallmeyer, § 53 UmwG Rz. 16.

höhung zur Durchführung der Verschmelzung analog § 246a AktG bedarf es somit nicht[1].

3. Bestandskraft durch Eintragung

82 Mit **Wirksamwerden der Verschmelzung** durch Eintragung in das Handelsregister des übernehmenden Rechtsträgers wird im Grundsatz (zum Sonderfall des Verstoßes gegen § 54 Abs. 1 UmwG vgl. § 54 Rz. 154) auch die **mangelhafte Kapitalerhöhung irreversibel** (§ 20 Abs. 2 UmwG analog)[2]. Die Eintragung der Verschmelzung hat zur Folge, dass selbst eine begründete Nichtigkeits- oder Anfechtungsklage die Vernichtung des Kapitalerhöhungsbeschlusses nicht zur Folge hat, auch nicht mit Wirkung ex nunc[3]. Das OLG Frankfurt/Main hat die Bestandskraft sowohl einer im Zusammenhang mit einer Verschmelzung (auf eine AG) erfolgenden Kapitalerhöhung als auch einer im Zusammenhang damit vorgeschalteten Kapitalherabsetzung nach § 20 Abs. 2 UmwG bestätigt[4]. Da mit der Eintragung in das Handelsregister die Verschmelzung – unbeschadet von Mängeln des Verschmelzungsvertrages und der hierauf bezogenen Zustimmungsbeschlüsse – bestandskräftig wird und eine „Entschmelzung" in keinem Fall stattfindet[5], wäre es nicht angängig, den Anteilsinhabern des übertragenden Rechtsträgers, der irreversibel untergegangen ist, die ihnen durch die Kapitalerhöhung zugeteilten Anteile zu entziehen und sie auf schwer durchsetzbare Schadensersatzansprüche[6] zu verweisen (ebenso *Grunewald*, § 20 Rz. 85)[7]. Das gilt auch für „Altfälle" vor Inkrafttreten des UMAG. § 249 Abs. 1 Satz 3 AktG, der die Bestandskraft einer Umwandlung explizit auf die zur Durchführung dieser Umwandlung beschlossene Kapitalerhöhung erstreckt, hat nämlich lediglich klarstellende Bedeutung[8].

1 Zur analogen Anwendung des § 246a AktG auf GmbH-rechtliche Kapitalerhöhungsbeschlüsse vgl. *Harbarth*, GmbHR 2005, 966 (969); *Zöllner* in Baumbach/Hueck, Anh. § 47 GmbHG Rz. 29.

2 OLG Frankfurt/M. v. 21.1.2012 – 20 W 504/10, AG 2012, 461 (463); *von der Linden*, GWR 2012, 205; *Simon/Nießen* in KölnKomm. UmwG, § 55 UmwG Rz. 46; von einer „Heilung" (so noch 2. Aufl., § 55 Rz. 30; *Kallmeyer/Kocher* in Kallmeyer, § 55 UmwG Rz. 17; *Reichert* in Semler/Stengel, § 55 UmwG Rz. 28 f.) sollte man nicht sprechen. Die Eintragung hat zur Folge, dass die mangelhafte Kapitalerhöhung nicht rückgängig gemacht werden kann; Schadensersatzansprüche lässt sie dagegen unberührt. Zum Ganzen vgl. auch *M. Winter* in FS Ulmer, 2003, S. 717 ff.

3 Vgl. zur ex nunc-Wirkung der erfolgreichen Anfechtungsklagen gegen durchgeführte Kapitalerhöhungsbeschlüsse gegen Einlagen *Zöllner*, AG 1993, 68 (75 ff.); *Zöllner/M. Winter*, ZHR 158 (1994), 59 ff.; *Kort*, ZGR 1994, 291 (306 ff.).

4 OLG Frankfurt/M. v. 21.1.2012 – 20 W 504/10, AG 2012, 461 mit zust. Anm. *Grunewald*, EWiR 2012, S. 333 (§ 243 AktG 1/12) und *von der Linden*, GWR 2012, 205.

5 Grundlegend OLG Frankfurt/M. v. 26.5.2003 – 20 W 61/03, ZIP 2003, 1607 = AG 2003, 641; ausführlich § 20 Rz. 77 ff.

6 Zu Schadensersatzansprüchen im Zusammenhang mit fehlerhaften Kapitalerhöhungsbeschlüssen gegen Einlagen vgl. *Zöllner/M. Winter*, ZHR 158 (1994), 72 ff.

7 *Krieger*, ZHR 158 (1994), 35 (49 f.); ihm ausdrücklich folgend *Kort*, Bestandsschutz fehlerhafter Strukturänderungen im Kapitalgesellschaftsrecht, 1998, S. 210 f.; s. ferner *Marsch-Barner* in Kallmeyer, § 20 UmwG Rz. 42; *Reichert* in Semler/Stengel, § 55 UmwG Rz. 29; *Stratz* in Schmitt/Hörtnagl/Stratz, § 20 UmwG Rz. 122 ff.

8 So ausdrücklich RegE UMAG, BT-Drucks. 3105, 63; *DAV-Handelsrechtsausschuss*, NZG 2005, 388 (393).

Zweiter Unterabschnitt Verschmelzung durch Neugründung

§ 56
Anzuwendende Vorschriften

Auf die Verschmelzung durch Neugründung sind die Vorschriften des Ersten Unterabschnitts mit Ausnahme der §§ 51 bis 53, 54 Absatz 1 bis 3 sowie des § 55 entsprechend anzuwenden.

Literatur

Ihrig, Gläubigerschutz durch Kapitalaufbringung bei Verschmelzung und Spaltung nach neuem Umwandlungsrecht, GmbHR 1995, 622; *Kallmeyer*, Differenzhaftung bei Verschmelzung mit Kapitalerhöhung und Verschmelzung im Wege der Neugründung, GmbHR 2007, 1121; *Dieter Mayer*, Erste Zweifelsfragen bei der Unternehmensspaltung, DB 1995, 861; *Moog*, Differenzhaftung im Umwandlungsrecht, 2009; *Röhricht*, Die Anwendung der gesellschaftsrechtlichen Gründungsvorschriften bei Umwandlungen, 2009; *Wälzholz*, Aktuelle Probleme der Unterbilanz- und Differenzhaftung bei Umwandlungsvorgängen, AG 2006, 469; *Weitemeyer*, Die Unterbilanzhaftung bei „Start-up-Unternehmen", NZG 2006, 648.

Zur Unternehmergesellschaft s. die Nachweise zu § 46.

I. Überblick

1 § 56 UmwG regelt die Verschmelzung zur Neugründung unter **Beteiligung von GmbH** sowie die Verschmelzung von Rechtsträgern beliebiger Rechtsform **zur Errichtung einer GmbH** durch Verweisung auf die Vorschriften des ersten Unterabschnitts des zweiten Buches. Funktional entspricht die Vorschrift § 32 Abs. 1 KapErhG, wobei freilich auch insoweit das System der Einzelverweisung durch eine **Generalverweisung** (mit ausdrücklich aufgeführten Ausnahmen) ersetzt wurde[1]. Ergänzend gilt für den Fall, dass die Zielgesellschaft GmbH ist, das Gründungsrecht der GmbH (§§ 1–11 GmbHG).

2 § 56 UmwG ergänzt die für alle vom UmwG erfassten Rechtsträger geltenden Bestimmungen des allgemeinen Teils über die Verschmelzung durch Neugründung (§§ 36–38 UmwG) um **rechtsformspezifische Regelungen** für Verschmelzungen zur Neugründung unter Beteiligung von GmbH. Wie § 36 Abs. 1 UmwG für die

1 Es erfolgte seit 1995 eine rein sprachliche Anpassung an die Streichung des § 52 Abs. 2 UmwG durch das.3. UmwGÄndG, BGBl. I 2011, S. 1338.

Verschmelzung durch Neugründung allgemein auf die Vorschriften über die Verschmelzung durch Aufnahme verweist und die wenigen Ausnahmen enumerativ aufzählt, sind gem. § 56 UmwG für Verschmelzungen durch Neugründung unter Beteiligung von GmbH durchweg die Vorschriften des ersten Unterabschnitts (§§ 46–55 UmwG) anwendbar, soweit § 56 UmwG die Anwendung nicht ausdrücklich ausschließt.

3 Die Bestimmung des **Anwendungsbereichs** macht hinsichtlich der für die GmbH als übertragendem Rechtsträger geltenden Normen der §§ 46–55 UmwG keine besonderen Schwierigkeiten; sie gelten auch im Falle der Verschmelzung durch Neugründung für alle an der Verschmelzung als Übertragerin beteiligten GmbH, soweit § 56 UmwG ihre Anwendung auf die Verschmelzung durch Neugründung nicht ausdrücklich verneint. Weiter ist allerdings zu beachten, dass nach § 36 Abs. 1 Satz 2 UmwG im Zuge der entsprechenden Anwendung der Vorschriften über die Verschmelzung durch Aufnahme **bei der Verschmelzung durch Neugründung an die Stelle des übernehmenden der neue Rechtsträger tritt**. Auch wenn keiner der an der Verschmelzung beteiligten (alten) Rechtsträger GmbH ist, sind somit gleichwohl die für eine GmbH als übernehmende Gesellschaft geltenden, in § 56 UmwG in Bezug genommenen Vorschriften entsprechend anwendbar, soweit die durch Verschmelzung durch Neugründung errichtete „Zielgesellschaft" GmbH ist.

4 Nach § 36 Abs. 2 UmwG sind darüber hinaus die im Recht der jeweiligen „Zielgesellschaft" normierten **Gründungsvorschriften** zu beachten. Diese Generalverweisungstechnik löste mit Inkrafttreten des UmwG 1995 die im Recht der Verschmelzung durch Neugründung zuvor üblichen, nach ganz überwiegender Auffassung lückenhaften und ergänzungsbedürftigen Verweisungen ab[1]. §§ 57–59 UmwG ergänzen das allgemeine GmbH-Gründungsrecht für den Fall, dass durch die Verschmelzung eine GmbH errichtet werden soll. Die Anwendung dieser Vorschriften kommt trotz Beteiligung einer GmbH als übertragendem Rechtsträger dann nicht in Betracht, wenn die **Zielgesellschaft nicht die Rechtsform einer GmbH** hat.

II. Gang der Verschmelzung durch Neugründung

5 Zum besseren Verständnis der nachfolgenden Ausführungen sei der Gang einer Verschmelzung durch Neugründung zur Errichtung einer GmbH als „Zielgesellschaft" kurz wie folgt skizziert:

(1) Die **Vertretungsorgane aller übertragenden Rechtsträger** schließen einen **Verschmelzungsvertrag** oder stellen einen **Entwurf** auf; für den Inhalt gelten die Vorschriften des allgemeinen Teils des 2. Buches des UmwG und ergänzend § 46 UmwG. In dem Verschmelzungsvertrag muss der Gesellschaftsvertrag der GmbH „enthalten" sein (§ 37 UmwG). Die Praxis wird durchweg so verfahren, dass der vollständige Gesellschaftsvertrag dem Verschmelzungsvertrag als Anlage beigefügt und so mitbeurkundet wird.

6 (2) Die **Anteilsinhaber** jedes der an der Verschmelzung beteiligten Rechtsträgers müssen **dem Verschmelzungsvertrag zustimmen** (§ 59 Satz 1 UmwG). Für den Zustimmungsbeschluss gelten die Regeln des allgemeinen Teils und ergänzend

1 Vgl. BegrRegE BT-Drucks. 12/6699 v. 1.2.1994, 101, abgedruckt bei *Ganske*, S. 104.

die für den jeweiligen Rechtsträger anwendbaren Sondervorschriften, für eine GmbH als Überträgerin somit § 50 UmwG. Mit der Fassung des **Verschmelzungsbeschlusses** durch die Anteilsinhaber des letzten an der Verschmelzung beteiligten Rechtsträgers wird zugleich der **Gesellschaftsvertrag** der neuen Gesellschaft wirksam (§ 59 Satz 1 UmwG). Anderes gilt nur, wenn sich die Zustimmungsbeschlüsse – was zulässig ist – auf den Entwurf des Verschmelzungsvertrages beziehen. Dann bedarf es zur Wirksamkeit und damit zur „Errichtung" der neuen GmbH noch der notariellen Beurkundung des Verschmelzungsvertrages. Mit notarieller Beurkundung des Verschmelzungsvertrages bzw. des letzten Zustimmungsbeschlusses ist die Gesellschaft **errichtet**.

Die früher nicht abschließend geklärte Frage, ob mit der **Errichtung** der Zielgesell- 7
schaft auch bei der Verschmelzung durch Neugründung eine **Vorgesellschaft** entsteht[1], ist nach heute einhelliger Meinung zu bejahen[2]. Zwar ist das Bedürfnis für die Anerkennung eines Rechtsträgers vor Eintragung der neuen GmbH im Falle der Verschmelzung durch Neugründung weniger offensichtlich als bei der „normalen" Neugründung, weil bis zur Eintragung der Verschmelzung die übertragenden Rechtsträger als Zurechnungssubjekt existieren und die von diesen abgeschlossenen Rechtsgeschäfte mit Eintragung der Verschmelzung im Wege der Gesamtrechtsnachfolge auf die neue GmbH übergehen. Gleichwohl sollte schon aus Gründen der systematischen Stimmigkeit auch bei der Verschmelzung durch Neugründung von der Entstehung einer Vor-GmbH mit Errichtung der Gesellschaft ausgegangen werden[3]. Die Vor-GmbH ist mit Wirksamwerden des Verschmelzungsvertrags einschließlich des nach § 37 UmwG enthaltenen Gesellschaftsvertrags errichtet[4]; erforderlich sind damit zum einen die Beurkundung des Verschmelzungsvertrags und zum anderen die Zustimmungsbeschlüsse aller Gesellschafterversammlungen der übertragenden Rechtsträger.

(3) Die Vertretungsorgane jedes der an der Verschmelzung durch Neugründung be- 8
teiligten Rechtsträger müssen die Verschmelzung **zum Register ihres Rechtsträgers anmelden** (§ 38 Abs. 1 UmwG). Die Vertretungsorgane aller an der Fusion beteiligten Rechtsträger melden darüber hinaus die neue GmbH beim Handelsregister an, in dessen Bezirk die GmbH ihren Sitz haben soll (§ 38 Abs. 2 UmwG). Gem. § 36 Abs. 1 UmwG i.V.m. § 19 Abs. 1 UmwG erfolgt zunächst die Eintragung der Verschmelzung in das Register des Sitzes jedes der übertragenden Rechtsträger, wobei diese Eintragung mit dem Zusatz zu versehen ist, dass sie erst mit der Eintragung des neuen Rechtsträgers wirksam wird. Mit Eintragung der durch Verschmelzung durch Neugründung errichteten neuen GmbH erlöschen die übrigen Rechtsträger. Ihr Vermögen geht auf die GmbH über; die An-

---

1 Dafür namentlich bereits *K. Schmidt* in Scholz[10], § 11 GmbHG Rz. 22, 100; *D. Mayer*, DB 1995, 862; *Ihrig*, GmbHR 1995, 622 (633).

2 So auch *Mayer* in Widmann/Mayer, § 59 UmwG Rz. 12; *Reichert* in Semler/Stengel, § 59 UmwG Rz. 6; *Simon/Nießen* in KölnKomm. UmwG, § 59 UmwG Rz. 8; *Zimmermann* in Kallmeyer, § 59 UmwG Rz. 3; *Rebmann* in Maulbetsch/Klumpp/Rose, § 59 UmwG Rz. 4; *Merkt* in MünchKomm. GmbHG, § 11 GmbHG Rz. 126.

3 So auch *Ihrig*, GmbHR 1995, 622 (633).

4 *Mayer* in Widmann/Mayer, § 59 UmwG Rz. 12; *Reichert* in Semler/Stengel, § 59 UmwG Rz. 6; *Simon/Nießen* in KölnKomm. UmwG, § 59 UmwG Rz. 8; *Zimmermann* in Kallmeyer, § 59 UmwG Rz. 3; *Rebmann* in Maulbetsch/Klumpp/Rose, § 59 UmwG Rz. 4; *Ihrig*, GmbHR 1995, 622 (633); *K. Schmidt* in Scholz, § 11 GmbHG Rz. 28; *Haeder* in Henssler/Strohn, § 59 UmwG Rz. 4.

teilsinhaber der erloschenen Rechtsträger werden Gesellschafter der neuen GmbH (§ 20 Abs. 1 UmwG)[1].

III. Anwendbare Vorschriften des UmwG

1. GmbH als übertragender Rechtsträger

9 Anwendbar sind auf eine als Überträgerin fungierende GmbH **§ 47 UmwG** über die Übersendung der Verschmelzungsunterlagen spätestens mit der Einberufung der Gesellschafterversammlung, **§ 48 UmwG** über die Notwendigkeit einer Verschmelzungsprüfung auf Antrag eines Gesellschafters, **§ 49 UmwG** über die Modalitäten der Einberufung der Gesellschafterversammlung, die Auslegung von Bilanzunterlagen sowie das erweiterte Auskunftsrecht sowie **§ 50 UmwG** über die erforderlichen Mehrheiten zum Verschmelzungsbeschluss (§ 50 Abs. 1 UmwG) sowie das Erfordernis der Individualzustimmung von Sonderrechtsinhabern, deren Rechte durch die Verschmelzung beeinträchtigt werden (§ 50 Abs. 2 UmwG)[2].

2. GmbH als Zielgesellschaft

10 Soll durch die Verschmelzung eine GmbH errichtet werden, so sind **ohne Rücksicht auf die Rechtsform der übertragenden Rechtsträger** folgende Vorschriften des ersten Unterabschnitts anwendbar:

a) § 46 UmwG

11 Für den Inhalt des Verschmelzungsvertrages gilt ergänzend zu den allgemeinen Vorschriften **§ 46 UmwG**. Diese Vorschrift ist nach dem Wortlaut des § 56 UmwG auf die Verschmelzung durch Neugründung uneingeschränkt anwendbar, doch kann dies für **§ 46 Abs. 3 UmwG** keinesfalls gelten, weil es bei der Verschmelzung durch Neugründung im Zeitpunkt des Abschlusses des Verschmelzungsvertrages schon vorhandene Geschäftsanteile des neuen Rechtsträgers denkgesetzlich nicht geben kann. Die Verweisung geht deshalb ins Leere[3].

12 Anwendbar sind dagegen **§ 46 Abs. 1** und **Abs. 2 UmwG**. Daraus folgt: Der Verschmelzungsvertrag muss für jeden Anteilsinhaber des übertragenden Rechtsträgers den **Nennbetrag** des oder der ihm zu gewährenden Geschäftsanteile an der neuen GmbH aufführen. Notwendig ist eine namentliche Zuordnung, soweit nicht § 35 UmwG eingreift (vgl. näher § 46 Rz. 18 ff.). Auch bei der Verschmelzung durch Neugründung kann selbstverständlich der Nennbetrag der Geschäftsanteile der neuen Gesellschaft abweichend vom Nennbetrag der Anteile am übertragenden Rechtsträger bzw. dem rechnerisch auf die (Kommandit-)Aktien

---

1 Vgl. schon *Schilling/Zutt* in Hachenburg[7], § 32 KapErhG Rz. 30; *Lutter/Hommelhoff*[13], § 32 KapErhG Rz. 18.

2 Wohl unstr., s. *Kallmeyer/Kocher* in Kallmeyer, § 56 UmwG Rz. 1; *Mayer* in Widmann/Mayer, § 56 UmwG Rz. 8; *Reichert* in Semler/Stengel, § 56 UmwG Rz. 5; *Simon/Nießen* in KölnKomm. UmwG, § 56 UmwG Rz. 6.

3 Unstr., s. nur *Mayer* in Widmann/Mayer, § 56 UmwG Rz. 1; *Kallmeyer/Kocher* in Kallmeyer, § 56 UmwG Rz. 3; *Reichert* in Semler/Stengel, § 56 UmwG Rz. 8; *Simon/Nießen* in KölnKomm. UmwG, § 56 UmwG Rz. 10.

entfallenden Anteil am Grundkapital einer übertragenden AG bzw. KGaA bemessen werden[1]; § 46 Abs. 1 Satz 2 UmwG, der diesen Grundsatz für die Verschmelzung einer AG bzw. KGaA ausdrücklich klarstellt, erlaubt keinen Gegenschluss (näher § 46 Rz. 29).

Durch den Verweis auf § 46 Abs. 1 Satz 3 UmwG wurde schließlich klargestellt, dass die – bis zum Wirksamwerden des MoMiG (§ 46 Rz. 17) maßgeblichen – verschmelzungsspezifischen **Erleichterungen** betreffend den **Mindestnennbetrag** der Geschäftsanteile und die **Teilbarkeit** durch zehn auch für eine Verschmelzung zur Neugründung galten (zur Anwendung der durch das Euro-Einführungsgesetz novellierten Vorschriften vgl. unten Rz. 21). Die Geltung des aktuellen § 46 Abs. 1 Satz 3 UmwG i.d.F. des MoMiG ist eine Selbstverständlichkeit. 13

Weiter gilt der (ungeschriebene) verschmelzungsspezifische Grundsatz, wonach Anteilsinhaber, die an einem übertragenden Rechtsträger mit mehreren Anteilen beteiligt waren, eine entsprechende Anzahl von Geschäftsanteilen erhalten müssen (§ 46 Rz. 43 f.), auch bei der Verschmelzung durch Neugründung (vgl. näher unten Rz. 36). 14

Sinngemäß anwendbar ist schließlich auch **§ 46 Abs. 2 UmwG**, auch wenn eine Kapitalerhöhung bei der Verschmelzung durch Neugründung nicht stattfindet: Für die Verschmelzung durch Neugründung besagt die Vorschrift, dass **Sonderrechte** und **Sonderpflichten** für einzelne Gesellschafter der durch Verschmelzung errichteten GmbH, die nicht alle Anteilsinhaber der übertragenden Rechtsträger in gleicher Weise treffen, nicht nur in der Satzung, sondern auch schon **im Verschmelzungsvertrag** ausdrücklich festgelegt werden müssen[2]. 15

b) § 54 Abs. 4 UmwG

Aus der entsprechenden Anwendbarkeit des **§ 54 Abs. 4 UmwG** schließlich folgt, dass **bare Zuzahlungen** auch bei der Verschmelzung durch Neugründung zulässig sind. Selbstverständlich ist auch das Verbot der Unterpari-Emission zu beachten[3]. Das Stammkapital der neuen Gesellschaft (zuzüglich etwaiger barer Zuzahlungen) darf also nicht höher sein als das Reinvermögen aller übertragenden Rechtsträger[4]. 16

Verbreitet wird angenommen, dass die Zuzahlungen 10 % des Stammkapitals der neuen Gesellschaft *und* 10 % des Gesamtnennbetrages der den Anteilsinhabern **jedes einzelnen übertragenden Rechtsträgers** gewährten Geschäftsanteile nicht 17

---

1 Vgl. zum alten Recht *Schilling/Zutt* in Hachenburg[7], § 32 KapErhG Rz. 9: Maßgeblich für die Beteiligung an der neuen GmbH ist das Umtauschverhältnis; ebenso *Reichert* in Semler/Stengel, § 56 UmwG Rz. 8; *Simon/Nießen* in KölnKomm. UmwG, § 56 UmwG Rz. 10.

2 So auch *Reichert* in Semler/Stengel, § 56 UmwG Rz. 8; *Rebmann* in Maulbetsch/Klumpp/Rose, § 56 UmwG Rz. 13; *Simon/Nießen* in KölnKomm. UmwG, § 56 UmwG Rz. 10; *Kallmeyer/Kocher* in Kallmeyer, § 56 UmwG Rz. 3; *Haeder* in Henssler/Strohn, § 56 UmwG Rz. 2; a.A. – wenngleich ohne Begründung – *Mayer* in Widmann/Mayer, § 46 UmwG Rz. 6; *Stratz* in Schmitt/Hörtnagl/Stratz, § 56 UmwG Rz. 2.

3 Ausdrücklich auch *Stratz* in Schmitt/Hörtnagl/Stratz, § 56 UmwG Rz. 5.

4 *Rebmann* in Maulbetsch/Klumpp/Rose, § 56 UmwG Rz. 16.

übersteigen dürfen[1]. Die zusätzliche Beschränkung auf 10 % des Gesamtnennbetrages der den Anteilsinhabern jedes einzelnen übertragenden Rechtsträgers gewährten Geschäftsanteile widerspricht jedoch dem klaren Wortlaut des § 54 Abs. 4 UmwG und lässt sich auch aus teleologischen Gründen nicht entwickeln[2]. Bei der Verschmelzung durch Aufnahme wird eine solche Einschränkung ebenfalls nicht vertreten (s. § 54 Rz. 128).

IV. Unanwendbare Vorschriften des UmwG

18 Explizit ausgeschlossen ist nach der gesetzlichen Regelung die Anwendung der §§ **51–53, 54 Abs. 1–3** sowie **§ 55 UmwG**.

1. § 51 UmwG

19 Für unanwendbar erklärt § 56 UmwG zunächst **§ 51 UmwG**. Dies leuchtet hinsichtlich § 51 Abs. 1 Satz 1 und 2 UmwG durchaus ein, weil die „übernehmende Gesellschaft" erst durch die Verschmelzung neu gegründet wird und die auf ihr Kapital zu leistenden Einlagen durch den Vermögensübergang bewirkt werden; im Zeitpunkt der Beschlussfassung über die Verschmelzung kann es mithin regelmäßig keine offenen Einlageforderungen der übernehmenden Gesellschaft geben (vgl. aber unten Rz. 49 zur Möglichkeit der Differenzhaftung der Anteilsinhaber eines übertragenden Rechtsträgers).

20 Wenig überzeugend ist dagegen die **Nichtanwendung des § 51 Abs. 1 Satz 3 UmwG**, sofern man mit dem Gesetzgeber und einer verbreiteten Auffassung (s. § 51 Rz. 27f.) annimmt, dass etwa bestehende Einlageforderungen der übertragenden GmbH auf die neue GmbH übergehen und für diese Einlagen alle Gesellschafter der neuen Gesellschaft nach § 24 GmbHG haften[3]. Diese Ausfallhaftung führte bei der Verschmelzung durch Aufnahme zu einem **Zustimmungserfordernis**; dass ein solches dann bei der Verschmelzung durch Neugründung nicht bestehen soll, ist schwer einzusehen[4].

21 Gleiches gilt für **§ 51 Abs. 2 UmwG**, der auf die Verschmelzung durch Neugründung ebenfalls keine Anwendung findet. Auch wenn die Existenzberechtigung des Zustimmungserfordernisses nach § 51 Abs. 2 UmwG rechtspolitisch zweifelhaft ist (vgl. näher § 51 Rz. 59ff.), ist es schwerlich stimmig, dass der Aktionär Beteiligungsdefizite, die daraus resultieren, dass der Verschmelzungsvertrag von den Stückelungserleichterungen des § 46 Abs. 1 Satz 3 UmwG keinen Gebrauch

1 *Kallmeyer/Kocher* in Kallmeyer, § 56 UmwG Rz. 6; *Mayer* in Widmann/Mayer, § 56 UmwG Rz. 11; *Reichert* in Semler/Stengel, § 56 UmwG Rz. 10; *Rebmann* in Maulbetsch/Klumpp/Rose, § 56 UmwG Rz. 16; ebenso noch die 4. Aufl., Rz. 13.

2 Zutreffend *Simon/Nießen* in KölnKomm. UmwG, § 56 UmwG Rz. 12.

3 *Mayer* in Widmann/Mayer, § 56 UmwG Rz. 12; *Simon/Nießen* in KölnKomm. UmwG, § 56 UmwG Rz. 13; *Rebmann* in Maulbetsch/Klumpp/Rose, § 56 UmwG Rz. 9; *Reichert* in Semler/Stengel, § 56 UmwG Rz. 11; *Keßler* in Keßler/Kühnberger, § 56 UmwG Rz. 2.

4 So auch *Reichert* in Semler/Stengel, § 56 UmwG Rz. 11; *Simon/Nießen* in KölnKomm. UmwG, § 56 UmwG Rz. 13; *Kallmeyer/Kocher* in Kallmeyer, § 56 UmwG Rz. 4; *Keßler* in Keßler/Kühnberger, § 56 UmwG Rz. 2.

macht, bei der Verschmelzung durch Neugründung eher soll dulden müssen, als bei der Verschmelzung durch Aufnahme[1].

Wie mit dieser Problemlage aktuell umzugehen ist, ist nach wie vor umstritten. 22
In der Literatur wird mehrheitlich die **analoge Anwendbarkeit von § 51 Abs. 1 Satz 3** und **Abs. 2 UmwG** entgegen dem expliziten Wortlaut gefordert[2]. Begründet wird dies üblicherweise mit dem Hinweis auf ein bestehendes Redaktionsversehen des Gesetzgebers. Dementgegen schließen andere eine solche Analogie de lege lata ausdrücklich aus[3]. Der herrschenden Meinung ist im Ergebnis, allerdings mit unterschiedlicher Begründung, zu folgen.

Die im Zusammenhang mit der Verschmelzung durch Neugründung diskutierte 23
Frage der Anwendung des **§ 51 Abs. 1 Satz 3 UmwG** ist keine Besonderheit der Verschmelzung durch Neugründung. Ohnehin geht es nicht um die Zustimmung der Gesellschafterversammlung der noch gar nicht existierenden neuen GmbH. Insoweit ist § 56 UmwG darin zuzustimmen, dass § 51 Abs. 1 Satz 3 UmwG auf die neue Gesellschaft bei der Verschmelzung durch Neugründung keine Anwendung findet. Schutzwürdig können bei der Verschmelzung durch Neugründung nur die Gesellschafter der übertragenden Rechtsträger sein. Nicht schutzwürdig sind dabei allerdings die Gesellschafter derjenigen übertragenden GmbH, bei der die Einlagen noch nicht vollständig bewirkt sind; sie haften ohnehin nach § 24 GmbHG. Die Frage ist vielmehr, ob nicht auch die Gesellschafter einer zweiten übertragenden GmbH, bei der die Einlagen vollständig bewirkt sind, durch ein individuelles Zustimmungserfordernis analog § 51 Abs. 1 Satz 3 UmwG davor geschützt werden müssen, dass sie nach Wirksamwerden der Verschmelzung als Gesellschafter der neuen GmbH nach § 24 GmbHG für die offenstehenden Einlagen einer anderen übertragenden GmbH haften. Die Frage ist, sofern eine Ausfallhaftung der Gesellschafter der neuen GmbH nach § 24 GmbHG besteht, zu bejahen, und zwar sowohl für die Verschmelzung durch Neugründung als auch die Verschmelzung zur Aufnahme (s. § 51 Rz. 33 ff.).

Bei **§ 51 Abs. 2 UmwG** liegt im Hinblick auf dessen Ausschluss bei der Ver- 24
schmelzung durch Neugründung ein Redaktionsversehen deutlich näher. § 51 Abs. 2 UmwG lässt sich als Ausfluss der gesellschaftsrechtlichen Treuepflicht verstehen. Es kann nicht davon ausgegangen werden, dass der Gesetzgeber der Gesellschaftermehrheit bei der übertragenden Gesellschaft ein Recht geben wollte, im Rahmen einer Verschmelzung durch Neugründung – anders als bei der Verschmelzung zur Aufnahme – durch eine beliebig hohe Festsetzung des Nennbetrags der Anteile der neuen GmbH, die nicht durch die gesetzlichen Vorgaben zum Mindestnennbetrag (§ 5 Abs. 2 GmbHG) bedingt sind, treuwidrig Minderheitsgesellschafter ganz oder teilweise gegen ihren Willen in bar abzufinden. Auch § 51 Abs. 2 UmwG ist daher bei der Verschmelzung durch Neugründung anwendbar.

---

1 Ebenso *Mayer* in Widmann/Mayer, § 56 UmwG Rz. 12; *Keßler* in Keßler/Kühnberger, § 56 UmwG Rz. 2, der im Lichte des Art. 14 Abs. 1 GG hinsichtlich des Ausschlusses von § 51 Abs. 2 UmwG sogar an der Verfassungsmäßigkeit des § 56 UmwG zweifelt.

2 *Mayer* in Widmann/Mayer, § 56 UmwG Rz. 12; *Kallmeyer/Kocher* in Kallmeyer, § 56 UmwG Rz. 4; *Rebmann* in Maulbetsch/Klumpp/Rose, § 56 UmwG Rz. 9; *Reichert* in Semler/Stengel, § 56 UmwG Rz. 11; kritisch *Keßler* in Keßler/Kühnberger, § 56 UmwG Rz. 2.

3 *Simon/Nießen* in KölnKomm. UmwG, § 56 UmwG Rz. 13.

25 Wer die Beachtung der Treupflicht nicht durch die Anwendung des § 51 Abs. 2 UmwG sicherstellen will, müsste dem Minderheitsgesellschafter, der sich aufgrund der Festsetzung eines höheren als des gesetzlich vorgeschriebenen Mindestnennbetrages nicht seiner bisherigen Beteiligung entsprechend am neuen Rechtsträger beteiligen kann, jedenfalls durch die Annahme eines unverhältnismäßigen und damit **treuwidrigen Eingriffs** in die Rechtsposition des Anteilsinhabers schützen mit der Folge, dass dieser den Verschmelzungsbeschluss wegen Treupflichtverletzung anfechten kann (s. § 51 Rz. 70)

2. Sonstige Bestimmungen

26 Ohne weiteres einleuchtend ist dagegen die **Unanwendbarkeit der §§ 53, 54 Abs. 1–3 und 55 UmwG**. Eine verschmelzungsdurchführende Kapitalerhöhung, wie sie Gegenstand dieser Regelungen ist, findet bei der Verschmelzung durch Neugründung nicht statt[1].

27 Sofern zwar nicht ausdrücklich in § 56 UmwG ausgeschlossen, von ihrem Regelungsgehalt jedoch nur auf eine übernehmende GmbH passende Vorschriften sind darüber hinaus im Fall einer Verschmelzung, an der keine GmbH als aufnehmender Rechtsträger beteiligt ist, ebenfalls nicht anwendbar; namentlich sind dies die **§§ 46** und **54 Abs. 4 UmwG**[2].

V. Entsprechende Anwendung des GmbH-Gründungsrechts

28 Nach § 36 Abs. 2 UmwG gilt bei der Verschmelzung durch Neugründung **ergänzend**, d.h. soweit sich aus dem UmwG nichts anderes ergibt, das Gründungsrecht des GmbHG (§§ 1–11 GmbHG), wobei die übertragenden Rechtsträger den Gründern gleich stehen (§ 36 Abs. 2 Satz 2 UmwG). Hierzu ist anzumerken:

29 **1. § 2 Abs. 1 GmbHG** ist nicht anwendbar[3]; § 37 UmwG verlangt die notarielle Beurkundung des Gesellschaftsvertrages der neuen Gesellschaft ohne Rücksicht auf deren Rechtsform, und § 36 Abs. 2 Satz 2 UmwG stellt die Mitwirkung bei der Festlegung des Gesellschaftsvertrages als notwendigem Bestandteil des Verschmelzungsvertrages durch die Vertretungsorgane sämtlicher an der Verschmelzung durch Neugründung beteiligten Rechtsträger sicher[4].

30 Die Gründung im vereinfachten Verfahren nach **§ 2 Abs. 1a GmbHG** ist bei der Verschmelzung durch Neugründung nicht möglich, da sie eine Sachgründung darstellt[5].

---

1 Unstr., s. etwa *Reichert* in Semler/Stengel, § 56 UmwG Rz. 12; *Mayer* in Widmann/Mayer, § 56 UmwG Rz. 13; *Keßler* in Keßler/Kühnberger, § 56 UmwG Rz. 2; *Rebmann* in Maulbetsch/Klumpp/Rose, § 56 UmwG Rz. 7.

2 Vgl. *Simon/Nießen* in KölnKomm. UmwG, § 56 UmwG Rz. 8.

3 So auch *Kallmeyer/Kocher* in Kallmeyer, § 56 UmwG Rz. 7; *Rebmann* in Maulbetsch/Klumpp/Rose, § 56 UmwG Rz. 18; *Simon/Nießen* in KölnKomm. UmwG, § 36 UmwG Rz. 34.

4 BegrRegE BT-Drucks. 12/6699 v. 1.2.1994, 96f., abgedruckt bei *Ganske*, S. 89f.

5 *Simon/Nießen* in KölnKomm. UmwG, § 36 UmwG Rz. 34.

Sinngemäß anwendbar ist dagegen **§ 2 Abs. 2 GmbHG**[1]. Soweit bei **Abschluss des Verschmelzungsvertrages** für einen an der Verschmelzung beteiligten Rechtsträger nicht die zur gesetzlichen Vertretung berechtigten Organe handeln, bedarf die Vollmacht der Form des § 2 Abs. 2 GmbHG, wenn im Verschmelzungsvertrag der Gesellschaftsvertrag **festgestellt** wird. Gibt der Verschmelzungsvertrag den neuen Gesellschaftsvertrag aber nur wieder (etwa weil dieser schon zuvor wirksam unterzeichnet worden ist), bleibt die Vollmacht zum Abschluss des Verschmelzungsvertrags formfrei[2]. Die vorzeitige Unterzeichnung des Gesellschaftsvertrags ist auch im Hinblick auf § 37 UmwG unbedenklich, da es nach dieser Vorschrift ausreichend ist, dass der Verschmelzungsvertrag den Gesellschaftsvertrag nur „enthält"; er muss ihn nicht notwendigerweise „feststellen" i.S.v. abschließen[3] (vgl. dazu § 37 Rz. 5). § 2 Abs. 2 GmbHG ist hingegen nicht auf den Beschluss nach § 59 UmwG anzuwenden; eine **Vollmacht zur Fassung des Verschmelzungsbeschlusses** selbst bedarf nicht der Form des § 2 Abs. 2 GmbHG (s. § 59 Rz. 9)[4]. 31

2. **§ 3 GmbHG** ist uneingeschränkt anwendbar. Aus der entsprechenden Anwendung des § 3 Abs. 1 Nr. 4 GmbHG folgt, dass sich auch aus dem Gesellschaftsvertrag ergeben muss, welche Geschäftsanteile jedem Anteilsinhaber der übertragenen Rechtsträger im Zuge der Verschmelzung gewährt werden[5]. 32

3. **§ 4 GmbHG** ist mit der Maßgabe anwendbar, dass die durch Verschmelzung durch Neugründung errichtete Gesellschaft statt einer nach dieser Vorschrift gebildeten Sach- oder Personenfirma auch die Firma eines der übertragenden Rechtsträger annehmen kann (§ 18 UmwG)[6]. 33

4. **§ 5 GmbHG** erfuhr bis zum Inkrafttreten des MoMiG durch das Verschmelzungsrecht eine Reihe von **Modifikationen**. Uneingeschränkt anwendbar war und ist § 5 Abs. 1 (1. Halbs. a.F.) GmbHG über das Mindeststammkapital der durch Verschmelzung durch Neugründung errichteten Gesellschaft; dieses beträgt für nach dem 31.12.1998 zur Eintragung in das Handelsregister angemeldete GmbH 25 000 Euro. § 5 Abs. 1 2. Halbs. GmbHG a.F. wurde verdrängt durch § 46 Abs. 1 Satz 3 UmwG a.F.; der Mindestnennbetrag eines Geschäftsanteils betrug ab dem 1.1.1999 50 Euro (statt 100 Euro). Mit Inkrafttreten des MoMiG ist es nunmehr generell möglich, das Stammkapital einer GmbH in Geschäftsanteile im Nennbetrag von 1 Euro einzuteilen; damit entfällt auch die Notwendigkeit einer umwandlungsrechtsspezifischen Modifikation. 34

§ 5 Abs. 2 Satz 1 GmbHG, wonach der Nennbetrag eines Geschäftsanteils auf volle Euro lauten muss, findet auch im Verschmelzungsrecht Anwendung. § 46 Abs. 1 Satz 3 UmwG stellt dies noch einmal ausdrücklich klar. 35

§ 5 Abs. 2 Satz 2 GmbHG, wonach ein Gesellschafter bei der Errichtung der GmbH mehrere Geschäftsanteile übernehmen kann, gilt auch bei der Verschmel- 36

1 So etwa auch *Simon/Nießen* in KölnKomm. UmwG, § 36 UmwG Rz. 34; *Rebmann* in Maulbetsch/Klumpp/Rose, § 56 UmwG Rz. 18.
2 *Simon/Nießen* in KölnKomm. UmwG, § 36 UmwG Rz. 34.
3 Vgl. *Simon/Nießen* in KölnKomm. UmwG, § 37 UmwG Rz. 4.
4 Ausdrücklich *Rebmann* in Maulbetsch/Klumpp/Rose, § 56 UmwG Rz. 18.
5 *Bärwaldt* in Semler/Stengel, § 36 UmwG Rz. 31; *Simon/Nießen* in KölnKomm. UmwG, § 36 UmwG Rz. 36; *Rebmann* in Maulbetsch/Klumpp/Rose, § 56 UmwG Rz. 19.
6 *Kallmeyer/Kocher* in Kallmeyer, § 56 UmwG Rz. 7; *Rebmann* in Maulbetsch/Klumpp/Rose, § 56 UmwG Rz. 20; *Simon/Nießen* in KölnKomm. UmwG, § 36 UmwG Rz. 37.

zung durch Neugründung. In der Zeit vor Inkrafttreten des MoMiG schloss § 5 Abs. 2 GmbHG a.F. die Übernahme mehrerer Geschäftsanteile aus. Diese Beschränkung wurde für das Verschmelzungsrecht verdrängt von der verschmelzungsspezifischen Regel, wonach grundsätzlich jeder Anteilsinhaber des übertragenden Rechtsträgers ebenso viele Geschäftsanteile erhalten muss, wie er Anteile am übertragenden Rechtsträger inne hatte (s. § 46 Rz. 43f.)

37 **§ 5 Abs. 3 GmbHG** ist uneingeschränkt anwendbar. § 5 Abs. 3 GmbHG a.F. wurde bis zum Inkrafttreten des MoMiG verdrängt durch § 46 Abs. 1 Satz 3 UmwG; die verschmelzungsspezifischen Stückelungs- und Teilbarkeitserleichterungen galten also auch bei der Verschmelzung durch Neugründung mit der Folge, dass der Mindestnennbetrag eines Geschäftsanteils 50 Euro (statt 100 Euro) betrug und die Geschäftsanteile durch 10 (statt durch 50) teilbar sein mussten. Mit dem Inkrafttreten des MoMiG, das generell die Einteilung des Stammkapitals in Geschäftsanteile im Nennbetrag von 1 Euro zulässt, entfällt die Notwendigkeit verschmelzungsspezifischer Stückelungs- und Teilungserleichterungen.

38 Grundsätzlich anwendbar ist **§ 5 Abs. 4 Satz 1 GmbHG**[1], freilich genügt in der Satzung der GmbH die Angabe, dass das Stammkapital der Gesellschaft dadurch aufgebracht wurde, dass die sich vereinigenden Rechtsträger ihr gesamtes Vermögen im Wege der Verschmelzung durch Neugründung auf die Gesellschaft übertragen haben; eine nähere Spezifizierung ist entbehrlich (zur Parallelproblematik bei der Verschmelzung zur Aufnahme vgl. § 55 Rz. 24f.).

39 Hinsichtlich der **Notwendigkeit eines Sachgründungsberichts** (§ 5 Abs. 4 GmbHG) trifft § 57 UmwG eine eigenständige, nach der Rechtsform des übertragenden Rechtsträgers differenzierende Regelung (vgl. Erläuterungen dort).

40 Ebenso wie bei der regulären Gründung gilt auch bei der Verschmelzung durch Neugründung, dass den Gesellschaftern gegenüber der neuerrichteten GmbH eingeräumte **Sondervorteile** ebenso wie Vereinbarungen zur Übernahme der durch die Verschmelzung entstandenen, dem „Gründungsaufwand" entsprechenden Kosten (insbesondere Gerichts-, Beurkundungs- und Veröffentlichungskosten) nur wirksam sind, wenn sie im Gesellschaftsvertrag verlautbart werden[2].

41 **5. § 5a GmbHG** ist grundsätzlich nicht anwendbar, da die Verschmelzung durch Neugründung stets Sachgründung ist; eine solche ist bei der sog. Unternehmergesellschaft (UG) jedoch ausgeschlossen (vgl. § 5a Abs. 2 Satz 2 GmbHG)[3]. Der An-

1 So auch *Bermel* in Goutier/Knopf/Tulloch, § 57 UmwG Rz. 5; *Simon/Nießen* in KölnKomm. UmwG, § 36 UmwG Rz. 39; *Märtens* in MünchKomm. GmbHG, § 5 GmbHG Rz. 60.

2 Zum Erfordernis der statutarischen Festsetzung vgl. statt aller *Ulmer/Casper* in Ulmer/Habersack/Löbbe, § 5 GmbHG Rz. 193ff. (Sondervorteile), 205ff. (Gründungsaufwand) und *Märtens* in MünchKomm. GmbHG, § 5 GmbHG Rz. 268ff.; ebenso für die im Wege der Verschmelzung durch Neugründung errichtete GmbH *Bermel* in Goutier/Knopf/Tulloch, § 57 UmwG Rz. 5; *Mayer* in Widmann/Mayer, § 36 UmwG Rz. 45; *Schnorbus* in Rowedder/Schmidt-Leithoff, Anh. § 77 GmbHG Rz. 217.

3 So statt vieler auch *Simon/Nießen* in KölnKomm. UmwG, § 36 UmwG Rz. 37; *Haeder* in Henssler/Strohn, § 56 UmwG Rz. 5; *Rebmann* in Maulbetsch/Klumpp/Rose, § 56 UmwG Rz. 26; *Lutter/Kleindiek* in Lutter/Hommelhoff, § 5a GmbHG Rz. 69; *Rieder* in MünchKomm. GmbHG, § 5a GmbHG Rz. 51 m.w.N.; *Heckschen*, Das MoMiG in der notariellen Praxis, 2009, Rz. 238; *Heinemann*, NZG 2008, 820 (822); *Meister*, NZG 2008, 767 (768); *Römermann/Passarge*, ZIP 2009, 1497 (1500); *Tettinger*, Der Konzern,

sicht, dass die Gründungsvorschriften der neu zu gründenden Gesellschaft nur subsidiär gelten und eine durch das Umwandlungsrecht angeordnete verschmelzungsspezifische Gesamtrechtsnachfolge mittels Sachgründung insoweit vorrangig sei[1], überzeugt nicht. § 36 Abs. 2 UmwG verweist gerade auf das jeweilige Gründungsrecht und allein aus der Notwendigkeit einer Sachkapitalerhöhung bei der Verschmelzung lässt sich die Überlagerung des zwingenden § 5a Abs. 2 GmbHG nicht ableiten. Auch eine teleologische Reduktion des Sacheinlageverbots[2] ist in diesem Zusammenhang nicht überzeugend[3]. Folglich kann die UG im Rahmen einer Verschmelzung durch Neugründung nicht als Zielgesellschaft dienen (zur UG als übernehmende Gesellschaft s. § 46 Rz. 4 ff.).

6. **§ 6 GmbHG** ist mit der Maßgabe anwendbar, dass eine im Verschmelzungsvertrag vorgenommene Geschäftsführerbestellung nur mit Zustimmung der Anteilsinhaber aller übertragenden Rechtsträger wirksam wird (§ 59 Satz 2 UmwG). Die Geschäftsführerbestellung ist auch bei der Verschmelzung durch Neugründung Eintragungsvoraussetzung (vgl. näher § 59 Rz. 11 ff.)[4]. 42

7. **§§ 7 Abs. 1, 78 GmbHG** werden durch § 38 Abs. 2 UmwG verdrängt: Die Anmeldung obliegt den **Vertretungsorganen sämtlicher** an der Verschmelzung beteiligten übertragenden **Rechtsträger**. Im Hinblick auf die Vertretungsberechtigung der Organmitglieder verbleibt es bei den allgemeinen (gesellschaftsvertraglichen) Regelungen für den jeweiligen übertragenden Rechtsträger (auch unechte Gesamtvertretung)[5]. Die Anmeldung bedarf gem. § 12 Abs. 1 HGB der öffentlich beglaubigten Form. Gleiches gilt gem. § 12 Abs. 1 Satz 2 HGB für eine etwaige Bevollmächtigung, die rechtlich zulässig ist. 43

Unanwendbar ist auch **§ 7 Abs. 2 und 3 GmbHG**, weil Einlagen bei der Verschmelzung durch Neugründung grundsätzlich nicht geleistet werden (vgl. zur Parallelproblematik bei der Verschmelzung durch Aufnahme § 55 Rz. 52 f.)[6]. 44

8. § 8 Abs. 1 Nr. 1 und 5 GmbHG werden durch verschmelzungsspezifische Spezialregelungen verdrängt (§ 17 Abs. 1 UmwG)[7]. Auch eine Anwendung von **§ 8** 45

2008, 75 (76); a.A. *Veil*, GmbHR 2007, 1080 (1084); vgl. auch jüngst BGH v. 19.4.2011 – II ZB 25/10, NJW 2011, 1881 = GmbHR 2011, 699 (keine Neugründung einer UG durch Abspaltung).

1 *Röhricht*, Die Anwendung der gesellschaftsrechtlichen Gründungsvorschriften bei Umwandlungen, 2009, S. 96 f.

2 *Gasteyer*, NZG 2009, 1368.

3 Ausführlich dazu *Bärwaldt* in Semler/Stengel, § 36 UmwG Rz. 43a.

4 So ausdrücklich auch *Reichert* in Semler/Stengel, § 56 UmwG Rz. 16; *Zimmermann* in Kallmeyer, § 59 UmwG Rz. 6; *Simon/Nießen* in KölnKomm. UmwG, § 36 UmwG Rz. 41.

5 *Fronhöfer* in Widmann/Mayer, § 38 UmwG Rz. 10; *Simon/Nießen* in KölnKomm. UmwG, § 38 UmwG Rz. 8; *Zimmermann* in Kallmeyer, § 38 UmwG Rz. 4; *Schwanna* in Semler/Stengel, § 38 UmwG Rz. 3; *Schaub* in MünchKomm. GmbHG, § 78 GmbHG Rz. 41; *Schnorbus* in Rowedder/Schmid-Leithoff, Anh. § 77 GmbHG Rz. 220; a.A. jedoch *Bermel* in Goutier/Knopf/Tulloch, § 38 UmwG Rz. 5 (wie bei Erstanmeldung: Mitwirkung aller erforderlich).

6 Ebenso *Kallmeyer/Kocher* in Kallmeyer, § 56 UmwG Rz. 7; ähnlich, wenngleich differenzierend *Simon/Nießen* in KölnKomm. UmwG, § 38 UmwG Rz. 8: Anwendung des § 7 Abs. 2 und 3 GmbHG lediglich bei über das Vermögen des übertragenden Rechtsträgers hinausgehenden Einlagen durch Anteilsinhaber oder Dritte.

7 Übereinstimmend *Rebmann* in Maulbetsch/Klumpp/Rose, § 56 UmwG Rz. 28.

Abs. 1 Nr. 4 GmbHG ist nicht denkbar, weil auch bei der Verschmelzung durch Neugründung Einlagen grundsätzlich nicht geleistet werden.

46 Aus diesem Grunde bedarf es auch keiner Versicherung nach **§ 8 Abs. 2 GmbHG**[1]. Diese wird auch nicht durch die Versicherung ersetzt, dass dem Übergang des Vermögens vorbehaltlich der Eintragung der Verschmelzung Hindernisse nicht entgegenstehen und sich das Vermögen des oder der übertragenden Rechtsträger nach Eintragung der Verschmelzung in der freien Verfügung der Geschäftsführer der neuen GmbH befinden wird[2]; dagegen spricht schon, dass eine entsprechende Versicherung bei der Verschmelzung durch Aufnahme nach dem eindeutigen Gesetzeswortlaut (§ 55 Abs. 1 Satz 1 UmwG) entbehrlich ist und Sachgründe für eine Differenzierung zwischen Verschmelzung durch Neugründung und Verschmelzung durch Aufnahme insoweit nicht ersichtlich sind. Auch wäre eine **zukunftsbezogene** Versicherung ein systematischer Fremdkörper im Kapitalgesellschaftsrecht[3].

47 Anwendbar ist **§ 8 Abs. 1 Nr. 3 GmbHG**. Die frühere spezialgesetzliche Regelung des § 52 Abs. 2 UmwG, wonach der Anmeldung der neuen Gesellschaft eine Gesellschafterliste beizufügen war, in der die sämtlichen Anteilsinhaber der übertragenden Rechtsträger, die mit Eintragung in das Register der neuen Gesellschaft deren Gesellschafter werden, aufzuführen waren, ist durch das MoMiG gestrichen worden.

48 Anwendbar sind nach der hier vertretenen Auffassung, wonach auch bei der Verschmelzung durch Neugründung die Geschäftsführer der neuen Gesellschaft zwingend vor der Anmeldung zum Handelsregister bestellt werden müssen, **§ 8 Abs. 1 Nr. 2 und Abs. 3–5 GmbHG**[4]. Insofern muss die Regelung des **§ 8 Abs. 3 GmbHG** im Lichte des § 38 Abs. 2 UmwG (Anmeldung der neuen Gesellschaft durch die Vertretungsorgane der übertragenden Rechtsträger) verstanden werden, sodass die Versicherung durch die künftigen Geschäftsführer der neuen Gesellschaft nicht bereits *in* der Anmeldung erfolgen muss; ausreichend ist daher die Abgabe der Versicherung außerhalb der Anmeldung, sofern sie als Anlage der Anmeldung beigefügt wird[5].

49 **9. § 9 GmbHG** ist ebenso wie bei der Verschmelzung durch Aufnahme anwendbar (zur Verschmelzung durch Aufnahme § 55 Rz. 35 ff.)[6]. Unterschreitet der Wert des

---

1 So auch *Fronhöfer* in Widmann/Mayer, § 38 UmwG Rz. 31; *Mayer* in Widmann/Mayer, § 36 UmwG Rz. 87, 97; *Rebmann* in Maulbetsch/Klumpp/Rose, § 56 UmwG Rz. 28; vgl. auch *Wißmann* in MünchKomm. GmbHG, § 82 GmbHG Rz. 98; im Erg. ebenso *Simon/Nießen* in KölnKomm. UmwG, § 38 UmwG Rz. 8.

2 So auch *Rebmann* in Maulbetsch/Klumpp/Rose, § 56 UmwG Rz. 28; a.A. *D. Mayer*, DB 1995, 862 (für die Spaltung).

3 So zutreffend *Ihrig*, GmbHR 1995, 629.

4 Übereinstimmend *Reichert* in Semler/Stengel, § 56 UmwG Rz. 16; *Simon/Nießen* in KölnKomm. UmwG, § 38 UmwG Rz. 8; *Rebmann* in Maulbetsch/Klumpp/Rose, § 56 UmwG Rz. 28.

5 Ausführlich dazu *Simon/Nießen* in KölnKomm. UmwG, § 38 UmwG Rz. 8, insb. zu den Förmlichkeiten der Einreichung einer entsprechenden Anlage zur Registeranmeldung.

6 H. M., s. *Mayer* in Widmann/Mayer, § 36 UmwG Rz. 100 f.; *Bärwaldt* in Semler/Stengel, § 36 UmwG Rz. 42; *Rebmann* in Maulbetsch/Klumpp/Rose, § 56 UmwG Rz. 29; *Stratz* in Schmitt/Hörtnagl/Stratz, § 56 UmwG Rz. 13; *Moog*, S. 199 ff.; *Sandberger* in FS H. P. Westermann, 2008, S. 1401 (1406 ff.); *Wälzholz*, AG 2006, 469 (471); *Kallmeyer*, GmbHR 2007, 1121 ff.; ablehnend jedoch BGH v. 12.3.2007 – II ZR 302/05, AG 2007, 487 (Diffe-

Unternehmens des übertragenden Rechtsträgers den Gesamtnennbetrag der dessen Anteilsinhabern gewährten Geschäftsanteile (zuzüglich etwaiger barer Zuzahlungen), so sind die Anteilsinhaber des übertragenden Rechtsträgers **in Höhe der Differenz haftbar**. § 36 Abs. 2 Satz 2 UmwG, wonach den Gründern die übertragenden Rechtsträger (nicht aber deren Mitglieder) gleichstehen, steht nicht entgegen[1]. Die Vorschrift hat insoweit primär verfahrensmäßige Bedeutung und soll die Durchführung der Verschmelzung durch Neugründung insbesondere dadurch erleichtern, dass sie die Kompetenz zum Abschluss des Verschmelzungsvertrages den Vertretungsorganen der sich vereinigenden Rechtsträger zuweist[2]. Dagegen ist die Frage der Kapitalaufbringungsverantwortung nach materiellen Kriterien zu entscheiden. Auf die Ausführungen zur Verschmelzung zur Aufnahme (§ 55 Rz. 35 ff.) ist insoweit zu verweisen. Die Anteilsinhaber der **anderen übertragenden Rechtsträger** haften dagegen allenfalls unter den Voraussetzungen des § 24 GmbHG[3].

Im Fall der **Mehrfachverschmelzung** ist umstritten, ob die Unterdeckung auf aggregierter Basis durch Vergleich der Gesamteinlagen zum Gesamtnennbetrag der neuen Geschäftsanteile für alle beteiligten übertragenden Rechtsträger gemeinsam zu ermitteln ist, so dass der etwaige Mehrwert eines an der Verschmelzung durch Neugründung beteiligten Rechtsträgers die Haftung der Gesellschafter eines anderen Rechtsträgers mit einem Minderwert ausgleichen kann[4]. Bejaht man eine solche aggregierte Sichtweise, stellt sich im Falle einer Unterdeckung die weitere Frage, wie diese auf die Anteilsinhaber der unterschiedlichen beteiligten Rechtsträger zu verteilen ist. Insoweit ist auf die vergleichbare Problematik bei der Verschmelzung durch Aufnahme zu verweisen (§ 55 Rz. 44 ff.). 50

10. Grundsätzlich anwendbar sind auch **§§ 9a und 9b GmbHG**. Normadressaten sind jedenfalls die nach § 38 Abs. 2 UmwG zur Anmeldung berufenen Vertretungsorgane, die Geschäftsführer der neuen Gesellschaft dagegen allenfalls insoweit, als sie im Zuge ihrer Anmeldung nach Maßgabe von § 8 Abs. 3–5 GmbHG falsche Angaben gemacht haben[5]. 51

Umstritten ist insofern, ob auch eine **Haftung der Anteilsinhaber** des übertragenden Rechtsträgers in Betracht kommt. Dies ist mit der wohl h.M. grundsätzlich abzulehnen[6]. Zwar haften bei der gewöhnlichen Gründung einer GmbH nach 52

---

renzhaftung der Aktionäre einer übertragenden AG bei Verschmelzung auf übernehmende AG).

1 So im Ergebnis auch *Ihrig*, GmbHR 1995, 622 (633 ff.) mit der Begründung, die Anteilsinhaber der übertragenden Rechtsträger seien die Rechtsnachfolger der Gründer.

2 Deutlich so BegrRegE BT-Drucks. 12/6699 v. 1.2.1994, 96, abgedruckt bei *Ganske*, S. 89.

3 Vgl. auch *Ihrig*, GmbHR 1995, 622 (635 f.).

4 Dies bejahend *Moog*, S. 201 ff. m.w.N.; ablehnend *Ihrig*, GmbHR 1995, 622 (630); *Rebmann* in Maulbetsch/Klumpp/Rose, § 56 UmwG Rz. 30.

5 Vgl. *Simon/Nießen* in KölnKomm. UmwG, § 36 UmwG Rz. 50; *Rebmann* in Maulbetsch/Klumpp/Rose, § 56 UmwG Rz. 31; zu etwaigen strafrechtlichen Konsequenzen in diesem Zusammenhang, vgl. *Wißmann* in MünchKomm. GmbHG, § 82 GmbHG Rz. 98.

6 *Ihrig*, GmbHR 1995, 622 (634 f.); *Kallmeyer*, ZIP 1994, 1746 (1753); *Wälzholz*, AG 2006, 469 (471); *Simon/Nießen* in KölnKomm. UmwG, § 36 UmwG Rz. 50; *Rebmann* in Maulbetsch/Klumpp/Rose, § 56 UmwG Rz. 31; *Bayer* in Lutter/Hommelhoff, § 9a GmbHG Rz. 2; *Schaub* in MünchKomm. GmbHG, § 9a GmbHG Rz. 10; *Veil* in Scholz, § 9a GmbHG Rz. 25; a.A. *Stratz* in Schmitt/Hörtnagl/Stratz, § 56 UmwG Rz. 14.

h.M.[1] sämtliche Gesellschafter gem. § 9a Abs. 1 GmbHG uneingeschränkt für die Richtigkeit der während des Gründungsverfahrens gemachten Angaben einschließlich der von den Geschäftsführern gegenüber dem Registergericht abgegebenen Versicherungen und der beigefügten Unterlagen. Die Rolle der Gesellschafter eines übertragenden Rechtsträgers bei der Verschmelzung durch Neugründung ist aber der Position eines Gründungsgesellschafters bei der gewöhnlichen GmbH-Gründung nicht vergleichbar. Nach § 36 Abs. 2 Satz 2 UmwG stehen bei der Verschmelzung durch Neugründung den Gründern nicht die Gesellschafter der übertragenden Rechtsträger, sondern die übertragenden Rechtsträger selbst gleich. Die Mitwirkung der Gesellschafter beschränkt sich auf den mehrheitlich gefassten Verschmelzungsbeschluss mit der Folge, dass Minderheitsgesellschafter auch gegen ihren Willen an der Verschmelzung durch Neugründung beteiligt sein können.

53 In Bezug auf **§ 9c GmbHG** hat der Registerrichter bei der Prüfung der Werthaltigkeit des eingebrachten Vermögens bei einer Mehrfachverschmelzung nicht zu prüfen, ob der Wert der Sacheinlagen dem Wert der von dem betreffenden übertragenden Rechtsträger übernommenen Stammeinlage entspricht; vielmehr ist aufgrund der den Anteilseignern freistehenden Möglichkeit einer disquotalen Verschmelzung bei der Prüfung eine **Gesamtbetrachtung** im Hinblick darauf vorzunehmen, ob der Wert des gesamten übergehenden Vermögens den Wert der Stammeinlage insgesamt deckt (ausführlicher zu Fragen der Mehrfachverschmelzung § 46 Rz. 22ff., § 55 Rz. 29 und 44ff. und oben Rz. 50)[2].

54 **11. § 10 GmbHG** ist ohne Einschränkung anwendbar. § 32 Abs. 6 Nr. 1 KapErhG enthielt darüber hinaus Sondervorschriften über die Bekanntmachung der ersten Mitglieder des Aufsichtsrats; die Novelle verzichtet auf eine ausdrückliche Regelung, weil sich die entsprechende Verpflichtung aus § 52 Abs. 2 GmbHG i.V.m. § 40 Abs. 1 Nr. 4 AktG ohnedies ergibt[3].

55 **12. § 11 GmbHG** ist im Grundsatz entsprechend anwendbar[4], doch kann eine Haftung dadurch vermieden werden, dass bis zur Eintragung der neuen Gesellschaft statt in deren Namen im Namen eines der übertragenden Rechtsträger gehandelt wird[5]. Die von den übertragenden Rechtsträgern in der Zeit zwischen dem Verschmelzungsstichtag und der Eintragung der Verschmelzung abgeschlossenen Rechtsgeschäfte gelten ohnedies als für Rechnung der neuen Gesellschaft getätigt und gehen mit Eintragung der neuen Gesellschaft im Wege der Gesamtrechtsnachfolge auf diese über. Soweit gleichwohl bereits im Namen der neuen Gesellschaft gehandelt wird, erlischt eine etwaige Handelndenhaftung nach § 11 Abs. 2 GmbHG jedenfalls mit Eintragung der neuen Gesellschaft im Handelsregister,

1 S. etwa *Bayer* in Lutter/Hommelhoff, § 9a GmbHG Rz. 6; *Fastrich* in Baumbach/Hueck, § 9a GmbHG Rz. 2; *Schaub* in MünchKomm. GmbHG, § 9a GmbHG Rz. 38ff.; *Veil* in Scholz, § 9a GmbHG Rz. 10, 23 m.w.N.

2 So auch *Simon/Nießen* in KölnKomm. UmwG, § 38 UmwG Rz. 16.

3 Vgl. BegrRegE BT-Drucks. 12/6699 v. 1.2.1994, 101, abgedruckt bei *Ganske*, S. 104.

4 *Bärwaldt* in Semler/Stengel, § 36 UmwG Rz. 43; *Mayer* in Widmann/Mayer, § 36 UmwG Rz. 130; *Kallmeyer/Kocher* in Kallmeyer, § 56 UmwG Rz. 7; *Rebmann* in Maulbetsch/Klumpp/Rose, § 56 UmwG Rz. 32; *Simon/Nießen* in KölnKomm. UmwG, § 36 UmwG Rz. 51; *Merkt* in MünchKomm. GmbHG, § 11 GmbHG Rz. 126.

5 So zutreffend *K. Schmidt* in Scholz, § 11 GmbHG Rz. 110; ebenso *Kallmeyer/Kocher* in Kallmeyer, § 56 UmwG Rz. 7.

falls man nicht ohnedies davon ausgeht, dass nach den Grundsätzen des betriebsbezogenen Geschäfts sogar bei Handeln im Namen der neuen GmbH der übertragende Rechtsträger verpflichtet wird, dessen Vertretungsorgan das Rechtsgeschäft abgeschlossen hat[1].

Kaum diskutiert wurde bisher die Frage, ob die übertragenden Rechtsträger oder 56 die Gesellschafter der neuen GmbH eine **Unterbilanzhaftung** für den Fall trifft, dass im „Gründungsstadium" Verluste eingetreten sind, die dazu führen, dass das Reinvermögen der Gesellschaft im Zeitpunkt der Eintragung den Betrag des statutarischen Stammkapitals unterschreitet[2]. Eine solche Unterbilanzhaftung käme allenfalls in Betracht, wenn die Verluste aus vor Eintragung der neuen GmbH in deren Namen abgeschlossenen Geschäften resultieren[3]. Grundsätzlich spricht nichts dagegen, auch die im GmbH-Recht entwickelten allgemeinen Grundsätze der Unterbilanzhaftung auf den Fall einer Verschmelzung durch Neugründung zu übertragen[4].

Umstritten ist lediglich, ob eine solche unbeschränkte Innenhaftung (pro rata) die 57 übertragenden Rechtsträger oder die Gesellschafter der neuen GmbH trifft. Ebenso wie zur Haftung aus § 9a GmbHG (oben Rz. 52) sprechen die besseren Gründe dafür, den Gesellschaftern der übertragenden rechtsträger die Verantwortung für die ordnungsgemäße Geschäftsführung vor der Eintragung – anders als die Kapitalaufbringungsverantwortung (oben Rz. 49) – nicht aufzuerlegen[5]. Die Unterbilanzhaftung ist im Grundsatz Gründerhaftung[6]. Die den Gesellschaftern der übertragenden Rechtsträger auferlegten Zuständigkeiten und Verantwortlichkeiten rechtfertigen eine solche Haftung nicht, Nach § 36 Abs. 2 Satz 2 UmwG stehen bei der Verschmelzung durch Neugründung den Gründern nicht die Gesellschafter der übertragenden Rechtsträger, sondern die übertragenden Rechtsträger selbst gleich. Die Mitwirkung der Gesellschafter beschränkt sich auf den mehrheitlich gefassten Verschmelzungsbeschluss mit der Folge, dass Minderheitsgesellschafter auch gegen ihren Willen an der Verschmelzung durch Neugründung beteiligt sein können.

---

1 So *K. Schmidt* in Scholz, § 11 GmbHG Rz. 110 unter Berufung auf die – freilich eine andere Fallkonstellation betreffende – Entscheidung BGH v. 23.9.1985 – II ZR 284/84, NJW-RR 1986, 115; ebenso *Schnorbus* in Rowedder/Schmidt-Leithoff, GmbHG, Anh. § 77 GmbHG Rz. 217; *Bärwaldt* in Semler/Stengel, § 36 UmwG Rz. 43.

2 Vgl aber *Ihrig*, GmbHR 1995, 622.

3 So auch *Reichert* in Semler/Stengel, § 56 UmwG Rz. 17; *Rebmann* in Maulbetsch/Klumpp/Rose, § 56 UmwG Rz. 33; a.A. *Ihrig*, GmbHR 1995, 622 (636) mit dem Hinweis, dass die bereits vor Eintragung der neuen Gesellschaft bestellten Organe mangels jeglichen Handlungsauftrags und mangels jeglicher Handlungsnotwendigkeit keine Vertretungsmacht für die (Vor-)Gesellschaft hätten.

4 *Reichert* in Semler/Stengel, § 56 UmwG Rz. 17; *Mayer* in Widmann/Mayer, § 36 UmwG Rz. 131.2; *Simon/Nießen* in KölnKomm. UmwG, § 36 UmwG Rz. 51.

5 So auch *Mayer* in Widmann/Mayer, § 36 UmwG Rz. 131.2; *Simon/Nießen* in KölnKomm. UmwG, § 36 UmwG Rz. 51; *Wälzholz*, AG 2006, 469 (471); a.A. *Reichert* in Semler/Stengel, § 56 UmwG Rz. 17.

6 *Merkt* in MünchKomm. GmbHG, § 11 GmbHG Rz. 156.

§ 57
Inhalt des Gesellschaftsvertrags

In den Gesellschaftsvertrag sind Festsetzungen über Sondervorteile, Gründungsaufwand, Sacheinlagen und Sachübernahmen, die in den Gesellschaftsverträgen, Partnerschaftsverträgen, Satzungen oder Statuten übertragender Rechtsträger enthalten waren, zu übernehmen.

I. Normzweck

1 Nach dem Gründungsrecht von AG und GmbH bedürfen aus Anlass der Gründung eingeräumte Sondervorteile, die Übernahme des Gründungsaufwands durch die Gesellschaft sowie die Vereinbarung von Sacheinlagen oder Sachübernahmen der Festsetzung in der Satzung (dem Gesellschaftsvertrag). Diese Angaben müssen, auch soweit die Vereinbarung vollzogen bzw. die zu ihrer Durchführung begründeten Verpflichtungen weggefallen sind, bei der AG grundsätzlich 30 Jahre, bei der GmbH immerhin zehn Jahre nach Eintragung der Gesellschaft in das Handelsregister als Satzungsbestandteil beibehalten werden. Um zu verhindern, dass diese „Fortschreibungspflicht" im Zuge einer Verschmelzung durch Neugründung umgangen wird, schreibt § 57 UmwG die **Übernahme der** in den Gesellschaftsverträgen bzw. Satzungen der übertragenden Rechtsträger enthaltenen **Festsetzungen in den Gesellschaftsvertrag** der durch Verschmelzung errichteten GmbH vor.

2 Die Vorschrift übernimmt – mit den durch die Zulassung von Mischverschmelzungen notwendigen redaktionellen Anpassungen – bereits vor der Novelle geltendes Recht (vgl. vormals § 32 Abs. 3 Satz 2 KapErhG).

II. Die Übernahme „historischer" Festsetzungen aus den Statuten der übertragenden Rechtsträger

1. Die zu übernehmenden Festsetzungen

3 Die Anordnung der Fortschreibung von gesellschaftsvertraglichen Festsetzungen durch § 57 UmwG beschränkt sich auf **Sondervorteile**, **Gründungsaufwand**, **Sacheinlagen** und **Sachübernahmen**; andere Festsetzungen in den Gesellschaftsverträgen der übertragenden Rechtsträger werden von der Fortschreibungspflicht des § 57 UmwG nicht erfasst[1]. Erfasst werden auch solche Festsetzungen nur, wenn

1 So ausdrücklich auch *Simon/Nießen* in KölnKomm. UmwG, § 57 UmwG Rz. 7.

sie **obligatorischer** Art sind, nicht dagegen **fakultative** Festsetzungen in den Statuten der übertragenden Rechtsträger[1]. Für andere übertragende Rechtsträger als AG oder GmbH hat § 57 UmwG daher keine praktische Relevanz[2].

Von der Verpflichtung zur Übernahme „historischer" Festsetzungen aus den Statuten übertragender Rechtsträger in die Satzung der neuen GmbH im Ansatz klar zu unterscheiden ist die Notwendigkeit, **anlässlich der Verschmelzung getroffene Vereinbarungen** über Sacheinlagen, Sondervorteile, Gründungsaufwand etc. in die Satzung aufzunehmen; sie folgt nicht aus § 57 UmwG, sondern der in § 36 Abs. 2 UmwG angeordneten Anwendung des GmbH-Gründungsrechts (näher § 56 Rz. 40)[3]. 4

Sofern Sonderrechte auf **konsortialvertraglichen Abreden** beruhen (also bislang nicht im Gesellschaftsvertrag der übertragenden Rechtsträger verankert waren), werden diese von § 57 UmwG nicht erfasst; gleichwohl müssen sie in den Gesellschaftsvertrag der neuen Gesellschaft aufgenommen werden, sofern ihre Geltung in der neuen Gesellschaft gewünscht ist[4] (vgl. dazu auch unten Rz. 14). 5

2. Rechtsformspezifische Fortschreibungspflichten

a) AG

Nach § 26 Abs. 1 AktG bedürfen der Verlautbarung in der Satzung zunächst **Sondervorteile;** dies sind neben der Mitgliedschaft bestehende Gläubigerrechte, die einzelnen oder allen Aktionären aus Anlass der Gründung gewährt werden (z.B. das Recht zur Benennung von Vertretungsorganen)[5]. In der Satzung anzugeben ist weiter der Gesamtbetrag des **Gründungsaufwands**, soweit ihn die Gesellschaft tragen soll (§ 26 Abs. 2 AktG)[6]. Sollen statt Bareinlagen **Sacheinlagen** geleistet werden, bedarf auch dies der Festsetzung in der Satzung (§ 27 Abs. 1 Satz 1 1. Fall AktG)[7]; Gleiches gilt für Sachübernahmen (§ 27 Abs. 1 Satz 1 2. Fall AktG), wobei der aktienrechtliche Begriff der Sachübernahme vom GmbH-rechtlichen Begriff abweicht: Die Sachübernahme im aktienrechtlichen Sinne ist jedwede Übernahme von Vermögensgegenständen, insbesondere von vorhandenen oder herzustellenden Anlagen, die gegen eine Vergütung erfolgt, die nicht in der Gewährung von Mitgliedschaftsrechten (Aktien) besteht[8]. 6

Derartige Festsetzungen in der Satzung dürfen nach **§§ 26 Abs. 5, 27 Abs. 5 AktG** erst beseitigt werden, wenn kumulativ 30 Jahre seit Eintragung der AG und fünf Jahre nach Wegfall der aus den Vereinbarungen resultierenden Verpflichtungen 7

1 *Mayer* in Widmann/Mayer, § 57 UmwG Rz. 1; *Kallmeyer/Kocher* in Kallmeyer, § 57 UmwG Rz. 1; *Reichert* in Semler/Stengel, § 57 UmwG Rz. 2; *Haeder* in Henssler/Strohn, § 57 UmwG Rz. 2; a.A. *Simon/Nießen* in KölnKomm. UmwG, § 57 UmwG Rz. 5; wohl auch *Stratz* in Schmitt/Hörtnagl/Stratz, § 57 UmwG Rz. 1.
2 So ausdrücklich auch *Mayer* in Widmann/Mayer, § 57 UmwG Rz. 6.
3 Ebenso *Mayer* in Widmann/Mayer, § 57 UmwG Rz. 9.2; *Reichert* in Semler/Stengel, § 57 UmwG Rz. 10; *Simon/Nießen* in KölnKomm. UmwG, § 57 UmwG Rz. 3.
4 *Simon/Nießen* in KölnKomm. UmwG, § 57 UmwG Rz. 13.
5 Vgl. nur *Hüffer*, § 26 AktG Rz. 2 m.w.N.
6 Vgl. *Hüffer*, § 26 AktG Rz. 5f.; *Pentz* in MünchKomm. AktG, § 27 AktG Rz. 26ff.
7 Hierzu *Pentz* in MünchKomm. AktG, § 27 AktG Rz. 11; *Hüffer*, § 27 AktG Rz. 3f.
8 BGH v. 10.11.1958 – II ZR 3/57, BGHZ 28, 314 (318f.); *Pentz* in MünchKomm. AktG, § 27 AktG Rz. 61; *Hüffer*, § 27 AktG Rz. 5.

der AG verstrichen sind. Die Beibehaltung nur noch historischer Festsetzungen hat den Zweck, Gläubiger und Aktionäre durch Information vor potentiell gefährlichen Abreden zu schützen[1].

8 Entsprechendes gilt bei der **SE**, sofern das deutsche Aktienrecht über die SE-VO Anwendung findet[2].

b) GmbH

9 Soll der Gesellschafter seine Einlage statt durch Barzahlung durch eine **Sacheinlage** erbringen, bedarf der Gegenstand der Sacheinlage und der Nennbetrag des hierfür gewährten Geschäftsanteils der Festsetzung im Gesellschaftsvertrag (§ 5 Abs. 4 GmbHG)[3]. Entsprechendes gilt für GmbH-rechtliche Sachübernahmen, wobei hierunter im GmbH-Recht nur solche Vereinbarungen zu verstehen sind, nach denen die Vergütung für Vermögensgegenstände, die die Gesellschaft im Zusammenhang mit der Gründung auf Grund eines entgeltlichen Rechtsgeschäfts erwirbt, abweichend von § 19 Abs. 2 Satz 2 GmbHG i.d.F. des MoMiG auf die Einlageverpflichtung angerechnet werden soll[4].

10 Trotz Fehlens einer ausdrücklichen gesetzlichen Regelung besteht in Rechtsprechung und Literatur Einigkeit darüber, dass auch **Sondervorteile**, die Gesellschaftern anlässlich der Gründung der Gesellschaft eingeräumt werden, sowie die Übernahme des **Gründungsaufwands** durch die Gesellschaft im Gesellschaftsvertrag verlautbart werden müssen[5].

11 Das GmbHG enthält keine explizite Regelung der Beibehaltungsfristen für **Sacheinlagen und -übernahmen**. In diesem Zusammenhang kann die früher heftig umstrittene Frage nach der hierfür maßgeblichen Frist heute jedoch weitgehend als geklärt angesehen werden: Mit der mittlerweile ganz h.M. ist hier im Hinblick auf die Verjährungsregelung bezüglich der Differenzhaftung aus § 9 Abs. 2 GmbHG ebenfalls von einer Beibehaltungspflicht von **10 Jahren** auszugehen[6].

12 Festsetzungen betreffend die Übernahme von **Gründungsaufwand** durch die GmbH können nach herrschender Auffassung ebenfalls erst **10 Jahre** nach Eintra-

---

1 Vgl. nur *Hüffer*, § 26 AktG Rz. 1, 10.

2 So beispielsweise für den Fall der Gründung einer Tochter-SE, vgl. Art. 3 i.V.m. Art. 2 Abs. 3 SE-VO.

3 Vgl. nur *Märtens* in MünchKomm. GmbHG, § 5 GmbHG Rz. 217 ff.; *Ulmer/Casper* in Ulmer/Habersack/Löbbe, § 5 GmbHG Rz. 32 ff.; *Veil* in Scholz, § 5 GmbHG Rz. 86 ff.

4 BGH v. 10.11.1958 – II ZR 3/57, BGHZ 28, 314 (318 f.); *Märtens* in MünchKomm. GmbHG, § 5 GmbHG Rz. 187; *Ulmer/Casper* in Ulmer/Habersack/Löbbe, § 5 GmbHG Rz. 119; *Veil* in Scholz, § 5 GmbHG Rz. 73.

5 Vgl. nur – jeweils m.w.N. – *Ulmer/Casper* in Ulmer/Habersack/Löbbe, § 5 GmbHG Rz. 205 ff. (Sondervorteile), 216 ff. (Gründungsaufwand); *Märtens* in MünchKomm. GmbHG, § 5 GmbHG Rz. 278 ff. (Sondervorteile), 272 ff. (Gründungsaufwand); *Veil* in Scholz, § 5 GmbHG Rz. 115 ff. (Sondervorteile), Rz. 111 ff. (Gründungsaufwand).

6 *Fastrich* in Baumbach/Hueck, § 5 GmbHG Rz. 49; *Märtens* in MünchKomm. GmbHG, § 5 GmbHG Rz. 220; *Veil* in Scholz, § 5 GmbHG Rz. 86; *Ulmer/Casper* in Ulmer/Habersack/Löbbe, § 5 GmbHG Rz. 139; *Mayer* in Widmann/Mayer, § 57 UmwG Rz. 8; *Reichert* in Semler/Stengel, § 57 UmwG Rz. 9; *Simon/Nießen* in KölnKomm. UmwG, § 57 UmwG Rz. 17; *Rebmann* in Maulbetsch/Klumpp/Rose, § 57 UmwG Rz. 6; zusätzlich auf § 19 Abs. 6 UmwG rekurrierend: *Kallmeyer/Kocher* in Kallmeyer, § 57 UmwG Rz. 2; a.A. insofern LG Hamburg v. 22.2.1968 – 26 T 9/67, GmbHR 1968, 207 (208) (Analogie zu §§ 26 Abs. 5, 27 Abs. 5 AktG – 30 Jahre).

gung der Gesellschaft ins Handelsregister beseitigt werden[1]. Dem ist zu folgen. Maßgeblich ist die Verjährungsfrist des Anspruchs der Gesellschaft gegen die Gründer auf Erstattung ohne Festsetzung gezahlten Gründungsaufwands. Hier spricht viel für eine zehnjährige Verjährung entsprechend § 31 Abs. 5 1. Alt. GmbHG und ggfs. § 9 Abs. 2 GmbHG[2].

Festsetzungen über **Sondervorteile** können mit deren Wegfall unmittelbar beseitigt werden[3] (zum Umgang mit bereits weggefallenen Sondervorteilen und sonstigen Festsetzungen nachfolgend Rz. 18). 13

c) Andere übertragende Rechtsträger

Für andere Rechtsträger, die zur Neugründung einer GmbH verschmolzen werden können, namentlich **Personengesellschaften**, **Partnerschaftsgesellschaften** und **eingetragene Vereine**, sieht das für sie geltende Recht die statutarische Verlautbarung von Sacheinlagen und -übernahmen, Sondervorteilen und Gründungsaufwand nicht vor. Für die vorgenannten Rechtsträger ist somit die Übernahme von statutarischen Festsetzungen in die Satzung der neu errichteten GmbH nach § 57 UmwG nicht zwingend; dies gilt auch für den Fall, dass der Gesellschaftsvertrag einer **Personenhandelsgesellschaft** (freiwillige) Angaben über zu leistende Sacheinlagen enthält[4]. Sollen allerdings gegenüber dem übertragenden Rechtsträger wirksam begründete Sondervorteile nach Durchführung der Verschmelzung auch gegenüber der neuerrichteten GmbH gelten, bedürfen sie der Festsetzung in der Satzung der GmbH; doch folgt dies nicht aus § 57 UmwG, sondern aus der ergänzenden Anwendung des GmbH-Gründungsrechts (dazu § 56 Rz. 40). 14

Im **Genossenschaftsrecht** hat der Gesetzgeber die vormals heftige umstrittene Frage nach der Möglichkeit von **Sacheinlagen im Rahmen der Pflichteinzahlung** mittlerweile dergestalt entschieden, dass er in § 7a Abs. 3 GenG Sacheinlagen grundsätzlich für zulässig erklärt hat[5]. Ist im Statut der Genossenschaft von der Möglichkeit des § 7a Abs. 3 GenG Gebrauch gemacht – ist also eine Sacheinlage 15

---

1 *Fastrich* in Baumbach/Hueck, § 5 GmbHG Rz. 57; *Simon/Nießen* in KölnKomm. UmwG, § 57 UmwG Rz. 21; *Kallmeyer/Kocher* in Kallmeyer, § 57 UmwG Rz. 3; *Mayer* in Widmann/Mayer, § 57 UmwG Rz. 8; *Reichert* in Semler/Stengel, § 57 UmwG Rz. 9; *Rebmann* in Maulbetsch/Klumpp/Rose, § 57 UmwG Rz. 6; so nun auch *Stratz* in Schmitt/Hörtnagl/Stratz, § 57 UmwG Rz. 2; a.A. (5 Jahre) jedoch: *Märtens* in MünchKomm. GmbHG, § 5 GmbHG Rz. 290 (§ 26 Abs. 4 AktG analog); OLG München v. 6.10.2010 – 31 Wx 143/10, NZG 2010, 1302 = GmbHR 2010, 1263; so auch – freilich noch in Bezug auf § 9 Abs.2 GmbHG a.F. – *Ulmer/Casper* in Ulmer/Habersack/Löbbe, § 5 GmbHG Rz. 207 und LG Berlin v. 25.3.1993 – 98 T 75/92, GmbHR 1993, 590.

2 S. *Simon/Nießen* in KölnKomm. UmwG, § 57 UmwG Rz. 21; *Kallmeyer/Kocher* in Kallmeyer, § 57 UmwG Rz. 3; *Mayer* in Widmann/Mayer, § 57 UmwG Rz. 8; *Rebmann* in Maulbetsch/Klumpp/Rose, § 57 UmwG Rz. 6.

3 So statt vieler *Ulmer/Casper* in Ulmer/Habersack/Löbbe, § 5 GmbHG Rz. 204,; *Reichert* in Semler/Stengel, § 57 UmwG Rz. 9; *Kallmeyer/Kocher* in Kallmeyer, § 57 UmwG Rz. 3.

4 So auch *Kallmeyer/Kocher* in Kallmeyer, § 57 UmwG Rz. 4; *Reichert* in Semler/Stengel, § 57 UmwG Rz. 11; zustimmend *Mayer* in Widmann/Mayer, § 57 UmwG Rz. 13; a.A. *Simon/Nießen* in KölnKomm. UmwG, § 57 UmwG Rz. 5, die eine Fortschreibungspflicht auch für fakultative Festsetzungen annehmen.

5 Vgl. *Fandrich* in Pöhlmann/Fandrichs/Bloehs, 4. Aufl. 2012, § 7 GenG Rz. 10; *Beuthien*, § 7 GenG Rz. 6.

anstatt der Barleistung festgeschrieben – so müssen entsprechend § 5 Abs. 4 Satz 1 GmbHG, § 27 Abs. 1 Satz 1 AktG der Gegenstand der Sacheinlage, ihr Deckungsbetrag und die sie erbringende Person in der Satzung näher bestimmt werden[1]. Sind derartige Satzungsbestimmungen in der Satzung der Genossenschaft ausdrücklich vorgesehen, müssen solche statutarischen Festsetzungen bei der übertragenden Genossenschaft grundsätzlich auch in die Satzung der durch Verschmelzung durch Neugründung errichteten GmbH übernommen werden[2].

16 In Bezug auf die statutarische Verlautbarung von **Sondervorteilen** zugunsten von Genossen schreibt das GenG eine solche nicht zwingend vor[3]; insofern besteht daher im Grundsatz auch keine generelle Fortschreibungspflicht nach § 57 UmwG, da es sich insoweit um fakultative Festsetzungen handelt (vgl. oben Rz. 3). Sofern ihre Geltung in der neuen Gesellschaft gewünscht ist, müssen sie in den Gesellschaftsvertrag der neuen Gesellschaft aufgenommen werden (dazu bereits oben Rz. 5 und 14).

3. Übernahme der Festsetzungen

17 Soweit der Gesellschaftsvertrag der übertragenden Rechtsträger Festsetzungen i.S.d. § 57 UmwG enthält, die nach dem für den jeweiligen Rechtsträger geltenden Gesellschaftsrecht zwingend sind und für die die jeweils maßgebliche Beibehaltungsfrist nicht abgelaufen ist, bedarf es der **Übernahme der Festsetzung in den Gesellschaftsvertrag** der durch Verschmelzung neu errichteten GmbH. Änderungen an den Festsetzungen dürfen jedenfalls in diesem Zusammenhang nicht vorgenommen werden, was schon aus dem Wortlaut „zu übernehmen" folgt[4]. Um Verwirrungen des Rechtsverkehrs zu vermeiden, dessen Schutz die Beibehaltungspflicht gerade dienen soll, ist es in der Praxis üblich und empfehlenswert, die zu übernehmenden Festsetzungen aus den Statuten der übertragenden Rechtsträger in den Schlussbestimmungen der Satzung der neuen GmbH unter dem Titel „Weitergeltende Satzungsbestimmungen der sich vereinigenden Rechtsträger" zusammenzufassen[5].

18 Durch die vom Gesetz verlangte Aufnahme von Festsetzungen in die Satzung der neuen GmbH laufen die nach dem Gesellschaftsrecht des jeweiligen übertragenden Rechtsträgers geltenden **Beibehaltungsfristen** nicht neu an; sie werden vielmehr nach wie vor ab der Eintragung des übertragenden Rechtsträgers in das für ihn zuständige Register bemessen. Grundsätzlich erfasst § 57 UmwG nur solche Festsetzungen, von denen im Zeitpunkt der Verschmelzung noch **Rechtswirkun-**

---

1 *Beuthien*, § 7a GenG Rz. 8.

2 So bereits *Winter*, 4. Aufl., § 57 Rz. 6 – freilich noch unter dem Vorbehalt der grundsätzlichen Zulässigkeit von Sacheinlagen im Rahmen der Pflichteinzahlung bei der Genossenschaft.

3 Vgl. nur BGH v. 9.6.1960 – II ZR 164/58, NJW 1960, 1858 (1859); BGH v. 8.2.1988 – II ZR 228/87, WM 1988, 707; *Pöhlmann* in Pöhlmann/Fandrichs/Bloehs, 4. Aufl. 2012, § 18 GenG Rz. 24ff.: Die Beteiligten sind grundsätzlich frei, ob sie Lieferbeziehungen zwischen Genossenschaft und Genossen gesellschaftsrechtlich oder schuldrechtlich regeln.

4 So *Haeder* in Henssler/Strohn, § 57 UmwG Rz. 8.

5 Zustimmend *Mayer* in Widmann/Mayer, § 57 UmwG Rz. 9.1; vgl. in diesem Zusammenhang etwa für die Verschmelzung zweier AGs durch Neugründung *Richter* in Happ, Konzern- und Umwandlungsrecht, 2012, Muster 7.02 Anm. 33.2.

gen ausgehen[1]. Enthält die Satzung eines übertragenden Rechtsträgers daher Festsetzungen, für die die maßgebliche **Beibehaltungsfrist** bereits (beim übertragenden Rechtsträger) **abgelaufen** ist, müssen diese **nicht** in die Satzung der neuen GmbH übernommen, sondern können aus Anlass der Verschmelzung gestrichen werden[2].

Ist der übertragende Rechtsträger Kapitalgesellschaft und **fehlen** in dessen Statut die gesetzlich zwingend notwendigen **Angaben über beabsichtigte bzw. getätigte Sacheinlagen**, bleiben die Gesellschafter zur **Geldleistung verpflichtet**, wobei nach Eintragung der Gesellschaft der Wert der erbrachten Sacheinlage analog § 19 Abs. 4 GmbHG bzw. § 27 Abs. 3 AktG anzurechnen ist[3]. Eine nachträgliche Aufnahme der entsprechenden Vereinbarungen in die Satzung der durch Verschmelzung errichteten GmbH könnte hieran nichts mehr ändern. Entsprechende Erwägungen gelten für in der Satzung der übertragenden Rechtsträger nicht ordnungsgemäß verlautbarte Angaben betreffend die Übernahme von Gründungsaufwand durch den jeweiligen Rechtsträger. Dagegen können in der Satzung der übertragenden Rechtsträger **nicht ordnungsgemäß verlautbarte Sondervorteile** durch Aufnahme in das Statut der neuen GmbH **mit Wirkung für die Zukunft** im Verhältnis zu dieser wirksam begründet werden[4]. 19

III. Rechtsfolgen eines Verstoßes

Unterbleibt die von § 57 UmwG vorgeschriebene Übernahme von Satzungsbestimmungen in das Statut der neuen GmbH und wird der Mangel auch nicht aufgrund einer Zwischenverfügung behoben, muss der Registerrichter die **Eintragung der Gesellschaft ablehnen**[5]. 20

Nach der überwiegenden Auffassung soll die Nichtaufnahme von Sondervorteilen in den Gesellschaftsvertrag der neuen Gesellschaft ferner dazu führen, dass die auf der Grundlage derartiger Satzungsbestimmungen begründeten **Rechte** von Gesellschaftern oder Dritten mit der Eintragung der neuen Gesellschaft untergehen[6]. Dem ist insoweit zu folgen, als **noch nicht vollständig erfüllte schuldrechtliche Vereinbarungen**, die zur Einräumung der in der Satzung lediglich verlautbarten Sondervorteile geschlossen wurden, mit Wirkung ex nunc unwirksam werden. 21

Dagegen bleibt die Nichtaufnahme **im Statut des übertragenden Rechtsträgers ordnungsgemäß verlautbarter** und **zwischenzeitlich vollzogener**, somit nur noch 22

1 *Simon/Nießen* in KölnKomm. UmwG, § 57 UmwG Rz. 6.
2 Übereinstimmend *Reichert* in Semler/Stengel, § 57 UmwG Rz. 4; *Mayer* in Widmann/Mayer, § 57 UmwG Rz. 2; *Haeder* in Henssler/Strohn, § 57 UmwG Rz. 5.
3 Vgl. nur *Bayer* in Lutter/Hommelhoff, § 5 GmbHG Rz. 32; *Märtens* in MünchKomm. GmbHG, § 57 GmbHG Rz. 234 ff.; *Ulmer/Casper* in Ulmer/Habersack/Löbbe, § 5 GmbHG Rz. 135, 158 ff.; *Veil* in Scholz, § 5 GmbHG Rz. 43 ff.
4 Zustimmend *Mayer* in Widmann/Mayer, § 57 UmwG Rz. 9.1.
5 So auch *Mayer* in Widmann/Mayer, § 36 UmwG Rz. 76; *Simon/Nießen* in KölnKomm. UmwG, § 57 UmwG Rz. 27; *Kallmeyer/Kocher* in Kallmeyer, § 57 UmwG Rz. 5.
6 So *Mayer* in Widmann/Mayer, § 57 UmwG Rz. 14; *Reichert* in Semler/Stengel, § 57 UmwG Rz. 12; *Stratz* in Schmitt/Hörtnagl/Stratz, § 57 UmwG Rz. 2; *Simon/Nießen* in KölnKomm. UmwG, § 57 UmwG Rz. 28; *Kallmeyer/Kocher* in Kallmeyer, § 57 UmwG Rz. 5; a.A. jedoch *Bermel* in Goutier/Knopf/Tulloch, § 57 UmwG Rz. 3 (Erhalt der Sondervorteile).

historischer Festsetzungen betreffend Sacheinlagen, Sachübernahmen oder die Übernahme von Gründungsaufwand zivilrechtlich sanktionslos[1]. Es wäre eine unvertretbare Überreaktion des Rechts, würde man einen – im Zeitpunkt der Verschmelzung möglicherweise längst ausgeschiedenen – Gesellschafter, der bei Gründung der übertragenden Kapitalgesellschaft eine im Gesellschaftsvertrag ordnungsgemäß verlautbarte, vollwertige Sacheinlage erbracht hat, nur deshalb zur Leistung einer Bareinlage verpflichten, weil die Übernahme der entsprechenden Festsetzung in die Satzung der neuen GmbH unterbleibt. Der Wortlaut des Gesetzes zwingt keinesfalls zu einer solchen Auslegung[2], weil er sich zu den Rechtsfolgen einer unterlassenen Übernahme von Festsetzungen in die Satzung der neuen GmbH überhaupt nicht verhält.

23 Bei nicht ordnungsgemäßer Festsetzung des noch nicht beglichenen **Gründungsaufwands** eines übertragenden Rechtsträgers haften die Gesellschafter des betreffenden übertragenden Rechtsträgers der neuen Gesellschaft dieser gegenüber auf Ersatz ausstehender Gründungskosten[3]. War der Gründungsaufwand dagegen bereits vom übertragenden Gesellschafter beglichen worden, führt allein die später unterlassene Festsetzung im Gesellschaftsvertrag der neuen GmbH nicht zu einer Rückerstattungsverpflichtung der Gesellschafter.

24 Noch nicht erfüllte, auf dem Gesellschaftsvertrag des übertragenden Rechtsträgers basierende **Verpflichtungen der Gesellschafter** (z.B. Übernahme des Gründungsaufwands, Einlageverpflichtungen, etc.) bestehen aufgrund Gesamtrechtsnachfolge gegenüber der neuen GmbH fort[4]. Dabei ist umstritten, ob sich ein abgegebenes Sacheinlageversprechen mangels Festsetzung in der Satzung der neuen GmbH insofern in eine Bareinlagepflicht wandelt[5]. Die neue GmbH, die möglicherweise ein Interesse gerade an der Sacheinlage hat, verliert nicht den durch Gesamtrechtsnachfolge übergehenden, früher wirksam begründeten Anspruch auf die Sacheinlage. Mangels Festsetzung der Sacheinlage im Gesellschaftsvertrag kann sie aber stattdessen auch eine Bareinlage verlangen. Der betroffene Gesellschafter ist insoweit nicht schutzwürdig[6], da er den Verschmelzungsbeschluss bei unterlassener Übernahme der Festsetzung anfechten kann.

1 So auch *Reichert* in Semler/Stengel, § 57 UmwG Rz. 12; *Stratz* in Schmitt/Hörtnagl/Stratz, § 57 UmwG Rz. 2; *Kallmeyer/Kocher* in Kallmeyer, § 57 UmwG Rz. 5; *Simon/Nießen* in KölnKomm. UmwG, § 57 UmwG Rz. 29f.; ähnlich *Mayer* in Widmann/Mayer, § 57 UmwG Rz. 20.

2 A.A. noch *Dehmer*², § 57 UmwG Rz. 2.

3 *Reichert* in Semler/Stengel, § 57 UmwG Rz. 12; *Haeder* in Henssler/Strohn, § 57 UmwG Rz. 9.

4 *Kallmeyer/Kocher* in Kallmeyer, § 57 UmwG Rz. 5.

5 So *Simon/Nießen* in KölnKomm. UmwG, § 57 UmwG Rz. 30 mit Hinweis auf die allgemein gültigen Regeln im GmbH-Recht; a.A. (Anspruch auf Leistung der Sacheinlage): *Kallmeyer/Kocher* in Kallmeyer, § 57 UmwG Rz. 5; *Reichert* in Semler/Stengel, § 57 UmwG Rz. 12; *Mayer* in Widmann/Mayer, § 57 UmwG Rz. 20.

6 A.A. wohl *Kallmeyer/Kocher* in Kallmeyer, § 57 UmwG Rz. 5.

§ 58
Sachgründungsbericht

(1) In dem Sachgründungsbericht (§ 5 Abs. 4 des Gesetzes betreffend die Gesellschaften mit beschränkter Haftung) sind auch der Geschäftsverlauf und die Lage der übertragenden Rechtsträger darzulegen.

(2) Ein Sachgründungsbericht ist nicht erforderlich, soweit eine Kapitalgesellschaft oder eine eingetragene Genossenschaft übertragender Rechtsträger ist.

I. Überblick, insbesondere Regelungszweck

1 Zu den Gründungsvorschriften, die bei der Verschmelzung durch Neugründung gem. § 36 Abs. 2 UmwG anzuwenden sind, gehört bei der Verschmelzung zur Errichtung einer GmbH grundsätzlich auch § 5 Abs. 4 Satz 2 GmbHG, der die Erstellung eines Sachgründungsberichts vorschreibt. Als Teil der gesetzlichen Vorkehrungen zur Sicherung der **Kapitalaufbringung** und dem damit einhergehenden **Gläubigerschutz** bildet der Sachgründungsbericht in Bezug auf die Verschmelzung durch Neugründung die Grundlage für die Werthaltigkeitsprüfung durch das Registergericht nach § 9c Abs. 1 Satz 2 GmbHG[1].

2 Nach § 58 Abs. 2 UmwG ist ein Sachgründungsbericht allerdings entbehrlich, soweit eine **Kapitalgesellschaft** oder eine **eingetragene Genossenschaft** als übertragender Rechtsträger fungiert; die bei diesen Rechtsformen vorgesehene Gründungsprüfung sowie die Existenz von Kapitalaufbringungs- und -erhaltungsvorschriften leisten nach der Vorstellung des historischen Gesetzgebers ausreichend Gewähr die Substanzerhaltung der Sacheinlage „Vermögen des übertragenden Rechtsträgers"[2].

3 Soweit danach ein Sachgründungsbericht erforderlich ist, namentlich bei der Verschmelzung von **Personenhandelsgesellschaften** und **eingetragenen Vereinen**, ist nach § 58 Abs. 1 UmwG zusätzlich zu den in § 5 Abs. 4 Satz 2 GmbHG vorgesehenen Angaben auch der Geschäftsverlauf und die Lage des übertragenden Rechtsträgers darzulegen.

1 Vgl. *Fastrich* in Baumbach/Hueck, § 5 GmbHG Rz. 54; *Simon/Nießen* in KölnKomm. UmwG, § 58 UmwG Rz. 1.
2 Vgl. BegrRegE BT-Drucks. 12/6699 v. 1.2.1994, 101 f., abgedruckt bei *Ganske*, S. 105.

4 Im Gegensatz zum Verschmelzungsbericht kann auf den Sachgründungsbericht aufgrund seiner Bedeutung für die Sicherung der Kapitalaufbringung und den Gläubigerschutz (vgl. oben Rz. 1) **nicht verzichtet werden**[1].

5 Das Erfordernis eines Sachgründungsberichts bei der Verschmelzung zweier oder mehrerer GmbH zur Errichtung einer neuen GmbH leitete die Literatur zum früheren Recht teilweise aus der entsprechenden Anwendung des § 5 GmbHG ab. Vorbild für die Erweiterung des Inhalts des Sachgründungsberichts (§ 58 Abs. 2 UmwG) war § 56d UmwG a.F. betreffend die Umwandlung eines einzelkaufmännischen Unternehmens in eine GmbH[2].

II. Der Sachgründungsbericht (§ 58 Abs. 1 UmwG)

1. Berichtspflichtige Personen

6 Im unmittelbaren Anwendungsbereich des § 5 Abs. 4 GmbHG ist der Sachgründungsbericht von **sämtlichen Gesellschaftern** zu erstellen[3]. An ihre Stelle treten bei der Verschmelzung durch Neugründung gem. § 36 Abs. 2 Satz 2 UmwG **sämtliche Mitglieder der Vertretungsorgane** derjenigen an der Verschmelzung zur Neugründung beteiligten Rechtsträger, die nicht nach § 58 Abs. 2 UmwG von der Erstellung eines Sachgründungsberichts befreit sind[4] (unten Rz. 7ff.). Aufgrund der Strafbewährtheit falscher Angaben im Rahmen eines Sachgründungsberichts (§ 82 Abs.1 Nr. 2 GmbHG) sind derlei Erklärungen nach allgemeinen Grundsätzen von allen Erklärungsverpflichteten abzugeben[5]. Aus diesem Grund scheidet auch eine rechtsgeschäftliche Vertretung aus[6].

7 Die **Vertretungsorgane der neu gegründeten GmbH** trifft dagegen keine Berichtspflicht[7].

2. Berichtsinhalt

8 Soweit bei der Verschmelzung zur Neugründung einer GmbH ein Sachgründungsbericht erforderlich ist, bestimmt sich sein Inhalt zunächst nach § 5 Abs. 4 Satz 1 GmbHG. In dem Bericht sind die für die **Angemessenheit der Leistungen** für Sach-

---

1 So ausdrücklich auch *Kallmeyer/Kocher* in Kallmeyer, § 58 UmwG Rz. 5.

2 Vgl. BegrRegE BT-Drucks. 12/6699 v. 1.2.1994, 101f., abgedruckt bei *Ganske*, S. 105.

3 Vgl. nur *Ulmer/Casper* in Ulmer/Habersack/Löbbe, § 5 GmbHG Rz. 166ff.; *Veil* in Scholz, § 5 GmbHG Rz. 99; *Märtens* in MünchKomm. GmbHG, § 5 GmbHG Rz. 243.

4 Wie hier *Reichert* in Semler/Stengel, § 58 UmwG Rz. 4; *Simon/Nießen* in KölnKomm. UmwG, § 58 UmwG Rz. 5; *Kallmeyer/Kocher* in Kallmeyer, § 58 UmwG Rz. 1; *Mayer* in Widmann/Mayer, § 58 UmwG Rz. 5; *Rebmann* in Maulbetsch/Klumpp/Rose, § 58 UmwG Rz. 4; a.A. *Bermel* in Goutier/Knopf/Tulloch, § 58 UmwG Rz. 4: Mitglieder der Organe der übertragenden Rechtsträger in vertretungsberechtigter Zahl; noch anders *Dehmer*[2], § 58 UmwG Rz. 2, der alle Anteilsinhaber der übertragenden Rechtsträger für berichtspflichtig hielt; wie hier jetzt aber *Stratz* in Schmitt/Hörtnagl/Stratz, § 58 UmwG Rz. 2.

5 So statt vieler *Kallmeyer/Kocher* in Kallmeyer, § 58 UmwG Rz. 1; *Mayer* in Widmann/Mayer, § 58 UmwG Rz. 5; *Simon/Nießen* in KölnKomm. UmwG, § 58 UmwG Rz. 5.

6 Vgl. nur *Märtens* in MünchKomm. GmbHG, § 5 GmbHG Rz. 245 m.w.N.

7 So ausdrücklich auch *Mayer* in Widmann/Mayer, § 58 UmwG Rz. 5; *Simon/Nießen* in KölnKomm. UmwG, § 58 UmwG Rz. 5.

einlagen wesentlichen Umstände darzulegen[1]. Ist Gegenstand der Einbringung – wie regelmäßig im Fall der Verschmelzung durch Neugründung – ein Unternehmen, so sind zusätzlich zur Begründung des Einlagewerts die Jahresergebnisse der letzten zwei Geschäftsjahre anzugeben; gemeint ist damit der Jahresüberschuss bzw. Jahresfehlbetrag i.S.v. §§ 266 Abs. 3 A V., 275 Abs. 2 Nr. 20 bzw. Abs. 3 Nr. 19 HGB[2]. **Stichtag** für die Fristberechnung ist nicht der Verschmelzungsstichtag, sondern der Tag der Anmeldung der neuen GmbH[3]. Besteht das Unternehmen zu diesem Stichtag noch nicht zwei Jahre, so sind die Erträge während der Zeit des Bestehens anzugeben, soweit wenigstens ein Geschäftsjahr abgeschlossen wurde[4].

Zusätzlich zu § 5 Abs. 4 Satz 2 GmbHG sind bei der Verschmelzung zur Neugründung einer GmbH gem. § 58 UmwG auch der **Geschäftsverlauf** und die **Lage der übertragenden Rechtsträger** darzulegen, um die Prüfung der Werthaltigkeit durch das Registergericht zu erleichtern. Nach h.M. zu § 56d UmwG a.F.[5] sollte sich diese Darstellung auf die letzten zwei Geschäftsjahre beziehen, für die nach Rz. 8 die Jahresergebnisse mitzuteilen sind. Dem kann im Grundsatz gefolgt werden[6], wobei allerdings darauf hinzuweisen ist, dass die Angaben letztlich dazu dienen sollen, den Wert des Unternehmens des übertragenden Rechtsträgers darzutun. Hierzu taugen Vergangenheitsergebnisse nach den allgemeinen Grundsätzen der Unternehmensbewertung nur insoweit, als sie den Schluss auf den nachhaltig erzielbaren Zukunftsertrag zulassen[7]. Sofern zeitlich früher liegende Ereignisse jedoch noch Auswirkungen auf die Werthaltigkeit des übertragenden Rechtsträgers haben, sind auch diese anzugeben[8]. Dies gilt jedoch nicht, soweit die zurückliegenden Ereignisse bereits vollständig im Zahlenwerk berücksichtigt worden sind, z.B. durch Rückstellungen. 9

Darzulegende Umstände können etwa sein die Marktentwicklung bei Produktionsbetrieben inklusive Gewinn- und Risikoprognose, errungene Marktpositionen oder allgemeine, für die Beurteilung der Lage des Unternehmens relevante Um- 10

---

1 Zum Inhalt des Sachgründungsberichts vgl. *Märtens* in MünchKomm. GmbHG, § 5 GmbHG Rz. 248 ff.; *Ulmer/Casper* in Ulmer/Habersack/Löbbe, § 5 GmbHG Rz. 169 ff.; *Veil* in Scholz, § 5 GmbHG Rz. 104; *Fastrich* in Baumbach/Hueck, § 5 GmbHG Rz. 55.

2 Zutreffend *Bayer* in Lutter/Hommelhoff, § 5 GmbHG Rz. 33; ebenso *Kallmeyer/Kocher* in Kallmeyer, § 58 UmwG Rz. 2; *Mayer* in Widmann/Mayer, § 58 UmwG Rz. 12; *Reichert* in Semler/Stengel, § 58 UmwG Rz. 7; *Simon/Nießen* in KölnKomm. UmwG, § 58 UmwG Rz. 9.

3 So auch *Ulmer/Casper* in Ulmer/Habersack/Löbbe, § 5 GmbHG Rz. 170; *Veil* in Scholz, § 5 GmbHG Rz. 105; *Märtens* in MünchKomm. GmbHG, § 5 GmbHG Rz. 253; *Reichert* in Semler/Stengel, § 58 UmwG Rz. 7; *Simon/Nießen* in KölnKomm. UmwG, § 58 UmwG Rz. 9; *Kallmeyer/Kocher* in Kallmeyer, § 58 UmwG Rz. 2.

4 Zutreffend *Ulmer/Casper* in Ulmer/Habersack/Löbbe, § 5 GmbHG Rz. 170; *Veil* in Scholz, § 5 GmbHG Rz. 105.

5 *Schilling* in Hachenburg[7], § 56d UmwG Rz. 2; *Priester* in Scholz[7], § 56d UmwG Rz. 2.

6 Ebenso *Mayer* in Widmann/Mayer, § 58 UmwG Rz. 15; *Kallmeyer/Kocher* in Kallmeyer, § 58 UmwG Rz. 3; *Reichert* in Semler/Stengel, § 58 UmwG Rz. 8; *Simon/Nießen* in KölnKomm. UmwG, § 58 UmwG Rz. 11; *Rebmann* in Maulbetsch/Klumpp/Rose, § 58 UmwG Rz. 6; *Haeder* in Henssler/Strohn, § 58 UmwG Rz. 1; *Keßler* in Keßler/Kühnberger, § 58 UmwG Rz. 2.

7 So auch *Reichert* in Semler/Stengel, § 58 UmwG Rz. 8; *Mayer* in Widmann/Mayer, § 58 UmwG Rz. 15.

8 *Simon/Nießen* in KölnKomm. UmwG, § 58 UmwG Rz. 11; ähnlich *Kallmeyer/Kocher* in Kallmeyer, § 58 UmwG Rz. 3.

stände, die der Werthaltigkeitsprüfung zuträglich sein können[1]. Zusammengefasst muss der Sachgründungsbericht ein den tatsächlichen Verhältnissen entsprechendes Bild über die Werthaltigkeit der übertragenden Rechtsträger im Zeitpunkt der Handelsregisteranmeldung der neuen GmbH vermitteln[2].

11 „Geschäftsverlauf" und „Lage des Rechtsträgers" (= Unternehmen) sind Termini des Lageberichts, wie er gem. § 289 Abs. 2 HGB für Kapitalgesellschaften zu erstatten ist. Von den nach § 289 Abs. 2 HGB vorgesehenen ergänzenden Angaben erscheinen Nr. 1 und Nr. 2 sinngemäß anwendbar: Zu berichten ist somit auch über **Vorgänge von besonderer Bedeutung** nach dem Stichtag der Schlussbilanz des übertragenden Rechtsträgers (Nr. 1) und über die **voraussichtliche Entwicklung** des (vom übertragenden Rechtsträger betriebenen) Unternehmens (Nr. 2)[3].

3. Form

12 Der Sachgründungsbericht bedarf nicht der notariellen Beurkundung, da er weder Bestandteil des Gesellschaftsvertrags der neuen GmbH, noch des Verschmelzungsbeschlusses/-vertrags ist[4] – insofern ist **Schriftform** ausreichend[5]. Gem. 36 Abs. 2 Satz 1 UmwG i.V.m. § 8 Abs. 1 Nr. 4 GmbHG ist er jedoch der Anmeldung der neuen GmbH zum Handelsregister beizufügen.

III. Entbehrlichkeit des Sachgründungsberichts (§ 58 Abs. 2 UmwG)

13 Eines Sachgründungsberichts bedarf es nach § 58 Abs. 2 UmwG nicht, soweit eine **Kapitalgesellschaft** (AG, KGaA oder GmbH, vgl. § 3 Abs. 1 Nr. 2 UmwG) oder eine eingetragene Genossenschaft als **übertragender Rechtsträger** fungiert. Der Regierungsentwurf[6] begründet dies damit, dass bei den Kapitalgesellschaften spezielle Vorschriften zur Kapitalaufbringung und Kapitalerhaltung existieren und bei der eG immerhin im Zeitpunkt der Gründung die wirtschaftlichen Verhältnisse und insbesondere die Vermögenslage der eG durch einen genossenschaftlichen Prüfungsverband und das Registergericht geprüft werden.

14 Die vorstehend wiedergegebene **Begründung** ist **wenig überzeugend**[7], sagt doch der Umstand, dass im Zeitpunkt der Errichtung des übertragenden Rechtsträgers das Nennkapital vorhanden war, über den Wert des im Zuge der Verschmelzung durch Neugründung übertragenen Unternehmen wenig aus, und auch Kapitalerhaltungsvorschriften – ihre strikte Beachtung unterstellt – schließen nicht aus,

---

1 Vgl. *Mayer* in Widmann/Mayer, § 58 UmwG Rz. 14.
2 *Kallmeyer/Kocher* in Kallmeyer, § 58 UmwG Rz. 3; *Simon/Nießen* in KölnKomm. UmwG, § 58 UmwG Rz. 11.
3 So auch *Kallmeyer/Kocher* in Kallmeyer, § 58 UmwG Rz. 3; *Reichert* in Semler/Stengel, § 58 UmwG Rz. 9; *Simon/Nießen* in KölnKomm. UmwG, § 58 UmwG Rz. 12; *Rebmann* in Maulbetsch/Klumpp/Rose, § 58 UmwG Rz. 6; *Keßler* in Keßler/Kühnberger, § 58 UmwG Rz. 2.
4 *Mayer* in Widmann/Mayer, § 58 UmwG Rz. 5; *Kallmeyer/Kocher* in Kallmeyer, § 58 UmwG Rz. 1.
5 *Simon/Nießen* in KölnKomm. UmwG, § 58 UmwG Rz. 6; *Kallmeyer/Kocher* in Kallmeyer, § 58 UmwG Rz. 1.
6 BegrRegE BT-Drucks. 12/6699 v. 1.2.1994, 101 f., abgedruckt bei *Ganske*, S. 105.
7 Mit Recht kritisch auch *Ihrig*, GmbHR 1995, 628 f.; ihm folgend *Reichert* in Semler/Stengel, § 58 UmwG Rz. 12; *Simon/Nießen* in KölnKomm. UmwG, § 58 UmwG Rz. 3.

dass das Anfangsvermögen der übertragenden Kapitalgesellschaft oder der eG durch Verluste aufgezehrt wurde. Zur Rechtfertigung des Verzichts auf den Sachgründungsbericht bei Kapitalgesellschaften und eG sollte deshalb besser darauf verwiesen werden, dass bei der Verschmelzung dieser Rechtsträger die nach § 17 UmwG in jedem Fall vorzulegende **Schlussbilanz regelmäßig geprüft** ist und somit dem Registerrichter ein zuverlässiges Bild über die Werthaltigkeit des Vermögens des übertragenden Rechtsträgers erlaubt. Wenn eine Prüfung – wie bei kleinen Kapitalgesellschaften – nicht stattgefunden hat, hat der Registerrichter bei begründeten Zweifeln über die Vollwertigkeit des Vermögens des übertragenden Rechtsträgers die Möglichkeit, weitere Nachweise, gegebenenfalls auch eine Testierung der Bilanz zu verlangen[1].

Der Sachgründungsbericht ist entbehrlich, *soweit* Kapitalgesellschaften und eG als übertragende Rechtsträger fungieren. Wirken bei der Verschmelzung durch Neugründung zur Errichtung einer GmbH daneben nach § 58 Abs. 1 UmwG berichtspflichtige Rechtsträger mit, haben deren Vertretungsorgane einen Sachgründungsbericht zu erstatten, freilich **beschränkt auf das von diesem Rechtsträger betriebene Unternehmen** und auf die Darlegung, dass dessen Wert den Nennbetrag der den Anteilsinhabern des berichtspflichtigen Rechtsträgers gewährten Geschäftsanteile erreicht[2]. Unbenommen bleibt jedoch die Möglichkeit, den Sachgründungsbericht freiwillig auf übertragende Rechtsträger in der Rechtsform der Kapitalgesellschaft oder eG zu erstrecken; ein solcher Gesamtsachgründungsbericht kann insbesondere in den Fällen einer disquotalen Verschmelzung zweckmäßig sein[3]. 15

IV. Rechtsfolgen bei fehlendem bzw. fehlerhaftem Sachgründungsbericht

Das gänzliche **Fehlen** eines Sachgründungsberichts kann jedenfalls dann ein **Eintragungshindernis** darstellen, wenn dem nicht durch eine entsprechende Zwischenverfügung des Registerrichters abgeholfen werden kann[4]. Selbiges gilt, wenn der Sachgründungsbericht nicht den an ihn gestellten **inhaltlichen Anforderungen** entspricht, insbesondere keine ausreichende Grundlage für eine Werthaltigkeitsprüfung darstellt[5]. Unbenommen bleibt es dem Registerrichter, unabhängig von der Qualität des Sachgründungsberichts **weitere Unterlagen und Erklärungen** anzufordern (z.B. die Stellungnahme eines Sachverständigen zum tatsächlichen Unternehmenswert), wenn er begründete Zweifel an der Werthaltigkeit des Vermögens der übertragenden Rechtsträger hat[6]. 16

---

1 Vgl. sinngemäß § 55 Rz. 68ff. zur Verschmelzung durch Aufnahme.

2 So auch *Kallmeyer/Kocher* in Kallmeyer, § 58 UmwG Rz. 4; *Reichert* in Semler/Stengel, § 58 UmwG Rz. 11; *Simon/Nießen* in KölnKomm. UmwG, § 58 UmwG Rz. 17; *Rebmann* in Maulbetsch/Klumpp/Rose, § 58 UmwG Rz. 7.

3 Eingehend dazu *Simon/Nießen* in KölnKomm. UmwG, § 58 UmwG Rz. 17.

4 *Kallmeyer/Kocher* in Kallmeyer, § 58 UmwG Rz. 6; *Mayer* in Widmann/Mayer, § 58 UmwG Rz. 6; *Reichert* in Semler/Stengel, § 58 UmwG Rz. 10; *Simon/Nießen* in KölnKomm. UmwG, § 58 UmwG Rz. 13.

5 So ausdrücklich auch *Simon/Nießen* in KölnKomm. UmwG, § 58 UmwG Rz. 14.

6 *Kallmeyer/Kocher* in Kallmeyer, § 58 UmwG Rz. 6; *Mayer* in Widmann/Mayer, § 58 UmwG Rz. 6; *Reichert* in Semler/Stengel, § 58 UmwG Rz. 10.

17 Sofern die Gesellschaft gleichwohl **eingetragen** wird, haben Mängel des Sachgründungsberichts aber keine Auswirkungen auf die Wirksamkeit der Sachgründung[1].

18 **Falsche Angaben** im Sachgründungsbericht können zur Haftung der übertragenden Rechtsträger und ihrer Geschäftsleiter, nicht dagegen der Anteilsinhaber nach § 9a GmbHG führen (vgl. § 56 Rz. 51 f.). Darüber hinaus kann sich insofern auch eine persönliche Strafbarkeit der Erklärenden nach § 82 Abs. 1 Nr. 2 GmbHG ergeben.

§ 59
Verschmelzungsbeschlüsse

Der Gesellschaftsvertrag der neuen Gesellschaft wird nur wirksam, wenn ihm die Anteilsinhaber jedes der übertragenden Rechtsträger durch Verschmelzungsbeschluss zustimmen. Dies gilt entsprechend für die Bestellung der Geschäftsführer und der Mitglieder des Aufsichtsrats der neuen Gesellschaft, soweit sie von den Anteilsinhabern der übertragenden Rechtsträger zu wählen sind.

I. Überblick

1 Der Gesellschaftsvertrag der neu gegründeten GmbH stellt bei der Verschmelzung durch Neugründung grundsätzlich einen **zwingenden Bestandteil des Verschmelzungsvertrags** dar (vgl. § 37 UmwG). Der Verschmelzungsvertrag wird bei der Verschmelzung zur Neugründung nicht von den Anteilsinhabern der sich vereinigenden Rechtsträger als (zukünftigen) GmbH-Gesellschaftern, sondern von den **Vertretungsorganen** der übertragenden Rechtsträger abgeschlossen (§ 38 Abs. 2 UmwG). Um den notwendigen Einfluss der (designierten) Gesellschafter auf den Satzungsinhalt sicherzustellen, bestimmt § 59 Satz 1 UmwG, dass der Gesellschaftsvertrag der neuen GmbH nur wirksam wird, wenn ihm die Anteilsinhaber jedes der übertragenden Rechtsträger durch Verschmelzungsbeschlüsse zustimmen.

2 Entsprechendes gilt nach § 59 Satz 2 UmwG für die **Bestellung der ersten Geschäftsführer und von Aufsichtsratsmitgliedern** der Anteilseignerseite, soweit sie bereits vor der Eintragung der neuen GmbH im Zusammenhang mit der Beurkundung des Verschmelzungsvertrags erfolgt. Auch insoweit erfolgt die Bestellung durch die Vertretungsorgane der übertragenden Rechtsträger.

1 Vgl. nur *Märtens* in MünchKomm. GmbHG, § 5 GmbHG Rz. 242 m.w.N.

3 § 59 UmwG entspricht § 32 Abs. 2 KapErhG. Die Ergänzung in Satz 2 durch das 2. UmwG-Änderungsgesetz[1] entscheidet eine Streitfrage zum seit dem 1.1.1995 geltenden Recht im Sinne der schon in den Vorauflagen dieses Kommentars vertretenen Auffassung und bestätigt, dass auch die Geschäftsführer der neuen GmbH vor ihrer Anmeldung zum Handelsregister zu bestellen sind, und zwar von den Anteilsinhabern aller übertragenden Rechtsträger.

II. Zustimmung zum Gesellschaftsvertrag (§ 59 Satz 1 UmwG)

4 Als zwingender Bestandteil des Verschmelzungsvertrags (vgl. § 37 UmwG) wird der Gesellschaftsvertrag der neuen GmbH ebenso wie der Verschmelzungsvertrag von den Vertretungsorganen der sich vereinigenden Rechtsträger abgeschlossen; zu seiner Wirksamkeit bedarf es jedoch der Zustimmung der Anteilsinhaber jedes der übertragenden Rechtsträger als (designierten) Gesellschaftern der neuen GmbH.

5 Die h.M. zu § 32 KapErhG differenzierte zwischen dem Verschmelzungsbeschluss und dem Zustimmungsbeschluss zum Gesellschaftsvertrag[2]. § 59 Satz 1 UmwG geht demgegenüber von der **Identität von Verschmelzungsbeschluss und Zustimmungsbeschluss** aus. Dies entspricht § 37 UmwG und ist auch deshalb konsequent, weil bei der Verschmelzung durch Neugründung die Zustimmung zur Verschmelzung die Zustimmung zum Gesellschaftsvertrag der neuen Gesellschaft, in der die sich vereinigenden Rechtsträger aufgehen sollen, notwendig voraussetzt[3]. Der Regelungsgehalt des § 59 Satz 1 UmwG ist nur historisch zu verstehen, an sich ist die Regelung aufgrund des § 37 UmwG **überflüssig**[4].

6 Für den Zustimmungsbeschluss jedes übertragenden Rechtsträgers gilt § 13 UmwG; er bedarf entsprechend der **notariellen Beurkundung**. Gegenstand des Zustimmungsbeschlusses muss noch nicht zwingend bereits ein notariell beurkundeter Gesellschaftsvertrag sein (vgl. § 2 Abs. 1 Satz 1 GmbHG); es genügt ein schriftlicher Entwurf als Grundlage des Zustimmungsbeschlusses, sofern die Anteilsinhaber lediglich über einen Entwurf des Verschmelzungsvertrags entscheiden (vgl. § 4 UmwG), dessen Bestandteil der Entwurf des Gesellschaftsvertrags ist[5]. Lag den Verschmelzungsbeschlüssen nur der Entwurf des Verschmelzungsvertrags zugrunde, wird der Gesellschaftsvertrag erst wirksam, wenn der sie enthaltende Verschmelzungsvertrag notariell beurkundet worden ist[6].

---

1 UmwGÄndG v. 19.4.2007, BGBl. I, S. 542.

2 *Schilling/Zutt* in Hachenburg[7], § 32 KapErhG Rz. 17; *Lutter/Hommelhoff*[13], § 32 KapErhG Rz. 10; *Dehmer*[1], § 32 KapErhG Anm. 9 und 10.

3 So auch *Mayer* in Widmann/Mayer, § 59 UmwG Rz. 5; *Zimmermann* in Kallmeyer, § 59 UmwG Rz. 1; *Reichert* in Semler/Stengel, § 59 UmwG Rz. 4; *Rebmann* in Maulbetsch/Klumpp/Rose, § 59 UmwG Rz. 2; *Simon/Nießen* in KölnKomm. UmwG, § 59 UmwG Rz. 6; *Haeder* in Henssler/Strohn, § 59 UmwG Rz. 2.

4 So auch *Simon/Nießen* in KölnKomm. UmwG, § 59 UmwG Rz. 6; *Stratz* in Schmitt/Hörtnagl/Stratz, § 59 UmwG Rz. 1.

5 So ausdrücklich auch *Mayer* in Widmann/Mayer, § 59 UmwG Rz. 6; *Simon/Nießen* in KölnKomm. UmwG, § 59 UmwG Rz. 8.

6 *Reichert* in Semler/Stengel, § 59 UmwG Rz. 6; *Simon/Nießen* in KölnKomm. UmwG, § 59 UmwG Rz. 8; *Rebmann* in Maulbetsch/Klumpp/Rose, § 59 UmwG Rz. 3; *Zimmermann* in Kallmeyer, § 59 UmwG Rz. 2.

7 Ergänzend gelten – je nach der Rechtsform des an der Verschmelzung beteiligten übertragenden Rechtsträgers – die rechtsformspezifischen Bestimmungen des besonderen Teils des Verschmelzungsrechts, für die GmbH als übertragenden Rechtsträger also insbesondere **§ 50 UmwG**.

8 Als Bestandteil der Verschmelzungsbeschlüsse richten sich die Zustimmung zur Satzung und insbesondere die **Mehrheitserfordernisse** nach den für die jeweilige Rechtsform des übertragenden Rechtsträgers maßgeblichen Vorschriften[1] (näher unten Rz. 14).

9 Für die Ausübung des Stimmrechts durch **Bevollmächtigte** ergeben sich insoweit keine Besonderheiten – eine Bevollmächtigung in Textform ist rechtsformübergreifend ausreichend (vgl. insb. § 47 Abs. 3 GmbHG, § 134 Abs. 3 Satz 3 AktG)[2], Schriftform hingegen empfehlenswert; insbesondere eine notarielle Beurkundung ist nicht erforderlich.

10 Anders als bei der Verschmelzung durch Aufnahme bedürfen die gesetzlichen **Vertreter eines minderjährigen Anteilsinhabers** eines übertragenden Rechtsträgers gem. § 1822 Nr. 3 BGB jedenfalls dann der familiengerichtlichen Genehmigung[3], wenn der Zweck der durch Verschmelzung errichteten GmbH auf den Betrieb eines Erwerbsgeschäfts gerichtet ist[4]. Selbiges kann sich im Hinblick auf eine potentielle Differenzhaftung aus § 9 GmbHG (dazu § 56 Rz. 49) ebenfalls nach § 1822 Nr. 10 BGB ergeben[5].

III. Organbestellung (§ 59 Satz 2 UmwG)

1. Bestellung der ersten Geschäftsführer

11 § 59 Satz 2 UmwG i.d.F. des 2. UmwG-Änderungsgesetzes stellt klar, dass auch bei der Verschmelzung zur Neugründung die **Bestellung der Geschäftsführer vor Anmeldung der Gesellschaft zum Handelsregister** zu erfolgen hat und dass die Geschäftsführerbestellung, wenn diese nach dem Gesellschaftsvertrag der neuen GmbH (wie regelmäßig, vgl. § 46 Nr. 5 GmbHG) deren Gesellschaftern obliegt, nicht etwa Sache der Vertretungsorgane, sondern vielmehr der Anteilsinhaber der übertragenden Rechtsträger ist, die einer im Verschmelzungsvertrag erfolgten Bestellung der Geschäftsführer deshalb durch Beschluss zustimmen müssen. Ausdrückliche Vorschriften über die Bestellung der ersten Geschäftsführer einer durch Verschmelzung errichteten GmbH enthielt das bis zum Inkrafttreten des 2. UmwGÄndG geltende Recht nicht.

---

1 Vgl. §§ 43, 45d UmwG (für Personenhandelsgesellschaften und Partnerschaftsgesellschaften); §§ 50, 56 UmwG (für die GmbH); §§ 65, 73 UmwG (für die AG); §§ 84, 96 UmwG (für die eG) und § 103 UmwG (für rechtsfähige Vereine).

2 Vgl. *Reichert* in Semler/Stengel, § 59 UmwG Rz. 5; *Rebmann* in Maulbetsch/Klumpp/Rose, § 59 UmwG Rz. 6; zu einer ausführlichen Darstellung der rechtsformspezifischen Formerfordernisse *Zimmermann* in Kallmeyer, § 59 UmwG Rz. 4; ähnlich *Mayer* in Widmann/Mayer, § 59 UmwG Rz. 8, der Schriftform für ausreichend hält.

3 *Reichert* in Semler/Stengel, § 59 UmwG Rz. 5; *Mayer* in Widmann/Mayer, § 59 UmwG Rz. 8; *Rebmann* in Maulbetsch/Klumpp/Rose, § 59 UmwG Rz. 7.

4 Vgl. näher *Ulmer/Löbbe* in Ulmer/Habersack/Löbbe, § 2 GmbHG Rz. 85 und *J. Mayer* in MünchKomm. GmbHG, § 2 GmbHG Rz. 89, jeweils m.w.N.

5 *Zimmermann* in Kallmeyer, § 59 UmwG Rz. 5.

Die Notwendigkeit einer **Bestellung vor Anmeldung zum Handelsregister** ergab sich auch nicht aus § 38 UmwG, denn zuständig zur Anmeldung auch der neuen GmbH sind nicht deren Geschäftsführer, sondern wiederum die Vertretungsorgane der sich vereinigenden Rechtsträger (vgl. näher § 38 Rz. 2). Hieraus wurde teilweise gefolgert, die Bestellung der ersten Geschäftsführer vor Eintragung der neuen GmbH sei nicht erforderlich[1]. Dem war schon vor Inkrafttreten der 2. UmwG-Novelle nicht zu folgen; die Nichterwähnung der Geschäftsführerbestellung in § 59 Satz 2 UmwG beruhte auf einem Redaktionsversehen[2]. 12

Die **Notwendigkeit, vor Anmeldung der neuen Gesellschaft deren ersten Geschäftsführer zu bestellen**, folgt schon aus §§ 6, 10 Abs. 1 GmbHG, auf die § 36 Abs. 2 Satz 1 UmwG verweist; eine mangels Vertretungsorgan handlungsunfähige Gesellschaft darf das Registergericht nicht eintragen (vgl. § 56 Rz. 42). Die Klarstellung durch die UmwG-Novelle ist zu begrüßen, weil auch insoweit ein evidentes Bedürfnis besteht, den Einfluss der zukünftigen Gesellschafter der neuen GmbH auf die Zusammensetzung der Geschäftsführung zu gewährleisten[3]. Auch die ersten Geschäftsführer sind somit, jedenfalls vor der Anmeldung der Verschmelzung, zweckmäßigerweise bereits anlässlich der Beurkundung des Verschmelzungsvertrages, durch die Vertretungsorgane der sich vereinigenden Rechtsträger zu bestellen. Dies gilt auch für den Fall, dass die durch Verschmelzung errichtete neue GmbH ständig mehr als 2000 Arbeitnehmer beschäftigen wird; die Verpflichtung zur Bildung eines **mitbestimmten Aufsichtsrats** besteht in einem solchen Fall nämlich frühestens mit Eintragung der neuen Gesellschaft und dem damit verbundenen Übergang der Unternehmen der übertragenden Rechtsträger auf die neue GmbH (s. auch unten Rz. 22f.)[4]. Die Bestellung der Geschäftsführer und die Zustimmung durch die Anteilsinhaber jedes der beteiligten Rechtsträger ist Voraussetzung für die Anmeldung der neuen GmbH. **Ohne** vorherige **Bestellung der Geschäftsführer** darf der Registerrichter **die neue Gesellschaft nicht eintragen**[5]. 13

Erfolgt die Geschäftsführerbestellung im Verschmelzungsvertrag, so bedarf deren Bestätigung – abweichend vom allgemeinen GmbH-Recht, das die Bestellung von Geschäftsführern mit einfacher Mehrheit vorsieht – regelmäßig einer **Mehrheit von mindestens 3/4** der abgegebenen Stimmen in der Verschmelzungsversammlung (bei GmbH und eG) bzw. des vertretenen Grundkapitals (bei der AG)[6] oder der erschienenen Mitglieder (beim rechtsfähigen Verein) jedes der an der Verschmelzung beteiligten Rechtsträger. Insofern können Satzung, Gesellschaftsvertrag bzw. das entsprechende Statut eines übertragenden Rechtsträgers **größere Mehrheiten**, sowie **weitere Erfordernisse** bestimmen, welche dann zu beachten 14

---

1 Vgl. exemplarisch *Schilling/Zutt* in Hachenburg[7], § 32 KapErhG Rz. 23.

2 Vgl. ausführlich 3. Aufl., Rz. 6.

3 So auch *DAV-Handelsrechtsausschuss*, NZG 2000, 805.

4 Vgl. BegrRegE zur GmbH-Novelle 1980, BT-Drucks. 8/1347, abgedruckt bei *Deutler*, Das neue GmbH-Recht, 1980, S. 150.

5 Mittlerweile unstr., so statt vieler *Mayer* in Widmann/Mayer, § 59 UmwG Rz. 12; *Reichert* in Semler/Stengel, § 59 UmwG Rz. 10; *Stratz* in Schmitt/Hörtnagl/Stratz, § 59 UmwG Rz. 2; *Zimmermann* in Kallmeyer, § 59 UmwG Rz. 6.

6 Neben das Erfordernis einer Kapitalmehrheit von drei Vierteln tritt bei einer übertragenden AG zusätzlich das Erfordernis einer einfachen Stimmenmehrheit gem. § 133 Abs. 1 AktG.

sind[1]. Lediglich bei Personenhandelsgesellschaften und Partnerschaftsgesellschaften ist grundsätzlich, vorbehaltlich abweichender Bestimmungen des Gesellschaftsvertrags, die **Zustimmung aller Gesellschafter** bzw. **Partner** erforderlich (§§ 43 Abs. 1, 45d Abs. 1 UmwG). **Qualifizierte Zustimmungserfordernisse** (zu einem Überblick für die übertragende GmbH s. § 51 Rz. 8) sind ebenfalls zu beachten.

15 Alternativ wird man es – soweit eine **Geschäftsführerbestellung im Verschmelzungsvertrag unterblieben** ist – für zulässig halten müssen, dass nach Abschluss des Verschmelzungsvertrages und der Zustimmung durch die Anteilsinhaber sämtlicher sich vereinigender Rechtsträger die sämtlichen Gesellschafter der neuen GmbH die Geschäftsführer durch Gesellschafterbeschluss mit einfacher Mehrheit (s. § 47 Abs. 1 GmbHG) bestellen[2]. Eine andere Beurteilung ist auch im Hinblick auf das reduzierte Mehrheitserfordernis nicht geboten, da die Anteilsinhaber eines übertragenden Rechtsträgers, die dort über eine Sperrminorität von mindestens 25,1 % der Stimmen verfügen, sich auf dieses Prozedere nicht einzulassen brauchen; sie können ihre Zustimmung zum Verschmelzungsvertrag davon abhängig machen, dass auch die Geschäftsführer bereits im Zusammenhang mit der Beurkundung des Verschmelzungsvertrags und der Satzung der neuen GmbH bestellt werden und auf diese Weise maßgeblich Einfluss auf die Person der Geschäftsführer nehmen. Nach § 36 Abs. 2 Satz 2 UmwG stehen den Gründern zwar die übertragenden Rechtsträger gleich. Des dient jedoch primär der Verfahrenserleichterung. Die Anteilsinhaber der übertragenden Rechtsträger werden unmittelbar Gesellschafter, sind als solche im Verschmelzungs- und Gesellschaftsvertrag benannt und übernehmen nach h.M. beispielsweise auch die Kapitalaufbringungsverantwortung (s. § 55 Rz. 35 ff. und § 56 Rz. 49). Es erscheint daher systemimmanent, ihnen auch unmittelbar die Möglichkeit zu geben, die Kompetenz der Geschäftsführerbestellung auszuüben.

16 **Vor Entstehung der Vor-GmbH** (also vor Wirksamwerden des Verschmelzungsvertrags[3], vgl. dazu § 56 Rz. 7) kommt eine Bestellung der Geschäftsführer durch entsprechenden Beschluss der designierten Gesellschafter der späteren GmbH dagegen nicht in Betracht, da die Vor-GmbH als Rechtsträger noch nicht existiert[4]. Jedenfalls liegt aber in einem späteren zustimmenden Verschmelzungsbeschluss dann die wirksame **Bestätigung** einer zuvor unter Umständen noch nicht wirksamen Bestellung[5].

1 Vgl. § 50 Abs. 1 Satz 2 UmwG (für die GmbH); § 65 Abs. 1 Satz 2 UmwG (für die AG); § 84 Satz 2 UmwG (für die eG) und § 103 Satz 2 UmwG (für rechtsfähige Vereine).

2 So auch *Mayer* in Widmann/Mayer, § 59 UmwG Rz. 12; *Reichert* in Semler/Stengel, § 59 UmwG Rz. 11; *Zimmermann* in Kallmeyer, § 59 UmwG Rz. 6; *Rebmann* in Maulbetsch/Klumpp/Rose, § 59 UmwG Rz. 10; *Keßler* in Keßler/Kühnberger, § 59 UmwG Rz. 4; a.A. *Simon/Nießen* in KölnKomm. UmwG, § 59 UmwG Rz. 13 (Zustimmung durch Verschmelzungsbeschluss als zwingende Wirksamkeitsvoraussetzung für Geschäftsführerbestellung).

3 *Reichert* in Semler/Stengel, § 59 UmwG Rz. 6; *Mayer* in Widmann/Mayer, § 59 UmwG Rz. 12; *Simon/Nießen* in KölnKomm. UmwG, § 59 UmwG Rz. 8; *Zimmermann* in Kallmeyer, § 59 UmwG Rz. 3; *Rebmann* in Maulbetsch/Klumpp/Rose, § 59 UmwG Rz. 4; *Ihrig*, GmbHR 1995, 622 (633); *K. Schmidt* in Scholz, § 11 GmbHG Rz. 28; *Keßler* in Keßler/Kühnberger, § 59 UmwG Rz. 3; *Haeder* in Henssler/Strohn, § 59 UmwG Rz. 4.

4 *Reichert* in Semler/Stengel, § 59 UmwG Rz. 10; *Mayer* in Widmann/Mayer, § 59 UmwG Rz. 12.

5 *Mayer* in Widmann/Mayer, § 59 UmwG Rz. 12.

§ 59 Satz 2 UmwG findet keine Anwendung, wenn die Bestellung der Geschäftsführer nicht durch Wahl der Anteileigner insgesamt erfolgt, sondern sich als gesellschaftsvertragliches **Sonderrecht** eines einzelnen Anteilseigners darstellt (zu Sonderrechten im Hinblick auf die Bestellung von Aufsichtsräten unten Rz. 25); erforderlich ist dann kein Zustimmungsbeschluss der übrigen Anteilseigner, sondern lediglich die Benennung der Geschäftsführer durch den sonderberechtigten Gesellschafter vor Anmeldung der neuen Gesellschaft zum Handelsregister[1]. 17

2. Bestellung der Aufsichtsratsmitglieder

Auch die Bestellung der Anteilseignervertreter im Aufsichtsrat der neuen Gesellschaft obliegt nach allgemeinen Grundsätzen deren **Gesellschaftern**. Vorschriften, die eine Bestellung von Aufsichtsratsmitgliedern der Anteilseigner bereits vor Eintragung der neuen Gesellschaft erforderlich machen würden, existieren für die Verschmelzung zur Errichtung einer GmbH nicht[2]. Soweit die **Anteilseignervertreter** gleichwohl bereits vor der Eintragung der neuen Gesellschaft, z.B. anlässlich des Abschlusses des Verschmelzungsvertrags, durch die Vertretungsorgane der sich vereinigenden Rechtsträger bestellt werden, bedarf diese Bestellung zu ihrer Wirksamkeit ebenfalls der **Zustimmung der Anteilseigner aller übertragenden Rechtsträger** durch Verschmelzungsbeschluss, um so den Einfluss der zukünftigen Gesellschafter auf die Zusammensetzung des Aufsichtsrats, soweit er von den Anteilseignern zu bestellen ist, sicherzustellen[3]. 18

Die Sonderregel des § 59 Satz 2 UmwG für die Aufsichtsratswahl endet mit Wirksamwerden der Verschmelzung und Entstehung der neuen GmbH[4]. Ab diesem Zeitpunkt richtet sich die Bestellung von Aufsichtsratsmitgliedern allein nach dem GmbHG, dem Gesellschaftsvertrag und ggfs. den anwendbaren Mitbestimmungsgesetzen. 19

Abweichend vom allgemeinen GmbH-Recht, das die Bestellung von Aufsichtsratsmitgliedern mit einfacher Mehrheit vorsieht, bedarf die Bestätigung der anlässlich des Abschlusses des Verschmelzungsvertrages bestellten Aufsichtsratsmitglieder somit einer **Mehrheit von mindestens drei Vierteln** der Stimmen in der Verschmelzungsversammlung jedes der an der Fusion beteiligten Rechtsträger. 20

In der Literatur wird kontrovers diskutiert, ob § 59 Satz 2 UmwG nur für die Bestellung eines **fakultativen Aufsichtsrats** (§ 52 GmbHG)[5] oder auch für die Bestellung der Anteilseignervertreter eines mitbestimmten Aufsichtsrats gilt[6]. Es handelt sich dabei um eine **Scheindiskussion**. § 59 Satz 2 UmwG findet auf alle 21

1 So auch *Simon/Nießen* in KölnKomm. UmwG, § 59 UmwG Rz. 15.
2 Vgl. *Stratz* in Schmitt/Hörtnagl/Stratz, § 59 UmwG Rz. 2; *Reichert* in Semler/Stengel, § 59 UmwG Rz. 7; *Mayer* in Widmann/Mayer, § 59 UmwG Rz. 17; *Rebmann* in Maulbetsch/Klumpp/Rose, § 59 UmwG Rz. 11.
3 Ebenso *Mayer* in Widmann/Mayer, § 59 UmwG Rz. 17; *Reichert* in Semler/Stengel, § 59 UmwG Rz. 7; *Stratz* in Schmitt/Hörtnagl/Stratz, § 59 UmwG Rz. 2; *Zimmermann* in Kallmeyer § 59 UmwG Rz. 7.
4 So ausdrücklich auch *Simon/Nießen* in KölnKomm. UmwG, § 59 UmwG Rz. 23.
5 H.M., s. *Mayer* in Widmann/Mayer, § 59 UmwG Rz. 17; *Reichert* in Semler/Stengel, § 59 UmwG Rz. 8; *Zimmermann* in Kallmeyer, § 59 UmwG Rz. 8; *Bermel* in Goutier/Knopf/Tulloch, § 59 UmwG Rz. 4; *Rebmann* in Maulbetsch/Klumpp/Rose, § 59 UmwG Rz. 13; *Keßler* in Keßler/Kühnberger, § 59 UmwG Rz. 5.
6 *Simon/Nießen* in KölnKomm. UmwG, § 59 UmwG Rz. 18 ff.

Bestellungsakte für Aufsichtsratsmitglieder Anwendung, die vor Wirksamwerden der Verschmelzung und Entstehung der neuen GmbH erfolgen; § 59 Satz 2 UmwG lässt sich nicht entnehmen, dass irgendwelche Bestellungen von an sich von den Anteilseignern zu wählenden Aufsichtsratsmitgliedern allein durch die Vertretungsorgane der übertragenden Rechtsträger soll erfolgen können[1]. Der Streit beruht allein darauf, dass es unterschiedliche Vorstellungen darüber gibt, ob die Wahl von Anteilseignervertretern für mitbestimmte Aufsichtsräte vor Wirksamwerden der Verschmelzung relevant werden kann. Es geht damit eher um eine Tatsachen- als eine Rechtsfrage.

22 Richtig ist der Hinweis der erstgenannten, herrschenden Meinung, dass ein Mitbestimmungsstatut bei einer neu gegründeten GmbH trotz Einbringung eines Unternehmens mit mehr als 500 oder 2000 Arbeitnehmern nach h.M. erst nach deren Entstehung und Durchlaufen eines **Statusverfahrens** gem. §§ 97 ff. AktG zur Anwendung kommen kann[2]. Rein praktisch wird in diesen Fällen regelmäßig kein Bedürfnis bestehen, die Anteilseignervertreter bereits im Vorhinein zu bestellen. Auf eine Bestellung der Anteilseignervertreter nach Abschluss des Statusverfahrens findet § 59 Satz 2 UmwG keine Anwendung, was allerdings nicht daran liegt, dass es um die Bestellung von Mitgliedern eines obligatorischen Aufsichtsrats geht, sondern die Gesellschaft bereits aufgrund des Wirksamwerdens der Verschmelzung entstanden ist und die Vertretungsorgane der (mittlerweile erloschenen) übertragenden Rechtsträger keine Bestellungskompetenz mehr haben (s. oben Rz. 19).

23 Allerdings hat sich im Hinblick auf die Einbringung eines Unternehmens, durch das die Schwellenzahl für die Mitbestimmung erstmals überschritten wird, die Praxis etabliert, bereits vor Wirksamwerden der Einbringung und Durchführung des Statusverfahrens neben der erforderlichen Satzungsänderung auch die Wahl der Anteilseignervertreter aufschiebend bedingt auf den Abschluss des Statusverfahrens durch die Gesellschafterversammlung beschließen zu lassen, um eine aufwendige erneute außerordentliche Gesellschafterversammlung alsbald nach Wirksamwerden der Einbringung zu vermeiden; der Vorstand wird in einem solchen Fall angewiesen, die Satzungsänderung erst nach Ablauf des Statusverfahrens anzumelden[3]. Bedeutung hat dies, wenn ohnehin noch vor Abschluss des Statusverfahrens eine ordentliche Gesellschafterversammlung stattfindet, und insbesondere im Vorfeld eines Börsengangs, um eine Hauptversammlung der börsennotierten Gesellschaft alsbald nach der Börsenzulassung zu vermeiden. Ein berechtigtes Interesse, eine alsbaldige erneute Anteilseignerversammlung zu vermeiden, kann sich auch bei einer GmbH stellen, insbesondere bei einer GmbH mit einem großen Gesellschafterkreis.

---

1 Zutreffend *Simon/Nießen* in KölnKomm. UmwG, § 59 UmwG Rz. 18.

2 Zur Einführung der Mitbestimmung durch ein Statusverfahren auch in diesen Fällen etwa BAG v. 16.4.2008 – 7 ABR 6/07, GmbHR 2008, 1039; *Fastrich* in Baumbach/Hueck, § 6 GmbHG Rz. 35; *Zöllner/Noack* in Baumbach/Hueck, § 52 GmbHG Rz. 15, 17; *Koppensteiner/Schnorbus* in Rowedder/Schmidt-Leithoff, § 52 GmbHG Rz. 50; *Uwe H. Schneider* in Scholz, § 52 GmbHG Rz. 44; *Spindler* in MünchKomm. GmbHG, § 52 GmbHG Rz. 66 ff., 69.

3 *Kiem/Uhrig*, NZG 2001, 680 (683 ff.); *Schnitker/Grau*, NZG 2007, 486 ff.; *Hoffmann-Becking* in MünchHdb. GesR AG, § 28 Rz. 63; *Butzke*, Die Hauptversammlung der AG, 5. Aufl. 2011, Rz. J 18; *E. Vetter* in Marsch-Barner/Schäfer, Hdb. börsennotierte AG, 3. Aufl. 2014, § 24 Rz. 30.

Im Hinblick auf die Anwendbarkeit des § 59 Satz 2 UmwG stellt sich allein die Frage, ob diese Vorgehensweise auch bei der Verschmelzung durch Neugründung zulässig ist, ob also die Anteilseignervertreter bereits aufschiebend bedingt durch die Vertretungsorgane der übertragenden Rechtsträger bestellt werden können. Wenn man dies zulässt, ist eine Legitimation der bestellten Anteilseignervertreter nach § 59 Satz 2 UmwG unabdingbar[1]. Ein Bedenken könnte daher rühren, dass die aufschiebend bedingte Vorabbestellung der Anteilseignervertreter freiwillig erfolgt und die Kompetenz der Vertretungsorgane hierfür zweifelhaft ist. Dies überzeugt im Ergebnis jedoch nicht: Die Legitimation der Gewählten steht bei dem kombinierten Verfahren mit Bestellung durch die Vertretungsorgane der übertragenden Rechtsträger und anschließender Zustimmung der Anteilseignerversammlungen nicht in Frage und „freiwillig" erfolgt auch jede Bestellung eines nicht obligatorisch mitbestimmten Aufsichtsrats. Auch bei der Verschmelzung durch Neugründung ist die geschilderte Vorgehensweise daher zulässig[2]. Wenn die zukünftigen Gesellschafter ohnehin mit der Maßnahme befasst werden und über die Verschmelzung beschließen müssen, besteht bei einem größeren Gesellschafterkreis ein Interesse, nicht alsbald nach Wirksamwerden der Verschmelzung eine Gesellschafterversammlung der neuen GmbH einzuberufen. Die Vertreter der Auffassung, dass § 59 Satz 2 UmwG nicht auf die Bestellung von Anteilseignervertretern mitbestimmter Aufsichtsräte Anwendung findet (s. oben Rz. 21), diskutieren diese Frage nicht und können nicht so verstanden werden, als würden sie die vorgestellte Vorgehensweise ablehnen. 24

§ 59 Satz 2 UmwG trifft eine Sonderregel für die Bestellung und Legitimierung derjenigen Aufsichtsratsmitglieder, die von der Gesellschafterversammlung der neuen GmbH zu wählen sind. Er findet keine Anwendung auf die **Aufsichtsratsbestellung aufgrund von Sonderrechten** einzelner Gesellschafter oder Dritter (zu Sonderrechten im Hinblick auf die Bestellung von Geschäftsführern oben Rz. 17)[3]. 25

Dritter Abschnitt Verschmelzung unter Beteiligung von Aktiengesellschaften

Vorbemerkung

Der 3. Abschnitt (§§ 60–77 UmwG) gilt für alle Verschmelzungen, an denen Aktiengesellschaften, sei es als übertragende oder als aufnehmende Gesellschaften, beteiligt sind. Er gilt also nicht nur bei Verschmelzungen von Aktiengesellschaften untereinander, sondern, sofern eine Aktiengesellschaft betroffen ist, auch für Verschmelzungen unter Beteiligungen von Rechtsträgern anderer Rechtsformen[4].

1 Zutreffend *Simon/Nießen* in KölnKomm. UmwG, § 59 UmwG Rz. 21.
2 So auch *Simon/Nießen* in KölnKomm. UmwG, § 59 UmwG Rz. 21.
3 So auch *Mayer* in Widmann/Mayer, § 59 UmwG Rz. 18; *Reichert* in Semler/Stengel, § 59 UmwG Rz. 8; *Simon/Nießen* in KölnKomm. UmwG, § 59 UmwG Rz. 22; *Bermel* in Goutier/Knopf/Tulloch, § 59 UmwG Rz. 4.
4 *Ganske*, S. 106.

Zur SE § 3 Rz. 12ff.; gem. Art. 10 SE-VO gelten für die SE die Vorschriften für die AG. Hierzu zählen auch §§ 60ff. UmwG[1].

Erster Unterabschnitt Verschmelzung durch Aufnahme

§ 60
Prüfung der Verschmelzung; Bestellung der Verschmelzungsprüfer

Der Verschmelzungsvertrag oder sein Entwurf ist für jede Aktiengesellschaft nach den §§ 9 bis 12 zu prüfen.

I. Inhalt der Norm

1 § 60 UmwG enthält einen Verweis auf die für alle Verschmelzungen (soweit durch entsprechenden Verweis in Bezug genommen) geltenden Regeln der Verschmelzung. § 60 Abs. 2 und Abs. 3 UmwG a.F. legten fest, dass die Verschmelzungsprüfer vom Vorstand der jeweiligen Gesellschaft zu bestellen waren. Die Bestellung nur eines Verschmelzungsprüfers war auf gemeinsamen Antrag der Vorstände durch das Gericht möglich. Diese Regelung ist durch das Spruchverfahrensneuordnungsgesetz aufgehoben worden, da § 10 UmwG für alle Verschmelzungen eine vergleichbare Regelung enthält.

II. Erforderlichkeit der Verschmelzungsprüfung

2 Die Norm legt fest, dass der Verschmelzungsvertrag für jede an der Verschmelzung beteiligte Aktiengesellschaft unabhängig davon, ob dies ein Aktionär verlangt[2] (anders § 44 UmwG und § 48 UmwG), zu prüfen ist. Es spielt also keine Rolle, ob die Aktiengesellschaft übertragende oder übernehmende Gesellschaft ist und auch nicht, welche Rechtsform andere an der Verschmelzung beteiligte Rechtsträger haben. Dies gilt nach § 9 Abs. 2 UmwG, auf den in § 60 Abs. 1 UmwG verwiesen wird, nicht, wenn eine 100%ige Tochtergesellschaft auf ihre Mutter verschmolzen wird. Diese Ausnahme ist mit der 3. Richtlinie vereinbar[3]. Fraglich ist, ob der Verweis auf § 9 UmwG so verstanden werden darf, als könne bei der Verschmelzung einer Aktiengesellschaft auf eine andere Aktiengesellschaft über § 9 Abs. 3 UmwG auch § 8 Abs. 3 UmwG angewandt werden[4]. Art. 10 der 3. Richtlinie, die für Verschmelzungen von Aktiengesellschaften auf Aktien-

1 S. *Heckschen* in Widmann/Mayer, Anh. 14 Rz. 525.
2 *Diekmann* in Semler/Stengel, § 60 UmwG Rz. 3; *Junker* in Henssler/Strohn, § 61 UmwG Rz. 2; *W. Müller* in Kallmeyer, § 60 UmwG Rz. 1.
3 Dort Art. 24.
4 So wohl die Begr bei *Ganske*, S. 106, wo für die Verschmelzung einer Aktiengesellschaft auf eine Aktiengesellschaft keine Ausnahme gemacht wird, und *Diekmann* in Semler/Stengel, § 60 UmwG Rz. 5; *Junker* in Henssler/Strohn, § 60 UmwG Rz. 3; *W. Müller* in Kallmeyer, § 60 UmwG Rz. 1; *Simon* in KölnKomm. UmwG, § 60 UmwG Rz. 7; *Stratz* in Schmitt/Hörtnagl/Stratz, § 60 UmwG Rz. 2.

gesellschaften gilt, sieht einen solchen Verzicht nicht vor[1]. Dem entspricht, dass zum alten Recht ein solcher Verzicht allgemein für unzulässig gehalten wurde[2]. Da es bei der Verschmelzungsprüfung aber einzig um den Schutz der Anteilsinhaber geht (§ 9 Rz. 4), ist eine Verzichtsmöglichkeit durchaus sachgerecht und daher auch möglich. Denn für einen aufgedrängten Schutz besteht kein Bedürfnis (§ 9 Rz. 20). Zum Verzicht auf den Bericht § 12 Abs. 3 UmwG.

§ 61
Bekanntmachung des Verschmelzungsvertrags

Der Verschmelzungsvertrag oder sein Entwurf ist vor der Einberufung der Hauptversammlung, die gemäß § 13 Abs. 1 über die Zustimmung beschließen soll, zum Register einzureichen. Das Gericht hat in der Bekanntmachung nach § 10 des Handelsgesetzbuchs einen Hinweis darauf bekannt zu machen, dass der Vertrag oder sein Entwurf beim Handelsregister eingereicht worden ist.

Literatur

Jessica Schmidt, § 123 Abs. 1 i.d.F. des UMAG und §§ 61 Satz 1, 63 Abs. 1 UmwG – ein unbeabsichtigter Richtlinienverstoß, DB 2006, 375.

I. Normzweck

1 § 61 UmwG will sicherstellen, dass die Aktionäre sich schon vor der Hauptversammlung über den Verschmelzungsvertrag/Entwurf hinreichend informieren können. Zwar erhalten sie mit der Einladung zur Hauptversammlung gem. § 124 Abs. 2 Satz 2 AktG Kenntnis von dem wesentlichen Inhalt des Verschmelzungsvertrages. § 61 UmwG ermöglicht es ihnen aber, den gesamten Text einzusehen, und dies auch schon vor Erhalt der Einladung. Die Norm will nicht die Interessen der Gläubiger wahren[3]. Zwar erfahren auch sie durch die Bekanntmachung des Hinweises von der Verschmelzung. Doch ist das nur ein Reflex des intendierten Aktionärsschutzes. Den Interessen der Gläubiger dient § 22 UmwG.

---

1 „Für jede der sich verschmelzenden Gesellschaften prüfen … unabhängige Sachverständige …"; dazu, dass die Richtlinie nur für die Verschmelzung von Aktiengesellschaften auf Aktiengesellschaften gilt, s. die Präambel der Richtlinie und *Henze*, AG 1993, 341 (351).

2 *Dehmer*[2], § 340b AktG Rz. 2; *Grunewald* in G/H/E/K, § 340b AktG Rz. 2; *Kraft* in KölnKomm. AktG, § 340b AktG Rz. 2; s. auch *Grunewald* in G/H/E/K, § 352b AktG Rz. 9; *Kraft* in KölnKomm. AktG, § 352b AktG Rz. 5.

3 *Simon* in KölnKomm. UmwG, § 61 UmwG Rz. 2.

II. Anwendungsbereich

2 Die Norm gilt unabhängig davon, ob die AG der übertragende oder der übernehmende Rechtsträger ist. Ist sowohl der übertragende als auch der aufnehmende Rechtsträger eine AG, so erfolgt die Einreichung also beim Handelsregister beider Gesellschaften. § 9 Abs. 1 HGB ermöglicht es den Aktionären und anderen Interessenten, in den Vertragstext Einsicht zu nehmen und gegebenenfalls eine Abschrift zu fordern.

III. Einreichung zum Register

a) Maßgeblicher Zeitpunkt

3 Nach § 61 Satz 1 UmwG ist der Verschmelzungsvertrag oder der Entwurf vor der **Einberufung der Hauptversammlung**, die über die Verschmelzung beschließen soll, zum Handelsregister einzureichen. Damit wird Art. 6 der 3. Richtlinie[1] umgesetzt. Der Zeitpunkt der Einberufung ist der der Bekanntmachung in den Gesellschaftsblättern (§ 121 Abs. 4 Satz 1 AktG)[2] bzw. bei Einberufung durch eingeschriebenen Brief der Tag der Absendung des ersten[3] Briefes (§ 121 Abs. 4 Satz 2 AktG). Es reicht also aus, wenn der Vertrag bzw. Entwurf kurz vor dem Einrücken in den Bundesanzeiger/Erscheinen des Blattes/Absendung der Einladung eingereicht wurde. Die Einreichung kann auch nur wenige Stunden/Minuten vor der Einberufung erfolgen. Insbesondere muss es sich nicht um den Vortag handeln, da das Gesetz dies nicht fordert[4]. Allerdings ist stets darauf zu achten, dass die Monatsfrist von Art. 6 Abs. 1 der Richtlinie eingehalten wird. Dies kann wegen der 30-Tage-Frist von § 123 Abs. 1 AktG bei Monaten mit 31 Tagen relevant werden[5]. Durch die Einreichung wird erreicht, dass der Vertrag mit einiger Wahrscheinlichkeit bei Einrücken in den Bundesanzeiger/Erscheinen des Blattes/Erhalt der Einladung auch öffentlich zugänglich ist. Hat die Gesellschaft mehrere Publikationsorgane, so muss die Einreichung vor dem Erscheinen des ersten Organs liegen, da auch die Aktionäre, die sich auf dieses Blatt verlassen, die Möglichkeit der sofortigen Einsicht haben sollen[6].

4 Wird **die Einberufungsfrist** im Einverständnis aller Aktionäre **abgekürzt**, so muss die Einreichung gleichwohl ab dem genannten Zeitpunkt erfolgen. Die Verkürzung der Frist hat auf die Verpflichtung keinen Einfluss[7]. Allerdings wird man in der Abkürzung der Einberufungsfrist regelmäßig auch einen Verzicht auf die volle Ausschöpfung der Monatsfrist von Art. 6 der 3. Richtlinie sehen können. Es bleibt dann dabei, dass kurz vor der Einberufung die Unterlagen einzureichen sind. **Er-**

1 S. unten Anh. III S. 3451 ff.

2 *Junker* in Henssler/Strohn, § 61 UmwG Rz. 4; *Stratz* in Schmitt/Hörtnagl/Stratz, § 61 UmwG Rz. 3.

3 *Braunfels* in Heidel, Anhang Umwandlungsrecht Rz. 39; *Simon* in KölnKomm. UmwG, § 61 UmwG Rz. 12.

4 *Diekmann* in Semler/Stengel, § 61 UmwG Rz. 11; *Junker* in Henssler/Strohn, § 61 UmwG Rz. 4; *Simon* in KölnKomm. UmwG, § 61 UmwG Rz. 14; *Rieger* in Widmann/Mayer, § 61 UmwG Rz. 7.

5 *J. Schmidt*, DB 2006, 375.

6 *Diekmann* in Semler/Stengel, § 61 UmwG Rz. 14; *Rieger* in Widmann/Mayer, § 61 UmwG Rz. 8; *Simon* in KölnKomm. UmwG, § 61 UmwG Rz. 11.

7 *Simon* in KölnKomm. UmwG, § 61 UmwG Rz. 18.

folgt keine Einberufung (Vollversammlung, § 121 Abs. 6 AktG), so entfällt die Einreichung[1]. Da mit Beginn der Hauptversammlung die Unterlagen ausliegen (§ 64 UmwG), macht die Einreichung keinen Sinn mehr. Daher kommt § 121 Abs. 6 AktG analog zur Anwendung.

b) Einzureichende Unterlagen

Einzureichen ist der Vertrag oder Entwurf mit allen Anlagen[2], da nur so eine umfassende Information der Aktionäre – wie von der Norm angestrebt – erreicht werden kann. Erfolgen Änderungen, so muss der **geänderte Text** eingereicht werden. Sofern dies nicht mehr vor der Einberufung erfolgt, liegt ein Verstoß gegen § 61 UmwG vor, falls es sich um Änderungen handelt, die schon vor diesem Zeitpunkt hätten erfolgen können, es also nicht um Anpassungen aufgrund späterer Ereignisse geht[3]. Eine Anfechtung des Verschmelzungsbeschlusses kommt aber auch in diesem Fall regelmäßig nicht in Frage (unten Rz. 8). 5

IV. Bekanntmachung

In den Informationssystemen nach § 10 HGB[4] ist ein Hinweis (also nicht der Verschmelzungsvertrag oder sein Entwurf) auf die Einreichung bekannt zu machen (§ 61 Satz 2 UmwG)[5]. Dies wird von Art. 6 der 3. Richtlinie gefordert. Auch wenn der Registerrichter der Ansicht ist, dass der Verschmelzungsvertrag fehlerhaft ist, hat die Bekanntmachung gleichwohl zu erfolgen. Das Prüfungsrecht des Registerrichters in Bezug auf die Ordnungsmäßigkeit der Verschmelzung bezieht sich nur auf die Eintragung. 6

V. Verzicht

Die **Aktionäre können** auf Einreichung und Bekanntmachung **verzichten**[6]. Da die Norm einzig ihrem Schutz dient, können sie auch darüber disponieren. Ein solches Verständnis der Norm widerspricht auch nicht Art. 6 der 3. Richtlinie, da auch EU-Recht einer dem Schutzzweck entsprechenden Normauslegung nicht 7

---

1 *Junker* in Henssler/Strohn, § 61 UmwG Rz. 4; *Simon* in KölnKomm. UmwG, § 61 UmwG Rz. 18; a.A. (Einreichung zu Beginn der Hauptversammlung erforderlich) *Diekmann* in Semler/Stengel, § 61 UmwG Rz. 15; *Rieger* in Widmann/Mayer, § 61 UmwG Rz. 7.1.

2 *Diekmann* in Semler/Stengel, § 61 UmwG Rz. 10; *Junker* in Henssler/Strohn, § 61 UmwG Rz. 3; *Marsch-Barner* in Kallmeyer, § 61 UmwG Rz. 1; *Rieger* in Widmann/Mayer, § 61 UmwG Rz. 4; *Simon* in KölnKomm. UmwG, § 61 UmwG Rz. 7.

3 *Marsch-Barner* in Kallmeyer, § 61 UmwG Rz. 1; ähnlich auch *Diekmann* in Semler/Stengel, § 61 UmwG Rz. 11; a.A. *Rieger* in Widmann/Mayer, § 61 UmwG Rz. 4.1; *Simon* in KölnKomm. UmwG, § 61 UmwG Rz. 10: Einreichung stets zu spät, falls es sich um wesentliche Änderungen handelt.

4 Also nicht in allen Gesellschaftsblättern: *Rieger* in Widmann/Mayer, § 61 UmwG Rz. 12; *Stratz* in Schmitt/Hörtnagl/Stratz, § 61 UmwG Rz. 3.

5 *Junker* in Henssler/Strohn, § 61 UmwG Rz. 6; *Simon* in KölnKomm. UmwG, § 61 UmwG Rz. 20.

6 *Diekmann* in Semler/Stengel, § 61 UmwG Rz. 17; *Junker* in Henssler/Strohn, § 61 UmwG Rz. 4; *Simon* in KölnKomm. UmwG, § 61 UmwG Rz. 19; a.A. *Rieger* in Widmann/Mayer, § 61 UmwG Rz. 10.1: Norm diene auch den Gläubigern.

entgegensteht (s. § 8 Rz. 54). Anders als in den gesetzlich vorgesehenen Fällen eines Verzichts (§ 8 Abs. 3 UmwG) ist eine notarielle Beurkundung des Verzichts wegen der relativ geringen Bedeutung von Einreichung und Bekanntmachung nicht erforderlich[1]. Zur Vollversammlung oben Rz. 4.

VI. Rechtsfolgen unzureichender Einreichung bzw. Bekanntmachung

8 Kommt der Vorstand der Pflicht zur Einreichung des (Vertrags-)Entwurfs nicht nach, so kann er durch Zwangsgeld dazu angehalten werden (§ 14 HGB)[2]. Sollte eine **Einreichung der Unterlagen zum Handelsregister nicht** oder nicht vor der Einberufung **erfolgt** sein, so ist ein gleichwohl gefasster **Verschmelzungsbeschluss anfechtbar**, falls er auf diesem Mangel beruht. Das wird aber nur selten der Fall sein, da der Verschmelzungsvertrag bzw. der Entwurf von der Einberufung der Hauptversammlung an in den Geschäftsräumen der AG ausliegt (§ 63 Abs. 1 Nr. 1 UmwG). Die Aktionäre können also ohne größere Mühe auch auf diesem Weg Einblick nehmen. Demgemäß ist ein solcher Verfahrensfehler meist nicht relevant[3].

9 Sollte der **Hinweis nicht bekannt gemacht worden sein**, so liegt ebenfalls ein Verfahrensfehler vor. Doch wird auch dieser meist nicht zur Anfechtbarkeit des Verschmelzungsbeschlusses führen, weil die Aktionäre über die Tagesordnung von der geplanten Verschmelzung erfahren (§ 124 AktG)[4]. Sofern sie sich hierfür nicht näher interessieren, werden sie von dem Ausliegen der Unterlagen nach § 63 UmwG Kenntnis erlangen.

10 Sollten die Unterlagen nicht bzw. nicht rechtzeitig zum Handelsregister eingereicht oder der Hinweis nicht ordnungsgemäß bekannt gemacht sein, so **hindert dies nicht die Eintragung der Verschmelzung**, da diese Mängel nicht so gravierend sind, dass die Voraussetzungen von § 398 FamFG erfüllt wären. Insbesondere tangieren die genannten Fehler nicht das öffentliche Interesse[5].

---

1 *Simon* in KölnKomm. UmwG, § 61 UmwG Rz. 19; a.A. *Diekmann* in Semler/Stengel, § 61 UmwG Rz. 17.

2 S. § 316 Abs. 1 Satz 1 UmwG; *Diekmann* in Semler/Stengel, § 61 UmwG Rz. 20; *Marsch-Barner* in Kallmeyer, § 61 UmwG Rz. 4; *Rieger* in Widmann/Mayer, § 61 UmwG Rz. 14; *Stratz* in Schmitt/Hörtnagl/Stratz, § 61 UmwG Rz. 1.

3 *Diekmann* in Semler/Stengel, § 62 UmwG Rz. 19; *Junker* in Henssler/Strohn, § 61 UmwG Rz. 5; *Marsch-Barner* in Kallmeyer, § 61 UmwG Rz. 3; *Rieger* in Widmann/Mayer, § 61 UmwG Rz. 15; *Simon* in KölnKomm. UmwG, § 61 UmwG Rz. 24, 27.

4 *Marsch-Barner* in Kallmeyer, § 61 UmwG Rz. 5; *Simon* in KölnKomm. UmwG, § 61 UmwG Rz. 27; *Stratz* in Schmitt/Hörtnagl/Stratz, § 61 UmwG Rz. 4.

5 *Braunfels* in Heidel, Anhang Umwandlungsrecht Rz. 40; *Simon* in KölnKomm. UmwG, § 61 UmwG Rz. 25; a.A. *Diekmann* in Semler/Stengel, § 61 UmwG Rz. 19, 21; sofern die Einreichung nicht noch vor der Hauptversammlung erfolgt.

§ 62
Konzernverschmelzungen

(1) Befinden sich mindestens neun Zehntel des Stammkapitals oder des Grundkapitals einer übertragenden Kapitalgesellschaft in der Hand einer übernehmenden Aktiengesellschaft, so ist ein Verschmelzungsbeschluss der übernehmenden Aktiengesellschaft zur Aufnahme dieser übertragenden Gesellschaft nicht erforderlich. Eigene Anteile der übertragenden Gesellschaft und Anteile, die einem anderen für Rechnung dieser Gesellschaft gehören, sind vom Stammkapital oder Grundkapital abzusetzen.

(2) Absatz 1 gilt nicht, wenn Aktionäre der übernehmenden Gesellschaft, deren Anteile zusammen den zwanzigsten Teil des Grundkapitals dieser Gesellschaft erreichen, die Einberufung einer Hauptversammlung verlangen, in der über die Zustimmung zu der Verschmelzung beschlossen wird. Die Satzung kann das Recht, die Einberufung der Hauptversammlung zu verlangen, an den Besitz eines geringeren Teils am Grundkapital der übernehmenden Gesellschaft knüpfen.

(3) Einen Monat vor dem Tage der Gesellschafterversammlung oder der Hauptversammlung der übertragenden Gesellschaft, die gemäß § 13 Abs. 1 über die Zustimmung zum Verschmelzungsvertrag beschließen soll, sind in dem Geschäftsraum der übernehmenden Gesellschaft zur Einsicht der Aktionäre die in § 63 Abs. 1 bezeichneten Unterlagen auszulegen. Gleichzeitig hat der Vorstand der übernehmenden Gesellschaft einen Hinweis auf die bevorstehende Verschmelzung in den Gesellschaftsblättern der übernehmenden Gesellschaft bekanntzumachen und den Verschmelzungsvertrag oder seinen Entwurf zum Register der übernehmenden Gesellschaft einzureichen; § 61 Satz 2 ist entsprechend anzuwenden. Die Aktionäre sind in der Bekanntmachung nach Satz 2 erster Halbsatz auf ihr Recht nach Absatz 2 hinzuweisen. Der Anmeldung der Verschmelzung zur Eintragung in das Handelsregister ist der Nachweis der Bekanntmachung beizufügen. Der Vorstand hat bei der Anmeldung zu erklären, ob ein Antrag nach Absatz 2 gestellt worden ist. Auf Verlangen ist jedem Aktionär der übernehmenden Gesellschaft unverzüglich und kostenlos eine Abschrift der in Satz 1 bezeichneten Unterlagen zu erteilen. Die Unterlagen können dem Aktionär mit dessen Einwilligung auf dem Wege elektronischer Kommunikation übermittelt werden. Die Verpflichtungen nach den Sätzen 1 und 6 entfallen, wenn die in Satz 1 bezeichneten Unterlagen für denselben Zeitraum über die Internetseite der Gesellschaft zugänglich sind.

(4) Befindet sich das gesamte Stamm- oder Grundkapital einer übertragenden Kapitalgesellschaft in der Hand einer übernehmenden Aktiengesellschaft, so ist ein Verschmelzungsbeschluss des Anteilsinhabers der übertragenden Kapitalgesellschaft nicht erforderlich. Ein solcher Beschluss ist auch nicht erforderlich in Fällen, in denen nach Absatz 5 Satz 1 ein Übertragungsbeschluss gefasst und mit einem Vermerk nach Absatz 5 Satz 7 in das Handelsregister eingetragen wurde. Absatz 3 gilt mit der Maßgabe, dass die dort genannten Verpflichtungen nach Abschluss des Verschmelzungsvertrages für die Dauer eines Monats zu erfüllen sind. Spätestens bei Beginn dieser Frist ist die in § 5 Absatz 3 genannte Zuleitungsverpflichtung zu erfüllen.

(5) In Fällen des Absatzes 1 kann die Hauptversammlung einer übertragenden Aktiengesellschaft innerhalb von drei Monaten nach Abschluss des Verschmelzungsvertrages einen Beschluss nach § 327a Absatz 1 Satz 1 des Aktiengesetzes fassen, wenn der übernehmenden Gesellschaft (Hauptaktionär) Aktien in Höhe von neun Zehnteln des Grundkapitals gehören. Der Verschmelzungsvertrag oder sein Entwurf muss die Angabe enthalten, dass im Zusammenhang mit der Verschmelzung ein Ausschluss der Minderheitsaktionäre der übertragenden Gesellschaft erfolgen soll. Absatz 3 gilt mit der Maßgabe, dass die dort genannten Verpflichtungen nach Abschluss des Verschmelzungsvertrages für die Dauer eines Monats zu erfüllen sind. Spätestens bei Beginn dieser Frist ist die in § 5 Absatz 3 genannte Zuleitungsverpflichtung zu erfüllen. Der Verschmelzungsvertrag oder sein Entwurf ist gemäß § 327c Absatz 3 des Aktiengesetzes zur Einsicht der Aktionäre auszulegen. Der Anmeldung des Übertragungsbeschlusses (§ 327e Absatz 1 des Aktiengesetzes) ist der Verschmelzungsvertrag in Ausfertigung oder öffentlich beglaubigter Abschrift oder sein Entwurf beizufügen. Die Eintragung des Übertragungsbeschlusses ist mit dem Vermerk zu versehen, dass er erst gleichzeitig mit der Eintragung der Verschmelzung im Register des Sitzes der übernehmenden Aktiengesellschaft wirksam wird. Im Übrigen bleiben die §§ 327a bis 327f des Aktiengesetzes unberührt.

Literatur

Arbeitskreis Umwandlungsrecht, Vorschläge zum Referentenentwurf eines Umwandlungsgesetzes, ZGR 1993, 321; *Austmann*, Der verschmelzungsrechtliche Squeeze-out nach dem 3. UmwGÄndG 2011, NZG 2011, 684; *Bayer/Schmidt*, Der Referentenentwurf zum 3. UmwÄndG: Vereinfachungen bei Verschmelzungen und Spaltungen und ein neuer verschmelzungsspezifischer Squeeze-out, ZIP 2010, 953; *Bodenbrenner/Grewe*, Ungeschriebene Hauptversammlungszuständigkeit bei Erwerb der Dresdner Bank durch die Commerzbank, Der Konzern 2011, 547; *Bungert/Wettich*, Der verschmelzungsspezifische Squeeze-out: Neue Gestaltungsmöglichkeiten für die Praxis, DB 2010, 2545; *Freitag*, Neues zum Recht der Konzernverschmelzung und des Squeeze-out, BB 2010, 1611; *Goslar/Mense*, Der umwandlungsrechtliche Squeeze-out als neues Gestaltungsmittel, GWR 2011, 275; *Grunewald*, Die Verschmelzung von Kapitalgesellschaften, in Lutter (Hrsg.), Kölner Umwandlungsrechtstage, 1995, S. 19; *Göthel*, Der verschmelzungsrechtliche Squeeze-out, ZIP 2011, 1541; *Habersack*, Umwandlung der AG ohne Mitwirkung der Hauptversammlung – Eine Studie zu § 62 UmwG, in FS Horn, 2006, S. 337; *Heckschen*, Die Novelle des Umwandlungsgesetzes – Erleichterungen für Verschmelzungen und Squeeze-out, NJW 2011, 2390; *Heckschen*, Das Dritte Gesetz zur Änderung des Umwandlungsgesetzes in der Fassung des Regierungsentwurfes, NZG 2010, 1041; *Henze*, Die „zweistufige" Konzernverschmelzung, AG 1993, 341; *Hoffmann-Becking* in Reform des Umwandlungsrechts, IDW-Symposion, 1992, S. 58 ff.; *Ising*, Umwandlungen im Konzern – Verzicht auf Hauptversammlungsbeschluss, NZG 2010, 1403; *Kraft/Redenius-Hövermann*, Fristberechnung in der Konzernverschmelzung, ZIP 2013, 961; *Krieger*, Der Konzern in Fusion und Umwandlung, ZGR 1990, 517; *D. Mayer*, Praxisfragen des verschmelzungsrechtlichen Squeeze-out-Verfahrens, NZG 2012, 561; *Neye/Kraft*, Neuigkeiten zum Umwandlungsrecht, NZG 2011, 681; *Packi*, Inhaltliche Kontrollmöglichkeiten bei Durchführung des umwandlungsrechtlichen Squeeze-out, ZGR 2011, 776; *Priester*, Strukturänderungen – Beschlussvorbereitung und Beschlussfassung, ZGR 1990, 420; *Schockenhoff/Lumpp*, Der verschmelzungsrechtliche Squeeze out in der Praxis, ZIP 2013, 749; *Schröder/Wirsch*, Formwechsel und anschließender Squeeze-out, ZGR 2012, 660; *Simon/Merkelbach*, Das Dritte Gesetz zur Änderung des UmwG, DB 2011, 1317; *Stephanblome*, Gestaltungsmöglichkeiten beim verschmelzungsrechtlichen Squeeze-out, AG 2012, 814; *Wagner*, Der Regierungsentwurf für ein Gesetz zur Änderung des Umwandlungsgesetzes, DStR 2010, 1629.

I. Entstehungsgeschichte

1 Vorläufer von § 62 UmwG ist § 352b Abs. 1 AktG a.F., der die Vergünstigungen von Art. 27 der 3. Richtlinie[1] ausnutzt. § 62 UmwG war während des Gesetzgebungsverfahrens stark umstritten. Der Diskussionsentwurf[2] wollte die in § 352b Abs. 1 AktG a.F. vorgesehenen Erleichterungen für Verschmelzungen, bei denen sich 9/10 des Grundkapitals einer AG in der Hand der aufnehmenden AG befindet, abschaffen, da sie **nicht dem damaligen[3] System des Aktienrechts entspreche**, nach dem bei Entscheidungen, die zur Übernahme von wirtschaftlichen Risiken eines anderen Rechtsträgers führen (Abschluss eines Unternehmensvertrages, Eingliederung), stets eine Zustimmung der Hauptversammlung erforderlich ist. Auch sei – so die Begründung des Diskussionsentwurfs – eine solche Ausnahme mit dem sog. Holzmüller-Urteil[4] nicht vereinbar. Dem stimmte die

1 ABl. EG Nr. L 295/36 v. 20.10.1978; s. unten Anh. III, S. 3451 ff.
2 DiskE, Gesetz zur Bereinigung des Umwandlungsrechts, 1988, Begr dazu S. 39; s. auch *Ganske*, S. 109.
3 Da die Holzmüller-Judikatur ihrerseits mittlerweile klar restriktiv gehandhabt wird – BGH v. 26.4.2004 – II ZR 155/02, NZG 2004, 571 = AG 2004, 384; BGH v. 26.4.2004 – II ZR 154/02, NZG 2004, 575 –, hat dieser Einwand an Gewicht verloren; *Habersack* in FS Horn, S. 337 (342 f.).
4 BGH v. 25.2.1982 – II ZR 174/80, BGHZ 83, 122.

Literatur zu Recht zu[1]. Der Referentenentwurf[2] wich von dieser strikten Haltung ab und bestimmte, dass ein Hauptversammlungsbeschluss der aufnehmenden AG nicht obligatorisch sein solle, falls die AG als herrschendes Unternehmen für die Schulden der übertragenden Gesellschaft hafte. Gedacht war an die Haftung bei Eingliederung oder nach den Regeln des qualifiziert faktischen Konzerns[3]. Man ging dabei davon aus, dass die Verschmelzung in diesem Fall das Risiko für die aufnehmende AG nur geringfügig erhöhen würde und daher ein Verzicht auf den Hauptversammlungsbeschluss vertretbar sei. Wirklich überzeugen konnte diese Lösung allerdings nicht. Denn wenn man die schon bestehende Haftung als hinreichenden Grund für den Verzicht auf den Hauptversammlungsbeschluss ansehen würde, dann hätte eine vergleichbare Regelung eigentlich für jede Rechtsform der aufnehmenden Gesellschaft und unabhängig von der Höhe des Beteiligungsbesitzes vorgesehen werden müssen. Der Vorschlag des Referentenentwurfs ist dann auch auf Kritik gestoßen[4], die sich vor allem darauf berief, dass sich die alte Regelung des § 352b AktG bewährt habe[5] und dem Schutz der Minderheit in der übernehmenden AG durch den Verschmelzungsbericht, die Verschmelzungsprüfung sowie die Möglichkeit, ein Minderheitsverlangen auf Einberufung der Hauptversammlung zu stellen, hinreichend Rechnung getragen sei.

Sofern man demgemäß der Ansicht ist, dass der Schutz der Minderheit durch § 62 UmwG gewährleistet ist, stellt sich allerdings die Frage, ob nicht auch für Verschmelzungen auf Rechtsträger anderer Rechtsform als der einer AG bzw. mit anderen Rechtsträgern als Aktiengesellschaften und GmbHs (Personenhandelsgesellschaften!) vergleichbare Regelungen geschaffen werden sollten[6]. Für die Beschränkung auf AGs als aufnehmende Rechtsträger wird angeführt, dass die Rechte der Aktionäre stets geringer seien als die anderer Gesellschafter[7]. Das trifft zwar zu, erklärt aber nicht unbedingt, warum gerade diese „Residualrechte" vom Gesetzgeber auch noch eingeschränkt werden, zumal von Gesellschaftern anderer Rechtsform eher erwartet werden kann, dass sie die Möglichkeit von § 62 Abs. 2 UmwG nutzen. In Bezug auf die Beschränkung der Rechtsform des übertragenden Rechtsträgers wird geltend gemacht, dass es an einer verlässlichen dem Grund-/Stammkapital entsprechenden Referenzgröße fehle[8]. Da aber auch in diesen Rechtsformen Stimmenmehrheiten, die an Kapitalanteile gebunden sind, üblich sind und zudem der Weg über § 62 UmwG ja nicht gegangen werden muss, leuchtet dieser Einwand nicht recht ein.

2 § 62 Abs. 5 UmwG regelt den sog. **verschmelzungsrechtlichen Squeeze-out**. Diese Regelung geht zurück auf das 3. UmwGÄndG, das seinerseits die Richtlinie 2009/109/EG umsetzt[9]. Die Regelung greift – anders als § 62 Abs. 1–4 UmwG –

1 *Krieger*, ZGR 1990, 517 (524); *Priester*, ZGR 1990, 420 (434).
2 RefE, Gesetz zur Bereinigung des Umwandlungsrechts, 1992, S. 105f.
3 *Ganske*, S. 109.
4 Arbeitskreis Umwandlungsrecht, ZGR 1993, 121 (228); *Hoffmann-Becking*, S. 62.
5 Der Bericht des Rechtsausschusses (*Ganske*, S. 109) sagt, man habe einem aus Wirtschaftskreisen geäußerten Wunsch nachgegeben.
6 S. *Grunewald* in Kölner Umwandlungsrechtstage, S. 52; *Marsch-Barner* in Kallmeyer, § 62 UmwG Rz. 1.
7 *Habersack* in FS Horn, S. 337 (341).
8 *Habersack* in FS Horn, S. 337 (341).
9 Zu der Vorgeschichte der Richtlinie *Austmann*, NZG 2011, 685 (686); eine Neufassung erfolgte ohne inhaltliche Änderungen für den Squeeze-out durch Richtlinie 2011/35/EU, dazu *Schröder/Wirsch*, ZGR 2012, 660 (676).

nur ein, wenn auch die übertragende Gesellschaft eine AG ist (§ 62 Abs. 1–4 UmwG verlangen nur eine Kapitalgesellschaft als übertragenden Rechtsträger, so dass auch die GmbH erfasst ist). § 62 Abs. 4 UmwG regelt, dass auch ein Verschmelzungsbeschluss eines übertragenden Rechtsträgers bei einer 100%igen Tochtergesellschaft nicht erforderlich ist. Hierzu zählt auch der Fall, dass aufgrund eines Squeeze-out nach § 62 Abs. 5 UmwG eine 100%ige Tochtergesellschaft erst entsteht. Auf diese Weise setzt der deutsche Gesetzgeber Art. 27 und Art. 28 der Verschmelzungsrichtlinie um, die er so versteht, dass ein Beschluss der Hauptversammlung der übertragenden AG nur dann entbehrlich ist, wenn ein mit 90 % beteiligter Aktionär, der selber eine AG ist, die Minderheitsaktionäre ausschließen kann[1].

II. Entbehrlichkeit des Verschmelzungsbeschlusses in der übernehmenden AG

Wenn die Voraussetzungen von § 62 Abs. 1 UmwG erfüllt sind, muss ein Hauptversammlungsbeschluss nicht gefasst werden. Die Verschmelzung wird ohne Vorlage einer entsprechenden Niederschrift eingetragen. Alle übrigen Regelungen für die Verschmelzung (wie etwa Verschmelzungsbericht, Verschmelzungsprüfung, Kapitalerhöhungsbeschluss, Verschmelzungsbeschluss der Gesellschafter des übertragenden Rechtsträgers) müssen aber eingehalten werden. 3

1. Erforderlicher Anteilsbesitz

a) Berechnung

Die Erleichterungen von § 62 UmwG kommen nur zur Anwendung, wenn sich mindestens 9/10 des Stamm- oder Grundkapitals einer Kapitalgesellschaft (also GmbH oder AG) in der Hand der übernehmenden AG befinden (§ 62 Abs. 1 Satz 1 UmwG). Diese Formulierung, die sich auch in §§ 319 Abs. 1, 320 Abs. 1 AktG findet, besagt, dass die übernehmende AG **Inhaberin der Aktien bzw. der Geschäftsanteile** – sei es auch nur auflösend bedingt – sein muss[2]. Es kommt nicht darauf an, ob die Anteile stimmberechtigt sind oder nicht[3]. Es reicht nicht aus, dass die übernehmende AG zusammen mit einem im eigenen Namen handelnden Treuhänder oder einer 100%igen Tochtergesellschaft die erforderliche Beteiligungshöhe erreicht[4], und auch nicht, dass schuldrechtliche Ansprüche auf Übertragung von Anteilen auf die AG bestehen. Diese strengen Voraussetzungen finden ihren Grund darin, dass Klarheit darüber bestehen muss, ob die Erleichterungen nach § 62 UmwG zur Anwendung kommen oder nicht. Im Übrigen kann in dem Fall, dass die übernehmende AG nur zusammen mit einer anderen – sei es auch von ihr zu 100 % beherrschten – Person die erforderlichen 9/10 erreicht, auch nicht 4

1 *Packi*, ZGR 2011, 775 (778).

2 *Junker* in Henssler/Strohn, § 62 UmwG Rz. 4; *Simon* in KölnKomm. UmwG, § 62 UmwG Rz. 12; *Stratz* in Schmitt/Hörtnagl/Stratz, § 62 UmwG Rz. 4.

3 *Diekmann* in Semler/Stengel, § 62 UmwG Rz. 12; *Marsch-Barner* in Kallmeyer, § 62 UmwG Rz. 11; *Rieger* in Widmann/Mayer, § 61 UmwG Rz. 13.

4 *Diekmann* in Semler/Stengel, § 62 UmwG Rz. 11; *Junker* in Henssler/Strohn, § 62 UmwG Rz. 4; *Marsch-Barner* in Kallmeyer, § 62 UmwG Rz. 8; *Rieger* in Widmann/Mayer, § 62 UmwG Rz. 12; *Simon* in KölnKomm. UmwG, § 62 UmwG Rz. 11.

ohne weiteres gesagt werden, dass die Verschmelzung für die übernehmende AG wegen ihrer hohen Beteiligungsquote ohne größere Bedeutung sei. Denn die Beteiligung eines Dritten federt üblicherweise das übernommene Risiko ab. Auf der anderen Seite ändern schuldrechtliche Pflichten der AG zur Übertragung der Beteiligung – sei es auch aufgrund von Treuhandverhältnissen – nichts daran, dass die AG die für die Quotenberechnung entscheidende Rechtsstellung innehat[1]. Allerdings kann es sein, dass die AG mit ihrem Votum für die Verschmelzung ihre schuldrechtlichen Pflichten aus dem Treuhandverhältnis gegenüber einem Dritten verletzt.

5 Bei der Berechnung der erforderlichen Quote ist von dem **Grund-/Stammkapital der übertragenden Gesellschaft auszugehen**. Von dieser Summe sind eigene Anteile sowie Anteile Dritter, die einem anderen für Rechnung der übertragenden Gesellschaft gehören, abzuziehen (§ 62 Abs. 1 Satz 2 UmwG)[2], da diese Beteiligung der übertragenden Gesellschaft an sich selbst die wirtschaftliche Position der übernehmenden AG in der übertragenden Gesellschaft nicht schwächt[3]. Weitere Anteile sind nicht abzuziehen, auch nicht, wenn der übertragende Rechtsträger wiederum eine AG ist und in Bezug auf einige seiner Aktien die Voraussetzungen des § 71d AktG gegeben sind[4]. Anderenfalls wäre oftmals unklar, ob die Tatbestandsmerkmale des § 62 UmwG erfüllt sind. Auch ist die Intention des § 71d AktG eine andere (es geht um ein Erwerbsverbot) als die des § 62 UmwG (Erleichterung der Verschmelzung). Ebenso wenig sind Anteile abzuziehen, die Tochtergesellschaften des übertragenden Rechtsträgers gehören[5].

6 Es spielt keine Rolle, ob die 9/10-Beteiligung einzig **mit dem Ziel erworben wurde, die Voraussetzungen von § 62 UmwG herbeizuführen**[6] und wie lange die Beteiligung schon gehalten wurde[7]. Das Gesetz stellt auf die Höhe der Beteiligung ab, nicht auf die Umstände, unter denen sie erworben wurde.

b) Maßgeblicher Zeitpunkt

7 Wann die erforderliche Anteilsquote im Besitz der übernehmenden AG sein muss, **sagt das Gesetz nicht**, und zwar auch nicht in § 62 Abs. 3 UmwG. Zwar ist in § 62 Abs. 3 Satz 2, 3 UmwG festgelegt, dass die Aktionäre einen Monat vor dem Tag der Gesellschafterversammlung der übertragenden Gesellschaft auf ihr Recht, ein Minderheitsverlangen nach § 62 Abs. 2 UmwG zu stellen, hinzuweisen sind.

1 *Junker* in Henssler/Strohn, § 62 UmwG Rz. 4.
2 S. auch § 16 Abs. 2 Satz 2, 3 AktG, § 320 Abs. 1 Satz 2 AktG.
3 *Simon* in KölnKomm. UmwG, § 62 UmwG Rz. 14; *Stratz* in Schmitt/Hörtnagl/Stratz, § 62 UmwG Rz. 5.
4 *Diekmann* in Semler/Stengel, § 62 UmwG Rz. 10; *Marsch-Barner* in Kallmeyer, § 62 UmwG Rz. 11; *Rieger* in Widmann/Mayer, § 62 UmwG Rz. 10; *Stratz* in Schmitt/Hörtnagl/Stratz, § 62 UmwG Rz. 5.
5 LG Mannheim v. 26.3.1990 – 24 O 124/88, ZIP 1990, 992 (993) = AG 1991, 110; *Diekmann* in Semler/Stengel, § 62 UmwG Rz. 10; *Stratz* in Schmitt/Hörtnagl/Stratz, § 62 UmwG Rz. 5.
6 LG Mannheim v. 26.3.1990 – 24 O 124/88, ZIP 1990, 992 (993) = AG 1991, 110; *Henze*, AG 1993, 341 (349); *Junker* in Henssler/Strohn, § 62 UmwG Rz. 4; *Rieger* in Widmann/Mayer, § 61 UmwG Rz. 22; *Stratz* in Schmitt/Hörtnagl/Stratz, § 62 UmwG Rz. 7.
7 S. unten Rz. 7 und *Simon* in KölnKomm. UmwG, § 62 UmwG Rz. 20; *Stratz* in Schmitt/Hörtnagl/Stratz, § 62 UmwG Rz. 7.

Aber das besagt nicht, dass auch zu diesem Zeitpunkt schon die Voraussetzungen dieses Verlangens erfüllt sein müssten. Vielmehr kann die Ankündigung durchaus auch dann erfolgen, wenn der Erwerb der 9/10-Beteiligung zwar absehbar, aber noch nicht vollzogen ist. Gleiches gilt für die übrigen für diesen Zeitpunkt vorgesehenen, durchweg der Information der Aktionäre dienenden Maßnahmen des § 62 Abs. 2 UmwG (Auslegung der Unterlagen nach § 63 Abs. 1 UmwG, Hinweis auf die Verschmelzung, Einreichung des Verschmelzungsvertrages oder des Entwurfs). Der Inhalt der ausgelegten Unterlagen wird dann zwar vielfach auf die geplante Verschmelzung unter Ausnutzung von § 62 UmwG hinweisen (etwa kann der Verschmelzungsvertrag bedingt geschlossen sein, die Verschmelzungsberichte erläutern dies), aber das besagt nicht, dass die Voraussetzungen des § 62 UmwG zu diesem Zeitpunkt bereits erfüllt sein müssten[1].

Für die **Beschlussfassung in der übertragenden Gesellschaft** ist von maßgeblicher Bedeutung, ob eine Verschmelzung unter Ausnutzung von § 62 UmwG erfolgt oder nicht. Daher ist dies der Moment, in dem die Voraussetzungen des § 62 UmwG erfüllt sein müssen[2]. Denn wenn eine Zustimmung der Hauptversammlung der übernehmenden AG nicht erforderlich ist, tritt mit der Beschlussfassung in der übertragenden Gesellschaft die Bindung an den Verschmelzungsvertrag ein. Dies muss für die Gesellschafter der übertragenden Gesellschaft klar sein[3]. Hinzu kommt, dass anderenfalls durch den Hinzuerwerb von Aktien ein (vielleicht sogar bereits angefochtener) Verschmelzungsbeschluss überflüssig und damit vielleicht sogar unbeachtlich werden würde, ohne dass so recht klar wäre, wie mit der doch jetzt eigentlich erforderlichen Bekanntmachung nach § 62 Abs. 3 UmwG zu verfahren wäre[4]. Zudem könnte die Gesellschaft anderenfalls entscheiden, ob sie an dem alten Verfahren festhält oder auf das dann neu eröffnete des § 62 UmwG umschwenken will. Eine solche Unsicherheit in der Abwicklung der Verschmelzung entspricht nicht den auf Rechtssicherheit ausgerichteten Regeln. Dem ist entgegengehalten worden[5], dass diese Bindung für die Gesellschafter nicht von entscheidender Bedeutung sei und daher erst im Moment der Anmeldung der Verschmelzung die Voraussetzungen des § 62 UmwG erfüllt sein müssten. Denn spätestens im Moment der Anmeldung müssten dem Registerrichter die Unterlagen der Verschmelzung zur Verfügung stehen. Hierzu gehöre auch der Verschmelzungsbeschluss, sofern nicht die Voraussetzungen des § 62 UmwG erfüllt seien. Da aber das Fehlen von Unterlagen im Allgemeinen nicht zur Zurückweisung des Antrags (sondern nur zum Erlass einer Zwischenverfügung) führt, müsste von die- 8

1 LG Mannheim v. 26.3.1990 – 24 O 124/88, ZIP 1990, 992 (994) = AG 1991, 110; *Henze*, AG 1993, 341 (343 f.).

2 *Stratz* in Schmitt/Hörtnagl/Stratz, § 62 UmwG Rz. 7.

3 Entgegen *Habersack* in FS Horn, S. 337 (345) und *Rieger* in Widmann/Mayer, § 62 UmwG Rz. 25, reicht es nicht aus, im Verschmelzungsbericht auf die angestrebte 9/10-Beteiligung hinzuweisen. Denn dadurch wird nicht klar, wann die Beteiligung besteht und daher die Bindung eintritt.

4 *Habersack* in FS Horn, S. 337 (347).

5 *Habersack* in FS Horn, S. 337 (345); *Henze*, AG 1993, 341 (344); *Marsch-Barner* in Kallmeyer, § 62 UmwG Rz. 9; im Ergebnis auch *Rieger* in Widmann/Mayer, § 62 UmwG Rz. 24; gegen den Standpunkt von *Henze* auch implizit OLG Karlsruhe v. 9.8.1991 – 15 U 127/90, ZIP 1991, 1145 (1148) = AG 1992, 31: Es reiche nicht aus, dass die Quote im Moment der Anmeldung gegeben sei. Das OLG beruft sich allerdings darauf, dass das Minderheitsverlangen dann nicht mehr gestellt werden könnte. Dem trägt das Gesetz aber anderweit Rechnung (unten Rz. 19).

sem Ansatzpunkt aus eigentlich auch ein noch späterer Erwerb der 9/10-Beteiligung genügen[1].

2. Verschmelzung bedeutsamer Tochtergesellschaften

9 Unter den Voraussetzungen des § 62 Abs. 1 UmwG ist die Fassung eines Verschmelzungsbeschlusses in dem übernehmenden Rechtsträger entbehrlich. Diese Regelung des Gesetzes beinhaltet eine **abschließende Gewichtung** der für und gegen eine Beschlussfassung sprechenden Gründe. Sie kann auch für besonders gelagerte Fälle nicht unter Berufung darauf, dass die Verschmelzung für die übernehmende AG eine besondere Bedeutung habe und daher die sog. Holzmüller-Grundsätze eingreifen würden, wieder in Frage gestellt werden[2]. Denn damit würde das vom Gesetz angestrebte Ziel, in diesem Punkt Klarheit zu schaffen, nicht erreicht.

3. Gleichzeitige Verschmelzung mehrerer Gesellschaften

10 Sofern die Verschmelzung nach § 62 UmwG Bestandteil einer gleichzeitigen Verschmelzung mehrerer Rechtsträger ist, ist die Beschlussfassung entbehrlich, wenn in Bezug auf alle übertragenden Rechtsträger die Voraussetzungen von § 62 UmwG erfüllt sind[3]. Ansonsten muss, wenn die Verschmelzung aller Rechtsträger aufgrund eines **einheitlichen Verschmelzungsvorgangs** erfolgen soll, aufgrund der Beteiligung der anderen Rechtsträger ein Beschluss gefasst werden. Bestandteil dieser Beschlussfassung ist dann in Folge der Einheitlichkeit des Vorgangs auch die Verschmelzung des Rechtsträgers, an dem die übernehmende AG zu 9/10 beteiligt ist[4]. Ebenfalls möglich ist es, die Verschmelzungen zu trennen. Maßgeblich ist, ob die Verschmelzungen miteinander stehen und fallen sollen[5]. Wenn das nicht der Fall ist, kann in Bezug auf die 9/10-Beteiligung nach § 62 UmwG verfahren werden.

4. Informationspflichten (§ 62 Abs. 3 UmwG)

11 Der Verschmelzungsbeschluss der Anteilsinhaber des übernehmenden Rechtsträgers ist nur entbehrlich, wenn das Verfahren nach § 62 Abs. 3 UmwG eingehalten

---

1 Auf den Zeitpunkt des Wirksamwerdens der Verschmelzung stellt *Diekmann* in Semler/Stengel, § 62 UmwG Rz. 20 und *Junker* in Henssler/Strohn, § 62 UmwG Rz. 6 und *Simon* in KölnKomm. UmwG, § 62 UmwG Rz. 23f ab.

2 *Bodenbrenner/Grewe*, Der Konzern 2011, 547 (551 f.); *Junker* in Henssler/Strohn, § 62 UmwG Rz. 7; a.A. LG Frankfurt/M. v. 15.12.2009 – 3/5 O 208/09, ZIP 2010, 429 (431) = AG 2010, 16; *Diekmann* in Semler/Stengel, § 62 UmwG Rz. 5; *Rieger* in Widmann/Mayer, § 62 UmwG Rz. 15; *Simon* in KölnKomm. UmwG, § 62 UmwG Rz. 26 aber mit zutreffendem Hinweis darauf, dass es an der für die Zuständigkeit der Hauptversammlung maßgeblichen Mediatisierung der Aktionärsrechte fehlt; diesen Aspekt halten *Bodenbrenner/Grewe*, Der Konzern 2011, 547 (551) nicht für ausschlaggebend.

3 *Diekmann* in Semler/Stengel, § 62 UmwG Rz. 13; *Marsch-Barner* in Kallmeyer, § 62 UmwG Rz. 12; *Rieger* in Widmann/Mayer, § 62 UmwG Rz. 15.

4 *Diekmann* in Semler/Stengel, § 62 UmwG Rz. 13; *Marsch-Barner* in Kallmeyer, § 62 UmwG Rz. 12; *Rieger* in Widmann/Mayer, § 62 UmwG Rz. 16; *Simon* in KölnKomm. UmwG, § 62 UmwG Rz. 16; a.A. *Stratz* in Schmitt/Hörtnagl/Stratz, § 62 UmwG Rz. 6.

5 *Simon* in KölnKomm. UmwG, § 62 UmwG Rz. 15.

wurde. Nach § 62 Abs. 3 Satz 1 UmwG sind in den Gesellschaftsräumen der übernehmenden AG **die Unterlagen nach § 63 Abs. 1 UmwG einen Monat vor dem Tag auszulegen**, in dem die übertragende Gesellschaft den Verschmelzungsbeschluss fassen soll. Für die Fristberechnung gelten §§ 187 Abs. 1, 188 Abs. 2, 193 BGB[1]. Ist die Anteilsinhaberversammlung z.B. für den 31.7. vorgesehen, endet die Frist am 31.7. um 0 Uhr[2]. Da ein Verschmelzungsbeschluss in der übernehmenden AG nicht erforderlich ist und demgemäß auch die Einberufung einer Hauptversammlung, die über die Verschmelzung beschließt, nicht erfolgt, gleichwohl aber die Unterlagen zur Information der Aktionäre erforderlich sind, legt § 62 Abs. 3 Satz 1 UmwG den für die Auslegung maßgeblichen Zeitpunkt in Anknüpfung an die Einberufung der Gesellschafterversammlung der übertragenden Gesellschaft fest. Hält die übernehmende AG **bei mehreren Rechtsträgern eine 9/10-Beteiligung** und sollen daher mehrere Verschmelzungsbeschlüsse bei ihr nicht gefasst werden, so muss in Bezug auf jede übertragende Gesellschaft das Verfahren gesondert durchgeführt werden und daher auch auf den jeweils gegebenen Einberufungszeitpunkt abgestellt werden. Sollen die Verschmelzungen miteinander stehen und fallen, können die Unterlagen gemeinsam ausgelegt werden. Der Fristbeginn richtet sich nach der ersten Anteilsinhaberversammlung[3] und läuft ab jeder weiteren Anteilsinhaberversammlung, auch ab der letzten[4], da dann die vom Gesetz vorgesehene Monatsfrist für die Entscheidung der Anteilsinhaber erhalten bleibt. Die Pflicht zur Auslegung endet im Zeitpunkt, in dem ein Minderheitsverlangen nicht mehr gestellt werden kann (unten Rz. 19) und es demgemäß auch an einem entsprechenden Informationsbedürfnis fehlt[5].

Ebenfalls einen Monat vor dem Tag, an dem die übertragende Gesellschaft den Verschmelzungsbeschluss fassen soll, hat der Vorstand den **Verschmelzungsvertrag/bzw. den Entwurf zum Register der übernehmenden AG einzureichen** (§ 62 Abs. 3 Satz 2 UmwG). Dies entspricht der Verpflichtung von § 61 Satz 1 UmwG. Für die Bekanntmachung verweist § 62 Abs. 3 Satz 2 UmwG daher auch auf § 61 Satz 2 UmwG. Darüber hinaus hat der Vorstand ebenfalls zu diesem Zeitpunkt einen **Hinweis auf die bevorstehende Verschmelzung** (nicht auf die ausliegenden Unterlagen)[6] in den Gesellschaftsblättern seiner Gesellschaft (§ 25 AktG) bekannt zu machen. In dieser Bekanntmachung hat ein **Hinweis auf die Möglichkeit, ein Minderheitsverlangen nach § 62 Abs. 2 UmwG zu stellen**, zu erfolgen (§ 62 Abs. 3 Satz 3 UmwG). Auf diese Weise wird sichergestellt, dass die Aktionäre von der nach § 62 Abs. 2 UmwG eröffneten Verfahrensweise Kenntnis erlangen. Die Aktionäre können auf diese Bekanntmachung nicht verzichten, auch nicht ein 12

1 In Bezug auf § 193 BGB a.A. *Diekmann* in Semler/Stengel, § 62 UmwG Rz. 23; *Kraft/Redenius-Hövermann*, ZIP 2013, 961 (963); *Marsch-Barner* in Kallmeyer, § 62 UmwG Rz. 15; *Simon* in KölnKomm. UmwG, § 62 UmwG Rz. 40, da keine Willenserklärung vorliege. Aber die Norm gilt für geschäftsähnliche Handlungen analog: *Henrich* in Bamberger/Roth, 3. Aufl., § 193 BGB Rz. 6.

2 S. *Kraft/Redenius-Hövermann*, ZIP 2013, 961 (963).

3 *Simon* in KölnKomm. UmwG, § 62 UmwG Rz. 42.

4 *Marsch-Barner* in Kallmeyer, § 62 UmwG Rz. 14; *Simon* in KölnKomm. UmwG, § 62 UmwG Rz. 42.

5 *Junker* in Henssler/Strohn, § 62 UmwG Rz. 12; *Marsch-Barner* in Kallmeyer, § 62 UmwG Rz. 15.

6 *Marsch-Barner* in Kallmeyer, § 62 UmwG Rz. 16.

Alleinaktionär[1]. Die Bekanntmachung dient zwar in erster Linie dem Schutz der Aktionäre, was für eine Verzichtsmöglichkeit spricht. Zugleich dient diese Bekanntmachung aber auch der Information der Öffentlichkeit (etwa den Anteilsinhabern der Aktionäre in Konzernkonstruktionen).

13 Jeder Aktionär kann verlangen, dass ihm **kostenlos eine Abschrift** der Unterlagen nach § 62 Abs. 3 Satz 1 UmwG (also die des § 63 Abs. 1 UmwG, s. § 63 Rz. 4ff.) erteilt wird (§ 62 Abs. 3 Satz 6 UmwG). Eine elektronische Übermittlung reicht bei entsprechender Einwilligung des Aktionärs aus (§ 62 Abs. 3 Satz 7 UmwG). Diese muss ausdruckbar sein[2], damit der Aktionär die Unterlagen bequem lesen kann. Die Einwilligung verlangt eigentlich eine vorherige Zustimmung (§ 183 Satz 1 BGB). Doch wird man auch eine Genehmigung ausreichen lassen, da der Aktionär dann gleichermaßen geschützt ist. Das entspricht der Regelung von § 63 Abs. 3 UmwG. Auf diese Weise wie auch aufgrund der Einsichtsmöglichkeit nach § 62 Abs. 3 Satz 1 UmwG besteht für die Aktionäre die Möglichkeit, sachgerecht darüber zu entscheiden, ob sie ein Minderheitsverlangen stellen wollen. Eine Abschrift muss nicht erteilt werden, wenn die Unterlagen im maßgeblichen Zeitraum auf der Internetseite der Gesellschaft zugänglich sind (§ 62 Abs. 3 Satz 8 UmwG, s. unten Rz. 15).

14 Um sicherzustellen, dass die Eintragung der Verschmelzung nur erfolgt, wenn so wie in § 62 Abs. 3 UmwG vorgeschrieben verfahren wurde[3], muss der **Anmeldung ein Nachweis der Bekanntmachung** nach § 62 Abs. 3 Satz 2 UmwG (Kopie des entsprechenden Gesellschaftsblattes, Vorlage eines Belegexemplars) beigefügt werden (§ 62 Abs. 3 Satz 4 UmwG). Insbesondere muss aus der Bekanntmachung auch hervorgehen, dass der **Hinweis nach § 62 Abs. 3 Satz 3 UmwG erfolgt ist**. Der Vorstand hat auch darüber Auskunft zu geben, ob ein Minderheitsverlangen gestellt wurde (§ 62 Abs. 3 Satz 5 UmwG). Sofern dies der Fall ist, erfolgt die Eintragung ohne Fassung eines Verschmelzungsbeschlusses in der übernehmenden AG nur, wenn dieses Verlangen nicht den Anforderungen des § 62 Abs. 2 UmwG entspricht, also etwa die 5 %-Quote nicht erreicht wird. Die Aktionäre, die das Minderheitsverlangen stellen, müssen gegebenenfalls aber die Beteiligungsquote nachweisen[4].

15 Die Verpflichtungen nach § 62 Abs. 3 Satz 1 und Satz 6 UmwG entfallen, wenn die Unterlagen von § 62 Abs. 3 Satz 1 UmwG im maßgeblichen Zeitraum **auf der Internetseite der Gesellschaft zugänglich** sind (§ 62 Abs. 3 Satz 8 UmwG). Diese Formulierung findet sich auch im AktG (z.B. § 52 Abs. 2 Satz 4 AktG). Sie besagt, dass die Information auf der Seite ohne größere Probleme auffindbar sein muss. Technische Störungen gehen nicht zu Lasten der Gesellschaft. Dies gilt auch für

---

1 *Diekmann* in Semler/Stengel, § 62 UmwG Rz. 22; a.A. *Ising*, NZG 2010, 1403 (1404f.); *Schockenhoff/Lumpp*, ZIP 2013, 749 (758).

2 *Bayer/Schmidt*, ZIP 2010, 953 (955); *Marsch-Barner* in Kallmeyer, § 62 UmwG Rz. 17; *Simon/Merkelbach*, DB 2011, 1317.

3 Auch *Rieger* in Widmann/Mayer, § 62 UmwG Rz. 50 geht davon aus, dass bei Verstoß gegen Abs. 3 eine Eintragung nicht erfolgt. Da die Aktionäre der übernehmenden AG keine Anfechtungsmöglichkeit haben und es somit an jeder anderen Sanktion fehlt, beinhaltet auch ein Verstoß gegen § 62 Abs. 3 Satz 2 UmwG a.E. ein Eintragungshindernis, insofern a.A. *Rieger* in Widmann/Mayer, § 62 UmwG Rz. 50.

4 Zu den Nachweismöglichkeiten *Hüffer*, § 122 AktG Rz. 3.

eine Wartung der Seite, sofern sie dem Üblichen[1] entspricht. Eine gesonderte Erklärung des Vorstands gegenüber dem Registerrichter, dass die Einstellung ins Internet ordnungsgemäß erfolgt ist, sieht das Gesetz nicht vor[2].

Werden die **Informationspflichten nicht eingehalten**, wird die Verschmelzung nicht eingetragen[3], da nur so sichergestellt werden kann, dass Minderheiten gegebenenfalls ein entsprechendes Verlangen stellen können. Aus den genannten Gründen (oben Rz. 12) gilt dies auch dann, wenn es keine (entsprechend große) Minderheit gibt. Sollte die Eintragung gleichwohl erfolgen, gilt § 20 Abs. 2 UmwG [4]. 16

5. Minderheitsverlangen (§ 62 Abs. 2 UmwG)

a) Voraussetzungen des Minderheitsverlangens

Ein Verschmelzungsbeschluss in der Hauptversammlung der übernehmenden AG ist entgegen § 62 Abs. 1 UmwG doch erforderlich, wenn Aktionäre mit einer **Beteiligung von 5 % am Grundkapital** dies verlangen[5] (§ 62 Abs. 2 Satz 1 UmwG). Aktionäre, die eine geringere Beteiligung halten, haben dieses Recht nach dem klaren Wortlaut des Gesetzes nicht. Sie können eine entsprechende Zuständigkeit der Hauptversammlung nicht, auch nicht durch eine Ergänzung der Tagesordnung nach § 122 Abs. 2 AktG begründen. Maßgeblich ist der Zeitpunkt der Stellung des Minderheitsverlangens. Die Aktien müssen bis zur Einberufung der Hauptversammlung durch den Vorstand oder bis zum Erlass einer entsprechenden gerichtlichen Ermächtigung gehalten werden[6]. 17

Durch § 62 Abs. 2 Satz 1 UmwG soll den Interessen derjenigen Aktionäre, die die Abhaltung einer Hauptversammlung wünschen, Rechnung getragen werden. Dabei wird es nicht darum gehen, die Fassung des Verschmelzungsbeschlusses zu verhindern. Diese Möglichkeit besteht in Anbetracht der Mehrheitsverhältnisse bei realistischer Betrachtung sowieso nicht. Vielmehr wird es regelmäßig das **Ziel eines Minderheitsverlangens** sein, Auskünfte über die Verschmelzung zu erhalten (§ 64 Abs. 2 UmwG) bzw. – wohl noch wesentlicher – eine Möglichkeit zur Anfechtung des Hauptversammlungsbeschlusses zu schaffen und damit die Verschmelzung insgesamt zu Fall zu bringen[7]. 18

Sofern ein Aktionär nicht allein oder mit ihm bekannten anderen Aktionären zusammen die erforderliche Beteiligungshöhe erreicht, kann es schwierig sein, die notwendige Quote zusammenzubringen. Immerhin stellt das Gesetz sicher, dass 19

1 *Diekmann* in Semler/Stengel, § 62 UmwG Rz. 25b; *Junker* in Henssler/Strohn, § 63 UmwG Rz. 10.
2 A.A. *Diekmann* in Semler/Stengel, § 62 UmwG Rz. 25c.
3 *Braunfels* in Heidel, Einführung Umwandlungsrecht Rz. 49; *Simon* in KölnKomm. UmwG, § 62 UmwG Rz. 56.
4 *Simon* in KölnKomm. UmwG, § 62 UmwG Rz. 56.
5 Zur Berechnung die Kommentierungen zu § 122 Abs. 1 AktG, etwa *Hüffer*, § 122 AktG Rz. 3.
6 *Diekmann* in Semler/Stengel, § 62 UmwG Rz. 27; *Marsch-Barner* in Kallmeyer, § 62 UmwG Rz. 22; *Simon* in KölnKomm. UmwG, § 62 UmwG Rz. 35.
7 *Henze*, AG 1993, 341 (346) sieht zu Recht in dem Verlust der Informations- und Anfechtungsmöglichkeit die entscheidende Schlechterstellung der Aktionäre durch § 352b AktG, dem Vorläufer von § 62 UmwG.

dem Aktionär hierfür mindestens ein Monat Zeit bleibt (§ 62 Abs. 3 UmwG). **Das Verlangen kann bis zur Anmeldung der Verschmelzung gestellt werden**[1]. Nach diesem Zeitpunkt könnte die Eintragung zwar immer noch verhindert werden, aber das Interesse der AG an der Schaffung klarer Verhältnisse überwiegt dann. Eine Verzögerung der Eintragung kann dann, auch wenn sie ihren Grund in der Sphäre der AG hat (unvollständige Unterlagen), nicht mehr dazu führen, dass die Verschmelzung nach anderen Regeln als bei der Anmeldung ersichtlich durchzuführen ist[2]. Um auch im Interesse der betroffenen Aktionäre Klarheit zu schaffen, kann die AG in der Bekanntmachung nach § 62 Abs. 3 Satz 3 UmwG eine Frist für das Minderheitsverlangen festlegen[3]. Diese darf aber nicht kürzer als die geschilderte Monatsfrist sein[4].

20 Das Minderheitsverlangen nach § 62 Abs. 2 UmwG **ist an die durch den Vorstand vertretene AG zu richten**. Es ist aber auch unschädlich, wenn es an den Vorstand gerichtet ist[5]. Schriftform ist ebenso wenig erforderlich[6] wie eine Begründung[7] (anders § 122 Abs. 1 Satz 1 AktG). Es geht evidentermaßen um die Risiken und Kosten, die die Verschmelzung für die übernehmende AG mit sich bringt, sowie u.U. auch um das Umtauschverhältnis.

21 Wird das **Minderheitsverlangen von Aktionären, die es bisher unterstützt haben, zurückgenommen**, so ist der Vorstand, wenn dadurch die erforderliche Prozentzahl unterschritten wird, nicht mehr zur Einberufung der Hauptversammlung verpflichtet[8]. Die Zurücknahme muss, falls die Einberufung bereits erfolgt ist, unverzüglich in den Gesellschaftsblättern veröffentlicht werden[9], da eventuell andere Aktionäre, die sich auf das bisherige Einberufungsverfahren verlassen hatten, nun ihrerseits ein solches Verlangen stellen wollen.

1 *Diekmann* in Semler/Stengel, § 62 UmwG Rz. 30; *Marsch-Barner* in Kallmeyer, § 62 UmwG Rz. 26; *Simon* in KölnKomm. UmwG, § 62 UmwG Rz. 33.

2 A.A. *Rieger* in Widmann/Mayer, § 62 UmwG Rz. 29.1; *Simon* in KölnKomm. UmwG, § 62 UmwG Rz. 33.

3 *Marsch-Barner* in Kallmeyer, § 62 UmwG Rz. 16; *Simon* in KölnKomm. UmwG, § 62 UmwG Rz. 34.

4 *Marsch-Barner* in Kallmeyer, § 62 UmwG Rz. 26; *Rieger* in Widmann/Mayer, § 62 UmwG Rz. 29.1; ähnlich *Simon* in KölnKomm. UmwG, § 62 UmwG Rz. 34: Frist müsse sich an der Monatsfrist orientieren.

5 *Diekmann* in Semler/Stengel, § 62 UmwG Rz. 30; *Marsch-Barner* in Kallmeyer, § 62 UmwG Rz. 20.

6 *Marsch-Barner* in Kallmeyer, § 62 UmwG Rz. 20; *Rieger* in Widmann/Mayer, § 62 UmwG Rz. 30; *Stratz* in Schmitt/Hörtnagl/Stratz, § 62 UmwG Rz. 9.

7 *Diekmann* in Semler/Stengel, § 62 UmwG Rz. 30; *Marsch-Barner* in Kallmeyer, § 62 UmwG Rz. 20; *Rieger* in Widmann/Mayer, § 62 UmwG Rz. 30; *Stratz* in Schmitt/Hörtnagl/Stratz, § 62 UmwG Rz. 9.

8 *Diekmann* in Semler/Stengel, § 62 UmwG Rz. 31; *Rieger* in Widmann/Mayer, § 62 UmwG Rz. 30.1.

9 *Marsch-Barner* in Kallmeyer, § 62 UmwG Rz. 25; *Rieger* in Widmann/Mayer, § 62 UmwG Rz. 30.1; a.A. *Diekmann* in Semler/Stengel, § 62 UmwG Rz. 31: nur Berechtigung des Vorstands.

b) Verstoß gegen die Einberufungspflicht

Kommt der Vorstand dem Verlangen nicht nach, so gilt **§ 122 Abs. 3 AktG analog**[1]. In beiden Fällen geht es um die Durchsetzung eines Minderheitenrechts auf Einberufung der Hauptversammlung. Sofern der Vorstand von der Verschmelzung (aufgrund des Minderheitsverlangens) Abstand nimmt, besteht für die Durchführung der Hauptversammlung im Regelfall kein Bedürfnis mehr[2]. Dann wird das Gericht dem Antrag der Minderheit kaum stattgeben. Sollte der Vorstand die Verschmelzung weiterhin betreiben, muss nach begründetem Minderheitsverlangen eine Hauptversammlung stattfinden. Andernfalls wird die Verschmelzung nicht eingetragen[3]. Sollte dies doch einmal geschehen, gilt § 20 Abs. 2 UmwG[4]. 22

c) Satzungsmäßige Erleichterungen

Nach § 62 Abs. 2 Satz 2 UmwG kann in der Satzung vorgesehen werden, dass das Einberufungsrecht an den **Besitz eines geringeren Teils am Grundkapital** anknüpft. Dagegen kann nicht bestimmt werden, dass ein höherer Anteilsbesitz als 5 % erforderlich ist[5]. Auch Erschwerungen anderer Art (Einhaltung bestimmter Fristen, nur Aktien mit Stimmrecht werden für das Minderheitsverlangen berücksichtigt) können nicht vorgesehen werden[6]. 23

III. Entbehrlichkeit des Verschmelzungsbeschlusses in der übertragenden Gesellschaft

1. Erforderlicher Anteilsbesitz

Nach § 62 Abs. 4 Satz 1 UmwG ist ein Verschmelzungsbeschluss auch in der übertragenden Kapitalgesellschaft entbehrlich, wenn die übernehmende Aktiengesellschaft Alleingesellschafterin ist. In Bezug auf die Feststellung, ob die **AG Alleingesellschafterin ist**, gilt dasselbe wie im Bereich von § 62 Abs. 1 UmwG (oben Rz. 4)[7]. Wird gleichwohl ein Verschmelzungsbeschluss gefasst, müssen nicht die sonst üblichen Formalien (notarielle Beurkundung) eingehalten werden[8]. Da der Verschmelzungsbeschluss auch ganz entfallen könnte, reicht es aus, dass entsprechend § 62 Abs. 4 UmwG verfahren wird. 24

---

1 *Diekmann* in Semler/Stengel, § 62 UmwG Rz. 35; *Junker* in Henssler/Strohn, § 62 UmwG Rz. 8; *Marsch-Barner* in Kallmeyer, § 62 UmwG Rz. 21; *Rieger* in Widmann/Mayer, § 62 UmwG Rz. 31; *Simon* in KölnKomm. UmwG, § 62 UmwG Rz. 54; *Stratz* in Schmitt/Hörtnagl/Stratz, § 62 UmwG Rz. 9.

2 *Diekmann* in Semler/Stengel, § 62 UmwG Rz. 35; *Junker* in Henssler/Strohn, § 62 UmwG Rz. 8; *Marsch-Barner* in Kallmeyer, § 62 UmwG Rz. 21.

3 *Simon* in KölnKomm. UmwG, § 62 UmwG Rz. 50.

4 *Simon* in KölnKomm. UmwG, § 62 UmwG Rz. 54.

5 *Diekmann* in Semler/Stengel, § 62 UmwG Rz. 30; *Stratz* in Schmitt/Hörtnagl/Stratz, § 62 UmwG Rz. 9. S. zu der insoweit gleich lautenden Vorschrift des § 122 Abs. 1 Satz 2 AktG *Hüffer*, § 122 AktG Rz. 8.

6 *Marsch-Barner* in Kallmeyer, § 62 UmwG Rz. 15; *Rieger* in Widmann/Mayer, § 62 UmwG Rz. 29.

7 *Marsch-Barner* in Kallmeyer, § 62 UmwG Rz. 27.

8 A.A. *Diekmann* in Semler/Stengel, § 62 UmwG Rz. 32a; Begründung zum Gesetzentwurf der Bundesregierung: BR-Drucks. 485/10, 10.

25 Die Norm gilt nur, wenn die **übertragende Gesellschaft** eine **Kapitalgesellschaft ist**. Eine Analogie für den Fall, dass eine Personengesellschaft übertragende Gesellschaft ist, kommt nicht in Frage, da sich der Gesetzgeber in Umsetzung der Richtlinie (oben Rz. 3) bewusst dafür entschieden hat, nur Kapitalgesellschaften diese Möglichkeit einzuräumen.

26 Ein Beschluss ist auch entbehrlich, wenn ein **Übertragungsbeschluss nach § 62 Abs. 5 Satz 1 UmwG** mit dem Vermerk nach § 62 Abs. 5 Satz 7 UmwG ins Handelsregister eingetragen wurde (§ 62 Abs. 4 Satz 2 UmwG, dazu unten Rz. 30ff.).

2. Informationspflichten

27 Die in § 62 Abs. 3 UmwG aufgezählten **Informationspflichten** gegenüber den Aktionären der übernehmenden AG sind auch im Fall der Verschmelzung einer 100%igen Tochter zu erfüllen (§ 62 Abs. 4 Satz 3 UmwG). Die Monatsfrist kann allerdings nicht wie in § 62 Abs. 3 Satz 1 UmwG vorgesehen bis zum Tage der Gesellschafterversammlung/Hauptversammlung der übertragenden Gesellschaft laufen, da eine solche Versammlung ja gerade entbehrlich ist. Deshalb sind die Verpflichtungen nach Abschluss des Verschmelzungsvertrages (also ab dem Zeitpunkt, zu dem der Vertrag notariell beurkundet wurde[1]) für einen Monat zu erfüllen.

28 Die Verpflichtungen müssen **nicht ab Beginn des dem Vertragsschluss folgenden Tages** erfüllt werden. Die Begründung zum Gesetzentwurf der Bundesregierung spricht zwar davon, dass die Frist eine Ereignisfrist i.S.v. § 187 Abs. 1 BGB sei[2]. Aber dies kommt im Gesetzeswortlaut nicht zum Ausdruck und ist auch nicht praktikabel, da sonst der Bekanntmachungstext von § 62 Abs. 3 Satz 2 UmwG schon vor Vertragsschluss an den elektronischen Bundesanzeiger übermittelt werden müsste, um eine rechtzeitige Bekanntmachung sicherzustellen, was nicht sinnvoll wäre. Vielmehr kann gemäß dem Wortlaut der Norm die Frist nach Abschluss des Verschmelzungsvertrages zu einem beliebigen Zeitpunkt in Lauf gesetzt werden[3]. Sollte sie in Bezug auf eine der in § 62 Abs. 3 UmwG genannten Verpflichtungen nicht eingehalten worden sein, wird die Verschmelzung nicht eingetragen[4].

29 Zu dem Zeitpunkt, zu dem die Informationspflichten erfüllt werden (also im Zeitpunkt der Hinweisbekanntmachung[5] bzw., wenn die Auslegung der Unterlagen früher erfolgt, zu diesem Zeitpunkt), muss auch die Zuleitung an den Betriebsrat nach § 5 Abs. 3 UmwG erfolgen (§ 62 Abs. 4 Satz 2 UmwG).

---

1 *Mayer*, NZG 2012, 561 (569).

2 Begründung zum Gesetzentwurf der Bundesregierung: BR-Drucks. 485/10, 12.

3 *Göthel*, ZIP 2011, 1541 (1548); *Marsch-Barner* in Kallmeyer, § 62 UmwG Rz. 31; *Mayer*, NZG 2012, 561 (569); *Wagner*, DStR 2010, 1629 (1630); a.A. *Freytag*, BB 2010, 1611 (1613); *Neye/Kraft*, NZG 2011, 681 (682); offen gelassen bei *Kraft/Redenius-Hövermann*, ZIP 2013, 961 (965).

4 *Freitag*, BB 2010, 1611 (1614).

5 Meist wird allein dieser Zeitpunkt genannt, *Marsch-Barner* in Kallmeyer, § 62 UmwG Rz. 32; *Simon/Merkelbach*, DB 2011, 1317 (1320).

IV. Verschmelzungsrechtlicher Squeeze-out

1. Normzweck

Der verschmelzungsrechtliche Squeeze-out dient der Umsetzung der Richtlinie 2009/109/EG, deren Ziel es wiederum ist, **Verwaltungslasten** der in der EU ansässigen Unternehmen **zu verringern**. Diese Begründung wird im Gesetzentwurf der Bundesregierung übernommen[1]. 30

2. Verfassungsrechtliche Bedenken

Verfassungsrechtliche Bedenken gegenüber dem verschmelzungsrechtlichen Squeeze-out werden unter Hinweis darauf vorgebracht, dass eine 90%ige Beteiligung für den Squeeze-out ausreiche. Hierin liege ein Verstoß gegen Art. 14 GG. Dem ist nicht zu folgen. Ganz abgesehen davon, dass die **90 %-Schwelle durch Art. 28, 27 der Richtlinie vorgegeben ist**, und damit gemäß der Judikatur des Bundesverfassungsgericht die Überprüfung anhand deutschen Verfassungsrechts ausgeschlossen ist[2], verstößt die Regelung auch **nicht gegen die Eigentumsgarantie von Art. 14 GG**. Für Beteiligungshöhen von 95 % hat das Bundesverfassungsgericht zum aktienrechtlichen Squeeze-out so bereits entschieden[3] und die Position eines mit 10 % beteiligten Aktionärs ist in Bezug auf die Frage, ob er eine unternehmerische Beteiligung hält oder reine Vermögensinteressen im Vordergrund stehen, die mit einer Barabfindung ausgeglichen werden können, nicht wesentlich verschieden[4]. Es besteht für mit 10 % beteiligte Aktionäre lediglich die zusätzliche Möglichkeit, den Verzicht auf Ersatzansprüche zu blockieren (z.B. § 93 Abs. 4 Satz 3 AktG, § 116 Satz 1 AktG, § 147 Abs. 2 Satz 2 AktG, § 309 Abs. 3 Satz 1 AktG) sowie auf das Verfahren bei der Fassung von Hauptversammlungsbeschlüssen Einfluss zu nehmen (§ 120 Abs. 1 Satz 2 AktG, §§ 137, 138 Satz 3 AktG). Auch diese Rechte werden aber nur praktisch, wenn tatsächlich volle 10 % nicht in der Hand der Muttergesellschaft sind und sich – falls es mehrere außenstehende Gesellschafter gibt – diese auch einig sind[5]. 31

3. Erfasste Gesellschaften

Nach dem klaren Wortlaut der Norm müssen **übertragender und übernehmender Rechtsträger eine AG sein** (§ 62 Abs. 5 Satz 1 und Satz 7 UmwG). Ebenfalls beteiligt sein können eine KGaA (§ 78 UmwG) und/oder eine SE (Art. 10 SE-VO). Maßgeblich ist der Zeitpunkt der Fassung des Squeeze-out-Beschlusses, da die Anforderungen an die Rechtsform, die § 62 Abs. 5 UmwG vorgibt, für diesen Moment 32

---

1 BR-Drucks. 485/10, 5.

2 S. BVerfG v. 22.10.1986 – 2 BvR 197/83, NJW 1987, 577 (Solange II), ständige Rechtsprechung, s. *Austmann*, NZG 2011, 684 (688 f.).

3 BVerfG v. 30.5.2007 – 1 BvR 390/04, ZIP 2007, 1261 = AG 2007, 544; Überblick zu der ausufernden Judikatur und Literatur zu diesem Bereich: *Grunewald* in MünchKomm. AktG, Vor § 327a AktG Rz. 7.

4 Begründung zum Gesetzentwurf der Bundesregierung: BR-Drucks. 485/10, 12; OLG Hamburg v. 14.6.2012 – 11 AktG 1/12, NZG 2012, 944 (945) = AG 2012, 639; *Bungert/Wettich*, DB 2010, 2545 (2548); *Staphanblome*, AG 2012, 814 (820).

5 S. *Seulen*, EWiR, § 62 UmwG 1/12, 503.

gelten[1]. Eine analoge Anwendung auf die GmbH kommt nicht in Betracht, da sich der Gesetzgeber in Umsetzung der Richtlinie bewusst gegen eine Erstreckung auf andere Kapitalgesellschaften entschieden hat[2].

4. Maßgeblicher Anteilsbesitz

33 Ein Squeeze-out nach § 62 Abs. 5 UmwG ist nur möglich, wenn der übernehmenden Gesellschaft 9/10 des Kapitals der übertragenden AG gehören (§ 62 Abs. 5 Satz 1 UmwG). Durch die Bezugnahme auf § 62 Abs. 1 UmwG („in den Fällen des Abs. 1") wird deutlich, dass die Frage, ob der Anteilsbesitz in der Hand der übernehmenden AG ist, so wie in § 62 Abs. 1 UmwG zu entscheiden ist (oben Rz. 4)[3].

5. Maßgeblicher Zeitpunkt für die Beteiligungshöhe

34 Die 90 %-Beteiligung muss im Moment der Fassung des Squeeze-out-Beschlusses vorliegen[4], da dies der entscheidende Moment für den Eingriff in die Rechtsstellung der Aktionäre ist. Dies entspricht dem Wortlaut der Norm und der herrschenden Meinung zu § 327a AktG[5], auf den § 62 Abs. 5 Satz 8 UmwG verweist. Das Gesetz sagt nicht, **wie lange der Hauptaktionär die Beteiligung in dieser Höhe halten muss**. Auch insoweit gilt der Verweis auf § 327a AktG[6].

6. Zeitspanne für den Squeeze-out-Beschluss, Übertragungsverlangen der übernehmenden AG

35 Der Squeeze-out-Beschluss muss **innerhalb von drei Monaten nach Abschluss des Verschmelzungsvertrages** gefasst werden (§ 62 Abs. 5 Satz 1 UmwG). Maßgeblich ist also die notarielle Beurkundung[7]. Auf diese Weise soll sichergestellt werden, dass die gegenüber dem aktienrechtlichen Squeeze-out herabgesetzte Beteiligungsquote nur genutzt werden kann, wenn der Ausschluss mit einer Verschmelzung in Zusammenhang steht. Dies genügt den Vorgaben der Richtlinie.

36 Ein gesondertes **Übertragungsverlangen** i.S.v. § 327a Abs. 1 AktG der übernehmenden Gesellschaft muss nicht gestellt werden[8]. Dieses ergibt sich aus dem Verschmelzungsvertrag, der den Squeeze-out ja bereits vorsieht (§ 62 Abs. 5 Satz 2

---

1 *Mayer*, NZG 2012, 561 (563).

2 Beschlussempfehlung und Bericht des Rechtsausschusses: BT-Drucks. 17/5930, 1; s. auch *Austmann*, NZG 2011, 685 (687).

3 *Austmann*, NZG 2011, 684; *Diekmann* in Semler/Stengel, § 62 UmwG Rz. 32d; *Marsch-Barner* in Kallmeyer, § 62 UmwG Rz. 39; *Mayer*, NZG 2011, 561 (564).

4 *Mayer*, NZG 2011, 561 (564); *Schockenhoff/Lumpp*, ZIP 2013, 749 (753).

5 Statt aller *Grunewald* in MünchKomm. AktG, § 327a AktG Rz. 15; *Schnorbus* in K. Schmidt/Lutter, § 327a AktG Rz. 15.

6 Nach herrschender Meinung muss die Beteiligung nicht bis zur Eintragung gehalten werden, s. *Grunewald* in MünchKomm. AktG, § 327a AktG Rz. 9; *Schnorbus* in K. Schmidt/Lutter, § 327a AktG Rz. 15; a.A. *Göthel*, ZIP 2011, 1541 (1545) und *Mayer*, NZG 2011, 561 (564): Bis zur Eintragung der Verschmelzung; a.A. auch *Austmann*, NZG 2011, 684 (698): Bis zur Eintragung des Squeeze-out.

7 *Mayer*, NZG 2011, 561 (565).

8 *Austmann*, NZG 2011, 684 (689); *Göthel*, ZIP 2011, 1541 (1545); ähnlich *Schockenhoff/Lumpp*, ZIP 2013, 749 (753): Übersendung des Entwurfs des Verschmelzungsvertrages beinhalte konkludentes Übertragungsverlangen.

UmwG), sowie daraus, dass die Verschmelzung betrieben wird. Das Übertragungsverlangen muss zwar auch die Höhe der Barabfindung benennen[1] und könnte daher für die Aktionäre von Bedeutung sein. Aber die Notwendigkeit, diese zu bestimmen, ergibt sich bereits aus § 62 Abs. 5 Satz 8 UmwG i.V.m. § 327c Abs. 1 Nr. 2 AktG.

7. Inhalt des Verschmelzungsvertrages (§ 62 Abs. 5 Satz 2 UmwG)

Der Verschmelzungsvertrag oder der Entwurf muss die Angabe enthalten, dass ein **Squeeze-out durchgeführt werden soll** (§ 62 Abs. 5 Satz 2 UmwG). Auf diese Weise wird sichergestellt, dass die Aktionäre beider Gesellschaften erfahren, dass ein Squeeze-out geplant ist, da der Verschmelzungsvertrag zum Handelsregister einzureichen ist. 37

Der Verschmelzungsvertrag muss **keine Angaben zum Umtauschverhältnis** enthalten. § 5 Abs. 2 UmwG kommt zur Anwendung[2]. Dem lässt sich nicht entgegenhalten, dass gem. § 62 Abs. 5 Satz 7 UmwG der Squeeze-out gleichzeitig und damit eben nicht vor der Verschmelzung wirksam wird und demgemäß niemals eine 100%ige Beteiligung der Mutter an der Tochter vorliege. Das Gesetz ist so zu verstehen, dass auch für diese Art der Verschmelzung die Ausnahme von § 5 Abs. 2 UmwG gelten soll, da es keinen Sinn macht, ein Umtauschverhältnis zu benennen, wenn kein Umtausch erfolgt. Daher ist die Aufnahme einer entsprechenden aufschiebenden Bedingung (Verschmelzung erst wirksam, wenn Squeeze-out wirksam geworden ist) zwar möglich, aber nicht erforderlich[3]. 38

Ebenfalls nicht erforderlich ist die Aufnahme eines Barabfindungsangebots für den Fall, dass eine **börsennotierte auf eine nicht börsennotierte AG verschmolzen wird**[4]. § 62 Abs. 5 Satz 8 UmwG verweist auf § 327b Abs. 1 Satz 1 AktG und stellt somit klar, dass die geschuldete Abfindung so zu bestimmen und abzusichern ist, wie dort beschrieben. 39

8. Informationspflichten (§ 62 Abs. 5 Satz 3–5 UmwG)

Die in § 62 Abs. 3 UmwG für die übernehmende Gesellschaft niedergelegten Informationspflichten gelten nach § 62 Abs. 5 Satz 3 UmwG auch für die übertragende AG[5]. Dem ist unter Hinweis darauf widersprochen worden, dass die Aktionäre der übertragenden AG ja gar nicht über die Verschmelzung beschließen[6]. Dem steht aber der eindeutige Wortlaut der Norm entgegen. Auch können die Aktionäre der übertragenden AG durchaus ein Interesse an den entsprechenden Informationen haben. Allerdings kann nicht auf den Tag der Hauptversammlung der übertragenden AG, die den Verschmelzungsbeschluss fasst, abgestellt werden, da diese Hauptversammlung ja entfällt. Beschlossen wird einzig der Squeeze-out. 40

1 Statt aller *Grunewald* in MünchKomm. AktG, § 327a AktG Rz. 11.
2 *Austmann*, NZG 2011, 684 (687); *Göthel*, ZIP 2011, 1541 (1543); *Heckschen*, NJW 2011, 2390 (2392); *Hofmeister*, NZG 2012, 688 (689); *Marsch-Barner* in Kallmeyer, § 62 UmwG Rz. 38; *Mayer*, NZG 2012, 561 (566).
3 *Hofmeister*, NZG 2012, 688 (689).
4 *Marsch-Barner* in Kallmeyer, § 62 UmwG Rz. 38; *Mayer*, NZG 2012, 561 (566).
5 *Marsch-Barner* in Kallmeyer, § 62 UmwG Rz. 41; *Mayer*, NZG 2012, 561 (569).
6 *Schockenhoff/Lumpp*, ZIP 2013, 749 (759).

Stattdessen wird wie in § 62 Abs. 4 Satz 3 UmwG (oben Rz. 27) auf den Zeitpunkt des Abschlusses des Verschmelzungsvertrages abgestellt. Zu diesem Zeitpunkt muss spätestens auch die Zuleitungspflicht nach § 5 Abs. 3 UmwG erfüllt werden.

41 Außerdem ist der Verschmelzungsvertrag **zur Einsicht der Aktionäre auszulegen** (§ 62 Abs. 5 Satz 5 UmwG). Da auf § 327c Abs. 5 AktG verwiesen wird, kann auf ein Auslegen verzichtet werden, wenn die Unterlagen über die Internetseite der AG zugänglich sind. Zudem sind § 327c (Berichte des Hauptaktionärs, Prüfung und Prüfungsbericht in Bezug auf die Angemessenheit der Barabfindung) und § 327d AktG zu beachten.

9. Entbehrlichkeit des Verschmelzungsbeschlusses der übertragenden AG

42 Gem. § 62 Abs. 4 Satz 2 UmwG ist ein Verschmelzungsbeschluss nicht erforderlich, wenn ein Squeeze-out-Beschluss nach § 62 Abs. 5 Satz 1 UmwG gefasst und ein Vermerk gem. § 62 Abs. 5 Satz 7 UmwG ins Handelsregister eingetragen worden ist. Da ein Verweis auf § 62 Abs. 2 UmwG fehlt, kann auch **kein Minderheitsverlangen** gestellt werden[1]. Auch § 122 Abs. 1 AktG greift nicht ein, weil die Hauptversammlung gem. § 62 Abs. 4 Satz 2 UmwG nicht zuständig ist[2].

10. Entbehrlichkeit von Verschmelzungsbericht und Verschmelzungsprüfung

43 Ist der übernehmende **Rechtsträger einziger Anteilsinhaber** des übertragenden Rechtsträgers, sind **Verschmelzungsbericht und Verschmelzungsprüfung** sowie ein **Verschmelzungsprüfungsbericht entbehrlich** (§ 8 Abs. 3 Satz 1, § 9 Abs. 3, § 12 Abs. 3 UmwG). Da Squeeze-out und Verschmelzung gem. § 62 Abs. 5 Satz 7 UmwG gleichzeitig (und nicht zuerst der Squeeze-out und dann die Verschmelzung) wirksam werden, könnte man meinen, dass die genannten Erleichterungen nicht eingreifen[3]. Dem ist jedoch zu widersprechen[4].

44 Der Regierungsentwurf sah noch klar vor, dass der Squeeze-out vor der Verschmelzung eingetragen und wirksam werden sollte[5]. Im Rechtsausschuss wurde darauf hingewiesen, dass der Squeeze-out dann auch durchgeführt werden könne, wenn es später gar nicht zu einer Verschmelzung kommen sollte[6]. Dies sollte durch die Regelung von § 62 Abs. 5 Satz 7 UmwG verhindert werden. Es ging nicht darum, die für die Verschmelzung 100%iger Tochtergesellschaften auf die Mutter vorgesehenen Erleichterungen nun doch nicht zur Anwendung kommen zu lassen. Hinzu kommt, dass die Absicherung der außenstehenden Aktionäre über die Regeln des aktienrechtlichen Squeeze-out (§§ 327b, 327c AktG) erfolgt. Ihre Interessen sind also umfassend gewahrt. Eine Verdopplung dieses Schutzes wäre nicht sinnvoll.

---

1 *Göthel*, ZIP 2011, 1541 (1546); *Hofmeister*, NZG 2012, 688 (691); *Marsch-Barner* in Kallmeyer, § 62 UmwG Rz. 29; *Mayer*, NZG 2012, 561 (572).
2 *Marsch-Barner* in Kallmeyer, § 62 UmwG Rz. 29.
3 So *Neye/Kraft*, NZG 2011, 681 (683).
4 *Heckschen*, NJW 2011, 2390 (2392); *Hofmeister*, NZG 2012, 688 (692); *Mayer*, NZG 2011, 561 (572f.); *Schockenhoff/Lumpp*, ZIP 2013, 749 (759).
5 BR-Drucks. 485/10, 13.
6 BT-Drucks. 17/5930, 8.

Auch ist nur dieses Verständnis mit Art. 24 Satz 3 der 3. Richtlinie vereinbar[1]. Danach darf bei der Verschmelzung von 100%igen Tochtergesellschaften eine Verschmelzungsprüfung und ein Verschmelzungsbericht nicht verlangt werden. Nach dem Sinn der Norm muss dies auch gelten, wenn die 100 %-Beteiligung in dem Moment der Verschmelzung besteht, da und wenn wenn dem Schutzbedürfnis außenstehender Anteilsinhaber bereits anderweitig Rechnung getragen wurde oder wird. Andernfalls würde dem Ziel der Norm – Befreiung der Rechtsträger von kostenaufwendigen Prüfungs- und Berichtspflichten – nicht entsprochen. 45

11. Anmeldung und Eintragung, Bestandsschutz

Der **Squeeze-out-Beschluss** ist gem. § 327e AktG im Handelsregister der übertragenden Gesellschaft einzutragen. Im Rahmen dieses Verfahrens wird auch überprüft, ob die besonderen Voraussetzungen des verschmelzungsrechtlichen Squeeze-outs (z.B. Dreimonatsfrist, Informationspflichten) eingehalten wurden[2]. 46

Gem. § 62 Abs. 5 Satz 6 UmwG ist der **Verschmelzungsvertrag** in Ausfertigung oder öffentlich beglaubigter Abschrift oder der Entwurf **beizufügen**, wobei der Entwurf praktisch nicht in Frage kommt, da die Dreimonatsfrist ab Abschluss des Verschmelzungsvertrages läuft und nur bei Vorlage des Entwurfs nicht geprüft werden kann, ob die Frist eingehalten wurde[3]. 47

Die Verschmelzung wird wie stets im Register des übertragenden und des übernehmenden Rechtsträgers eingetragen. Die Eintragung der Verschmelzung erfolgt nur, wenn der Squeeze-out-Beschluss mit dem entsprechenden Vermerk im Register der übertragenden AG eingetragen ist, da dies Voraussetzung dafür ist, dass die Verschmelzung ordnungsgemäß (z.B. ohne Angaben zum Umtauschverhältnis im Verschmelzungsvertrag) durchgeführt wurde[4]. 48

Mit Eintragung der Verschmelzung greift § 20 Abs. 2 UmwG ein. Da der Squeeze-out mit der Verschmelzung verbunden ist und diese nicht mehr in Frage gestellt werden kann, wird auch der **Squeeze-out von der Bestandskraft der Verschmelzung erfasst**[5]. Andernfalls müssten nachträglich Aktien der übernehmenden AG geschaffen und ausgegeben werden. Dies hätte erhebliche praktische Probleme zur Folge. Auch wurde die Verschmelzung unter so veränderten Voraussetzungen von den Aktionären der übernehmenden AG nicht gebilligt. Eine nachträgliche Korrektur ginge aber u.U. zu ihren Lasten. Dem gegenüber sind die Interessen der ausgeschlossenen Gesellschafter durch das Spruchverfahren gewahrt. 49

12. Missbrauchskontrolle beim Squeeze-out-Beschluss

Unstreitig bedarf der Squeeze-out-Beschluss **keiner sachlichen Rechtfertigung**[6]. Er unterliegt allerdings, wie jeder Beschluss einer Hauptversammlung, der Miss- 50

1 *Hofmeister*, NZG 2012, 688 (693).
2 *Mayer*, NZG 2012, 561 (571).
3 *Goslar/Mense*, GWR 2011, 275 (277); *Marsch-Barner* in Kallmeyer, § 62 UmwG Rz. 43; *Mayer*, NZG 2012, 561 (571); *Simon/Merkelbach*, DB 2011, 1317 (1321).
4 *Hofmeister*, NZG 2012, 688 (689); a.A. *Schockenhoff/Lumpp*, ZIP 2013, 749 (759).
5 Nach *Packi*, ZGR 2011, 776 (805), gelten die Regeln der fehlerhaften Gesellschaft.
6 *Goslar/Mense*, GWR 2011, 275 (277); *Heckschen*, NJW 2011, 2390 (2393); *Packi*, ZGR 2011, 767 (784ff.); *Schockenhoff/Lumpp*, ZIP 2013, 749 (751); *Simon/Merkelbach*, DB 2011, 1317 (1321); *Stephanblome*, AG 2011, 814 (817).

brauchskontrolle. Allerdings erfasst diese nur eklatante Fallgestaltungen, da andernfalls doch wieder eine sachliche Rechtfertigung für den Squeeze-out notwendig wäre. Ein Missbrauch liegt daher nur vor, wenn der Zweck des Ausschlusses (Vereinfachung der Konzernführung) entfremdet und stattdessen ein anderweit aufgestelltes Verbot unterlaufen wird oder die beabsichtigte Maßnahme in ihrer Benachteiligung der Minderheit über das vom Gesetz vorgesehene Maß deutlich hinausgeht[1].

51 Da die Herabsetzung der erforderlichen Beteiligungshöhe auf 90 % für andere Ausschlussverfahren nicht gilt, liegt es nahe, die **Voraussetzung dieser Squeeze-out-Möglichkeit** zur Vorbereitung eines Ausschlussverfahrens **gezielt herbeizuführen**. Dies ist im Grundsatz unproblematisch. Für den aktienrechtlichen Squeeze-out ist dies in Bezug auf den Formwechsel in eine AG vielfach diskutiert und überwiegend für zulässig gehalten worden[2]. Wenn man dem folgt, würde dies auch für den verschmelzungsrechtlichen Squeeze-out gelten[3]. Demgegenüber wird darauf hingewiesen, dass der verschmelzungsrechtliche Squeeze-out nach einem Formwechsel schon deshalb missbräuchlich sei, weil der mit der Durchführung dieser Maßnahme verbundene Kostenaufwand so groß sei, dass dies nicht – wie es dem Normzweck von § 62 Abs. 5 UmwG entspreche – zur Reduzierung des Verwaltungsaufwandes führen könne[4]. Letztlich überzeugt dieser Einwand aber nicht, da die betroffenen Gesellschaften selbst am besten beurteilen können, was sich für sie rechnet. Im Kern geht es um die Frage, ob die außenstehenden Gesellschafter der Tochter zu Aktionären der Mutter werden sollen oder nicht. Das in manchen Fällen maßgeblich gegen den Formwechsel zur Vorbereitung eines Squeeze-out sprechende Argument liegt eher darin, dass der Ausschluss in einer GmbH nach dem Willen des Gesetzgebers gerade nicht möglich sein soll und daher ein Formwechsel mit dem Ziel, dieses entgegen der Intention des Gesetzes doch zu erreichen, missbräuchlich ist. Dies gilt allerdings nur dann, wenn der Formwechsel tatsächlich kein anderes Ziel hat, als den Ausschluss vorzubereiten.

52 Für den Fall, dass der Hauptaktionär sich die Aktien **zur Erfüllung der erforderlichen Beteiligungsquote nur leiht**, hat der BGH für den aktienrechtlichen Squeeze-out entschieden, dass hierin kein Missbrauch liege[5]. Auch diese Judikatur kann auf den verschmelzungsrechtlichen Squeeze-out übertragen werden[6].

53 Nicht missbräuchlich ist die Einschaltung einer **Zwischenholding**[7], also die Übertragung der Beteiligung auf eine AG, und zwar auch dann, wenn die ursprüngliche

1 Ähnlich *Packi*, ZGR 2011, 776 (800): Missbrauch allenfalls, wenn eine Konzernvereinfachung bzw. Bereinigung von vornherein nicht denkbar ist.

2 Überblick bei *Grunewald* in MünchKomm. AktG, § 327a AktG Rz. 24.

3 OLG Hamburg v. 14.6.2012 – 11 AktG 1/12, NZG 2012, 944 = AG 2012, 639; *Bungert/Wettich*, DB 2010, 2545 (2550); *Göthel*, ZIP 2011, 1541 (1549); *Goslar/Mense*, GWR 2011, 275 (277); *Heckschen*, NJW 2011, 2390 (2393); *Heckschen*, NZG 2010, 1041 (1045); *Mayer*, NZG 2012, 561 (563); *Schockenhoff/Lumpp*, ZIP 2013, 749 (751); *Simon/Merkelbach*, DB 2011, 1317 (1322).

4 *Schröder/Wirsch*, ZGR 2012, 660 (679).

5 BGH v. 16.3.2009 – II ZR 302/06, NJW-RR 2009, 828 = AG 2009, 441; Überblick über die Fragestellung bei *Grunewald* in MünchKomm. AktG, § 327a AktG Rz. 21.

6 *Bungert/Wettich*, DB 2010, 2545 (2550); *Goslar/Mense*, GWR 2011, 275 (277).

7 *Bungert/Wettich*, DB 2010, 2545 (2549); *Goslar/Mense*, GWR 2011, 275 (277); *Heckschen*, NJW 2011, 2390 (2393); *Packi*, ZGR 2011, 776 (802); *Schockenhoff/Lumpp*, ZIP 2013, 749 (751); *Simon/Merkelbach*, DB 2011, 1317 (1322); zurückhaltender *Austmann*, NZG 2011, 681 (690); a.A. *Wagner*, DStR 2010, 1629 (1634).

Rechtsform der Muttergesellschaft keine Aktiengesellschaft war[1]. Zwar wird dann – entgegen der Intention des Gesetzgebers – die Konzernstruktur eventuell nicht vereinfacht. Aber das ist nicht Voraussetzung für die Anwendbarkeit von § 62 Abs. 5 UmwG. Auch kann die Entscheidung, wie der Konzern zweckmäßigerweise strukturiert werden soll, sinnvollerweise nicht vor Gericht überprüft werden. Nur dann, wenn die Konzernstruktur nach dem Squeeze-out die gleiche ist wie zuvor – allerdings ohne die Minderheitsgesellschafter –, ist ein Missbrauch gegeben[2]. Denn dann ginge es unter Ausnutzung der anderen Zielen dienenden Regelung von § 62 Abs. 5 UmwG um nichts anderes als um den Ausschluss der Minderheit, der aber eben gem. § 327a AktG im Regelfall eine 95%ige Mehrheit erfordert.

Kein Missbrauch liegt demgegenüber vor, wenn Aktionäre ausgeschlossen werden, **die ihre Rechte** intensiv genutzt haben[3]. Denn auch das vereinfacht die Konzernführung. 54

§ 63
Vorbereitung der Hauptversammlung

(1) Von der Einberufung der Hauptversammlung an, die gemäß § 13 Abs. 1 über die Zustimmung zum Verschmelzungsvertrag beschließen soll, sind in dem Geschäftsraum der Gesellschaft zur Einsicht der Aktionäre auszulegen

1. **der Verschmelzungsvertrag oder sein Entwurf;**
2. **die Jahresabschlüsse und die Lageberichte der an der Verschmelzung beteiligten Rechtsträger für die letzten drei Geschäftsjahre;**
3. **falls sich der letzte Jahresabschluss auf ein Geschäftsjahr bezieht, das mehr als sechs Monate vor dem Abschluss des Verschmelzungsvertrags oder der Aufstellung des Entwurfs abgelaufen ist, eine Bilanz auf einen Stichtag, der nicht vor dem ersten Tag des dritten Monats liegt, der dem Abschluss oder der Aufstellung vorausgeht (Zwischenbilanz);**
4. **die nach § 8 erstatteten Verschmelzungsberichte;**
5. **nach § 60 in Verbindung mit § 12 erstatteten Prüfungsberichte.**

(2) Die Zwischenbilanz (Absatz 1 Nr. 3) ist nach den Vorschriften aufzustellen, die auf die letzte Jahresbilanz des Rechtsträgers angewendet worden sind. Eine körperliche Bestandsaufnahme ist nicht erforderlich. Die Wertansätze der letzten Jahresbilanz dürfen übernommen werden. Dabei sind jedoch Abschreibungen, Wertberichtigungen und Rückstellungen sowie wesentliche, aus den Büchern nicht ersichtliche Veränderungen der wirklichen Werte von Vermögensgegenständen bis zum Stichtag der Zwischenbilanz zu berücksichtigen. § 8 Absatz 3 Satz 1 erste Alternative und Satz 2 ist entsprechend anzuwenden. Die Zwischen-

1 Die M-GmbH, die 90%ige Anteile an der X-AG hält, überträgt die Aktien auf die neu gegründete Z-AG.
2 *Packi*, ZGR 2011, 776 (804).
3 Zum aktienrechtlichen Squeeze-out: *Grunewald* in MünchKomm. AktG, § 327a AktG Rz. 27.

bilanz muss auch dann nicht aufgestellt werden, wenn die Gesellschaft seit dem letzten Jahresabschluss einen Halbjahresfinanzbericht gemäß § 37w des Wertpapierhandelsgesetzes veröffentlicht hat. Der Halbjahresfinanzbericht tritt zum Zwecke der Vorbereitung der Hauptversammlung an die Stelle der Zwischenbilanz.

(3) Auf Verlangen ist jedem Aktionär unverzüglich und kostenlos eine Abschrift der in Absatz 1 bezeichneten Unterlagen zu erteilen. Die Unterlagen können dem Aktionär mit dessen Einwilligung auf dem Wege elektronischer Kommunikation übermittelt werden.

(4) Die Verpflichtungen nach den Absätzen 1 und 3 entfallen, wenn die in Absatz 1 bezeichneten Unterlagen für denselben Zeitraum über die Internetseite der Gesellschaft zugänglich sind.

Literatur

Becker, Die gerichtliche Kontrolle bei der Verschmelzung von Aktiengesellschaften, AG 1988, 223; *Ganske*, Änderungen des Verschmelzungsrechts, DB 1981, 1551; *Hoffmann-Becking*, Das neue Verschmelzungsrecht in der Praxis, in FS Fleck, 1988, S. 105; *Leuering*, Die Erteilung von Abschriften an Aktionäre, ZIP 2000, 2053; *Noack/Zetzsche*, Die Informationsanfechtung nach der Neufassung des § 243 Abs. 4 AktG, ZHR 170 (2006), 218; *Jochen Vetter*, Auslegung der Jahresabschlüsse für das letzte Geschäftsjahr zur Vorbereitung von Strukturbeschlüssen der Gesellschafter, NZG 1999, 925; *Weißhaupt*, Kompensationsbezogene Informationsmängel in der Aktiengesellschaft 2003; *Wendt*, Die Auslegung des letzten Jahresabschlusses zur Vorbereitung der Hauptversammlung – Strukturmaßnahmen als „Saisongeschäft"?, DB 2003, 191; *Wilde*, Informationsrechte und Informationspflichten im Gefüge der Gesellschaftsorgane, ZGR 1998, 423.

I. Inhalt der Norm

1 Die Vorschrift ergänzt im Interesse einer umfassenden Information der Aktionäre §§ 122ff. AktG. Sie gilt unabhängig davon, ob die AG übertragende oder aufnehmende Gesellschaft ist.

II. Auslegen von Unterlagen

1. Maßgeblicher Zeitpunkt, Ort und Zeit der Auslegung, Legitimation des Aktionärs

2 Die Unterlagen sind **von der Einberufung der Hauptversammlung an, also gleichzeitig mit ihr**, auszulegen. Der Zeitpunkt der Einberufung ist der der Bekanntmachung (§ 121 Abs. 4 Satz 1 AktG) bzw. bei Einberufung durch eingeschriebenen Brief der Tag der Absendung (§ 121 Abs. 4 Satz 2 AktG). Ist der Bundesanzeiger das

maßgebliche Gesellschaftsblatt, muss die Auslage mit Einrücken der Veröffentlichung der Einberufung erfolgen (§ 61 Rz. 3)[1]. Erfolgt keine Einberufung (Vollversammlung, § 121 Abs. 6 AktG), so kann diese Pflicht zur Auslegung der Unterlagen auch nicht erfüllt werden. Daher gilt § 121 Abs. 6 AktG analog[2].

Auszulegen ist in den Geschäftsräumen der AG an einem für die Aktionäre zugänglichen Platz zu den üblichen Kerngeschäftszeiten[3]. Besonderheiten der **Geschäftszeiten** der betroffenen Aktiengesellschaft können nur eingeschränkt berücksichtigt werden, damit der Aktionär in zumutbarer Weise auf die Informationen zugreifen kann[4]. Auszulegen ist am **Sitz der Hauptverwaltung**. Nicht maßgeblich ist der Satzungssitz[5]. Dieser kann an einem für die Aktionäre völlig überraschenden Ort sein, da § 5 AktG lediglich irgendeinen Ort im Inland vorschreibt. Dem steht auch die Verschmelzungsrichtlinie nicht entgegen. Dort wird zwar von Sitz gesprochen (Art. 11 Abs. 1), doch heißt das nicht, dass der Satzungssitz gemeint sein muss. Ein Aktionär, der Einblick nehmen will, muss sich entsprechend **legitimieren** (z.B. Depotbescheinigung)[6]. Mit Beginn der Hauptversammlung, die über die Verschmelzung entscheidet, endet die Pflicht zur Auslegung nach § 63 UmwG, da es um die Information der Aktionäre anlässlich dieser Beschlussfassung ging. Für die Zeit der Hauptversammlung gilt § 64 Abs. 1 Satz 1 UmwG [7]. 3

2. Auszulegende Unterlagen (§ 63 Abs. 1 UmwG)

a) Auszulegen ist der **Verschmelzungsvertrag** bzw. der **Entwurf** (§ 63 Abs. 1 Nr. 1 UmwG). Wird der Entwurf ausgelegt und der Verschmelzungsbeschluss dann zu einem abgeänderten Vertragstext gefasst, führt das allein nicht dazu, dass der Beschluss rechtswidrig wäre, weil dieser Text nicht auslag[8]. Solche Änderungen sind im üblichen Rahmen[9] zulässig (s. § 61 Rz. 5). 4

Ebenfalls auszulegen sind die **Jahresabschlüsse** der letzten drei Geschäftsjahre (Rumpfgeschäftsjahre zählen anteilig) mit Anhang – falls dies nach HGB (§ 264 Abs. 1 Satz 1 HGB) erforderlich ist – und die **Lageberichte** der letzten drei Geschäftsjahre, aber wieder nur, falls dies nach HGB (§ 264 Abs. 1 Satz 1 HGB) erforderlich ist (§ 63 Abs. 1 Nr. 2 UmwG). Ist kein Jahresabschluss für den beteiligten 5

1 *Diekmann* in Semler/Stengel, § 63 UmwG Rz. 6.
2 *Junker* in Henssler/Strohn, § 63 UmwG Rz. 2; *Marsch-Barner* in Kallmeyer, § 63 UmwG Rz. 2; *Simon* in KölnKomm. UmwG, § 63 UmwG Rz. 30; *Diekmann* in Semler/Stengel, § 63 UmwG Rz. 3: Verzicht möglich.
3 Ähnlich *Diekmann* in Semler/Stengel, § 63 UmwG Rz. 8; *Junker* in Henssler/Strohn, § 63 UmwG Rz. 2: übliche Geschäftszeiten.
4 Ähnlich *Diekmann* in Semler/Stengel, § 63 UmwG Rz. 8.
5 *Rieger* in Widmann/Mayer, § 63 UmwG Rz. 23; a.A. *Diekmann* in Semler/Stengel, § 63 UmwG Rz. 9; *Marsch-Barner* in Kallmeyer, § 63 UmwG Rz. 2; *Simon* in KölnKomm. UmwG, § 63 UmwG Rz. 24.
6 *Marsch-Barner* in Kallmeyer, § 63 UmwG Rz. 2.
7 *Diekmann* in Semler/Stengel, § 63 UmwG Rz. 7; *Junker* in Henssler/Strohn, § 63 UmwG Rz. 2; *Simon* in KölnKomm. UmwG, § 63 UmwG Rz. 28; a.A. *Rieger* in Widmann/Mayer, § 63 UmwG Rz. 26: Fristende mit Ablauf der Hauptversammlung.
8 Strenger *Diekmann* in Semler/Stengel, § 63 UmwG Rz. 10; *Simon* in KölnKomm. UmwG, § 63 UmwG Rz. 8: Nur unwesentliche Änderungen.
9 S. dazu *Diekmann* in Semler/Stengel, § 63 UmwG Rz. 10; *Simon* in KölnKomm. UmwG, § 13 UmwG Rz. 32.

Rechtsträger zu erstellen (Verein, Rechtsträger existiert noch nicht so lange), muss auch nichts ausgelegt werden[1]. Es sind also die Jahresabschlüsse und Lageberichte aller beteiligten Rechtsträger auszulegen, nicht nur die der AG, die über die Verschmelzung beschließen soll. Betroffen sind die Jahresabschlüsse der letzten drei Geschäftsjahre vor der Hauptversammlung, die über die Verschmelzung entscheidet[2]. Sollte der letzte Abschluss noch nicht festgestellt sein, wird dieses Geschäftsjahr nicht mitgezählt, falls nach handelsrechtlichen Vorschriften der Abschluss noch nicht festgestellt sein musste (§ 49 Rz. 31)[3]. Dem Interesse der Aktionäre an aktuellen Informationen trägt das Gesetz durch die Pflicht zur Erstellung einer Zwischenbilanz und durch die Unterrichtung nach § 64 UmwG Rechnung. Konzernabschlüsse sind nicht auszulegen[4]. Der Wortlaut ist eindeutig und sollte schon aus Gründen der Rechtssicherheit als abschließend verstanden werden. Aus demselben Grund müssen die ausgelegten Unterlagen auch nicht aktualisiert (also etwa nunmehr fertig gestellte Abschlüsse nachgereicht) werden[5].

6 **b)** Unter Umständen ist darüber hinaus noch eine **Zwischenbilanz** zu erstellen (§ 63 Abs. 1 Nr. 3 UmwG). Dies ist der Fall, wenn das **Geschäftsjahr**, auf das sich der neueste vorgelegte Jahresabschluss bezieht, **mehr als sechs Monate vor dem Abschluss des Verschmelzungsvertrages bzw. der Aufstellung des Entwurfs**, über den in der Hauptversammlung entschieden werden soll, abgelaufen ist. Der Entwurf ist aufgestellt, wenn sich die Vertretungsorgane auf den Entwurf als Grundlage der Verschmelzung durch Unterschrift oder Paraphe festgelegt haben[6]. Damit liegt die Bestimmung des maßgeblichen Zeitpunkts weitgehend in der Hand der Vertretungsorgane. Ist der Verschmelzungsvertrag also beispielsweise am 30.6. geschlossen, so ist eine Zwischenbilanz nicht erforderlich, wenn das Geschäftsjahr am 31.12. endet (§§ 187 Abs. 1, 188 Abs. 2 BGB). Ist der Vertrag am 1.7. geschlossen, so ist dies anders[7].

7 Die Zwischenbilanz muss auf einen **Stichtag** lauten, der nicht vor dem ersten Tag des dritten Monats liegt, der dem Abschluss des Verschmelzungsvertrages bzw. der Aufstellung des Entwurfs vorausgeht. Wird also beispielsweise der Verschmel-

---

1 *Diekmann* in Semler/Stengel, § 63 UmwG Rz. 11; *Junker* in Henssler/Strohn, § 63 UmwG Rz. 4; *Simon* in KölnKomm. UmwG, § 63 UmwG Rz. 13; *Stratz* in Schmitt/Hörtnagl/Stratz, § 63 UmwG Rz. 3.

2 *Marsch-Barner* in Kallmeyer, § 63 UmwG Rz. 3; *Rieger* in Widmann/Mayer, § 63 UmwG Rz. 12.

3 OLG Düsseldorf v. 14.1.2005 – I-16 U 59/04, WM 2005, 650 (653) = AG 2005, 293; OLG Hamburg v. 11.8.2003 – 11 W 28/03, AG 2003, 696 (697); *Diekmann* in Semler/Stengel, § 63 UmwG Rz. 12; *Junker* in Henssler/Strohn, § 63 UmwG Rz. 4; *Rieger* in Widmann/Mayer, § 63 UmwG Rz. 13; *Simon* in KölnKomm. UmwG, § 63 UmwG Rz. 9; *J. Vetter*, NZG 1999, 925 (926); *Wendt*, DB 2003, 191 (192 ff.).

4 *Junker* in Henssler/Strohn, § 63 UmwG Rz. 4; *Simon* in KölnKomm. UmwG, § 63 UmwG Rz. 16; a.A. *Diekmann* in Semler/Stengel, § 63 UmwG Rz. 11, falls diese wesentlich mehr Informationen enthalten.

5 A.A. *Diekmann* in Semler/Stengel, § 63 UmwG Rz. 12; *J. Vetter*, NZG 1999, 925 (929).

6 *W. Müller* in Kallmeyer, § 63 UmwG Rz. 6; *Simon* in KölnKomm. UmwG, § 63 UmwG Rz. 20; wohl auch *Stratz* in Schmitt/Hörtnagl/Stratz, § 63 UmwG Rz. 4, der aber keine Paraphe oder Unterschrift fordert.

7 *Diekmann* in Semler/Stengel, § 63 UmwG Rz. 14; *Hoffmann-Becking* in FS Fleck, S. 105 (109).

zungsvertrag im Laufe des Juli abgeschlossen bzw. der Entwurf aufgestellt, so darf die Zwischenbilanz auf den 1.4. lauten[1].

Die Zwischenbilanz soll dafür sorgen, dass die Aktionäre über den Vermögensbestand der beteiligten Rechtsträger relativ aktuell informiert sind[2]. Sie muss nicht geprüft werden[3]. Sie ist nach den **Vorschriften aufzustellen, die auf die letzte Jahresbilanz angewandt worden sind** (§ 63 Abs. 2 Satz 1 UmwG). Eine körperliche Bestandsaufnahme ist nicht erforderlich (§ 63 Abs. 2 Satz 2 UmwG). Die Wertansätze dürfen übernommen werden (§ 63 Abs. 2 Satz 3 UmwG), jedoch sind Abschreibungen, Wertberichtigungen und Rückstellungen sowie wesentliche aus den Büchern nicht ersichtliche Veränderungen der wirklichen Werte von Vermögensgegenständen zu berücksichtigen (§ 63 Abs. 2 Satz 4 UmwG). Gesellschaften, die nach internationalen Rechnungslegungsstandards bilanzieren (§ 315a HGB), müssen gleichwohl die HGB-Regeln für die Zwischenbilanz befolgen[4]. 8

Das Gesetz verlangt nur **eine Bilanz. Eine Gewinn- und Verlustrechnung** sowie ein Lagebericht sind also nicht erforderlich[5]. Ob bei der Beteiligung von Kapitalgesellschaften ein Anhang zu erstellen ist[6], kann dem Gesetz nicht mit Sicherheit entnommen werden. Nach § 264 Abs. 1 Satz 1 HGB bildet der Anhang mit der Bilanz, die erforderlich ist, und der Gewinn- und Verlustrechnung (die nicht erforderlich ist) eine Einheit. Daraus wird man folgern können, dass nur eine Bilanz ohne Anhang zu erstellen ist. 9

Nach § 63 Abs. 2 Satz 5 UmwG ist eine Zwischenbilanz nicht erforderlich, wenn alle Aktionäre[7] hierauf **in notarieller Urkunde verzichten**. Dies entspricht dem allgemeinen Grundsatz, dass die Aktionäre über die Informationsmöglichkeit, die ihnen die Norm bietet, disponieren können (unten Rz. 13). Die Zwischenbilanz ist des Weiteren nicht erforderlich, wenn die Gesellschaft seit dem letzten Jahresabschluss einen **Halbjahresfinanzbericht** gem. § 37w WpHG veröffentlicht hat. Dem Informationsbedürfnis der Aktionäre ist dann auf diese Weise Genüge getan. Der Bericht muss im Zeitpunkt der Einberufung veröffentlicht (nicht nur erstellt) sein. Dies folgt daraus, dass er an die Stelle der Zwischenbilanz tritt (§ 63 Abs. 2 Satz 7 UmwG). 10

c) Ebenfalls auszulegen sind gem. § 63 Abs. 1 Nr. 4, 5 UmwG die **Verschmelzungs-** (§ 8 UmwG) und **Prüfungsberichte** (nicht bloße Entwürfe![8]) aller beteilig- 11

1 *Hoffmann-Becking* in FS Fleck, S. 105 (110).
2 *Diekmann* in Semler/Stengel, § 63 UmwG Rz. 13; *W. Müller* in Kallmeyer, § 63 UmwG Rz. 5; *Stratz* in Schmitt/Hörtnagl/Stratz, § 63 UmwG Rz. 5.
3 *Diekmann* in Semler/Stengel, § 63 UmwG Rz. 18; *Junker* in Henssler/Strohn, § 63 UmwG Rz. 5; *Rieger* in Widmann/Mayer, § 63 UmwG Rz. 20.
4 *Müller* in Kallmeyer, § 63 UmwG Rz. 10; *Simon* in KölnKomm. UmwG, § 63 UmwG Rz. 21.
5 *Diekmann* in Semler/Stengel, § 63 UmwG Rz. 16; *Junker* in Henssler/Strohn, § 63 UmwG Rz. 5; *Stratz* in Schmitt/Hörtnagl/Stratz, § 63 UmwG Rz. 5.
6 Verneinend *Diekmann* in Semler/Stengel, § 63 UmwG Rz. 16; *Junker* in Henssler/Strohn, § 63 UmwG Rz. 5; *W. Müller* in Kallmeyer, § 63 UmwG Rz. 7; *Stratz* in Schmitt/Hörtnagl/Stratz, § 63 UmwG Rz. 5.
7 Weitergehend *Diekmann* in Semler/Stengel, § 63 UmwG Rz. 18a; *Stratz* in Schmitt/Hörtnagl/Stratz, § 63 UmwG Rz. 7: Alle Anteilsinhaber aller beteiligten Rechtsträger. Aber die Norm gilt nur zugunsten von Aktionären.
8 *Simon* in KölnKomm. UmwG, § 63 UmwG Rz. 23.

ten Rechtsträger (§ 12 UmwG). Waren die Berichte nicht erforderlich (§ 8 Abs. 3, § 9 Abs. 3 UmwG), müssen sie auch nicht ausgelegt werden[1].

12 **d)** Das Auslegen von **Kopien** oder Abschriften reicht aus[2].

3. Verzicht/Vollversammlung

13 Die Aktionäre können auf die Auslegung der Unterlagen ganz oder teilweise verzichten. Die in § 63 Abs. 2 Satz 5 UmwG ausdrücklich angeführte Möglichkeit, auf die Zwischenbilanz zu verzichten, ist nicht abschließend zu verstehen. Denn da die Norm einzig dem Schutz der Aktionäre dient, können sie auch darüber disponieren[3]. Dem steht auch die Richtlinie nicht entgegen (s. § 61 Rz. 7). Erforderlich ist aber eine **notarielle Beurkundung**. Dies folgt aus dem Verweis in § 63 Abs. 2 Satz 5 UmwG auf § 8 Abs. 3 Satz 2 UmwG. Denn wenn der Verzicht auf eine Zwischenbilanz formgebunden ist, muss dies auch für einen vollständigen oder vergleichbar schwerwiegenden Teilverzicht in Bezug auf die Auslegung der Unterlagen (nicht etwa, wenn auf einen Tag der Auslegungsfrist verzichtet wird) gelten. Zur Vollversammlung oben Rz. 2; zur Veröffentlichung auf der Internetseite unten Rz. 17.

4. Rechtsfolgen nicht ordnungsgemäßer Auslegung

14 Sollten die genannten Unterlagen nicht oder verspätet ausgelegt worden sein, so ist der **Beschluss im Grundsatz anfechtbar**[4]. Es greift allerdings die Einschränkung von § 243 Abs. 4 Satz 1 AktG[5]. Denn die Bestimmung dient dem Informationsinteresse der Aktionäre. Eine Anfechtung scheidet daher beispielsweise aus, wenn, was in kleinen Gesellschaften durchaus möglich ist, jeder Aktionär die Unterlagen erhalten hat und auch wenn es sich um unbedeutende inhaltliche Fehler handelt[6] und wenn kein Aktionär die auszulegenden Unterlagen einsehen wollte[7] oder wenn einem Aktionär, der die Unterlagen einsehen wollte, diese nur wenig verspätet zugänglich gemacht werden[8]. § 243 Abs. 4 Satz 2 AktG ist nicht

---

1 *Simon* in KölnKomm. UmwG, § 63 UmwG Rz. 23.

2 *Junker* in Henssler/Strohn, § 63 UmwG Rz. 2; *Marsch-Barner* in Kallmeyer, § 63 UmwG Rz. 2; *Simon* in KölnKomm. UmwG, § 63 UmwG Rz. 29.

3 *Junker* in Henssler/Strohn, § 63 UmwG Rz. 2; *Marsch-Barner* in Kallmeyer, § 63 UmwG Rz. 2; *Simon* in KölnKomm. UmwG, § 63 UmwG Rz. 31; für Verzichtsmöglichkeit „im Rahmen einer Vollversammlung" *Diekmann* in Semler/Stengel, § 63 UmwG Rz. 3.

4 *Becker*, AG 1988, 223 (229f.); *Rieger* in Widmann/Mayer, § 63 UmwG Rz. 34; *Stratz* in Schmitt/Hörtnagl/Stratz, § 63 UmwG Rz. 10.

5 *Noack/Zetzsche*, ZHR 170 (2006), 218 (222); *Stratz* in Schmitt/Hörtnagl/Stratz, § 64 UmwG Rz. 10.

6 *Simon* in KölnKomm. UmwG, § 63 UmwG Rz. 38; es reicht aber nicht aus, dass irgendwann mal vollständig berichtet wurde, da der Aktionär sich nicht selbst die Informationen zusammensuchen muss, großzügiger *Marsch-Barner* in Kallmeyer, § 63 UmwG Rz. 13.

7 *Diekmann* in Semler/Stengel, § 63 UmwG Rz. 26f.; *Marsch-Barner* in Kallmeyer, § 63 UmwG Rz. 16; *Simon* in KölnKomm. UmwG, § 63 UmwG Rz. 38; *Rieger* in Widmann/Mayer, § 63 UmwG Rz. 34.

8 *Diekmann* in Semler/Stengel, § 63 UmwG Rz. 26; *Simon* in KölnKomm. UmwG, § 63 UmwG Rz. 38.

anwendbar, da es in § 63 UmwG nicht um Informationen in der Hauptversammlung geht.

III. Recht auf Erhalt einer Abschrift

15 Nach § 63 Abs. 3 UmwG hat jeder Aktionär Anspruch darauf, dass ihm unverzüglich (§ 121 Abs. 1 Satz 1 BGB) und kostenlos eine Abschrift der in § 63 Abs. 1 UmwG genannten Unterlagen (oben Rz. 4ff.) erteilt wird. Sofern der Aktionär damit einverstanden ist, kann die Übermittlung elektronisch erfolgen (§ 63 Abs. 3 Satz 2 UmwG); dazu § 62 Rz. 13. Der Anspruch kann **klageweise geltend gemacht werden**[1]. Er ist – anders als sein Vorläufer nach § 340d Abs. 2 AktG a.F. – nicht zwangsgeldbewehrt (s. § 316 UmwG)[2].

16 Wird dem Anspruch nicht rechtzeitig nachgekommen, so kann dies die **Anfechtbarkeit** des Verschmelzungsbeschluss zur Folge haben. Es gilt die Einschränkung von § 243 Abs. 4 Satz 1 AktG[3]. Daher kommt eine Anfechtung z.B. nicht in Betracht, wenn es dem betroffenen Aktionär (etwa wegen geringer Entfernungen) ohne weiteres zumutbar war, in den Geschäftsräumen der Gesellschaft Einsicht zu nehmen, und auch nicht, wenn er die Abschrift geringfügig verspätet erhält[4] oder wenn sie in unbedeutenden Teilen unvollständig ist[5] oder wenn der Aktionär die Gesellschaft an die Abschrift nicht noch mal erinnert hat[6]. Anderenfalls fehlt es an einer entsprechenden Relevanz des Verfahrensmangels (oben Rz. 14)[7].

IV. Veröffentlichung auf der Homepage

17 Nach § 63 Abs. 4 UmwG müssen die Unterlagen nicht ausgelegt und dem Aktionär nicht als Abschrift erteilt werden, wenn sie über die **Internetseite der Gesellschaft zugänglich sind**. Diese Regelung entspricht § 62 Abs. 3 Satz 8 UmwG (§ 62 Rz. 15). Sofern die Unterlagen nicht ordnungsgemäß zugänglich gemacht wurden, ist der Beschluss anfechtbar[8]. Es greift aber die Einschränkung von § 243 Abs. 4 Satz 1 AktG ein. Daher scheidet eine Anfechtbarkeit etwa aus, wenn nur unbedeutende Informationen fehlten.

1 *Diekmann* in Semler/Stengel, § 63 UmwG Rz. 28; *Leuering*, ZIP 2000, 2053 (2057); *Rieger* in Widmann/Mayer, § 63 UmwG Rz. 35; *Simon* in KölnKomm. UmwG, § 63 UmwG Rz. 39.

2 *Diekmann* in Semler/Stengel, § 63 UmwG Rz. 25; *Leuering*, ZIP 2000, 2053 (2057).

3 *Noack/Zetzsche*, ZHR 170 (2006), 218 (221 f.).

4 *Simon* in KölnKomm. UmwG, § 63 UmwG Rz. 40.

5 *Simon* in KölnKomm. UmwG, § 63 UmwG Rz. 40.

6 *Marsch-Barner* in Kallmeyer, § 63 UmwG Rz. 16.

7 *Diekmann* in Semler/Stengel, § 63 UmwG Rz. 28 und *Leuering*, ZIP 2000, 2053 (2058 f.); entgegen *Rieger* in Widmann/Mayer, § 63 UmwG Rz. 35 kann die Anfechtbarkeit aber nicht generell ausgeschlossen werden, wenn es auf die Stimmen der betroffenen Aktionäre nicht ankam. Anderenfalls käme es bei Verstößen gegen Informationspflichten praktisch nie zur Anfechtung; wie hier *Simon* in KölnKomm. UmwG, § 63 UmwG Rz. 41.

8 *Diekmann* in Semler/Stengel, § 63 UmwG Rz. 28a.

§ 64
Durchführung der Hauptversammlung

(1) In der Hauptversammlung sind die in § 63 Absatz 1 bezeichneten Unterlagen zugänglich zu machen. Der Vorstand hat den Verschmelzungsvertrag oder seinen Entwurf zu Beginn der Verhandlung mündlich zu erläutern und über jede wesentliche Veränderung des Vermögens der Gesellschaft zu unterrichten, die seit dem Abschluss des Verschmelzungsvertrages oder der Aufstellung des Entwurfs eingetreten ist. Der Vorstand hat über solche Veränderungen auch die Vertretungsorgane der anderen beteiligten Rechtsträger zu unterrichten; diese haben ihrerseits die Anteilsinhaber des von ihnen vertretenen Rechtsträgers vor der Beschlussfassung zu unterrichten. § 8 Absatz 3 Satz 1 erste Alternative und Satz 2 ist entsprechend anzuwenden.

(2) Jedem Aktionär ist auf Verlangen in der Hauptversammlung Auskunft auch über alle für die Verschmelzung wesentlichen Angelegenheiten der anderen beteiligten Rechtsträger zu geben.

Literatur

Bayer, Informationsrechte bei der Verschmelzung von Aktiengesellschaften, AG 1988, 323; *Decher*, Information im Konzern und Auskunftsrecht der Aktionäre gem. § 131 Abs. 4 AktG, ZHR 158 (1994), 473; *Engelmeyer*, Informationsrechte und Verzichtsmöglichkeiten im Umwandlungsgesetz, BB 1998, 330; *Heckschen*, Die Novelle des Umwandlungsgesetzes – Erleichterungen für Verschmelzungen und Squeeze-out, NJW 2011, 2390; *Heckschen*, Verschmelzung von Kapitalgesellschaften, 1989; *Keil*, Der Verschmelzungsbericht nach § 340a AktG, 1990; *Krieger*, Der Konzern in Fusion und Umwandlung, ZGR 1990, 517; *Marsch-Barner*, Zur Nachtragsberichterstattung bei der Verschmelzung, in FS Maier-Reimer, 2010, S. 425; *Mayer*, Praxisfragen des verschmelzungsrechtlichen Squeeze-out-Verfahrens, NZG 2012, 561; *Noack/Zetzsche*, Die Informationsanfechtung nach der Neufassung des § 243 Abs. 4 AktG, ZHR 170 (2006), 218; *Priester*, Strukturänderungen – Beschlussvorbereitung und Beschlussfassung, ZGR 1990, 420; *Rodewig/Schlitt/Becker* in Semler/Volhard/Reichert (Hrsg.), Arbeitshandbuch für die Hauptversammlung, 3. Aufl. 2011; *Simon/Merkelbach*, Das Dritte Gesetz zur Änderung des UmwG, DB 2011, 1317; *Jochen Vetter*, Auslegung der Jahresabschlüsse für das letzte Geschäftsjahr zur Vorbereitung von Strukturbeschlüssen der Gesellschafter, NZG 1999, 925; *Wagner*, Der Regierungsentwurf für ein Drittes Gesetz zur Änderung des UmwG, DStR 2010, 1629; *Windbichler*, Die Rechte der Hauptversammlung bei Unternehmenszusammenschlüssen durch Vermögensübertragung, AG 1981, 169; *Ziemons*, Die Weitergabe von Unternehmensinterna an Dritte durch den Vorstand der AG, AG 1999, 492.

I. Inhalt der Norm

§ 64 UmwG regelt die Informationsrechte der Aktionäre in der Hauptversammlung, die über die Verschmelzung beschließt. Hierzu zählen sowohl das Zugänglichmachen von Unterlagen, die Erläuterung durch den Vorstand wie auch die Erteilung entsprechender Auskünfte. Es spielt keine Rolle, ob die Aktiengesellschaft der übertragende oder der übernehmende Rechtsträger ist. 1

II. Zugänglichmachen von Unterlagen

Die in § 63 Abs. 1 UmwG bezeichneten Unterlagen sind **in der Hauptversammlung im Präsenzbereich**[1] **zugänglich zu machen**. Die Unterlagen müssen nicht aktualisiert werden (§ 63 Rz. 5)[2], aber bis zum Ende der Hauptversammlung zugänglich sein[3], da solange noch Widerspruch zur Niederschrift erklärt werden kann und die Unterlagen bei der Entscheidung, ob dies erfolgen soll, von Bedeutung sind. Der Wortlaut ist insoweit eindeutig. Durch das Zugänglichmachen wird dem Aktionär die Möglichkeit gegeben, sich in der Hauptversammlung über die Verschmelzung zu informieren. Es müssen nicht notwendigerweise Originale oder Abschriften bzw. Kopien ausliegen. Es können auch Monitore zur Verfügung gestellt werden[4]. Bei einer größeren Zahl von Aktionären müssen die Unterlagen eventuell mehrfach zugänglich sein, damit jeder Einsicht nehmen kann[5]. 2

Sofern **die Unterlagen nicht ausliegen**, ist der Verschmelzungsbeschluss im Grundsatz anfechtbar. Es greift aber die Einschränkung von § 243 Abs. 4 Satz 1 AktG ein[6]. Daher ist die Anfechtung z.B. ausgeschlossen, wenn die Unterlagen nur geringfügig verspätet zugänglich gemacht werden[7] oder wenn dem Aktionär, der sich auf den Verfahrensfehler beruft, eine Abschrift nach § 63 Abs. 3 UmwG erteilt worden war[8]. 3

Während der Hauptversammlung müssen **Abschriften nicht mehr erteilt** werden[9]. 4
Die Pflichten aus § 63 UmwG (und damit auch aus § 63 Abs. 3 UmwG) beziehen sich nur auf die Zeit vor der Hauptversammlung (s. schon die Überschrift der

---

1 *Diekmann* in Semler/Stengel, § 64 UmwG Rz. 4; *Simon* in KölnKomm. UmwG, § 64 UmwG Rz. 11.

2 *Junker* in Henssler/Strohn, § 64 UmwG Rz. 2; *Simon* in KölnKomm. UmwG, § 64 UmwG Rz. 10; *Stratz* in Schmitt/Hörtnagl/Stratz, § 64 UmwG Rz. 2; a.A. *Diekmann* in Semler/Stengel, § 64 UmwG Rz. 12; *J. Vetter*, NZG 1999, 925 (929).

3 *Diekmann* in Semler/Stengel, § 64 UmwG Rz. 4; *Marsch-Barner* in Kallmeyer, § 64 UmwG Rz. 1; *Simon* in KölnKomm. UmwG, § 64 UmwG Rz. 13; *Stratz* in Schmitt/Hörtnagl/Stratz, § 64 UmwG Rz. 2.

4 *Junker* in Henssler/Strohn, § 64 UmwG Rz. 2; *Marsch-Barner* in Kallmeyer, § 64 UmwG Rz. 1; *Stratz* in Schmitt/Hörtnagl/Stratz, § 64 UmwG Rz. 2.

5 *Diekmann* in Semler/Stengel, § 64 UmwG Rz. 5; *Junker* in Henssler/Strohn, § 64 UmwG Rz. 2; *Simon* in KölnKomm. UmwG, § 64 UmwG Rz. 7; *Stratz* in Schmitt/Hörtnagl/Stratz, § 64 UmwG Rz. 2; a.A. *Marsch-Barner* in Kallmeyer, § 64 UmwG Rz. 1.

6 *Marsch-Barner* in Kallmeyer, § 64 UmwG Rz. 14; *Noack/Zetzsche*, ZHR 170 (2006), 218 (221 f.).

7 *Diekmann* in Semler/Stengel, § 64 UmwG Rz. 8.

8 *Junker* in Henssler/Strohn, § 64 UmwG Rz. 3.

9 *Junker* in Henssler/Strohn, § 64 UmwG Rz. 2; a.A. *Diekmann* in Semler/Stengel, § 64 UmwG Rz. 5; *Stratz* in Schmitt/Hörtnagl/Stratz, § 64 UmwG Rz. 2.

Norm). Auch kann von der Gesellschaft während der Hauptversammlung eine entsprechende Organisation nicht mehr erwartet werden.

III. Erläuterung des Verschmelzungsvertrages bzw. des Entwurfs

5 Der Vorstand hat den Verschmelzungsvertrag bzw. den Entwurf zu Beginn der Verhandlung (nicht der Hauptversammlung) über die Verschmelzung mündlich zu erläutern (§ 64 Abs. 1 Satz 2 UmwG). Da die Aktionäre bereits aufgrund des Verschmelzungsberichts des Vorstands (§ 8 UmwG) informiert sind, handelt es sich bei den Erläuterungen nur um **zusammenfassende Ausführungen** zu diesem Bericht[1], mit denen den Aktionären die wirtschaftliche und rechtliche Bedeutung der Verschmelzung vor Augen geführt wird[2]. Es muss deutlich werden, welche Überlegungen den Vorstand zum Abschluss des Verschmelzungsvertrages bzw. zur Aufstellung des Entwurfs veranlasst haben[3]. Das Umtauschverhältnis muss zwar erläutert werden, aber es muss nicht erneut das Zahlenmaterial des Berichts ausgebreitet werden. Die relative Bewertung der Vermögen der beteiligten Rechtsträger zueinander reicht normalerweise aus[4]. Es muss auch nicht jeder Punkt des Berichtes erneut angesprochen werden.

6 Der Vorstand hat über **wesentliche Veränderungen des Vermögens** der Gesellschaft, die seit Abschluss des Verschmelzungsvertrages/Aufstellung des Entwurfs eingetreten sind, zu unterrichten (§ 64 Abs. 1 Satz 2 UmwG)[5]. Dies sind alle Faktoren, die für die Festsetzung des Umtauschverhältnisses wichtig sind[6]. Das Gesetz ist insoweit nicht abschließend zu verstehen[7]. Vielmehr hat der Vorstand in seinen Ausführungen den Verschmelzungsbericht in allen seinen wesentlichen Punkten generell zu **aktualisieren**, da die Aktionäre ihre Entscheidung in jedem Punkt auf einer aktuellen Basis treffen sollen. Insbesondere hat er auch darüber zu unterrichten, welche Auswirkungen solche Veränderungen auf das Umtauschverhältnis haben[8] und ob er seinerseits Informationen nach § 64 Abs. 1 Satz 3 UmwG erhalten hat (§ 64 Abs. 1 Satz 4 UmwG). Der Vorstand muss also etwa dazu Stellung nehmen, ob durch zwischenzeitliche Entwicklungen die Bewertungen der Rechtsträger unzutreffend geworden sind[9] oder ob die Verschmelzung

---

1 *Diekmann* in Semler/Stengel, § 64 UmwG Rz. 9; *Keil*, S. 49; *Marsch-Barner* in Kallmeyer, § 64 UmwG Rz. 3; *Priester*, ZGR 1990, 420 (432); *Rieger* in Widmann/Mayer, § 64 UmwG Rz. 6; *Stratz* in Schmitt/Hörtnagl/Stratz, § 64 UmwG Rz. 5.

2 *Stratz* in Schmitt/Hörtnagl/Stratz, § 64 UmwG Rz. 5.

3 *Diekmann* in Semler/Stengel, § 64 UmwG Rz. 9; *Marsch-Barner* in Kallmeyer § 64 UmwG Rz. 3.

4 *Diekmann* in Semler/Stengel, § 64 UmwG Rz. 9; *Marsch-Barner* in Kallmeyer, § 64 UmwG Rz. 3; *Rieger* in Widmann/Mayer, § 64 UmwG Rz. 6; a.A. *Kraft* in KölnKomm. AktG, § 340d AktG Rz. 14.

5 Die Ergänzung in Satz 2–4 gilt auf das 3. UmwGÄndG zurück. Dieses ist Folge einer Änderung der Verschmelzungsrichtlinie durch die Richtlinie 2009/109/EG.

6 *Mayer*, NZG 2012, 561 (574); ausführlich *Marsch-Barner* in FS Maier-Reimer, S. 425 (427).

7 Offen gelassen bei *Marsch-Barner* in FS Maier-Reimer S. 425 (429).

8 *Marsch-Barner* in FS Maier-Reimer, S. 425 (429).

9 *Bayer*, AG 1988, 323 (329); *Diekmann* in Semler/Stengel, § 64 UmwG Rz. 10; *Engelmeyer*, BB 1998, 330 (334); *Heckschen*, S. 29; *Marsch-Barner* in Kallmeyer, § 64 UmwG Rz. 4; *Priester*, ZGR 1990, 420 (432); *Rieger* in Widmann/Mayer, § 64 UmwG Rz. 7; *Stratz* in Schmitt/Hörtnagl/Stratz, § 64 UmwG Rz. 5.

wirtschaftlich anders zu bewerten ist, als im Verschmelzungsbericht erfolgt[1]. Der Vorstand muss durch organisatorische Maßnahmen dafür sorgen, dass er seiner Unterrichtungspflicht nachkommen kann[2]. Die Unterrichtung hat mündlich zu erfolgen[3]. Dies ist die übliche Form der Erteilung von Informationen in der Hauptversammlung. Unterstützend können schriftliche Unterlagen verteilt werden.

Sollten die Erläuterungen in der Hauptversammlung nicht ausreichen, so ist im Grundsatz der Verschmelzungsbeschluss **anfechtbar**. Es gilt die Einschränkung von § 243 Abs. 4 Satz 1 AktG. Daher scheidet eine Anfechtung regelmäßig aus, wenn sich die erforderlichen Angaben aus den ausliegenden Unterlagen (oben Rz. 2) entnehmen lassen[4]. Das Gesetz geht zwar davon aus, dass neben die schriftliche eine mündliche Erläuterung zu treten hat, weil die beiden Informationswege nicht austauschbar sind. Dies ist auch richtig, da die schriftliche Stellungnahme bei der Entscheidung über die Verschmelzung nicht so präsent ist wie die kurz zuvor erfolgte mündliche, heißt aber nicht, dass die in § 243 Abs. 4 Satz 1 AktG niedergelegte Relevanzschwelle überschritten wäre. Die Anfechtbarkeit ist auch ausgeschlossen, wenn sich die fehlenden Informationen in einer übertragenden AG auf das Umtauschverhältnis beziehen. Dies folgt aus § 243 Abs. 4 Satz 2 AktG. 7

IV. Mitteilung an andere Vertretungsorgane

Über die in § 64 Abs. 1 Satz 2 UmwG aufgezählten Veränderungen hat der Vorstand auch die Vertretungsorgane der anderen an der Verschmelzung beteiligten Rechtsträger zu unterrichten (§ 64 Abs. 1 Satz 3 UmwG). Die Unterrichtung muss **nicht schriftlich erfolgen**[5]. Das Gesetz verlangt dies nicht. Allerdings empfiehlt es sich, die Schriftform einzuhalten, da dann die benachrichtigten Vertretungsorgane auf dieses Dokument zugreifen können und Missverständnisse eher auszuschließen sind. Auch eine Versendung an die Aktionäre hat nicht zu erfolgen[6], wird aber oft zweckmäßig sein. Das Gesetz zählt die Adressaten ausdrücklich auf. Die Aktionäre werden durch die Unterrichtung nach § 64 Abs. 1 Satz 2 UmwG informiert. 8

Sollte der Vorstand seiner Pflicht nach § 64 Abs. 1 Satz 3 UmwG nicht nachgekommen sein, ist der Beschluss regelmäßig nicht anfechtbar. Die Verletzung der Mitteilungspflicht gegenüber den anderen beteiligten Rechtsträgern ist für die Aktionäre regelmäßig ohne Bedeutung. Für sie kommt es nur darauf an, dass sie selbst ordnungsgemäß informiert werden. Dafür spielt es meist keine Rolle, woher die Informationen kommen. 9

---

1 *Rieger* in Widmann/Mayer, § 64 UmwG Rz. 7; *Stratz* in Schmitt/Hörtnagl/Stratz, § 64 UmwG Rz. 5.
2 *Diekmann* in Semler/Stengel, § 64 UmwG Rz. 12; *Marsch-Barner* in Kallmeyer, § 64 UmwG Rz. 7.
3 *Heckschen*, NJW 2011, 2390 (2394); *Marsch-Barner* in Kallmeyer, § 64 UmwG Rz. 5; *Simon/Merkelbach*, DB 2011, 1317 (1319); *Wagner*, DStR 2010, 1629 (1632).
4 A.A. *Diekmann* in Semler/Stengel, § 64 UmwG Rz. 13; *Rieger* in Widmann/Mayer, § 64 UmwG Rz. 9; *Simon* in KölnKomm. UmwG, § 64 UmwG Rz. 26; *Stratz* in Schmitt/Hörtnagl/Stratz, § 64 UmwG Rz. 9.
5 A.A. *Diekmann* in Semler/Stengel, § 64 UmwG Rz. 12b.
6 A.A. *Diekmann* in Semler/Stengel, § 64 UmwG Rz. 12b; wie hier *Marsch-Barner* in FS Maier-Reimer, S. 425 (432).

V. Verzicht der Aktionäre (§ 64 Abs. 1 Satz 4 UmwG)

10 Die Aktionäre können auf die Erläuterungen und auf die Aktualisierung verzichten. Dies ist allerdings nur möglich, wenn **alle Anteilsinhaber aller beteiligten Rechtsträger** dies in notarieller Urkunde erklären (§ 64 Abs. 1 Satz 4 UmwG). Der Wortlaut ist insoweit eindeutig. Daher ist der Verzicht der betroffenen Aktionäre allein nicht ausreichend. Da nur auf die 1. Alt. von § 8 Abs. 3 Satz 1 UmwG verwiesen wird, ist der Verzicht auch bei 100%igen Tochtergesellschaften erforderlich[1]. Auch auf die Mitteilung an die anderen Vertretungsorgane kann unter den genannten Voraussetzungen verzichtet werden.

VI. Auskunftsrecht des Aktionärs

11 In der Hauptversammlung, die über die Verschmelzung beschließt, kann jeder Aktionär über alle für die Verschmelzung wesentlichen Angelegenheiten seiner Gesellschaft Auskunft verlangen. Dies folgt bereits aus § 131 Abs. 1 AktG. Darüber hinaus bestimmt § 64 Abs. 2 UmwG, dass jeder Aktionär auch Auskunft über alle **für die Verschmelzung wesentlichen Angelegenheiten der anderen an der Verschmelzung beteiligten Rechtsträger** verlangen kann[2]. Dies geht auch für verbundene Unternehmen als Verschmelzungspartner über das allgemeine Auskunftsrecht hinaus, da § 131 Abs. 1 Satz 2 AktG nur die Beziehungen zu verbundenen Unternehmen, nicht aber allgemein die Angelegenheiten verbundener Unternehmen dem Auskunftsrecht unterwirft. Allerdings entspricht es allgemeiner Meinung[3], dass Angelegenheiten verbundener Unternehmen auch Angelegenheiten der auskunftspflichtigen AG sein können, wenn sie eine bestimmte Bedeutung für diese Gesellschaft haben. § 64 Abs. 2 UmwG konkretisiert und ergänzt diese allgemeine Aussage, indem klargestellt wird, dass alle für die Verschmelzung wesentlichen Angelegenheiten der anderen Rechtsträger, seien sie nun verbundene Unternehmen oder nicht, dem Auskunftsrecht unterliegen. Damit trägt das Gesetz der Tatsache Rechnung, dass sachgerecht nur dann über die Verschmelzung befunden werden kann, wenn auch über den Verschmelzungspartner Informationen erteilt werden. Sofern dieser Verschmelzungspartner herrschendes Unternehmen ist, erstreckt sich die Auskunftspflicht auch noch auf die für die Verschmelzung wesentlichen Angelegenheiten (weiterer) abhängiger Gesellschaften[4]. Ist der Verschmelzungspartner ein abhängiges Unternehmen, so sind auch die für die Verschmelzung wesentlichen Angelegenheiten des herrschenden Unternehmens miterfasst[5] (§ 8 Abs. 1 Satz 4, 3 UmwG; § 8 Rz. 47)[6].

---

1 Berechtigte Kritik bei *Mayer*, NZG 2012, 561 (577).
2 *Bayer*, AG 1988, 323 (329); *Engelmeyer*, BB 1998, 330 (335); *Stratz* in Schmitt/Hörtnagl/Stratz, § 64 UmwG Rz. 5.
3 Statt aller *Hüffer*, § 131 AktG Rz. 16; ist Verschmelzungspartner ein nicht verbundenes Unternehmen (selten), so begründet allein § 64 Abs. 2 UmwG ein solches Auskunftsrecht: *Decher*, ZHR 158 (1994), 473 (491).
4 *Diekmann* in Semler/Stengel, § 64 UmwG Rz. 16; *Simon* in KölnKomm. UmwG, § 64 UmwG Rz. 19.
5 *Simon* in KölnKomm. UmwG, § 64 UmwG Rz. 19.
6 *Rieger* in Widmann/Mayer, § 64 UmwG Rz. 12.

Demgemäß hat der auskunftspflichtige **Vorstand auch Fragen über Rechtsträger zu beantworten, die er nicht leitet**. Hierauf hat er sich vorzubereiten[1]. Daher ist er im Regelfall verpflichtet, dafür Sorge zu tragen, dass in der Hauptversammlung ein kompetenter Vertreter dieses Rechtsträgers als Hilfsperson anwesend ist[2]. Sollte diese Hilfsperson die Auskunft direkt an die Aktionäre erteilen, so muss aber deutlich werden, dass die Auskunft dem Vorstand zuzurechnen ist[3]. Denn die Verantwortung für die Auskunft bleibt beim auskunftspflichtigen Vorstand. Auch abgesehen von der Einschaltung von Hilfspersonen muss der Vorstand versuchen, sich schon im Vorfeld der Hauptversammlung die voraussichtlich benötigten Informationen zu beschaffen. Im Rahmen eines Vertragskonzerns ist dies relativ problemlos möglich[4]. In den anderen Fällen kann, wenn die AG an dem Rechtsträger beteiligt ist, das rechtsformspezifisch ausgestaltete Informationsrecht des Anteilsinhabers genutzt werden (etwa § 51a GmbHG, § 131 AktG). Dagegen lässt sich aus dem vorvertraglichen Vertrauensverhältnis, das die Verschmelzungspartner verbindet, nur selten eine Pflicht zur Offenlegung von Informationen ableiten, wohl aber dann, wenn auf Seiten des betroffenen Rechtsträgers kein Geheimhaltungsbedürfnis besteht und die Information für die AG von besonderer Wichtigkeit ist[5]. Ist eine Information unverschuldet (also auch ohne Verstoß gegen die geschilderte Pflicht zur Vorbereitung der Hauptversammlung) in der Hauptversammlung nicht präsent und lässt sie sich auch nicht kurzfristig beschaffen, so ist sie auch nicht geschuldet[6]. Hier trifft das Informationsrecht des § 64 Abs. 2 UmwG auf seine rein faktischen Grenzen. Dies ist für die Aktionäre auch durchaus tragbar, da ja bereits der Verschmelzungsbericht Angaben über den Verschmelzungspartner enthält. 12

Da § 64 Abs. 2 UmwG ein Sonderfall des Auskunftsrechts nach § 131 AktG ist, gelten die allgemeinen Regeln dieser Norm[7]. Unter den Voraussetzungen von § 131 Abs. 3 AktG darf der Vorstand also die **Auskunft verweigern**[8]. Die Begründung[9] sagt dies ausdrücklich und beantwortet damit die für Strukturänderungen 13

1 *Diekmann* in Semler/Stengel, § 64 UmwG Rz. 18; *Marsch-Barner* in Kallmeyer, § 64 UmwG Rz. 13; *Simon* in KölnKomm. UmwG, § 64 UmwG Rz. 20; *Stratz* in Schmitt/Hörtnagl/Stratz, § 64 UmwG Rz. 8.

2 *Diekmann* in Semler/Stengel, § 64 UmwG Rz. 18; *Junker* in Henssler/Strohn, § 64 UmwG Rz. 6; *Simon* in KölnKomm. UmwG, § 64 UmwG Rz. 20.

3 *Diekmann* in Semler/Stengel, § 64 UmwG Rz. 19; *Rieger* in Widmann/Mayer, § 64 UmwG Rz. 13; *Simon* in KölnKomm. UmwG, § 64 UmwG Rz. 20.

4 *Simon* in KölnKomm. UmwG, § 64 UmwG Rz. 21.

5 *Engelmeyer*, BB 1998, 330 (335); *Simon* in KölnKomm. UmwG, § 64 UmwG Rz. 21; großzügiger *Stratz* in Schmitt/Hörtnagl/Stratz, § 64 UmwG Rz. 8.

6 OLG Brandenburg v. 6.6.2001 – 7 U 145/00, AG 2003, 328; OLG Hamm v. 4.3.1999 – 8 W 11/99, ZIP 1999, 798 (804) = AG 1999, 422; *Junker* in Henssler/Strohn, § 64 UmwG Rz. 6; *Marsch-Barner* in Kallmeyer, § 64 UmwG Rz. 13; *Rieger* in Widmann/Mayer, § 64 UmwG Rz. 14.

7 *Engelmeyer*, BB 1998, 330 (335); *Diekmann* in Semler/Stengel, § 64 UmwG Rz. 15; *Marsch-Barner* in Kallmeyer, § 64 UmwG Rz. 12; *Simon* in KölnKomm. UmwG, § 64 UmwG Rz. 24; nach *Stratz* in Schmitt/Hörtnagl/Stratz, § 64 UmwG Rz. 8; a.A. *Hirte*, ZHR 167 (2003), 8 (16), habe die Norm einen kapitalmarktrechtlichen Hintergrund, aber sie gilt auch für nicht börsennotierte Gesellschaften.

8 *Junker* in Henssler/Strohn, § 64 UmwG Rz. 8; *Marsch-Barner* in Kallmeyer, § 64 UmwG Rz. 12; *Rieger* in Widmann/Mayer, § 64 UmwG Rz. 15; *Stratz* in Schmitt/Hörtnagl/Stratz, § 64 UmwG Rz. 8.

9 *Ganske*, S. 111.

kontrovers beurteilte Frage, ob überhaupt ein Auskunftsverweigerungsrecht besteht[1]. Dabei ist § 131 Abs. 3 Satz 1 Nr. 1 AktG so auszulegen, dass geheimhaltungsbedürftige Informationen, die der Verschmelzungspartner im Zuge der Verhandlungen über den Verschmelzungsvertrag erhalten hat, nicht an die Aktionäre weitergegeben werden müssen. Denn anderenfalls wäre zu befürchten, dass sensible Informationen bereits dem Vorstand nicht erteilt werden[2].

14 Wurde eine **due diligence-Prüfung** durchgeführt, so kommt § 131 Abs. 4 AktG auch dann nicht zur Anwendung, wenn der Verschmelzungspartner bereits Aktionär ist. Die entsprechenden Informationen wurden dem Verschmelzungspartner nicht in seiner Eigenschaft als Aktionär, sondern als Vertragspartner gegeben[3].

15 Sollte der Vorstand einem berechtigten Auskunftsverlangen nicht nachkommen, so ist der Beschluss **anfechtbar**[4]. § 243 Abs. 4 Satz 1 AktG ist zu beachten[5]. In Bezug auf abfindungsbezogene Informationsmängel greift § 243 Abs. 4 Satz 2 AktG ein (oben Rz. 7)[6].

§ 65
Beschluss der Hauptversammlung

(1) Der Verschmelzungsbeschluss der Hauptversammlung bedarf einer Mehrheit, die mindestens drei Viertel des bei der Beschlussfassung vertretenen Grundkapitals umfasst. Die Satzung kann eine größere Kapitalmehrheit und weitere Erfordernisse bestimmen.

(2) Sind mehrere Gattungen von Aktien vorhanden, so bedarf der Beschluss der Hauptversammlung zu seiner Wirksamkeit der Zustimmung der stimmberechtigten Aktionäre jeder Gattung. Über die Zustimmung haben die Aktionäre jeder Gattung einen Sonderbeschluss zu fassen. Für diesen gilt Absatz 1.

1 Offen gelassen in BGH v. 15.6.1992 – II ZR 18/91, ZIP 1992, 1227 (1232) = AG 1992, 450; dazu *Decher*, ZHR 158 (1994), 473 (492).
2 *Rieger* in Widmann/Mayer, § 64 UmwG Rz. 15.
3 *Diekmann* in Semler/Stengel, § 64 UmwG Rz. 17; *Junker* in Henssler/Strohn, § 64 UmwG Rz. 7; *Marsch-Barner* in Kallmeyer, § 64 UmwG Rz. 12; *Rieger* in Widmann/Mayer, § 64 UmwG Rz. 131; *Simon* in KölnKomm. UmwG, § 64 UmwG Rz. 23; *Ziemons*, AG 1999, 492 (494 f.).
4 *Stratz* in Schmitt/Hörtnagl/Stratz, § 64 UmwG Rz. 7.
5 *Marsch-Barner* in Kallmeyer, § 64 UmwG Rz. 14.
6 *Diekmann* in Semler/Stengel, § 64 UmwG Rz. 23, aber ohne Beschränkung auf Informationsmängel.

Literatur

Brause, Stimmrechtslose Vorzugsaktien bei Umwandlungen, 2002; *Brause*, Die Zustimmung zur Umwandlung durch Verschmelzung, NotBZ 1997, 1, 4; *Heckschen*, Verschmelzung von Kapitalgesellschaften, 1989; *Kiem*, Die Stellung der Vorzugsaktionäre bei Umwandlungsmaßnahmen, ZIP 1997, 1627; *Krieger*, Vorzugsaktie und Umstrukturierung, in FS Lutter, 2000, S. 497; *Krieger*, Der Konzern in Fusion und Umwandlung, ZGR 1990, 517; *Lutter*, Organisationszuständigkeiten im Konzern, in FS Stimpel, 1985, S. 825; *Lutter*, Zur Reform von Umwandlung und Fusion, ZGR 1990, 392; *Schwenn*, Kettenverschmelzungen bei Konzernsachverhalten, Der Konzern 2007, 173; *Volhard/Goldschmidt*, Nötige und unnötige Sonderbeschlüsse der Inhaber stimmrechtsloser Vorzugsaktien, in FS Lutter, 2000, S. 779.

I. Inhalt der Norm

1 § 65 UmwG legt für Verschmelzungen, an denen eine Aktiengesellschaft beteiligt ist, fest, welche Mehrheitserfordernisse gelten, und bestimmt des Weiteren, wann ein Sonderbeschluss mit welcher Mehrheit zu fassen ist[1].

II. Erforderliche Mehrheit in der Hauptversammlung

1. Gesetzliche Regelung

2 Der Verschmelzungsbeschluss bedarf einer **¾-Mehrheit des bei der Beschlussfassung vertretenen Grundkapitals**. Die Entscheidung über die Verschmelzung wird vom Gesetz zu Recht sowohl für eine übertragende wie auch für eine aufnehmende AG als Grundlagenentscheidung eingestuft. Daher werden dieselben Mehrheitserfordernisse angeordnet, die auch sonst für solche Entscheidungen gelten (etwa § 179 Abs. 2 Satz 1, § 262 Abs. 1 Nr. 2 AktG). Bei der übertragenden AG hat die Verschmelzung das Erlöschen der Gesellschaft zur Folge (§ 20 Rz. 58). Über diesen wichtigen Punkt sollen die Aktionäre mit angemessener Mehrheit entscheiden. Bei der übernehmenden AG führt die Verschmelzung regelmäßig zur Aufnahme weiterer Aktionäre. Auch dies ist eine Grundlagenentscheidung, da sich die Beteiligungsquote der Aktionäre verschiebt. Das Gesetz verlangt aber auch keine höhere Mehrheit als für andere Grundlagenentscheidungen. Daher gilt das Mehrheitserfordernis von § 65 Abs. 1 UmwG beispielsweise auch für den Fall, dass eine AG auf eine GmbH verschmolzen wird[2].

3 Zur Berechnung der Mehrheit s. die Kommentare zum AktG[3]. Berücksichtigt werden **nur die Aktionäre, die bereits Aktien halten**, also etwa nicht die Inhaber von Bezugsrechten. Bei einer Kettenverschmelzung (Verschmelzung der A-Gesellschaft auf die B-AG und dann der B-AG auf die C) werden also die Anteilsinhaber der A in der Hauptversammlung der B an der Fassung des Verschmelzungsbeschlusses erst beteiligt, wenn sie Aktionäre der B sind. Werden die Verschmelzungen kurz hintereinander beschlossen und sind daher die A-Anteilsinhaber

---

1 Die Norm beachtet Art. 7 der 3. Richtlinie, ABl. EG Nr. L 295/36 v. 20.10.1978.

2 § 33 Abs. 3 KapErhG hatte hierfür die Zustimmung aller Aktionäre verlangt, sofern die AG nicht nur 50 Aktionäre hatte. Dann reichte die Zustimmung von 9/10 aus. Die Begr bei *Ganske*, S. 112, rechtfertigt diese Angleichung damit, dass Gläubiger- und Minderheitenschutz im GmbH-Recht ebenso wie durch das Umwandlungsgesetz ausgebaut worden sind.

3 Statt aller *Seibt* in K. Schmidt/Lutter, § 179 AktG Rz. 27.

noch keine B-Aktionäre, so können sie in B nicht mitstimmen[1]. Doch ist über die zweite Verschmelzung bei der ersten zu informieren[2]. Zu Stimmverboten § 13 Rz. 26; zu Vertragsänderungen § 13 Rz. 25.

2. Abweichende Regelungen in der Satzung

a) Kompetenz der Hauptversammlung

4 Die im Gesetz vorgesehene Zuständigkeit der Hauptversammlung zur Fassung des Verschmelzungsbeschlusses kann **nicht auf ein anderes Organ** übertragen werden[3]. Nur so kann der grundlegenden Bedeutung, die der Entscheidung zukommt, Rechnung getragen werden. Eine Ausnahme von dieser zwingenden Zuständigkeit der Hauptversammlung sieht allerdings § 62 UmwG vor. Der Verschmelzungsbeschluss der Hauptversammlung kann auch nicht an die Mitwirkung weiterer Organe (etwa des Aufsichtsrates) gebunden werden[4]. Die Hauptversammlung entscheidet allein. Zwar sind die Regeln über die Verschmelzung nicht mehr Bestandteil des Aktiengesetzes. Aber allein die Verlagerung in ein besonderes Gesetz führt nicht dazu, dass die für jede Kompetenz der Hauptversammlung geltende Bestimmung des § 23 Abs. 5 AktG nicht mehr zur Anwendung kommt.

b) Mehrheitserfordernisse

5 In der Satzung können eine **größere Kapitalmehrheit** und weitere Erfordernisse vorgesehen werden (§ 65 Abs. 1 Satz 2 UmwG). Diese Regelung entspricht der in § 179 Abs. 2 Satz 2 AktG für Änderungen des Unternehmensgegenstandes getroffenen Bestimmung. S. dazu die Erläuterungen in den Kommentaren zum AktG[5].

6 **Sieht die Satzung für Satzungsänderungen erhöhte Anforderungen vor**, so gelten diese regelmäßig auch für die Verschmelzung[6]. Dies ergibt sich durch Auslegung der Satzung. Zwar beinhaltet die Verschmelzung keine Satzungsänderung. Sie ist aber sowohl aus der Sicht der übertragenden wie auch der übernehmenden AG ein vergleichbar bedeutsamer Akt. Zudem sind erhöhte **Anforderungen, die für die Auflösung der AG in der Satzung festgelegt sind**, auch auf den Verschmelzungsbeschluss einer übertragenden AG anwendbar[7]. Denn die Verschmelzung führt zum Erlöschen der übertragenden AG. An diesem Ergebnis ändert auch die Tatsache nichts, dass die Aktionäre Anteile an dem übernehmenden Rechtsträger er-

---

1 *Schwenn*, Der Konzern 2007, 173 (177); *Simon* in KölnKomm. UmwG, § 64 UmwG Rz. 10.

2 *Schwenn*, Der Konzern 2007, 173 (177).

3 *Junker* in Henssler/Strohn, § 64 UmwG Rz. 3; *Stratz* in Schmitt/Hörtnagl/Stratz, § 65 UmwG Rz. 2.

4 *Diekmann* in Semler/Stengel, § 65 UmwG Rz. 17; *Junker* in Henssler/Strohn, § 65 UmwG Rz. 3; *Rieger* in Widmann/Mayer, § 65 UmwG Rz. 8.

5 Statt aller *Hüffer*, § 179 AktG Rz. 16.

6 *Diekmann* in Semler/Stengel, § 65 UmwG Rz. 14; *Heckschen*, S. 29; *Rieger* in Widmann/Mayer, § 65 UmwG Rz. 10; *Stratz* in Schmitt/Hörtnagl/Stratz, § 65 UmwG Rz. 12; *Zimmermann* in Kallmeyer, § 65 UmwG Rz. 7; s. für die GmbH § 50 Rz. 19.

7 *Stratz* in Schmitt/Hörtnagl/Stratz, § 65 UmwG Rz. 12; nach *Rieger* in Widmann/Mayer, § 65 UmwG Rz. 9 kommt es auf die Auslegung der Klausel im Einzelfall an. Das trifft zu. Doch führt die Auslegung regelmäßig zu dem hier vertretenen Ergebnis.

halten[1]. Auch sonst spielt es keine Rolle, ob die Auflösung zu neuen Investitionsmöglichkeiten oder zu einem Zuwachs im Vermögen der Aktionäre führt oder nicht.

Die Satzung kann die Verschmelzung nicht – auch nicht für gewisse Zeit – **ausschließen**[2]. Eine solche Bestimmung verstößt gegen § 23 Abs. 5 AktG (oben Rz. 4). Sie nimmt der Hauptversammlung eine ihr vom Gesetz eingeräumte Handlungsmöglichkeit. Eine solche Satzungsbestimmung kann aber dahin gehend umgedeutet werden (§ 140 BGB), dass der Verschmelzungsbeschluss nur mit Zustimmung aller Aktionäre gefasst werden kann[3]. 7

III. Sonderbeschlüsse

1. Erforderlichkeit eines Sonderbeschlusses

Nach § 65 Abs. 2 UmwG bedarf der Verschmelzungsbeschluss der Zustimmung der Aktionäre jeder Gattung. Welche Aktien eine besondere Gattung bilden, bestimmt sich nach § 11 AktG[4]. Sofern ein Sonderbeschluss erforderlich ist, gilt dies auch, wenn die Rechte der Aktien dieser Gattung durch die Verschmelzung nicht gattungsspezifisch tangiert werden[5]. Die Bestimmung ist generell formuliert. Auch lässt sich kaum je klar sagen, ob nun die Rechte einer Gattung betroffen sind. Zu der Frage, ob ein Sonderbeschluss auch erforderlich ist, wenn die Verschmelzung einstimmig beschlossen wurde, s. die Kommentierungen zu § 182 Abs. 2 AktG[6]. In der SE ist Art. 60 SE-VO zu beachten. 8

Vorzugsaktien ohne Stimmrecht bilden zwar eine Gattung, da aber § 65 Abs. 2 Satz 1 UmwG nur die Zustimmung stimmberechtigter Aktionäre verlangt, ist ein Sonderbeschluss der Aktionäre dieser Gattung, falls das Stimmrecht nicht nach § 140 Abs. 2 AktG wieder aufgelebt ist[7], nicht erforderlich[8]. Dies gilt auch, wenn 9

---

1 A.A. *Diekmann* in Semler/Stengel, § 65 UmwG Rz. 15; *Zimmermann* in Kallmeyer, § 65 UmwG Rz. 7.

2 *Diekmann* in Semler/Stengel, § 65 UmwG Rz. 16; *Junker* in Henssler/Strohn, § 65 UmwG Rz. 3; *Rieger* in Widmann/Mayer, § 65 UmwG Rz. 7; *Simon* in KölnKomm. UmwG, § 65 UmwG Rz. 13; *Stratz* in Schmitt/Hörtnagl/Stratz, § 65 UmwG Rz. 11.

3 *Diekmann* in Semler/Stengel, § 65 UmwG Rz. 16; *Rieger* in Widmann/Mayer, § 65 UmwG Rz. 7; *Simon* in KölnKomm. UmwG, § 65 UmwG Rz. 13; *Stratz* in Schmitt/Hörtnagl/Stratz, § 65 UmwG Rz. 11.

4 S. die Kommentierungen zu dieser Norm; statt aller zusammenfassend *Hüffer*, § 11 AktG Rz. 7.

5 S. den Bericht des Rechtsausschusses, *Ganske*, S. 112; *Diekmann* in Semler/Stengel, § 65 UmwG Rz. 22; *Zimmermann* in Kallmeyer, § 65 UmwG Rz. 23; a.A. *Bermel* in Goutier/Knopf/Tulloch, § 65 UmwG Rz. 19.

6 *Hüffer*, § 182 AktG Rz. 18; *Veil* in K. Schmidt/Lutter, § 182 AktG Rz. 33 ff.

7 *Brause*, S. 26; *Kiem*, ZIP 1997, 1627 (1628); *Rieger* in Widmann/Mayer, § 65 UmwG Rz. 16.

8 S. den Bericht des Rechtsausschusses, *Ganske*, S. 112; *Diekmann* in Semler/Stengel, § 65 UmwG Rz. 24; *Heckschen*, NotBZ 1997, 1 (4); *Junker* in Henssler/Strohn, § 65 UmwG Rz. 7; *Volhard/Goldschmidt* in FS Lutter, S. 779 (789); a.A. *Bermel* in Goutier/Knopf/Tulloch, § 65 UmwG Rz. 19; *Brause*, S. 13 ff.; *Rieger* in Widmann/Mayer, § 65 UmwG Rz. 17 ff. Offen gelassen von OLG Schleswig v. 15.10.2007 – 5 W 50/07, AG 2008, 39 (41 f.).

der Vorzug durch die Verschmelzung verloren geht[1]. Denn da in dem übernehmenden Rechtsträger praktisch nie genau der gleiche Vorzug gewährt werden kann, wäre anderenfalls entgegen § 65 Abs. 2 UmwG in einer übertragenden AG mit Vorzugsaktionären in den meisten Fällen doch ein Sonderbeschluss notwendig. Dem Schutz der Vorzugsaktionäre dient § 23 UmwG. Zwar gibt diese Norm nur einen schuldrechtlichen Anspruch und keine Mitwirkungsbefugnis, wie sie § 141 AktG zur Verfügung stellt[2]. Aber das entspricht der Tendenz des Gesetzes, Verschmelzungen zu erleichtern. Die **Vorzugsaktionäre einer übernehmenden AG** müssen ebenfalls keinen Sonderbeschluss fassen[3]. Dies gilt auch, wenn im Zuge der Verschmelzung an Vorzugsaktionäre der übertragenden AG Vorzugsaktien begeben werden, die den bestehenden Vorzügen gleichstehen oder vorgehen[4]. § 65 Abs. 2 UmwG regelt die Problematik abschließend. Der Nachteil ist durch das Vermögen der übertragenden AG abgedeckt.

2. Verfahren

10 Die Regelung des § 65 Abs. 2 UmwG ist auf dem Hintergrund der allgemeinen Bestimmungen des AktG über Sonderbeschlüsse bei Vorliegen mehrerer Gattungen von Aktien zu sehen. **Es gilt also § 138 AktG**. Die erforderliche Mehrheit ist mit der für den Verschmelzungsbeschluss der Hauptversammlung identisch (§ 65 Abs. 2 Satz 3, oben Rz. 2). Es besteht die Möglichkeit, in der Satzung eine größere Kapitalmehrheit und weitere Erfordernisse – eventuell auch nur für den Sonderbeschluss und nicht auch für den Verschmelzungsbeschluss – festzulegen (§ 65 Abs. 2 Satz 3 UmwG mit Verweis auf § 65 Abs. 1 UmwG). Die für den Verschmelzungsbeschluss vorgesehenen Besonderheiten (§ 63 UmwG, § 64 UmwG) gelten für den Sonderbeschluss nicht[5]. Das Gesetz verweist hierauf nicht. Auch würde eine erneute Befolgung dieser Regeln das Verfahren bei Fassung des Sonderbeschlusses unnötig kompliziert ausgestalten, zumal die Aktionäre die Rechte aus §§ 63f. UmwG in ihrer Eigenschaft als Aktionär nutzen können. Sollte der Sonderbeschluss zeitlich nach dem Hauptversammlungsbeschluss gefasst werden, kann über die üblichen Aktionärsrechte (etwa Auskunftsrecht) eine Aktualisierung erreicht werden.

11 Zu den Rechtsfolgen bei **Fehlen eines Sonderbeschlusses** s. die Kommentierungen zum AktG[6]. Da der Hauptversammlungsbeschluss bis zur Fassung des Sonderbeschlusses schwebend unwirksam ist, darf die Verschmelzung nicht eingetragen

1 *Diekmann* in Semler/Stengel, § 65 UmwG Rz. 24; *Krieger* in FS Lutter, S. 497 (509); *Simon* in KölnKomm. UmwG, § 65 UmwG Rz. 17; a.A. *Kiem*, ZIP 1997, 1627 (1628); *Zimmermann* in Kallmeyer, § 65 UmwG Rz. 22; im Ergebnis wie hier *Drygala*, § 5 Rz. 21: der Vorzug werde nur mittelbar beeinträchtigt.

2 So der Hinweis von *Rieger* in Widmann/Mayer, § 65 UmwG Rz. 19.

3 *Brause*, S. 52ff.; *Volhard/Goldschmidt* in FS Lutter, S. 779 (788).

4 *Diekmann* in Semler/Stengel, § 65 UmwG Rz. 24; *Simon* in KölnKomm. UmwG, § 65 UmwG Rz. 17; a.A. *Kiem*, ZIP 1997, 1627 (1629); *Krieger* in FS Lutter, S. 497 (510).

5 Streitig, wie hier *Simon* in KölnKomm. UmwG, § 65 UmwG Rz. 20; *Stratz* in Schmitt/Hörtnagl/Stratz, § 65 UmwG Rz. 13; a.A. *Junker* in Henssler/Strohn, § 65 UmwG Rz. 8; *Rieger* in Widmann/Mayer, § 65 UmwG Rz. 67; *Zimmermann* in Kallmeyer, § 65 UmwG Rz. 24.

6 Statt aller *Hüffer*, § 138 AktG Rz. 7.

werden. Sollte sie gleichwohl eingetragen werden, so treten die Verschmelzungswirkungen unwiderruflich ein (§ 20 Rz. 77ff.).

IV. Beschlussfassung in verbundenen Unternehmen

Über die Verschmelzung entscheiden allein die Verschmelzungspartner. Demgemäß ist ein Beschluss der Gesellschafter der von einem Verschmelzungspartner abhängigen Gesellschaft[1] ebenso wenig erforderlich wie ein Beschluss der Gesellschafter einer Gesellschaft, die einen Verschmelzungspartner beherrscht[2]. Die Kompetenzverteilung ist im Gesetz eindeutig getroffen. Weitere – dazu ungeschriebene und nur die AG betreffende – Verfahrensregeln würden nur zu Unklarheiten führen. Der Schutz der Anteilsinhaber der verbundenen Unternehmen wird durch die allgemeinen Regeln des Konzernrechts sowie im Vertragskonzern durch Kündigungsmöglichkeiten (§ 20 Rz. 37ff.) gewahrt. 12

§ 66

Eintragung bei Erhöhung des Grundkapitals

Erhöht die übernehmende Gesellschaft zur Durchführung der Verschmelzung ihr Grundkapital, so darf die Verschmelzung erst eingetragen werden, nachdem die Durchführung der Erhöhung des Grundkapitals im Register eingetragen worden ist.

Die Vorschrift entspricht § 53 UmwG. S. die Erläuterungen dort.

§ 67

Anwendung der Vorschriften über die Nachgründung

Wird der Verschmelzungsvertrag in den ersten zwei Jahren seit Eintragung der übernehmenden Gesellschaft in das Register geschlossen, so ist § 52 Abs. 3, 4, 6 bis 9 des Aktiengesetzes über die Nachgründung entsprechend anzuwenden. Dies gilt nicht, wenn auf die zu gewährenden Aktien nicht mehr als der zehnte Teil des Grundkapitals dieser Gesellschaft entfällt oder wenn diese Gesellschaft ihre Rechtsform durch Formwechsel einer Gesellschaft mit beschränkter Haftung erlangt hat, die zuvor bereits seit mindestens zwei Jahren im Handelsregister eingetragen war. Wird zur Durchführung der Verschmelzung das Grundkapital erhöht, so ist der Berechnung das erhöhte Grundkapital zugrunde zu legen.

---

1 *Krieger*, ZGR 1990, 517 (540).

2 Offen *Krieger*, ZGR 1990, 517 (538); a.A. für den Fall, dass ein Beherrschungs- oder Gewinnabführungsvertrag besteht, DiskE eines Gesetzes zur Bereinigung des Umwandlungsrechts, 1988, § 388 Abs. 2 und allgemein a.A. *Lutter*, ZGR 1990, 392 (414) und *Lutter* in FS Stimpel, S. 825 (849).

Literatur

Bröcker, Die aktienrechtliche Nachgründung: Wieviel Kontrolle benötigt die junge Aktiengesellschaft?, ZIP 1999, 1029; Handelsrechtsausschuss des Deutschen Anwaltvereins e.V., Vorschläge des Handelsrechtsausschusses des Deutschen Anwaltvereins e.V. zur Änderung des UmwG, NZG 2000, 802; *Hartmann/Barcaba*, Die Anforderungen an den Bericht des Aufsichtsrats im Nachgründungsverfahren, AG 2001, 437; *Koch*, Die Nachgründung, 2002; *Krieger*, Zur Reichweite des § 52 AktG, in FS Claussen, 1997, S. 223; *Lutter/Ziemons*, Die unverhoffte Renaissance der Nachgründung, ZGR 1999, 479; *Priester*, Die Regelungen zur Nachgründung, DB 2001, 467; *Reichert*, Probleme der Nachgründung nach altem und neuem Recht, ZGR 2001, 554.

I. Inhalt der Norm, rechtspolitische Kritik

1 **Die Norm will sicherstellen**, dass eine Verschmelzung nicht dazu genutzt wird, die Regeln über Nachgründungen zu umgehen. Da diese Bestimmungen ihrerseits den Sinn haben, eine Umgehung von § 27 AktG zu verhindern und so die Kapitalaufbringung in der Aktiengesellschaft sicherzustellen, geht es in § 67 UmwG also darum, die vollständige Aufbringung des Grundkapitals einer übernehmenden AG sicherzustellen. Diese ist nicht gewährleistet, wenn die Anteilsinhaber des übertragenden Rechtsträgers im Wege der Kapitalerhöhung eine Beteiligung an der aufnehmenden AG erhalten würden, die dem Wert des Vermögens des übertragenden Rechtsträgers nicht entspricht. **Rechtspolitisch ist die Norm umstritten**. Es wird eingewandt, dass eine Prüfung der Werthaltigkeit des Vermögens des übertragenden Rechtsträgers regelmäßig bereits gem. § 69 UmwG, § 183 Abs. 3 AktG erfolgt und eine weitere Sicherung daher nicht erforderlich sei[1]. Da aber die Anwendung von § 52 AktG auf die Sachkapitalerhöhungen vielfach generell befürwortet wird[2], wird man eine Sonderbehandlung der Sacheinlage durch Verschmelzung nicht begründen können. Auch wenn keine Kapitalerhöhung erfolgt, ist die Norm anwendbar[3]. In diesem Fall gibt die AG eigene Aktien als Gegenleistung für das Vermögen des übertragenden Rechtsträgers hin. Auch das soll nach

1 *Rieger* in Widmann/Mayer, § 67 UmwG Rz. 4; generell kritisch gegenüber § 52 AktG *Bröcker*, ZIP 1999, 1029; *Handelsrechtsausschuss des DAV*, NZG 2000, 805 (808).
2 Überblick bei *Koch*, S. 187 ff., 207 ff.; *Krieger* in FS Claussen, S. 223 (227).
3 *Diekmann* in Semler/Stengel, § 67 UmwG Rz. 2; *Simon* in KölnKomm. UmwG, § 67 UmwG Rz. 3; a.A. *Braunfels* in Heidel, Anhang 11 Rz. 59.

§ 52 AktG überprüft werden. Sollte ein Anteilstausch allerdings ausnahmsweise nicht stattfinden (§ 68 UmwG, s. § 20 Rz. 63), gilt § 67 UmwG nicht[1].

II. Betroffene Verschmelzungen

1. Aktiengesellschaft als übernehmender Rechtsträger/Anforderungen an den übertragenden Rechtsträger

§ 67 UmwG ist nur anwendbar, wenn eine AG übernehmender Rechtsträger ist. 2
Ist die AG übertragender Rechtsträger, so gilt die Bestimmung nicht, da dann die Gefahr, der die Norm vorbeugen will (Aushöhlung des Grundkapitals, oben Rz. 1), nicht besteht. Dem entspricht der Wortlaut (§ 67 Satz 1 UmwG).

Obwohl § 67 UmwG nicht auf § 52 Abs. 1 AktG verweist, ist davon auszugehen, 3
dass auch im Rahmen einer Verschmelzung die Nachgründungsvorschriften nur anwendbar sind, wenn der **Verschmelzungspartner oder Gründer mit mehr als 10 % am Grundkapital** der AG beteiligt ist. Da der Gesetzgeber[2] davon ausgeht, dass nur in diesen Fällen die Gefahren bestehen, vor denen das Recht der Nachgründung die AG bewahren will, kann dies bei der Verschmelzung nicht anders sein[3], da nicht einzusehen ist, warum gerade Verschmelzungen anders zu beurteilen sein sollten, zumal in den meisten Fällen (anders bei Verwendung eigener Aktien) im Zuge einer Kapitalerhöhung sowieso eine Sacheinlagenprüfung erfolgt.

2. Maßgeblicher Zeitpunkt

Die Regeln über die Nachgründung müssen nur beachtet werden, wenn der Ver- 4
schmelzungsvertrag in den ersten beiden Jahren seit Eintragung der übernehmenden AG im Handelsregister geschlossen wird (§ 67 Satz 1 UmwG). Bei Verwendung einer Vorrats- oder Mantelgesellschaft ist der Zeitpunkt der wirtschaftlichen Neugründung maßgeblich[4], da erst ab diesem Zeitpunkt die Risiken eintreten können, denen die Norm entgegentreten will. Damit wird an § 52 Abs. 1 Satz 1 AktG angeknüpft. Erfasst sind also alle Verschmelzungen, bei denen der Verschmelzungsvertrag innerhalb dieser Frist geschlossen wird. Die Aufstellung des Entwurfs ist ebenso wenig maßgeblich wie der Zeitpunkt der Fassung des Verschmelzungsbeschlusses[5]. Zwar ist der Verschmelzungsvertrag vor Fassung des Zustimmungsbeschlusses schwebend unwirksam (§ 4 Rz. 26), da er aber gleichwohl schon geschlossen ist, ist dies der maßgebliche Zeitpunkt. Da bis zur nota-

1 *Koch*, S. 221.
2 § 52 Abs. 1 AktG wurde insoweit geändert durch das NaStraG v. 18.1.2001.
3 *Braunfels* in Heidel, Anhang 11 Rz. 59; *Hüffer*, § 52 AktG Rz. 1; *Koch*, S. 207; *Priester*, DB 2001, 467 (469); a.A. *Hartmann/Barcaba*, AG 2001, 437 (442); *Diekmann* in Semler/Stengel, § 67 UmwG Rz. 5; *Marsch-Barner* in Kallmeyer, § 67 UmwG Rz. 2; *Reichert*, ZGR 2001, 554 (581); *Rieger* in Widmann/Mayer, § 67 UmwG Rz. 18.
4 *Junker* in Henssler/Strohn, § 67 UmwG Rz. 1.
5 *Diekmann* in Semler/Stengel, § 67 UmwG Rz. 7; *Junker* in Henssler/Strohn, § 67 UmwG Rz. 2; *Marsch-Barner* in Kallmeyer, § 67 UmwG Rz. 3; *Rieger* in Widmann/Mayer, § 67 UmwG Rz. 5; *Stratz* in Schmitt/Hörtnagl/Stratz, § 67 UmwG Rz. 3.

riellen Beurkundung kein wirksamer Vertrag vorliegt (sondern nur ein Entwurf), ist der **Zeitpunkt der Beurkundung** entscheidend[1].

5 Sofern die AG durch **Formwechsel** aus einer anderen Rechtsform hervorgegangen ist, läuft die Zwei-Jahres-Frist erst ab Eintragung der AG, da die Regeln über die Kapitalaufbringung bei der AG strenger als bei anderen Gesellschaftsformen sind[2]. Für die KGaA gilt dies allerdings nicht. Daher läuft in diesem Fall die Frist schon ab Eintragung der KGaA[3]. Ist die AG durch Formwechsel aus einer GmbH entstanden, bestimmt § 67 Satz 2 UmwG, dass die Regeln über die Nachgründung nicht gelten, wenn die GmbH bereits zwei Jahre im Handelsregister eingetragen war[4]. Damit ist gemeint, dass die Zeit, in der die AG noch GmbH war, auf die Zwei-Jahres-Frist angerechnet wird[5]. Dies entspricht der in § 69 Abs. 1 Satz 1 UmwG getroffenen Wertung.

3. Volumen der zu gewährenden Aktien

a) Bestimmung des Grundkapitals

6 Die Vorschriften über die Nachgründung sind des Weiteren nur anwendbar, wenn auf die zu gewährenden Aktien mehr als **10 % des Grundkapitals** der übernehmenden AG entfällt (§ 67 Satz 2 UmwG). Diese Bestimmung knüpft an die Regelung von § 52 Abs. 1 Satz 1 AktG an. Sie geht davon aus, dass bei einem geringeren Volumen die Bedeutung der Verschmelzung für die Erhaltung des Grundkapitals der übernehmenden AG nicht allzu groß ist.

7 Für die Berechnung der 10 %-Quote ist **von dem satzungsmäßig festgesetzten Grundkapital auszugehen**. Soll das Kapital zur Durchführung der Verschmelzung (sei es nach § 69 UmwG oder nach den allgemeinen Regeln) erhöht werden, so ist von der Grundkapitalziffer nach der Erhöhung auszugehen (§ 67 Satz 3 UmwG). Da die Kapitalerhöhung vor der Verschmelzung einzutragen ist (§ 66 UmwG), ergibt sich auch dann die Grundkapitalziffer aus der Satzung. Für genehmigtes Kapital, das nicht der Durchführung der Verschmelzung dient, gelten dieselben Regeln wie im Bereich von § 52 AktG[6].

1 *Diekmann* in Semler/Stengel, § 67 UmwG Rz. 7; *Marsch-Barner* in Kallmeyer, § 67 UmwG Rz. 3; *Rieger* in Widmann/Mayer, § 67 UmwG Rz. 5; *Stratz* in Schmitt/Hörtnagl/Stratz, § 67 UmwG Rz. 3.

2 *Diekmann* in Semler/Stengel, § 67 UmwG Rz. 6; *Junker* in Henssler/Strohn, § 67 UmwG Rz. 2; *Marsch-Barner* in Kallmeyer, § 67 UmwG Rz. 2; *Rieger* in Widmann/Mayer, § 67 UmwG Rz. 8.

3 *Diekmann* in Semler/Stengel, § 67 UmwG Rz. 6; *Marsch-Barner* in Kallmeyer, § 67 UmwG Rz. 2; *Rieger* in Widmann/Mayer, § 67 UmwG Rz. 7; *Simon* in KölnKomm. UmwG, § 67 UmwG Rz. 6; *Stratz* in Schmitt/Hörtnagl/Stratz, § 67 UmwG Rz. 2.

4 Vorschrift eingefügt durch 2. Gesetz zur Änderung des UmwG, BGBl. I 2007, S. 542 ff.; s. den Vorschlag des *Handelsrechtsausschusses des DAV*, NZG 2000, 802 (805).

5 *Marsch-Barner* in Kallmeyer, § 67 UmwG Rz. 2; *Simon* in KölnKomm. UmwG, § 67 UmwG Rz. 9f; a.A. *Braunfels* in Heidel, Anhang 11 Rz. 60.

6 Für genehmigtes Kapital greift § 189 AktG, für bedingtes § 200 AktG, *Bayer* in K. Schmidt/Lutter, § 52 AktG Rz. 25.

Maßgeblich ist die Höhe des Grundkapitals im **Zeitpunkt der Eintragung der Verschmelzung**[1]. In diesem Moment muss feststehen, ob das Verschmelzungsverfahren regelgerecht abgelaufen ist, da nur dann die Eintragung erfolgt, wenn ordnungsgemäß verfahren wurde. 8

b) Bestimmung der zu gewährenden Aktien

Bei der Berechnung der als Gegenleistung zu gewährenden Aktien sind alle Aktien zu berücksichtigen, **die an die Anteilsinhaber des übertragenden Rechtsträgers ausgegeben werden**. Es spielt keine Rolle, ob die Aktien aus einer Kapitalerhöhung stammen oder der übernehmenden Gesellschaft anderweit zur Verfügung stehen[2]. Bei der Verschmelzung mehrerer Rechtsträger sind, wenn es sich um Verschmelzungen handelt, die nur zusammen durchgeführt werden sollen, alle Aktien, die an die Anteilsinhaber der übertragenden Rechtsträger ausgegeben werden, zusammenzuzählen, da die Gefährdung des Grundkapitals der AG nicht allein deshalb geringer ist, weil mehrere Akte der Gesamtrechtsnachfolge eintreten[3]. Allerdings geht man allgemein davon aus, dass bei Verträgen mit verschiedenen Vertragspartnern ein solcher Zusammenhang regelmäßig nicht besteht[4]. 9

Die übernehmende AG kann die Anteile an dem übertragenden Rechtsträger aufkaufen und so – wegen der geringeren Höhe der dann noch umzutauschenden Anteile – die Anwendbarkeit von § 67 UmwG ausschließen. Das ist im Grunde zulässig. Allerdings kann in einem solchen Aufkauf auch eine Umgehung des § 67 UmwG liegen[5]. Dies hätte zur Folge, dass die Regeln der Nachgründung zur Anwendung kommen, obwohl das zu gewährende Aktienvolumen die 10 %-Grenze nicht erreicht. Eine Umgehung liegt aber nur vor, wenn der Erwerb im unmittelbaren zeitlichen Zusammenhang mit der Verschmelzung erfolgt und nur getätigt wird, um die Anwendbarkeit von § 67 UmwG auszuschließen. Dies entspricht den allgemeinen Regeln für die Aufspaltung von Rechtsgeschäften zur Umgehung von Gläubigerschutzvorschriften[6]. Eine Sonderbehandlung für den Aufkauf von Beteiligungen an einem zu verschmelzenden Rechtsträger ist schon deshalb nicht gerechtfertigt, weil die Gefährdung des Vermögens der AG durch den Erwerb der Anteile an dem übertragenden Rechtsträger mit Mitteln der AG nicht reduziert wird. Daran ändert auch die Tatsache nichts, dass der Erwerb u.U. seinerseits von 10

1 *Diekmann* in Semler/Stengel, § 67 UmwG Rz. 9; *Marsch-Barner* in Kallmeyer, § 67 UmwG Rz. 4; *Rieger* in Widmann/Mayer, § 67 UmwG Rz. 16; *Stratz* in Schmitt/Hörtnagl/Stratz, § 67 UmwG Rz. 5; anders die h.M. zu § 52 AktG: Es komme auf den Zeitpunkt des Vertragsschlusses an, *Pentz* in MünchKomm. AktG, § 52 AktG Rz. 21.

2 *Diekmann* in Semler/Stengel, § 67 UmwG Rz. 11; *Rieger* in Widmann/Mayer, § 67 UmwG Rz. 13; *Simon* in KölnKomm. UmwG, § 67 UmwG Rz. 14; *Stratz* in Schmitt/Hörtnagl/Stratz, § 67 UmwG Rz. 6.

3 *Marsch-Barner* in Kallmeyer, § 67 UmwG Rz. 4; *Rieger* in Widmann/Mayer, § 67 UmwG Rz. 15; *Simon* in KölnKomm. UmwG, § 67 UmwG Rz. 15; strenger *Diekmann* in Semler/Stengel, § 67 UmwG Rz. 13.

4 *Pentz* in MünchKomm. AktG, § 52 Rz. 24.

5 A.A. *Diekmann* in Semler/Stengel, § 67 UmwG Rz. 12; *Junker* in Henssler/Strohn, § 67 UmwG Rz. 3; *Marsch-Barner* in Kallmeyer, § 67 UmwG Rz. 5; *Rieger* in Widmann/Mayer, § 67 UmwG Rz. 14; *Simon* in KölnKomm. UmwG, § 67 UmwG Rz. 17; *Stratz* in Schmitt/Hörtnagl/Stratz, § 67 UmwG Rz. 7.

6 S. *Pentz* in MünchKomm. AktG, § 52 AktG Rz. 24.

§ 52 AktG erfasst ist, da dies keineswegs stets der Fall ist (Erwerb von zwei miteinander nicht verbundenen Aktionären).

4. Ausnahme nach § 52 Abs. 9 AktG

11 Die Vorschriften über die Nachgründung kommen nicht zur Anwendung, wenn der Erwerb der Vermögensgegenstände im Rahmen der laufenden Geschäfte, in der Zwangsvollstreckung oder an der Börse erfolgt (§ 67 Satz 1 UmwG, § 52 Abs. 9 AktG). Auf die Verschmelzung übertragen heißt dies, dass in der aufnehmenden AG der Erwerb von Unternehmen ein übliches Geschäft ist[1]. Nicht erforderlich ist, dass der Erwerb zum Unternehmensgegenstand gehört[2]. Die Norm gilt auch, wenn das übliche Geschäft der Erwerb derjenigen Vermögensobjekte ist, über die der übertragende Rechtsträger nahezu ausschließlich verfügt[3]. Der Erwerb in der Zwangsvollstreckung oder an der Börse spielt für die Verschmelzung keine Rolle[4].

III. Anwendbare Regeln

1. § 52 Abs. 3 AktG

12 Nach § 52 Abs. 3 AktG, auf den § 67 Satz 1 UmwG verweist, hat **der Aufsichtsrat** der übernehmenden AG vor der Fassung des Verschmelzungsbeschlusses den Verschmelzungsvertrag zu prüfen und **einen schriftlichen Bericht** zu erstatten. Wird aufgrund von § 62 Abs. 1 UmwG kein Verschmelzungsbeschluss gefasst, so ist der Bericht entsprechend der Regelung von § 62 Abs. 3 Satz 1 UmwG einen Monat vor dem Tag der Anteilseignerversammlung des übertragenden Rechtsträgers zu erstellen[5]. Der Bericht muss nicht ausgelegt und auch nicht vom Vorstand erläutert werden[6]. In dem Bericht des Aufsichtsrates sind die wesentlichen Umstände darzulegen, von denen die Angemessenheit der Berechnung des Umtauschverhältnisses abhängt (§ 52 Abs. 3, § 32 Abs. 2 Satz 1 AktG), insbesondere die Erträge des übertragenden Rechtsträgers aus den letzten beiden Jahren (§ 52 Abs. 3, § 32 Abs. 2 Satz 2 Nr. 3 AktG). Eine Bezugnahme auf den Verschmelzungsbericht und den Verschmelzungsprüfungsbericht ist möglich[7], zumal weiter gehende Erkenntnisse des Aufsichtsrates kaum zu erwarten sind. Anzugeben sind auch die Rechtsgeschäfte, die auf die Verschmelzung hingezielt haben (§ 32 Abs. 2 Satz 2 Nr. 1

---

1 *Diekmann* in Semler/Stengel, § 67 UmwG Rz. 27; *Rieger* in Widmann/Mayer, § 67 UmwG Rz. 17; *Simon* in KölnKomm. UmwG, § 67 UmwG Rz. 19.

2 *Simon* in KölnKomm. UmwG, § 67 UmwG Rz. 19; *Stratz* in Schmitt/Hörtnagl/Stratz, § 67 UmwG Rz. 8 verlangt, dass der Erwerb „Geschäftsgegenstand" ist.

3 *Marsch-Barner* in Kallmeyer, § 67 UmwG Rz. 9; *Rieger* in Widmann/Mayer, § 67 UmwG Rz. 17; *Stratz* in Schmitt/Hörtnagl/Stratz, § 67 UmwG Rz. 8.

4 *Marsch-Barner* in Kallmeyer, § 67 UmwG Rz. 9; *Rieger* in Widmann/Mayer, § 67 UmwG Rz. 17; *Simon* in KölnKomm. UmwG, § 67 UmwG Rz. 20; *Stratz* in Schmitt/Hörtnagl/Stratz, § 67 UmwG Rz. 8.

5 *Marsch-Barner* in Kallmeyer, § 67 UmwG Rz. 7.

6 § 52 Abs. 2 Satz 2 und Satz 5 AktG werden nicht in Bezug genommen. *Diekmann* in Semler/Stengel, § 67 UmwG Rz. 14f; *Marsch-Barner* in Kallmeyer, § 67 UmwG Rz. 7; *Rieger* in Widmann/Mayer, § 67 UmwG Rz. 20.

7 *Diekmann* in Semler/Stengel, § 67 UmwG Rz. 15; *Marsch-Barner* in Kallmeyer, § 67 UmwG Rz. 7; *Rieger* in Widmann/Mayer, § 67 UmwG Rz. 21; *Simon* in KölnKomm. UmwG, § 67 UmwG Rz. 22; *Stratz* in Schmitt/Hörtnagl/Stratz, § 67 UmwG Rz. 10.

AktG). Hierzu kann etwa ein Erwerb von Anteilen an dem übertragenden Rechtsträger gehören (oben Rz. 9)[1]. In dem Bericht ist auch anzugeben (§ 32 Abs. 3 AktG), ob und in welchem Umfang bei der Verschmelzung auf die AG für Rechnung eines Mitglieds des Vorstands oder des Aufsichtsrates Aktien übernommen wurden[2].

2. § 52 Abs. 4 AktG

13 Hinzu kommen muss vor Fassung des Verschmelzungsbeschlusses (zu dem maßgeblichen Zeitpunkt in den Fällen von § 62 UmwG oben Rz. 12) außerdem noch eine **Prüfung der gesamten Umstände des Verschmelzungsvertrages** (§ 52 Abs. 4, § 34 Abs. 1 AktG)[3]. Hierüber ist schriftlich zu berichten (§ 34 Abs. 2 AktG). Sofern Aktien zur Durchführung der Verschmelzung aus einer Kapitalerhöhung stammen, erstreckt sich die Prüfung darauf, ob der Wert des übergehenden Vermögens den geringsten Ausgabebetrag bzw. den anteiligen Betrag am Grundkapital erreicht. Sollten Aktien als eigene Aktien gehalten worden sein, geht es um die 2. Alt. von § 34 Abs. 1 Nr. 2 AktG. Denn dann werden Vermögenswerte der übernehmenden AG abgegeben[4]. Das läuft auf eine Prüfung des Wertes des Vermögens des übertragenden Rechtsträgers hinaus. Dies kann durch Bezugnahme auf die Verschmelzungsprüfung erfolgen[5]. Sollten die Aktien der übernehmenden AG unter dem geringsten Ausgabebetrag bzw. dem anteiligen Betrag am Grundkapital zu bewerten sein, liegt bei richtiger Berechnung des Umtauschverhältnisses der geringste Ausgabebetrag bzw. der anteilige Betrag am Grundkapital über dem Wert des im Zuge der Verschmelzung übergehenden Vermögens. Dies wäre in dem Bericht zwar auszuführen, würde die Verschmelzung aber nicht hindern. Wenn eine Kapitalerhöhung erforderlich ist, ist allerdings das Verbot der Unterpari-Emission zu beachten[6]. Eine Prüfung ist unter den Voraussetzungen von § 33a AktG entbehrlich, doch wird diese Norm bei Verschmelzungen wohl kaum je praktisch.

14 **Die Prüfer werden vom Gericht bestellt** (§ 52 Abs. 4 Satz 2, § 33 Abs. 3 AktG). Es empfiehlt sich, die Verschmelzungsprüfer zu bestellen[7], da sich diese bereits ein Bild von der Vermögenslage der beteiligten Rechtsträger gemacht haben. Eine In-

---

1 *Rieger* in Widmann/Mayer, § 67 UmwG Rz. 21.

2 *Diekmann* in Semler/Stengel, § 67 UmwG Rz. 15; *Rieger* in Widmann/Mayer, § 67 UmwG Rz. 22. Zum alten Recht entsprach es allgemeiner Meinung, dass diese Angaben auch in Bezug auf Vorstands- und Aufsichtsratsmitglieder der übertragenden AG zu machen waren: *Dehmer*[2], § 342 AktG Anm. 6; *Grunewald* in G/H/E/K, § 342 AktG Rz. 9; *Schilling* in Großkomm. AktG, § 342 AktG Rz. 5. Da die übertragenden Rechtsträger eine andere Rechtsform als die der AG haben können und § 67 UmwG nur die Rechtsverhältnisse einer aufnehmenden AG betrifft, wird man eine so weit gehende Auslegung nicht mehr vertreten können; Sondervorteile, die im Zuge der Verschmelzung gewährt werden, sind im Verschmelzungsvertrag offen zu legen (§ 5 Abs. 1 Nr. 8 UmwG).

3 Der in Bezug genommene § 34 AktG hat diesen weiten Umfang: *Hüffer*, § 34 AktG Rz. 2.

4 Vom Wortlaut her passt zwar auch die 1. Alt., vom Sinn der Norm aber nur die 2. Alt. Daher ist die 1. Alt. nicht einschlägig, wenn keine Kapitalerhöhung erfolgt.

5 Entgegen *Rieger* in Widmann/Mayer, § 67 UmwG Rz. 30 kann daraus aber nicht gefolgert werden, die Prüfung sei nicht erforderlich. Der Prüfungsinhalt ist verschieden.

6 *Rieger* in Widmann/Mayer, § 67 UmwG Rz. 30.

7 *Diekmann* in Semler/Stengel, § 67 UmwG Rz. 19; *Marsch-Barner* in Kallmeyer, § 67 UmwG Rz. 7; *Stratz* in Schmitt/Hörtnagl/Stratz, § 67 UmwG Rz. 12.

teressenkollision ist nicht zu befürchten, da die Prüfung nach § 52 Abs. 4 AktG nicht darauf abzielt, die Verschmelzungsprüfer zu überprüfen.

15 Der Bericht ist **dem Gericht**, das über die Eintragung des Verschmelzungsvertrages entscheidet (unten Rz. 16f.), und dem Vorstand **auszuhändigen** (§ 34 Abs. 3 AktG). Der Vorstand hat im Verschmelzungsbericht über den wesentlichen Inhalt der Berichte des Aufsichtsrates und der Prüfer Auskunft zu geben[1]. Auf diese Weise werden eventuell aufgedeckte Mängel der Hauptversammlung vor der Fassung des Verschmelzungsbeschlusses bekannt. Die Hauptversammlung kann aber gleichwohl die Verschmelzung beschließen[2].

3. § 52 Abs. 6–8 AktG

16 Durch die Verweisung auf § 52 Abs. 6 AktG bringt das Gesetz zum Ausdruck, dass der **Verschmelzungsvertrag, wenn die Voraussetzungen des § 67 UmwG erfüllt sind, ins Handelsregister eingetragen werden muss**[3]. Das Gericht lehnt den Antrag auf Eintragung des Verschmelzungsvertrages ab, wenn die den Anteilsinhabern des übertragenden Rechtsträgers zu gewährenden Aktien einen Wert haben, der nicht nur unerheblich über dem Wert des Vermögens des übertragenden Rechtsträgers liegt (§ 52 Abs. 7 AktG)[4]. Dabei sind auch bare Zuzahlungen zu berücksichtigen. Es reicht also nicht aus, dass festgestellt wird, dass keine Unterpari-Ausgabe von Akten erfolgt. Dies entspricht dem umfassenden aktienrechtlichen Vermögensschutz von § 57 AktG[5]. Allein die Tatsache, dass die Prüfer die Zahl der an die Anteilsinhaber des übertragenden Rechtsträgers zu leistenden Aktien für unangemessen hoch halten, muss nicht zwangsläufig dazu führen, dass der Verschmelzungsvertrag nicht eingetragen wird. Entscheidend ist die Ansicht des Registerrichters[6]. Der Verschmelzungsvertrag wird auch nicht eingetragen, wenn der Prüfungsbericht fehlt oder wenn der Bericht des Aufsichtsrates unrichtig oder unvollständig ist (§ 52 Abs. 7 AktG)[7]. Gleiches gilt, wenn der Verschmelzungsvertrag nicht wirksam ist. Hierzu gehört auch der Fall, dass die Verschmelzungsbeschlüsse noch fehlen[8]. Anderenfalls würde das Register mit noch nicht maßgeblichen Aussagen unnötig belastet. Eingetragen wird nicht der Wortlaut des Vertrages, sondern die Tatsache, dass ein solcher Vertrag besteht[9].

---

1 *Diekmann* in Semler/Stengel, § 67 UmwG Rz. 21.
2 *Rieger* in Widmann/Mayer, § 67 UmwG Rz. 33; *Stratz* in Schmitt/Hörtnagl/Stratz, § 67 UmwG Rz. 13.
3 *Diekmann* in Semler/Stengel, § 67 UmwG Rz. 24; *Rieger* in Widmann/Mayer, § 67 UmwG Rz. 36; *Stratz* in Schmitt/Hörtnagl/Stratz, § 67 UmwG Rz. 14.
4 *Diekmann* in Semler/Stengel, § 67 UmwG Rz. 24; *Marsch-Barner* in Kallmeyer, § 67 UmwG Rz. 8; *Rieger* in Widmann/Mayer, § 67 UmwG Rz. 40.
5 *Rieger* in Widmann/Mayer, § 67 UmwG Rz. 40; *Stratz* in Schmitt/Hörtnagl/Stratz, § 67 UmwG Rz. 14.
6 *Diekmann* in Semler/Stengel, § 67 UmwG Rz. 24; *Rieger* in Widmann/Mayer, § 67 UmwG Rz. 40; *Stratz* in Schmitt/Hörtnagl/Stratz, § 67 UmwG Rz. 14.
7 *Diekmann* in Semler/Stengel, § 67 UmwG Rz. 25; *Rieger* in Widmann/Mayer, § 67 UmwG Rz. 43.
8 *Diekmann* in Semler/Stengel, § 67 UmwG Rz. 25; *Rieger* in Widmann/Mayer, § 67 UmwG Rz. 41.
9 *Rieger* in Widmann/Mayer, § 67 UmwG Rz. 44; *Simon* in KölnKomm. UmwG, § 67 UmwG Rz. 25.

Ohne Eintragung des Verschmelzungsvertrages wird auch die Verschmelzung nicht eingetragen[1], da die Einhaltung dieses Verfahrens Voraussetzung für eine ordnungsgemäße Verschmelzung ist. 17

IV. Rechtsfolgen eines Verstoßes

Wenn die Regeln über die Nachgründung nicht eingehalten werden, wird der Verschmelzungsvertrag und damit auch die Verschmelzung nicht eingetragen (oben Rz. 17)[2]. Der Verschmelzungsbeschluss in der übernehmenden AG ist anfechtbar[3]. Sofern die Eintragung aber gleichwohl erfolgt, ist sie unrevidierbar wirksam (§ 20 Rz. 76 ff.). Wenn überhaupt keine Prüfung nach § 52 Abs. 4 AktG stattgefunden hat, ist der Verschmelzungsbeschluss sogar nichtig[4], da dann eine Vorschrift verletzt ist, die zum Schutz der Gläubiger erlassen wurde (§ 241 Nr. 3 AktG). Denn die Prüfung soll offen legen, ob der Wert des Vermögens des übertragenden Rechtsträgers dem Wert der dafür gewährten Aktien und baren Zuzahlungen entspricht. Dem kann nicht entgegengehalten werden, der Beschluss verstoße nach seinem Inhalt nicht gegen eine Norm, die dem Schutz der Gläubiger dient[5]. Ob das Vermögen der übernehmenden AG durch die Verschmelzung beeinträchtigt und damit der Schutz der Gläubiger tangiert wird, soll ja gerade durch den Verweis auf § 52 AktG geklärt werden. 18

Sollte der Verschmelzungsvertrag – bei Beachtung der anderen die Nachgründung betreffenden Regeln – **nicht ins Handelsregister eingetragen worden sein**, so hat dies keine Auswirkungen auf den Verschmelzungsbeschluss. Dies folgt schon daraus, dass die Eintragung erst nach Fassung dieses Beschlusses erfolgt (oben Rz. 16)[6]. Der Verschmelzungsvertrag ist nicht nichtig, da § 67 UmwG nicht auf § 52 Abs. 1 Satz 1 AktG verweist[7]. Die Verschmelzung wird aber gleichwohl nicht eingetragen (oben Rz. 17). Sollte sie gleichwohl eingetragen worden sein, so ist sie allerdings wirksam (§ 20 Rz. 76 ff.). 19

1 *Diekmann* in Semler/Stengel, § 67 UmwG Rz. 29; *Marsch-Barner* in Kallmeyer, § 67 UmwG Rz. 8; *Stratz* in Schmitt/Hörtnagl/Stratz, § 67 UmwG Rz. 17.

2 *Rieger* in Widmann/Mayer, § 67 UmwG Rz. 24.

3 *Diekmann* in Semler/Stengel, § 67 UmwG Rz. 28; *Junker* in Henssler/Strohn, § 67 UmwG Rz. 11; *Marsch-Barner* in Kallmeyer, § 67 UmwG Rz. 8; *Rieger* in Widmann/Mayer, § 67 UmwG Rz. 24; *Simon* in KölnKomm. UmwG, § 67 UmwG Rz. 28; *Stratz* in Schmitt/Hörtnagl/Stratz, § 67 UmwG Rz. 16.

4 RG v. 23.4.1928 – VI 296/27, RGZ 121, 99 (104); *Diekmann* in Semler/Stengel, § 67 UmwG Rz. 28; *Marsch-Barner* in Kallmeyer, § 67 UmwG Rz. 10; *Stratz* in Schmitt/Hörtnagl/Stratz, § 67 UmwG Rz. 16; a.A. *Rieger* in Widmann/Mayer, § 67 UmwG Rz. 34: stets nur Anfechtbarkeit gegeben, da es sich um Verfahrensfehler handele. Aber auch Bestimmungen, die sich auf das Verfahren beziehen, können dem Gläubigerschutz dienen.

5 So *Simon* in KölnKomm. UmwG, § 67 UmwG Rz. 28.

6 *Marsch-Barner* in Kallmeyer, § 67 UmwG Rz. 11; *Rieger* in Widmann/Mayer, § 67 UmwG Rz. 45.

7 *Marsch-Barner* in Kallmeyer, § 67 UmwG Rz. 11; *Rieger* in Widmann/Mayer, § 67 UmwG Rz. 45.

§ 68
Verschmelzung ohne Kapitalerhöhung

(1) Die übernehmende Gesellschaft darf zur Durchführung der Verschmelzung ihr Grundkapital nicht erhöhen, soweit

1. sie Anteile eines übertragenden Rechtsträgers innehat;

2. ein übertragender Rechtsträger eigene Anteile innehat oder

3. ein übertragender Rechtsträger Aktien dieser Gesellschaft besitzt, auf die der Ausgabebetrag nicht voll geleistet ist.

Die übernehmende Gesellschaft braucht ihr Grundkapital nicht zu erhöhen, soweit

1. sie eigene Aktien besitzt oder

2. ein übertragender Rechtsträger Aktien dieser Gesellschaft besitzt, auf die der Ausgabebetrag bereits voll geleistet ist.

Die übernehmende Gesellschaft darf von der Gewährung von Aktien absehen, wenn alle Anteilsinhaber eines übertragenden Rechtsträgers darauf verzichten; die Verzichtserklärungen sind notariell zu beurkunden.

(2) Absatz 1 gilt entsprechend, wenn Inhaber der dort bezeichneten Anteile ein Dritter ist, der im eigenen Namen, jedoch in einem Fall des Absatzes 1 Satz 1 Nr. 1 oder des Absatzes 1 Satz 2 Nr. 1 für Rechnung der übernehmenden Gesellschaft oder in einem der anderen Fälle des Absatzes 1 für Rechnung des übertragenden Rechtsträgers handelt.

(3) Im Verschmelzungsvertrag festgesetzte bare Zuzahlungen dürfen nicht den zehnten Teil des auf die gewährten Aktien der übernehmenden Gesellschaft entfallenden anteiligen Betrags ihres Grundkapitals übersteigen.

Literatur

Korte, Aktienerwerb und Kapitalschutz bei Umwandlungen, WiB 1997, 953; *Mayer/Weiler*, Neuregelungen durch das Zweite Gesetz zur Änderung des Umwandlungsgesetzes, DB 2007, 1235; *Weiler*, Grenzen des Verzichts auf die Anteilsgewährung im Umwandlungsrecht, NZG 2008, 527.

I. Verhältnis zu anderen Normen des UmwG

1 § 68 UmwG ist fast vollkommen **wortgleich mit § 54 UmwG**. Auf die Ausführungen zu dieser Norm wird daher verwiesen. In § 68 Abs. 1 Satz 1 Nr. 3 UmwG und in § 68 Abs. 1 Satz 2 Nr. 1, Nr. 2 UmwG ist allerdings die Rede davon, dass jemand Aktien „**besitzt**", während es in § 54 Abs. 1 Satz 1 Nr. 3 UmwG und in § 54

Abs. 1 Satz 2 Nr. 1, Nr. 2 UmwG heißt, dass jemand die Geschäftsanteile „innehat". Aber dies ist nur eine andere Formulierung für denselben Sachverhalt, die vermutlich auf die unterschiedliche Fassung der jeweiligen Vorläufernormen (§ 344 AktG a.F. einerseits, § 23 KapErhG a.F. andererseits) zurückzuführen ist. Ein sachlicher Unterschied besteht also nicht. Er wäre auch nicht zu rechtfertigen.

II. Verhältnis der Norm zum AktG

2 Die Bestimmung will in Abs. 1 verhindern, dass eigene Aktien entstehen. Dies entspricht der Wertung von § 71 AktG. § 68 Abs. 2 UmwG eröffnet der übernehmenden AG die Möglichkeit, bereits vorhandene oder im Zuge der Verschmelzung erworbene Aktien für den Umtausch der Aktien der Gesellschaft zu nutzen. Nicht erfasst ist der Fall, dass die **Aktien der übernehmenden Gesellschaft einem** (sei es von der Übernehmerin oder der Überträgerin) **abhängigen Unternehmen** gehören. Diese Unternehmen sind nur mittelbar an der Verschmelzung beteiligt und müssen ihre Vermögenswerte zur Durchführung der Verschmelzung nicht einsetzen und verlieren sie auch nicht[1]. Die Wortwahl von § 68 Abs. 2 UmwG entspricht daher zu Recht § 71d Satz 1 (und nicht Satz 2) AktG.

3 Ein weiterer Unterschied gegenüber § 54 UmwG liegt darin, dass § 68 Abs. 1 Satz 1 Nr. 3 und Abs. 1 Satz 2 Nr. 3 UmwG nicht nur die Einzahlung des Nennbetrags fordern (bei der GmbH entspricht dem die Leistung auf den Geschäftsanteil), sondern – sofern ein solcher festgesetzt wurde – auch die **Leistung des höheren Ausgabebetrags** (sog. Agio). Dies findet seine Rechtfertigung in der gegenüber der GmbH umfassenderen Kapitalbindung in der AG, in die auch das Agio miteinbezogen ist (s. zur Passivierung des Agio § 272 Abs. 2 HGB und zur Verwendung der Kapitalrücklage, in die das Agio einzustellen ist, § 150 Abs. 3, Abs. 4 AktG).

III. Nicht voll eingezahlte Aktien des übernehmenden Rechtsträgers im Vermögen des übertragenden Rechtsträgers (§ 68 Abs. 1 Satz 1 Nr. 3 UmwG)

4 Eine Kapitalerhöhung darf nicht stattfinden, wenn ein übertragender Rechtsträger nicht voll eingezahlte Aktien des übernehmenden Rechtsträgers hält (§ 68 Abs. 1 Satz 1 Nr. 3 UmwG). Die offene Einlagenforderung geht auf die übernehmende AG über. Ein Verzicht auf diese Forderung ist nicht möglich[2], auch nicht im Verschmelzungsvertrag[3]. Die Aktien können als teileingezahlte Aktien in dem beschriebenen Rahmen (§ 20 Rz. 48) zum Umtausch genutzt werden. Da Inhaber der Aktien der übertragende Rechtsträger war, erfolgt in Bezug auf diese Aktien kein Umtausch (die übernehmende AG würde sich selbst eigene Aktien schulden). Daher macht § 68 Abs. 1 Satz 1 Nr. 3 UmwG nur Sinn, wenn man der Norm die An-

1 *Diekmann* in Semler/Stengel, § 68 UmwG Rz. 18; *Marsch-Barner* in Kallmeyer, § 68 UmwG Rz. 8, 10, 15; *Simon* in KölnKomm. UmwG, § 68 UmwG Rz. 59.

2 § 66 Abs. 1 AktG.

3 *Diekmann* in Semler/Stengel, § 68 UmwG Rz. 11; *Marsch-Barner* in Kallmeyer, § 68 UmwG Rz. 9.

ordnung entnimmt, dass diese eigenen Aktien (entgegen §§ 71 Abs. 1 Nr. 5, 71c Abs. 2 AktG) nicht – auch nicht zeitweilig – im Vermögen der übernehmenden AG gehalten werden dürfen. Sie müssen also – gegebenenfalls nach Volleinzahlung durch den übertragenden Rechtsträger oder einen Dritten – zur Abfindung verwandt werden[1]. Nicht möglich ist es, demgegenüber bei der Berechnung des Unternehmenswertes des übertragenden Rechtsträgers lediglich zu berücksichtigen, dass die gehaltenen Aktien nur teilweise eingezahlt sind, und sie dann wie voll eingezahlt zu behandeln, da auf diese Weise eine geschuldete Bareinlage nicht ordnungsgemäß erbracht werden kann[2]. Möglich ist es, vor der Verschmelzung die Einlagen voll einzuzahlen. Dann ist § 68 Abs. 1 Satz 2 Nr. 2 UmwG anwendbar.

IV. Verzicht auf Aktien

5 Nach § 68 Abs. 1 Satz 3 UmwG darf die übernehmende AG von der Gewährung von Aktien absehen, wenn alle Anteilsinhaber des übertragenden Rechtsträgers darauf verzichten. In der Literatur ist für den Fall, dass die Verschmelzungsrichtlinie eingreift, die Europarechtskonformität der Regelung in Frage gestellt worden, weil Art. 19 Abs. 2 eine Ausnahme von der Pflicht zur Anteilsgewährung bei einem Verzicht nicht vorsieht[3]. Dem ist nicht zu folgen. Da bei Verzicht der Anteilsinhaber kein vernünftiger Grund für eine Anteilsgewährung spricht (§ 20 Rz. 69), ergibt die Auslegung der Richtlinie, dass eine Anteilsgewährung in diesem Fall nicht erforderlich ist.

V. Rechtsfolge von Verstößen

6 Wird gegen die Regeln von § 68 Abs. 1 UmwG verstoßen, **ist der Kapitalerhöhungsbeschluss nichtig**, da die Norm der Kapitalaufbringung und damit dem Schutz der Gläubiger dient (§ 241 Nr. 3 AktG)[4]. Nach Eintragung der Verschmelzung nimmt der Kapitalerhöhungsbeschluss allerdings am Bestandsschutz von § 20 Abs. 2 UmwG teil (§ 20 Rz. 85). Wird gegen § 68 Abs. 3 UmwG verstoßen, ist die entsprechende Regelung im Verschmelzungsvertrag und unter den Voraussetzungen von § 139 BGB der ganze Vertrag nichtig[5]. Der Verschmelzungsbeschluss ist anfechtbar[6]. Wird die Verschmelzung gleichwohl eingetragen, greift der Bestandsschutz von § 20 UmwG (§ 20 Rz. 85). Die Anteilsinhaber haben dann Anspruch auf die bare Zuzahlung, da ihnen die zugesagte Gegenleistung nicht einfach genommen werden darf. Führt die bare Zuzahlung allerdings zu einer Unterpari-Emission, hat der Aktionär dies durch Rückzahlung der baren Zuzah-

1 *Simon* in KölnKomm. UmwG, § 68 UmwG Rz. 26; *Stratz* in Schmitt/Hörtnagl/Stratz, § 68 UmwG Rz. 8; a.A. *Diekmann* in Semler/Stengel, § 68 UmwG Rz. 10; *Korte*, WiB 1997, 953 (961 f.); *Marsch-Barner* in Kallmeyer, § 68 UmwG Rz. 9.
2 A.A. *Rieger* in Widmann/Mayer, § 68 UmwG Rz. 19.1 ff.
3 *Mayer/Weiler*, DB 2007, 1235 (1239); *Weiler*, NZG 2008, 527 (528).
4 *Simon* in KölnKomm. UmwG, § 68 UmwG Rz. 69; a.A. *Diekmann* in Semler/Stengel, § 68 UmwG Rz. 26; *Marsch-Barner* in Kallmeyer, § 68 UmwG Rz. 19, die von Anfechtbarkeit ausgehen.
5 *Diekmann* in Semler/Stengel, § 68 UmwG Rz. 28; *Marsch-Barner* in Kallmeyer, § 68 UmwG Rz. 23; *Simon* in KölnKomm. UmwG, § 68 UmwG Rz. 73.
6 *Marsch-Barner* in Kallmeyer, § 68 UmwG Rz. 23.

lung, soweit ihn dies quotal betrifft, auszugleichen. Insoweit geht der Schutz der Gläubiger vor (s. auch die anders liegende Wertung bei der Verschmelzung zur Neugründung § 74 Rz. 5, dort geht es nicht um Rückzahlungen in überschaubarem Umfang).

§ 69
Verschmelzung mit Kapitalerhöhung

(1) Erhöht die übernehmende Gesellschaft zur Durchführung der Verschmelzung ihr Grundkapital, so sind § 182 Abs. 4, § 184 Abs. 1 Satz 2, §§ 185, 186, 187 Abs. 1, § 188 Abs. 2 und 3 Nr. 1 des Aktiengesetzes nicht anzuwenden; eine Prüfung der Sacheinlage nach § 183 Abs. 3 des Aktiengesetzes findet nur statt, soweit übertragende Rechtsträger die Rechtsform einer Personenhandelsgesellschaft, einer Partnerschaftsgesellschaft oder eines rechtsfähigen Vereins haben, wenn Vermögensgegenstände in der Schlussbilanz eines übertragenden Rechtsträgers höher bewertet worden sind als in dessen letzter Jahresbilanz, wenn die in einer Schlussbilanz angesetzten Werte nicht als Anschaffungskosten in den Jahresbilanzen der übernehmenden Gesellschaft angesetzt werden oder wenn das Gericht Zweifel hat, ob der Wert der Sacheinlage den geringsten Ausgabebetrag der dafür zu gewährenden Aktien erreicht. Dies gilt auch dann, wenn das Grundkapital durch Ausgabe neuer Aktien auf Grund der Ermächtigung nach § 202 des Aktiengesetzes erhöht wird. In diesem Fall ist außerdem § 203 Abs. 3 des Aktiengesetzes nicht anzuwenden. Zum Prüfer kann der Verschmelzungsprüfer bestellt werden.

(2) Der Anmeldung der Kapitalerhöhung zum Register sind außer den in § 188 Abs. 3 Nr. 2 und 3 des Aktiengesetzes bezeichneten Schriftstücken der Verschmelzungsvertrag und die Niederschriften der Verschmelzungsbeschlüsse in Ausfertigung oder öffentlich beglaubigter Abschrift beizufügen.

Literatur

Angermayer, Die Prüfung von Sacheinlagen im neuen Umwandlungsrecht, WPg 1995, 681; *Bayer*, Verschmelzung und Minderheitenschutz, WM 1989, 121; *Bitzer*, Probleme der Prüfung des Umtauschverhältnisses bei aktienrechtlichen Verschmelzungen, 1987; *Ganske*, Das zweite gesellschaftsrechtliche Koordinierungsgesetz, DB 1978, 2461; *Henze*, Die zweistufige Konzernverschmelzung, AG 1993, 341; *Hügel*, Verschmelzung und Einbringung, 1993; IDW-Stellungnahme zum Referentenentwurf eines Gesetzes zur Bereinigung des Umwandlungsrechts, WPg 1992, 613; *Ihrig*, Gläubigerschutz durch Kapitalaufbringung bei Verschmelzung und Spaltung nach neuem Umwandlungsrecht, GmbHR 1995, 622; *Kallmeyer*, Differenzhaftung bei Verschmelzung mit Kapitalerhöhung und Verschmelzung im Wege der Neugründung, GmbHR 2007, 1121; *Koppensteiner*, Zur Überbewertung von Vermögen bei der Verschmelzung von Kapitalgesellschaften, in FS Hüffer, 2010, S. 465; *Korte*, Aktienerwerb und Kapitalschutz bei Umwandlungen, WiB 1997, 953; *Lappe*, Gemischte Kapitalerhöhung und Bezugsrechtsausschluss in Restrukturierungsfällen, BB 2000, 313; *Lutter*, Mindestumfang der Kapitalerhöhung bei der Verschmelzung zur Aufnahme oder Neugründung in Aktiengesellschaften?, in FS Wiedemann, 2002, S. 1097; *Welf Müller*, Zum Entwurf eines Gesetzes zur Durchführung der 3. Richtlinie des Rates der Europäischen Gemeinschaften zur Koordinierung des Gesellschaftsrechts (Kapitalschutzrichtlinie), WPg 1978, 565; *Neye*, Die Änderungen im Umwandlungsrecht nach den handels- und gesellschaftsrechtlichen Reformgesetzen in der 13. Legislaturperiode, DB 1998, 1649; *Priester*, Differenzhaftung bei der Verschmelzung, in FS Karsten Schmidt, 2009, S. 1287; *Sandberger*, Differenzhaftung, Unterbilanzhaftung und Gründerhaftung bei Umwandlungsvorgängen, in FS Westermann, 2008, S. 1401; *Schulze-Osterloh*, Bilanzierung nach dem Referentenentwurf eines Gesetzes zur Bereinigung des Umwandlungsrechts, ZGR 1993, 420; *Simon/Merkelbach*, Das Dritte Gesetz zur Änderung des UmwG, DB 2011, 1317; *Thoß*, Differenzhaftung bei der Kapitalerhöhung zur Durchführung einer Verschmelzung, NZG 2006, 376; *Trölitzsch*, Differenzhaftung für Sacheinlagen in Kapitalgesellschaften, 1998; *Wälzholz*, Aktuelle Probleme der Unterbilanz- und Differenzhaftung bei Umwandlungsvorgängen, AG 2006, 469.

I. Inhalt der Norm

1 Die Anteilsinhaber des übertragenden Rechtsträgers erhalten im Zuge der Verschmelzung Aktien der übernehmenden AG. Zur Beschaffung dieser Aktien wird im Regelfall eine Kapitalerhöhung bei der übernehmenden AG erforderlich sein (Ausnahmen bei § 68 UmwG). Für diese Kapitalerhöhung gelten gegenüber der regulären Kapitalerhöhung **einige Vereinfachungen**, da manche Bestimmungen des allgemeinen Kapitalerhöhungsrechts bei einer Kapitalerhöhung zur Durchführung einer Verschmelzung überflüssig bzw. entbehrlich sind.

II. Anwendungsbereich der Norm

2 Die Erleichterungen des § 69 UmwG gelten nur, wenn das Kapital zur Durchführung der Verschmelzung erhöht wird. Dies entspricht der in § 55 UmwG getroffenen Regelung (§ 55 Rz. 8).

III. Die für die Kapitalerhöhung geltenden Regeln

1. Die Kapitalerhöhung nach §§ 182ff. AktG und ihre Durchführung

3 Auch die Kapitalerhöhung zur Durchführung einer Verschmelzung ist eine Kapitalerhöhung i.S.v. §§ 182ff. AktG. Im Grundsatz gelten also diese Regeln.

a) Anwendbarkeit von § 182 AktG

4 **§ 182 Abs. 1 und Abs. 2 AktG** gelten auch für die Kapitalerhöhung zur Durchführung einer Verschmelzung. Eine Ausnahme greift in Bezug auf § 184 Abs. 1 Satz 2 AktG ein. Dies ist Folge der Tatsache, dass § 182 Abs. 4 AktG nicht einschlägig ist (Rz. 5).

5 **§ 182 Abs. 4 AktG** kommt nicht zur Anwendung (§ 69 Abs. 1 Satz 1 UmwG), da eine Verschmelzung nicht der Kapitalbeschaffung dient und es daher nicht sinnvoll wäre, eine solche Maßnahme daran scheitern zu lassen, dass beitreibbare Einlagen noch ausstehen[1].

6 Schwierigkeiten bereitet die Anwendung von **§ 182 Abs. 3 AktG**, wonach, sofern die neuen Aktien für einen höheren Betrag als den geringsten Ausgabebetrag (§ 9 Abs. 1 AktG) ausgegeben werden sollen, der Mindestbetrag, unter dem die Aktien nicht ausgegeben werden sollen, im Beschluss über die Erhöhung des Grundkapitals festzusetzen ist. Diese Bestimmung betrifft die Kompetenzverteilung zwischen Vorstand und Hauptversammlung bei der Festsetzung eines Agio. Da es bei einer Kapitalerhöhung zur Durchführung einer Verschmelzung nur um die Schaffung einer bestimmten Stückzahl von neuen Aktien (und nicht um Kapitalbeschaffung) geht, macht die Festsetzung eines solchen Agio vielfach keinen Sinn[2]. Die in § 182 Abs. 3 AktG niedergelegte Verpflichtung kommt daher entgegen dem Wortlaut von § 69 Abs. 1 Satz 1 UmwG nicht zur Anwendung[3]. Sollte aber doch ein Agio festgesetzt worden sein, was zulässig, aber wie gesagt nicht notwendig ist, so ist nach § 272 Abs. 2 Nr. 1 HGB eine entsprechende Kapitalrücklage zu bilden[4].

b) Anwendbarkeit von § 183 AktG

7 Die Verschmelzung beinhaltet im Grunde eine Kapitalerhöhung gegen Sacheinlagen. Daher gilt im Grundsatz auch § 183 AktG.

8 Die in § 183 Abs. 3 AktG vorgesehene Prüfung findet allerdings nicht in allen Fällen einer Kapitalerhöhung zur Durchführung einer Verschmelzung statt. **Rechtspolitisch ist dies fragwürdig**[5]. Zwar betont die Begründung zum Gesetzentwurf der Bundesregierung zum Verschmelzungsrichtliniengesetz[6] zu Recht, dass bei

---

1 *Ihrig*, GmbHR 1995, 622 (640); *Marsch-Barner* in Kallmeyer, § 69 UmwG Rz. 5; *Rieger* in Widmann/Mayer, § 69 UmwG Rz. 6; *Simon* in KölnKomm. UmwG, § 69 UmwG Rz. 10; *Stratz* in Schmitt/Hörtnagl/Stratz, § 69 UmwG Rz. 7.

2 Dies konnte man im Bereich von § 343 AktG insofern anders beurteilen, als § 348 AktG von einem „höheren Ausgabebetrag" sprach. Dazu *Kraft* in KölnKomm. AktG, § 343 AktG Rz. 9.

3 *Diekmann* in Semler/Stengel, § 69 UmwG Rz. 5; *Marsch-Barner* in Kallmeyer, § 69 UmwG Rz. 17; a.A. *Stratz* in Schmitt/Hörtnagl/Stratz, § 69 UmwG Rz. 21. Nach *Bermel* in Goutier/Knopf/Tulloch, § 69 UmwG Rz. 19 muss ein Agio, auch wenn es nicht förmlich festgesetzt wurde, in die Kapitalrücklage eingestellt werden. Aber welche Höhe sollte dieses Agio haben?

4 *Marsch-Barner* in Kallmeyer, § 69 UmwG Rz. 17; *Rieger* in Widmann/Mayer, § 69 UmwG Rz. 18.

5 *Angermayer*, WPg 1995, 681 (684); *Ganske*, DB 1978, 2461 (2464); Stellungnahme des IDW, WPg 1992, 613 (618); *Ihrig*, GmbHR 1995, 622 (640); *W. Müller*, WPg 1978, 565 (573); a.A. *Henze*, AG 1993, 341 (350) und *Schulze-Osterloh*, ZGR 1994, 420 (430).

6 BT-Drucks. 8/1678, 19.

der Anmeldung der Verschmelzung eine geprüfte und testierte Schlussbilanz, die nicht älter als acht Monate sein darf, beizufügen ist (§ 17 Abs. 2 UmwG). Aber diese Bilanz gibt nicht unbedingt den wahren Wert der übertragenden Gesellschaft wieder[1]. Die Situation unterscheidet sich daher nicht wesentlich von der Einbringung eines Unternehmens mit geprüfter Bilanz als Sacheinlage. Auch die Verschmelzungsprüfung bildet keinen Ersatz, da sie nur auf die Überprüfung der Angemessenheit des Umtauschverhältnisses abzielt, weil es bei ihr um den Schutz der Anteilsinhaber geht. Die Prüfung nach § 183 Abs. 3 AktG dient demgegenüber der Vermeidung von Kapitalerhöhungen, die nicht durch entsprechende Werte unterlegt sind (Verbot der Unter-pari-Emission)[2]. Eine solche Unter-pari-Emission ist auch dann möglich, wenn das Umtauschverhältnis richtig berechnet ist (nämlich dann, wenn der Unternehmenswert der übernehmenden AG unter dem geringsten Ausgabebetrag ihrer Aktien liegt). Allerdings kann es sein, dass dem Verschmelzungsprüfungsbericht eine Stellungnahme zum Unternehmens-(Vermögens-)Wert des übertragenden Rechtsträgers entnommen werden kann[3]. Sofern dies der Fall ist, ist die Prüfung nach § 183 Abs. 3 AktG in der Tat überflüssig (unten Rz. 11).

9 Eine Prüfung nach § 183 Abs. 3 AktG findet aber statt, wenn der **übertragende Rechtsträger eine Personenhandelsgesellschaft, eine Partnerschaftsgesellschaft oder ein rechtsfähiger Verein** ist (§ 69 Abs. 1 Satz 1 UmwG). Die Begründung rechtfertigt dies damit, dass bei diesen Rechtsträgern eine Kapitalabsicherung im Wege der Prüfung durch Sachverständige oder Gerichte nicht vorgesehen ist[4]. Dies überzeugt allerdings insofern nicht, als es für die Absicherung der Werthaltigkeit der Kapitalerhöhung (also der Durchsetzung des Verbots der Unter-pari-Emission), um die es bei § 183 Abs. 3 AktG geht, weniger auf die Bilanz- als auf die Verschmelzungsprüfung ankommt (oben Rz. 8). Diese ist aber u.U. auch bei der Verschmelzung von Personenhandelsgesellschaft, Partnerschaftsgesellschaften und Vereinen gegeben. Die Prüfung erfolgt bei der Verschmelzung mehrerer Rechtsträger nur in Bezug auf den Rechtsträger, bei dem die Voraussetzungen von § 69 Abs. 1 Satz 1 UmwG erfüllt sind.

10 Eine Prüfung nach § 183 Abs. 3 AktG findet auch statt, wenn Vermögensgegenstände in der Schlussbilanz eines übertragenden Rechtsträgers **höher bewertet worden sind als in dessen letzter Jahresbilanz bzw. wenn die in der Schlussbilanz angesetzten Werte nicht als Anschaffungskosten in die Bilanz der übernehmenden AG angesetzt werden** (§ 69 Abs. 1 Satz 1 UmwG; s. die Erläuterungen zu § 24). Die Begründung[5] rechtfertigt dies damit, dass die neue Bewertung so hoch ausfallen könne, dass der reale Wert der Sacheinlage nicht mehr dem geringsten Ausgabebetrag der neubegebenen Aktien entspricht. Dies mag in der Tat so sein. Doch sollte die Aussagekraft einer Jahres-/Schlussbilanz in Bezug auf den realen Wert des Unternehmens generell nicht überschätzt werden (oben Rz. 8). Ist die Schlussbilanz zugleich die Jahresbilanz, so muss die Bewertung mit der vorheri-

1 *Marsch-Barner* in Kallmeyer, § 69 UmwG Rz. 6; *W. Müller*, WPg 1978, 565 (573).
2 S. zu diesem unterschiedlichen Prüfungsinhalt *Bitzer*, S. 28ff.
3 *Henze*, AG 1993, 341 (350); *Schulze-Osterloh*, ZGR 1994, 420 (433f.).
4 *Ganske*, S. 105, 114.
5 *Ganske*, S. 114f.

gen Jahresbilanz verglichen werden[1]. Eine Höherbewertung von Vermögensgegenständen ist eine Abschmelzung von Passivposten nicht gleichzustellen, da insoweit Manipulationen weniger wahrscheinlich sind. Auch hätte eine solche Gleichstellung zur Folge, dass entgegen der Intention des Gesetzes doch praktisch stets eine Prüfung zu erfolgen hätte. Das Abschmelzen von Passivposten kann aber zur Folge haben, dass das Gericht aufgrund von Zweifeln an der Werthaltigkeit der Sacheinlage eine Prüfung anordnet (unten Rz. 11). Sofern die in der Schlussbilanz angesetzten Werte als Anschaffungskosten fortgeführt werden sollen, ist dies gegenüber dem Registergericht zu erklären[2]. Eine Bilanz der übernehmenden AG, aus der sich dies ergibt, liegt ja regelmäßig noch nicht vor.

Eine Prüfung nach § 183 Abs. 3 AktG findet auch statt, **wenn das Gericht Zweifel hat, ob der Wert der Sacheinlage (also der Wert des Vermögens des übertragenden Rechtsträgers) den geringsten Ausgabebetrag** der dafür zu gewährenden Aktien erreicht. Auch mit dieser Regelung soll sichergestellt werden, dass eine Unter-pari-Emission vermieden wird. Solche Zweifel können sich insbesondere dann ergeben, wenn der Verschmelzungsprüfungsbericht nicht vorgelegt wird oder sich aus ihm keine Stellungnahme zum Wert des Unternehmensvermögens des übertragenden Rechtsträgers entnehmen lässt. Anhaltspunkte für die Überprüfung der Werthaltigkeit können sich auch aus dem Verschmelzungsbericht bzw. aus der Schlussbilanz ergeben[3]. 11

Zum **Prüfer** kann der **Verschmelzungsprüfer** bestellt werden (§ 69 Abs. 1 Satz 4 UmwG). Dies empfiehlt sich, da der Verschmelzungsprüfer die Gesellschaft schon kennt und daher die Kosten nicht so hoch sein werden wie bei Bestellung einer anderen Person. Eine Verpflichtung des Gerichts zur Bestellung des Verschmelzungsprüfers besteht nach dem klaren Wortlaut der Norm nicht – auch nicht, wenn dies von dem betroffenen Rechtsträger beantragt wird[4]. Dem Gericht kann gerade auch an einer Überprüfung der Angaben im Verschmelzungsbericht gelegen sein. 12

c) Anwendbarkeit von § 184 AktG

Das Gericht lehnt die Eintragung des Kapitalerhöhungsbeschlusses ab, wenn der Wert des Vermögens des übertragenden Rechtsträgers nicht nur unwesentlich hinter dem geringsten Ausgabebetrag der Aktien und der baren Zuzahlungen zurückbleibt (§ 184 Abs. 3 Satz 1 AktG). Gegen die Deckung auch der baren Zuzahlungen (und sinngemäß der eigenen Aktien, sofern sie an die Anteilsinhaber des übertragenden Rechtsträgers ausgegeben werden) durch Vermögenswerte des 13

1 *Diekmann* in Semler/Stengel, § 69 UmwG Rz. 10; *Marsch-Barner* in Kallmeyer, § 69 UmwG Rz. 8; *Rieger* in Widmann/Mayer, § 69 UmwG Rz. 26; *Simon* in KölnKomm. UmwG, § 69 UmwG Rz. 20.

2 A.A. *Marsch-Barner* in Kallmeyer, § 69 UmwG Rz. 9; *Rieger* in Widmann/Mayer, § 69 UmwG Rz. 30; *Simon* in KölnKomm. UmwG, § 69 UmwG Rz. 23: Dies solle Inhalt des Verschmelzungsvertrags sein. Aber dieser Vertrag enthält die wechselseitigen Verpflichtungen der Verschmelzungspartner. Nach *Diekmann* in Semler/Stengel, § 69 UmwG Rz. 10 sind beide Wege gangbar.

3 *Simon* in KölnKomm. UmwG, § 69 UmwG Rz. 25; *Stratz* in Schmitt/Hörtnagl/Stratz, § 69 UmwG Rz. 17.

4 A.A. *Marsch-Barner* in Kallmeyer, § 69 UmwG Rz. 11a; *Simon/Merkelbach*, DB 2011, 1317 (1318).

übertragenden Rechtsträgers ist eingewandt worden, dass hiergegen keine Bedenken bestehen, sofern die Zahlungen aus dem zur Verfügung stehenden Bilanzgewinn der übernehmenden AG verwendet werden, und jeder Aktionär der übernehmenden AG damit einverstanden ist[1]. In der Tat sind die Aktionäre in diesem Fall hinreichend geschützt und auch die Gläubiger müssen die Verteilung des Bilanzgewinns im Grundsatz immer akzeptieren. Entscheidend gegen diese Sichtweise spricht aber, dass es im vorliegenden Zusammenhang um die Frage geht, ob die Kapitalerhöhung wertmäßig unterlegt ist. Dabei müssen Zahlungen der ihr Kapital erhöhenden AG an ihre (Neu-)Aktionäre schon deshalb berücksichtigt werden, weil sonst die AG die Mittel zu ihrer eigenen Kapitalerhöhung aufbringen würde[2].

14 **Werden mehrere Rechtsträger gleichzeitig verschmolzen**, so reicht es, falls die Verschmelzungen nur zusammen erfolgen sollen, aus, dass bei Zusammenrechnung aller übertragenen Vermögenswerte der geringste Ausgabebetrag abgedeckt ist, da es sich um einen einheitlichen Vorgang (Sachkapitalerhöhung) handelt[3].

15 **§ 184 Abs. 1 Satz 2 AktG** ist **nicht anwendbar**[4], wohl aber § 184 Abs. 2 AktG. Demgemäß **ist der Beschluss über die Erhöhung des Grundkapitals zur Eintragung ins Handelsregister anzumelden**. Zu der Frage, ob eine Eintragung auch erfolgt, wenn der Verschmelzungsvertrag noch nicht abgeschlossen bzw. die Verschmelzungsbeschlüsse noch nicht gefasst sind, § 55 Rz. 76. Es ist nicht erforderlich, bei der Anmeldung anzugeben, ob bei der Berechnung des Kapitalerhöhungsbetrages Anteile berücksichtigt wurden, die nach der Regel des § 68 Abs. 1 UmwG nicht eingerechnet werden dürfen. Das Gesetz fordert eine solche Erklärung nicht. Die AG muss eben nicht in Bezug auf alle Einzelheiten der Verschmelzung erklären, dass sie rechtmäßig gehandelt hat. Zur Frage, unter welchen Voraussetzungen der Kapitalerhöhungsbeschluss wieder aufgehoben bzw. angefochten werden kann und wie sich ein Scheitern der Verschmelzung auf den Kapitalerhöhungsbeschluss auswirkt, § 55 Rz. 8ff.; zur Beseitigung der Kapitalerhöhung nach Eintragung der Verschmelzung § 20 Rz. 85f.

d) Fehlende Anwendbarkeit von §§ 185, 186 AktG

16 Eine **Zeichnung der neuen Aktien ist nicht erforderlich**. Die Zeichnung wird durch den Verschmelzungsbeschluss der Anteilsinhaber des übertragenden Rechtsträgers ersetzt[5].

---

1 *Hügel*, S. 438.

2 *Ihrig*, GmbHR 1995, 622 (641).

3 *Diekmann* in Semler/Stengel, § 69 UmwG Rz. 12; *Simon* in KölnKomm. UmwG, § 69 UmwG Rz. 23; *Stratz* in Schmitt/Hörtnagl/Stratz, § 69 UmwG Rz. 18.

4 *Diekmann* in Semler/Stengel, § 69 UmwG Rz. 13. Die Gründe sind dieselben, aus denen auch § 182 Abs. 4 AktG nicht zur Anwendung kommt.

5 *Bayer*, WM 1989, 121 (123); *Diekmann* in Semler/Stengel, § 69 UmwG Rz. 14; *Henze*, AG 1993, 341 (349); *Rieger* in Widmann/Mayer, § 69 UmwG Rz. 36; *Simon* in KölnKomm. UmwG, § 69 UmwG Rz. 11; ähnlich auch *Korte*, WiB 1997, 953 (955): Ersetzung der Zeichnung durch den Verschmelzungsvertrag und die Rechtsnachfolge. Auch *Stratz* in Schmitt/Hörtnagl/Stratz, § 69 UmwG Rz. 9, stellt auf den Verschmelzungsvertrag ab.

Ein **Bezugsrecht der Aktionäre ist ausgeschlossen**. Es geht gerade darum, die Aktien für die Anteilsinhaber des übertragenden Rechtsträgers bereitzustellen[1]. Dies haben die Aktionäre der übernehmenden AG bei Fassung des Verschmelzungsbeschlusses auch gebilligt. Auch bedarf der Kapitalerhöhungsbeschluss trotz des Bezugsrechtsausschlusses keiner sachlichen Rechtfertigung[2]. Die Verringerung der Beteiligungsquote der Alt-Aktionäre ist mit jeder Verschmelzung, bei der eine Kapitalerhöhung erfolgt, notwendig verbunden. Dies könnte nur zur Folge haben, dass der Verschmelzungsbeschluss einer sachlichen Rechtfertigung bedürfen würde (dazu § 13 Rz. 38ff.). 17

e) Anwendbarkeit von § 187 AktG

Da ein Bezugsrecht nicht besteht (oben Rz. 17), kommt § 187 Abs. 1 AktG nicht zur Anwendung. Dagegen wird § 187 Abs. 2 AktG durch § 69 Abs. 1 Satz 1 UmwG nicht ausgeschlossen. Welche Bedeutung dem beizumessen ist, ist nicht klar. Die Bestimmung besagt, dass eine Zusicherung auf den Bezug der neuen Aktien vor der Beschlussfassung über die Kapitalerhöhung nicht wirksam ist. Daraus folgt, dass der **Verschmelzungsvertrag**, der ja den Anteilsinhabern des übertragenden Rechtsträgers Aktien verspricht, **erst wirksam wird, wenn eine etwa erforderliche Kapitalerhöhung wirksam geworden ist**[3]. Eine Klage aus dem Verschmelzungsvertrag auf Fassung eines Kapitalerhöhungsbeschlusses ist also nicht möglich[4]. 18

f) Anwendbarkeit von § 188 AktG

§ 188 Abs. 1 AktG gilt auch für eine Kapitalerhöhung zur Durchführung einer Verschmelzung. Da keine Bareinlagen erbracht werden, passen § 36 Abs. 2, § 36a Abs. 1 AktG nicht[5]. Auch § 36a Abs. 2 AktG kann nicht angewandt werden, da die „Erbringung der Sacheinlage" mit der Eintragung der Verschmelzung sozusagen automatisch erfolgt (s. auch unten Rz. 26). Daher wird in § 69 Abs. 1 Satz 1 UmwG nicht auf § 188 Abs. 2 AktG (s. auch unten Rz. 27) verwiesen. Dagegen ist § 188 Abs. 3–5 AktG – sieht man einmal von § 188 Abs. 3 Nr. 1 AktG ab[6] – bei der Anmeldung der Durchführung der Kapitalerhöhung[7] durchaus anwendbar. § 69 19

---

1 *Diekmann* in Semler/Stengel, § 69 UmwG Rz. 15; *Lappe*, BB 2000, 313 (317); *Simon* in KölnKomm. UmwG, § 69 UmwG Rz. 12; *Stratz* in Schmitt/Hörtnagl/Stratz, § 69 UmwG Rz. 10.

2 *Marsch-Barner* in Kallmeyer, § 69 UmwG Rz. 12; *Rieger* in Widmann/Mayer, § 69 UmwG Rz. 37; *Simon* in KölnKomm. UmwG, § 69 UmwG Rz. 38; a.A. *Peifer* in MünchKomm. AktG, § 186 AktG Rz. 74, 6.

3 *Marsch-Barner* in Kallmeyer, § 69 UmwG Rz. 13.

4 *Kraft* in KölnKomm. AktG, § 340 AktG Rz. 34, § 340c AktG Rz. 39; *Stratz* in Schmitt/Hörtnagl/Stratz, § 69 UmwG Rz. 10.

5 *Simon* in KölnKomm. UmwG, § 69 UmwG Rz. 13; *Stratz* in Schmitt/Hörtnagl/Stratz, § 69 UmwG Rz. 11.

6 Ein Verzeichnis der Zeichner ist nicht erforderlich, da die Vermögenserbringung nach § 20 UmwG automatisch erfolgt und daher nicht durch die Nennung der Verpflichteten abgesichert werden muss. *Marsch-Barner* in Kallmeyer, § 69 UmwG Rz. 13; *Simon* in KölnKomm. UmwG, § 69 UmwG Rz. 11.

7 Nach *Dieckmann* in Semler/Stengel, § 69 UmwG Rz. 25 bezieht sich § 69 Abs. 2 UmwG trotz des Verweises auf die Anmeldung; offen *Rieger* in Widmann/Mayer, § 69 UmwG Rz. 41; *Simon* in KölnKomm. UmwG, § 69 UmwG Rz. 55.

Abs. 2 UmwG spricht zwar von der Anmeldung der Kapitalerhöhung, doch gilt § 188 AktG für die Anmeldung der Durchführung und es leuchtet nicht ein, warum für die Kapitalerhöhung im Rahmen einer Verschmelzung etwas anderes gelten sollte. § 188 Abs. 3 Nr. 2 AktG wird praktisch keine Rolle spielen. Der entsprechende Vertrag ist der Verschmelzungsvertrag, der nach § 69 Abs. 2 UmwG sowieso vorzulegen ist.

g) Anwendbarkeit von § 189 AktG

20 § 189 AktG bestimmt, dass mit der Eintragung der Durchführung der Kapitalerhöhung das Grundkapital erhöht ist. Da die Mitgliedschaftsrechte der neu hinzukommenden Aktionäre nach § 20 Abs. 1 Nr. 3 UmwG aber erst mit Eintragung der Verschmelzung entstehen und diese Eintragung gem. § 66 UmwG erst nach Eintragung der Kapitalerhöhung erfolgt, **kann § 189 AktG für die Verschmelzung nicht gelten**[1]. Wollte man demgegenüber annehmen, dass die Mitgliedschaftsrechte als eigene Aktien der AG entstehen, aus denen keine Rechte hergeleitet werden können[2], so wäre dies mit unnötigen Schwierigkeiten verbunden, da diese Aktien dann auf irgendeine Weise wieder aus der Welt geschafft werden müssten. Auf derselben Linie liegt eine Entscheidung des BGH, nach der der Kapitalerhöhungsbeschluss lediglich ein Annex des Verschmelzungsbeschlusses ist[3].

h) Anwendbarkeit von §§ 190–191 AktG

21 Die Anwendung dieser Normen auf eine Kapitalerhöhung zur Durchführung einer Verschmelzung bereitet keine Probleme.

i) Der Anmeldung der Durchführung der Kapitalerhöhung beizufügende Unterlagen

22 Neben den in § 188 Abs. 3 Nr. 2 und 3 AktG genannten Unterlagen (oben Rz. 19) sind nach § 69 Abs. 2 UmwG auch der **Verschmelzungsvertrag und die Niederschrift der Verschmelzungsbeschlüsse** der Anmeldung beizufügen. Die Anmeldung kann zusammen mit der Anmeldung des Kapitalerhöhungsbeschlusses erfolgen (§ 188 Abs. 4 AktG). Meist wird zugleich die Verschmelzung angemeldet.

j) Eintragung der Durchführung der Kapitalerhöhung

23 Die Eintragung der Durchführung der Kapitalerhöhung kann nur erfolgen, **wenn der Verschmelzungsvertrag vorliegt und die Zustimmungsbeschlüsse gefasst sind,**

1 *Diekmann* in Semler/Stengel, § 69 UmwG Rz. 18; *Marsch-Barner* in Kallmeyer, § 69 UmwG Rz. 21; *Lutter* in FS Wiedemann, S. 1097 (1099); *Rieger* in Widmann/Mayer, § 69 UmwG Rz. 43; *Simon* in KölnKomm. UmwG, § 69 UmwG Rz. 39.

2 So *Kraft* in KölnKomm. AktG, § 343 AktG Rz. 25 f. unter Berufung darauf, dass § 189 AktG in der Bezugnahme auf die Normen des AktG nicht ausgeschlossen wurde. Doch kann man darin wohl kaum eine bewusste Entscheidung des Gesetzgebers sehen. Wie hier *Korte*, WiB 1997, 953 (955); *Lutter* in FS Wiedemann, S. 1097 (1099); *Diekmann* in Semler/Stengel, § 69 UmwG Rz. 18; *Marsch-Barner* in Kallmeyer, § 69 UmwG Rz. 22.

3 BGH v. 21.5.2007 – II ZR 266/04, NZG 2007, 714 (715) = AG 2007, 625.

da nur dann die Kapitalerhöhung durchgeführt ist[1]. Deshalb müssen die entsprechenden Unterlagen der Anmeldung der Durchführung beigefügt werden. Ist ein Verschmelzungsbeschluss angefochten, so gilt § 16 Abs. 2, 3 UmwG entsprechend. Eine Eintragung allein der Kapitalerhöhung[2] wäre nicht sinnvoll und entspricht auch nicht dem Willen der Gesellschafter. Da aufgrund von § 16 Abs. 3 UmwG die Anfechtung im Rahmen der Eintragung der Verschmelzung ohne Bedeutung sein kann, ist dies auch für die Kapitalerhöhung zur Durchführung der Verschmelzung möglich[3]. Wollte man demgegenüber § 246a AktG anwenden, würde man der engen Verbindung zwischen Kapitalerhöhung und Verschmelzung nicht gerecht werden. Gem. § 66 UmwG wird erst die Durchführung der Kapitalerhöhung und dann die Verschmelzung eingetragen.

2. Genehmigtes Kapital

Auch ein genehmigtes Kapital **kann zur Durchführung einer Verschmelzung genutzt werden** (s. § 69 Abs. 1 Satz 2 UmwG). Allerdings muss in der Ermächtigung vorgesehen sein, dass die Aktien gegen Sacheinlagen ausgegeben werden dürfen (§ 205 Abs. 1 AktG)[4]. Denn die Verschmelzung beinhaltet eine Kapitalerhöhung gegen Sacheinlagen. Die geschilderten Erleichterungen für die Kapitalerhöhung (oben Rz. 4 ff.) kommen zur Anwendung (§ 69 Abs. 1 Satz 2 UmwG). Insbesondere muss nicht in jedem Fall eine Prüfung, wie sie § 205 Abs. 3 AktG im Grundsatz vorschreibt, stattfinden. Auch § 203 Abs. 3 AktG gilt nicht (§ 69 Abs. 1 Satz 3 UmwG). Da es bei der Verschmelzung darum geht, das Vermögen des übertragenden Rechtsträgers zu erwerben, macht es keinen Sinn, zuvor die Beitreibung noch ausstehender Einlagen auf das Grundkapital zu verlangen (s. auch oben Rz. 5). 24

3. Bedingtes Kapital

Auch eine bedingte Kapitalerhöhung **kann zur Durchführung einer Verschmelzung genutzt werden**[5]. Für die beteiligten Rechtsträger ist mit der bedingten Kapitalerhöhung der Nachteil verbunden, dass die Verschmelzungspläne frühzeitig bekannt werden. Auch ist der Weg über die reguläre Kapitalerhöhung meist gut gangbar, da die Menge der bereitzustellenden Aktien meist bekannt ist. Sollte der übertragende Rechtsträger allerdings Optionsanleihen begeben haben, kann ein bedingtes Kapital durchaus zweckmäßig sein[6]. Gleiches gilt, wenn aus anderen Gründen noch nicht genau feststeht, wie viele Aktien benötigt werden. Für die be- 25

---

1 *Bayer*, WM 1989, 121 (124); *Marsch-Barner* in Kallmeyer, § 69 UmwG Rz. 19.

2 Nach *Diekmann* in Semler/Stengel, § 69 UmwG Rz. 27; *Marsch-Barner* in Kallmeyer, § 69 UmwG Rz. 20 kann die Eintragung erfolgen, da bei Scheitern der Verschmelzung auch die Kapitalerhöhung nicht wirksam wird. Aber gerade wegen dieser Verknüpfung der Beschlussgegenstände ist eine Eintragung allein der Kapitalerhöhung nicht sinnvoll.

3 S. BGH v. 21.5.2007 – II ZR 266/04, NZG 2007, 714 (715) = AG 2007, 625 zu § 16 Abs. 5, 7 UmwG; *Diekmann* in Semler/Stengel, § 69 UmwG Rz. 28; *Marsch-Barner* in Kallmeyer, § 69 UmwG Rz. 23.

4 *Rieger* in Widmann/Mayer, § 69 UmwG Rz. 53; *Stratz* in Schmitt/Hörtnagl/Stratz, § 69 UmwG Rz. 20.

5 *Diekmann* in Semler/Stengel, § 69 UmwG Rz. 21; *Junker* in Henssler/Strohn, § 69 UmwG Rz. 16; *Marsch-Barner* in Kallmeyer, § 69 UmwG Rz. 15; *Stratz* in Schmitt/Hörtnagl/Stratz, § 69 UmwG Rz. 27.

6 *Diekmann* in Semler/Stengel, § 69 UmwG Rz. 21.

dingte Kapitalerhöhung zur Durchführung der Verschmelzung gelten die geschilderten Erleichterungen (oben Rz. 4ff.) ebenfalls. Entgegen § 194 Abs. 4 AktG hat eine Prüfung also nicht in jedem Fall zu erfolgen (oben Rz. 7ff.). § 200 AktG gilt nicht[1], da die Aushändigung der Aktienurkunden an den Treuhänder, der ja nicht Aktionär werden soll, keine Ausgabe i.S.v. § 200 AktG ist. Wie die Kapitalerhöhung nach §§ 182ff. AktG wird auch die bedingte Kapitalerhöhung frühestens mit Eintragung der Verschmelzung wirksam (oben Rz. 20)[2]. Gleichwohl schreibt § 66 UmwG vor, dass zuerst die Durchführung der Kapitalerhöhung einzutragen ist. Wird umgekehrt verfahren, so ist dies aber bedeutungslos.

4. Probleme nach Durchführung der Kapitalerhöhung

a) Scheitern der Verschmelzung

26 Zu den Auswirkungen eines Scheiterns der Verschmelzung auf die Kapitalerhöhung § 55 Rz. 9.

b) Scheitern der Kapitalerhöhung

27 Zu den Auswirkungen eines Scheiterns der Kapitalerhöhung auf die Verschmelzung § 20 Rz. 85.

c) Bardeckungspflicht

28 Wird im Zuge der Kapitalerhöhung eine Sacheinlage erbracht, deren **Wert deutlich hinter dem geringsten Ausgabebetrag der dafür ausgegebenen Aktien zurückbleibt** bzw. den darüber liegenden Ausgabebetrag nicht erreicht, so hat der Einleger die Wertdifferenz bar einzuzahlen[3]. Diese Regelung lässt sich auf eine Verschmelzung nicht direkt übertragen. Denn das eingelegte Vermögen stammt von dem übertragenden Rechtsträger, der aber nach Wirksamkeit der Verschmelzung nicht mehr besteht. Allerdings könnte man an eine Bardeckungspflicht[4] der Anteilsinhaber des übertragenden Rechtsträgers denken. Denn diese Anteilsinhaber sind oftmals[5] die Nutznießer, sofern nicht die Unter-pari-Emission auf einer richtigen Berechnung des Umtauschverhältnisses beruht (oben Rz. 8). Gleichwohl besteht eine **solche Bardeckungspflicht nicht**[6]. Denn zum einen verweist § 69 Abs. 1 Satz 1 UmwG gerade nicht auf § 188 Abs. 2 AktG und damit auch nicht auf § 36a Abs. 2

---

1 *Junker* in Henssler/Strohn, § 69 UmwG Rz. 16.

2 *Diekmann* in Semler/Stengel, § 69 UmwG Rz. 18; *Marsch-Barner* in Kallmeyer, § 69 UmwG Rz. 21; *Stratz* in Schmitt/Hörtnagl/Stratz, § 66 UmwG Rz. 3.

3 *Hüffer*, § 183 AktG Rz. 21.

4 Umstritten ist, ob auch ein Agio unterlegt werden muss, *Hüffer*, § 183 AktG Rz. 21.

5 Keineswegs immer, s. BGH v. 12.3.2007 – II ZR 302/05, NZG 2007, 513 (515) = AG 2007, 487.

6 BGH v. 12.3.2007 – II ZR 302/05, NZG 2007, 513 = AG 2007, 487; *Diekmann* in Semler/Stengel, § 69 UmwG Rz. 33; *Marsch-Barner* in Kallmeyer, § 69 UmwG Rz. 18; *Simon* in KölnKomm. UmwG, § 69 UmwG Rz. 40; *Stratz* in Schmitt/Hörtnagl/Stratz, § 69 UmwG Rz. 29; a.A. *Ihrig*, GmbHR 1995, 622 (642); *Kallmeyer*, GmbHR 2007, 1124; *Koppensteiner* in FS Hüffer, S. 465, 475; *Priester* in FS Karsten Schmidt, S. 1287ff.; *Sandberger* in FS Westermann, S. 1401 (1416); *Thoß*, NZG 2006, 376; *Trölitzsch*, S. 318; *Wälzholz*, AG 2006, 469 (474).

Satz 3 AktG, dem gesetzlichen Anknüpfungspunkt der Differenzhaftung. Auch § 185 AktG (Zeichnungsschein) wird gerade nicht in Bezug genommen. Zum anderen haben die Anteilsinhaber des übertragenden Rechtsträgers – anders als ein Sacheinleger – auf die Bewertung des Vermögens oftmals keinen Einfluss. Auch müsste eine solche Pflicht dann auch die überstimmten Anteilsinhaber treffen, und u.U. auch diejenigen Anteilsinhaber, deren Aktien nicht aus der Kapitalerhöhung stammen (sondern vor der Verschmelzung als eigene Aktien gehalten wurden)[1]. Beides erscheint nicht sachgerecht. Hinzu kommt, dass Erwerber von Aktien durch die Möglichkeit eines gutgläubigen lastenfreien Erwerbs üblicherweise vor solchen Bardeckungspflichten geschützt sind (§§ 929, 932, 936 BGB)[2]. Zwar sind diese Normen im vorliegenden Zusammenhang nicht anwendbar, da es an einem rechtsgeschäftlichen Erwerb der Aktien fehlt. Aber der Grundgedanke dieser Regelung passt auch hier: Aktionäre trifft, sofern sie nicht selbst einzahlungspflichtig sind, regelmäßig keine Bardeckungspflicht. Sofern schuldhaft weniger als der geringste Ausgabebetrag (plus eventueller Zuzahlungen)[3] aufgebracht wird, lässt sich die Haftung auf eine Verletzung der aus der Mitgliedschaft folgenden Pflichten stützen (zur GmbH § 55 Rz. 35 ff.). Sofern die Anteilsinhaber des übernehmenden Rechtsträgers durch eine unrichtige Wertberechnung benachteiligt sind, haben sie die Möglichkeit, den Verschmelzungsbeschluss anzufechten. Eventuell treten Schadensersatzansprüche gegen Vorstand und Aufsichtsrat hinzu (s. § 27 Rz. 6). Auch zu ihrem Schutz ist eine Bardeckungspflicht also nicht erforderlich[4]. S. auch § 74 Rz. 5 zur Gründerhaftung.

§ 70

Geltendmachung eines Schadenersatzanspruchs

Die Bestellung eines besonderen Vertreters nach § 26 Abs. 1 Satz 2 können nur solche Aktionäre einer übertragenden Gesellschaft beantragen, die ihre Aktien bereits gegen Anteile des übernehmenden Rechtsträgers umgetauscht haben.

I. Verhältnis der Norm zur Richtlinie, Anwendungsbereich

1 Die Gesetzesbegründung meint, die Norm setze zugleich Art. 20 der 3. Richtlinie[5] um[6]. Doch wird von Art. 20 nur verlangt, dass die Haftung der Mitglieder der Vertretungs- und Aufsichtsorgane des übertragenden Rechtsträgers gegenüber den Aktionären festgeschrieben wird (dazu § 25 UmwG). Auch gilt die **3. Richtlinie nur in dem Fall der Verschmelzung einer AG auf eine AG, während § 70 UmwG bei jeder Verschmelzung einer AG** – gleichgültig auf welchen Rechtsträger – zur Anwendung kommt.

1 So *Ihrig*, GmbHR 1995, 622 (642).
2 BGH v. 5.4.1993 – II ZR 195/91, NJW 1993, 1983 (1987).
3 Zu der Berücksichtigung des Agio oben Rz. 7.
4 A.A. *Trölitzsch*, S. 318.
5 ABl. EG Nr. L 295/36 v. 20.10.1978; s. Text im Anh. III, S. 3451 ff.
6 *Ganske*, S. 115.

II. Normzweck

2 Der Sinn der Regelung ist **nicht recht ersichtlich**. Die Aktionäre werden auf diese Weise dazu angehalten, ihre Aktien in Anteile an dem übernehmenden Rechtsträger umzutauschen[1], um so Schwierigkeiten zu vermeiden, die durch ein noch laufendes Umtauschverfahren entstehen könnten. Aber da das Gesetz nur in dem doch seltenen Fall, dass ein Verfahren nach § 26 UmwG eingeleitet wird und der übertragende Rechtsträger eine AG ist, für einen zügigen Umtausch sorgt, überzeugt diese Konzeption letztlich nicht.

III. Regelungsinhalt

3 § 70 UmwG greift – wie der Wortlaut klar sagt – nur ein, wenn der **übertragende Rechtsträger eine AG** ist. Gem. § 78 Satz 1 UmwG gilt die Bestimmung auch für Kommanditaktionäre[2]. Auf die Rechtsform des übernehmenden Rechtsträgers kommt es nicht an[3].

4 Die Aktien **müssen umgetauscht sein**. Da der Antrag nach § 26 UmwG eine wirksame Verschmelzung voraussetzt, wird dies meist der Fall sein. Umgetauscht sind die Aktien, wenn der Aktionär sie an den übernehmenden Rechtsträger zum Zwecke des Erhalts der neuen Anteile abgegeben hat. Mit Eintragung der Verschmelzung hat der Aktionär nach § 20 Abs. 1 Nr. 3 UmwG die Anteile an dem übernehmenden Rechtsträger erworben. Sofern die neuen Anteile verbrieft werden sollen, ist es für den Umtausch nicht erforderlich, dass diese Verbriefung bereits erfolgt ist. Anderenfalls bestünde für den übernehmenden Rechtsträger die Möglichkeit, die Berechtigung zur Antragstellung hinauszuschieben. Aus demselben Grund ist es auch nicht notwendig, dass der Erwerb des Anteils durch den ehemaligen Aktionär auf andere Weise (Eintragung in die Gesellschafterliste, in ein Aktienbuch etc.) dokumentiert wird. Auch sonstige durch den übernehmenden Rechtsträger verursachte Verzögerungen hindern die Antragstellung nicht. Der ehemalige Aktionär muss nur seinerseits alles tun, um den Umtausch voranzutreiben. Aktionäre, die kein Umtauschrecht haben, etwa weil ihre Aktien zusammengelegt worden sind, haben das Antragsrecht, ohne dass ein Umtausch erfolgt sein müsste[4]. Es reicht aus, dass die Aktionäre ihre Urkunden eingereicht haben[5]. Im Übrigen gelten die allgemeinen Voraussetzungen für die Antragstellung (§ 26 Rz. 5ff.).

---

1 *Diekmann* in Semler/Stengel, § 70 UmwG Rz. 1; *Marsch-Barner* in Kallmeyer, § 70 UmwG Rz. 1; *Rieger* in Widmann/Mayer, § 70 UmwG Rz. 7.

2 *Diekmann* in Semler/Stengel, § 70 UmwG Rz. 3; *Marsch-Barner* in Kallmeyer, § 70 UmwG Rz. 2.

3 *Diekmann* in Semler/Stengel, § 70 UmwG Rz. 3; *Junker* in Henssler/Strohn, § 70 UmwG Rz. 1; *Marsch-Barner* in Kallmeyer, § 70 UmwG Rz. 2.

4 *Marsch-Barner* in Kallmeyer, § 70 UmwG Rz. 3; *Simon* in KölnKomm. UmwG, § 70 UmwG Rz. 11; *Stratz* in Schmitt/Hörtnagl/Stratz, § 70 UmwG Rz. 2.

5 *Marsch-Barner* in Kallmeyer, § 70 UmwG Rz. 3.

§ 71
Bestellung eines Treuhänders

(1) Jeder übertragende Rechtsträger hat für den Empfang der zu gewährenden Aktien und der baren Zuzahlungen einen Treuhänder zu bestellen. Die Verschmelzung darf erst eingetragen werden, wenn der Treuhänder dem Gericht angezeigt hat, dass er im Besitz der Aktien und der im Verschmelzungsvertrag festgesetzten baren Zuzahlungen ist.

(2) § 26 Abs. 4 ist entsprechend anzuwenden.

Literatur

Bandehzadeh, Verschmelzungen unter Beteilung von Aktiengesellschaften: Bestellung eines Treuhänders bei unverbrieften Aktien (§ 71 Abs. 1 UmwG), DB 2007, 1514; *Korte*, Aktienerwerb und Kapitalschutz bei Umwandlungen, WiB 1997, 953.

I. Inhalt der Norm

Die Bestimmung verpflichtet die übertragenden Rechtsträger zur **Bestellung eines Treuhänders**. Erst wenn dieser die Aktien und baren Zuzahlungen erhalten hat, darf die Verschmelzung eingetragen werden (§ 71 Abs. 1 UmwG). § 71 Abs. 2 UmwG übernimmt die für den besonderen Vertreter geltende Vergütungsregel für den Treuhänder. 1

II. Normzweck

Die Bestimmung ist nur anwendbar, wenn der übernehmende Rechtsträger eine AG ist, und dient gemäß dem für die AG typischen umfassenden Anlegerschutz der Wahrung der Interessen der neu hinzutretenden Aktionäre. Die Norm will gewährleisten, dass bei der Eintragung der Verschmelzung und dem damit verbundenen Erlöschen des übertragenden Rechtsträgers die **Aktien und baren Zuzahlungen für die neuen Aktionäre bereitgehalten werden**[1]. Allerdings ist die Gefahr, 2

1 *Bandehzadeh*, DB 2007, 1514; *Rieger* in Widmann/Mayer, § 71 UmwG Rz. 1; *Simon* in KölnKomm. UmwG, § 71 UmwG Rz. 1.

dass die Anteilsinhaber ihre alten Anteile verlieren, ohne neue Anteile an der übernehmenden AG zu erhalten, denkbar gering. § 20 Abs. 1 Nr. 3 UmwG bestimmt gerade, dass die Anteile an dem übernehmenden Rechtsträger im Zeitpunkt der Eintragung der Verschmelzung erworben werden, und für im Spruchverfahren zugesprochene Erhöhungen gilt die Norm schon deshalb nicht[1], weil dann die Verschmelzung bereits eingetragen ist. Für die baren Zuzahlungen ist eine Absicherung durch Einschaltung eines Treuhänders aber nicht unzweckmäßig[2]. Auch ist die Abwicklung über einen Treuhänder für die beteiligten Rechtsträger organisatorisch problemlos und somit vorteilhaft[3].

III. Rechtsstellung des Treuhänders

1. Die Bestellung und das ihr zugrunde liegende Vertragsverhältnis

3 Die **Bestellung des Treuhänders** erfolgt **durch das Vertretungsorgan des übertragenden Rechtsträgers**. Sind mehrere übertragende Rechtsträger vorhanden, so hat jeder einen Treuhänder zu bestellen. Es kann sich aber um dieselbe Person handeln[4]. Dies ist auch sinnvoll, da die Abwicklung auf diese Weise vereinfacht wird. Zweckmäßigerweise erhält der Treuhänder eine Urkunde, aus der sich seine Bestellung ergibt[5]. Auf diese Weise kann er seine Treuhänderstellung auch gegenüber der übernehmenden AG nachweisen. Um Schwierigkeiten bei der Abwicklung vorzubeugen, kann es sich empfehlen, einen Ersatztreuhänder zu bestimmten[6].

4 Eine **besondere Qualifikation** ist für die Person des Treuhänders nicht erforderlich[7]. In Frage kommen sowohl natürliche wie auch juristische Personen (z.B. Rechtsanwälte, Notare, Sozietäten, Wirtschaftsprüfer, Treuhandgesellschaften, Banken). Der Treuhänder muss nicht unabhängig von dem übernehmenden bzw. übertragenden Rechtsträger sein[8]. Die beteiligten Rechtsträger werden schon in ihrem eigenen Interesse eine zuverlässige Person auswählen, da es um die Erfüllung ihrer Verpflichtungen geht[9].

1 *Junker* in Henssler/Strohn, § 71 UmwG Rz. 1; *Marsch-Barner* in Kallmeyer, § 71 UmwG Rz. 11.
2 *Simon* in KölnKomm. UmwG, § 71 UmwG Rz. 1.
3 *Bandehzadeh*, DB 2007, 1514.
4 *Diekmann* in Semler/Stengel, § 71 UmwG Rz. 6; *Marsch-Barner* in Kallmeyer, § 71 UmwG Rz. 2; *Rieger* in Widmann/Mayer, § 71 UmwG Rz. 8; *Simon* in KölnKomm. UmwG, § 71 UmwG Rz. 7; *Stratz* in Schmitt/Hörtnagl/Stratz, § 71 UmwG Rz. 3.
5 *Rieger* in Widmann/Mayer, § 71 UmwG Rz. 12.
6 *Diekmann* in Semler/Stengel, § 71 UmwG Rz. 8; *Rieger* in Widmann/Mayer, § 71 UmwG Rz. 11.
7 *Rieger* in Widmann/Mayer, § 71 UmwG Rz. 7; *Simon* in KölnKomm. UmwG, § 71 UmwG Rz. 8.
8 *Diekmann* in Semler/Stengel, § 71 UmwG Rz. 5; *Marsch-Barner* in Kallmeyer, § 71 UmwG Rz. 5; *Rieger* in Widmann/Mayer, § 71 UmwG Rz. 7; *Simon* in KölnKomm. UmwG, § 71 UmwG Rz. 8.
9 Der übertragende Rechtsträger schuldet eine sorgfältige Auswahl aus dem Gesellschaftsverhältnis, der übernehmende aus dem Verschmelzungsvertrag. Dieser ist insofern ein Vertrag zugunsten Dritter.

Den der Bestellung zugrunde liegenden Auftrag bzw. **Geschäftsbesorgungsvertrag** kann der Treuhänder mit jedem Beliebigen schließen, meist werden es der übertragende oder der übernehmende Rechtsträger[1] bzw. die Anteilsinhaber des übertragenden Rechtsträgers sein (dazu auch unten Rz. 6). Aus diesem Vertragsverhältnis kann bei entsprechender Ausgestaltung auch ein direkter Anspruch der Anteilsinhaber gegen den Treuhänder auf Aushändigung der Aktien und Zuzahlungen folgen[2]. Ebenso ist es möglich, dass der Vertrag einen Anspruch des Treuhänders auf Aushändigung der Aktien begründet. Das Gesetz verlangt aber eine solche Ausgestaltung des Vertrages nicht. 5

2. Vergütung

Für die Festsetzung der Vergütung gilt nach § 71 Abs. 2 UmwG **§ 26 Abs. 4 UmwG entsprechend** (s. die Erläuterungen dort). Dies ist insofern wenig zweckmäßig, als die Entscheidung über die Höhe der Vergütung problemlos – wie bislang – der Vereinbarung der Parteien des Geschäftsbesorgungsvertrages hätte überlassen werden können. Wegen des eindeutigen Wortlauts der Norm kann die Bestimmung aber nicht so verstanden werden, als entscheide das Gericht nur, wenn sich die Parteien nicht einigen können[3]. Doch wird das Gericht von einem gemeinsamen Vorschlag der Vertragsparteien kaum abweichen. Immerhin wird durch die Einschaltung des Gerichts eine gewisse Unabhängigkeit des Treuhänders erreicht. Zuständig ist das Gericht, an das die Anzeige nach § 71 Abs. 1 Satz 2 UmwG geht[4], da dies am sachnächsten ist. Der Verweis auf § 26 Abs. 4 Satz 3 UmwG erweckt den Eindruck, als wäre die Vergütung von den Anteilsinhabern geschuldet. Aber dies kann nicht gemeint sein, da es insbesondere bei einer Vielzahl von Anteilsinhabern, die noch nicht einmal namentlich bekannt sein müssen, für den Treuhänder unzumutbar wäre, von jedem Einzelnen seine Vergütung anteilig zu verlangen[5]. Daher muss die Norm so verstanden werden, dass es dem Treuhänder zwar freisteht, seine Vergütungsforderung aufgrund einer vertrag- 6

1 *Marsch-Barner* in Kallmeyer, § 71 UmwG Rz. 6; *Simon* in KölnKomm. UmwG, § 71 UmwG Rz. 11; a.A. *Rieger* in Widmann/Mayer, § 71 UmwG Rz. 9.1: das Vertragsverhältnis sei mit dem übertragenden Rechtsträger abzuschließen. Aber § 71 Abs. 1 Satz 1 UmwG spricht nur von der Bestellung. Persönliche Abhängigkeiten des Treuhänders von der übernehmenden AG lassen sich schon deshalb nicht vermeiden, weil auch ein Rechtsverhältnis mit dem übertragenden Rechtsträger mit Eintragung der Verschmelzung auf die übernehmende AG übergeht.

2 Sofern die Anteilsinhaber nicht Vertragspartner sind, handelt es sich dann um einen Vertrag zugunsten Dritter: *Marsch-Barner* in Kallmeyer, § 71 UmwG Rz. 16: im Zweifel liege ein Vertrag zugunsten Dritter vor; *Diekmann* in Semler/Stengel, § 71 UmwG Rz. 18 und *Simon* in KölnKomm. UmwG, § 71 UmwG Rz. 13: Anspruch bestehe aus dem Treuhandverhältnis, aber das hängt von der Vertragsgestaltung ab. Nach *Stratz* in Schmitt/Hörtnagl/Stratz, § 71 UmwG Rz. 3 besteht ein solcher Anspruch kraft Gesetzes immer, da es Aufgabe des Treuhänders sei, die Belange der Aktionäre zu wahren. Aber das allein begründet keinen Anspruch. Zu § 952 BGB unten Rz. 9.

3 *Simon* in KölnKomm. UmwG, § 71 UmwG Rz. 33; *Stratz* in Schmitt/Hörtnagl/Stratz, § 71 UmwG Rz. 5; a.A. *Junker* in Henssler/Strohn, § 71 UmwG Rz. 9; *Marsch-Barner* in Kallmeyer, § 71 UmwG Rz. 14; *Rieger* in Widmann/Mayer, § 71 UmwG Rz. 33.

4 *Rieger* in Widmann/Mayer, § 71 UmwG Rz. 33; *Stratz* in Schmitt/Hörtnagl/Stratz, § 71 UmwG Rz. 5.

5 *Simon* in KölnKomm. UmwG, § 71 UmwG Rz. 32.

lichen Vereinbarung mit den Anteilsinhabern entsprechend der Beteiligungsquote aufzuteilen[1], dies aber vom Gesetz nicht verlangt wird.

IV. Rechtslage bezüglich der auszuhändigenden Aktien und baren Zuzahlungen

1. Rechtsinhaberschaft an den Aktien

a) Aktien, die nicht durch eine Kapitalerhöhung neu geschaffen werden

7 Die für die Anteilsinhaber bereitzustellenden Aktien können sowohl der übernehmenden AG wie auch dem übertragenden Rechtsträger gehören. Diese Aktien sind, sofern sie verbrieft sind, **dem Treuhänder zu übergeben, so dass dieser im Besitz der Aktien ist**. Mittelbarer Besitz reicht aus, sofern sichergestellt ist, dass eine Verfügung ohne Mitwirkung des Treuhänders nicht möglich ist[2]. Einzelurkunden müssen nicht vorgehalten werden. Eine Globalurkunde reicht aus, da auch in diesem Fall sichergestellt ist, dass die Aktionäre ihre Mitgliedschaft erhalten. Ist die **Mitgliedschaft nicht verbrieft**, so ist eine Besitzverschaffung nicht möglich. Gleichwohl entfällt selbst beim Fehlen barer Zuzahlungen nicht die Notwendigkeit zur Bestellung eines Treuhänders[3]. Dieser hat auch bei unverbrieften Mitgliedschaftsrechten, soweit es ihm möglich ist, darauf zu achten, dass diese Beteiligungen für die Anteilsinhaber des übertragenden Rechtsträgers bereitstehen. Insoweit hat er die betroffenen Rechtsträger zu fragen, wie die Abwicklung erfolgen soll. Er hat also etwa zu überprüfen, ob eine ausreichende Anzahl von Aktien (wenn auch unverbrieft) vorhanden ist. Eine Pflicht zur Verbriefung, um so sicherzustellen, dass die Anteilsinhaber Aktionäre der übernehmenden AG wurden, besteht nicht[4]. Die Anteilsinhaber sind durch § 20 Abs. 1 Nr. 3 UmwG hinreichend geschützt.

8 **Eine Übereignung der Aktienurkunden** oder eine Abtretung der unverbrieften Mitgliedschaft[5] **auf den Treuhänder erfolgt nicht**. Dieser wird also nicht Aktionär[6]. Eine Vollstreckung durch die Gläubiger des übertragenden Rechtsträgers oder der übernehmenden AG in die Aktien ist gleichwohl kaum denkbar. Der Treuhänder wird kein zur Herausgabe bereiter Dritter sein (§ 809 ZPO), und ein

---

1 Dies entspricht dem Grundsatz von oben Rz. 5.

2 *Marsch-Barner* in Kallmeyer, § 71 UmwG Rz. 8; ähnlich *Rieger* in Widmann/Mayer, § 71 UmwG Rz. 27; Urkunden dürften nicht bei der Übernehmerin sein.

3 A.A. *Marsch-Barner* in Kallmeyer § 71 UmwG Rz. 8; *Bandehzadeh*, DB 2007, 1514 (1515); *Diekmann* in Semler/Stengel, § 71 UmwG Rz. 14, falls die Aktionäre im Kapitalerhöhungsbeschluss namentlich benannt wurden; *Simon* in KölnKomm. UmwG, § 71 UmwG Rz. 21.

4 *Bandehzadeh*, DB 2007, 1514 (1515); *Rieger* in Widmann/Mayer, § 71 UmwG Rz. 22; *Simon* in KölnKomm. UmwG, § 71 UmwG Rz. 20; a.A. *Diekmann* in Semler/Stengel, § 71 UmwG Rz. 14, falls die Aktionäre nicht im Kapitalerhöhungsbeschluss benannt wurden.

5 Dazu *Hüffer*, § 10 AktG Rz. 2.

6 *Diekmann* in Semler/Stengel, § 71 UmwG Rz. 12; *Marsch-Barner* in Kallmeyer, § 71 UmwG Rz. 15; *Rieger* in Widmann/Mayer, § 71 UmwG Rz. 17; *Simon* in KölnKomm. UmwG, § 71 UmwG Rz. 18; *Stratz* in Schmitt/Hörtnagl/Stratz, § 71 UmwG Rz. 2; es kann aber auch vereinbart werden, dass der Treuhänder Aktionär wird, sofern die Anteilsinhaber durch entsprechende Herausgabeansprüche abgesichert werden.

Herausgabeanspruch der beteiligten Rechtsträger, der nach § 846 ZPO gepfändet werden könnte, besteht – sofern die Verschmelzung nicht scheitert – nicht.

b) Aktien, die durch eine Kapitalerhöhung geschaffen werden

Die Mitgliedschaften, die durch eine Kapitalerhöhung geschaffen werden, stehen mit Eintragung der Verschmelzung den neu hinzugetretenen Aktionären zu. Es entstehen also keine eigenen Aktien der AG[1]. Die Aktienurkunden, die diese Mitgliedschaft verbriefen, können von den Aktionären bei entsprechender Vertragsgestaltung aufgrund des Geschäftsbesorgungsvertrages/Auftrages (oben Rz. 7) von dem Treuhänder herausverlangt werden. § 952 BGB greift noch nicht, da noch nicht feststeht, welche Aktie der Aktionär erhält. Die Urkunden sind **dem Treuhänder zu übergeben**. Da gem. § 191 Satz 1 AktG vor der Eintragung der Durchführung der Kapitalerhöhung die Urkunden nicht ausgegeben werden dürfen, kann die Verschaffung unmittelbaren Besitzes an diesen Urkunden erst nach diesem Zeitpunkt erfolgen[2]. Insofern geht – wie bei jeder Kapitalerhöhung – der Schutz des Verkehrs vor dem Umlauf nicht unterlegter Aktien dem Schutz der Gesellschafter vor. Die Einräumung mittelbaren Besitzes ist demgegenüber möglich und gem. § 71 UmwG zur Vermeidung von Verzögerungen bei der Eintragung der Verschmelzung auch notwendig, wobei die übernehmende AG aufgrund von § 191 AktG unmittelbare Besitzerin ist. Der Treuhänder wird in keinem Fall Aktionär[3]. Für unverbriefte Aktien gelten keine Besonderheiten (oben Rz. 7). 9

2. Bare Zuzahlungen

Auch an den baren Zuzahlung ist dem Treuhänder Besitz zu verschaffen. Mittelbarer Besitz reicht aus, sofern der Zugriff Dritter praktisch ausgeschlossen ist. Eine Übereignung muss nicht erfolgen[4]. Regelmäßig erfolgt eine Überweisung auf ein hierfür geschaffenes Treuhandkonto. Das reicht aus[5]. Nicht erfasst sind bare Zuzahlungen, die in einem Spruchverfahren festgesetzt werden[6]. Dies folgt schon daraus, dass die Verschmelzung dann schon eingetreten ist und daher die von § 71 10

1 *Korte*, WiB 1997, 953 (955); *Rieger* in Widmann/Mayer, § 71 UmwG Rz. 20. Dies gilt auch, wenn die Kapitalerhöhung ausnahmsweise nicht praktisch zeitgleich mit der Verschmelzung, sondern erheblich früher eingetragen werden sollte. Denn wie bei jeder Kapitalerhöhung werden die Zeichner (also hier die Anteilseigner) und nicht die AG Aktionäre; s. auch § 69 Rz. 20.

2 A.A. die h.M.: *Diekmann* in Semler/Stengel, § 71 UmwG Rz. 23; *Marsch-Barner* in Kallmeyer, § 71 UmwG Rz. 15; *Rieger* in Widmann/Mayer, § 71 UmwG Rz. 20: in der Übergabe an den Treuhänder liege keine Ausgabe. Aber es entspricht allgemeiner Meinung zu § 191 AktG, dass jedes In-den-Verkehr-Gelangen erfasst ist, beispielsweise auch die Aushändigung an Depotbanken: *Hüffer*, § 191 AktG Rz. 3.

3 *Diekmann* in Semler/Stengel, § 71 UmwG Rz. 23; *Rieger* in Widmann/Mayer, § 71 UmwG Rz. 20; *Stratz* in Schmitt/Hörtnagl/Stratz, § 71 UmwG Rz. 2.

4 Nach *Rieger* in Widmann/Mayer, § 71 UmwG Rz. 16 erfolgt keine Übereignung. Möglich und zulässig ist dies aber durchaus.

5 *Marsch-Barner* in Kallmeyer, § 71 UmwG Rz. 9; *Rieger* in Widmann/Mayer, § 71 UmwG Rz. 15.

6 *Diekmann* in Semler/Stengel, § 71 UmwG Rz. 16; *Marsch-Barner* in Kallmeyer, § 71 UmwG Rz. 11; a.A. *Rieger* in Widmann/Mayer, § 71 UmwG Rz. 15.

Abs. 1 Satz 2 UmwG vorgesehene Vorgehensweise gar nicht eingehalten werden kann[1]. Andere Rechtsfolgen sieht die Norm aber nicht vor.

V. Abwicklung des Umtauschs

11 Der Treuhänder erhält die Anteile an dem übertragenden Rechtsträger und tauscht sie gegen die Aktien und die baren Zuzahlungen ein. Die Anteilsinhaber können die Legitimation zum Erwerb der Aktien auf beliebige Art und Weise nachweisen. Beim Umtausch kann der Treuhänder Hilfspersonen (etwa eine Bank) einschalten[2]. Bei Girosammelverwahrung werden die Aktien schlicht eingebucht[3]. Meldet sich ein empfangsberechtigter Aktionär nicht, besteht die Möglichkeit, die Aktien und die baren Zuzahlungen zu hinterlegen[4]. Die Kosten trägt der unbekannte Aktionäre (§§ 677, 683 Satz 1, 670 BGB).

VI. Eintragung der Verschmelzung

12 Die Verschmelzung wird **erst eingetragen, wenn der Treuhänder den Empfang der Aktien und der baren Zuzahlungen dem Gericht angezeigt hat**. Bei unverbrieften Aktien zeigt er an, dass dem Erhalt der Aktien durch die neuen Anteilsinhaber nichts im Wege steht. Zu der Anzeige ist er aufgrund des Geschäftsbesorgungsvertrages (oben Rz. 5) verpflichtet[5]. Eine besondere Form ist für diese Anzeige nicht erforderlich[6]. Es muss aber deutlich werden, wie viele Aktien welcher Art der Treuhänder erhalten hat und wie hoch die bereit stehenden baren Zuzahlungen sind[7]. Sofern die Verschmelzung entgegen § 71 Abs. 1 Satz 2 UmwG eingetragen wird, hat dies keine Auswirkungen auf ihre Wirksamkeit (§ 20 Rz. 76ff.). Die Anzeige erfolgt an das Gericht am Sitz der übernehmenden AG, da diese Eintragung für das Wirksamwerden der Verschmelzung maßgeblich ist (§ 20 Abs. 1 UmwG)[8].

§ 72
Umtausch von Aktien

(1) Für den Umtausch der Aktien einer übertragenden Gesellschaft gilt § 73 Abs. 1 und 2 des Aktiengesetzes, bei Zusammenlegung von Aktien dieser Gesellschaft

1 So auch unter Hinweis auf den Wortlaut *Rieger* in Widmann/Mayer, § 71 UmwG Rz. 28.
2 *Junker* in Henssler/Strohn, § 71 UmwG Rz. 8.
3 *Junker* in Henssler/Strohn, § 71 UmwG Rz. 7.
4 *Diekmann* in Semler/Stengel, § 72 UmwG Rz. 8; *Junker* in Henssler/Strohn, § 72 UmwG Rz. 4; *Marsch-Barner* in Kallmeyer, § 71 UmwG Rz. 11; *Simon* in KölnKomm. UmwG, § 71 UmwG Rz. 29.
5 Nach *Stratz* in Schmitt/Hörtnagl/Stratz, § 71 UmwG Rz. 4, schuldet er dies auch aus der rechtlichen Stellung eines Treuhänders.
6 *Simon* in KölnKomm. UmwG, § 71 UmwG Rz. 25; a.A. *Diekmann* in Semler/Stengel, § 71 UmwG Rz. 17; *Marsch-Barner* in Kallmeyer, § 71 UmwG Rz. 11, anders Rz. 7; aber Formerfordernisse müssen wegen der drastischen Rechtsfolgen (§ 125 BGB) klar angeordnet sein.
7 *Marsch-Barner* in Kallmeyer, § 71 UmwG Rz. 7.
8 *Diekmann* in Semler/Stengel, § 71 UmwG Rz. 16; *Marsch-Barner* in Kallmeyer, § 71 UmwG Rz. 11; *Simon* in KölnKomm. UmwG, § 71 UmwG Rz. 26.

§ 226 Abs. 1 und 2 des Aktiengesetzes über die Kraftloserklärung von Aktien entsprechend. Einer Genehmigung des Gerichts bedarf es nicht.

(2) Ist der übernehmende Rechtsträger ebenfalls eine Aktiengesellschaft, so gelten ferner § 73 Abs. 3 des Aktiengesetzes sowie bei Zusammenlegung von Aktien § 73 Abs. 4 und § 226 Abs. 3 des Aktiengesetzes entsprechend.

Literatur

Jochen Vetter, Zum Ausgleich von Spitzenbeträgen bei der Abfindung in Aktien, AG 1997, 6.

I. Inhalt der Norm

1 § 72 UmwG betrifft Fälle, in denen Aktien für kraftlos erklärt werden. Dies kann entweder geschehen, weil die Aktien nicht eingereicht wurden oder weil die Stückelung der Aktien mit dem Umtauschverhältnis nicht kompatibel ist.

II. Umtausch der Aktien einer übertragenden AG

2 Sofern der übertragende Rechtsträger eine AG ist, hat der Umtausch der Aktien in die Mitgliedschaften des übernehmenden Rechtsträgers auf bestimmte Art und Weise zu erfolgen. Nach § 72 Abs. 1 Satz 1 UmwG ist § 73 Abs. 1, Abs. 2 AktG anzuwenden. Danach hat der übernehmende Rechtsträger[1] die Gesellschafter der übertragenden AG aufzufordern, die Aktien bei dem übernehmenden Rechtsträger zum Umtausch einzureichen. Die Bestellung eines Treuhänders ist – sofern der übernehmende Rechtsträger selbst keine AG ist (dazu unten Rz. 6) – nicht erforderlich[2]. **Die nicht eingereichten Aktien müssen[3] für kraftlos erklärt werden** (§ 73

1 Da der Umtausch der Aktien erst nach Eintragung der Verschmelzung erfolgt, muss der übernehmende Rechtsträger den Umtausch abwickeln. *Junker* in Henssler/Strohn, § 72 UmwG Rz. 3; *Rieger* in Widmann/Mayer, § 72 UmwG Rz. 6; *Stratz* in Schmitt/Hörtnagl/Stratz, § 72 UmwG Rz. 4.

2 *Diekmann* in Semler/Stengel, § 72 UmwG Rz. 17; *Rieger* in Widmann/Mayer, § 72 UmwG Rz. 9.

3 Der Rechtsträger hat insofern kein Ermessen, da die Aktien nicht weiter umlaufen dürfen: *Junker* in Henssler/Strohn, § 72 UmwG Rz. 3; *Stratz* in Schmitt/Hörtnagl/Stratz, § 72 UmwG Rz. 4.

Abs. 1, Abs. 2 AktG). Hierauf muss in der Aufforderung hingewiesen werden (§ 73 Abs. 2 Satz 1 AktG). Für die Kraftloserklärung selbst sind weitere Voraussetzungen zu beachten (§ 73 Abs. 2 Satz 2–4 AktG). Eine Genehmigung des Gerichts ist entgegen § 73 AktG nicht erforderlich (§ 72 Abs. 1 Satz 2 UmwG).

3 Die Kraftloserklärung hat **aber keinen Rechtsverlust** zur Folge. Vielmehr ist der Aktionär aufgrund von § 20 Abs. 1 Nr. 3 UmwG Anteilsinhaber des übernehmenden Rechtsträgers geworden[1]. Die eingereichten Aktien werden dem übernehmenden Rechtsträger übergeben, der sie in Anteile an sich und gegebenenfalls bare Zuzahlungen umtauscht und dann vernichtet. Da Anteile an dem übernehmenden Rechtsträger meist nicht verbrieft sind, ist ein Umtausch im eigentlichen Sinn des Wortes im Regelfall nicht möglich. Es erfolgt nur die meist schon im Verschmelzungsvertrag niedergelegte Feststellung, welche Beteiligung in welcher Höhe an die Stelle der Aktie tritt[2]. Ist der übernehmende Rechtsträger ebenfalls eine AG, so erfolgt die Übergabe der Aktien an den Treuhänder (s. unten Rz. 6).

III. Zusammenlegung von Aktien einer übertragenden AG

4 Unter Umständen werden bei der Abwicklung der Verschmelzung Aktien zusammengelegt. Dies ist dann der Fall, wenn nicht jeder Aktionär einen Anteil an dem übernehmenden Rechtsträger erhält, und auch dann, wenn für den Erwerber eines Anteils an dem übernehmenden Rechtsträger mehrere Aktien notwendig sind und die Aktionäre nicht entsprechend quotal beteiligt sind (z.B. drei Aktien sind erforderlich, Aktionär A hat fünf Aktien. Bezüglich der zwei nicht umtauschbaren Aktien erfolgt eine Zusammenlegung. A kann dem durch Zukauf einer Aktie entgehen, er kann aber auch mit einem anderen Aktionär zusammen eine Gesellschaft gründen, die die Aktien der Gesellschafter hält und daher die erforderliche Beteiligungsquote aufweist). Die **Zusammenlegung durch Kraftloserklärung ist nicht erforderlich**, wenn die Aktionäre die Aktien einreichen und bestimmen, dass die Aktien dem übernehmenden Rechtsträger[3] zur Verwertung zur Verfügung gestellt werden (§ 226 Abs. 1 AktG)[4]. Gleiches gilt, wenn die Aktien auf den übernehmenden Rechtsträger gegen Erhalt einer im Verschmelzungsvertrag vorgesehenen Gegenleistung (bare Zuzahlung) übertragen werden. Ansonsten muss (oben Rz. 2) das Verfahren nach § 226 Abs. 2 AktG von dem übernehmenden Rechtsträger durchgeführt werden.

5 Die Kraftloserklärung **hat nicht zur Folge, dass die Aktionäre ohne Gegenleistung für ihre Aktien bleiben**. Vielmehr ist die im Verschmelzungsvertrag niedergelegte Gegenleistung nach wie vor geschuldet[5]. Sofern eine solche nicht vorgesehen ist, erfolgt eine Verwertung der zusammengelegten Aktien zugunsten der Aktionäre[6].

---

1 *Diekmann* in Semler/Stengel, § 72 UmwG Rz. 5; *Junker* in Henssler/Strohn, § 72 UmwG Rz. 3; *Rieger* in Widmann/Mayer, § 72 UmwG Rz. 20.
2 *Marsch-Barner* in Kallmeyer, § 72 UmwG Rz. 6; *Stratz* in Schmitt/Hörtnagl/Stratz, § 72 UmwG Rz. 3.
3 Dazu, dass dieser und nicht die übertragende AG Normadressat ist, oben Rz. 2; *Diekmann* in Semler/Stengel, § 72 UmwG Rz. 12; *Rieger* in Widmann/Mayer, § 72 UmwG Rz. 25.
4 *Diekmann* in Semler/Stengel, § 72 UmwG Rz. 11; *Marsch-Barner* in Kallmeyer, § 72 UmwG Rz. 3.
5 *Simon* in KölnKomm. UmwG, § 72 UmwG Rz. 15.
6 *J. Vetter*, AG 1997, 6 (9).

IV. Sonderregeln für die Verschmelzung einer AG auf eine AG

1. Umtausch der Aktien

6 Bei der Verschmelzung einer AG auf eine AG gilt nach § 72 Abs. 2 UmwG nicht nur § 73 Abs. 1, Abs. 2 AktG, sondern auch § 73 Abs. 3 AktG. Da gem. § 71 UmwG in diesem Fall ein **Treuhänder bestellt wird** und dieser im Besitz der Aktienurkunden ist, wickelt dieser den Umtausch ab (§ 71 Rz. 11). Er erhält von der übertragenden AG oder auch direkt von den Aktionären die umzutauschenden Aktien und händigt die neuen Aktien sowie die baren Zuzahlungen aus[1]. Die Aktien der übertragenden AG reicht er an die übernehmende AG weiter, die sie dann vernichtet[2] (s. § 71 Rz. 11).

2. Zusammenlegung von Aktien

7 Bei der Verschmelzung einer AG auf eine AG ist gem. § 71 UmwG ein Treuhänder zu bestellen. Dieser nimmt die Aktien der Aktionäre der übertragenden AG entgegen[3] und reicht sie nach Eintragung der Verschmelzung zur Verwertung der an ihre Stelle getretenen Aktien der übernehmenden AG weiter an die übernehmende AG als Gesamtrechtsnachfolgerin der übertragenden AG. Diese verwertet die Aktien, da die Verwertung nicht mehr zu dem dem Treuhänder zugewiesenen „Umtauschvorgang" gehört[4]. Die Gesellschaft kann sich aber des Treuhänders zur Durchführung der Verwertung bedienen. Bei der Verschmelzung einer AG auf eine AG gilt nach § 72 Abs. 2 UmwG bei der Zusammenlegung von Aktien auch § 226 Abs. 3 AktG. Die Verwertung zugunsten der Aktionäre hat also auf eine besondere Art und Weise zu erfolgen[5].

V. Übertragung der Mitgliedschaft bei der Verschmelzung auf eine AG nach Eintragung der Verschmelzung, aber vor Ausgabe der Aktien

8 Mit Eintragung der Verschmelzung sind die Anteilsinhaber des übertragenden Rechtsträgers Aktionäre der übernehmenden AG geworden (§ 20 Abs. 1 Nr. 3 UmwG). Allerdings ist diese Mitgliedschaft vor Erhalt der Aktienurkunden noch nicht verbrieft. Gleichwohl ist sie bereits nach §§ 398, 413 BGB übertragbar[6]. Das Eigentum an den neuen Aktienurkunden geht nach § 952 BGB automatisch auf den Erwerber über[7].

VI. Übertragung der Mitgliedschaft bei einer Verschmelzung unter Beteiligung einer AG als übertragender Rechtsträger nach Eintragung der Verschmelzung

9 Nach Eintragung der Verschmelzung besteht die neue Mitgliedschaft (§ 20 Abs. 1 Nr. 3 UmwG). Diese kann im Regelfall auch bereits übertragen werden. Die alten

---

1 *Marsch-Barner* in Kallmeyer, § 72 UmwG Rz. 4; *Rieger* in Widmann/Mayer, § 72 UmwG Rz. 8; *Stratz* in Schmitt/Hörtnagl/Stratz, § 72 UmwG Rz. 8.
2 *Simon* in KölnKomm. UmwG, § 72 UmwG Rz. 22f.
3 *Diekmann* in Semler/Stengel, § 72 UmwG Rz. 12.
4 *Simon* in KölnKomm. UmwG, § 72 UmwG Rz. 23.
5 *Diekmann* in Semler/Stengel, § 72 UmwG Rz. 14; *J. Vetter*, AG 1997, 6 (9).
6 *Diekmann* in Semler/Stengel, § 72 UmwG Rz. 16.
7 *Diekmann* in Semler/Stengel, § 72 UmwG Rz. 16.

Aktienurkunden verbriefen diese Mitgliedschaft aber nicht. Allerdings wird meist in der Übertragung der Aktie die konkludente Übertragung der neuen Mitgliedschaft liegen[1]. Doch sind damit eventuelle Formerfordernisse nicht gewahrt (§ 15 Abs. 3 GmbHG). Die Kraftloserklärung der Aktien (oben Rz. 2, 3) hat gerade auch den Sinn, den Geschäftsverkehr davor zu schützen, dass Aktienurkunden übertragen werden, die keine Mitgliedschaft in einer AG verkörpern. S. zu der Verpflichtung zur Kraftloserklärung oben Rz. 2.

VII. Folgen eines Verstoßes gegen die Norm

10 Wird anders als in § 72 UmwG vorgesehen verfahren, so hat dies keine Auswirkungen auf die Wirksamkeit der Verschmelzung (§ 20 Rz. 76ff.)[2]. Möglich sind Schadensersatzansprüche. Diese können gerade auch gegen den Treuhänder gerichtet sein. Der Geschäftsbesorgungsvertrag/Auftrag zwischen dem Treuhänder und dem Rechtsträger (§ 71 Rz. 5) ist insoweit ein Vertrag zugunsten Dritter, nämlich der Anteilsinhaber[3].

Zweiter Unterabschnitt Verschmelzung durch Neugründung

§ 73
Anzuwendende Vorschriften

Auf die Verschmelzung durch Neugründung sind die Vorschriften des Ersten Unterabschnitts mit Ausnahme der §§ 66, 67, 68 Abs. 1 und 2 und des § 69 entsprechend anzuwenden.

1 A.A. (Übertragung richte sich bis zur Kraftloserklärung zumindest auch nach Aktienrecht) *Stratz* in Schmitt/Hörtnagl/Stratz, § 72 UmwG Rz. 5; dem zu Recht widersprechend *Diekmann* in Semler/Stengel, § 72 UmwG Rz. 17; *Marsch-Barner* in Kallmeyer, § 72 UmwG Rz. 6; s. auch BGH v. 2.7.1956 – II ZR 124/55, BGHZ 21, 175 (178) (Umwandlung einer AG in eine GmbH).

2 *Diekmann* in Semler/Stengel, § 72 UmwG Rz. 18; *Junker* in Henssler/Strohn, § 72 UmwG Rz. 7; *Marsch-Barner* in Kallmeyer, § 72 UmwG Rz. 7.

3 *Diekmann* in Semler/Stengel, § 72 UmwG Rz. 18; *Simon* in KölnKomm. UmwG, § 72 UmwG Rz. 24.

I. Inhalt der Norm

§ 73 UmwG ergänzt die allgemeinen Regeln für die Verschmelzung durch Neugründung (§§ 36ff. UmwG) für den Fall, dass eine AG an der Verschmelzung – sei es als übertragender oder als neu gegründeter Rechtsträger – beteiligt ist. Die Norm verweist auf die Regeln der Verschmelzung zur Aufnahme, wobei die klar nicht passenden Bestimmungen im Einzelnen genannt und von der Verweisung ausgenommen werden. Da die Verschmelzung durch Neugründung weitgehend dieselben Fragestellungen aufwirft wie die Verschmelzung durch Aufnahme, ist diese Verweisungstechnik auch sachgerecht. 1

Die Verweisung beruht auf Art. 4, 13 der 3. Richtlinie[1]. 2

II. Ablauf einer Verschmelzung durch Neugründung einer AG

Zum allgemeinen Ablauf einer Verschmelzung durch Neugründung s. § 36 Rz. 2. 3

Die Verschmelzung durch Neugründung einer AG bringt insofern Modifikationen dieser allgemeinen Regelung mit sich, als das **Gründungsrecht der AG** zu beachten ist (§ 36 Abs. 2 Satz 1 UmwG). Die Verschmelzung beginnt mit dem Abschluss des Verschmelzungsvertrages (§ 37 UmwG) und der Abfassung des Verschmelzungsberichts. Der Verschmelzungsvertrag wird durch Verschmelzungsprüfer geprüft. Die Satzung der neu zu gründenden AG ist Bestandteil des Vertrages (§ 37 Rz. 5, zum Inhalt § 74 UmwG). Mit Fassung der Zustimmungsbeschlüsse der Anteilsinhaber der sich verschmelzenden Rechtsträger wird sowohl die Satzung wie auch der Verschmelzungsvertrag wirksam (§ 76 Abs. 2 Satz 1 UmwG). Die AG ist dann errichtet (§ 29 AktG). Gründer sind die sich verschmelzenden Rechtsträger (§ 36 Abs. 2 Satz 2 UmwG) (dazu § 74 Rz. 3). Sie trifft also auch eine eventuelle Gründerhaftung (§ 74 Rz. 5). Doch erlöschen diese Ansprüche regelmäßig durch Konfusion (Ausnahmen § 25 Rz. 26f.). Daneben tritt gegebenenfalls die Handelndenhaftung des § 41 AktG. Für die Anmeldung der neu gegründeten AG gilt § 36 AktG. Es muss aber nicht erklärt werden, dass die geleisteten Einlagen zur freien Verfügung stehen (§ 37 Abs. 1 AktG), da das Vermögen der Rechtsträger durch Gesamtrechtsnachfolge übergeht[2]. Zur Unterpari-Emmission § 74 Rz. 4; zu Gründungsbericht und Gründungsprüfung § 75. 4

Die **Mitglieder des Aufsichtsrates** werden, soweit § 31 AktG für sie gilt, ebenfalls mit Fassung der Zustimmungsbeschlüsse bestellt (§ 76 Abs. 2 Satz 2 UmwG). Der Aufsichtsrat bestellt sodann den Vorstand (§ 30 Abs. 4 AktG). Der erste **Abschlussprüfer** wird, sofern erforderlich (§ 316 HGB i.V.m. § 267 Abs. 1 HGB), von den Gründern – also von den sich verschmelzenden Rechtsträgern – ohne Zustimmung der Anteilsinhaber der sich verschmelzenden Rechtsträger bestellt (§ 30 Abs. 1 AktG). Die Gründer haben einen schriftlichen Gründungsbericht zu erstatten (Ausnahme § 75 Abs. 2 UmwG). Außerdem erfolgt eine Gründungsprüfung (Ausnahme § 75 Abs. 2 UmwG). Die Gründung wird mit der Eintragung der AG abgeschlossen. 5

---

1 ABl. EG Nr. L 295/36 v. 20.10.1978, s. Anh. III, S. 3451ff.

2 *Zimmermann* in Kallmeyer, § 38 UmwG Rz. 10.

III. Anwendbarkeit der Vorschriften über die Verschmelzung durch Aufnahme

6 § 73 UmwG verweist auf die Vorschriften über die Verschmelzung durch Aufnahme. Der Verweis gilt auch dann, wenn der neu zu gründende Rechtsträger keine AG ist, wohl aber ein sich verschmelzender Rechtsträger diese Rechtsform hat (oben Rz. 1).

1. Verschmelzungsvertrag, Verschmelzungsbericht, Verschmelzungsprüfung

7 Ist der neu zu gründende Rechtsträger eine AG oder KGaA, so ist § 68 Abs. 3 UmwG zu beachten. Die 10 %-Grenze gilt für die Zuzahlungen, die an die Aktionäre jedes beteiligten Rechtsträgers geleistet werden[1]. Damit wird sichergestellt, dass die Anteilsinhaber jedes Rechtsträgers im Wesentlichen **Aktien und nicht Geld** erhalten[2]. Es reicht also nicht aus, dass insgesamt die 10 %-Grenze eingehalten wird, da sonst die Anteilsinhaber eines der übertragenden Rechtsträger doch im Wesentlichen mit Geld abgefunden werden könnten[3]. Ebenfalls anwendbar ist § 68 Abs. 1 Satz 1 Nr. 2 UmwG (übertragende AG hält eigene Anteile)[4] und § 54 Abs. 1 Satz 1 Nr. 2 UmwG (übertragende GmbH hält eigene Anteile).

8 Für die **Verschmelzungsprüfung** gilt, sofern der sich verschmelzende Rechtsträger eine AG ist, das zu § 60 Ausgeführte. Die dort in Bezug genommene Ausnahme von der Prüfung der Verschmelzung für den Fall, dass alle Anteile des übertragenden Rechtsträgers in der Hand des übernehmenden Rechtsträgers liegen (§ 9 Abs. 3 UmwG), gilt für die Verschmelzung durch Neugründung naturgemäß nicht. Da der neu zu gründende Rechtsträger noch nicht besteht, kann er auch keine Anteile halten. Ein Verzicht auf die Verschmelzungsprüfung ist möglich, und zwar auch wenn die Verschmelzung einer AG auf eine AG erfolgt (§ 60 Rz. 2).

2. Bekanntmachung des Verschmelzungsvertrages

9 § 61 UmwG gilt entsprechend. Die Verweisung greift aber nur, wenn eine Aktiengesellschaft als sich verschmelzender Rechtsträger beteiligt ist, da nur in diesem Fall eine Hauptversammlung besteht, die über die Verschmelzung beschließen soll[5]. Welche Rechtsform der neue Rechtsträger hat, ist gleichgültig.

---

1 A.A. wohl *Diekmann* in Semler/Stengel, § 73 UmwG Rz. 8; *Marsch-Barner* in Kallmeyer, § 73 UmwG Rz. 3; *Simon* in KölnKomm. UmwG, § 73 UmwG Rz. 6.

2 Ist der neue Rechtsträger eine GmbH, so gelten §§ 56, 54 Abs. 3 UmwG; ähnlich *Diekmann* in Semler/Stengel, § 73 UmwG Rz. 8 und *Marsch-Barner* in Kallmeyer, § 73 UmwG Rz. 3, der auch für die GmbH § 68 Abs. 3 UmwG anwenden will.

3 S. § 54 Rz. 127.

4 *Diekmann* in Semler/Stengel, § 73 UmwG Rz. 8; *Marsch-Barner* in Kallmeyer, § 73 UmwG Rz. 3; im Ergebnis auch *Simon* in KölnKomm. UmwG, § 73 UmwG Rz. 5, der zu Recht darauf hinweist, dass dieses Ergebnis auch aus § 20 Abs. 1 Nr. 3 Satz 1 UmwG folgt.

5 *Diekmann* in Semler/Stengel, § 73 UmwG Rz. 4; *Simon* in KölnKomm. UmwG, § 73 UmwG Rz. 10.

3. Fassung des Zustimmungsbeschlusses

Da der neu zu gründende Rechtsträger noch nicht besteht, kann er auch noch keine Anteile an den sich verschmelzenden Rechtsträgern halten. Daher ist **§ 62 UmwG nicht anwendbar**, obwohl die Norm der Verweisung nicht ausgenommen ist[1]. 10

Ein Zustimmungsbeschluss ist nur in der Versammlung der Anteilsinhaber der sich verschmelzenden Rechtsträger zu fassen. Daher gilt die Verweisung auf §§ 63–65 UmwG nur, wenn der sich verschmelzende Rechtsträger eine AG ist[2]. Denn nur in diesem Fall wird, wie es die genannten Normen verlangen, in einer Hauptversammlung über die Zustimmung zu einem Verschmelzungsvertrag ein Beschluss gefasst. 11

4. Geltendmachung von Schadensersatzansprüchen

S. § 36 Rz. 12. Darüber hinaus kommt § 70 UmwG zur Anwendung, wenn der übertragende Rechtsträger eine AG ist. 12

5. Bestellung eines Treuhänders, Umtausch von Aktien

Ist der neu zu gründende Rechtsträger eine AG, so muss nach den Regeln von § 71 UmwG ein Treuhänder bestellt werden. Da § 41 Abs. 4 AktG bestimmt, dass vor der Eintragung der AG Aktien nicht ausgegeben werden dürfen, kann dem Treuhänder kein unmittelbarer, und, da der neue Rechtsträger noch nicht besteht, auch kein mittelbarer Besitz verschafft werden[3]. Vielmehr verbleiben die Urkunden bei den Gründern. Ist der übertragende Rechtsträger eine AG, so findet § 72 UmwG Anwendung. 13

§ 74
Inhalt der Satzung

In die Satzung sind Festsetzungen über Sondervorteile, Gründungsaufwand, Sacheinlagen und Sachübernahmen, die in den Gesellschaftsverträgen, Partnerschaftsverträgen oder Satzungen übertragender Rechtsträger enthalten waren, zu übernehmen. § 26 Abs. 4 und 5 des Aktiengesetzes bleibt unberührt.

---

1 *Diekmann* in Semler/Stengel, § 73 UmwG Rz. 5; *Marsch-Barner* in Kallmeyer, § 73 UmwG Rz. 2; *Rieger* in Widmann/Mayer, § 73 UmwG Rz. 5; *Simon* in KölnKomm. UmwG, § 73 UmwG Rz. 8. Richtig dagegen § 353 Abs. 1 Satz 1 AktG a.F., wo auf § 352b AktG nicht verwiesen wurde. Der Fehler dürfte auf der Einfügung von § 62 UmwG durch den RefE beruhen. Man vergaß wohl, die neue Bestimmung von der Verweisung auszunehmen.

2 *Diekmann* in Semler/Stengel, § 73 UmwG Rz. 6; *Marsch-Barner* in Kallmeyer, § 73 UmwG Rz. 2.

3 Nach *Diekmann* in Semler/Stengel, § 73 UmwG Rz. 9 und *Marsch-Barner* in Kallmeyer, § 73 UmwG Rz. 5, *Simon* in KölnKomm. UmwG, § 73 UmwG Rz. 9 genügen Absichtserklärungen.

Literatur

Ihrig, Gläubigerschutz durch Kapitalaufbringung bei Verschmelzung und Spaltung nach neuem Umwandlungsrecht, GmbHR 1995, 622; *Kallmeyer*, Differenzhaftung bei Verschmelzung mit Kapitalerhöhung oder Verschmelzung im Wege der Neugründung, GmbHR 2007, 1121; *Petersen*, Der Gläubigerschutz im Umwandlungsrecht, 2001; *Sandberger*, Differenzhaftung, Unterbilanzhaftung und Gründerhaftung bei Umwandlungsvorgängen, in FS Westermann, 2008, S. 1401; *Trölitzsch*, Differenzhaftung für Sacheinlagen in Kapitalgesellschaften, 1998; *Wälzholz*, Aktuelle Probleme der Unterbilanz- und Differenzhaftung bei Umwandlungsvorgängen, AG 2006, 469.

I. Inhalt der Norm

1 § 74 UmwG betrifft den Fall, dass der durch die Verschmelzung zur Aufnahme neu entstehende Rechtsträger eine AG ist, und ordnet an, dass die Satzung dieser AG einen bestimmten Inhalt haben muss.

II. Die Satzung der neu zu gründenden AG

1. Festlegung der Satzung

2 Bei der Verschmelzung durch Neugründung wird eine neue Aktiengesellschaft gegründet[1]. Demgemäß muss festgelegt werden, welche Satzung für diese Gesellschaft gelten soll. Der Satzungsinhalt wird als Bestandteil des Verschmelzungsvertrags von den Organen der sich verschmelzenden Rechtsträger festgelegt (§ 37 Rz. 5). Die Satzung wird mit Fassung des Verschmelzungsbeschlusses in den Anteilsinhaberversammlungen der übertragenden Rechtsträger wirksam (§ 76 Abs. 2 Satz 1 UmwG). Zur Form der Satzung § 37 Rz. 5.

2. Satzungsinhalt

3 Der Inhalt der Satzung richtet sich wie stets nach **§ 23 Abs. 2–5 AktG**. Dabei sind Gründer die sich verschmelzenden Rechtsträger (§ 36 Abs. 2 Satz 2 UmwG). In der Satzung wird also etwa bei Nennbetragsaktien der Nennbetrag, bei Stückaktien die Stückzahl und gegebenenfalls die Gattung der Aktien genannt, die insgesamt auf die Anteilsinhaber des jeweiligen Rechtsträgers entfallen (§ 23 Abs. 2 Nr. 2 AktG: Die Angabe des Ausgabebetrags entfällt, da ein solcher nicht bestimmt wird)[2]. Aus dem Verschmelzungsvertrag ergibt sich dann die Aufteilung auf die einzelnen Anteilsinhaber.

1 § 74 UmwG betrifft nur den Fall, dass der neu gegründete Rechtsträger eine AG ist.
2 *Diekmann* in Semler/Stengel, § 74 UmwG Rz. 4.

4 Bei der Bestimmung der **Höhe des Grundkapitals** muss beachtet werden, dass es auf keinen Fall zu einer Unter-pari-Emission kommen darf[1]. Der geringste Ausgabebetrag der Aktien, die an die Anteilsinhaber jedes sich verschmelzenden Rechtsträgers ausgegeben werden, darf also nicht höher sein als der Wert des Vermögens dieses übertragenden Rechtsträgers. Dabei ist zu bedenken, dass bare Zuzahlungen und aufgrund von §§ 29ff. UmwG geschuldete Abfindungen[2] diesen Wert verringern[3]. Es reicht nicht aus, dass das Grundkapital der neu zu gründenden AG durch die von allen übertragenden Rechtsträgern eingebrachten Vermögenswerte unterlegt ist[4]. Denn im Rahmen einer Gründung wird eine überbewertete Sacheinlage durch die Unterbewertung einer anderen Sacheinlage ausgeglichen. Etwas anderes gilt allerdings, wenn es sich um einen einheitlichen Vorgang handelt. Dann gilt das zur Kapitalerhöhung Ausgeführte (§ 69 Rz. 14) entsprechend[5]. Dagegen hindert die Unterbilanz eines übertragenden Rechtsträgers nicht automatisch die Verschmelzung. Vielmehr muss der geringste Ausgabebetrag der zu gewährenden Aktien nur wertgerecht berechnet werden. Selbstverständlich kann durch Zahlungen an den übertragenden Rechtsträger dessen Vermögen erhöht und so eine Unterdeckung vermieden werden[6]. Ist das Grundkapital wertmäßig nicht unterlegt, trägt der Registerrichter wegen eines Verstoßes gegen § 9 Abs. 1 AktG die neu zu gründende Aktiengesellschaft nicht ein[7]. Die Verschmelzungswirkungen treten nicht ein (§ 36 Rz. 10). Die Verschmelzungsbeschlüsse der Anteilseigner der beteiligten Rechtsträger sind nichtig, da sie gegen gläubigerschützende Normen verstoßen. Wird die Verschmelzung gleichwohl eingetragen, **so bleibt sie wirksam** (§ 20 Rz. 76ff.).

5 Gründer der neuen AG sind die sich verschmelzenden Rechtsträger (§ 36 Abs. 2 Satz 2 UmwG). Sie trifft daher auch eine eventuelle **Gründerhaftung**. Die Aktionäre der neu gegründeten AG erwerben ihre Aktien mit Eintragung der Verschmelzung. Daher könnte man der Ansicht sein, dass die Gründerhaftung mit diesem Erwerb pro rata der Beteiligungshöhe auf die Aktionäre übergeht[8]. Dem ist

1 *Diekmann* in Semler/Stengel, § 74 UmwG Rz. 4; *Wardenbach* in Henssler/Strohn, § 74 UmwG Rz. 1.

2 *Diekmann* in Semler/Stengel, § 74 UmwG Rz. 4; *Marsch-Barner* in Kallmeyer, § 74 UmwG Rz. 1. Die genaue Höhe der geschuldeten Abfindungen wird eventuell noch nicht feststehen. Sie muss dann – wie die Höhe anderer noch nicht bezifferbarer Verbindlichkeiten, die den neuen Rechtsträger treffen – geschätzt werden. Zu einer wohl zu extrem vorsichtigen Schätzung neigt *Ihrig*, GmbHR 1995, 622 (623), der praktisch den höchsten denkbaren Wert zugrunde legt.

3 *Diekmann* in Semler/Stengel, § 74 UmwG Rz. 4; *Ihrig*, GmbHR 1995, 622 (630); *Petersen*, S. 164 Fn. 924.

4 *Diekmann* in Semler/Stengel, § 74 UmwG Rz. 4; *Rieger* in Widmann/Mayer, § 74 UmwG Rz. 163; a.A. *Schilling/Zutt* in Hachenburg[7], § 32 VerschmG Rz. 10.

5 Ähnl. *Stratz* in Schmitt/Hörtnagl/Stratz, § 73 UmwG Rz. 8.

6 Nach *Diekmann* in Semler/Stengel, § 73 UmwG Rz. 7; *Marsch-Barner* in Kallmeyer, § 74 UmwG Rz. 1 und *Stratz* in Schmitt/Hörtnagl/Stratz, § 73 UmwG Rz. 8 können ergänzende Bareinlagen geleistet werden.

7 *Diekmann* in Semler/Stengel, § 74 UmwG Rz. 4; *Sandberger* in FS Westermann, S. 1401 (1411); *Ihrig*, GmbHR 1995, 622 (626ff.); auch § 75 Rz. 4; maßgeblich ist der Zeitpunkt der Eintragung, s. *Ihrig*, GmbHR 1995, 622 (626ff.).

8 So *Ihrig*, GmbHR 1995, 622 (634ff.); *Sandberger* in FS Westermann, S. 1401 (1411); *Trölitzsch*, S. 340; *Wälzholz*, AG 2006, 469ff.; in der Tendenz auch *Kallmeyer*, GmbHR 2007, 1121 (1123); zur Differenzhaftung im Falle einer Kapitalerhöhung § 69 Rz. 28.

aber nicht so[1]. Denn mit Eintragung der Verschmelzung erlischt die Gründerhaftung der übertragenden Rechtsträger durch Konfusion (s. § 73 Rz. 4). Auf die Aktionäre geht daher auch keine Verbindlichkeit über. Hinzu kommt, dass eine Inanspruchnahme aller – also auch der überstimmten Aktionäre auf die fehlende Summe nicht sachgerecht wäre. Denn die Gesellschafter haben – anders als normale Gründer – keinerlei Einfluss auf die Wertbemessung des Vermögens ihres Rechtsträgers. Daher besteht üblicherweise für die Erwerber von Aktien die Möglichkeit, die Aktien aufgrund von Gutgläubigkeit lastenfrei zu erhalten (§§ 929, 932, 936 BGB)[2]. Beim Aktienerwerb durch Verschmelzung fehlt es zwar an einem rechtsgeschäftlichen Erwerb und damit an der Möglichkeit, aufgrund der genannten Normen lastenfrei zu erwerben. Aber der hinter diesen Bestimmungen stehende Grundgedanke passt auch hier: Wer Aktien erwirbt, muss mit einer Inanspruchnahme wegen rückständiger Einlagen nicht rechnen. Hinzu kommt, dass die Anteilsinhaber meist auch keine Möglichkeit haben, an der Verschmelzung nicht teilzunehmen. Denn ein Austritt aus dem übertragenden Rechtsträger nimmt eine gewisse Zeit in Anspruch. Daher kann ein Austritt meist erst nach der Verschmelzung erfolgen und kommt dann zu spät[3]. Allenfalls ließe sich sagen, dass ein Aktionär, der eine Sperrminorität hat, die Verschmelzung verhindern kann und für ihn daher auch eine Haftung hinnehmbar ist[4]. Aber auch ein maßgeblich beteiligter Aktionär ist nicht verpflichtet, sich um die Belange seiner Gesellschaft zu kümmern. Daher sollte es bei einer Verschuldenshaftung bleiben (dazu § 69 Rz. 28). Auch eine unterschiedliche Bewertung je nach Rechtsform des übertragenden Rechtsträgers kann nicht überzeugen, da § 46 AktG nicht auf die Rechtsform der Gründer abstellt[5]. Auch lässt sich eine Haftung nicht unter Hinweis darauf begründen, dass die Aktionäre ihrerseits Schadensersatzansprüche gegen Dritte haben. Zwar können solche Ansprüche der Aktionäre etwa gegen die Verschmelzungsprüfer gegeben sein. Aber da es nicht Aufgabe der Verschmelzungsprüfer ist, Unter-pari-Emissionen zu verhindern (§ 69 Rz. 8), kann hiervon keineswegs stets ausgegangen werden. Auch sind die Aktionäre nicht Vertragspartner der Verschmelzungsprüfer. Möglicherweise bestehen Ansprüche gegen Organe und Mitgesellschafter des übertragenden Rechtsträgers. Doch hängt dies ganz von den Umständen des Einzelfalles ab. Insbesondere ist es keineswegs so, dass Schadensersatzansprüche zwischen Organmitgliedern und Anteilsinhabern wegen fehlerhafter Unternehmensführung in jedem Rechtsträger gegeben wären. Sofern die Anteilsinhaber der anderen übertragenden Rechtsträger durch eine unrichtige Wertberechnung benachteiligt sind, steht ihnen das Spruchverfahren offen.

6 Werden im Zuge der Gründung der neuen Aktiengesellschaft **Sondervorteile** gewährt, so gilt hierfür § 26 Abs. 1 AktG. § 26 Abs. 2 AktG über den **Gründungsaufwand** kommt ebenfalls zur Anwendung (§ 36 Abs. 2 Satz 1 UmwG)[6]. Gleiches gilt

---

1 BGH v. 12.3.2007 – II ZR 302/05, NZG 2007, 513 (514) = AG 2007, 487.
2 *Hüffer*, § 54 AktG Rz. 4.
3 So auch *Ihrig*, GmbHR 1995, 622 (635).
4 So *Bärwaldt* in Semler/Stengel, § 36 UmwG Rz. 56; *Rieger* in Widmann/Mayer, § 36 UmwG Rz. 170; wie hier *Diekmann* in Semler/Stengel, § 74 UmwG Rz. 5.
5 A.A. andeutungsweise *Wälzholz*, AG 2006, 469 (471 f.).
6 *Marsch-Barner* in Kallmeyer, § 74 UmwG Rz. 1; *Simon* in KölnKomm. UmwG, § 74 UmwG Rz. 9; wohl auch *Rieger* in Widmann/Mayer, § 74 UmwG Rz. 3.

für § 26 Abs. 3 AktG. § 27 AktG gilt demgegenüber nicht[1]. Zwar beinhaltet die Verschmelzung im Grunde eine Gründung unter Erbringung von **Sacheinlagen**. Doch werden die entsprechenden Bestimmungen im Verschmelzungsvertrag getroffen. Dies reicht aus, da aus dem Register hervorgeht, dass die Neugründung auf einer Verschmelzung beruht (§ 36 Rz. 10).

Darüber hinaus bestimmt § 74 Satz 1 UmwG, dass Festsetzungen über Sondervorteile, Gründungsaufwand, Sacheinlagen und Sachübernahmen, die in den Gesellschaftsverträgen, Partnerschaftsverträgen, Statuten oder **Satzungen der übertragenden Rechtsträger enthalten waren**, in die Satzung der neu zu gründenden AG zu übernehmen sind. Wenn der übertragende Rechtsträger eine Aktiengesellschaft oder KGaA ist, bereitet die Anwendung dieser Norm keine Schwierigkeiten. Es sind dann die in der alten Satzung gemachten Angaben in die neue Satzung zu übernehmen. Für die GmbH gilt Ähnliches[2]. Sofern Bestimmungen über Sondervorteile, Gründungsaufwand, Sacheinlagen und Sachübernahmen in den Gesellschaftsverträgen und Satzungen der übertragenden Rechtsträger (sei es zu Recht oder zu Unrecht[3]) nicht enthalten waren, gilt das zu § 57 UmwG Ausgeführte entsprechend (§ 57 Rz. 19). 7

Liegen die Voraussetzungen von § 26 Abs. 4, 5 AktG vor, so können die entsprechenden Bestimmungen über Sondervorteile und Gründungsaufwand **geändert oder beseitigt werden** (§ 74 Satz 2 UmwG). Für die Änderung und Beseitigung der Regelungen über Sacheinlagen und Sachübernahmen gilt gem. § 27 Abs. 5 AktG dasselbe. Zwar wird diese Norm in § 74 S. 2 nicht in Bezug genommen, doch besteht keinerlei Veranlassung dafür, bei einer Neugründung durch Verschmelzung insofern besonders streng zu verfahren. § 26 Abs. 4, 5, § 27 Abs. 5 AktG sind – sofern keine Spezialregeln eingreifen – auch anwendbar, wenn der übertragende Rechtsträger keine AG ist, da es um den Schutz der Aktionäre und Gläubiger der neu gegründeten AG geht und es insofern gleichgültig ist, welche Rechtsform der übertragende Rechtsträger hat[4]. Die Fristen von § 26 Abs. 4, 5 AktG laufen ab Eintragung des übertragenden Rechtsträgers im Handelsregister[5]. Mit dieser Fristberechnung wird dem Sinn der Regelung – Gläubiger- und Aktionärsschutz, keine Verkürzung der Fristen für Änderungen und Tilgungen solcher Bestimmungen aufgrund einer Verschmelzung – hinreichend Rechnung getragen. 8

Wird gegen die Verpflichtung zur Aufnahme von Sondervorteilen in die Satzung **verstoßen**, so besteht für die Zukunft ein solcher Anspruch nicht mehr[6]. 9

---

1 *Petersen*, S. 165 ff.; a.A. *Bärwaldt* in Semler/Stengel, § 36 UmwG Rz. 48; *Marsch-Barner* in Kallmeyer, § 74 UmwG Rz. 1; *Simon* in KölnKomm. UmwG, § 74 UmwG Rz. 10; *Stratz* in Schmitt/Hörtnagl/Stratz, § 73 UmwG Rz. 9.

2 S. statt aller *Simon* in KölnKomm. UmwG, § 57 UmwG Rz. 8 ff.

3 Etwa, weil sie bei einer AG oder GmbH schlicht nicht gemacht wurden.

4 A.A. *Diekmann* in Semler/Stengel, § 74 UmwG Rz. 6; *Marsch-Barner* in Kallmeyer, § 74 UmwG Rz. 3; *Simon* in KölnKomm. UmwG, § 74 UmwG Rz. 13.

5 *Marsch-Barner* in Kallmeyer, § 74 UmwG Rz. 3; *Rieger* in Widmann/Mayer, § 74 UmwG Rz. 5; *Simon* in KölnKomm. UmwG, § 74 UmwG Rz. 15.

6 *Diekmann* in Semler/Stengel, § 74 UmwG Rz. 6; *Marsch-Barner* in Kallmeyer, § 74 UmwG Rz. 3; *Rieger* in Widmann/Mayer, § 74 UmwG Rz. 7; *Simon* in KölnKomm. UmwG, § 74 UmwG Rz. 7.

§ 75
Gründungsbericht und Gründungsprüfung

(1) In dem Gründungsbericht (§ 32 des Aktiengesetzes) sind auch der Geschäftsverlauf und die Lage der übertragenden Rechtsträger darzustellen. Zum Gründungsprüfer (§ 33 Absatz 2 des Aktiengesetzes) kann der Verschmelzungsprüfer bestellt werden.

(2) Ein Gründungsbericht und eine Gründungsprüfung sind nicht erforderlich, soweit eine Kapitalgesellschaft oder eine eingetragene Genossenschaft übertragender Rechtsträger ist.

Literatur

Angermayer, Die Prüfung von Sacheinlagen im neuen Umwandlungsrecht, WPg 1995, 681; *Ihrig*, Gläubigerschutz durch Kapitalaufbringung bei Verschmelzung und Spaltung nach neuem Umwandlungsrecht, GmbHR 1995, 622; *Petersen*, Der Gläubigerschutz im Umwandlungsrecht, 2001.

I. Inhalt der Norm

1 Die Norm legt in § 75 Abs. 1 UmwG einen erweiterten Inhalt des Gründungsberichts für die durch Verschmelzung zur Neugründung entstehende AG fest. § 75 Abs. 2 UmwG bestimmt, dass Gründungsbericht/-prüfung entfallen können, wenn Kapitalgesellschaften/eingetragene Genossenschaften übertragende Rechtsträger sind.

II. Gründungsbericht

2 § 32 AktG fordert für die Gründung einer AG einen Gründungsbericht. Gründer sind die übertragenden Rechtsträger (§ 36 Abs. 2 Satz 2 UmwG). Diese Bestimmung gilt nach § 36 Abs. 2 Satz 1 UmwG auch **für die Neugründung einer Aktiengesellschaft durch Verschmelzung**. Allerdings macht § 75 Abs. 2 UmwG hiervon für die praktisch wichtigsten Fälle (Verschmelzung einer Kapitalgesellschaft, einer Genossenschaft) eine Ausnahme (dazu § 58 Rz. 13). Dazu, ob allein die Beteiligung einer Personenhandelsgesellschaft, einer Partnerschaftsgesellschaft oder eines Vereins an der Neugründung die Pflicht zur Erstellung des Gründungsberichts für den ganzen Gründungsvorgang auslöst, § 58 Rz. 8.

3 Der Gründungsbericht muss **den in § 32 AktG genannten Inhalt** haben. Darüber hinaus ist auch der **Geschäftsverlauf und die Lage der übertragenden Rechtsträger** zu schildern (§ 75 Abs. 1 UmwG). Diese Formulierung lehnt sich an § 289 HGB an und bedeutet, dass ein realistisches Bild von den wirtschaftlichen Verhältnis-

sen des jeweiligen Rechtsträgers vermittelt werden muss[1]. Entgegen einer in der Literatur vertretenen Ansicht[2] kann nicht pauschal gesagt werden, dass nur auf Veränderungen seit Ende des letzten Geschäftsjahres einzugehen ist. Dies gilt zwar für den Lagebericht nach § 289 HGB. Aber der Gründungsbericht baut nicht auf einem Lagebericht des Vorjahres auf und hat daher – sofern für die aktuelle Situation von Bedeutung – auch ältere Umstände zu enthalten[3]. Der Bericht hat auch die Risiken, denen der übertragende Rechtsträger ausgesetzt ist, darzustellen. Haben sich zwischen der Abfassung des Berichts und der Anmeldung der AG Veränderungen ergeben, so muss der Bericht aktualisiert werden[4].

III. Gründungsprüfung

Nach § 33 Abs. 2 Nr. 4 AktG ist **eine Gründungsprüfung durch unabhängige Prüfer** erforderlich[5], wenn bei der Gründung Sacheinlagen erbracht werden. Da die Verschmelzung durch Neugründung eine Gründung unter Erbringung von Sacheinlagen ist, fordert § 75 Abs. 2 UmwG im Grundsatz zu Recht eine solche Gründungsprüfung. Es überzeugt allerdings nicht, wenn in derselben Bestimmung die praktisch wichtigsten Fälle der Verschmelzung durch Neugründung einer AG von der Pflicht zur Erstellung eines Gründungsberichts und zur Durchführung einer Gründungsprüfung sogleich wieder ausgenommen werden: Die Verschmelzung unter Beteiligung von Kapitalgesellschaften und Genossenschaften[6]. Das allgemeine Gründungsrecht enthält eine solche Ausnahme nicht. Vielmehr ist eine Gründungsprüfung nach § 33 Abs. 2 AktG auch erforderlich, wenn die Sacheinlage in Form eines Unternehmens erbracht wird, das von einer Kapitalgesellschaft betrieben wird. Die Begründung meint[7], man könne auf diese Prüfung verzichten, wenn schon für den übertragenden Rechtsträger sichergestellt sei, dass das Unternehmenskapital aufgebracht und erhalten werde. Aber darum geht es bei der Gründungsprüfung nicht. Bei der Erbringung von Sacheinlagen steht vielmehr die Frage im Vordergrund, ob die dafür ausgegebenen Aktien wertmäßig auch unterlegt sind. Vorschriften zur Kapitalaufbringung und -erhaltung können das aber nicht sicherstellen[8]. 4

Wenn das **Gericht der Auffassung ist, dass der Wert der übernommenen Vermögen nicht unwesentlich hinter** dem geringsten Ausgabebetrag der gewährten 5

1 *Diekmann* in Semler/Stengel, § 75 UmwG Rz. 3; *Marsch-Barner* in Kallmeyer, § 75 UmwG Rz. 2; *Simon* in KölnKomm. UmwG, § 75 UmwG Rz. 8.

2 *Diekmann* in Semler/Stengel, § 75 UmwG Rz. 3.

3 *Marsch-Barner* in Kallmeyer, § 75 UmwG Rz. 2 und *Simon* in KölnKomm. UmwG, § 75 UmwG Rz. 9 knüpfen an § 32 Abs. 2 Satz 2 Nr. 3 AktG an und stellen daher auf die letzten beiden Geschäftsjahre ab.

4 *Diekmann* in Semler/Stengel, § 75 UmwG Rz. 3; *Marsch-Barner* in Kallmeyer, § 75 UmwG Rz. 3; *Rieger* in Widmann/Mayer, § 75 UmwG Rz. 7; *Simon* in KölnKomm. UmwG, § 75 UmwG Rz. 11; allgemein *Pentz* in MünchKomm. AktG, § 32 AktG Rz. 37.

5 Die Prüfung nach § 33 Abs. 1 AktG ist immer notwendig.

6 Zu der Frage, inwieweit die Ausnahme auch dann gilt, wenn neben diesen Rechtsträgern auch eine Personenhandelsgesellschaft, eine Partnerschaftsgesellschaft oder ein Verein beteiligt ist, oben Rz. 2.

7 *Ganske*, S. 117, 108.

8 Ebenso *Ihrig*, GmbHR 1995, 622 (629); Schilderung der Problematik auch bei *Petersen*, S. 151 ff.

Aktien **zurückbleibt**, wird es die AG nicht eintragen (§ 38 Abs. 2 Satz 2 AktG)[1]. Sofern insoweit Unklarheiten bestehen, gilt der Amtsermittlungsgrundsatz (§ 26 FamFG). Das Gericht ist berechtigt, bei Zweifeln über eine ordnungsgemäße Kapitalaufbringung ein Sachverständigengutachten anzufordern[2].

6 Der **Umfang der Prüfung** richtet sich nach § 34 AktG. Die Prüfung bezieht sich auf die Neugründung durch Verschmelzung, nicht auf die Gründung der übertragenden Rechtsträger[3]. Zum **Prüfer** kann der Verschmelzungsprüfer bestellt werden (§ 75 Abs. 1 Satz 2 UmwG). Dies empfiehlt sich, da er die Gesellschaften bereits kennt. Allerdings bezieht sich die Verschmelzungsprüfung auf das Umtauschverhältnis, während es bei der Gründungsprüfung darum geht, ob die neuen Aktien wertmäßig unterlegt sind. Das Gericht ist an § 75 Abs. 1 Satz 2 UmwG nicht gebunden (s. § 69 Rz. 12).

IV. Rechtsfolgen eines Verstoßes

7 **Fehlt der (erweiterte) Gründungsbericht**, trägt der Registerrichter die Verschmelzung nicht ein[4]. Erfolgt die Eintragung gleichwohl, hat der Mangel keinen Einfluss auf die Wirksamkeit der Verschmelzung (§ 20 Rz. 76ff.).

§ 76
Verschmelzungsbeschlüsse

(1) Eine übertragende Aktiengesellschaft darf die Verschmelzung erst beschließen, wenn sie und jede andere übertragende Aktiengesellschaft bereits zwei Jahre im Register eingetragen sind.

(2) Die Satzung der neuen Gesellschaft wird nur wirksam, wenn ihr die Anteilsinhaber jedes der übertragenden Rechtsträger durch Verschmelzungsbeschluss zustimmen. Dies gilt entsprechend für die Bestellung der Mitglieder des Aufsichtsrats der neuen Gesellschaft, soweit diese nach § 31 des Aktiengesetzes zu wählen sind. Auf eine übertragende Aktiengesellschaft ist § 124 Abs. 2 Satz 2, Abs. 3 Satz 1 und 3 des Aktiengesetzes entsprechend anzuwenden.

1 *Ihrig*, GmbHR 1995, 622 (626); auch § 74 Rz. 4.
2 *Ihrig*, GmbHR 1995, 622 (629); *Diekmann* in Semler/Stengel, § 75 UmwG Rz. 5; *Marsch-Barner* in Kallmeyer, § 75 UmwG Rz. 5.
3 *Angermayer*, WPg 1995, 681 (686).
4 *Marsch-Barner* in Kallmeyer, § 75 UmwG Rz. 7; *Simon* in KölnKomm. UmwG, § 75 UmwG Rz. 18.

Literatur

Kuhlmann, Die Mitbestimmungsfreiheit im ersten Aufsichtsrat einer AG gemäß § 30 Abs. 2 AktG, NZG 2010, 46.

I. Inhalt der Norm

1 Nach § 76 Abs. 1 UmwG darf die Verschmelzung erst beschlossen werden, wenn jede beteiligte Aktiengesellschaft bereits zwei Jahre im Handelsregister eingetragen ist. Diese Bestimmung bezweckt, eine Umgehung der Nachgründungsvorschriften zu verhindern[1] (s. auch § 67 UmwG). § 76 Abs. 2 UmwG legt den Zeitpunkt fest, zu dem die Satzung der neu gegründeten AG wirksam wird und ab dem die Mitglieder des Aufsichtsrates bestellt sind.

II. Einhaltung der Zwei-Jahres-Frist

1. Regelungszweck, rechtspolitische Kritik

2 Das in § 76 Abs. 1 UmwG niedergelegte Verschmelzungsverbot zur Absicherung der Nachgründungsvorschriften überzeugt insofern nicht recht, als die Regelungen zur Nachgründung (§ 52 AktG) den Sinn haben, die Kapitalaufbringung bei der Gründung von Aktiengesellschaften abzusichern, indem für gründungsnahe Erwerbspflichten besondere Bestimmungen geschaffen werden. Wird keine AG gegründet, so fehlt es an einem vergleichbaren Sachverhalt. Aber auch wenn eine AG gegründet wird, kann es erst nach diesem Zeitpunkt um die Absicherung ihres Kapitals gehen. Auch kann dieses Ziel jedenfalls nicht dadurch erreicht werden, dass ein Verschmelzungsverbot für neu gegründete Aktiengesellschaften festgelegt wird[2].

2. Betroffene Verschmelzungen

3 Das Verschmelzungsverbot betrifft jede Aktiengesellschaft, die **bei Fassung des Verschmelzungsbeschlusses noch keine zwei Jahre im Handelsregister eingetragen ist**. Anders als in § 67 UmwG wird also nicht auf den Abschluss des Verschmelzungsvertrages, sondern auf die Fassung des Verschmelzungsbeschlusses abgestellt, ohne dass erkennbar wäre, warum diese Bestimmungen voneinander abweichen.

4 Erfasst sind nur **Verschmelzungen zur Neugründung einer AG**[3]. Der Wortlaut der Norm bringt dies zwar nicht zum Ausdruck, doch gelten die Regeln über Nachgründungen nur für Aktiengesellschaften. Auch besagt die Begründung[4], es werde geltendes Recht übernommen, und eine solche Regelung bestand bislang nur für die Verschmelzung von Aktiengesellschaften zur Neugründung einer AG. Hinzu

---

1 *Stratz* in Schmitt/Hörtnagl/Stratz, § 73 UmwG Rz. 17; *Zimmermann* in Kallmeyer, § 76 UmwG Rz. 3.

2 Kritisch auch *Rieger* in Widmann/Mayer, § 76 UmwG Rz. 6; *Simon* in KölnKomm. UmwG, § 76 UmwG Rz. 13.

3 *Diekmann* in Semler/Stengel, § 76 UmwG Rz. 4; *Simon* in KölnKomm. UmwG, § 76 UmwG Rz. 5; *Stratz* in Schmitt/Hörtnagl/Stratz, § 76 UmwG Rz. 1.

4 *Ganske*, S. 117.

kommt, dass Normen mit unklarem Regelungszweck (oben Rz. 2) nicht auch noch extensiv verstanden werden sollten.

3. Rechtsfolgen

5 Da sich die genannten Aktiengesellschaften an einer Verschmelzung zur Neugründung einer AG nicht beteiligen dürfen, ist jeder gleichwohl gefasste **Verschmelzungsbeschluss anfechtbar**[1]. Dies gilt auch für die Verschmelzungsbeschlüsse der Anteilseigner der anderen an der Neugründung beteiligten Rechtsträger, und zwar – entgegen dem insoweit missverständlichen Wortlaut – auch dann, wenn diese Rechtsträger keine Aktiengesellschaften sind[2]. Denn insofern kann es auf die Rechtsform des übertragenden Rechtsträgers nicht ankommen.

6 Sollte gegen die Bestimmung von § 76 Abs. 1 UmwG verstoßen werden, wird die **Verschmelzung nicht eingetragen**[3]. Erfolgt die Eintragung gleichwohl, so hat dies keine Auswirkungen auf die Wirksamkeit der Verschmelzung (§ 20 Rz. 76ff.)[4].

III. Wirksamwerden der Satzung

7 **Mit Fassung der Verschmelzungsbeschlüsse** in der Versammlung der Anteilsinhaber der übertragenden Rechtsträger wird die Satzung wirksam. Die Bestimmung entspricht § 59 Satz 1 UmwG (s. die Erläuterungen dort). Sofern die Verschmelzungsbeschlüsse lediglich den Entwurf eines Verschmelzungsvertrages betreffen, wird die Satzung allerdings erst mit Beurkundung des Vertrages wirksam, da § 23 Abs. 1 Satz 1 AktG zwingend für die Feststellung der Satzung die notarielle Beurkundung verlangt[5]. Ist der übertragende Rechtsträger eine AG, so gilt für die Bekanntmachung der Tagesordnung der Hauptversammlung, die über die Verschmelzung beschließt, in Bezug auf die Satzung der neu gegründeten AG § 124 Abs. 2 Satz 2, Abs. 3 Satz 1 AktG (§ 76 Abs. 2 Satz 3 UmwG). Demgemäß ist der Wortlaut der Satzung der neuen AG bekannt zu machen.

---

1 *Simon* in KölnKomm. UmwG, § 76 UmwG Rz. 22; *Stratz* in Schmitt/Hörtnagl/Stratz, § 73 UmwG Rz. 17; a.A. *Diekmann* in Semler/Stengel, § 76 UmwG Rz. 7: Beschluss sei nach § 241 Nr. 3 AktG nichtig, da die Norm dem Gläubigerschutz diene. Aber die Gläubiger der sich verschmelzenden AG sind nicht betroffen und Beschlüsse, die Gläubiger anderer Gesellschaften (etwa der neuen Gesellschaft) betreffen, sind von § 241 Nr. 3 AktG nicht erfasst.

2 A.A. (nur Beschluss beteiligter Aktiengesellschaften anfechtbar) *Rieger* in Widmann/Mayer, § 76 UmwG Rz. 8; *Simon* in KölnKomm. UmwG, § 76 UmwG Rz. 22; a.A. *Zimmermann* in Kallmeyer, § 76 UmwG Rz. 4: nur der Zustimmungsbeschluss der betroffenen AG sei anfechtbar, a.A. *Diekmann* in Semler/Stengel, § 76 UmwG Rz. 7: Beschlüsse der beteiligten Aktiengesellschaften nichtig.

3 *Rieger* in Widmann/Mayer, § 76 UmwG Rz. 8; *Simon* in KölnKomm. UmwG, § 76 UmwG Rz. 23; *Stratz* in Schmitt/Hörtnagl/Stratz, § 73 UmwG Rz. 17.

4 *Diekmann* in Semler/Stengel, § 76 UmwG Rz. 7; *Rieger* in Widmann/Mayer, § 76 UmwG Rz. 8; *Simon* in KölnKomm. UmwG, § 76 UmwG Rz. 23; *Stratz* in Schmitt/Hörtnagl/Stratz, § 73 UmwG Rz. 17; *Zimmermann* in Kallmeyer, § 76 UmwG Rz. 4.

5 *Marsch-Barner* in Kallmeyer, § 76 UmwG Rz. 5.

IV. Bestellung der Mitglieder des Aufsichtsrates

8 **Mit Fassung des Verschmelzungsbeschlusses** durch die Anteilsinhaber der übertragenden Rechtsträger werden zugleich die Mitglieder des Aufsichtsrates gem. § 31 AktG bestellt. Diese Bestimmung entspricht § 59 Satz 2 UmwG weitgehend (s. die Erläuterungen dort). Allerdings hat die Bestellung der Aufsichtsratsmitglieder anders als bei der GmbH zwingend schon vor Eintragung der Gesellschaft zu erfolgen. Nach § 30 Abs. 1 Satz 2 AktG bedarf diese Bestellung der notariellen Beurkundung. Sollte den Verschmelzungsbeschlüssen lediglich ein Entwurf des Verschmelzungsvertrages mit den entsprechenden Angaben über die Aufsichtsratsmitglieder zugrunde liegen, so wird die Bestellung mit Beurkundung des Vertrags wirksam[1]. Sollte bei der Fassung der Verschmelzungsbeschlüsse über die Person der Aufsichtsratsmitglieder noch nicht entschieden worden sein, so kann dies später mit den gleichen Mehrheiten und unter Einhaltung der gleichen Verfahrensvorschriften nachgeholt werden. Der Wortlaut der Norm scheint zwar eher nahe zu legen, dass eine getrennte Beschlussfassung nicht möglich ist. Aber für eine solche Regelung sprechen keinerlei vernünftigen Gründe[2]. Die Eintragung der Gesellschaft erfolgt allerdings erst, wenn die Bestellung durchgeführt ist (§ 37 Abs. 4 Nr. 3 AktG). § 30 Abs. 2 AktG ist nicht anwendbar, da die Norm auf § 31 AktG (Fall der Sachgründung) verweist[3], was in Anbetracht der Tatsache, dass eine Verschmelzung eine Sachgründung beinhaltet, auch überzeugt. Der Vorschlag, wer Mitglied des Aufsichtsrates werden soll, muss nicht von den Mitgliedern des Aufsichtsrates einer übertragenden AG stammen[4]. Dies folgt schon daraus, dass eventuell gar keine AG als übertragender Rechtsträger beteiligt ist. Es gilt § 30 AktG (§ 36 Abs. 2 UmwG). Sofern der übertragende Rechtsträger eine AG ist, greift § 124 Abs. 3 Satz 1, 3 AktG ein (§ 76 Abs. 2 Satz 3 UmwG).

9 Sofern sich eine **Anfechtungsklage lediglich gegen die Bestellung einer bestimmten Person zum Aufsichtsrat** oder sonst gegen die Aufsichtsratswahl richtet, hat dies keine Auswirkungen auf die Eintragung der Verschmelzung[5]. Auch sonst wird die Gründung einer AG nicht dadurch blockiert, dass Probleme bei der Wahl des Aufsichtsrates auftreten. Eine besondere Absicherung gerade dieser Entscheidung durch die Blockade der gesamten Verschmelzung ist auch nicht angebracht, da Entscheidungen über die Zusammensetzung des Aufsichtsrates auch nach der Verschmelzung noch revidiert werden können.

1 *Bärwaldt* in Semler/Stengel, § 36 UmwG Rz. 50; *Simon* in KölnKomm. UmwG, § 76 UmwG Rz. 19; a.A. *Rieger* in Widmann/Mayer, § 76 UmwG Rz. 13 unter Hinweis darauf, dass es bei Fassung des Verschmelzungsbeschlusses an einer Vor-AG fehle, was aber für die Bestellung des Aufsichtsrats zwingend erforderlich sei. Notwendig ist aber nur, dass gleichzeitig die Satzung festgestellt wird (*Hüffer*, § 30 AktG Rz. 3). Dies erfolgt ebenfalls mit der Beurkundung des Verschmelzungsvertrags (§ 23 Abs. 1 AktG).

2 A.A. *Diekmann* in Semler/Stengel, § 76 UmwG Rz. 12; *Simon* in KölnKomm. UmwG, § 76 UmwG Rz. 19; *Zimmermann* in Kallmeyer, § 76 UmwG Rz. 7.

3 *Kuhlmann*, NZG 2010, 46 (49); *Zimmermann* in Kallmeyer, § 76 UmwG Rz. 6.

4 A.A. *Diekmann* in Semler/Stengel, § 76 UmwG Rz. 15.

5 *Diekmann* in Semler/Stengel, § 76 UmwG Rz. 13.

§ 77
Bekanntmachung der Eintragung der neuen Gesellschaft

Aufgehoben durch Art. 8 EHUG v. 10.11.2006, BGBl. I, S. 2353.

Vierter Abschnitt Verschmelzung unter Beteiligung von Kommanditgesellschaften auf Aktien

§ 78
Anzuwendende Vorschriften

Auf Verschmelzungen unter Beteiligung von Kommanditgesellschaften auf Aktien sind die Vorschriften des Dritten Abschnitts entsprechend anzuwenden. An die Stelle der Aktiengesellschaft und ihres Vorstands treten die Kommanditgesellschaft auf Aktien und die zu ihrer Vertretung ermächtigten persönlich haftenden Gesellschafter. Der Verschmelzungsbeschluss bedarf auch der Zustimmung der persönlich haftenden Gesellschafter; die Satzung der Kommanditgesellschaft auf Aktien kann eine Mehrheitsentscheidung dieser Gesellschafter vorsehen. Im Verhältnis zueinander gelten Aktiengesellschaften und Kommanditgesellschaften auf Aktien nicht als Rechtsträger anderer Rechtsform im Sinne der §§ 29 und 34.

Literatur

Habersack, Umwandlung der AG ohne Mitwirkung der Hauptversammlung, in FS Horn, 2006, S. 350.

I. Inhalt der Norm

1 § 78 Satz 1, 2 UmwG verweisen für die Verschmelzung von KGaA auf das Recht zur Verschmelzung von Aktiengesellschaften. Wegen der Ähnlichkeit der Rechtsformen ist diese Vorgehensweise auch sachgerecht. § 78 Satz 3 UmwG enthält eine Klarstellung. § 78 Satz 4 UmwG bestimmt, dass KGaA und AG wegen der genannten Ähnlichkeit in § 29 und § 34 UmwG nicht als verschiedene Rechtsformen angesehen werden sollen.

II. Betroffene Verschmelzungen

Die Verweisung gilt für jede Verschmelzung unter Beteiligung einer KGaA. Es spielt also keine Rolle, ob die KGaA als übertragender oder als aufnehmender Rechtsträger beteiligt ist, und auch nicht, ob es sich um eine Verschmelzung durch Aufnahme oder um eine Verschmelzung durch Neugründung handelt. 2

III. Rechtsstellung der persönlich haftenden Gesellschafter

1. Gleichstellung mit dem Vorstand

Nach § 78 Satz 2 UmwG treten an die Stelle des Vorstands **die zur Vertretung ermächtigten persönlich haftenden Gesellschafter**. Persönlich haftende Gesellschafter, die nicht zur Vertretung ermächtigt sind, haben diese Rechtsstellung nicht[1]. Die zur Vertretung ermächtigten persönlich haftenden Gesellschafter schließen also etwa den Verschmelzungsvertrag (§ 4 Abs. 1 UmwG), verfassen den Verschmelzungsbericht (§ 8 UmwG), beantragen die Bestellung der Verschmelzungsprüfer (§ 10 UmwG), erläutern den Verschmelzungsvertrag (§ 64 Abs. 1 UmwG) und melden die Verschmelzung an (§ 16 Abs. 1 UmwG). 3

2. KGaA als übernehmender Rechtsträger bzw. als neu gegründeter Rechtsträger

Soll eine KGaA übernehmender Rechtsträger sein, so bedarf der Verschmelzungsbeschluss der Kommanditaktionäre **der Zustimmung der persönlich haftenden Gesellschafter** (§ 78 Satz 3 UmwG). Dieser Zustimmungsbeschluss hat, wenn die Satzung nichts anderes vorsieht, einstimmig zu erfolgen (§ 78 Satz 3 UmwG). Mehrheitsentscheidungen der Komplementäre können vorgesehen werden[2]. Ein Ausschluss des Zustimmungsrechts kann nicht vereinbart werden[3]. Denn ganz abgesehen davon, dass der Wortlaut von Satz 3 dem entgegensteht, wäre es sonst möglich, das von den Komplementären zu tragende Risiko ganz ohne ihr Zutun zu vergrößern. Das erscheint nicht hinnehmbar. Allerdings kann sich aus der Treuepflicht der Gesellschafter untereinander eine Verpflichtung zur Zustimmung ergeben. Die Zustimmung muss notariell beurkundet werden (§ 13 Abs. 3 UmwG). Sie kann vor oder nach der Beschlussfassung über die Verschmelzung erfolgen[4]. Fehlt die Zustimmung, wird die Verschmelzung nicht eingetragen[5]. Erfolgt die Eintragung gleichwohl, gilt der Bestandsschutz von § 20 Abs. 2 UmwG [6]. Sofern der Verschmelzungsbeschluss der Kommanditaktionäre nach § 62 UmwG entfällt, ändert dies nichts daran, dass die Zustimmung der persönlich haftenden 4

1 *Ganske*, S. 118.
2 *Marsch-Barner* in Kallmeyer, § 78 UmwG Rz. 5; *Perlitt* in Semler/Stengel, § 78 UmwG Rz. 13ff.; *Rieger* in Widmann/Mayer, § 78 UmwG Rz. 14; *Stratz* in Schmitt/Hörtnagl/Stratz, § 78 UmwG Rz. 5.
3 *Marsch-Barner* in Kallmeyer, § 78 UmwG Rz. 5; *Perlitt* in Semler/Stengel, § 78 UmwG Rz. 13; *Simon* in KölnKomm. UmwG, § 78 UmwG Rz. 12.
4 *Marsch-Barner* in Kallmeyer, § 78 UmwG Rz. 6; *Simon* in KölnKomm. UmwG, § 78 UmwG Rz. 13.
5 *Simon* in KölnKomm. UmwG, § 78 UmwG Rz. 14.
6 *Simon* in KölnKomm. UmwG, § 78 UmwG Rz. 14.

Gesellschafter vorliegen muss[1]. Denn über das Zustimmungserfordernis sagt § 62 UmwG nichts.

5 Die persönlich haftenden Gesellschafter können die Erteilung ihrer Zustimmung von dem Erhalt entsprechender **Informationen** abhängig machen. Dies gilt insbesondere für die nicht geschäftsführenden Komplementäre, denen eventuell die einschlägigen Kenntnisse fehlen. Ansonsten greifen die üblichen Auskunftsrechte der Komplementäre in der KGaG (§ 278 Abs. 2 AktG, §§ 161 Abs. 2, 118 HGB)[2].

6 Soll eine **KGaA durch Verschmelzung neu gegründet werden**, so muss mindestens ein persönlich haftender Gesellschafter an der Gründung beteiligt sein (§ 280 Abs. 2 Satz 1 AktG). Diese müssen in der Satzung genannt werden (§ 281 Abs. 1 AktG). Zum Beitritt im Zuge der Verschmelzung durch Neugründung § 36 Rz. 15[3].

3. KGaA als übertragender Rechtsträger

a) Zustimmung der persönlich haftenden Gesellschafter

7 Auch dann wenn die KGaA übertragender Rechtsträger ist, bedarf der Verschmelzungsbeschluss der Zustimmung der persönlich haftenden Gesellschafter (§ 78 Satz 3 UmwG). Es gilt das Gleiche wie in dem Fall, dass die KGaA übernehmender Rechtsträger ist (oben Rz. 4, 5). Die Zustimmung ist auch erforderlich, wenn **übernehmender Rechtsträger wieder eine KGaA** ist und der oder die persönlich haftenden Gesellschafter wieder persönlich haftende Gesellschafter werden[4]. Die neue KGaA ist mit der alten nicht identisch. Daher sind auch die Rechte und Pflichten sowie insbesondere die Risiken des persönlich haftenden Gesellschafters nicht dieselben. Die Zustimmung ist auch nicht in den Fällen entbehrlich, in denen der Komplementär nach der Verschmelzung für die Schulden des übernehmenden Rechtsträgers nicht persönlich haftet (etwa bei der Verschmelzung auf eine AG oder GmbH). Denn auch in diesem Fall verändert sich die Rechtsstellung der Komplementäre so erheblich, dass ihre Zustimmung erforderlich ist.

b) Vermögenseinlage des persönlich haftenden Gesellschafters

8 Nach § 281 Abs. 2 AktG kann sich ein persönlich haftender Gesellschafter an einer KGaA mit Vermögenseinlagen beteiligen, die nicht auf das Grundkapital geleistet werden. Diese Einlagen müssen nach Art und Höhe in der Satzung festgesetzt werden. Mit der Verschmelzung wird der **Anspruch** des persönlich haftenden Gesellschafters **auf Rückzahlung einer solchen Einlage fällig**. Dies er-

---

1 *Habersack* in FS Horn, S. 337 (350); *Marsch-Barner* in Kallmeyer, § 78 UmwG Rz. 5; *Perlitt* in Semler/Stengel, § 78 UmwG Rz. 13.

2 A.A. *Perlitt* in Semler/Stengel, § 78 UmwG Rz. 10; §§ 60ff. UmwG gelten analog.

3 Den Beitritt eines Komplementärs bei einer KGaA hält auch *Mayer* in Widmann/Mayer, § 36 UmwG Rz. 203, für möglich, obwohl *Mayer* dies in anderen Fällen für ausgeschlossen hält. Er begründet dies damit, dass der Beitritt eines Komplementärs keine Gründungsprüfung auslöst.

4 *Perlitt* in Semler/Stengel, § 78 UmwG Rz. 20; *Simon* in KölnKomm. UmwG, § 78 UmwG Rz. 7; *Rieger* in Widmann/Mayer, § 78 UmwG Rz. 17.

gibt sich aus § 278 Abs. 2 AktG, §§ 161, 105 HGB, § 738 BGB[1]. Falls übernehmender/neu zu gründender Rechtsträger wieder eine KGaA ist und der persönlich haftende Gesellschafter diese Rechtsstellung erneut innehaben soll, kann im Verschmelzungsvertrag auch vereinbart werden, dass die Einlage in eine Einlage dieser KGaA umgewandelt wird[2]. Die Satzung der KGaA muss eine entsprechende Bestimmung enthalten (§ 281 Abs. 2 AktG).

Problematisch und umstritten ist, ob darüber hinaus für eine solche Vermögenseinlage auch eine **„Entschädigung" in Anteilen an dem übernehmenden Rechtsträger** möglich ist[3]. Dies ist im Grundsatz nicht der Fall[4], da das Gesetz davon ausgeht, dass nur die Aktien der Kommanditaktionäre (zu denen auch die persönlich haftenden Gesellschafter zählen können) umgetauscht werden, nicht aber andere Vermögenseinlagen. Bei jeder Verschmelzung findet nur ein Tausch von Anteilen, nicht aber von anders gearteten Ansprüchen in Anteile statt. Anderenfalls würde u.U. eine Person, die nicht Anteilsinhaber des übertragenden Rechtsträgers war, zum Anteilsinhaber in dem übernehmenden Rechtsträger. Das entspricht ersichtlich nicht der Vorstellung des Gesetzes. Soll der Rückzahlungsanspruch des persönlich haftenden Gesellschafters in Anteile umgewandelt werden, so muss bei einer GmbH oder AG eine Kapitalerhöhung (gegen Sacheinlagen) erfolgen. Für diese gelten die Erleichterungen von §§ 55, 69 UmwG nicht[5]. Ist der übernehmende Rechtsträger eine Personenhandelsgesellschaft, so muss der Gesellschaftsvertrag entsprechend geändert werden. Ebenfalls möglich ist es, den Komplementär bei der Verschmelzung zur Aufnahme als weiteren Gründer zu beteiligen (§ 36 Rz. 15). 9

c) Haftung des persönlich haftenden Gesellschafters

Der persönlich haftende Gesellschafter haftet für die Verbindlichkeiten der KGaA, deren Rechtsgrund im Zeitpunkt der Verschmelzung bereits gelegt war, fort (§ 278 Abs. 2 AktG, §§ 161 Abs. 2, 128 HGB)[6]. Zu seinen Gunsten gilt § 45 UmwG analog (§ 45 Rz. 9)[7]. 10

IV. Anwendbarkeit von §§ 29 und 34 UmwG

Für Mischverschmelzungen sieht § 29 UmwG ein besonderes Austrittsrecht vor. 11
§ 78 Satz 4 UmwG bestimmt, dass AG und KGaA im Verhältnis zueinander **nicht**

1 *Marsch-Barner* in Kallmeyer, § 78 UmwG Rz. 8; *Stratz* in Schmitt/Hörtnagl/Stratz, § 78 UmwG Rz. 8.
2 *Marsch-Barner* in Kallmeyer, § 78 UmwG Rz. 8; *Perlitt* in Semler/Stengel, § 78 UmwG Rz. 21 f.; *Stratz* in Schmitt/Hörtnagl/Stratz, § 78 UmwG Rz. 8.
3 So *Perlitt* in Semler/Stengel, § 78 UmwG Rz. 27; *Rieger* in Widmann/Mayer, § 78 UmwG Rz. 21; nach *Bermel* in Goutier/Knopf/Tulloch, § 78 UmwG Rz. 12, ist zwingend so zu verfahren.
4 *Marsch-Barner* in Kallmeyer, § 78 UmwG Rz. 8; *Rieger* in Widmann/Mayer, § 78 UmwG Rz. 19; *Stratz* in Schmitt/Hörtnagl/Stratz, § 78 UmwG Rz. 8.
5 *Marsch-Barner* in Kallmeyer § 78 UmwG Rz. 8; a.A. *Bermel* in Goutier/Knopf/Tulloch, § 78 UmwG Rz. 12.
6 *Marsch-Barner* in Kallmeyer, § 78 UmwG Rz. 4; *Stratz* in Schmitt/Hörtnagl/Stratz, § 78 UmwG Rz. 6.
7 *Perlitt* in Semler/Stengel, § 78 UmwG Rz. 32; a.A. *Marsch-Barner* in Kallmeyer, § 78 UmwG Rz. 4.

als Rechtsträger verschiedener Rechtsform im Sinne dieser Bestimmung anzusehen sind. Bei einer Verschmelzung einer AG auf eine KGaA und umgekehrt besteht also, sofern nicht § 29 Abs. 1 Satz 1 2. Alt. oder Satz 2 UmwG anwendbar ist[1], kein Austrittsrecht. Die Begründung[2] rechtfertigt dies damit, dass jeder Austritt aus einer solchen Gesellschaft zu einem – durchaus unerwünschten – Erwerb eigener Aktien führt (s. zu diesem Problem § 29 Rz. 25) und es vor diesem Hintergrund gesehen vertretbar sei, AG und KGaA nicht als Rechtsträger unterschiedlicher Rechtsform zu betrachten. Dies erscheint akzeptabel, zumal in gravierenden Fällen das allgemeine Austrittsrecht eingreift (§ 29 Rz. 33)[3]. In den Fällen von § 29 Abs. 1 Satz 2 UmwG kommt § 34 UmwG zur Anwendung. Der Wortlaut von § 78 Satz 4 UmwG könnte zwar den Eindruck erwecken, dass § 34 UmwG in keinem Fall gilt, aber das kann schon deshalb so nicht gemeint sein, weil für eine solche Ausnahme von der Grundregel des § 34 UmwG keine vernünftigen Gründe sprechen.

Fünfter Abschnitt Verschmelzung unter Beteiligung eingetragener Genossenschaften

Erster Unterabschnitt Verschmelzung durch Aufnahme

§ 79
Möglichkeit der Verschmelzung

Ein Rechtsträger anderer Rechtsform kann im Wege der Aufnahme mit einer eingetragenen Genossenschaft nur verschmolzen werden, wenn eine erforderliche Änderung der Satzung der übernehmenden Genossenschaft gleichzeitig mit der Verschmelzung beschlossen wird.

---

1 *Marsch-Barner* in Kallmeyer, § 78 UmwG Rz. 9; *Simon* in KölnKomm. UmwG, § 78 UmwG Rz. 16.
2 *Ganske*, S. 118.
3 Darauf weisen auch *Kalss* in Semler/Stengel, § 29 UmwG Rz. 6 und *Perlitt* in Semler/Stengel, § 78 UmwG Rz. 36f. hin.

Literatur

Kommentare und Lehrbücher: *Heinrich Bauer*, Genossenschafts-Handbuch, Loseblatt (früher *Schubert/Steder*); *Beuthien*, Genossenschaftsgesetz, 15. Aufl. 2011 (früher *Meyer/Meulenbergh/Beuthien*); *Geschwandtner/Helios*, Genossenschaftsrecht, 2006; *Hillebrand/Keßler* (Hrsg.), Berliner Kommentar zum Genossenschaftsgesetz, 2. Aufl. 2010; *Ohlmeyer/Philipowski*, Verschmelzung von Genossenschaften, 5. Aufl. 1992; *Paulick*, Das Recht der eingetragenen Genossenschaft, 1956; *Pöhlmann/Fandrich/Bloehs*, Genossenschaftsgesetz, 4. Aufl. 2012; *Lang/Weidmüller*, Genossenschaftsgesetz, 37. Aufl. 2011.

Aufsätze: *Beuthien/Wolff*, Genossenschaftsverschmelzung auf einen künftigen Verschmelzungsstichtag, BB 2001, 2126; *Bonow*, Zur Frage der Zulässigkeit der Schlussbilanz auf einen künftigen Stichtag bei der Verschmelzung von Genossenschaften, Rpfleger 2002, 506; *Bultmann*, Fusionen von Genossenschaftsbanken – Hinweise zur Vermeidung von Fehlerquellen: Erfahrungen und Lösungsansätze aus der anwaltlichen Praxis, ZfgG 60 (2010), 23; *Heidinger*, Genossenschaftsverschmelzung auf einen zukünftigen Stichtag, NotBZ 2002, 86; *Hornung*, Die Verschmelzung von Genossenschaften – Ein Überblick, vornehmlich aus der Sicht des Registergerichts, Rpfleger 1968, 305; *Schlarb*, Die Neubewertung der Geschäftsguthaben und die Gewährung barer Zuzahlungen bei der genossenschaftlichen Verschmelzung, DB 1979, 901 f.

Sonstiges Schrifttum: *Otto Becker*, Die Verschmelzung von Erwerbs- und Wirtschaftsgenossenschaften, Göttingen 1928; *Bleschke*, Die Verschmelzung eingetragener Genossenschaften, Stuttgart 2003, zugl. Diss. Jena 2001; *Borngässer*, Die genossenschaftliche Verschmelzung nach der 3. VO über Maßnahmen auf dem Gebiet des Genossenschaftsrechts vom 13.4.1943, Mainz 1954; *Fandrich/Graef/Bloehs*, Die Verschmelzung von Genossenschaften in der Praxis, Hamburg 2005; *Geck*, Die Stellung des genossenschaftlichen Prüfungsverbands bei der Umwandlung der eingetragenen Genossenschaft in eine Aktiengesellschaft, Münster 1996, zugl. Diss. Münster 1995; *Heckt*, Fusion von Primärgenossenschaften, Tübingen 1980; *Ohlmeyer*, Die Verschmelzung von Genossenschaften, insbesondere von Kreditgenossenschaften, Neuwied 1971; *Quinat*, Die Fusion von eingetragenen Genossenschaften, Erlangen 1924; *Ruetz*, Die Verschmelzung (Fusion) von eingetragenen Genossenschaften, Berlin 1932; *Schlarb*, Die Verschmelzung eingetragener Genossenschaften, Göttingen 1978; *Schmitz-Riol*, Der Formwechsel der eingetragenen Genossenschaft in die Kapitalgesellschaft, Stuttgart 1998, zugl. Diss. Jena 1997; *Schultze*, Fusion eingetragener Genossenschaften, Leipzig 1927; *Wirth*, Spaltungen einer eingetragenen Genossenschaft, Stuttgart 1998, zugl. Diss. Jena 1997.

I. Verschmelzung unter Beteiligung von eG: Überblick

1. Systematik des Gesetzes

Die Verschmelzung ist im 2. Buch des UmwG in den §§ 2 ff. UmwG geregelt, wobei das Gesetz in einen 1. Teil (Allgemeine Vorschriften) sowie in einen 2. Teil (Besondere Vorschriften) untergliedert ist. Im Falle der Verschmelzung unter Beteiligung einer eG sind daher sowohl die allgemeinen Vorschriften der §§ 2 ff. UmwG als auch die besonderen genossenschaftsspezifischen Vorschriften der §§ 79 ff. UmwG (bei Verschmelzung durch Neubildung: i.V.m. §§ 96 ff. UmwG) zu beachten, die teilweise eine Änderung, teilweise aber auch nur eine Ergänzung der allgemeinen Verschmelzungsvorschriften darstellen. Ist an der Verschmelzung neben der eG auch ein Rechtsträger anderer Rechtsformen beteiligt, so sind 1 darüber hinaus auch die besonderen Vorschriften zu beachten, die speziell auf diesen Rechtsträger Anwendung finden. Im Falle der Verschmelzung einer eG mit einer GmbH (inkl. des Subtyps der UG, vgl. Einl. I Rz. 53) auf eine neu gegründete AG sind daher etwa die allgemeinen Vorschriften der §§ 2 ff. UmwG sowie die besonderen Vorschriften der §§ 79 ff. UmwG (für eG), der §§ 46 ff. UmwG (für GmbH) und der §§ 60 ff. UmwG, speziell §§ 73 ff. UmwG (für AG) zu beachten.

2. Wirtschaftliche Bedeutung

2 Die Verschmelzung hat insbesondere auch für eG eine **hohe wirtschaftliche Bedeutung**. So sind bereits unter der Geltung des früheren, noch sehr eingeschränkten Verschmelzungsrechts seit dem Jahre 1950 bis zur Neuregelung des Umwandlungsrechts etwa 15 000 Verschmelzungen von eG durchgeführt worden[1]. Dieser Trend zur Fusion hat sich seit 1995 unvermindert fortgesetzt, und zwar insbesondere im Bereich der Genossenschaftsbanken[2], da zahlreiche Volks- und Raiffeisenbanken keine wirtschaftliche Betriebsgröße erreich(t)en[3]. Bei der Verschmelzung von Kreditgenossenschaften ist § 24 Abs. 2 KWG zu beachten (Anzeige an BaFin und Bundesbank)[4].

3. Die Durchführung einer eG-Verschmelzung durch Aufnahme: Überblick und Wegweiser

3 (1) Vorbereitung

- Abschluss des Verschmelzungsvertrages in notarieller Form bzw. des schriftlichen Vertragsentwurfs durch den Vorstand einer beteiligten eG: s. § 80 Rz. 5 ff.,
- Erstattung Verschmelzungsbericht: s. § 82 Rz. 19 ff.,
- Erstattung Verschmelzungs-Prüfungsgutachten des gPV: s. § 81,
- Information der Mitglieder der eG vor der über die Verschmelzung beschließenden General- bzw. Vertreterversammlung: s. § 82 Rz. 11 ff.,
  (a) durch Auslegung von Verschmelzungsvertrag bzw. Entwurf, Verschmelzungsbericht, Prüfungsgutachten des gPV, Jahresabschlüsse und Lageberichte für die letzten drei Geschäftsjahre, ggf. Zwischenbilanzen in den Geschäftsräumen der eG,
  (b) durch kostenlose Abschrifterteilung,

---

1 Quelle: Stellungnahme des DGRV (Deutscher Genossenschafts- und Raiffeisenverband e.V.) v. 28.4.1989 zum DiskE, S. 1 bzw. v. 23.6.1992 zum RefE, S. 2; vgl. hierzu auch *Ohlmeyer/Philipowski*, II.2.: ca. 4000 Verschmelzungen von eG zwischen 1975 und 1990.

2 Eine Darstellung der Entwicklung von 1970–1999 findet sich bei *Bleschke*, S. 21 ff., zu umfassenden Rechtstatsachen im Zeitraum 1995–1999 (ausgewertet wurden alle 803 Verschmelzungen unter Beteiligung von eG) S. 85 ff., zu den Motiven für die Verschmelzung von Genossenschaften S. 26–30; zu den Gründen für eine Verschmelzung auch *Fandrich/Graef/Bloehs*, S. 11 f.; neuere Zahlen auch bei *Schöpflin* in KölnKomm. UmwG, § 79 UmwG Rz. 6.

3 Zahlenangaben bei *Bultmann*, ZfgG 60 (2010), 23.

4 Näher *Schöpflin* in KölnKomm. UmwG, § 79 UmwG Rz. 9 m.w.N.

- Information der Mitglieder bzw. Vertreter in der beschließenden General- bzw. Vertreterversammlung: s. § 83 Rz. 2ff.,
  - (a) durch Auslegung von Verschmelzungsvertrag bzw. Entwurf, Verschmelzungsbericht, Prüfungsgutachten des gPV, Jahresabschlüsse und Lageberichte für die letzten drei Geschäftsjahre, ggf. Zwischenbilanzen im Versammlungslokal,
  - (b) durch Erläuterung des Verschmelzungsvertrages bzw. Entwurfs zu Beginn der Verhandlung,
  - (c) durch Auskunftserteilung,
  - (d) durch Verlesung des Prüfungsgutachtens des gPV,
  - (e) durch beratende Teilnahme des gPV.

(2) Beschlussfassung über die Verschmelzung: s. § 84,

(3) Verbesserung des Umtauschverhältnisses: s. § 85,

(4) Anmeldung und Eintragung der Verschmelzung: s. § 86,

(5) Wirkungen der Verschmelzung: s. §§ 87, 88,

(6) Information der Mitglieder nach erfolgter Verschmelzung: s. § 89,

(7) Barabfindung und Ausschlagung: s. §§ 90–94,

(8) Fortdauer der Nachschusspflicht: s. § 95.

II. Möglichkeiten der Beteiligung einer eG an einer Verschmelzung durch Aufnahme

1. Allgemein

Eine eG kann an der Verschmelzung durch Aufnahme (zur Verschmelzung durch Neugründung: § 96) **als übertragender sowie als übernehmender Rechtsträger** beteiligt sein. Grundsätzlich zulässig ist nach § 3 Abs. 4 UmwG sowohl die Verschmelzung unter gleichzeitiger Beteiligung von Rechtsträgern **derselben Rechtsform** als auch von Rechtsträgern **unterschiedlicher Rechtsform**. Eine eG kann daher an einer Verschmelzung durch Aufnahme wie folgt beteiligt sein: 4

- Verschmelzung einer übertragenden eG auf eine übernehmende eG,
- Verschmelzung einer übertragenden eG auf eine übernehmende Personenhandelsgesellschaft (OHG, KG, EWiV),
- Verschmelzung einer übertragenden Personenhandelsgesellschaft (OHG, KG, EWiV) auf eine übernehmende eG,
- Verschmelzung einer übertragenden eG auf eine übernehmende Kapitalgesellschaft (GmbH [inkl. des Subtyps der UG, vgl. Einl. I Rz. 53], AG, KGaA),
- Verschmelzung einer übertragenden Kapitalgesellschaft (GmbH [inkl. UG, s. oben], AG, KGaA) auf eine übernehmende eG,
- Verschmelzung eines übertragenden eV auf eine übernehmende eG,
- Verschmelzung einer übertragenden Partnerschaftsgesellschaft auf eine übernehmende eG.

In Betracht kommt darüber hinaus die grenzüberschreitende Verschmelzung durch Gründung einer **Europäischen Genossenschaft**[1] (SCE)[2].

5 **Nicht möglich** sind allerdings:

- Verschmelzung einer übertragenden eG auf einen übernehmenden eV (§ 99 Abs. 2 UmwG),
- Verschmelzung einer übertragenden eG auf einen übernehmenden genossenschaftlichen Prüfungsverband (§ 105 UmwG),
- Verschmelzung eines übertragenden genossenschaftlichen Prüfungsverbands auf eine übernehmende eG (§ 105 UmwG),
- Verschmelzung einer übertragenden eG auf einen übernehmenden Versicherungsverein auf Gegenseitigkeit (§ 109 UmwG),
- Verschmelzung eines übertragenden Versicherungsvereins auf Gegenseitigkeit auf eine übernehmende eG (§ 109 UmwG),
- Verschmelzung einer übertragenden eG auf einen übernehmenden kleineren Verein i.S.d. § 53 VAG (§ 118 UmwG i.V.m. § 109 UmwG),
- Verschmelzung eines übertragenden kleineren Vereins i.S.d. § 53 VAG auf eine übernehmende eG (§ 118 UmwG i.V.m. § 109 UmwG),
- Verschmelzung einer übertragenden eG auf eine übernehmende Partnerschaftsgesellschaft (§ 45a UmwG),
- Verschmelzung von Genossenschaftsbanken und öffentlich-rechtlichen Sparkassen[3].

2. Verschmelzung einer aufgelösten eG

a) eG als übertragender Rechtsträger

6 Nach § 3 Abs. 3 UmwG kann an einer Verschmelzung als *übertragender* Rechtsträger auch ein aufgelöster Rechtsträger beteiligt sein, wenn dessen Fortsetzung beschlossen werden könnte. Diese Voraussetzung ist nach § 79a GenG dann erfüllt, wenn die eG durch Beschluss der Generalversammlung (§ 78 GenG) oder durch Zeitablauf (§§ 8 Abs. 1 Nr. 1, 79 Abs. 1 GenG) aufgelöst wurde, noch nicht mit der Verteilung des nach Berichtigung der Schulden verbleibenden Vermögens unter die Mitglieder begonnen wurde und die Mitglieder noch nicht zu Nachschusszahlungen gem. § 87a Abs. 2 GenG herangezogen worden waren. Darüber hinaus darf die aufgelöste eG noch nicht im Genossenschaftsregister gelöscht worden sein[4]. Liegen die genannten Voraussetzungen nicht vor, sind etwaige Mängel der Verschmelzung nach § 20 Abs. 2 UmwG aber dennoch unbeachtlich, nachdem die Verschmelzung in das Handelsregister eingetragen worden ist[5] (§ 20 Rz. 77 ff.).

---

1 Vgl. auch *Scholderer* in Semler/Stengel, § 79 UmwG Rz. 5 m.w.N.; ausf. *Schöpflin* in KölnKomm. UmwG, § 79 UmwG Rz. 41 ff. m.w.N.
2 Zur SCE näher: *Lutter/Bayer/J. Schmidt*, EuropUR, § 42 m.z.w.N.
3 Dazu näher *Beuthien*, WM 2003, 1883 f.; vgl. auch *Schöpflin* in KölnKomm. UmwG, § 79 UmwG Rz. 8; *Scholderer* in Semler/Stengel, § 79 UmwG Rz. 5.
4 Vgl. auch *Fronhöfer* in Widmann/Mayer, § 79 UmwG Rz. 9 a.E.
5 BGH v. 29.6.2001 – V ZR 186/00, ZIP 2001, 2006 für die Verschmelzung einer GmbH i.L. mit einer GmbH.

Ein **Fortsetzungsbeschluss** ist neben dem Beschluss über die Verschmelzung **nicht erforderlich**[1] (s. auch § 3 Rz. 26). Ebenso wenig ist ein zusätzlicher satzungsändernder Beschluss erforderlich, wenn eine durch Zeitablauf aufgelöste eG verschmolzen werden soll; der von der h.M. für den Fall der Fortsetzung geforderte zusätzliche Satzungsänderungsbeschluss[2] wird durch den Verschmelzungsbeschluss, der insoweit die Satzung der aufgelösten eG umgestaltet, ersetzt (vgl. dazu § 3 Rz. 26)[3]. 7

Die **Beteiligung des genossenschaftlichen Prüfungsverbandes** gem. § 79a Abs. 2–4 GenG wird durch die gutachterliche Äußerung gem. § 81 UmwG sowie das Verfahren gem. §§ 82ff. UmwG ersetzt. 8

Im Gegensatz zur früheren Rechtslage, wo in § 93a Abs. 2 GenG a.F. lediglich darauf abgestellt wurde, dass noch nicht die Verteilung des Vermögens der aufgelösten eG unter die Mitglieder begonnen hatte, ist nach dem Wortlaut des § 3 Abs. 3 UmwG eine Verschmelzung der wegen **Mitgliederschwund** (§ 80 GenG) oder **Gesetzwidrigkeit** (§ 81 GenG) **aufgelösten eG** ausgeschlossen; denn in diesen beiden Auflösungsfällen ist eine Fortsetzung vom Gesetz nicht vorgesehen. Dieses Ergebnis wäre indes nicht sachgerecht[4]. Denn es ist ohne weiteres möglich, dass die Auflösungsgründe des Mitgliederschwundes oder der Gesetzwidrigkeit nach der erfolgten Verschmelzung hinfällig werden, sei es, weil für den aufnehmenden Rechtsträger ein solcher Auflösungsgrund nicht besteht, sei es, weil im Falle der Verschmelzung auf eine eG der Mangel an Mitgliedern geheilt wird oder weil sich die Organe der aufnehmenden eG nicht gesetzwidrig verhalten. Die Rechtslage[5] hat sich daher durch die teilweise abweichende Formulierung in § 3 Abs. 3 UmwG nicht geändert. Auch im Falle der Auflösung gem. §§ 80, 81 GenG kann daher unter analoger Anwendung des § 79a Abs. 1 Satz 1 GenG die Verschmelzung durchgeführt werden, solange noch nicht damit begonnen wurde, das Vermögen der aufgelösten eG unter die Mitglieder zu verteilen und die Mitglieder noch nicht gem. § 87a Abs. 2 GenG zu Nachschusszahlungen herangezogen worden waren[6]. Mit Wirksamkeit der Verschmelzung wird ein gerichtlicher oder be- 9

---

1 *Bayer*, ZIP 1997, 1613 (1614); vgl. weiter *Scholderer* in Semler/Stengel, § 79 UmwG Rz. 13; *Fronhöfer* in Widmann/Mayer, § 79 UmwG Rz. 10; *Schöpflin* in KölnKomm. UmwG, § 79 UmwG Rz. 17; a.A. *Lehnhoff* in Lang/Weidmüller, GenG, § 3 UmwG Rz. 5.

2 Dazu *K. Müller*, § 79a GenG Rz. 2; ebenso für die AG: *Hüffer* in MünchKomm. AktG, § 274 AktG Rz. 6. Die Notwendigkeit eines zusätzlichen satzungsändernden Beschlusses wird daraus gefolgert, dass der Fortsetzungsbeschluss nicht als Satzungsänderung zu qualifizieren sei (dazu auch RG v. 25.10.1927 – II B 14/27, RGZ 118, 337, 341), so dass der in der Satzung festgelegte Zeitablauf einer Fortsetzung entgegenstehe.

3 Zustimmend *Scholderer* in Semler/Stengel, § 79 UmwG Rz. 13. In rechtspraktischer Hinsicht empfiehlt sich dennoch für den Fall der Löschung durch Zeitablauf ein ausdrücklicher Satzungsänderungsbeschluss, um Eintragungsrisiken zu minimieren.

4 Zustimmend *Scholderer* in Semler/Stengel, § 79 UmwG Rz. 10, abweichend aber im Ergebnis; ebenso *Lehnhoff* in Lang/Weidmüller, GenG, § 3 UmwG Rz. 7a; zustimmend auch im Ergebnis *Fronhöfer* in Widmann/Mayer, § 79 UmwG Rz. 12; vgl. hinsichtlich der gleichen Problematik bei § 191 Abs. 3 UmwG: *Schmitz-Riol*, S. 158–159 m.w.N.

5 Dazu *Meyer/Meulenbergh/Beuthien*[12], § 93a GenG Rz. 8; *K. Müller*[1], § 93a GenG Rz. 9; *Schubert/Steder*, § 93a GenG Rz. 8; *Schlarb*, S. 34f.

6 Ebenso *Beuthien/Wolff*, GenG, §§ 2ff. UmwG Rz. 4 unter Hinweis auf den Rechtsgedanken des § 274 Abs. 2 Nr. 2 AktG; *Fronhöfer* in Widmann/Mayer, § 79 UmwG Rz. 12; *Bauer*, Genossenschafts-Handbuch, § 3 UmwG Rz. 9; *Bleschke*, S. 38–39; a.A. *Scholderer* in Semler/Stengel, § 79 UmwG Rz. 10, der verkennt, dass im Wege der Analogie die Wortlautgrenze ohnehin überschritten wird.

hördlicher Auflösungsbeschluss hinfällig, da der Rechtsträger, auf den sich der Beschluss bezieht, kraft Gesetzes erloschen ist (§ 20 Abs. 1 Nr. 2 UmwG).

10 Die Strenge des Kapitalschutzes schließt dagegen eine Fortsetzung und somit auch eine Verschmelzung der aufgelösten eG aus, wenn die erste – auch noch so geringfügige – **Vermögensleistung an die Mitglieder** erfolgt ist[1]. Die Fortsetzungsmöglichkeit – und damit die Verschmelzungsfähigkeit – wird allerdings wieder hergestellt, wenn das verteilte Vermögen an die eG zurückgewährt wurde[2]. Ebenso wird eine Fortsetzung und folglich auch eine Verschmelzung der aufgelösten eG wieder dadurch möglich, dass an die eG erbrachte Nachschusszahlungen wieder an die Mitglieder zurückgewährt wurden[3]. Völlig unschädlich ist, wenn zwar ein Nachforderungsbeschluss gem. § 87a Abs. 2 Satz 1 GenG getroffen wurde, jedoch noch keine Zahlungen an die eG geleistet waren[4].

11 Im Falle der Fortsetzung der aufgelösten eG durch Fortsetzungsbeschluss bestimmt § 79a Abs. 5 Satz 2 GenG, dass bei der erforderlichen **Anmeldung** der Fortsetzung in das Genossenschaftsregister die Versicherung abzugeben ist, „dass der Beschluss der Generalversammlung zu einer Zeit gefasst wurde, zu der noch nicht mit der Verteilung des nach der Berichtigung der Schulden verbleibenden Vermögens der (eG) an die Mitglieder begonnen worden war". Diese Erklärung ist im Falle der Verschmelzung der aufgelösten eG zusätzlich zu den Erklärungen gem. § 16 Abs. 2 UmwG (dazu § 86 Rz. 2f.) abzugeben, anderenfalls darf der Registerrichter die Eintragung der Verschmelzung nicht vornehmen.

b) eG als übernehmender Rechtsträger

12 § 3 Abs. 3 UmwG sieht nur die Beteiligung eines aufgelösten Rechtsträgers als *übertragender* Rechtsträger vor. Grundsätzlich **ausgeschlossen** ist daher, dass eine Verschmelzung unter Beteiligung einer **aufgelösten eG als übernehmendem Rechtsträger** durchgeführt wird[5] (§ 3 Rz. 31).

13 Der sachliche Grund für die Beschränkung ist darin zu sehen, dass anderenfalls die Anteilsinhaber eines übertragenden Rechtsträgers Mitglieder einer aufgelösten eG würden, die alsbald zu liquidieren ist[6]. Das verschmelzungsrechtliche Prinzip des vollwertigen Anteilstausches (vgl. § 87 Rz. 23ff.) würde hierdurch verletzt. Mit der ganz h.M. ist daher zu verlangen, dass eine aufgelöste übernehmende eG zunächst gem. § 79a GenG ihre **Fortsetzung beschließt**, bevor ein Verschmel-

---

1 Unstreitig: *Fronhöfer* in Widmann/Mayer, § 79 UmwG Rz. 9; *Bauer*, Genossenschafts-Handbuch, § 3 UmwG Rz. 8; *K. Müller*, § 79a GenG Rz. 3.

2 *Beuthien/Wolff*, GenG, §§ 2ff. UmwG Rz. 2; *Scholderer* in Semler/Stengel, § 79 UmwG Rz. 11; *Kern* in BerlKomm. GenG, § 79a GenG Rz. 2; *Schöpflin* in KölnKomm. UmwG, § 79 UmwG Rz. 16; a.A. *Fronhöfer* in Widmann/Meyer, § 79 UmwG Rz. 9.

3 So *Beuthien/Wolff*, § 79a GenG Rz. 5; *Kern* in BerlKomm. GenG, § 79a GenG Rz. 2; a.A. *K. Müller*, § 79a GenG Rz. 4a.

4 Für alle: *K. Müller*, § 79a GenG Rz. 4; *Beuthien/Wolff*, § 79a GenG Rz. 5; *Cario* in Lang/Weidmüller, § 87a GenG Rz. 20; *Scholderer* in Semler/Stengel, § 79 UmwG Rz. 12; *Fronhöfer* in Widmann/Mayer, § 79 UmwG Rz. 9.

5 OLG Naumburg v. 12.2.1997 – 10 Wx 1/97, mit Anm. *Bayer*, EWiR 1997, 807f.; ebenso *Fronhöfer* in Widmann/Mayer, § 79 UmwG Rz. 13; *Schöpflin* in KölnKomm. UmwG, § 79 UmwG Rz. 19.

6 *Bayer*, ZIP 1997, 1613 (1614) und EWiR 1997, 807f.; zust. *Scholderer* in Semler/Stengel, § 79 UmwG Rz. 14.

zungsbeschluss getroffen werden kann[1]. Der Verschmelzungsbeschluss kann nicht als gleichzeitiger Fortsetzungsbeschluss qualifiziert werden[2]. Jedoch können beide Beschlüsse gemeinsam gefasst werden. Auch sollte es zulässig sein, dass ein *aufgelöster übertragender* Rechtsträger auf einen *aufgelösten übernehmenden* Rechtsträger zum Zwecke der **gemeinsamen Abwicklung** verschmolzen wird. Denn in diesem Fall ist ein Interesse der Anteilsinhaber des übertragenden Rechtsträgers am Erwerb vollwertiger Anteile eines werbenden übernehmenden Rechtsträgers nicht ersichtlich[3]. Die Verschmelzung ist hier nur dann **unzulässig**, wenn die Interessen der Gläubiger gefährdet sind; dies ist etwa der Fall, wenn über das Vermögen des aufnehmenden Rechtsträgers das **Insolvenzverfahren** eröffnet wurde[4]. Soweit Gläubigerinteressen dagegen nicht berührt sind, kann für die Verschmelzung zur gemeinsamen Abwicklung auf einen förmlichen Fortsetzungsbeschluss verzichtet werden[5]. Ausreichend ist vielmehr, dass die Fortsetzung in zulässiger Weise beschlossen werden könnte[6] (vgl. auch § 3 Rz. 31).

3. Mehr als zwei beteiligte Rechtsträger?

14 Das Gesetz geht im Anschluss an § 339 Abs. 1 Satz 1 AktG a.F. davon aus, dass an einer Verschmelzung durch Aufnahme auch mehrere übertragende Rechtsträger beteiligt sein können. Die früher unter Berufung auf den abweichenden Wortlaut des § 93a GenG a.F. vertretene **abweichende Auffassung** ist daher **überholt**[7].

III. Satzungsänderung

1. Verhältnis zum früheren Recht und Normzweck

15 Auch im Falle der früher nur zulässigen Verschmelzung von eG gleicher Haftart konnte in der Praxis das Problem auftreten, dass eine Änderung der Satzung der übernehmenden eG sinnvoll war. In der Regel wurde hierüber im Verschmelzungsvertrag eine Regelung getroffen. Unklarheiten waren allerdings dann möglich, wenn zwar die Verschmelzung, nicht aber zugleich die vereinbarte Satzungs-

---

1 *Bayer*, ZIP 1997, 1613 (1614); *Lehnhoff* in Lang/Weidmüller, GenG, § 3 UmwG Rz. 5; *Scholderer* in Semler/Stengel, § 79 UmwG Rz. 14; *Fronhöfer* in Widmann/Mayer, § 79 UmwG Rz. 13; *Schöpflin* in KölnKomm. UmwG, § 79 UmwG Rz. 20; teilw. abw. *Beuthien/Wolff*, GenG, §§ 2ff. UmwG Rz. 4a (auch aufgelöste eG seien eG i.S.d. § 3 Abs. 1 Nr. 3 UmwG).

2 So aber *Marsch-Barner* in Kallmeyer, § 3 UmwG Rz. 22; vgl. auch *Stratz* in Schmitt/Hörtnagl/Stratz, § 3 UmwG Rz. 48; wie hier dagegen *Lehnhoff* in Lang/Weidmüller, GenG, § 3 UmwG Rz. 5; *Scholderer* in Semler/Stengel, § 79 UmwG Rz. 14.

3 Zustimmend *Bleschke*, S. 40; ebenso *Lehnhoff* in Lang/Weidmüller, GenG, § 3 UmwG Rz. 5; *Bauer*, Genossenschafts-Handbuch, § 3 UmwG Rz. 11; a.A. *Scholderer* in Semler/Stengel, § 79 UmwG Rz. 14; *Schöpflin* in KölnKomm. UmwG, § 79 UmwG Rz. 20.

4 Ebenso *Bauer*, Genossenschafts-Handbuch, § 3 UmwG Rz. 11a; *Schöpflin* in Köln-Komm. UmwG, § 79 UmwG Rz. 21.

5 A.A. OLG Naumburg v. 12.2.1997 – 10 Wx 1/97, GmbHR 1997, 1152 = EWiR 1997, 807 (abl. *Bayer*).

6 So bereits *Bayer*, ZIP 1997, 1613 (1614) m.w.N. zum Streitstand.

7 Vgl. auch *Fronhöfer* in Widmann/Mayer, § 79 UmwG Rz. 1; *Schöpflin* in KölnKomm. UmwG, § 79 UmwG Rz. 22; *Scholderer* in Semler/Stengel, § 79 UmwG Rz. 16.

änderung beschlossen wurde[1]. Dies gilt umso mehr, nachdem heute auch Rechtsträger anderer Rechtsform auf eine eG verschmolzen werden können. Um für den Rechtsverkehr **Klarheit zu schaffen**, verlangt § 79 UmwG, dass im Falle der Aufnahme eines Rechtsträgers anderer Rechtsform eine erforderliche Änderung der Satzung einer übernehmenden eG gleichzeitig mit der Verschmelzung beschlossen wird[2].

2. Mischverschmelzung auf eine eG als übernehmender Rechtsträger

16 § 79 UmwG regelt indes nur den Fall, dass ein Rechtsträger anderer Rechtsform *auf eine eG* als übernehmender Rechtsträger verschmolzen wird, nicht dagegen die Verschmelzung einer eG auf einen Rechtsträger anderer Rechtsform[3]. § 79 UmwG erfasst auch *nicht* den Fall einer *reinen eG-Verschmelzung*[4]. Diese **Beschränkung** des Gesetzes **ist zu kritisieren**[5]. Denn die bislang auch bei der reinen eG-Verschmelzung aufgetretenen Unklarheiten (oben Rz. 15) werden nicht beseitigt[6].

3. Erforderlichkeit der Satzungsänderung

17 Ob auf Grund der Verschmelzung eine Änderung der Satzung einer übernehmenden eG erforderlich ist, **entscheiden allein die Parteien** des Verschmelzungsvertrages[7]. Zwingend vorgeschrieben ist eine Satzungsänderung vom Gesetz nicht, auch nicht im Falle einer Mischverschmelzung durch Aufnahme eines Rechtsträgers anderer Rechtsform. In der Regel werden allerdings **praktische Bedürfnisse** eine Änderung der Satzung einer übernehmenden eG erforderlich machen. Dies gilt insbesondere dann, wenn zwischen den beteiligten Rechtsträgern unterschiedliche Beteiligungsstrukturen angepasst werden müssen, aber auch im Falle, dass der übertragende Rechtsträger einen Teil seiner (erlöschenden) Identität in der übernehmenden eG bewahren will. Eine Satzungsänderung ist dagegen im Regelfall nicht erforderlich, wenn lediglich eine 100%ige Tochtergesellschaft auf die

---

1 Vgl. hierzu nur *Meyer/Meulenbergh/Beuthien*[12], § 93c GenG Rz. 10; *K. Müller*[1], § 93c GenG Rz. 3; *Lang/Weidmüller/Schaffland*[32], § 93b GenG Rz. 3a; *Ohlmeyer*, S. 22 ff., 97 ff., 103 ff.; *Schlarb*, S. 70 ff.

2 Gesetzesbegr. zu § 79 bei *Ganske*, S. 120; vgl. hierzu auch *Fronhöfer* in Widmann/Mayer, § 79 UmwG Rz. 15; *Bauer*, Genossenschafts-Handbuch, § 79 UmwG Rz. 3; *Schöpflin* in KölnKomm. UmwG, § 79 UmwG Rz. 24.

3 So auch *Scholderer* in Semler/Stengel, § 79 UmwG Rz. 17; *Stratz* in Schmitt/Hörtnagl/Stratz, § 79 UmwG Rz. 4.

4 Vgl. auch *Schöpflin* in KölnKomm. UmwG, § 79 UmwG Rz. 11; *Scholderer* in Semler/Stengel, § 79 UmwG Rz. 37; *Fronhöfer* in Widmann/Mayer, § 79 UmwG Rz. 16; *Stratz* in Schmitt/Hörtnagl/Stratz, § 79 UmwG Rz. 4.

5 Kritisch auch *Fronhöfer* in Widmann/Mayer, § 79 UmwG Rz. 16; *Scholderer* in Semler/Stengel, § 79 UmwG Rz. 37.

6 Dazu auch *Schöpflin* in KölnKomm. UmwG, § 79 UmwG Rz. 11.

7 Zustimmend *Fronhöfer* in Widmann/Mayer, § 79 UmwG Rz. 22; *Bauer*, Genossenschafts-Handbuch, § 79 UmwG Rz. 5; *Schöpflin* in KölnKomm. UmwG, § 79 UmwG Rz. 25.

eG-Muttergesellschaft verschmolzen wird, da es hier nicht zu einem Anteilstausch kommt[1].

18 Erforderlich i.S.v. § 79 UmwG ist eine Satzungsänderung allerdings nur dann, wenn eine entsprechende **Vereinbarung** im Verschmelzungsvertrag **getroffen** oder bei der Beschlussfassung über die Verschmelzung in der Versammlung der Anteilsinhaber einer der beteiligten Rechtsträger als (zulässige) **Bedingung aufgestellt** wurde (vgl. dazu auch § 80 Rz. 32f.)[2]. Denn es ist durchaus möglich, dass der Verschmelzung zwar durch Beschluss (unbedingt) zugestimmt wird, die General-/Vertreterversammlung jedoch den Vorstand nur unter der Bedingung zur Anmeldung der Eintragung der Verschmelzung ermächtigt, dass noch bestimmte, von der Versammlung geforderte Modifikationen im Verschmelzungsvertrag oder in der Satzung (des anderen Rechtsträgers) vorgenommen werden[3] (dazu auch § 13 Rz. 23).

19 Eine Änderung der Satzung der übernehmenden eG wird auf Grund der Interessen des übertragenden Rechtsträgers und seiner Anteilsinhaber **insbesondere dann erforderlich** werden, wenn die bisherige Satzung der übernehmenden eG beim übertragenden Rechtsträger bestehende größere Beteiligungen nicht gestattet[4]. Sofern diese beim übertragenden Rechtsträger bestehenden größeren Beteiligungen nicht vor Wirksamwerden der Verschmelzung aufgespalten werden können, würde die Beteiligungsbegrenzung in der übernehmenden eG dazu führen, dass Kapital aus der eG hinausgedrängt wird[5] (vgl. § 87 Rz. 27ff., § 88 Rz. 3ff.). Diesem Kapitalabfluss kann in der Regel nur dadurch begegnet werden, dass in der künftigen Satzung der übernehmenden eG die **Beteiligung mit mehreren Geschäftsanteilen** (dazu § 80 Rz. 17) gestattet wird (vgl. § 7a Abs. 1 Satz 1 GenG). Eine solche Regelung ist nicht nur im Falle der Mischverschmelzung, sondern auch im Falle der reinen eG-Verschmelzung sinnvoll, wenn die Satzung der übertragenden eG eine höhere Beteiligung gestattete[6].

20 Erforderlich kann es – insbesondere auf Verlangen der Anteilsinhaber eines übertragenden Rechtsträgers – auch sein, Satzungsbestimmungen in der übernehmenden eG über eine **Pflichtbeteiligung** (vgl. §§ 7 Nr. 1, 7a Abs. 2 GenG) zu ändern[7] oder auch eine bestehende **Nachschusspflicht** herabzusetzen oder auszuschließen (vgl. §§ 6 Nr. 3, 22a GenG)[8].

---

1 Vgl. auch Gesetzesbegr zu § 79 bei *Ganske*, S. 120; ferner *Bauer*, Genossenschafts-Handbuch, § 79 UmwG Rz. 6; *Fronhöfer* in Widmann/Mayer, § 79 UmwG Rz. 19; *Scholderer* in Semler/Stengel, § 79 UmwG Rz. 21 Fn. 53.

2 Vgl. auch *Fronhöfer* in Widmann/Mayer, § 79 UmwG Rz. 22; *Scholderer* in Semler/Stengel, § 79 UmwG Rz. 21–32.

3 S. zur Problematik auch *Grunewald*, AG 1990, 133 (138) (zur AG); missverständlich die Kritik von *Scholderer* in Semler/Stengel, § 79 UmwG Rz. 22.

4 Zustimmend *Bauer*, Genossenschafts-Handbuch, § 79 UmwG Rz. 5; *Fronhöfer* in Widmann/Mayer, § 79 UmwG Rz. 19; *Limmer*, Unternehmensumwandlung, Rz. 846.

5 In diesem Sinne auch *Stratz* in Schmitt/Hörtnagl/Stratz, § 79 UmwG Rz. 5; *Limmer*, Unternehmensumwandlung, Rz. 847; *Schöpflin* in KölnKomm. UmwG, § 79 UmwG Rz. 29.

6 Ausnahmsweise kann auch die Herabsetzung des Betrages eines Geschäftsanteils (vgl. § 7 Nr. 1 GenG) ausreichend sein.

7 Vgl. dazu auch *Scholderer* in Semler/Stengel, § 79 UmwG Rz. 28; *Fronhöfer* in Widmann/Mayer, § 79 UmwG Rz. 20; *Schöpflin* in KölnKomm. UmwG, § 79 UmwG Rz. 30.

8 Vgl. auch *Scholderer* in Semler/Stengel, § 79 UmwG Rz. 26; *Schöpflin* in KölnKomm. UmwG, § 79 UmwG Rz. 31.

21 **Weitere Satzungsänderungen:** Erforderlich kann es weiter sein, den **Unternehmensgegenstand** der übernehmenden eG (vgl. § 16 Abs. 2 Nr. 1 GenG) zu erweitern, um einen abweichenden Unternehmensgegenstand eines übertragenden Rechtsträgers zu berücksichtigen; ggf. ist der Unternehmensgegenstand auf Grund der Verschmelzung ganz zu ändern[1]. Dabei ist zu beachten, dass der geänderte Unternehmensgegenstand dem nach § 1 Abs. 1 GenG notwendigen Förderzweck der übernehmenden eG nicht widerspricht[2]. Erforderlich kann es auch sein, die **Firma** der übernehmenden eG zu ändern, sei es, um sie einem geänderten Unternehmensgegenstand anzupassen (vgl. § 3 GenG), sei es, um eine traditionsreiche oder bekannte Firma des übertragenden Rechtsträgers vollständig oder teilweise zu übernehmen, was im Falle des Erwerbs des Handelsgeschäfts des übertragenden Rechtsträgers gem. § 18 Abs. 1 UmwG – über § 22 Abs. 1 HGB hinaus – grundsätzlich gestattet ist[3]. So kann man etwa Namen von Mitgliedern oder anderen Personen in die Firma aufnehmen und auf diese Weise die Personenfirma eines übertragenden Rechtsträgers fortführen (§ 18 Abs. 1, Abs. 2 UmwG i.V.m. § 3 GenG).

Enthält die Satzung der übernehmenden eG **Beitrittsvoraussetzungen** – was zulässig ist[4] –, so hindert die Nichterfüllung dieser Voraussetzungen zwar nicht den Erwerb der Mitgliedschaft durch die Anteilsinhaber eines übertragenden Rechtsträgers (ausf. § 87 Rz. 15). Zur Vermeidung von Rechtsunsicherheit (ist spätere Ausschließung zulässig?) ist es jedoch ratsam, auch insoweit die Satzung der übernehmenden eG zu ändern. Dies gilt insbesondere auch dann, wenn ein **Beitrittsgeld** (Eintrittsgeld) vorgesehen ist[5]. Denn es ist zweifelhaft, ob ein solches Beitrittsgeld auch von den Anteilsinhabern eines übertragenden Rechtsträgers erhoben werden kann, die nicht im Wege des Beitritts gem. §§ 15 ff. GenG, sondern im Wege des Anteilstausches gem. §§ 20 Abs. 1 Nr. 3, 87 Abs. 1 Satz 1 UmwG Mitglied in der übernehmenden eG werden (dazu § 87 Rz. 13)[6]. Sachlich gerechtfertigt wäre ein solches (nachträglich zu entrichtendes) Eintrittsgeld nicht; vielmehr sind Wertunterschiede der verschmelzenden eG bei der Festsetzung im Rahmen der Verschmelzung auszugleichen (vgl. dazu ausf. § 87 Rz. 32 ff.)[7]. Eine Klarstellung durch die Satzung ist geboten. Schließlich kann es auf Verlangen eines übertragenden Rechtsträgers erforderlich sein, die satzungsmäßigen Bestimmungen über die **Bestellung** und **Zusammensetzung** der **Organe** der übernehmenden eG zu ändern[8]; insbesondere auch hinsichtlich der Vertreterversammlung[9].

1 *Fronhöfer* in Widmann/Mayer, § 79 UmwG Rz. 20; *Schöpflin* in KölnKomm. UmwG, § 79 UmwG Rz. 27.
2 Ebenso *Scholderer* in Semler/Stengel, § 79 UmwG Rz. 25.
3 Zustimmend *Scholderer* in Semler/Stengel, § 79 UmwG Rz. 24; *Schöpflin* in KölnKomm. UmwG, § 79 UmwG Rz. 27.
4 *Schulte* in Lang/Weidmüller, § 15 GenG Rz. 22 f.; *Beuthien*, § 15 GenG Rz. 22 m.w.N.
5 Zur Zulässigkeit eines Beitrittsgeldes allgemein: *K. Müller*, § 7 GenG Rz. 24; *Schulte* in Lang/Weidmüller, § 7 GenG Rz. 21 ff.; *Beuthien*, § 15 GenG Rz. 22 a.E.; RG v. 20.1.1906 – Rep. I. 342/05, RGZ 62, 303; RG v. 15.1.1932 – II 245/31, RGZ 135, 55; OLG Bamberg v. 7.1.1981 – 3 U 113/80, BB 1982, 272 m. Anm. *Ehlenz*.
6 Zur Problematik ausf. *Scholderer* in Semler/Stengel, § 87 UmwG Rz. 21; vgl. weiter *Schöpflin* in KölnKomm. UmwG, § 79 UmwG Rz 28.
7 Wie hier *Schöpflin* in KölnKomm. UmwG, § 79 UmwG Rz. 28; teilw. abw. *Scholderer* in Semler/Stengel, § 87 UmwG Rz. 22.
8 Vgl. dazu auch *Scholderer* in Semler/Stengel, § 79 UmwG Rz. 30.
9 Ausf. *Scholderer* in Semler/Stengel, § 79 UmwG Rz. 31.

4. Beschlussfassung über die Satzungsänderung

Ist eine Satzungsänderung gem. § 79 UmwG erforderlich, so ist die (künftige) Satzung der übernehmenden eG grundsätzlich (unten Rz. 24) **gleichzeitig** mit der Beschlussfassung über die **Verschmelzung** in der General- bzw. Vertreterversammlung (dazu § 84 Rz. 1 f.) der übernehmenden eG **zu beschließen**. Die eindeutige gesetzliche Formulierung „gleichzeitig" schließt es aus, dass zunächst über die Verschmelzung und anschließend über die Satzungsänderung beschlossen wird[1]. Vielmehr ist über die Verschmelzung und die Satzungsänderung zeitgleich zu beschließen. Wäre eine zeitlich gestaffelte Beschlussfassung zulässig, so hätte der Gesetzgeber formuliert, dass die (beschlossene) Verschmelzung nur wirksam wird, wenn bis zum Zeitpunkt des Wirksamwerdens der Verschmelzung auch eine erforderliche Satzungsänderung beschlossen ist. Darüber hinaus wird allein eine gleichzeitige gemeinsame Beschlussfassung dem gesetzlichen Anliegen der Rechtsklarheit gerecht: Nur wenn die Verschmelzung wirksam wird – also auch die Anteilsinhaber der übrigen beteiligten Rechtsträger zustimmen –, soll auch die Satzungsänderung wirksam werden. Eine erfolgreiche Klage gegen den (nicht eingetragenen) Verschmelzungsbeschluss soll auch die zeitgleich beschlossene Satzungsänderung in Wegfall bringen[2]. Daher kann der Gegenauffassung[3] nicht gefolgt werden. 22

Für das **Verfahren der Satzungsänderung** sind allerdings nicht die §§ 81 ff. UmwG, sondern die §§ 16, 43 ff. GenG maßgeblich[4]. Daher ist es möglich, dass im Hinblick auf den Verschmelzungsbeschluss andere Anforderungen bestehen als hinsichtlich des Satzungsänderungsbeschlusses. Der einheitliche Beschluss, der die Zustimmung zum Verschmelzungsvertrag sowie die erforderliche Änderung der Satzung der übernehmenden eG enthält, ist daher nur wirksam, wenn kumulativ sowohl die Voraussetzungen gem. §§ 81 ff. UmwG als auch gem. §§ 16, 43 ff. GenG erfüllt sind[5]. 23

Die gleichzeitige Beschlussfassung über Verschmelzung und Satzungsänderung ist allerdings dann hinfällig, wenn erforderliche **Änderungen** (dazu oben Rz. 15 ff.) in der Satzung der übernehmenden eG bereits **im Vorgriff** auf die Verschmelzung vorgenommen wurden[6]. In diesem Fall gelten für die Satzungsänderung allein die §§ 16, 43 ff. GenG, für den Verschmelzungsbeschluss die §§ 81 ff. UmwG. 24

---

1 Wie hier *Bauer*, Genossenschafts-Handbuch, § 79 UmwG Rz. 3; *Fronhöfer* in Widmann/Mayer, § 79 UmwG Rz. 23; *Stratz* in Schmitt/Hörtnagl/Stratz, § 79 UmwG Rz. 4; *Schöpflin* in KölnKomm. UmwG, § 79 UmwG Rz. 34; a.A. *Scholderer* in Semler/Stengel, § 79 UmwG Rz. 34, der eine separate Beschlussfassung in derselben General- bzw. Vertreterversammlung aus Praktikabilitätsgründen zulassen will.

2 Zust. *Schöpflin* in KölnKomm. UmwG, § 79 UmwG Rz. 35.

3 *Scholderer* in Semler/Stengel, § 79 UmwG Rz. 34.

4 Ebenso *Fronhöfer* in Widmann/Mayer, § 79 UmwG Rz. 23; *Scholderer* in Semler/Stengel, § 79 UmwG Rz. 33; *Schöpflin* in KölnKomm. UmwG, § 79 UmwG Rz. 37.

5 Vgl. auch *Fronhöfer* in Widmann/Mayer, § 79 UmwG Rz. 23; *Scholderer* in Semler/Stengel, § 79 UmwG Rz. 33; *Schöpflin* in KölnKomm. UmwG, § 79 UmwG Rz. 37.

6 Zust. zur Zulässigkeit *Bauer*, Genossenschafts-Handbuch, § 79 UmwG Rz. 3 a.E.; *Scholderer* in Semler/Stengel, § 79 UmwG Rz. 34; a.A. wohl *Fronhöfer* in Widmann/Mayer, § 79 UmwG Rz. 23; vgl. auch *Schöpflin* in KölnKomm. UmwG, § 79 UmwG Rz. 36 (unzweckmäßig).

5. Anmeldung der Satzungsänderung

25 Die **Anmeldung** der Satzungsänderung erfolgt **gem. §§ 16 Abs. 5, 11 GenG**; sie ist nicht Teil der Anmeldung der Verschmelzung gem. §§ 16, 86 UmwG[1]. Das bedeutet: Die Anmeldung ist in elektronisch öffentlich beglaubigter Form durch die Vorstandsmitglieder in vertretungsberechtigter Anzahl (vgl. § 25 GenG) einzureichen (§ 157 GenG)[2]. Der Satzungsänderungsbeschluss ist nach dem neu gefassten § 16 Abs. 5 Satz 1 GenG nur in **Abschrift** beizufügen[3]. Im Falle, dass die Satzung der übernehmenden eG investierende Mitglieder zulässt, Mehrstimmrechte gewährt oder die Satzungsänderung eine Erhöhung des Geschäftsanteils (§ 16 Abs. 2 Nr. 2 GenG), die Einführung oder Erweiterung einer Pflichtbeteiligung mit mehreren Geschäftsanteilen (§ 16 Abs. 2 Nr. 3 GenG), die Einführung oder Erweiterung der Verpflichtung der Mitglieder zur Leistung von Nachschüssen (§ 16 Abs. 2 Nr. 4 GenG), die Verlängerung der Kündigungsfrist auf eine längere Frist als zwei Jahre (§ 16 Abs. 2 Nr. 5 GenG), die Einführung oder Erhöhung eines Mindestkapitals (§ 16 Abs. 2 Nr. 9 GenG), die Einschränkung des Anspruchs des Mitglieds nach § 73 Abs. 2 Satz 2 und Abs. 4 GenG auf Auszahlung des Auseinandersetzungsguthabens (§ 16 Abs. 2 Nr. 10 GenG), die Einführung der Möglichkeit nach § 8 Abs. 2 Satz 1 und 2 GenG, investierende Mitglieder zuzulassen (§ 16 Abs. 2 Nr. 11 GenG)[4], oder eine wesentliche Änderung des Unternehmensgegenstandes betrifft, ist der Niederschrift des Beschlusses (§ 47 Abs. 1 Satz 1 GenG) ein Verzeichnis der erschienenen oder vertretenen Mitglieder und der vertretenden Personen beizufügen (§ 47 Abs. 3 Satz 1 GenG) und mit der Anmeldung zu übermitteln.

§ 80
Inhalt des Verschmelzungsvertrags bei Aufnahme durch eine Genossenschaft

(1) Der Verschmelzungsvertrag oder sein Entwurf hat bei Verschmelzungen im Wege der Aufnahme durch eine eingetragene Genossenschaft für die Festlegung des Umtauschverhältnisses der Anteile (§ 5 Abs. 1 Nr. 3) die Angabe zu enthalten,

1. **dass jedes Mitglied einer übertragenden Genossenschaft mit einem Geschäftsanteil bei der übernehmenden Genossenschaft beteiligt wird, sofern die Satzung dieser Genossenschaft die Beteiligung mit mehr als einem Geschäftsanteil nicht zulässt, oder**

1 So auch *Schöpflin* in KölnKomm. UmwG, § 79 UmwG Rz. 38.
2 Änderung durch Art. 3 Nr. 121 des Gesetzes zur Einführung der Europäischen Genossenschaft und zur Änderung des Genossenschaftsrecht vom 14.8.2006, BGBl. I, S. 1911; vgl. noch *Schulte* in Lang/Weidmüller, § 16 GenG Rz. 31; *Cario* in Lang/Weidmüller, § 157 GenG Rz. 7.
3 Änderung durch Art. 3 Nr. 6 des Gesetzes über elektronische Handelsregister und Genossenschaftsregister sowie das Unternehmensregister (EHUG) v. 10.11.2006, BGBl. I, S. 2553; vgl. noch *Schöpflin* in KölnKomm. UmwG, § 79 UmwG Rz. 38.
4 Dazu ausf. *M. Wachter*, Die investierende Mitgliedschaft bei der eingetragenen Genossenschaft, 2011.

2. dass jedes Mitglied einer übertragenden Genossenschaft mit mindestens einem und im Übrigen mit so vielen Geschäftsanteilen bei der übernehmenden Genossenschaft beteiligt wird, wie durch Anrechnung seines Geschäftsguthabens bei der übertragenden Genossenschaft als voll eingezahlt anzusehen sind, sofern die Satzung der übernehmenden Genossenschaft die Beteiligung eines Mitglieds mit mehreren Geschäftsanteilen zulässt oder die Mitglieder zur Übernahme mehrerer Geschäftsanteile verpflichtet; der Verschmelzungsvertrag oder sein Entwurf kann eine andere Berechnung der Zahl der zu gewährenden Geschäftsanteile vorsehen.

Bei Verschmelzungen im Wege der Aufnahme eines Rechtsträgers anderer Rechtsform durch eine eingetragene Genossenschaft hat der Verschmelzungsvertrag oder sein Entwurf zusätzlich für jeden Anteilsinhaber eines solchen Rechtsträgers den Betrag des Geschäftsanteils und die Zahl der Geschäftsanteile anzugeben, mit denen er bei der Genossenschaft beteiligt wird.

(2) Der Verschmelzungsvertrag oder sein Entwurf hat für jede übertragende Genossenschaft den Stichtag der Schlussbilanz anzugeben.

Literatur

Vgl. die Angaben zu § 79.

I. Änderung der Vorschrift nach 1995

In § 80 Abs. 1 Nr. 2 2. Halbsatz UmwG wurden durch Art. 1 des Gesetzes zur Änderung des Umwandlungsgesetzes vom 22.6.1998[1] die Wörter „zugunsten der Genossen einer übertragenden Genossenschaft" gestrichen[2]. Um Unterschiede im Verhältnis von Geschäftsguthaben zum Gesellschaftsvermögen zwischen den zu verschmelzenden eG ausgleichen zu können, war es bereits vorher möglich, im Verschmelzungsvertrag das Umtauschverhältnis abweichend von der gesetzlichen Grundregel, dass ausnahmslos die Geschäftsguthaben als Maßstab zugrunde zu legen sind, zu vereinbaren[3]. Die früher bestehende Einschränkung dieser Korrek- 1

1 BGBl. I, S. 1878.
2 Vgl. auch die umfassende Begr Gesetzentwurf (BT-Drucks. 13/8808, 13 f.).
3 S. dazu bereits die 1. Aufl., § 87 Rz. 33 ff. und § 80 Rz. 23 (mit Beispiel).

turmöglichkeiten und die hiermit verbundenen Unklarheiten[1] wurden beseitigt. Redaktionelle Änderungen erfolgten 2006 durch das Gesetz zur Einführung der Europäischen Genossenschaft und zur Änderung des Genossenschaftsrechts[2].

II. Sinn und Zweck

2 § 80 UmwG **ergänzt** und **konkretisiert** für den Fall, dass die *eG aufnehmender Rechtsträger* ist, die allgemeine Vorschrift des § 5 Abs. 1 Nr. 3 UmwG über den **Mindestinhalt des Verschmelzungsvertrages** (oder des Vertragsentwurfs) im Hinblick auf die genossenschaftsspezifische Besonderheit, dass zu unterscheiden ist zwischen dem *Geschäftsanteil* und dem *Geschäftsguthaben* (dazu unten Rz. 14f.) sowie weiter zwischen eG, deren Satzung nur eine Beteiligung mit jeweils einem Geschäftsanteil zulässt (§ 80 Abs. 1 Satz 1 Nr. 1 UmwG), und eG, deren Satzung die Beteiligung eines Mitglieds mit mehreren Geschäftsanteilen zulässt oder sogar als Pflichtbeteiligung vorschreibt (§ 80 Abs. 1 Satz 1 Nr. 2 UmwG), wodurch eine differenzierte Regelung des Umtauschverhältnisses der Anteile erforderlich wird[3]. Darüber hinaus wird zwischen *reinen eG-Verschmelzungen* und *Mischverschmelzungen* unterschieden[4].

III. Verschmelzungsvertrag/Vertragsentwurf

3 In Übereinstimmung mit der früheren genossenschaftlichen Rechtspraxis und zurückgehend auf Art. 5 der 3. (Verschmelzungs-)Richtlinie[5], eröffnet § 4 UmwG ausdrücklich die **Alternative**, entweder den Verschmelzungsvertrag in der erforderlichen Form (dazu unten Rz. 5ff.) abzuschließen und den Versammlungen der Anteilsinhaber der beteiligten Rechtsträger zur Zustimmung vorzulegen (§§ 4 Abs. 1, 13 Abs. 1 UmwG) oder zunächst lediglich einen schriftlichen *Entwurf* des Verschmelzungsvertrags aufzustellen, der dann nach erfolgter Zustimmung durch die Versammlungen der Anteilsinhaber von den Vertretungsorganen der beteiligten Rechtsträger formgerecht abgeschlossen wird[6] (vgl. dazu auch § 84 Rz. 6 sowie § 4 Rz. 15ff.). Zu beachten ist, dass auch ein von den Parteien endgültig ausgehandelter Verschmelzungsvertrag trotz Zustimmung durch die Anteilsinhaber solange als Vertragsentwurf zu qualifizieren ist, bis er notariell beurkundet wurde (dazu unten Rz. 5, 7 sowie ausf. § 4 Rz. 15). Die Vorlage eines Vertragsentwurfs empfiehlt sich zur Vermeidung der Kosten einer notariellen Beurkundung stets dann, wenn die Zustimmung der Anteilsinhaber nicht sicher erscheint[7].

---

1 Vgl. *Lehnhoff* in Lang/Weidmüller, GenG, § 80 UmwG Rz. 4ff.

2 V. 14.8.2006, BGBl. I, S. 1911; dazu BT-Drucks. 16/1025; *Geschwandtner/Helios*, NZG 2006, 961ff.; *Großfeld*, ZfgG 56 (2006), 101ff.; *Schaffland/Korte*, NZG 2006, 253f.

3 Vgl. auch *Schöpflin* in KölnKomm. UmwG, § 80 UmwG Rz. 1; *Stratz* in Schmitt/Hörtnagl/Stratz, § 80 UmwG Rz. 2; *Scholderer* in Semler/Stengel, § 80 UmwG Rz. 1f.

4 Vgl. auch *Schöpflin* in KölnKomm. UmwG, § 80 UmwG Rz. 1; *Stratz* in Schmitt/Hörtnagl/Stratz, § 80 UmwG Rz 3; *Scholderer* in Semler/Stengel, § 80 UmwG Rz. 2.

5 Ursprünglich: Richtlinie 78/855/EWG; seit 1.7.2011: Richtlinie 2011/35/EU des Europäischen Parlaments und des Rates v. 5.4.2011 über die Verschmelzung von Aktiengesellschaften, ABl. EU Nr. L 110/1 v. 29.4.2011, s. Anh. III, S. 3451ff. Ausf. Erläuterungen bei *Lutter/Bayer/J. Schmidt*, EuropUR, § 21 m.z.w.N.

6 Vgl. auch *Scholderer* in Semler/Stengel, § 80 UmwG Rz. 4.

7 Zustimmend *Fronhöfer* in Widmann/Mayer, § 80 UmwG Rz. 4; vgl. noch *Fandrich/Graef/Bloehs*, S. 25f.

IV. Einzelheiten zum Verschmelzungsvertrag

1. Rechtsnatur

Der Verschmelzungsvertrag ist ein **strukturändernder Organisationsvertrag**; denn er ändert die bestehende Verfassungsstruktur der beteiligten Rechtsträger[1]. Darüber hinaus enthält der Verschmelzungsvertrag aber auch schuldrechtliche Bestandteile, so etwa das als Vertrag zugunsten Dritter gem. § 328 BGB zu qualifizierende Abfindungsangebot an die Anteilsinhaber des übertragenden Rechtsträgers im Falle einer Mischverschmelzung auf eine eG als übernehmender Rechtsträger (vgl. § 90 Rz. 2). Zu den Einzelheiten § 4 Rz. 3ff. 4

2. Form

Der Verschmelzungsvertrag muss gem. § 6 UmwG **notariell beurkundet** werden. 5
Die frühere Regelung, wonach für die Verschmelzung von eG die schriftliche Form erforderlich, aber auch ausreichend war (§ 93c GenG a.F.), wurde vom Gesetzgeber gegen den Protest der genossenschaftlichen Spitzenverbände ausdrücklich aufgegeben. Die Gesetzesbegründung vertritt den Standpunkt, dass „die Kostenbelastung durch die Notargebühr bei einem so seltenen Vorgang zugemutet" werden könne[2]. Darüber hinaus müssten für den Fall der Mischverschmelzung mögliche Zweifel, welche Form einzuhalten sei, eindeutig beseitigt werden[3]. Das genossenschaftliche Schrifttum hat sich diesem Standpunkt zwischenzeitlich angeschlossen[4].

Vom Formzwang erfasst wird der **gesamte Verschmelzungsvertrag** und alle Abre- 6
den, die nach dem Willen der Parteien hiermit rechtlich und wirtschaftlich untrennbar verbunden sind[5]. Von der unter der Geltung des früheren Rechts teilweise empfohlenen Aufspaltung der getroffenen Vereinbarungen in Verschmelzungsvertrag und Sonderabreden ist daher abzuraten. Nach § 128 BGB genügt es, wenn die Erklärungen der Vertragsparteien getrennt beurkundet werden[6]. Dies gilt auch für den Fall, dass Grundstücke zum Vermögen des übertragenden Rechtsträgers gehören; denn es findet keine Auflassung (vgl. § 925 BGB), sondern eine Gesamtrechtsnachfolge statt (dazu ausf. § 87 Rz. 3).

Die Verpflichtung zur notariellen Beurkundung **gilt nicht** für den **Entwurf des** 7
Verschmelzungsvertrages. Hierfür sieht § 4 Abs. 2 UmwG lediglich *Schriftform* (§ 126 BGB) vor. Sofern also die Zustimmung der General- bzw. Vertreterversammlung zur Verschmelzung nicht sicher erscheint, ist es sinnvoll, aus Kosten-

---

1 Vgl. *Beuthien/Wolff*, GenG, §§ 2ff. UmwG Rz. 8; *Bleschke*, S. 43.
2 Gesetzesbegr zu § 6 UmwG bei *Ganske*, S. 51; vgl. zur Notargebühr auch OLG Karlsruhe v. 5.12.2002 – 14 Wx 130/01, NZG 2003, 487ff.
3 Gesetzesbegr zu § 6 UmwG bei *Ganske*, S. 51; vgl. zur Notargebühr auch OLG Karlsruhe v. 5.12.2002 – 14 Wx 130/01, NZG 2003, 487ff.
4 Vgl. nur *Beuthien/Wolff*, GenG, §§ 2ff. UmwG Rz. 9; *Schöpflin* in KölnKomm. UmwG, § 80 UmwG Rz. 3.
5 Wie hier auch *Scholderer* in Semler/Stengel, § 80 UmwG Rz. 6; *Schöpflin* in KölnKomm. UmwG, § 80 UmwG Rz. 3; *Fronhöfer* in Widmann/Mayer, § 80 UmwG Rz. 14; vgl. ferner *Stratz* in Schmitt/Hörtnagl/Stratz, § 6 UmwG Rz. 4; *Fandrich* in Pöhlmann/Fandrich/Bloehs, § 6 UmwG Rz. 2.
6 Ausdrücklich zustimmend *Scholderer* in Semler/Stengel, § 80 UmwG Rz. 6.

gründen zunächst den Entwurf des Verschmelzungsvertrages zur Beschlussfassung vorzulegen[1].

8 Zweifelhaft ist die Zulässigkeit einer **Beurkundung im Ausland**. Die h.M. gestattet dies, sofern eine sog. *Gleichwertigkeit* gegeben ist, wenn also die ausländische Urkundsperson nach Vorbildung und Stellung im Rechtsleben eine der Tätigkeit des deutschen Notars entsprechende Funktion ausübt und ein Verfahrensrecht beachtet, das den tragenden Grundsätzen des deutschen Beurkundungsrechts entspricht[2]. Die Rechtslage ist allerdings umstritten (ausf. zur Problematik § 6 Rz. 8 ff.).

9 Die **Nichtbeachtung der Form** führt zur Nichtigkeit (§ 125 Satz 1 BGB)[3]. Allerdings wird der Mangel der notariellen Form durch die Eintragung der Verschmelzung in das Register des Sitzes des übernehmenden Rechtsträgers geheilt (§ 20 Abs. 1 Nr. 4 UmwG; vgl. dazu § 20 Rz. 73 f.). Im Regelfall wird allerdings der Registerrichter die Eintragung der Verschmelzung ablehnen, sofern der Verschmelzungsvertrag nicht ordnungsgemäß vorgelegt wird.

3. Abschluss

10 **Zuständig** für den Abschluss des Verschmelzungsvertrages sind gem. § 4 Abs. 1 Satz 1 UmwG die **Vertretungsorgane** der an der Verschmelzung beteiligten Rechtsträger, für die eG also der Vorstand (§ 24 Abs. 1 GenG). Im Zweifel gilt *Gesamtvertretung* (§ 25 Abs. 1 Satz 1 GenG), doch kann die Satzung der eG eine abweichende Regelung treffen (§ 25 Abs. 1 Satz 2 GenG). Von einer Prokura oder einer Handlungsvollmacht (§ 42 GenG i.V.m. §§ 48 ff. HGB) wird dagegen der Abschluss eines Verschmelzungsvertrages nicht gedeckt, da die Verschmelzung kein Rechtsgeschäft darstellt, das „der Betrieb eines Handelsgewerbes mit sich bringt" (§ 49 Abs. 1 HGB). Vielmehr handelt es sich um ein sog. Grundlagengeschäft[4]. Sieht allerdings die *Satzung* der eG eine unechte (gemischte) *Gesamtvertretung* vor – Vertretung der eG durch ein Vorstandsmitglied in Gemeinschaft mit einem Prokuristen (vgl. § 25 Abs. 2 GenG) –, so erstreckt sich diese Regelung auch auf den Abschluss eines Verschmelzungsvertrages[5]. Darüber hinaus ist es zulässig, dass vom zuständigen Vertretungsorgan der eG ein Dritter zum Abschluss des Verschmelzungsvertrages gem. §§ 164 ff. BGB bevollmächtigt wird[6].

---

1 Vgl. auch *Fronhöfer* in Widmann/Mayer, § 80 UmwG Rz. 4 f.
2 So BGH v. 16.2.1981 – II ZR 8/80, BGHZ 80, 76 (78); ebenso schon RG v. 12.5.1916 – Rep. VII 90/16, RGZ 88, 227 (231); vgl. weiter und ausf. *Bayer* in Lutter/Hommelhoff, § 2 GmbHG Rz. 18 f.; *Bayer*, GmbHR 2013, 897 ff.; speziell zum Verschmelzungsvertrag der eG bejahend: *Lehnhoff* in Lang/Weidmüller, GenG, § 6 UmwG Rz. 4; zweifelnd allerdings *Schöpflin* in KölnKomm. UmwG, § 80 UmwG Rz. 3; *Fronhöfer* in Widmann/Mayer, § 80 UmwG Rz. 18.
3 *Schöpflin* in KölnKomm. UmwG, § 80 UmwG Rz. 3; *Scholderer* in Semler/Stengel, § 80 UmwG Rz. 5.
4 Wie hier *Beuthien/Wolff*, GenG, §§ 2 ff. UmwG Rz. 9; *Schöpflin* in KölnKomm. UmwG, § 80 UmwG Rz. 2; *Scholderer* in Semler/Stengel, § 80 UmwG Rz. 8.
5 Wie hier *Fronhöfer* in Widmann/Mayer, § 80 UmwG Rz. 10; *Schöpflin* in KölnKomm. UmwG, § 80 UmwG Rz. 2; *Scholderer* in Semler/Stengel, § 80 UmwG Rz. 8.
6 Wie hier *Beuthien/Wolff*, GenG, §§ 2 ff. UmwG Rz 9; *Scholderer* in Semler/Stengel, § 80 UmwG Rz. 11; *Schöpflin* in KölnKomm. UmwG, § 80 UmwG Rz. 2; vgl. weiter *Fandrich* in Pöhlmann/Fandrich/Bloehs, § 4 UmwG Rz. 12.

Die Bevollmächtigung ist gem. § 167 Abs. 2 BGB grundsätzlich nicht formbedürftig (hierzu allg. auch § 4 Rz. 9 sowie § 6 Rz. 7), dennoch ist Schriftform unverzichtbar, da dem Registergericht die Vertretungsberechtigung nachgewiesen werden muss[1].

4. Inhalt

a) Allgemein

Nach § 5 Abs. 1 UmwG hat der Verschmelzungsvertrag mindestens folgende Angaben zu enthalten (ausf. hierzu § 5 Rz. 11 ff.)[2]: 11

- **den Namen** oder die **Firma** und den **Sitz** der an der Verschmelzung beteiligten Rechtsträger (Nr. 1),
- **die Vereinbarung über die Übertragung des Vermögens** jedes übertragenden Rechtsträgers **als Ganzes** gegen Gewährung von Anteilen oder Mitgliedschaften an dem übernehmenden Rechtsträger (Nr. 2),
- **das Umtauschverhältnis** der Anteile und gegebenenfalls die Höhe der baren Zuzahlung oder Angaben über die Mitgliedschaft bei dem übernehmenden Rechtsträger (Nr. 3),
- **die Einzelheiten für die Übertragung der Anteile** des übernehmenden Rechtsträgers oder über den Erwerb der Mitgliedschaft bei dem übernehmenden Rechtsträger (Nr. 4),
- **den Zeitpunkt**, von dem an diese Anteile oder die Mitgliedschaften einen **Anspruch auf einen Anteil am Bilanzgewinn** gewähren, sowie alle Besonderheiten in Bezug auf diesen Anspruch (Nr. 5),
- **den Zeitpunkt**, von dem an die Handlungen der übertragenden Rechtsträger als **für Rechnung des übernehmenden Rechtsträgers** vorgenommen gelten (Verschmelzungsstichtag; Nr. 6),
- **die Rechte**, die der übernehmende Rechtsträger einzelnen Anteilsinhabern sowie den Inhabern besonderer Rechte wie Anteile ohne Stimmrecht, Vorzugsaktien, Mehrstimmrechtsaktien, Schuldverschreibungen und Genussrechte gewährt, oder die für diese Personen vorgesehenen Maßnahmen (Nr. 7),
- **jeden besonderen Vorteil**, der einem Mitglied eines Vertretungsorgans oder eines Aufsichtsorgans der an der Verschmelzung beteiligten Rechtsträger, einem geschäftsführenden Gesellschafter, einem Abschlussprüfer oder einem Verschmelzungsprüfer gewährt wird (Nr. 8),
- **die Folgen** der Verschmelzung **für die Arbeitnehmer** und ihre Vertretungen sowie die insoweit vorgesehenen Maßnahmen (Nr. 9).

Die **Angaben über den Umtausch** der Anteile (Nr. 2–5) **entfallen** nach § 5 Abs. 2 UmwG, soweit sich alle Anteile eines übertragenden Rechtsträgers in der Hand des übernehmenden Rechtsträgers befinden[3]. Eine solche Konstellation kommt bei Verschmelzungen unter Beteiligung von eG allein dann in Betracht, wenn die 12

1 Richtig *Schöpflin* in KölnKomm. UmwG, § 80 UmwG Rz. 2 a.E.
2 Vgl. auch *Schöpflin* in KölnKomm. UmwG, § 80 UmwG Rz. 4ff.
3 Ausf. dazu DNotI-Report 2000, 23f.

eG übernehmender Rechtsträger ist, nicht jedoch im Falle einer übertragenden eG, da hier eine ausschließliche Beteiligung durch den übernehmenden Rechtsträger ausscheidet[1].

b) Umtauschverhältnis der Anteile

13 Die (zwingenden) Angaben zum Umtauschverhältnis der Anteile im Verschmelzungsvertrag gemäß der die Regelung in **§ 5 Abs. 1 Nr. 3 UmwG** modifizierenden Vorschrift des § 80 UmwG differieren zum einen danach, ob die *Satzung der aufnehmenden eG* nur eine Beteiligung mit jeweils *einem* Geschäftsanteil oder eine Beteiligung mit *mehreren* Geschäftsanteilen zulässt oder sogar als Pflichtbeteiligung vorschreibt, zum anderen, ob eine Verschmelzung unter ausschließlicher Beteiligung von eG oder eine *Mischverschmelzung* zwischen einer aufnehmenden eG und einem übertragenden Rechtsträger anderer Rechtsform stattfindet.

aa) Geschäftsanteil und Geschäftsguthaben

14 *§ 7 Nr. 1 GenG* definiert den **Geschäftsanteil** als „den Betrag, bis zu welchem sich die einzelnen Mitglieder mit Einlagen beteiligen *können*". Der Geschäftsanteil bezeichnet somit die Obergrenze der zulässigen Beteiligung, die für alle Mitglieder gleich hoch sein muss[2] und in der Satzung frei festzulegen ist[3]. Zulässig ist gem. *§ 7a GenG* die Satzungsregelung, dass sich ein Mitglied auch mit *mehr* als einem Geschäftsanteil beteiligen darf (§ 7a Abs. 1 GenG) bzw. sogar beteiligen muss (sog. Pflichtbeteiligung; § 7a Abs. 2 GenG)[4].

15 Im Gegensatz zum Geschäftsanteil repräsentiert das **Geschäftsguthaben** die verfügbare vermögensmäßige Beteiligung des Mitglieds an der eG[5]. Es wird gebildet aus den Einlagen (Einzahlungen) zuzüglich der Gewinnzuschreibungen bzw. abzüglich der Verlustabschreibungen (§ 19 Abs. 1 GenG) und ist daher eine grundsätzlich veränderliche Größe[6]. Die Höhe der Pflichteinzahlungen auf den Geschäftsanteil werden in der Satzung festgelegt (§ 7 Nr. 1 GenG)[7]. Das Geschäftsguthaben darf den Geschäftsanteil nicht übersteigen[8].

---

1 Vgl. auch *Fronhöfer* in Widmann/Mayer, § 80 UmwG Rz. 18, 48.

2 RG v. 17.10.1906 – Rep. V 658/05, RGZ 64, 187 (193); *Schulte* in Lang/Weidmüller, § 7 GenG Rz. 3. Zulässig ist allerdings eine sachlich gerechtfertigte Staffelbeteiligung: *Schulte* in Lang/Weidmüller, § 7 GenG Rz. 3.

3 Vgl. auch *Schöpflin* in KölnKomm. UmwG, § 80 UmwG Rz. 10; *Scholderer* in Semler/Stengel, § 80 UmwG Rz. 14; zum genossenschaftlichen Geschäftsanteil allgemein *Beuthien*, AG 2002, 266; vgl. weiter *Schulte* in Lang/Weidmüller, § 7 GenG Rz. 2 ff.

4 Dazu *Schulte* in Lang/Weidmüller, § 7a GenG Rz. 8 ff.; *Beuthien*, § 7a GenG Rz. 5 ff.; *Scholderer* in Semler/Stengel, § 80 UmwG Rz. 17; *Fronhöfer* in Widmann/Mayer, § 80 UmwG Rz. 24.

5 Vgl. auch *Schöpflin* in KölnKomm. UmwG, § 80 UmwG Rz. 11.

6 Dazu *Schulte* in Lang/Weidmüller, § 7 GenG Rz. 5 ff.; *Beuthien*, § 7 GenG Rz. 4; *Scholderer* in Semler/Stengel, § 80 UmwG Rz. 19; *Fronhöfer* in Widmann/Mayer, § 80 UmwG Rz. 25.

7 Dazu *Schulte* in Lang/Weidmüller, § 7 GenG Rz. 9 ff.; *Beuthien*, § 7 GenG Rz. 8 ff.; ferner *Beuthien*, AG 2002, 266.

8 *Beuthien*, § 7 GenG Rz. 4; vgl. auch *Schöpflin* in KölnKomm. UmwG, § 80 UmwG Rz. 11; *Scholderer* in Semler/Stengel, § 80 UmwG Rz. 19.

bb) Verschmelzung unter ausschließlicher Beteiligung von eG

Ist nach der (maßgeblichen) Satzung der übernehmenden eG nur **ein Geschäftsanteil zulässig**[1], so ist in den Verschmelzungsvertrag gem. § 80 Abs. 1 Satz 1 Nr. 1 UmwG die Regelung aufzunehmen, dass jedes Mitglied einer übertragenden eG mit einem Geschäftsanteil bei der übernehmenden eG beteiligt wird. Diese Regelung ist zwingend[2]: Es ist für jedes Mitglied **mindestens** ein Geschäftsanteil, aber auch **nur ein Geschäftsanteil** bei der übernehmenden eG zu bilden, und zwar ohne Rücksicht darauf, mit wie vielen Geschäftsanteilen ein Mitglied an der übertragenden eG beteiligt ist[3], welche Größe ein Geschäftsanteil bei der übertragenden eG hat[4] und in welcher Höhe sein Geschäftsguthaben besteht[5]. Insbesondere wird also ein Mitglied nicht deshalb mit mehreren Geschäftsanteilen an der übernehmenden eG beteiligt, weil eine solche Mehrfachbeteiligung an der übertragenden eG besteht. Falls das Geschäfts*guthaben* des Mitglieds einer übertragenden eG größer ist als der Betrag des Geschäfts*anteils* bei der übernehmenden eG, ist diese *Differenz* auszugleichen (§ 87 Abs. 2 Satz 1 UmwG)[6]. 16

Ist auf Grund einer Satzungsregelung gem. § 7a GenG die Beteiligung mit **mehreren Geschäftsanteilen** an der übernehmenden eG zulässig oder als Pflichtbeteiligung vorgeschrieben, so hat der Verschmelzungsvertrag vorzusehen, dass jedes Mitglied der übertragenden eG mit mindestens einem Geschäftsanteil an der übernehmenden eG beteiligt wird (§ 80 Abs. 1 Satz 1 Nr. 2 1. Halbsatz UmwG), und zwar ebenfalls ohne Rücksicht darauf, mit wie vielen Geschäftsanteilen ein Mitglied an der übertragenden eG beteiligt ist oder welche Größe ein Geschäftsanteil bei der übertragenden eG hat. Kein Mitglied soll nur deshalb, weil seine Beteiligung bei der übertragenden eG zu gering ist, durch die Verschmelzung seiner Mitgliedschaft verlustig gehen[7]. Im Falle jedoch, dass das Geschäfts*guthaben* eines Mitglieds bei der übertragenden eG den Betrag dieses ersten (Mindest-)Geschäftsanteils bei der übernehmenden eG überschreitet, ist eine weitere Beteiligung an der übernehmenden eG vorzusehen, und zwar grundsätzlich mit so vielen Geschäftsanteilen, „wie durch Anrechnung seines Geschäftsguthabens bei der übertragenden eG als voll eingezahlt anzusehen sind“ (§ 80 Abs. 1 Satz 1 Nr. 2 17

1 Dies ist nach der gesetzlichen Regel des § 7a GenG auch dann der Fall, wenn die Satzung keine Bestimmung über eine Mehrfachbeteiligung enthält: *K. Müller*, § 7a GenG Rz. 2; *Fandrich* in Pöhlmann/Fandrich/Bloehs, § 7a GenG Rz. 2.

2 Zust. *Bauer*, Genossenschafts-Handbuch, § 80 UmwG Rz. 4; *Scholderer* in Semler/Stengel, § 80 UmwG Rz. 15.

3 Ebenso *Stratz* in Schmitt/Hörtnagl/Stratz, § 80 UmwG Rz. 7; *Fronhöfer* in Widmann/Mayer, § 80 UmwG Rz. 34; *Limmer*, Unternehmensumwandlung, Rz. 846; *Schöpflin* in KölnKomm. UmwG, § 80 UmwG Rz. 12.

4 Zustimmend *Scholderer* in Semler/Stengel, § 80 UmwG Rz. 15; *Fronhöfer* in Widmann/Mayer, § 80 UmwG Rz. 34; *Schöpflin* in KölnKomm. UmwG, § 80 UmwG Rz. 12.

5 Zustimmend *Scholderer* in Semler/Stengel, § 80 UmwG Rz. 15; *Fronhöfer* in Widmann/Mayer, § 80 UmwG Rz. 34; *Schöpflin* in KölnKomm. UmwG, § 80 UmwG Rz. 12.

6 Vgl. auch *Bauer*, Genossenschafts-Handbuch, § 80 UmwG Rz. 5; *Fronhöfer* in Widmann/Mayer, § 80 UmwG Rz. 34; *Schöpflin* in KölnKomm. UmwG, § 80 UmwG Rz. 12 a.E., Rz. 13 mit Beispiel.

7 Vgl. auch *Scholderer* in Semler/Stengel, § 80 UmwG Rz. 18 i.V.m. Rz. 15f.; *Schöpflin* in KölnKomm. UmwG, § 80 UmwG Rz. 16f.

1. Halbsatz UmwG)[1]. Ein überschießendes Geschäftsguthaben ist nach Maßgabe des § 87 Abs. 2 Satz 1 UmwG auszuzahlen (dazu ausf. § 87 Rz. 27)[2].

Beispiel:
Der Geschäftsanteil bei der übertragenden eG beträgt 800 Euro, nach erfolgter Verschmelzung bei der aufnehmenden eG 200 Euro. Verfügte A bei der übertragenden eG über ein Geschäftsguthaben von 500 Euro, so ist er nach dem Verschmelzungsvertrag an der aufnehmenden eG mit zwei Geschäftsanteilen zu beteiligen; das überschießende Geschäftsguthaben ist gem. § 87 Abs. 2 Satz 1 UmwG *auszuzahlen* (diese Auszahlung darf nicht mit den baren Zuzahlungen gem. § 87 Abs. 2 Satz 2 UmwG verwechselt werden; vgl. § 87 Rz. 38).

18 Für den **Sonderfall**, dass ein Mitglied der übertragenden eG zugleich Mitglied in der übernehmenden eG ist **(Doppelmitgliedschaft)**, gilt, dass die beiden *Geschäftsguthaben addiert* und die Summe durch den Betrag des Geschäftsanteils bei der übernehmenden eG *geteilt* wird[3]. Soweit sich über die bereits bei der übernehmenden eG bestehenden Geschäftsanteile hinaus weitere voll eingezahlte Geschäftsanteile ergeben, werden sie – im Rahmen der satzungsmäßigen Zulässigkeit – zusätzlich erworben; ein überschießendes Geschäftsguthaben ist nach Maßgabe des § 87 Abs. 2 Satz 1 UmwG auszuzahlen (dazu § 87 Rz. 27)[4].

19 Dies gilt grundsätzlich auch, wenn die **Mitgliedschaft** in der übertragenden eG bereits **gekündigt**, im Zeitpunkt der Eintragung der Verschmelzung aber noch nicht wirksam war. Allerdings soll in diesem Fall das bei der übertragenden eG bestandene Geschäftsguthaben analog § 67b GenG zum vorgesehenen Kündigungstermin auszuzahlen sein[5].

20 Auch im Falle einer nur **fakultativen Beteiligung mit mehreren Geschäftsanteilen** kann das Mitglied der übertragenden eG nicht verlangen, dass ihm an Stelle der Gewährung weiterer Geschäftsanteile der Betrag seines Geschäftsguthabens, der die Höhe seines ersten Geschäftsanteils übersteigt, ausbezahlt wird. Die gesetzliche Konzeption beruht vielmehr auf der Prämisse, dass der übernehmenden eG ihre Kapitalgrundlage weitgehend erhalten bleiben soll. Allerdings ist eine Kündi-

---

1 *Beuthien/Wolff*, GenG, §§ 2ff. UmwG Rz. 10; *Scholderer* in Semler/Stengel, § 80 UmwG Rz. 22; *Limmer*, Unternehmensumwandlung, Rz. 858; *Schöpflin* in KölnKomm. UmwG, § 80 UmwG Rz. 18.

2 Zustimmend *Scholderer* in Semler/Stengel, § 80 UmwG Rz. 24; *Schöpflin* in KölnKomm. UmwG, § 80 UmwG Rz. 18 a.E.

3 So auch *Bauer*, Genossenschafts-Handbuch, § 80 UmwG Rz. 9f. (mit Beispiel); *Fronhöfer* in Widmann/Mayer, § 87 UmwG Rz. 55f., § 80 UmwG Rz. 38f. (mit Beispiel); *Scholderer* in Semler/Stengel, § 80 UmwG Rz. 28 (mit Beispiel); zust. *Stratz* in Schmitt/Hörtnagl/Stratz, § 80 UmwG Rz. 7; *Schöpflin* in KölnKomm. UmwG, § 80 UmwG Rz. 21.

4 Wie hier *Schöpflin* in KölnKomm. UmwG, § 80 UmwG Rz. 21; vgl. auch *Bauer*, Genossenschafts-Handbuch, § 80 UmwG Rz. 6, 9; *Lehnhoff* in Lang/Weidmüller, GenG, § 87 UmwG Rz. 9; vgl. zum früheren Recht auch *Meyer/Meulenbergh/Beuthien*[12], § 93h GenG Rz. 5; *K. Müller*[1], § 93h GenG Rz. 12; ausf. *Schlarb*, S. 147; unklar *Stratz* in Schmitt/Hörtnagl/Stratz, § 80 UmwG Rz. 7; *Fronhöfer* in Widmann/Mayer, § 87 UmwG Rz. 56f.

5 So *Schlarb*, S. 148; *Fronhöfer* in Widmann/Mayer, § 80 UmwG Rz. 36; *Bleschke*, S. 49; für die Auszahlung des Geschäftsguthabens zum nächstmöglichen Kündigungstermin der Mitgliedschaft bei der übernehmenden eG: *Scholderer* in Semler/Stengel, § 80 UmwG Rz. 29; ähnlich *Schöpflin* in KölnKomm. UmwG, § 80 UmwG Rz. 22.

gung der fakultativen weiteren Geschäftsanteile unter den Voraussetzungen des § 67b GenG möglich[1].

Eine weitergehende Auszahlung von Geschäftsguthaben kommt aber für den Fall in Betracht, dass die Satzung der übernehmenden eG einen **Höchstbetrag von Geschäftsanteilen** festlegt, mit denen sich ein Mitglied beteiligen kann (§ 7a Abs. 1 Satz 2 GenG). Liegt die Zahl aus der Division des Geschäftsguthabens bei der übertragenden eG durch den Betrag des Geschäftsanteils der übernehmenden eG über der festgestellten Höchstzahl, kommt die Gewährung von darüber hinausgehenden Geschäftsanteilen nicht in Betracht. Vielmehr ist das überschießende Geschäftsguthaben auszuzahlen (§ 87 Abs. 2 Satz 1 UmwG)[2]. 21

Die **gesetzlichen Regelungen** in § 80 Abs. 1 Satz 1 Nr. 2 1. Halbsatz UmwG sind allerdings **nicht zwingend**; vielmehr können die Vertragsparteien auch eine „andere Berechnung der Zahl der zu gewährenden Geschäftsanteile vorsehen" (§ 80 Abs. 1 Satz 1 Nr. 2 2. Halbsatz UmwG). Eine solche abweichende Regelung ist etwa im folgenden **Beispielsfall** angebracht: 22

Die Satzung der übernehmenden eG sieht eine Pflichtbeteiligung von 3 Geschäftsanteilen zu je 300 Euro vor, die alle zu einem Drittel eingezahlt werden müssen. Während ein Altmitglied der übernehmenden eG mit einem Geschäftsguthaben von 300 Euro diesen satzungsmäßigen Anforderungen genügt, würde ein Neumitglied mit einem bei der übertragenden eG bestehenden Geschäftsguthaben von ebenfalls 300 Euro lediglich 1 Geschäftsanteil erwerben; nach § 87 Abs. 1 Satz 2 UmwG wäre er darüber hinaus gezwungen, weitere 200 Euro aufzubringen, um die weiteren Pflichtanteile zu erwerben (dazu § 87 Rz. 26). Sollten die Parteien im Verschmelzungsvertrag keine diese **Ungleichbehandlung**[3] beseitigende Regelung treffen, so stellt sich die Frage der Anfechtbarkeit des Verschmelzungsbeschlusses (dazu ausf. § 84 Rz. 14ff.)[4].

Die ursprüngliche Beschränkung auf eine Abweichung nur „zugunsten der Genossen einer übertragenden eG" wurde durch Art. 1 des Gesetzes zur Änderung des UmwG vom 22.6.1998 (BGBl. I, S. 1878) gestrichen (vgl. bereits oben Rz. 1). Grund hierfür waren aufgetretene Unklarheiten. So war nämlich insbesondere zweifelhaft, ob die mit einer erweiterten Beteiligung verbundenen Nachteile zu berücksichtigen seien[5]. Die Gesetzesänderung stützt somit im Ergebnis die bereits in der 1. Aufl. geäußerte Auffassung, dass *Abweichungen* im Verhältnis von Geschäftsguthaben zum Vermögen der beteiligten eG nicht nur *wertmäßig ausgeglichen* werden *können*, sondern ausgeglichen werden *müssen* (dazu § 87 Rz. 32ff.)[6]. Die Rechtfertigung einer wirtschaftlichen Ungleichbehandlung der Mitglieder unter

1 Zustimmend *Scholderer* in Semler/Stengel, § 80 UmwG Rz. 27; unzutreffend dagegen (zu § 93h GenG a.F.) *Meyer/Meulenbergh/Beuthien*[12], § 93h GenG Rz. 6, wonach das Mitglied der übertragenden eG eine Auszahlung seines (überschießenden) Geschäftsguthabens nur durch Kündigung nach § 93k GenG a.F. = Ausschlagung gem. §§ 90ff. UmwG herbeiführen könne.

2 Richtig *Scholderer* in Semler/Stengel, § 80 UmwG Rz. 26 (mit Beispiel); vgl. auch *Limmer*, Unternehmensumwandlung, Rz. 847.

3 Vgl. hierzu auch *Beuthien/Wolff*, GenG, §§ 2ff. UmwG Rz. 10; vgl. auch *Bleschke*, S. 51f.

4 Zur Problematik auch *Schöpflin* in KölnKomm. UmwG, § 80 UmwG Rz. 19 m.w.N.

5 So etwa *Lehnhoff* in Lang/Weidmüller, GenG, § 80 UmwG Rz. 3ff.

6 Näher *Bleschke*, S. 58ff.; a.A. zu Unrecht *Scholderer* in Semler/Stengel, § 80 UmwG Rz. 37; *Schöpflin* in KölnKomm. UmwG, § 80 UmwG Rz. 26; ähnlich wie hier *Fronhöfer*

Berufung auf die „Besonderheiten der eG“ und der Vorwurf an die (hier vertretene) Gegenauffassung, sie denke „zu sehr vom Kapitalgesellschaftsrecht her“[1], ist aus der Sicht der benachteiligten Mitglieder unhaltbar. Dies gilt insbesondere dann, wenn die Mitglieder bei der Abstimmung über den Verschmelzungsvertrag auf diese Ungleichgewichtung nicht explizit hingewiesen werden (dazu noch § 81 Rz. 17); dann kann keine Rede davon sein, dass die Mitglieder in Ausübung ihrer Privatautonomie sich bewusst für ein Ungleichgewicht entschieden hätten[2].

23 Einbezahlte **Pflichteinlagen**, die auf Grund entstandener Verluste **abgeschrieben** wurden, bleiben sowohl bei der Berechnung des für die Gewährung der neuen Geschäftsanteile maßgeblichen Geschäftsguthabens wie auch für den Erwerb zusätzlicher Pflichtbeteiligungen gem. § 87 Abs. 1 Satz 2 UmwG (dazu § 87 Rz. 26) unberücksichtigt[3].

24 Der Verschmelzungsvertrag kann sich im Falle der Verschmelzung unter ausschließlicher Beteiligung von eG auf die **abstrakte Formulierung** des Gesetzes beschränken; es ist nicht erforderlich, dass der Betrag des einzelnen Geschäftsanteils und die Anzahl der Geschäftsanteile, mit denen jedes Mitglied der übertragenden eG an der aufnehmenden eG beteiligt ist, konkret angegeben werden (arg. e contrario aus § 80 Abs. 1 Satz 2 UmwG). Denn auf der Grundlage der in der Schlussbilanz ermittelten Geschäftsguthaben lassen sich Anzahl und Höhe der – gesetzlich vorgesehenen oder vertraglich vereinbarten – neuen Geschäftsanteile genau bestimmen[4].

cc) Mischverschmelzung zwischen einer übernehmenden eG und einem übertragenden Rechtsträger anderer Rechtsform

25 Auch im Falle einer Mischverschmelzung richten sich **Anzahl** und **Betrag** der **Geschäftsanteile**, die von den Anteilsinhabern des übertragenen Rechtsträgers erworben werden, nach der Satzung der übernehmenden eG. Anders als bei der Verschmelzung unter ausschließlicher Beteiligung von eG können Anzahl und Betrag der zu gewährenden Geschäftsanteile jedoch nicht aus einem bisherigen Geschäftsguthaben ermittelt werden[5]. Daher müssen die Vertragsparteien für jeden Anteilsinhaber des übertragenden Rechtsträgers anderer Rechtsform im Verschmelzungsvertrag den **Betrag** und die **Zahl** der zu gewährenden **Geschäftsanteile** ausdrücklich bestimmen (§ 80 Abs. 1 Satz 2 UmwG)[6].

---

in Widmann/Mayer, § 80 UmwG Rz. 34; vgl. auch *Beuthien/Wolff*, GenG, §§ 2 ff. UmwG Rz. 75 a.E.

1 So *Schöpflin* in KölnKomm. UmwG, § 80 UmwG Rz. 26.

2 So aber *Schöpflin* in KölnKomm. UmwG, § 80 UmwG Rz. 26.

3 Zutreffend *Fronhöfer* in Widmann/Mayer, § 80 UmwG Rz. 27, § 87 UmwG Rz. 68 sowie bereits zum früheren Recht *Meyer/Meulenbergh/Beuthien*[12], § 93h GenG Rz. 7 gegen *K. Müller*[1], § 93h GenG Rz. 13 (unbillige Härte).

4 Ebenso Gesetzesbegr zu § 80 UmwG bei *Ganske*, S. 122; vgl. weiter *Lehnhoff* in Lang/Weidmüller, GenG, § 80 UmwG Rz. 2; *Fronhöfer* in Widmann/Mayer, § 80 UmwG Rz. 42; *Stratz* in Schmitt/Hörtnagl/Stratz, § 80 UmwG Rz. 8; *Schöpflin* in KölnKomm. UmwG, § 80 UmwG Rz. 27.

5 § 88 Abs. 1 UmwG regelt nur, wie das *Geschäftsguthaben* des Anteilsinhabers eines übertragenden Rechtsträgers anderer Rechtsform in der übernehmenden eG festzusetzen ist; vgl. dazu § 88 Rz. 4.

6 Dazu näher *Scholderer* in Semler/Stengel, § 80 UmwG Rz. 40 ff.; *Bauer*, Genossenschafts-Handbuch, § 80 UmwG Rz. 21 f.; *Fronhöfer* in Widmann/Mayer, § 80 UmwG Rz. 45, *Schöpflin* in KölnKomm. UmwG, § 80 UmwG Rz. 28.

c) Stichtag der Schlussbilanz

26 Anzugeben ist im Verschmelzungsvertrag bzw. Entwurf gem. § 80 Abs. 2 UmwG **für jede übertragende eG** der **Stichtag der Schlussbilanz**, also der Zeitpunkt, an dem der übertragende Rechtsträger seine Tätigkeit auf eigene Rechnung einstellt und der Wechsel der Rechnungslegung auf den übernehmenden Rechtsträger erfolgt (vgl. hierzu ausf. § 5 Rz. 74)[1]. Die Erstellung und Beifügung der Schlussbilanz verfolgt das Ziel, eine willkürliche Bewertung des Vermögens der übertragenden eG durch die übernehmende eG zu verhindern. Darüber hinaus soll hierdurch im Rahmen der Verschmelzung auch die Bilanzkontinuität gewahrt werden[2]. Weiterhin dient die Schlussbilanz dem Gläubigerschutz und der Überprüfbarkeit durch das Handelsregister (dazu § 17 Rz. 7)[3]. Hierbei ist zu beachten, dass der Stichtag der Schlussbilanz im Zeitpunkt der Anmeldung der Verschmelzung zum Register des Sitzes des übertragenden Rechtsträgers nicht älter als acht Monate sein darf[4] (vgl. § 17 Abs. 2 Satz 4 UmwG). Auch bereits kleine Fristüberschreitungen sind unzulässig und stehen der Eintragung entgegen[5]. Zum Problem, dass zwar die Anmeldung fristgerecht erfolgte, aber die Eintragung über den Acht-Monats-Zeitraum hinausgeht, sowie zur Problematik unvollständiger oder fehlerhafter Eintragungsunterlagen ausf. § 17 Rz. 11.

27 Die **Schlussbilanz** muss **im Zeitpunkt der Beschlussfassung** über die Verschmelzung in der General- bzw. Vertreterversammlung (dazu § 84 Rz. 1 ff.) bereits **vorliegen**[6]. Denn anders als bei Kapitalgesellschaften mit feststehendem Grund- bzw. Stammkapital (dazu § 5 Rz. 74) liegt die Funktion der Schlussbilanz nicht nur im Abschluss der bisherigen Jahresbilanzen einer übertragenden eG und im Übergang zu den Jahresbilanzen des übernehmenden Rechtsträgers. Vielmehr kommt der Schlussbilanz für die Mitglieder einer eG auch eine *wichtige Schutzfunktion* zu[7]. Denn allein die Schlussbilanz der eG ist maßgeblich für die Bestimmung der Geschäftsguthaben der Mitglieder in einer übertragenden eG (§ 87 Abs. 2 UmwG) sowie für die Auseinandersetzung mit einem Mitglied einer übertragenden eG, das seine Beteiligung beim übernehmenden Rechtsträger ausschlägt (§ 93 Abs. 1 Satz 2 UmwG); somit kommt ihr für die Entscheidung der General- bzw. Vertreterversammlung einer übertragenden eG herausragende Bedeutung zu. Dies ist alles unstreitig.

---

1 Vgl. *Lehnhoff* in Lang/Weidmüller, GenG, § 80 UmwG Rz. 10; *Stratz* in Schmitt/Hörtnagl/Stratz, § 80 UmwG Rz. 10; *Schöpflin* in KölnKomm. UmwG, § 80 UmwG Rz. 31.

2 Dazu auch *Beuthien/Wolff*, GenG, §§ 2 ff. UmwG Rz. 55; *Scholderer* in Semler/Stengel, § 80 UmwG Rz. 47.

3 S. ferner *Heidinger*, NotBZ 2002, 86 (88).

4 *Schöpflin* in KölnKomm. UmwG, § 80 UmwG Rz. 31; *Scholderer* in Semler/Stengel, § 80 UmwG Rz. 46.

5 *Beuthien/Wolff*, GenG, §§ 2 ff. UmwG Rz. 55b mit Hinweis auf OLG Köln v. 22.6.1998 – 2 Wx 34/98, GmbHR 1998, 1085.

6 So die hier seit der 1. Aufl. vertretene Auffassung; zustimmend *Fronhöfer* in Widmann/Mayer, § 80 UmwG Rz. 64; *Heidinger*, NotBZ 2002, 86 ff.; *Bleschke*, S. 82 f.; *Wirth*, S. 131 f.; ebenso noch *Scholderer* in Semler/Stengel[1], § 80 UmwG Rz. 60; anders jetzt *Scholderer* in Semler/Stengel, § 80 UmwG Rz. 48.

7 Dies wird ausdrücklich anerkannt von *Beuthien/Wolff*, GenG, §§ 2 ff. UmwG Rz. 55a; *Lehnhoff* in Lang/Weidmüller, GenG, § 80 UmwG Rz. 10; *Stratz* in Schmitt/Hörtnagl/Stratz, § 80 UmwG Rz. 10; *Scholderer* in Semler/Stengel, § 80 UmwG Rz. 47.

28 Dennoch wird von zahlreichen Autoren[1] im Anschluss an vereinzelte Rechtsprechung zum früheren Recht[2] der **gegenteilige Standpunkt** eingenommen: Es sei zulässig, dass die Verschmelzung auch *ohne Kenntnis* der genauen Geschäftsguthaben – und damit ohne Kenntnis der Wertverhältnisse der sich verschmelzenden Rechtsträger! – beschlossen werde. Das Gesetz habe solche Vorratsbeschlüsse, die zu einem Zeitpunkt vor dem Stichtag der Schlussbilanz getroffen werden, nicht verboten. Insbesondere müsse die Schlussbilanz nicht bereits bei Abschluss des Verschmelzungsvertrages vorliegen, sondern erst bei der Anmeldung der Verschmelzung zur Registereintragung. Seien die Mitglieder einer übertragenden eG mit einem solchen Verfahren nicht einverstanden, so könnten sie schließlich gegen die Verschmelzung stimmen. Im Übrigen könnten die Mitglieder einer übertragenden eG auch darauf vertrauen, dass die obligatorisch eingeschalteten genossenschaftlichen Prüfungsverbände die zutreffenden Wertverhältnisse ordnungsgemäß ermittelten[3].

29 Diese Gegenargumentation überzeugt nicht. Sie **verkennt den systematischen Gesamtzusammenhang der lex lata** und zeugt darüber hinaus noch von einem traditionellen, von der modernen Entwicklung im Unternehmensrecht jedoch schon längst überholten paternalistischen Verständnis, das die Entscheidungsmündigkeit der General- bzw. Vertreterversammlung praktisch in die Hände der genossenschaftlichen Prüfungsverbände verlagert, die jedoch einen solchen Vertrauensvorschuss in dieser Allgemeinheit überhaupt nicht verdienen (dazu ausf. § 81 Rz. 1 ff.). Unstreitig ist, dass der Gesetzgeber die Schlussbilanz nicht zum Bestandteil des Verschmelzungs*vertrages* erklärt hat[4]. Keinen Erkenntniswert hat diese Feststellung jedoch für die Entscheidung der Frage, ob die Schlussbilanz im Zeitpunkt der *Beschlussfassung* über die Verschmelzung vorliegen muss. Richtig ist auch, dass die Schlussbilanz bei der Verschmelzung von Kapitalgesellschaften im Zeitpunkt der Beschlussfassung nicht vorliegen muss. Dies ist dort auf Grund des festen Stamm- bzw. Grundkapitals jedoch auch gar nicht notwendig (ausf. § 5 Rz. 74). Dass die Sach- und Interessenlage bei der Verschmelzung von eG eine andere ist, wird auch von der Gegenauffassung nicht in Frage gestellt. Der Hinweis auf das obligatorische Prüfungsgutachten des genossenschaftlichen Prüfungsverbands bestätigt geradezu die hier vertretene Auffassung: Dieses Gutachten kann seinen Zweck – nämlich die Mitglieder über das Für und Wider der Verschmelzung als solche sowie über das vereinbarte Umtauschverhältnis der Anteile zu informieren und ggf. auf das Erfordernis eines Wertausgleichs (z.B. durch bare Zuzahlung) hinzuweisen – nur erreichen, wenn die Schlussbilanz (bezogen auf den Stichtag) *bereits im Rahmen der Prüfung vorliegt* (dazu auch § 81 Rz. 12)[5]. Dann aber spricht nichts dagegen, sie auch der General- bzw. Vertreterversammlung im

1 *Bauer*, Genossenschafts-Handbuch, § 80 UmwG Rz. 24; *Beuthien/Wolff*, GenG, §§ 2 ff. UmwG Rz. 55; *Beuthien/Wolff*, BB 2001, 2126 (2127); *Bonow*, Rpfleger 2002, 506 (507); *Lehnhoff* in Lang/Weidmüller, GenG, § 5 UmwG Rz. 16, § 80 UmwG Rz. 10; ebenso *Scholderer* in Semler/Stengel, § 80 UmwG Rz. 48; nunmehr auch *Schöpflin* in KölnKomm. UmwG, § 80 UmwG Rz. 33; wie hier aber *Stratz* in Schmitt/Hörtnagl/Stratz, § 80 UmwG Rz. 10; *Fronhöfer* in Widmann/Mayer, § 80 UmwG Rz. 64 ff.

2 LG Mannheim v. 28.9.1972 – 10 T 4/72, ZfgG 1975, 241 mit – trotz Bedenken – zust. Anm. *Großfeld/Apel*; LG Kassel v. 17.1.1978 – 13 T 11/77, Rpfleger 1978, 217.

3 In diesem Sinne jüngst wieder *Schöpflin* in KölnKomm. UmwG, § 80 UmwG Rz. 33.

4 Vgl. Gesetzesbegr zu § 80 UmwG bei *Ganske*, S. 122.

5 So auch *Heidinger*, NotBZ 2002, 86 (90).

Rahmen der Beschlussfassung vorzulegen und damit die konkreten Beteiligungsquoten bzw. die unterschiedlichen Wertverhältnisse der zu verschmelzenden Rechtsträger offen zu legen. Es wäre völlig systemwidrig, wollte man für das Recht der eG vom **Prinzip der uneingeschränkten Transparenz** abweichen. Dieses Prinzip liegt jedoch der Konzeption des UmwG zugrunde: Die Anteilseigner sollen generell informiert entscheiden und nicht allein auf eine sachverständige Expertise vertrauen müssen. Das Argument, die General- oder Vertreterversammlung könne auf diesen *Schutz* durch Transparenz *verzichten* und die Verschmelzung auch *in Unkenntnis* der konkreten Beteiligungsverhältnisse beschließen[1], übersieht, dass jedes einzelne Mitglied bzw. jeder einzelne Vertreter den *Anspruch auf umfassende Information* hat; dieses individuelle Mitgliedschaftsrecht lässt sich auch nicht durch eine Mehrheitsentscheidung aushöhlen. Der Hinweis auf Art. 9 GG[2] ist daher fehl am Platze, sofern nicht eine einstimmige Entscheidung der General- bzw. Vertreterversammlung erfolgt[3].

Es muss vielmehr dabei bleiben: Die Vorlage einer Schlussbilanz – mit einem Stichtag, der nicht später festgesetzt werden darf – zum Zeitpunkt der Beschlussfassung der General- bzw. Mitgliederversammlung ist **als Grundlage für die Entscheidung über die Verschmelzung unabdingbar**. Dies folgt eindeutig aus dem Sinn und Zweck sowie der Systematik des UmwG. Dass eine ausdrückliche Anordnung fehlt, resultiert daraus, dass der Gesetzgeber für die Verschmelzung von Kapitalgesellschaften auf das Erfordernis verzichtet hat, was dort ohne Schutzeinbußen auch möglich ist, nicht jedoch im Falle der eG-Verschmelzung. Andernfalls wäre dem Missbrauch Tür und Tor geöffnet. Auch die lediglich *abstrakten* Formulierungen im Verschmelzungsvertrag zu Betrag und Anzahl der Geschäftsanteile (oben Rz. 24) sind nur deshalb hinnehmbar, weil sich aus der vorzulegenden *Schlussbilanz* bei der Beschlussfassung über die Verschmelzung die *exakte Berechnung ergibt*[4]. 30

d) Fakultativer Inhalt des Verschmelzungsvertrages

Die Parteien können im Verschmelzungsvertrag weitere Regelungen treffen. So ist es häufig zweckmäßig, **Fristen** für die Beschlussfassung über die Verschmelzung und ggf. über eine beim übernehmenden Rechtsträger erforderliche Kapitalerhöhung sowie für die Anmeldung der Verschmelzung in das zuständige Register zu vereinbaren, ggf. verbunden mit einem **Kündigungs-** oder **Rücktrittsrecht** und einer Regelung über die **Kostentragung**, falls vertragliche Verpflichtungen nicht (fristgerecht) erfüllt werden oder die Verschmelzung aus sonstigen Gründen (z.B. auf Grund einer Klage) scheitert[5]. Sinnvoll kann weiterhin eine Regelung über Fragen der **betrieblichen Organisation** (Aufgabe oder Fortführung von Geschäftsfeldern; Schließung oder Beibehaltung von Zweigstellen u.a.)[6], der **Geschäftspoli-** 31

1 So *Beuthien/Wolff*, GenG, §§ 2ff. UmwG Rz. 55a; weiter *Beuthien/Wolff*, BB 2001, 2126 (2129); *Schöpflin* in KölnKomm. UmwG, § 80 UmwG Rz. 33.
2 So *Beuthien/Wolff*, BB 2001, 2126 (2129).
3 Richtig *Fronhöfer* in Widmann/Mayer, § 80 UmwG Rz. 66f.
4 Auch insoweit allerdings Bedenken bei *Heidinger*, NotBZ 2002, 86 (89).
5 Hierzu auch *Fandrich/Graef/Bloehs*, S. 53.
6 Dazu näher *Scholderer* in Semler/Stengel, § 80 UmwG Rz. 58; *Beuthien/Wolff*, GenG, §§ 2ff. UmwG Rz. 12.

tik der übernehmenden eG, der **Niederlassungen** und Geschäftsstellen[1], der weiteren Verwendung von mit Wirksamwerden der Verschmelzung aus ihrem Amt ausscheidenden **Organmitgliedern** der übertragenden Rechtsträger (dazu ausf. § 87 Rz. 8 ff.)[2] oder die Verwertung von **Grundbesitz** des übertragenden Rechtsträgers sein. Schließlich kommen Vereinbarungen über beim übernehmenden Rechtsträger vorzunehmende **Satzungsänderungen** in Betracht, wie etwa über Gegenstand und Firma des Unternehmens nach erfolgter Verschmelzung, über die Zusammensetzung der Verwaltungs- und Aufsichtsorgane, über die Höhe und Anzahl der Geschäftsanteile oder der Pflichtbeteiligung[3]. Ist die eG übernehmender Rechtsträger, so kann eine Mischverschmelzung gem. § 79 UmwG nur stattfinden, wenn gleichzeitig mit der Verschmelzung auch die vereinbarten (= erforderlichen) Satzungsänderungen beschlossen werden (dazu ausf. § 79 Rz. 22). Die Parteien können weiterhin Regelungen über Voraussetzungen und Höhe eines an die übernehmende eG zu leistenden **Beitrittsgeldes** (Eintrittsgeld) oder auch über die **Gleichbehandlung** von Alt- und Neumitgliedern treffen[4]. Zu beachten ist hierbei allerdings, dass diese im Verschmelzungsvertrag getroffenen Regelungen nicht unabänderlich sind, sondern *nach Wirksamwerden der Verschmelzung* grundsätzlich *zur Disposition* der zuständigen Organe des übernehmenden Rechtsträgers stehen. Eine Ausnahme ist nur insoweit zu machen, als im Verschmelzungsvertrag Ansprüche zugunsten einzelner Anteilsinhaber des übertragenden Rechtsträgers oder außenstehender Dritter gem. § 328 BGB begründet werden, was jedoch nur selten der Fall sein dürfte[5].

5. Bedingungen/Befristungen

32 Unbestritten zulässig ist der Abschluss eines **aufschiebend bedingten** oder **aufschiebend befristeten** Verschmelzungsvertrags (vgl. § 7) (vgl. auch § 4 Rz. 34)[6]. Hierfür besteht häufig auch ein praktisches Bedürfnis: So soll etwa die Verschmelzung unter bestimmten Voraussetzungen den Schlusspunkt unter eine eingeleitete wirtschaftliche Zusammenarbeit setzen. Bedenken können hiergegen nicht aus § 311b Abs. 2 BGB hergeleitet werden; denn diese Vorschrift ist durch § 4 Abs. 1 Satz 2 UmwG[7] gesetzlich abbedungen. Im Falle, dass eine vereinbarte aufschiebende Bedingung – und über den Wortlaut des Gesetzes hinaus auch eine aufschiebende Befristung[8] – nicht binnen fünf Jahren (oder einer vereinbarten kür-

1 OLG Frankfurt/M. v. 19.5.2006 – 25 U 28/05, ZIP 2007, 331 (332) = AG 2007, 559; vgl. noch *Scholderer* in Semler/Stengel, § 80 UmwG Rz. 58.

2 Eingehend *Scholderer* in Semler/Stengel, § 80 UmwG Rz. 51 ff.; *Fandrich/Graef/Bloehs*, S. 53 ff.

3 Hierzu auch *Fandrich/Graef/Bloehs*, S. 55.

4 So bereits zum früheren Recht: *Lang/Weidmüller/Schaffland*[32], § 93c GenG Rz. 2 f.; *Meyer/Meulenbergh/Beuthien*[12], § 93c GenG Rz. 3.

5 Zur Problematik auch *Scholderer* in Semler/Stengel, § 80 UmwG Rz. 58.

6 Dazu auch *Lehnhoff* in Lang/Weidmüller, GenG, § 5 UmwG Rz. 46; *Beuthien/Wolff*, GenG, §§ 2 ff. UmwG Rz. 14; *Schöpflin* in KölnKomm. UmwG, § 80 UmwG Rz. 35.

7 Der Gesetzgeber hat es versäumt, § 4 Abs. 1 Satz 2 UmwG an die Regelungen des geänderten Schuldrechts (vgl. Gesetz zur Modernisierung des Schuldrechts vom 26.11.2001, BGBl. I, S. 3138 ff., in Kraft seit 1.1.2002) anzupassen; dazu § 4 Rz. 25.

8 Zustimmend *Scholderer* in Semler/Stengel, § 80 UmwG Rz. 12 Fn. 37 i.V.m. § 7 UmwG Rz. 13; *Lehnhoff* in Lang/Weidmüller, GenG, § 5 UmwG Rz. 46; *Beuthien/Wolff*, GenG, §§ 2 ff. UmwG Rz. 14.

zeren Frist) nach Abschluss des Verschmelzungsvertrags eingetreten ist, kann nach § 7 UmwG jeder beteiligte Rechtsträger den Vertrag mit halbjähriger Frist zum Schluss des Geschäftsjahres des anderen Rechtsträgers kündigen. Tritt während der Kündigungsfrist die Bedingung ein, so wird die Kündigung hinfällig (hierzu auch § 7 Rz. 6)[1]. Im Übrigen bleiben die allgemeinen Vorschriften über die Störung der Geschäftsgrundlage (§ 313 BGB) unberührt[2].

Dagegen ist die Vereinbarung einer **auflösenden Bedingung oder Befristung unbeachtlich**, sofern das maßgebliche Ereignis bzw. der maßgebliche Zeitpunkt nach dem Wirksamwerden der Verschmelzung (durch Eintragung in das zuständige Register des übernehmenden Rechtsträgers) liegt. Denn mit Eintritt der Verschmelzungswirkungen geht der übertragende Rechtsträger gem. § 20 Abs. 1 Nr. 2 UmwG unter (dazu ausf. § 87 Rz. 12). Eine ipso iure erfolgende Wiederentstehung des erloschenen Rechtsträgers (ex nunc oder gar ex tunc) ist ausgeschlossen. In Betracht kommt daher lediglich die Vereinbarung einer auflösenden Bedingung oder Befristung, die noch vor Wirksamwerden der Verschmelzung zum Tragen kommen kann[3] (§ 4 Rz. 34). 33

6. Aufhebung und Änderung

Eine Aufhebung bzw. Änderung des wirksam vereinbarten Verschmelzungsvertrages ist **einvernehmlich** durch die Vertretungsorgane der beteiligten Rechtsträger **möglich**, soweit noch keine zustimmenden Verschmelzungsbeschlüsse gefasst wurden (Änderungs- bzw. Aufhebungsvertrag)[4]. Anderenfalls – also **nach Beschlussfassung** – kann das jeweilige Vertretungsorgan nur mit **nochmaliger Zustimmung der Anteilsinhaber-Versammlung** die Änderungs- bzw. Aufhebungserklärungen wirksam abgeben[5]. In diesem Fall gelten für die Information der Anteilsinhaber und das Verfahren die Regelungen über den Verschmelzungsbeschluss entsprechend, und zwar auch im Hinblick auf die Mehrheitserfordernisse[6]. Da der Verschmelzungsvertrag ein strukturändernder Organisationsvertrag ist (vgl. oben Rz. 4), kann die zunächst mit qualifizierter Mehrheit beschlossene Strukturänderung ebenso wenig wie eine beschlossene Satzungsänderung mit einfacher Mehrheit wieder aufgehoben werden[7] (ausf. § 4 Rz. 26). Ob der Aufhebungs- bzw. Änderungsvertrag der notariellen Form bedarf, ist streitig (ausf. § 4 Rz. 27 34

---

1 Ebenso *Scholderer* in Semler/Stengel, § 7 UmwG Rz. 9 a.E.
2 *Beuthien/Wolff*, GenG, §§ 2 ff. UmwG Rz. 14; *Schöpflin* in KölnKomm. UmwG, § 80 UmwG Rz. 35 a.E.
3 Hierzu LG Hamburg v. 25.2.1999 – 415 O 2/99, AG 1999, 239 (240) für die Ausgliederung; vgl. auch *Beuthien/Wolff*, GenG, §§ 2 ff. UmwG Rz. 14, der insb. auf den Rechtsgedanken von § 20 Abs. 2 UmwG verweist; *Lehnhoff* in Lang/Weidmüller, GenG, § 5 UmwG Rz. 46 a.E.; *Schöpflin* in KölnKomm. UmwG, § 80 UmwG Rz. 35.
4 Allgemein § 4 Rz. 26 m.w.N.; ebenso *Beuthien/Wolff*, GenG, §§ 2 ff. UmwG Rz. 18; *Fandrich/Graef/Bloehs*, S. 29.
5 *Schöpflin* in KölnKomm. UmwG, § 80 UmwG Rz. 36.
6 Ausf. *Heidinger*, NotBZ 2002, 86 (90); vgl. auch *Scholderer* in Semler/Stengel, § 80 UmwG Rz. 61.
7 So aber *Beuthien/Wolff*, GenG, §§ 2 ff. UmwG Rz. 18; ebenso *Fandrich/Graef/Bloehs*, S. 29; wie hier aber *Schöpflin* in KölnKomm. UmwG, § 80 UmwG Rz. 36.

a.E.), aber wohl zu bejahen[1]. Nach Eintragung der Verschmelzung sind Aufhebung und Änderungen des Verschmelzungsvertrags unzulässig; hierauf gerichtete Beschlüsse der General-/Vertreterversammlung gehen ins Leere[2].

7. Bindungswirkung des Verschmelzungsvertrages

35 Wirksam wird der Verschmelzungsvertrag erst mit Zustimmung durch die Versammlungen der Anteilsinhaber der beteiligten Rechtsträger. Die **vertragliche Treuepflicht** verpflichtet jedoch die Vertretungsorgane der beteiligten Rechtsträger dahin, die Beschlussfassung über die Verschmelzung in angemessener Frist herbeizuführen[3]. Ein Verstoß gegen diese Pflicht begründet einen *Schadensersatzanspruch* des Vertragspartners; die Erzwingung der Beschlussfassung ist jedoch mangels Vollstreckbarkeit für den Vertragspartner nicht möglich[4].

8. Durchsetzung bzw. Nichterfüllung

36 Die **Erfüllung** der in einem wirksamen Verschmelzungsvertrag begründeten Verpflichtungen kann hingegen **im Klageweg erzwungen** werden. Voraussetzung ist, dass die Verschmelzung formgerecht vereinbart wurde und die Zustimmungsbeschlüsse der Anteilsinhaber-Versammlungen der beteiligten Rechtsträger vorliegen[5] (allgemein § 4 Rz. 36ff. m.w.N.). Klageziel ist die Vornahme der Eintragung der Verschmelzung in das zuständige Register des übernehmenden Rechtsträgers, da hierdurch die Wirksamkeit der Verschmelzung ipso iure eintritt (vgl. weiter § 4 Rz. 36)[6]. Hierbei ist zu beachten, dass nach geltendem Recht (§ 16 Abs. 1 Satz 2 UmwG) das Vertretungsorgan des übernehmenden Rechtsträgers auch berechtigt ist, die Anmeldung der Verschmelzung zur Eintragung in das zuständige Register des übertragenden Rechtsträgers anzumelden (vgl. dazu § 16 Rz. 9). Daher kommt eine Klage des übernehmenden Rechtsträgers auf Vornahme der Anmeldung gegen einen übertragenden Rechtsträger, der pflichtwidrig die Anmeldung unterlässt, nicht mehr in Betracht (ebenso *Drygala*, § 4 Rz. 36)[7]. Unterlässt dagegen der übernehmende Rechtsträger pflichtwidrig die Anmeldung, so steht jedem übertragenden Rechtsträger die Klage auf Abgabe der Anmeldungserklärung zu; die Vollstreckung erfolgt gem. § 894 ZPO[8]. Einzureichen ist beim zuständigen Register das rechtskräftige Urteil; ein vorläufig vollstreckbares Urteil

1 Ebenso für die eG: *Schöpflin* in KölnKomm. UmwG, § 80 UmwG Rz. 36; a.A. nunmehr *Beuthien/Wolff*, GenG, §§ 2ff. UmwG Rz. 18.
2 OLG Frankfurt/M. v. 22.10.2002 – 20 W 299/02, DB 2003, 599f. = GmbHR 2003, 117; *Fandrich/Graef/Bloehs*, S. 29.
3 Zustimmend *Schöpflin* in KölnKomm. UmwG, § 80 UmwG Rz. 37; abw. *Fandrich/Graef/Bloehs*, S. 28.
4 Wie hier im Ergebnis *Beuthien/Wolff*, GenG, §§ 2ff. UmwG Rz. 16 a.E.; *Schöpflin* in KölnKomm. UmwG, § 80 UmwG Rz. 37.
5 *Beuthien/Wolff*, GenG, §§ 2ff. UmwG Rz. 16; *Schöpflin* in KölnKomm. UmwG, § 80 UmwG Rz. 37.
6 *Beuthien/Wolff*, GenG, §§ 2ff. UmwG Rz. 16; *Schöpflin* in KölnKomm. UmwG, § 80 UmwG Rz. 37.
7 Zustimmend *Beuthien/Wolff*, GenG, §§ 2ff. UmwG Rz. 16, der vom fehlenden Rechtsschutzbedürfnis einer solchen Klage ausgeht; ebenso *Schöpflin* in KölnKomm. UmwG, § 80 UmwG Rz. 37.
8 So auch *Schöpflin* in KölnKomm. UmwG, § 80 UmwG Rz. 37.

ist nicht ausreichend[1]. Die Herausgabe der zur Anmeldung erforderlichen Unterlagen (vgl. hierzu § 86 Rz. 6ff.) muss im Wege der Klage erzwungen und ggf. gem. § 888 Abs. 1 ZPO bzw. §§ 896, 792 ZPO vollstreckt werden[2].

Statt der Erfüllungsklage können – bei Vorliegen der Tatbestandsvoraussetzungen 37
– auch die allgemeinen (**Schadensersatz-)Ansprüche** wegen Leistungsstörungen geltend gemacht werden[3]. Für die Geltendmachung dieser Sekundärrechte soll der Vorstand der eG nach h.M. nicht die Zustimmung der General-/Vertreterversammlung benötigen; dazu § 4 Rz. 40. Da es sich jedoch bei der Alternative, entweder die Erfüllung des Verschmelzungsvertrages klageweise durchzusetzen oder auf die Geltendmachung von Sekundärrechten überzuwechseln, um eine Grundlagenentscheidung über die künftige Gesellschaftsstruktur handelt, erscheint es richtiger, hierüber einen Beschluss der Anteilsinhaber einzuholen[4].

Klagebefugt sind grundsätzlich nur die beteiligten Rechtsträger; ein Anteilsinha- 38
ber eines beteiligten Rechtsträgers kann gegen den vertragswidrig handelnden anderen Rechtsträger keine Klage erheben[5]; allgemein § 4 Rz. 36. Eine Gesellschafterklage, mit deren Hilfe das Vertretungsorgan des Rechtsträgers, dem der Kläger angehört, gezwungen werden soll, die Durchführung der Verschmelzung zu erzwingen, wird von der h.M. zu Recht abgelehnt (vgl. auch § 4 Rz. 38)[6].

§ 81
Gutachten des Prüfungsverbandes

(1) Vor der Einberufung der Generalversammlung, die gemäß § 13 Abs. 1 über die Zustimmung zum Verschmelzungsvertrag beschließen soll, ist für jede beteiligte Genossenschaft eine gutachtliche Äußerung des Prüfungsverbandes einzuholen, ob die Verschmelzung mit den Belangen der Mitglieder und der Gläubiger der Genossenschaft vereinbar ist (Prüfungsgutachten). Das Prüfungsgutachten kann für mehrere beteiligte Genossenschaften auch gemeinsam erstattet werden.

(2) Liegen die Voraussetzungen des Artikels 25 Abs. 1 des Einführungsgesetzes zum Handelsgesetzbuche in der Fassung des Artikels 21 § 5 Abs. 2 des Gesetzes vom 25. Juli 1988 (BGBl. I S. 1093) vor, so kann die Prüfung der Verschmelzung (§§ 9 bis 12) für die dort bezeichneten Rechtsträger auch von dem zuständigen Prüfungsverband durchgeführt werden.

1 Ebenso *Beuthien/Wolff*, GenG, §§ 2ff. UmwG Rz. 16.
2 Zustimmend *Schöpflin* in KölnKomm. UmwG, § 80 UmwG Rz. 37; vgl. auch noch *Beuthien/Wolff*, GenG, §§ 2ff. UmwG Rz. 16.
3 So auch *Schöpflin* in KölnKomm. UmwG, § 80 UmwG Rz. 38.
4 Ebenso *Heckschen* in Widmann/Mayer, § 7 UmwG Rz. 42ff.; a.A. *Stratz* in Schmitt/Hörtnagl/Stratz, § 7 UmwG Rz. 29; *Beuthien/Wolff*, GenG, §§ 2ff. UmwG Rz. 15 unter Hinweis auf die Regelung in § 27 Abs. 1 Satz 1 GenG.
5 So auch *Beuthien/Wolff*, GenG, §§ 2ff. UmwG Rz. 17.
6 *Beuthien/Wolff*, GenG, §§ 2ff. UmwG Rz. 17 und § 34 GenG Rz. 6; *Schöpflin* in KölnKomm. UmwG, § 80 UmwG Rz. 38.

Literatur

Vgl. die Angaben zu § 79.

I. Sinn und Zweck

1 In Übereinstimmung mit dem früheren Recht ist **Kernstück des Schutzes der Mitglieder** einer eG im Falle einer Verschmelzung die Prüfung des vom Vorstand vorgelegten Verschmelzungsvertrages (bzw. Entwurfes) durch Prüfer des zuständigen Prüfungsverbandes. Die Erstellung des Prüfungsgutachtens dient damit dem Schutz der Mitglieder zum einen im Blick auf den Minderheitenschutz, indem nachteilige Folgen ggf. aufgezeigt werden müssen, zum anderen handelt es sich aber auch um eine weitere Beurteilungsgrundlage zur Information der Mitglieder, um diesen die Möglichkeit einer sachgerechten Ausübung ihres Stimmrechts zu eröffnen[1]. Ergänzt wird dieser generelle a-priori-Schutz für die Mitglieder einer *übertragenden* eG durch den a-posteriori-Schutz eines gerichtlichen Verfahrens zur Überprüfung des Umtauschverhältnisses (vgl. §§ 15, 85 UmwG). Außerdem werden mit dem Prüfungsgutachten auch die Interessen der Gläubiger geschützt, in dem hierdurch mögliche Vermögensgefährdungen dieser Personengruppe offen gelegt werden müssen[2]. Für den Fall der Verschmelzung einer *100%igen Tochter* auf ihre Mutter-eG entfällt gem. § 9 Abs. 2 UmwG für den übertragenden Rechtsträger die Verschmelzungsprüfung, da schutzwürdige Belange der Mitglieder (der übernehmenden eG) insoweit nicht berührt werden; zu prüfen bleibt indes die Verschmelzung aus der Sicht der Mutter-eG[3]. Ein *Verzicht* auf die Prüfung ist nicht nur praktisch im Regelfall nicht möglich[4], sondern auch von Rechts wegen *ausgeschlossen*, da § 12 Abs. 3 UmwG neben § 81 UmwG nicht zur Anwendung kommen kann[5].

1 Zutreffend *Scholderer* in Semler/Stengel, § 81 UmwG Rz. 3; *Fronhöfer* in Widmann/Mayer, § 81 UmwG Rz. 6; *Bauer*, Genossenschafts-Handbuch, § 81 UmwG Rz. 6; *Schöpflin* in KölnKomm. UmwG, § 81 UmwG Rz. 2; ferner *Beuthien/Wolff*, GenG, §§ 2ff. UmwG Rz. 24; *Stratz* in Schmitt/Hörtnagl/Stratz, § 81 UmwG Rz. 5.

2 *Stratz* in Schmitt/Hörtnagl/Stratz, § 81 UmwG Rz. 7; *Scholderer* in Semler/Stengel, § 81 UmwG Rz. 4; *Bauer*, Genossenschafts-Handbuch, § 81 UmwG Rz. 7; *Fronhöfer* in Widmann/Mayer, § 81 UmwG Rz. 6 a.E.

3 Ebenso *Fronhöfer* in Widmann/Mayer, § 81 UmwG Rz. 29; a.A. wohl *Beuthien/Wolff*, GenG, §§ 2ff. UmwG Rz. 26 a.E.; *Bauer*, Genossenschafts-Handbuch, § 81 UmwG Rz. 35.

4 So auch *Schöpflin* in KölnKomm. UmwG, § 81 UmwG Rz. 20.

5 Richtig *Stratz* in Schmitt/Hörtnagl/Stratz, § 81 UmwG Rz. 4; *Fronhöfer* in Widmann/Mayer, § 81 UmwG Rz. 8 (allerdings unter unzutreffendem Hinweis auf § 9 Abs. 3 UmwG); *Scholderer* in Semler/Stengel, § 81 UmwG Rz. 4; *Fandrich/Graef/Bloehs*, S. 56;

II. Prüfungsgutachten

1. Prüfung der Verschmelzung durch den Prüfungsverband

a) Verdrängung der §§ 9–12 UmwG

Die Prüfung durch den zuständigen Prüfungsverband ersetzt für jede an der Verschmelzung beteiligte eG die Prüfung gem. §§ 9–12 UmwG. Im Falle der Mischverschmelzung hat indes für beteiligte Rechtsträger *anderer Rechtsform* die Verschmelzungsprüfung gem. §§ 9–12 UmwG zu erfolgen[1]. 2

b) Zuständigkeit

Zuständig ist der Prüfungsverband, dem die zu verschmelzende eG gem. § 54 GenG als Pflichtmitglied angehört[2]. Hierbei bedient sich der Verband grundsätzlich der von ihm angestellten Prüfer (§ 55 Abs. 1 Satz 2 GenG), die im genossenschaftlichen Prüfungswesen ausreichend vorgebildet und erfahren sein müssen (§ 55 Abs. 1 Satz 3 GenG), ausnahmsweise auch besonders qualifizierter externer Prüfer (§ 55 Abs. 3 GenG)[3]. 3

c) Prüfungsverfahren

Der Vorstand der eG hat dem Verschmelzungsprüfer zu gestatten, die Bücher und Schriften der eG sowie die Vermögensgegenstände und Schulden, namentlich die Kasse und die Bestände an Wertpapieren und Waren zu prüfen (§ 11 Abs. 1 Satz 1 UmwG i.V.m. § 320 Abs. 1 Satz 2 HGB analog; vgl. auch § 57 Abs. 1 GenG). Der Verschmelzungsprüfer kann vom Vorstand alle Aufklärungen und Nachweise verlangen, die für eine sorgfältige Prüfung notwendig sind (§ 11 Abs. 1 Satz 1 UmwG i.V.m. § 320 Abs. 2 Satz 1 HGB analog)[4]. Darüber hinaus besteht ein Auskunftsrecht gem. § 11 Abs. 1 Satz 4 UmwG analog gegenüber allen an der Verschmelzung beteiligten Rechtsträgern und gegenüber Konzernunternehmen sowie abhängigen und herrschenden Unternehmen (dazu ausf. § 11 Rz. 5 f.)[5]. 4

Grundsätzlich findet – auch bei der reinen eG-Verschmelzung – für jede beteiligte eG eine **eigenständige Prüfung** statt. Dies gilt auch dann, wenn die beteiligten eG 5

Schöpflin in KölnKomm. UmwG, § 81 UmwG Rz. 20; a.A. *Beuthien/Wolff*, GenG, §§ 2 ff. UmwG Rz. 26; *Bauer*, Genossenschafts-Handbuch, § 81 UmwG Rz. 34 a.E.

1 Vgl. Gesetzesbegr zu § 81 UmwG bei *Ganske*, S. 123; ferner *Scholderer* in Semler/Stengel, § 81 UmwG Rz. 33; *Bauer*, Genossenschafts-Handbuch, § 81 UmwG Rz. 5; *Fronhöfer* in Widmann/Mayer, § 81 UmwG Rz. 7; *Schöpflin* in KölnKomm. UmwG, § 81 UmwG Rz. 3.

2 Zur Verfassungsmäßigkeit der Pflichtmitgliedschaft: BVerfG v. 19.1.2001 – 1 BvR 1759/91, NJW 2001, 2617.

3 Hierzu ausf. die Kommentierungen zu § 55 GenG; vgl. auch *Scholderer* in Semler/Stengel, § 81 UmwG Rz. 7; *Schöpflin* in KölnKomm. UmwG, § 81 UmwG Rz. 3.

4 Vgl. auch *Scholderer* in Semler/Stengel, § 81 UmwG Rz. 8; *Bauer*, Genossenschafts-Handbuch, § 81 UmwG Rz. 19; *Fronhöfer* in Widmann/Mayer, § 81 UmwG Rz. 2 a.E.

5 Zustimmend nunmehr *Beuthien/Wolff*, GenG, §§ 2 ff. UmwG Rz. 24 a.E.; *Bauer*, Genossenschafts-Handbuch, § 81 UmwG Rz. 19 a.E.; *Stratz* in Schmitt/Hörtnagl/Stratz, § 81 UmwG Rz. 6 a.E.; *Fronhöfer* in Widmann/Mayer, § 81 UmwG Rz. 13.

demselben Prüfungsverband angehören. In diesem Fall sind die beteiligten eG grundsätzlich von verschiedenen Prüfern zu prüfen[1].

6 Eine **gemeinsame Prüfung** mehrerer eG durch denselben Prüfer ist im Gesetz nicht ausdrücklich vorgesehen. Aufgrund der allgemeinen Vorschrift des § 10 Abs. 1 Satz 2 UmwG ist eine gemeinsame Prüfung mehrerer demselben Prüfungsverband angehörender eG durch denselben/dieselben Prüfer jedoch zulässig, wenn eine Bestellung durch die zuständigen Vertretungsorgane (= Vorstände) der beteiligten eG oder auf Grund von deren gemeinsamen Antrag durch das Gericht erfolgt. Örtlich zuständig ist das Landgericht, in dessen Bezirk eine beteiligte übertragende eG ihren Sitz hat (§ 10 Abs. 2 Satz 1 UmwG analog). Zuständig ist vorrangig der Vorsitzende der Kammer für Handelssachen (§ 10 Abs. 2 Satz 2 UmwG analog)[2]. Dagegen kommt eine gemeinsame Prüfung nicht in Betracht, soweit die beteiligten eG verschiedenen Prüfungsverbänden angehören. Denn es ist ausdrücklicher Wille des Gesetzes und auch zweckmäßig, dass die Prüfung stets nur von dem Prüfungsverband durchgeführt wird, dem die eG angehört und der daher mit den Verhältnissen der zu prüfenden eG vertraut ist[3].

7 Von der gemeinsamen Prüfung zu unterscheiden ist die Frage, ob die **Erstattung** eines **gemeinsamen Prüfungsgutachtens** zulässig ist. Hier eröffnet § 81 Abs. 1 Satz 2 UmwG ausdrücklich die Möglichkeit, vom Grundsatz des § 81 Abs. 1 Satz 1 UmwG abzuweichen, wonach für jede beteiligte eG ein eigenes Prüfungsgutachten zu erstatten ist. Es können daher die verschiedenen Prüfungen der beteiligten eG in einem gemeinsamen Prüfungsgutachten dargestellt werden. Dies gilt – abweichend von Äußerungen aus der genossenschaftsrechtlichen Literatur[4] – auch dann, wenn die betroffenen eG nicht demselben Prüfungsverband angehören. Die abweichenden Stellungnahmen beruhen wohl auf dem Missverständnis, dass nicht zwischen der gemeinsamen Prüfung (vgl. § 10 Abs. 1 Satz 2 UmwG) und der Erstattung eines gemeinsamen Prüfungsgutachtens (vgl. § 12 Abs. 1 Satz 2 UmwG) unterschieden wird[5].

8 Grundsätzlich ist im Fall der **Mischverschmelzung** für einen beteiligten Rechtsträger anderer Rechtsform der Verschmelzungsprüfbericht nach Maßgabe der §§ 9–12 UmwG – ggf. modifiziert durch rechtsformspezifische Abweichungen – zu erstatten (vgl. auch oben Rz. 2). Hiervon macht indes § 81 Abs. 2 UmwG eine **Ausnahme** für den Fall, dass die Voraussetzungen des Art. 25 Abs. 1 EGHGB[6] vor-

---

1 Wie hier *Scholderer* in Semler/Stengel, § 81 UmwG Rz. 31; *Fronhöfer* in Widmann/Mayer, § 81 UmwG Rz. 20; *Bauer*, Genossenschafts-Handbuch, § 81 UmwG Rz. 30.

2 Nur i.E. zustimmend *Fronhöfer* in Widmann/Mayer, § 81 UmwG Rz. 25.

3 Zustimmend *Scholderer* in Semler/Stengel, § 81 UmwG Rz. 31; *Bonow* in Semler/Stengel, § 147 UmwG Rz. 17; *Stratz* in Schmitt/Hörtnagl/Stratz, § 81 UmwG Rz. 10; *Fandrich/Bloehs* in Pöhlmann/Fandrich/Bloehs, § 81 UmwG Rz. 11; a.A. nur *Fronhöfer* in Widmann/Mayer, § 81 UmwG Rz. 23f.

4 Vgl. *Beuthien/Wolff*, GenG, §§ 2ff. UmwG Rz. 25; *Lehnhoff* in Lang/Weidmüller, GenG, § 81 UmwG Rz. 7; *Bonow* in Semler/Stengel, § 147 UmwG Rz. 20; *Bauer*, Genossenschafts-Handbuch, § 81 UmwG Rz. 31f.; ebenso für § 93b GenG a.F.: *K. Müller*[1], § 93b GenG Rz. 5; wie hier aber *Stratz* in Schmitt/Hörtnagl/Stratz, § 81 UmwG Rz. 10; *Scholderer* in Semler/Stengel, § 81 UmwG Rz. 32; *Fandrich/Bloehs* in Pöhlmann/Fandrich/Bloehs, § 81 UmwG Rz. 11.

5 Zustimmend *Stratz* in Schmitt/Hörtnagl/Stratz, § 81 UmwG Rz. 10; *Scholderer* in Semler/Stengel, § 81 UmwG Rz. 35; *Bleschke*, S. 124ff.

6 I.d.F. des Steuerreformgesetzes v. 25.7.1988, Art. 21 § 5 Abs. 2, BGBl. I, S. 1093.

liegen. Danach kann auch für Aktiengesellschaften und GmbH (inkl. des Subtyps der UG, vgl. Einl. I Rz. 53), bei denen die Mehrheit der Anteile *und* die Mehrheit der Stimmrechte bei einer oder mehreren eG oder genossenschaftlichen Prüfverbänden liegen (Art. 25 Abs. 1Satz 1 Nr. 1 EGHGB), oder für Unternehmen, die am 31.12.1989 als gemeinnützige Wohnungsunternehmen oder als Organe der staatlichen Wohnungspolitik anerkannt waren und die nicht eG sind (Art. 25 Abs. 1 Satz 1 Nr. 2 EGHGB), die Prüfung der Verschmelzung nicht nur gem. § 11 Abs. 1 UmwG i.V.m. § 319 HGB durch Wirtschaftsprüfer bzw. vereidigte Buchprüfer, sondern – fakultativ![1] – auch von dem Prüfungsverband durchgeführt werden, dem die zu prüfende Gesellschaft bzw. das zu prüfende Wohnungsunternehmen als Mitglied angehört[2]. Weitere Voraussetzung ist jedoch, dass mehr als die Hälfte der geschäftsführenden Mitglieder des Vorstandes des Prüfungsverbandes (bei zwei Mitgliedern: eines) Wirtschaftsprüfer sind. In diesem Fall hat der Prüfungsverband für die beteiligte Tochtergesellschaft einen Prüfungsbericht gem. § 12 Abs. 1 Satz 1 UmwG zu erstatten[3]. Analog § 81 Abs. 1 Satz 2 UmwG erscheint es sinnvoll, auch die Erstattung eines gemeinsamen Prüfungsgutachtens zuzulassen[4]. Die Regelung des § 81 Abs. 2 UmwG gilt sowohl für den upstream-merger (Tochter auf Mutter-eG) als auch für den downstream-merger (Mutter-eG auf Tochter)[5].

Abweichend von der allgemeinen Regelung in § 11 Abs. 2 UmwG ergeben sich **Stellung** und **Verantwortlichkeit** der **Verschmelzungsprüfer** aus dem Mitgliedschaftsverhältnis, das die zu prüfende eG auf der Grundlage der Verbandssatzung mit dem Prüfungsverband verbindet. Hieraus folgt, dass jede eG gegen den zuständigen Prüfungsverband einen (nach § 888 ZPO vollstreckbaren) Anspruch hat auf Erstattung eines den gesetzlichen Anforderungen entsprechenden Prüfungsgutachtens (unten Rz. 10ff.) sowie der beratenden Mitwirkung an der beschließenden General- bzw. Vertreterversammlung gem. § 83 Abs. 2 Satz 2 UmwG (dazu § 83 Rz. 18)[6]. Die zum früheren Recht vertretene abweichende Auffassung, wonach die Erstattung des Prüfungsgutachtens und die Mitwirkung in der über die Verschmelzung beschließenden Versammlung lediglich im pflichtgemäßen Ermessen des Prüfungsverbandes stehe mit der Folge, dass die Verschmelzung auch ohne die 9

---

1 Ebenso ausdrücklich *Scholderer* in Semler/Stengel, § 81 UmwG Rz. 33; *Fronhöfer* in Widmann/Mayer, § 81 UmwG Rz. 27.

2 Entgegen *Stratz* in Schmitt/Hörtnagl/Stratz, § 81 UmwG Rz. 11 verlangt das Gesetz nicht, dass tatsächlich geprüft wurde. Richtig *Fronhöfer* in Widmann/Mayer, § 81 UmwG Rz. 27; *Scholderer* in Semler/Stengel, § 81 UmwG Rz. 34.

3 Zustimmend *Fronhöfer* in Widmann/Mayer, § 81 UmwG Rz. 28; missverständlich *Stratz* in Schmitt/Hörtnagl/Stratz, § 81 UmwG Rz. 11 (§§ 9–12 UmwG seien „außer Vollzug gesetzt").

4 Abw. *Fronhöfer* in Widmann/Mayer, § 81 UmwG Rz. 28; wie hier aber *Bauer*, Genossenschafts-Handbuch, § 81 UmwG Rz. 33; ebenso *Beuthien/Wolff*, GenG, §§ 2ff. UmwG Rz. 25.

5 Richtig *Scholderer* in Semler/Stengel, § 81 UmwG Rz. 34.

6 Vgl. hierzu *Beuthien/Wolff*, GenG, §§ 2ff. UmwG Rz. 23; *Scholderer* in Semler/Stengel, § 81 UmwG Rz. 36; *Schöpflin* in KölnKomm. UmwG, § 81 UmwG Rz. 4; *Fronhöfer* in Widmann/Mayer, § 81 UmwG Rz. 10; *Pleyer*, ZfgG 1966, 82; LG Tübingen v. 26.11. 1964 – HGR 1/64, ZfgG 1966, 79, 80; differenzierend *Lehnhoff* in Lang/Weidmüller, GenG, § 81 UmwG Rz. 6, § 83 UmwG Rz. 3; *Stratz* in Schmitt/Hörtnagl/Stratz, § 81 UmwG Rz. 4, § 83 UmwG Rz. 8, die zwar die Einklagbarkeit des Anspruchs bejahen, eine Verpflichtung des Prüfungsverbands zur Teilnahme an der Generalversammlung aber verneinen.

Vorlage eines Prüfungsgutachtens beschlossen werden könne, falls der Prüfungsverband das geforderte Gutachten nicht oder nicht rechtzeitig erstatte[1], ist mit der gesetzlichen Regelung nicht zu vereinbaren und überzeugt auch in der Sache nicht[2]. Ohne die Einreichung des Prüfungsgutachtens (vgl. § 86 Abs. 1, 2 UmwG) hat schließlich das Registergericht die Anmeldung zurückzuweisen; der Prüfungsverband hätte damit ohne die Anerkennung dieses Anspruchs die Entscheidung über die Durchführung der Verschmelzung in der Hand[3]. Bei Nichterfüllung oder verspäteter Erfüllung haftet der Prüfungsverband auf Schadensersatz (vgl. unten Rz. 20)[4].

2. Prüfungsgegenstand

a) Allgemein

10 Gegenstand der Verschmelzungsprüfung ist, „ob die Verschmelzung mit den Belangen der Mitglieder und der Gläubiger der eG vereinbar ist" (§ 81 Abs. 1 Satz 1 UmwG). Ebenso wie beim Formwechsel der eG (dazu §§ 258 ff. UmwG) geht der an den jeweils zuständigen Prüfungsverband (dazu oben Rz. 3) gerichtete Prüfungsauftrag (vgl. für den Formwechsel: § 259 UmwG) über die für andere Rechtsträger in §§ 9 ff. UmwG geforderte Verschmelzungsprüfung hinaus. Denn das Gutachten gem. § 81 UmwG beschränkt sich nicht auf die Prüfung des Verschmelzungsvertrages (bzw. seines Entwurfes) sowie auf die Feststellung (vgl. § 12 Abs. 2 UmwG), ob das vereinbarte Umtauschverhältnis der Anteile bzw. der Mitgliedschaft beim übernehmenden Rechtsträger und ggf. der baren Zuzahlung angemessen ist (vgl. hierzu § 12 Rz. 3 ff.). Vielmehr hat das Prüfungsgutachten gem. § 81 UmwG **umfassend** das **Für und Wider** der Verschmelzung zu erörtern[5]. Die rechtlichen und wirtschaftlichen Folgen der Verschmelzung für die Mitglieder sowohl einer übertragenden wie auch einer übernehmenden eG sind darzulegen. Dies gilt auch dann, wenn der Prüfungsverband zu dem (positiven) Ergebnis gelangt, dass die vom eG-Vorstand im Verschmelzungsbericht gemachten Ausführungen uneingeschränkt zutreffen[6].

---

1 So noch *Lang/Weidmüller/Metz/Schaffland*[33], Anh. 1 (§ 81 UmwG) Rz. 6.

2 Ebenso *Limmer*, Unternehmensumwandlung, Rz. 877; *Scholderer* in Semler/Stengel, § 81 UmwG Rz. 36.

3 Näher *Bleschke*, S. 117.

4 *Scholderer* in Semler/Stengel, § 81 UmwG Rz. 41 a.E. m.w.N.; *Schöpflin* in KölnKomm. UmwG, § 81 UmwG Rz. 4; *Stratz* in Schmitt/Hörtnagl/Stratz, § 81 UmwG Rz. 8 a.E. (i.E. unstreitig).

5 Ebenso oder ähnlich *Stratz* in Schmitt/Hörtnagl/Stratz, § 81 UmwG Rz. 5; *Beuthien/Wolff*, GenG, §§ 2 ff. UmwG Rz. 24; *Scholderer* in Semler/Stengel, § 81 UmwG Rz. 24; *Bauer*, Genossenschafts-Handbuch, § 81 UmwG Rz. 10, 22; *Schöpflin* in KölnKomm. UmwG, § 81 UmwG Rz. 8; *Lehnhoff* in Lang/Weidmüller, GenG, § 81 UmwG Rz. 4; *Fronhöfer* in Widmann/Mayer, § 81 UmwG Rz. 15 f.

6 Unzutreffend daher LG Tübingen v. 26.11.1964 – HGR 1/64, ZfgG 1966, 79, wonach ein Prüfungsgutachten den gesetzlichen Anforderungen (§ 93b Abs. 2 Satz 2 GenG a.F.) genügt, das lediglich mitteilt: „... wird bestätigt, dass die Verschmelzung mit den Belangen der Genossen und der Gläubiger der eG vereinbar ist"; wie hier *Pleyer*, ZfgG 1966, 81 (82); *Beuthien/Wolff*, GenG, §§ 2 ff. UmwG Rz. 24; *Scholderer* in Semler/Stengel, § 81 UmwG Rz. 19; *Bauer*, Genossenschafts-Handbuch, § 81 UmwG Rz. 22; *Bleschke*, S. 118 f.; tendenziell auch *Lehnhoff* in Lang/Weidmüller, GenG, § 81 UmwG Rz. 4; *Limmer*, Unternehmensumwandlung, Rz. 875.

b) Einzelheiten

Besonders einzugehen ist auf die Frage, inwieweit die Verschmelzung **Auswirkungen auf den satzungsmäßigen Förderungszweck** der jeweiligen eG hat[1]. Im Falle der Verschmelzung auf eine eG kommt insbesondere auch der Förder- und Finanzkraft der übernehmenden eG hohe Bedeutung zu[2]. Das Prüfungsgutachten hat – insbesondere bei einer Mischverschmelzung – auch zu den gem. § 79 UmwG erforderlichen Satzungsänderungen (dazu § 79 Rz. 17 ff.) Stellung zu beziehen[3]. Die Belange einzelner Mitglieder sind nicht zu berücksichtigen; dagegen können Individualinteressen in die Betrachtung einzubeziehen sein, wenn sie grundsätzlich für alle Mitglieder bestehen und lediglich in ihrer Intensität im Einzelnen variieren[4]. 11

Besonderes **Augenmerk** haben die Verschmelzungsprüfer – insoweit bestehen Parallelen zu der für Rechtsträger anderer Rechtsform geltenden Vorschrift des § 12 Abs. 2 UmwG – darauf zu richten, ob die im **Verschmelzungsvertrag** (bzw. Entwurf) getroffene **Regelung über den Anteilstausch** sowohl den gesetzlichen Anforderungen genügt (vgl. dazu § 80 Rz. 13 ff.) als auch zu sachgerechten Ergebnissen führt[5]. Dies gilt insbesondere im Hinblick auf zulässige Vereinbarungen, die *vom gesetzlichen Regelmodell des § 80 Abs. 1 Satz 1 UmwG abweichen*. Das Prüfungsgutachten hat sich daher auch zu den in der **Schlussbilanz** der beteiligten eG getroffenen Festlegungen der einzelnen Geschäftsguthaben der Mitglieder (dazu § 87 Rz. 37)[6] sowie ggf. im Verschmelzungsvertrag vereinbarten **baren Zuzahlungen** (vgl. dazu § 87 Rz. 38) oder **Zuschreibungen** auf die Geschäftsguthaben (dazu § 87 Rz. 38) zu äußern[7]. Insbesondere vor dem Hintergrund der beschränkenden Regelung des § 85 UmwG (dazu § 85 Rz. 1, 4 ff.) ist im Falle der reinen eG-Verschmelzung der Frage nachzugehen, ob auf Grund der unterschiedlichen Vermögens- und Ertragslage der beteiligten eG ein angemessener **Wertausgleich** (dazu § 87 Rz. 32 ff.) vorgesehen ist[8]. Im Falle der **Mischverschmelzung** ist eine Aussage erforderlich, ob die für den Rechtsträger anderer Rechtsform ermittelten Wertansätze zutreffend festgestellt wurden (hierzu § 80 Rz. 25 sowie § 88 Rz. 3 für die Verschmelzung auf eine eG; § 87 Rz. 23 für die Verschmelzung einer eG auf einen Rechtsträger anderer Rechtsform)[9]. Ebendies gilt für die Angemessenheit einer Barabfindung, welche den Anteilsinhabern des übertragenden Rechtsträgers von 12

---

1 Hierzu *Scholderer* in Semler/Stengel, § 81 UmwG Rz. 24; vgl. auch *Fronhöfer* in Widmann/Mayer, § 81 UmwG Rz. 16; *Fandrich/Graef/Bloehs*, S. 56; *Schöpflin* in KölnKomm. UmwG, § 81 UmwG Rz. 24.

2 Zutreffend *Beuthien*, GenG, §§ 2 ff. UmwG Rz. 24; *Scholderer* in Semler/Stengel, § 81 UmwG Rz. 24; *Bleschke*, S. 119; *Schöpflin* in KölnKomm. UmwG, § 81 UmwG Rz. 10.

3 Ebenso *Scholderer* in Semler/Stengel, § 81 UmwG Rz. 25; *Bleschke*, S. 119; zust. *Bauer*, Genossenschafts-Handbuch, § 81 UmwG Rz. 13.

4 Ebenso *Bleschke*, S. 119; *Fronhöfer* in Widmann/Mayer, § 81 UmwG Rz. 12.

5 Vgl. dazu auch *Bauer*, Genossenschafts-Handbuch, § 81 UmwG Rz. 15; *Fandrich/Graef/Bloehs*, S. 56.

6 *Scholderer* in Semler/Stengel, § 81 UmwG Rz. 10.

7 Wie hier *Schöpflin* in KölnKomm. UmwG, § 81 UmwG Rz. 12; abw. *Scholderer* in Semler/Stengel, § 81 UmwG Rz. 26.

8 Abw. für den gesetzlichen Regelfall *Scholderer* in Semler/Stengel, § 81 UmwG Rz. 26, der aber auch zu Unrecht eine Pflicht zum Wertausgleich nicht anerkennt; ebenso *Stratz* in Schmitt/Hörtnagl/Stratz, § 81 UmwG Rz. 5; wie hier aber *Bleschke*, S. 119 f.

9 Zustimmend *Scholderer* in Semler/Stengel, § 81 UmwG Rz. 26; *Schöpflin* in KölnKomm. UmwG, § 81 UmwG Rz. 12.

der **übernehmenden** eG im Verschmelzungsvertrag angeboten werden muss (ausf. § 90 Rz. 2ff.)[1].

13 Gegenstand des Prüfungsgutachtens sind insbesondere auch die Vollständigkeit und Richtigkeit der Ausführungen des Vorstandes der eG im **Verschmelzungsbericht**[2]. Denn der mit der Verschmelzungsprüfung bezweckte Schutz der Anteilsinhaber wäre lückenhaft, wenn die vom Vorstand der eG für die Verschmelzung angeführten Argumente ungeprüft blieben. Eine solche lückenhafte Konzeption ist dem Gesetz indes nicht zu unterstellen. Die Frage ist allerdings sehr umstritten (ausf. § 9 Rz. 13f. m.w.N.). Für die Prüfung einer eG gem. § 81 UmwG entspricht die hier vertretene Auffassung allerdings der ganz h.M. und auch der Praxis[3].

14 Im Hinblick auf die **Belange der Gläubiger** der eG steht im Mittelpunkt der Prüfung, ob deren Forderungen durch die beabsichtigte Verschmelzung gefährdet sein könnten, etwa durch den Fortfall oder eine Verringerung der Nachschusspflicht beim übernehmenden Rechtsträger[4]. In Betracht kommt aber auch die Verschlechterung der Zahlungsfähigkeit der übernehmenden eG durch minderzahlungsfähige Verschmelzungspartner[5]. Mittelbar berührt diese Frage infolge der Nachschusspflicht gem. § 95 UmwG (dazu § 95 Rz. 4ff.) auch die Belange der Mitglieder einer übertragenden eG[6].

15 Im Rahmen einer **Gesamtabwägung** kommt dem Interesse der übrigen an der Verschmelzung beteiligten Rechtsträger und deren Anteilseignern kein Gewicht zu. Allerdings empfehlen sich Hinweise auf die Interessen der Verschmelzungspartner[7].

3. Umfang und Darstellung

16 Das Prüfungsgutachten ist gem. § 83 Abs. 2 UmwG in der General- bzw. Vertreterversammlung der eG vollständig zu verlesen (dazu § 83 Rz. 15ff.). Dieses Erfordernis hat Auswirkungen auf den Umfang und die Darstellung: Das Prüfungsgutachten muss so abgefasst sein, dass sich für die Mitglieder (Vertreter) **in angemessener Zeit** – eine Stunde sollte keineswegs überschritten werden – klar und eindeutig das Für und Wider der Verschmelzung mit allen ihren wirtschaft-

---

1 *Scholderer* in Semler/Stengel, § 81 UmwG Rz. 26 a.E.; *Schöpflin* in KölnKomm. UmwG, § 81 UmwG Rz. 12.

2 *Bleschke*, S. 120; *Fronhöfer* in Widmann/Mayer, § 81 UmwG Rz. 17; *Bauer*, Genossenschafts-Handbuch, § 81 UmwG Rz. 16, 22; *Fandrich/Graef/Bloehs*, S. 56; *Schöpflin* in KölnKomm. UmwG, § 81 UmwG Rz. 11.

3 S. auch *Beuthien/Wolff*, GenG, §§ 2ff. UmwG Rz. 24; *Scholderer* in Semler/Stengel, § 81 UmwG Rz. 11f.

4 Ebenso *Bauer*, Genossenschafts-Handbuch, § 81 UmwG Rz. 18; *Bleschke*, S. 121; *Fandrich/Graef/Bloehs*, S. 56; *Schöpflin* in KölnKomm. UmwG, § 81 UmwG Rz. 13; a.A. *Scholderer* in Semler/Stengel, § 81 UmwG Rz. 28, der die Nachhaftungsregelung des § 95 UmwG als vorrangig ansieht.

5 *Scholderer* in Semler/Stengel, § 81 UmwG Rz. 28; *Fandrich/Graef/Bloehs*, S. 56.

6 Ebenso *Scholderer* in Semler/Stengel, § 81 UmwG Rz. 28 a.E.

7 Ausdrücklich zust. *Bauer*, Genossenschafts-Handbuch, § 81 UmwG Rz. 9 a.E.

lichen und rechtlichen Folgen ersehen lässt[1]. Umfangreiches Zahlenmaterial, das sowohl den Lesefluss stören als auch den zeitlichen Rahmen sprengen würde, gehört daher in einen Anhang[2]. Am Ende des Gutachtens sollte eine **Empfehlung** an die beschlussfassende General- bzw. Vertreterversammlung der eG stehen[3].

Rechtstatsachen: Die von *Bleschke* für die Jahre 1995–1999 untersuchten Verschmelzungen unter Beteiligung von eG (insgesamt 803) belegen, dass die gfV ihrer Verpflichtung zur sachgerechten Information der Mitglieder der zu verschmelzenden eG überwiegend nicht nachgekommen sind. Insbesondere fehlen regelmäßig Ausführungen zu den unterschiedlichen Vermögensverhältnissen. Aus der Sicht der Mitglieder, die über die Zweck- und Rechtmäßigkeit der vorgeschlagenen Verschmelzung zu befinden haben, schaffen die Prüfungsberichte im Regelfall nicht die gebotene Transparenz, sondern erschöpfen sich in allgemeinen Floskeln, teilweise sogar in 2 Sätzen[4]. Diese Berichterstattung **genügt den gesetzlichen Anforderungen nicht**. 17

4. Form

Da das Prüfungsgutachten den Mitgliedern der eG zur Information zur Verfügung zu stellen (vgl. §§ 82, 83 Abs. 1 UmwG), in der über die Verschmelzung beschließenden Versammlung der Anteilsinhaber zu verlesen (§ 83 Abs. 2 UmwG) und im Falle der Anmeldung der Verschmelzung dem Registergericht vorzulegen (§ 86 UmwG) ist, muss es in **schriftlicher Form** vorliegen, auch wenn § 81 UmwG im Gegensatz zu § 12 UmwG hierzu keine ausdrückliche Anordnung trifft[5]. 18

5. Fehlendes oder fehlerhaftes Prüfungsgutachten

Ist das Prüfungsgutachten fehlerhaft oder wird es der General- bzw. Vertreterversammlung nicht vorgelegt, so ist ein gleichwohl gefasster Verschmelzungsbeschluss **anfechtbar** (dazu noch § 84 Rz. 14ff. sowie allgemein § 12 Rz. 15)[6]. Fehlt das Prüfungsgutachten bei der Anmeldung der Verschmelzung (dazu § 86 Rz. 1, 20), so wird das Registergericht die **Eintragung ablehnen** (§ 86 Rz. 23)[7]. Darüber hinaus sollten die Registergerichte aber die rechtstatsächlich festgestellten Unzu- 19

1 Zustimmend *Scholderer* in Semler/Stengel, § 81 UmwG Rz. 20; *Fronhöfer* in Widmann/Mayer, § 81 UmwG Rz. 18; *Fandrich/Graef/Bloehs*, S. 57; *Schöpflin* in KölnKomm. UmwG, § 81 UmwG Rz. 15.

2 Wie hier *Scholderer* in Semler/Stengel, § 81 UmwG Rz. 20.

3 *Scholderer* in Semler/Stengel, § 81 UmwG Rz. 29; *Schöpflin* in KölnKomm. UmwG, § 81 UmwG Rz. 15; *Stratz* in Schmitt/Hörtnagl/Stratz, § 81 UmwG Rz. 6.

4 Eingehend *Bleschke*, S. 121ff. mit Beispielen.

5 Ebenso *Lehnhoff* in Lang/Weidmüller, GenG, § 81 UmwG Rz. 2; *Scholderer* in Semler/Stengel, § 81 UmwG Rz. 18; *Stratz* in Schmitt/Hörtnagl/Stratz, § 81 UmwG Rz. 5; *Bleschke*, S. 124; *Fronhöfer* in Widmann/Mayer, § 81 UmwG Rz. 19; *Fandrich/Graef/Bloehs*, S. 57; *Schöpflin* in KölnKomm. UmwG, § 81 UmwG Rz. 7.

6 *Scholderer* in Semler/Stengel, § 81 UmwG Rz. 37; *Bauer*, Genossenschafts-Handbuch, § 81 UmwG Rz. 36; *Beuthien/Wolff*, GenG, §§ 2ff. UmwG Rz. 27; *Schöpflin* in Köln-Komm. UmwG, 3 81 UmwG Rz. 21.

7 *Scholderer* in Semler/Stengel, § 81 UmwG Rz. 38; *Bauer*, Genossenschafts-Handbuch, § 81 UmwG Rz. 36; *Beuthien/Wolff*, GenG, §§ 2ff. UmwG Rz. 27; *Lehnhoff* in Lang/Weidmüller, GenG, § 81 UmwG Rz. 8; *Schöpflin* in KölnKomm. UmwG, § 81 UmwG Rz. 21.

länglichkeiten des Prüfungsgutachtens (s. oben Rz. 17) zukünftig mehr beanstanden und auf die Einhaltung der gesetzlichen Vorgaben hinwirken.

20 Zugunsten der Gläubiger der eG ist § 81 Abs. 1 Satz 1 UmwG als Schutzgesetz i.S.d. § 823 Abs. 2 BGB zu qualifizieren; ein schuldhafter Verstoß zieht eine entsprechende **Schadensersatzpflicht** nach sich[1]. Aus der Rechtsstellung als Pflichtmitglied des Prüfungsverbands kann der eG ein vertraglicher Ersatzanspruch zustehen (vgl. oben Rz. 9). Weiterhin gilt die Ersatzpflicht analog § 62 GenG[2].

§ 82
Vorbereitung der Generalversammlung

(1) Von der Einberufung der Generalversammlung an, die gemäß § 13 Abs. 1 über die Zustimmung zum Verschmelzungsvertrag beschließen soll, sind auch in dem Geschäftsraum jeder beteiligten Genossenschaft die in § 63 Abs. 1 Nr. 1 bis 4 bezeichneten Unterlagen sowie die nach § 81 erstatteten Prüfungsgutachten zur Einsicht der Mitglieder auszulegen. Dazu erforderliche Zwischenbilanzen sind gemäß § 63 Absatz 2 Satz 1 bis 4 aufzustellen.

(2) Auf Verlangen ist jedem Mitglied unverzüglich und kostenlos eine Abschrift der in Absatz 1 bezeichneten Unterlagen zu erteilen.

Literatur

Vgl. die Angaben zu § 79.

I. Einberufung der General- bzw. Vertreterversammlung

1 Gem. § 13 Abs. 1 UmwG ist die Verschmelzung in einer **Versammlung der Anteilsinhaber** zu beschließen. Für die eG bedeutet dies, dass grundsätzlich die Ge-

1 *Stratz* in Schmitt/Hörtnagl/Stratz, § 81 UmwG Rz. 8; *Schöpflin* in KölnKomm. UmwG, § 81 UmwG Rz. 21.

2 *Scholderer* in Semler/Stengel, § 81 UmwG Rz. 41; *Schöpflin* in KölnKomm. UmwG, § 81 UmwG Rz. 21.

neralversammlung für die Beschlussfassung zuständig ist (§ 43 Abs. 1 GenG), es sei denn, dass die Satzung in zulässiger Weise die Zuständigkeit einer Vertreterversammlung begründet (hierzu ausf. unten Rz. 2f.)[1].

Einzelheiten: Die Einberufung erfolgt gem. §§ 44ff. GenG. Zuständig ist also gem. § 44 Abs. 1 GenG grundsätzlich der Vorstand der eG[2]. Soweit die Satzung der eG keine anderweitige Bestimmung trifft, ist die General- bzw. Vertreterversammlung analog § 121 Abs. 5 Satz 1 AktG *am Sitz der eG* abzuhalten[3]. Der Versammlungsraum muss so beschaffen sein, dass er allen geladenen Teilnehmern ausreichend (Sitz-)Platz bietet, so dass die Mitgliedschaftsrechte ohne unzumutbare Behinderung ausgeübt werden können. Den Zeitpunkt der Versammlung setzt der einberufende Vorstand nach seinem Ermessen fest; er muss so gewählt sein, dass allen Mitgliedern bzw. Vertretern die Teilnahme möglich und zumutbar ist[4]. Einzuladen sind alle Mitglieder der eG, und zwar auch solche, die ihre Mitgliedschaft bereits *gekündigt* haben oder deren Mitgliedschaft durch einen Gläubiger gem. § 66 GenG gekündigt wurde, die aber noch nicht aus der eG ausgeschieden sind[5]. Dagegen sind mangels Teilnahmerecht Mitglieder, die aus der eG *ausgeschlossen* wurden, nach Absendung des eingeschriebenen Briefes (vgl. § 68 Abs. 2 GenG) nicht mehr einzuladen;[6] ebenso wenig Mitglieder, die ihr Geschäftsguthaben übertragen haben und gem. § 76 Abs. 3 i.V.m. § 69 GenG mit Eintragung in die Mitgliederliste aus der eG ausgeschieden sind[7]. Im Falle der Vertreterversammlung sind nur die gewählten und im Amt befindlichen Vertreter einzuladen, also nicht Ersatzvertreter sonstiger Mitglieder[8]. 2

Form und **Frist** der Einberufung ergeben sich aus **§ 46 GenG**. Danach muss die General- bzw. Vertreterversammlung **mindestens 2 Wochen** vor der beabsichtigten Beschlussfassung einberufen werden; die Fristberechnung erfolgt gem. §§ 187 Abs. 1, 188 Abs. 1 BGB[9]. Bei schriftlicher Einladung ist für die Fristberechnung der Zugang des Schreibens maßgeblich[10]. Ob die Berufung der General- bzw. Vertreterversammlung durch unmittelbare schriftliche Benachrichtigung der Mitglieder (bzw. Vertreter) oder durch Bekanntmachung in einem öffentlichen Blatt 3

---

1 Vgl. auch *Scholderer* in Semler/Stengel, § 82 UmwG Rz. 3; *Fronhöfer* in Widmann/Mayer, § 82 UmwG Rz. 5, *Schöpflin* in KölnKomm. UmwG, § 82 UmwG Rz. 2.

2 LG Berlin v. 9.4.1970 – 52 S 18/70, ZfgG 1972, 77; *K. Müller*, § 44 GenG Rz. 1; *Cario* in Lang/Weidmüller, § 44 GenG Rz. 9; *Bauer*, Genossenschafts-Handbuch, § 44 GenG Rz. 1; *Fronhöfer* in Widmann/Mayer, § 82 UmwG Rz. 7; *Keßler* in BerlKomm. GenG, §§ 43ff. GenG Rz. 11.

3 BayObLG v. 24.10.1958 – 2 Z 173/58, ZfgG 1960, 265; *Schöpflin* in KölnKomm. UmwG, § 82 UmwG Rz. 2; *Fronhöfer* in Widmann/Mayer, § 82 UmwG Rz. 7; vgl. weiter *Beuthien*, § 44 GenG Rz. 5; *Keßler* in BerlKomm. GenG, §§ 43ff. GenG Rz. 44; allgemein *Bayer*, DStR 1999, 1815 (1819).

4 Vgl. *Beuthien*, § 44 GenG Rz. 5; *Scholderer* in Semler/Stengel, § 82 UmwG Rz. 4f.; *Fronhöfer* in Widmann/Mayer, § 82 UmwG Rz. 7.

5 *Cario* in Lang/Weidmüller, § 44 GenG Rz. 5; *Fronhöfer* in Widmann/Mayer, § 82 UmwG Rz. 8; *Schöpflin* in KölnKomm. UmwG, § 82 UmwG Rz. 2.

6 So auch *Schöpflin* in KölnKomm. UmwG, § 82 UmwG Rz. 2.

7 *Cario* in Lang/Weidmüller, § 44 GenG Rz. 4; *Fronhöfer* in Widmann/Mayer, § 82 UmwG Rz. 8.

8 *Cario* in Lang/Weidmüller, § 44 GenG Rz. 3.

9 *Schöpflin* in KölnKomm. UmwG, § 82 UmwG Rz. 4; *Beuthien*, § 46 GenG Rz. 2.

10 *Beuthien*, § 46 GenG Rz. 1; *Fronhöfer* in Widmann/Mayer, § 82 UmwG Rz. 10; ausf. *Cario* in Lang/Weidmüller, § 46 GenG Rz. 10ff.

erfolgt, überlässt das Gesetz im Falle der Verschmelzung – anders beim Formwechsel (dazu § 260 Rz. 5) – der Satzung der eG. Zulässig ist gem. § 6 Nr. 4 GenG nur die Regelung, dass die General- bzw. Vertreterversammlung durch unmittelbare Benachrichtigung sämtlicher Mitglieder oder durch Bekanntmachung in einem – in der Satzung zu nennenden (vgl. § 6 Nr. 5 GenG) – öffentlichen Blatt zu berufen ist; die Bekanntmachung im Bundesanzeiger ist nicht ausreichend. Möglich ist also, dass die Satzung alternativ, aber auch kumulativ, beide Berufungsformen vorsieht[1].

4 Nach § 46 Abs. 1 Satz 2 GenG ist es seit 2006 zwingend erforderlich, dass mit der Einberufung auch die **konkrete Tagesordnung** bekannt gemacht wird; nicht ausreichend ist es, dass allein der Zweck der Versammlung (hier also: Verschmelzung der eG) mitgeteilt wird[2]. Ein Verstoß gegen die Bekanntmachungspflicht führt zur Anfechtbarkeit des Verschmelzungsbeschlusses, es sei denn, die Bekanntgabe wird innerhalb der Wochenfrist des § 46 Abs. 2 Satz 1 GenG nachgeholt[3].

5 Als Mindestfrist für die Übersendung der **Tagesordnung** und Mitteilung des konkreten **Beschlussgegenstandes** sieht § 46 Abs. 2 Satz 1 GenG nach der Gesetzesnovelle von 2006[4] *eine Woche* vor; auch diese Frist ist gem. §§ 187 Abs. 1, 188 Abs. 1 BGB zu berechnen. Werden Tagesordnung und konkrete Beschlussfassung nicht bereits mit der Einberufung der Versammlung mitgeteilt, so gelten die für die Einberufung der Versammlung satzungsmäßigen Formvorschriften entsprechend[5].

6 Damit hat der Gesetzgeber der bis zur 3. Aufl. an dieser Stelle geäußerten Kritik am früheren Rechtszustand entsprochen[6]. Die nach *§ 46 Abs. 2 Satz 2 GenG a.F.* vorgesehene Mindestfrist von drei Tagen war für die Beschlussfassung über eine Verschmelzung *nicht angemessen* (ausf. 4. Aufl. m.w.N. zum früheren Streitstand).

7 Als **Beschlussgegenstand anzukündigen** ist gem. **§ 124 Abs. 2 Satz 2 AktG analog** der *Verschmelzungsvertrag* (bzw. dessen Entwurf) in seinem wesentlichen Inhalt, also nicht im vollen Wortlaut[7]. Denn der vollständige Text liegt zeitgleich in den Geschäftsräumen der eG zur Einsicht aus (unten Rz. 28f. mit Rz. 13); auf Verlan-

---

1 Dazu *Schulte* in Lang/Weidmüller, § 6 GenG Rz. 26f.; *Beuthien*, § 6 GenG Rz. 10, 15; *Fronhöfer* in Widmann/Mayer, § 82 UmwG Rz. 9.

2 Änderung durch das Gesetz zur Einführung der Europäischen Genossenschaft und zur Änderung des Genossenschaftsrechts v. 14.8.2006, BGBl. I, S. 1911; vgl. *Cario* in Lang/Weidmüller, § 46 GenG Rz. 13; anders noch das frühere Recht (§ 46 Abs. 2 Satz 1 GenG a.F.): *Beuthien*, § 46 GenG Rz. 1; *Scholderer* in Semler/Stengel[1], § 82 UmwG Rz. 8; vgl. auch BGH v. 17.11.1986 – II ZR 304/85, DB 1987, 479; OLG Köln v. 4.7.1984 – 2 W 13/84, MDR 1984, 937.

3 Wie hier *Cario* in Lang/Weidmüller, § 46 GenG Rz. 13; vgl. *Bauer*, Genossenschafts-Handbuch, § 46 GenG Rz. 17.

4 S. oben Fn. 2.

5 Vgl. *Beuthien*, § 46 GenG Rz. 1; *Fronhöfer* in Widmann/Mayer, § 82 UmwG Rz. 11.

6 S. auch *Fronhöfer* in Widmann/Mayer, § 82 UmwG Rz. 11.

7 Ebenso für die AG: BGH v. 15.6.1992 – II ZR 18/91, BGHZ 119, 1 (11f.) = NJW 1992, 2760 = AG 1992, 450; *Hüffer*, § 124 AktG Rz. 10; a.A. für die eG *Scholderer* in Semler/Stengel, § 82 UmwG Rz. 6, der auf die strukturellen Unterschiede zwischen AG und eG sowie auf andere Informationsmöglichkeiten verweist; zust. *Schöpflin* in KölnKomm. UmwG, § 82 UmwG Rz. 5; wie hier aber *Fronhöfer* in Widmann/Mayer, § 82 UmwG Rz. 13; *Wardenbach* in Henssler/Strohn,§ 82 UmwG Rz. 1.

gen wird jedem Mitglied eine Abschrift erteilt (unten Rz. 30). Zum wesentlichen Inhalt des Verschmelzungsvertrages dürften wohl die in § 5 Abs. 1 Nr. 1–3 und Nr. 5–6 UmwG geforderten Angaben, ggf. (bei größerem Umfang) auch die Angaben gem. § 5 Abs. 1 Nr. 7 und 8 UmwG, darüber hinaus Bedingungen und Befristungen des Verschmelzungsvertrages (dazu § 80 Rz. 32f.) gehören[1]. Um das Risiko einer Anfechtungsklage (dazu § 84 Rz. 14ff.) zu vermeiden, ist zu empfehlen, dass der vollständige Vertragstext bekannt gemacht wird.

Mängel der Einberufung der Versammlung oder der Ankündigung von Tagesordnung und Beschlussgegenstand haben regelmäßig die Anfechtbarkeit getroffener Beschlüsse gem. § 51 GenG zur Folge; bei schwerwiegenden Verstößen kommt auch eine Nichtigkeit in Betracht[2]. 8

Eine Verpflichtung, den Verschmelzungsvertrag bzw. dessen Entwurf vor der Einberufung der General- bzw. Vertreterversammlung an das **Genossenschaftsregister** zu übermitteln, besteht für die eG – anders als für die AG gem. § 61 UmwG – nicht. 9

II. Unterrichtung des Betriebsrates

Nach der Regelung des § 5 Abs. 3 UmwG ist der **Verschmelzungsvertrag** bzw. der Vertragsentwurf spätestens einen Monat vor dem Tage, an dem die General- bzw. Vertreterversammlung stattfindet, die über die Verschmelzung beschließen soll, dem zuständigen **Betriebsrat zuzuleiten**[3]. Hierdurch soll sichergestellt werden, dass die Arbeitnehmer und ihre Vertretungen frühzeitig über die im Verschmelzungsvertrag aufzuführenden „Folgen der Verschmelzung" und „insoweit vorgesehene Maßnahmen" (vgl. § 5 Abs. 1 Nr. 9 UmwG) informiert werden. Die Zuständigkeit des Betriebsrates ergibt sich aus §§ 50, 58 BetrVG (vgl. hierzu ausf. § 5 Rz. 144)[4]. 10

III. Unterrichtung der Mitglieder vor der General- bzw. Vertreterversammlung

1. Überblick

Von der Einberufung der General- bzw. Vertreterversammlung an, die gem. § 13 Abs. 1 UmwG über die Verschmelzung beschließen soll (dazu oben Rz. 1ff.), ist jede beteiligte eG – egal ob sie übertragender oder übernehmender Rechtsträger ist 11

---

1 Einzelheiten str.; vgl. hierzu *Ziemons* in K. Schmidt/Lutter, § 124 AktG Rz. 41ff. m.w.N.

2 Vgl. hierzu *Cario* in Lang/Weidmüller, § 46 GenG Rz. 25; *Keßler* in BerlKomm. GenG, §§ 43ff. GenG Rz. 42ff.; *Beuthien*, § 46 GenG Rz. 4; *Scholderer* in Semler/Stengel, § 82 UmwG Rz. 47; *Fronhöfer* in Widmann/Mayer, § 82 UmwG Rz. 14; *Bleschke*, S. 197; ausführlich zur Übertragung von aktienrechtlichen Vorschriften auf die eG *Bayer*, DStR 1999, 1815ff., zur Nichtigkeitsfeststellungsklage insb. S. 1815–1817; BGH v. 26.10. 1955 – VI ZR 90/54, BGHZ 18, 334.

3 So auch *Schöpflin* in KölnKomm. UmwG, § 82 UmwG Rz. 2 a.E.; *Scholderer* in Semler/Stengel, § 82 UmwG Rz. 42; ausf. *K. Müller*, DB 1997, 713ff.; vgl. weiter *Fandrich/Graef/Bloehs*, S. 60f.

4 Zum Ganzen ausf. *Fandrich/Graef/Bloehs*, S. 49ff.; vgl. noch *Scholderer* in Semler/Stengel, § 82 UmwG Rz. 42.

– verpflichtet, ihre Mitglieder umfassend zu unterrichten. Diese **Unterrichtung** erfolgt durch die **Auslegung** vorbereiteter, vom Gesetz vorgeschriebener Unterlagen in den Geschäftsräumen der eG (dazu unten Rz. 13ff.) und wird darüber hinaus verstärkt durch die Verpflichtung, auf Verlangen eine **Abschrift** dieser Unterlagen zu erteilen (dazu unten Rz. 30). Das Wörtchen „auch" in § 82 Abs. 1 Satz 1 UmwG ergibt allerdings keinen Sinn und sollte daher bei Gelegenheit gestrichen werden. Da in § 82 Abs. 1 Satz 1 UmwG nur auf § 63 Abs. 1 UmwG, nicht aber auf § 63 Abs. 4 UmwG verwiesen wird, ist es – anders als bei AG – nicht möglich, die Auslegung durch Zugänglichmachen auf der Internetseite zu ersetzen[1].

2. Sinn und Zweck

12 Sinn und Zweck dieser Pflicht zur Unterrichtung ist es, den Mitgliedern **frühzeitig** eine **umfassende Information** über alle für die Verschmelzung bedeutsamen Umstände zukommen zu lassen. Die Entscheidung soll nicht nur – wie nach früherer Rechtspraxis – auf der Basis mündlicher Information in der General- bzw. Vertreterversammlung erfolgen (dazu § 83); vielmehr sollen sich alle Mitglieder bereits im Vorfeld der Beschlussfassung ausreichend informieren können. Die Unterrichtung der Mitglieder ist notwendige Voraussetzung zur sinnvollen Ausübung deren Stimmrechts. Auch im Hinblick auf eine sachgemäße Ausübung des Fragerechts (§§ 83 Abs. 1 Satz 3, 64 Abs. 2 UmwG) und des Rechts zur Ausschlagung (§§ 90ff. UmwG) sind diese Informationen unentbehrlich[2].

IV. Auslegung von Unterlagen

1. Verschmelzungsvertrag bzw. Entwurf

13 Auszulegen ist gem. §§ 82 Abs. 1 Satz 1, 63 Abs. 1 Nr. 1 UmwG der von den Vertretungsorganen der an der Verschmelzung beteiligten Rechtsträger abgeschlossene **Verschmelzungsvertrag** bzw. **Vertragsentwurf**. Die gesetzliche Alternative beruht darauf, dass nach § 4 Abs. 2 UmwG sowohl die Möglichkeit eröffnet wird, zunächst den Verschmelzungsvertrag – der nach § 6 UmwG notariell zu beurkunden ist (vgl. § 80 Rz. 5) – abzuschließen und anschließend hierüber die Zustimmung der General- bzw. Vertreterversammlung einzuholen, als auch die Möglichkeit, zunächst nur einen Entwurf des Verschmelzungsvertrages auszuhandeln und diesen (in schriftlicher Form) der General- bzw. Vertreterversammlung zur Beschlussfassung vorzulegen (dazu ausf. § 80 Rz. 7)[3].

14 Der **Inhalt** des Verschmelzungsvertrages (bzw. des Entwurfs) wird von § 5 UmwG vorgegeben; darüber hinaus sind im Falle, dass die eG übernehmender Rechtsträger ist, die genossenschaftsspezifischen Besonderheiten gem. § 80 UmwG zu beachten (vgl. hierzu § 80 Rz. 13ff.).

---

1 So auch *Fandrich* in Pöhlmann/Fandrich/Bloehs, § 82 UmwG Rz. 4; *Fronhöfer* in Widmann/Mayer, § 82 UmwG Rz. 39.1; *Scholderer* in Semler/Stengel, § 82 UmwG Rz. 33.

2 Vgl. auch *Bauer*, Genossenschafts-Handbuch, § 82 UmwG Rz. 1; *Scholderer* in Semler/Stengel, § 82 UmwG Rz. 1; *Stratz* in Schmitt/Hörtnagl/Stratz, § 82 UmwG Rz. 1; *Fronhöfer* in Widmann/Mayer, § 82 UmwG Rz. 1; *Schöpflin* in KölnKomm. UmwG, § 82 UmwG Rz. 1; *Beuthien/Wolff*, GenG, §§ 2ff. UmwG Rz. 28.

3 Vgl. auch *Beuthien/Wolff*, GenG, §§ 2ff. UmwG Rz. 30; *Scholderer* in Semler/Stengel, § 82 UmwG Rz. 8; *Fronhöfer* in Widmann/Mayer, § 82 UmwG Rz. 15.

2. Jahresabschlüsse und Lageberichte

15 Auszulegen sind gem. §§ 82 Abs. 1 Satz 1, 63 Abs. 1 Nr. 2 UmwG die **Jahresabschlüsse** und die **Lageberichte** der an der Verschmelzung beteiligten Rechtsträger für die letzten **drei Geschäftsjahre**. Es sind also nicht nur die Lageberichte und Jahresabschlüsse der beschließenden eG (vgl. § 33 Abs. 1 Satz 2 GenG), sondern auch sämtliche weiterer beteiligter Rechtsträger zur Einsicht der Mitglieder auszulegen[1]. Es genügt die Feststellung des letzten Jahresabschlusses in derselben Versammlung, in der auch über die Zustimmung zum Verschmelzungsvertrag beschlossen wird[2]. Für die eG gilt gem. § 336 HGB:

16 Der **Jahresabschluss** gliedert sich in die Bilanz und die Gewinn- und Verlustrechnung (§ 242 Abs. 3 HGB), erweitert um einen erläuternden Anhang (§§ 284 ff. HGB), wodurch das Bild der Vermögens-, Finanz- und Ertragslage vervollständigt wird. Gem. § 338 HGB muss der Anhang Angaben über die Mitgliederbewegungen und den Mitgliederstand am Schluss des Geschäftsjahres machen sowie über die Veränderungen des Gesamtbetrages der Geschäftsguthaben und der Haftsummen. Zu benennen ist weiterhin der Prüfungsverband sowie die Mitglieder der Organe der eG. Darüber hinaus sind weitere freiwillige Angaben möglich[3].

17 Der **Lagebericht** soll den Mitgliedern ein den tatsächlichen Verhältnissen entsprechendes Bild des Geschäftsverlaufes und der Lage der eG vermitteln (§ 289 Abs. 1 HGB). Er informiert über den Jahresabschluss hinaus, z.B. über die Umsatzentwicklung, getätigte Investitionen, erzeugte Produkte und Produktveränderungen, die Entwicklung der Geschäftskosten und Produkterlöse, über Liquidität, Rentabilität u.a. Insbesondere soll der Lagebericht auch Zukunftsprognosen enthalten und über bedeutsame Geschäfte informieren, die nach Schluss des Geschäftsjahres eingetreten sind[4].

3. Zwischenbilanzen

18 In dem Fall, dass sich der letzte Jahresabschluss auf ein Geschäftsjahr bezieht, das mehr als sechs Monate vor dem Abschluss des Verschmelzungsvertrages in notarieller Form (§ 6 UmwG) oder der Aufstellung des Vertragsentwurfes abgelaufen ist, ist **zusätzlich** für jeden betroffenen Rechtsträger eine **Zwischenbilanz** aufzustellen und gem. §§ 82 Abs. 1, 63 Abs. 1 Nr. 3 auszulegen. Für die Fristberechnung gelten die §§ 187 Abs. 1, 188 Abs. 2 BGB. Endet das Geschäftsjahr zum 31.12. und wird der Verschmelzungsvertrag am 1.7. geschlossen, so ist also eine Zwischenbilanz erforderlich, nicht aber bei Vertragsabschluss am 30.6. oder frü-

---

1 Ebenso *Scholderer* in Semler/Stengel, § 82 UmwG Rz. 9; *Bauer*, Genossenschafts-Handbuch, § 82 UmwG Rz. 5; *Fronhöfer* in Widmann/Mayer, § 82 UmwG Rz. 17; *Beuthien/Wolff*, GenG, §§ 2 ff. UmwG Rz. 30; *Stratz* in Schmitt/Hörtnagl/Stratz, § 82 UmwG Rz. 2; *Schöpflin* in KölnKomm. UmwG, § 82 UmwG Rz. 7.

2 *Lehnhoff* in Lang/Weidmüller, GenG, § 82 UmwG Rz. 3; *Bauer*, Genossenschafts-Handbuch, § 82 UmwG Rz. 7 a.E.; *Beuthien/Wolff*, GenG, §§ 2 ff. UmwG Rz. 30; *Scholderer* in Semler/Stengel, § 82 UmwG Rz. 9; *Schöpflin* in KölnKomm. UmwG, § 82 UmwG Rz. 8.

3 Zum Ganzen *Scholderer* in Semler/Stengel, § 82 UmwG Rz. 8 ff.; *Fronhöfer* in Widmann/Mayer, § 82 UmwG Rz. 17 ff.; vgl. auch *Schöpflin* in KölnKomm. UmwG, § 82 UmwG Rz. 9.

4 Dazu auch *Fronhöfer* in Widmann/Mayer, § 82 UmwG Rz. 17 ff.

her (vgl. hierzu auch § 63 Rz. 6)[1]. Der Stichtag der Zwischenbilanz darf zum Zeitpunkt des Abschlusses des Verschmelzungsvertrages bzw. des Vertragsentwurfes nicht älter als drei Monate sein. Sie ist gem. §§ 82 Abs. 1 Satz 2, 63 Abs. 2 Satz 1 UmwG nach den Vorschriften aufzustellen, die auf die letzte Jahresbilanz des jeweiligen Rechtsträgers angewendet worden sind. Die Wertansätze der letzten Jahresbilanz dürfen übernommen werden (§ 63 Abs. 2 Satz 3 UmwG), wobei jedoch Abschreibungen, Wertberichtigungen und Rückstellungen sowie wesentliche, aus den Büchern nicht ersichtliche Veränderungen der wirklichen Werte von Vermögensgegenständen bis zum Stichtag der Zwischenbilanz zu berücksichtigen sind (§ 63 Abs. 2 Satz 4 UmwG). Dagegen ist eine körperschaftliche Bestandsaufnahme (Inventur) nicht erforderlich (§ 63 Abs. 2 Satz 2 UmwG)[2]. In Übereinstimmung mit der früheren Rechtslage[3] kann darüber hinaus eine Prüfung entfallen (ebenso § 63 Rz. 8)[4]. Ein Lagebericht und eine Gewinn- und Verlustrechnung sind nicht erforderlich. Ob die Zwischenbilanz um einen Anhang zu ergänzen ist (analog § 336 Abs. 2 Satz 1 HGB), ist streitig[5]; es dürfte jedoch nichts dagegen sprechen, zur besseren Information der Mitglieder über die Vermögenslage der eG einen um die Angaben zur Gewinn- und Verlustrechnung reduzierten Anhang zu verlangen (so auch *Grunewald*, § 63 Rz. 8)[6].

4. Verschmelzungsberichte

19 Auszulegen sind gem. §§ 82 Abs. 1 Satz 1, 63 Abs. 1 Nr. 4 UmwG weiterhin alle von den Vertretungsorganen der beteiligten Rechtsträger gem. § 8 Abs. 1 Satz 1 UmwG schriftlich erstatteten Verschmelzungsberichte bzw. der gem. § 8 Abs. 1 Satz 1 2. Halbsatz UmwG erstattete gemeinsame Verschmelzungsbericht (dazu § 8 Rz. 9 f.). Der Verschmelzungsbericht ist von den Mitgliedern des jeweiligen Vertretungsorgans in vertretungsberechtigter Anzahl zu unterzeichnen (vgl. § 8 Rz. 6).

20 Der **Inhalt** der Verschmelzungsberichte bzw. des *gemeinsamen Verschmelzungsberichtes*[7] (dazu näher § 8 Rz. 11 ff.) folgt aus § 8 Abs. 1 UmwG. Danach sind die Verschmelzung als strukturändernder Vorgang, die im Verschmelzungsvertrag bzw. im Vertragsentwurf im Einzelnen getroffenen Regelungen unter besonderer Berücksichtigung des Umtauschverhältnisses der Anteile bzw. der Angaben über die Mitgliedschaft bei dem übernehmenden Rechtsträger sowie die Höhe einer anzubietenden Barabfindung ausführlich rechtlich und wirtschaftlich zu erläutern

---

1 Dazu näher *Scholderer* in Semler/Stengel, § 82 UmwG Rz. 13 ff.; abweichend *Fronhöfer* in Widmann/Mayer, § 82 UmwG Rz. 21–23, der immer auf das Datum der Aufstellung des Entwurfs abstellen will.
2 Zustimmend *Scholderer* in Semler/Stengel, § 82 UmwG Rz. 17; *Beuthien/Wolff*, GenG, §§ 2 ff. UmwG Rz. 30; *Bleschke*, S. 132.
3 Vgl. etwa *Ganske*, DB 1981, 1551 (1554); *Priester*, NJW 1983, 1459 (1463).
4 Zustimmend *Scholderer* in Semler/Stengel, § 82 UmwG Rz. 17; *Fandrich/Graef/Bloehs*, S. 63; *Schöpflin* in KölnKomm. UmwG, § 82 UmwG Rz. 12.
5 Für die eG ablehnend *Scholderer* in Semler/Stengel, § 82 UmwG Rz. 18; *Schöpflin* in KölnKomm. UmwG, § 82 UmwG Rz. 12.
6 Wie hier *Bauer*, Genossenschafts-Handbuch, § 82 UmwG Rz. 12; *Fandrich/Graef/Bloehs*, S. 63; *Lehnhoff* in Lang/Weidmüller, GenG, § 82 UmwG Rz. 6.
7 Dazu *Scholderer* in Semler/Stengel, § 82 UmwG Rz. 22; *Beuthien/Wolff*, GenG, §§ 2 ff. UmwG Rz. 20; *Schöpflin* in KölnKomm. UmwG, § 82 UmwG Rz. 14.

und zu begründen (§ 8 Abs. 1 Satz 1 UmwG)[1]. Hinzuweisen ist darüber hinaus auf besondere Schwierigkeiten bei der Bewertung der Rechtsträger sowie auf die Folgen für die Beteiligung der Anteilsinhaber (§ 8 Abs. 1 Satz 2 UmwG). Dies bedeutet: Der Verschmelzungsbericht muss das **Für und Wider** der beabsichtigten Verschmelzung vor dem Hintergrund des Unternehmenszwecks **darlegen und abwägen**. Sämtliche für die Entscheidung der Anteilsinhaber erheblichen Tatsachen sind anzugeben sowie mögliche Alternativen zu nennen[2]. Insbesondere im Falle, dass die eG übertragender Rechtsträger im Rahmen einer Mischverschmelzung ist, interessieren die Machtverhältnisse im übernehmenden Rechtsträger. Im Hinblick auf die Festlegung des Umtauschverhältnisses der Anteile ist die für die Bewertung zugrunde gelegte Methode darzulegen[3]; die für die künftige Ertragskraft des Unternehmens wichtigen Planzahlen[4] (ausf. auch § 8 Rz. 23f.) müssen ebenso genannt werden wie das nicht-betriebsnotwendige Vermögen[5] (§ 8 Rz. 26), der Kapitalisierungszinsfuß (dazu ausf. § 8 Rz. 27 m.w.N.), steuerliche Auswirkungen[6] sowie die Vorteile aus erwarteten Synergieeffekten (hierzu ausf. § 8 Rz. 15). Einzugehen ist insbesondere im Falle der *reinen eG-Verschmelzung* auch auf die Problematik, ob auf Grund der unterschiedlichen Vermögensverhältnisse der beteiligten eG ein *Wertausgleich* erfolgen und wie ein beabsichtigter Wertausgleich durchgeführt werden soll (zum Wertausgleich: § 87 Rz. 32ff.)[7].

Ist ein an der Verschmelzung beteiligter Rechtsträger ein **verbundenes Unternehmen** i.S.d. § 15 AktG[8], so sind im Verschmelzungsbericht auch Angaben über alle für die Verschmelzung wesentlichen Angelegenheiten der anderen verbundenen Unternehmen zu machen (§ 8 Abs. 1 Satz 3 UmwG). 21

Die **Geheimhaltungsinteressen** der beteiligten Unternehmen werden dadurch gewahrt, dass – ebenso wie im Falle der mündlichen Auskunftserteilung in der Versammlung der Anteilsinhaber (dazu § 83 Rz. 9, 11) – Tatsachen nicht aufgenommen werden müssen, deren Bekanntwerden geeignet ist, einem der beteiligten Rechtsträger oder einem verbundenen Unternehmen (dazu oben Rz. 21) einen nicht unerheblichen Nachteil zuzufügen[9] (§ 8 Abs. 2 Satz 1 UmwG; dazu § 8 22

1 Dazu auch *Scholderer* in Semler/Stengel, § 82 UmwG Rz. 24f.; *Beuthien/Wolff*, GenG, §§ 2ff. UmwG Rz. 20; *Fandrich/Graef/Bloehs*, S. 59; *Schöpflin* in KölnKomm. UmwG, § 82 UmwG Rz. 13.

2 Hierzu *Bayer*, ZIP 1997, 1613 (1619); *Bayer*, AG 1988, 323 (327); *Mertens*, AG 1990, 20 (23f.); vgl. weiter *Scholderer* in Semler/Stengel, § 82 UmwG Rz. 26f.; *Schöpflin* in KölnKomm. UmwG, § 82 UmwG Rz. 14.

3 Vgl. auch *Beuthien/Wolff*, GenG, §§ 2ff. UmwG Rz. 20; *Schöpflin* in KölnKomm. UmwG, § 82 UmwG Rz. 14.

4 Vgl. *Bayer*, ZIP 1997, 1613 (1619); *Bayer*, AG 1988, 323 (327f.); *Priester*, ZGR 1990, 420 (424).

5 Vgl. *Bayer*, ZIP 1997, 1613 (1619); *Bayer*, AG 1988, 323 (328); OLG Karlsruhe v. 30.6.1989 – 15 U 76/88, WM 1989, 1134 (1138) = AG 1990, 35.

6 *Fandrich/Graef/Bloehs*, S. 58.

7 A.A. *Scholderer* in Semler/Stengel, § 82 UmwG Rz. 25, der eine Pflicht zum Wertausgleich nicht anerkennt; wie hier dagegen *Beuthien/Wolff*, GenG, §§ 2ff. UmwG Rz. 20.

8 Vgl. zum Begriff des verbundenen Unternehmens ausf.: *Bayer* in MünchKomm. AktG, § 15 AktG Rz. 1ff.

9 So auch *Schöpflin* in KölnKomm. UmwG, § 82 UmwG Rz. 14 a.E.; *Scholderer* in Semler/Stengel, § 82 UmwG Rz. 28.

Rz. 50ff.). In diesem Fall sind jedoch die Gründe, aus denen die Tatsachen nicht aufgenommen worden sind, darzulegen (§ 8 Abs. 2 Satz 2 UmwG)[1].

23 **Nicht erforderlich** ist ein Verschmelzungsbericht gem. § 8 Abs. 3 UmwG, wenn alle Anteilsinhaber aller beteiligten Rechtsträger in notariell beurkundeten Erklärungen hierauf **verzichten** oder sich alle Anteile des übertragenden Rechtsträgers in der Hand des übernehmenden Rechtsträgers befinden[2]. Dass alle Mitglieder einer an der Verschmelzung beteiligten eG auf die Erstattung des Verschmelzungsberichtes verzichten, dürfte in der Praxis kaum vorkommen[3]. Dagegen entfällt die Berichtspflicht im Falle der Aufnahme einer 100%igen Tochtergesellschaft auf eine *übernehmende* eG[4].

5. Prüfungsgutachten

24 An Stelle einer Verschmelzungsprüfung nach §§ 9–12 UmwG erfolgt gem. § 81 Abs. 1 Satz 1 UmwG für eine an der Verschmelzung beteiligte eG die **Prüfung durch den Prüfungsverband**, dem die eG gem. §§ 53ff. GenG angehört[5]. Bei Beteiligung mehrerer eG ist gem. § 81 Abs. 1 Satz 2 UmwG auch die Erstattung eines *gemeinsamen Prüfungsgutachtens* zulässig (hierzu ausf. § 81 Rz. 7). Diese(s) Prüfungsgutachten ist (sind) gem. § 82 Abs. 1 Satz 1 2. Halbsatz UmwG ebenfalls auszulegen[6].

25 Der **Gesetzeswortlaut** erfasst allerdings nur den **Fall der reinen eG-Verschmelzung**. Bei Vorliegen einer *Mischverschmelzung* wird nur für die beteiligte eG ein Prüfungsgutachten gem. § 81 UmwG erstattet; für den beteiligten Rechtsträger anderer Rechtsform bleibt es dagegen bei der allgemeinen Regelung gem. §§ 9ff. UmwG (dazu § 81 Rz. 2, 8)[7]. Auszulegen sind nach § 82 Abs. 1 Satz 1 UmwG im Falle einer reinen eG-Verschmelzung entweder alle gem. § 81 Abs. 1 Satz 1 UmwG erstatteten Prüfungsgutachten bzw. das nach § 81 Abs. 1 Satz 2 UmwG erstattete gemeinsame Prüfungsgutachten. Das Gesetz enthält indes keine ausdrückliche Regelung darüber, dass auch der für einen beteiligten Rechtsträger anderer Rechtsform erstattete Prüfungsbericht gem. §§ 9ff. UmwG zur Einsicht in der eG auszulegen ist. Ein solches Versäumnis enthält im Übrigen auch die Regelung in § 63 Abs. 1 Nr. 5 UmwG, wonach in den Geschäftsräumen einer beteiligten AG zwar die nach § 60 UmwG i.V.m. § 12 UmwG erstatteten Prüfungsberichte auszulegen sind, also etwa bei der reinen AG-Verschmelzung auch der

---

1 Dazu auch *Scholderer* in Semler/Stengel, § 82 UmwG Rz. 28; *Beuthien/Wolff*, GenG, §§ 2ff. UmwG Rz. 20.

2 *Schöpflin* in KölnKomm. UmwG, § 82 UmwG Rz. 15.

3 Zustimmend *Scholderer* in Semler/Stengel, § 82 UmwG Rz. 29; *Schöpflin* in KölnKomm. UmwG, § 82 UmwG Rz. 15.

4 Zum eG-Konzern *Holtkamp*, Die Genossenschaft als herrschendes Unternehmen im Konzern, 1994; vgl. auch *Scholderer* in Semler/Stengel, § 82 UmwG Rz. 29; *Fronhöfer* in Widmann/Mayer, § 82 UmwG Rz. 29; *Beuthien/Wolff*, GenG, §§ 2ff. UmwG Rz. 19.

5 Ausf. zum Gutachten des genossenschaftlichen Prüfungsverbandes: *Geck*, S. 152ff. (zum Formwechsel der eG).

6 *Scholderer* in Semler/Stengel, § 82 UmwG Rz. 32; *Fronhöfer* in Widmann/Mayer, § 82 UmwG Rz. 31; *Fandrich* in Pöhlmann/Fandrich/Bloehs, § 82 UmwG Rz. 2; *Schöpflin* in KölnKomm. UmwG, § 82 UmwG Rz. 16.

7 Ebenso *Fronhöfer* in Widmann/Mayer, § 82 UmwG Rz. 32; *Scholderer* in Semler/Stengel, § 82 UmwG Rz. 32.

Prüfungsbericht, der die andere beteiligte AG betrifft, nicht jedoch bei der Mischverschmelzung etwa das für eine beteiligte eG erstattete Prüfungsgutachten gem. § 81 UmwG [1].

26 Diese **Unterscheidung** macht indes **keinen Sinn**[2]. Die Regelung, dass im Falle einer reinen AG- bzw. eG-Verschmelzung die für alle beteiligten Rechtsträger erstatteten Prüfungsberichte in den Geschäftsräumen aller beteiligten Rechtsträger auszulegen sind, im Falle einer Mischverschmelzung jedoch nur der Prüfungsbericht, der die jeweils eigene Gesellschaft betrifft, ist wenig überzeugend. Es ist daher davon auszugehen, dass dem Gesetzgeber ein *Versehen* unterlaufen ist. Sowohl in § 82 Abs. 1 Satz 1 UmwG als auch in § 63 Abs. 1 Nr. 5 UmwG wäre besser formuliert worden, dass sämtliche für die beteiligten Rechtsträger zu erstattenden Prüfungsberichte in den Geschäftsräumen aller beteiligten Rechtsträger auszulegen sind.

27 Das **Versehen des Gesetzgebers** ist in teleologischer Auslegung **zu korrigieren**, so dass bei der Verschmelzung einer eG mit einem Rechtsträger anderer Rechtsform (**Mischverschmelzung**) nicht nur das die eG betreffende Prüfungsgutachten gem. § 81 Abs. 1 UmwG, sondern darüber hinaus auch ein für den Rechtsträger anderer Rechtsform erstelltes Prüfungsgutachten auszulegen ist[3].

V. Durchführung der Unterrichtung

1. Zeitpunkt und Ort der Auslegung

28 Die unter IV. (oben Rz. 13ff.) aufgeführten Unterlagen sind spätestens **mit Einberufung** der General- bzw. Vertreterversammlung, die über die Verschmelzung beschließen soll (dazu oben Rz. 1ff.), auszulegen. Dies bedeutet: Die gesetzliche Auslegungsfrist beginnt zeitgleich mit der Einberufung und endet zu dem Zeitpunkt, in dem mit der Versammlung begonnen wird (vgl. hierzu auch § 63 Rz. 2)[4].

29 Auszulegen ist zur **Einsicht in den Geschäftsräumen der eG**[5]; interessierte Mitglieder können während der üblichen Geschäftszeiten[6] Einsicht nehmen. Die Auslegung in der Hauptniederlassung reicht aus; es besteht keine Verpflichtung

1 Ebenso *Scholderer* in Semler/Stengel, § 82 UmwG Rz. 32.

2 Dies gestehen auch *Beuthien/Wolff*, GenG, §§ 2ff. UmwG Rz. 30 zu; vgl. auch *Schöpflin* in KölnKomm. UmwG, § 82 UmwG Rz. 16.

3 Anders *Beuthien/Wolff*, GenG, §§ 2ff. UmwG Rz. 30 a.E.; *Stratz* in Schmitt/Hörtnagl/Stratz, § 82 UmwG Rz. 3; nunmehr auch *Schöpflin* in KölnKomm. UmwG, § 82 UmwG Rz. 16; wie hier aber *Scholderer* in Semler/Stengel, § 82 UmwG Rz. 32; *Fronhöfer* in Widmann/Mayer, § 82 UmwG Rz. 32; *Bauer*, Genossenschafts-Handbuch, § 82 UmwG Rz. 18; *Fandrich* in Pöhlmann/Fandrich/Bloehs, § 82 UmwG Rz. 2; *Wardenbach* in Henssler/Strohn, § 82 UmwG Rz. 2.

4 Vgl. *Scholderer* in Semler/Stengel, § 82 UmwG Rz. 35; *Bauer*, Genossenschafts-Handbuch, § 82 UmwG Rz. 21; *Fronhöfer* in Widmann/Mayer, § 82 UmwG Rz. 34f.; *Fandrich/Graef/Bloehs*, S. 62; *Schöpflin* in KölnKomm. UmwG, § 82 UmwG Rz. 18.

5 *Scholderer* in Semler/Stengel, § 82 UmwG Rz. 33; *Beuthien/Wolff*, GenG, §§ 2ff. UmwG Rz. 29; *Bauer*, Genossenschafts-Handbuch, § 82 UmwG Rz. 19; *Schöpflin* in KölnKomm. UmwG, § 82 UmwG Rz. 1; näher *Fronhöfer* in Widmann/Mayer, § 82 UmwG Rz. 33, der auf § 175 Abs. 2 Satz 1 AktG zurückgreift.

6 *Fronhöfer* in Widmann/Mayer, § 82 UmwG Rz. 34f.; *Scholderer* in Semler/Stengel, § 82 UmwG Rz. 38; *Fandrich/Graef/Bloehs*, S. 62; *Schöpflin* in KölnKomm. UmwG, § 82 UmwG Rz. 17.

zur Auslegung in jeder Filiale[1]. Die Einsicht darf nicht dadurch unzumutbar behindert werden, dass etwa nur je ein Exemplar der Unterlagen vorhanden ist, so dass längere Wartezeiten entstehen[2]. Die Rechte aus § 82 UmwG stehen auch im Fall einer *Vertreterversammlung* allen Mitgliedern zu, da – etwa für das Ausschlagungsrecht nach § 90 UmwG – die Informationen für alle Mitglieder der eG von Bedeutung sein können[3].

2. Abschrift der Unterlagen

30 § 82 Abs. 2 UmwG erweitert das Recht auf Unterrichtung durch Einsicht dadurch, dass die eG verpflichtet ist, auf Verlangen eines jeden Mitglieds unverzüglich (vgl. § 121 Abs. 1 Satz 1 BGB: ohne schuldhaftes Zögern) und kostenlos eine Abschrift der nach § 82 Abs. 1 UmwG ausliegenden Unterlagen zu erteilen. Kostenlose Abschrifterteilung bedeutet, dass die Unterlagen an das anfordernde Mitglied **auf Kosten der eG zu übermitteln** sind[4]. Diese Verpflichtung zur kostenlosen Abschrifterteilung wurde während des Gesetzgebungsverfahrens vom DGRV als – insbesondere für größere eG mit teilweise über 100000 Mitgliedern – zu kostenintensiv kritisiert[5]. Der Gesetzgeber hat seinen Standpunkt aber zu Recht beibehalten: Zum einen ist eine Differenzierung zwischen eG und AG nicht angebracht, zum anderen werden nur einzelne interessierte Mitglieder eine Abschrift der ausliegenden Unterlagen anfordern, so dass sich die Kostenbelastung im Rahmen hält[6]. Während der Generalversammlung besteht allerdings kein Recht auf Abschrifterteilung mehr (§ 83 Rz. 4)[7].

3. Rechtsfolgen von Verstößen

31 Werden die in § 82 Abs. 1 Satz 1 UmwG genannten Unterlagen nicht oder nicht rechtzeitig ausgelegt, so ist der Verschmelzungsbeschluss grundsätzlich anfechtbar (ausf. § 63 Rz. 14)[8]. Dies gilt in gleicher Weise, wenn dem Mitglied die verlangte Abschrift nicht erteilt wird; allerdings wird das Anfechtungsrecht einge-

---

1 Richtig *Scholderer* in Semler/Stengel, § 82 UmwG Rz. 33; *Bauer*, Genossenschafts-Handbuch, § 82 UmwG Rz. 19; *Fronhöfer* in Widmann/Mayer, § 82 UmwG Rz. 33.

2 Zustimmend *Fronhöfer* in Widmann/Mayer, § 82 UmwG Rz. 36; *Scholderer* in Semler/Stengel, § 82 UmwG Rz. 38.

3 So auch *Beuthien/Wolff*, GenG, §§ 2ff. UmwG Rz. 29; *Scholderer* in Semler/Stengel, § 82 UmwG Rz. 37; *Fronhöfer* in Widmann/Mayer, § 82 UmwG Rz. 37; *Schöpflin* in KölnKomm. UmwG, § 82 UmwG Rz. 17.

4 Dazu auch *Scholderer* in Semler/Stengel, § 82 UmwG Rz. 39–41; *Fronhöfer* in Widmann/Mayer, § 82 UmwG Rz. 38f.; *Bauer*, Genossenschafts-Handbuch, § 82 UmwG Rz. 23; *Fandrich/Graef/Bloehs*, S. 64; *Schöpflin* in KölnKomm. UmwG, § 82 UmwG Rz. 19.

5 Stellungnahme des DGRV v. 23.6.1992 zum RefE, S. 6.

6 Befürwortend auch *Scholderer* in Semler/Stengel, § 82 UmwG Rz. 41; krit. *Schöpflin* in KölnKomm. UmwG, § 82 UmwG Rz. 19.

7 Ebenso *Fronhöfer* in Widmann/Mayer, § 82 UmwG Rz. 39; *Bauer*, Genossenschafts-Handbuch, § 82 UmwG Rz. 23; *Schöpflin* in KölnKomm. UmwG, § 82 UmwG Rz. 19; a.A. *Stratz* in Schmitt/Hörtnagl/Stratz, § 82 UmwG Rz. 4.

8 So auch *Fronhöfer* in Widmann/Mayer, § 82 UmwG Rz. 40; *Bauer*, Genossenschafts-Handbuch, § 82 UmwG Rz. 22; *Beuthien/Wolff*, GenG, §§ 2ff. UmwG Rz. 21; *Scholderer* in Semler/Stengel, § 82 UmwG Rz. 48.

schränkt, wenn es zumutbar gewesen wäre, in den Geschäftsräumen der eG Einsicht zu nehmen (vgl. *Grunewald*, § 63 Rz. 14)[1]. Dieser Auffassung dürfte wohl unter dem Aspekt der Relevanz des Verstoßes für die Beschlussfassung[2] sowie dem Rechtsgedanken des § 243 Abs. 4 Satz 1 AktG zu folgen sein.

§ 83
Durchführung der Generalversammlung

(1) In der Generalversammlung sind die in § 63 Abs. 1 Nr. 1 bis 4 bezeichneten Unterlagen sowie die nach § 81 erstatteten Prüfungsgutachten auszulegen. Der Vorstand hat den Verschmelzungsvertrag oder seinen Entwurf zu Beginn der Verhandlung mündlich zu erläutern. § 64 Abs. 2 ist entsprechend anzuwenden.

(2) Das für die beschließende Genossenschaft erstattete Prüfungsgutachten ist in der Generalversammlung zu verlesen. Der Prüfungsverband ist berechtigt, an der Generalversammlung beratend teilzunehmen.

Literatur

Vgl. die Angaben zu § 79.

I. Sinn und Zweck

1 Ebenso wie die vorherige Unterrichtung durch die Auslegung bzw. Abschrifterteilung der verschmelzungsrelevanten Unterlagen gem. § 82 UmwG (vgl. § 82 Rz. 11 f.) bezweckt auch die Information in der General- bzw. Vertreterversammlung gem. § 83 UmwG eine Verstärkung der Rechtsstellung der Mitglieder (bzw. deren Vertreter) einer zu verschmelzenden eG nach dem Vorbild des Aktienrechts[3].

---

1 Ihr folgend *Scholderer* in Semler/Stengel, § 82 UmwG Rz. 52; unentschieden *Fronhöfer* in Widmann/Mayer, § 82 UmwG Rz. 41; unklar *Schöpflin* in KölnKomm. UmwG, § 82 UmwG Rz. 21.

2 Dazu BGH v. 12.11.2001 – II ZR 225/99, AG 2002, 241 = NZG 2002, 130 (132) m. Anm. *Tröger*, NZG 2002, 211 ff. (Sachsenmilch II); s. bereits *Bayer* in VGR (Hrsg.), Gesellschaftsrecht in der Diskussion 1999, 2000, S. 36 (54 f.).

3 Vgl. auch *Scholderer* in Semler/Stengel, § 83 UmwG Rz. 3.; *Bauer*, Genossenschafts-Handbuch, § 83 UmwG Rz. 1; *Fronhöfer* in Widmann/Mayer, § 83 UmwG Rz. 2; *Bleschke*, S. 134.

II. Auslegung von Unterlagen

2 Nach dem Wortlaut von § 83 Abs. 1 Satz 1 UmwG sind in der Generalversammlung „die in § 63 Abs. 1 Nr. 1 – 4 bezeichneten Unterlagen sowie die nach § 81 erstatteten Prüfungsgutachten auszulegen". Diese Regelung gilt ebenso, wenn die Generalversammlung in Form einer Vertreterversammlung stattfindet (vgl. dazu § 84 Rz. 2f.)[1]. Die **Formulierung** des Gesetzes ist allerdings **nicht ganz korrekt**, da ebenso wie bei der Auslegung gem. § 82 UmwG neben den Unterlagen gem. § 63 Abs. 1 Nr. 1–4 UmwG (dazu § 82 Rz. 13ff.) nicht nur alle nach § 81 UmwG erstatteten Prüfungsgutachten, sondern im Falle, dass an der Verschmelzung Rechtsträger anderer Rechtsform beteiligt sind, auch die hierfür gem. §§ 9ff. UmwG erstatteten *Prüfungsberichte* auszulegen sind (hierzu ausf. § 82 Rz. 25ff.)[2].

3 Die **Auslegung** der Unterlagen hat „in der Generalversammlung" (bzw. Vertreterversammlung) zu erfolgen, also **im Versammlungsraum**[3], und zwar von Beginn bis zum Ende der Versammlungsdauer, also auch noch dann, wenn der Tagesordnungspunkt „Verschmelzung" bereits verhandelt worden war. Denn auch danach ist z.B. noch die Einlegung eines Widerspruches (als Voraussetzung zur Anfechtungsklage gem. § 51 GenG bzw. als Voraussetzung für eine Ausschlagung gem. §§ 90ff. UmwG) möglich, und das Mitglied könnte noch daran interessiert sein, die ausliegenden Unterlagen einzusehen[4].

4 Die Unterlagen sind in der General-/Vertreterversammlung nur **zur Einsicht** auszulegen. Um die Einsicht kurzfristig auch mehreren interessierten Personen gleichzeitig zu ermöglichen, sind grundsätzlich mehrere Exemplare der Unterlagen vorrätig zu halten[5]. Dagegen hat das Mitglied/der Vertreter in der Versammlung nach der gesetzlichen Konzeption keinen Anspruch auf Abschrifterteilung (arg. e contrario aus § 82 Abs. 2 UmwG)[6]. Schließlich steht den Mitgliedern in der General-/Vertreterversammlung das allgemeine Auskunftsrecht nach §§ 83 Abs. 1 Satz 3, 64 Abs. 2 UmwG zu (unten Rz. 9)[7].

---

1 Zustimmend *Fronhöfer* in Widmann/Mayer, § 83 UmwG Rz. 8; *Scholderer* in Semler/Stengel, § 83 UmwG Rz. 5; *Schöpflin* in KölnKomm. UmwG, § 83 UmwG Rz. 2.

2 Wie hier auch *Fronhöfer* in Widmann/Mayer, § 83 UmwG Rz. 9; *Bauer*, Genossenschafts-Handbuch, § 83 UmwG Rz. 2.

3 Ebenso *Fronhöfer* in Widmann/Mayer, § 83 UmwG Rz. 10; *Bauer*, Genossenschafts-Handbuch, § 83 UmwG Rz. 3; *Scholderer* in Semler/Stengel, § 83 UmwG Rz. 6; *Beuthien/Wolff*, GenG, §§ 2ff. UmwG Rz. 31; *Schöpflin* in KölnKomm. UmwG, § 83 UmwG Rz. 3.

4 Zustimmend *Bauer*, Genossenschafts-Handbuch, § 83 UmwG Rz. 3; *Scholderer* in Semler/Stengel, § 83 UmwG Rz. 9; *Stratz* in Schmitt/Hörtnagl/Stratz, § 83 UmwG Rz. 3; *Bleschke*, S. 134; *Fandrich/Graef/Bloehs*, S. 66; *Schöpflin* in KölnKomm. UmwG, § 83 UmwG Rz. 3.

5 Allg. M.: *Scholderer* in Semler/Stengel, § 83 UmwG Rz. 8; *Bauer*, Genossenschafts-Handbuch, § 83 UmwG Rz. 3; *Bleschke*, S. 134; *Fandrich/Graef/Bloehs*, S. 66.

6 Teilw. abw. *Stratz* in Schmitt/Hörtnagl/Stratz, § 83 UmwG Rz. 3 a.E.: Im Rahmen der „technischen Möglichkeiten sind auf Verlangen ... Abschriften ... bereitzuhalten oder anzufertigen."; wie hier aber *Fronhöfer* in Widmann/Mayer, § 82 UmwG Rz. 39 a.E., § 83 UmwG Rz. 11; *Scholderer* in Semler/Stengel, § 83 UmwG Rz. 10; *Beuthien/Wolff*, GenG, §§ 2ff. UmwG Rz. 31; *Bauer*, Genossenschafts-Handbuch, § 83 UmwG Rz. 4; *Fandrich* in Pöhlmann/Fandrich/Bloehs, § 83 UmwG Rz. 4; *Bleschke*, S. 134; *Schöpflin* in KölnKomm. UmwG, § 83 UmwG Rz. 3.

7 *Fronhöfer* in Widmann/Mayer, § 83 UmwG Rz. 11; *Bauer*, Genossenschafts-Handbuch, § 83 UmwG Rz. 4; *Bleschke*, S. 134; *Schöpflin* in KölnKomm. UmwG, § 83 UmwG Rz. 6f.; *Scholderer* in Semler/Stengel, § 83 UmwG Rz. 26ff.

III. Erläuterung des Verschmelzungsvertrages

1. Bericht des Vorstandes

5 Ebenso wie bei der beschließenden Hauptversammlung einer AG hat auch der Vorstand der zu verschmelzenden eG den Verschmelzungsvertrag – bzw. den Entwurf des Verschmelzungsvertrages, falls der Vertragsschluss dem Zustimmungsbeschluss der General-/Vertreterversammlung nachfolgen soll (dazu § 80 Rz. 3) – „zu Beginn der Verhandlung mündlich zu erläutern" (§ 83 Abs. 1 Satz 2 UmwG), d.h. zu Beginn der Verhandlung über den Tagesordnungspunkt „Zustimmung zum Verschmelzungsvertrag" (so auch *Grunewald*, § 64 Rz. 5)[1]. **Mündliche Erläuterung** bedeutet nicht, dass der Vorstand den gem. § 8 UmwG erstatteten und den Mitgliedern in schriftlicher Form zur Information durch Einsichtnahme oder Abschrifterteilung angebotenen Verschmelzungsbericht ganz oder in Teilen nochmals vorzutragen hätte[2]. Vielmehr bezweckt die mündliche Darstellung in der beschließenden Versammlung, dass den Anteilsinhabern (bzw. deren Vertretern) die wirtschaftliche und rechtliche **Bedeutung der Verschmelzung** in knapper, **zusammengefasster Form** anschaulich vor Augen geführt wird[3]. Es soll deutlich werden, welche Überlegungen den Vorstand zur beabsichtigten Verschmelzung mit dem in Aussicht genommenen Partner veranlasst haben[4]. Einzugehen ist auch auf den im Zuge der Verschmelzung erfolgenden Anteilstausch, der weder bei der reinen eG-Verschmelzung noch bei der Mischverschmelzung für das nicht sachkundige Mitglied ohne weiteres nachzuvollziehen ist[5]. Eine Übertragung der mündlichen Erläuterung auf Dritte ist ausweislich des Wortlauts und aufgrund der herausragenden Stellung des Vorstands beim Abschluss des Verschmelzungsvertrags nicht möglich[6].

6 Die Darlegungen des Vorstandes erschöpfen sich allerdings nicht in einer Zusammenfassung des Verschmelzungsberichts. Vielmehr hat er die weiter gehende Pflicht, zwischenzeitliche Entwicklungen aufzuzeigen und somit den **Erkenntnisstand** zu **aktualisieren**, insbesondere dann, wenn hiervon die Bewertung der Anteile betroffen ist[7].

---

1 So auch *Wardenbach* in Henssler/Strohn, § 83 UmwG Rz. 1; *Scholderer* in Semler/Stengel, § 83 UmwG Rz. 12.

2 Wie hier auch *Bauer*, Genossenschafts-Handbuch, § 83 UmwG Rz. 6; *Fandrich* in Pöhlmann/Fandrich/Bloehs, § 83 UmwG Rz. 3; *Schöpflin* in KölnKomm. UmwG, § 83 UmwG Rz. 4; *Scholderer* in Semler/Stengel, § 83 UmwG Rz. 13; abw. wohl *Stratz* in Schmitt/Hörtnagl/Stratz, § 83 UmwG Rz. 4.

3 Ebenso *Grunewald*, § 64 Rz. 5 (zur AG) sowie für die eG auch *Scholderer* in Semler/Stengel, § 83 UmwG Rz. 13 ff.; *Beuthien/Wolff*, GenG, §§ 2 ff. UmwG Rz. 32; *Fronhöfer* in Widmann/Mayer, § 83 UmwG Rz. 12; *Bauer*, Genossenschafts-Handbuch, § 83 UmwG Rz. 6; *Schöpflin* in KölnKomm. UmwG, § 83 UmwG Rz. 4.

4 Zustimmend *Scholderer* in Semler/Stengel, § 83 UmwG Rz. 16.

5 Vgl. auch *Schöpflin* in KölnKomm. UmwG, § 83 UmwG Rz. 4; *Bauer*, Genossenschafts-Handbuch, § 83 UmwG Rz. 6; *Bleschke*, S. 135; teilw. abw. *Scholderer* in Semler/Stengel, § 83 UmwG Rz. 17.

6 *Scholderer* in Semler/Stengel, § 83 UmwG Rz. 12.

7 Ebenso für die AG *Bayer*, AG 1988, 323 (329); zust. *Grunewald*, § 64 Rz. 6; so auch für die eG *Beuthien/Wolff*, GenG, §§ 2 ff. UmwG Rz. 32 mit dem Verweis auf den Rechtsgedanken des § 143 GenG; *Bauer*, Genossenschafts-Handbuch, § 83 UmwG Rz. 6; *Scholderer* in Semler/Stengel, § 83 UmwG Rz. 18; *Fronhöfer* in Widmann/Mayer, § 83 UmwG Rz. 12; *Schöpflin* in KölnKomm. UmwG, § 83 UmwG Rz. 4.

7 Für die mündliche Erläuterung der Verschmelzung durch den Vorstand gilt die **Schranke des § 8 Abs. 2 UmwG** analog. Denn es besteht kein Anlass für eine Annahme, dass Tatsachen, die aus Geheimhaltungsgründen nicht in den schriftlichen Verschmelzungsbericht aufzunehmen sind, mündlich vorzutragen seien[1].

8 Dagegen wird die generelle Pflicht, die Verschmelzung mündlich zu erläutern, durch einen **Verzicht** auf einen **Verschmelzungsbericht** gem. § 8 Abs. 3 UmwG nicht aufgehoben. Denn der Verzicht auf einen ausführlichen schriftlichen Bericht (vgl. § 8 Abs. 1 UmwG) bedeutet nicht zugleich, dass auf jedwede, auch nur mündliche Erläuterung der Verschmelzung verzichtet wurde[2].

2. Auskunftsrecht der Mitglieder

9 In der über die Verschmelzung beschließenden Generalversammlung kann jedes Mitglied, im Falle einer beschließenden Vertreterversammlung jeder Vertreter, über alle für die Verschmelzung wesentlichen Angelegenheiten Auskunft verlangen. Dieses allgemeine Auskunftsrecht ist Ausfluss des genossenschaftlichen Mitgliedschaftsverhältnisses und auch ohne ausdrückliche gesetzliche Regelung (in Analogie zu § 131 AktG) allgemein anerkannt[3]. Im Rahmen der Verhandlung über eine beabsichtigte Verschmelzung ergibt sich ein **spezielles Auskunftsrecht** mittelbar aus § 83 Abs. 1 Satz 3 UmwG, wonach die Vorschrift des § 64 Abs. 2 UmwG entsprechend anzuwenden ist[4]. In § 64 Abs. 2 UmwG ordnet das Gesetz ausdrücklich an, dass auf Verlangen „Auskunft auch über alle für die Verschmelzung wesentlichen Angelegenheiten der anderen beteiligten Rechtsträger zu geben ist". Das Gesetz geht also davon aus, dass im Hinblick auf die eigene Gesellschaft bereits ein Auskunftsrecht im Hinblick auf alle verschmelzungsrelevanten Informationen besteht, und hält es lediglich für erforderlich, eine Erweiterung der Auskunftsverpflichtung auf die anderen an der Verschmelzung beteiligten Rechtsträger einzuräumen. Diese Erweiterung ist sachgerecht, da die Verschmelzung nicht einseitig aufgrund alleiniger Informationen über die eigene Gesellschaft beurteilt werden kann (vgl. hierzu auch § 64 Rz. 11). Darüber hinaus bestimmt § 8 Abs. 1 Satz 4 UmwG, dass sich die Auskunftspflicht nach § 131 Abs. 1 AktG (analog) und § 83 Abs. 1 Satz 4 UmwG i.V.m. § 64 Abs. 2 UmwG auf alle verbundenen Unternehmen erstreckt, falls der Verschmelzungspartner ein verbundenes Unternehmen[5] ist (s. bereits zum gem. § 8 Abs. 1 Satz 3 UmwG erweiterten Verschmelzungsbericht: § 82 Rz. 21). Zu Schranken der Auskunftspflichten unten Rz. 11.

---

1 Zustimmend *Beuthien/Wolff*, GenG, §§ 2ff. UmwG Rz. 32 a.E.; *Scholderer* in Semler/Stengel, § 83 UmwG Rz. 19; *Fronhöfer* in Widmann/Mayer, § 83 UmwG Rz. 13 a.E.; *Schöpflin* in KölnKomm. UmwG, § 83 UmwG Rz. 5.

2 Ebenso *Scholderer* in Semler/Stengel, § 83 UmwG Rz. 20; *Fronhöfer* in Widmann/Mayer, § 83 UmwG Rz. 14; *Bleschke*, S. 135f.; *Schöpflin* in KölnKomm. UmwG, § 83 UmwG Rz. 5.

3 *Beuthien*, § 43 GenG Rz. 17; *Cario* in Lang/Weidmüller, § 43 GenG Rz. 31; aus der umwandlungsrechtlichen Literatur vgl. *Scholderer* in Semler/Stengel, § 83 UmwG Rz. 26; *Fronhöfer* in Widmann/Mayer, § 83 UmwG Rz. 15; *Bauer*, Genossenschafts-Handbuch, § 83 UmwG Rz. 10; *Bleschke*, S. 135f.; *Schöpflin* in KölnKomm. UmwG, § 83 UmwG Rz 6; ferner allgemein *Bayer*, DStR 1999, 1815 (1819).

4 So auch *Schöpflin* in KölnKomm. UmwG, § 83 UmwG Rz. 6; *Scholderer* in Semler/Stengel, § 83 UmwG Rz. 27.

5 Vgl. hierzu ausf. *Bayer* in MünchKomm. AktG, § 15 AktG Rz. 1ff.

Adressat des Auskunftsverlangens ist **stets der Vorstand**, auch wenn es sich nicht um Auskünfte über das eigene Unternehmen, sondern um Auskünfte über ein verbundenes Unternehmen oder um Auskünfte über einen nicht der Unternehmensgruppe angehörenden Verschmelzungspartner handelt. Der Vorstand hat daher dafür Sorge zu tragen, dass eine Auskunftserteilung auch im Hinblick auf beteiligte Unternehmen möglich ist, die er nicht selbst leitet. Im Regelfall werden zu diesem Zweck Vertreter der betroffenen Unternehmen anwesend sein; als Hilfspersonen des Vorstands – und in dessen Verantwortung – können diese Personen die Auskünfte auch direkt erteilen (quasi als Sprachrohr des nach wie vor auskunftspflichtigen Vorstands) (allgemein § 64 Rz. 12)[1]. Darüber hinaus hat sich der Vorstand aber auch ungeachtet der Anwesenheit fremder Unternehmensvertreter im Vorfeld der General- bzw. Vertreterversammlung auf die Auskunftserteilung vorzubereiten und muss sich ggf. notwendige Informationen rechtzeitig und umfassend besorgen (insbesondere im Hinblick auf angekündigte Fragen) (§ 64 Rz. 12) Soweit dem Vorstand (etwa als Vertreter des herrschenden Unternehmens) der Zugriff auf die Informationen eines anderen Unternehmens rechtlich oder auch nur faktisch möglich ist, werden sich bei der Auskunftserteilung im Regelfall keine rechtlichen Probleme ergeben, insbesondere können insoweit keine speziellen Einschränkungen anerkannt werden (richtig *Grunewald*, § 64 Rz. 12). Problematisch ist dagegen die Konstellation, dass dem Vorstand der auskunftspflichtigen eG die Auskunft deshalb nicht möglich ist, weil ihm die hierfür erforderlichen **Informationen** – z.B. aus der Sphäre einer verbundenen Muttergesellschaft oder **aus der Sphäre des unverbundenen Verschmelzungspartners – vorenthalten** werden. Häufig wird hierzu die Auffassung vertreten, dass das Auskunftsrecht nach §§ 8 Abs. 1 Satz 4, 83 Abs. 1 Satz 3 i.V.m. 64 Abs. 2 UmwG „auf seine faktischen Grenzen stößt" (so *Grunewald*, § 64 Rz. 12). Der generellen Aussage, dass eine faktisch nicht beschaffbare Information auch nicht geschuldet sei (so *Grunewald*, § 64 Rz. 12; *Winter/J. Vetter*, § 49 Rz. 55)[2], kann in dieser Konstellation so undifferenziert allerdings nicht zugestimmt werden. Die Auskunftspflicht entfällt nur insoweit, als das andere Unternehmen die vom Vorstand der auskunftsverpflichteten eG erbetene Information selbst rechtmäßig nach den gesetzlichen Auskunftsverweigerungsgründen zurückhalten darf (dazu sogleich unten Rz. 11). Wird dagegen die Information – z.B. vom vorgesehenen Verschmelzungspartner – unberechtigt verweigert, dann liegt eine Informationspflichtverletzung nach § 83 Abs. 1 Satz 3 i.V.m. § 64 Abs. 2 UmwG vor, die u.U. zur Anfechtung der Verschmelzung berechtigt[3] (zu den Rechtsfolgen bei unberechtigter Auskunftsverweigerung unten Rz. 12). Allein diese Sanktion kann präventiv sicherstellen, dass das Auskunftsrecht der Anteilsinhaber nicht ausgehöhlt wird. Die Entscheidung OLG Hamm vom 4.3.1999[4] steht dem hier eingenommenen Standpunkt nicht entgegen, da die Ausführungen dort die Problematik nicht di- 10

1 Dazu auch *Bauer*, Genossenschafts-Handbuch, § 83 UmwG Rz. 10; *Fandrich/Graef/Bloehs*, S. 68; *Schöpflin* in KölnKomm. UmwG, § 83 UmwG Rz. 7.
2 S. auch für die eG *Fronhöfer* in Widmann/Mayer, § 83 UmwG Rz. 17; *Schöpflin* in KölnKomm. UmwG, § 83 UmwG Rz. 8.
3 So i.E. auch *Beuthien/Wolff*, GenG, §§ 2 ff. UmwG Rz. 32; allgemein *Stratz* in Schmitt/Hörtnagl/Stratz, § 64 UmwG Rz. 9; *Bermel* in Goutier/Knopf/Tulloch, § 64 UmwG Rz. 9.
4 OLG Hamm v. 4.3.1999 – 8 W 11/99, ZIP 1999, 798 (804) = AG 1999, 422.

rekt betreffen. Zu Inhalt und Umfang der Auskunft im Übrigen vgl. die Kommentierungen zu § 43 GenG bzw. § 131 AktG.

11 Das **Auskunftsrecht** unterliegt allerdings analog § 131 Abs. 3 AktG **verschiedenen Schranken**. Die Auskunft kann der Vorstand insbesondere verweigern, wenn sie geeignet ist, der eG oder einem verbundenen Unternehmen einen nicht unerheblichen Nachteil zuzufügen (§ 131 Abs. 3 Satz 1 Nr. 1 AktG). Insoweit stimmt das Recht zur Auskunftsverweigerung mit § 8 Abs. 2 Satz 1 UmwG i.V.m. § 8 Abs. 1 Satz 4 UmwG überein[1] (dazu § 8 Rz. 50ff.). Dieses Auskunftsverweigerungsrecht gilt allerdings analog § 131 Abs. 4 Satz 1 AktG *nicht* (m.a.W.: Weiter gehende Auskunftsrechte bleiben von der Schranke des § 8 Abs. 2 UmwG unberührt: *Drygala*, § 8 Rz. 48; *Schwab*, § 127 Rz. 47ff.), wenn die begehrte Auskunft zuvor bereits außerhalb der Versammlung einem anderen Mitglied (als dem Fragenden) in seiner Eigenschaft als Mitglied der eG erteilt worden war[2], also nicht etwa als Kreditgeber, Mitglied des Aufsichtsrats o.Ä.[3] Zu beachten ist auch, dass die Auskunft nicht etwa pauschal unter Hinweis auf ein Geheimhaltungsinteresse verweigert werden darf. Vielmehr sind die Gründe, die die Auskunftsverweigerung rechtfertigen sollen, plausibel darzulegen (vgl. auch § 8 Abs. 2 Satz 2 UmwG analog)[4]. Auf Verlangen ist die Frage und der Grund für die Auskunftsverweigerung in die Niederschrift über die General- bzw. Vertreterversammlung aufzunehmen (§ 131 Abs. 5 AktG analog)[5].

3. Rechtsfolgen bei unterlassener oder fehlerhafter Information

12 Ist der Verschmelzungsbericht unvollständig oder fehlt er ganz, ist die Berichterstattung des Vorstands mangelhaft oder werden erforderliche Auskünfte zu Unrecht verweigert, so ist der **Verschmelzungsbeschluss anfechtbar**, wenn der geforderten Information eine *wesentliche* Bedeutung zukommt. Dagegen fehlt die erforderliche **Relevanz** und entfällt damit der Anfechtungsgrund, wenn es *bei wertender, objektiver Betrachtung* aus der Sicht eines objektiv urteilenden Mitglieds (bei Generalversammlung) bzw. Vertreters (bei Vertreterversammlung) ausgeschlossen ist, dass sich der Verfahrensfehler auf die Beschlussfassung ausgewirkt hat[6]. In diesem Sinne ist auch die durch das UMAG[7] in das Aktienrecht aufgenommene Beschränkung des Anfechtungsrechts nach § 243 Abs. 4 Satz 1 AktG bei Informationspflichtverstößen zu verstehen, die im Rahmen der Anfech-

---

1 Vgl. auch *Schöpflin* in KölnKomm. UmwG, § 83 UmwG Rz. 9; *Scholderer* in Semler/Stengel, § 83 UmwG Rz. 30.

2 Zur analogen Anwendung des § 131 Abs. 4 AktG auch *Beuthien*, § 43 GenG Rz. 17.

3 Dazu allgemein *Hüffer*, § 131 AktG Rz. 36ff. m.w.N.

4 Hierzu aus der Rspr. zum Aktienrecht: BGH v. 22.5.1989 – II ZR 206/88, BGHZ 107, 296 (305f.); vgl. auch BGH v. 18.12.1989 – II ZR 254/88, ZIP 1990, 168 (169); BGH v. 29.10.1990 – II ZR 146/89, ZIP 1990, 1560 (1561f.) = AG 1991, 102. Zustimmend *Fandrich/Graef/Bloehs*, S. 68.

5 Wie hier *Scholderer* in Semler/Stengel, § 83 UmwG Rz. 30; *Schöpflin* in KölnKomm. UmwG, § 83 UmwG Rz. 9; allgemein *Cario* in Lang/Weidmüller, § 43 GenG Rz 41.

6 So für die AG auch BGH v. 12.11.2001 – II ZR 225/99, AG 2002, 241 = NZG 2002, 130 (132) m. Anm. *Tröger*, NZG 2002, 211ff. (Sachsenmilch II); s. bereits *Bayer* in VGR (Hrsg.), Gesellschaftsrecht in der Diskussion 1999, 2000, S. 36 (54f.) sowie *Hüffer* in MünchKomm. AktG, § 243 AktG Rz. 37 m.w.N.

7 Gesetz zur Unternehmensintegrität und Modernisierung des Anfechtungsrechts v. 22.9.2005, BGBl. I, S. 2802.

tung von Verschmelzungsbeschlüssen bei eG entsprechend zur Anwendung gelangt[1].

13 Darüber hinaus kann die Auskunft **analog § 132 AktG** erzwungen werden[2]. Antragsbefugt ist jedes Mitglied (bzw. Vertreter), dem die verlangte Auskunft verweigert wurde, sowie jedes weitere in der Versammlung erschienene Mitglied (Vertreter), soweit sich die Auskunft auf einen Gegenstand bezog, über den in der Versammlung Beschluss gefasst wurde, und soweit das betreffende Mitglied (Vertreter) Widerspruch zu Protokoll erklärt hat.

14 Ungeachtet der umstrittenen Rechtsprechung des BGH zum Formwechsel[3] (dazu § 262 Rz. 22) berechtigten nach früherer Rechtslage auch Informationspflichtverletzungen, die sich auf das **Umtauschverhältnis der Anteile** bzw. der Mitgliedschaft beim übernehmenden Rechtsträger bezogen oder auch die Höhe der Abfindung im Falle eines Ausscheidens betrafen, zur Anfechtung des Verschmelzungsbeschlusses[4]. Im Zuge der Reformierung des Aktienrechts durch das UMAG wurde nach § 243 Abs. 4 Satz 2 AktG indes ein teilweiser Anfechtungsausschluss für die Verletzung abfindungsrelevanter Informationspflichten angeordnet. Der Ausschluss erfasst allerdings nur Informationsverletzungen in der Hauptversammlung. Informationsmängel in schriftlichen Berichten sind demgegenüber nicht nach § 243 Abs. 4 Satz 2 AktG von der Anfechtung ausgeschlossen[5]. Keine Anwendung findet der Anfechtungsausschluss außerdem bei einer Totalverweigerung der Information[6].

IV. Verlesung des Prüfungsgutachtens und Teilnahme des Prüfungsverbandes

1. Verlesung Prüfungsgutachten

15 In Abweichung zu den §§ 9–12 UmwG wird für eine an der Verschmelzung beteiligte eG ein schriftliches Prüfungsgutachten durch den zuständigen Prüfungsverband erstattet (vgl. § 81 UmwG). Dieses Prüfungsgutachten muss nicht nur ab dem Zeitpunkt der Einberufung der über die Verschmelzung beschließenden General- bzw. Vertreterversammlung in den Geschäftsräumen der eG (dazu § 82 Rz. 28f.) sowie darüber hinaus in der Versammlung selbst (oben Rz. 2f.) zur Einsicht ausliegen; vielmehr ist das für die **beschließende eG erstattete Prüfungsgutachten** (nicht dagegen ein für einen Verschmelzungspartner erstattetes Prüfungsgutachten)[7] in Übereinstimmung mit § 93b Abs. 2 Satz 2 GenG a.F. – und

---

1 Überblick bei *Schwab* in K. Schmidt/Lutter, § 243 AktG Rz. 30ff., 37ff. m.w.N.; vgl. weiter *Schöpflin* in KölnKomm. UmwG, § 83 UmwG Rz. 14; *Scholderer* in Semler/Stengel, § 83 UmwG Rz. 43.

2 *Bayer*, DStR 1999, 1815 (1819); *Cario* in Lang/Weidmüller, § 43 GenG Rz. 41; *K. Müller*, § 43 GenG Rz. 35.

3 BGH v. 18.12.2000 – II ZR 1/99, BGHZ 146, 179 = AG 2001, 301; BGH v. 29.1.2001 – II ZR 368/98, NJW 2001, 1425 = AG 2011, 263.

4 Nachweise in 4. Aufl., § 83 Rz. 14.

5 Statt vieler *Schwab* in K. Schmidt/Lutter, § 243 AktG Rz. 37ff.

6 *Schwab* in K. Schmidt/Lutter, § 243 AktG Rz. 37ff.

7 Vgl. ebenso *Scholderer* in Semler/Stengel, § 83 UmwG Rz. 22; *Fronhöfer* in Widmann/Mayer, § 83 UmwG Rz. 19; *Bauer*, Genossenschafts-Handbuch, § 83 UmwG Rz. 13; *Stratz* in Schmitt/Hörtnagl/Stratz, § 83 UmwG Rz. 6; *Schöpflin* in KölnKomm. UmwG, § 83 UmwG Rz. 10.

insoweit in Abweichung zum grundsätzlichen Vorbild des Aktienrechts – in der General-/Vertreterversammlung **zu verlesen**[1].

16 Das Prüfungsgutachten ist grundsätzlich **in vollem Umfang** zu verlesen (zu Umfang und Darstellung § 81 Rz. 16). Eine bloße Erläuterung – analog der Regelung zur Erläuterung des Verschmelzungsvertrages (oben Rz. 5) – ist nicht ausreichend; erst recht nicht die ausschließliche Wiedergabe der Prüfungsergebnisse[2]. Sofern für mehrere an der Verschmelzung beteiligte eG gem. § 81 Abs. 1 Satz 2 UmwG ein gemeinsames Prüfungsgutachten erstattet wurde (vgl. dazu § 81 Rz. 7), ist eine Trennung in verschiedene Teile nicht zulässig; in diesem Fall ist das gemeinsame Prüfungsgutachten zu verlesen[3].

17 Das Prüfungsgutachten wird **vom Vorstand** oder einem beauftragten Dritten verlesen. Es ist nicht erforderlich – aber gestattet –, dass ein Mitarbeiter des Prüfungsverbandes, insbesondere der Verfasser des Gutachtens, persönlich vorträgt[4].

2. Teilnahme des Prüfungsverbandes

18 Das gesetzliche Teilnahmerecht des Prüfungsverbandes ist eine Besonderheit des Genossenschaftsrechts und hat im Aktienrecht kein Vorbild. Ausgestaltet ist es als **Anwesenheits-** und **Beratungsrecht**, das ggf. eingeklagt und nach § 888 ZPO vollstreckt werden kann[5]; der Prüfungsverband kann auch im Falle, dass er ein negatives Prüfungsgutachten erstattet hat, die Verschmelzung nicht durch ein Veto verhindern, falls sich die General-/Vertreterversammlung (in der Praxis wohl nur im seltenen Ausnahmefall) anders entscheidet[6]. Ein negatives Prüfungsgutachten bzw. eine ablehnende Stellungnahme des Prüfungsvorstandes ist daher auch kein Eintragungshindernis[7].

19 Das Teilnahmerecht des Prüfungsverbandes gem. § 83 Abs. 2 Satz 2 UmwG erschöpft sich nicht in einer Erläuterung bzw. Ergänzung des Prüfungsgutachtens sowie in der Beantwortung diesbezüglicher Fragen. Es ist ihm vielmehr gestattet, sich generell und **umfassend in die Beratung** über die Verschmelzung **einzuschal-**

---

1 Allerdings nur in der Versammlung, die über die Verschmelzung beschließt: *Scholderer* in Semler/Stengel, § 83 UmwG Rz. 21; *Beuthien/Wolff*, GenG, §§ 2 ff. UmwG Rz. 33.

2 So auch *Scholderer* in Semler/Stengel, § 83 UmwG Rz. 22; *Fronhöfer* in Widmann/Mayer, § 83 UmwG Rz. 20; *Stratz* in Schmitt/Hörtnagl/Stratz, § 83 UmwG Rz. 6; *Bauer*, Genossenschafts-Handbuch, § 83 UmwG Rz. 14; *Schöpflin* in KölnKomm. UmwG, § 83 UmwG Rz. 11; *Bleschke*, S. 135; *Fandrich/Graef/Bloehs*, S. 69; teilw. abw. *Beuthien/Wolff*, GenG, §§ 2 ff. UmwG Rz. 33 (bei wiederholter Verhandlung zur Sache sei die Wiedergabe des wesentlichen Inhalts ausreichend).

3 Zustimmend *Scholderer* in Semler/Stengel, § 83 UmwG Rz. 22; *Fronhöfer* in Widmann/Mayer, § 83 UmwG Rz. 19; *Fandrich/Graef/Bloehs*, S. 68.

4 Ähnlich *Scholderer* in Semler/Stengel, § 83 UmwG Rz. 23; *Bauer*, Genossenschafts-Handbuch, § 83 UmwG Rz. 15; *Fronhöfer* in Widmann/Mayer, § 83 UmwG Rz. 21; *Stratz* in Schmitt/Hörtnagl/Stratz, § 83 UmwG Rz. 6; *Bleschke*, S. 135; *Schöpflin* in KölnKomm. UmwG, § 83 UmwG Rz. 11.

5 *Fronhöfer* in Widmann/Mayer, § 83 UmwG Rz. 23; *Scholderer* in Semler/Stengel, § 83 UmwG Rz. 39; *Bauer*, Genossenschafts-Handbuch, § 83 UmwG Rz. 23; *Beuthien/Wolff*, GenG, §§ 2 ff. UmwG Rz. 34.

6 Ebenso *Beuthien/Wolff*, GenG, §§ 2 ff. UmwG Rz. 34; *Lehnhoff* in Lang/Weidmüller, GenG, § 81 UmwG Rz. 5.

7 Zutreffend schon *Hornung*, Rpfleger 1968, 305 (307); zust. *Fronhöfer* in Widmann/Mayer, § 83 UmwG Rz. 26; *Beuthien/Wolff*, GenG, §§ 2 ff. UmwG Rz. 34.

ten[1]. Ein eigenes Antragsrecht steht dem Prüfungsverband dagegen nicht zu[2]. Obwohl nicht ausdrücklich angeordnet, ergibt sich aus dem vereinsrechtlichen Mitgliedschaftsverhältnis (Pflichtmitgliedschaft) eine Teilnahmepflicht des Prüfungsverbands[3].

§ 84
Beschluss der Generalversammlung

Der Verschmelzungsbeschluss der Generalversammlung bedarf einer Mehrheit von drei Vierteln der abgegebenen Stimmen. Die Satzung kann eine größere Mehrheit und weitere Erfordernisse bestimmen.

Literatur

Vgl. die Angaben zu § 79.

I. Beschlussfassung über die Verschmelzung

1. Generalversammlung/Vertreterversammlung

Nach § 13 Abs. 1 UmwG wird der von den Vertretungsorganen der beteiligten Rechtsträger gem. § 4 Abs. 1 UmwG abgeschlossene Verschmelzungsvertrag (vgl. hierzu § 80 Rz. 10) erst wirksam, wenn auch die Anteilsinhaber durch Beschluss zugestimmt haben. Der Beschluss muss in einer Versammlung der Anteilsinhaber gefasst werden. Für die eG bedeutet dies, dass grundsätzlich die **Generalversammlung** zuständig ist (§ 43 Abs. 1 GenG). 1

---

1 Vgl. auch *Scholderer* in Semler/Stengel, § 83 UmwG Rz. 40; *Fronhöfer* in Widmann/Mayer, § 83 UmwG Rz. 24; *Stratz* in Schmitt/Hörtnagl/Stratz, § 83 UmwG Rz. 8; *Fandrich/Graef/Bloehs*, S. 69; *Schöpflin* in KölnKomm. UmwG, § 81 UmwG Rz. 13.

2 So auch *Schöpflin* in KölnKomm. UmwG, § 83 UmwG Rz. 13; *Scholderer* in Semler/Stengel, § 83 UmwG Rz. 40 a.E.; *Bauer*, Genossenschafts-Handbuch, § 83 UmwG Rz. 22; *Fronhöfer* in Widmann/Mayer, § 83 UmwG Rz. 25; *Beuthien/Wolff*, GenG, §§ 2ff. UmwG Rz. 34; *Bleschke*, S. 135; Stratz in Schmitt/Hörtnagl/Stratz, § 83 UmwG Rz. 8 a.E.

3 Richtig *Beuthien/Wolff*, GenG, §§ 2ff. UmwG Rz. 34; *Scholderer* in Semler/Stengel, § 83 UmwG Rz. 39; *Schöpflin* in KölnKomm. UmwG, § 83 UmwG Rz. 12; a.A. *Stratz* in Schmitt/Hörtnagl/Stratz, § 83 UmwG Rz. 8.

2 Nach § 43a GenG kann allerdings die Satzung einer eG mit mehr als 1500 Mitgliedern vorsehen, dass die Generalversammlung in Form einer **Vertreterversammlung** stattfindet. Die Vertreterversammlung rückt dann an die Stelle der Generalversammlung; sie hat grundsätzlich dieselben Zuständigkeiten (sog. „kleine Generalversammlung")[1]. Allerdings kann seit der Gesetzesnovelle von 2006[2] – abweichend von der früheren Rechtslage[3] – nach § 43a Abs. 1 Satz 2 GenG eine Aufteilung von Zuständigkeiten zwischen General- und Vertreterversammlung in der Satzung dergestalt angeordnet werden, dass der Generalversammlung bestimmte Beschlüsse – folglich auch ein Beschluss über die Verschmelzung der eG[4] – vorbehalten bleiben. Soweit die Satzung keine besonderen Regelungen enthält, besteht die einzige der Generalversammlung verbliebene Restzuständigkeit darin, die Vertreter zu wählen[5] sowie die satzungsmäßige Einsetzung der Vertreterversammlung wieder aufzuheben (vgl. § 43a Abs. 7 GenG)[6].

3 Wenn das UmwG also von Generalversammlung spricht, so bedeutet dies nicht, dass eine Vertreterversammlung ausgeschlossen wäre. Ob die Beschlussfassung über die Verschmelzung in einer General- oder in einer Vertreterversammlung stattfindet, **entscheidet** sich vielmehr allein im gesetzlichen Rahmen des § 43a GenG nach der **Satzung der eG**[7].

4 Nicht **zulässig** ist es, die **Zuständigkeit** der General- bzw. Vertreterversammlung zur Beschlussfassung über die Verschmelzung auf ein anderes Organ der eG oder gar auf Dritte **zu übertragen**[8]. Eine entsprechende Satzungsbestimmung wäre nichtig; ebenso ein Beschluss der General-/Vertreterversammlung, der den Vorstand der eG ermächtigen würde, einen im Einzelnen noch auszuformulierenden Verschmelzungsvertrag abzuschließen[9]. Abzulehnen ist weiterhin die teilweise zum früheren Recht vertretene Ansicht, dass die General-/Vertreterversammlung nur die rechtlich und wirtschaftlich bedeutsamsten Punkte festlegen und die inhaltliche Ausgestaltung im Einzelnen dem Vorstand der eG überlassen könne[10]. Diese Auffassung ist jedenfalls mit der heutigen Gesetzeslage nicht mehr zu vereinbaren. Zulässig ist es dagegen, wenn der Vorstand der eG zunächst einen Be-

1 Vgl. BGH v. 22.3.1982 – II ZR 219/81, ZfgG 1982, 296 m. Anm. *Hadding*; *Scholderer* in Semler/Stengel, § 84 UmwG Rz. 4; *Beuthien*, § 43a GenG Rz. 2; *K. Müller*, § 43a GenG Rz. 71.

2 Gesetz zur Einführung der Europäischen Genossenschaft und zur Änderung des Genossenschaftsrechts v. 14.8.2006, BGBl. I, S. 1911.

3 S. hierzu die 3. Aufl.; ferner *Beuthien*, § 43a GenG Rz. 2; *Bleschke*, S. 138.

4 So ausdrücklich BegrRegE, BT-Drucks. 16/1025, 87; ebenso *Cario* in Lang/Weidmüller, § 43a GenG Rz. 8; *Geschwandtner/Helios*, S. 119.

5 Vgl. RG v. 23.12.1927 – II 158/27, RGZ 119, 339; *Beuthien*, § 43a GenG Rz. 10.

6 Ebenso *Fandrich* in Pohlmann/Fandrich/Bloehs, § 43a GenG Rz. 4; *Beuthien*, § 43a GenG Rz. 2.

7 *Fronhöfer* in Widmann/Mayer, § 83 UmwG Rz. 7; *Scholderer* in Semler/Stengel, § 84 UmwG Rz. 4 a.E.; *Schöpflin* in KölnKomm. UmwG, § 84 UmwG Rz. 3.

8 *Beuthien/Wolff*, GenG, §§ 2ff. UmwG Rz. 35; *Scholderer* in Semler/Stengel, § 84 UmwG Rz. 3; *Fronhöfer* in Widmann/Mayer, § 84 UmwG Rz. 4; *Stratz* in Schmitt/Hörtnagl/Stratz, § 84 UmwG Rz. 3; *Schöpflin* in KölnKomm. UmwG, § 84 UmwG Rz. 4; *Bleschke*, S. 138.

9 *Lehnhoff* in Lang/Weidmüller, GenG, § 13 UmwG Rz. 2; *Bauer*, Genossenschafts-Handbuch, § 84 UmwG Rz. 5; *Fronhöfer* in Widmann/Mayer, § 84 UmwG Rz. 11 a.E.

10 So aber *Lehnhoff* in Lang/Weidmüller, GenG, § 13 UmwG Rz. 2; wie hier abl. auch *Scholderer* in Semler/Stengel, § 84 UmwG Rz. 6; *Fronhöfer* in Widmann/Mayer, § 84 UmwG Rz. 11.

schluss der General-/Vertreterversammlung herbeiführt, der die beabsichtigte Verschmelzung grundsätzlich befürwortet; in diesem Fall ist allerdings nach Vorliegen des vereinbarten Verschmelzungsvertrages bzw. des ausgehandelten Vertragsentwurfes eine nochmalige, endgültige Beschlussfassung der General-/Vertreterversammlung erforderlich[1].

2. Inhalt der Beschlussfassung

Zuzustimmen ist dem **Verschmelzungsvertrag** bzw. – über den Wortlaut des § 13 Abs. 1 Satz 1 UmwG hinaus – dem **Vertragsentwurf** (ebenso § 13 Rz. 23)[2]. Dies folgt aus der in § 4 Abs. 2 UmwG getroffenen Regelung, wonach der Verschmelzungsvertrag auch erst nach erfolgter Beschlussfassung in der Versammlung der Anteilsinhaber geschlossen werden kann (dazu § 80 Rz. 3); darüber hinaus sehen auch § 13 Abs. 3 Satz 2 und 3 UmwG ausdrücklich diese Möglichkeit vor[3]. 5

3. Abstimmung und Beschlussmehrheiten

Der Beschluss über die Verschmelzung ist generell in **offener Abstimmung** zu fassen. 6 Denn anderenfalls ist nicht überprüfbar, wer gegen die Verschmelzung gestimmt hat, was indes Voraussetzung für die Ausschlagung einer durch die Verschmelzung bei einer übernehmenden eG erworbenen Mitgliedschaft gem. §§ 90ff. UmwG (dazu § 90 Rz. 1ff.) bzw. der Geltendmachung eines Abfindungsanspruchs gem. §§ 29ff. UmwG ist (vgl. hierzu § 29 Rz. 11ff.)[4]. Wird die Verschmelzung bei einer (ersten) Abstimmung abgelehnt, so soll nach h.M. in derselben General-/Vertreterversammlung weiter verhandelt und dann **erneut abgestimmt** werden dürfen[5]. Ob dieser Auffassung so undifferenziert zu folgen ist, erscheint allerdings fraglich. Bedenken bestehen insbesondere unter Transparenzaspekten. Auch ist der TOP „Zustimmungsbeschluss zum Verschmelzungsvertrag" mit der Abstimmung grundsätzlich abgeschlossen. Um Anfechtungen zu vermeiden, sollte besser zu einer erneuten Beschlussfassung nochmals gesondert geladen werden.

---

1 Ausdrücklich zustimmend *Scholderer* in Semler/Stengel, § 84 UmwG Rz. 6 a.E.; *Fronhöfer* in Widmann/Mayer, § 84 UmwG Rz. 9.

2 Ebenso *Fronhöfer* in Widmann/Mayer, § 84 UmwG Rz. 11.

3 Vgl. auch *Scholderer* in Semler/Stengel, § 84 UmwG Rz. 6.

4 Für Zulässigkeit geheimer Abstimmung dagegen *Scholderer* in Semler/Stengel, § 84 UmwG Rz. 7, auf der Basis seiner abweichenden Auffassung zum Ausschlagungsrecht; wie hier aber *Fandrich* in Pöhlmann/Fandrich/Bloehs, § 84 UmwG Rz. 2; *Fronhöfer* in Widmann/Mayer, § 84 UmwG Rz. 6; *Stratz* in Schmitt/Hörtnagl/Stratz, § 84 UmwG Rz. 3; *Bleschke*, S. 158f.

5 So *Fronhöfer* in Widmann/Mayer, § 84 UmwG Rz. 9; *Scholderer* in Semler/Stengel, § 84 UmwG Rz. 14; *Bauer*, Genossenschafts-Handbuch, § 83 UmwG Rz. 2; *Stratz* in Schmitt/Hörtnagl/Stratz, § 84 UmwG Rz. 5; einschränkend *Fandrich* in Pöhlmann/Fandrich/Bloehs, § 84 UmwG Rz. 2 a.E. (soweit nicht ein wesentlicher Teil der Mitglieder die Versammlung bereits verlassen hat).

7 Der Verschmelzungsbeschluss der General-/Vertreterversammlung[1] bedarf nach § 84 Satz 1 UmwG einer Mehrheit von **drei Vierteln** der **abgegebenen Stimmen**. Nicht mitgerechnet werden **Stimmenthaltungen** sowie **ungültige Stimmen**[2].

8 Besonderheiten ergeben sich, soweit durch die Satzung nach § 43 Abs. 3 GenG die **Gewährung von Mehrstimmrechten** zugelassen ist. Seit der Novellierung im Jahre 2006 ist danach zu differenzieren, ob die Mitglieder der eG selbst wieder ausschließlich oder überwiegend eG sind (Zentralgenossenschaft, § 43 Abs. 3 Satz 3 Nr. 3 GenG), mehr als drei Viertel der Mitglieder der eG Unternehmer i.S.d. § 14 BGB sind (Unternehmergenossenschaft, § 43 Abs. 3 Satz 3 Nr. 2 GenG) oder keiner der beiden vorgenannten Sonderfälle vorliegt (§ 43 Abs. 3 Satz 3 Nr. 1 GenG). Handelt es sich weder um eine Zentral- noch um eine Unternehmergenossenschaft, gilt, auch wenn die Satzung von der Möglichkeit der Einführung von Mehrstimmrechten Gebrauch gemacht hat[3], nach § 43 Abs. 3 Satz 3 Nr. 1 Satz 3 GenG für die Beschlussfassung über die Verschmelzung die **gesetzliche Regel** (§ 43 Abs. 3 Satz 1 GenG), wonach jedes Mitglied ungeachtet der Zahl seiner Geschäftsanteile oder der Höhe seines Geschäftsguthabens und seiner Nachschusspflicht **nur eine Stimme** hat („Ein-Mitglied-eine-Stimme-Prinzip")[4]. Üben dagegen 75 % der Mitglieder der eG im Rahmen ihrer Mitgliedschaft eine gewerbliche oder selbständige berufliche Tätigkeit nach § 14 BGB aus[5], können Mehrstimmrechte vom einzelnen Mitglied in der Generalversammlung wahrgenommen werden, soweit sie den zehnten Teil der in der Generalversammlung anwesenden Stimmen nicht überschreiten; die Einzelheiten sind in der Satzung zu regeln (§ 43 Abs. 3 Satz 3 Nr. 2 Satz 2 GenG). Gehören der eG selbst wieder ausschließlich oder überwiegend eG an, können die Mehrstimmrechte grundsätzlich ohne solche Beschränkungen ausgeübt werden[6], wobei das Stimmrecht der Mitglieder gem. § 43 Abs. 3 Satz 3 Nr. 3 Satz 2 GenG nach der Höhe ihrer Geschäftsguthaben oder einem anderen Maßstab durch die Satzung abgestuft geregelt werden kann. Soweit die Satzung auch die Beteiligung sog. **investierender Mitglieder** (zum Begriff: § 8 Abs. 2 Satz 1 GenG)[7] zulässt, muss die Satzung gem. § 8 Abs. 2 Satz 2 GenG sicherstellen, dass die investierenden Mitglieder die übrigen Mitglieder nicht überstimmen

---

1 Zur streitigen Frage der Beschlussfähigkeit: einerseits *Beuthien*, § 43 GenG Rz. 8; andererseits *Fronhöfer* in Widmann/Mayer, § 84 UmwG Rz. 7 m.w.N.

2 Heute unstreitig; vgl. *Keßler* in BerlKomm. GenG, §§ 43ff. GenG Rz. 112; *Scholderer* in Semler/Stengel, § 84 UmwG Rz. 8; *Beuthien*, § 43 GenG Rz. 9; *Lehnhoff* in Lang/Weidmüller, GenG, § 84 UmwG Rz. 1; *Schöpflin* in KölnKomm. UmwG, § 84 UmwG Rz. 5.

3 Zu den Anforderungen ausf. *Cario* in Lang/Weidmüller, § 43 GenG Rz. 69ff.

4 Zur intendierten, letztlich aber unterbliebenen Stärkung dieses Prinzips durch die GenG-Novelle ausf. *Geschwandtner/Helios*, S. 114. – Einzelheiten zur Stimmrechtsausübung und zum Stimmrechtsausschluss können hier nicht dargestellt werden; vgl. hierzu etwa *Beuthien*, § 43 GenG Rz. 22, 24f., 42f.; *Scholderer* in Semler/Stengel, § 84 UmwG Rz. 9; *Fronhöfer* in Widmann/Mayer, § 84 UmwG Rz. 13; *Keßler* in BerlKomm. GenG, §§ 43ff. GenG Rz. 83ff.; *K. Müller*, § 43 GenG Rz. 48ff.

5 Zu den Anforderungen BegrRegE, BT-Drucks. 16/1025, 86; *Cario* in Lang/Weidmüller, § 43 GenG Rz. 76; *Geschwandtner/Helios*, S. 114f.

6 S. hierzu *Cario* in Lang/Weidmüller, § 43 GenG Rz. 77; *Geschwandtner/Helios*, S. 114. So auch schon das frühere Recht (§ 43 Abs. 3 Satz 7 GenG a.F.); vgl. *Fronhöfer* in Widmann/Mayer, § 84 UmwG Rz. 13; *Stratz* in Schmitt/Hörtnagl/Stratz, § 84 UmwG Rz. 4 a.E.

7 Ausf. hierzu *Wachter*, Die investierende Mitgliedschaft bei der eingetragenen Genossenschaft, 2011.

und Beschlüsse, die mit einer Mehrheit von drei Viertel der abgegebenen Stimmen zu fassen sind – wie Verschmelzungsbeschlüsse –, nicht verhindern können[1].

Die **Satzung** der eG kann nach § 84 Satz 2 UmwG eine **größere Beschlussmehrheit** vorsehen, also etwa eine 9/10-Mehrheit (vgl. hierzu § 262 Abs. 1 Satz 2 UmwG) oder das Erfordernis der Einstimmigkeit[2]; dies ist in der Praxis durchaus üblich[3]. Neben einer Mehrheit von mindestens drei Vierteln der *abgegebenen* Stimmen kann die Satzung aber auch ein Anwesenheitsquorum fordern[4]. Dagegen ist ein satzungsmäßiger Ausschluss der Verschmelzung unzulässig und wäre gem. § 140 BGB dahin umzudeuten, dass der Verschmelzungsbeschluss einstimmig erfolgen müsste[5] (dazu auch § 13 Rz. 27). Sieht die Satzung **investierende Mitglieder** vor[6], so ist sicherzustellen, dass diese den Beschluss nicht verhindern können (§ 8 Abs. 2 Satz 2 GenG analog)[7]. 9

4. Weitere Satzungserfordernisse

Die **allgemeinen** gesetzlichen oder satzungsmäßigen **Bestimmungen** über Satzungsänderungen sind auf den Verschmelzungsbeschluss grundsätzlich nicht **anwendbar**[8]. Sie sind jedoch zu beachten, falls gleichzeitig mit der Verschmelzung eine Satzungsänderung beschlossen wird, was etwa bei einer übernehmenden eG unter den Voraussetzungen des § 79 UmwG der Fall sein kann (dazu ausf. § 79 Rz. 22)[9]. Streitig ist, ob für den Verschmelzungsbeschluss einer übertragenden eG ggf. deren (strengere) Satzungsbestimmungen über die **Auflösung** der Gesellschaft zur Anwendung kommen[10] (für Anwendung der Auflösungsvorschriften *Grune-* 10

1 Wie hier *Scholderer* in Semler/Stengel, § 84 UmwG Rz. 11; *Schöpflin* in KölnKomm. UmwG, § 84 UmwG Rz. 7; dazu allgemein *Saenger/Merkelbach*, BB 2006, 566 (569).

2 Ebenso *Stratz* in Schmitt/Hörtnagl/Stratz, § 84 UmwG Rz. 6; *Lehnhoff* in Lang/Weidmüller, GenG, § 84 UmwG Rz. 1; *Scholderer* in Semler/Stengel, § 84 UmwG Rz. 19; *Fronhöfer* in Widmann/Mayer, § 84 UmwG Rz. 14; *Schöpflin* in KölnKomm. UmwG, § 84 UmwG Rz. 8.

3 So *Schulte* in Lang/Weidmüller, GenG, § 84 UmwG Rz 16; *Schöpflin* in KölnKomm. UmwG, § 84 UmwG Rz. 8.

4 Ebenso *Scholderer* in Semler/Stengel, § 84 UmwG Rz. 21; *Fronhöfer* in Widmann/Mayer, § 84 UmwG Rz. 14; *Bauer*, Genossenschafts-Handbuch, § 84 UmwG Rz. 4; *Stratz* in Schmitt/Hörtnagl/Stratz, § 84 UmwG Rz. 6.

5 So im Anschluss an das aktienrechtliche Schrifttum – vgl. etwa *Grunewald*, § 65 Rz. 7 – *Scholderer* in Semler/Stengel, § 84 UmwG Rz. 23; *Bauer*, Genossenschafts-Handbuch, § 84 UmwG Rz. 5; *Fronhöfer* in Widmann/Mayer, § 84 UmwG Rz. 16; Stratz in Schmitt/Hörtnagl/Stratz, § 84 UmwG Rz. 6; abl. *Beuthien/Wolff*, GenG, §§ 2 ff. UmwG Rz. 36; *Lehnhoff* in Lang/Weidmüller, GenG, § 84 UmwG Rz. 1 a.E.; *Schöpflin* in KölnKomm. UmwG, § 84 UmwG Rz. 8.

6 Dazu ausf. *Wachter*, Die investierende Mitgliedschaft bei der eingetragenen Genossenschaft, 2011.

7 Vgl. *Schulte* in Lang/Weidmüller, GenG, § 84 UmwG Rz. 16; zust. *Schöpflin* in KölnKomm. UmwG, § 84 UmwG Rz. 8.

8 Ebenso *Bauer*, Genossenschafts-Handbuch, § 84 UmwG Rz. 6; für die AG *Grunewald* § 65 Rz. 6; a.A. *Fronhöfer* in Widmann/Mayer, § 84 UmwG Rz. 17; für die AG abw. auch *Zimmermann* in Kallmeyer, § 65 UmwG Rz. 7 m.w.N.

9 I.d.S. auch (für die AG) *Grunewald*, § 65 Rz. 6; zustimmend auch *Bauer*, Genossenschafts-Handbuch, § 84 UmwG Rz. 6; *Fronhöfer* in Widmann/Mayer, § 84 UmwG Rz. 18.

10 Abl. die h.M. zum früheren Recht: LG Kassel, BlfG 1930, 755; *Meyer/Meulenbergh/Beuthien*[12], § 93b GenG Rz. 6 a.E.; *K. Müller*[1], § 93b GenG Rz. 13 m.w.N.

wald, § 65 Rz. 6). Die Frage ist zu bejahen. Denn für die übertragende eG bedeutet die Verschmelzung eine faktische Auflösung[1] (ebenso *Drygala*, § 13 Rz. 27). Zulässig ist auch eine Satzungsbestimmung, wonach der Verschmelzungsbeschluss mehrfach in verschiedenen aufeinander folgenden General-/Vertreterversammlungen gefasst werden muss[2]. Gleiches gilt für die Verschmelzung auf einen Rechtsträger anderer Rechtsform, wenn die Satzung für einen Formwechsel eine höhere Mehrheit vorsieht[3]. Dagegen kann die Verschmelzung nicht von der **Zustimmung** eines weiteren Gesellschaftsorgans (Vorstand, Aufsichtsrat) oder des Prüfungsverbandes abhängig gemacht werden[4].

5. Form

11 Der **Verschmelzungsbeschluss** muss gem. § 13 Abs. 3 Satz 1 UmwG notariell beurkundet werden. Die unter Kostengesichtspunkten verfasste Gegendarstellung des DGRV[5] wurde vom Gesetzgeber mit der Begründung zurückgewiesen, dass der mit der notariellen Beurkundung verfolgte Schutzzweck auch für die reine eG-Verschmelzung aufrechterhalten werden müsse[6]. Der notariellen Beurkundung[7] sind der Verschmelzungsvertrag bzw. der Vertragsentwurf als Anlage beizufügen (§ 13 Abs. 3 Satz 2 UmwG); ebenso die Belege für die ordnungsgemäße Einberufung der Versammlung (§ 130 Abs. 3 AktG analog)[8] und wohl auch – entgegen der Regelung in § 129 Abs. 4 Satz 2 AktG – das Teilnehmerverzeichnis, das gem. § 47 Abs. 3 GenG analog der Niederschrift über die Beschlussfassung beizufügen ist, die wiederum beim Registergericht gem. § 17 Abs. 1 UmwG einzureichen ist[9] (s. auch noch § 86 Rz. 6ff.). Ein etwaiger Formmangel stellt ein Eintragungshindernis dar (auch § 86 Rz. 22f.)[10].

---

1 S. bereits *Bayer*, ZIP 1997, 1613 (1622) m.w.N.; zustimmend auch *Scholderer* in Semler/Stengel, § 84 UmwG Rz. 20; *Bleschke*, S. 140f.; abweichend *Fronhöfer* in Widmann/Mayer, § 84 UmwG Rz. 19, der sich gegen eine automatische Anwendung der Satzungsregelung ausspricht, vielmehr das Ergebnis im Wege der Auslegung ermitteln will auf Grund der unterschiedlichen wirtschaftlichen Folgen, die diese Maßnahmen jeweils haben; wie dieser auch *Stratz* in Schmitt/Hörtnagl/Stratz, § 84 UmwG Rz. 6 a.E.; abl. *Schöpflin* in KölnKomm. UmwG, § 84 UmwG Rz. 11.

2 Ebenso *Scholderer* in Semler/Stengel, § 84 UmwG Rz. 21; *Fronhöfer* in Widmann/Mayer, § 84 UmwG Rz. 14; *Bauer*, Genossenschafts-Handbuch, § 84 UmwG Rz. 4; *Beuthien/Wolff*, GenG, §§ 2ff. UmwG Rz. 36.

3 So richtig *Beuthien/Wolff*, GenG, §§ 2ff. UmwG Rz. 36; zust. *Scholderer* in Semler/Stengel, § 84 UmwG Rz. 21.

4 Vgl. *Beuthien/Wolff*, GenG, §§ 2ff. UmwG Rz. 35; *Scholderer* in Semler/Stengel, § 84 UmwG Rz. 22; *Fronhöfer* in Widmann/Mayer, § 84 UmwG Rz. 15; *Bauer*, Genossenschafts-Handbuch, § 84 UmwG Rz. 5; *Schöpflin* in KölnKomm. UmwG, § 84 UmwG Rz. 4.

5 Stellungnahme des DGRV v. 23.6.1992 zum RefE, S. 3.

6 Gesetzesbegr zu § 13 bei *Ganske*, S. 62; vgl. auch *Scholderer* in Semler/Stengel, § 84 UmwG Rz. 1 a.E.

7 Einzelheiten bei *Fronhöfer* in Widmann/Mayer, § 84 UmwG Rz. 21–29.

8 *Scholderer* in Semler/Stengel, § 84 UmwG Rz. 16; *Fronhöfer* in Widmann/Mayer, § 84 UmwG Rz. 28.

9 *Scholderer* in Semler/Stengel, § 84 UmwG Rz. 15; *Fronhöfer* in Widmann/Mayer, § 84 UmwG Rz. 28.

10 *Scholderer* in Semler/Stengel, § 84 UmwG Rz. 15; *Beuthien/Wolff*, GenG, §§ 2ff. UmwG Rz. 37; *Schöpflin* in KölnKomm. UmwG, § 84 UmwG Rz. 9.

6. Abschrift

12 Auf Verlangen hat die eG jedem Mitglied – auch wenn die Beschlussfassung in einer Vertreterversammlung erfolgt – auf dessen Kosten unverzüglich (§ 121 Abs. 1 Satz 1 BGB) eine Abschrift des Verschmelzungsvertrages bzw. Vertragsentwurfes und der Niederschrift des Verschmelzungsbeschlusses zu erteilen (§ 13 Abs. 3 Satz 3 UmwG)[1].

II. Zustimmung Dritter

13 Die in **§ 13 Abs. 2 UmwG** getroffene Regelung, wonach im Falle, dass die Abtretung der Anteile eines übertragenden Rechtsträgers von der Genehmigung bestimmter einzelner Anteilsinhaber abhängig ist, der Verschmelzungsbeschluss dieses Rechtsträgers zu seiner Wirksamkeit ihrer Zustimmung bedarf, hat für die eG **keine Bedeutung**, da die Übertragbarkeit des Geschäftsguthabens zwar von der Zustimmung der eG abhängig gemacht werden kann (§ 76 Abs. 2 GenG), nicht jedoch (analog § 68 Abs. 2 AktG) von der Zustimmung einzelner Mitglieder[2] (zum Anwendungsbereich des § 13 Abs. 2 UmwG ausf. § 13 Rz. 28 ff.). Und andere Sonderrechte, die nach § 35 BGB auch für Mitglieder einer eG begründet werden können[3], werden – anders als etwa bei der GmbH (inkl. des Subtyps der UG, vgl. Einl. I Rz. 52) gem. § 50 Abs. 2 UmwG (dazu § 50 Rz. 40 ff.) – bei einer eG-Verschmelzung nur im Rahmen des § 23 (dazu § 23 Rz. 18), nicht dagegen darüber hinaus geschützt[4] (s. auch noch § 86 Rz. 9 ff.).

III. Anfechtung

14 Der Verschmelzungsbeschluss ist grundsätzlich wie jeder andere Beschluss einer eG-General- bzw. Vertreterversammlung gem. § 51 GenG anfechtbar[5].

1. Anfechtungsfrist

15 Es gilt gem. § 14 Abs. 1 UmwG eine – durch die Satzung nicht abänderbare – **Ausschlussfrist** von einem Monat[6], beginnend mit dem Tag der Beschlussfassung, der jedoch gem. § 187 Abs. 1 BGB nicht mitgerechnet wird. Das Fristende ergibt sich aus §§ 188 Abs. 2, 193 BGB. Die Frist wird nur gewahrt, wenn die Klage spätestens am letzten Tag zugestellt (§ 253 Abs. 1 ZPO) bzw. bei Gericht eingereicht wird und die Zustellung demnächst erfolgt (§ 167 ZPO)[7]. Ob auch ein innerhalb der Monatsfrist gestellter Antrag auf Prozesskostenhilfe ausreicht, ist streitig; Über-

---

1 Vgl. auch *Scholderer* in Semler/Stengel, § 84 UmwG Rz. 17; *Stratz* in Schmitt/Hörtnagl/Stratz, § 84 UmwG Rz. 7; *Beuthien/Wolff*, GenG, §§ 2 ff. UmwG Rz. 37 a.E.; *Schöpflin* in KölnKomm. UmwG, § 84 UmwG Rz. 10.

2 Wie hier *Fronhöfer* in Widmann/Mayer, § 84 UmwG Rz. 33; a.A. *Beuthien/Wolff*, GenG, §§ 2 ff. UmwG Rz. 39.

3 Allg. M.: *Beuthien*, § 18 GenG Rz. 28 m.w.N.

4 Abw. (§ 50 Abs. 2 UmwG analog): *Fronhöfer* in Widmann/Mayer, § 84 UmwG Rz. 37; wie hier wohl *Scholderer* in Semler/Stengel, § 87 UmwG Rz. 12 a.E.

5 Dazu allgemein: *Bayer*, DStR 1999, 1815 ff.; vgl. hierzu auch *Fandrich/Graef/Bloehs*, S. 72 f.; *Schöpflin* in KölnKomm. UmwG, § 84 UmwG Rz. 14.

6 Ebenso zur Monatsfrist des § 51 GenG: *K. Müller*, § 51 GenG Rz. 98; *Cario* in Lang/Weidmüller, § 51 GenG Rz. 51; *Keßler* in BerlKomm. GenG, §§ 51, 52 GenG Rz. 23.

7 Vgl. auch *Bleschke*, S. 195 f.

blick über den Streitstand bei § 14 Rz. 10 m.w.N. Die Anfechtungsgründe müssen innerhalb der Anfechtungsfrist in ihrem Kern dargelegt werden; nachgeschobene Anfechtungsgründe sind grundsätzlich unbeachtlich[1].

2. Anfechtungsbefugnis

16 Anfechtungsbefugt ist gem. § 51 Abs. 2 Satz 1 GenG jedes **in der Generalversammlung erschienene Mitglied**, sofern es gegen den Beschluss Widerspruch zum Protokoll erklärt hat, und jedes nicht erschienene Mitglied, sofern es zu der Generalversammlung unberechtigterweise nicht zugelassen worden ist oder sofern es die Anfechtung darauf gründet, dass die Berufung der Versammlung oder die Ankündigung des Gegenstandes der Beschlussfassung nicht gehörig erfolgt sei. Anfechtungsbefugt sind darüber hinaus **Vorstand** und **Aufsichtsrat**, ggf. auch einzelne Vorstands- und Aufsichtsratsmitglieder (§ 51 Abs. 2 Satz 2 GenG)[2].

17 Hat an Stelle der Generalversammlung eine **Vertreterversammlung** entschieden (dazu oben Rz. 2f.), so sind nicht nur analog § 51 Abs. 2 Satz 1 GenG die Vertreter anfechtungsbefugt, sondern darüber hinaus analog § 90 Abs. 3 Satz 2 UmwG (dazu § 90 Rz. 26f.) auch **alle Mitglieder**, die nicht Vertreter sind, wobei in diesem Fall die Voraussetzungen des § 51 Abs. 2 Satz 1 GenG entfallen[3]. Dem steht auch nicht entgegen, dass der Gesetzgeber im Zuge der Novellierung des GenG im Jahre 2006 das noch im Regierungsentwurf enthaltene Anfechtungsrecht für sämtliche Mitglieder im Fall der Beschlussfassung einer Vertreterversammlung nicht in das Gesetz übernommen hat. Denn unabhängig davon, ob der Gesetzgeber das Anfechtungsrecht nach § 51 GenG im Allgemeinen tatsächlich allein dem Aufsichtsrat, nicht aber jedem einzelnen Mitglied zubilligen wollte, kann diese im genossenschaftsrechtlichen Schrifttum neuerdings vertretene Auffassung[4] jedenfalls im Falle der Verschmelzung im Hinblick auf den Rechtsgedanken des § 90 Abs. 3 Satz 2 UmwG, der hier entsprechend heranzuziehen ist, nicht überzeugen[5].

3. Ausschluss der Anfechtung

18 Eine Anfechtungsklage gegen die Wirksamkeit eines Verschmelzungsbeschlusses einer **übertragenden eG** kann nach § 14 Abs. 2 UmwG nicht darauf gestützt werden, dass das Umtauschverhältnis der Anteile zu niedrig bemessen oder dass die Mitgliedschaft bei dem übernehmenden Rechtsträger kein ausreichender Wert für die Anteile oder die Mitgliedschaft bei der übertragenden eG sei. Mit dieser Regelung wird bezweckt, die Wirksamkeit der Verschmelzung von der schwierigen

1 Ebenso zu § 51 GenG: *Fandrich* in Pöhlmann/Fandrich/Bloehs, § 51 GenG Rz. 16; vgl. weiter *Hüffer*, § 246 AktG Rz. 26 m.w.N.

2 Vgl. auch *Fronhöfer* in Widmann/Mayer, § 84 UmwG Rz. 43; *Bleschke*, S. 196; *Schöpflin* in KölnKomm. UmwG, § 84 UmwG Rz. 16, 18.

3 Zum früheren Streitstand: 4. Aufl. Rz. 17.

4 *Cario* in Lang/Weidmüller, § 51 GenG Rz. 38; *Beuthien*, § 51 GenG Rz. 30 i.V.m. Rz. 29.

5 A.A. dezidiert *Scholderer* in Semler/Stengel, § 84 UmwG Rz. 27f., der rechtsmethodisch statt einer Analogie einen Umkehrschluss zu § 90 Abs. 3 Satz 2 UmwG befürwortet und die Gesetzgebungsgeschichte als Beleg für seine Auffassung anführt; zust. *Schöpflin* in KölnKomm. UmwG, § 84 UmwG Rz. 17; nunmehr auch *Fronhöfer* in Widmann/Mayer, § 84 UmwG Rz 43; *Beuthien/Wolff*, GenG, §§ 2ff. UmwG Rz. 47a.

Problematik der angemessenen Bewertung der Beteiligung abzukoppeln. Als Ausgleich für den Verlust des Anfechtungsrechts wird für die Anteilsinhaber eines übertragenden Rechtsträgers eine gerichtliche Überprüfung im sog. Spruchverfahren gem. § 15 Abs. 1 Satz 2 UmwG i.V.m. §§ 1 ff. SpruchG eröffnet, wobei allerdings für die Mitglieder einer übertragenden eG die Beschränkungen des § 85 UmwG zu beachten sind (ausf. § 85 Rz. 5 ff.)[1].

Der Anfechtungsausschluss gem. § 14 Abs. 2 UmwG gilt indes **nicht** für die **Mitglieder** einer **übernehmenden eG**[2]. Vielmehr hat der Gesetzgeber Forderungen aus der Literatur, auch die Anteilsinhaber übernehmender Rechtsträger in das Spruchverfahren zur gerichtlichen Überprüfung der Angemessenheit des Umtauschverhältnisses einzubeziehen, mit dem Hinweis auf entgegenstehende Kapitalschutzregeln abgelehnt[3] (vgl. hierzu ausf. § 14 Rz. 16 f.). Aller Kritik aus dem Schrifttum[4] zum Trotz hat der Gesetzgeber bislang nichts an der unbefriedigenden Rechtslage geändert. 19

4. Anfechtungsgegner

Gem. § 51 Abs. 3 GenG ist die Anfechtungsklage **gegen die eG**, vertreten durch den Vorstand und den Aufsichtsrat, zu richten. Dies bedeutet, dass die Klage sowohl an den **Vorstand** als auch an den **Aufsichtsrat zuzustellen** ist, und zwar jeweils zumindest an ein Organmitglied, das kraft Gesetzes Empfangsvollmacht hat[5]. Eine Ersatzzustellung gem. § 178 Abs. 1 Nr. 2 ZPO an den Aufsichtsrat im Geschäftslokal der eG ist nicht möglich[6]. Soweit nach der Satzung der eG mit bis zu 20 Mitgliedern ein Aufsichtsrat nicht zu bilden ist, erfolgt die Vertretung der eG durch einen von der Generalversammlung gewählten Bevollmächtigten (§ 51 Abs. 3 Satz 2 2. Halbsatz i.V.m. § 39 Abs. 1 Satz 2 GenG)[7], an welchen auch die Zustellung zu erfolgen hat. 20

5. Wirkungen der Anfechtung

Eine zulässige und begründete Anfechtungsklage führt grundsätzlich zur Nichtigerklärung des angefochtenen Beschlusses. Wird ein Verschmelzungsbeschluss angegriffen, so besteht indes die Möglichkeit, dass auf Grund eines Gerichtsbeschlusses gem. **§ 16 Abs. 3 Satz 1 UmwG** die Verschmelzung trotz anhängiger 21

1 Vgl. dazu auch *Schöpflin* in KölnKomm. UmwG, § 84 UmwG Rz. 20; näher *Bleschke*, S. 199 f.
2 Dazu auch *Schöpflin* in KölnKomm. UmwG, § 84 UmwG Rz. 21; *Beuthien/Wolff*, GenG, §§ 2 ff. UmwG Rz. 43; *Scholderer* in Semler/Stengel, § 84 UmwG Rz. 31.
3 Gesetzesbegr zu § 14 UmwG bei *Ganske*, S. 64; vgl. auch *Scholderer* in Semler/Stengel, § 84 UmwG Rz. 31; *Beuthien*, GenG, §§ 2 ff. UmwG Rz. 43; *Bleschke*, S. 199 f.
4 Zu Überlegungen de lege ferenda: *Bayer*, ZHR 163 (1999), 505 (544 ff.); *Bayer*, ZHR-Beiheft 71, 2002, S. 137 (143) m.w.N.; *Bayer/Schmidt*, NJW 2006, 401 (406); vgl. auch *Bayer*, ZHR 168 (2004), 132 (159 ff.); *J. Vetter*, ZHR 168 (2004), 8 (33 f.); *M. Winter* in FS Ulmer, 2003, S. 699 (719 ff.).
5 *Cario* in Lang/Weidmüller, § 51 GenG Rz. 56; *Beuthien*, § 51 GenG Rz. 31 f. m.w.N.; vgl. auch *Fronhöfer* in Widmann/Mayer, § 84 UmwG Rz. 47; *Bleschke*, S. 196 f.; *Schöpflin* in KölnKomm. UmwG, § 84 UmwG Rz. 19.
6 *Cario* in Lang/Weidmüller, § 51 GenG Rz. 54; *Keßler* in BerlKomm. GenG, §§ 51, 52 GenG Rz. 25; *Beuthien*, § 51 GenG Rz. 32 m.w.N.
7 Vgl. *Cario* in Lang/Weidmüller, § 51 GenG Rz. 56.

Anfechtungsklage in das zuständige Register eingetragen wird (vgl. hierzu ausf. § 86 Rz. 4f.). In diesem Fall treten die Rechtswirkungen der Verschmelzung (vgl. § 87 Rz. 3ff.) auch dann ein, wenn der erhobenen Anfechtungsklage nachträglich stattgegeben wird; der Anfechtungskläger wird vielmehr gem. § 16 Abs. 3 Satz 10 UmwG darauf beschränkt, seinen Schaden in Geld geltend zu machen (vgl. hierzu ausf. § 16 Rz. 94)[1].

§ 85
Verbesserung des Umtauschverhältnisses

(1) Bei der Verschmelzung von Genossenschaften miteinander ist § 15 nur anzuwenden, wenn und soweit das Geschäftsguthaben eines Mitglieds in der übernehmenden Genossenschaft niedriger als das Geschäftsguthaben in der übertragenden Genossenschaft ist.

(2) Der Anspruch nach § 15 kann auch durch Zuschreibung auf das Geschäftsguthaben erfüllt werden, soweit nicht der Gesamtbetrag der Geschäftsanteile des Mitglieds bei der übernehmenden Genossenschaft überschritten wird.

Literatur

Vgl. die Angaben zu § 79.

I. Regelungsgegenstand

1 Nach § 14 Abs. 2 UmwG kann eine Klage gegen die Wirksamkeit des Verschmelzungsbeschlusses eines übertragenden Rechtsträgers nicht darauf gestützt werden, dass die **Beteiligung am übernehmenden Rechtsträger** kein ausreichender Gegenwert für die (bisherige) Beteiligung am übertragenden Rechtsträger ist. Stattdessen wird durch § 15 Abs. 1 UmwG die Möglichkeit eröffnet, ein nicht angemessenes Umtauschverhältnis durch die Geltendmachung eines Anspruchs auf bare Zuzahlung aufzubessern. Die Vorschrift des § 85 UmwG enthält **zwei Modifikationen:** § 85 Abs. 1 UmwG begrenzt im Falle reiner eG-Verschmelzungen den Zuzahlungsanspruch nach § 15 Abs. 1 Satz 1 UmwG auf den Fall, dass das neue Geschäftsguthaben niedriger als bisher ist (unten Rz. 4). § 85 Abs. 2 UmwG regelt – auch bei Mischverschmelzungen – eine besondere Art der Erfüllung des Zuzahlungsanspruchs durch Zuschreibung auf das Geschäftsguthaben einer übernehmenden eG (unten Rz. 8ff.).

1 Dazu auch *Schöpflin* in KölnKomm. UmwG, § 84 UmwG Rz. 23.

II. Der Anspruch auf bare Zuzahlung

1. Allgemein

Allgemein gilt für eine Verschmelzung der Grundsatz, dass die Beteiligung am übernehmenden Rechtsträger einen **angemessenen Gegenwert** für die bisherige Beteiligung am übertragenden Rechtsträger darstellen muss (§ 5 Rz. 27ff.). Die Angemessenheit des im Verschmelzungsvertrag festgelegten Umtauschverhältnisses ist häufig streitig und oftmals nur schwierig nachzuprüfen. Nach der Konzeption des Gesetzes soll dieser Streit die Wirksamkeit des Verschmelzungsbeschlusses eines *übertragenden* Rechtsträgers jedoch nicht berühren (§ 14 Abs. 2 UmwG). Vielmehr wird der Anteilsinhaber, der die Unangemessenheit des Umtauschverhältnisses geltend macht, durch § 15 Abs. 1 Satz 1 UmwG darauf verwiesen, einen Anspruch auf bare Zuzahlung zu verlangen. Diese baren Zuzahlungen dürfen den zehnten Teil des Gesamtnennbetrags der gewährten Anteile übersteigen (§ 15 Abs. 1 Satz 1 2. Halbsatz UmwG). 2

Für die Geltendmachung dieses Anspruches ist es – anders als für den Anspruch auf Barabfindung gem. §§ 29ff. UmwG bzw. für die Ausschlagung gem. §§ 90ff. UmwG (dazu § 90 Rz. 15ff.) – **nicht erforderlich**, dass gegen den Verschmelzungsbeschluss **Widerspruch** zur Niederschrift erhoben wird[1]. Der Anspruch ist **gegen den übernehmenden Rechtsträger** zu richten, da der übertragende Rechtsträger erloschen (§ 20 Abs. 1 Nr. 2 Satz 1 UmwG) und der übernehmende Rechtsträger Gesamtrechtsnachfolger geworden ist (§ 20 Abs. 1 Nr. 1 UmwG). Nach **§ 15 Abs. 2 Satz 1 UmwG** ist die bare Zuzahlung mit jährlich 5 Prozentpunkten über dem jeweiligen Basiszinssatz nach § 247 BGB[2] zu **verzinsen**. Die Geltendmachung eines weiteren Schadens ist nicht ausgeschlossen (§ 15 Abs. 2 Satz 2 UmwG). Allerdings gilt diese Regelung **nicht** für Anteilsinhaber des **übernehmenden** Rechtsträgers, die der Auffassung sind, dass durch eine Überbewertung der Anteile am übertragenden Rechtsträger ihre Beteiligung (am übernehmenden Rechtsträger) verwässert werde. Für die Anteilsinhaber des übernehmenden Rechtsträgers bleibt de lege lata nur die Möglichkeit, den Verschmelzungsbeschluss anzufechten[3] (vgl. § 14 Rz. 20 und § 15 Rz. 2); zu Überlegungen de lege ferenda § 84 Rz. 19. 3

2. Modifikation des § 15 UmwG durch § 85 Abs. 1 UmwG

a) Kein Anspruch, wenn Geschäftsguthaben nicht unterschritten wird

Wird eine eG auf eine andere eG verschmolzen (reine eG-Verschmelzung)[4], so kann nach § 85 Abs. 1 UmwG ein Anspruch auf bare Zuzahlung gem. § 15 Abs. 1 Satz 1 UmwG von einem vormaligen Mitglied einer übertragenden eG nur geltend gemacht werden, wenn und soweit sein bei der übernehmenden eG **festgesetztes Geschäftsguthaben niedriger** ist als sein bisheriges, bei der übertragenden eG be- 4

1 Abw. noch § 15 DiskE; vgl. wie hier *Scholderer* in Semler/Stengel, § 85 UmwG Rz. 11 a.E.; *Bleschke*, S. 200.
2 Dies gilt erst seit 1.9.2009 (geändert durch das ARUG); zuvor: 2 % über dem jeweiligen Basiszinssatz gem. § 247 BGB; näher § 15 Rz. 10; *Polley* in Henssler/Strohn, § 15 UmwG Rz. 16.
3 So auch *Fronhöfer* in Widmann/Mayer, § 85 UmwG Rz. 28.
4 Dass zusätzlich ein Rechtsträger anderer Rechtsform auf die übernehmende eG verschmolzen wird, ist unschädlich: richtig *Scholderer* in Semler/Stengel, § 85 UmwG Rz. 6.

stehendes Geschäftsguthaben (zum Geschäftsguthaben ausf. § 80 Rz. 15 und § 87 Rz. 32ff.)[1]. Für diese vom allgemeinen Prinzip abweichende Regelung (vgl. oben Rz. 2) führt die Gesetzesbegründung an, dass „die Erfüllung des Nachbesserungsanspruchs nach § 15 … bei der Verschmelzung von eG dazu führen (könne), dass dem Mitglied aus Anlass der Verschmelzung eine Beteiligung an den Rücklagen und dem sonstigen Vermögen der übertragenden eG zuwächst, die er nicht hätte, wenn er aus der eG ausschiede, und die er auch bisher nicht hatte." Gleichzeitig werde durch diese Regelung „eine Abschmelzung des Eigenkapitals der eG vermieden"[2]. Eine solche Ausnahme vom allgemeinen Prinzip der Nachbesserung eines unangemessenen Beteiligungsgegenwertes war *im Diskussionsentwurf noch nicht vorgesehen*. Die Vorschrift des § 85 UmwG findet sich erst im Referentenentwurf und geht zurück auf die Stellungnahme des DGRV vom 28.4.1989, wo ausgeführt wurde, dass die in §§ 14, 15 UmwG beabsichtigte Regelung für die reine eG-Verschmelzung „einen Systembruch darstellen" würde. Das „vom Grundsatz her uneingeschränkt (geltende) Nominalwertprinzip" würde verletzt. Darüber hinaus würden zahlreiche Mitglieder dazu veranlasst, ihre Mitgliedschaft in der übernehmenden eG später aufzukündigen, wodurch die Gefahr einer erheblichen Schwächung der Eigenkapitalbasis begründet werde. Dies gelte insbesondere dann, „wenn – wie es häufig aus steuerlichen Gründen geschieht – eine vermögensstarke eG auf eine vermögensschwache verschmolzen (werde)"[3].

b) Kritik

5 Die gesetzliche Regelung kann zu einer **unangemessenen Benachteiligung** der Mitglieder einer übertragenden eG führen. Denn die *Begründung* für eine vom Grundsatz der §§ 14, 15 UmwG abweichende genossenschaftsrechtliche Sonderregelung *überzeugt im Ergebnis nicht*[4]. Vielmehr liegt die der gesetzlichen Regelung zugrunde liegende Prämisse, das Mitglied der übertragenden eG könne deshalb nicht verlangen, an der übernehmenden eG über sein bei der übertragenden eG bestehendes Geschäftsguthaben hinaus beteiligt zu werden, weil er auf eine Beteiligung an den *Rücklagen* und dem sonstigen Vermögen der übertragenden eG auch im Falle seines Ausscheidens gem. §§ 65ff. GenG keinen Anspruch habe, neben der Sache. Denn der Gesetzgeber hat völlig unbeachtet gelassen, dass das Beteiligungsverbot des § 73 Abs. 2 Satz 3 GenG nur den Fall erfasst, dass das Mit-

1 Dagegen hat die beschränkende Regelung des § 85 Abs. 1 UmwG *keine Bedeutung* für das *Mitglied einer übernehmenden eG*, das seine Beteiligung durch ein im Verschmelzungsvertrag zugunsten der Mitglieder der übertragenden eG unangemessen hoch festgelegtes Umtauschverhältnis verwässert sieht. In diesem Fall wird die grundsätzlich gegebene Möglichkeit, einen fehlerhaften Verschmelzungsbeschluss im Wege der Klage anzugreifen (dazu § 84 Rz. 14ff.), durch § 14 Abs. 2 UmwG nicht ausgeschlossen (oben Rz. 3).

2 Gesetzesbegr zu § 85 UmwG bei *Ganske*, S. 125; vgl. dazu auch *Scholderer* in Semler/Stengel, § 85 UmwG Rz. 2ff.; *Fronhöfer* in Widmann/Mayer, § 85 UmwG Rz. 6; *Beuthien/Wolff*, GenG, §§ 2ff. UmwG Rz. 45; *Bleschke*, S. 201ff.

3 *Stellungnahme des DGRV* v. 28.4.1989 zum DiskE, S. 7f.; s. auch *Scholderer* in Semler/Stengel, § 85 UmwG Rz. 3; teilweise wird behauptet, dass dieser Fall in der Praxis kaum vorkäme, da regelmäßig die „wirtschaftlich angeschlagene" eG auf die „prosperierende" eG verschmelze: so *Schöpflin* in KölnKomm. UmwG, § 85 UmwG Rz. 7 a.E.

4 A.A. *Beuthien/Wolff*, GenG, §§ 2ff. UmwG Rz. 45; *Schöpflin* in KölnKomm. UmwG, § 85 UmwG Rz 7; wie hier aber *Fronhöfer* in Widmann/Mayer, § 85 UmwG Rz. 24ff.; *Stratz* in Schmitt/Hörtnagl/Stratz, § 85 UmwG Rz. 1 a.E.; ausf. *Bleschke*, S. 203ff.

glied aus einer *weiterbestehenden eG* ausscheidet. Dagegen besteht im Falle einer *Liquidation* der eG grundsätzlich ein Anspruch der Mitglieder auf einen nach Deckung der Verbindlichkeiten verbleibenden Vermögensüberschuss (§§ 90, 91 GenG). Ebenso wie im Hinblick auf das Auseinandersetzungsguthaben gem. § 73 Abs. 2 Satz 1 GenG (dazu § 93 Rz. 3 ff.), besteht aber auch im Hinblick auf den anteiligen Liquidationserlös bereits ab dem Zeitpunkt der Begründung der Mitgliedschaft ein **bedingter Anspruch des Mitglieds**. Dieser Anspruch auf Beteiligung an einem künftigen Liquidationserlös, der über das bestehende Geschäftsguthaben hinausgeht, wird dem Mitglied einer übertragenden eG in dem Maße entzogen, in dem das die Geschäftsguthaben übersteigende Vermögen der übertragenden eG auf die übernehmende eG ohne Ausgleich übergeht. Die Vergleichbarkeit von Liquidation und Verschmelzung ergibt sich aus dem Umstand, dass ebenso wie bei der Liquidation das gesamte Vermögen der übertragenden eG auch bei der Verschmelzung auf die übernehmende eG vollständig an die Mitglieder verteilt wird. Allein die Modalität dieser Aufteilung ist unterschiedlich, was aber in der Sache eine verschiedene Behandlung nicht rechtfertigt. Es kann nämlich keinen Unterschied machen, ob die Verteilung durch Auszahlung oder durch eine vermögensmäßige Beteiligung an der übernehmenden eG erfolgt[1]. Im Ergebnis wirkt sich die gesetzliche Regelung also stets dann zu einer Begünstigung der bisherigen Mitglieder der *übernehmenden* eG aus, wenn deren Vermögens- und Ertragslage schwächer ist als die der übertragenden eG[2]. Gerade die vom DGRV angeführte Verschmelzung einer vermögensstarken eG auf eine vermögensschwache eG führt zu einer Benachteiligung der Mitglieder der übertragenden eG, sofern kein Wertausgleich vorgenommen wird.

In der **Praxis** wird das **Problem** allein dadurch **entschärft**, dass in aller Regel ein solcher *Wertausgleich* durchgeführt wird, wofür verschiedene Möglichkeiten zur Verfügung stehen (ausf. hierzu § 87 Rz. 32 ff.)[3]. Bei sachgerechter Beratung durch den Prüfungsverband (dazu § 81 Rz. 2 ff., § 83 Rz. 15 ff.) werden die Mitglieder einer übertragenden eG der Verschmelzung regelmäßig nur zustimmen, wenn eine Benachteiligung ausgeschlossen ist[4]. 6

Dennoch sollte die **verfehlte Regelung** des § 85 UmwG **alsbaldig korrigiert** werden. Denn de lege lata wird für das Mitglied einer übertragenden eG im Falle, dass – aus welchen Gründen auch immer – die Verschmelzung ohne angemessenen Wertausgleich mit der erforderlichen Mehrheit von der General- bzw. Vertreterversammlung beschlossen wird, weder die Möglichkeit einer Anfechtungsklage gegen den Verschmelzungsbeschluss (§ 14 Abs. 2 UmwG) noch ein genereller Anspruch auf Verbesserung des Umtauschverhältnisses begründet. Ein Anspruch auf bare Zuzahlung gem. § 15 Abs. 1 Satz 1 UmwG ist vielmehr nach der eindeutigen Regelung des § 85 Abs. 1 UmwG nur gegeben, wenn und soweit das bisher bei der übertragenden eG bestehende Geschäftsguthaben unterschritten wird. Diese Regelung stößt indes auf **verfassungsrechtliche Bedenken**, da sie dem Mitglied einer übertragenden eG zumutet, anlässlich einer reinen eG-Verschmelzung Wertverluste zugunsten der Mitglieder der übernehmenden eG hinzunehmen. Dieses Er- 7

1 Ähnlich *Bleschke*, S. 203.
2 Ebenso *Fronhöfer* in Widmann/Mayer, § 85 UmwG Rz. 25.
3 Ebenso *Fronhöfer* in Widmann/Mayer, § 85 UmwG Rz. 18; *Bleschke*, S. 205.
4 Vgl. auch *Scholderer* in Semler/Stengel, § 85 UmwG Rz. 13.

gebnis dürfte mit dem Eigentumsschutz des Art. 14 Abs. 1 GG nicht vereinbar sein[1].

3. Modifikation des § 15 UmwG durch § 85 Abs. 2 UmwG

8 Soweit gem. § 15 Abs. 1 Satz 1 UmwG ein Anspruch auf Verbesserung des Umtauschverhältnisses begründet ist (dazu oben Rz. 4.), modifiziert § 85 Abs. 2 UmwG die allgemeine Regelung, dass diese Verbesserung in Form einer *baren Zuzahlung* an den betroffenen Anteilsinhaber zu gewähren ist[2]. Zulässig ist vielmehr auch, dass das Umtauschverhältnis **durch Zuschreibung** auf das bei der übernehmenden eG bestehende **Geschäftsguthaben verbessert** wird, soweit nicht der Gesamtbetrag der für das Mitglied bei der übernehmenden eG begründeten Geschäftsanteile überschritten wird[3].

9 Dies bedeutet: Die **übernehmende eG kann** – muss aber nicht[4] – ein Geschäftsguthaben durch Zuschreibung **auffüllen** bis alle gem. dem Verschmelzungsvertrag erworbenen Geschäftsanteile (dazu § 80 Rz. 14) als voll eingezahlt anzusehen sind[5]. Ein darüber hinausgehender Anspruch ist in bar zu erfüllen[6].

10 Dagegen kann das betreffende **Mitglied nicht verlangen**, dass es mit so vielen **weiteren Geschäftsanteilen** bei der übernehmenden eG **beteiligt** wird, wie es hätte, wenn die nachträglich erzielte Verbesserung des Umtauschverhältnisses von Anfang an bei der Festlegung der bei der übernehmenden eG erworbenen Geschäftsanteile berücksichtigt worden wäre[7]. Diese Regelung bezweckt, dass Mitglieder der übernehmenden eG bei Beschlussfassung über den Verschmelzungsvertrag die Beteiligungsverhältnisse der verschmelzenden Rechtsträger erkennen können[8].

Beispiel:

X hat bei der übertragenden eG ein Geschäftsguthaben von 520. Bei der übernehmenden eG, nach deren Satzung jedes Mitglied bis zu 3 Geschäftsanteile à 250 erwerben kann, wurde für ihn auf Grund eines unzutreffenden Wertausgleichs zugunsten der übernehmenden eG nur ein Geschäftsguthaben von 490 begründet. Nach der im Verschmelzungsvertrag getroffenen Vereinbarung wurde für X ein Geschäftsanteil zu 250 begründet; das überschießende Geschäftsguthaben von 240 soll ausbezahlt werden (vgl. § 87 Abs. 2

---

1 Dazu (für die AG): BVerfG v. 27.4.1999 – 1 BvR 1613/94, BVerfGE 100, 289 (302) = AG 1999, 566 (DAT/Altana); a.A. *Scholderer* in Semler/Stengel, § 85 UmwG Rz. 4f.; *Schöpflin* in KölnKomm. UmwG, § 85 UmwG Rz. 8; wie hier aber *Fronhöfer* in Widmann/Mayer, § 85 UmwG Rz. 26; *Stratz* in Schmitt/Hörtnagl/Stratz, § 85 UmwG Rz. 1.

2 *Fronhöfer* in Widmann/Mayer, § 85 UmwG Rz. 29; *Beuthien/Wolff*, GenG, §§ 2ff. UmwG Rz. 47; *Schöpflin* in KölnKomm. UmwG, § 85 UmwG Rz. 12.

3 Vgl. dazu auch *Scholderer* in Semler/Stengel, § 80 UmwG Rz. 17; *Bauer*, Genossenschafts-Handbuch, § 85 UmwG Rz. 4; *Beuthien/Wolff*, GenG, §§ 2ff. UmwG Rz. 47; *Schöpflin* in KölnKomm. UmwG, § 85 UmwG Rz. 12f.

4 Wie hier *Bauer*, Genossenschafts-Handbuch, § 85 UmwG Rz. 5; *Scholderer* in Semler/Stengel, § 85 UmwG Rz. 16f.; *Schöpflin* in KölnKomm. UmwG, § 85 UmwG Rz. 12 („Wahlrecht").

5 I.d.S. auch *Fronhöfer* in Widmann/Mayer, § 85 UmwG Rz. 33, 37; *Bleschke*, S. 201.

6 Ebenso *Scholderer* in Semler/Stengel, § 85 UmwG Rz. 19; *Bauer*, Genossenschafts-Handbuch, § 85 UmwG Rz. 5; *Fronhöfer* in Widmann/Mayer, § 85 UmwG Rz. 35; *Schöpflin* in KölnKomm. UmwG, § 85 UmwG Rz. 12.

7 Zustimmend *Scholderer* in Semler/Stengel, § 85 UmwG Rz. 17; *Fronhöfer* in Widmann/Mayer, § 85 UmwG Rz. 35; *Bauer*, Genossenschafts-Handbuch, § 85 UmwG Rz. 5 a.E.; *Bleschke*, S. 201; *Schöpflin* in KölnKomm. UmwG, § 85 UmwG Rz. 13.

8 *Fronhöfer* in Widmann/Mayer, § 85 UmwG Rz. 36 a.E.

Satz 1 UmwG). Wird nachträglich das Umtauschverhältnis zugunsten von X bis zu der gem. § 85 Abs. 1 UmwG zulässigen Obergrenze von 520 verbessert, so kann X nicht verlangen, dass ihm ein zweiter Geschäftsanteil gewährt und lediglich der überschießende Spitzenbetrag von 20 ausbezahlt wird. Vielmehr erhält X den Betrag von 270 als bare Zuzahlung. Der Erwerb eines weiteren Geschäftsanteils ist nur im Verfahren gem. § 15b GenG möglich[1].

III. Spruchverfahren

Das Verfahren zur Verbesserung des Umtauschverhältnisses ist seit dem 1.9.2003 im Spruchverfahrensgesetz (SpruchG) geregelt[2]. Im Einzelnen bedeutet dies (ausf. Anh. I SpruchG, S. 3299 ff.)[3]: 11

Ein Antrag auf gerichtliche Entscheidung gem. §§ 15 Abs. 1 Satz 2, 85 Abs. 1 UmwG kann nach § 4 Abs. 1 Satz 1 Nr. 4 SpruchG nur **binnen drei Monaten** seit dem Tag gestellt werden, an dem die Verschmelzung gem. § 19 Abs. 3 UmwG i.V.m. § 10 HGB bekannt gemacht worden ist. Dieser Antrag ist durch den Antragsteller in dieser Frist zu begründen, wobei bestimmte Mindestangaben zwingend enthalten sein müssen (§ 4 Abs. 2 SpruchG)[4]. **Antragsberechtigt** sind die Mitglieder der übertragenden eG, sofern sie zum Zeitpunkt der Antragstellung nicht bereits ausgeschieden sind (§ 3 Satz 1 und 2 SpruchG). **Zuständig** ist das Landgericht, in dessen Bezirk die übertragende eG ihren Sitz hat (§ 2 Abs. 1 Satz 1 SpruchG). Spruchkörper ist die Kammer für Handelssachen, falls eine solche gebildet ist (§ 95 Abs. 2 Nr. 2 GVG)[5]. In zahlreichen Situationen darf der Vorsitzende der Kammer allein entscheiden (vgl. § 2 Abs. 2 Satz 1 SpruchG), hierbei wird er aber nicht als Einzelrichter i.S.d. §§ 348, 348a ZPO tätig. Bei Einverständnis der Parteien darf er auch umfassend allein entscheiden (§ 2 Abs. 2 Satz 1 SpruchG). Die Landesregierung ist indes ermächtigt, eine anderweitige örtliche Zuständigkeit anzuordnen (§ 71 Abs. 4 GVG). 12

Das Verfahren richtet sich **nach dem FamFG** (§ 17 Abs. 1 SpruchG), wobei die §§ 5–11 SpruchG zahlreiche ZPO-Elemente enthalten[6]: Der Antrag gem. §§ 15, 85 Abs. 1 UmwG ist **gegen die übernehmende eG** zu richten (§ 5 Nr. 4 SpruchG). Das Landgericht stellt dem Antragsgegner und dem gemeinsamen Vertreter (§ 6 SpruchG) die Anträge der Antragsteller unverzüglich zu (§ 7 Abs. 1 SpruchG) und fordert den Antragsgegner zu einer schriftlichen Erwiderung binnen einer Frist auf, die mindestens einen Monat beträgt und drei Monate nicht überschreiten soll 13

---

1 Vgl. dazu auch das Beispiel bei *Fronhöfer* in Widmann/Mayer, § 85 UmwG Rz. 36; ferner *Bleschke*, S. 201.

2 BegrRegE zum SpruchG, BT-Drucks. 15/371 und Bericht Rechtsausschuss zum SpruchG, BT-Drucks. 15/838; dazu *Büchel*, NZG 2003, 793 ff.; *Bungert/Mennicke*, BB 2003, 2021 ff.; *Lamb/Schluck-Amend*, DB 2003, 1259 ff.; *Tomson/Hammerschmitt*, NJW 2003, 2572 ff.; ferner *Puszkajler*, ZIP 2003, 518 ff.

3 Speziell zur Verschmelzung unter Beteiligung von eG – auch zu Rechtstatsachen – *Bleschke*, S. 205 ff. (noch zum alten Recht).

4 Die Regelung stellt eine der entscheidenden Neuerungen zur früheren Rechtslage dar; vgl. zur dogmatischen Einordnung *Bungert/Mennicke*, BB 2003, 2021 (2026 f.); *Lamb/Schluck-Amend*, DB 2003, 1259 (1261).

5 Krit. *Handelsrechtsausschuss des DAV*, NZG 2003, 316 (317); ebenso *Bungert/Mennicke*, BB 2003, 2021 (2023).

6 Vgl. *Neye*, BB 2003, 1245; krit. *Puszkajler*, ZIP 2003, 518 (520).

(§ 7 Abs. 2 SpruchG)[1]. Das Gericht muss die Anträge nicht bekannt machen. Damit entfällt die Möglichkeit, dass weitere Mitglieder der übertragenden eG binnen zwei Monaten nach dieser Bekanntmachung noch eigene Folgeanträge stellen[2].

14 Das Landgericht soll auf Grund mündlicher Verhandlung entscheiden, die so früh wie möglich stattzufinden hat (§ 8 Abs. 1 SpruchG). Besondere Beschleunigung erfährt das neue Spruchverfahren durch die ausgeprägte Verfahrensförderungspflicht (§ 9 SpruchG), deren Verletzung durch eine scharfe Präklusionsvorschrift sanktioniert wird (§ 10 SpruchG)[3]. Das Landgericht entscheidet durch einen mit Gründen versehenen **Beschluss**, der den Beteiligten zuzustellen ist (§ 11 Abs. 1 und 3 SpruchG). Nach der Neuregelung kann auch ein gerichtlicher Vergleich geschlossen werden, der durch Beschluss festgestellt wird (§ 11 Abs. 4 SpruchG).

15 Für vormalige Mitglieder der übertragenden eG, die nicht selbst Antragsteller gem. §§ 15, 85 Abs. 1 UmwG i.V.m. § 3 Satz 1 und 2 SpruchG sind, hat das Landgericht zur Wahrung ihrer Rechte frühzeitig einen **gemeinsamen Vertreter** zu bestellen, der die Stellung eines gesetzlichen Vertreters hat (§ 6 Abs. 1 Satz 1 SpruchG). Diese Bestellung ist grundsätzlich im Bundesanzeiger bekannt zu machen (§ 6 Abs. 1 Satz 4 SpruchG). Die Tätigkeit des gemeinsamen Vertreters ist von der übernehmenden eG (als Antragsgegner, § 5 Nr. 4 SpruchG) zu vergüten (§ 6 Abs. 2 Satz 1 SpruchG); die Vergütung wird vom Gericht festgesetzt (§ 6 Abs. 2 Satz 2 SpruchG). Die Aufgabe von Vorschüssen ist möglich (§ 6 Abs. 2 Satz 4 SpruchG). Der gemeinsame Vertreter kann das Verfahren auch nach Rücknahme eines Antrags weiterführen, er steht in diesem Fall einem Antragsteller gleich (§ 6 Abs. 3 SpruchG). Durch diese Regelung wird das Auskaufen von Antragstellern zu Lasten der übrigen Anteilsinhaber vermieden, die sich im Vertrauen auf die Allgemeinwirkung der Entscheidung (dazu unten Rz. 17) nicht selbst am Verfahren beteiligt haben[4].

16 Gegen die Entscheidung des Landgerichts (§ 11 Abs. 1 SpruchG) findet die **Beschwerde** zum OLG statt[5]. Hierfür besteht Anwaltszwang. Die Rechtsbeschwerde zum BGH ist statthaft, wenn das OLG diese zugelassen hat (§ 70 FamFG). Die Landesregierung ist zur Anordnung einer besonderen Zuständigkeit ermächtigt (§ 12 SpruchG).

17 Mit Rechtskraft wird die Entscheidung über den Antrag gem. §§ 15, 85 Abs. 1 UmwG **wirksam**. Sie wirkt für und gegen alle, einschließlich derjenigen Mitglie-

---

1 Die Normen lehnen sich an §§ 275, 277 ZPO an, welche zur Auslegung von § 7 Abs. 2 SpruchG herangezogen werden können, vgl. Gesetzesbegr, BT-Drucks. 15/371, 14.

2 Dafür wurde die Antragsfrist auf drei Monate verlängert (§ 4 Abs. 1 Satz 1 SpruchG); durch die Gesamtregelung ist die Beschleunigung des Verfahrens intendiert; vgl. dazu Gesetzesbegr, BT-Drucks. 15/371, 13 sowie *Lamb/Schluck-Amend*, DB 2003, 1259 (1260).

3 Vorbild für diese Neuerungen waren §§ 282, 296 ZPO, wobei von § 296 Abs. 2 ZPO abgewichen wird; der Amtsermittlungsgrundsatz des § 26 FamFG erfährt hierdurch eine Einschränkung (§ 10 Abs. 3 SpruchG); vgl. näher *Volhard* in MünchKomm. AktG, § 10 SpruchG Rz. 2ff.; *Tomson/Hammerschmitt*, NJW 2003, 2572 (2575); *Bungert/Mennicke*, BB 2003, 2021 (2027f.).

4 Diese Regelung wurde 1995 als § 308 Abs. 3 UmwG a.F. neu eingeführt und war im Gesetzgebungsverfahren damals nicht unumstritten, vgl. hierzu Gesetzesbegr zu § 308 UmwG, bei *Ganske*, S. 303f., hat sich aber nach Ansicht des Gesetzgebers bewährt, vgl. Gesetzesbegr, BT-Drucks. 15/371, 14.

5 Ebenso § 309 Abs. 1 UmwG a.F.; krit. *Handelsrechtsausschuss des DAV*, NZG 2003, 316; zust. dagegen *Büchel*, NZG 2003, 793 (799).

der, die bereits durch Ausschlagung (§ 90 UmwG) mit nachfolgender Auseinandersetzung (§§ 93, 94 UmwG) aus der übertragenden eG ausgeschieden sind (§ 13 SpruchG). Der Vorstand der übernehmenden eG hat die **rechtskräftige Entscheidung** ohne Gründe nach Maßgabe des § 6 Abs. 1 Satz 4 und 5 SpruchG **bekannt zu machen** (§ 14 SpruchG).

Für die **Kosten des Verfahrens** gilt § 15 SpruchG i.d.F. des 2. KostRMoG[1]. Nach § 15 Abs. 1 SpruchG n.F. kann das Gericht die Gerichtskosten ganz oder teilweise den Antragstellern auferlegen, sofern dies der Billigkeit entspricht (vgl. näher Anh. I § 15 SpruchG Rz. 10). Sie sollen hierdurch von voreiligen und rechtsmissbräuchlichen Anträgen abgehalten werden. Umgekehrt kann aber das Gericht gem. § 15 Abs. 2 SpruchG n.F. dem Antragsgegner eine Kostenerstattung auferlegen, sofern dies der Billigkeit entspricht (auch hierzu Anh. I § 15 SpruchG Rz. 15). 18

Falls die übernehmende eG nach rechtsgestaltender Beendigung des Spruchverfahrens nicht freiwillig die festgestellten Beträge leistet[2], können die Mitglieder ihr Recht im Wege einer **Leistungsklage** zwangsweise durchsetzen. Für solche Klagen auf bare Zuzahlung ist nunmehr das Gericht des ersten Rechtszuges und dort der gleiche Spruchkörper ausschließlich zuständig, der mit dem Spruchverfahren zuletzt inhaltlich befasst war (§ 16 SpruchG; vgl. im Anh. I § 16 SpruchG). 19

§ 86
Anlagen der Anmeldung

(1) Der Anmeldung der Verschmelzung ist außer den sonst erforderlichen Unterlagen auch das für die anmeldende Genossenschaft erstattete Prüfungsgutachten in Urschrift oder in öffentlich beglaubigter Abschrift beizufügen.

(2) Der Anmeldung zur Eintragung in das Register des Sitzes des übernehmenden Rechtsträgers ist ferner jedes andere für eine übertragende Genossenschaft erstattete Prüfungsgutachten in Urschrift oder in öffentlich beglaubigter Abschrift beizufügen.

1 Gesetz v. 23.7.2013, BGBl. I, S. 2586 (Nr. 42); Geltung ab 1.8.2013.
2 Die Entscheidung im Spruchverfahren ist kein vollstreckbarer Titel, vgl. Gesetzesbegr, BT-Drucks. 15/371, 18; *Volhard* in MünchKomm. AktG, § 16 SpruchG Rz. 1; *Büchel*, NZG 2003, 793 (800).

Literatur
Vgl. die Angaben zu § 79.

I. Anmeldung der Verschmelzung

1. Anmeldung zur Eintragung in das Register des jeweiligen Rechtsträgers

1 Nach § 16 Abs. 1 Satz 1 UmwG haben die **Vertretungsorgane aller** an der Verschmelzung **beteiligten Rechtsträger** die Verschmelzung zur Eintragung in das Register (Handels-, Genossenschafts- oder Vereinsregister) des Sitzes ihres Rechtsträgers anzumelden. Für jede beteiligte eG bedeutet dies, dass die Anmeldung in elektronisch öffentlich beglaubigter Form durch die Vorstandsmitglieder in vertretungsberechtigter Anzahl (vgl. § 25 GenG) einzureichen ist (§ 157 GenG, § 6 Abs. 2 Nr. 7 GenRegVO)[1]. Auf Grund des besonderen Interesses, das der übernehmende Rechtsträger an einer schnellstmöglichen Wirksamkeit der Verschmelzung hat[2], ist das **Vertretungsorgan des übernehmenden Rechtsträgers** gem. § 16 Abs. 1 Satz 2 UmwG darüber hinaus berechtigt, die Verschmelzung in das Register des Sitzes jedes der *übertragenden* Rechtsträger anzumelden (dazu ausf. § 16 Rz. 9)[3]. Auch in diesem Fall reicht es aus, wenn die übernehmende eG durch ihre Vorstandsmitglieder in vertretungsberechtigter Zahl vertreten wird[4].

2. Negativerklärung

2 Die Eintragung ist gem. § 16 Abs. 2 Satz 2 UmwG grundsätzlich nur bei Vorliegen einer sog. Negativerklärung zulässig (zur Ausnahme nach § 16 Abs. 3 UmwG unten Rz. 4). Das Vertretungsorgan des jeweiligen Rechtsträgers, das die Verschmelzung anmeldet, hat zu erklären, dass die Verschmelzungsbeschlüsse aller beteiligten Rechtsträger innerhalb der gesetzlichen Fristen nicht durch **Erhebung einer Klage** angegriffen wurden bzw. eine solche erhobene Klage rechtskräftig abgewiesen oder zurückgenommen wurde (§ 16 Abs. 2 Satz 1 1. Halbsatz UmwG)[5]. Wird nach erfolgter Anmeldung gegen die Verschmelzung Klage erhoben, so ist hierüber von den jeweiligen Vertretungsorganen ebenfalls Mitteilung zu machen (§ 16 Abs. 2 Satz 1 2. Halbsatz UmwG)[6].

3 **Sinn und Zweck** dieser Regelung ist eine Eintragung der Verschmelzung trotz anhängiger Klage und damit den Eintritt nicht mehr rückgängig zu machender wirtschaftlicher Folgen zu verhindern (hierzu ausf. § 16 Rz. 12)[7]. Die Pflicht zur Ab-

---

1 Änderung durch Art. 3 Nr. 121 des Gesetzes zur Einführung der Europäischen Genossenschaft und zur Änderung des Genossenschaftsrechts v. 14.8.2006, BGBl. I, S. 1911; vgl. noch *Schöpflin* in KölnKomm. UmwG, § 86 UmwG Rz. 3; vgl. weiter *Schulte* in Lang/Weidmüller, § 16 GenG Rz. 31.
2 Vgl. Gesetzesbegr. zu § 16 UmwG bei *Ganske*, S. 67.
3 Vgl. auch *Scholderer* in Semler/Stengel, § 86 UmwG Rz. 4; *Bleschke*, S. 144; *Schöpflin* in KölnKomm. UmwG, § 86 UmwG Rz. 4; *Beuthien/Wolff*, GenG, §§ 2ff. UmwG Rz. 51.
4 So auch *Beuthien/Wolff*, GenG, §§ 2ff. UmwG Rz. 51; *Scholderer* in Semler/Stengel, § 86 UmwG Rz. 4; *Schöpflin* in KölnKomm. UmwG, § 86 UmwG Rz. 4.
5 Vgl. auch *Scholderer* in Semler/Stengel, § 86 UmwG Rz. 6; *Schöpflin* in KölnKomm. UmwG, § 86 UmwG Rz. 5.
6 Vgl. auch *Beuthien/Wolff*, GenG, §§ 2ff. UmwG Rz. 52; *Bleschke*, S. 148f.; *Fandrich/Graef/Bloehs*, S. 71.
7 Dazu auch *Beuthien/Wolff*, GenG, §§ 2ff. UmwG Rz. 53.

gabe einer Negativerklärung kann daher entfallen und die Eintragung noch während des Laufs der Klagefristen erfolgen, wenn die klageberechtigten Anteilsinhaber – bei der eG also alle Mitglieder, die bei der Beschlussfassung über die Verschmelzung anwesend waren und Widerspruch zu Protokoll erklärt haben, bzw. auch alle nicht zur Beschlussfassung erschienenen Mitglieder, sofern sie zur Generalversammlung unberechtigterweise nicht zugelassen wurden oder die Verschmelzung nicht ordnungsgemäß als Gegenstand der Beschlussfassung bekannt gemacht wurde (§ 51 Abs. 2 Satz 1 GenG)[1] – durch notariell beurkundete Erklärung auf die Erhebung einer Klage gegen die Wirksamkeit des Verschmelzungsbeschlusses verzichten (§ 16 Abs. 2 Satz 2 UmwG)[2].

3. Feststellungsbeschluss gem. § 16 Abs. 3 UmwG

Trotz anhängiger Klage gegen die Wirksamkeit der Verschmelzung kann die Eintragung erfolgen, falls das für die Klage zuständige **Prozessgericht** auf Antrag des Rechtsträgers, gegen dessen Verschmelzungsbeschluss sich die Klage richtet, durch rechtskräftigen Beschluss festgestellt hat, dass die **Erhebung der Klage nicht entgegensteht** (§ 16 Abs. 3 Satz 1 UmwG). Durch das ARUG[3] ist die Vorschrift im Interesse einer schnelleren Realisierung des angegriffenen Beschlusses verändert worden (Einzelheiten bei § 16 Rz. 29)[4]. 4

II. Anlagen der Anmeldung

Beizufügen sind der Anmeldung gem. § 86 UmwG alle Unterlagen nach § 17 UmwG sowie darüber hinaus die für beteiligte eG erstatteten Prüfungsgutachten. 5

1. Unterlagen gem. § 17 Abs. 1 UmwG

a) Verschmelzungsvertrag

Der gem. § 6 UmwG **notariell zu beurkundende Verschmelzungsvertrag** (vgl. § 80 Rz. 5) ist in Ausfertigung oder öffentlich beglaubigter Abschrift der Anmeldung beizufügen. Nicht ausreichend ist die Beifügung lediglich des (von der Versammlung der Anteilsinhaber beschlossenen) Vertragsentwurfs[5]. Denn Voraussetzung für die Eintragung der Verschmelzung ist neben der Beschlussfassung der Anteilsinhaber stets auch der (endgültige) Abschluss des Verschmelzungsvertrags[6]. 6

---

1 Hierzu ausf. *Beuthien*, § 51 GenG Rz. 29; *Cario* in Lang/Weidmüller, § 51 GenG Rz. 28 ff.
2 Vgl. zum Ganzen *Beuthien/Wolff*, GenG, §§ 2 ff. UmwG Rz. 52; *Bleschke*, S. 149; *Schöpflin* in KölnKomm. UmwG, § 86 UmwG Rz. 5.
3 Gesetz zur Umsetzung der Aktionärsrechterichtlinie (ARUG) v. 30.7.2009, BGBl. I, S. 2479.
4 Ausf. auch *Bayer* in FS Hoffmann-Becking, 2013, S. 91 ff. Eine Evaluation der Neuregelung findet sich bei *Bayer/Hoffmann/Sawada*, ZIP 2012, 897 m.w.N.
5 So auch *Fronhöfer* in Widmann/Mayer, § 86 UmwG Rz. 10; *Bleschke*, S. 145.
6 Dazu auch *Schöpflin* in KölnKomm. UmwG, § 86 UmwG Rz. 11; *Beuthien/Wolff*, GenG, §§ 2 ff. UmwG Rz. 54.

b) Niederschriften über die Verschmelzungsbeschlüsse

7 Auch die gem. § 13 Abs. 3 Satz 1 UmwG – in Verdrängung der allgemeinen Vorschrift des § 47 Abs. 2 GenG (Schriftform der Niederschrift über die Beschlüsse der Generalversammlung) – **notariell zu beurkundenden Verschmelzungsbeschlüsse** (vgl. § 84 Rz. 11) sind in Ausfertigung oder öffentlich beglaubigter Abschrift der Anmeldung beizufügen. Beizufügen sind die Niederschriften sämtlicher Verschmelzungsbeschlüsse aller an der Verschmelzung beteiligten Rechtsträger, also nicht nur die Niederschrift über den von der Versammlung der Anteilsinhaber des anmeldenden Rechtsträgers getroffenen Verschmelzungsbeschluss[1]. Zur Niederschrift zählt nach § 47 Abs. 3 GenG analog auch das Teilnehmerverzeichnis (§ 84 Rz. 11).

c) Zustimmungserklärungen der Anteilsinhaber

8 Da eine Vinkulierung von Geschäftsanteilen einer eG zugunsten einzelner Mitglieder nicht möglich ist (vgl. § 84 Rz. 13), kommt dem allgemeinen Zustimmungserfordernis des § 13 Abs. 2 UmwG für die eG keine Bedeutung zu. Ebenso wenig existiert eine spezifische genossenschaftsrechtliche Zustimmungsregelung nach dem Modell des § 50 Abs. 2 UmwG (auch dazu § 84 Rz. 13). Für die **reine eG-Verschmelzung** hat diese Regelung also **keine Bedeutung**[2].

9 Für die Mitglieder einer **übertragenden eG** kommen dagegen bei Vorliegen einer **Mischverschmelzung** Zustimmungserfordernisse in folgenden Fällen in Betracht:

10 – Verschmelzung auf eine **Personenhandelsgesellschaft als übernehmenden Rechtsträger**, ohne dass der Verschmelzungsvertrag vorsieht, dass allen Mitgliedern der übertragenden eG die Stellung eines Kommanditisten gewährt wird (§ 40 Abs. 2 Satz 2 UmwG). In diesem Fall ist die abweichende Regelung nur wirksam, wenn die betroffenen Mitglieder zustimmen. Anderenfalls gilt § 40 Abs. 2 Satz 1 UmwG, wonach die Mitglieder einer übertragenden eG in die Mitgliedschaft bei einer Personenhandelsgesellschaft nur als Kommanditist einrücken (hierzu § 40 Rz. 10)[3].

11 – Verschmelzung auf eine **GmbH** (inkl. des Subtyps der UG, vgl. Einl. I Rz. 52) **als übernehmender Rechtsträger**, auf deren Geschäftsanteile nicht alle zu leistenden Einlagen in voller Höhe bewirkt sind (§ 51 Abs. 1 Satz 1 UmwG): Der Verschmelzungsbeschluss ist nur wirksam, wenn alle bei der Beschlussfassung anwesenden Anteilsinhaber des übertragenden Rechtsträgers zustimmen. Dies bedeutet, dass die Zustimmung aller in der beschließenden Generalversammlung der eG teilnehmenden Mitglieder erforderlich ist. Entscheidet über die Verschmelzung eine Vertreterversammlung der eG, so wird man zum Schutze der nicht teilnahmeberechtigten Mitglieder den Rechtsgedanken des § 90 Abs. 3 Satz 2 UmwG anwenden und die Zustimmung aller Mitglieder fordern

1 Zust. *Fronhöfer* in Widmann/Mayer, § 86 UmwG Rz. 11; *Bleschke*, S. 145; *Schöpflin* in KölnKomm. UmwG, § 86 UmwG Rz. 12.

2 A.A. *Fronhöfer* in Widmann/Mayer, § 86 UmwG Rz. 13; *Schöpflin* in KölnKomm. UmwG, § 86 UmwG Rz. 13; wie hier aber *Scholderer* in Semler/Stengel, § 86 UmwG Rz. 8.

3 Vgl. dazu auch *Fronhöfer* in Widmann/Mayer, § 86 UmwG Rz. 15; *Schöpflin* in Köln-Komm. UmwG, § 86 UmwG Rz. 15.

müssen[1]. Alternativ wäre daran zu denken, vor der Beschlussfassung über die Verschmelzung die Satzung der übertragenden eG zu ändern und an Stelle der Zuständigkeit der Vertreterversammlung die Zuständigkeit der Generalversammlung zu begründen.

- Verschmelzung auf eine **übernehmende AG**, bei der mehrere Gattungen von Aktien vorhanden sind (§ 65 Abs. 2 UmwG): Der Verschmelzungsbeschluss bedarf zu seiner Wirksamkeit der Zustimmung der stimmberechtigten Aktionäre jeder Gattung[2]. 12

Ist die **eG übernehmender Rechtsträger**, so kommen bei Vorliegen einer **Mischverschmelzung** folgende Zustimmungserfordernisse in Betracht: 13

- Verschmelzung mit einer **übertragenden GmbH** (inkl. des Subtyps der UG, vgl. Einl. I Rz. 53) unter Beeinträchtigung von Minderheits- oder Sonderrechten einzelner GmbH-Gesellschafter (§ 50 Abs. 2 UmwG): Erforderlich ist für den Verschmelzungsbeschluss die Zustimmung aller beeinträchtigten GmbH-Gesellschafter[3]. 14
- Verschmelzung mit einer **übertragenden AG**, bei der mehrere Gattungen von Aktien vorhanden sind (§ 65 Abs. 2 UmwG): Der Verschmelzungsbeschluss bedarf zu seiner Wirksamkeit der Zustimmung der stimmberechtigten Aktionäre jeder Gattung[4]. 15

d) Verschmelzungsbericht bzw. Verzichtserklärungen

Der gem. § 8 UmwG erforderliche **schriftliche Verschmelzungsbericht** ist in Urschrift oder Abschrift der Anmeldung beizufügen, es sei denn, eine 100%ige Tochter wird auf eine übernehmende eG verschmolzen oder alle Anteilsinhaber aller beteiligten Rechtsträger verzichten auf seine Erstattung (§ 8 Abs. 3 Satz 1 UmwG), wobei die gem. § 8 Abs. 3 Satz 2 UmwG notariell zu beurkundenden Verzichtserklärungen in Ausfertigung oder öffentlich beglaubigter Abschrift vorzulegen sind[5]. 16

e) Zuleitungsnachweis

Gem. § 5 Abs. 3 UmwG ist der Verschmelzungsvertrag oder sein Entwurf spätestens einen Monat vor dem Tage der General- bzw. Vertreterversammlung der eG, die über die Verschmelzung beschließen soll, dem zuständigen **Betriebsrat zuzuleiten** (dazu § 82 Rz. 10). Wurde auf die Einhaltung der Frist durch den Betriebsrat verzichtet (§ 5 Rz. 48)[6], muss diese Verzichtserklärung eingereicht werden[7]. Dass 17

---

1 Zust. *Fronhöfer* in Widmann/Mayer, § 86 UmwG Rz. 16, der aber mit dem Schutzzweck des § 51 Abs. 1 Satz 1 UmwG argumentiert; a.A. *Schöpflin* in KölnKomm. UmwG, § 86 UmwG Rz. 17.
2 Vgl. auch *Fronhöfer* in Widmann/Mayer, § 86 UmwG Rz. 18.
3 So auch *Schöpflin* in KölnKomm. UmwG, § 86 UmwG Rz. 18.
4 So auch *Schöpflin* in KölnKomm. UmwG, § 86 UmwG Rz. 19; *Fronhöfer* in Widmann/Mayer, § 86 UmwG Rz. 18.
5 Vgl. dazu *Fronhöfer* in Widmann/Mayer, § 86 UmwG Rz. 19f.; *Bleschke*, S. 145.
6 Ebenso LG Stuttgart v. 11.4.2000 – 4 KfH T 17/99 u. 18/99, GmbHR 2000, 622 m. zust. Anm. *Kinzelmann*, GmbHR 2000, 622f.
7 *Fronhöfer* in Widmann/Mayer, § 86 UmwG Rz. 28; *Fandrich/Graef/Bloehs*, S. 75.

diese Zuleitung ordnungsgemäß erfolgt ist, muss bei der Anmeldung jeweils nachgewiesen werden, etwa durch „die Vorlage eines Übersendungsschreibens oder der Empfangsbestätigung des Vorsitzenden des jeweiligen Betriebsrats"[1] (dazu § 17 Rz. 4f.). Dieser Zuleitungsnachweis ist beizufügen[2].

2. Schlussbilanz gem. § 17 Abs. 2 UmwG

18 Ist die **eG übertragender Rechtsträger**, so hat sie ihrer Anmeldung zum zuständigen Genossenschaftsregister weiterhin ihre Schlussbilanz (dazu § 80 Rz. 26ff.) beizufügen. Die Schlussbilanz muss spätestens bei der Beschlussfassung der General- bzw. Vertreterversammlung über die Verschmelzung vorliegen (dazu ausf. § 80 Rz. 27ff.) und darf nur auf einen höchstens acht Monate vor der Anmeldung liegenden Stichtag (dazu § 80 Rz. 26) gestellt sein (§ 17 Abs. 2 Satz 4 UmwG). Für ihre Aufstellung und Prüfung gelten gem. § 17 Abs. 2 Satz 2 UmwG die Vorschriften über die Jahresbilanz entsprechend (vgl. auch § 82 Rz. 16ff.). Die Schlussbilanz braucht nicht bekannt gemacht zu werden (§ 17 Abs. 2 Satz 3 UmwG)[3].

3. Prüfungsgutachten gem. § 86 UmwG

19 Das **Gesetz differenziert** zwischen der Anmeldung des übernehmenden und des übertragenden Rechtsträgers (bzw. der übertragenden Rechtsträger) sowie darüber hinaus nach der Rechtsform des anmeldenden Rechtsträgers: Jede eG, die eine Verschmelzung zur Eintragung in das Genossenschaftsregister gem. § 16 anmeldet (dazu oben Rz. 1ff.), hat neben den Unterlagen gem. § 17 (dazu oben Rz. 7ff.) auch das Prüfungsgutachten beizufügen, das für sie gem. § 81 UmwG erstattet wurde (§ 86 Abs. 1 UmwG). Diese Verpflichtung gilt unabhängig davon, ob die anmeldende eG übernehmender oder übertragender Rechtsträger ist; sie gilt auch dann, wenn ein übernehmender Rechtsträger eine übertragende eG gem. § 16 Abs. 1 Satz 2 UmwG anmeldet (dazu oben Rz. 1)[4]. Für die Eintragung in das Register des *übernehmenden* Rechtsträgers gilt ungeachtet seiner Rechtsform, dass jedes für eine beteiligte übertragende eG erstattete Prüfungsgutachten ebenfalls beizufügen ist (§ 86 Abs. 2 UmwG)[5]. Wurde für mehrere beteiligte eG ein gemeinsames Prüfungsgutachten gem. § 81 Abs. 1 Satz 2 UmwG erstattet (dazu § 81 Rz. 7), so kommt eine Trennung nicht in Betracht; das Prüfungsgutachten ist generell vollständig einzureichen[6].

---

1 So Gesetzesbegr zu § 17 UmwG bei *Ganske*, S. 71.

2 Dazu auch *Schöpflin* in KölnKomm. UmwG, § 86 UmwG Rz. 21.

3 Vgl. zum Ganzen *Fronhöfer* in Widmann/Mayer, § 86 UmwG Rz. 24–26; *Bleschke*, S. 146f.; *Schöpflin* in KölnKomm. UmwG, § 86 UmwG Rz. 22.

4 Zustimmend *Scholderer* in Semler/Stengel, § 86 UmwG Rz. 11; *Bleschke*, S. 148; *Schöpflin* in KölnKomm. UmwG, § 86 UmwG Rz. 23.

5 Vgl. auch *Scholderer* in Semler/Stengel, § 86 UmwG Rz. 12; *Fronhöfer* in Widmann/Mayer, § 86 UmwG Rz. 23, 31; *Stratz* in Schmitt/Hörtnagl/Stratz, § 86 UmwG Rz. 2; *Bleschke*, S. 148; *Schöpflin* in KölnKomm. UmwG, § 86 UmwG Rz. 24.

6 Ebenso *Scholderer* in Semler/Stengel, § 86 UmwG Rz. 11 a.E.; *Fronhöfer* in Widmann/Mayer, § 86 UmwG Rz. 32; *Schöpflin* in KölnKomm. UmwG, § 86 UmwG Rz. 24 a.E.

4. Form der Anlagen

Notariell zu beurkundende Unterlagen, also der Verschmelzungsvertrag (§ 6 UmwG) und die Niederschrift über die Verschmelzungsbeschlüsse (§ 13 Abs. 3 Satz 1 UmwG) sowie ggf. Zustimmungserklärungen (bei Mischverschmelzung) gem. § 13 Abs. 2 und 3 UmwG i.V.m. §§ 40 Abs. 2 Satz 2, 51 Abs. 1 Satz 1, 65 Abs. 2 UmwG bzw. §§ 50 Abs. 2, 65 Abs. 2 UmwG oder Verzichtserklärungen gem. § 8 Abs. 3, § 9 Abs. 3, § 12 Abs. 3 UmwG (nur bei Mischverschmelzung) bzw. § 16 Abs. 2 Satz 2 UmwG, sind in Ausfertigung oder öffentlich beglaubigter Abschrift (vgl. § 129 BGB), Prüfungsgutachten gem. §§ 81, 86 UmwG in Urschrift oder öffentlich beglaubigter[1] Abschrift und die übrigen Unterlagen gem. § 17 Abs. 1 UmwG in Urschrift oder (einfacher) Abschrift beizufügen[2]. 20

III. Prüfung durch das Registergericht

Das Registergericht prüft zunächst, ob die **Anmeldung ordnungsgemäß erfolgt** ist und die gem. §§ 17 Abs. 1, 86 UmwG erforderlichen Anlagen sowie die Negativerklärung (bzw. Verzichtserklärungen) gem. § 16 Abs. 2 UmwG beigefügt sind. Im Falle der Anmeldung einer *übertragenden* eG ist weiterhin festzustellen, ob die Voraussetzungen des § 17 Abs. 2 UmwG (Schlussbilanz) vorliegen. Im Falle der Anmeldung einer *übernehmenden* eG ist zu prüfen, ob die vorrangige Eintragung der Verschmelzung in das Register des Sitzes jedes beteiligten übertragenden Rechtsträgers (dazu unten Rz. 24f.) erfolgt ist. 21

Darüber hinaus hat das Registergericht jedoch von Amts wegen auch zu überprüfen, ob die **gesetzlichen Voraussetzungen** für die Verschmelzung erfüllt sind. Hierbei kann es sich allerdings auf die Prüfung der vorgelegten Unterlagen beschränken; eigene Ermittlungen hat es nur im Ausnahmefall anzustrengen (vgl. hierzu ausf. § 19 Rz. 5f.). Nicht zu prüfen hat das Registergericht, ob das Umtauschverhältnis der Anteile zutreffend festgesetzt wurde; hierüber wird ausschließlich auf Antrag im Spruchverfahren gem. § 15 Abs. 1 Satz 2 SpruchG i.V.m. §§ 1ff. SpruchG (dazu Anh. I SpruchG, S. 3299ff.) entschieden (vgl. dazu § 85 Rz. 11ff.)[3]. Kommt das Registergericht zu dem Ergebnis, dass die Verschmelzung nicht den gesetzlichen Anforderungen entspricht, so ist die Eintragung jedenfalls dann, wenn Drittinteressen oder öffentliche Ordnungsinteressen betroffen sind, zurückzuweisen, auch wenn kein Nichtigkeits-, sondern lediglich ein Anfechtungsgrund vorliegt und innerhalb der Anfechtungsfrist keine Klage gegen den Verschmelzungsbeschluss erhoben wurde. Denn die Unanfechtbarkeit beseitigt nicht die fortdauernde Rechtswidrigkeit, worauf bei bestehendem Drittinteresse oder öffentlichem Ordnungsinteresse Rücksicht zu nehmen ist (ausf. hierzu § 19 Rz. 5)[4]. Darüber hinaus stellt sich die Frage, ob das Registergericht im Interesse 22

1 Zur Besonderheit dieser Regelung nach der Systematik des UmwG *Scholderer* in Semler/Stengel, § 86 UmwG Rz. 10, 14.

2 S. zum Ganzen auch *Scholderer* in Semler/Stengel, § 86 UmwG Rz. 14.

3 Ebenso *Scholderer* in Semler/Stengel, § 86 UmwG Rz. 16; *Bleschke*, S. 153; *Schöpflin* in KölnKomm. UmwG, § 86 UmwG Rz. 25.

4 A.A. zu Unrecht *Scholderer* in Semler/Stengel, § 86 UmwG Rz. 16 a.E.; wie hier aber *Bleschke*, S. 153; ausf. auch *Klepsch*, Prüfungsrecht und Prüfungspflicht des Registergerichts, Diss. Jena 2002, S. 89ff. m.w.N.; vgl. auch *Schöpflin* in KölnKomm. UmwG, § 86 UmwG Rz. 26.

der regelmäßig rechtsunkundigen Mitglieder einer eG nicht generell eine Eintragung *anfechtbarer* Verschmelzungen zurückzuweisen hat. Dies wird angesichts der weit reichenden Wirkungen der Registereintragung im Zweifel anzunehmen sein. Lediglich nicht fristgerecht gerügte Verfahrensfehler sollten der Eintragung nicht entgegenstehen. Bevor der Antrag auf Eintragung zurückgewiesen wird, ist allerdings dem jeweiligen Rechtsträger regelmäßig durch Zwischenverfügung Gelegenheit zur Stellungnahme bzw. (soweit möglich) Mängelbeseitigung zu geben[1].

IV. Eintragung und Bekanntmachung

1. Eintragung

23 Einzutragen ist gem. § 19 Abs. 1 und 2 UmwG die Verschmelzung sowohl in das **Register des Sitzes jedes beteiligten übertragenden Rechtsträgers** als auch in das Register des Sitzes des **übernehmenden Rechtsträgers**. Die Eintragung in das Register des Sitzes eines übertragenden Rechtsträgers ist zuerst vorzunehmen und mit dem Vermerk zu versehen, dass die Verschmelzung erst mit der Eintragung in das Register des Sitzes des übernehmenden Rechtsträgers wirksam wird (§ 19 Abs. 1 Satz 2 UmwG). Danach erfolgt die Eintragung in das Register des Sitzes des übernehmenden Rechtsträgers[2].

24 In diesem Zeitpunkt wird die Verschmelzung **wirksam**, d.h. die Wirkungen des § 20 UmwG treten ein (dazu § 87 Rz. 3ff.). Das Registergericht hat von Amts wegen den Tag der Eintragung dem für den übertragenden Rechtsträger zuständigen Registergericht mitzuteilen (§ 19 Abs. 2 Satz 1 UmwG). Nach Eingang dieser Mitteilung wird im Register jedes übertragenden Rechtsträgers von Amts wegen die Eintragung der Verschmelzung in das Register des übernehmenden Rechtsträgers mit genauem Datum vermerkt; die vorliegenden Dokumente werden an das für den übernehmenden Rechtsträger zuständige Registergericht zur Aufbewahrung übermittelt (§ 19 Abs. 2 Satz 2 UmwG)[3].

2. Bekanntmachung

25 Die nach § 19 Abs. 1 und 2 UmwG vorgeschriebenen Eintragungen der Verschmelzung sind jeweils von dem Registergericht, das die Eintragung vorgenommen hat, von Amts wegen nach § 19 Abs. 3 UmwG i.V.m. § 10 HGB in dem von der Landesjustizverwaltung bestimmten elektronischen Informations- und Kommunikationssystem ihrem ganzen Inhalt nach bekannt zu machen (ausf. § 19 Rz. 13).

---

1 Zustimmend *Scholderer* in Semler/Stengel, § 86 UmwG Rz. 15; *Beuthien/Wolff*, GenG, §§ 2ff. UmwG Rz. 56.

2 Zum Problem, wie der Registerrichter des übernehmenden Rechtsträgers Kenntnis davon erhält, dass bei dem übertragenden Rechtsträger die notwendige Registereintragung erfolgt ist, vgl. *Bayer/Wirth*, ZIP 1996, 817 (819 Fn. 12).

3 Vgl. zum Ganzen auch *Beuthien/Wolff*, GenG, §§ 2ff. UmwG Rz. 59; *Bleschke*, S. 153f.; *Schöpflin* in KölnKomm. UmwG, § 86 UmwG Rz. 27.

§ 87
Anteilstausch

(1) Auf Grund der Verschmelzung ist jedes Mitglied einer übertragenden Genossenschaft entsprechend dem Verschmelzungsvertrag an dem übernehmenden Rechtsträger beteiligt. Eine Verpflichtung, bei einer übernehmenden Genossenschaft weitere Geschäftsanteile zu übernehmen, bleibt unberührt. Rechte Dritter an den Geschäftsguthaben bei einer übertragenden Genossenschaft bestehen an den Anteilen oder Mitgliedschaften des übernehmenden Rechtsträgers anderer Rechtsform weiter, die an die Stelle der Geschäftsanteile der übertragenden Genossenschaft treten. Rechte Dritter an den Anteilen oder Mitgliedschaften des übertragenden Rechtsträgers bestehen an den bei der übernehmenden Genossenschaft erlangten Geschäftsguthaben weiter.

(2) Übersteigt das Geschäftsguthaben, das das Mitglied bei einer übertragenden Genossenschaft hatte, den Gesamtbetrag der Geschäftsanteile, mit denen es nach Absatz 1 bei einer übernehmenden Genossenschaft beteiligt ist, so ist der übersteigende Betrag nach Ablauf von sechs Monaten seit dem Tage, an dem die Eintragung der Verschmelzung in das Register des Sitzes der übernehmenden Genossenschaft nach § 19 Abs. 3 bekannt gemacht worden ist, an das Mitglied auszuzahlen; die Auszahlung darf jedoch nicht erfolgen, bevor die Gläubiger, die sich nach § 22 gemeldet haben, befriedigt oder sichergestellt sind. Im Verschmelzungsvertrag festgesetzte bare Zuzahlungen dürfen nicht den zehnten Teil des Gesamtnennbetrags der gewährten Geschäftsanteile der übernehmenden Genossenschaft übersteigen.

(3) Für die Berechnung des Geschäftsguthabens, das dem Mitglied bei einer übertragenden Genossenschaft zugestanden hat, ist deren Schlussbilanz maßgebend.

Literatur

Vgl. die Angaben zu § 79.

I. Sinn und Zweck

1 § 87 UmwG konkretisiert die allgemeine Vorschrift des § 20 Abs. 1 Nr. 3 UmwG über die **Rechtswirkungen** der Verschmelzung auf die Anteilsinhaber des übertragenden Rechtsträgers für den besonderen Fall einer Verschmelzung **unter Beteiligung von eG**, wobei die eG teilweise übertragender, teilweise übernehmender Rechtsträger ist.

II. Wirksamkeit der Verschmelzung

2 Die **Verschmelzung** wird **wirksam** mit ihrer **Eintragung** in das **Register des übernehmenden Rechtsträgers** (zur Eintragung § 86 Rz. 23); unerheblich ist der Zeitpunkt der Bekanntmachung. Der Zeitpunkt des Eintritts der Verschmelzungswirkungen kann auch nicht durch Vereinbarung im Verschmelzungsvertrag vorverlegt werden[1]. Die Parteien können allerdings *mit schuldrechtlicher Wirkung* vereinbaren, dass der übertragende Rechtsträger bereits vor der konstitutiven Registereintragung die Geschäfte für Rechnung des übernehmenden Rechtsträgers führt[2]. Der Mangel der notariellen Beurkundung des Verschmelzungsvertrages (dazu § 80 Rz. 5) und gegebenenfalls erforderlicher Zustimmungs- und Verzichtserklärungen einzelner Anteilsinhaber (vgl. § 86 Rz. 8ff., 20) wird durch die Eintragung geheilt (§ 20 Abs. 1 Nr. 4 UmwG)[3]. Darüber hinaus wird die Verschmelzung infolge ihrer Eintragung auch dann wirksam, wenn sie an einem Mangel leidet, also etwa anfechtbar oder nichtig ist (§ 20 Rz. 76ff.)[4].

III. Wirkungen der Verschmelzung

1. Gesamtrechtsnachfolge

3 Nach § 20 Abs. 1 Nr. 1 UmwG geht das Vermögen des übertragenden Rechtsträgers einschließlich der Verbindlichkeiten auf den übernehmenden Rechtsträger über. Es gilt das **Prinzip der Gesamtrechtsnachfolge**; Einzelübertragungen sind nicht erforderlich (Einzelheiten bei § 20 Rz. 7ff.)[5].

4 Die **Gläubiger des übertragenden Rechtsträgers** haben kein Widerspruchsrecht; sie werden dadurch geschützt, dass der übernehmende Rechtsträger unmittelbar und uneingeschränkt für die übernommenen Verbindlichkeiten des übertragenden Rechtsträgers haftet; dieser Schutz wird darüber hinaus durch § 22 UmwG verstärkt[6]. Im Falle der Aufnahme einer eG kommt weiter gem. § 95 UmwG eine Fortdauer einer bestehenden Nachschusspflicht in Betracht (Einzelheiten des Gläubigerschutzes bei § 22 Rz. 2ff.)[7]. Weiterhin kann für Dauerschuldverhältnisse

---

1 *Beuthien/Wolff*, GenG, §§ 2ff. UmwG Rz. 61; *Bleschke*, S. 167f.
2 Vgl. *Beuthien/Wolff*, GenG, §§ 2ff. UmwG Rz. 61; *Schöpflin* in KölnKomm. UmwG, § 87 UmwG Rz. 3.
3 Vgl. *Beuthien/Wolff*, GenG, §§ 2ff. UmwG Rz. 61; *Bleschke*, S. 182.
4 Vgl. auch *Beuthien/Wolff*, GenG, §§ 2ff. UmwG Rz. 61.
5 *Lehnhoff* in Lang/Weidmüller, GenG, § 87 UmwG Rz. 2; *Beuthien/Wolff*, GenG, §§ 2ff. UmwG Rz. 62; *Schöpflin* in KölnKomm. UmwG, § 87 UmwG Rz. 4.
6 Vgl. auch *Beuthien/Wolff*, GenG, §§ 2ff. UmwG Rz. 63, 84.
7 Vgl. speziell auch im Hinblick auf die eG: *Bleschke*, S. 154ff.; *Beuthien/Wolff*, GenG, §§ 2ff. UmwG Rz. 84ff.

ausnahmsweise ein Kündigungsrecht aus wichtigem Grund (§ 314 BGB) begründet sein[1].

Beteiligungen eines übertragenden Rechtsträgers gehen auf den übernehmenden Rechtsträger über[2]. Dies gilt insbesondere auch für den Fall, dass eine übertragende eG an einer anderen eG (Beispiel: Zentralgenossenschaft; s. hierzu § 84 Rz. 8) beteiligt ist. Doch erlischt diese Mitgliedschaft gem. § 77a GenG zum Schluss des Geschäftsjahres[3]. Im Falle der *Mischverschmelzung* auf einen Rechtsträger anderer Rechtsform kann der Übergang der Beteiligung allerdings an der satzungsmäßigen Voraussetzung scheitern, dass Mitglied nur eine eG sein kann, was für den übernehmenden Rechtsträger in diesem Fall nicht zutrifft. Hier endet die Mitgliedschaft bereits im Zeitpunkt des Wirksamwerdens der Verschmelzung[4]. Dies gilt ebenso, wenn eine übernehmende eG bereits Mitglied in der (dritten) eG ist, der bis zur Verschmelzung auch die übertragende eG angehörte. Denn eine Doppelmitgliedschaft ist nicht möglich[5]. Ist die Beteiligung des übernehmenden Rechtsträgers für die bisherigen Mitgesellschafter des übertragenden Rechtsträgers nicht zumutbar, so kommt ein Ausschluss aus wichtigem Grund in Betracht. 5

In jedem Fall **endet** die **Mitgliedschaft** einer übertragenden eG bei einem – in aller Regel als eV organisierten (vgl. § 63b Abs. 1 GenG) – **genossenschaftlichen Prüfungsverband**, und zwar auch dann, wenn die gesetzliche Regelung des § 38 Satz 1 BGB durch die Satzung ausgeschlossen wurde (vgl. § 40 BGB). Denn falls die übernehmende eG bereits Mitglied in demselben Prüfungsverband ist, kommt eine Doppelmitgliedschaft nicht in Betracht; ist die übernehmende eG dagegen Mitglied in einem anderen Prüfungsverband, so ist es unzumutbar, wenn sie darüber hinaus in einem weiteren Prüfungsverband die Rechtsnachfolge der übertragenden eG antreten müsste[6]. Im Falle der Mischverschmelzung erübrigt sich schließlich eine Mitgliedschaft des übernehmenden Rechtsträgers anderer Rechtsform bei einem genossenschaftlichen Prüfungsverband[7]. 6

Rechtsverhältnisse zwischen den an der Verschmelzung **beteiligten Rechtsträgern** erlöschen, weil sie gegenstandslos geworden sind. Dies gilt sowohl für gegensei- 7

---

1 Vgl. hierzu auch *Lehnhoff* in Lang/Weidmüller, GenG, § 20 UmwG Rz. 12; *Beuthien/Wolff*, GenG, §§ 2ff. UmwG Rz. 63; *Schöpflin* in KölnKomm. UmwG, § 87 UmwG Rz. 4; vgl. auch OLG Karlsruhe v. 25.6.2001 – 9 U 143/00, NJW-RR 2001, 1492 (Volksbank-Verschmelzung).

2 Ausf. *Fandrich/Graef/Bloehs*, S. 16ff.; vgl. weiter *Schöpflin* in KölnKomm. UmwG, § 87 UmwG Rz. 10.

3 Ebenso *Fronhöfer* in Widmann/Mayer, § 87 UmwG Rz. 9; *Scholderer* in Semler/Stengel, § 87 UmwG Rz. 16; *Beuthien/Wolff*, GenG, §§ 2ff. UmwG Rz. 64; *Bleschke*, S. 170; *Fandrich/Graef/Bloehs*, S. 18.

4 Zust. *Fronhöfer* in Widmann/Mayer, § 87 UmwG Rz. 9 a.E.

5 A.A. *Beuthien/Wolff*, GenG, §§ 2ff. UmwG Rz. 64; *Schöpflin* in KölnKomm. UmwG, § 87 UmwG Rz. 11; wie hier jedoch *Lehnhoff* in Lang/Weidmüller, GenG, § 87 UmwG Rz. 10; *Fronhöfer* in Widmann/Mayer, § 87 UmwG Rz. 9; vgl. auch RG v. 16.6.1933 – II 416/32, RGZ 141, 178 sowie § 80 Rz. 18.

6 Ebenso *Fronhöfer* in Widmann/Mayer, § 87 UmwG Rz. 10; *Lehnhoff* in Lang/Weidmüller, GenG, § 20 UmwG Rz. 22; *Bleschke*, S. 170; *Scholderer* in Semler/Stengel, § 87 UmwG Rz. 17; a.A. *Schöpflin* in KölnKomm. UmwG, § 87 UmwG Rz. 12.

7 Ausdrücklich zustimmend *Fronhöfer* in Widmann/Mayer, § 87 UmwG Rz. 11 a.E.; *Fandrich/Graef/Bloehs*, S. 17.

tige Forderungen/Verbindlichkeiten als auch für Unternehmensverträge[1] und insbesondere für die Mitgliedschaft einer übertragenden eG bei einer übernehmenden eG[2].

2. Beendigung der Organstellung

8 Mit der konstitutiven Eintragung der Verschmelzung in das Register des übernehmenden Rechtsträgers **endet** die **Organstellung** der Komplementäre, Geschäftsführer, Vorstands- und Aufsichtsratsmitglieder eines übertragenden Rechtsträgers; die organschaftliche Vertretungsmacht entfällt[3] (Einzelheiten bei § 20 Rz. 28 f.). Die mit den *Aufsichtsratsmitgliedern* geschlossenen Geschäftsbesorgungsverträge enden, ohne dass es einer besonderen Kündigung bedarf; eine Vergütung wird nicht mehr geschuldet (ebenso *Grunewald*, § 20 Rz. 28)[4].

9 Dies gilt ebenso für **ehrenamtliche Vorstandsmitglieder** einer übertragenden eG[5]. Dagegen wird das für **hauptamtliche Vorstandsmitglieder** bestehende Anstellungsverhältnis durch den mit der Verschmelzung verbundenen Wegfall der Organstellung grundsätzlich nicht berührt[6]. Ein Recht zur fristlosen Kündigung gem. § 626 BGB besteht für den übernehmenden Rechtsträger ebenso wenig wie die Geltendmachung einer Störung der Geschäftsgrundlage (ebenfalls in Form einer Kündigung gem. §§ 313 Abs. 1, Abs. 3 Satz 1 und 2, 314 Abs. 1 BGB). Die Vergütung ist daher grundsätzlich weiterzuzahlen; denn die Beendigung der Organstellung fällt allein in die Risikosphäre der Gesellschaft (ebenso *Grunewald*, § 20 Rz. 28)[7]. Das ehemalige Vorstandsmitglied kann indes seinerseits in aller Regel gem. § 626 BGB aus wichtigem Grund kündigen, da eine Tätigkeit unterhalb der Vorstandsebene nur ausnahmsweise zumutbar ist[8]. Im Regelfall wird die Problematik jedoch im Verschmelzungsvertrag oder außerhalb *einvernehmlich* zwi-

1 Vgl. zu Unternehmensverträgen unter Beteiligung von eG: *Holtkamp*, Die Genossenschaft als herrschendes Unternehmen im Konzern, 1994.

2 *Fronhöfer* in Widmann/Mayer, § 87 UmwG Rz. 11; *Lehnhoff* in Lang/Weidmüller, GenG, § 20 UmwG Rz. 21; *Beuthien/Wolff*, GenG, §§ 2 ff. UmwG Rz. 64; *Schöpflin* in KölnKomm. UmwG, § 87 UmwG Rz. 11 a.E.

3 Allg. Ansicht: *Fronhöfer* in Widmann/Mayer, § 87 UmwG Rz. 7; *Scholderer* in Semler/Stengel, § 87 UmwG Rz. 15; *Beuthien/Wolff*, GenG, §§ 2 ff. UmwG Rz. 63; *Fandrich/Graef/Bloehs*, S. 20.

4 Vgl. *Lehnhoff* in Lang/Weidmüller, GenG, § 20 UmwG Rz. 13; RG v. 3.1.1913 – Rep. II. 526/12, RGZ 81, 153 (156) (für AG); *Stratz* in Schmitt/Hörtnagl/Stratz, § 20 UmwG Rz. 49; *Fandrich/Graef/Bloehs*, S. 22; a.A. *Beuthien/Wolff*, GenG, §§ 2 ff. UmwG Rz. 63; *Schöpflin* in KölnKomm. UmwG, § 87 UmwG Rz. 6.

5 Ebenso *Lehnhoff* in Lang/Weidmüller, GenG, § 20 UmwG Rz. 14; *Bleschke*, S. 171; *Schlarb*, S. 121 f.; *Fandrich/Graef/Bloehs*, S. 22; a.A. *Schöpflin* in KölnKomm. UmwG, § 87 UmwG Rz. 6.

6 OLG Hamm v. 1.3.1995 – 8 U 263/94, NJW-RR 1995, 1317 (1318); ebenso *Fronhöfer* in Widmann/Mayer, § 87 UmwG Rz. 7; *Scholderer* in Semler/Stengel, § 87 UmwG Rz. 15; *Beuthien/Wolff*, GenG, §§ 2 ff. UmwG Rz. 63; *Fandrich/Graef/Bloehs*, S. 20 f.; *Schöpflin* in KölnKomm. UmwG, § 87 UmwG Rz. 6.

7 So auch *Lehnhoff* in Lang/Weidmüller, GenG, § 20 UmwG Rz. 14; *Fandrich/Graef/Bloehs*, S. 21; a.A. *Beuthien/Wolff*, GenG, §§ 2 ff. UmwG Rz. 63: Vertragsanpassung wegen Störung der Geschäftsgrundlage möglich.

8 Wie hier *Bleschke*, S. 171; i.E. auch *Beuthien/Wolff*, GenG, §§ 2 ff. UmwG Rz. 63; *Lehnhoff* in Lang/Weidmüller, GenG, § 20 UmwG Rz. 14; abw. wohl *Fandrich* in Pöhlmann/Fandrich/Bloehs, GenG, § 20 UmwG Rz. 2.

schen den Beteiligten *geregelt*[1]. Gegen eine Kündigung durch den übernehmenden Rechtsträger kann das Vorstandsmitglied Kündigungsschutzklage vor dem Arbeitsgericht erheben[2].

Die **Übernahme** von **Organmitgliedern** des übertragenden Rechtsträgers erfordert eine *Wahl* durch die Versammlung der Anteilsinhaber des übernehmenden Rechtsträgers[3]. Eine vorherige *Entlastung* ist nicht erforderlich und auch nicht mehr möglich; sie kann insbesondere nicht von den Anteilsinhabern des übernehmenden Rechtsträgers ausgeführt werden (str.; vgl. hierzu § 20 Rz. 30)[4]. Das Wahlverfahren richtet sich nach der Satzung des übernehmenden Rechtsträgers. Möglich ist eine Bestellung mit Wirkung ab dem Zeitpunkt der Wirksamkeit der Verschmelzung. Dagegen haben in der Praxis übliche Regelungen im Verschmelzungsvertrag für die Versammlung der Anteilsinhaber des übertragenden Rechtsträgers keine Bindungswirkung[5]. 10

Ebenso wie die Organstellung erlöschen mit Wirksamwerden der Verschmelzung auch alle vom übertragenden Rechtsträger erteilte **Prokuren** und **Handlungsvollmachten**[6]. Möglich ist es jedoch, dass der übernehmende Rechtsträger Mitarbeitern, deren Übernahme beabsichtigt ist, Prokura bzw. Handlungsvollmacht mit Wirkung ab dem Zeitpunkt des Wirksamwerdens der Verschmelzung erteilt[7]. 11

3. Erlöschen des übertragenden Rechtsträgers

Weitere Wirkung der Verschmelzung ist das **Erlöschen** jedes **übertragenden Rechtsträgers**, und zwar ohne dass es einer besonderen Löschung bedarf (§ 20 Abs. 1 Nr. 2 UmwG). Das Fortbestehen wird lediglich gem. § 25 Abs. 2 UmwG fingiert im Hinblick auf das Bestehen von Schadensersatzansprüchen gegen das Vertretungs- und Aufsichtsorgan des übertragenden Rechtsträgers (vgl. hierzu § 25 Rz. 23 ff.). 12

4. Anteilserwerb

a) Allgemein

Nach § 20 Abs. 1 Nr. 3 Satz 1 1. Halbsatz UmwG hat die Verschmelzung regelmäßig die Wirkung, dass die Anteilsinhaber des übertragenden Rechtsträgers ipso iure **Anteilsinhaber des übernehmenden Rechtsträgers werden** (Anteilserwerb). 13

---

1 So auch *Schöpflin* in KölnKomm. UmwG, § 87 UmwG Rz. 6.

2 BAG v. 21.2.1974 – 2 AZR 289/73, ZfgG 1975, 135 m. Anm. *Schnorr von Carolsfeld*; *Lehnhoff* in Lang/Weidmüller, GenG, § 20 UmwG Rz. 14; vgl. weiter BAG v. 5.5.1977 – 2 AZR 297/76, ZfgG 1979, 168 m. Anm. *Schnorr von Carolsfeld*; ebenso *Schöpflin* in KölnKomm. UmwG, § 87 UmwG Rz. 6 a.E.

3 *Scholderer* in Semler/Stengel, § 87 UmwG Rz. 15; *Schöpflin* in KölnKomm. UmwG, § 87 UmwG Rz. 8.

4 A.A. *Schöpflin* in KölnKomm. UmwG, § 87 UmwG Rz. 7; *Beuthien/Wolff*, GenG, §§ 2 ff. UmwG Rz 63a.

5 Ebenso *Schöpflin* in KölnKomm. UmwG, § 87 UmwG Rz. 8.

6 *Fronhöfer* in Widmann/Mayer, § 87 UmwG Rz. 7; *Scholderer* in Semler/Stengel, § 87 UmwG Rz. 15; a.A. *Beuthien/Wolff*, GenG, §§ 2 ff. UmwG Rz 63; *Schöpflin* in KölnKomm. UmwG, § 87 UmwG Rz. 9.

7 *Scholderer* in Semler/Stengel, § 87 UmwG Rz. 15.

14 Ein **Anteilserwerb findet** allerdings gem. § 20 Abs. 1 Nr. 3 Satz 1 2. Halbsatz UmwG insoweit **nicht statt**, als der übernehmende Rechtsträger Anteilsinhaber des übertragenden Rechtsträgers ist. Diese Regelung gilt auch für Verschmelzungen unter Beteiligung einer eG: Sowohl im Falle der Beteiligung einer übernehmenden eG an dem übertragenden Rechtsträger[1] als auch im Falle der Beteiligung des übernehmenden Rechtsträgers an einer übertragenden eG[2] werden vom übernehmenden Rechtsträger keine Anteile an sich selbst erworben (ausf. § 20 Rz. 63 ff.)[3].

b) Verschmelzung auf eine eG

15 Im Falle der Verschmelzung auf **eine eG als übernehmenden Rechtsträger** gilt: Mit Wirksamwerden der Verschmelzung werden die Anteilsinhaber des übertragenden Rechtsträgers zu Mitgliedern in der übernehmenden eG. Dieser **Mitgliedschaftserwerb** erfolgt kraft Gesetzes unter Verdrängung der Vorschriften über den Beitritt zu einer eG; daher müssen weder die gesetzlichen noch die satzungsmäßigen Beitrittsvoraussetzungen erfüllt sein. Es ist also insbesondere weder eine schriftliche Beitrittserklärung des Mitglieds noch die Zulassung des Beitritts durch die zuständigen Organe der übernehmenden eG (vgl. §§ 15 Abs. 1, 15a, 15b GenG) erforderlich[4]. Auch das allgemein nach der Satzung der übernehmenden eG geforderte **Eintrittsgeld** ist von den Mitgliedern des übertragenden Rechtsträgers *nicht* zu entrichten (vgl. dazu auch schon § 79 Rz. 21 und unten noch Rz. 39)[5].

16 Allerdings ist die **Ausschließung** des neuen Mitglieds gem. § 68 GenG möglich, wenn dieser die satzungsmäßigen Voraussetzungen nicht erfüllt oder seinen Pflichten gegenüber der übernehmenden eG (dazu unten Rz. 21) nicht nachkommt[6].

---

1 Eine Beteiligung einer eG an einem anderen Rechtsträger kommt nach § 1 Abs. 2 GenG allerdings nur in Betracht, wenn hierdurch der satzungsmäßige Förderzweck der eG unterstützt wird; vgl. hierzu etwa *Beuthien*, § 1 GenG Rz. 90 ff. m.w.N.

2 Mitglied der eG kann grundsätzlich jede Körperschaft/Kapitalgesellschaft und auch jede Personengesellschaft sein: *Fandrich* in Pöhlmann/Fandrich/Bloehs, § 15 GenG Rz. 3 ff. m.w.N.; zur BGB-Gesellschaft als Mitglied einer eG auch BGH v. 4.11.1991 – II ZR 10/91, NJW 1992, 499 gegen OLG Schleswig v. 7.12.1989 – 2 W 90/88, NJW-RR 1990, 742 und die bis dahin herrschende genossenschaftsrechtliche Lehre.

3 Zust. *Scholderer* in Semler/Stengel, § 87 UmwG Rz. 7; *Fronhöfer* in Widmann/Mayer, § 87 UmwG Rz. 14; *Schöpflin* in KölnKomm. UmwG, § 87 UmwG Rz. 13.

4 Vgl. *Lehnhoff* in Lang/Weidmüller, GenG, § 87 UmwG Rz. 2; *Beuthien/Wolff*, GenG, §§ 2 ff. UmwG Rz. 68; *Scholderer* in Semler/Stengel, § 87 UmwG Rz. 5 f.; *Fronhöfer* in Widmann/Mayer, § 87 UmwG Rz. 16; *Schöpflin* in KölnKomm. UmwG, § 87 UmwG Rz. 14.

5 Teilw. abw. *Scholderer* in Semler/Stengel, § 87 UmwG Rz. 21; diff. *Lehnhoff* in Lang/Weidmüller, GenG, § 87 UmwG Rz. 13; wie hier *Schöpflin* in KölnKomm. UmwG, § 87 UmwG Rz. 14.

6 Zust. *Scholderer* in Semler/Stengel, § 87 UmwG Rz. 6 a.E.; *Fronhöfer* in Widmann/Mayer, § 87 UmwG Rz. 17, 59; *Bleschke*, S. 177.

c) Verschmelzung unter ausschließlicher Beteiligung von eG

Die **Begründung einer Doppelmitgliedschaft** in der übernehmenden eG ist **nicht möglich**[1]. Daher erwirbt ein Anteilsinhaber des übertragenden Rechtsträgers, der bereits Mitglied in der übernehmenden eG ist, keine zweite Mitgliedschaft[2]. Vielmehr gilt: Ist nach der Satzung der übernehmenden eG nur ein Geschäftsanteil zulässig, so ist ein überschießendes Geschäftsguthaben gem. § 87 Abs. 2 Satz 1 UmwG auszuzahlen. Ist hingegen nach der Satzung der übernehmenden eG eine Beteiligung mit mehreren Geschäftsanteilen zulässig oder als Pflichtbeteiligung vorgesehen, so gelten vorrangig die Vereinbarungen im Verschmelzungsvertrag (§ 80 Abs. 2 Satz 1 Nr. 2 2. Halbsatz UmwG); hilfsweise werden bis zur zulässigen Anzahl so viele Geschäftsanteile erworben, wie durch die zusammengerechneten Geschäftsguthaben voll eingezahlt sind; ein überschießendes Geschäftsguthaben ist nach § 87 Abs. 2 Satz 1 UmwG auszuzahlen[3] (vgl. hierzu ausf. § 80 Rz. 17 sowie unten Rz. 27). 17

Zu Mitgliedern der übernehmenden eG werden auch **Mitglieder einer übertragenden eG**, die vor Wirksamwerden der Verschmelzung ihre Mitgliedschaft in der übertragenden eG **gekündigt** haben (vgl. §§ 65 Abs. 1, 67a Abs. 1 GenG) oder ausgeschlossen wurden (§ 68 GenG), jedoch infolge der Kündigungs- bzw. Ausschlussfristen (vgl. §§ 65 Abs. 2, 67a Abs. 2, 68 Abs. 1 GenG) noch nicht ausgeschieden sind. Sie scheiden indes aus der übernehmenden eG zu dem Zeitpunkt aus, zu dem die Kündigung bzw. der Ausschluss bei der übertragenden eG wirksam geworden wäre; einer erneuten Kündigung bzw. Ausschließung bedarf es nicht[4]. Dies gilt auch, wenn die (für die Kündigungsfrist bzw. den Ausschluss maßgeblichen) Geschäftsjahre der an der Verschmelzung beteiligten eG voneinander abweichen[5]. 18

Zur Möglichkeit der **Ausschlagung** der Beteiligung an der übernehmenden eG: s. §§ 90ff. UmwG. 19

---

1 So nunmehr auch *Stratz* in Schmitt/Hörtnagl/Stratz, § 80 UmwG Rz. 7; zuvor bereits *Lehnhoff* in Lang/Weidmüller, GenG, § 87 UmwG Rz. 10; *Scholderer* in Semler/Stengel, § 87 UmwG Rz. 9; *Fandrich* in Pöhlmann/Fandrich/Bloehs, GenG, § 87 UmwG Rz. 5; *Bleschke*, S. 175f.; *Schöpflin* in KölnKomm. UmwG, § 87 UmwG Rz. 20.

2 So zutreffend *Lehnhoff* in Lang/Weidmüller, GenG, § 87 UmwG Rz. 10; *Scholderer* in Semler/Stengel, § 87 UmwG Rz. 9; *Beuthien/Wolff*, GenG, §§ 2ff. UmwG Rz. 71; *Bleschke*, S. 175f.

3 *Fandrich* in Pöhlmann/Fandrich/Bloehs, GenG, § 87 UmwG Rz. 5; *Scholderer* in Semler/Stengel, § 87 UmwG Rz. 9; *Beuthien/Wolff*, GenG, §§ 2ff. UmwG Rz. 71; *Lehnhoff* in Lang/Weidmüller, GenG, § 87 UmwG Rz. 10; *Schöpflin* in KölnKomm. UmwG, § 87 UmwG Rz. 20.

4 *Lehnhoff* in Lang/Weidmüller, GenG, § 87 UmwG Rz. 16; *Scholderer* in Semler/Stengel, § 87 UmwG Rz. 8; *Beuthien/Wolff*, GenG, §§ 2ff. UmwG Rz. 69; *Fronhöfer* in Widmann/Mayer, § 87 UmwG Rz. 70 a.E.; *Schöpflin* in KölnKomm. UmwG, § 87 UmwG Rz. 17; KG v. 18.4.1935 – 1 Wx 158/35, JW 1935, 3166 (3167); LG Köln v. 22.1.1973 – 11 T 219/72, ZfgG 1975, 151 (152) m. Anm. *Hadding*; ausf. *Schlarb*, S. 134f. m.w.N. zum früheren Streitstand.

5 *Beuthien/Wolff*, GenG, §§ 2ff. UmwG Rz. 69; *Fronhöfer* in Widmann/Mayer, § 87 UmwG Rz. 70; *Lehnhoff* in Lang/Weidmüller, GenG, § 87 UmwG Rz. 16; *Bleschke*, S. 175; *Schöpflin* in KölnKomm. UmwG, § 87 UmwGRz. 17 a.E.; abw. *Fandrich* in Pöhlmann/Fandrich/Bloehs, GenG, § 87 UmwG Rz. 4 (stets zum Ende des Geschäftsjahres der übernehmenden eG).

20 **§ 75 GenG** findet auf Grund seines speziellen Schutzzweckes[1] nach heute unbestrittener Ansicht auf die Verschmelzung **keine Anwendung**[2]. Daher erwerben vormalige Mitglieder der übertragenden eG, die im Zeitraum von sechs Monaten vor Wirksamwerden der Verschmelzung ausgeschieden sind, nicht die Mitgliedschaft in der übernehmenden eG.

5. Inhalt der Mitgliedschaft in einer eG als übernehmender Rechtsträger

21 Der **Inhalt der erworbenen Mitgliedschaft** richtet sich ausschließlich nach der **Satzung der übernehmenden eG**. Dies gilt sowohl für die Rechts- wie für die Pflichtenstellung[3]. Beispiele: Nutzung der Leistungen und Einrichtungen der eG, Dividende, Warenrückvergütung, Pflichtbeteiligung, Haftsumme, Nebenleistungspflichten[4]. Infolge des Vorranges der Verschmelzungsvorschriften und unter Berücksichtigung des Ausschlagungsrechts der §§ 90 ff. UmwG sind die in der Satzung der übernehmenden eG begründeten Pflichten für die vormaligen Mitglieder einer übertragenden eG auch dann maßgeblich, wenn nach deren Satzung die Auferlegung solcher Pflichten nur mit einer höheren Mehrheit als der Verschmelzungsmehrheit möglich war (vgl. § 16 Abs. 2, 3 GenG)[5]. Zum satzungsmäßigen **Eintrittsgeld** aber oben Rz. 15 a.E.

22 Dagegen sind alle mitgliedschaftlichen **Rechte und Pflichten**, die **nach der Satzung des übertragenden Rechtsträgers** begründet waren, mit dessen Untergang ebenfalls **erloschen**, sofern sie nicht Aufnahme in die Satzung der übernehmenden eG gefunden haben. Dies gilt insbesondere auch für Nebenleistungspflichten einerseits sowie für Sonderrechte andererseits, wobei allerdings die Schutzvorschrift des § 23 UmwG zu beachten ist[6]. Ein Übergang der Rechts- und Pflichtenstellung auf die übernehmende eG findet also grundsätzlich nicht statt.

---

1 Zweck der Vorschrift ist, dass sich die Mitglieder einer eG für den Fall einer bevorstehenden Insolvenz oder einer Liquidation einer bestehenden Nachschusspflicht nicht durch ein kurzfristiges Ausscheiden entziehen: BGH v. 9.6.1993 – Blw 63/92, NJW 1993, 2534; *Beuthien*, § 75 GenG Rz. 1.

2 *Scholderer* in Semler/Stengel, § 87 UmwG Rz. 8; *Fronhöfer* in Widmann/Mayer, § 87 UmwG Rz. 71 unter Hinweis auf § 93 Abs. 3 UmwG; *Beuthien/Wolff*, GenG, §§ 2 ff. UmwG Rz. 70; *Bauer*, Genossenschafts-Handbuch, § 83 UmwG Rz. 33; *Lehnhoff* in Lang/Weidmüller, GenG, § 87 UmwG Rz. 18; *Schöpflin* in KölnKomm. UmwG, § 87 UmwG Rz. 18; ausf. *Schlarb*, S. 132 f. m.w.N. zum früheren Streitstand.

3 Ebenso *Scholderer* in Semler/Stengel, § 87 UmwG Rz. 18; *Fronhöfer* in Widmann/Mayer, § 87 UmwG Rz. 18 f.; *Beuthien/Wolff*, GenG, §§ 2 ff. UmwG Rz. 68; *Bleschke*, S. 176; *Schöpflin* in KölnKomm. UmwG, § 87 UmwG Rz. 21.

4 Vgl. *Lehnhoff* in Lang/Weidmüller, GenG, § 87 UmwG Rz. 4 ff.; ausführlich *Scholderer* in Semler/Stengel, § 87 Rz. 19–23; speziell zur Nachschusspflicht vgl. *Fronhöfer* in Widmann/Mayer, § 87 UmwG Rz. 19.

5 Ebenso *Scholderer* in Semler/Stengel, § 87 UmwG Rz. 24; *Lehnhoff* in Lang/Weidmüller, GenG, § 87 UmwG Rz. 14; s. auch zu § 93h GenG a.F. *Schlarb*, S. 136 ff. m.w.N.

6 *Fandrich* in Pöhlmann/Fandrich/Bloehs, GenG § 87 UmwG Rz. 2; *Lehnhoff* in Lang/Weidmüller, GenG, § 87 UmwG Rz. 3; eingehend *Scholderer* in Semler/Stengel, § 87 UmwG Rz. 10–14; vgl. auch *Fronhöfer* in Widmann/Mayer, § 87 UmwG Rz. 67.

IV. Anteilstausch

1. eG als übertragender Rechtsträger

23 Für vormalige **Mitglieder einer übertragenden eG** bestimmt § 87 Abs. 1 Satz 1 UmwG, dass sie „entsprechend dem Verschmelzungsvertrag" an dem übernehmenden Rechtsträger beteiligt sind. Maßgeblich ist also grundsätzlich die im Verschmelzungsvertrag gem. § 5 Abs. 1 Nr. 3 UmwG getroffene Festlegung (vgl. § 80 Rz. 13ff.).

24 Im Falle der **Aufnahme durch eine übernehmende eG** ist die Konkretisierung des § 5 Abs. 1 Nr. 3 UmwG durch § 80 Abs. 1 Satz 1 UmwG zu beachten. Es ist also zu differenzieren (ausf. hierzu § 80 Rz. 16f.): Ist nach der Satzung der übernehmenden eG nur ein Geschäftsanteil zulässig, so ist jedes Mitglied der übertragenden eG ungeachtet seiner Geschäftsanteile und seines Geschäftsguthabens bei der übernehmenden eG ausschließlich mit einem Geschäftsanteil beteiligt (§ 80 Abs. 1 Satz 1 Nr. 1 UmwG); überschießende Geschäftsguthaben sind gem. § 87 Abs. 2 Satz 1 UmwG auszuzahlen (dazu unten Rz. 27). Ist dagegen die Beteiligung mit mehreren Geschäftsanteilen zulässig oder als Pflichtbeteiligung gar vorgeschrieben und enthält der Verschmelzungsvertrag – was zulässig ist (§ 80 Abs. 1 Satz 1 Nr. 1 2. Halbsatz UmwG) – zugunsten der Mitglieder der übertragenden eG keine andere Berechnung der zu gewährenden Geschäftsanteile, so ist jedes Mitglied der übertragenden eG gem. § 80 Abs. 1 Satz 1 Nr. 2 1. Halbsatz UmwG mit mindestens einem Geschäftsanteil und im Übrigen mit so vielen Geschäftsanteilen bei der übernehmenden eG beteiligt, wie durch Anrechnung seines Geschäftsguthabens bei der übertragenden eG als voll eingezahlt anzusehen ist; überschießende Geschäftsguthaben sind gem. § 87 Abs. 2 Satz 1 UmwG auszuzahlen (zur Auszahlung überschießender Geschäftsguthaben unten Rz. 27)[1].

2. eG als übernehmender Rechtsträger

25 Im Falle der **Aufnahme** eines **übertragenden Rechtsträgers anderer Rechtsform** durch eine übernehmende eG erfolgt der Anteilserwerb gem. §§ 5 Abs. 1 Nr. 3, 80 Abs. 1 Satz 2, 88 Abs. 1 Satz 1, Abs. 2 UmwG (dazu § 80 Rz. 25 und § 88 Rz. 1ff.). § 87 UmwG findet also keine Anwendung.

V. Pflichtbeteiligung

26 **§ 87 Abs. 1 Satz 2 UmwG** enthält eine **Sonderregelung** für die **Aufnahme** einer übertragenden eG oder eines Rechtsträgers anderer Rechtsform **durch eine übernehmende eG**[2]. Da mit Wirksamwerden der Verschmelzung für den Inhalt der Mitgliedschaft allein die Satzung der übernehmenden eG maßgeblich ist (dazu oben Rz. 21), kann der Fall eintreten, dass durch den Anteilstausch eine gem. § 7a Abs. 2 GenG vorgeschriebene Pflichtbeteiligung – nämlich der Erwerb von mehre-

1 Vgl. auch *Lehnhoff* in Lang/Weidmüller, GenG, § 87 UmwG Rz. 7ff.; ferner *Scholderer* in Semler/Stengel, § 87 UmwG Rz. 25; eingehend *Fronhöfer* in Widmann/Mayer, § 87 UmwG Rz. 47ff.; *Bleschke*, S. 177f.; *Schöpflin* in KölnKomm. UmwG, § 87 UmwG Rz. 21.

2 *Fronhöfer* in Widmann/Mayer, § 87 UmwG Rz. 61; *Stratz* in Schmitt/Hörtnagl/Stratz, § 87 UmwG Rz. 3.

ren Geschäftsanteilen – nicht erreicht wird. Der vormalige Anteilsinhaber des übertragenden Rechtsträgers und nunmehriges Mitglied der übernehmenden eG ist verpflichtet, seine Beteiligung bis zum Erreichen der Pflichthöhe aufzustocken. Diese Aufstockung erfolgt jedoch außerhalb des Verschmelzungsvorganges durch Abgabe einer Beitrittserklärung gem. § 15b GenG[1].

Beispiel[2]:

Das zur Anrechnung kommende Geschäftsguthaben des vormaligen Anteilsinhabers des übertragenden Rechtsträgers beträgt 350; als Pflichtbeteiligung sind bei der übernehmenden eG drei Geschäftsanteile zu je 300 vorgesehen, die bis zur Höhe von 100 aufzufüllen sind. Gem. der gesetzlichen Regelung des § 80 Abs. 1 Satz 1 Nr. 2 UmwG wird für das neue Mitglied bei der übernehmenden eG ein Geschäftsanteil begründet, der in voller Höhe aufgefüllt ist (zur Kritik § 80 Rz. 17). Darüber hinaus sind zwei weitere Pflicht-Geschäftsanteile durch gesonderte Beitrittserklärung gem. § 15b GenG zu erwerben und bis zur Pflichthöhe von jeweils 100 einzuzahlen, wobei allerdings das vorhandene Geschäftsguthaben von 50 in Anrechnung gebracht wird.

Die Verpflichtung zur Aufstockung nach § 87 Abs. 1 Satz 2 UmwG kann allerdings durch die Satzung der übernehmenden eG für die Mitglieder der übertragenden eG **abbedungen** werden[3]. Von der in § 87 Abs. 1 Satz 2 UmwG geregelten Pflichtbeteiligung zu unterscheiden sind in der Satzung der übernehmenden eG vorgesehene **Pflichteinzahlungen** gem. § 7 Nr. 1 GenG[4]. Soweit das Geschäftsguthaben des Mitglieds der übertragenden eG nicht ausreicht, um die Höhe einer Pflichteinzahlung im Hinblick auf den zu erwerbenden Geschäftsanteil an der übernehmenden eG zu erreichen, ist der Differenzbetrag auszugleichen[5]; unerheblich ist insoweit, in welchem Umfang bereits in der übertragenden eG Pflichteinzahlungen geleistet wurden (denn entscheidend ist allein das im Zeitpunkt der Verschmelzung/Stichtag vorhandene Geschäftsguthaben)[6]. Zur Möglichkeit der **Ausschlagung** der Mitgliedschaft: § 90 Rz. 5 ff.

VI. Auszahlung überschießender Geschäftsguthaben bei reiner eG-Verschmelzung

27 Ein bei der **übertragenden eG** für ihr vormaliges Mitglied **bestehendes Geschäftsguthaben**, das den **Gesamtbetrag** der bei der übernehmenden eG im Wege des Anteilstausches gem. § 87 Abs. 1 Satz 1 UmwG **erworbenen Geschäftsanteile übersteigt** (sog. überschießendes Geschäftsguthaben), ist gem. **§ 87 Abs. 2 Satz 1**

1 Zustimmend *Bauer*, Genossenschafts-Handbuch, § 87 UmwG Rz. 9; *Scholderer* in Semler/Stengel, § 87 UmwG Rz. 28 a.E.; *Fronhöfer* in Widmann/Mayer, § 87 UmwG Rz. 64, der für den Fall einer Umgehung im Verschmelzungsvertrag i.S.v. § 80 Abs. 1 Satz 1 Nr. 2 2. Halbsatz UmwG eine Ausnahme macht (§ 80 Rz. 65); *Beuthien/Wolff*, GenG, §§ 2 ff. UmwG Rz. 72; *Schöpflin* in KölnKomm. UmwG, § 87 UmwG Rz. 23.

2 Nach *Schlarb*, S. 145; übernommen auch von *Scholderer* in Semler/Stengel, § 87 UmwG Rz. 28; vgl. auch *Schöpflin* in KölnKomm. UmwG, § 87 UmwG Rz. 24.

3 Zutreffend *Beuthien/Wolff*, GenG, §§ 2 ff. UmwG Rz. 72; *Scholderer* in Semler/Stengel, § 87 UmwG Rz. 29; *Schöpflin* in KölnKomm. UmwG, § 87 UmwG Rz. 25.

4 Richtig *Scholderer* in Semler/Stengel, § 87 UmwG Rz. 28; *Schöpflin* in KölnKomm. UmwG, § 87 UmwG Rz. 23.

5 So auch *Scholderer* in Semler/Stengel, § 87 UmwG Rz. 28; *Beuthien/Wolff*, GenG, §§ 2 ff. UmwG Rz. 72.

6 Dazu oben § 80 Rz. 23; vgl. auch *Beuthien/Wolff*, GenG, §§ 2 ff. UmwG Rz. 72; *Scholderer* in Semler/Stengel, § 87 UmwG Rz. 29.

UmwG auszuzahlen. Dies gilt sowohl im Falle, dass nach der Satzung der übernehmenden eG nur ein Geschäftsanteil zulässig ist, als auch im Falle, dass eine Beteiligung mit mehreren Geschäftsanteilen gestattet oder gar vorgeschrieben ist[1]. Die Regelung ist **zwingend**. Der Verschmelzungsvertrag kann also die Auszahlung weder ausschließen noch etwa vorsehen, dass das überschießende Geschäftsguthaben auf einen weiteren, in der Satzung der übernehmenden eG nicht generell vorgesehenen Geschäftsanteil verrechnet wird[2]. Wird der Auszahlungsanspruch nicht geltend gemacht, sondern das überschießende Geschäftsguthaben einvernehmlich stehen gelassen, so liegt ein Darlehen (§ 488 BGB) vor[3].

Der Auszahlungsanspruch ist **fällig** nach Ablauf von sechs Monaten seit dem Tag, 28
an dem die Eintragung der Verschmelzung in das Register des Sitzes der übernehmenden eG nach § 19 Abs. 3 UmwG bekannt gemacht worden ist[4] (vgl. dazu § 86 Rz. 25).

Ungeachtet dieser Fälligkeit darf die Auszahlung jedoch nicht erfolgen, bevor die 29
Gläubiger, die sich nach § 22 UmwG gemeldet haben, **befriedigt oder sichergestellt** sind. Die nicht klar formulierte Regelung in § 87 Abs. 2 Satz 1 UmwG ist entgegen dem ersten Eindruck allerdings nicht so zu verstehen, dass alle Gläubiger der beteiligten Rechtsträger, die sich form- und fristgerecht gem. § 22 Abs. 1 Satz 1 UmwG gemeldet und keinen fälligen (= zu befriedigenden) Anspruch haben, sicherzustellen sind. Der **Verweis auf § 22 UmwG** erstreckt sich vielmehr auch auf die Voraussetzungen des § 22 Abs. 1 Satz 2 UmwG sowie die Einschränkungen des § 22 Abs. 2 UmwG (vgl. auch § 94 Rz. 3)[5]. Sicherheitsleistung können danach nur die Gläubiger verlangen, die eine Gefährdung ihrer noch nicht fälligen Forderung durch die Verschmelzung glaubhaft machen (§ 22 Abs. 1 Satz 2 UmwG)[6] und im Insolvenzfall nicht bereits anderweitig vorrangig gesichert sind (§ 22 Abs. 2 UmwG); hierzu ausf. § 22 Rz. 26 ff.[7]

Verzögert der übernehmende Rechtsträger schuldhaft die **Befriedigung** oder **Si-** 30
cherstellung der berechtigten Gläubiger nach Ablauf der Mindestsperrfrist (dazu oben Rz. 28), so haftet er den Mitgliedern unter dem Gesichtspunkt der Verletzung der Treuepflicht[8], bei Vorliegen der Voraussetzungen der §§ 280 Abs. 1 und

---

1 Einzelheiten bei *Scholderer* in Semler/Stengel, § 87 UmwG Rz. 42 ff.; vgl. auch *Schöpflin* in KölnKomm. UmwG, § 87 UmwG Rz. 29.

2 Ebenso *Scholderer* in Semler/Stengel, § 87 UmwG Rz. 48; *Fronhöfer* in Widmann/Mayer, § 87 UmwG Rz. 80; *Beuthien/Wolff*, GenG, §§ 2 ff. UmwG Rz. 73 a.E.; *Bauer*, Genossenschafts-Handbuch, § 87 UmwG Rz. 12; *Bleschke*, S. 179; *Schöpflin* in KölnKomm. UmwG, § 87 UmwG Rz. 30.

3 Zutreffend *Lehnhoff* in Lang/Weidmüller, GenG, § 87 UmwG Rz. 9 a.E.; ebenso *Scholderer* in Semler/Stengel, § 87 UmwG Rz. 48 a.E.; *Fronhöfer* in Widmann/Mayer, § 87 UmwG Rz. 82; *Bauer*, Genossenschafts-Handbuch, § 87 UmwG Rz. 16; *Beuthien/Wolff*, GenG, §§ 2 ff. UmwG Rz. 73; *Schöpflin* in KölnKomm. UmwG, § 87 UmwG Rz. 30 a.E.

4 Ebenso *Schöpflin* in KölnKomm. UmwG, § 87 UmwG Rz. 31.

5 Wie hier auch *Scholderer* in Semler/Stengel, § 87 UmwG Rz. 46; *Bauer*, Genossenschafts-Handbuch, § 87 UmwG Rz. 13; *Fronhöfer* in Widmann/Mayer, § 87 UmwG Rz. 81; *Bleschke*, S. 179; *Schöpflin* in KölnKomm. UmwG, § 87 UmwG Rz. 32.

6 Die Forderung muss im Streitfall nachgewiesen werden; die Glaubhaftmachung ist nur für die Gefährdung ausreichend: zutreffend *Grunewald*, oben § 22 Rz. 15 m.w.N. zum Streitstand.

7 Vgl. weiter *Beuthien/Wolff*, GenG, §§ 2 ff. UmwG Rz. 73; *Schöpflin* in KölnKomm. UmwG, § 87 UmwG Rz. 32.

8 Zust. *Bauer*, Genossenschafts-Handbuch, § 87 UmwG Rz. 15.

2, 286 BGB bzw. §§ 280 Abs. 1 und 3, 281 BGB auch unter dem Aspekt des Schuldnerverzuges auf Schadensersatz[1].

31 Eine unzulässige **vorzeitige Auszahlung** entgegen § 87 Abs. 2 Satz 1 UmwG berechtigt nicht zur Rückforderung; vielmehr sind sowohl die Organe des übernehmenden Rechtsträgers als auch der übernehmende Rechtsträger selbst (i.V.m. § 31 BGB) den Gläubigern im Falle eines Schadenseintritts gem. § 823 Abs. 2 BGB ersatzpflichtig, da § 87 Abs. 2 Satz 1 UmwG als Schutzgesetz zu qualifizieren ist[2].

VII. Geschäftsguthaben und Wertausgleich

1. Problem

32 Das Geschäftsguthaben repräsentiert die verfügbare **vermögensmäßige Beteiligung** der Mitglieder an der eG. Es berücksichtigt jedoch weder die Rücklagen – gesetzliche Rücklagen gem. § 7 Nr. 2 GenG, weiter gehende (freiwillige) Rücklagen nach Maßgabe der Satzung oder auf Grund eines Beschlusses der Generalversammlung[3] sowie besondere Ergebnisrücklagen gem. § 73 Abs. 3 GenG – noch die stillen Reserven. Denn nach den Grundsätzen des Genossenschaftsrechts haben die Mitglieder auf diese Vermögenswerte generell keinen Anspruch, solange die eG nicht liquidiert wird (dann gilt § 91 GenG). Eine Ausnahme besteht nur im Hinblick auf die besondere Ergebnisrücklage gem. § 73 Abs. 3 GenG, die im Falle des Ausscheidens unter bestimmten Voraussetzungen zur Auszahlung kommen kann.

33 Im Falle der **Verschmelzung einer übertragenden eG auf eine übernehmende eG** geht das Gesetz davon aus, dass das vormalige Mitglied der übertragenden eG mindestens einen Geschäftsanteil, im Übrigen aber so viele Geschäftsanteile bei der übernehmenden eG erwirbt, wie nach deren Satzung zulässig ist und durch Anrechnung seines Geschäftsguthabens bei der übertragenden eG als voll eingezahlt anzusehen ist; ein überschießendes Geschäftsguthaben ist auszuzahlen (s. oben Rz. 24 sowie § 80 Rz. 17). Eine ausschließlich auf diesem Modell beruhende Regelung würde indes übersehen, dass sich auf Grund der *unterschiedlichen Vermögenslagen der verschmelzenden eG* auch die jeweils gebildeten Geschäftsguthaben wertmäßig im Regelfall nicht entsprechen. Der Unterschied wird durch folgendes **Beispiel** deutlich: Trotz vergleichbarer Ertragslage hat die übertragende eG ihren Gewinn in Rücklagen thesauriert und darüber hinaus hohe stille Reserven gebildet, während die übernehmende eG ihre Gewinne überwiegend den Geschäftsguthaben zugeschrieben hat. Ein Geschäftsguthaben von beispielsweise 300 beruht daher bei der übertragenden eG in stärkerem Maße auf Einzahlungen der Mitglieder als ein gleich hohes Geschäftsguthaben bei der übernehmenden eG. Auf Grund der besseren Vermögenslage ist die Beteiligung der Mitglieder an der übertragenden eG also „mehr wert" als eine nach erfolgter Verschmelzung erworbene Beteiligung von ebenfalls wieder 300 bei der übernehmenden eG. Oder anders formuliert: Da das Vermögen der übertragenden eG durch die Verschmelzung im Wege der Gesamtrechtsnachfolge auf den übernehmenden Rechtsträger

1 Insoweit auch *Schöpflin* in KölnKomm. UmwG, § 87 UmwG Rz. 33.
2 Zust. *Bauer*, Genossenschafts-Handbuch, § 87 UmwG Rz. 14; ebenso zu § 93m Abs. 1 Satz 4 GenG a.F.: *Meyer/Meulenbergh/Beuthien*[12], § 93m GenG Rz. 4.
3 Dazu *Beuthien*, GenG, § 7 UmwG Rz. 4 16ff.

übergeht (dazu oben Rz. 3), würden die ursprünglichen Mitglieder der übernehmenden eG gegenüber den vormaligen Mitgliedern der übertragenden eG besser gestellt, wenn künftig alle Mitglieder über ein Geschäftsguthaben von 300 verfügten und nach dieser Maßgabe am möglichen Liquidationswert beteiligt wären. Die identische Problematik stellt sich mit umgekehrten Vorzeichen, wenn die (relative) Vermögenslage in der übernehmenden eG besser ist als in der übertragenden eG. In diesem Fall würden die ursprünglichen Mitglieder der übernehmenden eG benachteiligt[1].

2. Abhilfevorschläge im Schrifttum

Es ist daher im genossenschaftsrechtlichen Schrifttum allgemein anerkannt, dass **Abweichungen** im Verhältnis von Geschäftsguthaben zum Gesellschaftsvermögen zwischen den zu verschmelzenden eG **ausgeglichen werden** *können*[2]. 34

Richtigerweise ist ein solcher **Ausgleich** indes grundsätzlich **zwingend** vorzunehmen. Denn eine gesetzeskonforme Verschmelzung erfordert stets ein *angemessenes Umtauschverhältnis*. Stimmt indes das Verhältnis von Geschäftsguthaben zum Gesellschaftsvermögen nicht überein, so werden die Mitglieder einer der beteiligten eG benachteiligt, was nicht zulässig ist (zum Rechtsschutz § 85 Rz. 2f., 11ff.)[3]. Eine *andere Betrachtung* ist nur dann möglich, wenn die eG mit dem höher zu bewertenden Geschäftsguthaben mit einer eG verschmolzen wird, deren künftige Ertragsaussichten bzw. Fähigkeit zur Förderung des Zwecks wesentlich günstiger sind, so dass die Benachteiligung wieder ausgeglichen wird[4]. Ebenfalls wird man eine Ausnahme bei einstimmiger Beschlussfassung *in Kenntnis der Wertabweichungen* gestatten können (dazu aber § 81 Rz. 17).

Voraussetzung für die Ermittlung eines Wertausgleiches ist, dass sowohl die übertragende eG wie auch die übernehmende eG neben der vom Gesetz ausdrücklich geforderten Schlussbilanz (unten Rz. 37) auch eine **Vermögensbilanz** aufstellen; denn anderenfalls lassen sich die Geschäftsguthaben nicht in ein Verhältnis zum Gesellschaftsvermögen setzen[5]. 35

Unklar ist allerdings die **Durchführung des Wertausgleiches:** Der weitestgehende Vorschlag geht dahin, dass im Verschmelzungsvertrag auf die in der Schlussbilanz 36

1 Wie hier *Bleschke*, S. 52ff. mit ausf. Begründung.
2 So im Ergebnis bereits zu § 93h GenG a.F.: *K. Müller*[1], § 93h GenG Rz. 8ff., 14ff.; *Meyer/Meulenbergh/Beuthien*[12], § 93h GenG Rz. 8ff.; ausf. *Schlarb*, S. 149ff.; *Schlarb*, DB 1979, 901ff.; zum heutigen Recht auch *Lehnhoff* in Lang/Weidmüller, GenG, § 87 UmwG Rz. 11; *Beuthien/Wolff*, GenG, §§ 2ff. UmwG Rz. 74f.; *Fronhöfer* in Widmann/Mayer, § 87 UmwG Rz. 31; *Fandrich/Graef/Bloehs*, S. 38f.; *Schöpflin* in KölnKomm. UmwG, § 87 UmwG Rz. 38 a.E.; *Scholderer* in Semler/Stengel, § 87 UmwG Rz. 54f.
3 Ausf. *Bleschke*, S. 58ff.; Bedenken im Hinblick auf eine mögliche Benachteiligung auch bei *Stratz* in Schmitt/Hörtnagl/Stratz, § 87 UmwG Rz. 8 a.E.; für Wertausgleich i.E. auch *Fronhöfer* in Widmann/Mayer, § 87 UmwG Rz. 34; a.A. allerdings *Bauer*, Genossenschafts-Handbuch, § 87 UmwG Rz. 18; *Scholderer* in Semler/Stengel, § 80 Rz. 37; *Fandrich/Graef/Bloehs*, S. 39; *Schöpflin* in KölnKomm. UmwG, § 87 UmwG Rz. 38; vgl. nunmehr auch *Beuthien/Wolff*, GenG, §§ 2ff. UmwG Rz. 74.
4 Zustimmend *Fronhöfer* in Widmann/Mayer, § 87 UmwG Rz. 38.
5 Zur Vermögensbilanz: *Beuthien/Wolff*, GenG, §§ 2ff. UmwG Rz. 75; *Fronhöfer* in Widmann/Mayer, § 87 UmwG Rz. 35; *Schöpflin* in KölnKomm. UmwG, § 87 UmwG Rz. 41.

ermittelten Geschäftsguthaben *Zu- oder Abschläge* vorgenommen werden[1]. In Betracht kommt weiterhin – in den zulässigen Grenzen des Bilanz- und Steuerrechts – eine *Auflösung der stillen Reserven und freiwilligen Rücklagen* (einschließlich einer vorhandenen besonderen Ergebnisrücklage gem. § 73 Abs. 3 GenG) und ihre Zuschreibung auf die Geschäftsguthaben[2]. Von dieser Maßnahme profitieren allerdings auch die Mitglieder der übertragenden eG, die gem. §§ 90ff. UmwG im Wege der Ausschlagung (dazu § 90 Rz. 5ff.), sowie generell alle Mitglieder, die unter Beachtung der Kündigungsfristen gem. §§ 65ff. GenG ausscheiden; hier besteht also die Gefahr eines unerwünschten Eigenkapitalabflusses[3]. Schließlich wird es für zulässig erachtet, dass ein Wertausgleich durch im Verschmelzungsvertrag vereinbarte *bare Zuzahlungen* stattfindet, wobei solche Zuzahlungen sowohl von den Mitgliedern der übertragenden eG an die übernehmende eG als auch umgekehrt von der übernehmenden eG an die Mitglieder der übertragenden eG sollen erfolgen können[4].

3. Gesetzliche Regelung

37 Das **Gesetz** hat die **Problematik** nur **unzureichend** und insbesondere **nicht eindeutig geregelt**. Eine Zusammenschau der verstreuten Vorschriften ergibt indes: Nach **§ 87 Abs. 3 UmwG** ist für die Berechnung des Geschäftsguthabens, das dem Mitglied bei einer übertragenden eG zugestanden hat, deren **Schlussbilanz** maßgeblich[5]. Diese Regelung spricht dafür, dass darüber hinausgehende *Zu- oder Abschläge unzulässig* sind. Andererseits wird in **§ 93 Abs. 2 2. Halbsatz UmwG** vorausgesetzt, dass die Rücklagen und das sonstige Vermögen den Mitgliedern der übertragenden eG bei der Festsetzung ihres Geschäftsguthabens „zugerechnet" werden können. Von dieser Zurechnung sollen allerdings nach §§ 90ff. UmwG ausscheidende Mitglieder ausdrücklich nicht profitieren.

38 Hieraus lässt sich der **Schluss** ziehen, dass *auch außerhalb bilanzieller Maßnahmen* **Zuschläge** auf die in der Schlussbilanz der übertragenden eG ermittelten Geschäftsguthaben **zulässig** sind[6]. Hiervon geht auch die Gesetzesbegründung aus,

---

1 So etwa *Scholderer* in Semler/Stengel, § 87 UmwG Rz. 54; *Fronhöfer* in Widmann/Mayer, § 87 UmwG Rz. 31; *Beuthien/Wolff*, GenG, §§ 2ff. UmwG Rz. 74; *Bleschke*, S. 68; *Schöpflin* in KölnKomm. UmwG, § 87 UmwG Rz. 39, 40; zum alten Recht bereits *K. Müller*[1], § 93h GenG Rz. 15; ausf. *Schlarb*, S. 155ff., m.w.N.

2 Hierzu *Scholderer* in Semler/Stengel, § 87 UmwG Rz. 55; *Fronhöfer* in Widmann/Mayer, § 87 UmwG Rz. 35, 39; *Bauer*, Genossenschafts-Handbuch, § 87 UmwG Rz. 20; vgl. zum früheren Recht auch *K. Müller*[1], § 93h GenG Rz. 17; *Schlarb*, S. 152ff.

3 Ebenso *Scholderer* in Semler/Stengel, § 87 UmwG Rz. 55 a.E.; *Schöpflin* in KölnKomm. UmwG, § 87 UmwG Rz. 44.

4 *Beuthien/Wolff*, GenG, §§ 2ff. UmwG Rz. 75; *Bleschke*, S. 58; *Schöpflin* in KölnKomm. UmwG, § 87 UmwG Rz. 42, 43; zum früheren Recht auch *K. Müller*[1], § 93h GenG Rz. 21f.; ausf. *Schlarb*, S. 169ff.; *Schlarb*, DB 1979, 901 (904); Bedenken allerdings bei *Lehnhoff* in Lang/Weidmüller, GenG, § 87 UmwG Rz. 13; ablehnend dagegen *Fronhöfer* in Widmann/Mayer, § 87 UmwG Rz. 44.

5 Ebenso *Fronhöfer* in Widmann/Mayer, § 87 UmwG Rz. 25, 72; *Beuthien/Wolff*, GenG, §§ 2ff. UmwG Rz. 74; *Schöpflin* in KölnKomm. UmwG, § 87 UmwG Rz. 36; s. auch die frühere Regelung in § 93h Abs. 4 GenG a.F. und dazu *K. Müller*[1], § 93h GenG Rz. 15.

6 Zustimmend *Scholderer* in Semler/Stengel, § 87 UmwG Rz. 54; *Fronhöfer* in Widmann/Mayer, § 87 UmwG Rz. 31f.; *Bauer*, Genossenschafts-Handbuch, § 87 UmwG Rz. 17; *Beuthien/Wolff*, GenG, §§ 2ff. UmwG Rz. 74; *Schöpflin* in KölnKomm. UmwG, § 87 UmwG Rz. 40.

die zu § 80 Abs. 1 Satz 1 Nr. 2 2. Halbsatz UmwG ausführt, dass sich die **übernehmende eG** im Verschmelzungsvertrag „auch zu weiteren Zuschreibungen auf die Geschäftsguthaben verpflichten (kann)."[1] Vom ursprünglichen Gesetzeswortlaut wurde diese Interpretation der Vorschrift allerdings kaum gedeckt[2]. Dies hat sich durch die Neufassung der Vorschrift gemindert (dazu ausf. § 80 Rz. 1 und Rz. 22). Zuschläge *an die Mitglieder der übertragenden eG* in Form von baren Zuzahlungen werden allerdings nach § 87 Abs. 2 Satz 2 UmwG auf den **zehnten Teil** des Gesamtnennbetrages der gewährten Geschäftsanteile der übernehmenden eG **begrenzt**[3].

Sind dagegen **die Geschäftsguthaben in der übertragenden eG** im Verhältnis zu den Geschäftsguthaben in der übernehmenden eG **überbewertet**, so kann der Wertausgleich in der Weise erfolgen, dass die Geschäftsguthaben in der *übernehmenden eG* durch **bilanzielle Maßnahmen** erhöht werden[4]. Da für die Mitglieder der übernehmenden eG kein Recht zum Ausscheiden gem. §§ 90ff. UmwG begründet ist, besteht die Gefahr, dass kurzfristig Eigenkapital abfließt, nicht. Die Möglichkeit, von den Mitgliedern der übertragenden eG eine **Zuzahlung** zu erheben, wird vom Gesetz dagegen **nicht** eröffnet[5]. Dagegen wird man aus § 85 Abs. 1 UmwG folgern können, dass **Abschläge** auf die Geschäftsguthaben der Mitglieder der übertragenden eG zulässig sind[6]. Diese sind regelmäßig *auch zwingend geboten*, um einen höheren Wert der übernehmenden eG auszugleichen (oben Rz. 34). 39

VIII. Rechte Dritter

Zum *Schutze der Gläubiger von Anteilsinhabern* übertragender Rechtsträger stellt § 20 Abs. 1 Nr. 3 UmwG den Rechtsgrundsatz auf, dass Rechte Dritter an den Anteilen oder Mitgliedschaften der übertragenden Rechtsträger an den an ihre Stelle tretenden Anteilen oder Mitgliedschaften des übernehmenden Rechtsträgers **weiterbestehen** (vgl. dazu § 20 Rz. 71f.)[7]. Für zwei unterschiedliche Fälle wird dieser Grundsatz durch **§ 87 Abs. 1 Satz 3 und 4 UmwG** in modifizierter Form bestätigt: 40

1 Gesetzesbegr. zu § 80 UmwG bei *Ganske*, S. 121; darauf verweist auch *Fronhöfer* in Widmann/Mayer, § 87 UmwG Rz. 32 a.E.

2 So bereits die Kritik in der 1. Aufl. Rz. 39; ähnlich dann auch *Lehnhoff* in Lang/Weidmüller, GenG, § 80 UmwG Rz. 4ff.

3 Vgl. dazu auch *Scholderer* in Semler/Stengel, § 87 UmwG Rz. 50f.; *Fronhöfer* in Widmann/Mayer, § 87 UmwG Rz. 36, 79, 84ff.; *Bleschke*, S. 58, 68; *Schöpflin* in KölnKomm. UmwG, § 87 UmwG Rz. 42.

4 Ebenso *Scholderer* in Semler/Stengel, § 87 UmwG Rz. 55.

5 Ebenso *Scholderer* in Semler/Stengel, § 87 UmwG Rz. 22; *Fronhöfer* in Widmann/Mayer, § 87 UmwG Rz. 44; *Bauer*, Genossenschafts-Handbuch, § 87 UmwG Rz. 24; a.A. *Beuthien/Wolff*, GenG, §§ 2ff. UmwG Rz. 75; *Bleschke*, S. 58, 68; *Schöpflin* in KölnKomm. UmwG, § 87 UmwG Rz. 43.

6 So zutreffend *Fronhöfer* in Widmann/Mayer, § 87 UmwG Rz. 33; vgl. auch *Beuthien/Wolff*, GenG, §§ 2ff. UmwG Rz. 75; *Scholderer* in Semler/Stengel, § 87 UmwG Rz. 54 a.E.; *Bauer*, Genossenschafts-Handbuch, § 87 UmwG Rz. 23; *Schöpflin* in KölnKomm. UmwG, § 87 UmwG Rz. 39.

7 Vgl. zu einzelnen Rechten speziell für die eG *Scholderer* in Semler/Stengel, § 87 UmwG Rz. 35–40; vgl. weiter *Schöpflin* in KölnKomm. UmwG, § 87 UmwG Rz. 26ff.

41 An den „Anteilen oder Mitgliedschaften" einer **übertragenden eG** können Rechte Dritter nicht bestehen[1]. Möglich ist allerdings das Bestehen von Rechten Dritter im Hinblick auf das *Auseinandersetzungsguthaben*. Denn der (aufschiebend bedingte) künftige Anspruch auf das Auseinandersetzungsguthaben gem. § 73 Abs. 2 Satz 2 GenG – das Gesetz formuliert hier: „Geschäftsguthaben" – kann grundsätzlich bereits vor dem Ausscheiden des Mitglieds gem. §§ 1279, 1280 BGB verpfändet oder gem. §§ 829, 835 ZPO i.V.m. § 66 GenG gepfändet werden, wobei allerdings die Verpfändung durch die Satzung ausgeschlossen werden kann, nicht dagegen die Pfändung (vgl. § 851 Abs. 2 ZPO)[2]. Der Verpfändung steht insbesondere das Verpfändungsverbot des § 22 Abs. 4 GenG nicht entgegen, welches – entgegen einer abweichenden Auffassung[3] – das künftige Auseinandersetzungsguthaben nicht erfasst[4]. Diese Rechte Dritter „an den Geschäftsguthaben" sollen nach **§ 87 Abs. 1 Satz 3 UmwG** auch nach erfolgter *Mischverschmelzung* auf einen Rechtsträger anderer Rechtsform an den hierdurch erlangten Anteilen – also etwa an einem Geschäftsanteil einer GmbH (bzw. UG, vgl. Einl. I Rz. 52) bzw. an einer Aktie bzw. mehreren Aktien – weiterbestehen[5]. Dieses Weiterbestehen wirksam entstandener Rechte Dritter gilt ungeachtet der Tatsache, dass etwa ein Pfandrecht an einem GmbH- (bzw. UG-)Geschäftsanteil gem. § 1274 BGB, § 15 Abs. 3 GmbHG nur auf Grund eines in notarieller Form abgeschlossenen Verpfändungsvertrags begründet werden kann[6]. Die Regelung entspricht der Regelung beim Formwechsel in § 266 Abs. 1 Satz 2 UmwG (vgl. auch § 266 Rz. 12).

42 **§ 87 Abs. 1 Satz 4 UmwG** „regelt den umgekehrten Fall nach demselben Vorbild"[7]: Rechte Dritter an den Anteilen oder Mitgliedschaften **eines übertragenden Rechtsträgers anderer Rechtsform** bestehen nach erfolgter Mischverschmelzung auf eine übernehmende eG an den hierdurch erlangten Geschäftsguthaben der betreffenden Anteilsinhaber weiter[8]. Inwieweit diese Rechte für den jeweiligen Gläubiger realisierbar sind, richtet sich nach den oben Rz. 41 dargelegten genos-

---

1 Ebenso *Stratz* in Schmitt/Hörtnagl/Stratz, § 87 UmwG Rz. 4; *Scholderer* in Semler/Stengel, § 87 UmwG Rz. 33; *Fronhöfer* in Widmann/Mayer, § 87 UmwG Rz. 75; *Bauer*, Genossenschafts-Handbuch, § 87 UmwG Rz. 26; *Bleschke*, S. 180; *Schöpflin* in KölnKomm. UmwG, § 87 UmwG Rz. 26.

2 Hierzu: *Beuthien*, § 73 GenG Rz. 8; *Schulte* in Lang/Weidmüller, § 73 GenG Rz. 8 a.E.; vgl. auch *Scholderer* in Semler/Stengel, § 87 UmwG Rz. 36ff.; *Fronhöfer* in Widmann/Mayer, § 87 UmwG Rz. 75; *Bauer*, Genossenschafts-Handbuch, § 87 UmwG Rz. 26; *Stratz* in Schmitt/Hörtnagl/Stratz, § 87 UmwG Rz. 4f.; *Schöpflin* in KölnKomm. UmwG, § 87 UmwG Rz. 26.

3 OLG Schleswig v. 6.9.2001 – 5 U 100/00, WM 2001, 2301; LG Stuttgart v. 24.11.1998 – 1 KfH O 120/98, EWiR 1999, 599; AG Karlsruhe v. 22.6.2007 – 12 C 97/07, WM 2007, 2066; AG Hamburg-Blankenese v. 8.11.1989 – 508 C 103/89, NJW-RR 1991, 998; *K. Müller*, § 22 GenG Rz. 43b; *Beuthien*, § 22 GenG Rz. 15; *Pöhlmann* in Pöhlmann/Fandrich/Bloehs, § 22 GenG Rz. 10.

4 Wie hier OLG Braunschweig v. 25.7.1996 – 1 U 17/96, WM 1997, 487; LG München I v. 14.7.1998 – 32 S 22959/97, ZIP 1998, 1407; *Schulte* in Lang/Weidmüller, § 22 GenG Rz. 11; *Wiegand* in Staudinger, § 1274 BGB Rz. 56; *Beuthien*, § 73 GenG Rz. 8; *Bayer*, EWiR 1999, 599; *Lieder*, EWiR 2008, 109.

5 Vgl. auch *Schöpflin* in KölnKomm. UmwG, § 87 UmwG Rz. 27; *Scholderer* in Semler/Stengel, § 87 UmwG Rz. 41.

6 Vgl. hierzu etwa *Bayer* in Lutter/Hommelhoff, § 15 GmbHG Rz. 97 m.w.N.

7 Vgl. Gesetzesbegr. zu § 87 UmwG bei *Ganske*, S. 127.

8 Vgl. dazu auch *Scholderer* in Semler/Stengel, § 87 UmwG Rz. 34 a.E.; *Fronhöfer* in Widmann/Mayer, § 87 UmwG Rz. 76; *Schöpflin* in KölnKomm. UmwG, § 87 UmwG Rz. 27.

senschaftsspezifischen Regelungen. Diese Regelung gilt auch bei einer reinen eG-Verschmelzung[1].

§ 88
Geschäftsguthaben bei der Aufnahme von Kapitalgesellschaften und rechtsfähigen Vereinen

(1) Ist an der Verschmelzung eine Kapitalgesellschaft als übertragender Rechtsträger beteiligt, so ist jedem Anteilsinhaber dieser Gesellschaft als Geschäftsguthaben bei der übernehmenden Genossenschaft der Wert der Geschäftsanteile oder der Aktien gutzuschreiben, mit denen er an der übertragenden Gesellschaft beteiligt war. Für die Feststellung des Wertes dieser Beteiligung ist die Schussbilanz der übertragenden Gesellschaft maßgebend. Übersteigt das durch die Verschmelzung erlangte Geschäftsguthaben eines Mitglieds den Gesamtbetrag der Geschäftsanteile, mit denen es bei der übernehmenden Genossenschaft beteiligt ist, so ist der übersteigende Betrag nach Ablauf von sechs Monaten seit dem Tage, an dem die Eintragung der Verschmelzung in das Register des Sitzes der übernehmenden Genossenschaft nach § 19 Abs. 3 bekannt gemacht worden ist, an das Mitglied auszuzahlen; die Auszahlung darf jedoch nicht erfolgen, bevor die Gläubiger, die sich nach § 22 gemeldet haben, befriedigt oder sichergestellt sind.

(2) Ist an der Verschmelzung ein rechtsfähiger Verein als übertragender Rechtsträger beteiligt, so kann jedem Mitglied dieses Vereins als Geschäftsguthaben bei der übernehmenden Genossenschaft höchstens der Nennbetrag der Geschäftsanteile gutgeschrieben werden, mit denen es an der übernehmenden Genossenschaft beteiligt ist.

Literatur

Vgl. die Angaben zu § 79.

I. Kapitalgesellschaft als übertragender Rechtsträger

1. Allgemeines

Wird eine Kapitalgesellschaft (§ 3 Abs. 1 Nr. 2 UmwG) auf eine eG verschmolzen, 1
so stellt sich das Problem, dass die Festsetzung des Geschäftsguthabens der Anteilsinhaber des übertragenden Rechtsträgers bei der übernehmenden eG nicht

1 *Scholderer* in Semler/Stengel, § 87 UmwG Rz. 34; *Schöpflin* in KölnKomm. UmwG, § 87 UmwG Rz. 27; *Beuthien/Wolff*, GenG, §§ 2ff. UmwG Rz. 76.

von einem bereits bestehenden Geschäftsguthaben abgeleitet werden kann, wie dies regelmäßig bei der reinen eG-Verschmelzung der Fall ist[1]. Das für die reine eG-Verschmelzung grundsätzlich geltende **Nominalwertprinzip** (dazu § 87 Rz. 32 ff.) kann daher im Falle der *Mischverschmelzung* für die Bewertung des Umtauschverhältnisses der Anteile **keine Anwendung** finden[2]. Während § 87 Abs. 1 Satz 1 UmwG (auch) den Anteilstausch im Falle einer Mischverschmelzung unter Beteiligung einer übertragenden eG auf einen übernehmenden Rechtsträger anderer Rechtsform zum Gegenstand hat, regelt § 88 Abs. 1 UmwG den Fall der Aufnahme einer übertragenden Kapitalgesellschaft durch eine *übernehmende eG.*

2. Mitgliedschaft

2 Mit Wirksamwerden der Verschmelzung werden die bisherigen Anteilsinhaber der übertragenden Kapitalgesellschaft **Mitglieder der übernehmenden eG**. Insoweit kann auf die Ausführungen zu § 87 Rz. 13 ff. verwiesen werden. Im Gegensatz zur Aufnahme einer eG gelten bei der Verschmelzung einer Kapitalgesellschaft auf eine eG nicht die Vorschriften über die Ausschlagung gem. §§ 90 ff. UmwG, sondern die allgemeinen Regelungen in §§ 29 ff. UmwG (dazu ausf. § 90 Rz. 8)[3].

3. Umtauschverhältnis

3 Nach § 88 Abs. 1 Satz 1 UmwG gilt das Prinzip, dass jedem Anteilsinhaber einer *übertragenden Kapitalgesellschaft* der Wert seiner Geschäftsanteile oder Aktien als Geschäftsguthaben bei der übernehmenden eG gutzuschreiben (= festzusetzen) ist. Die Wertermittlung erfolgt nach Maßgabe der *Schlussbilanz* der übertragenden Kapitalgesellschaft (§ 88 Abs. 1 Satz 2 UmwG). Anwendung finden insoweit also die **allgemeinen Vorschriften** über die **Anteilsbewertung bei Kapitalgesellschaften** (dazu ausf. § 5 Rz. 33 ff.)[4]. Im Gegensatz zu Mitgliedern einer übertragenden eG werden die Anteilsinhaber einer übertragenden Kapitalgesellschaft also uneingeschränkt am wirklichen Vermögenswert des übertragenden Rechtsträgers beteiligt, erleiden somit im Falle der Mischverschmelzung auf eine übernehmende eG *keine Vermögenseinbußen*[5]. Dagegen wirkt sich **für die Mitglieder der übernehmenden eG** das Nominalwertprinzip **ungünstig** aus, da sie nur in Höhe ihrer Geschäftsguthaben, nicht aber hinsichtlich der Rücklagen und stillen Reserven am Wert der „neuen" eG beteiligt sind. Diese Ungleichbehandlung kann nur dadurch *ausgeglichen* werden, dass die übernehmende eG vor Durchführung der

---

1 *Scholderer* in Semler/Stengel, § 88 UmwG Rz. 1 a.E.; *Fronhöfer* in Widmann/Mayer, § 88 UmwG Rz. 3.

2 Ebenso *Scholderer* in Semler/Stengel, § 88 UmwG Rz. 9; *Fronhöfer* in Widmann/Mayer, § 87 UmwG Rz. 6; *Schöpflin* in KölnKomm. UmwG, § 88 UmwG Rz. 1.

3 Zustimmend *Scholderer* in Semler/Stengel, § 88 UmwG Rz. 5.

4 Ebenso *Stratz* in Schmitt/Hörtnagl/Stratz, § 88 UmwG Rz. 2; *Scholderer* in Semler/Stengel, § 88 UmwG Rz. 8; *Fronhöfer* in Widmann/Mayer, § 88 UmwG Rz. 6; *Bleschke*, S. 181; *Schöpflin* in KölnKomm. UmwG, § 88 UmwG Rz. 3.

5 So auch Gesetzesbegr. zu § 88 UmwG bei *Ganske*, S. 127; ähnlich *Lehnhoff* in Lang/Weidmüller, GenG, § 88 UmwG Rz. 2; *Scholderer* in Semler/Stengel, § 88 UmwG Rz. 2; *Stratz* in Schmitt/Hörtnagl/Stratz, § 88 UmwG Rz. 2; *Fronhöfer* in Widmann/Mayer, § 88 UmwG Rz. 2, 6; *Schöpflin* in KölnKomm. UmwG, § 88 UmwG Rz. 3.

Verschmelzung durch bilanzielle Maßnahmen die Geschäftsguthaben ihrer Mitglieder erhöht[1]. Alternativ kommt ein Formwechsel der eG in eine Kapitalgesellschaft in Betracht (dazu § 258 Rz. 4)[2].

4. Geschäftsanteile

Der Betrag eines Geschäftsanteils sowie die Anzahl der Geschäftsanteile, die erworben werden können oder müssen, bestimmt *allein die Satzung der übernehmenden eG* (vgl. § 87 Rz. 21)[3]. Das aus dem Wert der Anteile an der übertragenden Kapitalgesellschaft bestimmte *Geschäftsguthaben* (oben Rz. 3) wird analog § 80 Abs. 1 Satz 1 Nr. 2 UmwG (Prinzip der Volleinzahlung; vgl. § 80 Rz. 17)[4] oder auf Grund einer (zulässigen) abweichenden Vereinbarung im Verschmelzungsvertrag (dazu § 80 Rz. 22) dem erworbenen Geschäftsanteil/den erworbenen Geschäftsanteilen zugeschrieben. 4

5. Auszahlung überschießender Geschäftsguthaben

Ein durch die Verschmelzung erlangtes Geschäftsguthaben, das den Gesamtbetrag der bei der übernehmenden eG erworbenen Geschäftsanteile übersteigt **(überschießendes Geschäftsguthaben)**, ist an das jetzige Mitglied und vormaligen Anteilsinhaber der übertragenden Kapitalgesellschaft auszuzahlen (§ 88 Abs. 1 Satz 3 UmwG)[5]. Die Auszahlung ist jedoch – in Übereinstimmung mit der Regelung in § 87 Abs. 2 Satz 1 UmwG – erst vorzunehmen nach Ablauf von sechs Monaten seit dem Tag, an dem die Eintragung der Verschmelzung in das Register des Sitzes der übernehmenden eG nach § 19 Abs. 3 UmwG bekannt gemacht worden ist. Darüber hinaus darf die Auszahlung erst erfolgen, nachdem die Gläubiger, die sich nach § 22 UmwG gemeldet haben, befriedigt oder sichergestellt sind. Insoweit ergeben sich also zwischen einer übertragenden eG und einer übertragenden Kapitalgesellschaft keine strukturellen Unterschiede[6]. Daher kann auf die Kommentierung zu § 87 Rz. 27ff. verwiesen werden. Zur Vermeidung einer hohen Auszahlung wird die übernehmende eG ggf. nach ihrer Satzung bestehende *Höchstzahlbegrenzungen* für den Erwerb von Geschäftsanteilen aufheben[7]. Denn die Begrenzung des § 87 Abs. 2 Satz 2 UmwG (10 %) gilt hier nicht[8]. 5

1 Zust. *Schöpflin* in KölnKomm. UmwG, § 88 UmwG Rz. 4.
2 Hierzu *Bleschke*, S. 70ff.; vgl. auch *Schöpflin* in KölnKomm. UmwG, § 88 UmwG Rz. 4 a.E.
3 Ebenso *Fronhöfer* in Widmann/Mayer, § 88 UmwG Rz. 9; *Schöpflin* in KölnKomm. UmwG, § 88 UmwG Rz. 5.
4 *Scholderer* in Semler/Stengel, § 88 UmwG Rz. 10 verlangt zur Anwendung dieser Vorschrift eine ausdrückliche Vereinbarung; wie hier aber *Bauer*, Genossenschafts-Handbuch, § 88 UmwG Rz. 7; *Fronhöfer* in Widmann/Mayer, § 88 UmwG Rz. 9 a.E.; *Schöpflin* in KölnKomm. UmwG, § 88 UmwG Rz. 5.
5 Vgl. hierzu auch *Fronhöfer* in Widmann/Mayer, § 88 UmwG Rz. 11; *Stratz* in Schmitt/Hörtnagl/Stratz, § 88 UmwG Rz. 3; *Bleschke*, S. 181; *Schöpflin* in KölnKomm, UmwG, § 88 UmwG Rz. 6.
6 Ausdrücklich zustimmend *Scholderer* in Semler/Stengel, § 88 UmwG Rz. 11 a.E.
7 Richtig *Scholderer* in Semler/Stengel, § 88 UmwG Rz. 10; *Fronhöfer* in Widmann/Mayer, § 88 UmwG Rz. 12.
8 *Stratz* in Schmitt/Hörtnagl/Stratz, § 88 UmwG Rz. 3; *Scholderer* in Semler/Stengel, § 88 UmwG Rz. 12; *Fronhöfer* in Widmann/Mayer, § 88 UmwG Rz. 12; zust. *Schöpflin* in KölnKomm. UmwG, § 88 UmwG Rz. 6.

6. Pflichtbeteiligung

6 Ergibt sich nach der Satzung der übernehmenden eG eine höhere Pflichtbeteiligung als durch das festgesetzte Geschäftsguthaben gedeckt ist, so hat der vormalige Anteilsinhaber einer übertragenden Kapitalgesellschaft die weitere Beteiligung außerhalb des Verschmelzungsvorganges zu erwerben. Vgl. hierzu Einzelheiten bei § 87 Rz. 26.

II. Verein als übertragender Rechtsträger

7 Regelmäßig vermittelt die Mitgliedschaft in einem rechtsfähigen Verein **keine wertmäßige Beteiligung** der Vereinsmitglieder an dessen Vermögen[1]. In Abweichung zur Aufnahme einer Kapitalgesellschaft (oben Rz. 1 ff.) gilt für einen übertragenden rechtsfähigen Verein daher nicht das Prinzip, dass die übernehmende eG den vormaligen Anteilsinhabern des übertragenden Rechtsträgers dessen Vermögenswert in Form der Festsetzung entsprechender Geschäftsguthaben vergüten muss[2]. Die **Höhe des Geschäftsguthabens** wird vielmehr gem. **§ 88 Abs. 2 UmwG** durch den Nennbetrag der nach dem Verschmelzungsvertrag den vormaligen Vereinsmitgliedern eingeräumten Geschäftsanteilen begrenzt. Übersteigt der Wert des Vereinsvermögens den Gesamtbetrag aller neuen Geschäftsanteile (überschießendes Vereinsvermögen), so fließt dieser Wert den Rücklagen der übernehmenden eG zu[3]. Soll nach dem Willen der Beteiligten das Vereinsvermögen vollständig auf die vormaligen Vereinsmitglieder aufgeteilt werden, so kann dies nur dadurch erfolgen, dass die eingeräumten Geschäftsanteile in der übernehmenden eG mit dem entsprechenden Nennbetrag festgesetzt werden. Hierbei ist allerdings zu beachten, dass der *Nennbetrag der Geschäftsanteil*e für alle (neuen und alten) Mitglieder der eG identisch sein muss[4]. Daher ist erforderlichenfalls die Satzung der übernehmenden eG zu ändern (vgl. hierzu auch § 79 Rz. 15 ff.)[5]. *Bare Zuzahlungen* an die ehemaligen Vereinsmitglieder zum Wertausgleich sind dagegen vom Gesetz *nicht* vorgesehen[6]. Normzweck des § 88 Abs. 2 UmwG ist somit ein Schutz der übernehmenden eG vor einem Kapitalabfluss (Unterschied zu § 88

---

1 So Gesetzesbegr. zu § 88 Abs. 2 UmwG bei *Ganske*, S. 128; ebenso *Scholderer* in Semler/Stengel, § 88 UmwG Rz. 3, 13; *Stratz* in Schmitt/Hörtnagl/Stratz, § 88 UmwG Rz. 4; *Fronhöfer* in Widmann/Mayer, § 88 UmwG Rz. 14; *Beuthien/Wolff*, GenG, §§ 2 ff. UmwG Rz. 78c; *Schöpflin* in KölnKomm. UmwG, § 88 UmwG Rz. 8.

2 Ebenso *Fronhöfer* in Widmann/Mayer, § 88 UmwG Rz. 14; *Schöpflin* in KölnKomm. UmwG, § 88 UmwG Rz. 8.

3 Ebenso Gesetzesbegr. zu § 88 Abs. 2 UmwG bei *Ganske*, S. 128 und *Lehnhoff* in Lang/Weidmüller, GenG, § 88 UmwG Rz. 4; *Scholderer* in Semler/Stengel, § 88 UmwG Rz. 15 a.E.; *Fronhöfer* in Widmann/Mayer, § 88 UmwG Rz. 16; *Bauer*, Genossenschafts-Handbuch, § 88 UmwG Rz. 11; *Beuthien/Wolff*, GenG, §§ 2 ff. UmwG Rz. 78c; *Schöpflin* in KölnKomm. UmwG, § 88 UmwG Rz. 8.

4 RG v. 17.10.1906 – Rep. V.658/05, RGZ 64, 187 (193); *Beuthien*, § 7 GenG Rz. 1; *Scholderer* in Semler/Stengel, § 88 UmwG Rz. 15; *Schöpflin* in KölnKomm. UmwG, § 88 UmwG Rz. 10.

5 Ähnlich *Stratz* in Schmitt/Hörtnagl/Stratz, § 88 UmwG Rz. 4; zustimmend auch *Scholderer* in Semler/Stengel, § 88 UmwG Rz. 15; *Bauer*, Genossenschafts-Handbuch, § 88 UmwG Rz. 11; *Fronhöfer* in Widmann/Mayer, § 88 UmwG Rz. 15 a.E.

6 Für Unzulässigkeit: *Scholderer* in Semler/Stengel, § 88 UmwG Rz. 16; *Stratz* in Schmitt/Hörtnagl/Stratz, § 88 UmwG Rz. 4 a.E.; *Schöpflin* in KölnKomm. UmwG, § 88 UmwG Rz. 8.

Abs. 1 UmwG, der einen Individualanspruch für die Anteilseigner der übertragenden Kapitalgesellschaft begründet)[1].

III. Personengesellschaft als übertragender Rechtsträger

Soll eine Personengesellschaft auf eine eG verschmolzen werden, so findet § 88 UmwG keine Anwendung; es gelten vielmehr die **allgemeinen Vorschriften**[2]. Dies bedeutet: Der Anteilswert des Personengesellschafters muss sich vollumfänglich im Wert des Geschäftsguthabens fortsetzen, das für ihn bei der übernehmenden eG festgelegt wird. Hierauf wird der Personengesellschafter bei der Abfassung des Verschmelzungsvertrags (Festlegung der – voll eingezahlten – Geschäftsanteile) i.d.R. selbst achten. Bestehen allerdings Höchstgrenzen für den Erwerb von Geschäftsanteilen bei der übernehmenden eG und wird diese Begrenzung nicht im Rahmen der Beschlussfassung über die Verschmelzung aufgehoben (dazu § 80 Rz. 23f.), so stellt sich die Frage, ob **analog § 88 Abs. 1 Satz 3 UmwG** ein **überschießendes Geschäftsguthaben ausbezahlt** werden darf (und muss). Dies sollte zulässig sein[3]; die Verweise auf das Spruchverfahren[4] oder die Annahme, der überschießende Betrag sei in der übernehmenden eG als Eigenkapital gebunden[5], überzeugen dagegen nicht. Um die Durchführung der Verschmelzung nicht zu gefährden, sollte allerdings eine klare Festlegung im Verschmelzungsvertrag (vgl. § 5 Abs. 1 Nr. 3 UmwG) getroffen werden (dazu schon § 80 Rz. 22). 8

§ 89

Eintragung der Genossen in die Mitgliederliste; Benachrichtigung

(1) Die übernehmende Genossenschaft hat jedes neue Mitglied nach der Eintragung der Verschmelzung in das Register des Sitzes der übernehmenden Genossenschaft unverzüglich in die Mitgliederliste einzutragen und hiervon unverzüglich zu benachrichtigen. Sie hat ferner die Zahl der Geschäftsanteile des Mitglieds einzutragen, sofern das Mitglied mit mehr als einem Geschäftsanteil beteiligt ist.

(2) Die übernehmende Genossenschaft hat jedem Anteilsinhaber eines übertragenden Rechtsträgers, bei unbekannten Aktionären dem Treuhänder der übertragenden Gesellschaft, unverzüglich in Textform mitzuteilen:

---

1 Richtig *Scholderer* in Semler/Stengel, § 88 UmwG Rz. 14; ähnlich *Fronhöfer* in Widmann/Mayer, § 88 UmwG Rz. 14.

2 *Scholderer* in Semler/Stengel, § 88 UmwG Rz. 17; *Beuthien/Wolff*, GenG, §§ 2ff. UmwG Rz. 78d; *Bauer*, Genossenschafts-Handbuch, § 88 UmwG Rz. 12; *Stratz* in Schmitt/Hörtnagl/Stratz, § 88 UmwG Rz. 6; *Schöpflin* in KölnKomm. UmwG, § 88 UmwG Rz. 11; *Fandrich* in Pohlmann/Fandrich/Bloehs, § 43a GenG Rz. 4; *Lehnhoff* in Lang/Weidmüller, GenG, § 88 UmwG Rz. 5.

3 So auch *Fronhöfer* in Widmann/Mayer, § 88 UmwG Rz. 21; *Bauer*, Genossenschafts-Handbuch, § 88 UmwG Rz. 12; *Lehnhoff* in Lang/Weidmüller, GenG, § 88 UmwG Rz. 5 a.E.; *Schöpflin* in KölnKomm. UmwG, § 88 UmwG Rz. 11.

4 S. etwa *Scholderer* in Semler/Stengel, § 88 UmwG Rz. 17; *Beuthien/Wolff*, GenG, §§ 2ff. UmwG Rz. 78d a.E.; dagegen auch *Schöpflin* in KölnKomm. UmwG, § 88 UmwG Rz. 11.

5 So *Stratz* in Schmitt/Hörtnagl/Stratz, § 88 UmwG Rz. 6; dagegen auch *Schöpflin* in KölnKomm. UmwG, § 88 UmwG Rz. 11.

1. den Betrag des Geschäftsguthabens bei der übernehmenden Genossenschaft;

2. den Betrag des Geschäftsanteils bei der übernehmenden Genossenschaft;

3. die Zahl der Geschäftsanteile, mit denen der Anteilsinhaber bei der übernehmenden Genossenschaft beteiligt ist;

4. den Betrag der von dem Mitglied nach Anrechnung seines Geschäftsguthabens noch zu leistenden Einzahlung oder den Betrag, der ihm nach § 87 Abs. 2 oder nach § 88 Abs. 1 auszuzahlen ist, sowie

5. den Betrag der Haftsumme der übernehmenden Genossenschaft, sofern deren Mitglieder Nachschüsse bis zu einer Haftsumme zu leisten haben.

Literatur

Vgl. die Angaben zu § 79.

I. Inhalt und Zweck der Vorschrift

1 Die **Eintragung in die Mitgliederliste** hat unverzüglich nach Eintragung der Verschmelzung in das Register des Sitzes der *übernehmenden* eG zu erfolgen, da allein diese Eintragung die Verschmelzungswirkungen auslöst (vgl. § 20 Abs. 1 UmwG). Darüber hinaus erfolgt die Eintragung in die Mitgliederliste durch den Vorstand der übernehmenden eG selbst, denn die gerichtlich geführte Liste der Mitglieder wurde aufgegeben und durch eine von der eG zu führende Mitgliederliste ersetzt (§ 30 GenG).

2 Die **Mitteilungspflichten** gem. § 89 Abs. 1 Satz 1, Abs. 2 UmwG verfolgen den **Zweck**, die neuen Mitglieder über ihre Rechtsposition zu informieren sowie ihnen die Möglichkeit zu eröffnen, eine Ausschlagung (§ 90 UmwG) zu prüfen[1]. Weiterhin können Gläubiger ein berechtigtes Interesse an der Einsicht gem. § 31 GenG haben[2].

3 Gem. § 89 Abs. 2 UmwG genügt zur Mitteilung an die Anteilsinhaber eines übertragenden Rechtsträgers die Einhaltung der **Textform** (§ 126b BGB). Durch das Gesetz zur Einführung der Europäischen Genossenschaft und zur Änderung des Genossenschaftsrechts (§ 82 Rz. 4 Fn. 2) ist der Wortlaut des § 89 UmwG an das reformierte GenG redaktionell angepasst worden. Das Gesetz spricht nicht mehr von den Genossen, sondern von den **Mitgliedern der Genossenschaft**. *Übersehen* hat der Gesetzgeber aber, dass auch die *amtliche Überschrift* des § 89 UmwG von der „Eintragung der Genossen" sprach und noch immer spricht. Der Gesetzgeber ist aufgerufen, dieses Versehen bei nächster Gelegenheit zu korrigieren.

---

1 *Fandrich/Graef/Bloehs*, S. 79; ähnlich *Scholderer* in Semler/Stengel, § 89 UmwG Rz. 1.
2 So *Schöpflin* in KölnKomm. UmwG, § 89 UmwG Rz. 1.

II. Eintragung in die Mitgliederliste

Durch die Eintragung in das Register des Sitzes des übernehmenden Rechtsträgers wird die Verschmelzung gem. §§ 20 Abs. 1 Nr. 1–3, 87 Abs. 1 Satz 1 und 2 UmwG wirksam (dazu § 87 Rz. 2 sowie § 20 Rz. 3ff.). Ist **übernehmender Rechtsträger eine eG**, so ist nach der konstitutiven Eintragung der Verschmelzung in das für sie zuständige Genossenschaftsregister[1] jedes neue Mitglied in die bei ihr gem. § 30 GenG geführte Mitgliederliste einzutragen. 4

Der **Inhalt** der deklaratorischen **Eintragung**[2] **in die Mitgliederliste** folgt aus **§ 30 Abs. 2 GenG**. Einzutragen sind danach gem. § 30 Abs. 2 Satz 1 Nr. 1 GenG Familien- und Vorname(n) sowie Anschrift (bei juristischen Personen und Personenhandelsgesellschaften: Firma und Anschrift; bei anderen Personenvereinigungen: Bezeichnung und Anschrift der Vereinigung oder Familiennamen, Vornamen und Anschriften ihrer Mitglieder) und gem. § 30 Abs. 2 Satz 1 Nr. 2 GenG die Zahl der übernommenen weiteren Geschäftsanteile. Die mit § 30 Abs. 2 Satz 1 Nr. 2 GenG identische Regelung in § 89 Abs. 1 Satz 2 UmwG ist daher überflüssig[3]. Anzugeben sind darüber hinaus gem. § 30 Abs. 2 Satz 2 GenG der Zeitpunkt, zu dem die eingetragenen Angaben wirksam geworden sind, – hier also der Zeitpunkt des Wirksamwerdens der Verschmelzung nach Eintragung in das Genossenschaftsregister am Sitz der übernehmenden eG – sowie die Tatsachen, die Grund für die Eintragung waren (hier also die Verschmelzung)[4]. Die ordnungsgemäße Führung der Mitgliederliste kann durch Festsetzung von Zwangsgeldern gegen die Vorstandsmitglieder vom Registergericht durchgesetzt werden (vgl. § 160 Abs. 1 GenG)[5]. 5

Einzutragen ist **jedes neue Mitglied**, das heißt jeder Anteilsinhaber eines übertragenden Rechtsträgers, der mit Wirksamwerden der Verschmelzung Mitglied in der übernehmenden eG geworden ist. Hierzu zählen etwa auch vormalige Mitglieder einer übertragenden eG, die ihre Mitgliedschaft gem. §§ 65ff. GenG gekündigt haben, die Kündigung jedoch im Zeitpunkt des Eintritts der Verschmelzungswirkungen noch nicht wirksam geworden ist (dazu auch § 87 Rz. 18)[6]. Einzutragen sind insbesondere auch alle Anteilsinhaber eines übertragenden Rechtsträgers, die ihre Mitgliedschaft in der übernehmenden eG gegen Gewährung einer *Abfindung* gem. §§ 29ff. UmwG aufgeben (mit Wirkung ex nunc), aber auch alle vormaligen Mitglieder einer übertragenden eG, die ihre Mitgliedschaft gem. § 90 Abs. 2 UmwG mit Wirkung ex tunc bereits *ausgeschlagen* bzw. sich die Möglichkeit der 6

---

1 Zum maßgeblichen Zeitpunkt auch *Scholderer* in Semler/Stengel, § 89 UmwG Rz. 4.

2 Zur deklaratorischen Bedeutung der Eintragung in die Mitgliederliste: *Keßler* in BerlKomm. GenG, §§ 30ff. GenG Rz. 4; *Scholderer* in Semler/Stengel, § 89 UmwG Rz. 3; *Fronhöfer* in Widmann/Mayer, § 89 UmwG Rz. 3; *Stratz* in Schmitt/Hörtnagl/Stratz, § 89 UmwG Rz. 2; *Schöpflin* in KölnKomm. UmwG, § 89 UmwG Rz. 2 a.E.

3 Ähnlich, aber einschränkend *Scholderer* in Semler/Stengel, § 89 UmwG Rz. 1, 6.

4 Vgl. hierzu auch *Scholderer* in Semler/Stengel, § 89 UmwG Rz. 6.

5 Zust. *Scholderer* in Semler/Stengel, § 89 UmwG Rz. 4; *Fronhöfer* in Widmann/Mayer, § 89 UmwG Rz. 2; *Stratz* in Schmitt/Hörtnagl/Stratz, § 89 UmwG Rz. 2; *Bauer*, Genossenschafts-Handbuch, § 89 UmwG Rz. 6; *Beuthien/Wolff*, GenG, §§ 2ff. UmwG Rz. 77.

6 Ebenso *Scholderer* in Semler/Stengel, § 89 UmwG Rz. 5; *Fronhöfer* in Widmann/Mayer, § 89 UmwG Rz. 6; *Bauer*, Genossenschafts-Handbuch, § 89 UmwG Rz. 2; *Bleschke*, S. 163.

Ausschlagung gem. §§ 90 Abs. 3, 91 Abs. 2 UmwG noch offen gehalten haben[1]. Diese Auffassung wird bestätigt durch § 92 Abs. 1 UmwG, wonach jede Ausschlagung in die bei der übernehmenden eG geführte *Mitgliederliste einzutragen* ist (dazu § 92 Rz. 4). Denn aus der Mitgliederliste, in die nach § 30 Abs. 2 Satz 1 Nr. 3 GenG auch das Ausscheiden aus der eG einzutragen ist, soll sich nachvollziehbar ergeben, wer zunächst – sei es auch nur zeitweilig – auf Grund der Verschmelzung Mitglied in der übernehmenden eG geworden und wer anschließend – sei es mit Wirkung ex nunc oder ex tunc – aus der übernehmenden eG wieder ausgeschieden ist[2].

7 Die Eintragung in die Mitgliederliste hat **unverzüglich** nach Eintragung der Verschmelzung in das Register des Sitzes der übernehmenden eG zu erfolgen, also gem. § 121 Abs. 1 Satz 1 BGB ohne schuldhaftes Zögern, nachdem der Vorstand der übernehmenden eG von der Eintragung Kenntnis erlangt hat[3].

III. Benachrichtigung der Mitglieder

8 Ebenfalls unverzüglich nach Eintragung der Verschmelzung in das für die übernehmende eG zuständige Register (dazu oben Rz. 1) sind alle vormaligen Anteilsinhaber eines übertragenden Rechtsträgers und nunmehrigen Mitglieder der übernehmenden eG (dazu § 87 Rz. 13 ff.) gem. § 89 Abs. 1 Satz 1 UmwG über die **Eintragung in die Mitgliederliste** (oben Rz. 4) zu benachrichtigen. Darüber hinaus ist gem. § 89 Abs. 2 UmwG **Mitteilung** zu machen über:

- den Betrag des Geschäftsguthabens bei der übernehmenden eG (vgl. dazu § 80 Rz. 15, § 88 Rz. 3 ff.),
- den Betrag des Geschäftsanteils bei der übernehmenden eG (vgl. dazu § 80 Rz. 14),
- die Zahl der Geschäftsanteile, mit denen der Anteilsinhaber bei der übernehmenden eG beteiligt ist (vgl. dazu § 87 Rz. 23 f.),
- den Betrag der von dem Mitglied nach Anrechnung seines Geschäftsguthabens noch zu leistenden Einzahlung (dazu § 87 Rz. 26) oder den Betrag, der ihm nach § 87 Abs. 2 UmwG oder nach § 88 Abs. 1 UmwG auszuzahlen ist (dazu § 87 Rz. 27 ff., § 88 Rz. 5) und
- ggf. den Betrag einer bei der übernehmenden eG bestehenden Haftsumme.

Diese Angaben sind nicht besonders zu begründen; es ist also nicht zu erläutern, wie sich die Höhe des abzugeltenden Geschäftsguthabens oder die Zahl der über-

1 Ebenso *Scholderer* in Semler/Stengel, § 89 UmwG Rz. 5; *Bauer*, Genossenschafts-Handbuch, § 89 UmwG Rz. 2; *Fandrich/Graef/Bloehs*, S. 81; abweichend für den Fall der Ausschlagung vor Wirksamwerden der Verschmelzung *Fronhöfer* in Widmann/Mayer, § 89 UmwG Rz. 8; *Beuthien/Wolff*, GenG, §§ 2 ff. UmwG Rz. 77; *Schöpflin* in KölnKomm. UmwG, § 89 UmwG Rz. 4; wie hier aber *Bleschke*, S. 163 f.; *Wardenbach* in Henssler/Strohn, § 89 UmwG Rz. 1.

2 *K. Müller*, § 30 GenG Rz. 1; ausdrücklich zustimmend *Scholderer* in Semler/Stengel, § 89 UmwG Rz. 5; a.A. *Beuthien/Wolff*, GenG, §§ 2 ff. UmwG Rz. 77, der dies als „unnötige Förmelei" abtut; ebenso *Schöpflin* in KölnKomm. UmwG, § 89 UmwG Rz. 4; wie hier aber *Fronhöfer* in Widmann/Mayer, § 92 UmwG Rz. 4.

3 S. auch *Scholderer* in Semler/Stengel, § 89 UmwG Rz. 8; *Schöpflin* in KölnKomm. UmwG, § 89 UmwG Rz. 5.

nommenen Geschäftsanteile berechnet[1]. Die Mitteilungspflicht besteht auch gegenüber Mitgliedern, die ihre Mitgliedschaft nach §§ 65 ff. GenG *gekündigt* haben, im Zeitpunkt der Verschmelzung aber noch nicht aus der eG ausgeschieden sind[2].

Während für die Benachrichtigung gem. § 89 Abs. 1 Satz 1 UmwG (Eintragung in die Mitgliederliste) keine Form vorgesehen ist, also auch eine mündliche Erklärung ausreicht[3], hat die Mitteilung gem. § 89 Abs. 2 UmwG in **Textform** (vgl. § 126b BGB) zu erfolgen[4] (vgl. oben Rz. 3). Auch Faksimile-Unterschriften sind nun zulässig[5], was insbesondere von der Praxis nachdrücklich gefordert worden war. Beide (Wissens-)Erklärungen werden nur wirksam mit dem **Zugang** (§ 130 Abs. 1 Satz 1 BGB [analog]); Niederlegung in den Geschäftsräumen der eG oder Einstellen auf die Homepage reicht daher nicht aus[6]. Zuständig für die Abgabe der Erklärungen ist (analog § 30 GenG) der Vorstand der eG[7]. Ein Verzicht ist nicht möglich[8]. Auf den Lauf der Ausschlagungsfrist des § 91 Abs. 2 UmwG (dazu § 91 Rz. 4) hat die Benachrichtigung nach § 89 Abs. 2 UmwG keinen Einfluss[9]. Pflichtverletzungen durch die übernehmende eG führen allein zur Haftung gem. § 27 (dazu § 27 Rz. 2 ff.)[10]. 9

Ist an der Verschmelzung eine **AG** oder **KGaA** als **übertragender Rechtsträger** beteiligt, so stellt sich das Problem der Benachrichtigung solcher Aktionäre, deren Namen und Anschrift der übernehmenden eG unbekannt sind (vgl. auch § 35 UmwG). Für diesen Fall ordnet § 89 Abs. 2 UmwG die Mitteilung gegenüber dem **Treuhänder** der übertragenden AG/KGaA an, der gem. § 71 UmwG (analog) zu bestellen ist (dazu § 71 Rz. 3 ff.)[11]. 10

---

1 Ebenso *Fronhöfer* in Widmann/Mayer, § 89 UmwG Rz. 21; *Fandrich/Graef/Bloehs*, S. 79.

2 *Fandrich/Graef/Bloehs*, S. 79; *Schöpflin* in KölnKomm. UmwG, § 89 UmwG Rz. 8.

3 Ebenso *Scholderer* in Semler/Stengel, § 89 UmwG Rz. 7; *Fronhöfer* in Widmann/Mayer, § 89 UmwG Rz. 16; *Schöpflin* in KölnKomm. UmwG, § 89 UmwG Rz. 7.

4 Vgl. auch *Schöpflin* in KölnKomm. UmwG, § 89 UmwG Rz. 11.

5 Vgl. auch *Bauer*, Genossenschafts-Handbuch, § 89 UmwG Rz. 8; *Scholderer* in Semler/Stengel, § 89 UmwG Rz. 10 a.E.

6 Ebenso *Scholderer* in Semler/Stengel, § 89 UmwG Rz. 11; *Fronhöfer* in Widmann/Mayer, § 89 UmwG Rz. 24 a.E.; *Beuthien/Wolff*, GenG, §§ 2 ff. UmwG Rz. 77a; *Schöpflin* in KölnKomm. UmwG, § 89 UmwG Rz. 11.

7 Ebenso *Scholderer* in Semler/Stengel, § 89 UmwG Rz. 7; *Fronhöfer* in Widmann/Mayer, § 89 UmwG Rz. 25.

8 Wie hier *Bauer*, Genossenschafts-Handbuch, § 89 UmwG Rz. 11; *Scholderer* in Semler/Stengel, § 89 UmwG Rz. 10; a.A. *Lehnhoff* in Lang/Weidmüller, GenG, § 89 UmwG Rz. 4; *Schöpflin* in KölnKomm. UmwG, § 89 UmwG Rz. 13.

9 *Stratz* in Schmitt/Hörtnagl/Stratz, § 89 UmwG Rz. 3; *Scholderer* in Semler/Stengel, § 89 UmwG Rz. 11; *Fronhöfer* in Widmann/Mayer, § 89 UmwG Rz. 26; *Bauer*, Genossenschafts-Handbuch, § 91 UmwG Rz. 6 a.E.; *Beuthien/Wolff*, GenG, §§ 2 ff. UmwG Rz. 114.

10 Ebenso *Beuthien/Wolff*, GenG, §§ 2 ff. UmwG Rz. 114; *Schöpflin* in KölnKomm. UmwG, § 89 UmwG Rz. 14.

11 So auch *Stratz* in Schmitt/Hörtnagl/Stratz, § 89 UmwG Rz. 3 a.E.; *Bauer*, Genossenschafts-Handbuch, § 89 UmwG Rz. 9; *Fronhöfer* in Widmann/Mayer, § 89 UmwG Rz. 22; *Schöpflin* in KölnKomm. UmwG, § 89 UmwG Rz. 12 a.E.

§ 90
Ausschlagung durch einzelne Anteilsinhaber

(1) Die §§ 29 bis 34 sind auf die Mitglieder einer übertragenden Genossenschaft nicht anzuwenden.

(2) Auf der Verschmelzungswirkung beruhende Anteile und Mitgliedschaften an dem übernehmenden Rechtsträger gelten als nicht erworben, wenn sie ausgeschlagen werden.

(3) Das Recht zur Ausschlagung hat jedes Mitglied einer übertragenden Genossenschaft, wenn es in der Generalversammlung oder als Vertreter in der Vertreterversammlung, die gemäß § 13 Abs. 1 über die Zustimmung zum Verschmelzungsvertrag beschließen soll,

1. erscheint und gegen den Verschmelzungsbeschluss Widerspruch zur Niederschrift erklärt oder

2. nicht erscheint, sofern es zu der Versammlung zu Unrecht nicht zugelassen worden ist oder die Versammlung nicht ordnungsgemäß einberufen oder der Gegenstand der Beschlussfassung nicht ordnungsgemäß bekannt gemacht worden ist.

Wird der Verschmelzungsbeschluss einer übertragenden Genossenschaft von einer Vertreterversammlung gefasst, so steht das Recht zur Ausschlagung auch jedem anderen Mitglied dieser Genossenschaft zu, das im Zeitpunkt der Beschlussfassung nicht Vertreter ist.

Literatur

Vgl. die Angaben zu § 79.

I. Barabfindung

1 Nach § 29 Abs. 1 Satz 1 UmwG hat im Falle einer **Mischverschmelzung** der übernehmende Rechtsträger im Verschmelzungsvertrag bzw. Vertragsentwurf jedem Anteilsinhaber, der gegen den Verschmelzungsbeschluss des übertragenden Rechtsträgers Widerspruch zur Niederschrift erklärt, den Erwerb seiner Anteile oder Mitgliedschaften gegen eine **angemessene Barabfindung anzubieten**. Damit wird dem Umstand Rechnung getragen, dass es im Falle einer Mehrheitsentscheidung dem überstimmten Anteilsinhaber nicht zumutbar ist, die Mitgliedschaft in

einem Rechtsträger anderer Rechtsform zu übernehmen (dazu § 29 Rz. 2)[1]. Dem Widerspruch zur Niederschrift steht es gleich, wenn ein nicht erschienener Anteilsinhaber zu der Versammlung der Anteilsinhaber zu Unrecht nicht zugelassen worden ist oder die Versammlung nicht ordnungsgemäß einberufen oder der Gegenstand der Beschlussfassung nicht ordnungsgemäß bekannt gemacht worden ist (§ 29 Abs. 2 UmwG). Kann der übernehmende Rechtsträger auf Grund seiner Rechtsform eigene Anteile oder Mitgliedschaften nicht erwerben, so ist die Barabfindung für den Fall anzubieten, dass der Anteilsinhaber sein Ausscheiden aus dem Rechtsträger erklärt (§ 29 Abs. 1 Satz 3 UmwG).

Dies bedeutet für die **Verschmelzung unter Beteiligung einer eG:** Wird ein Rechtsträger anderer Rechtsform auf eine eG als *übernehmender* Rechtsträger verschmolzen, so ist den Anteilsinhabern des übertragenden Rechtsträgers anderer Rechtsform ein angemessenes Abfindungsangebot für den Fall zu unterbreiten, dass sie unter Einhaltung der gesetzlichen Erfordernisse aus der übernehmenden eG ausscheiden, deren Mitglied sie mit Wirksamwerden des Verschmelzungsbeschlusses geworden sind (vgl. hierzu § 87 Rz. 13ff.)[2]. Zur eG als *übertragender* Rechtsträger: § 90 Rz. 5ff. Ist neben einer eG noch ein Rechtsträger anderer Rechtsform als übertragender Rechtsträger beteiligt, so finden auf die beiden übertragenden Rechtsträger unterschiedliche Vorschriften Anwendung[3]. 2

Dieses **Abfindungsangebot** ist mit dem Verschmelzungsvertrag nach Maßgabe der rechtsformspezifischen Vorschriften **bekannt zu machen** (§ 29 Abs. 1 Satz 4 UmwG). Für die Höhe der Barabfindung sind die Verhältnisse des übertragenden Rechtsträgers im Zeitpunkt der Beschlussfassung über die Verschmelzung zu berücksichtigen (§ 30 Abs. 1 Satz 1 UmwG). 3

Die **Angemessenheit** einer anzubietenden Barabfindung ist gem. § 30 Abs. 2 Satz 1 UmwG stets durch Verschmelzungsprüfer **zu prüfen**; die Vorschriften der §§ 10–12 UmwG über die Bestellung, Stellung und Verantwortlichkeit der Verschmelzungsprüfer sowie über die Erstattung des Prüfungsberichts gelten entsprechend (§ 30 Abs. 2 Satz 2 UmwG). Ebenso wenig wie die Unangemessenheit des Umtauschverhältnisses (dazu § 85 Rz. 2) berechtigt eine unangemessene Barabfindung gem. §§ 29ff. UmwG (oder auch das Fehlen einer Barabfindung überhaupt) zur Anfechtung des Verschmelzungsbeschlusses eines übertragenden Rechtsträgers (§ 32 UmwG). Vielmehr hat jeder Anteilsinhaber eines übertragenden Rechtsträgers sein Verlangen nach einer angemessenen Barabfindung im sog. **Spruchverfahren** nach § 34 Satz 1 UmwG i.V.m. §§ 1ff. SpruchG (vgl. hierzu § 85 Rz. 11ff.) geltend zu machen. 4

II. Ausschlagung statt Barabfindung

Durch **§ 90 Abs. 1 UmwG** wird die allgemeine Regelung der **§§ 29ff. UmwG**, wonach den der Verschmelzung widersprechenden Anteilsinhabern eine Barabfin- 5

1 S. auch *Beuthien/Wolff*, GenG, §§ 2ff. UmwG Rz. 111 („Minderheitenschutz"); *Scholderer* in Semler/Stengel, § 90 UmwG Rz. 4.

2 So auch *Bauer*, Genossenschafts-Handbuch, § 90 UmwG Rz. 8; *Scholderer* in Semler/Stengel, § 90 UmwG Rz. 7.

3 *Beuthien/Wolff*, GenG, §§ 2ff. UmwG Rz. 110; *Scholderer* in Semler/Stengel, § 90 UmwG Rz. 5 a.E.; *Fronhöfer* in Widmann/Mayer, § 90 UmwG Rz. 8.

dung anzubieten ist (vgl. oben Rz. 1 ff.), **ausgeschlossen**. Einschränkungen in der Satzung der eG sind unwirksam, weil § 90 UmwG zwingendes Recht enthält[1].

6 Für die **Mitglieder** einer **übertragenden eG** wird das gesetzliche Konzept der Barabfindung durch das genossenschaftsspezifische Konzept der **Ausschlagung mit nachfolgender Auseinandersetzung** *ersetzt*. Diese Abweichung folgt daraus, dass die Mitglieder einer eG auf Grund von Tradition und zwingender gesetzlicher Regelung (vgl. § 73 GenG) nach anderen Grundsätzen am Vermögen der Gesellschaft beteiligt sind als die Anteilsinhaber sonstiger Rechtsträger[2]. Daher gelten auch für das Ausscheiden eines Mitglieds besondere, von allgemeinen gesellschaftsrechtlichen Prinzipien abweichende Regelungen (dazu § 93 Rz. 3 ff.). Die individuelle Auseinandersetzung mit dem ausscheidenden Mitglied gem. §§ 90–94 UmwG muss daher die generelle Barabfindungsregelung der §§ 29–34 UmwG verdrängen.

7 Im Unterschied zur Barabfindung gem. §§ 29 ff. UmwG kommt eine Ausschlagung gem. §§ 90 ff. UmwG auch **nicht nur** im Falle der **Mischverschmelzung** (Rechtsträger verschiedener Rechtsform) mit Beteiligung einer übertragenden eG, *sondern uneingeschränkt* auch dann in Betracht, wenn an der Verschmelzung ausschließlich eG beteiligt sind, und zwar unabhängig von ihrer Haftart und Haftföhe[3].

8 Für die Verschmelzung eines Rechtsträgers anderer Rechtsform **auf eine eG** als übernehmender Rechtsträger finden dagegen die §§ 90–94 UmwG **keine Anwendung**. Hier gelten uneingeschränkt die §§ 29 ff. UmwG (dazu oben Rz. 1 ff.)[4]. Dies gilt auch für den Fall, dass dieser Rechtsträger anderer Rechtsform zusammen mit einer eG auf den übernehmenden Rechtsträger verschmolzen wird[5].

III. Rechtsfolgen der Ausschlagung

9 Mit der Wirksamkeit der Verschmelzung sind zunächst **alle Mitglieder der übertragenden** eG **Anteilsinhaber und Mitglieder im übernehmenden Rechtsträger** geworden (vgl. §§ 20 Abs. 1 Nr. 3, 87 Abs. 1 Satz 1 UmwG). Dies gilt auch für Mitglieder, die zum Zeitpunkt der Eintragung der Verschmelzung bereits gekündigt haben oder einen anderen Ausscheidungstatbestand verwirklicht haben, das Ausscheiden jedoch noch nicht wirksam geworden ist (dazu § 87 Rz. 18)[6].

1 Wie hier *Beuthien/Wolff*, GenG, §§ 2 ff. UmwG Rz. 111; *Bauer*, Genossenschafts-Handbuch, § 90 UmwG Rz. 1: *Scholderer* in Semler/Stengel, § 90 UmwG Rz. 28. Möglich ist allerdings ein individueller Verzicht: § 91 Rz. 3 a.E.

2 Vgl. auch *Fronhöfer* in Widmann/Mayer, § 90 UmwG Rz. 6; *Scholderer* in Semler/Stengel, § 90 UmwG Rz. 3; *Stratz* in Schmitt/Hörtnagl/Stratz, § 90 UmwG Rz. 2; *Schöpflin* in KölnKomm. UmwG, § 90 UmwG Rz. 2.

3 Zust. auch *Bauer*, Genossenschafts-Handbuch, § 90 UmwG Rz. 6; *Fronhöfer* in Widmann/Mayer, § 90 UmwG Rz. 7; *Schöpflin* in KölnKomm. UmwG, § 90 UmwG Rz. 3.

4 *Schöpflin* in KölnKomm. UmwG, § 90 UmwG Rz. 3; *Fronhöfer* in Widmann/Mayer, § 90 UmwG Rz. 7.

5 *Scholderer* in Semler/Stengel, § 90 UmwG Rz. 7 a.E.; *Fronhöfer* in Widmann/Mayer, § 90 UmwG Rz. 8; *Beuthien/Wolff*, GenG, §§ 2 ff. UmwG Rz. 110.

6 Vgl. *Lehnhoff* in Lang/Weidmüller, GenG, § 87 UmwG Rz. 16 f.; *Fronhöfer* in Widmann/Mayer, § 90 UmwG Rz. 37; *Scholderer* in Semler/Stengel, § 90 UmwG Rz. 6.

Nach **§ 90 Abs. 2 UmwG** ist Rechtsfolge der Ausschlagung zunächst der **rückwirkende Nichterwerb** der durch die Verschmelzung ipso iure erworbenen **Anteile** und der **Mitgliedschaft** an dem **übernehmenden Rechtsträger**[1]. Unberührt bleiben durch die Ausschlagung dagegen Anteile und die Mitgliedschaft am übernehmenden Rechtsträger, die unabhängig von der Verschmelzung begründet wurden[2]. Aus der Unteilbarkeit der Mitgliedschaft wurde früher im Falle der reinen eG-Verschmelzung gefolgert, dass Mitgliedern einer übertragenden eG, die zugleich Anteilsinhaber der übernehmenden eG sind (sog. „Doppelmitgliedschaft"), kein Ausschlagungsrecht zustehen solle; denn durch die Verschmelzung werde keine weitere, ausschlagungsfähige Mitgliedschaft in der übernehmenden eG erworben (dazu ausf. § 87 Rz. 17)[3]. Dieser Auffassung ist indes nicht zu folgen. Denn auch solche **„Doppelmitglieder"** haben ein berechtigtes Interesse, nicht mit einem höheren Geschäftsguthaben in der übernehmenden eG belastet zu werden. Aufgrund der Rückwirkung der Ausschlagung steht auch dogmatisch der Teilung der Mitgliedschaft nichts im Wege: Ausgeschlagen wird nur der verschmelzungsbedingt erworbene Teil. Doppelmitglieder können daher hinsichtlich ihrer Beteiligung an der übertragenden eG die Auseinandersetzung gem. § 93 UmwG (dazu § 93 Rz. 3 ff.) verlangen[4]. 10

Weitere mittelbare Rechtsfolge der Ausschlagung ist die **Auseinandersetzung** zwischen dem ausschlagenden Mitglied und dem übernehmenden Rechtsträger (dazu §§ 93, 94 UmwG). 11

Bis zur Wirksamkeit der Ausschlagung – also womöglich über einen Zeitraum von 6 Monaten nach Wirksamwerden der Verschmelzung (vgl. § 91 Abs. 2 UmwG) – hat das ausschlagende Mitglied der übertragenden eG alle mit der Mitgliedschaft im übernehmenden Rechtsträger verbundenen Rechte und Pflichten erworben[5]. Er war daher etwa berechtigt, an einer Beschlussfassung der Anteilsinhaber mitzuwirken, aber auch verpflichtet, die satzungsmäßigen Leistungspflichten zu erfüllen. Diese Tatsachen werden durch die gesetzliche Fiktion, dass die Beteiligung am übernehmenden Rechtsträger als Folge der Ausschlagung als nicht erworben gilt, nicht aus der Welt geschafft; es stellt sich lediglich die Frage nach der rechtlichen Bewertung: 12

Nach allgemeiner Ansicht bezweckt die gesetzliche Regelung, dass für das ausschlagende Mitglied der übertragenden eG **keine Belastungen** aus der ungewollten Mitgliedschaft im übernehmenden Rechtsträger entstehen[6]. Daher müssen alle 13

---

1 *Schöpflin* in KölnKomm. UmwG, § 90 UmwG Rz. 14; Scholderer in Semler/Stengel, § 90 UmwG Rz. 31.

2 Zust. *Fronhöfer* in Widmann/Mayer, § 90 UmwG Rz. 39.

3 So zum früheren Recht: *K. Müller*[1], § 93k GenG Rz. 1; *Meyer/Meulenbergh/Beuthien*[12], § 93k GenG Rz. 1; *Schlarb*, S. 175 m.w.N.

4 So zutreffend *Scholderer* in Semler/Stengel, § 90 UmwG Rz. 30; *Beuthien/Wolff*, GenG, §§ 2 ff. UmwG Rz. 111; *Bauer*, Genossenschafts-Handbuch, § 90 UmwG Rz. 19; *Fronhöfer* in Widmann/Mayer, § 90 UmwG Rz. 33; *Schöpflin* in KölnKomm. UmwG, § 90 UmwG Rz. 13.

5 Zust. *Bauer*, Genossenschafts-Handbuch, § 90 UmwG Rz. 27; *Fronhöfer* in Widmann/Mayer, § 90 UmwG Rz. 38; *Bleschke*, S. 189; *Schöpflin* in KölnKomm. UmwG, § 90 UmwG Rz. 14.

6 *Scholderer* in Semler/Stengel, § 90 UmwG Rz. 4; *Fronhöfer* in Widmann/Mayer, § 90 UmwG Rz. 41; *Beuthien/Wolff*, GenG, §§ 2 ff. UmwG Rz. 118; *Bleschke*, S. 189 f.; *Schöpflin* in KölnKomm. UmwG, § 90 UmwG Rz. 21.

Leistungen, die auf Grund der Beteiligung an den übernehmenden Rechtsträger erbracht wurden, gem. § 812 Abs. 1 Satz 1 1. Alt. BGB zurückgewährt werden[1]. In der Insolvenz einer übernehmenden eG wird keine Nachschusspflicht gem. § 105 GenG begründet (vgl. aber § 95 UmwG!)[2]. Ebenso wenig finden §§ 75, 115b GenG Anwendung, da das vormalige Mitglied der übertragenden eG nicht wirklich aus der übernehmenden eG ausscheidet, vielmehr sein Anteilserwerb als nicht erfolgt gilt[3]. Verwirklicht die übertragende eG im Vorgriff auf eine noch nicht vollzogene Verschmelzung den Zweck der Verschmelzung (z.B. Übertragung der Milchverarbeitung auf die übernehmende eG), dann wird man nach dem Rechtsgedanken des § 90 UmwG einem Mitglied, das seiner satzungsmäßigen Verpflichtung (mit Bsp.: Milchablieferung) nicht nachkommt, keine Verbandsstrafe auferlegen dürfen[4].

14 Dagegen bleiben die **Organisationsakte**, an denen das ausschlagende Mitglied auf Grund seiner zwischenzeitlich erworbenen Beteiligung mitgewirkt hat, durch die Regelung des § 90 Abs. 2 UmwG **unberührt**[5]. Insbesondere Beschlüsse der Anteilsinhaber sind also nicht mit der Begründung anfechtbar, dass an der Beschlussfassung ein Nichtberechtigter teilgenommen habe und diese Teilnahme für das Ergebnis (mit-)ursächlich geworden sei[6]. Denn anderenfalls wäre die eG für die Dauer der 6-monatigen Ausschlagungsfrist (§ 91 Abs. 2 UmwG) nicht mehr handlungsfähig.

IV. Voraussetzungen des Ausschlagungsrechts

1. Überblick

15 Sowohl für die Barabfindung gem. §§ 29ff. UmwG als auch für die Ausschlagung gem. §§ 90ff. UmwG sieht das Gesetz vor, dass nach wirksam beschlossener Verschmelzung ein Recht zum Ausscheiden aus dem übernehmenden bzw. neuen Rechtsträger nur für den Anteilsinhaber eröffnet werden soll, der „sich durch Widerspruch gegen die Verschmelzung gewehrt hat oder sich nicht wehren konnte"[7]. Das Gesetz differenziert danach, ob das ausschlagende Mitglied berechtigt war, an der Beschlussfassung teilzunehmen (§ 90 Abs. 3 Satz 1 UmwG) oder nicht (§ 90

1 *Scholderer* in Semler/Stengel, § 90 UmwG Rz. 32; *Bauer*, Genossenschafts-Handbuch, § 90 UmwG Rz. 27; *Beuthien/Wolff*, GenG, §§ 2ff. UmwG Rz. 118; *Bleschke*, S. 190; *Schöpflin* in KölnKomm. UmwG, § 90 UmwG Rz. 15.

2 Zust. *Scholderer* in Semler/Stengel, § 90 UmwG Rz. 33; *Bauer*, Genossenschafts-Handbuch, § 90 UmwG Rz. 29; *Beuthien/Wolff*, GenG, §§ 2ff. UmwG Rz. 118; *Schöpflin* in KölnKomm. UmwG, § 90 UmwG Rz. 16.

3 Zust. *Scholderer* in Semler/Stengel, § 90 UmwG Rz. 31; *Bauer*, Genossenschafts-Handbuch, § 90 UmwG Rz. 29; *Beuthien/Wolff*, GenG, §§ 2ff. UmwG Rz. 118; *Schöpflin* in KölnKomm. UmwG, § 90 UmwG Rz. 16.

4 Richtig OLG Oldenburg v. 13.11.1987 – 11 U 65/87, ZfgG 1989, 272 m. zust. Anm. *Aldejohann*; zu Unrecht krit. *Beuthien/Wolff*, GenG, §§ 2ff. UmwG Rz. 111b; *Schöpflin* in KölnKomm. UmwG, § 90 UmwG Rz. 17.

5 *Schöpflin* in KölnKomm. UmwG, § 90 UmwG Rz. 14; *Fronhöfer* in Widmann/Mayer, § 90 UmwG Rz. 42.

6 *Scholderer* in Semler/Stengel, § 90 UmwG Rz. 31; *Fronhöfer* in Widmann/Mayer, § 90 UmwG Rz. 42; *Bauer*, Genossenschafts-Handbuch, § 90 UmwG Rz. 28; *Beuthien/Wolff*, GenG, §§ 2ff. UmwG Rz. 118.

7 S. Gesetzesbegr zu § 29 UmwG bei *Ganske*, S. 83.

Abs. 3 Satz 2 UmwG). Bestand ein Teilnahmerecht, so ist weiter zu unterscheiden, ob das ausschlagungswillige Mitglied erschienen (§ 90 Abs. 3 Satz 1 Nr. 1 UmwG) oder auf Grund von Verfahrensfehlern nicht erschienen war (§ 90 Abs. 3 Satz 1 Nr. 2 UmwG).

2. Teilnahmerecht des ausschlagungswilligen Mitglieds

a) Erscheinen und Widerspruch

General- bzw. Vertreterversammlung: Für den Fall, dass die Beschlussfassung über die Verschmelzung in einer *Generalversammlung* erfolgt (vgl. § 84 Rz. 1), wird gem. § 90 Abs. 3 Satz 1 Nr. 1 UmwG ein Ausschlagungsrecht nur für das Mitglied begründet, das erscheint und gegen den Verschmelzungsbeschluss *Widerspruch* zur Niederschrift erklärt (s. auch § 29 Abs. 1 Satz 1 UmwG). Entscheidet eine Vertreterversammlung, so gilt diese Regelung auch für das Mitglied, das als Vertreter berechtigt ist, an der Beschlussfassung mitzuwirken[1]. 16

Erscheinen bedeutet die *persönliche Anwesenheit* des Mitglieds und wenigstens eine partielle Teilnahme an der General- bzw. Vertreterversammlung. Nach § 43 Abs. 4 Satz 1 GenG soll jedes Mitglied sein Stimmrecht persönlich ausüben. Soweit jedoch nach der Satzung eine Bevollmächtigung zulässig ist, wird das Ausschlagungsrecht auch dadurch gewahrt, dass der *Stimmrechtsvertreter* erscheint und den Widerspruch erklärt[2]. 17

Die **Erklärung des Widerspruchs zur Niederschrift** muss die Absicht, dem Beschluss widersprechen zu wollen, deutlich erkennen lassen. Auf die konkrete Wortwahl kommt es nicht an. Die Nein-Stimme als solche kann aber nicht als Widerspruch ausgelegt werden[3]. Die Erklärung muss so gewählt sein, dass ein gewissenhafter Protokollführer den Widerspruchswillen erkennt[4]. Dagegen ist es nicht erforderlich, dass der Widerspruch auch im Protokoll vermerkt ist, sofern der Widerspruch bewiesen werden kann[5]. 18

Einen **Zeitpunkt**, wann der Widerspruch erklärt werden muss, legt das Gesetz nicht fest. Nach allgemeiner Ansicht kann der Widerspruch daher während der gesamten Dauer der General- bzw. Vertreterversammlung, also sowohl vor als auch nach der Beschlussfassung über die Verschmelzung, erklärt werden (ebenso *Grunewald*, § 29 Rz. 12)[6]. 19

---

1 Vgl. auch *Schöpflin* in KölnKomm. UmwG, § 90 UmwG Rz. 4.

2 Vgl. auch *Scholderer* in Semler/Stengel, § 90 UmwG Rz. 11; *Fronhöfer* in Widmann/Mayer, § 90 UmwG Rz. 16; *Schöpflin* in KölnKomm. UmwG, § 90 UmwG Rz. 5.

3 *Scholderer* in Semler/Stengel, § 90 UmwG Rz. 18; *Fronhöfer* in Widmann/Mayer, § 90 UmwG Rz. 19; *Beuthien/Wolff*, GenG, §§ 2ff. UmwG Rz. 113.

4 Zustimmend *Scholderer* in Semler/Stengel, § 90 UmwG Rz. 20, § 83 UmwG Rz. 18; *Fronhöfer* in Widmann/Mayer, § 90 UmwG Rz. 18; *Schöpflin* in KölnKomm. UmwG, § 90 UmwG Rz. 6; vgl. weiter *Beuthien/Wolff*, GenG, §§ 2ff. UmwG Rz. 113 i.V.m. § 51 GenG Rz. 26.

5 Ebenso *Scholderer* in Semler/Stengel, § 83 UmwG Rz. 18; *Fronhöfer* in Widmann/Mayer, § 90 UmwG Rz. 20 a.E.; *Schöpflin* in KölnKomm. UmwG, § 90 UmwG Rz. 6; *Beuthien/Wolff*, GenG, §§ 2ff. UmwG Rz. 113 i.V.m. § 51 GenG Rz. 30; *Lehnhoff* in Lang/Weidmüller, GenG, § 90 UmwG Rz. 24.

6 So auch *Lehnhoff* in Lang/Weidmüller, GenG, § 90 UmwG Rz. 4; *Scholderer* in Semler/Stengel, § 90 UmwG Rz. 17, § 83 UmwG Rz. 35; *Fronhöfer* in Widmann/Mayer, § 90 UmwG Rz. 20.

20 Da nach der **Konzeption des Gesetzes** verhindert werden soll, dass der Erfolg einer mit der erforderlichen Mehrheit beschlossenen Verschmelzung durch das Ausscheiden zahlreicher Anteilsinhaber und den daran gekoppelten Kapitalabfluss beim übernehmenden bzw. neuen Rechtsträger gefährdet wird, ist der zum Sonderkündigungsrecht gem. § 93k GenG a.F. insbesondere von der Rechtsprechung[1] im Anschluss an die Gesetzesmaterialien[2] vertretenen Auffassung zu folgen, dass eine Ausschlagung dann nicht mehr in Betracht kommt, wenn das ausschlagungswillige Mitglied für die Verschmelzung gestimmt hat[3].

21 Die gesetzliche Konzeption lässt sich nur verwirklichen, wenn das **ausschlagungswillige Mitglied gegen die Verschmelzung gestimmt hat** (ebenso *Grunewald*, § 29 Rz. 11). Stimmenthaltung ist nicht ausreichend, da ansonsten auf Grund der Nichtberücksichtigung von Stimmenthaltungen[4] die Gefahr besteht, dass die Verschmelzung zwar von einer relativen ¾-Mehrheit beschlossen wird, gleichwohl aber zahlreiche Mitglieder, die sich der Stimme enthalten haben, gegen Auszahlung ihres Auseinandersetzungsguthabens ausscheiden wollen[5]. Das von der Gegenauffassung angeführte Argument, es müsse dem Mitglied ermöglicht werden, im Gesellschaftsinteresse für die Verschmelzung zu stimmen, gleichwohl aber aus persönlichen Gründen aus dem übernehmenden bzw. neuen Rechtsträger auszuscheiden[6], überzeugt nicht, da gerade ein solches Abstimmungsverhalten den Entscheidungsprozess verfälscht[7]. Zutreffend ist dagegen der weitere Einwand[8], dass bei einer Verknüpfung von Stimmverhalten und Ausschlagungsrecht der vom Gesetz grundsätzlich eröffnete Modus der geheimen Abstimmung ausscheidet. Doch wiegt dieses Argument nicht schwer, da in der Praxis außerhalb von Personalentscheidungen sowieso in den allermeisten Fällen offen abgestimmt wird und ein dringendes Bedürfnis für eine geheime Abstimmung im Falle eines Verschmelzungsbeschlusses nicht besteht[9].

---

1 AG München v. 4.3.1964 – GnR 1540, ZfgG 1966, 83; LG Darmstadt v. 14.1.1975 – 14 T 1/75, ZfgG 1976, 360; ebenso *Lang/Weidmüller/Schaffland*[32], § 93k GenG Rz. 3; *Schultz*, ZfgG 1966, 85 (86); *Hornung*, Rpfleger 1968, 305 (308).

2 Amtliche Begründung zur VO v. 13.4.1943, DJ 1943, 248.

3 Abw. aber *Lehnhoff* in Lang/Weidmüller, GenG, § 90 UmwG Rz. 3; *Beuthien/Wolff*, GenG, §§ 2ff. UmwG Rz. 113; *Bauer*, Genossenschafts-Handbuch, § 90 UmwG Rz. 12; *Scholderer* in Semler/Stengel, § 90 UmwG Rz. 14. Wie hier aber *Stratz* in Schmitt/Hörtnagl/Stratz, § 29 UmwG Rz. 15f.; *Fronhöfer* in Widmann/Mayer, § 90 UmwG Rz. 21; *Bleschke*, S. 186f.; zust. *Schöpflin* in KölnKomm. UmwG, § 90 UmwG Rz. 7.

4 BGH v. 25.1.1982 – II ZR 164/81, NJW 1982, 1585; vgl. weiter *Fandrich* in Pöhlmann/Fandrich/Bloehs, § 43 GenG Rz. 26.

5 Verkannt von AG München v. 4.3.1964 – GnR 1540, ZfgG 1966, 83 und *Scholderer* in Semler/Stengel, § 90 UmwG Rz. 14.

6 So insbesondere *Schlarb*, S. 176ff.; vgl. auch *Scholderer* in Semler/Stengel, § 90 UmwG Rz. 14 a.E.; *Beuthien/Wolff*, GenG, §§ 2ff. UmwG Rz. 113.

7 Wie hier auch *Wälzholz* in Widmann/Mayer, § 29 UmwG Rz. 30; *Bermel* in Goutier/Knopf/Tulloch, § 29 UmwG Rz. 24; *Schaub*, NZG 1998, 626 (628); *Hommelhoff*, ZGR 1993, 452 (470f.).

8 So etwa *Scholderer* in Semler/Stengel, § 90 UmwG Rz. 14; *Beuthien/Wolff*, GenG, §§ 2ff. UmwG Rz. 113.

9 Vgl. eingehend *Bleschke*, S. 186f.

b) Nichterscheinen auf Grund von Verfahrensfehlern

Ist ein Mitglied auf der Generalversammlung oder als Vertreter auf der Vertreterversammlung **nicht erschienen**, so steht ihm ein Ausschlagungsrecht nur dann zu, wenn es zu der Versammlung zu Unrecht nicht zugelassen worden ist oder die Versammlung nicht ordnungsgemäß einberufen oder der Gegenstand der Beschlussfassung nicht ordnungsgemäß bekannt gemacht worden ist. 22

Zu Unrecht nicht zugelassen ist das Mitglied bzw. der Vertreter, wenn es bzw. er die gesetzlichen und satzungsmäßigen Voraussetzungen erfüllt, ihm aber dennoch die Teilnahme an der Versammlung verweigert wird[1]. Gleichzustellen ist der Nichtzulassung der Fall der unberechtigten Verweisung und Entfernung aus der Versammlung[2] (vgl. hierzu auch *Grunewald*, § 29 Rz. 14). **Nicht ordnungsgemäß einberufen** ist die General- bzw. Vertreterversammlung bei Verletzung der gesetzlichen (vgl. §§ 44 ff. GenG) bzw. satzungsmäßigen (vgl. § 6 Nr. 4 GenG) Frist und Form[3]. 23

Nicht ordnungsgemäß bekannt gemacht wurde der Gegenstand der Beschlussfassung, wenn der beabsichtigte Verschmelzungsbeschluss nicht in der richtigen Form und im richtigen Wortlaut mitgeteilt wurde (vgl. dazu § 82 Rz. 4)[4]. 24

Ist das teilnahmeberechtigte Mitglied dagegen auf der General- oder Vertreterversammlung trotz fehlerhafter Einberufung bzw. Bekanntmachung des Beschlussgegenstandes **erschienen**, so ist Voraussetzung für das Ausschlagungsrecht, dass es in zulässiger Weise (dazu oben Rz. 18) gegen den Verschmelzungsbeschluss Widerspruch zur Niederschrift erklärt[5]. 25

3. Kein Teilnahmerecht des ausschlagungswilligen Mitglieds

Wird die Verschmelzung in einer **Vertreterversammlung** der übertragenden eG beschlossen, so steht das Ausschlagungsrecht jedem Mitglied zu, das nicht als Vertreter berechtigt ist, an der Beschlussfassung mitzuwirken (§ 90 Abs. 3 Satz 2 UmwG). 26

Durch diese Regelung wird allerdings die **gesetzliche Konzeption**, wonach im Interesse der Kapitalerhaltung die Anzahl der gegen die Verschmelzung stimmenden Mitglieder nicht geringer als die Anzahl der ausschlagungsberechtigten Mitglieder sein soll (vgl. oben Rz. 20 f.), **in Frage gestellt**. Denn sie ermöglicht, dass 27

1 Dazu *Scholderer* in Semler/Stengel, § 90 UmwG Rz. 20; *Fronhöfer* in Widmann/Mayer, § 90 UmwG Rz. 25 f.; *Beuthien/Wolff*, GenG, §§ 2 ff. UmwG Rz. 113 i.V.m. § 51 GenG Rz. 30; *Bleschke*, S. 187.

2 Ebenso *Scholderer* in Semler/Stengel, § 90 UmwG Rz. 20; *Fronhöfer* in Widmann/Mayer, § 90 UmwG Rz. 27; *Beuthien/Wolff*, GenG, §§ 2 ff. UmwG Rz. 113 i.V.m. § 51 GenG Rz. 30; *Bleschke*, S. 187; *Schöpflin* in KölnKomm. UmwG, § 90 UmwG Rz. 9.

3 Zustimmend *Scholderer* in Semler/Stengel, § 90 UmwG Rz. 21; *Fronhöfer* in Widmann/Mayer, § 90 UmwG Rz. 28; *Beuthien/Wolff*, GenG, §§ 2 ff. UmwG Rz. 113 i.V.m. § 51 GenG Rz. 30; *Bleschke*, S. 187; *Schöpflin* in KölnKomm. UmwG, § 90 UmwG Rz. 10.

4 Vgl. dazu auch *Scholderer* in Semler/Stengel, § 90 UmwG Rz. 22; *Fronhöfer* in Widmann/Mayer, § 90 UmwG Rz. 29; *Bleschke*, S. 187; *Schöpflin* in KölnKomm. UmwG, § 90 UmwG Rz. 11.

5 Ebenso *Fronhöfer* in Widmann/Mayer, § 90 UmwG Rz. 23; *Bauer*, Genossenschafts-Handbuch, § 90 UmwG Rz. 15; *Beuthien/Wolff*, GenG, §§ 2 ff. UmwG Rz. 113.

zwar die Vertreterversammlung einmütig für die vorgeschlagene Verschmelzung votiert, aber dennoch eine Vielzahl von Mitgliedern nach deren Wirksamwerden ausschlägt[1]. De lege ferenda sollte daher eine Änderung in der Verfassungsstruktur der eG – insbesondere aber eine Verschmelzung – generell von der Mitgliederversammlung in Form der Generalversammlung beschlossen werden (zur Beschlussfassung § 84 Rz. 1 ff.)[2].

§ 91
Form und Frist der Ausschlagung

(1) Die Ausschlagung ist gegenüber dem übernehmenden Rechtsträger schriftlich zu erklären.

(2) Die Ausschlagung kann nur binnen sechs Monaten nach dem Tage erklärt werden, an dem die Eintragung der Verschmelzung in das Register des Sitzes des übernehmenden Rechtsträgers nach § 19 Abs. 3 bekannt gemacht worden ist.

(3) Die Ausschlagung kann nicht unter einer Bedingung oder einer Zeitbestimmung erklärt werden.

Literatur

Vgl. die Angaben zu § 79.

I. Inhalt, Form und Adressat der Ausschlagungserklärung

1 Die **Ausschlagungserklärung** muss den Willen zum Ausdruck bringen, die (erworbene) Mitgliedschaft in der übernehmenden eG nicht „anzunehmen" bzw. die Rechtswirkungen des Mitgliedschaftserwerbs zu „beseitigen". Eine Begründung ist nicht erforderlich. Doch muss sich zumindest konkludent ergeben, dass keine Kündigung gem. §§ 65 ff. GenG erklärt wird, sondern das Ausscheiden verschmelzungsbedingt erfolgen soll[3]. Nicht ausreichend ist es, wenn lediglich ein Ausscheiden angedroht oder gar nur in Aussicht gestellt wird[4].

1 Zustimmend *Stratz* in Schmitt/Hörtnagl/Stratz, § 90 UmwG Rz. 5; ebenso *Bleschke*, S. 187 f.

2 Krit. zu diesem bereits in der 1. Aufl. unterbreiteten Vorschlag allerdings *Fronhöfer* in Widmann/Mayer, § 90 UmwG Rz. 31 (Teilnehmerkreis zu groß) und *Scholderer* in Semler/Stengel, § 90 UmwG Rz. 25. – S. auch *Fandrich/Graef/Bloehs*, S. 90 mit Fn. 7, die darauf hinweisen, dass Fälle massenhafter Ausschlagungen bei von Vertreterversammlungen beschlossenen Verschmelzungen bisher nicht bekannt geworden seien; ebenso *Schöpflin* in KölnKomm. UmwG, § 90 UmwG Rz. 12 a.E.

3 Vgl. hierzu *Beuthien/Wolff*, GenG, §§ 2 ff. UmwG Rz. 116; *Fronhöfer* in Widmann/Mayer, § 91 UmwG Rz. 7; *Schöpflin* in KölnKomm. UmwG, § 91 UmwG Rz. 4.

4 Zust. *Scholderer* in Semler/Stengel, § 91 UmwG Rz. 3.

Die Ausschlagung ist **gegenüber** dem **übernehmenden Rechtsträger** in **schriftlicher Form** (vgl. § 126 BGB) zu erklären[1] (§ 91 Abs. 1 UmwG). Die gegenüber der übertragenden eG erklärte Ausschlagung geht ins Leere[2]. Eine lediglich mündliche oder zu Protokoll der Generalversammlung erklärte Ausschlagung ist hingegen gem. § 125 BGB nichtig[3]. 2

Die Ausschlagung ist als **Gestaltungsrecht** zu qualifizieren. Denn mit Wirksamwerden der Ausschlagung (vgl. § 92 UmwG) treten die Rechtswirkungen des § 90 Abs. 2 UmwG ein, die das bestehende Mitgliedschaftsverhältnis in ein Abwicklungsverhältnis (Auseinandersetzung gem. § 93 UmwG) überführen. Als Ausübung eines Gestaltungsrechts ist die Ausschlagung grundsätzlich *bedingungs- und befristungsfeindlich*[4]; die vor Beginn der Frist des § 91 Abs. 2 UmwG (dazu Rz. 4) erklärte Ausschlagung ist aber dennoch wirksam, da sie lediglich eine Rechtsbedingung enthält und darüber hinaus für den Erklärungsempfänger keine ungewisse Rechtslage schafft[5]. Auf das Ausschlagungsrecht kann jeder Berechtigte individuell *verzichten,* und zwar sowohl vor der Beschlussfassung über die Verschmelzung als auch bis zum Zugang der Ausschlagungserklärung (dazu noch unten Rz. 5 ff.). Der Verzicht ist formfrei möglich[6]. 3

II. Ausschlagungsfrist

Nach § 91 Abs. 2 UmwG **endet** die Ausschlagungsfrist **6 Monate** nach dem Tage, an dem die Eintragung der Verschmelzung in das Register des Sitzes des übernehmenden Rechtsträgers bekannt gemacht worden ist. Dies bedeutet: Gem. § 19 Abs. 1 UmwG ist die Verschmelzung zunächst im Register des Sitzes des übertragenden und anschließend im Register des Sitzes des übernehmenden Rechtsträgers einzutragen; beide Eintragungen sind (gesondert) durch das jeweilige Registergericht gem. § 19 Abs. 3 Satz 1 UmwG i.V.m. § 10 HGB in dem durch die Landesjustizverwaltung bestimmten elektronischen Informations- und Kommunikationssystem bekannt zu machen (dazu ausf. § 86 Rz. 23 ff.). Für die *Fristberechnung* gelten die §§ 187 Abs. 1, 188 Abs. 2 BGB[7]. Eine verspätete Ausschla- 4

1 Vgl. auch *Schöpflin* in KölnKomm. UmwG, § 91 UmwG Rz. 2, 3.

2 *Lehnhoff* in Lang/Weidmüller, GenG, § 91 UmwG Rz. 1; *Fandrich/Graef/Bloehs,* S. 81; *Schöpflin* in KölnKomm. UmwG, § 91 UmwG Rz. 2.

3 *Beuthien/Wolff,* GenG, §§ 2 ff. UmwG Rz. 116; *Scholderer* in Semler/Stengel, § 91 UmwG Rz. 5; *Bauer,* Genossenschafts-Handbuch, § 91 UmwG Rz. 5; *Fronhöfer* in Widmann/Mayer, § 91 UmwG Rz. 9; *Schöpflin* in KölnKomm. UmwG, § 91 UmwG Rz. 3.

4 Vgl. dazu allgemein *Palandt/Ellenberger,* vor § 158 BGB Rz. 13; sowie zu § 91 UmwG: *Scholderer* in Semler/Stengel, § 91 UmwG Rz. 13 ff.

5 So bereits zum früheren Recht zutreffend *Hadding,* ZfgG 1975, 153 ff. gegen LG Köln v. 22.1.1973 – 11 T 219/72, ZfgG 1975, 151; zust. *K. Müller*[1], § 93k GenG Rz. 26; ausf. *Schlarb,* S. 186 ff.; vgl. auch *Beuthien/Wolff,* GenG, §§ 2 ff. UmwG Rz. 114; *Scholderer* in Semler/Stengel, § 91 UmwG Rz. 14; *Bauer,* Genossenschafts-Handbuch, § 91 UmwG Rz. 9; *Fronhöfer* in Widmann/Mayer, § 91 UmwG Rz. 8, 14; *Fandrich/Graef/Bloehs,* S. 81; i.E. auch BGH v. 2.12.1976 – II ZR 83/75, ZfgG 1979, 162 m. zust. Anm. *Müller* (eine vor Eintragung der Verschmelzung erklärte Kündigung gehe „in diesem Zeitpunkt ins Leere").

6 So auch *Fronhöfer* in Widmann/Mayer, § 91 UmwG Rz. 5; *Beuthien/Wolff,* GenG, §§ 2 ff. UmwG Rz. 116; *Schöpflin* in KölnKomm. UmwG, § 91 UmwG Rz. 12.

7 Ebenso *Fronhöfer* in Widmann/Mayer, § 91 UmwG Rz. 13; *Scholderer* in Semler/Stengel, § 91 UmwG Rz. 12; *Bleschke,* S. 189; *Schöpflin* in KölnKomm. UmwG, § 91

gung kann im Einzelfall (Auslegung!) in eine Kündigung zum nächstmöglichen Termin umgedeutet werden (§ 140 BGB)[1].

III. Widerruf, Rücknahme und Anfechtung der Ausschlagungserklärung

5 Die Ausschlagungserklärung ist eine einseitige, empfangsbedürftige Willenserklärung und wird daher gem. § 130 Abs. 1 Satz 1 BGB mit ihrem Zugang beim Erklärungsempfänger wirksam. Ein **Widerruf** ist nach § 130 Abs. 1 Satz 2 BGB nur möglich, wenn die Widerrufserklärung wenigstens zeitgleich mit der Ausschlagungserklärung zugeht[2].

6 Da die Wirkungen der Ausschlagung gem. § 92 Abs. 2 UmwG bereits mit dem Zugang beim übernehmenden Rechtsträger und somit in Abweichung zur Kündigung gem. § 93l Abs. 2 GenG a.F. nicht erst mit Eintragung in die Liste der Mitglieder eintreten (dazu ausf. § 92 Rz. 1, 4), kommt die nach übereinstimmender Auffassung durch das frühere Recht eröffnete Möglichkeit, die zugegangene und damit wirksam gewordene Kündigung mit Zustimmung des Erklärungsempfängers **zurückzunehmen**[3], heute bei der Ausschlagungserklärung nicht mehr in Betracht[4].

7 Dagegen ist es bei Vorliegen der Voraussetzungen der §§ 119 ff. BGB grundsätzlich möglich, die Ausschlagungserklärung **anzufechten**[5], wodurch sie mit Wirkung ex tunc vernichtet wird (vgl. § 142 Abs. 1 BGB)[6]. Es gelten dann aber die allgemeinen Grundsätze über die fehlerhafte Gesellschaft[7].

UmwG Rz. 9; a.A. *Stratz* in Schmitt/Hörtnagl/Stratz, § 91 UmwG Rz. 2 a.E.: § 187 Abs. 2 BGB.

1 Richtig *Scholderer* in Semler/Stengel, § 91 UmwG Rz. 12; *Schöpflin* in KölnKomm. UmwG, § 91 UmwG Rz. 10.

2 Ebenso *Beuthien/Wolff*, GenG, §§ 2 ff. UmwG Rz. 116; *Scholderer* in Semler/Stengel, § 91 UmwG Rz. 7; *Fronhöfer* in Widmann/Mayer, § 91 UmwG Rz. 15 ff.; *Schöpflin* in KölnKomm. UmwG, § 91 UmwG Rz. 6.

3 Dazu *K. Müller*[1], § 93k GenG Rz. 24 f.; *Meyer/Meulenbergh/Beuthien*[12], § 93k GenG Rz. 6; vgl. weiter RG v. 1.7.1901 – Rep. I.117/01, RGZ 49, 29 (32).

4 Wie hier *Scholderer* in Semler/Stengel, § 91 UmwG Rz. 7; *Bauer*, Genossenschafts-Handbuch, § 91 UmwG Rz. 14; *Fronhöfer* in Widmann/Mayer, § 91 UmwG Rz. 18; *Schöpflin* in KölnKomm. UmwG, § 91 UmwG Rz. 6.

5 Ebenso *Beuthien/Wolff*, GenG, §§ 2 ff. UmwG Rz. 116; *Scholderer* in Semler/Stengel, § 91 UmwG Rz. 8; *Fronhöfer* in Widmann/Mayer, § 91 UmwG Rz. 19; *Bauer*, Genossenschafts-Handbuch, § 91 UmwG Rz. 15.

6 Abw. *Stratz* in Schmitt/Hörtnagl/Stratz, § 91 UmwG Rz. 1: kein Wiederaufleben des endgültig nicht erworbenen Anteils; so auch *Schöpflin* in KölnKomm. UmwG, § 91 UmwG Rz. 7; dagegen ausdrücklich *Fronhöfer* in Widmann/Mayer, § 90 UmwG Rz. 47 ff.

7 Die Regeln über die fehlerhafte Gesellschaft finden nach ganz h.M. auch auf das Ausscheiden eines Gesellschafters Anwendung: BGH v. 14.4.1969 – II ZR 142/67, NJW 1969, 1483; BGH v. 13.3.1975 – II ZR 154/73, WM 1975, 512; ausdrücklich zustimmend *Beuthien/Wolff*, GenG, §§ 2 ff. UmwG Rz. 116; *Bauer*, Genossenschafts-Handbuch, § 91 UmwG Rz. 15; *Fronhöfer* in Widmann/Mayer, § 91 UmwG Rz. 19.

§ 92
Eintragung der Ausschlagung in die Mitgliederliste

(1) Die übernehmende Genossenschaft hat jede Ausschlagung unverzüglich in die Mitgliederliste einzutragen und das Mitglied von der Eintragung unverzüglich zu benachrichtigen.

(2) Die Ausschlagung wird in dem Zeitpunkt wirksam, in dem die Ausschlagungserklärung dem übernehmenden Rechtsträger zugeht.

Literatur

Vgl. die Angaben zu § 79.

I. Inhalt und Zweck der Vorschrift

1 § 92 UmwG ordnet an, dass die Ausschlagung auch im Falle der reinen eG-Verschmelzung nicht erst mit Eintragung in die Mitgliederliste der übernehmenden eG, sondern ebenso wie im Falle der Aufnahme einer übertragenden eG durch einen Rechtsträger anderer Rechtsform **bereits mit dem Zugang** der Ausschlagungserklärung beim übernehmenden Rechtsträger **wirksam** wird[1]. Eine übernehmende eG hat das ausschlagende Mitglied von der deklaratorischen Eintragung der Ausschlagung in die Mitgliederliste zu benachrichtigen[2].

II. Wirksamwerden der Ausschlagung

2 Nach § 92 Abs. 2 UmwG wird die Ausschlagung in dem Zeitpunkt wirksam, in dem die – schriftliche (vgl. § 91 Abs. 1 UmwG) – **Ausschlagungserklärung** dem übernehmenden Rechtsträger **zugeht**. Diese Regelung gilt sowohl für die reine eG-Verschmelzung als auch für die Aufnahme einer übertragenden eG durch einen übernehmenden Rechtsträger anderer Rechtsform[3].

3 **Zugang** bedeutet, dass die Erklärung in den Machtbereich des Empfängers gelangt, so dass dieser es in der Hand hat, sie zur Kenntnis zu nehmen, und dass die Kenntnisnahme nach dem gewöhnlichen Lauf der Dinge auch erwartet werden kann[4]. Dies bedeutet, dass die schriftliche Ausschlagungserklärung grundsätzlich dann

1 Anders noch § 92 Abs. 2 RefE; vgl. ferner *Fronhöfer* in Widmann/Mayer, § 92 UmwG Rz. 2.

2 Vgl. auch *Schöpflin* in KölnKomm. UmwG, § 92 UmwG Rz. 1; *Scholderer* in Semler/Stengel, § 92 UmwG Rz. 2.

3 *Schöpflin* in KölnKomm. UmwG, § 92 UmwG Rz. 7; *Bauer*, Genossenschafts-Handbuch, § 92 UmwG Rz. 3.

4 Vgl. *Einsele* in MünchKomm. BGB, § 130 BGB Rz. 16 m.w.N.

zugeht, wenn sie in den Briefkasten des Geschäftslokals der übernehmenden eG gelangt und unter normalen Umständen mit ihrer Kenntnisnahme durch einen zur Entgegennahme von Willenserklärungen bevollmächtigten Vertreter gerechnet werden kann. Passivvertretungsberechtigt für eine eG ist nach § 25 Abs. 1 Satz 3 GenG generell jedes Vorstandsmitglied[1]. Zum **Widerruf** der Ausschlagung: vgl. § 91 Rz. 5.

III. Eintragung in die Mitgliederliste

4 Im Falle der **reinen eG-Verschmelzung** hat der Vorstand der übernehmenden eG die Ausschlagung unverzüglich in die von ihr geführte Mitgliederliste einzutragen. Diese in § 92 Abs. 1 UmwG angeordnete Verpflichtung konkretisiert die in § 30 Abs. 2 Nr. 3 GenG getroffene Verpflichtung, wonach jedes Ausscheiden aus der eG unter Angabe von Zeitpunkt und Grund in die Mitgliederliste einzutragen ist. Die Eintragung hat rein deklaratorischen Charakter[2].

5 Die Vorschrift des § 92 Abs. 1 UmwG steht im Kontext zu § 89 UmwG und zu § 15 Abs. 2 GenG. Daher wäre es unzulässig, wenn die übernehmende eG ein Mitglied der übertragenden eG deshalb nicht in die Mitgliederliste eintragen würde, weil seine Ausschlagung der erworbenen Mitgliedschaft im Zeitpunkt der nach § 89 UmwG vorgeschriebenen Eintragung bereits erfolgt oder jedenfalls absehbar ist (vgl. auch schon § 89 Rz. 4ff.). Vielmehr ist die **gesetzliche Reihenfolge** (Eintragung des Erwerbs der Mitgliedschaft, dann Eintragung der Ausschlagung) **strikt einzuhalten**[3].

6 Von der Eintragung ist das vormalige Mitglied unverzüglich – also gem. § 121 Abs. 1 Satz 1 BGB ohne schuldhaftes Zögern – **zu benachrichtigen**[4]. Die Einhaltung von Schrift- oder Textform (§ 126 BGB oder § 126b BGB) ist nicht vorgeschrieben, aber sinnvoll[5]. Unmittelbare Rechtswirkungen knüpft das Gesetz an die Benachrichtigung allerdings nicht. Es wird hierdurch jedoch klargestellt, dass der Zugang der Ausschlagungserklärung und die materiellen Voraussetzungen der Ausschlagung vom Vorstand der übernehmenden eG nicht in Frage gestellt werden. Denn: Einzutragen hat der Vorstand der übernehmenden eG gem. § 92 Abs. 1 UmwG „jede Ausschlagung". Diese Formulierung könnte bedeuten, dass auch eine Ausschlagung einzutragen wäre, die den gesetzlichen Anforderungen der §§ 90, 91 UmwG nicht entspricht, etwa weil die materiellen Voraussetzungen eines erklärten Widerspruchs gem. § 90 Abs. 3 UmwG nicht vorliegen oder weil die Frist des § 91 Abs. 2 UmwG nicht eingehalten ist. Dieses **Verständnis der gesetzlichen Regelung** ist indes abzulehnen[6]. Vielmehr soll die Mitgliederliste eine ver-

1 Für alle *Schaffland* in Lang/Weidmüller, § 25 GenG Rz. 11.
2 Ebenso *Scholderer* in Semler/Stengel, § 92 UmwG Rz. 1; *Fronhöfer* in Widmann/Mayer, § 92 UmwG Rz. 3, 4; *Stratz* in Schmitt/Hörtnagl/Stratz, § 92 UmwG Rz. 1; *Schöpflin* in KölnKomm. UmwG, § 92 UmwG Rz. 2.
3 So auch *Scholderer* in Semler/Stengel, § 92 UmwG Rz. 2; *Schöpflin* in KölnKomm. UmwG, § 92 UmwG Rz. 2.
4 *Schöpflin* in KölnKomm. UmwG, § 92 UmwG Rz. 4.
5 Ebenso *Scholderer* in Semler/Stengel, § 92 UmwG Rz. 7; *Fronhöfer* in Widmann/Mayer, § 92 UmwG Rz. 6; *Schöpflin* in KölnKomm. UmwG, § 92 UmwG Rz. 4.
6 So auch *Schöpflin* in KölnKomm. UmwG, § 92 UmwG Rz. 2; *Scholderer* in Semler/Stengel, § 92 UmwG Rz. 7; *Fronhöfer* in Widmann/Mayer, § 92 UmwG Rz. 4.

lässliche Auskunft über die der eG angehörenden Mitglieder geben. Ist die Ausschlagung fehlerhaft, so treten die Rechtswirkungen des § 90 Abs. 2 UmwG nicht ein, das vormalige Mitglied der übertragenden eG ist nicht mit Wirkung ex tunc aus der übernehmenden eG ausgeschieden.

Einzutragen ist daher nur eine Ausschlagung, die nach Auffassung des Vorstandes 7
der übernehmenden eG den **gesetzlichen Anforderungen entspricht**[1]. Im Streitfall obliegt es dem betreffenden Mitglied, gerichtlich feststellen zu lassen, dass in der übernehmenden eG keine Mitgliedschaft begründet wurde (§ 256 ZPO);[2] ggf. kann auch bei gegebener Fälligkeit direkt auf Auszahlung des Geschäftsguthabens (vgl. § 93 Rz. 4ff.) geklagt werden[3].

§ 93
Auseinandersetzung

(1) Mit einem früheren Mitglied, dessen Beteiligung an dem übernehmenden Rechtsträger nach § 90 Abs. 2 als nicht erworben gilt, hat der übernehmende Rechtsträger sich auseinander zu setzen. Maßgebend ist die Schlussbilanz der übertragenden Genossenschaft.

(2) Dieses Mitglied kann die Auszahlung des Geschäftsguthabens, das es bei der übertragenden Genossenschaft hatte, verlangen; an den Rücklagen und dem sonstigen Vermögen der übertragenden Genossenschaft hat es vorbehaltlich des § 73 Abs. 3 des Genossenschaftsgesetzes keinen Anteil, auch wenn sie bei der Verschmelzung den Geschäftsguthaben anderer Mitglieder, die von dem Recht zur Ausschlagung keinen Gebrauch machen, zugerechnet werden.

(3) Reichen die Geschäftsguthaben und die in der Schlussbilanz einer übertragenden Genossenschaft ausgewiesenen Rücklagen zur Deckung eines in dieser Bilanz ausgewiesenen Verlustes nicht aus, so kann der übernehmende Rechtsträger von dem früheren Mitglied, dessen Beteiligung als nicht erworben gilt, die Zahlung des anteiligen Fehlbetrags verlangen, wenn und soweit dieses Mitglied im Falle der Insolvenz Nachschüsse an die übertragende Genossenschaft zu leisten gehabt hätte. Der anteilige Fehlbetrag wird, falls die Satzung der übertragenden Genossenschaft nichts anderes bestimmt, nach der Zahl ihrer Mitglieder berechnet.

1 Ausdrücklich zustimmend *Scholderer* in Semler/Stengel, § 92 UmwG Rz. 6; *Fronhöfer* in Widmann/Mayer, § 92 UmwG Rz. 4; *Schöpflin* in KölnKomm. UmwG, § 92 UmwG Rz. 2.
2 So auch *Schöpflin* in KölnKomm. UmwG, § 92 UmwG Rz. 3.
3 Wie hier *Schöpflin* in KölnKomm. UmwG, § 92 UmwG Rz. 3.

Literatur

Vgl. die Angaben zu § 79.

I. Sinn und Zweck

1 Da die Ausschlagung gem. §§ 90ff. UmwG für das Mitglied einer übertragenden eG nur eine besondere Form des Ausscheidens darstellt (dazu § 90 Rz. 5ff.), soll es auch wirtschaftlich so gestellt werden, wie wenn es zum Zeitpunkt des Wirksamwerdens der Verschmelzung gem. §§ 65ff. GenG aus der übertragenden eG ausgeschieden wäre. In diesem Fall hätte eine Auseinandersetzung gem. § 73 GenG erfolgen müssen. Die beabsichtigte wirtschaftliche Gleichstellung wird dadurch bewirkt, dass § 93 UmwG inhaltlich der Auseinandersetzungsregelung des § 73 GenG entspricht[1].

II. Parteien der Auseinandersetzung

2 Parteien der Auseinandersetzung sind in Abweichung zu § 73 GenG der **übernehmende Rechtsträger** sowie jedes **frühere Mitglied der übertragenden eG**, dessen durch die Verschmelzung zunächst begründete Beteiligung am übernehmenden Rechtsträger auf Grund einer wirksamen Ausschlagung gem. § 90 Abs. 2 UmwG als nicht erworben gilt. Diese Abweichung folgt daraus, dass nach der Konzeption des Gesetzes ein Ausscheiden auf Grund der §§ 90ff. UmwG erst in dem Zeitpunkt möglich ist, in dem die übertragende eG auf Grund der Verschmelzung bereits erloschen ist (vgl. § 20 Abs. 1 Nr. 2 UmwG). Daher kann die Auseinandersetzung gem. § 93 UmwG nur noch mit dem übernehmenden Rechtsträger stattfinden, auf den durch die Verschmelzung gem. § 20 Abs. 1 Nr. 1 UmwG alle Rechte und Pflichten der übertragenden eG übergegangen sind (vgl. dazu § 87 Rz. 3ff.)[2].

III. Auseinandersetzungsanspruch des ausscheidenden Mitglieds

3 Das Mitglied einer übertragenden eG hat im Falle seines Ausscheidens gem. §§ 90ff. UmwG in Übereinstimmung mit § 73 GenG, jedoch in Abweichung zu allgemeinen gesellschaftsrechtlichen Prinzipien, **keinen Anspruch** darauf, dass für die Berechnung seines Auseinandersetzungsanspruchs das **wirkliche Gesellschaftsvermögen** zugrunde gelegt wird. Vielmehr wird der Auseinandersetzungsanspruch durch das Gesetz stark eingeschränkt (Stichwort: Nominalwertprinzip). Hintergrund dieser Benachteiligung ausscheidender Mitglieder ist die rechtspoliti-

1 Vgl. auch *Scholderer* in Semler/Stengel, § 93 UmwG Rz. 1; *Fronhöfer* in Widmann/Mayer, § 93 UmwG Rz. 2; *Beuthien/Wolff*, GenG, §§ 2ff. UmwG Rz. 120; *Fandrich* in Pöhlmann/Fandrich/Bloehs, GenG, § 93 UmwG Rz. 1; *Schöpflin* in KölnKomm. UmwG, § 93 UmwG Rz. 1.

2 Vgl. auch *Scholderer* in Semler/Stengel, § 93 UmwG Rz. 4, 7; *Schöpflin* in KölnKomm. UmwG, § 93 UmwG Rz. 2.

sche Absicht, sowohl den Erhalt von Eigenkapital als auch von Mitgliedern in der eG zu stärken[1].

1. Geschäftsguthaben

Unter der Voraussetzung, dass die übertragende eG nicht überschuldet ist (dazu unten Rz. 13), sieht das Gesetz als zwingende Regelung vor, dass das ausscheidende Mitglied **vom übernehmenden Rechtsträger** die **Auszahlung des Geschäftsguthabens** verlangen kann, das er **bei der übertragenden eG** hatte (§ 93 Abs. 2 Satz 1 1. Halbsatz UmwG). Das Geschäftsguthaben umfasst die Einzahlungen auf den Geschäftsanteil/die Geschäftsanteile zuzüglich der Gewinnzuschreibungen bzw. abzüglich der Verlustabschreibungen[2]. 4

Das ausscheidende Mitglied hat allerdings **keinen Anspruch** darauf, dass ein in der Schlussbilanz festgestellter **Gewinn ausgeschüttet** wird. Vielmehr kann über die Gewinnverwendung die Satzung frei entscheiden (§ 19 Abs. 2 GenG)[3]. Auch Differenzierungen im Hinblick auf die Gewinnverteilung sind grundsätzlich zulässig[4]; eine Regelung, wonach Gewinne zwar verteilt, jedoch ausscheidende Mitglieder von der Verteilung ausgenommen werden, wäre indes wegen Verstoßes gegen den Gleichbehandlungsgrundsatz unzulässig[5]. 5

Ebenso wenig hat das ausscheidende Mitglied Anspruch darauf, dass **entstandene Verluste** nicht seinem Geschäftsguthaben abgeschrieben, sondern stattdessen aus vorhandenen Rücklagen[6] oder der Auflösung stiller Reserven[7] gedeckt werden[8]. Der Gleichbehandlungsgrundsatz verbietet auch nicht die Regelung, wonach Verluste unter allgemeiner Schonung der Geschäftsguthaben aus den Rücklagen gedeckt werden, die Geschäftsguthaben ausscheidender Mitglieder jedoch anteilig abgeschrieben werden[9]. Denn wirtschaftlich werden durch diese Form der differenzierten Verlustdeckung alle Mitglieder gleich getroffen[10]. 6

---

1 Vgl. *Beuthien*, § 73 GenG Rz. 5; *Scholderer* in Semler/Stengel, § 93 UmwG Rz. 2; *Fronhöfer* in Widmann/Mayer, § 93 UmwG Rz. 4 Fn. 4.

2 Dazu *Schulte* in Lang/Weidmüller, § 7 GenG Rz. 5ff.; *Beuthien*, § 7 GenG Rz. 4; *K. Müller*, § 7 GenG Rz. 8; *Keßler* in BerlKomm. GenG, §§ 6, 7 GenG Rz. 20ff.; *Bauer*, Genossenschafts-Handbuch, § 7 GenG Rz. 3.

3 *Beuthien*, § 19 GenG Rz. 6f., 13; *Fronhöfer* in Widmann/Mayer, § 93 UmwG Rz. 9; *Schulte* in Lang/Weidmüller, § 19 GenG Rz. 6ff.; *K. Müller*, § 73 GenG Rz. 2; *Kern* in BerlKomm. GenG, § 19 GenG Rz. 3; *Schöpflin* in KölnKomm. UmwG, § 93 UmwG Rz. 6.

4 Zu Differenzierungen bei der Gewinnausschüttung ausf. *Schulte* in Lang/Weidmüller, § 19 GenG Rz. 15ff.; *Beuthien*, § 19 GenG Rz. 6f.

5 Zust. *Scholderer* in Semler/Stengel, § 93 UmwG Rz. 15; *Bleschke*, S. 190f.

6 Zur Verlustdeckung: *Schulte* in Lang/Weidmüller, § 73 GenG Rz. 15ff.; *K. Müller*, § 73 GenG Rz. 2.

7 Vgl. *Beuthien*, § 73 GenG Rz. 5.

8 Ebenso *Fronhöfer* in Widmann/Mayer, § 93 UmwG Rz. 8; *Bleschke*, S. 191; *Schöpflin* in KölnKomm. UmwG, § 93 UmwG Rz. 6; vgl. noch *Fandrich/Graef/Bloehs*, S. 82.

9 Dazu *Schulte* in Lang/Weidmüller, § 73 GenG Rz. 15 m.w.N.; ferner *Scholderer* in Semler/Stengel, § 93 UmwG Rz. 14; a.A. *Fronhöfer* in Widmann/Mayer, § 93 UmwG Rz. 8 a.E.

10 So auch *Schöpflin* in KölnKomm. UmwG, § 93 UmwG Rz. 6 a.E.; vgl. auch BGH v. 26.5. 2003 – II ZR 169/02, NZG 2003, 882 m. Anm. *Schöpflin*, WuB II D. § 73 GenG 1.03.

7 Soweit ein erwirtschafteter Gewinn auszuschütten ist, jedoch wegen vollständiger Auffüllung des Geschäftsanteils/der Geschäftsanteile dem Geschäftsguthaben des ausscheidenden Mitglieds nicht mehr zugeschrieben werden kann (vgl. § 19 Abs. 1 Satz 3 GenG)[1], besteht neben dem Anspruch auf Auszahlung des Geschäftsguthabens ein **Anspruch auf bare Ausschüttung dieses Gewinns**[2].

2. Rücklagen und sonstiges Vermögen

8 Keinen Anspruch hat das ausscheidende Mitglied darauf, an den **Rücklagen** und dem **sonstigen Vermögen** der eG beteiligt zu werden (§ 93 Abs. 2 Satz 1 2. Halbsatz UmwG). In die Auseinandersetzung nicht einbezogen werden sowohl die gesetzliche Rücklage gem. § 7 Nr. 2 GenG (früher: sog. Pflichtreservefonds gem. § 7 Nr. 3 GenG a.F.)[3] als auch durch die Satzung vorgesehene oder von der Generalversammlung beschlossene freiwillige Rücklagen[4], darüber hinaus auch nicht die stillen Reserven[5] und der Firmenwert (good will)[6].

9 Diese Rechtsfolge gilt nach ausdrücklicher gesetzlicher Anordnung (§ 93 Abs. 2 Satz 1 2. Halbsatz UmwG) auch, soweit auf den übernehmenden Rechtsträger im Wege der Gesamtrechtsnachfolge übergegangene **Rücklagen** (und über den gesetzlichen Wortlaut hinaus auch stille Reserven[7]) nach Maßgabe des Verschmelzungsvertrages zu dem Zwecke **aufgelöst** werden, die Geschäftsguthaben der Mitglieder der übertragenden eG durch Zuschreibung zu erhöhen[8].

10 Werden allerdings Rücklagen (oder stille Reserven) durch Beschluss der Generalversammlung der übertragenden eG bereits **vor Durchführung der Verschmelzung aufgelöst** und den Geschäftsguthaben zugeschrieben, so erhöht sich hierdurch auch das Auseinandersetzungsguthaben ausscheidender Mitglieder[9]. Dieses Vorgehen ist sinnvoll, wenn die für die Verschmelzung stimmende Mehrheit der Mitglieder die für eine ausscheidungswillige Minderheit bestehenden Nachteile verringern will[10]. Wegen der wirtschaftlichen Gleichwertigkeit mit der gesetzlichen Regelung in § 93 Abs. 2 Satz 1 2. Halbsatz UmwG wäre allerdings auch ohne Verstoß gegen den Gleichbehandlungsgrundsatz eine Beschlussfassung zulässig, die aufgelöste Rücklagen (oder stille Reserven) allein den Geschäftsguthaben der Mit-

---

1 Dazu *Beuthien*, § 19 GenG Rz. 8.

2 *Fronhöfer* in Widmann/Mayer, § 93 UmwG Rz. 9 a.E.

3 Zur gesetzlichen Rücklage: *Keßler* in BerlKomm. GenG, §§ 6, 7 GenG Rz. 30f.; *Beuthien*, § 7 GenG Rz. 16ff.; *Schulte* in Lang/Weidmüller, § 7 GenG Rz. 30ff.

4 Zur freiwilligen Rücklage: *Beuthien*, § 7 GenG Rz. 19; *Schulte* in Lang/Weidmüller, § 7 GenG Rz. 35.

5 *Scholderer* in Semler/Stengel, § 93 UmwG Rz. 13; *Fronhöfer* in Widmann/Mayer, § 93 UmwG Rz. 12.

6 So zur Parallelvorschrift des § 73 GenG *Beuthien*, § 73 GenG Rz. 5; wie hier auch *Scholderer* in Semler/Stengel, § 93 UmwG Rz. 12; *Fronhöfer* in Widmann/Mayer, § 93 UmwG Rz. 12.

7 So zu § 93m GenG a.F. auch *Lang/Weidmüller/Schaffland*[32], § 93m GenG Rz. 3; vgl. weiter *Fronhöfer* in Widmann/Mayer, § 93 UmwG Rz. 12.

8 Vgl. *Lehnhoff* in Lang/Weidmüller, GenG, § 93 UmwG Rz. 3; *Scholderer* in Semler/Stengel, § 93 UmwG Rz. 14.

9 *Lehnhoff* in Lang/Weidmüller, GenG, § 93 UmwG Rz. 4; *Fronhöfer* in Widmann/Mayer, § 93 UmwG Rz. 13; *Bauer*, Genossenschafts-Handbuch, § 93 UmwG Rz. 4; *Bleschke*, S. 192; für § 93m GenG a.F. *Schlarb*, DB 1979, 901.

10 Zustimmend *Scholderer* in Semler/Stengel, § 93 UmwG Rz. 13.

glieder zuweist, die ihre Beteiligung am übernehmenden bzw. neuen Rechtsträger nicht ausschlagen[1].

3. Ergebnisrücklage gem. § 73 Abs. 3 GenG

Zur Abfederung „unbilliger Härten"[2], die dadurch auftreten können, dass ausscheidende Mitglieder nicht an den Rücklagen und am sonstigen Vermögen der eG zu beteiligen sind (oben Rz. 8), eröffnet § 73 Abs. 3 GenG die Möglichkeit, eine besondere **Ergebnisrücklage** zu bilden und ausscheidende Mitglieder hieran zu beteiligen[3]. Ob eine solche Ergebnisrücklage gebildet wird und inwieweit ausscheidende Mitglieder hieran zu beteiligen sind, kann die Satzung der eG frei entscheiden[4]. Sachlich gerechtfertigte Differenzierungen werden vom Gesetz ausdrücklich gestattet (§ 73 Abs. 3 Satz 2 GenG)[5]. Zwingende Mindestvoraussetzung für eine Beteiligung an der Ergebnisrücklage ist, dass das ausscheidende Mitglied alle fälligen Pflichtanteile[6] voll eingezahlt[7] hat. 11

Soweit die Satzung die Beteiligung ausscheidender Mitglieder an einer Ergebnisrücklage vorsieht, wird hierdurch **kein** unentziehbares **Sonderrecht** gem. § 35 BGB begründet[8], doch gilt diese Bestimmung zwingend auch für das Ausscheiden gem. §§ 90 ff. UmwG [9]. 12

IV. Der Ausgleichsanspruch des übernehmenden Rechtsträgers

Wird in der Schlussbilanz der übertragenden eG ein Verlust festgestellt, der durch die Geschäftsguthaben und die Rücklagen nicht gedeckt werden kann, so kommt in Parallele zu § 73 Abs. 2 Satz 3 GenG eine **anteilige Ausgleichspflicht** des **ausscheidenden Mitglieds** in Betracht (§ 93 Abs. 3 Satz 1 UmwG). Zum Verlustausgleich sind nur die in der Schlussbilanz ausgewiesenen Rücklagen in Ansatz zu bringen, also die gesetzliche Rücklage gem. § 7 Nr. 2 GenG sowie vorhandene 13

1 Vgl. auch *Bauer*, Genossenschafts-Handbuch, § 93 UmwG Rz. 4; *Scholderer* in Semler/Stengel, § 93 UmwG Rz. 13; *Bleschke*, S. 192; zweifelnd *Schöpflin* in KölnKomm. UmwG, § 93 UmwG Rz. 8 a.E.

2 So *Beuthien*, § 73 GenG Rz. 15.

3 Abl. gegenüber der Schaffung einer solchen besonderen Ergebnisrücklage und der Beteiligung ausscheidender Mitglieder *Schulte* in Lang/Weidmüller, § 73 GenG Rz. 24.

4 *Fandrich* in Pöhlmann/Fandrich/Bloehs, § 73 GenG Rz. 7; *Schulte* in Lang/Weidmüller, § 73 GenG Rz. 19.

5 Dazu *Schulte* in Lang/Weidmüller, § 73 GenG Rz. 21; *Beuthien*, § 73 GenG Rz. 17.

6 Die Formulierung „Geschäftsanteil" in § 73 Abs. 1 Satz 1 GenG wird allgemein als (fälliger) Pflichtanteil verstanden; die nicht vollständige Einzahlung freiwilliger Geschäftsanteile schadet daher nicht: *Schulte* in Lang/Weidmüller, § 73 GenG Rz. 21; *Beuthien*, § 73 GenG Rz. 15; *K. Müller*, § 73 GenG Rz. 3; ebenso *Fronhöfer* in Widmann/Mayer, § 93 UmwG Rz. 11.

7 Verlustabschreibungen auf voll eingezahlte Pflichtanteile sind unschädlich: *Schulte* in Lang/Weidmüller, § 73 GenG Rz. 21; *Beuthien*, § 73 GenG Rz. 16; *K. Müller*, § 73 GenG Rz. 3; ebenso *Fronhöfer* in Widmann/Mayer, § 93 UmwG Rz. 11.

8 *Beuthien*, § 73 GenG Rz. 17; *Schulte* in Lang/Weidmüller, § 73 GenG Rz. 22; a.A. *K. Müller*, § 73 GenG Rz. 5a a.E.

9 So zutreffend *Beuthien/Wolff*, GenG, §§ 2 ff. UmwG Rz. 122; *Fronhöfer* in Widmann/Mayer, § 93 UmwG Rz. 11; *Schöpflin* in KölnKomm. UmwG, § 93 UmwG Rz. 9.

freiwillige Rücklagen; die Auflösung stiller Reserven wird nicht gefordert und kann vom nachschusspflichtigen Mitglied nicht gefordert werden[1].

14 Nachschusspflichtig ist das ausscheidende Mitglied jedoch nur insoweit, wie es auch **im Falle der Insolvenz** von der übertragenden eG zum **Nachschuss hätte herangezogen werden können**[2]. Voraussetzung ist also, dass in der Satzung der eG überhaupt eine Nachschusspflicht vorgesehen ist (vgl. § 6 Nr. 3 GenG). Darüber hinaus kommt eine Nachschussverpflichtung nur insoweit in Betracht, als die Insolvenzgläubiger wegen ihrer bei der Schlussverteilung gem. § 196 Abs. 1 InsO berücksichtigten Forderungen aus der Masse nicht befriedigt werden könnten (vgl. § 105 Abs. 1 GenG)[3]. Hierzu ist ggf. eine separate Überschuldungsbilanz aufzustellen[4].

15 Die **Höhe** der Nachschusspflicht wird regelmäßig durch die Satzung der eG begrenzt (Haftsumme). Für den **Haftungsanteil** gilt nach § 93 Abs. 3 Satz 2 UmwG im Zweifel das Kopfprinzip. Zu berücksichtigen sind alle vormaligen Mitglieder, die im Zeitpunkt des Wirksamwerdens der Verschmelzung Mitglied der übertragenden eG waren[5]. Doch kann die Satzung der übertragenden eG eine anderweitige Haftungsverteilung vorsehen[6].

16 Der auf **unvermögende Mitglieder** entfallende Haftungsanteil ist analog § 105 Abs. 3 GenG auf alle übrigen vormaligen Mitglieder der übertragenden eG zu verteilen, also nicht nur auf diejenigen Mitglieder der übertragenden eG, die ausgeschlagen haben[7].

17 Die Nachschussverpflichtung besteht nur im Innenverhältnis **gegenüber dem übernehmenden Rechtsträger**; eine unmittelbare Außenhaftung gegenüber den Gläubigern wird nicht begründet[8]. Fällig wird der Ausgleichsanspruch des übernehmenden Rechtsträgers mit Wirksamwerden der Ausschlagung[9].

---

1 Vgl. *Lehnhoff* in Lang/Weidmüller, GenG, § 93 UmwG Rz. 9; *Bauer*, Genossenschafts-Handbuch, § 93 UmwG Rz. 7; *Scholderer* in Semler/Stengel, § 93 UmwG Rz. 20.

2 Dazu ausf. *Beuthien/Titze*, ZIP 2002, 1116 (1118 ff.); vgl. weiter *Scholderer* in Semler/Stengel, § 93 UmwG Rz. 21.

3 Ebenso *Fronhöfer* in Widmann/Mayer, § 93 UmwG Rz. 18; abweichend *Scholderer* in Semler/Stengel, § 93 UmwG Rz. 21; *Schöpflin* in KölnKomm. UmwG, § 93 UmwG Rz. 13.

4 Bereits im Ansatz abw. *Scholderer* in Semler/Stengel, § 93 UmwG Rz. 21 a.E.

5 Zustimmend *Scholderer* in Semler/Stengel, § 93 UmwG Rz. 24; *Fronhöfer* in Widmann/Mayer, § 93 UmwG Rz. 21.

6 Ebenso *Scholderer* in Semler/Stengel, § 93 UmwG Rz. 25; *Beuthien/Wolff*, GenG, §§ 2 ff. UmwG Rz. 124.

7 A.A. *Scholderer* in Semler/Stengel, § 93 UmwG Rz. 26; *Schöpflin* in KölnKomm. UmwG, § 93 UmwG Rz. 14; wie hier aber *Fronhöfer* in Widmann/Mayer, § 93 UmwG Rz. 21 a.E.; *Stratz* in Schmitt/Hörtnagl/Stratz, § 93 UmwG Rz. 3.

8 Zustimmend *Scholderer* in Semler/Stengel, § 93 UmwG Rz. 3 a.E.; *Fronhöfer* in Widmann/Mayer, § 93 UmwG Rz. 22; *Stratz* in Schmitt/Hörtnagl/Stratz, § 93 UmwG Rz. 3; *Bauer*, Genossenschafts-Handbuch, § 93 UmwG Rz. 11; zur Parallelnorm des § 73 Abs. 2 Satz 3 GenG *Beuthien*, § 73 GenG Rz. 9.

9 *Scholderer* in Semler/Stengel, § 93 UmwG Rz. 28; *Fronhöfer* in Widmann/Mayer, § 93 UmwG Rz. 24; *Schöpflin* in KölnKomm. UmwG, § 93 UmwG Rz. 14.

V. Maßgeblichkeit der Schlussbilanz

Maßgebend für die Auseinandersetzung ist die Schlussbilanz (dazu § 80 Rz. 26ff.). 18
Ein **Gewinn** bzw. **Verlust**, der **nach dem Bilanzstichtag** entstanden ist, bleibt daher stets **unberücksichtigt**[1].

VI. Abtretung, Verpfändung, Pfändung, Aufrechnung

Der Anspruch des Mitglieds auf das **Auseinandersetzungsguthaben** entsteht als 19
bedingter Anspruch bereits mit der Einzahlung auf einen Geschäftsanteil. Aufschiebende Bedingungen sind das Ausscheiden aus der eG sowie ein positiver Auseinandersetzungssaldo[2]. Inwieweit ein Auseinandersetzungsguthaben besteht, ergibt sich erst aus der Jahresbilanz (so gem. § 73 Abs. 2 Satz 1 GenG) bzw. im Falle der Ausschlagung aus der Schlussbilanz (dazu oben Rz. 18).

Als bedingter Anspruch kann der Anspruch auf das Auseinandersetzungsgutha- 20
ben vom Zeitpunkt seines Entstehens an ohne Mitwirkung der eG **abgetreten** (§ 398 BGB), **verpfändet** (§§ 1279, 1280 BGB) und **gepfändet** (§§ 829, 835 ZPO) werden[3]. Auch eine Zuwendung durch Vertrag zugunsten Dritter (auf den Todesfall) ist möglich[4]. Bevor die Bedingung durch das Ausscheiden des Mitglieds eingetreten ist, kann ein Zessionar bzw. Pfandgläubiger den Anspruch nicht geltend machen[5]; der Pfändungsgläubiger kann den Bedingungseintritt unter den Vorausset-

1 *Bauer*, Genossenschafts-Handbuch, § 93 UmwG Rz. 3, 7; *Scholderer* in Semler/Stengel, § 93 UmwG Rz. 5f.; *Fronhöfer* in Widmann/Mayer, § 93 UmwG Rz. 7; *Schöpflin* in KölnKomm. UmwG, § 93 UmwG Rz 3. Nicht zu folgen ist dagegen *Beuthien/Wolff*, GenG, §§ 2ff. UmwG Rz. 121, der im Ausnahmefall unter Berufung auf § 259 BGB dem Mitglied einen Anspruch auf die Aufstellung einer neuen Schlussbilanz zugesteht, wenn sich die Verhältnisse zwischen dem Zeitpunkt des Ausscheidens und dem Bilanzstichtag wesentlich verändern; vgl. *Lehnhoff* in Lang/Weidmüller, GenG, § 93 UmwG Rz. 2 mit Fn. 322.

2 *Beuthien*, § 73 GenG Rz. 6; *Schulte* in Lang/Weidmüller, § 73 GenG Rz. 2; OLG Düsseldorf v. 11.10.1967 – 11a S 9/67, NJW 1968, 753.

3 *Scholderer* in Semler/Stengel, § 93 UmwG Rz. 17; *Fronhöfer* in Widmann/Mayer, § 93 UmwG Rz. 15; *Schöpflin* in KölnKomm. UmwG, § 93 UmwG Rz. 16; vgl. weiter *Beuthien*, § 73 GenG Rz. 8; *Keßler* in BerlKomm. GenG, § 73 GenG Rz. 17; OLG Düsseldorf v. 11.10.1967 – 11a S 9/67, NJW 1968, 753; OLG Naumburg v. 17.11.1902, OLGE 6, 193.

4 Forderungsabtretungen durch verfügenden Vertrag zugunsten Dritter sind nach h.L. und entgegen der Rspr. zulässig: *Larenz*, Lehrbuch des Schuldrechts I, 14. Aufl. 1987, § 17 IV (S. 232f.); *Roth* in MünchKomm. BGB, § 398 BGB Rz. 17; *Gottwald* in MünchKomm. BGB, § 328 BGB Rz. 261; *Erman/H.P. Westermann*, § 328 BGB Rz. 3; ausf. *Bayer*, Der Vertrag zugunsten Dritter, 1995, S. 194ff. m.z.w.N. Wird das Auseinandersetzungsguthaben durch Vertrag zugunsten Dritter auf den Todesfall zugewendet (hierzu LG Kassel v. 15.1.1980 – 3 O 238/79, ZfgG 1981, 68 m. zust. Anm. *Kuchinke*), so wird entgegen *Beuthien*, § 77 GenG Rz. 14 keine i.d.R. formunwirksame Schenkung auf den Todesfall begründet; denn die Zuwendung ist im Zeitpunkt des Todes des Zuwendenden bereits bewirkt (hierzu ausf. *Bayer*, Der Vertrag zugunsten Dritter, 1995, S. 289ff., 294ff. m.w.N.).

5 Möglich ist allerdings, dass sich das Mitglied schuldrechtlich zur Herbeiführung der Bedingung verpflichtet.

zungen des § 66 GenG herbeiführen. Die Satzung der eG kann die Abtretung und Verpfändung (vgl. § 399 Satz 2 BGB)[1], nicht dagegen die Pfändung ausschließen[2].

21 Die (übertragende) **eG** oder der übernehmende Rechtsträger **können** gem. §§ 387 ff. BGB mit fälligen Forderungen sowohl aus dem Mitgliedschafts- als auch aus dem Kundenverhältnis gegen den Anspruch auf das Auseinandersetzungsguthaben **aufrechnen**, sobald die Bilanz erstellt ist[3]. Ist zuvor über das Vermögen des Mitglieds das Insolvenzverfahren eröffnet, so wird die Aufrechnungsbefugnis durch §§ 94, 95 InsO modifiziert[4]. Das **ausgeschiedene Mitglied** kann gegenüber dem übernehmenden Rechtsträger gem. § 387 BGB **aufrechnen**, sobald sein Anspruch auf das Auseinandersetzungsguthaben fällig geworden ist (zur Fälligkeit: § 94 Rz. 1). Das Aufrechnungsverbot des § 22 Abs. 5 GenG gilt hier nicht[5].

VII. Verjährung

22 Sowohl der Anspruch des ausscheidenden Mitglieds auf das Auseinandersetzungsguthaben als auch ein Ausgleichsanspruch des übernehmenden Rechtsträgers **verjähren** nach den allgemeinen Vorschriften gem. **§§ 195, 199 BGB** regelmäßig in **drei Jahren**[6], gerechnet ab dem Schluss des Kalenderjahres, in dem der Anspruch fällig geworden ist (zur Fälligkeit des Ausgleichsanspruchs oben Rz. 17 a.E., zum Auszahlungsanspruch des Mitglieds § 94 Rz. 1)[7].

23 Die Frist *beginnt* mit dem Ende des Kalenderjahres, in dem der Anspruch entstanden ist und das Mitglied von diesem Umstand Kenntnis erlangt oder ohne grobe Fahrlässigkeit Kenntnis erlangen musste (§ 199 Abs. 1 BGB). Die Ansprüche aus § 93 UmwG werden nach § 94 UmwG innerhalb von sechs Monaten fällig. Mit Abgabe seiner Ausschlagungserklärung kennt das Mitglied sowohl den Anspruchsgrund als auch den Schuldner[8].

---

1 *Keßler* in BerlKomm. GenG, § 73 GenG Rz. 17; *Scholderer* in Semler/Stengel, § 93 UmwG Rz. 17 a.E.; *Beuthien*, § 73 GenG Rz. 8; zw. dagegen *Fronhöfer* in Widmann/Mayer, § 93 UmwG Rz. 15.

2 Wie hier *Schöpflin* in KölnKomm. UmwG, § 93 UmwG Rz. 16; vgl. weiter *Keßler* in BerlKomm. GenG, § 73 GenG Rz. 17; *K. Müller*, § 73 GenG Rz. 32a; *Beuthien*, § 73 GenG Rz. 87.

3 Ebenso *Scholderer* in Semler/Stengel, § 93 UmwG Rz. 18; *Fronhöfer* in Widmann/Mayer, § 93 UmwG Rz. 16; *Schöpflin* in KölnKomm. UmwG, § 93 UmwG Rz. 17.

4 Vgl. hierzu ausf. *Bayer*, EWiR 1999, 599; zum System der §§ 94 ff. InsO: *Lieder*, DZWIR 2007, 13 (15 f.).

5 Allg. M.: *Fronhöfer* in Widmann/Mayer, § 93 UmwG Rz. 16; *Scholderer* in Semler/Stengel, § 93 UmwG Rz. 18 a.E.; *Schöpflin* in KölnKomm. UmwG, § 93 UmwG Rz. 17 a.E.

6 Wie hier *Bauer*, Genossenschafts-Handbuch, § 93 UmwG Rz. 12; *Stratz* in Schmitt/Hörtnagl/Stratz, § 93 UmwG Rz. 1; *Schöpflin* in KölnKomm. UmwG, § 93 UmwG Rz. 15; nunmehr auch *Scholderer* in Semler/Stengel, § 93 UmwG Rz. 29.

7 Zur Entwicklung der Verjährungsregelung: ausf. 4. Aufl.

8 Dazu auch *Schöpflin* in KölnKomm. UmwG, § 93 UmwG Rz. 15.

§ 94
Auszahlung des Auseinandersetzungsguthabens

Ansprüche auf Auszahlung des Geschäftsguthabens nach § 93 Abs. 2 sind binnen sechs Monaten seit der Ausschlagung zu befriedigen; die Auszahlung darf jedoch nicht erfolgen, bevor die Gläubiger, die sich nach § 22 gemeldet haben, befriedigt oder sichergestellt sind, und nicht vor Ablauf von sechs Monaten seit dem Tag, an dem die Eintragung der Verschmelzung in das Register des Sitzes des übernehmenden Rechtsträgers nach § 19 Abs. 3 bekannt gemacht worden ist.

Literatur

Vgl. die Angaben zu § 79.

I. Fälligkeit des Anspruches auf das Auseinandersetzungsguthaben

1 Der durch das Ausscheiden des Mitglieds nach Maßgabe der Schlussbilanz entstandene Anspruch auf das Auseinandersetzungsguthaben (dazu § 93 Rz. 3, 18) wird (in Parallele zu § 73 Abs. 2 Satz 2 1. Halbsatz GenG) sechs Monate nach erfolgter Ausschlagung **fällig**. Die Ausschlagung ist erfolgt, wenn sie wirksam geworden ist, also mit Zugang der schriftlichen Ausschlagungserklärung (vgl. § 91 Abs. 1 UmwG) beim übernehmenden Rechtsträger (§ 92 Abs. 2 UmwG)[1].

II. Sperrfristen

2 Ungeachtet der Fälligkeit des Anspruches auf Auszahlung des Auseinandersetzungsguthabens (oben Rz. 1) darf der übernehmende Rechtsträger aus Gründen des Gläubigerschutzes[2] die Auszahlung nur dann vornehmen, wenn „die Gläubiger, die sich nach § 22 gemeldet haben, befriedigt oder sichergestellt sind". Die **Mindestsperrfrist** beträgt **sechs Monate** seit dem Tag der Bekanntmachung der Verschmelzung im Register des übernehmenden Rechtsträgers gem. § 19 Abs. 3 UmwG; denn längstens innerhalb dieses Zeitraumes können die Gläubiger der an der Verschmelzung beteiligten Rechtsträger ihren Anspruch anmelden und Sicherheitsstellung verlangen (vgl. § 22 Abs. 1 Satz 1 UmwG)[3].

3 Die nicht klar formulierte Regelung in **§ 94 2. Halbsatz UmwG** ist entgegen dem ersten Eindruck allerdings nicht so zu verstehen, dass alle Gläubiger der beteiligten Rechtsträger, die sich form- und fristgerecht gem. § 22 Abs. 1 Satz 1 UmwG

1 Zustimmend *Scholderer* in Semler/Stengel, § 94 UmwG Rz. 2; *Fronhöfer* in Widmann/Mayer, § 94 UmwG Rz. 2; *Bleschke*, S. 193f.; *Schöpflin* in KölnKomm. UmwG, § 94 UmwG Rz. 2.

2 *Fronhöfer* in Widmann/Mayer, § 94 UmwG Rz. 3; *Scholderer* in Semler/Stengel, § 94 UmwG Rz. 1; *Schöpflin* in KölnKomm. UmwG, § 94 UmwG Rz. 3.

3 Dazu auch *Schöpflin* in KölnKomm. UmwG, § 94 UmwG Rz. 3.

gemeldet und keinen fälligen (= zu befriedigenden) Anspruch haben, sicherzustellen sind. Der **Verweis auf § 22 UmwG** erstreckt sich vielmehr auch auf die Voraussetzungen des § 22 Abs. 1 Satz 2 UmwG sowie die Einschränkungen des § 22 Abs. 2 UmwG, ist somit eine **Rechtsgrundverweisung** (vgl. auch § 87 Rz. 29)[1]. Sicherheitsleistung können danach nur die Gläubiger verlangen, die eine Gefährdung ihrer noch nicht fälligen Forderung durch die Verschmelzung glaubhaft machen (§ 22 Abs. 1 Satz 2 UmwG)[2] und im Insolvenzfall nicht bereits anderweitig vorrangig gesichert sind (§ 22 Abs. 2 UmwG); hierzu ausf. § 22 Rz. 26ff.

4 **Verzögert** der übernehmende Rechtsträger schuldhaft die **Befriedigung** oder **Sicherstellung** der berechtigten Gläubiger nach Ablauf der Mindestsperrfrist (dazu oben Rz. 2), so haftet er dem ausscheidenden Mitglied unter dem Gesichtspunkt der Verletzung der Treuepflicht[3], nach den §§ 280 Abs. 1 und 3, 281 Abs. 1 BGB und §§ 280 Abs. 1 und 2, 286, 288 BGB auch unter dem Aspekt des Schuldnerverzuges[4] auf Schadensersatz.

5 Eine unzulässige **vorzeitige Auszahlung** entgegen § 94 2. Halbsatz UmwG berechtigt nicht zur Rückforderung (§ 813 Abs. 2 BGB)[5]; vielmehr sind gem. § 34 Abs. 3 Nr. 1 GenG sowohl die Organe des übernehmenden Rechtsträgers als auch der übernehmende Rechtsträger selbst (i.V.m. § 31 BGB) den Gläubigern im Falle eines Schadenseintritts gem. § 823 Abs. 2 BGB ersatzpflichtig, da § 94 UmwG als *Schutzgesetz* zu qualifizieren ist[6]. Eine Haftung der Vorstandsmitglieder der übertragenden eG scheidet dagegen aus[7].

1 Zustimmend *Fronhöfer* in Widmann/Mayer, § 94 UmwG Rz. 3 a.E.; *Scholderer* in Semler/Stengel, § 94 UmwG Rz. 6; *Bauer*, Genossenschafts-Handbuch, § 94 UmwG Rz. 5; *Schöpflin* in KölnKomm. UmwG, § 94 UmwG Rz. 4.

2 Die Forderung muss im Streitfall nachgewiesen werden; die Glaubhaftmachung ist nur für die Gefährdung ausreichend: zutreffend *Grunewald*, § 22 Rz. 15 m.w.N. zum Streitstand.

3 Ebenso *Beuthien/Wolff*, GenG, §§ 2ff. UmwG Rz. 123; *Scholderer* in Semler/Stengel, § 94 UmwG Rz. 10; *Bauer*, Genossenschafts-Handbuch, § 94 UmwG Rz. 7; *Schöpflin* in KölnKomm. UmwG, § 94 UmwG Rz. 5; a.A. *Fronhöfer* in Widmann/Mayer, § 94 UmwG Rz. 7 (Treuepflicht besteht nicht).

4 Ebenso *Scholderer* in Semler/Stengel, § 94 UmwG Rz. 10; *Fronhöfer* in Widmann/Mayer, § 94 UmwG Rz. 8; a.A. *Beuthien/Wolff*, GenG, §§ 2ff. UmwG Rz. 123, der fälschlich davon ausgeht, dass es an der Fälligkeit mangelt; ihm folgend *Bauer*, Genossenschafts-Handbuch, § 94 UmwG Rz. 7; *Schöpflin* in KölnKomm. UmwG, § 94 UmwG Rz. 5.

5 Ebenso *Scholderer* in Semler/Stengel, § 94 UmwG Rz. 11; ferner *Fronhöfer* in Widmann/Mayer, § 94 UmwG Rz. 9; *Beuthien/Wolff*, GenG, §§ 2ff. UmwG Rz. 123; *Bauer*, Genossenschafts-Handbuch, § 94 UmwG Rz. 8; so nunmehr auch *Stratz* in Schmitt/Hörtnagl/Stratz, § 94 UmwG Rz. 1; ebenso *Schöpflin* in KölnKomm. UmwG, § 94 UmwG Rz. 6.

6 Ebenso *Scholderer* in Semler/Stengel, § 94 UmwG Rz. 11; *Fronhöfer* in Widmann/Mayer, § 94 UmwG Rz. 9; *Beuthien/Wolff*, GenG, §§ 2ff. UmwG Rz. 123; *Lehnhoff* in Lang/Weidmüller, GenG, § 94 UmwG Rz. 1; nunmehr auch *Stratz* in Schmitt/Hörtnagl/Stratz, § 94 UmwG Rz. 1; ebenso *Schöpflin* in KölnKomm. UmwG, § 94 UmwG Rz. 6.

7 Vgl. dazu *Scholderer* in Semler/Stengel, § 94 UmwG Rz. 12 a.E.; *Fronhöfer* in Widmann/Mayer, § 94 UmwG Rz. 9; *Bauer*, Genossenschafts-Handbuch, § 94 UmwG Rz. 10; *Schöpflin* in KölnKomm. UmwG, § 94 UmwG Rz. 6 a.E.; nunmehr auch *Stratz* in Schmitt/Hörtnagl/Stratz, § 94 UmwG Rz. 1.

§ 95
Fortdauer der Nachschusspflicht

(1) Ist die Haftsumme bei einer übernehmenden Genossenschaft geringer, als sie bei einer übertragenden Genossenschaft war, oder haften den Gläubigern eines übernehmenden Rechtsträgers nicht alle Anteilsinhaber dieses Rechtsträgers unbeschränkt, so haben zur Befriedigung der Gläubiger der übertragenden Genossenschaft diejenigen Anteilsinhaber, die Mitglieder der übertragenden Genossenschaft waren, weitere Nachschüsse bis zur Höhe der Haftsumme bei der übertragenden Genossenschaft zu leisten, sofern die Gläubiger, die sich nach § 22 gemeldet haben, wegen ihrer Forderung Befriedigung oder Sicherstellung auch nicht aus den von den Mitgliedern eingezogenen Nachschüssen erlangen können. Für die Einziehung der Nachschüsse gelten die §§ 105 bis 115a des Genossenschaftsgesetzes entsprechend.

(2) Absatz 1 ist nur anzuwenden, wenn das Insolvenzverfahren über das Vermögen des übernehmenden Rechtsträgers binnen zwei Jahren nach dem Tage eröffnet wird, an dem die Eintragung der Verschmelzung in das Register des Sitzes dieses Rechtsträgers nach § 19 Abs. 3 bekannt gemacht worden ist.

Literatur

Vgl. die Angaben zu § 79.

I. Überblick

1. Sinn und Zweck

1 Mit Wirksamwerden der Verschmelzung gehen alle Rechte und Pflichten im Wege der Gesamtrechtsnachfolge auf den übernehmenden Rechtsträger über; der übertragende Rechtsträger erlischt. Die Verbindlichkeiten des übertragenden Rechtsträgers werden zu Verbindlichkeiten des übernehmenden Rechtsträgers. Inwieweit die Anteilsinhaber des übernehmenden Rechtsträgers für dessen Verbindlichkeiten haften, richtet sich allein nach den Regeln, die das Gesetz oder die Satzung/der Gesellschaftsvertrag für den übernehmenden Rechtsträger vorsehen (dazu ausf. § 87 Rz. 21). Dieser Grundsatz wird im Interesse der Gläubiger einer übertragenden eG zeitweilig eingeschränkt. *In Ergänzung des § 22 UmwG* (unten Rz. 3) *haften* für den Fall, dass binnen zwei Jahren nach Bekanntmachung der Eintragung der Verschmelzung in das Register des übernehmenden Rechtsträgers

(§ 19 Abs. 3 UmwG) das Insolvenzverfahren eröffnet wird, unter gewissen Voraussetzungen die *vormaligen Mitglieder einer übertragenden eG* zusätzlich gemäß den Haftungsregeln ihrer früheren Satzung nach Maßgabe der §§ 105–115a GenG[1].

2. Praktische Bedeutung

2 Die praktische Bedeutung der Vorschrift ist **gering**, da eine Nachschusspflicht durch die Satzung der eG im Regelfall ausgeschlossen wird[2].

II. Gläubigerschutz gem. § 22 UmwG

3 Sowohl die Gläubiger eines übertragenden als auch eines übernehmenden Rechtsträgers können binnen sechs Monaten nach Bekanntmachung der Eintragung der Verschmelzung im für ihren Schuldner zuständigen Register verlangen, dass ihnen für ihre nach Grund und Höhe schriftlich angemeldeten Ansprüche Sicherheit geleistet wird, soweit sie nicht schon die Befriedigung ihrer Ansprüche fordern können (§ 22 Abs. 1 Satz 1 UmwG). Weitere Voraussetzung ist, dass sie glaubhaft machen können, dass durch die Verschmelzung die Erfüllung ihrer Forderung gefährdet wird (§ 22 Abs. 1 Satz 2 UmwG), was nach § 22 Abs. 2 UmwG jedoch nicht der Fall ist, wenn im Insolvenzfall ein Recht auf vorzugsweise Befriedigung aus einer besonderen Deckungsmasse besteht (hierzu ausf. § 22 Rz. 26).

III. Voraussetzungen der Nachschusspflicht gem. § 95 UmwG

1. Haftungsunterschied

4 Eine Nachschussverpflichtung kommt in zwei Fällen in Betracht: Die *Haftsumme* einer übernehmenden eG ist *geringer* als die Haftsumme der übertragenden eG (Fall der reinen eG-Verschmelzung mit beschränkter Nachschusspflicht der übernehmenden eG) oder die Anteilsinhaber des übernehmenden Rechtsträgers *haften nicht alle unbeschränkt* (Regelfall der Mischverschmelzung)[3].

5 Beim **Vergleich der Haftsummen** ist zu beachten, dass für jedes einzelne Mitglied eine *individuelle* Betrachtung erfolgen muss; auf Grund der §§ 15b, 121 GenG ist es nicht ausreichend, lediglich die Satzungen der verschmolzenen eG miteinander zu vergleichen[4]. Vielmehr kann etwa die Nachschusspflicht eines Mitglieds einer übertragenden eG, deren Satzung die Haftsumme mit 500 Euro je Geschäftsanteil vorsah, höher sein als die Nachschusspflicht in der übernehmenden eG, in der die Haftsumme zwar auf 1 000 Euro festgelegt ist, die Beteiligung mit weiteren Geschäftsanteilen aber die Haftsumme nicht erhöht[5].

---

1 Vgl. auch *Scholderer* in Semler/Stengel, § 95 UmwG Rz. 1; *Beuthien/Wolff*, GenG, §§ 2 ff. UmwG Rz. 129; *Fronhöfer* in Widmann/Mayer, § 95 UmwG Rz. 4.

2 So auch *Schöpflin* in KölnKomm. UmwG, § 95 UmwG Rz. 1 a.E.

3 Vgl. auch *Scholderer* in Semler/Stengel, § 95 UmwG Rz. 5; *Schöpflin* in KölnKomm. UmwG, § 95 UmwG Rz. 3.

4 Vgl. *Schöpflin* in KölnKomm. UmwG, § 95 UmwG Rz. 4; *Fronhöfer* in Widmann/Mayer, § 95 UmwG Rz. 19.

5 So zutreffend *Beuthien/Wolff*, GenG, §§ 2 ff. UmwG Rz. 127; vgl. ferner *Scholderer* in Semler/Stengel, § 95 UmwG Rz. 7; *Fronhöfer* in Widmann/Mayer, § 95 UmwG Rz. 16–19; *Stratz* in Schmitt/Hörtnagl/Stratz, § 95 UmwG Rz. 2.

Für die Feststellung des Haftungsunterschieds ist der **Zeitpunkt** des Wirksamwerdens der Verschmelzung maßgeblich[1]. Im Falle, dass etwa eine übernehmende eG erst nachträglich die ursprünglich höhere Haftsumme unter das Maß der übertragenden eG herabsetzt, findet § 95 UmwG keine Anwendung; hier gilt vielmehr die Regelung des § 120 GenG[2]. 6

2. Eröffnung des Insolvenzverfahrens

Eine Nachschussverpflichtung gem. § 95 UmwG kommt nach Abs. 2 der Vorschrift nur in Betracht, wenn über das Vermögen des übernehmenden Rechtsträgers das Insolvenzverfahren eröffnet wird[3], und zwar binnen zwei Jahren nach dem Tag, an dem die Eintragung der Verschmelzung in das Register des Sitzes des übernehmenden Rechtsträgers nach § 19 Abs. 3 UmwG bekannt gemacht worden ist[4]. Eröffnet ist das Insolvenzverfahren mit Wirksamwerden des Eröffnungsbeschlusses (§ 27 InsO)[5]. 7

3. Nachschusspflichtige Mitglieder

Die Nachschussverpflichtung gem. § 95 UmwG ist eine **Subsidiärhaftung**. Sie greift grundsätzlich nur dann ein, wenn die Gläubiger sich weder aus dem Vermögen des übernehmenden Rechtsträgers noch aus dem Privatvermögen persönlich haftender Gesellschafter befriedigen können. Dies folgt mittelbar aus der gesetzlichen Regelung, dass im Falle, dass der übernehmende Rechtsträger ebenfalls eine eG ist, zunächst alle Mitglieder der übernehmenden eG nach Maßgabe ihrer Satzung zu Nachschüssen heranzuziehen sind (§ 95 Abs. 1 Satz 1 UmwG). Allgemeiner formuliert bedeutet dies: Erst wenn von allen haftbar zu machenden Anteilsinhabern des übernehmenden Rechtsträgers keine Befriedigung oder Sicherstellung zu erlangen ist, kommt für einen Teil der nach dem Recht des übernehmenden Rechtsträgers nicht (mehr) haftenden Anteilsinhaber eine weitere Nachschusspflicht zum Zuge[6]. 8

Aus dem Verweis in § 95 Abs. 1 Satz 2 UmwG auf die Vorschriften der §§ 105–115a GenG ergibt sich, dass in Übereinstimmung zur bisherigen Rechtslage nur diejenigen vormaligen Mitglieder der übertragenden eG zur Nachschusspflicht herangezogen werden, die zum Zeitpunkt der **Eröffnung** des **Insolvenzver-** 9

---

1 Zust. *Fronhöfer* in Widmann/Mayer, § 95 UmwG Rz. 12; *Schöpflin* in KölnKomm. UmwG, § 95 UmwG Rz. 4.

2 So zutreffend *Lehnhoff* in Lang/Weidmüller, GenG, § 95 UmwG Rz. 2; *Bauer*, Genossenschafts-Handbuch, § 95 UmwG Rz. 6; *Fronhöfer* in Widmann/Mayer, § 95 UmwG Rz. 15; *Schöpflin* in KölnKomm. UmwG, § 95 UmwG Rz. 4.

3 Vgl. zu den genossenschaftlichen Besonderheiten: *Terbrack*, Die Insolvenz der eingetragenen Genossenschaft, Diss. Jena 1999.

4 Dazu auch *Schöpflin* in KölnKomm. UmwG, § 95 UmwG Rz. 6.

5 Vgl. auch *Bauer*, Genossenschafts-Handbuch, § 95 UmwG Rz. 8; *Fronhöfer* in Widmann/Mayer, § 95 UmwG Rz. 23; *Scholderer* in Semler/Stengel, § 95 UmwG Rz. 10; *Beuthien/Wolff*, GenG, §§ 2 ff. UmwG Rz. 128.

6 Vgl. auch *Scholderer* in Semler/Stengel, § 95 UmwG Rz. 11 f.; *Beuthien/Wolff*, GenG, §§ 2 ff. UmwG Rz. 131; *Bauer*, Genossenschafts-Handbuch, § 95 UmwG Rz. 9, 14; *Fronhöfer* in Widmann/Mayer, § 95 UmwG Rz. 26; *Schöpflin* in KölnKomm. UmwG, § 95 UmwG Rz. 7; *Bleschke*, S. 160; *Petersen*, NZG 2001, 836 (838).

fahrens noch **Anteilsinhaber** des übernehmenden Rechtsträgers **sind**. Die subsidiäre Nachschusspflicht für ausgeschiedene Mitglieder, wie sie in § 115b GenG vorgesehen ist, findet daher keine Anwendung[1]. Ehemalige Mitglieder einer übertragenden eG haften daher nicht nach § 95 UmwG, wenn sie ihre Beteiligung am übernehmenden Rechtsträger gem. §§ 90ff. UmwG ausgeschlagen haben, aber auch dann nicht, wenn sie noch rechtzeitig vor Eröffnung des Insolvenzverfahrens aus dem übernehmenden Rechtsträger ausgeschieden sind[2].

10 Inwieweit ausgeschiedene Anteilsinhaber für Verbindlichkeiten ihrer Gesellschaft im Übrigen haften, ergibt sich aus den jeweiligen rechtsformspezifischen Regeln. So kommt (nach Maßgabe der Satzung) für **alle Mitglieder** einer **übernehmenden eG** im Falle ihres Ausscheidens im Zeitraum von sechs Monaten vor Eröffnung des Insolvenzverfahrens eine Nachschussverpflichtung gem. §§ 75, 101 GenG sowie darüber hinaus für alle ausgeschiedenen Mitglieder unabhängig vom Zeitpunkt ihres Ausscheidens eine subsidiäre Nachschussverpflichtung gem. § 115b GenG in Betracht[3].

4. Berechtigte Gläubiger

11 Berechtigt nach § 95 UmwG sind nur Gläubiger von **Ansprüchen**, die zum Zeitpunkt des Wirksamwerdens der Verschmelzung gegenüber der übertragenden eG **begründet** waren. Begründet ist ein Anspruch dann, wenn er bei Wirksamwerden der Verschmelzung bereits dem Grunde nach entstanden ist; er kann bedingt, befristet oder von einer Gegenleistung abhängig sein (dazu ausf. § 22 Rz. 7f.)[4].

12 Der Anspruch muss nach § 22 Abs. 1 Satz 1 UmwG frist- und formgerecht beim übernehmenden Rechtsträger **angemeldet** worden sein, ohne dass eine Befriedigung oder Sicherstellung erfolgte[5]. Unerheblich ist, dass die Sicherheitsstellung daran scheiterte, dass eine Gefährdung des Anspruchs nicht glaubhaft gemacht werden konnte[6]. Denn die Nachschussverpflichtung erstreckt sich auf alle nicht

---

1 Ebenso *Stratz* in Schmitt/Hörtnagl/Stratz, § 95 UmwG Rz. 4; *Fronhöfer* in Widmann/Mayer, § 95 UmwG Rz. 6; *Lehnhoff* in Lang/Weidmüller, GenG, § 95 UmwG Rz. 4; *Scholderer* in Semler/Stengel, § 95 UmwG Rz. 3; *Beuthien/Wolff*, GenG, §§ 2ff. UmwG Rz. 129; *Bauer*, Genossenschafts-Handbuch, § 95 UmwG Rz. 10.

2 Ebenso *Scholderer* in Semler/Stengel, § 95 UmwG Rz. 3; *Fronhöfer* in Widmann/Mayer, § 95 UmwG Rz. 6; *Beuthien/Wolff*, GenG, §§ 2ff. UmwG Rz. 127; *Lehnhoff* in Lang/Weidmüller, GenG, § 95 UmwG Rz. 4; *Schöpflin* in KölnKomm. UmwG, § 95 UmwG Rz. 7.

3 Zustimmend *Fronhöfer* in Widmann/Mayer, § 95 UmwG Rz. 26 a.E.; *Scholderer* in Semler/Stengel, § 95 UmwG Rz. 4, 13; *Bauer*, Genossenschafts-Handbuch, § 95 UmwG Rz. 11, 14; *Beuthien/Wolff*, GenG, §§ 2ff. UmwG Rz. 131.

4 Ebenso *Scholderer* in Semler/Stengel, § 95 UmwG Rz. 2; *Beuthien/Wolff*, GenG, §§ 2ff. UmwG Rz. 130; *Bauer*, Genossenschafts-Handbuch, § 95 UmwG Rz. 12; *Fronhöfer* in Widmann/Mayer, § 95 UmwG Rz. 24; *Schöpflin* in KölnKomm. UmwG, § 95 UmwG Rz. 8.

5 *Scholderer* in Semler/Stengel, § 95 UmwG Rz. 9; *Stratz* in Schmitt/Hörtnagl/Stratz, § 95 UmwG Rz. 3; *Beuthien/Wolff*, GenG, §§ 2ff. UmwG Rz. 130; *Fronhöfer* in Widmann/Mayer, § 95 UmwG Rz. 24; *Schöpflin* in KölnKomm. UmwG, § 95 UmwG Rz. 9.

6 A.A. *Bauer*, Genossenschafts-Handbuch, § 95 UmwG Rz. 13; *Fronhöfer* in Widmann/Mayer, § 95 UmwG Rz. 25; wie hier aber *Beuthien/Wolff*, GenG, §§ 2ff. UmwG Rz. 130; *Schöpflin* in KölnKomm. UmwG, § 95 UmwG Rz. 9; *Scholderer* in Semler/Stengel, § 95 UmwG Rz. 9.

befriedigten oder sichergestellten Ansprüche. Unerheblich ist ebenfalls, ob eine Sicherstellung gem. § 22 Abs. 2 UmwG ausgeschlossen war[1]. Der Zugriff auf eine staatlich überwachte Insolvenzdeckungsmasse lässt lediglich das Sicherungsinteresse der Gläubiger entfallen, bewirkt indes keine Privilegierung nachschusspflichtiger Mitglieder. Allerdings wird ein Gläubiger hier regelmäßig keinen Ausfall erleiden[2].

IV. Nachschussverfahren

Auf das Nachschussverfahren finden gem. § 95 Abs. 1 Satz 2 UmwG die §§ 105–115a GenG entsprechende Anwendung[3]. Zu beachten ist: Die Nachschusspflicht ist auf den **Fehlbetrag** beschränkt. 13

1. Nachschusspflicht

Die Verpflichtung zur Leistung von Nachschüssen besteht gem. § 105 Abs. 1 GenG grundsätzlich nur bei **eG mit** (zumindest beschränkter) **Nachschusspflicht.** Nicht nachschusspflichtig sind Mitglieder einer eG, deren Satzung gem. § 6 Nr. 3 GenG die Nachschusspflicht ausschließt[4]. Dies gilt auch dann, wenn der Geschäftsanteil nicht voll einbezahlt sein sollte. 14

Die Nachschusspflicht ist eine (Sozial-)Verbindlichkeit der Mitglieder gegenüber der eG. Die Gläubiger der eG haben **keinen unmittelbaren Anspruch** gegen die Mitglieder[5]. Ebenso haben auch Mitglieder, die infolge des Ausfalls unvermögender Mitglieder über ihren Anteil hinaus in Anspruch genommen werden, keine Rückgriffsansprüche gegen diese unvermögenden Mitglieder[6]. 15

2. Umfang der Nachschusspflicht

Zunächst ist nach § 105 Abs. 1 GenG die Gesamtheit der Forderungen zu ermitteln und dem Vermögen der eG gegenüberzustellen. Für den nicht befriedigten Gesamtbetrag haben die Mitglieder in einem festgelegten Verfahren Nachschüsse zu erbringen. 16

Gem. § 105 Abs. 2 GenG gilt der Grundsatz der **Verteilung nach Köpfen**. Der ermittelte Gesamtbetrag der Nachschüsse wird zu gleichen Teilen auf die Mitglieder umgelegt, sofern die Satzung nichts anderes bestimmt. Obergrenze für die Inanspruchnahme eines einzelnen Mitglieds bei beschränkter Nachschusspflicht ist 17

---

1 Vgl. auch *Beuthien/Wolff*, GenG, §§ 2ff. UmwG Rz. 130; *Schöpflin* in KölnKomm. UmwG, § 95 UmwG Rz. 9; *Bleschke*, S. 160; a.A. *Fronhöfer* in Widmann/Mayer, § 95 UmwG Rz. 25.
2 Vgl. auch *Scholderer* in Semler/Stengel, § 95 UmwG Rz. 9.
3 Vgl. hierzu insbesondere *Terbrack*, Die Insolvenz der eingetragenen Genossenschaft, Diss. Jena 1999; ferner *Fronhöfer* in Widmann/Mayer, § 95 UmwG Rz. 30–41.
4 So auch *Schöpflin* in KölnKomm. UmwG, § 95 UmwG Rz. 2.
5 *Cario* in Lang/Weidmüller, § 105 GenG Rz. 10; *Bauer*, Genossenschafts-Handbuch, § 105 GenG Rz. 6.
6 *Beuthien*, § 105 GenG Rz. 11; *Scholderer* in Semler/Stengel, § 95 UmwG Rz. 15 a.E.; BGH v. 3.2.1964 – II ZR 6/63, BGHZ 41, 71.

dabei die von diesem zu tragende Haftsumme, §§ 119, 121 GenG[1]. Schließlich gilt nach § 105 Abs. 3 GenG das Prinzip, dass Beiträge von unvermögenden Mitgliedern auf die übrigen (leistungsfähigen) Mitglieder verteilt werden, und zwar wiederum in der Weise, dass die Ausfälle anteilig nach Köpfen zu tragen sind, wenn nicht die Satzung etwas anderes vorsieht[2].

3. Verfahrensablauf

18 Sofort, nachdem die Vermögensübersicht auf der Geschäftsstelle niedergelegt ist (§ 153 InsO), hat der Insolvenzverwalter gem. § 106 Abs. 1 GenG zu berechnen, wie viel die Mitglieder zur Deckung des in der Bilanz bezeichneten Fehlbetrags vorschussweise beizutragen haben. In dieser **Vorschussberechnung** sind sämtliche Mitglieder namentlich zu bezeichnen und auf sie die Beiträge zu verteilen und derart zu bemessen, dass durch ein vorauszusehendes Unvermögen einzelner Mitglieder kein Ausfall an dem zu deckenden Gesamtbetrag entsteht (§ 106 Abs. 2 GenG). Es sind alle, also auch die unvermögenden Mitglieder, in die Vorschussberechnung aufzunehmen. Die zu erwartenden nichteinziehbaren Beiträge müssen allerdings schon auf die Gesamtheit der Mitglieder umgelegt werden[3]. Die so errechneten Vorschüsse werden dann vom Insolvenzverwalter nach §§ 107–109 GenG eingezogen, nachdem die Berechnung nach Anhörung im Erklärungstermin vom Insolvenzgericht gem. § 108 Abs. 2 Satz 1 GenG für vollstreckbar erklärt ist. Die Vorschüsse sind nach § 110 GenG gesondert von der eigentlichen Masse zu verwahren. Sie dürfen erst im Wege der Nachtragsverteilung verteilt werden, nachdem der Insolvenzverwalter mit der Schlussverteilung begonnen hat[4].

19 Jedes Mitglied ist gem. § 111 Abs. 1 GenG befugt, binnen der Notfrist eines Monats (vgl. § 233 ZPO) die für vollstreckbar erklärte Vorschussberechnung durch Klage anzufechten. Sofern die Berechnung infolge einer erfolgreichen Anfechtungsklage abzuändern ist, hat der Insolvenzverwalter nach § 113 Abs. 1 GenG eine **Zusatzberechnung** aufzustellen, für die das vorgenannte Verfahren entsprechend durchzuführen ist[5]. Eine Zusatzberechnung zur Vorschussberechnung[6] wird regelmäßig erforderlich werden, weil der zu deckende Gesamtbetrag wegen des Unvermögens einzelner Mitglieder nicht mehr erreicht wird oder aus anderen Gründen[7] die Berechnung unzutreffend wird. Treten mehrere dieser Umstände auf oder wiederholt sich der Eintritt eines der vorgenannten Umstände, so ist erneut eine (weitere) Zusatzberechnung aufzustellen (§ 113 Abs. 2 GenG).

---

1 *Bauer*, Genossenschafts-Handbuch, § 105 GenG Rz. 12; *K. Müller*, § 105 GenG Rz. 25.
2 *K. Müller*, § 105 GenG Rz. 24.
3 *Beuthien*, § 105 GenG Rz. 11, § 106 GenG Rz. 3. Die Summe der Vorschüsse wird somit den bilanziellen Fehlbetrag dadurch übersteigen, dass der Ausfall unvermögender auf leistungsfähige, aber auch unvermögende Mitglieder umzulegen ist, so dass auch auf voraussichtlich unvermögende Mitglieder der erhöhte Vorschuss entfällt, vgl. Beispiel bei *Beuthien*, § 106 GenG Rz. 4; *K. Müller*, § 106 GenG Rz. 5; *Bauer*, Genossenschafts-Handbuch, § 106 GenG Rz. 5.
4 *Cario* in Lang/Weidmüller, § 110 GenG Rz. 1.
5 Auch in die Zusatzberechnung zur Vorschussberechnung sind die unvermögenden Mitglieder aufzunehmen, vgl. *Beuthien*, § 113 GenG Rz. 2.
6 *Beuthien*, § 113 GenG Rz. 1; *Bauer*, Genossenschafts-Handbuch, § 113 GenG Rz. 1.
7 Vgl. exemplarische Aufzählung bei *Beuthien*, § 113 GenG Rz. 1; *K. Müller*, § 113 GenG Rz. 1; *Bauer*, Genossenschafts-Handbuch, § 113 GenG Rz. 1.

20 Schließlich hat nach § 114 Abs. 1 GenG, sobald mit dem Vollzug der Schlussverteilung (§ 196 Abs. 1 InsO) begonnen wird, der Insolvenzverwalter schriftlich festzulegen, ob und in welcher Höhe ein Fehlbetrag verbleibt und inwieweit er durch bereits geleistete Nachschüsse gedeckt ist. Erst mit dieser Schlussverteilung wird regelmäßig festgestellt werden können, ob die bereits eingezogenen Vorschüsse zur Deckung eines Fehlbetrages ausreichen oder ob noch weitere Nachschüsse gefordert werden müssen[1]. Sofern kein ungedeckter Fehlbetrag verbleibt, erübrigt sich die Nachschussberechnung ebenso, wie wenn die Haftsumme der Mitglieder durch die verlangten Vorschüsse bereits erreicht wurde[2]. Auch für die **Nachschussberechnung** richtet sich das Verfahren nach den oben dargestellten Grundsätzen der Vorschuss- und Zusatzberechnung (§ 114 Abs. 3 Satz 1 GenG). In die Nachschussberechnung sind – im Gegensatz zur Vorschussberechnung (s. oben Rz. 18) – die unvermögenden Mitglieder nicht mehr aufzunehmen[3].

Zweiter Unterabschnitt Verschmelzung durch Neugründung

§ 96
Anzuwendende Vorschriften

Auf die Verschmelzung durch Neugründung sind die Vorschriften des Ersten Unterabschnitts entsprechend anzuwenden.

1 Da die Vorschuss- und die dazu ergangene(n) Zusatzberechnung(en) lediglich auf Schätzungen basierten: *Cario* in Lang/Weidmüller, § 114 GenG Rz. 2; *Beuthien*, § 114 GenG Rz. 1.
2 *Beuthien*, § 114 GenG Rz. 1; *Bauer* Genossenschafts-Handbuch, § 114 GenG Rz. 5.
3 *Beuthien*, § 105 GenG Rz. 11.

Literatur

Vgl. die Angaben zu § 79.

I. Inhalt der Vorschrift

1 Auf die Verschmelzung durch Neugründung unter Beteiligung einer eG sind die Vorschriften über die Verschmelzung durch Aufnahme (§§ 79 ff. UmwG) entsprechend anzuwenden, soweit nicht Sonderregelungen getroffen wurden (vgl. §§ 36–38, 96–98 UmwG). Die verschmelzenden Rechtsträger entsprechen den übertragenden Rechtsträgern, der neue Rechtsträger dem übernehmenden Rechtsträger. Da durch § 96 UmwG die Verschmelzung zur Neugründung zugelassen wurde, ist insbesondere auch der u.U. psychologisch wichtige „merger of equals" möglich[1]. In der Praxis sind eG-Verschmelzungen zur Neugründung allerdings sehr selten[2].

II. Beteiligte Rechtsträger

1. Verschmelzung durch Neugründung unter Beteiligung einer eG

2 Nach §§ 3 Abs. 4, 96 UmwG sind **folgende Varianten** einer Verschmelzung durch Neugründung unter Beteiligung einer eG **möglich**[3]:

- die Neugründung einer eG durch zwei eG (reine eG-Verschmelzung ohne Beteiligung eines Rechtsträgers anderer Rechtsform),
- die Neugründung einer eG durch eine eG und einen Rechtsträger anderer Rechtsform (Mischverschmelzung),
- die Neugründung einer eG durch zwei Rechtsträger anderer Rechtsform[4],
- die Neugründung eines Rechtsträgers anderer Rechtsform durch zwei eG,
- die Neugründung eines Rechtsträgers anderer Rechtsform durch eine eG und einen Rechtsträger anderer Rechtsform.

1 Dazu auch *Scholderer* in Semler/Stengel, § 96 UmwG Rz. 2; *Bleschke*, S. 218.
2 Rechtstatsachen bei *Bleschke*, S. 218 („Anteil unter 0,5 %").
3 Vgl. auch *Scholderer* in Semler/Stengel, § 96 UmwG Rz. 10 f.; *Fronhöfer* in Widmann/Mayer, § 96 UmwG Rz. 10–13; *Bauer*, Genossenschafts-Handbuch, § 96 UmwG Rz. 2.
4 Ermöglicht wird insbesondere durch § 99 Abs. 2 UmwG auch die Neugründung einer eG durch zwei oder mehrere verschmelzende eV.

Nicht möglich sind allerdings: 3
- die Neugründung einer eG unter Beteiligung eines eV (vgl. § 99 Abs. 2 UmwG),
- die Neugründung eines Rechtsträgers anderer Rechtsform durch die Verschmelzung einer eG mit einem eV (vgl. § 99 Abs. 2 UmwG),
- die Neugründung einer eG oder eines Rechtsträgers anderer Rechtsform unter Beteiligung eines gPV (vgl. § 105 UmwG),
- die Neugründung einer eG mit Beteiligung eines VVaG (vgl. § 109 UmwG),
- die Neugründung eines Rechtsträgers anderer Rechtsform durch die Verschmelzung einer eG mit einem VVaG (vgl. § 109 UmwG).

Die Neugründung kann auch durch die Verschmelzung von **mehr als zwei Rechtsträgern** herbeigeführt werden[1]. 4

2. Aufgelöste eG

Übertragende Rechtsträger können auch **aufgelöste Rechtsträger** sein, sofern die Fortsetzung dieser Rechtsträger beschlossen werden könnte (§ 3 Abs. 3 UmwG). Diese Voraussetzung ist für eine beteiligte **übertragende eG** nach § 79a GenG dann erfüllt, wenn die eG durch Beschluss der Generalversammlung (§ 78 GenG) oder durch Zeitablauf (§§ 8 Abs. 1 Nr. 1, 79 Abs. 1 GenG) aufgelöst wurde, noch nicht mit der Verteilung des nach Berichtigung der Schulden verbleibenden Vermögens unter den Mitgliedern begonnen und die Mitglieder noch nicht zu Nachschusszahlungen gem. § 87a Abs. 2 GenG herangezogen worden waren. Darüber hinaus darf die aufgelöste eG noch nicht im Genossenschaftsregister gelöscht worden sein. Liegen die gesamten Voraussetzungen nicht vor, sind etwaige Mängel der Verschmelzung nach § 20 Abs. 2 UmwG aber dennoch unbeachtlich, nachdem die Verschmelzung in das Handelsregister eingetragen worden ist[2] (s. auch § 20 Rz. 77, 79). 5

Ein **Fortsetzungsbeschluss** ist neben dem Beschluss über die Verschmelzung **nicht erforderlich** (zutreffend *Drygala*, § 3 Rz. 26 m.w.N.). Ebenso wenig ist ein zusätzlicher satzungsändernder Beschluss erforderlich, wenn eine durch Zeitablauf aufgelöste eG verschmolzen werden soll; der von der h.M. für den Fall der Fortsetzung geforderte zusätzliche Satzungsänderungsbeschluss[3] wird durch den Verschmelzungsbeschluss, der insoweit die Satzung der aufgelösten eG umgestaltet, ersetzt. 6

Die **Beteiligung des genossenschaftlichen Prüfungsverbandes** gem. § 79a Abs. 2–4 GenG wird durch die gutachterliche Äußerung gem. §§ 96, 81 UmwG sowie das Verfahren gem. §§ 96, 82 ff. UmwG ersetzt. 7

---

1 *Beuthien/Wolff*, GenG, §§ 2 ff. UmwG Rz. 133; vgl. bereits BegrRegE zu § 93s GenG a.F., BT-Drucks. 7/97, 29 sowie *K. Müller*[1], § 93s GenG Rz. 1.

2 BGH v. 29.6.2001 – V ZR 186/00, ZIP 2001, 2006 für die Verschmelzung einer GmbH i.L. mit einer GmbH.

3 Dazu *K. Müller*, § 79a GenG Rz. 2; ebenso für die AG *Hüffer* in MünchKomm. AktG, § 274 AktG Rz. 6. Die Notwendigkeit eines zusätzlichen satzungsändernden Beschlusses wird daraus gefolgert, dass der Fortsetzungsbeschluss nicht als Satzungsänderung zu qualifizieren sei (dazu auch RG v. 25.10.1927 – II B 14/27, RGZ 118, 337 [341]), so dass der in der Satzung festgelegte Zeitablauf einer Fortsetzung entgegenstehe.

8 Im Gegensatz zur früheren Rechtslage, wo in § 93a Abs. 2 GenG a.F. lediglich darauf abgestellt wurde, dass noch nicht die Verteilung des Vermögens der aufgelösten eG unter die Mitglieder begonnen hatte, ist nach dem Wortlaut des § 3 Abs. 3 UmwG eine Verschmelzung der wegen **Mitgliederschwund** (§ 80 GenG) oder **Gesetzwidrigkeit** (§ 81 GenG) **aufgelösten eG** ausgeschlossen; denn in diesen beiden Auflösungsfällen ist eine Fortsetzung vom Gesetz nicht vorgesehen. Dieses Ergebnis wäre indes nicht sachgerecht[1]. Denn es ist ohne weiteres möglich, dass die Auflösungsgründe des Mitgliederschwundes oder der Gesetzwidrigkeit nach der erfolgten Verschmelzung hinfällig werden, sei es, weil für den aufnehmenden Rechtsträger ein solcher Auflösungsgrund nicht besteht, sei es, weil im Falle der Verschmelzung auf eine eG der Mangel an Mitgliedern geheilt wird oder weil sich die Organe der aufnehmenden eG nicht gesetzwidrig verhalten. Die frühere Rechtslage[2] hat sich daher durch die teilweise abweichende Formulierung in § 3 Abs. 3 UmwG nicht geändert. Auch im Falle der Auflösung gem. §§ 80, 81 GenG kann daher unter *analoger Anwendung des § 79a Abs. 1 Satz 1 GenG* die Verschmelzung durchgeführt werden, solange noch nicht damit begonnen wurde, das Vermögen der aufgelösten eG unter die Mitglieder zu verteilen und die Mitglieder noch nicht gem. § 87a Abs. 2 GenG zu Nachschusszahlungen herangezogen worden waren. Mit Wirksamkeit der Verschmelzung wird ein gerichtlicher oder behördlicher Auflösungsbeschluss hinfällig, da der Rechtsträger, auf den sich der Beschluss bezieht, kraft Gesetzes erloschen ist (§§ 36 Abs. 1 Satz 1, 20 Abs. 1 Nr. 2 UmwG).

9 Die Strenge des Kapitalschutzes schließt dagegen eine Fortsetzung und somit auch eine Verschmelzung der aufgelösten eG aus, wenn die erste – auch noch so geringfügige – **Vermögensleistung an die Mitglieder** erfolgt ist[3]. Die Fortsetzungsmöglichkeit – und damit die Verschmelzungsfähigkeit – wird allerdings wieder hergestellt, wenn das verteilte Vermögen an die eG zurückgewährt wurde[4]. Ebenso wird eine Fortsetzung und folglich auch eine Verschmelzung der aufgelösten eG wieder dadurch möglich, dass an die eG erbrachte Nachschusszahlungen an die Mitglieder zurückgewährt wurden[5]. Völlig unschädlich ist, wenn zwar ein Nachforderungsbeschluss gem. § 79a Abs. 1 Satz 3 GenG getroffen wurde, jedoch noch keine Zahlungen an die eG geleistet waren[6].

10 Im Falle der Fortsetzung der aufgelösten eG durch Fortsetzungsbeschluss bestimmt § 79a Abs. 5 Satz 2 GenG, dass bei der erforderlichen **Anmeldung** der Fortsetzung in das Genossenschaftsregister die Versicherung abzugeben ist, „dass der Beschluss der Generalversammlung zu einer Zeit gefasst wurde, zu der noch nicht mit der Verteilung des nach der Berichtigung der Schulden verbleibenden Vermögens der Genossenschaft an die Mitglieder begonnen worden war". Diese Erklärung ist im Falle der Verschmelzung der aufgelösten eG zusätzlich zu den Erklärungen gem. §§ 36 Abs. 1 Satz 1, 16 Abs. 2 UmwG (dazu unten Rz. 29f.)

1 Zustimmend *Schmitz-Riol*, S. 158f. m.w.N. (zum Formwechsel).
2 Dazu *Meyer/Meulenbergh/Beuthien*[12], § 93a GenG Rz. 8; *K. Müller*[1], § 93a GenG Rz. 9; *Schlarb*, S. 34f.
3 Unstreitig: *Beuthien*, § 79a GenG Rz. 4.
4 Zutreffend *Beuthien*, § 79a GenG Rz. 4 (unter Aufgabe der früheren Ansicht); *Cario* in Lang/Weidmüller, § 79a GenG Rz. 3; *Kern* in BerlKomm. GenG, § 79a GenG Rz. 4.
5 So *Beuthien*, § 79a GenG Rz. 5; *Kern* in BerlKomm. GenG, § 79a GenG Rz. 5; a.A. *K. Müller*, § 79 GenG Rz. 4a.
6 Für alle: *Beuthien*, § 79a GenG Rz. 5; *Cario* in Lang/Weidmüller, § 87a GenG Rz. 20.

abzugeben, anderenfalls darf der Registerrichter die Eintragung der Verschmelzung nicht vornehmen.

III. Anzuwendende Vorschriften

1. Anzuwendende Vorschriften im Überblick bei einer eG als übertragendem Rechtsträger

Im Falle, dass bei einer Verschmelzung durch Neugründung eine **eG als verschmelzender (= übertragender) Rechtsträger beteiligt** ist, gelten allgemein die §§ 3, 36ff., 4ff. UmwG sowie darüber hinaus die genossenschaftsspezifischen Regelungen gem. § 96 UmwG i.V.m. §§ 79ff. UmwG, wobei allerdings Einschränkungen vorzunehmen sind[1]. 11

Anwendbar sind im Einzelnen: **§ 80 Abs. 1 Satz 1, Abs. 2 UmwG** (Verschmelzungsvertrag), **§ 81 UmwG** (Prüfungsgutachten), **§ 82 UmwG** (Vorbereitung der Generalversammlung), **§ 83 UmwG** (Durchführung der Generalversammlung), **§ 84 UmwG** (Beschluss der Generalversammlung), **§ 85 UmwG** (Verbesserung des Umtauschverhältnisses), **§ 86 UmwG** (Anlagen der Anmeldung), **§ 87 UmwG** (Anteilstausch), **§ 90 UmwG** (Ausschlagung), **§ 91 UmwG** (Form und Frist der Ausschlagung), **§ 92 Abs. 2 UmwG** (Wirksamwerden der Ausschlagung), **§ 93 UmwG** (Auseinandersetzung), **§ 94 UmwG** (Auszahlung des Auseinandersetzungsguthabens), **§ 95 UmwG** (Fortdauer der Nachschusspflicht). 12

Nicht anwendbar sind dagegen: **§ 79 UmwG** (Änderung der Satzung der übernehmenden eG), **§ 80 Abs. 1 Satz 2 UmwG** (Verschmelzungsvertrag im Falle der Aufnahme eines Rechtsträgers anderer Rechtsform durch eG), **§ 88 UmwG** (Geschäftsguthaben bei der Aufnahme von Kapitalgesellschaften und rechtsfähigen Vereinen), **§ 89 UmwG** (Eintragung der Mitglieder in die Mitgliederliste; Benachrichtigung), **§ 92 Abs. 1 UmwG** (Eintragung der Ausschlagung in die Mitgliederliste). 13

2. Anzuwendende Vorschriften im Überblick bei einer neuen eG

Im Falle, dass zwei oder mehrere Rechtsträger auf eine neu zu gründende eG verschmelzen, gelten für die **neue eG** gem. § 36 Abs. 2 Satz 1 UmwG die Gründungsvorschriften gem. §§ 1–16 GenG[2], soweit sie nicht durch die §§ 36 Abs. 2 Satz 2 und 3, 38 Abs. 2, 97 und 98 UmwG modifiziert werden (dazu ausf. §§ 97, 98); darüber hinaus werden gem. § 96 UmwG für anwendbar erklärt: § 80 UmwG (Verschmelzungsvertrag), § 85 UmwG (Verbesserung des Umtauschverhältnisses), § 86 Abs. 2 UmwG (Anlagen der Anmeldung), § 87 Abs. 1 Satz 2 und 4, Abs. 2 UmwG (Anteilstausch), § 88 UmwG (Bestimmung des Geschäftsguthabens einer übertragenden Kapitalgesellschaft oder rechtsfähigen Vereins), § 89 UmwG (Ein- 14

---

1 Vgl. zum Folgenden auch die *Negativliste* von *Scholderer* in Semler/Stengel, § 96 UmwG Rz. 8f. sowie die *Positivliste* von *Fronhöfer* in Widmann/Mayer, § 96 UmwG Rz. 14–17; vgl. weiter *Schöpflin* in KölnKomm. UmwG, § 96 UmwG Rz. 5.

2 Ebenso *Scholderer* in Semler/Stengel, § 96 UmwG Rz. 1 a.E., 6 a.E.; *Beuthien/Wolff*, GenG, §§ 2ff. UmwG Rz. 137; *Fronhöfer* in Widmann/Mayer, § 96 UmwG Rz. 20–23; *Bleschke*, S. 208; *Schöpflin* in KölnKomm. UmwG, § 96 UmwG Rz. 3.

tragung der Mitglieder in die Mitgliederliste; Benachrichtigung), § 92 Abs. 1 UmwG (Eintragung der Ausschlagung in die Mitgliederliste).

IV. Einzelheiten

1. Verschmelzungsvertrag

a) Abschluss

15 Der Verschmelzungsvertrag wird gem. §§ 36 Abs. 1 Satz 1, 4 Abs. 1 Satz 1 UmwG von den **Vertretungsorganen der an der Verschmelzung beteiligten Rechtsträger** geschlossen; für eine als übertragender Rechtsträger beteiligte eG also durch ihren Vorstand (§ 24 Abs. 1 GenG)[1]. Im Zweifel gilt Gesamtvertretung (§ 25 Abs. 1 Satz 1 GenG), doch kann die Satzung der eG eine abweichende Regelung treffen (§ 25 Abs. 1 Satz 2 GenG). Von einer Prokura oder einer Handlungsvollmacht (§ 42 GenG i.V.m. §§ 48 ff. HGB) wird dagegen der Abschluss eines Verschmelzungsvertrages nicht gedeckt, da die Verschmelzung kein Rechtsgeschäft darstellt, das „der Betrieb eines Handelsgewerbes mit sich bringt" (§ 49 Abs. 1 HGB). Sieht allerdings die Satzung der eG eine unechte (gemischte) Gesamtvertretung vor – Vertretung der eG durch ein Vorstandsmitglied in Gemeinschaft mit einem Prokuristen (vgl. § 25 Abs. 2 GenG) –, so erstreckt sich diese Regelung auch auf den Abschluss eines Verschmelzungsvertrages. Darüber hinaus ist es zulässig, dass vom zuständigen Vertretungsorgan der eG ein Dritter zum Abschluss des Verschmelzungsvertrages gem. §§ 164 ff. BGB bevollmächtigt wird. Die Bevollmächtigung ist gem. § 167 Abs. 2 BGB grundsätzlich nicht formbedürftig (hierzu allg. auch § 4 Rz. 9).

b) Form

16 Der Verschmelzungsvertrag bedarf gem. §§ 36 Abs. 1 Satz 1, 6 UmwG der **notariellen Beurkundung**. Zu beurkunden ist der gesamte Inhalt des Vertrages (ausf. § 80 Rz. 6), also gem. § 37 UmwG auch der Gesellschaftsvertrag/die Satzung des neuen Rechtsträgers als Bestandteil des Verschmelzungsvertrages (s. auch unten Rz. 17; ausf. § 6 Rz. 2 m.w.N.)[2].

c) Inhalt

17 Der **Inhalt des Verschmelzungsvertrages** richtet sich gem. § 36 Abs. 1 Satz 1 UmwG nach der allgemeinen Vorschrift des § 5 Abs. 1 UmwG sowie – bei Neugründung einer eG – gem. § 96 UmwG nach der genossenschaftsspezifischen Regelung in § 80 UmwG (dazu § 80 Rz. 11 ff.). Weiterhin fordert § 37 UmwG, dass im Verschmelzungsvertrag der Gesellschaftsvertrag oder die Satzung des neuen Rechtsträgers enthalten sein oder festgestellt werden muss (dazu auch § 97 Rz. 2)[3]. Darüber hinaus können in den Verschmelzungsvertrag zusätzliche Nebenabreden aufgenommen werden (dazu ausf. § 80 Rz. 31).

---

1 Dazu auch *Scholderer* in Semler/Stengel, § 96 UmwG Rz. 15; *Stratz* in Schmitt/Hörtnagl/Stratz, § 96 UmwG Rz. 4.
2 Vgl. ferner *Bleschke*, S. 210.
3 Ebenso *Scholderer* in Semler/Stengel, § 96 UmwG Rz. 18; vgl. ferner *Beuthien/Wolff*, GenG, §§ 2 ff. UmwG Rz. 134; *Bleschke*, S. 210.

d) Entwurf

18 Das Gesetz gestattet es gem. §§ 36 Abs. 1 Satz 1, 4 Abs. 2 UmwG, dass auch im Falle der Verschmelzung durch Neugründung der Verschmelzungsvertrag erst nach Vorliegen der Zustimmungsbeschlüsse der Versammlung der Anteilsinhaber (dazu unten Rz. 22ff.) geschlossen wird. In diesem Fall ist es ausreichend, dass **zunächst ein schriftlicher Entwurf des Verschmelzungsvertrags** aufgestellt wird, der von den Vertretungsorganen der übertragenden Rechtsträger unterzeichnet ist (dazu § 80 Rz. 3, 7). Wird dieses Verfahren gewählt, so ist es nicht erforderlich, dass der Gesellschaftsvertrag/die Satzung des neuen Rechtsträgers bereits im Zeitpunkt der Beschlussfassung über die Verschmelzung in notariell beurkundeter Form (vgl. oben Rz. 16) vorliegt. Vielmehr kann die erforderliche notarielle Beurkundung auch gleichzeitig mit der notariellen Beurkundung des noch abzuschließenden Verschmelzungsvertrags nachgeholt werden.

2. Verschmelzungsbericht und Prüfungsgutachten

19 Gem. §§ 36 Abs. 1 Satz 1, 8 Abs. 1 UmwG haben die Vertretungsorgane aller übertragenden Rechtsträger einen (ggf. gemeinsamen) **Verschmelzungsbericht** zu erstatten (dazu § 82 Rz. 19ff.). Die gem. §§ 36 Abs. 1 Satz 1, 9ff. UmwG erforderliche Prüfung wird für eine übertragende eG gem. §§ 96, 81 Abs. 1 UmwG ersetzt durch das **Prüfungsgutachten** des zuständigen Prüfungsverbands (dazu § 81 Rz. 2). Dies gilt unter den Voraussetzungen des § 81 Abs. 2 UmwG ebenso im Hinblick auf Tochterunternehmen einer beteiligten eG. Der Prüfungsverband hat im Falle einer Verschmelzung durch Neugründung insbesondere auch den Gesellschaftsvertrag/die Satzung des neuen Rechtsträgers unter dem Gesichtspunkt der Wahrung der Belange der Mitglieder sowie der Gläubiger der übertragenden eG in einer abschließenden Bewertung über das Für und Wider der beabsichtigten Verschmelzung einzubeziehen (zum weiteren Inhalt des Prüfungsgutachtens: § 81 Rz. 10ff.)[1].

3. Informationsrechte der Mitglieder

a) Vor der General-/Vertreterversammlung

20 Gem. §§ 96, 82 Abs. 1 UmwG sind in den Geschäftsräumen jeder als übertragender Rechtsträger beteiligten eG vom Zeitpunkt der Einberufung (dazu § 82 Rz. 1ff., 11) der General- bzw. Vertreterversammlung, die über die Zustimmung zum Verschmelzungsvertrag beschließen soll (unten Rz. 22ff.), die in § 63 Abs. 1 Nr. 1 bis 4 UmwG bezeichneten **Unterlagen** (dazu § 82 Rz. 13ff.) – also der Verschmelzungsvertrag oder sein Entwurf (§ 63 Abs. 1 Nr. 1 UmwG), die Jahresabschlüsse und Lageberichte der an der Verschmelzung beteiligten Rechtsträger für die letzten drei Geschäftsjahre (§ 63 Abs. 1 Nr. 2 UmwG), ggf. eine Zwischenbilanz (§ 63 Abs. 1 Nr. 3 UmwG) und die erstatteten Verschmelzungsberichte bzw. der gemeinsame Verschmelzungsbericht (§ 63 Abs. 1 Nr. 4 UmwG) – sowie die nach § 81 UmwG bzw. nach §§ 9ff. UmwG erstatteten Prüfungsgutachten bzw. Prüfungsberichte (dazu § 82 Rz. 24ff.) zur Einsicht der Mitglieder **auszulegen** (dazu § 82 Rz. 29). Auf Verlangen ist gem. §§ 96, 82 Abs. 2 UmwG jedem Mitglied

---

1 Ausdrücklich folgend *Bleschke*, S. 212.

unverzüglich und kostenlos eine Abschrift dieser Unterlagen zu erteilen (dazu § 82 Rz. 30).

b) In der General-/Vertreterversammlung

21 In der über die Verschmelzung befindenden General-/Vertreterversammlung (dazu unten Rz. 22ff.) einer beteiligten übertragenden eG sind gem. §§ 96, 83 Abs. 1 Satz 1 UmwG die oben Rz. 20 aufgeführten **Unterlagen auszulegen** (ausf. § 83 Rz. 2ff.). Der Vorstand der eG hat den **Verschmelzungsvertrag** oder seinen Entwurf **zu erläutern** (§§ 96, 83 Abs. 1 Satz 2 UmwG; ausf. § 83 Rz. 5ff.). Darüber hinaus hat er jedem Mitglied auf Verlangen **Auskunft** über alle für die Verschmelzung wesentlichen Angelegenheiten sämtlicher beteiligter Rechtsträger **zu geben** (§§ 96, 83 Abs. 1 Satz 3, 64 Abs. 2 UmwG; ausf. § 83 Rz. 9ff.). Schließlich ist gem. §§ 96, 83 Abs. 2 Satz 1 UmwG das für die beschließende eG erstattete **Prüfungsgutachten zu verlesen** (§ 83 Rz. 15ff.). Der Prüfungsverband ist berechtigt, an der General-/Vertreterversammlung beratend teilzunehmen (§§ 96, 83 Abs. 2 Satz 2 UmwG; dazu § 83 Rz. 18f.).

4. Verschmelzungsbeschluss

22 Gem. §§ 36 Abs. 1 Satz 1, 13 Abs. 1 UmwG wird der Verschmelzungsvertrag nur wirksam, wenn ihm die Anteilsinhaber aller beteiligten Rechtsträger in ihrer jeweiligen Versammlung zustimmen (Verschmelzungsbeschlüsse). Die Verschmelzungsbeschlüsse bedürfen jeweils der notariellen Beurkundung (§§ 36 Abs. 1 Satz 1, 13 Abs. 3 Satz 1 UmwG). Da der **Gesellschaftsvertrag/**die **Satzung des neuen Rechtsträgers Bestandteil des Verschmelzungsvertrages** ist (oben Rz. 17), erstreckt sich die Beschlussfassung auch hierauf[1]. Die speziellen rechtsformspezifischen Regelungen wie etwa in § 59 Satz 1 UmwG (Gesellschaftsvertrag einer neuen GmbH [inkl. des Subtyps der UG, vgl. Einl. I Rz. 53]), § 76 Abs. 2 Satz 1 UmwG (Satzung einer neuen AG) oder § 98 Satz 1 UmwG (Satzung einer neuen eG) stellen daher nur klar, dass ohne positive Verschmelzungsbeschlüsse die Verfassung des beabsichtigten neuen Rechtsträgers ungeachtet der Einhaltung der rechtsformspezifischen Gründungsvorschriften nicht wirksam geworden ist.

23 **Zuständig** zur Beschlussfassung ist für eine übertragende eG grundsätzlich die Generalversammlung, doch kann die Satzung einer eG mit mehr als 1500 Mitgliedern auch die Zuständigkeit einer Vertreterversammlung begründen (ausf. § 84 Rz. 2f.).

24 Gem. §§ 96, 84 Satz 1 UmwG bedarf der Verschmelzungsbeschluss der Generalbzw. Vertreterversammlung einer Mehrheit von drei Vierteln der abgegebenen Stimmen; die Satzung der übertragenden eG kann allerdings eine größere **Mehrheit** sowie **weitere Erfordernisse** bestimmen (§§ 96, 84 Satz 2 UmwG; dazu § 84 Rz. 9).

1 Zust. *Fronhöfer* in Widmann/Mayer, § 95 UmwG Rz. 34; *Schöpflin* in KölnKomm. UmwG, § 96 UmwG Rz. 10.

5. Rechtsschutz

a) Anfechtung des Verschmelzungsbeschlusses

Der Verschmelzungsbeschluss ist grundsätzlich wie jeder andere Beschluss einer 25
eG-General- bzw. Vertreterversammlung gem. § 51 GenG anfechtbar. Es gilt gem. §§ 36 Abs. 1 Satz 1, 14 Abs. 1 UmwG eine – durch die Satzung nicht abänderbare – **Ausschlussfrist** von einem Monat[1], beginnend mit dem Tag der Beschlussfassung (ausf. zur Fristberechnung und Fristwahrung: § 84 Rz. 15)[2].

Anfechtungsbefugt ist gem. § 51 Abs. 2 Satz 1 GenG jedes in der Generalver- 26
sammlung erschienene Mitglied, sofern es gegen den Beschluss Widerspruch zum Protokoll erklärt hat, und jedes nicht erschienene Mitglied, sofern es zu der Generalversammlung unberechtigterweise nicht zugelassen worden ist oder sofern es die Anfechtung darauf gründet, dass die Berufung der Versammlung oder die Ankündigung des Gegenstandes der Beschlussfassung nicht gehörig erfolgt sei (dazu § 84 Rz. 16f.). Anfechtungsbefugt sind darüber hinaus der Vorstand und der Aufsichtsrat, ggf. auch einzelne Vorstands- und Aufsichtsratsmitglieder (§ 51 Abs. 2 Satz 2 GenG). Hat an Stelle der Generalversammlung eine Vertreterversammlung entschieden (dazu oben Rz. 23), so sind nicht nur analog § 51 Abs. 2 Satz 1 GenG die Vertreter anfechtungsbefugt, sondern darüber hinaus analog § 90 Abs. 3 Satz 2 (dazu § 90 Rz. 26) auch alle Mitglieder, die nicht Vertreter sind[3], wobei in diesem Fall die Voraussetzungen des § 51 Abs. 2 Satz 1 GenG entfallen. Dem steht auch nicht entgegen, dass der Gesetzgeber im Zuge der Novellierung des GenG im Jahre 2006 das noch im Regierungsentwurf enthaltene Anfechtungsrecht für sämtliche Mitglieder im Fall der Beschlussfassung einer Vertreterversammlung nicht ins Gesetz übernommen hat. Denn unabhängig davon, ob der Gesetzgeber das Anfechtungsrecht nach § 51 GenG im Allgemeinen tatsächlich allein dem Aufsichtsrat, nicht aber jedem einzelnen Mitglied zubilligen wollte, kann diese im genossenschaftsrechtlichen Schrifttum neuerdings vertretene Auffassung[4] jedenfalls im Falle der Verschmelzung im Hinblick auf den Rechtsgedanken des § 90 Abs. 3 Satz 2 UmwG, der hier entsprechend heranzuziehen ist, nicht überzeugen (dazu bereits ausf. § 84 Rz. 17). **Anfechtungsgegner** ist gem. § 51 Abs. 3 GenG die eG (ausf. oben § 84 Rz. 20).

Wirkungen der Anfechtung: Eine zulässige und begründete Anfechtungsklage 27
führt grundsätzlich zur Nichtigerklärung des angefochtenen Beschlusses. Wird ein Verschmelzungsbeschluss angegriffen, so besteht indes die Möglichkeit, dass auf Grund eines Gerichtsbeschlusses gem. § 16 Abs. 3 Satz 1 UmwG die Verschmelzung trotz anhängiger Anfechtungsklage in das zuständige Register eingetragen wird[5] (vgl. hierzu ausf. § 86 Rz. 4). In diesem Fall treten die Rechtswirkun-

---

1 Ebenso zur Monatsfrist des § 51 GenG: *Keßler* in BerlKomm. GenG, § 51 GenG Rz. 20; *K. Müller*, § 51 GenG Rz. 97; *Lang/Weidmüller/Metz/Schaffland*[33], § 51 GenG Rz. 113.

2 Vgl. auch *Schöpflin* in KölnKomm. UmwG, § 96 UmwG Rz. 11.

3 So im Ergebnis auch *K. Müller*, § 51 GenG Rz. 72, ausf. § 43a GenG Rz. 85; für die Nichtigkeitsklage auch BGH v. 22.3.1982 – II ZR 219/81, ZfgG 1982, 296 m. Anm. *Hadding*; abw. die früher h.M.: RG v. 12.3.1937 – II 190/36, RGZ 155, 21 (24); RG v. 28.2.1941 – II 89/40, RGZ 166, 175 (187); *Beuthien*, § 51 GenG Rz. 25 lässt grds. eine Anfechtung nicht zu, macht aber für den Sonderfall der Verschmelzung entsprechend § 90 Abs. 3 Satz 2 eine Ausnahme.

4 *Cario* in Lang/Weidmüller, § 51 GenG Rz. 38.

5 Vgl. auch *Schöpflin* in KölnKomm. UmwG, § 96 UmwG Rz. 11.

gen der Verschmelzung (vgl. § 87 Rz. 3 ff.) auch dann ein, wenn der erhobenen Anfechtungsklage nachträglich stattgegeben wird; der Anfechtungskläger wird vielmehr gem. § 16 Abs. 3 Satz 10 UmwG darauf beschränkt, seinen Schaden in Geld geltend zu machen (vgl. hierzu ausf. § 16 Rz. 94).

b) Verbesserung des Umtauschverhältnisses

28 Auch im Falle der Verschmelzung durch Neugründung gilt gem. §§ 36 Abs. 1 Satz 1, 15 Abs. 1 UmwG, dass bei zu niedriger Bemessung des Umtauschverhältnisses der Anteile bzw. bei zu niedrigem Gegenwert der Mitgliedschaft im neuen Rechtsträger für den Anteil oder die Mitgliedschaft im übertragenden Rechtsträger die Anteilsinhaber jedes übertragenden Rechtsträgers als Ausgleich für den durch § 14 Abs. 2 UmwG angeordneten Ausschluss der Klage gegen den Verschmelzungsbeschluss von dem neuen Rechtsträger einen Ausgleich durch bare Zuzahlung verlangen können. Nach § 85 Abs. 1 UmwG ist die Vorschrift des § 15 UmwG im Falle „der Verschmelzung von eG miteinander" (durch Aufnahme) nur eingeschränkt anzuwenden. Die **entsprechende Anwendung** gem. § 96 UmwG auf die Verschmelzung durch Neugründung **bedeutet:** Ist neuer Rechtsträger eine eG und ist darüber hinaus eine eG als übertragender Rechtsträger beteiligt, so kann ein vormaliges Mitglied der übertragenden eG eine Verbesserung des Umtauschverhältnisses gem. § 15 UmwG nur erreichen, wenn und soweit sein Geschäftsguthaben in der neuen eG niedriger als in der übertragenden eG ist (zu Bedenken gegen diese gesetzliche Regelung ausf. § 85 Rz. 5 ff.). Dagegen kommt § 85 UmwG nicht zur Anwendung, wenn sich zwei oder mehrere eG miteinander auf einen Rechtsträger anderer Rechtsform verschmelzen; hier bleibt es vielmehr bei der allgemeinen Regelung des § 15 UmwG[1].

6. Anmeldung der Eintragung und Bekanntmachung

a) Anmeldung

29 Gem. § 36 Abs. 1 Satz 1 UmwG kommt § 16 Abs. 1 UmwG im Falle der Verschmelzung durch Neugründung nicht zur Anwendung. Stattdessen bestimmt § 38 Abs. 1 UmwG, dass die Vertretungsorgane jedes der übertragenden Rechtsträger **die Verschmelzung** zur Eintragung in das Register des Sitzes ihres Rechtsträgers anzumelden haben. Hierbei ist für eine übertragende eG die Form des § 157 GenG zu beachten; die Anmeldung hat also in elektronisch öffentlich beglaubigter Form durch die Vorstandsmitglieder in vertretungsberechtigter Anzahl (vgl. § 25 GenG) zu erfolgen[2] (vgl. § 86 Rz. 1)[3]. Darüber hinaus ist der **neue Rechtsträger** von den Vertretungsorganen aller übertragenden Rechtsträger bei dem Gericht, in dessen Bezirk er seinen Sitz haben soll, zur Eintragung anzumelden (§ 38 Abs. 2 UmwG). Ein Handeln der Organmitglieder des neuen Rechtsträgers – bei einer neuen eG ihres Vorstands (dazu § 98 Rz. 2) – ist daher nicht erforderlich[4].

1 Ebenso *Schöpflin* in KölnKomm. UmwG, § 96 UmwG Rz. 11 a.E.
2 Vgl. *Schöpflin* in KölnKomm. UmwG, § 96 UmwG Rz. 13; *Scholderer* in Semler/Stengel, § 96 UmwG Rz. 20.
3 Änderung durch Art. 3 Nr. 121 des Gesetzes zur Einführung der Europäischen Genossenschaft und zur Änderung des Genossenschaftsrechts v. 14.8.2006, BGBl. I, S. 1911; vgl. noch *Schulte* in Lang/Weidmüller, § 16 GenG Rz. 31.
4 Wie hier *Scholderer* in Semler/Stengel, § 96 UmwG Rz. 9.

Die Verschmelzung sowie der neue Rechtsträger dürfen gem. §§ 36 Abs. 1 Satz 1, 16 Abs. 2 UmwG nur eingetragen werden, wenn die erforderlichen **Negativerklärungen** bzw. Verzichtserklärungen vorliegen, es sein denn, das zuständige Prozessgericht hat die Eintragung gem. §§ 36 Abs. 1 Satz 1, 16 Abs. 3 Satz 1 UmwG durch rechtskräftigen **Beschluss** gestattet (dazu ausf. § 86 Rz. 4f.). 30

b) Anlagen zur Anmeldung

Der Anmeldung in das Register einer **übertragenden eG** sind gem. §§ 96, 86 Abs. 1 UmwG in der vorgeschriebenen Form beizufügen alle Unterlagen gem. § 17 UmwG (Verschmelzungsvertrag, Verschmelzungsbeschlüsse – einschließlich der dazu gehörigen Niederschriften –, Verschmelzungsbericht, ggf. erforderliche Zustimmungs- oder Verzichtserklärungen sowie ein Nachweis über die Zuleitung des Verschmelzungsvertrags [bzw. Entwurfs] an den zuständigen Betriebsrat) sowie darüber hinaus das gem. § 81 UmwG erstattete Prüfungsgutachten (ausf. § 86 Rz. 19). Beizufügen ist außerdem die Schlussbilanz, die auf einen höchstens acht Monate vor der Anmeldung liegenden Stichtag aufgestellt worden ist (§ 17 Abs. 2 UmwG). 31

Der Anmeldung des **neuen Rechtsträgers** sind weiterhin – ungeachtet seiner Rechtsform – die für alle beteiligten übertragenden eG erstatteten Prüfungsgutachten beizufügen (§§ 96, 86 Abs. 2 UmwG). 32

c) Eintragung

Einzutragen ist gem. §§ 36 Abs. 1 Satz 1, 19 Abs. 1 und 2 UmwG die Verschmelzung sowohl in das **Register des Sitzes der übertragenden eG** (Genossenschaftsregister) – und ggf. weiterer beteiligter übertragender Rechtsträger – als auch in das Register des Sitzes des **neu gegründeten Rechtsträgers**. Die Eintragung in das Register des Sitzes des übertragenden Rechtsträgers ist zuerst vorzunehmen und mit dem Vermerk zu versehen, dass die Verschmelzung erst mit der Eintragung in das Register des Sitzes des neuen Rechtsträgers wirksam wird (§ 19 Abs. 1 Satz 2 UmwG). Danach erfolgt die Eintragung in das Register des Sitzes des neuen Rechtsträgers. In diesem Zeitpunkt wird die Verschmelzung **wirksam**, d.h. die Wirkungen des § 20 UmwG (i.V.m. § 36 Abs. 1 Satz 1 UmwG) treten ein (dazu unten Rz. 35ff.)[1]. Das Registergericht hat von Amts wegen den Tag der Eintragung dem für den übertragenden Rechtsträger zuständigen Registergericht mitzuteilen (§ 19 Abs. 2 Satz 1 UmwG). Nach Eingang dieser Mitteilung wird im Register jedes übertragenden Rechtsträgers von Amts wegen die Eintragung der Verschmelzung in das Register des neuen Rechtsträgers mit genauem Datum vermerkt; die vorliegenden Urkunden und anderen Schriftstücke werden an das für den neuen Rechtsträger zuständige Registergericht zur Aufbewahrung übermittelt (§ 19 Abs. 2 Satz 2 UmwG). 33

1 Vgl. dazu auch *Scholderer* in Semler/Stengel, § 96 UmwG Rz. 22; *Beuthien/Wolff*, GenG, §§ 2ff. UmwG Rz. 138.

d) Bekanntmachung

34 Die nach §§ 36 Abs. 1 Satz 1, 19 Abs. 1 und 2 UmwG vorgeschriebenen Eintragungen der Verschmelzung sind jeweils von dem Registergericht, das die Eintragung vorgenommen hat, von Amts wegen nach § 19 Abs. 3 UmwG i.V.m. § 10 HGB in dem von der Landesjustizverwaltung bestimmten elektronischen Informations- und Kommunikationssystem, ihrem ganzen Inhalt nach bekannt zu machen (ausf. § 19 Rz. 14)[1].

7. Wirkungen der Verschmelzung

a) Gesamtrechtsnachfolge

35 Nach §§ 36 Abs. 1 Satz 1, 20 Abs. 1 Nr. 1 UmwG geht das Vermögen des übertragenden Rechtsträgers einschließlich der Verbindlichkeiten auf den neuen Rechtsträger über. Es gilt das **Prinzip der Gesamtrechtsnachfolge**; Einzelübertragungen sind nicht erforderlich. Die Gläubiger einer übertragenden eG haben kein Widerspruchsrecht; sie werden dadurch geschützt, dass der neue Rechtsträger unmittelbar und uneingeschränkt für die übernommenen Verbindlichkeiten haftet; dieser Schutz wird darüber hinaus durch § 22 UmwG sowie weiter gem. §§ 96, 95 UmwG durch eine begrenzte Fortdauer einer bestehenden Nachschusspflicht verstärkt. Weiterhin kann für Dauerschuldverhältnisse ausnahmsweise ein Kündigungsrecht aus wichtigem Grund (§ 314 BGB) begründet sein (vgl. hierzu ausf. § 87 Rz. 4).

36 **Beteiligungen** einer übertragenden eG gehen auf den neuen Rechtsträger über. Zu Einzelheiten und Ausnahmen § 87 Rz. 5; zur Mitgliedschaft im **genossenschaftlichen Prüfungsverband** § 87 Rz. 6. **Alle Rechtsverhältnisse** zwischen den an der Verschmelzung **beteiligten** übertragenden **Rechtsträgern** erlöschen (dazu auch § 87 Rz. 7)[2].

b) Beendigung der Organstellung

37 Mit der konstitutiven Eintragung der Verschmelzung in das Register des neuen Rechtsträgers **endet** die **Organstellung** der Vorstands- und Aufsichtsratsmitglieder einer übertragenden eG; die organschaftliche Vertretungsmacht entfällt. Zum Schicksal der Geschäftsbesorgungsverträge ehrenamtlicher Organmitglieder bzw. der Anstellungsverträge hauptamtlicher Vorstandsmitglieder § 87 Rz. 8f. m.w.N. Zur Bestellung der **Organe des neuen Rechtsträgers:** §§ 97, 98.

c) Erlöschen der übertragenden Rechtsträger

38 Weitere Wirkung der Verschmelzung ist das **Erlöschen** jedes **übertragenden Rechtsträgers**, und zwar ohne dass es einer besonderen Löschung bedarf (§§ 36 Abs. 1 Satz 1, 20 Abs. 1 Nr. 2 UmwG). Das Fortbestehen wird lediglich gem. §§ 36 Abs. 1 Satz 1, 25 Abs. 2 UmwG fingiert im Hinblick auf das Bestehen von Scha-

---

1 Neuregelung durch das Gesetz über elektronische Handelsregister und Genossenschaftsregister sowie das Unternehmensregister (EHUG) v. 10.11.2006, BGBl. I, S. 2553.
2 Vgl. auch *Beuthien/Wolff*, GenG, §§ 2ff. UmwG Rz. 139.

densersatzansprüchen gegen die Vertretungs- und Aufsichtsorgane jedes übertragenden Rechtsträgers.

d) Anteilserwerb

Nach §§ 36 Abs. 1 Satz 1, 20 Abs. 1 Nr. 3 1. Halbsatz UmwG hat die Verschmelzung die Wirkung, dass die Anteilsinhaber der übertragenden Rechtsträger ipso iure **Anteilsinhaber des neuen Rechtsträgers werden** (Anteilserwerb). 39

Im Falle der **Verschmelzung auf eine neue eG** gilt: Mit Wirksamwerden der Verschmelzung werden die Anteilsinhaber der übertragenden Rechtsträger zu Mitgliedern der neuen eG. Dieser Mitgliedschaftserwerb erfolgt kraft Gesetzes unter Verdrängung der Vorschriften über den Beitritt zu einer eG; daher müssen weder die gesetzlichen noch die satzungsmäßigen Beitrittsvoraussetzungen erfüllt sein. Es ist also insbesondere weder eine schriftliche Beitrittserklärung des Mitglieds noch die Zulassung des Beitritts durch die zuständigen Organe der neuen eG (vgl. §§ 15 Abs. 1, 15a, 15b GenG) erforderlich (ausf. § 87 Rz. 15). 40

Zu Mitgliedern der neuen eG werden auch **Mitglieder einer übertragenden eG**, die vor Wirksamwerden der Verschmelzung ihre Mitgliedschaft in der übertragenden eG **gekündigt** haben (vgl. §§ 65 Abs. 1, 67a Abs. 1 GenG) oder ausgeschlossen wurden (§ 68 GenG), jedoch infolge der Kündigungs- bzw. Ausschlussfristen (vgl. §§ 65 Abs. 2, 67a Abs. 2, 68 Abs. 1 GenG) noch nicht ausgeschieden sind. Sie scheiden indes aus der neuen eG zu dem Zeitpunkt aus, zu dem die Kündigung bzw. der Ausschluss bei der übertragenden eG wirksam geworden wäre; einer erneuten Kündigung bzw. Ausschließung bedarf es nicht (ausf. § 87 Rz. 18). **§ 75 GenG** findet auf Grund seines speziellen Schutzzweckes nach heute unbestrittener Ansicht auf die Verschmelzung **keine Anwendung** (dazu § 87 Rz. 20). 41

Der **Inhalt der erworbenen Mitgliedschaft** richtet sich ausschließlich nach der **Satzung der neuen eG** (dazu auch § 87 Rz. 21 f. und § 97 Rz. 5). Dies gilt sowohl für die Rechts- wie für die Pflichtenstellung. Beispiele: Nutzung der Leistungen und Einrichtungen der eG, Dividende, Warenrückvergütung, Pflichtbeteiligung, Haftsumme, Nebenleistungspflichten. Infolge des Vorranges der Verschmelzungsvorschriften und unter Berücksichtigung des Ausschlagungsrechts der §§ 96, 90 ff. UmwG (dazu unten Rz. 54) sind die in der Satzung der neuen eG begründeten Pflichten für die vormaligen Mitglieder einer übertragenden eG auch dann maßgeblich, wenn nach deren Satzung die Auferlegung solcher Pflichten nur mit einer höheren Mehrheit als der Verschmelzungsmehrheit möglich war (vgl. § 16 Abs. 2, 3 GenG). Dagegen sind alle mitgliedschaftlichen **Rechte und Pflichten**, die **nach der Satzung einer übertragenden eG** begründet waren, mit deren Untergang ebenfalls **erloschen**, sofern sie nicht Aufnahme in die Satzung des neuen Rechtsträgers gefunden haben (ausf. § 87 Rz. 22 m.w.N.). 42

e) Anteilstausch im Falle der Verschmelzung auf eine neue eG

aa) eG als übertragender Rechtsträger

Im Falle der **Verschmelzung einer übertragenden eG auf eine neue eG** werden die vormaligen Mitglieder gem. §§ 96, 87 Abs. 1 Satz 1 UmwG „entsprechend dem Verschmelzungsvertrag" an dem neuen Rechtsträger beteiligt. Maßgeblich ist 43 also grundsätzlich die im Verschmelzungsvertrag gem. §§ 36 Abs. 1 Satz 1, 5 Abs. 1 Nr. 3 UmwG getroffene Festlegung, wobei allerdings die Konkretisierung des § 5 Abs. 1 Nr. 3 UmwG durch §§ 96, 80 Abs. 1 Satz 1 UmwG zu beachten ist. Es ist also zu differenzieren (ausf. hierzu § 80 Rz. 13 ff.):

44 Ist nach der Satzung der neuen eG **nur ein Geschäftsanteil zulässig**, so wird jedes Mitglied der übertragenden eG ungeachtet seiner Geschäftsanteile und seines Geschäftsguthabens bei der übertragenden eG ausschließlich mit einem Geschäftsanteil bei der übernehmenden eG beteiligt (§ 80 Abs. 1 Satz 1 Nr. 1 UmwG); überschießende Geschäftsguthaben sind gem. §§ 96, 87 Abs. 2 Satz 1 UmwG auszuzahlen (dazu unten Rz. 46 f.).

45 Ist dagegen die **Beteiligung mit mehreren Geschäftsanteilen zulässig** oder als Pflichtbeteiligung gar vorgeschrieben und enthält der Verschmelzungsvertrag – was zulässig ist (§ 80 Abs. 1 Satz 1 Nr. 1 2. Halbsatz UmwG) – zugunsten der Mitglieder der übertragenden eG keine andere Berechnung der zu gewährenden Geschäftsanteile, so ist jedes Mitglied der übertragenden eG gem. § 80 Abs. 1 Satz 1 Nr. 2 1. Halbsatz UmwG mit mindestens einem Geschäftsanteil und im Übrigen mit so vielen Geschäftsanteilen bei der neuen eG beteiligt, wie durch Anrechnung seines Geschäftsguthabens bei der übertragenden eG als voll eingezahlt anzusehen ist; überschießende Geschäftsguthaben sind gem. § 87 Abs. 2 Satz 1 UmwG auszuzahlen.

46 Ein bei der **übertragenden eG** für ihr vormaliges Mitglied **bestehendes Geschäftsguthaben**, das den **Gesamtbetrag** der bei der neuen eG im Wege des Anteilstausches gem. §§ 96, 87 Abs. 1 Satz 1 UmwG **erworbenen Geschäftsanteile übersteigt** (sog. überschießendes Geschäftsguthaben), ist gem. §§ 96, 87 Abs. 2 Satz 1 UmwG auszuzahlen. Dies gilt sowohl im Falle, dass nach der Satzung der neuen eG nur ein Geschäftsanteil zulässig ist, als auch im Falle, dass eine Beteiligung mit mehreren Geschäftsanteilen gestattet oder gar vorgeschrieben ist. Die Regelung ist zwingend (dazu auch § 87 Rz. 27).

47 Der Auszahlungsanspruch ist **fällig** nach Ablauf von sechs Monaten seit dem Tag, an dem die Eintragung der Verschmelzung in das Register des Sitzes der neuen eG nach § 19 Abs. 3 UmwG bekannt gemacht worden ist (vgl. dazu oben Rz. 34). Ungeachtet dieser Fälligkeit darf die Auszahlung jedoch nicht erfolgen, bevor die Gläubiger, die sich nach § 22 UmwG gemeldet haben und eine Gefährdung ihrer noch nicht fälligen Forderung durch die Verschmelzung glaubhaft machen können (§ 22 Abs. 1 Satz 2 UmwG) und im Insolvenzfall nicht bereits anderweitig vorrangig gesichert sind (§ 22 Abs. 2 UmwG), **befriedigt oder sichergestellt** sind (dazu ausf. § 87 Rz. 29).

bb) Kapitalgesellschaft als übertragender Rechtsträger

48 Im Falle der **Verschmelzung einer übertragenden Kapitalgesellschaft auf eine neue eG** erfolgt der Anteilserwerb gem. §§ 36 Abs. 1 Satz 1, 5 Abs. 1 Nr. 3, 96, 80 Abs. 1 Satz 2, 88 Abs. 1 Satz 1, Abs. 2 UmwG (dazu § 80 Rz. 25 und § 88 Rz. 1 ff.). Dies bedeutet: An Stelle des für die reine eG-Verschmelzung grundsätzlich geltenden Nominalwertprinzips für die Bewertung des Umtauschverhältnisses der Anteile (ausf. dazu § 87 Rz. 23) gilt nach §§ 96, 88 Abs. 1 Satz 1 UmwG das Prinzip, dass jedem Anteilsinhaber einer übertragenden Kapitalgesellschaft der Wert seiner Geschäftsanteile oder Aktien als Geschäftsguthaben bei der neuen eG gut-

zuschreiben (= festzusetzen) ist. Die Wertermittlung erfolgt nach Maßgabe der Schlussbilanz der übertragenden Kapitalgesellschaft (§ 88 Abs. 1 Satz 2 UmwG). Anwendung finden insoweit also die allgemeinen Vorschriften über die Anteilsbewertung bei Kapitalgesellschaften (dazu § 5 Rz. 33 ff.).

Der **Betrag eines Geschäftsanteils** sowie die **Anzahl der Geschäftsanteile**, die erworben werden können oder müssen, bestimmt allein die Satzung der neuen eG (vgl. § 87 Rz. 21, 24). Das aus dem Wert der Anteile an der übertragenden Kapitalgesellschaft bestimmte Geschäftsguthaben wird analog § 80 Abs. 1 Satz 1 Nr. 2 UmwG (Prinzip der Volleinzahlung; vgl. § 80 Rz. 17) oder auf Grund einer (zulässigen) abweichenden Vereinbarung im Verschmelzungsvertrag (dazu § 80 Rz. 22) dem erworbenen Geschäftsanteil/den erworbenen Geschäftsanteilen zugeschrieben. 49

Ein durch die Verschmelzung erlangtes Geschäftsguthaben, das den Gesamtbetrag der bei der neuen eG erworbenen Geschäftsanteile übersteigt **(überschießendes Geschäftsguthaben)**, ist an das jetzige Mitglied – den vormaligen Anteilsinhaber der übertragenden Kapitalgesellschaft – auszuzahlen (§ 88 Abs. 1 Satz 3 UmwG). Die Auszahlung ist jedoch – in Übereinstimmung mit der Regelung in § 87 Abs. 2 Satz 1 UmwG – erst vorzunehmen nach Ablauf von sechs Monaten seit dem Tag, an dem die Eintragung der Verschmelzung in das Register des Sitzes der neuen eG nach § 19 Abs. 3 UmwG bekannt gemacht worden ist. Darüber hinaus darf die Auszahlung erst erfolgen, nachdem die Gläubiger, die sich nach § 22 UmwG gemeldet haben, befriedigt oder sichergestellt sind (dazu § 87 Rz. 29). 50

f) Pflichtbeteiligung in der neuen eG

Da mit Wirksamwerden der Verschmelzung für den Inhalt der Mitgliedschaft allein die Satzung der neuen eG maßgeblich ist (dazu oben Rz. 42), kann der Fall eintreten, dass durch den Anteilstausch eine gem. § 7a Abs. 2 GenG vorgeschriebene Pflichtbeteiligung nicht erreicht wird. Der vormalige Anteilsinhaber des übertragenden Rechtsträgers – das nunmehrige Mitglied der neuen eG – ist in diesem Fall verpflichtet, seine **Beteiligung bis zum Erreichen der Pflichthöhe aufzustocken**. Diese Aufstockung erfolgt außerhalb des Verschmelzungsvorganges durch Abgabe einer Beitrittserklärung gem. § 15b GenG (Einzelheiten, Beispiel und Abweichungen durch die Satzung der neuen eG: § 87 Rz. 26). 51

8. Barabfindung/Ausschlagung

a) Barabfindung

Nach §§ 36 Abs. 1 Satz 1, 29 Abs. 1 Satz 1 UmwG hat im Falle einer **Mischverschmelzung** der Verschmelzungsvertrag bzw. Vertragsentwurf vorzusehen, dass der neue Rechtsträger jedem Anteilsinhaber, der gegen den Verschmelzungsbeschluss eines übertragenden Rechtsträgers Widerspruch zur Niederschrift erklärt, den Erwerb seiner Anteile oder Mitgliedschaften gegen eine **angemessene Barabfindung anzubieten hat**. Dem Widerspruch zur Niederschrift steht es gleich, wenn ein nicht erschienener Anteilsinhaber zu der Versammlung der Anteilsinhaber zu Unrecht nicht zugelassen worden ist oder die Versammlung nicht ordnungsgemäß einberufen oder der Gegenstand der Beschlussfassung nicht ord- 52 nungsgemäß bekannt gemacht worden ist (§ 29 Abs. 2 UmwG). Kann der neue Rechtsträger aufgrund seiner Rechtsform eigene Anteile oder Mitgliedschaften nicht erwerben, so ist die Barabfindung für den Fall anzubieten, dass der Anteilsinhaber sein Ausscheiden aus dem Rechtsträger erklärt (§ 29 Abs. 1 Satz 3 UmwG).

53 Dies bedeutet für die **Verschmelzung durch Neugründung unter Beteiligung einer eG:** Wird ein Rechtsträger *anderer Rechtsform* auf eine eG als neuer Rechtsträger verschmolzen, so ist den Anteilsinhabern des übertragenden Rechtsträgers anderer Rechtsform ein angemessenes Abfindungsangebot für den Fall zu unterbreiten, dass sie unter Einhaltung der gesetzlichen Erfordernisse aus der neuen eG ausscheiden, deren Mitglied sie mit Wirksamwerden des Verschmelzungsbeschlusses geworden sind (vgl. hierzu oben Rz. 39ff.). Zur Bekanntmachung, zum Inhalt und zur Angemessenheitsprüfung des Abfindungsangebots: § 90 Rz. 3f.

b) Ausschlagung statt Barabfindung

54 Durch §§ 96, 90 Abs. 1 UmwG wird die allgemeine Regelung der §§ 29ff. UmwG, wonach den der Verschmelzung widersprechenden Anteilsinhabern eine Barabfindung anzubieten ist, ausgeschlossen. Für die **Mitglieder** einer **übertragenden eG** wird das gesetzliche Konzept der Barabfindung durch das genossenschaftsspezifische Konzept der **Ausschlagung mit nachfolgender Auseinandersetzung** ersetzt. Die individuelle Auseinandersetzung mit dem ausscheidenden Mitglied gem. §§ 96, 90–94 UmwG verdrängt die generelle Barabfindungsregelung der §§ 36 Abs. 1 Satz 1, 29–34 UmwG (ausf. § 90 Rz. 5f.). Im Unterschied zur Barabfindung gem. §§ 29ff. UmwG kommt eine Ausschlagung gem. §§ 96, 90 UmwG auch dann in Betracht, wenn an der Verschmelzung durch Neugründung ausschließlich eG beteiligt sind, und zwar unabhängig von ihrer Haftart und Hafthöhe.

55 Mit der Wirksamkeit der Verschmelzung sind zunächst alle Mitglieder einer übertragenden eG Anteilsinhaber und Mitglieder im neuen Rechtsträger geworden (vgl. oben Rz. 39ff.). Nach §§ 96, 90 Abs. 2 UmwG ist Rechtsfolge der Ausschlagung zunächst der **rückwirkende Nichterwerb** der durch die Verschmelzung ipso iure erworbenen **Anteile** und der **Mitgliedschaft** an dem **übernehmenden Rechtsträger**. Ausf. hierzu sowie zur Wirksamkeit zwischenzeitlich getroffener Organisationsakte: § 90 Rz. 14, zu den Voraussetzungen des Ausschlagungsrechts § 90 Rz. 15ff.

56 Die Ausschlagung ist gem. §§ 96, 91 Abs. 1 UmwG in schriftlicher **Form gegenüber dem neuen Rechtsträger zu erklären**. Sie ist ein grundsätzlich bedingungs- und befristungsfeindliches Gestaltungsrecht. Zulässig ist jedoch die vor Beginn der Frist des § 91 Abs. 2 UmwG erklärte Ausschlagung (vgl. § 91 Rz. 3). Die Ausschlagungsfrist endet gem. §§ 96, 91 Abs. 2 UmwG sechs Monate nach dem Tage, an dem die Eintragung der Verschmelzung in das Register des Sitzes des neuen Rechtsträgers bekannt gemacht worden ist (dazu § 91 Rz. 4).

57 **Wirksam** wird die Ausschlagung gem. §§ 96, 92 Abs. 2 UmwG in dem Zeitpunkt, in dem die Ausschlagungserklärung dem neuen Rechtsträger zugeht. Einzelheiten zum Zugang § 92 Rz. 2f.; zum Widerruf der Ausschlagungserklärung § 91 Rz. 5. Ist neuer Rechtsträger eine eG, so hat deren Vorstand die Ausschlagung in die Mitgliederliste einzutragen (§§ 96, 92 Abs. 1 UmwG, § 30 Abs. 2 Nr. 3 GenG).

Das vormalige Mitglied ist unverzüglich zu benachrichtigen (weitere Einzelheiten § 92 Rz. 4 ff.).

Mittelbare Rechtsfolge der Ausschlagung ist die **Auseinandersetzung** zwischen dem ausschlagenden Mitglied und dem neuen Rechtsträger, die sich nach §§ 96, 93 f. UmwG richtet. Da die Ausschlagung gem. §§ 90 ff. UmwG für das Mitglied einer übertragenden eG nur eine besondere Form des Ausscheidens darstellt (dazu § 90 Rz. 6), soll es auch wirtschaftlich so gestellt werden, wie wenn es zum Zeitpunkt des Wirksamwerdens der Verschmelzung gem. §§ 65 ff. GenG aus der übertragenden eG ausgeschieden wäre. In diesem Fall hätte eine Auseinandersetzung gem. § 73 GenG erfolgen müssen. Die beabsichtigte wirtschaftliche Gleichstellung wird dadurch bewirkt, dass § 93 UmwG inhaltlich der Auseinandersetzungsregelung des § 73 GenG entspricht. 58

Zu **Inhalt und Umfang** des Auseinandersetzungsanspruchs: ausf. § 93 Rz. 3 ff.; zur Maßgeblichkeit der Schlussbilanz: § 93 Rz. 18; zur Abtretung, Verpfändung, Pfändung und Aufrechnung: § 93 Rz. 19 ff.; zur Verjährung § 93 Rz. 22; zur Fälligkeit und zu Sperrfristen: § 94 Rz. 1 ff. 59

9. Gläubigerschutz/Fortdauer der Nachschusspflicht

Mit Wirksamwerden der Verschmelzung gehen alle Rechte und Pflichten im Wege der Gesamtrechtsnachfolge auf den neuen Rechtsträger über; die übertragenden Rechtsträger erlöschen. Die Verbindlichkeiten der übertragenden Rechtsträger werden zu Verbindlichkeiten des neuen Rechtsträgers. Inwieweit die Anteilsinhaber des neuen Rechtsträgers für dessen Verbindlichkeiten haften, richtet sich allein nach den Regeln, die das Gesetz oder die Satzung/der Gesellschaftsvertrag für den neuen Rechtsträger vorsehen. Dieser Grundsatz wird im Interesse der **Gläubiger einer übertragenden eG** zeitweilig eingeschränkt. In Ergänzung des § 22 UmwG (dazu ausf. § 95 Rz. 3) haften für den Fall, dass binnen zwei Jahren nach Bekanntmachung der Eintragung der Verschmelzung in das Register des neuen Rechtsträgers (§ 19 Abs. 3 UmwG) das Insolvenzverfahren eröffnet wird, unter gewissen Voraussetzungen die vormaligen Mitglieder einer übertragenden eG zusätzlich gemäß den Haftungsregeln ihrer früheren Satzung nach Maßgabe der §§ 105–115a GenG. Einzelheiten: § 95 Rz. 4 ff. 60

§ 97

Pflichten der Vertretungsorgane der übertragenden Rechtsträger

(1) Die Satzung der neuen Genossenschaft ist durch sämtliche Mitglieder des Vertretungsorgans jedes der übertragenden Rechtsträger aufzustellen und zu unterzeichnen.

(2) Die Vertretungsorgane aller übertragenden Rechtsträger haben den ersten Aufsichtsrat der neuen Genossenschaft zu bestellen. Das Gleiche gilt für die Bestellung des ersten Vorstands, sofern nicht durch die Satzung der neuen Genossenschaft an Stelle der Wahl durch die Generalversammlung eine andere Art der Bestellung des Vorstands festgesetzt ist.

Literatur

Vgl. die Angaben zu § 79.

I. Allgemein

1 Die neue eG wird nach Maßgabe der §§ 1–16 GenG errichtet, soweit sich aus den §§ 36–38, 96–98 UmwG keine abweichende Regelung ergibt (s. dazu auch § 96 und § 98)[1]. **Gründer** sind nicht die Anteilsinhaber der übertragenden Rechtsträger, sondern vielmehr die **übertragenden Rechtsträger** selbst, die durch ihre Vertretungsorgane handeln[2]. Die Satzung der eG ist schriftlich aufzustellen (§ 5 GenG) und hat inhaltlich die Vorgaben der §§ 6ff. GenG zu beachten[3]. §§ 37, 6 UmwG erfordern außerdem die notarielle Beurkundung der Satzung[4].

II. Aufstellung und Unterzeichnung der Satzung der neuen eG

2 Für die Aufstellung und Unterzeichnung der Satzung der neuen eG bestimmt § 97 Abs. 1 UmwG, dass **sämtliche Mitglieder des jeweiligen Vertretungsorgans der übertragenden Rechtsträger** mitwirken müssen[5]. Dies bedeutet, dass im Falle der Weigerung auch nur eines Mitglieds eines Vertretungsorgans die Satzung nicht ordnungsgemäß aufgestellt ist[6]. Denn die Gesamtheit der Mitglieder der Vertretungsorgane der beteiligten übertragenden Rechtsträger tritt an die Stelle der Gründungsmitglieder, die nach § 11 Abs. 2 Nr. 1 GenG die Satzung der eG zu unterzeichnen haben[7]. Das sich weigernde Mitglied kann daher zur Mitwirkung

1 Ebenso *Bauer*, Genossenschafts-Handbuch, § 97 UmwG Rz. 2; *Fronhöfer* in Widmann/Mayer, § 97 UmwG Rz. 6; *Schöpflin* in KölnKomm. UmwG, § 97 UmwG Rz. 2.

2 Vgl. *Fandrich* in Pöhlmann/Fandrich/Bloehs, GenG, § 97 UmwG Rz. 1; *Fronhöfer* in Widmann/Mayer, § 97 UmwG Rz. 7; *Bauer*, Genossenschafts-Handbuch, § 97 UmwG Rz. 4; *Bleschke*, S. 211.

3 S. zum Ganzen auch *Scholderer* in Semler/Stengel, § 97 UmwG Rz. 3ff.; *Fronhöfer* in Widmann/Mayer, § 97 UmwG Rz. 15ff.; *Bleschke*, S. 211f.

4 Zutreffend *Fronhöfer* in Widmann/Mayer, § 97 UmwG Rz. 13; *Schöpflin* in KölnKomm. UmwG, § 97 UmwG Rz. 4.

5 Krit. zu dieser systemwidrigen Regelung *Scholderer* in Semler/Stengel, § 97 UmwG Rz. 6; *Schöpflin* in KölnKomm. UmwG, § 97 UmwG Rz. 5.

6 Zutreffend *Beuthien/Wolff*, GenG, §§ 2ff. UmwG Rz. 137; *Stratz* in Schmitt/Hörtnagl/Stratz, § 97 UmwG Rz. 1; *Lehnhoff* in Lang/Weidmüller, GenG, § 97 UmwG Rz. 2; *Scholderer* in Semler/Stengel, § 97 UmwG Rz. 7; *Fronhöfer* in Widmann/Mayer, § 97 UmwG Rz. 11; *Bauer*, Genossenschafts-Handbuch, § 97 UmwG Rz. 4; *Bleschke*, S. 211; *Schöpflin* in KölnKomm. UmwG, § 97 UmwG Rz. 6.

7 Ebenso *Fronhöfer* in Widmann/Mayer, § 97 UmwG Rz. 10; *Schöpflin* in KölnKomm. UmwG, § 97 UmwG Rz. 3.

auch nicht gezwungen werden[1]. Indes ist – etwa bei einer eG als *übertragendem* Rechtsträger – der Aufsichtsrat befugt, das Vorstandsmitglied gem. § 40 GenG vorläufig seines Amtes zu entheben, falls er die Auffassung vertritt, dass dies zur Abwendung eines der eG drohenden Schadens erforderlich ist[2]. Dies gilt auch dann, wenn man über die Sachgerechtigkeit der beabsichtigten Verschmelzung unterschiedlicher Auffassung sein kann; denn eine Pflichtwidrigkeit des vorläufig suspendierten Vorstandsmitglieds muss nicht vorliegen[3], d.h. die Weigerung, die Satzung der neuen eG zu unterzeichnen, kann durchaus vertretbar sein[4].

III. Bestellung des ersten Aufsichtsrates der neuen eG

Soweit nicht nach § 9 Abs. 1 Satz 2 GenG durch die Satzung der neuen eG mit nicht mehr als 20 Mitgliedern auf die Bestellung eines Aufsichtsrats verzichtet wurde – was dem Regelfall entspricht –, haben nach § 97 Abs. 2 Satz 1 UmwG die **Vertretungsorgane aller beteiligten übertragenden Rechtsträger** auch den ersten Aufsichtsrat der neuen eG zu bestellen. Hierbei ist es – wie auch der unterschiedliche Wortlaut von § 97 Abs. 2 UmwG gegenüber § 97 Abs. 1 UmwG nahe legt – nicht erforderlich, dass sämtliche Mitglieder der jeweiligen Vertretungsorgane mitwirken[5]. Vielmehr gilt analog §§ 36 Abs. 1, 43 Abs. 2 Satz 1 GenG der Grundsatz der einfachen Stimmenmehrheit[6]; ungültige Stimmen und Stimmenthaltungen (von Mitgliedern der beteiligten Vertretungsorgane der übertragenden Rechtsträger) bleiben also bei der Feststellung des Wahlergebnisses unberücksichtigt[7]. Soweit keine abweichende Vereinbarung getroffen ist, verfügt jeder Rechtsträger bei der Wahl über die gleiche Anzahl von Stimmen[8]. Da im **Verschmelzungsbeschluss** auch der Bestellung von Vorstand und Aufsichtsrat durch die Anteilsinhaber jedes übertragenden Rechtsträgers zuzustimmen ist (§ 98 Satz 2 UmwG; § 98 Rz. 1), muss deren Bestellung zeitlich vor der Beschlussfassung über die Verschmelzung erfolgen[9]. Im Übrigen gelten im Hinblick auf Wählbarkeit und Anzahl der Aufsichtsratsmitglieder die allgemeinen Vorschriften der §§ 9 Abs. 2, 36 3

---

1 Ebenso *Beuthien/Wolff*, GenG, §§ 2ff. UmwG Rz. 137; *Fronhöfer* in Widmann/Mayer, § 97 UmwG Rz. 12; *Schöpflin* in KölnKomm. UmwG, § 97 UmwG Rz. 6.

2 So auch *Beuthien/Wolff*, GenG, §§ 2ff. UmwG Rz. 137; *Scholderer* in Semler/Stengel, § 97 UmwG Rz. 9; *Fronhöfer* in Widmann/Mayer, § 97 UmwG Rz. 12; *Bleschke*, S. 211; *Schöpflin* in KölnKomm. UmwG, § 97 UmwG Rz. 6.

3 Dazu *Keßler* in BerlKomm. GenG, § 40 GenG Rz. 2; *Beuthien*, § 40 GenG Rz. 4; *Fandrich* in Pöhlmann/Fandrich/Bloehs, § 40 GenG Rz. 4.

4 Ähnlich *Schöpflin* in KölnKomm. UmwG, § 97 UmwG Rz. 6.

5 Zust. *Beuthien/Wolff*, GenG, §§ 2ff. UmwG Rz. 137 a.E.; *Scholderer* in Semler/Stengel, § 97 UmwG Rz. 12; *Schöpflin* in KölnKomm. UmwG, § 97 UmwG Rz. 7; abweichend *Fronhöfer* in Widmann/Mayer, § 97 UmwG Rz. 20ff.

6 Wie hier auch *Fronhöfer* in Widmann/Mayer, § 97 UmwG Rz. 22; *Bauer*, Genossenschafts-Handbuch, § 97 UmwG Rz. 8; *Scholderer* in Semler/Stengel, § 97 UmwG Rz. 12; *Schöpflin* in KölnKomm. UmwG, § 97 UmwG Rz. 7.

7 Vgl. BGH v. 25.1.1982 – II ZR 164/81, NJW 1982, 1585; *Beuthien*, § 43 GenG Rz. 8; *Keßler* in BerlKomm. GenG, §§ 43ff. GenG Rz. 70; *Bauer*, Genossenschafts-Handbuch, § 43 GenG Rz. 18f.

8 Richtig *Fronhöfer* in Widmann/Mayer, § 97 UmwG Rz. 22 a.E. mit Fn. 5.

9 Wie hier *Fronhöfer* in Widmann/Mayer, § 97 UmwG Rz. 19.

Abs. 1 GenG[1]. Auch die Regelung des **§ 30 Abs. 3 Satz 1 AktG** sollte **analog** angewendet werden[2]. Da für die Verschmelzung zur Neugründung jedoch auch **§ 31 AktG analog** gilt (die übertragenden Rechtsträger stellen eine Sacheinlage dar)[3], findet § 30 Abs. 3 Satz 1 AktG auf Aufsichtsratsmitglieder der Arbeitnehmer analog § 31 Abs. 5 AktG keine Anwendung (dazu noch unten Rz. 6).

IV. Bestellung des ersten Vorstands der neuen eG

4 **Grundsätzlich** gelten die Ausführungen zur Bestellung des ersten Aufsichtsrates auch für die Bestellung des ersten Vorstands der neuen eG. Zuständig für diese Bestellung sind also die **Vertretungsorgane aller übertragenden Rechtsträger**[4]. *§ 97 Abs. 2 Satz 2 UmwG* macht hiervon jedoch dann eine *Ausnahme*, wenn in der Satzung der neuen eG an Stelle der Wahl durch die Generalversammlung eine andere Art der Bestellung des Vorstands festgesetzt ist. Denn in diesem Fall entfällt die Legitimation der Vertretungsorgane der übertragenden Rechtsträger, da diese ja nur die Gesamtheit der Anteilsinhaber – was der Generalversammlung der neuen eG entspricht – verkörpert[5].

5 Maßgeblich ist in diesem Fall **das in der Satzung der neuen eG vorgeschriebene Bestellverfahren**. Dass eine von der Wahl durch die Generalversammlung abweichende, andere Art der Bestellung des Vorstands einer eG zulässig ist, ergibt sich eindeutig aus § 24 Abs. 2 Satz 2 GenG. In Betracht kommt insbesondere – ggf. auch nur für einen Teil der Vorstandsmitglieder (i.d.R. die hauptamtlich bestellten Mitglieder) – eine Bestellung durch den Aufsichtsrat (nach dem Vorbild des Aktienrechts, vgl. § 30 Abs. 4 AktG analog), nach h.M. im Schrifttum aber auch durch einen ermächtigten Dritten (z.B. Beirat)[6]. Die Anteilsinhaber der *übertragenden* Rechtsträger erklären sich mit dieser Verlagerung von Entscheidungsverantwortung durch ihre Zustimmung mittels Verschmelzungsbeschluss gem. § 98 Satz 2 UmwG (dazu § 98 Rz. 2) einverstanden[7].

V. Mitbestimmte eG

6 Die Ausführungen zu 3. und 4. werden **nach § 31 AktG analog modifiziert**, wenn die neu errichtete eG dem **MitbestG** unterliegt. In diesem Fall werden von den Vertretungsorganen der übertragenden Rechtsträger nur die Aufsichtsratsmitglie-

---

1 Ebenso *Stratz* in Schmitt/Hörtnagl/Stratz, § 97 UmwG Rz. 3; *Fronhöfer* in Widmann/Mayer, § 97 UmwG Rz. 24f., 28; *Scholderer* in Semler/Stengel, § 97 UmwG Rz. 13; *Bleschke*, S. 212f.; *Schöpflin* in KölnKomm. UmwG, § 97 UmwG Rz. 8.

2 Zutreffend *Scholderer* in Semler/Stengel, § 97 UmwG Rz. 15; *Schöpflin* in KölnKomm. UmwG, § 97 UmwG Rz. 8; a.A. *Fronhöfer* in Widmann/Mayer, § 97 UmwG Rz. 26.

3 *Ihrig*, GmbHR 1995, 622 (624f.); *Marsch-Barner* in Kallmeyer, § 36 UmwG Rz. 10; *Bärwaldt* in Semler/Stengel, § 36 UmwG Rz. 50.

4 So auch *Schöpflin* in KölnKomm. UmwG, § 97 UmwG Rz. 9; *Scholderer* in Semler/Stengel, § 97 UmwG Rz. 19.

5 Vgl. auch *Schöpflin* in KölnKomm. UmwG, § 97 UmwG Rz. 10; *Scholderer* Semler/Stengel, § 97 UmwG Rz. 21.

6 Vgl. *Beuthien*, § 24 GenG Rz. 10; zust. auch *Fronhöfer* in Widmann/Mayer, § 97 UmwG Rz. 32; *Scholderer* in Semler/Stengel, § 97 UmwG Rz. 23f.; *Bauer*, Genossenschafts-Handbuch, § 97 UmwG Rz. 7; *Schöpflin* in KölnKomm. UmwG, § 97 UmwG Rz. 10.

7 *Beuthien/Wolff*, GenG, §§ 2ff. UmwG Rz. 137; *Schöpflin* in KölnKomm. UmwG, § 97 UmwG Rz. 10.

der bestellt, die der Anteilseignerseite zuzurechnen sind (§ 31 Abs. 1 Satz 1 AktG analog). Der von den Vertretungsorganen der übertragenden Rechtsträger ebenfalls zu bestellende erste Vorstand (oben Rz. 4) – Gleiches gilt für den vom Rumpf-Aufsichtsrat oder einem anderen Organ bestellten Vorstand (dazu oben Rz. 5) – hat dann bekannt zu machen, nach welchen Verfahren die Arbeitnehmer-Vertreter für den Aufsichtsrat zu bestimmen sind (§ 6 Abs. 2 MitbestG i.V.m. §§ 31 Abs. 3, 97, 98 AktG analog)[1].

§ 98
Verschmelzungsbeschlüsse

Die Satzung der neuen Genossenschaft wird nur wirksam, wenn ihm die Anteilsinhaber jedes der übertragenden Rechtsträger durch Verschmelzungsbeschluss zustimmen. Dies gilt entsprechend für die Bestellung der Mitglieder des Vorstands und des Aufsichtsrats der neuen Genossenschaft, für die Bestellung des Vorstands jedoch nur, wenn dieser von den Vertretungsorganen aller übertragenden Rechtsträger bestellt worden ist.

Literatur

Vgl. die Angaben zu § 79.

I. Beschlussfassung über die Satzung der neuen eG

1 Die Satzung der neuen eG ist gem. § 97 Abs. 1 UmwG durch sämtliche Mitglieder des Vertretungsorgans jedes der übertragenden Rechtsträger aufzustellen und zu unterzeichnen (dazu § 97 Rz. 2). Diese Satzung ist zunächst jedoch noch *schwebend unwirksam*[2]. **Wirksamkeitserfordernis** ist gem. § 98 Satz 1 UmwG, dass die **Anteilsinhaber** jedes der *übertragenden* Rechtsträger durch Verschmelzungsbeschluss **zustimmen**[3]. Die Zustimmung zum Verschmelzungsbeschluss bedeutet *gleichzeitig die Zustimmung zur Satzung* der neuen eG; denn diese Satzung ist gem. § 37 UmwG Teil des Verschmelzungsvertrages und damit Grundlage für den Verschmelzungsbeschluss der jeweiligen Versammlung der Anteilsinhaber der übertragenden Rechtsträger (vgl. auch § 96 Rz. 17)[4]. Wirksam wird die Satzung der neuen eG mit der letzten zustimmenden Beschlussfassung durch die Anteils-

1 Zustimmend *Fronhöfer* in Widmann/Mayer, § 97 UmwG Rz. 38; *Scholderer* in Semler/Stengel, § 97 UmwG Rz. 16; *Schöpflin* in KölnKomm. UmwG, § 97 UmwG Rz. 8 a.E. Zum Statusverfahren ausf. *Oetker* in Großkomm. AktG, § 6 MitbestG Rz. 8 m.w.N.

2 *Bauer*, Genossenschafts-Handbuch, § 98 UmwG Rz. 2 a.E.; *Fronhöfer* in Widmann/Mayer, § 98 UmwG Rz. 8; *Scholderer* in Semler/Stengel, § 98 UmwG Rz. 4; *Stratz* in Schmitt/Hörtnagl/Stratz, § 98 UmwG Rz. 2; *Schöpflin* in KölnKomm. UmwG, § 98 UmwG Rz. 2.

3 *Lehnhoff* in Lang/Weidmüller, GenG, § 98 UmwG Rz. 2; *Fronhöfer* in Widmann/Mayer, § 98 UmwG Rz. 8; *Scholderer* in Semler/Stengel, § 98 UmwG Rz. 4; *Stratz* in Schmitt/Hörtnagl/Stratz, § 98 UmwG Rz. 2; *Schöpflin* in KölnKomm. UmwG, § 98 UmwG Rz. 2.

4 *Bauer*, Genossenschafts-Handbuch, § 98 UmwG Rz. 3; *Fronhöfer* in Widmann/Mayer, § 98 UmwG Rz. 6; vgl. auch *Stratz* in Schmitt/Hörtnagl/Stratz, § 98 UmwG Rz. 1; *Schöpflin* in KölnKomm. UmwG, § 98 UmwG Rz. 2.

inhaber der beteiligten Rechtsträger[1]. Die Beschlussfassung als solche unterliegt den jeweiligen rechtsformspezifischen Vorschriften (vgl. für eine übertragende eG: § 96 Rz. 23 f.)[2].

II. Beschlussfassung über die Bestellung von Vorstand und Aufsichtsrat der neuen eG

2 Die Vertretungsorgane aller übertragenden Rechtsträger bestellen auch den ersten Aufsichtsrat und im Zweifel auch den ersten Vorstand der neuen eG (§ 97 Rz. 3 f.). Auch diese Bestellung ist zunächst *schwebend unwirksam* und wird erst mit Zustimmung der Anteilsinhaber aller übertragenden Rechtsträger im Verschmelzungsbeschluss wirksam (§ 98 Satz 2 1. Halbsatz UmwG)[3]. Wurde der Vorstand der neuen eG jedoch nicht von den Vertretungsorganen der beteiligten übertragenden Rechtsträger bestellt, sondern ist hierfür ein anderes Bestellverfahren in der **Satzung** der neuen eG vorgesehen, so entfällt das Erfordernis der Zustimmung der Anteilsinhaber der übertragenden Rechtsträger[4]. Vielmehr haben diese mit ihrer Zustimmung zu der Satzung der neuen eG auch die Entscheidungsverlagerung über die Bestellung des Vorstands akzeptiert[5].

Sechster Abschnitt Verschmelzung unter Beteiligung rechtsfähiger Vereine

§ 99
Möglichkeit der Verschmelzung

(1) Ein rechtsfähiger Verein kann sich an einer Verschmelzung nur beteiligen, wenn die Satzung des Vereins oder Vorschriften des Landesrechts nicht entgegenstehen.

(2) Ein eingetragener Verein darf im Wege der Verschmelzung Rechtsträger anderer Rechtsform nicht aufnehmen und durch die Verschmelzung solcher Rechtsträger nicht gegründet werden.

---

1 So auch *Beuthien/Wolff*, GenG, §§ 2 ff. UmwG Rz. 135; *Fronhöfer* in Widmann/Mayer, § 98 UmwG Rz. 8; *Schöpflin* in KölnKomm. UmwG, § 98 UmwG Rz. 2.

2 Ebenso *Scholderer* in Semler/Stengel, § 98 UmwG Rz. 5; *Stratz* in Schmitt/Hörtnagl/Stratz, § 98 UmwG Rz. 2; *Bauer*, Genossenschafts-Handbuch, § 98 UmwG Rz. 3 a.E.; *Schöpflin* in KölnKomm. UmwG, § 98 UmwG Rz. 2 a.E.; näher *Fronhöfer* in Widmann/Mayer, § 98 UmwG Rz. 9 f.

3 So auch *Bauer*, Genossenschafts-Handbuch, § 98 UmwG Rz. 5; *Fronhöfer* in Widmann/Mayer, § 98 UmwG Rz. 11; *Lehnhoff* in Lang/Weidmüller, GenG, § 98 UmwG Rz. 2; *Scholderer* in Semler/Stengel, § 98 UmwG Rz. 6 f.; *Schöpflin* in KölnKomm. UmwG, § 98 UmwG Rz. 3.

4 Ebenso *Scholderer* in Semler/Stengel, § 98 UmwG Rz. 8; *Fronhöfer* in Widmann/Mayer, § 98 UmwG Rz. 12; *Bauer*, Genossenschafts-Handbuch, § 98 UmwG Rz. 7; *Schöpflin* in KölnKomm. UmwG, § 98 UmwG Rz. 3 a.E.

5 *Beuthien/Wolff*, GenG, §§ 2 ff. UmwG Rz. 137; *Schöpflin* in KölnKomm. UmwG, § 98 UmwG Rz. 3.

Literatur

Ballerstedt, Mitgliedschaft und Vermögen beim rechtsfähigen Verein, in FS Knur, 1972, S. 1; *Balzer*, Die Umwandlung von Vereinen der Fußballbundesligen in Kapitalgesellschaften zwischen Gesellschafts-, Vereins- und Verbandsrecht, ZIP 2001, 175; *Bergeest*, Die Verschmelzung des „Verein Hamburger Assecuradeure“ mit dem „Verein Bremer Seeversicherer e.V.“ am 28. November 2000, in FS Gerrit Winter, 2002, S. 21; *Beuthien/Wolff*, Genossenschaftsverschmelzung auf einen künftigen Verschmelzungsstichtag, BB 2001, 2126; *Böhringer*, Die Fusion von Vereinen aus rechtlicher Sicht, BWNotZ 1990, 5; *Damas*, Der Referenten-Entwurf eines Gesetzes zur Änderung des Vereinsrechts – Wesentliche Neuerungen und mögliche Folgewirkungen, ZRP 2005, 3; *Drobnig/Becker/Remien*, Verschmelzung und Koordinierung von Verbänden, 1991; *Grunewald*, Austrittsrechte als Folge von Mischverschmelzungen und Verfügungsbeschränkungen (§ 29 UmwG), in FS Boujong, 1996, S. 175; *Hadding*, Zu einer geplanten Änderung des Vereinsrechts, ZGR 2006, 137; *Hadding*, Vom konzessionierten Wirtschaftsverein zur Aktiengesellschaft – Wege des Umwandlungsrechts, in FS Westermann, 2008, S. 933; *Hadding/Hennrichs*, Zur Verschmelzung unter Beteiligung rechtsfähiger Vereine nach dem neuen Umwandlungsgesetz, in FS Boujong, 1996, S. 203; *Hager*, Die Verschmelzung von eingetragenen Vereinen miteinander aus notarieller Sicht, RNotZ 2011, 565; *Heckschen*, Die Reform des Umwandlungsrechts, DNotZ 2007, 444; *Heermann*, Die geplante Reform des deutschen Vereinsrechts, ZHR 170 (2006), 247; *Jeep/Wiedemann*, Die Praxis der elektronischen Registeranmeldung – Die Umsetzung des EHUG aus notarieller und richterlicher Sicht, NJW 2007, 2439; *Katschinski*, Die Verschmelzung von Vereinen, 1999; *Krähe*, Zur geplanten Fusion von Deutschem Sportbund und Nationalem Olympischen Komitee, SpuRt 2005, 237; *Mayer/Weiler*, Neuregelung durch das Zweite Gesetz zur Änderung des Umwandlungsgesetzes, DB 2007, (Teil I) 1235, (Teil II) 1291; *Müller*, Internationalisierung des deutschen Umwandlungsrechts – Die Regelung der grenzüberschreitenden Verschmelzung, ZIP 2007, 1081; *Neumayer/Schulz*, Die Verschmelzung von rechtsfähigen Vereinen, DStR 1996, 872; *Neye*, Die Änderungen im Umwandlungsrecht nach den handels- und gesellschaftsrechtlichen Reformgesetzen in der 13. Legislaturperiode, DB 1998, 1649; *Raupach/Böckstiegel*, „Umwandlungen“ bei der Rechtsformwahl gemeinnütziger Organisationen, in FS Widmann, 2000, S. 459; *Reuter*, Zur Vereinsrechtsreform 2009, NZG 2009, 1368; *Richardi*, Gewerkschaftsfusionen und Tarifautonomie, in FS Kraft, 1999, S. 509; *Rieble*, Die Vereinsverschmelzung, JZ 1991, 658; *Schießl*, Die Ausgliederung von Abteilungen aus Idealvereinen auf Kapitalgesellschaften – Umwandlungssteuerrechtliche und gemeinnützigkeitsrechtliche Fragen, DStZ 2007, 494; *Schlotter*, Das EHUG ist in Kraft getreten: Das Recht der Unternehmenspublizität hat eine neue Grundlage, BB 2007, 1; *Stoltenberg*, Bestand, Umwandlung und Verschmelzung konzessionierter Vereine, 1989; *Streck/Mack/Schwedhelm*, Verschmelzung und Formwechsel nach dem neuen Umwandlungsgesetz, GmbHR 1995, 161; *Terner*, Zur Verschmelzung eines Vereins, RNotZ 2007, 480; *Terner*, Vereinsrechtsreform(en), DNotZ 2010, 5; *Vossius*, Zur Unterzeichnung des Verschmelzungsberichts, NotBZ 2007, 363; *Wiedemann/Thüsing*, Gewerkschaftsfusionen nach dem Umwandlungsgesetz – Teil I – WM 1999, 2237.

I. Überblick

1 **1.** Die für die Verschmelzung unter Beteiligung von Vereinen maßgebenden Vorschriften ergeben sich aus der Zusammenschau mehrerer Gruppen von Vorschriften des UmwG („Baukastentechnik"). Anwendbar sind zunächst die speziellen Regelungen der §§ 99–104a UmwG. Soweit diese keine abweichenden Regelungen enthalten, ist auf die Allgemeinen Vorschriften über die Verschmelzung (§§ 2–38 UmwG) zurückzugreifen, wobei innerhalb dieser Gruppe von Vorschriften wiederum für die Verschmelzung **zur Neugründung** im Wesentlichen auf die Vorschriften für die Verschmelzung **zur Aufnahme** verwiesen wird (vgl. § 36 Abs. 1 UmwG). Soweit an der Verschmelzung Rechtsträger verschiedener Rechtsformen beteiligt sind (**Mischverschmelzung**, s. unten Rz. 8, 16ff.), sind außerdem die für die jeweils *andere* Rechtsform maßgebenden Besonderen Vorschriften (§§ 39–122 UmwG) zu beachten. Endlich ergibt sich im Einzelfall die Notwendigkeit, außerdem das Gründungsrecht des neuen Rechtsträgers zu beachten (vgl. § 36 Abs. 2 UmwG).

Sollen beispielsweise zwei eingetragene Vereine (§ 21 BGB) im Wege der Neugründung auf eine dadurch gegründete AG verschmolzen werden (vgl. § 99 Abs. 2 UmwG), so sind hierfür zu beachten: zunächst die Allgemeinen Vorschriften über die verschmelzungsfähigen Rechtsträger (§ 3 UmwG), ferner die Allgemeinen Vorschriften über die Verschmelzung durch Neugründung (§§ 36–38 UmwG), die ihrerseits auf die Allgemeinen Vorschriften über die Verschmelzung durch Aufnahme verweisen (§§ 4–35 UmwG), sodann die Besonderen Vorschriften der jeweiligen Rechtsform, mithin §§ 60–76 UmwG über die Verschmelzung unter Beteiligung von AG und §§ 99–104a UmwG über die Verschmelzung unter Beteiligung eingetragener Vereine, und schließlich das Gründungsrecht der AG (§ 36 Abs. 2 UmwG i.V.m. §§ 1–53 AktG).

2 Zu beachten ist weiterhin, dass die zulässigen Verschmelzungskombinationen sich nicht allein aus § 3 UmwG ergeben. Auch insoweit ist vielmehr eine Zusammenschau erforderlich, nämlich durch Einbeziehung der jeweiligen Besonderen Vorschriften der verschiedenen Rechtsformen. So ist etwa trotz § 3 UmwG die Verschmelzung einer AG auf einen eingetragenen Verein nicht zulässig, wie sich (erst) aus § 99 Abs. 2 UmwG ergibt.

3 **2.** An Verschmelzungen i.S.d. UmwG können nur **„rechtsfähige Vereine"** beteiligt sein (vgl. die Abschnittsüberschrift vor § 99 UmwG und § 99 Abs. 1 UmwG). Den Begriff „rechtsfähiger Verein" verwendet das Gesetz dabei (in Anknüpfung an die Terminologie des BGB) als Oberbegriff für **„eingetragene Vereine** (§ 21

BGB)" und „**wirtschaftliche Vereine** (§ 22 BGB)"[1] (vgl. § 3 Abs. 1 Nr. 4, Abs. 2 Nr. 1 UmwG) und in Abgrenzung zu den „nicht rechtsfähigen" Vereinen i.S.d. § 54 BGB (also: zu den nicht eingetragenen und nicht konzessionierten Vereinen im Sinne der §§ 21, 22 BGB[2]), die nicht zu den verschmelzungsfähigen Rechtsträgern gehören (§ 3 Rz. 7)[3]. **Zweifelhaft** ist die Verschmelzungsfähigkeit von rechtsfähigen **ausländischen Vereinen** (§ 23 BGB a.F[4].) sowie allgemein die Zulässigkeit von Verschmelzungen unter Beteiligung rechtsfähiger Vereine einerseits und **ausländischer Rechtsträger** andererseits. Das UmwG privilegiert nach dem Wortlaut des § 1 Abs. 1 UmwG nur die Umwandlung von Rechtsträgern mit Sitz im Inland[5]. Die mit dem Zweiten Gesetz zur Änderung des Umwandlungsgesetzes[6] in §§ 122a ff. UmwG eingefügten Vorschriften über die grenzüberschreitende Verschmelzung von Kapitalgesellschaften gelten nicht für Idealvereine[7]. Nach der Rechtsprechung des EuGH in der Rechtssache SEVIC Systems[8] begründet allerdings die generelle Verweigerung der Eintragung einer grenzüberschreitenden Verschmelzung von Gesellschaften eine unverhältnismäßige Beschränkung der Niederlassungsfreiheit gem. Art. 49, 54 AEUV. Zwar sind juristische Personen, die, wie Idealvereine, keinen Erwerbszweck verfolgen, gem. Art. 54 Abs. 2 AEUV keine Gesellschaften i.S. der Niederlassungsfreiheit[9]. Aber bei Mischverschmelzungen „aus" einem Idealverein heraus (unten Rz. 16 ff.) kann die Niederlassungsfreiheit des AEUV auf Seiten dieses ausländischen aufnehmenden Rechtsträgers unmittelbar einschlägig sein. Es spricht daher einiges dafür, dass eine Umwandlung unter Beteiligung von Vereinen und eines EU-ausländischen Rechtsträgers möglich ist, wenn auch die andere Rechtsordnung sie kennt[10]. Dann regelt das UmwG die Erfordernisse für den deutschen Verein, die ausländische Rechtsordnung diejenigen für den ausländischen Rechtsträger. Allgemein § 1 Rz. 4 ff. – Von Bedeutung ist schließlich noch der Begriff des „**Anteilsinhabers**", den das Gesetz als Oberbegriff für Gesellschafter, Partner, Aktionäre und Mitglieder verwendet (s. die Legaldefinition in § 2 UmwG).

3. Der **Satzungsvorbehalt** in § 99 Abs. 1 UmwG bezweckt, dass Beschränkungen, 4
die die Vereinssatzung zum Schutz der Vereinsmitglieder ggf. gegenüber einer

---

1 Der Referentenentwurf des BMJ „Entwurf eines Gesetzes zur Änderung des Vereinsrechts" v. 25.8.2004, nach dem § 22 BGB entfallen sollte, wurde „ad acta gelegt". Hierzu s. *Hadding*, ZGR 2006, 137; *Heermann*, ZHR 170 (2006), 247; BT-Protokoll Nr. 16/04, S. 12 ff.; *DNotV*, Stellungnahme zum Referentenentwurf, Nr. II.a) (abrufbar unter www.dnotv.de); *Reuter*, NZG 2009, 1368 (1369 f.).

2 Vgl. *Hadding* in Soergel, § 54 BGB Rz. 1.

3 *Katschinski* in Semler/Stengel, § 99 UmwG Rz. 40 ff.; *Reuter* in MünchKomm. BGB, § 54 BGB Rz. 28 ff.

4 Im Wege der Vereinsrechtsreform 2009 (Gesetz v. 24.9.2009 [BGBl. I, S. 3145]) ist § 23 BGB ersatzlos weggefallen. Für die nach § 23 BGB rechtsfähig gewordenen und noch bestehenden Vereine und Stiftungen ordnet Art. 229 § 24 EGBGB den Fortbestand der Rechtsfähigkeit an, s. dazu *Reuter*, NZG 2009, 1368 (1371).

5 So etwa *Vossius* in Widmann/Mayer, § 99 UmwG Rz. 10; ferner *Katschinski*, S. 64 ff.; *Katschinski* in Semler/Stengel, § 99 UmwG Rz. 57.

6 Gesetz v. 19.4.2007, BGBl. I, S. 542.

7 *H.-F. Müller*, ZIP 2007, 1081 (1082); *Katschinski* in Semler/Stengel, § 99 UmwG Rz. 57; *Leuering* in KölnKomm. UmwG, § 99 UmwG Rz. 13.

8 EuGH v. 13.12.2005 – C-411/03, Slg. I 2005, 10825 = NJW 2006, 425 = AG 2006, 80.

9 Deshalb wird eine grenzüberschreitende Umwandlungsfähigkeit bei Vereinen in der Literatur nach wie vor verneint, so *Vossius* in Widmann/Mayer, § 99 UmwG Rz. 10.

10 Vgl. auch EuGH v. 12.7.2012 – C-378/10, ZIP 2012, 1394 ff. (VALE).

„Auflösung durch Verschmelzung" vorsieht, auch gegenüber Verschmelzungen nach dem neuen UmwG wirksam sind. Derartige Satzungsbestimmungen sollen zunächst nach den in der Satzung dafür vorgesehenen Bestimmungen geändert werden müssen. Der **Vorbehalt des Landesrechts** betrifft wohl nur wirtschaftliche Vereine. Da diese Vereine kraft staatlicher Verleihung rechtsfähig sind (§ 22 BGB) und eine Änderung ihrer Satzung der staatlichen Genehmigung bedarf (§ 33 Abs. 2 BGB), soll auch die Verschmelzung unter Beteiligung wirtschaftlicher Vereine nur möglich sein, wenn Vorschriften des Landesrechts nicht entgegenstehen[1].

5 **4.** Nach § 99 Abs. 2 UmwG[2] darf ein eingetragener Verein (§ 21 BGB; e.V.) Rechtsträger anderer Rechtsformen nicht aufnehmen oder durch die Verschmelzung solcher Rechtsträger nicht gegründet werden. Möglich ist also nur die Verschmelzung von eingetragenen Vereinen „unter sich" oder die Verschmelzung „aus" einem e.V. auf Rechtsträger anderer Rechtsform, nicht aber die Verschmelzung anderer Rechtsträger „auf" einen e.V. (vgl. unten Rz. 16ff. sowie § 149 Abs. 2 UmwG für die Spaltung unter Beteiligung rechtsfähiger Vereine). Nach Ansicht des Gesetzgebers ist für Letzteres ein Bedürfnis nicht aufgetreten[3].

6 **5. Ähnliche Vorschriften** für andere Umwandlungsarten unter Beteiligung von Vereinen sind in § 149 UmwG (Spaltung) und § 272 UmwG (Formwechsel) enthalten, ähnliche Vorschriften für die Verschmelzung anderer Rechtsträger finden sich in § 39 UmwG (betreffend die Verschmelzung unter Beteiligung aufgelöster Personenhandelsgesellschaften), § 79 UmwG (für die Verschmelzung unter Beteiligung eingetragener Genossenschaften), § 105 UmwG (Verschmelzung genossenschaftlicher Prüfungsverbände; gem. dem zweiten Gesetz zur Änderung des Umwandlungsgesetzes v. 19.4.2007 kann ein genossenschaftlicher Prüfungsverband auch einen rechtsfähigen Verein aufnehmen[4]), § 109 UmwG (Verschmelzung von Versicherungsvereinen auf Gegenseitigkeit) und § 120 UmwG (Verschmelzung von Kapitalgesellschaften mit dem Vermögen eines Alleingesellschafters).

7 **6.** Abweichend von § 62 UmwG i.d.F. von 1969, der die übertragende Umwandlung von wirtschaftlichen Altvereinen betraf, ist die Verschmelzung unter Beteiligung von Vereinen *nicht* davon abhängig, ob das Vermögen des Vereins in **übertragbare Anteile** zerlegt ist. Damit können insbesondere auch solche Vereine, deren Mitgliedschaften – wie in der Regel – keine sog. „Wertrechte" vermitteln (dazu auch unten Rz. 23ff.), an Verschmelzungen beteiligt sein. Ebenso wurde von dem Erfordernis einer staatlichen Genehmigung für die Verschmelzung abgesehen[5].

1 Vgl. bei *Neye*, S. 229.
2 Geändert durch Gesetz v. 22.7. 1998 (BGBl. I, S. 1878); dazu *Neye*, DB 1998, 1649 (1652).
3 Bei *Neye*, S. 229f.
4 BGBl. I, S. 542 (543); *Mayer/Weiler*, DB 2007, 1235 (1240f.).
5 Vgl. bei *Neye*, S. 229f.

II. Möglichkeiten der Verschmelzung unter Beteiligung rechtsfähiger Vereine[1]

1. Grundsatz

Die **zulässigen Verschmelzungskombinationen** unter Beteiligung rechtsfähiger Vereine ergeben sich zunächst aus **§ 3 UmwG** (s. i.E. dort). Auch sog. Mischverschmelzungen unter gleichzeitiger Beteiligung von Rechtsträgern unterschiedlicher Rechtsform sind danach grundsätzlich möglich (§ 3 Abs. 4 UmwG). Von den nach § 3 UmwG denkbaren Verschmelzungskombinationen schließt freilich § 99 UmwG Einzelne aus. Weitere Einschränkungen der Verschmelzungsmöglichkeiten können sich aus den jeweiligen Besonderen Vorschriften betreffend Rechtsträger anderer Rechtsformen ergeben (vgl. z.B. §§ 105, 109 UmwG). 8

Allerdings bleibt das UmwG **lückenhaft** (vgl. § 1 Rz. 60, § 3 Rz. 5, 7). Denn **Stiftungen** (§§ 80–88 BGB) und **„nicht rechtsfähige" Vereine** i.S.d. § 54 BGB, also nicht eingetragene Vereine (vgl. § 21 BGB) und nicht konzessionierte Vereine (vgl. § 22 BGB), sind nach wie vor *keine* verschmelzungsfähigen Rechtsträger (vgl. § 3 Abs. 1, Abs. 2 UmwG; oben Rz. 3)[2]. Ferner können (rechtsfähige) wirtschaftliche Vereine (§ 22 BGB) an einer Verschmelzung nur als übertragende Rechtsträger beteiligt sein (§ 3 Abs. 2 Nr. 1 UmwG). Diese Beschränkungen stehen zudem unter dem Verdikt des Analogieverbots nach § 1 Abs. 2 UmwG. Danach können beispielsweise die genannten Freien Sparkassen, die (teilweise auch) Stiftungen sind, sowie Parteien und Gewerkschaften, soweit sie noch als nicht eingetragene Vereine organisiert sind, nach wie vor sich nicht nach den Vorschriften des UmwG verschmelzen[3]. Ob die gesetzliche Festschreibung eines Analogieverbots rechtspolitisch klug war, mag man bezweifeln[4]. Gleichwohl ist die gesetzgeberische Entscheidung in diesem Sinne gefallen. Versuche, das Analogieverbot mittels interpretatorischer Kunstgriffe abzuschwächen, sind angesichts des klaren Gesetzeswortlauts wenig überzeugend[5]. Wollen nicht eingetragene Vereine (etwa Gewerkschaften) gemäß den erleichterten Voraussetzungen der §§ 99 ff. UmwG fusionieren (statt nach den allgemeinen Regeln des BGB zu verfahren, was nach wie vor zulässig ist[6]), ist es ihnen zuzumuten, zunächst durch Eintragung in das Vereinsregister die Rechtsfähigkeit zu erlangen und sodann als jetzt eingetragene Vereine nach den Vorschriften des UmwG vorzugehen (so offenbar geschehen bei der Gewerkschaftsfusion zur Dienstleistungsgewerkschaft VERDI)[7]. – Zur Fusion unter Beteiligung **Europäischer Gesellschaften (SE)** s. § 3 Rz. 18 ff., 20. 9

---

1 Vgl. *Hadding/Hennrichs* in FS Boujong, 1996, S. 206 ff.

2 *Leuering* in KölnKomm. UmwG, § 99 UmwG Rz. 9; *Wardenbach* in Henssler/Strohn, § 99 UmwG Rz. 1.

3 *De lege ferenda* für eine Erweiterung der Verschmelzungs- und Spaltungsmöglichkeiten auf nicht rechtsfähige Vereine *Katschinski* in Semler/Stengel, § 99 UmwG Rz. 16.

4 Kritisch zum Analogieverbot auch *K. Schmidt* in IDW (Hrsg.), Reform des Umwandlungsrechts, 1993, S. 35, 49 ff., 81 f.; s. auch *Stratz* in Schmitt/Hörtnagl/Stratz, § 99 UmwG Rz. 4. Die Lückenhaftigkeit des UmwG zeigt sich auch noch an anderen Stellen. Ebenfalls nicht berücksichtigt wurde beispielsweise die unternehmenstragende Erbengemeinschaft (§ 3 Rz. 7), was in der Praxis zu Problemen führen kann (dazu § 152 Rz. 14; *K. Schmidt* in FS Kropff, 1997, S. 259 (265 ff.).

5 Zutr. *Reuter* in MünchKomm. BGB, § 54 BGB, Rz. 28 ff.

6 *Reuter* in MünchKomm. BGB, § 54 BGB Rz. 30.

7 *Katschinski* in Semler/Stengel, § 99 UmwG Rz. 40 f.

2. Für alle Vereine geltende Beschränkungen (§ 99 Abs. 1 UmwG, § 3 Abs. 3 UmwG)

10 Die Beschränkung des **§ 99 Abs. 1 UmwG** gilt für alle Vereine. Bei jedem Verein ist es denkbar, dass die **Satzung** die „Auflösung durch Verschmelzung" mit einem anderen Rechtsträger ausschließt. Dies gilt dann auch für die Verschmelzung nach dem UmwG. Ein solcher Satzungsvorbehalt bewirkt freilich keine Fusionssperre. Soll die Verschmelzung durchgeführt werden, muss nur zunächst die entgegenstehende Satzungsbestimmung nach den dafür vorgesehenen Regeln geändert werden; ausreichend ist auch die *gleichzeitige* Eintragung von Satzungsänderung und Verschmelzung im Vereinsregister[1].

11 Als entgegenstehende Satzungsbestimmung kommt nicht nur eine ausdrückliche, sondern auch eine **„sinngemäße"** Bestimmung in Betracht[2]. Es ist also in jedem Einzelfall im Wege der (ggf. ergänzenden) **Satzungsauslegung** zu bestimmen, ob die Satzung des Vereins einer Verschmelzung entgegensteht oder nicht. Freilich müssen sich für eine die Verschmelzung verneinende Auslegung konkrete Anhaltspunkte in der Satzung finden lassen. Wenn solche (wie wohl oft) fehlen, kann davon ausgegangen werden, dass die Satzung einer Verschmelzung *nicht* entgegensteht. Insbes. hindert eine Satzungsklausel, nach der das Vereinsvermögen bei Auflösung des Vereins einem bestimmten **Anfallberechtigten** (z.B. einer karitativen Organisation) zufällt (vgl. § 45 Abs. 1 BGB; wegen des Grundsatzes der Vermögensbindung gem. §§ 55 Abs. 1 Nr. 4, 61 AO häufig bei **gemeinnützigen Vereinen**), eine Verschmelzung nicht[3]. Zwar mögen sich nachteilige Steuerfolgen ergeben, wenn das Vereinsvermögen im Wege der Verschmelzung auf einen anderen Rechtsträger als den in der Satzung bezeichneten Anfallberechtigten übertragen wird (§§ 55 Abs. 1 Nr. 4, 61, 63 Abs. 2 AO; s. auch bei § 104a UmwG)[4]. Daher ist aus steuerlicher Sicht anzuraten, die Anfallklausel vor der Verschmelzung zu überprüfen und ggf. so anzupassen, dass der aufnehmende Verein als Anfallberechtigter angegeben wird[5]. Ein handelsrechtliches Verschmelzungshindernis ergibt sich aus diesen Steuerimplikationen allerdings nicht.

12 Ebenso wie statutarische Ausschlusstatbestände gehen auch in der Satzung bestimmte **Beschränkungen** betreffend eine Verschmelzung (z.B. besondere Zustimmungserfordernisse für diesen Fall) vor, wie sich aus § 103 Satz 2 UmwG ergibt (s.

---

1 *Katschinski* in Semler/Stengel, § 99 UmwG Rz. 25.

2 Vgl. bei *Katschinski* in Semler/Stengel, § 99 UmwG Rz. 20; *Neye*, S. 229; *Vossius* in Widmann/Mayer, § 99 UmwG Rz. 21.

3 Zutr. *Stöber/Otto*, Handbuch zum Vereinsrecht, 10. Aufl. 2012, Rz. 1066; *Vossius* in Widmann/Mayer, § 99 UmwG Rz. 26; a.A. *Katschinski*, S. 31; *Katschinski* in Semler/Stengel, § 99 UmwG Rz. 21 f.

4 *Raupach/Böckstiegel* (in FS Widmann, 2000, S. 459 [477 Fn. 53]) werfen allerdings mit Recht die Frage auf, ob § 55 Abs. 1 Nr. 4 AO seinem Sinn und Zweck nach überhaupt für Verschmelzungsfälle eingreifen soll. Es spricht in der Tat einiges dafür, dass die Vorschrift nur für den Fall Sorge tragen will, dass bei einer Auflösung *ohne Fortführung der Organisation* das steuerbegünstigt entstandene Vermögen zukünftig nicht mehr zu gemeinnützigen Zwecken genutzt wird. Wirtschaftlich betrachtet „lebt" im Fall der Verschmelzung die Organisation des übertragenden Rechtsträgers und das übertragene Vermögen beim übernehmenden Rechtsträger fort.

5 *Katschinski* in Semler/Stengel, § 99 UmwG Rz. 23; *Raupach/Böckstiegel* in FS Widmann, 2000, S. 477; *Schleder*, Steuerrecht der Vereine, 10. Aufl. 2012, B.6.7, Rz. 519; *Leuering* in KölnKomm. UmwG, § 99 UmwG Rz. 17.

dort). Hier einzuordnen sind insbes. **Sonderrechte** eines Mitglieds (§ 35 BGB). Diese hindern eine Verschmelzung nicht schlechthin, sondern begründen „weitere Erfordernisse" i.S.d. § 103 Satz 2 UmwG dergestalt, dass der Verschmelzungsbeschluss der Zustimmung des Sonderberechtigten in notariell beglaubigter Form (§ 13 Abs. 2 und 3 UmwG) bedarf, wenn das Sonderrecht durch die Verschmelzung beeinträchtigt wird (s. unten Rz. 24 und § 103 Rz. 12)[1].

Ferner enthält § 99 Abs. 1 UmwG einen **Vorbehalt des Landesrechts**. Auf dem Ge- 13
biet des Vereinsrechts findet sich vereinzelt noch Landesrecht (vgl. § 44 BGB, Art. 1 Abs. 2, 55, 82, 85, 86, 99, 163–166 EGBGB). Es erschien dem Gesetzgeber denkbar, dass solche landesrechtlichen Bestimmungen des Vereinsrechts im Einzelfall Verschmelzungen entgegenstehen. Von Bedeutung dürfte dieser Vorbehalt allenfalls für wirtschaftliche Vereine sein (vgl. Art. 82 EGBGB). Derzeit sind keine derartigen Vorschriften des Landesrechts ersichtlich, doch ist aufgrund der fortbestehenden landesrechtlichen Gesetzgebungskompetenz nicht auszuschließen, dass künftig solche Vorbehalte normiert werden[2].

Eine weitere allgemeine Beschränkung der Verschmelzungsmöglichkeiten ergibt 14
sich aus **§ 3 Abs. 3 UmwG** (dazu § 3 Rz. 23ff.[3]). Danach können **aufgelöste** Vereine *als übertragende Rechtsträger* nur dann an einer Verschmelzung beteiligt sein, wenn ihre Fortsetzung (noch) beschlossen werden könnte[4]. Dies ist nur unter einschränkenden Voraussetzungen zulässig[5]: Der Verein muss sich noch im Stadium der Abwicklung befinden, darf also noch nicht vollbeendigt sein, und der Auflösungsgrund muss beseitigt werden[6]. Zur Fortsetzung des Vereins nach Eröffnung des Insolvenzverfahrens s. § 42 Abs. 1 Satz 2 BGB. Nicht mehr fortsetzungsfähig und deshalb nicht mehr verschmelzungsfähig ist ein Verein, dessen Vermögen an den Fiskus gefallen ist (vgl. § 46 BGB). In diesem Fall erlischt der Verein liquidationslos (vgl. § 47 BGB). Fällt das Vereinsvermögen dagegen an eine andere in der Satzung bestimmte Person (vgl. § 45 Abs. 1 BGB), muss eine Liquidation stattfinden (§ 47 BGB). Vollbeendigung tritt hier erst mit Abschluss der Liquidation ein. Bis dahin kann fortgesetzt werden[7].

Fraglich ist es, ob die Fortsetzung eines aufgelösten Vereins (und damit auch die Möglichkeit seiner Beteiligung an einer Verschmelzung) stets schon dann ausgeschlossen ist, wenn mit der Verteilung des Vermögens begonnen wurde[8]. Für die Fortsetzung einer Aktiengesellschaft sieht § 274 Abs. 1 Satz 1 AktG diese Einschränkung in der Tat vor[9], und im GmbH-Recht entspricht sie überwiegender

---

1 Vgl. *Vossius* in Widmann/Mayer, § 99 UmwG Rz. 22f., 27; vgl. ferner *Katschinski*, S. 152f.; *Katschinski* in Semler/Stengel, § 99 UmwG Rz. 27.
2 S. auch *Katschinski* in Semler/Stengel, § 99 UmwG Rz. 19.
3 Vgl. auch KG v. 22.9.1998 – 1 W 2161/97, NZG 1999, 359 m. Anm. *Boujong* zur GmbH.
4 *Leuering* in KölnKomm. UmwG, § 99 UmwG Rz. 4. Allg. *Bayer*, ZIP 1997, 1613 (1614).
5 *Hadding* in Soergel, Vor §§ 41–53 BGB Rz. 22ff.
6 Vgl. *Katschinski* in Semler/Stengel, § 99 UmwG Rz. 45f.
7 *Katschinski* in Semler/Stengel, § 99 UmwG Rz. 45; *Leuering* in KölnKomm. UmwG, § 99 UmwG Rz. 5 mit Fn. 5; anders wohl *Vossius* in Widmann/Mayer, § 99 UmwG Rz. 14, 17.
8 So *K. Schmidt*, Verbandszweck und Rechtsfähigkeit im Vereinsrecht, 1984, S. 307. S. auch bei *Neye*, S. 117.
9 S. auch § 79a Abs. 1 Satz 1 GenG.

Meinung[1]. Gleichwohl sollte man diesen Grundsatz auf Vereine *nicht* erstrecken[2]. Einen institutionellen Gläubigerschutz[3] durch Vorschriften zur Aufbringung und Erhaltung eines bestimmten Mindestkapitals kennt das Vereinsrecht ohnehin nicht. Insoweit fehlt es jedenfalls an einer die Analogie rechtfertigenden vergleichbaren Interessenlage. Und wo – wie bei der Mischverschmelzung „auf" Kapitalgesellschaften – solche Vorschriften angesprochen sind, ist durch das Kapitalschutzrecht des aufnehmenden/neuen Rechtsträgers, das entweder unmittelbar (so bei der Verschmelzung auf eine bestehende Kapitalgesellschaft in Gestalt der Kapitalerhaltungs- und der Kapitalerhöhungsvorschriften) oder kraft Verweisung (so § 36 Abs. 2 Satz 1 UmwG für die Verschmelzung durch Neugründung) gilt[4], für Gläubigerschutz hinreichend gesorgt. – Eines besonderen Fortsetzungsbeschlusses bedarf es neben dem Verschmelzungsbeschluss nicht (§ 3 Rz. 26)[5].

Nach zutr. Ansicht ausgeschlossen ist demgegenüber eine Verschmelzung unter Beteiligung aufgelöster Vereine als *übernehmende* Rechtsträger[6]. Soll auf einen aufgelösten Verein verschmolzen werden, muss dieser zunächst durch einen Fortsetzungsbeschluss „reaktiviert" werden[7]. § 3 Abs. 3 UmwG will zwar Sanierungsfusionen erleichtern, nicht aber reine Abwicklungsfunktionen ermöglichen (§ 3 Rz. 31)[8].

Nicht verschmelzungsfähig ist ferner der Verein **nach Entzug der Rechtsfähigkeit** (vgl. §§ 43, 73 BGB; § 395 FamFG). An Verschmelzungen im Sinne des UmwG können nur rechtsfähige Vereine beteiligt sein (vgl. oben Rz. 3, 9)[9].

15 **Nicht verschmelzungsfähig** ist schließlich der sog. **Vor-Verein**[10], d.h. der noch nicht eingetragene, aber auf die Eintragung als „e.V." gerichtete Verein, dessen Satzung für die Gründer verbindlich festgestellt ist (s. auch § 3 Rz. 7)[11]. Der Vor-Verein erfüllt nach zutreffender Ansicht die Merkmale des nicht eingetragenen Vereins i.S.d. § 54 BGB[12]. Nicht eingetragene Vereine i.S.d. § 54 BGB (in der Terminologie des BGB und des UmwG: „nicht rechtsfähige Vereine") zählen indessen nach der Entscheidung des Gesetzgebers nicht zu den verschmelzungsfähigen Rechtsträgern (vgl. bereits oben Rz. 3, 9). Entsprechendes gilt für gegründete, aber noch nicht konzessionierte wirtschaftliche Vereine i.S.d. § 22 BGB. – Freilich kann ein Vor-Verein schon einen Verschmelzungsvertragsentwurf abschließen. Er

---

1 Vgl. z.B. *Kleindiek* in Lutter/Hommelhoff, § 60 GmbHG Rz. 29; *K. Schmidt/Bitter* in Scholz, § 60 GmbHG Rz. 82; *Heckschen*, DB 1998, 1385 (1387). S. aber auch *Hennrichs*, ZHR 159 (1995), 593 (607).
2 Zust. *Vossius* in Widmann/Mayer, § 99 UmwG Rz. 16; *Katschinski*, S. 50 ff.; *Katschinski* in Semler/Stengel, § 99 UmwG Rz. 47.
3 Zu diesem Begriff s. *K. Schmidt*, ZGR 1993, 366 (367 ff.).
4 Vgl. z.B. *Ganske*, WM 1993, 1117 (1125 f.).
5 *Katschinski* in Semler/Stengel, § 99 UmwG Rz. 48.
6 OLG Naumburg v. 12.2.1997 – 10 Wx 1–97, NJW-RR 1998, 178 (179 f.) = GmbHR 1997, 1152; *Leuering* in KölnKomm. UmwG, § 99 UmwG Rz. 8.
7 Zutr. *Katschinski* in Semler/Stengel, § 99 UmwG Rz. 49 m.w.N.
8 *Stengel* in Semler/Stengel, § 3 UmwG Rz. 46; m.w.N. auch zur Gegenansicht.
9 *Katschinski*, S. 55 ff.; *Katschinski* in Semler/Stengel, § 99 UmwG Rz. 52.
10 *Vossius* in Widmann/Mayer, § 99 UmwG Rz. 19; i.E. auch *Katschinski*, S. 62 f.; *Katschinski* in Semler/Stengel, § 99 UmwG Rz. 53; ferner *Streck/Mack/Schwedhelm*, GmbHR 1995, 161 (162) (für die Vor-GmbH); für die Verschmelzungsfähigkeit von Vor-AG und Vor-GmbH allerdings *Bayer*, ZIP 1997, 1613 (1614).
11 *Marsch-Barner* in Kallmeyer, § 3 UmwG Rz. 10.
12 Vgl. *Hadding* in Soergel, Vor § 21 BGB Rz. 64 ff. m.w.N.

muss nur spätestens im Zeitpunkt des Wirksamwerdens der Verschmelzung eingetragen und damit als e.V. ein verschmelzungsfähiger Rechtsträger sein[1].

3. Beschränkungen betreffend eingetragene Vereine (§ 99 Abs. 2 UmwG)

Nur für **eingetragene Vereine** (§ 3 Abs. 1 Nr. 4 UmwG i.V.m. § 21 BGB) gilt **§ 99 Abs. 2 UmwG**. Die Vorschrift ist systematisch zusammen mit § 3 UmwG zu lesen und schließt von den nach dieser Bestimmung möglichen Verschmelzungskombinationen Einzelne aus (vgl. bereits oben Rz. 10). Nach § 99 Abs. 2 UmwG sind nur Mischverschmelzungen „auf" einen eingetragenen Verein als aufnehmender oder neuer Rechtsträger ausgeschlossen, nicht aber die Verschmelzung „aus" einem eingetragenen Verein auf einen Rechtsträger anderer Rechtsform. Die **möglichen Verschmelzungskombinationen** sind insbesondere[2]: 16

- die Verschmelzung eines eingetragenen Vereins auf einen anderen schon bestehenden eingetragenen Verein (Verschmelzung im Wege der Aufnahme: e.V. → e.V.),
- die Verschmelzung von zwei oder mehreren eingetragenen Vereinen auf einen anderen dadurch neu gegründeten eingetragenen Verein (Verschmelzung im Wege der Neugründung: z.B. e.V. + e.V. → e.V.),
- die (Misch-)Verschmelzung von eingetragenen Vereinen auf einen dadurch neu gegründeten Rechtsträger anderer Rechtsform (Verschmelzung im Wege der Neugründung: z.B. e.V. + e.V. → AG).

Darüber hinaus sind **zulässig** 17

- die (Misch-)Verschmelzung eines eingetragenen Vereins auf einen Rechtsträger anderer Rechtsform (Verschmelzung im Wege der Aufnahme: z.B. e.V. → AG).
- und die Verschmelzung eines eingetragenen Vereins mit einem Rechtsträger anderer Rechtsform auf einen Rechtsträger anderer Rechtsform (Verschmelzung im Wege der Aufnahme oder im Wege der Neugründung: z.B. e.V. + AG → AG)[3].

Dass die letztgenannten Mischverschmelzungen (vgl. auch § 3 Abs. 4 UmwG) ebenso zulässig sind, ergibt sich aus dem Zweck der Bestimmung und ist auch im Gesetzeswortlaut klargestellt. Mit der Gesetzesformulierung soll zum Ausdruck gebracht werden (vgl. schon oben Rz. 5), dass eingetragene Vereine Rechtsträger anderer Rechtsform *nicht aufnehmen* oder durch die Verschmelzung solcher Rechtsträger *nicht gegründet* werden können. Ausgeschlossen sein soll mithin nur die Verschmelzung anderer Rechtsträger „auf" einen e.V., weil „dafür ... ein Bedürfnis nicht aufgetreten" sei[4]. In der Tat wäre auch etwa die Verschmelzung einer Kapitalgesellschaft, die (zwar nicht notwendig, aber doch typischerweise)

---

1 *Katschinski* in Semler/Stengel, § 99 UmwG Rz. 54.

2 S. auch *Leuering* in KölnKomm. UmwG, § 99 UmwG Rz. 20ff.; *Stratz* in Schmitt/Hörtnagl/Stratz, § 99 UmwG Rz. 4; *Wardenbach* in Henssler/Strohn, § 99 UmwG Rz. 1.

3 Wie hier *Vossius* in Widmann/Mayer, § 99 UmwG Rz. 39f.; *Katschinski*, S. 34ff.; *Katschinski* in Semler/Stengel, § 99 UmwG Rz. 29; *Reuter* in MünchKomm. BGB, § 41 BGB Rz. 16; *Stratz* in Schmitt/Hörtnagl/Stratz, § 99 UmwG Rz. 4. A.A. *Neumayer/Schulz*, DStR 1996, 872; möglicherweise auch *Sagasser/Lukes* in Sagasser/Bula/Brünger, § 9 Rz. 28f.

4 Bei *Neye*, S. 230.

ein Unternehmen betreibt, auf einen eingetragenen Verein weder sinnvoll noch zulässig, weil der Zweck eines solchen Vereins nach § 21 BGB (gerade) nicht auf einen wirtschaftlichen Geschäftsbetrieb gerichtet sein darf. Mehr als die Verhinderung von Mischverschmelzungen „auf" einen eingetragenen Verein hat das Gesetz mit der Formulierung des § 99 Abs. 2 UmwG indessen nicht im Sinn. Die Verschmelzung „aus" einem eingetragenen Verein auf einen Rechtsträger anderer Rechtsform, insbes. also der Weg vom Idealverein in gewerbliche Strukturen, soll nicht verstellt werden[1]. Die Gesetzesbegründung erwähnt als einen möglichen Anwendungsfall der neuen Verschmelzungsmöglichkeiten auch ausdrücklich den Fall der „Aufnahme eines Idealvereins durch einen Rechtsträger anderer Rechtsform"[2]. Auch in § 88 Abs. 2 UmwG wird die Zulässigkeit einer Mischverschmelzung „aus" einem Verein vorausgesetzt. Schließlich wäre es kaum verständlich, wenn das Gesetz zwar die Mischverschmelzung von eingetragenen Vereinen im Wege der Neugründung auf einen dadurch neu gegründeten Rechtsträger anderer Rechtsform zuließe (also z.B. e.V. + e.V. → AG, vgl. § 99 Abs. 2 UmwG), nicht aber die Verschmelzung eines eingetragenen Vereins im Wege der Aufnahme auf einen Rechtsträger anderer Rechtsform (z.B. e.V. → AG). Dies würde die Beteiligten zu unnötigen „Umwegkonstruktionen" zwingen, die mit dem „Generalzweck" des UmwG, Umstrukturierungsvorgänge zu erleichtern, nicht vereinbar wären. Anders formuliert: **Unzulässig** sind nach § 99 Abs. 2 UmwG nur Mischverschmelzungen *„auf"* einen eingetragenen Verein als aufnehmender oder neuer Rechtsträger (z.B. AG → e.V. oder e.V. + AG → e.V.)[3]. Soweit der aufnehmende oder neue Rechtsträger dagegen eine andere Rechtsform hat, sind Mischverschmelzungen unter Beteiligung eingetragener Vereine uneingeschränkt möglich. Dasselbe Regelungsanliegen formuliert § 149 Abs. 2 UmwG für die Spaltung unter Beteiligung eingetragener Vereine.

18 Weitere Einschränkungen der Verschmelzungsmöglichkeiten können sich freilich aus den jeweiligen Besonderen Vorschriften betreffend Rechtsträger anderer Rechtsformen ergeben. So folgt z.B. aus § 109 UmwG, dass ein e.V. nicht auf einen Versicherungsverein auf Gegenseitigkeit verschmolzen werden kann[4].

19 Im Zuge der Vereinsrechtsreform 2009[5] ist § 43 Abs. 2 BGB a.F. gestrichen worden. Verfolgt ein Verein entgegen seiner Satzung tatsächlich wirtschaftliche Zwecke, so hat das Registergericht diesen nun nach § 395 FamFG nicht nur im Falle der offenen, sondern auch im Fall der verdeckten (§ 42 Abs. 2 BGB a.F.) **Rechtsformverfehlung** von Amts wegen aus dem Register zu löschen[6]. Nach h.M[7]. führt die Löschung zwar nicht zur Auflösung des Vereins, ihm fehlt allerdings hiernach die Eigenschaft als e.V. und mithin dann auch die Möglichkeit einer Verschmelzung nach dem UmwG (vgl. schon oben Rz. 3, 9, 14). Solange der Verein aber noch

1 Ebenso *Vossius* in Widmann/Mayer, § 99 UmwG Rz. 42.
2 Bei *Neye*, S. 230; s. auch ebda., S. 116.
3 Vgl. auch *Katschinski* in Semler/Stengel, § 99 UmwG Rz. 31; *Leuering* in KölnKomm. UmwG, § 99 UmwG Rz. 22.
4 Vgl. auch *Katschinski* in Semler/Stengel, § 99 UmwG Rz. 30.
5 BGBl. I, S. 3145.
6 Vgl. auch *Katschinski* in Semler/Stengel, § 99 UmwG Rz. 32; *Reuter*, NZG 2009, 1368 (1372f.).
7 *Eckardt* in Heidel/Hüßtege/Mansel/Noack, § 41 BGB Rz. 16; *Terner*, DNotZ 2010, 5 (13); a.A. *Oetker*, NJW 1991, 385 (389f.).

eingetragen ist, kann er an einer Verschmelzung teilnehmen[1]. §§ 3, 99 UmwG knüpfen an die formalrechtliche Rechtsform der Rechtsträger an. Das ist aus Gründen der Rechtssicherheit gerade bei Umwandlungen unter Beteiligung von Vereinen auch sachgerecht. Denn auf die oft schwierige und in Grenzbereichen unsichere Frage, ob ein Verein zu Recht als e.V. eingetragen ist oder ob er „eigentlich" ein wirtschaftlicher Verein ist, der zu löschen ist, sollte es für die Umwandlung nicht ankommen.

4. Beschränkungen betreffend wirtschaftliche Vereine (§ 3 Abs. 2 Nr. 1 UmwG)

Für **wirtschaftliche Vereine** (§ 22 BGB) schränkt das Gesetz die Möglichkeiten der Verschmelzung von vornherein in **§ 3 Abs. 2 Nr. 1 UmwG** ein. Danach können wirtschaftliche Vereine an einer Verschmelzung nur als *übertragende* Rechtsträger beteiligt sein. Zulässig ist mithin zwar die Verschmelzung „aus" einem wirtschaftlichen Verein „auf" einen Rechtsträger anderer Rechtsform (z.B. w.V. → Kapitalgesellschaft[2]), nicht aber umgekehrt die Verschmelzung eines Rechtsträgers anderer Rechtsform „auf" einen wirtschaftlichen Verein und *auch nicht* die Verschmelzung von wirtschaftlichen Vereinen untereinander (w.V. → w.V.)[3]. Das Gesetz will damit verhindern, dass im Wege der Verschmelzung ein wirtschaftlicher Verein vergrößert oder neu gegründet wird. Die Rechtsform des wirtschaftlichen Vereins wird vom Gesetz zu Recht als „unerwünscht" angesehen[4]. Als Träger eines Unternehmens ist der wirtschaftliche Verein nicht nur, wie die Gesetzesbegründung meint, „nur ausnahmsweise"[5], sondern nach richtiger Ansicht überhaupt nicht geeignet. Für eine Förderung dieser Rechtsform durch Eröffnung der erleichterten Verschmelzung auf einen wirtschaftlichen Verein besteht mithin kein Anlass[6]. 20

III. Verfahren der Verschmelzung unter Beteiligung rechtsfähiger Vereine – Besonderheiten[7]

1. Überblick

Für die Verschmelzung unter Beteiligung von rechtsfähigen Vereinen gelten grundsätzlich die Allgemeinen Vorschriften über die Verschmelzung (§§ 2 bis 38 UmwG; oben Rz. 1). Erforderlich sind danach: 21

- Verschmelzungsvertrag (§§ 4–7, 29, 30 UmwG),
- Verschmelzungsbericht (§ 8 UmwG),

---

1 Ebenso *Leuering* in KölnKomm. UmwG, § 99 UmwG Rz. 3, 23; *Hager*, RNotZ 2011, 565 (567).
2 Tauglicher aufnehmender oder neuer Rechtsträger kann allerdings, wie sich aus § 99 Abs. 2 UmwG ergibt, wiederum *nicht* ein eingetragener Verein sein (unzulässig daher: w.V. → e.V., s. oben Rz. 17)!
3 *Leuering* in KölnKomm. UmwG, § 99 UmwG Rz. 25.
4 Vgl. auch *Katschinski* in Semler/Stengel, § 99 UmwG Rz. 37.
5 Bei *Neye*, S. 116.
6 Kritisch gegenüber dieser Entscheidung des Gesetzgebers aber *Teichmann* in Kölner Umwandlungsrechtstage, S. 95f.
7 Vgl. bereits *Hadding/Hennrichs* in FS Boujong, 1996, S. 211ff.

- ggf. Verschmelzungsprüfung (vgl. § 100 UmwG i.V.m. §§ 9–12 UmwG; § 30 Abs. 2 UmwG),
- Vorbereitung der Mitgliederversammlung (vgl. § 101 UmwG) und Zustimmungsbeschlüsse der Anteilsinhaber der beteiligten Rechtsträger (§ 103 UmwG i.V.m. § 13 UmwG),
- (i.d.R.) Anmeldung der Verschmelzung zur Eintragung (§§ 16, 17 UmwG, vgl. aber § 104 Abs. 1 Satz 4 UmwG),
- bei Verschmelzung auf eine übernehmende Kapitalgesellschaft ggf. Kapitalerhöhung (vgl. §§ 53–55, 66–69 UmwG), bei Verschmelzung zur Neugründung Schritte für die Gründung des neuen Rechtsträgers (vgl. §§ 36 Abs. 2, 37 UmwG) und
- Eintragung und Bekanntmachung der Verschmelzung (§ 19 UmwG und §§ 20–23 UmwG).

2. Einzelheiten und vereinsspezifische Besonderheiten[1]

a) Der Verschmelzungsvertrag oder sein Entwurf

22 Die Vertretungsorgane der an der Verschmelzung beteiligten Rechtsträger schließen zunächst einen **Verschmelzungsvertrag** (§ 4 Abs. 1 UmwG). Auf Seiten des Vereins handelt dabei grundsätzlich der Vorstand (§ 26 Abs. 2 BGB), doch kann die Satzung für den Fall der Verschmelzung „besondere Vertreter“ bestimmen (vgl. § 30 BGB)[2]. Der Vorstand muss nicht höchstpersönlich handeln, sondern er kann seinerseits rechtsgeschäftliche Vertreter einschalten. Denkbar ist auch, dass der Vertreter zunächst ohne Vertretungsmacht handelt und der Vorstand später genehmigt. Sowohl die Vollmacht als auch die nachträgliche Genehmigung sind grundsätzlich formfrei (§ 167 Abs. 2 BGB), ausgenommen bei Verschmelzung zur Neugründung einer Kapitalgesellschaft (dann § 36 Abs. 2 UmwG i.V.m. § 23 Abs. 1 Satz 2 AktG, § 2 Abs. 2 GmbHG[3]). In der Praxis wird es sich in der Regel anbieten, zunächst nur einen schriftlichen Verschmelzungsvertrags**entwurf** aufzustellen (vgl. § 4 Abs. 2 UmwG), der im Gegensatz zum Verschmelzungsvertrag selbst noch nicht der notariellen Beurkundung bedarf (vgl. § 6 UmwG); findet der Vertragsentwurf im weiteren Verlauf nicht die erforderliche Zustimmung der Anteilsinhaber, sind wenigstens die Beurkundungskosten erspart (s. auch § 6 Rz. 5).

aa) Vereinsverschmelzungen bei Mitgliedschaften ohne Vermögensrechte

23 Den (Mindest-)**Inhalt des Verschmelzungsvertrags** bestimmt **§ 5 UmwG**. Danach muss der Vertrag oder sein Entwurf insbesondere Angaben über „das **Umtauschverhältnis der Anteile** und gegebenenfalls die Höhe der baren Zuzahlung oder **Angaben über die Mitgliedschaft bei dem übernehmenden Rechtsträger**“ enthalten (§ 5 Abs. 1 **Nr. 3** UmwG). Bei der **reinen Vereinsverschmelzung** (e.V. → e.V.), bei der auf beiden Seiten Vereine beteiligt sind, deren Mitgliedschaften keine Ver-

1 Zu weiteren Einzelheiten s. die Kommentierung zu den jeweiligen Einzelvorschriften.
2 *Katschinski* in Semler/Stengel, § 99 UmwG Rz. 61.
3 *Katschinski* in Semler/Stengel, § 99 UmwG Rz. 62.

mögensrechte vermitteln, wird nur die **zweite Alternative** anzusprechen sein[1]. Anzugeben sind dabei die mit der neuen Mitgliedschaft verbundenen (besonderen) Rechte (z.B. Benutzungsrechte und sonstige Leistungsrechte, Teilhaberechte) und Pflichten (insbesondere „Ob" und Höhe der Beitragszahlungen)[2]. Auf die mit jeder Mitgliedschaft in einem Verein verbundenen allgemeinen (Schutz-)Rechte und (Treu-)Pflichten ist nicht gesondert einzugehen[3]. Da auch bei der Vereinsverschmelzung in der Regel unterschiedliche Vermögensmassen zusammenfließen, die aus den Beiträgen der Mitglieder an ihren Verein und anderen Leistungen hervorgegangen sind, mag es auch zulässig sein, für eine Übergangszeit unterschiedliche Beitragsstaffeln oder einen einmaligen Ergänzungsbeitrag für die übertretenden Mitglieder des weniger vermögenden Vereins als Kompensation für ihren gleichberechtigten Zugang zu allen Vereinseinrichtungen vorzusehen[4]. Erforderlich sind dann außerdem Angaben über die Wertverhältnisse der Vereinsvermögen (vgl. auch § 12 Abs. 2 Satz 1 UmwG: „ob … die Mitgliedschaft bei dem übernehmenden Rechtsträger als Gegenwert angemessen ist").

24 Im Übrigen richtet sich die Ausgestaltung des Inhalts der (neuen) Mitgliedschaften bei dem übernehmenden Rechtsträger nach allgemeinem Vereins- und Gesellschaftsrechts (vgl. aber auch § 23 UmwG)[5]. Bestehen **Sonderrechte** i.S.d. § 35 BGB und sollen diese im Zuge der Verschmelzung *erlöschen*, hängt die Wirksamkeit des Verschmelzungsvertrags von der Zustimmung der Sonderrechtsinhaber ab (oben Rz. 12). Ist vorgesehen, dass die Sonderrechte im aufnehmenden Verein *fortbestehen* sollen, bedarf es aus Gründen des vereinsrechtlichen Gleichbehandlungsgrundsatzes der Zustimmung der Altmitglieder des aufnehmenden Vereins[6]. Die Einräumung der Sonderrechte im übernehmenden Verein ist gem. § 5 Abs. 1 Nr. 7 UmwG im Verschmelzungsvertrag anzugeben[7] (unten Rz. 33).

25 Ist ein Mitglied des übertragenden Vereins bereits am aufnehmenden beteiligt (Problem der **Doppelmitgliedschaft**), hat es damit sein Bewenden. Dem Mitglied ist keine neue zusätzliche Mitgliedschaft im aufnehmenden Verein zu gewähren (Grundsatz der Einheitlichkeit der Mitgliedschaft). Auch ein Ausgleich (etwa in Form einer Beitragsreduzierung, durch Einräumung eines Sonderrechts nach § 35

1 Ebenso *Vossius* in Widmann/Mayer, § 99 UmwG Rz. 57 ff.; *Katschinski*, S. 82; *Katschinski* in Semler/Stengel, § 99 UmwG Rz. 68; *Leuering* in KölnKomm. UmwG, § 99 UmwG Rz. 34 ff. Vgl. auch *Drobnig/Becker/Remien*, S. 38.

2 *Katschinski* in Semler/Stengel, § 99 UmwG Rz. 68.

3 Überblick über die verschiedenen Mitgliedschaftsrechte und Pflichten, die die Satzung des Vereins vorsehen kann, bei *Hadding* in Soergel, § 38 BGB Rz. 15 ff.; *Reuter* in MünchKomm. BGB, § 38 BGB Rz. 25 ff.; *Reichert*, Handbuch des Vereins- und Verbandsrechts, 12. Aufl., Rz. 821 ff., 961 ff.

4 So *Drobnig/Becker/Remien*, S. 40; ferner *Vossius* in Widmann/Mayer, § 99 UmwG Rz. 59; *Katschinski*, S. 84; *Katschinski* in Semler/Stengel, § 99 UmwG Rz. 71. Zu den sich aus dem Gleichbehandlungsgebot ergebenden Grenzen s. *Hadding* in Soergel, § 38 BGB Rz. 19.

5 *Katschinski* in Semler/Stengel, § 99 UmwG Rz. 69 ff.

6 *Katschinski*, S. 83 f.

7 Die Notwendigkeit der Angabe im Verschmelzungsvertrag setzt die tatsächliche Gewährung von Rechten und Vorteilen voraus. In dem Fall der Nichtgewährung dieser Rechte und Vorteile bedarf es im Verschmelzungsvertrag auch keiner „Negativerklärung", s. dazu OLG Frankfurt/M. v. 4.4.2011 – 20 W 466/10, NZG 2011, 1278 f. = AG 2011, 793.

BGB oder durch Abfindungsangebot analog § 29 UmwG[1]) ist nicht erforderlich (s. auch § 29 Rz. 32). Die einheitliche Mitgliedschaft des fraglichen Vereinsmitglieds wird durch Übernahme des übertragenden Vereins gleichsam von selbst „angereichert", so dass ein zusätzlicher Ausgleich nicht geboten erscheint.

bb) Verschmelzungen bei Mitgliedschaften mit Vermögensrechten

26 Bei **Mischverschmelzungen** sowie bei Vereinsverschmelzungen, bei denen (auf wenigstens einer Seite; dazu sogleich unten Rz. 27) Rechtsträger beteiligt sind, deren Mitgliedschaften **„Wertrechte"** vermitteln, sind dagegen auch Angaben über das „**Umtauschverhältnis der Anteile** und gegebenenfalls die Höhe der baren Zuzahlung" erforderlich[2].

(1) Das ist wohl unbezweifelbar, wenn auf **beiden Seiten** der Verschmelzung Rechtsträger beteiligt sind, an denen „Anteile" im Sinne von Mitgliedschaften bestehen, die Vermögensrechte vermitteln, z.B. bei einer Mischverschmelzung eines wirtschaftlichen Vereins auf eine Handelsgesellschaft (oben Rz. 20). Aber sogar bei einer Verschmelzung unter Beteiligung nur von Vereinen können Wertrechte bestehen und eine Angabe des Umtauschverhältnisses der Anteile veranlasst sein[3]. Zwar gewährt die Mitgliedschaft in einem Verein nach dem gesetzlichen Regelstatut *keine* Vermögensrechte im Sinne von „Gewinnanteilen" an laufenden Erträgen oder eines Abfindungsanspruchs bei Ausscheiden aus dem Verein. Auch ist die Vereinsmitgliedschaft grundsätzlich als höchstpersönliche Rechtsstellung nicht übertragbar und nicht vererblich (§ 38 Satz 1 BGB). Die Satzung kann aber die Übertragbarkeit der Mitgliedschaft zulassen (§ 40 BGB) und auch „Wertrechte" vorsehen[4]. In diesem Fall „verkörpert" die Vereinsmitgliedschaft durchaus einen wirtschaftlichen Wert, der in die Bestimmung eines Umtauschverhältnisses einbezogen werden kann.

27 **(2)** Auch, wenn **nur auf einer Seite** der Verschmelzung ein Rechtsträger mit „werthaltigen Anteilen" beteiligt ist (z.B. **Mischverschmelzung von rechtsfähigen Vereinen auf Kapitalgesellschaften und Personenhandelsgesellschaften**), kann die Bestimmung des „Umtauschverhältnisses der Anteile" sich als erforderlich erweisen[5]. Zwar findet in diesem Fall kein Umtausch von „Anteilen" im engeren Sinne statt, sondern ein Umtausch von „Mitgliedschaften" gegen „Anteile". Aber auch in diesem Fall haben die Anteilsinhaber (insbesondere die des übernehmenden Rechtsträgers) ein legitimes Interesse daran, vor der Beschlussfassung über die Verschmelzung zu erfahren, für welchen Gegenwert an die Anteilsinhaber des übertragenden Rechtsträgers neue werthaltige Anteile an dem übernehmenden Rechtsträger ausgegeben werden sollen. Denn die Verschmelzung bedeutet wirt-

1 Dafür *Katschinski*, S. 86f.; *Katschinski* in Semler/Stengel, § 99 UmwG Rz. 73; *Leuering* in KölnKomm. UmwG, § 99 UmwG Rz. 41.

2 *Hadding/Hennrichs* in FS Boujong, 1996, S. 213f.; zust. *Vossius* in Widmann/Mayer, § 99 UmwG Rz. 60.

3 Anders für reine Vereinschmelzungen *Katschinski* in Semler/Stengel, § 99 UmwG Rz. 72; *Leuering* in KölnKomm. UmwG, § 99 UmwG Rz. 39f.

4 Grdl. *Ballerstedt* in FS Knur, 1972, S. 1 (15ff.). S. außerdem *Hadding* in Soergel, § 38 BGB Rz. 16, 18a; *Reuter* in MünchKomm. BGB, § 38 BGB Rz. 30; *Flume*, Juristische Person, 1983, § 8 IV 1; *K. Schmidt*, GesR, § 24 IV 2c (je m.w.N.).

5 Insoweit wie hier *Katschinski* in Semler/Stengel, § 99 UmwG Rz. 74; *Leuering* in Köln-Komm. UmwG, § 99 UmwG Rz. 44.

schaftlich betrachtet nicht nur einen Tausch der Anteile, sondern – aus der Sicht des aufnehmenden Rechtsträgers und seiner Anteilsinhaber – auch (und vor allem) einen Tausch des Vermögens des übertragenden Rechtsträgers gegen Gewährung von Anteilen des aufnehmenden Rechtsträgers (vgl. auch die Grunddefinition der Verschmelzung in § 2 UmwG). Dieses letztgenannte Umtauschverhältnis ist normalerweise in der Bestimmung des Umtauschverhältnisses der Anteile (§ 5 Abs. 1 Nr. 3 UmwG) mitberücksichtigt, weil der innere Wert der getauschten Anteile aus dem Wert der beteiligten Rechtsträger abgeleitet wird (näher sogleich unten Rz. 28). Wenn dies indessen ausnahmsweise nicht der Fall ist (weil „Anteile" im eigentlichen Sinne nicht getauscht werden), erlangt das Umtauschverhältnis „Vermögen des übertragenden Rechtsträgers gegen Anteile des aufnehmenden Rechtsträgers" wieder selbständige Bedeutung. Der **Informationszweck** des § 5 Abs. 1 Nr. 3 UmwG verlangt in solchen Fällen die Angabe dieses Umtauschverhältnisses. – Zur Verschmelzung von Vereinen auf Genossenschaften s. auch bei §§ 80 Abs. 1 Satz 2, 88 Abs. 2 UmwG.

(3) Materiell richtet sich das Umtauschverhältnis nach dem Verhältnis zwischen 28
dem **inneren Wert** (nicht: dem eventuellen Buchwert) der umzutauschenden Anteile oder Mitgliedschaften an dem übertragenden Rechtsträger und dem inneren Wert der als Gegenleistung zu gewährenden Anteile an dem übernehmenden Rechtsträger (vgl. § 5 Rz. 28, 52)[1]. Hierfür ist eine Bewertung der beteiligten Rechtsträger erforderlich. Aus dem Gesamtwert des Rechtsträgers wird sodann der Wert der einzelnen Anteile oder Mitgliedschaften abgeleitet (sog. indirekte Methode[2]), wobei bei Idealvereinen der Wert des Vereinsvermögens vorbehaltlich einer abweichenden Satzungsbestimmung nach Köpfen auf die Mitglieder zu verteilen ist[3]. Das Gesetz gibt hierbei keine bestimmte Bewertungsmethode vor[4]. Soweit ein Unternehmensträger zu bewerten ist, stellt die h.M. auf den sog. **Ertragswert** ab (§ 8 Rz. 19)[5]. Hierbei werden – verkürzt gesagt – die nachhaltig erzielbaren

---

1 S. auch *Marsch-Barner* in Kallmeyer, § 8 UmwG Rz. 10ff., 14; *Kraft* in KölnKomm. AktG, § 340 AktG Rz. 15; auch OLG Düsseldorf v. 2.8.1994 – 19 W 5/93 AktE, AG 1995, 84 (zu § 320 AktG).

2 Im Gegensatz zur sog. direkten Methode, die den Wert eines Anteils „aus sich heraus" feststellen will. Vgl. z.B. *Kraft* in KölnKomm. AktG, § 340 AktG Rz. 16, 20; *Großfeld*, Recht der Unternehmensbewertung, 7. Aufl. 2012, Rz. 252ff.

3 Weitergehend – für eine Analogie zu § 276 Abs. 2 UmwG – *Katschinski*, S. 91f.; *Katschinski* in Semler/Stengel, § 99 UmwG Rz. 75.

4 Vgl. auch § 30 Abs. 1 Satz 1 UmwG, wonach für die Bestimmung der angemessenen Barabfindung nach § 29 UmwG (dazu sogleich im Text) nur noch „die *Verhältnisse* des übertragenden Rechtsträgers" (und nicht mehr wie nach § 12 Abs. 1 Satz 2 UmwG a.F., § 305 Abs. 3 Satz 2 AktG a.F., die „Vermögens- und Ertragslage") zu berücksichtigen sind. Damit soll klargestellt werden, dass das Gesetz im Hinblick auf die Vielzahl der verschiedenen Rechtsträger, die als Bewertungsobjekt in Betracht kommen, keine bestimmte Bewertungsmethode vorgeben will (vgl. bei *Neye*, S. 164; s. außerdem BayObLG v. 31.5.1995 – 3 Z BR 67/89, BB 1995, 1759 = AG 1995, 509).

5 Vgl. z.B. BGH v. 24.9.1984 – II ZR 256/83, WM 1984, 1506 = GmbHR 1985, 113 (zu § 738 Abs. 1 Satz 2 BGB); BGH v. 29.3.2001 – VIII ZR 183/00, WM 2001, 1309 (1310); BGH v. 18.4.2002 – IX ZR 72/99, JZ 2003, 102 (105); OLG Düsseldorf v. 31.1.2003 – 19 W 9/00 AktE, AG 2003, 329; OLG Zweibrücken v. 9.3.1995 – 3 W 133 und 145/92, AG 1995, 421 (zu § 304 AktG); LG Bremen v. 18.2.2002 – 13 O 458/96, AG 2003, 214 (zu § 304 AktG); BayObLG v. 19.10.1995 – 3Z BR 17/90, DB 1995, 2590; aus der Lit. z.B. *Marsch-Barner* in Kallmeyer, § 8 UmwG Rz. 13; *Großfeld*, Recht der Unternehmensbewertung, 7. Aufl. 2012, Rz. 262 ff„ 1076ff.; *Moxter*, Grundsätze ordnungsgemäßer Unternehmensbewertung, 2. Aufl. 1983, S. 75ff.; *Treptow* in IDW (Hrsg.), Reform des Umwandlungsrechts,

Reinerträge kapitalisiert; ggf. ist dem Ertragswert für das betriebsnotwendige Vermögen noch der Zeitwert der nicht betriebsnotwendigen Vermögensgegenstände hinzuzurechnen. Für die Bewertung von Vereinen ist dieses Verfahren nur insoweit brauchbar, als der Verein im Rahmen des sog. Nebenzweckprivilegs einen **Betrieb gewerblicher Art** unterhält. Dieser Betrieb kann nach der Ertragswertmethode bewertet werden[1]. Im Übrigen aber werden Vereine zu kapitalisierende Erträge oft gar nicht erzielen. Insoweit erscheint daher die Ermittlung des sog. **Substanzwertes** als die richtigere Bewertungsmethode[2]. Hierbei werden die einzelnen Vermögensgegenstände des Vereins nach ihren Zeitwerten bewertet. Die Summe dieser Werte abzüglich der Verbindlichkeiten ist der (Netto-)Substanzwert des Vereinsvermögens[3]. Dieser wird sodann nach Köpfen auf die einzelnen Mitgliedschaften umgelegt. Qualitative Umstände, die den Wert der Mitgliedschaften selbst beeinträchtigen können, insbesondere der Umstand der fehlenden Übertragbarkeit (vgl. §§ 38, 40 BGB) und der fehlenden Vermittlung von „Wertrechten" oder evtl. qualitative Unterschiede der Mitgliedschaft, haben dabei für die Bestimmung des Umtauschverhältnisses nach § 5 Abs. 1 Nr. 3 UmwG unberücksichtigt zu bleiben[4]. Denn es geht nicht darum, den Veräußerungswert der Mitgliedschaft in einem Verein zu bestimmen (der von den vorgenannten Umständen maßgeblich mitbestimmt wird und bei einer dem gesetzlichen Regelstatut entsprechenden Mitgliedschaft gleich Null sein dürfte), sondern es geht darum, den Gegenwert für die zu gewährenden Anteile an dem aufnehmenden Rechtsträger zu ermitteln, und dieser wird bestimmt durch den (Substanz-)Wert des Vermögens des übertragenden Vereins.

29 **(4)** Problematisch kann die Frage werden, ob die Bewertung der an der Verschmelzung beteiligten Rechtsträger nach der **gleichen Bewertungsmethode** erfolgen muss[5]. Für den „Normalfall" der Verschmelzung von Unternehmensträgern ist an diesem Grundsatz der Gleichheit der Bewertungsmethode sicherlich festzuhalten. Anders wäre eine Vergleichbarkeit der ermittelten Werte nicht gegeben (§ 5 Rz. 28 f.). Bei der Mischverschmelzung unter Beteiligung von Vereinen kann dieser Grundsatz aber zu Schwierigkeiten führen. Wenn als aufnehmende Gesellschaft eine unternehmenstragende AG, als übertragender Rechtsträger dagegen ein Idealverein beteiligt ist, so wird es wohl sachgerecht sein, die AG nach der Ertragswertmethode und den Verein dennoch nach der Substanzwertmethode zu bewerten[6]. Denn die Ertragswertmethode wäre zur Bewertung des e.V. ungeeignet, aber auch umgekehrt die Bewertung der AG am Maßstab des Substanzwerts

---

1993, S. 155 (158 ff.); WP-Handbuch 2008, Bd. II, Teil A Rz. 10, 235 ff., 237 ff.; *Aha*, AG 1997, 26 (28 ff.); *Hennrichs*, ZGR 1999, 837; *Hennrichs*, ZHR 164 (2000), 453.

1 So *Vossius* in Widmann/Mayer, § 99 UmwG Rz. 66; *Katschinski*, S. 89; *Katschinski* in Semler/Stengel, § 99 UmwG Rz. 74.

2 Zust. *Katschinski* in Semler/Stengel, § 99 UmwG Rz. 74; *Leuering* in KölnKomm. UmwG, § 99 UmwG Rz. 45.

3 Vgl. *Großfeld*, Recht der Unternehmensbewertung, 7. Aufl. 2012, Rz. 1286 f.; WP-Handbuch 2008, Bd. II, Teil A Rz. 436 ff.; *W. Müller*, JuS 1974, 558; s. auch *Karollus*, NZ 1995, 193.

4 Zust. *Katschinski* in Semler/Stengel, § 99 UmwG Rz. 76.

5 So OLG Düsseldorf v. 31.1.2003 – 19 W 9/00 AktE, AG 2003, 329; *Kraft* in KölnKomm. AktG, § 340 AktG Rz. 18; WP-Handbuch 2008, Bd. II, Teil D Rz. 48 ff., 69 ff.

6 Zust. *Vossius* in Widmann/Mayer, § 99 UmwG Rz. 63; *Katschinski*, S. 90; *Katschinski* in Semler/Stengel, § 99 UmwG Rz. 75; *Leuering* in KölnKomm. UmwG, § 99 UmwG Rz. 45 f.

würde deren „wirklichen" (d.h. nach heute herrschender Auffassung in der Betriebswirtschaftslehre „richtigen") Wert nicht wiedergeben. Die Anwendung unterschiedlicher Bewertungsmethoden trägt hier der Unterschiedlichkeit der zu bewertenden Vermögen sachgerecht Rechnung.

cc) Barabfindungsangebot

Hinzuweisen ist ferner auf **§ 29 UmwG**. Nach dieser Bestimmung ist bei Mischverschmelzungen (§ 29 Abs. 1 Satz 1 1. Alt. UmwG[1]) sowie bei Tausch „in" vinkulierte Anteile (§ 29 Abs. 1 Satz 2 UmwG) ein **Barabfindungsangebot** in den Verschmelzungsvertrag aufzunehmen (hierzu und zu § 29 Abs. 1 Satz 1 2. Alt. UmwG eingehend § 29)[2]. 30

(1) § 29 Abs. 1 Satz 2 UmwG ist freilich für **reine Vereinsverschmelzungen** (e.V. → e.V.) im Regelfall *ohne Bedeutung*. Zwar erfasst die Vorschrift in ihrer Fassung durch das Gesetz zur Änderung des UmwG v. 22.7.1998[3] auch Verfügungsbeschränkungen bei „Mitgliedschaften", und zwar auch solche, die – wie bei Vereinen – sich kraft Gesetzes ergeben (vgl. § 38 BGB[4]). Im Hinblick auf den Zweck des § 29 UmwG besteht aber dann keine Pflicht, eine Barabfindung anzubieten, wenn die Mitgliedschaften in den beteiligten Rechtsträgern **identischen Verfügungsbeschränkungen** unterliegen. Die Vereinsmitglieder erleiden keine Rechtsnachteile, wenn an die Stelle ihrer nicht übertragbaren Mitgliedschaft im übertragenden Verein wiederum eine nicht übertragbare Mitgliedschaft im übernehmenden Verein tritt (zutr. *Grunewald*, § 29 Rz. 10)[5]. Etwas anderes gilt nur, wenn die Mitgliedschaft im übertragenden Verein aufgrund einer entsprechenden Satzungsbestimmung übertragbar war (vgl. § 40 BGB) und die zunächst nicht vinkulierte Mitgliedschaft nun gegen eine vinkulierte „eingetauscht" wird[6] oder wenn unterschiedliche Vinkulierungen der Mitgliedschaften bestehen[7]. In diesem Fall bemisst sich die Abfindung nach dem Wert des Vereinsvermögens, soweit es durch Beiträge und Leistungen der Vereinsmitglieder aufgebracht worden ist, d.h. unter Eliminierung der aus Zuwendungen Dritter gebildeten Vermögensteile[8]. – Auf andere Beschränkungen oder Nachteile, die sich für die Mitglieder des übertragenden Vereins aus der Verschmelzung ergeben, findet § 29 UmwG richtiger Ansicht nach keine, auch keine analoge Anwendung (*Grunewald*, § 29 Rz. 32)[9].

---

1 Mit dem Zweiten Gesetz zur Änderung des Umwandlungsgesetzes v. 19.4.2007 (BGBl. I, S. 542) wurde in § 29 Abs. 1 2. Alt. UmwG das sog. „kalte Delisting" geregelt, vgl. § 29. Über den Wortlaut hinaus findet das zwingende Barabfindungsangebot ggf. auch bei Kommanditgesellschaften auf Aktien als übertragende/übernehmende Gesellschaften Anwendung, *Mayer/Weiler*, DB 2007, 1235 (1236). Mangels Börsennotierung ist die Regelung für Vereine jedoch irrelevant.

2 *Grunewald* in FS Boujong, 1996, S. 175 ff.

3 BGBl. I, S. 1878.

4 Vgl. *Neye*, DB 1998, 1649 (1651 f.); *Katschinski* in Semler/Stengel, § 99 UmwG Rz. 88.

5 Zust. *Katschinski* in Semler/Stengel, § 99 UmwG Rz. 90; *Marsch-Barner* in Kallmeyer, § 29 UmwG Rz. 10; *Leuering* in KölnKomm. UmwG, § 99 UmwG Rz. 65.

6 *Katschinski* in Semler/Stengel, § 99 UmwG Rz. 89; *Leuering* in KölnKomm. UmwG, § 99 UmwG Rz. 65.

7 *Katschinski* in Semler/Stengel, § 99 UmwG Rz. 89; *Leuering* in KölnKomm. UmwG, § 99 UmwG Rz. 65.

8 So *Katschinski* in Semler/Stengel, § 99 UmwG Rz. 93.

9 Zutr. *Katschinski* in Semler/Stengel, § 99 UmwG Rz. 91.

31 **(2)** Bedeutung erlangen kann allerdings **§ 29 Abs. 1 Satz 1 1. Alt.** UmwG, wonach ein Barabfindungsangebot für widersprechende Anteilsinhaber **bei Mischverschmelzungen** (z.B. e.V. → AG) in den Verschmelzungsvertrag oder in seinen Entwurf aufzunehmen ist. Nach dem Wortlaut dieser Bestimmung ist bei Mischverschmelzungen **stets** ein Barabfindungsangebot in den Verschmelzungsvertrag aufzunehmen[1]. Das Gesetz macht das Erfordernis eines Barabfindungsangebots nicht davon abhängig, ob die Mitgliedschaft in dem übertragenden Rechtsträger überhaupt einen „abfindungsfähigen" wirtschaftlichen Wert verkörpert. Bei Mischverschmelzungen unter Beteiligung eingetragener Vereine auf Rechtsträger anderer Rechtsform ist also auch dann ein Barabfindungsangebot zu unterbreiten, wenn die Mitgliedschaft in dem übertragenden Verein (wie in der Regel) keine „Wertrechte" vermittelt[2]. Dies mag zwar auf den ersten Blick befremdlich sein, weil hierdurch jedem Vereinsmitglied, das der Verschmelzung widerspricht, die Möglichkeit geboten wird, die Mitgliedschaft „zu Geld zu machen", obwohl sie in dem Verein keinen messbaren wirtschaftlichen Wert hatte, weil sie weder einen „Gewinnanspruch" oder einen „Abfindungsanspruch" gewährte noch auch nur übertragbar war. Auf die Werthaltigkeit der einzelnen *Mitgliedschaft* stellt das Gesetz indessen, wie § 30 Abs. 1 Satz 1 UmwG bestätigt, für die Bemessung der Barabfindung gar nicht ab[3], sondern auf die Verhältnisse *des übertragenden Rechtsträgers*. Der übertragende Verein kann aber durchaus einen (Substanz-)Wert haben, und zwar auch dann, wenn dieser nicht an die Mitgliedschaften in Form von Wertrechten „weitergegeben" wird. Für die Feststellung der „angemessenen Barabfindung" bei Mischverschmelzungen unter Beteiligung von Vereinen ist mithin ebenso wie bei der Ermittlung des Umtauschverhältnisses nach § 5 Abs. 1 Nr. 3 UmwG der (Substanz-)Wert des übertragenden Vereins zum Zeitpunkt der Beschlussfassung über die Verschmelzung (vgl. § 30 Abs. 1 Satz 1 UmwG) zu ermitteln und auf die einzelnen Mitgliedschaften anteilig umzulegen[4]. Fehlende Übertragbarkeit der Mitgliedschaften und fehlender wirtschaftlicher „Gehalt" haben auch insoweit außer Betracht zu bleiben (s. bereits oben Rz. 28 für § 5 Abs. 1 Nr. 3 UmwG sowie § 30 Rz. 2)[5].

32 **(3)** Zu beachten ist freilich, dass nach **§ 104a UmwG** die §§ 29 bis 34 UmwG auf die Verschmelzung eines eingetragenen Vereins, der nach § 5 Abs. 1 Nr. 9 KStG von der Körperschaftsteuer befreit ist (d.h. **bei Vereinen, die ausschließlich und unmittelbar gemeinnützigen, mildtätigen oder kirchlichen Zwecken dienen**), *nicht* anzuwenden sind. Mitgliedern solcher Vereine ist danach in keinem Fall ein Barabfindungsangebot zu unterbreiten[6]. Möglich ist es auch, dass alle Mitglieder des übertragenden Vereins auf die Aufnahme eines Abfindungsgebots in den Verschmelzungsvertrag **verzichten**. Der Verzicht soll in Analogie zu §§ 8 Abs. 3

1 *Leuering* in KölnKomm. UmwG, § 99 UmwG Rz. 62 ff.
2 Zust. *Vossius* in Widmann/Mayer, § 99 UmwG Rz. 76; *Leuering* in KölnKomm. UmwG, § 99 UmwG Rz. 63 f.; i.E. auch *Katschinski*, S. 107; *Katschinski* in Semler/Stengel, § 99 UmwG Rz. 92.
3 *Leuering* in KölnKomm. UmwG, § 99 UmwG Rz. 63.
4 *Katschinski* in Semler/Stengel, § 99 UmwG Rz. 92; *Leuering* in KölnKomm. UmwG, § 99 UmwG Rz. 63.
5 Vgl. auch *Großfeld*, Recht der Unternehmensbewertung, 7. Aufl. 2012, Rz. 1046 ff.
6 *Leuering* in KölnKomm. UmwG, § 99 UmwG Rz. 59.

Satz 2, 9 Abs. 3, 12 Abs. 3 und 30 Abs. 2 Satz 3 UmwG der notariellen Beurkundung bedürfen[1].

dd) Sonstige Angaben

33 **(1)** Anzugeben sind im Verschmelzungsvertrag oder seinem Entwurf weiter die Einzelheiten für die Übertragung der Anteile des übernehmenden Rechtsträgers oder über den Erwerb der Mitgliedschaft bei dem übernehmenden Rechtsträger (§ 5 Abs. 1 **Nr. 4** UmwG). Gemeint sind damit „Technikalien" wie etwa die Abwicklung des Anteilstauschs und die Tragung der dabei entstehenden Kosten (§ 5 Rz. 64 ff.)[2]. Bei Mischverschmelzung eines Vereins auf eine Kapitalgesellschaft ist gem. § 5 Abs. 1 Nr. 4 **1. Alt.** UmwG insbesondere anzugeben, ob die zu erwerbenden Anteile aus vorhandenen eigenen oder aus durch Kapitalerhöhung zu schaffenden Anteilen bedient werden sollen[3].

(2) Die Regelung des § 5 Abs. 1 **Nr. 5** UmwG passt für eingetragene Vereine dem Wortlaut nach meistens nicht, weil bei ihnen die Mitgliedschaft keine Gewinnbeteiligung gewährt (oben Rz. 27). Nach verbreiteter Ansicht soll dem Rechtsgedanken der Vorschrift nach ersatzweise der Zeitpunkt anzugeben sein, von dem an die **Wertrechte** (z.B. Recht auf Benutzung von Vereinseinrichtungen) ausgeübt werden können[4].

(3) Anzugeben ist gem. § 5 Abs. 1 **Nr. 6** UmwG der Verschmelzungsstichtag. Die weitergehende Angabe eines Schlussbilanzstichtages ist bei Vereinen, anders als nach § 80 Abs. 2 UmwG bei Genossenschaften, nicht vorgeschrieben[5].

(4) Rechte, die der übernehmende Rechtsträger (nur) einzelnen Anteilsinhabern sowie den Inhabern besonderer Rechte gewährt, sind ebenfalls im Verschmelzungsvertrag oder seinem Entwurf anzugeben (vgl. § 5 Abs. 1 **Nr. 7** UmwG, auch § 23 UmwG).

(5) Beschäftigen die an der Verschmelzung beteiligten Rechtsträger Arbeitnehmer, so sind die Folgen der Verschmelzung für diese und die ggf. bestehenden Arbeitnehmervertretungen sowie die insoweit vorgesehenen Maßnahmen anzugeben (§ 5 Abs. 1 **Nr. 9** UmwG) (näher § 5 Rz. 84 ff.)[6]. Angaben hierzu sind auch dann erforderlich, wenn keiner der beteiligten Rechtsträger einen Betriebsrat hat, denn die Informationen zu den Folgen der Verschmelzung für die Arbeitnehmer kann auch für die Willensbildung der Mitgliederversammlung relevant sein.

(6) Bei der **Verschmelzung zur Neugründung** ist in den Verschmelzungsvertrag außerdem der Gesellschaftsvertrag, der Partnerschaftsvertrag oder die Satzung des neuen Rechtsträgers aufzunehmen oder festzustellen (vgl. § 37 UmwG).

1 *Katschinski* in Semler/Stengel, § 99 UmwG Rz. 96; *Leuering* in KölnKomm. UmwG, § 99 UmwG Rz. 59; je m.w.N.
2 Vgl. *Kraft* in KölnKomm. AktG, § 340 AktG Rz. 27; *Priester* in Kölner Umwandlungsrechtstage, S. 99 (104) (für die Spaltung).
3 *Katschinski* in Semler/Stengel, § 99 UmwG Rz. 80.
4 *Katschinski* in Semler/Stengel, § 99 UmwG Rz. 81.
5 LG Frankenthal v. 9.5.2007 – 1 T 100/07, RNotZ 2007, 478 (479) mit zust. Anm. *Terner*, RNotZ 2007, 483.
6 Dazu OLG Düsseldorf v. 15.5.1998 – 3 Wx 156/98, AG 1998, 587 = NZG 1998, 648 m. Anm. *Bungert*, NZG 1998, 733; *Grunewald* in Kölner Umwandlungsrechtstage, S. 19 (21 ff.).

b) Der Verschmelzungsbericht

34 Die Vertretungsorgane eines jeden der an der Verschmelzung beteiligten Rechtsträger[1] haben ferner einen ausführlichen schriftlichen **Verschmelzungsbericht** zu erstatten (§ 8 UmwG)[2]. Berichtspflichtiges Vertretungsorgan des Vereins ist der Vorstand. Möglich ist allerdings eine gemeinsame Berichterstattung der Vertretungsorgane beider an der Verschmelzung beteiligter Rechtsträger[3]. Der Bericht dient dem Schutz der Anteilsinhaber, die vor ihrer Entscheidung über die Verschmelzung und ihre Folgen hinreichend informiert werden sollen.

Rechtlich und wirtschaftlich zu erläutern sind nach § 8 Abs. 1 Satz 1 UmwG insbesondere das Umtauschverhältnis oder die Angaben über die Mitgliedschaft bei dem übernehmenden Rechtsträger sowie die Höhe einer anzubietenden Barabfindung (vgl. § 29 UmwG). Werden für eine Übergangszeit unterschiedliche Beitragssätze oder sonstige Sonderleistungspflichten für die Mitglieder des übertragenden Vereins vorgesehen (vgl. oben Rz. 25), sind die Gründe hierfür (z.B. unterschiedliche Wertigkeit der zusammengelegten Vereinsvermögen) im Einzelnen darzulegen. Soweit nicht ausnahmsweise der Geheimhaltungsschutz des § 8 Abs. 2 UmwG eingreift, sind in dem Bericht konkrete Tatsachen mitzuteilen und Zahlen offen zu legen. Die Anteilsinhaber müssen zwar nicht in die Lage versetzt werden, eine eigene Rechtsträgerbewertung durchzuführen, wohl aber müssen sie die Plausibilität der von den Vertretungsorganen durchgeführten Bewertungen nachprüfen können (eingehend § 8 Rz. 18 ff.)[4], um auf dieser Grundlage eine sachgerechte Entscheidung für oder gegen die Verschmelzung treffen zu können[5]. Hinzuweisen ist weiter auf die Folgen für die Beteiligung der Anteilsinhaber. Bei Letzterem denkt das Gesetz vor allem an möglicherweise eintretende „Verwässerungseffekte", weil mit einer Verschmelzung in der Regel eine Änderung der Beteiligungsquote verbunden ist. Hierüber klar und verständlich informiert zu werden, haben besonders Minderheiten ein berechtigtes Interesse. Zu berichten ist außerdem über evtl. **Satzungsunterschiede**. Ein Satzungsabdruck oder Beifügung als Anlage[6] ist zu empfehlen (näher § 8 Rz. 37 ff.). Der Bericht ist nur unter den engen Voraussetzungen des § 8 Abs. 3 UmwG entbehrlich.

Die Berichtspflicht sollte von den Vertretungsorganen der beteiligten Rechtsträger besonders sorgfältig beachtet werden. Fehler durch unzureichende Erläuterungen sind ein Eintragungshindernis[7] und außerdem grundsätzlich „klagebewehrt", d.h. sie berechtigen zur Klage gegen die Wirksamkeit des Verschmelzungsbeschlusses. § 14 Abs. 2 UmwG schließt nur den Einwand des zu niedrig bemessenen Umtauschverhältnisses aus. Der Einwand unzureichender Information oder Erläute-

---

1 OLG Bamberg v. 18.6.2012 – 6 W 26/12, NZG 2012, 1269.

2 Zur Wahrung der schriftlichen Form des Verschmelzungsberichts bei dessen Unterzeichnung durch Organmitglieder (nur) in vertretungsberechtigter Zahl und zur Relevanz eines etwaigen diesbezüglichen Formmangels s. BGH v. 21.5.2007 – II ZR 266/04, AG 2007, 625 = NotBZ 2007, 361 m. Anm. *Vossius*, NotBZ 2007, 363.

3 OLG Bamberg v. 18.6.2012 – 6 W 26/12, NZG 2012, 1269; *Katschinski* in Semler/Stengel, § 99 UmwG Rz. 97.

4 Zutreffend *M. Winter* in Kölner Umwandlungsrechtstage, S. 25 (30).

5 *Katschinski* in Semler/Stengel, § 99 UmwG Rz. 97.

6 *Katschinski* in Semler/Stengel, § 99 UmwG Rz. 98.

7 OLG Bamberg v. 18.6.2012 – 6 W 26/12, NZG 2012, 1269.

rung bleibt grundsätzlich tauglicher Klagegrund (§ 14 Rz. 17)[1]. Hinsichtlich der Ausführungen über das Barabfindungsgebot und dessen Höhe werden Informationspflichtverletzungen nach der Rechtsprechung des BGH zum Formwechsel allerdings von den Klageausschlusstatbeständen der §§ 210, 212 UmwG erfasst[2]. Diese Rechtsprechung dürfte auf die Verschmelzung zu übertragen sein (vgl. §§ 14 Abs. 2, 32 UmwG)[3]. Entsprechende bewertungsbezogene Informationspflichtverletzungen berechtigen daher nicht zur Klage gegen die Wirksamkeit des Verschmelzungsbeschlusses, sondern bieten (nur) die Möglichkeit, einen Anspruch auf Zuzahlung nach Maßgabe des § 34 UmwG gegen den übertragenden Rechtsträger im gerichtlichen Spruchverfahren durchzusetzen.

c) Prüfung der Verschmelzung

Ob der Verschmelzungsvertrag nach den §§ 9–12 UmwG zu prüfen ist, macht 35 § 100 UmwG davon abhängig, welcher Verein an der Verschmelzung beteiligt ist. Für einen **wirtschaftlichen Verein** sieht § 100 Satz 1 UmwG **stets** eine Verschmelzungsprüfung vor, wenn nicht alle Anteilsinhaber aller beteiligten Rechtsträger auf eine Prüfung (durch notariell beurkundete Erklärung) verzichten oder alle Anteile des übertragenden Rechtsträgers sich in der Hand des übernehmenden Rechtsträgers befinden (vgl. § 9 Abs. 3 UmwG i.V.m. § 8 Abs. 3 UmwG). Bei einem **eingetragenen Verein** ist die Prüfung dagegen nur (aber immerhin dann stets) erforderlich, wenn mindestens 10 % der Mitglieder sie schriftlich verlangen (§ 100 Satz 2 UmwG) (vgl. § 100 Rz. 5ff.).

d) Beschlüsse über den Verschmelzungsvertrag

Der Verschmelzungsvertrag wird nach § 13 Abs. 1 Satz 1 UmwG nur wirksam, 36 wenn die Anteilsinhaber der beteiligten Rechtsträger ihm durch Beschluss zustimmen. Dieser sog. **Verschmelzungsbeschluss** bedarf auf Seiten eines beteiligten Vereins mindestens einer Mehrheit von drei Vierteln der erschienenen Mitglieder, wobei die Satzung eine größere Mehrheit und weitere Erfordernisse bestimmen kann (vgl. § 103 UmwG; dort auch zu der weiteren Frage, wie sich das Mehrheitserfordernis gem. § 103 UmwG zur allgemeinen Regelung des § 33 BGB verhält). Der Beschluss ist notariell zu beurkunden (§ 13 Abs. 3 Satz 1 UmwG). Für die **Vorbereitung und Durchführung der Mitgliederversammlung**, in der über die Verschmelzung beschlossen werden soll, enthalten die §§ 101, 102 UmwG Sonderregelungen.

---

1 Vgl. ferner *Katschinski* in Semler/Stengel, § 99 UmwG Rz. 99. – Der Bundesrat hatte im Gesetzgebungsverfahren angeregt, den Ausschluss der Klagemöglichkeit nach § 14 Abs. 2 UmwG auch auf den Fall zu erweitern, dass das Umtauschverhältnis nicht hinreichend erläutert worden ist. Dieser Vorschlag ist auf Widerspruch der Bundesregierung zu Recht verworfen worden (vgl. bei *Neye*, S. 138f.). Gegenüber missbräuchlichen Klagen sieht das Gesetz in § 16 Abs. 3 UmwG einen besonderen Rechtsbehelf (vgl. dazu eingehend *Kösters*, WM 2000, 1921ff.) vor.

2 BGH v. 18.12.2000 – II ZR 1/99, BGHZ 146, 179 = AG 2001, 301; BGH v. 29.1.2001 – II ZR 368/98, NJW 2001, 1428 = AG 2001, 263.

3 So *Katschinski* in Semler/Stengel, § 99 UmwG Rz. 99.

37 Für den **Rechtsschutz gegen die Verschmelzung** gelten die Allgemeinen Vorschriften (vgl. bei §§ 14, 15 UmwG i.V.m. SpruchG, §§ 16 Abs. 3, 20 Abs. 2, 28, 32, 34 UmwG i.V.m. SpruchG). Hervorzuheben ist einmal **§ 14 Abs. 1 UmwG**, wonach eine **„Klage gegen die Wirksamkeit eines Verschmelzungsbeschlusses"** binnen eines Monats nach der Beschlussfassung erhoben werden muss[1]. Mit dieser Formulierung trägt der Gesetzgeber dem Umstand Rechnung, dass im Recht der Personengesellschaften und Vereine eine Anfechtungsklage in Anlehnung an das aktienrechtliche Beschlussmängelrecht (vgl. §§ 243 ff. AktG) nach bislang h.M. nicht anerkannt ist; richtige Klageart zur Geltendmachung von Beschlussmängeln im Vereinsrecht ist nach h.M. vielmehr die allgemeine Feststellungsklage gem. § 256 ZPO[2]. Da der Gesetzgeber es einerseits nicht für tunlich hielt, im Rahmen der Neuregelung des Umwandlungsrechts für Vereine (und Personengesellschaften) nur für Beschlüsse über Umwandlungen eine Anfechtungsklage nach dem Vorbild des AktG einzuführen, andererseits aber auch diese Rechtsformen von der Befristung des § 14 Abs. 1 UmwG erfasst werden sollten, wurde die Gesetz gewordene allgemeine Formulierung „Klage gegen die Wirksamkeit eines Verschmelzungsbeschlusses" gewählt. Erfasst sein sollen damit „alle Klagetypen ..., mit denen die Nichtigkeit, Unwirksamkeit oder Anfechtbarkeit eines Beschlusses der Anteilsinhaber geltend gemacht werden kann"[3]. Hinzuweisen ist weiter auf **§§ 14 Abs. 2, 32 UmwG**, wonach eine Klage gegen die Wirksamkeit des Verschmelzungsbeschlusses eines *übertragenden* Rechtsträgers weder darauf gestützt werden kann, dass das Umtauschverhältnis der Anteile zu niedrig bemessen sei, noch darauf, dass das Angebot nach § 29 UmwG zu niedrig bemessen sei. Für diese Rügen sieht das Gesetz ein besonderes Spruchverfahren in §§ 15, 34 UmwG vor, das im Spruchverfahrensgesetz[4] geregelt ist. Für die (umgekehrte) Rüge der Anteilsinhaber des *übernehmenden* Rechtsträgers, das Umtauschverhältnis sei *zu hoch* bemessen, ist demgegenüber *kein* besonderes Verfahren vorgesehen, das SpruchG gilt hierfür nicht. Insoweit bleibt es damit bei dem allgemeinen Rechtsschutzinstrumentarium, d.h. der Möglichkeit, die Unwirksamkeit des Verschmelzungs-

---

1 Zur Unzulässigkeit der weiteren Beschwerde eines Vereinsmitglieds nach Fristversäumung s. KG Berlin 1. Zivilsenat v. 22.3.2005 – 1 W 263/04, Rpfleger 2005, 441.

2 Vgl. *Hadding* in Soergel, § 32 BGB Rz. 14, 35 ff., 40 m.w.N.; a.A. vor allem *K. Schmidt*, GesR, § 15 II 3; *K. Schmidt* in FS Stimpel, 1985, S. 217; *Reuter* in MünchKomm. BGB, § 32 BGB Rz. 55 ff.; *Katschinski* in Semler/Stengel, § 103 UmwG Rz. 25, Fn. 64.

3 Bei *Neye*, S. 136. – Nach *K. Schmidt* (DB 1995, 1849 f.) soll die allgemeine (Nichtigkeits-)Feststellungsklage nach § 256 ZPO gleichwohl *keine* „Klage gegen die Wirksamkeit des Beschlusses" i.S.d. § 14 Abs. 1 UmwG sein; die Geltendmachung der Nichtigkeit eines Verschmelzungsbeschlusses durch Feststellungsklage nach § 256 ZPO sei deshalb auch nach Ablauf der in § 14 Abs. 1 UmwG bestimmten Monatsfrist möglich. Dem ist jedenfalls für Verschmelzungsbeschlüsse von Vereinen nicht zu folgen. Wie dargelegt, soll die Gesetz gewordene Formulierung in § 14 Abs. 1 UmwG gerade diese Fälle mitumfassen und auch für Verschmelzungsbeschlüsse von Vereinen (und anderen Nichtkapitalgesellschaften) die kurze Klagefrist einführen. Aus demselben Grund ist es auch unzutreffend, dass § 14 UmwG die „bisherige Praxis ... dazu zwingen" werde, das Institut der kassatorischen Klagen auch im Recht der Vereine „heimisch werden zu lassen" (so aber *K. Schmidt*, DB 1995, 1849 [1851]). Für eine solche „Institutionenbildung" hin zu einem allgemeinen Beschlussmängelrecht sprechen gute Gründe. § 14 UmwG besagt dazu indessen nichts (s. auch § 14 Rz. 6). Die Gesetzesbegründung (vgl. bei *Neye*, S. 136 f.) belegt vielmehr, dass der Gesetzgeber die Klärung dieses Fragenkreises nicht im Rahmen der Neuregelung des Umwandlungsrechts angehen wollte.

4 Art. 1 Spruchverfahrensneuordnungsgesetz v. 12.6.2003, BGBl. I, S. 838.

beschlusses durch Klage geltend zu machen (§ 14 Rz. 20)[1]. Die fristgerechte (§ 14 Abs. 1 UmwG) Erhebung einer Klage gegen die Wirksamkeit eines Verschmelzungsbeschlusses bewirkt grundsätzlich eine Registersperre (vgl. § 16 Abs. 2 UmwG). Zur Abwehr missbräuchlicher Klagen sieht das Gesetz ein beschleunigtes „Unbedenklichkeitsverfahren" nach § 16 Abs. 3 UmwG vor (§ 16 Rz. 26ff.)[2]. Mit Eintragung der Verschmelzung in das Register des Sitzes des übernehmenden Rechtsträgers tritt die Heilungswirkung des § 20 Abs. 1 Nr. 4 UmwG sowie die Rechtsfolge des § 20 Abs. 2 UmwG ein[3].

e) Anmeldung und Eintragung der Verschmelzung

aa) Die Verschmelzung wird nur wirksam, wenn sie in das Register des Sitzes des übernehmenden Rechtsträgers eingetragen wird (vgl. § 19 Abs. 1 Satz 2 UmwG und § 20 UmwG). Zuvor ist die Verschmelzung von den Vertretungsorganen eines jeden der beteiligten Rechtsträger in das Register (Handelsregister, Genossenschaftsregister oder Vereinsregister) des Sitzes ihres Rechtsträgers **anzumelden** (§ 16 Abs. 1 Satz 1 UmwG; Förmlichkeiten § 16 Abs. 2 UmwG und § 17 UmwG). Die Anmeldung muss nicht von allen Vorstandsmitgliedern vorgenommen werden. Es reicht aus, wenn Vorstandsmitglieder in vertretungsberechtigter Zahl unterzeichnen. Auch eine Vertretung der Vorstandsmitglieder ist nach §§ 378, 10 FamFG bzw. § 12 HGB möglich. Freilich bedarf die Vollmacht in diesem Fall abweichend von § 167 Abs. 2 BGB der notariellen Beglaubigung (§ 10 Abs. 3 FamFG, § 12 Abs. 1 Satz 2 HGB)[4]. In der Anmeldung ist eine Erklärung darüber abzugeben, ob gegen die Wirksamkeit eines Verschmelzungsbeschlusses eines der beteiligten Rechtsträger Klage erhoben, eine solche rechtskräftig abgewiesen oder zurückgenommen wurde. Andernfalls droht eine Registersperre gem. § 16 Abs. 2 UmwG[5]. 38

Die Eintragung ist bei eingetragenen Vereinen in das **Vereinsregister** anzumelden. Ist der Verein gem. § 33 HGB auch im **Handelsregister** eingetragen, ist die Verschmelzung auch dort anzumelden[6]. Für einen übertragenden (wirtschaftlichen) Verein, der nicht in ein Handelsregister eingetragen ist (vgl. § 33 HGB), tritt nach § 104 Abs. 1 Satz 2 UmwG an die Stelle der Eintragung im Register die Bekannt-

---

1 Vgl. *Gehling* in Semler/Stengel, § 14 UmwG Rz. 17; *Krieger* in Kölner Umwandlungsrechtstage, S. 275 (278f.). Die Erstreckung des Spruchverfahrens auf diese Fälle war im Gesetzgebungsverfahren verschiedentlich gefordert worden, wurde jedoch nicht Gesetz (vgl. bei *Neye*, S. 137).

2 Dazu *Bork* in Kölner Umwandlungsrechtstage, S. 261ff.; *Bayer*, ZGR 1995, 613; durch das Zweite Gesetz zur Änderung des Umwandlungsgesetzes v. 19.4.2007 (BGBl. I, S. 542) ist in § 16 Abs. 3 Satz 4 UmwG eine Drei-Monats-Frist für den Beschluss im Unbedenklichkeitsverfahren gesetzt worden, vgl. hierzu *Mayer/Weiler*, DB 2007, 1235 und *Heckschen*, DNotZ 2007, 444 (446f.).

3 Die Tragweite der letztgenannten Bestimmung ist (wie bereits die der Vorgängerin, § 352a AktG a.F.) unklar (dazu *K. Schmidt*, DB 1995, 1849 [1850f.]; *Kraft* in KölnKomm. AktG, § 352a AktG Rz. 2f.), ebenso die verbleibende Bedeutung des § 28 UmwG (vormals § 352 AktG a.F.). S. dazu § 20 UmwG und § 28 UmwG.

4 *Katschinski* in Semler/Stengel, § 99 UmwG Rz. 107.

5 *Katschinski* in Semler/Stengel, § 99 UmwG Rz. 108.

6 *Katschinski* in Semler/Stengel, § 99 UmwG Rz. 105; *Reuter* in MünchKomm. BGB, § 41 BGB Rz. 47.

machung der bevorstehenden Verschmelzung durch den *elektronischen*[1] Bundesanzeiger.

Die Verschmelzung darf in das Register des Sitzes des übernehmenden Rechtsträgers erst eingetragen werden, nachdem sie im Register des Sitzes eines jeden der übertragenden Rechtsträger eingetragen oder nach § 104 Abs. 1 Satz 1 UmwG bekannt gemacht worden ist (§ 19 Abs. 1 Satz 1 UmwG i.V.m. § 104 Abs. 1 Satz 2 UmwG). Die Eintragung im Register des Sitzes bzw. die Bekanntmachung im Bundesanzeiger nach § 104 Abs. 1 Satz 1 UmwG jedes der übertragenden Rechtsträger ist mit dem Vermerk zu versehen, dass die Verschmelzung erst mit der Eintragung im Register des Sitzes des übernehmenden Rechtsträgers wirksam wird, (§ 19 Abs. 1 Satz 2 UmwG, § 104 Abs. 1 Satz 3 UmwG). In der Praxis erfolgen jedoch aufgrund von Absprachen mit den zuständigen Richtern oft taggleiche Eintragungen der Verschmelzungen, so dass die Eintragung des Wirksamkeitsvorbehaltes zumeist als „überflüssige Formalität" kritisiert wurde[2]. Mit dem Zweiten Gesetz zur Änderung des Umwandlungsgesetzes v. 19.4.2007[3] wurde dieses Bedürfnis der Praxis berücksichtigt[4] und in § 19 Abs. 1 Satz 2 UmwG a.E. geregelt, dass die Eintragung eines Wirksamkeitsvorbehaltes nur erforderlich ist, sofern die Eintragungen der Verschmelzung in den Registern aller beteiligten Rechtsträger nicht am selben Tag erfolgen. § 104 Abs. 1 Satz 3 UmwG wurde hingegen nicht geändert und § 19 Abs. 1 Satz 2 UmwG findet aufgrund von § 104 Abs. 1 Satz 4 UmwG keine Anwendung, so dass bei übertragenden wirtschaftlichen Vereinen weiterhin stets ein Wirksamkeitsvorbehalt im Bundesanzeiger bekannt zu machen ist (vgl. § 104 Rz. 3).

39 **bb)** Nach § 17 Abs. 2 Satz 1 UmwG ist der Anmeldung zum Register des Sitzes eines jeden der übertragenden Rechtsträger eine **Schlussbilanz** dieses Rechtsträgers (auf einen höchstens acht Monate vor der Anmeldung liegenden Stichtag, § 17 Abs. 2 Satz 4 UmwG) beizufügen.

Die Anwendung dieser allgemeinen Vorschrift auf die Verschmelzung unter Beteiligung von Vereinen bereitet Schwierigkeiten. Es ist unklar, ob § 17 Abs. 2 UmwG bloß eine nach anderen Vorschriften bestehende Rechnungslegungspflicht in Bezug nimmt[5] oder selbst die Pflicht zur Aufstellung einer solchen (Sonder-)Bilanz begründet[6]. Einerseits bestimmt § 17 Abs. 2 Satz 1 UmwG nach seinem Wortlaut die Pflicht zur Aufstellung einer Schlussbilanz unabhängig von der Rechtsform des fraglichen Rechtsträgers[7] und auch unabhängig von dessen Kauf-

---

1 Geändert durch Gesetz v. 10.11.2006 (EHUG), BGBl. I, S. 2553; seit dem 1.4.2012 wird das neu gefasste Verkündungs- und Bekanntmachungsorgan nun unter dem alleinigen Titel *Bundesanzeiger* herausgegeben, BGBl. I, S. 3044 (3045).

2 *Mayer/Weiler*, DB 2007, 1235; *Heckschen*, DNotZ 2007, 444 (447).

3 BGBl. I, S. 542.

4 BT-Drucks. 16/2919, 13.

5 So § 17 Rz. 8; ferner WP-Handbuch 2008, Bd. II, Teil E Rz. 20; *Hörtnagl* in Schmitt/Hörtnagl/Stratz, § 17 UmwG Rz. 17; *Katschinski* in Semler/Stengel, § 99 UmwG Rz. 115; *Leuering* in KölnKomm. UmwG, § 99 UmwG Rz. 85; *W. Müller* in Kallmeyer, § 17 UmwG Rz. 12; *Neumayer/Schulz*, DStR 1996, 872 (874); *Wiedemann/Thüsing*, WM 1999, 2237 (2248).

6 So *Vossius* in Widmann/Mayer, § 99 UmwG Rz. 116ff.; *Reichert*, Handbuch des Vereins- und Verbandsrechts, 12. Aufl., Rz. 4484; offen lassend *Raupach/Böckstiegel* in FS Widmann, 2000, S. 459 (482).

7 Vgl. auch bei *Neye*, S. 145, wonach die Regelung des § 17 Abs. 2 UmwG „für alle Rechtsformen zwingend" sein soll.

mannseigenschaft. Andererseits hat die Vorschrift wohl in erster Linie Unternehmensträger im Auge, die ohnehin nach den §§ 238 ff. HGB bilanzieren müssen; die Möglichkeit, die Schlussbilanz auf einen acht Monate *vor* der Anmeldung liegenden Stichtag aufzustellen (§ 17 Abs. 2 Satz 4 UmwG), will es gerade ermöglichen, dass der übertragende Rechtsträger für die (Verschmelzungs-)Schlussbilanz auf den letzten ordentlichen Jahresabschluss zurückgreifen kann. Vereine werden aber oft gar nicht zur Bilanzierung nach den §§ 238 ff. HGB verpflichtet sein[1]; sie legen Rechnung vielmehr „nur" nach § 27 Abs. 3 BGB i.V.m. §§ 666, 259 BGB und (steuerlich) durch eine sog. Einnahme-Überschuss-Rechnung nach § 4 Abs. 3 EStG (i.V.m. § 8 Abs. 1 KStG), soweit nicht § 141 AO einschlägig ist. Hält man § 17 Abs. 2 UmwG auf solche Vereine gleichwohl uneingeschränkt für anwendbar, müssen diese mithin eigens für die Zwecke der Verschmelzung eine besondere Schlussbilanz aufstellen.

Ob das vom Gesetz in allen Fällen gewollt ist, erscheint zweifelhaft. Im Hinblick 40
auf die Funktion der Schlussbilanz nach § 17 Abs. 2 UmwG, nämlich (in erster Linie[2]) die „Anschlussbilanzierung" bei dem übernehmenden Rechtsträger vorzubereiten (für diesen vgl. § 24 UmwG)[3], erscheint folgende differenzierende Betrachtung angezeigt[4]:

(1) Zur Aufstellung einer Schlussbilanz nach § 17 Abs. 2 UmwG sind ohne weiteres solche Vereine verpflichtet, die auch nach den allgemeinen Vorschriften nach kaufmännischen Regeln bilanzieren müssen[5]. Für diese Vereine bedeutet die Pflicht, eine Schlussbilanz zu erstellen, keine besondere Schwierigkeit. Wie andere Bilanzierende kann der Verein die Schlussbilanz nach § 17 Abs. 2 UmwG in der Regel aus dem letzten ordentlichen Jahresabschluss ableiten. Entsprechendes wird man für solche Vereine annehmen können, die freiwillig oder aufgrund einer

---

1 Freilich *kann* auch für Vereine die Pflicht bestehen, nach den §§ 238 ff. HGB Rechnung zu legen (wie übrigens Vereine, sogar sog. „Idealvereine" i.S.d. § 21 BGB, auch im Handelsregister eingetragen sein können, vgl. § 33 Abs. 1 HGB und dazu *Burgard* in Großkomm. HGB, § 33 HGB Rz. 8; *Hopt* in Baumbach/Hopt, § 33 HGB Rz. 1; *K. Schmidt*, ZGR 1975, 477 [478 ff.] [in Auseinandersetzung mit *Sack*, ZGR 1974, 179]; je m.w.N.), wenn sie nämlich (auch) einen kaufmännischen wirtschaftlichen Geschäftsbetrieb unterhalten. Zur (handelsrechtlichen) Rechnungslegungspflicht von Vereinen s. z.B. *Hüffer* in Großkomm. HGB, § 238 HGB Rz. 10; *Merkt* in Baumbach/Hopt, § 238 HGB Rz. 7; *Winkeljohann/Klein* in Beck'scher Bilanz-Kommentar, § 238 HGB Rz. 38. Daneben kann sich eine Bilanzierungspflicht auch aus § 141 Abs. 1 Satz 1 AO – sofern der Verein die dort genannten Umsätz- bzw. Gewinngrößen erreicht – oder § 28 ParteiG – ergeben, *Katschinski* in Semler/Stengel, § 99 UmwG Rz. 113. – Außerdem ist es den Vereinen selbstverständlich unbenommen, *freiwillig* zu bilanzieren und sich hierbei an die gesetzlichen Rechnungslegungsvorschriften anzulehnen. Mitunter bestehen auch innerverbandliche Vorgaben, so insb. innerhalb des Deutschen Fußball-Bundes (vgl. dazu *Galli*, WPg 1998, 56).

2 Zur angeblich weiteren Funktion der (Verschmelzungs-)Schlussbilanz, den Gläubigern des übertragenden Rechtsträgers als Anhaltspunkt zu dienen, gem. § 22 UmwG Sicherheitsleistung zu verlangen, sogleich näher im Text unten Rz. 41 m.w.N.

3 Vgl. *W. Müller* in Kallmeyer, § 17 UmwG Rz. 11; *Hörtnagl* in Schmitt/Hörtnagl/Stratz, § 17 UmwG Rz. 10; – s. § 24 m.w.N.

4 Vgl. bereits *Hadding/Hennrichs* in FS Boujong, 1996, S. 203 (226 ff.).

5 *Leuering* in KölnKomm. UmwG, § 99 UmwG Rz. 81. Dazu, dass dies durchaus einmal der Fall sein kann, bereits vorstehend oben Rz. 39 m.w.N.

innerverbandlichen Vorgabe[1] tatsächlich nach kaufmännischen Regeln Abschlüsse erstellen.

(2) Ebenfalls eine besondere Schlussbilanz aufzustellen haben solche übertragenden Vereine, die „auf" einen bilanzierungspflichtigen anderen Rechtsträger verschmolzen werden, der gem. § 24 UmwG die Buchwerte des übertragenden Rechtsträgers fortführen will[2]. Denn wenn der aufnehmende Rechtsträger nach den §§ 238 ff. HGB Rechnung legen muss und hierbei, was ihm § 24 UmwG gestattet, die in der Schlussbilanz des übertragenden Rechtsträgers angesetzten Werte fortführen will (Wahlrecht zur „Buchwertfortführung"), dann müssen eben solche Buchwerte beim übertragenden Verein ausgewiesen sein. Die Funktion des § 17 Abs. 2 UmwG, die „Anschlussbilanzierung" des übernehmenden Rechtsträgers nach § 24 UmwG vorzubereiten, verlangt daher, dass in diesen Fällen auch solche Vereine, die „an sich" nicht bilanzieren müssen, eine Schlussbilanz nach kaufmännischen Regeln (vgl. § 17 Abs. 2 Satz 2 UmwG) aufstellen. Will der (bilanzierungspflichtige) aufnehmende Rechtsträger dagegen die Buchwerte des übertragenden Vereins nicht fortführen, sondern das angeschaffte Vermögen neu zu den Anschaffungskosten bewerten, bedarf es beim übertragenden Verein wiederum keiner Schlussbilanz. Die o.g. Funktion, die „Anschlussbilanzierung" des übernehmenden Rechtsträgers nach § 24 UmwG vorzubereiten, ist in diesem Fall nicht angesprochen.

41 (3) Sind schließlich nach den allgemeinen Vorschriften *weder* der übertragende Verein *noch* der aufnehmende Rechtsträger zur Bilanzierung nach kaufmännischen Regeln verpflichtet und erstellt der übertragende Verein auch nicht freiwillig oder aufgrund einer innerverbandlichen Vorgabe entsprechende Abschlüsse, erscheint es wenig sinnvoll, den übertragenden Verein zur Aufstellung einer besonderen (Verschmelzungs-)Schlussbilanz zu zwingen, für die die Vorschriften der §§ 238 ff. HGB entsprechend gelten sollen (§ 17 Abs. 2 Satz 2 UmwG)[3]. Jedenfalls die genannte Funktion der Schlussbilanz nach § 17 Abs. 2 UmwG, die „Anschlussbilanzierung" bei dem übernehmenden Rechtsträger vorzubereiten, greift dann nicht mehr. Rechtfertigen könnte man in diesen Fällen eine besondere Schlussbilanz allenfalls mit dem Gesichtspunkt, dass die Verschmelzungsschlussbilanz auch den Zweck habe, den Gläubigern einen Anhaltspunkt für die Prüfung zu geben, ob sie gem. § 22 UmwG Sicherheitsleistung verlangen wollen; jedenfalls diese Funktion, so könnte man argumentieren, sei auch bei der reinen Vereinsverschmelzung angesprochen, bei der weder der übertragende noch der aufnehmende Verein an sich nach allgemeinen Vorschriften bilanzieren muss. In der Tat wird gelegentlich gesagt, die Verschmelzungsschlussbilanz könne den Gläubigern des übertragenden Rechtsträgers als Anhaltspunkt dienen, gem. § 22

1 Vgl. *Galli*, WPg 1998, 56 zu Vorgaben des DFB; insoweit übereinstimmend *Katschinski* in Semler/Stengel, § 99 UmwG Rz. 115.

2 *Katschinski*, S. 176 und *Katschinski* in Semler/Stengel, § 99 UmwG Rz. 115, 119; *Leuering* in KölnKomm. UmwG, § 99 UmwG Rz. 86 ff. – Die weitergehende Ansicht, dass eine technische Schlussbilanz des übertragenden Vereins selbst dann erforderlich sei, wenn der aufnehmende Rechtsträger nicht die Buchwertfortführung, sondern die Neubewertung wählt (so noch 4. Aufl.), gebe ich hiermit auf.

3 Ebenso i.E. *Leuering* in KölnKomm. UmwG, § 99 UmwG Rz. 79 ff., 84.

UmwG Sicherheitsleistung zu verlangen[1]. Es ist aber bereits höchst zweifelhaft, ob dies tatsächlich zutrifft. Denn das Recht, Sicherheitsleistung zu verlangen, steht den Gläubigern der an der Verschmelzung beteiligten Rechtsträger nach § 22 Abs. 1 Satz 2 UmwG nur zu, wenn sie glaubhaft machen, dass *„durch die Verschmelzung"* die Erfüllung ihrer Forderung gefährdet wird. Wie aber Gläubiger des *übertragenden* Rechtsträgers aus dessen Schlussbilanz ersehen können sollen, dass die Erfüllung ihrer Forderungen *durch die Verschmelzung* gefährdet wird, bleibt unerfindlich. Aus der Verschmelzungsschlussbilanz des übertragenden Rechtsträgers können dessen Gläubiger allenfalls ersehen, dass die Erfüllung ihrer Forderungen bereits gefährdet *ist*, nicht aber, dass sie (erst) durch die Verschmelzung gefährdet *wird*. Die Erfüllung der Forderungen der Gläubiger des übertragenden Rechtsträgers kann „durch die Verschmelzung" nur dann gefährdet werden, wenn der *aufnehmende* Rechtsträger „schlecht" ist. Dazu besagt aber die Schlussbilanz des *übertragenden* Rechtsträgers nichts[2]. Halten lässt sich diese angebliche zweite Funktion der Verschmelzungsschlussbilanz daher nur dann, wenn man die Information der Gläubiger des *aufnehmenden* Rechtsträgers im Auge hat. Diese mögen in der Tat aus der Schlussbilanz des übertragenden Rechtsträgers Anhaltspunkte ersehen, Sicherheitsleistung zu verlangen, weil auf ihren „guten" ein „schlechter" Rechtsträger verschmolzen wird. Dem Gesichtspunkt des Gläubigerschutzes kommt aber im Vereinsrecht – und der hier diskutierte „kritische" Fall ist der einer reinen Vereinsverschmelzung, bei der weder der übertragende noch der aufnehmende Verein nach allgemeinen Regeln bilanzieren muss – im Allgemeinen nur untergeordnete Bedeutung zu. Es gibt (im Grundsatz) weder eine persönliche Haftung der Vereinsmitglieder noch (dieses Defizit kompensierend) ein gesetzliches „Mindestkapital" des Vereins. Daher ist es wenig nahe liegend, dass das Gesetz aus Gründen des sonst vernachlässigten Gläubigerschutzgedankens im Fall der Verschmelzung von Vereinen, von denen keiner nach den allgemeinen Regeln bilanzierungspflichtig ist, dem übertragenden Verein eigens für diese Zwecke aufgibt, eine besondere Schlussbilanz nach kaufmännischen Regeln zu erstellen.

42 Hat ein Verein hiernach keine besondere Schlussbilanz aufzustellen, genügt es, wenn der Anmeldung zum Register (gewissermaßen als „Minus") die **sonstigen Rechnungsunterlagen** (Einnahmen-Ausgaben-Aufzeichnung, „Anlagegitter") **beifügt** werden[3]. Gegen diese Auslegung spricht schließlich auch nicht § 104 Abs. 2 UmwG. Zwar setzt diese Bestimmung auch für einen „übertragenden Verein", der nicht im Handelsregister eingetragen ist, die Pflicht zur Aufstellung einer Schlussbilanz voraus (die freilich in diesen Fällen abweichend von § 17 Abs. 2 Satz 1 UmwG nicht der Anmeldung zum Register des Sitzes des übertragenden Rechtsträgers, sondern der Anmeldung des *übernehmenden* Rechtsträgers beizufügen ist). Diese Bestimmung betrifft indessen nur übertragende *wirtschaftliche* Vereine (s. näher § 104 Rz. 2), die nach § 3 Abs. 2 Nr. 1 UmwG i.V.m. § 99 Abs. 2 UmwG nur auf andere Rechtsträger verschmolzen werden können, so dass der „kritische" Fall einer reinen Vereinsverschmelzung, bei der weder der übertra-

1 Vgl. z.B. KG v. 22.9.1998 – 1 W 4387/97, NZG 1999, 174 (175); LG Frankfurt/M. v. 19.12. 1997 – 3-11 T 81/97, DB 1998, 410 = GmbHR 1998, 380; WP-Handbuch 2008, Bd. II, Teil E Rz. 21; *Hörtnagl* in Schmitt/Hörtnagl/Stratz, § 17 UmwG Rz. 11.

2 Ebenso insoweit *W. Müller*, WPg 1996, 857 (858); zust. *Katschinski* in Semler/Stengel, § 99 UmwG Rz. 118; s. auch *Bula/Pernegger* in Sagasser/Bula/Brünger, § 10 Rz. 31.

3 *Katschinski* in Semler/Stengel, § 99 UmwG Rz. 115.

gende noch der aufnehmende Verein nach allgemeinen Regeln bilanzieren muss, hier nicht eintreten kann.

43 (4) Hat der übertragende Verein nach den vorstehenden Ausführungen eine Schlussbilanz nach § 17 Abs. 2 UmwG aufzustellen, so verweist § 17 Abs. 2 Satz 2 UmwG für die Ansatz- und Bewertungsregeln auf die Vorschriften über die Jahresbilanz (§§ 246ff., 252ff. HGB). **Anzusetzen** sind danach *sämtliche* (aktivierungsfähigen[1]) Vermögensgegenstände und Verbindlichkeiten des übertragenden Vereins (§ 17 Abs. 2 Satz 2 UmwG i.V.m. § 246 Abs. 1 HGB). Vereine, die bereits nach den allgemeinen Vorschriften buchführungspflichtig sind, danach aber nur ihr „Betriebsvermögen" anzusetzen haben[2], müssen in die (Verschmelzungs-) Schlussbilanz nach § 17 Abs. 2 UmwG daher auch ihr „sonstiges" Vereinsvermögen aufnehmen[3]. Denn das *gesamte* Vermögen des übertragenden Vereins einschließlich aller Verbindlichkeiten geht mit Wirksamwerden der Verschmelzung auf den übernehmenden Rechtsträger über (§ 20 Abs. 1 Nr. 1 UmwG) und muss bei diesem nach den für ihn geltenden Vorschriften in der Rechnungslegung ausgewiesen werden. Für die **Bewertung** in der Schlussbilanz gelten die Grundsätze des § 252 HGB und insbesondere das sog. Anschaffungswertprinzip des § 253 Abs. 1 Satz 1 HGB. Anzusetzen sind die Vermögensgegenstände also mit ihren historischen Anschaffungs- oder Herstellungskosten (ggf. vermindert um Abschreibungen), nicht mit den Zeitwerten zum Bilanzstichtag[4]. Eine **Prüfung** der Schlussbilanz ist bei Vereinen nicht erforderlich (§ 17 Abs. 2 Satz 2 UmwG i.V.m. § 316 Abs. 1 HGB, wonach nur mittelgroße und große Kapitalgesellschaften prüfungspflichtig sind).

f) Wirkungen der Verschmelzung

44 Die Wirkungen der Verschmelzung sind in §§ 20ff. UmwG geregelt. Kennzeichnend ist die (rechtsgeschäftliche) **Gesamtrechtsnachfolge** des übernehmenden Rechtsträgers in sämtliche Rechtsbeziehungen der übertragenden Rechtsträger (§ 20 Abs. 1 Nr. 1 UmwG), die damit erlöschen (§ 20 Abs. 1 Nr. 2 UmwG). Diese Gesamtrechtsnachfolge wirkt, ebenso wie der funktional vergleichbare Formwechsel, nach zutreffender Ansicht **umfassend**[5]. Der übernehmende Rechtsträger folgt auch in solche Rechtsbeziehungen der übertragenden Rechtsträger nach, die

---

1 Die Aktivierungsverbote des § 248 Abs. 1 HGB gelten kraft der Verweisung in § 17 Abs. 2 Satz 2 UmwG auch für die Schlussbilanz. Daraus folgt zugleich, dass ein selbst geschaffener Geschäfts- oder Firmenwert in der Schlussbilanz des übertragenden Rechtsträgers nicht angesetzt werden kann (s. *Bula/Pernegger* in Sagasser/Bula/Brünger, § 10 Rz. 41; zum Ansatz beim *übernehmenden* Rechtsträger s. § 24 Rz. 35 m.w.N.).

2 Die Buchführungspflicht des Kaufmanns nach § 238 HGB besteht nur für das Betriebsvermögen und die im Betrieb begründeten Verbindlichkeiten (vgl. statt aller *Merkt* in Baumbach/Hopt, § 238 HGB Rz. 7, § 246 HGB Rz. 24). Sind Vereine (ausnahmsweise) buchführungspflichtig, weil sie ein kaufmännisches Handelsgewerbe betreiben, so erfasst die Buchführungspflicht doch nur ihr diesem wirtschaftlichen Geschäftsbetrieb „gewidmetes" Betriebsvermögen.

3 *Katschinski* in Semler/Stengel, § 99 UmwG Rz. 112.

4 *Neumayer/Schulz*, DStR 1996, 872 (875f.); weiter gehend *Biener*, StbJb 1995/96, S. 29 (48ff.).

5 *Raupach/Böckstiegel* in FS Widmann, 2000, S. 459 (483); näher *Hennrichs*, Formwechsel und Gesamtrechtsnachfolge bei Umwandlungen, 1995, S. 44ff., 87ff. (120f.), 162ff. m.w.N.; teilweise anders *Grunewald*, § 20 Rz. 7ff.

gemäß den für Einzelrechtsnachfolgen geltenden Regeln nicht oder nur unter besonderen Voraussetzungen übertragbar oder die nicht vererblich sind. Das ist bei der Verschmelzung unter Beteiligung von Vereinen namentlich insoweit von Bedeutung, als richtigerweise auch Mitgliedschaften der übertragenden Vereine in anderen (Dritt-)Vereinen (trotz § 38 BGB) auf den übernehmenden Rechtsträger übergehen[1]. Bei Verschmelzung von Gewerkschaften untereinander findet ein Übergang eines Tarifvertrages auf die übernehmende Tariforganisation allerdings nur statt, wenn die aufnehmende Gewerkschaft die notwendige Tarifzuständigkeit besitzt[2]. Die Anteilsinhaber des übertragenden Rechtsträgers werden ohne weiteres Anteilsinhaber des übernehmenden Rechtsträgers (§ 20 Abs. 1 Nr. 3 UmwG), während die Mitgliedschaften der bisherigen Anteilsinhaber des aufnehmenden Rechtsträgers unberührt bleiben. Für die **Schadensersatzpflicht der Verwaltungsträger** der an der Verschmelzung beteiligten Rechtsträger gelten ebenfalls die Allgemeinen Vorschriften (§§ 25–27 UmwG)[3].

g) Kosten der Verschmelzung

Kosten der Verschmelzung: s. § 2 Rz. 48 ff. 45

§ 100
Prüfung der Verschmelzung

Der Verschmelzungsvertrag oder sein Entwurf ist für einen wirtschaftlichen Verein nach den §§ 9 bis 12 zu prüfen. Bei einem eingetragenen Verein ist diese Prüfung nur erforderlich, wenn mindestens zehn vom Hundert der Mitglieder sie schriftlich verlangen.

1 *Hennrichs*, Formwechsel und Gesamtrechtsnachfolge bei Umwandlungen, 1995, S. 62 ff., 87 ff., 120 f.; *Raupach/Böckstiegel* in FS Widmann, 2000, S. 483; a.A. AG Kaiserslautern v. 3.9.2004 – 3 C 915/04, NZG 2005, 285; *Katschinski*, S. 183; *Katschinski* in Semler/Stengel, § 99 UmwG Rz. 123 (anders nur, wenn die Satzung gem. § 40 BGB die Übertragbarkeit oder Vererblichkeit der Mitgliedschaft regelt); *Leuering* in KölnKomm. UmwG, § 99 UmwG Rz. 93; je m.w.N.

2 *Katschinski* in Semler/Stengel, § 99 UmwG Rz. 124 m.w.N.

3 Dabei ist seit der Vereinsrechtsreform 2009 Folgendes zu beachten: die Vorstände, die unentgeltlich tätig sind oder die eine 500,– Euro nicht übersteigende Vergütung pro Jahr erhalten, haften gegenüber den Mitgliedern und dem Verein nach § 31a Abs. 1 BGB nur bei Vorsatz oder grober Fahrlässigkeit. Im Fall einer Inanspruchnahme durch Gläubiger steht ihnen unter den Voraussetzungen des § 31a Abs. 2 BGB ein Freistellungsanspruch zu, s. dazu *Katschinski* in Semler/Stengel, § 99 UmwG Rz. 121; *Reuter* in MünchKomm. BGB, § 31a BGB Rz. 1–10; *Reuter*, NZG 2009, 1368 ff.; *Terner*, DNotZ 2010, 5 (21). Zu Haftungsrisiken für Vorstandsmitglieder in der Krise des Vereins s. außerdem *Grunewald/Hennrichs* in FS Hopt, 2010, S. 93 ff.

Literatur

Vgl. die Angaben zu § 99.

I. Überblick

1 Die Vorschrift knüpft an § 9 Abs. 1 UmwG an und regelt für Verschmelzungen unter Beteiligung rechtsfähiger Vereine die Pflicht zur **Prüfung des Verschmelzungsvertrags** oder seines Entwurfs für den beteiligten Verein durch sachverständige Prüfer. Sie differenziert hierbei nach wirtschaftlichen Vereinen (§ 100 Satz 1 UmwG) und eingetragenen Vereinen (§ 100 Satz 2 UmwG); zu den Grundbegriffen s. § 99 Rz. 3. Bei Mischverschmelzungen (z.B. e.V. → AG) sind für den Rechtsträger anderer Rechtsform (z.B. AG) zusätzlich die für diesen geltenden Besonderen Vorschriften über die Verschmelzungsprüfung zu beachten (im Beispiel § 60 UmwG). Die Bestimmung in § 100 UmwG dient den Informationsinteressen der Vereinsmitglieder[1]. Sie ist Teil des gesetzlichen „Präventivschutzes durch verbesserte Information"[2]. Kern der Verschmelzungsprüfung ist die Prüfung der Angemessenheit des Umtauschverhältnisses der Anteile oder des Gegenwerts der Mitgliedschaft bei dem übernehmenden Rechtsträger (vgl. § 12 Abs. 2 Satz 1 UmwG). Die Einzelheiten zur Bestellung der Verschmelzungsprüfer, ihrer Stellung und Verantwortlichkeit sowie zum Inhalt der Prüfung sind in §§ 10 bis 12 UmwG geregelt (s. dort und unten Rz. 15).

2 Parallelvorschriften zu § 100 Satz 2 UmwG finden sich in § 44 Satz 1 UmwG für die Verschmelzung unter Beteiligung von Personenhandelsgesellschaften und in § 48 Satz 1 UmwG für die Verschmelzung unter Beteiligung von GmbH. Mit dem Zweiten Gesetz zur Änderung des Umwandlungsgesetzes v. 19.4.2007[3] wurde sowohl in § 44 Satz 1 UmwG als auch in § 48 Satz 1 UmwG eine Ein-Wochen-Frist eingeführt. Zu möglichen Auswirkungen auf § 100 Satz 2 UmwG s. unten Rz. 7 f.

Hinzuweisen ist noch auf **§ 30 Abs. 2 UmwG**, wonach die Angemessenheit einer ggf. nach § 29 UmwG anzubietenden Barabfindung[4] stets durch Verschmelzungsprüfer zu prüfen ist. Das gilt auch für die Verschmelzung unter Beteiligung eingetragener Vereine[5].

---

1 S. auch *Priester* in IDW (Hrsg.), Reform des Umwandlungsrechts, 1993, S. 196 (200).
2 Vgl. bei *Neye*, S. 110 und 126; *Katschinski* in Semler/Stengel, § 100 UmwG Rz. 1.
3 BGBl. I, S. 542.
4 Zur Bedeutung des § 29 UmwG in diesem Zusammenhang vgl. näher § 99 Rz. 27 ff.
5 Die Einschränkung von § 100 Satz 2 UmwG bezieht sich ausschließlich auf Satz 1 „diese Prüfung" und somit nur auf §§ 9–12 UmwG und nicht auf § 30 Abs. 2 UmwG. Vgl. *Katschinski* in Semler/Stengel, § 100 UmwG Rz. 4; *Vossius* in Widmann/Mayer, § 100 UmwG Rz. 4.

II. Pflicht zur Verschmelzungsprüfung bei wirtschaftlichen Vereinen (§ 100 Satz 1 UmwG)

1. Für einen **wirtschaftlichen Verein** sieht § 100 Satz 1 UmwG grundsätzlich **stets** eine Verschmelzungsprüfung vor. Eine **Ausnahme** gilt hier nur, wenn entweder alle Anteile des übertragenden Rechtsträgers sich in der Hand des übernehmenden Rechtsträgers befinden (§ 9 Abs. 2 UmwG) oder wenn alle Anteilsinhaber aller beteiligten Rechtsträger auf eine Prüfung durch notariell beurkundete Erklärung verzichten (§ 9 Abs. 3 UmwG i.V.m. § 8 Abs. 3 UmwG). 3

2. Eine weitere, **nicht ausdrücklich geregelte Ausnahme** wird man für die Fälle zulassen können, in denen die Satzung des wirtschaftlichen Vereins für die Verschmelzung Einstimmigkeit verlangt[1]. Zwar unterscheidet § 100 Satz 1 UmwG nicht danach, ob für den Verschmelzungsbeschluss (wie in der Regel, vgl. § 32 Abs. 1 Satz 3 BGB) eine Mehrheitsentscheidung zulässig ist oder nicht. Sieht die Satzung aber für diesen Beschlussgegenstand (ausnahmsweise) Einstimmigkeit vor, erscheint eine zusätzliche Verschmelzungsprüfung, die dem Schutz der Interessen der Mitglieder dienen soll (vgl. oben Rz. 1), entbehrlich, weil die Mitglieder es hier selbst in der Hand haben, für ihren Schutz durch Festsetzung eines angemessenen Umtauschverhältnisses zu sorgen[2]. § 100 Satz 1 UmwG ist in diesem Sinne teleologisch zu reduzieren. Das entspricht der Regelung und dem Zweck des § 44 UmwG für Personenhandelsgesellschaften, für die eine Verschmelzungsprüfung (auf Verlangen eines Gesellschafters) ebenfalls nur „im Fall des § 43 Abs. 2" erforderlich ist, d.h. wenn der Gesellschaftsvertrag eine Mehrheitsentscheidung vorsieht. 4

III. Pflicht zur Verschmelzungsprüfung bei eingetragenen Vereinen (§ 100 Satz 2 UmwG)

1. Grundsatz: Prüfungsfreiheit

Bei einem **eingetragenen Verein** ist die Prüfung nur (aber immerhin dann grundsätzlich[3] stets) erforderlich, wenn mindestens 10 % der Mitglieder sie schriftlich verlangen (§ 100 Satz 2 UmwG). Im Grundsatz gilt hier also **Prüfungsfreiheit**, eine Verschmelzungsprüfung ist nach der Konzeption des Gesetzes die Ausnahme. Das Verlangen der Mitglieder, eine Prüfung nach den §§ 9 bis 12 UmwG durchzuführen, ist **gegenüber dem Verein**, vertreten durch den Vorstand, schriftlich (§ 126 BGB) **zu erklären** und muss dem Verein **zugehen**. Die Zusammenfassung der Erklärungen in **einer (Sammel-) Urkunde** („Petition") ist **nicht erforderlich**, 5

1 Zust. *Wardenbach* in Henssler/Strohn, § 100 UmwG Rz. 1; a.A. *Leuering* in KölnKomm. UmwG, § 100 UmwG Rz. 6f.

2 Vgl. auch *Priester* in IDW (Hrsg.), Reform des Umwandlungsrechts, 1993, S. 196 (206f.); offen *Stratz* in Schmitt/Hörtnagl/Stratz, § 100 UmwG Rz. 1; a.A. *Katschinski*, S. 127f.; *Katschinski* in Semler/Stengel, § 100 UmwG Rz. 6 unter Hinweis auf das Beurkundungserfordernis des § 9 Abs. 3 UmwG i.V.m. § 8 Abs. 3 UmwG, doch führt das Beharren auf die Beurkundung zusätzlicher Verzichtserklärungen bei Einstimmigkeit des Verschmelzungsbeschlusses nur zu unnötigen Kosten.

3 Zu der auch hier geltenden Ausnahme, wenn die Satzung des eingetragenen Vereins für die Beschlussfassung über die Verschmelzung Einstimmigkeit vorsieht, s. oben Rz. 4.

vielmehr kann jedes Mitglied das Verlangen gesondert erklären[1]. Für die **Schriftform** gilt § 126 Abs. 1, 3 BGB. Übermittlung durch **Telefax** genügt nicht[2].

2. Zeitliche Grenze des Prüfungsverlangens

6 Vom Gesetz nicht ausdrücklich geregelt ist die für die Praxis überaus wichtige Frage, **bis zu welchem Zeitpunkt** das Verlangen der Mitglieder erklärt werden kann. Grundsätzlich wird man davon auszugehen haben, dass das Prüfungsverlangen bis zur Beschlussfassung über die Verschmelzung, d.h. auch **noch in der Mitgliederversammlung** mit diesem Tagesordnungspunkt gestellt werden kann[3]. Zwar mag dadurch der Zeitplan der Verschmelzung durcheinander geraten. Namentlich kann ein erst in der Mitgliederversammlung erhobenes Prüfungsverlangen dazu zwingen, die Beschlussfassung über die Verschmelzung bis zur Vorlage des Prüfungsberichts zu vertagen[4]; ein unter Verletzung des § 100 UmwG gefasster Beschluss wäre nach §§ 101, 102 UmwG anfechtbar[5]. Dennoch hat es bei dem genannten Grundsatz zu bleiben. Denn die Verschmelzungsprüfung mit dem abschließenden Prüfungsbericht (vgl. § 12 UmwG) dient, wie dargelegt (oben Rz. 1), den Informationsinteressen der Anteilsinhaber, die in die Lage versetzt werden sollen, informiert über die Verschmelzung zu beschließen. Das Minderheitenrecht, die Prüfung nach den §§ 9 bis 12 UmwG verlangen zu können, ist Teil des „vorwirkenden" Schutzkonzepts des UmwG, nämlich die Stellung der Anteilsinhaber *vor* dem Wirksamwerden der Verschmelzung durch Unterrichtungs- und Prüfungsrechte zu verstärken, weil die Geltendmachung von Mängeln *nach* Wirksamwerden der Verschmelzung eingeschränkt ist (vgl. §§ 14 Abs. 2, 20 Abs. 2, 32 UmwG). Im Hinblick auf diese Zusammenhänge muss es deshalb grundsätzlich möglich sein, das Prüfungsverlangen noch in der Mitgliederversammlung zu stellen[6].

Nach teilweise vertretener Ansicht soll ein Prüfungsverlangen auch noch nach der Beschlussfassung über die Verschmelzung erhoben werden können[7]. Dem ist nicht zu folgen[8]. Die Verschmelzungsprüfung zielt auf einen vorwirkenden

---

1 Wie hier *Vossius* in Widmann/Mayer, § 100 UmwG Rz. 12; *Katschinski* in Semler/Stengel, § 100 UmwG Rz. 9. § 126 Abs. 2 BGB ist nicht anwendbar. Das Prüfungsverlangen ist kein Vertrag.

2 *Vossius* in Widmann/Mayer, § 100 UmwG Rz. 13; *Katschinski* in Semler/Stengel, § 100 UmwG Rz. 9; *Leuering* in KölnKomm. UmwG, § 100 UmwG Rz. 10.

3 *H. Schmidt* in Kölner Umwandlungsrechtstage, S. 75f.; *M. Winter* in Kölner Umwandlungsrechtstage, S. 33f. Ferner *Vossius* in Widmann/Mayer, § 100 UmwG Rz. 23; *Katschinski*, S. 130; *Katschinski* in Semler/Stengel, § 100 UmwG Rz. 12; *Leuering* in KölnKomm. UmwG, § 100 UmwG Rz. 11; *Wardenbach* in Henssler/Strohn, § 100 UmwG Rz. 1; *Wiedemann/Thüsing*, WM 1999, 2237 (2247); *Stöber/Otto*, Handbuch zum Vereinsrecht, 10. Aufl. 2012, Rz. 1070; im Grundsatz auch Gutachten des Deutschen Notarinstituts zum Umwandlungsrecht 1996/97, 1998, S. 202.

4 *Wardenbach* in Henssler/Strohn, § 100 UmwG Rz. 1.

5 Wie hier *Katschinski* in Semler/Stengel, § 100 UmwG Rz. 13; offen, aber vorsichtig bejahend *M. Winter* in Kölner Umwandlungsrechtstage, S. 33.

6 Zust. *Katschinski* in Semler/Stengel, § 100 UmwG Rz. 12f.

7 Gutachten des Deutschen Notarinstituts zum Umwandlungsrecht, 1996/97, 1998, S. 202 („Spätestens 1 Monat nach der Beschlussfassung"); *Vossius* in Widmann/Mayer, § 44 UmwG Rz. 17.

8 Zutr. oben *H. Schmidt*, § 44 Rz. 7; *Leuering* in KölnKomm. UmwG, § 100 UmwG Rz. 11; *Katschinski* in Semler/Stengel, § 100 UmwG Rz. 12 mit Fn. 19.

Schutz der Informationsinteressen der Vereinsmitglieder. Der Prüfungsbericht soll eine Entscheidungsgrundlage für die Beschlussfassung über die Verschmelzung sein (arg. § 101 Abs. 1 Satz 1 UmwG). *Nach* Beschlussfassung tritt an die Stelle der vorwirkenden Schutzkonzeption die Klagemöglichkeit gegen die Wirksamkeit eines Verschmelzungsbeschlusses.

Um zu vermeiden, dass noch in der Gesellschafterversammlung eine Prüfung des Verschmelzungsvertrages verlangt wird und somit die Beschlussfassung vertagt werden muss, hat der Gesetzgeber mit dem Zweiten Gesetz zur Änderung des Umwandlungsgesetzes v. 19.4.2007[1] die Möglichkeit des Prüfungsverlangens in **§§ 44, 48 UmwG** zeitlich eingeschränkt[2]. Das Prüfungsverlangen muss nun innerhalb einer **Frist von einer Woche** nach Erhalt der Unterlagen (§ 42 UmwG bzw. § 47 UmwG) gestellt werden. Eine vergleichbare Regelung wurde für § 100 Satz 2 UmwG nicht vorgesehen. Gerade bei eingetragenen Vereinen besteht in der Praxis jedoch ein großes Bedürfnis, das Prüfungsverlangen der Mitglieder nur bis zu einem bestimmten Zeitpunkt zuzulassen. Insbesondere wegen der häufig großen Mitgliederzahl von Vereinen kann die Beschlussfassung über möglicherweise umstrittene Umstrukturierungsmaßnahmen erheblich erschwert sein[3]. So hatte auch der Bundesrat eine Ausdehnung der Fristsetzung auf den eingetragenen Verein und ggf. sogar auf alle Rechtsformen durch eine allgemeine Bestimmung in § 9 UmwG gefordert[4]. Dieser Vorschlag wurde im weiteren Gesetzgebungsverfahren allerdings nicht aufgegriffen. Auch eine analoge Anwendung der §§ 44 und 48 UmwG auf den Verein dürfte mangels planwidriger Gesetzeslücke ausscheiden[5]. Der Gesetzgeber hat das Bedürfnis einer Fristsetzung auch für eingetragene Vereine nicht übersehen. Vielmehr hält die Bundesregierung ausweislich ihrer Gegenäußerung zu dem Anliegen des Bundesrates die Ausdehnung der Regelung auf eingetragene Vereine für entbehrlich[6]. Dabei wird zum einen argumentiert, dass Verschmelzungen unter Beteiligung eingetragener Vereine eher selten seien. Zum anderen bedarf nach Ansicht der Bundesregierung das in § 100 Satz 2 UmwG vorgesehene Quorum von 10 % häufig einer Abstimmung der Vereinsmitglieder untereinander, die innerhalb einer kurzen Frist schwierig durchzuführen sei[7]. Diese Argumente sind zwar rechtspolitisch kaum überzeugend. Mögen bislang auch wenige Vereine von den Umwandlungsmöglichkeiten Gebrauch gemacht haben, so ist dies allein doch kein Grund, den Vereinen, die betroffen sind, vermeidbare Schwierigkeiten aufzuerlegen. Hinsichtlich der Frist wäre, wie der Deutsche Notarverein noch zu dem Referentenentwurf vorgeschlagen hatte, daran zu denken gewesen, die Frist bei eingetragenen Vereinen auf einen Monat (anstatt nur eine Woche) auszudehnen[8]. Allerdings zeigen die Materialien, dass jedenfalls eine planwidrige Regelungslücke nicht vorliegt. Der Gesetzgeber hat sich eindeutig gegen eine Ausdehnung der Regelung ausgesprochen. Somit bleibt es für die Verschmelzungsprüfung der eingetragenen Vereine bei der alten Rechtslage. 7

---

1 BGBl. I, S. 542.
2 BT-Drucks. 16/2919, 13.
3 *Mayer/Weiler*, DB 2007, 1235 (1237); *Heckschen*, DNotZ 2007, 444 (449).
4 BR-Drucks. 548/1/06, 4 Ziff. 6.
5 Vgl. *Stratz* in Schmitt/Hörtnagl/Stratz, § 100 UmwG Rz. 2.
6 BT-Drucks. 16/2919, 27 Anl. 3.
7 BT-Drucks. 16/2919, 27 Anl. 3.
8 *DNotV*, Stellungnahme zum Referentenentwurf, 28.4.2006, Ziff. 4 (abrufbar unter www.dnotv.de).

8 Freilich findet die Ausübung dieses Minderheitenrechts, wie es für jedes mitgliedschaftliche Recht gilt, ihre Grenzen aufgrund der mitgliedschaftlichen **Treupflicht**[1]. Die Grundsätze über die sog. „gesellschaftsrechtliche Treupflicht"[2] gelten auch im Vereinsrecht[3]. Hieraus wird man ableiten können, dass es zulässig ist, wenn der **Vereinsvorstand** die Mitglieder im Vorfeld der Mitgliederversammlung auf ihr Recht, eine Verschmelzungsprüfung für den Verein zu verlangen, hinweist und ihnen **zur Ausübung dieses Verlangens eine angemessene Frist setzt**[4]. Erklären die Mitglieder innerhalb dieser Frist ihr Verlangen nicht, ist es später unbeachtlich, weil das Verlangen in der Regel nunmehr treuwidrig geschieht.

9 Allerdings setzt diese Handhabung voraus, dass die Mitglieder (1) ausreichend über ihr Recht nach § 100 Satz 2 UmwG aufgeklärt werden (was eine Erläuterung des Inhalts und des Zwecks der Verschmelzungsprüfung einschließt), (2) ihnen Gelegenheit gegeben wird, sich über die zugrunde liegenden Umstände zu informieren, und schließlich (3) die ihnen gesetzte Frist genügend lang ist, um ggf. nähere Informationen und rechtlichen Rat einzuholen[5]. Nur wenn die Mitglieder im Vorfeld der Mitgliederversammlung dergestalt informiert worden sind, ist es angängig, ihnen für die Ausübung des Verlangens nach § 100 Satz 2 UmwG eine im Gesetz nicht ausdrücklich vorgesehene Frist zu setzen. Aus dem Erfordernis, den Mitgliedern Gelegenheit zu geben, sich über die für die Ausübung ihres Rechts nach § 100 Satz 2 UmwG maßgebenden Umstände hinreichend zu informieren, folgt weiter, dass bereits vor Einberufung der Mitgliederversammlung jedem Mitglied auf Verlangen auch Einsicht in die in § 101 UmwG aufgeführten Unterlagen zu gewähren ist (soweit sie schon vorhanden sind)[6]. Dass § 101 Abs. 1 UmwG dieses Recht erst „von der Einberufung der Mitgliederversammlung an" gewährt, steht dem nicht entgegen, weil die Vorschrift nur den „normalen" Verfahrensgang betrifft, bei dem den Mitgliedern für das Prüfungsverlangen gem. § 100 Satz 2 UmwG keine Frist gesetzt wird. Will der Vereinsvorstand eine solche Frist setzen (wofür durchaus ein praktisches Bedürfnis bestehen kann[7]), so muss auf der ande-

---

1 Zust. *Katschinski* in Semler/Stengel, § 100 UmwG Rz. 14; s. auch *Leuering* in KölnKomm. UmwG, § 100 UmwG Rz. 12f.

2 Dazu BGH v. 20.3.1995 – II ZR 205/94, ZIP 1995, 819 = WuB II.A. § 135 AktG 1.95 (*Hennrichs*) = AG 1995, 368 (Girmes – betreffend die AG); *Lutter*, JZ 1995, 1053; *Hennrichs*, AcP 195 (1995), 221 (ebenfalls betreffend die AG). S. allgemein *K. Schmidt*, GesR, § 20 IV.

3 Z.B. *Hadding* in Soergel, § 38 BGB Rz. 23f.; *Reuter* in MünchKomm. BGB, § 38 BGB Rz. 41f.; *Reichert*, Handbuch des Vereins- und Verbandsrechts, 12. Aufl., Rz. 961ff.

4 *H. Schmidt* in Kölner Umwandlungsrechtstage, S. 59 (76) (zu § 44 Satz 1 UmwG); s. auch *Vossius* in Widmann/Mayer, § 100 UmwG Rz. 24ff.; *Katschinski*, S. 131; *Katschinski* in Semler/Stengel, § 100 UmwG Rz. 15.

5 *Hadding/Hennrichs* in FS Boujong, 1996, S. 219ff.; zust. *Vossius* in Widmann/Mayer, § 100 UmwG Rz. 26; *Katschinski*, S. 131; *Katschinski* in Semler/Stengel, § 100 UmwG Rz. 15.

6 *Katschinski* in Semler/Stengel, § 100 UmwG Rz. 15.

7 Hält man den hier für zulässig angesehenen Verfahrensweg für nicht gangbar, so bliebe dem Vereinsvorstand oft kaum etwas anderes übrig, als von vornherein eine Prüfung durchführen zu lassen, weil anderenfalls der zeitliche Ablauf der beabsichtigten Verschmelzung in Gefahr geriete (vgl. auch *H. Schmidt* in Kölner Umwandlungsrechtstage, S. 59 [76]). Das aber würde die gesetzliche Regelung des § 100 Satz 2 UmwG – bei eingetragenen Vereinen grundsätzlich Prüfungsfreiheit (vgl. oben Rz. 5) – in ihr Gegenteil verkehren. Auch die Alternative, von jedem Mitglied eine notariell beurkundete Verzichtserklärung einzuholen (vgl. § 9 Abs. 3 UmwG i.V.m. § 8 Abs. 3 UmwG), ist jedenfalls bei

ren Seite sichergestellt sein, dass die Mitglieder informiert darüber entscheiden können, ob sie innerhalb der Frist von ihrem Recht nach § 100 Satz 2 UmwG Gebrauch machen wollen oder nicht.

Im Übrigen bleibt auch nach Ablauf einer vom Vorstand gesetzten Frist ein Prü- 10 fungsverlangen nach § 100 Satz 2 UmwG beachtlich, wenn sich neue Tatsachen ergeben, die für die Entscheidung erheblich sind[1]. Ergeben sich etwa aus der Erläuterung des Verschmelzungsvertrags(entwurfs) durch den Vorstand zu Beginn der Mitgliederversammlung, in der über die Verschmelzung beschlossen werden soll (vgl. § 102 Satz 2 UmwG i.V.m. § 64 Abs. 1 Satz 2 UmwG), bislang nicht zugänglich gemachte Umstände, die für die Entscheidung, gem. § 100 Satz 2 UmwG eine Verschmelzungsprüfung zu verlangen, erheblich sein können, so kann das Verlangen trotz vorheriger Fristsetzung durch den Vorstand noch erklärt werden und ist von diesem zu beachten. Auch dies soll den Vorstand dazu anhalten, schon im Vorfeld der Beschlussfassung ausreichend zu informieren.

3. Zehn vom Hundert-Grenze

Die Frage, ob eine Verschmelzungsprüfung von der erforderlichen Mitgliederzahl 11 verlangt wurde, ist **für jeden** an der Verschmelzung beteiligten eingetragenen **Verein gesondert** zu prüfen. Bei einer reinen Vereinsverschmelzung (e.V. → e.V.) sind also nicht etwa die Minderheiten aller beteiligten Vereine für die Prüfung, ob die erforderliche 10 %-Minderheit erreicht ist, zusammenzuzählen. Vielmehr geht das Gesetz davon aus, dass grundsätzlich für jeden beteiligten Rechtsträger eine eigene Verschmelzungsprüfung durchgeführt wird (arg. § 10 Abs. 1 Satz 2 UmwG, s. auch § 60 UmwG)[2]. Entsprechend muss für jeden beteiligten Idealverein die 10 %-Grenze erreicht sein.

Maßgebend für die Prüfung der 10 %-Minderheit ist die **Gesamtmitgliederzahl im** 12 **Zeitpunkt des Zugangs des Verlangens**[3]. Ein mit ausreichender Minderheit erhobenes Verlangen bleibt daher auch dann beachtlich, wenn nach seinem Zugang beim Verein neue Mitglieder beitreten. Da im Regelfall nur der Vorstand die Zahl der Mitglieder kennt (vgl. § 72 BGB), ist der Verein darlegungs- und beweispflichtig dafür, dass das erforderliche 10 %-Quorum nicht erreicht worden ist[4]. Außerdem hat jedes Mitglied einen Anspruch gegen den Verein auf Mitteilung der Anschriften sämtlicher anderer Vereinsmitglieder[5]. Die Mitglieder sollen sich untereinander austauschen können, um ggf. das Quorum überwinden zu können[6]. Hat der Vereinsvorstand zulässigerweise für die Erklärung des Prüfungsverlangens

Vereinen mit größerer Mitgliederzahl nicht praktikabel – was im Übrigen auch ein Grund für die Regelung in § 100 Satz 2 UmwG war (vgl. bei *Neye*, S. 230).

1 Ebenso *Vossius* in Widmann/Mayer, § 100 UmwG Rz. 28; zust. *Katschinski* in Semler/Stengel, § 100 UmwG Rz. 16.

2 Vgl. bei *Neye*, S. 180 (zu § 48); ferner *Kraft* in KölnKomm. AktG, § 340b AktG Rz. 5.

3 Zutr. *Katschinski* in Semler/Stengel, § 100 UmwG Rz. 10; *Leuering* in KölnKomm. UmwG, § 100 UmwG Rz. 8; *Stratz* in Schmitt/Hörtnagl/Stratz, § 100 UmwG Rz. 2; *Vossius* in Widmann/Mayer, § 100 UmwG Rz. 15, 18 f.; *Wardenbach* in Henssler/Strohn, § 100 UmwG Rz. 1.

4 So auch *Katschinski* in Semler/Stengel, § 100 UmwG Rz. 10.

5 *Vossius* in Widmann/Mayer, § 100 UmwG Rz. 16 f., 20; *Leuering* in KölnKomm. UmwG, § 100 UmwG Rz. 9.

6 *Leuering* in KölnKomm. UmwG, § 100 UmwG Rz. 9.

eine Frist gesetzt (s. oben Rz. 9f.), wirkt diese nur gegenüber Mitgliedern, denen die Frist gesetzt wurde. Später eingetretene Mitglieder können ihr Verlangen noch bis zur Beschlussfassung über die Verschmelzung erklären.

4. Entbehrlichkeit bei Einstimmigkeit

13 Auch bei eingetragenen Vereinen ist eine Verschmelzungsprüfung jedenfalls dann entbehrlich, wenn die Satzung für die Beschlussfassung über die Verschmelzung Einstimmigkeit vorsieht[1]. Die für den wirtschaftlichen Verein angeführten Gründe treffen hier in gleichem Maße zu (vgl. oben Rz. 4). Selbst wenn also mindestens 10 % der Mitglieder eine Verschmelzungsprüfung verlangen, kann sie in diesem Fall gleichwohl unterbleiben, weil die Mitglieder hier nicht schutzbedürftig sind, sie nämlich für ihren Schutz durch Teilnahme an der Beschlussfassung selbst sorgen können. Auch § 100 Satz 2 UmwG ist in diesem Sinne teleologisch zu reduzieren.

5. Kostentragung

14 Ist eine Prüfung der Verschmelzung für einen eingetragenen Verein nach den vorstehenden Ausführungen erforderlich, so trägt die **Kosten** der Prüfung der **Verein**[2]. Zwar ist dies in § 100 UmwG nicht ausdrücklich bestimmt. Die Regelung in den Parallelvorschriften des § 44 (Satz 2) UmwG für die Verschmelzung unter Beteiligung von Personenhandelsgesellschaften und des § 48 (Satz 2) UmwG für Gesellschaften mit beschränkter Haftung können allerdings analog herangezogen werden. Ihr Sinn und Zweck, nämlich der die Prüfung verlangenden Minderheit das Kostenrisiko abzunehmen, weil dies anderenfalls das Minderheitenrecht erheblich entwerten würde[3], trifft auch hier zu.

IV. Die Auswahl der Verschmelzungsprüfer

15 Die Auswahl der Verschmelzungsprüfer regelt § 11 Abs. 1 UmwG durch Bezugnahme auf die Vorschriften des Handelsrechts für die Prüfung der externen Rechnungslegung. Danach können Verschmelzungsprüfer sein:

- für alle Vereine: Wirtschaftsprüfer und Wirtschaftsprüfungsgesellschaften,
- für „mittelgroße" und „kleine Vereine" auch vereidigte Buchprüfer und Buchprüfungsgesellschaften (§ 11 Abs. 1 Sätze 1 und 2 UmwG i.V.m. § 319 Abs. 1 HGB).

Welche Vereine „kleine", „mittelgroße" oder „große" sind, bestimmt sich in entsprechender Anwendung nach § 267 Abs. 1 bis 3 HGB (§ 11 Abs. 1 Satz 3 UmwG). Maßgebend sind danach drei „Grenzkriterien", nämlich Bilanzsumme, Umsatz-

1 A.A. (nur bei notarieller Beurkundung von Verzichtserklärungen) *Leuering* in KölnKomm. UmwG, § 100 UmwG Rz. 14 m.w.N.

2 Zust. *Katschinski* in Semler/Stengel, § 100 UmwG Rz. 18; *Leuering* in KölnKomm. UmwG, § 100 UmwG Rz. 15; *Stöber/Otto*, Handbuch zum Vereinsrecht, 10. Aufl. 2012, Rz. 1070; *Vossius* in Widmann/Mayer, § 100 UmwG Rz. 30.

3 Vgl. *Priester* in IDW (Hrsg.), Reform des Umwandlungsrechts, 1993, S. 196 (207); *Katschinski* in Semler/Stengel, § 100 UmwG Rz. 18.

erlöse und Zahl der im Jahresdurchschnitt beschäftigten Arbeitnehmer (Einzelheiten in § 267 Abs. 1 bis 3 HGB). Die Bilanzsumme des Vereins kann aus der (Verschmelzungs-)Schlussbilanz (§ 17 Abs. 2 UmwG) entnommen werden, in die insbesondere auch bislang nicht bilanzierte (weil keinem „Betrieb" des Vereins gewidmete) Vermögensgegenstände aufzunehmen sind. Zur Schlussbilanz nach § 17 Abs. 2 UmwG s. § 99 Rz. 39 ff.

§ 101
Vorbereitung der Mitgliederversammlung

(1) Von der Einberufung der Mitgliederversammlung an, die gemäß § 13 Abs. 1 über die Zustimmung zum Verschmelzungsvertrag beschließen soll, sind in dem Geschäftsraum des Vereins die in § 63 Abs. 1 Nr. 1 bis 4 bezeichneten Unterlagen sowie ein nach § 100 erforderlicher Prüfungsbericht zur Einsicht der Mitglieder auszulegen. Dazu erforderliche Zwischenbilanzen sind gemäß § 63 Absatz 2 Satz 1 bis 4 aufzustellen

(2) Auf Verlangen ist jedem Mitglied unverzüglich und kostenlos eine Abschrift der in Absatz 1 bezeichneten Unterlagen zu erteilen.

Literatur

Vgl. die Angaben zu § 99.

I. Überblick

1 Die Vorschriften der §§ 101, 102 UmwG ergänzen § 13 UmwG und § 103 UmwG. Sie regeln, welche Informationen den Mitgliedern im Vorfeld (§ 101 UmwG) und während der Mitgliederversammlung (§ 102 UmwG), in der über die Verschmelzung beschlossen werden soll, zugänglich zu machen sind. Die Bestimmungen dienen dem **Schutz der Informationsinteressen der Vereinsmitglieder**[1]. Sie sind damit ebenfalls Teil des „Präventivschutzkonzepts" des UmwG, nach dem die Anteilsinhaber durch ausreichende Information in die Lage versetzt werden sollen, verantwortlich über die Umwandlung zu entscheiden. Die Regelungen in §§ 101 und 102 UmwG lehnen sich dabei an die Vorschriften für Aktiengesellschaften an, weil die Mitglieder eines Vereins im Hinblick auf ihre Möglichkeit, sich über die Geschäftsvorgänge des Vereins zu unterrichten, vom Gesetz als den Aktionären vergleichbar angesehen werden[2].

1 *Katschinski* in Semler/Stengel, §§ 101, 102 UmwG Rz. 1; *Leuering* in KölnKomm. UmwG, §§ 101, 102 UmwG Rz. 1.
2 Vgl. bei *Neye*, S. 231 (zu § 101 UmwG) und 214 (zu § 82 UmwG); ferner *Katschinski* in Semler/Stengel, §§ 101, 102 UmwG Rz. 1.

Die Bestimmungen differenzieren nicht nach wirtschaftlichen und eingetragenen Vereinen und gelten daher für alle Vereine, die an einer Verschmelzung beteiligt sind.

Parallelvorschriften finden sich in §§ 82, 83 UmwG (betreffend die eG). Die Vorgängervorschrift für die Verschmelzung von Aktiengesellschaften war § 340d Abs. 2 bis 6 AktG a.F.

In § 101 Abs. 1 UmwG wurde nach „§ 63 Abs. 2" die Formulierung „Satz 1 bis 4" eingefügt durch das Dritte Gesetz zur Änderung des Umwandlungsgesetzes vom 11.7.2011 (BGBl. I, S. 1338) m.W.v. 15.7.2011.

II. Einberufung der Mitgliederversammlung

2 Bereits im Vorfeld der Mitgliederversammlung, die gem. § 13 Abs. 1 UmwG über die Zustimmung zum Verschmelzungsvertrag oder zu seinem Entwurf beschließen soll, sind den Vereinsmitgliedern die in § 101 Abs. 1 UmwG genannten Unterlagen zugänglich zu machen. Die Pflichten des Vereins nach § 101 UmwG beginnen dabei „von der Einberufung der Mitgliederversammlung an" (§ 101 Abs. 1 Satz 1 UmwG). Für die **Einberufung der Mitgliederversammlung** enthält das UmwG keine besonderen Vorschriften. Es gelten deshalb die allgemeinen Regeln des Vereinsrechts[1]. Hierbei ist insbesondere zu beachten, dass die Einberufung so **rechtzeitig** erfolgen muss, dass sich die Mitglieder auf die Versammlung angemessen vorbereiten können[2]. Da die Verschmelzung einen Beschlussgegenstand von außerordentlicher Tragweite darstellt und rechtlich wie wirtschaftlich schwierig zu beurteilen ist, muss die Einberufungsfrist ausreichend bemessen sein. Es bietet sich an, insoweit an die **Frist von dreißig Tagen**[3] des § 123 Abs. 1 AktG anzuknüpfen, wenn die Satzung keine anderweitige Regelung enthält[4]. Dafür spricht auch, dass das UmwG sich in §§ 101, 102 UmwG selbst an die Regelungen für die Verschmelzung unter Beteiligung von Aktiengesellschaften anlehnt. Das LG Frankenthal hat allerdings auch eine in der **Satzung** festgelegte Frist von **zwei Wochen** akzeptiert und als nicht unangemessen kurz beurteilt[5].

1 Dazu *Hadding* in Soergel, § 32 BGB Rz. 7ff.; *Reuter* in MünchKomm. BGB, § 32 BGB Rz. 14ff.; *Reichert*, Handbuch des Vereins- und Verbandsrechts, 12. Aufl., Rz. 1230ff.; s. auch *Katschinski* in Semler/Stengel, §§ 101, 102 UmwG Rz. 3.

2 LG Frankenthal v. 9.5.2007 – 1 T 100/07, RNotZ 2007, 478 (479); *Hadding* in Soergel, § 32 BGB Rz. 10.

3 Mit dem Gesetz zur Unternehmensintegrität und Modernisierung des Anfechtungsrechts (UMAG) v. 22.9.2005 (BGBl. I, S. 2802) wurde die Monatsfrist in eine Dreißig-Tage-Frist geändert. Der Grund hierfür lag allein in der Vereinheitlichung der Fristen und der Rückrechnung in § 123 (Abs. 4) AktG, s. BT-Drucks. 15/5092, 13 Ziff. 5.

4 *Katschinski* in Semler/Stengel, §§ 101, 102 UmwG Rz. 3.

5 LG Frankenthal v. 9.5.2007 – 1 T 100/07, RNotZ 2007, 478 (479) mit zust. Anm. *Terner*, RNotZ 2007, 482, der meint, die längere Frist von 30 Tagen in Anlehnung an § 123 Abs. 1 AktG solle nur dann gelten, wenn die Satzung des Vereins keine anderweitige Bestimmung trifft.

III. Zugänglich zu machende Unterlagen

Von der Einberufung der Mitgliederversammlung an **zugänglich zu machen** sind folgende Unterlagen (§ 101 **Abs. 1 Satz 1** UmwG i.V.m. § 63 Abs. 1 Nr. 1–4 UmwG und § 100 UmwG): 3

- der Verschmelzungsvertrag oder sein Entwurf (s. § 99 Rz. 22ff.) (§ 63 Abs. 1 Nr. 1 UmwG),
- die Jahresabschlüsse und die Lageberichte der an der Verschmelzung beteiligten Rechtsträger für die letzten drei Geschäftsjahre (§ 63 Abs. 1 Nr. 2 UmwG),
- ggf. eine sog. Zwischenbilanz (§ 63 Abs. 1 Nr. 3 und Abs. 2 Satz 1 bis 4 UmwG mit § 101 Abs. 1 Satz 2 UmwG),
- die nach § 8 UmwG zu erstattenden Verschmelzungsberichte (s. § 99 Rz. 34) (§ 63 Abs. 1 Nr. 4 UmwG)
- sowie ein nach § 100 UmwG erforderlicher Prüfungsbericht (s. zu § 100 UmwG).

Für den an der Verschmelzung beteiligten Verein sind hierbei die **Jahresabschlüsse der letzten drei Geschäftsjahre** nur dann zugänglich zu machen, wenn der Verein überhaupt zur Aufstellung eines Jahresabschlusses verpflichtet ist oder freiwillig bilanziert hat[1]. Wenn hierzu keine gesetzliche Pflicht bestand und der Verein auch nicht freiwillig nach kaufmännischen Regeln Rechnung gelegt hat, kommt eine Vorlage von „Jahresabschlüssen und Lageberichten" im technischen Sinne der §§ 242 Abs. 3, 289 HGB nicht in Betracht. Die Vorschrift des § 101 Abs. 1 Satz 1 UmwG i.V.m. § 63 Abs. 1 Nr. 2 UmwG begründet keine selbständige Pflicht für die an der Verschmelzung beteiligten Rechtsträger, Jahresabschlüsse aufzustellen[2]. Das Gesetz nimmt hier vielmehr lediglich eine nach anderen Vorschriften bestehende Pflicht zur handelsrechtlichen Rechnungslegung in Bezug. Gleiches gilt für die **Zwischenbilanz** nach § 101 Abs. 1 UmwG i.V.m. § 63 Abs. 1 Nr. 3 und Abs. 2 Satz 1 bis 4 UmwG[3]. Auch diese Regelung setzt voraus, dass der Rechtsträger nach allgemeinen Regeln zur Aufstellung eines (ordentlichen) Jahresabschlusses verpflichtet ist. Eine „echte" Zwischenbilanz ist daher nur notwendig, wenn der Verein auch sonst zur Bilanzierung verpflichtet ist oder freiwillig bilanziert[4]. 4

Freilich sind Vereine, die keinen „Jahresabschluss" im technischen Sinne des § 242 Abs. 3 HGB erstellen, für verpflichtet zu halten, stattdessen für die letzten drei „Geschäftsjahre" ihre **sonstigen Rechnungsunterlagen** vorzulegen[5] (z.B. steuerliche sog. Einnahmenüberschussrechnungen nach § 8 Abs. 1 KStG i.V.m. §§ 2 5

---

1 So auch *Katschinski* in Semler/Stengel, §§ 101, 102 UmwG Rz. 5; *Leuering* in KölnKomm. UmwG, §§ 101, 102 UmwG Rz. 4 m.w.N.

2 Wie hier *Katschinski* in Semler/Stengel, §§ 101, 102 UmwG Rz. 5; *Leuering* in KölnKomm. UmwG, §§ 101, 102 UmwG Rz. 4; *Wiedemann/Thüsing*, WM 1999, 2237 (2248); *Stöber/Otto*, Handbuch zum Vereinsrecht, 10. Aufl. 2012, Rz. 1072; *Reichert*, Handbuch des Vereins- und Verbandsrechts, 12. Aufl., Rz. 4456 (4484); a.A. offenbar *Vossius* in Widmann/Mayer, § 101 UmwG Rz. 18.

3 *Leuering* in KölnKomm. UmwG, §§ 101, 102 UmwG Rz. 5.

4 Zutr. *Katschinski* in Semler/Stengel, §§ 101, 102 UmwG Rz. 8f.; *Leuering* in KölnKomm. UmwG, §§ 101, 102 UmwG Rz. 5.

5 *Leuering* in KölnKomm. UmwG, §§ 101, 102 UmwG Rz. 9.

Abs. 2, 4 Abs. 3 EStG nebst Verzeichnis des Anlagevermögens[1], Rechenschaftsberichte des Vorstandes nach § 27 Abs. 3 BGB i.V.m. §§ 666, 259 BGB[2]). Dies verlangt der Gesetzeszweck, nämlich die Anteilsinhaber über die Vermögens- und Finanzlage des Vereins zu informieren. Soweit ein Verein zwar einen Jahresabschluss erstellt, in der Bilanz aber nicht das gesamte Vereinsvermögen ansetzt (weil dieses nur teilweise einem wirtschaftlichen Geschäftsbetrieb „gewidmet" ist), sind einmal dieser „Teil-Jahresabschluss", daneben aber auch die sonstigen Rechnungsunterlagen betreffend das sonstige Vereinsvermögen zugänglich zu machen. Denn die Verschmelzung „transportiert" das *gesamte* Vereinsvermögen (§ 20 Abs. 1 Nr. 1 UmwG), und über dessen „Stand" sollen die in § 101 UmwG bezeichneten Unterlagen informieren. Entsprechend sind die vorzulegenden sonstigen Rechnungsunterlagen unter den Voraussetzungen des § 63 Abs. 1 Nr. 3 UmwG zu aktualisieren („**Zwischenrechnung**"[3]).

6 In der durch das 3. UmwGÄndG (BGBl. I 2011, S. 1338) geänderten Fassung verweist § 101 Abs. 2 UmwG nur auf Sätze 1 bis 4 des § 63 Abs. 2 UmwG. Die in §§ 63 Abs. 2 Satz 5 UmwG i.V.m. § 8 Abs. 3 Satz 1 1. Alt. UmwG für die Aktionäre vorgesehene Möglichkeit, durch allseitige notarielle Erklärung auf die Erstellung einer Zwischenbilanz (hier: Zwischenrechnung) ganz zu verzichten, steht nach dem Gesetzeswortlaut den Vereinsmitgliedern nicht zu. Rechtspolitisch ist das kaum überzeugend[4]. Eine analoge Anwendung der Vorschriften dürfte mangels Regelungslücke dennoch ausscheiden[5]. § 101 Abs. 1 Satz 2 UmwG verweist auch nicht auf § 63 Abs. 2 Satz 6 UmwG. Daher kann der Zwischenbilanz bei Vereinen nicht durch einen Halbjahresfinanzbericht gem. § 37w WpHG ersetzt werden[6].

7 Die Pflicht zur Auslage **endet** mit dem Abschluss der Mitgliederversammlung, die den Verschmelzungsbeschluss fasst[7].

IV. Art der Zugänglichmachung

8 Für die Art der Zugänglichmachung reicht es grundsätzlich aus, wenn die Unterlagen in dem Geschäftsraum des Vereins zur Einsicht der Mitglieder **ausgelegt** werden (**§ 101 Abs. 1 Satz 1 UmwG**). Die Pflicht zur Auslegung beginnt mit der Einberufung der Mitgliederversammlung, spätestens also mit dem Zugang der Einladung beim „ersten" Mitglied[8]. Sie endet mit Fassung des Verschmelzungs-

1 *Hadding/Hennrichs* in FS Boujong, 1996, S. 223; ebenso *Neumayer/Schulz*, DStR 1996, 872 (873); *Katschinski*, Die Verschmelzung von Vereinen, 1999, S. 140; *Katschinski* in Semler/Stengel, §§ 101, 102 UmwG Rz. 6; *Reuter* in MünchKomm. BGB, § 41 BGB Rz. 39.

2 Zu dieser Berichtspflicht des Vereinsvorstands gegenüber dem Verein (die in der Mitgliederversammlung zu erfüllen ist) s. z.B. *Hadding* in Soergel, § 27 BGB Rz. 22a; *Reichert*, Handbuch des Vereins- und Verbandsrechts, 12. Aufl., Rz. 1667ff.

3 *Katschinski* in Semler/Stengel, §§ 101, 102 UmwG Rz. 9.

4 Zutr. *Katschinski* in Semler/Stengel, §§ 101, 102 UmwG Rz. 9a.

5 Für eine analoge Anwendung der Vorschriften auf Vereine aber *Vossius* in Widmann/Mayer, § 101 UmwG Rz. 21.1; *Katschinski* in Semler/Stengel, §§ 101, 102 UmwG Rz. 9a.

6 S. dazu auch *Katschinski* in Semler/Stengel, §§ 101, 102 UmwG Rz. 9a.

7 *Vossius* in Widmann/Mayer, § 101 UmwG Rz. 9.

8 *Katschinski* in Semler/Stengel, §§ 101, 102 UmwG Rz. 10; s. auch *Wardenbach* in Henssler/Strohn, § 102 UmwG Rz. 1 (ab dem Datum der Versendung).

beschlusses. „**Geschäftsraum**" ist ein Ort, an dem die Verwaltung des Vereins geführt wird (§ 24 BGB). Dieser ist nach den Umständen des Einzelfalles zu bestimmen[1]. Geschäftsraum in diesem Sinne kann auch die Wohnung eines Mitglieds des Vereinsvorstands sein[2]. Keine „Geschäftsräume" des Vereins sind demgegenüber das Versammlungslokal, in dem die Mitglieder des Vereins sich regelmäßig treffen, oder die Amtsräume des beurkundenden Notars[3]. Der Raum ist den Mitgliedern mindestens **während der üblichen Geschäftszeiten** (8 bis 20 Uhr) zugänglich zu machen[4].

Auf Verlangen ist jedem Mitglied unverzüglich, d.h. ohne schuldhaftes Zögern (§ 121 Abs. 1 Satz 1 BGB), und auf Kosten des Vereins außerdem eine **Abschrift** der Unterlagen zu erteilen **(§ 101 Abs. 2 UmwG)**. An weitere Voraussetzungen ist das Recht, eine Abschrift der für die Willensbildung bedeutsamen Unterlagen verlangen zu können, nicht gebunden. Das schlichte Verlangen eines Vereinsmitglieds löst für den Verein die Pflicht nach § 101 Abs. 2 UmwG aus. Anders als in § 100 Satz 2 UmwG braucht das Verlangen hier auch nicht schriftlich, sondern kann (fern-)mündlich erklärt werden[5]. Eine zeitliche Befristung für das Verlangen sieht § 101 Abs. 2 UmwG ebenfalls nicht vor. Sie ergibt sich nur mittelbar daraus, dass § 102 Satz 1 UmwG in der Mitgliederversammlung selbst (wieder) nur noch die Auslage der Unterlagen fordert. 9

V. Rechtsfolgen von Verstößen

Ein Verstoß gegen § 101 UmwG berechtigt zur Klage gegen die Wirksamkeit des Verschmelzungsbeschlusses nach § 14 UmwG (vgl. § 99 Rz. 37)[6]. 10

§ 102
Durchführung der Mitgliederversammlung

In der Mitgliederversammlung sind die in § 63 Abs. 1 Nr. 1 bis 4 bezeichneten Unterlagen sowie ein nach § 100 erforderlicher Prüfungsbericht auszulegen. § 64 Abs. 1 Satz 2 und Abs. 2 ist entsprechend anzuwenden.

---

1 *Wardenbach* in Henssler/Strohn, § 102 UmwG Rz. 1.
2 *Vossius* in Widmann/Mayer, § 101 UmwG Rz. 13; *Leuering* in KölnKomm. UmwG, §§ 101, 102 UmwG Rz. 12.
3 Zust. *Katschinski* in Semler/Stengel, §§ 101, 102 UmwG Rz. 11; insoweit a.A. *Vossius* in Widmann/Mayer, § 101 UmwG Rz. 13.
4 *Katschinski* in Semler/Stengel, §§ 101, 102 UmwG Rz. 11.
5 *Katschinski* in Semler/Stengel, §§ 101, 102 UmwG Rz. 12.
6 *Leuering* in KölnKomm. UmwG, §§ 101, 102 UmwG Rz. 11; *Leuering*, ZIP 2000, 2053 (2054ff.); *Wardenbach* in Henssler/Strohn, § 102 UmwG Rz. 1.

Literatur

Vgl. die Angaben zu § 99.

I. Überblick

1 Die Vorschrift ergänzt § 101 UmwG. Sie regelt, welche Informationen den Mitgliedern während der Mitgliederversammlung, in der über die Verschmelzung beschlossen werden soll, zugänglich zu machen sind. Die Bestimmung dient, wie § 101 UmwG (s. § 101 Rz. 1) dem **Schutz der Informationsinteressen der Vereinsmitglieder**[1].

II. Auslage der Unterlagen

2 In der Mitgliederversammlung sind die vorbezeichneten Unterlagen auszulegen (§ 102 **Satz 1** UmwG). Die Bestimmung dient ebenfalls den **Informationsinteressen der Anteilsinhaber**. Auch den Mitgliedern, die von ihren Rechten gem. § 101 UmwG keinen Gebrauch gemacht haben, soll die Möglichkeit eröffnet werden, sich noch in der Mitgliederversammlung zu informieren. Die Unterlagen sind in ausreichender Zahl auszulegen, damit das Informationsrecht auch tatsächlich wahrgenommen werden kann[2]. Ausreichend dürfte die Auslage in einem Vorraum des eigentlichen Versammlungslokals sein[3].

III. Mündliche Erläuterung und Auskunft

3 Zusätzlich zu diesen schriftlichen Unterlagen hat der Vorstand den Verschmelzungsvertrag oder seinen Entwurf zu Beginn der Verhandlung noch **mündlich zu erläutern** und über jede wesentliche Veränderung des Vereinsvermögens zu unterrichten, die seit dem Abschluss des Verschmelzungsvertrags oder der Aufstellung seines Entwurfs eingetreten ist (§ 102 **Satz 2** UmwG i.V.m. § 64 Abs. 1 Satz 2 UmwG). Die Unterrichtung über die sich auf die Bewertung des Unternehmens auswirkenden Vermögensveränderungen dient der Überprüfung, ob das Umtauschverhältnis angepasst werden muss[4]. Für die gebotene Erläuterung reicht eine bloße Verlesung des Vertrags(-entwurfs) nicht aus. Vielmehr sind Erklärungen zu den Motiven, zu besonderen Schwierigkeiten und zur Durchführung der Verschmelzung zu geben[5]. Dabei kann der Vorstand sich sachverständiger Hilfspersonen, insbes. des beurkundenden Notars bedienen[6]. Auf Verlangen ist jedem Mitglied außerdem in der Mitgliederversammlung **Auskunft** auch über alle für die Verschmelzung wesentlichen Angelegenheiten der *anderen* beteiligten Rechtsträ-

---

1 *Katschinski* in Semler/Stengel, §§ 101, 102 UmwG Rz. 1.

2 Vgl. *Katschinski* in Semler/Stengel, §§ 101, 102 UmwG Rz. 13.

3 Strenger *Katschinski* in Semler/Stengel, §§ 101, 102 UmwG Rz. 13; *Vossius* in Widmann/Mayer, § 102 UmwG Rz. 8: im Versammlungsraum selbst.

4 S. dazu *Diekmann* in Semler/Stengel, § 64 UmwG Rz. 10f.; auch *Katschinski* in Semler/Stengel, §§ 101, 102 UmwG Rz. 14; *Leuering* in KölnKomm. UmwG, §§ 101, 102 UmwG Rz. 18f.

5 *Katschinski* in Semler/Stengel, §§ 101, 102 UmwG Rz. 14.

6 *Vossius* in Widmann/Mayer, § 102 UmwG Rz. 10f.; *Katschinski* in Semler/Stengel, §§ 101, 102 UmwG Rz. 14.

ger zu geben (§ 102 Satz 2 UmwG i.V.m. § 64 Abs. 2 UmwG). Ein Auskunftsrecht betreffend den *eigenen* Verein wird dabei als selbstverständlich vorausgesetzt und ergibt sich im Übrigen auch aus den (ungeschriebenen) allgemeinen Regeln[1].

Auskunftspflichtig ist nur der Vorstand des eigenen Vereins, nicht auch das Vertretungsorgan eines anderen beteiligten Rechtsträgers. Der Vereinsvorstand muss sich daher im Vorfeld der Versammlung über alle wesentlichen Angelegenheiten der anderen beteiligten Rechtsträger unterrichten. In der Regel wird es freilich zweckmäßig sein, dass die Vertretungsorgane der anderen beteiligten Rechtsträger an der Mitgliederversammlung des Vereins teilnehmen. So können auftauchende Fragen am besten geklärt werden. 4

Die Zulässigkeit einer **Auskunftsverweigerung** bestimmt sich nach den allgemeinen Regeln, die durch § 102 UmwG unberührt bleiben[2]. Auch insoweit bieten sich Anleihen bei den aktienrechtlichen Vorschriften (vgl. § 131 Abs. 3 AktG) an[3].

Zu weiteren Einzelheiten s. die Erläuterungen bei § 64 UmwG.

IV. Rechtsfolgen von Verstößen

Ein Verstoß gegen § 102 UmwG berechtigt zur Klage gegen die Wirksamkeit des Verschmelzungsbeschlusses nach § 14 UmwG (vgl. § 99 Rz. 37)[4]. Die Verletzung der Erläuterungs- und Auskunftspflicht ist überdies gem. § 313 Abs. 1 Nr. 1 UmwG strafbewehrt. 5

§ 103
Beschluss der Mitgliederversammlung

Der Verschmelzungsbeschluss der Mitgliederversammlung bedarf einer Mehrheit von drei Vierteln der abgegebenen Stimmen. Die Satzung kann eine größere Mehrheit und weitere Erfordernisse bestimmen.

1 Vgl. *Grunewald*, ZIP 1989, 962 ff.; *Hadding* in Soergel, § 38 BGB Rz. 17; *K. Schmidt*, Informationsrechte in Gesellschaften und Verbänden, 1984, S. 53 ff., 56 f.; *K. Schmidt*, GesR, § 21 III; s. auch *Reuter* in MünchKomm. BGB, § 38 BGB Rz. 37 f.; *Reichert*, Handbuch des Vereins- und Verbandsrechts, 12. Aufl., Rz. 1361 ff., 4459.

2 *Katschinski* in Semler/Stengel, §§ 101, 102 UmwG Rz. 15; *Vossius* in Widmann/Mayer, § 102 UmwG Rz. 16; ferner bei *Neye*, S. 198 (zu § 64 UmwG).

3 *Katschinski* in Semler/Stengel, §§ 101, 102 UmwG Rz. 15; *Wardenbach* in Henssler/Strohn, § 102 UmwG Rz. 1.

4 *Wardenbach* in Henssler/Strohn, § 102 UmwG Rz. 1.

Literatur

Vgl. die Angaben zu § 99.

I. Überblick

1 Die Bestimmung ergänzt § 13 UmwG und bestimmt für den Verschmelzungsbeschluss der Mitgliederversammlung die erforderliche Mehrheit. Das Gesetz knüpft dabei an die Regelung in § 33 Abs. 1 Satz 1 BGB betreffend Satzungsänderungen und § 41 Satz 2 BGB betreffend die Auflösung des Vereins an. Die dort erreichten Erkenntnisse können entsprechend herangezogen werden[1].

Nach der früheren Fassung war auf die „erschienenen Mitglieder" abzustellen. Die Neufassung (der „abgegebenen Stimmen") beruht auf dem Gesetz zur Erleichterung elektronischer Anmeldungen zum Vereinsregister und anderer vereinsrechtlicher Änderungen v. 24.9.2009 (BGBl. I, S. 3145) m.W.v. 30.9.2009. Nach dieser sprachlichen Änderung verhält es sich nunmehr im Vereinsrecht wie bei der AG (§ 133 Abs. 1 AktG) und der GmbH (§§ 47 Abs. 1, 53 Abs. 2 GmbHG).

Parallelvorschriften finden sich in §§ 65 Abs. 1 und 84 UmwG. Die Vorgängervorschrift für die Verschmelzung von Aktiengesellschaften war § 340c Abs. 2 AktG a.F.

Weitere Zustimmungserfordernisse können sich aus anderen Vorschriften des UmwG (z.B. §§ 13 Abs. 2, 51 Abs. 1 Satz 1 UmwG) oder des Vereinsrechts (z.B. § 35 BGB, s. auch unten Rz. 12, 14ff.) ergeben.

II. Grundsatz: Dreiviertel-Mehrheit der abgegebenen Stimmen (§ 103 Satz 1 UmwG)

2 Nach § 103 Satz 1 UmwG bedarf der Verschmelzungsbeschluss der Mitgliederversammlung grundsätzlich einer Mehrheit von drei Vierteln der abgegebenen Stimmen. Vor der Vereinsrechtsreform 2009[2] wurde noch auf die Mehrheit der erschienenen Mitglieder abgestellt. Mit der Änderung kommt der Gesetzgeber der bereits in Literatur und Rechtsprechung vorgenommenen Auslegung nach[3]. Nicht erschienene Mitglieder müssen – anders als etwa nach § 43 Abs. 1 UmwG bei Personenhandelsgesellschaften (!) – nicht zustimmen[4]. Eine Mindestzahl für die **Beschlussfähigkeit** regelt § 103 UmwG selbst nicht. Es gelten insoweit die allgemeinen vereinsrechtlichen Regeln[5]. In der Satzung können allerdings abweichende Vorschriften, insb. eine Mindestpräsenz für die Beschlussfähigkeit vorgesehen werden. Sieht die Satzung eine solche Mindestpräsenz für Satzungsänderungen oder den Auflösungsbeschluss vor, gilt dies im Zweifel auch für die Beschlussfähigkeit der Mitgliederversammlung bei dem Beschluss über eine Verschmelzung[6].

---

1 Vgl. z.B. bei *Hadding* in Soergel und *Reuter* in MünchKomm. BGB jeweils zu §§ 33, 41 BGB.

2 BGBl. I, S. 3145.

3 *Reuter*, NZG 2009, 1368 (1371) m.w.N.

4 Ebenso *Vossius* in Widmann/Mayer, § 103 UmwG Rz. 9.

5 *Katschinski* in Semler/Stengel, § 103 UmwG Rz. 10 m.w.N.

6 *Katschinski* in Semler/Stengel, § 103 UmwG Rz. 10.

Bei der Berechnung der Mehrheitsverhältnisse kommt es **nur** auf die abgegebenen **Ja- oder Nein-Stimmen** an; **Stimmenthaltungen** und **ungültige Stimmen** sind nicht mitzuzählen[1]. 3

Stimmberechtigt sind grundsätzlich alle Mitglieder (nicht Dritte, s. auch unten Rz. 13). Das gilt auch für den übernehmenden Rechtsträger mit einer ihm zustehenden Mitgliedschaft beim Verschmelzungsbeschluss des übertragenden Vereins[2]. Die Regelung in § 34 BGB steht dem nicht entgegen. Zwar betrifft die Beschlussfassung über die Verschmelzung durchaus die „Vornahme eines Rechtsgeschäftes" (vgl. § 4 UmwG). § 34 BGB bezieht sich aber nur auf Rechtsgeschäfte, die der Verein mit einem seiner Mitglieder *als einem Dritten* abschließt (sog. „Drittgläubigergeschäfte"), nicht sog. mitgliedschaftliche (oder organisationsrechtliche) Geschäfte[3]. Die Beschlussfassung über eine Verschmelzung ist Letzteren zuzuordnen[4]. 4

Zuständig zur Beschlussfassung über die Verschmelzung ist die **Mitgliederversammlung**. An ihre Stelle kann eine **Delegiertenversammlung** treten, wenn die Satzung das vorsieht (vgl. §§ 9, 13 PartG)[5]. Es genügt, wenn sich die Ermächtigung aus einer Auslegung der Satzung ergibt[6], doch erscheint eine ausdrückliche Klausel empfehlenswert. § 1 Abs. 3 UmwG steht der Zuständigkeit einer Delegiertenversammlung statt der Mitgliederversammlung nicht entgegen. Denn die Delegiertenversammlung ist, wie § 43a GenG zeigt, kein gänzlich anderes Vereinsorgan, sondern eine besondere Ausgestaltung der Mitgliederversammlung. Die Mitgliederversammlung beschließt daher über die Verschmelzung *durch* die Delegiertenversammlung[7]. 5

Demgegenüber ist eine **(verdrängende)** Zuständigkeitsverlagerung auf ein **anderes Vereinsorgan** unzulässig (§ 1 Abs. 3 UmwG)[8]; zulässig dagegen die „beitretende" Zuständigkeit eines anderen Vereinsorgans, also das Erfordernis einer zusätzlichen Zustimmung, z.B. eines „Beirats" (s. unten Rz. 11). 6

---

1 *Stratz* in Schmitt/Hörtnagl/Stratz, § 103 UmwG Rz. 1; *Vossius* in Widmann/Mayer, § 103 UmwG Rz. 14; *Katschinski* in Semler/Stengel, § 103 UmwG Rz. 8; *Leuering* in KölnKomm. UmwG, § 103 UmwG Rz. 2; *Wardenbach* in Henssler/Strohn, § 103 UmwG Rz. 1. Allg. zu Mehrheitserfordernissen im Vereinsrecht s. auch BGH v. 25.1. 1982 – II ZR 164/81, BGHZ 83, 35; *Hadding* in Soergel, § 33 BGB Rz. 5 und § 32 BGB Rz. 32; *Reuter* in MünchKomm. BGB, § 32 BGB Rz. 48 (je m.w.N.).

2 *Leuering* in KölnKomm. UmwG, § 103 UmwG Rz. 2.

3 Vgl. *Hadding* in Soergel, § 34 BGB Rz. 4 m.w.N.

4 Wie hier *Vossius* in Widmann/Mayer, § 103 UmwG Rz. 15; *Katschinski*, Die Verschmelzung von Vereinen, 1999, S. 144; *Katschinski* in Semler/Stengel, § 103 UmwG Rz. 9. Ebenso zu dem gleich gelagerten Problem bei § 47 Abs. 4 Satz 2 GmbHG LG Arnsberg v. 28.1.1994 – 2 O 410/93, AG 1995, 334; *Timm*, AG 1982, 103 f.; a.A. aber z.B. *Kraft* in KölnKomm. AktG, § 355 AktG Rz. 13 m.w.N. zum Streitstand.

5 LG Frankenthal v. 9.5.2007 – 1 T 100/07, RNotZ 2007, 478; *Katschinski* in Semler/Stengel, § 103 UmwG Rz. 4; *Leuering* in KölnKomm. UmwG, § 103 UmwG Rz. 3; *Wiedemann/Thüsing*, WM 1999, 2237 (2247); *Stöber/Otto*, Handbuch zum Vereinsrecht, 10. Aufl. 2012, Rz. 766; *Reichert*, Handbuch des Vereins- und Verbandsrechts, 12. Aufl., Rz. 1172, 5743 ff.; *Terner*, RNotZ 2007, 480 (481 f.); a.A. Deutsches Notarinstitut, Gutachten zum Umwandlungsrecht 1996/97, 1998, S. 191 f. (Ausnahme nur bei Großvereinen).

6 LG Frankenthal v. 9.5.2007 – 1 T 100/07, RNotZ 2007, 478 (479) mit zust. Anm. *Terner*, RNotZ 2007, 482.

7 S. auch *Hadding* in Soergel, § 32 BGB Rz. 3.

8 Vgl. zum Ganzen *Katschinski*, S. 133 ff.; *Katschinski* in Semler/Stengel, § 103 UmwG Rz. 4.

7 Der Verschmelzungsbeschluss bedarf der **notariellen Beurkundung** (§ 13 Abs. 3 Satz 1 UmwG). Die Beurkundung kann sowohl als Tatsachenprotokoll i.S.d. §§ 36 ff. BeurkG als auch nach den Vorschriften der §§ 8 ff. BeurkG über die Beurkundung von Willenserklärungen vorgenommen werden[1].

8 Für **Beschlussmängel** gelten die allgemeinen Vorschriften[2] (vgl. bei §§ 14, 15 UmwG i.V.m. SpruchG, §§ 16 Abs. 3, 20 Abs. 2, 28, 32, 34 UmwG i.V.m. SpruchG; s. bereits § 99 Rz. 37). Gem. **§ 14 Abs. 1 UmwG** ist für eine Klage gegen die Wirksamkeit eines Verschmelzungsbeschlusses (im Vereinsrecht nach traditioneller Sichtweise die allgemeine Feststellungsklage gem. § 256 ZPO[3], nach einer im Vordringen befindlichen Sichtweise die Anfechtungsklage analog § 243 AktG[4]) eine Monatsfrist zu beachten[5]. Gem. **§§ 14 Abs. 2, 32 UmwG** kann die Klage gegen die Wirksamkeit des Verschmelzungsbeschlusses eines *übertragenden* Rechtsträgers weder darauf gestützt werden, dass das Umtauschverhältnis der Anteile zu niedrig bemessen sei, noch darauf, dass das Angebot nach § 29 UmwG zu niedrig bemessen sei. Für diese Rügen sieht das Gesetz ein besonderes Spruchverfahren in §§ 15, 34 UmwG vor, das im Spruchverfahrensgesetz[6] geregelt ist.

III. Abweichende Satzungsbestimmungen (§ 103 Satz 2 UmwG)

9 Nach § 103 Satz 2 UmwG kann die Satzung des Vereins eine größere Mehrheit oder weitere Erfordernisse bestimmen. Möglich ist mithin nur eine **Verschärfung** der gesetzlichen Mindestanforderungen des § 103 Satz 1 UmwG, nicht eine Erleichterung[7]. Die abweichende Satzungsbestimmung i.S.d. § 103 Satz 2 UmwG braucht auch nicht ausdrücklich den Fall der „Verschmelzung" zu benennen. Sieht die Satzung **Erschwerungen für die Auflösung** des Vereins oder für **Satzungsänderungen** vor, ist im Einzelfall durch **Auslegung** zu ermitteln, ob diese Erschwerungen auch für den Verschmelzungsbeschluss gelten sollen[8]. Sieht die Satzung allgemein für Satzungsänderungen schärfere Mehrheitserfordernisse vor, gilt dies im Zweifel auch für die Verschmelzung (oben § 13 Rz. 27)[9]. Sind besondere Mehrheitserfordernisse nur für bestimmte Satzungsänderungen vorgesehen, ist zu fragen, ob die Verschmelzung den aufgezählten Satzungsänderungen vergleichbar ist[10].

1 *Katschinski* in Semler/Stengel, § 103 UmwG Rz. 6.
2 *Katschinski* in Semler/Stengel, § 103 UmwG Rz. 25.
3 Vgl. *Hadding* in Soergel, § 32 BGB Rz. 14, 35 ff., 40 m.w.N.
4 S. namentlich *K. Schmidt*, GesR, § 15 II 3; *K. Schmidt* in FS Stimpel, 1985, S. 217; *Reuter* in MünchKomm. BGB, § 32 BGB Rz. 55 ff.; für § 103 UmwG auch *Katschinski* in Semler/Stengel, § 103 UmwG Rz. 25, Fn. 64; *Leuering* in KölnKomm. UmwG, § 103 UmwG Rz. 16 f.
5 Zur Unzulässigkeit der weiteren Beschwerde eines Vereinsmitglieds nach Fristversäumung s. KG Berlin v. 22.3.2005 – 1 W 263/04, Rpfleger 2005, 441.
6 Art. 1 Spruchverfahrensneuordnungsgesetz v. 12.6.2003, BGBl. I, S. 838.
7 S. auch *Katschinski* in Semler/Stengel, § 103 UmwG Rz. 11; *Vossius* in Widmann/Mayer, § 103 UmwG Rz. 2.
8 *Katschinski* in Semler/Stengel, § 103 UmwG Rz. 13 f.; s. auch *Drobnig/Becker/Remien*, S. 41 f.
9 *Katschinski* in Semler/Stengel, § 103 UmwG Rz. 14; ferner *Bayer*, ZIP 1997, 1613 (1622).
10 *Katschinski* in Semler/Stengel, § 103 UmwG Rz. 14 m.w.N.

Eine **„größere Mehrheit"** kann bis hin zur Einstimmigkeit vorgesehen werden[1]. 10

Ohne entsprechende Satzungsbestimmung ergibt sich eine notwendige Einstimmigkeit nicht schon in Analogie zu § 275 Abs. 1 UmwG[2]; zum Problem Verschmelzung und Zweckänderung s. unten Rz. 14 ff.

An **„weiteren Erfordernissen"** kommen namentlich in Betracht[3]: 11

- Abstellen auf das Erscheinen einer bestimmten Mitgliederzahl (Beschlussfähigkeit; oben Rz. 2)
- oder auf die Dreiviertel-Mehrheit aller Vereinsmitglieder (nicht nur der erschienenen),
- Vorsehen eines besonderen Verfahrens (z.B. „Bestätigung" des Verschmelzungsbeschlusses in einer späteren zusätzlichen Mitgliederversammlung),
- zusätzliche Zustimmung eines bestimmten Mitglieds oder eines anderen Vereinsorgans (z.B. eines „Beirats"[4]).

Die Zustimmung eines bestimmten Vereinsmitglieds zum Verschmelzungsbeschluss ist insb. bei **Sonderrechten** erforderlich, wenn durch die Verschmelzung das Sonderrecht beeinträchtigt wird (§ 99 Rz. 12). Nach § 35 BGB können Sonderrechte eines Mitglieds nicht ohne dessen Zustimmung durch Beschluss der Mitgliederversammlung beeinträchtigt werden. Gem. § 13 Abs. 3 Satz 1 UmwG ist auch die Zustimmungserklärung des Sonderberechtigten notariell zu beurkunden[5]. Soweit keine Sonderrechte betroffen sind, können Mitglieder eine Verschmelzung demgegenüber nicht mit Hinweis auf eine etwaige Verschlechterung ihrer Rechtspositionen verhindern. Den schützenswerten Belangen der „normalen" Vereinsmitglieder wird nach der verschmelzungsrechtlichen Teleologie vor allem durch die Festlegung eines angemessenen Umtauschverhältnisses Rechnung getragen[6]. 12

Wohl **nicht zulässig** ist dagegen die Zuweisung von Mitwirkungsrechten an **vereinsfremde Dritte**[7]. Es handelt sich um einen Ausschnitt aus dem allgemeinen verbandsrechtlichen Problem der sog. Verbandsautonomie. Hier ist vieles umstritten[8]. 13

---

1 *Katschinski* in Semler/Stengel, § 103 UmwG Rz. 11; *Vossius* in Widmann/Mayer, § 103 UmwG Rz. 21.

2 So aber *Neumayer/Schulz*, DStR 1996, 872 (873).

3 S. *Hadding* in Soergel, § 33 BGB Rz. 6 f. m.w.N.; *Katschinski*, S. 145, 155 ff.; *Katschinski* in Semler/Stengel, § 103 UmwG Rz. 20 ff.

4 So auch *Katschinski* in Semler/Stengel, § 103 UmwG Rz. 20. A.A. für die Aktiengesellschaft *Kraft* in KölnKomm. AktG, § 340c AktG Rz. 17. Diese abweichende Ansicht beruht aber auf dem dem Aktienrecht eigentümlichen Grundsatz der *zwingenden* (vgl. § 23 Abs. 5 AktG) Satzungsautonomie *der Hauptversammlung* (vgl. *Hüffer*, § 179 AktG Rz. 23 m.w.N.), die im Vereinsrecht keine Parallele hat (vgl. dort § 40 BGB i.V.m. §§ 32, 33, 38 BGB und dazu *Hadding* in Soergel, § 40 BGB Rz. 1 f. und § 32 BGB Rz. 33, § 33 BGB Rz. 6).

5 Zutr. *Vossius* in Widmann/Mayer, § 103 UmwG Rz. 11 f.; *Leuering* in KölnKomm. UmwG, § 103 UmwG Rz. 6.

6 *Katschinski* in Semler/Stengel, § 103 UmwG Rz. 24.

7 A.A. *Katschinski* in Semler/Stengel, § 103 UmwG Rz. 21; ihm zust. *Leuering* in KölnKomm. UmwG, § 103 UmwG Rz. 7.

8 Vgl. *Hadding* in Soergel, § 33 BGB Rz. 7; *Reuter* in MünchKomm. BGB, § 33 BGB Rz. 15 ff.; *K. Schmidt*, GesR, § 5 I 3; *Steinbeck*, Vereinsautonomie und Dritteinfluss –

IV. Verschmelzungsbeschluss und Satzungsänderung in der Form der Zweckänderung

14 Zweifelhaft ist das Verhältnis von Verschmelzung und Satzungsänderung in der Form der Zweckänderung (zum Parallelproblem bei der Spaltung s. § 149 Rz. 18; zum Formwechsel s. § 275 Abs. 1 UmwG). Die Fragestellung ergibt sich, weil das Gesetz insoweit unterschiedliche Mehrheitserfordernisse vorsieht: Während für den Verschmelzungsbeschluss eine Mehrheit von drei Vierteln der abgegebenen Stimmen erforderlich ist, aber auch genügt (§ 103 UmwG), bedarf es zu einer Änderung des Vereinszwecks[1] der Zustimmung aller Mitglieder (§ 33 Abs. 1 Satz 2 BGB). Für die rechtliche Beurteilung ist wohl zu unterscheiden:

15 **Keine Änderung des Vereinszwecks** i.S.d. § 33 Abs. 1 Satz 2 BGB ist das Erlöschen des **übertragenden** Vereins durch Wirksamwerden der Umwandlung gem. § 20 Abs. 1 Nr. 2 UmwG. Die Verschmelzung unterfällt insoweit allein den (Sonder-)Regelungen des UmwG. Das gilt auch dann, wenn der aufnehmende oder neue Rechtsträger einen anderen Zweck verfolgt, als ihn der übertragende Verein verfolgt hat. Die Verschmelzung wird vom Gesetz in Ansehung des übertragenden Vereins der Auflösung gleichgestellt, für die grundsätzlich ebenfalls eine Dreiviertelmehrheit ausreicht (§ 41 Satz 2 BGB). Eine Analogie zu § 275 Abs. 1 UmwG passt hier nicht[2]. Denn anders als beim Formwechsel (dort Fortbestehensfiktion gem. § 202 Abs. 1 Nr. 1 UmwG) besteht der übertragende Verein bei der Fusion nicht fort, sondern er erlischt (§ 20 Abs. 1 Nr. 2 UmwG). Eine Zweckänderung, die stets auf den *fortbestehenden* Verein bezogen ist, kann insoweit nicht bewirkt werden[3].

16 **Anders** ist die Sachlage bei **Verschmelzung im Wege der Aufnahme** aus der Sicht des **übernehmenden** Vereins zu beurteilen, wenn **im Zuge der Verschmelzung *sein* Zweck geändert werden soll** (*Beispiel:* Zweck des Vereins soll nach Wirksamwerden der Verschmelzung nicht mehr die Förderung des Sports, sondern die Förderung der Kunst sein). Für *diese* Satzungsänderung ist § 33 Abs. 1 Satz 2 BGB anzuwenden[4]. Denn aus Sicht des aufnehmenden Vereins geht es nicht um die (liquidationslose) Auflösung, sondern bei dieser Sachlage um eine Änderung des Vereinszwecks, für die nach allgemeinen Regeln eben die Zustimmung aller Mitglieder erforderlich ist. Der Minderheitenschutzzweck des § 33 Abs. 1 Satz 2 BGB

---

dargestellt an den Verbänden des Sports, 1999; großzügiger z.B. *Katschinski*, S. 156 ff.; *Katschinski* in Semler/Stengel, § 103 UmwG Rz. 21 je m.w.N. zum Streitstand.

1 Vgl. dazu BGH v. 11.11.1985 – II ZB 5/85, BGHZ 96, 245 (251 f.); *Hadding* in Soergel, § 33 BGB Rz. 8 ff. m.w.N.; *Krähe*, SpuRt 2005, 237 (238).

2 Wie hier OLG Hamm v. 19.9.2012 – I-8 AktG 2/12, NZG 2013, 388. A.A. *Leuering* in KölnKomm. UmwG, § 103 UmwG Rz. 13.

3 Wie hier OLG Hamm v. 19.9.2012 – I-8 AktG 2/12, NZG 2013, 388; *Vossius* in Widmann/Mayer, § 99 UmwG Rz. 92 ff.; *Raupach/Böckstiegel* in FS Widmann, 2000, S. 482; a.A. *Katschinski*, S. 146 f.; *Katschinski* in Semler/Stengel, § 103 UmwG Rz. 19; ferner *Neumayer/Schulz*, DStR 1996, 872 (873); *Leuering* in KölnKomm. UmwG, § 103 UmwG Rz. 13; wohl auch *Reichert*, Handbuch des Vereins- und Verbandsrechts, 12. Aufl., Rz. 4463.

4 Insoweit wie hier *Katschinski* in Semler/Stengel, § 103 UmwG Rz. 18; *Raupach/Böckstiegel* in FS Widmann, 2000, S. 482; *Stöber/Otto*, Handbuch zum Vereinsrecht, 10. Aufl. 2012, Rz. 815; *Vossius* in Widmann/Mayer, § 99 UmwG Rz. 100; dogmatisch anders (analoge Anwendung des § 275 Abs. 1 UmwG) *Leuering* in KölnKomm. UmwG, § 103 UmwG Rz. 9.

soll nicht dadurch umgangen werden können, dass der Verein die Zweckänderung gleichsam „bei Gelegenheit" einer Verschmelzung vollzieht. Dieses Regelungsanliegen kommt in § 275 UmwG besonders zum Ausdruck[1]. Genau genommen liegen in diesem Fall *zwei Beschlussgegenstände* vor: Der Verschmelzungsvertrag (Verschmelzungsbeschluss), der nicht notwendig mit einer Zweckänderung verbunden ist (vgl. § 5 UmwG), und die Änderung des Vereinszwecks. Freilich kann und sollte die Beschlussfassung über beide Gegenstände in einem Akt zusammengefasst werden[2], weil sie aufeinander bezogen sind, nämlich die Zweckänderung eine Bedingung der Verschmelzung ist und die Verschmelzung nicht durchgeführt werden soll, wenn die Zweckänderung nicht zustande kommt[3].

Wiederum anders ist schließlich die **Verschmelzung im Wege der Neugründung** 17 (§ 2 Nr. 2 UmwG) zu beurteilen. Bei der Verschmelzung im Wege der Neugründung sind die beteiligten Vereine stets *übertragende* Rechtsträger, so dass die Verschmelzung sich als liquidationslose Auflösung darstellt. Insoweit bleibt es allein bei § 103 UmwG[4], der insoweit mit § 41 Satz 2 BGB übereinstimmt.

§ 104
Bekanntmachung der Verschmelzung

(1) Ist ein übertragender wirtschaftlicher Verein nicht in ein Handelsregister eingetragen, so hat sein Vorstand die bevorstehende Verschmelzung durch den Bundesanzeiger bekannt zu machen. Die Bekanntmachung im Bundesanzeiger tritt an die Stelle der Eintragung im Register. Sie ist mit einem Vermerk zu versehen, dass die Verschmelzung erst mit der Eintragung im Register des Sitzes des übernehmenden Rechtsträgers wirksam wird. Die §§ 16 und 17 Abs. 1 und § 19 Abs. 1 Satz 2, Abs. 2 und Abs. 3 sind nicht anzuwenden, soweit sie sich auf die Anmeldung und Eintragung dieses übertragenden Vereins beziehen.

(2) Die Schlussbilanz eines solchen übertragenden Vereins ist der Anmeldung zum Register des Sitzes des übernehmenden Rechtsträgers beizufügen.

1 Vgl. die BegrRegE zu § 275 UmwG, bei *Neye*, S. 414: „Eine Änderung des Vereinszwecks gegen den Willen einzelner Mitglieder kann aus grundsätzlichen Erwägungen nicht hingenommen werden. ... Ohne eine Regelung wie § 275 Abs. 1 könnte die grundlegende Vorschrift des § 33 Abs. 1 Satz 2 BGB umgangen werden."; *Schießl*, DStZ 2007, 494 (497); s. auch *Leuering* in KölnKomm. UmwG, § 103 UmwG Rz. 9.

2 *Leuering* in KölnKomm. UmwG, § 103 UmwG Rz. 10.

3 *Katschinski* in Semler/Stengel, § 103 UmwG Rz. 18 mit Fn. 44.

4 *Vossius* in Widmann/Mayer, § 99 UmwG Rz. 101; a.A. *Katschinski* in Semler/Stengel, § 103 UmwG Rz. 19; *Neumayer/Schulz*, DStR 1996, 872 (873), die analog § 275 Abs. 1 UmwG eine Zustimmung aller Vereinsmitglieder fordern.

Literatur

Vgl. die Angaben zu § 99.

I. Überblick

1 Die Vorschrift knüpft an die Vorschriften über die Publizität der Verschmelzung in §§ 16 – 19 an UmwG. Nach § 16 Abs. 1 Satz 1 UmwG haben die Vertretungsorgane jedes der an der Verschmelzung beteiligten Rechtsträger die Verschmelzung zur Eintragung in das Register (Handelsregister, Partnerschaftsregister, Genossenschaftsregister oder Vereinsregister) des Sitzes ihres Rechtsträgers anzumelden. Der Anmeldung sind bestimmte Unterlagen beizufügen (§ 17 UmwG). Eintragung und Bekanntmachung der Verschmelzung regelt § 19 UmwG. Ist ein Rechtsträger nicht in ein Register eingetragen, passen diese Regelungen nicht. § 104 UmwG regelt deshalb für (wirtschaftliche) Vereine, die nicht in ein *Handelsregister* eingetragen sind, die notwendigen Ergänzungen[1]. Adressat der Bekanntmachungsverpflichtung ist der Vereinsvorstand[2].

Die frühere Formulierung „elektronischer Bundesanzeiger" wurde zu „Bundesanzeiger" geändert durch Gesetz zur Änderung von Vorschriften über Verkündung und Bekanntmachungen sowie der Zivilprozessordnung, des Gesetzes betreffend die Einführung der Zivilprozessordnung und der Abgabenordnung v. 22.12.2011 (BGBl. I, S. 3044) m.W.v. 1.4.2012.

Zum Formwechsel s. § 278 Abs. 2 UmwG.

II. Anwendungsbereich

2 Die Bestimmung des § 104 UmwG betrifft **nur wirtschaftliche Vereine** i.S.d. § 22 BGB. Das ist durch das Gesetz zur Änderung des UmwG v. 22.7.1998[3] ausdrücklich klargestellt[4]. Die Sonderregelung des § 104 UmwG erklärt sich daraus, dass wirtschaftliche Vereine nicht in das Vereinsregister eingetragen werden (vgl. auch § 55 Abs. 1 BGB)[5]. Falls sie auch nicht in ein Handelsregister eingetragen sind, sind sie in *keinem* der in § 16 Abs. 1 Satz 1 UmwG genannten Register (Handelsregister, Partnerschaftsregister, Genossenschaftsregister oder Vereinsregister) geführt. Die Vorschriften der §§ 16, 17 und 19 UmwG, die die Anmeldung und Eintragung der Verschmelzung in ein *Register* betreffen, passen in diesem Fall nicht[6]. Die dann für ihre Anwendung erforderlichen Ergänzungen enthält § 104 UmwG.

Die Vorschrift betrifft weiter nur wirtschaftliche Vereine als **übertragende Rechtsträger**. Das ergibt sich freilich schon aus § 3 Abs. 2 Nr. 1 UmwG, nach dem wirtschaftliche Vereine an einer Verschmelzung überhaupt nur als übertragende Rechtsträger beteiligt sein können. Die zusätzliche Formulierung in § 104 UmwG „ein übertragender wirtschaftlicher Verein" ist daher überflüssig. Richtig wäre: „Ist ein wirtschaftlicher Verein nicht in ein Handelsregister eingetragen …".

1 Vgl. auch *Wardenbach* in Henssler/Strohn, § 104 UmwG Rz. 1.
2 *Stratz* in Schmitt/Hörtnagl/Stratz, § 104 UmwG Rz. 2.
3 BGBl. I, S. 1878.
4 Vgl. *Neye*, DB 1998, 1649 (1652).
5 Vgl. *Hadding* in Soergel, Vor § 55 BGB Rz. 1.
6 *Katschinski* in Semler/Stengel, § 104 UmwG Rz. 1.

III. Bekanntmachung anstelle der Eintragung (§ 104 Abs. 1 UmwG)

Da für wirtschaftliche Vereine, die nicht in ein Handelsregister eingetragen sind, eine Publizität der Verschmelzung durch Eintragung in ein Register nicht in Betracht kommt, tritt an die Stelle der Registerpublizität die **Publizität durch Bekanntmachung**. Vor Inkrafttreten des Gesetzes über elektronische Handelsregister und Genossenschaftsregister sowie Unternehmensregister (EHUG) v. 10.11. 2006[1] hatte der Vereinsvorstand die bevorstehende Verschmelzung durch den Bundesanzeiger und darüber hinaus noch durch mindestens ein weiteres Blatt bekannt zu machen (§ 104 Abs. 1 Satz 1 UmwG a.F.). Nunmehr genügt die Bekanntmachung im Bundesanzeiger[2]. 3

Die Bekanntmachung im Bundesanzeiger tritt an die Stelle der Eintragung in das Register (§ 104 Abs. 1 Satz 2 UmwG). Damit ist § 19 Abs. 1 Satz 1 UmwG in Bezug genommen. Die Verschmelzung darf danach in das Register des Sitzes des übernehmenden Rechtsträgers erst eingetragen werden, nachdem sie für den übertragenden Verein im Bundesanzeiger bekannt gemacht wurde. Die Bekanntmachung der „bevorstehenden Verschmelzung" kann zeitlich erst nach Fassung der Verschmelzungsbeschlüsse erfolgen[3].

Entsprechend § 19 Abs. 1 Satz 2 UmwG (dort auf die Eintragung bezogen) ist nach § 104 Abs. 1 *Satz 3* UmwG die Bekanntmachung mit dem Vermerk zu versehen, dass die Verschmelzung erst mit der Eintragung im Register des Sitzes des übernehmenden Rechtsträgers wirksam wird. Mit dem Zweiten Gesetz zur Änderung des Umwandlungsgesetzes v. 19.4.2007[4] hat der Gesetzgeber § 19 Abs. 1 Satz 2 UmwG um den Zusatz ergänzt, dass die Eintragung eines Wirksamkeitsvorbehaltes nur erforderlich ist, sofern die Eintragungen der Verschmelzung in den Registern aller beteiligten Rechtsträger nicht am selben Tag erfolgen (vgl. § 99 Rz. 38). Aufgrund von entsprechenden Absprachen wird in der Praxis häufig für alle beteiligten Rechtsträger eine taggleiche Eintragung der Verschmelzung erreicht. Um die Registergerichte zu entlasten und zusätzliche Veröffentlichungskosten zu sparen, ist nun in diesem Fall eine Eintragung des Wirksamkeitsvorbehaltes nicht mehr erforderlich[5]. Fraglich ist, welche Auswirkung die Neuregelung des § 19 UmwG auf die Bekanntmachung von Verschmelzungen hat, bei denen als übertragender Rechtsträger ein wirtschaftlicher Verein beteiligt ist. § 104 Abs. 1 Satz 3 UmwG wurde nicht geändert und aufgrund von § 104 Abs. 1 Satz 4 UmwG findet § 19 Abs. 1 Satz 2 UmwG auf die Bekanntmachung der Verschmelzung bei übertragenden wirtschaftlichen Vereinen keine Anwendung. Nach dem Wortlaut des § 104 UmwG ist somit weiterhin stets ein Wirksamkeitsvorbehalt im Bundesanzeiger bekannt zu machen. Der Grund hierfür liegt in dem praktischen Unterschied zwischen Bekanntmachung und Eintragung. Namentlich kann eine vergleichbare Absprache mit den Registerrichtern nicht erfolgen. Möglicherweise spielt auch die Kostenersparnis bei der Bekanntmachung durch den Bundesanzeiger eine geringere Rolle als bei der Eintragung in ein Register. Dementsprechend

1 BGBl. I, S. 2553.
2 BT-Drucks. 16/960, 65.
3 *Katschinski* in Semler/Stengel, § 104 UmwG Rz. 7; *Vossius* in Widmann/Mayer, § 104 UmwG Rz. 10.
4 BGBl. I, S. 542.
5 BT-Drucks. 16/2919, 13 Ziff. 5.

bleibt es bezüglich der Eintragung des Wirksamkeitsvorbehaltes beim wirtschaftlichen Verein bei der alten Rechtslage.

Aufzunehmen ist außerdem der Hinweis an die Gläubiger gem. § 22 Abs. 1 Satz 3 UmwG[1].

4 **Nicht anzuwenden** sind nach § 104 Abs. 1 *Satz 4* UmwG die an die Eintragung in einem Register anknüpfenden Bestimmungen der §§ 16, 17 Abs. 1, 19 Abs. 1 Satz 2, Abs. 2 und Abs. 3 UmwG. Zu beachten ist insbesondere, dass § 16 UmwG für den übertragenden wirtschaftlichen Verein insgesamt für unanwendbar erklärt ist, also auch dessen Abs. 2 und 3. Eine Klage gegen die Wirksamkeit eines Verschmelzungsbeschlusses eines wirtschaftlichen Vereins, der nicht in ein Handelsregister eingetragen ist, hat mithin weder eine „Registersperre" nach § 16 Abs. 2 UmwG zur Folge (was sich von selbst versteht, weil keine Registereintragung stattfindet) noch eine „Bekanntmachungssperre" etwa dergestalt, dass „entsprechend § 16 Abs. 2 Satz 2" die Bekanntmachung der Verschmelzung im Bundesanzeiger zu unterbleiben hätte[2]. Vielmehr hindert eine Klage die Bekanntmachung nicht. Folgerichtig entfällt auch das „Unbedenklichkeitsverfahren" nach § 16 Abs. 3 UmwG.

Die genannten Vorschriften sind freilich nur insoweit unanwendbar, als sie sich auf die Anmeldung und Eintragung des fraglichen wirtschaftlichen Vereins beziehen. Für andere an der Verschmelzung beteiligte Rechtsträger bleibt es daher bei den allgemeinen Regeln.

5 Auch für den übertragenden wirtschaftlichen Verein **anwendbar** bleibt (neben dem bereits genannten § 19 Abs. 1 Satz 1 UmwG i.V.m. § 104 Abs. 1 Satz 2 UmwG) dagegen § 17 Abs. 2 UmwG über die Schlussbilanz, freilich modifiziert durch § 104 Abs. 2 UmwG (dazu sogleich unten Rz. 6).

IV. Schlussbilanz (§ 17 Abs. 2 UmwG i.V.m. § 104 Abs. 2 UmwG)

6 Nach § 17 Abs. 2 Satz 1 UmwG ist der Anmeldung zum Register des Sitzes jedes der übertragenden Rechtsträger eine (Verschmelzungs-)Schlussbilanz dieses Rechtsträgers beizufügen (vgl. bereits § 99 Rz. 39ff., insb. Rz. 42 a.E.). Dies gilt auch für wirtschaftliche Vereine, die nicht in das Handelsregister eingetragen sind; § 104 Abs. 2 UmwG begründet eine selbständige Bilanzierungspflicht[3]. Im Katalog der nicht anzuwendenden Vorschriften des § 104 Abs. 1 Satz 4 UmwG ist § 17 Abs. 2 UmwG ausdrücklich ausgenommen. Freilich kommt hier eine Beifügung zur Registeranmeldung des Sitzes des *übertragenden* Rechtsträgers nicht in Betracht, weil dieser in keinem Register eingetragen ist. § 104 Abs. 2 UmwG bestimmt daher, dass die Schlussbilanz eines solchen Vereins der Anmeldung zum Register des Sitzes des *übernehmenden* Rechtsträgers beizufügen ist. Im Übrigen bleibt es bei den Regelungen in § 17 Abs. 2 UmwG (insbesondere dort Satz 2 und Satz 4).

1 Zutr. *Katschinski* in Semler/Stengel, § 104 UmwG Rz. 5; *Vossius* in Widmann/Mayer, § 104 UmwG Rz. 9 mit Formulierungsvorschlag in Rz. 14; *Leuering* in KölnKomm. UmwG, § 104 UmwG Rz. 2.

2 Zust. *Vossius* in Widmann/Mayer, § 104 UmwG Rz. 18; *Stratz* in Schmitt/Hörtnagl/Stratz, § 104 UmwG Rz. 2.

3 *Katschinski* in Semler/Stengel, § 104 UmwG Rz. 9; *Leuering* in KölnKomm. UmwG, § 104 UmwG Rz. 5; *Wardenbach* in Henssler/Strohn, § 104 UmwG Rz. 1.

§ 104a
Ausschluss der Barabfindung in bestimmten Fällen

Die §§ 29 bis 34 sind auf die Verschmelzung eines eingetragenen Vereins, der nach § 5 Abs. 1 Nr. 9 des Körperschaftsteuergesetzes von der Körperschaftsteuer befreit ist, nicht anzuwenden.

Literatur

Vgl. die Angaben zu § 99.

I. Überblick und Anwendungsbereich

Die Vorschrift enthält eine Sonderregelung für die Verschmelzung unter Beteiligung sog. **gemeinnütziger Vereine** (vgl. § 5 Abs. 1 Nr. 9 KStG i.V.m. §§ 51 bis 68 AO). Das Vermögen solcher Vereine unterliegt der **Zweckbindung nach § 55 Abs. 1 AO**[1]. Die Gewährung einer Abfindung an ausscheidende Mitglieder könnte den steuerlichen Gemeinnützigkeitsstatus gefährden (s. bereits oben § 99 Rz. 11). Daher sollen für die Mitglieder solcher Vereine die Vorschriften über den Anspruch widersprechender Anteilsinhaber auf Barabfindung keine Anwendung finden[2]. Die Vorschrift will also den **Gemeinnützigkeitsstatus** der an der Umwandlung beteiligten Vereine **schützen**. 1

Zum Grundsatz der **zeitnahen Mittelverwendung** (§ 55 Abs. 1 Nr. 5 AO) und dessen Auswirkungen für die Kapitalausstattung von Kapitalgesellschaften, der bei der Verschmelzung eines steuerbegünstigten Vereins auf eine steuerbegünstigte Kapitalgesellschaft relevant werden kann, s. OFD Rostock[3] (die Hingabe von zeitnah zu verwendenden Mitteln zur Kapitalausstattung oder Errichtung einer anderen Körperschaft ist regelmäßig als Verstoß gegen das Gebot der Selbstlosigkeit zu werten)[4].

§ 104a UmwG gilt über die Verweisung des § 125 UmwG auch für die Spaltung unter Beteiligung rechtsfähiger Vereine gem. § 149 UmwG. Parallelvorschriften finden sich in § 282 Abs. 2 UmwG (betreffend den Formwechsel rechtsfähiger Vereine in eine Kapitalgesellschaft) und in § 290 UmwG (Formwechsel rechtsfähiger Vereine in eine eG). In der Literatur wird darüber hinaus mit Recht eine analoge

1 Zu den Besonderheiten der Besteuerung von Vereinen s. z.B. *Schleder*, Steuerrecht der Vereine, 10. Aufl. 2012; *Boochs*, Steuerhandbuch für Vereine, Verbände und Stiftungen, 3. Aufl. 2001; *Märkle/Alber*, Der Verein im Zivil- und Steuerrecht, 12. Aufl. 2008.
2 Vgl. *Katschinski* in Semler/Stengel, § 104a UmwG Rz. 1; *Raupach/Böckstiegel* in FS Widmann, S. 481.
3 Verfügung v. 21.3.2001 – S-0174 – 02/01 – St241, DStR 2001, 942.
4 *Katschinski* in Semler/Stengel, § 104a UmwG Rz. 13 m.w.N.

Anwendung der Vorschrift auf andere steuerbegünstigte Körperschaften befürwortet[1].

2 Der **Anwendungsbereich** der unklar gefassten Vorschrift ist eng. Bei Mischverschmelzung eines gemeinnützigen Vereins auf einen Rechtsträger anderer Rechtsform (§ 29 Abs. 1 Satz 1 1. Alt. UmwG), der nicht ebenfalls gemeinnützig ist, verliert der Verein wegen des Grundsatzes der Vermögensbindung gem. § 55 Abs. 1 Nr. 4 AO, nach dem bei Auflösung oder Aufhebung der gemeinnützigen Körperschaft deren Vermögen nur für steuerbegünstigte Zwecke verwendet werden darf, den steuerlichen Status als gemeinnützig ohnehin rückwirkend (§§ 61 Abs. 3, 63 Abs. 2 AO). Da § 104a UmwG den Gemeinnützigkeitsstatus schützen will, kann dieser Fall eigentlich nicht gemeint sein[2]. Auch bei Fusion eines nicht steuerbegünstigten Vereins auf einen steuerbegünstigten Verein ist der Regelungszweck des § 104a UmwG nicht einschlägig, weil die Zahlung der Abfindung an die Mitglieder des übertragenden Vereins zu Lasten des übernommenen, nicht steuerbegünstigten Vermögens erfolgt[3]. Übrig bleiben daher nur: (1) die Verschmelzung zweier steuerbegünstigter Vereine, wenn ausnahmsweise § 29 Abs. 1 Satz 2 UmwG wegen Tauschs in vinkulierte Anteile oder wegen unterschiedlicher Vinkulierungen anwendbar ist (§ 99 Rz. 30); (2) ferner der Fall, dass aufnehmender Rechtsträger eine andere, aber ebenfalls steuerbegünstigte Körperschaft ist (§ 55 Abs. 1 Nr. 4 Satz 2 AO)[4]. Die Zahl der gemeinnützigen Körperschaften in anderer Rechtsform als der des Vereins ist freilich vergleichsweise gering[5].

II. Regelungsinhalt

1. Maßgebender Zeitpunkt

3 Die Vorschrift betrifft nur eingetragene Vereine, die nach § 5 Abs. 1 Nr. 9 KStG von der Körperschaftsteuer befreit sind. § 5 Abs. 1 Nr. 9 Satz 1 KStG verweist hierfür auf die §§ 51–68 AO. Freilich gibt es kein „besonderes Feststellungsverfahren" für die Anerkennung der steuerlichen Gemeinnützigkeit; vielmehr entscheidet das örtlich zuständige Finanzamt bei der jeweiligen Steuerart, ob die Steuervergünstigung wegen der Förderung gemeinnütziger Zwecke gewährt wird[6]. Hieraus können sich bei der Anwendung des § 104a UmwG **zeitliche Abstimmungsprobleme** ergeben. Die letzte Veranlagung kann schon einige Zeit zurückliegen, und seitdem können Veränderungen eingetreten sein, die eine andere Beurteilung des

1 S. *Katschinski* in Semler/Stengel, § 104a UmwG Rz. 8; *Raupach/Böckstiegel* in FS Widmann, S. 481.

2 *Katschinski* in Semler/Stengel, § 104a UmwG Rz. 3; *Leuering* in KölnKomm. UmwG, § 104a UmwG Rz. 2f.; *Stratz* in Schmitt/Hörtnagl/Stratz, § 104a UmwG Rz. 1; *Reuter* in MünchKomm. BGB, § 41 BGB Rz. 37.

3 *Katschinski* in Semler/Stengel, § 104a UmwG Rz. 3; *Reuter* in MünchKomm. BGB, § 41 BGB Rz. 37.

4 *Leuering* in KölnKomm. UmwG, § 104a UmwG Rz. 2f.; *Stratz* in Schmitt/Hörtnagl/Stratz, § 104 UmwG Rz. 1; *Wardenbach* in Henssler/Strohn, § 104a UmwG Rz. 1. S. dazu auch *Raupach/Böckstiegel* in FS Widmann, 2000, S. 477.

5 Vgl. *Schleder*, Steuerrecht der Vereine, 10. Aufl. 2012, B.2.1, Rz. 110.

6 Vgl. *Schleder*, Steuerrecht der Vereine, 10. Aufl. 2012, B.13, Rz. 729ff. – In der Praxis kommt der Körperschaftsteuerveranlagung die „führende Rolle" zu. Die hier getroffene Entscheidung wird in der Regel auch bei den anderen Steuerarten übernommen (vgl. *Schleder*, Steuerrecht der Vereine, 10. Aufl. 2012, B.13, Rz. 729).

steuerlichen Gemeinnützigkeitsstatus bedingen. Es erscheint wohl nicht angängig, hier ohne weiteres auf die Beurteilung im letzten Körperschaftsteuerbescheid zurückzugreifen[1]. Andererseits ist unklar, auf welchen Zeitpunkt es für die Feststellung der Voraussetzungen des § 104a UmwG stattdessen ankommen soll. Von den verschiedenen in Betracht kommenden Zeitpunkten – Verschmelzungsstichtag, Abschluss des Verschmelzungsvertrags oder Aufstellung eines Verschmelzungsvertragsentwurfs, Tag der Beschlussfassung über die Verschmelzung, Wirksamwerden der Beschlussfassung, Ablauf der Frist nach § 31 UmwG – wird man auf den **Zeitpunkt der Eintragung der Verschmelzung in das Register des übernehmenden Rechtsträgers (§ 20 Abs. 1 UmwG)** abzustellen haben[2]. § 104a UmwG will den Gemeinnützigkeitsstatus der an der Umwandlung beteiligten Vereine sichern (oben Rz. 1). Dieser Schutzzweck trifft entweder nicht mehr zu, wenn der Verein seine Gemeinnützigkeit im Zeitraum zwischen Beschlussfassung und Eintragung der Verschmelzung verloren hat. Oder der Verein verdient Schutz, nämlich wenn er im Zeitablauf bis zur Eintragung der Verschmelzung gemeinnützig geworden ist. Maßgebend ist mithin, ob der Verein *in diesem Zeitpunkt* die Voraussetzungen für die Körperschaftsteuerbefreiung nach § 5 Abs. 1 Nr. 9 KStG (noch) erfüllt. Ein früherer Körperschaftsteuerbescheid kann hierfür nur ein Beweisanzeichen sein. Die Darlegungs- und Beweislast für die Gemeinnützigkeit trägt der Verein, der sich auf die Anwendung des § 104a UmwG beruft. Erfüllt der Verein im maßgebenden Zeitpunkt die Voraussetzungen für die Steuerbegünstigung in Wahrheit nicht mehr und enthält der Verschmelzungsvertrag oder sein Entwurf gleichwohl kein Barabfindungsgebot (weil der Vereinsvorstand irrig davon ausgeht, der Verein sei nach wie vor gemeinnützig), so ist der Verschmelzungsbeschluss fehlerhaft. Die Fehlerfolgen bestimmen sich dann nach den allgemeinen Regeln (vgl. §§ 32, 34 [insbesondere Satz 2] UmwG)[3].

Vor diesem Hintergrund ist dem Vereinsvorstand anzuraten, bei dem zuständigen Finanzamt eine möglichst zeitnahe **„Gemeinnützigkeitsbescheinigung“** zu beantragen[4]. Zwar werden solche zusätzlichen Bescheinigungen von den Finanzämtern im Allgemeinen nicht ausgestellt[5]. Im Hinblick auf die sich aus § 104a UmwG ergebenden Unsicherheiten besteht für eine solche Bescheinigung aber ein berechtigtes Interesse. Eine unangemessene Belastung der Finanzämter ist hierdurch nicht zu befürchten, da die Verschmelzung unter Beteiligung gemeinnütziger Vereine sicherlich nicht allzu häufig vorkommen wird. 4

2. Unschädlichkeit eines wirtschaftlichen Geschäftsbetriebs

§ 104a UmwG unterscheidet nicht nach verschiedenen Tätigkeitsbereichen des Vereins, sondern knüpft an den Verein als solchen an. Ist dieser (im Übrigen) ge- 5

1 S. aber § 44a Abs. 2 Satz 2 i.V.m. § 36 Abs. 2 Satz 3 EStG, wonach die dort geregelte „Nichtveranlagungsbescheinigung“ betreffend die Abstandnahme vom Kapitalertragsteuerabzug eine Geltungsdauer von bis zu drei Jahren haben kann. S. auch *Schleder*, Steuerrecht der Vereine, 10. Aufl. 2012, B.13, Rz. 730ff.

2 Zutr. *Katschinski* in Semler/Stengel, § 104a UmwG Rz. 4; *Vossius* in Widmann/Mayer, § 104a UmwG Rz. 9ff.; *Stratz* in Schmitt/Hörtnagl/Stratz, § 104a UmwG Rz. 1; *Wardenbach* in Henssler/Strohn, § 104a UmwG Rz. 1.

3 *Katschinski* in Semler/Stengel, § 104a UmwG Rz. 9.

4 So auch *Katschinski* in Semler/Stengel, § 104a UmwG Rz. 6.

5 Vgl. *Schleder*, Steuerrecht der Vereine, 10. Aufl. 2012, B.13, Rz. 731.

meinnützig, schadet es für § 104a UmwG nicht, wenn der Verein auch einen sog. **wirtschaftlichen Geschäftsbetrieb** (vgl. §§ 14, 64 AO[1]) unterhält und die Körperschaftsteuerbefreiung nach § 5 Abs. 1 Nr. 9 Satz 2 KStG *insoweit* ausgeschlossen ist[2]. Für die Anwendung des § 104a UmwG gilt der Verein *insgesamt* als gemeinnützig[3]. Eine Differenzierung etwa dergestalt, dass die §§ 29–34 UmwG anwendbar bleiben, soweit der Verein einen wirtschaftlichen Geschäftsbetrieb unterhält, findet also nicht statt[4]. Für diese Auslegung spricht ferner, dass auch die Überschüsse aus den steuerpflichtigen wirtschaftlichen Geschäftsbetrieben der gemeinnützigen Zweckbindung unterliegen, also nur für die steuerbegünstigten satzungsmäßigen Zwecke verwendet werden dürfen[5]. Der beschriebene Gesetzeszweck des § 104a UmwG (oben Rz. 1) trifft mithin auch insoweit zu.

3. Austrittsrecht widersprechender Mitglieder

6 **Unberührt** bleibt das **Austrittsrecht** der widersprechenden Mitglieder des übertragenden Vereins **nach den allgemeinen Regeln** (s. auch § 29 Rz. 33)[6]. Die Verschmelzung ergibt freilich entgegen teilweise vertretener Ansicht[7] nicht schon für sich genommen einen hinreichenden Grund für einen *außerordentlichen* Austritt, d.h. unter Freistellung von etwaigen satzungsmäßigen Austrittsfristen (§ 39 Abs. 2 BGB)[8]. Anders als für die Verschmelzung unter Beteiligung eingetragener Genossenschaften (vgl. §§ 90ff. UmwG) sowie für die Verschmelzung genossenschaftlicher Prüfungsverbände (vgl. § 108 UmwG) sieht das Gesetz in dem Abschnitt über die Verschmelzung unter Beteiligung rechtsfähiger Vereine kein Sonderkündigungs- (oder „Sonderausschlagungs-") recht vor. – Darüber hinaus dürfte auch ein Verzicht auf die Gewährung einer Mitgliedschaft oder eines Anteils am aufnehmenden Rechtsträger möglich sein[9]. Die Mitgliedschafts-/Anteilsgewährung dient allein dem Schutz der Mitglieder vor einem Verlust ihrer Beteiligung (§ 128 Rz. 13)[10]. Es ist kein Grund ersichtlich, warum dieser Schutz nicht verzichtbar sein sollte.

---

1 Zur wirtschaftlichen Betätigung gemeinnütziger Vereine vgl. z.B. *Schleder*, Steuerrecht der Vereine, 10. Aufl. 2012, B.10.1, Rz. 582ff.

2 *Katschinski* in Semler/Stengel, § 104a UmwG Rz. 2; *Wardenbach* in Henssler/Strohn, § 104a UmwG Rz. 1.

3 *Leuering* in KölnKomm. UmwG, § 104a UmwG Rz. 3.

4 Zust. *Vossius* in Widmann/Mayer, § 104a UmwG Rz. 8.

5 Vgl. *Schleder*, Steuerrecht der Vereine, 10. Aufl. 2012, B.6.4, Rz. 460.

6 Zust. *Wardenbach* in Henssler/Strohn, § 104a UmwG Rz. 1.

7 S. *Drobnig/Becker/Remien*, S. 42; *Wiedemann/Thüsing*, WM 1999, 2277 (2278ff.) (für Gewerkschaftsfusionen).

8 Wie hier *Leuering* in KölnKomm. UmwG, § 104a UmwG Rz. 5; ferner *Katschinski*, S. 114; *Katschinski* in Semler/Stengel, § 104a UmwG Rz. 10 (anders nur, „sofern sich die Rechtsposition der Mitglieder auf Grund der Verschmelzung erheblich verschlechtert"); *Stöber/Otto*, Handbuch zum Vereinsrecht, 10. Aufl. 2012, Rz. 1082; *Vossius* in Widmann/Mayer, § 104a UmwG Rz. 20f.

9 *Katschinski* in Semler/Stengel, § 104a UmwG Rz. 11f.; *Leuering* in KölnKomm. UmwG, § 104a UmwG Rz. 6.

10 *Schröer* in Semler/Stengel, § 128 UmwG Rz. 6.

Siebenter Abschnitt Verschmelzung genossenschaftlicher Prüfungsverbände

§ 105
Möglichkeit der Verschmelzung

Genossenschaftliche Prüfungsverbände können nur miteinander verschmolzen werden. Ein genossenschaftlicher Prüfungsverband kann ferner als übernehmender Verband einen rechtsfähigen Verein aufnehmen, wenn bei diesem die Voraussetzungen des § 63b Abs. 2 Satz 1 des Genossenschaftsgesetzes bestehen und die in § 107 Abs. 2 genannte Behörde dem Verschmelzungsvertrag zugestimmt hat.

Literatur

Vgl. die Angaben zu § 79.

I. Inhalt der Vorschrift

1 Genossenschaftliche Prüfungsverbände (gPV) gehören gem. § 3 Abs. 1 Nr. 5 UmwG grundsätzlich zu den **verschmelzungsfähigen Rechtsträgern**. Bis zur Novellierung des UmwG im Jahr 2007 schränkte § 105 UmwG a.F. die allgemeine Verschmelzungsfähigkeit noch in zweifacher Hinsicht ein: Zulässig war zum einen nur die Verschmelzung durch Aufnahme – also nicht durch Neugründung –, zum anderen konnte ein übertragender gPV nur auf einen anderen gPV als übernehmender Rechtsträger verschmolzen werden. Ausgeschlossen war dadurch auch die gleichzeitige Aufnahme mehrerer gPV[1].

2 Diese **Einschränkungen** sind weitgehend **weggefallen**[2]: Zwar können gPV grundsätzlich nur miteinander verschmolzen werden. Zulässig sind aber sowohl die Verschmelzung zur Aufnahme als auch die Verschmelzung zur Neugründung (§ 105 Satz 1 UmwG i.V.m. § 2 UmwG). Nach Auffassung des Gesetzgebers bestand für diese Rechtsänderung ebenso ein praktisches Bedürfnis wie für die Möglichkeit, einen eV auf einen gPV zu verschmelzen, soweit einerseits die Mitglieder des eV ausschließlich eingetragene Genossenschaften oder genossenschaftsnahe Unternehmen sind (vgl. § 63b Abs. 2 GenG) und andererseits die für die Verleihung des Prüfungsrechts zuständige Landesbehörde (§ 107 Abs. 2 UmwG) zustimmt[3]. Ermöglicht ist außerdem die Verschmelzung von mehr als zwei Rechts-

1 Vgl. Gesetzesbegr zu § 105 UmwG bei *Ganske*, S. 138 (kein Bedürfnis für eine weitergehende Regelung); *Beuthien/Wolff*, GenG, §§ 105 ff. UmwG Rz. 1; *Leuering* in Köln-Komm. UmwG, § 105 UmwG Rz. 12; a.A. *Vossius* in Widmann/Mayer, § 105 UmwG Rz. 15.

2 Hierzu auch *Katschinski* in Semler/Stengel, § 105 UmwG Rz. 5 f.; *Leuering* in Köln-Komm. UmwG, § 105 UmwG Rz. 1.

3 Gesetzesbegr, BT-Drucks. 16/2919, 14; *Mayer/Weiler*, DB 2007, 1235 (1240 f.).

trägern. Eine Limitierung auf zwei beteiligte Rechtsträger lässt sich – im Gegensatz zu § 105 UmwG a.F. – weder dem Wortlaut entnehmen noch bestehen hierfür sachliche Gründe. Es bleibt daher bei der Geltung der allgemeinen Grundsätze des § 2 UmwG, wonach gleichzeitig auch mehr als zwei Rechtsträger miteinander verschmolzen werden können.

3 Im Gegensatz zur früheren Sonderregelung des § 63i GenG a.F. enthält des UmwG keine Vorschrift hinsichtlich der Verschmelzung eines gPV in der Rechtsform des § 22 BGB, da „es nur noch Verbände in der Rechtsform des eV gibt"[1]. Dieser rechtstatsächliche Befund ist jedoch nicht zwingend; denn in § 63b Abs. 1 GenG ist nur angeordnet, dass der gPV die Rechtsform des eV haben „soll"[2]. Zweifelhaft ist daher die Rechtslage, wenn im Ausnahmefall ein **gPV** verschmolzen werden soll, der **nicht als eV organisiert** ist. Da der Wortlaut der gesetzlichen Regelung keine Einschränkung enthält, scheint es nahe zu liegen, auch hier die §§ 105 ff. UmwG uneingeschränkt anzuwenden. Dieses Ergebnis würde indes weder der gesetzlichen Systematik noch dem Willen des historischen Gesetzgebers gerecht: Die §§ 105 ff. UmwG sind vielmehr allein auf die Konstellation des gPV in der Rechtsform des eV zugeschnitten. Man wird daher differenzieren müssen: Ein in der Rechtsform des *wirtschaftlichen* Vereins (§ 22 BGB) geführter gPV kann sich an einer Verschmelzung nur als *übertragender* Rechtsträger beteiligen (vgl. § 3 Abs. 2 Nr. 1 UmwG)[3]. Für gPV anderer Rechtsformen gelten die jeweiligen rechtsformspezifischen Regelungen[4]; soweit die §§ 105 ff. UmwG allerdings eine strengere Regelung enthalten, sind diese als leges speciales vorrangig heranzuziehen[5].

4 GPV i.S.v. § 105 UmwG ist ein Verband in der Rechtsform des eV (vgl. § 63b Abs. 1 GenG), dem durch die zuständige oberste Landesbehörde (vgl. § 63 GenG) auf Antrag (vgl. § 63a GenG) das Prüfungsrecht verliehen worden ist (§ 54 GenG). Mitglieder eines gPV können gem. § 63b Abs. 2 Satz 1 GenG nur eG sowie ungeachtet ihrer Rechtsform Unternehmen sein, die sich ganz oder überwiegend in der Hand von eG befinden oder dem Genossenschaftswesen dienen. Zweck des gPV ist die Prüfung seiner Mitglieder, ggf. auch die gemeinsame Wahrnehmung ihrer Interessen, insbesondere die Unterhaltung gegenseitiger Geschäftsbeziehungen. Andere Zwecke sind nicht gestattet (vgl. § 63b Abs. 4 GenG).

II. Anwendbare Vorschriften

5 Auf die Verschmelzung von gPV finden die Allgemeinen Vorschriften des Ersten Teils über die Verschmelzung durch Aufnahme (§§ 4 ff. UmwG) sowie die rechtsformspezifischen Vorschriften des Zweiten Teils (Besondere Vorschriften) im Siebenten Abschnitt (§§ 105 ff. UmwG) Anwendung. Das bedeutet insbesondere: Ab-

---

1 So Gesetzesbegr zu § 105 UmwG bei *Ganske*, S. 138.

2 So zutreffend *Katschinski* in Semler/Stengel, § 105 UmwG Rz. 2; *Bonow* in Semler/Stengel, § 147 UmwG Rz. 4; vgl. noch *Vossius* in Widmann/Mayer, § 105 UmwG Rz. 1 mit Fn. 1; *Leuering* in KölnKomm. UmwG, § 105 UmwG Rz. 5.

3 Wie hier ausdrücklich auch *Katschinski* in Semler/Stengel, § 105 UmwG Rz. 6; zust. *Leuering* in KölnKomm. UmwG, § 105 UmwG Rz. 7, 11.

4 So auch *Beuthien/Wolff*, GenG, §§ 105 ff. UmwG Rz. 1.

5 Ähnlich *Vossius* in Widmann/Mayer, § 105 UmwG Rz. 12 f.; *Katschinski* in Semler/Stengel, § 105 UmwG Rz. 4; *Leuering* in KölnKomm. UmwG, § 105 UmwG Rz. 8.

schluss, Inhalt und Form des Verschmelzungsvertrages richten sich nach §§ 4ff. UmwG, die Vorbereitung und Durchführung der Verschmelzung nach § 106 UmwG i.V.m. §§ 101f. UmwG; der Verschmelzungsbeschluss ist in §§ 13, 106 i.V.m. § 103 UmwG geregelt; für die Anmeldung und Eintragung der Verschmelzung gelten §§ 104 Abs. 1, 107 UmwG (dazu § 107 Rz. 1ff., 3); die Wirkungen der Eintragungen ergeben sich aus §§ 20f. UmwG; § 108 UmwG begründet ein spezielles Austrittsrecht für vormalige Mitglieder eines übertragenden gPV. Vgl. für Einzelheiten die jeweiligen Spezialkommentierungen.

§ 106
Vorbereitung, Durchführung und Beschluss der Mitgliederversammlung

Auf die Vorbereitung, die Durchführung und den Beschluss der Mitgliederversammlung sind die §§ 101 bis 103 entsprechend anzuwenden.

Literatur

Vgl. die Angaben zu § 79.

I. Inhalt der Vorschrift

1 § 106 UmwG regelt die **Vorbereitung** sowie die **Durchführung** der über die Verschmelzung entscheidenden **Mitgliederversammlung** und bestimmt die **Mehrheitserfordernisse** für den **Verschmelzungsbeschluss**. Hierbei bedient sich das Gesetz der Verweisung auf die §§ 101–103 UmwG (Verschmelzung unter Beteiligung rechtsfähiger Vereine), die ihrerseits Parallelvorschriften zu den §§ 82–84 UmwG (Verschmelzung unter Beteiligung von eG) darstellen.

II. Vorbereitung der Mitgliederversammlung

1. Einberufung der Mitgliederversammlung

2 Gem. § 13 Abs. 1 UmwG ist die Verschmelzung in einer **Versammlung der Anteilsinhaber** zu beschließen. Für den gPV bedeutet dies, dass grundsätzlich die Mitgliederversammlung für die Beschlussfassung zuständig ist (§ 63b Abs. 1 GenG, § 32 BGB), es sei denn, dass die Satzung in zulässiger Weise die Zuständigkeit einer Vertreterversammlung begründet (hierzu ausf. unten Rz. 23). Die Einberufung erfolgt grundsätzlich durch den Vorstand, es sei denn, die Satzung enthält (vgl. § 58 Nr. 4 BGB) eine abweichende Regelung. Gem. § 63b Abs. 6 GenG darf die Versammlung nur innerhalb des Verbandsbezirkes abgehalten werden. **Form** und **Frist** der Einberufung ergeben sich aus der Satzung (§ 58 Nr. 4 BGB).

3 Gem. § 32 Abs. 1 Satz 2 BGB ist zur Gültigkeit einer Beschlussfassung durch die Mitglieder der Gegenstand der Versammlung bei der Einberufung zu bezeichnen. Dies bedeutet: Als **Beschlussgegenstand anzukündigen** ist analog § 124 Abs. 2 Satz 2 AktG der Verschmelzungsvertrag (bzw. dessen Entwurf) in seinem wesentlichen Inhalt, also nicht im vollen Wortlaut[1]. Denn der vollständige Text liegt zeitgleich in den Geschäftsräumen des gPV zur Einsicht aus (unten Rz. 14f.); auf Verlangen wird jedem Mitglied eine Abschrift erteilt (unten Rz. 16). Zum wesentlichen Inhalt des Verschmelzungsvertrages dürften wohl die in § 5 Abs. 1 Nr. 1–3 und Nr. 5–6 UmwG geforderten Angaben, ggf. (bei größerem Umfang) auch die Angaben gem. § 5 Abs. 1 Nr. 7 und 8 UmwG, darüber hinaus Bedingungen und Befristungen des Verschmelzungsvertrages gehören.

4 Eine Verpflichtung, den Verschmelzungsvertrag bzw. dessen Entwurf vor der Einberufung der Mitglieder- bzw. Vertreterversammlung zum **Vereinsregister** einzureichen, besteht für den gPV – anders als für die AG gem. § 61 UmwG – nicht.

2. Unterrichtung des Betriebsrates

5 Nach § 5 Abs. 3 UmwG ist der **Verschmelzungsvertrag** bzw. der Vertragsentwurf spätestens einen Monat vor dem Tage, an dem die Mitglieder- bzw. Vertreterversammlung stattfindet, die über die Verschmelzung beschließen soll, dem zuständigen **Betriebsrat zuzuleiten**. Hierdurch soll sichergestellt werden, dass die Arbeitnehmer und ihre Vertretungen frühzeitig über die im Verschmelzungsvertrag aufzuführenden „Folgen der Verschmelzung" und „insoweit vorgesehene Maßnahmen" (vgl. § 5 Abs. 1 Nr. 9 UmwG) informiert werden. Die Zuständigkeit des Betriebsrates ergibt sich aus §§ 50, 58 BetrVG (vgl. hierzu ausf. § 5 Rz. 144).

3. Unterrichtung der Mitglieder vor der Mitgliederversammlung

a) Überblick

6 Von der Einberufung der Mitglieder- bzw. Vertreterversammlung an, die gem. § 13 Abs. 1 UmwG über die Verschmelzung beschließen soll (dazu oben Rz. 2 sowie unten Rz. 23), ist jeder beteiligte gPV – egal, ob er übertragender oder überneh-

1 Ebenso für die AG: BGH v. 15.6.1992 – II ZR 18/91, BGHZ 119, 1 (11f.) = NJW 1992, 2760 = AG 1992, 450; *Hüffer*, § 124 AktG Rz. 10; OLG Stuttgart v. 17.12.1996 – 12 W 44/96, ZIP 1997, 75 = EWiR 1997, 131 (*Bork*) = AG 1997, 138; *Bayer*, ZIP 1997, 1613 (1622).

mender Rechtsträger ist – verpflichtet, seine Mitglieder umfassend zu unterrichten. Diese **Unterrichtung** erfolgt durch die **Auslegung** vorbereiteter, vom Gesetz vorgeschriebener Unterlagen in den Geschäftsräumen des jeweiligen gPV (dazu unten Rz. 8 ff.) und wird darüber hinaus verstärkt durch die Verpflichtung, auf Verlangen eine **Abschrift** dieser Unterlagen zu erteilen (dazu unten Rz. 16).

b) Sinn und Zweck

Sinn und Zweck dieser Pflicht zur Unterrichtung ist es, den Mitgliedern **frühzeitig** eine **umfassende Information** über alle für die Verschmelzung bedeutsamen Umstände zukommen zu lassen. Die Entscheidung soll nicht nur – wie nach bisheriger Rechtspraxis – auf der Basis mündlicher Information in der Mitglieder- bzw. Vertreterversammlung erfolgen; vielmehr sollen sich alle Mitglieder bereits im Vorfeld der Beschlussfassung ausreichend informieren können. 7

c) Auslegung von Unterlagen

aa) Verschmelzungsvertrag bzw. Entwurf

Auszulegen ist gem. §§ 106, 101 Abs. 1 Satz 1, 63 Abs. 1 Nr. 1 UmwG der von den Vorständen der an der Verschmelzung beteiligten gPV abgeschlossene **Verschmelzungsvertrag** bzw. **Vertragsentwurf**. Die gesetzliche Alternative beruht darauf, dass nach § 4 Abs. 2 UmwG sowohl die Möglichkeit eröffnet wird, zunächst den Verschmelzungsvertrag – der nach § 6 UmwG notariell zu beurkunden ist – abzuschließen und anschließend hierüber die Zustimmung der Mitglieder- bzw. Vertreterversammlung einzuholen, als auch die Möglichkeit, zunächst nur einen Entwurf des Verschmelzungsvertrages auszuhandeln und diesen (in schriftlicher Form) der Mitglieder- bzw. Vertreterversammlung zur Beschlussfassung vorzulegen (dazu § 80 Rz. 3 sowie allgemein § 4 Rz. 15 ff.). 8

bb) Jahresabschlüsse, Lageberichte und Zwischenbilanzen

Auszulegen sind zur Einsicht der Mitglieder gem. §§ 106, 101 Abs. 1 Satz 1, 63 Abs. 1 Nr. 2 UmwG die **Jahresabschlüsse** und die **Lageberichte** der an der Verschmelzung beteiligten gPV für die letzten **drei Geschäftsjahre** (Einzelheiten § 82 Rz. 15 ff.). 9

cc) Verschmelzungsberichte

Auszulegen sind gem. §§ 106, 101 Abs. 1 Satz 1, 63 Abs. 1 Nr. 4 UmwG weiterhin alle von den Vorständen der beteiligten gPV gem. § 8 Abs. 1 Satz 1 UmwG schriftlich erstatteten Verschmelzungsberichte bzw. der gem. § 8 Abs. 1 Satz 1 2. Halbsatz UmwG erstattete gemeinsame Verschmelzungsbericht (dazu § 8 Rz. 17 f.); zum Inhalt ausf. § 82 Rz. 20 f. m.w.N. 10

Nicht erforderlich ist ein Verschmelzungsbericht gem. § 8 Abs. 3 UmwG, wenn alle Anteilsinhaber der beteiligten gPV in notariell beurkundeten Erklärungen hierauf verzichten. 11

dd) Prüfungsbericht

12 Eine Verschmelzungsprüfung nach §§ 9ff. UmwG wäre gem. § 100 Satz 2 UmwG für den Fall, dass der gPV – wie in der Praxis ausschließlich der Fall – in der Rechtsform des eV organisiert ist, (nur) erforderlich, wenn mindestens 10 % der Mitglieder sie schriftlich verlangt (vgl. dazu auch ausf. § 99 Rz. 35 sowie § 100 Rz. 5ff.). Die Gesetzesbegründung zu § 106 UmwG vertritt allerdings die Auffassung, dass generell bei der Verschmelzung von gPV „eine Prüfung ... im Interesse der Verbandsmitglieder nicht erforderlich (erscheint); denn Mitglieder der Prüfungsverbände sind nur Genossenschaften oder andere Unternehmen ..., deren Leitungsorgane selbst in der Lage sind, die Interessen der Verbandsmitglieder wahrzunehmen"[1]. Die §§ 105ff. UmwG enthalten daher keine Regelung über eine **Verschmelzungsprüfung**, was bedeutet, dass eine solche Prüfung **nicht erforderlich** ist, da § 9 Abs. 1 UmwG die Einschränkung enthält, dass eine Verschmelzungsprüfung nur stattfinden muss, wenn dies in den besonderen Vorschriften des Verschmelzungsrechts des UmwG ausdrücklich angeordnet ist; die Regelung des § 100 UmwG ist jedoch auf Grund der spezielleren Vorschriften der §§ 105ff. UmwG auch für gPV in der Rechtsform des eV ausgeschlossen.

13 Zu Recht wird allerdings darauf hingewiesen, dass diese gesetzliche Regelung **rechtspolitisch fragwürdig** ist[2]. Denn gerade bei kleineren eG sind die Leitungsorgane typischerweise keineswegs immer geschäftserfahren; dies gilt insbesondere im Hinblick auf Umstrukturierungen. Hinzu kommt, dass eG im Regelfall überwiegend oder gar ausschließlich von ihrem gPV beraten werden. Angesichts der weit reichenden Einflussmöglichkeiten der gPV auf die Belange ihrer Mitglieder gebietet daher der Schutz der eG eine neutrale Verschmelzungsprüfung. Der Gesetzgeber ist daher aufgerufen, die Verweisung auf § 100 Satz 2 UmwG in die Vorschrift des § 106 UmwG aufzunehmen[3]. **De lege lata** besteht dagegen aufgrund der eindeutigen gesetzlichen Regelung *keine* Pflicht zur Durchführung einer Verschmelzungsprüfung[4]. Die Gegenauffassung[5] setzt sich in unzulässiger Weise über den in der amtlichen Begründung geäußerten Willen des Gesetzgebers hinweg. Die von ihr befürwortete Korrektur des Gesetzes ist nach dem geltenden Recht nicht möglich, sondern kann nur durch den Gesetzgeber erfolgen.

d) Durchführung der Unterrichtung

aa) Zeitpunkt und Ort der Auslegung

14 Die unter c) (oben Rz. 8ff.) aufgeführten Unterlagen sind spätestens **mit Einberufung** der Mitglieder- bzw. Vertreterversammlung, die über die Verschmelzung beschließen soll (dazu oben Rz. 2), auszulegen. Dies bedeutet: Die gesetzliche Aus-

1 Gesetzesbegr zu § 106 UmwG bei *Ganske*, S. 139.
2 Ausf. *Vossius* in Widmann/Mayer, § 105 UmwG Rz. 4ff.; zust. *Leuering* in KölnKomm. UmwG, § 106 UmwG Rz. 5.
3 Ebenso *Katschinski* in Semler/Stengel, § 106 UmwG Rz. 3 Fn. 12; a.A. *Beuthien/Wolff*, GenG, §§ 105ff. UmwG Rz. 2 (sachlich gerechtfertigt).
4 Wie hier *Katschinski* in Semler/Stengel, § 106 UmwG Rz. 3; *Stratz* in Schmitt/Hörtnagl/Stratz, §§ 105–108 UmwG Rz. 3; *Beuthien/Wolff*, GenG, §§ 105ff. UmwG Rz. 2; *Leuering* in KölnKomm. UmwG, § 106 UmwG Rz. 5.
5 *Vossius* in Widmann/Mayer, § 105 UmwG Rz. 4ff.

legungsfrist beginnt zeitgleich mit der Einberufung und endet in dem Zeitpunkt, zu dem mit der Versammlung begonnen wird (vgl. hierzu auch § 63 Rz. 2).

Auszulegen ist zur **Einsicht in den Geschäftsräumen des gPV**; interessierte Mitglieder können also während der üblichen Geschäftszeiten Einsicht nehmen. Die Einsicht darf nicht dadurch unzumutbar behindert werden, dass etwa nur je 1 Exemplar der Unterlagen vorhanden ist, so dass längere Wartezeiten entstehen. 15

bb) Abschriften

§§ 106, 101 Abs. 2 UmwG erweitern das Recht auf Unterrichtung durch Einsicht dadurch, dass der gPV verpflichtet ist, auf Verlangen jedem Mitglied unverzüglich (vgl. § 121 Abs. 1 Satz 1 BGB: ohne schuldhaftes Zögern) und **kostenlos eine Abschrift** der nach §§ 106, 101 Abs. 1 UmwG ausliegenden Unterlagen zu erteilen. Kostenlose Abschrifterteilung bedeutet, dass die Unterlagen den anfordernden Mitgliedern auf Kosten des gPV zu übermitteln sind. 16

III. Durchführung der Mitgliederversammlung

1. Informationen

a) Sinn und Zweck

Ebenso wie die vorherige Unterrichtung durch die Auslegung bzw. Abschrifterteilung der verschmelzungsrelevanten Unterlagen gem. §§ 106, 101 UmwG (dazu oben Rz. 6ff.) bezweckt auch die Information in der Mitglieder- bzw. Vertreterversammlung gem. §§ 106, 102 UmwG **eine Verstärkung der Rechtsstellung der Mitglieder** (bzw. deren Vertreter) eines zu verschmelzenden gPV nach dem Vorbild des Aktienrechts. 17

b) Auslegung von Unterlagen

Die **Auslegung** der oben in Rz. 8ff. aufgeführten Unterlagen – die Verweisung des § 106 UmwG auf § 102 UmwG umfasst entgegen dem zu weiten Wortlaut nicht die Auslegung eines Prüfungsberichts, da ein solcher für die Verschmelzung von gPV nicht erforderlich ist (vgl. oben Rz. 12f.)[1] – hat „in der Mitgliederversammlung" (bzw. Vertreterversammlung) zu erfolgen, also **im Versammlungsraum**, und zwar von Beginn bis zum Ende der Versammlung, also auch noch dann, wenn der Tagesordnungspunkt „Verschmelzung" bereits verhandelt worden ist (vgl. hierzu auch § 83 Rz. 3). 18

Die Unterlagen sind in der Mitglieder-/Vertreterversammlung nur **zur Einsicht** auszulegen. Um die Einsicht kurzfristig auch mehreren interessierten Personen gleichzeitig zu ermöglichen, sind grundsätzlich mehrere Exemplare der Unterlagen vorrätig zu halten. Dagegen hat das Mitglied/der Vertreter in der Versammlung keinen Anspruch auf Abschrifterteilung (arg. e contrario aus §§ 106, 101 Abs. 2 UmwG). 19

1 Vgl. Gesetzesbegr zu § 106 UmwG bei *Ganske*, S. 139.

c) Erläuterung des Verschmelzungsvertrages

aa) Bericht des Vorstandes

20 Der Vorstand jedes zu verschmelzenden gPV hat gem. §§ 106, 102 Satz 2, 64 Abs. 1 Satz 2 UmwG den Verschmelzungsvertrag – bzw. den Entwurf des Verschmelzungsvertrages, falls der Vertragsschluss dem Zustimmungsbeschluss der General-/Vertreterversammlung nachfolgen soll (dazu oben Rz. 8) – „zu Beginn der Verhandlung mündlich zu erläutern". **Mündliche Erläuterung** bedeutet nicht, dass der Vorstand den gem. § 8 UmwG erstatteten und den Mitgliedern in schriftlicher Form zur Information durch Einsichtnahme oder Abschrifterteilung angebotenen Verschmelzungsbericht ganz oder in Teilen nochmals vorzutragen hätte. Vielmehr bezweckt die mündliche Darstellung in der beschließenden Versammlung, dass den Anteilsinhabern (bzw. deren Vertretern) die wirtschaftliche und rechtliche **Bedeutung der Verschmelzung** in knapper, **zusammengefasster Form** anschaulich vor Augen geführt wird. Es soll deutlich werden, welche Überlegungen den Vorstand zur beabsichtigten Verschmelzung mit dem in Aussicht genommenen Partner veranlasst haben (dazu auch § 64 Rz. 5).

21 Die Darlegungen des Vorstandes erschöpfen sich allerdings nicht in einer Zusammenfassung des Verschmelzungsberichtes. Vielmehr hat er die weitergehende Pflicht, zwischenzeitliche Entwicklungen aufzuzeigen und somit den **Erkenntnisstand** zu **aktualisieren** (vgl. auch § 83 Rz. 6; zust. *Grunewald*, § 64 Rz. 6)[1].

Die generelle Pflicht, die Verschmelzung mündlich zu erläutern, wird durch einen **Verzicht** auf einen **Verschmelzungsbericht** gem. § 8 Abs. 3 UmwG nicht aufgehoben. Denn der Verzicht auf einen ausführlichen schriftlichen Bericht (vgl. § 8 Abs. 1 UmwG) bedeutet nicht zugleich, dass auf jedwede, auch nur mündliche Erläuterung der Verschmelzung verzichtet wurde.

bb) Auskunftsrecht der Mitglieder

22 In der über die Verschmelzung beschließenden Mitgliederversammlung kann jedes Mitglied, im Fall einer beschließenden Vertreterversammlung jeder Vertreter, über alle für die Verschmelzung wesentlichen Angelegenheiten Auskunft verlangen. Dieses allgemeine Auskunftsrecht ist Ausfluss des Mitgliedschaftsverhältnisses und auch ohne ausdrückliche gesetzliche Regelung (in Analogie zu § 131 AktG) allgemein anerkannt. Im Rahmen der Verhandlung über eine beabsichtigte Verschmelzung ergibt sich ein **spezielles Auskunftsrecht** mittelbar aus §§ 106, 102 Satz 2 UmwG, wonach die Vorschrift des § 64 Abs. 2 UmwG entsprechend anzuwenden ist. In § 64 Abs. 2 UmwG ordnet das Gesetz ausdrücklich an, dass auf Verlangen „Auskunft auch über alle für die Verschmelzung wesentlichen Angelegenheiten der anderen beteiligten Rechtsträger zu geben ist". Das Gesetz geht also davon aus, dass im Hinblick auf den eigenen gPV bereits ein Auskunftsrecht im Hinblick auf alle verschmelzungsrelevanten Informationen besteht, und hält es lediglich für erforderlich, eine Erweiterung der Auskunftsverpflichtung auf die anderen an der Verschmelzung beteiligten Rechtsträger einzuräumen. Diese Erweiterung ist sachgerecht, da die Verschmelzung nicht einseitig aufgrund alleiniger Informationen über den eigenen gPV beurteilt werden kann (vgl. hierzu auch § 83 Rz. 9ff. sowie § 64 Rz. 11f.).

---

1 Ebenso für die AG: *Bayer*, AG 1988, 323 (329).

2. Beschlussfassung über die Verschmelzung

a) Mitgliederversammlung/Vertreterversammlung

Nach § 13 Abs. 1 UmwG wird der von den Vertretungsorganen der beteiligten Rechtsträger gem. § 4 Abs. 1 UmwG abgeschlossene Verschmelzungsvertrag erst wirksam, wenn auch die Anteilsinhaber durch Beschluss zugestimmt haben. Der Beschluss muss in einer Versammlung der Anteilsinhaber gefasst werden. Für den gPV bedeutet dies, dass grundsätzlich die **Mitgliederversammlung** zuständig ist (§ 32 Abs. 1 BGB). Doch kann die Satzung auch vorsehen, dass die Mitgliederversammlung in Form einer **Vertreterversammlung** stattfindet. Die Vertreterversammlung rückt dann an die Stelle der Mitgliederversammlung; sie hat grundsätzlich dieselben Zuständigkeiten[1]. 23

Wenn das UmwG also von Mitgliederversammlung spricht, so bedeutet dies nicht, dass eine Vertreterversammlung ausgeschlossen wäre. Ob die Beschlussfassung über die Verschmelzung in einer Mitglieder- oder in einer Vertreterversammlung stattfindet, **entscheidet** sich vielmehr allein nach der **Satzung des gPV**. 24

Nicht zulässig ist es, die **Zuständigkeit** der Mitglieder- bzw. Vertreterversammlung zur Beschlussfassung über die Verschmelzung auf ein anderes Organ des gPV oder gar auf Dritte **zu übertragen**[2]. Eine entsprechende Satzungsbestimmung wäre nichtig; ebenso ein Beschluss der Mitglieder-/Vertreterversammlung, der den Vorstand des gPV ermächtigen würde, einen im Einzelnen noch auszuformulierenden Verschmelzungsvertrag abzuschließen[3]. Abzulehnen ist weiterhin die Ansicht, dass die Mitglieder-/Vertreterversammlung nur die rechtlich und wirtschaftlich bedeutsamsten Punkte festlegen und die inhaltliche Ausgestaltung im Einzelnen dem Vorstand des gPV überlassen könne[4]. Diese Auffassung ist jedenfalls mit der heutigen Gesetzeslage nicht mehr zu vereinbaren (ausf. § 84 Rz. 4 m.w.N.). Zulässig ist es dagegen, wenn der Vorstand des gPV zunächst einen Beschluss der Mitglieder-/Vertreterversammlung herbeiführt, der die beabsichtigte Verschmelzung grundsätzlich befürwortet; in diesem Fall ist allerdings nach Vorliegen des vereinbarten Verschmelzungsvertrages bzw. des ausgehandelten Vertragsentwurfes eine nochmalige, endgültige Beschlussfassung der Mitglieder-/Vertreterversammlung erforderlich (vgl. hierzu auch § 84 Rz. 4). 25

b) Inhalt der Beschlussfassung

Zuzustimmen ist dem **Verschmelzungsvertrag** bzw. – über den Wortlaut des § 13 Abs. 1 Satz 1 UmwG hinaus – dem **Vertragsentwurf** (ebenso *Drygala*, § 13 Rz. 23). Dies folgt – in Übereinstimmung mit der bisherigen Rechtspraxis – aus der in § 4 Abs. 2 UmwG getroffenen Regelung, wonach der Verschmelzungsvertrag auch erst nach erfolgter Beschlussfassung in der Versammlung der Anteilsinhaber geschlossen werden kann (dazu auch oben Rz. 8); darüber hinaus sieht auch § 13 Abs. 3 Satz 2 und 3 UmwG ausdrücklich diese Möglichkeit vor. 26

---

1 Für alle: *Reuter* in MünchKomm. BGB, § 32 BGB Rz. 77; *Hadding* in Soergel, § 32 BGB Rz. 3.

2 *Lehnhoff* in Lang/Weidmüller, GenG, § 13 UmwG Rz. 2 (für eG); vgl. noch *Vossius* in Widmann/Mayer, § 106 UmwG Rz. 10: Zustimmungserfordernis eines weiteren Verbandsorgans (Vorstand, Aufsichtsrat) rechtlich zulässig.

3 *Lehnhoff* in Lang/Weidmüller, GenG, § 13 UmwG Rz. 2 (für eG).

4 So (zur eG) aber *Lehnhoff* in Lang/Weidmüller, GenG, § 13 UmwG Rz. 2.

c) Abstimmung und Beschlussmehrheiten

27 Der Verschmelzungsbeschluss der Mitglieder-/Vertreterversammlung bedarf nach §§ 106, 103 Satz 1 UmwG einer Mehrheit von **drei Vierteln der erschienenen Mitglieder**. Anders als im Falle der eG-Verschmelzung gem. § 84 Satz 1 UmwG (dazu § 84 Rz. 7) formuliert das Gesetz nicht „einer Mehrheit von drei Vierteln der abgegebenen Stimmen". Dies kann zu Missverständnissen führen. Denn teilweise wird im Anschluss an die Rechtsprechung des Reichsgerichts die Auffassung vertreten, dass in diesem Fall Stimmenthaltungen als Ablehnung gelten[1]. Der BGH hat demgegenüber zu Recht klargestellt, dass Stimmenthaltungen (ebenso wie ungültige Stimmen) bei der Feststellung des Abstimmungsergebnisses nicht mitzählen[2]; im Ergebnis besteht daher zwischen der Mehrheit der erschienenen Mitglieder und der Mehrheit der abgegebenen Stimmen kein sachlicher Unterschied[3].

28 Die **Satzung** des gPV kann nach §§ 106, 103 Satz 2 UmwG eine **größere Beschlussmehrheit** vorsehen, also etwa eine 9/10-Mehrheit oder das Erfordernis der Einstimmigkeit[4]. Darüber hinaus kann die Satzung auch ein Anwesenheitsquorum fordern[5]. Dagegen ist ein satzungsmäßiger Ausschluss der Verschmelzung unzulässig und wäre gem. § 140 BGB dahin umzudeuten, dass der Verschmelzungsbeschluss einstimmig erfolgen müsste (§ 84 Rz. 9 a.E. m.w.N.). Zu weiteren Satzungserfordernissen: § 84 Rz. 10 m.w.N.

d) Form

29 Der Verschmelzungsbeschluss muss – in Abweichung zu § 63e GenG a.F. – gem. § 13 Abs. 3 Satz 1 UmwG **notariell beurkundet** werden. Der notariellen Beurkundung sind der (ebenfalls notariell beurkundete) Verschmelzungsvertrag bzw. der (schriftliche) Vertragsentwurf als Anlage beizufügen (§ 13 Abs. 3 Satz 2 UmwG).

e) Abschrift

30 Auf Verlangen hat der gPV jedem Mitglied – auch wenn die Beschlussfassung in einer Vertreterversammlung erfolgt – auf dessen Kosten unverzüglich (§ 121 Abs. 1 Satz 1 BGB) eine **Abschrift** des Verschmelzungsvertrages bzw. Vertragsentwurfes und der Niederschrift des Verschmelzungsbeschlusses zu erteilen (§ 13 Abs. 3 Satz 3 UmwG).

---

1 So im Anschluss an RG v. 10.10.1912 – IV 88/12, RGZ 80, 189 (194) KG v. 15.4.1977 – 1 W 1151/77, NJW 1978, 1439 m. krit. Anm. *Merle*.

2 BGH v. 25.1.1982 – II ZR 164/81, NJW 1982, 1585; vgl. dazu *Trouet*, NJW 1983, 2865 f.; ebenso *Beuthien/Wolff*, GenG, §§ 105 ff. UmwG Rz. 2; vgl. weiter *Palandt/Ellenberger*, § 32 BGB Rz. 7.

3 So zutreffend *Reuter* in MünchKomm. BGB, § 32 BGB Rz. 48; *Hadding* in Soergel, § 32 BGB Rz. 32.

4 Ebenso *Beuthien/Wolff*, GenG, §§ 105 ff. UmwG Rz. 2; *Vossius* in Widmann/Mayer, § 106 UmwG Rz. 9.

5 Ebenso (zur eG) *Scholderer* in Semler/Stengel, § 84 UmwG Rz. 21; *Fronhöfer* in Widmann/Mayer, § 84 UmwG Rz. 14; *Stratz* in Schmitt/Hörtnagl/Stratz, § 84 UmwG Rz. 6; vgl. (nur „weitere Erfordernisse") *Fandrich* in Pöhlmann/Fandrich/Bloehs, GenG, § 84 UmwG Rz. 1; *Beuthien/Wolff*, GenG, §§ 2 ff. UmwG Rz. 36.

§ 107
Pflichten der Vorstände

(1) Die Vorstände beider Verbände haben die Verschmelzung gemeinschaftlich unverzüglich zur Eintragung in die Register des Sitzes jedes Verbandes anzumelden, soweit der Verband eingetragen ist. Ist der übertragende Verband nicht eingetragen, so ist § 104 entsprechend anzuwenden.

(2) Die Vorstände haben ferner gemeinschaftlich den für die Verleihung des Prüfungsrechts zuständigen obersten Landesbehörden die Eintragung unverzüglich mitzuteilen.

(3) Der Vorstand des übernehmenden Verbandes hat die Mitglieder unverzüglich von der Eintragung zu benachrichtigen.

Literatur

Vgl. die Angaben zu § 79.

I. Anmeldung der Verschmelzung

1 In Abweichung zu § 16 Abs. 1 UmwG bestimmt § 107 Abs. 1 UmwG, dass die **Vorstände** beider beteiligten gPV die Verschmelzung **gemeinschaftlich** zur Eintragung anzumelden haben[1]. Ausreichend ist gem. § 26 Abs. 2 BGB, dass die Anmeldung von den beiden Vorständen in vertretungsberechtigter Besetzung abgegeben wird[2]. Die Anmeldung hat gemeinschaftlich zu erfolgen, d.h. *in einem Anmeldevorgang*, doch vertritt jeder Vorstand nur seinen Verband, so dass im Ergebnis eine gemeinschaftliche Erklärung beider beteiligter gPV vorliegt[3]. Die Beteiligung weiterer Organe eines gPV ist nicht erforderlich, auch wenn die Satzung diesen Organen Vertretungskompetenz zuweisen sollte.

2 Die Anmeldung der Verschmelzung erfolgt zur Eintragung in das Register des Sitzes (vgl. § 63c Abs. 1 Nr. 3 GenG) *jedes beteiligten gPV*[4], also regelmäßig in das **Vereinsregister** (§ 55 BGB). Sind – ausnahmsweise – beide gPV in demselben Register eingetragen, so genügt eine Anmeldung[5].

3 Ist der **übertragende gPV nicht in ein Register eingetragen**, so ordnet § 107 Abs. 1 Satz 2 UmwG die entsprechende Anwendung des § 104 UmwG an. Dies bedeutet: Der Vorstand des nicht eingetragenen gPV hat die beschlossene, aber noch nicht

1 Kritisch *Beuthien/Wolff*, GenG, §§ 105 ff. UmwG Rz. 3 a.E.

2 Zutreffend *Beuthien/Wolff*, GenG, §§ 105 ff. UmwG Rz. 3; *Katschinski* in Semler/Stengel, § 107 UmwG Rz. 2; *Vossius* in Widmann/Mayer, § 107 UmwG Rz. 9; *Leuering* in KölnKomm. UmwG, § 107 UmwG Rz. 2 a.E.

3 Ebenso *Beuthien/Wolff*, GenG, §§ 105 ff. UmwG Rz. 3.

4 *Leuering* in KölnKomm. UmwG, § 107 UmwG Rz. 2.

5 Getrennte Anmeldungen sind allerdings zweckmäßig, um die Anfertigung von Kopien für die jeweils anderen Registerakten zu vermeiden: Zutreffend *Vossius* in Widmann/Mayer, § 107 UmwG Rz. 14; *Leuering* in KölnKomm. UmwG, § 107 UmwG Rz. 2.

wirksame Verschmelzung durch den Bundesanzeiger bekannt zu machen[1]. Die Bekanntmachung im Bundesanzeiger tritt an die Stelle der Eintragung im Register. Sie ist mit dem Vermerk zu versehen, dass die Verschmelzung erst mit der Eintragung im Register des Sitzes des übernehmenden Rechtsträgers wirksam wird[2].

4 Auf die Anmeldung und Eintragung des gPV ausdrücklich **nicht anzuwenden** sind – weil nicht passend – gem. § 104 Abs. 1 Satz 4 UmwG die §§ 16, 17 Abs. 1, 19 Abs. 1 Satz 2, Abs. 2 und Abs. 3 UmwG. Die Schlussbilanz des übertragenden gPV ist gem. § 104 Abs. 2 UmwG der Anmeldung zum Register des Sitzes des übernehmenden gPV beizufügen.

II. Mitteilung der Eintragung

5 Die erfolgten Eintragungen sind von den Vorständen der beteiligten gPV gemeinschaftlich – also in einem Vorgang – der für die Verleihung des Prüfungsrechts zuständigen **obersten Landesbehörde** (vgl. § 63 GenG) unverzüglich mitzuteilen. Haben die beteiligten gPV ihren Sitz im Gebiet verschiedener zuständiger Landesbehörden, so sind die Eintragungen jeweils gemeinschaftlich beiden Landesbehörden mitzuteilen. Das Gesetz formuliert hier ungenau: Denn durch die Eintragung der Verschmelzung in das Register am Sitz des übernehmenden gPV ist die Verschmelzung wirksam geworden (vgl. § 20 Abs. 1 Nr. 2 UmwG) und das Amt des vormaligen Vorstands beendet (ausf. § 20 Rz. 28)[3].

6 Der Vorstand des übernehmenden gPV hat schließlich **„die Mitglieder"** unverzüglich von der Eintragung **zu benachrichtigen**, d.h. sowohl die Mitglieder, die bereits vor der Verschmelzung dem übernehmenden Verband angehörten, als auch die vormaligen Mitglieder des übertragenden Verbands, die mit Wirksamwerden der Verschmelzung (Eintragung in das Register des Sitzes des übernehmenden gPV, § 20 Abs. 1 UmwG) Mitglieder im übernehmenden gPV geworden sind[4]. Die Mitteilung bedarf nicht ausdrücklich der Text- oder Schriftform[5], doch ist es sinnvoll, die Mitglieder schriftlich zu informieren[6]. Das Gesetz verlangt nur die Mitteilung der Eintragung der Verschmelzung. Dennoch wird man davon ausgehen müssen, dass die vormaligen Mitglieder des übertragenden gPV auf die Möglichkeit des außerordentlichen Austritts (dazu § 108) hinzuweisen sind[7]. **Pflichtverletzungen** können zu Schadensersatzansprüchen und zu einem zeitlich unbefristeten Sonderaustrittsrecht der betroffenen Mitglieder führen[8].

---

1 Ebenso *Katschinski* in Semler/Stengel, § 107 Rz. 3; *Beuthien/Wolff*, GenG, §§ 105 ff. UmwG Rz. 3.

2 Dazu auch *Leuering* in KölnKomm. UmwG, § 107 UmwG Rz. 3.

3 Zustimmend *Vossius* in Widmann/Mayer, § 107 UmwG Rz. 28 ff.; *Leuering* in KölnKomm. UmwG, § 107 UmwG Rz. 4.

4 Ebenso *Beuthien/Wolff*, GenG, §§ 105 ff. UmwG Rz. 5; *Vossius* in Widmann/Mayer, § 107 UmwG Rz. 36; *Katschinski* in Semler/Stengel, § 107 UmwG Rz. 5; *Stratz* in Schmitt/Hörtnagl/Stratz, §§ 105–108 UmwG Rz. 5; *Leuering* in KölnKomm. UmwG, § 107 UmwG Rz. 5.

5 *Vossius* in Widmann/Mayer, § 107 UmwG Rz. 38; *Katschinski* in Semler/Stengel, § 107 UmwG Rz. 5 a.E.; *Beuthien/Wolff*, GenG, §§ 105 ff. UmwG Rz. 5.

6 So auch *Leuering* in KölnKomm. UmwG, § 107 UmwG Rz. 6.

7 Wie hier *Vossius* in Widmann/Mayer, § 107 UmwG Rz. 40; *Katschinski* in Semler/Stengel, § 107 UmwG Rz. 5.

8 So zutreffend *Vossius* in Widmann/Mayer, § 107 UmwG Rz. 43; *Katschinski* in Semler/Stengel, § 107 UmwG Rz. 6; *Leuering* in KölnKomm. UmwG, § 107 UmwG Rz. 6 a.E.

§ 108
Austritt von Mitgliedern des übertragenden Verbandes

Tritt ein ehemaliges Mitglied des übertragenden Verbandes gemäß § 39 des Bürgerlichen Gesetzbuchs aus dem übernehmenden Verband aus, so sind Bestimmungen der Satzung des übernehmenden Verbandes, die gemäß § 39 Abs. 2 des Bürgerlichen Gesetzbuchs eine längere Kündigungsfrist als zum Schlusse des Geschäftsjahres vorsehen, nicht anzuwenden.

Literatur

Vgl. die Angaben zu § 79.

I. Inhalt der Vorschrift

1 Das in § 108 UmwG geregelte Austrittsrecht gilt nur für Mitglieder des übertragenden Verbands. Das ist rechtspolitisch nicht zweifelsfrei. Mitglieder des übernehmenden gPV können aber gleichwohl nach allgemeinen Grundsätzen (§ 39 BGB) zum Austritt berechtigt sein[1].

II. Das Austrittsrecht

2 Während nach § 63h Abs. 2 Satz 1 GenG a.F. die Mitglieder des übertragenden gPV das Recht hatten, binnen drei Monaten nach Mitteilung von der Eintragung der Verschmelzung ihren Austritt aus dem übernehmenden gPV zu erklären mit der Wirkung, dass ihre Mitgliedschaft bei dem übernehmenden Verband als nicht erworben galt, verfolgt § 108 UmwG – anders als etwa die §§ 90ff. UmwG für die eG-Verschmelzung – eine **völlig andere Konzeption:** Das Mitglied des übertragenden gPV, das dem übernehmenden gPV nicht weiter angehören will, kann jederzeit seine durch die wirksame Verschmelzung erworbene Mitgliedschaft (vgl. § 20 Abs. 1 Nr. 3 UmwG) gem. § 39 BGB durch Austritt beenden. Eine satzungsmäßige Kündigungsfrist, die nach § 39 Abs. 2 BGB bis zu zwei Jahre betragen kann, wird gem. § 108 UmwG auf das Ende des laufenden Geschäftsjahres verkürzt[2]. Wie auf jedes sonstige subjektive Recht kann auch auf das Austrittsrecht nach § 108 UmwG verzichtet werden[3].

3 Das Gesetz bestimmt nicht ausdrücklich, ob die **Austrittserleichterung nur in dem Geschäftsjahr gilt**, in dem die Verschmelzung wirksam wurde, oder ob das vormalige Mitglied des übertragenden gPV etwa auch noch zwei Jahre nach Durchführung der Verschmelzung zum Schluss des dann laufenden Geschäftsjah-

1 Zutreffend *Vossius* in Widmann/Mayer, § 108 UmwG Rz. 3ff.; *Katschinski* in Semler/Stengel, § 108 UmwG Rz. 2.
2 Abw. *Leuering* in KölnKomm. UmwG, § 108 UmwG Rz. 3: sofortiger Austritt gem. § 39 Abs. 1 BGB.
3 Ausf. hierzu *Vossius* in Widmann/Mayer, § 108 UmwG Rz. 26ff.

res austreten kann. Hier war die frühere Regelung in § 63h Abs. 2 GenG a.F. wesentlich präziser. Es dürfte indes dem Sinn und Zweck der Vorschrift des § 108 UmwG entsprechen, nur den aus Anlass der Verschmelzung erfolgten Austritt zu privilegieren. Das vormalige Mitglied des übertragenden gPV kann daher die Vergünstigung des § 108 UmwG nur dann in Anspruch nehmen, wenn es in dem Geschäftsjahr, in dem es über die Eintragung und damit die Wirksamkeit der Verschmelzung informiert wird, seinen Austritt erklärt[1].

4 Der **Austritt** erfolgt durch **empfangsbedürftige Willenserklärung** gegenüber dem Vorstand (vgl. § 26 Abs. 2 BGB des übernehmenden gPV; ob Schriftform erforderlich ist[2], bestimmt die Satzung des übernehmenden gPV[3]. Der Austritt muss nicht begründet werden[4]. Da das Gesetz in Abweichung etwa zur Regelung in § 29 Abs. 1 UmwG (Barabfindung im Falle der Mischverschmelzung) bzw. § 90 Abs. 3 UmwG (Ausschlagungsrecht des Mitglieds einer übertragenden eG) den Erwerb der Austrittsprivilegierung nicht von der Erklärung eines Widerspruchs gegen den Verschmelzungsbeschluss abhängig macht, gilt die Vergünstigung des § 108 UmwG auch für die Mitglieder des übertragenden gPV, die zuvor für die Verschmelzung gestimmt haben; eine offene und namentliche Beschlussfassung ist daher (anders als etwa bei der eG-Verschmelzung, vgl. dazu § 90 Rz. 21) nicht erforderlich[5].

5 Mit dem Austritt endet die Mitgliedschaft im übernehmenden Rechtsträger. Anders als nach früherer Rechtslage (§ 63h Abs. 2 Satz 4 GenG a.F.) und auch anders als heute noch etwa im Falle des ausschlagenden Mitglieds einer übertragenden eG (dazu § 90 Rz. 10ff.) ordnet § 108 UmwG **keine Rückwirkung des Austritts** an; es wird nicht fingiert, dass die Mitgliedschaft beim übernehmenden gPV als nicht erworben gilt[6]. Das vormalige Mitglied des übertragenden gPV erwirbt also mit Wirksamwerden der Verschmelzung die Mitgliedschaft im übernehmenden Verband; erst mit Wirksamwerden des Austritts – also regelmäßig zum Ende des laufenden Geschäftsjahres – endet die Mitgliedschaft ex nunc. Bis dahin treffen das Mitglied auch nach erklärtem Austritt alle mitgliedschaftlichen Rechte und Pflichten.

---

1 Abw. *Vossius* in Widmann/Mayer, § 108 UmwG Rz. 14ff.: Begrenzung des Austrittsrechts nur durch Verwirkung (§ 242 BGB); *Katschinski* in Semler/Stengel, § 108 UmwG Rz. 4 a.E. will auf die Frist von drei Monaten in § 63h Abs. 2 Satz 3 GenG a.F. zurückgreifen; wie hier aber *Beuthien/Wolff*, GenG, §§ 105ff. UmwG Rz. 6; unklar *Leuering* in KölnKomm. UmwG, § 108 UmwG Rz. 6.

2 Zur Zulässigkeit der satzungsmäßigen Schriftform für den Vereinsaustritt: *Reuter* in MünchKomm. BGB, § 39 BGB Rz. 4; *Hadding* in Soergel, § 39 BGB Rz. 3 m.w.N.

3 *Vossius* in Widmann/Mayer, § 108 UmwG Rz. 10; *Katschinski* in Semler/Stengel, § 108 UmwG Rz. 3.

4 Ebenso *Katschinski* in Semler/Stengel, § 108 UmwG Rz. 3; ferner *Stratz* in Schmitt/Hörtnagl/Stratz, §§ 105–108 UmwG Rz. 8; *Vossius* in Widmann/Mayer, § 108 UmwG Rz. 12; *Leuering* in KölnKomm. UmwG, § 108 UmwG Rz. 5.

5 *Vossius* in Widmann/Mayer, § 108 UmwG Rz. 13; *Katschinski* in Semler/Stengel, § 108 UmwG Rz. 3 a.E.; *Leuering* in KölnKomm. UmwG, § 108 UmwG Rz. 4.

6 Ebenso *Katschinski* in Semler/Stengel, § 108 UmwG Rz. 5; *Vossius* in Widmann/Mayer, § 108 UmwG Rz. 2, 24; *Leuering* in KölnKomm. UmwG, § 108 UmwG Rz. 6.

Achter Abschnitt Verschmelzung von Versicherungsvereinen auf Gegenseitigkeit

Erster Unterabschnitt Möglichkeit der Verschmelzung

§ 109
Verschmelzungsfähige Rechtsträger

Versicherungsvereine auf Gegenseitigkeit können nur miteinander verschmolzen werden. Sie können ferner im Wege der Verschmelzung durch eine Aktiengesellschaft, die den Betrieb von Versicherungsgeschäften zum Gegenstand hat (Versicherungs-Aktiengesellschaft), aufgenommen werden.

Literatur

Benkel, Der Versicherungsverein auf Gegenseitigkeit, 2002; *Biewer*, Die Umwandlung eines Versicherungsvereins in eine Aktiengesellschaft, Diss. Hamburg, 2000; *Entzian/Schleifenbaum*, Bestandsübertragung und neues Umwandlungsgesetz, ZVersWiss 85 (1996), 521; *Fahr/Kaulbach/Bähr/Pohlmann*, VAG, 5. Aufl. 2012; *Fleischmann*, Zur Frage der Verschmelzung, Vermögensübertragung und Umwandlung von Versicherungsunternehmen, ZfV 1968, 357; *Gerner*, Demutualisierung eines VVaG, Diss. Dresden, 2002; *Großfeld*, Der Versicherungsverein auf Gegenseitigkeit im System der Unternehmensformen, 1985; *Josef*, Die Rechtslage der Versicherten bei Verschmelzung und Bestandsübertragung sowie die Einwirkung dieser auf die Rückversicherung, JW 1930, 3597; *Martiensen*, Fusionen von Versicherungsvereinen auf Gegenseitigkeit, Diss. Hamburg, 2006; *Müller-Wiedenhorn*, Versicherungsvereine auf Gegenseitigkeit im Unternehmensverbund, Diss. Köln, 1993; *Neye*, Verschmelzung und Vermögensübertragung bei Versicherungsvereinen nach neuem Recht, VersR 1983, 1001; *Prölss*, VAG, 12. Aufl. 2005; *Schmid*, Bestandsübertragung und Umwandlung von Versicherungsunternehmen, Diss. Köln, 2010; *Stiefel*, Die liquidationslose Verschmelzung von VVaG, Diss. Tübingen, 1958; *Venohr/Naujois/Zinke*, Größe als Chance? Konzentrationstendenzen in der Versicherungswirtschaft, VW 1998, 1120; *Widhofer/Mohnen*, Die Übernahme eines VVaG durch einen VVaG oder durch eine Versicherungsaktiengesellschaft, VersR 1972, 236; *Wilm*, Organisationsverfassung des VVaG, in Bähr, Handbuch des Versicherungsaufsichtsrechts,

2011, § 20; *Wolf*, Das Genehmigungserfordernis nach § 14a VAG für Umwandlungen von Versicherern, VersR 2008, 1441.

I. Allgemeines

1 § 109 UmwG legt die Möglichkeiten einer Verschmelzung unter Beteiligung von VVaG **abschließend** fest. Er schränkt dadurch § 3 UmwG ein, wonach VVaG grundsätzlich uneingeschränkt als übertragender, übernehmender oder neuer Rechtsträger an einer Verschmelzung beteiligt sein könnten. Möglich sind nach § 109 UmwG nur die Verschmelzung von **VVaG untereinander** (Satz 1) und die Verschmelzung eines **VVaG auf eine Versicherungs-Aktiengesellschaft** (Satz 2). Diese beiden Varianten sind unabhängig davon eröffnet, ob es sich um einen großen Verein oder einen kleinen Verein im Sinne von § 53 Abs. 1 VAG handelt (vgl. § 118 UmwG).

II. Varianten der Verschmelzung

1. Ausschließliche Beteiligung von VVaG

2 Nach § 109 Satz 1 UmwG können VVaG miteinander verschmolzen werden, und zwar sowohl im Wege der Verschmelzung durch Aufnahme als auch im Wege der Verschmelzung durch Neugründung. Durch die Verschmelzung werden die **Vereinsmitglieder** des übertragenden Vereins **Mitglieder des übernehmenden VVaG**. Dadurch ändert sich der Inhalt ihrer mitgliedschaftlichen Rechtsposition. Diese bestimmt sich nunmehr nach der Satzung des übernehmenden Vereins. Die daraus resultierenden Änderungen sind durch den Zustimmungsbeschluss der obersten Vertretung des übertragenden Vereins gedeckt[1].

3 Die durch die Verschmelzung bewirkten Änderungen betreffen nur die **mitgliedschaftliche Rechtsposition** der Vereinsmitglieder. Die **Versicherungsverhältnisse** der Vereinsmitglieder bleiben demgegenüber von der Verschmelzung unberührt. Sie gehen in der Form und mit dem Inhalt auf den neuen Verein über, in der sie sich im Zeitpunkt des Wirksamwerdens der Verschmelzung befinden[2].

4 Wegen des **Spartentrennungsgrundsatzes** ist eine Verschmelzung zwischen VVaG grundsätzlich nur möglich, wenn die beteiligten VVaGs die gleiche Sparte betreiben. Sollen VVaGs, die in unterschiedlichen Sparten tätig sind, verschmolzen werden, muss auf Hilfskonstruktionen zurückgegriffen werden. Eine solche Hilfskonstruktion kann z.B. darin bestehen, das Geschäft der beteiligten VVaGs komplett auf Tochtergesellschaften auszugliedern und im VVaG selbst nur noch ein Produkt mit geringen Risiken und Finanzierungsvolumen anzubieten, das alle Versicherungsnehmer der betreffenden Tochtergesellschaften automatisch und gegebenenfalls kostenlos erhalten[3]. Ein anderes Modell besteht darin, dass einer der VVaG sein Geschäft aufrechterhält, während der andere VVaG sein Geschäft zunächst im Wege einer Bestandsübertragung auf eine Tochtergesellschaft (Ver-

1 *Weigel* in Prölss, Vor § 15 VAG Rz. 138a, 138k.
2 *Beckmann* in KölnKomm. UmwG, § 109 UmwG Rz. 11; *Weigel* in Prölss, Vor § 15 VAG Rz. 138a, 138l.
3 So das Modell der Gothaer Versicherungsbank VVaG; vgl. ferner *Dreher* in FS Stuttgarter Lebensversicherung, 2008, S. 139 (141 ff.).

sicherungs-AG) überträgt, und anschließend der geschäftslose VVaG auf den anderen VVaG verschmolzen wird; die Mitglieder des übertragenden VVaG werden über eine sog. Restmitgliedschaft (d.h. Mitgliedschaft ohne Versicherungsverhältnis) Mitglied beim übernehmenden VVaG und sind dort in geeigneter Weise an den Erträgen zu beteiligen[1].

2. Verschmelzung auf eine Versicherungs-Aktiengesellschaft

Nach § 109 Satz 2 UmwG können VVaG auch auf „Versicherungs-Aktiengesellschaften" als übernehmende Gesellschaft verschmolzen werden (sog. „**Mischverschmelzung**"). Auch dabei sind beide Varianten der Verschmelzung (durch **Aufnahme** wie auch durch **Neugründung**) möglich. Zwar spricht das Gesetz nur von „aufgenommen". Es entspricht jedoch heute wohl allgemeiner Meinung, dass dadurch keine Einschränkung der nach § 2 UmwG an sich bestehenden Möglichkeiten zur Verschmelzung durch Aufnahme auf einen bestehenden Rechtsträger als auch der Verschmelzung von zwei oder mehr Rechtsträgern auf einen dadurch neu gegründeten Rechtsträger bezweckt ist[2]. 5

Versicherungs-Aktiengesellschaften (Versicherungs-AG) sind nach der Legaldefinition in § 109 Satz 2 UmwG Aktiengesellschaften, die den Betrieb von Versicherungsgeschäften zum Gegenstand haben. Wegen des von ihnen betriebenen Geschäfts gelten für sie einige versicherungsaufsichtsrechtliche Besonderheiten[3]. 6

Mit der Verschmelzung des VVaG auf die Versicherungs-AG erlischt der übertragende Verein. Die Vereinsmitglieder werden Aktionäre der aufnehmenden Versicherungs-AG (vgl. im Einzelnen § 110 Rz. 6ff.). Auch bei dieser Art der Verschmelzung bleiben die Versicherungsverhältnisse von den Änderungen der mitgliedschaftlichen Rechtsposition unberührt (vgl. oben Rz. 3). 7

3. Verschmelzung auf eine Versicherungs-SE (Societas Europaea)

Der Verschmelzung auf eine Versicherungs-AG gleichgestellt – und damit zulässig – ist auch die Verschmelzung eines VVaG auf eine bereits **bestehende**, das **Versicherungsgeschäft betreibende SE** mit Sitz im Inland (Versicherungs-SE). Für diese gelten gesellschaftsrechtlich die Regelungen für Aktiengesellschaften, soweit der entsprechende Bereich in der SE-VO nicht oder nur teilweise geregelt wurde (Art. 9 Abs. 1 lit. c) (ii) SE-VO). Ebenso ist sie aufsichtsrechtlich der Versicherungs-AG gleichgestellt (§ 7 Abs. 1 VAG). Eine bestehende Versicherungs-SE kann daher auch aufnehmender Rechtsträger im Rahmen einer Verschmelzung mit einem VVaG (als übertragender Rechtsträger) sein[4]. 8

---

1 So z.B. bei der Verschmelzung der Hannoversche Lebensversicherung a.G. auf den VHV a.G. oder der Continentale Lebensversicherung a.G. auf die Continentale Krankenversicherung a.G.; vgl. zu diesem Modell *Wilm* in Bähr, VAG-Handbuch, § 20 Rz. 171.

2 *Koerfer* in Semler/Stengel, § 109 UmwG Rz. 6; *Beckmann* in KölnKomm. UmwG, § 109 UmwG Rz. 10; *Wilm* in Bähr, VAG-Handbuch, § 20 Rz. 179. Dies ergibt sich auch aus der Begründung des RegE zu § 116 UmwG, der ausdrücklich „die Gründung einer Versicherungs-AG" erwähnt. Vgl. BegrRegE zu § 116 UmwG in BT-Drucks. 12/6699, 114.

3 Vgl. im Einzelnen dazu *Weigel* in Prölss, Vor § 15 VAG Rz. 1ff.

4 *Beckmann* in KölnKomm. UmwG, § 109 UmwG Rz. 6f.; oben § 3 Rz. 18ff.

9 **Nicht** möglich ist demgegenüber eine Verschmelzung durch **Neugründung einer SE**[1]. Der VVaG ist kein geeigneter Rechtsträger i.S.v. Art. 2 Abs. 1 SE-VO, der zur Gründung einer SE zugelassen wäre. Darüber hinaus ist Gründungsvoraussetzung gemäß dieser Vorschrift das sog. Mehrstaatlichkeitsprinzip. Die an der Verschmelzung beteiligten Gesellschaften müssen dementsprechend dem Recht unterschiedlicher Mitgliedstaaten unterliegen.

4. Keine Verschmelzung einer Versicherungs-AG auf einen VVaG

10 Nach § 109 UmwG ist die Verschmelzung von VVaG mit einer Versicherungs-AG auf den Fall beschränkt, dass die Versicherungs-AG das Vermögen des oder der VVaG übernimmt. Eine Verschmelzung in umgekehrter Richtung, also von einer **Versicherungs-AG auf einen VVaG**, ist demgegenüber **nicht** möglich. Dies erklärt sich aus der Struktur eines VVaG, bei dem nur Mitglied werden kann, wer auch ein Versicherungsverhältnis mit dem Verein begründet (§ 20 Satz 2 VAG)[2]. Auch ist nicht ersichtlich, wie die Aktionäre, deren Aktienrechte im Zuge der Verschmelzung erlöschen würden, vom übernehmenden VVaG eine angemessene Gegenleistung für ihre bei der Aktiengesellschaft bestehende vermögensmäßige Position erhalten könnten.

11 Nach der Konzeption des Gesetzes theoretisch denkbar wäre an sich eine Verschmelzung einer Versicherungs-AG oder einer gar kein Versicherungsgeschäft betreibenden AG auf einen VVaG, wenn keine Gegenleistung gewährt werden muss, sei es, weil alle Aktionäre auf die Gewährung einer Gegenleistung verzichten oder der übernehmende VVaG sämtliche Aktien der übertragenden AG hält. Obwohl gerade für den letztgenannten Fall in VVaG-Konzernen ein tatsächliches Bedürfnis besteht, hat der Gesetzgeber die Flexibilität, die er bei der GmbH oder AG geschaffen hat, für VVaG nicht vorgesehen[3]. Soll das Vermögen einer Versicherungs-AG auf einen VVaG übertragen werden, muss daher der Weg einer Vermögensübertragung nach §§ 178 f. UmwG (vgl. § 178 Rz. 2 ff.) oder einer Bestandsübertragung nach § 14 VAG i.V.m. einer Vermögensübertragung nach § 179a AktG beschritten werden (vgl. Anh. 1 nach § 189 Rz. 1 ff., 21 ff.).

5. Verschmelzung mit Rechtsträgern anderer Rechtsformen

12 Eine Verschmelzung eines VVaG mit **Rechtsträgern anderer Rechtsformen** wird durch § 109 UmwG i.V.m. § 3 UmwG ebenfalls ausgeschlossen. Der Grund dafür ist der, dass Versicherungsunternehmen nur in der Rechtsform einer Aktiengesellschaft (einschließlich SE), eines VVaG oder einer Körperschaft oder Anstalt des öffentlichen Rechts betrieben werden dürfen (§ 7 Abs. 1 VAG).

1 *Beckmann* in KölnKomm. UmwG, § 109 UmwG Rz. 7.
2 Vgl. BegrRegE in BT-Drucks. 12/6699, 113.
3 Die gegenteiligen Überlegungen von *Koerfer* (in Semler/Stengel, § 109 UmwG Rz. 10) sind daher zwar de lege ferenda berechtigt, jedoch nicht Gesetz geworden.

III. Verfahren der Verschmelzung

1. Wesentliche Schritte

Der verfahrensmäßige Ablauf der Verschmelzung unter Beteiligung von VVaG ist ähnlich dem bei der Verschmelzung anderer Rechtsträger. Erforderlich sind also insbesondere folgende Schritte: 13

(i) Abschluss des Verschmelzungsvertrags (§ 110 Rz. 2ff.);

(ii) Zustimmungsbeschlüsse der obersten Vertretungen der beteiligten VVaG (§ 112 Rz. 14ff.), bzw. bei Verschmelzung auf eine Versicherungs-AG, der Hauptversammlung der aufnehmenden Versicherungs-AG (s. §§ 64f.);

(iii) Genehmigung durch die Aufsichtsbehörde (vgl. unten Rz. 19ff.);

(iv) Anmeldung und Eintragung im Handelsregister (vgl. unten Rz. 14ff.).

2. Anmeldung und Eintragung im Handelsregister

Wirksam wird die Verschmelzung mit der **Eintragung im Handelsregister** des übernehmenden Vereins bzw. der übernehmenden Versicherungs-AG (§ 19 Abs. 1 UmwG). Gleichzeitig erlischt der übertragende Verein (§ 20 Abs. 1 Nr. 2 UmwG). Die Reihenfolge der erforderlichen Handelsregister-Eintragungen und weitere Einzelheiten der Eintragung ergeben sich aus § 19 UmwG. 14

Der Eintragung voran geht die **Anmeldung der Verschmelzung** durch die Vorstände der an der Verschmelzung beteiligten Rechtsträger. Die Einzelheiten dazu ergeben sich aus §§ 16, 17 UmwG. Dabei haben die Vorstände insbesondere zu erklären, dass die Zustimmungsbeschlüsse zur Verschmelzung nicht angefochten wurden (sog. **Negativerklärung** gem. § 16 Abs. 2 UmwG). Gegebenenfalls ist das Freigabeverfahren nach § 16 Abs. 3 UmwG durchzuführen (§ 16 Rz. 26ff.). 15

Seit dem Gesetz zur Umsetzung der Aktionärsrechterichtlinie (ARUG)[1] nicht mehr in § 17 Abs. 1 UmwG als Anmeldevoraussetzung genannt ist die für eine Verschmelzung erforderliche **Genehmigung der Versicherungsaufsichtsbehörde** (vgl. unten Rz. 19ff.). Die Genehmigung der Aufsichtsbehörde bleibt allerdings Wirksamkeitsvoraussetzung für die Verschmelzung (§ 14a VAG). Das Registergericht wird daher auch weiterhin vor Eintragung der Verschmelzung prüfen müssen, ob die Genehmigung vorliegt. Einzige faktische Konsequenz der Änderung von § 17 Abs. 1 UmwG dürfte daher sein, dass die Genehmigung der Aufsichtsbehörde nicht mehr mit der Anmeldung innerhalb der Frist des § 17 Abs. 2 UmwG vorgelegt werden muss[2]. 16

Im Falle der Verschmelzung auf eine Versicherungs-AG ist zusätzlich § 71 UmwG zu beachten. Danach hat der übertragende Verein einen **Treuhänder** zu bestellen, der die den Vereinsmitgliedern auszuhändigenden Aktien und eventuelle bare Zuzahlungen in Empfang nimmt. Bevor der Treuhänder dem Registergericht nicht angezeigt hat, dass er sich im Besitz der Aktien und der festgesetzten baren 17

1 Gesetz v. 20.7.2009, BGBl. I, S. 2479.

2 Dafür spricht die parallel vorgenommene Änderung in § 217 Abs. 2 Satz 5 AktG, auf dessen Begründung die Begründung zur Änderung von § 17 Abs. 1 UmwG Bezug nimmt; vgl. Beschlussempfehlung und Bericht des Rechtsausschusses, BT-Drucks. 16/13098, 43 (Art. 4 Nr. 2a), 41 (Nr. 34a).

Zuzahlung befindet, darf die Verschmelzung nicht im Handelsregister eingetragen werden (vgl. § 71 Abs. 1 Satz 2 UmwG).

3. Weitere Rechtsfolgen des Wirksamwerdens der Verschmelzung

18 Rechtsfolgen des Wirksamwerdens der Verschmelzung sind zunächst der oben beschriebene Übergang der Versicherungsverhältnisse (oben Rz. 3) sowie der Wechsel der Mitgliedschaften (oben Rz. 2, 7). Auch alles sonstige **Vermögen**, einschließlich **Verbindlichkeiten**, geht vom übertragenden VVaG im Wege der **Gesamtrechtsnachfolge** auf den übernehmenden Rechtsträger über (§ 20 Abs. 1 Nr. 1 UmwG). Dazu gehören auch alle Verträge oder vertraglichen Rechtspositionen, die unverändert beim übernehmenden Rechtsträger fortgeführt werden[1]. Sofern beim übertragenden VVaG noch Pflichten zur Tilgung des **Gründungsstocks** bestehen, bestehen auch diese Verpflichtungen nach Wirksamwerden der Verschmelzung fort[2], sofern die Berechtigten nicht zuvor auf entsprechende Ansprüche verzichtet haben.

IV. Genehmigung der Aufsichtsbehörde

19 Eine Verschmelzung unter Beteiligung von Versicherungsunternehmen bedarf, unabhängig davon, ob es sich um VVaG oder sonstiges Versicherungsunternehmen handelt, der **Genehmigung durch die Aufsichtsbehörde** (§ 14a VAG). Die Genehmigung ist für jedes an der Verschmelzung beteiligte Versicherungsunternehmen erforderlich (§ 14a Satz 1 VAG).

20 Die Voraussetzungen für die Genehmigung durch die Aufsichtsbehörde ergeben sich im Wesentlichen aus § 14a VAG i.V.m. § 14 Abs. 1 Satz 2, Abs. 2, 4 und 5 VAG. Danach überprüft die Aufsichtsbehörde die Verschmelzung im Wesentlichen unter dem Gesichtspunkt der Wahrung der Interessen der Versicherungsnehmer. Die Genehmigung ist zu erteilen, wenn die **Belange der Versicherten gewahrt** sind und die **Verpflichtungen** aus den Versicherungen als **dauernd erfüllbar** dargetan sind (§§ 14a Satz 2, 14 Abs. 1 Satz 2 VAG). Hierzu müssen die an der Verschmelzung beteiligten Versicherungsunternehmen insbesondere nachweisen, dass das übernehmende Versicherungsunternehmen auch nach der Verschmelzung über ausreichende Eigenmittel für das dann erweiterte Geschäft verfügt und auch sonst keine relevanten Rechte oder Interessen der Versicherungsnehmer beeinträchtigt werden[3].

21 Besonderheiten sind zu berücksichtigen, wenn im Rahmen der Verschmelzung **Versicherungsverträge mit Überschussbeteiligung** (Leben, Kranken, ggfs. Unfall mit Beitragsrückgewähr) betroffen sind. In diesem Fall darf die Verschmelzung nur genehmigt werden, wenn der Wert der Überschussbeteiligung der Versicherten des übertragenden und des übernehmenden Versicherungsunternehmens nach

---

1 Vgl. *Prölss*, Vor § 15 VAG Rz. 138 f.; eine Ausnahme davon bilden Verträge zwischen dem übertragenden VVaG und dem übernehmenden Rechtsträger, die infolge Konfusion erlöschen.

2 Vgl. *Vossius* in Widmann/Mayer, § 109 UmwG Rz. 94 f.; *Koerfer* in Semler/Stengel, § 109 UmwG Rz. 48 ff.

3 Vgl. *Fahr/Kaulbach/Bähr/Pohlmann*, § 14a VAG Rz. 3; vgl. ferner Anh. 1 nach § 189 Rz. 37 ff.

der Verschmelzung nicht niedriger ist als vorher (§ 14a Satz 2 VAG i.V.m. § 14 Abs. 4 Satz 1 VAG). Diese Regelung ist eine Folge der Entscheidung des Bundesverfassungsgerichts vom 26.7.2005[1], in der das Bundesverfassungsgericht die früheren Regelungen in § 14 Abs. 1 Satz 3 VAG für nicht mit dem Grundgesetz vereinbar erklärt hat. Infolge der Neuregelung hat die Aufsichtsbehörde nunmehr positiv zu prüfen und gegebenenfalls durch geeignete Auflagen sicherzustellen, dass der **Erwartungswert der Überschussbeteiligung** durch die Verschmelzung weder beim übertragenden VVaG noch beim übernehmenden Rechtsträger in relevanter Weise geschmälert wird[2]. Insbesondere sofern aufgrund der Zusammensetzung der Kapitalanlagen eines der an der Verschmelzung beteiligten Rechtsträger oder der dort vorhandenen stillen Reserven/Lasten zu erwarten ist, dass sich in Zukunft signifikante Unterschiede bei den Kapitalanlageerträgen und damit der Überschussbeteiligung ergeben, kann daher eine Auflage in Betracht kommen, wonach die Kapitalanlagebestände der an der Verschmelzung beteiligten Rechtsträger für Zwecke der Ermittlung der Überschussbeteiligung getrennt fortzuführen sind[3].

Eine weitere Besonderheit ist zu berücksichtigen, wenn ein **im Ausland abgeschlossenes Versicherungsgeschäft** oder dort **belegene Risiken** betroffen sind. Sofern es sich um ein im EWR abgeschlossenes Geschäft handelt, sind im Genehmigungsverfahren die ausländischen Aufsichtsbehörden nach Maßgabe von § 14 Abs. 2 VAG am Genehmigungsprozess zu beteiligen. Die deutsche Aufsichtsbehörde erteilt die Genehmigung zur Verschmelzung in diesem Fall erst, wenn die zu beteiligenden ausländischen Aufsichtsbehörden ihre Zustimmung erteilt haben oder die dafür vorgesehene Frist[4] abgelaufen ist. Dies ist im Genehmigungsprozess rechtzeitig mit einzuplanen; anderenfalls droht eine deutliche Verzögerung des Genehmigungsverfahrens[5]. 22

Daneben kann die Genehmigung der Verschmelzung versagt werden, wenn die **Vorschriften über die Umwandlung** nicht **beachtet** wurden (§ 14a Satz 3 VAG), also z.B. der Verschmelzungsvertrag oder die Zustimmungsbeschlüsse zur Verschmelzung nicht wirksam sind. Insofern ist der Auffassung von *Kaulbach* zuzustimmen, dass von der Versagungsmöglichkeit nach § 14a Satz 3 VAG nur unter dem Gesichtspunkt des Schutzes der Versicherungsnehmer Gebrauch gemacht werden sollte[6]. Gesellschaftsrechtliche Interessen sollte die Versicherungsaufsichtsbehörde allenfalls insoweit schützen, als es sich um potenziell werthaltige Positionen handelt, für die gesetzlich kein anderer ausreichender Schutz vorgesehen ist. 23

Gegenstand der Genehmigung ist die Verschmelzung, nicht notwendigerweise eine Geschäftsplanänderung. Erforderlich könnte eine erlaubnispflichtige Ge- 24

1 BVerfG v. 26.7.2005 – 1 BvR 782/94, 1 BvR 975/96, BVerfGE 114, 1 = NJW 2005, 2363.
2 Da es um den Erwartungswert der Beteiligung an künftig erzielten Überschüssen geht, handelt es sich dabei allerdings immer um eine mit gewissen Unsicherheiten verbundene Prognose.
3 Vgl. BegrRegE zu § 14 VAG in BT-Drucks. 16/6518, 13f.; ferner Anh. 1 nach § 189 Rz. 47ff.
4 3 Monate: Art. 14 Abs. 4 Richtlinie 2002/83/EG; Art. 12 Abs. 5 Richtlinie 92/49/EWG.
5 Zum korrespondierenden Verfahren bei Bestandsübertragungen mit Auslandsberührung vgl. Anh. 1 nach § 189 Rz. 77ff.
6 Vgl. *Fahr/Kaulbach/Bähr/Pohlmann*, § 14a VAG Rz. 4.

schäftsplanänderung jedoch werden, wenn einige der Versicherungszweige des übernommenen Unternehmens vom übernehmenden Versicherer bislang noch nicht betrieben wurden oder wenn Lebens- und Krankenversicherungen mit bisher noch nicht geführten Tarifen übernommen werden oder wenn die Verschmelzung bei den beteiligten VVaG Satzungsänderungen mit sich bringt, § 13 Abs. 2 VAG i.V.m. § 5 Abs. 3 VAG. Im Falle der Verschmelzung zur Neugründung eines VVaG ist zusätzlich die Genehmigung nach § 15 VAG erforderlich.

V. Sicherheitsleistung, Sonderrechte

25 Soweit die Erfüllung ihrer Forderungen durch die Verschmelzung gefährdet wird, können **Gläubiger** der an der Verschmelzung beteiligten Gesellschaften unter den Voraussetzungen des § 22 UmwG die Leistung einer **Sicherheit** verlangen. Dieses Recht ist nach § 22 Abs. 2 UmwG ausgeschlossen, soweit die Gläubiger im Falle einer Insolvenz ein Recht auf vorzugsweise Befriedigung aus einer Deckungsmasse haben, die nach gesetzlicher Vorschrift zu ihrem Schutz errichtet und staatlich überwacht ist. Dazu zählen gem. §§ 77, 79 VAG u.a. die Versicherungsnehmer mit Ansprüchen aus den dort genannten Lebens- und Krankenversicherungen[1].

26 Soweit **Sonderrechte** i.S.v. § 23 UmwG bestehen, sind den Inhabern dieser Rechte gleichartige Rechte beim übernehmenden Rechtsträger zu gewähren. Entgegen der 4. Auflage[2] nicht zu den Sonderrechten im Sinne dieser Vorschrift gehört allerdings der Anspruch der Vereinsmitglieder auf **Überschussbeteiligung**. Hierbei handelt es sich einerseits um aus dem Versicherungsvertrag abgeleitete schuldrechtliche Ansprüche, die kraft der Gesamtrechtsnachfolge (§ 20 Abs. 1 Nr. 1 UmwG) beim übernehmenden Rechtsträger unverändert fortbestehen. Für diese gilt § 23 UmwG von vornherein nicht, da es sich insoweit nicht um Rechte *in*, sondern um schuldrechtliche Ansprüche *gegenüber* dem übertragenden Rechtsträger handelt[3]. Darüber hinaus bestehen beim VVaG auch mitgliedschaftliche Ansprüche auf Überschussbeteiligung gem. § 38 VAG. Auch diese Ansprüche bestehen aber beim übernehmenden Rechtsträger fort, falls dieser ein VVaG ist (für den dann § 38 VAG ebenfalls gilt), oder sind durch die Gegenleistung (Aktien der übernehmenden Versicherungs-AG) zu kompensieren, falls dieser eine Aktiengesellschaft ist. Für eine Anwendung von § 23 UmwG besteht daneben kein Raum[4]. Davon unberührt bleibt die oben bereits dargestellte Pflicht der Aufsichtsbehörde, im Rahmen des Genehmigungsprozesses die Aufrechterhaltung einer gleichwertigen Überschussbeteiligung zu prüfen (vgl. oben Rz. 21).

---

1 Vgl. im Einzelnen die Erläuterungen zu §§ 77, 79 VAG bei *Lipowsky* in Prölss, VAG.

2 *Hübner*, 4. Aufl., § 109 Rz. 10; ebenso *Entzian/Schleifenbaum*, ZVersWiss 1996, 521 (537 ff.).

3 So zutreffend *Biewer*, Umwandlung, S. 125 ff.; ferner generell zu § 23 UmwG *Simon* in KölnKomm. UmwG, § 23 UmwG Rz. 4 f.; a.A. offenbar *Koerfer* in Semler/Stengel, § 110 UmwG Rz. 13a; *Beckmann* in KölnKomm. UmwG, § 109 UmwG Rz. 12.

4 So zutreffend für das mitgliedschaftliche Recht aus § 38 VAG *Koerfer* in Semler/Stengel, § 109 UmwG Rz. 47; *Beckmann* in KölnKomm. UmwG, § 109 UmwG Rz. 12.

VI. Grenzüberschreitende Verschmelzungen unter Beteiligung von VVaG

§ 1 Abs. 1 UmwG gibt vor, dass nur solche Rechtsträger eine Umwandlung vollziehen können, die ihren Sitz im Inland haben. In Umsetzung der Verschmelzungsrichtlinie[1] hat der deutsche Gesetzgeber erstmals mit den §§ 122aff. UmwG den Kapitalgesellschaften[2] die Beteiligungsfähigkeit an grenzüberschreitenden Verschmelzungen ermöglicht. 27

Aus der abschließenden Aufzählung der Rechtsformen in § 122b UmwG (also der AG, der KGaA, der GmbH sowie der bereits gegründeten SE mit Sitz in Deutschland[3]) ist abzuleiten, dass ein VVaG nicht zum Kreis der Rechtsträger mit gesetzlich angeordneter grenzüberschreitender Umwandlungsfähigkeit gehört[4].

Abzuwarten bleibt, ob dieses Ergebnis unter Berücksichtigung der Rechtsprechung des EuGH zur **europäischen Niederlassungsfreiheit** dauerhaft Bestand haben wird. Seit seiner Entscheidung in der Rechtssache SEVIC Systems AG[5] im Dezember 2005 lässt sich zumindest eine gewisse Tendenz zur Ausweitung grenzüberschreitender Umwandlungen unter dem Gesichtspunkt der Niederlassungsfreiheit erkennen.

Wenngleich die SEVIC-Entscheidung des EuGH nicht VVaG, sondern Kapitalgesellschaften (die heute unter § 122b UmwG fallen) betraf, erscheint es nicht ausgeschlossen, dass diese Überlegungen mit Blick auf eine effiziente Gewährung der Niederlassungsfreiheit auch auf VVaG übertragen werden könnten (mit der letztendlichen Rechtsfolge, dass grenzüberschreitende Verschmelzungen unter Beteiligung von VVaG möglich würden)[6]. Insofern bleibt die weitere Entwicklung abzuwarten.

Zweiter Unterabschnitt Verschmelzung durch Aufnahme

§ 110
Inhalt des Verschmelzungsvertrags

Sind nur Versicherungsvereine auf Gegenseitigkeit an der Verschmelzung beteiligt, braucht der Verschmelzungsvertrag oder sein Entwurf die Angaben nach § 5 Abs. 1 Nr. 3 bis 5 und 7 nicht zu enthalten.

---

1 Richtlinie 2005/56/EG des Europäischen Parlaments und des Rates vom 26.10.2005 über die Verschmelzung von Kapitalgesellschaften aus verschiedenen Mitgliedstaaten, ABl. L 310/1 v. 26.10.2005; umgesetzt durch Zweites Gesetz zur Änderung des UmwG v. 19.4. 2007, BGBl. I, S. 542.
2 Vgl. § 122b UmwG.
3 S. hierzu *Krause/Kulpa*, ZHR 171 (2007), 38 (54).
4 So im Ergebnis auch *Drinhausen* in Semler/Stengel, § 122b UmwG Rz. 6.
5 EuGH v. 13.12.2005 – Rs. C-411/03, NJW 2006, 812.
6 Dies sogar explizit bejahend *Koerfer* in Semler/Stengel, § 109 UmwG Rz. 13 a.E.

Literatur

Vgl. die Angaben zu § 109.

I. Allgemeines

1 § 110 UmwG regelt die Besonderheiten des Verschmelzungsvertrags, sofern an der Verschmelzung allein VVaG beteiligt sind. Die Vorschrift entspricht inhaltlich insoweit der früheren Regelung in § 44a Abs. 3 VAG a.F., als der Verschmelzungsvertrag bei einer Verschmelzung unter ausschließlicher Beteiligung von VVaG Angaben zum Umtauschverhältnis nicht zu enthalten braucht.

II. Inhalt des Verschmelzungsvertrags

2 Der Inhalt des **Verschmelzungsvertrags** bestimmt sich grundsätzlich nach § 5 UmwG. D.h. es gelten alle dort genannten Anforderungen, soweit nicht § 110 UmwG etwas anderes bestimmt. Der Verschmelzungsvertrag muss dementsprechend mindestens die folgenden Angaben enthalten:

- den Namen oder die Firma und den Sitz der an der Verschmelzung beteiligten VVaG;
- die Vereinbarung über die Übertragung des Vermögens jedes übertragenden VVaG als Ganzes;
- den Zeitpunkt, von dem an die Handlungen der übertragenden VVaG als für Rechnung des übernehmenden VVaG vorgenommen gelten (Verschmelzungsstichtag);
- etwaige Rechte, die der übernehmende VVaG Inhabern besonderer Rechte beim übertragenden VVaG gewährt, oder die insoweit vorgesehenen Maßnahmen;
- jeden besonderen Vorteil, der einem Mitglied des Vorstands oder Aufsichtsrats der an der Verschmelzung beteiligten VVaG oder einem Abschlussprüfer oder einem Verschmelzungsprüfer gewährt wird;
- die Folgen der Verschmelzung für die Arbeitnehmer und ihre Vertretungen sowie die insoweit vorgesehenen Maßnahmen.

1. Verschmelzung unter ausschließlicher Beteiligung von VVaG

3 Für die Verschmelzung unter ausschließlicher Beteiligung von VVaG hält das Gesetz Angaben zum Umtauschverhältnis, zu den Modalitäten des (nicht erforderlichen) Umtauschs sowie über sonstige Gegenleistungen für einzelne Anteilsinhaber oder Inhaber besonderer Rechte für entbehrlich. Nach der Konzeption des Gesetzgebers genießt der **vermögensrechtliche Teil des Mitgliedschaftsverhältnis-**

ses jedenfalls keinen derartigen Schutz, dass dafür eine Gegenleistung oder Entschädigung im Verschmelzungsvertrag festzulegen wäre. Vielmehr ist es im Grundsatz ausreichend, dass die Mitglieder durch die Mitgliedschaft in dem übernehmenden Verein entschädigt werden[1].

Trotz der im Nachgang zu den Entscheidungen des Bundesverfassungsgerichts[2] 4
aufgekommenen Kritik[3] an dieser Regelung ist dieses Konzept nach wie vor in sich schlüssig und genügt auch den Anforderungen der vorerwähnten Entscheidungen. Soweit nicht Versicherungsverträge mit Überschussbeteiligung betroffen sind, für die Sonderregelungen gelten (§ 14 Abs. 4 VAG) (vgl. dazu auch § 109 Rz. 21), entspricht es der Konzeption des VVaG, dass das einzelne Mitglied einen realisierbaren Anteil am Vermögen des VVaG grundsätzlich nur bei Auflösung des Vereins oder Verlust der Mitgliedschaft (§ 44a VAG) hat[4]. Es entspricht daher sowohl der Konzeption des VVaG als auch der Wertung der nach den Entscheidungen des Bundesverfassungsgerichts eingeführten Regelungen in §§ 14 Abs. 3 und 44a VAG, dass die Mitgliedschaft im übernehmenden VVaG im Grundsatz eine ausreichende Gegenleistung für die Mitgliedschaft beim untergehenden VVaG darstellt.

Dies heißt andererseits nicht, dass nicht bis zu einem gewissen Grad eine Gegen- 5
leistung oder satzungsmäßige Sonderrechte bei einem übernehmenden Verein eingeräumt werden dürfen[5]. Dies kann im Einzelfall auch sachgerecht und geboten sein, wenn ein „reicher" VVaG mit einem „armen" VVaG verschmolzen werden soll[6]. In solchen Fällen kann daher im Verschmelzungsvertrag vorgesehen werden, dass den Mitgliedern der beteiligten VVaG unterschiedliche Vermögensrechte oder sonstige Sonderrechte eingeräumt werden[7].

2. Verschmelzung VVaG auf AG

Für die **Verschmelzung** eines oder mehrerer VVaG **auf eine Versicherungs-AG** 6
bleibt es demgegenüber uneingeschränkt bei den Anforderungen des § 5 UmwG. Der Verschmelzungsvertrag muss also insbesondere auch **Regelungen über die Gegenleistung** sowie über die gem. § 29 UmwG erforderliche Barabfindung enthalten[8].

---

1 Vgl. *Neye*, VersR 1983, 1001 (1002); *Beckmann* in KölnKomm. UmwG, § 110 UmwG Rz. 4; kritisch *Koerfer* in Semler/Stengel, § 110 UmwG Rz. 3.

2 BVerfG v. 26.7.2005 – 1 BvR 782/94 und 1 BvR 957/96, BVerfGE 114, 1 ff.; vgl. auch BegrRegE UmwG in BT-Drucks. 12/6699, 113.

3 *Koerfer* in Semler/Stengel, § 110 UmwG Rz. 3.

4 *Benkel*, S. 104 f.; *Großfeld*, Der VVaG, S. 44 f.; *Petersen*, Rz. 257 f.

5 § 21 VAG steht dem nicht entgegen; vgl. BGH v. 17.12.1956 – II ZR 47/56, BGHZ 22, 375 (380); *Weigel* in Prölss, § 21 VAG Rz. 8, 11.

6 Vgl. *Fahr/Kaulbach/Bähr/Pohlmann*, § 14 VAG Rz. 28.

7 So z.B. bei der Verschmelzung der Hannoversche Lebensversicherung a.G. auf den VHV a.G.

8 Eine solche Barabfindung gem. § 29 Abs. 1 Satz 2 UmwG ist trotz beim VVaG aufgrund seiner Struktur bestehender Verfügungsbeschränkungen – die Mitgliedschaft ist grundsätzlich an das Versicherungsverhältnis gekoppelt und dementsprechend nicht frei übertragbar (*Wilm* in Bähr, VAG-Handbuch, § 20 Rz. 30 ff.) – bei Verschmelzungen unter ausschließlicher Beteiligung von VVaG nicht erforderlich. Vgl. *Koerfer* in Semler/Stengel, § 110 UmwG Rz. 10.

7 Dabei ist zweierlei zu unterscheiden: Die **Gegenleistung in ihrer Gesamtheit** – diese besteht in Aktien der übernehmenden Versicherungs-AG und richtet sich nach dem Wert des auf sie übergehenden Vermögens (vgl. dazu noch § 113 Rz. 4) – und die Verteilung dieser Gegenleistung auf Vereinsmitglieder (des übertragenden VVaG). Zu letzterem schweigt das Gesetz. Das bedeutet jedoch weder, dass die beteiligten Rechtsträger bei der Verteilung der Gegenleistung völlig frei wären, noch, dass nur eine Verteilung nach Köpfen möglich wäre. Die Gegenleistung muss vielmehr nicht nur insgesamt angemessen sein, sondern auch nach einem sachgerechten Schlüssel – also insbesondere unter Berücksichtigung des Gleichbehandlungsgrundsatzes – auf die Vereinsmitglieder verteilt werden. Der **Verteilungsschlüssel** ist im Verschmelzungsvertrag anzugeben (§ 5 Abs. 1 Nr. 3 UmwG)[1].

8 Anhaltspunkte dafür, nach welchen Maßstäben die Aktien der übernehmenden Versicherungs-AG auf die Vereinsmitglieder zu verteilen sind, ergeben sich aus den §§ 181 Abs. 3, 294 Abs. 3 UmwG sowie aus § 44a Abs. 3 VAG. In diesen Vorschriften hat der Gesetzgeber Regelungen darüber getroffen, nach welchen Maßstäben eine Verteilung der Gegenleistung in den dort geregelten Fällen des Verlusts der Vereinsmitgliedschaft (§ 181 Abs. 3 UmwG: Vermögensübertragung; § 294 Abs. 3 UmwG: Formwechsel in eine AG; § 44a Abs. 3 VAG: Bestandsübertragung) vorzunehmen ist. Eine Verteilung nach den dort genannten Maßstäben stellt in diesen Fällen die einzig zulässige Aufteilung unter Beachtung des Gleichbehandlungsgrundsatzes dar. Jede andere Verteilung der Gegenleistung wäre demgegenüber in diesen Fällen unzulässig.

9 Die jeweils deckungsgleichen Regelungen in den **§§ 181 Abs. 3, 294 Abs. 3 UmwG bzw. § 44a Abs. 3 VAG** sind, soweit es die Verteilung der Gegenleistung auf die Vereinsmitglieder betrifft, im Fall einer Verschmelzung eines VVaG auf eine Versicherungs-AG **entsprechend anwendbar**. Hinsichtlich der Verteilung der Gegenleistung befinden sich die Vereinsmitglieder bei der Verschmelzung in der gleichen Situation wie im Falle eines Formwechsels oder einer Vermögensübertragung. Gründe für eine andere Behandlung der Vereinsmitglieder im Falle der Verschmelzung als in den vorgenannten Fällen sind nicht ersichtlich. Vielmehr ist davon auszugehen, dass der Gesetzgeber einen Regelungsbedarf in dieser Frage versehentlich nicht gesehen hat. Der Grund dafür dürfte darin liegen, dass sich der Gesetzgeber bei der Formulierung der Vorschriften über den VVaG an den früheren Vorschriften über die Verschmelzung, die Vermögensübertragung und den Formwechsel unter Beteiligung von VVaG orientierte[2]. Diese sahen für die Vermögensübertragung (§ 44b Abs. 4 VAG a.F.) und den Formwechsel (§ 385e Abs. 2 AktG a.F.) die Festlegung der Verteilungsmaßstäbe vor. Für die Verschmelzung fehlte eine entsprechende Regelung dagegen (§ 44a VAG), da eine Verschmelzung nach altem Recht nur zwischen VVaG möglich, eine Regelung über die Gegenleistung mithin entbehrlich war[3].

10 Dies bedeutet für die Verschmelzung eines oder mehrerer VVaG auf eine Versicherungs-AG, dass die Verteilung der von der übernehmenden Versiche-

1 *Wilm* in Bähr, VAG-Handbuch, § 20 Rz. 180; vgl. ferner *Semler/Grunewald* in G/H/E/K, § 385e AktG a.F. Rz. 11, 14; *Zöllner* in KölnKomm. AktG, § 385e AktG a.F. Rz. 14.

2 Vgl. BegrRegE UmwG zu den den VVaG betreffenden Vorschriften in BT-Drucks. 12/6699, 112.f.

3 Vgl. oben Rz. 3 zur Regelung der Verschmelzung zwischen VVaG nach dem UmwG.

rungs-AG gewährten Aktien auf die ehemaligen Vereinsmitglieder den in den §§ 181 Abs. 3, 294 Abs. 3 UmwG enthaltenen Vorgaben genügen muss. Sie ist daher in der Regel dann – aber auch nur dann – angemessen, wenn sie nach einem oder mehreren der in diesen Vorschriften genannten Maßstäben erfolgt[1]. Entsprechendes gilt für die Bestimmung der auf die einzelnen Vereinsmitglieder entfallenden Barabfindung nach § 29 UmwG.

Für die Annahme der **Barabfindung** ist gem. § 29 Abs. 1 UmwG erforderlich, dass die betreffenden Vereinsmitglieder **Widerspruch** gegen den Verschmelzungsbeschluss zur Niederschrift des diesen beurkundenden Notars erklärt haben. Ist die die Verschmelzung beschließende oberste Vertretung eine Mitgliedervertreterversammlung, so dürfte es entsprechend § 300 UmwG i.V.m. § 270 Abs. 1 UmwG genügen, den Widerspruch auch durch eingeschriebenen Brief vor der Versammlung der obersten Vertretung zu erklären[2]. 11

III. Sonstige Vorschriften über den Verschmelzungsvertrag

Soweit nicht durch die §§ 109 ff. UmwG etwas Abweichendes geregelt ist, gelten die allgemeinen Vorschriften über den Verschmelzungsvertrag auch bei der Verschmelzung unter Beteiligung von VVaG. Der Verschmelzungsvertrag ist also insbesondere vom Vertretungsorgan – dem Vorstand – abzuschließen (§ 4 UmwG). Ferner bedarf er der **notariellen Beurkundung** (§ 6 UmwG); es genügt aber, wenn der Beschlussfassung ein schriftlicher Entwurf des Verschmelzungsvertrags zugrunde liegt, der nachträglich beurkundet wird (§ 4 Abs. 2 UmwG). 12

Schließlich ist auch § 5 Abs. 3 UmwG zu beachten. Der **Verschmelzungsvertrag** oder sein Entwurf ist also spätestens einen Monat vor dem Tag der Versammlung der obersten Vertretung, die über die Zustimmung zum Verschmelzungsvertrag beschließen soll, dem zuständigen **Betriebsrat zuzuleiten**. 13

§ 111
Bekanntmachung des Verschmelzungsvertrags

Der Verschmelzungsvertrag oder sein Entwurf ist vor der Einberufung der obersten Vertretung, die gemäß § 13 Abs. 1 über die Zustimmung zum Verschmelzungsvertrag beschließen soll, zum Register einzureichen. Das Gericht hat in der Bekanntmachung nach § 10 des Handelsgesetzbuchs einen Hinweis darauf bekannt zu machen, dass der Vertrag oder sein Entwurf beim Handelsregister eingereicht worden ist.

Literatur

Vgl. die Angaben zu § 109.

1 Zu den Einzelheiten des Verteilungsmaßstabs, vgl. Kommentierung zu §§ 181, 294.
2 Anderenfalls wären die Mitglieder, die nicht der Mitgliedervertreterversammlung angehören, gar nicht in der Lage, die Voraussetzungen für die Annahme des Barabfindungsangebots zu schaffen; zu Recht ebenso *Koerfer* in Semler/Stengel, § 110 UmwG Rz. 13.

1 Die Norm dient der Information und damit dem Schutz der Mitglieder des VVaG[1]. Sie entspricht inhaltlich der für Aktiengesellschaften geltenden Regelung in § 61 UmwG. Auf die dortige Kommentierung wird verwiesen.

2 Gem. § 111 Satz 1 UmwG ist der **Verschmelzungsvertrag** bzw. dessen Entwurf vor der Einberufung der Versammlung der obersten Vertretung, die gem. § 13 Abs. 1 UmwG über die Zustimmung zum Verschmelzungsvertrag beschließen soll, **zum Handelsregister einzureichen**. Dort kann jeder Interessierte – also nicht nur die Mitgliedervertreter oder Mitglieder – Einsicht in den Vertragstext nehmen.

3 Ergänzend dazu sieht § 111 Satz 2 UmwG die **Bekanntmachung der Einreichung** durch das Registergericht vor. Diese Vorschrift beruht auf Art. 6 der Fusionsrichtlinie (78/855/EWG). Durch sie wird eine ergänzende Information der interessierten Verkehrskreise bezweckt. Bei kleineren Vereinen (§ 53 VAG) erfolgt die Bekanntmachung im Bundesanzeiger durch die für den übernehmenden bzw. neu gegründeten VVaG zuständige Aufsichtsbehörde.

4 Die **Pflicht zur Einreichung** trifft den **Vorstand** (§ 34 VAG, § 76 AktG), der im Falle des Unterlassens durch die Verhängung eines Zwangsgeldes vom Registergericht hierzu veranlasst werden kann (§ 14 Satz 1 HGB, der nach § 316 Abs. 1 Satz 1 2. Halbsatz UmwG anwendbar bleibt). Praktisch noch wichtiger dürfte aber sein, dass ein Verstoß gegen § 111 UmwG zur Anfechtbarkeit des gefassten Verschmelzungsbeschlusses gem. § 36 VAG i.V.m. § 243 AktG führt[2]. Schließlich kommt auch eine Versagung der Genehmigung durch die Aufsichtsbehörde gem. § 14a Satz 3 VAG in Betracht. Davon ist aber mit Vorsicht Gebrauch zu machen. Immerhin ist die Einhaltung der Vorschrift verzichtbar. Die Aufsichtsbehörde sollte von der Versagung der Genehmigung wegen Verstoßes gegen diese Vorschrift daher allenfalls Gebrauch machen, wenn feststeht, dass ein ausreichender Schutz der Vereinsmitglieder anderweitig nicht gewährleistet war[3].

§ 112

Vorbereitung, Durchführung und Beschluss der Versammlung der obersten Vertretung

(1) Von der Einberufung der Versammlung der obersten Vertretung an, die gemäß § 13 Abs. 1 über die Zustimmung zum Verschmelzungsvertrag beschließen soll, sind in dem Geschäftsraum des Vereins die in § 63 Abs. 1 bezeichneten Unterlagen zur Einsicht der Mitglieder auszulegen. Dazu erforderliche Zwischenbilanzen sind gemäß § 63 Absatz 2 Satz 1 bis 4 aufzustellen.

1 *Beckmann* in KölnKomm. UmwG, § 111 UmwG Rz. 1.

2 *Beckmann* in KölnKomm. UmwG, § 111 UmwG Rz. 3; *Koerfer* in Semler/Stengel, § 111 UmwG Rz. 23ff.; *Wilm* in Bähr, VAG-Handbuch, § 20 Rz. 75ff.

3 So sind die Vereinsmitglieder durch eine Veröffentlichung des Verschmelzungsvertrags im Bundesanzeiger, auf den sie kostenlos zugreifen können, i. Zw. sogar besser geschützt. Auch sollte die Aufsichtsbehörde überlegen, ob sie einem möglicherweise bewusst nicht angefochtenen Beschluss allein wegen eines verzichtbaren formellen Mangels die Anerkennung versagt. Ein Verstoß gegen § 61 UmwG wird bei Aktiengesellschaften dementsprechend regelmäßig nicht als Eintragungshindernis gesehen; vgl. Kommentierung von § 61.

(2) In der Versammlung der obersten Vertretung sind die in § 63 Abs. 1 bezeichneten Unterlagen auszulegen. § 64 Abs. 1 Satz 2 und Abs. 2 ist entsprechend anzuwenden.

(3) Der Verschmelzungsbeschluss der obersten Vertretung bedarf einer Mehrheit von drei Vierteln der abgegebenen Stimmen. Die Satzung kann eine größere Mehrheit und weitere Erfordernisse bestimmen.

Literatur

Vgl. die Angaben zu § 109.

I. Inhalt und Zweck der Vorschrift

1 Die Vorschrift dient in erster Linie der **Information der Mitglieder** über die bevorstehende Verschmelzung. Durch die in § 112 Abs. 1 und 2 UmwG geregelten Publizitätspflichten sollen die Mitglieder in die Lage versetzt werden, sich im Vorfeld der Beschlussfassung der obersten Vertretung umfassend über die Verschmelzung zu informieren[1]. § 112 UmwG verweist zu diesem Zweck weitestgehend auf die für Aktiengesellschaften geltenden Vorschriften der §§ 63 und 64 UmwG. § 112 Abs. 3 UmwG regelt darüber hinaus die Mehrheitserfordernisse bei der Beschlussfassung.

II. Vorbereitung der Versammlung der obersten Vertretung (§ 112 Abs. 1 UmwG)

2 § 112 Abs. 1 UmwG regelt die Vorbereitung der Versammlung der obersten Vertretung. Dies kann eine Mitglieder- oder Mitgliedervertreterversammlung sein (§ 29 VAG)[2]. Ab dem Zeitpunkt der Einberufung sind entsprechend den Verschmelzungsvorschriften für Aktiengesellschaften folgende **Unterlagen** in den Geschäftsräumen des Vereins **zur Einsicht** der Vereinsmitglieder zum Zwecke der Information auszulegen, § 63 UmwG:

- der Verschmelzungsvertrag bzw. sein Entwurf,
- die Jahresabschlüsse und Lageberichte der an der Verschmelzung beteiligten Rechtsträger für die letzten drei Geschäftsjahre,
- die nach § 8 UmwG erforderlichen Verschmelzungsberichte,
- ein ggfs. erforderlicher Verschmelzungsprüfungsbericht, und

1 *Beckmann* in KölnKomm. UmwG, § 112 UmwG Rz. 1; *Koerfer* in Semler/Stengel, § 112 UmwG Rz. 1.
2 Vgl. dazu *Weigel* in Prölss, § 29 VAG Rz. 4ff.; *Wilm* in Bähr, VAG-Handbuch, § 20 Rz. 121ff.

- für den Fall, dass der letzte Jahresabschluss ein Geschäftsjahr zum Gegenstand hat, welches mehr als sechs Monate vor dem Abschluss des Verschmelzungsvertrags oder der Aufstellung des Entwurfs abgelaufen ist, Zwischenbilanzen auf einen aktuelleren Stichtag.

Der Stichtag der **Zwischenbilanz** darf nicht vor dem ersten Tag des dritten Monats liegen, der dem Abschluss oder der Aufstellung des (Entwurfs des) Verschmelzungsvertrags vorausgeht (§ 63 Abs. 1 Nr. 3 UmwG). Die Zwischenbilanz ist grundsätzlich nach den für die letzte Jahresbilanz geltenden Vorschriften aufzustellen. § 63 Abs. 2 UmwG, auf den § 112 Abs. 1 Satz 2 UmwG verweist, enthält darüber hinaus gewisse Erleichterungen. Eine Gewinn- und Verlustrechnung und ein Lagebericht sind nicht erforderlich. Zu der umstrittenen Frage, ob auch ein – allerdings auf die Angaben zur Bilanz beschränkter – Anhang erforderlich ist, wird auf die Erläuterungen zu § 63 UmwG verwiesen.

3 Schwerpunkt des **Verschmelzungsberichts** ist typischerweise das Umtauschverhältnis (vgl. § 8 UmwG). Bei einer Verschmelzung eines VVaG auf eine Versicherungs-AG dürfte dies auch der wesentliche Schwerpunkt der Berichterstattung im Verschmelzungsbericht sein. Im Rahmen dessen sind die Unternehmenswerte detailliert anhand der wesentlichen Kennzahlen zu erläutern; bloß abstrakte Erläuterungen ohne Darstellung des für eine Nachvollziehbarkeit erforderlichen Zahlenwerks genügen nicht (vgl. § 8 Rz. 22ff.). Im Zusammenhang mit dem Umtauschverhältnis ist ferner der Maßstab für die Verteilung der Gegenleistung und gegebenenfalls die Gründe für dessen Wahl zu erläutern (vgl. § 110 Rz. 7ff.). Weitere wichtige Themen sind die Erläuterung der Verschmelzung als solches, des Inhalts des Verschmelzungsvertrags und insbesondere die Auswirkungen der Verschmelzung auf die Mitgliedschaften bzw. Mitglieder des VVaG. Letzteres ist auch bei einer Verschmelzung unter ausschließlicher Beteiligung von VVaG ein wesentliches Berichtsthema, zumal wenn sich durch die Ausgestaltung der Mitgliedschaftsrechte beim übernehmenden VVaG wesentliche Änderungen der Mitgliedschaftsrechte ergeben.

4 Eine **Verschmelzungsprüfung** ist bei einer Verschmelzung unter ausschließlicher Beteiligung von VVaG nicht vorgesehen. § 60 UmwG ist von den Verweisungen der §§ 110ff. UmwG ausgenommen. Ein zwingender Bedarf für die Verschmelzungsprüfung besteht nach der gesetzgeberischen Konzeption in diesem Fall nicht. Daher entfällt in diesem Fall auch das Erfordernis der Auslage eines Verschmelzungsprüfungsberichts. Hintergrund dafür ist, dass bei der Verschmelzung unter ausschließlicher Beteiligung von VVaG auch kein Umtauschverhältnis zu vereinbaren ist (§ 110 UmwG). Entgegen einer teilweise vertretenen Auffassung[1] ist dies nicht zu beanstanden. Die Verschmelzungsprüfung dient in erster Linie der Überprüfung der Wertrelation zwischen den hingegebenen und den erhaltenen Anteilen (vgl. Erläuterungen zu § 9). Mangels Umtauschverhältnis bei einer Verschmelzung unter ausschließlicher Beteiligung von VVaG bedarf es dieser Prüfung daher nicht. Und eine aufwendige Prüfung, ob die formellen Anforderungen an den Inhalt eines Verschmelzungsvertrags eingehalten sind, erscheint – jedenfalls für den Normalfall – nicht sachgerecht. Hierbei ist auch zu berücksichtigen, dass eine Verschmelzung unter Beteiligung von VVaG – anders als bei Aktiengesellschaften – stets der Genehmigung der Aufsichtsbehörde bedarf (§ 14a VAG).

1 *Koerfer* in Semler/Stengel, § 112 UmwG Rz. 17ff.

Diese prüft die Wahrung der Belange der Versicherungsnehmer (= Vereinsmitglieder) stets sehr sorgfältig (§ 109 Rz. 19ff.).

Eine andere Frage ist, ob eine Regelung, wie sie in § 100 Satz 2 UmwG für den eingetragenen wirtschaftlichen Verein vorgesehen ist, sinnvoll wäre[1]. Nach dieser Vorschrift können zehn von hundert der Vereinsmitglieder eine Verschmelzungsprüfung verlangen. *De lege lata* ist ein solches Recht für die Mitglieder eines VVaG jedoch nicht vorgesehen.

Bei einer **Mischverschmelzung** ist demgegenüber eine Verschmelzungsprüfung nebst Prüfungsbericht (auch für den VVaG) für die Überprüfung der Angemessenheit des Umtauschverhältnisses zwingend erforderlich, § 63 Abs. 1 Nr. 5 UmwG i.V.m. § 60 UmwG i.V.m. §§ 9 bis 12 UmwG. Diese erstreckt sich auch auf das gem. § 29 UmwG erforderliche Barabfindungsangebot (§ 30 Abs. 2 UmwG). In diesem Fall gehört auch der Verschmelzungsprüfungsbericht zu den auszulegenden Unterlagen[2]. 5

Das Recht auf **Erhalt einer Abschrift** der auszulegenden Unterlagen (vgl. § 63 Abs. 3 UmwG), welches früher jedem Mitglied gem. § 44a Abs. 3 VAG i.V.m. § 340d Abs. 4 AktG zustand, ist mit der Neuregelung durch das UmwG weggefallen, vgl. § 112 Abs. 1 UmwG, der § 63 Abs. 3 UmwG von der Verweisung ausnimmt. Begründet wurde dies damit, dass Schwerpunkt bei der Stellung als Mitglied des VVaG nicht die Mitgliedschaft, sondern der Versicherungsvertrag sei[3]. Die **Einschränkung des Informationsrechts** ist dennoch nicht einleuchtend und im Schrifttum auf Kritik gestoßen[4]. Sie ist auch widersprüchlich, da beim Formwechsel eines VVaG den Mitgliedern weiterhin das Recht auf Erteilung einer Abschrift der auszulegenden Unterlagen gewährt wird (§§ 292 Abs. 1, 230 Abs. 2 Satz 2 UmwG). Letztlich ist es eine Sache des jeweiligen Vereinsmitglieds, ob es die Bedeutung der Mitgliedschaft für so gering schätzt oder nicht, dass es sich über die Auswirkungen der Verschmelzung informieren will. Es ist daher eine unverhältnismäßige Erschwernis, wenn das Vereinsmitglied dazu gezwungen wird, u.U. eine weite Reise auf sich zu nehmen, um sich die auszulegenden Unterlagen in den Geschäftsräumen des VVaG anzusehen. Insbesondere bei einer Mischverschmelzung sind mit der Verschmelzung regelmäßig auch gewichtige wirtschaftliche Auswirkungen verbunden, deren Konsequenzen häufig gar nicht sofort (vor Ort in den Geschäftsräumen) nachvollziehbar sind. Aber auch bei einer Verschmelzung unter ausschließlicher Beteiligung von VVaG können sich gewichtige Auswirkungen ergeben, da z.B. eine anders gestaltete Satzung des aufnehmenden VVaG zu einer deutlich veränderten Ausgestaltung der Mitgliedschaftsrechte führen kann. Der Wegfall des Rechts auf Erhalt von Abschriften erscheint daher als kaum zu rechtfertigende Belastung. Dabei ist auch zu berücksichtigen, dass dem Schutz der Mitglieder durch die Bereitstellung von Informationen im Vorfeld der Verschmelzung insbesondere dann besondere Bedeutung zukommt, wenn die oberste Vertretung eine Vertreterversammlung ist, die Mitglieder an der eigentli- 6

1 So – allerdings für § 100 Satz 1 UmwG (d.h. stets automatische Prüfung) *Koerfer* in Semler/Stengel, § 112 UmwG Rz. 19.

2 *Koerfer* in Semler/Stengel, § 112 UmwG Rz. 20f.; *Beckmann* in KölnKomm. UmwG, § 112 UmwG Rz. 3.

3 So BegrRegE in BT-Drucks. 12/6699, 113.

4 *Beckmann* in KölnKomm. UmwG, § 112 UmwG Rz. 4; *Koerfer* in Semler/Stengel, § 112 UmwG Rz. 3ff.; *Vossius* in Widmann/Mayer, § 112 UmwG Rz. 11ff.

chen Entscheidung über die Verschmelzung also gar nicht mehr beteiligt sind. Die Überlegung von *Koerfer*[1], den Mitgliedern ein Recht auf Erteilung von Abschriften in analoger Anwendung der §§ 82 Abs. 2, 101 Abs. 2 UmwG zuzubilligen, scheint daher durchaus berechtigt[2].

III. Durchführung der Versammlung (§ 112 Abs. 2 UmwG)

7 Diejenigen **Unterlagen**, die gem. § 112 Abs. 1 UmwG ab dem Zeitpunkt der Einberufung in den Geschäftsräumen des VVaG auszulegen waren, sind auch während der Versammlung der obersten Vertretung, die über die Zustimmung zum Verschmelzungsvertrag Beschluss fasst, **auszulegen**. Dadurch soll den in der obersten Vertretung teilnahmeberechtigten Mitgliedern oder Mitgliedervertretern auch in der Versammlung noch einmal die Gelegenheit gegeben werden, sich umfassend über die Verschmelzung zu informieren.

8 In der Versammlung hat der Vorstand des VVaG die anwesenden Mitglieder bzw. Mitgliedervertreter durch **mündliche Erläuterung** über den Inhalt des Verschmelzungsvertrags, die rechtlichen und wirtschaftlichen Folgen der Verschmelzung sowie über etwaige wesentliche Veränderungen des Vermögens zu unterrichten, die seit dem Abschluss des Verschmelzungsvertrags oder der Aufstellung des Entwurfs eingetreten sind[3]. Bei einer Mischverschmelzung ist darüber hinaus das konkrete Umtauschverhältnis sowie die Ermittlung der Barabfindung zu erläutern[4]. Dabei ist es für die mündliche Erläuterung ausreichend, wenn die wesentlichen Eckpunkte der Bewertung dargestellt werden. Wegen der Einzelheiten kann auf den schriftlichen Verschmelzungsbericht verwiesen werden; d.h. eine Wiederholung der wesentlichen Einzelheiten oder einer Vielzahl von Kennzahlen des Verschmelzungsberichts ist nicht erforderlich[5].

9 Auch bei einer Verschmelzung unter ausschließlicher Beteiligung von VVaG kann es geboten sein, neben den **rechtlichen** auch über die **wirtschaftlichen Konsequenzen der Verschmelzung** zu berichten. Dies kann insbesondere der Fall sein, wenn sich durch eine abweichende Ausgestaltung der Mitgliedschaftsrechte Auswirkungen auf die Überschussbeteiligung ergeben oder ein „reicher“ mit einem „armen“ VVaG verschmolzen werden soll (vgl. bereits § 110 Rz. 5). In einem solchen Fall wird insbesondere der Vorstand des „reichen“ VVaG aufgefordert sein darzulegen, in welcher Weise den Interessen seines VVaG bzw. seiner Mitglieder im Zuge der Verschmelzung Rechnung getragen wird.

---

1 *Koerfer* in Semler/Stengel, § 112 UmwG Rz. 9; ähnlich *Vossius* in Widmann/Mayer, § 112 UmwG Rz. 11 ff.

2 Dabei handelt es sich allerdings weniger um eine klassische Analogie, da eine planwidrige Regelungslücke nicht vorliegt. Angesichts der Bedeutung, die der Gesetzgeber den Mitgliedschaftsrechten im VVaG im Anschluss an das BVerfG heute einräumt (§§ 14 Abs. 3, 44a VAG), erscheint die Beschränkung der Informationsrechte verfassungsrechtlich jedoch bedenklich.

3 *Koerfer* in Semler/Stengel, § 112 UmwG Rz. 27; *Beckmann* in KölnKomm. UmwG, § 112 UmwG Rz. 6.

4 *Koerfer* in Semler/Stengel, § 112 UmwG Rz. 28; *Beckmann* in KölnKomm. UmwG, § 112 UmwG Rz. 6.

5 *Koerfer* in Semler/Stengel, § 112 UmwG Rz. 28; *Beckmann* in KölnKomm. UmwG, § 112 UmwG Rz. 6.

Die mündliche Erläuterung der Verschmelzung durch den Vorstand wird ergänzt durch ein **Auskunftsrecht** der in der Versammlung anwesenden Mitglieder bzw. Mitgliedervertreter. Dieses Auskunftsrecht ergibt sich für den eigenen VVaG aus § 36 VAG i.V.m. § 131 AktG. Durch § 112 Abs. 2 Satz 2 UmwG i.V.m. § 64 Abs. 2 UmwG wird dieses Auskunftsrecht auf alle für die Verschmelzung wesentlichen Angelegenheiten der anderen beteiligten Rechtsträger erstreckt. 10

Der Sache nach richtet sich der Auskunftsanspruch auf solche Informationen, die zur **sachgemäßen Beurteilung des Gegenstands der Tagesordnung** (Verschmelzung) erforderlich sind (vgl. § 131 Abs. 1 Satz 1 AktG). Gem. § 131 Abs. 2 AktG hat die Auskunft den Grundsätzen einer gewissenhaften und getreuen Rechenschaft zu entsprechen. Sie darf nur bei Vorliegen eines Auskunftsverweigerungsgrundes nach § 131 Abs. 3 AktG versagt werden. Bei Verweigerung der Auskunft ohne das Vorliegen eines Grundes nach § 131 Abs. 3 AktG kann das Mitglied der obersten Vertretung das Auskunftserzwingungsverfahren gem. § 132 AktG einleiten. Daneben kann eine Anfechtbarkeit des Verschmelzungsbeschlusses in Betracht kommen[1]. Schließlich ist in diesem Zusammenhang die Strafvorschrift des § 313 UmwG im Falle einer unrichtigen Darstellung durch den Vorstand zu beachten. 11

Das **Auskunftsrecht** gem. § 131 AktG bzw. § 112 Abs. 2 Satz 2 UmwG i.V.m. § 64 Abs. 2 UmwG steht nur denjenigen Mitgliedern zu, die in der Mitgliederversammlung oder Mitgliedervertreterversammlung selbst **teilnahmeberechtigt** sind. Ist die oberste Vertretung eine **Mitgliedervertreterversammlung**, steht dieses Recht dementsprechend denjenigen Mitgliedern, die nicht Mitgliedervertreter sind, nicht zu. Dies ist aufgrund der Struktur des VVaG, der die Bildung einer Mitgliedervertreterversammlung als oberste Vertretung zulässt[2], und damit allein dieser die Entscheidungskompetenz über die Verschmelzung zuweist, hinzunehmen[3]. Umso mehr kommt vor diesem Hintergrund allerdings dem oben beschriebenen Recht auf Erhalt einer Abschrift der auszulegenden Unterlagen (oben Rz. 6) Bedeutung zu. Soweit Informationsbedürfnisse aus diesen Unterlagen nicht befriedigt werden können, müssen die Mitglieder gegebenenfalls versuchen, die Mitgliedervertreter zur Stellung entsprechender Fragen zu veranlassen. Ein Auskunftsanspruch – im Sinne eines dem Zustimmungsbeschluss selbst beeinflussenden Rechts – steht den nicht in der obersten Vertretung teilnahmeberechtigten Mitgliedern aufgrund der zuvor beschriebenen Kompetenzordnung im VVaG jedoch nicht zu. 12

Gewisse **Informationsrechte außerhalb** der Mitglieder- bzw. **Mitgliedervertreterversammlung** können sich allerdings als Nebenrechte aus dem Versicherungsverhältnis oder dem Mitgliedschaftsverhältnis ergeben. Als Mitglied eines VVaG ist der Versicherungsnehmer auch in organisationsrechtlicher Hinsicht mit dem VVaG verbunden. Er muss daher auch ein Recht haben, sich zumindest über we- 13

1 Vgl. allgemein zu den Folgen der Verletzung des Auskunftsrechts: *Hüffer*, § 131 AktG Rz. 44, § 243 AktG Rz. 45 ff.; ferner für den VVaG: *Benkel*, S. 298 ff.; *Wilm* in Bähr, VAG-Handbuch, § 20 Rz. 75 ff.

2 Vgl. dazu *Weigel* in Prölss, § 29 VAG Rz. 5 ff.; *Benkel*, S. 75 ff.; *Wilm* in Bähr, VAG-Handbuch, § 20 Rz. 125 ff.

3 Zutreffend *Beckmann* in KölnKomm. UmwG, § 112 UmwG Rz. 10; kritisch aufgrund aus dem Aktienrecht resultierender Überlegungen *Koerfer* in Semler/Stengel, § 112 UmwG Rz. 31.

sentliche Angelegenheiten des VVaG zu informieren. Ausfluss dessen ist z.B. ein nicht explizit geregelter, aber aus der Natur der Sache folgender Anspruch auf Erhalt der Satzung[1]. Ein weiteres Beispiel dafür ist das in § 55 Abs. 3 VAG geregelte, allerdings als Annex zum Versicherungsverhältnis gestaltete Recht auf den Jahresabschluss des Versicherungsunternehmens. Soweit es für die Beurteilung und Ausübung ihrer Rechte erforderlich ist und die dafür erforderlichen Informationen nicht bereits in den auszulegenden Unterlagen enthalten sind, wird man den Mitgliedern daher im Zusammenhang mit der Verschmelzung auch weitergehende Informationsansprüche zubilligen müssen, die – anders als das Auskunftsrecht gem. § 131 AktG – allerdings keinen Einfluss auf die Wirksamkeit der Beschlussfassung über die Verschmelzung haben[2].

IV. Beschlussfassung (§ 112 Abs. 3 UmwG)

14 Für die Beschlussfassung der obersten Vertretung aller beteiligten Unternehmen verlangt § 112 Abs. 3 UmwG in Parallele zu § 65 UmwG eine **Mehrheit von drei Vierteln** der abgegebenen, nicht der anwesenden Stimmen. Dies entspricht den Mehrheitserfordernissen bei anderen Grundlagenbeschlüssen des VVaG (z.B. §§ 39 Abs. 4, 43 Abs. 1, 44 Satz 2 VAG). Wie früher in § 44a Abs. 2 VAG vorgesehen, kann die Satzung eine größere Mehrheit und weitere Erfordernisse verlangen, nicht aber geringere Anforderungen stellen. Entgegen *Koerfer*[3] ergibt sich im Falle einer Mischverschmelzung ein größeres Mehrheitserfordernis nicht aus einer analogen Anwendung des § 293 UmwG, der für den Formwechsel eine Mehrheit von neun Zehnteln der abgegebenen Stimmen vorsieht, sofern bis zum Ablauf des dritten Tages vor der Versammlung wenigstens hundert Mitglieder dem Formwechsel widersprochen haben. Zwar ist *Koerfer* zuzugeben, dass es inkonsistent erscheint, diese Regelung bei einer mit einem Formwechsel bis zu einem gewissen Grad vergleichbaren Mischverschmelzung nicht anzuwenden. Andererseits handelt es sich bei § 293 UmwG um eine Sondervorschrift, die auch in zahlreichen anderen Fällen nicht anwendbar ist, die sich auf einen VVaG ähnlich wie eine Verschmelzung auswirken (z.B. Vermögensübertragung, Bestandsübertragung nach § 44a VAG, Auflösung des VVaG). Daher ist Zurückhaltung bei der analogen Anwendung von § 293 UmwG geboten. Dagegen dürften strengere satzungsmäßige Mehrheitserfordernisse für den Fall der Auflösung des VVaG auch für den Verschmelzungsbeschluss zu beachten sein (vgl. unten Rz. 16).

15 Der Beschluss ist auf die **Zustimmung zum Verschmelzungsvertrag** gerichtet, vgl. § 112 Abs. 1 UmwG i.V.m. § 13 Abs. 1 UmwG. Der Verschmelzungsvertrag braucht im Zeitpunkt der Beschlussfassung noch nicht abgeschlossen zu sein. Die Beschlussfassung kann vielmehr auch auf der Basis eines bereits final aufgestellten Entwurfs erfolgen (§ 13 Abs. 3 UmwG).

16 Da die Verschmelzung die Übertragung des gesamten Vermögens und die liquidationslose Abwicklung des VVaG zum Gegenstand hat, liegt in dem Verschmelzungsbeschluss zugleich die Zustimmung zur **Auflösung des VVaG**, §§ 42 Nr. 2, 43 VAG. Soweit die Satzung für den Fall der Auflösung eines VVaG größere Mehrheitserfordernisse oder weitergehende Anforderungen vorsieht, dürften daher

1 *Weigel* in Prölss, § 20 VAG Rz. 38.
2 Zu diesem Informationsrecht vgl. *Wilm* in Bähr, VAG-Handbuch, § 20 Rz. 70.
3 *Koerfer* in Semler/Stengel, § 112 UmwG Rz. 34.

diese Anforderungen auch für den Verschmelzungsbeschluss eines übertragenden VVaG gelten[1].

§ 113
Keine gerichtliche Nachprüfung

Sind nur Versicherungsvereine auf Gegenseitigkeit an der Verschmelzung beteiligt, findet eine gerichtliche Nachprüfung des Umtauschverhältnisses der Mitgliedschaften nicht statt.

Literatur

Vgl. die Angaben zu § 109.

Die Vorschrift stellt für die Verschmelzung unter ausschließlicher Beteiligung von VVaGs klar, dass eine gerichtliche Überprüfung des Umtauschverhältnisses der Mitgliedschaften nicht stattfindet. Dies ist die Konsequenz aus der in § 110 UmwG enthaltenen Regelung, nach der der Verschmelzungsvertrag keine Regelung über das Umtauschverhältnis zu enthalten braucht, sofern nur VVaGs an der Verschmelzung beteiligt sind. Sie beruht auf der dort beschriebenen Einschätzung des Gesetzgebers, dass der vermögensrechtliche Teil der Mitgliedschaft (von der dort beschriebenen Ausnahme der Versicherungsverhältnisse mit Überschussbeteiligung abgesehen[2]) nur eingeschränkte Bedeutung hat. Die Mitgliedschaft beim übernehmenden VVaG stellt daher nach der Konzeption des Gesetzgebers eine ausreichende Kompensation für die Mitgliedschaft beim übertragenden VVaG dar. 1

§ 113 UmwG stellt insoweit auch eine **Sonderregelung zu § 15 UmwG** dar. Dies gilt entgegen einer neueren Auffassung auch in dem Fall, dass ein vermögender VVaG auf einen weniger vermögenden VVaG verschmolzen wird[3]. Zwar wird es in solchen Fällen i.d.R. sachgerecht oder gar geboten sein, den unterschiedlichen Vermögensverhältnissen durch Sonderregelung im Verschmelzungsvertrag Rechnung zu tragen (vgl. § 110 Rz. 5). Unterbleibt eine solche Sonderregelung jedoch, kann dies nicht über eine Kompensation durch gerichtliche Festsetzung einer baren Zuzahlung in einem Spruchverfahren gemäß § 15 ausgeglichen werden. Dies widerspräche u.a. der durch den Gegenseitigkeitsgedanken geprägten Grundkonzeption des VVaG, der – anders als z.B. bei Kapitalgesellschaften – nicht darauf ausgelegt ist, seinen Mitgliedern selbständige, vom Versicherungsvertrag losgelöste mitgliedschaftsrechtliche Vermögenspositionen einzuräumen[4]. 2

---

1 Ebenso *Beckmann* in KölnKomm. UmwG, § 112 UmwG Rz. 13; vgl. ferner zum entsprechenden Meinungsstreit bei der AG die Erläuterungen bei § 65 Rz. 6.

2 Für die aber Sonderregelungen gelten; vgl. § 109 Rz. 21.

3 Für diesen Fall einen Ausgleich durch Barzuzahlung nach § 15 UmwG bejahend: *Koefer* in Semler/Stengel, § 113 UmwG Rz. 7, 9f.; *Beckmann* in KölnKomm. UmwG, § 113 UmwG Rz. 2.

4 Vgl. *Benkel*, S. 140f.; *Großfeld*, Der VVaG, S. 44f.; *Wilm* in Bähr VAG-Handbuch, § 20 Rz. 72f.; dies ergibt sich auch aus der Konzeption der neuen §§ 14 Abs. 3, 44a Abs. 1 VAG, die einen finanziellen Ausgleich nur dann vorsehen, wenn die Mitglieder des übertragenden VVaG nicht Mitglieder beim übernehmenden VVaG werden.

3 Darin liegt auch keine unzulässige Verkürzung der Rechte der Vereinsmitglieder. Hier ist vielmehr eine gesetzgeberische Grundentscheidung – kein finanzieller Ausgleich bei Fortbestehen eines Mitgliedschaftsverhältnisses beim übernehmenden VVaG – getroffen, die zulässig ist (vgl. auch §§ 14 Abs. 3, 44a Abs. 1 VAG) und mit den zuvor erwähnten Grundprinzipien des VVaG in Einklang steht. Und für die besonders wichtigen Fälle – den Versicherungsverhältnissen mit Überschussbeteiligung – gilt ohnehin eine Sonderregelung (§§ 14 Abs. 4, 14a Satz 2 VAG). In Ausnahmefällen, in denen der unterschiedlichen Vermögenslage der beteiligten VVaG ersichtlich nicht Rechnung getragen worden ist, dürfte aber eine Anfechtbarkeit des Zustimmungsbeschlusses der obersten Vertretung zur Verschmelzung unter dem Gesichtspunkt der Treuepflichtverletzung in Betracht kommen. Daneben können in solchen Fällen die Schadensersatzpflichten der Organe gem. § 25 UmwG an Bedeutung erlangen.

4 Von Bedeutung bleibt die **Überprüfung des Umtauschverhältnisses** aber für die Verschmelzung von **VVaGs auf Versicherungs-Aktiengesellschaften**. Die Überprüfung erfolgt im sog. Spruchverfahren (§ 15 UmwG i.V.m. SpruchG). Der Überprüfung unterliegt dabei die Angemessenheit der Gegenleistung. Die Überprüfung umfasst damit einerseits die Prüfung der Angemessenheit der Gegenleistung für das übertragene Vermögen in ihrer Gesamtheit und andererseits die Prüfung der Angemessenheit der Verteilung dieser Gegenleistung auf die einzelnen Vereinsmitglieder (vgl. § 110 Rz. 7ff.). Letzteres betrifft allerdings nur die Frage, ob ein zulässiger Verteilungsmaßstab gewählt worden ist. Ist im Verschmelzungsvertrag ein zulässiger Verteilungsmaßstab gewählt worden, hat das Gericht diesen Maßstab zu akzeptieren. Es kann also nicht einen anderen Maßstab an die Stelle des von den Vertragschließenden gewählten Maßstabs setzen. Ist ein zulässiger Maßstab demgegenüber nicht gewählt worden, erfolgt die Verteilung nach Köpfen. Dies ergibt sich aus der entsprechenden Anwendung von § 181 Abs. 3 Satz 1 UmwG[1].

Dritter Unterabschnitt Verschmelzung durch Neugründung

§ 114
Anzuwendende Vorschriften

Auf die Verschmelzung durch Neugründung sind die Vorschriften des Zweiten Unterabschnitts entsprechend anzuwenden, soweit sich aus den folgenden Vorschriften nichts anderes ergibt.

Literatur

Vgl. die Angaben zu § 109.

1 Zur entsprechenden Anwendung dieser Vorschrift vgl. § 110 Rz. 9.

Soweit es die Neugründung eines VVaG betrifft, entsprechen die Vorschriften über die **Verschmelzung durch Neugründung** im Wesentlichen der Rechtslage vor Inkrafttreten des UmwG (§ 44a VAG a.F. i.V.m. § 353 Abs. 4 AktG a.F.). Neu geschaffen durch das UmwG wurde die Möglichkeit der Neugründung einer Versicherungs-AG durch Verschmelzung von VVaG (vgl. § 109 Rz. 5). 1

Für die Gründung eines neuen Rechtsträgers gelten nach § 36 Abs. 2 UmwG im Grundsatz die für die Gründung des jeweiligen neuen Rechtsträgers maßgeblichen Vorschriften, soweit die §§ 115 ff. UmwG (für die Gründung eines VVaG) bzw. die §§ 73 ff. UmwG (für die Gründung einer AG) nichts Abweichendes vorsehen. Für die Gründung eines VVaG im Wege einer Verschmelzung ersetzt insbesondere § 117 UmwG die Regelung in § 15 VAG. Nach § 15 VAG entsteht ein VVaG mit Erteilung der Erlaubnis zum Geschäftsbetrieb durch die Aufsichtsbehörde. Nach § 117 UmwG ist demgegenüber für die Neugründung eines VVaG im Wege einer Verschmelzung die Eintragung im Handelsregister erforderlich (vgl. Erläuterungen zu § 117)[1]. Weitere Besonderheiten gegenüber der Verschmelzung durch Aufnahme bestehen bei der Bestellung bestimmter Organe des neu zu gründenden VVaG sowie bei der Feststellung von dessen Satzung. Beides erfolgt durch die übertragenden Rechtsträger nach Maßgabe der §§ 115 und 116 UmwG. 2

§ 115
Bestellung der Vereinsorgane

Die Vorstände der übertragenden Vereine haben den ersten Aufsichtsrat des neuen Rechtsträgers und den Abschlussprüfer für das erste Voll- oder Rumpfgeschäftsjahr zu bestellen. Die Bestellung bedarf notarieller Beurkundung. Der Aufsichtsrat bestellt den ersten Vorstand.

Literatur

Vgl. die Angaben zu § 109.

I. Bestellung des Aufsichtsrates (§ 115 Satz 1 1. Fall UmwG)

§ 115 UmwG bezweckt die Herstellung der **Handlungsfähigkeit** des neuen Rechtsträgers (VVaG), soweit es um den Aufsichtsrat und den Vorstand geht. Die Existenz dieser Organe ist für die Entstehung des neuen Rechtsträgers unerläss- 1

1 Die Erlaubnis zur Aufnahme des Geschäftsbetriebs bleibt aber Voraussetzung für die Eintragung des neuen VVaG im Handelsregister (vgl. § 31 VAG) und ist regelmäßig auch Voraussetzung für die Erteilung der nach § 14a VAG erforderlichen Genehmigung der Verschmelzung durch die Aufsichtsbehörde.

lich. Da es eine oberste Vertretung des neuen VVaG noch nicht gibt, sieht § 115 UmwG vor, dass der erste Aufsichtsrat von den Vorständen der übertragenden Vereine bestellt wird. Die Bestellung der Aufsichtsräte bedarf jedoch gem. § 116 UmwG der Zustimmung der obersten Vertretung jeder der übertragenden Vereine und zwar mit einer Mehrheit von drei Vierteln der abgegebenen Stimmen (§§ 116, 112 Abs. 3 UmwG). Im Ergebnis ist dadurch die Mitwirkung der Vereinsmitglieder bzw. deren Vertreter an der Bestellung der Aufsichtsräte „auf Umwegen" sichergestellt.

2 Die Anwesenheit der gewählten Aufsichtsratsmitglieder bei der Wahl ist nicht erforderlich. Jedoch wird die Bestellung erst mit der **Annahme durch den Gewählten** wirksam. Für die Annahme ist keine besondere Form erforderlich. Sie kann gegebenenfalls auch konkludent durch Aufnahme des Amtes erfolgen[1].

3 In zeitlicher Hinsicht erfolgt die Bestellung des ersten Aufsichtsrats maximal **bis zum Zeitpunkt der ersten Mitglieder-/Mitgliedervertreterversammlung**, die über die Entlastung des Aufsichtsrats für das erste Voll- oder Rumpfgeschäftsjahr beschließt (§ 35 Abs. 3 Satz 1 VAG i.V.m. § 30 Abs. 3 Satz 1 AktG). Spätestens dann sollen die Aufsichtsratsmitglieder von der eigentlich zuständigen Mitglieder-/Mitgliedervertreterversammlung des neuen Vereins gewählt werden.

4 Der erste Aufsichtsrat ist zunächst ohne **Arbeitnehmervertreter** zusammengesetzt (§ 35 Abs. 3 Satz 1 VAG i.V.m. § 30 Abs. 2 AktG). Da § 35 Abs. 3 Satz 1 VAG nicht auf § 31 Abs. 1 AktG verweist[2], ist zweifelhaft, ob der Aufsichtsrat ohne vorherige Durchführung eines Statusverfahrens nach §§ 97f. AktG mit Arbeitnehmervertretern besetzt werden kann. Zur Vermeidung von Rechtsunsicherheiten ist daher die Durchführung eines Statusverfahrens zu empfehlen, bevor Arbeitnehmervertreter in den Aufsichtsrat gewählt werden.

5 Für die **persönlichen Voraussetzungen** und sonstige Anforderungen an Aufsichtsratsmitglieder gelten die allgemeinen Vorschriften für die Bestellung des Aufsichtsrates, §§ 7a Abs. 4, 35 VAG, § 100 AktG.

II. Bestellung der Abschlussprüfer (§ 115 Satz 1 2. Fall UmwG)

6 Die **Bestellung des ersten Abschlussprüfers** des neuen VVaG erfolgt ebenfalls durch die Vorstände der übertragenden VVaGs (§ 115 Satz 1 2. Fall UmwG). Die Vorschrift ist der für Aktiengesellschaften geltenden Vorschrift nachgebildet (vgl. § 30 Abs. 1 AktG). Sie ist aber an sich überflüssig, da bei VVaG – anders als im Normalfall bei Kapitalgesellschaften – nicht die Mitglieder-/Mitgliedervertreterversammlung, sondern stets der Aufsichtsrat den Abschlussprüfer bestellt (§ 341k Abs. 2 HGB); der Aufsichtsrat wäre aber nach seiner Bestellung handlungsfähig. Die Bestellung des ersten Abschlussprüfers durch die Vorstände ist wie die Bestellung des ersten Aufsichtsrats notariell zu beurkunden (§ 115 Satz 2 UmwG). Ein Zustimmungsbeschluss der obersten Vertretung zur Bestellung des ersten Abschlussprüfers ist dagegen – anders als für den ersten Aufsichtsrat – nicht erforderlich (vgl. § 116 Satz 1 UmwG).

1 Zum Aktienrecht *Hüffer*, § 30 AktG Rz. 2 m.w.N.
2 Was seinen Grund allerdings darin hat, dass ein VVaG normalerweise nicht im Wege der Sachgründung errichtet werden kann.

Unterbleibt die Bestellung des ersten Abschlussprüfers versehentlich, hat dies keine Konsequenzen für den weiteren Gründungsvorgang. Der Abschlussprüfer kann vielmehr noch nachträglich bestellt werden. Aus der fehlenden Bestellung ergibt sich somit insbesondere kein Eintragungshindernis für die Verschmelzung[1]. 7

Für die **persönlichen Voraussetzungen** und sonstige Anforderungen an den Abschlussprüfer gelten auch hier die allgemeinen Vorschriften (§ 341k HGB i.V.m. § 319 HGB). Die Bestellung des Abschlussprüfers ist der Aufsichtsbehörde gem. § 58 Abs. 2 VAG anzuzeigen. 8

III. Bestellung und Zusammensetzung des Vorstands (§ 115 Satz 3 UmwG)

Gem. § 115 Satz 3 UmwG bestellt der erste Aufsichtsrat den **ersten Vorstand**. 9 Diese Vorschrift ist im Ergebnis nur klarstellender Natur, da der Vorstand auch nach den allgemeinen Vorschriften vom Aufsichtsrat zu bestellen ist (§ 34 Satz 2 VAG i.V.m. § 84 Abs. 1 AktG). Der Bestellungsbeschluss bedarf der einfachen Mehrheit der abgegebenen Stimmen (§ 35 Abs. 3 VAG i.V.m. § 108 Abs. 1 AktG). Er kann bereits erfolgen, bevor die obersten Vertretungen der Bestellung der Aufsichtsratsmitglieder zugestimmt haben; er wird jedoch erst mit den Zustimmungsbeschlüssen der obersten Vertretungen wirksam[2]. Eine notarielle Beurkundung ist – anders als bei der Bestellung der Aufsichtsräte und des Abschlussprüfers – nicht erforderlich (§ 115 Satz 2 UmwG).

Bei der Bestellung der Vorstandsmitglieder sind ebenfalls die **allgemeinen Voraussetzungen** zu beachten. Hierzu gehören sowohl in formeller als auch in materieller Hinsicht die Anforderungen der §§ 7a Abs. 1, 13d Nr. 1 VAG (**Prüfung der Qualifikation der zu bestellenden Vorstandsmitglieder**). Dies ist insbesondere dann unter zeitlichen Gesichtspunkten zu beachten, wenn beim neu gegründeten VVaG Vorstandsmitglieder bestellt werden sollen, die ein solches Amt bei den übertragenden VVaG noch nicht inne hatten. 10

Unterlässt der Aufsichtsrat pflichtwidrig die Bestellung des Vorstandes, so besteht 11 für den neuen Verein ein **Eintragungshindernis**. Da eine gerichtliche Ersatzbestellung nicht vorgesehen ist, können in einem solchen Fall die Vorstände der übertragenden Vereine nur die Aufsichtsratsmitglieder abberufen und neue bestellen[3].

§ 116
Beschlüsse der obersten Vertretungen

(1) Die Satzung des neuen Rechtsträgers und die Bestellung seiner Aufsichtsratsmitglieder bedürfen der Zustimmung der übertragenden Vereine durch Ver-

1 Vgl. zur AG: *Hüffer*, § 30 AktG Rz. 10; ferner *Koerfer* in Semler/Stengel, § 115 UmwG Rz. 27.
2 *Beckmann* in KölnKomm. UmwG, § 115 UmwG Rz. 6; *Koerfer* in Semler/Stengel, § 115 UmwG Rz. 20.
3 Vgl. *Hüffer*, § 30 AktG Rz. 12.

schmelzungsbeschlüsse. § 76 Abs. 2 und § 112 Abs. 3 sind entsprechend anzuwenden.

(2) In der Bekanntmachung der Tagesordnung eines Vereins ist der wesentliche Inhalt des Verschmelzungsvertrags bekannt zu machen. In der Bekanntmachung haben der Vorstand und der Aufsichtsrat, zur Wahl von Aufsichtsratsmitgliedern und Prüfern nur der Aufsichtsrat, Vorschläge zur Beschlussfassung zu machen. Hat der Aufsichtsrat auch aus Aufsichtsratsmitgliedern der Arbeitnehmer zu bestehen, so bedürfen Beschlüsse des Aufsichtsrats über Vorschläge zur Wahl von Aufsichtsratsmitgliedern nur der Mehrheit der Stimmen der Aufsichtsratsmitglieder der Mitglieder des Vereins.

Literatur

Vgl. die Angaben zu § 109.

I. Beschlussgegenstand und Beschlussfassungserfordernisse (§ 116 Abs. 1 UmwG)

1 Jeder der übertragenden Vereine hat einen **Verschmelzungsbeschluss** zu fassen, d.h. dem Verschmelzungsvertrag oder dessen Entwurf zuzustimmen (§ 114 UmwG i.V.m. § 112 UmwG). Für die Vorbereitung und Durchführung der beschlussfassenden Versammlung findet neben § 116 Abs. 2 UmwG insbesondere § 112 UmwG Anwendung. Ferner ist auch bei der Verschmelzung durch Neugründung – entsprechend der Regelung für die Verschmelzung von Aktiengesellschaften, § 61 UmwG – der Verschmelzungsvertrag vor der Beschlussfassung durch die oberste Vertretung zum Register einzureichen und durch dieses entsprechend bekannt zu machen (vgl. § 111 UmwG). Sofern an der Verschmelzung eine Versicherungs-AG als übertragender Rechtsträger beteiligt ist, gelten für deren Beschlussfassung die §§ 73 ff. UmwG, ggfs. i.V.m. §§ 60 ff. UmwG.

2 Gegenstand des Zustimmungsbeschlusses ist auch die **Zustimmung zu der Satzung** des neuen Rechtsträgers, da diese wesentlicher Bestandteil des Verschmelzungsvertrags ist (vgl. bereits § 37 UmwG). Sie wird daher auch von dem Erfordernis der notariellen Beurkundung (§ 6 UmwG) erfasst. Ferner muss jeder Verein der **Bestellung des Aufsichtsrats** des neuen Rechtsträgers zustimmen[1]. Auch dieser Beschluss ist gem. § 116 Abs. 1 Satz 1 UmwG notwendiger Bestandteil des Verschmelzungsbeschlusses.

3 Zuständig für die Beschlussfassung ist jeweils die **oberste Vertretung** der beteiligten VVaGs, d.h. die Mitgliederversammlung oder Mitgliedervertreterversamm-

1 Dadurch wird die Bestellung des Aufsichtsrats durch die Vorstände der übertragenden Rechtsträger legitimiert; vgl. § 115 Rz. 1.

lung (vgl. § 112 Rz. 14 ff.), bei Aktiengesellschaft als übertragender Rechtsträger die Hauptversammlung der jeweiligen Aktiengesellschaft (vgl. §§ 63 f. UmwG). Der Beschluss der obersten Vertretung bedarf einer **Mehrheit von drei Vierteln der abgegebenen Stimmen**, wie sich aus dem in § 116 Abs. 1 Satz 2 UmwG enthaltenen Verweis auf § 112 Abs. 3 UmwG ergibt[1]. Die Satzung kann eine größere Mehrheit und weitere Erfordernisse bestimmen (§ 112 Abs. 3 Satz 2 UmwG). Für als übertragende Rechtsträger beteiligte Aktiengesellschaften gelten die gleichen Mehrheitserfordernisse (§ 65 UmwG).

Mit dem Verweis auf § 76 Abs. 2 UmwG wird den Erfordernissen bei der Gründung einer **Versicherungs-AG als (neuem) übernehmenden Rechtsträger** Rechnung getragen. Hier werden § 124 Abs. 2 Satz 2 und Abs. 3 Satz 1 und 3 AktG für anwendbar erklärt, wonach der Wortlaut der neuen Satzung bekannt zu machen ist und zu jedem Gegenstand der Beschlussfassung Beschlussvorschläge zu unterbreiten sind. Für die entsprechende Bekanntmachung und die Vorschläge zur Beschlussfassung beim VVaG gilt § 116 Abs. 2 UmwG. 4

II. Bekanntmachung (§ 116 Abs. 2 Satz 1 UmwG)

Um dem Informationsbedürfnis der Mitglieder der obersten Vertretung gerecht zu werden, schreibt § 116 Abs. 2 Satz 1 UmwG vor, dass der wesentliche Inhalt des Verschmelzungsvertrags mit der **Tagesordnung** bekannt zu machen ist[2]. Da die **Satzung** des neuen Vereins wesentlicher Teil des Verschmelzungsvertrags ist (vgl. oben Rz. 2), ist auch diese von dem Bekanntgabeerfordernis erfasst. Entsprechendes gilt für den Beschluss über die Zustimmung zur **Bestellung der Aufsichtsratsmitglieder**, da auch diese Zustimmung im Rahmen des Verschmelzungsbeschlusses erfolgt (vgl. oben Rz. 2). 5

Die Bekanntmachung hat in den von der Satzung bestimmten Blättern zu erfolgen (§ 28 VAG), wenigstens jedoch im Bundesanzeiger.

III. Vorschläge zur Beschlussfassung (§ 116 Abs. 2 Satz 2 UmwG)

Gem. § 116 Abs. 2 Satz 2 UmwG haben **Vorstand und Aufsichtsrat** in der Bekanntmachung der Tagesordnung auch **Beschlussvorschläge** zu den einzelnen Gegenständen der Tagesordnung zu unterbreiten; soweit die Wahl von Aufsichtsratsmitgliedern und Abschlussprüfern in Rede steht, beschränkt sich das Recht wie auch die Pflicht zur Unterbreitung eines Beschlussvorschlags auf den Aufsichtsrat[3]. Auch diese Regelung ist nur klarstellender Natur, weil sich entsprechende Verpflichtungen und Beschränkungen bereits aus § 36 VAG i.V.m. § 124 Abs. 3 Satz 1 AktG ergeben[4]. Tatsächlich ist die Regelung in § 116 Abs. 2 Satz 2 UmwG sogar eher verwirrend, weil sie den Anschein erweckt, zu der im Rahmen des Zu- 6

---

1 Der Verweis ist in erster Linie klarstellender Natur, vermutlich weil der Verschmelzungsbeschluss auch die Zustimmungen zur Satzung und Bestellung der Aufsichtsratsmitglieder enthält. An sich würde sich die Anwendbarkeit von § 112 Abs. 3 UmwG bereits aus dem Verweis in § 114 UmwG ergeben.

2 Dies ergibt sich an sich bereits aus § 36 VAG i.V.m. § 124 Abs. 2 AktG; vgl. *Beckmann* in KölnKomm. UmwG, § 116 UmwG Rz. 7; *Koerfer* in Semler/Stengel, § 116 UmwG Rz. 6.

3 Vgl. dazu *Hüffer*, § 124 AktG Rz. 12 ff.

4 Vgl. *Koerfer* in Semler/Stengel, § 116 UmwG Rz. 6.

stimmungsbeschlusses zum Verschmelzungsvertrag erfolgenden Bestätigung der Bestellung des Aufsichtsrats dürfe nur der Aufsichtsrat einen Beschlussvorschlag unterbreiten. Dies ist indessen nicht der Fall. Wie sich aus § 116 Abs. 1 Satz 1 UmwG ergibt, handelt es sich nicht um eine originäre Wahl der Aufsichtsratsmitglieder (für die § 124 Abs. 3 Satz 1 AktG bzw. § 116 Abs. 2 Satz 2 2. Halbsatz UmwG gelten würden), sondern nur um eine Zustimmung zur Bestellung, die bereits nach § 115 UmwG (bei neu gegründetem VVaG) bzw. nach § 36 Satz 2 UmwG i.V.m. § 30 Abs. 1 AktG (bei neu gegründeter AG) durch die Vorstände der übertragenden Rechtsträger erfolgt ist. Diese Zustimmung erfolgt sowohl im Fall des § 116 Abs. 1 Satz 1 UmwG als auch im Fall des § 76 Abs. 2 UmwG „durch Verschmelzungsbeschluss". Dieser Beschluss stellt einen einheitlichen Beschluss dar, für den Vorstand und Aufsichtsrat gem. § 116 Abs. 2 Satz 2 1. Halbsatz UmwG bzw. § 124 Abs. 3 Satz 1 AktG jeweils einen Beschlussvorschlag zu unterbreiten haben[1].

IV. Mehrheitserfordernis bei Vorschlägen zur Wahl von Aufsichtsratsmitgliedern (§ 116 Abs. 2 Satz 3 UmwG)

7 Hat der **Aufsichtsrat** des neu zu gründenden Rechtsträgers **auch aus Vertretern der Arbeitnehmer** zu bestehen, dies kann bei einem dem DrittelbG unterliegenden VVaG oder einer dem DrittelbG oder dem MitbestG unterliegenden Aktiengesellschaft sein, greift auf Seiten des übertragenden VVaG § 116 Abs. 2 Satz 3 UmwG ein. Danach bedarf der Beschluss des Aufsichtsrats, in dem er über seinen Wahlvorschlag an die oberste Vertretung zur Wahl von Aufsichtsratsmitgliedern beschließt, nur der Mehrheit der Stimmen der sog. Anteilseignervertreter im Aufsichtsrat. Wie oben unter Rz. 6 dargelegt, findet allerdings im Normalfall gar keine Wahl von Aufsichtsratsmitgliedern im Zusammenhang mit der Verschmelzung statt; vielmehr erfolgt ein einheitlicher Beschluss über die Zustimmung zur Verschmelzung. Es kann sich daher allenfalls die Frage stellen, ob § 116 Abs. 2 Satz 3 UmwG in diesem Fall entsprechend gelten soll. Dies ist zu verneinen. Zwar besteht bei der Zustimmung zur Bestellung der Aufsichtsratsmitglieder eine mit dem Fall des § 116 Abs. 2 Satz 3 UmwG vergleichbare Situation (d.h. ein potentieller Interessenkonflikt der Arbeitnehmervertreter). Der Verschmelzungsbeschluss hat jedoch sehr viel weitergehende Wirkungen, die deutlich über die einer Bestellung von Aufsichtsratsmitgliedern hinaus gehen. Dies drückt sich nicht zuletzt in § 5 Abs. 1 Nr. 9, Abs. 3 UmwG aus. Wie bei einem Beschluss über die Verschmelzung auf einen bereits bestehenden Rechtsträger können die Arbeitnehmervertreter im Aufsichtsrat daher auch bei einer Verschmelzung zur Neugründung am Beschlussvorschlag des Aufsichtsrats zur Verschmelzung, der der obersten Vertretung zu unterbreiten ist, mitwirken.

1 In diesem Sinne wohl auch *Beckmann* in KölnKomm. UmwG, § 116 UmwG Rz. 9.

§ 117
Entstehung und Bekanntmachung des neuen Vereins

Vor der Eintragung in das Register besteht ein neuer Verein als solcher nicht. Wer vor der Eintragung des Vereins in seinem Namen handelt, haftet persönlich; handeln mehrere, so haften sie als Gesamtschuldner.

Literatur

Vgl. die Angaben zu § 109.

I. Entstehung des neuen Vereins (§ 117 Satz 1 UmwG)

1 Der neue Verein erlangt seine **Rechtsfähigkeit** erst durch die **Eintragung** im Handelsregister. Die Vorschrift weicht von § 15 VAG ab, wonach der VVaG Rechtsfähigkeit bereits durch die von der Aufsichtsbehörde erteilte Erlaubnis zum Geschäftsbetrieb erlangt.

Die Vorstände der verschmelzenden VVaG haben den neuen VVaG bei dem Gericht, in dessen Bezirk der VVaG seinen Sitz hat, zur Eintragung **anzumelden**, vgl. § 16 UmwG.

2 Die Eintragung hat die **Rechtsfolgen** der §§ 20ff. UmwG, namentlich den Übergang des Vermögens und der Verbindlichkeiten der übertragenden VVaGs (§ 20 Abs. 1 Nr. 1 UmwG) sowie deren Erlöschen (§ 20 Abs. 1 Nr. 2 UmwG)[1]. Nicht automatisch mit über gehen dagegen die **Erlaubnisse zum Geschäftsbetrieb** der übertragenden VVaG gem. § 5 VAG[2]. Diese Erlaubnis ist nach der Praxis der BaFin für den neu entstehenden VVaG vielmehr selbständig zu beantragen, bevor die Genehmigung zur Verschmelzung gem. § 14a VAG erteilt wird. In diesem Zusammenhang sind auch alle für die Erteilung der Erlaubnis nach § 5 VAG erforderlichen Unterlagen und Nachweise für den übernehmenden VVaG der Aufsichtsbehörde vorzulegen.

II. Handelndenhaftung (§ 117 Satz 2 UmwG)

3 § 117 Satz 2 UmwG betrifft die sog. **Handelndenhaftung**, vgl. § 54 Satz 2 BGB und die Regelungen der Handelndenhaftung bei der Vor-AG und Vor-GmbH, § 41 AktG und § 11 GmbHG. Handeln die für den neuen VVaG bestellten Organmit-

1 *Weigel* in Prölss, Vor § 15 VAG Rz. 138m; vgl. ferner § 109 Rz. 2f., 18.
2 Unter Aufgabe der Auffassung der 4. Aufl., Rz. 1. A.A. *Beckmann* in KölnKomm. UmwG, § 117 UmwG Rz. 3; *Koerfer* in Semler/Stengel, § 117 UmwG Rz. 6.

glieder rechtsgeschäftlich im Namen des künftigen VVaG, haften sie persönlich[1]. Praktische Bedeutung dürfte die Handelndenhaftung allerdings kaum erlangen, da der neue VVaG das Geschäft der übertragenden VVaGs (lediglich) fortführt. Bis zum Wirksamwerden der Verschmelzung können die übertragenden VVaGs daher noch Versicherungsgeschäft zeichnen oder sonstige Rechtsgeschäfte tätigen, die mit Wirksamwerden der Verschmelzung automatisch auf den neuen VVaG übergehen (§ 20 Abs. 1 Nr. 1 UmwG).

III. Bekanntmachung der Eintragung

4 Die Eintragung des neuen Vereins ist im Bundesanzeiger bekannt zu machen. Die **Bekanntmachung** folgt damit den allgemeinen Regeln des § 10 HGB. Zusatzbekanntmachungen zum Zwecke einer weiter gehenden Publizität, wie dies § 117 Abs. 2 UmwG a.F. etwa für weiter gehende persönliche Angaben zu den Aufsichtsratsmitgliedern vorsah, sind nicht mehr notwendig. Die Aufhebung des § 117 Abs. 2 UmwG a.F. ist Folge des nunmehr bestehenden Grundsatzes des Verzichts auf Zusatzbekanntmachungen jeder Art. Dieser Verzicht ist im Ergebnis als wirkungsneutral einzustufen, da die zuvor bestehende Verpflichtung zur Angabe der Zusatzbekanntmachungen nur als eine reine Ordnungsvorschrift zu charakterisieren war, die keinen Einfluss auf den Eintritt der Verschmelzungswirkungen hatte.

IV. Mängel der Verschmelzung

5 Mängel in dem Verschmelzungsverfahren werden durch Eintragung geheilt, vgl. § 20 Abs. 2 UmwG.

Vierter Unterabschnitt Verschmelzung kleinerer Vereine

§ 118
Anzuwendende Vorschriften

Auf die Verschmelzung kleinerer Vereine im Sinne des § 53 des Versicherungsaufsichtsgesetzes sind die Vorschriften des Zweiten und des Dritten Unterabschnitts entsprechend anzuwenden. Dabei treten bei kleineren Vereinen an die Stelle der Anmeldung zur Eintragung in das Register der Antrag an die Aufsichtsbehörde auf Genehmigung, an die Stelle der Eintragung in das Register und ihrer Bekanntmachung die Bekanntmachung im Bundesanzeiger nach § 119.

1 *Beckmann* in KölnKomm. UmwG, § 117 UmwG Rz. 4.

Literatur

Vgl. die Angaben zu § 109.

I. Überblick

Auch für kleinere Vereine (§ 53 VAG) bestehen die von § 109 UmwG eröffneten Verschmelzungsmöglichkeiten. Mit Ausnahme der Fälle des § 157a VAG sind die kleineren Vereine auch ohne ausdrückliche Erwähnung, wie früher in § 53a VAG, in die Regelungen des UmwG einbezogen. Die §§ 118, 119 UmwG modifizieren die Anforderungen an Anmeldung und Eintragung im Register und Bekanntmachung des Verschmelzungsvertrags. §§ 118, 119 UmwG gelten nicht für kleinste Vereine, für die die Umwandlung nach dem UmwG ausdrücklich ausgeschlossen ist (§ 157a Abs. 3 2. Halbsatz VAG). 1

II. Verfahren

Grundsätzlich gelten die §§ 110ff. UmwG sinngemäß. Besonderheiten des kleineren VVaG verlangen nach einigen Sonderregelungen, vgl. § 118 Satz 2 UmwG. Soweit bei der Verschmelzung nicht ausschließlich kleinere VVaG beteiligt sind, gelten die Besonderheiten nur für den bzw. die kleineren Vereine. Soweit große VVaG an der Verschmelzung beteiligt sind, bleibt es dagegen bei der Anwendbarkeit ausschließlich der für diese geltenden Bestimmungen der §§ 110ff. UmwG. 2

Der erforderliche **Zustimmungsbeschluss** (vgl. § 112 UmwG) ist in der Versammlung der Mitglieder (oder Mitgliedervertreter) zu fassen. Auch hier ist eine Mehrheit von drei Vierteln der abgegebenen, nicht der erschienenen Stimmen zu beachten, sofern nicht die Satzung weitere Erfordernisse bestimmt.

Die ansonsten zulässige Beschlussfassung im schriftlichen Verfahren (§ 53 Abs. 2 VAG i.V.m. § 32 Abs. 2 BGB) ist beim Zustimmungsbeschluss aufgrund § 13 Abs. 3 Satz 1 UmwG nicht möglich, auch dann nicht, wenn die Satzung die schriftliche Beschlussfassung außerhalb der Versammlungen zwingend vorsieht[1].

Gem. § 53 Abs. 1 VAG gilt für die Mitgliederversammlung kleinerer VVaG § 36 VAG mit dem Verweis auf die aktienrechtlichen Vorschriften nicht. Vielmehr gelten gem. § 53 Abs. 2 VAG die §§ 24 bis 53 BGB entsprechend. Daher finden auch die Sondervorschriften des Aktienrechts über die Anfechtbarkeit und Nichtigkeit eines Beschlusses auf **fehlerhafte Beschlüsse** der Mitgliederversammlung weder direkte noch analoge Anwendung[2]. Stattdessen ist von dem Grundsatz auszugehen, dass der Verstoß gegen zwingende Bestimmungen des Gesetzes oder der Satzung zur Nichtigkeit des Beschlusses führt, auf die sich jeder Beteiligte berufen und auf Feststellung der Unwirksamkeit klagen kann. Jedoch sei hier auf die Befristung von Klagen gegen die Wirksamkeit des Übertragungsbeschlusses nach § 14 UmwG verwiesen, der auch für die Verschmelzung kleinerer VVaG Geltung beansprucht. 3

Auch hier gilt das **Formerfordernis** des § 6 UmwG.

---

1 Vgl. *Weigel* in Prölss, § 53 VAG Rz. 62; *Koerfer* in Semler/Stengel, § 118 UmwG Rz. 10; *Beckmann* in KölnKomm. UmwG, § 118 UmwG Rz. 5.

2 Vgl. *Weigel* in Prölss, § 53 VAG Rz. 63.

III. Aufsichtsbehördliche Genehmigung

4 Die aufsichtsbehördliche Genehmigung ist – wie früher schon gem. § 44a Abs. 2 VAG a.F. – nach Maßgabe des § 14a VAG erforderlich. Nach § 118 Satz 2 UmwG ersetzt der Antrag auf aufsichtsbehördliche Genehmigung die Anmeldung zum Handelsregister. Der Aufsichtsbehörde kommt daher eine **Doppelfunktion** zu, nämlich die der staatlichen Genehmigungsbehörde und die des Handelsregisters. Wegen dieser Doppelfunktion hat der Genehmigungsantrag auch die Unterlagen nach §§ 16 Abs. 2, 17 UmwG zu enthalten. Die Erklärung des Vorstandes gem. § 16 Abs. 2 UmwG hat sich hier darauf zu richten, dass die Unwirksamkeit der Verschmelzungsbeschlüsse nicht klageweise geltend gemacht wurde[1].

§ 17 Abs. 2 UmwG verlangt die Einreichung der **Schlussbilanz**, die für kleinere Vereine jedoch lediglich nach § 64 VAG prüfungspflichtig ist.

Handelt es sich um eine Verschmelzung durch Neugründung, so sind ferner die Unterlagen gem. § 31 VAG beizufügen.

IV. Wirksamwerden der Verschmelzung

5 Da an die Stelle der Eintragung im Handelsregister bei kleineren Vereinen die Bekanntmachung der **aufsichtsbehördlichen Genehmigung** tritt, wird die Verschmelzung mit dieser Bekanntmachung wirksam (vgl. § 119 UmwG). Soweit dagegen große VVAG an der Verschmelzung – dann zwangsläufig als übernehmender VVaG – beteiligt sind, bleibt es bei dem Erfordernis der Eintragung der Verschmelzung im Handelsregister des übernehmenden VVaG; mit dieser wird die Verschmelzung wirksam (§ 20 Abs. 1 UmwG).

§ 119
Bekanntmachung der Verschmelzung

Sobald die Verschmelzung von allen beteiligten Aufsichtsbehörden genehmigt worden ist, macht die für den übernehmenden kleineren Verein zuständige Aufsichtsbehörde, bei einer Verschmelzung durch Neugründung eines kleineren Vereins die für den neuen Verein zuständige Aufsichtsbehörde die Verschmelzung und ihre Genehmigung im Bundesanzeiger bekannt.

Literatur

Vgl. die Angaben zu § 109.

1 *Koerfer* in Semler/Stengel, § 118 UmwG Rz. 12.

I. Überblick

Die Eintragung der Verschmelzung im Handelsregister und deren Bekanntmachung gem. § 10 HGB werden entsprechend dieser Sondervorschrift durch Bekanntmachung im Bundesanzeiger ersetzt. Soweit große VVaG an der Verschmelzung beteiligt sind, trifft diese allerdings weiterhin die Pflicht zur Eintragung der Verschmelzung in das Handelsregister und deren Bekanntmachung gem. § 10 HGB (§ 118 Rz. 5). 1

II. Zuständigkeit und Inhalt der Bekanntmachung

Zuständig für die Bekanntmachung ist, falls mehrere Aufsichtsbehörden zu genehmigen haben, bei Verschmelzung durch Aufnahme diejenige Aufsichtsbehörde, die für den übernehmenden kleineren Verein zuständig ist, bei Verschmelzung durch Neugründung die für den neuen Verein zuständige Aufsichtsbehörde. Zuständige Aufsichtsbehörde ist somit die BaFin oder gegebenenfalls die Landesaufsichtsbehörde, §§ 14a, 146 VAG. 2

Inhaltlich ist bekannt zu machen die Verschmelzung, die aufsichtsbehördliche Genehmigung und der Hinweis für die Gläubiger auf die Möglichkeiten zur Wahrung ihrer Rechte, vgl. § 22 Abs. 1 Satz 3 UmwG[1].

III. Rechtsfolgen

Da die Bekanntmachung im Bundesanzeiger den Eintrag ins Handelsregister ersetzt, hat die Bekanntmachung die Wirkungen des § 20 UmwG. Mit der Bekanntmachung entsteht danach bei Verschmelzung durch Neugründung der neue kleinere VVaG, das Vermögen geht im Wege der **Gesamtrechtsnachfolge** auf den übernehmenden oder den neuen Verein über, und die **Mitgliedschaften** des oder der übertragenden Vereine gehen auf den übernehmenden bzw. den neuen VVaG über. Auch erlischt der übertragende Verein mit der Bekanntmachung, ohne dass es einer gesonderten Abwicklung bedarf[2]. Erfolgt die Verschmelzung unter Beteiligung von großen VVaG, so besteht für den neuen oder den übernehmenden **großen VVaG** die Eintragungspflicht im Handelsregister fort, so dass ausschließlich daran die zuvor beschriebenen Rechtsfolgen geknüpft werden. 3

1 *Koerfer* in Semler/Stengel, § 119 UmwG Rz. 5; *Beckmann* in KölnKomm. UmwG, § 119 UmwG Rz. 3.

2 *Beckmann* in KölnKomm. UmwG, § 119 UmwG Rz. 4.

Neunter Abschnitt Verschmelzung von Kapitalgesellschaften mit dem Vermögen eines Alleingesellschafters

§ 120
Möglichkeit der Verschmelzung

(1) Ist eine Verschmelzung nach den Vorschriften des Ersten bis Achten Abschnitts nicht möglich, so kann eine Kapitalgesellschaft im Wege der Aufnahme mit dem Vermögen eines Gesellschafters oder eines Aktionärs verschmolzen werden, sofern sich alle Geschäftsanteile oder alle Aktien der Gesellschaft in der Hand des Gesellschafters oder Aktionärs befinden.

(2) Befinden sich eigene Anteile in der Hand der Kapitalgesellschaft, so werden sie bei der Feststellung der Voraussetzungen der Verschmelzung dem Gesellschafter oder Aktionär zugerechnet.

Literatur

Bärwaldt/Schabacker, Ein Dauerbrenner: Die Verschmelzung einer Kapitalgesellschaft mit dem Vermögen ihres Alleingesellschafters, NJW 1997, 93; *Dehmer/Stratz*, Nochmals: Die Verschmelzung auf den Alleingesellschafter, DB 1996, 1071; *Maria Doralt*, OGH zur verschmelzenden Umwandlung über die Grenze – ein Meilenstein im internationalen Gesellschaftsrecht?, GesRZ 2004, 26; *Maria Doralt*, Österreichischer OGH zur verschmelzenden Umwandlung über die Grenze nach Deutschland, NZG 2004, 396; *Ebenroth/Offenloch*, Kollisionsrechtliche Untersuchung grenzüberschreitender Ausgliederungen, RIW 1997, 1; *Felix*, Umwandlungssperre für die Einpersonen-Steuerberatungs-GmbH?, DStR 1996, 658; *Heckschen*, Die Verschmelzung auf den Alleingesellschafter – eine missglückte gesetzliche Regelung, ZIP 1996, 450; *Heckschen*, Die Entwicklung des Umwandlungsrechts aus Sicht der Rechtsprechung und Praxis, DB 1998, 1385, 1395; *Heckschen*, Umwandlungsrecht und Insolvenz, in FS Widmann, 2000, S. 31; *Heckschen*, Umstrukturierung von Kapitalgesellschaften vor und während der Krise: Umwandlungsmaßnahmen vor dem Insolvenzeröffnungsantrag, DB 2005, 2283; *Heckschen*, Umstrukturierung krisengeschüttelter Kapitalgesellschaften: Umwandlungsmaßnahmen nach Stellung des Insolvenzantrags, DB 2005, 2675; *Heckschen*, Die Umwandlung in der Krise und zur Bewältigung der Krise, ZInsO 2008, 824; *Kalss*, Europarechtliche und verfassungsrechtliche Rahmenbedingungen für das Umwandlungsrecht, JBl 1995, 420 (zum österreichischen Recht); *Koppensteiner*, Umwandlungen über die deutsch-österreichische Grenze, in FS Hefermehl, 1976, S. 305; *Maiterth*, Die steuerliche Behandlung des Vermögensübergangs von einer Kapitalgesellschaft auf eine Personengesellschaft oder eine natürliche Person nach dem neuen UmwStG, BB 1995, 1980; *Neu*, Die Nutzbarmachung von Verlustvorträgen einer Kapitalgesellschaft durch Umwandlung in eine Personenunternehmung, DB 1995, 1731; *Neufang*, Verlustvortrag und Übernahmeverlust bei der Umwandlung einer GmbH in ein Einzelunternehmen oder Personengesellschaft, DB 1995, 1933; *Neye*, Kurzkommentar zu OLG Zweibrücken 27.12.1995, EWiR 1996, 277; *Oplustil/M. Schneider*, Zur Stellung der Europäischen Aktiengesellschaft im Umwandlungsrecht, NZG 2003, 13; *Ott*, Umwandlung einer GmbH in ein Einzelunternehmen nach neuem Umwandlungs- und Umwandlungssteuerrecht, INF 1995, 300; *Priester*, Die „Umwandlung" einer GmbH auf ihren nicht-vollkaufmännischen Alleingesellschafter, DB 1996, 413; *Rüffler*, Die Umwandlung auf den deutschen Alleingesellschafter – eine Kritik an der Entscheidung des OGH 6 Ob 283/02i, GesRZ 2004, 3; *Ulmer*, Die höchstrichterlich „enträtselte" Gesellschaft bürgerlichen Rechts – Zugleich Besprechung zu BGH ZIP 2001, 330, ZIP 2001, 585; *Harry Westermann*, Die Folgen von Verschmelzung und Umwandlung nach § 15 Umwandlungsgesetz von Aktiengesellschaften für Beherrschungsverträge, in FS Schilling, 1973, S. 271; *Wrenger*, Verschmelzung von Kapitalgesellschaften mit dem Vermögen eines Alleingesellschafters bei fehlender Eintragungsfähigkeit in das Handelsregister, BB 1997, 1905.

I. Überblick

§§ 120–122 UmwG betreffen die Verschmelzung einer Kapitalgesellschaft mit dem Vermögen ihres Alleingesellschafters. Angeknüpft wird damit an die im früheren Recht vorgesehene verschmelzende Umwandlung auf den Allein- oder Hauptgesellschafter (§§ 1, 15, 23 und 24 UmwG 1969); im Unterschied dazu ist der Vorgang nicht mehr als „übertragende Umwandlung", sondern als **echte Verschmelzung** geregelt[1]. §§ 120ff. UmwG sind nur dann anwendbar, wenn eine derartige Verschmelzung nach den Vorschriften des Ersten bis Achten Abschnittes nicht möglich ist (**subsidiäre bzw. ergänzende Funktion der §§ 120ff. UmwG**). Nicht alle Verschmelzungen einer Kapitalgesellschaft mit deren Alleingesellschafter werden daher vom Neunten Abschnitt erfasst: Ist etwa der Alleingesellschafter selbst eine Kapitalgesellschaft, eine Personengesellschaft oder eine Genossenschaft, sind die jeweiligen Vorschriften des Ersten bis Achten Abschnitts anwendbar. Wie sich bereits aus § 3 Abs. 2 Nr. 2 UmwG ergibt, geht es in §§ 120ff. UmwG um solche Fälle, in denen der Alleingesellschafter eine natürliche Person ist. Zur Frage, ob auch noch andere Konstellationen erfasst sein können, s. noch unten Rz. 23f. 1

In §§ 120–122 UmwG wird die **Verschmelzung auf eine natürliche Person abschließend** geregelt[2]. Gem. § 3 Abs. 2 Nr. 2 UmwG kommt eine natürliche Person nur dann als übernehmender Rechtsträger in Betracht, wenn sie als Alleingesellschafter das Vermögen einer Kapitalgesellschaft übernimmt. Dies ist der in §§ 120–122 UmwG geregelte Fall. Als übertragender Rechtsträger kann eine natürliche Person bei der Verschmelzung gar nicht fungieren; vgl. aber die Möglichkeit zur Ausgliederung nach §§ 152–160 UmwG. 2

1 Vgl. auch *Simon* in KölnKomm. UmwG, § 120 UmwG Rz. 6.
2 S. dazu auch *Simon* in KölnKomm. UmwG, § 120 UmwG Rz. 2.

3 Voraussetzung für eine Verschmelzung nach §§ 120ff. UmwG ist eine **Alleingesellschafterstellung** der natürlichen Person, ggf. neben vorhandenen eigenen Anteilen der Kapitalgesellschaft (§ 120 Abs. 2 UmwG). Anders als bei der übertragenden (verschmelzenden) Umwandlung nach dem UmwG 1969 kann daher die Verschmelzung nach §§ 120ff. UmwG nicht auch für einen Squeeze-out einer Minderheit verwendet werden. Dies wurde von den Gesetzesverfassern damit begründet, dass die mit der Mehrheitsumwandlung eröffnete Möglichkeit, außenstehende Anteilsinhaber gegen ihren Willen aus der Gesellschaft hinauszudrängen, nicht mehr dem heutigen Standard des Minderheiten- und Anlegerschutzes entspreche[1]. Soweit ein Squeeze-out nach anderen Bestimmungen möglich ist (s. §§ 327aff. AktG, §§ 39aff. WpÜG), kann der Squeeze-out mit der Verschmelzung nach §§ 120ff. UmwG kombiniert werden (unten Rz. 38).

4 Die Funktion des § 120 UmwG besteht darin, die **allgemeinen Voraussetzungen für die Verschmelzung auf den Alleingesellschafter** festzulegen. Den Kern der Regelung enthält § 120 Abs. 1 UmwG: Demnach kommt als übertragender Rechtsträger nur eine Kapitalgesellschaft in Betracht (unten Rz. 18–22). Übernehmender Rechtsträger kann nur eine natürliche Person sein (näher unten Rz. 23–31). Diese muss überdies alle Anteile an der übertragenden Kapitalgesellschaft halten; nach § 120 Abs. 2 UmwG ist es allerdings unschädlich, wenn neben den Anteilen der natürlichen Person noch eigene Anteile der Kapitalgesellschaft vorhanden sind (unten Rz. 32–40). Die Voraussetzungen für die Verschmelzung müssen unmittelbar vor Wirksamwerden der Verschmelzung vorliegen (unten Rz. 37). Die Verschmelzung kann daher auch dann eingeleitet werden, wenn an der übertragenden Gesellschaft zunächst noch eine Minderheitsbeteiligung (oder überhaupt eine Beteiligung anderer Gesellschafter) besteht; bis zur Anmeldung der Verschmelzung zum Register muss dann aber die Alleingesellschafterstellung herbeigeführt werden (s. auch noch unten Rz. 37 und 41).

5 Der **weitere Ablauf** der Verschmelzung wird in §§ 121 und 122 UmwG geregelt. Allerdings finden sich darin kaum eigenständige Anordnungen: § 121 UmwG verweist für die übertragende Kapitalgesellschaft auf die allgemeinen und die rechtsformspezifischen Bestimmungen des Verschmelzungsrechts; § 122 UmwG regelt das Sonderproblem der erstmaligen Registereintragung des Alleingesellschafters (Abs. 1) sowie – infolge der Neufassung durch das Handelsrechtsreformgesetz[2] – auch das Verfahren in dem Fall, dass der Alleingesellschafter nicht in das Handelsregister eingetragen wird (Abs. 2). Für die Verschmelzung auf den Alleingesellschafter gelten damit neben §§ 121 und 122 UmwG die einschlägigen Bestimmungen des allgemeinen Verschmelzungsrechts sowie die rechtsformspezifischen Bestimmungen für die Kapitalgesellschaft. Im Vergleich zu den allgemeinen Verschmelzungsvoraussetzungen bestehen allerdings erhebliche Erleichterungen (vgl. § 5 Abs. 2, § 8 Abs. 3 Satz 1 2. Fall, § 9 Abs. 2 UmwG; § 121 Rz. 5, 6 und 7).

1 Vgl. BegrRegE bei *Ganske*, S. 146.
2 BGBl. I 1998, S. 1474.

II. Europäisches Recht

Die Verschmelzung auf den Alleingesellschafter wird von der **Verschmelzungsrichtlinie**[1] nicht erfasst: Diese regelt nur solche Verschmelzungen, die zwischen Aktiengesellschaften erfolgen, bei denen also sowohl der übertragende als auch der übernehmende Rechtsträger eine Aktiengesellschaft ist[2]. Auch für die Verschmelzung einer AG mit einer natürlichen Person als Alleingesellschafter bestehen daher zumindest keine unmittelbaren europarechtlichen Vorgaben. Aufgrund der parallelen Regelung dieser Verschmelzungsform mit den durch die Verschmelzungsrichtlinie erfassten Fällen kann sich allerdings das Problem einer richtlinienkonformen Interpretation im überschießenden nationalen Anwendungsbereich der Verschmelzungsrichtlinie stellen[3]; s. dazu auch allgemein oben Einl. I Rz. 40ff. 6

Auch die **Richtlinie 2005/56/EG**[4] erfasst nur grenzüberschreitende Verschmelzungen, an denen auf beiden Seiten Kapitalgesellschaften (oder allenfalls Genossenschaften) beteiligt sind, und ist daher für die Verschmelzung auf den Alleingesellschafter nicht unmittelbar einschlägig. Das Problem der richtlinienkonformen Interpretation im überschießenden Anwendungsbereich könnte sich aber auch in diesem Fall stellen. 7

Aus unionsrechtlicher Sicht zu beachten sind allerdings die Vorgaben der **Niederlassungsfreiheit:** Sowohl aus der Sicht des übertragenden Rechtsträgers (der übertragenden Kapitalgesellschaft)[5] als auch aus der Sicht des übernehmenden Rechtsträgers (des Alleingesellschafters) stellt die Verschmelzung eine Ausübungsform der Niederlassungsfreiheit dar. Der Entscheidung des EuGH in der Rechtssache SEVIC[6], die eine Hineinverschmelzung nach Deutschland betroffen hat, ist das Prinzip zu entnehmen, dass die Mitgliedstaaten zur auch grenzüberschreitenden Zulassung aller jener Umstrukturierungsvorgänge gehalten sind, die innerstaatlich zugelassen werden (Äquivalenzprinzip). Auf die Verschmelzung zwischen Kapitalgesellschaften, um die es in der Rechtssache SEVIC gegangen ist, oder auch überhaupt auf die Verschmelzung lässt sich dieses Prinzip nicht beschränken. Dies wird nun auch durch die Entscheidung des EuGH in der Rechtssache VALE[7] untermauert, in der – unter ausdrücklichem Hinweis auf die Parallele zu den aus dem Urteil SEVIC abzuleitenden Prinzipien – aus der Niederlassungsfreiheit ein Recht auf grenzüberschreitende Umwandlung (Formwechsel) abgeleitet wurde. 8

---

1 Richtlinie 2011/35/EU des Europäischen Parlaments und des Rates vom 5. April 2011 über die Verschmelzung von Aktiengesellschaften, ABl. EU Nr. L 110/1 v. 29.4.2011, S. 1 (abgedr. unten Anh. III, S. 3451 ff.); davor: Dritte Richtlinie 78/855/EWG des Rates vom 9. Oktober 1978 gemäß Artikel 54 Absatz 3 Buchstabe g) des Vertrages betreffend die Verschmelzung von Aktiengesellschaften), ABl. EG Nr. L 385/14 v. 31.12.1994.

2 Vgl. *Schwarz*, Europäisches Gesellschaftsrecht, 2000, Rz. 639.

3 Vgl. dazu *Habersack/Verse*, Europäisches Gesellschaftsrecht, 4. Aufl. 2011, § 8 Rz. 5; *Schwarz*, Europäisches Gesellschaftsrecht, 2000, Rz. 641.

4 ABl. EU Nr. L 310/1 v. 25.11.2005; abgedr. unten Anh. V, S. 3481 ff.

5 Ungeachtet dessen, dass dieser durch den Vorgang untergeht und insofern einen „corporate suicide" begeht.

6 EuGH v. 13.12.2005 – Rs. C-411/03, Slg. 2005, I-10805 = AG 2006, 80 (SEVIC Systems AG).

7 EuGH v. 12.7.2012 – Rs. C-378/10, ZIP 2012, 1394 (VALE Építési kft).

Ungeachtet unglücklicher Formulierungen in den Entscheidungen Überseering[1] und Inspire Art[2] wäre auch eine Differenzierung zwischen „Zuzugsfällen" (Hereinverschmelzung) und „Wegzugsfällen" (Hinausverschmelzung) nicht plausibel[3]. Folgt man dem, so führt das zwangsläufig dazu, dass auch der in §§ 120ff. UmwG vorgesehene Vorgang bei Beteiligung einer Kapitalgesellschaft oder eines Alleingesellschafters aus dem EU- oder EWR-Raum grenzüberschreitend zugelassen werden muss[4] (s. dazu auch noch unten Rz. 20 und 26). Voraussetzung ist allerdings, dass auch das betroffene ausländische Recht diesen Vorgang – zumindest innerstaatlich[5] – zulässt. Dass diese Art der „Verschmelzung" nicht durch einen Sekundärrechtsakt (die Richtlinie 2005/56/EG) erfasst ist, vermag an dem dargelegten, bereits unmittelbar aus der Niederlassungsfreiheit abzuleitenden Ergebnis nichts zu ändern: Die Niederlassungsfreiheit gelangt auch unabhängig von einer Konkretisierung durch sekundäres Unionsrecht zur Anwendung, ebenso wie im Fall SEVIC die Zulassung der grenzüberschreitenden Verschmelzung von Kapitalgesellschaften ganz unabhängig von der Richtlinie 2005/56/EG erzwungen wurde, und im Fall VALE die Zulassung der grenzüberschreitenden Umwandlung in einem richtlinienfreien Raum ausgesprochen wurde. Dass schließlich mit dem Zweiten Gesetz zur Änderung des UmwG v. 19.4.2007[6] lediglich in Umsetzung der Richtlinie 2005/56/EG die grenzüberschreitende Verschmelzung von Kapitalgesellschaften vorgesehen wurde, bietet zwar einen Hinweis auf einen Willen des nationalen Gesetzgebers, für die sonstigen Umstrukturierungsfälle keinen internationalen Anwendungsbereich zu eröffnen. Gegenüber dem Anwendungsvorrang des primären Unionsrechtes muss dieser Wille des nationalen Gesetzgebers aber zurücktreten, anders als im Bereich der Richtlinienumsetzung (richtlinienkonformen Interpretation) kommt es auch nicht auf die Grenze zwischen Rechtsanwendung und Rechtsfortbildung an. Der Anwendungsvorrang des primären Unionsrechts setzt sich auch gegen eindeutig gegenteilige nationale Rechtsvorschriften durch. Zu den Vorgaben für das Verfahren s. noch § 121 Rz. 14–16.

9 Ein gewisser europarechtlicher Bezug besteht überdies insofern, als Art. 4 lit. a der **Empfehlung der Kommission v. 7.12.1994 zur Übertragung von kleinen und mittleren Unternehmen**[7] die Einführung eines Umwandlungsrechts empfiehlt, das es den Unternehmen erlaubt, von einer Rechtsform zu einer anderen zu wechseln,

---

1 EuGH v. 5.11.2002 – Rs. C-208/00, Slg. 2002, I-9919 (Rz. 62ff.) = AG 2003, 37 (Überseering BV gegen Nordic Construction Company Baumanagement GmbH [NCC]).

2 EuGH v. 30.9.2003 – Rs. C-167/01, Slg. 2003, I-10155 (Rz. 103) = AG 2003, 680.

3 S. dazu auch die obiter dicta in EuGH v. 16.12.2008 – Rs. C-210/06, Slg. 2008, I-96419704 (Rz. 111ff.) = AG 2009, 79 (Cartesio Oktató és Szolgáltató Bt). Weiterhin restriktiv hingegen, gestützt auf die angebliche Bestätigung von Daily Mail in den Entscheidungen Überseering und Inspire Art, OLG München v. 4.10.2007 – 31 Wx 36/07, Der Konzern 2007, 758 = GmbHR 2007, 1273 (für die Verlegung des Satzungssitzes in das Ausland). Durch das Urteil VALE ist das nun jedenfalls überholt.

4 Ebenso *Heckschen* in Widmann/Mayer, § 120 UmwG Rz. 6.3, 14–16, § 122 UmwG Rz. 4.1.1–4.1.3; *Maier-Reimer/Seulen* in Semler/Stengel, § 120 UmwG Rz. 21f.; *Marsch-Barner* in Kallmeyer, § 120 UmwG Rz. 5, jeweils für die Verschmelzung einer deutschen Kapitalgesellschaft auf ihren ausländischen Alleingesellschafter. Für den umgekehrten Vorgang kann aber nichts anderes gelten (zumindest in diese Richtung auch *Maier-Reimer/Seulen* in Semler/Stengel, § 120 UmwG Rz. 12).

5 In diesem Fall greift dann das in SEVIC und VALE angesprochene Äquivalenzprinzip (Gleichbehandlung nationaler und grenzüberschreitender Fallgestaltungen) ein.

6 BGBl. I, S. 542.

7 ABl. EG Nr. L 385/14 v. 31.12.1994.

ohne das Unternehmen aufzulösen oder eine neue Einheit zu gründen. Ausweislich der Erläuterungen ist damit u.a. auch der Fall der „disincorporation" gemeint. Dieser Empfehlung an die Mitgliedstaaten folgt die Regelung in §§ 120ff. UmwG. Eine europarechtliche Bindung besteht allerdings nicht, da es sich nur um eine Empfehlung handelt (Art. 288 Abs. 5 AEUV)[1]. Mit §§ 120ff. UmwG wird diese Vorgabe der Empfehlung jedenfalls mustergültig umgesetzt[2], zumindest wenn auch der grenzüberschreitende Anwendungsbereich der §§ 120ff. UmwG unionsrechtskonform interpretiert wird (s. dazu bereits oben Rz. 8 sowie unten Rz. 20 und 26).

Zur Anwendbarkeit der §§ 120ff. UmwG auf die **SE** s. noch unten Rz. 18. 10

III. Die Verschmelzung auf den Alleingesellschafter im Allgemeinen

1. Dogmatische Einordnung

In §§ 120ff. UmwG geht es um die Übertragung des Vermögens einer Kapitalgesellschaft auf den Alleingesellschafter; dieser Vorgang wird im UmwG als Verschmelzung geregelt. Es handelt sich dabei stets um eine **Verschmelzung zur Aufnahme** (§ 2 Nr. 1 UmwG), weil der Alleingesellschafter als Rechtsträger bereits zuvor bestanden hat[3]; eine Neugründung kommt bei einer natürlichen Person nicht in Betracht. Eine gewisse Parallele zu der Verschmelzung zur Neugründung liegt aber darin, dass der Alleingesellschafter u.U. erst infolge der Verschmelzung in das Register eingetragen wird (§ 122 Rz. 4–9). 11

Die Einordnung als Verschmelzung sollte nicht darüber hinwegtäuschen, dass es bei §§ 120ff. UmwG um einen **atypischen Fall der Verschmelzung** geht[4]: Die Verschmelzungswirkungen erschöpfen sich darin, dass das Vermögen der übertragenden Kapitalgesellschaft im Wege der Gesamtrechtsnachfolge auf den Alleingesellschafter übergeht und dass die übertragende Kapitalgesellschaft ohne Abwicklung aufgelöst wird. Abweichend von der Legaldefinition des § 2 UmwG – allerdings so wie auch sonst bei der up stream-Verschmelzung auf den Alleingesellschafter (s. § 20 Abs. 1 Nr. 3, Satz 1 2. Halbsatz UmwG)[5] – kommt es hingegen **nicht** zu einem **Anteilstausch:** Der Alleingesellschafter erhält direkt das Vermögen der übertragenden Kapitalgesellschaft. Wirtschaftlich handelt es sich damit bei §§ 120ff. UmwG um einen auf Kapitalgesellschaften zugeschnittenen Parallelfall zu der Vermögensübertragung auf den letzten verbleibenden Gesellschafter einer Personengesellschaft (dazu noch unten Rz. 17). Die wirkliche Besonderheit der §§ 120ff. UmwG im Vergleich zu anderen up stream-Verschmelzungen auf den Alleingesellschafter besteht darin, dass nur hier eine natürliche Person als Verschmelzungspartner fungiert. Dieser besondere Charakter der §§ 120ff. UmwG kommt auch in der besonderen Bezeichnung (Verschmelzung „mit dem Ver- 12

1 So auch *Maier-Reimer/Seulen* in Semler/Stengel, § 120 UmwG Rz. 5; *Simon* in KölnKomm. UmwG, § 120 UmwG Rz. 8.

2 Ebenso die Einschätzung von *Maier-Reimer/Seulen* in Semler/Stengel, § 120 UmwG Rz. 5.

3 S. dazu auch *Maier-Reimer/Seulen* in Semler/Stengel, § 121 UmwG Rz. 1; *Simon* in KölnKomm. UmwG, § 121 UmwG Rz. 2.

4 Vgl. dazu auch *Kalss*, JBl. 1995, 423. Ebenso *Maier-Reimer/Seulen* in Semler/Stengel, § 120 UmwG Rz. 1; *Simon* in KölnKomm. UmwG, § 120 UmwG Rz. 2.

5 S. dazu zutreffend *Maier-Reimer/Seulen* in Semler/Stengel, § 120 UmwG Rz. 1.

mögen des Alleingesellschafters" statt „Verschmelzung mit dem Alleingesellschafter") zum Ausdruck.

2. Wirtschaftliche Bedeutung

13 Wirtschaftlich geht es bei der Umstrukturierung nach §§ 120ff. UmwG vornehmlich darum, dass dem Alleingesellschafter der **Weg aus der Kapitalgesellschaft („Rückumwandlung", „discincorporation")** eröffnet wird: Die bisher lediglich mittelbare Inhaberschaft des Alleingesellschafters am Vermögen der Kapitalgesellschaft wird in eine unmittelbare Inhaberschaft umgewandelt; die dazwischengeschaltete Kapitalgesellschaft erlischt. Hat die Kapitalgesellschaft bisher ein Unternehmen betrieben, wird der Alleingesellschafter nunmehr als Einzelunternehmer zum Rechtsträger dieses Unternehmens. §§ 120ff. UmwG stellen damit das **Spiegelbild zu** der in **§§ 152ff. UmwG** geregelten Ausgliederung aus dem Vermögen eines Einzelkaufmannes dar[1]. Die Gesetzesverfasser sind davon ausgegangen, dass die **praktische Bedeutung** der §§ 120ff. UmwG gering bleiben wird[2]. Diese Einschätzung war darin begründet, dass früher eher der Trend vom Einzelunternehmen in die GmbH gegangen war als umgekehrt, um mit dem UmwG zudem die Variante der Mehrheitsumwandlung, mit der man sich lästiger Minderheitsgesellschafter entledigen konnte, entfallen ist (oben Rz. 3). Bei den ersten Prognosen über eine geringe praktische Relevanz der §§ 120ff. UmwG wurde aber übersehen, dass ein Grund für die vor dem UmwG festzustellende Zurückhaltung der Praxis auch in der früheren steuerlichen Regelung gelegen war, die nur für den Weg in die GmbH Begünstigungen vorgesehen hatte. Gerade diese steuerliche „Einbahnstraße" hat das UmwStG 1994 beseitigt[3]. Damit wurde der Weg für die „Rückumwandlung" in einer steuerlich attraktiven Weise frei, und diese Möglichkeit wird auch verstärkt von solchen Alleingesellschaftern genutzt, denen die Rechtsform der GmbH zu beschwerlich geworden ist[4]. Bei freiberuflichen Tätigkeiten kann es dabei auch um die Vermeidung der Gewerbesteuer gehen[5]. Aus der Praxis wird von einem **nicht unerheblichen Interesse** berichtet[6]. Auch die Zahl der bisher ergangenen Gerichtsentscheidungen unterstreicht diesen Befund.

14 Hat der Alleingesellschafter früher gegenüber der Kapitalgesellschaft als herrschendes Unternehmen[7] in einem Vertragskonzern oder einem faktischen Konzern fungiert, liegt überdies ein Fall der **Konzernverschmelzung** vor[8]: Der Kon-

1 Vgl. BegrRegE bei *Ganske*, S. 146.

2 Vgl. BegrRegE bei *Ganske*, S. 146, wo von (nur) einem Beispielsfall aus der jüngeren Zeit berichtet wird. Auch der Verfasser hatte ursprünglich diese Einschätzung geteilt.

3 Das entspricht der Empfehlung der Kommission zur Übertragung von kleinen und mittleren Unternehmen v. 7.12.1994 (oben Rz. 9).

4 Zu den Gründen vgl. *Priester*, DB 1996, 413; *Maier-Reimer/Seulen* in Semler/Stengel, § 120 UmwG Rz. 6.

5 Vgl. dazu *Maier-Reimer/Seulen* in Semler/Stengel, § 120 UmwG Rz. 6.

6 Vgl. *Heckschen*, ZIP 1996, 451; *Priester*, DB 1996, 413; *Maier-Reimer/Seulen* in Semler/Stengel, § 120 UmwG Rz. 6; *Heckschen* in Widmann/Mayer, § 120 UmwG Rz. 3.2–3.4; *Simon* in KölnKomm. UmwG, § 120 UmwG Rz. 10; *Schnorbus* in Rowedder/Schmidt-Leithoff, Anh. § 77 GmbHG Rz. 308.

7 Dies kann auch eine natürliche Person sein, vgl. nur BGH v. 29.3.1993 – II ZR 265/91, BGHZ 122, 123 (127f.) = NJW 1993, 1200 (1202) = AG 1993, 371 (TBB) m.w.N. (insoweit nicht durch die nachfolgende Rechtsprechung überholt); *Hüffer*, § 15 AktG Rz. 6, 11.

8 Vgl. auch BegrRegE bei *Ganske*, S. 47, wo sogar nur dieser Fall erwähnt wird.

zerntatbestand wird durch Zusammenlegung des abhängigen mit dem herrschenden Unternehmen aufgehoben. Für den Alleingesellschafter hat dies den Vorteil, dass er den vollen Zugriff auf das Vermögen bzw. das Unternehmen der Kapitalgesellschaft erhält, ohne weiter an die bei einer Kapitalgesellschaft zu beachtenden rechtsformspezifischen Beschränkungen (Kapitalerhaltungsgebot etc.) gebunden zu sein. Der nicht zu übersehende Nachteil besteht allerdings darin, dass der Alleingesellschafter das ihm durch die Kapitalgesellschaft eingeräumte Haftungsprivileg aufgibt: Er übernimmt im Zuge der Verschmelzung alle (auch unbekannten) Verbindlichkeiten der Kapitalgesellschaft sowie die Risiken der künftigen Unternehmenstätigkeit. Es liegt daher jedenfalls im Interesse des Alleingesellschafters, wenn diese Haftungsrisiken vor der Verschmelzung genau überprüft werden[1].

3. Alternativen außerhalb des UmwG

Das wirtschaftliche Ergebnis einer Verschmelzung auf den Alleingesellschafter 15
kann auch nach allgemeinen Regeln dadurch erreicht werden, dass der Alleingesellschafter die **Auflösung** der Kapitalgesellschaft beschließt und dann im anschließenden Liquidationsverfahren das Unternehmen bzw. Vermögen **aus der Liquidationsmasse herauskauft** (vgl. auch § 179a AktG)[2]. Demgegenüber besteht der Vorteil einer Vorgehensweise nach §§ 120ff. UmwG darin, dass kein Liquidationsverfahren stattfindet (vgl. § 20 Abs. 1 Nr. 2 UmwG)[3] und dass das Vermögen der Kapitalgesellschaft im Wege der Gesamtrechtsnachfolge auf den Alleingesellschafter übergeht, womit sich der Alleingesellschafter allfällige Zustimmungserklärungen und Genehmigungserfordernisse erspart[4]. Der Alleingesellschafter muss dafür – anders als beim Kauf aus der Liquidationsmasse – auch keine gesonderte Gegenleistung erbringen. Allerdings übernimmt er zwingend alle Schulden der Gesellschaft; auch hat er den Gläubigern unter bestimmten Voraussetzungen Sicherstellung zu leisten (§ 22 UmwG).

Nur eine Auflösung und Liquidation nach allgemeinen Regeln kommt in Be- 16
tracht, wenn an der Gesellschaft noch **Minderheitsbeteiligungen** bestehen und die außenstehenden Anteilsinhaber nicht mittels Squeeze-out ausgeschlossen (unten Rz. 38) oder zum freiwilligen Ausscheiden veranlasst werden können (unten Rz. 39). Allerdings kann der Auflösungsbeschluss wegen Treuepflichtverletzung anfechtbar sein, wenn bereits zuvor die Vermögensübernahme vorbereitet wurde[5]; eine zusätzliche Legitimation für diese Schranken folgt auch aus der gesetzgeberi-

1 Darauf weisen auch *Heckschen* in Widmann/Mayer, § 120 UmwG Rz. 3.4, 8.2 und *Simon* in KölnKomm. UmwG, § 120 UmwG Rz. 11 zutreffend hin.

2 Dieser Weg ist langwierig und i.d.R. gegenüber der Verschmelzung auch mit steuerlichen Nachteilen verbunden (*Maier-Reimer/Seulen* in Semler/Stengel, § 120 UmwG Rz. 7).

3 S. *Heckschen*, ZIP 1996, 451; *Heckschen* in Widmann/Mayer, § 120 UmwG Rz. 3.4, 8.1.

4 *Heckschen* in Widmann/Mayer, § 120 UmwG Rz. 3.2; *Simon* in KölnKomm. UmwG, § 120 UmwG Rz. 10.

5 Vgl. dazu etwa BGH v. 28.1.1980 – II ZR 124/78, NJW 1980, 1278 = GmbHR 1981, 111; BGH v. 1.2.1988 – II ZR 75/87, NJW 1988, 1579 = AG 1988, 135; OLG Frankfurt/M. v. 19.2.1991 – 5 U 5/86, ZIP 1991, 657 = AG 1991, 208 (Linotype); LG Stuttgart v. 22.1. 1993 – 2 KfH O 113/92, ZIP 1993, 514 = AG 1993, 471; OLG Stuttgart v. 21.12.1993 – 10 U 48/93, ZIP 1995, 1515 = AG 1994, 411 und BVerfG v. 23.8.2000 – 1 BvR 68–95 und 1 BvR 147–97, NZG 2000, 1117 = AG 2001, 42 (Moto Meter). S. dazu etwa auch *Henze*, ZIP 1995, 1473; *Lutter/Leinekugel*, ZIP 1999, 261.

schen Entscheidung gegen die Mehrheitsumwandlung (oben Rz. 3). Wird im Wesentlichen das gesamte Vermögen auf den Mehrheitsgesellschafter übertragen, muss die Hauptversammlung auch dem zustimmen (§ 179a AktG)[1]; dieser Beschluss kann ebenso wegen Treuepflichtverletzung anfechtbar sein[2]. Dasselbe gilt für eine Vermögensübertragung, die ohne vorherigen Auflösungsbeschluss vereinbart wird[3].

17 Bei **Personengesellschaften** ist eine gesonderte Verschmelzung auf den Alleingesellschafter nicht erforderlich, weil es gar nicht dazu kommen kann, dass nur noch ein Gesellschafter verbleibt (Unmöglichkeit der Einmann-Personengesellschaft)[4]. Vielmehr wird die Gesellschaft bei Ausscheiden aller übrigen Gesellschafter ex lege beendet, und das Vermögen geht im Wege der Gesamtrechtsnachfolge auf den Alleingesellschafter über[5]; dies gilt auch für die BGB-Gesellschaft[6]. Damit tritt bei Personengesellschaften bereits automatisch das Ergebnis ein, das bei Kapitalgesellschaften erst mittels Verschmelzung nach §§ 120ff. UmwG erreicht wird.

4. Formwechsel und Anwachsung als Alternative

17a Für Kapitalgesellschaften besteht eine Alternative zur Verschmelzung nach §§ 120ff. UmwG auch darin, dass zunächst ein **Formwechsel** auf eine Personengesellschaft vorgenommen wird und dann – durch Austritt aller übrigen Gesellschafter oder Übertragung aller Anteile auf dieselbe Person – eine Vermögensübertragung auf den letzten verbleibenden Gesellschafter herbeigeführt wird[7]. Möglich ist dies allerdings nur dann, wenn zum Zeitpunkt des Formwechsels auf die Personengesellschaft noch mindestens zwei Gesellschafter vorhanden sind oder zumindest ein zweiter Gesellschafter noch anlässlich des Formwechsels beitritt[8]; ein Formwechsel einer Einmann-Gesellschaft, die zu einer von vornherein unzulässigen Personengesellschaft führt, wäre hingegen nicht zulässig. Im Vergleich zur einfacheren Möglichkeit nach §§ 120ff. UmwG erscheint der kompliziertere zweiaktige Vorgang allerdings überhaupt unzweckmäßig. Der in der Literatur dafür in Betracht gezogene Grund – Auslegungszweifel zu § 122 UmwG [9] – besteht in Wahrheit ohnedies nicht (§ 122 Rz. 7f.). Sehr wohl relevant kann dieser Weg aber in jenen Fällen sein, in denen wegen der Rechtsform des Alleingesellschafters weder eine Verschmelzung nach §§ 120ff. UmwG noch eine solche nach allgemeinen Regeln möglich ist[10].

---

1 Vgl. *Hüffer*, § 179a AktG Rz. 21.
2 Vgl. *Hüffer*, § 179a AktG Rz. 10.
3 Dies ist der Hauptanwendungsfall des § 179a AktG, vgl. *Hüffer*, § 179a AktG Rz. 20.
4 H.M., *K. Schmidt*, GesR, § 8 V 2b und *K. Schmidt* in MünchKomm. HGB, § 105 HGB Rz. 24f. (auch zu möglichen Ausnahmen); *Haas* in Röhricht/Graf von Westphalen/Haas, § 105 HGB Rz. 4; *Ulmer*, ZIP 2001, 588. Zweifelnd allerdings *Th. Raiser*, AcP 194 (1994), 509f.
5 Ausführlich dazu *K. Schmidt* in MünchKomm. HGB, § 145 HGB Rz. 32ff.
6 Vgl. nur BGH v. 19.5.1960 – II ZR 72/59, NJW 1960, 1664; *K. Schmidt*, GesR, § 58 V 2b.
7 S. dazu *Simon* in KölnKomm. UmwG, § 120 UmwG Rz. 12.
8 Dazu auch näher *Simon* in KölnKomm. UmwG, § 120 UmwG Rz. 14.
9 Angesprochen ist hier jene Mindermeinung in der Literatur, die aus § 122 UmwG in bestimmten Fällen einen Eintragungszwang ableiten will; s. dazu *Simon* in KölnKomm. UmwG, § 120 UmwG Rz. 12 (der selbst diese Auslegung auch nicht teilt).
10 Vgl. dazu näher *Simon* in KölnKomm. UmwG, § 120 UmwG Rz. 13.

IV. Voraussetzungen der Verschmelzung

1. Übertragender Rechtsträger

a) Kapitalgesellschaft

Als übertragender Rechtsträger kommt nur eine Kapitalgesellschaft in Betracht. 18
Kapitalgesellschaften sind die **GmbH**, die **AG** und die **KGaA**[1] (§ 3 Abs. 1 Nr. 2 UmwG). Dasselbe gilt auch für die durch das MoMiG[2] eingeführte **Unternehmergesellschaft (haftungsbeschränkt)** (§ 5a Abs. 1 GmbHG); wegen der Konzeption als Subvariante der GmbH bedurfte es dazu auch keiner gesonderten Anführung bei der Legaldefinition der Kapitalgesellschaft in § 3 Abs. 1 Nr. 1 UmwG (§ 3 Rz. 11 ff.)[3]. Fraglich ist, ob auch eine **SE** als übertragender Rechtsträger in Betracht kommt: Dafür spricht zunächst, dass die SE ebenfalls eine Kapitalgesellschaft ist und auf diese gemäß der prinzipiellen Anordnung des Art. 9 Abs. 1 lit. c (ii) SE-VO die für eine nationale AG geltenden Vorschriften anzuwenden sind. Daraus wäre dann für eine SE mit Sitz in Deutschland auch – ohne dass es noch einer besonderen Anordnung im UmwG bedarf – die Anwendung der §§ 120 ff. UmwG abzuleiten. Allein das Schweigen des UmwG zur Einbeziehung der SE in den Kreis der umwandlungsfähigen Rechtsträger spricht somit jedenfalls noch nicht gegen die Anwendbarkeit der §§ 120 ff. UmwG. Die entscheidende Frage besteht aber darin, ob die SE-VO die Heranziehung zusätzlicher nationaler Umwandlungsarten überhaupt zulässt: Art. 66 SE-VO sieht nämlich nur eine Umwandlung in eine nationale AG, nicht hingegen andere Umgründungsmaßnahmen vor, mit denen der Weg aus der Rechtsform der SE heraus beschritten werden kann. Damit stellt sich die – letztlich vom EuGH im Wege des Vorabentscheidungsverfahrens zu klärende – Frage, ob dieser Vorschrift eine abschließende Regelung der möglichen Umwandlungsfälle aus der Rechtsform der SE heraus zu entnehmen ist. Die besseren Gründe sprechen aber gegen einen abschließenden Charakter des Art. 66 SE-VO[4]

---

1 Für die Einbeziehung der KGaA etwa auch *Marsch-Barner* in Kallmeyer, § 120 UmwG Rz. 2; *Maier-Reimer/Seulen* in Semler/Stengel, § 120 UmwG Rz. 9; *Heckschen* in Widmann/Mayer, § 120 UmwG Rz. 7; *Stratz* in Schmitt/Hörtnagl/Stratz, § 120 UmwG Rz. 4; *Simon* in KölnKomm. UmwG, § 120 UmwG Rz. 17. – Die frühere gegenteilige Auffassung von *Bärwaldt/Schabacker*, NJW 1997, 94, mit der Begründung, dass es bei einer KGaA keinen Alleingesellschafter geben könne; ist überholt: Trotz der Anordnung des § 278 Abs. 1 AktG ist anerkannt, dass ein und dieselbe Person zugleich Komplementär und (einziger) Kommanditaktionär sein kann (vgl. dazu nur *Hüffer*, § 278 AktG Rz. 5 m.w.N.); durch die mit dem UMAG v. 22.9.2005, BGBl. I, S. 2802, erfolgte Zulassung auch der Gründung durch nur eine Person wurde diese Auffassung endgültig bestätigt. Eine Besonderheit bei der KGaA besteht lediglich darin, dass der Alleingesellschafter in seiner Person zwei verschiedene Beteiligungen (als Komplementär und als Kommanditaktionär) hält. Auch die alleinige Inhaberschaft der Stellung als Komplementär und als Kommanditaktionär in einer Person muss für die Anwendbarkeit der §§ 120 ff. UmwG genügen, und ebenso wohl auch die Stellung als alleiniger Kommanditaktionär (neben einem dritten Komplementär), s. unten Rz. 32.

2 Gesetz zur Modernisierung des GmbH-Rechts und zur Bekämpfung von Missbräuchen v. 23.10.2008, BGBl. I, S. 2026.

3 Vgl. auch *Heckschen* in Widmann/Mayer, § 120 UmwG Rz. 5, 7.2.; *Marsch-Barner* in Kallmeyer, § 120 UmwG Rz. 2; *Simon* in KölnKomm. UmwG, § 120 UmwG Rz. 17; *Maier-Reimer/Seulen* in Semler/Stengel, § 120 UmwG Rz. 9; *Stratz* in Schmitt/Hörtnagl/Stratz, § 120 UmwG Rz. 4.

4 Ebenso (wenn auch mit Blick nur auf den Formwechsel in andere Rechtsformen und nicht speziell zur Verschmelzung auf den Alleingesellschafter) *Oplustil/M. Schneider*,

(s. auch allgemein § 3 Rz. 4, 18ff.) und damit auch für die Anwendbarkeit der §§ 120ff. UmwG auf die SE[1]. Die in Art. 66 SE-VO vorgesehene zeitliche Grenze (Fassung des Umwandlungsbeschlusses frühestens zwei Jahre nach der Eintragung der SE oder nach der Genehmigung der ersten beiden Jahresabschlüsse) wird allerdings auch in diesem Fall zur Anwendung gelangen[2], weil es sich dabei offensichtlich um eine generalisierungsfähige Wertung über die Beschränkung des Wegs aus der SE heraus handelt. Die praktische Relevanz der Anwendung der §§ 120ff. UmwG auf die SE wird sich aber jedenfalls in sehr engen Grenzen halten, weil der Fall, dass eine natürliche Person Alleingesellschafter einer SE ist, wohl nur ganz selten vorkommen wird[3].

b) Registrierung, Auflösung, Beherrschungsvertrag, stille Beteiligung, Unternehmen, Volleinzahlung der Einlagen

19 Voraussetzung für die Anwendbarkeit der §§ 120ff. UmwG ist, dass die Kapitalgesellschaft eingetragen ist. Ausreichend ist, wenn diese Eintragung unmittelbar vor dem Wirksamwerden der Verschmelzung gegeben ist[4]. Eine Gesellschaft im Gründungsstadium kann daher nicht als übertragender Rechtsträger fungieren[5]. Ein besonderer Bedarf für eine Anwendung der §§ 120ff. UmwG auf die Gesellschaft im Gründungsstadium besteht aber ohnedies nicht, weil nach h.A. mit der Aufgabe der Gründungsabsicht das Vermögen der Einpersonen-Vorgesellschaft ohnedies automatisch an den Gründer zurückfällt[6]. Im Übrigen kann das Verschmelzungsverfahren bereits im Gründungsstadium begonnen werden, es genügt eine Eintragung der Kapitalgesellschaft unmittelbar vor dem Wirksamwerden der Ver-

NZG 2003, 13ff. Zur Verschmelzung *Seibt* in Lutter/Hommelhoff, SE-Kommentar, 2008, Art. 66 SE-VO Rz. 3f.; *Casper* in Spindler/Stilz, Art. 2, 3 SE-VO Rz. 32ff., Art. 66 SE-VO Rz. 1; ebenso jetzt auch *Schäfer* in MünchKomm. AktG, Art. 66 SE-VO Rz. 1.

1 Dafür auch *Marsch-Barner* in Kallmeyer, § 120 UmwG Rz. 2; *Heckschen* in Widmann/Mayer, § 120 UmwG Rz. 6.2, 7.1; *Simon* in KölnKomm. UmwG, § 120 UmwG Rz. 18. Nicht erwähnt wird die SE bei *Maier-Reimer/Seulen* in Semler/Stengel, § 120 UmwG Rz. 9 und bei *Stratz* in Schmitt/Hörtnagl/Stratz, § 120 UmwG Rz. 4.

2 So auch *Marsch-Barner* in Kallmeyer, § 120 UmwG Rz. 2; *Oplustil/M. Schneider*, NZG 2003, 15f.; *Seibt* in Lutter/Hommelhoff, SE-Kommentar, 2008, Art. 66 SE-VO Rz. 4.10; *Schäfer* in MünchKomm. AktG, Art. 66 SE-VO Rz. 1. Anders *Heckschen* in Widmann/Mayer, § 120 UmwG Rz. 6.2; *Drygala*, § 3 Rz. 21. Nur bei Nichtvorliegen eines Missbrauchs gegen die Anwendung der in Art. 66 SE-VO vorgesehenen Zweijahresfrist *Simon* in KölnKomm. UmwG, § 120 UmwG Rz. 18. Auf den Umstand, dass diese Auslegungsfragen und insbesondere auch eine derartige teleologische Reduktion der Klärung durch den EuGH bedürfen, sei nochmals hingewiesen. Jedenfalls anwendbar ist aber die Zweijahresfrist des § 76 Abs. 1 UmwG.

3 Für eine ähnliche Einschätzung s. *Simon* in KölnKomm. UmwG, § 120 UmwG Rz. 18.

4 Vgl. *Maier-Reimer/Seulen* in Semler/Stengel, § 120 UmwG Rz. 10; *Marsch-Barner* in Kallmeyer, § 120 UmwG Rz. 2.

5 Vgl. *Maier-Reimer/Seulen* in Semler/Stengel, § 120 UmwG Rz. 10; *Simon* in KölnKomm. UmwG, § 120 UmwG Rz. 19; wohl nur in der Darstellung anders *Heckschen* in Widmann/Mayer, § 120 UmwG Rz. 7.2.

6 Vgl. zutreffend *Maier-Reimer/Seulen* in Semler/Stengel, § 120 UmwG Rz. 10; *Simon* in KölnKomm. UmwG, § 120 UmwG Rz. 19.

schmelzung[1]. Sehr wohl möglich ist dann eine Rückbeziehung der Verschmelzung auf einen vor der Eintragung der Kapitalgesellschaft liegenden Stichtag[2].

Auch eine bereits **aufgelöste** Kapitalgesellschaft kann auf den Alleingesellschafter verschmolzen werden, wenn deren Fortsetzung beschlossen werden könnte (§ 3 Abs. 3 UmwG); dies ist insbesondere dann nicht mehr der Fall, wenn bereits mit der Vermögensverteilung begonnen worden ist[3]. Für die Verschmelzung auf den Alleingesellschafter kann man sich zwar die Frage stellen, ob diese Einschränkung sachgerecht ist, weil es genau dieser Alleingesellschafter ist, an den auch der Liquidationserlös verteilt wird[4]. Der Gesetzestext des § 3 Abs. 3 UmwG, der auch für diesen Fall keine Ausnahme vorsieht, ist aber eindeutig und nicht korrigierbar[5]: Mit dem Abstellen auf die Möglichkeit zur Fassung eines Fortsetzungsbeschlusses wird auch auf die diesbezügliche Sperre bei Beginn der Vermögensverteilung (s. ausdrücklich § 274 Abs. 1 Satz 1 AktG) verwiesen; für eine GmbH besteht nach der h.A. ein entsprechendes Fortsetzungshindernis[6]. Des Weiteren ist eine Fortsetzung und somit auch eine Verschmelzung nach §§ 120ff. UmwG nach h.A. dann ausgeschlossen, wenn bei der Gesellschaft ein Insolvenzgrund vorliegt und daher eine Insolvenzantragspflicht besteht[7]. Dasselbe gilt während des Insolvenzverfahrens[8]. Nach einer Auflösung wegen Ablehnung der Eröffnung des Insolvenzverfahrens mangels Masse ist eine Fortsetzung hingegen nach der überzeugenden neueren Auffassung nicht schlechthin ausgeschlossen, sondern sehr wohl möglich, wenn der Insolvenzgrund und die Masselosigkeit beseitigt wurden[9]. 19a

1 Vgl. *Maier-Reimer/Seulen* in Semler/Stengel, § 120 UmwG Rz. 10; *Heckschen* in Widmann/Mayer, § 120 UmwG Rz. 7.2; *Simon* in KölnKomm. UmwG, § 120 UmwG Rz. 19.

2 *Heckschen* in Widmann/Mayer, § 120 UmwG Rz. 7.2; *Simon* in KölnKomm. UmwG, § 120 UmwG Rz. 19.

3 Vgl. BegrRegE bei *Ganske*, S. 47; *Maier-Reimer/Seulen* in Semler/Stengel, § 120 UmwG Rz. 11; *Heckschen* in Widmann/Mayer, § 120 UmwG Rz. 8; *Simon* in KölnKomm. UmwG, § 120 UmwG Rz. 20.

4 S. die zutreffende rechtspolitische Kritik bei *Maier-Reimer/Seulen* in Semler/Stengel, § 120 UmwG Rz. 11.

5 Ebenso die Einschätzung von *Heckschen* in Widmann/Mayer, § 120 UmwG Rz. 8 und *Maier-Reimer/Seulen* in Semler/Stengel, § 120 UmwG Rz. 11 (diese auch unter Hinweis auf Art. 3 Abs. 2 der Verschmelzungsrichtlinie; allerdings ist diese Richtlinie auf die Verschmelzung nach §§ 120ff. UmwG gar nicht anwendbar, oben Rz. 6, so dass es höchstens um eine Berücksichtigung der Vorgaben der Richtlinie nach innerstaatlichem Recht im Falle einer „überschießenden Umsetzung" gehen kann).

6 S. dazu nur *Haas* in Baumbach/Hueck, § 60 GmbHG Rz. 91; *Kleindiek* in Lutter/Hommelhoff, § 60 GmbHG Rz. 29; *K. Schmidt/Bitter* in Scholz, § 60 GmbHG Rz. 82 (mit Zweifeln), jeweils m.w.N. Dagegen aber *Altmeppen* in Roth/Altmeppen, § 60 GmbHG Rz. 40ff.

7 Vgl. BayObLG v. 4.2.1998 – 3Z BR 462/97, NJW-RR 1998, 902 = GmbHR 1998, 540; *Stratz* in Schmitt/Hörtnagl/Stratz, § 120 UmwG Rz. 4; kritisch allerdings *Heckschen* in Widmann/Mayer, § 120 UmwG Rz. 8.10. Gegen einen Fortsetzungsbeschluss bei Insolvenzreife auch *Altmeppen* in Roth/Altmeppen, § 60 GmbHG Rz. 43; *K. Schmidt/Bitter* in Scholz, § 60 GmbHG Rz. 82.

8 Ebenso *Heckschen* in Widmann/Mayer, § 120 UmwG Rz. 8.12. A.A. jetzt aber *Drygala*, oben § 3 Rz. 27 unter Hinweis auf die neue Rechtslage durch das ESUG (BGBl. I 2011, S. 2582).

9 Vgl. *Heckschen* in Widmann/Mayer, § 120 UmwG Rz. 8.13–8.15; *Kleindiek* in Lutter/Hommelhoff, § 60 GmbHG Rz. 33; *Altmeppen* in Roth/Altmeppen, § 60 GmbHG Rz. 52ff.; *Haas* in Baumbach/Hueck, § 60 GmbHG Rz. 96.

19b Unschädlich ist das Bestehen eines **Beherrschungsvertrages**, gleichviel ob mit dem Alleingesellschafter oder mit einem dritten herrschenden Unternehmen: Die abhängige Gesellschaft kann dennoch auf den Alleingesellschafter verschmolzen werden, was zum Erlöschen des Beherrschungsvertrages führt[1]. Unschädlich ist es auch, wenn an der Gesellschaft eine **stille Beteiligung** besteht; auch ein allfälliges Zustimmungsrecht des stillen Gesellschafters hat nur interne Wirkung, steht aber der Verschmelzung nicht entgegen[2]. Dem stillen Gesellschafter werden allerdings die Rechte nach § 23 UmwG zustehen. Schließlich kommt es **nicht** darauf an, ob die Kapitalgesellschaft ein **Unternehmen** betreibt; schon gar nicht kommt es darauf an, ob ein von der Gesellschaft betriebenes Unternehmen **kaufmännischen** Charakter hat[3] (vgl. auch noch unten Rz. 28 bis 29; zu den Folgeproblemen bei der Registrierung der Verschmelzung s. § 122 Abs. 2 UmwG und § 122 Rz. 6–9, 13, 15). Ebenso wenig kommt es auf eine **Volleinzahlung der Einlagen** an[4].

c) Sitz im Inland

20 Nach § 1 Abs. 1 UmwG ist das UmwG nur auf Rechtsträger mit Sitz im Inland anzuwenden. Abzustellen ist hier auf den formellen Satzungssitz und nicht auf den tatsächlichen Verwaltungssitz (zur Nichtanwendbarkeit der Sitztheorie bei Verlegung des Verwaltungssitzes einer nach deutschem Recht gegründeten Gesellschaft in einen anderen EU- oder EWR-Mitgliedstaat s. auch noch § 152 Rz. 33). Auf der Seite des übertragenden Rechtsträgers bedeutet das, dass §§ 120ff. UmwG nur auf Kapitalgesellschaften mit Sitz in Deutschland Anwendung finden[5]. Dies

---

1 Ausführlich *Harry Westermann* in FS Schilling, S. 271 (276f., 281ff.). Für ein Weiterbestehen der Verträge hingegen *Hennrichs*, Formwechsel und Gesamtrechtsnachfolge, 1995, S. 54ff. Letzteres könnte aber ohnedies nur bei einem mit einem Dritten bestehenden Vertrag relevant sein, während ein Vertrag mit dem Alleingesellschafter jedenfalls durch Konfusion erlischt. Wie hier jetzt auch *Simon* in KölnKomm. UmwG, § 120 UmwG Rz. 28.

2 Vgl. *Heckschen* in Widmann/Mayer, § 121 UmwG Rz. 33ff. Die stille Beteiligung eines Dritten ändert auch nichts an der Alleingesellschafterstellung, *Simon* in KölnKomm. UmwG, § 120 UmwG Rz. 40.

3 Vgl. *Marsch-Barner* in Kallmeyer, § 120 UmwG Rz. 2; *Stratz* in Schmitt/Hörtnagl/Stratz, § 120 UmwG Rz. 4; *Maier-Reimer/Seulen* in Semler/Stengel, § 120 UmwG Rz. 9; *Simon* in KölnKomm. UmwG, § 120 UmwG Rz. 21. Früher abweichende Meinungen sind durch die mit dem HRefG von 1998 erfolgte Neufassung des § 122 Abs. 2 UmwG überholt.

4 Ebenso *Heckschen* in Widmann/Mayer, § 120 UmwG Rz. 8.18.; *Simon* in KölnKomm. UmwG, § 120 UmwG Rz. 25.

5 Die Verschmelzung einer ausländischen Kapitalgesellschaft auf ihren Alleingesellschafter ist primär nach dem ausländischen Recht zu beurteilen. Lässt dieses die Verschmelzung zu, behandelt sie aber als rein nationalen Vorgang der eigenen Rechtsordnung, hat es damit nach einer verbreiteten Auffassung sein Bewenden, auch wenn der Alleingesellschafter eine deutsche Personen- oder Kapitalgesellschaft oder eine in Deutschland ansässige natürliche Person ist (vgl. *Ebenroth/Offenloch*, RIW 1997, 1ff. [11f.]; *Maier-Reimer/Seulen* in Semler/Stengel, § 120 UmwG Rz. 12). – Gänzlich überzeugend ist diese Auffassung freilich nicht, weil auch auf der Seite des deutschen Alleingesellschafters (zumindest für in Deutschland belegene Vermögensstücke wegen der Anknüpfung bei dem Belegenheitsstatut) als „missing link" die Akzeptierung der Gesamtrechtsnachfolge erforderlich sein kann. Dies lässt sich aber zwanglos aus einer Anwendung der §§ 120ff. UmwG auf den deutschen Alleingesellschafter ableiten.

muss aber nicht bedeuten, dass bei der Verschmelzung einer im Ausland ansässigen Kapitalgesellschaft mit einem in Deutschland ansässigen Alleingesellschafter die Anwendung des UmwG zur Gänze ausscheidet: § 1 Abs. 1 UmwG besagt dies bei richtiger (europarechtskonformer!) Auslegung nicht. Er besagt vielmehr nur, dass die Vorschriften des UmwG lediglich auf den Rechtsträger Anwendung finden, der in Deutschland seinen Sitz hat. Auf den ausländischen Rechtsträger findet hingegen ggf. das entsprechende Umstrukturierungsrecht seines Sitzstaates Anwendung[1]. Ausgehend davon ist z.B. eine Verschmelzung einer österreichischen GmbH mit einem deutschen Alleingesellschafter in kombinatorischer Anwendung des österr. UmwG (für die GmbH) und der §§ 120ff. UmwG (für den Alleingesellschafter) möglich. Derartige Vorgänge werden aber wohl immer noch von vielen deutschen Registergerichten nicht akzeptiert, so dass das Recht zur Verschmelzung ggf. im Rechtsmittelweg erkämpft werden muss. Das österreichische Höchstgericht hat hingegen in einer vielbeachteten Entscheidung eine Umgründungsmaßnahme, bei der es um die Übertragung des Vermögens einer österreichischen Kapitalgesellschaft auf den deutschen Alleingesellschafter ging[2], unter alleiniger Anwendung des österr. UmwG (ohne Erfordernis einer Registereintragung auch beim deutschen Alleingesellschafter, der in diesem Fall keine natürliche Person, sondern ebenfalls eine Kapitalgesellschaft war[3]) zugelassen[4]. Dies überzeugt insofern, als damit aus dem Europarecht (Niederlassungsfreiheit nach Artt. 43, 48 EG, jetzt Artt. 49, 54 AEUV) zu Recht ein Zwang zur Zulassung derartiger Vorgänge abgeleitet wurde. Unrichtig ist aber die These des OGH, dass die Umwandlung nach dem österr. UmwG (das für derartige Fälle, ähnlich dem alten deutschen UmwG 1969, eine „verschmelzende Umwandlung" vorsieht) für den übernehmenden Rechtsträger (Alleingesellschafter) keinerlei Organisationsakt mit sich bringe, und dieser Fall daher anders zu beurteilen sei als eine Verschmelzung (so wie jetzt §§ 120ff. UmwG diesen Vorgang konstruieren). Tatsächlich geht es in beiden Fällen der Sache nach um eine Verschmelzung, und es muss daher für beide Fälle gleichermaßen – allerdings jeweils in kombinatorischer Anwendung der betroffenen Rechtsordnungen – die grenzüberschreitende Umwandlung zugelassen werden[5]. Praktisch könnte dies vor allem für von Deutschen gegründete (Schein-)Auslandsgesellschaften werden, denen sich der Gesellschafter wieder entledigen will. Die §§ 120ff. UmwG könnten dazu einen praktikablen

1 Auf diesem Konzept dürfte auch Art. 10a EGBGB i.d.F. des im Januar 2008 vorgelegten RefE für ein Gesetz zum Internationalen Privatrecht der Gesellschaften, Vereine und juristischen Personen beruhen.

2 Aus der Sicht des österr. OGH ging es also gerade um die umgekehrte Konstellation, dass eine inländische Gesellschaft auf einen ausländischen Alleingesellschafter verschmolzen wird.

3 Bis zur Reform durch das Gesellschaftsrechts-Änderungsgesetz 2007, österr. BGBl I 2007/72, war in Österreich eine verschmelzende Umwandlung auch auf eine Kapitalgesellschaft als Hauptgesellschafter möglich. Diese Doppelgleisigkeit zwischen Verschmelzung und übertragender Umwandlung wurde anlässlich der Umsetzung der Richtlinie 2005/56/EG beseitigt (s. § 2 Abs. 1 Satz 1 österr. UmwG, wonach keine Möglichkeit der Übertragung auf eine inländische Kapitalgesellschaft oder auf eine EU-Kapitalgesellschaft besteht; dies ist vielmehr nur noch im Wege einer echten Verschmelzung möglich).

4 Vgl. öOGH v. 20.3.2003 – 6 Ob 283/02i, GesRZ 2003, 161 = ZIP 2003, 1086. S. dazu etwa – zum Teil kritisch – *M. Doralt*, GesRZ 2004, 26ff.; *M. Doralt*, NZG 2004, 396ff.; *Rüffler*, GesRZ 2004, 3ff.

5 Ebenso *Simon* in KölnKomm. UmwG, § 120 UmwG Rz. 26.

Weg bieten, wenn auch das auf die Gesellschaft anwendbare Recht eine derartige Vermögensübertragung im Wege der Gesamtrechtsnachfolge zulässt. Zu den Vorgaben für das Verfahren bei einer grenzüberschreitenden Verschmelzung s. auch noch § 121 Rz. 14, 16.

d) Überschuldung

21 Bei Überschuldung des übertragenden Rechtsträgers besteht – im Gegensatz zu der in den Vorauflagen (bis zur 3. Aufl.) vertretenen Auffassung – kein Verschmelzungshindernis[1]: Dies ergibt sich schon aus einem argumentum e contratrio zu dem umgekehrten Fall der Ausgliederung durch den Einzelkaufmann (§§ 152 ff. UmwG), für die im Falle der Überschuldung des übertragenden Rechtsträgers (dort: des Einzelkaufmannes) die Ausgliederung verboten ist (§ 152 Satz 2 UmwG). Eine Korrektur der gesetzlichen Anordnung, die für die vorliegende Konstellation kein explizites Verschmelzungshindernis der Überschuldung des übertragenden Rechtsträgers kennt, bedürfte einer besonders überzeugenden Begründung, die es aber vorliegend nicht gibt: Gläubiger einer natürlichen Person sind auch sonst nicht durch besondere Kapitalschutzregeln geschützt, und die verschmelzungsbedingte Beseitigung der Insolvenzantragspflicht ist schlicht die Folge des Wechsels in die andere Rechtsform, ohne damit aber diesen Wechsel der Rechtsform unzulässig zu machen. Vielmehr gibt es auch andere durchaus vergleichbare Konstellationen, in denen die Insolvenzantragspflicht durch einen Rechtsformwechsel im weiteren Sinn beseitigt wird, und die ebenso wenig unzulässig sind (Aufnahme einer natürlichen Person als zusätzlichen Vollhafter in eine GmbH & Co. KG). Jedenfalls dann, wenn der Alleingesellschafter auf Grund seiner Vermögensverhältnisse zur Abdeckung auch der Verbindlichkeiten der Kapitalgesellschaft in der Lage ist, sollten gegen eine Verschmelzung keine Bedenken bestehen (zur Überschuldung des Alleingesellschafters s. hingegen noch unten Rz. 30). Wenn hingegen durch die Verschmelzung der Zugriff der Gläubiger erschwert wird, könnten auch strafrechtliche Risiken (§§ 283 ff. StGB) bestehen[2], was im Fall einer entsprechenden Kenntnis des Registergerichtes auch zur Ablehnung der Eintragung führen kann[3]. Bei einem bereits **eröffneten Insolvenzverfahren** scheidet eine Verschmelzung hingegen jedenfalls aus[4]. Für eine **aufgelöste** Kapitalgesellschaft ergibt sich aus § 3 Abs. 2 UmwG, dass bei Vorliegen eines aktuellen Insolvenzgrundes eine Verschmelzung wegen der in diesem Fall nicht bestehenden Möglichkeit zur Fassung eines Fortsetzungsbeschlusses ausscheidet;

1 Ebenso OLG Stuttgart v. 4.10.2005 – 8 W 426/05, NZG 2006, 159 = GmbHR 2006, 380. S. auch – für die Verschmelzung zwischen zwei (GmbH & Co.) KGs – LG Leipzig v. 18.1. 2006 – 01HK T 7414/04, DB 2006, 885. Für die nunmehr einhellige Auffassung in der Literatur vgl. *Maier-Reimer/Seulen* in Semler/Stengel, § 120 UmwG Rz. 13; *Heckschen* in Widmann/Mayer, § 120 UmwG Rz. 8.3–8.17; *Heckschen*, ZInsO 2008, 825 f.; *Marsch-Barner* in Kallmeyer, § 120 UmwG Rz. 2; *Simon* in KölnKomm. UmwG, § 120 UmwG Rz. 22; vorsichtiger („schadet wohl nicht") auch *Stratz* in Schmitt/Hörtnagl/Stratz, § 120 UmwG Rz. 4.

2 Darauf weisen *Heckschen* in Widmann/Mayer, § 120 UmwG Rz. 8.11.1 und *Simon* in KölnKomm. UmwG, § 120 UmwG Rz. 24 zu Recht hin.

3 *Heckschen* in Widmann/Mayer, § 120 UmwG Rz. 8.11.1.

4 Ebenso *Heckschen* in Widmann/Mayer, § 120 UmwG Rz. 8.12; *Heckschen*, ZInsO 2008, 825 (826).

dies hat auch das BayObLG bestätigt[1]. Daran ist festzuhalten, weil dies – auch wenn man die Insolvenzantragspflicht als solche noch nicht als Verschmelzungshindernis ansieht – bereits aus der eindeutigen Anordnung des § 3 Abs. 2 UmwG folgt. Zur Rechtslage bei Eröffnung eines Insolvenzverfahrens sowie nach einer Insolvenzabweisung mangels Masse s. bereits oben Rz. 19a.

e) Mehrere Kapitalgesellschaften

Ist eine natürliche Person Alleingesellschafter bei **mehreren** Kapitalgesellschaften, können diese gleichzeitig nach §§ 120ff. UmwG verschmolzen werden (vgl. § 2 Nr. 1 UmwG)[2]. Dies gilt auch dann, wenn die Kapitalgesellschaften **verschiedene Rechtsformen** haben (§ 3 Abs. 4 UmwG): Ist E etwa Alleingesellschafter einer AG, einer KGaA und einer GmbH, können diese Gesellschaften in einem einheitlichen Verfahren auf E verschmolzen werden[3]. 22

2. Übernehmender Rechtsträger

a) Natürliche Person

Übernehmender Rechtsträger kann nur eine natürliche Person sein[4]. Dies geht zwar aus dem Wortlaut des § 120 Abs. 1 UmwG nicht unmittelbar hervor, ergibt sich aber aus der darin enthaltenen Einschränkung auf nach dem Ersten bis Achten Abschnitt nicht mögliche Verschmelzungsvorgänge im Zusammenhang mit der in § 3 Abs. 1 und 2 UmwG enthaltenen Aufzählung der verschmelzungsfähigen Rechtsträger. Ist ein Rechtsträger **anderer Rechtsform** Alleingesellschafter einer Kapitalgesellschaft, kommt nur eine Verschmelzung unter Anwendung der jeweiligen rechtsformspezifischen Vorschriften (Erster bis Achter Abschnitt des Zweiten Teils) in Betracht. Auch dann gelten ähnliche Erleichterungen wie bei dem Verfahren nach §§ 120ff. UmwG (vgl. § 5 Abs. 2, § 8 Abs. 3 Satz 1 2. Fall, § 9 Abs. 2, § 62 UmwG). Ist der Alleingesellschafter ein nicht unter § 3 Abs. 1 UmwG fallender Rechtsträger – etwa eine BGB-Gesellschaft[5] oder eine Gebietskörperschaft –, kommt eine Verschmelzung überhaupt nicht in Betracht. Eingetragene 23

---

1 Vgl. BayObLG v. 4.2.1998 – 3Z BR 462/97, NJW-RR 1998, 902 = GmbHR 1998, 540; ebenso *Stratz* in Schmitt/Hörtnagl/Stratz, § 120 UmwG Rz. 4. Auch insoweit gegenteilig hingegen *Heckschen* in Widmann/Mayer, § 120 UmwG Rz. 8.10.

2 Vgl. *Maier-Reimer/Seulen* in Semler/Stengel, § 120 UmwG Rz. 14; *Marsch-Barner* in Kallmeyer, § 120 UmwG Rz. 5; *Simon* in KölnKomm. UmwG, § 120 UmwG Rz. 27.

3 Ebenso *Maier-Reimer/Seulen* in Semler/Stengel, § 120 UmwG Rz. 14; *Simon* in KölnKomm. UmwG, § 120 UmwG Rz. 27.

4 H.A. Vgl. BegrRegE bei *Ganske*, S. 146; OLG Schleswig v. 15.11.2000 – 2 W 145/00, BB 2001, 223 = GmbHR 2001, 205; *Picot/Müller-Eising* in Picot, Rz. 324, 326; *Schwarz*, Umwandlung, Rz. 206; *Stratz* in Schmitt/Hörtnagl/Stratz, § 120 UmwG Rz. 1, 5ff.; *Heckschen*, ZIP 1996, 451f.; *Heckschen* in Widmann/Mayer, § 120 UmwG Rz. 9ff.; *Marsch-Barner* in Kallmeyer, § 120 UmwG Rz. 1; im Ergebnis wohl auch *Simon* in KölnKomm. UmwG, § 120 UmwG Rz. 29ff. Zum Teil anders aber *Maier-Reimer/Seulen* in Semler/Stengel, § 120 UmwG Rz. 15ff., die auch die Verschmelzung mit einem Versicherungsverein auf Gegenseitigkeit als Alleingesellschafter zulassen wollen (a.a.O. Rz. 18); s. dazu noch S. 1392 Fn. 2.

5 Auch auf diese sind §§ 120ff. UmwG nicht anwendbar, vgl. nur *Schilling* in Hachenburg[7], § 15 UmwG Rz. 1 m.w.N.; *Stratz* in Schmitt/Hörtnagl/Stratz, § 120 UmwG Rz. 6; *Maier-Reimer/Seulen* in Semler/Stengel, § 120 UmwG Rz. 20.

Vereine, Genossenschaftliche Prüfungsverbände und Versicherungsvereine auf Gegenseitigkeit können jeweils nur miteinander verschmolzen werden (§ 99 Abs. 2; § 105 Satz 1[1], § 109 Satz 1 UmwG); sie können sich daher nicht als Alleingesellschafter einer Kapitalgesellschaft an einer Verschmelzung mit dieser nach §§ 120ff. UmwG beteiligen[2].

24 Aufgrund des Umstandes, dass bei dem umgekehrten Vorgang (Ausgliederung eines Einzelunternehmens in eine Gesellschaft gem. §§ 152ff. UmwG) auch die Erbengemeinschaft sowie die Gütergemeinschaft (mit dem Unternehmen als Gesamtgut beider Ehegatten) einem Einzelunternehmer gleichzustellen sind (§ 152 Rz. 14f.), könnte erwogen werden, ob in diesen Fällen auch für §§ 120ff. UmwG eine Gleichstellung mit einer natürlichen Person vorzunehmen wäre mit der Folge, dass auch eine Erben- oder Gütergemeinschaft „Alleingesellschafter" i.S. dieser Bestimmungen sein kann. Dies ist aber zu verneinen, weil diese Gemeinschaften jedenfalls keine von der Rechtsordnung erwünschten Unternehmensträger darstellen und daher der Weg in diese Rechtsformen nicht erleichtert werden sollte[3]. Die maßgeblichen Wertungen stellen sich daher gerade umgekehrt dar als im Fall der §§ 152ff. UmwG, wo es darum geht, den Weg aus diesen Rechtsformen heraus zu eröffnen.

b) Sitz, Staatsangehörigkeit

25 Da nach § 1 Abs. 1 UmwG nur Rechtsträger mit Sitz im Inland unter das UmwG fallen, könnte dies bedeuten, dass eine Verschmelzung nach §§ 120ff. UmwG nur dann in Betracht kommt, wenn der Alleingesellschafter zumindest zum Zeitpunkt der Verschmelzung seinen **Sitz in Deutschland** hat[4]. Allerdings stellt sich die Frage, worauf das Erfordernis des „Sitzes" bei natürlichen Personen überhaupt abzielt: Auf den **Wohnsitz** kann es ebenso wie bei §§ 152ff. UmwG keinesfalls ankommen[5]; aber auch sonst fragt sich, ob das primär auf Gesellschaften und andere

---

1 S. auch die Ausnahme in § 105 Satz 2 UmwG für die Aufnahme bestimmter Vereine.

2 Für Vereine wegen § 99 Abs. 2 UmwG (Möglichkeit der Aufnahme nur von anderen Vereinen) sowie für genossenschaftliche Prüfungsverbände wegen der Rechtsform als Verein ebenso *Maier-Reimer/Seulen* in Semler/Stengel, § 120 UmwG Rz. 17, hingegen wegen des abweichend formulierten § 109 UmwG anders für Versicherungsvereine auf Gegenseitigkeit Rz. 18. Diese Differenzierung erscheint nicht überzeugend, weil § 109 UmwG letztlich dasselbe – noch umfassender für beide Verschmelzungsrichtungen formulierte – Verbot der inhomogenen Verschmelzung zu entnehmen ist, das dann auch durch ein Ausweichen auf §§ 120ff. UmwG nicht umgangen werden kann. Gegen eine Verschmelzung eines Versicherungsvereins auf Gegenseitigkeit auch *Stratz* in Schmitt/Hörtnagl/Stratz, § 120 UmwG Rz. 7; *Simon* in KölnKomm. UmwG, § 120 UmwG Rz. 30; *Heckschen* in Widmann/Mayer, § 120 UmwG Rz. 10.

3 Ebenso im Ergebnis *Maier-Reimer/Seulen* in Semler/Stengel, § 120 UmwG Rz. 20 (für die Erbengemeinschaft ebenfalls mit einer Differenzierung zur Ausgliederung nach §§ 152ff. UmwG, s. *Maier-Reimer/Seulen* in Semler/Stengel, § 152 UmwG Rz. 26); *Heckschen* in Widmann/Mayer § 120 UmwG Rz. 10; *Marsch-Barner* in Kallmeyer, § 120 UmwG Rz. 3; *Stratz* in Schmitt/Hörtnagl/Stratz, § 120 UmwG Rz. 6; *Simon* in KölnKomm. UmwG, § 120 UmwG Rz. 31.

4 So etwa früher *Heckschen*, ZIP 1996, 451; *Zimmermann* in Rowedder/Schmidt-Leithoff, 4. Aufl., Anh. § 77 GmbHG Rz. 513 („im Hinblick auf den Ausschluss der Verschmelzung über die Grenze").

5 Ebenso *Maier-Reimer/Seulen* in Semler/Stengel, § 120 UmwG Rz. 21; *Marsch-Barner* in Kallmeyer, § 120 UmwG Rz. 5; *Stratz* in Schmitt/Hörtnagl/Stratz, § 3 UmwG Rz. 43

juristische Personen zugeschnittene Sitzerfordernis überhaupt auf natürliche Personen übertragen werden kann (s. dazu auch § 152 Rz. 29). Am ehesten kann es noch auf den vom Alleingesellschafter festgelegten Schwerpunkt seiner unternehmerischen Tätigkeit bzw., soweit vorhanden, auf die Registrierung ankommen. Allerdings sollte es auch bei Zugrundelegung dieses Ansatzes jedenfalls genügen, wenn gerade mit der Verschmelzung ein solcher Sitz begründet wird, indem der Alleingesellschafter das auf ihn übergegangene Unternehmen in Deutschland weiterbetreibt und dort – wenn möglich (§ 122 Abs. 1 UmwG) – registriert wird[1].

Richtigerweise ist § 1 Abs. 1 UmwG aber anders zu verstehen: Es geht hier nur darum, auf welche Rechtsträger das UmwG anwendbar ist, also um eine kollisionsrechtliche Regelung. Ausgehend davon ist daher auch die Verschmelzung einer deutschen Kapitalgesellschaft mit einem im Ausland ansässigen Alleingesellschafter zulässig[2], wenn dies beide beteiligten Rechtsordnungen zulassen[3]. Anwendbar sind dann die für den jeweiligen Rechtsträger kollisionsrechtlich maßgeblichen Vorschriften, etwa bei der Verschmelzung einer deutschen GmbH mit einem österreichischen Alleingesellschafter nebeneinander §§ 120ff. UmwG (für die GmbH) und das österr. UmwG (für den Alleingesellschafter)[4]. Die vom EuGH in den Urteilen SEVIC[5] und VALE[6] formulierten unionsrechtlichen Vorgaben – Gebot der Zulassung aller jener Umstrukturierungsvorgänge, die innerstaatlich zugelassen werden, auch unter Beteiligung ausländischer Rechtsträger aus dem EU- oder EWR-Raum – zwingen zu dieser Auslegung jedenfalls für Alleingesellschafter mit Sitz in der EU oder dem EWR (oben Rz. 8). Zu den Vorgaben für das Verfahren s. noch § 121 Rz. 14f. Hinzuweisen ist allerdings darauf, dass möglicherweise manche Registergerichte noch nicht bereit sein werden, derartige Vorgänge zu akzeptieren, so dass deren Zulassung erst im Rechtsmittelweg erkämpft werden muss, und das Fehlen spezifischer Ausführungsvorschriften auch Anwendungsprobleme und Rechtsunsicherheit zur Folge haben kann. 26

(zum „Aufenthalt"); *Schnorbus* in Rowedder/Schmidt-Leithoff, Anh. § 77 GmbHG Rz. 309; *Heckschen* in Widmann/Mayer, § 120 UmwG Rz. 14–16.

1 Vgl. dazu auch *Koppensteiner* in FS Hefermehl, S. 316f. Ebenso *Picot/Müller-Eising* in Picot, Rz. 326.

2 Ebenso *Maier-Reimer/Seulen* in Semler/Stengel, § 120 UmwG Rz. 21 f.; *Marsch-Barner* in Kallmeyer, § 120 UmwG Rz. 5; *Heckschen* in Widmann/Mayer, § 120 UmwG Rz. 6.3, 14–16, § 122 UmwG Rz. 4.1.1–4.13; *Stratz* in Schmitt/Hörtnagl/Stratz, § 3 UmwG Rz. 43; *Simon* in KölnKomm. UmwG, § 120 UmwG Rz. 35.

3 Ebenso *Simon* in KölnKomm. UmwG, § 120 UmwG Rz. 35; *Marsch-Barner* in Kallmeyer, § 120 UmwG Rz. 5. Insofern anders hingegen *Maier-Reimer/Seulen* in Semler/Stengel, § 120 UmwG Rz. 22, die nicht auf eine Zulassung durch die ausländische Rechtsordnung abstellen (ebenso *Schnorbus* in Rowedder/Schmidt-Leithoff, Anh. § 77 GmbHG Rz. 309). Dem ist dann zuzustimmen, wenn sich nach den oben Rz. 25 entwickelten Kriterien auch für den Alleingesellschaft eine Anknüpfung an Deutschland zustande bringen lässt.

4 Vgl. dazu für Österreich öst. OGH v. 20.3.2003 – 6 Ob 283/02i, GesRZ 2003, 161 (allerdings für den umgekehrten Fall der Umwandlung einer österreichischen GmbH auf den deutschen Alleingesellschafter; s. dazu bereits oben Rz. 20).

5 EuGH v. 13.12.2005 – Rs. C-411/03, Slg. 2005, I-10805 = AG 2006, 80 (SEVIC Systems AG).

6 EuGH v. 12.7.2012 – Rs. C-378/10, ZIP 2012, 1394 (VALE Építési kft).

27 Auf die **Staatsangehörigkeit** der natürlichen Person kommt es keinesfalls an[1]; dies ergibt sich zwingend aus einem Gegenschluss zu § 1 Abs. 1 UmwG. Aus dieser Bestimmung ist auch abzuleiten, dass sich die kollisionsrechtliche Anknüpfung für die Anwendbarkeit des UmwG allein nach dem Sitz und nicht nach der Staatsangehörigkeit zu richten hat.

c) Unternehmerische oder kaufmännische Tätigkeit

28 Es kommt **nicht** darauf an, ob der Alleingesellschafter schon bisher eine **unternehmerische** oder gar **kaufmännische Tätigkeit** ausgeübt hat[2]. Es ist daher auch gleichgültig, ob er bereits als Kaufmann im Handelsregister **eingetragen** ist. Der Alleingesellschafter kann aber durch die Verschmelzung zum Kaufmann werden, wenn er ein bisher von der Kapitalgesellschaft betriebenes kaufmännisches Unternehmen fortführt (genauer § 122 Rz. 4–9). Auch dies ist aber nicht erforderlich (oben Rz. 19b).

29 Ebenso wenig ist es erforderlich, dass der Alleingesellschafter **nach der Umwandlung eintragungsfähig** ist oder im Register eingetragen wird: Der frühere Meinungsstreit zur ursprünglichen Fassung der §§ 120ff. UmwG (s. dazu 1. Aufl., Rz. 19a) wurde mit der Neufassung des § 122 UmwG durch das Handelsrechtsreformgesetz[3] im Sinne der schon bis dahin h.A. [4] entschieden: Durch dieses Gesetz wurde § 122 UmwG neu gefasst und in Abs. 2 auch auf den Fall Bezug genommen, dass eine Eintragung des Alleingesellschafters im Handelsregister „nicht in Betracht kommt". Damit wurde klargestellt, dass §§ 120ff. UmwG unabhängig davon Anwendung finden, ob eine Registereintragung des Alleingesellschafters möglich ist[5], und daher auch bei nichtkaufmännischen Unternehmen (s. dazu noch § 122 Rz. 6–9).

d) Überschuldung

30 Auch bei Überschuldung des Alleingesellschafters wird die Verschmelzung nach dem Gesetzestext der §§ 120ff. UmwG **nicht verboten** (vgl. demgegenüber für den umgekehrten Vorgang der Ausgliederung § 152 Satz 2 UmwG). Darin liegt eine

1 Vgl. *Heckschen*, ZIP 1996, 451; *Maier-Reimer/Seulen* in Semler/Stengel, § 120 UmwG Rz. 21; *Marsch-Barner* in Kallmeyer, § 120 UmwG Rz. 5; *Stratz* in Schmitt/Hörtnagl/Stratz, § 3 UmwG Rz. 43; *Simon* in KölnKomm. UmwG, § 120 UmwG Rz. 35.

2 Vgl. *Stratz* in Schmitt/Hörtnagl/Stratz, § 3 UmwG Rz. 43, § 120 UmwG Rz. 5; *Maier-Reimer/Seulen* in Semler/Stengel, § 120 UmwG Rz. 25; *Marsch-Barner* in Kallmeyer, § 120 UmwG Rz. 3; *Heckschen* in Widmann/Mayer, § 120 UmwG Rz. 13, 23.

3 BGBl. I 1998, S. 1474.

4 BGH v. 4.5.1998 – II ZB 18/97, ZIP 1998, 1225 = AG 1998, 426; OLG Celle v. 20.11.1997 – 9 W 119/97, OLG-Report Celle 1998, 7; AG Dresden v. 26.7.1996 – HRB 8297, GmbHR 1997, 175; LG Berlin v. 7.3.1997 – 98 T 91/96, GmbHR 1997, 552; LG Tübingen v. 17.7. 1997 – 2 KFHT 8/96, GmbHR 1997, 849; LG Frankfurt/M. v. 19.12.1997 – 3–11 T 81/97, GmbHR 1998, 380. Aus der Literatur s. *Heckschen*, ZIP 1996, 450; *Neye*, EWiR 1996, 277; *Priester*, DB 1996, 413; *Trölitzsch*, WiB 1996, 527. Gegenteilig LG Koblenz v. 7.11.1995 – 4 HT 2/95, DB 1996, 267; OLG Zweibrücken v. 27.12.1995 – 3 W 263/95, ZIP 1996, 460 = AG 1996, 277 = WiB 1996, 527 mit Anm. *Trölitzsch* = DB 1996, 418; *Dehmer*², § 122 UmwG Rz. 2f. und *Dehmer/Stratz*, DB 1996, 1071.

5 So auch *Maier-Reimer/Seulen* in Semler/Stengel, § 120 UmwG Rz. 25; *Marsch-Barner* in Kallmeyer, § 120 UmwG Rz. 3; *Simon* in KölnKomm. UmwG, § 120 UmwG Rz. 7, 32.

bedauerliche Lücke im Gläubigerschutz, weil die Überschuldung dazu führen kann, dass nunmehr auch die Gläubiger der Gesellschaft nicht mehr voll gedeckt sind. Auch eine dem § 8 UmwG 1969 entsprechende Gläubigersicherung durch Vermögensseparierung findet nicht mehr statt. In einem solchen Fall erscheint es nun aber nicht mehr gerechtfertigt, auf ein geordnetes Liquidationsverfahren zu verzichten, in dem die Gläubiger der Kapitalgesellschaft vorweg Befriedigung oder Sicherstellung erlangen; daher ist eine **Rechtsfortbildung** geboten[1], wonach die Verschmelzung bei Überschuldung des Alleingesellschafters unzulässig ist. Der Abschluss des Verschmelzungsvertrages könnte diesfalls auch eine Schadensersatzpflicht der Geschäftsführer/Vorstände/Aufsichtsräte nach sich ziehen, wegen Sittenwidrigkeit nichtig sein oder den Straftatbestand des Bankrotts erfüllen[2]. Bei der Prüfung der Überschuldung ist nicht nur auf die bisherigen Verbindlichkeiten des Alleingesellschafters, sondern auch auf jene der Kapitalgesellschaft abzustellen. Entscheidend muss die voraussichtliche Fähigkeit des Alleingesellschafters sein, alle Verbindlichkeiten – einschließlich jener der Kapitalgesellschaft – abzudecken. Die Überschuldung der Kapitalgesellschaft begründet hingegen kein Verschmelzungshindernis (oben Rz. 21).

e) Minderjährigkeit, Betreuung, Testamentsvollstreckung, Ehe

Für einen **minderjährigen** Alleingesellschafter muss der gesetzliche Vertreter die erforderlichen Rechtshandlungen setzen. Bei Übernahme eines Unternehmens wird außerdem eine familiengerichtliche Genehmigung erforderlich sein, da die Verbindlichkeiten der Kapitalgesellschaft auf den Übernehmer übergehen[3]: Von einem „entgeltlichen" Erwerb des Erwerbsgeschäfts i.S.d. §§ 1822 Abs. 1 Nr. 3, 1643 BGB kann zwar schwerlich gesprochen werden; das Genehmigungserfordernis folgt aber bereits aus der Übernahme des Unternehmerrisikos. Dieselben Grundsätze gelten bei **Betreuung** (§ 1908i Abs. 1 Satz 1 BGB)[4]. Gehören die Anteile zu einem Nachlass, für den Testamentsvollstreckung angeordnet wurde, kann der **Testamentsvollstrecker** auf Seiten der übertragenden Kapitalgesellschaft den für die Verschmelzung erforderlichen Beschluss fassen[5]. Einer Zustimmung des Erben bedarf es dazu nicht[6]. Sein Schutz gegenüber einer ungewollten Über- 31

1 Für eine Rechtsfortbildung wohl auch *Maier-Reimer/Seulen* in Semler/Stengel, § 120 UmwG Rz. 26. Dagegen *Heckschen* in Widmann/Mayer, § 120 UmwG Rz. 8.17.1, 23.9; *Heckschen*, ZInsO 2008, 826; *Simon* in KölnKomm. UmwG, § 120 UmwG Rz. 34.

2 Vgl. *Maier-Reimer/Seulen* in Semler/Stengel, § 120 UmwG Rz. 26; *Marsch-Barner* in Kallmeyer, § 120 UmwG Rz. 3. Zu §§ 283 ff. StGB s. auch *Heckschen* in Widmann/Mayer, § 120 UmwG Rz. 8.17.1.

3 Ebenso *Maier-Reimer/Seulen* in Semler/Stengel, § 120 UmwG Rz. 23 und § 121 UmwG Rz. 11; *Simon* in KölnKomm. UmwG, § 120 UmwG Rz. 36; im Ergebnis auch (über eine Analogie zu den gesetzlichen Genehmigungstatbeständen) *Heckschen* in Widmann/Mayer, § 120 UmwG Rz. 17.1 und § 121 UmwG Rz. 24 f. A.A. *Stratz* in Schmitt/Hörtnagl/Stratz, § 3 UmwG Rz. 44 f., § 120 UmwG Rz. 5: Der Gesetzgeber habe die Haftungsbegrenzung für Minderjährige durch § 1629a BGB gestaltet, so dass das Schutzbedürfnis der Minderjährigen ausreichend befriedigt sei.

4 *Maier-Reimer/Seulen* in Semler/Stengel, § 120 UmwG Rz. 23 und § 121 UmwG Rz. 11; *Simon* in KölnKomm. UmwG, § 120 UmwG Rz. 36; *Heckschen* in Widmann/Mayer, § 120 UmwG Rz. 17.2.

5 S. auch *Maier-Reimer/Seulen* in Semler/Stengel, § 120 UmwG Rz. 24.

6 Vgl. *Maier-Reimer/Seulen* in Semler/Stengel, § 120 UmwG Rz. 24. A.A. *Heckschen* in Widmann/Mayer, § 121 UmwG Rz. 31 und *Simon* in KölnKomm. UmwG, § 120

nahme der Verbindlichkeiten ergibt sich daraus, dass er auf seiner Seite in eigener Person den Verschmelzungsvertrag abschließt[1]. Ein Alleingesellschafter, der mit dem Ehegatten im Güterstand der **Zugewinngemeinschaft** lebt, bedarf auch dann nicht einer Zustimmung des Ehegatten nach § 1365 BGB, wenn die Anteile das gesamte Vermögen des Alleingesellschafters ausmachen[2]. Gehören die Anteile zu einer **Gütergemeinschaft**, scheitert eine Verschmelzung nach §§ 120ff. UmwG hingegen bereits am Fehlen eines nach §§ 120ff. UmwG zulässigen Zielrechtsträgers (oben Rz. 24). Um eine Verschmelzung nach §§ 120ff. UmwG zu ermöglichen, müsste also der Anteil zunächst als Vorbehaltsgut in die alleinige Verfügungsbefugnis eines Ehepartners übertragen werden.

f) Alleingesellschafter

aa) Allgemeines

32 Die natürliche Person muss alleiniger Gesellschafter der übertragenden Kapitalgesellschaft sein. Es müssen also – abgesehen von eigenen Anteilen der Kapitalgesellschaft (unten Rz. 34f.) – alle Anteile der natürlichen Person gehören. Da § 120 Abs. 1 UmwG nur darauf abstellt, dass sich alle „Geschäftsanteile" oder „Aktien" in der Hand des Gesellschafters oder Aktionärs befinden, dürfte es bei einer KGaA genügen, dass der „Alleingesellschafter" über alle Aktien verfügt; er muss also nicht auch Komplementär sein[3]. Die Anteile müssen im Alleineigentum des Alleingesellschafters (als Vollrechtsinhaber im Außenverhältnis) stehen. Miteigentum oder die bloße Stellung als Legitimationszessionar genügen nicht[4]. Eine verdeckte Anteilsinhaberschaft ist nicht ausreichend[5]. Ausschlaggebend ist die Stellung als **Vollrechtsinhaber im Außenverhältnis:** Bei **Sicherungseigentum** oder sonstiger **Treuhandschaft** sind die Anteile nur dem Treuhänder, nicht aber dem Treugeber zuzurechnen[6]. In diesem Fall steht auch das Stimmrecht dem Treuhänder zu[7], so dass dieser die Verschmelzung allein beschließen kann. Im Verhältnis zum Treugeber kann die Verschmelzung zwar eine Pflichtverletzung darstellen;

UmwG Rz. 37 wegen der durch die Verschmelzung für die Erben herbeigeführten persönlichen Haftung. – Zur Frage, ob die Umwandlung einer entsprechenden Anordnung des Erblassers bedarf, s. *Heckschen* in Widmann/Mayer, § 121 UmwG Rz. 30.1.

1 Zutreffend *Maier-Reimer/Seulen* in Semler/Stengel, § 120 UmwG Rz. 24.

2 Ebenso *Heckschen* in Widmann/Mayer, § 121 UmwG Rz. 27ff.; *Stratz* in Schmitt/Hörtnagl/Stratz, § 121 UmwG Rz. 2; *Maier-Reimer/Seulen* in Semler/Stengel, § 121 UmwG Rz. 12. A.A. *Zimmermann* in Kallmeyer, § 13 UmwG Rz. 33.

3 So auch *Maier-Reimer/Seulen* in Semler/Stengel, § 120 UmwG Rz. 29; *Heckschen* in Widmann/Mayer, § 120 UmwG Rz. 23.8; *Simon* in KölnKomm. UmwG, § 120 UmwG Rz. 41. Der Verschmelzungsbeschluss bedarf aber jedenfalls auch der Zustimmung des Komplementärs (§ 78 Satz 3 UmwG). Die Rechtsfolge der Verschmelzung besteht dann darin, dass das Vermögen auf den Kommanditaktionär übergeht.

4 Vgl. nur *Maier-Reimer/Seulen* in Semler/Stengel, § 120 UmwG Rz. 27; *Heckschen* in Widmann/Mayer, § 120 UmwG Rz. 11.

5 So auch *Stratz* in Schmitt/Hörtnagl/Stratz, § 120 UmwG Rz. 8; *Heckschen* in Widmann/Mayer, § 120 UmwG Rz. 11, § 121 UmwG Rz. 26 und 31.

6 Vgl. *Heckschen* in Widmann/Mayer, § 120 UmwG Rz. 11, § 121 UmwG Rz. 37; *Maier-Reimer/Seulen* in Semler/Stengel, § 120 UmwG Rz. 27. *Marsch-Barner* in Kallmeyer, § 120 UmwG Rz. 5; *Simon* in KölnKomm. UmwG, § 120 UmwG Rz. 38.

7 Vgl. dazu *Zöllner* in Baumbach/Hueck, § 47 GmbHG Rz. 35; *Roth* in Roth/Altmeppen, § 47 GmbHG Rz. 20f.; *Bayer* in Lutter/Hommelhoff, § 14 GmbHG Rz. 17, § 47 GmbHG Rz. 4, 24.

diese rein interne Bindung hindert aber die Verschmelzung nicht. Steht ausnahmsweise (soweit man das überhaupt für zulässig ansieht) dem Treugeber das Stimmrecht zu[1], wirkt dieser insoweit an dem Verschmelzungsbeschluss mit. Seine Zustimmung ist aber nicht unbedingt erforderlich, wenn nur einzelne Anteile von der Treuhandschaft und der Stimmrechtsübertragung betroffen sind und auch gegen die Stimmen des Treugebers die erforderlichen Mehrheiten nach §§ 50, 65, 78 UmwG erreicht werden können. Unabhängig von der Zuordnung der Stimmrechte bleibt es jedenfalls dabei, dass nur der Treuhänder als Alleingesellschafter zu qualifizieren ist und daher auch nur er als übernehmender Rechtsträger in Betracht kommt. Welche Rechte dem Treugeber nach der Verschmelzung gegen den Treuhänder bzw. am übernommenen Vermögen zustehen, bestimmt sich nach den allgemeinen zivilrechtlichen Regeln. Eine Verschmelzung auf den Treugeber kann nur dann erfolgen, wenn zuvor die Treuhandschaft aufgelöst wird und alle Anteile auf den Treugeber übertragen werden.

Der Verschmelzung steht es auch nicht entgegen, wenn die natürliche Person ihre 33
Anteile **verpfändet** hat[2]: Ungeachtet der Verpfändung bleibt der Verpfänder Inhaber der Anteile; er ist daher der Alleingesellschafter i.S.d. §§ 120ff. UmwG (zur abweichenden Rechtslage bei Sicherungseigentum s. bereits oben Rz. 32). Da dem Verpfänder weiter das Stimmrecht zukommt[3], kann dieser allein den Verschmelzungsbeschluss fassen; ob gegenüber dem Pfandgläubiger eine Pflichtverletzung vorliegt, ist für die Zulässigkeit der Verschmelzung ohne Bedeutung[4]. Auch § 1276 BGB ist nicht anwendbar[5]. Wiederum kann sich aber die Frage nach der Möglichkeit einer dinglichen Surrogation oder zumindest nach einer schuldrechtlichen Pflicht zur Neubegründung entsprechender Pfandrechte an den übernommenen Vermögensteilen stellen. Wurde an einem Anteil ein **Nießbrauch** bestellt, kann der Alleingesellschafter allein den Verschmelzungsbeschluss fassen, wenn ihm – wie es zumindest regelmäßig der Fall ist[6] – das Stimmrecht verblieben ist; ob gegenüber dem Nießbraucher eine Pflichtverletzung vorliegt, ist wiederum für die Verschmelzung irrelevant[7]. Auch § 1071 BGB ist nicht anwendbar[8]. Steht hingegen dem Nießbraucher das Stimmrecht zu[9], muss dieser an dem Verschmel-

---

1 Zum diesbezüglichen Meinungsstand s. nur *Zöllner* in Baumbach/Hueck, § 47 GmbHG Rz. 35; *Bayer* in Lutter/Hommelhoff, § 14 GmbHG Rz. 17, § 47 GmbHG Rz. 4, 24; *Roth* in Roth/Altmeppen, § 47 GmbHG Rz. 20; letzterer lässt Abweichungen in der Satzung zu.

2 Vgl. *Heckschen* in Widmann/Mayer, § 121 UmwG Rz. 22f.; *Maier-Reimer/Seulen* in Semler/Stengel, § 120 UmwG Rz. 34ff.; *Simon* in KölnKomm. UmwG, § 120 UmwG Rz. 39.

3 Vgl. dazu nur *Zöllner* in Baumbach/Hueck, § 47 GmbHG Rz. 35; *Bayer* in Lutter/Hommelhoff, § 47 GmbHG Rz. 4; *Roth* in Roth/Altmeppen, § 47 GmbHG Rz. 20f. (mit einer Ausnahme im Falle einer abweichenden Satzungsregelung), jeweils m.w.N.

4 Vgl. *Maier-Reimer/Seulen* in Semler/Stengel, § 120 UmwG Rz. 37.

5 Ebenso *Maier-Reimer/Seulen* in Semler/Stengel, § 120 UmwG Rz. 37; *Heckschen* in Widmann/Mayer, § 121 UmwG Rz. 22.

6 Vgl. dazu *Zöllner* in Baumbach/Hueck, § 47 GmbHG Rz. 35; *Bayer* in Lutter/Hommelhoff, § 47 GmbHG Rz. 4; *Roth* in Roth/Altmeppen, § 47 GmbHG Rz. 20f., jeweils m.w.N.

7 Vgl. *Maier-Reimer/Seulen* in Semler/Stengel, § 120 UmwG Rz. 37.

8 Ebenso *Maier-Reimer/Seulen* in Semler/Stengel, § 120 UmwG Rz. 37.

9 Die h.A. lehnt dies ab, zum Meinungsstand s. *Zöllner* in Baumbach/Hueck, § 47 GmbHG Rz. 35; *Bayer* in Lutter/Hommelhoff, § 47 GmbHG Rz. 4; *Roth* in Roth/Altmeppen, § 47 GmbHG Rz. 20.

zungsbeschluss mitwirken. Freilich spricht ohnedies viel dafür, dem Gesellschafter ungeachtet der getroffenen Abreden jedenfalls das Stimmrecht für Beschlüsse zu belassen, die die Grundlagen der Gesellschaft betreffen[1]; dazu gehört dann selbstverständlich auch der Zustimmungsbeschluss nach §§ 120ff. UmwG. Übernehmender Rechtsträger kann auch in diesem Fall nur der Besteller sein. Schließlich steht auch eine **Unterbeteiligung** an den Anteilen des Alleingesellschafters der Verschmelzung nicht entgegen; eine Verletzung allfälliger interner Bindungen hat keinen Einfluss auf die Wirksamkeit der Verschmelzung[2].

bb) Eigene Anteile

34 Eigene Anteile der übertragenden Kapitalgesellschaft werden dem Alleingesellschafter zugerechnet (§ 120 Abs. 2 UmwG). Gemeint ist damit, dass diese Anteile bei der Beurteilung der Stellung als Alleingesellschafter **außer Betracht bleiben** (§ 16 Abs. 2 Satz 2 AktG): Die Verschmelzung ist also zulässig, wenn außer der natürlichen Person nur noch die Kapitalgesellschaft selbst Anteile hält; dies gilt unabhängig davon, in welchem Ausmaß eigene Anteile bestehen. Die eigenartige Gesetzesformulierung – Zurechnung statt Unbeachtlichkeit – folgt aus der Übernahme des § 10 UmwG 1969, in dem es noch um die Mehrheitsumwandlung und daher auch um das Problem der Berechnung der Mehrheitsverhältnisse gegangen ist, die durch quotale Zurechnung zu den Gesellschaftern erfolgen sollte. Da eigene Anteile kein Stimmrecht verleihen[3], gilt § 120 Abs. 2 UmwG im Ergebnis auch für den **Verschmelzungsbeschluss:** Die eigenen Anteile gewähren kein Stimmrecht und bleiben bei der Berechnung der Mehrheitserfordernisse außer Betracht[4].

35 Eine **entsprechende Anwendung** des § 120 Abs. 2 UmwG auf wirtschaftlich vergleichbare Fälle kommt wegen des Ausnahmecharakters der Verschmelzung nach §§ 120ff. UmwG und der deshalb bewusst eng gehaltenen Eingangsvoraussetzungen **nicht** in Betracht. §§ 120ff. UmwG sind daher auch dann unanwendbar, wenn neben der natürlichen Person nur solche Gesellschaften Anteile an der übertragenden Kapitalgesellschaft halten, an denen die Kapitalgesellschaft selbst oder die natürliche Person wiederum alle Anteile hält[5]. Ebenso wenig werden von einem Treuhänder für die Gesellschaft gehaltene Anteile von § 120 Abs. 2 UmwG erfasst[6]. Der Alleingesellschafter hat es aber in solchen Fällen ohnedies zumeist in der Hand, für eine Änderung der Beteiligungsverhältnisse zu sorgen.

---

1 So BGH v. 9.11.1998 – II ZR 213/97, WM 1999, 79 für die Gesellschaft bürgerlichen Rechts.

2 Vgl. *Maier-Reimer/Seulen* in Semler/Stengel, § 120 UmwG Rz. 31; *Heckschen* in Widmann/Mayer, § 121 UmwG Rz. 37.1.

3 Vgl. § 71b AktG und für die GmbH *Zöllner* in Baumbach/Hueck, § 33 GmbHG Rz. 24; *Lutter* in Lutter/Hommelhoff, § 33 GmbHG Rz. 39; *Roth* in Roth/Altmeppen, § 33 GmbHG Rz. 30.

4 Unrichtig *Dehmer*[2], § 120 UmwG Rz. 9; keine Stellungnahme bei *Stratz* in Schmitt/Hörtnagl/Stratz, § 120 UmwG Rz. 9. Wie hier hingegen *Marsch-Barner* in Kallmeyer, § 120 UmwG Rz. 6.

5 Vgl. *Maier-Reimer/Seulen* in Semler/Stengel, § 120 UmwG Rz. 30; *Marsch-Barner* in Kallmeyer, § 120 UmwG Rz. 6; *Heckschen* in Widmann/Mayer, § 120 UmwG Rz. 25; *Simon* in KölnKomm. UmwG, § 120 UmwG Rz. 42.

6 Vgl. *Maier-Reimer/Seulen* in Semler/Stengel, § 120 UmwG Rz. 30.

cc) Wandelschuldverschreibungen, Genussrechte etc.

36 Unschädlich ist es, wenn die Kapitalgesellschaft **Gewinnschuldverschreibungen** oder **Genussrechte** begeben hat. Es handelt sich hierbei um rein schuldrechtliche Vertragsbeziehungen, die keine Stellung als Gesellschafter vermitteln[1]. Sonderrechtsinhaber sind vielmehr nach § 23 UmwG zu schützen. Nach dieser Vorschrift steht ihnen ein Recht auf Einräumung gleichwertiger Rechte durch den Nachfolgerechtsträger zu. Grundsätzlich dasselbe gilt für **Wandelschuldverschreibungen**, die ebenfalls in § 23 UmwG eigens angeführt werden. Bei der Verschmelzung nach §§ 120ff. UmwG stellt sich aber das Problem, dass eine Einräumung gleichwertiger Rechte durch eine natürliche Person gar nicht möglich ist, diese könnte höchstens eine Schuldverschreibung ohne Bezugs- oder Optionsrechte auf Anteile ausgeben. In einem derartigen Fall ist weiterhin an der vor Erlassung des UmwG vertretenen Auffassung festzuhalten, dass das Umtausch- oder Bezugsrecht automatisch vor der Verschmelzung fällig wird (s. dazu auch § 23 Rz. 17f.)[2]. Damit ist dann aber auch die Verschmelzung gefährdet: Wird das Umtausch- oder Bezugsrecht auch nur von einem Berechtigten ausgeübt, entfällt mit der Zuteilung von Aktien an Außenstehende die Verschmelzungsvoraussetzung der Alleingesellschafterstellung; dies wird auch dann ein Eintragungshindernis darstellen, wenn die Zuteilung erst nach dem Zustimmungsbeschluss erfolgt[3]. Der Alleingesellschafter muss daher versuchen, die Umtauschberechtigten abzufinden.

dd) Minderheitsbeteiligung

37 Die Verschmelzung ist **ausgeschlossen**, wenn an der Gesellschaft außer der natürlichen Person und der Gesellschaft selbst noch zumindest eine andere Person als Gesellschafter (Aktionär einer AG, Kommanditaktionär[4] einer KGaA, Gesellschafter einer GmbH) beteiligt ist. Dies gilt auch für eine noch so geringfügige Minderheitsbeteiligung. Strebt der Mehrheitsgesellschafter eine Anwendung der §§ 120ff. UmwG an, müsste er erst, soweit dies möglich ist, einen Squeeze-out vornehmen (s. dazu unten Rz. 38) oder sonst die Minderheit zum Ausscheiden aus der Gesellschaft – d.h. zur Veräußerung der Anteile an ihn oder (soweit zulässig) an die Gesellschaft – bewegen. Es genügt aber, wenn der Anteilserwerb bis **unmittelbar vor dem Wirksamwerden der Verschmelzung** erfolgt[5]. Aus praktischer Sicht

1 Vgl. *Maier-Reimer/Seulen* in Semler/Stengel, § 120 UmwG Rz. 32; *Simon* in KölnKomm. UmwG, § 120 UmwG Rz. 40; *Stratz* in Schmitt/Hörtnagl/Stratz, § 120 UmwG Rz. 8.

2 Vgl. *Karollus* in G/H/E/K, § 221 AktG Rz. 196; zurückhaltender *Maier-Reimer/Seulen* in Semler/Stengel, § 120 UmwG Rz. 33. Die Frage offen lassend *Heckschen* in Widmann/Mayer, § 121 UmwG Rz. 35.2.

3 *Maier-Reimer/Seulen* in Semler/Stengel, § 120 UmwG Rz. 33; ohne eigene Stellungnahme *Simon* in KölnKomm. UmwG, § 120 UmwG Rz. 40.

4 Zum Komplementär s. bereits oben Rz. 32.

5 Vgl. *Heckschen* in Widmann/Mayer, § 120 UmwG Rz. 3.1 und 11: „spätestens eine logische Sekunde vor Wirksamwerden der Verschmelzung". So auch *Maier-Reimer/Seulen* in Semler/Stengel, § 120 UmwG Rz. 38, 40; *Marsch-Barner* in Kallmeyer, § 120 UmwG Rz. 5; *Stratz* in Schmitt/Hörtnagl/Stratz, § 120 UmwG Rz. 5; *Simon* in KölnKomm. UmwG, § 120 UmwG Rz. 43. A.A. (für § 5 Abs. 2 UmwG) *Drygala*, § 5 Rz. 141 mit der Begründung, dass andernfalls der Vertrag unvollständig und die Zustimmungsbeschlüsse fehlerhaft seien; dem UmwG ist aber nicht zu entnehmen, dass die Alleingesellschafterstellung bereits zum Zeitpunkt der Einleitung des Verschmelzungsverfahrens bestehen muss. Eine Fehlerhaftigkeit des Vertrages sowie des Beschlusses ist gerade

ist daher die Alleingesellschafterstellung regelmäßig bis zur Anmeldung der Verschmelzung bei dem Registergericht, dem die Alleingesellschaftereigenschaft nachzuweisen ist, herzustellen; es kann aber auch genügen, wenn erst danach durch dem Registergericht ersichtliche Vorgänge die Alleingesellschafterstellung herbeigeführt wird (s. etwa unten Rz. 41 zur Kettenverschmelzung). Eine erst mit dem Wirksamwerden der Verschmelzung aufschiebend bedingte Anteilsübertragung auf den (dann) Alleingesellschafter wird hingegen nicht ausreichend sein, weil dann die Alleingesellschafterstellung gerade nicht vor der Verschmelzung besteht[6]. Besteht zum Zeitpunkt des Verschmelzungsbeschlusses noch eine Minderheitsbeteiligung, hat auch der Minderheitsgesellschafter bzw. der andere Gesellschafter an dem Beschluss mitzuwirken. Die Verschmelzung kann aber in diesem Fall nur dann eingetragen werden, wenn der Minderheitsgesellschafter noch vor der Eintragung seine Anteile an den Alleingesellschafter (bzw. ggf. auch an die Gesellschaft) abtritt oder diese Anteile im Wege eines Squeeze-out oder einer Einziehung beseitigt werden. Dem daraus resultierenden Schwebezustand sollte schon im Verschmelzungsvertrag durch die Aufnahme der Bedingung Rechnung getragen werden, dass die Minderheit ihre Anteile aufgibt (vgl. § 7 UmwG). Außer in solchen Fällen, in denen bereits ein Konsens mit den Minderheitsgesellschaftern über deren geplantes Ausscheiden besteht, ist eine derartige Vorgangsweise allerdings nicht anzuraten: Wenn die Minderheitsgesellschafter zum Zeitpunkt des Verschmelzungsbeschlusses noch Anteilsinhaber sind, müssen diese am Verschmelzungsbeschluss mitwirken; auch wenn gegen deren Willen die erforderliche Mehrheit erreicht werden kann, kann eine Verzögerung des Verschmelzungsablaufs durch Anfechtungsklagen drohen.

38 Soweit ein Squeeze-out nach anderen Bestimmungen möglich ist (s. §§ 327a ff. AktG, §§ 39a ff. WpÜG)[7], kann der Squeeze-out mit der Verschmelzung nach §§ 120 ff. UmwG in der Weise kombiniert werden, dass zunächst ein Squeeze-out vorgenommen wird und dann auf der Grundlage der dadurch herbeigeführten Alleingesellschafterstellung die Verschmelzung nach §§ 120 ff. UmwG erfolgt[8]. Ein Squeeze-out ist freilich nur bei einer AG, nicht hingegen bei einer GmbH möglich. Gegen den in der Literatur[9] vorgeschlagenen Weg, die GmbH durch Rechtsformwechsel in eine AG umzuwandeln, um dann den Squeeze-out vornehmen zu können, wurden Bedenken unter dem Gesichtspunkt der Treuepflicht vor-

nicht gegeben, wenn man – wie hier – die Auffassung vertritt, dass das Erfordernis der Alleingesellschafterstellung auch noch nachträglich bis zur Eintragung der Verschmelzung hergestellt werden kann. Da die Minderheit auch durch den Verschmelzungsbeschluss nicht zur Abgabe ihrer Anteile gezwungen wird (s. unten Rz. 39), sind keine Schutzinteressen ersichtlich, die eine Alleingesellschafterstellung bereits zu diesen früheren Zeitpunkten notwendig machen würden.

6 Vgl. dazu *Maier-Reimer/Seulen* in Semler/Stengel, § 120 UmwG Rz. 41; *Simon* in KölnKomm. UmwG, § 120 UmwG Rz. 44. Wenn die Verschmelzung – wie im Regelfall – erst mit der Eintragung bei dem Alleingesellschafter wirksam wird (§ 122 Rz. 15), könnte allerdings die vorangehende Eintragung bei der übertragenden Kapitalgesellschaft als aufschiebende Bedingung vereinbart werden (*Maier-Reimer/Seulen* in Semler/Stengel, § 120 UmwG Rz. 41 und *Simon* in KölnKomm. UmwG, § 120 UmwG Rz. 44).

7 Der verschmelzungsrechtliche Squeeze-out (§ 62 Abs. 5 UmwG) ist hingegen bei einer Verschmelzung auf den Alleingesellschafter nicht anwendbar. Dies folgt bereits daraus, dass nach dieser Bestimmung der übernehmende Rechtsträger die Rechtsform einer AG haben muss.

8 Vgl. dazu auch *Heckschen* in Widmann/Mayer, § 120 UmwG Rz. 12.1.

9 Vgl. *Heckschen* in Widmann/Mayer, § 120 UmwG Rz. 12.1.

gebracht (4. Aufl., § 120 Rz. 3 und § 13 Rz. 40). Vor dem Hintergurnd der neueren Judikatur erscheint es aber fraglich, ob auch die Gerichte diese Bedenken aufgreifen würden[1] (gegen eine Treuepflichtverletzung jetzt auch *Drygala*, oben § 13 Rz. 55 m.w.N.). Um eine Beteiligung der auszuschließenden Gesellschafter am Verschmelzungsbeschluss und eine Anfechtung zu vermeiden, ist es ratsam, den Squeeze-out noch vor dem Verschmelzungsbeschluss durchzuführen. Ein wirksamer nachfolgender Squeeze-out führt aber wohl zum Verlust des Rechts auf Fortführung der Anfechtungsklage, jedenfalls dann, wenn man davon ausgeht, dass die nachfolgende Verschmelzung keinen Einfluss mehr auf die Bemessung der Abfindung hat[2]. Durch eine Anfechtung des Squeeze-out könnte aber noch immer eine erhebliche Verzögerung eintreten.

Ansonsten trifft die Minderheitsgesellschafter in Ermangelung bereits bestehender Vereinbarungen oder Satzungsregelungen **keinerlei Verpflichtung, ihre Anteile abzutreten** und damit die Verschmelzung zu ermöglichen; einer nachträglichen Satzungsregelung gegen den Willen der Minderheit stehen § 237 Abs. 1 Satz 2 AktG und § 34 Abs. 2 GmbHG entgegen. Das Vorhaben der Verschmelzung nach §§ 120ff. UmwG stellt auch **keinen Grund für eine Ausschließung** aus wichtigem Grund dar; dies folgt aus der Wertung des UmwG, die Mehrheitsumwandlung nicht mehr zuzulassen (oben Rz. 3). Ebenso wenig resultiert aus einem allenfalls bereits gefassten Verschmelzungsbeschluss eine Verpflichtung zur Anteilsabtretung. Es bedarf daher jedenfalls eines anderen Grundes, der unabhängig von der geplanten Verschmelzung für sich gesehen die Ausschließung rechtfertigt. 39

Werden umgekehrt von einem Dritten erst **nach dem Verschmelzungsbeschluss** Anteile erworben, wird damit die Verschmelzung wegen Wegfalls der erforderlichen Alleingesellschafterstellung unzulässig; das Registergericht hat die Eintragung abzulehnen[3]. Eine dennoch eingetragene Verschmelzung ist aber wirksam (s. 40

1 S. dazu *Heckschen* in Widmann/Mayer, § 120 UmwG Rz. 12.1 unter Hinweis auf die Judikatur zur Zulässigkeit der Beschaffung der für einen Squeeze-out erforderlichen Kapitalmehrheit über eine Wertpapierleihe (BGH v. 16.3.2009 – II ZR 302/06, NZG 2009, 585 = AG 2009, 441). Ausgehend von den dieser Judikatur zugrundeliegenden Wertungen wäre es auch nicht einzusehen, warum die Herstellung der Anwendungsvoraussetzungen für einen Squeeze-out durch einen Rechtsformwechsel – selbst für eine nur kurze Übergangsphase bis zu einer Verschmelzung mit dem Alleingesellschafter – treuwidrig sein soll.

2 Vgl. zu dieser Differenzierung BGH v. 9.10.2006 – II ZR 46/05, BGHZ 169, 221 = NJW 2007, 300 = AG 2006, 931. Zum Meinungsstand s. auch *Hüffer*, § 245 AktG Rz. 8a; *Dörr* in Spindler/Stilz, § 245 AktG Rz. 21; *Schwab* in K. Schmidt/Lutter, § 245 AktG Rz. 27; *Nietsch*, NZG 2007, 451ff.

3 Anders *Heckschen* in Widmann/Mayer, § 121 UmwG Rz. 36: Die nachfolgende Anteilsübertragung habe keinen Einfluss auf die Wirksamkeit des Verschmelzungsvertrages. Dabei wird aber übersehen, dass die Alleingesellschafterstellung eine materielle Verschmelzungs- und damit auch Eintragungsvoraussetzung ist. Selbst wenn *alle* Anteile übertragen werden und damit zum Zeitpunkt der Eintragung wieder ein Alleingesellschafter vorhanden ist, wäre dies nicht jener, mit dem der Verschmelzungsvertrag geschlossen wurde und auf den daher auf Grundlage dieses Vertrages das Vermögen übergehen soll. § 120 UmwG verlangt ersichtlich eine Alleingesellschafterstellung gerade jener Person, mit der der Verschmelzungsvertrag geschlossen wurde; auch ein Rechtsübergang in die Rechte aus dem Verschmelzungsvertrag wird nicht in Betracht kommen. Wenn der Erwerber der Anteile einen Vermögensübergang auf sich herbeiführen will, muss er daher von neuem ein Verfahren nach §§ 120ff. UmwG initiieren.

auch unten Rz. 42). Ungeachtet der abweichenden Beteiligung an der Kapitalgesellschaft geht auch in diesem Fall das Vermögen mit dem Wirksamwerden der Verschmelzung zur Gänze auf den vermeintlichen Alleingesellschafter über, so wie es im Verschmelzungsvertrag vorgesehen ist. Die Anteile des Dritten werden vernichtet. Zu Ersatzansprüchen des Dritten s. noch unten Rz. 42.

ee) Nachträglicher Erwerb der Gesellschafterstellung – Kettenverschmelzung

41 Da die Alleingesellschafterstellung erst zum Zeitpunkt der Eintragung vorliegen muss, ist auch der Fall denkbar, dass der Alleingesellschafter bei Abschluss des Verschmelzungsvertrages bzw. bei Fassung des Verschmelzungsbeschlusses noch gar nicht Gesellschafter ist, sondern die Gesellschafterstellung erst durch einen nachfolgenden Vorgang – etwa durch einen weiteren Umwandlungsakt – erlangt wird. Damit ist vor allem auch eine Verbindung mehrerer Verschmelzungsvorgänge (Kettenverschmelzung) möglich: Die Gesellschaft X, bei der A Alleingesellschafter ist, wird zunächst auf ihre Tochtergesellschaft Y verschmolzen, und dann eine logische Sekunde danach die Gesellschaft Y auf ihren nunmehrigen Alleingesellschafter A, oder es wird unmittelbar nach der Verschmelzung der X auf ihren Alleingesellschafter auch die Y (bei der jetzt A ebenfalls Alleingesellschafter ist) auf A verschmolzen[1]. Auch hier steht es nicht entgegen, dass der Verschmelzungsvertrag zwischen A und Y zu einem Zeitpunkt abgeschlossen und der Verschmelzungsbeschluss in der Y zu einem Zeitpunkt gefasst wird, zu dem die Alleingesellschafterstellung des A in dieser Gesellschaft noch nicht besteht; der Verschmelzungsvertrag steht unter der Bedingung des Erwerbs der Alleingesellschafterstellung durch die vorangehende erste Verschmelzung; der Verschmelzungsbeschluss wird noch von X gefasst. Wichtig ist lediglich, dass die Eintragung der beiden Verschmelzungsvorgänge in der richtigen Reihenfolge vorgenommen wird; dies ist in der Registeranmeldung entsprechend klarzustellen.

V. Heilung von Mängeln

42 Nach § 20 Abs. 2 UmwG lassen Mängel der Verschmelzung die Wirkungen einer einmal eingetragenen Verschmelzung unberührt. Daraus ist abzuleiten, dass eine eingetragene Verschmelzung auch dann wirksam ist, wenn die Voraussetzungen des § 120 UmwG nicht erfüllt waren. Insbesondere wird daher auch eine Verschmelzung wirksam, die trotz Vorhandenseins einer Minderheit vorgenommen wurde[2]. In diesem Fall werden die Anteile der Minderheit durch die Verschmelzung endgültig vernichtet[3]; die Anteilsinhaber sind auf Schadensersatzansprüche gegen die Verwaltung der Kapitalgesellschaft (§ 25 UmwG) und gegen den Alleingesellschafter bzw. auf Ansprüche aus ungerechtfertigter Bereicherung verwie-

1 Vgl. dazu *Maier-Reimer/Seulen* in Semler/Stengel, § 120 UmwG Rz. 42; *Simon* in KölnKomm. UmwG, § 120 UmwG Rz. 45.

2 Ebenso *Maier-Reimer/Seulen* in Semler/Stengel, § 122 UmwG Rz. 22; *Simon* in KölnKomm. UmwG, § 120 UmwG Rz. 46.

3 Dasselbe gilt auch bei einem Erwerb der Anteile des Alleingesellschafters nach dem Zustimmungsbeschluss (dazu auch oben Rz. 40 mit Fn. 3 auf S. 1401): Nur der frühere Alleingesellschafter, der Partner des Verschmelzungsvertrages ist, erwirbt das Vermögen. Die Anteile des nunmehrigen Inhabers gehen unter.

sen[1]; auch eine Staatshaftung wegen mangelhafter registergerichtlicher Prüfung kommt in Betracht[2]. Zur rechtswidrigen Nichteintragung beim Alleingesellschafter, obwohl kein Anwendungsfall des § 122 Abs. 2 UmwG vorgelegen hat, s. noch § 122 Rz. 15.

§ 121
Anzuwendende Vorschriften

Auf die Kapitalgesellschaft sind die führt ihre Rechtsform geltenden Vorschriften des Ersten und Zweiten Teils anzuwenden.

I. Überblick

1 Nach § 121 UmwG sind auf die übertragende **Kapitalgesellschaft** die für ihre Rechtsform geltenden Vorschriften des Ersten und Zweiten Teils anzuwenden; dies sind die Allgemeinen Bestimmungen der §§ 2–38 UmwG sowie je nach Rechtsform die §§ 46–59 UmwG (GmbH), die §§ 60–77 UmwG (AG) oder § 78 UmwG i.V.m. §§ 60–77 UmwG (KGaA). Diese Verweisung auf das Verschmelzungsrecht ist nach der grundsätzlichen Konzeption als Verschmelzung an sich selbstverständlich[3]. Insbesondere bedarf es daher so wie sonst auch eines Verschmelzungsvertrages[4]; ansonsten folgen allerdings aus den bereits im allgemeinen Verschmelzungsrecht enthaltenen Ausnahmen einige Erleichterungen (vgl. § 5 Abs. 2, § 8 Abs. 3 Satz 1 2. Fall, § 9 Abs. 2 UmwG; unten Rz. 5, 6 und 7). Überdies erweisen sich einzelne der an sich von der Verweisung erfassten Vorschriften bei der Verschmelzung nach §§ 120ff. UmwG als gegenstandslos (§§ 46, 51, 53 bis 55, 60, 62, 66 bis 69, 71, 72 UmwG sowie die – wegen der Qualifikation der Verschmelzung nach §§ 120ff. UmwG als solche zur Aufnahme[5] nicht einschlägigen – jeweiligen Vorschriften über die Verschmelzung zur Neugründung, also §§ 56 bis 59 UmwG und §§ 73 bis 77 UmwG)[6]. Nicht anwendbar ist daher insbesondere

1 *Maier-Reimer/Seulen* in Semler/Stengel, § 122 UmwG Rz. 22; *Simon* in KölnKomm. UmwG, § 120 UmwG Rz. 46.
2 Ebenso *Simon* in KölnKomm. UmwG, § 120 UmwG Rz. 46.
3 Ebenso *Maier-Reimer/Seulen* in Semler/Stengel, § 121 UmwG Rz. 1; *Simon* in Köln-Komm. UmwG, § 121 UmwG Rz. 1.
4 Vgl. BegrRegE bei *Ganske,* S. 147.
5 S. dazu auch *Maier-Reimer/Seulen* in Semler/Stengel, § 121 UmwG Rz. 1; *Simon* in KölnKomm. UmwG, § 121 UmwG Rz. 2.
6 Vgl. auch *Maier-Reimer/Seulen* in Semler/Stengel, § 121 UmwG Rz. 2; *Stratz* in Schmitt/Hörtnagl/Stratz, § 121 UmwG Rz. 3; *Simon* in KölnKomm. UmwG, § 121 UmwG Rz. 5ff.

auch § 76 Abs. 1 UmwG, der für übertragende Aktiengesellschaften – aber eben nur bei der Verschmelzung zur Neugründung – eine mindestens zweijährige Bestandsdauer vorschreibt.

2 Für das Verschmelzungsverfahren beim **Alleingesellschafter** enthält § 121 UmwG keine Regelungen; auch § 122 UmwG behandelt nur die Sonderprobleme der erstmaligen Registereintragung bzw. des Verfahrens bei Nichtregistrierung des Alleingesellschafters und der Firmenbildung. Weitere rechtsformspezifische Regelungen sind nicht erforderlich, weil der Alleingesellschafter genügend geschäftliche Erfahrung haben sollte und sich daher besondere Schutzvorschriften erübrigen[1]. Aus § 121 UmwG ist allerdings nicht der Gegenschluss zu ziehen, dass das Verschmelzungsrecht auf den Alleingesellschafter überhaupt keine Anwendung findet[2]: Für ihn sind zwar die übrigen Bestimmungen des Zweiten Teils nicht anzuwenden, weil es keine einschlägigen rechtsformspezifischen Regelungen gibt. Sehr wohl ist aber das allgemeine Verschmelzungsrecht des Ersten Teils anzuwenden, soweit es auf natürliche Personen passt; das zeigt sich schon daran, dass auch nach der Vorstellung der Gesetzesverfasser[3] ein Verschmelzungsvertrag erforderlich ist, an dessen Abschluss der Alleingesellschafter mitwirken muss. Die Anwendung des allgemeinen Verschmelzungsrechts ist insbesondere für das Registerverfahren bedeutsam, das allerdings – je nachdem, ob eine Registrierung des Alleingesellschafters erfolgt – besondere Schwierigkeiten aufwirft (§ 122 Rz. 4–9, 13, 15).

II. Verfahren

1. Verschmelzungsvertrag

3 Zwischen der Gesellschaft und dem Alleingesellschafter[4] ist zunächst ein Verschmelzungsvertrag abzuschließen (§ 4 UmwG)[5]; dieser ist notariell zu beurkunden (§ 6 UmwG). Es genügt allerdings, wenn bis zum Zustimmungsbeschluss nur ein schriftlicher Entwurf vorliegt (§ 4 Abs. 2 UmwG). Bei einer AG oder KGaA muss der Verschmelzungsvertrag oder der entsprechende Entwurf vor der Einberufung der Hauptversammlung, die über die Zustimmung beschließen soll, zum Register eingereicht werden; die Einreichung ist vom Gericht bekannt zu machen (§§ 61, 78 UmwG). S. dazu aber auch noch unten Rz. 10.

4 Da der Alleingesellschafter oft Geschäftsführer oder Vorstand sein wird (bei der KGaA ist er als Komplementär sogar zwingend vertretungsbefugt), können beim Abschluss des Verschmelzungsvertrages die Probleme des **Insichgeschäfts** (§ 181 BGB) auftreten; diese sind nach allgemeinen gesellschaftsrechtlichen Grund-

1 Vgl. BegrRegE bei *Ganske*, S. 147.
2 Ebenso *Simon* in KölnKomm. UmwG, § 120 UmwG Rz. 3.
3 Vgl. BegrRegE bei *Ganske*, S. 147.
4 D.h., mit demjenigen, der unmittelbar vor dem Wirksamwerden der Verschmelzung Alleingesellschafter ist (vgl. *Maier-Reimer/Seulen* in Semler/Stengel, § 121 UmwG Rz. 3 Fn. 3). Zum nachträglichen Anteilserwerb durch den Alleingesellschafter und zur Kettenverschmelzung s. bereits § 120 Rz. 4, 37, 41.
5 Klarstellend BegrRegE bei *Ganske*, S. 147. Ebenso *Maier-Reimer/Seulen* in Semler/Stengel, § 121 UmwG Rz. 3; *Zimmermann* in Kallmeyer, § 121 UmwG Rz. 2; *Stratz* in Schmitt/Hörtnagl/Stratz, § 121 UmwG Rz. 1; *Heckschen* in Widmann/Mayer, § 121 UmwG Rz. 2.4, 6ff.; *Simon* in KölnKomm. UmwG, § 121 UmwG Rz. 8.

sätzen zu lösen[1]: Bei der AG oder KGaA ist stets eine Vertretung durch den Aufsichtsrat geboten (§§ 112, 278 Abs. 3 AktG)[2]. Bei der GmbH kommt eine Vertretung durch andere Geschäftsführer in Betracht, soweit solche in vertretungsberechtigter Zahl vorhanden sind[3]. Andernfalls bedarf es einer satzungsmäßigen Gestattung des Selbstkontrahierens, die der Alleingesellschafter noch jetzt herbeiführen kann[4]. Besteht in der GmbH ein Aufsichtsrat, hat dieser die alleinige Vertretungskompetenz, soweit nicht in der Satzung etwas anderes bestimmt ist (§ 52 Abs. 1 GmbHG i.V.m. § 112 AktG)[5]; im Rahmen der Mitbestimmung wird eine abweichende Satzungsregelung nicht zulässig sein[6].

Der notwendige **Inhalt** des Verschmelzungsvertrages richtet sich nach § 5 5
UmwG. Gem. § 5 Abs. 2 UmwG entfallen die den Anteilstausch betreffenden Angaben nach § 5 Abs. 1 Nr. 2–5 UmwG[7]. Der Verschmelzungsvertrag hat also zu enthalten: Den Namen oder die Firma und den Sitz der Kapitalgesellschaft und des Alleingesellschafters (§ 5 Abs. 1 Nr. 1 UmwG); die Vereinbarung über die Übertragung des Vermögens der Kapitalgesellschaft als Ganzes auf den Alleingesellschafter (§ 5 Abs. 1 Nr. 2 UmwG); den Verschmelzungsstichtag (§ 5 Abs. 1 Nr. 6 UmwG); Angaben über den Schutz der Inhaber von Sonderrechten (§ 5 Abs. 1 Nr. 7 UmwG); Angaben über Sondervorteile (§ 5 Abs. 1 Nr. 8 UmwG); Angaben über die Folgen für Arbeitnehmer und ihre Vertretungen sowie die insoweit vorgesehenen Maßnahmen (§ 5 Abs. 1 Nr. 9 UmwG). Fakultativ kann der Verschmelzungsvertrag noch weitere Regelungen beinhalten, so etwa darüber, ob das von der Kapitalgesellschaft übergehende Vermögen mit einem bisherigen Unternehmen des Alleingesellschafters zusammengeführt oder von diesem getrennt gehalten werden soll, sowie über die künftige Firmenführung[8]. Da eine Regelung über die künftige Firmenführung keinen notwendigen Inhalt des Verschmelzungsvertrages darstellt, führt eine Unzulässigkeit der getroffenen Regelung (Wahl einer nicht zulässigen Firma) nicht zur Unwirksamkeit des gesamten Verschmelzungsvertrages. Die endgültige Festlegung der Firma erfolgt erst – ohne Bindung an den Inhalt des Verschmelzungsvertrages – in der Registeranmeldung (§ 122 Rz. 22).

---

1 So auch *Stratz* in Schmitt/Hörtnagl/Stratz, § 121 UmwG Rz. 2; *Maier-Reimer/Seulen* in Semler/Stengel, § 121 UmwG Rz. 3; *Zimmermann* in Kallmeyer, § 121 UmwG Rz. 2; *Heckschen* in Widmann/Mayer, § 121 UmwG Rz. 7.1; *Simon* in KölnKomm. UmwG, § 121 UmwG Rz. 11.

2 Zur KGaA vgl. *Perlitt* in MünchKomm. AktG, § 278 AktG Rz. 260 und § 287 AktG Rz. 65 ff.

3 Vgl. *Zöllner/Noack* in Baumbach/Hueck, § 35 GmbHG Rz. 136.

4 S. dazu etwa *Zöllner/Noack* in Baumbach/Hueck, § 35 GmbHG Rz. 132 ff., 140; *Kleindiek* in Lutter/Hommelhoff, § 35 GmbHG Rz. 52.

5 Vgl. dazu *Zöllner/Noack* in Baumbach/Hueck, § 52 GmbHG Rz. 116; *Lutter* in Lutter/Hommelhoff, § 52 GmbHG Rz. 77.

6 Vgl. *Maier-Reimer/Seulen* in Semler/Stengel, § 121 UmwG Rz. 3; *Simon* in KölnKomm. UmwG, § 121 UmwG Rz. 9; *Lutter* in Lutter/Hommelhoff, § 52 GmbHG Rz. 48.

7 *Maier-Reimer/Seulen* in Semler/Stengel, § 121 UmwG Rz. 4; *Stratz* in Schmitt/Hörtnagl/Stratz, § 121 UmwG Rz. 1; *Simon* in KölnKomm. UmwG, § 121 UmwG Rz. 10; *Zimmermann* in Kallmeyer, § 121 UmwG Rz. 2; *Heckschen* in Widmann/Mayer, § 121 UmwG Rz. 9.

8 Vgl. dazu *Maier-Reimer/Seulen* in Semler/Stengel, § 121 UmwG Rz. 4.

2. Kein Verschmelzungsbericht

6 Ein Verschmelzungsbericht ist **nicht erforderlich**, weil sich alle Anteile der Kapitalgesellschaft in der Hand des übernehmenden Alleingesellschafters befinden (§ 8 Abs. 3 Satz 1 2. Fall UmwG)[1]; in entsprechender Anwendung des § 120 Abs. 2 UmwG muss dies auch dann gelten, wenn die Kapitalgesellschaft daneben eigene Anteile hält. Eines besonderen Verzichts auf die Berichterstattung nach § 8 Abs. 3 Satz 1 1. Fall UmwG bedarf es daher nicht[2].

3. Keine Verschmelzungsprüfung

7 Eine Verschmelzungsprüfung ist ebenfalls **nicht erforderlich** (§ 9 Abs. 2 UmwG; dasselbe würde sich aus § 9 Abs. 3 UmwG i.V.m. § 8 Abs. 3 Satz 1 2. Fall UmwG ergeben)[3]. Auch insoweit ist daher ein besonderer Verzicht auf die Prüfung (§ 9 Abs. 3 UmwG i.V.m. § 8 Abs. 3 Satz 1 1. Fall UmwG) oder gar nur auf die Erstattung eines schriftlichen Prüfberichts (§ 12 Abs. 3 UmwG i.V.m. § 8 Abs. 3 Satz 1 1. Fall UmwG) nicht erforderlich[4].

4. Information des Betriebsrates

8 Der Verschmelzungsvertrag bzw. der entsprechende Entwurf ist spätestens einen Monat vor der Haupt- oder Gesellschafterversammlung, die über die Zustimmung zum Verschmelzungsvertrag zu beschließen hat, dem zuständigen Betriebsrat der Kapitalgesellschaft zu übermitteln (§ 5 Abs. 3 UmwG). Dasselbe gilt für den Alleingesellschafter selbst, wenn dieser bereits bisher ein Unternehmen betreibt, in dem ein Betriebsrat besteht[5]. Dies gilt allerdings nur dann, wenn das von der Kapitalgesellschaft übergehende Unternehmen mit dem bisherigen Unternehmen des Alleingesellschafters verbunden werden soll, weil bei getrennter Führung des durch die Verschmelzung erworbenen Unternehmens für die Maßnahme keine Zuständigkeit des beim Alleingesellschafter eingerichteten Betriebsrates besteht[6]. Da beim Alleingesellschafter kein Zustimmungsbeschluss erfolgt, geht der in § 5 Abs. 3 UmwG vorgesehene Anknüpfungspunkt für die Frist ins Leere. Es wird da-

---

1 Vgl. *Zimmermann* in Kallmeyer, § 121 UmwG Rz. 4; *Stratz* in Schmitt/Hörtnagl/Stratz, § 121 UmwG Rz. 1; *Maier-Reimer/Seulen* in Semler/Stengel, § 121 UmwG Rz. 5; *Heckschen* in Widmann/Mayer, § 121 UmwG Rz. 3; *Simon* in KölnKomm. UmwG, § 121 UmwG Rz. 12.

2 *Zimmermann* in Kallmeyer, § 121 UmwG Rz. 4; *Maier-Reimer/Seulen* in Semler/Stengel, § 121 UmwG Rz. 5; *Simon* in KölnKomm. UmwG, § 121 UmwG Rz. 12. Unrichtig *Picot/Müller-Eising* in Picot, Rz. 325 und *Ott*, INF 1995, 301.

3 Vgl. *Zimmermann* in Kallmeyer, § 121 UmwG Rz. 4; *Stratz* in Schmitt/Hörtnagl/Stratz, § 121 UmwG Rz. 1; *Maier-Reimer/Seulen* in Semler/Stengel, § 121 UmwG Rz. 5; *Heckschen* in Widmann/Mayer, § 121 UmwG Rz. 3; *Simon* in KölnKomm. UmwG, § 121 UmwG Rz. 12.

4 Ebenso *Zimmermann* in Kallmeyer, § 121 UmwG Rz. 4; *Maier-Reimer/Seulen* in Semler/Stengel, § 121 UmwG Rz. 5; *Simon* in KölnKomm. UmwG, § 121 UmwG Rz. 12. Unrichtig wiederum *Picot/Müller-Eising* in Picot, Rz. 325.

5 Ebenso *Maier-Reimer/Seulen* in Semler/Stengel, § 121 UmwG Rz. 6; *Zimmermann* in Kallmeyer, § 121 UmwG Rz. 3; *Heckschen* in Widmann/Mayer, § 121 UmwG Rz. 17.1; *Simon* in KölnKomm. UmwG, § 121 UmwG Rz. 14.

6 Zutreffend *Maier-Reimer/Seulen* in Semler/Stengel, § 121 UmwG Rz. 6; *Simon* in KölnKomm. UmwG, § 121 UmwG Rz. 14.

her für die Frist zur Übermittlung auf den Zustimmungsbeschluss in der Kapitalgesellschaft abzustellen sein[1]; da der Alleingesellschafter auch die Willensbildung in der Kapitalgesellschaft bestimmt, ist dies auch mit dem Zweck der Unterrichtungspflicht kompatibel (zum vergleichbaren Problem für die Ausgliederung nach §§ 152 ff. UmwG vgl. auch § 153 Rz. 5). Nach h.A. kann der Betriebsrat zwar nicht gänzlich auf die Information verzichten, sehr wohl aber auf die Einhaltung der gesetzlichen Frist (s. auch § 5 Rz. 148)[2].

5. Zustimmungsbeschluss

9 Nach § 121 UmwG i.V.m. § 13 UmwG ist bei der übertragenden **Kapitalgesellschaft** ein Zustimmungsbeschluss zum Verschmelzungsvertrag erforderlich[3]. In dem Regelfall, dass dem Alleingesellschafter auch alle Stimmrechte zustehen, fasst dieser den Beschluss in einer allein von ihm besuchten Versammlung (vgl. § 13 Abs. 1 Satz 2 UmwG). Insofern ist der Alleingesellschafter stimmberechtigt, obwohl der Verschmelzungsvertrag zwischen ihm und der Gesellschaft abzuschließen ist, und zwar schon deshalb, weil bei der Einpersonengesellschaft Stimmverbote nicht eingreifen[4]. Eigene Anteile der Kapitalgesellschaft sind nicht stimmberechtigt[5]. In besonderen Fällen kann allerdings das Stimmrecht dritten Personen zustehen (Treuhandschaft, Nießbrauch, s. § 120 Rz. 32 f.; noch bestehende Minderheitsbeteiligung, s. § 120 Rz. 37); diese können dann an dem Verschmelzungsbeschluss mitwirken; es genügt die Mehrheit nach §§ 50, 65, 78 UmwG (Dreiviertel-Mehrheit, wenn der Gesellschaftsvertrag bzw. die Satzung keine erhöhten Erfordernisse vorsehen). Wenn es zum Zeitpunkt der Beschlussfassung noch andere Gesellschafter[6] gibt, könnte dann auch die Frage der Stimmberechtigung des Alleingesellschafters anders beurteilt werden, je nach der Haltung zu der Frage, ob für Verschmelzungsbeschlüsse, bei denen der Gesellschafter der Verschmelzungspartner ist, ein Stimmverbot anzunehmen ist; richtigerweise wird das aber zu verneinen sein; vgl. dazu (ebenfalls gegen ein Stimmverbot) § 13 Rz. 26. Der Beschluss bedarf der notariellen Beurkundung (§ 13 Abs. 3 Satz 1 UmwG). Bei der KGaA ist nach § 78 Satz 3 UmwG auch eine gesonderte Zustimmungserklärung des Alleingesellschafters in seiner Rolle als Komplementär erfor-

1 Ebenso *Maier-Reimer/Seulen* in Semler/Stengel, § 121 UmwG Rz. 6; *Simon* in KölnKomm. UmwG, § 121 UmwG Rz. 14.
2 Auch für einen gänzlichen Verzicht auf die Information hingegen *Heckschen* in Widmann/Mayer, § 121 UmwG Rz. 17, wo dies als „inzwischen wohl überwiegende Ansicht in der Literatur" bezeichnet wird.
3 Ebenso *Zimmermann* in Kallmeyer, § 121 UmwG Rz. 3; *Maier-Reimer/Seulen* in Semler/Stengel, § 121 UmwG Rz. 9; *Simon* in KölnKomm. UmwG, § 121 UmwG Rz. 15; *Schnorbus* in Rowedder/Schmidt-Leithoff, Anh. § 77 GmbHG Rz. 311; *Heckschen* in Widmann/Mayer, § 121 UmwG Rz. 21 (mit rechtspolitischer Kritik).
4 Ebenso *Maier-Reimer/Seulen* in Semler/Stengel, § 121 UmwG Rz. 9; *Heckschen* in Widmann/Mayer, § 121 UmwG Rz. 36.1; *Simon* in KölnKomm. UmwG, § 121 UmwG Rz. 17.
5 Vgl. auch *Maier-Reimer/Seulen* in Semler/Stengel, § 121 UmwG Rz. 9; *Simon* in KölnKomm. UmwG, § 121 UmwG Rz. 17.
6 Bei Personen, die bloß ihr Stimmrecht aus dem Anteil des Alleingesellschafters ableiten, handelt es sich hingegen noch immer um eine Einpersonengesellschaft.

derlich[1], die ebenfalls der notariellen Beurkundung bedarf (§ 13 Abs. 3 Satz 1 UmwG); zweckmäßigerweise sollte auch diese Erklärung in der Versammlung erfolgen und gemeinsam mit dem Zustimmungsbeschluss beurkundet werden. Der Zustimmungsbeschluss muss sich nicht auf die Frage der Firmenfortführung durch den Alleingesellschafter erstrecken; selbst wenn auch darüber Beschluss gefasst wird, berührt eine Nichtigkeit dieses Beschlussteils nicht die Wirksamkeit des Zustimmungsbeschlusses[2]. Genau so wenig führt ein diesbezüglicher Mangel des Verschmelzungsvertrages – bei einer Regelung über die Führung einer unzulässigen Firma – zu einer (gänzlichen) Unwirksamkeit des Vertrages (oben Rz. 5). Die endgültige Festlegung der Firma erfolgt vielmehr erst – ohne Bindung an den Inhalt des Verschmelzungsvertrages oder des Verschmelzungsbeschlusses – in der Registeranmeldung (§ 122 Rz. 22).

10 Für die **Einberufung** der Haupt- oder Gesellschafterversammlung sind §§ 47, 49 bzw. §§ 63, 78 anwendbar[3]. Gem. § 121 Abs. 6 AktG bzw. § 51 Abs. 3 GmbHG kann auf eine förmliche Einberufung der Versammlung verzichtet werden[4], wenn eine – vom Alleingesellschafter und u.U. auch von sonstigen Stimmberechtigten (§ 120 Rz. 32f.) bzw. allenfalls noch vorhandenen Minderheitsgesellschaftern (§ 120 Rz. 37) besuchte – Vollversammlung zustandekommt. Ungeachtet dessen muss allerdings – außer bei einem Einverständnis des Betriebsrates zu einer Fristverkürzung – die Monatsfrist des § 5 Abs. 3 UmwG für die Information des Betriebsrates (oben Rz. 8) gewahrt werden; bei einer AG oder KGaA muss außerdem der Verschmelzungsvertrag noch vor der Einberufung der Versammlung zum Register eingereicht werden (entsprechende Anwendung der §§ 61, 78 UmwG). Da der Zweck der Einreichung des Verschmelzungsvertrages in der Information der Anteilsinhaber besteht, dies aber beim Alleingesellschafter keine Rolle spielen kann, da dieser ohnedies über den Vertrag informiert sein wird, stellt sich die Frage, ob das Einreichungserfordernis nicht im Wege einer teleologischen Reduktion entfallen kann[5]; zumindest muss aber bei einem Verzicht auf eine förmliche Einberufung der Versammlung – die ungeachtet des Einreichungserfordernisses je-

---

1 Vgl. *Maier-Reimer/Seulen* in Semler/Stengel, § 121 UmwG Rz. 9; *Heckschen* in Widmann/Mayer, § 121 UmwG Rz. 35.3; *Simon* in KölnKomm. UmwG, § 121 UmwG Rz. 17, 21.

2 OLG Düsseldorf v. 24.4.1985 – 3 W 104/85, GmbHR 1986, 190; *Heckschen* in Widmann/Mayer, § 122 UmwG Rz. 9.

3 Vgl. *Maier-Reimer/Seulen* in Semler/Stengel, § 121 UmwG Rz. 7; *Simon* in KölnKomm. UmwG, § 121 UmwG Rz. 16. Gegen eine Anwendung der §§ 47 und 63 UmwG hingegen *Zimmermann* in Kallmeyer, § 121 UmwG Rz. 3; s. auch *Schwedhelm*, Rz. 53.

4 Da sich alle Anteile in der Hand eines Gesellschafters befinden müssen, sind die Voraussetzungen für einen solchen Verzicht i.d.R. gegeben (vgl. *Maier-Reimer/Seulen* in Semler/Stengel, § 121 UmwG Rz. 7; *Simon* in KölnKomm. UmwG, § 121 UmwG Rz. 16).

5 So *Bärwaldt/Schabacker*, NJW 1997, 94; *Zimmermann* in Kallmeyer, § 121 UmwG Rz. 3; *Schwedhelm*, Rz. 53; *Simon* in KölnKomm. UmwG, § 121 UmwG Rz. 11. Dagegen aber *Maier-Reimer/Seulen* in Semler/Stengel, § 121 UmwG Rz. 8, wonach das Einreichungserfordernis unverzichtbar sei; ebenso wohl auch *Heckschen* in Widmann/Mayer, § 121 UmwG Rz. 4, 16, der aber in der Nichteinreichung keinen Grund zur Ablehnung der Eintragung sieht. – Ein Entfall des Einreichungserfordernisses kommt natürlich dann nicht in Betracht, wenn es ausnahmsweise zu diesem Zeitpunkt neben dem Alleingesellschafter noch andere Gesellschafter gibt (s. dazu oben Rz. 9). Das Vorhandensein von Personen, die ihr Stimmrecht vom Alleingesellschafter ableiten, begründet hingegen noch keinen unbedingten Bedarf für eine Einreichung.

denfalls zulässig bleibt[1] – eine Einreichung unmittelbar vor der Versammlung genügen[2], so dass auch auf diesem Weg eine Einhaltung der Ein-Monats-Frist vermieden werden kann. Diese Fragen sollten freilich vorweg mit dem zuständigen Registergericht abgeklärt werden, um unliebsame Überraschungen im Eintragungsverfahren zu vermeiden. Mit dem Verzicht auf die förmliche Einberufung wird aber jedenfalls wegen der Frist für die Unterrichtung des Betriebsrates zumeist kein großer Zeitgewinn verbunden sein, außer es wird auch mit diesem eine Verkürzung der Frist vereinbart (oben Rz. 8).

Beim **Alleingesellschafter** selbst entfällt ein Zustimmungsbeschluss in Ermangelung von Anteilsinhabern[3]. Ist der Alleingesellschafter **minderjährig** oder **unter Betreuung**, ist allerdings zur Fassung des Verschmelzungsbeschlusses sowie zum Abschluss des Verschmelzungsvertrages neben dem Handeln des gesetzlichen Vertreters die Genehmigung durch das Familiengericht erforderlich[4]. Eine Zustimmung des **Ehegatten** bei einer Zugewinngemeinschaft ist hingegen auch dann nicht erforderlich, wenn der Anteil das gesamte Vermögen des Alleingesellschafters ausmacht[5]. Zu **stillen Gesellschaftern, Pfandgläubigern, Nießbrauchern, Treugebern und Unterbeteiligten** s. bereits § 120 Rz. 19, 32f.: Wenn diesen nicht ausnahmsweise das Stimmrecht aus den Anteilen zusteht, können sie die Verschmelzung nicht verhindern; eine Verletzung von Pflichten im Innenverhältnis hat keine Auswirkungen auf das Wirksamwerden der Verschmelzung. 11

6. Registerverfahren

Zur Anmeldung der Verschmelzung, zum Registerverfahren und zur Eintragung s. § 122 Rz. 4–16. Die Verschmelzung wird grundsätzlich mit der Eintragung bei dem Alleingesellschafter wirksam; wenn eine solche Eintragung mangels Registrierung des Alleingesellschafters nicht möglich ist, entscheidet die Eintragung bei der übertragenden Kapitalgesellschaft (§ 122 Rz. 15). 12

---

1 Ebenso *Maier-Reimer/Seulen* in Semler/Stengel, § 121 UmwG Rz. 8; *Heckschen* in Widmann/Mayer, § 121 UmwG Rz. 16, 19f.

2 Ebenso *Maier-Reimer/Seulen* in Semler/Stengel, § 121 UmwG Rz. 8; *Heckschen* in Widmann/Mayer, § 121 UmwG Rz. 16.

3 So zutreffend LG Dresden v. 14.11.1996 – 45 T 60/95, DB 1997, 88 gg. AG Dresden. Zustimmend *Stratz* in Schmitt/Hörtnagl/Stratz, § 121 UmwG Rz. 1; *Heckschen* in Widmann/Mayer, § 121 UmwG Rz. 18; *Maier-Reimer/Seulen* in Semler/Stengel, § 121 UmwG Rz. 10; *Simon* in KölnKomm. UmwG, § 121 UmwG Rz. 15; *Schnorbus* in Rowedder/Schmidt-Leithoff, Anh. § 77 GmbHG Rz. 311. Anders AG Dresden v. 24.6. 1996 – HRB 4299, DB 1996, 1814 = GmbHR 1997, 33. Entgegen der Auffassung des AG Dresden ergibt sich die Zustimmung des Alleingesellschafters bereits aus dem Abschluss des Verschmelzungsvertrages. Einen zusätzlichen „Zustimmungsbeschluss" (gemeint wohl: eine entsprechende Erklärung) zu verlangen stellt nicht die Symmetrie zur Kapitalgesellschaft her (nur dort gibt es eben Anteilseigner), sondern ist schlicht und einfach sinnlos.

4 Vgl. *Maier-Reimer/Seulen* in Semler/Stengel, § 120 UmwG Rz. 23 und § 121 UmwG Rz. 11; *Heckschen* in Widmann/Mayer, § 120 UmwG Rz. 17, 17.1 und § 121 UmwG Rz. 25; a.A. *Stratz* in Schmitt/Hörtnagl/Stratz, § 3 UmwG Rz. 44f., § 120 UmwG Rz. 5.

5 Vgl. *Maier-Reimer/Seulen* in Semler/Stengel, § 121 UmwG Rz. 12; *Stratz* in Schmitt/Hörtnagl/Stratz, § 121 UmwG Rz. 2; *Heckschen* in Widmann/Mayer, § 121 UmwG Rz. 29; *Simon* in KölnKomm. UmwG, § 121 UmwG Rz. 19. A.A. *Zimmermann* in Kallmeyer, § 13 UmwG Rz. 33.

III. Wirkungen der Verschmelzung

13 Zu den Wirkungen der Verschmelzung s. § 122 Rz. 16.

IV. Verfahren bei grenzüberschreitenden Sachverhalten

14 Bei der nach der hier vertretenen Auffassung (§ 120 Rz. 8, 20, 26) jedenfalls innerhalb des EU- und EWR-Raums zuzulassenden Anwendung der §§ 120ff. UmwG auf grenzüberschreitende Sachverhalte – Verschmelzung einer deutschen Kapitalgesellschaft auf einen ausländischen Alleingesellschafter („Hinausverschmelzung") bzw. Verschmelzung einer ausländischen Kapitalgesellschaft auf einen deutschen Alleingesellschafter („Hereinverschmelzung") – hat es, vergleichbar dem Regelungskonzept der Richtlinie 2005/56/EG, zu einer **Kombination der Verfahrensvorschriften** der beiden beteiligten Rechtsordnungen zu kommen[1]. Daraus ergeben sich folgende Konsequenzen:

15 Bei der **„Hinausverschmelzung"** einer deutschen Kapitalgesellschaft auf einen ausländischen Alleingesellschafter gelten für die Kapitalgesellschaft die Vorschriften des UmwG; für den Alleingesellschafter sind die für ihn geltenden ausländischen Vorschriften maßgeblich; hinsichtlich der Verschmelzungswirkungen ist durch Kombination der beiden Rechtsordnungen eine sinnvolle Lösung anzustreben. Zu beachten ist allerdings, dass weder eine ausländische Staatsangehörigkeit noch ein ausländischer Wohnsitz des Alleingesellschafters einem ausreichenden Inlandsbezug auf Seiten des Alleingesellschafters entgegenstehen, sondern es höchstens darauf ankommen kann, wo der Alleingesellschafter den Schwerpunkt seiner unternehmerischen Tätigkeit festlegt bzw. wo er ggf. registriert ist oder wird; darüber hinaus erscheint es sogar überhaupt fraglich, ob das auf Gesellschaften und sonstige juristische Personen zugeschnittene „Sitz"kriterium überhaupt auf die natürliche Person übertragen werden kann (s. dazu bereits § 120 Rz. 25). Ist nach dem Vorhergesagten auch für den Alleingesellschaft eine Anknüpfung an Deutschland möglich, stellen sich die zuvor erörterten Fragen einer „grenzüberschreitenden" Verschmelzung gar nicht. In den verbleibenden „echten" Auslandsfällen bietet sich jedenfalls dann, wenn eine Eintragung in dem ausländischen Register nicht „in Betracht kommt" (also nicht vorgesehen oder, in Ausübung eines nach dem anwendbaren Recht bestehenden Wahlrechts, nicht gewünscht ist), eine Anwendung des § 122 Abs. 2 UmwG an: Die Verschmelzung wird dann mit der Eintragung bei der deutschen übertragenden Kapitalgesellschaft wirksam[2]. Handelt es sich bei dem übertragenen Unternehmen um ein solches mit Bezug zu Deutschland, kommt aber auch eine Neueintragung des Alleingesellschafters im deutschen Register (als selbständiges deutsches Unternehmen oder als Zweigniederlassung eines ausländischen Unternehmens) in Betracht; auch dann liegt ein

---

1 Von diesem Konzept einer „sukzessiven Anwendung" geht auch der EuGH im Urteil VALE aus, EuGH v. 12.7.2012 – Rs. C-378/10, ZIP 2012, 1394 (Rz. 44).

2 Vgl. auch *Heckschen* in Widmann/Mayer, § 122 UmwG Rz. 4.1.3; nach *Heckschen* soll es sogar stets auf die Eintragung bei der Kapitalgesellschaft ankommen, unabhängig davon, ob eine Eintragung beim Alleingesellschafter möglich ist. Das wäre zwar rechtspolitisch ganz generell als vernünftigste Lösung anzusehen (§ 122 Rz. 15). De lege lata besteht aber eine Bindung an das vom Gesetzgeber vorgesehene Konzept, das daher auch bei der grenzüberschreitenden Verschmelzung verwirklicht werden sollte.

reiner Inlandssachverhalt vor[1]. Mit dieser Eintragung im deutschen Register würde dann auch der Eintritt der Verschmelzungswirkungen herbeigeführt werden. Das MgVG wird auf diesen Vorgang keine Anwendung finden, weil es eine aus der Verschmelzung hervorgehende „Gesellschaft" voraussetzt (s. § 2 Abs. 2, § 3 MgVG); eine analoge Anwendung auf eine natürliche Person als Zielrechtsträger kommt m.E. nicht in Betracht.

Für die **„Hereinverschmelzung"** einer ausländischen Kapitalgesellschaft auf einen deutschen Alleingesellschafter gilt vice versa Entsprechendes wie für die „Hinausverschmelzung". Die Zulassung eines Vermögensübergangs im Wege der Gesamtrechtsnachfolge hängt primär davon ab, dass die betreffende ausländische Rechtsordnung für eine ihrem Recht unterliegende Kapitalgesellschaft einen derartigen Vorgang (mit der Wirkung einer Gesamtrechtsnachfolge) überhaupt vorsieht. Ist dies nicht der Fall, scheidet eine Verschmelzung jedenfalls aus. Aber auch bei grundsätzlicher Zulassung einer vergleichbaren Vermögensübertragung im Wege der Gesamtrechtsnachfolge kann sich das Problem einer abweichenden Konstruktion und unterschiedlicher Verfahrensabläufe stellen; dann muss versucht werden, die Divergenzen im Wege einer kollisionsrechtlichen Hamonisierung zu lösen. So sind etwa die Unterschiede im Verhältnis zu Österreich, obwohl dort noch das Konzept der „übertragenden Umwandlung" verfolgt wird, nicht mehr allzu groß, insbesondere verlangt auch § 2 Abs. 3 Nr. 2 österr. UmwG einen – sachlich dem Verschmelzungsvertrag entsprechenden – „Umwandlungsvertrag" zwischen der Kapitalgesellschaft und dem das Vermögen übernehmenden Gesellschafter. Ein Unterschied besteht aber darin, dass für den Eintritt der „Umwandlungs"wirkung jedenfalls stets nur die Eintragung im Register (Firmenbuch) der übertragenden Kapitalgesellschaft maßgeblich ist; eine Eintragung beim (Haupt- oder) Alleingesellschafter ist überhaupt nicht vorgesehen[2]. Dieses Problem sollte sich aber durch eine kollisionsrechtliche Harmonisierung lösen lassen, vorzugsweise nach dem bereits in § 122 Abs. 2 UmwG als Ausnahmefall vorgesehenen Konzept der Maßgeblichkeit der Eintragung bei der übertragenden Kapitalgesellschaft. Auch der Umstand, dass das österr. UmwG – anders als §§ 120ff. UmwG – noch immer die Mehrheitsumwandlung zulässt, kann kein Problem darstellen, weil dies eine ausschließlich von der Rechtsordnung des übertragenden Rechtsträgers zu lösende Materie ist. 16

Bei **im Ausland belegenem Vermögen** kann sich bei einer Anknüpfung an das Belegenheitsstatut (lex rei sitae) unabhängig von der Wirksamkeit der Verschmelzung als solcher – selbst wenn diese allein nach deutschem Recht erfolgt, weil sowohl die Kapitalgesellschaft als auch der Alleingesellschafter ihren Sitz in Deutschland haben – überdies das Problem stellen, ob das Recht des Belegenheitsstaates (der auch ein dritter Staat sein kann) die Verschmelzung als ausreichenden Titel für den Vermögensübergang akzeptiert. In einschlägigen Fällen wäre daher dieser Frage besonderes Augenmerk zu schenken. 17

1 Vgl. dazu *Maier-Reimer/Seulen* in Semler/Stengel, § 122 UmwG Rz. 11.

2 Aus Sicht des österr. OGH (öOGH v. 20.3.2003 – 6 Ob 283/02i, GesRZ 2003, 161 = ZIP 2003, 1086) handelt es sich daher sogar um einen allein die österreichische Rechtsordnung berührenden Vorgang, s. § 120 Rz. 20.

§ 122
Eintragung in das Handelsregister

(1) Ein noch nicht in das Handelsregister eingetragener Alleingesellschafter oder Alleinaktionär ist nach den Vorschriften des Handelsgesetzbuchs in das Handelsregister einzutragen; § 18 Abs. 1 bleibt unberührt.

(2) Kommt eine Eintragung nicht in Betracht, treten die in § 20 genannten Wirkungen durch die Eintragung der Verschmelzung in das Register des Sitzes der übertragenden Kapitalgesellschaft ein.

Literatur

Behrend, Die Firma bei Gesellschaftsumwandlungen, Diss. Würzburg, 1975; *Kögel*, Firmenrechtliche Besonderheiten des neuen Umwandlungsrechts, GmbHR 1996, 168; *Neye*, Die Änderungen im Umwandlungsrecht nach den handels- und gesellschaftsrechtlichen Reformgesetzen in der 13. Legislaturperiode, DB 1998, 1649.

I. Überblick

1 § 122 UmwG befasst sich in Ergänzung zu den allgemeinen Verschmelzungsvorschriften mit einem Teilbereich des Registerverfahrens, nämlich mit der Eintragung des bisher noch nicht registrierten Alleingesellschafters bzw. mit dem Verfahren für den Fall, dass eine Eintragung des Alleingesellschafters nicht erfolgt. Nur die Eintragung beim Alleingesellschafter (als übernehmendem Rechtsträger) und das Wirksamwerden der Verschmelzung bei Nichteintragung des Alleingesellschafters werden geregelt, nicht hingegen die Eintragung bei der übertragenden Gesellschaft; für sie gelten allein die allgemeinen Vorschriften, mit der Maßgabe, dass im Fall des § 122 Abs. 2 UmwG diese Eintragung für das Wirksamwerden der Verschmelzung maßgeblich ist. Gem. **§ 122 Abs. 1 1. Halbsatz UmwG** soll die Eintragung des Alleingesellschafters nach den Vorschriften des HGB erfolgen. Gemäß dem Konzept des § 20 UmwG wird mit der Eintragung der Verschmelzung bei dem (nun erstmals oder bereits zuvor registrierten) Alleingesellschafter auch die Verschmelzung wirksam. **§ 122 Abs. 2 UmwG** gedenkt allerdings auch des Falles, dass bei dem Alleingesellschafter eine Eintragung „nicht in Betracht kommt" (unten Rz. 6–9). Für diesen Fall wird angeordnet, dass

eine Eintragung der Verschmelzung nur bei der Kapitalgesellschaft erfolgt und dass die Verschmelzung – entgegen dem Grundkonzept des § 20 UmwG – bereits mit dieser Eintragung wirksam wird. **§ 122 Abs. 1 2. Halbsatz UmwG** regelt schließlich die Frage der Firmenfortführung durch den Alleingesellschafter und verweist dafür auf § 18 Abs. 1 UmwG. Nach dem Sinnzusammenhang des § 122 Abs. 1 UmwG gilt diese Vorschrift nur für den Fall der erstmaligen Eintragung des Alleingesellschafters. Aber auch bei einem bereits zuvor registrierten Einzelunternehmer ist eine Firmenfortführung möglich.

§ 122 UmwG wurde durch das Handelsrechtsreformgesetz[1] – mit Wirkung ab 1.7. 2
1998 (Art. 29 Abs. 4 HRefG) – neu gefasst: Neu eingeführt wurde § 122 Abs. 2 UmwG, womit die frühere Streitfrage über den Anwendungsbereich der §§ 120ff. UmwG (§ 120 Rz. 29) gelöst und zudem das Verfahren bei Nichteintragung des Alleingesellschafters klargestellt wurde; auch dieses Konzept vermag allerdings nicht restlos zu befriedigen (unten Rz. 15). Überdies wurde in § 122 Abs. 1 UmwG die – früher missverständliche (1. Aufl., § 122 Rz. 1f.) – Verweisung auf § 18 UmwG neu gefasst.

II. Registerverfahren

1. Die erforderlichen Eintragungen

a) Grundsatz der allseitigen Eintragung

Die **Verschmelzung** ist grundsätzlich sowohl zu dem Register **der übertragenden** 3
Kapitalgesellschaft als auch zu jenem **des Alleingesellschafters** anzumelden und einzutragen (§ 16 Abs. 1 Satz 1, § 19 UmwG; vgl. auch § 20 Abs. 1 UmwG, wo die Eintragung bei dem übernehmenden Rechtsträger vorausgesetzt wird)[2]. Darin liegt eine – durch die Konstruktion als Verschmelzung bedingte – Abweichung vom alten Recht, das eine Eintragung des Umwandlungsbeschlusses nur bei der übertragenden Gesellschaft vorgesehen hat (§ 15 Abs. 1 UmwG i.V.m. § 4 UmwG 1969). Obwohl der Gesetzgeber bei §§ 120ff. UmwG offenbar weitgehend an die alte Rechtslage anknüpfen wollte, kommt eine Beibehaltung des alten Rechtszustandes nicht in Betracht: Der Vorgang ist nunmehr als Verschmelzung konzipiert; daraus folgt, dass auch soweit als möglich das allgemeine Regelungsmodell der Verschmelzung gelten muss, das eine Eintragung sowohl bei dem übertragenden als auch bei dem übernehmenden Rechtsträger vorsieht. Dies ist auch sachlich gerechtfertigt: Die Geschäftspartner und sonstigen Gläubiger des Alleingesellschafters haben ein Interesse daran, von der Verschmelzung und insbesondere von der damit verbundenen Übernahme von Verbindlichkeiten zu erfahren. Auch beim Alleingesellschafter muss daher eine Registerpublizität der Verschmelzung verwirklicht werden, wenn eine solche überhaupt möglich ist. Dies wird auch durch einen Umkehrschluss aus § 122 Abs. 2 UmwG bestätigt. Das Abstellen auf die „Möglichkeit" einer Eintragung würde an sich – ebenso wie der Gesetzeswortlaut des § 122 Abs. 2 UmwG („Kommt eine Eintragung nicht in Betracht") – implizieren, dass auch bloße Eintragungswahlrechte des Alleingesellschafters nach HGB im Sinne einer Eintragung auszuüben wären; dem folgt aber

1 BGBl. I 1998, S. 1474. Hierzu *Neye*, DB 1998, 1649.
2 Zum Erfordernis der beiderseitigen Eintragung s. auch *Maier-Reimer/Seulen* in Semler/Stengel, § 122 UmwG Rz. 3; *Simon* in KölnKomm. UmwG, § 122 UmwG Rz. 11.

die inzwischen ganz h.A. zu Recht nicht, vielmehr werden die Wahlrechte auch im Anwendungsbereich des § 122 Abs. 2 UmwG respektiert und sind diesem vorgelagert (unten Rz. 7 – 8). Die Eintragung kommt in diesem Fall bereits dann nicht i.S.d. § 122 Abs. 2 UmwG „in Betracht", wenn sich der wahlberechtigte Alleingesellschafter gegen die Eintragung entscheidet.

4 Ist der **Alleingesellschafter** bisher noch nicht im Handelsregister eingetragen, so ist er nunmehr **einzutragen**, wenn die Voraussetzungen dafür vorliegen (§ 122 Abs. 1 1. Halbsatz UmwG). Eine diesbezügliche Eintragungspflicht besteht dann, wenn die Voraussetzungen des § 1 Abs. 2 HGB erfüllt sind[1]. Bei Übernahme eines minderkaufmännischen (§ 2 HGB) oder eines land- und forstwirtschaftlichen Unternehmens (§ 3 HGB) besteht hingegen ein Wahlrecht bezüglich der Eintragung; bei Übernahme keines gewerblichen Unternehmens oder gar keines Unternehmens scheidet eine Eintragung gänzlich aus (näher unten Rz. 6 – 9). Aus der Sicht des Handelsregisters ist dieser Vorgang insofern mit einer Verschmelzung zur Neugründung vergleichbar, weil es zu einer erstmaligen Eintragung des Rechtsträgers mit diesem Unternehmen im Handelsregister kommt[2]. Die Eintragung hat auch in Fällen einer Eintragungspflicht nicht von Amts wegen, sondern nur auf Grund eines entsprechenden Antrages zu erfolgen[3]. Anders als nach dem alten Recht ist aber die Eintragung des Einzelkaufmanns zumindest mittelbar Bestandteil des Verschmelzungsverfahrens, weil die Verschmelzung auch bei dem Alleingesellschafter einzutragen ist und davon die Wirksamkeit abhängt (unten Rz. 15). Zugleich mit der Anmeldung der Verschmelzung sollte daher die erstmalige Eintragung beantragt werden; andernfalls wird das Verschmelzungsverfahren verzögert[4].

5 Auch wenn der Alleingesellschafter **bereits bisher im Handelsregister eingetragen** ist, hat er die Wahl, ob er das von der Kapitalgesellschaft übernommene Vermögen bzw. Unternehmen in das bei ihm eingetragene Unternehmen integrieren will oder nicht[5]. Ist ersteres der Fall, so erfolgt eine Eintragung bei dem schon bisher registrierten Einzelunternehmen[6], unabhängig von der Art des nunmehr übernommenen Unternehmens, also auch dann, wenn dieses nicht eintragungspflichtig oder -fähig ist[7]. Soll hingegen keine Zusammenführung mit dem bisher eingetragenen Einzelunternehmen erfolgen, gelten dieselben Grundsätze wie bei einem bisher noch nicht eingetragenen Einzelunternehmer[8] (s. dazu bereits oben Rz. 4

---

1 Vgl. dazu *K. Schmidt* in MünchKomm. HGB, § 1 HGB Rz. 19 ff. (zum Gewerbe) und 68 ff. (zur negativen Abgrenzung für Kleingewerbe und land- und forstwirtschaftliche Unternehmen); *Röhricht* in Röhricht/Graf von Westphalen/Haas, § 1 HGB Rz. 17 ff., 98 ff.
2 Vgl. *Maier-Reimer/Seulen* in Semler/Stengel, § 122 UmwG Rz. 8; *Simon* in KölnKomm. UmwG, § 122 UmwG Rz. 4.
3 *Simon* in KölnKomm. UmwG, § 122 UmwG Rz. 4.
4 Ebenso *Simon* in KölnKomm. UmwG, § 122 UmwG Rz. 4; *Maier-Reimer/Seulen* in Semler/Stengel, § 122 UmwG Rz. 14.
5 Ebenso *Maier-Reimer/Seulen* in Semler/Stengel, § 122 UmwG Rz. 4–6; *Heckschen* in Widmann/Mayer, § 121 UmwG Rz. 41, § 122 UmwG Rz. 19; *Simon* in KölnKomm. UmwG, § 122 UmwG Rz. 9.
6 Vgl. *Maier-Reimer/Seulen* in Semler/Stengel, § 122 UmwG Rz. 5; *Simon* in KölnKomm. UmwG, § 122 UmwG Rz. 9.
7 *Simon* in KölnKomm. UmwG, § 122 UmwG Rz. 9.
8 Ebenso *Maier-Reimer/Seulen* in Semler/Stengel, § 122 UmwG Rz. 6; *Simon* in KölnKomm. UmwG, § 122 UmwG Rz. 10; *Heckschen* in Widmann/Mayer, § 122 UmwG Rz. 19.

und näher unten Rz. 6–9). Insbesondere kommen dem Alleingesellschafter auch in diesem Fall die Wahlrechte nach § 2 Abs. 2 und § 3 HGB uneingeschränkt zu.

b) Ausnahme: Eintragung nur bei der Kapitalgesellschaft

6 Eine Eintragung des Alleingesellschafters ist allerdings nicht in allen Fällen möglich: Hat die Kapitalgesellschaft bisher ein **nichtkaufmännisches** Unternehmen oder gar **kein Unternehmen** betrieben, erlangt der Alleingesellschafter durch die Verschmelzung nicht die Kaufmannseigenschaft. Nach den Vorschriften des HGB ist daher dann, wenn der Alleingesellschafter nicht bereits bisher ein registriertes (oder zumindest registrierungspflichtiges) Unternehmen betrieben hat oder wenn er das übernommene Vermögen bzw. Unternehmen nicht mit diesem zusammenführen will (oben Rz. 5), eine Eintragung nicht möglich. Für diesen Fall sieht nun § 122 Abs. 2 UmwG vor, dass die Verschmelzung nur bei der übertragenden Kapitalgesellschaft einzutragen ist und auch mit dieser Eintragung wirksam wird. Es entfällt daher eine Eintragung (und daher auch eine Anmeldung) der Verschmelzung bei dem Alleingesellschafter[1].

7 § 122 Abs. 2 UmwG stellt darauf ab, dass eine Eintragung „nicht in Betracht kommt". Dies ist jedenfalls bei nicht gewerblichen (insb. freiberuflichen)[2] Unternehmen der Fall oder auch dann, wenn die Kapitalgesellschaft (und auch der Alleingesellschafter bisher) gar kein Unternehmen betreibt. Fraglich ist hingegen die Rechtslage bei gewerblichen Unternehmen, bei denen nach Art oder Umfang **kaufmännische Einrichtungen nicht erforderlich** sind. Für diesen Fall gewährt nämlich § 2 HGB ein **Wahlrecht**, ob sich der Unternehmer eintragen lassen will oder nicht[3]. Wollte man § 122 Abs. 2 UmwG so verstehen, dass diese Vorschrift nur dann anwendbar ist, wenn eine Eintragung „nicht in Betracht kommt", also nicht möglich ist, so müsste man für diesen Fall gegen die Anwendung des § 122 Abs. 2 UmwG entscheiden und damit den Alleingesellschafter, wenn er die Verschmelzung will, zwingen, sich nach § 2 HGB eintragen zu lassen. Gegen diese Auslegung spricht aber, dass damit das Wahlrecht des § 2 HGB unterlaufen würde. Da nicht einzusehen ist, warum dieses Wahlrecht im Rahmen der §§ 120ff. UmwG nicht gelten sollte (wenn der verschmelzungsrechtliche Grundsatz der allseitigen Eintragung ohnedies schon Durchbrechungen erleiden muss, besteht auch kein Grund mehr für einen Vorrang dieses Grundsatzes vor dem Wahlrecht des § 2 HGB), ist daher § 122 Abs. 2 UmwG so auszulegen, dass die Bestimmung in den Fällen des § 2 HGB dann zur Anwendung kommt, wenn sich der Alleingesellschafter gegen die Eintragung entscheidet[4]. Dies wird in der Anmeldung der

---

1 S. *Maier-Reimer/Seulen* in Semler/Stengel, § 122 UmwG Rz. 9; *Simon* in KölnKomm. UmwG, § 122 UmwG Rz. 5; *Schnorbus* in Rowedder/Schmidt-Leithoff, Anh. § 77 GmbHG Rz. 313.

2 Zum Gewerbebegriff und zur Ausnahme für wissenschaftliche, künstlerische und freiberufliche Tätigkeiten s. *K. Schmidt* in MünchKomm. HGB, § 1 HGB Rz. 27ff.; *Röhricht* in Röhricht/Graf von Westphalen/Haas, § 1 HGB Rz. 17ff.

3 Vgl. dazu *K. Schmidt* in MünchKomm. HGB, § 2 HGB Rz. 11; *Röhricht* in Röhricht/Graf von Westphalen/Haas, § 2 HGB Rz. 9ff.

4 Gegen eine Eintragungspflicht unter den Voraussetzungen des § 2 Satz 2 HGB bzw. gegen eine Beschneidung des allgemeinen handelsrechtlichen Wahlrechts auch *Zimmermann* in Kallmeyer, § 122 UmwG Rz. 5; *Stratz* in Schmitt/Hörtnagl/Stratz, § 122 UmwG Rz. 4; *Maier-Reimer/Seulen* in Semler/Stengel, § 122 UmwG Rz. 10; *Simon* in

Verschmelzung klarzustellen sein[1]. Entscheidet sich hingegen der Alleingesellschafter für die Eintragung, kommen für das Registerverfahren bezüglich der Verschmelzung die allgemeinen Vorschriften und nicht die Sonderregelung des § 122 Abs. 2 UmwG zur Anwendung: Die Verschmelzung ist dann in beiden Registern einzutragen, die Wirksamkeit tritt gem. § 20 UmwG mit der Eintragung im Register des Alleingesellschafters ein (unten Rz. 13, 15). § 122 Abs. 2 UmwG ist also so zu lesen, dass eine Eintragung dann „nicht in Betracht kommt", wenn entweder gar keine Eintragungsfähigkeit besteht oder wenn ein bestehendes Wahlrecht gegen die Eintragung ausgeübt wird.

8 Ähnliche Probleme bereitet der Fall, dass die Kapitalgesellschaft bisher ein **land- und forstwirtschaftliches Unternehmen** betrieben hat. In diesem Fall hat nämlich der Alleingesellschafter nach § 3 HGB ein Wahlrecht, ob er sich eintragen lassen will[2]. Wiederum gilt, dass dieses Wahlrecht auch durch § 122 UmwG nicht genommen werden soll[3]: Die Entscheidung für oder gegen die Kaufmannseigenschaft hat durchaus große Tragweite; zudem ist sie ggf. sogar endgültig (vgl. § 3 Abs. 2 HGB für den Fall, dass eine Eintragung erfolgt ist: Bindung, solange die Voraussetzungen des § 1 Abs. 2 UmwG vorliegen[4]).

9 Eine Eintragung muss schließlich dann ausscheiden, wenn zwar auf den Alleingesellschafter ein vollkaufmännisches Unternehmen übertragen wird, dieser aber das Unternehmen von vornherein **nicht weiterbetreiben** will[5]. Auch dann besteht nach allgemeinem Handelsrecht richtigerweise keine Grundlage für eine Eintragung. Es ist daher auch in diesem Fall § 122 Abs. 2 UmwG anzuwenden. Die Gegenauffassung, die darauf hinweist, dass allgemein die Registerpflicht nicht bereits durch die Absicht der Unternehmenseinstellung entfalle[6], vermag jedenfalls für den Fall der Absicht zu sofortigen Einstellung des Unternehmens mit Wirksamwerden der Verschmelzung nicht zu überzeugen; insbesondere geht es hier nicht um den in der dafür angeführten handelsrechtlichen Literatur behandelten Fall, dass ein Kaufmann, der bereits ein bisher Unternehmen betrieben hat, nachträglich die Absicht zur Einstellung entwickelt (hier endet die Kaufmannseigenschaft und die Registerpflicht erst mit der tatsächlichen Einstellung), sondern darum, dass der Alleingesellschafter erst ein Unternehmen erwirbt, das er aber

KölnKomm. UmwG, § 122 UmwG Rz. 6f.; *Schnorbus* in Rowedder/Schmidt-Leithoff, Anh. § 77 GmbHG Rz. 313. Zumindest Bedenken gegen einen Eintragungszwang auch bei *Heckschen* in Widmann/Mayer, § 122 UmwG Rz. 21.

1 Vgl. *Maier-Reimer/Seulen* in Semler/Stengel, § 122 UmwG Rz. 14; *Simon* in KölnKomm. UmwG, § 122 UmwG Rz. 15; *Zimmermann* in Kallmeyer, § 122 UmwG Rz. 4; *Heckschen* in Widmann/Mayer, § 122 UmwG Rz. 21.

2 Vgl. dazu *K. Schmidt* in MünchKomm. HGB, § 3 HGB Rz. 21; *Röhricht* in Röhricht/Graf von Westphalen/Haas, § 3 HGB Rz. 19ff. (wo entgegen der h.A. eine Eintragungsmöglichkeit für land- und forstwirtschaftliche Kleinbetriebe abgelehnt wird), 23ff.

3 Ebenso *Maier-Reimer/Seulen* in Semler/Stengel, § 122 UmwG Rz. 10; *Simon* in KölnKomm. UmwG, § 122 UmwG Rz. 7; *Stratz* in Schmitt/Hörtnagl/Stratz, § 122 UmwG Rz. 4. Wohl anders zum alten Recht *Schilling* in Hachenburg[7], § 15 UmwG Rz. 12.

4 Vgl. dazu *K. Schmidt* in MünchKomm. HGB, § 3 HGB Rz. 27; *Röhricht* in Röhricht/Graf von Westphalen/Haas, § 3 HGB Rz. 29ff.

5 Ebenso *Simon* in KölnKomm. UmwG, § 122 UmwG Rz. 8; *Schnorbus* in Rowedder/Schmidt-Leithoff, Anh. § 77 GmbHG Rz. 313.

6 A.A. *Maier-Reimer/Seulen* in Semler/Stengel, § 122 UmwG Rz. 10. Dies lediglich referierend („soll eine Pflicht ... bestehen") – und damit wohl ebenfalls eine Distanzierung ausdrückend – *Zimmermann* in Kallmeyer, § 122 UmwG Rz. 6.

sogleich einstellen will[1]. Eine Eintragungspflicht für die kurze Zwischenphase, in dem noch ein nicht endgültig beendetes Unternehmen besteht[2], erscheint überschießend.

2. Anmeldung der Verschmelzung

a) Anmeldebefugnis

Die Verschmelzung ist von den Vertretungsorganen der übertragenden Kapitalgesellschaft und vom Alleingesellschafter zur Eintragung in das jeweils zuständige Handelsregister anzumelden (§ 16 Abs. 1 Satz 1 UmwG); ist der Alleingesellschafter weder bisher registriert (bzw. will er das übernommene Vermögen nicht mit dem bisher registrierten Unternehmen zusammenführen, s. oben Rz. 5) noch nunmehr einzutragen, entfällt die Anmeldung für den Alleingesellschafter (§ 122 Abs. 2 UmwG; oben Rz. 6–9)[3]. Der Alleingesellschafter ist berechtigt, auch die Anmeldung zu dem Register der übertragenden Kapitalgesellschaft vorzunehmen (§ 16 Abs. 1 Satz 2 UmwG); dies gilt ebenso dann, wenn – in den Fällen des § 122 Abs. 2 UmwG – nur eine Anmeldung zu diesem Register erfolgt: Das Interesse des Alleingesellschafters an einer zügigen Vermögensübertragung[4] ist gleichermaßen schützenswert. 10

b) Inhalt der Anmeldung

Der Inhalt der Anmeldung und die erforderlichen Anlagen richten sich nach §§ 16 und 17 UmwG. Beizufügen sind also der Verschmelzungsvertrag, eine Niederschrift des Verschmelzungsbeschlusses, die Schlussbilanz der Kapitalgesellschaft[5] und ggf. ein Nachweis über die rechtzeitige Zuleitung des Verschmelzungsvertrages an den Betriebsrat. Auch das Negativattest nach § 16 Abs. 2 UmwG wird abzugeben sein[6]: Eine Anfechtung durch den Alleingesellschafter ist jedenfalls theo- 11

---

1 Mit derselben Argumentation nun auch *Simon* in KölnKomm. UmwG, § 122 UmwG Rz. 8.

2 Trotz sofortiger Beendigung können noch gewisse Schließungs- und Abwicklungsmaßnahmen anfallen.

3 *Simon* in KölnKomm. UmwG, § 122 UmwG Rz. 26 f. A.A. *Maier-Reimer/Seulen* in Semler/Stengel, § 122 UmwG Rz. 12 f., nach denen in derartigen Fällen eine Anmeldung des Alleingesellschafters beim Register der übertragenden Kapitalgesellschaft zu erfolgen habe. Eine gesetzliche Grundlage dafür ist aber nicht ersichtlich: Auch der von *Maier-Reimer/Seulen* als Grundlage für die Anmeldepflicht herangezogene § 16 Abs. 1 UmwG ist so zu verstehen, dass die Anmeldepflicht der Verschmelzungsbeteiligten nur dann besteht, wenn bei dem betreffenden Rechtsträger überhaupt eine Eintragung zu erfolgen hat. Bei *Zimmermann* in Kallmeyer, § 122 UmwG Rz. 4 wird der Meinungsstreit ohne eigene Stellungnahme, wenngleich mit einer distanzierenden Formulierung („soll ... verpflichtet sein"), referiert.

4 Vgl. BegrRegE bei *Ganske*, S. 67.

5 S. dazu auch LG Frankfurt/M. v. 19.12.1997 – 3–11 T 81/97, GmbHR 1998, 380 (Verbesserungsverfahren bei Fehlen der Schlussbilanz); OLG Köln v. 22.6.1998 – 2 Wx 34/98, GmbHR 1998, 1085 (selbst geringfügige Fristüberschreitung schädlich).

6 In dieselbe Richtung, die Abgabe der Erklärung jedenfalls aus praktischer Sicht empfehlend, *Simon* in KölnKomm. UmwG, § 122 UmwG Rz. 28. A.A. *Zimmermann* in Kallmeyer, § 122 UmwG Rz. 7. U.U. anders auch *Heckschen* in Widmann/Mayer, § 121 UmwG Rz. 38, der jedenfalls einen ausdrücklichen Verzicht des Alleingesellschafters auf die Anfechtung für entbehrlich hält.

retisch möglich, eine solche durch stimmberechtigte Dritte (§ 120 Rz. 32f.) oder durch Verwaltungsorgane sogar praktisch denkbar. Sollte die Verschmelzung einer staatlichen Genehmigung bedürfen, wäre auch die Genehmigungsurkunde beizufügen. In der Anmeldung der Kapitalgesellschaft wird überdies anzugeben sein, ob auch bei dem Alleingesellschafter eine Anmeldung erfolgen soll, um dem Registergericht Klarheit über die von ihm zu setzenden Schritte (Koordinierung mit dem anderen Registergericht, Vorläufigkeitsvermerk, unten Rz. 13) zu verschaffen[1]. In Ermangelung einer derartigen Erklärung wird das Registergericht davon ausgehen dürfen, dass keine Eintragung beim Alleingesellschafter erfolgt[2]. Es wird aber auch zu einer diesbezüglichen Nachfrage bzw. zu entsprechenden Ermittlungen befugt sein (unten Rz. 12). Wenn man wie hier (§ 120 Rz. 30) davon ausgeht, dass die Überschuldung des Alleingesellschafters ein Verschmelzungshindernis darstellt, dann wird man ebenso wie bei § 152 UmwG eine Erklärung des Alleingesellschafters darüber verlangen müssen, dass bei ihm keine Überschuldung vorliegt[3]. Wenn bei ihm ebenfalls eine Eintragung erfolgen soll, wird eine Erklärung in dieser Anmeldung ausreichen. Ist dies hingegen nicht der Fall, ist die Erklärung wohl mit der Anmeldung der Kapitalgesellschaft vorzulegen.

3. Registergerichtliche Prüfung

12 Das Registergericht hat die formellen Anmeldungserfordernisse, die materielle Zulässigkeit der beantragten Verschmelzung sowie die Ordnungsgemäßheit des Verschmelzungsverfahrens zu überprüfen; nach der oben § 120 Rz. 30 vertretenen Auffassung ist die Eintragung auch bei Überschuldung des Alleingesellschafters abzulehnen. Diese Prüfung kann überdies die Frage umfassen, ob eine Eintragung beim Alleingesellschafter zu erfolgen hat (oben Rz. 6ff., 11). Für Einzelheiten vgl. oben § 19 Rz. 2ff.

4. Eintragung

13 Die Verschmelzung ist zunächst bei der übertragenden Kapitalgesellschaft einzutragen; erst danach kann die Eintragung in das Register des Alleingesellschafters erfolgen; die Eintragung der Kapitalgesellschaft hat mit dem Vermerk zu erfolgen, dass die Verschmelzung erst mit der Eintragung im Register des Alleingesellschafters wirksam wird („Vorläufigkeitsvermerk"), außer es werden beide Eintragungen taggleich vorgenommen[4] (genauer § 19 Abs. 1 und 2 UmwG). Ausnahmsweise kann allerdings eine Eintragung bei dem Alleingesellschafter

---

1 Vgl. *Maier-Reimer/Seulen* in Semler/Stengel, § 122 UmwG Rz. 14; *Simon* in KölnKomm. UmwG, § 122 UmwG Rz. 15; *Zimmermann* in Kallmeyer, § 122 UmwG Rz. 4. Nur für den Fall, dass keine Eintragung beim Alleingesellschafter erfolgt („in Betracht kommt"), *Heckschen* in Widmann/Mayer, § 122 UmwG Rz. 21.

2 *Simon* in KölnKomm. UmwG, § 122 UmwG Rz. 28.

3 Ebenso *Maier-Reimer/Seulen* in Semler/Stengel, § 122 UmwG Rz. 14. Ausgehend von seiner gegenteiligen Auffassung zur Überschuldungssperre konsequenterweise gegen die Notwendigkeit einer diesbezüglichen Erklärung hingegen *Simon* in KölnKomm. UmwG, § 122 UmwG Rz. 29. Offen gelassen wird diese Frage von *Zimmermann* in Kallmeyer, § 122 UmwG Rz. 6.

4 Dies folgt aus § 19 Abs. 1 Satz 2 UmwG in der Fassung durch das Zweite Gesetz zur Änderung des Umwandlungsgesetzes v. 19.4.2007, BGBl. I, S. 542.

entfallen (§ 122 Abs. 2 UmwG; oben Rz. 6–9). Da dann die Wirksamkeit der Verschmelzung bereits mit der Eintragung im Register der Kapitalgesellschaft eintritt (§ 122 Abs. 2 UmwG; unten Rz. 15), hat bei dieser Eintragung der Vermerk nach § 19 Abs. 1 Satz 2 UmwG zu unterbleiben[1]. Bei gleichzeitiger Beteiligung mehrerer Kapitalgesellschaften (§ 120 Rz. 22) ist allerdings das in § 19 Abs. 2 UmwG vorgesehene Koordinierungsverfahren zwischen den Registern dieser Rechtsträger durchzuführen; in entsprechender Anwendung des § 19 Abs. 1 Satz 2 UmwG ist die Eintragung mit dem Vermerk zu versehen, dass die Verschmelzung erst mit der Eintragung bei der letzten Kapitalgesellschaft wirksam wird[2], außer es werden alle Eintragungen taggleich vorgenommen.

5. Bekanntmachung

14 Die beteiligten Registergerichte haben die von ihnen vorgenommenen Eintragungen von Amts wegen in dem von der Landesjustizverwaltung bestimmten elektronischen Informations- und Kommunikationssystem (d.h. in der gemeinsamen Internetplattform www.handelsregisterbekanntmachungen.de) ihrem ganzen Inhalt nach bekannt zu machen (§ 19 Abs. 3 UmwG i.V.m. § 10 HGB i.d.F. des EHUG[3]). In den Bekanntmachungen sind die Gläubiger auf ihr Recht auf Sicherheitsleistung hinzuweisen (§ 22 Abs. 1 Satz 3 UmwG). Wenn nur eine Eintragung bei der Kapitalgesellschaft erfolgt (oben Rz. 6–9), ist auch nur diese Eintragung bekannt zu machen. Für den Fristenlauf nach § 22 UmwG und § 25 Abs. 3 UmwG ist dann diese Bekanntmachung maßgeblich[4].

III. Wirksamwerden und Wirkungen der Verschmelzung

15 Nach § 20 Abs. 1 UmwG wird die Verschmelzung mit der Eintragung im Register des übernehmenden Rechtsträgers **wirksam**; bei der Verschmelzung auf den Alleingesellschafter ist demnach die **Eintragung im Register des Alleingesellschafters** maßgeblich[5]. Erfolgt keine Eintragung bei dem Alleingesellschafter, so ist nach § 122 Abs. 2 UmwG **ausnahmsweise** die **Eintragung bei der übertragenden Kapitalgesellschaft** entscheidend; bei gleichzeitiger Beteiligung[6] mehrerer Kapital-

1 Vgl. *Maier-Reimer/Seulen* in Semler/Stengel, § 122 UmwG Rz. 15; *Zimmermann* in Kallmeyer, § 122 UmwG Rz. 9; *Simon* in KölnKomm. UmwG, § 122 UmwG Rz. 14. Für die Anbringung eines „Wirksamkeitsvermerks" zur Eintragung bei der übertragenden Gesellschaft *Heckschen* in Widmann/Mayer, § 122 UmwG Rz. 22.

2 Dem zustimmend jetzt auch *Simon* in KölnKomm. UmwG, § 122 UmwG Rz. 16.

3 Gesetz über elektronische Handelsregister und Genossenschaftsregister sowie das Unternehmensregister v. 10.11.2006, BGBl. I, S. 2553.

4 Vgl. *Zimmermann* in Kallmeyer, § 122 UmwG Rz. 10.

5 Ebenso *Neye*, EWiR 1996, 278; *Maier-Reimer/Seulen* in Semler/Stengel, § 122 UmwG Rz. 21; *Simon* in KölnKomm. UmwG, § 122 UmwG Rz. 13. A.A. zur alten Rechtslage (stets Anknüpfung an die Eintragung beim übertragenden Rechtsträger) *Heckschen*, ZIP 1996, 453 f.; *Priester*, DB 1996, 414 f. Die Richtigkeit der hier vertretenen Auffassung ergibt sich auch durch einen Gegenschluss aus § 122 Abs. 2 UmwG.

6 Gemeint ist nur der Fall einer Verbindung der Verschmelzungsakte im Sinne einer „Gesamtverschmelzung", s. dazu auch *Simon* in KölnKomm. UmwG, § 122 UmwG Rz. 16. Etwas anderes gilt hingegen dann, wenn die Verschmelzungen unabhängig voneinander durchgeführt werden, auch wenn dies zeitlich parallel erfolgt.

gesellschaften entscheidet die letzte Eintragung[1] (vgl. auch oben Rz. 13). Praktische Probleme könnten freilich daraus resultieren, dass § 122 Abs. 2 UmwG für die Maßgeblichkeit der Eintragung bei der Kapitalgesellschaft nicht darauf abstellt, ob beim Alleingesellschafter tatsächlich keine Eintragung erfolgt, sondern vielmehr darauf, ob eine Eintragung „nicht in Betracht kommt". Dies ist nach dem oben Rz. 6–9 Ausgeführten dann der Fall, wenn der Alleingesellschafter gar nicht eintragungsfähig ist oder wenn ein Wahlrecht gegen die Eintragung ausgeübt wird; in den Fällen des § 1 Abs. 2 HGB besteht hingegen jedenfalls eine Eintragungspflicht. Bei einer Fehlbeurteilung des Vorliegens der Voraussetzungen des § 1 Abs. 2 HGB könnte daher der Fall eintreten, dass das Registerverfahren unter der Prämisse der Nichteintragung beim Alleingesellschafter durchgeführt wird, tatsächlich aber die materiellen Voraussetzungen des § 122 Abs. 2 UmwG nicht vorgelegen sind. De lege ferenda wäre zur Beseitigung dieser Unsicherheiten eine generelle Maßgeblichkeit der Eintragung bei der Kapitalgesellschaft zu erwägen[2]. De lege lata bleibt nur die Lösung, dass in derartigen Fällen die Einschätzung der beteiligten Registergerichte zu einer konstitutiven Heilung des Verfahrensmangels führt und daher die Eintragung bei der Kapitalgesellschaft trotz Nichtvorliegens der Voraussetzungen des § 122 Abs. 2 UmwG die Verschmelzungswirkungen herbeiführt. Dies ist zwar nicht so leicht zu begründen wie die sonst bei einer Verschmelzung eintretende Heilung von Verfahrensmängeln durch die Eintragung, weil es ja vorliegend gar nicht um die „richtige" Eintragung geht. Die bei einer abweichenden Beurteilung drohende Rechtsunsicherheit über das Wirksamwerden der Verschmelzung wäre aber völlig untragbar.

16 Mit dem Wirksamwerden der Verschmelzung geht das **Vermögen** der Kapitalgesellschaft einschließlich der Verbindlichkeiten im Wege der Gesamtrechtsnachfolge auf den Alleingesellschafter über (§ 20 Abs. 1 Nr. 1 UmwG); die übertragende **Kapitalgesellschaft erlischt** endgültig[3], ohne dass es dazu noch einer besonderen Löschung bedarf (§ 20 Abs. 1 Nr. 2 UmwG), womit auch die Anteile an der Kapitalgesellschaft untergehen[4]; ein **Mangel der notariellen Beurkundung** des Verschmelzungsvertrages wird geheilt (§ 20 Abs. 1 Nr. 4 UmwG). Zur **Heilung sonstiger Mängel** der Verschmelzung s. bereits § 120 Rz. 42. Nach § 21 UmwG kann es zu einer Anpassung von miteinander nicht zu vereinbarenden Verpflichtungen aus **gegenseitigen Verträgen** kommen. Den Gläubigern der Gesellschaft ist unter bestimmten Voraussetzungen **Sicherstellung** zu leisten (§ 22 UmwG). **Sonderrechtsinhabern** sind vom Alleingesellschafter gleichwertige Rechte zu gewähren (§ 23 UmwG); bei Wandelschuldverschreibungen kommt allerdings nur ein Schadensersatz in Geld in Betracht (vgl. auch § 120 Rz. 36).

---

1 Ebenso *Zimmermann* in Kallmeyer, § 122 UmwG Rz. 9; *Simon* in KölnKomm. UmwG, § 122 UmwG Rz. 16.
2 So auch *Heckschen* in Widmann/Mayer, § 121 UmwG Rz. 46ff.
3 Vgl. auch OLG München v. 27.2.1996 – 18 U 3333/95, GmbHR 1996, 776.
4 *Simon* in KölnKomm. UmwG, § 122 UmwG Rz. 31; *Heckschen* in Widmann/Mayer, § 121 UmwG Rz. 50.1.

IV. Firma des Alleingesellschafters

1. Bei bereits vorhandener Eintragung

17 War der Alleingesellschafter bereits vor der Verschmelzung im Handelsregister eingetragen, kann er jedenfalls seine **bisherige Firma beibehalten** und unter dieser auch ein von ihm neu erworbenes Unternehmen betreiben[1]. Bei Fortführung des erworbenen Unternehmens kann in die bisherige Firma auch ein Nachfolgezusatz aufgenommen werden, der auf den übertragenden Rechtsträger hinweist[2]: Obwohl diese Möglichkeit in § 18 UmwG – anders als im alten Recht (vgl. § 15 Abs. 2 UmwG i.V.m. § 6 Abs. 2 UmwG 1969) – nicht mehr vorgesehen ist, ergibt sich die Zulässigkeit bereits aus dem allgemeinen Firmenrecht. Notwendig ist der Zusatz aber nicht.

18 Führt der Alleingesellschafter das Handelsgeschäft eines übertragenden Rechtsträgers fort, kann er nach § 18 Abs. 1 UmwG auch die **Firma des übertragenden Rechtsträgers** mit oder ohne Nachfolgezusatz übernehmen (§ 18 Abs. 1 UmwG)[3]. Dabei muss der (nunmehr unrichtige) Rechtsformzusatz gestrichen[4] oder zumindest durch einen unmissverständlichen Nachfolgevermerk entschärft werden[5], und es muss jedenfalls der auch in Fällen der Firmenkontinuität unabdingbare Rechtsformzusatz nach § 19 Abs. 1 Nr. 1 HGB („eingetragener Kaufmann", „eingetragene Kauffrau" oder eine allgemein verständliche Abkürzung dieser Bezeichnung, insbesondere „e.K.", „e. Kfm." oder „e. Kfr.") aufgenommen werden[6]. Stattdessen wird auch eine Firmenfortführung nach den Grundsätzen des § 22 HGB zulässig sein[7], was wegen der nach dieser Vorschrift evtl. größeren Gestaltungsfreiheit von Bedeutung sein könnte; dagegen lässt sich auch nicht einwenden, dass § 18 Abs. 1 UmwG eine lex specialis bezüglich der Firmenfortführung darstelle, weil eine diesbezügliche Einschränkung der Gestaltungsmöglichkeiten im Vergleich zum allgemeinen Firmenrecht völlig unverständlich wäre. Wird das neue Unternehmen mit dem bisherigen Unternehmen zusammengelegt, kann die – nach § 18 Abs. 1 UmwG oder nach § 22 HGB – übernommene Firma **einheitlich**

---

1 Ebenso OLG Schleswig v. 15.11.2000 – 2 W 145/00, BB 2001, 223 = GmbHR 2001, 205.

2 Ebenso *Maier-Reimer/Seulen* in Semler/Stengel, § 122 UmwG Rz. 17; *Zimmermann* in Kallmeyer, § 122 UmwG Rz. 11; *Heckschen* in Widmann/Mayer, § 122 UmwG Rz. 15; *Simon* in KölnKomm. UmwG, § 122 UmwG Rz. 19.

3 Zur Anwendbarkeit des § 18 UmwG vgl. auch BegrRegE bei *Ganske*, S. 147. Ebenso OLG Düsseldorf v. 17.9.1997 – 3 Wx 106/97, GmbHR 1997, 1109; *Heckschen* in Widmann/Mayer, § 122 UmwG Rz. 16; *Maier-Reimer/Seulen* in Semler/Stengel, § 122 UmwG Rz. 17; *Simon* in KölnKomm. UmwG, § 122 UmwG Rz. 19; *Zimmermann* in Kallmeyer, § 122 UmwG Rz. 11. Für den Fall der erstmaligen Eintragung des Alleingesellschafters ergibt sich die Anwendbarkeit des § 18 Abs. 1 UmwG auch aus § 122 Abs. 1 2. Halbsatz UmwG. Für den bereits zuvor registrierten Alleingesellschafter kann nichts anderes gelten.

4 Vgl. nur *Zimmermann* in Kallmeyer, § 122 UmwG Rz. 11.

5 Vgl. dazu *Heidinger* in MünchKomm. HGB, § 22 HGB Rz. 62; *Ries* in Röhricht/Graf von Westphalen/Haas, § 22 HGB Rz. 48.

6 Vgl. *Simon* in KölnKomm. UmwG, § 122 UmwG Rz. 26; *Zimmermann* in Kallmeyer, § 122 UmwG Rz. 11.

7 Vgl. *Stratz* in Schmitt/Hörtnagl/Stratz, § 122 UmwG Rz. 5. S. dazu auch *Schwanna* in Semler/Stengel, § 18 UmwG Rz. 6.

für das gesamte Unternehmen geführt werden[1]. Der Alleingesellschafter ist allerdings nicht verpflichtet, sein altes Unternehmen mit dem neuen Unternehmen zusammenzulegen (s. bereits oben Rz. 5). Er kann ebenso beide Unternehmen organisatorisch getrennt weiterbetreiben. In diesem Fall kann er **zwei getrennte Firmen** führen; er kann also seine bisherige Firma für das alte Unternehmen beibehalten und nur für das im Wege der Verschmelzung erworbene Unternehmen die Firma der Kapitalgesellschaft fortführen[2].

19 Schließlich hat der Einzelkaufmann die Möglichkeit, eine **neue Firma** zu bilden. Dazu kann er von den Möglichkeiten des § 18 HGB Gebrauch machen, also entweder seinen Namen verwenden oder auch eine neue Sach- oder Phantasiefirma bilden. Nach dem neuen Firmenrecht ist überdies die Verwendung eines fremden Namens – etwa des Namens einer Person, der in der Firma der Kapitalgesellschaft enthalten war – denkbar[3].

Dass § 122 Abs. 1 2. Halbsatz UmwG nur auf § 18 Abs. 1 UmwG und nicht auch auf § 18 Abs. 2 UmwG verweist, spricht nicht dagegen[4], weil der normative Gehalt des § 18 Abs. 2 nicht die prinzipielle Zulassung dieser Möglichkeit, sondern das dafür vorgesehene Zustimmungserfordernis ist. Eine Verwendung des fremden Namens kann aber bei Irreführungseignung unzulässig sein[5]. Ein generelles Zustimmungsrecht des Namensträgers besteht hingegen nicht (Gegenschluss zu § 18 Abs. 2 UmwG, s. auch noch unten Rz. 20 zur Firmenfortführung). Der Firma kann auch ein Nachfolgezusatz hinzugefügt werden.

20 Die Firmenfortführung nach § 18 Abs. 1 UmwG stellt ein originäres Recht des Alleingesellschafters dar; es bedarf daher nicht einer entsprechenden Gestattung im **Verschmelzungsvertrag** oder im **Zustimmungsbeschluss** (§ 121 Rz. 9)[6]. Ebenso wenig bedarf es bei Fortführung der Firma der Kapitalgesellschaft, in der der Name einer (anderen) natürlichen Person enthalten ist, einer **Einwilligung** des Namensträgers[7]. Dies ergibt sich aus einem Gegenschluss zu § 18 Abs. 2 UmwG: In den von §§ 120ff. UmwG erfassten Fällen kann der vom Alleingesellschafter verschiedene Namensträger jedenfalls zum Zeitpunkt der Verschmelzung nicht

1 OLG Schleswig v. 15.11.2000 – 2 W 145/00, BB 2001, 223 = GmbHR 2001, 205; *Maier-Reimer/Seulen* in Semler/Stengel, § 122 UmwG Rz. 17; *Heckschen* in Widmann/Mayer, § 121 UmwG Rz. 49, § 122 UmwG Rz. 16.

2 Vgl. *Zimmermann* in Kallmeyer, § 122 UmwG Rz. 11; *Maier-Reimer/Seulen* in Semler/Stengel, § 122 UmwG Rz. 17; *Stratz* in Schmitt/Hörtnagl/Stratz, § 122 UmwG Rz. 5; *Heckschen* in Widmann/Mayer, § 121 UmwG Rz. 49, § 122 UmwG Rz. 19; *Simon* in KölnKomm. UmwG, § 122 UmwG Rz. 20; *Schnorbus* in Rowedder/Schmidt-Leithoff, Anh. § 77 GmbHG Rz. 312.

3 Vgl. *Heckschen* in Widmann/Mayer, § 122 UmwG Rz. 13, 17; *Simon* in KölnKomm. UmwG, § 122 UmwG Rz. 22f. Allgemein zur firmenrechtlichen Zulässigkeit *Heidinger* in MünchKomm. HGB, § 17 HGB Rz. 23ff.; *Ries* in Röhricht/Graf von Westphalen/Haas, § 18 HGB Rz. 33.

4 Die gegenteilige Auffassung wurde bis zur 3. Aufl. vertreten. Die (berechtigte) Kritik bei *Simon* in KölnKomm. UmwG, § 122 UmwG Rz. 23 bezieht sich noch auf darauf.

5 Vgl. dazu *Heidinger* in MünchKomm. HGB, § 18 HGB Rz. 174ff.; *Ries* in Röhricht/Graf von Westphalen/Haas, § 18 HGB Rz. 33.

6 Vgl. OLG Düsseldorf v. 24.4.1985 – 3 W 104/85, GmbHR 1986, 190; *Heckschen* in Widmann/Mayer, § 122 UmwG Rz. 9.

7 Vgl. dazu auch *Maier-Reimer/Seulen* in Semler/Stengel, § 122 UmwG Rz. 19; *Zimmermann* in Kallmeyer, § 122 UmwG Rz. 11.

mehr an der Gesellschaft beteiligt gewesen sein[1]. Etwas anderes gilt nur in dem pathologischen Fall, dass das Registergericht die Minderheitsbeteiligung des Namensträgers übersehen hat (§ 120 Rz. 40 und 42); dann ist allerdings entsprechend § 18 Abs. 2 UmwG eine Einwilligung zu der Firmenfortführung erforderlich[2]. Von der – im Regelfall nicht eingreifenden – Zustimmungspflicht nach § 18 Abs. 2 UmwG sind besondere privatrechtliche Grenzen zu unterscheiden, die für die Namensführung durch die Kapitalgesellschaft bestanden haben, wie etwa ein nur befristetes Recht zur Namensführung oder eine ausdrückliche Beschränkung auf diese Gesellschaft; derartige Beschränkungen sind auch für den Alleingesellschafter relevant, weil ihm durch die Verschmelzung keine weitergehenden Rechte zur Firmenführung zukommen können als dies für die Kapitalgesellschaft der Fall war[3].

2. Bei Neueintragung

Wird der Alleingesellschafter erst im Zuge der Verschmelzung erstmals in das Register eingetragen, kann er jedenfalls nach § 18 HGB eine **neue Firma** bilden; in diese kann auch ein Nachfolgezusatz aufgenommen werden[4] (oben Rz. 19). Bei Fortführung des Unternehmens einer übertragenden Kapitalgesellschaft kann der Alleingesellschafter auch die Firma der Kapitalgesellschaft mit oder ohne Nachfolgezusatz – allerdings mit richtigem Rechtsformzusatz – fortführen (§ 18 Abs. 1 UmwG; oben Rz. 18). 21

3. Festlegung der Firma

Die Firma kann bereits im Verschmelzungsvertrag festgelegt werden. Allerdings ist diese Festlegung nicht verbindlich. Die endgültige Wahl der Firma erfolgt mit der **Anmeldung** zum (bestehenden oder neu gebildeten) Register des Alleingesellschafters[5]. 22

V. Verfahren bei grenzüberschreitenden Sachverhalten

Zum Verfahren bei grenzüberschreitenden Sachverhalten s. bereits § 121 Rz. 14–16. 23

---

1 S. auch *Stratz* in Schmitt/Hörtnagl/Stratz, § 122 UmwG Rz. 5; *Heckschen* in Widmann/Mayer, § 122 UmwG Rz. 20.
2 Nur für diesen Fall könnte § 18 Abs. 2 UmwG relevant sein.
3 Zutreffend *Maier-Reimer/Seulen* in Semler/Stengel, § 122 UmwG Rz. 19; *Simon* in KölnKomm. UmwG, § 122 UmwG Rz. 24.
4 Ebenso *Zimmermann* in Kallmeyer, § 122 UmwG Rz. 12.
5 Vgl. *Maier-Reimer/Seulen* in Semler/Stengel, § 122 UmwG Rz. 20; *Simon* in Köln-Komm. UmwG, § 122 UmwG Rz. 18.

Zehnter Abschnitt Grenzüberschreitende Verschmelzung von Kapitalgesellschaften

§ 122a
Grenzüberschreitende Verschmelzung

(1) Eine grenzüberschreitende Verschmelzung ist eine Verschmelzung, bei der mindestens eine der beteiligten Gesellschaften dem Recht eines anderen Mitgliedstaats der Europäischen Union oder eines anderen Vertragsstaats des Abkommens über den Europäischen Wirtschaftsraum unterliegt.

(2) Auf die Beteiligung einer Kapitalgesellschaft (§ 3 Abs. 1 Nr. 2) an einer grenzüberschreitenden Verschmelzung sind die Vorschriften des Ersten Teils und des Zweiten, Dritten und Vierten Abschnitts des Zweiten Teils entsprechend anzuwenden, soweit sich aus diesem Abschnitt nichts anderes ergibt.

Literatur

Literatur zur 10. Richtlinie: *Adolff*, Konkurrierende Bewertungssysteme bei der grenzüberschreitenden Verschmelzung von Aktiengesellschaften – zu den Vorgaben des europäischen Gemeinschaftsrechts für die gerichtliche Überprüfung des Umtauschverhältnisses –, ZHR 173 (2009), 67; *Bayer/J. Schmidt*, Die neue Richtlinie über die grenzüberschreitende Verschmelzung von Kapitalgesellschaften, NJW 2006, 401; *Behrens*, Die grenzüberschreitende Verschmelzung nach der Richtlinie 2005/56/EG (Verschmelzungsrichtlinie), 2007; *Drinhausen/Keinath*, Die grenzüberschreitende Verschmelzung inländischer Gesellschaften nach Erlass der Richtlinie zur grenzüberschreitenden Verschmelzung von Kapitalgesellschaften in Europa, RIW 2006, 81; *Frenzel/Axer*, EG-Mitgliedstaat durch die Hintertür?, RIW 2007, 47; *Frischhut*, Grenzüberschreitende Verschmelzungen von Kapitalgesellschaften – ein Überblick über die Zehnte gesellschaftsrechtliche Richtlinie, EWS 2006, 55; *Grohmann/Gruschinske*, Grenzüberschreitende Mobilität von Kapitalgesellschaften in Europa, GmbHR 2006, 191; *Grundmann*, Europäisches Gesellschaftsrecht, 2. Aufl. 2011, § 26; *Habersack/Verse*, Europäisches Gesellschaftsrecht, 4. Aufl. 2011, § 8 III; *Halász/Kloster*, Fortschreitende Europäisierung des Rechts grenzüberschreitender Unternehmenszusammenschlüsse, DStR 2004, 1324; *Heuschmid*, Unternehmensmitbestimmung nach der Richtlinie zur grenzüberschreitenden Verschmelzung von Kapitalgesellschaften, AuR 2006, 184; *Inwinkl/Georg Schneider*, Fusionsverbote nach der Internationalen Verschmelzungsrichtlinie 2005/56/EG und dem österreichischen EU-

VerschG, RIW 2008, 4; *Leutner/Thomas Wagner*, Verabschiedung der EG-Verschmelzungsrichtlinie, GPR 2006, 32; *Lutter/Bayer/J. Schmidt*, Europäisches Unternehmens- und Kapitalmarktrecht, 5. Aufl. 2012, § 23; *Maul/Christoph Teichmann/Wenz*, Der Richtlinienvorschlag zur grenzüberschreitenden Verschmelzung von Kapitalgesellschaften, BB 2003, 2633; *Hans-Friedrich Müller*, Die grenzüberschreitende Verschmelzung nach dem neuen Richtlinienentwurf der EU-Kommission, ZIP 2004, 1790; *Nagel*, Die Richtlinie zur grenzüberschreitenden Verschmelzung, NZG 2006, 97; *Neye*, Die neue Richtlinie zur grenzüberschreitenden Verschmelzung von Kapitalgesellschaften, ZIP 2005, 1893; *Oechsler*, Die Richtlinie 2005/56/EG über die Verschmelzung von Kapitalgesellschaften aus verschiedenen Mitgliedstaaten, NZG 2006, 161; *Pluskat*, Der neue Entwurf für eine europäische Verschmelzungsrichtlinie – Transnationale Fusionen in Europa damit in greifbare Nähe gerückt?, EWS 2004, 1; *Ratka*, Die neue Richtlinie zur grenzüberschreitenden Verschmelzung von Kapitalgesellschaften, GeS 2006, 52; *Rickford*, The proposed tenth company law directive on cross border mergers and its impact in the UK, [2005] EBLR 1393; *Schulte-Hillen/Hirschmann*, Die grenzüberschreitende Verschmelzung – Ein erster Überblick über den Entwurf der Richtlinie über die Verschmelzung von Kapitalgesellschaften aus verschiedenen Mitgliedsstaaten, GPR 2004, 89; *Schwab*, Das auf den Verschmelzungsplan anwendbare Recht, GesRZ 2012, 103; *Ugliano*, The New Cross-Border Merger Directive: Harmonisation of European Company Law and Free Movement [2007] EBLR 585; *M. Winter*, Grenzüberschreitende Verschmelzungen – ein Update, GmbHR 2008, 532.

Literatur zur Umsetzung der 10. Richtlinie in den §§ 122aff. UmwG: *Bayer/J. Schmidt*, Der Regierungsentwurf zur Änderung des Umwandlungsgesetzes. Eine kritische Stellungnahme, NZG 2006, 841; *Bayer/J. Schmidt/Hoffmann*, Verschmelzungen nach Inkrafttreten des 2. UmwÄndG, Der Konzern 2012, 225; *Beutel*, Der neue rechtliche Rahmen grenzüberschreitender Verschmelzungen in der EU, 2008; *Bormann/Trautmann*, Ungeklärte Fragen zum Verschmelzungsstichtag und zur Bilanz bei grenzüberschreitenden Verschmelzungen, KSzW 2013, 70; *Brocker*, Die grenzüberschreitende Verschmelzung von Kapitalgesellschaften, BB 2010, 971; *Drinhausen*, Regierungsentwurf eines Zweiten Gesetzes zur Änderung des Umwandlungsgesetzes – ein Gewinn für die Praxis, BB 2006, 2313; *Drinhausen/Keinath*, Referentenentwurf eines Zweiten Gesetzes zur Änderung des Umwandlungsgesetzes – Erleichterung grenzüberschreitender Verschmelzungen für deutsche Kapitalgesellschaften?, BB 2006, 725; *Dzida*, Die Unterrichtung des „zuständigen" Betriebsrats bei innerstaatlichen und grenzüberschreitenden Verschmelzungen, GmbHR 2009, 459; *Dzida/Schramm*, Arbeitsrechtliche Pflichtangaben bei innerstaatlichen und grenzüberschreitenden Verschmelzungen, NZG 2008, 521; *Ege/Klett*, Praxisfragen bei grenzüberschreitenden Verschmelzungen im Konzern, GWR 2011, 399; *Forsthoff*, Internationale Verschmelzungsrichtlinie: Verhältnis zur Niederlassungsfreiheit und Vorwirkung; Handlungszwang für Mitbestimmungsreform, DStR 2006, 613; *Frenzel*, Grenzüberschreitende Verschmelzung von Kapitalgesellschaften, 2008; *Frenzel*, Grenzüberschreitende Verschmelzung von Kapitalgesellschaften – nach Ablauf der Umsetzungsfrist, RIW 2008, 12; *Freundorfer/Festner*, Praxisempfehlungen für die grenzüberschreitende Verschmelzung, GmbHR 2010, 195; *Habersack/Drinhausen*, SE-Recht mit grenzüberschreitender Verschmelzung, 2013; *Handelsrechtsausschuss des DAV*, Stellungnahme des Deutschen Anwaltsvereins durch den Handelsrechtsausschuss zum Regierungsentwurf eines Zweiten Gesetzes zur Änderung des Umwandlungsgesetzes, NZG 2006, 737; *Haritz/von Wolff*, Internationalisierung des deutschen Umwandlungsrechts, GmbHR 2006, 340; *Heckschen*, Die Reform des Umwandlungsrechts, DNotZ 2007, 444; *Herrler*, Ermöglichung grenzüberschreitender Verschmelzungen von Kapitalgesellschaften durch Änderung des Umwandlungsgesetzes – Umsetzung der Verschmelzungsrichtlinie unter Vernachlässigung der primärrechtlichen Rahmenbedingungen, EuZW 2007, 295; *Herrler/Schneider*, Go ahead, come back – von der Limited (zurück) zur GmbH – Zivil- und steuerrechtliche Grundlagen mit Erfahrungsbericht, DStR 2009, 2433; *Herrler/Schneider*, Grenzüberschreitende Verschmelzungen von Gesellschaften mit beschränkter Haftung zwischen Deutschland und Österreich, GmbHR 2011, 795; *Holzborn/Mayston*, Grenzüberschreitender „Downstream Merger" bei Streubesitz und Börsenhandel, ZIP 2012, 2380; *Kallmeyer*, Stellungnahme der Centrale für die GmbH Dr. Otto Schmidt vom 16.3.2006 zum Referentenentwurf eines Zweiten Gesetzes zur Änderung des Umwandlungsgesetzes,

GmbHR 2006, 418; *Kallmeyer/Kappes*, Grenzüberschreitende Verschmelzungen und Spaltungen nach SEVIC Systems und der EU-Verschmelzungsrichtlinie, AG 2006, 224; *Kiem*, Die Ermittlung der Verschmelzungswertrelation bei der grenzüberschreitenden Verschmelzung, ZGR 2007, 542; *Kiem*, Die Regelung der grenzüberschreitenden Verschmelzung im deutschen Umwandlungsgesetz, WM 2006, 1091; *Krauel/Mense/Wind*, Praxisfragen der grenzüberschreitenden Verschmelzung, Der Konzern 2010, 541; *Krause/Kulpa*, Grenzüberschreitende Verschmelzungen – Vor dem Hintergrund der „Sevic"-Entscheidung und der Reform des deutschen Umwandlungsrechts –, ZHR 171 (2007), 38; *Krüger*, Das auf den Verschmelzungsplan nach § 122c UmwG anwendbare Recht, in GS Michael Gruson, 2009, S. 265; *Kruse/Kruse*, Grenzüberschreitende Konzernverschmelzungen – Vorgaben und Vereinfachungen der §§ 122a ff. UmwG, BB 2010, 3035; *Limmer*, Grenzüberschreitende Umwandlungen nach dem Sevic-Urteil des EuGH und den Neuregelungen des UmwG, ZNotP 2007, 242 (Teil 1), 282 (Teil 2); *Louven*, Umsetzung der Verschmelzungsrichtlinie, ZIP 2006, 2021; *Lutz*, Hinweise für den Vertragsgestalter bei einer grenzüberschreitenden Verschmelzung unter dem besonderen Gesichtspunkt der Hinausverschmelzung, BWNotZ 2010, 23; *Hans-Friedrich Müller*, Die grenzüberschreitende Verschmelzung nach dem Referentenentwurf des Bundesjustizministeriums, NZG 2006, 286; *Hans-Friedrich Müller*, Internationalisierung des deutschen Umwandlungsrechts: Die Regelung der grenzüberschreitenden Verschmelzung, ZIP 2007, 1081; *Neye/Timm*, Die geplante Umsetzung der Richtlinie zur grenzüberschreitenden Verschmelzung von Kapitalgesellschaften im Umwandlungsgesetz, DB 2006, 488; *Neye/Timm*, Mehr Mobilität für die GmbH in Europa. Das neue Recht der grenzüberschreitenden Verschmelzungen, GmbHR 2007, 561; *Passarge/Stark*, Gläubigerschutz bei grenzüberschreitenden Verschmelzungen nach dem Zweiten Gesetz zur Änderung des Umwandlungsgesetzes, GmbHR 2007, 803; *Pfeiffer/Heilmeier*, Einreichung und Bekanntmachung des Verschmelzungsplans bei grenzüberschreitender Verschmelzung – Praxisprobleme beim Umgang mit § 122d UmwG, GmbHR 2009, 1317; *Simon/Rubner*, Die Umsetzung der Richtlinie über grenzüberschreitende Verschmelzungen ins deutsche Recht, Der Konzern 2006, 835; *Teicke*, Herausforderungen bei der Planung und Umsetzung einer grenzüberschreitenden Verschmelzung, DB 2012, 2675; *J. Vetter*, Die Regelung der grenzüberschreitenden Verschmelzung im UmwG, AG 2006, 613; *Weyde/Hafemann*, Praxisrelevante gesellschaftsrechtliche und steuerrechtliche Aspekte bei grenzüberschreitenden Verschmelzungen, in FS Wienand Meilicke, 2010, S. 779; *M. Winter*, Planung und Vorbereitung einer grenzüberschreitenden Verschmelzung, Der Konzern 2007, 24.

Literatur speziell zum Sevic-Urteil des EuGH (Auswahl): *Bayer/J. Schmidt*, Schutz der grenzüberschreitenden Verschmelzung durch die Niederlassungsfreiheit, ZIP 2006, 210; *Behrens*, Die neue Lektion aus Luxemburg zur internationalen Mobilität von Gesellschaften: Grenzüberschreitende Verschmelzungen sind möglich!, EuZW 2006, 65; *Bungert*, Grenzüberschreitende Verschmelzungsmobilität – Anmerkung zur Sevic-Entscheidung des EuGH, BB 2006, 53; *Doralt*, Cross-Border Mergers – A Glimpse into the future, ECFR 2007, 17; *Doralt*, Sevic: Traum und Wirklichkeit – die grenzüberschreitende Verschmelzung ist Realität, IPrax 2006, 572; *Geyrhalter/Thomas Weber*, Transnationale Verschmelzungen – im Spannungsfeld zwischen SEVIC Systems und der Verschmelzungsrichtlinie, DStR 2006, 146; *Hansen*, Merger, moving and division across national borders – when case law breaks through barriers and overtakes directives, EBLR 2007, 181; *Haritz*, Anmerkung zu EuGH v. 13.12.2005 (SEVIC), GmbHR 2006, 143; *Kappes*, Zulässigkeit grenzüberschreitender Verschmelzungen, NZG 2006, 101; *Kieninger*, Grenzüberschreitende Verschmelzungen in der EU – das SEVIC-Urteil des EuGH, EWS 2006, 49; *Leible/Jochen Hoffmann*, Grenzüberschreitende Verschmelzungen im Binnenmarkt nach „Sevic", RIW 2006, 161; *Lutter/Drygala*, Internationale Verschmelzungen in Europa, JZ 2006, 770; *Meilicke/Rabback*, Die EuGH-Entscheidung in der Rechtssache SEVIC und die Folgen für das deutsche Umwandlungsrecht nach Handels- und Steuerrecht, GmbHR 2006, 123; *Oechsler*, Die Zulässigkeit grenzüberschreitender Verschmelzungen – Die Sevic-Entscheidung des EuGH, NJW 2006, 812; *Rieder*, EuGH-Rechtssache Sevic: Grenzüberschreitende Verschmelzung zulässig, GeS 2006, 4; *Ringe*, Anmerkung zu EuGH v. 13.12.2005, Rs. C-411/03 („SEVIC"), DB 2005, 2806; *Claudia Schmidt/Maul*, Anmerkung zu EuGH v. 13.12.2005, Rs. C-411/03 („SEVIC"), BB 2006, 13; *Schmidtbleicher*, Verwaltungssitzverlegung deutscher Kapitalgesellschaften in Europa: „Sevic" als Leitlinie für „Cartesio"?, BB 2007, 613; *Wolfgang Schön*, The mobility of companies in Europe and the organizational freedom of company founders, [2006] ECFR 122; *Siems*, SEVIC: Der letzte Mosaikstein im Internationalen Gesellschaftsrecht der EU?, EuZW 2006, 135; *Spahlinger/Wegen*, Deutsche Gesellschaften in grenzüberschreitenden Umwandlungen nach „SEVIC" und der Verschmelzungsrichtlinie in der Praxis, NZG 2006, 721; *Christoph Teichmann*, Binnenmarktmobilität von Gesellschaften nach „Sevic", ZIP 2006, 355; *Susanne Weiss/Wöhlert*, Die „Sevic-Entscheidung" des EuGH – „sudden death" für Societas Europaea und Richtlinie zur grenzüberschreitenden Verschmelzung und Wegbereiter für grenzüberschreitende Spaltungen?, WM 2007, 580.

I. Vorbemerkung: Europarechtlicher Hintergrund der §§ 122a ff. UmwG

Der durch das 2. UmwGÄndG[1] eingefügte 10. Abschnitt (§§ 122a–122l UmwG) regelt in Umsetzung der **Richtlinie 2005/56/EG** über die Verschmelzung von Kapitalgesellschaften aus verschiedenen Mitgliedstaaten (10. gesellschaftsrechtliche Richtlinie – 10. Richtlinie)[2] (dazu näher unten Rz. 2 ff.) sowie der ***Sevic*-Entscheidung** des EuGH[3] (dazu unten Rz. 11 ff.) die grenzüberschreitende Verschmelzung von Kapitalgesellschaften[4]. 1

1. Europarechtliche Grundlagen

a) Die internationale Verschmelzungsrichtlinie (10. Richtlinie)

aa) Regelungsbereich

Die internationale Verschmelzungsrichtlinie (10. Richtlinie) v. 26.10.2005, die von den Mitgliedstaaten bis zum Dezember 2007 umzusetzen war (vgl. Art. 19 Satz 1), stellt einen weiteren Meilenstein bei der Schaffung des europäischen Binnenmarktes dar[5]. Ihr Regelungsbereich ist allerdings gem. Art. 1 auf die **grenzüberschreitende Verschmelzung von Kapitalgesellschaften aus verschiedenen EU-/EWR-Mitgliedstaaten** beschränkt. 2

Nicht vom Regelungsbereich erfasst sind also zum einen transnationale Fusionen mit Gesellschaften aus **Drittstaaten**[6]. Zum anderen erfasst die 10. Richtlinie – anders als das *Sevic*-Urteil (dazu unten Rz. 12) – auch nicht die grenzüberschreitende 3

1 Zweites Gesetz zur Änderung des Umwandlungsgesetzes v. 19.4.2007, BGBl. I, S. 542.

2 Richtlinie 2005/56/EG des Europäischen Parlaments und des Rates v. 26.10.2005 über die Verschmelzung von Kapitalgesellschaften aus verschiedenen Mitgliedstaaten, ABl. EU Nr. L 310/1 v. 25.11.2005, s. Anh. V, S. 3481 ff. Text und ausf. Erläuterungen bei *Lutter/Bayer/J. Schmidt*, EuropUR, § 23 m.z.w.N.

3 EuGH v. 13.12.2005 – Rs. C-411/03, Slg. 2005, I-10805 (SEVIC Systems AG) = BB 2006, 11 = AG 2006, 80.

4 Vgl. BegrRegE, BR-Drucks. 548/06, 19 f.; *Bayer/J. Schmidt*, NZG 2006, 841; *Drinhausen/Keinath*, BB 2006, 725; *Heckschen* in Widmann/Mayer, Vor §§ 122a ff. UmwG Rz. 1 f., 12; *Heckschen*, DNotZ 2007, 444 (445); *Kiem*, WM 2006, 1091; *Marsch-Barner* in Kallmeyer, § 122a UmwG Rz. 1; *H.-F. Müller*, ZIP 2007, 1081; *Neye/Timm*, DB 2006, 488 (489); *Neye/Timm*, GmbHR 2007, 561.

5 Vgl. *Bayer/J. Schmidt*, NJW 2006, 401 (406).

6 *Bayer/J. Schmidt*, NJW 2006, 401; *Lencou/Menjucq*, Dalloz 2009, 886 (889); *Lutter/Bayer/J. Schmidt*, EuropUR, § 23 Rz. 10.

Verschmelzung von **Personengesellschaften**[1]. Ebenso wenig erfasst sind schließlich auch andere grenzüberschreitende Umstrukturierungsvorgänge wie grenzüberschreitende **Spaltungen**[2] oder **Formwechsel**[3] (vgl. zu deren Zulässigkeit auf Grund des *Sevic*-Urteils unten Rz. 11)[4].

4 **Eingeschränkt** ist der Regelungsbereich der 10. Richtlinie darüber hinaus im Hinblick auf die zulässigen **Verschmelzungskombinationen**[5]: Sie gebietet die Zulassung grenzüberschreitender Verschmelzungen von Kapitalgesellschaften nämlich nur insoweit, als eine Verschmelzung zwischen Gesellschaften solcher Rechtsformen auch nach dem innerstaatlichen Recht der betroffenen Mitgliedstaaten möglich ist (Art. 4 Abs. 1 lit. a). Diese erst im Rat eingefügte Schutzklausel soll verhindern, dass die Mitgliedstaaten bei transnationalen Fusionen Kombinationen zulassen müssten, die ihrem nationalen Recht fremd sind[6].

bb) Grundkonzeption und Inhalt

5 Die Struktur der 10. Richtlinie beruht – ganz im Sinne des europarechtlichen Subsidiaritätsprinzips (Art. 5 Abs. 1 Satz 2 u. Abs. 3 EU) und der kollisionsrechtlichen Vereinigungstheorie (vgl. dazu auch ausf. § 1 Rz. 44ff.) – auf **dem Prinzip der subsidiären Anwendbarkeit des jeweiligen nationalen Rechts**[7]: wenn und soweit sich aus der Richtlinie nichts anderes ergibt, muss jede an einer grenzüberschreitenden Verschmelzung beteiligte Gesellschaft die Vorschriften und Formalitäten des für sie geltenden innerstaatlichen Rechts einhalten bzw. erledigen (Art. 4 Abs. 1 lit. b Satz 1; vgl. ferner auch Erwägungsgrund 3).

---

1 Vgl. *Bayer/J. Schmidt*, NJW 2006, 401; *Heuschmid*, AuR 2006, 184 (185); *Inwinkl/G. Schneider*, RIW 2008, 4 (7); *Leutner/Wagner*, GPR 2006, 32 (34); *Lutter/Bayer/J. Schmidt*, EuropUR, § 23 Rz. 11; *Neye/Timm*, GmbHR 2007, 561 (565); *Pluskat*, EWS 2004, 1 (4) (zum Richtlinien-Entwurf).

2 Vgl. *Drinhausen/Keinath*, RIW 2006, 81 (86); *Habersack/Verse*, EuropGesR, § 8 Rz. 58; *Lutter/Bayer/J. Schmidt*, EuropUR, § 23 Rz. 9; *Neye/Timm*, GmbHR 2007, 561 (565); *Spahlinger/Wegen*, NZG 2006, 721 (722).

3 Vgl. *Drinhausen/Keinath*, RIW 2006, 81 (86); *Lutter/Bayer/J. Schmidt*, EuropUR, § 23 Rz. 9; *Neye/Timm*, GmbHR 2007, 561 (565); *Spahlinger/Wegen*, NZG 2006, 721 (722).

4 Im Aktionsplan 2012 (KOM(2012) 740) hat die Kommission allerdings angekündigt, nach Durchführung einer Studie ggf. künftig auch Regelungen zur grenzüberschreitenden Spaltung in die 10. Richtlinie zu integrieren (Ziff. 4.3), vgl. dazu *Bayer/J. Schmidt*, BB 2013, 3 (14f.); *J. Schmidt*, GmbHR 2013, R33 (R34).

5 Vgl. *Bayer/J. Schmidt*, NJW 2006, 401; *Beutel*, Der neue rechtliche Rahmen grenzüberschreitender Verschmelzungen in der EU, 2008, S. 135f.; *Grundmann*, EuropGesR, Rz. 924; *Heuschmid*, AuR 2006, 184 (185f.); *Inwinkl/G. Schneider*, RIW 2008, 4 (8f.); *Kallmeyer/Kappes*, AG 2006, 224 (228); *Lutter/Bayer/J. Schmidt*, EuropUR, § 23 Rz. 24; *Marsch-Barner* in Kallmeyer, § 122a UmwG Rz. 2; *H.-F. Müller*, ZIP 2007, 1081 (1083); *Neye*, ZIP 2005, 1893 (1895); *Rickford*, [2005] EBLR 1393 (1402). Ausf. zur Vereinbarkeit mit Art. 49, 54, 63 AEU ferner *Behrens*, Die grenzüberschreitende Verschmelzung nach der Richtlinie 2005/56/EG (Verschmelzungsrichtlinie), 2007, S. 41ff.

6 Vgl. *Bayer/J. Schmidt*, NJW 2006, 401; *Lutter/Bayer/J. Schmidt*, EuropUR, § 23 Rz. 24.

7 Vgl. *Bayer/J. Schmidt*, NJW 2006, 401 (402); *Beutel*, Der neue rechtliche Rahmen grenzüberschreitender Verschmelzungen in der EU, 2008, S. 121; *Frischut*, EWS 2006, 55 (57); *Grundmann*, EuropGesR, Rz. 926; *Heckschen* in Widmann/Mayer, Vor §§ 122aff. UmwG Rz. 7; *Inwinkl/G. Schneider*, RIW 2008, 4 (9); *Lutter/Bayer/J. Schmidt*, EuropUR, § 23 Rz. 27; *Marsch-Barner* in Kallmeyer, § 122a UmwG Rz. 2; *Neye/Timm*, DB 2006, 488 (489); *Ratka*, GeS 2006, 52 (54); *Ugliano*, [2007] EBLR 585 (599); s. ferner bereits zum Richtlinie-Entwurf: *H.-F. Müller*, ZIP 2004, 1790 (1792); *Pluskat*, EWS 204, 1 (3); *Rickford*, [2005] EBLR 1393 (1402).

Das **Verfahren** der grenzüberschreitenden Verschmelzung ist durch die 10. Richtlinie also nur partiell harmonisiert; sie beschränkt sich darauf, in den Art. 5ff. ein **europaweit uniformes Grundgerüst** zu verankern[1]. Dieses fußt auf den – schon aus der 3. Richtlinie[2] bekannten und in modernisierter Form auch in die SE-VO[3] und die SCE-VO[4] übernommenen – Grundbausteinen Verschmelzungsplan (Art. 5, vgl. dazu § 122c Rz. 3ff.), Verschmelzungsbericht (Art. 7, vgl. dazu § 122e Rz. 3ff.), Verschmelzungsprüfung (Art. 8, vgl. dazu § 122f Rz. 2ff.) und Verschmelzungsbeschluss (Art. 9, § 122g Rz. 4ff.)[5]. Dieses maßgeblich auf dem Gedanken des Schutzes durch Information beruhende „europäische Modell für Strukturmaßnahmen"[6] hat sich in der Vergangenheit – insbesondere auch in seiner Umsetzung im deutschen Recht – bewährt[7]. 6

Die in Art. 10 und 11 geregelte **Prüfung der Rechtmäßigkeit** der Verschmelzung ist – nach dem Vorbild von SE-VO und SCE-VO – zweistufig ausgestaltet (dazu ausf. § 122k Rz. 1). Harmonisiert werden durch die 10. Richtlinie weiterhin die **Rechtsfolgen** der Verschmelzung (Art. 14, dazu § 122l Rz. 25), der **Bestandsschutz** (Art. 17, dazu § 122l Rz. 26) sowie (allerdings nur partiell) der Zeitpunkt der **Wirksamkeit** der Verschmelzung (Art. 12, dazu § 122l Rz. 23f.). 7

In Bezug auf den **Gläubiger- und Minderheitenschutz** enthält die 10. Richtlinie dagegen selbst **keine speziellen Regelungen**. Hinsichtlich des Schutzes der Minderheitsgesellschafter enthält Art. 4 Abs. 2 eine ausdrückliche Regelungsermächtigung zugunsten der Mitgliedstaaten (dazu u. speziell zur deutschen Umsetzung näher § 122h Rz. 1ff., § 122i Rz. 1ff.). Hinsichtlich des Schutzes der Gläubiger erklären Art. 4 Abs. 1 lit. b Satz 1, Abs. 2 Satz 1 dagegen in Bezug auf jede der beteiligten Gesellschaften das im jeweiligen nationalen Recht für innerstaatliche Verschmelzungen geltende Gläubigerschutzrecht für anwendbar (dazu näher § 122j Rz. 5). 8

Die Regelungen betreffend die **Beteiligung der Arbeitnehmer** in Art. 16 der 10. Richtlinie bauen auf dem von der SE her bekannten Modell (Verhandlungen und Auffanglösung) auf, modifizieren dieses allerdings in wesentlichen Punkten 9

---

1 Vgl. *Bayer/J. Schmidt*, NJW 2006, 401 (402); *Krause/Kulpa*, ZHR 171 (2007), 38 (52); *Lutter/Bayer/J. Schmidt*, EuropUR, § 23 Rz. 26.

2 Ursprünglich: Richtlinie 78/855/EWG; seit 1.7.2011: Richtlinie 2011/35/EU des Europäischen Parlaments und des Rates v. 5.4.2011 über die Verschmelzung von Aktiengesellschaften, ABl. EU Nr. L 110/1 v. 29.4.2011, s. Anh. III, S. 3451ff. Ausf. Erläuterungen bei *Lutter/Bayer/J. Schmidt*, EuropUR, § 21 m.z.w.N.

3 VO (EG) Nr. 2157/2001 des Rates v. 8.10.2001 über das Statut der Europäischen Gesellschaft (SE), ABl. EG Nr. L 294/1 v. 10.11.2001. Text und ausf. Erläuterungen bei *Lutter/Bayer/J. Schmidt*, EuropUR, § 41 m.z.w.N.

4 VO (EG) Nr. 1435/2003 des Rates v. 22.7.2003 über das Statut der Europäischen Genossenschaft (SCE), ABl. EU Nr. L 207/1 v. 18.8.2003. Text und ausf. Erläuterungen bei *Lutter/Bayer/J. Schmidt*, EuropUR, § 42 m.z.w.N.

5 Vgl. *Bayer/J. Schmidt*, NJW 2006, 401 (402); *Habersack/Verse*, EuropGesR, § 8 Rz. 62; *Lutter/Bayer/J. Schmidt*, EuropUR, § 23 Rz. 26; s. ferner auch *Beutel*, Der neue rechtliche Rahmen grenzüberschreitender Verschmelzungen in der EU, 2008, S. 154f.; *Heckschen*, DNotZ 2007, 444 (453f.); *Krause/Kulpa*, ZHR 171 (2007), 38 (52).

6 Vgl. dazu *Lutter/Bayer/J. Schmidt*, EuropUR, § 6 Rz. 29, § 18 Rz. 9, § 19 Rz. 4, § 21 Rz. 24, 112, § 22 Rz. 23, 81, § 23 Rz. 26, § 30 Rz. 16, § 41 Rz. 47 sowie auch schon *Bayer/J. Schmidt*, NJW 2006, 401 (402).

7 Vgl. schon *Bayer/J. Schmidt*, NJW 2006, 401 (402) sowie weiter *Lutter/Bayer/J. Schmidt*, EuropUR, § 23 Rz. 26.

deutlich[1]. Die deutschen Umsetzungsvorschriften hierzu finden sich allerdings nicht in den §§ 122a ff. UmwG, sondern im **MgVG**[2].

10 **Steuerrechtliche** Regelungen enthält die 10. Richtlinie nicht; die europarechtlichen Rahmenbedingungen für eine steuerneutrale Durchführung wurden jedoch bereits durch die Fusionssteuerrichtlinie[3] gelegt[4]; das deutsche Steuerrecht wurde durch das **SEStEG**[5] angepasst (s. Einl. II Rz. 7 ff. u. Anh. 2 nach § 122l Rz. 41 ff.)[6].

b) Das Sevic-Urteil des EuGH

11 In seinem grundlegenden Urteil in der Rechtssache *Sevic* v. 13.12.2005[7] stellte der EuGH nur wenige Wochen nach Verabschiedung der 10. Richtlinie klar, dass die Zulassung grenzüberschreitender Verschmelzungen bereits durch die Niederlassungsfreiheit (Artt. 49, 54 AEU (früher: Artt. 43, 48 EG) geboten ist. Gegenstand der Entscheidung war die Verweigerung der Eintragung der Verschmelzung einer luxemburgischen SA auf die deutsche Sevic Systems AG unter Berufung auf § 1

---

1 Vgl. dazu *Lutter/Bayer/J. Schmidt*, EuropUR, § 23 Rz. 147 ff. m.w.N. Ausf. zur Beteiligung der Arbeitnehmer nach der 10. Richtlinie: *Behrens*, Die grenzüberschreitende Verschmelzung nach der Richtlinie 2005/56/EG (Verschmelzungsrichtlinie), 2007, S. 177 ff.; *Heuschmid*, AuR 2006, 184 (186 ff.); *Leutner/Wagner*, GPR 2006, 32 (34 f.); *Nagel*, NZG 2006, 97 (98 ff.); *Ugliano*, [2007] EBLR 585 (608 ff.).

2 Gesetz zur Umsetzung der Regelungen über die Mitbestimmung der Arbeitnehmer bei einer Verschmelzung von Kapitalgesellschaften aus verschiedenen Mitgliedstaaten v. 21.12.2006, BGBl. I, S. 3332.

3 Richtlinie 90/434/EWG des Rates v. 23.7.1990 über das gemeinsame Steuersystem für Fusionen, Spaltungen, die Einbringung von Unternehmensanteilen und den Austausch von Anteilen, die Gesellschaften verschiedener Mitgliedstaaten betreffen, ABl. EG Nr. L 225/1 v. 20.8.1990. Jetzt kodifiziert als Richtlinie 2009/133/EG des Rates v. 19.10.2009 über das gemeinsame Steuersystem für Fusionen, Spaltungen, Abspaltungen, die Einbringung von Unternehmensteilen und den Austausch von Anteilen, die Gesellschaften verschiedener Mitgliedstaaten betreffen, sowie für die Verlegung des Sitzes einer Europäischen Gesellschaft oder einer Europäischen Genossenschaft von einem Mitgliedstaat in einen anderen Mitgliedstaat, ABl. EU Nr. L 310/34 v. 25.11.2009.

4 Vgl. *Heckschen*, DNotZ 2007, 444 (446); *Leutner/Wagner*, GPR 2006, 32 (35); *Rickford*, [2005] EBLR 1393 (1413); *Spahlinger/Wegen*, NZG 2006, 721 (723).

5 Gesetz über steuerliche Begleitmaßnahmen zur Einführung der Europäischen Gesellschaft und zur Änderung weiterer steuerrechtlicher Vorschriften (SEStEG) v. 7.12.2006, BGBl. I, S. 2782. Dazu etwa *Bauernschmitt/Blöchle*, BB 2007, 743 ff.; *Benecke/Schnitger*, IStR 2006, 765 ff.; *Rödder/Schumacher*, DStR 2007, 369 ff.

6 Vgl. *Heckschen*, DNotZ 2007, 444 (446); *M. Winter*, Der Konzern 2007, 24 (29).

7 EuGH v. 13.12.2005 – Rs. C-411/03, Slg. 2005, I-10805 (SEVIC Systems AG) = BB 2006, 11 = AG 2006, 80. Dazu *Andenas*, (2006) 27 Co Law 33 ff.; *Bayer*, BB 2006, Heft 7, I; *Bayer/J. Schmidt*, ZIP 2006, 210 ff.; *Behrens*, EuZW 2006, 65 ff.; *Bungert*, BB 2006, 53 ff.; *Decher*, Der Konzern 2006, 805 (809 f.); *Doralt*, [2007] ECFR 17 (22 ff.); *Doralt*, IPrax 2006, 572 ff.; *Drygala*, EWiR 2006, 25 f.; *Geyrhalter/Weber*, DStR 2006, 146 ff.; *Hansen*, [2007] EBLR 181 (187 ff.); *Haritz*, GmbHR 2006, 143 ff.; *Herrler*, EuZW 2007, 295 (297 ff.); *Heuschmid*, AuR 2006, 121 ff.; *Kallmeyer/Kappes*, AG 2006, 224 ff.; *Kappes*, NZG 2006, 101 ff.; *Kieninger*, EWS 2006, 49 ff.; *Krause/Kulpa*, ZHR 171 (2007), 38 (40 ff.); *Leible/Hoffmann*, RIW 2006, 161 ff.; *Limmer*, ZNotP 2007, 242 (244 ff.); *Lutter/Drygala*, JZ 2006, 770 ff.; *Meilicke/Rabback*, GmbHR 2006, 123 ff.; *Oechsler*, NJW 2006, 812 ff.; *Rieder*, GeS 2006, 4 ff.; *Ringe*, DB 2005, 2806 f.; *C. Schmidt/Maul*, BB 2006, 13 ff.; *Schmidtbleicher*, BB 2007, 613 ff.; *Schön* [2006] ECFR 122 (140 ff.); *Siems*, EuZW 2006, 135; *Spahlinger/Wegen*, NZG 2006, 721 (724 ff.); *Teichmann*, ZIP 2006, 355 ff.; *Ugliano*, [2007] EBLR 585 (592 ff.); *Weiss/Wöhlert*, WM 2007, 580 ff.

Abs. 1 UmwG (dazu § 1 Rz. 5ff.). Streng genommen ging es also nur um eine sog. Hereinverschmelzung. Im Hinblick darauf, dass der EuGH jedoch nicht nur „grenzüberschreitende Verschmelzungen", sondern auch „andere Gesellschaftsumwandlungen" in den Schutzbereich der Artt. 49, 54 AEU (damals noch Artt. 43, 48 EG) einbezieht, dürfte sich aus dem Urteil allerdings nicht nur die kraft Europarechts gebotene prinzipielle Zulässigkeit grenzüberschreitender **Herein- und Hinausverschmelzungen**[1], sondern darüber hinaus auch der grenzüberschreitenden **Spaltung** (vgl. dazu auch § 1 Rz. 11; zum steuerlichen Rahmen Anh. 2 nach § 122l Rz. 91ff.)[2] ergeben. Ferner ließ sich *Sevic* auch bereits die dann zunächst *obiter* im *Cartesio*-[3] und inzwischen dezidiert im *VALE*-Urteil[4] höchstrichterlich festgestellte Zulässigkeit des grenzüberschreitenden **Formwechsels** entnehmen[5] (vgl. dazu auch bereits Einl. I Rz. 47f.).

Die „europäische Verschmelzungsfreiheit" gemäß dem *Sevic*-Urteil gilt nach ganz h.M. nicht nur für Kapitalgesellschaften (wie die 10. Richtlinie, vgl. oben Rz. 2), sondern für alle Gesellschaften i.S.d. Art. 54 Abs. 2 AEU, also **auch** für **Personengesellschaften**[6]. 12

Weiterhin **ungeklärt** ist allerdings, wie das **Verschmelzungsverfahren** bei einer grenzüberschreitenden Verschmelzung allein auf der Basis der *Sevic*-Grundsätze 13

---

1 So die ganz h.M., vgl. Kantongerecht Amsterdam, DB 2007, 677; *Bayer/J. Schmidt*, ZIP 2006, 210 (211); *Bayer/J. Schmidt*, BB 2008, 454 (459); *Brocker*, BB 2010, 971; *Decher*, Der Konzern 2006, 805 (809); *Heckschen* in Widmann/Mayer, Vor §§ 122a ff. UmwG Rz. 13; *Lutter/Bayer/J. Schmidt*, EuropUR, § 6 Rz. 72; *Lutter/Drygala*, JZ 2006, 770 (771); *Reichert*, Der Konzern 2006, 821 (834); *Teichmann*, ZIP 2006, 355 (358); anders jedoch *Kindler*, Der Konzern 2006, 811 (819f.); *Leible/Hoffmann*, RIW 2006, 161 (165f.); *C. Schmidt/Maul*, BB 2006, 13 (14).

2 Dafür *Bayer/J. Schmidt*, BB 2008, 454 (459); *Bayer/J. Schmidt*, ZHR 173 (2009), 735 (768); *Decher*, Der Konzern 2006, 805 (810); *Leible/Hoffmann*, RIW 2006, 161 (164); *Lutter/Bayer/J. Schmidt*, EuropUR, § 6 Rz. 76; *M. Winter*, Der Konzern 2007, 24 (31).

3 EuGH v. 16.12.2008 – Rs. C-210/06, Slg. 2008, I-9641 (Cartesio) = BB 2009, 11 = AG 2009, 79. Dazu *Bayer/J. Schmidt*, ZHR 173 (2009), 735ff.; *Lutter/Bayer/J. Schmidt*, EuropUR, § 6 Rz. 37ff. m.z.w.N.

4 EuGH v. 12.7.2012 – C-378/10, BB 2012, 2069 = GmbHR 2012, 860 (VALE). Dazu *Bayer/J. Schmidt*, ZIP 2012, 1481ff.; *Bayer*/J. Schmidt, BB 2013, 3 (9f.); *Behme*, NZG 2012, 936ff.; *Behrens*, EuZW 2012, 625; *Böttcher/Kraft*, NJW 2012, 2701ff.; *Braun*, DZWiR 2012, 411ff.; *Ege/Klett*, DStR 2012, 2442ff.; *Frenzel*, NotBZ 2012, 349ff.; *Jaensch*, EWS 2012, 353ff.; *Kindler*, EuZW 2012, 888ff.; *König/Bormann*, NZG 2012, 1241ff.; *Kruis/Widmayer*, CFL 2012, 349ff.; *Menjucq*, JCP G 2012, 1089; *Messenzehl/Schwarzfischer*, BB 2012, 2072f.; *Mörsdorf/Jopen*, ZIP 2012, 1398ff.; *Mutter/Kruchen*, EWiR 2012, 541f.; *Roth*, ZIP 2012, 1744f.; *C. Teichmann*, DB 2012, 2085ff.; *Ulrich*, GmbHR 2012, R127; *van Eck/Roelofs* (2012) 9 ECL 319ff.; *Wicke*, DStR 2012, 1756ff.; *Wöhlert/Degen*, GWR 2012, 337957; *Wohlrab*, GPR 2012, 316ff.

5 So etwa auch *Bayer/J. Schmidt*, BB 2008, 454 (459); *Doralt*, IPrax 2006, 572 (576); *Schmidtbleicher*, BB 2007, 613 (616); *Teichmann*, ZIP 2006, 355 (357, 362); s. ferner auch *Bayer/J. Schmidt*, WuB II C. § 4a GmbHG – 1.08. Anders jedoch etwa OLG München v. 4.10.2007 – 31 Wx 036/07, BB 2007, 2247 = GmbHR 2007, 1273; *Kindler*, Der Konzern 2006, 811 (812, 815).

6 Vgl. etwa *Bayer/J. Schmidt*, BB 2008, 454 (459); *Bayer/J. Schmidt*, ZIP 2006, 210 (212); *Bayer/J. Schmidt*, ZHR 173 (2009), 735 (766); *Doralt*, IPrax 2006, 572 (576); *Heckschen* in Widmann/Mayer, Vor §§ 122a ff. UmwG Rz. 14; *Lutter/Bayer/J. Schmidt*, EuropUR, § 6 Rz. 72; *Lutter/Drygala*, JZ 2006, 770 (771); *Spahlinger/Wegen*, NZG 2006, 721 (727).

im Einzelnen ausgestaltet ist[1]; der EuGH hat diesbezüglich keinerlei spezielle Vorgaben gemacht. Für die Praxis bleibt es damit insoweit bei den aus der herrschenden kollisionsrechtlichen Vereinigungstheorie resultierenden vielfältigen und hochkomplexen Problemen (vgl. dazu bereits ausf. § 1 Rz. 44ff.). Ungeklärt ist ferner auch, unter welchen Voraussetzungen die Mitgliedstaaten im Falle grenzüberschreitender Verschmelzungen **besondere Anforderungen** (insbesondere zum Schutz der Gläubiger, Minderheitsgesellschafter und Arbeitnehmer) aufstellen dürfen[2].

2. Grundzüge und Grundsystematik der Umsetzung der europarechtlichen Vorgaben in §§ 122aff. UmwG

14 Im Rahmen der Umsetzung der europarechtlichen Vorgaben hat sich der deutsche Gesetzgeber dafür entschieden, sämtliche **Sondervorschriften** für die grenzüberschreitende Verschmelzung in einem neuen **10. Abschnitt** (§§ 122a–122l UmwG) zusammenzufassen[3]. Im Übrigen aber wird mit Hilfe der **Generalverweisungsnorm in § 122a Abs. 2** UmwG (dazu ausf. unten Rz. 27ff.) auf die bereits bekannten und bewährten Verschmelzungsvorschriften des UmwG zurückgegriffen[4]. Dies erscheint zwar vom Ansatz her sinnvoll, speziell auch deshalb, weil die 10. Richtlinie – wie bereits dargelegt (vgl. oben Rz. 6) – in ihrer Grundstruktur dem bereits von der 3. Richtlinie her bekannten und im UmwG umgesetzten Grundmodell (Plan, Bericht, sachverständige Prüfung und Beschluss) folgt[5]. Zudem entspricht diese Regelungstechnik auch der allgemeinen Konzeption des UmwG[6]. Gravierender Nachteil sind jedoch zum einen die vielen Redundanzen[7]. Zum anderen ergeben sich aus dem Zusammenspiel der §§ 122aff. UmwG mit den allgemeinen Verschmelzungsvorschriften zahlreiche Streitfragen[8] (z.B. im

---

1 Vgl. zu dieser Problematik näher etwa *Bayer/J. Schmidt*, ZIP 2006, 210 (212f.); *Bayer/J. Schmidt*, ZHR 173 (2009), 735 (766ff.); *Bungert*, BB 2006, 53 (54ff.); *Gesell/Krömker*, DB 2006, 2558 (2559ff.); *Kallmeyer/Kappes*, AG 2006, 224 (226f., 229ff.); *Kieninger*, EWS 2006, 49 (50ff.); *Krause/Kulpa*, ZHR 171 (2007), 38 (48ff.); *Leible/Hoffmann*, RIW 2006, 161 (164f.); *Lutter/Bayer/J. Schmidt*, EuropUR, § 6 Rz. 73ff.; *Teichmann*, ZIP 2006, 355 (360f.).

2 Vgl. dazu näher die Nachw. in der vorherigen Fn.

3 Vgl. BegrRegE, BR-Drucks. 548/06, 29; *Bayer/J. Schmidt*, NZG 2006, 841; *Drinhausen/Keinath*, BB 2006, 725; *Forsthoff*, DStR 2006, 613; *Heckschen* in Widmann/Mayer, § 122a UmwG Rz. 3, 11; *Kiem*, WM 2006, 1091 (1092); *Lutter/Bayer/J. Schmidt*, EuropUR, § 23 Rz. 28; *H.-F. Müller*, ZIP 2007, 1081 (1082); *Neye/Timm*, DB 2006, 488 (489); *Neye/Timm*, GmbHR 2007, 561 (562); *J. Vetter*, AG 2006, 613 (615).

4 Vgl. BegrRegE, BR-Drucks. 548/06, 29; *Bayer/J. Schmidt*, NZG 2006, 841; *Drinhausen/Keinath*, BB 2006, 725; *Heckschen* in Widmann/Mayer, § 122a UmwG Rz. 12; *Kiem*, WM 2006, 1091 (1092); *H.-F. Müller*, NZG 2006, 286 (287); *Lutter/Bayer/J. Schmidt*, EuropUR, § 23 Rz. 28; *H.-F. Müller*, ZIP 2007, 1081 (1082); *Neye/Timm*, DB 2006, 488 (489); *Neye/Timm*, GmbHR 2007, 561 (562); *J. Vetter*, AG 2006, 613 (615).

5 Vgl. *Bayer/J. Schmidt*, NZG 2006, 841.

6 Vgl. *Bayer/J. Schmidt*, NZG 2006, 841; *Beutel*, Der neue rechtliche Rahmen grenzüberschreitender Verschmelzungen in der EU, 2008, S. 131; *Drinhausen* in Semler/Stengel, § 122a UmwG Rz. 3; *Hörtnagl* in Schmitt/Hörtnagl/Stratz, § 122a UmwG Rz. 5; *Kiem*, WM 2006, 1091 (1092); *Krause/Kulpa*, ZHR 171 (2007), 38 (53); *Simon/Rubner*, Der Konzern 2006, 835 (836).

7 Vgl. *Bayer/J. Schmidt*, NZG 2006, 841 sowie ferner auch *J. Vetter*, AG 2006, 613 (615).

8 Vgl. auch *Heckschen* in Widmann/Mayer, § 122a UmwG Rz. 94, 98.

Hinblick auf die Vorabinformation vor der Versammlung der Anteilsinhaber, dazu ausf. § 122g Rz. 6ff.), die für die Praxis nach wie vor zu erheblicher Rechtsunsicherheit führen.

Der **Anwendungsbereich** der §§ 122aff. UmwG ist – im Einklang mit Art. 1 der 10. Richtlinie – auf die **grenzüberschreitende Verschmelzung von Kapitalgesellschaften aus EU/EWR-Staaten** beschränkt (vgl. dazu näher unten Rz. 18ff., § 122b Rz. 2ff.). Der Gesetzgeber hat es trotz nachdrücklicher Forderungen aus Wissenschaft und Praxis[1] abgelehnt, den Anwendungsbereich – entsprechend der *Sevic*-Grundsätze (dazu oben Rz. 12) – auch auf Personengesellschaften auszudehnen[2]; für diese wird die durch *Sevic* garantierte „europäische Verschmelzungsfreiheit" daher mangels rechtssicherer Grundlage weiterhin illusorisch bleiben[3]. In konsequenter Umsetzung der Entscheidung hätte es sich darüber hinaus angeboten, zugleich auch für die grenzüberschreitende Spaltung eine rechtssichere Basis zu schaffen[4]. Auch dies hat der Gesetzgeber jedoch explizit abgelehnt und mit dem in § 125 Satz 1 UmwG (vgl. dazu auch § 125 Rz. 1ff.) eingefügten Zusatz sogar ausdrücklich klargestellt, dass er die §§ 122aff. UmwG gerade nicht entsprechend auf (grenzüberschreitende) Spaltungen angewendet wissen will[5]. Nicht geregelt wurde ferner auch der grenzüberschreitende Formwechsel (zu dessen Zulässigkeit auf Grund der Niederlassungsfreiheit bereits oben Rz. 11 sowie Einl. I Rz. 47f.). Im Januar 2008 war zwar zumindest ein Entwurf für eine IPR-Novelle[6] vorgelegt worden, der insoweit einen kollisionsrechtlichen Ansatz verfolgte; dieser wurde dann jedoch auf Grund des Widerstands von Gewerkschaften und Bundesarbeitsgericht auf Eis gelegt[7]. 15

Zu betonen ist, dass der Anwendungsbereich der §§ 122aff. UmwG zwangsläufig auf diejenigen Fragen beschränkt ist, welche die **Beteiligung deutscher Gesellschaften** an einer grenzüberschreitenden Verschmelzung betreffen[8]. Denn nur insoweit kommt dem deutschen Gesetzgeber überhaupt eine Regelungskompetenz zu; hinsichtlich derjenigen Fragen, welche die Beteiligung der jeweiligen *ausländischen Gesellschaften* betreffen, gilt *deren nationales Recht*[9]. Eine grenzüber- 16

1 *Bayer/J. Schmidt*, NZG 2006, 841; *Drinhausen/Keinath*, BB 2006, 725 (732); *Handelsrechtsausschuss des DAV*, NZG 2006, 737 (740); *Haritz/von Wolff*, GmbHR 2006, 340 (341); *Kallmeyer*, GmbHR 2006, 418 (420); *Kallmeyer/Kappes*, AG 2006, 224 (237); *Kiem*, WM 2006, 1091 (1094); *Louven*, ZIP 2006, 2021 (2023f.); *J. Vetter*, AG 2006, 613 (616f.).

2 Vgl. dazu BegrRegE, BR-Drucks. 548/06, 20.

3 Vgl. bereits *Bayer/J. Schmidt*, NZG 2006, 841.

4 Vgl. *Bayer/J. Schmidt*, NZG 2006, 841; *Handelsrechtsausschuss des DAV*, NZG 2006, 737 (740).

5 Vgl. dazu BegrRegE, BR-Drucks. 548/06, 20 (40); *Drinhausen* in Semler/Stengel, § 122a UmwG Rz. 6; *Heckschen* in Widmann/Mayer, § 122a UmwG Rz. 20; *Heckschen*, DNotZ 2006, 444 (453); *Louven*, ZIP 2006, 2021 (2023f.); *H.-F. Müller*, ZIP 2007, 1081 (1082 Fn. 16); *Simon/Rubner*, Der Konzern 2006, 835 (843).

6 Vgl. RefE eines Gesetzes zum Internationalen Privatrecht der Gesellschaften, Vereine und juristischen Personen v. 7.1.2008 (abrufbar unter http://www.gesmat.bundesgerichtshof.de/gesetzesmaterialien/16_wp/int_gesr/refe.pdf).

7 Vgl. dazu *Lutter/Bayer/J. Schmidt*, EuropUR, § 6 Rz. 53 m.w.N.

8 Vgl. *Drinhausen* in Semler/Stengel, § 122a UmwG Rz. 8; *Hörtnagl* in Schmitt/Hörtnagl/Stratz, § 122a UmwG Rz. 12; *Marsch-Barner* in Kallmeyer, § 122a UmwG Rz. 5; *Drinhausen/Keinath*, BB 2006, 725 (726); *H.-F. Müller*, ZIP 2007, 1081 (1083); *Teicke*, DB 2012, 2675.

9 Vgl. *Heckschen* in Widmann/Mayer, § 122a UmwG Rz. 91; *Drinhausen* in Semler/Stengel, § 122a UmwG Rz. 14 a.E.; *Marsch-Barner* in Kallmeyer, § 122a UmwG Rz. 5; *Drin-*

schreitende Verschmelzung bedarf also stets des Zusammenspiels der – durch die 10. Richtlinie harmonisierten – nationalen Vorschriften der Mitgliedstaaten, deren Recht die beteiligten Gesellschaften unterliegen[1].

16a **Rechtstatsachen:** Die durch die 10. Richtlinie und §§ 122a ff. UmwG eröffneten neuen Möglichkeiten wurden von Anfang an in signifikanter Weise genutzt, vgl. *Bayer/J. Schmidt/Hoffmann*, Der Konzern 2010, 225 ff.

II. Die Vorschrift des § 122a UmwG

1. Regelungsgegenstand und -zweck

17 Bei § 122a UmwG handelt es sich quasi um die „Grundnorm", auf der sämtliche Regelungen der §§ 122a ff. UmwG aufbauen. **§ 122a Abs. 1 UmwG** enthält eine – mit Art. 1 der 10. Richtlinie korrespondierende[2] – **Legaldefinition** des Begriffs der „grenzüberschreitenden Verschmelzung" i.S.d. §§ 122a ff. UmwG (dazu ausf. unten Rz. 18 ff.). Der in **§ 122a Abs. 2 UmwG** normierte **Generalverweis** erklärt für die Beteiligung einer deutschen Kapitalgesellschaft an einer grenzüberschreitenden Verschmelzung die relevanten Vorschriften des UmwG über innerstaatliche Verschmelzungen für entsprechend anwendbar, soweit sich aus den §§ 122a ff. UmwG nichts anderes ergibt (ausf. dazu unten Rz. 27 ff.).

2. Definition der grenzüberschreitenden Verschmelzung (§ 122a Abs. 1 UmwG)

18 Eine grenzüberschreitende Verschmelzung i.S.d. §§ 122a ff. UmwG ist gemäß der Legaldefinition in § 122a Abs. 1 UmwG eine Verschmelzung (dazu unten Rz. 19 f.), bei der mindestens eine der beteiligten Gesellschaften dem Recht eines anderen Mitgliedstaats der Europäischen Union oder eines anderen Vertragstaats des Abkommens über den Europäischen Wirtschaftsraum unterliegt (dazu unten Rz. 21 ff.).

a) Verschmelzung

19 Ebenso wie bei der innerstaatlichen ist auch bei der grenzüberschreitenden Verschmelzung gem. § 122a Abs. 2 UmwG i.V.m. § 2 UmwG zwischen der **Verschmelzung durch Aufnahme** und der **Verschmelzung durch Neugründung** zu differenzieren (vgl. auch Art. 2 Abs. 1 lit. a und b der 10. Richtlinie[3])[4].

---

hausen/Keinath, BB 2006, 725 (726); *Lutter/Bayer/J. Schmidt*, EuropUR, § 23 Rz. 27 f.; *H.-F. Müller*, ZIP 2007, 1081 (1083).

1 Vgl. auch *Marsch-Barner* in Kallmeyer, § 122a UmwG Rz. 2; *H.-F. Müller*, ZIP 2007, 1081 (1083).

2 Vgl. *Drinhausen* in Semler/Stengel, § 122a UmwG Rz. 1.

3 Dazu *Lutter/Bayer/J. Schmidt*, EuropUR, § 23 Rz. 18 m.w.N.

4 Vgl. *Frenzel*, Grenzüberschreitende Verschmelzung von Kapitalgesellschaften, 2008, S. 123; *Heckschen* in Widmann/Mayer, Vor §§ 122a ff. UmwG Rz. 75; *Heckschen*, DNotZ 2006, 444 (455); *Limmer*, ZNotP 2007, 242 (249); *M. Winter*, Der Konzern 2007, 24 (28).

Als Unterfall der Verschmelzung durch Aufnahme sind dabei selbstverständlich **auch Konzernverschmelzungen**[1] i.S.v. Art. 2 Abs. 2 lit. c der 10. Richtlinie erfasst, ohne dass es hierfür einer ausdrücklichen Regelung im deutschen Gesetz bedurft hätte[2]; die explizite Aufführung in Art. 2 Abs. 2 der 10. Richtlinie beruht letztlich lediglich darauf, dass die Definition der „Verschmelzung" aus der Fusionssteuerrichtlinie[3] übernommen wurde[4], und hat allein klarstellenden Charakter[5]. 20

b) Grenzüberschreitung

Voraussetzung für eine *grenzüberschreitende* Verschmelzung i.S.d. §§ 122a ff. UmwG ist weiterhin, dass mindestens eine der beteiligten Gesellschaften dem deutschen Recht (dazu unten Rz. 22) und mindestens eine weitere beteiligte Gesellschaft dem Recht eines anderen EU/EWR-Staates unterliegt (dazu unten Rz. 23). Wie sich aus der – ebenso auch in Art. 1 Abs. 1 der 10. Richtlinie verwendeten – Formulierung „mindestens" ergibt, sind also nicht nur bilaterale, sondern auch multilaterale grenzüberschreitende Verschmelzungen erfasst[6]. 21

aa) Mindestens eine deutsche Gesellschaft

Voraussetzung für die Anwendbarkeit der §§ 122a ff. UmwG ist – wie sich mittelbar aus dem Wort „anderen" in § 122a Abs. 1 UmwG ergibt –, dass mindestens eine der an der Verschmelzung beteiligten Gesellschaften dem deutschen Recht unterliegt[7]. Denn für eine Verschmelzung, an der ausschließlich ausländische Gesellschaften beteiligt sind, fehlt dem deutschen Gesetzgeber schon von vornherein die Regelungskompetenz[8]. 22

bb) Mindestens eine EU-/EWR-Gesellschaft

Weiterhin muss mindestens eine weitere Gesellschaft beteiligt sein, die dem Recht eines anderen EU- bzw. EWR-Mitgliedstaates unterliegt. Maßgeblich ist also nicht die lokale Verortung der Gesellschaft, sondern das **Gesellschaftsstatut**[9]. Dieses bestimmt sich nach inzwischen ganz h.M. jedenfalls für EU-/EWR-Gesell- 23

---

1 Vgl. zur enormen praktischen Bedeutung von Konzernverschmelzungen *Bayer/J. Schmidt/Hoffmann*, Der Konzern 2012, 225 (228).
2 Vgl. *Frenzel*, Grenzüberschreitende Verschmelzung von Kapitalgesellschaften, 2008, S. 125; *Heckschen* in Widmann/Mayer, § 122a UmwG Rz. 7, 49; *Limmer*, ZNotP 2007, 242 (249).
3 S. dazu bereits oben Rz. 10.
4 Vgl. Begr z. Kommissionsentwurf, KOM(2003) 730, S. 5.
5 Vgl. *Lutter/Bayer/J. Schmidt*, EuropUR, § 23 Rz. 20.
6 Hiervon implizit ausgehend auch *Drinhausen* in Semler/Stengel, § 122a UmwG Rz. 5; *Frenzel*, Grenzüberschreitende Verschmelzung von Kapitalgesellschaften, 2008, S. 127; *Heckschen* in Widmann/Mayer, § 122a UmwG Rz. 51. Vgl. zum Richtlinien-Entwurf ferner *Halász/Kloster*, DStR 2004, 1324 (1325).
7 Vgl. *Drinhausen* in Semler/Stengel, § 122a UmwG Rz. 5, 7; *Heckschen* in Widmann/Mayer, § 122a UmwG Rz. 66, 71.
8 Vgl. auch *Drinhausen* in Semler/Stengel, § 122a UmwG Rz. 8.
9 Vgl. *Drinhausen* in Semler/Stengel, § 122a UmwG Rz. 10; *Hörtnagl* in Schmitt/Hörtnagl/Stratz, § 122a UmwG Rz. 7; *Marsch-Barner* in Kallmeyer, § 122a UmwG Rz. 2; *Frenzel*, Grenzüberschreitende Verschmelzung von Kapitalgesellschaften, 2008, S. 126; *Frenzel*, RIW 2008, 12 (13).

schaften nach der „europarechtlichen Gründungstheorie"[1]. Eine „grenzüberschreitende" Verschmelzung i.S.d. §§ 122aff. UmwG liegt demzufolge auch dann vor, wenn eine sog. Scheinauslandsgesellschaft (z.B. eine englische Limited mit Verwaltungssitz in Deutschland) mit einer deutschen Gesellschaft (z.B. eine deutsche GmbH mit Sitz in Deutschland [oder auch eine UG, vgl. Einl. I Rz. 53] oder auf Grund der Reform durch das MoMiG[2] ggf. auch mit Sitz im Ausland) verschmelzen will[3].

cc) Grenzüberschreitung allein durch die NewCo?

24 Umstritten ist, ob auch eine Verschmelzung durch Neugründung, bei der **nur die NewCo ausländischem Recht unterliegt**, eine grenzüberschreitende Verschmelzung i.S.d. §§ 122aff. UmwG darstellt (sog. „NewCo-Fälle"). Dies wird von der nunmehr ganz h.M. bejaht (unten Rz. 26).

25 Vorgelagert ist allerdings zunächst die Frage, ob solche „NewCo-Fälle" vom Anwendungsbereich der **10. Richtlinie** erfasst sind. Dafür könnte zwar – gerade auch mit Blick auf Artt. 49, 54 AEU – sprechen, dass der europäische Gesetzgeber grenzüberschreitende Verschmelzungen insgesamt erleichtern wollte (vgl. Erwägungsgründe 1 und 2). Schon der Wortlaut des Art. 1, der ersichtlich davon ausgeht, dass bereits die Ausgangsgesellschaften (bzw. mindestens zwei derselben) dem Recht verschiedener Mitgliedstaaten unterliegen müssen, spricht gegen eine Einbeziehung dieser Fallkonstellation[4]. Dies dürfte auch auf einer bewussten Entscheidung des europäischen Gesetzgebers zu beruhen, denn die ursprüngliche Definition der „grenzüberschreitenden Verschmelzung" im Kommissionsentwurf[5] hatte noch generell auf die beteiligten Gesellschaften abgestellt (hätte also auch die „NewCo-Fälle" erfasst[6]), wurde dann aber auf Vorschlag des EP-Rechtsausschusses aus Gründen der Klarstellung[7] in die heutige Fassung abgeändert[8]. Darüber hinaus würde die Einbeziehung der „NewCo-Fälle" bedeuten, dass der Europäische Gesetzgeber damit in verklausulierter Form letztlich auch die grenzüberschreitende Satzungssitzverlegung (wenngleich auch nur in Kombination mit einer gleichzeitigen Verschmelzung) zugelassen hätte[9]. Hiervon kann allerdings kaum ausgegangen werden, denn zum einen liefen zur Zeit des Gesetzgebungsverfahrens zur 10. Richtlinie (2004/2005) noch die Vorarbeiten zum

1 Heute allg. Meinung, vgl. nur *Lutter/Bayer/J. Schmidt*, EuropUR, § 6 Rz. 50 m.z.w.N.

2 Gesetz zur Modernisierung des GmbH-Rechts und zur Bekämpfung von Missbräuchen (MoMiG) v. 23.10.2008, BGBl. I, S. 2026.

3 Vgl. *Drinhausen* in Semler/Stengel, § 122a UmwG Rz. 10; *Frenzel*, RIW 2008, 12 (13); *Heckschen* in Widmann/Mayer, § 122a UmwG Rz. 78, 87; *Kiem* in Habersack/Drinhausen, § 122a UmwG Rz. 4; *Marsch-Barner* in Kallmeyer, § 122a UmwG Rz. 3; *H.-F. Müller*, NZG 2006, 286; *M. Winter*, Der Konzern 2007, 24 (27).

4 Vgl. *Beutel*, Der neue rechtliche Rahmen grenzüberschreitender Verschmelzungen in der EU, 2008, S. 152f.; *Frenzel*, Grenzüberschreitende Verschmelzung von Kapitalgesellschaften, 2008, S. 128; *Frenzel*, RIW 2008, 12 (14); *Heckschen* in Widmann/Mayer, § 122a UmwG Rz. 6, 72; *M. Winter*, Der Konzern 2007, 24 (27).

5 KOM (2003), 703, Art. 1 Sps. 2 (S. 11).

6 Vgl. *Grundmann*, EuropGesR, 1. Aufl. 2004, Rz. 901.

7 Vgl. Bericht des Rechtsausschusses, A6–0089/2005, S. 16.

8 Vgl. *Lutter/Bayer/J. Schmidt*, EuropUR, § 23 Rz. 23.

9 *Lutter/Bayer/J. Schmidt*, EuropUR, § 23 Rz. 23. Vgl. hinsichtlich der Nähe zur Satzungssitzverlegung auch *H.-F. Müller*, NZG 2006, 286 (287); *Oechsler*, NZG 2006, 161 (162); *M. Winter*, Der Konzern 2007, 24 (27f.).

Projekt einer Sitzverlegungsrichtlinie[1] (allerdings zwischenzeitlich auf Eis gelegt, durch Reflection Group und Aktionsplan 2012 inzwischen aber wieder auf der EU-Agenda[2]) und zum anderen war die Frage, ob die grenzüberschreitende Satzungssitzverlegung überhaupt in den Schutzbereich der Artt. 49, 54 AEU fällt, damals (anders als heute, vgl. dazu bereits oben Rz. 11) noch äußerst umstritten[3]. Etwas anderes lässt sich letztlich auch aus dem Vergleich mit der Rechtslage bei der SE ableiten: Dort entspricht es zwar ganz h.M., dass die neue SE ihren Satzungssitz in einem anderen Mitgliedstaat haben kann als die Gründungsgesellschaften[4]. Die SE-Gründung durch Verschmelzung setzt andererseits aber immer voraus, dass bereits die sich verschmelzenden Aktiengesellschaften dem Recht verschiedener Mitgliedstaaten unterliegen (Art. 2 Abs. 1); die „Grenzüberschreitung" ist also auch hier stets schon auf der Ebene der sich verschmelzenden Gesellschaften erforderlich[5]. Die „NewCo-Fälle" sind somit **nicht vom Anwendungsbereich der 10. Richtlinie erfasst**[6].

Der Wortlaut des **§ 122a Abs. 1** UmwG stellt demgegenüber – anders als Art. 1 der 10. Richtlinie – gerade nicht auf die Ausgangsgesellschaften, sondern (ebenso wie der Kommissionsentwurf) auf die *beteiligten Gesellschaften* (zu denen auch die NewCo gehört) ab. Im Hinblick darauf, dass die Problematik der „NewCo"-Fälle im Schrifttum bereits im Vorfeld bzw. im Verlauf des Gesetzgebungsverfahrens erörtert worden war[7] und angesichts der Historie des Art. 1 der 10. Richtlinie (vgl. oben Rz. 25), dürfte es sich hierbei kaum um ein Redaktionsversehen handeln. Jedenfalls vom Anwendungsbereich der §§ 122aff. UmwG sind somit **auch** die sog. **„NewCo-Fälle" erfasst**[8]. Aus europarechtlicher Sicht ist diese überschießende Umsetzung unbedenklich, denn sie entspricht letztlich gerade in besonderem Maße der Intention der 10. Richtlinie, grenzüberschreitende Verschmelzungen zu erleichtern (vgl. Erwägungsgründe 1 und 2)[9]. Tatsächlich möglich sind solche 26

1 Ausf. dazu (mit Text des Vorentwurfs von 1997): *Lutter/Bayer/J. Schmidt*, EuropUR, § 32 m.z.w.N.

2 Vgl. dazu *Bayer/J. Schmidt*, BB 2013, 3 (14 m.w.N.).

3 *Lutter/Bayer/J. Schmidt*, EuropUR, § 23 Rz. 23.

4 Vgl. *Lutter/Bayer/J. Schmidt*, EuropUR, § 41 Rz. 35; *Bayer* in Lutter/Hommelhoff, SE-Kommentar, Art. 17 SE-VO Rz. 3 m.z.w.N.

5 *Lutter/Bayer/J. Schmidt*, EuropUR, § 23 Rz. 23.

6 Ebenso *Frenzel*, Grenzüberschreitende Verschmelzung von Kapitalgesellschaften, 2008, S. 127f.; *Frenzel*, RIW 2008, 12 (14); *Habersack/Verse*, EuropGesR, § 8 Rz. 57; *Heckschen* in Widmann/Mayer, § 122a UmwG Rz. 6, 55; *Lutter/Bayer/J. Schmidt*, EuropUR, § 23 Rz. 23; *Spahlinger/Wegen*, NZG 2006, 721 (722); *M. Winter*, Der Konzern 2007, 24 (27); a.A. jedoch *Beutel*, Der neue rechtliche Rahmen grenzüberschreitender Verschmelzungen in der EU, 2008, S. 153; *Oechsler*, NZG 2006, 161 (162, 166) sowie offenbar auch *Frischhut*, EWS 2006, 55 (56).

7 Vgl. etwa *H.-F. Müller*, NZG 2006, 286 (287); *Oechsler*, NZG 2006, 161 (162, 166); *M. Winter*, Der Konzern 2007, 24 (27).

8 Ebenso *Drinhausen* in Semler/Stengel, § 122a UmwG Rz. 10; *Frenzel*, Grenzüberschreitende Verschmelzung von Kapitalgesellschaften, 2008, S. 128; *Frenzel*, RIW 2008, 12 (14); *Kiem* in Habersack/Drinhausen, § 122a UmwG Rz. 6; *Lutter/Bayer/J. Schmidt*, EuropUR, § 23 Rz. 25; *Marsch-Barner* in Kallmeyer, § 122a UmwG Rz. 4; *H.-F. Müller*, NZG 2006, 286 (287); *Simon/Rubner* in KölnKomm. UmwG, § 122a UmwG Rz. 13ff.; *Hörtnagl* in Schmitt/Hörtnagl/Stratz, § 122a UmwG Rz. 9; *Polley* in Henssler/Strohn, § 122a UmwG Rz. 10; a.A. *Heckschen* in Widmann/Mayer, § 122a UmwG Rz. 56, 72f.; *M. Winter*, Der Konzern 2007, 24 (27).

9 Vgl. *Frenzel*, Grenzüberschreitende Verschmelzung von Kapitalgesellschaften, 2008, S. 128; *Frenzel*, RIW 2008, 12 (14).

NewCo-Verschmelzungen aber nur dann, wenn auch die anderen beteiligten Rechtsordnungen sie zulassen[1].

3. Generalverweis (§ 122a Abs. 2 UmwG)

27 Gem. § 122a Abs. 2 UmwG sind auf die Beteiligung einer deutschen Kapitalgesellschaft an einer grenzüberschreitenden Verschmelzung verschiedene Vorschriften des UmwG entsprechend anzuwenden, soweit sich aus dem 10. Abschnitt nichts anderes ergibt. Dieser **Generalverweis** ist zentrales Element der Grundkonzeption, wonach der neue 10. Abschnitt lediglich ergänzende Sonderregelungen enthält[2] (vgl. dazu bereits oben Rz. 14). Zudem zeigt sich hier auch der Gleichlauf mit dem der 10. Richtlinie zu Grunde liegenden Prinzip der subsidiären Anwendbarkeit des nationalen Rechts (dazu bereits oben Rz. 5)[3].

28 Der Anwendungsbereich des Generalverweises ist in subjektiver Hinsicht auf **Kapitalgesellschaften i.S.d. § 3 Abs. 1 Nr. 2** UmwG beschränkt. Er gilt also – entsprechend der insoweit beschränkten Regelungskompetenz des deutschen Gesetzgebers (vgl. dazu bereits oben Rz. 16) – nur für **deutsche** Gesellschaften[4], nämlich die – in § 3 Abs. 1 Nr. 2 UmwG explizit aufgelisteten – Rechtsformen der **AG, GmbH** (inkl. des Subtyps der UG, vgl. Einl. I Rz. 53)[5] und **KGaA**[6] sowie über Art. 9 Abs. 1 lit. c ii SE-VO auch für die **SE** mit Sitz in Deutschland[7] (vgl. zur Beteiligung einer SE an grenzüberschreitenden Verschmelzungen i.S.d. §§ 122a ff. UmwG näher § 122b Rz. 7).

29 **Verweisungsobjekt** sind zum einen die Vorschriften des Ersten Teils des Zweiten Buches, also die **allgemeinen Vorschriften über die Verschmelzung** (§§ 2–38 UmwG)[8]. Darüber hinaus sind Gegenstand der Verweisung aber auch die besonderen Vorschriften über die Verschmelzung derjenigen Kapitalgesellschaftsformen, die sich an einer grenzüberschreitenden Verschmelzung beteiligen können (Zweiter, Dritter und Vierter Abschnitt des Zweiten Teils des Zweiten Buches des UmwG), d.h. die **besonderen Vorschriften über die Verschmelzung unter Betei-**

---

1 Vgl. *Frenzel*, Grenzüberschreitende Verschmelzung von Kapitalgesellschaften, 2008, S. 128; *Drinhausen* in Semler/Stengel, § 122a UmwG Rz. 10; *Kiem* in Habersack/Drinhausen, § 122a UmwG Rz. 6; *Lutter/Bayer/J. Schmidt*, EuropUR, § 23 Rz. 25; *Marsch-Barner* in Kallmeyer, § 122a UmwG Rz. 4.

2 Vgl. BegrRegE, BR-Drucks. 548/06, 29; *Drinhausen* in Semler/Stengel, § 122a UmwG Rz. 14; *Heckschen* in Widmann/Mayer, § 122a UmwG Rz. 8f.; *Limmer*, ZNotP 2007, 242 (249); *Lutter/Bayer/J. Schmidt*, EuropUR, § 23 Rz. 28; *H.-F. Müller*, NZG 2006, 286 (287).

3 Vgl. *Drinhausen* in Semler/Stengel, § 122a UmwG Rz. 3; *Heckschen* in Widmann/Mayer, § 122a UmwG Rz. 8; *Krause/Kulpa*, ZHR 171 (2007), 38 (53); *Lutter/Bayer/J. Schmidt*, EuropUR, § 23 Rz. 28.

4 Vgl. *Drinhausen* in Semler/Stengel, § 122a UmwG Rz. 14; *Heckschen* in Widmann/Mayer, § 122a UmwG Rz. 91; *Krause/Kulpa*, ZHR 171 (2007), 38 (54).

5 So auch *Drinhausen* in Semler/Stengel, § 122b UmwG Rz. 4; *Kiem* in Habersack/Drinhausen, § 122a UmwG Rz. 10.

6 Vgl. BegrRegE, BR-Drucks. 548/06, 29.

7 Vgl. BegrRegE, BR-Drucks. 548/06, 29; *Drinhausen* in Semler/Stengel, § 122a UmwG Rz. 14; *Marsch-Barner* in Kallmeyer, § 122a UmwG Rz. 5.

8 Vgl. *Heckschen* in Widmann/Mayer, § 122a UmwG Rz. 93; *Kiem* in Habersack/Drinhausen, § 122a UmwG Rz. 10; *Simon/Rubner* in KölnKomm. UmwG, § 122a UmwG Rz. 21.

ligung von GmbH (§§ 46–59 UmwG, die auch für die UG gelten, vgl. Einl. I Rz. 53), von **AG** (§§ 60–76 UmwG; diese gelten über Art. 9 Abs. 1 lit. c ii SE-VO auch für die **SE**) sowie von **KGaA** (§ 78 UmwG)[1].

Die Verweisung steht jedoch unter dem **Vorbehalt**, dass sich aus den §§ 122a–122l UmwG „**nichts anderes ergibt**"[2]. Dies ist dann der Fall, wenn die §§ 122aff. UmwG in einem bestimmten Punkt **ausdrücklich** eine abweichende Sonderregelung enthalten (Bsp.: Verschmelzungsplan mit dem Inhalt gem. § 122c UmwG statt Verschmelzungsvertrag gem. § 5 UmwG, dazu näher § 122c Rz. 3; zusätzlicher Inhalt des Verschmelzungsberichts gem. § 122e Satz 1 UmwG, dazu ausf. § 122e Rz. 1, 7ff.). „Etwas anderes" kann sich aber gleichermaßen auch aus dem **Telos** und der **Systematik** der §§ 122aff. UmwG – speziell auch im Hinblick auf die zu Grunde liegende 10. Richtlinie – ergeben[3] (Bsp.: keine Zuleitung des Verschmelzungsplans an den Betriebsrat, dazu ausf. § 122c Rz. 32)[4]. 30

§ 122b
Verschmelzungsfähige Gesellschaften

(1) An einer grenzüberschreitenden Verschmelzung können als übertragende, übernehmende oder neue Gesellschaften nur Kapitalgesellschaften im Sinne des Artikels 2 Nr. 1 der Richtlinie 2005/56/EG des Europäischen Parlaments und des Rates vom 26. Oktober 2005 über die Verschmelzung von Kapitalgesellschaften aus verschiedenen Mitgliedstaaten (ABl. EU Nr. L 310 S. 1) beteiligt sein, die nach dem Recht eines Mitgliedstaats der Europäischen Union oder eines anderen Vertragsstaats des Abkommens über den Europäischen Wirtschaftsraum gegründet worden sind und ihren satzungsmäßigen Sitz, ihre Hauptverwaltung oder ihre Hauptniederlassung in einem Mitgliedstaat der Europäischen Union oder einem anderen Vertragsstaat des Abkommens über den Europäischen Wirtschaftsraum haben.

(2) An einer grenzüberschreitenden Verschmelzung können nicht beteiligt sein:

1. **Genossenschaften, selbst wenn sie nach dem Recht eines anderen Mitgliedstaats der Europäischen Union oder eines anderen Vertragsstaats des Abkommens über den Europäischen Wirtschaftsraum unter die Definition des Artikels 2 Nr. 1 der Richtlinie fallen;**
2. **Gesellschaften, deren Zweck es ist, die vom Publikum bei ihnen eingelegten Gelder nach dem Grundsatz der Risikostreuung gemeinsam anzulegen und deren Anteile auf Verlangen der Anteilsinhaber unmittelbar oder mittelbar zulasten des Vermögens dieser Gesellschaft zurückgenommen oder ausgezahlt werden. Diesen Rücknahmen oder Auszahlungen gleichgestellt sind Handlun-**

1 Vgl. *Heckschen* in Widmann/Mayer, § 122a UmwG Rz. 92f.; *Marsch-Barner* in Kallmeyer, § 122a UmwG Rz. 5; *Hörtnagl* in Schmitt/Hörtnagl/Stratz, § 122a UmwG Rz. 16.
2 Vgl. dazu auch ausf. *Heckschen* in Widmann/Mayer, § 122a UmwG Rz. 94ff., 101ff.
3 So auch *Heckschen* in Widmann/Mayer, § 122a UmwG Rz. 98; *Kiem* in Habersack/Drinhausen, § 122a UmwG Rz. 11.
4 S. auch noch *Simon/Rubner* in KölnKomm. UmwG, § 122a UmwG Rz. 23 (zur Problematik der Anwendbarkeit von § 51 UmwG).

gen, mit denen eine solche Gesellschaft sicherstellen will, dass der Börsenwert ihrer Anteile nicht erheblich von deren Nettoinventarwert abweicht.

Literatur

Vgl. die Angaben zu § 122a.

I. Regelungsgegenstand und -zweck

1 § 122b UmwG regelt den **persönlichen Anwendungsbereich** der Vorschriften des Zehnten Abschnitts[1]. § 122b Abs. 1 UmwG definiert den Kreis der verschmelzungsfähigen Gesellschaften basierend auf Art. 1 und Art. 2 Nr. 1 der 10. Richtlinie[2]. § 122b Abs. 2 UmwG enthält hierzu in Umsetzung von Art. 3 Abs. 2 und 3 der 10. Richtlinie zwei Ausnahmetatbestände.

II. Verschmelzungsfähige Gesellschaften (§ 122b Abs. 1 UmwG)

2 An einer grenzüberschreitenden Verschmelzung gem. §§ 122a ff. UmwG können sich gem. § 122b Abs. 1 UmwG nur **Kapitalgesellschaften** i.S.d. Art. 2 Nr. 1 der 10. Richtlinie (ausf. unten Rz. 3 ff.) beteiligen, die nach dem Recht eines EU- oder EWR-Mitgliedstaates gegründet worden sind und ihren satzungsmäßigen Sitz, ihre Hauptverwaltung oder ihre Hauptniederlassung in einem EU- oder EWR-Mitgliedstaat haben (ausf. unten Rz. 8 ff.). Grundvoraussetzung ist darüber hinaus, wie sich aus Art. 4 Abs. 1 lit. a der 10. Richtlinie (dazu bereits § 122a Rz. 4) ergibt, dass die jeweilige Verschmelzungskombination nach allen beteiligten Rechtsordnungen zulässig ist (ausf. unten Rz. 12 ff.).

1. Kapitalgesellschaften i.S.d. Art. 2 Nr. 1 der 10. Richtlinie

3 Mit der Beschränkung des persönlichen Anwendungsbereichs der §§ 122a ff. UmwG auf **Kapitalgesellschaften** i.S.d. Art. 2 Nr. 1 der 10. Richtlinie hat sich der

1 *Kiem* in Habersack/Drinhausen, § 122b UmwG Rz. 1; *Polley* in Henssler/Strohn, § 122b UmwG Rz. 1.

2 Richtlinie 2005/56/EG des Europäischen Parlaments und des Rates v. 26.10.2005 über die Verschmelzung von Kapitalgesellschaften aus verschiedenen Mitgliedstaaten, ABl. EU Nr. L 310/1 v. 25.11.2005, s. Anh. V, S. 3481 ff. Ausf. Erläuterungen bei *Lutter/Bayer/J. Schmidt*, EuropUR, § 23 m.z.w.N.

deutsche Gesetzgeber trotz vielfacher Forderungen aus Wissenschaft und Praxis[1] gegen eine „überschießende" Umsetzung der Richtlinienvorgaben auch für Personengesellschaften entschieden. Hinsichtlich des verfahrensrechtlichen Rahmens der grenzüberschreitenden Verschmelzung von Personengesellschaften besteht daher weiterhin erhebliche Rechtsunsicherheit (vgl. dazu bereits § 122a Rz. 3, 12f. sowie § 1 Rz. 9f., 16ff.)[2].

a) Gesellschaften i.S.d. Art. 1 der Publizitätsrichtlinie (Art. 2 Nr. 1 lit. a 10. Richtlinie)

Gem. der Legaldefinition in Art. 2 Nr. 1 der 10. Richtlinie umfasst der Begriff der „Kapitalgesellschaft" über den Verweis in lit. a zunächst alle Gesellschaften i.S.d. Art. 1 der Publizitätsrichtlinie[3]. Von den deutschen Gesellschaften sind dies **AG, KGaA** und **GmbH** (inkl. des Subtyps der UG[4], vgl. Einl. I Rz. 53), von den französischen z.B. die SA, SCA, SARL und SAS. Bei der UG sind allerdings die Beschränkungen nach § 5a Abs. 2 Satz GmbHG zu beachten, d.h. die Verschmelzung auf eine UG ist nur zulässig, wenn deren Stammkapital das Mindestkapital der GmbH gem. § 5 Abs. 1 GmbHG erreicht[5]. 4

b) Kleine Generalklausel (Art. 2 Nr. 1 lit. b 10. Richtlinie)

Gem. Art. 2 Nr. 1 lit. b der 10. Richtlinie ist „Kapitalgesellschaft" darüber hinaus aber auch jede andere Gesellschaft, die Rechtspersönlichkeit besitzt und über gesondertes Gesellschaftskapital verfügt, das allein für die Verbindlichkeiten der Gesellschaft haftet, und die nach dem für sie maßgeblichen innerstaatlichen Recht Schutzbestimmungen i.S.d. Publizitätsrichtlinie im Interesse der Gesellschaft sowie Dritter einhalten muss[6]. Mit dieser *dynamisch* ausgestalteten **„kleinen Generalklausel"** soll sichergestellt werden, dass sämtliche (nationale oder eu- 5

1 *Bayer/J. Schmidt*, NZG 2006, 841; *Drinhausen/Keinath*, BB 2006, 725 (732); *Handelsrechtsausschuss des DAV*, NZG 2006, 737 (740); *Kallmeyer*, GmbHR 2006, 418 (420); *Kallmeyer/Kappes*, AG 2006, 224 (237); *Kiem*, WM 2006, 1091 (1094); *Louven*, ZIP 2006, 2021 (2023f.); *J. Vetter*, AG 2006, 613 (616f.); vgl. ferner auch *Haritz/von Wolff*, GmbHR 2006, 340 (341).

2 Kritik auch bei *Bayer/J. Schmidt*, ZHR 173 (2009), 735 (766ff.); *Kiem* in Habersack/Drinhausen, § 122b UmwG Rz. 2; *Lutter/Bayer/J. Schmidt*, EuropUR, § 6 Rz. 74f., § 23 Rz. 25.

3 Ursprünglich: Richtlinie 68/151/EWG. Seit 21.10.2009 kodifiziert als: Richtlinie 2009/101/EG des Europäischen Parlaments und des Rates v. 16.9.2009 zur Koordinierung der Schutzbestimmungen, die in den Mitgliedstaaten den Gesellschaften im Sinne des Artikels 48 Absatz 2 des Vertrags im Interesse der Gesellschafter sowie Dritter vorgeschrieben sind, um diese Bestimmungen gleichwertig zu gestalten, ABl. EU Nr. L 258/11 v. 1.10.2009. Text (Stand 2011) und ausf. Erläuterungen bei *Lutter/Bayer/J. Schmidt*, EuropUR, § 19 m.z.w.N. Zu den jüngsten Änderungen durch die Richtlinie 2012/17/EU: *Bayer/J. Schmidt*, BB 2013, 3 (5 m.w.N.).

4 *Kiem* in Habersack/Drinhausen, § 122b UmwG Rz. 6. Ausf. zur grenzüberschreitenden Verschmelzung unter Beteiligung einer UG: *Thiermann*, S. 155ff.

5 Richtig *Kiem* in Habersack/Drinhausen, § 122b UmwG Rz. 6; ausf. *Lutter/Kleindiek* in Lutter/Hommelhoff, § 5a GmbHG Rz. 69ff. Vgl. auch BGH v. 19.4.2011 – II ZB 25/10, NZG 2011, 664 = ZIP 2011, 955 = GmbHR 2011, 699.

6 *Kiem* in Habersack/Drinhausen, § 122b UmwG Rz. 1; *Polley* in Henssler/Strohn, § 122b UmwG Rz. 1.

ropäische) Gesellschaftsformen vom Anwendungsbereich erfasst sind, die diese Kriterien bereits erfüllen oder – im Falle neuer Gesellschaftsformen – künftig erfüllen werden (ohne dass es dann hierfür einer Änderung der Richtlinie oder der nationalen Umsetzungsgesetze bedarf)[1].

6 Erfasst werden von lit. b zunächst grundsätzlich auch **Genossenschaften**[2] (hinsichtlich der Art. 3 Abs. 2 der 10. Richtlinie den Mitgliedstaaten allerdings ein Opt-out-Recht gibt, von dem der deutsche Gesetzgeber durch § 122b Abs. 2 Nr. 1 UmwG Gebrauch gemacht hat, dazu näher unten Rz. 15). Ob auch der **Versicherungsverein auf Gegenseitigkeit** (bzw. entsprechende ausländische Rechtsformen) erfasst ist, erscheint dagegen eher zweifelhaft[3].

7 „Kapitalgesellschaft" i.S.d. lit. b ist aber wegen Art. 9 Abs. 1 lit. c ii und Art. 10 SE-VO[4] jedenfalls auch die **SE**[5]. Sofern es sich um eine Verschmelzung **zur Neugründung einer SE** handelt, werden die 10. Richtlinie und die Umsetzungsvorschriften in §§ 122a ff. UmwG allerdings nach ganz h.M. durch die insofern ab-

---

1 Vgl. *Bayer/J. Schmidt*, NJW 2006, 401; *Beutel*, Der neue rechtliche Rahmen grenzüberschreitender Verschmelzungen in der EU, 2008, S. 134; *Drinhausen* in Semler/Stengel, § 122b UmwG Rz. 4; *Heckschen* in Widmann/Mayer, § 122b UmwG Rz. 9, 51 ff.; *Lutter/Bayer/J. Schmidt*, EuropUR, § 23 Rz. 13; *Neye*, ZIP 2005, 1893 (1894).

2 Arg. ex Art. 3 Abs. 2 der 10. Richtlinie, vgl. *Bayer/J. Schmidt*, NJW 2006, 401; *Frenzel*, Grenzüberschreitende Verschmelzung von Kapitalgesellschaften, 2008, S. 134; *Grohmann/Gruschinske*, GmbHR 2006, 191; *Kiem* in Habersack/Drinhausen, § 122b UmwG Rz. 10; *Leutner/Wagner*, GPR 2006, 32 (33); *Lutter/Bayer/J. Schmidt*, EuropUR, § 23 Rz. 16; *Neye*, ZIP 2005, 1893 (1894); *Ratka*, GeS 2006, 52 (54).

3 *Lutter/Bayer/J. Schmidt*, EuropUR, § 23 Rz. 16. Für Erfassung: *Frenzel*, Grenzüberschreitende Verschmelzung von Kapitalgesellschaften, 2008, S. 137; *Frenzel*, RIW 2008, 12 (14); *Lüttringhaus*, VersR 2008, 1036 (1040 f.); ablehnend: *Drinhausen* in Semler/Stengel, § 122b UmwG Rz. 6; *Heckschen* in Widmann/Mayer, § 122b UmwG Rz. 73; *Hörtnagl* in Schmitt/Hörtnagl/Stratz, § 122b UmwG Rz. 6; *Kiem* in Habersack/Drinhausen, § 122b UmwG Rz. 10; *Louven*, ZIP 2006, 2021 (2024); *Polley* in Henssler/Strohn, § 122b UmwG Rz. 10; *Marsch-Barner* in Kallmeyer, § 122b UmwG Rz. 4.

4 Verordnung (EG) Nr. 2157/2001 des Rates v. 8.10.2001 über das Statut der Europäischen Gesellschaft (SE), ABl. EG Nr. L 294/1 v. 10.11.2001. Text und ausf. Erläuterungen bei *Lutter/Bayer/J. Schmidt*, EuropUR, § 41 m.z.w.N.

5 *Bayer/J. Schmidt*, NJW 2006, 401; *Behrens*, Die grenzüberschreitende Verschmelzung nach der Richtlinie 2005/56/EG (Verschmelzungsrichtlinie), 2007, S. 26; *Beutel*, Der neue rechtliche Rahmen grenzüberschreitender Verschmelzungen in der EU, 2008, S. 139; *Drinhausen* in Semler/Stengel, § 122b UmwG Rz. 4; *Drinhausen/Keinath*, BB 2006, 725 (726); *Heckschen*, DNotZ 2007, 444 (454 f.); *Heckschen* in Widmann/Mayer, § 122b UmwG Rz. 16; *Hörtnagl* in Schmitt/Hörtnagl/Stratz, § 122b UmwG Rz. 7; *Inwinkl*, ZfRV 2008, 69 (72, 75, 77); *Kiem*, WM 2006, 1091 (1093); *Krause/Kulpa*, ZHR 171 (2007), 38 (54); *Limmer*, ZNotP 2007, 242 (250); *Louven*, ZIP 2006, 2021 (2024); *Lutter/Bayer/J. Schmidt*, EuropUR, § 23 Rz. 14; *Lutz*, BWNotZ 2010, 23 (26); *Marsch-Barner* in Kallmeyer, § 122b UmwG Rz. 3; *H.-F. Müller*, NZG 2006, 286 (287); *H.-F. Müller*, ZIP 2007, 1081 (1082) (gegen eine Anwendbarkeit auf die SE jedoch noch *H.-F. Müller*, ZIP 2004, 1790 [1792]); *Oechsler*, NZG 2006, 161; *Rickford*, [2005] EBLR 1393 (1411); *Rubner*, NJW-Spezial 2007, 219; *Simon/Rubner*, Der Konzern 2006, 835 (836); *J. Vetter*, AG 206, 613 (615); *M. Winter*, Der Konzern 2007, 24 (27). S. ferner auch BegrRegE, BR-Drucks. 548/06, 29. Für eine Anwendbarkeit der §§ 122a ff. UmwG ferner i.E. auch *Forsthoff*, DStR 2006, 613; *Frenzel*, Grenzüberschreitende Verschmelzung von Kapitalgesellschaften, 2008, S. 148; *Frenzel*, RIW 2008, 12 (14); *Haritz/von Wolff*, GmbHR 206, 340 (341); *Heuschmid*, AuR 2006, 184 (185); *Neye/Timm*, GmbHR 2007, 561 (562); *Spahlinger/Wegen*, NZG 2006, 721 (723).

schließenden Regelungen der Art. 2, 17ff. SE-VO verdrängt[1]. Dagegen kann sich im Falle einer **Verschmelzung durch Aufnahme** eine SE sowohl als übertragender als auch als übernehmender Rechtsträger beteiligen[2]. Denn der Vorrang der Art. 2 Abs. 1, 17ff. SE-VO erstreckt sich neben der Verschmelzung zur Neugründung einer SE nur auf den Fall der Verschmelzung durch Aufnahme, indem der übernehmende Rechtsträger im Rahmen der Anwendung der SE-VO seine Rechtsform von der AG hin zur SE verändert[3]. Die Sperrfrist des Art. 66 Abs. 1 Satz 2 SE-VO ist insofern entgegen einer im Schrifttum vertretenen Ansicht[4] nicht analog anzuwenden[5].

2. EU- bzw. EWR-Gesellschaften

Beteiligungsfähig sind ferner nur solche „Kapitalgesellschaften", die nach dem Recht eines EU- oder EWR-Mitgliedstaates gegründet worden sind und ihren satzungsmäßigen Sitz, ihre Hauptverwaltung oder ihre Hauptniederlassung in einem EU- oder EWR-Mitgliedstaat haben. Dies entspricht der Vorgabe des Art. 1 der 10. Richtlinie, der insoweit die Anknüpfungsmerkmale der Art. 54 Abs. 1 AEU bzw. Art. 34 Abs. 1 EWR übernimmt[6]. 8

1 *Behrens,* Die grenzüberschreitende Verschmelzung nach der Richtlinie 2005/56/EG (Verschmelzungsrichtlinie), 2007, S. 37; *Beutel,* Der neue rechtliche Rahmen grenzüberschreitender Verschmelzungen in der EU, 2008, S. 140; *Drinhausen* in Semler/Stengel, § 122b UmwG Rz. 5; *Drinhausen/Keinath,* BB 2006, 725 (726); *Frenzel,* Grenzüberschreitende Verschmelzung von Kapitalgesellschaften, 2008, S. 153, 155; *Heckschen,* DNotZ 2007, 444 (454); *Heckschen* in Widmann/Mayer, Vor §§ 122a ff. UmwG Rz. 121, 123; § 122b UmwG Rz. 16, 72; *Hörtnagl* in Schmitt/Hörtnagl/Stratz, § 122b UmwG Rz. 7; *Inwinkl,* ZfRV 2008, 69 (76); *Kiem* in Habersack/Drinhausen, § 122b UmwG Rz. 7; *Krause/Kulpa,* ZHR 171 (2007), 38 (54); *Limmer,* ZNotP 2007, 242 (250); *Louven,* ZIP 2006, 2021 (2024); *Lutter/Bayer/J. Schmidt,* EuropUR, § 23 Rz. 14; *Lutz,* BWNotZ 2010, 23 (26); *Marsch-Barner* in Kallmeyer, § 122b UmwG Rz. 3; *H.-F. Müller,* ZIP 2007, 1081 (1082); *Oechsler,* NZG 2006, 161f.; *Simon/Rubner,* Der Konzern 2006, 835 (837).

2 So die h.M.: *Beutel,* Der neue rechtliche Rahmen grenzüberschreitender Verschmelzungen in der EU, 2008, S. 140f.; *Drinhausen* in Semler/Stengel, § 122b UmwG Rz. 5; *Frenzel,* Grenzüberschreitende Verschmelzung von Kapitalgesellschaften, 2008, S. 154f.; *Grambow/Stadler,* BB 2010, 977 (979); *Heckschen* in Widmann/Mayer, § 122b UmwG Rz. 16, 64ff., 72; *Hörtnagl* in Schmitt/Hörtnagl/Stratz, § 122b UmwG Rz. 7; *Inwinkl,* ZfRV 2008, 69 (72ff.); *Krause/Kulpa,* ZHR 171 (2007), 38 (54); *Limmer,* ZNotP 2007, 242 (250); *Lutter/Bayer/J. Schmidt,* EuropUR, § 23 Rz. 14; *Marsch-Barner* in Kallmeyer, § 122b UmwG Rz. 3; *H.-F. Müller,* ZIP 2007, 1081 (1082); *Simon/Rubner,* Der Konzern 2006, 835 (837); *M. Winter,* Der Konzern 2007, 24 (27); a.A.: *Behrens,* Die grenzüberschreitende Verschmelzung nach der Richtlinie 2005/56/EG (Verschmelzungsrichtlinie), 2007, S. 37; *Louven,* ZIP 2006, 2021 (2024); *Oechsler,* NZG 2006, 161f.;

3 Die Errichtung einer SE im Wege der Verschmelzung durch Aufnahme ist somit stets mit einem identitätswahrenden Formwechsel des übernehmenden Rechtsträgers verbunden: *Lutter/Bayer/J. Schmidt,* EuropUR, § 23 Rz. 14; *Bayer* in Lutter/Hommelhoff, SE-Kommentar, 2008, Art. 2 SE-VO Rz. 2 m.w.N.

4 So etwa *Drinhausen* in Semler/Stengel, § 122b UmwG Rz. 5; *Marsch-Barner* in Kallmeyer, § 122b UmwG Rz. 3; *Schäfer* in MünchKomm. AktG, Art. 66 SE-VO Rz. 14; *Simon/Rubner* in KölnKomm. UmwG, § 122b UmwG Rz. 14.

5 Oben *Drygala,* § 3 Rz. 21; *Kossmann/Heinrich,* ZIP 2007, 164 (167); *Lutter/Bayer/J. Schmidt,* EuropUR, § 41 Rz. 177; *Vossius,* ZIP 2005, 741 (748f.).

6 Vgl. *Lutter/Bayer/J. Schmidt,* EuropUR, § 23 Rz. 10; *Ugliano,* [2007] EBLR 585 (599).

9 Voraussetzung ist also zunächst, dass jede der beteiligten Gesellschaften nach dem **Recht eines EU- bzw. EWR-Mitgliedstaats wirksam gegründet** wurde. Bei den beteiligten deutschen Gesellschaften ist also Voraussetzung die Eintragung ins Handelsregister (vgl. § 41 Abs. 1 Satz 1 AktG, § 11 Abs. 1 GmbHG, Art. 16 Abs. 1 SE-VO), eine Vorgesellschaft kann nicht Gründerin sein[1]. Eine Gesellschaft i.L. ist dagegen beteiligungsfähig, soweit die zusätzlichen Voraussetzungen des § 3 Abs. 3 UmwG vorliegen[2].

10 Alle an der Verschmelzung beteiligten Gesellschaften müssen ihren aktuellen **Satzungssitz**, ihre **Hauptverwaltung oder** ihre **Hauptniederlassung** in einem EU- oder EWR-Mitgliedstaat haben[3]. Da diese Anknüpfungsmomente ihre Wurzeln in Art. 54 Abs. 1 AEU haben, kann insoweit auf die einschlägigen Kommentierungen verwiesen werden. Nicht erforderlich ist hingegen, dass Satzungs- *und* Verwaltungssitz in demselben EU/EWR-Mitgliedstaat liegen[4]. Auch die deutsche Kapitalgesellschaft mit Verwaltungssitz im Ausland[5] unterliegt daher § 122b UmwG[6].

11 **Nicht** beteiligungsfähig sind damit Gesellschaften, die nach dem Recht eines **Drittstaates** gegründet worden sind[7], sowie solche, die zwar ursprünglich nach dem Recht eines EU- bzw. EWR-Mitgliedstaates gegründet worden sind, aber aktuell nicht mehr über Satzungssitz, Hauptverwaltung oder Hauptniederlassung im EU- bzw. EWR-Raum verfügen[8]. Entgegen einer teilweise vertretenen Ansicht[9]

1 *Lutz*, BWNotZ 2010, 23 (27). Vgl. für den Parallelfall der SE-Gründung: *Bayer* in Lutter/Hommelhoff, SE-Kommentar, 2008, Art. 2 SE-VO Rz. 9 m.w.N.; a.A. *Heckschen* in Widmann/Mayer, § 122b UmwG Rz. 42.

2 Vgl. *Heckschen* in Widmann/Mayer, § 122b UmwG Rz. 25, 45 f.; *Hörtnagl* in Schmitt/Hörtnagl/Stratz, § 122b UmwG Rz. 5; für den Parallelfall der SE-Gründung: *Bayer* in Lutter/Hommelhoff, SE-Kommentar, 2008, Art. 2 SE-VO Rz. 9 m.w.N.

3 *Drinhausen* in Semler/Stengel, § 122b UmwG Rz. 7; *Hörtnagl* in Schmitt/Hörtnagl/Stratz, § 122b UmwG Rz. 10, 12; *Marsch-Barner* in Kallmeyer, § 122b UmwG Rz. 5; *Heckschen* in Widmann/Mayer, § 122b UmwG Rz. 91.

4 *Drinhausen* in Semler/Stengel, § 122b UmwG Rz. 7; *Hörtnagl* in Schmitt/Hörtnagl/Stratz, § 122b UmwG Rz. 10, 12; *Heckschen* in Widmann/Mayer, § 122b UmwG Rz. 91; *Marsch-Barner* in Kallmeyer, § 122b UmwG Rz. 5; s. ferner auch *Lutter/Bayer/J. Schmidt*, EuropUR, § 23 Rz. 22.

5 Dazu näher *Bayer* in Lutter/Hommelhoff, § 4a GmbHG Rz. 1 ff. m.w.N.

6 So auch *Drinhausen* in Semler/Stengel, § 122b UmwG Rz. 7; *Marsch-Barner* in Kallmeyer, § 122b UmwG Rz. 5; *Hörtnagl* in Schmitt/Hörtnagl/Stratz, § 122b UmwG Rz. 10; s. ferner auch *Lutter/Bayer/J. Schmidt*, EuropUR, § 23 Rz. 22.

7 Vgl. BegrRegE, BR-Drucks. 548/06, 30; *Beutel*, Der neue rechtliche Rahmen grenzüberschreitender Verschmelzungen in der EU, 2008, S. 146; *Drinhausen* in Semler/Stengel, § 122b UmwG Rz. 7; *Drinhausen/Keinath*, BB 2006, 725 (726); *Forsthoff*, DStR 2006, 613 (614); *Frenzel*, Grenzüberschreitende Verschmelzung von Kapitalgesellschaften, 2008, S. 170; *Heckschen* in Widmann/Mayer, § 122a UmwG Rz. 89; § 122b UmwG Rz. 11, 83; *Lutter/Bayer/J. Schmidt*, EuropUR, § 23 Rz. 10; *Marsch-Barner* in Kallmeyer, § 122a UmwG Rz. 3; *H.-F. Müller*, NZG 2006, 286; *H.-F. Müller*, ZIP 2007, 1081 (1082); *M. Winter*, Der Konzern 2007, 24 (28).

8 Vgl. BegrRegE, BR-Drucks. 548/06, 30; *Drinhausen* in Semler/Stengel, § 122b UmwG Rz. 7; *Haritz/von Wolff*, GmbHR 2006, 340 (341); *Heckschen* in Widmann/Mayer, § 122a UmwG Rz. 89; § 122b UmwG Rz. 11, 83; *H.-F. Müller*, ZIP 2007, 1081 (1082).

9 *Kiem*, WM 2006, 1091 (1093).

lässt sich insbesondere auch aus dem Freundschafts-, Handels- und Schifffahrts-Vertrag[1] mit den USA nichts anderes herleiten[2].

3. Ungeschriebene Grundvoraussetzung: Kombinationsfähigkeit

Grundvoraussetzung jeder grenzüberschreitenden Verschmelzung ist darüber hinaus – wie sich aus **Art. 4 Abs. 1 lit. a der 10. Richtlinie**[3] (dazu bereits § 122a Rz. 4) ergibt –, dass die jeweilige **Verschmelzungskombination** nach allen beteiligten Rechtsordnungen zulässig ist[4]. Der deutsche Gesetzgeber hielt – da es sich um eine Selbstverständlichkeit handelt – eine entsprechende ausdrückliche Regelung offenbar nicht für erforderlich[5]. 12

Aus **deutscher Perspektive** bestehen insoweit – abgesehen vom Ausschluss der Genossenschaften von der grenzüberschreitenden Verschmelzung gem. § 122b Abs. 2 Nr. 1 UmwG (dazu unten Rz. 15) – **keine Beschränkungen:** Deutsche Kapitalgesellschaften können gem. § 122a Abs. 2 UmwG i.V.m. § 3 Abs. 1 Nr. 2, Abs. 4 UmwG sowohl als übertragender als auch als übernehmender oder neuer Rechtsträger an einer Verschmelzung mit Kapitalgesellschaften (gleicher oder anderer Rechtsform) beteiligt sein[6]. Ausnahmsweise kann allerdings (auf der Basis von Art. 4 Abs. 1 lit. b Satz 2 der 10. Richtlinie[7]) ein Einspruchsrecht zum Schutz öffentlicher Interessen eingreifen; hierunter fallen etwa die Untersagungsbefugnisse nach § 53 AWV sowie nach § 14a VAG[8]. 13

Eine Einschränkung der zulässigen Kombinationsmöglichkeiten kann sich allerdings im Einzelfall aus den beteiligten **ausländischen Rechtsordnungen** ergeben[9]. Dies kann entweder darauf beruhen, dass das ausländische Recht bestimmte Ver- 14

---

1 Freundschaft-, Handels- und Schifffahrtsvertrag zwischen der Bundesrepublik Deutschland und den Vereinigten Staaten von Amerika v. 29.10.1954 (BGBl. II 1956, S. 487).

2 Ausf. *Frenzel*, Grenzüberschreitende Verschmelzung von Kapitalgesellschaften, 2008, S. 171 ff.; *Frenzel/Axer*, RIW 2007, 47 ff. (54). Ebenso *Drinhausen* in Semler/Stengel, § 122b UmwG Rz. 9; *Heckschen* in Widmann/Mayer, § 122a UmwG Rz. 89; § 122b UmwG Rz. 81; *Hörtnagl* in Schmitt/Hörtnagl/Stratz, § 122b UmwG Rz. 8; wohl auch *M. Winter*, Der Konzern 2007, 24 (28).

3 Dazu näher *Lutter/Bayer/J. Schmidt*, EuropUR, § 23 Rz. 24 m.w.N.

4 Vgl. *Beutel*, Der neue rechtliche Rahmen grenzüberschreitender Verschmelzungen in der EU, 2008, S. 135 f.; *Frenzel*, Grenzüberschreitende Verschmelzung von Kapitalgesellschaften, 2008, S. 163; *Kiem*, WM 2006, 1091 (1092); *Lutter/Bayer/J. Schmidt*, EuropUR, § 23 Rz. 25; *H.-F. Müller*, ZIP 2007, 1081 (1083); s. ferner auch schon *Bayer/J. Schmidt*, NJW 2006, 401.

5 Vgl. auch *Frenzel*, Grenzüberschreitende Verschmelzung von Kapitalgesellschaften, 2008, S. 163 f.; *Heckschen* in Widmann/Mayer, § 122b UmwG Rz. 12; *Lutter/Bayer/J. Schmidt*, EuropUR, § 23 Rz. 25.

6 Vgl. *Frenzel*, Grenzüberschreitende Verschmelzung von Kapitalgesellschaften, 2008, S. 169 f.; *Lutter/Bayer/J. Schmidt*, EuropUR, § 23 Rz. 25; *H.-F. Müller*, ZIP 2007, 1081 (1083); *Drinhausen* in Semler/Stengel, § 122b UmwG Rz. 4.

7 Dazu näher *Bayer/J. Schmidt*, NJW 2006, 401 (405); *Lutter/Bayer/J. Schmidt*, EuropUR, § 23 Rz. 145 f.; *Neye*, ZIP 2005, 1893 (1895); *Ratka*, GeS 2006, 52 (54); *Rickford*, [2005] EBLR 1393 (1409 f.).

8 Vgl. dazu *Lutter/Bayer/J. Schmidt*, EuropUR, § 23 Rz. 146 m.w.N.

9 Vgl. *Beutel*, Der neue rechtliche Rahmen grenzüberschreitender Verschmelzungen in der EU, 2008, S. 136; *Heckschen* in Widmann/Mayer, § 122a UmwG Rz. 88, § 122b UmwG Rz. 13; *Inwinkl/Schneider*, RIW 2008, 4 (9) (für Österreich); *Lutter/Bayer/J. Schmidt*, EuropUR, § 23 Rz. 24 f.; *H.-F. Müller*, ZIP 2007, 1081 (1083); s. ferner die Über-

schmelzungskombinationen nicht zulässt (wie etwa früher in Österreich die Verschmelzung einer AG auf eine GmbH[1]) oder dass es in der jeweiligen Rechtsordnung bestimmte Rechtsformen überhaupt nicht gibt (wie etwa in Österreich die KGaA[2]) und dementsprechend auch keine Regelungen betreffend Verschmelzungen mit solchen Rechtsformen existieren. Darüber hinaus kann im ausländischen Recht in Umsetzung von Art. 4 Abs. 1 lit. b Satz 2 der 10. Richtlinie (dazu bereits oben Rz. 13) ggf. auch ein Einspruchsrecht zum Schutz öffentlicher Interessen vorgesehen sein[3].

III. Ausnahmen (§ 122b Abs. 2 UmwG)

1. Genossenschaften (§ 122b Abs. 2 Nr. 1 UmwG)

15 Der **Ausschluss** von Genossenschaften in § 122b Abs. 2 Nr. 1 UmwG beruht auf dem **Opt-out-Recht** des Art. 3 Abs. 2 der 10. Richtlinie, welches den Mitgliedstaaten auf Grund der bislang fehlenden Harmonisierung des Genossenschaftsrechts eingeräumt wurde[4]. Der deutsche Gesetzgeber sah für die Zulassung der Beteiligung von Genossenschaften an einer grenzüberschreitenden Verschmelzung angesichts der Möglichkeit der Gründung einer Europäischen Genossenschaft (SCE)[5] kein praktisches Bedürfnis[6]. Ob die SCE-Gründung tatsächlich ein gleichwertiges Äquivalent ist, erscheint indes durchaus fraglich[7], zumal die Gesetzesbegründung sogar selbst einen ausdrücklichen Revisionsvorbehalt[8] enthält.

2. OGAW (§ 122b Abs. 2 Nr. 2 UmwG)

16 Der Ausschluss sog. Organismen für gemeinsame Anlagen in Wertpapieren (OGAW)[9] ist durch Art. 3 Abs. 3 der 10. Richtlinie zwingend vorgegeben. Da derartige OGAW auf Unionsebene Spezialvorschriften[10] unterliegen, wollte der Europäische Gesetzgeber auch etwaige Regelungen zur grenzüberschreitenden Ver-

---

sicht bei *Frenzel*, Grenzüberschreitende Verschmelzung von Kapitalgesellschaften, 2008, S. 164ff.

1 Nunmehr durch § 234a öAktG gestattet; vgl. auch *Kiem* in Habersack/Drinhausen, § 122b UmwG Rz. 14; ausf. *Inwinkl*, ZfRV 2008, 69 (75).

2 Die KGaA wurde in Österreich bereits 1965 abgeschafft, vgl. *Perlitt* in MünchKomm. AktG, Vorb. § 278 AktG Rz. 146.

3 Vgl. *Frenzel*, Grenzüberschreitende Verschmelzung von Kapitalgesellschaften, 2008, S. 187.

4 Vgl. dazu näher *Lutter/Bayer/J. Schmidt*, EuropUR, § 23 Rz. 16 m.w.N.

5 Text der SCE-VO und SCE-Richtlinie sowie ausf. Erläuterungen bei *Lutter/Bayer/J. Schmidt*, EuropUR, § 42 m.z.w.N.

6 BegrRegE, BR-Drucks. 548/06, 30. Vgl. auch *Lutter/Bayer/J. Schmidt*, EuropUR, § 23 Rz. 25.

7 Vgl. auch *Kiem*, WM 2006, 1091 (1093); kritisch zur deutschen Umsetzung auch *Beutel*, Der neue rechtliche Rahmen grenzüberschreitender Verschmelzungen in der EU, 2008, S. 145f.

8 Vgl. BegrRegE, BT-Drucks. 16/2919, 30.

9 Dazu näher *Lutter/Bayer/J. Schmidt*, EuropUR, § 17 Rz. 232ff.

10 Richtlinie 2009/65/EG des Europäischen Parlaments und des Rates v. 13.7.2009 zur Koordinierung der Rechts- und Verwaltungsvorschriften betreffend bestimmte Organismen für gemeinsame Anlagen in Wertpapieren (OGAW), ABl. EU Nr. L 302/32 v. 17.11.2009. Dazu *Lutter/Bayer/J. Schmidt*, EuropUR, § 17 Rz. 232ff. m.w.N.

schmelzung ausschließlich diesem speziellen Rahmen vorbehalten[1]. Betroffen sind im deutschen Recht die Investmentaktiengesellschaften (InAG) mit veränderlichem Kapital (§§ 96 ff, 105 InvG a.F., jetzt §§ 108ff. KAGB)[2]; nicht hingegen die Kapitalverwaltungsgesellschaften (KVG) [früher: Kapitalanlagegesellschaften (KAG)], die das Vermögen der Anleger treuhänderisch oder in gesonderten Fonds verwalten (§§ 17, 92ff. KAGB, früher §§ 6, 30ff. InvG a.F.)[3].

§ 122c
Verschmelzungsplan

(1) Das Vertretungsorgan einer beteiligten Gesellschaft stellt zusammen mit den Vertretungsorganen der übrigen beteiligten Gesellschaften einen gemeinsamen Verschmelzungsplan auf.

(2) Der Verschmelzungsplan oder sein Entwurf muss mindestens folgende Angaben enthalten:

1. **Rechtsform, Firma und Sitz der übertragenden und übernehmenden oder neuen Gesellschaft,**
2. **das Umtauschverhältnis der Gesellschaftsanteile und gegebenenfalls die Höhe der baren Zuzahlungen,**
3. **die Einzelheiten hinsichtlich der Übertragung der Gesellschaftsanteile der übernehmenden oder neuen Gesellschaft,**
4. **die voraussichtlichen Auswirkungen der Verschmelzung auf die Beschäftigung,**
5. **den Zeitpunkt, von dem an die Gesellschaftsanteile deren Inhabern das Recht auf Beteiligung am Gewinn gewähren, sowie alle Besonderheiten, die eine Auswirkung auf dieses Recht haben,**
6. **den Zeitpunkt, von dem an die Handlungen der übertragenden Gesellschaften unter dem Gesichtspunkt der Rechnungslegung als für Rechnung der übernehmenden oder neuen Gesellschaft vorgenommen gelten (Verschmelzungsstichtag),**
7. **die Rechte, die die übernehmende oder neue Gesellschaft den mit Sonderrechten ausgestatteten Gesellschaftern und den Inhabern von anderen Wertpapieren als Gesellschaftsanteilen gewährt, oder die für diese Personen vorgeschlagenen Maßnahmen,**

---

1 Vgl. *Beutel*, Der neue rechtliche Rahmen grenzüberschreitender Verschmelzungen in der EU, 2008, S. 143f.; *Drinhausen/Keinath*, RIW 2006, 81 (82); *Frenzel*, Grenzüberschreitende Verschmelzung von Kapitalgesellschaften, 2008, S. 161f.; *Inwinkl/Schneider*, RIW 2008, 4 (6); *H.-F. Müller*, NZG 2006, 286 (287); *Neye*, ZIP 2005, 1893 (1895).

2 *Kiem* in Habersack/Drinhausen, § 122b UmwG Rz. 18; *Marsch-Barner* in Kallmeyer, § 122b UmwG Rz. 8; *Simon/Rubner* in KölnKomm. UmwG, § 122b UmwG Rz. 19; a.A. *Heckschen* in Widmann/Mayer, § 122b UmwG Rz. 111.

3 *Kiem* in Habersack/Drinhausen, § 122b UmwG Rz. 19; *Marsch-Barner* in Kallmeyer, § 122b UmwG Rz. 8; *Simon/Rubner* in KölnKomm. UmwG, § 122b UmwG Rz. 21; a.A. *Heckschen* in Widmann/Mayer, § 122b UmwG Rz. 118.

8. etwaige besondere Vorteile, die den Sachverständigen, die den Verschmelzungsplan prüfen, oder den Mitgliedern der Verwaltungs-, Leitungs-, Aufsichts- oder Kontrollorgane der an der Verschmelzung beteiligten Gesellschaften gewährt werden,

9. die Satzung der übernehmenden oder neuen Gesellschaft,

10. gegebenenfalls Angaben zu dem Verfahren, nach dem die Einzelheiten über die Beteiligung der Arbeitnehmer an der Festlegung ihrer Mitbestimmungsrechte in der aus der grenzüberschreitenden Verschmelzung hervorgehenden Gesellschaft geregelt werden,

11. Angaben zur Bewertung des Aktiv- und Passivvermögens, das auf die übernehmende oder neue Gesellschaft übertragen wird,

12. den Stichtag der Bilanzen der an der Verschmelzung beteiligten Gesellschaften, die zur Festlegung der Bedingungen der Verschmelzung verwendet werden.

(3) Befinden sich alle Anteile einer übertragenden Gesellschaft in der Hand der übernehmenden Gesellschaft, so entfallen die Angaben über den Umtausch der Anteile (Absatz 2 Nr. 2, 3 und 5), soweit sie die Aufnahme dieser Gesellschaft betreffen.

(4) Der Verschmelzungsplan muss notariell beurkundet werden.

Literatur

Vgl. zunächst allgemein die Angaben zu § 122a. Speziell zum Verschmelzungsplan: *Kallmeyer*, Der gemeinsame Verschmelzungsplan für grenzüberschreitende Verschmelzungen, AG 2007, 472; *Krüger*, Das auf den Verschmelzungsplan nach § 122c UmwG anwendbare Recht, in GS Michael Gruson, 2009, S. 265; *Schwab*, Das auf den Verschmelzungsplan anwendbare Recht, GesRZ 2012, 103.

I. Regelungsgegenstand und -zweck

Die Norm regelt in Umsetzung von Art. 5 der 10. Richtlinie[1] die Aufstellung, Inhalt und Form des Verschmelzungsplans, welcher nach der Grundkonzeption des Europäischen Verschmelzungsrechts das „**Herzstück**" des gesamten Verfahrens bildet[2]. Der gemeinsame Verschmelzungsplan, der die wesentlichen Bedingungen der Verschmelzung verbindlich festlegt, ist von den Leitungs- bzw. Verwaltungsorganen der sich verschmelzenden Gesellschaften mit einem bestimmten Mindestinhalt und ggf. weiteren Ergänzungen einvernehmlich aufzustellen und nach erfolgter sachverständiger Prüfung (Art. 8 der 10. Richtlinie, § 122f UmwG) und unter Beifügung eines Verschmelzungsberichts (Art. 7 der 10. Richtlinie, § 122e UmwG) den Haupt- bzw. Gesellschafterversammlungen der sich verschmelzenden Gesellschaften zur zustimmenden Beschlussfassung vorzulegen (Art. 9 der 10. Richtlinie, § 122g UmwG). 1

§ 122c Abs. 1 UmwG weist die **Kompetenz** zur Aufstellung des Verschmelzungsplans im Einklang mit Art. 5 der 10. Richtlinie den Vertretungsorganen der beteiligten *deutschen*[3] Gesellschaften zu (ausf. unten Rz. 5). **§ 122c Abs. 2 UmwG** legt den **Mindestinhalt** des Verschmelzungsplans fest (ausf. unten Rz. 13ff.), **§ 122c Abs. 3 UmwG** macht hiervon für Konzernverschmelzungen bestimmte **Ausnahmen** (ausf. unten Rz. 32). **§ 122c Abs. 4 UmwG** schreibt hinsichtlich der Form des Verschmelzungsplans die **notarielle Beurkundung** vor (ausf. unten Rz. 7ff.). 2

II. Begriff und Rechtsnatur des Verschmelzungsplans

Bei dem in den §§ 122cff. UmwG – im Einklang mit der Terminologie der 10. Richtlinie[4] – verwendeten Begriff des Verschmelzungs*plans* handelt es sich nicht lediglich um eine terminologische Abweichung von der in den §§ 4ff. UmwG verwendeten Formulierung des Verschmelzungs*vertrags*, vielmehr ist zwischen beiden Begriffen auch dogmatisch strikt zu differenzieren. Bei dem Verschmelzungs*plan* i.S.d. 10. Richtlinie und der §§ 122cff. UmwG handelt es sich 3

1 Richtlinie 2005/56/EG des Europäischen Parlaments und des Rates v. 26.10.2005 über die Verschmelzung von Kapitalgesellschaften aus verschiedenen Mitgliedstaaten, ABl. EU Nr. L 310/1 v. 25.11.2005, s. Anh. V, S. 3481ff. Ausf. Erläuterungen bei *Lutter/Bayer/J. Schmidt*, EuropUR, § 23 m.z.w.N.

2 Vgl. *Kiem* in Habersack/Drinhausen, § 122c UmwG Rz. 1; *Lutter/Bayer/J. Schmidt*, EuropUR, § 23 Rz. 29; *Bayer* in Lutter/Hommelhoff, SE-Kommentar, Art. 20 SE-VO Rz. 1 (jeweils m.w.N.).

3 Vgl. zur Beschränkung des Regelungsbereichs der §§ 122aff. UmwG auf die an einer grenzüberschreitenden Verschmelzung beteiligten deutschen Gesellschaften bereits § 122a Rz. 16; ebenso *Drinhausen* in Semler/Stengel, § 122c UmwG Rz. 1 a.E.

4 Vgl. dazu *Lutter/Bayer/J. Schmidt*, EuropUR, § 23 Rz. 29 m.w.N.

nämlich nicht um einen schuldrechtlichen Vertrag[1], sondern vielmehr um einen reinen **gesellschaftsrechtlichen Organisationsakt**[2]. Das nicht nur der 10. Richtlinie, sondern auch der 3.[3] und 6. Richtlinie[4] sowie der SE-VO[5] und SCE-VO[6] zu Grunde liegende „europäische Modell für Strukturmaßnahmen"[7] misst dem Kernbaustein des Verschmelzungs*plans* (ebenso wie die nationalen Rechtsordnungen vieler EU-Mitgliedstaaten) keinen schuldrechtlichen Charakter bei[8]. Art. 5 der 10. Richtlinie, Art. 5 Abs. 2 der 3. Richtlinie, Art. 3 Abs. 2 der 6. Richtlinie, Art. 20 Abs. 1 SE-VO und Art. 22 Abs. 1 SCE-VO verlangen (anders als § 5 Abs. 1 Nr. 2 UmwG für den Verschmelzungsvertrag[9]) gerade nicht, dass der Verschmelzungs- (bzw. Spaltungs-)plan eine Vereinbarung über Vermögensübertragung und Anteilsgewährung enthält[10].

---

1 In diesem Sinne aber *Behrens*, Die grenzüberschreitende Verschmelzung nach der Richtlinie 2005/56/EG (Verschmelzungsrichtlinie), 2007, S. 66; *Forsthoff*, DStR 2006, 613 (614); *Krause/Kulpa*, ZHR 171 (2007), 38 (56); *Limmer*, ZNotP 2007, 242 (251); *Simon/Rubner*, Der Konzern 2006, 835 (837); *J. Vetter*, AG 2006, 613 (617); *M. Winter*, Der Konzern 2007, 24 (33).

2 Ebenso *Beutel*, Der neue rechtliche Rahmen grenzüberschreitender Verschmelzungen in der EU, 2008, S. 159; *Frenzel*, Grenzüberschreitende Verschmelzung von Kapitalgesellschaften, S. 202; *Frenzel*, RIW 2008, 12 (16); *Handelsrechtsausschuss des DAV*, NZG 2006, 737 (740); *Hörtnagl* in Schmitt/Hörtnagl/Stratz, § 122c UmwG Rz. 5; *Kallmeyer*, AG 2007, 472 (474); *Kiem* in Habersack/Drinhausen, § 122c UmwG Rz. 6; *Kiem*, WM 2006, 1091 (1094); *Lutter/Bayer/J. Schmidt*, EuropUR, § 23 Rz. 29; *Lutz*, BWNotZ 2010, 23 (27); *Marsch-Barner* in Kallmeyer, § 122c UmwG Rz. 4; *Mayer* in Widmann/Mayer, § 122c UmwG Rz. 15; *Polley* in Henssler/Strohn, § 122c UmwG Rz. 5; *Weyde/Hafemann* in FS Meilicke, S. 779 (798). Vgl. für die SE auch *Bayer* in Lutter/Hommelhoff, SE-Kommentar, Art. 20 SE-VO Rz. 5 m.w.N.

3 Ursprünglich: Richtlinie 78/855/EWG; seit 1.7.2011: Richtlinie 2011/35/EU des Europäischen Parlaments und des Rates v. 5.4.2011 über die Verschmelzung von Aktiengesellschaften, ABl. EU Nr. L 110/1 v. 29.4.2011, s. Anh. III, S. 3451 ff. Ausf. Erläuterungen bei *Lutter/Bayer/J. Schmidt*, EuropUR, § 21 m.z.w.N.

4 Sechste Richtlinie 82/891/EWG des Rates v. 17.12.1982 gemäß Artikel 54 Absatz 3 Buchstabe g) des Vertrages betreffend die Spaltung von Aktiengesellschaften, ABl. EG Nr. L 378/47 v. 31.12.1982, unten Anh. IV, S. 3467 ff. Ausf. Erläuterungen bei *Lutter/Bayer/J. Schmidt*, EuropUR, § 22 m.z.w.N.

5 VO (EG) Nr. 2157/2001 des Rates v. 8.10.2001 über das Statut der Europäischen Gesellschaft (SE), ABl. EG Nr. L 294/1 v. 10.11.2001. Text und ausf. Erläuterungen bei *Lutter/Bayer/J. Schmidt*, EuropUR, § 41 m.z.w.N.

6 VO (EG) Nr. 1435/2003 des Rates v. 22.7.2003 über das Statut der Europäischen Genossenschaft (SCE), ABl. EU Nr. L 207/1 v. 18.8.2003. Text und ausf. Erläuterungen bei *Lutter/Bayer/J. Schmidt*, EuropUR, § 42 m.z.w.N.

7 Vgl. dazu *Lutter/Bayer/J. Schmidt*, EuropUR, § 6 Rz. 29, § 18 Rz. 9, § 19 Rz. 4, § 21 Rz. 24, 112, § 22 Rz. 23, 81, § 23 Rz. 26, § 30 Rz. 16, § 41 Rz. 47 sowie auch schon *Bayer/J. Schmidt*, NJW 2006, 401 (402).

8 Vgl. *Lutter/Bayer/J. Schmidt*, EuropUR, § 21 Rz. 25, § 23 Rz. 29; *Schäfer* in MünchKomm. AktG, Art. 20 SE-VO Rz. 3; *Teichmann*, ZGR 2002, 383 (419). S. ferner auch *Mayer* in Widmann/Mayer, § 122c UmwG Rz. 17; *Kiem*, WM 2006, 1091 (1094).

9 § 5 Abs. 2 UmwG geht insofern in zulässiger Weise über die Anforderungen der 3. Richtlinie hinaus, vgl. dazu näher *Lutter/Bayer/J. Schmidt*, EuropUR, § 21 Rz. 25, 35; *Teichmann*, ZGR 2002, 383 (419).

10 Vgl. auch *Beutel*, Der neue rechtliche Rahmen grenzüberschreitender Verschmelzungen in der EU, 2008, S. 159; *Frenzel*, Grenzüberschreitende Verschmelzung von Kapitalgesellschaften, S. 202; *Frenzel*, RIW 2008, 12 (16); *Kiem*, WM 2006, 1091 (1094); *Lutter/Bayer/J. Schmidt*, EuropUR, § 23 Rz. 29; *Lutz*, BWNotZ 2010, 23 (27); *Mayer* in Widmann/Mayer, § 122c UmwG Rz. 51.

Den an der Verschmelzung beteiligten Gesellschaften bleibt es allerdings unbenommen, in den Verschmelzungsplan über den zwingend vorgeschriebenen Mindestinhalt hinaus privatautonom **zusätzlich** schuldrechtliche Vereinbarungen aufzunehmen (vgl. zur Zulässigkeit fakultativer Inhalte allgemein unten Rz. 31) oder ein separates sog. **Business Combination Agreement** – wie dies in der internationalen Praxis heute allgemein üblich und empfehlenswert ist – abzuschließen[1]. In der Praxis wird die unterschiedliche Rechtslage bei nationalen und grenzüberschreitenden Verschmelzungen daher wohl keinen großen Unterschied machen. Die dogmatisch-konzeptionelle Divergenz zwischen dem nationalen und dem transnationalen Verschmelzungsrecht erscheint allerdings gleichwohl misslich und sollte bei nächster Gelegenheit behoben werden[2]. 4

III. Aufstellung

Gem. Art. 5 Satz 1 der 10. Richtlinie ist der *gemeinsame Verschmelzungsplan* von den Leitungs- oder Verwaltungsorganen der sich verschmelzenden Gesellschaften aufzustellen, d.h. es ist eine Verständigung über den Inhalt zu dokumentieren[3]. § 122c Abs. 1 UmwG weist die Aufstellungskompetenz für die beteiligten deutschen Gesellschaften dagegen dem „**Vertretungsorgan**" der jeweiligen Gesellschaft zu. Bei AG, KGaA, GmbH (inkl. des Subtyps der UG, vgl. Einl. I Rz. 53) und dualistisch verfasster SE ist diese Anpassung an die gängige deutsche Terminologie unproblematisch, da hier die Begriffe „Leitungs-" und „Vertretungsorgan" deckungsgleich sind (AG: Vorstand, GmbH: Geschäftsführer, dualistische SE: Leitungsorgan, KGaA: Komplementäre)[4]. Die Vertretungsorgane müssen in *vertretungsberechtigter Anzahl* handeln (dazu näher § 4 Rz. 7). 5

Bei der **monistisch verfassten SE** führt die abweichende Begrifflichkeit allerdings insofern zu Friktionen, als „Verwaltungsorgan" hier der Verwaltungsrat, „Vertretungsorgan" dagegen gem. § 41 Abs. 1 SEAG die geschäftsführenden Direktoren sind[5]. Dieses offenkundige Redaktionsversehen ist im Wege der richtlinienkonformen Auslegung bzw. Rechtsfortbildung[6] dahingehend zu korrigieren, dass die 6

---

1 Vgl. *Beutel*, Der neue rechtliche Rahmen grenzüberschreitender Verschmelzungen in der EU, 2008, S. 159; *Drinhausen* in Semler/Stengel, § 122c UmwG Rz. 6; *Hörtnagl* in Schmitt/Hörtnagl/Stratz, § 122c UmwG Rz. 5; *Kiem* in Habersack/Drinhausen, § 122c UmwG Rz. 7; *Mayer* in Widmann/Mayer, § 122c UmwG Rz. 18, 28, 159; *Simon/Rubner* in KölnKomm. UmwG, § 122c UmwG Rz. 6. Vgl. ferner ebenso für die Parallelproblematik bei der SE auch *Bayer* in Lutter/Hommelhoff (Hrsg.), Die Europäische Gesellschaft, 2005, S. 25 (34); *Bayer* in Lutter/Hommelhoff, SE-Kommentar, Art. 20 SE-VO Rz. 4 m.w.N.

2 Vgl. i.d.S. auch *Frenzel*, Grenzüberschreitende Verschmelzung von Kapitalgesellschaften, S. 202f.; *Frenzel*, RIW 2008, 12 (16); *Handelsrechtsausschuss des DAV*, NZG 2006, 737 (740).

3 So treffend *Kiem* in Habersack/Drinhausen, § 122c UmwG Rz. 11.

4 *Lutter/Bayer/J. Schmidt*, EuropUR, § 23 Rz. 42; *Marsch-Barner* in Kallmeyer, § 122c UmwG Rz. 5; *Hörtnagl* in Schmitt/Hörtnagl/Stratz, § 122c UmwG Rz. 8.

5 Vgl. auch *Beutel*, Der neue rechtliche Rahmen grenzüberschreitender Verschmelzungen in der EU, 2008, S. 176; *Drinhausen* in Semler/Stengel, § 122c UmwG Rz. 9; *Drinhausen/Keinath*, BB 2006, 725 (727); *Krause/Kulpa*, ZHR 171 (2007), 38 (57); *Mayer* in Widmann/Mayer, § 122c UmwG Rz. 22.

6 Auf Grund des ganz offensichtlichen Redaktionsversehens dürfte dem hier auch die *contra legem*-Grenze nicht entgegenstehen, vgl. dazu allgemein *Lutter/Bayer/J. Schmidt*, EuropUR, § 3 Rz. 53ff. m.w.N. Für eine richtlinienkonforme Auslegung (allerdings

Aufstellungskompetenz bei der monistischen SE im Einklang mit Art. 5 Satz 1 der 10. Richtlinie allein dem **Verwaltungsrat**[1] zukommt.

IV. Form und Sprache

1. Form

a) Notarielle Beurkundung

7 **§ 122c Abs. 4 UmwG** stellt klar, dass der Verschmelzungsplan notariell beurkundet werden muss, was sich eigentlich bereits aus Art. 4 Abs. 1 lit. b Satz 1 der 10. Richtlinie i.V.m. § 122a Abs. 2 UmwG und § 6 UmwG ergibt[2]. Da es sich bei dem gemeinsamen Verschmelzungsplan um ein **einheitliches Dokument** handelt[3], setzt sich das jeweils **strengste Recht** durch, d.h. bei Beteiligung einer *deutschen* Gesellschaft ist stets eine *notarielle Beurkundung* erforderlich[4]. Sofern das nationale Recht der anderen Gründungsgesellschaften strengere, abweichende bzw. zusätzliche Formerfordernisse vorsieht, sind daneben auch diese einzuhalten[5]; Doppel- oder Mehrfachbeurkundungen sind daher nicht auszuschließen[6].

---

ohne deren Ergebnis näher zu konkretisieren) auch *Beutel*, Der neue rechtliche Rahmen grenzüberschreitender Verschmelzungen in der EU, 2008, S. 176.

1 *Lutter/Bayer/J. Schmidt*, EuropUR, § 23 Rz. 42. So nunmehr auch *Drinhausen* in Semler/Stengel, § 122c UmwG Rz. 9; *Kiem* in Habersack/Drinhausen, § 122c UmwG Rz. 10; ebenso *Marsch-Barner* in Kallmeyer, § 122c UmwG Rz. 5; *Polley* in Henssler/Strohn, § 122c UmwG Rz. 6; wohl auch *Hörtnagl* in Schmitt/Hörtnagl/Stratz, § 122c UmwG Rz. 8; a.A. *Frenzel*, Grenzüberschreitende Verschmelzung von Kapitalgesellschaften, S. 213f. und *Mayer* in Widmann/Mayer, § 122c UmwG Rz. 22, die eine – evident richtlinienwidrige – ausschließliche Kompetenz der geschäftsführenden Direktoren annehmen.

2 Vgl. *Bayer/J. Schmidt*, NJW 2006, 401 (403); *Bayer/J. Schmidt*, NZG 2006, 841 (842); *Drinhausen* in Semler/Stengel, § 122c UmwG Rz. 42; *Heckschen* in Widmann/Mayer, § 122a UmwG Rz. 131, § 122c UmwG Rz. 177f.; *Heckschen*, DNotZ 2007, 444 (457); *Krause/Kulpa*, ZHR 171 (2007), 38 (58); *Lutter/Bayer/J. Schmidt*, EuropUR, § 23 Rz. 44; *Marsch-Barner* in Kallmeyer, § 122c UmwG Rz. 11; abw. *Ege/Klett*, GWR 2011, 399 (Recht des Aufnahmestaates maßgeblich).

3 *Drinhausen* in Semler/Stengel, § 122c UmwG Rz. 5; *Hörtnagl* in Schmitt/Hörtnagl/Stratz, § 122c UmwG Rz. 6; *Lutter/Bayer/J. Schmidt*, EuropUR, § 23 Rz. 31; *Marsch-Barner* in Kallmeyer, § 122c UmwG Rz. 6; *Mayer* in Widmann/Mayer, § 122c UmwG Rz. 19; *Weyde/Hafemann* in FS Meilicke, S. 779 (806); a.A. *Kiem* in Habersack/Drinhausen, § 122c UmwG Rz. 16; *Simon/Rubner* in KölnKomm. UmwG, § 122c UmwG Rz. 36.

4 So bereits *Bayer/J. Schmidt*, NJW 2006, 401 (403); vgl. ebenso *Behrens*, Die grenzüberschreitende Verschmelzung nach der Richtlinie 2005/56/EG (Verschmelzungsrichtlinie), 2007, S. 94; *Beutel*, Der neue rechtliche Rahmen grenzüberschreitender Verschmelzungen in der EU, 2008, S. 161; *Freundorfer/Festner*, GmbHR 2010, 195 (197); *Heckschen* in Widmann/Mayer, § 122c UmwG Rz. 188f.; *Klein*, RNotZ 2007, 565 (583f.); *Lutter/Bayer/J. Schmidt*, EuropUR, § 23 Rz. 31; *Lutz*, BWNotZ 2010, 23 (28); *Marsch-Barner* in Kallmeyer, § 122c UmwG Rz. 40; *Mayer* in Widmann/Mayer, § 122c UmwG Rz. 26; *H.-F. Müller*, NZG 2006, 286 (288); *H.-F. Müller*, ZIP 2004, 1790 (1792); *Weyde/Hafemann* in FS Meilicke, S. 779 (806); vgl. ferner auch *Inwinkl*, ZfRV 2008, 69 (71); i.E. auch *Hörtnagl* in Schmitt/Hörtnagl/Stratz, § 122c UmwG Rz. 39; a.A. *Frenzel*, Grenzüberschreitende Verschmelzung von Kapitalgesellschaften, S. 218f.; *Kallmeyer*, AG 2007, 472 (475); *Krüger* in GS Gruson, S. 265 (275).

5 *Bayer/J. Schmidt*, NJW 2006, 401 (403); *Heckschen* in Widmann/Mayer, § 122c UmwG Rz. 189.

6 *Brocker*, BB 2010, 971 (973); *Drinhausen* in Semler/Stengel, § 122c UmwG Rz. 43; *Freundorfer/Festner*, GmbHR 2010, 195 (197); *Heckschen* in Widmann/Mayer, § 122c UmwG

b) Auslandsbeurkundung

Nach der *Gesetzesbegründung* sollen für die Erfüllung des Formerfordernisses im Wege der Substitution durch Beurkundungen im Ausland die allgemeinen Regeln, namentlich das vom BGH[1] aufgestellte Erfordernis der **Gleichwertigkeit** (dazu bereits ausf. § 6 Rz. 8 f.) gelten[2]. Dies ist äußerst bedauerlich, denn die sich daraus ergebende potentielle Notwendigkeit von Doppelbeurkundungen[3] ist nicht nur für die Praxis äußerst misslich, sondern wird auch dem Gedanken des gegenseitigen Vertrauens in die Rechtsordnungen der anderen EU- bzw. EWR-Staaten, von dem auch die 10. Richtlinie geprägt ist, nicht gerecht[4]. 8

c) Nachbeurkundung

Ebenso wie im Rahmen der innerstaatlichen Verschmelzung ist auch bei der grenzüberschreitenden Verschmelzung eine **Nachbeurkundung zulässig**, wenn zunächst nur über den *Entwurf* des Verschmelzungsplans Beschluss gefasst wurde (§ 122a Abs. 2 UmwG i.V.m. § 4 Abs. 2 UmwG); im Hinblick darauf wurde im RegE in den §§ 122c–122j UmwG eigens noch die klarstellende Formulierung „oder sein Entwurf" ergänzt[5]. 9

2. Sprache

Hinsichtlich der Sprache des Verschmelzungsplans machen weder die 10. Richtlinie noch § 122c UmwG ausdrückliche Vorgaben. Wenn eine **deutsche Gesell-** 10

Rz. 209; *Kiem* in Habersack/Drinhausen, § 122c UmwG Rz. 15; *Krauel/Mense/Wind*, Der Konzern 2010, 541 (544); *Lutz*, BWNotZ 2010, 23 (32); *Weyde/Hafemann* in FS Meilicke, S. 779 (806).

1 Grundlegend: BGH v. 16.2.1981 – II ZB 8/80, BGHZ 80, 76 = GmbHR 1981, 238.

2 BegrRegE, BR-Drucks. 548/06, 31; zust. *Drinhausen* in Semler/Stengel, § 122c UmwG Rz. 42; *Hörtnagl* in Schmitt/Hörtnagl/Stratz, § 122c UmwG Rz. 39; *Kiem* in Habersack/Drinhausen, § 122c UmwG Rz. 16; *Krauel/Mense/Wind*, Der Konzern 2010, 541 (543); ausf. *Heckschen* in Widmann/Mayer, § 122c UmwG Rz. 193 ff. Die Problematik ist indes streitig; abl. *Heckschen*, DNotZ 2007, 444 (458); *Tebben/Tebben*, DB 2007, 2355 (2357).

3 Vgl. dazu näher *Behrens*, Die grenzüberschreitende Verschmelzung nach der Richtlinie 2005/56/EG (Verschmelzungsrichtlinie), 2007, S. 94 ff.; *Beutel*, Der neue rechtliche Rahmen grenzüberschreitender Verschmelzungen in der EU, 2008, S. 172; *Drinhausen* in Semler/Stengel, § 122c UmwG Rz. 43; *Freundorfer/Festner*, GmbHR 2010, 195 (197); *Heckschen* in Widmann/Mayer, § 122c UmwG Rz. 209; *Krauel/Mense/Wind*, Der Konzern 2010, 541 (544); *Limmer*, ZNotP 2007, 242 (252); *Marsch-Barner* in Kallmeyer, § 122c UmwG Rz. 41; *Simon/Rubner* in KölnKomm. UmwG, § 122c UmwG Rz. 35; *J. Vetter*, AG 2006, 613 (617 f.).

4 Vgl. schon *Bayer/J. Schmidt*, NZG 2006, 841 (842); ähnlich *J. Vetter*, AG 2006, 613 (617 f.). S. ferner auch *Beutel*, Der neue rechtliche Rahmen grenzüberschreitender Verschmelzungen in der EU, 2008, S. 173 f.; *Krause/Kulpa*, ZHR 171 (2007), 38 (59); *H.-F. Müller*, ZIP 2007, 1081 (1083).

5 Vgl. auch *Brocker*, BB 2010, 971 (973); *H.-F. Müller*, NZG 2006, 286 (288); *H.-F. Müller*, ZIP 2007, 1081 (1083); *J. Vetter*, AG 2006, 613 (618); *Drinhausen* in Semler/Stengel, § 122c UmwG Rz. 4; *Hörtnagl* in Schmitt/Hörtnagl/Stratz, § 122c UmwG Rz. 7; *Frenzel*, Grenzüberschreitende Verschmelzung von Kapitalgesellschaften, S. 219; *Marsch-Barner* in Kallmeyer, § 122c UmwG Rz. 11; *Mayer* in Widmann/Mayer, § 122c UmwG Rz. 32 f.; *M. Winter*, Der Konzern 2007, 24 (33).

schaft an der Verschmelzung beteiligt ist, muss der Verschmelzungsplan allerdings bereits wegen der Pflicht zur notariellen Beurkundung (dazu oben Rz. 7) sowie der Notwendigkeit der Einreichung beim deutschen Handelsregister (§ 122d UmwG) grundsätzlich **zumindest auch in deutscher Sprache** abgefasst sein[1] (vgl. § 5 Abs. 1 BeurkG sowie § 488 Abs. 3 FamFG i.V.m. § 184 GVG)[2]; ob bereits die Vorlage einer beglaubigten Übersetzung ausreicht[3], ist nicht sicher geklärt. Für die *Praxis*[4] ist aber *in jedem Fall* die Herstellung einer **mehrsprachigen Fassung** zu empfehlen, bei der die Sprachen aller beteiligten Gesellschaften berücksichtigt werden[5]. Damit wird einerseits sichergestellt, dass der Verschmelzungsplan seiner Informationsfunktion tatsächlich gerecht wird[6], andererseits aber werden gleichzeitig auch die Voraussetzungen für eine ordnungsgemäße Beurkundung sowie die spätere Registeranmeldung bzw. Rechtmäßigkeitskontrolle (hinsichtlich derer die Kontrollinstanz vieler anderer Mitgliedstaaten sicherlich eine Abfassung in der jeweiligen Landessprache verlangen wird) geschaffen[7]. Bei etwaigen inhaltlichen Divergenzen der verschiedenen Sprachfassungen wird man allerdings nicht schlichtweg von der Maßgeblichkeit der Amtssprache am Sitz der aufnehmenden bzw. neuen Gesellschaft ausgehen können[8]; vielmehr fehlt es in derartigen Fällen an der Grundvoraussetzung eines „gemeinsamen" Verschmelzungsplans, so dass die Eintragung zu verweigern ist[9]. Die Praxis empfiehlt deshalb häufig auch, eine

---

1 *Hörtnagl* in Schmitt/Hörtnagl/Stratz, § 122c UmwG Rz. 42; *Lutter/Bayer/J. Schmidt*, EuropUR, § 23 Rz. 44; *Lutz*, BWNotZ 2010, 23 (28); *Polley* in Henssler/Strohn, § 122c UmwG Rz. 30; *Mayer* in Widmann/Mayer, § 122c UmwG Rz. 24; *Simon/Rubner* in KölnKomm. UmwG, § 122c UmwG Rz. 38.

2 Vgl. näher und speziell auch zur Möglichkeit einer Abfassung in fremder Sprache verbunden mit der Einreichung einer Übersetzung: *Heckschen*, DNotZ 2007, 444 (458); *Limmer*, ZNotP 2007, 242 (251); *H.-F. Müller*, ZIP 2007, 1081 (1083). S. ferner auch *Beutel*, Der neue rechtliche Rahmen grenzüberschreitender Verschmelzungen in der EU, 2008, S. 176f.; *Brocker*, BB 2010, 971 (972f.); *Frenzel*, Grenzüberschreitende Verschmelzung von Kapitalgesellschaften, S. 215ff.; *Hörtnagl* in Schmitt/Hörtnagl/Stratz, § 122c Umw Rz. 42; *Krause/Kulpa*, ZHR 171 (2007), 38 (59); *Marsch-Barner* in Kallmeyer, § 122c UmwG Rz. 12; *Mayer* in Widmann/Mayer, § 122c UmwG Rz. 24; *M. Winter*, Der Konzern 2007, 24 (33); *Weyde/Hafemann* in FS Meilicke, S. 779 (807f.); sowie für die SE *Bayer* in Lutter/Hommelhoff, SE-Kommentar, Art. 20 SE-VO Rz. 10 m.w.N.

3 So *Drinhausen* in Semler/Stengel, § 122c UmwG Rz. 5; *Hörtnagl* in Schmitt/Hörtnagl/Stratz, § 122c UmwG Rz. 42; *Kiem* in Habersack/Drinhausen, § 122c UmwG Rz. 18; *Krauel/Mense/Wind*, Der Konzern 2010, 541 (544).

4 Rechtstatsachen zur Sprachpraxis bei grenzüberschreitenden Verschmelzungen bei *Bayer/J. Schmidt/Hoffmann*, Der Konzern 2012, 225 (232f.).

5 Vgl. *Brocker*, BB 2010, 971 (973); *Drinhausen* in Semler/Stengel, § 122c UmwG Rz. 5; *Freundorfer/Festner*, GmbHR 2010, 195 (197); *Herrler/Schneider*, DStR 2009, 2433 (2434); *Holzborn/Mayston*, ZIP 2012, 2380 (2383); *Kiem* in Habersack/Drinhausen, § 122c UmwG Rz. 19; *Klein*, RNotZ 2007, 565 (588); *Krauel/Mense/Wind*, Der Konzern, 2010, 541 (544); *Lutter/Bayer/J. Schmidt*, EuropUR, § 23 Rz. 32; *H.-F. Mader*, RWZ 2011, 99 (103); *Müller*, ZIP 2007, 1081 (1083); *Simon/Rubner* in KölnKomm. UmwG, § 122c UmwG Rz. 40; *Weyde/Hafemann* in FS Meilicke, S. 779, (808); sowie (für die SE) auch *Bayer* in Lutter/Hommelhoff, SE-Kommentar, Art. 20 SE-VO Rz. 10.

6 Vgl. *Lutter/Bayer/J. Schmidt*, EuropUR, § 23 Rz. 32; *H.-F. Müller*, ZIP 2007, 1081 (1083).

7 Vgl. für die SE auch *Bayer* in Lutter/Hommelhoff, SE-Kommentar, Art. 20 SE-VO Rz. 10.

8 So aber *Krause/Kulpa*, ZHR 171 (2007), 38 (60); *Limmer*, ZNotP 2007, 242 (252); *Mayer* in Widmann/Mayer, § 122c UmwG Rz. 24.

9 Ebenso *Freundorfer/Festner*, GmbHR 2010, 195 (197); *Klein*, RNotZ 2007, 565 (588); *Krause/Kulpa*, ZHR 171 (2007), 38 (56); *Lutter/Bayer/J. Schmidt*, EuropUR, § 23 Rz. 32; *H.-F. Müller*, ZIP 2007, 1081 (1083f.); *Schwab*, GesRZ 2012, 103 (106f.).

vorrangige Sprachfassung festzulegen (sog. Konfliktklausel)[1]. Dies sollte grundsätzlich auch zulässig sein, denn dann existiert eben der „gleichlautende Verschmelzungsplan" nur in der vorrangigen Sprache (und die anderen Sprachfassungen sind bloße „Hilfsfassungen"); sobald jedoch zwei (oder mehrere) der beteiligten Rechtsordnungen zwingend (auch) eine Fassung in der jeweiligen Amtssprache verlangen, wird diese Lösung nicht funktionieren[2].

V. Inhalt

1. Überblick

Der Verschmelzungsplan muss **mindestens** die in § 122c Abs. 2 UmwG genannten Angaben (dazu ausf. unten Rz. 13ff.) enthalten, welche die sich verschmelzenden Gesellschaften aber um weitere Punkte ergänzen können (dazu näher unten Rz. 31). Außerdem ist **ggf.** ein **Barabfindungsangebot** in den Verschmelzungsplan aufzunehmen (§ 122i Abs. 1 Satz 1 UmwG, dazu unten Rz. 30 sowie § 122i Rz. 11). 11

Mit der Auflistung in **§ 122c Abs. 2 Nr. 1–12 UmwG** übernimmt der deutsche Gesetzgeber nahezu wortgleich Art. 5 Satz 2 lit. a – l der 10. Richtlinie, die allerdings **weitgehend kongruent mit** denjenigen Angaben sind, die **§ 5 Abs. 1 UmwG** in Umsetzung von Art. 5 Abs. 2 der 3. Richtlinie[3] bei nationalen Verschmelzungen verlangt; nur die Angaben nach Nr. 9–12 sind Spezifika der grenzüberschreitenden Verschmelzung[4]. Insofern hätte sich hier eine schlanke Verweisungslösung oder sogar eine generelle Harmonisierung der Mindestinhalte des Plans bei nationalen und grenzüberschreitenden Verschmelzungen angeboten[5]. Die gesetzgeberische Begründung, dass die vollständige Auflistung „zur Vermeidung von Unklarheiten" diene[6], vermag insoweit nicht zu überzeugen, werden durch diese unnötige 12

1 So etwa *Brocker*, BB 2010, 971 (973); *Freundorfer/Festner*, GmbHR 2010, 195 (198); *Kiem* in Habersack/Drinhausen, § 122c UmwG Rz. 19; *Klein*, RNotZ 2007, 565 (588); *Krauel/Mense/Wind*, Der Konzern 2010, 541 (544); *Mader*, RWZ 2011, 99 (103); *Mayer* in Widmann/Mayer, § 122c UmwG Rz. 24, 164; *Weyde/Hafemann* in FS Meilicke, S. 779 (808f.).

2 *Lutter/Bayer/J. Schmidt*, EuropUR, § 23 Rz. 32 Fn. 98. Vgl. zu möglichen Problemen auf Grund einer solchen „Konfliktklausel" auch *Holzborn/Mayston*, ZIP 2012, 2380 (2383).

3 Dazu *Lutter/Bayer/J. Schmidt*, EuropUR, § 21 Rz. 28ff. m.w.N.

4 Vgl. *Bayer/J. Schmidt*, NZG 2006, 841 (842); *Drinhausen* in Semler/Stengel, § 122c UmwG Rz. 10; *Drinhausen/Keinath*, BB 2006, 725 (727); *Frenzel*, Grenzüberschreitende Verschmelzung von Kapitalgesellschaften, S. 204; *Grohmann/Gruschinske*, GmbHR 2006, 191 (192); *Haritz/von Wolff*, GmbHR 2006, 340 (341); *Heckschen*, DNotZ 2007, 444 (455f.); *Kiem*, WM 2006, 1091 (1094); *Krause/Kulpa*, ZHR 171 (2007), 38 (57); *Limmer*, ZNotP 2007, 242 (253); *Lutter/Bayer/J. Schmidt*, EuropUR, § 23 Rz. 43; *Mayer* in Widmann/Mayer, § 122c UmwG Rz. 2; *H.-F. Müller*, NZG 2006, 286 (288); *Neye/Timm*, GmbHR 2007, 561 (562); *Neye/Timm*, DB 2006, 488 (491); *Simon/Rubner*, Der Konzern 2006, 835 (837).

5 *Bayer/J. Schmidt*, NZG 2006, 841 (842); *Bayer/J. Schmidt*, NJW 2006, 401 (402); *Frenzel*, Grenzüberschreitende Verschmelzung von Kapitalgesellschaften, S. 212f.; *Krause/Kulpa*, ZHR 171 (2007), 38 (57f.); *H.-F. Müller*, NZG 2006, 286 (288); s. ferner auch *Beutel*, Der neue rechtliche Rahmen grenzüberschreitender Verschmelzungen in der EU, 2008, S. 170; *Marsch-Barner* in Kallmeyer, § 122c UmwG Rz. 2.

6 BegrRegE, BR-Drucks. 548/06, 31.

Doppelung doch vielmehr erst Unklarheiten und die Gefahr einer „gespaltenen Auslegung" geschaffen[1].

2. Der Mindestinhalt nach § 122c Abs. 2 UmwG

a) Rechtsform, Firma und Sitz (§ 122c Abs. 2 Nr. 1 UmwG)

13 Anzugeben sind Rechtsform, Firma und (Satzungs-)Sitz[2] aller beteiligten Gesellschaften, egal ob sie übernehmende, übertragende oder neue Gesellschaft sind. Diese auf **Art. 5 Satz 2 lit. a** der 10. Richtlinie beruhende Regelung entspricht § 5 Abs. 1 Nr. 1 UmwG[3].

b) Umtauschverhältnis und Höhe der baren Zuzahlung (§ 122c Abs. 2 Nr. 2 UmwG)

14 Die mit Pflicht zur Angabe des Umtauschverhältnisses der Gesellschaftsanteile und ggf. der Höhe der baren Zuzahlungen dient der Umsetzung von **Art. 5 Satz 2 lit. b** der 10. Richtlinie. Sie korrespondiert (abgesehen von der im Hinblick auf die Beschränkung des Anwendungsbereichs der §§ 122aff. UmwG auf Kapitalgesellschaften entbehrlichen Pflicht zur Angabe über die Mitgliedschaft) im Wesentlichen mit der Regelung des § 5 Abs. 1 Nr. 3 UmwG für nationale Verschmelzungen[4]. Im Falle von **Konzernverschmelzungen** i.S.d. § 122c Abs. 3 UmwG sind die Angaben **entbehrlich** (vgl. näher unten Rz. 32).

aa) Umtauschverhältnis

15 Das Umtauschverhältnis der Gesellschaftsanteile zählt zu den **zentralen Bestandteilen des Verschmelzungsplans**[5], entspricht die Verschmelzungswertrelation doch wirtschaftlich der Bemessung des Preises beim Kauf[6]. Es ist unter Berück-

---

1 S. schon *Bayer/J. Schmidt*, NZG 2006, 841 (842); ähnlich auch *Krause/Kulpa*, ZHR 171 (2007), 38 (57f.); *H.-F. Müller*, NZG 2006, 286 (288); abw. aber *Simon/Rubner* in KölnKomm. UmwG, § 122c UmwG Rz. 7; *Kiem* in Habersack/Drinhausen, § 122c UmwG Rz. 20; *Marsch-Barner* in Kallmeyer, § 122c UmwG Rz. 2 (vorteilhaft).

2 Vgl. die englische und französische Sprachfassung von Art. 5 Satz 2 lit. a der 10. Richtlinie („registered office"/„siège statutaire"). Vgl. auch *Drinhausen* in Semler/Stengel, § 122c UmwG Rz. 12; *Hörtnagl* in Schmitt/Hörtnagl/Stratz, § 122c UmwG Rz. 12; *Kiem* in Habersack/Drinhausen, § 122c UmwG Rz. 22; *Lutter/Bayer/J. Schmidt*, EuropUR, § 23 Rz. 34 i.V.m. § 21 Rz. 29; *Marsch-Barner* in Kallmeyer, § 122c UmwG Rz. 9; *Mayer* in Widmann/Mayer, § 122c UmwG Rz. 43; *Ugliano*, [2007] EBLR 585 (603) sowie (für die Parallelregelung bei der SE) *Bayer* in Lutter/Hommelhoff, SE-Kommentar, Art. 20 SE-VO Rz. 15 m.w.N.

3 Vgl. *Drinhausen* in Semler/Stengel, § 122c UmwG Rz. 12; *Limmer*, ZNotP 2007, 242 (253).

4 Vgl. *Drinhausen* in Semler/Stengel, § 122c UmwG Rz. 13; *Hörtnagl* in Schmitt/Hörtnagl/Stratz, § 122c UmwG Rz. 13; *Limmer*, ZNotP 2007, 242 (253); *Mayer* in Widmann/Mayer, § 122c UmwG Rz. 83; *W. Müller* in Kallmeyer, § 122c UmwG Rz. 10.

5 Vgl. *Bayer* in Lutter/Hommelhoff, SE-Kommentar, Art. 20 SE-VO Rz. 18 (für die SE); *Lutter/Bayer/J. Schmidt*, EuropUR, § 23 Rz. 34 i.V.m. § 21 Rz. 30; ebenso *Drinhausen* in Semler/Stengel, § 122c UmwG Rz. 14; *Kiem* in Habersack/Drinhausen, § 122c UmwG Rz. 23; *W. Müller* in Kallmeyer, § 122c UmwG Rz. 12; allg. *Kiem*, ZGR 2007, 542 (543) m.w.N.

6 So anschaulich *Kiem*, ZGR 2007, 542 (543).

sichtigung der Unternehmenswerte der beteiligten Gesellschaften nach gleichartigen Maßstäben zu ermitteln[1] (dazu § 5 Rz. 21), was auf Grund der Transnationalität der Verschmelzung eine Reihe spezifischer Probleme aufwirft[2].

bb) Ggf. Höhe der baren Zuzahlung

16 Weiterhin ist im Verschmelzungsplan die Höhe etwaiger barer Zuzahlungen anzugeben. Gem. Art. 2 Nr. 2 lit. a und b der 10. Richtlinie liegt eine „Verschmelzung" i.S.d. 10. Richtlinie zwar nur dann vor, wenn die bare Zuzahlung max. 10 % des Nennwerts bzw. rechnerischen Werts der gewährten Aktien oder sonstigen Anteile beträgt. Nach Art. 3 Abs. 1 findet die 10. Richtlinie allerdings auch dann Anwendung, wenn das Recht mindestens eines der beteiligten Mitgliedstaaten (in Ausnutzung des Optionsrechts des Art. 30 der 3. Richtlinie[3]) eine höhere bare Zuzahlung zulässt[4]. Damit stellt sich die **Frage**, ob den Anteilsinhabern einer an der Verschmelzung beteiligten deutschen Gesellschaft eine **über die 10 %-Grenze** der §§ 54 Abs. 4, 68 Abs. 3 UmwG hinausgehende bare Zuzahlung **gewährt werden darf**[5]. Sieht man die 10 %-Grenze primär als Instrument zum Schutz der Anteilsinhaber des übertragenden Rechtsträgers vor einem „Ausverkauf", so wäre hierfür gem. Art. 4 Abs. 1 lit. b Satz 1 der 10. Richtlinie das Recht der jeweiligen übertragenden Gesellschaft maßgeblich, mit der Folge, dass bare Zuzahlungen an die Anteilsinhaber *deutscher übertragender Gesellschaften* in jedem Fall gem. §§ 54 Abs. 4, 68 Abs. 3 UmwG auf max. 10 % begrenzt wären[6]. Die Limitierung barer Zuzahlungen hat jedoch vor allem den Zweck, die Kapitalgrundlage und die Liquidität der aufnehmenden bzw. neuen Gesellschaft zu schützen, so dass es sich letztlich um eine *der aufnehmenden bzw. neuen Gesellschaft zuzurechnende Rechtsfrage* handelt, mithin gem. Art. 4 Abs. 1 lit. b Satz 1 der 10. Richtlinie *deren nationales Recht maßgeblich* ist[7]. Sofern das Recht der aufnehmenden bzw. neuen Gesellschaft also höhere bare Zuzahlungen zulässt, kann demzufolge auch den Anteilsinhabern einer übertragenden deutschen Gesellschaft eine 10 % übersteigende bare Zuzahlung gewährt werden[8].

---

1 Vgl. für die Verschmelzung zur SE *Bayer* in Lutter/Hommelhoff, SE-Kommentar, Art. 20 SE-VO Rz. 18 m.w.N.; zust. *Kiem* in Habersack/Drinhausen, § 122c UmwG Rz. 24.

2 Ausf. hierzu *Adolff*, ZHR 173 (2009), 67 ff.; *Kiem*, ZGR 2007, 542 ff.; *Reuter*, AG 2007, 881 ff.; vgl. ferner auch *Hörtnagl* in Schmitt/Hörtnagl/Stratz, § 122c UmwG Rz. 13; *Mayer* in Widmann/Mayer, § 122c UmwG Rz. 86; *Simon/Rubner* in KölnKomm. UmwG, § 122e UmwG Rz. 6; sowie OLG Stuttgart v. 14.10.2010 – 20 W 16/06, AG 2011, 49 (52).

3 Dazu *Lutter/Bayer/J. Schmidt*, EuropUR, § 21 Rz. 18 f.

4 Vgl. dazu näher *Lutter/Bayer/J. Schmidt*, EuropUR, § 23 Rz. 19; *Oechsler*, NZG 2006, 161 (162 f.); *Rickford*, [2005] EBLR 1393 (1402 f.); *Ugliano*, [2007] EBLR 585 (601).

5 Implizit verneint von *Hörtnagl* in Schmitt/Hörtnagl/Stratz, § 122c UmwG Rz. 15.

6 So *Kiem* in Habersack/Drinhausen, § 122c UmwG Rz. 25; *Simon/Rubner* in KölnKomm. UmwG, § 122c UmwG Rz. 15; wohl auch *Mayer* in Widmann/Mayer, § 122c UmwG Rz. 88; *Oechsler*, NZG 2006, 161 (162 f.).

7 Ebenso für die Parallelproblematik bei der SE: *Bayer* in Lutter/Hommelhoff, SE-Kommentar, Art. 20 SE-VO Rz. 19 m.w.N. Zust. *Marsch-Barner* in Habersack/Drinhausen, Art. 20 SE-VO Rz. 16 a.E. S. ferner auch *Lutter/Bayer/J. Schmidt*, EuropUR, § 23 Rz. 19.

8 So auch *W. Müller* in Kallmeyer, § 122c UmwG Rz. 13.

c) Einzelheiten hinsichtlich der Übertragung der Gesellschaftsanteile (§ 122c Abs. 2 Nr. 3 UmwG)

17 Die Pflicht zur Angabe der Einzelheiten hinsichtlich der Übertragung der Gesellschaftsanteile der übernehmenden oder neuen Gesellschaft, mit der Art. 5 Satz 2 lit. c der 10. Richtlinie umgesetzt wird, korrespondiert mit **§ 5 Abs. 1 Nr. 4 UmwG** (dazu ausf. § 5 Rz. 64) (auf Grund der Beschränkung des Anwendungsbereichs der §§ 122aff. UmwG auf Kapitalgesellschaften konnte allerdings auch hier auf Angaben zur Mitgliedschaft verzichtet werden)[1]. Hier stellt sich das Problem, ob und wann im Falle der Beteiligung einer **deutschen AG, KGaA oder SE** an einer grenzüberschreitenden Verschmelzung das Verfahren nach **§§ 71ff. UmwG** zur Anwendung kommt und folglich ein Treuhänder zu bestellen ist. Richtigerweise bezwecken die §§ 71ff. UmwG allein den Schutz der Aktionäre des übertragenden Rechtsträgers und finden daher ausschließlich dann Anwendung, wenn eine deutsche AG, KGaA oder SE **übertragende Gesellschaft** ist[2].

18 Im Falle von Konzernverschmelzungen i.S.d. § 122c Abs. 3 UmwG sind die Angaben nach Nr. 3 entbehrlich (vgl. näher unten Rz. 32).

d) Auswirkungen auf die Beschäftigung (§ 122c Abs. 2 Nr. 4 UmwG)

19 Die Pflicht zur Angabe der voraussichtlichen Auswirkungen der grenzüberschreitenden Verschmelzung auf die Beschäftigung gem. § 122c Abs. 2 Nr. 4 UmwG weist zwar gewisse Ähnlichkeiten mit § 5 Abs. 1 Nr. 9 UmwG (dazu § 5 Rz. 84ff.) auf[3], tatsächlich bestehen jedoch **erhebliche Unterschiede**. Die Regelung setzt Art. 5 Satz 2 lit. d der 10. Richtlinie um, der auf einen – offensichtlich vom Vorbild des deutschen § 5 Abs. 1 Nr. 9 UmwG[4] und der ähnlichen Regelung in Art. 6 Abs. 3 lit. i der Übernahmerichtlinie[5] beeinflussten[6] – Ergänzungswunsch des Europäischen Parlaments zurückgeht[7]. Im Gegensatz zu § 5 Abs. 1 Nr. 9 UmwG verlangt § 122c Abs. 2 Nr. 4 UmwG jedoch **nur** Angaben zu den „voraussichtlichen **Auswirkungen** auf die Beschäftigung", nicht dagegen zu den Folgen für die Arbeit-

---

1 Vgl. *Drinhausen* in Semler/Stengel, § 122c UmwG Rz. 17; *Heckschen* in Widmann/Mayer, § 122a UmwG Rz. 113; *Limmer*, ZNotP 2007, 242 (253).

2 So nunmehr auch *Drinhausen* in Semler/Stengel, § 122c UmwG Rz. 19; ebenso *Holzborn/Mayston*, ZIP 2012, 2380 (2384); *Kiem* in Habersack/Drinhausen, § 122c UmwG Rz. 26; *Marsch-Barner* in Kallmeyer, § 122c UmwG Rz. 14; vgl. für die Parallelproblematik bei der SE auch schon *Bayer* in Lutter/Hommelhoff, SE-Kommentar, Art. 20 SE-VO Rz. 20 m.w.N. Dagegen soll nach *Mayer* in Widmann/Mayer, § 122c UmwG Rz. 93 § 71 stets zur Anwendung kommen; nach *Lutz*, BWNotZ 2010, 23 (29) soll sich stets das strengere Recht durchsetzen.

3 Vgl. *Beutel*, Der neue rechtliche Rahmen grenzüberschreitender Verschmelzungen in der EU, 2008, S. 163f.; *Drinhausen* in Semler/Stengel, § 122c UmwG Rz. 20; *Heckschen* in Widmann/Mayer, § 122a UmwG Rz. 115; *Kiem*, WM 2006, 1091 (1094); *Mayer* in Widmann/Mayer, § 122c UmwG Rz. 95; *Neye*, ZIP 2005, 1893 (1895).

4 Vgl. *Kiem*, WM 2006, 1091 (1094); *Lutter/Bayer/J. Schmidt*, EuropUR, § 23 Rz. 35; *Neye/Timm*, DB 2006, 488 (489 Fn. 16).

5 Richtlinie 2004/25/EG des Europäischen Parlaments und des Rates v. 21.4.2004 betreffend Übernahmeangebote, ABl. EU Nr. L 142/12 v. 30.4.2004. Text und ausf. Erläuterungen bei *Lutter/Bayer/J. Schmidt*, EuropUR, § 30 m.z.w.N.

6 Vgl. *Lutter/Bayer/J. Schmidt*, EuropUR, § 23 Rz. 35; *Mayer* in Widmann/Mayer, § 122c UmwG Rz. 94.

7 Vgl. *Kiem*, WM 2006, 1091 (1094); *Mayer* in Widmann/Mayer, § 122c UmwG Rz. 94; *Neye*, ZIP 2005, 1893 (1895); *Neye/Timm*, DB 2006, 488 (489).

nehmervertretungen; insoweit ist § 122c Abs. 2 Nr. 10 UmwG (dazu unten Rz. 26) *lex specialis*[1]. Zu berücksichtigen ist zudem die spezifische konzeptionelle Ausgestaltung des Informationsinstrumentariums in der 10. Richtlinie: Sie sieht nämlich – anders als § 5 Abs. 3 UmwG – keine Zuleitung des Verschmelzungsplans an die Arbeitnehmer oder ihre Vertretungen vor (vgl. dazu auch unten Rz. 33), sondern die Information der Arbeitnehmer erfolgt vielmehr durch den – den Arbeitnehmern bzw. ihren Vertretungen zuzuleitenden – Verschmelzungsbericht (vgl. dazu ausf. bei § 122e Rz. 1 ff.). Dient der Verschmelzungsplan somit primär den Informationsinteressen der Gesellschafter, so sind darin nach Sinn und Zweck der Regelung auch nur diejenigen **Angaben** zu voraussichtlichen Auswirkungen auf die Beschäftigung erforderlich, **die für die Gesellschafter selbst relevant sind** (z.B. Mitarbeiterzahlen und insofern ggf. zu erwartende Änderungen, Kosten etwaiger Reduktionen der Beschäftigtenzahl, etc.)[2].

Im Falle von **Konzernverschmelzungen** i.S.d. § 122c Abs. 3 UmwG sind die Angaben nach § 122c Abs. 2 Nr. 4 UmwG entbehrlich (vgl. näher unten Rz. 32). 20

e) Zeitpunkt der Gewinnbeteiligung (§ 122c Abs. 2 Nr. 5 UmwG)

§ 122c Abs. 2 Nr. 5 UmwG, der Art. 5 Satz 2 lit. e der 10. Richtlinie umsetzt, entspricht (mit Ausnahme der hier wegen der Beschränkung der §§ 122a ff. UmwG auf Kapitalgesellschaften entbehrlichen Bezugnahme auf Mitgliedschaften) § 5 Abs. 1 Nr. 5 UmwG[3] (dazu ausf. § 5 Rz. 44 f.). Der Zeitpunkt, von dem an die Gesellschaftsanteile das Recht auf Beteiligung am Gewinn gewähren, kann von den Parteien frei festgelegt werden[4]. In Anbetracht der gerade bei transnationalen Fusionen besonders großen Unwägbarkeiten ist insofern dringend zu einer *variablen Festsetzung* zu raten[5]. Im Falle von **Konzernverschmelzungen** i.S.d. § 122c Abs. 3 21

1 Vgl. *Handelsrechtsausschuss des DAV*, NZG 2006, 737 (740); *Drinhausen* in Semler/Stengel, § 122c UmwG Rz. 21; *Lutz*, BWNotZ 2010, 23 (29); *Mayer* in Widmann/Mayer, § 122c UmwG Rz. 95; *Hörtnagl* in Schmitt/Hörtnagl/Stratz, § 122c UmwG Rz. 38. Vgl. zu den entsprechenden Richtlinie-Vorschriften (lit. j als *lex specialis* zu lit. d) auch *Lutter/Bayer/J. Schmidt*, EuropUR, § 23 Rz. 35.

2 Vgl. *Beutel*, Der neue rechtliche Rahmen grenzüberschreitender Verschmelzungen in der EU, 2008, S. 164 f.; *Dzida*, GmbHR 2009, 459 (465); *Dzida/Schramm*, NZG 2008, 521 (526); *Heckschen* in Widmann/Mayer, § 122a UmwG Rz. 115; *Herrler/Schneider*, GmbHR 2011, 795 (796); *Hörtnagl* in Schmitt/Hörtnagl/Stratz, § 122c UmwG Rz. 19; *Kiem* in Habersack/Drinhausen, § 122c UmwG Rz. 27 ff.; *Limmer*, ZNotP 2007, 242 (253); *Lutz*, BWNotZ 2010, 23 (29); *Polley* in Henssler/Strohn, § 122c UmwG Rz. 15; *Simon/Hinrichs*, NZA 2008, 391 (392); *Simon/Rubner* in KölnKomm. UmwG, § 122c UmwG Rz. 16; *Simon/Rubner*, Der Konzern 2006, 835 (839); *J. Vetter*, AG 2006, 613 (620); *Weyde/Hafemann* in FS Meilicke, S. 779 (800); vgl. zu Art. 5 Satz 2 lit. d der 10. Richtlinie auch *Lutter/Bayer/J. Schmidt*, EuropUR, § 23 Rz. 35; a.A. *Drinhausen* in Semler/Stengel, § 122c UmwG Rz. 21; *Mayer* in Widmann/Mayer, § 122c UmwG Rz. 97 f.; tendenziell auch *Willemsen* in Kallmeyer, § 122c UmwG Rz. 17.

3 Vgl. *Drinhausen* in Semler/Stengel, § 122c UmwG Rz. 22; *Heckschen* in Widmann/Mayer, § 122a UmwG Rz. 116; *Mayer* in Widmann/Mayer, § 122c UmwG Rz. 99.

4 Vgl. *Kiem* in Habersack/Drinhausen, § 122c UmwG Rz. 30; *Lutz*, BWNotZ 2010, 23 (30); *Marsch-Barner* in Kallmeyer, § 122c UmwG Rz. 20; *Mayer* in Widmann/Mayer, § 122c UmwG Rz. 100; für die SE: *Bayer* in Lutter/Hommelhoff, SE-Kommentar, Art. 20 SE-VO Rz. 21 m.w.N.

5 Vgl. *Lutz*, BWNotZ 2010, 23 (30); *Marsch-Barner* in Kallmeyer, § 122c UmwG Rz. 20; *Mayer* in Widmann/Mayer, § 122c UmwG Rz. 101; für die SE: *Bayer* in Lutter/Hommelhoff, SE-Kommentar, Art. 20 SE-VO Rz. 21 m.w.N.

UmwG sind die Angaben nach § 122c Abs. 2 Nr. 3 UmwG entbehrlich (vgl. näher unten Rz. 32).

f) Verschmelzungsstichtag (§ 122c Abs. 2 Nr. 6 UmwG)

22 Nach § 122c Abs. 2 Nr. 6 UmwG ist ferner der sog. Verschmelzungsstichtag, d.h. der Zeitpunkt, von dem an die Handlungen der übertragenden Gesellschaften (im Innenverhältnis) unter dem Gesichtspunkt der Rechnungslegung als für Rechnung der übernehmenden oder neuen Gesellschaft vorgenommen gelten, anzugeben (sog. Ergebnisabgrenzung). Bei *deutschen übertragenden Gesellschaften* wird häufig, aber nicht zwingend, der Stichtag der Schlussbilanz gem. § 17 Abs. 2 UmwG gewählt[1] (dazu § 17 Rz. 11); er sollte sinnvollerweise mit dem Zeitpunkt der Gewinnbeteiligung (oben Rz. 21) korrelieren[2] (vgl. § 5 Rz. 74ff.). Die Vorschrift, die der Umsetzung von Art. 5 Satz 2 lit. f der 10. Richtlinie dient, entspricht § 5 Abs. 1 Nr. 6 UmwG[3] (dazu § 5 Rz. 74f.). Der Verschmelzungsstichtag kann ebenfalls frei gewählt werden[4], wobei sich auch hier eine variable Regelung empfiehlt[5].

g) Sonderrechte (§ 122c Abs. 2 Nr. 7 UmwG)

23 Gem. der Regelung in § 122c Abs. 2 Nr. 7 UmwG, die Art. 5 Satz 2 lit. g der 10. Richtlinie umsetzt, müssen im Verschmelzungsplan ferner alle Rechte, welche die übernehmende oder neue Gesellschaft den mit **Sonderrechten** ausgestatteten Gesellschaftern oder den Inhabern von **anderen Wertpapieren** als Gesellschaftsanteilen gewährt, oder die für diese Personen vorgeschlagenen Maßnahmen, angegeben werden. Die Regelung ist zwar im Kern vergleichbar mit § 5 Abs. 1 Nr. 7 UmwG[6], im Detail bestehen jedoch **Unterschiede:** Zum einen beschränkt sich die Angabepflicht nach Nr. 7 auf Rechte, die den bereits mit Sonderrechten ausgestatteten Gesellschaftern bzw. Anteilsinhabern gewährt werden[7]; weitergehende Angaben, welche Sonderrechte *im Rahmen der grenzüberschrei-*

1 *Drinhausen* in Semler/Stengel, § 122c UmwG Rz. 24; *W. Müller* in Kallmeyer, § 122c UmwG Rz. 22; vgl. auch *Hörtnagl* in Schmitt/Hörtnagl/Stratz, § 122c UmwG Rz. 22.

2 *Drinhausen* in Semler/Stengel, § 122c UmwG Rz. 24; *Kiem* in Habersack/Drinhausen, § 122c UmwG Rz. 33; *W. Müller* in Kallmeyer, § 122c UmwG Rz. 23.

3 *Drinhausen* in Semler/Stengel, § 122c UmwG Rz. 23; *Limmer*, ZNotP 2007, 242 (254); *Lutz*, BWNotZ 2010, 23 (30); *Mayer* in Widmann/Mayer, § 122c UmwG Rz. 103.

4 *Drinhausen* in Semler/Stengel, § 122c UmwG Rz. 24; *Kiem* in Habersack/Drinhausen, § 122c UmwG Rz. 33; *Lutz*, BWNotZ 2010, 23 (30); *Mayer* in Widmann/Mayer, § 122c UmwG Rz. 103; *W. Müller* in Kallmeyer, § 122c UmwG Rz. 22. Vgl. für die SE: *Bayer* in Lutter/Hommelhoff, SE-Kommentar, Art. 20 SE-VO Rz. 22 m.w.N.

5 Vgl. *Kiem* in Habersack/Drinhausen, § 122c UmwG Rz. 33; *Lutz*, BWNotZ 2010, 23 (30); *Mayer* in Widmann/Mayer, § 122c UmwG Rz. 106ff.; für die SE: *Bayer* in Lutter/Hommelhoff, SE-Kommentar, Art. 20 SE-VO Rz. 22 m.w.N.

6 *Drinhausen* in Semler/Stengel, § 122c UmwG Rz. 25; *Heckschen* in Widmann/Mayer, § 122a UmwG Rz. 118; *Limmer*, ZNotP 2007, 242 (254); *Mayer* in Widmann/Mayer, § 122c UmwG Rz. 110; *Hörtnagl* in Schmitt/Hörtnagl/Stratz, § 122c UmwG Rz. 23.

7 Vgl. auch *Drinhausen* in Semler/Stengel, § 122c UmwG Rz. 26f.; *Heckschen* in Widmann/Mayer, § 122a UmwG Rz. 119; *Lutz*, BWNotZ 2010, 23 (30); *Mayer* in Widmann/Mayer, § 122c UmwG Rz. 111; zur Parallelnorm des Art. 20 Abs. 1 Satz 2 lit. f SE-VO: *Bayer* in Lutter/Hommelhoff, SE-Kommentar, Art. 20 SE-VO Rz. 23 m.w.N.

tenden Verschmelzung gewährt werden, sind nicht zwingend verlangt[1]. Dies ist kritikwürdig[2]. Daher empfiehlt sich eine freiwillige Angabe[3]. Zudem erfasst die Norm ihrem eindeutigen Wortlaut nach auch solche Sonderrechte, die *allen* (und nicht nur einzelnen) Gesellschaftern bzw. Anteilsinhabern gewährt werden[4]. Mit Blick auf den grenzüberschreitenden Charakter der Verschmelzung werden im Übrigen selbstverständlich **sämtliche Sonderrechte** und Wertpapiere – *unabhängig vom anwendbaren Sachrecht* – erfasst (z.B. Mehrfach- und Höchststimmrechte, Dividendenvorzüge, Schuldverschreibungen, Genussrechte, etc.)[5].

h) Vorteile für sonstige Beteiligte (§ 122c Abs. 2 Nr. 8 UmwG)

Nach § 122c Abs. 2 Nr. 8 UmwG, der Art. 5 Satz 2 lit. h der 10. Richtlinie umsetzt, sind im Verschmelzungsplan alle besonderen Vorteile, die den **Sachverständigen**, die den Verschmelzungsplan prüfen, oder den Mitgliedern der **Verwaltungs-, Leitungs-, Aufsichts- oder Kontrollorgane** der an der Verschmelzung beteiligten Gesellschaften gewährt werden, anzugeben. Die Vorschrift dient – ebenso wie die Parallelregelungen in § 5 Abs. 1 Nr. 8 UmwG und Art. 20 Abs. 1 Satz 2 lit. g SE-VO – dem Aktionärsschutz durch Information[6]. Ihrer Ratio entsprechend, bezieht sich die Angabepflicht nicht nur auf obligatorische, sondern auch auf fakultative Organe[7]. *Nicht* erfasst ist hingegen – anders als bei § 5 Abs. 1 Nr. 8 UmwG – der *Abschlussprüfer*[8]. „Besonderer Vorteil" ist jede Art von Vergünstigung, die anlässlich der Verschmelzung gewährt wird und nicht Gegenleis- 24

1 *Drinhausen* in Semler/Stengel, § 122c UmwG Rz. 27; *Hörtnagl* in Schmitt/Hörtnagl/Stratz, § 122c UmwG Rz. 24; *Kiem* in Habersack/Drinhausen, § 122c UmwG Rz. 34; *Marsch-Barner* in Kallmeyer, § 122c UmwG Rz. 24; *Polley* in Henssler/Strohn, § 122c UmwG Rz. 18; *Simon/Rubner* in KölnKomm. UmwG, § 122c UmwG Rz. 18; a.A. *Mayer* in Widmann/Mayer, § 122c UmwG Rz. 113f.

2 So auch *Drinhausen* in Semler/Stengel, § 122c UmwG Rz. 27; *Hörtnagl* in Schmitt/Hörtnagl/Stratz, § 122c UmwG Rz. 24.

3 Richtig; *Lutz*, BWNotZ 2010, 23 (30); *Marsch-Barner* in Kallmeyer, § 122c UmwG Rz. 24.

4 Vgl. *Mayer* in Widmann/Mayer, § 122c UmwG Rz. 111; *Drinhausen* in Semler/Stengel, § 122c UmwG Rz. 26; *Kiem* in Habersack/Drinhausen, § 122c UmwG Rz. 34; *Marsch-Barner* in Kallmeyer, § 122c UmwG Rz. 24; für die SE: *Bayer* in Lutter/Hommelhoff, SE-Kommentar, Art. 20 SE-VO Rz. 24.

5 Vgl. *Drinhausen* in Semler/Stengel, § 122c UmwG Rz. 28; *Kiem* in Habersack/Drinhausen, § 122c UmwG Rz. 34; *Mayer* in Widmann/Mayer, § 122c UmwG Rz. 112; *Marsch-Barner* in Kallmeyer, § 122c UmwG Rz. 24.

6 Vgl. *Drinhausen* in Semler/Stengel, § 122c UmwG Rz. 29; *Mayer* in Widmann/Mayer, § 122c UmwG Rz. 115. Vgl. für die SE: *Bayer* in Lutter/Hommelhoff, SE-Kommentar, Art. 20 SE-VO Rz. 24; zu Art. 5 Abs. 2 lit. g der 3. Richtlinie und Art. 5 Satz 2 lit. h der 10. Richtlinie: *Lutter/Bayer/J. Schmidt*, EuropUR, § 21 Rz. 34, § 23 Rz. 34.

7 *Kiem* in Habersack/Drinhausen, § 122c UmwG Rz. 35; *Mayer* in Widmann/Mayer, § 122c UmwG Rz. 116. Vgl. für die SE: *Bayer* in Lutter/Hommelhoff, SE-Kommentar, Art. 20 SE-VO Rz. 24.

8 *Hörtnagl* in Schmitt/Hörtnagl/Stratz, § 122c UmwG Rz. 25; *Kiem* in Habersack/Drinhausen, § 122c UmwG Rz. 35; *Mayer* in Widmann/Mayer, § 122c UmwG Rz. 116; *Marsch-Barner* in Kallmeyer, § 122c UmwG Rz. 25; *Simon/Rubner* in KölnKomm. UmwG, § 122c UmwG Rz. 19; *Weyde/Hafemann* in FS Meilicke, S. 779 (801). Vgl. für die SE: *Bayer* in Lutter/Hommelhoff, SE-Kommentar, Art. 20 SE-VO Rz. 24.

tung für eine erbrachte Tätigkeit ist; nicht also etwa die üblichen Sachverständigenhonorare[1].

i) Satzung (§ 122c Abs. 2 Nr. 9 UmwG)

25 In Umsetzung von Art. 5 Satz 2 lit. i der 10. Richtlinie muss der Verschmelzungsplan gem. § 122c Abs. 2 Nr. 9 UmwG weiterhin die Satzung der aus der Verschmelzung hervorgehenden Gesellschaft beinhalten, und zwar – ebenso wie bei der Gründung einer SE durch Verschmelzung[2], aber *anders* als bei *innerstaatlichen Verschmelzungen* – auch im Falle der Verschmelzung durch Aufnahme[3]. Damit soll gewährleistet werden, dass die Anteilsinhaber in jedem Fall hinreichend über den Satzungsinhalt informiert werden; im Hinblick darauf, dass die aus der Verschmelzung hervorgehende Gesellschaft bei einer transnationalen Fusion einer (zumindest für einen Teil der Anteilsinhaber) „fremden" Rechtsordnung unterliegt, ist dies von eminenter Bedeutung[4]. Dies gilt auch dann, wenn die Satzung anlässlich der Verschmelzung nicht geändert wird[5]. Aus Gründen der Übersichtlichkeit empfiehlt sich die Beifügung der Satzung als **Anlage**; im Hinblick auf die Ratio der Norm dürften insofern keine Bedenken bestehen[6]. Hat eine Anteilsinhaberversammlung dem Verschmelzungsplan zugestimmt, so kann die Satzung später nicht ohne Weiteres geändert werden[7].

j) Angaben zum Verfahren der Arbeitnehmerbeteiligung (§ 122c Abs. 2 Nr. 10 UmwG)

26 Erforderlich sind gem. der Regelung in § 122c Abs. 2 Nr. 10 UmwG, die Art. 5 Satz 2 lit. j der 10. Richtlinie umsetzt, weiterhin Angaben zu dem Verfahren, nach

---

1 *Kiem* in Habersack/Drinhausen, § 122c UmwG Rz. 35; *Mayer* in Widmann/Mayer, § 122c UmwG Rz. 117. Vgl. für die SE: *Bayer* in Lutter/Hommelhoff, SE-Kommentar, Art. 20 SE-VO Rz. 24.

2 Vgl. dazu *Lutter/Bayer/J. Schmidt*, EuropUR, § 41 Rz. 37; *Bayer* in Lutter/Hommelhoff, SE-Kommentar, Art. 20 SE-VO Rz. 25 m.w.N.

3 Vgl. *Drinhausen* in Semler/Stengel, § 122c UmwG Rz. 30; *Frenzel*, Grenzüberschreitende Verschmelzung von Kapitalgesellschaften, S. 205; *Heckschen* in Widmann/Mayer, § 122g UmwG Rz. 41; *Hörtnagl* in Schmitt/Hörtnagl/Stratz, § 122c UmwG Rz. 26; *Kiem*, WM 2006, 1091 (1094f.); *Lutz*, BWNotZ 2010, 23 (30); *Marsch-Barner* in Kallmeyer, § 122c UmwG Rz. 26; *Mayer* in Widmann/Mayer, § 122g UmwG Rz. 41; *H.-F. Müller*, NZG 2006, 286 (288); *H.-F. Müller*, ZIP 2007, 1081 (1084); *Simon/Rubner* in KölnKomm. UmwG, § 122c UmwG Rz. 20; *Weyde/Hafemann* in FS Meilicke, S. 779 (801 f.); zu Art. 5 Satz 2 lit. i der 10. Richtlinie: *Lutter/Bayer/J. Schmidt*, EuropUR, § 23 Rz. 36 m.w.N. Für eine entsprechende Anpassung auch des nationalen Verschmelzungsrechts: *Bayer/J. Schmidt*, NJW 2006, 401 (402); *Bayer/J. Schmidt*, NZG 2006, 841 (842).

4 Vgl. *Drinhausen* in Semler/Stengel, § 122c UmwG Rz. 30; *Frenzel*, Grenzüberschreitende Verschmelzung von Kapitalgesellschaften, S. 206f.; *Kiem* in Habersack/Drinhausen, § 122c UmwG Rz. 36; *Limmer*, ZNotP 2007, 242 (254); *Lutter/Bayer/J. Schmidt*, EuropUR, § 23 Rz. 36; *Marsch-Barner* in Kallmeyer, § 122c UmwG Rz. 26; *J. Vetter*, AG 2006, 613 (618).

5 *Hörtnagl* in Schmitt/Hörtnagl/Stratz, § 122c UmwG Rz. 26; *Marsch-Barner* in Kallmeyer, § 122c UmwG Rz. 26.

6 Vgl. *Drinhausen* in Semler/Stengel, § 122c UmwG Rz. 30; *Limmer*, ZNotP 2007, 242 (254); *Kiem* in Habersack/Drinhausen, § 122c UmwG Rz. 36; *Mayer* in Widmann/Mayer, § 122c UmwG Rz. 121; *Marsch-Barner* in Kallmeyer, § 122c UmwG Rz. 26; *Polley* in Henssler/Strohn, § 122c UmwG Rz. 20; *J. Vetter*, AG 2006, 613 (618).

7 *Kiem* in Habersack/Drinhausen, § 122c UmwG Rz. 36; *Mayer* in Widmann/Mayer, § 122c UmwG Rz. 120; ausf. *Drinhausen/Keinath* in FS Maier-Reimer, S. 89, 96f.

dem die Einzelheiten über die Beteiligung der Arbeitnehmer an der Festlegung ihrer **Mitbestimmungsrechte** in der aus der grenzüberschreitenden Verschmelzung hervorgehenden Gesellschaft geregelt werden[1] (soweit ein solches erforderlich ist: „gegebenenfalls"[2]). Ratio ist, die Anteilsinhaber über das **konkrete Verfahren zu informieren**; trotz des Terminus „Vereinbarung" ist daher auch eine etwaige Auffanglösung erfasst[3]. Im Hinblick auf die umfangreichen Informationen im Verschmelzungsbericht (dazu ausf. § 122e Rz. 1, 6ff., 9) und die Fokussierung des Verschmelzungsplans auf die Information der Anteilsinhaber ist insoweit eine *Darstellung der Grundzüge* als *ausreichend* zu erachten[4]. Soweit empfohlen wird, Angaben über das *Ergebnis* etwaiger Verhandlungen in den Verschmelzungsplan aufzunehmen[5], stellt sich die Frage, wie dies möglich ist[6], da das Verfahren der Arbeitnehmerbeteiligung nach der gesetzlichen Regelung erst *nach* der Offenlegung des Verschmelzungsplans beginnt (vgl. Art. 16 Abs. 3 lit. a der 10. Richtlinie i.V.m. Art. 3 Abs. 1 SE-Richtlinie[7]; § 6 Abs. 2 MgVG[8])[9]. Es geht vielmehr darum, die *angestrebte Verhandlungsstrategie* mitzuteilen, da diese für die Anteilsinha-

---

1 Ausf. zum Verfahren der Arbeitnehmerbeteiligung: *Bauckhage-Hoffer/Rupietta*, EWS 2012, 417ff.; *Frenzel*, Grenzüberschreitende Verschmelzung von Kapitalgesellschaften, S. 285ff.; *Heckschen* in Widmann/Mayer, Vor §§ 122aff. UmwG Rz. 145ff.; *Heuschmid*, AuR 2006, 184ff.; *Krause/Janko*, BB 2007, 2194ff.; *Lunk/Hinrichs*, NZA 2007, 773ff.; *Nagel*, NZG 2006, 97 (98ff.); *Nagel*, NZG 2007, 57ff.; *Schubert*, RdA 2007, 9ff.; *Teichmann*, Der Konzern 2007, 89ff. Allg. Überblick zu den diesbezüglichen Vorgaben der 10. Richtlinie und der Umsetzung in Deutschland bei *Lutter/Bayer/J. Schmidt*, EuropUR, § 23 Rz. 147ff. m.w.N.

2 *Hörtnagl* in Schmitt/Hörtnagl/Stratz, 122c UmwG Rz. 27; *Polley* in Henssler/Strohn, § 122c UmwG Rz. 21; *Willemsen* in Kallmeyer, § 122c UmwG Rz. 27; zu Art. 5 Satz 2 lit. j der 10. Richtlinie: *Lutter/Bayer/J. Schmidt*, EuropUR, § 23 Rz. 37.

3 Vgl. *Mayer* in Widmann/Mayer, § 122c UmwG Rz. 135; *Polley* in Henssler/Strohn, § 122c UmwG Rz. 21; zu Art. 5 Satz 2 lit. j der 10. Richtlinie: *Lutter/Bayer/J. Schmidt*, EuropUR, § 23 Rz. 37; für die Parallelnorm des Art. 20 Abs. 1 S. 2 lit. i SE-VO: *Bayer* in Lutter/Hommelhoff, SE-Kommentar, Art. 20 SE-VO Rz. 26 m.w.N.

4 Vgl. *Drinhausen* in Semler/Stengel, § 122c UmwG Rz. 31; *Mayer* in Widmann/Mayer, § 122c UmwG Rz. 135; *Dzida/Schramm*, NZG 2008, 521 (527); *Hörtnagl* in Schmitt/Hörtnagl/Stratz, § 122c UmwG Rz. 27 („kurz darzustellen"); *Willemsen* in Kallmeyer, § 122c UmwG Rz. 28; *Weyde/Hafemann* in FS Meilicke, S. 779 (802); zu Art. 5 Satz 2 lit. j der 10. Richtlinie: *Lutter/Bayer/J. Schmidt*, EuropUR, § 23 Rz. 37; für die Parallelnorm des Art. 20 Abs. 1 S. 2 lit. i SE-VO: *Bayer* in Lutter/Hommelhoff, SE-Kommentar, Art. 20 SE-VO Rz. 26 m.w.N. Anders jedoch offenbar *H.-F. Müller*, ZIP 2007, 1081 (1084); *Simon/Rubner*, Der Konzern 2006, 835 (838).

5 So etwa *Drinhausen* in Semler/Stengel, § 122c UmwG Rz. 31; *Limmer*, ZNotP 2007, 242 (254); *Willemsen* in Kallmeyer, § 122c UmwG Rz. 29; *Simon/Rubner* in KölnKomm. § 122c UmwG Rz. 27.

6 Zweifelnd auch *Hörtnagl* in Schmitt/Hörtnagl/Stratz, § 122c UmwG Rz. 27 a.E.

7 Richtlinie 2001/86/EG des Rates v. 8.10.2001 zur Ergänzung des Statuts der Europäischen Gesellschaft hinsichtlich der Beteiligung der Arbeitnehmer, ABl. EG Nr. L 294/22 v. 10.11.2001. Text und Erläuterungen bei *Lutter/Bayer/J. Schmidt*, EuropUR, § 41 Rz. 186ff. m.w.N.

8 Gesetz zur Umsetzung der Regelungen über die Mitbestimmung der Arbeitnehmer bei einer Verschmelzung von Kapitalgesellschaften aus verschiedenen Mitgliedstaaten v. 21.12.2006, BGBl. I, S. 3332.

9 Vgl. *Mayer* in Widmann/Mayer, § 122c UmwG Rz. 135; zu Art. 5 Satz 2 lit. j der 10. Richtlinie: *Lutter/Bayer/J. Schmidt*, EuropUR, § 23 Rz. 37; für die Parallelnorm des Art. 20 Abs. 1 Satz 2 lit. i SE-VO: *Bayer* in Lutter/Hommelhoff, SE-Kommentar, Art. 20 SE-VO Rz. 26 m.w.N.

ber von besonderer Bedeutung ist (etwa auch im Hinblick auf einen Zustimmungsvorbehalt, dazu § 122g Rz. 27 ff.)[1].

k) Angaben zur Bewertung des Aktiv- und Passivvermögens (§ 122c Abs. 2 Nr. 11 UmwG)

27 Die in § 122c Abs. 2 Nr. 11 UmwG normierte Pflicht zu Angaben zur Bewertung des Aktiv- und Passivvermögens, das auf die übernehmende oder neue Gesellschaft übertragen wird, setzt Art. 5 Satz 2 lit. k der 10. Richtlinie um, der auf eine Initiative der französischen Delegation i.R.d. Verhandlungen über die 10. Richtlinie zurückgeht[2]. Diese aus deutscher Sicht ein *absolutes Novum* darstellende Regelung erfordert indes nicht etwa, wie man auf den ersten Blick meinen könnte, Angaben zum Wert der einzelnen im Rahmen der Gesamtrechtsnachfolge übergehenden Gegenstände des Aktiv- und Passivvermögens; auf Grund der Universalsukzession würde dies wenig Sinn machen[3]. Ebenso wenig werden damit auch konkretisierende Angaben zum Umtauschverhältnis oder zur Unternehmensbewertung verlangt (insoweit sind § 122c Abs. 2 Nr. 2 UmwG bzw. § 122d UmwG *leges speciales*; zudem müssten dann sinnvollerweise auch entsprechende Angaben bzgl. der übernehmenden Gesellschaft gemacht werden)[4]. Aus der Systematik der Richtlinie und den Wurzeln der Vorschrift im französischen Recht ergibt sich vielmehr im Wege einer „sinnstiftenden Auslegung"[5], dass auf Grund von § 122c Abs. 2 Nr. 8 UmwG Informationen erforderlich sind, **zu welchen handelsrechtlichen Werten das übertragene Vermögen im Rechnungswesen des übernehmenden Rechtsträgers fortgeführt** wird, d.h. ob Buchwerte oder Teil- oder Zwischenwerte angesetzt werden[6].

---

1 *Kiem* in Habersack/Drinhausen, § 122c UmwG Rz. 37; a.A. *Simon/Rubner* in KölnKomm. UmwG, § 122c UmwG Rz. 25.

2 *Bayer/J. Schmidt*, NJW 2006, 401 (402); *Beutel*, Der neue rechtliche Rahmen grenzüberschreitender Verschmelzungen in der EU, 2008, S. 166; *Frenzel*, Grenzüberschreitende Verschmelzung von Kapitalgesellschaften, S. 208; *Kiem*, WM 2006, 1091 (1095); *Krause/Kulpa*, ZHR 171 (2007), 38 (57 Fn. 124); *Limmer*, ZNotP 2007, 242 (255); *Louven*, ZIP 2006, 2021 (2025); *Lutter/Bayer/J. Schmidt*, EuropUR, § 23 Rz. 38, 43; *Mayer* in Widmann/Mayer, § 122c UmwG Rz. 136; *Neye*, ZIP 2005, 1893 (1895 f.); *Neye/Timm*, DB 2006, 488 (489); *Simon/Rubner*, Der Konzern 2006, 835 (838); *J. Vetter*, AG 2006, 613 (619).

3 Vgl. *Kiem* in Habersack/Drinhausen, § 122c UmwG Rz. 38; *Louven*, ZIP 2006, 2021 (2024); zu Art. 5 Satz 2 lit. j der 10. Richtlinie: *Lutter/Bayer/J. Schmidt*, EuropUR, § 23 Rz. 38; s. ferner auch *J. Vetter*, AG 2006, 613 (618).

4 Vgl. *Drinhausen* in Semler/Stengel, § 122c UmwG Rz. 33 f.; *Frenzel*, Grenzüberschreitende Verschmelzung von Kapitalgesellschaften, S. 208 f.; *Kiem* in Habersack/Drinhausen, § 122c UmwG Rz. 38; *Louven*, ZIP 2006, 2021 (2024 f.); *H.-F. Müller*, ZIP 2007, 1081 (1084); *Simon/Rubner*, Der Konzern 2006, 835 (838); zu Art. 5 Satz 2 lit. j der 10. Richtlinie: *Lutter/Bayer/J. Schmidt*, EuropUR, § 23 Rz. 38.

5 So treffend *Kiem* in Habersack/Drinhausen, § 122c UmwG Rz. 38.

6 *Beutel*, Der neue rechtliche Rahmen grenzüberschreitender Verschmelzungen in der EU, 2008, S. 167; *Drinhausen* in Semler/Stengel, § 122c UmwG Rz. 35; *Frenzel*, Grenzüberschreitende Verschmelzung von Kapitalgesellschaften, S. 209; *Handelsrechtsausschuss des DAV*, NZG 2006, 737 (740); *Heckschen* in Widmann/Mayer, § 122a UmwG Rz. 125; *Heckschen*, DNotZ 2007, 444 (456); *Kiem*, WM 2006, 1091 (1095); *Limmer*, ZNotP 2007, 242 (255); *Louven*, ZIP 2006, 2021 (2025); *Lutz*, BWNotZ 2010, 23 (30); ausf. *W. Müller* in Kallmeyer, § 122c UmwG Rz. 31 ff.; *Mayer* in Widmann/Mayer, § 122c UmwG Rz. 138;

28 Umstritten ist, ob es zwingend erforderlich ist, die entsprechenden Festlegungen bereits **unmittelbar im Verschmelzungsplan selbst** zu treffen[1], oder ob vielmehr auch die Angabe genügt, dass die endgültige Festlegung der Bewertung erst im Zusammenhang mit der Aufstellung des Jahresabschlusses des übernehmenden Rechtsträgers erfolgen wird[2] (wie dies etwa im deutschen nationalen Verschmelzungsrecht möglich ist). Wortlaut und Entstehungsgeschichte sprechen indes eher *gegen* eine „Verweisungsklausel" im letztgenannten Sinne, und auch die Ratio der Norm dürfte dahin gehen, bereits im Zeitpunkt der Aufstellung des Verschmelzungsplans endgültig Klarheit über die Ausübung von Bewertungswahlrechten zu schaffen[3].

l) Stichtag der Bilanzen (§ 122c Abs. 2 Nr. 12 UmwG)

29 Ebenfalls auf eine Initiative der französischen Verhandlungsdelegation zurück geht auch Art. 5 Satz 2 lit. l der 10. Richtlinie[4], der durch § 122c Abs. 2 Nr. 12 UmwG umgesetzt wird. Auch insoweit handelt es sich aus deutscher Sicht um ein Novum. Gegenstand der Angabepflicht sind nach dem insoweit eindeutigen Wortlaut der Norm sowie ihren Wurzeln im französischen Recht ausschließlich die **Stichtage** der Bilanzen der an der Verschmelzung beteiligten Gesellschaften – d.h. sowohl der übertragenden als auch der übernehmenden Gesellschaft[5], bei der Verschmelzung zur Neugründung denknotwendig nur die Bilanzstichtage der übertragenden Gesellschaften[6] –, die zur Festlegung der Bedingungen der Ver-

---

H.-F. Müller, ZIP 2007, 1081 (1084); *Simon/Rubner*, Der Konzern 2006, 835 (838); *J. Vetter*, AG 2006, 613 (618); *Weyde/Hafemann* in FS Meilicke, S. 779 (803); *M. Winter*, Der Konzern 2007, 24 (33 Fn. 111). Zu Art. 5 Satz 2 lit. j der 10. Richtlinie: *Lutter/Bayer/J. Schmidt*, EuropUR, § 23 Rz. 38.

1 So *Drinhausen* in Semler/Stengel, § 122c UmwG Rz. 36; vgl. auch noch *Simon/Rubner*, Der Konzern 2006, 835 (838); ferner offenbar auch *H.-F. Müller*, ZIP 2007, 1081 (1084).

2 So *Limmer*, ZNotP 2007, 242 (255); *Hörtnagl* in Schmitt/Hörtnagl/Stratz, § 122c UmwG Rz. 32; *Polley* in Henssler/Strohn, § 122c UmwG Rz. 23; *Simon/Rubner* in KölnKomm. UmwG, § 122c UmwG Rz. 31; *J. Vetter*, AG 2006, 613 (619).

3 So auch *Kiem* in Habersack/Drinhausen, § 122c UmwG Rz. 38; *Klein*, RNotZ 2007, 565 (582); *W. Müller* in Kallmeyer, § 122c UmwG Rz. 34; zu Art. 5 Satz 2 lit. j der 10. Richtlinie: *Lutter/Bayer/J. Schmidt*, EuropUR, § 23 Rz. 38.

4 *Bayer/J. Schmidt*, NJW 2006, 401 (402); *Bormann/Trautmann*, KSzW 2013, 70 (71); *Frenzel*, Grenzüberschreitende Verschmelzung von Kapitalgesellschaften, S. 209 f.; *Heckschen*, DNotZ 2007, 444 (456); *Kiem*, WM 2006, 1091 (1095); *Limmer*, ZNotP 2007, 242 (255); *Lutter/Bayer/J. Schmidt*, EuropUR, § 23 Rz. 39; *Mayer* in Widmann/Mayer, § 122c UmwG Rz. 139; *Neye/Timm*, DB 2006, 488 (489); *Simon/Rubner*, Der Konzern 2006, 835 (838); *J. Vetter*, AG 2006, 613 (619).

5 *Bormann/Trautmann*, KSzW 2013, 70 (75); *W. Müller* in Kallmeyer, § 122c UmwG Rz. 37; *Hörtnagl* in Schmitt/Hörtnagl/Stratz, § 122c UmwG, Rz. 34; zu Unrecht a.A. *Beutel*, Der neue rechtliche Rahmen grenzüberschreitender Verschmelzungen in der EU, 2008, S. 167 (zur Richtlinie): nur Stichtag der Bilanzen der übertragenden Rechtsträger.

6 Richtig *W. Müller* in Kallmeyer, § 122c UmwG Rz. 37; i.d.S. wohl auch *Simon/Rubner* in KölnKomm. UmwG, § 122c UmwG Rz. 33 a.E.; a.A. *Hörtnagl* in Schmitt/Hörtnagl/Stratz, § 122c UmwG Rz. 37: auch Stichtag der Eröffnungsbilanz der neuen Gesellschaft.

schmelzung verwendet werden[1], also *verschmelzungsrelevant* sind[2]. Ratio ist, dass diese Stichtage wirtschaftlich von erheblicher Bedeutung sind, sind doch die letzten Bilanzen speziell im Falle der Buchwertfortführung für die Bestimmung der vom übernehmenden Rechtsträger anzusetzenden Wertansätze des übernommenen Vermögens maßgeblich[3]. Für eine deutsche übertragende Gesellschaft ist dies der Tag der Schlussbilanz, für ausländische übertragende Gesellschaften die jeweils vergleichbare Bilanz[4]. Eine Verpflichtung zur Aufnahme der gesamten Jahresabschlüsse in den Verschmelzungsplan, wie sie vereinzelt im Schrifttum postuliert wird[5], lässt sich dagegen aus der Norm keinesfalls ableiten[6]. Ebenso wenig darf die Regelung dahingehend missverstanden werden, dass das Umtauschverhältnis aus den Bilanzen abgeleitet werden könnte oder gar müsste[7].

3. Ggf. Barabfindungsangebot

30 Sofern bei einer *deutschen übertragenden Gesellschaft* gem. § 122i Abs. 1 Satz 1 UmwG ein **Barabfindungsangebot** erforderlich ist (dazu ausf. § 122i Rz. 4ff.), muss dieses ebenfalls in den Verschmelzungsplan aufgenommen werden[8]. Diese Erweiterung der Mindestangaben kraft nationalen Rechts ist jedenfalls auf Grund der speziellen Regelungsermächtigung des Art. 4 Abs. 2 Satz 2 der 10. Richtlinie zulässig[9]. Auf die umstrittene Frage, ob das nationale Recht generell zusätzliche,

---

1 *Drinhausen* in Semler/Stengel, § 122c UmwG Rz. 37; *Frenzel*, Grenzüberschreitende Verschmelzung von Kapitalgesellschaften, S. 210f.; *Handelsrechtsausschuss des DAV*, NZG 2006, 737 (740); *Kiem*, WM 2006, 1091 (1095); *Limmer*, ZNotP 2007, 242 (255); *Marsch-Barner* in Kallmeyer, § 122c UmwG Rz. 8; *Mayer* in Widmann/Mayer, § 122c UmwG Rz. 139; *Teicke*, DB 2012, 2675 (2682); *J. Vetter*, AG 2006, 613 (619); *Weyde/Hafemann* in FS Meilicke, S. 779 (803f.).

2 Einzelheiten bei *W. Müller* in Kallmeyer, § 122c UmwG Rz. 38.

3 Ausf. *J. Vetter*, AG 2006, 613 (619); vgl. weiter *W. Müller* in Kallmeyer, § 122c UmwG Rz. 38; *Hörtnagl* in Schmitt/Hörtnagl/Stratz, § 122c UmwG Rz. 34; *Lutter/Bayer/J. Schmidt*, EuropUR, § 23 Rz. 39.

4 *Drinhausen* in Semler/Stengel, § 122c UmwG Rz. 37; *Hörtnagl* in Schmitt/Hörtnagl/Stratz, § 122c UmwG Rz. 34; *Kiem* in Habersack/Drinhausen, § 122c UmwG Rz. 39; *Simon/Rubner* in KölnKomm. UmwG, § 122c UmwG Rz. 32.

5 So *Haritz/von Wolff*, GmbHR 2006, 340 (341).

6 *Drinhausen* in Semler/Stengel, § 122c UmwG Rz. 37; *Limmer*, ZNotP 2007, 242 (255); *Mayer* in Widmann/Mayer, § 122c UmwG Rz. 141; *W. Müller* in Kallmeyer, § 122c UmwG Rz. 36; *J. Vetter*, AG 2006, 613 (619); *Weyde/Hafemann* in FS Meilicke, S. 779 (804); zu Art. 5 Satz 2 lit. k der 10. Richtlinie: *Lutter/Bayer/J. Schmidt*, EuropUR, § 23 Rz. 39.

7 *Drinhausen* in Semler/Stengel, § 122c UmwG Rz. 37; *Kiem*, WM 2006, 1091 (1095); *Limmer*, ZNotP 2007, 242 (255); *Mayer* in Widmann/Mayer, § 122c UmwG Rz. 141; *Simon/Rubner*, Der Konzern 2006, 835 (838); *J. Vetter*, AG 2006, 613 (619); a.A. *Haritz/von Wolff*, GmbHR 2006, 340 (341).

8 *Drinhausen* in Semler/Stengel, § 122c UmwG Rz. 39; *Kiem* in Habersack/Drinhausen, § 122c UmwG Rz. 40; *Weyde/Hafemann* in FS Meilicke, S. 779 (804f.).

9 Vgl. *Drinhausen/Keinath*, BB 2006, 725 (731); *Limmer*, ZNotP 2007, 242 (255); *Lutter/Bayer/J. Schmidt*, EuropUR, § 23 Rz. 43; *Lutz*, BWNotZ 2010, 23 (31); *Mayer* in Widmann/Mayer, § 122c UmwG Rz. 144; *H.-F. Müller*, Der Konzern 2007, 81 (86); *H.-F. Müller*, ZIP 2007, 1081 (1086); ebenso i.E. ferner auch *Frenzel*, Grenzüberschreitende Verschmelzung von Kapitalgesellschaften, S. 342; a.A. *Beutel*, Der neue rechtliche Rahmen grenzüberschreitender Verschmelzungen in der EU, 2008, S. 271f.; *Louven*, ZIP 2006, 2021 (2025).

über die Vorgaben des Art. 5 Satz 2 der 10. Richtlinie hinausgehende Mindestangaben fordern kann[1], kommt es insoweit nicht an.

4. Fakultativer Inhalt

31 Wie sich aus dem eindeutigen Wortlaut des § 122c Abs. 2 UmwG sowie der zu Grunde liegenden Regelung in Art. 5 Satz 2 der 10. Richtlinie („mindestens") sowie aus Erwägungsgrund 4 der 10. Richtlinie ergibt, steht es den sich verschmelzenden **Gesellschaften frei**, dem Verschmelzungsplan freiwillig weitere Punkte hinzuzufügen[2]. In Betracht kommen hier insbesondere auch *schuldrechtliche* Vereinbarungen[3] (vgl. bereits oben Rz. 4) oder auch beabsichtigte Organbesetzungen, wobei es aus praktischen Gründen häufig ratsam sein wird, diese außerhalb des Verschmelzungsplans in gesonderten Vereinbarungen zu treffen[4].

5. Entbehrlichkeit bestimmter Angaben bei Konzernverschmelzungen (§ 122c Abs. 3 UmwG)

32 Im Falle eines **up-stream mergers** einer 100%igen Tochter auf die Mutter[5] **entfallen** gem. § 122c Abs. 3 UmwG, der Art. 15 Abs. 1 Sps. 1 der 10. Richtlinie umsetzt und mit § 5 Abs. 2 UmwG korreliert[6], die Angaben über den Umtausch der Anteile gem. **§ 122c Abs. 2 Nr. 2, 3 und 5 UmwG**. Ratio dieser Regelung ist, dass in diesem Fall kein Aktientausch stattfindet (vgl. Art. 15 Abs. 1 Sps. 1 der 10. Richtlinie und § 122a Abs. 2 UmwG i.V.m. § 20 Abs. 1 Nr. 3 Satz 1 UmwG), so dass die

1 Dafür *Bayer/J. Schmidt*, NJW 2006, 401 (402); *Behrens*, Die grenzüberschreitende Verschmelzung nach der Richtlinie 2005/56/EG (Verschmelzungsrichtlinie), 2007, S. 91 ff.; *Lutter/Bayer/J. Schmidt*, EuropUR, § 23 Rz. 40; dagegen: *Beutel*, Der neue rechtliche Rahmen grenzüberschreitender Verschmelzungen in der EU, 2008, S. 163; *Drinhausen* in Semler/Stengel, § 122c UmwG Rz. 11; *Drinhausen/Keinath*, BB 2006, 725 (727); *Halász/Kloster*, DStR 2004, 1324 (1326) (zum Richtlinien-Entwurf); *Heckschen* in Widmann/Mayer, § 122a UmwG Rz. 112; *Krause/Kulpa*, ZHR 171 (2007), 38 (57); *Louven*, ZIP 2006, 2021 (2025); *Maul/C. Teichmann/Wenz*, BB 2003, 2633 (2637) (zum Richtlinien-Entwurf); *Mayer* in Widmann/Mayer, § 122c UmwG Rz. 143; *H.-F. Müller*, ZIP 2004, 1791 (1793) (zum Richtlinie-Entwurf); *Neye/Timm*, GmbHR 2007, 561 (562); *Schwab*, GesRZ 2012, 103 (105 f.).

2 *Bayer/J. Schmidt*, NJW 2006, 401 (402); *Drinhausen* in Semler/Stengel, § 122c UmwG Rz. 38; *Hörtnagl* in Schmitt/Hörtnagl/Stratz, § 122c UmwG Rz. 38; *Frenzel*, Grenzüberschreitende Verschmelzung von Kapitalgesellschaften, S. 204 f.; *Heckschen*, DNotZ 2007, 444 (457); *Kallmeyer/Kappes*, AG 2006, 224 (231); *Kiem* in Habersack/Drinhausen, § 122c UmwG Rz. 41; *Krause/Kulpa*, ZHR 171 (2007) 38 (57); *Limmer*, ZNotP 2007, 242 (253); *Louven*, ZIP 2006, 2021 (2025); *Lutter/Bayer/J. Schmidt*, EuropUR, § 23 Rz. 41; *Marsch-Barner* in Kallmeyer, § 122c UmwG Rz. 4; *Mayer* in Widmann/Mayer, § 122c UmwG Rz. 159; *H.-F. Müller*, NZG 2006, 286 (288).

3 Vgl. auch *Lutter/Bayer/J. Schmidt*, EuropUR, § 23 Rz. 41; *Mayer* in Widmann/Mayer, § 122c UmwG Rz. 159.

4 Vgl. auch *Kiem* in Habersack/Drinhausen, § 122c UmwG Rz. 41.

5 Vgl. zur enormen praktischen Bedeutung von Konzernverschmelzungen *Bayer/J. Schmidt/Hoffmann*, Der Konzern 2012, 225 (228).

6 Vgl. *Drinhausen* in Semler/Stengel, § 122c UmwG Rz. 40; *Frenzel*, Grenzüberschreitende Verschmelzung von Kapitalgesellschaften, S. 211 f.; *Heckschen* in Widmann/Mayer, Vor §§ 122a ff. UmwG Rz. 228, § 122a UmwG Rz. 130; *Limmer*, ZNotP 2007, 242 (255); *Marsch-Barner* in Kallmeyer, § 122c UmwG Rz. 10; *Neye/Timm*, GmbHR 2007, 561 (562).

entsprechenden Angaben gegenstandslos sind[1]. Maßgeblicher Zeitpunkt für die 100 %-Beteiligung ist – wie nach h.M. auch bei § 5 Abs. 2 UmwG (vgl. zum Streitstand: § 5 Rz. 141) – die Eintragung der Verschmelzung in das Handelsregister[2].

VI. Keine Zuleitung an den Betriebsrat

33 Eine **Zuleitung** des Verschmelzungsplans an den Betriebsrat ist – anders als bei der innerstaatlichen Verschmelzung – **nicht erforderlich**[3]. § 122c UmwG enthält keine dem § 5 Abs. 3 UmwG entsprechende Regelung. Eine Zuleitungspflicht lässt sich auch nicht aus § 122a Abs. 2 UmwG i.V.m. § 5 Abs. 3 UmwG oder einer analogen Anwendung des § 5 Abs. 3 UmwG herleiten[4]. Denn nach der Systematik der 10. Richtlinie ist Informationsinstrument für die Arbeitnehmer gerade nicht der Verschmelzungsplan, sondern vielmehr der Verschmelzungsbericht (vgl. dazu bereits oben Rz. 19 sowie ausf. § 122e Rz. 1, 7ff.). Die Rechtslage ist eindeutig, eine „vorsorgliche Zuleitung"[5] daher nicht erforderlich[6].

§ 122d

Bekanntmachung des Verschmelzungsplans

Der Verschmelzungsplan oder sein Entwurf ist spätestens einen Monat vor der Versammlung der Anteilsinhaber, die nach § 13 über die Zustimmung zum Verschmelzungsplan beschließen soll, zum Register einzureichen. Das Gericht hat in der Bekanntmachung nach § 10 des Handelsgesetzbuchs unverzüglich die folgenden Angaben bekannt zu machen:

---

1 Vgl. *Drinhausen* in Semler/Stengel, § 122c UmwG Rz. 40; *Marsch-Barner* in Kallmeyer, § 122c Rz. 39; *Hörtnagl* in Schmitt/Hörtnagl/Stratz, § 122c UmwG Rz. 37; *Kruse/Kruse*, BB 2010, 3035. Vgl. zu Art. 15 Abs. 1 Sps. 1 der 10. Richtlinie: *Lutter/Bayer/J. Schmidt*, EuropUR, § 23 Rz. 123; für die Parallelregelung bei der SE auch *Bayer* in Lutter/Hommelhoff, SE-Kommentar, Art. 20 SE-VO Rz. 27, Art. 31 SE-VO Rz. 9 m.w.N.

2 So auch *Drinhausen* in Semler/Stengel, § 122c UmwG Rz. 41; *Marsch-Barner* in Kallmeyer, § 122c UmwG Rz. 39.

3 *Bormann/Trautmann*, KSzW 2013, 70; *Dzida*, GmbHR 2009, 459 (465); *Freundorfer/Festner*, GmbHR 2010, 195 (198); *Handelsrechtsausschuss des DAV*, NZG 2006, 737 (741); *Heckschen* in Widmann/Mayer, § 122a UmwG Rz. 132, § 122g UmwG Rz. 20, 40; *Holzborn/Mayston*, ZIP 2012, 2380 (2382); *Hörtnagl* in Schmitt/Hörtnagl/Stratz, § 122c UmwG Rz. 38; *Kiem* in Habersack/Drinhausen, § 122c UmwG Rz. 8; *Krauel/Mense/Wind*, Der Konzern 2010, 541 (544); *Limmer*, ZNotP 2007, 242 (253, 256); *Lutz*, BWNotZ 2010, 23 (29); *Mayer* in Widmann/Mayer, § 122c UmwG Rz. 10, 29f.; *Polley* in Henssler/Strohn, § 122c UmwG Rz. 28; *Simon/Hinrichs*, NZA 2008, 391 (392); *Simon/Rubner*, Der Konzern 2006, 835 (837); *J. Vetter*, AG 2006, 613 (620); *Weyde/Hafemann* in FS Meilicke, S. 779 (809); *Willemsen* in Kallmeyer, § 122c UmwG Rz. 18; sowie nunmehr auch *Drinhausen* in Semler/Stengel, § 122c UmwG Rz. 44; a.A. *Frenzel*, Grenzüberschreitende Verschmelzung von Kapitalgesellschaften, S. 226ff.

4 So aber *Drinhausen/Keinath*, BB 2006, 725 (727); *Drinhausen/Keinath*, RIW 2006, 81 (84); *Herrler*, EuZW 2007, 295 (296); *Krause/Kulpa*, ZHR 171 (2007), 38 (60f.); *H.F. Müller*, ZIP 2007, 1081 (1083).

5 So *Mader*, RWZ 2011, 99 (103f.); *Mayer* in Widmann/Mayer, § 122c UmwG Rz. 31; *Willemsen* in Kallmeyer, § 122c UmwG Rz. 19.

6 Wie hier *Kiem* in Habersack/Drinhausen, § 122c UmwG Rz. 8.

1. einen Hinweis darauf, dass der Verschmelzungsplan oder sein Entwurf beim Handelsregister eingereicht worden ist,

2. Rechtsform, Firma und Sitz der an der grenzüberschreitenden Verschmelzung beteiligten Gesellschaften,

3. die Register, bei denen die an der grenzüberschreitenden Verschmelzung beteiligten Gesellschaften eingetragen sind, sowie die jeweilige Nummer der Eintragung,

4. einen Hinweis auf die Modalitäten für die Ausübung der Rechte der Gläubiger und der Minderheitsgesellschafter der an der grenzüberschreitenden Verschmelzung beteiligten Gesellschaften sowie die Anschrift, unter der vollständige Auskünfte über diese Modalitäten kostenlos eingeholt werden können.

Die bekannt zu machenden Angaben sind dem Register bei Einreichung des Verschmelzungsplans oder seines Entwurfs mitzuteilen.

Literatur

Vgl. die Angaben zu § 122a. Speziell zu § 122d: *Pfeiffer/Heilmeier*, Einreichung und Bekanntmachung des Verschmelzungsplans bei grenzüberschreitender Verschmelzung – Praxisprobleme beim Umgang mit § 122d UmwG, GmbHR 2009, 1317.

I. Regelungsgegenstand und -zweck

1 Die Regelung basiert auf Art. 6 der 10. Richtlinie[1] und bezweckt neben dem **Schutz der Gesellschafter** – anders als § 61 UmwG (vgl. § 61 Rz. 1, 7) – auch den Schutz der **Gläubiger:** Beide Gruppen sollen möglichst **frühzeitig** über die grenzüberschreitende Verschmelzung **informiert** werden (vgl. auch Erwägungsgrund 5 der 10. Richtlinie)[2]. Sie geht auch insofern über die entsprechende Regelung des

1 Richtlinie 2005/56/EG des Europäischen Parlaments und des Rates v. 26.10.2005 über die Verschmelzung von Kapitalgesellschaften aus verschiedenen Mitgliedstaaten, ABl. EU Nr. L 310/1 v. 25.11.2005, s. Anh. V, S. 3481 ff. Ausf. Erläuterungen bei *Lutter/Bayer/J. Schmidt*, EuropUR, § 23 m.z.w.N.

2 Vgl. *Drinhausen* in Semler/Stengel, § 122d UmwG Rz. 1 ff.; *Frenzel*, Grenzüberschreitende Verschmelzung von Kapitalgesellschaften, S. 233 f.; *Hörtnagl* in Schmitt/Hörtnagl/Stratz, § 122d UmwG Rz. 10; *Lutter/Bayer/J. Schmidt*, EuropUR, § 23 Rz. 45, 51; *Mayer* in Widmann/Mayer, § 122d UmwG Rz. 4; *H.-F. Müller*, Der Konzern 2007, 81 (82 Fn. 6); *H.-F. Müller*, NZG 2006, 286 (288); *Simon/Rubner* in KölnKomm. UmwG, § 122d UmwG Rz. 3; nunmehr auch *Marsch-Barner* in Kallmeyer, § 122d UmwG Rz. 3.

§ 61 UmwG für nationale Verschmelzungen hinaus, als Gegenstand der Bekanntmachung nicht nur der Hinweis auf die Einreichung des Verschmelzungsplans (oder seines Entwurfs), sondern auch noch die weiteren in § 122d Satz 2 Nr. 2–4 UmwG aufgezählten Angaben sind[1]. Ausgelöst wird durch die Bekanntmachung zugleich die Frist für die Geltendmachung entsprechender Gläubiger- und Minderheitsgesellschafterrechte (dazu unten Rz. 13 ff.)[2].

2 § 122d Satz 1 UmwG bestimmt, dass der **Verschmelzungsplan** oder sein Entwurf spätestens einen Monat vor der über die Verschmelzung beschließenden Versammlung der Anteilsinhaber **zum Register einzureichen** ist (dazu ausf. unten Rz. 3 ff.). Gem. § 122d Satz 3 UmwG sind dem Register dabei auch die in § 122d Satz 2 Nr. 2–4 UmwG aufzählten Angaben (dazu ausf. unten Rz. 9 ff.), welche das Gericht unverzüglich gem. § 10 HGB bekannt zu machen hat (dazu unten Rz. 8), mitzuteilen (dazu ausf. unten Rz. 4 ff.).

II. Einreichung und Mitteilung

1. Zuständiges Gericht

3 „Register" i.S.d. Norm ist gem. §§ 376, 377 Abs. 1 FamFG i.V.m. § 23a Abs. 1 Nr. 2, Abs. 2 Nr. 3 GVG i.V.m. § 14 AktG bzw. § 7 Abs. 1 GmbHG das **Amtsgericht** als Registergericht, das für den Bezirk, in dem sich der **Satzungssitz** der Gesellschaft befindet, zuständig ist[3].

2. Gegenstand der Einreichung bzw. Mitteilung

4 Einzureichen ist gem. § 122d Satz 1 UmwG zunächst der **Verschmelzungsplan** bzw. sein Entwurf. Um dem Registergericht die durch § 122d Satz 2 UmwG vorgeschriebenen Bekanntmachungen überhaupt zu ermöglichen[4], sind dem Registergericht daneben ferner gem. § 122d Satz 3 UmwG auch die hierfür erforderlichen Angaben (dazu ausf. unten Rz. 9 ff.) mitzuteilen. Die Mitteilungspflicht des § 122d Satz 3 UmwG bezieht sich dabei entgegen dem zu weit gefassten Wortlaut ausschließlich auf die **Angaben nach § 122d Satz 2 Nr. 2–4 UmwG;** denn die notwendigen Informationen für die Bekanntmachung des Hinweises auf die Einreichung des Verschmelzungsplans bzw. seines Entwurfs nach Nr. 1 erhält das Registergericht bereits durch die gem. § 122d Satz 1 UmwG vorgeschriebene Einreichung.

---

1 Vgl. *Krause/Kulpa*, ZHR 171 (2007), 38 (60); *Limmer*, ZNotP 2007, 242 (256); *Simon/Rubner*, Der Konzern 2006, 835 (839).

2 *Drinhausen* in Semler/Stengel, § 122d UmwG Rz. 22; *Kiem* in Habersack/Drinhausen, § 122d UmwG Rz. 3.

3 Vgl. *Drinhausen* in Semler/Stengel, § 122d UmwG Rz. 6; *Hörtnagl* in Schmitt/Hörtnagl/Stratz, § 122d UmwG Rz. 4; *Frenzel*, Grenzüberschreitende Verschmelzung von Kapitalgesellschaften, S. 229.

4 Vgl. BegrRegE, BR-Drucks. 548/06, 32; *Krause/Kulpa*, ZHR 171 (2007), 38 (60); *Limmer*, ZNotP 2007, 242 (256); *H.-F. Müller*, ZIP 2007, 1081 (1084).

3. Form

5 Die Einreichung des Verschmelzungsplans bzw. seines Entwurfs (dazu oben Rz. 4) sowie die Mitteilung der Angaben nach § 122d Satz 2 Nr. 2–4 UmwG muss entsprechend den Vorgaben des **§ 12 Abs. 2 Satz 1 HGB**[1] in elektronischer Form erfolgen[2]. Dies bedeutet: Wird der *Entwurf* eingereicht, so genügt gem. § 12 Abs. 2 Satz 2 1. Halbsatz HGB die Übermittlung einer elektronischen Aufzeichnung[3]. Bei Einreichung des *notariell beurkundeten Verschmelzungsplans* ist gem. § 12 Abs. 2 Satz 2 2. Halbsatz HGB ein mit einem einfachen elektronischen Zeugnis gem. § 39a BeurkG versehenes Dokument zu übermitteln[4].

4. Frist

6 Die Einreichung hat gem. § 122d Satz 1 UmwG **spätestens einen Monat** vor der Versammlung der Anteilsinhaber, die nach § 13 UmwG über die Zustimmung zum Verschmelzungsplan beschließen soll, zu erfolgen. Auf Grund der Bezugnahme in § 122d Satz 3 UmwG („bei Einreichung") gilt diese Frist auch für die Mitteilung der weiteren Angaben[5].

7 Für die **Berechnung der Monatsfrist** gelten die allgemeinen Vorschriften der §§ 187ff. BGB[6]. Problematisch ist, dass § 122d Satz 1 UmwG nur verlangt, dass die **Einreichung** zum Register spätestens einen Monat vor der maßgeblichen Versammlung erfolgt. Nach Art. 6 Abs. 1 Unterabs. 1 der 10. Richtlinie soll nämlich die gesamte ***Offenlegung***[7] im Einklang mit den nationalen Umsetzungsvorschriften zu Art. 3 der Publizitätsrichtlinie[8] – d.h. sowohl die Hinterlegung in der Regis-

1 Dazu näher *Hopt* in Baumbach/Hopt, § 12 HGB Rz. 6f.; *Roth* in Koller/Roth/Morck, § 12 HGB Rz. 8.

2 Vgl. *Drinhausen* in Semler/Stengel, § 122d UmwG Rz. 7, 21; *Hörtnagl* in Schmitt/Hörtnagl/Stratz, § 122d UmwG Rz. 5; *Kiem* in Habersack/Drinhausen, § 122d UmwG Rz. 5; *Mayer* in Widmann/Mayer, § 122d UmwG Rz. 28; *Simon/Rubner* in KölnKomm. UmwG, § 122d UmwG Rz. 20; *Weyde/Hafemann* in FS Meilicke, S. 779 (810).

3 *Brocker*, BB 2010, 971 (973); *Drinhausen* in Semler/Stengel, § 122d UmwG Rz. 7; *Hörtnagl* in Schmitt/Hörtnagl/Stratz, § 122d UmwG Rz. 5.

4 *Brocker*, BB 2010, 971 (973); *Drinhausen* in Semler/Stengel, § 122d UmwG Rz. 7; *Hörtnagl* in Schmitt/Hörtnagl/Stratz, § 122d UmwG Rz. 5.

5 So auch *Drinhausen* in Semler/Stengel, § 122d UmwG Rz. 9; *Simon/Rubner* in Köln-Komm. UmwG, § 122d UmwG Rz. 17; *Hörtnagl* in Schmitt/Hörtnagl/Stratz, § 122d Rz. 9; *Polley* in Henssler/Strohn, § 122d UmwG Rz. 6.

6 *Drinhausen* in Semler/Stengel, § 122d UmwG Rz. 10; *Marsch-Barner* in Kallmeyer, § 122d UmwG Rz. 1; *Hörtnagl* in Schmitt/Hörtnagl/Stratz, § 122d UmwG Rz. 8; *Polley* in Henssler/Strohn, § 122d UmwG Rz. 6. Ausf. zur Fristberechnung *Mayer* in Widmann/Mayer, § 122d UmwG Rz. 26f.

7 In der deutschen Fassung heißt es zwar „bekannt gemacht"; in der englischen und französischen Sprachfassung heißt es jedoch jeweils – ebenso wie in der Parallelnorm des Art. 6 Abs. 1 Unterabs. 1 der 3. Richtlinie, wo es in der deutschen Fassung ebenfalls „offenzulegen" heißt – „published" bzw. „est publie".

8 Ursprünglich: Richtlinie 68/151/EWG. Seit 21.10.2009 kodifiziert als: Richtlinie 2009/101/EG des Europäischen Parlaments und des Rates v. 16.9.2009 zur Koordinierung der Schutzbestimmungen, die in den Mitgliedstaaten den Gesellschaften im Sinne des Artikels 48 Absatz 2 des Vertrags im Interesse der Gesellschafter sowie Dritter vorgeschrieben sind, um diese Bestimmungen gleichwertig zu gestalten, ABl. EU Nr. L 258/11 v. 1.10.2009. Text (Stand 2011) und ausf. Erläuterungen bei *Lutter/Bayer/J.*

terakte bzw. Eintragung in das Register (Art. 3 Abs. 3 Publizitätsrichtlinie) als auch die Bekanntmachung (Art. 3 Abs. 5 Publizitätsrichtlinie)[1] – spätestens zu diesem Zeitpunkt erfolgen. Diese Diskrepanz war zwar bereits im Hinblick auf den Regierungsentwurf vom Bundesrat zu Recht kritisiert worden[2], wurde jedoch gleichwohl beibehalten. Die Argumentation der Bundesregierung, dass die Richtlinienkonformität der Parallelregelung in § 61 UmwG, die Art. 6 Abs. 1 der 3. Richtlinie[3] umsetzt[4], nie beanstandet worden sei[5], vermag indes nicht zu überzeugen. Im Gegenteil: Da auch Art. 6 Abs. 1 der 3. Richtlinie die gesamte *Offenlegung*[6] spätestens einen Monat zuvor verlangt, besteht in Bezug auf § 61 UmwG letztlich genau dieselbe Problematik[7]. Dass die Kommission dies bislang nicht beanstandet hat, ändert nichts daran, dass sowohl § 122d Satz 1[8] UmwG als auch § 61 Satz 1 UmwG jedenfalls bei streng wortlautgetreuer Auslegung und Anwendung – also i.S.d., dass während der Monatsfrist nur die Einreichung, nicht aber die Bekanntmachung zu erfolgen hat – richtlinienwidrig sind. Praktisch wird die Problematik allerdings dadurch entschärft, dass die Bekanntmachung nach § 122 Satz 2 UmwG bzw. § 32 HRV unverzüglich zu erfolgen hat und dies jedenfalls seit der Umstellung auf die elektronische Bekanntmachung[9] auch tatsächlich regelmäßig zeitnah geschieht. Eine legislatorische Anpassung der §§ 61 Satz 1, 122d Satz 1 UmwG wäre indes gleichwohl geboten; eine gute Gelegenheit hierfür wäre

---

Schmidt, EuropUR, § 19 m.z.w.N. Zu den jüngsten Änderungen durch die Richtlinie 2012/17/EU: *Bayer/J. Schmidt*, BB 2013, 3 (5 m.w.N.).

1 Vgl. zu den Publizitätsinstrumenten nach der Publizitätsrichtlinie näher *Lutter/Bayer/J. Schmidt*, EuropUR, § 19 Rz. 13 ff. m.w.N.

2 Stellungnahme des Bundesrates, BR-Drucks. 548/06(B), 6.

3 Ursprünglich: Richtlinie 78/855/EWG; seit 1.7.2011: Richtlinie 2011/35/EU des Europäischen Parlaments und des Rates v. 5.4.2011 über die Verschmelzung von Aktiengesellschaften, ABl. EU Nr. L 110/1 v. 29.4.2011, s. Anh. III, S. 3451 ff. Ausf. Erläuterungen bei *Lutter/Bayer/J. Schmidt*, EuropUR, § 21 m.z.w.N.

4 Vgl. dazu *Lutter/Bayer/J. Schmidt*, EuropUR, § 21 Rz. 38 ff.

5 Gegenäußerung der Bundesregierung, BT-Drucks. 16/2919, 60; ebenso explizit *Pfeiffer/Heilmeier*, GmbHR 2009, 1317 (1318).

6 Dort heißt es in der deutschen Sprachfassung auch – in Parallele zum englischen „publish" und französischen „est publié" – ausdrücklich „offenzulegen".

7 Abw. noch *Bayer/J. Schmidt* ZIP 2010, 953 (963 Fn. 155); hieran wird nicht mehr festgehalten.

8 § 122d Satz 1 UmwG als richtlinienwidrig ansehend auch: *Bayer/J. Schmidt*, ZIP 2010, 953 (962); *Beutel*, Der neue rechtliche Rahmen grenzüberschreitender Verschmelzungen in der EU, S. 177; *Brocker*, BB 2010, 971 (973); *Drinhausen* in Semler/Stengel, § 122d UmwG Rz. 8 Fn. 17; *Frenzel*, Grenzüberschreitende Verschmelzung von Kapitalgesellschaften, S. 232; *Heckschen* in Widmann/Mayer, Vor §§ 122a ff. UmwG Rz. 105; *Herrler/Schneider*, GmbHR 2011, 795 (797); *Holzborn/Mayston*, ZIP 2012, 2380 (2382); *Kiem* in Habersack/Drinhausen, § 122d UmwG Rz. 7; *Louven*, ZIP 2006, 2021 (2025); *Lutter/Bayer/J. Schmidt*, EuropUR, § 23 Rz. 51; *Mayer* in Widmann/Mayer, § 122d UmwG Rz. 8; *Marsch-Barner* in Kallmeyer, § 122d UmwG Rz. 1; *Polley* in Henssler/Strohn, § 122d UmwG Rz. 1; *Simon/Rubner* in KölnKomm. UmwG, § 122d UmwG Rz. 18; *H.-F. Müller*, ZIP 2007, 1081 (1084); *Simon/Rubner*, Der Konzern 2006, 835 (839); *Teicke*, DB 2012, 2675 (2676); zweifelnd auch *Freundorfer/Festner*, GmbHR 2010, 195 (198); a.A. jedoch *Pfeiffer/Heilmeier*, GmbHR 2009, 1317 (1318); offenlassend: *Weyde/Hafemann* in FS Meilicke, S. 779 (810 Fn. 111).

9 Vgl. dazu *Lutter/Bayer/J. Schmidt*, EuropUR, § 19 Rz. 21 ff.

z.B. die anstehende Umsetzung der Änderungsrichtlinie 2012/17/EU[1] betreffend die Vernetzung der nationalen Register.

III. Bekanntmachung

1. Form und Frist

8 Die Bekanntmachung erfolgt gem. **§ 10 Satz 1 HGB**[2] in elektronischer Form in dem von der Landesjustizverwaltung bestimmten elektronischen Informations- und Kommunikationssystem (www.handelsregisterbekanntmachungen.de)[3]. Sie hat **unverzüglich**, d.h. ohne schuldhaftes Zögern (vgl. § 121 Abs. 1 Satz 1 BGB), zu erfolgen, sobald dem Gericht alle erforderlichen Dokumente bzw. Angaben vorliegen (vgl. § 122d Satz 2 UmwG sowie auch § 32 HRV). Vgl. zur Problematik in Bezug auf die Richtlinien-Vorgaben bereits oben Rz. 7.

2. Inhalt

9 Der Inhalt der Bekanntmachung ist in § 122d Satz 2 Nr. 1–4 UmwG spezifiziert. Der deutsche Gesetzgeber hat dabei von der Ermächtigung des Art. 6 Abs. 2 der 10. Richtlinie keinen Gebrauch gemacht, sondern lediglich die nach Art. 6 Abs. 2 lit. a – c der 10. Richtlinie zwingend erforderlichen Bekanntmachungsinhalte übernommen.

a) Hinweis auf die Einreichung (§ 122d Satz 2 Nr. 1 UmwG)

10 Mit dem nach § 122d Satz 2 Nr. 1 UmwG erforderlichen Hinweis auf die Einreichung des Verschmelzungsplans bzw. seines Entwurfs werden die Vorgaben des Art. 6 Abs. 1 der 10. Richtlinie i.V.m. Art. 3 Abs. 4 Unterabs. 1 Satz 1 der Publizitätsrichtlinie umgesetzt, wobei der deutsche Gesetzgeber sich hier – ebenso wie bei der Parallelregelung in § 61 Satz 2 UmwG – für die bloße Bekanntmachung eines Hinweises entschieden hat[4][5].

b) Rechtsform, Firma und Sitz (§ 122d Satz 2 Nr. 2 UmwG)

11 Gem. der Regelung in § 122d Satz 2 Nr. 2 UmwG, die Art. 6 Abs. 2 lit. a der 10. Richtlinie umsetzt, sind Rechtsform, Firma und (Satzungs-)Sitz[6] der an der

1 Richtlinie 2012/17/EU v. 13.6.2012, ABl. EU Nr. L 156/1 v. 16.6.2012. Vgl. dazu *Bayer/J. Schmidt*, BB 2013, 3 (5), sowie bereits *Lutter/Bayer/J. Schmidt*, EuropUR, § 19 Rz. 7, 16, § 23 Rz. 108, § 28 Rz. 2, 73, 93 (jeweils m.w.N.).

2 Näher dazu *Hopt* in Baumbach/Hopt, § 10 HGB Rz. 1.

3 Vgl. *Mayer* in Widmann/Mayer, § 122d UmwG Rz. 33, 35f.

4 Nach Art. 3 Abs. 5 Unterabs. 1 Satz 1 der Publizitätsrichtlinie besteht insoweit ein Wahlrecht zwischen vollständiger (oder auszugsweise) Wiedergabe oder einem bloßen Hinweis, vgl. *Lutter/Bayer/J. Schmidt*, EuropUR, § 19 Rz. 18 m.w.N.

5 Vgl. auch *Kiem* in Habersack/Drinhausen, § 122d UmwG Rz. 11; *Mayer* in Widmann/Mayer, § 122d UmwG Rz. 10; *Simon/Rubner* in KölnKomm. UmwG, § 122d UmwG Rz. 22.

6 Dies ergibt sich klar aus den englischen und französischen Sprachfassungen des Art. 6 Abs. 2 lit. a der 6. Richtlinie („registered office"/„siège statutaire"). Vgl. auch *Drinhausen* in Semler/Stengel, § 122d UmwG Rz. 16; *Hörtnagl* in Schmitt/Hörtnagl/Stratz, § 122d UmwG Rz. 15; *Kiem* in Habersack/Drinhausen, § 122d UmwG Rz. 18.

grenzüberschreitenden Verschmelzung beteiligten Gesellschaften anzugeben. Durch diese, die sich verschmelzenden Gesellschaften individualisierenden Angaben wird nochmals der transnationale Charakter der Verschmelzung verdeutlicht[1]. Beteiligt sind zunächst die (einreichende) deutsche Gesellschaft sowie die anderen als übernehmende oder übertragende Rechtsträger beteiligten Gesellschaften anzusehen[2]. Bei der Verschmelzung zur **Neugründung** sollten (vorsorglich[3]) auch die Angaben zur (geplanten) neuen Gesellschaft angegeben werden[4].

c) Register (§ 122d Satz 2 Nr. 3 UmwG)

12 Die weiterhin gem. § 122d Satz 2 Nr. 3 UmwG (in Umsetzung von Art. 6 Abs. 2 lit. b der 10. Richtlinie) erforderliche Bekanntmachung von Register und Registernummer für sämtliche an der Verschmelzung beteiligte Gesellschaften[5] macht es für den Rechtsverkehr einfacher, weitere Informationen über die Gesellschaften zu erhalten[6]; sie hat insofern quasi „Schlüsselfunktion"[7].

d) Hinweis auf die Modalitäten für die Ausübung der Gläubiger- und Minderheitenrechte (§ 122d Satz 2 Nr. 4 UmwG)

13 Ferner ist gem. § 122d Satz 2 Nr. 4 UmwG (in Umsetzung von Art. 6 Abs. 2 lit. c der 10. Richtlinie) ein Hinweis auf die Modalitäten für die Ausübung der Rechte der Gläubiger und der Minderheitsgesellschafter der an der grenzüberschreitenden Verschmelzung beteiligten Gesellschaften sowie die Anschrift, unter der vollständige Auskünfte über diese Modalitäten kostenlos eingeholt werden können, bekannt zu machen[8].

14 Der Hinweis auf die Modalitäten der Ausübung der **Gläubiger- und Minderheitenrechte** soll sicherstellen, dass die Gläubiger und Minderheitsaktionäre auch tat-

1 Vgl. *Lutter/Bayer/J. Schmidt*, EuropUR, § 23 Rz. 47; *Mayer* in Widmann/Mayer, § 122d UmwG Rz. 11; für die Parallelnorm des Art. 21 lit. a SE-VO: *Bayer* in Lutter/Hommelhoff, SE-Kommentar, 2008, Art. 21 SE-VO Rz. 4 m.w.N.

2 *Polley* in Henssler/Strohn, § 122d UmwG Rz. 10; *Simon/Rubner* in KölnKomm. UmwG, § 122d UmwG Rz. 8.

3 Durch Art. 6 Abs. 2 lit. b der 10. Richtlinie dürfte dies jedoch nicht geboten sein, vgl. *Lutter/Bayer/J. Schmidt*, EuropUR, § 23 Rz. 47 (speziell Fn. 144).

4 So *Simon/Rubner* in KölnKomm. UmwG, § 122d UmwG Rz. 9; *Marsch-Barner* in Kallmeyer, § 122d UmwG Rz. 2; *Polley* in Henssler/Strohn, § 122d UmwG Rz. 10; *Pfeiffer/Heilmeier*, GmbHR 2009, 1317 (1319).

5 Hier selbstredend nicht für die erst geplante neue Gesellschaft: *Simon/Rubner* in KölnKomm. UmwG, § 122d UmwG Rz. 10; i.E. wohl auch *Pfeiffer/Heilmeier*, GmbHR 2009, 1317 (1320f.)

6 Vgl. *Drinhausen* in Semler/Stengel, § 122d UmwG Rz. 17; *Kiem* in Habersack/Drinhausen, § 122d UmwG Rz. 14; *Mayer* in Widmann/Mayer, § 122d UmwG Rz. 12; *Hörtnagl* in Schmitt/Hörtnagl/Stratz, § 122d UmwG Rz. 16; sowie für die Parallelnorm des Art. 21 lit. b SE-VO: *Bayer* in Lutter/Hommelhoff, SE-Kommentar, 2008, Art. 21 SE-VO Rz. 5.

7 *Lutter/Bayer/J. Schmidt*, EuropUR, § 23 Rz. 48.

8 Dazu auch: *Drinhausen* in Semler/Stengel, § 122d UmwG Rz. 18 ff; *Hörtnagl* in Schmitt/Hörtnagl/Stratz, § 122d UmwG Rz. 17 ff; *Marsch-Barner* in Kallmeyer, § 122d UmwG Rz. 2; *Simon/Rubner* in KölnKomm. UmwG, § 122d UmwG Rz. 11ff. Zu Art. 6 Abs. 2 lit. c der 10. Richtlinie: *Lutter/Bayer/J. Schmidt*, EuropUR, § 23 Rz. 49 m.w.N.

sächlich Kenntnis von ihren Rechten erhalten[1]. Gläubiger i.S.d. Norm sind auch die Anleihegläubiger (arg. e Art. 4 Abs. 2 Satz 1 der 10. Richtlinie)[2]. Die Hinweispflicht bezieht sich dabei – ebenso wie bei der Parallelregelung in Art. 21 lit. c und d SE-VO[3], die allerdings insofern unmissverständlicher formuliert ist („betreffenden Gesellschaft" statt „jeweiligen Gesellschaft") – entgegen einer im Schrifttum unter Hinweis auf den expliziten Wortlaut vielfach vertretenen Ansicht[4] lediglich auf die Rechte der Gläubiger und Minderheitsgesellschafter derjenigen Gesellschaft, für welche die Bekanntmachung erfolgt (hier also der **betreffenden deutschen Gesellschaft**)[5]. Denn Sinn und Zweck der Bekanntmachung ist es, die betreffenden Gläubiger bzw. Minderheitsgesellschafter über *ihre* Rechte (und nicht allgemein über die Bedingungen der Verschmelzung, hierzu dient der Verschmelzungsplan) zu informieren[6]; der zu weite Wortlaut von § 122d Satz 2 Nr. 4 UmwG ist daher teleologisch zu reduzieren.

„**Modalitäten der Ausübung**" bezieht sich, wie sich aus dem systematischen Zu- 15
sammenhang mit Art. 4 Abs. 2 der 10. Richtlinie ergibt, auf die jeweiligen speziellen Gläubiger- und Minderheitenschutzrechte (Gläubiger: § 122j UmwG bzw. §§ 122a Abs. 2, 22, UmwG dazu ausf. bei § 122j; Minderheitsgesellschafter: §§ 122h, 122i UmwG bzw. §§ 122a Abs. 2, 29 UmwG, dazu ausf. bei §§ 122h, 122i)[7]. Nicht gemeint sind dagegen etwaige allgemeine Veränderungen hinsichtlich der Durchsetzung von Gläubigerforderungen infolge der Verschmelzung (z.B. neue Identität und Adresse des Schuldners)[8]. Aus der Formulierung „Modalitäten der Ausübung" lässt sich ferner ableiten, dass zumindest eine **kurze Erläuterung** erforderlich ist; die bloße Wiedergabe der einschlägigen Normen genügt nicht[9].

---

1 *Polley* in Henssler/Strohn, § 122d UmwG Rz. 12. Vgl. für Art. 6 Abs. 2 lit. c der 10. Richtlinie: *Lutter/Bayer/J. Schmidt*, EuropUR, § 23 Rz. 49; für die Parallelnormen der Art. 21 lit. c und d SE-VO: *Bayer* in Lutter/Hommelhoff, SE-Kommentar, Art. 21 SE-VO Rz. 6f.

2 *Kiem* in Habersack/Drinhausen, § 122d UmwG Rz. 16. Vgl. für die Parallelnorm des Art. 21 lit. c SE-VO: *Bayer* in Lutter/Hommelhoff, SE-Kommentar, Art. 21 SE-VO Rz. 6.

3 Dazu *Bayer* in Lutter/Hommelhoff, SE-Kommentar, Art. 21 SE-VO Rz. 6f.

4 *Drinhausen* in Semler/Stengel, § 122d UmwG Rz. 18; *Handelsrechtsausschuss des DAV*, NZG 2006, 737 (740); *Hörtnagl* in Schmitt/Hörtnagl/Stratz, § 122d UmwG Rz. 17; *Lutz*, BWNotZ 2010, 23 (32); *Marsch-Barner* in Kallmeyer, § 122d UmwG Rz. 2; *Mayer* in Widmann/Mayer, § 122d UmwG Rz. 13; *Pfeiffer/Heilmeier*, GmbHR 2009, 1317 (1319ff.); *Weyde/Hafemann* in FS Meilicke, S. 779 (811f.).

5 So auch *Kiem* in Habersack/Drinhausen, § 122d UmwG Rz. 16, sowie tendenziell ferner auch *Herrler/Schneider*, GmbHR 2011, 795 (797); zu Art. 6 Abs. 2 lit. c der 10. Richtlinie: *Lutter/Bayer/J. Schmidt*, EuropUR, § 23 Rz. 49.

6 *Lutter/Bayer/J. Schmidt*, EuropUR, § 23 Rz. 49; vgl. ferner auch *Herrler/Schneider*, GmbHR 2011, 795 (797).

7 Vgl. *Drinhausen* in Semler/Stengel, § 122d UmwG Rz. 19f.; *Mayer* in Widmann/Mayer, § 122d UmwG Rz. 17f.; zu Art. 6 Abs. 2 lit. c der 10. Richtlinie: *Lutter/Bayer/J. Schmidt*, EuropUR, § 23 Rz. 49.

8 So aber *Grunewald*, Der Konzern 2007, 106 (107f.); empfohlen auch von *Drinhausen* in Semler/Stengel, § 122d UmwG Rz. 19; wie hier aber auch *Hörtnagl* in Schmitt/Hörtnagl/Stratz, § 122d UmwG Rz. 18; zu Art. 6 Abs. 2 lit. c der 10. Richtlinie: *Lutter/Bayer/J. Schmidt*, EuropUR, § 23 Rz. 49.

9 Ebenso *Drinhausen* in Semler/Stengel, § 122d UmwG Rz. 18; *Kiem* in Habersack/Drinhausen, § 122d UmwG Rz. 18; *Mayer* in Widmann/Mayer, § 122d UmwG Rz. 17; *Marsch-Barner* in Kallmeyer, § 122d UmwG Rz. 2; *Polley* in Henssler/Strohn, § 122d UmwG Rz. 12; zu Art. 6 Abs. 2 lit. c der 10. Richtlinie: *Beutel*, Der neue rechtliche Rah-

16 Aus der gem. § 122d Satz 2 Nr. 4 2. Halbsatz UmwG erforderlichen Angabe einer Anschrift ergibt sich mittelbar ein *Anspruch* der jeweiligen Gläubiger bzw. Minderheitsgesellschaften gegen die betreffende Gesellschaft auf *kostenlose Erteilung erschöpfender Auskünfte*[1]. Unter **„Anschrift"** ist dabei richtigerweise nur eine postalische Anschrift zu verstehen[2]. Eine – im Vergleich dazu eher „flüchtige" – Internetadresse dürfte demgegenüber nicht genügen[3], zumal der europäische Gesetzgeber in den neueren europäischen Rechtsinstrumenten üblicherweise ausdrücklich auf die Möglichkeiten einer elektronischen Publikation hinweist, sofern eine solche bestehen soll[45]. Die zusätzliche Angabe einer E-Mail-Adresse oder einer Internetseite bleibt natürlich unbenommen.

IV. Verzicht

17 Anders als bei § 61 UmwG (dazu§ 61 Rz. 7) ist ein Verzicht der Anteilsinhaber auf die **Bekanntmachung** gem. § 122d UmwG **nicht zulässig**[6]. Denn die Bekanntmachung dient hier gerade nicht nur dem Gesellschafter-, sondern vielmehr auch dem Gläubigerschutz (vgl. bereits oben Rz. 1).

18 Ein isolierter Verzicht auf die Wahrung der **Monatsfrist** dürfte demgegenüber **zulässig** sein[7]; denn diese bezweckt allein, den Anteilsinhabern ausreichend Zeit für

---

men grenzüberschreitender Verschmelzungen in der EU, S. 170; *Lutter/Bayer/J. Schmidt*, EuropUR, § 23 Rz. 49.

1 Vgl. *Drinhausen* in Semler/Stengel, § 122d UmwG Rz. 18; *Hörtnagl* in Schmitt/Hörtnagl/Stratz, § 122d UmwG Rz. 22; *Kiem* in Habersack/Drinhausen, § 122d UmwG Rz. 19; *Mayer* in Widmann/Mayer, § 122d UmwG Rz. 31; *Marsch-Barner* in Kallmeyer, § 122d UmwG Rz. 2; zu Art. 6 Abs. 2 lit. c der 10. Richtlinie: *Lutter/Bayer/J. Schmidt*, EuropUR, § 23 Rz. 49; für die Parallelnorm des Art. 21 lit. c SE-VO: *Bayer* in Lutter/Hommelhoff, SE-Kommentar, Art. 21 SE-VO Rz. 6 m.w.N.

2 Ebenso *Grunewald*, Der Konzern 2007, 106 (107); *Marsch-Barner* in Kallmeyer, § 122d UmwG Rz. 2; *Simon/Rubner* in KölnKomm. UmwG, § 122d UmwG Rz. 15; zu Art. 6 Abs. 2 lit. c der 10. Richtlinie: *Lutter/Bayer/J. Schmidt*, EuropUR, § 23 Rz. 49.

3 A.A. *Drinhausen* in Semler/Stengel, § 122d UmwG Rz. 18; *Hörtnagl* in Schmitt/Hörtnagl/Stratz, § 122d UmwG Rz. 22; *Kiem* in Habersack/Drinhausen, § 122d UmwG Rz. 19; *Weyde/Hafemann* in FS Meilicke, S. 779 (811 Fn. 116).

4 Vgl. etwa Art. 5 der Publizitätsrichtlinie n.F. oder Art. 14 Abs. 2 Aktionärsrechterichtlinie (Richtlinie 2007/36/EG des Europäischen Parlaments und des Rates v. 11.7.2007 über die Ausübung bestimmter Rechte von Aktionären in börsennotierten Gesellschaften, ABl. EU Nr. L 184/17 v. 14.7.2007; Text und ausf. Erläuterungen bei *Lutter/Bayer/J. Schmidt*, EuropUR, § 31 m.z.w.N.

5 Vgl. in Bezug auf Art. 6 Abs. 2 lit. c der 10. Richtlinie: *Lutter/Bayer/J. Schmidt*, EuropUR, § 23 Rz. 49.

6 Heute unstreitig: *Drinhausen* in Semler/Stengel, § 122d UmwG Rz. 11; *Frenzel*, Grenzüberschreitende Verschmelzung von Kapitalgesellschaften, S. 233 f.; *Heckschen* in Widmann/Mayer, Vor §§ 122a ff. UmwG Rz. 139; *Hörtnagl* in Schmitt/Hörtnagl/Stratz, § 122d UmwG Rz. 10; *Kiem* in Habersack/Drinhausen, § 122d UmwG Rz. 8; *Krauel/Mense/Wind*, Der Konzern 2010, 541 (543); *Kruse/Kruse*, BB 2010, 3035 (3036); *Mayer* in Widmann/Mayer, § 122d UmwG Rz. 30; *H.-F. Müller*, Der Konzern 2007, 81 (82 Fn. 6); *H.-F. Müller*, NZG 2006, 286 (288); *Simon/Rubner* in KölnKomm. UmwG, § 122d UmwG Rz. 26; *Weyde/Hafemann* in FS Meilicke, S. 779 (812); nunmehr auch *Marsch-Barner* in Kallmeyer, § 122d UmwG Rz. 3.

7 Ebenso *Drinhausen* in Semler/Stengel, § 122d UmwG Rz. 12; *Hörtnagl* in Schmitt/Hörtnagl/Stratz, § 122d UmwG Rz. 10; *Kiem* in Habersack/Drinhausen, § 122d UmwG Rz. 8; *Krauel/Mense/Wind*, Der Konzern 2010, 541 (543); *Kruse/Kruse*, BB 2010, 3035 (3036);

ihre Vorbereitung auf die Gesellschafterversammlung zu gewähren. Der Gläubigerschutz wird dagegen insoweit nicht berührt, da die Frist des § 122j Abs. 1 Satz 2 UmwG (dazu ausf. § 122j Rz. 13) erst ab der Bekanntmachung läuft und durch die strafbewehrte Versicherung gem. § 122k Abs. 1 Satz 3 UmwG (dazu ausf. § 122j Rz. 2 sowie § 122k Rz. 15f.) sichergestellt wird, dass die Verschmelzung erst vollzogen werden kann, wenn allen Gläubigern ordnungsgemäß Sicherheit geleistet wurde[1].

§ 122e
Verschmelzungsbericht

Im Verschmelzungsbericht nach § 8 sind auch die Auswirkungen der grenzüberschreitenden Verschmelzung auf die Gläubiger und Arbeitnehmer der an der Verschmelzung beteiligten Gesellschaft zu erläutern. Der Verschmelzungsbericht ist den Anteilsinhabern sowie dem zuständigen Betriebsrat oder, falls es keinen Betriebsrat gibt, den Arbeitnehmern der an der grenzüberschreitenden Verschmelzung beteiligten Gesellschaft spätestens einen Monat vor der Versammlung der Anteilsinhaber, die nach § 13 über die Zustimmung zum Verschmelzungsplan beschließen soll, nach § 63 Abs. 1 Nr. 4 zugänglich zu machen. § 8 Abs. 3 ist nicht anzuwenden.

Literatur

Vgl. die Angaben zu § 122a.

I. Regelungsgegenstand und -zweck

1 Die Vorschrift dient – im Zusammenspiel mit §§ 122a Abs. 2, 8 UmwG – der Umsetzung des Art. 7 der 10. Richtlinie[2]. Danach ist – ebenso wie gem. Art. 9 der

Marsch-Barner in Kallmeyer, § 122d UmwG Rz. 3; *Simon/Rubner* in KölnKomm. UmwG, § 122d UmwG Rz. 27; *Weyde/Hafemann* in FS Meilicke, S. 779 (812f.); a.A. *Mayer* in Widmann/Mayer, § 122d UmwG Rz. 30.

1 Vgl. *Drinhausen* in Semler/Stengel, § 122d UmwG Rz. 12; *Polley* in Henssler/Strohn, § 122d UmwG Rz. 14.

2 Richtlinie 2005/56/EG des Europäischen Parlaments und des Rates v. 26.10.2005 über die Verschmelzung von Kapitalgesellschaften aus verschiedenen Mitgliedstaaten, ABl. EU Nr. L 310/1 v. 25.11.2005, s. Anh. V, S. 3481ff. Ausf. Erläuterungen bei *Lutter/Bayer/J. Schmidt*, EuropUR, § 23 m.z.w.N.

3. Richtlinie[1], der im deutschen Recht durch § 8 UmwG umgesetzt ist[2] – auch bei grenzüberschreitenden Verschmelzungen ein Verschmelzungsbericht erforderlich. Dieser hat allerdings einen etwas anderen Fokus als der Verschmelzungsbericht bei nationalen Fusionen: Auf Drängen des Europäischen Parlaments[3] wurde der Verschmelzungsbericht im Rahmen der grenzüberschreitenden Verschmelzung nämlich zu einem **umfassenden Informationsinstrument** nicht mehr nur für die **Anteilsinhaber**, sondern vielmehr auch für die **Arbeitnehmer** ausgebaut[4]. Ein **Gläubigerschutz**[5] ist mit dem Verschmelzungsbericht dagegen trotz der Berichtspflicht hinsichtlich der Auswirkungen der Verschmelzung auf die Gläubiger allenfalls **mittelbar** intendiert[6], denn der Bericht wird ausschließlich den Gesellschaftern und den Arbeitnehmern zugänglich gemacht (dazu unten Rz. 15 ff.)[7].

2 Im Hinblick auf diese Neufokussierung des Verschmelzungsberichts war es erforderlich, die über den Verweis in § 122a Abs. 2 UmwG anwendbare Regelung des § 8 UmwG hinsichtlich der sich aus der 10. Richtlinie ergebenden **Spezifika** des Verschmelzungsberichts **bei einer grenzüberschreitenden Fusion** zu modifizieren. § 122e Satz 1 UmwG normiert die sich aus Art. 7 Abs. 1 der 10. Richtlinie ergebenden (und über Art. 6 der 3. Richtlinie und § 8 UmwG hinausgehenden) zusätzlichen Anforderungen an den Inhalt des Berichts[8] (dazu ausf. unten Rz. 7 ff.). § 122e Satz 2 UmwG regelt in Umsetzung von Art. 7 Abs. 2 der 10. Richtlinie die

1 Ursprünglich: Richtlinie 78/855/EWG; seit 1.7.2011: Richtlinie 2011/35/EU des Europäischen Parlaments und des Rates v. 5.4.2011 über die Verschmelzung von Aktiengesellschaften, ABl. EU Nr. L 110/1 v. 29.4.2011, s. Anh. III, S. 3451 ff. Ausf. Erläuterungen bei *Lutter/Bayer/J. Schmidt*, EuropUR, § 21 m.z.w.N.

2 Vgl. dazu *Lutter/Bayer/J. Schmidt*, EuropUR, § 21 Rz. 42 ff. m.w.N.

3 Vgl. *Bayer/J. Schmidt*, NJW 2006, 401 (403); *Lutter/Bayer/J. Schmidt*, EuropUR, § 23 Rz. 52. m.w.N.

4 Vgl. *Bayer/J. Schmidt*, NJW 2006, 401 (403); *Bayer/J. Schmidt*, NZG 2006, 841 (842); *Behrens*, Die grenzüberschreitende Verschmelzung nach der Richtlinie 2005/56/EG (Verschmelzungsrichtlinie), 2007, S. 101 f.; *Beutel*, Der neue rechtliche Rahmen grenzüberschreitender Verschmelzungen in der EU, 2008, S. 179; *Drinhausen* in Semler/Stengel, § 122e UmwG Rz. 1 f.; *Freundorfer/Festner*, GmbHR 2010, 195 (198); *Habersack/Verse*, EuropGesR, § 8 Rz. 62; *Herrler/Schneider*, DStR 2009, 2433 (2435); *Kiem*, WM 2006, 1091 (1095); *Krauel/Mense/Wind*, Der Konzern 2010, 541 (544); *Kruse/Kruse*, BB 2010, 3035 (3036); *Limmer*, ZNotP 2007, 282; *Lutter/Bayer/J. Schmidt*, EuropUR, § 23 Rz. 52; *Marsch-Barner* in Kallmeyer, § 122e UmwG Rz. 1; *Neye*, ZIP 2005, 1891 (1896); *Simon/Hinrichs*, NZA 2008, 391 (393); *J. Vetter*, AG 2006, 613 (620); *M. Winter*, Der Konzern 2007, 24 (33).

5 So aber *Mayer* in Widmann/Mayer, § 122e UmwG Rz. 4.

6 *Lutter/Bayer/J. Schmidt*, EuropUR, § 23 Rz. 52. In diesem Sinne auch *Marsch-Barner* in Kallmeyer, § 122e UmwG Rz. 1; *Grunewald*, Der Konzern 2007, 106 (108); *Weyde/Hafemann* in FS Meilicke, S. 779 (813); wohl auch *Beutel*, Der neue rechtliche Rahmen grenzüberschreitender Verschmelzungen in der EU, 2008, S. 179 f.

7 Eine Gläubigerschutzfunktion gänzlich verneinend *Drinhausen* in Semler/Stengel, § 122e UmwG Rz. 2 Fn. 3; *Hörtnagl* in Schmitt/Hörtnagl/Stratz, § 122e UmwG Rz. 2; *Kiem* in Habersack/Drinhausen, § 122e UmwG Rz. 2; *Simon/Rubner* in KölnKomm. UmwG, § 122e UmwG Rz. 4; *J. Vetter*, AG 2006, 613 (620); vgl. auch *Behrens*, Die grenzüberschreitende Verschmelzung nach der Richtlinie 2005/56/EG (Verschmelzungsrichtlinie), 2007, S. 101.

8 Vgl. BegrRegE, BR-Drucks. 548/06, 32; *Drinhausen* in Semler/Stengel, § 122e UmwG Rz. 1; *Drinhausen/Keinath*, BB 2006, 727 (728); *Limmer*, ZNotP 2007, 282; *Lutter/Bayer/J. Schmidt*, EuropUR, § 23 Rz. 66; *Mayer* in Widmann/Mayer, § 122e UmwG Rz. 1; *Neye/Timm*, GmbHR 2007, 562 (563).

Zugänglichmachung des Berichts auch für die Arbeitnehmer bzw. Arbeitnehmervertreter[1] (dazu ausf. unten Rz. 15ff.). § 122e Satz 3 UmwG schließt die Anwendung der in § 8 Abs. 3 UmwG normierten Ausnahmen von der Berichtspflicht ausdrücklich aus[2] (dazu ausf. unten Rz. 12ff.).

II. Aufstellung des Verschmelzungsberichts

1. Schuldner der Berichtspflicht

Art. 7 Abs. 1 der 10. Richtlinie weist die Kompetenz zur Aufstellung des Verschmelzungsberichts den Leitungs- oder Verwaltungsorganen jeder der jeweiligen sich verschmelzenden Gesellschaften zu[3]. Nach §§ 122a Abs. 2, 8 Abs. 1 Satz 1 UmwG ist dagegen das **„Vertretungsorgan"** zuständig. Bei AG, KGaA, GmbH (inkl. des Subtyps der UG, vgl. Einl. I Rz. 53) und dualistisch verfasster SE ist dieser terminologische Unterschied unproblematisch, da hier die Begriffe „Leitungs-" und „Vertretungsorgan" deckungsgleich sind (AG: Vorstand, GmbH: Geschäftsführer, dualistische SE: Leitungsorgan, KGaA: Komplementäre). Das zuständige Vertretungsorgan handelt unter Mitwirkung einer vertretungsberechtigten Anzahl seiner Mitglieder[4]. Der Verschmelzungsbericht ist eigenhändig zu unterschreiben[5] (vgl. § 8 Rz. 6); Stellvertretung ist nicht zulässig[6] (vgl. § 8 Rz. 7). Bei der **monistisch verfassten SE** führt die abweichende Begrifflichkeit allerdings insofern zu Friktionen, als „Verwaltungsorgan" hier der Verwaltungsrat, „Vertretungsorgan" dagegen gem. § 41 Abs. 1 SEAG die geschäftsführenden Direktoren sind[7]. Dieses offenkundige Redaktionsversehen ist im Wege der richtlinienkonformen Auslegung bzw. Rechtsfortbildung[8] dahin zu korrigieren, dass die Aufstellungskompetenz bei der monistischen SE im Einklang mit Art. 7 Abs. 1 der 10. Richtlinie dem **Verwaltungsrat**[9] zukommt (vgl. zur Problematik bereits § 122c Rz. 5f.). 3

---

1 Vgl. BegrRegE, BR-Drucks. 548/06, 32; *Drinhausen* in Semler/Stengel, § 122e UmwG Rz. 1; *Limmer*, ZNotP 2007, 282; *Lutter/Bayer/J. Schmidt*, EuropUR, § 23 Rz. 66; *Mayer* in Widmann/Mayer, § 122e UmwG Rz. 1.

2 Vgl. BegrRegE, BR-Drucks. 548/06, 32; *Mayer* in Widmann/Mayer, § 122e UmwG Rz. 1.

3 Näher zu Art. 7 der 10. Richtlinie: *Lutter/Bayer/J. Schmidt*, EuropUR, § 23 Rz. 52ff. m.w.N.

4 BGH v. 21.5.2007 – II ZR 266/04, AG 2007, 625 (zu § 8 UmwG); *Drinhausen* in Semler/Stengel, § 122e UmwG Rz. 4; *Kiem* in Habersack/Drinhausen, § 122e UmwG Rz. 6; *Marsch-Barner* in Kallmeyer, § 122e UmwG Rz. 2; *Polley* in Henssler/Strohn, § 122e UmwG Rz. 2; a.A. *Mayer* in Widmann/Mayer, § 122e UmwG Rz. 9f.; *Simon/Rubner* in KölnKomm. UmwG, § 122e UmwG Rz. 5.

5 *Hörtnagl* in Schmitt/Hörtnagl/Stratz, § 122e UmwG Rz. 5; *Kiem* in Habersack/Drinhausen, § 122e UmwG Rz. 6; *Polley* in Henssler/Strohn, § 122e UmwG Rz. 2.

6 *Kiem* in Habersack/Drinhausen, § 122e UmwG Rz. 6; *Mayer* in Widmann/Mayer, § 122e UmwG Rz. 9.

7 Vgl. auch *Drinhausen* in Semler/Stengel, § 122e UmwG Rz. 3; *Drinhausen/Keinath*, BB 2006, 725 (728); *Mayer* in Widmann/Mayer, § 122e UmwG Rz. 9. S. ferner auch *Lutter/Bayer/J. Schmidt*, EuropUR, § 23 Rz. 42 bei Art. 5 Satz 1 der 10. Richtlinie und § 122c UmwG (dazu auch bereits § 122c Rz. 6).

8 Auf Grund des ganz offensichtlichen Redaktionsversehens dürfte dem hier auch die *contra legem-Grenze* nicht entgegenstehen, vgl. dazu allgemein *Lutter/Bayer/J. Schmidt*, EuropUR, § 3 Rz. 53ff. m.w.N.

9 Ebenso *Drinhausen* in Semler/Stengel, § 122e UmwG Rz. 3; *Hörtnagl* in Schmitt/Hörtnagl/Stratz, § 122e UmwG Rz. 3; *Marsch-Barner* in Kallmeyer, § 122e UmwG Rz. § 122e

2. Gemeinsame Berichterstattung

4 Hinsichtlich der Zulässigkeit eines gemeinsamen Verschmelzungsberichts enthält die 10. Richtlinie keine ausdrückliche Regelung. Maßgeblich ist insoweit vielmehr gem. Art. 4 Abs. 1 lit. b Satz 1 der 10. Richtlinie das nationale Recht der an der Verschmelzung beteiligten Gesellschaften. Etwas anderes ergibt sich auch nicht aus der expliziten Zulassung einer gemeinsamen Verschmelzungsprüfung in Art. 8 Abs. 2 der 10. Richtlinie (dazu ausf. § 122f Rz. 2f.). Hieraus lässt sich weder ein allgemeiner Rechtsgedanke der generellen Zulässigkeit gemeinsamer Berichte[1] noch umgekehrt im Wege eines *argumentum e contrario* die generelle Unzulässigkeit eines gemeinsamen Verschmelzungsberichts[2] herleiten. Denn auch die 3. Richtlinie und die SE-VO[3] enthalten nur hinsichtlich der gemeinsamen Prüfung, nicht jedoch hinsichtlich der gemeinsamen Berichterstattung spezielle Regelungen; in beiden Fällen entspricht es indes ganz h.M.[4], dass die Zulassung einer gemeinsamen Berichterstattung aus Sicht des europäischen Rechts zwar nicht zwingend geboten, andererseits aber auch nicht verboten ist, sondern dass die Frage vielmehr dem nationalen Recht überlassen wird[5]. Eine gemeinsame Berichterstattung ist demgemäß auch bei grenzüberschreitenden Verschmelzungen nach der 10. Richtlinie grundsätzlich möglich, aber eben nur, **wenn und soweit das nationale Recht sämtlicher an der Verschmelzung beteiligter Gesellschaften sie zulässt**[6]. Aus deutscher Sicht steht einer gemeinsamen Berichterstattung jedenfalls nichts entgegen (§§ 122a Abs. 2, 8 Abs. 1 Satz 1 Halbsatz 2 UmwG)[7]. Im Falle ei-

---

Rz. 2. S. ferner auch *Lutter/Bayer/J. Schmidt*, EuropUR, § 23 Rz. 42 bei Art. 5 Satz 1 der 10. Richtlinie und § 122c UmwG (dazu auch bereits § 122c Rz. 6).

1 So offenbar *Krause/Kulpa*, ZHR 171 (2007), 38 (62); vgl. ferner auch *Marsch-Barner* in Kallmeyer, § 122e UmwG Rz. 3.

2 So *Louven*, ZIP 2006, 2021 (2026); vgl. tendenziell auch *Drinhausen/Keinath*, BB 2006, 725 (728).

3 VO (EG) Nr. 2157/2001 des Rates v. 8.10.2001 über das Statut der Europäischen Gesellschaft (SE), ABl. EG Nr. L 294/1 v. 10.11.2001. Text und ausf. Erläuterungen bei *Lutter/Bayer/J. Schmidt*, EuropUR, § 41 m.z.w.N.

4 S. für die 3. Richtlinie: *Lutter/Bayer/J. Schmidt*, EuropUR, § 21 Rz. 46 m.w.N. Für die SE-VO: *Bayer* in Lutter/Hommelhoff, SE-Kommentar, Art. 20 SE-VO Rz. 30; *Lutter/Bayer/J. Schmidt*, EuropUR, § 41 Rz. 39; *J. Schmidt*, „Deutsche" vs. „britische" Societas Europaea (SE), 2006, S. 183f. m.w.N.

5 Vgl. *Lutter/Bayer/J. Schmidt*, EuropUR, § 23 Rz. 53.

6 Vgl. bereits *Bayer/J. Schmidt*, NJW 2006, 401 (402); ebenso *Drinhausen* in Semler/Stengel, § 122e UmwG Rz. 5; *Frenzel*, RIW 2008, 12 (17); *Herrler/Schneider*, GmbHR 2011, 795 (798); *Holzborn/Mayston*, ZIP 2012, 2380 (2384); *Hörtnagl* in Schmitt/Hörtnagl/Stratz, § 122e UmwG Rz. 4; *Kiem* in Habersack/Drinhausen, § 122e UmwG Rz. 5; *Lutter/Bayer/J. Schmidt*, EuropUR, § 23 Rz. 53; *Lutz*, BWNotZ 2010, 23 (32); *Marsch-Barner* in Kallmeyer, § 122e UmwG Rz. 3; *Mayer* in Widmann/Mayer, § 122e UmwG Rz. 35f.; *H.-F. Müller*, Der Konzern 2007, 81 (82); *Simon/Rubner* in KölnKomm. UmwG, § 122e UmwG Rz. 9; *J. Vetter*, AG 2006, 613 (621). Für die Zulässigkeit einer gemeinsamen Berichterstattung i.E. ferner auch *Handelsrechtsausschuss des DAV*, NZG 2006, 737 (741); *Herrler*, EuZW 2007, 295 (296); *Kiem*, WM 2006, 1091 (1096); *Krause/Kulpa*, ZHR 171 (2007), 38 (62); *Limmer*, ZNotP 2007, 282.

7 Vgl. *Beutel*, Der neue rechtliche Rahmen grenzüberschreitender Verschmelzungen in der EU, 2008, S. 186; *Drinhausen* in Semler/Stengel, § 122e UmwG Rz. 5; *Kallmeyer/Kappes*, AG 2006, 224 (232); *Mayer* in Widmann/Mayer, § 122e UmwG Rz. 35f.

ner gemeinsamen Berichterstattung ergibt sich allerdings in Bezug auf die Sprache eine ähnliche Problematik wie beim Verschmelzungsplan (dazu § 122c Rz. 10)[1].

III. Inhalt des Berichts

5 Der Inhalt des Verschmelzungsberichts ergibt sich qua § 122a Abs. 2 UmwG auch bei grenzüberschreitenden Verschmelzungen grundsätzlich aus § 8 Abs. 1 UmwG[2] (dazu ausf. unten Rz. 6 sowie bereits allgemein § 8 Rz. 11 ff.). Zusätzlich sind jedoch gem. § 122e Satz 1 UmwG auch die Auswirkungen der Verschmelzung auf die Gläubiger und Arbeitnehmer zu erläutern (dazu ausf. unten Rz. 7 ff.).

1. Rechtliche und wirtschaftliche Aspekte der Verschmelzung

6 Gem. §§ 122a Abs. 2, 8 Abs. 1 Satz 1 Halbsatz 1 UmwG ist ein **ausführlicher schriftlicher Bericht** erforderlich, in dem die **Verschmelzung**, der **Verschmelzungs*plan***[3] (oder sein Entwurf) im Einzelnen und insbesondere das **Umtauschverhältnis** der Anteile sowie die Höhe einer anzubietenden **Barabfindung** (soweit eine solche gem. § 122i Abs. 1 Satz 1 UmwG erforderlich ist, dazu ausf. § 122i Rz. 4 ff.) rechtlich und wirtschaftlich erläutert und begründet werden müssen[4]. Soweit § 8 Abs. 1 Satz 1 Halbsatz 1 UmwG auch „Angaben über die Mitgliedschaft" verlangt, geht dies auf Grund der Beschränkung der §§ 122a ff. UmwG auf Kapitalgesellschaften ins Leere. Gem. §§ 122a Abs. 2, 8 Abs. 1 Satz 2 UmwG ist weiterhin auf besondere Schwierigkeiten bei der **Bewertung** der Rechtsträger hinzuweisen; hier stellen sich bei grenzüberschreitenden Verschmelzungen besondere Probleme[5]. Hinweise auf die Folgen für die Beteiligung der Anteilsinhaber sind insbesondere bei einer **Hinausverschmelzung** wichtig[6]. Im Fall eines ergänzenden Business Combination Agreements (dazu § 122c Rz. 4) ist dessen Bedeutung so-

1 Vgl. speziell in Bezug auf den gemeinsamen Verschmelzungsbericht auch: *Drinhausen* in Semler/Stengel, § 122e UmwG Rz. 5 a.E.; *Kiem* in Habersack/Drinhausen, § 122e UmwG Rz. 7; *Marsch-Barner* in Kallmeyer, § 122e UmwG Rz. 3 a.E.; *Hörtnagl* in Schmitt/Hörtnagl/Stratz, § 122e UmwG Rz. 6 a.E.

2 Vgl. *Drinhausen* in Semler/Stengel, § 122e UmwG Rz. 6; *Hörtnagl* in Schmitt/Hörtnagl/Stratz, § 122e UmwG Rz. 5; *Krause/Kulpa*, ZHR 171 (2007), 38 (61); *Marsch-Barner* in Kallmeyer, § 122e UmwG Rz. 7; *Simon/Rubner* in KölnKomm. UmwG, § 122e UmwG Rz. 6 (unstr.).

3 Der in § 8 Abs. 1 Satz 1 UmwG verwendete Begriff Verschmelzungs*vertrag* ist bei grenzüberschreitenden Verschmelzungen als Verschmelzungs*plan* zu lesen, vgl. *Handelsrechtsausschuss des DAV*, NZG 2006, 737 (741) sowie allgemein zur Differenzierung zwischen beiden § 122c Rz. 3; implizit auch *Drinhausen* in Semler/Stengel, § 122e UmwG Rz. 7; *Hörtnagl* in Schmitt/Hörtnagl/Stratz, § 122e UmwG Rz. 5.

4 Vgl. *Mayer* in Widmann/Mayer, § 122e UmwG Rz. 22; *Drinhausen* in Semler/Stengel, § 122e UmwG Rz. 7; *Marsch-Barner* in Kallmeyer, § 122e UmwG Rz. 7; *Hörtnagl* in Schmitt/Hörtnagl/Stratz, § 122e UmwG Rz. 5.

5 So auch *Marsch-Barner* in Kallmeyer, § 122e UmwG Rz. 7; *Simon/Rubner* in KölnKomm. UmwG, § 122e UmwG Rz. 6; ausf. zur Bewertung *Kiem*, ZGR 2007, 542 ff.; *Adolff*, ZHR 173 (2009), 67 ff.; *Reuter*, AG 2007, 881 ff.

6 Vgl. *Kiem* in Habersack/Drinhausen, § 122e UmwG Rz. 11; *Mayer* in Widmann/Mayer, § 122e UmwG Rz. 25; *Marsch-Barner* in Kallmeyer, § 122e UmwG Rz. 7; *Hörtnagl* in Schmitt/Hörtnagl/Stratz, § 122e UmwG Rz. 6.

wie sein wesentlicher Inhalt zu erläutern[1]. Sofern ein an der Verschmelzung beteiligter Rechtsträger ein verbundenes Unternehmen i.S.d. § 15 AktG ist, sind in dem Bericht ferner gem. §§ 122a Abs. 2, 8 Abs. 1 Satz 3 UmwG auch Angaben über alle für die Verschmelzung wesentlichen Angelegenheiten der anderen verbundenen Unternehmen zu machen[2]; Auskunftspflichten der Vertretungsorgane erstrecken sich gem. §§ 122a Abs. 2, 8 Abs. 1 Satz 4 UmwG auch auf diese Angelegenheiten. Hinsichtlich der näheren Einzelheiten des Berichtsinhalts nach § 8 Abs. 1 kann insofern im Wesentlichen auf die Kommentierung bei § 8 Rz. 11 ff. verwiesen werden. Soweit §§ 122a Abs. 2, 8 Abs. 1 UmwG inhaltlich über die Vorgaben des Art. 7 Abs. 1 der 10. Richtlinie hinausgehen, ist dies unproblematisch, da es sich bei Art. 7 der 10. Richtlinie – ebenso wie bei der Parallelregelung in Art. 9 der 3. Richtlinie – nach Systematik und Entstehungsgeschichte um eine bloße Mindestregelung handelt[3].

2. Auswirkungen auf die Gläubiger und Arbeitnehmer

7 Gem. § 122e Satz 1 UmwG sind zusätzlich auch die Auswirkungen der Verschmelzung auf die Gläubiger und Arbeitnehmer **der jeweiligen Gesellschaft**, für die der Bericht erstellt wird, zu erläutern. Erläuterungen auch zu den Auswirkungen auf die Gläubiger und Arbeitnehmer der anderen an der Verschmelzung beteiligten Gesellschaften sind dagegen, wie sich aus dem eindeutigen Wortlaut der Vorschrift („der ... beteiligten Gesellschaft") wie auch des zu Grunde liegenden Art. 7 Abs. 1 der 10. Richtlinie ergibt, grundsätzlich nicht erforderlich[4]. Etwas anderes gilt nur für den Fall, dass ein **gemeinsamer Verschmelzungsbericht** (dazu bereits oben Rz. 4) erstellt wird; denn dieser muss dann selbstverständlich alle Informationen beinhalten, die im Falle einer separaten Berichterstattung nur in den Berichten der jeweiligen Gesellschaften enthalten sein müssen[5].

8 Zu den zu erläuternden Auswirkungen auf die **Gläubiger** gehören insbesondere der mit der Verschmelzung ggf. verbundene Wechsel des Schuldners sowie dessen (ggf. ausländische) Rechtsform und Haftungsverfassung[6]. Weiterhin ergeben sich infolge der Verschmelzung i.d.R. auch Veränderungen hinsichtlich der den Gläubigern zur Verfügung stehenden Haftungsmasse[7]. Darüber hinaus dürften aber auch die maßgeblichen Gläubigerschutzregelungen nach § 122j UmwG bzw.

---

1 *Kiem* in Habersack/Drinhausen, § 122e UmwG Rz. 13; *Mayer* in Widmann/Mayer, § 122e UmwG Rz. 26.

2 Vgl. *Mayer* in Widmann/Mayer, § 122e UmwG Rz. 22; s. ferner auch *Lutter/Bayer/J. Schmidt*, EuropUR, § 23 Rz. 66.

3 *Bayer/J. Schmidt*, NJW 2006, 401 (403); *Lutter/Bayer/J. Schmidt*, EuropUR, § 23 Rz. 60, 66.

4 So auch *Kiem* in Habersack/Drinhausen, § 122e UmwG Rz. 8; *Hörtnagl* in Schmitt/Hörtnagl/Stratz, § 122e UmwG Rz. 7; *Marsch-Barner* in Kallmeyer, § 122e UmwG Rz. 8; nunmehr auch *Drinhausen* in Semler/Stengel, § 122e UmwG Rz. 9 unter Aufgabe seiner früheren gegenteiligen Auffassung; zu Art. 7 Abs. 1 der 10. Richtlinie: *Lutter/Bayer/J. Schmidt*, EuropUR, § 23 Rz. 56.

5 So auch *Drinhausen* in Semler/Stengel, § 122e UmwG Rz. 9 Fn. 19; *Hörtnagl* in Schmitt/Hörtnagl/Stratz, § 122e UmwG Rz. 7; zu Art. 7 Abs. 1 der 10. Richtlinie: *Lutter/Bayer/J. Schmidt*, EuropUR, § 23 Rz. 56.

6 Zu Art. 7 Abs. 1 der 10. Richtlinie: *Lutter/Bayer/J. Schmidt*, EuropUR, § 23 Rz. 57.

7 Zu Art. 7 Abs. 1 der 10. Richtlinie: *Lutter/Bayer/J. Schmidt*, EuropUR, § 23 Rz. 57.

§§ 122a Abs. 2, 22 UmwG zu erläutern sein[1]. Dagegen könnte zwar sprechen, dass eine diesbezügliche Information bereits durch die Bekanntmachung nach § 122d Satz 2 Nr. 4 UmwG (dazu § 122d Rz. 13ff.) erfolgt und der Verschmelzungsbericht zumindest nicht unmittelbar dem Schutz der Gläubiger dient[2] (vgl. dazu oben Rz. 1). Etwaige Sicherheitsleistungen an die Gläubiger können allerdings auch für die Entscheidung der Gesellschafter von erheblicher Bedeutung sein[3]. Eine Aufnahme der entsprechenden Informationen dürfte jedenfalls schon im Interesse einer Vermeidung etwaiger Anfechtungsklagen (ausf. zur Anfechtbarkeit der Zustimmungsbeschlüsse deutscher Gesellschaften § 122h Rz. 6, 8ff. sowie § 122i Rz. 20ff.) in jedem Fall empfehlenswert sein; denn auf Grund der potentiellen Relevanz etwaiger Sicherheitsleistungen für die Entscheidung der Gesellschafter über die Zustimmung zur Verschmelzung wird man nicht generell davon ausgehen können, dass eine Anfechtbarkeit bereits auf Grund § 243 Abs. 4 Satz 1 AktG ausgeschlossen ist[4].

Die zu erläuternden Auswirkungen der Verschmelzungen auf die **Arbeitnehmer** 9
umfassen zum einen **individualrechtliche** Auswirkungen wie insbesondere den etwaigen Arbeitgeberwechsel[5]. Erfasst werden aber gleichermaßen die **kollektivrechtlichen** Auswirkungen, speziell Änderungen im Hinblick auf die betriebliche und unternehmerische Mitbestimmung[6][7]. Darzustellen sind schließlich **sonstige Maßnahmen** betreffend die Arbeitnehmer im Zuge der Verschmelzung, z.B. ein geplanter Personalabbau[8]. Im Einzelnen dürften hier – vorbehaltlich der stets im Blick zu behaltenden spezifischen Besonderheiten der grenzüberschreitenden Verschmelzung nach den §§ 122a ff. UmwG – im Wesentlichen dieselben Grundsätze gelten wie im Rahmen des § 5 Abs. 1 Nr. 9[9] UmwG (dazu § 5 Rz. 84ff.). Ist die be-

---

1 Ebenso *Drinhausen* in Semler/Stengel, § 122e UmwG Rz. 10; *Mayer* in Widmann/Mayer, § 122e UmwG Rz. 31 ff.; *Marsch-Barner* in Kallmeyer, § 122e UmwG Rz. 8; zu Art. 7 Abs. 1 der 10. Richtlinie: *Lutter/Bayer/J. Schmidt*, EuropUR, § 23 Rz. 57.

2 So etwa *Kiem* in Habersack/Drinhausen, § 122e UmwG Rz. 14.

3 Zu Art. 7 Abs. 1 der 10. Richtlinie: *Lutter/Bayer/J. Schmidt*, EuropUR, § 23 Rz. 57.

4 So aber *Grunewald*, Der Konzern 2007, 106 (108), wie hier *Marsch-Barner* in Kallmeyer, § 122e UmwG Rz. 10.

5 Vgl. *Drinhausen* in Semler/Stengel, § 122e UmwG Rz. 11; *Dzida/Schramm*, NZG 2008, 521 (526); *Limmer*, ZNotP 2007, 282 (283); *Simon/Hinrichs*, NZA 2008, 391 (393); *Marsch-Barner* in Kallmeyer, § 122e UmwG Rz. 8; zu Art. 7 Abs. 1 der 10. Richtlinie: *Lutter/Bayer/J. Schmidt*, EuropUR, § 23 Rz. 58.

6 Überblick zum Verfahren der Arbeitnehmerbeteiligung bei *Lutter/Bayer/J. Schmidt*, EuropUR, § 23 Rz. 147ff. m.z.w.N.

7 Vgl. *Drinhausen* in Semler/Stengel, § 122e UmwG Rz. 11; *Kiem* in Habersack/Drinhausen, § 122e UmwG Rz. 16; *Limmer*, ZNotP 2007, 282 (283); *Polley* in Henssler/Strohn, § 122e UmwG Rz. 6; *Simon/Hinrichs*, NZA 2008, 391 (394); zu Art. 7 Abs. 1 der 10. Richtlinie: *Lutter/Bayer/J. Schmidt*, EuropUR, § 23 Rz. 58. A.A. *Dzida/Schramm*, NZG 2008, 521 (525f.).

8 Vgl. *Drinhausen* in Semler/Stengel, § 122e UmwG Rz. 11; *Hörtnagl* in Schmitt/Hörtnagl/Stratz, § 122e UmwG Rz. 11; *Limmer*, ZNotP 2007, 282 (283); *Marsch-Barner* in Kallmeyer, § 122e UmwG Rz. 8; *Simon/Rubner* in KölnKomm. UmwG, § 122e UmwG Rz. 7; zu Art. 7 Abs. 1 der 10. Richtlinie: *Lutter/Bayer/J. Schmidt*, EuropUR, § 23 Rz. 58. A.A. *Dzida/Schramm*, NZG 2008, 521 (526).

9 Vgl. *Limmer*, ZNotP 2007, 282 (283); *Simon/Hinrichs*, NZA 2008, 391 (394); *Marsch-Barner* in Kallmeyer, § 122e UmwG Rz. 8; enger *Kiem* in Habersack/Drinhausen, § 122e UmwG Rz. 15.

teiligte Gesellschaft **arbeitnehmerlos**, so genügt es, wenn im Verschmelzungsbericht hierauf hingewiesen wird[1].

3. Beschränkung der Berichtspflicht (§§ 122a Abs. 2, 8 Abs. 2 UmwG)

10 Über den Verweis in § 122a Abs. 2 UmwG ist auch die die Berichtspflicht beschränkende Vorschrift des § 8 Abs. 2 UmwG (dazu ausf. § 8 Rz. 50ff.) anwendbar[2]. Tatsachen, deren Bekanntwerden geeignet ist, einer der beteiligten Gesellschaften oder einem verbundenen Unternehmen einen nicht unerheblichen Nachteil zuzufügen, brauchen daher nicht in den Verschmelzungsbericht aufgenommen werden; darzulegen sind jedoch die Gründe für die Nichtaufnahme. Als eine der Berichtspflicht immanente, höherrangigen Interessen Rechnung tragende Grenze dürfte diese **Geheimnisschutzregelung** richtlinienkonform sein[3].

4. Ggf. Prospektangaben

11 Im Falle der Verschmelzung durch Aufnahme auf eine deutsche börsennotierte Gesellschaft sollten in den Verschmelzungsbericht außerdem – wie bei nationalen Verschmelzungen in der Praxis mittlerweile üblich – auch die für den Prospekt nach dem **WpPG** vorgeschriebenen Pflichtangaben aufgenommen werden. Denn dann bedarf es gem. § 4 Abs. 1 Nr. 3 WpPG keiner separaten Veröffentlichung eines Prospekts[4]. Falls ein gemeinsamer Verschmelzungsbericht erstellt wird (vgl. dazu oben Rz. 4), sollten entsprechende Angaben zudem auch bei der Verschmelzung auf eine ausländische börsennotierte Gesellschaft aufgenommen werden; für diese entfällt dann die Prospektpflicht nach den jeweiligen nationalen Umsetzungsvorschriften zu Art. 4 Abs. 1 lit. c der Prospektrichtlinie[5].

---

1 *Drinhausen* in Semler/Stengel, § 122e UmwG Rz. 11 a.E.; *Marsch-Barner* in Kallmeyer, § 122e UmwG Rz. 8a.E.; *Hörtnagl* in Schmitt/Hörtnagl/Stratz, § 122e UmwG Rz. 12.

2 *Drinhausen* in Semler/Stengel, § 122e UmwG Rz. 14; *Heckschen* in Widmann/Mayer, § 122a UmwG Rz. 144; *Hörtnagl* in Schmitt/Hörtnagl/Stratz, § 122e UmwG Rz. 13; *Krause/Kulpa*, ZHR 171 (2007), 38 (61); *Limmer*, ZNotP 2007, 282 (283); zu Art. 7 Abs. 1 der 10. Richtlinie: *Lutter/Bayer/J. Schmidt*, EuropUR, § 23 Rz. 66; *Mayer* in Widmann/Mayer, § 122e UmwG Rz. 34; *H.-F. Müller*, Der Konzern 2007, 81 (82); *Marsch-Barner* in Kallmeyer, § 122e UmwG Rz. 9.

3 So bereits *Bayer/J. Schmidt*, NJW 2006, 401 (403); vgl. auch *Frenzel*, Grenzüberschreitende Verschmelzung von Kapitalgesellschaften, S. 255; *Krause/Kulpa*, ZHR 171 (2007), 38 (61); *Lutter/Bayer/J. Schmidt*, EuropUR, § 23 Rz. 66; *H.-F. Müller*, Der Konzern 2007, 81 (82); *H.-F. Müller*, NZG 2006, 286 (288). Vgl. auch zur Vereinbarkeit des § 8 Abs. 2 UmwG mit der Parallelnorm des Art. 9 der 3. Richtlinie: *Lösekrug*, Die Umsetzung der Kapital-, Verschmelzungs- und Spaltungsrichtlinie der EG in das nationale deutsche Recht, 2004, S. 249f.; *Habersack/Verse*, EuropGesR, § 8 Rz. 24; *Lutter/Bayer/J. Schmidt*, EuropUR, § 21 Rz. 45, 50; sowie ferner zur Parallelproblematik bei der SE: *J. Schmidt*, „Deutsche" vs. „britische" Societas Europaea (SE), 2006, S. 186 m.w.N.

4 Vgl. dazu *Holzborn/Mayston*, ZIP 2012, 2380 (2387f.); *Veil/Wundenberg*, WM 2008, 1285 (1288) (jeweils m.w.N.).

5 Richtlinie 2003/71/EG des Europäischen Parlaments und des Rates v. 4.11.2003 betreffend den Prospekt, der beim öffentlichen Angebot von Wertpapieren oder bei deren Zulassung zum Handel zu veröffentlichen ist, und zur Änderung der Richtlinie 2001/34/EG, ABl. EU Nr. L 345/64 v. 31.12.2003. Text und Erläuterungen bei *Lutter/Bayer/J. Schmidt*, EuropUR, § 34 m.z.w.N.

IV. Konzernverschmelzungen, Verzicht (§ 122e Satz 3 UmwG)

§ 122e Satz 3 UmwG schließt die Anwendung der in § 8 Abs. 3 UmwG normierten Ausnahmen von der Berichtspflicht ausdrücklich aus. Nach der Gesetzesbegründung war dieser Ausschluss erforderlich, weil die in § 8 Abs. 3 UmwG für innerstaatliche Verschmelzungen geregelten Ausnahmen von der Berichtspflicht in der 10. Richtlinie nicht vorgesehen seien[1]. 12

Ob die 10. Richtlinie die Möglichkeit eines **Verzichts** auf den Bericht tatsächlich generell ausschließt[2], erscheint indes zweifelhaft[3]. Und selbst unter der Prämisse, dass die Schutzfunktion des Berichts auch zugunsten der Arbeitnehmer (vgl. oben Rz. 1) einer alleinigen Dispositionsbefugnis der Anteilsinhaber *grundsätzlich* entgegensteht[4], muss ein Verzicht doch jedenfalls **mit Zustimmung** der Arbeitnehmerseite[5] (d.h. des Betriebsrats[6] bzw. – sofern ein solcher nicht existiert – der Arbeitnehmer[7]) oder zumindest bei **arbeitnehmerlosen** Gesellschaften[8] zulässig sein (**teleologische Reduktion** des § 122e Satz 3 UmwG). 13

---

1 Vgl. BegrRegE, BR-Drucks. 548/06, 32.

2 So *Behrens*, Die grenzüberschreitende Verschmelzung nach der Richtlinie 2005/56/EG (Verschmelzungsrichtlinie), 2007, S. 102 f.; *Drinhausen/Keinath*, RIW 2006, 81 (83); *Drinhausen/Keinath*, BB 2006, 725 (728); *Heckschen*, DNotZ 2007, 444 (459); *Kallmeyer/Kappes*, AG 2006, 224 (232); *Krause/Kulpa*, ZHR 171 (2007), 38 (62); *H.-F. Müller*, NZG 2006, 286 (288); *Neye/Timm*, DB 2006, 488 (491); *Neye/Timm*, GmbHR 2007, 561 (563); implizit auch *Marsch-Barner* in Kallmeyer, § 122e UmwG Rz. 11.

3 Vgl. *Bayer/J. Schmidt*, NJW 2006, 401 (403); *Bayer/J. Schmidt*, NZG 2006, 841 (842); *Beutel*, Der neue rechtliche Rahmen grenzüberschreitender Verschmelzungen in der EU, 2008, S. 182 ff.; *Frenzel*, Grenzüberschreitende Verschmelzung von Kapitalgesellschaften, S. 244 ff., 252, 255 f.; *Frenzel*, RIW 2008, 12 (17 f.); *Lutter/Bayer/J. Schmidt*, EuropUR, § 23 Rz. 64; *J. Vetter*, AG 2006, 613 (620 f.).

4 I.d.S. *Beutel*, Der neue rechtliche Rahmen grenzüberschreitender Verschmelzungen in der EU, 2008, S. 183; *Drinhausen/Keinath*, BB 2006, 725 (728); *Freundorfer/Festner*, GmbHR 2010, 195 (198); *Heckschen*, DNotZ 2007, 444 (459); *Holzborn/Mayston*, ZIP 2012, 2380 (2383); *Kiem* in Habersack/Drinhausen, § 122e UmwG Rz. 22; *Kruse/Kruse*, BB 2010, 3035 (3036); *Lutz*, BWNotZ 2010, 23 (32); *Mader*, RWZ 2011, 99 (104); *Mayer* in Widmann/Mayer, § 122e UmwG Rz. 37; *H.-F. Müller*, Der Konzern 2007, 81 (82); *H.-F. Müller*, ZIP 2007, 1081 (1084); *Polley* in Henssler/Strohn, § 122e UmwG Rz. 10.

5 So auch *Drinhausen* in Semler/Stengel, § 122e UmwG Rz. 13; *Gesell/Krömker*, DB 2006, 2558 (2562); *Hörtnagl* in Schmitt/Hörtnagl/Stratz, § 122e UmwG Rz. 12; *Kiem* in Habersack/Drinhausen, § 122e UmwG Rz. 23; *Krauel/Mense/Wind*, Der Konzern 2010, 541 (546); *Lutter/Bayer/J. Schmidt*, EuropUR, § 23 Rz. 64, 66; *Marsch-Barner* in Kallmeyer, § 122e UmwG Rz. 11; *Weyde/Hafemann* in FS Meilicke, S. 779 (814 f.); a.A. *Freundorfer/Festner*, GmbHR 2010, 195 (198); *Simon/Rubner* in KölnKomm. UmwG, § 122e UmwG Rz. 12 f.

6 Abw. *Simon/Rubner* in KölnKomm. UmwG, § 122e UmwG Rz. 13 (Verzicht durch Betriebsrat nicht möglich).

7 Zur Problematik, die Zustimmungserklärungen zu erhalten: *Freundorfer/Festner*, GmbHR 2010, 195 (198); *Polley* in Henssler/Strohn, § 122e UmwG Rz. 11.

8 So richtig *Drinhausen* in Semler/Stengel, § 122e UmwG Rz. 13; *Herrler/Schneider*, GmbHR 2011, 795 (798); *Hörtnagl* in Schmitt/Hörtnagl/Stratz, § 122e UmwG Rz. 14; *Kiem* in Habersack/Drinhausen, § 122e UmwG Rz. 23; *Kruse/Kruse*, BB 2010, 3035 (3036); *Lutter/Bayer/J. Schmidt*, EuropUR, § 23 Rz. 64, 66; *Marsch-Barner* in Kallmeyer, § 122e UmwG Rz. 11; *Simon/Rubner* in KölnKomm. UmwG, § 122e UmwG Rz. 11; vgl. auch schon *Beutel*, Der neue rechtliche Rahmen grenzüberschreitender Verschmelzungen in der EU, 2008, S. 183 ff.; *H.-F. Müller*, Der Konzern 2007, 81 (82); *H.-F. Müller*, ZIP 2007, 1081 (1084 f.); *J. Vetter*, AG 2006, 613 (621); *Weyde/Hafemann* in FS Meilicke, S. 779 (814 f.). S. ferner auch *DNotV*, Stellungnahme zum Referentenentwurf eines Zwei-

14 Folge der in § 122e Satz 3 UmwG angeordneten Unanwendbarkeit des § 8 Abs. 3 UmwG ist weiterhin, dass ein Verschmelzungsbericht – anders als bei nationalen Verschmelzungen – *de lege lata* auch im Falle eines **upstream-mergers einer 100%igen Tochter** auf die Mutter[1] **nicht entbehrlich** ist[2]. Die Regelung des Art. 15 der 10. Richtlinie über vereinfachte Formalitäten bei Konzernverschmelzungen enthält zwar keinen ausdrücklichen Dispens vom Berichtserfordernis. Vor dem Hintergrund, dass der Verschmelzungsbericht im Richtlinien-Entwurf 2003 nicht speziell geregelt war und auch Art. 15 im Rat kontrovers diskutiert und mehrfach geändert wurde[3], könnte es sich insoweit allerdings auch um ein Redaktionsversehen handeln[4]. Andererseits könnte das Fehlen einer Dispensregelung aber auch auf die Neufokussierung des Verschmelzungsberichts als Schutzinstrument auch zugunsten der Arbeitnehmer (vgl. oben Rz. 1, 9) zurückzuführen sein[5]. Entbehrlich ist bei der upstream-Verschmelzung einer 100%igen Tochter allerdings der Verschmelzungsbeschluss bei der Tochter (§ 122g Abs. 2 UmwG; s. § 122g Rz. 35)[6].

V. Zugänglichmachung (§ 122e Satz 2 UmwG)

15 Korrespondierend mit der ihm nach der 10. Richtlinie zukommenden doppelten Schutzfunktion zugunsten sowohl der Anteilsinhaber als auch der Arbeitnehmer muss der Verschmelzungsbericht gem. Art. 7 Abs. 2 der 10. Richtlinie nicht nur den Gesellschaftern, sondern auch den Arbeitnehmern bzw. ihren Vertretern zugänglich gemacht werden. Der deutsche Gesetzgeber hat dies mit § 122e Satz 2 UmwG durch eine Bezugnahme auf das bewährte Verfahren der **Einsichtnahme in den Geschäftsräumen gem. § 63 Abs. 1 Nr. 4 UmwG** (dazu ausf. § 63 Rz. 2ff.) umgesetzt[7].

16 Die Zugänglichmachung erfolgt durch Auslegung in den Geschäftsräumen der Gesellschaft. **Einsichtsberechtigt** sind – anders als bei innerstaatlichen Verschmelzungen – aber nicht nur die **Gesellschafter**, sondern auch der zuständige **Betriebsrat** (maßgeblich ist insoweit das BetrVG[8]) **bzw.** – falls es keinen Betriebs-

---

ten Gesetzes zur Änderung des Umwandlungsgesetzes v. 28.4.2006, abrufbar unter www.dnotv.de; a.A. *Freundorfer/Festner*, GmbHR 2010, 195 (198).

1 Vgl. zur enormen praktischen Bedeutung von Konzernverschmelzungen *Bayer/J. Schmidt/Hoffmann*, Der Konzern 2012, 225 (228).

2 *Drinhausen* in Semler/Stengel, § 122e UmwG Rz. 15; *Lutter/Bayer/J. Schmidt*, EuropUR, § 23 Rz. 66; *Marsch-Barner* in Kallmeyer, § 122e UmwG Rz. 12; *Polley* in Henssler/Strohn, § 122e UmwG Rz.12; a.A. *Hörtnagl* in Schmitt/Hörtnagl/Stratz, § 122e UmwG Rz. 14 (bei Verzicht aller Beteiligten).

3 Vgl. *Lutter/Bayer/J. Schmidt*, EuropUR, § 23 Rz. 52, 65.

4 Vgl. *Frenzel*, RIW 2008, 12 (18); *Lutter/Bayer/J. Schmidt*, EuropUR, § 23 Rz. 65.

5 *Behrens*, Die grenzüberschreitende Verschmelzung nach der Richtlinie 2005/56/EG (Verschmelzungsrichtlinie), 2007, S. 102f.; *Lutter/Bayer/J. Schmidt*, EuropUR, § 23 Rz. 65.

6 Vgl. zur Frist gem. § 122e Abs. 2 in diesen Fällen: *Marsch-Barner* in Kallmeyer, § 122e UmwG Rz. 12.

7 Vgl. *Drinhausen* in Semler/Stengel, § 122e UmwG Rz. 17; *Kiem* in Habersack/Drinhausen, § 122e UmwG Rz. 20; *Lutter/Bayer/J. Schmidt*, EuropUR, § 23 Rz. 66; *Marsch-Barner* in Kallmeyer, § 122e UmwG Rz. 4.

8 Vgl. näher *Dzida*, GmbHR 2009, 459 (464); *Simon/Hinrichs*, NZA 2008, 391 (393).

rat gibt – die **Arbeitnehmer** der jeweiligen Gesellschaft[1]. Gegenstand des Einsichtsrechts ist des Betriebsrats bzw. der Arbeitnehmer ist nach dem eindeutigen Wortlaut des § 122e Satz 2 UmwG allein der Verschmelzungsbericht „ihrer" Gesellschaft[2], nicht hingegen die anderen gem. §§ 122a Abs. 2, 63 Abs. 1 UmwG (nur) zur Einsicht der Gesellschafter auszulegenden (dazu näher § 122g Rz. 6 ff.) Unterlagen[3]. Eine gesonderte Zuleitung an den Betriebsrat – wie bei innerstaatlichen Verschmelzungen gem. § 5 Abs. 3 UmwG (dazu § 5 Rz. 143 ff.) – ist hingegen nicht erforderlich[4] (vgl. zur Parallelproblematik beim Verschmelzungsplan auch bereits § 122c Rz. 32).

17 Die Auslegung zur Einsichtnahme hat **spätestens einen Monat** vor der Versammlung der Anteilsinhaber, die nach § 13 UmwG über die Zustimmung zum Verschmelzungsplan beschließen soll, zu erfolgen. Die nach den allgemeinen Vorschriften der §§ 187 ff. BGB zu berechnende Frist von einem Monat entspricht der Vorgabe des Art. 7 Abs. 2 der 10. Richtlinie.

18 Soweit sich aus § 122e Satz 2 UmwG eine Pflicht zur Auslegung des Verschmelzungsberichts spätestens einen Monat vor der Versammlung der Anteilsinhaber ergibt, führt dies bei AG und SE zu gewissen Friktionen mit Blick auf die „reguläre" Vorabinformation gem. §§ 122a Abs. 2, 63 Abs. 1 UmwG (dazu ausf. § 122g Rz. 6 ff.); insoweit besteht noch gesetzgeberischer Korrekturbedarf.

19 Die **Auslegungspflicht endet** mit dem **Beginn der Versammlung** der Anteilsinhaber, denn Sinn und Zweck ist ja gerade die Information im Hinblick auf die dort stattfindende Beschlussfassung (vgl. zur Parallelnorm des § 63 UmwG: § 63 Rz. 1). Eine darüber hinausgehende Auslegungspflicht (etwa bis zum Abschluss des Arbeitnehmerbeteiligungsverfahrens[5]) lässt sich auch nicht daraus ableiten, dass die Auslegung nach § 122e Satz 2 UmwG zugleich auch Informationsinstrument für die Arbeitnehmer (bzw. deren Vertretung) ist. Die Zugänglichmachung ist – wie sich auch aus Wortlaut und Systematik der zu Grunde liegenden Vorschrift des Art. 7 Abs. 2 der 10. Richtlinie ergibt – unverkennbar auf die spätere Beschlussfassung in der Versammlung der Anteilsinhaber fokussiert, mit den Verhandlungen über die Mitbestimmung hat sie nichts zu tun[6]. Denn hierfür sind nicht die nach § 122e Satz 2 UmwG Einsichtsberechtigten (Betriebsrat bzw. einzelne Arbeitnehmer), sondern das besondere Verhandlungsgremium zuständig. Zudem regelt das

---

1 Vgl. auch *Dzida*, GmbHR 2009, 459 (464 f.); *Haritz/von Wolff*, GmbHR 2006, 341 (342); *Drinhausen* in Semler/Stengel, § 122e UmwG Rz. 16; *Mayer* in Widmann/Mayer, § 122e UmwG Rz. 18; zu Art. 7 Abs. 2 der 10. Richtlinie: *Lutter/Bayer/J. Schmidt*, EuropUR, § 23 Rz. 63.

2 Allein die Auslegung eines Entwurfs des Verschmelzungsberichts genügt – ebenso wie bei innerstaatlichen Verschmelzungen, vgl. *Grunewald*, oben § 63 Rz. 4; *Rieger* in Widmann/Mayer, § 63 UmwG Rz. 21 – nicht.

3 So auch *Kiem* in Habersack/Drinhausen, § 122e UmwG Rz. 20; *Polley* in Henssler/Strohn, § 122e UmwG Rz. 16.

4 *Drinhausen* in Semler/Stengel, § 122e UmwG Rz. 17; *Hörtnagl* in Schmitt/Hörtnagl/Stratz, § 122e UmwG Rz. 17; *Marsch-Barner* in Kallmeyer, § 122e UmwG Rz. 5; *Weyde/Hafemann* in FS Meilicke, S. 779 (814).

5 So *Mayer* in Widmann/Mayer, § 122e UmwG Rz. 15.

6 So auch *Kiem* in Habersack/Drinhausen, § 122e UmwG Rz. 21; *Polley* in Henssler/Strohn, § 122e UmwG Rz. 17; *Simon/Rubner* in KölnKomm. UmwG, § 122e UmwG Rz. 18.

MgVG[1] diesbezüglich spezielle Informations- und Auskunftspflichten (vgl. §§ 6, 15 Abs. 2 MgVG).

20 Die Pflicht, die Unterlagen den Aktionären durch Einsichtnahme zugänglich zu machen (§ 63 Abs. 1 UmwG) sowie eine Abschrift zu erteilen (§ 63 Abs. 3 UmwG) entfällt nach **§ 122a Abs. 2 UmwG i.V.m. § 63 Abs. 4 UmwG** dann, wenn die Unterlagen von der Einberufung der Hauptversammlung an bis zu ihrem Beginn über die **Internetseite** der Gesellschaft zugänglich sind; die Aktionäre können sich in diesem Fall die Unterlagen ansehen oder auch selbst ausdrucken[2]. Dass § 63 Abs. 4 UmwG erst durch das 3. UmwGÄndG eingefügt wurde[3] (ausf. § 63 Rz. 17), steht dem nicht entgegen; Sinn und Zweck der Neuregelung sprechen vielmehr gerade dafür, zumal auch Art. 7 Abs. 2 der 10. Richtlinie gerade nur ein „Zugänglichmachen" verlangt, was auch durch Veröffentlichung auf der Internetseite erfüllt wird[4].

§ 122f
Verschmelzungsprüfung

Der Verschmelzungsplan oder sein Entwurf ist nach den §§ 9 bis 12 zu prüfen; § 48 ist nicht anzuwenden. Der Prüfungsbericht muss spätestens einen Monat vor der Versammlung der Anteilsinhaber, die nach § 13 über die Zustimmung zum Verschmelzungsplan beschließen soll, vorliegen.

Literatur

Vgl. die Angaben zu § 122a.

---

1 Gesetz zur Umsetzung der Regelungen über die Mitbestimmung der Arbeitnehmer bei einer Verschmelzung von Kapitalgesellschaften aus verschiedenen Mitgliedstaaten v. 21.12.2006, BGBl. I, S. 3332.

2 So auch *Krauel/Mense/Wind*, Der Konzern 2010, 541 (545); *Marsch-Barner* in Kallmeyer, § 122e UmwG Rz. 6; *Polley* in Henssler/Strohn, § 122e UmwG Rz. 16; a.A. wohl *Simon/Rubner* in KölnKomm. UmwG, § 122e UmwG Rz. 16 Fn. 25; ohne Stellungnahme *Drinhausen* in Semler/Stengel, § 122e UmwG Rz. 17; *Kiem* in Habersack/Drinhausen, § 122e UmwG Rz. 20.

3 Dazu näher *Bayer/J. Schmidt*, ZIP 2010, 953 (963).

4 Vgl. *Lutter/Bayer/J. Schmidt*, EuropUR, § 23 Rz. 63; s. auch schon *J. Schmidt*, NZG 2008, 734 (736).

I. Regelungsgegenstand und -zweck

1 Gem. Art. 8 der 10. Richtlinie[1] ist der **Verschmelzungsplan** im Interesse der Anteilsinhaber[2] durch unabhängige Sachverständige zu **prüfen** und über das Ergebnis der Prüfung zu berichten. Diese auch bei nationalen Verschmelzungen (Art. 10 der 3. Richtlinie[3], umgesetzt durch §§ 9ff. UmwG[4]) sowie bei der Gründung eine SE oder SCE durch Verschmelzung (vgl. Art. 22 SE-VO[5], Art. 26 SCE-VO[6]) vorgesehene Verschmelzungsprüfung ist ein zentraler Baustein im europäischen Grundmodell des „Minderheitenschutzes durch Information"[7]. Da sie gem. §§ 9–12 UmwG in Umsetzung von Art. 10 der 3. Richtlinie auch bei nationalen Verschmelzungen erforderlich ist, konnte der deutsche Gesetzgeber im Rahmen der Umsetzung des Art. 8 der 10. Richtlinie im Wesentlichen auf diese Vorschriften Bezug nehmen (vgl. § 122f Satz 1 Halbsatz 1 UmwG, der insoweit *lex specialis* zu § 122a Abs. 2 UmwG ist). § 122f Satz 1 Halbsatz 2 UmwG schließt für den Fall der Beteiligung einer GmbH (inkl. des Subtyps der UG, vgl. Einl. I Rz. 53) die Anwendung des § 48 ausdrücklich aus (dazu unten Rz. 18). § 122f Satz 2 UmwG übernimmt die in Art. 8 Abs. 1 der 10. Richtlinie vorgegebene Monatsfrist für die Vorlage des Verschmelzungsprüfungsberichts (dazu unten Rz. 13).

II. Getrennte und gemeinsame Prüfung

2 Art. 8 Abs. 2 der 10. Richtlinie räumt den an der Verschmelzung beteiligten Gesellschaften ein **Wahlrecht** ein, anstelle von getrennten eine gemeinsame Verschmelzungsprüfung durchführen zu lassen[8]. *A maiore ad minus* dürfte es zudem

1 Richtlinie 2005/56/EG des Europäischen Parlaments und des Rates v. 26.10.2005 über die Verschmelzung von Kapitalgesellschaften aus verschiedenen Mitgliedstaaten, ABl. EU Nr. L 310/1 v. 25.11.2005, s. Anh. V, S. 3481 ff. Ausf. Erläuterungen bei *Lutter/Bayer/J. Schmidt*, EuropUR, § 23 m.z.w.N.

2 Vgl. *Drinhausen* in Semler/Stengel, § 122f UmwG Rz. 1; *Kiem* in Habersack/Drinhausen, § 122f UmwG Rz. 1; *Mayer* in Widmann/Mayer, § 122f UmwG Rz. 4; *W. Müller* in Kallmeyer, § 122f UmwG Rz. 2; *Simon/Rubner* in KölnKomm. UmwG, § 122f UmwG Rz. 3; vgl. weiter *Beutel*, Der neue rechtliche Rahmen grenzüberschreitender Verschmelzungen in der EU, 2008, S. 188, *H.-F. Müller*, ZIP 2007, 1081 (1085) sowie für die Parallelnorm des Art. 22 SE-VO: *Bayer* in Lutter/Hommelhoff, SE-Kommentar, Art. 22 SE-VO Rz. 1.

3 Ursprünglich: Richtlinie 78/855/EWG; seit 1.7.2011: Richtlinie 2011/35/EU des Europäischen Parlaments und des Rates v. 5.4.2011 über die Verschmelzung von Aktiengesellschaften, ABl. EU Nr. L 110/1 v. 29.4.2011, s. Anh. III, S. 3451 ff. Ausf. Erläuterungen bei *Lutter/Bayer/J. Schmidt*, EuropUR, § 21 m.z.w.N.

4 Vgl. dazu *Lutter/Bayer/J. Schmidt*, EuropUR, § 21 Rz. 51 ff. m.w.N.

5 VO (EG) Nr. 2157/2001 des Rates v. 8.10.2001 über das Statut der Europäischen Gesellschaft (SE), ABl. EG Nr. L 294/1 v. 10.11.2001. Text und ausf. Erläuterungen bei *Lutter/Bayer/J. Schmidt*, EuropUR, § 41 m.z.w.N.

6 VO (EG) Nr. 1435/2003 des Rates v. 22.7.2003 über das Statut der Europäischen Genossenschaft (SCE), ABl. EU Nr. L 207/1 v. 18.8.2003. Text und ausf. Erläuterungen bei *Lutter/Bayer/J. Schmidt*, EuropUR, § 42 m.z.w.N.

7 Vgl. *Bayer* in Lutter/Hommelhoff, SE-Kommentar, Art. 22 SE-VO Rz. 1; *Bayer/J. Schmidt*, NJW 2006, 401 (403); *Lutter/Bayer/J. Schmidt*, EuropUR, § 23 Rz. 26, 67.

8 Vgl. *Drinhausen* in Semler/Stengel, § 122f UmwG Rz. 5; *Hörtnagl* in Schmitt/Hörtnagl/Stratz, § 122f UmwG Rz. 3; *Lutter/Bayer/J. Schmidt*, EuropUR, § 23 Rz. 71; *W. Müller* in Kallmeyer, § 122f UmwG Rz. 7, 9; *Mayer* in Widmann/Mayer, § 122f UmwG Rz. 10; vgl. auch schon *Behrens*, Die grenzüberschreitende Verschmelzung nach der Richtlinie

zulässig sein, nur für einen Teil der an der Verschmelzung beteiligten Gesellschaften eine gemeinsame Prüfung durchzuführen zu lassen[1].

3 Ein Antrag auf **gemeinsame** Prüfung kann in jedem Mitgliedstaat, dessen Recht eine der sich verschmelzenden Gesellschaften unterliegt, oder im Sitzstaat der aus der Verschmelzung hervorgehenden Gesellschaft gestellt werden (vgl. Art. 8 Abs. 2 der 10. Richtlinie). Antrags- und Bestellungsverfahren richten sich dann nach dem Recht des jeweiligen Staates[2]. Jedenfalls insofern haben die an der Verschmelzung beteiligten Gesellschaften damit – ebenso wie bei Gründung einer SE durch Verschmelzung gem. Art. 22 Unterabs. 1 SE-VO – unstreitig indirekt auch die Möglichkeit einer **Rechtswahl**[3]. Richtiger Ansicht nach gilt dies darüber hinaus aber *auch für Gegenstand und Inhalt der Prüfung:* Auch diese bestimmen sich – ebenso wie im Parallelfall des Art. 22 Unterabs. 1 SE-VO[4] – ausschließlich nach dem **Recht des gewählten Staates**[5]. Sofern im Schrifttum eine *kumulative* Anwendung aller beteiligten Rechtsordnungen postuliert wird[6], kann dem *nicht* gefolgt werden: Hiermit würde die von der 10. Richtlinie durch die Möglichkeit einer gemeinsamen Prüfung intendierte Vereinfachung konterkariert[7]. Durch ihren gemeinsamen Antrag bekunden die Gründungsgesellschaften vielmehr gerade, dass sie sich allein dem Recht des gewählten Staates unterwerfen[8]. Die im Schrifttum geäußerten Befürchtungen im Hinblick auf angebliche Umgehungs-

---

2005/56/EG (Verschmelzungsrichtlinie), 2007, S. 107; *Beutel,* Der neue rechtliche Rahmen grenzüberschreitender Verschmelzungen in der EU, 2008, S. 189; *Frenzel,* Grenzüberschreitende Verschmelzung von Kapitalgesellschaften, S. 264.

1 *Lutter/Bayer/J. Schmidt,* EuropUR, § 23 Rz. 71. Vgl. für die Parallelnorm des Art. 22 Unterabs. 1 SE-VO: *Bayer* in Lutter/Hommelhoff, SE-Kommentar, Art. 22 SE-VO Rz. 5.

2 *Bayer/J. Schmidt,* NZG 2006, 841 (842); *Bayer/J. Schmidt,* NJW 2006, 401 (403); *Drinhausen* in Semler/Stengel, § 122f UmwG Rz. 5; *Kiem* in Habersack/Drinhausen, § 122f UmwG Rz. 3; *Lutter/Bayer/J. Schmidt,* EuropUR, § 23 Rz. 71; *Mayer* in Widmann/Mayer, § 122f UmwG Rz. 12. Vgl. für die Parallelnorm des Art. 22 SE-VO: *Bayer* in Lutter/Hommelhoff, SE-Kommentar, Art. 22 SE-VO Rz. 6 m.w.N.

3 Vgl. *Bayer/J. Schmidt,* NZG 2006, 841 (842); *Bayer/J. Schmidt,* NJW 2006, 401 (403); *Drinhausen* in Semler/Stengel, § 122f UmwG Rz. 5; *Hörtnagl* in Schmitt/Hörtnagl/Stratz, § 122f UmwG Rz. 3; *Kiem* in Habersack/Drinhausen, § 122f UmwG Rz. 3; *Lutter/Bayer/J. Schmidt,* EuropUR, § 23 Rz. 71; *W. Müller* in Kallmeyer, § 122f UmwG Rz. 7; *Polley* in Henssler/Strohn, § 122f UmwG Rz. 4. Für Art. 22 SE-VO: *Bayer* in Lutter/Hommelhoff, SE-Kommentar, Art. 22 SE-VO Rz. 6 m.w.N.

4 Vgl. dazu *Lutter/Bayer/J. Schmidt,* EuropUR, § 41 Rz. 40 m.w.N.

5 *Bayer/J. Schmidt,* NZG 2006, 841 (842); *Bayer/J. Schmidt,* NJW 2006, 401 (403); *Lutter/Bayer/J. Schmidt,* EuropUR, § 23 Rz. 71; *H.-F. Müller,* ZIP 2007, 1081 (1085); ebenso im Anschluss daran nun auch *Kiem* in Habersack/Drinhausen, § 122k UmwG Rz. 4; *W. Müller* in Kallmeyer, § 122f UmwG Rz. 10; zumindest für denkbar hält dies auch *Grundmann,* EuropGesR, Rz. 930.

6 So *Drinhausen* in Semler/Stengel, § 122f UmwG Rz. 5; *Holzborn/Mayston,* ZIP 2012, 2380 (2384); *Hörtnagl* in Schmitt/Hörtnagl/Stratz, § 122f UmwG Rz. 3; *Mayer* in Widmann/Mayer, § 122f UmwG Rz. 11; *Polley* in Henssler/Strohn, § 122f UmwG Rz. 4; *Weyde/Hafemann* in FS Meilicke, S. 779 (815 Fn. 139); zu Art. 22 SE-VO auch: *Casper* in Spindler/Stilz, Art. 22 SE-VO Rz. 3; *Schäfer* in MünchKomm. AktG, Art. 22 SE-VO Rz. 8.

7 *Lutter/Bayer/J. Schmidt,* EuropUR, § 23 Rz. 71. Vgl. für Art. 22 SE-VO: *Bayer* in Lutter/Hommelhoff, SE-Kommentar, Art. 22 SE-VO Rz. 6; *J. Schmidt,* „Deutsche" vs. „britische" Societas Europaea (SE), 2006, S. 196f.; ebenso *Kiem,* ZGR 2007, 542 (566).

8 *Lutter/Bayer/J. Schmidt,* EuropUR, § 23 Rz. 71. Vgl. für Art. 22 SE-VO: *Bayer* in Lutter/Hommelhoff, SE-Kommentar, Art. 22 SE-VO Rz. 6.

gefahren[1] sind unbegründet: Da Gegenstand und Inhalt der Prüfung durch die 3. und 10. Richtlinie europaweit harmonisiert sind[2], ist es nicht möglich, durch die Wahl eines bestimmten Prüfungsstaates den europarechtlich etablierten zwingenden Mindeststandard zu umgehen[3].

4 Da das deutsche Recht in **§ 10 Abs. 1 Satz 2 UmwG** (in Umsetzung von Art. 10 Abs. 1 Satz 2 der 3. Richtlinie) auch für nationale Verschmelzungen die Option einer gemeinsamen Verschmelzungsprüfung vorsieht, erachtete der deutsche Gesetzgeber eine über die Verweisung in **§ 122f Satz 1 UmwG** hinausgehende Regelung insofern nicht für erforderlich. Im Hinblick auf die Spezifika einer gemeinsamen Prüfung im Falle grenzüberschreitender Verschmelzungen (vgl. bereits oben Rz. 3) wäre es indes wünschenswert gewesen, wenn diesbezüglich einige (klarstellende) Sonderregelungen in das UmwG aufgenommen worden wären[4].

III. Prüfung nach deutschem Recht

1. Bestellung der Prüfer

a) Verfahren

aa) Getrennte Prüfung

5 Im Falle einer getrennten Prüfung werden der/die Prüfer für eine an der Verschmelzung beteiligte deutsche Gesellschaft gem. §§ 122f Satz 1, 10 Abs. 1 Satz 1, Abs. 2 Satz 1 UmwG auf Antrag des Vertretungsorgans durch das **Landgericht** bestellt[5]. Problematisch ist allerdings, dass § 10 Abs. 2 Satz 1 UmwG uneingeschränkt das Landgericht am Sitz eines *übertragenden* Rechtsträgers für örtlich zuständig erklärt; wenn jedoch an der grenzüberschreitenden Verschmelzung als übertragende(r) Rechtsträger nur ausländische Gesellschaften beteiligt sind (für die die §§ 122f Satz 1, 10 UmwG nicht gelten, vgl. § 122a Rz. 16), ergibt sich insoweit eine Regelungslücke[6]. Diese ist sinnvollerweise dadurch zu schließen, dass eine örtliche Zuständigkeit des Landgerichts am **Sitz der deutschen Gesellschaft** auch dann besteht, wenn es sich bei der deutschen Gesellschaft um eine *überneh-*

---

1 Vgl. *Drinhausen* in Semler/Stengel, § 122f UmwG Rz. 5; *Mayer* in Widmann/Mayer, § 122f UmwG Rz. 11; *Polley* in Henssler/Strohn, § 122e UmwG Rz. 4; sowie zu Art. 22 SE-VO etwa: *Schäfer* in MünchKomm. AktG, Art. 22 SE-VO Rz. 8 m.w.N.

2 Dazu nur *Lutter/Bayer/J. Schmidt*, EuropUR, § 21 Rz. 51 ff. m.w.N., § 23 Rz. 67 ff. m.w.N.

3 *Lutter/Bayer/J. Schmidt*, EuropUR, § 23 Rz. 71. Vgl. für Art. 22 SE-VO: *Bayer* in Lutter/Hommelhoff, SE-Kommentar, Art. 22 SE-VO Rz. 6; *J. Schmidt*, „Deutsche" vs. „britische" Societas Europaea (SE), 2006, S. 197. Zust. *Kiem* in Habersack/Drinhausen, § 122f UmwG Rz. 4 a.E.

4 Vgl. *Bayer/J. Schmidt*, NZG 2006, 841 (842 f.); *Bayer/J. Schmidt*, NJW 2006, 401 (404); *Frenzel*, Grenzüberschreitende Verschmelzung von Kapitalgesellschaften, S. 265 f.; *H.-F. Müller*, NZG 2006, 286 (288 f.); *M. Winter*, Der Konzern 2007, 24 (34).

5 Vgl. *Drinhausen* in Semler/Stengel, § 122f UmwG Rz. 4; *W. Müller* in Kallmeyer, § 122f UmwG Rz. 6; *Frenzel*, Grenzüberschreitende Verschmelzung von Kapitalgesellschaften, S. 263.

6 Zutreffend *Drinhausen* in Semler/Stengel, § 122f UmwG Rz. 4; *Lutter/Bayer/J. Schmidt*, EuropUR, § 23 Rz. 78; vgl. auch *Frenzel*, Grenzüberschreitende Verschmelzung von Kapitalgesellschaften, S. 265.

mende Gesellschaft handelt und ansonsten keine anderen deutschen Gesellschaften als übertragender Rechtsträger an der Verschmelzung beteiligt sind[1].

bb) Gemeinsame Prüfung

6 Entscheiden sich die zu verschmelzenden Gesellschaften für eine gemeinsame Prüfung nach deutschem Recht (dazu oben Rz. 2ff.), so werden der/die Prüfer gem. §§ 122f Satz 1, 10 Abs. 1 Satz 1 und 2, Abs. 2 Satz 1 UmwG durch das Landgericht, in dessen Bezirk eine deutsche übertragende Gesellschaft ihren Sitz hat bestellt; sofern nur deutsche übernehmende Gesellschaften beteiligt sind, ist auf Grund der unter Rz. 5 dargestellten Erwägungen deren Sitz maßgeblich[2].

b) Materielle Anforderungen

7 Sofern für die Prüfung deutsches Recht gilt (dazu oben Rz. 2ff.), müssen der/die Prüfer den Anforderungen gem. § 122f Satz 1 i.V.m. § 11 Abs. 1 Satz 1 UmwG (dazu § 11 Rz. 2ff.) genügen[3].

2. Auskunftsrecht

8 Kraft der Verweisung in § 122f Satz 1 UmwG steht den Prüfern – im Einklang mit Art. 8 Abs. 3 Satz 2 der 10. Richtlinie[4] – auch das umfassende Auskunftsrecht gem. § 11 Abs. 1 Satz 1 UmwG i.V.m. §§ 320 Abs. 1 Satz 2, Abs. 2 Satz 1 und 2 HGB (dazu ausf. § 11 Rz. 5f.) zu[5].

3. Prüfungsgegenstand und -umfang

9 Prüfungsgegenstand ist gem. §§ 122f Satz 1, 9 Abs. 1 UmwG (in Umsetzung von Art. 8 Abs. 3 Satz 1 der 10. Richtlinie i.V.m. Art. 10 Abs. 1 der 3. Richtlinie) zunächst der **Verschmelzungsplan** bzw. sein Entwurf[6]. Aufgabe der Verschmelzungsprüfer ist die Kontrolle auf Vollständigkeit und Richtigkeit und dabei insbesondere die Nachprüfung der Angemessenheit des festgesetzten Umtauschverhältnisses[7] (ausf. § 9 Rz. 9ff.). Zum Prüfungsgegenstand gehört bei grenzüber-

---

1 *Drinhausen* in Semler/Stengel, § 122f UmwG Rz. 4; *Holzborn/Mayston*, ZIP 2012, 2380 (2384); *Hörtnagl* in Schmitt/Hörtnagl/Stratz, § 122f UmwG Rz. 3; *Kiem* in Habersack/Drinhausen, § 122f UmwG Rz. 2; *Lutter/Bayer/J. Schmidt*, EuropUR, § 23 Rz. 78; *W. Müller* in Kallmeyer, § 122f UmwG Rz. 8; *Simon/Rubner* in KölnKomm. UmwG, § 122f UmwG Rz. 4.

2 So auch *Lutter/Bayer/J. Schmidt*, EuropUR, § 23 Rz. 78; *W. Müller* in Kallmeyer, § 122f UmwG Rz. 11; *Simon/Rubner* in KölnKomm. UmwG, § 122f UmwG Rz. 6.

3 Vgl. *Drinhausen* in Semler/Stengel, § 122f UmwG Rz. 3; *Mayer* in Widmann/Mayer, § 122f UmwG Rz. 15; *W. Müller* in Kallmeyer, § 122f UmwG Rz. 12f.; vgl. auch schon *Frenzel*, Grenzüberschreitende Verschmelzung von Kapitalgesellschaften, S. 264.

4 Dazu *Lutter/Bayer/J. Schmidt*, EuropUR, § 23 Rz. 73 m.w.N.

5 Vgl. *Behrens*, Die grenzüberschreitende Verschmelzung nach der Richtlinie 2005/56/EG (Verschmelzungsrichtlinie), 2007, S. 116.

6 *Drinhausen* in Semler/Stengel, § 122f UmwG Rz. 2; *Herrler/Schneider*, GmbHR 2011, 795 (799); zur Richtlinie: *Lutter/Bayer/J. Schmidt*, EuropUR, § 23 Rz. 68.

7 *Drinhausen* in Semler/Stengel, § 122f UmwG Rz. 2; *Herrler/Schneider*, GmbHR 2011, 795 (799); *Kiem* in Habersack/Drinhausen, § 122f UmwG Rz. 5; *Mayer* in Widmann/

schreitenden Verschmelzungen aufgrund der Regelung in § 122c Abs. 2 Nr. 11 UmwG (dazu § 122c Rz. 27) somit auch die Richtigkeit der Bewertung des **Aktiv- und Passivvermögens**[1].

Da Art. 8 Abs. 3 Satz 1 der 10. Richtlinie hinsichtlich des Mindestinhalts der Prüfung auf Art. 10 Abs. 2 der 3. Richtlinie verweist, stellt sich auch bei grenzüberschreitenden Verschmelzungen die im Falle nationaler Verschmelzungen (vgl. dazu auch § 9 Rz. 12 ff.) seit langem umstrittene Frage, ob und inwieweit auch der *Verschmelzungsbericht* in die Prüfung einzubeziehen ist. Unzweifelhaft dürfte insofern – ebenso wie bei nationalen Verschmelzungen – sein, dass die Ausführungen zur wirtschaftlichen Zweckmäßigkeit der Verschmelzung nicht Prüfungsgegenstand sind[2] (vgl. dazu bereits *Drygala*, § 9 Rz. 13). Im Interesse eines effektiven Minderheitenschutzes sollte sich die Verschmelzungsprüfung – entgegen der aktuellen Praxis und h.M. bei nationalen Verschmelzungen (s. nur *Drygala*, § 9 Rz. 13 m.w.N.) – jedoch nicht auf den Verschmelzungsplan als solchen beschränken, sondern auch zur **Richtigkeit des Verschmelzungsberichts** Stellung beziehen[34]. 10

Sofern gem. § 122i Abs. 1 Satz 1 UmwG ein **Barabfindungsangebot** erforderlich ist (dazu ausf. § 122i Rz. 4 ff.), ist gem. § 122i Abs. 1 Satz 3 i.V.m. 30 Abs. 2 UmwG (dazu § 30 Rz. 5 ff.) auch dessen Angemessenheit zu prüfen (vgl. auch § 122i Rz. 16)[5]. 11

4. Prüfungsbericht

Erfolgt die Prüfung nach deutschem Recht, so ist über das Ergebnis der Prüfung gem. §§ 122f Satz 1, 12 Abs. 1 UmwG ein **schriftlicher Bericht** in deutscher Sprache[6] zu erstellen[7]. Der Inhalt des Prüfungsberichts ergibt sich kraft Verweisung in 12

Mayer, § 122f UmwG Rz. 4, 18; *W. Müller* in Kallmeyer, § 122f UmwG Rz. 1; zur Richtlinie: *Lutter/Bayer/J. Schmidt*, EuropUR, § 23 Rz. 68; vgl. auch schon *Beutel*, Der neue rechtliche Rahmen grenzüberschreitender Verschmelzungen in der EU, 2008, S. 189; *Frenzel*, Grenzüberschreitende Verschmelzung von Kapitalgesellschaften, S. 267.

1 Richtig *Drinhausen* in Semler/Stengel, § 122f UmwG Rz. 2 a.E.; *Kiem* in Habersack/Drinhausen, § 122f UmwG Rz. 5.

2 Vgl. *Herrler/Schneider*, GmbHR 2011, 795 (799); zu Art. 8 der 10. Richtlinie: *Lutter/Bayer/J. Schmidt*, EuropUR, § 23 Rz. 68.

3 Art. 8 der 10. Richtlinie gebietet dies zwar nicht, steht dem aber auch nicht entgegen: *Lutter/Bayer/J. Schmidt*, EuropUR, § 23 Rz. 68.

4 Für § 9 Abs. 1 UmwG: *Bayer*, ZIP 1997, 1613 (1617); ebenso zu § 340b Abs. 1 AktG a.F.: *Bayer*, AG 1988, 323 (328). Vgl. ferner auch *Priester*, ZGR 1990, 420 (430); *Hoffmann-Becking* in FS Fleck, S. 105 (122); *Hommelhoff*, ZGR 1993, 452 (464 ff.); sympathisierend auch *Herrler/Schneider*, GmbHR 2011, 795 (799). Ebenso für die SE auch *Bayer* in Lutter/Hommelhoff, SE-Kommentar, Art. 22 SE-VO Rz. 14. Abw. *Kiem* in Habersack/Drinhausen, § 122f UmwG Rz. 5 a.E.

5 Vgl. BegrRegE, BR-Drucks. 548/06, 35; *Mayer* in Widmann/Mayer, § 122f UmwG Rz. 18; *Hörtnagl* in Schmitt/Hörtnagl/Stratz, § 122f UmwG Rz. 4.

6 *Drinhausen* in Semler/Stengel, § 122f UmwG Rz. 6; *Kiem* in Habersack/Drinhausen, § 122f UmwG Rz. 6; *Mayer* in Widmann/Mayer, § 122f UmwG Rz. 23. Fremdsprachige Fassung genügt aber bei Verzicht aller Anteilsinhaber, vgl. *Simon/Rubner* in KölnKomm. UmwG, § 122f UmwG Rz. 10.

7 *Drinhausen* in Semler/Stengel, § 122f UmwG Rz. 6; *Simon/Rubner* in KölnKomm. UmwG, § 122f UmwG Rz. 10.

§ 122f Satz 1 UmwG ebenso wie bei nationalen Verschmelzungen aus § 12 Abs. 2 UmwG (dazu § 12 Rz. 3ff.)[1]. Ebenso gilt auch die Geheimhaltungsregelung gem. § 12 Abs. 3 UmwG i.V.m. § 8 Abs. 2 UmwG [2] (dazu § 12 Rz. 10); als eine der Prüfungspflicht immanente, höherrangigen Interessen Rechnung tragende Grenze dürfte diese Geheimnisschutzregelung richtlinienkonform sein[3] (vgl. dazu auch bereits § 122e Rz. 10). Von der Verweisung erfasst ist schließlich auch die Regelung über Entbehrlichkeit und Verzicht gem. § 12 Abs. 3 UmwG i.V.m. § 8 Abs. 3 UmwG (dazu ausf. § 12 Rz. 11 ff.)[4]; dies ist für den Verzicht durch Art. 8 Abs. 4 der 10. Richtlinie[5], für die Entbehrlichkeit bei Konzernverschmelzungen durch Art. 15 Abs. 1 Sps. 1 der 10. Richtlinie (dazu auch noch unten Rz. 15f.) [6] gedeckt.

13 § 122f Satz 2 UmwG bestimmt in Umsetzung von Art. 8 Abs. 1 Satz 1 der 10. Richtlinie, dass der Prüfungsbericht **spätestens einen Monat vor der Versammlung** der Anteilsinhaber, die nach § 13 UmwG über die Zustimmung zum Verschmelzungsplan beschließen soll, vorliegen muss[7]. Hintergrund ist, dass der Verschmelzungsprüfungsbericht nach den nationalen Umsetzungsvorschriften zu Art. 11 Abs. 1 der 3. Richtlinie (in Deutschland umgesetzt durch § 63 Abs. 1 UmwG)[8] spätestens einen Monat vor der Versammlung zur Einsicht der Anteilsinhaber ausgelegt werden muss (dazu näher § 122g Rz. 7)[9]. Für die Fristberechnung gilt § 188 Abs. 2 und 3 BGB[10].

5. Verantwortlichkeit der Verschmelzungsprüfer

14 Wenn die Prüfung nach deutschem Recht erfolgt, gelten hinsichtlich der zivil- und strafrechtlichen Verantwortlichkeit der Verschmelzungsprüfer kraft der Verweisung in § 122f Satz 1 UmwG ebenso wie bei nationalen Verschmelzungen die § 11 Abs. 2 UmwG i.V.m. § 323 Abs. 2 HGB[11] (zivilrechtliche Haftung, dazu ausf. § 11 Rz. 7ff.) sowie §§ 314, 315 UmwG [12] (strafrechtliche Verantwortung, dazu § 314 Rz. 1ff., § 315 Rz. 1ff.).

---

1 Vgl. *Drinhausen* in Semler/Stengel, § 122f UmwG Rz. 6; *Hörtnagl* in Schmitt/Hörtnagl/Stratz, § 122f UmwG Rz. 1; *Kiem* in Habersack/Drinhausen, § 122f UmwG Rz. 6; *Mayer* in Widmann/Mayer, § 122f UmwG Rz. 18.

2 *Frenzel*, Grenzüberschreitende Verschmelzung von Kapitalgesellschaften, S. 268; *Lutter/Bayer/J. Schmidt*, EuropUR, § 23 Rz. 78; *H.-F. Müller*, ZIP 2007, 1081 (1085).

3 *Lutter/Bayer/J. Schmidt*, EuropUR, § 23 Rz. 78.

4 Vgl. *Frenzel*, Grenzüberschreitende Verschmelzung von Kapitalgesellschaften, S. 258; *Lutter/Bayer/J. Schmidt*, EuropUR, § 23 Rz. 78.

5 *Drinhausen* in Semler/Stengel, § 122f UmwG Rz. 7; näher *Lutter/Bayer/J. Schmidt*, EuropUR, § 23 Rz. 76, 78.

6 Art. 15 Abs. 1 Sps. 1 der 10. Richtlinie dispensiert generell von der Anwendung des Art. 8 der 10. Richtlinie, vgl. dazu *Lutter/Bayer/J. Schmidt*, EuropUR, § 23 Rz. 75, 124, 126.

7 Vgl. auch *Hörtnagl* in Schmitt/Hörtnagl/Stratz, § 122f UmwG Rz. 6; *W. Müller* in Kallmeyer, § 122f UmwG Rz. 17; *Simon/Rubner* in KölnKomm. UmwG, § 122f UmwG Rz. 11; *Mayer* in Widmann/Mayer, § 122f UmwG Rz. 20.

8 Vgl. dazu *Lutter/Bayer/J. Schmidt*, EuropUR, § 21 Rz. 64ff. m.w.N.

9 Vgl. auch *Lutter/Bayer/J. Schmidt*, EuropUR, § 23 Rz. 80.

10 *W. Müller* in Kallmeyer, § 122f UmwG Rz. 17.

11 Vgl. *Mayer* in Widmann/Mayer, § 122f UmwG Rz. 27.

12 Vgl. *Mayer* in Widmann/Mayer, § 122f UmwG Rz. 29.

IV. Entbehrlichkeit und Verzicht

1. Entbehrlichkeit bei Konzernverschmelzungen

15 Im Falle eines upstream-mergers einer 100%igen Tochter auf die Mutter[1] ist die Durchführung einer Verschmelzungsprüfung gem. §§ 122f Satz 1, 9 Abs. 2 UmwG entbehrlich[2]; dies ist durch Art. 15 Abs. 1 Sps. 1 der 10. Richtlinie gedeckt[3].

2. Verzicht

16 Eine Verschmelzungsprüfung ist ferner nach allgemeiner Meinung gem. §§ 122f Satz 1, 9 Abs. 3, 8 Abs. 3 Satz 1 1. Alt. UmwG nicht erforderlich, wenn **alle Anteilsinhaber aller sich verschmelzenden Gesellschaften** (also sowohl der inländischen wie auch der ausländischen) darauf verzichten[4]. Dies ist durch Art. 8 Abs. 4 der 10. Richtlinie gedeckt[5].

17 Umstritten ist hingegen, ob das sich aus §§ 122f Satz 1, 9 Abs. 3, 8 Abs. 3 Satz 2 UmwG ergebende Erfordernis einer **notariellen Beurkundung** des Verzichts nur für die Anteilsinhaber *deutscher*[6] oder auch für die Anteilsinhaber *ausländischer* an der Verschmelzung beteiligter Gesellschaften gilt[7]. Nach Wortlaut und Systematik des § 8 Abs. 3 Satz 2 erstreckt sich das Formerfordernis zwar an sich auf die

---

1 Vgl. zur enormen praktischen Bedeutung von Konzernverschmelzungen *Bayer/J. Schmidt/Hoffmann*, Der Konzern 2012, 225 (228).

2 *Bayer/J. Schmidt*, NZG 2006, 841 (843); *Drinhausen* in Semler/Stengel, § 122f UmwG Rz. 8; *Hörtnagl* in Schmitt/Hörtnagl/Stratz, § 122f UmwG Rz. 8; *Kruse/Kruse*, BB 2010, 3035 (3037); *Limmer*, ZNotP 2007, 282 (284); *Lutter/Bayer/J. Schmidt*, EuropUR, § 23 Rz. 126; *W. Müller* in Kallmeyer, § 122f UmwG Rz. 3; *Mayer* in Widmann/Mayer, § 122f UmwG Rz. 26; *H.-F. Müller*, ZIP 2007, 1081 (1085); *Simon/Rubner*, Der Konzern 2006, 835 (839); *M. Winter*, Der Konzern 2007, 24 (34).

3 *Bayer/J. Schmidt*, NZG 2006, 841 (843); *Frenzel*, Grenzüberschreitende Verschmelzung von Kapitalgesellschaften, S. 257; *Kiem* in Habersack/Drinhausen, § 122f UmwG Rz. 7; *Lutter/Bayer/J. Schmidt*, EuropUR, § 23 Rz. 124, 126; *Mayer* in Widmann/Mayer, § 122f UmwG Rz. 26; *M. Winter*, Der Konzern 2007, 24 (33).

4 *Drinhausen* in Semler/Stengel, § 122f UmwG Rz. 7; *Kiem* in Habersack/Drinhausen, § 122f UmwG Rz. 8; *W. Müller* in Kallmeyer, § 122f UmwG Rz. 4; *Mayer* in Widmann/Mayer, § 122f UmwG Rz. 24; vgl. auch schon *Bayer/J. Schmidt*, NZG 2006, 841 (842); *Drinhausen/Keinath*, RIW 2006, 81 (83); *Frenzel*, RIW 2008, 12 (19); *Heckschen*, DNotZ 207, 444 (459); *Kiem*, WM 2006, 1091 (1097); *Krause/Kulpa*, ZHR 171 (2007), 38 (64); *Limmer*, ZNotP 2007, 282 (284); *Lutz*, BWNotZ 2010, 23 (34); *H.-F. Müller*, ZIP 2007, 1081 (1085); *Neye/Timm*, GmbHR 2007, 561 (563); *Simon/Rubner*, Der Konzern 2006, 835 (839); *M. Winter*, Der Konzern 2007, 24 (34).

5 *Drinhausen* in Semler/Stengel, § 122f UmwG Rz. 7; näher *Lutter/Bayer/J. Schmidt*, EuropUR, § 23 Rz. 76, 78 m.w.N.

6 So *Beutel*, Der neue rechtliche Rahmen grenzüberschreitender Verschmelzungen in der EU, S. 191 f.; *Frenzel*, Grenzüberschreitende Verschmelzung von Kapitalgesellschaften, S. 263; *Frenzel*, RIW 2008, 12 (19); *Kiem* in Habersack/Drinhausen, § 122f UmwG Rz. 8; *Lutter/Bayer/J. Schmidt*, EuropUR, § 23 Rz. 76, 78; *H.-F. Müller*, Der Konzern 2007, 81 (83); *H.-F. Müller*, ZIP 2007, 1081 (1085); in diese Richtung ferner auch *Haritz/von Wolff*, GmbHR 2006, 340 (342) sowie offenbar auch *Mayer* in Widmann/Mayer, § 122f UmwG Rz. 25.

7 So *Drinhausen* in Semler/Stengel, § 122f UmwG Rz. 7; *Heckschen*, DNotZ 2007, 444 (459); *Heckschen* in Widmann/Mayer, § 122a UmwG Rz. 149; *Hörtnagl* in Schmitt/Hörtnagl/Stratz, § 122f UmwG Rz. 7; *Limmer*, ZNotP 2007, 282 (284); implizit auch noch *Bayer/J. Schmidt*, NZG 2006, 841 (842).

Anteilsinhaber aller sich verschmelzender Gesellschaften. Im Hinblick darauf, dass die Verzichtsregelung in Art. 8 Abs. 4 der 10. Richtlinie jedoch kein Formerfordernis vorsieht, spricht indes viel dafür, dass es sich bei der Frage der *Form* des Verzichts um eine gem. Art. 4 Abs. 1 lit. b Satz 1 der 10. Richtlinie nach dem *nationalen* Recht der jeweiligen Gesellschaft zu beurteilende Frage handelt[1]. Das in § 8 Abs. 3 Satz 2 UmwG normierte Erfordernis einer notariellen Beurkundung ist dementsprechend in richtlinienkonformer Auslegung auf die **Anteilseigner der beteiligten deutschen Gesellschaften** zu beschränken. Hält man *abweichend* hiervon eine notarielle Beurkundung auch für einen wirksamen Verzicht durch die Anteilsinhaber der beteiligten ausländischen Gesellschaften für erforderlich, so stellt sich auch hier wiederum die *Problematik der Auslandsbeurkundung*[2]. Um die in Art. 8 Abs. 4 der 10. Richtlinie explizit vorgesehene Verzichtsmöglichkeit in der Praxis nicht völlig illusorisch werden zu lassen, sollte man jedenfalls insoweit die notarielle Beurkundung des Verzichts in einem EU- bzw. EWR-Staat, in dem eine der an der Verschmelzung beteiligten Gesellschaften ihren Sitz hat, genügen lassen, zumal es sich bei dem Verzicht an sich nicht um eine grundlegende Strukturentscheidung handelt[3].

3. Kein Sonderrecht für die GmbH

18 Da § 122f Satz 1 2. Halbsatz UmwG die Anwendung des § 48 UmwG ausdrücklich ausschließt, ist die Verschmelzungsprüfung bei der grenzüberschreitenden Verschmelzung – anders als bei innerstaatlichen Verschmelzungen auch bei der GmbH (inkl. der UG, vgl. oben Rz. 1) – nicht vom Verlangen eines Gesellschafters abhängig. Hintergrund ist, dass Art. 8 der 10. Richtlinie keine entsprechende Sonderregelung für GmbH vorsieht[4].

---

1 So *Brocker*, BB 2010, 971 (974); *Lutter/Bayer/J. Schmidt*, EuropUR, § 23 Rz. 76, 78; *W. Müller* in Kallmeyer, § 122f UmwG Rz. 4; *Simon/Rubner* in KölnKomm. UmwG, § 122f UmwG Rz. 13; vgl. weiter *Beutel*, Der neue rechtliche Rahmen grenzüberschreitender Verschmelzungen in der EU, S. 191; *Frenzel*, Grenzüberschreitende Verschmelzung von Kapitalgesellschaften, S. 261 ff.; *Frenzel*, RIW 2008, 12 (19); *H.-F. Müller*, Der Konzern 2007, 81 (83); *Klein*, RNotZ 2007, 565 (594).

2 Vgl. zur Parallelproblematik der Auslandsbeurkundung des Verschmelzungsplans § 122c Rz. 8.

3 Vgl. *Bayer/J. Schmidt*, NZG 2006, 841 (842); zust. *W. Müller* in Kallmeyer, § 122f UmwG Rz. 2; vgl. auch *Frenzel*, RIW 2008, 12 (19); ähnlich auch *Drinhausen* in Semler/Stengel, § 122f UmwG Rz. 7.

4 Vgl. BegrRegE, BR-Drucks. 548/06, 32; *Drinhausen* in Semler/Stengel, § 122f UmwG Rz. 9; *Lutter/Bayer/J. Schmidt*, EuropUR, § 23 Rz. 78; *Lutz*, BWNotZ 2010, 23 (34); *W. Müller* in Kallmeyer, § 122f UmwG Rz. 2; *Simon/Rubner* in KölnKomm. UmwG, § 122f UmwG Rz. 15; ebenso bereits *Drinhausen/Keinath*, BB 2006, 725 (729); *Kiem*, WM 2006, 1091 (1096); *Krause/Kulpa*, ZHR 171 (2007), 38 (63); *Limmer*, ZNotP 2007, 282 (283); *H.-F. Müller*, Der Konzern 2007, 81 (82 f.); *H.-F. Müller*, ZIP 2007, 1081 (1085); *Neye/Timm*, GmbHR 2007, 561 (563); *Simon/Rubner*, Der Konzern 2006, 835 (839).

§ 122g
Zustimmung der Anteilsinhaber

(1) Die Anteilsinhaber können ihre Zustimmung nach § 13 davon abhängig machen, dass die Art und Weise der Mitbestimmung der Arbeitnehmer der übernehmenden oder neuen Gesellschaft ausdrücklich von ihnen bestätigt wird.

(2) Befinden sich alle Anteile einer übertragenden Gesellschaft in der Hand der übernehmenden Gesellschaft, so ist ein Verschmelzungsbeschluss der Anteilsinhaber der übertragenden Gesellschaft nicht erforderlich.

Literatur

Vgl. die Angaben zu § 122a.

I. Regelungsgegenstand und -zweck

Nach Art. 9 Abs. 1 der 10. Richtlinie[1] bedarf der gemeinsame Verschmelzungsplan der Zustimmung jeder Gesellschafterversammlung der sich verschmelzenden Gesellschaften. Das Zustimmungserfordernis, das ebenfalls zu den zentralen Grundbausteinen des „europäischen Modells für Strukturmaßnahmen" gehört[2] 1

1 Richtlinie 2005/56/EG des Europäischen Parlaments und des Rates v. 26.10.2005 über die Verschmelzung von Kapitalgesellschaften aus verschiedenen Mitgliedstaaten, ABl. EU Nr. L 310/1 v. 25.11.2005, s. Anh. V, S. 3481 ff. Ausf. Erläuterungen bei *Lutter/Bayer/J. Schmidt*, EuropUR, § 23 m.z.w.N.

2 Vgl. *Bayer/J. Schmidt*, NJW 2006, 401 (403); *Lutter/Bayer/J. Schmidt*, EuropUR, § 23 Rz. 79.

(vgl. auch Art. 7 Abs. 1 der 3. Richtlinie[1], Art. 23 Abs. 1 SE-VO[2], Art. 27 Abs. 1 SCE-VO[3]), ist ein zentrales **Minderheitenschutzrecht**, da es jedem Anteilsinhaber nicht nur ein Mitentscheidungsrecht, sondern darüber hinaus Kontrollmöglichkeiten durch ergänzende Informations- und Klagerechte einräumt[4]. Eine Sonderregelung in den §§ 122a ff. UmwG war insofern entbehrlich; das Zustimmungserfordernis ergibt sich vielmehr qua § 122a Abs. 2 UmwG aus § 13 UmwG [5]. Bei § 122g UmwG handelt es sich daher um eine Vorschrift, welche die Regelung aus § 122a Abs. 2 UmwG i.V.m. § 13 UmwG **ergänzt**.

2 **§ 122g Abs. 1 UmwG** ermöglicht es der Hauptversammlung in Umsetzung von Art. 9 Abs. 2 der 10. Richtlinie, sich das Recht vorzubehalten, ihre Zustimmung zur Verschmelzung von der Genehmigung der **Mitbestimmungsmodalitäten** abhängig zu machen[6]. Hintergrund dieses **Genehmigungsvorbehalts**, der auf dem Vorbild in Art. 23 Abs. 2 Satz 2 SE-VO[7] beruht[8], ist, dass für die Verhandlungen über das Mitbestimmungsmodell (sofern solche gem. § 5 MgVG[9] erforderlich sind[10]) nicht die Versammlung der Anteilsinhaber, sondern das Leitungs- bzw. Verwaltungsorgan der Gesellschaft einerseits und das besondere Verhandlungsgremium der Arbeitnehmerseite andererseits zuständig[11] sind und die Verhandlungsergebnisse über das Mitbestimmungsmodell im Zeitpunkt der Zustimmung der

---

1 Ursprünglich: Richtlinie 78/855/EWG; seit 1.7.2011: Richtlinie 2011/35/EU des Europäischen Parlaments und des Rates v. 5.4.2011 über die Verschmelzung von Aktiengesellschaften, ABl. EU Nr. L 110/1 v. 29.4.2011, s. Anh. III, S. 3451 ff. Ausf. Erläuterungen bei *Lutter/Bayer/J. Schmidt*, EuropUR, § 21 m.z.w.N.

2 VO (EG) Nr. 2157/2001 des Rates v. 8.10.2001 über das Statut der Europäischen Gesellschaft (SE), ABl. EG Nr. L 294/1 v. 10.11.2001. Text und ausf. Erläuterungen bei *Lutter/Bayer/J. Schmidt*, EuropUR, § 41 m.z.w.N.

3 VO (EG) Nr. 1435/2003 des Rates v. 22.7.2003 über das Statut der Europäischen Genossenschaft (SCE), ABl. EU Nr. L 207/1 v. 18.8.2003. Text und ausf. Erläuterungen bei *Lutter/Bayer/J. Schmidt*, EuropUR, § 42 m.z.w.N.

4 Vgl. für die Parallelnorm des Art. 23 Abs. 1 SE-VO: *Bayer* in Lutter/Hommelhoff, SE-Kommentar, Art. 23 SE-VO Rz. 1.

5 Vgl. *Drinhausen* in Semler/Stengel, § 122g UmwG Rz. 1; *Heckschen* in Widmann/Mayer, § 122g UmwG Rz. 2, 8, 37; *Simon/Rubner* in KölnKomm. UmwG, § 122g UmwG Rz. 1.

6 *Drinhausen* in Semler/Stengel, § 122g UmwG Rz. 8; *Hörtnagl* in Schmitt/Hörtnagl/Stratz, § 122g UmwG Rz. 7; *Lutter/Bayer/J. Schmidt*, EuropUR, § 23 Rz. 84, 87; *Zimmermann* in Kallmeyer, § 122g UmwG Rz. 1.

7 Dazu ausf. *Bayer* in Lutter/Hommelhoff, SE-Kommentar, Art. 23 SE-VO Rz. 3, 14 ff. m.w.N.

8 Vgl. *Bayer/J. Schmidt*, NJW 2006, 401 (404); *Beutel*, Der neue rechtliche Rahmen grenzüberschreitender Verschmelzungen in der EU, 2008, S. 195; *Frenzel*, Grenzüberschreitende Verschmelzung von Kapitalgesellschaften, S. 278; *Kiem*, WM 2006, 1091 (1097); *Krause/Kulpa*, ZHR 171 (2007), 38 (65); *Lutter/Bayer/J. Schmidt*, EuropUR, § 23 Rz. 84; *Mayer* in Widmann/Mayer, § 122c UmwG Rz. 27; *Neye/Timm*, DB 2006, 488 (489).

9 Gesetz zur Umsetzung der Regelungen über die Mitbestimmung der Arbeitnehmer bei einer Verschmelzung von Kapitalgesellschaften aus verschiedenen Mitgliedstaaten v. 21.12.2006, BGBl. I, S. 3332.

10 Dazu näher *Frenzel*, Grenzüberschreitende Verschmelzung von Kapitalgesellschaften, S. 290 ff.; *Heckschen* in Widmann/Mayer, Vor §§ 122a ff. UmwG Rz. 189 ff.; *Krause/Janko*, BB 2007, 2194 (2196); *Lunk/Hinrichs*, NZA 2007, 773 (774); *Nagel*, NZG 2007, 57 (58); *Schubert*, RdA 2007, 9 (10 ff.); *Teichmann*, Der Konzern 2007, 89 (90).

11 So auch *Kiem* in Habersack/Drinhausen, § 122g UmwG Rz. 14 m.w.N. zur Gegenansicht, die generell eine Mitwirkung der Anteilseigner an einer Mitbestimmungsvereinbarung verlangt.

Versammlung der Anteilsinhaber zum Verschmelzungsplan häufig noch nicht feststehen werden[1]. Die Option eines Zustimmungsvorbehalts vermeidet für die Anteilsinhaber das Dilemma, entweder „die Katze im Sack kaufen" zu müssen[2] oder die Beschlussfassung über die Verschmelzung nicht zeitnah zur Offenlegung des Verschmelzungsplans vornehmen zu können – erst ab diesem Zeitpunkt wird nämlich ein ggf. erforderliches Verhandlungsverfahren über die Arbeitnehmermitbestimmung offiziell in Gang gesetzt (vgl. Art. 16 Abs. 3 lit. a der 10. Richtlinie i.V.m. Art. 3 Abs. 1 SE-Richtlinie[3]; § 6 Abs. 2 MgVG)[4]. Die *praktische* Bedeutung des Zustimmungsvorbehalts ist eher gering; die Verwaltungen der beteiligten Gesellschaften warten vielmehr regelmäßig mit der Abstimmung über die Verschmelzung, bis die Verhandlungen mit der Arbeitnehmerseite abgeschlossen sind[5].

§ 122g Abs. 2 UmwG setzt die in Art. 15 Abs. 1 Sps. 2 der 10. Richtlinie vorgese- 3
hene Ausnahme vom Zustimmungserfordernis bei bestimmten **Konzernverschmelzungen** um[6] (dazu unten Rz. 35).

II. Zustimmung zum Verschmelzungsplan

1. Zuständigkeit

Für die Zustimmung zum Verschmelzungsplan ist gem. §§ 122a Abs. 2, 13 Abs. 1 4
UmwG zwingend **ausschließlich** die **Versammlung der Anteilsinhaber** (AG, KGaA, SE: Hauptversammlung, GmbH [inkl. des Subtyps der UG, vgl. Einl. I Rz. 53]: Gesellschafterversammlung) der jeweiligen an der Verschmelzung beteiligten Gesellschaft zuständig. Eine *Delegation* dieser Grundsatzentscheidung auf andere Organe ist – auch nicht durch die Satzung – *nicht zulässig* (vgl. § 13 Rz. 4).

1 Vgl. *Drinhausen* in Semler/Stengel, § 122g UmwG Rz. 8; *Frenzel*, RIW 2008, 12 (19); *Heckschen* in Widmann/Mayer, § 122g UmwG Rz. 108; *Heckschen*, DNotZ 2007, 444 (462 f.); *Hörtnagl* in Schmitt/Hörtnagl/Stratz, § 122g UmwG Rz. 7; *Kiem*, WM 2006, 1091 (1097); *Limmer*, ZNotP 2007, 282 (284); *Lutter/Bayer/J. Schmidt*, EuropUR, § 23 Rz. 84; vgl. auch schon *Behrens*, Die grenzüberschreitende Verschmelzung nach der Richtlinie 2005/56/EG (Verschmelzungsrichtlinie), 2007, S. 133; *Beutel*, Der neue rechtliche Rahmen grenzüberschreitender Verschmelzungen in der EU, 2008, S. 194. Für die Parallelregelung in Art. 23 Abs. 2 Satz 2 SE-VO: *Bayer* in Lutter/Hommelhoff, SE-Kommentar, Art. 23 SE-VO Rz. 3.

2 *Lutter/Bayer/J. Schmidt*, EuropUR, § 23 Rz. 84. Zustimmend *Kiem* in Habersack/Drinhausen, § 122g UmwG Rz. 3.

3 Richtlinie 2001/86/EG des Rates v. 8.10.2001 zur Ergänzung des Statuts der Europäischen Gesellschaft hinsichtlich der Beteiligung der Arbeitnehmer, ABl. EG Nr. L 294/22 v. 10.11.2001. Text und Erläuterungen bei *Lutter/Bayer/J. Schmidt*, EuropUR, § 41 Rz. 186 ff. m.w.N.

4 Vgl. *Drinhausen* in Semler/Stengel, § 122g UmwG Rz. 8; *Frenzel*, RIW 2008, 12 (19); *Heckschen*, DNotZ 2007, 444 (462 f.); *Limmer*, ZNotP 2007, 282 (284); *Lutter/Bayer/J. Schmidt*, EuropUR, § 23 Rz. 84; *Mayer* in Widmann/Mayer, § 122c UmwG Rz. 3. Für die Parallelregelung in Art. 23 Abs. 2 Satz 2 SE-VO: *Bayer* in Lutter/Hommelhoff, SE-Kommentar, Art. 23 SE-VO Rz. 3.

5 *Kiem* in Habersack/Drinhausen, § 122g UmwG Rz. 4; *Teicke*, DB 2012, 2675 (2680); vgl. auch *Simon/Rubner* in KölnKomm. UmwG, § 122g UmwG Rz. 14: regelmäßig nicht sinnvoll.

6 Vgl. *Bayer/J. Schmidt*, NZG 2006, 841 (843); *Drinhausen* in Semler/Stengel, § 122g UmwG Rz. 2; *Lutter/Bayer/J. Schmidt*, EuropUR, § 23 Rz. 89, 124, 126; *Mayer* in Widmann/Mayer, § 122c UmwG Rz. 6; *Zimmermann* in Kallmeyer, § 122g UmwG Rz. 27.

2. Vorbereitung der Versammlung

a) Einberufung

5 Die Einberufung der Versammlung der Anteilsinhaber richtet sich mangels Sonderregelung in den §§ 122aff. UmwG (dieser Bereich ist durch die 10. Richtlinie nicht harmonisiert) nach den allgemeinen Regeln[1]. Bei einer deutschen AG, KGaA oder SE gelten also die **§§ 121 ff. AktG**, bei einer GmbH (inkl. des Subtyps der UG, vgl. Einl. I Rz. 53) die **§§ 49, 51 GmbHG**. Wegen Art. 11 Abs. 1 der 3. Richtlinie ist allerdings bei AG und SE[2] – in richtlinienkonformer Auslegung von § 123 Abs. 1 AktG – eine Mindesteinberufungsfrist von einem Monat zu wahren[3].

b) Vorabinformation

6 Hinsichtlich der Vorabinformation der Gesellschafter hat der deutsche Gesetzgeber in Umsetzung von Art. 7 Abs. 2 der 10. Richtlinie die Sonderregelung in **§ 122e Satz 2 UmwG** (dazu ausf. § 122e Rz. 15 ff.) geschaffen, im Übrigen gelten gem. **§ 122a Abs. 2 UmwG** die Vorschriften über die Vorabinformation bei nationalen Verschmelzungen entsprechend[4]. Diese Regelungstechnik entspricht zwar unzweifelhaft dem Regelungsmodell der 10. Richtlinie, wonach hinsichtlich der Vorabinformation ergänzend zur Spezialregelung in Art. 7 Abs. 2 der 10. Richtlinie grundsätzlich gem. Art. 4 Abs. 1 lit. b Satz 1 der 10. Richtlinie das jeweilige nationale Recht (welches für Aktiengesellschaften insoweit durch Art. 11 der 3. Richtlinie harmonisiert ist[5]) gilt. Sie führt jedoch, wie die folgende Darstellung der sich im Einzelnen aus dem Zusammenspiel von § 122e Satz 2 UmwG und § 122a Abs. 2 UmwG ergebenden Informationspflichten zeigt, im Detail zu einer Reihe von Unstimmigkeiten und Redundanzen, die baldmöglichst korrigiert werden sollten[6].

---

1 Vgl. *Krause/Kulpa*, ZHR 171 (2007), 38 (65); *Lutter/Bayer/J. Schmidt*, EuropUR, § 23 Rz. 81 f.; *Simon/Rubner* in KölnKomm. UmwG, § 122g UmwG Rz. 4; *Zimmermann* in Kallmeyer, § 122g UmwG Rz. 3.

2 Für die KGaA gilt die 3. Richtlinie nicht, vgl. *Lutter/Bayer/J. Schmidt*, EuropUR, § 21 Rz. 7.

3 Wie unten (Rz. 9) näher erläutert, hat die Auslegung gem. § 63 Abs. 1 UmwG in richtlinienkonformer Auslegung mindestens 1 Monat vor der Versammlung zu erfolgen. Konsequenterweise muss dann auch die Einberufung 1 Monat vorher erfolgen, da die Aktionäre ansonsten evtl. gar nicht wüssten, dass sie die Unterlagen einsehen können. Ausf. *J. Schmidt*, DB 2006, 375; im Anschluss daran auch *Bayer/J. Schmidt*, ZIP 2010, 953 (963); *Grunewald*, oben § 61 Rz. 3; *Habersack/Verse*, EuropGesR, § 8 Rz. 22 Fn. 50; *Hüffer*, § 123 AktG Rz. 2; *Lutter/Bayer/J. Schmidt*, EuropUR, § 21 Rz. 41; *Lutz*, BWNotZ 2010, 23 (33); *Marsch-Barner* in Kallmeyer, § 61 UmwG Rz. 2; *Rieckers* in Spindler/Stilz, § 123 AktG Rz. 5; *Ziemons* in K. Schmidt/Lutter, § 123 AktG Rz. 11; s. ferner für das Parallelproblem bei der SE: *Bayer* in Lutter/Hommelhoff, SE-Kommentar, Art. 23 SE-VO Rz. 5; *J. Schmidt*, „Deutsche" vs. „britische" Societas Europaea (SE), 2006, S. 205 f.

4 Vgl. *Drinhausen* in Semler/Stengel, § 122g UmwG Rz. 3; *Hörtnagl* in Schmitt/Hörtnagl/Stratz, § 122g UmwG Rz. 3; *Lutter/Bayer/J. Schmidt*, EuropUR, § 23 Rz. 81; *Zimmermann* in Kallmeyer, § 122g UmwG Rz. 4; vgl. auch schon *Drinhausen/Keinath*, BB 2006, 725 (729); *Krause/Kulpa*, ZHR 171 (2007), 38 (64); *Louven*, ZIP 2006, 2021 (2026).

5 Vgl. dazu näher *Lutter/Bayer/J. Schmidt*, EuropUR, § 21 Rz. 64 ff. m.w.N.

6 Vgl. auch *Lutter/Bayer/J. Schmidt*, EuropUR, § 23 Rz. 81.

aa) AG

7 Bei einer deutschen **AG** sind gem. **§§ 122a Abs. 2, 63 Abs. 1, 4 UmwG** vor der Hauptversammlung folgende Unterlagen in den Geschäftsräumen auszulegen[1] bzw. auf der Internetseite der Gesellschaft zu veröffentlichen[2] (dazu § 122e Rz. 20): Verschmelzungs*plan*[3] bzw. sein Entwurf (§ 63 Abs. 1 Nr. 1 UmwG), Jahresabschlüsse und Lageberichte der sich verschmelzenden Gesellschaften für die letzten drei Geschäftsjahre (§ 63 Abs. 1 Nr. 2 UmwG), ggf. Zwischenbilanzen[4] (§ 63 Abs. 1 Nr. 3 UmwG) sowie die Verschmelzungsberichte (bzw. der gemeinsame Verschmelzungsbericht, vgl. dazu § 122e Rz. 4) (§ 63 Abs. 1 Nr. 4 UmwG) und die Verschmelzungsprüfungsberichte (§ 63 Abs. 1 Nr. 5 UmwG) – bzw. der gemeinsame Verschmelzungsprüfungsbericht, vgl. dazu § 122f Rz. 2 ff. – **für alle** sich verschmelzenden Gesellschaften (also auch die *ausländischen*[5]). Von den in § 63 Abs. 1 UmwG genannten Unterlagen ist den Aktionären auf Verlangen unverzüglich eine kostenlose Abschrift zu erteilen (§ 63 Abs. 3 Satz 1 UmwG); bei Einverständnis kann auch eine elektronische Übermittlung erfolgen (§ 63 Abs. 3 Satz 2 UmwG)[6] (ausf. § 63 Rz. 15).

8 Gewisse Friktionen mit **§ 122e Satz 2 UmwG** ergeben sich hier zunächst im Hinblick darauf, dass § 63 Abs. 1 Nr. 4 UmwG (in Umsetzung von Art. 11 Abs. 1 lit. d der 3. Richtlinie) die Auslegung der Verschmelzungsberichte aller sich verschmelzender Gesellschaften verlangt, während § 122e Satz 2 UmwG (in Umsetzung von Art. 7 Abs. 2 der 10. Richtlinie) lediglich zur Auslegung des Verschmelzungsberichts der jeweiligen Gesellschaft verpflichtet. Man wird § 122e Satz 2 UmwG allerdings kaum als *lex specialis* in dem Sinne ansehen können, dass bei der grenzüberschreitenden Verschmelzung im Falle separater Verschmelzungsberichte nur der Verschmelzungsbericht der jeweiligen Gesellschaft auszulegen wäre, zumal gerade bei grenzüberschreitenden Verschmelzungen ein gesteigertes Informationsbedürfnis besteht. Vielmehr dürfte es sich insoweit i.R.d. § 122e Satz 2 UmwG um ein *Redaktionsversehen* handeln. Eine Beschränkung der Auslegung zugunsten der Aktionäre auf den Verschmelzungsbericht der jeweiligen Gesellschaft verbietet sich jedenfalls schon deshalb, weil Art. 11 Abs. 1 lit. d der 3. Richtlinie die Auslegung der **Verschmelzungsberichte aller beteiligten Gesellschaften** verlangt. Insofern ist Art. 7 Abs. 2 der 10. Richtlinie auch nicht etwa *lex specialis:* Denn zum einen wird hier nur eine „Zugänglichmachung" verlangt (die nicht zwingend in Form einer Auslegung in den Geschäftsräumen erfolgen müsste) und zum anderen hat der Europäische Gesetzgeber im Rahmen dieser primär auf die Arbeitnehmer fokussierten Regelung die partielle Redundanz im Hinblick

1 Vgl. *Drinhausen* in Semler/Stengel, § 122g UmwG Rz. 3; *Simon/Rubner* in KölnKomm. UmwG, § 122g UmwG Rz. 6; *Zimmermann* in Kallmeyer, § 122g UmwG Rz. 8.

2 So richtig *Kiem* in Habersack/Drinhausen, § 122g UmwG Rz. 6; *Polley* in Henssler/Strohn, § 122g UmwG Rz. 2; *Zimmermann* in Kallmeyer, § 122g UmwG Rz. 8.

3 Der Terminus „Verschmelzungs*vertrag*" in § 63 Abs. 1 Nr. 1 UmwG ist auch hier als „Verschmelzungs*plan*" zu lesen, vgl. zur Differenzierung näher § 122c Rz. 3.

4 Auch i.R.d. § 63 Abs. 1 Nr. 3 UmwG ist insoweit „Verschmelzungs*vertrag*" als „Verschmelzungs*plan*" zu lesen, vgl. zur Differenzierung näher § 122c Rz. 3.

5 Vgl. *Drinhausen* in Semler/Stengel, § 122g UmwG Rz. 4; *Heckschen* in Widmann/Mayer, § 122a UmwG Rz. 151, § 122g Rz. 62; *Hörtnagl* in Schmitt/Hörtnagl/Stratz, § 122g UmwG Rz. 4; *Lutz*, BWNotZ 2010, 23 (33); *Simon/Rubner* in KölnKomm. UmwG, § 122g UmwG Rz. 6; *Zimmermann* in Kallmeyer, § 122g UmwG Rz. 8; vgl. weiter *Krause/Kulpa*, ZHR 171 (2007), 38 (64); *Louven*, ZIP 2006, 2021 (2026).

6 *Zimmermann* in Kallmeyer, § 122g UmwG Rz. 8 a.E.

auf die Information der Anteilsinhaber der sich verschmelzender Aktiengesellschaften gemäß den nationalen Umsetzungsvorschriften zu Art. 11 Abs. 1 lit. d der 3. Richtlinie offenbar selbst übersehen. Richtigerweise sind daher die Verschmelzungsberichte für sämtliche beteiligte Gesellschaften zugänglich zu machen[1].

9 Problematisch sind weiterhin die **divergierenden Auslegungsfristen**. § 122e Satz 2 UmwG verlangt eine Auslegung mindestens einen Monat vorher. Nach § 63 Abs. 1 UmwG sind die Unterlagen dagegen von der Einberufung der Hauptversammlung an auszulegen. Nach § 123 Abs. 1 AktG a.F. ergab sich damit zwar ebenfalls eine Auslegungsfrist von einem Monat. Durch das UMAG wurde die Einberufungsfrist jedoch auf 30 Tage verkürzt, wobei der Gesetzgeber allerdings offenbar übersehen hat, dass die dem § 63 Abs. 1 UmwG zu Grunde liegende Vorschrift des Art. 11 Abs. 1 der 3. Richtlinie ebenfalls eine Auslegungsfrist von einem Monat vorsieht. Dieser offenbar unbeabsichtigte Richtlinienverstoß ist im Wege der richtlinienkonformen Auslegung dahin zu korrigieren, dass auch die Auslegung gem. § 63 Abs. 1 UmwG mindestens einen Monat vor dem Tag der Hauptversammlung zu erfolgen hat[2]. Damit gilt i.E. sowohl für die Auslegung nach § 122e Satz 2 UmwG als auch für diejenige nach §§ 122a Abs. 2, 63 Abs. 1 UmwG eine **Mindestauslegungsfrist von einem Monat** vor der Hauptversammlung[3].

bb) SE

10 Bei einer deutschen SE gilt gem. Art. 9 Abs. 1 lit. c ii SE-VO dasselbe wie bei einer AG[4].

cc) KGaA

11 Bei einer deutschen KGaA gelten gem. § 78 Satz 1 UmwG ebenfalls dieselben Regeln wie bei einer AG[5]. Da die 3. Richtlinie allerdings auf die KGaA keine Anwendung findet, gebietet jedenfalls das Unionsrecht[6] insoweit keine richtlinienkon-

---

1 *Kiem* in Habersack/Drinhausen, § 122g UmwG Rz. 7; *Polley* in Henssler/Strohn, § 122g UmwG Rz. 3.

2 Ausf. *J. Schmidt*, DB 2006, 375; im Anschluss daran auch *Bayer/J. Schmidt*, ZIP 2010, 953 (963); *Grunewald*, oben § 63 Rz. 2 i.V.m. § 61 Rz. 3; *Habersack/Verse*, EuropGesR, § 8 Rz. 22 Fn. 50; *Lutter/Bayer/J. Schmidt*, EuropUR, § 21 Rz. 74; *Lutz*, BWNotZ 2010, 23 (33); für die Parallelproblematik bei der SE: *Bayer* in Lutter/Hommelhoff, SE-Kommentar, Art. 23 SE-VO Rz. 7; *J. Schmidt*, „Deutsche" vs. „britische" Societas Europaea (SE), 2006, S. 204f. S. ferner auch bereits oben Rz. 5 Fn. 2.

3 So auch *Kiem* in Habersack/Drinhausen, § 122g UmwG Rz. 7.

4 So i.E. *Drinhausen* in Semler/Stengel, § 122g UmwG Rz. 3; *Lutter/Bayer/J. Schmidt*, EuropUR, § 23 Rz. 81; *Zimmermann* in Kallmeyer, § 122g UmwG Rz. 8; vgl. auch *Frenzel*, Grenzüberschreitende Verschmelzung von Kapitalgesellschaften, S. 272f.; *Heckschen* in Widmann/Mayer, § 122g UmwG Rz. 66.

5 So i.E. *Drinhausen* in Semler/Stengel, § 122g UmwG Rz. 3; *Lutter/Bayer/J. Schmidt*, EuropUR, § 23 Rz. 81; *Zimmermann* in Kallmeyer, § 122g UmwG Rz. 8; vgl. auch *Frenzel*, Grenzüberschreitende Verschmelzung von Kapitalgesellschaften, S. 273; *Heckschen* in Widmann/Mayer, § 122g UmwG Rz. 68.

6 Vgl. allg. zur Beschränkung des Gebots der richtlinienkonformen Auslegung auf den Regelungsbereich der betreffenden Richtlinie: *Lutter/Bayer/J. Schmidt*, EuropUR, § 3 Rz. 63 m.z.w.N. sowie jüngst explizit BGH v. 17.10.2012 – VIII ZR 226/11, NJW 2013, 220 Rz. 18.

forme Auslegung des § 63 Abs. 1 UmwG hinsichtlich der Auslegungsfrist. Die Gesamtkonzeption des UmwG, mit der der Gesetzgeber sich bewusst für eine generell „überschießende“ Umsetzung entschieden hat[1], und der Umstand, dass eine „gespaltene“ Auslegung die Konsequenz hätte, dass für die Auslegung nach § 122e Satz 2 UmwG und diejenige nach §§ 122a Abs. 2, 63 Abs. 1 UmwG divergierende Fristen gelten würden, sprechen jedoch dafür, die richtlinienkonforme Auslegung auch auf die KGaA zu erstrecken[2], d.h. die Unterlagen gleichermaßen einen Monat vorher auszulegen.

dd) GmbH

Bei der GmbH (inkl. des Subtyps der UG, vgl. Einl. I Rz. 53) erfolgt die Vorabinformation der Gesellschafter – anders als bei AG, KGaA und SE – partiell durch Auslegung in den Geschäftsräumen und partiell durch Übersendung. Gem. **§ 122e Satz 2 UmwG** ist der Verschmelzungsbericht der **jeweiligen GmbH**[3] spätestens einen Monat vor der Versammlung, die über den Verschmelzungsplan beschließen soll, in den Geschäftsräumen der GmbH auszulegen. Ab der Einberufung der Versammlung (d.h. mindestens eine Woche vor der Versammlung, § 51 Abs. 1 Satz 2 GmbHG) sind dann auch die Jahresabschlüsse und Lageberichte der an der Verschmelzung beteiligten Rechtsträger für die letzten drei Geschäftsjahre auszulegen, **§§ 122a Abs. 2, 49 Abs. 2 UmwG**[4]. Spätestens zusammen mit der Einberufung sind den Gesellschaftern ferner gem. **§§ 122a Abs. 2, 47 UmwG** der Verschmelzungs*plan*[5] (oder sein Entwurf) und der Verschmelzungsbericht zu übersenden[6]. Hinsichtlich des Verschmelzungsberichts kommt es also zu einer – 12

1 Vgl. dazu *Lutter/Bayer/J. Schmidt*, EuropUR, § 3 Rz. 62.

2 Vgl. allg. dazu, dass sich im Falle einer „überschießenden“ Umsetzung aus dem nationalen Recht, d.h. aus einem entsprechenden Willen des nationalen Gesetzgebers, eine Pflicht zur richtlinienkonformen Auslegung ergeben kann, jüngst BGH v. 17.10.2012 – VIII ZR 226/11, NJW 2013, 220 Rz. 18 f. sowie *Lutter/Bayer/J. Schmidt*, EuropUR, § 3 Rz. 63 m.z.w.N.

3 Anders als bei der AG (oben Rz. 8) ist hier also tatsächlich *nur* der Verschmelzungsbericht der jeweiligen Gesellschaft auszulegen (ebenso i.E. *Frenzel*, Grenzüberschreitende Verschmelzung von Kapitalgesellschaften, S. 273; *Louven*, ZIP 2006, 2021 [2026]). Denn § 63 Abs. 1 Nr. 4 UmwG findet auf die GmbH – ebenso wie die der Norm zu Grunde liegende Vorschrift des Art. 11 Abs. 1 der 3. Richtlinie – keine (direkte) Anwendung, die Verweisung in § 122e Satz 2 UmwG bezieht sich insoweit nur auf die Art und Weise der Zugänglichmachung. § 122e Satz 2 UmwG spricht aber – insoweit im Einklang mit Art. 7 Abs. 2 der 10. Richtlinie – nur von dem „Verschmelzungsbericht ... der Gesellschaft“ (Singular). Vgl. auch *Frenzel*, Grenzüberschreitende Verschmelzung von Kapitalgesellschaften, S. 271 f.; *Heckschen* in Widmann/Mayer, § 122g UmwG Rz. 55 f.; *Kiem* in Habersack/Drinhausen, § 122g UmwG Rz. 7 (mit rechtpolitischer Kritik); *Simon/Rubner* in KölnKomm. UmwG, § 122g UmwG Rz. 5; offen *Zimmermann* in Kallmeyer, § 122g UmwG Rz. 7 a.E.; a.A. wohl *Klein*, RNotZ 2007, 565 (595).

4 Vgl. *Frenzel*, Grenzüberschreitende Verschmelzung von Kapitalgesellschaften, S. 274; *Heckschen* in Widmann/Mayer, § 122g UmwG Rz. 58; *Herrler/Schneider*, GmbHR 2011, 795 (799); *Louven*, ZIP 2006, 2021 (2026); *Lutz*, BWNotZ 2010, 23 (34).

5 Der Terminus „Verschmelzungs*vertrag*“ in § 47 UmwG ist auch hier als „Verschmelzungs*plan*“ zu lesen, vgl. zur Differenzierung näher § 122c Rz. 3.

6 Vgl. *Frenzel*, Grenzüberschreitende Verschmelzung von Kapitalgesellschaften, S. 273; *Heckschen* in Widmann/Mayer, § 122g UmwG Rz. 50, 53; *Herrler/Schneider*, GmbHR 2011, 795 (799); *Louven*, ZIP 2006, 2021 (2026); *Lutz*, BWNotZ 2010, 23 (34); *Neye/Timm*, GmbHR 2007, 561 (563); *Polley* in Henssler/Strohn, § 122g UmwG Rz. 2; *Simon/*

der Sache nach an sich überflüssigen – Doppelung (Auslegung *und* Übersendung)[1]; hier hätte § 47 UmwG insofern für unanwendbar erklärt werden können.

13 Nach richtiger Ansicht ist den Gesellschaftern spätestens mit der Einberufung weiterhin **auch der Verschmelzungsprüfungsbericht** (dazu näher § 122f Rz. 12) zu übersenden[2]. Dieser ist zwar in § 47 UmwG nicht genannt. Es entspricht jedoch schon für das nationale Umwandlungsrecht der ganz h.M., dass Gegenstand der Übersendung im Falle der Durchführung einer – dort fakultativen – Verschmelzungsprüfung analog § 47 UmwG auch der Verschmelzungsprüfungsbericht ist (ausf. § 47 Rz. 10).

14 Dies muss bei der grenzüberschreitenden Verschmelzung, wo die Verschmelzungsprüfung auch bei der GmbH in jedem Fall obligatorisch ist (vgl. § 122f Rz. 18), erst recht gelten, zumal Art. 9 Abs. 1 der 10. Richtlinie ausdrücklich vorsieht, dass die Beschlussfassung über den Verschmelzungsplan in Kenntnis des Verschmelzungsprüfungsberichts[3] erfolgt.

ee) Sprache

15 Soweit Gegenstand der Vorabinformation *Dokumente in ausländischer Sprache* sind, stellt sich die Frage, ob insoweit die Auslegung/Übersendung des Originaldokuments genügt[4] oder ob eine Übersetzung erforderlich ist[5]. Gegen die Notwendigkeit einer Übersetzung spricht zwar, dass insoweit weder die 10. Richtlinie noch die §§ 122a ff. UmwG eine entsprechende Vorgabe enthalten. Zudem sind derartige Übersetzungen mit einem nicht unerheblichen Aufwand verbunden[6]. Andererseits aber gilt es zu bedenken, dass der mit der 10. Richtlinie intendierte „Schutz durch Information"[7] nur effektiv verwirklicht werden kann, wenn die

---

Rubner in KölnKomm. UmwG, § 122g UmwG Rz. 5; *Weyde/Hafemann* in FS Meilicke, S. 779 (814); *Zimmermann* in Kallmeyer, § 122g UmwG Rz. 7; s. ferner auch *Freundorfer/Festner*, GmbHR 2010, 195 (198) („zur Sicherheit").

1 Zust. *Kiem* in Habersack/Drinhausen, § 122g UmwG Rz. 6; abweichend *Beutel*, Der neue rechtliche Rahmen grenzüberschreitender Verschmelzungen in der EU, 2008, S. 197: nur Zusendung des Verschmelzungsplans, hinsichtlich des Verschmelzungsberichts sei § 122e Satz 2 UmwG *lex specialis*.

2 Ebenso *Heckschen* in Widmann/Mayer, § 122g UmwG Rz. 57; *Simon/Rubner* in KölnKomm. UmwG, § 122g UmwG Rz. 5; *Zimmermann* in Kallmeyer, § 122g UmwG Rz. 7; vgl. auch schon *Louven*, ZIP 2006, 2021 (2026); *Frenzel*, Grenzüberschreitende Verschmelzung von Kapitalgesellschaften, S. 273; a.A. *Mayer* in Widmann/Mayer, § 122c UmwG Rz. 22.

3 „Nach Kenntnisnahme der in Artikel 7 und Artikel 8 genannten Berichte beschließt die Gesellschafterversammlung …". Der Plural „Berichte" dürfte sich dabei auf Verschmelzungsbericht (Art. 7 der 10. Richtlinie) und Verschmelzungsprüfungsbericht (Art. 8 der 10. Richtlinie) der jeweiligen Gesellschaft (und nicht etwa auf die Verschmelzungsprüfungsberichte aller beteiligten Gesellschaften) beziehen; vgl. auch *Frenzel*, Grenzüberschreitende Verschmelzung von Kapitalgesellschaften, S. 271.

4 So *Louven*, ZIP 2006, 2021 (2026).

5 So *Drinhausen* in Semler/Stengel, § 122g UmwG Rz. 4; *Heckschen* in Widmann/Mayer, § 122g UmwG Rz. 58, 63; *Hörtnagl* in Schmitt/Hörtnagl/Stratz, § 122g UmwG Rz. 4; *Kiem* in Habersack/Drinhausen, § 122g UmwG Rz. 8; *Lutz*, BWNotZ 2010, 23 (33); *Polley* in Henssler/Strohn, § 122g UmwG Rz. 3; *Simon/Rubner* in KölnKomm. UmwG, § 122g UmwG Rz. 4; *Zimmermann* in Kallmeyer, § 122g UmwG Rz. 84.

6 Vgl. *Louven*, ZIP 2006, 2021 (2026).

7 Vgl. dazu allg. *Lutter/Bayer/J. Schmidt*, EuropUR, § 23 Rz. 26.

Anteilsinhaber die zu ihrer Einsicht ausliegenden bzw. ihnen übersandten Dokumente auch tatsächlich verstehen können. Daher ist der h.M. zu folgen, so dass nicht die **Originaldokumente**, sondern eine **Übersetzung** in deutscher Sprache zur Verfügung zu stellen sind.

c) Ggf. Nachgründungsbericht und gesonderte Gründungsprüfung

Im Falle einer Verschmelzung durch Aufnahme hat eine übernehmende deutsche AG ggf. gem. **§§ 122a Abs. 2, 67 UmwG** die Vorschriften der §§ 52 Abs. 3, 4, 6 bis 9 AktG über die Nachgründung einzuhalten[1]. Gleiches gilt gem. § 78 Satz 1 UmwG bei einer deutschen KGaA[2] sowie gem. Art. 9 Abs. 1 lit. c ii SE-VO bei einer deutschen SE. In diesen Fällen muss der Aufsichtsrat (dualistische SE: Aufsichtsorgan; monistische SE: Verwaltungsrat) vor der Hauptversammlung einen Nachgründungsbericht erstatten (§ 52 Abs. 3 AktG), zudem ist eine gesonderte Prüfung durch externe Prüfer durchzuführen (§ 52 Abs. 4 AktG). Für die **Zwei-Jahres-Frist** ist nicht auf den Zeitpunkt der notariellen Beurkundung des Verschmelzungsplans[3], sondern – entsprechend § 76 Abs. 1 UmwG – auf denjenigen des **Verschmelzungs*beschlusses*** abzustellen[4]. 16

3. Durchführung der Versammlung

Hinsichtlich der Durchführung der Versammlung der Anteilsinhaber sind in den §§ 122a ff. UmwG – ebenso wie in der 10. Richtlinie – **keine Sonderregelungen** vorgesehen. [5] Bei einer deutschen AG, KGaA (vgl. § 278 Abs. 3 AktG) und SE (vgl. Art. 53 SE-VO) gelten also die §§ 129 ff. AktG, bei einer GmbH (inkl. des Subtyps der UG, vgl. Einl. I Rz. 53) die §§ 47 ff. GmbHG. 17

Bei einer deutschen AG, KGaA und SE gelten ferner auch die **besonderen Informationspflichten** gem. **§§ 122a Abs. 2, 64 UmwG**[6]: Danach sind die in § 63 Abs. 1 UmwG bezeichneten Unterlagen (dazu oben Rz. 7) in der Hauptversammlung zugänglich zu machen; der Vorstand (dualistische SE: Leitungsorgan, monistische SE: Verwaltungsrat) hat den Verschmelzungs*plan*[7] oder seinen Entwurf mündlich zu erläutern; ferner haben die Aktionäre ein erweitertes Auskunftsrecht[8] (ausf. § 64 Rz. 11 ff.). 18

---

1 Vgl. *Mayer* in Widmann/Mayer, § 122c UmwG Rz. 162; s. ferner auch *Beutel*, Der neue rechtliche Rahmen grenzüberschreitender Verschmelzungen in der EU, 2008, S. 257.

2 Vgl. *Mayer* in Widmann/Mayer, § 122c UmwG Rz. 162.

3 So aber *Mayer* in Widmann/Mayer, § 122c UmwG Rz. 162 sowie für die Parallelproblematik bei der SE etwa: *Jannott* in Jannott/Frodermann, Handbuch Europäische Aktiengesellschaft, 2005, § 3 Rz. 66; *Schwarz*, SE-Kommentar, 2005, Art. 20 SE-VO Rz. 55.

4 Ebenso für die Parallelproblematik bei der SE: *Bayer* in Lutter/Hommelhoff, SE-Kommentar, Art. 23 SE-VO Rz. 8; *Schäfer* in MünchKomm. AktG, Art. 23 SE-VO Rz. 8.

5 So auch *Drinhausen* in Semler/Stengel, § 122g UmwG Rz. 6; *Zimmermann* in Kallmeyer, § 122g UmwG Rz. 10 (unstreitig). S. ferner auch *Lutter/Bayer/J. Schmidt*, EuropUR, § 23 Rz. 82 f.

6 Vgl. *Drinhausen/Keinath*, BB 2006, 725 (729).

7 Der Terminus „Verschmelzungs*vertrag*" in § 64 Abs. 1 UmwG ist auch hier als „Verschmelzungs*plan*" zu lesen, vgl. zur Differenzierung näher § 122c Rz. 3.

8 *Zimmermann* in Kallmeyer, § 122g UmwG Rz. 9.

4. Beschlussfassung

a) Allgemeines

19 Hinsichtlich der Einzelheiten der Beschlussfassung sind in den §§ 122aff. UmwG – ebenso wie in der 10. Richtlinie – keine Sonderregelungen vorgesehen. Auch insoweit gelten also gem. **§ 122a Abs. 2 UmwG** die Vorschriften über nationale Verschmelzungen entsprechend[1].

b) Mehrheitserfordernisse

20 Der Zustimmungsbeschluss einer deutschen **AG** bedarf folglich neben einer einfachen Stimmenmehrheit (§ 133 Abs. 1 AktG) auch einer Mehrheit von mindestens *drei Vierteln* des bei der Beschlussfassung vertretenen Grundkapitals (§ 65 Abs. 1 Satz 1 UmwG); die Satzung kann eine größere Mehrheit und weitere Erfordernisse vorsehen (§ 65 Abs. 1 Satz 2 UmwG)[2].

21 Bei einer deutschen **KGaA** gelten qua §§ 122a Abs. 2, 78 Satz 1 UmwG bzw. § 278 Abs. 3 AktG dieselben Mehrheitserfordernisse[3]. Gem. §§ 122a Abs. 2, 78 Satz 3 UmwG bedarf der Zustimmungsbeschluss aber zusätzlich auch der Zustimmung der persönlich haftenden Gesellschafter[4] (vgl. dazu auch § 78 Rz. 4, 7).

22 Bei der **deutschen SE** bedarf es richtiger Ansicht nach wegen Art. 59 Abs. 1 SE-VO **zusätzlich** zu der gem. §§ 122a Abs. 2, 65 Abs. 1 Satz 1 UmwG erforderlichen Kapitalmehrheit einer **Stimmenmehrheit von 2/3**[5]; in der Satzung können eine größere Stimmen- oder Kapitalmehrheit und weitere Erfordernisse vorgesehen werden[6]. Die verbreitet vertretene Auffassung, dass die im deutschen Recht für viele Fälle geforderten ¾-Kapitalmehrheiten im Wege einer „SE-spezifischen" („verordnungskonformen") Auslegung *in ¾-Stimmenmehrheiten umzudeuten* seien[7], ist mit der Konzeption der SE-VO *unvereinbar*[8].

1 Vgl. *Bayer/J. Schmidt*, NZG 2006, 841 (843); *Drinhausen* in Semler/Stengel, § 122g UmwG Rz. 6; *Heckschen* in Widmann/Mayer, § 122g UmwG Rz. 69; *Kiem* in Habersack/Drinhausen, § 122g UmwG Rz. 9; *Lutter/Bayer/J. Schmidt*, EuropUR, § 23 Rz. 82f.; *Zimmermann* in Kallmeyer, § 122g UmwG Rz. 10.

2 Vgl. *Frenzel*, Grenzüberschreitende Verschmelzung von Kapitalgesellschaften, S. 276; *Hörtnagl* in Schmitt/Hörtnagl/Stratz, § 122g UmwG Rz. 5; *Limmer*, ZNotP 2007, 282 (284); *Lutter/Bayer/J. Schmidt*, EuropUR, § 23 Rz. 83; *Lutz*, BWNotZ 2010, 23 (33); *H.-F. Müller*, ZIP 2007, 1081 (1085); *Zimmermann* in Kallmeyer, § 122g UmwG Rz. 13.

3 *Lutter/Bayer/J. Schmidt*, EuropUR, § 23 Rz. 83; *Zimmermann* in Kallmeyer, § 122g UmwG Rz. 1.

4 *Lutter/Bayer/J. Schmidt*, EuropUR, § 23 Rz. 83; *Zimmermann* in Kallmeyer, § 122g UmwG Rz. 13.

5 So auch *Kiem* in Habersack/Drinhausen, § 122g UmwG Rz. 9; *Lutter/Bayer/J. Schmidt*, EuropUR, § 23 Rz. 83.

6 Vgl. zu den Mehrheitserfordernissen bei satzungsändernden Hauptversammlungsbeschlüssen deutscher SE: *Lutter/Bayer/J. Schmidt*, EuropUR, § 41 Rz. 166 m.w.N. sowie ausf. bereits *J. Schmidt*, „Deutsche" vs. „britische" Societas Europaea (SE), 2006, S. 695ff.

7 So *Kubis* in MünchKomm. AktG, Art. 57, 58 SE-VO Rz. 7, Art. 59 SE-VO Rz. 6; *Spindler* in Lutter/Hommelhoff, SE-Kommentar, Art. 58 SE-VO Rz. 13; *Schwarz*, SE-Kommentar, 2005, Art. 57 SE-VO Rz. 10, Art. 59 SE-VO Rz. 15; vgl. auch schon *Brandt*, Die Hauptversammlung der Europäischen Aktiengesellschaft (SE), 2004, S. 250.

8 Ebenso *Kiem* in KölnKomm. AktG, Art. 57 SE-VO Rz. 36ff.; *Lutter/Bayer/J. Schmidt*, EuropUR, § 41 Rz. 165f.; *Seibt* in Lutter/Hommelhoff, SE-Kommentar, Art. 59 SE-VO

Bei einer deutschen **GmbH** (inkl. des Subtyps der UG, vgl. Einl. I Rz. 53) bedarf der Zustimmungsbeschluss gem. §§ 122a Abs. 2, 50 Abs. 1 UmwG einer Mehrheit von mindestens ¾ der abgegebenen Stimmen; der Gesellschaftsvertrag kann eine größere Mehrheit und weitere Erfordernisse bestimmen[1]. 23

c) Sonderfälle

Sofern bei einer AG, KGaA oder SE mehrere **Aktiengattungen** existieren, bedarf es eines Sonderbeschlusses jeder Gattung mit entsprechender Mehrheit (§§ 122a Abs. 2, 65 Abs. 2 UmwG)[2]. Sofern an der Verschmelzung eine deutsche GmbH (inkl. des Subtyps der UG, vgl. Einl. I Rz. 53) bzw. entsprechende ausländische Rechtsformen beteiligt sind, kann u.U. nach §§ 122a Abs. 1, 51 Abs. 1 Satz 1 bzw. 3 UmwG die *Zustimmung* aller Gesellschafter bzw. aller bei der Beschlussfassung anwesenden Anteilsinhaber erforderlich sein[3]. Ferner kann u.U. eine Zustimmung einzelner Anteilsinhaber gem. § 122a Abs. 2 UmwG i.V.m. § 13 Abs. 2 UmwG (dazu näher § 13 Rz. 28 ff.) oder § 50 Abs. 2 UmwG (dazu näher § 50 Rz. 40 ff.) erforderlich sein[4]. 24

d) Beschlussverbot gem. § 76 UmwG

Für eine übertragende deutsche AG, KGaA und SE gilt gem. § 122a Abs. 2 UmwG auch die zweijährige Sperrfrist des § 76 Abs. 1 UmwG. 25

e) Form

Der Zustimmungsbeschluss einer *deutschen* Gesellschaft bedarf gem. §§ 122a Abs. 2, 13 Abs. 3 UmwG der **notariellen Beurkundung**[5]. 26

Rz. 8; ausf. schon *J. Schmidt*, „Deutsche" vs. „britische" Societas Europaea (SE), 2006, S. 696 f.

1 Vgl. *Herrler/Schneider*, GmbHR 2011, 795 (800); *Lutter/Bayer/J. Schmidt*, EuropUR, § 23 Rz. 83; *Zimmermann* in Kallmeyer, § 122g UmwG Rz. 13; ebenso schon *Frenzel*, Grenzüberschreitende Verschmelzung von Kapitalgesellschaften, S. 276; *Limmer*, ZNotP 2007, 282 (284); *H.-F. Müller*, ZIP 2007, 1081 (1085); *Neye/Timm*, GmbHR 2007, 561 (563). Für eine entsprechende Anwendung von § 65 Abs. 1 UmwG dagegen offenbar *Behrens*, Die grenzüberschreitende Verschmelzung nach der Richtlinie 2005/56/EG (Verschmelzungsrichtlinie), 2007, S. 134 f.

2 Vgl. *H.-F. Müller*, Der Konzern 2007, 81 (83).

3 Vgl. *Heckschen* in Widmann/Mayer, § 122g UmwG Rz. 95 ff.; *Lutz*, BWNotZ 2010, 23 (34); *H.-F. Müller*, Der Konzern 2007, 81 (83).

4 Vgl. *Heckschen* in Widmann/Mayer, § 122g UmwG Rz. 93 f.; *Lutz*, BWNotZ 2010, 23 (34); *H.-F. Müller*, Der Konzern 2007, 81 (83); *Zimmermann* in Kallmeyer, § 122g UmwG Rz. 24.

5 *Lutter/Bayer/J. Schmidt*, EuropUR, § 23 Rz. 83; *Zimmermann* in Kallmeyer, § 122g UmwG Rz. 10; *Heckschen* in Widmann/Mayer, § 122g UmwG Rz. 102; *Heckschen*, DNotZ 2007, 444 (462); *Limmer*, ZNotP 2007, 282 (284); *Weyde/Hafemann* in FS Meilicke, S. 779 (816); vgl. auch schon *Beutel*, Der neue rechtliche Rahmen grenzüberschreitender Verschmelzungen in der EU, 2008, S. 197.

III. Zustimmungsvorbehalt (§ 122g Abs. 1 UmwG)

1. Zweck und Gegenstand

27 § 122g Abs. 1 UmwG ermöglicht es der Versammlung der Anteilsinhaber in Umsetzung von Art. 9 Abs. 2 der 10. Richtlinie, sich das Recht vorzubehalten, die Eintragung der Verschmelzung von der Genehmigung der Mitbestimmung abhängig zu machen; damit kann das **Letztentscheidungsrecht der Anteilsinhaber gesichert** werden, ohne den Fortgang des Verschmelzungsverfahrens zu blockieren[1] (vgl. bereits oben Rz. 2).

28 Wie sich aus der weiten Formulierung „Art und Weise der Mitbestimmung"[2] ergibt, erstreckt sich der Genehmigungsvorbehalt auf **alle Arten einer zulässigen Mitbestimmungsregelung**, d.h. nicht nur auf eine individuelle Vereinbarung, sondern auch auf die Fälle des Eingreifens der Auffangregelung infolge eines ergebnislosen Abbruchs der Verhandlungen oder infolge Fristablaufs[3].

2. Erklärung des Vorbehalts, Mitbestimmungsvereinbarung und Satzung

29 Sofern nicht bereits im Zeitpunkt der Beschlussfassung über den Verschmelzungsplan das spätere Mitbestimmungsmodell vorliegt, eröffnet allein der Entscheidungsvorbehalt nach § 122g Abs. 1 UmwG den Anteilsinhabern die Möglichkeit, von der Durchführung der Verschmelzung Abstand zu nehmen[4]. Man könnte zwar daran denken, bereits i.R.d. Satzung – die Teil des Verschmelzungsplans ist (vgl. § 122c Abs. 2 Nr. 9 UmwG, dazu § 122c Rz. 24) – eine Regelung über die Mitbestimmung zu treffen, die von dem für die Verhandlungen mit den Arbeitnehmern zuständigen Gesellschaftsorgan jedenfalls nicht überschritten werden darf[5]. Dieser Ausweg ist indes versperrt: Denn steht die getroffene Vereinbarung im Widerspruch zur Satzung, so ist letztere zu ändern, d.h. die Mitbestimmungsregelung geht vor (vgl. § 24 Abs. 3 MgVG sowie Art. 16 Abs. 3 lit. f der

---

1 Vgl. *Bayer/J. Schmidt*, NJW 2006, 401 (404); *Drinhausen* in Semler/Stengel, § 122g UmwG Rz. 8; *Heckschen* in Widmann/Mayer, § 122g UmwG Rz. 106; *Kiem* in Habersack/Drinhausen, § 122g UmwG Rz. 3; *Lutter/Bayer/J. Schmidt*, EuropUR, § 23 Rz. 84, 88; *Lutz*, BWNotZ 2010, 23 (34); *H.-F. Müller*, NZG 2006, 286 (289); *Neye*, ZIP 2005, 1891 (1896); *Zimmermann* in Kallmeyer, § 122g UmwG Rz. 1. Vgl. ferner für die Parallelregelung in Art. 23 Abs. 2 Satz 2 SE-VO: *Bayer* in Lutter/Hommelhoff, SE-Kommentar, Art. 23 SE-VO Rz. 14.

2 § 122g Abs. 1 UmwG („Art und Weise der Mitbestimmung") und die zu Grunde liegende Vorschrift des Art. 9 Abs. 2 der 10. Richtlinie („Modalitäten der Mitbestimmung") sind insoweit gegenüber der sprachlich missverständlichen Vorbildregelung in Art. 23 Abs. 2 Satz 2 SE-VO („geschlossene Vereinbarung", dazu *Bayer* in Lutter/Hommelhoff, SE-Kommentar, Art. 23 SE-VO Rz. 15) deutlich verbessert.

3 *Lutter/Bayer/J. Schmidt*, EuropUR, § 23 Rz. 85; ebenso i.E. *Beutel*, Der neue rechtliche Rahmen grenzüberschreitender Verschmelzungen in der EU, 2008, S. 195; *Frenzel*, Grenzüberschreitende Verschmelzung von Kapitalgesellschaften, S. 279; vgl. auch für die Parallelnorm des Art. 23 Abs. 2 Satz 2 SE-VO: *Bayer* in Lutter/Hommelhoff, SE-Kommentar, Art. 23 SE-VO Rz. 15 m.w.N.

4 Vgl. für die Parallelnorm des Art. 23 Abs. 2 Satz 2 SE-VO: *Bayer* in Lutter/Hommelhoff, SE-Kommentar, Art. 23 Rz. 16.

5 I.d.S. offenbar *Kiem*, WM 2006, 1091 (1097); vgl. zum Verhältnis von Beteiligungsvereinbarung und Satzung auch *Habersack*, ZHR 171 (2007), 613 (628f.); *Kiem*, ZHR 173 (2009), 156 (177f.); *Teicke*, DB 2012, 2675 (2681).

10. Richtlinie i.V.m. Art. 12 Abs. 4 SE-VO)[1]. Ob die Anteilsinhaber die Vertretungsorgane der beteiligten Gesellschaften diesbezüglich ermächtigen dürfen, die Satzung vor Anmeldung der Verschmelzung entsprechend anzupassen, wie dies im Schrifttum vereinzelt vertreten wird[2], erscheint jedenfalls bei AG, KGaA und SE auf Grund der dort zwingenden Kompetenzordnung äußerst zweifelhaft[3].

3. Mehrheit

30 Über die hinsichtlich der Erklärung des Vorbehalts erforderliche Mehrheit trifft § 122g Abs. 1 UmwG – ebenso wie der zu Grunde liegende Art. 9 Abs. 2 der 10. Richtlinie – keine Anordnung. Richtigerweise genügt damit nach den allgemeinen Grundregeln in § 133 Abs. 1 AktG bzw. § 47 Abs. 1 GmbHG bzw. Art. 57 SE-VO eine **einfache Stimmenmehrheit**[4]. Die h.M. sieht den Zustimmungsvorbehalt indes als untrennbaren Bestandteil des Zustimmungsbeschlusses zum Verschmelzungsplan[5] und verlangt somit die qualifizierte Mehrheit gem. §§ 50 Abs. 1, 65 Abs. 1 UmwG. Die Prämisse der h.M. ist indes unzutreffend (ausf. unten Rz. 33).

4. Wirkung des Vorbehalts

31 Solange das Mitbestimmungsmodell nicht genehmigt wurde (dazu unten Rz. 32 ff.), fehlt es an einer ordnungsgemäßen Zustimmung zum Verschmelzungsplan[6]. Ist die *deutsche* Gesellschaft *übernehmender* bzw. *neuer* Rechtsträger, so kann die Verschmelzung nicht eingetragen werden, solange die Genehmigung fehlt (vgl. § 122l Abs. 2 UmwG, dazu § 122l Rz. 13 ff.)[7]. Ist die *deutsche* Gesellschaft *übertragender* Rechtsträger, so darf ihr ohne Vorliegen der Genehmigung keine Verschmelzungsbescheinigung gem. § 122k UmwG erteilt werden (vgl.

---

1 Vgl. *Heckschen* in Widmann/Mayer, § 122g UmwG Rz. 114; *Mayer* in Widmann/Mayer, § 122c UmwG Rz. 123; ausf. *Thüsing/Forst* in Habersack/Drinhausen, § 22 MgVG Rz. 45 ff.; für die Parallelproblematik bei der SE auch *Bayer* in Lutter/Hommelhoff, SE-Kommentar, Art. 23 Rz. 16 m.w.N.

2 *Drinhausen* in Semler/Stengel, § 122g UmwG Rz. 13.

3 Wie hier *Kiem* in Habersack/Drinhausen, § 122g UmwG Rz. 16; *Lutz*, BWNotZ 2010, 23 (34).

4 Ebenso *Drinhausen* in Semler/Stengel, § 122g UmwG Rz. 10; so auch noch *Marsch-Barner* in Kallmeyer, 4. Aufl. 2010, § 122g UmwG Rz. 2; vgl. auch schon *Beutel*, Der neue rechtliche Rahmen grenzüberschreitender Verschmelzungen in der EU, 2008, S. 198; vgl. für Art. 9 Abs. 2 der 10. Richtlinie auch *Lutter/Bayer/J. Schmidt*, EuropUR, § 23 Rz. 86. Ebenso für die Parallelnorm des Art. 23 Abs. 2 Satz 2 SE-VO: *Bayer* in Lutter/Hommelhoff, SE-Kommentar, Art. 23 Rz. 17; *Schäfer* in MünchKomm. AktG, Art. 23 SE-VO Rz. 11; *Casper* in Spindler/Stilz, Art. 23 SE-VO Rz. 6.

5 *Heckschen* in Widmann/Mayer, § 122g UmwG Rz. 109; *Hörtnagl* in Schmitt/Hörtnagl/Stratz, § 122g UmwG Rz. 8; *Kiem* in Habersack/Drinhausen, § 122g UmwG Rz. 10; *Polley* in Henssler/Strohn, § 122g UmwG Rz. 6; *Simon/Rubner* in KölnKomm. UmwG, § 122g UmwG Rz. 16; *Zimmermann* in Kallmeyer, § 122g UmwG Rz. 16.

6 *Drinhausen* in Semler/Stengel, § 122g UmwG Rz. 9; *Zimmermann* in Kallmeyer, § 122g UmwG Rz. 17.

7 *Drinhausen* in Semler/Stengel, § 122g UmwG Rz. 12; *Lutter/Bayer/J. Schmidt*, EuropUR, § 23 Rz. 87, 94, 102 f.; *Zimmermann* in Kallmeyer, § 122g UmwG Rz. 17; vgl. auch schon *Beutel*, Der neue rechtliche Rahmen grenzüberschreitender Verschmelzungen in der EU, 2008, S. 196.

§ 122k Abs. 2 Satz 1 UmwG, dazu § 122k Rz. 18)[1], welche wiederum notwendige Voraussetzung für die Eintragung der Verschmelzung im Mitgliedstaat der übernehmenden bzw. neuen Gesellschaft ist (vgl. Art. 11 der 10. Richtlinie)[2]. Die fehlende Genehmigung stellt also ein gesetzliches **Eintragungshindernis** dar[3], das von der jeweiligen Kontrollstelle von Amts wegen geprüft wird (vgl. §§ 122k Abs. 2 Satz 1, 122l Abs. 2 UmwG sowie Art. 10 Abs. 1, 11 der 10. Richtlinie)[4]. Die Wirksamkeit des Verschmelzungsbeschlusses bleibt allerdings unberührt[5].

5. Erklärung der Genehmigung

a) Beschluss der Hauptversammlung/Gesellschafterversammlung

32 Nach dem eindeutigen Wortlaut des § 122g Abs. 1 UmwG muss die Genehmigung **ausdrücklich** erfolgen, ein konkludentes Handeln oder gar bloße Untätigkeit der Versammlung der Anteilsinhaber genügt also nicht[6]. Ratio ist, dass die zuständige Kontrollstelle das Vorliegen der Genehmigung eindeutig und zweifelsfrei feststellen können muss[7]. Daher muss die Bestätigung in einer (weiteren) Versammlung der Anteilsinhaber erfolgen[8].

33 Hinsichtlich der für die Genehmigung erforderlichen **Mehrheit** wird teilweise entsprechend § 65 Abs. 1 Satz 1 UmwG bzw. § 50 Abs. 1 UmwG eine qualifizierte Mehrheit gefordert, da die Vereinbarungen mit den Arbeitnehmern für die aus der Verschmelzung hervorgehende Gesellschaft grundlegende Bedeutung hätten und daher als Teil des Verschmelzungsplans anzusehen seien[9]. Dies vermag jedoch nicht zu überzeugen. Die *Arbeitnehmerbeteiligung* ist nämlich – wie sich im

1 Vgl. *Drinhausen* in Semler/Stengel, § 122g UmwG Rz. 12; *Hörtnagl* in Schmitt/Hörtnagl/Stratz, § 122g UmwG Rz. 10; *Lutter/Bayer/J. Schmidt*, EuropUR, § 23 Rz. 87, 94, 102f.; *Simon/Rubner* in KölnKomm. UmwG, § 122g UmwG Rz. 20; *Zimmermann* in Kallmeyer, § 122g UmwG Rz. 17; a.A. *Heckschen* in Widmann/Mayer, § 122g UmwG Rz. 124ff.

2 Vgl. dazu *Lutter/Bayer/J. Schmidt*, EuropUR, § 23 Rz. 96f.

3 Vgl. *Lutter/Bayer/J. Schmidt*, EuropUR, § 23 Rz. 87; für die Parallelproblematik bei der SE: *Bayer* in Lutter/Hommelhoff, SE-Kommentar, Art. 23 SE-VO Rz. 18 m.w.N.

4 Vgl. *Lutter/Bayer/J. Schmidt*, EuropUR, § 23 Rz. 87, 94, 102; für die Parallelproblematik bei der SE: *Bayer* in Lutter/Hommelhoff, SE-Kommentar, Art. 23 SE-VO Rz. 18 m.w.N.

5 Vgl. für die Parallelproblematik bei der SE: *Bayer* in Lutter/Hommelhoff, SE-Kommentar, Art. 23 SE-VO Rz. 18 m.w.N.

6 So auch *Kiem* in Habersack/Drinhausen, § 122g UmwG Rz. 11; *Lutter/Bayer/J. Schmidt*, EuropUR, § 23 Rz. 87; *Zimmermann* in Kallmeyer, § 122g UmwG Rz. 21 a.E.; vgl. auch für die Parallelproblematik bei der SE: *Bayer* in Lutter/Hommelhoff, SE-Kommentar, Art. 23 SE-VO Rz. 19 m.w.N.

7 Vgl. für die Parallelproblematik bei der SE: *Bayer* in Lutter/Hommelhoff, SE-Kommentar, Art. 23 SE-VO Rz. 19 m.w.N.

8 *Drinhausen* in Semler/Stengel, § 122g UmwG Rz. 11; *Heckschen* in Widmann/Mayer, § 122g UmwG Rz. 113; *Hörtnagl* in Schmitt/Hörtnagl/Stratz, § 122g UmwG Rz. 9; *Lutter/Bayer/J. Schmidt*, EuropUR, § 23 Rz. 87; *Zimmermann* in Kallmeyer, § 122g UmwG Rz. 18.

9 So *Frenzel*, RIW 2008, 12 (19f.); *Heckschen* in Widmann/Mayer, § 122g UmwG Rz. 137; *Hörtnagl* in Schmitt/Hörtnagl/Stratz, § 122g UmwG Rz. 10; *Kiem* in Habersack/Drinhausen, § 122g UmwG Rz. 11; *Polley* in Henssler/Strohn, § 122g UmwG Rz. 6; *Simon/Rubner* in KölnKomm. UmwG, § 122g UmwG Rz. 19; *Limmer*, ZNotP 2007, 282 (285); *Zimmermann* in Kallmeyer, § 122g UmwG Rz. 20. Für die Parallelproblematik bei der SE etwa *Oplustil*, (2003) 4 GLJ 107 (118).

Umkehrschluss aus § 122c Abs. 2 Nr. 10 UmwG (dazu ausf. § 122c Rz. 25) ergibt – gerade *nicht Bestandteil des Verschmelzungsplans*[1]. Entsprechende Vereinbarungen sind vielmehr prinzipiell eine der Verwaltung überlassene Geschäftsführungsmaßnahme (vgl. bereits oben Rz. 2), ein Genehmigungsvorbehalt der Versammlung der Anteilsinhaber ist nur der Ausnahmefall[2]. Nach den Grundregeln der § 133 Abs. 1 AktG bzw. § 47 Abs. 1 GmbHG bzw. Art. 57 SE-VO genügt demgemäß für die Genehmigung eine **einfache Stimmenmehrheit**[3]. Auch die Gegenmeinung will indes teilweise zulassen, dass im Vorbehaltsbeschluss für den Bestätigungsbeschluss eine einfache Stimmenmehrheit angeordnet wird[4].

b) Keine Delegation

Entgegen einer verbreiteten Auffassung im Schrifttum[5] kann die Genehmigung 34
des künftigen Mitbestimmungsmodells **nicht delegiert** werden, insbesondere auch nicht auf Aufsichtsrat/Aufsichtsorgan bzw. Verwaltungsrat[6]. Anders als vielfach postuliert ist die Übertragung der Genehmigungszuständigkeit nämlich keineswegs lediglich ein *Minus* zur eigenständigen Entscheidung durch die Versammlung der Anteilsinhaber, sondern ein so von § 122g Abs. 1 UmwG und der 10. Richtlinie gerade nicht vorgesehenes *Aliud*[7]. Eine derartige Delegation stünde zudem in diametralem Gegensatz zur Ratio des Zustimmungsvorbehalts, durch den die endgültige Entscheidung gerade von der Verwaltung wegverlagert werden soll, um so die Eigentümerrechte der Anteilsinhaber zu sichern[8].

---

1 Vgl. zu Art. 9 Abs. 2 der 10. Richtlinie (wo sich dies aus dem Umkehrschluss aus Art. 5 Satz 2 lit. j ergibt): *Lutter/Bayer/J. Schmidt*, EuropUR, § 23 Rz. 87.

2 Wie hier auch *Drinhausen* in Semler/Stengel, § 122g UmwG Rz. 11; für die Parallelproblematik bei der SE: *Bayer* in Lutter/Hommelhoff, SE-Kommentar, Art. 23 SE-VO Rz. 20; *Schäfer* in MünchKomm. AktG, Art. 23 SE-VO Rz. 12 m.w.N.

3 Ebenso *Drinhausen* in Semler/Stengel, § 122g UmwG Rz. 11; vgl. auch schon *Beutel*, Der neue rechtliche Rahmen grenzüberschreitender Verschmelzungen in der EU, 2008, S. 198; so auch noch *Marsch-Barner* in Kallmeyer, 4. Aufl. 2010, § 122g UmwG Rz. 2; für Art. 9 Abs. 2 der 10. Richtlinie: *Lutter/Bayer/J. Schmidt*, EuropUR, § 23 Rz. 87; für die Parallelproblematik bei der SE: *Bayer* in Lutter/Hommelhoff, SE-Kommentar, Art. 23 SE-VO Rz. 20; *Schäfer* in MünchKomm. AktG, Art. 23 SE-VO Rz 12 m.w.N.

4 So etwa *Klein*, RNotZ 2007, 565 (597); *Limmer*, ZNotP 2007, 282 (285); *Polley* in Henssler/Strohn, § 122g UmwG Rz. 6; *Simon/Rubner* in KölnKomm. UmwG, § 122g UmwG Rz.17; a.A. wohl *Heckschen* in Widmann/Mayer, § 122g UmwG Rz. 137.

5 So aber *Drinhausen* in Semler/Stengel, § 122g UmwG Rz. 18; *Simon/Rubner* in KölnKomm. UmwG, § 122g UmwG Rz. 18.

6 Ebenso *Frenzel*, RIW 2008, 12 (20); *Heckschen* in Widmann/Mayer, § 122g UmwG Rz. 132 f.; *Kiem* in Habersack/Drinhausen, § 122g UmwG Rz. 11; *Lutter/Bayer/J. Schmidt*, EuropUR, § 23 Rz. 87; *H.-F. Müller*, ZIP 2007, 1081 (1085); *Polley* in Henssler/Strohn, § 122g UmwG Rz. 7; *Zimmermann* in Kallmeyer, § 122g UmwG Rz. 19. Vgl. für die Parallelproblematik bei der SE: *Bayer* in Lutter/Hommelhoff, SE-Kommentar, Art. 23 SE-VO Rz. 21 m.w.N. auch zur Gegenansicht.

7 *Lutter/Bayer/J. Schmidt*, EuropUR, § 23 Rz. 87. Vgl. für die Parallelproblematik bei der SE: *Bayer* in Lutter/Hommelhoff, SE-Kommentar, Art. 23 SE-VO Rz. 21 m.w.N.

8 Vgl. *H.-F. Müller*, ZIP 2007, 1081 (1085); *Kiem* in Habersack/Drinhausen, § 122g UmwG Rz. 11; *Lutter/Bayer/J. Schmidt*, EuropUR, § 23 Rz. 87; für die Parallelproblematik bei der SE: *Bayer* in Lutter/Hommelhoff, SE-Kommentar, Art. 23 SE-VO Rz. 21 m.w.N.

IV. Entbehrlichkeit der Zustimmung bei Konzernverschmelzungen

35 Gem. **§ 122g Abs. 2 UmwG** ist der Verschmelzungsbeschluss einer deutschen **übertragenden** Gesellschaft *entbehrlich*, wenn es sich um einen upstream-merger einer 100%igen Tochter auf die Mutter[1] handelt. Die Regelung ist durch Art. 15 Abs. 1 Sps. 2 der 10. Richtlinie geboten[2], von ihrer im RefE zum 3. UmwGÄndG geplanten Streichung wurde nach Kritik aus dem Schrifttum[3] zu Recht Abstand genommen[4].

36 Im Hinblick auf den Zustimmungsbeschluss einer deutschen **übernehmenden** Gesellschaft ist nach h.M. qua § 122a Abs. 2 UmwG die Ausnahmeregelung in **§ 62 Abs. 1 UmwG** anwendbar[5]. Ob dies mit Art. 9 Abs. 3 der 10. Richtlinie[6] in Einklang steht, könnte man allerdings u.U. bezweifeln. Denn aus dem Umstand, dass den Mitgliedstaaten dort gestattet wird, einen Dispens vom Zustimmungserfordernis für eine übernehmende Gesellschaft vorzusehen, wenn die Bedingungen des Art. 8 der 3. Richtlinie[7] erfüllt sind, könnte man *e contrario* ableiten, dass nationale Umsetzungsvorschriften zu anderen Vorschriften der 3. Richtlinie, die ebenfalls eine Dispensmöglichkeit von einem Zustimmungsbeschluss vorsehen – namentlich Art. 24 und 27 der 3. Richtlinie und damit auch § 62 Abs. 1 UmwG als Umsetzung von Art. 27 der 3. Richtlinie[8] – gerade nicht anwendbar sein sollen[9]. Andererseits lässt sich Art. 8 Abs. 3 der 3. Richtlinie jedoch durchaus auch als eine Art *lex generalis* zu Art. 27 der 3. Richtlinie verstehen[10]: Die materiellen Dispensvoraussetzungen beider Regelungen sind identisch; und während Art. 27 der 3. Richtlinie n.F. den Dispens für den Sonderfall des 90 %-upstream-merger gebietet[11], eröffnet Art. 8 Abs. 3 der 3. Richtlinie ihn darüber hinaus ganz generell als Mitgliedstaatenoption. Unter dieser Prämisse lässt sich dann aber aus der fehlenden Verweisung auf die *lex specialis* des Art. 27 der 3. Richtlinie keine entspre-

---

1 Vgl. zur enormen praktischen Bedeutung von Konzernverschmelzungen *Bayer/J. Schmidt/Hoffmann*, Der Konzern 2012, 225 (228).

2 *Drinhausen* in Semler/Stengel, § 122g UmwG Rz. 14; *Hörtnagl* in Schmitt/Hörtnagl/Stratz, § 122g UmwG Rz. 11; *Kiem* in Habersack/Drinhausen, § 122g UmwG Rz. 17; *Lutter/Bayer/J. Schmidt*, EuropUR, § 23 Rz. 124, 126; *Simon/Rubner* in KölnKomm. UmwG, § 122g UmwG Rz. 24; *Zimmermann* in Kallmeyer, § 122g UmwG Rz. 27; *Heckschen* in Widmann/Mayer, § 122g UmwG Rz. 142; vgl. auch schon *Neye/Timm*, GmbHR 2007, 561 (563); *M. Winter*, Der Konzern 2007, 24 (34).

3 *Bayer/J. Schmidt*, ZIP 2010, 953 (959); *Freytag*, BB 2010, 1611 (1613).

4 *Lutter/Bayer/J. Schmidt*, EuropUR, § 23 Rz. 126 Fn. 340.

5 So *Brocker*, BB 2010, 971 (975); *Drinhausen* in Semler/Stengel, § 122g UmwG Rz. 15; *Heckschen* in Widmann/Mayer, § 122a UmwG Rz. 7, 154, § 122d UmwG Rz. 166 ff.; *Hörtnagl* in Schmitt/Hörtnagl/Stratz, § 122g UmwG Rz. 14; *Kiem* in Habersack/Drinhausen, § 122g UmwG Rz. 18; *Krauel/Mense/Wind*, Der Konzern 2010, 541 (546); *Zimmermann* in Kallmeyer, § 122g UmwG Rz. 29; *Mayer* in Widmann/Mayer, § 122c UmwG Rz. 7; vgl. weiter *H.-F. Müller*, Der Konzern 2007, 81 (83); *Simon/Rubner*, Der Konzern 2006, 835 (839); *M. Winter*, Der Konzern 2007, 24 (34).

6 Dazu *Lutter/Bayer/J. Schmidt*, EuropUR, § 23 Rz. 90.

7 Dazu *Lutter/Bayer/J. Schmidt*, EuropUR, § 21 Rz. 81.

8 Vgl. *Lutter/Bayer/J. Schmidt*, EuropUR, § 21 Rz. 146.

9 Vgl. 4. Aufl. Rz. 36.

10 Vgl. *Habersack* in FS Horn, S. 337 (339); *Krauel/Mense/Wind*, Der Konzern 2010, 541 (546).

11 Näher zu Art. 27 der 3. Richtlinie und seiner Umgestaltung von einer Mitgliedstaatenoption zur zwingenden Regelung durch die Richtlinie 2009/109/EG: *Lutter/Bayer/J. Schmidt*, EuropUR, § 21 Rz. 142 ff. m.z.w.N.

chende „Sperrwirkung" begründen, so dass die Anwendung des § 62 Abs. 1 UmwG qua § 122a Abs. 2 UmwG i.E. wohl als richtlinienkonform anzusehen ist.

§ 122h
Verbesserung des Umtauschverhältnisses

(1) § 14 Abs. 2 und § 15 gelten für die Anteilsinhaber einer übertragenden Gesellschaft nur, sofern die Anteilsinhaber der an der grenzüberschreitenden Verschmelzung beteiligten Gesellschaften, die dem Recht eines anderen Mitgliedstaats der Europäischen Union oder eines anderen Vertragsstaats des Abkommens über den Europäischen Wirtschaftsraum unterliegen, dessen Rechtsvorschriften ein Verfahren zur Kontrolle und Änderung des Umtauschverhältnisses der Anteile nicht vorsehen, im Verschmelzungsbeschluss ausdrücklich zustimmen.

(2) § 15 gilt auch für Anteilsinhaber einer übertragenden Gesellschaft, die dem Recht eines anderen Mitgliedstaats der Europäischen Union oder eines anderen Vertragsstaats des Abkommens über den Europäischen Wirtschaftsraum unterliegt, wenn nach dem Recht dieses Staates ein Verfahren zur Kontrolle und Änderung des Umtauschverhältnisses der Anteile vorgesehen ist und deutsche Gerichte für die Durchführung eines solchen Verfahrens international zuständig sind.

Literatur

Vgl. zunächst allgemein die Angaben zu § 122a. Speziell zum Minderheitenschutz: *H.-F. Müller*, Der Schutz der Minderheitsgesellschafter bei der grenzüberschreitenden Verschmelzung, Der Konzern 2007, 81.

I. Vorbemerkung: Schutz der Minderheitsgesellschafter nach der 10. Richtlinie und §§ 122h, 122i UmwG

1 In Bezug auf den Schutz der Minderheitsgesellschafter ermächtigt **Art. 4 Abs. 2 Satz 2 der 10. Richtlinie**[1] die Mitgliedstaaten ausdrücklich zum Erlass von Vorschriften, um für diejenigen Minderheitsgesellschafter, welche die grenzüberschreitende Verschmelzung abgelehnt haben, einen „angemessenen Schutz" zu gewährleisten. Diese speziellen Schutzvorschriften treten dann ergänzend neben die durch die 10. Richtlinie selbst zwingend vorgegebenen Publizitäts- und Informationspflichten, die ebenfalls vorrangig dem Minderheitenschutz dienen (vgl. dazu § 122d Rz. 1, § 122e Rz. 1, § 122f Rz. 1).

2 Der deutsche Gesetzgeber hat in Ausübung der Ermächtigung des Art. 4 Abs. 2 Satz 2 der 10. Richtlinie in den **§§ 122h und 122i UmwG** nach dem Vorbild der §§ 6, 7 SEAG[2] ein äußerst **komplexes Minderheitenschutzsystem** geschaffen[3]. Eckpfeiler sind – in Anlehnung an die nationalen Regelungen in §§ 14f., 29ff. UmwG[4] – ein Anspruch auf Verbesserung des Umtauschverhältnisses (§ 122h UmwG, dazu ausf. unten Rz. 16ff.) sowie in bestimmten Fällen ein obligatorisches Barabfindungsangebot im Verschmelzungsplan (§ 122i UmwG, dazu ausf. § 122i Rz. 4ff. sowie bereits § 122c Rz. 29), jeweils verbunden mit dem Ausschluss von Anfechtungsklagen und dem gleichzeitigen Verweis in ein Spruchverfahren[5].

3 Diese Übernahme des Systems der §§ 6, 7 SEAG – welches schon dort kritisiert wurde und wird[6] – hat sowohl in der Literatur als auch von Seiten der Praxis zu Recht **Kritik** hervorgerufen. Gerügt wird dabei insbesondere die Belastung der beteiligten Gesellschaften mit erheblichem Aufwand und Kosten[7]. Zudem steht zu befürchten, dass die Regelung bei transnationalen Strukturveränderungen faktisch ins Leere läuft: Da für die Anteilsinhaber der anderen beteiligten Gesellschaften, deren nationales Recht ein derartiges Verfahren nicht kennt, nach der geltenden Fassung der deutschen Regelungen keinerlei Anlass besteht, seine Durchführung zu akzeptieren (was aber nach §§ 122h Abs. 1, 122i Abs. 2 Satz 1 UmwG in Umsetzung von Art. 10 Abs. 3 der 10. Richtlinie Voraussetzung ist, vgl.

1 Richtlinie 2005/56/EG des Europäischen Parlaments und des Rates v. 26.10.2005 über die Verschmelzung von Kapitalgesellschaften aus verschiedenen Mitgliedstaaten, ABl. EU Nr. L 310/1 v. 25.11.2005, s. Anh. V, S. 3481 ff. Ausf. Erläuterungen bei *Lutter/Bayer/J. Schmidt*, EuropUR, § 23 m.z.w.N.

2 Vgl. *Bayer/J. Schmidt*, NZG 2006, 841 (843); *Lutter/Bayer/J. Schmidt*, EuropUR, § 23 Rz. 140.

3 Vgl. *Bayer/J. Schmidt*, NZG 2006, 841 (843); *Lutter/Bayer/J. Schmidt*, EuropUR, § 23 Rz. 140.

4 Vgl. *Bayer/J. Schmidt*, NZG 2006, 841 (843); *Lutter/Bayer/J. Schmidt*, EuropUR, § 23 Rz. 140.

5 Vgl. *Bayer/J. Schmidt*, NZG 2006, 841 (843); *Lutter/Bayer/J. Schmidt*, EuropUR, § 23 Rz. 140.

6 Vgl. *Lutter/Bayer/J. Schmidt*, EuropUR, § 41 Rz. 47; näher *Bayer* in Lutter/Hommelhoff, SE-Kommentar, Art. 24 SE-VO Rz. 33, 36, 46ff. m.w.N.

7 Vgl. *Bayer/J. Schmidt*, NZG 2006, 841 (844); *Handelsrechtsausschuss des DAV*, NZG 2006, 737 (741); *Heckschen* in Widmann/Mayer, § 122h UmwG Rz. 52; *Kiem*, WM 2006, 1091 (1097f.); *Marsch-Barner* in Kallmeyer, § 122i UmwG Rz. 2; *H.-F. Müller*, Der Konzern 2007, 81 (84); *J. Vetter*, AG 2006, 613 (622).

unten Rz. 8f., 11 sowie § 122i Rz. 20, 22), wird der Klageausschluss im Regelfall nicht eingreifen[1].

4 Das gesamte Schutzsystem der §§ 122h, 122i UmwG ist – ebenso wie das in §§ 6, 7 SEAG – insgesamt **unpraktikabel** und in sich widersprüchlich und sollte daher **dringend reformiert** werden, wobei am besten zugleich auch endlich die seit langem angemahnte Reform der §§ 14f., 29ff. UmwG in Angriff genommen werden sollte[2]. Zu empfehlen ist insoweit zunächst eine Regelung dergestalt, dass sich das Umtauschverhältnis der Anteilsinhaber der deutschen Gesellschaften im Spruchverfahren nicht nur verbessern, sondern auch verschlechtern kann; denn nur eine solche Möglichkeit einer *reformatio in peius* wäre ein wirklicher Anreiz für die Anteilsinhaber einer ausländischen Gesellschaft, ihre Zustimmung zu erteilen[3]. Verfahrensrechtlich wäre das Spruchverfahren in ein kontradiktorisches Verfahren umzugestalten[4]. Weiterhin sollte der Gesellschaft gestattet werden, statt des Barausgleichs zusätzliche Anteile zu gewähren, um so unter Liquiditätsaspekten mehr Flexibilität zu schaffen[5]. Im Übrigen fehlt es i.R.d. §§ 122h, 122i UmwG – ebenso wie bei §§ 6, 7 SEAG, aber auch den für innerstaatliche Verschmelzungen geltenden Regelungen der §§ 14f., 29ff. UmwG – an einer sachgerechten Lösung für die Anteilsinhaber der *übernehmenden* Gesellschaft. Insofern sollte der Gesetzgeber endlich den vielfältigen Forderungen aus Wissenschaft und Praxis[6] nachgeben und für eine Gleichbehandlung der Anteilsinhaber der übertragenden und übernehmender Rechtsträger sorgen – und zwar umfassend, d.h. nicht nur für (nationale und transnationale) Verschmelzungen, sondern auch für die SE-

---

1 Vgl. *Bayer/J. Schmidt*, NZG 2006, 841 (844); *Heckschen* in Widmann/Mayer, § 122h UmwG Rz. 49ff., 56; *Kiem*, WM 2006, 1091 (1097); *Marsch-Barner* in Kallmeyer, § 122h UmwG Rz. 2; *Simon/Rubner*, Der Konzern 2006, 835 (842); *J. Vetter*, AG 2006, 613 (622); s. ferner auch schon *Bayer/J. Schmidt*, NJW 2006, 401 (406).

2 Vgl. bereits *Bayer/J. Schmidt*, NZG 2006, 841 (844); sowie *Bayer/J. Schmidt*, NJW 2006, 401 (406); s. ferner *Bayer/J. Schmidt*, ZIP 2010, 953 (963); *Kiem* in Habersack/Drinhausen, § 122h UmwG Rz. 3ff.; *Lutter/Bayer/J. Schmidt*, EuropUR, § 23 Rz. 140, § 41 Rz. 47; sowie schon im Hinblick auf §§ 6, 7 SEAG: *Bayer* in Lutter/Hommelhoff, SE-Kommentar, Art. 24 SE-VO Rz. 33.

3 Dafür bereits *Bayer/J. Schmidt*, NZG 2006, 841 (844); *Bayer/J. Schmidt*, NJW 2006, 401 (406); *Heckschen* in Widmann/Mayer, § 122h UmwG Rz. 52; *J. Vetter*, AG 2006, 613 (625); vgl. ferner auch *H.-F. Müller*, Der Konzern 2007, 81 (84).

4 Dafür bereits *Bayer/J. Schmidt*, NZG 2006, 841 (844); sowie *Bayer/J. Schmidt*, NJW 2006, 401 (406); *Bayer/J. Schmidt*, ZIP 2010, 953 (963); *Heckschen* in Widmann/Mayer, § 122h UmwG Rz. 55; *J. Vetter*, AG 2006, 613 (625).

5 Dafür nachdrücklich *Bayer*, ZHR 172 (2008), 24ff.; ebenso bereits *Bayer/J. Schmidt*, NZG 2006, 841 (844); *Bayer/J. Schmidt*, NJW 2006, 401 (406); *Handelsrechtsausschuss des DAV*, NZG 2006, 737 (738); *J. Vetter*, AG 2006, 613 (625); s. ferner *Bayer/J. Schmidt*, ZIP 2010, 953 (963); sowie schon im Hinblick auf §§ 6, 7 SEAG: *Bayer* in Lutter/Hommelhoff, SE-Kommentar, Art. 24 SE-VO Rz. 36; *J. Schmidt*, „Deutsche" vs. „britische" Societas Europaea (SE), 2006, S. 225. Im Kontext der Aktienrechtsnovelle 2013 wurde unlängst eine entsprechende Regelung vorgeschlagen (§ 72a UmwG n.F.), vgl. dazu *Dreier/Riedel*, BB 2013, 326ff.; *Ulrich*, GmbHR 2013, R5, indes aus (wahlkampf)politischen Gründen nicht weiter verfolgt.

6 Vgl. *Bayer*, ZHR 172 (2008), 24 (26f.); *Bayer/J. Schmidt*, NZG 2006, 841 (844); *Bayer/J. Schmidt*, NJW 2006, 401 (406); *Handelsrechtsausschuss des DAV*, NZG 2007, 497ff.; *Heckschen* in Widmann/Mayer, § 122h UmwG Rz. 33ff.; *Hüffer*, ZHR 171 (2008), 8ff.; *J. Vetter*, AG 2006, 613 (625); s. ferner auch schon *Bayer*, ZHR 168 (2004), 132 (159ff.) m.w.N. sowie die Beschlussfassung auf dem 63. DJT, 2000, O 76.

Gründung und das Recht der Kapitalerhöhung[1]. Entsprechende Vorschläge liegen auf dem Tisch[2] und müssten vom Gesetzgeber lediglich realisiert werden.

II. Regelungsgegenstand und -zweck des § 122h UmwG

5 § 122h UmwG enthält Regelungen zur Verbesserung des Umtauschverhältnisses, die der Sache nach dem von § 6 SEAG her bekannten Konzept entsprechen[3].

6 **§ 122h Abs. 1 UmwG beschränkt** die Anwendbarkeit der über den Generalverweis in § 122a Abs. 2 UmwG (dazu ausf. § 122a Rz. 27ff.) grundsätzlich anwendbaren Minderheitenschutzvorschriften der § 14 Abs. 2 UmwG (Klageausschluss) und § 15 UmwG (Anspruch auf Verbesserung des Umtauschverhältnisses und Verweis ins Spruchverfahren). Hintergrund ist, dass ein „Spruchverfahren" nach dem Modell des deutschen Rechts in den meisten anderen europäischen Rechtsordnungen nicht vorgesehen ist[4]. **Art. 10 Abs. 3 Satz 1 der 10. Richtlinie** sieht daher – ebenso wie Art. 25 Abs. 3 Satz 1 SE-VO[5] und Art. 29 Abs. 3 Satz 1 SCE-VO[6] – vor, dass spezielle mitgliedstaatliche Verfahren zur Überprüfung des Umtauschverhältnisses, die der Eintragung der Verschmelzung nicht entgegenstehen, nur unter der Voraussetzung zur Anwendung kommen, dass die anderen an der Verschmelzung beteiligten Gesellschaften, deren Rechtsordnung ein solches Verfahren nicht vorsehen, dies ausdrücklich akzeptieren[7]. Eine entsprechende Einschränkung musste daher auch in die §§ 122a ff. UmwG aufgenommen werden[8].

7 **§ 122h Abs. 2 UmwG gestattet** den **Anteilsinhabern** an der Verschmelzung beteiligter **ausländischer Gesellschaften** ein Spruchverfahren vor einem deutschen Gericht einzuleiten, wenn in dem für diese Gesellschaften maßgeblichen Recht ein Verfahren zur Kontrolle und Änderung des Umtauschverhältnisses vorgesehen ist und für dessen Durchführung deutsche Gerichte international zuständig sind

1 So bereits *Bayer/J. Schmidt*, NZG 2006, 841 (844); *Bayer/J. Schmidt*, NJW 2006, 401 (406); s. ferner *Bayer/J. Schmidt*, ZIP 2010, 953 (963), sowie mit Blick auf §§ 6, 7 SEAG auch schon *Bayer* in Lutter/Hommelhoff, SE-Kommentar, Art. 24 SE-VO Rz. 33.

2 S. insbesondere den Gesetzgebungsvorschlag des *Handelsrechtsausschusses des DAV*, NZG 2007, 497ff.; sowie grundlegend *Bayer*, ZHR 163 (1999), 505 (548ff.); *Bayer* in VGR (Hrsg.), Gesellschaftsrecht in der Diskussion 1999, 2000, S. 35 (51ff.); *Bayer*, ZHR-Sonderheft 71 (2002), 137 (141ff.); zust. *Reichert*, ZHR-Sonderheft 71 (2002), 165 (187f.); *J. Vetter*, ZHR 168 (2004), 8 (33f.); *Winter* in FS Ulmer, S. 699 (708ff.) m.w.N.

3 Vgl. *Heckschen* in Widmann/Mayer, § 122h UmwG Rz. 10, 16; *Lutter/Bayer/J. Schmidt*, EuropUR, § 23 Rz. 140.

4 Vgl. BegrRegE, BR-Drucks. 548/06, 33; *Beutel*, Der neue rechtliche Rahmen grenzüberschreitender Verschmelzungen in der EU, 2008, S. 263; *Drinhausen* in Semler/Stengel, § 122h UmwG Rz. 2; *Heckschen* in Widmann/Mayer, § 122h UmwG Rz. 44; *Kiem*, WM 2006, 1091 (1097); *Lutter/Bayer/J. Schmidt*, EuropUR, § 23 Rz. 135; *H.-F. Müller*, Der Konzern 2007, 81 (84, 85).

5 VO (EG) Nr. 2157/2001 des Rates v. 8.10.2001 über das Statut der Europäischen Gesellschaft (SE), ABl. EG Nr. L 294/1 v. 10.11.2001. Text und ausf. Erläuterungen bei *Lutter/Bayer/J. Schmidt*, EuropUR, § 41 m.z.w.N.

6 VO (EG) Nr. 1435/2003 des Rates v. 22.7.2003 über das Statut der Europäischen Genossenschaft (SCE), ABl. EU Nr. L 207/1 v. 18.8.2003. Text und ausf. Erläuterungen bei *Lutter/Bayer/J. Schmidt*, EuropUR, § 42 m.z.w.N.

7 Dazu näher *Lutter/Bayer/J. Schmidt*, EuropUR, § 23 Rz. 135 m.w.N.

8 Vgl. BegrRegE, BR-Drucks. 548/06, 33; *Drinhausen* in Semler/Stengel, § 122h UmwG Rz. 2; *Drinhausen/Keinath*, BB 2006, 725 (731); *Lutter/Bayer/J. Schmidt*, EuropUR, § 23 Rz. 135, 140.

(dazu ausf. unten Rz. 26ff.). Damit sollen Doppelarbeit und widersprechende Entscheidungen in- und ausländischer Gerichte verhindert werden[1].

III. Eingeschränkter Geltungsbereich des Spruchverfahrens (§ 122h Abs. 1 UmwG)

1. Allgemeines

Voraussetzung für die **Anwendbarkeit** der Minderheitenschutzvorschriften **der § 14 Abs. 2 UmwG** (Klageausschluss) **und § 15 UmwG** (Anspruch auf Verbesserung des Umtauschverhältnisses und Verweis in das Spruchverfahren) zugunsten der Anteilsinhaber einer deutschen Gesellschaft ist gem. § 122h Abs. 1 UmwG – entsprechend den Vorgaben des Art. 10 Abs. 3 Satz 1 der 10. Richtlinie (vgl. dazu bereits oben Rz. 6) –, dass entweder (1) die Rechtsordnungen, denen die übrigen an der Verschmelzung beteiligten Gesellschaften unterliegen, ebenfalls ein Verfahren zur Kontrolle und Änderung des Umtauschverhältnisses *vorsehen* (dazu unten Rz. 10) *oder*, soweit diese nicht der Fall ist, (2) die betreffenden ausländischen Gesellschaften die Durchführung des Spruchverfahrens gem. §§ 14 Abs. 2, 15 UmwG *ausdrücklich akzeptieren* (dazu unten Rz. 11f.). 8

Liegen die **Voraussetzungen des § 122h Abs. 1 UmwG nicht** vor, so kann der Verschmelzungsbeschluss auch mit der Begründung angefochten werden, dass das Umtauschverhältnis nicht angemessen war[2]. Der Klageausschluss greift dann also nicht ein und die gesamte Transaktion steht letztlich doch wieder unter dem „Damoklesschwert"[3] der **Anfechtungsklage**. 9

2. Voraussetzungen gem. § 122h Abs. 1 UmwG

a) „Spruchverfahren" im ausländischen Recht

Die §§ 14 Abs. 2, 15 UmwG sind auf eine **deutsche übertragende Gesellschaft** zum einen anwendbar, wenn auch die Rechtsordnungen, denen die anderen an der Verschmelzung beteiligten Gesellschaften unterliegen, ein Verfahren zur Kontrolle und Verbesserung des Umtauschverhältnisses vorsehen. Nach der Ratio der Norm sowie der zu Grunde liegenden Vorschrift des Art. 10 Abs. 3 Satz 1 der 10. Richtlinie ist insofern erforderlich, dass die jeweilige Rechtsordnung ein „Spruchverfahren" nicht nur generell, sondern speziell auch für den Fall einer grenzüberschreitenden Verschmelzung vorsieht[4]. Eine vollständige Übereinstim- 10

---

1 Vgl. BegrRegE, BR-Drucks. 548/06, 34; *Drinhausen* in Semler/Stengel, § 122h UmwG Rz. 3; *Heckschen* in Widmann/Mayer, § 122h UmwG Rz. 61; *Kiem*, WM 2006, 1091 (1097); *Krause/Kulpa*, ZHR 171 (2007) 38 (73); *Marsch-Barner* in Kallmeyer, § 122h UmwG Rz. 1; *H.-F. Müller*, Der Konzern 2007, 81 (84); *Neye/Timm*, GmbHR 2007, 562 (564).

2 Vgl. BegrRegE, BR-Drucks. 548/06, 33; *Drinhausen* in Semler/Stengel, § 122h UmwG Rz. 5; *Heckschen* in Widmann/Mayer, § 122h UmwG Rz. 59; *Hörtnagl* in Schmitt/Hörtnagl/Stratz, § 122h UmwG Rz. 9; *Marsch-Barner* in Kallmeyer, § 122h UmwG Rz. 4; *H.-F. Müller*, ZIP 2006, 1081 (1086); *Neye/Timm*, DB 2006, 488 (492); *Oechsler*, NZG 2006, 161 (164); *Simon/Rubner*, Der Konzern 2006, 835 (841f.).

3 So treffend *Teichmann*, ZGR 2002, 383 (428) (zur SE).

4 Vgl. *Lutter/Bayer/J. Schmidt*, EuropUR, § 23 Rz. 136; *Marsch-Barner* in Kallmeyer, § 122h UmwG Rz. 2; *Simon/Rubner* in KölnKomm. UmwG, § 122h UmwG Rz. 6; zur

mung auch bzgl. der verfahrensrechtlichen Details ist jedoch nicht erforderlich, Art. 10 Abs. 3 Satz 1 der 10. Richtlinie verlangt insofern nach Wortlaut und Ratio keine Deckungsgleichheit, sondern (nur) funktionale Äquivalenz[1]. Da ein derartiges Verfahren den meisten EU-/EWR-Rechtsordnungen jedoch fremd ist[2] – eine relevante Ausnahme ist etwa speziell das österreichische Recht (vgl. § 12 EU-VerschG[3])[4] –, wird dies in der Praxis nur sehr selten der Fall sein.

b) Zustimmung

11 Sofern ein solches Spruchverfahren in den Rechtsordnungen, denen die anderen an der Verschmelzung beteiligten Gesellschaften unterliegen, hingegen nicht vorgesehen ist – was in der Praxis fast immer der Fall sein dürfte (oben Rz. 10) –, müssen die betreffenden ausländischen Gesellschaften der Geltung der §§ 14 Abs. 2, 15 UmwG **ausdrücklich zustimmen**[5]. Nach Art. 10 Abs. 1 Satz 1 der 10. Richtlinie genügt insoweit – ebenso wie nach Art. 25 Abs. 3 Satz 1 SE-VO und Art. 29 Abs. 3 Satz 1 SCE-VO – eine Akzeptanz **„bei der Zustimmung zum Verschmelzungsplan"**[6], d.h. prinzipiell auch in Form einer *isolierten Beschlussfassung*[7]. § 122h Abs. 1 UmwG verlangt demgegenüber zwar eine Zustimmung „im Verschmelzungsbeschluss". Es ist allerdings kaum anzunehmen, dass der deutsche Gesetzgeber die Voraussetzungen für die Anwendung §§ 14 Abs. 2, 15 UmwG damit weiter einschränken wollte, als dies durch die 10. Richtlinie geboten ist (zumal im Übrigen auch zweifelhaft ist, ob er hierzu überhaupt befugt wäre). § 122h Abs. 1 UmwG ist daher mit Blick auf die zu Grunde liegende Vorschrift des Art. 10 Abs. 3 Satz 1 der 10. Richtlinie dahingehend auszulegen, dass die Zustimmung einer ausländischen Gesellschaft *nicht zwingend mit der Abstimmung* über den *Verschmelzungsplan* verbunden sein muss, sondern alternativ auch in Form einer (zeitgleichen) *isolierten Beschlussfassung* erfolgen kann[8].

Richtlinie auch *Beutel*, Der neue rechtliche Rahmen grenzüberschreitender Verschmelzungen in der EU, 2008, S. 265.

1 *Lutter/Bayer/J. Schmidt*, EuropUR, § 23 Rz. 136.

2 Vgl. *Lutter/Bayer/J. Schmidt*, EuropUR, § 23 Rz. 135.

3 Bundesgesetz über die grenzüberschreitende Verschmelzung von Kapitalgesellschaften in der Europäischen Union (EU-Verschmelzungsgesetz – EU-VerschG), öBGBl. I Nr. 72/2007.

4 Vgl. *Beutel*, Der neue rechtliche Rahmen grenzüberschreitender Verschmelzungen in der EU, 2008, S. 265; *Drinhausen* in Semler/Stengel, § 122h UmwG Rz. 5; *Heckschen* in Widmann/Mayer, § 122h UmwG Rz. 44; *Kiem* in Habersack/Drinhausen, § 122h UmwG Rz. 7; *Krause/Kulpa*, ZHR 171 (2007), 38 (73); *Lutter/Bayer/J. Schmidt*, EuropUR, § 23 Rz. 135; *Marsch-Barner* in Kallmeyer, § 122h UmwG Rz. 2; *H.-F. Müller*, Der Konzern 2007, 81 (85); *Neye/Timm*, GmbHR 2007, 562 (564).

5 *Kiem* in Habersack/Drinhausen, § 122h UmwG Rz. 8; *Lutter/Bayer/J. Schmidt*, EuropUR, § 23 Rz. 137; *Marsch-Barner* in Kallmeyer, § 122h UmwG Rz. 3.

6 Der Wortlaut der anderen Sprachfassungen ist ähnlich weit, vgl. etwa die englische Version („when approving the draft terms of the cross-border merger") oder die französische Version („lorsqu'elles approuvent le projet de fusion transfrontalière …").

7 *Lutter/Bayer/J. Schmidt*, EuropUR, § 23 Rz. 137. Vgl. zu Art. 25 Abs. 3 Satz 1 SE-VO: *Bayer* in Lutter/Hommelhoff, SE-Kommentar, Art. 25 SE-VO Rz. 22 m.w.N.

8 Ebenso i.E. *Drinhausen* in Semler/Stengel, § 122h UmwG Rz. 6; *Hörtnagl* in Schmitt/Hörtnagl/Stratz, § 122h UmwG Rz. 7; *Kiem* in Habersack/Drinhausen, § 122h UmwG Rz. 8; *Polley* in Henssler/Strohn, § 122h UmwG Rz. 3; nunmehr auch *Marsch-Barner* in Kallmeyer, § 122h UmwG Rz. 3; a.A. *Heckschen* in Widmann/Mayer, § 122h UmwG Rz. 46.

Unabhängig davon, wie die Zustimmung technisch erfolgt, ist aber in jedem Fall **dieselbe Mehrheit** erforderlich **wie für den Verschmelzungsbeschluss** selbst[1]. Hätte der europäische Gesetzgeber insoweit keine Koppelung beabsichtigt, so hätte er eine andere Formulierung gewählt[2]. Diese Koppelung macht auch Sinn: Denn hinsichtlich der Verschmelzung von Aktiengesellschaften ist durch Art. 7 Abs. 1 der 3. Richtlinie zwingend das Erfordernis einer qualifizierten Mehrheit vorgegeben[3] und auch für sonstige Verschmelzungen sehen die nationalen Rechtsordnungen überwiegend ein qualifiziertes Mehrheitserfordernis vor (vgl. zu den Mehrheitserfordernissen für deutsche Gesellschaften ausf. § 122g Rz. 20ff.). Daher wäre es nicht sachgerecht, wenn eine einfache Mehrheit in die Lage versetzt würde, das finanzielle Risiko einer Abänderung des Umtauschverhältnisses zu akzeptieren[4]. 12

3. Klageausschluss, Anspruch auf bare Zuzahlung und Spruchverfahren

Sofern der Anwendungsbereich der §§ 14 Abs. 2, 15 UmwG gem. § 122h Abs. 1 UmwG eröffnet ist, haben die Anteilsinhaber einer deutschen übertragenden Gesellschaft im Falle eines nicht angemessenen Umtauschverhältnisses einen Anspruch auf **Ausgleich durch bare Zuzahlung** (ausf. unten Rz. 16ff.), der im Wege des **Spruchverfahrens** geltend zu machen ist (ausf. unten Rz. 20ff.); im Gegenzug wird insoweit eine **Klage** gegen den Verschmelzungsbeschluss **ausgeschlossen** (ausf. unten Rz. 14ff.). 13

a) Klageausschluss

Wenn die Voraussetzungen des § 122h Abs. 1 UmwG *vorliegen* (dazu ausf. oben Rz. 10ff.), ist für die Anteilsinhaber einer **deutschen übertragenden Gesellschaft** gem. **§ 14 Abs. 2 UmwG** (dazu ausf. § 14 Rz. 15ff.) eine Klage gegen den Verschmelzungsbeschluss, die darauf gestützt wird, dass das **Umtauschverhältnis** der Anteile **nicht angemessen** ist, ausgeschlossen. Gem. § 243 Abs. 4 Satz 2 AktG, der gem. § 278 Abs. 3 AktG auch für die KGaA sowie analog auch für die GmbH (inkl. des Subtyps der UG) gilt[5], bezieht sich der Klageausschluss im dort geregelten Umfang auch auf **Informationsmängel**, d.h. auf unrichtige, unvollständige oder 14

---

1 Wie hier *Heckschen* in Widmann/Mayer, § 122h UmwG Rz. 46; *Hörtnagl* in Schmitt/Hörtnagl/Stratz, § 122h UmwG Rz. 7; *Lutter/Bayer/J. Schmidt*, EuropUR, § 23 Rz. 137; *Marsch-Barner* in Kallmeyer, § 122h UmwG Rz. 3; *Simon/Rubner* in KölnKomm. UmwG, § 122h UmwG Rz. 8; a.A. (nationales Recht maßgeblich): *Drinhausen* in Semler/Stengel, § 122h UmwG Rz. 6; *Kiem* in Habersack/Drinhausen, § 122h UmwG Rz. 8.

2 Vgl. *Lutter/Bayer/J. Schmidt*, EuropUR, § 23 Rz. 137; vgl. für die Parallelproblematik i.R.d. Art. 25 Abs. 3 Satz 1 SE-VO: *Bayer* in Lutter/Hommelhoff, SE-Kommentar, Art. 25 SE-VO Rz. 22.

3 Vgl. dazu *Lutter/Bayer/J. Schmidt*, EuropUR, § 21 Rz. 77 m.w.N. Über Art. 4 Abs. 1 lit. b Satz 1, Abs. 2 Satz 1 der 10. Richtlinie kommen die nationalen Umsetzungsvorschriften zu Art. 7 Abs. 1 der 3. Richtlinie auch für grenzüberschreitende Verschmelzungen zur Anwendung, vgl. *Lutter/Bayer/J. Schmidt*, EuropUR, § 23 Rz. 82 m.w.N.

4 Vgl. für die Parallelproblematik i.R.d. Art. 25 Abs. 3 Satz 1 SE-VO: *Bayer* in Lutter/Hommelhoff, SE-Kommentar, Art. 25 SE-VO Rz. 22.

5 Vgl. zur analogen Anwendung der §§ 241 ff. AktG bei der GmbH allgemein: *Bayer* in Lutter/Hommelhoff, Anh. § 47 GmbHG Rz. 1 ff. m.w.N.

unzureichende Informationen in der Hauptversammlung über die Ermittlung, Höhe und Angemessenheit eines Ausgleichs[1].

15 Der deutsche Gesetzgeber erachtet es auch bei der grenzüberschreitenden Verschmelzung rechtspolitisch nicht für sinnvoll, die häufig umstrittene Frage nach der Angemessenheit des Umtauschverhältnisses im Wege der (Anfechtungs-) Klage zu klären, sondern hält hierfür zu Recht das Spruchverfahren für geeigneter. Bedauerlicherweise wurde diese Regelung trotz nachdrücklicher Forderungen aus Wissenschaft und Praxis[2] **nicht** auf **übernehmende Rechtsträger** erstreckt. Damit wurde erneut eine Gelegenheit versäumt, das insoweit generell defizitäre deutsche Umwandlungsrecht endlich umfassend – d.h. nicht nur für nationale und transnationale Verschmelzungen, sondern auch für die SE-Gründung und das Recht der Kapitalerhöhung – zu reformieren (vgl. dazu bereits oben Rz. 4). Bis zu einer solchen Reform wird Deutschland mit dem Standortnachteil leben müssen, dass Anteilsinhaber einer deutschen übernehmenden Gesellschaft ein aus ihrer Sicht unangemessenes Umtauschverhältnis nur im Wege einer Klage gegen den Verschmelzungsbeschluss rügen können[3].

b) Anspruch auf bare Zuzahlung

16 Der Ausgleich für ein zu niedrig bemessenes Umtauschverhältnis erfolgt gem. § 15 Abs. 1 Satz 1 UmwG (dazu ausf. § 15 Rz. 2ff.) zwingend in Form einer **baren Zuzahlung**[4]. Der Forderung aus Wissenschaft und Praxis, auch eine Ausgleichsleistung in Form von Aktien zu gestatten[5], ist der Gesetzgeber bislang[6] bedauerlicherweise nicht nachgekommen.

17 **Schuldner** des Anspruchs auf bare Zuzahlung ist die **übernehmende Gesellschaft**[7]. Die sich damit ergebende Erstreckung deutschen Gesellschaftsrechts auf ausländische Gesellschaften ist entgegen vereinzelt vorgebrachter Bedenken[8] durch Art. 4 Abs. 2 Satz 2 i.V.m. Art. 10 Abs. 3 der 10. Richtlinie gedeckt.

---

1 Vgl. für die Parallelregelung in § 6 Abs. 1 SEAG: *Bayer* in Lutter/Hommelhoff, SE-Kommentar, Art. 24 SE-VO Rz. 35.

2 Vgl. *Bayer*, ZHR 172 (2008), 24 (26f.); *Bayer/J. Schmidt*, NZG 2006, 841 (844); *Bayer/J. Schmidt*, NJW 2006, 401 (406); *Heckschen* in Widmann/Mayer, § 122h UmwG Rz. 33ff.; *Hüffer*, ZHR 171 (2008), 8ff.; *J. Vetter*, AG 2006, 613 (625); s. ferner auch die Nachweise oben bei Rz. 4 Fn. 6.

3 Vgl. bereits für die Parallelproblematik im Hinblick auf §§ 6, 7 SEAG: *Bayer* in Lutter/Hommelhoff, SE-Kommentar, Art. 24 SE-VO Rz. 33.

4 *Drinhausen* in Semler/Stengel, § 122h UmwG Rz. 9.

5 Vgl. *Bayer/J. Schmidt*, NZG 2006, 841 (844); *Bayer/J. Schmidt*, NJW 2006, 401 (406); *Handelsrechtsausschuss des DAV*, NZG 2006, 737 (738); *J. Vetter*, AG 2006, 613 (625). Nachdrücklich und ausf. zu den damit verbundenen Einzelfragen *Bayer*, ZHR 172 (2008), 24ff. S. ferner auch bereits oben Rz. 4 Fn. 5.

6 Vgl. zu den neuen Vorschlägen im Kontext der (gescheiterten) Aktienrechtsnovelle 2013 bereits oben Rz. 4 Fn. 5.

7 Vgl. *Drinhausen* in Semler/Stengel, § 122h UmwG Rz. 9; *Marsch-Barner* in Kallmeyer, § 122h UmwG Rz. 6.

8 Vgl. *H.-F. Müller*, Der Konzern 2007, 81 (87).

Für den Anspruch ist **nicht erforderlich**, dass der betreffende Anteilsinhaber **Widerspruch** gegen den Verschmelzungsbeschluss erhoben hat[1] (vgl. allgemein § 15 Rz. 3). Gegenteiliges lässt sich für den Fall der grenzüberschreitenden Verschmelzung auch nicht etwa daraus ableiten, dass Art. 4 Abs. 2 Satz 2 der 10. Richtlinie die Mitgliedstaaten nur zu Schutzvorschriften zugunsten der „Minderheitsgesellschafter, die die grenzüberschreitende Verschmelzung abgelehnt haben" ermächtigt. Die Norm ist insoweit vielmehr – ebenso wie die Parallelregelung in Art. 24 Abs. 2 SE-VO[2] – teleologisch zu reduzieren[3]; ausreichend ist, dass der betreffende Anteilsinhaber sich mit dem Umtauschverhältnis als einem zentralen Bestandteil der Verschmelzung nicht einverstanden erklärt hat, was rechtstechnisch auch in der Weise erfolgen kann, dass das Spruchverfahren eingeleitet (dazu ausf. unten Rz. 20ff.) oder – infolge der *inter-omnes*-Wirkung des § 13 Satz 2 SpruchG (dazu unten Rz. 24) – sich das Ergebnis des Spruchverfahrens nachträglich zu Eigen gemacht wird[4]. Denn andernfalls würden Anteilsinhaber, die zwar die Verschmelzung als solche befürworten, aber mit dem Umtauschverhältnis der Anteile nicht einverstanden sind, zur Ablehnung einer möglicherweise sinnvollen Umstrukturierung gezwungen werden, was sicherlich mit der Regelung in Art. 4 Abs. 2 Satz 2 der 10. Richtlinie nie beabsichtigt war[5]. Dass das Spruchverfahren vom europäischen Gesetzgeber ausdrücklich gebilligt wurde, folgt zudem eindeutig aus Art. 10 Abs. 3 der 10. Richtlinie[6]. 18

Nach **§ 15 Abs. 2 Satz 1 UmwG** ist die bare Zuzahlung mit jährlich 5 Prozentpunkten über dem jeweiligen Basiszinssatz nach § 247 BGB[7] zu **verzinsen**. Soweit die Norm hinsichtlich des Beginns der Verzinsungspflicht auf die „Bekanntmachung nach § 19 Abs. 3" abstellt, geht dies bei der grenzüberschreitenden Verschmelzung freilich ins Leere. Der Gesetzgeber hat es hier offensichtlich übersehen, eine dem § 6 Abs. 3 Satz 1 SEAG entsprechende Sonderregelung zu schaffen. Diese planwidrige Lücke ist in **Analogie zu § 6 Abs. 3 Satz 1 SEAG** dadurch zu schließen, dass für den **Beginn der Verzinsungspflicht** der Ablauf des Tages maßgeblich ist, an dem die Verschmelzung nach den für die aus der Ver- 19

1 Ebenso i.E. *Drinhausen* in Semler/Stengel, § 122h UmwG Rz. 9; *Polley* in Henssler/Strohn, § 122h UmwG Rz. 8; zur Richtlinie: *Lutter/Bayer/J. Schmidt*, EuropUR, § 23 Rz. 134; vgl. für die Parallelproblematik i.R.d. § 6 SEAG: *Bayer* in Lutter/Hommelhoff, SE-Kommentar, Art. 24 SE-VO Rz. 26 m.w.N.

2 Dazu *Lutter/Bayer/J. Schmidt*, EuropUR, § 41 Rz. 47 sowie ausf. *Bayer* in Lutter/Hommelhoff, SE-Kommentar, Art. 24 SE-VO Rz. 21 ff.

3 *Lutter/Bayer/J. Schmidt*, EuropUR, § 23 Rz. 134, § 41 Rz. 47. Vgl. zur Parallelnorm des Art. 24 Abs. 2 SE-VO: *Bayer* in Lutter/Hommelhoff, SE-Kommentar, Art. 24 SE-VO Rz. 26.

4 *Lutter/Bayer/J. Schmidt*, EuropUR, § 23 Rz. 134, § 41 Rz. 47. Vgl. zur Parallelnorm des Art. 24 Abs. 2 SE-VO: *Bayer* in Lutter/Hommelhoff, SE-Kommentar, Art. 24 SE-VO Rz. 26.

5 *Lutter/Bayer/J. Schmidt*, EuropUR, § 23 Rz. 134. Vgl. zur Parallelnorm des Art. 24 Abs. 2 SE-VO: *Bayer* in Lutter/Hommelhoff, SE-Kommentar, Art. 24 SE-VO Rz. 26.

6 *Lutter/Bayer/J. Schmidt*, EuropUR, § 23 Rz. 134. Vgl. zu den Parallelnormen der Art. 24 Abs. 2, 25 Abs. 3 SE-VO: *Bayer* in Lutter/Hommelhoff, SE-Kommentar, Art. 24 SE-VO Rz. 26. S. zu Art. 10 Abs. 3 der 10. Richtlinie – wenn auch von einem anderen dogmatischen Ansatzpunkt her – auch *Frenzel*, Grenzüberschreitende Verschmelzung von Kapitalgesellschaften, S. 315.

7 Dies gilt erst seit 1.9.2009 (geändert durch das ARUG); zuvor: 2 % über dem jeweiligen Basiszinssatz gem. § 247 BGB; näher § 15 Rz. 10; *Polley* in Henssler/Strohn, § 15 UmwG Rz. 16.

schmelzung hervorgehende Gesellschaft maßgeblichen Rechtsvorschriften eingetragen und bekannt gemacht worden ist[1].

c) Spruchverfahren

20 Der Anspruch auf bare Zuzahlung ist gem. § 15 Abs. 1 Satz 2 UmwG durch Einleitung eines **Spruchverfahrens** nach dem SpruchG[2] geltend zu machen.

aa) Internationale Zuständigkeit

21 Jedenfalls für die Fälle, in denen das Recht der anderen an der Verschmelzung beteiligten Gesellschaften **kein spezielles Verfahren** zur Kontrolle des Umtauschverhältnisses vorsieht, ergibt sich die internationale Zuständigkeit des inländischen Spruchverfahrens mittelbar aus **Art. 10 Abs. 3 Satz 1 und 4 der 10. Richtlinie**[3]. Denn in diesem Fall kann das Spruchverfahren im Inland nur mit ausdrücklicher Zustimmung der Anteilsinhaber der betreffenden Gesellschaft(en) durchgeführt werden (s. oben Rz. 8f., 11); ist diese erfolgt, dann ergibt sich aus der Bindungswirkung der Entscheidung gegenüber der aus der Verschmelzung hervorgehenden Gesellschaft und ihren Anteilsinhabern (Art. 10 Abs. 3 Satz 4 der 10. Richtlinie) zugleich auch die internationale Zuständigkeit für das inländische Spruchverfahren[4].

22 **Kennt** hingegen **auch** das Recht der ausländischen an der Verschmelzung beteiligten Gesellschaft(en) **ein spezielles Verfahren** zur Kontrolle des Umtauschverhältnisses, ist eine Ableitung der internationalen Zuständigkeit deutscher Gerichte aus Art. 10 Abs. 3 Satz 1 und 4 der 10. Richtlinie nicht möglich, da die Durchführung des Spruchverfahrens für die Anteilsinhaber der deutschen Gesellschaft hier nicht der (mittelbar zuständigkeitsbegründenden) Zustimmung der Anteilsinhaber der ausländischen Gesellschaft(en) bedarf (vgl. oben Rz. 8, 10)[5]. Eine internationale Zuständigkeit der deutschen Gerichte kann sich daher nur nach allgemei-

---

1 Zust. *Marsch-Barner* in Kallmeyer, § 122h UmwG Rz. 6.

2 Gesetz über das gesellschaftsrechtliche Spruchverfahren (Spruchverfahrensgesetz – SpruchG) v. 12.6.2003, BGBl. I, S. 838. Dazu ausf. Anh. I, SpruchG, S. 3299ff.

3 *Lutter/Bayer/J. Schmidt*, EuropUR, § 23 Rz. 139. Vgl. für die Parallelproblematik bei der SE: *Bayer* in Lutter/Hommelhoff, SE-Kommentar, Art. 24 SE-VO Rz. 39 m.w.N. Nach einer im Schrifttum vertretenen Auffassung (vgl. *Marsch-Barner* in Kallmeyer, § 122h UmwG Rz. 6; *Heckschen* in Widmann/Mayer, § 122h UmwG Rz. 62; *Kiem* in Habersack/Drinhausen, § 122h UmwG Rz. 9; *Simon/Rubner* in KölnKomm. UmwG, § 122h UmwG Rz. 9f.) soll die internationale Zuständigkeit deutscher Gerichte dagegen aus Art. 5 Abs. 1 lit. a, 2 Abs. 1 i.V.m. Art. 60 Abs. 1 EuGVVO abgeleitet werden. Insofern dürfte Art. 10 Abs. 3 der 10. Richtlinie jedoch *lex specialis* sein. Vgl. zum Ganzen ferner auch *Beutel*, Der neue rechtliche Rahmen grenzüberschreitender Verschmelzungen in der EU, 2008, S. 268f.

4 *Lutter/Bayer/J. Schmidt*, EuropUR, § 23 Rz. 139. I.E. auch *H.-F. Müller*, Der Konzern 2007, 81 (84), sowie *Frenzel*, Grenzüberschreitende Verschmelzung von Kapitalgesellschaften, S. 323ff., der die Zustimmung als (konkludente) Prorogation interpretiert. Vgl. für die Parallelproblematik bei der SE: *Bayer* in Lutter/Hommelhoff, SE-Kommentar, Art. 24 SE-VO Rz. 39 m.w.N.

5 Vgl. für die Parallelproblematik bei der SE: *Bayer* in Lutter/Hommelhoff, SE-Kommentar, Art. 24 SE-VO Rz. 39.

nen Regeln ergeben, d.h. aus einer Gerichtsstandsvereinbarung[1] oder der EuGVVO[2, 3] (wobei vorzugswürdiger Ansicht nach nicht Art. 2 Abs. 1, 5 Nr. 1a EuGVVO a.F. [Art. 4 Abs. 1, 7 Nr. 1a EuGVVO n.F.][4], sondern Art. 22 Nr. 2 EuGVVO a.F. [Art. 24 Nr. 2 EuGVVO n.F.] einschlägig ist[5]; dafür spricht nicht nur die Ratio des Art. 22 Nr. 2 EuGVVO a.F. [Art. 24 Nr. 2 EuGVVO n.F.] [6], sondern auch die funktionale Äquivalenz von Spruchverfahren und Anfechtung des Gesellschafterbeschlusses[7]). Besteht danach eine internationale Zuständigkeit deutscher Gerichte, so können gem. § 122h Abs. 2 UmwG auch die Anteilsinhaber der betreffenden ausländischen Gesellschaft(en) ein Spruchverfahren in Deutschland einleiten, so dass insofern eine Konzentration des gesamten Überprüfungsverfahrens bei einem deutschen Gericht erreicht werden kann (dazu ausf. unten Rz. 26ff.). Ergibt sich jedoch nach allgemeinen Regeln keine internationale Zuständigkeit deutscher Gerichte, so bleibt den betroffenen Anteilsinhabern einer an der Verschmelzung beteiligten übertragenden deutschen Gesellschaft nur, ihren Anspruch gem. § 15 Abs. 1 UmwG vor dem jeweils international zuständigen ausländischen Gericht geltend zu machen[8]. Da ein „Spruchverfahren" in den meisten EU/EWR-Rechtsordnungen gegenwärtig ohnehin nicht vorgesehen ist (vgl. bereits oben Rz. 10), dürfte diese Fallkonstellation in der Praxis freilich eine Rarität sein[9].

bb) Besonderer gemeinsamer Vertreter

Sofern die Anteilsinhaber einer an der Verschmelzung beteiligten ausländischen Gesellschaft nicht antragsberechtigt sind (weil die Voraussetzungen des § 122h 23

1 Vgl. BegrRegE, BR-Drucks. 548/06, 34; *Drinhausen* in Semler/Stengel, § 122h UmwG Rz. 10.

2 Verordnung (EG) Nr. 44/2001 des Rates v. 22.12.2000 über die gerichtliche Zuständigkeit und die Anerkennung und Vollstreckung von Entscheidungen in Zivil- und Handelssachen, ABl. EG Nr. L 12/1 v. 16.1.2001. Ab 10.1.2015 gilt die Neufassung: Verordnung (EU) Nr. 1215/2012 des Europäischen Parlaments und des Rates v. 12.12.2012 über die gerichtliche Zuständigkeit und die Anerkennung und Vollstreckung von Entscheidungen in Zivil- und Handelssachen, ABl. EU Nr. L 351/1 v. 20.12.2012.

3 Vgl. BegrRegE, BR-Drucks. 548/06, 34; *Drinhausen* in Semler/Stengel, § 122h UmwG Rz. 10; *Kiem*, WM 2006, 1091 (1097); *Krause/Kulpa*, ZHR 171 (2007), 38 (73); *Lutter/Bayer/J. Schmidt*, EuropUR, § 23 Rz. 139; *H.-F. Müller*, ZIP 2006, 1081 (1086); *Neye/Timm*, GmbHR 2007, 562 (564); *Simon/Rubner*, Der Konzern 2006, 835 (841). Ausf. zur internationalen Zuständigkeit im Spruchverfahren *Nießen*, NZG 2006, 441 ff. sowie allgemein zur Zuständigkeit Anh. I, § 2 SpruchG Rz. 1 ff.

4 So aber etwa *Heckschen* in Widmann/Mayer, § 122h UmwG Rz. 62; *Hörtnagl* in Schmitt/Hörtnagl/Stratz, § 122h UmwG Rz. 12; *Marsch-Barner* in Kallmeyer, § 122h UmwG Rz. 6; *Nießen*, NZG 2006, 441 (443 ff.); *Weppner*, RIW 2011, 144 ff.

5 OGH v. 18.2.2010 – 6 Ob 221/09g, ÖJZ 2010, 661 (für Spruchverfahren zum Squeeze-out); *Drescher* in Spindler/Stilz, § 2 SpruchG Rz. 7; *Hüffer*, AktG, § 2 SpruchG Rz. 3; *Lutter/Bayer/J. Schmidt*, EuropUR, § 23 Rz. 139; *Meilicke/Lockner*, AG 2010, 23 (31); *Wasmann* in KölnKomm. UmwG, § 2 SpruchG Rz. 21; *Wedemann*, AG 2011, 282 (294 f.).

6 OGH v. 18.2.2010 – 6 Ob 221/09g, ÖJZ 2010, 661 (662); *Lutter/Bayer/J. Schmidt*, EuropUR, § 23 Rz. 139; *Meilicke/Lockner*, AG 2010, 23 (29 ff.); *Wedemann*, AG 2011, 282 (294 f.).

7 OGH v. 18.2.2010 – 6 Ob 221/09g, ÖJZ 2010, 661 (662); *Hüffer*, AktG, § 2 SpruchG Rz. 3; *Lutter/Bayer/J. Schmidt*, EuropUR, § 23 Rz. 139; *Wedemann*, AG 2011, 282 (294 f.).

8 Vgl. auch *H.-F. Müller*, Der Konzern 2007, 81 (85); sowie für die Parallelproblematik bei der SE: *Bayer* in Lutter/Hommelhoff, SE-Kommentar, Art. 24 SE-VO Rz. 39.

9 Vgl. auch *Drinhausen* in Semler/Stengel, § 122h UmwG Rz. 10.

Abs. 2 UmwG nicht vorliegen, vgl. dazu unten Rz. 26ff.), können sie bei dem für die Durchführung des Spruchverfahrens zuständigen deutschen Gericht zur Wahrung ihrer Interessen gem. **§ 6c SpruchG** die Bestellung eines besonderen gemeinsamen Vertreters beantragen (dazu auch Anh. I, § 6c SpruchG Rz. 1)[1]. Durch diese Möglichkeit prozessualer Einflussnahme sollen die betreffenden Anteilsinhaber zugleich zur Erteilung der Zustimmung gem. § 122h Abs. 1 UmwG motiviert werden[2].

cc) Inter-omnes-Wirkung

24 Eine Entscheidung, die im Spruchverfahren ergeht, wirkt gem. **§ 13 SpruchG** (dazu allgemein Anh. I, § 13 SpruchG Rz. 1ff.) *inter omnes*, d.h. auch für und gegen diejenigen Anteilsinhaber, die am Verfahren selbst nicht beteiligt waren. Dies steht im Einklang mit der auch in Art. 10 Abs. 3 Satz 4 der 10. Richtlinie vorgesehenen umfassenden Bindungswirkung[3].

d) Begrenzung durch die Kapitalerhaltungsvorschriften

25 Ein besonders diffiziles Sonderproblem ist – ebenso wie bei der Parallelregelung in § 6 Abs. 2 SEAG[4] –, ob und inwieweit der Anspruch auf bare Zuzahlung durch die Grundsätze der Kapitalerhaltung begrenzt wird[5]. Für die nationale Verschmelzung ist dies ebenfalls streitig; die h.M. geht dort jedoch zu Recht von einem **Vorrang der Kapitalerhaltungsvorschriften** aus (vgl. dazu auch § 15 Rz. 8)[6]. Bei der grenzüberschreitenden Verschmelzung wird die Problematik allerdings dadurch verkompliziert, dass der Sitz der aus der Verschmelzung hervorgehenden Gesellschaft auch im Ausland liegen kann und das maßgebliche nationale Recht u.U. abweichende (insbesondere auch schärfere) Kapitalschutzregeln vorsieht. Im Hinblick darauf, dass die 10. Richtlinie die Möglichkeit von Ausgleichsansprüchen ausdrücklich anerkennt (vgl. Art. 10 Abs. 3 der 10. Richtlinie) werden etwaige schärfere ausländische Kapitalschutzregeln allerdings nicht dazu führen dürfen, dass der Nachbesserungsanspruch völlig ausgehebelt wird; analog der h.M. zum deutschen Recht ist vielmehr davon auszugehen, dass der Nachbesserungsanspruch ggf. nur zeitlich hinausgeschoben ist, bis die Voraussetzungen für eine Auszahlung nach dem maßgeblichen nationalen Recht erfüllt sind; bis dahin sind die Anteilsinhaber durch die Verzinsung gem. § 15 Abs. 2 UmwG (dazu bereits oben Rz. 19) geschützt[7].

---

1 *Drinhausen* in Semler/Stengel, § 122h UmwG Rz. 9 a.E.; *Marsch-Barner* in Kallmeyer, § 122h UmwG Rz. 6; *Simon/Rubner* in KölnKomm. UmwG, § 122h UmwG Rz. 23ff.

2 Vgl. BegrRegE, BR-Drucks. 548/06, 46; *H.-F. Müller*, Der Konzern 2007, 81 (85); *Simon/Rubner*, Der Konzern 2006, 835 (841). Vgl. ferner für die Parallelregelung bzgl. der SE-Gründung in § 6a SpruchG: *Bayer* in Lutter/Hommelhoff, SE-Kommentar, Art. 24 SE-VO Rz. 42.

3 Vgl. auch *H.-F. Müller*, Der Konzern 2007, 81 (84); *Frenzel*, Grenzüberschreitende Verschmelzung von Kapitalgesellschaften, S. 334f.

4 Dazu näher *Bayer* in Lutter/Hommelhoff, SE-Kommentar, Art. 24 SE-VO Rz. 44; *J. Vetter* in Lutter/Hommelhoff (Hrsg.), Europäische Gesellschaft, 2005, S. 111 (127f.).

5 Vgl. dazu auch *J. Vetter*, AG 2006, 613 (622f.).

6 Ausf. auch *Bayer*, ZHR 172 (2008), 24 (31ff.) m.z.w.N.

7 Ebenso i.E. *Frenzel*, Grenzüberschreitende Verschmelzung von Kapitalgesellschaften, S. 337; für die Parallelproblematik im Hinblick auf § 6 Abs. 2 SE-VO: *Bayer* in Lutter/

IV. Ausdehnung des Anwendungsbereichs des Spruchverfahrens auf Anteilsinhaber ausländischer Gesellschaften (§ 122h Abs. 2 UmwG)

Mit § 122h Abs. 2 UmwG sollen nach dem Willen des Gesetzgebers Doppelarbeit und sich widersprechende Entscheidungen in- und ausländischer Gerichte verhindert werden[1]. Er ermöglicht es nämlich unter bestimmten Voraussetzungen auch den Anteilsinhabern der an der Verschmelzung beteiligten ausländischen Gesellschaften, ein Spruchverfahren in Deutschland einzuleiten und damit das gesamte Verfahren zur Überprüfung des Umtauschverhältnisses bei einem deutschen Gericht zu konzentrieren. 26

1. Kein materiell-rechtlicher Anspruch

Obgleich die Vorschrift missverständlicherweise pauschal die (entsprechende) Geltung von § 15 UmwG – also dem Wortlaut nach auch von dessen Abs. 1 Satz 1 – anordnet, lässt sich ihr richtigerweise **kein materiell-rechtlicher Anspruch** auf bare Zuzahlung zugunsten der Anteilsinhaber ausländischer Rechtsträger entnehmen[2]. Aus der Gesetzesbegründung und der Entstehungsgeschichte ergibt sich vielmehr klar, dass den Anteilsinhabern ausländischer Rechtsträger unter den näher spezifizierten Voraussetzungen lediglich ein prozessuales **Antragsrecht auf Einleitung eines Spruchverfahrens** vor dem zuständigen deutschen Gericht eingeräumt werden sollte[3]. Im Hinblick auf den Regelungsgegenstand der Norm heißt es in der Gesetzesbegründung nämlich nur, dass die Anteilsinhaber ausländischer Gesellschaften nach § 122h Abs. 2 UmwG „ein Spruchverfahren zur Verbesserung des Umtauschverhältnisses vor einem deutschen Gericht einleiten [können]"; von der Gewährung materiell-rechtlicher Ansprüche ist nirgends die Rede. Die Existenz eines materiell-rechtlichen Anspruchs der Anteilsinhaber der ausländischen Gesellschaft nach *ausländischem* Recht wird vielmehr implizit vorausgesetzt, wenn als Voraussetzung für die Geltung des § 15 UmwG gefordert wird, dass das Recht, dem die ausländische Gesellschaft unterliegt, ein Verfahren zur Kontrolle und Änderung des Umtauschverhältnisses vorsieht. Ebenso spricht weiterhin auch die explizit formulierte gesetzgeberische Intention, mit der Norm „Doppelarbeit und sich widersprechende Entscheidungen deutscher und ausländischer Gerichte [zu vermeiden]" dafür, dass mit ihr lediglich eine Konzentration des gesamten Überprüfungsverfahrens bei einem (deutschen) Gericht ermöglicht werden sollte[4]. Hinzu kommt, dass Vorbild der Regelung ausweislich der Geset- 27

Hommelhoff, SE-Kommentar, Art. 24 SE-VO Rz. 44; *J. Vetter* in Lutter/Hommelhoff (Hrsg.), Europäische Gesellschaft, 2005, S. 111 (128).

1 Vgl. BegrRegE, BR-Drucks. 548/06, 34; *Drinhausen* in Semler/Stengel, § 122h UmwG Rz. 3; *Drinhausen/Keinath*, BB 2006, 725 (731); *Heckschen* in Widmann/Mayer, § 122h UmwG Rz. 61; *Kiem*, WM 2006, 1091 (1097); *Krause/Kulpa*, ZHR 171 (2007), 38 (73); *H.-F. Müller*, Der Konzern 2007, 81 (84); *H.-F. Müller*, ZIP 2006, 1081 (1086); *Neye/Timm*, DB 2006, 488 (492); *Neye/Timm*, GmbHR 2007, 562 (564).

2 *Frenzel*, Grenzüberschreitende Verschmelzung von Kapitalgesellschaften, S. 319f.; *Heckschen* in Widmann/Mayer, § 122h UmwG Rz. 60; *Marsch-Barner* in Kallmeyer, § 122h UmwG Rz. 7; vgl. für die Parallelregelung in § 122i Abs. 2 Satz 2 UmwG auch *H.-F. Müller*, Der Konzern 2007, 81 (88).

3 Vgl. *Frenzel*, Grenzüberschreitende Verschmelzung von Kapitalgesellschaften, S. 320.

4 Vgl. *Frenzel*, Grenzüberschreitende Verschmelzung von Kapitalgesellschaften, S. 319; zust. *Kiem* in Habersack/Drinhausen, § 122h UmwG Rz. 11.

zesbegründung § 6 Abs. 4 Satz 2 SEAG[1] war[2], welcher für den Parallelfall der SE-Gründung durch Verschmelzung die entsprechende Geltung des § 6 Abs. 4 Satz 1 SEAG für die Aktionäre ausländischer Rechtsträger anordnet. § 6 Abs. 4 Satz 1 SEAG wiederum regelt aber – als Parallelvorschrift zu § 15 Abs. 1 Satz 3 UmwG – lediglich die Festsetzung der baren Zuzahlung durch das Gericht auf Antrag. Ebenso verweist auch die Parallelregelung in § 122i Abs. 2 Satz 2 UmwG (dazu ausf. § 122i Rz. 30ff.) ausschließlich auf die – dem § 15 Abs. 1 Satz 3 UmwG entsprechende – verfahrensrechtliche Vorschrift des § 34 UmwG. Bei der pauschalen Verweisung des § 122h Abs. 2 UmwG auf den gesamten § 15 UmwG – statt nur auf dessen Abs. 1 Satz 3 – dürfte es sich somit um ein Redaktionsversehen handeln[3]. Im Übrigen würde dem deutschen Gesetzgeber aber auch die notwendige Regelungskompetenz dafür fehlen, auch den Anteilsinhabern ausländischer Rechtsträger einen Anspruch auf bare Zuzahlung einzuräumen[4]. Denn Art. 4 Abs. 2 Satz 2 der 10. Richtlinie ermächtigt die Mitgliedstaaten ausschließlich dazu, für die Minderheitsgesellschafter derjenigen Gesellschaften Schutzvorschriften zu erlassen, die ihrem jeweiligen Recht unterliegen[5].

2. Voraussetzungen des Antragsrechts gem. § 122h Abs. 2 UmwG

28 Antragsberechtigt nach § 122h Abs. 2 UmwG können nur Anteilsinhaber einer **ausländischen übertragenden Gesellschaft** sein[6]; der Gesetzgeber behandelt also auch insoweit die Anteilsinhaber übertragender und übernehmender Gesellschaften unterschiedlich (vgl. dazu bereits kritisch oben Rz. 4 und 15).

29 Voraussetzung für die Antragsberechtigung ist zum einen, dass auch das Recht, dem diese Gesellschaft unterliegt, ein **Verfahren zur Kontrolle und Änderung des Umtauschverhältnisses** vorsieht. Wie bereits oben (Rz. 10) dargelegt, wird dies in der Praxis wohl nur selten der Fall sein[7].

30 Zudem müssen für die Durchführung dieses „Spruchverfahrens" die **deutschen Gerichte international zuständig** sein (vgl. dazu bereits oben Rz. 22)[8].

1 Vgl. BegrRegE, BR-Drucks. 548/06, 34. S. ferner *Drinhausen/Keinath*, BB 2006, 725 (731); *H.-F. Müller*, Der Konzern 2007, 81 (83); *Neye/Timm*, DB 2006, 488 (492).
2 Vgl. *Frenzel*, Grenzüberschreitende Verschmelzung von Kapitalgesellschaften, S. 319.
3 So i.E. auch *Hörtnagl* in Schmitt/Hörtnagl/Stratz, § 122h UmwG Rz. 12; *Marsch-Barner* in Kallmeyer, § 122h UmwG Rz. 7.
4 Zutreffend *Frenzel*, Grenzüberschreitende Verschmelzung von Kapitalgesellschaften, S. 319f.
5 Vgl. *Frenzel*, Grenzüberschreitende Verschmelzung von Kapitalgesellschaften, S. 319f.; *Lutter/Bayer/J. Schmidt*, EuropUR, § 23 Rz. 132 m.w.N.
6 *Kiem* in Habersack/Drinhausen, § 122h UmwG Rz. 11; *Marsch-Barner* in Kallmeyer, § 122h UmwG Rz. 7; *Polley* in Henssler/Strohn, § 122h UmwG Rz. 11; *Simon/Rubner* in KölnKomm. UmwG, § 122h UmwG Rz. 15.
7 Vgl. auch *Drinhausen* in Semler/Stengel, § 122h UmwG Rz. 10.
8 Vgl. BegrRegE, BR-Drucks. 548/06, 34; *Drinhausen* in Semler/Stengel, § 122h UmwG Rz. 10; *Kiem*, WM 2006, 1091 (1097); *Krause/Kulpa*, ZHR 171 (2007), 38 (73); *H.-F. Müller*, Der Konzern 2007, 81 (85); *H.-F. Müller*, ZIP 2006, 1081 (1086); *Neye/Timm*, DB 2006, 488 (492); *Neye/Timm*, GmbHR 2007, 562 (564); *Simon/Rubner*, Der Konzern 2006, 835 (841). Ausf. zur internationalen Zuständigkeit im Spruchverfahren *Nießen*, NZG 2006, 441ff. sowie allgemein zur Zuständigkeit Anh. I, § 2 SpruchG Rz. 1ff.

Schließlich wird man § 122h Abs. 2 UmwG teleologisch dahingehend reduzieren müssen, dass die Norm nur dann anwendbar ist, wenn an der Verschmelzung **mindestens eine deutsche übertragende Gesellschaft** beteiligt ist[1]. Denn nur in diesem Fall sind auch die Anteilsinhaber der deutschen Gesellschaft(en) zur Einleitung eines Spruchverfahrens zwecks Überprüfung des Umtauschverhältnisses berechtigt (vgl. oben Rz. 4, 14f.), so dass es überhaupt erst zur Gefahr einer doppelten Prüfung im In- und Ausland und zu ggf. widersprechenden Entscheidungen, die mit der Norm gerade vermieden werden sollen (vgl. oben Rz. 26), kommen kann. Ist dagegen auf deutscher Seite *nur eine übernehmende* Gesellschaft beteiligt, so können deren Anteilsinhaber nach der *lex lata* von vornherein gar keinen im Spruchverfahren geltend zu machenden Anspruch auf Verbesserung des Umtauschverhältnisses haben (vgl. dazu kritisch bereits oben Rz. 4, 14f.), so dass die Situation, die mit § 122h Abs. 2 UmwG vermieden werden soll, überhaupt nicht eintreten kann. Im Übrigen hat diese Lösung den Vorteil, dass sich auch im Hinblick auf die örtliche Zuständigkeit gem. § 2 Abs. 1 SpruchG keine Probleme ergeben: Denn wenn an der Verschmelzung mindestens eine deutsche übertragende Gesellschaft beteiligt ist, so besteht gem. § 2 Abs. 1 SpruchG eine örtliche Zuständigkeit des Landgerichts am Sitz dieser Gesellschaft. Die in der Literatur postulierte angebliche Regelungslücke im Hinblick darauf, dass § 2 Abs. 1 SpruchG an den Sitz des übertragenden Rechtsträgers anknüpft[2], existiert damit richtiger Ansicht nach von vornherein gar nicht. 31

§ 122i
Abfindungsangebot im Verschmelzungsplan

(1) Unterliegt die übernehmende oder neue Gesellschaft nicht dem deutschen Recht, hat die übertragende Gesellschaft im Verschmelzungsplan oder in seinem Entwurf jedem Anteilsinhaber, der gegen den Verschmelzungsbeschluss der Gesellschaft Widerspruch zur Niederschrift erklärt, den Erwerb seiner Anteile gegen eine angemessene Barabfindung anzubieten. Die Vorschriften des Aktiengesetzes über den Erwerb eigener Aktien sowie des Gesetzes betreffend die Gesellschaften mit beschränkter Haftung über den Erwerb eigener Geschäftsanteile gelten entsprechend, jedoch sind § 71 Abs. 4 Satz 2 des Aktiengesetzes und § 33 Abs. 2 Satz 3 zweiter Halbsatz erste Alternative des Gesetzes betreffend die Gesellschaften mit beschränkter Haftung insoweit nicht anzuwenden. § 29 Abs. 1 Satz 4 und 5 sowie Abs. 2 und die §§ 30, 31 und 33 gelten entsprechend.

(2) Die §§ 32 und 34 gelten für die Anteilsinhaber einer übertragenden Gesellschaft nur, sofern die Anteilsinhaber der an der grenzüberschreitenden Verschmelzung beteiligten Gesellschaften, die dem Recht eines anderen Mitgliedstaats der Europäischen Union oder eines anderen Vertragsstaats des Abkommens über den Europäischen Wirtschaftsraum unterliegen, dessen Rechtsvorschriften ein Verfahren zur Abfindung von Minderheitsgesellschaftern nicht vorsehen, im

1 Wie hier *Marsch-Barner* in Kallmeyer, § 122h UmwG Rz. 9.
2 Vgl. *H.-F. Müller*, Der Konzern 2007, 81 (85); s. ferner auch *Frenzel*, Grenzüberschreitende Verschmelzung von Kapitalgesellschaften, S. 329ff.; *Oechsler*, NZG 2006, 162 (164f.).

Verschmelzungsbeschluss ausdrücklich zustimmen. § 34 gilt auch für Anteilsinhaber einer übertragenden Gesellschaft, die dem Recht eines anderen Mitgliedstaats der Europäischen Union oder eines anderen Vertragsstaats des Abkommens über den Europäischen Wirtschaftsraum unterliegt, wenn nach dem Recht dieses Staates ein Verfahren zur Abfindung von Minderheitsgesellschaftern vorgesehen ist und deutsche Gerichte für die Durchführung eines solchen Verfahrens international zuständig sind.

Literatur

Vgl. zunächst allgemein die Angaben zu § 122a. Speziell zum Minderheitenschutz: *H.-F. Müller*, Der Schutz der Minderheitsgesellschafter bei der grenzüberschreitenden Verschmelzung, Der Konzern 2007, 81.

I. Regelungsgegenstand und -zweck

1 Die Vorschrift normiert in Ausübung der Regelungsermächtigung des **Art. 4 Abs. 2 Satz 2 der 10. Richtlinie**[1, 2] als zweiten Eckpfeiler des **Minderheitenschutzes** (vgl. allgemein zum Minderheitenschutzsystem der §§ 122h, 122i UmwG be-

---

1 Richtlinie 2005/56/EG des Europäischen Parlaments und des Rates v. 26.10.2005 über die Verschmelzung von Kapitalgesellschaften aus verschiedenen Mitgliedstaaten, ABl. EU Nr. L 310/1 v. 25.11.2005, s. Anh. V, S. 3481 ff. Ausf. Erläuterungen bei *Lutter/Bayer/J. Schmidt*, EuropUR, § 23 m.z.w.N.

2 Vgl. BegrRegE, BR-Drucks. 548/06, 34; *Bayer/J. Schmidt*, NZG 2006, 841 (843); *Drinhausen* in Semler/Stengel, § 122i UmwG Rz. 1; *Drinhausen/Keinath*, BB 2006, 725 (731); *Kallmeyer*, GmbHR 2006, 418 (420); *Lutter/Bayer/J. Schmidt*, EuropUR, § 23 Rz. 140; *Marsch-Barner* in Kallmeyer, § 122i UmwG Rz. 1; *H.-F. Müller*, Der Konzern 2007, 81 (86); *Neye/Timm*, DB 2006, 488 (492); *Neye/Timm*, GmbHR 2007, 562 (564); *Vossius* in Widmann/Mayer, § 122i UmwG Rz. 5.

reits § 122h Rz. 2ff.) für bestimmte Fälle ein Austrittsrecht gegen Barabfindung. Vorbild waren zum einen die Minderheitenschutzregelungen bei innerstaatlichen Verschmelzungen in §§ 29ff. UmwG[1] – auf die auch ausdrücklich Bezug genommen wird –, zum anderen die für die Gründung einer SE durch Verschmelzung geltende Vorschrift des § 7 SEAG[2].

2 **§ 122i Abs. 1 UmwG** normiert für die Anteilsinhaber einer deutschen übertragenden Gesellschaft ein Recht zum **Austritt gegen Barabfindung**, wenn die übernehmende oder neue Gesellschaft nicht dem deutschen Recht unterliegt (**Hinausverschmelzung**; dazu ausf. unten Rz. 4ff.).

3 **§ 122i Abs. 2 UmwG modifiziert** in Parallele zu § 122h UmwG [3] den **Anwendungsbereich des Spruchverfahrens**. § 122i Abs. 1 Satz 1 UmwG entspricht der Begrenzung in § 122h Abs. 1 UmwG (dazu § 122h Rz. 8ff.), § 122i Abs. 1 Satz 2 UmwG erweitert den Anwendungsbereich im Einklang mit § 122h Abs. 2 UmwG (dazu § 122h Rz. 26ff.) unter bestimmten Voraussetzungen auf die Anteilsinhaber ausländischer Gesellschaften.

II. Austrittsrecht gegen Barabfindung (§ 122i Abs. 1 UmwG)

1. Anwendungsbereich

4 Der Anwendungsbereich des Rechts der **Anteilsinhaber deutscher Gesellschaften** zum Austritt gegen Barabfindung gem. § 122i Abs. 1 UmwG ist in zweifacher Hinsicht begrenzt, nämlich zum einen auf die Anteilsinhaber übertragender Gesellschaften (dazu unten Rz. 5), zum anderen auf die Fälle der sog. „rechtswechselnden Verschmelzung" (dazu unten Rz. 6).

5 **Hinausverschmelzung**: Die Beschränkung auf **Anteilsinhaber** einer deutschen **übertragenden Gesellschaft** steht zwar im Einklang mit den Parallelregelungen in § 29 UmwG und § 7 SEAG, ist aber – ebenso wie dort – rechtspolitisch verfehlt; die Differenzierung zwischen Anteilsinhabern übertragender und übernehmender Rechtsträger sollte vielmehr grundsätzlich aufgegeben werden (vgl. bereits § 122h Rz. 4, 15).

6 Die Begrenzung auf Fälle, in denen die übernehmende oder neue Gesellschaft nicht dem deutschen Recht unterliegt (sog. „**rechtswechselnde Verschmelzung**"), ist an das Vorbild in § 7 SEAG[4] angelehnt[5]. Sie beruht auf dem Gedanken, dass der

---

1 Vgl. BegrRegE, BR-Drucks. 548/06, 34; *Drinhausen* in Semler/Stengel, § 122i UmwG Rz. 2; *Drinhausen/Keinath*, BB 2006, 725 (731); *Forsthoff*, DStR 2006, 613 (614); *Frenzel*, Grenzüberschreitende Verschmelzung von Kapitalgesellschaften, S. 341; *Krause/Kulpa*, ZHR 171 (2007), 38 (75); *Limmer*, ZNotP 2007, 242 (255); *Lutter/Bayer/J. Schmidt*, EuropUR, § 23 Rz. 140; *H.-F. Müller*, Der Konzern 2007, 81 (86); *Simon/Rubner*, Der Konzern 2006, 835 (840); *Vossius* in Widmann/Mayer, § 122i UmwG Rz. 2.

2 Vgl. *Bayer/J. Schmidt*, NZG 2006, 841 (843); *Drinhausen* in Semler/Stengel, § 122i UmwG Rz. 1; *Drinhausen/Keinath*, BB 2006, 725 (731); *Kiem*, WM 2006, 1091 (1098); *Lutter/Bayer/J. Schmidt*, EuropUR, § 23 Rz. 140; *H.-F. Müller*, Der Konzern 2007, 81 (85); *H.-F. Müller*, NZG 2006, 286 (289); *Simon/Rubner*, Der Konzern 2006, 835 (840).

3 Vgl. BegrRegE, BR-Drucks. 548/06, 35; *Drinhausen* in Semler/Stengel, § 122i UmwG Rz. 4, 12; *Limmer*, ZNotP 2007, 242 (256); *Heckschen* in Widmann/Mayer, § 122a UmwG Rz. 162; *Vossius* in Widmann/Mayer, § 122i UmwG Rz. 27.

4 Dazu näher *Bayer* in Lutter/Hommelhoff, SE-Kommentar, Art. 24 SE-VO Rz. 45ff. m.w.N.

5 Vgl. *Kiem*, WM 2006, 1091 (1098); *H.-F. Müller*, Der Konzern 2007, 81 (85).

in diesen Fällen aus der Verschmelzung resultierende Wechsel in eine ausländische Rechtsform und die damit verbundene Änderung der Gesellschafterrechte und -pflichten den betroffenen Anteilsinhabern nicht einfach aufoktroyiert werden kann[1]. Dies darf freilich nicht als Negativbewertung des ausländischen Rechts missverstanden werden: Entscheidend ist vielmehr allein der Wechsel in eine nicht kongruente Rechtsform – wenn § 29 UmwG sogar im Falle des Rechtsformwechsels zwischen zwei *deutschen* Rechtsformen ein Austritts- und Abfindungsrecht vorsieht, so erscheint ein solches im Falle einer Verschmelzung auf eine ausländische Gesellschaft erst recht erforderlich[2]. Ob ein Abfindungsangebot – das immerhin mit einem erheblichen Liquiditätsabfluss verbunden ist[3] – wirklich in sämtlichen Fällen rechtswechselnder Verschmelzungen geboten ist, lässt sich allerdings bezweifeln, zumal die Übertragung des (an sich in der Konzeption überzeugenden) deutschen Schutzsystems auf grenzüberschreitende Verschmelzungen zu erheblichen Problemen führt (dazu bereits § 122h Rz. 3f.). Angesichts des inzwischen erreichten Standes der Harmonisierung des europäischen Kapitalmarktrechts[4] und der Aktionärsrechte durch die Aktionärsrechterichtlinie[5] dürfte die Pflicht zu einem Abfindungsangebot jedenfalls für den Fall entbehrlich sein, dass die übernehmende bzw. neue Gesellschaft börsennotiert ist; denn dann besteht die Möglichkeit einer Veräußerung der Anteile auf dem Kapitalmarkt[6].

2. Verhältnis zu § 29 Abs. 1 Satz 1 und 2 UmwG

7 Hinsichtlich des Verhältnisses von § 122i Abs. 1 UmwG zu § 29 Abs. 1 Satz 1 und 2 UmwG ist richtiger Ansicht nach zwischen Herein- und Hinausverschmelzungen zu differenzieren. Bezüglich grenzüberschreitender **Hinausverschmelzungen** ist **§ 122i Abs. 1 UmwG** nach Konzeption und Systematik der §§ 122aff. UmwG ***lex specialis***[7]. § 29 Abs. 1 Satz 1 und 2 UmwG kommen insofern nicht zur An-

---

1 Vgl. BegrRegE, BR-Drucks. 548/06, 34; *Drinhausen* in Semler/Stengel, § 122i UmwG Rz. 2; *Kiem*, WM 2006, 1091 (1098); *Krause/Kulpa*, ZHR 171 (2007), 38 (75); *Limmer*, ZNotP 2007, 242 (255); *Marsch-Barner* in Kallmeyer, § 122i UmwG Rz. 2; *Mayer* in Widmann/Mayer, § 122c UmwG Rz. 145; *H.-F. Müller*, Der Konzern 2007, 81 (86); *Neye/Timm*, GmbHR 2007, 562 (564); vgl. weiter *Behrens*, Die grenzüberschreitende Verschmelzung nach der Richtlinie 2005/56/EG (Verschmelzungsrichtlinie), 2007, S. 169. S. ferner zur Parallelregelung des § 7 SEAG auch *Bayer* in Lutter/Hommelhoff, SE-Kommentar, Art. 24 SE-VO Rz. 48.

2 Vgl. BegrRegE, BR-Drucks. 548/06, 34; *Mayer* in Widmann/Mayer, § 122c UmwG Rz. 145; *H.-F. Müller*, Der Konzern 2007, 81 (86). S. ferner zur Parallelregelung des § 7 SEAG auch *Bayer* in Lutter/Hommelhoff, SE-Kommentar, Art. 24 SE-VO Rz. 48.

3 Vgl. *Bayer/J. Schmidt*, NZG 2006, 841 (844); *Handelsrechtsausschuss des DAV*, NZG 2006, 737 (741); *Kiem*, WM 2006, 1091 (1098); *J. Vetter*, AG 2006, 613 (623).

4 Dazu nur *Lutter/Bayer/J. Schmidt*, EuropUR, § 17 m.z.w.N.

5 Richtlinie 2007/36/EG des Europäischen Parlaments und des Rates v. 11.7.2007 über die Ausübung bestimmter Rechte von Aktionären in börsennotierten Gesellschaften, ABl. EU Nr. L 184/17 v. 14.7.2007. Text und ausf. Erläuterungen bei *Lutter/Bayer/J. Schmidt*, EuropUR, § 31 m.z.w.N.

6 Vgl. bereits *Bayer/J. Schmidt*, NZG 2006, 841 (844); *Bayer/J. Schmidt*, NJW 2006, 401 (406); *Handelsrechtsausschuss des DAV*, NZG 2006, 737 (741); *Kiem* in Habersack/Drinhausen, § 122i UmwG Rz. 3; *Marsch-Barner* in Kallmeyer, § 122i UmwG Rz. 2; kritisch jedoch *H.-F. Müller*, Der Konzern 2007, 81 (87).

7 Ebenso *Drinhausen* in Semler/Stengel, § 122i UmwG Rz. 2; *Hörtnagl* in Schmitt/Hörtnagl/Stratz, § 122i UmwG Rz. 5; *Kiem* in Habersack/Drinhausen, § 122i UmwG Rz. 4; *Lutz*, BWNotZ 2010, 23 (31); *Marsch-Barner* in Kallmeyer, § 122i UmwG Rz. 4; *Polley*

wendung, da in Abs. 1 „etwas anderes" i.S.d. § 122a Abs. 2 UmwG geregelt ist. Unterliegt die übernehmende bzw. neue Gesellschaft nicht dem deutschen Recht, so besteht für die Anteilsinhaber einer deutschen übertragenden Gesellschaft also immer – d.h. etwa auch wenn auf eine „kongruente" ausländische Rechtsform verschmolzen wird (z.B. deutsche AG auf britische plc) – ein Austrittsrecht gegen Barabfindung.

Der Fall einer grenzüberschreitenden **Hereinverschmelzung** ist von 122i Abs. 1 UmwG dagegen von vornherein gar nicht erfasst, so dass insofern richtiger Ansicht nach auch keine Spezialität besteht. Hier kommen vielmehr gem. **§ 122a Abs. 2 UmwG** die Vorschriften der **§ 29 Abs. 1 Satz 1 und 2 UmwG** (dazu ausf. § 29 Rz. 2ff.) zur Anwendung[1]. Die Annahme einer Spezialität bzw. Exklusivität des Abs. 1 auch für grenzüberschreitende *Herein*verschmelzungen würde nämlich bei drei- oder mehrseitigen Hereinverschmelzungen (zu deren Zulässigkeit allgemein § 122a Rz. 21), im Rahmen derer nicht nur eine (oder mehrere) ausländische, sondern auch eine **deutsche übertragende Gesellschaft** auf eine übernehmende bzw. neue deutsche Gesellschaft anderer deutscher Rechtsform verschmolzen werden sollen, zu unangemessenen Ergebnissen führen[2]. Würde man nämlich auch für diese Fälle eine strikte Exklusivität des § 122i Abs. 1 UmwG annehmen, so stünde den Anteilsinhabern der deutschen übertragenden Gesellschaft kein Austrittsrecht gegen Barabfindung zu, weil die übernehmende bzw. neue Gesellschaft ja dem deutschen Recht unterliegt. Im Parallelfall einer rein deutschen Verschmelzung, d.h. ohne die Beteiligung der ausländischen Verschmelzungspartner, bestünde jedoch gem. § 29 Abs. 1 Satz 1 1. Alt UmwG ein solches Recht. Entsprechendes gilt auch für die Fälle des § 29 Abs. 1 Satz 1 2. Alt. (börsennotierte auf nicht börsennotierte Gesellschaft) und Satz 2 UmwG (Verfügungsbeschränkungen beim übernehmenden Rechtsträger). Eine derartige Schlechterstellung der Anteilsinhaber der betroffenen deutschen übertragenden Gesellschaft allein deshalb, weil an der Verschmelzung zusätzlich auch ausländische Rechtsträger beteiligt sind, wäre völlig ungerechtfertigt[3]. Zudem ergäbe sich hieraus auch ein erhebliches Missbrauchs- bzw. Umgehungspotential, ließe sich das Austrittsrecht dann doch schlicht dadurch aushebeln, dass an der Verschmelzung zusätzlich noch eine kleine ausländische (ggf. sogar Vorrats-)Gesellschaft beteiligt würde. Dies kann vom Gesetzgeber so aber sicherlich nicht ge- 8

in Henssler/Strohn, § 122h UmwG Rz. 3; *Simon/Rubner* in KölnKomm. UmwG, § 122i UmwG Rz. 6; vgl. auch schon *Behrens*, Die grenzüberschreitende Verschmelzung nach der Richtlinie 2005/56/EG (Verschmelzungsrichtlinie), 2007, S. 170; *Frenzel*, Grenzüberschreitende Verschmelzung von Kapitalgesellschaften, S. 346.

1 Ebenso *Drinhausen* in Semler/Stengel, § 122i UmwG Rz. 2; *Hörtnagl* in Schmitt/Hörtnagl/Stratz, § 122i UmwG Rz. 5; *Kiem* in Habersack/Drinhausen, § 122i UmwG Rz. 3; *Lutz*, BWNotZ 2010, 23 (31); *Marsch-Barner* in Kallmeyer, § 122i UmwG Rz. 4; *Simon/Rubner* in KölnKomm. UmwG, § 122i UmwG Rz. 4; vgl. auch schon *Frenzel*, Grenzüberschreitende Verschmelzung von Kapitalgesellschaften, S. 346; vgl. auch *Behrens*, Die grenzüberschreitende Verschmelzung nach der Richtlinie 2005/56/EG (Verschmelzungsrichtlinie), 2007, S. 169f.

2 Vgl. auch *Frenzel*, Grenzüberschreitende Verschmelzung von Kapitalgesellschaften, S. 345ff.

3 Vgl. auch *Frenzel*, Grenzüberschreitende Verschmelzung von Kapitalgesellschaften, S. 346.

wollt gewesen sein[1]. Der gesetzgeberischen Gesamtkonzeption der §§ 122a ff. UmwG entspricht es vielmehr allein, § 122i Abs. 1 UmwG als Spezialregelung ausschließlich für grenzüberschreitende *Hinaus*verschmelzungen zu begreifen.

3. Widerspruch

9 Voraussetzung für ein Austritts- und Abfindungsrecht ist nach § 122i Abs. 1 Satz 1 UmwG konsequenterweise, dass der betreffende Anteilsinhaber gegen den Verschmelzungsbeschluss **Widerspruch** zur Niederschrift erklärt hat[2]. Würde man nämlich auf dieses Erfordernis verzichten, dann könnte der Fall eintreten, dass die Verschmelzung mehrheitlich beschlossen wird, anschließend aber von einer so großen Zahl der Anteilsinhaber die – möglicherweise noch erhöhte – Abfindung eingefordert wird, dass die Umstrukturierung aus wirtschaftlichen Gründen nicht mehr sinnvoll durchführbar ist[3]. Speziell in diese Richtung zielt im Übrigen auch der Vorbehalt des Art. 4 Abs. 2 Satz 2 der 10. Richtlinie bezüglich der Minderheitsgesellschafter, welche die Verschmelzung abgelehnt haben (vgl. dazu auch bereits § 122h Rz. 18)[4]. Hinsichtlich der Einzelheiten der Erklärung des Widerspruchs gilt dasselbe wie i.R.d. § 29 Abs. 1 UmwG (dazu § 29 Rz. 11 ff.).

10 Eine **Ausnahme** vom Widerspruchserfordernis gilt gem. § 122i Abs. 1 Satz 3 UmwG lediglich in den Fällen des **§ 29 Abs. 2 UmwG** (dazu § 29 Rz. 14 ff.). Da es sich hier um Fälle handelt, in denen dem betreffenden Anteilsinhaber die Einlegung eines Widerspruchs in der Versammlung ohne sein Verschulden nicht möglich war, dürfte Art. 4 Abs. 2 Satz 2 der 10. Richtlinie seinem Sinn und Zweck nach dieser Ausnahme nicht entgegen stehen.

4. Durchführung

a) Angebot im Verschmelzungsplan

11 Unter den in § 122i Rz. 4 ff. näher erläuterten Voraussetzungen hat eine deutsche übertragende Gesellschaft jedem ordnungsgemäß widersprechenden (dazu oben Rz. 9 f.) Anteilsinhaber **im Verschmelzungsplan** (oder in seinem Entwurf) den Erwerb seiner Anteile gegen eine angemessene Barabfindung anzubieten[5] (§ 122i Abs. 1 Satz 1 UmwG). Vgl. zur Vereinbarkeit dieser Regelung mit der 10. Richtlinie bereits § 122c Rz. 29.

12 Sofern eine Bekanntmachung des Verschmelzungsplans als Gegenstand der Beschlussfassung erforderlich ist, muss das Abfindungsangebot **wörtlich bekannt ge-**

---

1 Ebenso *Frenzel*, Grenzüberschreitende Verschmelzung von Kapitalgesellschaften, S. 346.

2 Wie hier *Drinhausen* in Semler/Stengel, § 122i UmwG Rz. 5; *Marsch-Barner* in Kallmeyer, § 122i UmwG Rz. 2; *Kiem* in Habersack/Drinhausen, § 122i UmwG Rz. 5.

3 Vgl. für die Parallelregelung in § 7 SEAG: *Bayer* in Lutter/Hommelhoff, SE-Kommentar, Art. 24 SE-VO Rz. 27, 49. Zust. *Kiem* in Habersack/Drinhausen, § 122i UmwG Rz. 5.

4 Vgl. dazu *Lutter/Bayer/J. Schmidt*, EuropUR, § 23 Rz. 134; für die Parallelregelung in § 7 SEAG: *Bayer* in Lutter/Hommelhoff, SE-Kommentar, Art. 24 SE-VO Rz. 27.

5 *Drinhausen* in Semler/Stengel, § 122i UmwG Rz. 5; *Kiem* in Habersack/Drinhausen, § 122i UmwG Rz. 6; *Lutz*, BWNotZ 2010, 23 (31); *Marsch-Barner* in Kallmeyer, § 122i UmwG Rz. 3; *Simon/Rubner* in KölnKomm. UmwG, § 122i UmwG Rz. 8.

macht werden, § 122i Abs. 1 Satz 3 UmwG i.V.m. § 29 Abs. 1 Satz 4 UmwG (dazu ausf. § 29 Rz. 21 ff.)[1].

13 Hinsichtlich der Bemessung des Angebots sind gem. § 122i Abs. 1 Satz 3 UmwG i.V.m. § 30 Abs. 1 Satz 1 UmwG die **Verhältnisse** der Gesellschaften **im Zeitpunkt der Beschlussfassung** über die Verschmelzung zu berücksichtigen (vgl. dazu näher § 30 Rz. 2).

b) Verzinsung

14 Nach § 122i Abs. 1 Satz 3 UmwG i.V.m. § 30 Abs. 1 Satz 2 UmwG ist die Barabfindung entsprechend § 15 Abs. 2 UmwG (dazu § 15 Rz. 10) mit jährlich 5 Prozentpunkten über dem jeweiligen Basiszinssatz nach § 247 BGB[2] **zu verzinsen**, womit die Geltendmachung eines weiteren Schadens allerdings nicht ausgeschlossen ist. Für den Beginn der Verzinsungspflicht ist hier – ebenso wie bei der baren Zuzahlung gem. § 122h Abs. 1 UmwG (dazu § 122h Rz. 19) – analog § 6 Abs. 3 Satz 1 SEAG der Ablauf des Tages maßgeblich, an dem die Verschmelzung nach den für die aus der Verschmelzung hervorgehende Gesellschaft maßgeblichen Rechtsvorschriften eingetragen und bekannt gemacht worden ist.

c) Schuldner

15 Der Anspruch auf Barabfindung richtet sich zunächst gegen die jeweilige *deutsche übertragende* Gesellschaft[3]. Mit Wirksamwerden der Verschmelzung geht diese Verpflichtung jedoch nach den jeweils anwendbaren nationalen Umsetzungsvorschriften zu Art. 14 Abs. 1 lit. a bzw. Abs. 2 lit. a der 10. Richtlinie[4] (dazu § 122l Rz. 23 f.) im Wege der Gesamtrechtsnachfolge *ipso iure* auf die übernehmende bzw. neue Gesellschaft über[5].

---

1 Vgl. *Kiem* in Habersack/Drinhausen, § 122i UmwG Rz. 6; *Vossius* in Widmann/Mayer, § 122i UmwG Rz. 22; *Simon/Rubner* in KölnKomm. UmwG, § 122i UmwG Rz. 9.

2 Dies gilt erst seit 1.9.2009 (geändert durch das ARUG); zuvor: 2 % über dem jeweiligen Basiszinssatz gem. § 247 BGB; näher § 30 Rz. 3 i.V.m. § 15 Rz. 10 f.; *Polley* in Henssler/Strohn, § 15 UmwG Rz. 16.

3 BegrRegE, BR-Drucks. 548/06, 35; *Drinhausen* in Semler/Stengel, § 122i UmwG Rz. 7; *Herrler*, EuZW 2007, 295 (297); *Kiem* in Habersack/Drinhausen, § 122i UmwG Rz. 8; *Krause/Kulpa*, ZHR 171 (2007), 38 (75); *Limmer*, ZNotP 2007, 242 (256); *Louven*, ZIP 2006, 2021 (2026); *Marsch-Barner* in Kallmeyer, § 122i UmwG Rz. 4; *Simon/Rubner*, Der Konzern 2006, 835 (840).

4 Dazu *Lutter/Bayer/J. Schmidt*, EuropUR, § 23 Rz. 111.

5 Vgl. BegrRegE, BR-Drucks. 548/06, 35; *Beutel*, Der neue rechtliche Rahmen grenzüberschreitender Verschmelzungen in der EU, 2008, S. 271; *Drinhausen* in Semler/Stengel, § 122i UmwG Rz. 7; *Haritz/von Wolff*, GmbHR 2006, 341 (342); *Herrler*, EuZW 2007, 295 (297); *Kiem* in Habersack/Drinhausen, § 122i UmwG Rz. 8; *Krause/Kulpa*, ZHR 171 (2007), 38 (75); *Limmer*, ZNotP 2007, 242 (256); *Louven*, ZIP 2006, 2021 (2026); *Marsch-Barner* in Kallmeyer, § 122i UmwG Rz. 5; *Simon/Rubner*, Der Konzern 2006, 835 (840).

d) Prüfung des Angebots

16 Vorbehaltlich eines etwaigen Verzichts ist die Angemessenheit der Barabfindung gem. § 122i Abs. 1 Satz 3 UmwG i.V.m. § 30 Abs. 2 UmwG (dazu § 30 Rz. 5ff.) stets durch den/die Verschmelzungsprüfer zu prüfen (dazu bereits § 122f Rz. 11)[1].

e) Annahme des Angebots

17 Hinsichtlich der Annahme des Angebots erklärt § 122i Abs. 1 Satz 3 UmwG die Vorschrift des § 31 UmwG für entsprechend anwendbar. Die Annahme kann also nur innerhalb einer **Ausschlussfrist von zwei Monaten** erfolgen[2]. Hinsichtlich des *Fristbeginns* hat es der Gesetzgeber versäumt, eine dem § 7 Abs. 4 Satz 1 SEAG entsprechende Sonderregelung zu schaffen, die Bezugnahme in § 31 Satz 1 UmwG auf § 19 Abs. 3 UmwG passt bei grenzüberschreitenden Verschmelzungen nicht. Diese planwidrige Lücke ist in *Analogie zu § 7 Abs. 4 Satz 1 SEAG* dadurch zu schließen, dass die **Frist** ab dem Tag beginnt, an dem die Verschmelzung im Sitzstaat der *übernehmenden* bzw. *neuen* Gesellschaft nach den dort geltenden Vorschriften *eingetragen und bekannt* gemacht worden ist[3] (vgl. zur Parallelproblematik bei der Verzinsung bereits oben Rz. 14 sowie § 122h Rz. 19). Im Falle eines Spruchverfahrens (s. dazu unten Rz. 20ff.) läuft die Frist allerdings erst ab Bekanntmachung der Entscheidung im Bundesanzeiger (§ 122i Abs. 1 Satz 3 UmwG i.V.m. § 31 Satz 2 UmwG)[4]. Streitig ist, ob das Barabfindungsangebot bereits *vor Wirksamwerden* der Verschmelzung angenommen werden kann[5].

5. Die Problematik des Erwerbs eigener Anteile

18 Vor dem Hintergrund, dass die Erfüllung des Abfindungs- und Austrittsanspruchs für die aus der Verschmelzung hervorgehende Gesellschaft einen Erwerb eigener Anteile bedeutet, ordnet **§ 122i Abs. 1 Satz 2 UmwG** die entsprechende Anwendung der Vorschriften des AktG bzw. GmbHG an, allerdings – ebenso wie die Parallelnormen der § 29 Abs. 1 Satz 1 2. Halbsatz UmwG und § 7 Abs. 1 Satz 2 SEAG – mit Ausnahme der § 71 Abs. 4 Satz 2 AktG bzw. § 33 Abs. 2 Satz 3 2. Halbsatz 1. Alt. GmbHG (Nichtigkeit des schuldrechtlichen Grundgeschäfts)[6].

---

1 Vgl. *Frenzel*, Grenzüberschreitende Verschmelzung von Kapitalgesellschaften, S. 342f.

2 Vgl. *Drinhausen* in Semler/Stengel, § 122i UmwG Rz. 9; *Frenzel*, Grenzüberschreitende Verschmelzung von Kapitalgesellschaften, S. 349; *Kiem* in Habersack/Drinhausen, § 122i UmwG Rz. 9; *Louven*, ZIP 2006, 2021 (2026).

3 So auch *Marsch-Barner* in Kallmeyer, § 122i UmwG Rz. 5; ähnlich *Drinhausen* in Semler/Stengel, § 122i UmwG Rz. 9, und *Kiem* in Habersack/Drinhausen, § 122i UmwG Rz. 9: Bekanntmachung.

4 *Drinhausen* in Semler/Stengel, § 122i UmwG Rz. 9; *Hörtnagl* in Schmitt/Hörtnagl/Stratz, § 122i UmwG Rz. 13; vgl. auch schon *Frenzel*, Grenzüberschreitende Verschmelzung von Kapitalgesellschaften, S. 348.

5 Dafür: *Drinhausen* in Semler/Stengel, § 122i UmwG Rz. 9; *Hörtnagl* in Schmitt/Hörtnagl/Stratz, § 122i UmwG Rz. 13; dagegen: *Kiem* in Habersack/Drinhausen, § 122i UmwG Rz. 9; *Simon/Rubner* in KölnKomm. UmwG, § 122i UmwG Rz. 6; wohl auch *Marsch-Barner* in Kallmeyer, § 122i UmwG Rz. 5; *J. Vetter*, AG 2006, 613 (623).

6 Vgl. BegrRegE, BR-Drucks. 548/06, 35; dazu auch *Drinhausen* in Semler/Stengel, § 122i UmwG Rz. 8; *Frenzel*, Grenzüberschreitende Verschmelzung von Kapitalgesellschaften, S. 348f.; *Limmer*, ZNotP 2007, 242 (256); *Marsch-Barner* in Kallmeyer, § 122i UmwG

So wird sichergestellt, dass eine Überschreitung der Schranken des AktG bzw. GmbHG für den Erwerb eigener Anteile, die erst nach dem Verschmelzungsbeschluss erkennbar wird, den für die Erfüllung des Austritts- und Abfindungsrechts notwendigen Erwerb eigener Anteile nicht hindert[1]. Dies gilt infolge der in Art. 10 Abs. 3 Satz 4 der 10. Richtlinie normierten Bindungswirkung[2] sogar dann, wenn die aus der Verschmelzung hervorgehende Gesellschaft dem *Recht eines anderen Mitgliedstaats* unterliegt[3]. Damit ist ein für die Erfüllung des Austritts- und Abfindungsrechts notwendiger Erwerb eigener Aktien selbst dann möglich, wenn das für die aus der Verschmelzung hervorgehende Gesellschaft geltende Recht einen Erwerb eigener Aktien in dieser Konstellation nicht zulassen würde[4]. Ob umgekehrt die deutschen Kapitalschutzvorschriften von einem ausländischen Gericht, das über den von einer ausländischen übernehmenden Gesellschaften letztendlich geschuldeten Barabfindungsanspruch (oben Rz. 15) befinden würde, in der Praxis tatsächlich beachtet würden, erscheint fraglich[5].

6. Exkurs: Erleichterte Veräußerbarkeit

19 Kraft des Verweises in § 122i Abs. 1 Satz 3 UmwG findet auch die Vorschrift des **§ 33 UmwG**, die während des Laufs der Angebotsfrist (dazu oben Rz. 17) die Veräußerbarkeit der Anteile erleichtert, entsprechende Anwendung. Durch die faktische Außerkraftsetzung von Verfügungsbeschränkungen wird es den Anteilsinhabern ermöglicht, den Erwerb der Mitgliedschaft in der aus der Verschmelzung hervorgehenden Gesellschaft *a priori* zu vermeiden bzw. diese zumindest zeitnah zu beenden und ggf. auf dem freien Markt einen höheren Übertragungspreis zu erzielen (vgl. auch § 33 Rz. 1 ff.).

Rz. 5; *H.-F. Müller*, Der Konzern 2007, 81 (87); *Weyde/Hafemann* in FS Meilicke, S. 779 (818 Fn. 151). S. zur Parallelregelung in § 7 Abs. 1 Satz 2 SEAG: *Bayer* in Lutter/Hommelhoff, SE-Kommentar, Art. 24 SE-VO Rz. 56.

1 Zust. *Weyde/Hafemann* in FS Meilicke, S. 779 (818 Fn. 151). Vgl. zur Parallelregelung in § 7 Abs. 1 Satz 2 SEAG: *Bayer* in Lutter/Hommelhoff, SE-Kommentar, Art. 24 SE-VO Rz. 56 sowie zu derjenigen in § 29 Abs. 1 Satz 1 2. Halbsatz UmwG: oben § 29 Rz. 25 ff.

2 Dazu *Lutter/Bayer/J. Schmidt*, EuropUR, § 23 Rz. 138.

3 Zust. *Weyde/Hafemann* in FS Meilicke, S. 779 (818 Fn. 151). Vgl. zur Parallelregelung in § 7 Abs. 1 Satz 2 SEAG: *Bayer* in Lutter/Hommelhoff, SE-Kommentar, Art. 24 SE-VO Rz. 56. Offenbar zumindest i.E. ebenso *Beutel*, Der neue rechtliche Rahmen grenzüberschreitender Verschmelzungen in der EU, 2008, S. 272 f.; *Frenzel*, Grenzüberschreitende Verschmelzung von Kapitalgesellschaften, S. 349; *H.-F. Müller*, Der Konzern 2007, 81 (87). A.A. *Drinhausen* in Semler/Stengel, § 122i UmwG Rz. 8; *Hörtnagl* in Schmitt/Hörtnagl/Stratz, § 122i UmwG Rz. 9; *Kiem* in Habersack/Drinhausen, § 122i UmwG Rz. 8; kritisch ferner auch *Marsch-Barner* in Kallmeyer, § 122i UmwG Rz. 5; *Simon/Rubner* in KölnKomm. UmwG, § 122i UmwG Rz. 7; *J. Vetter*, AG 2006, 613 (623 f.).

4 Vgl. *Beutel*, Der neue rechtliche Rahmen grenzüberschreitender Verschmelzungen in der EU, 2008, S. 274; zur Parallelregelung in § 7 Abs. 1 Satz 2 SEAG: *Bayer* in Lutter/Hommelhoff, SE-Kommentar, Art. 24 SE-VO Rz. 56.

5 Insoweit zutreffend *Marsch-Barner* in Kallmeyer, § 122i UmwG Rz. 5.

III. Gerichtliche Überprüfung der Barabfindung

1. Eingeschränkter Anwendungsbereich des Spruchverfahrens (§ 122i Abs. 2 Satz 1 UmwG)

a) Allgemeines

20 In Parallele zur entsprechenden Regelung hinsichtlich der Verbesserung des Umtauschverhältnisses in § 122h Abs. 1 UmwG [1] (dazu § 122h Rz. 8 ff.) gelten gem. § 122i Abs. 2 Satz 1 UmwG auch im Hinblick auf die Barabfindung **Klageausschluss** (§ 32 UmwG) und Verweis in das **Spruchverfahren** (§ 34 UmwG) nur dann, wenn entweder (1) die Rechtsordnungen, denen die übrigen an der Verschmelzung beteiligten Gesellschaften unterliegen, ebenfalls ein Verfahren zur Abfindung von Minderheitsgesellschaftern vorsehen (dazu unten Rz. 21) oder, soweit dies nicht der Fall ist, (2) die betreffenden ausländischen Gesellschaften die Durchführung des Spruchverfahrens gem. §§ 32, 34 UmwG ausdrücklich akzeptieren (dazu unten Rz. 22). Liegen diese Voraussetzungen nicht vor, so kann der Verschmelzungsbeschluss auch mit der Begründung angefochten werden, dass das Barabfindungsangebot zu niedrig bemessen oder die Barabfindung nicht oder nicht ordnungsgemäß angeboten worden ist[2].

b) Voraussetzungen gem. § 122i Abs. 2 Satz 1 UmwG

21 §§ 32, 34 UmwG gelten für eine deutsche übertragende Gesellschaft zum einen dann, wenn ein **Verfahren zur Abfindung** von Minderheitsgesellschaftern **auch in den ausländischen Rechtsordnungen**, denen die anderen an der Verschmelzung beteiligten Gesellschaften unterliegen, vorgesehen ist. Nach der Ratio der Norm sowie der zu Grunde liegenden Vorschrift des Art. 10 Abs. 3 Satz 1 der 10. Richtlinie ist insofern – ähnlich wie i.R.d. § 122h Abs. 1 UmwG (dazu § 122h Rz. 10) – erforderlich, dass die jeweilige Rechtsordnung ein solches Verfahren nicht nur generell, sondern speziell auch für den Fall einer grenzüberschreitenden Verschmelzung vorsieht[3]. Eine vollständige Übereinstimmung auch bzgl. der verfahrensrechtlichen Details ist jedoch nicht erforderlich, Art. 10 Abs. 3 Satz 1 der 10. Richtlinie verlangt insofern nach Wortlaut und Ratio keine Deckungsgleichheit, sondern (nur) funktionale Äquivalenz[4]. Derartige Vorschriften sind etwa in den niederländischen[5] und österreichischen Umsetzungsgesetzen[6] zur 10. Richtlinie vorgesehen. Ein lediglich durch die Satzung der Gesellschaft geregeltes Ab-

1 Vgl. BegrRegE, BR-Drucks. 548/06, 35.

2 BegrRegE, BR-Drucks. 548/06, 35; *Drinhausen* in Semler/Stengel, § 122i UmwG Rz. 11; *Marsch-Barner* in Kallmeyer, § 122i UmwG Rz. 7; *Mayer* in Widmann/Mayer, § 122c UmwG Rz. 152; *Simon/Rubner* in KölnKomm. UmwG, § 122i UmwG Rz. 14; *Vossius* in Widmann/Mayer, § 122i UmwG Rz. 28.

3 Vgl. *Lutter/Bayer/J. Schmidt*, EuropUR, § 23 Rz. 136; *Simon/Rubner*, Der Konzern 2006, 835 (840, 842).

4 *Lutter/Bayer/J. Schmidt*, EuropUR, § 23 Rz. 136.

5 Art. 333h Burgerlijk Wetboek Boek 2; dazu etwa die Kommentierung von *Boschma/Schutte-Veenstra* in: van Dijk/Leijten/Lennarts, Ondernemingsrecht. Effectenrecht, 5. Aufl. 2009; zum Entwurf bereits *M. Winter*, GmbHR 2008, 532 (536).

6 §§ 10f. EU-VerschG (Bundesgesetz über die grenzüberschreitende Verschmelzung von Kapitalgesellschaften in der Europäischen Union [EU-Verschmelzungsgesetz – EU-VerschG], öBGBl. I Nr. 72/2007).

findungsverfahren, etwa im Rahmen eines Schiedsverfahrens, dürfte demgegenüber nicht ausreichend sein[1], denn ein solches ist mit dem Spruchverfahren des deutschen und österreichischen Rechts, das der Europäische Gesetzgeber bei Schaffung des Art. 10 Abs. 3 Satz 1 der 10. Richtlinie vor Augen hatte[2], nicht vergleichbar[3].

Wenn und soweit ein solches Verfahren in den Rechtsordnungen, denen die anderen an der Verschmelzung beteiligten Gesellschaften unterliegen, hingegen nicht vorgesehen ist, so müssen die betreffenden ausländischen Gesellschaften der Geltung der §§ 32, 34 UmwG **ausdrücklich zustimmen**. Ungeachtet der Formulierung „im Verschmelzungsbeschluss" muss die Zustimmung – ebenso wie bei § 122h Abs. 1 UmwG – nicht zwingend mit der Abstimmung über den Verschmelzungsplan verbunden sein, sondern kann alternativ auch in Form einer (zeitgleichen) *isolierten* Beschlussfassung erfolgen (vgl. § 122h Rz. 11). Auch dann ist jedoch für die Zustimmung dieselbe Mehrheit erforderlich wie für den Verschmelzungsbeschluss selbst (vgl. § 122h Rz. 12)[4]. 22

c) Klageausschluss und Spruchverfahren

aa) Klageausschluss

Wenn die in § 122i Rz. 21 f. erläuterten Voraussetzungen des § 122i Abs. 2 Satz 1 UmwG vorliegen, ist für die Anteilsinhaber einer deutschen übertragenden Gesellschaft gem. **§ 32 UmwG** (dazu ausf. § 32 Rz. 1 ff.) eine Klage gegen den Verschmelzungsbeschluss, die darauf gestützt wird, dass das Barabfindungsangebot **zu niedrig bemessen** oder dass die Barabfindung im Verschmelzungs*plan*[5] **nicht oder nicht ordnungsgemäß angeboten** worden ist, ausgeschlossen. Gem. § 243 Abs. 4 Satz 2 AktG, der gem. § 278 Abs. 3 AktG auch für die KGaA sowie analog auch für die GmbH (inkl. des Subtyps der UG) gilt[6], bezieht sich der Klageausschluss im dort geregelten Umfang (d.h. unrichtige, unvollständige oder unzureichende Informationen in der Hauptversammlung über die Ermittlung, Höhe oder Angemessenheit der Abfindung) auch auf **Informationsmängel** betreffend die Barabfindung[7]. 23

bb) Spruchverfahren

Sofern die in § 122i Rz. 21 f. erläuterten Voraussetzungen des § 122i Abs. 2 Satz 1 UmwG vorliegen, kann ein zu geringes, fehlendes oder nicht ordnungsgemäßes Barabfindungsangebot (ebenso wie diesbezügliche Informationsmängel in der 24

1 So aber *Vossius* in Widmann/Mayer, § 122i UmwG Rz. 38 ff.
2 Vgl. *Lutter/Bayer/J. Schmidt*, EuropUR, § 23 Rz. 135.
3 Wie hier *Marsch-Barner* in Kallmeyer, § 122i UmwG Rz. 7.
4 *Lutz*, BWNotZ 2010, 23 (32); *Marsch-Barner* in Kallmeyer, § 122i UmwG Rz. 7; i.E. auch *Vossius* in Widmann/Mayer, § 122i UmwG Rz. 32 (Mehrheit richte sich nach nationalem Recht; dies werde aber in der Regel diejenige Mehrheit sein, die für den Verschmelzungsbeschluss erforderlich ist).
5 Der Terminus „Verschmelzungs*vertrag*" in § 32 UmwG ist insoweit als „Verschmelzungs*plan*" zu lesen, vgl. zur Differenzierung näher § 122c Rz. 3.
6 Vgl. zur analogen Anwendung der §§ 241 ff. AktG bei der GmbH allgemein: *Bayer* in Lutter/Hommelhoff, Anh. § 47 GmbHG Rz. 1 ff. m.w.N.
7 Ebenso *H.-F. Müller*, Der Konzern 2007, 81 (87). Vgl. für die Parallelregelung in § 7 Abs. 5 SEAG: *Bayer* in Lutter/Hommelhoff, SE-Kommentar, Art. 24 SE-VO Rz. 58.

Hauptversammlung, vgl. oben Rz. 23) gem. **§ 34 UmwG** nur im Spruchverfahren nach dem SpruchG[1] geltend gemacht werden.

(1) Internationale Zuständigkeit

25 Problematisch ist insbesondere die internationale Zuständigkeit, denn ein Barabfindungsanspruch nach § 122i Abs. 1 UmwG kann überhaupt nur bestehen, wenn die aus der Verschmelzung hervorgehende Gesellschaft *nicht dem deutschen Recht* unterliegt.

26 Kennt das Recht der anderen an der Verschmelzung beteiligten Gesellschaft(en) **kein spezielles Verfahren** zur Abfindung von Minderheitsgesellschaftern, so folgt die Zuständigkeit des *inländischen* Spruchverfahrens mittelbar aus **Art. 10 Abs. 3 Satz 1 der 10. Richtlinie**[2]. Denn in diesem Fall kann das Spruchverfahren nur mit ausdrücklicher Zustimmung der Anteilsinhaber der betreffenden Gesellschaft(en) durchgeführt werden (Art. 10 Abs. 3 Satz 1 der 10. Richtlinie, § 122i Abs. 2 Satz 1 UmwG); ist diese erfolgt, dann ergibt sich aus der Bindungswirkung der Entscheidung gegenüber der aus der Verschmelzung hervorgehenden Gesellschaft und ihren Anteilsinhabern (Art. 10 Abs. 3 Satz 4 der 10. Richtlinie) zugleich auch die internationale Zuständigkeit für das inländische Spruchverfahren[3].

27 Sieht dagegen das Recht der an der Verschmelzung beteiligten ausländischen Gesellschaft(en) **auch ein spezielles Verfahren** zur Abfindung von Minderheitsgesellschaftern vor, ist eine Ableitung der internationalen Zuständigkeit deutscher Gerichte aus Art. 10 Abs. 3 Satz 1 und 4 der 10. Richtlinie nicht möglich, da die Durchführung des Spruchverfahrens für die Anteilsinhaber der deutschen Gesellschaft hier nicht der (mittelbar zuständigkeitsbegründenden) Zustimmung der Anteilsinhaber der ausländischen Gesellschaft(en) bedarf (vgl. oben Rz. 20ff.)[4]. Eine internationale Zuständigkeit der deutschen Gerichte kann sich daher nur nach allgemeinen Regeln ergeben, d.h. aus einer Gerichtsstandsvereinbarung oder der EuGVVO[5] (wobei vorzugswürdiger Ansicht nach Art. 22 Nr. 2 EuGVVO a.F. [Art. 24 Nr. 2 EuGVVO n.F.] einschlägig ist, näher dazu bereits § 122h Rz. 22). Ist dies der Fall, so können gem. § 122i Abs. 2 Satz 2 UmwG auch die Anteilsinhaber der betreffenden ausländischen Gesellschaft(en) ein Spruchverfahren in Deutschland einleiten, so dass insofern eine Konzentration des gesamten Überprüfungs-

---

1 Gesetz über das gesellschaftsrechtliche Spruchverfahren (Spruchverfahrensgesetz – SpruchG) v. 12.6.2003, BGBl. I, S. 838.

2 Wie hier *Lutter/Bayer/J. Schmidt*, EuropUR, § 23 Rz. 139; *Marsch-Barner* in Kallmeyer, § 122i UmwG Rz. 7 a.E.; vgl. zur Parallelregelung in § 122h Abs. 1 UmwG bei § 122h Rz. 21. S. ferner zur Parallelproblematik bei § 7 SEAG: *Bayer* in Lutter/Hommelhoff, SE-Kommentar, Art. 24 SE-VO Rz. 61.

3 *Lutter/Bayer/J. Schmidt*, EuropUR, § 23 Rz. 139. Vgl. zur Parallelregelung in § 122h Abs. 1 UmwG bei § 122h Rz. 21. S. ferner zur Parallelproblematik bei § 7 SEAG: *Bayer* in Lutter/Hommelhoff, SE-Kommentar, Art. 24 SE-VO Rz. 61.

4 Vgl. zur Parallelregelung in § 122h Abs. 1 UmwG bei § 122h Rz. 22. S. ferner zur Parallelproblematik bei § 7 SEAG: *Bayer* in Lutter/Hommelhoff, SE-Kommentar, Art. 24 SE-VO Rz. 62.

5 Verordnung (EG) Nr. 44/2001 des Rates v. 22.12.2000 über die gerichtliche Zuständigkeit und die Anerkennung und Vollstreckung von Entscheidungen in Zivil- und Handelssachen, ABl. EG Nr. L 12/1 v. 16.1.2001. Ab 10.1.2015 gilt die Neufassung: Verordnung (EU) Nr. 1215/2012 des Europäischen Parlaments und des Rates v. 12.12.2012 über die gerichtliche Zuständigkeit und die Anerkennung und Vollstreckung von Entscheidungen in Zivil- und Handelssachen, ABl. EU Nr. L 351/1 v. 20.12.2012.

verfahrens bei einem deutschen Gericht erreicht werden kann (dazu ausf. unten Rz. 30ff.)[1]. Ergibt sich jedoch nach allgemeinen Regeln keine internationale Zuständigkeit deutscher Gerichte, so bleibt den betroffenen Anteilsinhabern einer an der Verschmelzung beteiligten übertragenden deutschen Gesellschaft nur, ihren Anspruch gem. § 122i Abs. 1 Satz 1 UmwG vor dem jeweils international zuständigen ausländischen Gericht geltend zu machen[2].

(2) Besonderer gemeinsamer Vertreter

28 Sofern die Anteilsinhaber an der Verschmelzung beteiligter ausländischer Gesellschaften im deutschen Spruchverfahren nicht beteiligungsfähig sind, können sie zur Wahrung ihrer Interessen beim Gericht gem. **§ 6c SpruchG** die Bestellung eines besonderen gemeinsamen Vertreters beantragen (dazu bereits § 122h Rz. 23 sowie Anh. I, § 6c SpruchG Rz. 1).

(3) Inter-omnes-Wirkung

29 Eine Entscheidung, die im Spruchverfahren ergeht, wirkt gem. **§ 13 SpruchG** (dazu allgemein Anh. I § 13 SpruchG Rz. 1ff.) *inter omnes*, d.h. auch für und gegen diejenigen Anteilsinhaber, die am Verfahren selbst nicht beteiligt waren sowie insbesondere auch für diejenigen, die bereits gegen die ursprünglich angebotene Barabfindung ausgeschieden sind. Dies steht im Einklang mit der auch in Art. 10 Abs. 3 Satz 4 der 10. Richtlinie[3] vorgesehenen umfassenden Bindungswirkung (vgl. auch bereits § 122h Rz. 24)[4].

2. Ausdehnung des Anwendungsbereichs des Spruchverfahrens auf die Anteilsinhaber ausländischer Gesellschaften (§ 122i Abs. 2 Satz 2 UmwG)

30 Mit § 122i Abs. 2 Satz 2 UmwG sollen nach dem Willen des Gesetzgebers Doppelarbeit und sich widersprechende Entscheidungen in- und ausländischer Gerichte verhindert werden[5]. In Parallele zu § 122h Abs. 2 UmwG [6] (dazu § 122h Rz. 26ff.) ermöglicht die Vorschrift es nämlich unter bestimmten Voraussetzungen auch den Anteilsinhabern der an der Verschmelzung beteiligten ausländischen Gesellschaften, ein Spruchverfahren in Deutschland einzuleiten und damit das gesamte Verfahren zur Überprüfung der Barabfindung bei einem deutschen Gericht zu konzentrieren. Da § 122i Abs. 2 Satz 2 UmwG ausschließlich auf die verfahrensrechtliche Vorschrift des § 34 UmwG verweist, ergibt sich hier – anders als bei der Parallelregelung in § 122h Abs. 2 UmwG (dazu § 122h Rz. 27) – schon auf Grund des Wortlauts der Vorschrift eindeutig, dass den Anteilsinhabern ausländischer Rechtsträger damit kein materiell-rechtlicher Anspruch, sondern lediglich ein

1 So auch *Marsch-Barner* in Kallmeyer, § 122i UmwG Rz. 7.
2 *Marsch-Barner* in Kallmeyer, § 122i UmwG Rz. 7; *Simon/Rubner*, Der Konzern 2006, 835 (840); vgl. zur Parallelregelung in § 122h Abs. 1 UmwG bei § 122h Rz. 22. S. ferner zur Parallelproblematik bei § 7 SEAG: *Bayer* in Lutter/Hommelhoff, SE-Kommentar, Art. 24 SE-VO Rz. 62.
3 Dazu *Lutter/Bayer/J. Schmidt*, EuropUR, § 23 Rz. 138.
4 Vgl. *Frenzel*, Grenzüberschreitende Verschmelzung von Kapitalgesellschaften, S. 348.
5 Vgl. BegrRegE, BR-Drucks. 548/06, 34f.
6 Vgl. BegrRegE, BR-Drucks. 548/06, 35; *Drinhausen* in Semler/Stengel, § 122i UmwG Rz. 4, 12; *Limmer*, ZNotP 2007, 242 (256); *Heckschen* in Widmann/Mayer, § 122a UmwG Rz. 162; *Vossius* in Widmann/Mayer, § 122i UmwG Rz. 27.

prozessuales **Antragsrecht auf Einleitung eines Spruchverfahrens** vor dem zuständigen deutschen Gericht eingeräumt werden sollte[1].

31 Antragsberechtigt nach § 122i Abs. 2 UmwG können nur Anteilsinhaber einer ausländischen **übertragenden Gesellschaft** sein; der Gesetzgeber behandelt also auch insoweit die Anteilsinhaber übertragender und übernehmender Gesellschaften unterschiedlich (vgl. dazu bereits kritisch § 122h Rz. 4, 15, 28). Voraussetzung für die Antragsberechtigung ist zum einen, dass auch das Recht, dem diese Gesellschaft unterliegt, ein **Verfahren zur Abfindung von Minderheitsgesellschaftern** vorsieht (vgl. dazu oben Rz. 21); zudem müssen für die Durchführung dieses „Spruchverfahrens" die **deutschen Gerichte international zuständig** sein (vgl. dazu oben Rz. 22). Schließlich wird man § 122i Abs. 2 Satz 2 UmwG – ebenso wie die Parallelregelung in § 122h Abs. 2 UmwG (dazu § 122h Rz. 31) – teleologisch dahingehend reduzieren müssen, dass die Norm nur dann anwendbar ist, wenn an der Verschmelzung **mindestens eine deutsche übertragende Gesellschaft beteiligt** ist.

§ 122j

Schutz der Gläubiger der übertragenden Gesellschaft

(1) Unterliegt die übernehmende oder neue Gesellschaft nicht dem deutschen Recht, ist den Gläubigern einer übertragenden Gesellschaft Sicherheit zu leisten, soweit sie nicht Befriedigung verlangen können. Dieses Recht steht den Gläubigern jedoch nur zu, wenn sie binnen zwei Monaten nach dem Tag, an dem der Verschmelzungsplan oder sein Entwurf bekannt gemacht worden ist, ihren Anspruch nach Grund und Höhe schriftlich anmelden und glaubhaft machen, dass durch die Verschmelzung die Erfüllung ihrer Forderung gefährdet wird.

(2) Das Recht auf Sicherheitsleistung nach Absatz 1 steht Gläubigern nur im Hinblick auf solche Forderungen zu, die vor oder bis zu 15 Tage nach Bekanntmachung des Verschmelzungsplans oder seines Entwurfs entstanden sind.

Literatur

Vgl. zunächst allgemein die Angaben zu § 122a. Speziell zum Gläubigerschutz: *Grunewald*, Der Gläubigerschutz bei grenzüberschreitenden Verschmelzungen nach dem Ent-

1 Ebenso *Marsch-Barner* in Kallmeyer, § 122i UmwG Rz. 8; vgl. weiter *H.-F. Müller*, Der Konzern 2007, 81 (87); *Vossius* in Widmann/Mayer, § 122i UmwG Rz. 36.

wurf eines zweiten Gesetzes zur Änderung des UmwG, Der Konzern 2007, 106; *Passarge/Stark*, Gläubigerschutz bei grenzüberschreitenden Verschmelzungen nach dem Zweiten Gesetz zur Änderung des Umwandlungsgesetzes, GmbHR 2007, 803.

I. Regelungsgegenstand und -zweck

1 Mit der Vorschrift hat der Gesetzgeber nach dem Vorbild von § 8 SEAG i.V.m. § 13 SEAG[1] für den Fall, dass die **übernehmende bzw. neue Gesellschaft nicht dem deutschen Recht unterliegt**, eine **spezielle Vorschrift zum Schutz der Gläubiger** einer an der Verschmelzung beteiligten deutschen übertragenden Gesellschaft geschaffen. Nach den Vorstellungen des Gesetzgebers würden die Gläubigerinteressen in dieser Konstellation durch einen nachgeordneten Gläubigerschutz, wie ihn § 22 UmwG für innerstaatliche Verschmelzungen vorsieht, nicht ausreichend geschützt, da die Gläubiger sowohl ihre Forderung als auch ihren Anspruch auf Sicherleistung gegen eine ausländische Gesellschaft geltend machen müssen[2]. Diese Erschwerung der Rechtsverfolgung wird im Falle einer sog. rechtswechselnden Verschmelzung als Umstand angesehen, der einen besonderen **vorverlagerten Gläubigerschutz** erfordert[3]. Ob § 122j UmwG Schutzgesetz im Sinne von § 823 Abs. 2 BGB ist, ist – ebenso wie bei § 22 UmwG (dazu § 22 Rz. 31) – umstritten[4].

2 Effektiviert und abgesichert wird der vorgelagerte Gläubigerschutz durch die gem. § 314a UmwG (dazu § 314a Rz. 1 ff.) strafbewehrte Obliegenheit des **§ 122k Abs. 1 Satz 3 UmwG:** Die Bescheinigung nach § 122k UmwG darf nur ausgestellt werden, wenn versichert wird, dass ordnungsgemäß Sicherheit geleistet wurde (ausf. § 122k Rz. 15 f.)[5], eine nicht ordnungsgemäße Sicherheitsleistung wirkt damit faktisch als Eintragungssperre[6].

---

1 Vgl. *Beutel*, Der neue rechtliche Rahmen grenzüberschreitender Verschmelzungen in der EU, 2008, S. 275; *Drinhausen* in Semler/Stengel, § 122j UmwG Rz. 1; *Kiem*, WM 2006, 1091 (1098); *Krause/Kulpa*, ZHR 171 (2007), 38 (74 Fn. 210); *Lutter/Bayer/J. Schmidt*, EuropUR, § 23 Rz. 143; *Marsch-Barner* in Kallmeyer, § 122j UmwG Rz. 1; *H.-F. Müller*, NZG 2006, 286 (289); *Neye/Timm*, DB 2006, 488 (492); *Oechsler*, NZG 2006, 161 (165); *Vossius* in Widmann/Mayer, § 122j UmwG Rz. 1.

2 Vgl. BegrRegE, BR-Drucks. 548/06, 36; *Drinhausen* in Semler/Stengel, § 122j UmwG Rz. 1; *Hörtnagl* in Schmitt/Hörtnagl/Stratz, § 122j UmwG Rz. 1; *Krause/Kulpa*, ZHR 171 (2007), 38 (74); *Limmer*, ZNotP 2007, 282 (287); *Marsch-Barner* in Kallmeyer, § 122j UmwG Rz. 1; *Neye/Timm*, DB 2006, 488 (492); *Neye/Timm*, GmbHR 2007, 561 (564).

3 Vgl. BegrRegE, BR-Drucks. 548/06, 36; *Drinhausen* in Semler/Stengel, § 122j UmwG Rz. 1; *Krause/Kulpa*, ZHR 171 (2007), 38 (74); *Limmer*, ZNotP 2007, 282 (287); *Neye/Timm*, DB 2006, 488 (492); *Neye/Timm*, GmbHR 2007, 561 (564).

4 Dafür: *Marsch-Barner* in Kallmeyer, § 122j UmwG Rz. 1; *Polley* in Henssler/Strohn, § 122j UmwG Rz. 1; *Vossius* in Widmann/Mayer, § 122j UmwG Rz. 6; dagegen: *Simon/Rubner* in KölnKomm. UmwG, § 122j UmwG Rz. 6.

5 Vgl. *Beutel*, Der neue rechtliche Rahmen grenzüberschreitender Verschmelzungen in der EU, 2008, S. 275; *Drinhausen* in Semler/Stengel, § 122j UmwG Rz. 2; *Frenzel*, Grenzüberschreitende Verschmelzung von Kapitalgesellschaften, S. 355 f.; *Grunewald*, Der Konzern 2007, 106; *Haritz/von Wolff*, GmbHR 2006, 341 (343); *Kiem*, WM 2006, 1091 (1098); *Limmer*, ZNotP 2007, 282 (288); *Lutter/Bayer/J. Schmidt*, EuropUR, § 23 Rz. 143; *Marsch-Barner* in Kallmeyer, § 122j UmwG Rz. 1; *Passarge/Stark*, GmbHR 2007, 803; *Simon/Rubner*, Der Konzern 2006, 835 (840); *Vossius* in Widmann/Mayer, § 122j UmwG Rz. 5.

6 So auch *Kiem* in Habersack/Drinhausen, § 122j UmwG Rz. 2.

II. Verhältnis zu §§ 122a Abs. 2, 22 UmwG

3 § 122j UmwG ist hinsichtlich des Schutzes der Gläubiger **im Rahmen seines Anwendungsbereichs** (dazu ausf. unten Rz. 7ff.) ***lex specialis*** zu § 22 UmwG; insofern ist i.S.d. § 122a Abs. 2 UmwG (dazu § 122a Rz. 27ff.) „etwas anderes" geregelt[1]. Soweit der Anwendungsbereich des § 122j UmwG dagegen nicht eröffnet ist, gilt für den Schutz der Gläubiger an der Verschmelzung beteiligter deutscher Gesellschaften über § 122a Abs. 2 UmwG die auch für innerstaatliche Verschmelzungen geltende Vorschrift des § 22 UmwG[2].

III. Europarechtskonformität/Kritik

4 Die Vorschrift sieht sich – ebenso wie die Parallelregelung in § 13 SEAG[3] – heftiger Kritik ausgesetzt. Von Seiten der Praxis wird moniert, dass eine derartige Vorverlagerung des Gläubigerschutzes angesichts der europaweiten Gewährleistung der Durchsetzung von Forderungen durch die EuGVVO[4] **nicht gerechtfertigt** erscheint[5] und zudem **erhebliche Kosten** entstehen[6]. Außerdem wird befürchtet, dass die aus einer nicht ordnungsgemäßen Gläubigersicherung wegen § 122k Abs. 1 Satz 3 UmwG (dazu oben Rz. 2 sowie § 122k Rz. 15) resultierende faktische Eintragungssperre geradezu als Einladung an **„räuberische Gläubiger"** erscheint[7].

---

1 Vgl. *Drinhausen* in Semler/Stengel, § 122j UmwG Rz. 4; *Frenzel*, Grenzüberschreitende Verschmelzung von Kapitalgesellschaften, S. 359f.; *Hörtnagl* in Schmitt/Hörtnagl/Stratz, § 122j UmwG Rz. 10; *Passarge/Stark*, GmbHR 2007, 803 (804); *Vossius* in Widmann/Mayer, § 122j UmwG Rz. 3.

2 Vgl. *Drinhausen* in Semler/Stengel, § 122j UmwG Rz. 4; *Frenzel*, Grenzüberschreitende Verschmelzung von Kapitalgesellschaften, S. 359f.; *Lutter/Bayer/J. Schmidt*, EuropUR, § 23 Rz. 143; *Passarge/Stark*, GmbHR 2007, 803 (804); *Vossius* in Widmann/Mayer, § 122j UmwG Rz. 3, 14, 15.

3 Dazu *Bayer* in Lutter/Hommelhoff, SE-Kommentar, Art. 24 SE-VO Rz. 15; *Lutter/Bayer/J. Schmidt*, EuropUR, § 41 Rz. 46; *J. Schmidt*, „Deutsche" vs. „britische" Societas Europaea (SE), S. 213f. (jeweils m.w.N.).

4 Verordnung (EG) Nr. 44/2001 des Rates v. 22.12.2000 über die gerichtliche Zuständigkeit und die Anerkennung und Vollstreckung von Entscheidungen in Zivil- und Handelssachen, ABl. EG Nr. L 12/1 v. 16.1.2001. Ab 10.1.2015 gilt die Neufassung: Verordnung (EU) Nr. 1215/2012 des Europäischen Parlaments und des Rates v. 12.12.2012 über die gerichtliche Zuständigkeit und die Anerkennung und Vollstreckung von Entscheidungen in Zivil- und Handelssachen, ABl. EU Nr. L 351/1 v. 20.12.2012.

5 Vgl. *Bayer/J. Schmidt*, NZG 2006, 841 (843); *Beutel*, Der neue rechtliche Rahmen grenzüberschreitender Verschmelzungen in der EU, 2008, S. 276; *Grunewald*, Der Konzern 2007, 106 (107); *Handelsrechtsausschuss des DAV*, NZG 2006, 737 (742); *Louven*, ZIP 2006, 2021 (2028); *Lutter/Bayer/J. Schmidt*, EuropUR, § 23 Rz. 143 Fn. 387; *Marsch-Barner* in Kallmeyer, § 122j UmwG Rz. 2; s. ferner auch den Änderungsantrag der FDP-Fraktion, BT-Drucks. 16/4193, 9f.; a.A. *Kiem* in Habersack/Drinhausen, § 122j UmwG Rz. 3.

6 Vgl. *Bayer/J. Schmidt*, NZG 2006, 841 (843); *Beutel*, Der neue rechtliche Rahmen grenzüberschreitender Verschmelzungen in der EU, 2008, S. 276; *Lutter/Bayer/J. Schmidt*, EuropUR, § 23 Rz. 143 Fn. 387; vgl. zur Parallelproblematik bei § 13 SEAG auch *Bayer* in Lutter/Hommelhoff, SE-Kommentar, Art. 24 SE-VO Rz. 15; *J. Schmidt*, „Deutsche" vs. „britische" Societas Europaea (SE), S. 213.

7 Vgl. *Grunewald*, Der Konzern 2007, 106 (107); *Lutter/Bayer/J. Schmidt*, EuropUR, § 23 Rz. 143 Fn. 387; *Marsch-Barner* in Kallmeyer, § 122j UmwG Rz. 2; *Oechsler*, NZG 2006, 841 (843); *Vossius* in Widmann/Mayer, § 122j UmwG Rz. 11.

5 Aus der Wissenschaft wurden zudem beträchtliche **Zweifel an der Regelungskompetenz** des deutschen Gesetzgebers geltend gemacht[1]: Im Hinblick auf den Schutz der Gläubiger und Anleihegläubiger ermächtigt die Richtlinie die nationalen Gesetzgeber nämlich nicht zum Erlass von Sonderregelungen für grenzüberschreitende Verschmelzungen, sondern erklärt vielmehr lediglich in Art. 4 Abs. 1 lit. b Satz 1, Abs. 2 Satz 1 der 10. Richtlinie in Bezug auf jede der beteiligten Gesellschaften das im jeweiligen nationalen Recht für innerstaatliche Verschmelzungen geltende Gläubigerschutzrecht für anwendbar[2]. Auch aus dem – in der deutschen Sprachfassung übrigens fehlerhaft übersetzten – Zusatz „angesichts des grenzüberschreitenden Charakters der Verschmelzung" lässt sich keine Ermächtigung zum Erlass von Sonderregelungen ableiten, vielmehr soll damit lediglich zum Ausdruck gebracht werden, dass im Rahmen der Anwendung des geltenden nationalen Rechts ggf. eine den Spezifika der Grenzüberschreitung Rechnung tragende materielle Anpassung zu erfolgen hat[3].

6 Angesichts dieser nicht von der Hand zu weisenden Bedenken besteht insoweit bis zu einer abschließenden höchstrichterlichen Klärung jedenfalls erhebliche **Rechtsunsicherheit**. Denn fehlt es tatsächlich an einer Ermächtigung, so erscheint fraglich, ob § 122j UmwG überhaupt angewendet werden kann oder ob nicht vielmehr (entsprechend Art. 4 Abs. 1 lit. b Satz 1, Abs. 2 Satz 1 der 10. Richtlinie) für alle Gläubiger deutscher Gesellschaften generell nur § 22 UmwG mit der Maßgabe gilt, dass bei der Rechtsanwendung der grenzüberschreitende Charakter der Verschmelzung zu berücksichtigen ist[4]; wendet man 122j UmwG gleichwohl an, wäre jedenfalls an Staatshaftungsansprüche zu denken.

---

1 Vgl. *Bayer/J. Schmidt*, NJW 2006, 401 (405); *Bayer/J. Schmidt*, NZG 2006, 841 (843); *Behrens*, Die grenzüberschreitende Verschmelzung nach der Richtlinie 2005/56/EG (Verschmelzungsrichtlinie), 2007, S. 175 f.; *Beutel*, Der neue rechtliche Rahmen grenzüberschreitender Verschmelzungen in der EU, 2008, S. 275 f.; *Drinhausen/Keinath*, BB 2006, 725 (732); *Grunewald*, Der Konzern 2007, 106 (107); *Haritz/von Wolff*, GmbHR 2006, 341 (343); *Herrler*, EuZW 2007, 295 (297); *Lutter/Bayer/J. Schmidt*, EuropUR, § 23 Rz. 143; *Vossius* in Widmann/Mayer, § 122j UmwG Rz. 7 ff. Für Europarechtskonformität jedoch *Frenzel*, Grenzüberschreitende Verschmelzung von Kapitalgesellschaften, S. 358 f.; *Kiem* in Habersack/Drinhausen, § 122j UmwG Rz. 4; *Krause/Kulpa*, ZHR 171 (2007), 38 (75); *H.-F. Müller*, NZG 2006, 286 (289); *H.-F. Müller*, Der Konzern 2007, 1081 (1087); *Passarge/Stark*, GmbHR 2007, 803 ff. (kritisch allerdings zur Strafbewehrtheit der Versicherung gem. § 314a UmwG); wohl auch *Simon/Rubner* in KölnKomm. UmwG, § 122j UmwG Rz. 18.

2 *Bayer/J. Schmidt*, NJW 2006, 401 (405); *Beutel*, Der neue rechtliche Rahmen grenzüberschreitender Verschmelzungen in der EU, 2008, S. 260, 276; *Drinhausen/Keinath*, BB 2006, 725 (732); *Haritz/von Wolff*, GmbHR 2006, 341 (343); *Herrler*, EuZW 2007, 295 (297); *Kallmeyer/Kappes*, AG 2006, 224 (231); *Lutter/Bayer/J. Schmidt*, EuropUR, § 23 Rz. 141; *Weber*, ZVglRWiss 107 (2008), 193 (221); ebenso ferner auch *Frenzel*, Grenzüberschreitende Verschmelzung von Kapitalgesellschaften, S. 357 (der allerdings § 122j UmwG als bloße „Modifikation" i.E. gleichwohl für europarechtskonform hält).

3 *Bayer/J. Schmidt*, NJW 2006, 401 (405); *Lutter/Bayer/J. Schmidt*, EuropUR, § 23 Rz. 141; vgl. zur Parallelproblematik bei § 13 SEAG auch *J. Schmidt*, „Deutsche" vs. „britische" Societas Europaea (SE), S. 211 f. m.w.N. S. ferner auch *Beutel*, Der neue rechtliche Rahmen grenzüberschreitender Verschmelzungen in der EU, 2008, S. 260.

4 *Lutter/Bayer/J. Schmidt*, EuropUR, § 23 Rz. 143. Vgl. zur Parallelproblematik im Hinblick auf § 13 SEAG: *Bayer* in Lutter/Hommelhoff, SE-Kommentar, Art. 24 SE-VO Rz. 16; *J. Schmidt*, „Deutsche" vs. „britische" Societas Europaea (SE), S. 213 f.

IV. Anwendungsbereich

1. Schutz der Gläubiger deutscher übertragender Gesellschaften

7 In den Schutzbereich der Vorschrift fallen ausschließlich die Gläubiger deutscher **übertragender** Gesellschaften[1]. Für die Gläubiger deutscher *übernehmender* Gesellschaften gelten §§ 122a Abs. 2, 22 UmwG[2].

2. Ausländisches Gesellschaftsstatut der übernehmenden bzw. neuen Gesellschaft

8 § 122j UmwG ist gem. Abs. 1 Satz 1 weiterhin nur dann anwendbar, wenn die **übernehmende bzw. neue Gesellschaft nicht dem deutschen Recht unterliegt (Fall der Hinausverschmelzung)**[3]. Maßgeblich ist also nach dem Wortlaut der Vorschrift allein das Gesellschaftsstatut, welches sich (*de lege lata* jedenfalls bei EU/EWR-Gesellschaften[4]) nach der sog. Gründungstheorie (also Satzungssitz) bestimmt[5].

9 Im Falle sog. **Scheinauslandsgesellschaften** gerät eine strenge Orientierung am Gesellschaftsstatut indes in Konflikt mit der gesetzgeberischen Rechtfertigung für die Vorverlagerung des Gläubigerschutzes (vgl. dazu oben Rz. 1). Hat die übernehmende bzw. neue Gesellschaft zwar eine ausländische Rechtsform, ihren Hauptverwaltungssitz aber in Deutschland, so besteht für die Gläubiger einer deutschen übertragenden Gesellschaften der Sache nach kein größeres Gefährdungspotential als bei einer innerstaatlichen Verschmelzung[6]: Denn in diesen Fällen besteht auf jeden Fall ein Gerichtsstand im Inland, und auf den Inhalt der im Wege der Universalsukzession übergehenden Gläubigerforderung hat die auslän-

---

1 Vgl. *Forsthoff*, DStR 2006, 613 (615); *Grunewald*, Der Konzern 2007, 106; *Heckschen* in Widmann/Mayer, § 122a UmwG Rz. 166; *Hörtnagl* in Schmitt/Hörtnagl/Stratz, § 122j UmwG Rz. 3; *Kiem* in Habersack/Drinhausen, § 122j UmwG Rz. 5; *Krause/Kulpa*, ZHR 171 (2007), 38 (74); *Lutter/Bayer/J. Schmidt*, EuropUR, § 23 Rz. 143; *Marsch-Barner* in Kallmeyer, § 122j UmwG Rz. 4; *Passarge/Stark*, GmbHR 2007, 803; *Simon/Rubner*, Der Konzern 2006, 835 (839f.); *Vossius* in Widmann/Mayer, § 122j UmwG Rz. 14.1.

2 *Drinhausen* in Semler/Stengel, § 122j UmwG Rz. 4; *Forsthoff*, DStR 2006, 613 (615); *Grunewald*, Der Konzern 2007, 106f.; *Heckschen* in Widmann/Mayer, § 122a UmwG Rz. 166; *Hörtnagl* in Schmitt/Hörtnagl/Stratz, § 122j UmwG Rz. 3; *Kiem* in Habersack/Drinhausen, § 122j UmwG Rz. 5; *Krause/Kulpa*, ZHR 171 (2007), 38 (74); *Limmer*, ZNotP 2007, 282 (288); *Lutter/Bayer/J. Schmidt*, EuropUR, § 23 Rz. 143; *Marsch-Barner* in Kallmeyer, § 122j UmwG Rz. 4; *H.-F. Müller*, Der Konzern 2007, 1081 (1087); *Neye/Timm*, GmbHR 2007, 561 (564); *Passarge/Stark*, GmbHR 2007, 803; *Simon/Rubner*, Der Konzern 2006, 835 (839); *Vossius* in Widmann/Mayer, § 122j UmwG Rz. 14.

3 *Drinhausen* in Semler/Stengel, § 122j UmwG Rz. 4; *Hörtnagl* in Schmitt/Hörtnagl/Stratz, § 122j UmwG Rz. 4; *Kiem* in Habersack/Drinhausen, § 122j UmwG Rz. 5; *Lutter/Bayer/J. Schmidt*, EuropUR, § 23 Rz. 143; *Marsch-Barner* in Kallmeyer, § 122j UmwG Rz. 4.

4 Heute allg. Meinung, vgl. nur *Lutter/Bayer/J. Schmidt*, EuropUR, § 6 Rz. 50 m.z.w.N.

5 So auch *Hörtnagl* in Schmitt/Hörtnagl/Stratz, § 122j UmwG Rz. 4; *Kiem* in Habersack/Drinhausen, § 122j UmwG Rz. 5; *Marsch-Barner* in Kallmeyer, § 122j UmwG Rz. 4.

6 Vgl. *Bayer/J. Schmidt*, NZG 2006, 841 (843); *Handelsrechtsausschuss des DAV*, NZG 2006, 737 (742); *Vossius* in Widmann/Mayer, § 122j UmwG Rz. 18.

dische Rechtsform der neuen Schuldnerin keinen Einfluss[1]. § 122j UmwG ist daher für diese Fälle **teleologisch zu reduzieren.**[2]

10 Dagegen bestünde im umgekehrten Fall, dass es sich bei der übernehmenden bzw. neuen Gesellschaft um eine Gesellschaft deutscher Rechtsform mit Hauptverwaltungssitz im Ausland (sog. „**Scheininlandsgesellschaft**") handelt (was gem. §§ 5 AktG, 4a GmbHG möglich ist[3]), zwar an sich das vom Gesetzgeber angenommene besondere Schutzbedürfnis; diese Konstellation ist vom Wortlaut der Vorschrift indes gerade **nicht erfasst**[4]. Vom Standpunkt des Gesetzgebers aus müsste § 122j UmwG hier eigentlich auch (analog) gelten, im Hinblick auf die generellen europarechtlichen Bedenken gegen die Vorschrift (vgl. oben Rz. 5) erscheint insoweit jedoch Zurückhaltung geboten[5].

V. Voraussetzungen des Anspruchs auf Sicherheitsleistung

11 Voraussetzung für einen Anspruch auf Sicherheitsleistung gem. § 122j UmwG ist, dass die betreffenden Gläubiger ihren Anspruch binnen zwei Monaten nach dem Tag, an dem der Verschmelzungsplan oder sein Entwurf bekannt gemacht worden ist (dazu unten Rz. 13), nach Grund und Höhe schriftlich anmelden (dazu unten Rz. 12) und glaubhaft machen, dass durch die Verschmelzung die Erfüllung ihrer Forderung gefährdet wird (dazu unten Rz. 14). Zu beachten ist zudem die zeitliche Grenze des § 122j Abs. 2 UmwG (dazu unten Rz. 15). Der Anspruch ist ausgeschlossen, soweit Befriedigung verlangt werden kann (dazu unten Rz. 16), bereits anderweitig Sicherheit geleistet wurde (dazu unten Rz. 17) oder ein Fall des § 22 Abs. 2 UmwG vorliegt (dazu unten Rz. 18).

1. Anmeldung

12 Die Anmeldung der Forderung bedarf – ebenso wie bei § 22 UmwG (dazu § 22 Rz. 18) – der **Schriftform** (§ 126 BGB)[6] und muss den Anspruch nach **Grund und Höhe** bezeichnen[7].

13 In zeitlicher Hinsicht kann die Anmeldung nur binnen einer materiellen **Ausschlussfrist von zwei Monaten** erfolgen[8]. Die Frist ist also deutlich kürzer als die-

1 Vgl. *Vossius* in Widmann/Mayer, § 122j UmwG Rz. 18.

2 Ähnlich auch *Vossius* in Widmann/Mayer, § 122j UmwG Rz. 17ff.; a.A. *Hörtnagl* in Schmitt/Hörtnagl/Stratz, § 122j UmwG Rz. 4; *Kiem* in Habersack/Drinhausen, § 122j UmwG Rz. 5; *Marsch-Barner* in Kallmeyer, § 122j UmwG Rz. 4; *Polley* in Henssler/Strohn, § 122j UmwG Rz. 3.

3 Vgl. dazu nur *Lutter/Bayer/J. Schmidt*, EuropUR, § 6 Rz. 56 m.z.w.N.

4 Vgl. *Vossius* in Widmann/Mayer, § 122j UmwG Rz. 20.

5 So auch *Kiem* in Habersack/Drinhausen, § 122j UmwG Rz. 5.

6 *Drinhausen* in Semler/Stengel, § 122j UmwG Rz. 7; *Marsch-Barner* in Kallmeyer, § 122j UmwG Rn 5; *Frenzel*, Grenzüberschreitende Verschmelzung von Kapitalgesellschaften, S. 364; *Simon/Rubner* in KölnKomm. UmwG, § 122j UmwG Rz. 5; *Vossius* in Widmann/Mayer, § 122j UmwG Rz. 25.

7 Vgl. *Drinhausen* in Semler/Stengel, § 122j UmwG Rz. 7; *Frenzel*, Grenzüberschreitende Verschmelzung von Kapitalgesellschaften, S. 364; *Hörtnagl* in Schmitt/Hörtnagl/Stratz, § 122j UmwG Rz. 7; *Marsch-Barner* in Kallmeyer, § 122j UmwG Rz. 5; *Vossius* in Widmann/Mayer, § 122j UmwG Rz. 26.

8 *Frenzel*, Grenzüberschreitende Verschmelzung von Kapitalgesellschaften, S. 365; *Heckschen* in Widmann/Mayer, § 122a UmwG Rz. 166; *Hörtnagl* in Schmitt/Hörtnagl/Stratz,

jenige nach § 22 UmwG[1]; denn andernfalls würde die Eintragung der Verschmelzung erheblich verzögert[2]. Maßgeblich für den Fristbeginn ist der Tag nach der **Bekanntmachung des Verschmelzungsplans** (bzw. seines Entwurfs) gem. § 122d UmwG [3]. Da diese Bekanntmachung gem. § 122d Satz 2 Nr. 4 UmwG u.a. auch einen Hinweis auf die Modalitäten für die Ausübung der Gläubigerrechte enthalten muss (dazu § 122d Rz. 13ff.), ist gewährleistet, dass die Gläubiger die Frist auch tatsächlich ausnützen können. Nach der Ratio der Norm kann die Anmeldung jedoch – ebenso wie bei nationalen Verschmelzungen (vgl. § 22 Rz. 20) – auch schon vor Beginn der Frist wirksam erfolgen[4].

2. Glaubhaftmachung der Gefährdung des Anspruchs

14 Die Gläubiger müssen glaubhaft machen (vgl. dazu § 22 Rz. 15ff.), dass durch die Verschmelzung die Erfüllung ihrer Forderung gefährdet wird. Angesichts der Gewährleistung der europaweiten Vollstreckbarkeit von Forderungen durch die EuGVVO wird man den Umstand, dass die übernehmende bzw. neue Gesellschaft ihren Hauptverwaltungssitz im Ausland hat, hierfür allerdings nicht per se als ausreichend erachtet können[5]. Erforderlich ist vielmehr eine darüber hinausgehende **konkrete Gefährdung** der Forderung **durch die Verschmelzung**[6]. Eine solche kann sich etwa aus erheblichen Bilanzverlusten der übernehmenden/neuen Gesellschaft[7] oder einer deutlich längeren Prozessdauer im Ausland[8] oder aus der

---

§ 122j UmwG Rz. 7; *Kiem* in Habersack/Drinhausen, § 122j UmwG Rz. 6; *Vossius* in Widmann/Mayer, § 122j UmwG Rz. 22.

1 Vgl. auch *Heckschen* in Widmann/Mayer, § 122a UmwG Rz. 166; *H.-F. Müller*, Der Konzern 2007, 1081 (1087).

2 Vgl. dazu auch *Handelsrechtsausschuss des DAV*, NZG 2006, 737 (742); *H.-F. Müller*, Der Konzern 2007, 1081 (1087); kritisch aus Sicht der Gläubiger allerdings *Simon/Rubner* in KölnKomm. UmwG, § 122j UmwG Rz. 10.

3 Vgl. *Drinhausen* in Semler/Stengel, § 122j UmwG Rz. 8; *Heckschen* in Widmann/Mayer, § 122a UmwG Rz. 165; *Hörtnagl* in Schmitt/Hörtnagl/Stratz, § 122j UmwG Rz. 7; *Kiem* in Habersack/Drinhausen, § 122j UmwG Rz. 6; *Vossius* in Widmann/Mayer, § 122j UmwG Rz. 22.

4 *Drinhausen* in Semler/Stengel, § 122j UmwG Rz. 8; *Hörtnagl* in Schmitt/Hörtnagl/Stratz, § 122j UmwG Rz. 7; *Kiem* in Habersack/Drinhausen, § 122j UmwG Rz. 6; *Marsch-Barner* in Kallmeyer, § 122j UmwG Rz. 5.

5 Ebenso *Beutel*, Der neue rechtliche Rahmen grenzüberschreitender Verschmelzungen in der EU, 2008, S. 275; *Drinhausen* in Semler/Stengel, § 122j UmwG Rz. 9; *Frenzel*, Grenzüberschreitende Verschmelzung von Kapitalgesellschaften, S. 362f.; *Grunewald*, Der Konzern 2007, 106 (107); *Hörtnagl* in Schmitt/Hörtnagl/Stratz, § 122j UmwG Rz. 8; *Neye/Timm*, GmbHR 2007, 561 (564); *Oechsler*, NZG 2006, 161 (165); *Simon/Rubner* in KölnKomm. UmwG, § 122j UmwG Rz. 13; *Vossius* in Widmann/Mayer, § 122j UmwG Rz. 32. Vgl. ferner auch *Krause/Kulpa*, ZHR 171 (2007), 38 (74); *Passarge/Stark*, GmbHR 2007, 803 (810).

6 *Drinhausen* in Semler/Stengel, § 122j UmwG Rz. 9; *Kiem* in Habersack/Drinhausen, § 122j UmwG Rz. 8; *Marsch-Barner* in Kallmeyer, § 122j UmwG Rz. 7; *Passarge/Stark*, GmbHR 2007, 803 (806, 810).

7 Vgl. *Beutel*, Der neue rechtliche Rahmen grenzüberschreitender Verschmelzungen in der EU, 2008, S. 275; *Frenzel*, Grenzüberschreitende Verschmelzung von Kapitalgesellschaften, S. 364f.; *Kiem* in Habersack/Drinhausen, § 122j UmwG Rz. 9; *Marsch-Barner* in Kallmeyer, § 122j UmwG Rz. 1; *Passarge/Stark*, GmbHR 2007, 803 (806f.); *Vossius* in Widmann/Mayer, § 122j UmwG Rz. 31.

8 Vgl. *Passarge/Stark*, GmbHR 2007, 803 (808, 810); *Vossius* in Widmann/Mayer, § 122j UmwG Rz. 32.

Tatsache, dass die Prozesskosten auch im Falle des Obsiegens vom Kläger zu tragen sind[1], ergeben. Dass die übernehmende/neue Gesellschaft einem liberaleren Kapitalschutzregime unterliegt[2], dürfte die Annahme einer konkreten Gefährdung im Hinblick auf Art. 49, 54 AEU dagegen allenfalls in Extremfällen rechtfertigen[3], zumal Kapitalaufbringung und -erhaltung jedenfalls für Aktiengesellschaften durch die 2. Richtlinie[4] europaweit harmonisiert sind[5]. Als „Hauptfall" erwähnt die Gesetzesbegründung die Verlagerung „bedeutender Vermögensmassen" ins Ausland[6].

3. Zeitliche Grenze gem. § 122j Abs. 2 UmwG

In zeitlicher Hinsicht ist der Anspruch auf Sicherheitsleistung gem. § 122j Abs. 2 UmwG auf solche Forderungen begrenzt, die **vor oder bis zu 15 Tage nach der Bekanntmachung** des Verschmelzungsplans oder seines Entwurfs gem. § 122d UmwG entstanden sind[7]. Gläubiger, die nach dieser an § 15 Abs. 2 Satz 2 HGB angelehnten[8] Schonfrist Forderungen gegen die aus der Verschmelzung hervorgehende Gesellschaft begründen, erscheinen nicht schutzbedürftig, da davon auszugehen ist, dass sie die neuen Verhältnisse kennen (müssen)[9]. 15

4. Kein Ausschluss

Kein Anspruch auf Sicherheitsleistung besteht gem. § 122j Abs. 1 Satz 1 2. Halbsatz UmwG, soweit die Gläubiger Befriedigung verlangen können, die Forderung also **bereits fällig** ist. Voraussetzung ist also – ebenso wie bei § 22 UmwG (dazu 16

---

1 Richtig *Marsch-Barner* in Kallmeyer, § 122j UmwG Rz. 7; *Vossius* in Widmann/Mayer, § 122j UmwG Rz. 32.

2 Als ausreichend erachtet wird dies etwa von *Frenzel*, Grenzüberschreitende Verschmelzung von Kapitalgesellschaften, S. 363 (einschränkend jedoch auf S. 364).

3 Sehr kritisch insoweit auch *Drinhausen* in Semler/Stengel, § 122j UmwG Rz. 9; *Passarge/Stark*, GmbHR 2007, 803 (809f.); *Weber*, ZVglRWiss 107 (2008), 192 (226ff.).

4 Ursprünglich: Richtlinie 77/91/EWG; seit 4.12.2012: Richtlinie 2012/30/EU des Europäischen Parlaments und des Rates v. 25.10.2012 zur Koordinierung der Schutzbestimmungen, die in den Mitgliedstaaten den Gesellschaften im Sinne des Artikels 54 Absatz 2 des Vertrages über die Arbeitsweise der Europäischen Union im Interesse der Gesellschafter sowie Dritter für die Gründung der Aktiengesellschaft sowie für die Erhaltung und Änderung ihres Kapitals vorgeschrieben sind, um diese Bestimmungen gleichwertig zu gestalten (Neufassung), ABl. EU L 315/74 v. 14.11.2012. Text mit Stand 2011 und ausf. Erläuterungen bei *Lutter/Bayer/J. Schmidt*, EuropUR, § 20 m.z.w.N. Zur „Neufassung", die *de facto* nur eine Kodifizierung ist, *Bayer/J. Schmidt*, BB 2013, 3 (6).

5 Hierauf weist insbesondere auch *Oechsler*, NZG 2006, 161 (166) hin. Vgl. ferner auch *Weber*, ZVglRWiss 107 (2008), 192 (226).

6 BT-Drucks. 15/3405, 35. Zustimmend *Drinhausen* in Semler/Stengel, § 122j UmwG Rz. 9; *Marsch-Barner* in Kallmeyer, § 122j UmwG Rz. 7; ablehnend aber *Kiem* in Habersack/Drinhausen, § 122j UmwG Rz. 9; *Passarge/Stark*, GmbHR 2007, 803 (807).

7 *Drinhausen* in Semler/Stengel, § 122j UmwG Rz. 13; *Marsch-Barner* in Kallmeyer, § 122j UmwG Rz. 5; *Simon/Rubner* in KölnKomm. UmwG, § 122j UmwG Rz. 12.

8 Vgl. BegrRegE, BR-Drucks. 548/06, 37; *Drinhausen* in Semler/Stengel, § 122j UmwG Rz. 13; *Vossius* in Widmann/Mayer, § 122j UmwG Rz. 28.

9 Vgl. auch *Frenzel*, Grenzüberschreitende Verschmelzung von Kapitalgesellschaften, S. 361.

§ 22 Rz. 9) –, dass die Forderung zwar bereits entstanden, aber eben noch nicht fällig ist[1].

17 Ebenso wie bei § 22 UmwG (dazu § 22 Rz. 27) ist ein Anspruch auf Sicherheitsleistung nach der Ratio der Norm ferner dann ausgeschlossen, wenn dem Gläubiger für seine Forderung bereits anderweitig **ausreichend Sicherheit geleistet** worden ist[2], denn in diesem Fall fehlt es ebenfalls an einem Schutzbedürfnis.

18 Umstritten, ist ob kraft der Verweisung in § 122a Abs. 2 UmwG (dazu § 122a Rz. 27 ff.) auch der Ausschlusstatbestand des **§ 22 Abs. 2 UmwG** (dazu § 22 Rz. 26) Anwendung findet[3]. Da § 122j UmwG insofern weder eine abweichende Sonderregelung enthält noch die Anwendung des § 22 Abs. 2 UmwG explizit ausschließt, sprechen die besseren Gründe für eine grundsätzliche Anwendbarkeit[4], zumal Gläubiger auch im Falle einer grenzüberschreitenden Verschmelzung nicht schutzwürdig erscheinen, sofern sie im Falle der Insolvenz ein Recht auf vorzugsweise Befriedigung aus einer **staatlich überwachten Deckungsmasse** haben[5].

VI. Schuldner

19 Wie bereits eingangs (oben Rz. 1) erläutert, ist der Gläubigerschutz nach § 122j UmwG im Vergleich zu § 22 UmwG präventiv nach vorn verlagert: Der Anspruch auf Sicherheitsleistung besteht bereits vor dem Wirksamwerden der Verschmelzung gegen die **übertragende deutsche Gesellschaft**[6]. Solange diese den Anspruch nicht ordnungsgemäß erfüllt, darf die Verschmelzung an sich nicht durchgeführt werden (ohne eine entsprechende Versicherung darf keine Bescheinigung nach § 122k UmwG ausgestellt werden, vgl. bereits oben Rz. 2 sowie § 122k Rz. 15 f.). Sollte es jedoch ausnahmsweise einmal gleichwohl zur Ausstellung einer Bescheinigung und zur Eintragung der Verschmelzung kommen, so geht der Anspruch auf Sicherheitsleistung – ebenso wie die entsprechende Forderung – nach den jeweils anwendbaren nationalen Umsetzungsvorschriften zu Art. 14 Abs. 1 lit. a bzw. Abs. 2 lit. a der 10. Richtlinie[7] (dazu § 122l Rz. 25) *ipso iure* auf die übernehmende bzw. neue Gesellschaft über[8].

---

1 Vgl. *Drinhausen* in Semler/Stengel, § 122j UmwG Rz. 7; *Frenzel*, Grenzüberschreitende Verschmelzung von Kapitalgesellschaften, S. 361; *Hörtnagl* in Schmitt/Hörtnagl/Stratz, § 122j UmwG Rz. 5; *Marsch-Barner* in Kallmeyer, § 122j UmwG Rz. 6.

2 Vgl. *Drinhausen* in Semler/Stengel, § 122j UmwG Rz. 15; *Marsch-Barner* in Kallmeyer, § 122j UmwG Rz. 6.

3 Dafür *Frenzel*, Grenzüberschreitende Verschmelzung von Kapitalgesellschaften, S. 366; dagegen *Drinhausen* in Semler/Stengel, § 122j UmwG Rz. 14; *Hörtnagl* in Schmitt/Hörtnagl/Stratz, § 122j UmwG Rz. 6; *Marsch-Barner* in Kallmeyer, § 122j UmwG Rz. 6. Offen *Heckschen* in Widmann/Mayer, § 122a UmwG Rz. 168.

4 I.d.S. auch *Louven*, ZIP 2006, 2021 (2028).

5 Ähnlich i.E. auch *Drinhausen* in Semler/Stengel, § 122j UmwG Rz. 14; *Kiem* in Habersack/Drinhausen, § 122j UmwG Rz. 12; *Marsch-Barner* in Kallmeyer, § 122j UmwG Rz. 6; *Simon/Rubner* in KölnKomm. UmwG, § 122j UmwG Rz. 14: konkrete Gefährdung fehlt.

6 *Drinhausen* in Semler/Stengel, § 122j UmwG Rz. 11; *Vossius* in Widmann/Mayer, § 122j UmwG Rz. 21.

7 Dazu *Lutter/Bayer/J. Schmidt*, EuropUR, § 23 Rz. 111.

8 *Drinhausen* in Semler/Stengel, § 122j UmwG Rz. 11; *Marsch-Barner* in Kallmeyer, § 122j UmwG Rz. 6; *Vossius* in Widmann/Mayer, § 122j UmwG Rz. 21.

VII. Inhalt des Anspruchs

Die Art der Sicherheitsleistung bestimmt sich – ebenso wie bei § 22 UmwG (dazu § 22 Rz. 24 – nach §§ 232 ff. BGB[1]. 20

VIII. Exkurs: Schutz der Inhaber von Sonderrechten

Hinsichtlich des Schutzes der **Inhaber von Sonderrechten** findet sich weder in § 122j UmwG selbst noch sonst in den §§ 122a ff. UmwG eine Sonderregelung; diesbezüglich gelten also **§§ 122a, 23 UmwG**[2]. 21

Einbezogen in den Schutzbereich des § 23 UmwG sind ausdrücklich Inhaber von **Wandelschuldverschreibungen, Gewinnschuldverschreibungen** und von **Genussrechten**. **Nicht** erfasst sind dagegen – entgegen einer vielfach vertretenen Auffassung (s. bei § 23 Rz. 10 ff.)[3] – Inhaber von **stimmrechtslosen Vorzugsaktien**[4]. Dies folgt zum einen schon aus § 5 Abs. 1 Nr. 7 UmwG, wo der Gesetzgeber „Anteile ohne Stimmrecht" und „Vorzugsaktien" nebeneinander aufführt[5], zum anderen aber auch daraus, dass Vorzugsaktionäre weder von Art. 15 der 3. Richtlinie[6] erfasst werden[7], noch sich die Vorgängernorm des § 347a AktG a.F. auf diesen Personenkreis erstreckte[8] und der Gesetzgeber eine Ausweitung des Anwendungsbereichs dieser Vorschrift ausweislich der Gesetzesmaterialien zum UmwG auch nicht beabsichtigt hat[9]. Ein rechtspolitisches Bedürfnis hierfür besteht im Übrigen auch nicht, da ein ausreichender Schutz bereits durch die Bestimmungen über das Umtauschverhältnis erreicht wird[10]. 22

Den Sonderrechtsinhabern einer an der Verschmelzung beteiligten übertragenden Gesellschaft sind in der übernehmenden bzw. neuen Gesellschaft „gleichwertige 23

---

1 *Drinhausen* in Semler/Stengel, § 122j UmwG Rz. 12; *Marsch-Barner* in Kallmeyer, § 122j UmwG Rz. 8; *Vossius* in Widmann/Mayer, § 122j UmwG Rz. 34.

2 *Drinhausen* in Semler/Stengel, § 122j UmwG Rz. 4; *Forsthoff*, DStR 2006, 613 (615); *Frenzel*, Grenzüberschreitende Verschmelzung von Kapitalgesellschaften, S. 369 f.; *Hörtnagl* in Schmitt/Hörtnagl/Stratz, § 122j UmwG Rz. 11; *Lutter/Bayer/J. Schmidt*, EuropUR, § 23 Rz. 144; *Marsch-Barner* in Kallmeyer, § 122j UmwG Rz. 9.

3 So auch *Marsch-Barner* in Kallmeyer, § 23 UmwG Rz. 4; *Vossius* in Widmann/Mayer, § 23 UmwG Rz. 11; *Kiem*, ZIP 1997, 1627 (1631). Speziell zur SE: *Schäfer* in MünchKomm. AktG, Art. 24 SE-VO Rz. 8.

4 Ablehnend auch bereits *Bayer* in Lutter/Hommelhoff, SE-Kommentar, Art. 24 SE-VO Rz. 18; *Kalss* in Semler/Stengel, § 23 UmwG Rz. 10; *Rümker* in WM-FG Hellner, 1994, S. 73 (76); ausf. *Hüffer* in FS Lutter, 2000, S. 1227 (1231 ff.); speziell für die SE auch *Scheifele*, Die Gründung der Europäischen Aktiengesellschaft, 2004, S. 228 f.; *Schwarz*, SE-Kommentar, 2005, Art. 24 SE-VO Rz. 13 Fn. 35, Rz. 14.

5 Vgl. *Bayer* in Lutter/Hommelhoff, SE-Kommentar, Art. 24 SE-VO Rz. 18; *Hüffer* in FS Lutter, 2000, S. 1227 (1231).

6 Ursprünglich: Richtlinie 78/855/EWG; seit 1.7.2011: Richtlinie 2011/35/EU des Europäischen Parlaments und des Rates v. 5.4.2011 über die Verschmelzung von Aktiengesellschaften, ABl. EU Nr. L 110/1 v. 29.4.2011, s. Anh. III, S. 3451 ff. Ausf. Erläuterungen bei *Lutter/Bayer/J. Schmidt*, EuropUR, § 21 m.z.w.N.

7 *Lutter/Bayer/J. Schmidt*, EuropUR, § 21 Rz. 125 m.w.N.

8 Vgl. *Bayer* in Lutter/Hommelhoff, SE-Kommentar, Art. 24 SE-VO Rz. 18; ausdrücklich eingeräumt auch von *Marsch-Barner* in Kallmeyer, § 23 UmwG Rz. 4.

9 Vgl. BegrRegE, BT-Drucks. 12/6699, 92 f.

10 Überzeugend *Hüffer* in FS Lutter, 2000, S. 1227 (1232 f.); vgl. auch *Bayer* in Lutter/Hommelhoff, SE-Kommentar, Art. 24 SE-VO Rz. 18.

Rechte" zu gewähren. Gefordert ist hier eine **wirtschaftliche Gleichwertigkeit**[1]. Ebenso wie bei einer rechtsformübergreifenden Mischverschmelzung nach nationalem Recht kann dies insbesondere bei einer grenzüberschreitenden Hinausverschmelzung zu schwierigen Anpassungsproblemen führen[2]. Daher sollte auf die Festsetzungen nach § 122c Abs. 2 Nr. 7 UmwG (dazu § 122c Rz. 23) große Sorgfalt verwendet werden.

24 Die berechtigten Sonderrechtsinhaber haben (nur) einen Anspruch auf **rechtsgeschäftliche Einräumung** gleichwertiger Rechte (§ 23 Rz. 5)[3], eine Anpassung von Gesetzes wegen findet dagegen nicht statt[4].

§ 122k
Verschmelzungsbescheinigung

(1) Das Vertretungsorgan einer übertragenden Gesellschaft hat das Vorliegen der sie betreffenden Voraussetzungen für die grenzüberschreitende Verschmelzung zur Eintragung bei dem Register des Sitzes der Gesellschaft anzumelden. § 16 Abs. 2 und 3 und § 17 gelten entsprechend. Die Mitglieder des Vertretungsorgans haben eine Versicherung abzugeben, dass allen Gläubigern, die nach § 122j einen Anspruch auf Sicherheitsleistung haben, eine angemessene Sicherheit geleistet wurde.

(2) Das Gericht prüft, ob für die Gesellschaft die Voraussetzungen für die grenzüberschreitende Verschmelzung vorliegen, und stellt hierüber unverzüglich eine Bescheinigung (Verschmelzungsbescheinigung) aus. Als Verschmelzungsbescheinigung gilt die Nachricht über die Eintragung der Verschmelzung im Register. Die Eintragung ist mit dem Vermerk zu versehen, dass die grenzüberschreitende Verschmelzung unter den Voraussetzungen des Rechts des Staates, dem die übernehmende oder neue Gesellschaft unterliegt, wirksam wird. Die Verschmelzungsbescheinigung darf nur ausgestellt werden, wenn eine Versicherung nach Absatz 1 Satz 3 vorliegt. Ist ein Spruchverfahren anhängig, ist dies in der Verschmelzungsbescheinigung anzugeben.

(3) Das Vertretungsorgan der Gesellschaft hat die Verschmelzungsbescheinigung innerhalb von sechs Monaten nach ihrer Ausstellung zusammen mit dem Verschmelzungsplan der zuständigen Stelle des Staates vorzulegen, dessen Recht die übernehmende oder neue Gesellschaft unterliegt.

(4) Nach Eingang einer Mitteilung des Registers, in dem die übernehmende oder neue Gesellschaft eingetragen ist, über das Wirksamwerden der Verschmelzung

---

1 So BegrRegE zu § 347a AktG a.F., BT-Drucks. 12/6699, 92f.; ebenso *Marsch-Barner* in Kallmeyer, § 23 UmwG Rz. 8; *Hüffer* in FS Lutter, 2000, S. 1227 (1239); s. ferner auch *Bayer* in Lutter/Hommelhoff, SE-Kommentar, Art. 24 SE-VO Rz. 19.

2 Vgl. zur Parallelproblematik bei der SE: *Bayer* in Lutter/Hommelhoff, SE-Kommentar, Art. 24 SE-VO Rz. 19; *J. Schmidt*, „Deutsche" vs. „britische" Societas Europaea (SE), S. 217 m.w.N.

3 Vgl. ferner speziell zur SE: *Bayer* in Lutter/Hommelhoff, SE-Kommentar, Art. 24 SE-VO Rz. 20.

4 Vgl. *Bayer* in Lutter/Hommelhoff, SE-Kommentar, Art. 24 SE-VO Rz. 20; ausf. *Hüffer* in FS Lutter, 2000, S. 1227 (1238).

hat das Gericht des Sitzes der übertragenden Gesellschaft den Tag des Wirksamwerdens zu vermerken und die bei ihm aufbewahrten elektronischen Dokumente diesem Register zu übermitteln.

Literatur

Vgl. die Angaben zu § 122a.

I. Vorbemerkung: Zweistufige Rechtsmäßigkeitskontrolle

1 Die Kontrolle der Rechtsmäßigkeit der Verschmelzung erfolgt gem. **Art. 10 und 11 der 10. Richtlinie**[1], die insoweit dem auch bei der Gründung einer SE[2] oder SCE[3] durch Verschmelzung geltenden Modell folgen[4], in **zwei Stufen**[5]: Auf der **1.**

1 Richtlinie 2005/56/EG des Europäischen Parlaments und des Rates v. 26.10.2005 über die Verschmelzung von Kapitalgesellschaften aus verschiedenen Mitgliedsstaaten, ABl. EU Nr. L 310/1 v. 25.11.2005, s. Anh. V, S. 3481 ff. Text und ausf. Erläuterungen bei *Lutter/Bayer/J. Schmidt*, EuropUR, § 23 m.z.w.N.

2 Vgl. Art. 25, 26 SE-VO, dazu etwa *Bayer* in Lutter/Hommelhoff, SE-Kommentar, Art. 25 SE-VO Rz. 1 f., Art. 26 SE-VO Rz. 1; *Lutter/Bayer/J. Schmidt*, EuropUR, § 41 Rz. 42; *J. Schmidt*, „Deutsche" vs. „britische" Societas Europaea (SE), S. 246 m.w.N.

3 Vgl. Art. 29, 30 SCE-VO. Dazu etwa *Lutter/Bayer/J. Schmidt*, EuropUR, § 42 Rz. 26 m.w.N.

4 Vgl. *Drinhausen* in Semler/Stengel, § 122k UmwG Rz. 2 Fn. 2; *Frenzel*, Grenzüberschreitende Verschmelzung von Kapitalgesellschaften, S. 373; *Lutter/Bayer/J. Schmidt*, EuropUR, § 23 Rz. 91; *Vossius* in Widmann/Mayer, § 122k UmwG Rz. 2.

5 Vgl. *Bayer/J. Schmidt*, NJW 2006, 401 (404); *Behrens*, Die grenzüberschreitende Verschmelzung nach der Richtlinie 2005/56/EG (Verschmelzungsrichtlinie), S. 135; *Beutel*, Der neue rechtliche Rahmen grenzüberschreitender Verschmelzungen in der EU, 2008, S. 199; *Drinhausen* in Semler/Stengel, § 122k UmwG Rz. 2; *Drinhausen/Keinath*, RIW 2006, 81 (84); *Drinhausen/Keinath*, BB 2006, 725 (729); *Frenzel*, Grenzüberschreitende

Stufe wird zunächst im Mitgliedstaat jeder an der Verschmelzung beteiligten Gesellschaft die Einhaltung der diese betreffenden Verfahrensschritte kontrolliert (Art. 10 Abs. 1 der 10. Richtlinie), d.h. derjenigen Erfordernisse, die ausschließlich die Sphäre der jeweiligen Gesellschaft betreffen. Fällt diese Kontrolle positiv aus, so ist unverzüglich eine entsprechende Bescheinigung auszustellen (Art. 10 Abs. 2 der 10. Richtlinie). Auf der **2. Stufe** erfolgt sodann im Mitgliedstaat der übernehmenden bzw. neuen Gesellschaft eine Kontrolle im Hinblick auf die eigentliche Durchführung der Verschmelzung sowie ggf. der Gründung der neuen Gesellschaft (vgl. Art. 11 Abs. 1 der 10. Richtlinie). Zu diesem Zweck muss jede der an beteiligten Gesellschaften binnen sechs Monaten bei der Kontrollstelle im Zielland den von ihr genehmigten Verschmelzungsplan sowie „ihre" Bescheinigung, die für die Kontrollstelle im Zielland Bindungswirkung hat (dazu unten Rz. 22 sowie ausf. § 122l Rz. 19f.), vorlegen. Erst wenn diese Kontrolle abgeschlossen ist, kann die Verschmelzung gem. Art. 12 der 10. Richtlinie wirksam werden (vgl. dazu auch § 122l Rz. 23).

2 Vorteil dieses arbeitsteiligen Modells ist die **Parallelität von materiellem Recht und Verfahrensrecht**[1], die dem grenzüberschreitenden Charakter der Verschmelzung und der hieraus resultierenden Verzahnung der verschiedenen nationalen Rechtsordnungen Rechnung trägt[2]. Durch die Einschaltung von Kontrollinstanzen auf der Ebene der einzelnen an der Verschmelzung beteiligten Gesellschaften wird gewährleistet, dass die Prüfung der Einhaltung des jeweiligen nationalen Rechts mit größerer Sachkunde erfolgt[3] und sich die einzelnen nationalen Kontrollstellen nicht mit den Details fremder Rechtsordnungen auseinander setzen müssen[4].

3 Zur Umsetzung dieses Modells verpflichteten Art. 10 und 11 der 10. Richtlinie die Mitgliedstaaten, die erforderlichen verfahrensrechtlichen Regelungen für die

---

Verschmelzung von Kapitalgesellschaften, S. 373; *Grohmann/Gruschinske*, GmbHR 2006, 191 (193); *Haritz/von Wolff*, GmbHR 2006, 341 (343); *Hörtnagl* in Schmitt/Hörtnagl/Stratz, § 122k UmwG Rz. 1; *Kallmeyer/Kappes*, AG 2006, 224 (233); *Krause/Kulpa*, ZHR 171 (2007), 38 (65f.); *H.-F. Müller*, ZIP 2007, 1081 (1087); *Neye*, ZIP 2005, 1891 (1896f.); *Neye/Timm*, DB 2006, 488 (489); *Ratka*, GeS 2006, 52 (55); *Ugliano*, [2007] EBLR 585 (605); *Vossius* in Widmann/Mayer, § 122k UmwG Rz. 3.

1 Vgl. *Beutel*, Der neue rechtliche Rahmen grenzüberschreitender Verschmelzungen in der EU, 2008, S. 200f.; *Grundmann*, EuropGesR, Rz. 935f.; *Lutter/Bayer/J. Schmidt*, EuropUR, § 23 Rz. 92; *Vossius* in Widmann/Mayer, § 122k UmwG Rz. 3. S. ferner zur Parallelregelung in Art. 25, 26 SE-VO: *Bayer* in Lutter/Hommelhoff, SE-Kommentar, Art. 25 SE-VO Rz. 1f.; *J. Schmidt*, „Deutsche" vs. „britische" Societas Europaea (SE), S. 246 m.w.N.

2 Vgl. *Bayer/J. Schmidt*, NJW 2006, 401 (404); *Beutel*, Der neue rechtliche Rahmen grenzüberschreitender Verschmelzungen in der EU, 2008, S. 200; *Lutter/Bayer/J. Schmidt*, EuropUR, § 23 Rz. 92.

3 Vgl. *Beutel*, Der neue rechtliche Rahmen grenzüberschreitender Verschmelzungen in der EU, 2008, S. 201; *Frenzel*, Grenzüberschreitende Verschmelzung von Kapitalgesellschaften, S. 384; *Lutter/Bayer/J. Schmidt*, EuropUR, § 23 Rz. 92; für die Parallelregelung in Art. 25, 26 SE-VO: *Bayer* in Lutter/Hommelhoff, SE-Kommentar, Art. 25 SE-VO Rz. 2.

4 Vgl. *Beutel*, Der neue rechtliche Rahmen grenzüberschreitender Verschmelzungen in der EU, 2008, S. 201; *Frenzel*, Grenzüberschreitende Verschmelzung von Kapitalgesellschaften, S. 381, 384; *Kiem*, WM 2006, 1091 (1099); *Lutter/Bayer/J. Schmidt*, EuropUR, § 23 Rz. 92; für die Parallelproblematik bei der SE: *Bayer* in Lutter/Hommelhoff, SE-Kommentar, Art. 26 SE-VO Rz. 16; *J. Schmidt*, „Deutsche" vs. „britische" Societas Europaea (SE), S. 257.

ihrem Recht unterliegenden Gesellschaften schaffen. Der deutsche Gesetzgeber hat hierzu die §§ 122k, 122l UmwG geschaffen[1]. **§ 122k UmwG** regelt die Rechtmäßigkeitsprüfung für **deutsche übertragende Gesellschaften**[2] (dazu ausf. unten Rz. 4ff.), **§ 122l UmwG** diejenige für **deutsche übernehmende bzw. neue Gesellschaften**[3] (dazu ausf. bei § 122l Rz. 1ff.). Für die Rechtmäßigkeitsprüfung bei den an einer grenzüberschreitenden Verschmelzung beteiligten **ausländischen Gesellschaften** gelten die **jeweiligen nationalen Umsetzungsvorschriften** desjenigen Mitgliedstaats, dessen Recht die betreffende Gesellschaft unterliegt[4].

II. Regelungsgegenstand und -zweck des § 122k UmwG

Die Vorschrift regelt das Verfahren der Rechtmäßigkeitsprüfung (dazu ausf. unten Rz. 7ff.) bei **deutschen übertragenden Gesellschaften**[5]. 4

§ 122k Abs. 1 UmwG regelt die **Anmeldung** sowie die dabei vorzulegenden Unterlagen und abzugebenden Erklärungen (dazu ausf. unten Rz. 7ff.). **§ 122k Abs. 2 UmwG** definiert den Prüfungsumfang des Registergerichts (dazu unten Rz. 18f.) und regelt die Einzelheiten der Ausstellung der Verschmelzungsbescheinigung (dazu unten Rz. 20ff.). **§ 122k Abs. 3 UmwG** betrifft die Vorlage der Verschmelzungsbescheinigung bei der für die übernehmende bzw. neue Gesellschaft zuständigen Kontrollstelle (dazu unten Rz. 23). **§ 122k Abs. 4 UmwG** enthält eine Regelung zum weiteren Verfahren nach Eingang der Mitteilung über das Wirksamwerden der Verschmelzung (dazu unten Rz. 28f.). 5

Problematisch ist im Hinblick auf die Vorgaben der 10. Richtlinie, dass die Vorschrift ihrem eindeutigen Wortlaut nach nur für deutsche übertragende Gesellschaften gelten soll. Für **deutsche übernehmende Gesellschaften** soll dagegen **allein** die Regelung des **§ 122l UmwG** gelten; nach der gesetzgeberischen Konzeption soll hier also letztlich nur eine **einstufige Rechtmäßigkeitsprüfung** durch das Registergericht der übernehmenden Gesellschaft erfolgen, ohne dass die Ausstellung einer Verschmelzungsbescheinigung erforderlich ist[6]. Zumindest 6

1 *Drinhausen* in Semler/Stengel, § 122k UmwG Rz. 1; *Frenzel*, Grenzüberschreitende Verschmelzung von Kapitalgesellschaften, S. 373; *Hörtnagl* in Schmitt/Hörtnagl/Stratz, § 122k UmwG Rz. 2; *Lutter/Bayer/J. Schmidt*, EuropUR, § 23 Rz. 102; *Simon/Rubner* in KölnKomm. UmwG, § 122k UmwG Rz. 1; *Vossius* in Widmann/Mayer, § 122k UmwG Rz. 2, § 122l UmwG Rz. 2.

2 *Drinhausen* in Semler/Stengel, § 122k UmwG Rz. 1; *Frenzel*, Grenzüberschreitende Verschmelzung von Kapitalgesellschaften, S. 375; *Hörtnagl* in Schmitt/Hörtnagl/Stratz, § 122k UmwG Rz. 2; *Krause/Kulpa*, ZHR 171 (2007), 38 (66); *Lutter/Bayer/J. Schmidt*, EuropUR, § 23 Rz. 102; *Simon/Rubner* in KölnKomm. UmwG, § 122k UmwG Rz. 3; *Zimmermann* in Kallmeyer, § 122k UmwG Rz. 1.

3 *Drinhausen* in Semler/Stengel, § 122k UmwG Rz. 1; *Frenzel*, Grenzüberschreitende Verschmelzung von Kapitalgesellschaften, S. 382; *Krause/Kulpa*, ZHR 171 (2007), 38 (66); *Lutter/Bayer/J. Schmidt*, EuropUR, § 23 Rz. 102; *Simon/Rubner* in KölnKomm. UmwG, § 122k UmwG Rz. 3; *Zimmermann* in Kallmeyer, § 122k UmwG Rz. 1.

4 Vgl. *Drinhausen* in Semler/Stengel, § 122k UmwG Rz. 1.

5 *Drinhausen* in Semler/Stengel, § 122k UmwG Rz. 1; *Hörtnagl* in Schmitt/Hörtnagl/Stratz, § 122k Rz. 2; *Krause/Kulpa*, ZHR 171 (2007), 38 (66); *Lutter/Bayer/J. Schmidt*, EuropUR, § 23 Rz. 102; *Simon/Rubner* in KölnKomm. UmwG, § 122k UmwG Rz. 3; *Zimmermann* in Kallmeyer, § 122k UmwG Rz. 1.

6 Vgl. *Beutel*, Der neue rechtliche Rahmen grenzüberschreitender Verschmelzungen in der EU, 2008, S. 215; *Drinhausen* in Semler/Stengel, § 122k UmwG Rz. 5; *Frenzel*, Grenzüberschreitende Verschmelzung von Kapitalgesellschaften, S. 374; *Haritz/von*

bei formaler Betrachtung liegt hierin unzweifelhaft eine Abweichung vom Modell der Art. 10 und 11 der 10. Richtlinie, welche die Ausstellung einer gesonderten Verschmelzungsbescheinigung (nach entsprechender vorhergehender Prüfung) unterschiedslos bei allen Gesellschaften – egal ob übertragende oder übernehmende Gesellschaft – vorsehen[1]. Andererseits aber ist zu berücksichtigen, dass eine streng formal-juristische Betrachtung und damit ein Beharren auf einer Verschmelzungsbescheinigung und der Aufspaltung der Prüfung in zwei separate Verfahren auch bei der übernehmenden bzw. neuen Gesellschaft im Falle einer Hereinverschmelzung letztlich nur sinnlose Förmelei wäre[2], zumindest dann, wenn – wie nach der deutschen Umsetzung – für beide Kontrollstufen dieselbe Kontrollstelle zuständig ist, welche die Verschmelzungsbescheinigung dann letztlich lediglich für sich selbst ausstellen würde[3]. Dies kann aber auch vom Richtliniengeber so kaum gewollt gewesen sein[4]. Der Aufteilung der Rechtsmäßigkeitskontrolle auf die Kontrollstellen in den verschiedenen Mitgliedstaaten nach dem Modell der Art. 10 und 11 der 10. Richtlinie liegt der Gedanke zu Grunde, dass jede Kontrollstelle nur für diejenigen Verfahrensschritte zuständig sein soll, welche die der jeweiligen Rechtsordnung unterliegende(n) Gesellschaft(en) betreffen. Damit soll das Verschmelzungsverfahren insgesamt erleichtert werden (vgl. Erwägungsgrund 7 der 10. Richtlinie), weil sich die einzelnen Kontrollstellen nicht mit den Details der anderen Rechtsordnungen auseinandersetzen müssen, sondern nur mit dem – ihnen vertrauten – eigenen nationalen Recht (vgl. bereits oben Rz. 2)[5]. Allein deshalb wird das Verfahren in zwei separate Stufen aufgespalten. Ist aber auf beiden Stufen dasselbe nationale Recht anwendbar und dieselbe nationale Kontrollstelle zuständig, so verliert die formale Aufspaltung jeglichen Sinn[6]. Die Konzeption der deutschen Umsetzungsvorschriften in §§ 122k, 122l UmwG widerspricht daher zwar dem Wortlaut, nicht aber dem Geist der Art. 10 und 11 der

---

Wolff, GmbHR 2006, 341 (343); *Krause/Kulpa*, ZHR 171 (2007), 38 (67); *Lutter/Bayer/J. Schmidt*, EuropUR, § 23 Rz. 103; *H.-F. Müller*, ZIP 2007, 1081 (1087).

1 Vgl. *Beutel*, Der neue rechtliche Rahmen grenzüberschreitender Verschmelzungen in der EU, 2008, S. 201; *Drinhausen* in Semler/Stengel, § 122k UmwG Rz. 5; *Haritz/von Wolff*, GmbHR 2006, 341 (343); *Louven*, ZIP 2006, 2021 (2027); *Krause/Kulpa*, ZHR 171 (2007), 38 (67).

2 Vgl. *Beutel*, Der neue rechtliche Rahmen grenzüberschreitender Verschmelzungen in der EU, 2008, S. 217; *Brocker*, BB 2010, 971 (976 Fn. 41); *Louven*, ZIP 2006, 2021 (2027); *Lutter/Bayer/J. Schmidt*, EuropUR, § 23 Rz. 103; *H.-F. Müller*, ZIP 2007, 1081 (1087).

3 Vgl. *Frenzel*, Grenzüberschreitende Verschmelzung von Kapitalgesellschaften, S. 374; *Krause/Kulpa*, ZHR 171 (2007), 38 (67); *Louven*, ZIP 2006, 2021 (2027); *Lutter/Bayer/J. Schmidt*, EuropUR, § 23 Rz. 103.

4 Vgl. *Krause/Kulpa*, ZHR 171 (2007), 38 (67); *Lutter/Bayer/J. Schmidt*, EuropUR, § 23 Rz. 103.

5 Vgl. *Beutel*, Der neue rechtliche Rahmen grenzüberschreitender Verschmelzungen in der EU, 2008, S. 201; *Frenzel*, Grenzüberschreitende Verschmelzung von Kapitalgesellschaften, S. 375, 384; *Kiem*, WM 2006, 1091 (1099); *Lutter/Bayer/J. Schmidt*, EuropUR, § 23 Rz. 92, 103.

6 Vgl. *Beutel*, Der neue rechtliche Rahmen grenzüberschreitender Verschmelzungen in der EU, 2008, S. 216; *Frenzel*, Grenzüberschreitende Verschmelzung von Kapitalgesellschaften, S. 375; *Louven*, ZIP 2006, 2021 (2027); *Lutter/Bayer/J. Schmidt*, EuropUR, § 23 Rz. 103; s. ferner auch *Heckschen*, DNotZ 2007, 444 (464); *Krause/Kulpa*, ZHR 171 (2007), 38 (67); *H.-F. Müller*, ZIP 2007, 1081 (1087).

10. Richtlinie und dürfte daher i.E. **richtlinienkonform** sein[1]. Das letzte Wort bleibt insofern aber freilich dem EuGH vorbehalten.

III. Anmeldung (§ 122k Abs. 1 UmwG)

7 Das Kontrollverfahren der 1. Stufe für eine deutsche übertragende Gesellschaft wird dadurch eingeleitet, dass das Vorliegen der sie betreffenden Voraussetzungen für die grenzüberschreitende Verschmelzung gem. § 122k Abs. 1 UmwG beim zuständigen Registergericht angemeldet wird.

1. Anmeldeberechtigung

8 Anmeldeberechtigt ist gem. **§ 122k Abs. 1 Satz 1 UmwG** das **Vertretungsorgan** der Gesellschaft. Ebenso wie bei § 16 Abs. 1 UmwG (dazu § 16 Rz. 2ff.) genügt auch hier eine Anmeldung in der durch Gesetz und Satzung festgelegten Personenzahl[2]. Eine Anmeldebefugnis auch des Vertretungsorgans des übernehmenden Rechtsträgers (wie in § 16 Abs. 1 Satz 2 UmwG, dazu § 16 Rz. 9) besteht dagegen auf Grund der Beschränkung des Kontrollverfahrens auf die die übertragende Gesellschaft betreffenden Verfahrensschritte (vgl. bereits oben Rz. 3f.) konsequenterweise nicht[3].

2. Zuständigkeit

9 Zuständig für die Entgegennahme der Anmeldung, die Prüfung der Rechtmäßigkeit gem. § 122k Abs. 2 Satz 1 UmwG (dazu ausf. unten Rz. 18ff.) und die Ausstellung der Verschmelzungsbescheinigung (dazu ausf. unten Rz. 20ff.) ist gem. § 122k Abs. 1 Satz 1 UmwG das **Registergericht am Sitz** der übertragenden Gesellschaft[4].

---

1 Ebenso *Beutel*, Der neue rechtliche Rahmen grenzüberschreitender Verschmelzungen in der EU, 2008, S. 216; *Brocker*, BB 2010, 971 (976 Fn. 41); *Frenzel*, Grenzüberschreitende Verschmelzung von Kapitalgesellschaften, S. 375; *Freundorfer/Festner*, GmbHR 2010, 195 (199); *Heckschen*, DNotZ 2007, 444 (464); *Kiem* in Habersack/Drinhausen, § 122k UmwG Rz. 3; *Krause/Kulpa*, ZHR 171 (2007), 38 (67); *Louven*, ZIP 2006, 2021 (2027) (mit einer Einschränkung im Hinblick auf die seltenen Fälle einer gleichzeitigen Satzungssitzverlegung); *Lutter/Bayer/J. Schmidt*, EuropUR, § 23 Rz. 103; *H.-F. Müller*, ZIP 2007, 1081 (1087); offenbar auch *Drinhausen* in Semler/Stengel, § 122k UmwG Rz. 5. A.A. jedoch *Haritz/von Wolff*, GmbHR 2006, 341 (343).

2 *Drinhausen* in Semler/Stengel, § 122k UmwG Rz. 7; *Hörtnagl* in Schmitt/Hörtnagl/Stratz, § 122k UmwG Rz. 5; *Kiem* in Habersack/Drinhausen, § 122k UmwG Rz. 4; *Kruse/Kruse*, BB 2010, 3035 (3037); *Lutz*, BWNotZ 2010, 23 (34); *Vossius* in Widmann/Mayer, § 122k UmwG Rz. 8.

3 Vgl. auch *Drinhausen* in Semler/Stengel, § 122k UmwG Rz. 8; *Heckschen* in Widmann/Mayer, § 122a UmwG Rz. 170; *Hörtnagl* in Schmitt/Hörtnagl/Stratz, § 122k UmwG Rz. 5; *Kiem* in Habersack/Drinhausen, § 122k UmwG Rz. 4; *Simon/Rubner* in Köln-Komm. UmwG, § 122k UmwG Rz. 6.

4 Vgl. BegrRegE, BR-Drucks. 548/06, 37; *Drinhausen* in Semler/Stengel, § 122k UmwG Rz. 7; *Kiem* in Habersack/Drinhausen, § 122k UmwG Rz. 4; *Neye/Timm*, DB 2006, 488 (492); *Simon/Rubner* in KölnKomm. UmwG, § 122k UmwG Rz. 6; *Vossius* in Widmann/Mayer, § 122k UmwG Rz. 9; *Zimmermann* in Kallmeyer, § 122k UmwG Rz. 3.

3. Inhalt der Anmeldung

10 Gegenstand der Anmeldung ist gem. § 122k Abs. 1 Satz 1 UmwG, dass für die deutsche übertragende Gesellschaft die „Voraussetzungen für die grenzüberschreitende Verschmelzung" vorliegen[1]. Um dem Registergericht eine entsprechende Prüfung zu ermöglichen[2], sind gem. § 122k Abs. 1 Satz 2 UmwG die in § 17 UmwG genannten Unterlagen beizufügen (vgl. dazu unten Rz. 11 f.). Zudem muss bei der Anmeldung eine Negativerklärung entsprechend § 16 Abs. 2 UmwG (dazu unten Rz. 14) sowie gem. § 122k Abs. 1 Satz 3 UmwG eine Versicherung im Hinblick auf die Gläubigersicherung (dazu unten Rz. 15 f. sowie bereits § 122j Rz. 2) abgegeben werden. Handelt es sich bei der übertragenden Gesellschaft um eine GmbH (inkl. des Subtyps der UG, vgl. Einl. I Rz. 53), so kann ferner ggf. eine Erklärung nach § 52 Abs. 1 UmwG erforderlich sein[3]. Ratsam ist es, bereits in der Anmeldung die Erteilung einer Verschmelzungsbescheinigung zu beantragen[4] (dazu noch unten Rz. 20 f.).

a) Beizufügende Unterlagen

11 Auf Grund des Verweises in § 122k Abs. 1 Satz 2 UmwG sind der Anmeldung in entsprechender Anwendung des **§ 17 Abs. 1 UmwG** folgende Unterlagen beizufügen[5]: (1) Verschmelzungsplan[6], (2) Verschmelzungsbeschluss, (3) Verschmelzungsbericht, (4) Verschmelzungsprüfungsbericht (oder ggf. entsprechende Verzichtserklärungen), (5) ggf. erforderliche Zustimmungserklärungen einzelner Anteilsinhaber (vgl. dazu § 122g Rz. 24) sowie (6) ggf. erforderliche staatliche Genehmigungen. Soweit § 17 Abs. 1 UmwG einen Nachweis über die rechtzeitige Zuleitung des Verschmelzungsvertrages an den Betriebsrat verlangt, geht dies bei der grenzüberschreitenden Verschmelzung ins Leere, da eine solche Zuleitung hier nicht erforderlich ist (vgl. § 122c Rz. 32). Entsprechend **§ 17 Abs. 2 UmwG** (dazu § 17 Rz. 7 ff.) ist außerdem eine Schlussbilanz beizufügen[7].

12 Da die gerichtliche Kontrolle gem. § 122k Abs. 2 Satz 1 UmwG entsprechend Art. 10 Abs. 1 der 10. Richtlinie auf die Verfahrensabschnitte beschränkt ist, die die deutsche übertragende Gesellschaft betreffen (vgl. näher unten Rz. 18), sind **nur** diejenigen in § 17 UmwG genannten **Unterlagen** erforderlich, **welche die je-**

---

1 Vgl. auch *Vossius* in Widmann/Mayer, § 122k UmwG Rz. 12; *Zimmermann* in Kallmeyer, § 122k UmwG Rz. 4; vgl. auch *Hörtnagl* in Schmitt/Hörtnagl/Stratz, § 122k UmwG Rz. 7.

2 Vgl. BegrRegE, BR-Drucks. 548/06, 37.

3 *Neye/Timm*, GmbHR 2007, 561 (565).

4 *Vossius* in Widmann/Mayer, § 122k UmwG Rz. 26; *Zimmermann* in Kallmeyer, § 122k UmwG Rz. 5.

5 Vgl. *Drinhausen* in Semler/Stengel, § 122k UmwG Rz. 10; *Heckschen* in Widmann/Mayer, § 122a UmwG Rz. 172, 174 f.; *Kiem* in Habersack/Drinhausen, § 122k UmwG Rz. 6; *Lutz*, BWNotZ 2010, 23 (34 f.); *Simon/Rubner* in KölnKomm. UmwG, § 122k UmwG Rz. 8 ff.; *Zimmermann* in Kallmeyer, § 122k UmwG Rz. 2.

6 Der Terminus „Verschmelzungs*vertrag*" in § 17 Abs. 1 UmwG ist auch hier als „Verschmelzungs*plan*" zu lesen, vgl. zur Differenzierung näher § 122c Rz. 3.

7 Vgl. *Drinhausen* in Semler/Stengel, § 122k UmwG Rz. 10; *Heckschen* in Widmann/Mayer, § 122a UmwG Rz. 176; *Zimmermann* in Kallmeyer, § 122k UmwG Rz. 11.

weilige deutsche übertragende Gesellschaft betreffen[1]. Die entsprechenden Unterlagen der anderen an der Verschmelzung beteiligten Gesellschaften sind nicht erforderlich[2], denn die Kontrolle der diese betreffenden Verfahrensabschnitte obliegt gem. Art. 10 Abs. 1 der 10. Richtlinie allein der jeweils zuständigen (in- bzw. ausländischen) Kontrollstelle[3].

Nicht beigefügt werden muss entgegen einer teilweise vertretenen Auffassung[4] 13
eine etwaige **Vereinbarung über die Mitbestimmung der Arbeitnehmer**[5]. Denn ob eine solche Vereinbarung geschlossen wurde, wird erst auf der zweiten Stufe der Rechtmäßigkeitsprüfung untersucht (vgl. Art. 11 Abs. 1 der 10. Richtlinie sowie § 122l Rz. 15).

b) Negativerklärung gem. §§ 122k Abs. 1 Satz 2, 16 Abs. 2 UmwG

Bei der Anmeldung ist auf Grund des Verweises in § 122k Abs. 1 Satz 2 UmwG 14
weiterhin auch eine **Negativerklärung entsprechend § 16 Abs. 2 UmwG** (dazu ausf. § 16 Rz. 12ff.) abzugeben[6]. Auf Grund der Beschränkung der Kontrolle auf die Verfahrensabschnitte, welche die jeweilige übertragende Gesellschaft betreffen (vgl. näher unten Rz. 18), ist Bezugspunkt dieser Negativerklärung ebenfalls nur die betreffende übertragende (deutsche) Gesellschaft[7]. Liegen die Voraussetzungen für die Negativerklärung nicht vor, so darf die Verschmelzungsbescheinigung (dazu unten Rz. 20ff.) erst nach einem Verzicht der klageberechtigten Anteilsinhaber (§ 122k Abs. 1 Satz 2 UmwG i.V.m. § 16 Abs. 2 Satz 2 Halbsatz 2 UmwG, dazu § 16 Rz. 22f.) oder nach erfolgreicher Durchführung eines **Freigabeverfahrens** gem. § 122k Abs. 1 Satz 2 UmwG i.V.m. § 16 Abs. 3 UmwG [8] (dazu

1 Vgl. *Drinhausen* in Semler/Stengel, § 122k UmwG Rz. 9; *Drinhausen/Keinath*, BB 2006, 725 (730); *Heckschen* in Widmann/Mayer, § 122a UmwG Rz. 179; *Hörtnagl* in Schmitt/Hörtnagl/Stratz, § 122k UmwG Rz. 8; *Kiem*, WM 2006, 1091 (1099); *Krause/Kulpa*, ZHR 171 (2007), 38 (67); *Kruse/Kruse*, BB 2010, 3035 (3038); *Limmer*, ZNotP 2007, 282 (285).

2 BegrRegE, BR-Drucks. 548/06, 37; *Drinhausen/Keinath*, BB 2006, 725 (730); *Frenzel*, Grenzüberschreitende Verschmelzung von Kapitalgesellschaften, S. 376; *Heckschen* in Widmann/Mayer, § 122a UmwG Rz. 179; *Kiem*, WM 2006, 1091 (1099); *Krause/Kulpa*, ZHR 171 (2007), 38 (67); *Limmer*, ZNotP 2007, 282 (285).

3 Vgl. BegrRegE, BR-Drucks. 548/06, 37; *Drinhausen* in Semler/Stengel, § 122k UmwG Rz. 13; *Drinhausen/Keinath*, BB 2006, 725 (730); *Frenzel*, Grenzüberschreitende Verschmelzung von Kapitalgesellschaften, S. 376; *Heckschen* in Widmann/Mayer, § 122a UmwG Rz. 179; *Krause/Kulpa*, ZHR 171 (2007), 38 (67); *Limmer*, ZNotP 2007, 282 (285).

4 So *Vossius* in Widmann/Mayer, § 122k UmwG Rz. 22.

5 Wie hier *Drinhausen* in Semler/Stengel, § 122k UmwG Rz. 11; *Kiem* in Habersack/Drinhausen, § 122k UmwG Rz. 8; *Simon/Rubner* in KölnKomm. UmwG, § 122k UmwG Rz. 15; *Zimmermann* in Kallmeyer, § 122k UmwG Rz. 11.

6 *Drinhausen* in Semler/Stengel, § 122k UmwG Rz. 9; *Heckschen* in Widmann/Mayer, § 122a UmwG Rz. 173; *Kiem*, WM 2006, 1091 (1099); *Krause/Kulpa*, ZHR 171 (2007), 38 (67); *Kruse/Kruse*, BB 2010, 3035 (3037); *Limmer*, ZNotP 2007, 282 (285f.); *Zimmermann* in Kallmeyer, § 122k UmwG Rz. 6.

7 Vgl. BegrRegE, BR-Drucks. 548/06, 37; *Drinhausen* in Semler/Stengel, § 122k UmwG Rz. 9; *Hörtnagl* in Schmitt/Hörtnagl/Stratz, § 122k UmwG Rz. 10; *Kiem*, WM 2006, 1091 (1099); *Krause/Kulpa*, ZHR 171 (2007), 38 (67); *Kruse/Kruse*, BB 2010, 3035 (3037); *Limmer*, ZNotP 2007, 282 (286); *Vossius* in Widmann/Mayer, § 122k UmwG Rz. 28; *Zimmermann* in Kallmeyer, § 122k UmwG Rz. 6.

8 Vgl. zur Anwendbarkeit des Freigabeverfahrens: BegrRegE, BR-Drucks. 548/06, 37; *Drinhausen* in Semler/Stengel, § 122k UmwG Rz. 9; *Heckschen* in Widmann/Mayer, § 122a

§ 16 Rz. 26ff.) erteilt werden[1]. Da die erste Stufe der Rechtmäßigkeitskontrolle nicht mit einer Registereintragung, sondern mit der Erteilung der Verschmelzungsbescheinigung endet, bewirkt die entsprechende Anwendung des § 16 Abs. 2 Satz 2 UmwG bei der grenzüberschreitenden Verschmelzung keine Register-, sondern eine „**Bescheinigungssperre**"[2]. Entbehrlich ist die Negativerklärung konsequenterweise bei Konzernverschmelzungen, bei denen es auf Grund von § 122g Abs. 2 UmwG (dazu ausf. § 122g Rz. 35) keines Verschmelzungsbeschlusses bedarf[3].

c) Versicherung gem. § 122k Abs. 1 Satz 3 UmwG

15 Gem. § 122k Abs. 1 Satz 3 UmwG müssen die Mitglieder des Vertretungsorgans der Gesellschaft eine Versicherung abgeben, dass allen **Gläubigern**, die nach § 122j UmwG einen Anspruch auf Sicherheitsleistung haben (dazu § 122j Rz. 7ff., 11ff.), eine **angemessene Sicherheit geleistet** wurde (s. dazu auch bereits § 122j Rz. 2, 20). Obgleich im Schrifttum mit dem Argument der Strafbewehrung teils eine höchstpersönliche Abgabe durch alle Mitglieder des Vertretungsorgans für erforderlich erachtet wird[4], genügt konsequenterweise (Arg.: Anlehnung an § 16 Abs. 2 UmwG, Zusammenhang mit der Anmeldung) insoweit die Abgabe in der durch Gesetz und Satzung festgelegten Personenzahl[5]. Entsprechend der Rspr. zu § 16 Abs. 2 UmwG[6] (vgl. dazu auch § 16 Rz. 18) wird man davon ausgehen müssen, dass die Versicherung erst nach Ablauf der Zwei-Monats-Frist des § 122j Abs. 1 Satz 2 UmwG (dazu § 122j Rz. 13) wirksam abgegeben werden kann[7]. Zulässig ist indes eine Anmeldung und eine Nachreichung der Versicherung[8]. Sofern keine bzw. keine sicherungsberechtigten Gläubiger existieren, ist dies zu versichern[9].

16 Die Abgabe dieser Versicherung ist – wie § 122k Abs. 2 Satz 4 UmwG ausdrücklich klarstellt – zwingende Voraussetzung für die Ausstellung der Verschmel-

---

UmwG Rz. 173; *Kruse/Kruse*, BB 2010, 3035 (3037); *Limmer*, ZNotP 2007, 282 (286); *Simon/Rubner* in KölnKomm. UmwG, § 122k UmwG Rz. 17; *Vossius* in Widmann/Mayer, § 122k UmwG Rz. 29; *Zimmermann* in Kallmeyer, § 122k UmwG Rz. 6.

1 Vgl. *Beutel*, Der neue rechtliche Rahmen grenzüberschreitender Verschmelzungen in der EU, 2008, S. 212; *Heckschen* in Widmann/Mayer, § 122a UmwG Rz. 184; *Kruse/Kruse*, BB 2010, 3035 (3037).

2 Vgl. für die Parallelproblematik bei der Gründung einer SE durch Verschmelzung: *Bayer* in Lutter/Hommelhoff, SE-Kommentar, Art. 25 SE-VO Rz. 11; *J. Schmidt*, „Deutsche" vs. „britische" Societas Europaea (SE), S. 248f. m.w.N.

3 *Kruse/Kruse*, BB 2010, 3035 (3037); *Polley* in Henssler/Strohn, § 122k UmwG Rz. 6; *Zimmermann* in Kallmeyer, § 122k UmwG Rz. 7.

4 So *Zimmermann* in Kallmeyer, § 122k UmwG Rz. 8.

5 *Kruse/Kruse*, BB 2010, 3035 (3038); *Vossius* in Widmann/Mayer, § 122k UmwG Rz. 30.

6 Vgl. BGH v. 5.10.2006 – III ZR 283/05, ZIP 2006, 2312 = AG 2006, 934; dazu *Büchel*, ZIP 2006, 2289ff.

7 So auch *Hörtnagl* in Schmitt/Hörtnagl/Stratz, § 122k UmwG Rz. 11; *Lutz*, BWNotZ 2010, 23 (35). A.A. *Kruse/Kruse*, BB 2010, 3035 (3038); *Vossius* in Widmann/Mayer, § 122k UmwG Rz. 31 (vorherige Anmeldung und Versicherung zulässig, aber Nachmeldepflicht).

8 Richtig *Kiem* in Habersack/Drinhausen, § 122k UmwG Rz. 10; *Kruse/Kruse*, BB 2010, 3035 (3038); *Zimmermann* in Kallmeyer, § 122k UmwG Rz. 8.

9 Vgl. *Vossius* in Widmann/Mayer, § 122k UmwG Rz. 33; *Zimmermann* in Kallmeyer, § 122k UmwG Rz. 8.

zungsbescheinigung[1]; auch ihr Fehlen bewirkt also eine „**Bescheinigungssperre**". Die Abgabe einer falschen Versicherung ist gem. § 314a UmwG (dazu § 314a Rz. 1 ff.) **strafbewehrt**[2].

4. Form

Für die Form der Anmeldung und der einzureichenden Unterlagen gilt **§ 12 HGB**[3]. Die Negativerklärung und die Versicherung bedürfen keiner Form[4]. 17

IV. Prüfung und Ausstellung der Verschmelzungsbescheinigung (§ 122k Abs. 2 UmwG)

1. Prüfungsgegenstand und -umfang

Gegenstand der registergerichtlichen Prüfung ist gem. **§ 122k Abs. 2 Satz 1 UmwG**, ob für die übertragende inländische Gesellschaft die Voraussetzungen für die grenzüberschreitende Verschmelzung vorliegen. Kontrolliert wird also nur die ordnungsgemäße **Einhaltung der die jeweilige übertragende inländische Gesellschaft betreffenden Verfahrensschritte** (vgl. auch Art. 10 Abs. 1 der 10. Richtlinie[5])[6]. Dazu gehören[7]: Die Verschmelzungsfähigkeit im Rahmen einer grenzüberschreitenden Verschmelzung (dazu § 122a Rz. 18 ff., § 122b Rz. 2 ff.), der Verschmelzungsplan (dazu § 122c Rz. 3 ff.), das Vorliegen einer ordnungsgemäßen Bekanntmachung gem. § 122d UmwG (dazu § 122d Rz. 8 ff.), der Verschmelzungsbericht (dazu § 122e Rz. 3 ff.), die Verschmelzungsprüfung (dazu § 122f Rz. 2 ff.), der Verschmelzungsbeschluss (dazu § 122g Rz. 19 ff.) und ggf. die Genehmigung des Mitbestimmungsmodells (dazu § 122g Rz. 27 ff.) sowie die Beachtung der relevanten Minderheiten- und Gläubigerschutzvorschriften (dazu § 122h Rz. 5 ff., § 122i Rz. 1 ff., § 122j Rz. 1 ff.). 18

Nicht Gegenstand der **Kontrolle** gem. § 122k UmwG ist dagegen – entsprechend der Registerkontrolle bei nationalen Verschmelzungen (dazu § 20 Rz. 6) – die **wirt-** 19

---

1 Vgl. BegrRegE, BR-Drucks. 548/06, 38; *Drinhausen* in Semler/Stengel, § 122k UmwG Rz. 15; *Drinhausen/Keinath*, BB 2006, 725 (729); *Frenzel*, Grenzüberschreitende Verschmelzung von Kapitalgesellschaften, S. 377; *Krause/Kulpa*, ZHR 171 (2007), 38 (67).
2 *Simon/Rubner* in KölnKomm. UmwG, § 122k UmwG Rz. 18; *Zimmermann* in Kallmeyer, § 122k UmwG Rz. 8.
3 *Drinhausen* in Semler/Stengel, § 122k UmwG Rz. 7; *Vossius* in Widmann/Mayer, § 122k UmwG Rz. 11.
4 *Kiem* in Habersack/Drinhausen, § 122k UmwG Rz. 10; *Vossius* in Widmann/Mayer, § 122k UmwG Rz. 30; *Zimmermann* in Kallmeyer, § 122k UmwG Rz. 9.
5 Vgl. dazu *Lutter/Bayer/J. Schmidt*, EuropUR, § 23 Rz. 94 m.w.N.
6 Vgl. BegrRegE, BR-Drucks. 548/06, 38; vgl. weiter *Drinhausen* in Semler/Stengel, § 122k UmwG Rz. 14; *Hörtnagl* in Schmitt/Hörtnagl/Stratz, § 122k UmwG Rz. 14; *Kiem* in Habersack/Drinhausen, § 122k UmwG Rz. 11; *Weyde/Hafemann* in FS Meilicke, 2010, S. 779 (819); *Zimmermann* in Kallmeyer, § 122k UmwG Rz. 12.
7 Vgl. auch *Behrens*, Die grenzüberschreitende Verschmelzung nach der Richtlinie 2005/56/EG (Verschmelzungsrichtlinie), 2007, S. 137; *Beutel*, Der neue rechtliche Rahmen grenzüberschreitender Verschmelzungen in der EU, 2008, S. 204 f.; *Drinhausen* in Semler/Stengel, § 122k UmwG Rz. 14; *Kiem* in Habersack/Drinhausen, § 122k UmwG Rz. 12; *Lutter/Bayer/J. Schmidt*, EuropUR, § 23 Rz. 94; *Zimmermann* in Kallmeyer, § 122k UmwG Rz. 13.

schaftliche Zweckmäßigkeit der Verschmelzung[1], die Angemessenheit des Umtauschverhältnisses[2] oder das Angebot einer Barabfindung[3].

2. Verschmelzungsbescheinigung

a) Ausstellung

20 **Nach positivem Abschluss des Prüfungsverfahrens** hat das Registergericht gem. § 122k Abs. 2 Satz 1 2. Halbsatz UmwG unverzüglich die Verschmelzungsbescheinigung auszustellen. Hierauf besteht ein Anspruch[4]. Die etwaige Anhängigkeit eines Spruchverfahrens steht der Ausstellung nicht entgegen (*arg. e contrario ex* § 122k Abs. 2 Satz 5 UmwG)[5]; gem. § 122k Abs. 2 Satz 5 UmwG ist aber ein entsprechender Hinweis in die Verschmelzungsbescheinigung aufzunehmen[6].

b) Form

21 Gem. **§ 122k Abs. 2 Satz 2 UmwG** soll die **Nachricht über die Eintragung** der Verschmelzung im Register als Verschmelzungsbescheinigung gelten[7]. Es ist indes mehr als zweifelhaft, ob dies mit den Vorgaben von Art. 10 Abs. 2 der 10. Richtlinie vereinbar ist[8]. Denn dort wird eine Bescheinigung verlangt, „aus der zwei-

---

1 Zutreffend *Beutel*, Der neue rechtliche Rahmen grenzüberschreitender Verschmelzungen in der EU, 2008, S. 204; *Lutter/Bayer/J. Schmidt*, EuropUR, § 23 Rz. 94; *Vossius* in Widmann/Mayer, § 122k UmwG Rz. 49. Vgl. für die SE-Gründung durch Verschmelzung auch *Bayer* in Lutter/Hommelhoff, SE-Kommentar, Art. 25 SE-VO Rz. 7 m.w.N.

2 *Lutter/Bayer/J. Schmidt*, EuropUR, § 23 Rz. 94; *Vossius* in Widmann/Mayer, § 122k UmwG Rz. 49.

3 Zutreffend *Behrens*, Die grenzüberschreitende Verschmelzung nach der Richtlinie 2005/56/EG (Verschmelzungsrichtlinie), 2007, S. 137; *Lutter/Bayer/J. Schmidt*, EuropUR, § 23 Rz. 94; *Vossius* in Widmann/Mayer, § 122k UmwG Rz. 49. Vgl. für die SE-Gründung durch Verschmelzung auch *Bayer* in Lutter/Hommelhoff, SE-Kommentar, Art. 25 SE-VO Rz. 7 m.w.N.

4 *Hörtnagl* in Schmitt/Hörtnagl/Stratz, § 122k UmwG Rz. 16; *Zimmermann* in Kallmeyer, § 122k UmwG Rz. 14; vgl. für die parallele Rechtslage bei der SE: *Bayer* in Lutter/Hommelhoff, SE-Kommentar, Art. 25 SE-VO Rz. 14.

5 Vgl. BegrRegE, BR-Drucks. 548/06, 38; *Drinhausen* in Semler/Stengel, § 122k UmwG Rz. 15; *Heckschen* in Widmann/Mayer, § 122h UmwG Rz. 57; *Simon/Rubner* in KölnKomm. UmwG, § 122k UmwG Rz. 23.

6 Vgl. BegrRegE, BR-Drucks. 548/06, 38; *Drinhausen* in Semler/Stengel, § 122k UmwG Rz. 15, 19; *Heckschen* in Widmann/Mayer, § 122a UmwG Rz. 185, § 122h Rz. 57; *Simon/Rubner* in KölnKomm. UmwG, § 122k UmwG Rz. 23.

7 Vgl. dazu auch BegrRegE, BR-Drucks. 548/06, 38. Für Richtlinienkonformität: *Krause/Kulpa*, ZHR 171 (2007), 38 (68); *Drinhausen* in Semler/Stengel, § 122k UmwG Rz. 17; *Drinhausen/Keinath*, BB 2006, 725 (730); *Kiem*, WM 2006, 1091 (1099); *Limmer*, ZNotP 2007, 282 (286); *Neye/Timm*, GmbHR 2007, 561 (565); *Zimmermann* in Kallmeyer, § 122k UmwG Rz. 15.

8 Kritisch auch *Bayer/J. Schmidt*, NZG 2006, 841 (843); *Beutel*, Der neue rechtliche Rahmen grenzüberschreitender Verschmelzungen in der EU, S. 217; *Brocker*, BB 2010, 971 (975 f.); *Ege/Klett*, GWR 2011, 399; *Frenzel*, Grenzüberschreitende Verschmelzung von Kapitalgesellschaften, S. 381; *Freundorfer/Festner*, GmbHR 2010, 195 (199); *Haritz/von Wolff*, GmbHR 2006, 341 (344); *Heckschen* in Widmann/Mayer, Vor §§ 122a ff. UmwG Rz. 108, § 122a UmwG Rz. 181; *Hörtnagl* in Schmitt/Hörtnagl/Stratz, § 122k UmwG Rz. 16; *Kallmeyer*, GmbHR 2006, 418 (420); *Klein*, RNotZ 2007, 565 (604); *Limmer*, ZNotP 2007, 282 (286); *Lutter/Bayer/J. Schmidt*, EuropUR, § 23 Rz. 104; *Vossius* in Wid-

felsfrei hervorgeht, dass die der Verschmelzung vorangehenden Rechtshandlungen und Formalitäten ordnungsgemäß vollzogen wurden". Eine bloße Eintragungsnachricht wird diesen Anforderungen ersichtlich nicht gerecht[1]. Vielmehr wird man gerade auch in Anbetracht der dieser Bescheinigung zukommenden Bindungswirkung (dazu unten Rz. 22 sowie ausf. § 122l Rz. 19f.) – ebenso wie bei der SE[2] – die Form eines Beschlusses mit Tatbestand und Entscheidungsgründen verlangen müssen[3]. Wer sich hier auf die gesetzliche Fiktion in § 122k Abs. 2 Satz 2 UmwG verlässt, läuft Gefahr, dass eine solche bloße Eintragungsnachricht von den jeweiligen Kontrollstellen im Ausland nicht als ordnungsgemäße Verschmelzungsbescheinigung akzeptiert wird[4]. Daher kann sich die Ausstellung einer besonderen Bescheinigung empfehlen[5]. Die **Registerpraxis** hat sich hierauf eingestellt[6].

c) Bindungswirkung

22 Die Verschmelzungsbescheinigung hat gegenüber der Kontrollstelle auf der 2. Stufe, der sie gem. § 122k Abs. 3 UmwG vorzulegen ist (dazu unten Rz. 23), insoweit **Bindungswirkung**, als jene im Rahmen der 2. Stufe der Rechtmäßigkeitsprüfung an das in der Bescheinigung enthaltene positive Prüfungsergebnis gebunden ist (dazu ausf. § 122l Rz. 19f.).

V. Vorlage der Verschmelzungsbescheinigung (§ 122k Abs. 3 UmwG)

23 § 122k Abs. 3 UmwG bestimmt in Umsetzung von Art. 11 Abs. 2 der 10. Richtlinie[7], dass die Verschmelzungsbescheinigung **innerhalb von sechs Monaten** nach ihrer Ausstellung zusammen mit dem Verschmelzungsplan vom Vertretungs-

---

mann/Mayer, § 122k UmwG Rz. 52ff., 58; *Weyde/Hafemann* in FS Meilicke, 2010, S. 779 (820); a.A. *Kiem* in Habersack/Drinhausen, § 122k UmwG Rz. 14.

1 Vgl. auch *Beutel*, Der neue rechtliche Rahmen grenzüberschreitender Verschmelzungen in der EU, 2008, S. 217; *Frenzel*, Grenzüberschreitende Verschmelzung von Kapitalgesellschaften, S. 381; *Haritz/von Wolff*, GmbHR 2006, 341 (344); *Heckschen* in Widmann/Mayer, Vor §§ 122a ff. UmwG Rz. 108; *Kallmeyer*, GmbHR 2006, 418 (420); *Weyde/Hafemann* in FS Meilicke, 2010, S. 779 (820); s. ferner auch *Lutter/Bayer/J. Schmidt*, EuropUR, § 23 Rz. 95, 104.

2 Dazu *Bayer* in Lutter/Hommelhoff, SE-Kommentar, Art. 25 SE-VO Rz. 15; *J. Schmidt*, „Deutsche" vs. „britische" Societas Europaea (SE), S. 251 f. m.w.N.

3 *Bayer/J. Schmidt*, NZG 2006, 841 (843); *Lutter/Bayer/J. Schmidt*, EuropUR, § 23 Rz. 95, 104; *Vossius* in Widmann/Mayer, § 122k UmwG Rz. 52ff., 58. Vgl. ferner auch *Frenzel*, Grenzüberschreitende Verschmelzung von Kapitalgesellschaften, S. 381 f.

4 Vgl. *Vossius* in Widmann/Mayer, § 122k UmwG Rz. 52f.; *Weyde/Hafemann* in FS Meilicke, 2010, S. 779 (820); s. ferner auch *Drinhausen* in Semler/Stengel, § 122k UmwG Rz. 6; *Handelsrechtsausschuss des DAV*, NZG 2006, 737 (742); *Limmer*, ZNotP 2007, 282 (287); a.A. *Kiem* in Habersack/Drinhausen, § 122k UmwG Rz. 14.

5 So auch *Brocker*, BB 2010, 971 (975f.); *Drinhausen* in Semler/Stengel, § 122k UmwG Rz. 22; *Freundorfer/Festner*, GmbHR 2010, 195 (199); *Hörtnagl* in Schmitt/Hörtnagl/Stratz, § 122k UmwG Rz. 17; *Simon/Rubner* in KölnKomm. UmwG, § 122k UmwG Rz. 22; *Vossius* in Widmann/Mayer, § 122k UmwG Rz. 52f.; *Weyde/Hafemann* in FS Meilicke, 2010, S. 779 (820).

6 Vgl. *Zimmermann* in Kallmeyer, § 122k UmwG Rz. 15.

7 Vgl. BegrRegE, BR-Drucks. 548/06, 38.

organ der übertragenden Gesellschaft -also keine Vorlage von Amts wegen![1] -der zuständigen Stelle des Staates vorzulegen ist, dessen Recht die übernehmende oder neue Gesellschaft unterliegt. Damit will der Gesetzgeber – letztlich im Interesse der beteiligten Gesellschaften selbst – sicherstellen, dass die Verschmelzungsbescheinigung tatsächlich innerhalb der in Art. 11 Abs. 2 der 10. Richtlinie vorgesehenen **Frist** an die für die 2. Stufe der Rechtmäßigkeitskontrolle zuständige Kontrollstelle weitergeleitet wird[2]. (vgl. dazu auch § 122l Rz. 7). Diese beschränkte Geltungsdauer („Verfallsdatum") ist durch Art. 11 Abs. 2 der 10. Richtlinie im Interesse einer hinreichenden Aktualität des durch die Bescheinigung dokumentierten Prüfungsergebnisses[3] zwingend[4] vorgegeben. Das deutsche Gericht kann daher auch nicht ohne Weiteres eine neue Bescheinigung ausstellen, wenn sie nicht eingehalten wird[5]; es bedarf dann vielmehr einer erneuten ordnungsgemäßen Anmeldung (dazu oben Rz. 7ff.) und gerichtlichen Prüfungen (dazu oben Rz. 18ff.)[6]. In der Praxis erscheint es zwar nicht völlig ausgeschlossen, dass das zuständige ausländische Gericht auch eine ältere Bescheinigung anerkennen und die Verschmelzung (mit der Folge des „absoluten" Bestandsschutzes nach den jeweiligen Umsetzungsvorschriften zu Art. 17 der 10. Richtlinie[7]) eingetragen würde[8]; sofern Art. 11 Abs. 2 der 10. Richtlinie im jeweiligen nationalen Recht ordnungsgemäß umgesetzt worden ist[9], dürfte dies aber eigentlich nicht geschehen[10].

---

1 *Hörtnagl* in Schmitt/Hörtnagl/Stratz, § 122k UmwG Rz. 21; *Lutz*, BWNotZ 2010, 23 (34); *Vossius* in Widmann/*Mayer*, § 122k UmwG Rz. 64ff.; *Zimmermann* in Kallmeyer, § 122k UmwG Rz. 18.

2 Vgl. BegrRegE, BR-Drucks. 548/06, 38; *Drinhausen/Keinath*, BB 2006, 725 (730); *Kiem* in Habersack/Drinhausen, § 122k UmwG Rz. 15; *Drinhausen* in Semler/Stengel, § 122k UmwG Rz. 21 m.w.N.

3 Vgl. *Beutel*, Der neue rechtliche Rahmen grenzüberschreitender Verschmelzungen in der EU, 2008, S. 206; *Handelsrechtsausschuss des DAV*, NZG 2006, 737 (742); *Lutter/Bayer/J. Schmidt*, EuropUR, § 23 Rz. 97.

4 Ebenso i.E. *Beutel*, Der neue rechtliche Rahmen grenzüberschreitender Verschmelzungen in der EU, 2008, S. 206f.; *Handelsrechtsausschuss des DAV*, NZG 2006, 737 (742); *Lutter/Bayer/J. Schmidt*, EuropUR, § 23 Rz. 97; *Teicke*, DB 2012, 2675 (2679). Vgl. dazu auch noch § 122l Rz. 7.

5 So aber *Hörtnagl* in Schmitt/Hörtnagl/Stratz, § 122k UmwG Rz. 21; *Polley* in Henssler/Strohn, § 122k UmwG Rz. 16; sowie wohl auch *Zimmermann* in Kallmeyer, § 122k UmwG Rz. 18.

6 Ebenso richtig *Kiem* in Habersack/Drinhausen, § 122k UmwG Rz. 15; *Vossius* in Widmann/*Mayer*, § 122k UmwG Rz. 65.

7 Vgl. dazu *Lutter/Bayer/J. Schmidt*, EuropUR, § 23 Rz. 119 m.w.N.

8 Hierauf wird im Schrifttum vielfach – offenbar als möglicher Ausweg -hingewiesen, vgl. *Drinhausen* in Semler/Stengel, § 122k UmwG Rz. 21; *Hörtnagl* in Schmitt/Hörtnagl/Stratz, § 122k UmwG Rz. 21; *Kiem* in Habersack/Drinhausen, § 122k UmwG Rz. 15; *Polley* in Henssler/Strohn, § 122k UmwG Rz. 16; *Zimmermann* in Kallmeyer, § 122k UmwG Rz. 18.

9 Vgl. etwa die ausdrückliche Regelung der Sechs-Monats-Frist in Österreich (§ 15 Abs. 2 EU-VerschG), dem UK (r. 16(1)(d) The Companies (Cross-Border Mergers) Regulations 2007, SI 2007/2974) oder Frankreich (Art. R236-19 C.com.).

10 Das ausländische Recht ist insofern also – anders als im Schrifttum suggeriert wird (vgl. *Drinhausen* in Semler/Stengel, § 122k UmwG Rz. 21; *Hörtnagl* in Schmitt/Hörtnagl/Stratz, § 122k UmwG Rz. 21; *Kiem* in Habersack/Drinhausen, § 122k UmwG Rz. 15; *Polley* in Henssler/Strohn, § 122k UmwG Rz. 16; *Zimmermann* in Kallmeyer, § 122k UmwG Rz. 18 -keineswegs völlig frei. Es ist daher keinesfalls zu empfehlen, sich auf eine mögliche Anerkennung einer verfristeten Bescheinigung zu verlassen.

VI. Registerverfahren

24 Im Rahmen der Schaffung der speziellen registerverfahrensrechtlichen Vorschriften in § 122k Abs. 2 Satz 3 (dazu unten Rz. 25f.) und Abs. 4 UmwG (dazu unten Rz. 28f.) hat der deutsche Gesetzgeber sich weitgehend an das für innerstaatliche Verschmelzungen geltende Modell des § 19 UmwG angelehnt[1], dieses aber entsprechend den Besonderheiten der grenzüberschreitenden Verschmelzung in wichtigen Punkten modifiziert.

1. Eintragung mit Wirksamkeitsvorbehalt (§ 122k Abs. 2 Satz 3 UmwG)

25 Wenn die Prüfung der Verschmelzungsvoraussetzungen nach § 122k Abs. 2 Satz 1 UmwG (dazu ausf. unten Rz. 18f.) positiv ausfällt, so erfolgt im Register der übertragenden deutschen Gesellschaft **zunächst** eine **Eintragung mit Wirksamkeitsvorbehalt**[2]: Die Eintragung ist gem. **§ 122k Abs. 2 Satz 3 UmwG** mit dem Vermerk zu versehen, dass die grenzüberschreitende Verschmelzung unter den Voraussetzungen des Rechts des Staates, dem die übernehmende oder neue Gesellschaft unterliegt, wirksam wird. Hintergrund dieses, von der Parallelregelung für nationale Verschmelzungen in § 19 Abs. 1 Satz 2 UmwG (dazu § 19 Rz. 1) abweichenden Bezugspunktes des „**Vorläufigkeitsvermerks**" nach § 122k Abs. 2 Satz 3 UmwG ist, dass Art. 12 der 10. Richtlinie[3] den Zeitpunkt des Wirksamwerdens der Verschmelzung nicht selbst festlegt, sondern insoweit nur das Recht des Mitgliedstaats, dem die aus der Verschmelzung hervorgehende Gesellschaft unterliegt, für maßgeblich erklärt[4] (vgl. auch § 122l Rz. 23). Der Vermerk nach § 122k Abs. 2 Satz 3 UmwG erfüllt diesbezüglich Informations- und Warnfunktion.

26 Der Gesetzgeber hat allerdings bedauerlicherweise versäumt, hier eine dem § 19 Abs. 1 Satz 2 2. Halbsatz UmwG entsprechende Vereinfachungsregelung vorzusehen. Soweit nämlich die nach dem – insoweit nach Art. 12 der 10. Richtlinie maßgeblichen – Recht der übernehmenden bzw. neuen Gesellschaft vorgesehenen Voraussetzungen für die Wirksamkeit der grenzüberschreitenden Verschmelzung an demselben Tag erfüllt sind, an dem auch die Eintragung nach § 122k Abs. 2 Satz 3 UmwG in das Register der übertragenden deutschen Gesellschaft erfolgt (womöglich erklärt das betreffende ausländische Recht diese sogar für maßgeblich!), ist der Vermerk nach § 122k Abs. 2 Satz 3 UmwG sinnlos und daher in diesen Fällen **analog §§ 19 Abs. 1 Satz 2 2. Halbsatz, 130 Abs. 1 Satz 2 2. Halbsatz, 198 Abs. 2 Satz 4 2. Halbsatz UmwG** entbehrlich.

27 Hinsichtlich der **Bekanntmachung** der Eintragung gilt gem. § 122a Abs. 2 UmwG die Vorschrift des **§ 19 Abs. 3 UmwG**[5].

---

1 Vgl. BegrRegE, BR-Drucks. 548/06, 38ff., wo immer wieder auf die Parallelen zu § 19 UmwG Bezug genommen wird.

2 Dazu auch *Kiem* in Habersack/Drinhausen, § 122k UmwG Rz. 17; *Zimmermann* in Kallmeyer, § 122k UmwG Rz. 16.

3 Vgl. dazu *Lutter/Bayer/J. Schmidt*, EuropUR, § 23 Rz. 105 m.w.N.

4 Vgl. BegrRegE, BR-Drucks. 548/06, 38; *Drinhausen* in Semler/Stengel, § 122k UmwG Rz. 18; *Drinhausen/Keinath*, BB 2006, 725 (730); *Klein*, RNotZ 2007, 565 (605); *Zimmermann* in Kallmeyer, § 122k UmwG Rz. 17.

5 Vgl. *Drinhausen* in Semler/Stengel, § 122k UmwG Rz. 26; *Heckschen* in Widmann/Mayer, § 122a UmwG Rz. 193; *Hörtnagl* in Schmitt/Hörtnagl/Stratz, § 122k UmwG Rz. 20; *Krause/Kulpa*, ZHR 171 (2007), 38 (69).

2. Vermerk der Wirksamkeit und Übermittlung von Dokumenten (§ 122k Abs. 4 UmwG)

28 Wenn die grenzüberschreitende Verschmelzung nach Abschluss der Rechtmäßigkeitskontrolle im Register der *übernehmenden* bzw. *neuen* Gesellschaft eingetragen worden ist, so meldet dieses (ausländische) Register dies entsprechend den jeweiligen nationalen Umsetzungsvorschriften zu Art. 13 Abs. 2 der 10. Richtlinie[1] von Amts wegen an das Register der deutschen übertragenden Gesellschaft[2]. Sobald diese **Mitteilung** dort eingegangen ist, ist der **Tag des Wirksamwerdens** der grenzüberschreitenden Verschmelzung gem. **§ 122k Abs. 4 UmwG** im Register der übertragenden Gesellschaft **zu vermerken**[3], damit der genaue Zeitpunkt der Wirksamkeit auch dort dokumentiert ist.

29 Außerdem verpflichtet **§ 122k Art. 4 UmwG** das Register der (deutschen) übertragenden Gesellschaft, die bei ihm aufbewahrten **elektronischen Dokumente** an das Register der übernehmenden bzw. neuen Gesellschaft zu **übermitteln**. Ratio ist (ebenso wie bei der Parallelregelung in § 19 Abs. 2 UmwG [4], dazu § 19 Rz. 12), die Registerunterlagen beim Register der übernehmenden bzw. neuen Gesellschaft, die schließlich Gesamtrechtsnachfolgerin der Übertragerin geworden ist (vgl. dazu auch § 122l Rz. 25), zu konzentrieren. Im Hinblick darauf, dass die elektronisch zum Handelsregister eingereichten Unterlagen gem. § 8a Abs. 1 HGB, § 47 Abs. 1 Satz 1 Nr. 2, Satz 2 HRV auf Dauer inhaltlich unverändert zu speichern sind, ist § 122k Abs. 4 UmwG allerdings dahin auszulegen, dass lediglich elektronische **Kopien** zu übermitteln sind, mithin auch beim übersendenden Register weiterhin eine elektronische Fassung zu verbleiben hat[5]. Die Beschränkung auf elektronisch aufbewahrte Dokumente wird vom Gesetzgeber mit dem Interesse an einer „unbürokratischen Abwicklung" gerechtfertigt[6]. Diese Intention ist zwar grundsätzlich zu begrüßen[7], der Konzentrationszweck der Norm wird damit aber freilich i.E. nur partiell erfüllt – zumal zumindest derzeit noch nicht gewährleistet ist, dass die beteiligten Register im Einzelfall überhaupt über die technischen Voraussetzungen zur Versendung bzw. Entgegennahme der elektronischen Dokumente verfügen werden[8]. Die Gerichte sind angesichts des eindeutig und bewusst so normierten Wortlauts der Vorschrift in diesen Fällen auch nicht etwa – quasi ersatzweise – verpflichtet, beglaubigte Abschriften in Papierform zu übersenden[9]

1 Dazu sowie zur Umsetzung in § 122l Abs. 3 UmwG: *Lutter/Bayer/J. Schmidt*, EuropUR, § 23 Rz. 108f. Zu § 122l Abs. 3 UmwG auch bereits ausf. § 122l Rz. 22.

2 Vgl. BegrRegE, BR-Drucks. 548/06, 39; *Drinhausen* in Semler/Stengel, § 122k UmwG Rz. 24; *Simon/Rubner* in KölnKomm. UmwG, § 122k UmwG Rz. 28; *Zimmermann* in Kallmeyer, § 122k UmwG Rz. 19. Vgl. zu den insoweit in der Praxis häufig auftretenden Problemen *Brocker*, BB 2010, 971 (976).

3 Vgl. BegrRegE, BR-Drucks. 548/06, 39; *Drinhausen* in Semler/Stengel, § 122k UmwG Rz. 24; *Zimmermann* in Kallmeyer, § 122k UmwG Rz. 19.

4 Vgl. BegrRegE, BR-Drucks. 548/06, 39.

5 Vgl. Stellungnahme des BR, BR-Drucks. 548/06(B), 8f.; *Krause/Kulpa*, ZHR 171 (2007), 38 (71); ähnlich *Zimmermann* in Kallmeyer, § 122k UmwG Rz. 19.

6 BegrRegE, BR-Drucks. 548/06, 39.

7 Ebenso *Krause/Kulpa*, ZHR 171 (2007), 38 (71).

8 Vgl. auch die Stellungnahme des BR, BR-Drucks. 548/06(B), 8; *Beutel*, Der neue rechtliche Rahmen grenzüberschreitender Verschmelzungen in der EU, 2008, S. 213; *Krause/Kulpa*, ZHR 171 (2007), 38 (71).

9 So aber offenbar *Vossius* in Widmann/Mayer, § 122k UmwG Rz. 68; wie hier *Drinhausen* in Semler/Stengel, § 122k UmwG Rz. 25; *Hörtnagl* in Schmitt/Hörtnagl/Stratz,

(wenngleich dies als freiwillige „Zusatzleistung" durchaus wünschenswert wäre). Im Kontext der bevorstehenden Verknüpfung der mitgliedstaatlichen Register auf Grund der Änderungrichtlinie 2012/17/EU[1] (umzusetzen bis 7.7.2014) wird sich die Problematik indes (hoffentlich) bald von selbst erledigen: Denn nach Art. 13 Abs. 2 Satz 1 der 10. Richtlinie n.F. soll jedenfalls die Meldung künftig über das neue System der Registervernetzung erfolgen[2] und in dessen Rahmen sollte sich auch eine praktikable Lösung hinsichtlich der Übermittlung bzw. zugänglichen Speicherung der Dokumente finden lassen.

VII. Wirksamkeit der grenzüberschreitenden Verschmelzung, Rechtsfolgen und Bestandsschutz

Vgl. zu Wirksamkeit der grenzüberschreitenden Verschmelzung, Rechtsfolgen und Bestandsschutz ausf. § 122l Rz. 23 ff. 30

§ 122l

Eintragung der grenzüberschreitenden Verschmelzung

(1) Bei einer Verschmelzung durch Aufnahme hat das Vertretungsorgan der übernehmenden Gesellschaft die Verschmelzung und bei einer Verschmelzung durch Neugründung haben die Vertretungsorgane der übertragenden Gesellschaften die neue Gesellschaft zur Eintragung in das Register des Sitzes der Gesellschaft anzumelden. Der Anmeldung sind die Verschmelzungsbescheinigungen aller übertragenden Gesellschaften, der gemeinsame Verschmelzungsplan und gegebenenfalls die Vereinbarung über die Beteiligung der Arbeitnehmer beizufügen. Die Verschmelzungsbescheinigungen dürfen nicht älter als sechs Monate sein; § 16 Abs. 2 und 3 und § 17 finden auf die übertragenden Gesellschaften keine Anwendung.

(2) Die Prüfung der Eintragungsvoraussetzungen erstreckt sich insbesondere darauf, ob die Anteilsinhaber aller an der grenzüberschreitenden Verschmelzung beteiligten Gesellschaften einem gemeinsamen, gleich lautenden Verschmelzungsplan zugestimmt haben und ob gegebenenfalls eine Vereinbarung über die Beteiligung der Arbeitnehmer geschlossen worden ist.

(3) Das Gericht des Sitzes der übernehmenden oder neuen Gesellschaft hat den Tag der Eintragung der Verschmelzung von Amts wegen jedem Register mitzuteilen, bei dem eine der übertragenden Gesellschaften ihre Unterlagen zu hinterlegen hatte.

---

§ 122k UmwG Rz. 19; *Kiem* in Habersack/Drinhausen, § 122k UmwG Rz. 18; *Simon/Rubner* in KölnKomm. UmwG, § 122k UmwG Rz. 29 f.

1 Richtlinie 2012/17/EU v. 13.6.2012, ABl. EU Nr. L 156/1 v. 16.6.2012.

2 Vgl. dazu (sowie zur Vernetzung generell): *Bayer/J. Schmidt*, BB 2013, 3 (5), sowie bereits *Lutter/Bayer/J. Schmidt*, EuropUR, § 19 Rz. 7, 16, § 23 Rz. 108, § 28 Rz. 2, 73, 93 (jeweils m.w.N.).

Literatur

Vgl. die Angaben zu § 122a.

I. Regelungsgegenstand und -zweck

1 Die Vorschrift regelt in Umsetzung von Art. 10, 11 und 13 der 10. Richtlinie[1] die Prüfung der Rechtmäßigkeit der grenzüberschreitenden Verschmelzung und das Registerverfahren, wenn eine **deutsche** Gesellschaft bei einer grenzüberschreitenden Verschmelzung **übernehmende bzw. neue Gesellschaft** ist[2].

2 **§ 122l Abs. 1 UmwG** regelt die **Anmeldung** sowie die dabei vorzulegenden Unterlagen und abzugebenden Erklärungen (dazu ausf. unten Rz. 4ff.). **§ 122l Abs. 2 UmwG** spezifiziert den **Prüfungsumfang** des Registergerichts entsprechend Art. 11 Abs. 1 Satz 2 der 10. Richtlinie[3] (dazu ausf. unten Rz. 13ff.). **§ 122l Abs. 3 UmwG** setzt die in Art. 13 Unterabs. 2 der 10. Richtlinie vorgesehene **Mitteilungspflicht** um[4] (dazu unten Rz. 22).

1 Richtlinie 2005/56/EG des Europäischen Parlaments und des Rates v. 26.10.2005 über die Verschmelzung von Kapitalgesellschaften aus verschiedenen Mitgliedsstaaten, ABl. EU Nr. L 310/1 v. 25.11.2005, s. Anh. V, S. 3481ff. Text und ausf. Erläuterungen bei *Lutter/Bayer/J. Schmidt*, EuropUR, § 23 m.z.w.N.

2 Vgl. BegrRegE, BR-Drucks. 548/06, 39; *Drinhausen* in Semler/Stengel, § 122l UmwG Rz. 1; *Frenzel*, Grenzüberschreitende Verschmelzung von Kapitalgesellschaften, S. 382; *Zimmermann* in Kallmeyer, § 122l UmwG Rz. 1; *Vossius* in Widmann/Mayer, § 122l UmwG Rz. 1.

3 Vgl. BegrRegE, BR-Drucks. 548/06, 40; *Drinhausen* in Semler/Stengel, § 122l UmwG Rz. 2.

4 Vgl. BegrRegE, BR-Drucks. 548/06, 41; *Drinhausen* in Semler/Stengel, § 122l UmwG Rz. 2; *Drinhausen/Keinath*, BB 2006, 725 (730); *Frenzel*, Grenzüberschreitende Verschmelzung von Kapitalgesellschaften, S. 389; *Hörtnagl* in Schmitt/Hörtnagl/Stratz, § 122l UmwG Rz. 1; *Lutter/Bayer/J. Schmidt*, EuropUR, § 23 Rz. 109; *Vossius* in Widmann/Mayer, § 122l UmwG Rz. 33.

3 Wie bereits bei § 122k Rz. 6 ausf. erläutert, ergibt sich aus der Regelungssystematik der §§ 122k, 122l UmwG für **deutsche übernehmende Gesellschaften** ein lediglich **einstufig** ausgestaltetes Prüfungsverfahren; die Ausstellung einer Verschmelzungsbescheinigung ist mangels Anwendbarkeit des § 122k UmwG nicht erforderlich. Hierin liegt zwar eine Abweichung vom Wortlaut, nicht aber vom Geist der Art. 10 und 11 der 10. Richtlinie, so dass diese Regelungskonzeption i.E. **richtlinienkonform** sein dürfte (ausf. § 122k Rz. 6).

II. Anmeldung (§ 122l Abs. 1 UmwG)

1. Anmeldeberechtigung

4 Hinsichtlich der Anmeldeberechtigung ist zwischen der Verschmelzung durch Aufnahme und der Verschmelzung durch Neugründung zu differenzieren[1]: Bei der **Verschmelzung durch Aufnahme** ist allein das Vertretungsorgan der (inländischen) *übernehmenden* Gesellschaft anmeldeberechtigt (§ 122l Abs. 1 Satz 1 1. Alt. UmwG)[2]. Ebenso wie bei § 16 Abs. 1 UmwG (dazu § 16 Rz. 2ff.) und § 122k Abs. 1 UmwG (dazu § 122k Rz. 8) genügt auch hier eine Anmeldung in der durch Gesetz und Satzung festgelegten Personenzahl[3]. Bei der **Verschmelzung durch Neugründung** muss die Anmeldung durch die Vertretungsorgane *aller übertragenden* (in- oder ausländischen) Gesellschaften erfolgen (§ 122l Abs. 1 Satz 1 2. Alt. UmwG)[4]. Bei *ausländischen* übertragenden Gesellschaften richtet sich die Vertretungsbefugnis nach dem jeweiligen Gesellschaftsstatut[5]. Der *Nachweis* der Vertretungsberechtigung kann durch geeignete Dokumente (Registerauszug, notarielle Bescheinigung) – ggf. ordnungsgemäß durch Apostille legalisiert – geführt werden[6]. Das *Anmeldeverfahren* richtet sich stets nach deutschem Recht (*lex fori*)[7].

---

1 Vgl. auch *Drinhausen* in Semler/Stengel, § 122l UmwG Rz. 3f.; *Heckschen* in Widmann/Mayer, § 122a UmwG Rz. 188f.; *Simon/Rubner* in KölnKomm. UmwG, § 122l UmwG Rz. 3; *Vossius* in Widmann/Mayer, § 122l UmwG Rz. 5; *Zimmermann* in Kallmeyer, § 122l UmwG Rz. 3f.

2 Vgl. *Drinhausen* in Semler/Stengel, § 122l UmwG Rz. 3; *Heckschen* in Widmann/Mayer, § 122a UmwG Rz. 188; *Hörtnagl* in Schmitt/Hörtnagl/Stratz, § 122l UmwG Rz. 2;*Vossius* in Widmann/Mayer, § 122l UmwG Rz. 5; *Zimmermann* in Kallmeyer, § 122l UmwG Rz. 3.

3 *Drinhausen* in Semler/Stengel, § 122l UmwG Rz. 3; *Hörtnagl* in Schmitt/Hörtnagl/Stratz, § 122l UmwG Rz. 2; *Kiem* in Habersack/Drinhausen, § 122l UmwG Rz. 3; *Simon/Rubner* in KölnKomm. UmwG, § 122l UmwG Rz. 4; *Vossius* in Widmann/Mayer, § 122l UmwG Rz. 6.

4 Vgl. BegrRegE, BR-Drucks. 548/06, 39; *Drinhausen* in Semler/Stengel, § 122l UmwG Rz. 4; *Heckschen* in Widmann/Mayer, § 122a UmwG Rz. 189; *Simon/Rubner* in KölnKomm. UmwG, § 122l UmwG Rz. 3; *Vossius* in Widmann/Mayer, § 122l UmwG Rz. 5; *Zimmermann* in Kallmeyer, § 122l UmwG Rz. 4.

5 *Drinhausen* in Semler/Stengel, § 122l UmwG Rz. 4; *Kiem* in Habersack/Drinhausen, § 122l UmwG Rz. 3; *Zimmermann* in Kallmeyer, § 122l UmwG Rz. 4.

6 *Drinhausen* in Semler/Stengel, § 122l UmwG Rz. 4; *Hörtnagl* in Schmitt/Hörtnagl/Stratz, § 122l UmwG Rz. 3; *Klein*, RNotZ 2007, 565 (606); *Zimmermann* in Kallmeyer, § 122l UmwG Rz. 4.

7 *Kiem* in Habersack/Drinhausen, § 122l UmwG Rz. 3; *Zimmermann* in Kallmeyer, § 122l UmwG Rz. 4 a.E.

2. Zuständigkeit

5 Zuständig für die Entgegennahme der Anmeldung und die Prüfung der Rechtmäßigkeit gem. § 122l Abs. 2 UmwG (dazu ausf. unten Rz. 13) ist gem. § 122l Abs. 1 Satz 1 UmwG das **Registergericht am Sitz der deutschen übertragenden bzw. neuen Gesellschaft**[1].

3. Inhalt der Anmeldung

6 Gegenstand der Anmeldung ist bei der Verschmelzung durch *Aufnahme* die **Verschmelzung** (§ 122l Abs. 1 Satz 1 1. Alt. UmwG), bei der Verschmelzung durch *Neugründung* die **neue Gesellschaft** (§ 122l Abs. 1 Satz 1 2. Alt. UmwG)[2]. Um dem Registergericht überhaupt eine Prüfung zu ermöglichen, sind der Anmeldung die in § 122l Abs. 1 Satz 2 UmwG sowie die in § 17 UmwG genannten Unterlagen beizufügen (dazu unten Rz. 7f.). Zudem ist im Falle der Verschmelzung durch Aufnahme seitens der übernehmenden Gesellschaft eine Negativerklärung entsprechend § 16 Abs. 2 Satz 1 UmwG (dazu § 16 Rz. 12ff.) abzugeben (dazu unten Rz. 10f.). Anzumelden ist ggf. auch eine erforderliche Kapitalerhöhung[3] (dazu näher § 16 Rz. 8, § 53 Rz. 13). Alle weiteren Angaben richten sich im Falle der Verschmelzung zur *Neugründung* nach dem *jeweiligen Gründungsrecht*[4] (ausf. bei § 38).

a) Beizufügende Unterlagen

7 Gem. **§ 122l Abs. 1 Satz 2 UmwG** sind der Anmeldung beizufügen: die **Verschmelzungsbescheinigungen** *aller übertragenden* Gesellschaften (vgl. zur Verschmelzungsbescheinigung bei einer deutschen übertragenden Gesellschaft § 122k Rz. 18ff.), die gem. § 122l Abs. 1 Satz 3 UmwG **nicht älter als sechs Monate** sein dürfen (Fristbeginn: Erteilung für die jeweilige Gesellschaft)[5], und zwar in deutscher Übersetzung und durch Apostille legalisiert[6]. Diese beschränkte Geltungsdauer („Verfallsdatum") ist durch Art. 11 Abs. 2 der 10. Richtlinie im Interesse einer hinreichenden Aktualität des durch die Bescheinigung dokumentier-

---

1 Vgl. BegrRegE, BR-Drucks. 548/06, 39; *Drinhausen* in Semler/Stengel, § 122l UmwG Rz. 5; *Simon/Rubner* in KölnKomm. UmwG, § 122l UmwG Rz. 3 a.E.; *Vossius* in Widmann/Mayer, § 122l UmwG Rz. 8; *Zimmermann* in Kallmeyer, § 122l UmwG Rz. 2.

2 Vgl. *Drinhausen* in Semler/Stengel, § 122l UmwG Rz. 3f.; *Hörtnagl* in Schmitt/Hörtnagl/Stratz, § 122l UmwG Rz. 5; *Kiem* in Habersack/Drinhausen, § 122l UmwG Rz. 4; *Zimmermann* in Kallmeyer, § 122l UmwG Rz. 6.

3 *Hörtnagl* in Schmitt/Hörtnagl/Stratz, § 122l UmwG Rz. 5; *Zimmermann* in Kallmeyer, § 122l UmwG Rz. 9.

4 *Drinhausen* in Semler/Stengel, § 122l UmwG Rz. 9; *Zimmermann* in Kallmeyer, § 122l UmwG Rz. 7.

5 *Hörtnagl* in Schmitt/Hörtnagl/Stratz, § 122l UmwG Rz. 6; *Drinhausen/Keinath*, BB 2006, 725 (730); *Krause/Kulpa*, ZHR 171 (2007), 38 (69); *Limmer*, ZNotP 2007, 282 (286); *Neye/Timm*, DB 2006, 488 (492); *Vossius* in Widmann/Mayer, § 122l UmwG Rz. 18; *Zimmermann* in Kallmeyer, § 122l UmwG Rz. 16.

6 *Kiem* in Habersack/Drinhausen, § 122l UmwG Rz. 5; *Vossius* in Widmann/Mayer, § 122k UmwG Rz. 65, § 122l UmwG Rz. 16; *Zimmermann* in Kallmeyer, § 122l UmwG Rz. 16.

ten Prüfungsergebnisses[1] zwingend[2] vorgegeben. Deshalb verpflichtet die korrespondierende Regelung des § 122k Abs. 3 UmwG [3] deutsche übertragende Gesellschaften auch, die ihnen ausgestellte Verschmelzungsbescheinigung innerhalb der Sechs-Monats-Frist bei der für die 2. Stufe der Rechtmäßigkeitsprüfung zuständigen nationalen Kontrollstelle einzureichen (dazu näher § 122k Rz. 23).

Beizufügen sind der Anmeldung weiterhin gem. § 122l Abs. 1 Satz 2 UmwG der **gemeinsame Verschmelzungsplan**[4] und ggf. die **Vereinbarung über die Beteiligung der Arbeitnehmer** (soweit einschlägig[5]). Ohne diese Unterlagen wäre eine ordnungsgemäße Rechtmäßigkeitsprüfung in dem in § 122l Abs. 2 UmwG normierten Umfang (dazu ausf. unten Rz. 13 ff.) nicht möglich[6]. 8

Im Falle der **Verschmelzung durch Aufnahme** sind der Anmeldung **zusätzlich** gem. **§ 122a Abs. 2 UmwG i.V.m. § 17 Abs. 1 UmwG** folgende Unterlagen[7] betreffend die **übernehmende Gesellschaft** beizufügen[8]: (1) Verschmelzungsbeschluss, (2) Verschmelzungsbericht, (3) Verschmelzungsprüfungsbericht (oder ggf. entsprechende Verzichtserklärungen), (4) ggf. erforderliche Zustimmungserklärung einzelner Anteilsinhaber (vgl. dazu § 122g Rz. 24) sowie (5) ggf. erforderliche staatliche Genehmigungen. Die Einreichung dieser Unterlagen ist notwendig, weil ansonsten die Prüfung der Verfahrensschritte, welche die übernehmende Gesellschaft betreffen (vgl. zum Prüfungsumfang ausf. unten Rz. 13 ff.) nicht möglich ist. Nicht erforderlich ist dagegen – wie durch den Ausschluss der diesbezüglichen Anwendbarkeit des § 17 in Abs. 1 Satz 3 2. Halbsatz UmwG ausdrücklich klargestellt wird – die Einreichung der entsprechenden Unterlagen auch für die *über-* 9

1 Vgl. *Beutel*, Der neue rechtliche Rahmen grenzüberschreitender Verschmelzungen in der EU, 2008, S. 206; *Handelsrechtsausschuss des DAV*, NZG 2006, 737 (742); *Lutter/Bayer/J. Schmidt*, EuropUR, § 23 Rz. 97.

2 Ebenso i.E. *Beutel*, Der neue rechtliche Rahmen grenzüberschreitender Verschmelzungen in der EU, 2008, S. 206 f.; *Handelsrechtsausschuss des DAV*, NZG 2006, 737 (742); *Lutter/Bayer/J. Schmidt*, EuropUR, § 23 Rz. 97; *Teicke*, DB 2012, 2675 (2679); vgl. ferner auch *Vossius* in Widmann/Mayer, § 122k UmwG Rz. 65, § 122l UmwG Rz. 18. Vgl. dazu auch bereits § 122k Rz. 23.

3 Vgl. *Heckschen* in Widmann/Mayer, § 122a UmwG Rz. 186; *Vossius* in Widmann/Mayer, § 122l UmwG Rz. 18.

4 *Kiem* in Habersack/Drinhausen, § 122l UmwG Rz. 6; *Vossius* in Widmann/Mayer, § 122l UmwG Rz. 14; *Zimmermann* in Kallmeyer, § 122l UmwG Rz. 16.

5 *Zimmermann* in Kallmeyer, § 122l UmwG Rz. 16; ausf. zum Verfahren der Arbeitnehmerbeteiligung: *Bauckhage-Hoffer/Rupietta*, EWS 2012, 417 ff.; *Heckschen* in Widmann/Mayer, Vor §§ 122a ff. UmwG Rz. 145 ff.; *Heuschmid*, AuR 2006, 184 ff.; *Krause/Janko*, BB 2007, 2194 ff.; *Nagel*, NZG 2006, 97 (98 ff.); *Nagel*, NZG 2007, 57 ff.; *Teichmann*, Der Konzern 2007, 89 ff. Allg. Überblick zu den diesbezüglichen Vorgaben der 10. Richtlinie und der Umsetzung in Deutschland bei *Lutter/Bayer/J. Schmidt*, EuropUR, § 23 Rz. 147 ff. m.w.N.

6 Vgl. auch *Drinhausen/Keinath*, RIW 2006, 81 (84).

7 Die Pflicht zur Einreichung des Verschmelzungsplans ergibt sich bereits aus § 122l Abs. 1 Satz 2 UmwG. Soweit § 17 Abs. 1 UmwG einen Nachweis über die rechtzeitige Zuleitung des Verschmelzungsvertrages an den Betriebsrat verlangt, geht dies bei der grenzüberschreitenden Verschmelzung ins Leere, da eine solche Zuleitung hier nicht erforderlich ist (vgl. § 122c Rz. 32).

8 Vgl. auch *Drinhausen* in Semler/Stengel, § 122l UmwG Rz. 7; *Heckschen* in Widmann/Mayer, § 122a UmwG Rz. 190; *Vossius* in Widmann/Mayer, § 122l UmwG Rz. 14; ausf. auch *Simon/Rubner* in KölnKomm. UmwG, § 122l UmwG Rz. 9; *Zimmermann* in Kallmeyer, § 122l UmwG Rz. 16.

tragenden Gesellschaften[1]. Denn die ordnungsgemäße Erfüllung der die übertragenden Gesellschaften betreffenden Voraussetzungen ist bereits durch die – insoweit bindende[2] (vgl. dazu bereits § 122k Rz. 22 sowie ausf. unten Rz. 19f.) – Verschmelzungsbescheinigung dokumentiert[3].

b) Ggf. Negativerklärung

10 Im Falle einer Verschmelzung durch *Aufnahme* hat das **Vertretungsorgan der deutschen übernehmenden Gesellschaft** gem. § 122a Abs. 2 UmwG i.V.m. § 16 Abs. 2 Satz 1 UmwG (dazu § 16 Rz. 12ff.) eine **Negativerklärung** abzugeben[4]. Bezugspunkt dieser Negativerklärung ist allein die betreffende übernehmende Gesellschaft[5]. Die übertragenden Gesellschaften sind weder Bezugspunkt dieser Negativerklärung noch haben sie – wie durch den Ausschluss der diesbezüglichen Anwendbarkeit der § 16 Abs. 2 und 3 in Abs. 1 Satz 3 2. Halbsatz UmwG ausdrücklich klargestellt wird – selbst eine solche abzugeben[6]. Denn bei einer deutschen übertragenden Gesellschaft erfolgt die Negativerklärung bereits gem. §§ 122k Abs. 1 Satz 2, 16 Abs. 2 UmwG gegenüber dem für die Ausstellung der Verschmelzungsbescheinigung zuständigen Registergericht. Im Übrigen sind die die übertragenden Gesellschaften betreffenden Voraussetzungen für die Verschmelzung bereits in der – insoweit bindenden (dazu bereits § 122k Rz. 22 sowie ausf. unten Rz. 19f.) – Verschmelzungsbescheinigung dokumentiert[7]. Zur ausnahmsweisen Entbehrlichkeit der Negativerklärung: § 122k Rz. 14[8].

11 Liegen die Voraussetzungen für die Negativerklärung bei der übernehmenden Gesellschaft nicht vor, so darf die Verschmelzung erst nach einem Verzicht der klageberechtigten Anteilsinhaber (§ 122k Abs. 1 Satz 2 UmwG i.V.m. § 16 Abs. 2 Satz 2 2. Halbsatz UmwG, dazu § 16 Rz. 22f.) oder nach erfolgreicher Durchführung eines **Freigabeverfahrens** gem. § 122a Abs. 2 UmwG i.V.m. § 16 Abs. 3 UmwG [9] (dazu § 16 Rz. 26ff.) eingetragen werden.

---

1 Vgl. auch *Drinhausen* in Semler/Stengel, § 122l UmwG Rz. 8; *Heckschen* in Widmann/Mayer, § 122a UmwG Rz. 190; *Hörtnagl* in Schmitt/Hörtnagl/Stratz, § 122l UmwG Rz. 8; *Vossius* in Widmann/Mayer, § 122l UmwG Rz. 15; *Zimmermann* in Kallmeyer, § 122l UmwG Rz. 15.

2 *Hörtnagl* in Schmitt/Hörtnagl/Stratz, § 122l UmwG Rz. 13; *Klein*, RNotZ 2007, 565 (607); *Lutter/Bayer/J. Schmidt*, EuropUR, § 23 Rz. 95, 101; *Vossius* in Widmann/Mayer, § 122l UmwG Rz. 26; *Zimmermann* in Kallmeyer, § 122l UmwG Rz. 16.

3 Vgl. BegrRegE, BR-Drucks. 548/06, 40; *Drinhausen/Keinath*, BB 2006, 725 (730); *Limmer*, ZNotP 2007, 282 (286f.); *Neye/Timm*, DB 2006, 488 (493).

4 Vgl. *Drinhausen* in Semler/Stengel, § 122l UmwG Rz. 7; *Heckschen* in Widmann/Mayer, § 122a UmwG Rz. 190; *Limmer*, ZNotP 2007, 282 (287); *Vossius* in Widmann/Mayer, § 122l UmwG Rz. 10; *Zimmermann* in Kallmeyer, § 122l UmwG Rz. 10ff.

5 Ebenso *Drinhausen* in Semler/Stengel, § 122l UmwG Rz. 8; i.E. auch *Limmer*, ZNotP 2007, 282 (287); *Vossius* in Widmann/Mayer, § 122l UmwG Rz. 10.

6 Vgl. auch *Drinhausen* in Semler/Stengel, § 122l UmwG Rz. 8; *Heckschen* in Widmann/Mayer, § 122a UmwG Rz. 190; *Limmer*, ZNotP 2007, 282 (287); *Neye/Timm*, DB 2006, 488 (493); *Vossius* in Widmann/Mayer, § 122l UmwG Rz. 20.

7 Vgl. *Limmer*, ZNotP 2007, 282 (287); *Neye/Timm*, DB 2006, 488 (493).

8 S. auch *Zimmermann* in Kallmeyer, § 122l UmwG Rz. 12.

9 Vgl. zur Anwendbarkeit des Freigabeverfahrens: *Drinhausen* in Semler/Stengel, § 122l UmwG Rz. 7; *Heckschen* in Widmann/Mayer, § 122a UmwG Rz. 190; *Vossius* in Widmann/Mayer, § 122l UmwG Rz. 10; *Zimmermann* in Kallmeyer, § 122l UmwG Rz. 10.

4. Form

Für die Form der Anmeldung und der einzureichenden Unterlagen gilt **§ 12 HGB**[1]. 12

III. Prüfungsumfang

Die registergerichtliche Prüfung erstreckt sich insbesondere auf die in § 122l Abs. 2 UmwG spezifizierten Punkte (dazu unten Rz. 14f.). Bei der Verschmelzung durch *Aufnahme* ist ferner die Ordnungsmäßigkeit der die übernehmende Gesellschaft betreffenden Verfahrensschritte zu prüfen (dazu unten Rz. 16). Bei der Verschmelzung durch *Neugründung* sind zusätzlich die Gründungsvoraussetzungen für die jeweilige Rechtsform zu prüfen (dazu unten Rz. 17f.). 13

1. Prüfungsgegenstände gem. § 122l Abs. 2 UmwG

a) Verschmelzungsplan

Zu prüfen ist gem. **§ 122l Abs. 2 1. Alt. UmwG** insbesondere, ob die **Anteilsinhaber** aller an der grenzüberschreitenden Verschmelzung beteiligten Gesellschaften einem gemeinsamen, gleich lautenden Verschmelzungsplan zugestimmt haben[2]. Wortlaut und Normzweck deuten darauf hin, dass hier nur noch eine **formale Kontrolle**, nicht mehr hingegen eine inhaltliche Rechtmäßigkeitskontrolle des Verschmelzungsplans erfolgt[3]; denn dieser wurde für jede übertragende Gesellschaft bereits im Rahmen des Kontrollverfahrens der 1. Stufe geprüft[4] (vgl. zum Bindungswirkung der Verschmelzungsbescheinigung bereits § 122k Rz. 22 sowie unten Rz. 19f.). 14

b) Vereinbarung über Arbeitnehmerbeteiligung

Nach **§ 122l Abs. 2 2. Alt. UmwG** ist ferner zu prüfen, ob ggf. eine Vereinbarung über die Beteiligung der **Arbeitnehmer** geschlossen worden ist. Der Umfang der Prüfungspflicht ist streitig[5]. Richtigerweise gilt[6]: Das Gericht hat zunächst zu 15

---

1 *Vossius* in Widmann/Mayer, § 122l UmwG Rz. 16f.

2 Dazu auch *Drinhausen* in Semler/Stengel, § 122l UmwG Rz. 11; *Zimmermann* in Kallmeyer, § 122l UmwG Rz. 21.

3 So auch *Drinhausen* in Semler/Stengel, § 122l UmwG Rz. 11; *Kiem* in Habersack/Drinhausen, § 122l UmwG Rz. 10; *Mayer* in Widmann/Mayer, § 122c UmwG Rz. 20; *Oechsler*, NZG 2006, 161 (163); *Weyde/Hafemann* in FS Meilicke, 2010, S. 779 (821f.); *Zimmermann* in Kallmeyer, § 122l UmwG Rz. 19; wohl auch *Vossius* in Widmann/Mayer, § 122l UmwG Rz. 30. Vgl. für die Parallelproblematik bei der SE: *Bayer* in Lutter/Hommelhoff, SE-Kommentar, Art. 26 SE-VO Rz. 11 m.w.N.

4 Vgl. auch *Drinhausen* in Semler/Stengel, § 122l UmwG Rz. 11; *Oechsler*, NZG 2006, 161 (163); *Simon/Rubner* in KölnKomm. UmwG, § 122l UmwG Rz. 13. Für die Parallelproblematik bei der SE: *Bayer* in Lutter/Hommelhoff, SE-Kommentar, Art. 26 SE-VO Rz. 11.

5 S. teilw. abw. *Drinhausen* in Semler/Stengel, § 122l UmwG Rz. 13; *Hörtnagl* in Schmitt/Hörtnagl/Stratz, § 122l UmwG Rz. 12; *Vossius* in Widmann/Mayer, § 122l UmwG Rz. 30; *Weyde/Hafemann* in FS Meilicke, 2010, S. 779 (795f.); *Zimmermann* in Kallmeyer, § 122l UmwG Rz. 22.

6 Wie hier auch *Kiem* in Habersack/Drinhausen, § 122l UmwG Rz. 11; *Simon/Rubner* in KölnKomm. UmwG, § 122l UmwG Rz. 15ff.; zu Art. 11 der 10. Richtlinie: *Lutter/Bayer/J. Schmidt*, EuropUR, § 23 Rz. 100.

prüfen, ob eine Verhandlungspflicht gem. § 5 MgVG[1] bestand[2]. Ist dies der Fall, so ist – über den insoweit etwas missverständlichen Wortlaut hinaus – nicht nur zu prüfen, ob eine Vereinbarung über die Arbeitnehmerbeteiligung abgeschlossen worden ist; die Prüfungspflicht erstreckt sich nach der Ratio der Norm vielmehr generell darauf, ob das Verfahren der Arbeitnehmerbeteiligung in einer in Art. 16 Abs. 3 der 10. Richtlinie i.V.m. Art. 12 Abs. 2 SE-VO[3] vorgesehenen Weise ordnungsgemäß abgeschlossen wurde[4] (also nicht unbedingt nur durch eine Vereinbarung gem. § 22 MgVG, sondern ggf. auch durch Beschluss über die Nichtaufnahme oder den Abbruch der Verhandlungen gem. § 18 MgVG oder Zeitablauf i.S.d. § 23 Abs. 1 Satz 1 Nr. 2 MgVG). Darüber hinaus hat das Registergericht aber auch zu kontrollieren, ob die **Satzung** im Einklang mit der Mitbestimmungsregelung steht (*arg. ex* Art. 16 Abs. 3 der 10. Richtlinie i.V.m. Art. 12 Abs. 4 SE-VO)[5]; ansonsten ist erstere ggf. anzupassen (vgl. zum Verhältnis von Mitbestimmungsvereinbarung und Satzung bereits § 122g Rz. 29).

2. Verschmelzung durch Aufnahme: Ordnungsmäßigkeit der die übernehmende deutsche Gesellschaft betreffenden Voraussetzungen

16 Im Falle einer Verschmelzung durch Aufnahme hat das Registergericht auch zu prüfen, ob die **die übernehmende deutsche Gesellschaft betreffenden Voraussetzungen für die grenzüberschreitende Verschmelzung** vorliegen[6]. Denn auf Grund der in diesem Fall einstufigen Ausgestaltung des Prüfungsverfahrens (vgl. dazu oben Rz. 3 sowie ausf. § 122k Rz. 6) wurden diese Verfahrensschritte für die übernehmende deutsche Gesellschaft – anders als für die an der Verschmelzung beteiligten (in- oder ausländischen) übertragenden Gesellschaften – nicht bereits durch eine andere Kontrollstelle geprüft[7]. Die gesetzgeberische Konzeption beruht vielmehr gerade auf dem Gedanken, dass auch diese Verfahrensschritte hinsichtlich

---

1 Dazu näher *Frenzel*, Grenzüberschreitende Verschmelzung von Kapitalgesellschaften, S. 290ff.; *Heckschen*, in Widmann/Mayer, Vor §§ 122a ff. UmwG Rz. 189ff.; *Krause/Janko*, BB 2007, 2194 (2196); *Lunk/Hinrichs*, NZA 2007, 773 (774); *Nagel*, NZA 2007, 57 (58); *Schubert*, RdA 2007, 9 (10ff.); *Teichmann*, Der Konzern 2007, 89 (91).

2 Vgl. auch *Frenzel*, Grenzüberschreitende Verschmelzung von Kapitalgesellschaften, S. 383.

3 VO (EG) Nr. 2157/2001 des Rates v. 8.10.2001 über das Statut der Europäischen Gesellschaft (SE), ABl. EG Nr. L 294/1 v. 10.11.2001. Text und ausf. Erläuterungen bei *Lutter/Bayer/J. Schmidt*, EuropUR, § 41 m.z.w.N.

4 Zutreffend *Beutel*, Der neue rechtliche Rahmen grenzüberschreitender Verschmelzungen in der EU, 2008, S. 209; *Frenzel*, Grenzüberschreitende Verschmelzung von Kapitalgesellschaften, S. 383f.; *Lutter/Bayer/J. Schmidt*, EuropUR, § 23 Rz. 100; *Simon/Rubner* in KölnKomm. UmwG, § 122l UmwG Rz. 15ff. Vgl. für die Parallelproblematik bei der SE: *Bayer* in Lutter/Hommelhoff, SE-Kommentar, Art. 26 SE-VO Rz. 12 m.w.N.

5 Wie hier *Kiem* in Habersack/Drinhausen, § 122l UmwG Rz. 14; vgl. für Art. 11 der 10. Richtlinie: *Lutter/Bayer/J. Schmidt*, EuropUR, § 23 Rz. 100; für die Parallelproblematik bei der SE: *Bayer* in Lutter/Hommelhoff, SE-Kommentar, Art. 26 SE-VO Rz. 12 m.w.N.

6 Vgl. BegrRegE, BR-Drucks. 548/06, 40; *Drinhausen* in Semler/Stengel, § 122l UmwG Rz. 10; *Kiem* in Habersack/Drinhausen, § 122l UmwG Rz. 8; *Zimmermann* in Kallmeyer, § 122l UmwG Rz. 19.

7 Vgl. *Beutel*, Der neue rechtliche Rahmen grenzüberschreitender Verschmelzungen in der EU, 2008, S. 216; *Drinhausen* in Semler/Stengel, § 122l UmwG Rz. 10; *Lutter/Bayer/J. Schmidt*, EuropUR, § 23 Rz. 103.

der übernehmenden deutschen Gesellschaft im Rahmen der Prüfung nach § 122l Abs. 2 UmwG „mitzuprüfen" sind[1] (vgl. auch bereits § 122k Rz. 6).

3. Verschmelzung durch Neugründung: Gründungsvoraussetzungen für die jeweilige Rechtsform

Im Falle einer Verschmelzung durch Neugründung sind gem. **§§ 122a Abs. 2, 36 Abs. 2 UmwG** die für die Gründung eines Rechtsträgers der jeweiligen Rechtsform geltenden Gründungsvorschriften anzuwenden[2] (s. dazu im Einzelnen näher § 36 Rz. 3 ff.). Das Registergericht hat dementsprechend im Falle einer Verschmelzung durch Neugründung insbesondere auch zu prüfen, ob diese Gründungsvoraussetzungen erfüllt sind[3]. 17

Zu prüfen ist daher insbesondere auch die Erfüllung der jeweils anwendbaren **Sachgründungsvorschriften**[4] (vgl. bzgl. der Verschmelzung durch Neugründung einer AG, KGaA oder SE bei § 75 Rz. 2 ff., einer GmbH [inkl. des Subtyps der UG, vgl. Einl. I Rz. 53] bei § 58 Rz. 1 ff.). Allerdings finden insoweit kraft der Verweisung in § 122a Abs. 2 UmwG grundsätzlich auch die **Ausnahmetatbestände** der **§ 58 Abs. 2 UmwG** (dazu § 58 Rz. 13 f.) bzw. **§ 75 Abs. 2 UmwG** (dazu § 75 Rz. 4) Anwendung[5]. Denn eine grenzüberschreitende Verschmelzung i.S.d. §§ 122a ff. UmwG setzt gem. § 122a Abs. 2 UmwG definitionsgemäß voraus, dass es sich (auch) bei den übertragenden Gesellschaften um Kapitalgesellschaften handelt (vgl. § 122a Rz. 28). Problematisch erscheint insoweit allerdings, ob sich der den Vorschriften der §§ 58 Abs. 2, 75 Abs. 2 UmwG zu Grunde liegende Gedanke, dass die Kapitalsicherung bereits durch das Organisationsrecht des übertragenden Rechtsträgers gewährleistet ist[6], tatsächlich bruchlos auf die grenzüberschreitende Verschmelzung übertragen lässt. Denn die Kapitalaufbringung und -erhaltung ist durch die 2. (Kapital-)Richtlinie[7] nur für Aktiengesellschaf- 18

---

1 Vgl. *Beutel*, Der neue rechtliche Rahmen grenzüberschreitender Verschmelzungen in der EU, 2008, S. 216; *Drinhausen* in Semler/Stengel, § 122l UmwG Rz. 10; *Lutter/Bayer/J. Schmidt*, EuropUR, § 23 Rz. 103.

2 *Drinhausen* in Semler/Stengel, § 122l UmwG Rz. 9; *Zimmermann* in Kallmeyer, § 122l UmwG Rz. 18.

3 *Drinhausen* in Semler/Stengel, § 122l UmwG Rz. 12; *Kiem* in Habersack/Drinhausen, § 122l UmwG Rz. 15; *Zimmermann* in Kallmeyer, § 122l UmwG Rz. 23; vgl. auch *Beutel*, Der neue rechtliche Rahmen grenzüberschreitender Verschmelzungen in der EU, 2008, S. 209; *Lutter/Bayer/J. Schmidt*, EuropUR, § 23 Rz. 98.

4 Vgl. auch *Drinhausen* in Semler/Stengel, § 122l UmwG Rz. 9, 12; *Frenzel*, Grenzüberschreitende Verschmelzung von Kapitalgesellschaften, S. 387; *Oechsler*, NZG 2006, 161 (163).

5 Ebenso *Heckschen* in Widmann/Mayer, § 122a UmwG Rz. 100; *Simon/Rubner* in Köln-Komm. UmwG, § 122l UmwG Rz. 12; nunmehr auch *Drinhausen* in Semler/Stengel, § 122l UmwG Rz. 9; vgl. auch *Beutel*, Der neue rechtliche Rahmen grenzüberschreitender Verschmelzungen in der EU, 2008, S. 257; *Frenzel*, Grenzüberschreitende Verschmelzung von Kapitalgesellschaften, S. 387 f.; *Oechsler*, NZG 2006, 161 (163).

6 Vgl. BegrRegE z. UmwG, BT-Drucks. 12/6699, 102 (105).

7 Ursprünglich: Richtlinie 77/91/EWG; seit 4.12.2012: Richtlinie 2012/30/EU des Europäischen Parlaments und des Rates v. 25.10.2012 zur Koordinierung der Schutzbestimmungen, die in den Mitgliedstaaten den Gesellschaften im Sinne des Artikels 54 Absatz 2 des Vertrages über die Arbeitsweise der Europäischen Union im Interesse der Gesellschafter sowie Dritter für die Gründung der Aktiengesellschaft sowie für die Erhaltung und Änderung ihres Kapitals vorgeschrieben sind, um diese Bestimmungen gleichwertig zu gestalten (Neufassung), ABl. EU L 315/74 v. 14.11.2012. Text mit Stand

ten[1] europaweit harmonisiert. Jedenfalls bei denjenigen ausländischen Kapitalgesellschaftsformen, für die die 2. Richtlinie nicht gilt bzw. der jeweilige Mitgliedstaat den betreffenden Standard nicht freiwillig einhält, könnten sich daher gewisse Bedenken gegen die Anwendung der §§ 58 Abs. 2, 75 Abs. 2 UmwG ergeben[2]. Im Hinblick darauf, dass die 10. Richtlinie auf dem Gedanken der Gleichwertigkeit sämtlicher mitgliedstaatlicher Kapitalgesellschaften i.S.d. Art. 2 Abs. 1 der 10. Richtlinie beruht – wobei dem europäischen Gesetzgeber insbesondere auch der geringere Harmonisierungsgrad des GmbH-Rechts durchaus bewusst war –, und mit Blick auf Art. 49, 54 AEU wird sich eine unterschiedliche Behandlung in- und ausländischer Kapitalgesellschaftsformen allerdings europarechtlich kaum rechtfertigen lassen[3].

4. Bindungswirkung der Verschmelzungsbescheinigung(en)

19 Nicht Gegenstand der registergerichtlichen Prüfung sind die Verfahrensabschnitte, die ausschließlich die *übertragende(n)* Gesellschaft(en) betreffen[4]. Das sich noch in der Sphäre der einzelnen übertragenden Gesellschaft(en) vollziehende Verschmelzungsverfahren wird ausschließlich auf der ersten Stufe der Rechtmäßigkeitsprüfung durch die hierfür zuständige (in- oder ausländische) Stelle kontrolliert; das Ergebnis wird in der Verschmelzungsbescheinigung, die gem. § 122l Abs. 1 Satz 2 UmwG beim Registergericht einzureichen ist, dokumentiert. Das für die Prüfung nach § 122l Abs. 2 UmwG zuständige Registergericht der deutschen übernehmenden bzw. neuen Gesellschaft ist nicht autorisiert (oder gar verpflichtet), diese Verfahrensschritte einer nochmaligen Kontrolle zu unterziehen[5]. Eine erneute Prüfung wäre nicht nur überflüssig[6] und ein Widerspruch zu dem auch der 10. Richtlinie zu Grunde liegenden Grundsatz des gegenseitigen Vertrau-

---

2011 und ausf. Erläuterungen bei *Lutter/Bayer/J. Schmidt*, EuropUR, § 20 m.z.w.N. Zur „Neufassung", die *de facto* nur eine Kodifizierung ist, *Bayer/J. Schmidt*, BB 2013, 3 (6).

1 Die jeweiligen nationalen Umsetzungsvorschriften zur 2. Richtlinie gelten auch für die SE, vgl. *Lutter/Bayer/J. Schmidt*, EuropUR, § 41 Rz. 80; *J. Schmidt*, „Deutsche" vs. „britische" Societas Europaea (SE), S. 75f.

2 Vgl. auch *Frenzel*, Grenzüberschreitende Verschmelzung von Kapitalgesellschaften, S. 388; *Oechsler*, NZG 2006, 161 (163) sowie ferner *Beutel*, Der neue rechtliche Rahmen grenzüberschreitender Verschmelzungen in der EU, 2008, S. 258.

3 Ebenso i.E. *Oechsler*, NZG 2006, 161 (163f.); vgl. ferner auch *Heckschen* in Widmann/Mayer, § 122a UmwG Rz. 100 (allerdings mit der Einschränkung, dass nach dem jeweiligen nationalen Recht derartige Berichte erforderlich sind).

4 Vgl. zu Art. 11 der 10. Richtlinie: *Lutter/Bayer/J. Schmidt*, EuropUR, § 23 Rz. 101. Vgl. für die Parallelproblematik bei der SE: *Bayer* in Lutter/Hommelhoff, SE-Kommentar, Art. 26 SE-VO Rz. 16; *J. Schmidt*, „Deutsche" vs. „britische" Societas Europaea (SE), S. 256 (jeweils m.w.N.).

5 Vgl. BegrRegE, BR-Drucks. 548/06, 40; *Frenzel*, Grenzüberschreitende Verschmelzung von Kapitalgesellschaften, S. 384; *Lutter/Bayer/J. Schmidt*, EuropUR, § 23 Rz. 101; für die Parallelproblematik bei der SE: *Bayer* in Lutter/Hommelhoff, SE-Kommentar, Art. 26 SE-VO Rz. 16; *J. Schmidt*, „Deutsche" vs. „britische" Societas Europaea (SE), S. 256 (jeweils m.w.N.).

6 Vgl. *Lutter/Bayer/J. Schmidt*, EuropUR, § 23 Rz. 101; *Neye/Timm*, DB 2006, 488 (492); für die Parallelproblematik bei der SE: *Bayer* in Lutter/Hommelhoff, SE-Kommentar, Art. 26 SE-VO Rz. 16; *J. Schmidt*, „Deutsche" vs. „britische" Societas Europaea (SE), S. 256.

ens[1], sondern überdies auch kaum praktikabel, da dann die Beachtung ausländischen Verschmelzungsrechts (bzw. ggf. sogar mehrerer ausländischer Verschmelzungsrechte) kontrolliert werden müsste[2]. Vielmehr kommt der **Verschmelzungsbescheinigung** in Bezug auf die auf der ersten Stufe zu kontrollierenden **Verfahrensschritte, die noch die Sphäre der einzelnen übertragenden Gesellschaften betreffen**, umfassende **Bindungswirkung** zu (vgl. auch bereits § 122k Rz. 22)[3].

Das Registergericht ist **lediglich** befugt, die Verschmelzungsbescheinigung einer übertragenden Gesellschaft einer **formalen Prüfung** dahingehend zu unterziehen, ob sie von der zuständigen Stelle[4] ausgestellt wurde[5], den Anforderungen des Art. 10 Abs. 2 der 10. Richtlinie genügt[6] (vgl. zur Form der Verschmelzungsbescheinigung § 122k Rz. 21) und innerhalb der Sechs-Monats-Frist des § 122l Abs. 1 Satz 3 UmwG vorgelegt wurde[7]. 20

IV. Registerverfahren

Sofern die Prüfung positiv ausfällt, hat das Registergericht die Verschmelzung bzw. die neue Gesellschaft in das Handelsregister **einzutragen** (vgl. § 122l Abs. 2 UmwG). Hinsichtlich der **Bekanntmachung** der Eintragung gelten §§ 122a Abs. 2, 19 Abs. 3 UmwG, d.h. es erfolgt eine Bekanntmachung in elektronischer Form gem. § 10 HGB[8]. 21

---

1 Vgl. *Lutter/Bayer/J. Schmidt*, EuropUR, § 23 Rz. 101; für die Parallelproblematik bei der SE: *Bayer* in Lutter/Hommelhoff, SE-Kommentar, Art. 26 SE-VO Rz. 16; *J. Schmidt*, „Deutsche" vs. „britische" Societas Europaea (SE), S. 257.

2 Vgl. *Beutel*, Der neue rechtliche Rahmen grenzüberschreitender Verschmelzungen in der EU, 2008, S. 201; *Frenzel*, Grenzüberschreitende Verschmelzung von Kapitalgesellschaften, S. 381, 384; *Kiem*, WM 2006, 1091 (1099); *Lutter/Bayer/J. Schmidt*, EuropUR, § 23 Rz. 101. Vgl. für die Parallelproblematik bei der SE: *Bayer* in Lutter/Hommelhoff, SE-Kommentar, Art. 26 SE-VO Rz. 16; *J. Schmidt*, „Deutsche" vs. „britische" Societas Europaea (SE), S. 257.

3 *Drinhausen* in Semler/Stengel, § 122l UmwG Rz. 10; *Hörtnagl* in Schmitt/Hörtnagl/Stratz, § 122l UmwG Rz. 13; *Kiem* in Habersack/Drinhausen, § 122l UmwG Rz. 8; *Lutter/Bayer/J. Schmidt*, EuropUR, § 23 Rz. 101; *Zimmermann* in Kallmeyer, § 122l UmwG Rz. 16, 21; vgl. auch schon *Bayer/J. Schmidt*, NJW 2006, 401 (404); *Bayer/J. Schmidt*, NZG 2006, 841 (843); *Beutel*, Der neue rechtliche Rahmen grenzüberschreitender Verschmelzungen in der EU, 2008, S. 200; *Frenzel*, Grenzüberschreitende Verschmelzung von Kapitalgesellschaften, S. 384; s. ferner auch *Vossius* in Widmann/Mayer, § 122l UmwG Rz. 25ff. Vgl. für die Parallelproblematik bei der SE: *Bayer* in Lutter/Hommelhoff, SE-Kommentar, Art. 26 SE-VO Rz. 16; *J. Schmidt*, „Deutsche" vs. „britische" Societas Europaea (SE), S. 257.

4 Die 10. Richtlinie sieht hinsichtlich der zuständigen Stellen – anders als Art. 68 Abs. 2 SE-VO – leider keine Mitteilungspflicht an die Kommission vor, vgl. kritisch diesbezüglich auch *Vossius* in Widmann/Mayer, § 122l UmwG Rz. 17.

5 Vgl. *Kiem* in Habersack/Drinhausen, § 122l UmwG Rz. 8; *Vossius* in Widmann/Mayer, § 122l UmwG Rz. 27.

6 Vgl. *Hörtnagl* in Schmitt/Hörtnagl/Stratz, § 122l UmwG Rz. 13; *Kiem* in Habersack/Drinhausen, § 122l UmwG Rz. 8; *Vossius* in Widmann/Mayer, § 122l UmwG Rz. 28; ähnlich *Zimmermann* in Kallmeyer, § 122l UmwG Rz. 21.

7 *Herrler*, EuZW 2007, 295 (297); *Simon/Rubner* in KölnKomm. UmwG, § 122l UmwG Rz. 14.

8 Vgl. *Drinhausen* in Semler/Stengel, § 122l UmwG Rz. 16; *Heckschen* in Widmann/Mayer, § 122a UmwG Rz. 193; *Hörtnagl* in Schmitt/Hörtnagl/Stratz, § 122l UmwG Rz. 15;

22 Gem. **§ 122l Abs. 3 UmwG** hat das Registergericht den Tag der Eintragung *von Amts wegen* jedem Register mitzuteilen, bei dem eine der übertragenden Gesellschaften ihre Unterlagen zu hinterlegen hatte[1]. Mittels dieser – durch Art. 13 Unterabs. 2 der 10. Richtlinie vorgegebenen[2] – **Mitteilungspflicht** soll das Registerverfahren in den verschiedenen Mitgliedstaaten koordiniert werden[3]. Die Mitteilung hat – in richtlinienkonformer Auslegung der Vorschrift[4] – **unverzüglich** zu erfolgen[5]. Wenn an der Verschmelzung auch eine *deutsche übertragende Gesellschaft* beteiligt ist, so hat das für diese zuständige Registergericht nach Eingang dieser Mitteilung den Tag der Wirksamwerdens im Register zu vermerken und die bei ihm aufbewahrten elektronischen Dokumente an das Register der übernehmenden bzw. neuen Gesellschaft zu übermitteln[6] (§ 122k Abs. 4 UmwG, dazu ausf. § 122k Rz. 28f.). Im Rahmen der Umsetzung der Änderungsrichtlinie 2012/17/EU[7], die bis zum 7.7.2014 erfolgen muss, stehen hier indes demnächst einige Modifikationen an: Zumindest die Mitteilung wird künftig über das neue System der Registervernetzung erfolgen (Art. 13 Abs. 2 Satz 1 der 10. Richtlinie n.F.)[8]; je nachdem, wie die Registervernetzung im Detail technisch ausgestaltet werden wird[9], wird aber wohl auch die Pflicht zur Dokumentenübermittlung ggf. modifiziert werden müssen (bzw. kann ggf. sogar ganz entfallen, wenn die Dokumente über das System der Registervernetzung weiterhin zugänglich bleiben).

V. Exkurs: Wirksamwerden der grenzüberschreitenden Verschmelzung, Rechtsfolgen und Bestandsschutz

1. Wirksamwerden

23 Der Zeitpunkt des Wirksamwerdens der grenzüberschreitenden Verschmelzung ist durch die 10. Richtlinie nur in rudimentärer Form harmonisiert: Nach Art. 12

Krause/Kulpa, ZHR 171 (2007), 38 (69); *Limmer*, ZNotP 2007, 282 (286); *Zimmermann* in Kallmeyer, § 122l UmwG Rz. 26.

1 *Drinhausen* in Semler/Stengel, § 122l UmwG Rz. 14; *Hörtnagl* in Schmitt/Hörtnagl/Stratz, § 122l UmwG Rz. 16; *Kiem* in Habersack/Drinhausen, § 122l UmwG Rz. 16; *Zimmermann* in Widmann/Mayer, § 122l UmwG Rz. 27.

2 Vgl. BegrRegE, BR-Drucks. 548/06, 41; *Drinhausen* in Semler/Stengel, § 122l UmwG Rz. 2, 15; *Drinhausen/Keinath*, BB 2006, 725 (730); *Frenzel*, Grenzüberschreitende Verschmelzung von Kapitalgesellschaften, S. 389; *Lutter/Bayer/J. Schmidt*, EuropUR, § 23 Rz. 108f.; *Vossius* in Widmann/Mayer, § 122l UmwG Rz. 33.

3 Vgl. *Bayer/J. Schmidt*, NJW 2006, 401 (404); *Lutter/Bayer/J. Schmidt*, EuropUR, § 23 Rz. 108f.; s. ferner auch *Krause/Kulpa*, ZHR 171 (2007), 38 (68); *Neye/Timm*, DB 2006, 488 (490).

4 Das in Art. 13 Unterabs. 2 der 10. Richtlinie vorgesehene „unverzüglich" fehlt in Abs. 3; vgl. dazu bereits *Bayer/J. Schmidt*, NZG 2006, 841 (843); *Lutter/Bayer/J. Schmidt*, EuropUR, § 23 Rz. 109.

5 So auch *Lutter/Bayer/J. Schmidt*, EuropUR, § 23 Rz. 109; *Zimmermann* in Kallmeyer, § 122l UmwG Rz. 27.

6 *Hörtnagl* in Schmitt/Hörtnagl/Stratz, § 122l UmwG Rz. 16; *Zimmermann* in Kallmeyer, § 122l UmwG Rz. 28.

7 Richtlinie 2012/17/EU v. 13.6.2012, ABl. EU Nr. L 156/1 v. 16.6.2012.

8 Vgl. zu Art. 13 der 10. Richtlinie n.F. sowie zur Vernetzung generell: *Bayer/J. Schmidt*, BB 2013, 3 (5), sowie bereits *Lutter/Bayer/J. Schmidt*, EuropUR, § 19 Rz. 7, 16, § 23 Rz. 108, § 28 Rz. 2, 73, 93 (jeweils m.w.N.).

9 Hinsichtlich der technischen Umsetzung waren bei Drucklegung noch keine Details bekannt.

Satz 2 der 10. Richtlinie darf die Wirksamkeit zwar erst nach Abschluss der Rechtmäßigkeitskontrolle eintreten, im Übrigen verweist Art. 12 Satz 1 der 10. Richtlinie hinsichtlich des Zeitpunktes des Wirksamwerdens aber auf das **Recht, dem die aus der grenzüberschreitenden Verschmelzung hervorgehende Gesellschaft unterliegt** (vgl. auch bereits § 122k Rz. 25)[1].

Wenn die **übernehmende bzw. neuen Gesellschaft dem deutschen Recht unterliegt**, so wird die Verschmelzung gem. **§§ 122a Abs. 2, 20 Abs. 1 UmwG** mit der Eintragung in dem für diese zuständigen Register wirksam[2]. 24

2. Rechtsfolgen

Die Rechtsfolgen der grenzüberschreitenden Verschmelzung sind in **Art. 14 der 10. Richtlinie** nach dem Modell von Art. 29 SE-VO und Art. 33 SCE-VO[3] geregelt, welches wiederum auf dem Vorbild von Art. 19 der 3. Richtlinie[4] basiert[5]. Kernpunkte sind auch hier Universalsukzession (Art. 14 Abs. 1 lit. a bzw. Abs. 2 lit. a der 10. Richtlinie), automatischer Anteilserwerb (Art. 14 Abs. 1 lit. b bzw. Abs. 2 lit. b der 10. Richtlinie) und Erlöschen der übertragenden Gesellschaft(en) (Art. 14 Abs. 1 lit. c bzw. Abs. 2 lit. c der 10. Richtlinie)[6]. Art. 14 Abs. 3 der 10. Richtlinie (Vorbehalt für besondere nationale Formalitäten) und der klarstellende Art. 14 Abs. 4 der 10. Richtlinie bezüglich der Rechte der Arbeitnehmer entsprechen 25

1 Ebenso *Kiem* in Habersack/Drinhausen, § 122l UmwG Rz. 17; vgl. auch schon *Bayer/J. Schmidt*, NJW 2006, 401 (404); *Behrens*, Die grenzüberschreitende Verschmelzung nach der Richtlinie 2005/56/EG (Verschmelzungsrichtlinie), 2007, S. 139 f.; *Beutel*, Der neue rechtliche Rahmen grenzüberschreitender Verschmelzungen in der EU, 2008, S. 218; *Frenzel*, Grenzüberschreitende Verschmelzung von Kapitalgesellschaften, S. 390; *Grohmann/Gruschinske*, GmbHR 2006, 191 (193); *Haritz/von Wolff*, GmbHR 2006, 341 (344); *Heckschen* in Widmann/Mayer, § 122a UmwG Rz. 192; *Krause/Kulpa*, ZHR 171 (2007), 38 (69); *Lutter/Bayer/J. Schmidt*, EuropUR, § 23 Rz. 105; *Neye/Timm*, DB 2006, 488 (490); *Ugliano*, [2007] EBLR 585 (607).

2 BegrRegE, BR-Drucks. 548/06, 38; *Bayer/J. Schmidt*, NJW 2006, 401 (404); *Frenzel*, Grenzüberschreitende Verschmelzung von Kapitalgesellschaften, S. 391; *Heckschen* in Widmann/Mayer, § 122a UmwG Rz. 192; *Limmer*, ZNotP 2007, 282 (287); *Lutter/Bayer/J. Schmidt*, EuropUR, § 23 Rz. 105; *Zimmermann* in Kallmeyer, § 122l UmwG Rz. 4; *H.-F. Müller*, ZIP 2007, 1081 (1087); *Neye/Timm*, DB 2006, 488 (493); *Weyde/Hafemann* in FS Meilicke, 2010, S. 779 (823).

3 VO (EG) Nr. 1435/2003 des Rates v. 22.7.2003 über das Statut der Europäischen Genossenschaft (SCE), ABl. EU Nr. L 207/1 v. 18.8.2003. Text und ausf. Erläuterungen bei *Lutter/Bayer/J. Schmidt*, EuropUR, § 42 m.w.N.

4 Ursprünglich: Richtlinie 78/855/EWG; seit 1.7.2011: Richtlinie 2011/35/EU des Europäischen Parlaments und des Rates v. 5.4.2011 über die Verschmelzung von Aktiengesellschaften, ABl. EU Nr. L 110/1 v. 29.4.2011, s. Anh. III, S. 3451 ff. Ausf. Erläuterungen bei *Lutter/Bayer/J. Schmidt*, EuropUR, § 21 m.z.w.N.

5 Vgl. *Bayer/J. Schmidt*, NJW 2006, 401 (404); *Behrens*, Die grenzüberschreitende Verschmelzung nach der Richtlinie 2005/56/EG (Verschmelzungsrichtlinie), 2007, S. 142; *Lutter/Bayer/J. Schmidt*, EuropUR, § 23 Rz. 110; *Rickford*, [2005] EBLR 1393 (1410).

6 Vgl. *Bayer/J. Schmidt*, NJW 2006, 401 (404); *Beutel*, Der neue rechtliche Rahmen grenzüberschreitender Verschmelzungen in der EU, 2008, S. 219; *Frenzel*, Grenzüberschreitende Verschmelzung von Kapitalgesellschaften, S. 392; *Lutter/Bayer/J. Schmidt*, EuropUR, § 23 Rz. 110 ff. m.w.N.

Art. 29 Abs. 3 und 4 SE-VO[1] und Art. 33 Abs. 3 und 4 SCE-VO[2]. Für an einer grenzüberschreitenden Verschmelzung beteiligte deutsche Gesellschaften werden diese Vorgaben durch **§§ 122a Abs. 2, 20 Abs. 1 UmwG** umgesetzt[3].

3. Bestandsschutz

26 Im Hinblick auf die nahezu unlösbaren praktischen Probleme einer grenzüberschreitenden „Entschmelzung" gewährleistet **Art. 17 der 10. Richtlinie** erfreulicherweise einen **absoluten Bestandsschutz**[4]: Ist die grenzüberschreitende Verschmelzung nach den nationalen Umsetzungsvorschriften zu Art. 12 der 10. Richtlinie (vgl. dazu oben Rz. 24) wirksam geworden, so kann sie nicht mehr für nichtig erklärt werden. Infolge dieser – im Vergleich zu Art. 30 SE-VO erfreulich klaren[5] – Regelung dürfte eine Rückabwicklung (egal ob *ex nunc* oder *ex tunc*) generell ausgeschlossen sein[6]. Im deutschen Recht bedurfte es insoweit keiner Sonderregelung, da über den Generalverweis in § 122a Abs. 2 UmwG die allgemeine Vorschrift des **§ 20 Abs. 2 UmwG** gilt[7], die eine „Entschmelzung" nach zutreffender Auffassung generell ausschließt[8] (s. ausf. bei § 20 Rz. 76ff.).

1 Dazu ausf. *Bayer* in Lutter/Hommelhoff, SE-Kommentar, Art. 30 SE-VO Rz. 12f.; *J. Schmidt*, „Deutsche" vs. „britische" Societas Europaea (SE), S. 262f. (jeweils m.w.N.).

2 Vgl. *Bayer/J. Schmidt*, NJW 2006, 401 (404); *Lutter/Bayer/J. Schmidt*, EuropUR, § 23 Rz. 112f.

3 Vgl. *Handelsrechtsausschuss des DAV*, NZG 2006, 737 (743); *Haritz/von Wolff*, GmbHR 2006, 341 (344); *Heckschen*, DNotZ 2007, 444 (464); *Herrler*, EuZW 2007, 295 (297); *Kiem* in Habersack/Drinhausen, § 122l UmwG Rz. 17; *Krause/Kulpa*, ZHR 171 (2007), 38 (70); *Lutter/Bayer/J. Schmidt*, EuropUR, § 23 Rz. 118; *Zimmermann* in Kallmeyer, § 122l UmwG Rz. 4; *Simon/Rubner*, Der Konzern 2006, 835 (842); *Vossius* in Widmann/Mayer, § 122l UmwG Rz. 32.

4 Vgl. *Bayer/J. Schmidt*, NJW 2006, 401 (404); *Beutel*, Der neue rechtliche Rahmen grenzüberschreitender Verschmelzungen in der EU, 2008, S. 219; *Drinhausen/Keinath*, BB 2006, 725 (730); *Grundmann*, EuropGesR, Rz. 940; *Heckschen* in Widmann/Mayer, Vor §§ 122aff. UmwG Rz. 109; *Krause/Kulpa*, ZHR 171 (2007), 38 (70); *Lutter/Bayer/J. Schmidt*, EuropUR, § 23 Rz. 119.

5 Vgl. zur Kontroverse um die Auslegung von Art. 30 SE-VO etwa *Bayer* in Lutter/Hommelhoff, SE-Kommentar, Art. 30 SE-VO Rz. 6ff.; *Lutter/Bayer/J. Schmidt*, EuropUR, § 41 Rz. 45; *J. Schmidt*, „Deutsche" vs. „britische" Societas Europaea (SE), S. 264ff. Im Hinblick darauf wurde eine wortgleiche Übernahme dieser Norm in die Richtlinie ausdrücklich abgelehnt, vgl. *Neye*, ZIP 2005, 1893 (1898).

6 *Bayer/J. Schmidt*, NJW 2006, 401 (404); *Beutel*, Der neue rechtliche Rahmen grenzüberschreitender Verschmelzungen in der EU, 2008, S. 220.

7 Vgl. *Bayer/J. Schmidt*, NJW 2006, 401 (404); *Beutel*, Der neue rechtliche Rahmen grenzüberschreitender Verschmelzungen in der EU, 2008, S. 220; *Drinhausen/Keinath*, BB 2006, 725 (730); Handelsrechtsausschuss des DAV, NZG 2006, 737 (743); *Frenzel*, Grenzüberschreitende Verschmelzung von Kapitalgesellschaften, S. 391; *Heckschen*, DNotZ 2007, 444 (464); *Lutter/Bayer/J. Schmidt*, EuropUR, § 23 Rz. 120; *Zimmermann* in Kallmeyer, § 122l UmwG Rz. 4; s. ferner auch *Vossius* in Widmann/Mayer, § 122l UmwG Rz. 35.

8 Vgl. speziell zur grenzüberschreitenden Verschmelzung: *Bayer/J. Schmidt*, NJW 2006, 401 (404); *Lutter/Bayer/J. Schmidt*, EuropUR, § 23 Rz. 120; sowie ferner auch *Handelsrechtsausschuss des DAV*, NZG 2006, 737 (743). Für die Notwendigkeit einer Sonderregelung jedoch *Beutel*, Der neue rechtliche Rahmen grenzüberschreitender Verschmelzungen in der EU, 2008, S. 221f.; *Haritz/von Wolff*, GmbHR 2006, 341 (344); *Krause/Kulpa*, ZHR 171 (2007), 38 (70).

Anhang 1 nach § 122l

Steuerfolgen der Verschmelzung im Inlandsfall

Literatur

1. Kommentare, Text- und Erläuterungsbücher: *Blümich*, EStG/KStG/GewStG, Loseblatt; *Dötsch/Pung/Möhlenbrock*, Die Körperschaftsteuer, Loseblatt; *FGS/BDI*, Der Umwandlungssteuer-Erlass 2011, 2012; *Frotscher/Maas*, Kommentar zum KStG/UmwStG, Loseblatt; *Haritz/Menner*, Umwandlungssteuergesetz, 3. Aufl. 2010; *Rödder/Herlinghaus/van Lishaut*, UmwStG, 2. Aufl. 2013; *Schmidt*, Einkommensteuergesetz, 32. Aufl. 2013; *Schießl*, Der neue Umwandlungssteuer-Erlass, 2012; *Schmitt/Hörtnagl/Stratz*, Umwandlungsgesetz/Umwandlungssteuergesetz, 6. Aufl. 2013; *Schneider/Ruoff/Sistermann*, Umwandlungssteuer-Erlass 2011, 2012; *Widmann/Mayer*, Umwandlungsrecht, Loseblatt.

2. Überblicksaufsätze und Aufsätze zu übergreifenden Themen[1]: *Benecke/Beinert*, Internationale Aspekte der Umstrukturierung von Unternehmen, FR 2010, 1009 und 1120; *Benecke/Schnitger*, Letzte Änderungen der Neuregelungen des UmwStG und der Entstrickungsnormen durch das SEStEG, IStR 2007, 22; *Benecke/Schnitger*, Neuregelung des UmwStG und der Entstrickungsnormen durch das SEStEG, IStR 2006,765; *Bilitewski*, SE-

1 Zum UmwStG in der Fassung durch das SEStEG. Ältere Literatur s. 3. Aufl. Anh. § 122.

StEG – Ein erster Überblick, FR 2007, 57; *Bünning*, Steuerbilanzielle Regelungen im Umwandlungssteuererlass 2011, BB 2012, 243; *Damas*, Einführung in das neue Umwandlungssteuerrecht, DStZ 2007, 129; *Desens*, Gemeiner Wert bei Umwandlungen, GmbHR 2007, 1202; *Dötsch*, Umwandlung und Organschaft nach dem UmwSt-Erlass 2011, GmbHR 2012, 175; *Dötsch/Pung*, SEStEG: Die Änderungen des UmwStG, DB 2007, 2704 und 2763; *Gosch*, Stand des unnötigen komplexen „Entstrickungssteuerrechts" und absehbare Entwicklungen, IWB 2012, 779; *Hageböke*, Sind alle Umwandlungen „Veräußerungen"? – Kritische Anmerkungen zur neuen Ausgangsthese der Finanzverwaltung im Umwandlungssteuererlass-Entwurf, Ubg 2011, 689; *Hageböke/Stangl*, Umwandlungen auf Organgesellschaften: Koppelungserklärungen im Zusammenhang mit Billigkeitsregelungen?, GmbHR 2011, 744; *Hageböke/Stangl*, BMF-Schreiben als „allgemeine Verwaltungsvorschrift" i.S.v. § 184 Abs. 2 Satz 1 AO? – Anmerkungen zum BFH-Urteil – I R 24/11 zum Sanierungserlass, Ubg 2012, 598; *Hagemann/Jakob/Ropohl/Viebrock*, SEStEG, NWB, Sonderheft 1/2007; *Hahn*, Kritische Erläuterungen und Überlegungen zum Entwurf des SEStEG, IStR 2006, 797; *Hörtnagl*, Europäisierung des Umwandlungssteuerrechts – SEStEG, Stbg 2006, 471; *Hruschka/Hellmann*, Bewertungswahlrechte bei grenzüberschreitenden Umwandlungen, DStR 2010, 1961; *Jäschke*, Probleme bei der Behandlung eines Geschäfts- oder Firmenwerts im neuen Umwandlungssteuerrecht, FR 2010, 10; *Klingberg/van Lishaut*, Die Internationalisierung des Umwandlungssteuerrechts, Der Konzern 2005, 698; *Koch*, Steuerbilanzielle Antragswahlrechte nach Umwandlungssteuergesetz – Fallstricke und Praxistipps, BB 2011, 1067; *Kotybra/Scheunemann*, Ausgewählte Praxisschwerpunkte im Umwandlungssteuererlass 2011, DB 2012, 223; *Kroener/Momen*, Neuerungen des Umwandlungssteuer-Erlasses 2011 – Ein Überblick, DB 2012, 71; *Müller-Gatermann*, Das SEStEG im Überblick – Entstrickung und Verstrickung sowie neues Umwandlungssteuerrecht, in FS Schaumburg, 2009, S. 939; *Neu/Schiffers/Watermeyer*, Praxisrelevante Schwerpunkte aus dem UmwStE-Entwurf, GmbHR 2011, 729; *Olbling*, Neuerungen für nationale Umwandlungen nach dem SEStEG, GmbH-StB 2007, 51; *Ott*, Überblick über die Änderungen im Körperschaft- und Umwandlungssteuerrecht durch das SEStEG, INF 2007, 97; *Piltz/Rödder/Schaumburg/Schumacher*, Das neue Umwandlungssteuerrecht (SEStEG), in JbFSt 2006, 2006, 97; *Rödder/Rogall*, Fortschreibung des Entwurfs des neuen Umwandlungssteuererlasses – Anmerkungen zur Version vom 9.9. 2011, Ubg 2011, 753; *Rödder/Schumacher*, Das kommende SEStEG – Das geplante neue Umwandlungssteuergesetz, DStR 2006, 1525; *Rödder/Schumacher*, Das SEStEG – Überblick über die endgültige Fassung und die Änderungen gegenüber dem Regierungsentwurf, DStR 2007, 369; *Roser*, Der zeitliche Anwendungsbereich des UmwStG – die Übergangsregelungen im UmwSt-Erlass 2011, GmbHR 2012, 245; *Schäfer/Blumenberg* u.a., SEStEG: Kommentierung des Regierungsentwurfs, BB 2006, Beilage 8; *Schaumburg*, Steuerliche Restriktionen bei internationalen Umwandlungen, GmbHR 2010, 1341; *Schell/Krohn*, Ausgewählte praxisrelevante „Fallstricke" des UmwStE 2011, DB 2012, 1057, 1119 und 1172; *Schmitt/Schlossmacher*, Das Antragswahlrecht im Umwandlungssteuergesetz, DB 2010, 522; *Schönfeld*, Ausgewählte internationale Aspekte des neuen UmwSt-Erlasses, IStR 2011, 497; *Schumacher*, Mehr- und Minderabführungen i.S. des § 14 Abs. 3 u. 4 KStG im Rahmen von Umwandlungen, in FS Schaumburg, 2009, S. 477; *Schwenke*, Europarechtliche Vorgaben und deren Umsetzung durch das SEStEG, DStZ 2007, 235; *Stangl/Hageböke*, Billigkeitsregelungen i.S.d. § 163 Satz 1 AO in BMF-Schreiben und ihre Wirkungen in der Gewerbesteuer, Ubg 2013, 299; *Trossen*, Aufgabe der Maßgeblichkeit bei Umwandlungsvorgängen, FR 2006, 617; *Ungemach*, Europarechtliche und abkommensrechtliche Beurteilung der Entstrickungsregelungen des deutschen Umwandlungssteuerrechts, Ubg 2011, 251.

3. Aufsätze zur Verschmelzung[1]: *Behrendt/Arjes*, Das Verhältnis der Ausschüttungsfiktion (§ 7 UmwStG) zur Einlagefiktion (§ 5 UmwStG), DB 2007, 824; *Behrendt/Heeg*, Die abkommensrechtliche Behandlung des Einbringungsgewinns I i.S.d. § 22 Abs. 1 UmwStG, RIW 2008, 56; *Bodden*, Verschmelzung und Formwechsel von Kapitalgesellschaften auf gewerbliche Personengesellschaften nach dem SEStEG (§§ 3–10 UmwStG n.F.), FR 2007, 66; *Bogenschütz*, Umwandlung von Kapital- in Personengesellschaften, Ubg 2011, 393;

1 Zum UmwStG in der Fassung durch das SEStEG. Ältere Literatur s. 3. Aufl. Anh. § 122.

Brähler/Heerdt, Steuerneutralität bei grenzüberschreitenden Verschmelzungen unter Beteiligung hybrider Gesellschaften, StuW 2007, 260; *Breuninger*, Die Zentralfunktion des Stammhauses bei grenzüberschreitender Verschmelzung, in FS Schaumburg, 2009, S. 587; *Dörfler/Rautenstrauch/Adrian*, Einbringungen in eine Kapitalgesellschaft nach dem SE-StEG-Entwurf, BB 2006, 1711; *Dörfler/Rautenstrauch/Adrian*, Verlustnutzung bei Verschmelzung von Körperschaften vor und nach Änderung des § 12 Abs. 3 UmwStG durch das SEStEG, BB 2006, 1657; *Dörfler/Wittkowski*, Zwischenwertansatz als Instrument zur Verlustnutzung bei Verschmelzungen von Körperschaften, GmbHR 2007, 352; *Dörr/Loose/Motz*, Verschmelzungen nach dem neuen Umwandlungssteuererlass, NWB 2012, 566; *Förster/Felchner*, Umwandlung von Kapitalgesellschaften in Personenunternehmen nach dem Referentenentwurf des SEStEG, DB 2006, 1072; *Förster/Wendland*, Einbringung von Unternehmensteilen in Kapitalgesellschaften, BB 2007, 631; *Hahn*, Der Entwurf des SE-StEG: Geplante Änderungen bei grenzüberschreitenden Fusionen, GmbHR 2006, 617; *Heinemann*, Verschmelzung von Kapitalgesellschaften nach dem UmwSt-Erlass 2011, GmbHR 2012, 133; *Hruschka*, Umwandlung von Kapital- auf Personengesellschaften, Beihefter zu DStR 2/2012, 4; *Käshammer/Schümmer*, Zurechnung von Übertragungsgewinnen bei Umwandlung einer Organgesellschaft zum Organträger, Ubg 2011, 244; *Kessler/Huck*, Der (zwangsweise) Weg in den Betriebsstättenkonzern am Beispiel der Hinausverschmelzung von Holdinggesellschaften, IStR 2006, 433; *Klingebiel*, SEStEG – Umwandlung einer Körperschaft in eine Personengesellschaft, Der Konzern 2006, 600; *Köhler/Käshammer*, Umwandlung von Kapitalgesellschaften mit ausländischen Anteilseignern in Personengesellschaften nach dem UmwSt-Erlass 2011, GmbHR 2012, 301; *Korn*, Einbringungen in Personengesellschaften nach § 24 UmwStG, NWB Fach 18, 4417; *Kußmaul/Richter/Heyd*, Ausgewählte Probleme der Hinausverschmelzung von Kapitalgesellschaften aus Deutschland, IStR 2010, 73; *Lemaitre/Schönherr*, Die Umwandlung von Kapitalgesellschaften in Personengesellschaften durch Verschmelzung und Formwechsel nach der Neufassung des UmwStG durch das SEStEG, GmbHR 2007, 173; *Ley*, Einbringungen nach §§ 20, 24 UmwStG in der Fassung des SEStEG, FR 2007, 109; *Ley/Bodden*, Verschmelzung und Spaltung von inländischen Kapitalgesellschaften nach dem SEStEG (§§ 11–15 UmwStG n.F.), FR 2007, 265; *Müller/Maiterth*, Besteuerung der Umwandlung einer Körperschaft in ein Personenunternehmen – eine ökonomische und steuersystematische Analyse, WPg 2007, 249; *Oppen/Polatzky*, Ausgewählte Zweifels- und Praxisfragen zur Verschmelzung nach dem UmwSt-Erlass 2011, GmbHR 2012, 263; *Ott*, Verschmelzung und Spaltung von Kapitalgesellschaften nach dem SEStEG, INF 2007, 465; *Pung/Schumacher*, Ausgewählte Fragen hinsichtlich der Veräußerungs- und Ersatztatbestände i.S. des § 22 UmwStG, StbJb. 2011/2012, 2012, 225; *Prinz zu Hohenlohe/Rautenstrauch/Adrian*, Der Entwurf des SEStEG: Geplante Änderungen bei inländischen Verschmelzungen, GmbHR 2006, 623; *Pyszka/Jüngling*, Steuerfalle: Umwandlung von EU-Kapitalgesellschaften in Personengesellschaften, GmbHR 2012, 327; *Pyszka/Jüngling*, Umwandlung von Kapitalgesellschaften in Personenunternehmen, BB-Spezial 1/2011, 4; *Rasche*, Steuerliche Risiken bei der Abwärtsverschmelzung („down-stream merger"), GmbHR 2010, 1188; *Ritzer/Rogall/Stangl*, Die Einbringung in eine Kapitalgesellschaft nach dem SEStEG, WPg 2006, 1210; *Rödder*, Verschmelzung von Kapital- auf Kapitalgesellschaften – kritische Anmerkungen zu den einschlägigen Textziffern des UmwSt-Erlass-Entwurfs vom 2.5.2011, DStR 2011, 1059; *Rödder/Schaden*, Zur Besteuerung des Downstream-Merger, Ubg 2011, 40; *Rödder/Stangl*, Einbringungsgewinn I: „Automatische" schädliche Einlagenrückgewähr bei Organschaft?, UbG 2008, 39; *Schaden/Ropohl*, Verschmelzung auf Auf-/Abspaltung von Kapitalgesellschaften auf Kapitalgesellschaften, BB-Special 1/2011, 11; *Schaflitzl/Götz*, Verschmelzung zwischen Kapitalgesellschaften, Spaltung von Kapitalgesellschaften und damit verbundene gewerbesteuerliche Regelungen, DB 2012, Beilage 1 zu Heft 2, 25; *Schönherr/Lemaitre*, Grundzüge und ausgewählte Aspekte bei Einbringungen in Kapitalgesellschaften nach dem SEStEG, GmbHR 2007, 459; *Schumacher/Hageböke*, Umwandlungssteuerrechtliche Rückwirkungsfiktion und Übertragung von Anteilen im Rahmen des § 8c KStG, DB 2008, 493; *Schell*, Internationale Bezüge bei Verschmelzungen von Körperschaften auf Personengesellschaften, IStR 2011, 704; *Schumacher*, Kann ein Mitunternehmeranteil eine wesentliche Betriebsgrundlage für Zwecke des Umwandlungssteuerrechts darstellen?, DStR 2010, 1606; *Schumacher/Neitz-Hackstein*, Verschmelzung und Spaltung zwischen inländischen Kapitalgesellschaften, Ubg 2011, 409; *Schwetlik*, Umwandlung Kapitalgesellschaft in Personengesellschaft nach dem SEStEG in der Gestaltungspraxis, GmbHR 2007, 574; *Sistermann*, Umwandlung Kapital- auf Kapitalgesellschaften (§§ 11 ff. UmwStG), DStR 2012, Beihefter zu Heft 2, 9; *Stimpel*, Umwandlung einer Kapital- in eine Personengesellschaft, GmbH-StB 2008, 74; *Stimpel*, Behandlung von Umwandlungskosten bei Verschmelzungen und Spaltungen von Kapitalgesellschaften nach dem UmwSt-Erlass 2011, GmbHR 2012, 199; *Stimpel*, Umwandlung von Kapital- in Personengesellschaften nach dem UmwSt-Erlass 2011, GmbHR 2012, 133; *Strahl*, Einbringung in eine Kapitalgesellschaft nach dem neuen Umwandlungssteuerrecht, KÖSDI 2007, 15442; *Strahl*, Umwandlung der Kapitalgesellschaft in die Personenunternehmung nach dem neuen Umwandlungssteuerrecht, KÖSDI 2007, 15513; *Thiel*, Europäisierung des Umwandlungssteuerrechts: Grundprobleme der Verschmelzung, DB 2005, 2316; *Volckens/Gebert*, Verschmelzung von Kapitalgesellschaften – Durchbrechung des Maßgeblichkeitsprinzips bei immateriellen Wirtschaftsgütern, IStR 2007, 764.

I. Überblick

Das UmwStG erfasst gem. § 1 Abs. 1 Satz 1 Nr. 1, Abs. 3 Nr. 1 UmwStG insbesondere die Verschmelzung von Körperschaften und Personenhandels-/Partnerschaftsgesellschaften nach Maßgabe des UmwG. Welche Vorschriften des UmwStG die im UmwG normierten Verschmelzungen regeln, ergibt sich aus der folgenden Aufstellung: 1

Verschmelzung von/auf	**Personenhandels-/Partnerschaftsgesellschaft**	**Natürliche Person**	**Kapitalgesellschaft**	**Genossenschaft**	**Eingetragener Verein**	**Genossenschaftlicher Prüfungsverband**	**VVaG**
Kapitalgesellschaft	§§ 3–9, 18	§§ 3–9, 18	§§ 11–13, 19	§§ 11–13, 19			
Personenhandels-/Partnerschaftsgesellschaft	§ 24		§§ 20–23	§§ 20–23			
Genossenschaft	§§ 3–9, 18		§§ 11–13, 19	§§ 11–13, 19			
Eingetragener Verein	§§ 3–9, 18		§§ 11–13, 19	§§ 11–13, 19	§§ 11–13, 19		
Genossenschaftlicher Prüfungs verband						§§ 11–13, 19	
VVaG			§§ 11–13, 19				§§ 11–13, 19
Wirtschaft licher Verein	§§ 3–9, 18		§§ 11–13, 19	§§ 11–13, 19	§§ 11–13, 19		

Darüber hinaus sind die Regelungen des UmwStG für Verschmelzungen auf Umwandlungen nach einem Bundes- oder Landesgesetz anwendbar, die gem. § 1 2

Abs. 2 UmwG zulässig sind und einer Verschmelzung entsprechen (§ 1 Abs. 1 Satz 1 Nr. 3 UmwG). Dies betrifft insbesondere die Vereinigung öffentlich-rechtlicher Kreditinstitute[1]. Des Weiteren regelt das UmwStG auch vergleichbare ausländische Vorgänge sowie die Verschmelzung von SE/SCE (dazu Anh. 2 nach § 122l Rz. 11 ff.).

3 Während die Verschmelzung von Körperschaften auf Personenhandelsgesellschaften und Partnerschaftsgesellschaften sowie die Verschmelzung von Körperschaften auf andere Körperschaften in Anknüpfung an die Regelungen des UmwG im 2., 3. und 5. Teil des UmwStG normiert sind, werden die vom UmwG erfassten Fälle der Verschmelzung von Personenhandelsgesellschaften auf Körperschaften und von Personenhandelsgesellschaften auf andere Personenhandelsgesellschaften im 6. und 7. Teil des UmwStG als Einbringungsvorgänge qualifiziert mit der Folge, dass es insoweit zwischen dem UmwG einerseits und dem UmwStG andererseits keine parallelen Rechtsstrukturen der Regelungen für die Verschmelzung gibt. Im Hinblick darauf erfassen §§ 20, 24 UmwStG nicht nur die in §§ 2 ff. und §§ 39 ff. UmwG normierten Fallgestaltungen, sondern darüber hinaus gem. § 1 Abs. 3 Nr. 4 und 5 UmwStG auch verschmelzungsähnliche Einbringungsvorgänge, in deren Rahmen Vermögen im Wege der Einzelrechtsnachfolge auf Kapital- oder Personengesellschaften übergeht. Angesprochen sind hiermit auch diejenigen Fälle, in denen die Verschmelzung durch die sog. erweiterte **Anwachsung**[2] bewirkt wird. Dabei übertragen alle Gesellschafter der übertragenden Personengesellschaft ihre Beteiligungen auf die übernehmende Gesellschaft, wodurch diese alle Gesellschaftsanteile an der übertragenden Gesellschaft erwirbt und deren Vermögen bei ihr anwächst[3].

4 **Besonderheiten** gelten bei Rechtsformen, die steuerlich abweichend vom Zivilrecht behandelt werden, Eine atypisch stille Gesellschaft (insbesondere **GmbH & atypisch Still**) wird steuerrechtlich zwar wie eine Personenhandelsgesellschaft als Mitunternehmerschaft (andere Gesellschaft i.S.d. § 15 Abs. 1 Satz 1 Nr. 2 EStG) behandelt, die selbst Subjekt der Gewinnerzielung, Gewinnermittlung und Einkünftequalifizierung ist[4]. Aus steuerlicher Sicht sind der Geschäftsinhaber und der atypisch stille Gesellschafter Mitunternehmer der atypisch stillen Gesellschaft. Als Innengesellschaft kann diese jedoch nicht Beteiligte an einer Umwandlung nach dem UmwG sein, sondern nur die an ihr beteiligten Personen, d.h. bei einer GmbH & atypisch Still die GmbH und bei geeigneter Rechtsform auch der atypisch stille Gesellschafter. Auf eine GmbH, an deren Betrieb eine atypisch stille Beteiligung besteht, sind somit die für Körperschaften geltenden Vorschriften des UmwStG anzuwenden[5]. Dabei ist allerdings zu beachten, dass die GmbH aus steuerlicher Sicht gemeinsam mit dem atypisch stillen Gesellschafter an einer Mitunternehmerschaft beteiligt ist, so dass dieser als Mitunternehmer auch an den stillen Reserven des Betriebs der Kapitalgesellschaft beteiligt ist.

---

1 *Möhlenbrock* in Dötsch/Pung/Möhlenbrock, § 1 UmwStG Rz. 39; UmwSt-Erlass Rz. 01.07.

2 § 738 Abs. 1 BGB.

3 BGH v. 10.5.1978 – VIII ZR 32/77, BGHZ 71, 296 (300); BFH v. 21.6.1994 – VIII R 5/92, BStBl. II 1994, 856; UmwSt-Erlass Rz. 01.44 und 01.47; OFD Berlin v. 19.7.2002, DStR 2002, 1811; *Orth*, DStR 1999, 1011 (1053); *Wacker* in Schmidt, § 16 EStG Rz. 513.

4 BFH v. 26.11.1996 – VIII R 42/94, BStBl. II 1998, 328.

5 *Möhlenbrock* in Dötsch/Pung/Möhlenbrock, § 1 UmwStG Rz. 137a; *Rödder* in Rödder/Herlinghaus/van Lishaut, § 11 UmwStG Rz. 48.

Der **KGaA**, die entsprechend ihrer gesellschaftsrechtlich geprägten dualen Rechtsstruktur auch steuerrechtlich einerseits gem. § 1 Abs. 1 Nr. 1 KStG wie eine Kapitalgesellschaft behandelt wird, während andererseits der persönlich haftende Gesellschafter hinsichtlich seines Gewinnanteils gem. § 15 Abs. 1 Satz 1 Nr. 3 EStG wie ein Mitunternehmer behandelt wird (ohne dass eine Mitunternehmerschaft vorliegt)[1], ist eine gesonderte Regelung im UmwStG versagt geblieben. Das UmwStG differenziert lediglich zwischen Kapitalgesellschaften und Personengesellschaften. Da die KGaA eine Kapitalgesellschaft ist (§ 278 Abs. 1 AktG), haben im Ausgangspunkt die für Kapitalgesellschaften maßgeblichen Vorschriften Geltung. Im Hinblick auf die Zielsetzung des UmwStG, die Umwandlung von Personen- und Kapitalgesellschaften steuerlich zu erleichtern, ist eine Lücke gegeben, die durch Analogie zu schließen ist. Das bedeutet: Auf die KGaA sind nicht nur die für Kapitalgesellschaften geltenden Vorschriften des UmwStG anzuwenden, sondern auch, soweit es um die Beteiligung der Komplementäre geht, die für Personengesellschaften maßgeblichen Regelungen[2]. Damit wird im Ergebnis die duale Struktur der KGaA auch im UmwStG fortgeführt. 5

Für die Verschmelzung von Kapitalgesellschaften auf eine KGaA sind grundsätzlich die an das UmwG anknüpfenden §§ 11 ff., 19 UmwStG einschlägig. Hierbei ist wie folgt zu unterscheiden: 6

- Für die Verschmelzung einer Kapitalgesellschaft auf die KGaA kommen die §§ 11 ff., 19 UmwStG zur Anwendung, soweit die auf die KGaA im Zuge der Vermögensübertragung übergehenden Wirtschaftsgüter nicht auf die Vermögenseinlage des Komplementärs (§ 281 Abs. 2 AktG) entfallen.
- Soweit die übergehenden Wirtschaftsgüter indessen die Vermögenseinlage betreffen, entspricht es der dualen steuerlichen Rechtsstruktur der KGaA, §§ 3 ff., 18 UmwStG analog anzuwenden (**Mischverschmelzung**), weil insoweit die steuerliche Rechtslage derjenigen bei der Verschmelzung einer Kapitalgesellschaft auf eine Personengesellschaft entspricht.

Bei einer Verschmelzung einer KGaA auf eine Kapitalgesellschaft sind dementsprechend partiell §§ 11 ff., 19 UmwStG und partiell §§ 20–23 UmwStG anzuwenden.

Nachfolgend wird zunächst die Besteuerung der Verschmelzung im **reinen Inlandsfall** erläutert (d.h. unbeschränkt steuerpflichtige inländische Gesellschaften und Gesellschafter, Übertragung von inländischem Vermögen). Die **Besonderheiten bei Verschmelzungen mit internationalem Bezug**, d.h. insbesondere bei Beteiligung ausländischer Gesellschaften und/oder Gesellschafter sowie bei Übertragung ausländischen Vermögens werden im Anh. 2 nach § 122l dargestellt. 7

1 BFH v. 21.6.1989 – X R 14/88, BStBl. II 1989, 881; BFH v. 28.11.2007 – X R 6/05, BStBl. II 2008, 363.

2 *Dötsch* in Dötsch/Pung/Möhlenbrock, Vor §§ 11–13 UmwStG Rz. 25; *Rödder* in Rödder/Herlinghaus/van Lishaut, § 11 UmwStG Rz. 49; *Haritz*, DStR 1996, 1192 (1193); *Schaumburg*, DStZ 1998, 525 (542); a.A. *Kusterer*, DStR 1998, 1412.

II. Verschmelzung von Körperschaften auf Personenhandels-/ Partnerschaftsgesellschaften und eine natürliche Person als Alleingesellschafter

1. Grundlagen und Praxishinweise

8 Im Gegensatz zu Körperschaften (insb. Kapitalgesellschaften), die im Ertragsteuerrecht als eigenständige Steuersubjekte eingestuft werden[1], unterliegen Personengesellschaften nicht selbst, sondern nur ihre Gesellschafter der Einkommen- bzw. Körperschaftsteuer[2]. Gleichwohl sind Personengesellschaften, insbesondere gewerbliche Mitunternehmerschaften eigenständige Gewinnerzielungs- und Gewinnermittlungssubjekte[3]. Auf Gesellschaftsebene ist im Ausgangspunkt auf der Grundlage des Gesamthandsvermögens[4] der Gewinn der Gesellschaft zu ermitteln, der sodann – grundsätzlich – entsprechend dem vertraglichen Gewinn- und Verlustverteilungsschlüssel auf die Gesellschafter zu verteilen ist und bei diesen zu Einkünften aus Gewerbebetrieb führt (§ 15 Abs. 1 Satz 1 Nr. 2 EStG). Demgegenüber unterliegt etwa eine Kapitalgesellschaft selbst unmittelbar der Körperschaftsteuer und der Anteilseigner erzielt Einkünfte erst im Falle der Ausschüttung von Gewinnen. Seit der durch das Steuersenkungsgesetz erfolgten Abschaffung des Körperschaftsteueranrechnungssystems kommt es nicht mehr zu einer Anrechnung der von der Kapitalgesellschaft gezahlten Körperschaftsteuer auf die Einkommensteuer des Anteilseigners. Vielmehr unterliegt die Ausschüttung zur Vermeidung einer wirtschaftlichen Doppelbesteuerung bei natürlichen Personen im Privatvermögen grundsätzlich der Abgeltungsteuer gem. § 32d EStG in Höhe von 25 % bzw. wird im Betriebsvermögen gem. § 3 Nr. 40 Satz 1d, Satz 2 EStG zu 40 % freigestellt (Teileinkünfteverfahren)[5]. Bei Körperschaften wird die Ausschüttung gem. § 8b Abs. 1, 5 KStG grundsätzlich zu 95 % von der Besteuerung freigestellt[6], wenn die Beteiligung zu Beginn des Kalenderjahres mindestens 10 % betragen hat (§ 8b Abs. 4 KStG). Bei Anteilen im Betriebsvermögen erfolgt eine den Regelungen des EStG und KStG folgende gewerbesteuerliche Freistellung von Gewinnausschüttungen nur bei Vorliegen einer Mindestbeteiligung von grundsätzlich 15 % (§ 8 Nr. 5 i.V.m. § 9 Nr. 2a, 7 GewStG; 10 % bei Beteiligungen an EU-Kapitalgesellschaften).

---

1 Z.B. §§ 1 Abs. 1, 3 Abs. 1 KStG, §§ 2 Abs. 2, 5 Abs. 1 Satz 2 GewStG.

2 Hingegen unterliegen Personengesellschaften, die gewerbliche Mitunternehmerschaften sind, selbst wie Körperschaften der Gewerbesteuer.

3 Zu dieser begrenzten Steuerrechtssubjektivität BFH v. 3.7.1995 – GrS 1/93, BStBl. II 1995, 617 (unter IV. 2. b, aa m.w.N.).

4 Auf einer zweiten Gewinnermittlungsstufe erfolgt sodann die Gewinnermittlung unter Einbeziehung von Sonderbetriebsvermögen und unter Berücksichtigung von Sondervergütungen, insbesondere für Leistungen des Gesellschafters an die Gesellschaft (§ 15 Abs. 1 Satz 1 Nr. 2 EStG); zu Einzelheiten dieser zweistufigen Gewinnermittlung *Wacker* in Schmidt, § 15 EStG Rz. 400ff.

5 Nachteilig ist dabei, dass im Rahmen der Abgeltungsteuer keine Werbungskosten abgezogen werden können (§ 20 Abs. 9 Satz 1 EStG) und im Betriebsvermögen die mit den Anteilen zusammenhängenden Ausgaben und Wertminderungen der Anteile gem. § 3c Abs. 2 EStG nur zu 60 % abzugsfähig sind.

6 Damit zusammenhängende laufende Betriebsausgaben sind abzugsfähig (§ 8b Abs. 3 Satz 2, Abs. 5 Satz 2 KStG), während Wertminderungen der Anteile nicht berücksichtigt werden (§ 8b Abs. 3 Satz 3 KStG).

Entsprechende Steuerfreistellungen gelten – in allen Fällen ohne Mindestbeteiligungserfordernis – im Grundsatz für Gewinne aus einer Anteilsveräußerung (mit der Besonderheit, dass Veräußerungsgewinne im Privatvermögen dem Teileinkünfteverfahren unterliegen, wenn die Voraussetzungen des § 17 EStG – Beteiligung von mindestens 1 % innerhalb der letzten fünf Jahre – vorliegen). Die bei Körperschaften, insbesondere bei Kapitalgesellschaften, systembedingte zweistufige Besteuerung betrifft neben der Ausschüttung bereits realisierter Gewinne somit insbesondere auch die **Besteuerung stiller Reserven**. Diese werden bei Realisierung sowohl auf Gesellschaftsebene als auch auf Gesellschafterebene erfasst (insbesondere bei Anteilen im Betriebsvermögen oder gem. § 17 EStG bei einer Beteiligungsquote von mindestens 1 %; bei Erwerb der Anteile nach dem 31.12.2008 darüber hinaus generell gem. § 20 Abs. 2 Satz 1 Nr. 1 EStG im Rahmen der Abgeltungsteuer).

Im Hinblick auf diese für Körperschaften einerseits und Personengesellschaften und ihre Gesellschafter andererseits bestehenden unterschiedlichen Besteuerungsprinzipien hat eine Verschmelzung von Körperschaften auf Personenhandelsgesellschaften stets einen **Systemwechsel** zur Folge. Da Personenhandelsgesellschaften eigenständige Gewinnerzielungs- und Gewinnermittlungssubjekte sind, treten die verschmelzungsbedingten **Steuerfolgen auf drei unterschiedlichen Ebenen** ein, und zwar auf der Ebene der **übertragenden Körperschaft**, auf der Ebene der **übernehmenden Personenhandelsgesellschaft** und auf **Gesellschafterebene**.

Der durch die Verschmelzung von Körperschaften auf Personenhandelsgesellschaften bedingte Systemwechsel in der Besteuerung tritt auch bei der Verschmelzung von Kapitalgesellschaften mit dem Vermögen des Alleingesellschafters als natürliche Person ein. Denn auch hier entfällt im Zuge der Verschmelzung mit dem Wegfall der Körperschaft eine Besteuerungsebene. 9

In der Praxis wird im Regelfall die Vermeidung einer Gewinnrealisierung angestrebt werden. Eine zwingende **Aufdeckung stiller Reserven** erfolgt im Inlandsfall grundsätzlich nur, soweit eine **andere Gegenleistung** als Gesellschaftsrechte gewährt wird (insb. bare Zuzahlungen). Davon abgesehen kann das übergehende Vermögen **auf Antrag** mit den **steuerlichen Buchwerten** angesetzt werden. Unabhängig davon erfolgt auf Gesellschafterebene jedoch grundsätzlich eine **Versteuerung der steuerlichen Gewinnrücklagen** der übertragenden Körperschaft. Die **steuerlichen Anschaffungskosten oder Buchwerte der Anteile** an der übertragenden Körperschaft können nur eingeschränkt mit den steuerpflichtigen Gewinnrücklagen verrechnet werden und gehen im Übrigen verloren. Bei einer **nachfolgenden Veräußerung der Anteile** an der übernehmenden Personenhandelsgesellschaft bzw. des übergegangenen Betriebs können sich daraus – in Verbindung mit der vollen Steuerpflicht des Veräußerungsgewinns – erhebliche **steuerliche Nachteile** ergeben. **Verlustvorträge der übertragenden Körperschaft** gehen nicht über, so dass unter Umständen eine freiwillige Aufdeckung stiller Reserven bei der übertragenden Körperschaft sinnvoll sein kann. **Verlustvorträge von Tochter- und Enkelgesellschaften** können auf Grund einer Änderung der Beteiligungsverhältnisse ganz oder teilweise entfallen. Bei der Entscheidung für eine Verschmelzung ist auch eine etwaige Belastung mit **Grunderwerbsteuer** zu berücksichtigen. 10

2. Rechtsentwicklung

11 Vor dem Inkrafttreten des **KStG 1977** hatte die zweistufige Besteuerung bei Verschmelzung einer Körperschaft auf eine Personengesellschaft zu einer vollen Besteuerung der stillen Reserven sowohl auf der Gesellschafts- als auch auf der Gesellschafterebene geführt. Parallel zur Einführung des körperschaftsteuerlichen Anrechnungsverfahrens regelte das **UmwStG 1977** eine Besteuerung der stillen Reserven **auf Gesellschafterebene** (Übernahmegewinn) mit der Folge, dass die Umwandlung steuerlich im Ergebnis wie eine Anteilsveräußerung behandelt wurde. Zur Übernahmegewinnermittlung wurde der Buchwert bzw. die Anschaffungskosten der Anteile an der Kapitalgesellschaft grundsätzlich den Teilwerten der Wirtschaftsgüter der übertragenden Kapitalgesellschaft gegenübergestellt.

12 Das **UmwStG 1995** sah grundsätzlich die Möglichkeit der **Fortführung der Buchwerte der Körperschaft** bei der Personenhandelsgesellschaft vor. Der Übernahmegewinn errechnete sich in diesem Fall aus einer Gegenüberstellung des Buchwerts bzw. der Anschaffungskosten der Anteile an der Kapitalgesellschaft einerseits und den Buchwerten der übergehenden Wirtschaftsgüter andererseits. Stille Reserven in den übergehenden Wirtschaftsgütern wurden mithin für Zwecke der Übernahmegewinnermittlung nicht mehr zwingend aufgelöst. Der Übernahmegewinn war im Grundfall des seit ihrer Gründung an der übertragenden Kapitalgesellschaft beteiligten Gesellschafters mit den in der Kapitalgesellschaft gebildeten steuerlichen Gewinnrücklagen identisch. Wurden die Anteile an der Kapitalgesellschaft später angeschafft und wurden im Anteilskaufpreis stille Reserven mitbezahlt, so erfolgte in Höhe eines entstehenden Übernahmeverlustes eine steuerneutrale Aufstockung der übernommenen Buchwerte und damit die Generierung von Abschreibungspotential. Diese spezifische Ausgestaltung des UmwStG 1995 führte zu einer steuerlichen Neuorientierung des **Unternehmenskaufs:** Die einem share deal nachgeschaltete Verschmelzung der Kapitalgesellschaft auf eine Personenhandelsgesellschaft oder ein Formwechsel unter Buchwertfortführung führte auf der Ebene der übernehmenden Personenhandelsgesellschaft im Ergebnis zu einer nachfolgenden steuerwirksamen Abschreibung der mitbezahlten stillen Reserven. Diese Vorteile des **Umwandlungsmodells**[1] wurden durch nachfolgende Gesetzesänderungen erheblich eingeschränkt (u.a. verhinderte § 50c Abs. 11 EStG bei Steuerfreiheit des Veräußerungsgewinns das Entstehen eines Übernahmeverlustes).

13 Die Besteuerung des Übernahmeergebnisses wurde im Rahmen der **Körperschaftsteuerreform** durch das **Steuersenkungsgesetz**[2], die einen Systemwechsel vom Anrechnungsverfahren zum Halbeinkünfteverfahren beinhaltete, mit Wirkung ab 2001 grundlegend geändert. Parallel zur vollständigen oder hälftigen Steuerfreistellung der Gewinnausschüttungen und Gewinne aus der Veräußerung von Anteilen an Kapitalgesellschaften gem. § 8b KStG, § 3 Nr. 40 EStG blieb bei Körperschaften, Personenvereinigungen oder Vermögensmassen als Mitunternehmer ein **Übernahmegewinn** nunmehr gem. § 4 Abs. 7 UmwStG **vollständig** und in anderen Fällen **hälftig außer Ansatz**. Ein **Übernahmeverlust** blieb hingegen gem. § 4 Abs. 6 UmwStG unabhängig von dem steuerlichen Status der Mitunternehmer **stets außer Ansatz**. Diese Rechtsfolge ist überschießend und geht über die **Abschaffung des Umwandlungsmodells** weit hinaus, da sie ohne Differenzierung zur „Vernich-

1 Zu Einzelheiten *Schaumburg/Rödder*, Vor §§ 3ff. UmwStG Rz. 28.
2 Gesetz v. 23.10.2000, BGBl. I, S. 1433.

tung" der steuerlichen Anschaffungskosten bzw. Buchwerte der Anteile an der Kapitalgesellschaft führt. Bei einer nachfolgenden Veräußerung der Anteile an der übernehmenden Personengesellschaft folgt daraus eine Versteuerung der erworbenen stillen Reserven. Im Falle eines erheblichen Übernahmeverlustes (insbesondere nach einem Anteilskauf, bei dem im Kaufpreis stille Reserven vergütet wurden) führt dies faktisch zu einer **Umwandlungssperre**.

Auf dieser Systematik aufbauend wurde – neben Änderungen hinsichtlich der Be- 14
wertung der Anteile an der übertragenden Körperschaft und des übergehenden Vermögens – durch das **SEStEG**[1] insbesondere ein genereller Vorrang der Besteuerung der offenen **Gewinnrücklagen als Kapitalertrag** nach § 7 UmwStG vor der Erfassung eines Übernahmegewinns geregelt. Ein darüber hinaus entstehender Übernahmegewinn unterliegt – wie ein Veräußerungsgewinn oder -verlust – den Regelungen der § 8b KStG bzw. §§ 3 Nr. 40, 3c EStG. Ein Übernahmeverlust ist bei Körperschaften als Anteilseigner grundsätzlich nicht abzugsfähig, während er bei natürlichen Personen als Anteilseignern zu 60 %, höchstens in Höhe von 60 % des Kapitalertrags gem. § 7 UmwStG abgezogen werden kann.

3. Beteiligte Rechtsträger

Für die im 2. und 5. Teil (§§ 3–9, 18) des UmwStG geregelte Verschmelzung von 15
Körperschaften auf Personengesellschaften und natürliche Personen ergibt sich gem. § 1 Abs. 1 Satz 1 Nr. 1 UmwStG eine unmittelbare Anknüpfung an die im UmwG geregelten Verschmelzungsvorgänge (zu vergleichbaren ausländischen Vorgängen s. Anh. 2 nach § 122l Rz. 56, 87). Die Vorschriften gelten daher insbesondere für folgende Verschmelzungen:

Verschmelzung von/auf	Personenhandels-/ Partnerschafts-gesellschaft	Alleingesellschafter (Natürliche Person)
Kapitalgesellschaft	●	●
Genossenschaft	●	
Eingetragener Verein	●	
Wirtschaftlicher Verein	●	

Zu den Besonderheiten bei der atypisch stillen Gesellschaft und der KGaA s. oben 16
Rz. 4ff.

4. Verschmelzung von Körperschaften auf Personenhandels-/Partnerschaftsgesellschaften

a) Steuerliche Auswirkungen bei der übertragenden Körperschaft

aa) Bewertung in der steuerlichen Schlussbilanz

Die übertragende Körperschaft erlischt durch die Verschmelzung und muss auf 17
das Ende ihrer Steuerpflicht eine **steuerliche Schlussbilanz** aufstellen (zum Zeit-

1 Gesetz v. 7.12.2006, BGBl. I, S. 2782.

punkt s. unten Rz. 25). In dieser Schlussbilanz sind die bei der Verschmelzung übergehenden Wirtschaftsgüter, einschließlich nicht entgeltlich erworbener und selbst geschaffener immaterieller Wirtschaftsgüter, gem. § 3 Abs. 1 Satz 1 UmwStG, grundsätzlich mit dem gemeinen Wert anzusetzen. Der **gemeine Wert** wird gem. § 9 BewG nach dem Preis bestimmt, der im gewöhnlichen Geschäftsverkehr nach der Beschaffenheit des Wirtschaftsguts zu erzielen wäre. Der gemeine Wert entspricht somit in der Regel dem **Verkehrswert**[1]. Durch Ansatz des gemeinen Wertes entsteht in Höhe der Differenz zum steuerlichen Buchwert ein **Übertragungsgewinn oder -verlust**.

Die Bewertung mit dem gemeinen Wert gilt nicht nur für die aktiven Wirtschaftsgüter, sondern auch für die passiven Wirtschaftsgüter (**Schulden**)[2]. Dies wird auch daran deutlich, dass § 3 Abs. 1 Satz 2 UmwStG für **Pensionsrückstellungen** ausdrücklich eine Bewertung nach § 6a EStG vorschreibt (d.h. ohne Berücksichtigung der bei dieser Bewertung regelmäßig entstehenden stillen Lasten). Diese – unsystematische und nur fiskalisch begründbare – Regelung wäre nicht erforderlich, wenn Schulden generell nach §§ 4, 5 ff. EStG zu bewerten wären. § 3 Abs. 1 Satz 1 UmwStG stellt eine steuerliche Ansatz- und Bewertungsvorschrift dar. Die steuerlichen Ansatzverbote des § 5 EStG gelten daher für die Schlussbilanz nur, wenn die Buchwerte fortgeführt werden (dazu sogleich)[3]. Dies wird durch den ausdrücklichen Einbezug der selbst geschaffenen immateriellen Wirtschaftsgüter klargestellt, für die ansonsten gem. § 5 Abs. 2 EStG ein Aktivierungsverbot gilt. Daher ist – anders als nach § 3 UmwStG a.F. – insbesondere auch ein selbst geschaffener **Firmenwert** anzusetzen[4]. Der Firmen- oder Geschäftswert ist der Wert, der einem gewerblichen Unternehmen über den Verkehrswert der einzelnen materiellen und immateriellen Wirtschaftsgüter hinaus innewohnt[5]. Er ist Ausdruck der Gewinnchancen eines Unternehmens und kann grundsätzlich nicht ohne diesen veräußert werden. Der Firmenwert kann somit nur durch eine Bewertung des im Rahmen der Verschmelzung übergehenden Betriebs ermittelt werden, bei der auch sämtliche **stillen Lasten** – unabhängig von ihrer Passivierungsfähigkeit – zu berücksichtigen sind[6]. Es erfolgt somit eine Bewertung als Sachgesamtheit[7]. Die Ausnahmeregelung des § 3 Abs. 1 UmwStG für Pensionsrückstellungen wird von der Finanzverwaltung dahingehend interpretiert, dass der gemeine Wert der Sachgesamtheit und damit auch der gemeine Wert eines Firmenwertes nicht von einem über den Ansatz gem. § 6a EStG hinausgehenden gemeinen Wert der Pensionsverpflichtungen gemindert wird[8]. Dies überzeugt nicht, vielmehr ist korrespondierend der Firmenwert um diese stille Last zu verringern[9].

1 BFH v. 2.2.1990 – III R 173/86, BStBl. II 1990, 497.
2 Zur Bezeichnung von Schulden als passive oder negative Wirtschaftsgüter z.B. BFH v. 7.8.2000 – GrS 2/99, BStBl. II 2000, 632 (635); BFH v. 29.11.2012 – IV R 47/09, BStBl. II 2013, 324 Rz. 33.
3 UmwSt-Erlass Rz. 03.06.
4 UmwSt-Erlass Rz. 03.05.
5 BFH v. 27.3.2001 – I R 42/00, BStBl. II 2001, 771.
6 *Dötsch/Pung* in Dötsch/Pung/Möhlenbrock, § 3 UmwStG Rz. 14 und 16; *Birkemeier* in Rödder/Herlinghaus/van Lishaut, § 3 UmwStG Rz. 72.
7 UmwSt-Erlass Rz. 03.07.
8 UmwSt-Erlass Rz. 03.08.
9 *Möhlenbrock/Pung* in Dötsch/Pung/Möhlenbrock, § 3 UmwStG Rz. 16.

Wenn der gemeine Wert des übergehenden Betriebs unter der Summe der einzelnen gemeinen Werte der aktiven und passiven Wirtschaftsgüter liegt (z.B. wegen geringer Ertragsaussichten), stellt sich die Frage, ob dies durch eine niedrigere Bewertung der einzelnen Wirtschaftsgüter oder durch Ansatz eines gesonderten Passivpostens (**negativer Firmenwert** bzw. Ausgleichsposten) berücksichtigt werden kann[1]. Da nur dies zu der zutreffenden Besteuerung wie bei einer Veräußerung führt und der Wortlaut eine solche **Gesamtbewertung** zulässt („die übergehenden Wirtschaftsgüter ... mit dem gemeinen Wert"), ist die Bildung eines negativen Ausgleichspostens zu bejahen[2].

Gem. § 3 Abs. 2 UmwStG können die übergehenden Wirtschaftsgüter auf Antrag **einheitlich mit dem Buchwert** oder einem höheren Wert (**Zwischenwert**), höchstens dem gemeinen Wert nach § 3 Abs. 1 UmwStG, angesetzt werden, soweit bestimmte Voraussetzungen erfüllt sind. Der **Antrag** ist gem. § 3 Abs. 2 Satz 2 UmwStG spätestens bis zur erstmaligen Abgabe der steuerlichen Schlussbilanz bei dem für die Besteuerung der übertragenden Körperschaft zuständigen Finanzamt zu stellen. Da die Schlussbilanz nach Verwaltungsauffassung eine eigenständige Bilanz darstellt, soll die Einreichung der regulären Bilanz i.S.d. §§ 4 Abs. 1, 5 Abs. 1 EStG nur dann als Abgabe der Schlussbilanz gelten, wenn der Steuerpflichtige dies ausdrücklich erklärt; konkludent soll dies dann auch als Antrag auf Ansatz des Buchwerts gelten[3]. 18

Das Antragswahlrecht kann bis zur Eintragung der Verschmelzung von der übertragenden Körperschaft selbst, danach von der übernehmenden Personenhandelsgesellschaft als ihrer Rechtsnachfolgerin ausgeübt werden[4]. Dieses steuerliche Bewertungswahlrecht hat keine Parallele im UmwG. Ein Bewertungswahlrecht wird dort lediglich dem übernehmenden Rechtsträger eingeräumt (§ 24 UmwG). Der übertragende Rechtsträger hat in der Schlussbilanz gem. § 17 Abs. 2 Satz 2 UmwG die Werte anzusetzen, die den Vorschriften über die Jahresbilanz entsprechen. Das bedeutet, dass handelsrechtlich im Grundsatz die Buchwerte anzusetzen sind und nur unter bestimmten Voraussetzungen eine Zuschreibung bis zu den Anschaffungskosten, nicht aber der Ansatz des höheren Zeitwertes zulässig ist (hierzu § 24 Rz. 14f.). Nach dem Wortlaut der Vorschrift und dem Willen des Gesetzgebers[5] ist – im Ergebnis wie entgegen der ursprünglichen Auffassung der Finanzverwaltung[6] auch vor SEStEG[7] – die Bewertung in der steuerlichen Schlussbilanz unabhängig von der handelsrechtlichen Schlussbilanz, der Grundsatz der Maßgeblichkeit galt schon vor der Aufgabe der Maßgeblichkeit für steuerliche

---

1 Zum Konzept des negativen Ausgleichspostens zur Vermeidung eines Anschaffungsgewinns BFH v. 26.4.2006 – I R 49, 50/04, BStBl. II 2006, 656.

2 Ebenso *Ley/Bodden*, FR 2007, 265 (269); *Lemaitre/Schönherr*, GmbHR 2007, 173 (175); *Möhlenbrock/Pung* in Dötsch/Pung/Möhlenbrock, § 3 UmwStG Rz. 15; a.A. *Birkemeier* in Rödder/Herlinghaus/van Lishaut, § 3 UmwStG Rz. 72. Zur gleichen Problematik hinsichtlich § 11 Abs. 1 UmwStG *Rödder* in Rödder/Herlinghaus/van Lishaut, § 11 UmwStG Rz. 77.

3 UmwSt-Erlass Rz. 03.01.

4 *Birkemeier* in Rödder/Herlinghaus/van Lishaut, § 3 UmwStG Rz. 140f.

5 BT-Drucks. 16/2710, 37.

6 UmwSt-Erlass 1998, Rz. 03.01.

7 BFH v. 5.6.2007 – I R 97/06, BStBl. II 2008, 650; BFH v. 19.10.2005 – I R 38/04, BStBl. II 2006, 568.

Wahlrechte durch das BilMoG[1] (§ 5 Abs. 1 Satz 1 EStG) nicht[2]. Eine gesonderte Aufzeichnung i.S.d. § 5 Abs. 1 Satz 2 EStG ist für die Ausübung des Bewertungswahlrechts nicht erforderlich[3].

19 Das **Antragswahlrecht** zu einer Bewertung mit dem Buchwert oder einem Zwischenwert gem. § 3 Abs. 2 Satz 1 UmwStG besteht nur, **soweit**

1. die übergehenden Wirtschaftsgüter **Betriebsvermögen** der übernehmenden Personengesellschaft werden und sichergestellt ist, dass sie später der **Besteuerung mit Einkommen- oder Körperschaftsteuer** unterliegen, und
2. das Recht der Bundesrepublik Deutschland hinsichtlich der Besteuerung des Gewinns aus der Veräußerung der übertragenen Wirtschaftsgüter nicht ausgeschlossen oder beschränkt wird (diese Voraussetzung ist im reinen Inlandsfall immer erfüllt; zu **internationalen Sachverhalten** Anh. 2 nach § 122l Rz. 58 ff.), und
3. eine **Gegenleistung** nicht gewährt wird oder **in Gesellschaftsrechten** besteht.

Diese Voraussetzungen sind für jedes Wirtschaftsgut und jeden Mitunternehmer der übernehmenden Personengesellschaft gesondert zu prüfen[4]. Wenn sie nur teilweise nicht erfüllt sind, wird das Bewertungswahlrecht auch nur für diesen Teil ausgeschlossen („soweit").

Nach Verwaltungsauffassung soll ein Buchwertansatz nicht möglich sein, wenn der **gemeine Wert** der Sachgesamtheit **geringer als die Summe der Buchwerte** der übergehenden Wirtschaftsgüter ist[5]. In einem solchen Fall – stille Lasten übersteigen die stillen Reserven – soll es somit zu einer **zwangsweisen Verlustrealisierung** kommen, die angesichts des fehlenden Übergangs verbleibender Verluste gem. § 4 Abs. 2 Satz 2 UmwStG zu erheblichen Nachteilen führen kann (hinzu kommt nach Verwaltungsauffassung ein ertragswirksamer **Umkehreffekt** bei der übernehmenden Personengesellschaft; s. unten Rz. 31). Nach dem Wortlaut des § 3 Abs. 2 Satz 1 UmwStG ist jedoch in diesem Fall der Buchwert die Untergrenze für den Wertansatz[6]. Denn der Halbsatz „höchstens jedoch mit dem Wert nach Absatz 1" bezieht sich nur auf die unmittelbar zuvor genannte Alternative „oder einem höheren Wert", nicht jedoch auf die erstgenannte Alternative „mit dem Buchwert". Das Gesetz regelt somit nur das Verbot eines Überschreitens des gemeinen Werts durch einen Zwischenwert. Dies entspricht auch dem Willen des Gesetzgebers, der in der Begründung des Regierungsentwurfs zum Ausdruck kommt: „Abweichend von dem Grundsatz nach Absatz 1 können […] die steuerlichen Buchwerte […] in der steuerlichen Schlussbilanz angesetzt werden …"[7]. Eine Versagung des Buchwertansatzes stünde damit nicht im Einklang. Die übertragende Kapitalgesellschaft kann somit durch einen Antrag auf Buchwertansatz nicht nur die Realisierung stiller Reserven, sondern auch die Realisierung stiller Lasten vermeiden.

1 Gesetz v. 15.5.2009, BGBl. I, S. 1102.
2 Allgemeine Auffassung; statt aller *Möhlenbrock/Pung* in Dötsch/Pung/Möhlenbrock, § 3 UmwStG Rz. 26f.
3 BMF v. 12.3.2010, BStBl. I 2010, 239 Rz. 19 a.E.
4 BT-Drucks. 16/2710, 37.
5 UmwSt-Erlass Rz. 03.12.
6 Tendenziell ebenso *Birkemeier* in Rödder/Herlinghaus/van Lishaut, § 3 UmwStG Rz. 119a m.w.N.; a.A. *Möhlenbrock/Pung* in Dötsch/Pung/Möhlenbrock, § 3 UmwStG Rz. 17.
7 Vgl. BT-Drucks. 16/2710, 37.

Die übergehenden Wirtschaftsgüter werden insbesondere dann **Betriebsvermögen** der übernehmenden Personengesellschaft, wenn diese zumindest teilweise **gewerblich tätig ist oder gewerblich geprägt ist** (§ 15 EStG)[1]. Betriebsvermögen liegt auch vor, wenn die übernehmende Personengesellschaft **land- und forstwirtschaftlich oder freiberuflich tätig** ist (§§ 13, 18 EStG). Die erste Voraussetzung des § 3 Abs. 2 Satz 1 Nr. 1 UmwStG ist daher insbesondere dann **nicht erfüllt**, wenn die übergehenden Wirtschaftsgüter nur einer **vermögensverwaltenden Tätigkeit** dienen (z.B. Vermietung von Grundvermögen) und die übernehmende Personengesellschaft weder anderweitig gewerblich tätig noch gewerblich geprägt ist (§ 15 Abs. 3 EStG). Soweit Anteile an einer vermögensverwaltenden Personengesellschaft von einem Gesellschafter im Betriebsvermögen gehalten werden, liegt zwar nicht bei der Personengesellschaft, wohl aber bei dem Gesellschafter (anteilig) Betriebsvermögen vor (Zebragesellschaft)[2]. Nach Sinn und Zweck der Vorschrift steht dies dem Antrag auf Buchwertfortführung nicht entgegen[3]. Zu beachten ist des Weiteren, dass auch bei einer gewerblichen Personengesellschaft (Mitunternehmerschaft) ein Wirtschaftsgut des Gesamthandsvermögens im Ausnahmefall steuerlich notwendiges Privatvermögen darstellen kann[4]. 20

Des Weiteren verlangt § 3 Abs. 2 Satz 1 Nr. 1 UmwStG eine **Sicherstellung der späteren Besteuerung** mit Einkommen- oder Körperschaftsteuer. Diese Voraussetzung könnte im Inlandsfall bei unbeschränkter Steuerpflicht der Gesellschafter der übernehmenden Personengesellschaft nur soweit nicht erfüllt sein, als steuerbefreite Körperschaften oder juristische Personen des öffentlichen Rechts beteiligt sind und die Beteiligung nicht im steuerpflichtigen Bereich gehalten wird[5]. Eine Sicherstellung der Besteuerung mit **Gewerbesteuer** fordert das Gesetz nicht, so dass die Verschmelzung auf eine land- und forstwirtschaftliche oder freiberufliche Personengesellschaft dem Bewertungswahlrecht nicht entgegensteht[6]. 21

Nach § 3 Abs. 2 Satz 1 Nr. 3 UmwStG ist der Ansatz unter dem gemeinen Wert nicht möglich, soweit die gewährte **Gegenleistung** für die Verschmelzung **nicht in Gesellschaftsrechten** besteht. Zu den Gegenleistungen, die nicht in Gesellschaftsrechten bestehen, zählen insbesondere bare Zuzahlungen seitens der übernehmenden Personengesellschaft, aber auch die Einräumung von Darlehensforderungen gegen die übernehmende Personengesellschaft. Zahlungen auf Gesellschafterebene fallen hingegen ebenso wie die Barabfindung ausscheidender Gesellschafter nicht unter die Regelung, sondern sind als Veräußerungsvorgänge allein auf Gesellschafterebene zu berücksichtigen[7]. 22

---

1 Gewerblich geprägt ist nach § 15 Abs. 3 Nr. 2 EStG insbesondere die typische GmbH & Co. KG, bei der nur eine Kapitalgesellschaft persönlich haftet und zur Geschäftsführung befugt ist.

2 BFH v. 11.4.2005 – GrS 2/02, BStBl. II 2005, 679.

3 A.A. UmwSt-Erlass Rz. 03.16; *Birkemeier* in Rödder/Herlinghaus/van Lishaut, § 3 UmwStG Rz. 93 m.w.N.

4 BFH v. 30.6.1987 – VIII R 353/82, BStBl. II 1988, 418: unentgeltliche Nutzung eines Wirtschaftsguts für private Zwecke.

5 *Birkemeier* in Rödder/Herlinghaus/van Lishaut, § 3 UmwStG Rz. 94.

6 UmwSt-Erlass Rz. 03.17; auch nach allgemeinen Grundsätzen führt die gewerbesteuerliche Entstrickung nicht zur Gewinnrealisierung; BFH v. 14.6.1988 – VIII R 387/83, BStBl. II 1989, 187.

7 UmwSt-Erlass Rz. 03.22 zur Barabfindung und Rz. 05.04 zu Veräußerungen; unklar allerdings Rz. 03.21 hinsichtlich von Zahlungen durch nahestehender Personen des überneh-

Das steuerbilanzielle **Wahlrecht** zur Bewertung unter dem gemeinen Wert gem. § 3 Abs. 2 UmwStG ist „**einheitlich**" auszuüben. Sämtliche Wirtschaftsgüter, hinsichtlich derer die vorgenannten Voraussetzungen erfüllt sind, sind daher einheitlich entweder mit dem Buchwert, dem gemeinen Wert oder einem Zwischenwert anzusetzen. Auch der Ansatz eines Zwischenwertes muss einheitlich erfolgen, d.h. in diesem Fall sind die stillen Reserven bei jedem Wirtschaftsgut – einschließlich eines selbstgeschaffenen Firmenwerts – gleichmäßig anteilig aufzudecken[1]. Im Regelfall wird das Interesse der an der Verschmelzung beteiligten Körperschaft und ihrer Anteilseigner dahin gehen, die Buchwerte in der steuerlichen Schlussbilanz fortzuführen. Denn nur so kann eine Besteuerung des Übertragungsgewinns vermieden werden. Werden dagegen die Wirtschaftsgüter in der Schlussbilanz nach Maßgabe des in § 3 Abs. 2 UmwStG eingeräumten Bewertungswahlrechts mit einem **höheren Wert, höchstens mit dem gemeinen Wert**, angesetzt, unterliegt der hierdurch entstandene **Übertragungsgewinn** bei der übertragenden Körperschaft im Grundsatz ungemildert der Körperschaftsteuer und der Gewerbeertragsteuer (§ 18 Abs. 1 Satz 1 UmwStG). Insoweit gelten die normalen für die Körperschaft- und Gewerbesteuer geltenden Regeln. Hieraus folgt, dass der Gewinn aus einer Bewertung von Anteilen an Kapitalgesellschaften über dem Buchwert gem. § 8b Abs. 2, 3 Satz 1 KStG im Regelfall zu 95 % von der Besteuerung freigestellt wird[2].

23 Die Aufstockung der Wertansätze der zu übertragenden Wirtschaftsgüter in der steuerlichen Schlussbilanz der übertragenden Körperschaft auf Zwischenwerte oder den gemeinen Wert kann dann sinnvoll sein, wenn bei der übertragenden Körperschaft ein körperschaftsteuerlicher und gewerbesteuerlicher **Verlustvortrag** (§ 8 KStG i.V.m. § 10d EStG, § 10a GewStG) oder ein Zinsvortrag gem. § 4h Abs. 1 Satz 5 EStG besteht (zur Einschränkung der rückwirkenden Verlustnutzung gem. § 2 Abs. 4 Satz 1 UmwStG s. unten Rz. 34a). Dies deshalb, weil der verbleibende Verlustvortrag – wie auch verrechenbare Verluste, nicht ausgeglichene negative Einkünfte, ein Zinsvortrag und ein EBITDA-Vortrag i.S.d. §§ 4h Abs. 1 Satz 3 EStG – nicht auf die Gesellschafter der übernehmenden Personenhandelsgesellschaft bzw. die Personenhandelsgesellschaft übergeht (§§ 4 Abs. 2 Satz 2, 18 Abs. 1 Satz 2 UmwStG; unten Rz. 34). Indessen ist zu beachten, dass zum einen die sog. **Mindestbesteuerung** gilt, d.h. der 1 Mio. Euro übersteigende Gewinn nur zu 60 % mit dem Verlustvortrag verrechnet werden kann (§§ 10d Abs. 2 EStG, 10a Satz 2 GewStG)[3] und zum anderen der gewerbesteuerliche Verlustvortrag häufig niedriger ist als der körperschaftsteuerliche Verlustvortrag. Dies hat zur Folge, dass eine Aufstockung in der steuerlichen Schlussbilanz der übertragenden Körperschaft jedenfalls partiell besteuert wird. Darüber hinaus führt die Aufstockung der Wertansätze der übergehenden Wirtschaftsgüter zu einer Erhöhung der steuerlichen Gewinnrücklagen, die bei den Gesellschaftern nach § 7 UmwStG besteuert werden (dazu unten Rz. 48).

---

menden Rechtsträgers. Zu Einzelheiten *Birkemeier* in Rödder/Herlinghaus/van Lishaut, § 3 UmwStG Rz. 113.

1 UmwSt-Erlass Rz. 03.25.

2 BMF v. 28.4.2003, BStBl. I 2003, 292 Rz. 23.

3 Ein Zinsvortrag kann wiederum nur im Rahmen der 30 %-Grenze des § 4h Abs. 1 EStG genutzt werden.

Die verschmelzungsbedingten Kosten (**Umwandlungskosten**) sind den Beteiligten nach dem objektiven Veranlassungsprinzip zuzuordnen[1]. Der übertragenden Körperschaft sind danach durch ihre Rechtsform veranlasste Kosten, z.B. die auf sie entfallenden Beratungskosten, Notar- und Gerichtskosten etc., zuzuordnen. Diese Kosten stellen abzugsfähige Betriebsausgaben der übertragenden Körperschaft dar[2]. 24

bb) Steuerlicher Übertragungsstichtag (Rückwirkung)

Die steuerliche Schlussbilanz (Übertragungsbilanz), in der die Bewertung nach § 3 UmwStG vorzunehmen ist, ist von der übertragenden Körperschaft auf den steuerlichen Übertragungsstichtag aufzustellen, der gem. § 2 Abs. 1 UmwStG dem Stichtag der Bilanz entspricht, die dem Vermögensübergang zu Grunde liegt. Somit kann die Verschmelzung steuerlich gem. § 2 Abs. 1 UmwStG i.V.m. §§ 5 Abs. 1 Nr. 6, 17 Abs. 2 Satz 4 UmwG auf einen höchstens acht Monate vor der Anmeldung der Verschmelzung zum Handelsregister liegenden Stichtag auch mit steuerlicher Wirkung zurückbezogen werden. Der steuerliche Übertragungsstichtag liegt somit unmittelbar vor dem handelsrechtlichen Umwandlungsstichtag, von dem an die Handlungen des übertragenden Rechtsträgers als für Rechnung des übernehmenden Rechtsträgers vorgenommen gelten[3]. Die Wahl eines davon abweichenden Zeitpunkts ist nicht möglich[4]. Fraglich ist, ob ein „untertägiger" Verschmelzungsstichtag – z.B. 1.1., 00:01 Uhr – gewählt werden kann und ob dies zu einem steuerlichen Übertragungsstichtag innerhalb des gleichen Tages führt[5]. Die Rückbeziehung auf den Übertragungsstichtag ist hinsichtlich der steuerlichen Zuordnung der Erfolgswirkungen auch dann möglich, wenn der übernehmende Rechtsträger zu diesem Zeitpunkt noch nicht existierte[6]. Mit Ablauf dieses Stichtags gilt das Vermögen der übertragenden Körperschaft als auf die übernehmende Personenhandelsgesellschaft übergegangen und die übertragende Körperschaft als aufgelöst. Damit endet die Steuerpflicht für die Körperschaftsteuer und für die Gewerbesteuer mit Ablauf des Übertragungsstichtages[7]. Eine körperschaftsteuerliche und gewerbesteuerliche **Organschaft** i.S.d. § 14 KStG, § 2 Abs. 2 Satz 2 GewStG zur übertragenden Körperschaft als **Organgesellschaft** endet mit Ablauf des steuerlichen Übertragungsstichtags, wenn dieser auf das Ende eines Wirtschaftsjahres fällt[8]. Die Verschmelzung ist ein wichtiger Grund i.S.d. § 14 Abs. 1 Satz 1 Nr. 3 Satz 2 KStG, so dass diese Beendigung auch innerhalb des fünfjährigen Mindestzeitraums unschädlich ist[9]. 25

1 BFH v. 22.4.1998 – I R 83/96, BStBl. II 1998, S. 698.
2 *Möhlenbrock/Pung* in Dötsch/Pung/Möhlenbrock, § 3 UmwStG Rz. 67.
3 Z.B. Verschmelzungsstichtag 1.1. – steuerlicher Übertragungsstichtag 31.12.; UmwSt-Erlass Rz. 02.02; s. auch BFH v. 21.12.2005 – I R 66/05, BStBl. II 2006, 469.
4 BFH v. 22.9.1999 – II R 33/97, BStBl. II 2000, 2; offen in BFH v. 7.4.2010 – I R 96/08, BStBl. II 2011, 467 Rz. 34.
5 Offen in BFH v. 24.4.2008 – IV R 69/05, BFH/NV 2008, 1550.
6 UmwSt-Erlass Rz. 02.11.
7 BFH v. 21.12.2005 – I R 66/05, BStBl. II 2006, 469; nach UmwSt-Erlass Rz. 02.10 liegt die Rechtsfolge der Rückwirkung (nur) darin, dass dem übertragenden Rechtsträger kein Einkommen und kein Vermögen zugerechnet werden.
8 BFH v. 21.12.2005 – I R 66/05, BStBl. II 2006, 469. Zur Problematik der Durchführung des Gewinnabführungsvertrags bei einem unterjährigen steuerlichen Übertragungsstichtag *Herlinghaus* in Rödder/Herlinghaus/van Lishaut, Anh. 4 Rz. 12 und 62.
9 UmwSt-Erlass Rz. Org.26.

Die gem. § 2 Abs. 1 UmwStG statuierte Rückwirkungsfiktion bezieht sich auf die Ermittlung des Einkommens (§ 2 Abs. 1 Satz 1 UmwStG) sowie auf die für die Gewerbesteuer maßgeblichen Bemessungsgrundlagen (§ 2 Abs. 1 Satz 2 UmwStG). Damit sind nur die von der übertragenden Körperschaft selbst geschuldete **Körperschaftsteuer und Gewerbesteuer** sowie die Gewerbesteuer der übernehmenden Personenhandelsgesellschaft angesprochen. Darüber hinaus gilt die Rückwirkung gem. § 2 Abs. 2 UmwStG auch für das Einkommen und Vermögen der Gesellschafter der übernehmenden Personenhandelsgesellschaft und somit für deren **Einkommensteuer** und Körperschaftsteuer. Von der Rückwirkung werden hingegen weder die Umsatzsteuer noch die Grunderwerbsteuer erfasst[1]. Die Rückwirkung betrifft auch nicht die Erbschaftsteuer: § 2 Abs. 1 Satz 1 UmwStG ordnet die steuerliche Rückwirkung u.a. nur für die Ermittlung des Vermögens an, was Gegenstand der unentgeltlichen Zuwendung (§ 7 ErbStG) oder des Erwerbs von Todes wegen (§ 3 ErbStG) ist, wird durch § 2 Abs. 1 Satz 1 UmwStG dagegen nicht geregelt[2].

26 Die Anwendung des § 2 UmwStG führt für den Rückwirkungszeitraum – das ist der Zeitraum zwischen dem steuerlichen Übertragungsstichtag und der Eintragung der Verschmelzung in das Handelsregister – zu einer umfassenden subjekt- und objektbezogenen steuerlichen Umqualifikation, von der allerdings solche **Anteilseigner nicht** betroffen sind, die im Rückwirkungszeitraum oder gegen Barabfindung gem. § 29 UmwG **ausgeschieden** sind[3]. Diese Anteilseigner veräußern somit Anteile an einer Körperschaft. Anteilseigner, die diese Anteile im Rückwirkungszeitraum erwerben, werden entsprechend § 5 Abs. 1 UmwStG so behandelt, als hätten sie die Anteile am steuerlichen Übertragungsstichtag erworben[4].

27 Der übernehmenden Personenhandelsgesellschaft werden **sämtliche Geschäftsvorfälle**, die bis zur Eintragung der Verschmelzung zivilrechtlich noch von der übertragenden Körperschaft verwirklicht werden, ab dem steuerlichen Übertragungsstichtag **steuerlich zugerechnet**. Daraus folgt auch, dass **Lieferungs- und Leistungsbeziehungen** zwischen der Körperschaft und der Personenhandelsgesellschaft als bloße **Innengeschäfte** zu qualifizieren sind, die ertragsteuerlich ohne Auswirkungen sind[5]. Die Erstreckung der Rückwirkungsfiktion auf die **Gesellschafterebene** (§ 2 Abs. 2 UmwStG) hat neben der zeitlichen Erfassung der Einkünfte aus der Verschmelzung (dazu unten Rz. 41 ff.) insbesondere Bedeutung für die steuerliche Behandlung von **Gewinnausschüttungen** und **Leistungsbeziehungen** zwischen Anteilseignern und übertragender Körperschaft im Rückwirkungszeitraum:

- **Vor dem steuerlichen Übertragungsstichtag beschlossene Gewinnausschüttungen**, die erst nach diesem Zeitpunkt ausgezahlt werden, sind uneingeschränkt bei der übertragenden Körperschaft zu erfassen[6]. Die Ausschüttungen gelten stets als am steuerlichen Übertragungsstichtag bei der Kapitalgesellschaft abge-

---

1 UmwSt-Erlass Rz. 01.01.
2 BFH v. 4.7.1984 – II R 73/81, BStBl. II 1984, 772; UmwSt-Erlass Rz. 01.01, 02.18; differenzierend *van Lishaut* in Rödder/Herlinghaus/van Lishaut, § 2 UmwStG Rz. 10; a.A. *Hörtnagl* in Schmitt/Hörtnagl/Stratz, § 2 UmwStG Rz. 36 m.w.N.
3 UmwSt-Erlass Rz. 02.18 f.
4 UmwSt-Erlass Rz. 02.21 und 05.04.
5 UmwSt-Erlass Rz. 02.13.
6 UmwSt-Erlass Rz. 02.27 f.

flossen. Den Anteilseignern fließt insoweit zum Übertragungsstichtag ein Bezug i.S.d. § 20 Abs. 1 Nr. 1 EStG zu[1]. Für Zwecke der Kapitalertragsteuer ist der Zufluss (§ 44 Abs. 1 Satz 2 EStG) spätestens mit der Eintragung der Verschmelzung in das Handelsregister anzunehmen[2]. Anteilseignern, die im Rückwirkungszeitraum ganz oder teilweise aus der übertragenden Körperschaft, etwa durch Veräußerung von Anteilen oder ggf. auch später gegen Barabfindung gem. § 29 UmwG, ausgeschieden sind, werden demgegenüber die Gewinnausschüttungen nach den allgemeinen Grundsätzen erst bei tatsächlichem Zufluss zugerechnet[3].

- **Nach dem steuerlichen Übertragungsstichtag beschlossene Gewinnausschüttungen** sind Entnahmen der nicht ausgeschiedenen Gesellschafter bei der übernehmenden Personenhandelsgesellschaft, so dass insoweit die Gewinnausschüttungen in der steuerlichen Übertragungsbilanz der Körperschaft unberücksichtigt bleiben[4]. Erfolgt die Gewinnausschüttung an ausgeschiedene Gesellschafter, gilt sie noch bei der Körperschaft als abgeflossen, und die Gesellschafter erzielen insoweit einen Bezug i.S.d. § 20 Abs. 1 Nr. 1 EStG[5].
- **Entgelte an die Gesellschafter** für Tätigkeiten im Dienst der Gesellschaft oder die Überlassung von Wirtschaftsgütern an die Gesellschaft sind ab dem steuerlichen Übertragungsstichtag regelmäßig als Sondervergütungen gem. § 15 Abs. 1 Nr. 2 EStG zu qualifizieren und gehören damit zu den Einkünften aus Gewerbebetrieb[6]. Soweit dagegen Anteilseigner, die im Rückwirkungszeitraum oder gegen Barabfindung gem. § 29 UmwG vollständig ausgeschieden sind, Entgelte etwa für die Überlassung von Wirtschaftsgütern erhalten haben, sind sie bei der übernehmenden Personengesellschaft Betriebsausgaben und beim ausgeschiedenen Anteilseigner z.B. Einkünfte aus Vermietung und Verpachtung.

cc) Sonstige steuerliche Folgen des Vermögensübergangs

Im Sonderfall einer Körperschaft, bei der auf Antrag gem. § 34 Abs. 16 KStG weiterhin die Regelung des § 38 KStG zur Körperschaftsteuererhöhung bei Verwendung bestimmter nicht mit Körperschaftsteuer belasteter Altrücklagen (sog. EK 02) für Leistungen (insbesondere Gewinnausschüttungen) gilt (insbesondere **ehemals gemeinnützige Wohnungsunternehmen**), wird durch den insoweit fortgeltenden § 10 UmwStG eine Vollausschüttung der Rücklagen fingiert. Die Körperschaftsteuerschuld der übertragenden Körperschaft für den Veranlagungszeitraum, in dem der steuerliche Übertragungsstichtag liegt, erhöht sich in diesen Sonderfällen um den Betrag, der sich nach § 38 KStG ergeben würde, wenn die in der Steuerbilanz ausgewiesenen Gewinnrücklagen[7] als am Übertragungsstichtag für eine Ausschüttung verwendet gelten würden. 28

1 Zu Einzelheiten UmwSt-Erlass Rz. 02.28.
2 UmwSt-Erlass Rz. 02.30.
3 UmwSt-Erlass Rz. 02.28 und 02.30.
4 UmwSt-Erlass Rz. 02.31.ff.
5 UmwSt-Erlass Rz. 02.33 mit Beispiel.
6 UmwSt-Erlass Rz. 02.36.
7 Technisch: Das in der Steuerbilanz ausgewiesene Eigenkapital abzüglich des steuerlichen Einlagekontos erhöht um den Betrag nach § 28 Abs. 2 Satz 1 i.V.m. § 29 Abs. 1 KStG (dieser entspricht dem Nennkapital, soweit es nicht aus der Umwandlung von Gewinnrücklagen entstanden ist).

29 Der Vermögensübergang löst gem. § 1 Abs. 1a Satz 1 UStG regelmäßig keine **Umsatzsteuer** aus, da der verschmelzungsbedingte Vermögensübergang die Voraussetzungen einer Geschäftsveräußerung (§ 1 Abs. 1a Satz 2 UStG) erfüllt[1]. Die spezifische in § 1 Abs. 1a Satz 3 UStG verankerte umsatzsteuerliche Rechtsnachfolge führt dazu, dass die übernehmende Personenhandelsgesellschaft hinsichtlich einer Vorsteuerberichtigung in die Rechtsstellung der übertragenden Körperschaft eintritt (§ 15a Abs. 10 UStG). Soweit im Rahmen der Verschmelzung bei der Körperschaft mit Umsatzsteuer belastete Eingangsleistungen erfolgen, ist ein Vorsteuerabzug im Grundsatz möglich[2].

30 Sind in dem auf die Personenhandelsgesellschaft übergehenden Vermögen Grundstücke enthalten, entsteht gem. § 1 Abs. 1 Nr. 3 GrEStG **Grunderwerbsteuer**[3] mit einem Steuersatz von 3,5 bis 5 % in Abhängigkeit von der Belegenheit der Grundstücke[4], wobei Bemessungsgrundlage gem. § 8 Abs. 2 Nr. 2 GrEStG der Grundbesitzwert i.S.d. § 138 Abs. 2, 3 BewG ist. Grunderwerbsteuer kann gem. § 1 Abs. 2a oder 3 GrEStG auch dann entstehen, wenn Grundbesitz zum Vermögen einer Personen- oder Kapitalgesellschaft gehört, an der die übertragende Körperschaft beteiligt ist[5]. Dies ist insbesondere dann der Fall, wenn durch die Verschmelzung unmittelbar oder mittelbar mindestens 95 % der Anteile einer grundbesitzhaltenden Gesellschaft übertragen werden. Bei mittelbaren Beteiligungen wird die 95 %-Quote im Ergebnis gem. § 1 Abs. 3a GrEStG rechnerisch durch Multiplikation der Beteiligungsquoten ermittelt. Die Grunderwerbsteuer wird sich damit nicht selten als Umwandlungshindernis erweisen. Aufgrund der gesetzlichen Verschärfungen im Bereich der grunderwerbsteuerlichen Behandlung von Personengesellschaften (§§ 1 Abs. 2a, 5 Abs. 3, 6 Abs. 3 Satz 2 GrEStG) sind die Möglichkeiten zu Vermeidung der Grunderwerbsteuer durch Übertragung des Grundbesitzes auf eine Personengesellschaft vor der Verschmelzung erheblich eingeschränkt worden. Hinsichtlich von grundbesitzhaltenden Kapitalgesellschaften müssen mehr als 5 % der Anteile dauerhaft von einem unabhängigen Dritten gehalten werden, um den Anfall von Grunderwerbsteuer zu vermeiden.

30a Gem. § 6a GrEStG wird die Grunderwerbsteuer aufgrund von Umwandlungen i.S.d. § 1 Abs. 1 Nr. 1 bis 3 UmwG, d.h. u.a. auch aufgrund einer Verschmelzung, bei einer **Umstrukturierung im Konzern** nicht erhoben. Diese **Steuervergünstigung** setzt voraus, dass an dem begünstigten Umwandlungsvorgang ausschließlich ein herrschendes Unternehmen und/oder ein oder mehrere von diesem herrschenden Unternehmen abhängige Gesellschaften beteiligt sind. Abhängig sind Gesellschaften, an deren Kapital oder Vermögen das herrschende Unternehmen innerhalb von fünf Jahren vor dem Rechtsvorgang (Vorbehaltensfrist) und fünf Jahre nach dem Rechtsvorgang (Nachbehaltensfrist) unmittelbar und/oder mittelbar zu mindestens 95 % beteiligt ist. Die Finanzverwaltung legt die **restriktive**

---

1 *Rasche* in Rödder/Herlinghaus/van Lishaut, Anh. 10 Rz. 11.

2 *Knoll* in Widmann/Mayer, Anh. 11 Rz. 66ff.

3 BFH v. 18.7.1979 – II R 59/73, BStBl. II 1979, 683; *Pahlke* in Widmann/Mayer, Anh. 12 Rz. 52 m.w.N.

4 Die Festlegung des Grunderwerbsteuersatzes, der gem. § 11 Abs. 1 GrEStG grundsätzlich 3,5 % beträgt, ist gem. Art. 105 Abs. 2a Satz 2 GG Befugnis der Länder.

5 Zur Besteuerung umwandlungsbedingter Anteilsübertragungen *van Lishaut* in Rödder/Herlinghaus/van Lishaut, Anh. 9 Rz. 78ff.

Regelung eng aus. Sie verlangt u.a., dass das herrschende Unternehmen während der gesamten Vor- und Nachbehaltensfrist Unternehmer im umsatzsteuerlichen Sinne sein muss (so dass **Holdinggesellschaften** teilweise nicht als herrschendes Unternehmen anerkannt werden), und versagt die Vergünstigung bei der Verschmelzung eines abhängigen Unternehmens auf das herrschende Unternehmen[1].

b) Steuerliche Auswirkungen bei der übernehmenden Personenhandelsgesellschaft

aa) Wertverknüpfung

Die übernehmende Personenhandelsgesellschaft hat gem. § 4 Abs. 1 Satz 1 UmwStG die in der steuerlichen Schlussbilanz (Übertragungsbilanz) der übertragenden Körperschaft angesetzten Werte (Buchwerte, gemeine Werte oder Zwischenwerte) zu übernehmen. Mit dieser Wertverknüpfung wird die Besteuerung der stillen Reserven sichergestellt, wenn diese entsprechend dem Wahlrecht des § 3 Abs. 2 UmwStG bei der übertragenden Körperschaft nicht vollständig aufgedeckt werden[2]. Mit der in § 4 Abs. 1 Satz 1 UmwStG angeordneten Wertverknüpfung versagt das UmwStG dem UmwG die Gefolgschaft: Im Gegensatz zu § 24 UmwG wird gem. § 4 Abs. 1 UmwStG der Personenhandelsgesellschaft **kein Bewertungswahlrecht** eingeräumt. Die Wertverknüpfung ist daher zwingend. Ob die übernehmende Personenhandelsgesellschaft nach § 24 UmwG handelsrechtlich andere Wertansätze in der Übernahmebilanz wählt, ist steuerlich daher ohne Bedeutung. Dies gilt hinsichtlich der Ausübung steuerlicher Wahlrechte gem. § 5 Abs. 1 Satz 1 UmwStG auch an den auf den steuerlichen Übertragungsstichtag folgenden Steuerbilanzstichtagen[3]. Wirtschaftsgüter, die im Eigentum der Gesellschafter stehen, können aufgrund der Verschmelzung Sonderbetriebsvermögen bei der übernehmenden Personengesellschaft werden (zum Begriff s. unten Rz. 131; zur Rückwirkung s. oben Rz. 27). Dies gilt auch für Verbindlichkeiten der Gesellschafter, die durch die Anteile an der übertragenden Kapitalgesellschaft veranlasst sind; die Zinsen darauf stellen daher Sonderbetriebsausgaben dar[4]. Diese Zuordnung von Wirtschaftsgütern zum Sonderbetriebsvermögen stellt eine Einlage aus dem Privatvermögen (grundsätzlich zum Teilwert gem. § 6 Abs. 1 Nr. 5 EStG) oder eine Überführung aus einem anderen Betriebsvermögen gem. § 6 Abs. 5 Satz 2 EStG dar. Für Zwecke der Zinsbezugsbeschränkung des § 4 Abs. 4a EStG liegen keine Einlagen und Entnahmen vor[5]. 31

Da die Finanzverwaltung Umwandlungen grundsätzlich als Veräußerungs- und Anschaffungsvorgänge einstuft[6], soll ein in der steuerlichen Schlussbilanz angesetzter originärer Firmenwert aufgrund der Umwandlung angeschafft sein, so dass

1 Gleichlautende Ländererlasse v. 19.6.2012, BStBl. I 2012, 662; zur Kritik *Behrens*, DStR 2012, 2149.
2 *Pung* in Dötsch/Pung/Möhlenbrock, § 4 UmwStG Rz. 8.
3 UmwSt-Erlass Rz. 04.04; *Möhlenbrock/Pung* in Dötsch/Pung/Möhlenbrock, § 4 UmwStG Rz. 10.
4 UmwSt-Erlass Rz. 04.36.
5 BMF v. 18.2.2013, BStBl. II 2013, 197; anders noch OFD Rheinland v. 29.6.2011, DStR 2011, 1666.
6 UmwSt-Erlass Rz. 00.02; zur Kritik und erforderlichen Differenzierung *Hageböke*, Ubg 2011, 689.

§ 5 Abs. 2 EStG seiner Fortführung bei der übernehmenden Personenhandelsgesellschaft nicht entgegensteht. Im Übrigen sollen aber die entgegen § 5 EStG angesetzten passiven Wirtschaftsgüter (z.B. Drohverlustrückstellungen) in der Folgebilanz unter Anwendung des § 5 EStG ertragswirksam aufgelöst werden[1]. Dies würde – in Verbindung mit der Verwaltungsauffassung, dass ein Buchwert über dem gemeinen Wert nicht angesetzt werden kann (dazu oben Rz. 19) – bei stillen Lasten, die die stillen Reserven übersteigen, zu einem Verlustrealisierungszwang bei der übertragenden Gesellschaft mit korrespondierender Besteuerung bei der übernehmenden Gesellschaft führen. Letzteres steht allerdings im Widerspruch zu der gefestigten Rechtsprechung des BFH, nach der bei übernommenen Verpflichtungen die Passivierungsverbote nicht gelten[2]. Ausgehend von der gegenteiligen Verwaltungsauffassung[3] ist eine gesetzliche Neuregelung geplant, die auch bei einer Verschmelzung dazu führen würde, dass der übernehmende Rechtsträger die Passivposten für übernommene Verpflichtungen am folgenden Bilanzstichtag auflösen müsste, soweit sie beim übertragenden Rechtsträger einem Ansatzverbot, einer Ansatzbeschränkung oder einem Bewertungsvorbehalt unterlagen. Der dabei entstehende Gewinn soll durch Bildung einer gewinnmindernden Rücklage über 15 Jahre verteilt werden können[4].

32 Wenn die übernehmende Personenhandelsgesellschaft **Anteile an der übertragenden Körperschaft** hält (Upstream Merger), sind diese gem. § 4 Abs. 1 Satz 2 UmwStG mit dem Buchwert, erhöht um Abschreibungen, die in früheren Jahren steuerwirksam vorgenommen worden sind, sowie um Abzüge nach § 6b EStG und ähnliche Abzüge, höchstens mit dem gemeinen Wert, anzusetzen. Nach Verwaltungsauffassung sollen steuerwirksame vor nicht voll steuerwirksamen Teilwertabschreibungen hinzuzurechnen sein[5]. Dies steht im Widerspruch zur Rechtsprechung des BFH zu der Parallelfrage bei einer Wertaufholung nach § 6 Abs. 1 Nr. 2 Satz 3 EStG, bei der vorrangig die nicht steuerwirksamen Teilwertabschreibungen zu verrechnen sind[6].

Ein sich daraus ergebender **Gewinn ist voll steuerpflichtig** (§ 4 Abs. 1 Satz 3 UmwStG i.V.m. § 8b Abs. 2 Satz 4 und 5 KStG, § 3 Nr. 40 Satz 1a Satz 2 und 3 EStG). Dadurch wird die frühere Gewinnminderung – wie bei einer Veräußerung der Anteile nur bis zur Höhe des gemeinen Wertes der Anteile – rückgängig gemacht. Eine steuerpflichtige Hinzurechnung erfolgt gem. § 4 Abs. 2 Satz 4 und 5 UmwStG auch dann, wenn die übertragende Körperschaft eine **Unterstützungskasse** ist[7].

bb) Steuerrechtliche Rechtsnachfolge

33 Die Regelung in § 4 Abs. 2 Satz 1 und 3 UmwStG knüpft an die in § 20 Abs. 1 Nr. 1 und 2 UmwG verankerte Gesamtrechtsnachfolge insoweit an, als die übernehmende Personenhandelsgesellschaft auch in die steuerliche Rechtsstellung

1 UmwSt-Erlass Rz. 04.16.
2 BFH v. 12.12.2012 – I R 69/11, BFH/NV 2013, 840.
3 BMF v. 24.6.2011, BStBl. I 2011, 627.
4 BR-Drucks. 740/13.
5 UmwSt-Erlass Rz. 04.07.
6 BFH v. 19.8.2009 – I R 2/09, BStBl. II 2010, 760.
7 Zu diesem Sonderfall *Birkemeier* in Rödder/Herlinghaus/van Lishaut, § 4 UmwStG Rz. 65 ff.

der übertragenden Körperschaft eintritt, insbesondere bezüglich AfA, der erhöhten Absetzungen, Sonderabschreibungen sowie hinsichtlich steuerlich relevanter Besitzzeiten. Eine körperschaftsteuerliche und gewerbesteuerliche **Organschaft** i.S.d. § 14 KStG, § 2 Abs. 2 Satz 2 GewStG zu einer Kapitalgesellschaft, deren Anteile nebst Gewinnabführungsvertrag durch die Verschmelzung übertragen werden, wird ohne Unterbrechung fortgesetzt, wenn die Personenhandelsgesellschaft selbst eine gewerbliche Tätigkeit ausübt (§ 14 Abs. 1 Satz 1 Nr. 2 Satz 2 KStG). Entgegen der Auffassung der Finanzverwaltung[1] gilt dies unabhängig davon, ob der steuerliche Übertragungsstichtag auf ein Ende des Wirtschaftsjahres der Organgesellschaft fällt[2]. Die steuerliche Rechtsnachfolge gilt unabhängig davon, in welcher Weise die übertragende Körperschaft ihr Wahlrecht in der Übertragungsbilanz gem. § 3 UmwStG ausgeübt hat[3]. § 4 Abs. 3 UmwStG bestimmt allerdings für den Fall, dass seitens der übertragenden Körperschaft eine Buchwertaufstockung vorgenommen worden ist, dass die AfA nach § 7 Abs. 4 Satz 1 bzw. 7 Abs. 5 EStG nach der bisherigen Bemessungsgrundlage zuzüglich des Aufstockungsbetrages und in allen anderen Fällen nach dem aufgestockten Buchwert zu bemessen ist[4]. Der Eintritt in die Rechtsstellung steht der Annahme einer Anschaffung nicht entgegen[5]. Daher sind objektbezogene **Umwandlungskosten** wie insbesondere die Grunderwerbsteuer wegen der Übertragung von Grundstücken[6] zu aktivieren[7].

cc) Auswirkungen auf Verluste

34 In Abweichung von dem Prinzip der steuerlichen Rechtsnachfolge gehen gem. § 4 Abs. 2 Satz 2 UmwStG verrechenbare Verluste, verbleibende Verlustvorträge, nicht ausgeglichene negative Einkünfte, ein Zinsvortrag gem. § 4h Abs. 1 Satz 5 EStG und ein EBITDA-Vortrag gem. § 4h Abs. 1 Satz 3 EStG nicht über (zu Verlusten von Tochterkapitalgesellschaften s. unten Rz. 101). Dieser **Wegfall ungenutzter steuerlicher Verluste** durch die Verschmelzung kann einen erheblichen Nachteil der Verschmelzung darstellen (zur eingeschränkten Verlustnutzung durch Buchwertaufstockung in der Schlussbilanz s. oben Rz. 23).

34a § 2 Abs. 4 UmwStG enthält Regelungen zur **Beschränkung einer rückwirkenden Verlustnutzung**. Zum einen ist der vorstehend angesprochene **Ausgleich eines Übertragungsgewinns mit einem Verlustvortrag** etc. gem. § 2 Abs. 4 Satz 1 UmwStG nur zulässig, wenn er auch ohne Rückwirkung möglich gewesen wäre. Die Regelung zielt auf den Fall, dass der Verlustvortrag vor Wirksamkeit der Verschmelzung bereits nach § 8c KStG weggefallen ist und durch rückwirkende Ver-

1 UmwSt-Erlass Rz. Org.02.
2 *Herlinghaus* in Rödder/Herlinghaus/van Lishaut, Anh. 4 Rz. 43; zum Abstellen auf die steuerliche Rechtsnachfolge für die Eingliederungsvoraussetzung BFH v. 28.7.2010 – I R 89/09, BStBl. II 2011, 528 Rz. 11f.
3 UmwSt-Erlass Rz. 04.10.
4 Dies erfordert u.a. eine Neuschätzung der Restnutzungsdauer; BFH v. 29.11.2007 – IV R 73/03, BStBl. II 2008, 407; UmwSt-Erlass Rz. 04.10.
5 BFH v. 17.9.2003 – I R 97/02, BStBl. II 2004, 686.
6 Nicht aber Grunderwerbsteuer wegen der Übertragung von Anteilen; zu § 1 Abs. 3 GrEStG BFH v. 20.4.2011 – I R 2/10, BStBl. II 2011, 761; BFH v. 14.3.2011 – I R 40/10, BStBl. II 2012, 281; zu § 1 Abs. 2a GrEStG FG Münster v. 14.2.2013 – 2 K 2838/10 G, F, EFG 2013, 806; Rev. IV R 10/13.
7 UmwSt-Erlass Rz. 04.34 i.V.m. BMF v. 18.1.2010, BStBl. I 2010, 70.

schmelzung noch genutzt werden soll[1]. Seit Einführung der Stille-Reserven-Klausel in § 8c Abs. 1 Satz 6ff. KStG, nach der Verluste erhalten bleiben, soweit stille Reserven existieren, hat die Regelung nur noch einen eingeschränkten Anwendungsbereich[2]. § 2 Abs. 4 Satz 2 UmwStG sperrt nach Verwaltungsauffassung entgegen dem missglückten Wortlaut[3] die **Verrechnung laufender Verluste der übertragenden Körperschaft im Rückwirkungszeitraum** mit Gewinnen des übernehmenden Rechtsträgers[4]. Den umgekehrten Fall regelt § 2 Abs. 4 Satz 3ff. UmwStG: Danach soll eine **Verrechnung von Gewinnen der übertragenden Körperschaft im Rückwirkungszeitraum** mit Verlusten des übernehmenden Rechtsträgers bzw. seiner Gesellschafter nur möglich sein, wenn übertragender und übernehmender Rechtsträger vor Ablauf des steuerlichen Übertragungsstichtags verbundene Unternehmen i.S.d. § 271 Abs. 2 HGB sind[5].

dd) Übernahmefolgegewinn

35 Der im Rahmen der Verschmelzung bewirkte Übergang des Vermögens von der übertragenden Körperschaft auf die übernehmende Personenhandelsgesellschaft kann den (laufenden) Gewinn der übernehmenden Personenhandelsgesellschaft beeinflussen, wenn durch die Verschmelzung eine Vereinigung von Forderungen und Verbindlichkeiten erfolgt (Konfusion) oder eine Rückstellung aufzulösen ist. Dadurch kann ein sog. Übernahmefolgegewinn entstehen, wenn die auszubuchenden Forderungen und Verbindlichkeiten unterschiedliche Wertansätze hatten[6]. Gem. § 6 Abs. 1 Satz 1 UmwStG darf für den Übernahmefolgegewinn seitens der übernehmenden Personenhandelsgesellschaft eine den steuerlichen Gewinn mindernde **Rücklage** gebildet werden. Die Rücklage ist grundsätzlich in den auf ihre Bildung folgenden drei Wirtschaftsjahren mit mindestens je einem Drittel gewinnerhöhend aufzulösen (§ 6 Abs. 1 Satz 2 UmwStG). Die Regelung steht allerdings unter dem **Missbrauchsvorbehalt** des § 6 Abs. 3 UmwStG: Die Rücklagenbildung entfällt rückwirkend, wenn die übernehmende Personenhandelsgesellschaft den auf sie übergegangenen Betrieb innerhalb von fünf Jahren nach dem steuerlichen Übertragungsstichtag in eine Kapitalgesellschaft einbringt oder ohne triftigen Grund veräußert und aufgibt. Bereits erteilte Bescheide sind auf der Grundlage der in § 6 Abs. 3 Satz 2 UmwStG enthaltenen eigenständigen Änderungsvorschrift zu ändern.

36 Gem. § 6 Abs. 2 UmwStG gilt diese Regelung des Übernahmefolgegewinns auch dann, wenn sich der Gewinn eines Gesellschafters der übernehmenden Personenhandelsgesellschaft dadurch erhöht, dass eine Forderung oder Verbindlichkeit der übertragenden Körperschaft auf die Personenhandelsgesellschaft übergeht oder dass infolge des Vermögensübergangs eine Rückstellung aufzulösen ist. Es handelt sich hierbei um Fälle, in denen nach Verschmelzung Gläubiger und Schuldner zwar nicht identisch sind, so dass auch die zivilrechtlichen Voraussetzungen einer Konfusion nicht vorliegen, in denen aber in steuerlicher Hinsicht die glei-

1 UmwSt-Erlass Rz. 02.39.
2 *van Lishaut* in Rödder/Herlinghaus/van Lishaut, § 2 UmwStG Rz. 115 zum Zusammenwirken mit der Rückwirkungssperre in § 8c Abs. 1 Satz 9 KStG.
3 *Dötsch* in Dötsch/Pung/Möhlenbrock, § 2 UmwStG Rz. 110.
4 UmwSt-Erlass Rz. 02.40.
5 Zu Einzelheiten *Dötsch* in Dötsch/Pung/Möhlenbrock, § 2 UmwStG Rz. 114ff.
6 Zu Einzelheiten *Pung* in Dötsch/Pung/Möhlenbrock, § 6 UmwStG Rz. 7ff.

chen Wirkungen eintreten wie bei einer Konfusion, weil die Rechtsbeziehungen zwischen der Personenhandelsgesellschaft und den Gesellschaftern besonders behandelt werden (§ 15 Abs. 1 Satz 1 Nr. 2 EStG). Angesprochen ist hier insbesondere die **Darlehensgewährung eines Gesellschafters der übernehmenden Personenhandelsgesellschaft an die übertragende Körperschaft**, die durch die Gesamtrechtsnachfolge im Zuge der Verschmelzung zu einer Darlehensgewährung an die übernehmende Personenhandelsgesellschaft wird. In diesem Fall ist das Darlehen regelmäßig steuerlich als Eigenkapital zu qualifizieren[1]. Da **Pensionsrückstellungen** zugunsten geschäftsführender Gesellschafter von Kapitalgesellschaften auch nach der Verschmelzung auf eine Personenhandelsgesellschaft fortgeführt werden können, soweit sie für die Vergangenheit gebildet worden sind, unterbleibt insoweit grundsätzlich eine gewinnerhöhende Auflösung und damit der Ansatz eines Übernahmefolgegewinns im Zuge der Verschmelzung[2].

ee) Gewerbesteuer

Die vorstehend dargestellten steuerlichen Auswirkungen bei der übernehmenden Personenhandelsgesellschaft gelten auch für Zwecke der **Gewerbesteuer** (§ 18 Abs. 1 Satz 1 UmwStG). Auch das vorstehende Verbot der Übernahme von Verlustvorträgen gilt auch für vortragsfähige gewerbesteuerliche Fehlbeträge i.S.d. § 10a GewStG (§ 18 Abs. 1 Satz 2 UmwStG). Zu den gewerbesteuerlichen Besonderheiten der Besteuerung der Anteilseigner der übertragenden Körperschaft gem. §§ 7, 4 Abs. 4–7 UmwStG s. unten Rz. 50 und 60. 37

Nach § 18 Abs. 3 UmwStG unterliegt ein **Veräußerungs- oder Aufgabegewinn** der Gewerbesteuer, wenn innerhalb von fünf Jahren nach der Verschmelzung der Betrieb oder ein Teilbetrieb der Personenhandelsgesellschaft oder ein Anteil an der Personenhandelsgesellschaft veräußert oder aufgegeben wird. Dies gilt entgegen der BFH-Rechtsprechung zur früheren Rechtslage[3] seit der Änderung durch das Jahressteuergesetz 2008 auch insoweit, als der Gewinn auf Betriebsvermögen entfällt, das bereits vor der Verschmelzung im Betrieb der übernehmenden Personenhandelsgesellschaft vorhanden war. Die Vorschrift soll verhindern, dass die Gewerbesteuerpflicht bei einer Veräußerung durch die übertragende Körperschaft[4] mit Hilfe einer Umwandlung in eine Personenhandelsgesellschaft vermieden wird. Maßgeblich für die Besteuerung ist jedoch nicht die Höhe der stillen Reserven zum Umwandlungsstichtag, sondern der tatsächliche Gewinn[5]. Der auf einem solchen Gewinn beruhende Teil des Gewerbesteuer-Messbetrags ist gem. § 18 Abs. 3 Satz 3 UmwStG bei der Ermäßigung der Einkommensteuer nach § 35 EStG nicht zu berücksichtigen. 38

Die in § 18 Abs. 3 UmwStG genannten Gewinne unterliegen unabhängig von einer vorherigen Umwandlung bereits nach § 7 Satz 2 GewStG der Gewerbesteuer, 39

---

1 Hierzu Einzelheiten bei *Wacker* in Schmidt, § 15 EStG Rz. 540.

2 BFH v. 22.6.1977 – I R 8/75, BStBl. II 1977, 798; UmwSt-Erlass Rz. 06.04. Nach Verwaltungsauffassung entsteht auch in Höhe der Differenz zwischen passiviertem Teilwert gem. § 6a EStG und niedrigerem Anwartschaftsbarwert (§ 6a Abs. 3 Nr. 2 EStG) kein Übernahmefolgegewinn; UmwSt-Erlass Rz. 06.05; a.A. *Birkemeier* in Rödder/Herlinghaus/van Lishaut, § 6 UmwStG Rz. 20ff.

3 BFH v. 20.11.2006 – VIII R 47/05, BStBl. II 2008, 69.

4 Zur Gewerbesteuerpflicht bei dieser BFH v. 5.9.2001 – I R 27/01, BStBl. II 2002, 155.

5 BFH v. 20.11.2006 – VIII R 45/05, BFH/NV 2007, 793.

soweit sie nicht auf eine natürliche Person als unmittelbar beteiligten Mitunternehmer entfallen[1]. Der Gewinn aus der Veräußerung des Teils eines Mitunternehmeranteils unterliegt auch bei Veräußerung durch natürliche Personen der Gewerbesteuer[2]. Die **eigenständige Bedeutung** des § 18 Abs. 3 UmwStG beschränkt sich somit im Wesentlichen auf die Begründung der Gewerbesteuerpflicht ohne Ermäßigung der Einkommensteuer nach § 35 EStG im Falle der unmittelbaren Beteiligung natürlicher Personen. Nach Auffassung der Finanzverwaltung ist § 18 Abs. 3 UmwStG vorrangig gegenüber § 7 GewStG anzuwenden[3]. Dies ist fraglich, weil § 18 Abs. 3 Satz 3 UmwStG nur hinsichtlich des Teils des Gewerbesteuer-Messbetrags Anwendung findet, der auf einem Gewinn i.S.d. § 18 Abs. 3 Satz 1 oder 2 UmwStG „beruht". Der Gewerbesteuer-Messbetrag beruht in diesen Fällen jedoch auf der allgemeinen Regelung des § 7 GewStG und nicht auf § 18 Abs. 3 UmwStG. Somit ist insoweit auch die Ermäßigung nach § 35 EStG zu gewähren[4].

40 **Veräußerung** i.S.d. § 18 Abs. 3 UmwStG ist nach allgemeinen Grundsätzen die Übertragung des wirtschaftlichen Eigentums gegen Entgelt. Die Missbrauchsregelung erfasst nicht **die unentgeltliche Übertragung** des Betriebs, Teilbetriebs oder Mitunternehmeranteils, der Rechtsnachfolger ist aber für den Rest der Fünfjahresfrist der Vorschrift des § 18 Abs. 3 UmwStG unterworfen[5]. Die **verdeckte Einlage** in eine Kapitalgesellschaft ist zwar keine Veräußerung, stellt jedoch eine Aufgabe des Betriebs etc. dar[6]. Da die **Einbringung** des Betriebs, Teilbetriebs oder eines Mitunternehmeranteils in eine Kapitalgesellschaft gegen Gewährung von Gesellschaftsrechten (§ 20 UmwStG) als Veräußerung zu qualifizieren ist, ist § 18 Abs. 3 UmwStG auf einen bei einem Ansatz über dem Buchwert gem. § 20 Abs. 3 Satz 1 UmwStG entstehenden Veräußerungsgewinn anwendbar. Auch die Einbringung eines Betriebs, Teilbetriebs oder eines Mitunternehmeranteils in eine Personengesellschaft führt zur Anwendung des § 18 Abs. 3 UmwStG auf einen Übertragungsgewinn. Wird zu Buch- oder Zwischenwerten oder durch Gesamtrechtsnachfolge zum gemeinen Wert übertragen, soll die übernehmende Gesellschaft für den Rest der Fünfjahresfrist der Vorschrift des § 18 Abs. 3 UmwStG unterworfen bleiben[7].

c) Steuerliche Auswirkungen bei den Gesellschaftern

aa) Überblick

41 Da die übernehmende Personenhandelsgesellschaft als solche nicht der Einkommen- oder Körperschaftsteuer unterliegt, sind wesentliche steuerliche Wirkungen auf Gesellschafterebene angesiedelt. Soweit die Gesellschafter im Zuge der Verschmelzung keine baren Zuzahlungen oder im Falle ihres Ausscheidens keine Barabfindung erhalten (hierzu unten Rz. 61), geht es insbesondere darum, ob und ggf. welche Einkünfte bei den Gesellschaftern als Folge des verschmelzungs-

1 Zur vorher bestehenden Gewerbesteuerfreiheit BFH v. 27.3.1996 – I R 89/95, BStBl. II 1997, 224.
2 BFH v. 14.12.2006 – IV R 3/05, BStBl. II 2007, 777 unter II.3.c.
3 UmwSt-Erlass Rz. 18.09.
4 A.A. FG Rheinland-Pfalz v. 20.6. 2012 – 3 K 2236/09, EFG 2012, 1946; Rev. IV R 27/12.
5 UmwSt-Erlass Rz. 18.07; BFH v. 11.12.2001 – VIII R 23/01, BStBl. II 2004, 474 unter II.2.c.aa.
6 BFH v. 18.12.1990 – VIII R 17/85, BStBl. II 1991, 512.
7 UmwSt-Erlass Rz. 18.07.

bedingten Untergangs der Anteile an der übertragenden Körperschaft zu versteuern sind. Der daraus resultierende **Wegfall einer Besteuerungsebene** führt dazu, dass für steuerliche Zwecke an die Stelle der Anteile an der übertragenden Körperschaft die (anteiligen) übergehenden Wirtschaftsgüter treten. Dieser Vorgang wird hinsichtlich der Anteilseigner mit steuerverhafteten Anteilen an der übertragenden Körperschaft im Betriebsvermögen der übernehmenden Personenhandelsgesellschaft erfasst.

Nach der ursprünglichen gesetzgeberischen Konzeption wurde in diesen Fällen allein ein Übernahmegewinn oder -verlust in Höhe des Unterschiedsbetrags zwischen dem Wert, mit dem die übergehenden Wirtschaftsgüter zu übernehmen sind, und dem Buchwert der (untergehenden) Anteile an der Körperschaft erfasst (§ 4 Abs. 4 UmwStG). Durch das SEStEG wurde jedoch ein **Vorrang der Erfassung thesaurierter Gewinne** der übertragenden Körperschaft **in Form einer fiktiven Ausschüttung** nach § 7 UmwStG gegenüber der Erfassung eines Übernahmeergebnisses geregelt.

Auf **Wertverschiebungen zwischen den Gesellschaftern**, die durch von den Ver- 42
kehrswertrelationen abweichende Kapitalmaßnahmen verursacht werden, sind die allgemeinen Grundsätze anzuwenden. Neben freigebigen Zuwendungen zwischen den Anteilseignern können Wertverschiebungen zwischen Kapitalgesellschaften und ihren Anteilseignern verdeckte Gewinnausschüttungen oder verdeckte Einlagen darstellen[1]. Dies entspricht der BFH-Rechtsprechung, die auf Gesellschafterebene den Regelungen zur verdeckten Einlage und verdeckten Gewinnausschüttung Vorrang gegenüber den umwandlungssteuerlichen Regelungen gibt[2].

bb) Einlage- und Überführungsfiktion

Die Ermittlung eines Übernahmeergebnisses bei der übernehmenden Personen- 43
handelsgesellschaft setzt voraus, dass die Anteile an der übertragenden Körperschaft zum Betriebsvermögen der aufnehmenden Personenhandelsgesellschaft gehören (Upstream Merger). Wenn die Personenhandelsgesellschaft die Anteile nach dem steuerlichen Übertragungsstichtag angeschafft hat oder einen Anteilseigner abfindet, so gelten diese gem. § 5 Abs. 1 UmwStG als an diesem Stichtag angeschafft. Darüber hinaus erfolgt eine Übernahmegewinnermittlung auch insoweit, als die Anteile an der übertragenden Körperschaft über § 20 EStG hinaus steuerverhaftet sind. Soweit die Anteile an der übertragenden Körperschaft nicht bereits zum Betriebsvermögen der übernehmenden Personenhandelsgesellschaft gehören, sondern einem anderweitigen **Betriebsvermögen der Gesellschafter** zuzuordnen sind, gelten diese Anteile zum Übertragungsstichtag in das Betriebsvermögen der übernehmenden Personenhandelsgesellschaft als überführt (§ 5 Abs. 3 UmwStG). Diese **fiktive Überführung** erfolgt zum Buchwert, erhöht um Abschreibungen sowie um Abzüge nach § 6b EStG und ähnliche Abzüge, die in früheren Jahren steuerwirksam vorgenommen worden sind, höchstens mit dem gemeinen Wert. Die Vorschrift regelt zwar unmittelbar nur den Ansatz bei der übernehmenden Personenhandelsgesellschaft und damit deren Gewinnermittlung. Nach Sinn

1 UmwSt-Erlass Rz. 13.03.
2 BFH v. 9.11.2010 – IX R 24/09, BStBl. II 2011, 799; BFH v. 15.9.2004 – I R 7/02, BStBl. II 2005, 867.

und Zweck soll die Bewertung über dem Buchwert jedoch eine steuerpflichtige Rückgängigmachung früherer Abschreibungen und Abzüge beim Anteilseigner herbeiführen (s. oben Rz. 32 zur Parallelregelung in § 4 Abs. 1 Satz 2 UmwStG). Dies setzt voraus, dass durch die Überführung eine entsprechende **Gewinnerhöhung im Betriebsvermögen des Anteilseigners** erfolgt, die gem. § 5 Abs. 3 Satz 2 i.V.m. § 4 Abs. 1 Satz 3 UmwStG voll steuerpflichtig ist[1].

44 Wenn der Anteilseigner die Anteile an der übertragenden Körperschaft im Privatvermögen hält und die Voraussetzungen des § 17 EStG gegeben sind (unmittelbare oder mittelbare Beteiligung in Höhe von mindestens 1 % innerhalb der letzten fünf Jahre), gelten die Anteile gem. § 5 Abs. 2 UmwStG als am steuerlichen Übertragungsstichtag mit den Anschaffungskosten in das Betriebsvermögen der übernehmenden Personenhandelsgesellschaft eingelegt.

45 Wenn die Anteile an der übertragenden Körperschaft einbringungsgeboren i.S.d. § 21 UmwStG a.F. sind (dazu unten Rz. 168), so ist gem. § 27 Abs. 3 Nr. 1 UmwStG die Regelung des § 5 Abs. 4 UmwStG a.F., die für solche Anteile ebenfalls eine Einlagefiktion enthielt, mit der Maßgabe weiter anzuwenden, dass die Bewertung nach den vorstehend erläuterten Regelungen des § 5 Abs. 2 oder Abs. 3 UmwStG erfolgt.

46 Die nachfolgenden Regelungen werden somit auf Grundlage der Fiktion angewendet, dass die übernehmende Personenhandelsgesellschaft am steuerlichen Übertragungsstichtag die Anteile an der übertragenden Körperschaft in ihrem Betriebsvermögen hält, soweit diese nicht vom Anteilseigner im Privatvermögen gehalten werden, ohne dass die Voraussetzungen der § 17 EStG, § 21 UmwStG a.F. vorliegen.

cc) Erfassung der steuerlichen Gewinnrücklagen

47 Bei sämtlichen Anteilseignern – unabhängig von der Anwendbarkeit der Einlage- und Überführungsfiktionen des § 5 UmwStG und der Ermittlung eines Übernahmeergebnisses – ordnet § 7 UmwStG die **Fiktion einer Vollausschüttung** des auf sie jeweils entfallenden Teils der Gewinnrücklagen in der Steuerbilanz der übertragenden Körperschaft an, die bei den Anteilseignern den Regelungen für Dividenden unterliegt. Diese gesonderte Erfassung einer fiktiven Gewinnausschüttung sollte insbesondere der Sicherstellung des deutschen Besteuerungsrechts bei ausländischen Anteilseignern durch den **Einbehalt von Kapitalertragsteuer** dienen[2]. Dies ist jedoch gesetzgeberisch missglückt (dazu Anh. 2 nach § 122l Rz. 16).

48 Dem jeweiligen Gesellschafter ist der nach seiner Beteiligung am Nennkapital auf ihn entfallende Teil des in der Steuerbilanz zum steuerlichen Übertragungsstichtag ausgewiesenen Eigenkapitals abzüglich des Bestands des steuerlichen Einlagekontos nach Anwendung des § 29 Abs. 1 KStG[3] als Bezüge aus Kapitalvermögen i.S.d. § 20 Abs. 1 Nr. 1 EStG zuzurechnen. Die **Beteiligung am Nennkapital** ist nach den Verhältnissen zum Zeitpunkt des Wirksamwerdens der Umwand-

1 UmwSt-Erlass Rz. 05.11; *Pung* in Dötsch/Pung/Möhlenbrock, § 5 UmwStG Rz. 44.
2 BT-Drucks. 16/2710, 40.
3 D.h. nach fiktiver Herabsetzung des Nennkapitals und Erhöhung des Einlagekontos um den Betrag des Nennkapitals, der nicht aus der Umwandlung von Gewinnrücklagen entstanden ist.

lung und ohne Berücksichtigung eigener Anteile zu bestimmen[1]. Das Eigenkapital in der Steuerbilanz und das steuerliche Einlagekonto ist auf den steuerlichen Übertragungsstichtag und damit unter Berücksichtigung des Wertansatzes gem. § 3 UmwStG in der steuerlichen Schlussbilanz zu ermitteln[2]. Falls es negativ ist (z.B. wegen steuerlicher Verlustvorträge), sind den Anteilseignern keine Einnahmen nach § 7 UmwStG zuzurechnen.

Die gem. § 7 UmwStG entstehenden **fiktiven Bezüge** i.S.d. § 20 Abs. 1 Nr. 1 EStG unterliegen gem. § 43 Abs. 1 Nr. 1 EStG dem Abzug von Kapitalertragsteuer, die im Zeitpunkt des Wirksamwerdens der Verschmelzung entsteht[3]. Sie sind im Rahmen der einheitlichen und gesonderten Gewinnfeststellung der übernehmenden Personenhandelsgesellschaft zu erfassen, soweit die Anteile an der übertragenden Körperschaft unter Berücksichtigung der Einlage- und Überführungsfiktionen des § 5 UmwStG zu deren Betriebsvermögen gehören[4]. Sie unterliegen in diesem Fall bei den Anteilseignern den Regelungen für Gewinnausschüttungen im Betriebsvermögen (anderenfalls Abgeltungsteuer gem. § 32d EStG). Bei natürlichen Personen erfolgt die Besteuerung nach dem **Teileinkünfteverfahren**, d.h. 40 % der Einnahmen sind gem. § 3 Nr. 40 EStG steuerfrei und bei Körperschaften sind gem. § 8b Abs. 1, 5 und 6 KStG im Ergebnis 95 % freigestellt, wenn die auf sie entfallende Beteiligung zu Beginn des Kalenderjahrs mindestens 10 % beträgt (§ 8b Abs. 4 Satz 4 KStG). 49

Wenn die übernehmende Personenhandelsgesellschaft eine gewerbliche Mitunternehmerschaft ist, gehören die Einnahmen nach § 7 i.V.m. § 18 Abs. 1 Satz 1 UmwStG zu deren Gewerbeertrag und unterliegen grundsätzlich der **Gewerbesteuer**[5]. Dies ergibt sich implizit auch aus § 18 Abs. 2 Satz 2 UmwStG, wonach die Einnahmen gewerbesteuerlich nicht zu erfassen sind, wenn ein Fall des § 5 Abs. 2 UmwStG vorliegt, mithin der Anteilseigner die Anteile im Privatvermögen hielt. Bei der Ermittlung des Gewerbeertrags der übernehmenden Personenhandelsgesellschaft ist § 3 Nr. 40 EStG anzuwenden, soweit natürliche Personen unmittelbar oder mittelbar über Personengesellschaften beteiligt sind, im Übrigen ist 8b KStG anzuwenden (§ 7 Satz 4 GewStG). Allerdings erfolgt gem. § 8 Nr. 5 GewStG eine Hinzurechnung der nach diesen Regelungen freigestellten Bezüge, wenn die Voraussetzungen des § 9 Nr. 2a GewStG nicht gegeben sind. Nach dieser Regelung erfordert eine gewerbesteuerliche Freistellung, dass die Beteiligung der übernehmenden Personenhandelsgesellschaft an der übertragenden Kapitalgesellschaft zu Beginn des Erhebungszeitraums mindestens 15 % beträgt. Der Erhebungszeitraum ist gem. § 14 Satz 2 GewStG grundsätzlich das Kalenderjahr, bei Entstehung der Gewerbesteuerpflicht während des Kalenderjahrs entspricht der (abgekürzte) Erhebungszeitraum jedoch gem. § 14 Satz 3 GewStG dem Zeitraum der Steuerpflicht. In diesem Fall ist auch für § 9 Nr. 2a GewStG auf den Beginn dieses abgekürzten Erhebungszeitraums abzustellen[6]. Somit ist zu prüfen, in welcher Höhe die übernehmende Personenhandelsgesellschaft zu Beginn des Erhe- 50

1 UmwSt-Erlass Rz. 07.05.
2 *Pung* in Dötsch/Pung/Möhlenbrock, § 7 UmwStG Rz. 8.
3 BMF v. 16.12.2003, BStBl. I 2003, 786 Rz. 10.
4 UmwSt-Erlass Rz. 07.07.
5 *Pung* in Dötsch/Pung/Möhlenbrock, § 18 UmwStG Rz. 17; *Trossen* in Rödder/Herlinghaus/van Lishaut, § 18 UmwStG Rz. 23.
6 R 9.3 Satz 5 GewStR.

bungszeitraums beteiligt ist[1]. Die von den Regelungen des § 5 UmwStG betroffenen Anteile sind dabei ab dem steuerlichen Übertragungsstichtag zu berücksichtigen und zwar auch insoweit, als der auf sie entfallende Gewinn gem. § 18 Abs. 2 Satz 2 GewStG gewerbesteuerlich nicht zu erfassen ist. Darüber hinaus sollte auch die Besitzzeit der im Betriebsvermögen eines Anteilseigners gehaltenen Anteile entsprechend § 4 Abs. 2 Satz 3 UmwStG berücksichtigt werden. Die Auffassung der Finanzverwaltung ist unklar[2]. Wenn die Voraussetzungen des § 9 Nr. 2a GewStG gegeben sind, erfolgt nicht nur keine Hinzurechnung nach § 8 Nr. 5 GewStG, sondern darüber hinaus auch eine Kürzung der nach Anwendung des § 3 Nr. 40 EStG noch im Gewerbeertrag enthaltenen hälftigen Bezüge gem. § 9 Nr. 2a GewStG. Im Gewerbeertrag enthalten sind in diesem Fall nur die nach § 8b Abs. 5 KStG steuerpflichtigen 5 % der auf Körperschaften als Anteilseigner entfallenden Bezüge (§ 9 Nr. 2a Satz 4 GewStG).

dd) Berücksichtigung des Übernahmeergebnisses

51 Soweit die Anteile an der übertragenden Körperschaft unter Berücksichtigung der Einlage- und Überführungsfiktionen des § 5 UmwStG zum Betriebsvermögen der übernehmenden Personenhandelsgesellschaft gehören, ergibt sich infolge des Vermögensübergangs ein Übernahmegewinn oder -verlust in Höhe des Unterschiedsbetrags zwischen dem Wert, mit dem die übergehenden Wirtschaftsgüter[3] anzusetzen sind und dem nach § 5 UmwStG anzusetzenden Wert der Anteile an der übertragenden Körperschaft (§ 4 Abs. 4 Satz 1 UmwStG). Dabei bleibt gem. § 4 Abs. 4 Satz 3 UmwStG konsequenter Weise der Wert der übergehenden Wirtschaftsgüter außer Ansatz, soweit er anteilig auf Anteile entfällt, die am steuerlichen Übertragungsstichtag nicht zum Betriebsvermögen der übernehmenden Personenhandelsgesellschaft gehören (d.h. auf Anteile im Privatvermögen, für die die Einlagefiktion des § 5 Abs. 2 UmwStG nicht gilt).

52 Das Übernahmeergebnis ist **personenbezogen für die einzelnen Anteilseigner** zu ermitteln, weil dabei insbesondere unterschiedliche individuelle Anschaffungskosten bzw. Buchwerte der Anteile an der übertragenden Körperschaft berücksichtigt werden müssen[4]. Der Gesamtbetrag des Übernahmeergebnisses und seine Aufteilung auf die einzelnen Gesellschafter erfolgt in der einheitlichen und gesonderten Gewinnfeststellung bei der übernehmenden Personenhandelsgesellschaft (§ 180 Abs. 1 Nr. 2 AO)[5]. Das Übernahmeergebnis entsteht mit Ablauf des steuerlichen Übertragungsstichtags[6].

53 Für die **Berechnung** des nach Maßgabe des § 4 Abs. 4, 5 UmwStG bei der übernehmenden Personenhandelsgesellschaft zu ermittelnden Übernahmeergebnisses gilt folgendes Grundschema[7]:

---

1 UmwSt-Erlass Rz. 18.04.
2 UmwSt-Erlass Rz. 18.04 Satz 3 ist interpretationsbedürftig; *Pung* in Dötsch/Pung/Möhlenbrock, § 7 UmwStG Rz. 17; *Trossen* in Rödder/Herlinghaus/van Lishaut, § 18 UmwStG Rz. 24, Fn. 3.
3 Zu Sonderfragen, insbesondere eigenen Anteilen der übertragenden Körperschaft und einer Beteiligung der übertragenden Körperschaft an der übernehmenden Personenhandelsgesellschaft *Pung* in Dötsch/Pung/Möhlenbrock, § 4 UmwStG Rz. 63f.
4 UmwSt-Erlass Rz. 04.19.
5 UmwSt-Erlass Rz. 04.22.
6 UmwSt-Erlass Rz. 04.26.
7 UmwSt-Erlass Rz. 04.27.

	Übernahmewert der von der übertragenden Körperschaft auf die übernehmende Personenhandelsgesellschaft übergegangenen Wirtschaftsgüter (§ 4 Abs. 4 Satz 1 UmwStG)
./.	Wert der übergegangenen Wirtschaftsgüter, die auf Anteile entfallen, die zum Übertragungsstichtag nicht zum Betriebsvermögen der Personenhandelsgesellschaft zählen (§ 4 Abs. 4 Satz 3 UmwStG)
+	Zuschlag für freigestelltes Auslandsvermögen i.S. des § 4 Abs. 4 Satz 2 UmwStG (im reinen Inlandsfall irrelevant; s. dazu Anh. 2 nach § 122l Rz. 18[1])
./.	Buchwert der Anteile an der übertragenden Körperschaft, soweit sie sich unter Berücksichtigung des § 5 UmwStG im Betriebsvermögen der übernehmenden Personenhandelsgesellschaft befinden (§ 4 Abs. 4 Satz 1 UmwStG),
./.	Kosten für den Vermögensübergang (§ 4 Abs. 4 Satz 1 UmwStG)
=	Übernahmegewinn/Übernahmeverlust 1. Stufe
+	Sperrbetrag gem. § 50c EStG (§ 4 Abs. 5 Satz 1 UmwStG)
./.	Bezüge nach § 7 UmwStG (§ 4 Abs. 5 Satz 2 UmwStG)
=	Anzusetzender Übernahmegewinn/Übernahmeverlust (Übernahmegewinn/Übernahmeverlust 2. Stufe)

Die Höhe des Übernahmegewinns oder -verlusts 1. Stufe gem. § 4 Abs. 4 UmwStG 54 hängt im Ergebnis entscheidend von der Höhe der thesaurierten Gewinne der übertragenden Körperschaft zum steuerlichen Übertragungsstichtag (einschließlich eines Übertragungsgewinns) und von der Höhe des anzusetzenden Werts der Anteile an der übertragenden Körperschaft ab. Im Fall der Buchwertfortführung gem. § 3 Abs. 2 UmwStG und der Anschaffung der Anteile bei Gründung der übertragenden Körperschaft entsteht ein Übernahmegewinn 1. Stufe in Höhe der von der übertragenden Körperschaft gebildeten offenen steuerlichen Gewinnrücklagen. Wurden die Anteile an der übertragenden Körperschaft zu einem späteren Zeitpunkt erworben und wurden keine stillen Reserven mitbezahlt, so ist der Übernahmegewinn 1. Stufe im Falle der Buchwertfortführung mit den nach der Anschaffung gebildeten offenen Gewinnrücklagen identisch. Seit dem Erwerb entstandene Verluste führen zu einem Übernahmeverlust. Wurden bei Erwerb der Anteile stille Reserven mitbezahlt, kann sich ebenfalls ein Übernahmeverlust ergeben. Setzt die übertragende Körperschaft die übergehenden Wirtschaftsgüter dagegen mit einem über dem Buchwert liegenden Wert an, erhöht sich ein Übernahmegewinn bzw. vermindert sich ein Übernahmeverlust. Durch die Einbeziehung der Kosten für den Vermögensübergang (**Umwandlungskosten**) in die Ermittlung des Übernahmeergebnisses mindern diese nicht den laufenden Gewinn der übernehmenden Personenhandelsgesellschaft (zur Frage der Aktivierung objektbezogener Umwandlungskosten s. oben Rz. 33).

Aufgrund der Kürzung des Übernahmeergebnisses um die durch § 7 UmwStG er- 55 fassten Bezüge wird der erstgenannte für die Höhe des Übernahmeergebnisses entscheidende Faktor – die Gewinnrücklagen in der steuerlichen Schlussbilanz – in der 2. Stufe gem. § 4 Abs. 5 Satz 2 UmwStG eliminiert. Wegen dieses Vorrangs der Besteuerung nach § 7 UmwStG kann ein anzusetzender **Übernahmegewinn nur noch in Sonderfällen** entstehen. Neben den Fällen von freigestelltem Auslandsvermögen des § 4 Abs. 4 Satz 2 UmwStG (dazu Anh. 2 nach § 122l Rz. 18) ist insbesondere zu beachten, dass ein **Sperrbetrag** i.S.d. § 50c EStG gem. § 4 Abs. 5

1 Danach sind die Wirtschaftsgüter, hinsichtlich deren Veräußerungsgewinn kein Besteuerungsrecht der Bundesrepublik Deutschland besteht, für Zwecke der Ermittlung des Übernahmeergebnisses mit dem gemeinen Wert zu bewerten.

Satz 1 UmwStG einen Übernahmegewinn erhöht und einen Übernahmeverlust vermindert, soweit die Anteile an der übertragenden Körperschaft am steuerlichen Übertragungsstichtag zum Betriebsvermögen der übernehmenden Personenhandelsgesellschaft gehören. Diese Regelung ist – neben der Körperschaftsteuererhöhung nach § 10 UmwStG (dazu oben Rz. 28) – ein „Überbleibsel" des alten Körperschaftsteueranrechnungssystems. Nach § 50c EStG war beim Erwerb von nichtanrechnungsberechtigten Personen (insbesondere beschränkt Steuerpflichtigen) und von anrechnungsberechtigten Personen, bei denen die Veräußerung nicht steuerpflichtig war (nicht wesentlich beteiligte Personen mit Anteilen im Privatvermögen) ein Sperrbetrag zu bilden, der verhindern sollte, dass der Erwerber das Anrechnungsguthaben steuerfrei vereinnahmen und erworbene stille Reserven steuerneutral aufdecken konnte. Die Vorschrift, die für das Jahr des Erwerbs und die folgenden neun Jahre gilt, ist gem. § 52 Abs. 59 EStG weiter anzuwenden, wenn für die Anteile vor Ablauf des ersten Wirtschaftsjahres, in dem bei der Körperschaft neues Recht galt (d.h. bei kalenderjahrgleichem Wirtschaftsjahr bis zum 31.12.2001), ein Sperrbetrag zu bilden war. Der Bezug auf § 50c EStG in § 4 Abs. 5 Satz 1 UmwStG hat seine Bedeutung daher durch Zeitablauf verloren.

56 Auf einen nach Kürzung gem. § 4 Abs. 5 Satz 2 UmwStG ausnahmsweise verbleibenden **Übernahmegewinn** ist § 8b KStG anzuwenden, soweit er auf eine Körperschaft, Personenvereinigung oder Vermögensmasse als Mitunternehmerin der Personengesellschaft entfällt (§ 4 Abs. 7 Satz 1 UmwStG). In den übrigen Fällen sind §§ 3 Nr. 40 Satz 1 und 2, 3c EStG, d.h. das Teileinkünfteverfahren anzuwenden (§ 4 Abs. 7 Satz 2 UmwStG). Der Übernahmegewinn ist als **Veräußerungsgewinn** einzustufen[1], so dass bei Körperschaften etc. regelmäßig eine 95 %-ige Freistellung gem. § 8b Abs. 2, 3 Satz 1 KStG erfolgt[2]. Die Anwendung der § 3 Nr. 40 EStG, § 8b KStG erfolgt auf der Ebene der Mitunternehmer, bei mehrstöckigen Mitunternehmerschaften auf der obersten Stufe der Mitunternehmer, d.h. bei der letztlich beteiligten natürlichen oder juristischen Person und im Rahmen einer körperschaftsteuerlichen Organschaft gem. § 15 Satz 1 Nr. 2 KStG nicht bei der Organgesellschaft, sondern beim Organträger bzw. dessen Mitunternehmern.

57 Ein **Übernahmeverlust** ist nach den Regelungen des § 4 Abs. 6 UmwStG nicht oder nur zum Ausgleich der nach § 7 UmwStG steuerpflichtigen Bezüge – die wegen ihres Abzugs nach § 4 Abs. 5 Satz 2 UmwStG einen Übernahmeverlust verursachen oder erhöhen können – abzugsfähig. Auf Grund dieser eingeschränkten Nutzbarkeit führt die Umwandlung in eine Personengesellschaft im Übernahmeverlustfall zu einer **Vernichtung der steuerlichen Anschaffungskosten**, die für die Anteile an der übertragenden Körperschaft aufgewendet wurden. Dies hat im Falle einer nachfolgenden Veräußerung der Anteile an der Personenhandelsgesellschaft oder ihres Betriebs neben dem Verlust der hälftigen bzw. 95 %-igen Freistellung eines Veräußerungsgewinns nach § 3 Nr. 40 EStG, § 8b Abs. 2, 3 Satz 1 KStG auch zur Folge, dass die beim Erwerb der Anteilen an der übertragenden Körperschaft mitbezahlten stillen Reserven den Veräußerungsgewinn erhöhen, weil dieser auf Grundlage der Buchwerte der Wirtschaftsgüter der Gesellschaft und nicht der An-

1 BFH v. 23.1.2002 – IX R 48/99, BStBl. II 2002, 875.

2 Nach dem Wortlaut mit den Ausnahmen nach § 8b Abs. 7, 8 KStG und § 8b Abs. 4 KStG a.F.; UmwSt-Erlass Rz. 04.44; nach Sinn und Zweck ist letzteres jedoch nicht gerechtfertigt; *van Lishaut* in Rödder/Herlinghaus/van Lishaut, § 4 UmwStG Rz. 133 ff.

schaffungskosten für die Anteile berechnet wird. Im Ergebnis führt § 4 Abs. 6 UmwStG im Übernahmeverlustfall zu einer **Umwandlungssperre**[1].

Soweit der Übernahmeverlust auf eine **Körperschaft**, Personenvereinigung oder Vermögensmasse als Mitunternehmer der übernehmenden Personenhandelsgesellschaft entfällt, bleibt er gem. § 4 Abs. 6 Satz 1 UmwStG **grundsätzlich außer Ansatz**. Dies hat zur Folge, dass selbst bei Erwerb mitbezahlte offene Rücklagen im Ergebnis zu 5 % gem. § 7 UmwStG i.V.m. § 8b Abs. 1, 5 KStG der Besteuerung unterliegen (dies korrespondiert damit, dass auch eine ausschüttungsbedingte Teilwertabschreibung gem. § 8b Abs. 3 Satz 3 KStG nicht abzugsfähig wäre). Soweit Anteile die Voraussetzungen des **§ 8b Abs. 7 oder 8 KStG** erfüllen (Handelsbuch von Kreditinstituten und Finanzdienstleistungsinstituten, kurzfristiger Eigenhandel von Finanzunternehmen und Kapitalanlagen von Lebens- und Krankenversicherungsunternehmen sowie Pensionsfonds), ist ein Übernahmeverlust bis zur Höhe der – in diesem Fall ebenfalls voll steuerpflichtigen – Bezüge i.S.d. § 7 UmwStG zu berücksichtigen (§ 4 Abs. 6 Satz 2 und 3 UmwStG). 58

In den übrigen Fällen – d.h. soweit der Übernahmeverlust auf **natürliche Personen** entfällt – ist er gem. § 4 Abs. 6 Satz 4 UmwStG grundsätzlich zu 60 %, höchstens **in Höhe von 60 % der Bezüge i.S.d. § 7 UmwStG** zu berücksichtigen, ein danach verbleibender Übernahmeverlust bleibt außer Ansatz. Abweichend von § 4 Abs. 6 Satz 2–4 UmwStG bleibt der **gesamte Übernahmeverlust** gem. § 4 Abs. 6 Satz 5 UmwStG **außer Ansatz**, soweit ein Veräußerungsverlust gem. § 17 Abs. 2 Satz 5 EStG nicht zu berücksichtigen wäre oder soweit die Anteile innerhalb der letzten fünf Jahre vor dem steuerlichen Übertragungsstichtag entgeltlich erworben wurden. In diesen Fällen kann – wegen der Möglichkeit missbräuchlicher Gestaltungen zwecks Vermeidung der Besteuerung gem. § 7 UmwStG – ein Übernahmeverlust nicht mit den Einnahmen nach § 7 UmwStG verrechnet werden. Die erste Alternative des § 4 Abs. 6 Satz 5 UmwStG setzt Anteile im Privatvermögen voraus, die zweite – angesichts der Abzugsfähigkeit ausschüttungsbedingter Teilwertabschreibungen in diesen Fällen nicht gerechtfertigte – Alternative steht auch dem Abzug des Übernahmeverlusts bei Körperschaften nach § 4 Abs. 6 Satz 2 und 3 UmwStG entgegen[2]. 59

Nach § 18 Abs. 2 Satz 1 UmwStG ist ein Übernahmegewinn oder -verlust gewerbesteuerlich nicht zu erfassen. Insbesondere kann ein Übernahmeverlust daher auch nicht mit den Bezügen nach § 7 UmwStG verrechnet werden, soweit diese gewerbesteuerpflichtig sind (s. oben Rz. 50)[3]. 60

ee) Barabfindungen und bare Zuzahlungen

Die im Rahmen einer Verschmelzung von Körperschaften auf Personenhandelsgesellschaften mögliche Barabfindung (§§ 29ff. UmwG) führt bei dem jeweiligen Gesellschafter zu einem die Anteile an der übertragenden Körperschaft betreffenden Veräußerungsgewinn. Diese ist steuerpflichtig, wenn diese Anteile entweder 61

1 Die davon betroffenen Anteilseigner können die Vernichtung ihrer steuerlichen Anschaffungskosten vermeiden, indem sie ihre Anteile an der übertragenden Körperschaft vor der Verschmelzung in eine andere Körperschaft einlegen.
2 Zu Einzelheiten *Pung* in Dötsch/Pung/Möhlenbrock, § 4 UmwStG Rz. 142ff.; *van Lishaut* in Rödder/Herlinghaus/van Lishaut, § 4 UmwStG Rz. 118ff.
3 *Trossen* in Rödder/Herlinghaus/van Lishaut, § 18 UmwStG Rz. 29.

zum Betriebsvermögen gehören, wenn es sich um einbringungsgeborene Anteile i.S.d. § 21 UmwStG a.F. oder um eine Beteiligung i.S.d. § 17 EStG handelt oder wenn die Abgeltungsteuer zur Anwendung kommt. In den erstgenannten Fällen erfolgt die Besteuerung unter Anwendung der §§ 3 Nr. 40, 3c Abs. 2 EStG bzw. bei Körperschaften nach § 8b Abs. 2 KStG. Obwohl der dem Verschmelzungsbeschluss widersprechende Gesellschafter (§ 29 Abs. 1 UmwG) erst nach der Eintragung der Verschmelzung aus der übernehmenden Personenhandelsgesellschaft ausscheidet, liegt steuerlich die Veräußerung von Anteilen an der übertragenden Körperschaft vor. Denn trotz der Rückwirkung der Verschmelzung gem. § 2 UmwStG wird der ausscheidende Gesellschafter steuerlich nicht rückwirkend Gesellschafter der übernehmenden Personenhandelsgesellschaft, weil § 5 Abs. 1 2. Alt. UmwStG den barabfindungsbedingten Erwerb dieser Anteile durch die Personenhandelsgesellschaft zum steuerlichen Übertragungsstichtag fingiert. Konsequenterweise hat dies zur Folge, dass der Gesellschafter steuerlich stets aus der übertragenden Körperschaft und nicht aus der Personenhandelsgesellschaft als ausgeschieden gilt[1].

Entsprechendes gilt für bare Zuzahlungen (§§ 5 Abs. 1 Nr. 3, 15 UmwG), die als Entgelt für eine teilweise Veräußerung der Anteile an der übertragenden Körperschaft anzusehen sind[2].

5. Verschmelzung von Kapitalgesellschaften mit dem Vermögen einer natürlichen Person als Alleingesellschafter

a) Verschmelzung auf Betriebsvermögen

62 §§ 3ff. UmwStG gelten auch für die Verschmelzung von Kapitalgesellschaften[3] mit dem Betriebsvermögen einer natürlichen Person als deren Alleingesellschafter. Die obigen Ausführungen zur Verschmelzung mit einer Personenhandelsgesellschaft gelten daher entsprechend. Dabei ist zwischen den steuerlichen Auswirkungen auf der Ebene der übertragenden Kapitalgesellschaft einerseits und derjenigen des Alleingesellschafters andererseits zu unterscheiden. Im Unterschied zur Verschmelzung auf Personenhandelsgesellschaften treten somit die steuerlichen Folgen der Verschmelzung nur auf zwei Stufen ein. Die übertragende Kapitalgesellschaft kann unter den Voraussetzungen des § 3 Abs. 2 UmwStG auf Antrag in der steuerlichen Übertragungsbilanz die übergehenden Wirtschaftsgüter mit dem Buchwert, gemeinen Wert oder Zwischenwert ansetzen. Bei der übernehmenden natürlichen Person sind die steuerlichen Gewinnrücklagen gem. § 7 UmwStG als fiktive Ausschüttung zu besteuern und gem. § 4 Abs. 4 und 5 UmwStG ist ein Übernahmegewinn/Übernahmeverlust zu ermitteln, der im Gewinnfall nach § 3 Nr. 40 EStG zu 40 % steuerfrei ist und im Verlustfall grundsätzlich zu 60 % bis zur Höhe von 60 % der Einnahmen nach § 7 UmwStG abgezogen werden kann (§ 4 Abs. 6 und 7 UmwStG). Die Anwendung des § 5 Abs. 2 UmwStG stellt zu diesem Zweck sicher, dass soweit die Anteile an der übertra-

1 UmwSt-Erlass Rz. 02.19.

2 Zum teilweisen Ausscheiden im Rückwirkungszeitraum UmwSt-Erlass Rz. 02.18; s. auch *van Lishaut* in Rödder/Herlinghaus/van Lishaut, § 2 UmwStG Rz. 70; a.A. *Widmann* in Widmann/Mayer, § 2 UmwStG Rz. 345.

3 Übertragende Rechtsträger können gem. § 3 Abs. 2 Nr. 2 UmwG nur Kapitalgesellschaften sein.

genden Kapitalgesellschaft nicht bereits zum Betriebsvermögen des Alleingesellschafters gehören, diese zum steuerlichen Übertragungsstichtag als in das Betriebsvermögen eingelegt gelten, welches sich aus dem im Zuge der Verschmelzung übergehenden Vermögen der Kapitalgesellschaft bildet. Kommt es infolge der vorbezeichneten Vermögensübertragung zu einer Konfusion von wechselseitigen Forderungen und Verbindlichkeiten, ist ein etwaiger Übernahmefolgegewinn nach § 6 Abs. 1, 2 UmwStG zu behandeln. Im Übrigen tritt der Alleingesellschafter für Zwecke der AfA usw. – nicht aber hinsichtlich eines verbleibenden Verlustabzuges – in die Rechtsstellung der übertragenden Kapitalgesellschaft ein (§ 4 Abs. 2 UmwStG).

b) Verschmelzung auf Privatvermögen

Die Verschmelzung einer Kapitalgesellschaft mit dem Privatvermögen eines Alleingesellschafters setzt voraus, dass das in der Kapitalgesellschaft gebundene Vermögen bei isolierter Betrachtung die **Eignung als Privatvermögen** haben kann. Nur in diesen Fällen ist es denkbar, dass das auf den Alleingesellschafter übergehende Vermögen bei diesem nicht notwendiges Betriebsvermögen[1] wird. Behandelt der Alleingesellschafter das übergehende Vermögen in diesem Fall auch nicht als gewillkürtes Betriebsvermögen[2], so ist bei ihm Privatvermögen gegeben. § 8 UmwStG betrifft damit im Wesentlichen vermögensverwaltende Kapitalgesellschaften, etwa solche, deren Tätigkeit sich in der Vermietung und Verpachtung von Grundbesitz erschöpft. 63

Soweit im Zuge der Verschmelzung das übertragende Vermögen Privatvermögen des Alleingesellschafters wird, bleibt der **übertragenden Kapitalgesellschaft** die Möglichkeit versagt, das übergehende Vermögen in der steuerlichen Schlussbilanz mit den bisherigen Buchwerten anzusetzen. Das ergibt sich aus § 3 Abs. 2 Nr. 1 UmwStG (s. oben Rz. 20). Dementsprechend sind die übergehenden Wirtschaftsgüter in der steuerlichen Schlussbilanz der übertragenden Kapitalgesellschaft gem. § 3 Abs. 1 UmwStG mit den gemeinen Werten anzusetzen[3]. In Höhe der Differenz zwischen den bisherigen Buchwerten und dem gemeinen Wert der übergehenden Wirtschaftsgüter entsteht ein bei der übertragenden Kapitalgesellschaft zu versteuernder Übertragungsgewinn. Gem. § 18 Abs. 1 UmwStG unterliegt der Übertragungsgewinn uneingeschränkt der Gewerbesteuer. 64

Beim **Alleingesellschafter** als Anteilseigner der übertragenden Kapitalgesellschaft gelten gem. § 8 Abs. 1 Satz 2 die §§ 4, 5 und 7 entsprechend. Es kommt somit insbesondere zur Besteuerung der steuerlichen Gewinnrücklagen (einschließlich Übertragungsgewinn) als fiktive Gewinnausschüttung nach § 20 Abs. 1 Nr. 1 EStG. Ein Übernahmegewinn oder -verlust ist je nach steuerlicher Qualifikation der Anteile an der übertragenden Körperschaft beim Alleingesellschafter zu erfassen (i.d.R. nach § 17 EStG)[4]. 65

Einstweilen frei. 66–70

1 Hierzu *Heinicke* in Schmidt, § 4 EStG Rz. 104.
2 Hierzu *Heinicke* in Schmidt, § 4 EStG Rz. 105.
3 Zur Frage des Ansatzes eines Firmenwerts *Trossen* in Rödder/Herlinghaus/van Lishaut, § 8 UmwStG Rz. 26.
4 Zu Einzelheiten *Pung* in Dötsch/Pung/Möhlenbrock, § 8 UmwStG Rz. 23 ff.; *Trossen* in Rödder/Herlinghaus/van Lishaut, § 8 UmwStG Rz. 30 ff.

III. Verschmelzung von Körperschaften auf Körperschaften

1. Grundlagen und Praxishinweise

71 Da Körperschaften, insbesondere Kapitalgesellschaften, im Ertragsteuerrecht[1] als eigenständige Steuersubjekte eingestuft werden, tritt durch die Verschmelzung von Körperschaften auf andere Körperschaften **kein Systemwechsel** ein. Dennoch liegt nach der Konzeption des UmwStG wie bei jedem Rechtsträgerwechsel grundsätzlich ein gewinnrealisierender Vorgang vor und eine Buchwertfortführung auf **Ebene der übertragenden Körperschaft** ist auf Antrag nur unter bestimmten Voraussetzungen möglich, die im reinen Inlandsfall allerdings regelmäßig erfüllt werden können. Bei den **Gesellschaftern der übertragenden Körperschaft** liegt grundsätzlich ein gewinnrealisierender Anteilstausch vor, eine Besteuerung kann jedoch wiederum regelmäßig auf Antrag vermieden werden. Im Übrigen gilt auch hier das verschmelzungstypische Dreistufensystem: Die verschmelzungsbedingten Steuerfolgen treten ein bei der übertragenden Körperschaft (§ 11 UmwStG), der übernehmenden Körperschaft (§ 12 UmwStG) sowie bei den Gesellschaftern der übertragenden Körperschaft (§ 13 UmwStG).

72 In der Praxis wird im Regelfall die Vermeidung einer Gewinnrealisierung angestrebt werden. Eine zwingende **Aufdeckung stiller Reserven** erfolgt im Inlandsfall grundsätzlich nur, soweit eine **andere Gegenleistung** als Gesellschaftsrechte gewährt wird (insb. bare Zuzahlungen). Davon abgesehen kann das übergehende Vermögen **auf Antrag** mit den **steuerlichen Buchwerten** angesetzt werden. Die **steuerlichen Anschaffungskosten oder Buchwerte der Anteile** an der übertragenden Körperschaft gehen bei einer Seitwärts- oder Abwärtsverschmelzung auf die Anteile an der übernehmenden Körperschaft über und im Falle einer nachfolgenden Anteilsveräußerung ergeben sich keine steuerlichen Nachteile. Soweit die übernehmende Körperschaft an der übertragenden Körperschaft beteiligt ist (Aufwärtsverschmelzung), wird allerdings ein **Übernahmegewinn** besteuert und der **steuerliche Buchwert der Beteiligung geht verloren**, ohne dass ein **Übernahmeverlust** berücksichtigt werden kann. Bei einer **nachfolgenden Veräußerung** des übergegangenen Vermögens können daraus erhebliche **steuerliche Nachteile** entstehen. **Verlustvorträge der übertragenden Körperschaft** gehen nicht über, so dass unter Umständen eine freiwillige Aufdeckung stiller Reserven bei der übertragenden Körperschaft sinnvoll sein kann. **Verlustvorträge der übernehmenden Körperschaft** und **Verlustvorträge von Tochter- und Enkelgesellschaften** können auf Grund einer Änderung der Beteiligungsverhältnisse ganz oder teilweise entfallen. Bei der Entscheidung für eine Verschmelzung und die **Verschmelzungsrichtung** ist auch eine etwaige Belastung mit **Grunderwerbsteuer** zu berücksichtigen.

2. Rechtsentwicklung

73 Die **Grundkonzeption** der Regelungen zur Verschmelzung von Körperschaften auf Körperschaften (§§ 11–13 UmwStG) ist gegenüber den Regelungen im UmwStG 1977 und im UmwStG 1995, durch die eine Gewinnrealisierung auf Ebene der Körperschaft und ihrer Anteilseigner vermieden werden konnten, **im Kern unverändert** geblieben. Neben der Europäisierung des Anwendungsbereichs der Rege-

---

1 §§ 1 Abs. 1, 3 Abs. 1 KStG, 2 Abs. 2, 5 Abs. 1 Satz 2 GewStG.

lungen (dazu Anh. 2 nach § 122l Rz. 3) wurde durch das SEStEG jedoch die durch das UmwStG 1995 eingeführte Möglichkeit eines **Übergangs von Verlustvorträgen** von der übertragenden Körperschaft auf die übernehmende Körperschaft wieder **abgeschafft**. Durch die Einführung des § 8c KStG im Rahmen des Unternehmensteuerreformgesetzes 2008 erfolgte auch eine erhebliche Änderung im Hinblick auf die **Nutzbarkeit der Verlustvorträge der übernehmenden Körperschaft**. Durch das SEStEG wurde zudem eine **Besteuerung des Übernahmegewinns** bei der Aufwärtsverschmelzung (Upstream Merger) unter Anwendung des § 8b KStG eingeführt.

3. Beteiligte Rechtsträger

Für die im 3. und 5. Teil (§§ 11–13, 19) des UmwStG geregelte Verschmelzung von Körperschaften auf Körperschaften ergibt sich gem. § 1 Abs. 1 Satz 1 Nr. 1 UmwStG eine unmittelbare Anknüpfung an die im UmwG geregelten Verschmelzungsvorgänge (zu vergleichbaren ausländischen Vorgängen sowie SE/SCE s. Anh. 2 nach § 122l Rz. 87). Die Vorschriften gelten daher insbesondere für folgende Verschmelzungen: 74

Verschmelzung von/auf	**Kapitalgesellschaft**	**Genossenschaft**	**Eingetragener Verein**	**Genossenschaftlicher Prüfungsverband**	**VVaG**
Kapitalgesellschaft	●	●			
Genossenschaft	●	●			
Eingetragener Verein	●	●			
Genossenschaftlicher Prüfungsverband				●	(nur durch Aufnahme)
VVaG	● (wenn Versicherungs-AG)				●
Wirtschaftlicher Verein	●	●	●		

Für die **KGaA** gelten allerdings wegen ihrer dualen Struktur die Grundsätze der Mischverschmelzung (hierzu oben Rz. 5). 75

§§ 11–13 UmwStG sind gem. § 1 Abs. 1 Nr. 1 UmwStG auf Verschmelzungen i.S.d. § 2 UmwG anzuwenden. Dies gilt unabhängig von der Verschmelzungsrichtung. Konzeptionell sind diese Vorschriften zwar überwiegend auf die Verschmelzung von Tochter- auf Muttergesellschaften (Upstream Merger; s. § 12 Abs. 2 UmwStG) und die Verschmelzung von Gesellschaften, die nicht aneinander beteiligt sind (s. § 13 UmwStG), ausgerichtet. Nach dem klaren Wortlaut des § 1 Abs. 1 Nr. 1 UmwStG sind sie jedoch auch insoweit anwendbar, als – umwandlungsrechtlich zulässig s. § 54 Rz. 53) – die Muttergesellschaft auf die Tochtergesell- 76 schaft verschmolzen wird (Downstream Merger). Dies wurde durch die Regelung des § 11 Abs. 2 Satz 2 UmwStG zur Bewertung der Anteile an der übernehmenden Körperschaft bei der übertragenden Körperschaft (dazu unten Rz. 84) klargestellt, die sich gerade auf diese Fallkonstellation bezieht[1]. Die Auffassung der Finanzverwaltung zum UmwStG 1995, nach der §§ 11–13 UmwStG nur aus Billigkeitsgründen und auf übereinstimmenden Antrag aller an der Umwandlung Beteiligten insgesamt entsprechend anzuwenden war[2], hat der BFH im Übrigen als unzutreffend verworfen[3].

4. Steuerliche Auswirkungen bei der übertragenden Körperschaft

a) Bewertung in der steuerlichen Schlussbilanz

77 Die Regelung der Bewertung bei der übertragenden Körperschaft in § 11 UmwStG stimmt weitgehend mit der Parallelregelung in § 3 UmwStG für die Verschmelzung auf Personenhandelsgesellschaften überein, so dass im Wesentlichen auf die dortigen Ausführungen verwiesen werden kann (s. oben Rz. 17ff.). Die übertragende Körperschaft hat auf das Ende ihrer Steuerpflicht eine **steuerliche Schlussbilanz** aufzustellen (zum Zeitpunkt s. unten Rz. 91). In dieser Schlussbilanz sind die bei der Verschmelzung übergehenden Wirtschaftsgüter, einschließlich nicht entgeltlich erworbener und selbst geschaffener immaterieller Wirtschaftsgüter, gem. § 11 Abs. 1 Satz 1 UmwStG, grundsätzlich mit dem gemeinen Wert, d.h. im Grundsatz dem Verkehrswert anzusetzen. Eine Ausnahme von dieser Bewertungsregel enthält § 11 Abs. 1 Satz 2 UmwStG für **Pensionsrückstellungen**, die – zwecks Verhinderung der Berücksichtigung der dort existierenden stillen Lasten – gem. § 6a EStG zu bewerten sind. § 11 Abs. 1 Satz 1 UmwStG ist eine steuerliche Ansatz- und Bewertungsvorschrift, die ausdrücklich auch den Ansatz selbst geschaffener immaterieller Wirtschaftsgüter umfasst, so dass auch ein selbst geschaffener **Firmenwert** anzusetzen ist (zur Frage der Gesamtbewertung und Berücksichtigung stiller Lasten s. oben Rz. 17). Durch Ansatz des gemeinen Wertes entsteht in Höhe der Differenz zum steuerlichen Buchwert ein **Übertragungsgewinn oder -verlust**, der bei der übertragenden Körperschaft nach den allgemeinen Regelungen der Körperschaft- und Gewerbesteuer unterliegt.

78 Gem. § 11 Abs. 2 UmwStG können die übergehenden Wirtschaftsgüter auf Antrag **einheitlich mit dem Buchwert** oder einem höheren Wert (**Zwischenwert**), höchstens dem gemeinen Wert nach § 11 Abs. 1 UmwStG, angesetzt werden, soweit bestimmte Voraussetzungen erfüllt sind. Der **Antrag** ist gem. § 11 Abs. 3 i.V.m. § 3 Abs. 2 Satz 2 UmwStG spätestens bis zur erstmaligen Abgabe der steuerlichen Schlussbilanz bei dem für die Besteuerung der übertragenden Körperschaft zuständigen Finanzamt zu stellen. Damit wird auch hier dem § 24 UmwG die Gefolgschaft verweigert: Für steuerliche Zwecke wird nicht der übernehmenden, sondern allein der übertragenden Körperschaft ein Bewertungswahlrecht eingeräumt. Die Bewertung in der steuerlichen Schlussbilanz ist – im Ergebnis wie gegen die ursprüngliche Auffassung der Finanzverwaltung[4] auch vor SEStEG[5] – unabhängig

1 BT-Drucks. 12/2710, 40.
2 UmwSt-Erlass 1998 Rz. 11.24; BMF v. 16.12.2003, BStBl. I 2003, S. 786 Rz. 15.
3 BFH v. 11.7.2012 – I R 50/11, BFH/NV 2013, S. 40.
4 UmwSt-Erlass 1998 Rz. 11.01.
5 BFH v. 5.6.2007 – I R 97/06, BStBl. II 2008, 650.

von der handelsrechtlichen Schlussbilanz, der Grundsatz der Maßgeblichkeit (§ 5 Abs. 1 EStG) gilt nicht[1].

Das **Antragswahlrecht** zu einer Bewertung mit dem Buchwert oder einem Zwischenwert besteht gem. § 11 Abs. 2 Satz 1 UmwStG nur, **soweit** 79

1. sichergestellt ist, dass die übergehenden Wirtschaftsgüter bei der übernehmenden Körperschaft später der **Besteuerung mit Körperschaftsteuer** unterliegen, und
2. das Recht der Bundesrepublik Deutschland hinsichtlich der Besteuerung des Gewinns aus der Veräußerung der übertragenen Wirtschaftsgüter nicht ausgeschlossen oder beschränkt wird (diese Voraussetzung ist im reinen Inlandsfall immer erfüllt (zu **internationalen Sachverhalten** Anh. 2 nach § 122l Rz. 58 ff.), und
3. eine **Gegenleistung** nicht gewährt wird oder **in Gesellschaftsrechten** besteht.

Diese Voraussetzungen sind für jedes Wirtschaftsgut gesondert zu prüfen. Wenn sie nur teilweise nicht erfüllt sind, wird das Bewertungswahlrecht auch nur für diesen Teil ausgeschlossen („soweit").

Nach Verwaltungsauffassung soll ein Buchwertansatz nicht möglich sein, wenn der **gemeine Wert** der Sachgesamtheit **geringer als die Summe der Buchwerte** der übergehenden Wirtschaftsgüter ist[2]. In einem solchen Fall – stille Lasten übersteigen die stillen Reserven – soll es somit zu einer **zwangsweisen Verlustrealisierung** kommen, die angesichts des fehlenden Übergangs verbleibender Verluste gem. § 12 Abs. 3 i.V.m. § 4 Abs. 2 Satz 2 UmwStG) zu erheblichen Nachteilen führen kann. Dies ist unzutreffend, die übertragende Kapitalgesellschaft kann durch einen Antrag auf Buchwertansatz auch die Realisierung stiller Lasten vermeiden (s. oben Rz. 19).

Nach § 11 Abs. 2 Satz 1 Nr. 1 UmwStG ist eine **Sicherstellung der späteren Besteuerung** mit Körperschaftsteuer **bei der übernehmenden Körperschaft** erforderlich. Anders als § 3 Abs. 2 Satz 1 Nr. 1 UmwStG enthält die Regelung nach ihrem Wortlaut eine subjektive Komponente und eine Beschränkung auf die Körperschaftsteuer. Wenn die übernehmende Körperschaft unbeschränkt steuerpflichtig und nicht steuerbefreit ist, ist diese Voraussetzung gegeben. Eine für die Buchwertfortführung ausreichende Sicherstellung der Besteuerung ist über den zu eng geratenen Wortlaut hinaus aber auch dann zu bejahen, wenn die übernehmende Körperschaft körperschaftsteuerliche Organgesellschaft ist und ihr Einkommen gem. § 14 KStG ihrem Organträger zugerechnet wird, selbst wenn es dort der Einkommensteuer unterliegt[3]. Die Finanzverwaltung will das Bewertungswahlrecht im letztgenannten Fall nur aus Billigkeitsgründen auf Antrag unter Auflagen zugestehen[4]. 80

Des Weiteren besteht das der übertragenden Körperschaft eingeräumte Bewertungswahlrecht nur insoweit, als eine **Gegenleistung** nicht gewährt wird oder in 81

1 Allgemeine Auffassung; statt aller *Dötsch* in Dötsch/Pung/Möhlenbrock, § 11 UmwStG Rz. 10.
2 UmwSt-Erlass Rz. 11.06 i.V.m. Rz. 03.12.
3 *Rödder* in Rödder/Herlinghaus/van Lishaut, § 11 UmwStG Rz. 106; a.A. *Dötsch* in Dötsch/Pung/Möhlenbrock, § 11 UmwStG Rz. 50.
4 UmwSt-Erlass Rz. 11.08; zur Kritik *Hageböke/Stangl*, GmbHR 2011, 744.

Gesellschaftsrechten[1] besteht (§ 11 Abs. 2 Satz 1 Nr. 3 UmwStG). Die Regelung bezieht sich auf die Gegenleistung, die die Gesellschafter der übertragenden Körperschaft von der übernehmenden Körperschaft für die Vermögensübertragung erhalten[2]. Soweit diese Gegenleistung in – neuen oder bereits bestehenden – Anteilen an der übernehmenden Körperschaft besteht, ist diese Voraussetzung zur Buchwertfortführung erfüllt. Dies gilt auch, wenn keine Anteile gewährt werden, weil – z.B. bei einer Verschmelzung von Körperschaften mit identischen Beteiligungsverhältnissen – die Anteilseigner darauf verzichten (§§ 54 Abs. 1 Satz 3, 68 Abs. 1 Satz 3 UmwG). Soweit die übernehmende Körperschaft an der übertragenden Körperschaft beteiligt ist (**Upstream Merger**), ist der Wegfall der Anteile an der übertragenden Körperschaft nicht als Gegenleistung anzusehen[3]. Zu den Gegenleistungen, die nicht in Gesellschaftsrechten bestehen, zählen insbesondere **bare Zuzahlungen** an Anteilseigner – auch soweit diese in einem Spruchverfahren gem. § 15 UmwG festgesetzt werden – seitens der übernehmenden Kapitalgesellschaft. Zahlungen auf Gesellschafterebene fallen hingegen ebenso wie die Barabfindung ausscheidender Gesellschafter nicht unter die Regelung, sondern sind als Veräußerungsvorgänge allein auf Gesellschafterebene zu berücksichtigen[4].

82 Das steuerbilanzielle Wahlrecht zur Bewertung unter dem gemeinen Wert gem. § 11 Abs. 2 UmwStG ist „**einheitlich**" auszuüben. Sämtliche Wirtschaftsgüter, hinsichtlich derer die vorgenannten Voraussetzungen erfüllt sind, sind daher einheitlich entweder mit dem Buchwert, dem gemeinen Wert oder einem Zwischenwert anzusetzen. Auch der Ansatz eines Zwischenwertes muss einheitlich erfolgen, d.h. in diesem Fall sind die stillen Reserven bei jedem Wirtschaftsgut gleichmäßig anteilig aufzudecken. Im Regelfall wird das Interesse der an der Verschmelzung beteiligten Körperschaft dahin gehen, die **Buchwerte** in der steuerlichen Schlussbilanz fortzuführen, um die Besteuerung eines Übertragungsgewinns vermieden werden. Werden dagegen die Wirtschaftsgüter in der Schlussbilanz nach Maßgabe des in § 11 Abs. 2 UmwStG eingeräumten Bewertungswahlrechts mit einem **höheren Wert, höchstens mit dem gemeinen Wert**, angesetzt, unterliegt der hierdurch entstandene **Übertragungsgewinn** bei der übertragenden Körperschaft im Grundsatz ungemildert der Körperschaftsteuer und der Gewerbeertragsteuer (§ 19 Abs. 1 UmwStG). Insoweit gelten die normalen für die Körperschaft- und Gewerbesteuer geltenden Regeln. Hieraus folgt, dass der Gewinn aus einer Bewertung von Anteilen an Kapitalgesellschaften über dem Buchwert gem. § 8b Abs. 2, 3 Satz 1 KStG im Regelfall zu 95 % von der Besteuerung freigestellt wird[5].

83 Die **Aufstockung** der Wertansätze der zu übertragenden Wirtschaftsgüter in der steuerlichen Schlussbilanz der übertragenden Körperschaft auf einen Zwischenwert oder den gemeinen Wert kann dann sinnvoll sein, wenn bei der übertragenden Körperschaft ein körperschaftsteuerlicher und gewerbesteuerlicher **Verlustvortrag** (§ 8 KStG i.V.m. § 10d EStG, § 10a GewStG) oder ein Zinsvortrag § 4h

1 Da auch die Verschmelzung von Körperschaften, die keine Gesellschaften sind, unter §§ 11–13 UmwStG fällt, muss dieser Begriff in einem weiteren Sinne als „Anteile oder Mitgliedschaften" verstanden werden.
2 *Dötsch* in Dötsch/Pung/Möhlenbrock, § 11 UmwStG Rz. 43 und 45.
3 UmwSt-Erlass Rz. 11.10 i.V.m. Rz. 03.21.
4 UmwSt-Erlass Rz. 11.10 i.V.m. Rz. 03.22; *Dötsch* in Dötsch/Pung/Möhlenbrock, § 11 UmwStG Rz. 75 ff.
5 BMF v. 28.4.2003, BStBl. I 2003, 292 Rz. 23.

Abs. 1 Satz 5 EStG besteht. Dies deshalb, weil der verbleibende Verlustvortrag – wie auch verrechenbare Verluste, nicht ausgeglichene negative Einkünfte, ein Zinsvortrag und ein EBITDA-Vortrag gem. § 4h Abs. 1 Satz 3 EStG – anders als nach § 12 Abs. 3 Satz 2 UmwStG 1995 nicht auf die übernehmende Körperschaft übergeht (§ 12 Abs. 3 i.V.m. §§ 4 Abs. 2 Satz 2, 19 Abs. 2 UmwStG). Indessen bleibt zu beachten, dass zum einen die sog. Mindestbesteuerung gilt, d.h. der 1 Mio. Euro übersteigende Gewinn nur zu 60 % mit dem Verlustvortrag verrechnet werden kann (§ 10d Abs. 2 EStG, § 10a Satz 2 GewStG)[1] und zum anderen der gewerbesteuerliche Verlustvortrag häufig niedriger ist als der körperschaftsteuerliche Verlustvortrag mit der Folge, dass eine Aufstockung in der steuerlichen Schlussbilanz der übertragenden Körperschaft jedenfalls partiell besteuert wird. Darüber hinaus führt die Aufstockung der Wertansätze der übergehenden Wirtschaftsgüter bei einem Upstream Merger zu einer Erhöhung des Übernahmegewinns i.S.d. § 12 Abs. 2 Satz 2 UmwStG (dazu unten Rz. 96).

Wenn die übertragende Körperschaft **Anteile an der übernehmenden Körperschaft** 84
hält (**Downstream Merger**), sind diese in der steuerlichen Schlussbilanz gem. § 11 Abs. 2 Satz 2 UmwStG mit dem Buchwert, erhöht um Abschreibungen sowie um Abzüge nach § 6b EStG und ähnliche Abzüge, die in früheren Jahren steuerwirksam vorgenommen worden sind, höchstens mit dem gemeinen Wert, anzusetzen. Ein sich daraus ergebender **Gewinn ist voll steuerpflichtig** (§ 11 Abs. 1 Satz 3 EStG i.V.m. § 8b Abs. 2 Satz 4 und 5 KStG). Dadurch wird die frühere Gewinnminderung – wie bei einer Veräußerung der Anteile nur bis zur Höhe des gemeinen Wertes der Anteile – rückgängig gemacht.

Einstweilen frei. 85–90

b) Steuerlicher Übertragungsstichtag (Rückwirkung)

Die steuerliche Schlussbilanz (Übertragungsbilanz), in der die Bewertung nach 91
§ 11 UmwStG vorzunehmen ist, ist von der übertragenden Körperschaft auf den steuerlichen Übertragungsstichtag aufzustellen, der gem. § 2 Abs. 1 UmwStG dem Stichtag der Bilanz entspricht, die dem Vermögensübergang zu Grunde liegt. Der steuerliche Übertragungsstichtag liegt somit unmittelbar vor dem handelsrechtlichen Umwandlungsstichtag, von dem an die Handlungen des übertragenden Rechtsträgers als für Rechnung des übernehmenden Rechtsträgers vorgenommen gelten (zu Einzelheiten s. oben Rz. 25). Mit Ablauf dieses Stichtags gilt das Vermögen der übertragenden Körperschaft als auf die übernehmende Körperschaft übergegangen und die übertragende Körperschaft als aufgelöst und ihre Körperschaft- und Gewerbesteuerpflicht endet. Der übernehmenden Körperschaft werden sämtliche Geschäftsvorfälle, die bis zur Eintragung der Verschmelzung zivilrechtlich noch von der übertragenden Körperschaft verwirklicht werden, ab dem steuerlichen Übertragungsstichtag steuerlich zugerechnet, so dass **Lieferungs- und Leistungsbeziehungen** zwischen der übertragenden und der übernehmenden Körperschaft als bloße **Innengeschäfte** zu qualifizieren sind, die ertragsteuerlich ohne Auswirkungen sind. Da die Rückwirkungsfiktion des § 2 UmwStG für die Anteilseigner der übertragenden Körperschaft nicht gilt (s. unten Rz. 109), sind

1 Ein Zinsvortrag kann nur im Rahmen der 30 %-Grenze des § 4h Abs. 1 EStG genutzt werden.

Gewinnausschüttungen, die nach dem Übertragungsstichtag innerhalb des Rückwirkungszeitraums erfolgen, grundsätzlich als Ausschüttungen der übertragenden Körperschaft zu behandeln[1]. Sie sind steuerlich ein Nullum, soweit die übernehmende Körperschaft an der übertragenden Körperschaft beteiligt ist[2]. Veräußert ein Anteilseigner der übertragenden Körperschaft seine Beteiligung im Rückwirkungszeitraum, so veräußert er auch für steuerliche Zwecke Anteile an der übertragenden Körperschaft[3]. Im Falle des Erwerbs der Anteile durch die übernehmende Körperschaft (Upstream Merger) gelten die Anteile gem. § 12 Abs. 2 Satz 3 i.V.m. § 5 Abs. 1 UmwStG für Zwecke der Übernahmegewinnermittlung als zum steuerlichen Übertragungsstichtag angeschafft.

c) Sonstige steuerliche Auswirkungen des Vermögensübergangs

92 Der Vermögensübergang löst keine **Umsatzsteuer** aus (§ 1 Abs. 1a UStG). Demgegenüber entsteht – vorbehaltlich der Steuerbefreiung für die Umstrukturierung im Konzern – insbesondere dann **Grunderwerbsteuer**, wenn in dem übergehenden Vermögen insbesondere Grundstücke oder Beteiligungen von mindestens 95 % an grundbesitzhaltenden Gesellschaften enthalten sind (§ 1 Abs. 1 Nr. 3, Abs. 2a und Abs. 3 GrEStG). Im Übrigen gelten die für die Verschmelzung von Körperschaften auf Personenhandelsgesellschaften maßgeblichen Grundsätze entsprechend (s. oben Rz. 28 ff.).

5. Steuerliche Auswirkung bei der übernehmenden Körperschaft

a) Bewertung in der Steuerbilanz

aa) Wertverknüpfung

93 Die übernehmende Körperschaft hat die übergehenden Wirtschaftsgüter gem. § 12 Abs. 1 Satz 1 UmwStG mit den in der steuerlichen Übertragungsbilanz der übertragenden Körperschaft ausgewiesenen Werten zu übernehmen. Diese strenge **Wertverknüpfung** steht im Gegensatz zu § 24 UmwG, wonach der übernehmenden Körperschaft ein Bewertungswahlrecht durch Modifizierung der Buchwertfortführung durch das Anschaffungswertprinzip eingeräumt wird. Auch insoweit ist eine Durchbrechung der Maßgeblichkeit der Handelsbilanz für die Steuerbilanz gegeben, die zu dauerhaften **Abweichungen zwischen Handels- und Steuerbilanz** führen kann (s. oben Rz. 31, auch zur problematischen **Behandlung stiller Lasten**, die entgegen § 5 EStG in der Schlussbilanz der übertragenden Körperschaft ausgewiesen waren, in der auf den Übertragungsstichtag folgenden Steuerbilanz).

---

1 UmwSt-Erlass Rz. 02.34. Aus Vereinfachungsgründen soll jedoch hiervon abweichend auch eine Abwicklung der Ausschüttung bei der Übernehmerin zulässig sein, wenn die Verpflichtung zum Einbehalt und zur Abführung der Kapitalertragsteuer hierdurch nicht beeinträchtigt wird. Es ist unklar, welche Fälle unter die letztgenannte Einschränkung fallen sollen (wohl die grenzüberschreitende Hinausverschmelzung, evtl. auch die Verschmelzung auf eine Gesellschaft mit negativem ausschüttbaren Gewinn und einem steuerlichen Einlagekonto, das als für die Ausschüttung verwendet gelten würde).

2 UmwSt-Erlass Rz. 02.35; Entsprechendes gilt für den Downstream Merger.

3 UmwSt-Erlass Rz. 02.23.

bb) Steuerpflichtige Hinzurechnungen

Wenn die übernehmende Körperschaft **Anteile an der übertragenden Körperschaft** hält (Upstream Merger), sind diese gem. § 12 Abs. 1 Satz 2 i.V.m. § 4 Abs. 1 Satz 2 UmwStG mit dem Buchwert, erhöht um Abschreibungen, die in früheren Jahren steuerwirksam vorgenommen worden sind, sowie um Abzüge nach § 6b EStG und ähnliche Abzüge, höchstens mit dem gemeinen Wert, anzusetzen. Ein sich daraus ergebender **Gewinn ist voll steuerpflichtig** (§§ 12 Abs. 1 Satz 2, 4 Abs. 1 Satz 3 UmwStG i.V.m. § 8b Abs. 2 Satz 4 und 5 KStG). Dadurch wird die frühere Gewinnminderung – wie bei einer Veräußerung der Anteile nur bis zur Höhe des gemeinen Wertes der Anteile – rückgängig gemacht. Streitig ist die Reihenfolge der Berücksichtigung von steuerwirksamen und nicht steuerwirksamen Abschreibungen (s. oben Rz. 32). Eine steuerpflichtige Hinzurechnung erfolgt gem. § 12 Abs. 3 i.V.m. § 4 Abs. 2 Satz 4 und 5 UmwStG auch dann, wenn die übertragende Körperschaft eine **Unterstützungskasse** ist[1]. Ein weiterer Sonderfall liegt in dem Übergang des Übergangs in den nicht steuerpflichtigen oder steuerbefreiten Bereich der übernehmenden Körperschaft, der gem. § 12 Abs. 5 UmwStG zu einer Ausschüttungsfiktion hinsichtlich der steuerlichen Gewinnrücklagen der übertragenden Körperschaft führt[2]. 94

cc) Übernahmegewinn/-verlust

Gem. § 12 Abs. 2 Satz 1 UmwStG bleibt ein Gewinn oder Verlust in Höhe des Unterschieds zwischen dem Buchwert der Anteile an der übertragenden Körperschaft (nach Anwendung des § 12 Abs. 1 Satz 2 UmwStG) und dem Wert, mit dem die übergegangenen Wirtschaftsgüter zu übernehmen sind, abzüglich der Kosten für den Vermögensübergang, außer Ansatz. Diese Regelung setzt nach der Rechtsprechung des BFH[3] keine Beteiligung der übernehmenden Körperschaft an der übertragenden Körperschaft voraus, sondern gilt für jede verschmelzungsbedingte Vermögensänderung. Ein Übernahmegewinn i.S.d. § 12 Abs. 2 Satz 1 UmwStG liegt danach auch bei Abwärts- und Seitwärtsverschmelzungen vor, so dass die Kosten für den Vermögensübergang nicht abzugsfähige Betriebsausgaben darstellen, soweit sie nicht als objektbezogene Anschaffungskosten der übergehenden Wirtschaftsgüter anzusehen sind[4]. 95

Ein Übernahmegewinn oder -verlust im engeren Sinne entsteht jedoch nur, soweit die übernehmende Körperschaft an der übertragenden Körperschaft beteiligt ist und diese Beteiligung im Zuge der Verschmelzung untergeht. Die damit verbundene **Vernichtung des steuerlichen Buchwerts der Anteile** an der übertragenden Körperschaft und der Verlust der Freistellung nach § 8b Abs. 2 KStG kann im Falle einer späteren Veräußerung des übergegangenen Vermögens einen erheblichen Steuernachteil verursachen. Auf einen **Übernahmegewinn oder -verlust im engeren Sinne** bezieht sich § 12 Abs. 2 Satz 2 UmwStG, die daher nur auf den Upstream Merger anzuwenden ist. Danach ist **§ 8b KStG** anzuwenden, soweit der Unterschiedsbetrag zwischen dem Buchwert der Anteile an der übertragenden 96

1 Zu diesem Sonderfall *Rödder* in Rödder/Herlinghaus/van Lishaut, § 12 UmwStG Rz. 112ff.
2 Zu Einzelheiten *Rödder* in Rödder/Herlinghaus/van Lishaut, § 12 UmwStG Rz. 119ff.
3 BFH v. 9.1.2013 – I R 24/12, BFH/NV 2013, 881; ebenso UmwSt-Erlass Rz. 12.05.
4 Zur Kritik *Rödder* in Rödder/Herlinghaus/van Lishaut, § 12 UmwStG Rz. 64a.

Körperschaft und dem Wert, mit dem die übergegangenen Wirtschaftsgüter zu übernehmen sind, abzüglich der anteilig darauf entfallenden Kosten für den Vermögensübergang, dem Anteil der übernehmenden Körperschaft an der übertragenden Körperschaft entspricht. In die Ermittlung des Übernahmegewinns oder -verlusts sind gem. § 12 Abs. 2 Satz 3 i.V.m. § 5 Abs. 1 UmwStG auch die Anteile an der übertragenden Körperschaft einzubeziehen, die die übernehmende Körperschaft während des Rückwirkungszeitraums erworben hat. Nach Verwaltungsauffassung ist der Unterschiedsbetrag durch Multiplikation des gesamten Übernahmegewinns mit der Beteiligungsquote zu ermitteln[1]. Zwar legt der Wortlaut diese Berechnungssystematik nahe. Diese führt jedoch bei einer Beteiligungsquote von unter 100 % dazu, dass das gesamte Vermögen einer Beteiligung gegenübergestellt wird, die nur einen Teil dieses Vermögens repräsentiert. Systematisch zutreffend wäre es, nur den der Beteiligungsquote entsprechenden Teil des Vermögens zu berücksichtigen[2].

97 Auf Grund der Anwendung des § 8b KStG gelten **5 % des Übernahmegewinns** gem. § 8b Abs. 3 Satz 1 KStG als nicht abziehbare Betriebsausgaben, d.h. insoweit entsteht körperschaftsteuerpflichtiges Einkommen und Gewerbeertrag. Nach dem Wortlaut gilt die Regelung nicht für einen Übernahmeverlust[3]. Fraglich ist, ob die **Behandlung als Veräußerungsgewinn** auch dazu führt, dass der Übernahmegewinn nach den Sonderregelungen des § 8b Abs. 4 (a.F.), 7, 8 KStG voll steuerpflichtig sein könnte[4]. Nach dem Wortlaut des § 12 Abs. 2 Satz 1 UmwStG ist dies nicht der Fall. Denn die Vorschriften des § 8b Abs. 4 (a.F.), 7 oder 8 KStG können nur die Anwendung der Freistellung nach § 8b Abs. 2 KStG versagen, nicht aber die Grundregel des § 12 Abs. 2 Satz 1 UmwStG einschränken, nach der ein Übernahmegewinn außer Ansatz bleibt[5]. Wenn die übernehmende Körperschaft eine **Organgesellschaft** i.S.d. §§ 14, 17 KStG ist, ist § 8b Abs. 1 bis 6 KStG bei ihr gem. § 15 Satz 1 Nr. 2 Satz 1 KStG nicht anzuwenden. Dies gilt jedoch nicht für § 12 Abs. 2 Satz 1 UmwStG, so dass ein Übernahmegewinn dennoch bei der Organgesellschaft außer Ansatz bleibt. Er ist somit nicht in dem Einkommen, das dem Organträger zugerechnet wird, enthalten, und die Regelung des § 15 Satz 1 Nr. 2 Satz 2 KStG, nach der bei dem Organträger § 8b KStG oder §§ 3 Nr. 40, 3c Abs. 2 EStG anzuwenden sein könnte, greift nicht[6]. Somit kommt es in diesem Fall auch nicht zur Fiktion von 5 % des Übernahmegewinns als nicht abzugsfähige Betriebsausgaben bei körperschaftsteuerpflichtigen Organträgern, und auch bei einkommensteuerpflichtigen Organträgern bleibt es bei dem vollständigen Außeransatzbleiben des Übernahmegewinns[7]. Die Abführung eines Übernahmegewinns durch die übernehmende Organgesellschaft stellt im Übrigen jedenfalls

---

1 UmwSt-Erlass Rz. 12.06.

2 *Rödder* in Rödder/Herlinghaus/van Lishaut, § 12 UmwStG Rz. 84a.

3 UmwSt-Erlass Rz. 12.06. Nach der hier vertretenen Auffassung hat dies auch in den Fällen des § 8b Abs. 7 KStG im Ergebnis keine Auswirkung, da § 8b Abs. 7 KStG nicht der Anwendung des § 12 Abs. 2 Satz 1 UmwStG entgegensteht.

4 So der Bericht des Finanzausschusses zu den – praktisch im Hinblick auf eine Verschmelzung eher ungewöhnlichen – Fällen des § 8b Abs. 7 und 8 KStG; BT-Drucks. 16/3369, 24.

5 *Rödder/Schumacher*, DStR 2007, 369 (373); a.A. *Dötsch* in Dötsch/Pung/Möhlenbrock, § 12 UmwStG Rz. 46f.

6 Vergleichbar der Fallkonstellation in BFH v. 14.1.2009 – I R 47/08, BStBl. II 2011, 131.

7 *Rödder/Schumacher*, DStR 2007, 369 (373); a.A. UmwSt-Erlass Rz. 12.07; *Dötsch* in Dötsch/Pung/Möhlenbrock, § 12 UmwStG Rz. 45.

insoweit auch **keine Mehrabführung** i.S.d. § 14 Abs. 3 KStG dar, als der Übernahmegewinn in Handels- und Steuerbilanz übereinstimmt[1].

Werden von der übernehmenden Körperschaft **bare Zuzahlungen** gewährt, erfolgt eine entsprechende Aufstockung der Buchwerte gem. § 11 Abs. 2 Satz 1 Nr. 3 UmwStG (s. oben Rz. 81), so dass aus der Sicht der übernehmenden Körperschaft insoweit eine Vermögensumschichtung gegeben ist[2]. 98

b) Steuerrechtliche Rechtsnachfolge

In Anlehnung an das in § 20 Abs. 1 Nr. 1 und 2 UmwG verankerte Prinzip der Gesamtrechtsnachfolge bestimmt § 12 Abs. 3 i.V.m. § 4 Abs. 2 und 3 UmwStG, dass die übernehmende Körperschaft in die steuerliche Rechtsstellung der übertragenden Körperschaft eintritt, insbesondere bezüglich der AfA, der erhöhten Absetzungen, der Sonderabschreibungen, der Inanspruchnahme einer Bewertungsfreiheit oder eines Bewertungsabschlages und steuerlich bedeutsamer Besitzzeiten. Die steuerliche Rechtsnachfolge ist auch bei körperschaftsteuerlichen und gewerbesteuerlichen **Organschaftsverhältnissen** i.S.d. § 14 KStG, § 2 Abs. 2 Satz 2 GewStG zu beachten. Wenn die übertragende Körperschaft **Organträger** ist, so tritt die übernehmende Körperschaft in den bestehenden Gewinnabführungsvertrag und ab dem steuerlichen Übertragungsstichtag in die Stellung als Organträger ein (s. oben Rz. 33). Die Begründung einer Organschaft ab dem steuerlichen Übertragungsstichtag zu der übernehmenden Körperschaft als Organgesellschaft ist unter den Voraussetzungen des § 14 KStG (finanzielle Eingliederung, Abschluss und Eintragung eines entsprechenden Gewinnabführungsvertrags bis zum Ende des Wirtschaftsjahres) möglich. Bei der Prüfung der finanziellen Eingliederung der übernehmenden Körperschaft ist zu berücksichtigen, dass bei einem Buchwertantrag auf Gesellschafterebene die Anteile an der übernehmenden Gesellschaft steuerlich an die Stelle der Anteile an der übertragenden Körperschaft treten (s. unten Rz. 114). Die finanzielle Eingliederung kann daher trotz fehlender Rückwirkung auf Anteilseignerebene schon vor Wirksamkeit der Verschmelzung bestehen[3]. 99

c) Auswirkungen auf Verluste

Die steuerrechtliche Rechtsnachfolge gilt gem. § 12 Abs. 3 i.V.m. § 4 Abs. 2 Satz 2 UmwStG **nicht** für bei der übertragenden Körperschaft bestehende verrechenbare Verluste, **verbleibende Verlustvorträge**, nicht ausgeglichene negative Einkünfte, einen Zinsvortrag gem. § 4h Abs. 1 Satz 5 EStG und ein EBITDA-Vortrag gem. § 4h Abs. 1 Satz 3 EStG. Auch ein gewerbesteuerlicher Fehlbetrag i.S.d. § 10a GewStG geht gem. § 19 Abs. 2 UmwStG nicht über. Eine Nutzung dieser Verluste kann somit nur bei der übertragenden Körperschaft durch einen Ansatz über dem gemeinen Wert in der steuerlichen Schlussbilanz (dazu oben Rz. 23 oder durch der Verschmelzung vorgeschaltete gezielte Gewinnrealisierungen (z.B. durch Übertragung von Wirtschaftsgütern auf Tochtergesellschaften) erfolgen. 100

---

1 UmwSt-Erlass Rz. Org.34; näher *Schumacher* in FS Schaumburg, S. 477, 484ff.
2 *Widmann* in Widmann/Mayer, § 12 UmwStG Rz. 83.
3 *Herlinghaus* in Rödder/Herlinghaus/van Lishaut, Anh. 4 Rz. 52; a.A. UmwSt-Erlass Rz. Org.21.

101 Des Weiteren ist zu beachten, dass die steuerliche Rechtsnachfolge nach Auffassung der Finanzverwaltung nicht dazu führt, dass für Zwecke des **§ 8c KStG** eine Übertragung von Anteilen einer Gesellschaft mit Verlustvorträgen etc., an der die übertragende Körperschaft beteiligt ist, verneint wird[1]. Gem. **§ 8c KStG** sind nicht ausgeglichene oder abgezogene negative Einkünfte einer Körperschaft u.a. dann nicht mehr abziehbar, wenn innerhalb von fünf Jahren **mittelbar oder unmittelbar mehr als 50 %** des gezeichneten Kapitals oder der Stimmrechte auf einen Erwerber oder diesem nahe stehende Personen oder eine Gruppe von Erwerbern mit gleichgerichteten Interessen übertragen werden. Bei einer unmittelbaren oder mittelbaren Änderung der Beteiligungsverhältnisse von **mehr als 25 %** zu Gunsten der genannten Erwerber, entfällt der Verlustvortrag gem. § 8c KStG anteilig. Die Regelung gilt gem. § 10a Satz 9 GewStG auch für gewerbesteuerliche Fehlbeträge. Wenn durch die Verschmelzung unmittelbar oder mittelbar Anteile an einer Gesellschaft mit einem Verlustvortrag übergehen, ist dies somit im Rahmen des § 8c KStG zu berücksichtigen. Die Verschmelzung kann somit – vorbehaltlich der **Existenz stiller Reserven** i.S.d. § 8c Abs. 1 Satz 6ff. KStG – zum **Wegfall des Verlustvortrags einer Tochter- oder Enkelgesellschaft** der übertragenden Körperschaft führen. Dies gilt nach der **Konzernklausel** des § 8c Abs. 1 Satz 5 KStG dann nicht, wenn an dem übertragenden und dem übernehmenden Rechtsträger dieselbe Person zu jeweils 100 % unmittelbar oder mittelbar beteiligt ist.

102 Auch ein **bei der übernehmenden Körperschaft** oder bei einer **Tochter- oder Enkelgesellschaft bestehender Verlustvortrag** etc. kann auf Grund der Verschmelzung gem. § 8c KStG ganz oder teilweise wegfallen. Denn gem. § 8c Satz 4 KStG steht eine Kapitalerhöhung einer Übertragung gleich, soweit sie zu einer Änderung der Beteiligungsverhältnisse führt. Somit kann – vorbehaltlich der Konzernklausel des § 8c Abs. 1 Satz 5 KStG und der Stille-Reserven-Klausel des § 8c Abs. 1 Satz 6ff. KStG – eine **verschmelzungsbedingte Kapitalerhöhung** zu einem Wegfall des Verlustvortrags der übernehmenden Körperschaft oder einer Gesellschaft, an der die übernehmende Körperschaft beteiligt ist, führen, wenn sie zu einer Änderung der Beteiligungsverhältnisse von mehr als 50 % zu Gunsten der genannten Erwerber bzw. Erwerbergruppen führt. Unschädlich sind hingegen Verschmelzungen zwischen Körperschaften mit identischen Beteiligungsverhältnissen[2] und die Kapitalerhöhung von weniger als 25 % zu Gunsten nicht nahe stehender Personen ohne gleich gerichtete Interessen, selbst wenn sich dadurch die Beteiligungsverhältnisse um insgesamt mehr als 50 % ändern. Dabei führt allein die Zustimmung der Gesellschafter zum Verschmelzungsvertrag nicht dazu, dass gleichgerichtete Interessen anzunehmen sind.

103 Zu beachten sind des Weiteren die Regelungen zur **Beschränkung einer rückwirkenden Verlustnutzung** in § 2 Abs. 4 UmwStG (dazu oben Rz. 34a).

1 BMF v. 4.7.2008, BStBl. I 2008, 736 Rz. 11; dazu sowie zum Zeitpunkt der verschmelzungsbedingten Übertragung *Schumacher/Hageböke*, DB 2008, 493.

2 Nach Thüringer FG v. 28.9.2011 (3 K 1086/09, EFG 2013, 274; Rev. I R 25/12) soll allerdings – unzutreffend und im Widerspruch zur bisherigen Rechtsprechung des BFH – die Verschmelzung einer profitablen Gesellschaft auf eine inaktive Verlustgesellschaft einen Gestaltungsmissbrauch i.S.d. § 42 AO darstellen.

d) Übernahmefolgegewinn

Im Zuge der Verschmelzung kann sich der Gewinn in der übernehmenden Körperschaft dadurch erhöhen, dass der Vermögensübergang zum Erlöschen von unterschiedlich bewerteten Forderungen und Verbindlichkeiten zwischen der übertragenden und der übernehmenden Körperschaft führt. Die für einen derartigen Übernahmefolgegewinn vorgesehene Steuervergünstigung des § 6 UmwStG (zu Einzelheiten oben Rz. 35) gilt allerdings nur für den Teil des Gewinns aus der Vereinigung von Forderungen und Verbindlichkeiten, der der Beteiligung der übernehmenden Körperschaft am Kapital der übertragenden Körperschaft entspricht (§ 12 Abs. 4 UmwStG). 104

e) Übergang des steuerlichen Einlagekontos

Das Eigenkapital in der steuerlichen Schlussbilanz der übertragenden Körperschaft besteht aus Nennkapital, den im steuerlichen Einlagekonto i.S.d. § 27 KStG erfassten sonstigen Einlagen und dem sich als Differenzgröße ergebenden ausschüttbaren Gewinn (§ 27 Abs. 1 Satz 5 KStG). Wegen der unterschiedlichen Behandlung von Gewinnausschüttungen und der Einlagerückgewähr auf der Ebene der Anteilseigner (§ 20 Abs. 1 Nr. 1 Satz 3 EStG) wird diese steuerliche Zusammensetzung des steuerlichen Eigenkapitals bei der übernehmenden Körperschaft fortgeführt. Seit der letztmaligen gesonderten Feststellung des Körperschaftsteuerguthabens und des Bestands an EK 02 (unbelasteter Teilbetrag) unter Festsetzung eines Auszahlungsanspruch bzw. einer Entrichtungsverpflichtung (§§ 37 Abs. 4ff., 38 Abs. 4ff. KStG) besteht grundsätzlich nur noch eine gesonderte Regelung hinsichtlich des steuerlichen Einlagekontos (§ 29 KStG)[1]. Bei der Verschmelzung zweier Körperschaften hat daher zum steuerlichen Übertragungsstichtag eine Zusammenfassung der gesondert festzustellenden steuerlichen Einlagekonten der Körperschaften zu erfolgen, die folgende Schritte umfasst[2]: 105

- **Fiktive Herabsetzung des Nennkapitals:** Das Nennkapital der übertragenden Körperschaft gilt gem. § 29 Abs. 1 KStG als im vollen Umfang herabgesetzt. Dies hat nach § 28 Abs. 2 Satz 1 KStG zur Folge, dass das Nennkapital dem steuerlichen Einlagekonto gutgeschrieben wird, soweit es nicht durch die Umwandlung sonstiger (Gewinn-)Rücklagen entstanden ist. 106
- **Hinzurechnung des steuerlichen Einlagekontos der übertragenden Körperschaft bei der übernehmenden Körperschaft:** Der Bestand des steuerlichen Einlagekontos wird dem Einlagekonto der übernehmenden Körperschaft hinzugerechnet (§ 29 Abs. 2 Satz 1 KStG). Zur Vermeidung von Doppelerfassungen unterbleibt die Hinzurechnung des steuerlichen Einlagekontos bei einem Upstream Merger im Verhältnis des Anteils der übernehmenden Körperschaft an der übertragenden Körperschaft (§ 29 Abs. 2 Satz 2 KStG) und bei einem Downstream Merger mindert sich das steuerliche Einlagekonto der übernehmenden Körperschaft im 107

1 Der Eintritt in den Anspruch bzw. die Verpflichtung aus §§ 37, 38 KStG erfolgt gem. § 12 Abs. 3 UmwStG. Bei Verschmelzung von Körperschaften, bei denen auf Antrag gem. § 34 Abs. 16 KStG weiterhin die Regelung des § 38 KStG gilt, erfolgt darüber hinaus nach § 40 Abs. 1 KStG a.F. ein Übergang des unbelasteten Teilbetrags.

2 Zu Einzelheiten UmwSt-Erlass Rz. K.02ff.; *van Lishaut* in Rödder/Herlinghaus/van Lishaut, Anh. 3 Rz. 15ff.

Verhältnis des Anteils der übertragenden Körperschaft an der übernehmenden Körperschaft (§ 29 Abs. 2 Satz 3 KStG).

108 – **Anpassung des Nennkapitals der übernehmenden Körperschaft:** Nach § 29 Abs. 4 KStG ist eine Anpassung des Nennkapitals der beteiligten Körperschaften – im Verschmelzungsfall relevant nur für die übernehmende Körperschaft[1] – nach den Regelungen des § 28 Abs. 1 und 3 KStG (Umwandlung von Rücklagen in Nennkapital) vorzunehmen. Danach gilt der Bestand des steuerlichen Einlagekontos als vorrangig für die Bildung des Nennkapitals verwendet und mindert sich entsprechend. Eine darüber hinausgehende Bildung von Nennkapital aus sonstigen (Gewinn-)Rücklagen wird gesondert festgestellt (Sonderausweis), um im Falle einer späteren Kapitalherabsetzung eine Behandlung als Gewinnausschüttung (§ 28 Abs. 2 Satz 2 KStG) sicherzustellen.

6. Steuerliche Auswirkungen bei den Gesellschaftern

a) Grundsatz

109 Werden die Anteile an der übertragenden Körperschaft nicht von der übernehmenden Körperschaft gehalten, so führt die Verschmelzung auf der Ebene der Gesellschafter zu einem **Anteilstausch:** An Stelle ihrer untergehenden Anteile an der übertragenden Körperschaft erhalten sie nunmehr Anteile an der übernehmenden Körperschaft. Für diesen Anteilstausch liegt gem. § 13 Abs. 1 UmwStG als Besteuerungskonzeption grundsätzlich die Veräußerung und Anschaffung zugrunde: Die Anteile an der übertragenden Körperschaft gelten als zum gemeinen Wert veräußert und die an ihre Stelle tretenden Anteile gelten als mit diesem Wert angeschafft. Diese Veräußerung erfolgt mit zivilrechtlicher Wirksamkeit der Verschmelzung (§ 20 Abs. 1 Nr. 3 UmwG), die Rückwirkungsfiktion des § 2 Abs. 1 UmwStG gilt insoweit nicht[2]. Wenn die Abgeltungsteuer zur Anwendung kommt (Streubesitzanteile im Privatvermögen; § 20 Abs. 8 Satz 2 EStG), gilt gem. § 20 Abs. 4a Satz 1 EStG, dass die Anteile an der übernehmenden Körperschaft an die Stelle der Anteile an der übertragenden Körperschaft treten. Dieser zwingende und nicht antragsgebundene Besteuerungsaufschub hat Vorrang vor der Anwendung des § 13 UmwStG[3].

110 Der Veräußerungsgewinn ist steuerpflichtig, wenn die Anteile an der übertragenden Körperschaft entweder zum Betriebsvermögen gehören, wenn es sich um einbringungsgeborene Anteile i.S.d. § 21 UmwStG a.F. oder um eine Beteiligung i.S.d. § 17 EStG handelt. Die Besteuerung erfolgt unter Anwendung der §§ 3 Nr. 40, 3c Abs. 2 EStG bzw. bei Körperschaften nach § 8b Abs. 2 KStG.

Auf **Wertverschiebungen zwischen den Gesellschaftern**, die durch von den Verkehrswertrelationen abweichende Kapitalmaßnahmen verursacht werden, sind die allgemeinen Grundsätze anzuwenden (s. oben Rz. 42).

---

1 Bei einem Upstream Merger einer 100%igen Tochter- auf die Muttergesellschaft entfällt dieser dritte Schritt mangels Auswirkung auf das Nennkapital der Muttergesellschaft.

2 BFH v. 7.4.2010 – I R 96/08, BStBl. II 2011, 467 Rz. 37; UmwSt-Erlass Rz. 02.06 und 13.06. Die Rückwirkung gilt nur, soweit auf einen Anteilseigner verschmolzen wird und § 12 Abs. 2 UmwStG zur Anwendung kommt.

3 UmwSt-Erlass Rz. 13.01.

b) Bewertungswahlrecht

Auf Antrag des Anteilseigners sind die Anteile an der übernehmenden Körperschaft gem. § 13 Abs. 2 Satz 1, 3 UmwStG zum Buchwert bzw. im Privatvermögen zu den Anschaffungskosten der Anteile an der übertragenden Körperschaft anzusetzen, wenn 111

1. das Recht der Bundesrepublik Deutschlands hinsichtlich der Besteuerung des Gewinns aus der Veräußerung der Anteile an der übernehmenden Körperschaft nicht ausgeschlossen oder beschränkt wird, oder
2. Art. 8 der Fusionsrichtlinie anzuwenden ist.

Im reinen Inlandsfall ist die Voraussetzung des § 13 Abs. 2 Satz 1 Nr. 1 UmwStG 112 immer erfüllt (zu internationalen Sachverhalten s. Anh. 2 nach § 122l Rz. 63ff.). Der Antrag ist vom Anteilseigner bei dem für seine Besteuerung zuständigen Finanzamt zu stellen; er ist nicht fristgebunden[1]. Durch den Ansatz mit dem Buchwert bzw. den Anschaffungskosten wird eine Gewinnrealisierung vermieden. Nach dem klaren Wortlaut der Vorschrift ist ein Zwischenwertansatz nicht möglich.

c) Übergang der steuerlichen Merkmale der Anteile

Im Fall des **Ansatzes zum gemeinen Wert** gem. § 13 Abs. 1 UmwStG führt die **An-** 113 **schaffungsfiktion** dazu, dass steuerliche Merkmale der Anteile an der übertragenden Körperschaft – z.B. eine Wertaufholungsverpflichtung, Besitzzeiten etc. – nicht auf die Anteile an der übernehmenden Körperschaft übergehen[2].

Wenn auf Antrag gem. § 13 Abs. 2 Satz 1, 3 UmwStG ein **Ansatz zum Buchwert** 114 bzw. zu den Anschaffungskosten erfolgt, so treten die Anteile an der übernehmenden Körperschaft gem. § 13 Abs. 2 Satz 2 UmwStG an die Stelle der Anteile an der übertragenden Körperschaft. Somit liegt zum einen **keine fiktive Veräußerung und Anschaffung** vor und zum anderen gehen steuerliche Merkmale der untergehenden Anteile auf die als Gegenleistung gewährten Anteile über. Dies betrifft z.B. **Besitzzeiten** wie beim gewerbesteuerlichen Schachtelprivileg gem. § 9 Nr. 2a und 7 GewStG und eine **Wertaufholungsverpflichtung** im Betriebsvermögen wegen früherer Teilwertabschreibung (zur finanziellen Eingliederung im Rahmen einer Organschaft s. oben Rz. 99)[3].

d) Bare Zuzahlungen und Barabfindungen

§ 13 UmwStG gilt nur, soweit die Gegenleistung für die Verschmelzung in Antei- 115 len besteht. Soweit Gesellschafter im Rahmen der Verschmelzung bare Zuzahlungen oder bei Ausscheiden eine Barabfindung erhalten, so entsteht ein Veräußerungsgewinn, der nach allgemeinen Grundsätzen besteuert wird[4]. Bei einer baren Zuzahlung berechnet sich der aus der anteiligen Veräußerung der Anteile resultierende Gewinn aus der Differenz der baren Zuzahlung und dem anteiligen Buch-

1 *Neumann* in Rödder/Herlinghaus/van Lishaut, § 13 UmwStG Rz. 26.
2 *Neumann* in Rödder/Herlinghaus/van Lishaut, § 13 UmwStG Rz. 23.
3 UmwSt-Erlass Rz. 13.11.
4 UmwSt-Erlass Rz. 13.02.

wert bzw. den anteiligen Anschaffungskosten, der dem Anteil der baren Zuzahlung am gemeinen Wert der gesamten Gegenleistung (Anteile und sonstige Gegenleistungen) entspricht; im Übrigen ist § 13 UmwStG anzuwenden[1].

7. Besonderheiten beim Downstream Merger

116 Wie oben dargelegt, sind §§ 11–13 UmwStG gem. § 1 Abs. 2 UmwStG auch auf den Downstream Merger unmittelbar anwendbar (s. oben Rz. 76). Praktisch relevant ist dabei neben der Verschmelzung der Muttergesellschaft auf ihre 100%ige Tochtergesellschaft auch die Verschmelzung einer Gesellschaft (z.B. Zwischenholding) auf eine Gesellschaft, an der sie nur einen Teil der Anteile hält. Soweit die übertragende Gesellschaft Anteile an der übernehmenden Gesellschaft hält, braucht keine Kapitalerhöhung durchgeführt werden (§§ 54 Abs. 1 Satz 2 Nr. 2, 68 Abs. 1 Satz 2 Nr. 2 UmwG) und diese Anteile können mit Eintragung der Verschmelzung unmittelbar an die Anteilseigner der übertragenden Gesellschaft ausgekehrt werden (kein Durchgangserwerb der übernehmenden Gesellschaft; s. § 54 Rz. 54).

Im Rahmen der Anwendung der §§ 11–13 UmwStG auf einen Downstream Merger bestehen einige Besonderheiten[2]. Bei der Muttergesellschaft ist hinsichtlich der Anteile an der Tochtergesellschaft § 11 Abs. 2 Satz 2 UmwStG zu beachten (s. oben Rz. 84), und deren verschmelzungsbedingte Auskehrung führt nicht zu einer (weiteren) Gewinnrealisierung[3]. Die Voraussetzungen des § 11 Abs. 2 Satz 1 UmwStG haben insoweit – entgegen der Verwaltungsauffassung (dazu auch Anh. 2 nach § 122l Rz. 22)[4] – keine Bedeutung, weil diese Anteile nicht zu den übergehenden Wirtschaftsgütern gehören[5]. Soweit durch die Verschmelzung Vermögen von der Muttergesellschaft auf die Tochtergesellschaft übergeht, ist bei der Tochtergesellschaft § 12 UmwStG anzuwenden, d.h. es erfolgt eine Übernahme der bei der Muttergesellschaft angesetzten Werte und ein Eintritt in die steuerliche Rechtsstellung. Ein Übernahmegewinn im engeren Sinne, auf den gem. § 12 Abs. 2 Satz 2 UmwStG die Regelung des § 8b KStG anzuwenden wäre, kann bei einem Downstream Merger nicht entstehen, weil keine Beteiligung der übernehmenden Körperschaft an der übertragenden Körperschaft besteht[6]. Falls auf eine GmbH durch einen Downstream Merger mehr Passiva als Aktiva übergehen[7], liegt darin aufgrund des Vorrangs der umwandlungssteuerrechtlichen Regelungen und mangels Vermögenszufluss bei den Anteilseignern keine verdeckte Gewinn-

1 Berechnungsbeispiel bei *Neumann* in Rödder/Herlinghaus/van Lishaut, § 13 UmwStG Rz. 11.

2 Daneben ist bei der Zusammenrechnung der Einlagekonten der Mutter- und Tochtergesellschaft zu beachten, dass der Bestand des Einlagekontos der Tochtergesellschaft sich gem. § 29 Abs. 2 Satz 3 KStG um den Anteil mindert, der der Beteiligungsquote der Muttergesellschaft entspricht (s. oben Rz. 107).

3 *Rödder* in Rödder/Herlinghaus/van Lishaut, § 11 UmwStG Rz. 69.

4 UmwSt-Erlass Rz. 11.19.

5 *Rödder* in Rödder/Herlinghaus/van Lishaut, § 11 UmwStG Rz. 69 und 133; a.A. *Dötsch* in Dötsch/Pung/Möhlenbrock, § 11 UmwStG Rz. 65.

6 *Rödder* in Rödder/Herlinghaus/van Lishaut, § 12 UmwStG Rz. 85.

7 Im Fall einer reinen Holding, die die Beteiligung teilweise fremdfinanziert hat, gehen auf die Tochtergesellschaft nur Passiva über. Dies ist gesellschaftsrechtlich zulässig, wenn der daraus entstehende Verschmelzungsverlust das freie Eigenkapital der GmbH nicht übersteigt, s. § 24 Rz. 55.

ausschüttung und keine Leistung der Tochtergesellschaft i.S.d. §§ 27 KStG[1]. Bei den Anteilseignern der Muttergesellschaft ist auf den Tausch der Anteile an der Muttergesellschaft gegen die (ausgekehrten) Anteile an der Tochtergesellschaft § 13 UmwStG anzuwenden, so dass steuerliche Merkmale der Anteile an der Muttergesellschaft nur im Falle eines Antrags gem. § 13 Abs. 2 UmwStG übergehen (die steuerlichen Merkmale der Anteile an der Tochtergesellschaft entfallen[2]). Die Verkürzung der Beteiligungskette durch den Downstream Merger stellt hinsichtlich der Anteile an der Tochtergesellschaft oder einer Gesellschaft, an der diese beteiligt ist, eine Übertragung i.S.d. § 8c KStG dar, die – vorbehaltlich der Konzernklausel des § 8c Abs. 1 Satz 5 KStG und der Stille-Reserven-Klausel des § 8c Abs. 1 Satz 6ff. KStG – zum **Wegfall eines Verlustvortrags** führen kann.

Einstweilen frei. 117–120

IV. Verschmelzung von Personenhandels-/Partnerschaftsgesellschaften auf Kapitalgesellschaften und Genossenschaften

1. Grundlagen und Praxishinweise

Im Gegensatz zu Körperschaften, die im Ertragsteuerrecht[3] als eigenständige Steuersubjekte eingestuft und unmittelbar selbst der Besteuerung unterworfen werden, sind Personengesellschaften lediglich eigenständige Gewinnerzielungs- und Gewinnermittlungssubjekte[4]. Daraus folgt, dass ausschließlich ihre Gesellschafter der Einkommen- oder Körperschaftsteuer unterliegen. Im Hinblick auf diese für Personengesellschaften einerseits und Körperschaften andererseits geltenden Besteuerungskonzeptionen bewirkt ein Rechtsformwechsel stets auch einen **Systemwechsel:** Die Besteuerung erfolgt nunmehr nicht nur auf Gesellschafterebene, sondern auch auf der Ebene der Körperschaft. Soweit die Verschmelzung der Personenhandelsgesellschaft auf die Kapitalgesellschaft steuerneutral zu Buchwerten vollzogen wird, führt dies zu einer Verdoppelung der im übergehenden Betriebsvermögen vorhandenen stillen Reserven mit der Folge, dass diese auf Gesellschafterebene der Einkommen- und Körperschaftsteuer und zusätzlich auf der Ebene der Körperschaft der Körperschaftsteuer ausgesetzt sind[5]. 121

Im Hinblick darauf, dass dieser steuerspezifische Systemwechsel auch bei der Umwandlung von Einzelunternehmen in Körperschaften eintritt, enthält das UmwStG für die Verschmelzung von Personenhandels-/Partnerschaftsgesellschaften auf Körperschaften **keine eigenständige Regelung**. Erfasst wird diese Verschmelzung vielmehr gem. § 1 Abs. 3 Nr. 1 UmwStG von den §§ 20–23 UmwStG und wird als Einbringung in eine Kapitalgesellschaft oder Genossenschaft behandelt. Dieser 6. Teil des UmwStG entbehrt einer strengen Anknüpfung an das UmwG, so dass von der Reichweite der §§ 20–23 UmwStG Umstrukturierungen durch Gesamtrechtsnachfolge und Einzelrechtsnachfolge gleichermaßen erfasst 122

1 OFD Hannover v. 5.1.2007, DB 2007, 428; *Dötsch* in Dötsch/Pung/Möhlenbrock, Vor §§ 11–13 UmwStG Rz. 30; *Rödder* in Rödder/Herlinghaus/van Lishaut, § 12 UmwStG Rz. 47.
2 A.A. *Heinemann*, GmbHR 2012, 133 (140).
3 Z.B. §§ 1 Abs. 1, 3 Abs. 1 KStG; §§ 2 Abs. 2, 5 Abs. 1 Satz 2 GewStG.
4 Dazu BFH v. 3.7.1995 – GrS 1/93, BStBl. II 1995, 617 (unter IV.2. b. aa. m.w.N.).
5 Dazu *Patt* in Dötsch/Pung/Möhlenbrock, Vor §§ 20 – 23 UmwStG Rz. 29ff.

werden. Anders als bei den Verschmelzungen von Körperschaften hat nach §§ 20, 21 UmwStG nicht der übertragende, sondern der übernehmende Rechtsträger unter bestimmten Voraussetzungen ein Bewertungswahlrecht, das die Vermeidung einer Gewinnrealisierung ermöglicht.

123 Voraussetzung für die Anwendung dieser Einbringungsvorschriften ist dabei, dass im Zuge der Verschmelzung den Gesellschaftern der Personenhandelsgesellschaft **neue Anteile** an der übernehmenden Kapitalgesellschaft gewährt werden (§§ 20 Abs. 1, 21 Abs. 1 Satz 1 UmwStG)[1]. Nur dann ist die durch §§ 20, 21 UmwStG eröffnete Möglichkeit der Steuerneutralität der Verschmelzung nutzbar. Im Hinblick darauf ist bei der übernehmenden Körperschaft bei einer Verschmelzung durch Aufnahme stets eine **Kapitalerhöhung** erforderlich. Bei einer Verschmelzung durch Aufnahme ohne Kapitalerhöhung oder bei Gewährung bereits existierender (eigener) Anteile sind §§ 20, 21 UmwStG nicht anwendbar und es erfolgt eine Gewinnrealisierung nach allgemeinen Grundsätzen.

124 In den Fällen, in denen an einer Personenhandelsgesellschaft eine Körperschaft beteiligt ist (insb. **GmbH & Co. KG**), lässt sich eine Umwandlung auf eine Körperschaft auch durch Anwachsung herstellen. Die Anwachsung tritt ein, wenn aus der Personenhandelsgesellschaft alle Gesellschafter bis auf die verbleibende Körperschaft austreten. Dieser wächst sodann das Vermögen der Gesellschaft im Wege der Gesamtrechtsnachfolge an (§ 738 BGB)[2], wenn der Gesellschaftsvertrag nicht die Auflösung der Gesellschaft vorsieht. Dieses **Anwachsungsmodell** ist insbesondere bei einer GmbH & Co. KG von Bedeutung, deren Kommanditisten zugleich Gesellschafter der Komplementär-GmbH sind[3]. Werden bei einer derartigen Beteiligungsidentität den ausscheidenden Kommanditisten keine GmbH-Anteile im Zuge einer Kapitalerhöhung gewährt, greift § 20 UmwStG nicht ein mit der Folge, dass insoweit eine verdeckte Einlage in die GmbH gegeben ist, die wegen Aufgabe der Mitunternehmeranteile grundsätzlich gewinnrealisierend ist[4]. Wenn sämtliche Mitunternehmeranteile gegen Gewährung neuer Anteile eingebracht werden und eine Anwachsung erfolgt, ist hingegen § 20 UmwStG anwendbar (die Übertragung der Mitunternehmeranteile erfolgt durch Einzelrechtsnachfolge i.S.d. § 1 Abs. 1 Nr. 4 UmwStG)[5]. Wenn eine Kapitalgesellschaft zu 100 % am Vermögen einer Personenhandelsgesellschaft beteiligt ist (insbesondere Beteiligung an einer typischen GmbH & Co. KG), so kann eine ertragsteuerneutrale Umwandlung der Personenhandelsgesellschaft außerhalb des Anwendungsbereichs des § 20 UmwStG durch Ausscheiden des zweiten Gesellschafters oder dessen Verschmelzung (Komplementär-GmbH) auf die Kapitalgesellschaft erreicht werden[6].

---

1 Sacheinlage oder Bareinlage mit Sachagio als andere Verpflichtung i.S.d. § 3 Abs. 2 GmbHG; BFH v. 7.4.2010 – I R 55/09, BStBl. II 2010, 1094; UmwSt-Erlass Rz. 01.44; *Herlinghaus* in Rödder/Herlinghaus/van Lishaut, § 20 UmwStG Rz. 130ff.

2 Zu Einzelheiten *Orth*, DStR 1999, 1011 ff.

3 Eine weitere – ebenfalls als Einbringung behandelte – Alternative ist der Formwechsel der Personenhandelsgesellschaft in eine Körperschaft; dazu Anh. nach § 304 Rz. 26 ff.

4 BFH v. 11.2.2009 – X R 56/08, BFH/NV 2009, 1411; UmwSt-Erlass Rz. E 20.10.

5 UmwSt-Erlass Rz. 01.44.

6 OFD Berlin v. 19.7.2002, DStR 2002, 1811; zur Rückwirkung in der Verschmelzungsvariante BFH v. 3.2.2010 – IV R 59/07, BFH/NV 2010, 1492.

In der Praxis wird im Regelfall die Vermeidung einer Gewinnrealisierung angestrebt werden. Dabei ist von besonderer Bedeutung, dass dies neben dem Übergang des Gesellschaftsvermögens auch die **Übertragung von sog. Sonderbetriebsvermögen der Gesellschafter** auf die übernehmende Körperschaft voraussetzt, wenn dieses eine **wesentliche Betriebsgrundlage** darstellt. Eine zwingende **Aufdeckung stiller Reserven** erfolgt darüber hinaus im Inlandsfall grundsätzlich nur, soweit eine **andere Gegenleistung** als Gesellschaftsrechte gewährt wird (insb. bare Zuzahlungen), deren gemeiner Wert über dem Buchwert liegt. Davon abgesehen kann das übergehende Vermögen **auf Antrag** mit den **steuerlichen Buchwerten** angesetzt werden. Die **steuerlichen Buchwerte** gehen als **Anschaffungskosten** auf die **Anteile** an der übernehmenden Körperschaft über. Ein **gewerbesteuerlicher Verlustvortrag** der übertragenden Personenhandelsgesellschaft geht nicht über, so dass unter Umständen eine freiwillige Aufdeckung stiller Reserven bei der übertragenden Personenhandelsgesellschaft sinnvoll sein kann. **Verlustvorträge der übernehmenden Körperschaft** und **Verlustvorträge von Tochter- und Enkelgesellschaften** können auf Grund einer Änderung der Beteiligungsverhältnisse ganz oder teilweise entfallen. Bei der Entscheidung für eine Verschmelzung ist auch eine etwaige Belastung mit **Grunderwerbsteuer** zu berücksichtigen. Bei einer **Veräußerung von Anteilen** an der übernehmenden Kapitalgesellschaft oder von bestimmten Anteilen an Kapitalgesellschaften, die durch die Verschmelzung übertragen wurden, **innerhalb von sieben Jahren** nach dem steuerlichen Übertragungsstichtag ist die daraus folgende **rückwirkende Gewinnrealisierung** zu berücksichtigen. Dieses **Risiko** besteht auch bei bestimmten **nachfolgenden Umstrukturierungen**, die diese Anteile betreffen. 125

2. Rechtsentwicklung

Die Verschmelzung von Personenhandelsgesellschaften auf Körperschaften ist als Einbringungsvorgang i.S.d. §§ 20–23 UmwStG anzusehen, wenn an den bzw. die Einbringenden (zumindest auch) neue Gesellschaftsrechte gewährt werden. Die §§ 20–23 UmwStG entsprechen inhaltlich hinsichtlich der Behandlung der Verschmelzung selbst im Wesentlichen den §§ 20–22 UmwStG 1995. Durch das SEStEG wurde – neben dem Einbezug der Genossenschaft als übernehmender Rechtsträger[1] – insbesondere die frühere Konzeption der Besteuerung einbringungsgeborener Anteile und bestimmter eingebrachter Anteile (§ 21 UmwStG, § 8b Abs. 4 KStG, § 3 Nr. 40 Satz 3 und 4 EStG) durch eine nachträgliche Besteuerung des zugrunde liegenden Einbringungsvorgangs ersetzt, wenn in den Fällen der Einbringung von Unternehmensteilen die erhaltenen Anteile oder in bestimmten Fällen der Einbringung von Anteilen an Kapitalgesellschaften die eingebrachten Anteile innerhalb einer Frist von sieben Jahren nach der Einbringung veräußert werden. 126

3. Beteiligte Rechtsträger

Während von den handelsrechtlichen Verschmelzungsvorschriften als übertragende Rechtsträger Personenhandelsgesellschaften[2] erfasst werden, sind Einbrin- 127

1 Zum alten Recht BFH v. 26.10.1989 – IV R 355/84, BFH/NV 1991, 292.
2 Entsprechendes gilt für Partnerschaftsgesellschaften, die nachfolgend nicht mehr gesondert genannt werden.

gende i.S.d. §§ 20–23 UmwStG bei einer Verschmelzung die Gesellschafter der Personenhandelsgesellschaft[1]. Einbringender ist derjenige, der das in §§ 20 Abs. 1, 21 Abs. 1 UmwStG näher bezeichnete Vermögen auf die übernehmende Körperschaft überträgt und hierfür Gesellschaftsanteile erhält. Diese Konzeption – Einbringung gegen Gewährung von Gesellschaftsrechten – stimmt mit der Verschmelzungskonzeption des UmwG nicht überein. Das Vermögen wird hiernach unmittelbar von der mit Wirksamkeit der Verschmelzung erlöschenden Personenhandelsgesellschaft auf die übernehmende Kapitalgesellschaft gegen Gewährung von Gesellschaftsrechten an die Gesellschafter übertragen.

128 Als übernehmende Rechtsträger kommen gem. §§ 20 Abs. 1, 21 Abs. 1 Satz 1 UmwStG lediglich **Kapitalgesellschaften und Genossenschaften**[2] in Betracht. Zur Europäisierung des Anwendungsbereichs im Hinblick auf die beteiligten Rechtsträger gem. § 1 Abs. 4 UmwStG s. Anh. 2 nach § 122l Rz. 26.

129 Für die KGaA, die entsprechend ihrer gesellschaftsrechtlich geprägten dualen Rechtsstruktur auch steuerrechtlich einerseits wie eine Kapitalgesellschaft und andererseits wie eine Personengesellschaft (Mitunternehmerschaft) behandelt wird (s. oben Rz. 5), ist eine differenzierte Anwendung der Einbringungsvorschriften der §§ 20ff. UmwStG erforderlich: §§ 20, 21 UmwStG greifen nur ein, wenn neue Kommanditaktien als Gegenleistung gewährt werden. Wird demgegenüber eine Vermögenseinlage i.S.d. § 289 Abs. 2 AktG gewährt, kommt eine Anwendung des § 24 UmwStG in Betracht[3].

4. Steuerliche Auswirkungen bei der Personenhandels-/Partnerschaftsgesellschaft

a) Gegenstand der Übertragung (Einbringung)

130 Im Zuge der Verschmelzung geht zwar das gesamte Vermögen der übertragenden Personenhandelsgesellschaft einschließlich der Verbindlichkeiten durch Gesamtrechtsnachfolge auf die übernehmende Kapitalgesellschaft über. Die Anwendung des § 20 UmwStG setzt jedoch voraus, dass ein Betrieb, Teilbetrieb oder ein Mitunternehmeranteil eingebracht wird (§ 20 Abs. 1 UmwStG). Die Verschmelzung einer Personenhandelsgesellschaft, die als **Mitunternehmerschaft** einzustufen ist (insbesondere i.S.d. § 15 EStG gewerblich tätige oder geprägte Personengesellschaften), stellt aus steuerlicher Sicht grundsätzlich – zum Sonderbetriebsvermögen sogleich – die **Einbringung der Mitunternehmeranteile** an dieser Gesellschaft dar (einheitliche Einbringung auch hinsichtlich von Mitunternehmeranteilen der übertragenden Personenhandelsgesellschaft an Tochterpersonengesellschaften[4]). Nach Verwaltungsauffassung soll sich der Einbringungsgegenstand hingegen nach dem zugrunde liegenden Rechtsgeschäft bestimmen und bei einer Verschmelzung im **Betrieb der Personenhandelsgesellschaft** bestehen (zur

---

1 UmwSt-Erlass Rz. 20.03.
2 Die nachfolgenden Erläuterungen zur Verschmelzung auf Kapitalgesellschaften gelten entsprechend für die Verschmelzung auf Genossenschaften.
3 *Patt* in Dötsch/Pung/Möhlenbrock, § 20 UmwStG Rz. 185.
4 UmwSt-Erlass Rz. 20.12.

materiellen Bedeutung s. unten Rz. 132)[1]. Die Verschmelzung einer **vermögensverwaltenden Personenhandelsgesellschaft** fällt mangels Betriebsvermögen nicht unter § 20 UmwStG, kann jedoch zur Anwendung des § 21 UmwStG führen, soweit durch die Verschmelzung **Anteile an einer Kapitalgesellschaft** übertragen werden[2]. Die Regelungen zur Vermeidung einer Gewinnrealisierung hinsichtlich der übertragenen Anteile sind in diesem Sonderfall anwendbar, wenn die übernehmende Kapitalgesellschaft nach der Verschmelzung unmittelbar die Mehrheit der Stimmrechte an der Gesellschaft hält, deren Anteile durch die Verschmelzung übertragen wurden (**qualifizierter Anteilstausch** i.S.d. § 21 Abs. 1 Satz 2 UmwStG).

Ein Mitunternehmeranteil i.S.d. § 20 Abs. 1 UmwStG umfasst über die Beteiligung an der Personenhandelsgesellschaft hinaus auch die **Wirtschaftsgüter des Sonderbetriebsvermögens**[3]. Es handelt sich hierbei um Wirtschaftsgüter, die nicht zum Gesamthandsvermögen der übertragenden Personenhandelsgesellschaft gehören, sondern im Eigentum der Gesellschafter stehen, wenn diese Wirtschaftsgüter dazu geeignet und auch bestimmt sind, dem Betrieb der Personenhandelsgesellschaft (Sonderbetriebsvermögen I) oder der Beteiligung des Gesellschafters an der Personenhandelsgesellschaft (Sonderbetriebsvermögen II) zu dienen[4]. Die Einbringung eines Mitunternehmeranteils i.S.d. § 20 Abs. 1 UmwStG ist nur gegeben, wenn auch das Sonderbetriebsvermögen, das eine **wesentliche Betriebsgrundlage** darstellt, mit übertragen wird. Nach der bei Umwandlungsvorgängen allein maßgebenden **funktionalen Betrachtungsweise** stellen nur Wirtschaftsgüter, die zur Erreichung des Betriebszwecks erforderlich sind und denen ein besonderes wirtschaftliches Gewicht für die Betriebsführung zukommt, wesentliche Betriebsgrundlagen dar[5]. Hierzu gehören insbesondere **Grundstücke**[6] und **Produktionsanlagen**[7], die der Personenhandelsgesellschaft überlassen wurden. Auch diese können jedoch im Einzelfall aufgrund geringer wirtschaftlicher Bedeutung für die Personenhandelsgesellschaft unwesentlich sein[8]. **Immaterielle Wirtschaftsgüter**, wie z.B. Marken und Patente können wesentliche Betriebsgrundlagen sein, wenn die Tätigkeit der Personenhandelsgesellschaft in erheblichem Umfang auf ihnen beruht[9]. Auch **Beteiligungen an Kapitalgesellschaften** im Sonderbetriebsvermögen II können funktional wesentliche Betriebsgrundlagen darstellen[10]. Dies kann auch 131

1 UmwSt-Erlass Rz. 20.05. Damit wäre auch die Übertragung eines zum Betrieb gehörenden Mitunternehmeranteils an einer Tochterpersonengesellschaft als gesonderte Einbringung zu behandeln; UmwSt-Erlass Rz. 20.12.

2 Diese sind den Gesellschaftern gem. § 39 Abs. 2 Nr. 2 AO (Bruchteilsbetrachtung) steuerlich zuzurechnen.

3 BFH v. 16.12.2009 – I R 97/08, BStBl. II 2010, 808; UmwSt-Erlass Rz. 20.10 i.V.m. Rz. 20.06.

4 Einzelheiten bei *Wacker* in Schmidt, § 15 EStG Rz. 506ff.

5 BFH v. 7.4.2010 – I R 96/08, BStBl. II 2011, 467 Rz. 23; BFH v. 2.10.1997 – IV R 84/96, BStBl. II 1998, S. 104.

6 BFH v. 3.6.2003 – IX R 15/01, BFH/NV 2003, 1321 m.w.N.

7 BFH v. 12.6.1996 – XI R 56, 57/95, BStBl. II 1996, 527.

8 BFH v. 13.12.2005 – XI R 45/04, BFH/NV 2006, 1453; BFH v. 26.4.1979 – IV R 116/76, BStBl. II 1979, 557.

9 BFH v. 16.12.2009 – I R 97/08, BStBl. II 2010, 808.

10 BFH v. 4.7.2007 – X R 49/06, BStBl. II 2007, 772; BFH v. 2.10.1997 – IV R 84/96, BStBl. II 1998, 104 (106); dazu auch *Patt* in Dötsch/Pung/Möhlenbrock, § 20 UmwStG Rz. 60.

für die Anteile an der Komplementär-GmbH einer GmbH & Co. KG gelten[1]. Ein **Mitunternehmeranteil** an einer anderen Mitunternehmerschaft kann hingegen aus systematischen Gründen keine wesentliche Betriebsgrundlage darstellen[2]. Kurzfristig wieder beschaffbare bewegliche Wirtschaftsgüter des Anlagevermögens sind keine wesentlichen Betriebsgrundlagen[3]. Gleiches gilt für Forderungen, Finanzmittel und Verbindlichkeiten[4]. **Schulden im Sonderbetriebsvermögen** sind nach der Verschmelzung durch die im Rahmen der Verschmelzung erworbenen Anteile an der übernehmenden Kapitalgesellschaft veranlasst[5], so dass die Schuldzinsen den Abzugsbeschränkungen bei den Einkünften aus diesen Anteilen unterliegen[6].

132 Da im Zuge der Verschmelzung nur das Gesamthandsvermögen übergeht, bedarf es einer **gesonderten Übertragung des Sonderbetriebsvermögens** auf die Kapitalgesellschaft, falls es sich hierbei um wesentliche Betriebsgrundlagen handelt. Um in den Anwendungsbereich des § 20 UmwStG zu gelangen, muss diese Übertragung in einem sachlichen und zeitlichen Zusammenhang mit dem verschmelzungsbedingten Übergang des Gesamthandsvermögens auf die übernehmende Kapitalgesellschaft erfolgen (einheitlicher Einbringungsvorgang)[7]. Werden durch einen Mitunternehmer wesentliche Betriebsgrundlagen seines Mitunternehmeranteils zurückbehalten, liegt in der Verschmelzung keine Einbringung dieses Mitunternehmeranteils, sondern die Übertragung einzelner Wirtschaftsgüter, so dass die stillen Reserven zu versteuern sind[8]. Auch die vorherige Übertragung oder Überführung in ein anderes Betriebsvermögen kann schädlich sein[9]. Auf Grundlage der **Verwaltungsauffassung**, dass der Betrieb der Personenhandelsgesellschaft Einbringungsgegenstand ist, gilt dies nicht nur für den Mitunternehmer, der das wesentliche Sonderbetriebsvermögen zurückbehält, sondern auch für die **anderen Mitunternehmer**, da dann insgesamt die Voraussetzungen des § 20 UmwStG nicht vorliegen[10].

Unschädlich ist hingegen die Zurückbehaltung von Wirtschaftsgütern, die keine wesentlichen Betriebsgrundlagen sind. Nach der Rechtsprechung des BFH ist auch die Zurückbehaltung der Beteiligung an einer Komplementär-GmbH gene-

1 OFD Rheinland/Münster v. 23.3.2011, DB 2011, 1302; nach der BFH-Rechtsprechung ist ausschlaggebend, ob diese Anteile den Einfluss des Mitunternehmers auf die Geschäftsführung der KG wesentlich stärken; BFH v. 25.11.2009 – I R 72/08, BStBl. II 2010, 471 Rz. 20.
2 Näher *Schumacher* in Rödder/Herlinghaus/van Lishaut, § 15 UmwStG Rz. 159.
3 BFH v. 11.10.2007 – X R 39/04, BStBl. II 2008, 220.
4 *Patt* in Dötsch/Pung/Möhlenbrock, § 20 UmwStG Rz. 63.
5 BFH v. 7.7.1998 – VIII R 5/96, BStBl. II 1999, 209; zur hälftigen Abzugsbeschränkung des § 3c Abs. 2 EStG bei natürlichen Personen *Patt* in Dötsch/Pung/Möhlenbrock, § 20 UmwStG Rz. 139.
6 Insbesondere kein Abzug im Rahmen der Abgeltungsteuer gem. § 20 Abs. 9 Satz 1 EStG; im Betriebsvermögen natürlicher Personen 60 %-iger Abzug gem. § 3c Abs. 2 EStG.
7 Dies unterstellt UmwSt-Erlass Rz. 23.20. Zu Einzelheiten *Patt* in Dötsch/Pung/Möhlenbrock, § 20 UmwStG Rz. 167 ff.
8 UmwSt-Erlass Rz. 20.07.
9 UmwSt-Erlass Rz. 20.07 Satz 2; zur Kritik und abweichenden jüngeren Rechtsprechung *Herlinghaus* in Rödder/Herlinghaus/van Lishaut, § 20 UmwStG Rz. 42 ff.
10 UmwSt-Erlass Rz. 20.05 i.V.m. Rz. 20.06.

rell unschädlich, weil deren Komplementärstellung infolge der Umwandlung der GmbH & Co. KG in eine Kapitalgesellschaft gegenstandslos wird[1].

Gehen im Zuge der Verschmelzung Wirtschaftsgüter des Sonderbetriebsvermögens nicht auf die Kapitalgesellschaft über, so sind sie grundsätzlich als entnommen zu behandeln mit der Folge der **Versteuerung der entsprechenden stillen Reserven**[2]. Etwas anderes gilt, falls die Wirtschaftsgüter anderweitig Betriebsvermögen bleiben, so dass eine Überführung zu Buchwerten gem. § 6 Abs. 5 Satz 2 EStG vorliegt. Eine Versteuerung der stillen Reserven unterbleibt schließlich auch dann, wenn zum Gesamthands- oder zum Sonderbetriebsvermögen als wesentliche Betriebsgrundlage gehörende Anteile an der übernehmenden Kapitalgesellschaft nicht mit übergehen. Würden diese nämlich auf die übernehmende Kapitalgesellschaft überführt, würden sie zu handelsrechtlichen Beschränkungen unterworfenen eigenen Anteilen. Aus Gründen der Vereinfachung ist die Einbringung dieser Anteile daher nicht erforderlich[3]; nach Verwaltungsauffassung ist ein entsprechender Antrag bei dem für die übernehmende Kapitalgesellschaft zuständigen Finanzamt zu stellen[4]. 133

b) Übertragungsgewinn (Einbringungsgewinn) und Gewerbesteuer

Ein verschmelzungsbedingter Einbringungsgewinn unterliegt zwar nicht bei der Personenhandelsgesellschaft, sondern ihren Gesellschaftern der Einkommen- oder Körperschaftsteuer (s. unten Rz. 161), er kann jedoch bei der Personenhandelsgesellschaft der Gewerbesteuer unterliegen. Ob ein Übertragungsgewinn entsteht, wird dadurch bestimmt, mit welchem Wert die übernehmende Kapitalgesellschaft das übergehende Vermögen in ihrer Steuerbilanz ansetzt. Denn gem. § 20 Abs. 3 Satz 1 UmwStG gilt der Wert, mit dem die übernehmende Kapitalgesellschaft das übergehende Betriebsvermögen ansetzt, für den Einbringenden als Veräußerungspreis und als Anschaffungskosten der Gesellschaftsanteile an der übernehmenden Kapitalgesellschaft. 134

Das Wahlrecht der übernehmenden Kapitalgesellschaft geht dahin, das übergehende Vermögen mit dem Buchwert oder einem höheren Wert, höchstens dem gemeinen Wert anzusetzen (§ 20 Abs. 2 Satz 2 UmwStG; zu Einzelheiten unten Rz. 145). Wird der **Buchwert** angesetzt, so entsteht gem. § 20 Abs. 3 Satz 1 UmwStG bei der Personenhandelsgesellschaft und ihren Gesellschaftern kein Einbringungsgewinn. Wird dagegen von der übernehmenden Kapitalgesellschaft ein **höherer Wert** angesetzt, tritt eine Gewinnrealisierung ein. 135

Im Hinblick darauf, dass das der übernehmenden Kapitalgesellschaft eingeräumte **Wahlrecht** die Gewinnrealisierung bei der Personenhandelsgesellschaft und ihren Gesellschaftern bestimmt, muss im Rahmen der Verschmelzung klar und eindeutig geregelt werden, wie die übernehmende Kapitalgesellschaft ihr Wahlrecht auszuüben hat. Entscheidend ist für steuerliche Zwecke allerdings die tatsächliche 136

1 BFH v. 16.12.2009 – I R 97/08, BStBl. II 2010, 808 Rz. 23. Unklar ist, ob UmwSt-Erlass Rz. 20.06 i.V.m. Rz. 15.02 mit dem alleinigen Abstellen auf die Perspektive des übertragenden Rechtsträgers dazu in Widerspruch steht.
2 UmwSt-Erlass Rz. 20.08.
3 BFH v. 25.7.2010 – I R 88/10, BStBl. II 2013, 94 Rz. 30.
4 UmwSt-Erlass Rz. 20.09.

Ausübung des Wahlrechts durch die Kapitalgesellschaft, selbst wenn diese von einer Vereinbarung mit den Gesellschaftern abweicht[1]. Gegen eine unzutreffende Anwendung des § 20 Abs. 2 UmwStG bei der übernehmenden Kapitalgesellschaft kann allerdings nicht diese selbst, sondern nur der Einbringende Rechtsmittel einlegen (**Drittanfechtungsrecht**)[2]. In aller Regel werden die Gesellschafter der Personenhandelsgesellschaft zwecks Vermeidung einer Gewinnrealisierung auf einer Fortführung der Buchwerte durch die aufnehmende Kapitalgesellschaft bestehen. Ob ausnahmsweise ein Ansatz zum gemeinen Wert vorteilhaft ist, hängt von dem daraus resultierenden Barwert der Steuerzahlungen ab. Der entstehende Einbringungsgewinn (Übertragungsgewinn) kann bei einer natürlichen Person als unmittelbarer Gesellschafter der übertragenden Personenhandelsgesellschaft beim Ansatz des gemeinen Wertes unter weiteren Voraussetzungen gem. § 20 Abs. 4 i.V.m. § 34 EStG begünstigt sein und unterliegt regelmäßig nicht der Gewerbesteuer (zur Besteuerung des Einbringungsgewinns bei den Gesellschaftern s. auch unten Rz. 161). Bei der übernehmenden Kapitalgesellschaft führen die resultierenden höheren Buchwerte zu einer Minderung der zukünftigen laufenden Gewinne.

137 Die **Ermittlung des Einbringungsgewinns**, die erforderlich ist, wenn die übernehmende Kapitalgesellschaft das übergehende Betriebsvermögen mit dem gemeinen Wert oder einem Zwischenwert ansetzt, erfolgt auf der Ebene der Personenhandelsgesellschaft. Insoweit ist die Personenhandelsgesellschaft eigenständiges Gewinnermittlungssubjekt. Dabei ist gem. § 16 Abs. 2 EStG, § 1 Abs. 5 Nr. 4 UmwStG die Ermittlung des Buchwerts des übergehende Vermögens in einer Steuerbilanz der Personenhandelsgesellschaft zum steuerlichen Übertragungsstichtag erforderlich (Übertragungsbilanz).

138 Der Einbringungsgewinn ist der Betrag, um den der Veräußerungspreis gem. § 20 Abs. 3 Satz 1 UmwStG nach Abzug der Einbringungskosten den Buchwert des eingebrachten Betriebsvermögens übersteigt[3]. In die Ermittlung des Einbringungsgewinns werden auch im zivilrechtlichen Eigentum der Gesellschafter der Personenhandelsgesellschaft stehende Wirtschaftsgüter des steuerlichen Sonderbetriebsvermögens einbezogen, sofern diese ebenfalls auf die übernehmende Kapitalgesellschaft übergehen und die dortigen Wertansätze über den bisherigen Ansätze in den Sonderbilanzen liegen. Neben dem Einbringungsgewinn im engeren Sinne kann auch ein Entnahmegewinn bei Zurückbehaltung von Wirtschaftsgütern entstehen (dazu oben Rz. 133).

139 Der auf der Ebene der Personenhandelsgesellschaft ermittelte Übertragungsgewinn gehört – vorbehaltlich einer Anwendung des § 18 Abs. 3 UmwStG (dazu oben Rz. 38) – insoweit nicht zum **Gewerbeertrag** der Personenhandelsgesellschaft, als er auf natürliche Personen entfällt, die an ihr unmittelbar beteiligt sind (§ 7 Satz 2 Nr. 2 GewStG). Dies gilt auch, soweit die Personenhandelsgesellschaft

---

1 UmwSt-Erlass Rz. 20.23; *Herlinghaus* in Rödder/Herlinghaus/van Lishaut, § 20 UmwStG Rz. 149; ggf. entstehen zivilrechtliche Schadensersatzansprüche.

2 BFH v. 28.6.2011 – I R 79/10, BStBl. II 2012, 421; BFH v. 25.4.2012 – I R 2/11, BFH/NV 2012, 1649.

3 Bei einem Buchwertansatz entsteht ein Verlust in Höhe der Einbringungskosten, diese stellen keine Anschaffungskosten auf die Anteile an der übernehmenden Kapitalgesellschaft dar; *Patt* in Dötsch/Pung/Möhlenbrock, § 20 UmwStG Rz. 254; a.A. *Widmann* in Widmann/Mayer, § 20 UmwStG Rz. R 509.

Anteile an anderen Mitunternehmerschaften hält, denn aus steuerlicher Sicht liegt eine einheitliche Veräußerung der Mitunternehmeranteile an der übertragenden Personenhandelsgesellschaft (Obergesellschaft) vor, an der die Gesellschaftern unmittelbar beteiligt sind[1]. Soweit der Gewinn auf **Anteile an Kapitalgesellschaften** entfällt, sind die Freistellungen nach § 3 Nr. 40 EStG, § 8b Abs. 2, 6 KStG gem. § 7 Satz 4 GewStG auch bei der Ermittlung des Gewerbeertrags zu beachten. Ein verschmelzungsbedingter Gewerbeertrag kann mit einem etwaigen gewerbesteuerlichen Verlustvortrag i.S.d. § 10a GewStG unter Beachtung der Mindestbesteuerung[2] verrechnet werden (ein verbleibender gewerbesteuerlicher Verlustvortrag geht nicht über; s. unten Rz. 158).

c) Steuerlicher Übertragungsstichtag (Rückwirkung)

Die Einbringung durch Verschmelzung auf die übernehmende Kapitalgesellschaft erfolgt im Grundsatz zu dem Zeitpunkt, zu dem das wirtschaftliche Eigentum an dem Vermögen auf die übernehmende Kapitalgesellschaft übergeht[3]. Gem. § 20 Abs. 5, 6 Satz 1 UmwStG kann indessen auf Antrag der übernehmenden Kapitalgesellschaft[4] beim zuständigen Finanzamt als steuerlicher Übertragungsstichtag der Stichtag anzusehen, auf den die Schlussbilanz der übertragenden Personenhandelsgesellschaft gem. § 17 Abs. 2 UmwG aufgestellt wird, wobei dieser Stichtag höchstens 8 Monate vor der Anmeldung der Verschmelzung zur Eintragung in das Handelsregister liegen darf. Nach zweifelhafter Verwaltungsauffassung[5] muss der jeweilige Einbringungsgegenstand (Betrieb oder Mitunternehmeranteil) bereits am steuerlichen Übertragungsstichtag vorgelegen haben (zur praktischen Bedeutung bei Teilbetriebsübertragungen s. Anh. 1 nach § 151 Rz. 12). 140

Im Falle der Rückbeziehung ist gem. § 20 Abs. 5 Satz 1 UmwStG das Einkommen und das Vermögen des Einbringenden und der übernehmenden Kapitalgesellschaft so zu ermitteln, als ob das eingebrachte Betriebsvermögen mit Ablauf des steuerlichen Übertragungsstichtags übergegangen wäre. Diese Rückwirkungsfiktion gilt freilich nicht für jene Gesellschafter, die während des Rückwirkungszeitraums ausscheiden: Sie veräußern folglich Anteile an der übertragenden Personenhandelsgesellschaft und nicht solche an der übernehmenden Kapitalgesellschaft[6]. Bei der Ermittlung des Einkommens und des Gewerbeertrags werden **Entnahmen und Einlagen**, soweit sie nach dem steuerlichen Übertragungsstichtag erfolgen, nicht erfasst (§ 20 Abs. 5 Satz 2 UmwStG). Hieraus folgt, dass insbesondere zwischenzeitliche Entnahmen der Gesellschafter der Personenhandelsgesellschaft nicht als verdeckte Gewinnausschüttungen der übernehmenden Kapitalgesellschaft qualifiziert werden können, sondern lediglich die Anschaffungskosten der Anteile mindern, die der entnehmende Gesellschafter von der übernehmenden Kapitalge- 141

1 R 7.1 Abs. 3 Satz 5 GewStR; s. auch zur Erfassung der Gewinns (nur) im Feststellungsbescheid der Obergesellschaft BFH v. 18.9.2007 – I R 79/06, BFH/NV 2008, 729.
2 40 % des 1 Mio. Euro übersteigenden Gewerbeertrags unterliegen gem. § 10a Satz 2 GewStG unabhängig von der Höhe des Verlustvortrags der Gewerbesteuer.
3 UmwSt-Erlass Rz. 20.13.
4 UmwSt-Erlass Rz. 20.14.
5 UmwSt-Erlass Rz. 20.14.
6 UmwSt-Erlass Rz. 20.16.

sellschaft eingeräumt erhält (§ 20 Abs. 5 Satz 3 UmwStG)[1]. Zwischenzeitliche Einlagen erhöhen dementsprechend die Anschaffungskosten der im Zuge der Verschmelzung gewährten Anteile, wobei für die Bewertung der Einlagen § 6 Abs. 1 Nr. 5 EStG gilt (§ 20 Abs. 5 Satz 3 UmwStG).

142 Die nach § 20 Abs. 5 Satz 1 UmwStG mögliche Rückbeziehung bewirkt im Ergebnis, dass die Rechtsbeziehungen der Personenhandelsgesellschaft gegenüber Dritten und den Gesellschaftern **vom steuerlichen Übertragungsstichtag an als Rechtsbeziehungen der übernehmenden Kapitalgesellschaft** gelten (s. zur Parallelvorschrift des § 2 UmwStG oben Rz. 25). So sind ab diesem Zeitpunkt etwaige Zahlungen der Personenhandelsgesellschaft an ihre Gesellschafter nicht mehr gem. § 15 Abs. 1 Nr. 2 EStG als deren Gewinnanteile an der Personenhandelsgesellschaft hinzuzurechnen, sondern Betriebsausgaben der übernehmenden Kapitalgesellschaft, soweit sie angemessene Entgelte für erbrachte Leistungen darstellen[2]. Soweit die Entgelte unangemessen sind, gelten sie gem. § 20 Abs. 5 Satz 2 UmwStG noch für die Zeit der Rückbeziehung als Entnahmen der Personenhandelsgesellschaft mit der Folge, dass insoweit die Anschaffungskosten der gewährten Anteile an der übernehmenden Kapitalgesellschaft gemindert werden[3]. Ab dem Zeitpunkt der Eintragung der Verschmelzung in das Handelsregister sind die unangemessenen Entgeltteile als verdeckte Gewinnausschüttungen zu behandeln. Die in § 20 Abs. 5 Satz 1 UmwStG verankerte Rückbeziehung führt nicht dazu, dass von der übernehmenden Kapitalgesellschaft eingegangene Rechtsverhältnisse mit ihren Gesellschaftern auf den steuerlichen Übertragungsstichtag zurückwirken. Diese Verträge können nach allgemeinen Grundsätzen erst ab dem wirksamen Vertragsschluss der Besteuerung zu Grunde gelegt werden[4].

d) Sonstige steuerliche Folgen des Vermögensübergangs

143 Da im Rahmen der Verschmelzung insbesondere das Gesamthandsvermögen vollständig auf die übernehmende Kapitalgesellschaft übergeht, ist gem. § 1 Abs. 1a UStG ein steuerbarer Umsatz nicht gegeben (s. oben Rz. 29). Wird Sonderbetriebsvermögen übertragen, liegt allerdings ggf. ein steuerbarer Leistungstausch vor[5].

144 Gem. § 1 Abs. 1 Nr. 3, Abs. 2a oder 3 GrEStG entsteht – vorbehaltlich der Steuerbefreiung für die Umstrukturierung im Konzern – im Zuge der Verschmelzung dann Grunderwerbsteuer, wenn auf die übernehmende Kapitalgesellschaft insbesondere Grundstücke oder Beteiligungen von mindestens 95 % an grundbesitzhaltenden Gesellschaften übergehen (s. oben Rz. 30).

---

1 Wenn die zwischenzeitlichen Entnahmen die Buchwerte des einzubringenden Betriebsvermögens überschreiten, ist nach Auffassung der Finanzverwaltung ein Fall des § 20 Abs. 2 Satz 4 UmwStG gegeben (negativer Buchwert, s. unten Rz. 149); UmwSt-Erlass Rz. 20.19 a.E.

2 UmwSt-Erlass Rz. 20.16.

3 BFH v. 29.4.1987 – I R 192/82, BStBl. II 1987, 797; UmwSt-Erlass Rz. 20.16.

4 UmwSt-Erlass Rz. 20.16; *Herlinghaus* in Rödder/Herlinghaus/van Lishaut, § 20 UmwStG Rz. 228; *Patt* in Dötsch/Pung/Möhlenbrock, § 20 UmwStG Rz. 313 ff.

5 *Rasche* in Rödder/Herlinghaus/van Lishaut, Anh. 10 Rz. 59.

5. Steuerliche Auswirkungen bei der übernehmenden Kapitalgesellschaft

a) Bewertungswahlrecht

145 Die übernehmende Kapitalgesellschaft hat die übergegangenen Wirtschaftsgüter gem. § 20 Abs. 2 Satz 1 UmwStG grundsätzlich mit dem gemeinen Wert anzusetzen; für die Bewertung von Pensionsrückstellungen gilt § 6a EStG entsprechend (zur Ermittlung des gemeinen Wertes s. oben Rz. 17). § 20 Abs. 2 Satz 2 UmwStG räumt der übernehmenden Kapitalgesellschaft auf Antrag das Wahlrecht ein, das von der Personenhandelsgesellschaft übergehende Vermögen einheitlich mit seinem Buchwert oder mit einem höheren Wert, höchstens dem gemeinen Wert, anzusetzen. Insoweit besteht zwar ein Gleichklang mit der in § 24 UmwG verankerten Regelung, wonach der **übernehmende Rechtsträger** das Bewertungswahlrecht ausübt. Dennoch ist auch das **antragsgebundene Bewertungswahlrecht** in § 20 Abs. 2 Satz 2 UmwStG nach einhelliger Auffassung **unabhängig von der Handelsbilanz** auszuüben, der Grundsatz der Maßgeblichkeit der Handelsbilanz (§ 5 Abs. 1 EStG) gilt hierfür nicht[1]. Soweit die übernehmende Kapitalgesellschaft in ihrer Übernahmebilanz die von der Personenhandelsgesellschaft angesetzten Buchwerte fortführt (Buchwertverknüpfung), wird ein Einbringungsgewinn (Übertragungsgewinn) bei der Personenhandelsgesellschaft und ihren Gesellschaftern vermieden (s. oben Rz. 134 und unten Rz. 161). Entsprechendes gilt gem. § 21 UmwStG in dem Sonderfall der Verschmelzung einer vermögensverwaltenden Personenhandelsgesellschaft, durch die Anteile an Kapitalgesellschaften übergehen, die die Voraussetzungen eines qualifizierten Anteilstauschs erfüllen (s. oben Rz. 130).

146 Der **Antrag** ist gem. § 20 Abs. 2 Satz 3 UmwStG von der übernehmenden Kapitalgesellschaft spätestens bis zur erstmaligen Abgabe der steuerlichen Schlussbilanz bei dem für ihre Besteuerung zuständigen Finanzamt zu stellen[2]. Anders als bei der Verschmelzung von Körperschaften ist nach Verwaltungsauffassung nicht auf eine eigenständige Schlussbilanz abzustellen (dazu oben Rz. 18), sondern auf die steuerliche Schlussbilanz des Wirtschaftsjahres, in der das übernommene Betriebsvermögen erstmals anzusetzen ist[3]. Eine Änderung des einmal durch Antragstellung ausgeübten Wahlrechts ist nicht möglich[4]. Diesem Verbot einer Änderung der Wahlrechtsausübung steht allerdings eine etwa im Anschluss an eine steuerliche Außenprüfung gebotene Bilanzberichtigung (§ 4 Abs. 2 Satz 1 EStG) nicht entgegen. Hat die übernehmende Kapitalgesellschaft z.B. unmissverständlich den Ansatz zum Buchwert beantragt, ist dieser aber unzutreffend ermittelt worden, sind die entsprechenden Bilanzansätze zu berichtigen. Eine **Bilanzberichtigung** erfolgt auch, wenn mangels Antrag der gemeine Wert gem. § 20 Abs. 2 Satz 1 UmwStG anzusetzen ist und dieser unzutreffend ermittelt wurde[5].

---

1 UmwSt-Erlass Rz. 20.20.

2 Dies gilt auch hinsichtlich von Mitunternehmeranteilen an Tochterpersonengesellschaften der übertragenden Personenhandelsgesellschaft, obwohl ein Ansatz über dem Buchwert in Ergänzungsbilanzen bei ihnen zu berücksichtigen ist; UmwSt-Erlass Rz. 20.22.

3 UmwSt-Erlass Rz. 20.21; *Herlinghaus* in Rödder/Herlinghaus/van Lishaut, § 20 UmwStG Rz. 154b.

4 UmwSt-Erlass Rz. 20.24.

5 UmwSt-Erlass Rz. 20.24.

147 Das antragsgebundene **Wahlrecht** gem. § 20 Abs. 2 Satz 1 UmwStG setzt die Einstufung der Verschmelzung als Einbringung von Mitunternehmeranteilen bzw. nach Verwaltungsauffassung des Betriebs, ggf. nebst wesentlichen Betriebsgrundlagen im Sonderbetriebsvermögen (s. oben Rz. 131) und die Gewährung neuer Anteile (s. oben Rz. 123) voraus und besteht darüber hinaus nur, **soweit**

1. sichergestellt ist, dass das übergehende Betriebsvermögen später bei der übernehmenden Kapitalgesellschaft der **Besteuerung mit Körperschaftsteuer** unterliegt,
2. die **Passivposten** des übergehenden Betriebsvermögens (ohne Berücksichtigung des Eigenkapitals) **die Aktivposten nicht übersteigen**, und
3. das Recht der Bundesrepublik Deutschlands hinsichtlich der Besteuerung des Gewinns aus der Veräußerung des übergehenden Betriebsvermögens bei der übernehmenden Gesellschaft nicht ausgeschlossen oder beschränkt wird (diese Voraussetzung ist im reinen Inlandsfall immer erfüllt; zu internationalen Sachverhalten Anh. 2 nach § 122l Rz. 77).

Darüber hinaus hat die übernehmende Gesellschaft das übergehende Betriebsvermögen gem. § 20 Abs. 2 Satz 4 UmwStG mindestens mit dem **gemeinen Wert anderer Wirtschaftsgüter** anzusetzen, die die Gesellschafter der übertragenden Personenhandelsgesellschaft neben Anteilen an der übernehmenden Kapitalgesellschaft erhalten.

Nach Verwaltungsauffassung soll ein Buchwertansatz nicht möglich sein, wenn der **gemeine Wert** der Sachgesamtheit **geringer als die Summe der Buchwerte** der übergehenden Wirtschaftsgüter ist[1]. In einem solchen Fall – stille Lasten übersteigen die stillen Reserven – soll es somit zu einer **zwangsweisen Verlustrealisierung** kommen. Dies ist unzutreffend, die übernehmende Kapitalgesellschaft kann durch einen Antrag auf Buchwertansatz auch die Realisierung stiller Lasten beim Einbringenden vermeiden (s. oben Rz. 19).

148 Die **Sicherstellung der Besteuerung mit Körperschaftsteuer** gem. § 20 Abs. 2 Satz 2 Nr. 1 UmwStG ist bei Verschmelzung auf eine unbeschränkt steuerpflichtige und nicht steuerbefreite Kapitalgesellschaft immer erfüllt (s. oben Rz. 80, auch zur **Einbringung in eine Organgesellschaft**[2]).

149 Gem. § 20 Abs. 2 Satz 2 Nr. 2 UmwStG hat die übernehmende Kapitalgesellschaft das übergehende Betriebsvermögen mindestens so anzusetzen, dass sich Aktivposten und Passivposten (ohne Berücksichtigung des Eigenkapitals) bilanziell ausgleichen. Im Ergebnis führt dies dazu, dass bei der Personenhandelsgesellschaft mindestens in Höhe bestehender **negativer steuerlicher Kapitalkonten** ein Gewinn entsteht. Im Hinblick darauf, dass bei der Verschmelzung von Personenhandelsgesellschaften auf Kapitalgesellschaften die Gesellschafter der Personenhandelsgesellschaft als Einbringende gem. § 20 Abs. 1 UmwStG anzusehen sind, ist nicht auf das in der Gesamtbilanz der Personenhandelsgesellschaft auszuweisende gesamte Eigenkapital, sondern auf das jeweilige Kapitalkonto des einzelnen Gesellschafters abzustellen[3]. Ob das Kapitalkonto des jeweiligen Gesellschafters

1 UmwSt-Erlass Rz. 20.18 i.V.m. Rz. 03.12.
2 UmwSt-Erlass Rz. 20.19 enthält eine Parallelregelung zu Rz. 11.08.
3 *Herlinghaus* in Rödder/Herlinghaus/van Lishaut, § 20 UmwStG Rz. 164; a.A. auf Grundlage der Verwaltungsauffassung, dass der Betrieb eingebracht wird, *Patt* in Dötsch/Pung/Möhlenbrock, § 20 UmwStG Rz. 217.

negativ ist, ist unter Einbeziehung der in Ergänzungs- und Sonderbilanzen des Gesellschafters auszuweisenden Kapitalkonten festzustellen, soweit die in den Sonderbilanzen ausgewiesenen Wirtschaftsgüter des Sonderbetriebsvermögens auf die übernehmende Körperschaft übergehen[1]. Soweit dem Gesellschafter ein negatives Kapitalkonto verbleibt, kann ein etwaiger Einbringungsgewinn nur dadurch vermieden werden, dass das negative Kapitalkonto durch tatsächlich geleistete Einlagen ausgeglichen wird, die nach der Regelung des § 20 Abs. 5 Satz 2 UmwStG auch noch im Rückwirkungszeitraum erfolgen können (umgekehrt kann ein negativer Buchwert auch durch Entnahmen im Rückwirkungszeitraum entstehen)[2]. Eine erforderliche gesellschafterbezogene Aufstockung der Buchwerte darf nicht zu einer Überschreitung der gemeinen Werte der einzelnen Wirtschaftsgüter führen.

Erhält der Gesellschafter im Zuge der Verschmelzung neben Anteilen an der übernehmenden Kapitalgesellschaft auch andere Wirtschaftsgüter, deren gemeiner Wert den Buchwert des eingebrachten Betriebsvermögens übersteigt, so hat die übernehmende Kapitalgesellschaft das eingebrachte Betriebsvermögen mindestens mit dem gemeinen Wert der anderen Wirtschaftsgüter anzusetzen (§ 20 Abs. 2 Satz 4 UmwStG). Die gemeinen Werte der einzelnen Wirtschaftsgüter dürfen aber nicht überschritten werden. Anders als bei der Verschmelzung von Körperschaften nach §§ 3 Abs. 2 Satz 1 Nr. 3, 11 Abs. 2 Satz 1 Nr. 3 UmwStG führt somit eine **andere Gegenleistung** neben Anteilen **bis zur Höhe des Buchwerts** nicht zu einer anteiligen Gewinnrealisierung. Bei der Anwendung der Regelung ist auf den Einbringenden, d.h. den einzelnen Gesellschafter, abzustellen. Als andere Wirtschaftsgüter kommen bei einer Verschmelzung insbesondere **bare Zuzahlungen** in Betracht. Zu diesen anderen Wirtschaftsgütern gehören nicht betriebliche Verbindlichkeiten der Personenhandelsgesellschaft oder Verbindlichkeiten im Sonderbetriebsvermögen, die auf die Kapitalgesellschaft übergehen. Dies gilt grundsätzlich auch für **Pensionsverpflichtungen** gegenüber den Gesellschaftern der Personenhandelsgesellschaft[3]. 150

Soweit wahlweise oder auf Grund der vorgenannten Einschränkungen ein Ansatz über dem Buchwert, aber unter dem gemeinen Wert erfolgt, ist eine **gleichmäßige Aufstockung**, d.h. die Aufdeckung der stillen Reserven der einzelnen Wirtschaftsgüter – einschließlich eines selbstgeschaffenen Firmenwerts – nach einem einheitlichen Maßstab, geboten[4]. Da die Gesellschafter als Einbringende gelten, kann das Bewertungswahlrecht zwar gesellschafterbezogen unterschiedlich für die einzelnen Mitunternehmeranteile, aber für den jeweils eingebrachten Mit- 151

---

1 Mitunternehmeranteile an Tochterpersonengesellschaften sind nach der hier vertretenen Auffassung nicht gesondert zu betrachten, weil eine einheitliche Einbringung vorliegt; UmwSt-Erlass Rz. 20.12. Bei Annahme einer Betriebseinbringung lägen gesonderte Einbringungen vor, so dass auch die Kapitalkonten getrennt zu betrachten wären; Beispiel bei *Patt* in Dötsch/Pung/Möhlenbrock, § 20 UmwStG Rz. 218.

2 *Patt* in Dötsch/Pung/Möhlenbrock, § 20 UmwStG Rz. 223; *Schmitt* in Schmitt/Hörtnagl/Stratz, § 20 UmwStG Rz. 260; a.A. *Herlinghaus* in Rödder/Herlinghaus/van Lishaut, § 20 UmwStG Rz. 239; *Widmann* in Widmann/Mayer, § 20 UmwStG Rz. R 553.

3 UmwSt-Erlass Rz. 20.28 ff. mit Besonderheiten für Altfälle, in denen keine korrespondierende Aktivierung des Pensionsanspruchs in einer Sonderbilanz des Gesellschafters erfolgte.

4 UmwSt-Erlass Rz. 20.18, 23.14 i.V.m. Rz. 03.25; zum Firmenwert *Patt* in Dötsch/Pung/Möhlenbrock, § 20 UmwStG Rz. 207.

unternehmeranteil einschließlich Sonderbetriebsvermögen nur einheitlich ausgeübt werden[1].

152–154 Einstweilen frei.

b) Steuerrechtliche Rechtsnachfolge

155 Setzt die übernehmende Kapitalgesellschaft das übernommene Betriebsvermögen mit einem unter dem gemeinen Wert liegenden Wert, insbesondere dem Buchwert an, so tritt die übernehmende Kapitalgesellschaft in die steuerliche Rechtsstellung der übertragenden Personenhandelsgesellschaft ein (§ 23 Abs. 1 i.V.m. § 12 Abs. 3 1. Halbsatz UmwStG; dazu oben Rz. 99). Insoweit trägt das UmwStG materiell-rechtlich der Gesamtrechtsnachfolge des UmwG Rechnung. Gem. § 23 Abs. 1 i.V.m. § 4 Abs. 2 Satz 3 UmwStG sind die für Zwecke der Besteuerung die Dauer der Zugehörigkeit eines Wirtschaftsgutes zum Betriebsvermögen der Personenhandelsgesellschaft und der übernehmenden Kapitalgesellschaft zusammenzurechnen (z.B. für Zwecke der Anwendung des § 6b EStG). Trotz des Eintritts in die steuerliche Rechtsstellung sehen Rechtsprechung und Finanzverwaltung die Verschmelzung als Anschaffungsvorgang an, so dass objektbezogene Umwandlungskosten (insbesondere Grunderwerbsteuer), die der übernehmenden Personenhandelsgesellschaft zuzuordnen sind, als Anschaffungskosten zu behandeln sind und nicht als Betriebsausgaben abgezogen werden können[2].

156 Wird das übergehende Betriebsvermögen bei der übernehmenden Kapitalgesellschaft mit einem **Zwischenwert** oder dem **gemeinen Wert** angesetzt, so gilt der Eintritt in die steuerliche Rechtsstellung mit der Maßgabe, dass die bisherige AfA auf der Grundlage aufgestockter Bemessungsgrundlagen fortgeführt wird (§ 23 Abs. 3 und 4 i.V.m. § 12 Abs. 3 1. Halbsatz UmwStG)[3]. Eine Besitzzeitenanrechnung erfolgt nur bei einem Zwischenwertansatz, da nur dieser auch von § 23 Abs. 1 UmwStG erfasst ist[4].

157 Der **Eigenkapitalzugang** bei der übernehmenden Kapitalgesellschaft erhöht das steuerliche Einlagekonto i.S.d. § 27 KStG, soweit er die Erhöhung des Nennkapitals übersteigt. Da die neuen Anteile an der übernehmenden Kapitalgesellschaft dem Einbringenden mit Ablauf des steuerlichen Übertragungsstichtags zuzurechnen sind[5], sind sie auch ab diesem Zeitpunkt bei der Prüfung der finanziellen Eingliederung für Zwecke einer **Organschaft zu der übernehmenden Kapitalgesellschaft** zu berücksichtigen[6].

1 *Patt* in Dötsch/Pung/Möhlenbrock, § 20 UmwStG Rz. 192.
2 BFH v. 17.9.2003 – I R 97/02, BStBl. II 2004, 686; UmwSt-Erlass Rz. 23.01.
3 UmwSt-Erlass Rz. 23.15. Im Gegensatz zur Einbringung durch Einzelrechtsnachfolge gilt die Einbringung durch Gesamtrechtsnachfolge zum gemeinen Wert gem. § 23 Abs. 4 UmwStG nicht als Anschaffung; dies umfasst wegen der Einheitlichkeit des Vorgangs auch die gleichzeitige Übertragung von Sonderbetriebsvermögen; UmwSt-Erlass Rz. 23.20.
4 *Herlinghaus* in Rödder/Herlinghaus/van Lishaut, § 23 UmwStG Rz. 192 und 272; *Patt* in Dötsch/Pung/Möhlenbrock, § 23 UmwStG Rz. 65 und 85.
5 UmwSt-Erlass Rz. 20.14.
6 UmwSt-Erlass Rz. Org.13.

c) Auswirkungen auf Verluste

Im Hinblick darauf, dass nicht die Personenhandelsgesellschaft, sondern die beteiligten Gesellschafter Träger des Verlustvortrags i.S.d. § 10d Abs. 4 EStG sind, ist ein Übergang des einkommensteuerlichen oder körperschaftsteuerlichen Verlustvortrags auf die übernehmende Kapitalgesellschaft ausgeschlossen, dieser verbleibt beim jeweiligen Gesellschafter[1]. Auch verrechenbare Verluste insbesondere i.S.d. § 15a Abs. 4 EStG[2] und ein gewerbesteuerlicher Verlustvortrag i.S.d. § 10a GewStG gehen nicht auf die Kapitalgesellschaft über (zu letzterem ausdrücklich § 23 Abs. 5 UmwStG). Gleiches gilt gem. § 20 Abs. 9 UmwStG für einen Zinsvortrag i.S.d. § 4h Abs. 1 Satz 5 EStG und für einen EBITDA-Vortrag i.S.d. § 4h Abs. 1 Satz 3 EStG. Da die Verluste i.S.d. § 15a Abs. 4 EStG, § 10a GewStG mit der Personenhandelsgesellschaft verknüpft sind und durch die Verschmelzung untergehen, kann eine Gewinnrealisierung durch Bewertung über dem Buchwert sinnvoll sein. Verlustvorträge von Gesellschaften, an denen die übertragende Personenhandelsgesellschaft beteiligt ist, können durch die Verschmelzung wegen Anwendung des § 8c KStG wegfallen (s. oben Rz. 101). 158

Ein etwaiger eigener körperschaftsteuerlicher **Verlustvortrag der übernehmenden Kapitalgesellschaft** oder einer Gesellschaft, an der diese beteiligt ist, bleibt erhalten, soweit die verschmelzungsbedingte Kapitalerhöhung nicht zu einer Anwendung des § 8c KStG führt (s. oben Rz. 102). Entsprechendes gilt für den gewerbesteuerlichen Verlustvortrag der übernehmenden Kapitalgesellschaft (§ 10a Satz 9 GewStG). 159

Zu beachten sind des Weiteren die Regelungen zur **Beschränkung einer rückwirkenden Verlustnutzung** in § 2 Abs. 4 UmwStG, die gem. § 20 Abs. 6 Satz 4 UmwStG entsprechend gelten (dazu oben Rz. 34a)[3].

d) Übernahmefolgegewinn

Der im Rahmen der Verschmelzung bewirkte Übergang des Vermögens von der Personenhandelsgesellschaft auf die übernehmende Kapitalgesellschaft kann zu einer Erhöhung des Gewinns der übernehmenden Kapitalgesellschaft führen, wenn durch die Verschmelzung eine Vereinigung von Forderungen und Verbindlichkeiten erfolgt (Konfusion). Ein derartiger Übernahmefolgegewinn entsteht bei einer inkongruenten Bewertung auszubuchender Forderungen und Verbindlichkeiten. Gem. §§ 23 Abs. 6, 6 Abs. 1 UmwStG darf für den Übernahmefolgegewinn seitens der übernehmenden Kapitalgesellschaft eine den steuerlichen Gewinn mindernde Rücklage gebildet werden (s. oben Rz. 35). 160

6. Steuerliche Auswirkungen bei den Gesellschaftern der Personenhandels-/Partnerschaftsgesellschaft

a) Versteuerung des Einbringungsgewinns (Übertragungsgewinns)

Während der bei einem Ansatz über dem Buchwert gem. § 20 Abs. 3 Satz 1 UmwStG entstehende Übertragungsgewinn bei der Personenhandelsgesellschaft 161

1 UmwSt-Erlass Rz. 23.02.
2 *Patt* in Dötsch/Pung/Möhlenbrock, § 22 UmwStG Rz. 37.
3 *Patt* in Dötsch/Pung/Möhlenbrock, § 20 UmwStG Rz. 292a ff.

ggf. der Gewerbesteuer unterliegt (s. oben Rz. 139), wird der aus steuerlicher Sicht bei den Gesellschaftern entstehende Gewinn aus der Einbringung bei diesen der **Einkommen- oder Körperschaftsteuer** unterworfen. Bei **Ansatz des gemeinen Wertes** ist der Einbringungsgewinn bei den Gesellschaftern der Personenhandelsgesellschaft, soweit sie **natürliche Personen** sind, unter bestimmten Voraussetzungen als tarifbegünstigte Einkünfte aus Gewerbebetrieb zu qualifizieren (§ 20 Abs. 4 UmwStG i.V.m. §§ 16, 34 EStG)[1]. Bei einem Zwischenwertansatz kommen diese Vergünstigungen nicht in Betracht. Die **Tarifbegünstigung** ist gem. § 20 Abs. 4 Satz 2 UmwStG nicht anzuwenden, soweit der Gewinn dem Halbeinkünfteverfahren gem. § 3 Nr. 40 EStG unterliegt, d.h. auf hiervon begünstigte Anteile an Kapitalgesellschaften entfällt.

162 Sind **Körperschaften** an der übertragenden Personenhandelsgesellschaft beteiligt, so unterliegt der bei ihnen anzusetzende Einbringungsgewinn nach den allgemeinen Regeln der Körperschaftsteuer[2].

163 Der Einbringungsgewinn kann unter Anwendung allgemeiner Grundsätze mit Verlusten verrechnet werden und wird – wie jeder Gewinn aus der Veräußerung eines Mitunternehmeranteils – in Höhe der nicht ausgeglichenen **verrechenbaren Verluste i.S.d. § 15a EStG** gemindert[3]. Eine Aufstockung der Buchwerte kann daher sinnvoll sein, weil anderenfalls bislang nicht ausgeglichene verrechenbare Verluste i.S.d. § 15a EStG steuerlich nicht mehr verwertet werden können (s. oben Rz. 158).

164 Soweit die Gesellschafter der übertragenden Personenhandelsgesellschaft die steuerliche **Begünstigung für nicht entnommene Gewinne** gem. § 34a EStG in Anspruch genommen haben, erfolgt anlässlich der Verschmelzung eine **Nachversteuerung** (§ 34a Abs. 6 Satz 1 Nr. 2 EStG). Die Einkommensteuer kann gem. § 34a Abs. 6 Satz 2 EStG auf Antrag in regelmäßigen Teilbeträgen bis höchstens zehn Jahre zinslos gestundet werden, wenn die sofortige Einziehung mit einer erheblichen Härte verbunden wäre.

165 Auf **Wertverschiebungen zwischen den Gesellschaftern**, die durch von den Verkehrswertrelationen abweichende Kapitalmaßnahmen verursacht werden, sind die allgemeinen Grundsätze anzuwenden (s. oben Rz. 42).

b) Bare Zuzahlungen und Barabfindungen

166 Soweit die Gesellschafter der Personenhandelsgesellschaft im Rahmen der Verschmelzung neben den Anteilen an der übernehmenden Personenhandelsgesellschaft bare Zuzahlungen oder sonstige Wirtschaftsgüter erhalten (zur Auswirkung auf die Bewertung bei der übernehmenden Kapitalgesellschaft s. oben Rz. 150), so ist deren gemeiner Wert von den Anschaffungskosten der gewährten Anteile an der übernehmenden Kapitalgesellschaft abzuziehen (§ 20 Abs. 3 Satz 3 UmwStG)[4].

---

1 Zu Einzelheiten *Patt* in Dötsch/Pung/Möhlenbrock, § 20 UmwStG Rz. 265 ff.

2 Soweit der Gewinn auf Anteile an Körperschaften entfällt, kommt eine Freistellung nach § 8b Abs. 2, 6 KStG in Betracht, *Patt* in Dötsch/Pung/Möhlenbrock, § 20 UmwStG Rz. 270.

3 *Wacker* in Schmidt, § 15a EStG Rz. 236; *Herlinghaus* in Rödder/Herlinghaus/van Lishaut, § 20 UmwStG Rz. 211.

4 Zum Ausgleich zwischen mehreren Gesellschaftern *Patt* in Dötsch/Pung/Möhlenbrock, § 20 UmwStG Rz. 168.

Damit wird die Versteuerung einer anderen Gegenleistung bis zur Höhe des Buchwerts des Mitunternehmeranteils bis zu einer späteren Veräußerung der Anteile an der übernehmenden Kapitalgesellschaft aufgeschoben[1]. Bei Ausscheiden eines Gesellschafters der Personenhandelsgesellschaft gegen Barabfindung im Rahmen der Verschmelzung ist fraglich, ob dies – wie bei der Verschmelzung von Körperschaften (s. oben Rz. 61) – noch als Veräußerung des Anteils an der übertragenden Gesellschaft anzusehen ist. Mangels einer dem § 5 Abs. 1 2. Alt. UmwStG vergleichbaren Vorschrift dürfte den zivilrechtlichen Vorgaben zu folgen sein und eine Veräußerung des erhaltenen Anteils an der übernehmenden Kapitalgesellschaft anzunehmen sein (zur möglichen Besteuerung des Einbringungsgewinns I s. nachfolgend Rz. 167 ff.)[2].

c) Veräußerung von Anteilen an der übernehmenden Kapitalgesellschaft und von Anteilen an Kapitalgesellschaften, die durch die Verschmelzung übertragen wurden

Der Wert, mit dem die übernehmende Kapitalgesellschaft das übergehende Betriebsvermögen ansetzt, gilt gem. § 20 Abs. 3 Satz 1 UmwStG als Anschaffungskosten der als Gegenleistung gewährten Anteile an der übernehmenden Kapitalgesellschaft; ggf. vermindert um den gemeinen Wert gewährter anderer Wirtschaftsgüter (§ 20 Abs. 3 Satz 3 UmwStG; zum Sonderfall des § 20 Abs. 3 Satz 2 UmwStG s. Anh. 2 nach § 122l Rz. 29). Wenn ein Wert unter dem gemeinen Wert angesetzt wird, gelten die gewährten Anteile im Privatvermögen unabhängig von der Beteiligungshöhe als Anteile i.S.d. § 17 EStG (§ 17 Abs. 6 EStG). 167

Bei einem Ansatz unter dem gemeinen Wert, insbesondere zum Buchwert, können die stillen Reserven des Betriebsvermögens durch eine nachfolgende Veräußerung der erhaltenen Anteile realisiert werden, für die grundsätzlich die Steuerfreistellungen gem. § 3 Nr. 40 EStG, § 8b Abs. 2 KStG gelten. Zwecks Verhinderung der Nutzung dieser Steuerfreistellungen zur Steuervermeidung galt vor SEStEG die Konzeption der vollen Besteuerung von Gewinnen aus der Veräußerung solcher einbringungsgeborenen Anteile innerhalb eines siebenjährigen Sperrfrist (§ 3 Nr. 40 Satz 3 und 4 EStG a.F., § 8b Abs. 4 KStG a.F. i.V.m. § 21 UmwStG a.F. (dazu 3. Aufl. Anh. § 122 Rz. 167 ff.). Diese Konzeption wurde durch das SEStEG aufgegeben, sie gilt jedoch für Altfälle weiter[3]. Nach dem durch das SEStEG eingeführten § 22 Abs. 1 UmwStG erfolgt[4] eine **rückwirkende Besteuerung** des sog. Einbringungsgewinns I beim Einbringenden im Wirtschaftsjahr der Einbringung, **soweit** die als Gegenleistung für eine Einbringung unter dem gemeinen Wert **erhaltenen Anteile veräußert werden**. Der **Einbringungsgewinn I** entspricht gem. § 22 Abs. 1 Satz 3 UmwStG der Differenz zwischen dem gemeinen Wert des eingebrachten Betriebsvermögens und dem bei der Einbringung angesetzten Buch- oder Zwischenwert (abzüglich Umwandlungskosten), vermindert um jeweils ein 168

1 *Schmitt* in Schmitt/Hörtnagl/Stratz, § 20 UmwStG Rz. 336.
2 *Schmitt* in Schmitt/Hörtnagl/Stratz, § 20 UmwStG Rz. 251.
3 Zur Fortgeltung des § 21 UmwStG a.F. und der Regelungen der § 3 Nr. 40 Satz 3 und 4 EStG a.F., § 8b Abs. 4 KStG a.F. s. §§ 20 Abs. 3 Satz 4, 21 Abs. 2 Satz 6 UmwStG sowie die Übergangsregelungen in § 27 Abs. 3 und 4 UmwStG; hierzu *Pung* in Dötsch/Pung/Möhlenbrock, § 27 UmwStG Rz. 14 ff., 20 ff.
4 Bei Anmeldung der Verschmelzung nach dem 12.12.2006 (§ 27 Abs. 1 UmwStG).

Siebtel für jedes seit dem Einbringungszeitpunkt abgelaufene Zeitjahr. Er ist als Gewinn i.S.d. § 16 EStG zu versteuern, allerdings ohne begünstigte Besteuerung nach §§ 16, 34 EStG. Er sollte gewerbesteuerlich so wie der Einbringungsgewinn beim Ansatz eines Wertes über dem Buchwert gem. § 20 Abs. 2 UmwStG behandelt werden[1]. Bei einer **teilweisen Veräußerung** der erhaltenen Anteile erfolgt nur eine entsprechend anteilige Besteuerung[2]. Die Veräußerung von **anderen Anteilen** an der übernehmenden Kapitalgesellschaft, die nicht als Gegenleistung für die Verschmelzung gewährt wurden, ist nur dann zu berücksichtigen, soweit auf diese stille Reserven übergegangen sind und sie insoweit gem. § 22 Abs. 7 UmwStG als erhaltene Anteile gelten[3].

169 Es wird somit durch § 22 Abs. 1 UmwStG nicht der Gewinn aus der Veräußerung der erhaltenen Anteile, sondern ein Gewinn in Höhe der bei Verschmelzung (Einbringung) **nicht aufgedeckten stillen Reserven** besteuert. Die Verminderung um ein Siebtel für jedes abgelaufene Zeitjahr soll typisiert der Tatsache Rechnung tragen, dass die Missbrauchsvermutung mit Zeitablauf abnimmt[4]. Der Einbringungsgewinn I gilt gem. § 22 Abs. 1 Satz 4 UmwStG als **nachträgliche Anschaffungskosten der erhaltenen Anteile**, mindert also den Gewinn aus der Anteilsveräußerung, auf den § 8b Abs. 2 KStG oder §§ 3 Nr. 40, 3c Abs. 2 EStG anzuwenden ist. Dies korrespondiert mit der Rechtsfolge des § 20 Abs. 3 Satz 1 UmwStG, nach der ein Einbringungsgewinn ebenfalls die Anschaffungskosten der erhaltenen Anteile erhöht. Bei juristischen Personen des öffentlichen Rechts oder von steuerbefreiten Körperschaften gilt der Gewinn aus der Veräußerung der erhaltenen Anteile gem. § 22 Abs. 4 UmwStG als in einem steuerpflichtigen Betrieb gewerblicher Art bzw. wirtschaftlichen Geschäftsbetrieb entstanden.

170 Bei der **übernehmenden Kapitalgesellschaft** ist gem. § 23 Abs. 2 Satz 1 und 2, Abs. 3 Satz 2 UmwStG auf Antrag zum Beginn des Wirtschaftsjahrs der Veräußerung – also nicht rückwirkend – und bei Nachweis der Entrichtung der Steuer auf den Einbringungsgewinn durch den Einbringenden ein „**Erhöhungsbetrag**" gewinnneutral anzusetzen. Dies gilt jedoch nur, soweit das eingebrachte Betriebsvermögen entweder noch zum Betriebsvermögen der Kapitalgesellschaft gehört oder zum gemeinen Wert übertragen wurde, d.h. nicht bei einer Weiterübertragung unter dem gemeinen Wert[5]. Nach zweifelhafter Verwaltungsauffassung ist auch eine Weitereinbringung zum Buchwert schädlich[6]. Aus dem Ansatz des Erhöhungsbetrags folgt eine **wirtschaftsgutbezogene Buchwertaufstockung**[7] bzw. bei erfolgter Weiterübertragung zum gemeinen Wert **sofort abziehbarer Aufwand**[8]. Der **Nachweis der Entrichtung der Steuer** ist durch eine Bescheinigung nach § 22 Abs. 5 UmwStG des für den Einbringenden zuständigen Finanzamts zu erbringen.

1 Einschränkend bei Veräußerung eines Teils der erhaltenen Anteile UmwSt-Erlass Rz. 22.07.
2 UmwSt-Erlass Rz. 22.04.
3 Beispiel in UmwSt-Erlass Rz. 22.43.
4 BT-Drucks. 16/2710, 46.
5 Zu Einzelfragen *Ritzer* in Rödder/Herlinghaus/van Lishaut, § 23 UmwStG Rz. 120ff.; *Patt* in Dötsch/Pung/Möhlenbrock, § 23 UmwStG Rz. 132ff.
6 UmwSt-Erlass Rz. 23.09.
7 Zur Verteilung auf die einzelnen Wirtschaftsgüter *Ritzer* in Rödder/Herlinghaus/van Lishaut, § 23 UmwStG Rz. 139ff.; *Patt* in Dötsch/Pung/Möhlenbrock, § 23 UmwStG Rz. 130.
8 BT-Drucks. 16/2710, 50; UmwSt-Erlass Rz. 23.09.

Der Ansatz des Erhöhungsbetrags korrespondiert mit der Tatsache, dass ein höherer Veräußerungsgewinn bei Einbringung gem. § 20 Abs. 3 Satz 1 UmwStG mit einem höheren Wertansatz bei der übernehmenden Kapitalgesellschaft verknüpft ist. Da der Erhöhungsbetrag die nachträgliche Änderung der Bewertung einer Einlage darstellt, erhöht sich auch das **steuerliche Einlagekonto** gem. § 27 KStG um den angesetzten Betrag[1].

Eine Veräußerung i.S.d. § 22 Abs. 1 Satz 1 UmwStG ist nach allgemeinen Grundsätzen die Übertragung des wirtschaftlichen Eigentums an den erhaltenen Anteilen gegen Entgelt. Bei **unentgeltlicher Rechtsnachfolge** gilt der Rechtsnachfolger gem. § 22 Abs. 6 UmwStG als Einbringender und muss bei konsequenter Anwendung dieser Fiktion im Falle der nachfolgenden Veräußerung auch den Einbringungsgewinn I versteuern. § 22 Abs. 1 Satz 6 UmwStG enthält eine Vielzahl von **Ersatztatbeständen** zur Vermeidung von Besteuerungslücken, insbesondere im Hinblick auf **verdeckte Einlagen in Kapitalgesellschaften** und **Ketteneinbringungen**[2]. Während § 22 Abs. 1 Satz 6 Nr. 2 UmwStG eine Ausnahme von der Besteuerung des Einbringungsgewinns I für die Einbringung der erhaltenen Anteile zu Buchwerten gem. §§ 20, 21 UmwStG enthält[3], fehlt eine Regelung hinsichtlich der Behandlung anderer nachfolgender **Umwandlungsvorgänge**[4]. Bei einer Seitwärtsverschmelzung oder -spaltung der übernehmenden Kapitalgesellschaft, bei der auf Antrag eine Buchwertfortführung erfolgt, treten die Anteile an der übernehmenden Körperschaft gem. § 13 Abs. 2 Satz 2 UmwStG an die Stelle der Anteile an der übertragenden Kapitalgesellschaft (s. oben Rz. 114). Bereits aus diesem Grund liegt keine Veräußerung vor (anders wohl bei Anwendung des § 13 Abs. 1 UmwStG, nach dem die Anteile an der übertragenden Körperschaft als zum gemeinen Wert veräußert gelten). Eine Veräußerung wegen der Übertragung der Anteile an der übernehmenden Gesellschaft durch Verschmelzung oder Spaltung einer Kapitalgesellschaft, die diese Anteile erhalten hat, sollte deswegen verneint werden, weil der übernehmende Rechtsträger unter Besitzzeitanrechnung in die steuerliche Rechtsstellung des übertragenden Anteilseigners eintritt und damit ebenfalls § 22 UmwStG auch nach der Verschmelzung weiterhin Anwendung findet (§§ 12 Abs. 3, 4 Abs. 2 UmwStG; s. oben Rz. 99). Unklar ist, ob eine Aufwärtsverschmelzung der Kapitalgesellschaft, an deren Anteilen ein Einbringungsgewinn I besteht, auf ihre (zuvor einbringende) Mutterkapitalgesellschaft wegen Einstufung als Veräußerungsvorgang die Besteuerung nach § 22 Abs. 1 UmwStG auslöst. Dies ist nach Sinn und Zweck der Regelung jedenfalls dann zu verneinen, wenn diese Rückgängigmachung der Einbringung zu Buchwerten erfolgt[5]. 171

Die Finanzverwaltung stuft hingegen jede Umwandlung unabhängig von einer Anteilsgewährung auch für Zwecke des § 22 UmwStG als Veräußerung auf Gesellschafts- und Gesellschafterebene ein[6]. Es kann jedoch bei der Umwandlung 171a

1 UmwSt-Erlass Rz. 23.07.
2 Zu Einzelheiten *Stangl* in Rödder/Herlinghaus/van Lishaut, § 22 UmwStG Rz. 101 ff.; Übersichtsbeispiel zu Ketteneinbringungen bei *Rödder/Schumacher*, DStR 2006, 1525 (1539).
3 Zur Problematik des Verhältnisses des Grundtatbestands der Veräußerung in § 22 Satz 1 UmwStG zu § 22 Abs. 1 Satz 6 Nr. 2 UmwStG *Patt* in Dötsch/Pung/Möhlenbrock, § 22 UmwStG Rz. 33.
4 Dazu ausführlich *Stangl* in Rödder/Herlinghaus/van Lishaut, § 22 UmwStG Rz. 60 ff.
5 *Schumacher/Neumann*, DStR 2008, 325 (333 f.).
6 UmwSt-Erlass Rz. 22.07 i.V.m. Rz. 00.02 und 00.03.

des Einbringenden[1] oder der übernehmenden Gesellschaft[2] zu Buchwerten auf eine andere Kapitalgesellschaft[3] gegen Gewährung von Gesellschaftsrechten „im Einzelfall" auf Antrag aller Personen, bei denen ansonsten infolge der Verschmelzung ein Einbringungsgewinn zu versteuern wäre, „aus Billigkeitsgründen" von einer Einbringungsgewinnbesteuerung abgesehen werden, wenn „zumindest"

- keine steuerliche Statusverbesserung eintritt (d.h. die Besteuerung eines Einbringungsgewinns nicht verhindert wird),
- sich keine stillen Reserven von den sperrfristbehafteten Anteilen auf Anteile eines Dritten verlagern,
- deutsche Besteuerungsrechte nicht ausgeschlossen oder eingeschränkt werden und
- die Antragsteller sich damit einverstanden erklären, dass auf alle unmittelbaren oder mittelbaren Anteile an einer an der Umwandlung beteiligten Gesellschaft § 22 Abs. 1 und 2 UmwStG entsprechend anzuwenden ist, wobei Anteile am Einbringenden regelmäßig nicht einzubeziehen sind.

Ausgangspunkt der **Billigkeitsregelung** ist § 22 Abs. 1 Satz 6 Nr. 2 UmwStG, wonach die Einbringung der erhaltenen Anteile in eine Kapitalgesellschaft gegen Gewährung von Gesellschaftsrechten unschädlich ist. Vor diesem Hintergrund kann die Billigkeitsregelung bei Umwandlungen oder Einbringungen auf/in Personengesellschaften nicht in Anspruch genommen werden[4].

Die Verwaltungsauffassung führt in bestimmten Fällen zum gleichen Ergebnis wie die oben vertretene Auffassung, für die dafür aufgestellten restriktiven Bedingungen fehlt jedoch eine Rechtsgrundlage. Wenn alle Voraussetzungen vorliegen, hat das Finanzamt keinen Ermessensspielraum, es liegt eine **Ermessensreduktion auf null** vor[5]. Das Finanzamt ist gem. § 184 Abs. 2 Satz 1 AO auch hinsichtlich des **Gewerbesteuermessbetrags** zur Gewährung der Billigkeitsregelung befugt, da im UmwSt-Erlass als einer allgemeinen Verwaltungsvorschrift der obersten Landesfinanzbehörden Richtlinien hierzu aufgestellt worden sind[6].

172 Gem. § 22 Abs. 1 Satz 6 Nr. 3 UmwStG erfolgt die Besteuerung des Einbringungsgewinns I auch bei **Auflösung** der übernehmenden Kapitalgesellschaft und einer **Kapitalherabsetzung** und dann, wenn Beträge aus dem **steuerlichen Einlagekonto** i.S.d. § 27 KStG „ausgeschüttet oder zurückgezahlt werden". Eine Ausschüttung

---

1 UmwSt-Erlass Rz. 22.24, Bsp. 1.

2 UmwSt-Erlass Rz. 22.24, Bsp. 2. Dies soll dann nicht gelten, wenn die Umwandlung zu einer Statusverbesserung hinsichtlich von § 22 Abs. 1 Satz 6 Nr. 3 UmwStG führt, d.h. eine schädliche Einlagenrückgewähr durch unterjährige Verschmelzung der übernehmenden Gesellschaft auf eine andere Gesellschaft mit nachfolgender Ausschüttung durch diese vermieden wird.

3 Mit der Ausnahme der „Rückumwandlung" der übernehmenden Gesellschaft auf den Einbringenden; UmwSt-Erlass Rz. 22.24, Bsp. 3.

4 Eine Übertragung der erhaltenen oder eingebrachten Anteile auf eine Personengesellschaft kann danach ohne Besteuerung nach § 22 UmwStG nur unentgeltlich erfolgen (verdeckte Einlage; auch von § 22 Abs. 1 Satz 6 Nr. 1 UmwStG nicht erfasst); *Pung*, GmbHR 2012, 158 (163).

5 *Stangl* in Rödder/Herlinghaus/van Lishaut, § 22 UmwStG Rz. 57c.

6 Ausführlich *Hageböke/Stangl*, Ubg 2012, 598; *Stangl/Hageböke*, Ubg 2013, 299; a.A. tendenziell *Gosch*, BFH/PR 2012, 346 mit Bezug auf BFH v. 25.4.2012 – I R 24/11, BFH/NV 2012, 1516.

aus dem steuerlichen Einlagekonto ist unschädlich, soweit sie den Buchwert der erhaltenen Anteile nicht übersteigt[1]. Denn auf Grund der Möglichkeit der Zuordnung von Verbindlichkeiten im Rahmen der Einbringung oder der Gewährung einer anderen Gegenleistung bis zur Höhe des Buchwerts (§ 20 Abs. 2 Satz 4 UmwStG) kann der Einbringende ohnehin diesen Betrag von der übernehmenden Gesellschaft erhalten und die Bildung eines Einlagekontos im Rahmen der Einbringung vermeiden. Die Ausschüttung eines durch die Einbringung gebildeten steuerlichen Einlagekontos an den Einbringenden ist dem Grundtatbestand des § 22 Abs. 1 UmwStG – der Veräußerung der erhaltenen Anteile an einen Dritten – in keiner Weise vergleichbar. Es ist daher weder systematisch gerechtfertigt noch fiskalisch erforderlich, eine Einlagerückgewähr bis zu diesem Betrag einer Veräußerung gleichzustellen. Die praktische Notwendigkeit dieser Auslegung zeigt sich insbesondere im Fall der Einbringung in eine Organgesellschaft. Denn bei – zweifelhafter – Annahme einer vororganschaftlichen Verursachung i.S.d. § 14 Abs. 3 KStG führt die Organschaft zwangsläufig zu Ausschüttungen, die nach der Verwendungsreihenfolge des § 27 Abs. 1 Satz 3 und 4 KStG zu einer Verwendung des steuerlichen Einlagekontos führen, soweit kein ausschüttbarer Gewinn aus vororganschaftlicher Zeit existiert. Nach dem Sinn und Zweck des Umwandlungssteuergesetzes, betriebswirtschaftlich erwünschte Umstrukturierungen nicht durch steuerliche Folgen zu behindern ist § 22 Abs. 1 Satz 6 Nr. 3 UmwStG daher **nicht anzuwenden, soweit** die der Einbringung nachfolgenden Ausschüttungen oder Rückzahlungen aus dem steuerlichen Einlagekonto den **Buchwert der Anteile nicht übersteigen**[2]. Die Minderung des steuerlichen Einlagekontos gem. § 27 Abs. 6 KStG im Fall einer organschaftlich verursachten Mehrabführung i.S.d. § 14 Abs. 4 KStG stellt entgegen der Verwaltungsauffassung[3] keine „Ausschüttung oder Rückzahlung" i.S.d. § 22 Abs. 1 Satz 6 Nr. 3 UmwStG dar[4]. Wenn an der übernehmenden Kapitalgesellschaft sowohl erhaltene Anteile i.S.d. § 22 Abs. 1 UmwStG als auch andere Anteile bestehen, ist die Einlagenrückgewähr nach Verwaltungsauffassung wie folgt zu berücksichtigen[5]:

- Die Einlagenrückgewähr ist auch relevant, soweit das Einlagekonto nicht durch die Einbringung geschaffen wurde.
- Die Einlagenrückgewähr ist auf erhaltene Anteile und nicht verstrickte Anteile aufzuteilen. Nur die auf die erhaltenen Anteile entfallende Einlagenrückgewähr ist bei der Anwendung des § 22 UmwStG zu berücksichtigen.
- Der Beteiligungsbuchwert ist nur relevant, soweit er auf die erhaltenen Anteile entfällt[6].
- Der diesen Beteiligungsbuchwert übersteigende Betrag der Einlagenrückgewähr gilt – unter Anwendung der Siebtelungsregelung – als Einbringungsgewinn,

---

1 Zur erfolgsneutralen Verrechnung von Leistungen aus dem steuerlichen Einlagekonto mit dem Buchwert der Anteile vgl. BFH v. 20.4.1999 – VIII R 38/96, BStBl. II 1999, 647; BMF v. 28.4.2003 – IVA2 – S 2750a – 7/03, BStBl. I 2003, 292 Rz. 6.
2 UmwSt-Erlass Rz. 22.24.
3 UmwSt-Erlass Rz. 22.24.
4 Ebenso *Stangl* in Rödder/Herlinghaus/van Lishaut, § 22 UmwStG Rz. 112.
5 Näher *Pung/Schumacher*, StbJb. 2011/2012, 225 (232 ff.).
6 Im Fall einer Zurückbehaltung von Anteilen an der übernehmenden Kapitalgesellschaft, die zum (Sonder-) Betriebsvermögen gehören (s. oben Rz. 133), ist auch der Buchwert dieser zurückbehaltenen Anteile bei der Anwendung der Rz. 22.24 zu berücksichtigen.

wenn der bei einer Veräußerung höchstens zu versteuernde Einbringungsgewinn nicht überschritten wird.

173 Das Konzept des Einbringungsgewinns I gilt gem. § 22 Abs. 1 Satz 5 UmwStG grundsätzlich nicht, soweit das eingebrachte Betriebsvermögen **Anteile an Kapitalgesellschaften** enthält; insoweit kommt – wie in dem Sonderfall der Verschmelzung einer vermögensverwaltenden Gesellschaft, durch die Anteile an Kapitalgesellschaften übergehen, die die Voraussetzungen des § 21 Abs. 1 Satz 2 UmwStG erfüllen – die Missbrauchregelung für den **Anteilstausch** in § 22 Abs. 2 UmwStG zur Anwendung. Während die Veräußerung der erhaltenen Anteile insoweit nicht zu einer rückwirkenden Besteuerung führt, erfolgt bei der **Veräußerung der übertragenen Anteile** eine **rückwirkende Besteuerung** des sog. Einbringungsgewinns II beim Einbringenden im Wirtschaftsjahr der Einbringung, **soweit** die von einer Person, bei der ein Gewinn aus der Veräußerung der eingebrachten Anteile im Einbringungszeitpunkt nicht nach § 8b Abs. 2 KStG steuerfrei gewesen wäre – d.h. insbesondere natürliche Personen als Gesellschafter der übertragenden Personenhandelsgesellschaft[1] –, unter dem gemeinen Wert übertragenen (eingebrachten) Anteile veräußert werden. Dies gilt gem. § 22 Abs. 2 Satz 5 UmwStG **nicht**, soweit der Einbringende die **erhaltenen Anteile bereits veräußert** hat oder die stillen Reserven wegen eines Werkzeugs aus Deutschland gem. § 6 AStG ohne Stundung versteuert hat. Der **Einbringungsgewinn II** entspricht gem. § 22 Abs. 2 Satz 3 UmwStG der Differenz zwischen dem gemeinen Wert der übertragenen Anteile und dem bei der Verschmelzung angesetzten Buch- oder Zwischenwert (abzüglich Umwandlungskosten), vermindert um jeweils ein Siebtel für jedes seit dem Einbringungszeitpunkt abgelaufene Zeitjahr. Er ist als Gewinn aus der Veräußerung von Anteilen zu versteuern. Der Einbringungsgewinn II gilt gem. § 22 Abs. 2 Satz 3 UmwStG als **nachträgliche Anschaffungskosten** der erhaltenen Anteile und erhöht gem. § 23 Abs. 2 Satz 3 UmwStG auch die Anschaffungskosten der eingebrachten Anteile, soweit die Steuer auf den Einbringungsgewinn II entrichtet wurde. Die Ersatzrealisationstatbestände des § 22 Abs. 1 Satz 6 UmwStG gelten entsprechend für den Einbringungsgewinn II (§ 22 Abs. 2 Satz 6 UmwStG).

174 Wenn auch Anteile durch die Verschmelzung übertragen wurden, stellt sich bei einer **teilweisen Veräußerung** der erhaltenen Anteilen die Frage, ob alle erhaltenen Anteile anteilig § 22 Abs. 1 UmwStG auslösen oder ob ein Teil der erhaltenen Anteile veräußert werden kann, ohne dass ein Einbringungsgewinn I zu versteuern ist. Bei entsprechender Anwendung der Grundsätze des zu § 8b Abs. 4 KStG ergangenen BMF-Schreibens vom 5.1.2004[2] ist eine Identifizierung der Anteile, deren Veräußerung keinen Einbringungsgewinn I auslöst, möglich, wenn die für die übertragenen Anteile gewährten Anteile genau identifizierbar sind und nach Verkehrswertverhältnissen bemessen waren[3]. Es ist fraglich, ob diese Anforderungen bei einer Verschmelzung hinsichtlich von übertragenen Anteilen im Gesamthandsvermögen erfüllt werden können.

---

1 Aber auch bei Anwendbarkeit des § 8b Abs. 4 KStG a.F.; *Stangl* in Rödder/Herlinghaus/van Lishaut, § 22 UmwStG Rz. 141eff., auch zur Einbringung durch eine Organgesellschaft.

2 BStBl. I 2004, 44; weitergehend FG Münster v. 25.7.2012 – 10 K 3388/08 K, G, F, EFG 2012, 2057; Rev. I R 62/12.

3 *Rödder/Schumacher*, DStR 2006, 369 (375); *Stangl* in Rödder/Herlinghaus/van Lishaut, § 22 UmwStG Rz. 99.

Wenn Anteile an der übernehmenden Kapitalgesellschaft zum (Sonder-) Betriebsvermögen der übertragenden Personenhandelsgesellschaft gehörten und zulässiger Weise im Rahmen der Verschmelzung nicht mit übertragen wurden (dazu oben Rz. 133), fallen diese **zurückbehaltenen Anteile** – soweit nicht wegen der Verlagerung stiller Reserven § 22 Abs. 7 UmwStG anzuwenden ist – nicht in den Anwendungsbereich des § 22 Abs. 1 UmwStG. Denn die zurückbehaltenen Anteile sind so zu behandeln, als ob sie für die Einbringung derselben in eine andere Kapitalgesellschaft gewährt worden wären. Somit ist § 22 Abs. 1 UmwStG gem. § 22 Abs. 1 Satz 5 UmwStG grundsätzlich nicht anzuwenden. Dem steht auch nicht entgegen, dass ein Einbringungsgewinn II i.S.d. § 22 Abs. 2 UmwStG nicht entstehen kann, weil eine Veräußerung dieser – tatsächlich nicht eingebrachten – Anteile durch die übernehmende Gesellschaft nicht möglich ist. Denn nach Sinn und Zweck der Regelungen ist weder die Anwendung des § 22 Abs. 1 noch des § 22 Abs. 2 UmwStG geboten. Die potentiellen Steuervorteile durch eine Anteilsveräußerung nach Einbringung, die durch diese Regelungen verhindert werden sollen, können hinsichtlich der zurückbehaltenen Anteile nicht erzielt werden. Daher sind die zurückbehaltenen Anteile zwar als erhaltene Anteile i.S.d. § 22 Abs. 1 Satz 1 UmwStG anzusehen, ein Einbringungsgewinn I entsteht bei ihrer Veräußerung jedoch gem. § 22 Abs. 1 Satz 5 UmwStG entgegen der Verwaltungsauffassung[1] nicht[2]. 175

Nach § 22 Abs. 3 Satz 1 Nr. 1 UmwStG hat der Einbringende – bei einer Verschmelzung somit die Gesellschafter – in den dem Einbringungszeitpunkt folgenden sieben Jahren jährlich spätestens bis zum 31. Mai den **Nachweis** darüber zu erbringen, **wem die** erhaltenen **Anteile** und – bei Ketteneinbringungen – die darauf beruhenden Anteile **zuzurechnen sind**. Entsprechendes gilt gem. § 22 Abs. 3 Satz 1 Nr. 2 UmwStG in den Fällen des § 22 Abs. 2 UmwStG für die Zurechnung von Anteilen an Kapitalgesellschaften, die im Rahmen der Verschmelzung übertragen wurden. Wird der Nachweis nicht erbracht, so gelten die erhaltenen bzw. eingebrachten Anteile gem. § 22 Abs. 3 Satz 2 UmwStG an dem Tag, der dem Einbringungszeitpunkt folgt oder der in den Folgejahren diesem Kalendertag entspricht, als veräußert. Über den Wortlaut hinaus berücksichtigt die Finanzverwaltung auch einen verspäteten Nachweis, wenn eine Änderung der betroffenen Bescheide verfahrensrechtlich noch möglich ist[3]. Rechtsfolge einer Verletzung der Nachweispflicht ist entgegen der Auffassung der Finanzverwaltung[4] nur die Annahme einer Veräußerung für Zwecke des § 22 UmwStG, nicht aber darüber hinaus die Besteuerung eines Gewinns aus der fiktiven Veräußerung der Anteile[5]. 176

Einstweilen frei. 177–180

1 UmwSt-Erlass Rz. 20.09.
2 Im Ergebnis ebenso *Stangl* in Rödder/Herlinghaus/van Lishaut, § 22 UmwStG Rz. 65 f.; *Patt* in Dötsch/Pung/Möhlenbrock, § 22 UmwStG Rz. 53 f.
3 UmwSt-Erlass Rz. 22.33.
4 UmwSt-Erlass Rz. 22.32.
5 *Stangl* in Rödder/Herlinghaus/van Lishaut, § 22 UmwStG Rz. 193.

V. Verschmelzung von Personenhandelsgesellschaften auf Personenhandelsgesellschaften[1]

1. Grundlagen und Praxishinweise

181 Personengesellschaften sind im Ertragsteuerrecht nicht mit uneingeschränkter Steuerrechtsubjektivität ausgestattet: Nicht die Personengesellschaft, sondern die an ihr beteiligten Gesellschafter unterliegen der Einkommen-/Körperschaftsteuer (§ 15 Abs. 1 Nr. 2 EStG). Personengesellschaften sind indessen insoweit **beschränkt steuerrechtsfähig**, als sie selbst mit den von ihnen geführten Gewerbebetrieb[2] Gewinn erzielen mit der Folge, dass für steuerliche Zwecke die Personengesellschaft einerseits und ihre Gesellschafter andererseits wie Fremde zueinander in Rechtsbeziehungen treten und dementsprechend mit Gewinnrealisierung Leistungen austauschen können[3]. Insoweit sind sie selbständige Gewinnerzielungs- und Gewinnermittlungssubjekte[4]. Im Gewerbesteuerrecht wird die gewerbliche Personengesellschaft ebenso wie die Kapitalgesellschaft grundsätzlich als eigenständiges Steuersubjekt behandelt, sodass nicht die Gesellschafter, sondern die Personengesellschaft als solche Steuerschuldnerin ist (§ 5 Abs. 1 Satz 2 GewStG)[5]. Dies gilt allerdings nicht für die Europäische Wirtschaftliche Interessenvereinigung (EWIV): Obwohl sie als Personengesellschaft zu qualifizieren ist (Art. 10 EWIV-VO; § 1 EWIV-AG), werden im Falle einer Gewerblichkeit ihre Mitglieder abweichend von dem vorgenannten Grundsatz als gewerbesteuerliche Gesamtschuldner behandelt (§ 5 Abs. 1 Satz 4 GewStG).

182 Personengesellschaften sind zwar selbständige Gewinnerzielungs- und Gewinnermittlungssubjekte, nach der für sie geltenden **Mitunternehmerkonzeption** (§ 15 Abs. 1 Satz Nr. 2 EStG) unterliegen jedoch ausschließlich die Gesellschafter der Einkommen- oder Körperschaftsteuer. Gegenstand dieser Einkünftezuordnung sind Gewinnanteile und Sondervergütungen. Der dem Gewinnanteil zugrunde liegende Gewinn der Personengesellschaft ist hierbei auf Gesellschaftsebene[6], Sondervergütungen für Leistungen der Gesellschafter an die Gesellschaft sind mittels Sonderbilanzen[7] zu ermitteln.

183 Vor dem Hintergrund dieser für Personengesellschaften geltenden Besonderheiten erfolgt eine **modifizierte Anwendung des Realisationsprinzips** auf den Betriebsvermögenstransfer. Soweit hiernach zum Betriebsvermögen gehörende einzelne Wirtschaftsgüter von der Gesellschaft auf den Gesellschafter oder von diesem auf die Gesellschaft oder auf einen anderen Gesellschafter unentgeltlich oder gegen Gewährung oder Minderung von Gesellschaftsrechten oder im Rahmen einer Realteilung übertragen werden, erfolgt trotz des Rechtsträgerwechsels unter den Voraussetzungen der §§ 6 Abs. 5 Satz 3–6, 16 Abs. 3 Satz 2–4 EStG keine Gewinnrealisierung, sondern eine Übertragung zu Buchwerten.

1 Die Ausführungen gelten entsprechend für Partnerschaftsgesellschaften.
2 Entsprechendes gilt für Gewinne aus selbständiger Arbeit oder Land- und Forstwirtschaft.
3 Vgl. etwa BFH v. 31.7.1991 – VIII R 23/89, BStBl. II 1992, S. 375; zu Einzelheiten *Wacker* in Schmidt, § 15 EStG Rz. 160ff.
4 BFH v. 3.7.1995 – GrS 1/93, BStBl. II 1995, 617 (unter IV.2. b. aa. m.w.N.).
5 Die Gesellschafter werden dagegen als Unternehmer angesehen; so BFH v. 3.5.1993 – GrS 3/92, BStBl. II 1993, 616; BFH v. 27.1.1994 – IV R 137/91, BStBl. II 1994, 477.
6 Einzelheiten bei *Wacker* in Schmidt, § 15 EStG Rz. 407.
7 Hierzu *Wacker* in Schmidt, § 15 EStG Rz. 475.

Die Verschmelzung von Personenhandelsgesellschaften auf Personenhandelsgesellschaften gegen Gewährung von Gesellschaftsrechten wird steuerlich gem. § 1 Abs. 3 Nr. 1 UmwStG als **Einbringung** in eine Mitunternehmerschaft behandelt[1]. Die **Gewährung von Gesellschaftsrechten** ist erforderlich, weil § 24 UmwStG voraussetzt, dass der Einbringende Mitunternehmer bei der übernehmenden Personenhandelsgesellschaft wird oder bereits Mitunternehmer ist und seinen Mitunternehmeranteil aufstockt, d.h. sein **Kapitalkonto** bei der Personenhandelsgesellschaft als Gegenleistung für die Verschmelzung erhöht wird[2]. Eine strenge Anbindung des Anwendungsbereichs der Vorschrift an das UmwG besteht jedoch nicht, so dass von der Reichweite des § 24 UmwStG insbesondere auch der verschmelzungsähnliche Vorgang der Anwachsung nach Einbringung sämtlicher Anteile an einer Personenhandelsgesellschaft in eine andere[3] (s. auch oben Rz. 124) sowie die Einbringung qualifizierten Betriebsvermögens (Betrieb, Teilbetrieb, Mitunternehmeranteil) durch Einzelrechtsnachfolge (§ 1 Abs. 3 Nr. 5 UmwStG) erfasst werden. Dieser Vorgang der Einbringung liegt auch der **Besteuerungskonzeption** der Vorschrift zugrunde. 184

In der Praxis wird im Regelfall die Vermeidung einer Gewinnrealisierung angestrebt werden. Eine zwingende **Aufdeckung stiller Reserven** erfolgt im Inlandsfall grundsätzlich nur, soweit eine **andere Gegenleistung** als Gesellschaftsrechte gewährt wird (insb. bare Zuzahlungen). Davon abgesehen kann das übergehende Vermögen **auf Antrag** mit den **steuerlichen Buchwerten** angesetzt werden. Ein **gewerbesteuerlicher Verlustvortrag** der übertragenden Personenhandelsgesellschaft geht grundsätzlich über. Bei der Entscheidung für eine Verschmelzung ist auch eine etwaige Belastung mit **Grunderwerbsteuer** zu berücksichtigen. 185

2. Rechtsentwicklung

§ 24 UmwStG ist gegenüber der Fassung im UmwStG 1995 weitgehend unverändert geblieben; insbesondere war der Anwendungsbereich bereits vor dem SEStEG nicht auf das Inland beschränkt und wurde durch das SEStEG auch nicht auf Europa beschränkt (§ 1 Abs. 4 Satz 2 UmwStG). Neu eingeführt wurde durch das SEStEG eine besondere Missbrauchsregelung in § 24 Abs. 5 UmwStG, durch die eine Verschiebung stiller Reserven in Anteilen an Kapitalgesellschaften auf nach § 8b Abs. 2 KStG begünstigte Körperschaften als Mitunternehmer verhindert werden soll. 186

3. Beteiligte Rechtsträger

Von der Reichweite der handelsrechtlichen Umwandlungsvorschriften sind lediglich Personenhandels- und Partnerschaftsgesellschaften[4] erfasst mit der Folge, 187

1 Dies setzt voraus, dass die Personenhandelsgesellschaften Einkünfte aus Gewerbebetrieb, selbständiger Arbeit oder Land- und Forstwirtschaft erzielen. Der Sonderfall der Verschmelzung vermögensverwaltender Personenhandelsgesellschaften ist nicht geregelt; er ist wegen der Bruchteilsbetrachtung gem. § 39 Abs. 2 Nr. 2 AO als Tausch von Privatvermögen anzusehen.
2 UmwSt-Erlass Rz. 24.07.
3 UmwSt-Erlass Rz. 01.47.
4 Auf Partnerschaftsgesellschaften wird nachfolgend nicht mehr gesondert eingegangen.

dass Gesellschaften bürgerlichen Rechts nicht verschmelzungsfähig sind. Da die Europäische Wirtschaftliche Interessenvereinigung (EWIV) gem. § 1 EWIV-AG der OHG gleichgestellt ist, unterliegt sie den Regelungen der §§ 39 ff. UmwG (s. § 39 Rz. 12). Demgegenüber erfasst § 24 UmwStG ohne jede Differenzierung Personengesellschaften, also auch die Gesellschaft bürgerlichen Rechts, die atypisch stille Gesellschaft[1] und die zwischen den Haupt- und Unterbeteiligten bestehende Mitunternehmerschaft[2] sowie die ausländischen Personengesellschaften (zu Besonderheiten bei internationalen Sachverhalten s. Anh. 2 nach § 122l Rz. 81 ff.). Im Hinblick auf die duale Struktur der KGaA (dazu oben Rz. 5) ist § 24 UmwStG auch anwendbar, wenn eine Personenhandelsgesellschaft auf eine KGaA verschmolzen wird und hierfür eine Vermögenseinlage i.S.d. § 281 Abs. 2 AktG gewährt wird[3].

188 Während von den handelsrechtlichen Verschmelzungsvorschriften als übertragender Rechtsträger Personenhandelsgesellschaften erfasst werden, werden als Einbringende i.S.d. § 24 UmwStG deren Gesellschafter angesehen (s. oben Rz. 127).

4. Steuerliche Auswirkungen bei der übertragenden Personenhandels-/ Partnerschaftsgesellschaft

a) Gegenstand der Übertragung (Einbringung)

189 Durch die Verschmelzung geht zwar das gesamte Vermögen der übertragenden Personenhandelsgesellschaft einschließlich der Verbindlichkeiten durch Gesamtrechtsnachfolge auf die übernehmende Personenhandelsgesellschaft über. § 24 UmwStG ist jedoch nur anwendbar, wenn diese Verschmelzung als Einbringung eines Betriebs, Teilbetriebs oder Mitunternehmeranteils einzustufen ist (§ 24 Abs. 1 UmwStG). Bei der Verschmelzung einer Personenhandelsgesellschaft, die als **Mitunternehmerschaft** einzustufen ist, besteht der **Einbringungsgegenstand** i.S.d. § 24 Abs. 1 UmwStG – wie bei einer Verschmelzung auf eine Kapitalgesellschaft im Rahmen des § 20 UmwStG (s. oben Rz. 130; auch zur **abweichenden Verwaltungsauffassung**[4]) – in den **Mitunternehmeranteilen** an der übertragenden Personenhandelsgesellschaft.

190 Der jeweilige Mitunternehmeranteil an der übertragenden Personenhandelsgesellschaft umfasst auch die Wirtschaftsgüter des **Sonderbetriebsvermögens**, d.h. Wirtschaftsgüter, die im Eigentum der Gesellschafter stehen und dem Betrieb der Personenhandelsgesellschaft oder der Beteiligung des Mitunternehmers an der Mitunternehmerschaft dienen (s. oben Rz. 131). Das Sonderbetriebsvermögen muss parallel zur Verschmelzung in das Betriebsvermögen der übernehmenden Personenhandelsgesellschaft übergehen, soweit es eine wesentliche Betriebsgrundlage darstellt (zur Einstufung als wesentliche Betriebsgrundlage s. oben Rz. 131). Anderenfalls stellt die Verschmelzung die gewinnrealisierende Übertragung einzelner Wirtschaftsgüter dar, für die § 24 UmwStG keine Anwendung findet. Allerdings reicht es – anders als bei einer Verschmelzung auf eine Kapitalge-

1 Zu den steuerlichen Besonderheiten *Wacker* in Schmidt, § 15 EStG Rz. 340 ff.
2 Zur atypisch stillen Unterbeteiligung *Wacker* in Schmidt, § 15 EStG Rz. 365 ff.
3 *Patt* in Dötsch/Pung/Möhlenbrock, § 24 UmwStG Rz. 37; a.A. *Rasche* in Rödder/Herlinghaus/van Lishaut, § 24 UmwStG Rz. 49.
4 UmwSt-Erlass Rz. 24.03 i.V.m. Rz. 20.05.

sellschaft (s. oben Rz. 131) – aus, wenn die wesentlichen Betriebsgrundlagen nicht auf die übernehmende Personenhandelsgesellschaft übergehen, aber bei dieser Sonderbetriebsvermögen werden (insbesondere durch Fortsetzung einer **Nutzungsüberlassung**)[1]. **Schulden im Sonderbetriebsvermögen** der übertragenden Personenhandelsgesellschaft werden durch die Verschmelzung zu Sonderbetriebsschulden bei der übernehmenden Personenhandelsgesellschaft.

b) Übertragungsgewinn (Einbringungsgewinn) und Gewerbesteuer

Ein im Rahmen der Verschmelzung aus steuerlicher Sicht entstehender Einbringungsgewinn unterliegt zwar nur bei den Gesellschaftern der Einkommen- oder Körperschaftsteuer, die Gewerbesteuer entsteht jedoch bei der übertragenden Personenhandelsgesellschaft. Ob ein Einbringungsgewinn entsteht, wird gem. § 24 Abs. 3 Satz 1 UmwStG dadurch bestimmt, wie die übernehmende Personenhandelsgesellschaft das übergegangene Betriebsvermögen ansetzt. Gem. § 24 Abs. 2 Satz 2 UmwStG hat die übernehmende Personenhandelsgesellschaft parallel zu der in § 24 UmwG verankerten Regelung ein **steuerliches Bewertungswahlrecht** (s. unten Rz. 200). Der Wert, mit dem das eingebrachte Betriebsvermögen angesetzt wird, gilt gem. § 24 Abs. 3 Satz 1 UmwStG für den Einbringenden – d.h. hier der jeweilige Gesellschafter der übertragenden Personenhandelsgesellschaft – als Veräußerungspreis seiner Mitunternehmeranteile. Wird der Buchwert angesetzt, so entsteht kein Einbringungsgewinn (Übertragungsgewinn). Wird dagegen von der übernehmenden Personenhandelsgesellschaft ein höherer Wert angesetzt, tritt in Höhe der Aufstockung eine Gewinnrealisierung ein. 191

Im Hinblick darauf, dass die steuerlichen Wirkungen des der übernehmenden Personenhandelsgesellschaft eingeräumten Wahlrechts die übertragende Personenhandelsgesellschaft und ihre Gesellschafter treffen, muss im Zuge der Verschmelzung von vornherein **klar und eindeutig geregelt** werden, wie die übernehmende Personenhandelsgesellschaft ihr Wahlrecht auszuüben hat (zur parallelen Problematik bei der Verschmelzung auf eine Kapitalgesellschaft s. oben Rz. 136). In aller Regel werden die Gesellschafter der übertragenden Personenhandelsgesellschaft auf einer Fortführung der Buchwerte durch die übernehmende Personenhandelsgesellschaft bestehen. 192

Der auf der Ebene der übertragenden Personenhandelsgesellschaft zu ermittelnde Einbringungsgewinn gehört – vorbehaltlich einer Anwendung des § 18 Abs. 3 UmwStG (s. oben Rz. 38) – zwar bei dieser grundsätzlich insoweit nicht zum **Gewerbeertrag**, als natürliche Personen unmittelbar an der übertragenden Personengesellschaft beteiligt sind (§ 7 Satz 2 GewStG). Gewerbesteuerpflicht folgt jedoch aus § 24 Abs. 3 Satz 3 UmwStG i.V.m. § 16 Abs. 2 Satz 3 EStG, nach der Veräußerungsgewinn als laufender Gewinn gilt, soweit bei übertragender und aufnehmender Personenhandelsgesellschaft Gesellschafteridentität besteht[2]. Unter den Einschränkungen der Mindestbesteuerung gem. § 10a Satz 2 GewStG kann ein verschmelzungsbedingter Gewerbeertrag mit einem gewerbesteuerlichen Verlust- 193

1 BFH v. 26.1.1994 – III R 39/91, BStBl. II 1994, 458; UmwSt-Erlass Rz. 24.05; die a.A. von *Patt* in Dötsch/Pung/Möhlenbrock, § 24 UmwStG Rz. 15 bezieht sich nicht auf die Verschmelzung, sondern nur die Einbringung durch Einzelrechtsnachfolge.

2 BFH v. 15.6.2004 – VIII R 7/01, BStBl. II 2004, 754; UmwSt-Erlass Rz. 24.17; zur Kritik *Patt* in Dötsch/Pung/Möhlenbrock, § 24 UmwStG Rz. 153.

vortrag verrechnet werden (zum Übergang des gewerbesteuerlichen Verlustvortrags s. unten Rz. 209).

c) Steuerlicher Übertragungsstichtag (Rückwirkung)

194 Die Einbringung durch Verschmelzung auf die aufnehmende Personenhandelsgesellschaft erfolgt im Grundsatz zu dem Zeitpunkt, zu dem das wirtschaftliche Eigentum übergeht. Gem. §§ 24 Abs. 4, 20 Abs. 5, 6 Satz 1 UmwStG kann jedoch auf Antrag beim zuständigen Finanzamt als steuerlicher Übertragungsstichtag der Stichtag angesehen werden, auf den die Schlussbilanz der übertragenden Personenhandelsgesellschaft i.S.d. § 17 Abs. 2 UmwG aufgestellt wird, wobei dieser Stichtag höchstens acht Monate vor der Anmeldung der Verschmelzung zur Eintragung in das Handelsregister liegen darf. Eine Rückbeziehung der Einbringung (verschmelzungsbedingten Übertragung) auf einen anderen Zeitpunkt ist ausgeschlossen. Die Rückbeziehung ist zwar gem. § 24 Abs. 4 UmwStG nur bei Gesamtrechtsnachfrage zulässig, sie erstreckt sich jedoch auch auf die im Zusammenhang mit der Verschmelzung erfolgende Übertragung etwaigen Sonderbetriebsvermögens durch Einzelrechtsnachfolge[1].

195 Im Falle der Rückbeziehung ist der Gewinn und Gewerbeertrag der übertragenden und der aufnehmenden Personenhandelsgesellschaft so zu **ermitteln**, als ob das eingebrachte Betriebsvermögen mit Ablauf des steuerlichen Übertragungsstichtags übergegangen wäre. Die Ausnahme von der Rückbeziehung für Entnahmen und Einlagen nach dem steuerlichen Übertragungsstichtag (s. oben Rz. 141) dürfte aus systematischen Gründen nicht entsprechend gelten[2].

196 Die nach §§ 24 Abs. 4, 20 Abs. 5, 6 Satz 1 UmwStG mögliche Rückbeziehung bewirkt im Ergebnis, dass die **Rechtsbeziehungen der übertragenden Personenhandelsgesellschaft gegenüber Dritten und den Gesellschaftern** vom steuerlichen Übertragungsstichtag an als von der übernehmenden Personenhandelsgesellschaft eingegangene Rechtsbeziehungen gelten. Die Rückbeziehung führt demgegenüber nicht dazu, dass von der übernehmenden Personenhandelsgesellschaft eingegangene Rechtsverhältnisse auf den steuerlichen Übertragungsstichtag zurückwirken (s. oben Rz. 142).

d) Sonstige steuerliche Folgen des Vermögensübergangs

197 Soweit im Zuge der Verschmelzung **Gesamthandsvermögen** übergeht, entsteht keine **Umsatzsteuer**, da gem. § 1 Abs. 1a UStG kein steuerbarer Umsatz gegeben ist. Werden Wirtschaftsgüter des **Sonderbetriebsvermögens** übertragen, ist eine Steuerbarkeit allerdings zu bejahen, wenn der Gesellschafter Unternehmer ist (s. oben Rz. 143).

198 Gehen verschmelzungsbedingt insbesonders **Grundstücke** oder Beteiligungen von mindestens 95 % an grundbesitzhaltenden Gesellschaften über, entsteht – vorbehaltlich der Steuerbefreiung für die Umstrukturierung im Konzern (s. oben Rz. 30a) – gem. § 1 Abs. 1 Nr. 3 Abs. 2a, 3 GrEStG zwar grundsätzlich **Grund-**

1 UmwSt-Erlass Rz. 24.06.
2 *Rasche* in Rödder/Herlinghaus/van Lishaut, § 24 UmwStG Rz. 125.

erwerbsteuer, sie wird aber gem. § 6 Abs. 3, 1 GrEStG nicht erhoben, soweit bei beiden Personenhandelsgesellschaften übereinstimmende Beteiligungen der Gesellschafter gegeben sind[1]. Werden Grundstücke aus dem Sonderbetriebsvermögen eines Gesellschafters übertragen, so wird die Steuer in Höhe des Anteils nicht erhoben, zu dem er an der übernehmenden Personenhandelsgesellschaft beteiligt ist (§ 5 Abs. 2 GrEStG)[2].

Einstweilen frei. 199

5. Steuerliche Auswirkungen bei der übernehmenden Personenhandels-/Partnerschaftsgesellschaft

a) Bewertungswahlrecht

Die übernehmende Personenhandelsgesellschaft hat das eingebrachte Betriebsvermögen gem. § 24 Abs. 2 Satz 1 UmwStG in ihrer Bilanz einschließlich der Ergänzungsbilanzen[3] für ihre Gesellschafter grundsätzlich mit dem **gemeinen Wert** anzusetzen; für die Bewertung von Pensionsrückstellungen gilt § 6a EStG entsprechend (zur Ermittlung des gemeinen Wertes s. oben Anh. 1 nach § 122l Rz. 17). Dabei sind auch die nicht entgeltlich erworbenen und selbst geschaffenen immateriellen Wirtschaftsgüter einschließlich eines Firmenwertes anzusetzen. § 24 Abs. 2 Satz 2 UmwStG räumt der übernehmenden Personenhandelsgesellschaft auf **Antrag** (s. oben Rz. 146; auch zur Frist) das Wahlrecht ein, das von der übertragenden Personenhandelsgesellschaft übergehende Vermögen einheitlich mit seinem Buchwert oder mit einem höheren Wert, höchstens dem gemeinen Wert, anzusetzen. Der Wertansatz bei der übernehmenden Personenhandelsgesellschaft determiniert den Einbringungsgewinn (Übertragungsgewinn) bei der übertragenden Personenhandelsgesellschaft bzw. deren Gesellschaftern (s. oben Rz. 191 und unten Rz. 211). Das antragsgebundene **Bewertungswahlrecht** kann **unabhängig von der Handelsbilanz** ausgeübt werden (zumal für die Bildung steuerlicher Ergänzungsbilanzen bei der übernehmenden Personengesellschaft das Maßgeblichkeitsprinzip des § 5 Abs. 1 EStG nicht gilt). Daher erfordert die **Buchwertfortführung** seitens der übernehmenden Personenhandelsgesellschaft nicht, dass in der Gesamthandsbilanz die Buchwerte angesetzt werden. Ein Übertragungsgewinn kann bei einer höheren Bewertung in der Gesamthandsbilanz der übernehmenden Personenhandelsgesellschaft auf Antrag durch Erstellung einer **negativen Ergänzungsbilanz** der einbringenden Gesellschafter bei der übernehmenden Personenhandelsgesellschaft vermieden werden[4]. Im Falle des Ansatzes eines Zwischenwertes sind die stillen Reserven gleichmäßig aufzustocken (s. oben Rz. 151). 200

1 Vorbehaltlich der fünfjährigen Beteiligungsdauer an übertragender und übernehmender Personenhandelsgesellschaft gem. § 6 Abs. 3 Satz 2 und Abs. 4 GrEStG.

2 Vorbehaltlich der fünfjährigen Beteiligungsdauer an der übernehmenden Personenhandelsgesellschaft gem. § 5 Abs. 3 GrEStG.

3 Ergänzungsbilanzen enthalten gesellschafterbezogene Korrekturen zu den Wertansätzen in der Steuerbilanz der Personengesellschaft; zu Einzelheiten *Wacker* in Schmidt, § 15 EStG Rz. 460 ff.

4 UmwSt-Erlass Rz. 24.13 ff. Die negativen Ergänzungsbilanzen sind in den Folgejahren korrespondierend zur Gesamthandbilanz unter Erhöhung des Gewinns und Gewerbeertrags aufzulösen; BFH v. 25.4.2006 – VIII R 52/04, BStBl. II 2006, 847.

201 Das Wahlrecht gem. § 24 Abs. 2 Satz 2 UmwStG besteht nur insoweit, als das **Besteuerungsrecht** der Bundesrepublik Deutschland hinsichtlich der Besteuerung des eingebrachten Betriebsvermögens nicht ausgeschlossen oder beschränkt wird. Diese Voraussetzung ist in reinen Inlandsfällen immer erfüllt (zu internationalen Sachverhalten Anh. 2 nach § 122l Rz. 82).

202 Im Unterschied zu einer Verschmelzung auf eine Kapitalgesellschaft (§ 20 Abs. 2 Satz 2 Nr. 1 UmwStG; s. oben Rz. 149), enthält § 24 Abs. 2 UmwStG keine Einschränkung für den Fall, dass die Passivposten die Aktivposten übersteigen, mit der Folge, dass die Buchwerte des übergehenden Vermögens auch bei **negativem Kapitalkonto** fortgeführt werden dürfen[1].

203 § 24 UmwStG enthält zwar auch keine dem § 20 Abs. 2 Satz 4 UmwStG (s. oben Rz. 150) entsprechende Regelung, wonach bei der **Gewährung anderer Wirtschaftsgüter** neben der mitunternehmerischen Beteiligung, d.h. der Gutschrift auf dem Kapitalkonto (s. oben Rz. 184), als zusätzliche Gegenleistung (insb. **Zuzahlungen**), eine Gewinnrealisierung zu erfolgen hat, soweit deren gemeiner Wert den Buchwert übersteigt. Nach Verwaltungsauffassung führt eine Zuzahlung, die nicht Betriebsvermögen der übernehmenden Personenhandelsgesellschaft wird, zu einer **anteiligen gewinnrealisierenden Veräußerung**[2]. Dies ist hinsichtlich der Gewährung anderer Wirtschaftsgüter bis zur Höhe des Buchwertes angesichts der neueren BFH-Rechtsprechung zur Anwendung der sog. Trennungstheorie bei teilentgeltlichen Übertragungen[3] jedoch zweifelhaft[4].

204–207 Einstweilen frei.

b) Steuerrechtliche Rechtsnachfolge

208 Hinsichtlich der Rechtsfolgen des Vermögensübergangs verweist § 24 Abs. 4 UmwStG auf § 23 Abs. 1, 3 und 4 UmwStG mit der Folge, dass bei der Verschmelzung von Personenhandelsgesellschaften auf Personenhandelsgesellschaften hinsichtlich des Eintritts in die steuerliche Rechtsstellung der übertragenden Personenhandelsgesellschaft, insbesondere der Fortführung der AfA, Sonderabschreibungen, Besitzzeitenanrechnung usw. die gleichen Rechtsfolgen eintreten wie bei der Verschmelzung von Personenhandelsgesellschaften auf Kapitalgesellschaften oder Genossenschaften (s. oben Rz. 155).

c) Auswirkungen auf Verluste

209 Da der einkommen- oder körperschaftsteuerliche Verlustvortrag gem. § 10d EStG personenbezogen ist, verbleibt er auch nach dem verschmelzungsbedingten Vermögensübergang bei den Gesellschaftern. Ein bei der übertragenden Personenhan-

1 UmwSt-Erlass Rz. 24.04.

2 UmwSt-Erlass Rz. 24.08 ff.; BFH v. 16.12.2004 – III R 38/00, BStBl. II 2005, 554; BFH v. 18.10.1999 – GrS 2/98, BStBl. II 2000, 123; FG Düsseldorf v. 24.11.2010 – 15 K 931/09 F, EFG 2011, 491; Rev. X R 42/10; FG Münster v. 25.10.2012 – 3 K 4089/10 F, EFG 2013, 338; Rev. IV R 47/12.

3 BFH v. 21.6.2012 – IV R 1/08, BFH/NV 2012, 1536; BFH v. 19.9.2012 – IV R 11/12, BFH/NV 2012, 1880; nach BMF v. 12.9.2013, BStBl. I 2013, 1164, wendet die Finanzverwaltung diese Entscheidungen nicht an.

4 A.A. *Rasche* in Rödder/Herlinghaus/van Lishaut, § 24 UmwStG Rz. 63.

delsgesellschaft bestehender verrechenbarer Verlust i.S.d. § 15a EStG wird nach der Verschmelzung bei der übernehmenden Personenhandelsgesellschaft – ebenso wie ein bei dieser bestehender verrechenbarer Verlust – fortgeführt und kann von den Gesellschaftern mit ihren Gewinnen aus ihrer Beteiligung verrechnet werden[1]. Ein gewerbesteuerlicher Verlustvortrag i.S.d. § 10a GewStG geht auf die übernehmende Personenhandelsgesellschaft nur über, soweit zwischen übertragender und übernehmender Personenhandelsgesellschaft Unternehmens- und Unternehmeridentität besteht. Die Unternehmeridentität richtet sich nicht nach der bürgerlich-rechtlichen Identität der Gesellschaften, sondern nach der Identität der an ihnen als Mitunternehmer beteiligten Gesellschafter[2]. Im Hinblick darauf ist der gewerbesteuerrechtliche Verlustvortrag nur insoweit möglich, als die Gesellschafter (Mitunternehmer) der übertragenden Personenhandelsgesellschaft auch Gesellschafter (Mitunternehmer) der übernehmenden Personenhandelsgesellschaft werden[3]. Insoweit ist auf Grund der Verschmelzung der gewerbesteuerliche Verlustvortrag nicht zu kürzen und kann von dem Teil des Gewerbeertrags abgezogen werden, der auf die Mitunternehmer entfällt, denen er zuzuordnen ist (hierzu § 10a Satz 4 GewStG)[4]. Ein Zinsvortrag i.S.d. § 4h Abs. 1 Satz 5 EStG und ein EBITDA-Vortrag gem. § 4h Abs. 1 Satz 3 EStG gehen hingegen gem. § 24 Abs. 6 i.V.m. § 20 Abs. 9 UmwStG nicht auf die übernehmende Personenhandelsgesellschaft über.

Zu beachten sind des Weiteren die Regelungen zur **Beschränkung einer rückwirkenden Verlustnutzung** in § 2 Abs. 4 UmwStG, die gem. § 24 Abs. 6 i.V.m. § 20 Abs. 6 Satz 4 UmwStG entsprechend gelten (dazu oben Rz. 34a)[5].

d) Übernahmefolgegewinn

Im Zuge des verschmelzungsbedingten Vermögensübergangs von der übertragenden Personenhandelsgesellschaft auf die übernehmende Personenhandelsgesellschaft kann bei der übernehmenden Personenhandelsgesellschaft ein Übernahmefolgegewinn entstehen, wenn etwa durch die Verschmelzung eine Vereinigung (Konfusion) von inkongruent bewerteten Forderungen und Verbindlichkeiten erfolgt. Infolge der Verweisung in § 24 Abs. 4 i.V.m. § 22 Abs. 6 UmwStG auf § 6 Abs. 1 und 3 UmwStG gelten hier die gleichen Regeln wie für den Übernahmefolgegewinn bei Verschmelzung einer Körperschaft auf eine Personenhandelsgesellschaft (s. oben Rz. 35). 210

6. Steuerliche Auswirkungen bei den Gesellschaftern

a) Versteuerung des Einbringungsgewinns (Übertragungsgewinns)

Der bei einem Ansatz über dem Buchwert gem. § 24 Abs. 3 Satz 1 UmwStG entstehende Veräußerungsgewinn (Einbringungs- oder Übertragungsgewinn) unter- 211

1 *Wacker* in Schmidt, § 15a EStG Rz. 238.
2 BFH v. 3.5.1993 – GrS 3/92, BStBl. II 1993, 616; BFH v. 27.1.1994 – IV R 137/91, BStBl. II 1994, 477.
3 BFH v. 27.1.1994 – IV R 137/91, BStBl. II 1994, 477.
4 BFH v. 14.9.1993 – VIII R 84/90, BStBl. II 1994, 764; R 10a.3 Abs. 3 Satz 9 Nr. 5 Satz 2 GewStR.
5 *Patt* in Dötsch/Pung/Möhlenbrock, § 20 UmwStG Rz. 292h.

liegt bei den Gesellschaftern der übertragenden Personenhandelsgesellschaft der Einkommen- oder Körperschaftsteuer (zur Gewerbesteuer bei der übertragenden Personenhandelsgesellschaft s. oben Rz. 191). Es handelt sich um den Gewinn aus der Veräußerung eines Mitunternehmeranteils, der bei Gewerblichkeit der Mitunternehmerschaft von § 16 EStG erfasst wird. Gem. § 24 Abs. 3 Satz 2 UmwStG ist dieser Gewinn bei Gesellschaftern, die natürliche Personen sind, gem. § 16 Abs. 4 EStG (Freibetrag) sowie gem. § 34 Abs. 1 EStG (Tarifermäßigung) begünstigt, wenn die übernehmende Personenhandelsgesellschaft das übergehende Betriebsvermögen mit dem gemeinen Wert ansetzt. Der Freibetrag und die Tarifvergünstigung werden jedoch insoweit nicht gewährt, als der einbringende Gesellschafter an der übernehmenden Personenhandelsgesellschaft beteiligt ist (§ 24 Abs. 3 Satz 3 UmwStG i.V.m. § 16 Abs. 2 Satz 3 EStG).

Auf **Wertverschiebungen zwischen den Gesellschaftern**, die durch von den Verkehrswertrelationen abweichende Kapitalmaßnahmen verursacht werden, sind die allgemeinen Grundsätze anzuwenden (s. oben Rz. 42).

b) Zuzahlungen und andere Ausgleichsleistungen

212 Wenn die Beteiligungsquoten an der übernehmenden Personenhandelsgesellschaft nicht nach dem Verhältnis der gemeinen Werte festgelegt werden, ist ein **Wertausgleich** erforderlich. Der Ausgleich durch Einräumung einer höheren Gewinnbeteiligung ist nicht als Veräußerungsentgelt anzusehen[1], so dass keine Sofortbesteuerung erfolgt. Wird der Ausgleich indessen durch eine feste Vorabvergütung gewährt, ist ein Veräußerungsentgelt anzunehmen, wenn die festen Vorabvergütungen als Ratenzahlungen zu qualifizieren sind[2]. Werden Ausgleichszahlungen an einen Gesellschafter gezahlt, die nicht Betriebsvermögen der übernehmenden Personenhandelsgesellschaft werden, handelt es sich jedenfalls insoweit um eine Veräußerung, für die § 24 UmwStG keine Anwendung findet, als sie den Buchwert übersteigen (s. oben Rz. 203). Bei Ansatz des gemeinen Wertes kann auch für diesen Teil des Gewinns grundsätzlich die Steuerbegünstigung der §§ 16, 34 EStG in Anspruch genommen werden[3]. An Stelle von Ausgleichszahlungen, die die Gesellschafter der übertragenden Personenhandelsgesellschaft von der übernehmenden Personenhandelsgesellschaft oder von deren Gesellschaftern erhalten, ist auch ein Wertausgleich durch Bareinlagen der ausgleichsverpflichteten Gesellschafter in das Betriebsvermögen der übernehmenden Personenhandelsgesellschaft möglich. Eine solche Einlage steht einer Buchwertfortführung nicht entgegen[4]. Das gilt allerdings dann nicht, wenn im zeitlichen Zusammenhang mit der Einbringung die in das Betriebsvermögen zum Ausgleich eingelegten Barmittel vom Einbringenden durch Sonderentnahmen in sein Privatvermögen überführt werden[5].

---

1 *Fuhrmann* in Widmann/Mayer, § 24 UmwStG Rz. 497; *Schmitt* in Schmitt/Hörtnagl/Stratz, § 24 UmwStG Rz. 237.

2 FG München v. 30.9.1989 – 16K 10133/81, EFG 1990, 319; *Patt* in Dötsch/Pung/Möhlenbrock, § 24 UmwStG Rz. 63.

3 UmwSt-Erlass Rz. 24.12.

4 S. auch BFH v. 25.4.2006 – VIII R 52/04, BStBl. II 2006, 847 (zur einseitigen Barkapitalerhöhung, die selbst unter § 24 UmwStG fällt).

5 UmwSt-Erlass Rz. 24.11.

c) Veräußerung von Anteilen an Kapitalgesellschaften durch die übernehmende Personenhandelsgesellschaft

Soweit im Rahmen der Verschmelzung – oder durch die parallel erfolgende Übertragung von Sonderbetriebsvermögen – Anteile an einer Körperschaft unter dem gemeinen Wert durch eine konkret nicht von § 8b Abs. 2 KStG begünstigte Person als Gesellschafter der übertragenden Personenhandelsgesellschaft eingebracht werden, sind die Regelungen zur Besteuerung des Einbringungsgewinns II (s. oben Rz. 173) gem. § 24 Abs. 5 UmwStG entsprechend anzuwenden, soweit der Gewinn aus einer Veräußerung der eingebrachten Anteile innerhalb von sieben Jahren auf einen von § 8b Abs. 2 KStG begünstigten Mitunternehmer entfällt. Rechtsfolge ist somit eine rückwirkende Besteuerung der einbringenden natürlichen Person[1]. 213

Diese Regelung soll – wie die Parallelregelung zur Realteilung in § 16 Abs. 5 EStG – die Erlangung der Freistellung nach § 8b Abs. 2 KStG für stille Reserven in Anteilen verhindern, die durch natürliche Personen eingebracht werden. Wenn – wie regelmäßig der Fall – bei der Einbringung die bestehenden stillen Reserven in den Anteilen dem nicht von § 8b Abs. 2 KStG begünstigten Einbringenden durch die Erstellung von Ergänzungsbilanzen zugeordnet werden, gibt es keine Notwendigkeit für die Anwendung der Regelung. Zwar enthält § 24 Abs. 5 UmwStG diese Einschränkung nicht ausdrücklich. Die Regelung ist jedoch im Wege der teleologischen Reduktion nur anzuwenden, soweit eine Statusverbesserung durch Anwendung des § 8b Abs. 2 KStG bei Veräußerung eingetreten ist[2]. 214

Anhang 2 nach § 122l

Besonderheiten bei Umwandlungen mit internationalem Bezug

1 UmwSt-Erlass Rz. 24.19f. Trotz des fehlenden Verweises auf § 23 Abs. 2 Satz 2 UmwStG, nach dem korrespondierend der Buchwert der eingebrachten Anteile zu erhöhen ist, erfolgt eine entsprechende Anwendung; UmwSt-Erlass Rz. 24.28.

2 UmwSt-Erlass Rz. 24.21.

Literatur

Jacobs, Internationale Unternehmensbesteuerung, 7. Aufl. 2011; *Prinz*, Umwandlungen im Internationalen Steuerrecht, 2013; *Schaumburg*, Internationales Steuerrecht, 3. Aufl. 2011.

Vgl. im Übrigen die Angaben zu Anh. 1 nach § 122l.

I. Grundlagen

1 Umwandlungen mit internationalem Bezug können wie folgt systematisiert werden[1]:

- **inländische Umwandlungen mit Auslandsbezug**, d.h. Umwandlungen inländischer Gesellschaften mit ausländischen Gesellschaftern und/oder mit Auslandsvermögen,
- **grenzüberschreitende Umwandlungen**, d.h. Umwandlungen mit Beteiligung einer inländischen und einer ausländischen Gesellschaft,
- **ausländische Umwandlungen mit Inlandsbezug**, d.h. Umwandlungen ausländischer Gesellschaften mit inländischen Gesellschaftern und/oder mit Inlandsvermögen.

Die Unterscheidung zwischen inländischen, grenzüberschreitenden und ausländischen Umwandlungen soll nachfolgend nach dem **Satzungssitz** der beteiligten Gesellschaften und dem **anwendbaren Umwandlungsrecht** erfolgen. Dabei wird unterstellt, dass die **steuerliche Ansässigkeit** der beteiligten Gesellschaften ihrem Satzungssitz entspricht. Zu beachten ist allerdings, dass ein davon **abweichender Ort der Geschäftsleitung** dazu führen kann, dass eine Gesellschaft (auch) in einem anderen Staat als unbeschränkt steuerpflichtig und nach einem Doppelbesteue-

1 *Schaumburg*, Internationales Steuerrecht, Rz. 17.1.

rungsabkommen dort als ansässig angesehen wird (Art. 4 Abs. 3 OECD-MA). In diesen Fällen **doppelt ansässiger Gesellschaften** kann z.B. eine Umwandlung, an der nur inländische Gesellschaften oder nur ausländische Gesellschaften beteiligt sind, aus steuerlicher Sicht eine grenzüberschreitende Umwandlung darstellen[1].

Zu den Normen, die solche auslandsbezogenen Verschmelzungen regeln, gehören neben denen des UmwStG sowie des EStG und des KStG (dort insbesondere die **Entstrickungsregelungen**; s. Einl. II Rz. 11 ff.) auch Regelungen des Außensteuergesetzes und die unilateralen und bilateralen Normen zur **Vermeidung der Doppelbesteuerung** (insbesondere die Verteilungsnormen der Doppelbesteuerungsabkommen für Unternehmensgewinne, Dividenden und Veräußerungsgewinne). 2

Aufgrund der **Europäisierung** durch das SEStEG (s. Einl. II Rz. 7 ff.) werden im Grundsatz sämtliche Umwandlungen mit internationalem Bezug durch das UmwStG erfasst, wenn daran ausschließlich in **EU- oder EWR**-Staaten gegründete Rechtsträger, deren Sitz und Ort der Geschäftsleitung sich in einem solchen Staat befindet, beteiligt sind (§ 1 Abs. 2, 4 UmwStG). Dabei müssen Gründungs- und Sitzstaat sowie der Staat, in dem sich der Ort der Geschäftsleitung befindet, nicht identisch sein[2]. Auf die **Ansässigkeit der Gesellschafter** kommt es bei der **Umwandlung von Kapitalgesellschaften** nur in hier vernachlässigten Sonderfall einer Verschmelzung auf den Alleingesellschafter an (§ 1 Abs. 2 Satz 1 Nr. 2 UmwStG), während bei der **Umwandlung von Personengesellschaften** auf/in Kapitalgesellschaften grundsätzlich auch die Gesellschafter der übertragenden Personengesellschafter innerhalb von EU/EWR ansässig sein müssen (§ 1 Abs. 4 Satz 1 Nr. 2 lit. a, aa UmwStG). 3

Umwandlungen unter Beteiligung von **Rechtsträgern in Drittstaaten** werden nur bei Beteiligung von **Personengesellschaften** als übertragende Rechtsträger unter bestimmten Voraussetzungen vom UmwStG erfasst (§ 1 Abs. 4 Satz 1 Nr. 2 lit. b und Satz 2 UmwStG). § 12 Abs. 2 KStG enthält allerdings eine Regelung für die **Verschmelzung von Drittstaatskörperschaften** und § 8 Abs. 1 Nr. 10 AStG enthält im Rahmen der Hinzurechnungsbesteuerung eine Regelung für Umwandlungen ohne Ansässigkeitsvoraussetzungen. 4

Die **wesentliche Besonderheit** der Umwandlungen mit internationalem Bezug sind **Einschränkungen des deutschen Besteuerungsrechts**, die **auf Gesellschafts- oder Gesellschafterebene** bereits **vor der Umwandlung** vorliegen können bzw. **durch die Umwandlung** entstehen können (zur **Entstrickungsproblematik** s. Einl. II Rz. 11 ff.). 5

Neben den Auswirkungen nach deutschem Steuerrecht sind bei Existenz von Auslandsvermögen oder ausländischen Gesellschaftern immer auch die Auswirkungen nach dem **ausländischen Steuerrecht** zu prüfen. 6

Nachfolgend werden zunächst in Abschnitt II. bis IV. (Rz. 11 – 90) die Fallkonstellationen des Auslandsbezugs bei Verschmelzungen dargestellt. Diese Ausführungen gelten entsprechend auch bei den anderen Umwandlungsarten (dazu Abschnitt V., Rz. 91). 7

Einstweilen frei. 8–10

---

1 Dazu näher *Stadler/Bindl* in Prinz, Umwandlungen im Internationalen Steuerrecht, Rz. 16.69 ff.

2 UmwSt-Erlass Rz. 01.49.

II. Inländische Verschmelzungen mit Auslandsbezug

1. Verschmelzung von Kapital- auf Personengesellschaften

a) Auswirkungen bei der übertragenden Kapitalgesellschaft

11 Bei der Verschmelzung einer inländischen Kapitalgesellschaft auf eine inländische Personengesellschaft ist die **Vermeidung einer Gewinnrealisierung** durch Ansatz des Buchwertes in der Schlussbilanz auf Antrag gem. § 3 Abs. 2 UmwStG u.a. nur insoweit möglich, als das deutsche Besteuerungsrecht hinsichtlich eines Gewinns aus der Veräußerung der übertragenen Wirtschaftsgütern bei der übernehmenden Personengesellschaft nicht ausgeschlossen oder beschränkt wird (zu den weiteren Voraussetzungen s. Anh. 1 nach § 122l Rz. 18 ff.)[1]. Hinsichtlich des Vermögens, das vor und nach der Verschmelzung einer **inländischen Betriebsstätte** zuzuordnen ist, ist diese Voraussetzung erfüllt, auch wenn Gesellschafter im Ausland ansässig sind. Denn in diesem Fall hat Deutschland das uneingeschränkte Besteuerungsrecht für Veräußerungsgewinne (§ 49 Abs. 1 Nr. 2 lit. a EStG, Art. 13 Abs. 2 OECD-MA). Allerdings gehört Gesamthandsvermögen einer Personengesellschaft nicht zwangsläufig zu einer durch sie begründeten Betriebsstätte[2]. Hierfür ist nach der Rechtsprechung des BFH vielmehr ein **funktionaler Zusammenhang** mit der Betriebsstätte erforderlich[3]. Zudem führt bei rein vermögensverwaltender Tätigkeit eine gewerbliche Prägung der übernehmenden Personengesellschaft nicht zum Vorliegen von Unternehmensgewinnen i.S.d. Art. 7 OECD-MA und damit auch nicht zur Annahme einer Betriebsstätte[4]. Wenn ein Wirtschaftsgut nicht funktional zu einer inländischen Betriebsstätte gehört, ist insoweit zwingend der gemeine Wert anzusetzen, als es einem ausländischen Gesellschafter zuzurechnen ist.

12 Wenn im Zuge der Verschmelzung **ausländisches Betriebsstättenvermögen** der übertragenden Kapitalgesellschaft auf die übernehmende Personengesellschaft übergeht, tritt keine steuerliche Änderung ein, soweit **unbeschränkt steuerpflichtige Gesellschafter** beteiligt sind. Denn die in dem übergehenden ausländischen Betriebsstättenvermögen ruhenden stillen Reserven unterliegen im Inland unverändert im Rahmen der unbeschränkten Steuerpflicht der Gesellschafter der Besteuerung des Welteinkommens[5]. Das gilt auch in Abkommensfällen: Die in dem ausländischen Betriebsstättenvermögen ruhenden stillen Reserven unterliegen im Ausland der Besteuerung und sind aufgrund des in den deutschen Doppelbesteuerungsabkommen regelmäßig verankerten Betriebsstättenprinzips[6] von deutscher Steuer freigestellt (Freistellungsbetriebsstätte)[7]. Da insoweit deutsches Besteuerungsrecht bereits vor der Verschmelzung nicht gegeben war, kann es ver-

1 Die Sicherstellung der Besteuerung mit Einkommen- oder Körperschaftsteuer ist auch gegeben, wenn es sich um eine vergleichbare ausländische Steuer handelt; UmwSt-Erlass Rz. 03.17.
2 BMF v. 16.4.2010, BStBl. I 2010, 354 (Rz. 2.2.4.1).
3 BFH v. 13.2.2008 – I R 63/06, BStBl. II 2009, 414.
4 BFH v. 19.5.2010 – I B 191/09, BStBl. II 2011, 156; BFH v. 24.8.2011 – I R 46/10, BFH/NV 2011, 2165.
5 Hierzu *Birkemeier* in Rödder/Herlinghaus/van Lishaut, § 3 UmwStG Rz. 104.
6 Artt. 7 Abs. 1, 13 Abs. 2 OECD-MA.
7 Art. 23A OECD-MA.

schmelzungsbedingt auch nicht ausgeschlossen oder beschränkt werden[1]. Wird abkommensrechtlich oder etwa nach Maßgabe des § 20 Abs. 2 AStG oder des § 50d Abs. 9 EStG die Doppelbesteuerung durch Anrechnung ausländischer Steuern vermieden (Anrechnungsbetriebsstätte; § 34c Abs. 1 EStG, § 26 Abs. 1 KStG), tritt ebenfalls keine Änderung ein, soweit unbeschränkt steuerpflichtige Gesellschafter beteiligt sind.

Soweit **beschränkt steuerpflichtige Gesellschafter** beteiligt sind, unterliegen die Gewinne aus der Veräußerung von ausländischem Betriebsstättenvermögen nach der Verschmelzung auf die Personengesellschaft nicht der beschränkten Steuerpflicht[2]. In den Fällen, in denen mit dem Betriebsstättenstaat kein Doppelbesteuerungsabkommen besteht oder trotz Abkommen die Doppelbesteuerung durch Steueranrechnung vermieden wird, wird das deutsche Besteuerungsrecht durch die Verschmelzung ausgeschlossen und es ist insoweit zwingend der gemeine Wert anzusetzen[3]. Der dadurch entstehende Übertragungsgewinn ist auch für DBA-Zwecke als Veräußerungsgewinn anzusehen, auf den Art. 13 OECD-MA anzuwenden ist. Ein Besteuerungsaufschub gem. § 4g EStG ist wegen des Wegfalls der unbeschränkten Steuerpflicht nicht möglich (zur **Unzulässigkeit der Sofortbesteuerung in EU-Fällen** s. Einl. II Rz. 8). Eine Anrechnung der fiktiven Steuer, die hinsichtlich einer **in einem anderen EU-Mitgliedstaat belegenen Betriebsstätte** bei einer Veräußerung zum gemeinen Wert erhoben worden wäre (§ 3 Abs. 3 UmwStG) erfolgt bei einer Inlandsverschmelzung nicht[4].

Für die Prüfung des deutschen Besteuerungsrechts ist auf die tatsächlichen Verhältnisse am (rückbezogenen) **steuerlichen Übertragungsstichtag** gem. § 2 Abs. 1 und 2 UmwStG (s. Anh. 1 nach § 122l Rz. 25ff.) abzustellen[5]. Eine Verschmelzung ändert für sich grundsätzlich nicht die abkommensrechtliche Zuordnung von Wirtschaftsgütern, so dass es zum steuerlichen Übertragungsstichtag auch (noch) nicht zu einer Entstrickung kommt (zur Bedeutung für die grenzüberschreitende Verschmelzung s. unten Rz. 61)[6]. Die vorstehend erläuterte Entstrickung hinsichtlich ausländischer Betriebsstätten beruht allerdings allein auf dem Wechsel von unbeschränkter zu beschränkter Steuerpflicht und erfolgt daher nach Verwaltungsauffassung zum steuerlichen Übertragungsstichtag[7]. Die Rückwirkung der Verschmelzung ist im Übrigen gem. § 2 Abs. 3 UmwStG insoweit zu versagen, als dadurch Einkünfte aufgrund **abweichender ausländischer Rückbeziehungsregelungen** der Besteuerung entzogen werden. Dies kann insbesondere der Fall sein, wenn Deutschland eine Entstrickung zum steuerlichen Übertragungsstichtag annimmt, der ausländische Staat die Einkünfte aus dem betroffenen Wirtschaftsgut aber erst ab einem späteren Zeitpunkt erfasst[8]. 13

1 Später anfallende Veräußerungsgewinne sind – wie auch vor der Verschmelzung – steuerfrei; hierzu *Birkemeier* in Rödder/Herlinghaus/van Lishaut, § 3 UmwStG Rz. 104.
2 BFH v. 24.2.1988 – I R 95/84, BStBl. II 1988, 663.
3 UmwSt-Erlass Rz. 03.19.
4 UmwSt-Erlass Rz. 03.31; *Möhlenbrock/Pung* in Dötsch/Pung/Möhlenbrock, § 3 UmwStG Rz. 70f.; a.A. wohl *Birkemeier* in Rödder/Herlinghaus/van Lishaut, § 3 UmwStG Rz. 159.
5 UmwSt-Erlass Rz. 02.15.
6 UmwSt-Erlass Rz. 03.20.
7 UmwSt-Erlass Rz. 03.19, 03.20.
8 Zu Einzelheiten *van Lishaut* in Rödder/Herlinghaus/van Lishaut, § 2 UmwStG Rz. 103ff.

b) Auswirkungen bei der übernehmenden Personengesellschaft und ihren Gesellschaftern

14 Die **Einlagefiktionen** des § 5 Abs. 2 und 3 UmwStG (dazu Anh. 1 nach § 122l Rz. 43ff.) gelten unabhängig davon, ob für diese Anteile ein deutsches Besteuerungsrecht besteht[1].

15 Die **steuerlichen Gewinnrücklagen** der übertragenden Kapitalgesellschaft, die gem. § 7 UmwStG den Anteilseignern als Einnahmen aus Kapitalvermögen i.S.d. § 20 Abs. 1 Nr. 1 EStG anteilig zugerechnet werden (dazu Anh. 1 nach § 122l Rz. 47ff.) sind um einen Übertragungsgewinn erhöht, auch soweit dieser wegen einer Entstrickung von ausländischem Betriebsstättenvermögen entsteht (nach dem Wortlaut erfolgt die anteilige Zurechnung auch insoweit nach der Beteiligungsquote auch zu inländischen Anteilseignern).

16 Die Bezüge i.S.d. § 7 UmwStG unterliegen der **Kapitalertragsteuerpflicht** (§ 43 Abs. 1 Satz 1 Nr. 1 EStG)[2]. Soweit die Anteile an der übertragenden Kapitalgesellschaft – auch aufgrund der Einlagefiktionen des § 5 UmwStG – zum Betriebsvermögen der übernehmenden Personengesellschaft gehören, sind die Bezüge in der einheitlichen und gesonderten **Gewinnfeststellung der Personengesellschaft** zu erfassen[3]. Daraus folgt auch für beschränkt steuerpflichtige Gesellschafter, dass gewerbliche Einkünfte i.S.d. § 49 Abs. 1 Nr. 2 lit. a EStG vorliegen und der Kapitalertragsteuerabzug **keinen abgeltenden Charakter** hat (§ 50 Abs. 2 Satz 2 Nr. 1 EStG, § 32 Abs. 1 Nr. 2 KStG; anders nur bei den Anteilen im Privatvermögen, die nicht von der Einlagefiktion erfasst werden)[4]. Vielmehr erfolgt insoweit – entgegen der ursprünglichen Intention des Gesetzgebers[5] – auch bei beschränkt steuerpflichtigen natürlichen Personen eine Besteuerung nach dem **Teileinkünfteverfahren** und bei beschränkt steuerpflichtigen Körperschaften eine **Freistellung nach § 8b KStG** unter Anrechnung bzw. Erstattung der Kapitalertragsteuer. Auf Abkommensebene sind die Bezüge gem. § 7 UmwStG als Dividenden i.S.d. Art. 10 OECD-MA zu qualifizieren mit der Folge, dass die abkommensrechtlich vorgesehenen Quellensteuerreduktionen Anwendung finden[6].

17 Bei der **Übernahme** der von der übertragenden Kapitalgesellschaft in der Schlussbilanz angesetzten **Werte** gem. § 4 Abs. 1 Satz 1 UmwStG ist nach Auffassung der Finanzverwaltung die wegen Beteiligung eines beschränkt steuerpflichtigen Gesellschafters entstehende **Buchwertaufstockung** (s. oben Rz. 12) über die Bildung negativer und positiver Ergänzungsbilanzen allein diesem Gesellschafter zuzuordnen[7]. Hierfür besteht keine gesetzliche Grundlage, vielmehr erfolgt nach dem Wortlaut wie im Rahmen der Bezüge des § 7 UmwStG (s. oben Rz. 15) eine anteilige Zuordnung zu allen Gesellschaftern[8].

---

1 UmwSt-Erlass Rz. 05.07 und 05.09.
2 UmwSt-Erlass Rz. 07.08.
3 UmwSt-Erlass Rz. 04.23 und 07.07.
4 *Birkemeier* in Rödder/Herlinghaus/van Lishaut, § 7 UmwStG Rz. 29; *Pung* in Dötsch/Pung/Möhlenbrock, § 7 UmwStG Rz. 24; ebenso wohl UmwSt-Erlass Rz. 04.27 und 04.29, jeweils Bsp. 1 zum ausländischen Gesellschafter C.
5 BT-Drucks. 16/2710, 40.
6 UmwSt-Erlass Rz. 07.02. Ausnahme: Funktionale Zugehörigkeit der Anteile zu einer inländischen Betriebsstätte (Art. 7 Abs. 2 OECD-MA).
7 UmwSt-Erlass Rz. 04.24.
8 *Pung* in Dötsch/Pung/Möhlenbrock, § 4 UmwStG Rz. 13a.

Im Rahmen der **Ermittlung des Übernahmeergebnisses** (dazu Anh. 1 nach § 122l Rz. 51 ff.) sind abweichend von § 4 Abs. 4 Satz 1 UmwStG die übergegangenen Wirtschaftsgüter mit dem gemeinen Wert anzusetzen, soweit kein deutsches Besteuerungsrecht für die Gewinne aus ihrer Veräußerung bestand (§ 4 Abs. 4 Satz 2 UmwStG). Dies betrifft vor allem Wirtschaftsgüter, die einer **ausländischen Betriebsstätte** zuzuordnen sind, für deren Veräußerungsgewinne abkommensrechtlich die **Freistellungsmethode** eingreift. Durch den Ansatz mit dem gemeinen Wert erhöht sich der Übernahmegewinn bzw. mindert sich der Übernahmeverlust (nicht aber der Übertragungsgewinn gem. § 3 UmwStG und die Bezüge gem. § 7 UmwStG). Hierdurch wird vermieden, dass das deutsche Besteuerungsrecht hinsichtlich dieser stillen Reserven, das vor der Verschmelzung bei einer Veräußerung der Anteile an der übertragenden Kapitalgesellschaft besteht, durch den Wegfall der Besteuerungsebene entfällt. Denn nach der Verschmelzung wird ein Gewinn aus der Veräußerung dieser Wirtschaftsgüter weder bei inländischen noch bei ausländischen Gesellschaftern in Deutschland besteuert (§ 20 Abs. 3 Satz 2 UmwStG regelt den umgekehrten Fall; s. unten Rz. 29)[1]. 18

Der Übernahmegewinn ist **abkommensrechtlich** als **Veräußerungsgewinn** i.S.d. Art. 13 OECD-MA einzustufen. Wenn die Anteile an der übertragenden Kapitalgesellschaft nicht funktional einer Betriebsstätte zuzuordnen sind (dann Anwendung des Art. 13 Abs. 2 OECD-MA), ist – vorbehaltlich einer Sonderregel für Immobiliengesellschaften (Art. 13 Abs. 4 OECD-MA) – Art. 13 Abs. 5 OECD-MA anzuwenden, nach dem nur der Ansässigkeitsstaat des Gesellschafters ein Besteuerungsrecht hat. Die Einlagefiktionen des § 5 UmwStG sind für die DBA-Anwendung unbeachtlich[2]. Bei einem **unbeschränkt steuerpflichtigen Anteilseigner** ist daher der Übernahmegewinn nach Art. 13 Abs. 2 OECD-MA nur in dem Sonderfall in Deutschland freigestellt, dass die Anteile an der übertragenden Kapitalgesellschaft funktional einer ausländischen Betriebsstätte zuzuordnen sind. 19

Bei einem **beschränkt steuerpflichtigen Anteilseigner** gelten zwar die zu einem Betriebsvermögen gehörenden Anteile und Anteile i.S.d. § 17 EStG als in das Betriebsvermögen der übernehmenden Personengesellschaft eingelegt (§ 5 Abs. 2, 3 UmwStG), so dass der Übernahmegewinn in diesen Fällen als **inländische Einkünfte** i.S.v. § 49 Abs. 1 Nr. 2 lit. a EStG zu qualifizieren ist[3]. Auf **Abkommensebene** bleibt die beschränkte Steuerpflicht jedoch regelmäßig nur erhalten, soweit die Anteile funktional einem inländischen Betriebsstättenvermögen, also hier insbesondere der übernehmenden Personengesellschaft, zuzuordnen sind (Art. 13 Abs. 2 OECD-MA). Sind die Anteile an der übertragenden Kapitalgesellschaft nicht funktional einem inländischen Betriebsstättenvermögen des Anteilseigners zuzuordnen, steht – mangels Berücksichtigung der Einlagefiktionen des § 5 UmwStG auf DBA-Ebene – das Besteuerungsrecht in aller Regel dem ausländischen Ansässigkeitsstaat zu (Art. 13 Abs. 5 OECD-MA)[4]. Eine **Ausnahme** hiervon gilt nur in jenen Fällen, in denen **kein DBA** mit dem Ansässigkeitsstaat des Anteilseigners besteht oder das Besteuerungsrecht nach dem DBA nicht (allein) dem Ansässigkeitsstaat des Anteilseigners, sondern (auch) dem Sitzstaat der Kapi- 20

1 Zu Einzelheiten *van Lishaut* in Rödder/Herlinghaus/van Lishaut, § 4 UmwStG Rz. 93.
2 *van Lishaut* in Rödder/Herlinghaus/van Lishaut, § 5 UmwStG Rz. 23.
3 *Pung* in Dötsch/Pung/Möhlenbrock, § 4 UmwStG Rz. 5.
4 UmwSt-Erlass Rz. 04.27 und 04.29, jeweils Bsp. 1 zum ausländischen Gesellschafter C.

talgesellschaft zugewiesen wird[1]. Nach Verwaltungsauffassung gilt gleiches für einen **Übernahmeverlust**, so dass er danach auch bei natürlichen Personen im Regelfall (Art. 13 Abs. 5 OECD-MA) nicht von den Einkünften nach § 7 UmwStG abgezogen werden kann (zur eingeschränkten Verrechenbarkeit des Übernahmeverlustes s. Anh. 1 nach § 122l Rz. 57 ff.)[2]. Dies unterstellt, dass die DBA nicht nur Gewinne, sondern auch Verluste aus einer Anteilsveräußerung regeln[3].

2. Verschmelzung von Kapitalgesellschaften auf Kapitalgesellschaften

a) Auswirkungen bei der übertragenden Kapitalgesellschaft

21 Die **Vermeidung einer Gewinnrealisierung** durch Ansatz des Buchwertes in der Schlussbilanz auf Antrag gem. § 11 Abs. 2 UmwStG ist u.a. nur insoweit möglich, als das deutsche Besteuerungsrecht hinsichtlich eines Gewinns aus der Veräußerung der übertragenen Wirtschaftsgütern bei der übernehmenden Kapitalgesellschaft nicht ausgeschlossen oder beschränkt wird (zu den weiteren Voraussetzungen s. Anh. 1 nach § 122l Rz. 78 ff.)[4]. Wenn bei der Verschmelzung einer inländischen Kapitalgesellschaft auf eine inländische Kapitalgesellschaft der Ort der Geschäftsleitung der übernehmenden Kapitalgesellschaft in Deutschland ist[5], wird das deutsche **Besteuerungsrecht** durch die Verschmelzung **nicht verändert**. Eine Entstrickung kann somit unabhängig davon, ob inländisches oder ausländisches Vermögen[6] übertragen wird, nicht eintreten. Da allein auf die Ebene der beteiligten Kapitalgesellschaften abzustellen ist, ist die Ansässigkeit der Anteilseigner irrelevant.

22 Beim **Downstream Merger** geht die Beteiligung der übertragenden Kapitalgesellschaft an der übernehmenden Kapitalgesellschaft regelmäßig nicht auf diese über, sondern wird direkt von den Gesellschaftern erworben. Nach zweifelhafter Verwaltungsauffassung ist ein Ansatz zum Buchwert in der Schlussbilanz der übertragenden Kapitalgesellschaft nur unter den Voraussetzungen des § 11 Abs. 2 Satz 2 UmwStG möglich (s. Anh. 1 nach § 122l Rz. 116). Danach führt der **Übergang** dieser Anteile **auf beschränkt steuerpflichtige Gesellschafter** regelmäßig zu einer Entstrickung (Art. 13 Abs. 5 OECD-MA) und zu einem zwingenden Ansatz mit dem gemeinen Wert[7].

---

1 Innerhalb der EU z.B. DBA-Tschechien.

2 UmwSt-Erlass Rz. 04.27, Bsp. 1.

3 Dies ist jedoch zweifelhaft; *Widmann* in Widmann/Mayer, § 4 UmwStG Rz. 739.

4 Die Sicherstellung der Besteuerung mit Körperschaftsteuer ist auch gegeben, wenn es sich um eine vergleichbare ausländische Steuer handelt; UmwSt-Erlass Rz. 11.07 i.V.m. Rz. 03.17.

5 Wenn der Ort der Geschäftsleitung und die Ansässigkeit nach einem DBA im Ausland ist, liegt aus steuerlicher Sicht eine grenzüberschreitende Hinausverschmelzung vor; zu den dafür geltenden Grundsätzen s. unten Rz. 58 ff.

6 Zu Auslandsvermögen, das bereits bei der übertragenden Kapitalgesellschaft nach einem DBA freigestellt war, *Rödder* in Rödder/Herlinghaus/van Lishaut, § 11 UmwStG Rz. 119.

7 UmwSt-Erlass Rz. 11.19.

b) Auswirkungen bei den Gesellschaftern

Besonderheiten im Rahmen der Anwendung des § 13 UmwStG (s. dazu Anh. 1 nach § 122l Rz. 109 ff.) bestehen bei einer inländischen Verschmelzung nur insoweit, als das **deutsche Besteuerungsrecht** für den bei Ansatz des gemeinen Wertes gem. § 13 Abs. 1 UmwStG entstehenden Gewinn ausgeschlossen sein kann. Bei **unbeschränkt steuerpflichtigen Gesellschaftern** kann dies nur der Fall sein, wenn die Anteile an der übertragenden Gesellschaft funktional zu einer Betriebsstätte in einem Staat gehören, mit dem Deutschland ein DBA mit Freistellungsmethode abgeschlossen hat (Art. 13 Abs. 2 OECD-MA). 23

Bei **beschränkt steuerpflichtigen Gesellschaftern** besteht zum einen ein deutsches Besteuerungsrecht, wenn die Anteile zu einem **inländischen Betriebsstättenvermögen** gehören (§ 49 Abs. 1 Nr. 2a EStG). In diesem Fall schränken auch die DBA das deutsche Besteuerungsrecht nicht ein (Art. 13 Abs. 2 OECD-MA). Ohne Betriebsstättenzugehörigkeit unterliegen die Gewinne aus der Veräußerung von Beteiligungen i.S.d. § 17 EStG der beschränkten Steuerpflicht gem. § 49 Abs. 1 Nr. 2 lit e, aa EStG, bei Bestehen eines DBA hat Deutschland jedoch regelmäßig kein Besteuerungsrecht (Art. 13 Abs. 5 OECD-MA). Wenn § 13 UmwStG in diesen Fällen überhaupt Anwendung findet[1], bedarf es mangels Steuerpflicht eines Gewinns in diesen Fällen keines Antrags nach § 13 Abs. 2 UmwStG zur Vermeidung einer deutschen Besteuerung[2].

Soweit Deutschland ein **Besteuerungsrecht für die Anteilsveräußerungsgewinne** hat, wird dieses durch eine Inlandsverschmelzung nicht ausgeschlossen oder beschränkt, so dass auch bei ausländischen Gesellschaftern auf Antrag eine Gewinnrealisierung gem. § 13 Abs. 2 Satz 1 Nr. 1 UmwStG vermieden werden kann (dazu Anh. 1 nach § 122l Rz. 111 ff.). 24

Einstweilen frei. 25

3. Verschmelzung von Personengesellschaften auf Kapitalgesellschaften

a) Ansässigkeitsvoraussetzungen für die Gesellschafter

Während die Anwendbarkeit des UmwStG bei der Verschmelzung von Kapitalgesellschaften allein von der EU/EWR-Ansässigkeit der beteiligten Gesellschaften abhängt (§ 1 Abs. 2 UmwStG), ist bei der Verschmelzung von Personengesellschaften auch die Ansässigkeit der Gesellschafter von Bedeutung. Grundsätzlich setzt die Anwendbarkeit des § 20 UmwStG voraus, dass die (unmittelbar oder mittelbar über eine oder mehrere Personengesellschaften beteiligten) **Gesellschafter** der Personengesellschaft **in EU/EWR-Staaten** ansässig sind (§ 1 Abs. 4 Satz 1 Nr. 2 lit. a UmwStG). Bei Vorliegen dieser Ansässigkeitsvoraussetzung ist unbeachtlich, ob Deutschland ein Besteuerungsrecht für die erhaltenen Anteile hat (bei Vorliegen eines DBA ist dies regelmäßig nicht der Fall; Art. 13 Abs. 5 OECD-MA). 26

Soweit Gesellschafter in Drittstaaten ansässig sind, ist § 20 UmwStG nur anwendbar, wenn das Besteuerungsrecht Deutschlands hinsichtlich der Besteuerung des Gewinns aus der Veräußerung der erhaltenen Anteile an der übernehmenden

---

1 Verneinend *Dötsch* in Dötsch/Pung/Möhlenbrock, § 13 UmwStG Rz. 12.
2 *Neumann* in Rödder/Herlinghaus/van Lishaut, § 13 UmwStG Rz. 32.

Kapitalgesellschaft nicht ausgeschlossen oder beschränkt ist (§ 1 Abs. 4 Satz 1 Nr. 2 lit. b UmwStG). Sind **beschränkt steuerpflichtige Gesellschafter** mit Ansässigkeit in einem **Drittstaat** beteiligt, ist somit wie folgt zu differenzieren: Ohne Vorliegen eines Doppelbesteuerungsabkommens unterliegen die Gewinne aus der Veräußerung der im Zuge der Verschmelzung erhaltenen Anteile an der übernehmenden Kapitalgesellschaft gem. § 49 Abs. 1 Nr. 2 lit. e EStG uneingeschränkt der beschränkten Steuerpflicht mit der Folge, dass § 20 UmwStG anwendbar ist. Greift ein **Doppelbesteuerungsabkommen** ein, sind hingegen die Gewinne aus der Veräußerung der im Zuge der Verschmelzung erhaltenen Anteile an der übernehmenden Kapitalgesellschaft regelmäßig (Art. 13 Abs. 5 OECD-MA) dem deutschen Besteuerungsrecht entzogen und § 20 UmwStG ist nicht anzuwenden. Etwas anderes gilt, wenn die vorgenannten Anteile einem **inländischen Betriebsstättenvermögen** funktional zuzuordnen sind. In diesem Fall bleibt abkommensrechtlich das deutsche Besteuerungsrecht ohne Einschränkung aufrechterhalten (Art. 13 Abs. 2 OECD-MA), so dass auch § 20 UmwStG anwendbar ist.

b) Auswirkungen bei der übertragenden Personengesellschaft

27 Die Entstehung eines Übertragungsgewinns, der bei der Personengesellschaft der Gewerbesteuer und bei ihren Gesellschaftern der Einkommen- oder Körperschaftsteuer unterliegt, ist gem. § 20 Abs. 3 Satz 1 UmwStG von dem Wertansatz bei der übernehmenden Kapitalgesellschaft abhängig (s. Anh. 1 nach § 122l Rz. 134 ff. und 161 ff.). Ein **Übertragungsgewinn** unterliegt bei **beschränkter Steuerpflicht** gem. § 49 Abs. 1 Nr. 2 lit. a EStG der Besteuerung, soweit er auf eine **inländische Betriebsstätte** entfällt (gem. Art. 13 Abs. 2 OECD-MA auch bei Bestehen eines Doppelbesteuerungsabkommens).

28 Die **Vermeidung einer Gewinnrealisierung** durch Ansatz des Buchwertes auf Antrag gem. § 20 Abs. 2 UmwStG ist u.a. nur insoweit möglich, als das deutsche Besteuerungsrecht hinsichtlich eines Gewinns aus der Veräußerung der übertragenen Wirtschaftsgütern bei der übernehmenden Kapitalgesellschaft nicht ausgeschlossen oder beschränkt wird (zu den weiteren Voraussetzungen s. Anh. 1 nach § 122l Rz. 145 ff.)[1]. Wenn der Ort der Geschäftsleitung der übernehmenden Kapitalgesellschaft in Deutschland ist[2], kann **keine Entstrickung** eintreten. Dies gilt auch, soweit für die vorgenannten in EU/EWR-Staaten oder in Drittstaaten ansässigen **beschränkt steuerpflichtigen Gesellschafter** der Anwendungsbereich des § 20 UmwStG eröffnet ist. Gehen allerdings einer ausländischen Betriebsstätte funktional zuzuordnende Wirtschaftsgüter über, wird verschmelzungsbedingt sogar ein deutsches Besteuerungsrecht begründet, wenn kein DBA mit Freistellungsmethode zur Anwendung kommt (**Verstrickung**), da diese im Rah-

---

1 Die Sicherstellung der Besteuerung mit Körperschaftsteuer ist auch gegeben, wenn es sich um eine vergleichbare ausländische Steuer handelt; UmwSt-Erlass Rz. 20.19 i.V.m. Rz. 03.17.

2 Wenn der Ort der Geschäftsleitung und die Ansässigkeit nach einem DBA im Ausland sind, liegt aus steuerlicher Sicht eine grenzüberschreitende Hinausverschmelzung vor, so dass eine Entstrickung eintreten kann; die Ausführungen unten in Rz. 59 ff. gelten entsprechend mit der Maßgabe, dass für das Besteuerungsrecht vor der Verschmelzung auf die Ansässigkeit der Gesellschafter abzustellen ist.

men der beschränkten Steuerpflicht nicht verhaftet waren[1]. Insoweit kommt – auch bei Antrag auf Buchwertansatz – gem. § 8 Abs. 1 KStG i.V.m. §§ 4 Abs. 1 Satz 8, 6 Abs. 1 Nr. 5a EStG zwingend der gemeine Wert zum Ansatz[2].

c) Auswirkung bei den Gesellschaftern

Die im Zuge der Verschmelzung erhaltenen Anteile unterliegen auf Gesellschafterebene nach allgemeinen Grundsätzen der unbeschränkten bzw. beschränkten Steuerpflicht. Wenn § 20 UmwStG bei Ansässigkeit der Gesellschafter in einem anderen EU/EWR-Staat anzuwenden ist und kein deutsches Besteuerungsrecht an den erhaltenen Anteilen besteht (s. oben Rz. 26), liegt **keine zur Besteuerung führende Entstrickung** i.S.d. § 4 Abs. 1 Satz 3 EStG, § 12 Abs. 1 KStG vor. Denn das deutsche Besteuerungsrecht hinsichtlich der erhaltenen Anteile „wird" nicht ausgeschlossen, sondern diese Anteile entstehen bereits ohne deutsches Besteuerungsrecht. 29

Abweichend von § 20 Abs. 3 Satz 1 UmwStG (dazu Anh. 1 nach § 122l Rz. 167) gilt unabhängig vom Wertansatz bei der übernehmenden Kapitalgesellschaft der gemeine Wert des Betriebsvermögens als **Anschaffungskosten der erhaltenen Anteile**, soweit das Besteuerungsrecht Deutschlands vor und nach der Verschmelzung ausgeschlossen ist (§ 20 Abs. 3 Satz 2 UmwStG). Dies betrifft insbesondere Wirtschaftsgüter, die einer **ausländischen Betriebsstätte**, für die nach einem DBA die Freistellungsmethode gilt, funktional zuzuordnen sind. Durch diese Sonderregelung wird auf Anteilsebene eine **Verstrickung** bisher steuerfreier stiller Reserven vermieden (§ 4 Abs. 4 Satz 2 UmwStG regelt den umgekehrten Fall; s. oben Rz. 18).

Die rückwirkende Besteuerung des **Einbringungsgewinn I** insbesondere bei Veräußerung der erhaltenen Anteile innerhalb von sieben Jahren (dazu Anh. 1 nach § 122l Rz. 168 ff.) gilt für unbeschränkt und beschränkt steuerpflichtige Anteilseigner gleichermaßen[3]. Wenn das Besteuerungsrecht Deutschlands hinsichtlich des Gewinns aus der Veräußerung der erhaltenen Anteile ausgeschlossen oder beschränkt ist, umfasst der Einbringungsgewinn I abweichend von § 22 Abs. 1 Satz 5 1. Halbsatz UmwStG auch die **stillen Reserven in Anteilen** an Kapitalgesellschaften, die durch die Verschmelzung übergehen (§ 22 Abs. 1 Satz 5 2. Halbsatz UmwStG). Dies betrifft insbesondere die Beteiligung **beschränkt steuerpflichtiger Gesellschafter mit DBA-Schutz** hinsichtlich der erhaltenen Anteile (Art. 13 Abs. 5 OECD-MA). Wenn im Zuge der Verschmelzung Anteile an Kapitalgesellschaften übergehen, die auf Ebene der übertragenden Personengesellschaft in Deutschland als Betriebsstättenvermögen steuerverhaftet waren (Art. 13 Abs. 2 OECD-MA), können deren stille Reserven mittelbar durch Veräußerung der Anteile an der übernehmenden Kapitalgesellschaft ohne deutsche Besteuerung realisiert werden[4]. Dem soll die Regelung durch den Einbezug dieser stillen Reserven 30

1 BFH v. 24.2.1988 – I R 95/84, BStBl. II 1988, 663.
2 *Patt* in Dötsch/Pung/Möhlenbrock, § 20 UmwStG Rz. 228; a.A. *Herlinghaus* in Rödder/Herlinghaus/van Lishaut, § 22 UmwStG Rz. 167.
3 *Patt* in Dötsch/Pung/Möhlenbrock, § 22 UmwStG Rz. 20 und 59; *Stangl* in Rödder/Herlinghaus/van Lishaut, § 22 UmwStG Rz. 81.
4 Bsp. in UmwSt-Erlass Rz. 22.11.

in den Einbringungsgewinn I entgegenwirken; insoweit ist dieser wie ein Anteilsveräußerungsgewinn zu besteuern (§ 3 Nr. 40 EStG, § 8b Abs. 2 KStG).

31 Innerhalb der siebenjährigen Sperrfrist erfolgt auch dann eine rückwirkende Besteuerung des Einbringungsgewinns I, soweit die Voraussetzungen des § 1 Abs. 4 UmwStG für die Gesellschafter nicht mehr vorliegen (§ 22 Abs. 1 Satz 6 Nr. 6 UmwStG). Dieser Ersatzrealisationstatbestand setzt voraus, dass ein **Gesellschafter** seine **Ansässigkeit** von einem EU/EWR-Staat **in einen Drittstaat verlegt** und das deutsche Besteuerungsrecht hinsichtlich der erhaltenen Anteile ausgeschlossen oder beschränkt ist (zu § 1 Abs. 4 Satz 1 Nr. 2 UmwStG s. oben Rz. 26)[1]. Ein Wegfall der Ansässigkeitsvoraussetzung des § 1 Abs. 4 Satz 1 Nr. 1 UmwStG hinsichtlich der übernehmenden Kapitalgesellschaft führt mangels gesetzlicher Regelung nicht zur Besteuerung des Einbringungsgewinns I, schädlich ist aber ein Wegfall dieser Voraussetzung hinsichtlich einer Kapitalgesellschaft, in die die erhaltenen Anteile eingebracht wurden (Ketteneinbringung)[2]. Streitig ist, ob eine **fiktive Veräußerung** gem. § 12 Abs. 1 UmwStG **bei Sitzverlegung** einer an der übernehmenden Kapitalgesellschaft beteiligten inländischen Kapitalgesellschaft in einen anderen EU/EWR-Staat (dazu Einl. II Rz. 12f.) eine Veräußerung i.S.d. § 22 Abs. 1 UmwStG darstellt. Aus § 22 Abs. 1 Satz 6 Nr. 6 UmwStG – Wegfall der Ansässigkeitsvoraussetzungen des § 1 Abs. 4 UmwStG beim Einbringenden führt zur Besteuerung des Einbringungsgewinns I – wird deutlich, dass eine Sitzverlegung innerhalb von EU/EWR unschädlich ist (weil auch eine Einbringung durch eine EU/EWR-Gesellschaft zu Buchwerten möglich ist). Daher umfasst der Veräußerungsbegriff des § 22 Abs. 1 UmwStG nach systematischer Auslegung jedenfalls nicht diesen Fall der fiktiven Veräußerung gem. § 12 Abs. 1 KStG[3].

32 Die rückwirkende Besteuerung des **Einbringungsgewinn II** hinsichtlich von Anteilen an Kapitalgesellschaften, die verschmelzungsbedingt übergehen (dazu Anh. 1 nach § 122l Rz. 173ff.) erfolgt auch dann, wenn die **übernehmende Kapitalgesellschaft** die EU/EWR-**Ansässigkeitsvoraussetzung** z.B. durch Verlegung des Orts der Geschäftsleitung in einen Drittstaat verliert (§ 22 Abs. 2 Satz 6 2. Alt. UmwStG).

33–35 Einstweilen frei.

4. Verschmelzung von Personengesellschaften auf Personengesellschaften

36 Die für die Anwendung des § 20 UmwStG geltenden Ansässigkeitsvoraussetzungen (s. oben Rz. 26) gelten nicht für die Anwendung des § 24 UmwStG (§ 1 Abs. 4 Satz 2 UmwStG). Die **Ansässigkeit der Gesellschafter** ist somit bei einer Inlandsverschmelzung **nicht von Bedeutung**.

37 Die Entstehung eines Übertragungsgewinns bei der übertragenden Personengesellschaft, der bei ihren Gesellschaftern der Einkommen- oder Körperschaftsteuer unterliegt, ist gem. § 24 Abs. 3 Satz 1 UmwStG von dem Wertansatz bei der übernehmenden Personengesellschaft abhängig (s. Anh. 1 nach § 122l Rz. 191ff. und 211). Ein **Übertragungsgewinn** unterliegt bei **beschränkter Steuerpflicht** gem. § 49

1 *Stangl* in Rödder/Herlinghaus/van Lishaut, § 22 UmwStG Rz. 128.
2 UmwSt-Erlass Rz. 22.27.
3 *Benecke/Staats* in Dötsch/Pung/Möhlenbrock, § 12 KStG Rz. 362; a.A. *Patt* in Dötsch/Pung/Möhlenbrock, § 22 UmwStG Rz. 28; dazu auch *Pung/Schumacher*, StbJb. 2011/12, 225 (227).

Abs. 1 Nr. 2 lit. a EStG der Besteuerung, soweit er auf eine inländische Betriebsstätte entfällt (gem. Art. 13 Abs. 2 OECD-MA auch bei Bestehen eines Doppelbesteuerungsabkommens).

Die **Vermeidung einer Gewinnrealisierung** durch Ansatz des Buchwertes auf Antrag gem. § 24 Abs. 2 UmwStG setzt voraus, dass das deutsche Besteuerungsrecht hinsichtlich des übergehenden Vermögens nicht ausgeschlossen oder beschränkt wird. Dies ist wirtschaftsgut- und mitunternehmerbezogen zu prüfen[1]. Bei einer Inlandsverschmelzung zwischen Personengesellschaften bleibt das **deutsche Besteuerungsrecht unverändert**, auch soweit ausländische Mitunternehmer oder Auslandsvermögen betroffen ist. 38

Einstweilen frei. 39–40

III. Grenzüberschreitende Verschmelzungen

1. Umwandlungsrechtliche Möglichkeiten und Regelungsbereich des UmwStG

Das UmwG regelt in §§ 122a ff. nur die **grenzüberschreitende Verschmelzung von inländischen Kapitalgesellschaften** mit Kapitalgesellschaften aus einem anderen EU/EWR-Staat. Daneben sehen die SE-VO[2] und die SCE-VO[3] die **Gründung einer SE** bzw. **SCE** durch grenzüberschreitende Verschmelzung vor. Andere grenzüberschreitende Umwandlungen sind im rechtstechnischen Sinne (noch) nicht geregelt. 41

Im Unterschied dazu ist das UmwStG umfassend europäisiert worden (dazu Einl. II Rz. 7 ff.) und erfasst auch die grenzüberschreitende Verschmelzung unter Beteiligung von **EU/EWR-Personengesellschaften**, die nach dem UmwG derzeit noch nicht vorgesehen und nur unter Berufung auf die europarechtliche Niederlassungsfreiheit möglich sind (zu Einzelheiten § 1 Rz. 11 ff.). 42

Einstweilen frei. 43–44

2. Verschmelzung von Kapitalgesellschaften auf Personengesellschaften

a) Hinausverschmelzung

Mangels gesetzlicher Regelung für eine grenzüberschreitende Hinausverschmelzung auf Personengesellschaften wird diese derzeit auch in der Praxis nicht umgesetzt. Die Anwendung der Regelungen des UmwStG auf eine solche Verschmelzung wäre möglich, zu den Besonderheiten bei einer Inlandsverschmelzung mit Auslandsbezug käme die grundsätzliche Entstrickungsproblematik hinzu (dazu unten Rz. 58 ff.). Praktisch durchführbar ist bereits heute die Alternative einer **Sitzverlegung** einer SE nach Art. 8 SE-VO oder die einer anderen Kapitalgesellschaft in einen anderen EU-Staat unter Annahme einer Rechtsform dieses Staates 45

1 *Rasche* in Rödder/Herlinghaus/van Lishaut, § 24 UmwStG Rz. 84 f.
2 Verordnung (EG) Nr. 2157/2001 über das Statut der Europäischen Gesellschaft (SE) v. 8.10.2001, ABl. EG Nr. L 294/1 v. 10.11.2001.
3 Verordnung (EG) Nr. 1435/2003 über das Statut der Europäischen Genossenschaft (SEC) v. 22.7.2003, ABl. EU Nr. L 207/1 v. 18.8.2003.

(„**grenzüberschreitender Formwechsel**"; dazu § 1 Rz. 21ff.) **mit anschließender Verschmelzung** nach ausländischem Recht auf die ausländische Personengesellschaft[1].

46 Der grenzüberschreitende Formwechsel zwischen Kapitalgesellschaftsrechtsformen ist wie ein solcher nationaler Formwechsel auch steuerlich identitätswahrend und führt nicht zu einer gewinnrealisierenden Übertragung (s. Anh. nach § 304 Rz. 21). Allerdings gelten die Wirtschaftsgüter der Kapitalgesellschaft gem. § 12 Abs. 1 KStG als zum gemeinen Wert veräußert, soweit das **deutsche Besteuerungsrecht** hinsichtlich des Gewinns aus der Veräußerung oder der Nutzung der Wirtschaftsgüter der Kapitalgesellschaft ausgeschlossen noch beschränkt wird. Im Ergebnis gelten insoweit die gleichen Grundsätze wie bei der echten grenzüberschreitenden Verschmelzung zwischen Kapitalgesellschaften. Eine Besteuerung aufgrund des Wechsels von unbeschränkter zu beschränkter Steuerpflicht wird insbesondere dann vermieden, wenn die Wirtschaftsgüter funktional einer im Inland zurückbleibenden Betriebsstätte zuzuordnen sind (dazu unten Rz. 58ff.). Gleiches gilt für **inländischen Grundbesitz** (§ 8 Abs. 1 KStG i.V.m. § 49 Abs. 1 Nr. 2 lit. f EStG; Art. 13 Abs. 1 OECD-MA)[2].

47 Auf **Gesellschafterebene** führt die Sitzverlegung im Betriebs- und Privatvermögen zu einer Gewinnrealisierung, soweit dadurch das deutsche Besteuerungsrecht ausgeschlossen oder beschränkt wird (§ 12 Abs. 1 KStG, §§ 4 Abs. 1 Satz 3, 17 Abs. 5 Satz 1 EStG). Das ist bei unbeschränkter Steuerpflicht der Gesellschafter nur ausnahmsweise der Fall, weil die Gewinne aus der Veräußerung der Anteile an der wegziehenden Kapitalgesellschaft im Grundsatz unverändert der deutschen Besteuerung unterliegen, ohne dass dem abkommensrechtliche Schranken gegenüberstehen (Art. 13 Abs. 5 OECD-MA)[3]. Eine wegzugsbedingte Gewinnrealisierung auf Gesellschafterebene unterbleibt auch in diesen Ausnahmefällen, wenn eine SE oder SCE wegzieht (§ 12 Abs. 1 2. Halbsatz KStG, §§ 4 Abs. 1 Satz 4, § 17 Abs. 5 Satz 2 EStG; letztgenannte Regelung gilt darüber hinaus für die Sitzverlegung anderer Kapitalgesellschaften in einen anderen EU-Staat). Im Falle einer späteren Veräußerung dieser Anteile darf der Veräußerungsgewinn ungeachtet der Bestimmungen eines Doppelbesteuerungsabkommens in der gleichen Art und Weise besteuert werden wie vor der Sitzverlegung (§ 12 Abs. 1 2. Halbsatz KStG, §§ 15 Abs. 1a, 17 Abs. 5 Satz 3 und 4 EStG). Dies gilt auch für beschränkt steuerpflichtige Gesellschafter (§ 49 Abs. 1 Nr. 2 lit. e, bb EStG).

48 Wenn bei der sich an die Sitzverlegung der Kapitalgesellschaft anschließenden Verschmelzung auf die ausländische Personengesellschaft inländisches Vermögen übergeht oder inländische Gesellschafter beteiligt sind, greifen die Regeln des UmwStG für eine **Auslandsverschmelzung mit Inlandsbezug** (dazu unten Rz. 86ff.).

---

1 Dazu und zu anderen Ersatzkonstruktionen und deren steuerlicher Behandlung *Schaumburg*, Internationales Steuerrecht, Rz. 17.75ff.

2 Eine mögliche gewerbesteuerliche Entstrickung ist unbeachtlich; UmwSt-Erlass Rz. 03.17.

3 Ausnahme z.B. Art. 23 Abs. 1b i.V.m. Art. 13 Abs. 3 DBA-Tschechien, wonach auch der Sitzstaat besteuern darf mit der Folge einer Steueranrechnung in Deutschland.

b) Hereinverschmelzung

Mangels gesetzlicher Regelung für eine grenzüberschreitende Hereinverschmelzung wird auch diese derzeit praktisch nicht umgesetzt. Praktisch durchführbar ist wiederum die **Sitzverlegung** einer SE oder die einer anderen Kapitalgesellschaft von einem anderen EU-Staat nach Deutschland unter Annahme einer deutschen Rechtsform („**grenzüberschreitender Formwechsel**"; dazu § 1 Rz. 21 ff.) **mit anschließender Verschmelzung** auf die inländische Personengesellschaft[1]. 49

Die zuziehende Kapitalgesellschaft wird dabei unbeschränkt körperschaftsteuerpflichtig (§ 1 Abs. 1 Nr. 1 KStG) und es erfolgt eine **Verstrickung**, soweit das deutsche Besteuerungsrecht für Wirtschaftsgüter erstmals begründet wird (§ 8 Abs. 1 KStG i.V.m. § 4 Abs. 1 Satz 8 EStG). In diesem Fall erfolgt der Ansatz der verstrickten Wirtschaftsgüter mit dem gemeinen Wert (§ 6 Abs. 1 Nr. 5a EStG). 50

Wenn durch den Zuzug der Gesellschaft auf **Gesellschafterebene** ausnahmsweise deutsches Besteuerungsrecht für die Veräußerung der Beteiligung begründet wird, erfolgt eine Verstrickung zum gemeinen Wert, soweit die Anteile **Betriebsvermögen** sind (§ 4 Abs. 1 Satz 8 EStG). Für den Fall, dass die Beteiligung an der zuziehenden Kapitalgesellschaft im **Privatvermögen** gehalten wird, unterbleibt ein Ansatz zum gemeinen Wert der Anteile, weil eine entsprechende gesetzliche Regelung nicht existiert. § 17 Abs. 2 Satz 3 EStG enthält eine Verstrickungsregelung nur den Fall eines zuziehenden Gesellschafters. 51

Die **anschließende Verschmelzung** der zugezogenen Kapitalgesellschaft auf die Personengesellschaft ist eine **Inlandsverschmelzung**, ggf. mit Auslandsbezug wegen ausländischem Vermögen oder ausländischen Gesellschaftern (hierzu oben Rz. 11 ff.). 52

Einstweilen frei. 53–55

3. Verschmelzung von Kapitalgesellschaften auf Kapitalgesellschaften

a) Hinausverschmelzung auf EU/EWR-Gesellschaften

aa) Anwendbarkeit des UmwStG

§ 1 Abs. 1 Satz 1 Nr. 1 UmwStG i.V.m. §§ 11 ff. UmwStG erfasst Verschmelzungen nach § 2 UmwG, **vergleichbare ausländische Vorgänge** sowie **Verschmelzungen zur Gründung von SE und SCE** gem. Art. 17 SE-VO bzw. Art. 19 SCE-VO. Nach zweifelhafter Verwaltungsauffassung ist die Verschmelzung nach §§ 122a ff. UmwG – wohl aufgrund der teilweisen Anwendung des ausländischen Rechts[2] – keine Verschmelzung i.S.d. § 2 UmwG, sondern eine ausländische Verschmelzung, die aber „grundsätzlich" vergleichbar ist[3]. Daher ist in der Praxis das anwendbare ausländische Recht vorsorglich auf seine Vergleichbarkeit hin zu prüfen (zur **Vergleichbarkeitsprüfung** s. unten Rz. 87). Zudem ist zu beachten, dass nach § 1 Abs. 2 UmwStG nicht nur Gründung und Sitz der übernehmenden Kapitalge- 56

1 Dazu und zu anderen Ersatzkonstruktionen und deren steuerlicher Behandlung *Schaumburg*, Internationales Steuerrecht, Rz. 17.75 ff.
2 So *Möhlenbrock* in Dötsch/Pung/Möhlenbrock, § 1 UmwStG Rz. 22.
3 UmwSt-Erlass Rz. 01.21; zur Kritik *Graw* in Rödder/Herlinghaus/van Lishaut, § 1 UmwStG Rz. 46 f.

sellschaft in einem EU/EWR-Staat erforderlich ist, sondern sich auch der **Ort der Geschäftsleitung** in einem dieser Staaten befinden muss (s. oben Rz. 3). Darin kann ein Unterschied zu § 122b Abs. 1 UmwG liegen, der auf die Hauptverwaltung oder -niederlassung abstellt. Da unter den Anwendungsbereich der §§ 11ff. UmwStG nur Körperschaften, im Wesentlichen also Kapitalgesellschaften, fallen, ist zudem ein **Typenvergleich** erforderlich, in dessen Rahmen zu prüfen ist, ob die übernehmende ausländische Gesellschaft nach ihrem Gesamtbild mit einer deutschen Kapitalgesellschaft vergleichbar ist[1].

57 Da eine Hinausverschmelzung auf in **Drittstaaten** ansässige Kapitalgesellschaften nach Maßgabe der §§ 122aff. UmwG rechtstechnisch nicht möglich ist, kann ein vergleichbares Ergebnis nur durch **Ersatzkonstruktionen** im Wege der Einzelrechtsnachfolge erreicht werden, die zwingend zur **Gewinnrealisierung** führen[2].

bb) Auswirkungen bei der übertragenden Kapitalgesellschaft

58 Bei der Verschmelzung einer inländischen Kapitalgesellschaft auf eine ausländische Kapitalgesellschaft ist die **Vermeidung einer Gewinnrealisierung** durch Ansatz des Buchwertes in der Schlussbilanz auf Antrag gem. § 11 Abs. 2 UmwStG u.a. nur insoweit möglich, als das deutsche Besteuerungsrecht hinsichtlich eines Gewinns aus der Veräußerung der übertragenen Wirtschaftsgütern bei der übernehmenden Kapitalgesellschaft nicht ausgeschlossen oder beschränkt wird (zu den weiteren Voraussetzungen s. Anh. 1 nach § 122l Rz. 78ff.)[3]. Dies soll nach Verwaltungsauffassung beim **Downstream Merger** auch hinsichtlich der Beteiligung der übertragenden Kapitalgesellschaft an der übernehmenden Kapitalgesellschaft gelten (s. oben Rz. 22).

59 Wenn im Rahmen der Verschmelzung **inländisches Betriebsstättenvermögen** übergeht, bleibt die Besteuerung der stillen Reserven im Rahmen der beschränkten Steuerpflicht der übernehmenden ausländischen Kapitalgesellschaft ohne abkommensrechtliche Einschränkungen erhalten, wenn das Vermögen in der inländischen Betriebsstätte verbleibt (§ 8 Abs. 1 KStG i.V.m. § 49 Abs. 1 Nr. 2 lit. a EStG; Art. 13 Abs. 2 OECD-MA). Gleiches gilt für **inländischen Grundbesitz** (§ 8 Abs. 1 KStG i.V.m. § 49 Abs. 1 Nr. 2 lit. f EStG; Art. 13 Abs. 1 OECD-MA)[4]. Soweit indessen bislang einer inländischen Betriebsstätte zuzuordnende Wirtschaftsgüter nunmehr einer ausländischen Betriebsstätte der übernehmenden ausländischen Kapitalgesellschaft zuzuordnen sind, weil der funktionale Zusammenhang mit der inländischen Betriebsstätte gelöst wird, erfolgt eine **Entstrickung**[5]. Nach Verwaltungsauffassung sind bestimmte Wirtschaftsgüter im Zweifel nicht der im Inland verbleibenden Betriebsstätte, sondern dem ausländischen

1 UmwSt-Erlass Rz. 01.27; zum Typenvergleich BFH v. 20.8.2008 – I R 34/08, BStBl. II 2009, 263.

2 Dazu *Schaumburg*, Internationales Steuerrecht, Rz. 17.108ff.

3 Die Sicherstellung der Besteuerung mit Körperschaftsteuer ist auch gegeben, wenn es sich um eine vergleichbare ausländische Steuer handelt; UmwSt-Erlass Rz. 11.07 i.V.m. Rz. 03.17.

4 Eine mögliche gewerbesteuerliche Entstrickung ist unbeachtlich; UmwSt-Erlass 11.07 i.V.m. Rz. 03.17.

5 Nach Verwaltungsauffassung gilt das Regelbeispiel in § 12 Abs. 1 Satz 2 KStG entsprechend im Rahmen des UmwStG; UmwSt-Erlass Rz. 11.09 i.V.m. Rz. 03.18.

Stammhaus zuzuordnen[1]. Dies betrifft neben **immateriellen Wirtschaftsgütern** insbesondere auch **Beteiligungen** an Tochterkapitalgesellschaften, wenn diese nicht **funktional** einer operativen Tätigkeit der Betriebsstätte[2] oder deren Tätigkeit als geschäftsleitende Holding[3] **zugeordnet** werden können.

Geht im Zuge der Verschmelzung **ausländisches Betriebsstättenvermögen** über, 60
das in einem Land belegen ist, mit dem **kein Doppelbesteuerungsabkommen** besteht, erfolgt ebenfalls eine Entstrickung. Besteht hingegen ein **Doppelbesteuerungsabkommen**, nach dem die Gewinne aus der Veräußerung von Betriebsstättenvermögen in Deutschland **freizustellen** sind (Art. 13 Abs. 2 OECD-MA), greift die Entstrickungsklausel grundsätzlich nicht ein. Dies gilt dann nicht, wenn abkommensrechtlich vor der Hinausverschmelzung für die ausländischen Betriebsstättengewinne auf Abkommensebene die Doppelbesteuerung durch Anrechnung vermieden wurde oder eine abkommensrechtliche Freistellung durch die treaty-overriding-Klauseln des § 20 Abs. 2 AStG bzw. des § 50d Abs. 9 EStG verdrängt wurde. Wenn es bei der Hinausverschmelzung auf eine EU-Gesellschaft ausnahmsweise zur Besteuerung stiller Reserven einer **in einem anderen EU-Mitgliedstaat belegenen Betriebsstätte** kommt, ist in Einklang mit Art. 10 Abs. 2 FRL die **(fiktive) ausländische Steuer** anzurechnen, die bei einer Veräußerung zum gemeinen Wert erhoben worden wäre (§ 11 Abs. 3 i.V.m. § 3 Abs. 3 UmwStG)[4].

Für die Prüfung des deutschen Besteuerungsrechts ist auf die tatsächlichen Ver- 61
hältnisse am (rückbezogenen) **steuerlichen Übertragungsstichtag** gem. § 2 Abs. 1 und 2 UmwStG (s. Anh. 1 nach § 122l Rz. 25 ff.) abzustellen[5]. Eine Verschmelzung ändert für sich grundsätzlich nicht die abkommensrechtliche Zuordnung von Wirtschaftsgütern, so dass es zum steuerlichen Übertragungsstichtag auch (noch) nicht zu einer Entstrickung kommt[6]. Im **Rückwirkungszeitraum** existiert regelmäßig tatsächlich noch eine Betriebsstätte in Deutschland (zumindest ein Ort der Leitung) und eine tatsächliche Überführung oder eine Änderung des Funktionszusammenhangs erfolgt erst nach dem steuerlichen Übertragungsstichtag. Daher ist im Fall der Entstrickung von Inlandsvermögen ein Buchwertansatz gem. § 11 Abs. 2 UmwStG möglich und auf die durch eine nachfolgende tatsächliche Handlung begründete „aktive Entstrickung“[7] ist § 12 Abs. 1 KStG anzuwenden[8]. Die Entstrickung hinsichtlich ausländischer Betriebsstätten beruht allerdings allein auf dem Wechsel von unbeschränkter zu beschränkter Steuerpflicht und erfolgt daher nach Verwaltungsauffassung zum steuerlichen Übertragungsstichtag[9].

---

1 Sog. Zentralfunktion des Stammhauses; UmwSt-Erlass Rz. 03.20 i.V.m. BMF v. 24.12.1999, BStBl. I 1999, 1076 (Rz. 2.4).
2 BFH v. 13.2.2008 – I R 63/06, BStBl. II 2009, 414.
3 Zu Art. 10 OECD-MA BFH v. 19.12.2007 – I R 66/06, BStBl. II 2008, 510, unter II.2. c)cc)aaa); anders tendenziell noch BFH v. 17.12.2003 – I R 47/02, BFH/NV 2004, 771. Zum Verhältnis von Holdingfunktionen und operativ funktionalem Zusammenhang aus Verwaltungssicht BMF v. 16.4.2010, BStBl. I 2010, 354 (Rz. 2.2.4.1).
4 Näher UmwSt-Erlass Rz. 11.13 i.V.m. Rz. 03.31 f.
5 UmwSt-Erlass Rz. 02.15.
6 UmwSt-Erlass Rz. 11.09 i.V.m. Rz. 03.20.
7 Zur Unterscheidung zwischen aktiver und passiver Entstrickung *van Lishaut* in Rödder/Herlinghaus/van Lishaut, § 2 UmwStG Rz. 109.
8 *Rödder* in Rödder/Herlinghaus/van Lishaut, § 11 UmwStG Rz. 116a; *Dötsch* in Dötsch/Pung/Möhlenbrock, § 11 UmwStG Rz. 59 ff.
9 UmwSt-Erlass Rz. 11.09 i.V.m. Rz. 03.19, 03.20.

Die **Rückwirkung** der Verschmelzung ist im Übrigen gem. § 2 Abs. 3 UmwStG insoweit zu versagen, als dadurch Einkünfte aufgrund abweichender ausländischer Rückbeziehungsregelungen der Besteuerung entzogen werden (s. oben Rz. 13).

62 Mit der Entstrickung ist grundsätzlich eine **Sofortbesteuerung** verbunden. Dies stellt einen **Verstoß gegen die europarechtliche Niederlassungsfreiheit** dar. Ob in dem Sonderfall einer Entstrickung hinsichtlich sämtlicher Wirtschaftsgüter die fünfjährige Verteilung gem. § 36 Abs. 5 EStG den europarechtlichen Anforderungen genügt, ist zweifelhaft (s. Einl. II Rz. 8).

cc) Auswirkungen bei den Gesellschaftern

63 Im Falle eines **Upstream Mergers** ist ein **Übernahmegewinn** i.S.d. § 12 Abs. 2 Satz 2 UmwStG, der nach § 8b KStG zu besteuern ist (s. Anh. 1 nach § 122l Rz. 96) bei der übernehmenden ausländischen Kapitalgesellschaft nur in dem Sonderfall beschränkt steuerpflichtig, dass die Anteile an der übertragenden inländischen Kapitalgesellschaft vor der Verschmelzung funktional einer inländischen Betriebsstätte zuzuordnen sind. Ein Fall des § 12 Abs. 5 UmwStG (**Ausschüttungsfiktion** bei Vermögensübergang in den nicht steuerpflichtigen oder steuerbefreiten Bereich der übernehmenden Kapitalgesellschaft) liegt bei einer Hinausverschmelzung auf eine im Ausland steuerpflichtige Kapitalgesellschaft nicht vor[1].

Soweit kein Upstream Merger vorliegt, bestimmen sich die Rechtsfolgen auf Gesellschafterebene nach § 13 UmwStG, der grundsätzlich einen **Anteilstausch** zum gemeinen Wert vorschreibt (s. dazu Anh. 1 nach § 122l Rz. 109 ff.). Besonderheiten im Rahmen der Anwendung des § 13 Abs. 2 UmwStG, nach dem auf Antrag ein Ansatz mit dem Buchwert bzw. mit den Anschaffungskosten erfolgen kann, bestehen bei einer Hinausverschmelzung insoweit, als ein zuvor bestehendes **deutsches Besteuerungsrecht** für einen Gewinn aus der Veräußerung der Anteile ausgeschlossen oder beschränkt werden kann[2]. In diesem Fall ist die Voraussetzung des § 13 Abs. 2 Satz 1 Nr. 1 UmwStG für den **Antrag auf Buchwertansatz** zwar nicht erfüllt. Eine Gewinnrealisierung kann jedoch vermieden werden, wenn auf die Verschmelzung **Art. 8 FRL** anzuwenden ist (§ 13 Abs. 2 Satz 1 Nr. 2 UmwStG). Dies ist der Fall, wenn auf eine Gesellschaft mit steuerlicher Ansässigkeit in einem anderen EU-Mitgliedstaat verschmolzen wird (Art. 1 lit. 2 i.V.m. Art. 3 FRL). In diesem Fall besteuert Deutschland einen späteren Veräußerungsgewinn ungeachtet eines DBA so, wie die Veräußerung der Anteile an der übertragenden Gesellschaft zu besteuern wäre (d.h. ohne Anrechnung ausländischer Steuern und wohl unter Einbezug von stillen Reserven, die nach der Verschmelzung entstanden sind)[3].

64 Bei **unbeschränkt steuerpflichtigen Gesellschaftern** kann das deutsche Besteuerungsrecht nur dann eingeschränkt werden, wenn – abweichend vom Status der Anteile an der übertragenden Kapitalgesellschaft – die als Gegenleistung gewährten Anteile an der übernehmenden Kapitalgesellschaft funktional einer **ausländischen Betriebsstätte** zuzuordnen sind oder auf sie ein DBA anzuwenden ist, aufgrund dessen ein Gewinn aus ihrer Veräußerung abweichend von Art. 13 Abs. 5

---

1 *Dötsch* in Dötsch/Pung/Möhlenbrock, § 12 UmwStG Rz. 70 m.w.N.

2 Wenn bereits vorher kein Besteuerungsrecht besteht, ist ein Gewinn nach § 13 Abs. 1 UmwStG nicht steuerpflichtig; s. oben Rz. 23.

3 *Neumann* in Rödder/Herlinghaus/van Lishaut, § 13 UmwStG Rz. 42.

OECD-MA (auch) vom Sitzstaat der Gesellschaft besteuert werden kann (Bsp.: Hinausverschmelzung auf eine tschechische Kapitalgesellschaft)[1]. Bei Verschmelzung auf eine EU-Gesellschaft kann dann aber eine Besteuerung gem. § 13 Abs. 2 Satz 1 Nr. 2 UmwStG vermieden werden.

Bei **beschränkt steuerpflichtigen Gesellschaftern** wird das deutsche Besteuerungsrecht (nur) dann eingeschränkt, wenn – abweichend vom Status der Anteile an der übertragenden Kapitalgesellschaft – die als Gegenleistung gewährten Anteile an der übernehmenden Kapitalgesellschaft funktional **nicht mehr einer inländischen Betriebsstätte** zuzuordnen sind, kein DBA besteht oder ein DBA anzuwenden ist, aufgrund dessen Gewinne aus ihrer Veräußerung abweichend von Art. 13 Abs. 5 OECD-MA (auch) vom Sitzstaat der Gesellschaft besteuert werden kann (Bsp.: Gesellschafter mit Ansässigkeit in Tschechien). In diesen Fällen entfällt durch die Verschmelzung grundsätzlich die zuvor bestehende beschränkte Steuerpflicht der Anteilsveräußerungsgewinne. Wenn Art. 8 FRL wegen Verschmelzung auf eine EU-Gesellschaft anzuwenden ist, kann die Gewinnrealisierung dennoch auf Antrag gem. § 13 Abs. 2 Satz 1 Nr. 2 UmwStG vermieden werden. Ein Gewinn aus einer späteren Veräußerung der Anteile an der übernehmenden Kapitalgesellschaft unterliegt der beschränkten Steuerpflicht, obwohl weder Sitz noch Ort der Geschäftsleitung der Gesellschaft in Deutschland sind (§ 49 Abs. 1 Nr. 2 lit e, bb EStG). 65

c) Hereinverschmelzung von EU/EWR-Gesellschaften

aa) Anwendbarkeit des UmwStG

Rechtstechnisch ist die Hereinverschmelzung einer ausländischen Kapitalgesellschaft auf eine inländische Kapitalgesellschaft **nur in EU/EWR-Fällen** gem. §§ 122a ff. UmwG und zur Gründung einer SE oder SCE möglich. In diesen Fällen sind unter Beachtung der Ansässigkeitsvoraussetzungen des § 1 Abs. 2 UmwStG die Regelungen der §§ 11 ff. UmwStG anwendbar (§ 1 Abs. 1 Satz 1 Nr. 1 UmwStG; s. oben Rz. 3 und 56, auch zum **Typenvergleich**). 66

Da eine Hereinverschmelzung von in **Drittstaaten** ansässigen Kapitalgesellschaften nach Maßgabe der §§ 122a ff. UmwG rechtstechnisch nicht möglich ist, kann ein vergleichbares Ergebnis nur durch **Ersatzkonstruktionen** im Wege der Einzelrechtsnachfolge erreicht werden, die zwingend zur **Gewinnrealisierung** führen[2]. 67

bb) Auswirkungen bei der übertragenden Kapitalgesellschaft

Die Verschmelzung kann aufgrund des Wechsels von beschränkter zu unbeschränkter Steuerpflicht für sich betrachtet nicht zu einem Ausschluss oder einer Beschränkung des deutschen Besteuerungsrechts führen, so dass die Voraussetzung des § 11 Abs. 2 Satz 2 Nr. 2 UmwStG für einen Buchwertansatz erfüllt ist (zu den sonstigen Voraussetzungen s. Anh. 1 nach § 122l Rz. 78 ff.). Der Antrag ist bei dem für die übernehmende inländische Kapitalgesellschaft zuständigen Fi- 68

1 *Neumann* in Rödder/Herlinghaus/van Lishaut, § 13 UmwStG Rz. 34.
2 Dazu *Schaumburg*, Internationales Steuerrecht, Rz. 17.122 ff.

nanzamt zu stellen, wenn – mangels Inlandsvermögen – kein inländisches Finanzamt für die übertragende Kapitalgesellschaft zuständig ist[1].

69 Wenn nur **ausländisches Betriebsstättenvermögen**, das nach einem DBA freigestellt ist, übergeht, hat ein Antrag auf Buchwertansatz nur bei einem **Upstream Merger** Bedeutung, da der Wertansatz bei der übertragenden Kapitalgesellschaft auch die Höhe des nach § 8b KStG zu besteuernden **Übernahmegewinns** i.S.d. § 12 Abs. 2 Satz 1 UmwStG (dazu Anh. 1 nach § 122l Rz. 95ff.) beeinflusst. Soweit kein Upstream Merger vorliegt, ist das übergehende steuerliche Einlagekonto zu ermitteln (§ 29 Abs. 6 KStG i.V.m. § 27 Abs. 8 KStG)[2]. Die **Ermittlung des Buchwerts** in der Schlussbilanz und des **steuerlichen Einlagekontos** nach deutschem Steuerrecht führt dabei zu erheblichen **praktischen Problemen**[3]. Bei Hereinverschmelzung einer EU-Kapitalgesellschaft auf eine inländische Kapitalgesellschaft, die an ihr mit mindestens 10 % beteiligt ist, stellt die 5 %-Besteuerung nach § 8b KStG einen **Verstoß gegen Art. 7 FRL** dar, nach dem die Wertsteigerungen beim Untergang der Beteiligung keiner Besteuerung unterliegen[4].

70 Ein Buchwertansatz ist zur Vermeidung einer Gewinnrealisierung erforderlich, wenn (auch) **Inlandsvermögen** übergeht. Die Bewertung unter dem gemeinen Wert hat im Grundsatz einheitlich zu erfolgen und die übernehmende Kapitalgesellschaft muss diesen Wert gem. § 12 Abs. 1 Satz 1 UmwStG übernehmen (s. Anh. 1 nach § 122l Rz. 82 und 93). Soweit jedoch in diesem Fall auch Wirtschaftsgüter übergehen, hinsichtlich derer das Besteuerungsrecht Deutschlands begründet wird (**Verstrickung**)[5], ist § 8 Abs. 1 KStG i.V.m. §§ 4 Abs. 1 Satz 8, 6 Abs. 1 Nr. 5a EStG vorrangig[6], wonach zwingend der **gemeine Wert** zum Ansatz kommt. In dem (Regel-) Fall, dass die Verstrickung erst durch einen tatsächlichen Vorgang nach dem steuerlichen Übertragungsstichtag erfolgt, kommt es unabhängig vom Rangverhältnis zwischen diesen Regelungen zunächst zur Wertverknüpfung nach § 12 Abs. 1 UmwStG und nachfolgend zur Anwendung des § 4 Abs. 1 Satz 8 EStG[7].

cc) Auswirkungen bei den Gesellschaftern

71 Soweit kein Upstream Merger vorliegt, bestimmen sich die Rechtsfolgen auf Gesellschafterebene nach § 13 UmwStG, der grundsätzlich einen Anteilstausch zum gemeinen Wert vorschreibt (s. dazu Anh. 1 nach § 122l Rz. 109ff.). Besonderheiten im Rahmen der Anwendung des § 13 Abs. 2 UmwStG, nach dem auf Antrag ein Ansatz mit dem Buchwert bzw. mit den Anschaffungskosten erfolgen kann, bestehen bei einer Hereinverschmelzung insoweit, als das **deutsche Besteuerungsrecht** für einen Gewinn aus der Veräußerung der Anteile bei beschränkt steuer-

---

1 UmwSt-Erlass Rz. 11.12 i.V.m. Rz. 03.27. Nach Wirksamkeit der Verschmelzung findet insoweit ohnehin ein Zuständigkeitswechsel gem. § 26 AO statt; FinMin NRW v. 20.4. 2012, DB 2012, 1596.
2 Zur Finanzamtszuständigkeit UmwSt-Erlass Rz. K.19.
3 Zur Einreichung der Schlussbilanz nach deutschem Steuerrecht UmwSt-Erlass Rz. 11.02.
4 A.A. *Dötsch* in Dötsch/Pung/Möhlenbrock, § 12 UmwStG Rz. 44.
5 Die Ausführungen zu den Entstrickungsfällen oben in Rz. 59ff. gelten vice versa.
6 A.A. wohl UmwSt-Erlass Rz. 12.01 i.V.m. Rz. 04.01.
7 *Rödder* in Rödder/Herlinghaus/van Lishaut, § 11 UmwStG Rz. 159. Die Ausführungen zum Zeitbezug der Entstrickung oben in Rz. 61 gelten entsprechend.

pflichtigen Gesellschaftern erstmals begründet werden kann. Wenn § 13 UmwStG in diesen Fällen überhaupt Anwendung findet (s. oben Rz. 23), ist ein Gewinn nach § 13 Abs. 1 UmwStG nicht steuerpflichtig, so dass eine Verstrickung durch Verzicht auf einen Buchwertantrag ohne deutsche Besteuerung vermieden werden kann.

Einstweilen frei. 72–75

4. Verschmelzung von Personengesellschaften auf Kapitalgesellschaften

Mangels gesetzlicher Regelung für eine grenzüberschreitende Hinausverschmelzung von Personengesellschaften wird diese derzeit auch in der Praxis nicht umgesetzt. Das Ergebnis einer solchen Verschmelzung kann durch **Umwegkonstruktionen** erreicht werden[1]. Neben der Alternative einer **Sitzverlegung** einen anderen EU-Staat unter Annahme einer Rechtsform dieses Staates **mit anschließender Verschmelzung** nach ausländischem Recht (s. oben Rz. 45) sind insbesondere die **grenzüberschreitende Einbringung innerhalb von EU/EWR** und die **grenzüberschreitende Anwachsung** praktisch von Bedeutung, da sie unter bestimmten Voraussetzungen unter Vermeidung einer Gewinnrealisierung erfolgen können. 76

Auf die Einbringung sämtlicher Anteile an einer inländischen Personengesellschaft in eine ausländische EU/EWR-Kapitalgesellschaft gegen Gewährung von Gesellschaftsrechten **mit nachfolgender Anwachsung** der Personengesellschaft ist unter den Ansässigkeitsvoraussetzungen des § 1 Abs. 4 Satz 1 Nr. 2 UmwStG (s. oben Rz. 26) § 20 UmwStG anwendbar (s. Anh. 1 nach § 122l Rz. 124). Die Entstehung eines Einbringungsgewinns, der bei der Personengesellschaft der Gewerbesteuer und bei ihren Gesellschaftern der Einkommen- oder Körperschaftsteuer unterliegt, ist gem. § 20 Abs. 3 Satz 1 UmwStG von dem Wertansatz bei der übernehmenden Kapitalgesellschaft abhängig (s. Anh. 1 nach § 122l Rz. 134 ff. und 161 ff.). Die **Vermeidung einer Gewinnrealisierung** durch Ansatz des Buchwertes auf Antrag gem. § 20 Abs. 2 UmwStG ist u.a. nur insoweit möglich, als das deutsche Besteuerungsrecht hinsichtlich eines Gewinns aus der Veräußerung der übertragenen Wirtschaftsgütern bei der übernehmenden Kapitalgesellschaft nicht ausgeschlossen oder beschränkt wird (dazu oben Rz. 58 ff.; zu den weiteren Voraussetzungen s. Anh. 1 nach § 122l Rz. 145 ff.)[2]. 77

Besteht bereits eine Beteiligung einer ausländischen Kapitalgesellschaft von 100 % am Vermögen einer inländischen Personengesellschaft, kann ein dem Upstream Merger vergleichbares Ergebnis durch Austritt des zweiten Gesellschafters erreicht werden (s. Anh. 1 nach § 122l Rz. 124). Die Buchwertfortführung ist dabei unabhängig von der Ansässigkeit des Gesellschafters, eine Entstrickung erfolgt ohne weitere Maßnahmen nicht (da die Zugehörigkeit zum Gesamthandsvermögen nicht maßgebend für die Zuordnung zu einer Betriebsstätte ist[3]). 78

1 Näher *Schaumburg*, Internationales Steuerrecht, Rz. 17.131 ff.
2 Die Sicherstellung der Besteuerung mit Körperschaftsteuer ist auch gegeben, wenn es sich um eine vergleichbare ausländische Steuer handelt; UmwSt-Erlass Rz. 20.19 i.V.m. Rz. 03.17.
3 BMF v. 16.4.2010, BStBl. I 2010, 354 Rz. 2.2.4.1.

79 Entsprechendes gilt für die **Hereinverschmelzung** ausländischer Personengesellschaften auf inländische Kapitalgesellschaften, soweit das ausländische Gesellschaftsrecht das Rechtsinstitut der Anwachsung kennt.

80 Einstweilen frei.

5. Verschmelzung von Personengesellschaften auf Personengesellschaften

81 Mangels gesetzlicher Regelung für eine grenzüberschreitende **Hinausverschmelzung** von Personengesellschaften wird diese derzeit auch in der Praxis nicht umgesetzt. Das Ergebnis einer solchen Verschmelzung kann durch **Umwegkonstruktionen** erreicht werden[1]. Neben der Alternative einer **Sitzverlegung** einen anderen EU-Staat unter Annahme einer Rechtsform dieses Staates **mit anschließender Verschmelzung** nach ausländischem Recht (s. oben Rz. 45) sind insbesondere die **grenzüberschreitende Einbringung** und die **grenzüberschreitende Anwachsung** praktisch von Bedeutung, da sie unter bestimmten Voraussetzungen unter Vermeidung einer Gewinnrealisierung erfolgen können.

82 Auf die **Einbringung sämtlicher Anteile** an einer inländischen Personengesellschaft in eine ausländische Personengesellschaft gegen Gewährung von Gesellschaftsrechten mit resultierender Anwachsung der Personengesellschaft ist gem. § 1 Abs. 4 Satz 2 UmwStG ohne Restriktionen für die Ansässigkeit der übernehmenden Personengesellschaft möglich. Die Entstehung eines Übertragungsgewinns bei der übertragenden Personengesellschaft, der bei ihren Gesellschaftern der Einkommen- oder Körperschaftsteuer unterliegt, ist gem. § 24 Abs. 3 Satz 1 UmwStG von dem Wertansatz bei der übernehmenden Personengesellschaft abhängig (s. Anh. 1 nach § 122l Rz. 191 ff. und 211). Die **Vermeidung einer Gewinnrealisierung** durch Ansatz des Buchwertes auf Antrag gem. § 24 Abs. 2 UmwStG setzt voraus, dass das deutsche Besteuerungsrecht hinsichtlich des übergehenden Vermögens nicht ausgeschlossen oder beschränkt wird (dazu oben Rz. 58 ff.). Dies ist wirtschaftsgut- und mitunternehmerbezogen zu prüfen.

83 Besteht bereits eine Beteiligung einer ausländischen Personengesellschaft von 100 % am Vermögen einer inländischen Personengesellschaft, kann ein dem Upstream Merger vergleichbares Ergebnis durch Austritt des zweiten Gesellschafters mit resultierender **Anwachsung** erreicht werden (s. Anh. 1 nach § 122l Rz. 124). Die Buchwertfortführung ist dabei unabhängig von der Ansässigkeit des Gesellschafters, eine Entstrickung erfolgt ohne weitere Maßnahmen nicht (da die Zugehörigkeit zum Gesamthandsvermögen nicht maßgebend für die Zuordnung zu einer Betriebsstätte ist[2]).

84 Entsprechendes gilt für die **Hereinverschmelzung** ausländischer Personengesellschaften auf inländische Personengesellschaften, soweit das ausländische Gesellschaftsrecht das Rechtsinstitut der Anwachsung kennt.

85 Einstweilen frei.

---

1 Näher *Schaumburg*, Internationales Steuerrecht, Rz. 17.142 ff.
2 BMF v. 16.4.2010, BStBl. I 2010, 354 Rz. 2.2.4.1.

IV. Ausländische Verschmelzungen mit Inlandsbezug

Die Verschmelzung ausländischer Rechtsträger vollzieht sich allein **nach Maßgabe des** für den Sitz Rechtsträger geltenden **ausländischen Rechts**. Die steuerlichen Folgen beurteilen sich ebenfalls primär nach den Regeln der Staaten, in dem die ausländischen Rechtsträger unbeschränkt steuerpflichtig sind. In vielen Fällen sind auch nach **ausländischem Steuerrecht** steuerneutrale Verschmelzungen möglich. Wenn im Zuge der ausländischen Verschmelzung inländisches Betriebsstättenvermögen übergeht oder an den ausländischen Rechtsträgern unbeschränkt steuerpflichtige Personen beteiligt sind, ist auch das deutsche Steuerrecht betroffen. Mangels Bezug dieser Verschmelzungen zum UmwG soll hier nur ein kurzer **Überblick** gegeben werden. 86

Das UmwStG ist unter den in § 1 Abs. 2, 4 UmwStG geregelten **Ansässigkeitsvoraussetzungen** (s. oben Rz. 3f., 26) auch auf **ausländische Vorgänge anwendbar**, die einer Verschmelzung nach § 2 UmwG vergleichbar sind. Nach Verwaltungsauffassung kommt es für die **Vergleichbarkeit** insbesondere auf die **Strukturmerkmale** einer Verschmelzung (Übertragung des Vermögens als Ganzes aufgrund Rechtsgeschäft kraft Gesetzes, grundsätzlich Gewährung von Anteilen, Auflösung des übertragenden Rechtsträgers ohne Abwicklung) und die Übereinstimmung mit der AG-Verschmelzungsrichtlinie an[1]. Die deutsch-steuerliche Einstufung der beteiligten ausländischen Rechtsträger und damit die Anwendbarkeit der hierfür geltenden Regelungen des UmwStG richtet sich nach einem **Typenvergleich** mit den entsprechenden deutschen Rechtsformen[2]. Bei Anwendbarkeit des UmwStG gelten die in Anh. 1 nach § 122l UmwStG beschriebenen Rechtsfolgen mit den vorstehend beschriebenen Besonderheiten des Auslandsbezugs. So ist z.B. auch bei der Verschmelzung einer EU/EWR-Kapitalgesellschaft auf eine EU/EWR-Personengesellschaft die Besteuerung der inländischen Gesellschafter nach §§ 4 Abs. 4, 7 UmwStG mit den abkommensrechtlichen Besonderheiten zu beachten (s. oben Rz. 14ff.). Dabei muss das Eigenkapital in der Schlussbilanz der ausländischen Kapitalgesellschaft ermittelt werden[3]. Da die Einkünfte gem. § 7 UmwStG sich durch einen Ansatz des gemeinen Wertes in der Schlussbilanz erhöhen, ist auch bei nach DBA freigestelltem ausländischem Betriebsstättenvermögen ein Antrag gem. § 3 Abs. 2 Satz 2 auf Buchwertansatz sinnvoll[4]. Die **Ermittlung des Buchwerts** nach deutschem Steuerrecht und des für § 7 UmwStG relevanten **steuerlichen Einlagekontos**[5] führt zu erheblichen **praktischen Problemen**. 87

Verschmelzungen von **Drittstaatskapitalgesellschaften**, die einer Verschmelzung nach § 2 UmwG **vergleichbar** sind, werden von § 12 Abs. 2 KStG geregelt. Nach § 12 Abs. 2 Satz 1 UmwStG sind – d.h. anders als nach § 11 Abs. 2 UmwStG besteht kein Wahlrecht – die übergehenden **inländischen Wirtschaftsgüter** bei beschränkt steuerpflichtigen Körperschaften unter den gleichen Voraussetzungen, die auch nach § 11 Abs. 2 UmwStG gelten (s. Anh. 1 nach § 122l Rz. 78ff.), mit dem **Buchwert** anzusetzen. Dies gilt allerdings nicht für ausländische grenzüber- 88

1 UmwSt-Erlass Rz. 01.30ff.
2 UmwSt-Erlass Rz. 01.27.
3 UmwSt-Erlass Rz. 03.02.
4 Zum zuständigen Finanzamt UmwSt-Erlass Rz. 03.27.
5 Nach UmwSt-Erlass Rz. 07.04 soll dies entsprechend § 27 Abs. 8 KStG erfolgen.

schreitende Verschmelzungen. Eine Entstrickung erfolgt allein aufgrund einer solchen nationalen Drittstaatsverschmelzung regelmäßig nicht, da sich dadurch weder das anwendbare Abkommensrecht noch die funktionale Zuordnung von Wirtschaftsgütern ändert.

Auf **Gesellschafterebene** ist § 13 UmwStG entsprechend anzuwenden, wenn das Vermögen einer Körperschaft durch einen „Vorgang i.S.d. [§ 12 Abs. 2 Satz 1 KStG] übertragen" wird (§ 12 Abs. 2 Satz 2 KStG). Danach kann bei inländischen Gesellschaftern auf Antrag eine **Gewinnrealisierung vermieden** werden. Nach zutreffender Auffassung ist ein solcher Vorgang die in § 12 Abs. 1 Satz 1 KStG in Bezug genommene, einer Inlandsverschmelzung vergleichbare Verschmelzung nach ausländischem Recht; zudem nimmt Satz 2 anders als Satz 1 des § 12 Abs. 2 KStG nicht auf eine beschränkte Steuerpflicht der übertragenden Körperschaft Bezug. Daher ist für die Anwendbarkeit des § 13 UmwStG **keine konkrete beschränkte Steuerpflicht** der beteiligten ausländischen Kapitalgesellschaften erforderlich[1]. Dem Vernehmen teilt die Finanzverwaltung diese Auffassung nicht[2].

89 Neben den unmittelbaren Folgen einer ausländischen Verschmelzung ist zu beachten, dass eine im Ausland steuerbegünstigte Verschmelzung zur **Besteuerung der inländischen Gesellschafter** im Rahmen der **Hinzurechnungsbesteuerung** führen kann. Dies betrifft gem. §§ 7 ff. AStG bestimmte „passive" Einkünfte ausländischer Kapitalgesellschaften (z.B. Einkünfte aus Kapitalanlagen oder aus der Überlassung von immateriellen Wirtschaftsgütern, die nicht selbst erstellt wurden), die niedrig besteuert sind (weniger als 25 %; § 8 Abs. 3 AStG). Grundsätzlich setzt dies gem. § 7 Abs. 1 AStG eine Beteiligung von Steuerinländern zu mehr als der Hälfte voraus[3]. Wenn eine EU/EWR-Gesellschaft einer tatsächlichen wirtschaftlichen Tätigkeit nachgeht, erfolgt keine Hinzurechnungsbesteuerung (§ 8 Abs. 2 AStG). Auf Grundlage der Verwaltungsauffassung, dass eine Verschmelzung zur Veräußerung der übertragenen Wirtschaftsgüter führt[4], führt eine **ausländische Verschmelzung**, die nach dortigem Steuerrecht zu Buchwerten erfolgt, zu einem **niedrig besteuerten Veräußerungsgewinn**.

90 Nach § 8 Abs. 1 Nr. 10 AStG liegen allerdings **aktive Einkünfte** vor, wenn diese aus Umwandlungen stammen, die ungeachtet des § 1 Abs. 2 und 4 UmwStG – d.h. unabhängig von der Ansässigkeit der Gesellschaften – zu Buchwerten erfolgen könnten. Danach ist im Rahmen einer **fiktiven Prüfung** anhand der Tatbestände des deutschen UmwStG zu klären, ob die Umwandlung im Inland zu Buchwerten erfolgen könnte, wenn die beteiligten Rechtsträger die Ansässigkeitsvoraussetzungen des § 1 Abs. 2, Abs. 4 UmwStG erfüllten und somit das UmwStG angewendet würde[5]. Diese Begünstigung gilt nicht, soweit eine Umwandlung den Anteil an einer Kapitalgesellschaft erfasst, dessen Veräußerung

---

1 Dazu und zur möglichen Erfassung auch **grenzüberschreitender** Verschmelzungen *Benecke/Staats* in Dötsch/Pung/Möhlenbrock, § 12 KStG Rz. 412 f.; *Ritzer* in Rödder/Herlinghaus/van Lishaut, Anh. 6 Rz. 48.

2 So auch *Hruschka*, IStR 2012, 844 (845).

3 Bei Einkünften mit Kapitalanlagecharakter i.S.d. § 7 Abs. 6a AStG ist bereits die Beteiligung eines einzelnen Steuerinländers zu 1 % ausreichend oder es ist überhaupt keine Mindestbeteiligung erforderlich.

4 UmwSt-Erlass Rz. 00.02.

5 *Wassermeyer/Schönfeld* in Flick/Wassermeyer/Baumhoff/Schönfeld, § 8 AStG Rz. 319.2; *Ritzer* in Rödder/Herlinghaus/van Lishaut, Anh. 8 Rz. 21 ff.

nicht die Voraussetzungen der § 8 Abs. 1 Nr. 9 AStG erfüllen würde. Dies ist der Fall, soweit der Steuerpflichtige nicht nachweist, dass der Gewinn aus der Anteilsveräußerung nicht auf Wirtschaftsgüter der Gesellschaft entfällt, die sog. Kapitalanlagetätigkeiten dienen[1].

§ 8 Abs. 1 Nr. 10 AStG gilt neben den anderen Einkünftetatbeständen des § 8 Abs. 1 AStG und schließt diese nicht aus, so dass eine Umwandlung, die die Voraussetzungen des § 8 Abs. 1 Nr. 10 AStG nicht erfüllt, dennoch zu aktiven Einkünften führen kann[2]. Denn als Nebenertrag der Tätigkeit, der das Wirtschaftsgut gedient hat, gehört ein verschmelzungsbedingter Veräußerungsgewinn zu den aktiven Einkünften, wenn diese Tätigkeit aktiv ist (z.B. Herstellung etc. von Waren; § 8 Abs. 1 Nr. 2 AStG)[3]. Des Weiteren können gem. § 10 Abs. 3 Satz 4 AStG die Vorschriften des UmwStG bei der Ermittlung des Hinzurechnungsbetrags grundsätzlich berücksichtigt werden, wenn nicht passive Einkünfte aufgrund der Ausnahme in § 8 Abs. 1 Nr. 10 AStG vorliegen. Dies ist insbesondere von Bedeutung für die Bewertung der passiven Wirtschaftsgüter, die durch die Verschmelzung übergehen, und deren – unter den Voraussetzungen des § 8 Abs. 1 Nr. 10 AStG zu aktiven Einkünften führende – Aufstockung zu einer **Minderung der zukünftigen passiven Einkünfte** führt[4].

V. Andere Umwandlungen mit internationalem Bezug

Für **Auf- und Abspaltungen**, **Ausgliederungen**, **Formwechsel** und **Vermögensübertragungen** mit internationalem Bezug gelten die vorstehenden Ausführungen zu den damit verbundenen Besonderheiten insbesondere hinsichtlich **Ansässigkeitsvoraussetzungen, Entstrickung und Verstrickung** entsprechend. Bei ausländischen Umwandlungen mit Inlandsbezug ist eine **Vergleichbarkeitsprüfung** erforderlich[5]. 91

Streitig ist die steuerliche Behandlung einer **Abspaltung von einer Drittstaatskapitalgesellschaft** bei einem inländischen Gesellschafter. Da § 12 Abs. 2 Satz 2 UmwStG nur die Drittstaatenverschmelzung regelt, ist der Vorgang nach den **allgemeinen Grundsätzen** zur Gewinnrealisierung zu würdigen. Teilweise wird die Abspaltung als eine **Sachausschüttung** des übertragenden Rechtsträgers gewertet[6]. Bei einer Qualifikation als Sachausschüttung stellt sich bei einer steuerlichen Buchwertfortführung im Ausland die Frage, ob diese als verdeckte Gewinnausschüttung nach § 8b Abs. 1 Satz 2 KStG **voll steuerpflichtig** sein könnte[7]. Nach 92

1 Zu den damit verbundenen Zweifelsfragen *Ritzer* in Rödder/Herlinghaus/van Lishaut, Anh. 8 Rz. 38f.
2 *Ritzer* in Rödder/Herlinghaus/van Lishaut, Anh. 8 Rz. 10 m.w.N.
3 *Schönfeld/Wassermeyer* in Flick/Wassermeyer/Baumhoff/Schönfeld, § 8 AStG Rz. 17, 38.
4 *Schönfeld/Wassermeyer* in Flick/Wassermeyer/Baumhoff/Schönfeld, § 10 AStG Rz. 352.
5 Zu Auf- und Abspaltung UmwSt-Erlass Rz. 01.33ff., zum Formwechsel UmwSt-Erlass Rz. 01.39.
6 *Schießl* in Widmann/Mayer, § 15 UmwStG Rz. 3.5. Dies entspricht der Auffassung der Finanzverwaltung zu einer inländischen Abspaltung, auf die wegen des Fehlens der Teilbetriebsvoraussetzung § 15 UmwStG 1995 nicht anwendbar war; UmwSt-Erlass 1998 Rz. 15.11; zustimmend BFH v. 7.4.2010 – I R 96/08, BStBl. II 2011, 467 Rz. 31.
7 *Benecke/Beinert*, FR 2010, 1120 (1129f.).

Verwaltungsauffassung ist jedoch die Umwandlung zwischen Körperschaften auf der Ebene der Anteilseigner einer übertragenden Körperschaft als **Veräußerungs- und Anschaffungsvorgang** der Anteile zum gemeinen Wert zu beurteilen[1]. Dies gilt auch für die Abspaltung, da die Gesellschafter einen wirtschaftlich einen Teil ihrer Anteile an dem übertragenden Rechtsträger gegen die neu begründeten Anteile am übernehmenden Rechtsträger tauschen[2]. Die Einstufung einer Abspaltung als Veräußerung auf Anteilseignerebene steht im Einklang mit den Wertungen des steuerlichen Gesetzgebers (§ 15 Abs. 1 UmwStG i.V.m. § 13 UmwStG, § 20 Abs. 4a EStG) und der handelsrechtlichen Sichtweise[3]. Dies gilt jedenfalls in den Fällen, in denen die ausländische Abspaltung mit einer Abspaltung nach UmwG vergleichbar ist. Dem Vernehmen nach hat die Finanzverwaltung jedoch entschieden, die Abspaltung als Sachausschüttung zu werten.

93 Wenn aus deutscher Sicht ein identitätswahrender **Formwechsel einer Drittstaatsgesellschaft** vorliegt, ist dieser wohl – wie nach den Fiktionen des UmwStG – entgegen den zivilrechtlichen Vorgaben steuerlich wie eine Verschmelzung zu behandeln, wenn er zwischen Personen- und Kapitalgesellschaften erfolgt, da der Anteil an einer Kapitalgesellschaft als Besteuerungsebene dadurch entsteht oder eliminiert wird[4].

---

1 UmwSt-Erlass Rz. 00.03.

2 *Benecke/Staats*, FR 2010, 893 (895); *Ritzer* in Rödder/Herlinghaus/van Lishaut, Anh. 6 Rz. 63 a.E.; offen *Möhlenbrock* in Dötsch/Pung/Möhlenbrock, § 1 UmwStG Rz. 188.

3 *IDW*, RS HFA 43, FN-IDW 2012, S. 714, Rz. 33f.

4 *Ritzer* in Rödder/Herlinghaus/van Lishaut, Anh. 6 Rz. 103; offen in BFH v. 17.10.2007 – I R 96/06, BStBl. II 2009, 953.